Paris

1880

Fétis, François-Joseph

Biographie universelle des musiciens ...
Supplément

Tome 2

BIOGRAPHIE
UNIVERSELLE
DES MUSICIENS
ET
BIBLIOGRAPHIE GÉNÉRALE DE LA MUSIQUE

PAR F.-J. FÉTIS

SUPPLÉMENT ET COMPLÉMENT

Publiés sous la direction de

M. ARTHUR POUGIN

TOME SECOND

PARIS
LIBRAIRIE DE FIRMIN-DIDOT ET Cie
IMPRIMEURS DE L'INSTITUT, RUE JACOB, 56

BIOGRAPHIE

UNIVERSELLE

DES MUSICIENS

SUPPLÉMENT ET COMPLÉMENT

TOME SECOND

TYPOGRAPHIE FIRMIN-DIDOT. — MESNIL (EURE).

BIOGRAPHIE

UNIVERSELLE

DES MUSICIENS

ET

BIBLIOGRAPHIE GÉNÉRALE DE LA MUSIQUE

PAR F.-J. FÉTIS

SUPPLÉMENT ET COMPLÉMENT

Publiés sous la direction de

M. ARTHUR POUGIN

TOME SECOND

PARIS

LIBRAIRIE DE FIRMIN-DIDOT ET Cie

IMPRIMEURS DE L'INSTITUT, RUE JACOB, 56

1880

SIGNATURES DES AUTEURS

DU SECOND VOLUME.

	MM.
A. L — N.	LOQUIN (Anatole).
AD. J — N.	JULLIEN (Adolphe).
ALL.	LASALLE (Albert de).
AL. R — D.	ROSTAND (Alexis).
ÉD. DE H.	HARTOG (Édouard de).
ER. T.	THOINAN (Ernest).
F. D.	DELHASSE (Félix).
G. B.	BERTRAND (Gustave).
J. B.	BATKA (Jean).
J.-B. W.	WECKERLIN (J.-B.).
J. C — Z.	CARLEZ (Jules).
J. D. F.	FILIPPI (J. de).
J. DE V.	VASCONCELLOS (Joaquim de).
J. G.	GALLAY (Jules).
L.-F. C.	CASAMORATA (L.-F.).
Y.	Anonyme.

Tous les articles non signés sont de M. ARTHUR POUGIN.

Tous les noms précédés d'un astérisque sont ceux que l'on trouve dans la *Biographie universelle des Musiciens*, et dont les notices ont été rectifiées, corrigées ou complétées. Les notices qui ne sont accompagnées d'aucun signe sont entièrement nouvelles.

BIOGRAPHIE

UNIVERSELLE

DES MUSICIENS

SUPPLÉMENT

H (SUITE.)

HOLMES (Mlle Augusta), pianiste distinguée, née en Irlande vers 1850, habite Paris depuis longtemps, et s'y est produite plusieurs fois dans des concerts. Compositeur aussi, cette artiste a écrit les paroles et la musique d'un grand opéra en un acte, *Héro et Léandre*, qu'elle a fait entendre à la direction du théâtre du Châtelet, à l'époque de la courte transformation de ce théâtre en Opéra populaire (1874); j'assistais à l'audition de cet ouvrage, qui m'a paru intéressant et qui renfermait quelques bonnes qualités, en dépit des doctrines ultra-wagnériennes que l'on attribue à son auteur et qui ne m'ont pas semblé percer dans sa partition. Mlle Holmes a, dit-on, deux autres opéras en portefeuille, *Astarté* et *Lancelot du Lac*. Elle a fait exécuter à la Société philharmonique de Paris (1873), le psaume *In exitu*, mis en musique par elle, et aux concerts du Châtelet (1877) un *andante pastoral* pour orchestre. Enfin elle a publié, sous le pseudonyme d'*Hermann Zenta*, quelques mélodies vocales.

HOLSTEIN (Franz VON), compositeur allemand, est né à Brunswick le 16 février 1826. Fils d'un ancien officier supérieur, il embrassa lui-même la carrière militaire, devint de bonne heure officier, mais prit sa retraite dès l'âge de vingt-sept ans, en 1853, pour consacrer sa vie à l'art musical, qu'il affectionnait. Il avait fait, sous ce rapport, de bonnes études au Conservatoire de Leipzig, et avait eu des leçons particulières du fameux théoricien Moritz Hauptmann. Du reste, M. von Holstein, dont les connaissances sont très-vastes et les aptitudes très-diverses, s'est occupé aussi d'esthétique, d'histoire, de philosophie, de poésie, de travaux de mécanique et particulièrement de dessin.

Après avoir fait plusieurs voyages dans l'Allemagne du Sud, en Italie, à Berlin, à Paris, M. Franz von Holstein commença à se faire connaître comme compositeur par la publication d'un assez grand nombre de recueils de chœurs et de *lieder* à une ou plusieurs voix. Déjà il avait écrit deux ouvrages dramatiques : *Deux Nuits à Venise* (2 actes, 1845), et *Waverley* (5 actes, 1852); en 1869, il donna à Dresde un opéra en 3 actes, *der Haideschacht*, qui obtint un grand succès non-seulement en cette ville, mais dans toute l'Allemagne, et en 1872 il faisait représenter à Berlin *der Erbe von Morley* (*l'Héritier de Morley*), autre opéra en 3 actes. Enfin, en 1876, M. von Holstein offrait au public un nouvel ouvrage dramatique, *Die Hochlaender*, qui a été représenté à Mannheim, et l'année suivante il donnait sur le théâtre de Leipzig un opéra romantique, *les Montagnards*, dont il avait écrit les paroles et la musique et qui parait avoir obtenu un vif succès. On connait aussi de lui un trio pour piano, violon et violoncelle, *Béatrix*, air de concert pour soprano avec accompagnement d'orchestre, et quelques autres compositions.

HOLTZHEM (Louis-Alphonse), né à Paris le 26 juin 1827, étudia de bonne heure la musique, fut enfant de chœur dans ses jeunes années, travailla ensuite le violon, fit partie de l'orchestre de divers théâtres de Paris, entre autres de celui du Vaudeville, et enfin se fit admettre au Conservatoire, dans la classe d'harmonie de Colet, le 14 janvier 1847. Mais bientôt il abandonna cette étude pour celle du chant, entra dans la classe de Ponchard en 1849, dans la classe d'opéra-comique de Morin l'année suivante, obtint un second accessit de chant en 1851, un troisième accessit d'opéra-comique en 1852, et le premier accessit en 1853. Il embrassa alors la carrière lyrique, se montra sur diverses scènes de la province et de l'étranger, et, étant allé en Italie, prit à Milan des leçons d'un professeur renommé de cette ville, M. Lamperti. Vers 1861, M. Holtzhem, de retour à Paris, fit une courte apparition à l'Opéra-Comique, où il débuta, dans l'emploi des seconds ténors, par le rôle de Tonio, de *la Fille du Régiment*. Il se livra ensuite à l'enseignement, et, peu d'années après, publia un traité assez médiocre, ainsi intitulé : *Bases de l'art du chant, traité théorique et pratique et guide spécial à l'usage des jeunes chanteurs et des amateurs* (Paris, Girod, 1865, petit in-8°). Depuis lors, M. Holtzhem paraît avoir renoncé entièrement à la carrière du théâtre et n'a plus fait parler de lui.

HOLTZMANN (........), organiste et compositeur de musique religieuse, était, vers 1770, maître de chapelle de l'église paroissiale à Meersbourg, petit pays situé sur les bord du lac de Constance. L'organiste allemand Hamma, qui fut plus tard organiste de cette église, a prétendu qu'en feuilletant les œuvres manuscrites de cet artiste, il aurait découvert, dans le *Credo* de sa 4e messe solennelle, le chant de *la Marseillaise*, que Rouget de Lisle n'aurait pris que la peine de copier effrontément pour en faire son hymne fulgurant. On trouvera au mot *Hamma* des détails plus étendus à ce sujet.

HOMILIUS (L.......), compositeur russe, s'est fait connaître par plusieurs *lieder*, deux morceaux pour le piano : *Nocturne* et *Moment musical*, et un recueil de *Gammes dans tous les tons et pour tous les degrés, réunis d'après la Méthode d'Antoine Rubinstein*. Ces divers ouvrages ont été publiés à Saint-Pétersbourg, chez l'éditeur Bessel. Je n'ai pas d'autres renseignements sur M. Homilius, qui est un des meilleurs élèves de M. Antoine Rubinstein.

HOMMEY (J.......), professeur au Conservatoire de Toulouse et au lycée de cette ville, est l'auteur de l'ouvrage suivant : *Nouveau Guide pour l'enseignement de l'harmonie, ou Petit Manuel pouvant servir aux personnes qui enseignent ou pratiquent cette science*, Paris, Heugel, 1857, in-8°.

HONAUER (LEONTZI), claveciniste remarquable et compositeur, dont le nom semble indiquer une origine germanique, était établi à Paris dans la seconde moitié du dix-huitième siècle, et s'y livrait à l'enseignement. Il a publié en cette ville : 1° trois livres de chacun six sonates pour le clavecin; 2° un livre de six sonates pour le clavecin avec accompagnement de violon *ad libitum*; 3° quatre quatuors pour le clavecin, avec accompagnement de deux violons et basse, et deux cors *ad libitum*. Cet artiste vivait encore à Paris en 1785.

HONAYN (ABOU CÂB), musicien arabe, né vers l'an 020 de l'ère chrétienne, était désigné sous le nom de *Honayn al-Hiry*, parce qu'il était originaire de la ville de Hira, ancienne capitale de l'Irâk arabe. Chrétien de religion, il commença par être marchand de fleurs, puis, se voyant doué d'une voix charmante, il se livra à l'étude de la musique et devint chanteur, en même temps que joueur de luth et compositeur. A la fois poëte et musicien, il écrivait, dit-on, des vers légers d'un tour aimable et facile, et des airs d'une excellente facture. Il se fit une grande réputation, et était recherché partout pour son talent. On raconte que Khâlid, gouverneur de l'Irâk pour le calife Abd el-Mélik, trouvant que la musique tendait à corrompre les mœurs, l'interdit formellement dans toute l'étendue de la province. Un jour qu'il donnait audience publique, Honayn se présenta à lui et lui dit : « J'avais une profession qui faisait subsister ma famille et moi; tu en as prohibé l'exercice, et tu m'as ainsi réduit à la misère. — Quelle était ta profession, demanda Khâlid? — En voici l'instrument, » répondit Honayn en tirant un luth de dessous son manteau. « Ah ! tu étais musicien, reprit l'émir; eh bien, voyons je veux te juger; chante. » Honayn, s'accompagnant de son luth, chanta aussitôt quelques vers qui contenaient des maximes de morale. Après l'avoir entendu, Khâlid s'écria : « A la bonne heure; je te permets de chanter, mais je le permets à toi seul. »

Quelques années plus tard, le gouvernement de l'Irâk fut confié à un autre fonctionnaire, nommé Bichr, qui aimait la musique, et auprès duquel Honayn fut en grande faveur. Il y avait alors dans l'Irâk un grand nombre de musiciens, mais tous médiocres, à l'exception de Honayn. Celui-ci tenait donc en quelque sorte le sceptre de l'art musical dans la province, lorsqu'il se vit menacé d'une dangereuse concurrence par un chanteur d'une contrée voisine, Ibn Mouhriz, qui venait chercher fortune. Honayn alla à sa rencontre, l'aborda, et réussit à l'éloigner par un cadeau de 500 pièces d'or (7,000 fr.).

Honayn, même en sa vieillesse, gagnait d'ailleurs beaucoup d'argent, ainsi que le constatait un jour un de ses amis en lui disant : « Depuis cinquante années que tu chantes et que tu exploites en Irâk la générosité des grands, il n'en est pas un seul à la fortune duquel tu n'aies fait une brèche considérable. » Honayn répondit avec fierté : « Eh! mes amis, soyez donc équitables. Ce que je donne, moi, à mes auditeurs, c'est mon souffle, c'est mon âme. Ai-je donc tort, après tout, d'y mettre un si haut prix? »

Honayn parvint à un âge très-avancé; il mourut, dit-on, presque centenaire, sur la fin du premier siècle de l'hégire (vers 718 ou 719 de l'ère chrétienne), et par suite d'un accident dont les circonstances sont ainsi rapportées par Caussin de Perceval dans ses *Notices anecdotiques* sur les musiciens arabes :

« Des chanteurs de la Mekke et de Médine, entre autres Ibn Souraydj et Mabed, l'avaient engagé à venir visiter ses confrères du Hidjâz. Pour le déterminer plus sûrement à les satisfaire, ils lui avaient envoyé une somme d'argent destinée à le défrayer de son voyage. Honayn s'achemina vers Médine, où une reception lui était préparée chez une dame du plus haut rang, Soucayna, fille de Hoçayn, femme également célèbre par son esprit, sa beauté et le nombre de ses maris. On alla au-devant de lui à plusieurs lieues hors de la ville, et on le conduisit en pompe à la demeure de Soucayna. Lorsque le vieillard y fut entré, Soucayna fit ouvrir au public les portes de sa maison. La foule d'amateurs qui se présenta pour entendre chanter Honayn et ses confrères ne pouvant tenir dans la salle où ils étaient, la plupart des curieux montèrent sur la terrasse qui recouvrait cette salle. La maîtresse du logis leur y fit porter des rafraîchissements. Honayn, comme étant le doyen des artistes présents et le héros de la fête, fut prié de chanter le premier. D'une voix encore ferme et agréable, il chanta une chanson dont il était l'auteur....... Il n'avait pas achevé sa chanson que tout à coup on entend un craquement affreux mêlé de cris d'effroi. La terrasse, surchargée de monde, s'effondre; les plâtras, les solives tombent sur les assistants, les auditeurs d'en haut sont précipités sur ceux d'en bas. Il y eut bien des contusions et des blessures, mais personne ne périt, excepté Honayn. On le retira sans vie de dessous les décombres. Il était mort en chantant. « *Pauvre* » *Honayn!* dit Soucayna, *il* « *y avait bien longtemps que nous désirions le connaître; faut-il qu'en t'appelant ici nous t'ayons entraîné à la perte!* »

HONHON (Adrien), compositeur belge, a fait représenter à Tongres, le 12 septembre 1877, un opéra-comique en un acte intitulé *Monsieur Tom*. M. Honhon a fait ses études musicales au Conservatoire de Liége, où il a remporté, il y a une dizaine d'années, le prix d'excellence dans la classe d'orgue et le premier prix de contrepoint et fugue.

* **HOPFE** (Jules), compositeur et professeur, est né le 18 janvier 1817 au château de Heldrungen, dans la Thuringe. Il fit de bonnes études littéraires à l'Université de Berlin, et reçut son éducation artistique à l'Académie de musique de la même ville, où il se fixa définitivement. Il s'y livra à l'enseignement du piano et de l'harmonie, et devint directeur d'une société instrumentale. Outre un grand oratorio intitulé *la Résurrection de Lazare*, qui a été exécuté en 1850, on doit à cet artiste un nombre considérable de compositions importantes, des symphonies, des ouvertures, des trios et des quatuors pour piano et instruments à cordes, enfin plusieurs cantates ainsi que des *lieder* avec accompagnement de piano.

HOPKINS (John-Larkin), organiste et compositeur anglais, cousin de M. Edward-John Hopkins (Voyez *Biographie universelle des Musiciens*, t. IV), est né en 1820. Il a fait ses premières études musicales comme enfant de chœur à l'abbaye de Westminster, puis, après avoir terminé son éducation, devint organiste de la cathédrale de Rochester, après quoi il fut appelé à succéder à Walmisley comme organiste du *Trinity college*, à Cambridge. M. Hopkins a écrit un grand nombre de compositions pour l'orgue et pour la voix, des services religieux, etc.

HOPP (Jules), compositeur allemand, a écrit les paroles et la musique d'une parodie de *Faust*, qui, sous le titre de *Fæustling und Margarethl'l*, a été représentée à Berlin, sur le théâtre Friedrich-Wilhelm, au mois de juillet 1872.

HOPPFER (Louis-Bernard), pianiste et compositeur, né à Berlin le 7 août 1840, se consacra de bonne heure à l'étude de la musique, et reçut une excellente éducation technique à la nouvelle Académie de musique, que venait de fonder M. Théodore Kullak. Il devint, dans cet établissement, l'élève de M. Kullak lui-même pour le piano, de MM. Wohlers et Espenhahn pour le violoncelle, enfin de MM. Dehn et Richard Wuerst pour la théorie de l'art et la composition. M. Hoppfer se fit d'abord connaître, en tant que compositeur, par plusieurs productions instrumentales importantes, entre autres deux sonates pour piano et violon, un quatuor pour piano, violon, alto et violoncelle, un quintette pour instruments à cordes, des marches, etc., et aussi par un certain nombre de *lieder*. Il avait acquis ainsi une certaine notoriété lorsqu'il fit représenter à l'Opéra de Berlin, le 11 avril 1871, un drame lyrique que le public attendait avec impatience. Cet ouvrage, intitulé *Frithjof*, ne répondit pas aux espérances qu'on en avait conçues, et n'obtint qu'un mince succès malgré la présence des deux artistes aimés qui en remplissaient les principaux rôles, M. Niemann (Frithjof), et Mme Mallinger (Ingeborg). Peu de temps après, le 17 juin de la même année, M. Hoppfer faisait exécuter sur cette même scène de l'Opéra, mais en dehors de la saison théâtrale, une sorte de grande légende musicale pour *soli*, chœurs et orchestre, *Barberousse*, qui paraît avoir été accueillie aussi par le public avec une certaine réserve, bien que M. Niemann en chantât encore la partie principale. On connaît aussi de Hoppfer un opéra-comique intitulé *l'Étudiant de Prague*, le 23e psaume pour *soli*, chœur et orchestre, et une ballade pour voix seule, chœur et orchestre. Cet artiste est mort dans toute la force de la jeunesse, à Niederwald, près de Rüdesheim, le 21 août 1877. — Son frère aîné, *Emile-Henri Hoppfer*, né à Berlin le 22 janvier 1838, a commencé par étudier aussi la musique, au Conservatoire-Stern, mais s'est tourné plus tard vers la poésie et les lettres. Critique et correspondant de théâtres, il vécut à Hambourg depuis 1872. C'est lui qui a écrit pour son frère, qu'il précéda de peu de jours dans la tombe, les livrets des trois ouvrages que celui-ci a mis en musique.

* **HORAK** (Wenceslas-Emmanuel), compositeur, organiste et écrivain musical, est mort à Prague le 4 septembre 1871. Il était né à Mscheno (Bohême), en 1800.

HORATIIS (Cesare DE), théoricien italien, est l'auteur de l'ouvrage suivant : *Nuovi Elementi della scienza acustico-musicale, applicabili alla scienza delle arti*, Naples, 1865.

HOREÇKI (Félix), virtuose sur la guitare et compositeur pour son instrument, naquit en Pologne vers la fin du dix-huitième siècle. Employé un instant à la Chambre des comptes de Varsovie, il quitta cette ville en 1815 pour aller s'établir comme professeur en Autriche, et se fixa à Vienne. Là, il réussit pleinement, donna des leçons aux archiduchesses, et se vit patronné par la cour. Pourtant, au bout de quelques années, il partit pour l'Angleterre, commença à composer pour son instrument, puis s'établit à Édimbourg, et publia environ une centaine d'œuvres pour la guitare. On trouve dans ces morceaux, qui se répandirent beaucoup en Angleterre, de la grâce et de la facilité. Horeçki fut le premier maître du célèbre guitariste polonais Stanislas Szczepanowski (*Voyez ce nom*). Il était encore à Édimbourg en 1833.

HORMILLE (Jean-Jacques), compositeur, chef d'orchestre et violoniste, né à Nancy le 17 novembre 1799, était attaché au théâtre de l'Opéra-Comique, en 1829, en qualité de second chef d'orchestre. Il entra peu de temps après (lors de la fermeture de la salle Ventadour) comme premier chef au Gymnase dramatique. Il demeura à ce théâtre jusqu'en 1845, se faisant remarquer par le talent qu'il déployait dans la composition des airs et morceaux nouveaux qu'il écrivait pour les nombreux vaudevilles joués à ce théâtre. Aujourd'hui retiré à Nancy, sa ville natale, M. Hormille, qui avait été en 1843 l'un des 46 membres fondateurs de l'Association des artistes musiciens, est président du Comité correspondant de cette association à Nancy.

* **HORN** (Charles-Edouard), chanteur et compositeur anglais, était allé, sur la fin de sa vie, se fixer aux États-Unis. Il y est mort en 1849.

HORN (Auguste), pianiste et compositeur allemand, né le 1er septembre 1825 à Freiberg, en Saxe, a fait de très-bonnes études musicales au Conservatoire de Leipzig. Il s'est, une fois son éducation terminée, livré à la composition, et a publié, en même temps qu'un certain nombre de *lieder*, des fantaisies et des morceaux de genre pour le piano. Il a aussi fait représenter à Leipzig, le 28 février 1875, une opérette intitulée *les Voisins*. M. Horn est l'auteur des excellents arrangements pour le piano à quatre mains, publiés par la maison Peters, des symphonies d'Haydn, de Mozart et de Beethoven.

HORNSTEIN (......), compositeur allemand, a fait représenter à Munich, en 1872, un opéra intitulé *l'Avocat de village*.

* **HORSLEY** (Charles-Edouard), né à Kensington (près Londres) le 16 décembre 1821, est mort à New-York le 28 février 1876. Il était depuis longues années fixé en cette ville, d'où il envoyait à une feuille spéciale de Londres, le *Musical Standard*, des lettres fort intéressantes sur l'état de la musique aux États-Unis.

HORTA Y LLEOPART (Anastasio), organiste et compositeur espagnol, né dans la seconde moitié du dix-huitième siècle, étudia le piano et l'orgue avec José Maseras, et la composition avec Andrevi et Querait. Dès sa plus grande jeunesse il se distingua sur l'orgue, et fut successivement organiste des églises de Saint-Philippe de Néri, de Saint-Sévère et des Saints Juste et Pasteur, de Barcelone. Rarement il lui arrivait de jouer des morceaux étudiés, quelque solennelles que fussent les cérémonies, parce qu'il improvisait d'une façon admirable. Son exécution était rapide et brillante, et se distinguait par l'élégance de mélodies charmantes qu'il accompagnait d'une chaude et robuste harmonie. Il écrivit quelques compositions pour voix avec accompagnement d'orgue et pour orgue seul, et instruisit un grand nombre d'élèves qui lui firent beaucoup d'honneur. Horta, qui était extraordinairement contrefait, et qui, tout debout, n'était pas plus haut qu'un enfant de dix ans (s'il était petit par la taille, dit un biographe, il était grand par le talent), mourut à Barcelone le 12 février 1843.

HOUSSU (Antoine), était un organiste distingué qui vivait au dix-septième siècle, et dont le neveu était aussi un artiste de talent dans le même genre. « Parmi nos organistes les plus habiles que la mort a enlevez, dit Titon du Tillet dans son *Parnasse François*, on ne doit pas oublier.... Antoine Houssu, organiste de l'église de Saint-Jean-en-Grève et Houssu, son neveu, qui lui avoit succédé à cette place. » C'est là le seul souvenir qui nous reste de ces deux artistes, et il m'a été impossible de savoir si l'un ou l'autre avait laissé quelques compositions.

HOWELL (F......), compositeur anglais, est l'auteur d'un oratorio, *the Land of promise*, qui a été exécuté à Westerham en 1872.

HUBANS (Charles), hautboïste, chef d'orchestre et compositeur, né vers 1820, a occupé pendant plusieurs années à Paris les fonctions de chef d'orchestre au Cirque d'hiver. Plus tard, il remplit le même emploi aux concerts de Paris, où il succéda à M. Musard fils, puis au café-concert de l'Alcazar, et enfin il entra en la même qualité aux Bouffes-Parisiens, qu'il a quittés depuis pour entrer aux Folies-Bergère. Il a donné aux Bouffes-Parisiens, en 1874, *le Tour de Moulinet*, opérette en un acte, qu'il a fait suivre de quelques autres ouvrages dont voici les titres : *la Belle Lina*, opéra bouffe en 3 actes (Athénée, 1875), qui n'eut que quatre ou cinq représentations, par suite de la fermeture du théâtre; *les deux Loups de mer*, saynète en un acte (Casino d'Enghien, 1876); *Rien qu'un jour*, opéra-comique en 3 actes (Fantaisies-Parisiennes de Bruxelles, 1876). M. Hubans a fait jouer encore, dans divers cafés-concerts, plusieurs opérettes en un acte : *Un Amour dans le dos*, *Héloïse et Abeilard*, *Ravigore et Collodium*, *Prisonnier par amour*, *Un Fausse Gélatine*, *les Grignotteuses*, etc., et il a écrit quelques airs nouveaux pour un grand vaudeville joué au théâtre Déjazet : *les Femmes qui font des scènes*. Enfin, cet artiste a publié un certain nombre de romances et chansonnettes, ainsi que plusieurs morceaux de genre pour le hautbois. Tout cela est de médiocre valeur.

HUBENÉ (Louis), pianiste, professeur et compositeur belge établi à Bruges, et, je crois, né en cette ville, fut élève d'un musicien nommé Berget, son oncle, qui avait lui-même étudié sous Cherubini. Devenu carillonneur communal et organiste d'une des principales églises de Bruges, cet artiste s'est fait connaître comme compositeur non-seulement par un grand nombre de morceaux de piano, dont quelques-uns ont été publiés à Paris, chez l'éditeur M. Maho, par des motets exécutés dans diverses églises, mais encore par trois opéras flamands dont voici les titres : 1° *Baudewyn van Constantinopelen*, 2 actes, représenté sur le théâtre de Bruges au mois de septembre 1853; 2° *Willem Beukels*, un acte, non représenté; 3° *Bertha of mued en Heldendaed* (*Berthe, ou courage et héroïsme*); j'ignore si ce dernier a vu le jour.

HUBER (Ferdinand), compositeur, né vers 1780, mort à Saint-Gall le 9 janvier 1863, est l'auteur des *lieder* suisses les plus renommés. Il en dédia un cahier à Mendelssohn, qui lui écrivit à ce sujet une lettre de chaleureuses félicitations.

HUBER (Hans), pianiste et compositeur allemand contemporain, s'est fait connaître en ces dernières années par la publication de diverses compositions pour son instrument, entres autres les suivantes : *Blætter und Blüthen*, pièce de concert, op. 2; étude sur un thème original, op. 7; *Bilderbuch ohne Bilder*, 10 fantaisies, op. 12; Fantaisie pour piano et violon, op. 17; Mélodies pour piano, op. 21; 5 Humoresques, op. 24.

HUBERTI (Gustave-Léon), compositeur belge, né à Bruxelles le 14 avril 1843, fit ses études musicales au Conservatoire de cette ville. Après avoir obtenu au concours de Rome, en 1863, le second grand prix de composition pour sa cantate de *Paul et Virginie*, il obtint le premier prix en 1865, avec une cantate qui avait pour titre *la Fille de Jephté*. Dans un grand concert donné par lui à Bruxelles au mois d'Octobre 1870, cet artiste a fait entendre une suite d'orchestre, un concerto de piano avec accompagnement d'orchestre, une ballade et quelques morceaux de chant. Depuis, il a fait exécuter à Bruxelles, dans la salle de la Grande-Harmonie, un oratorio flamand intitulé *De laatste Zonnestraal* (le Dernier rayon de soleil), qui paraît n'avoir obtenu qu'un médiocre succès. M. Huberti est, assure-t-on, l'un des champions les plus décidés de l'art flamand, c'est-à-dire de la fraction de l'école belge qui, en opposition avec celle qui suit les traces et les traditions des Grétry, des Gossec et des Grisar, tourne ses vues du côté de la nouvelle Allemagne musicale et se range sous les drapeaux de M. Richard Wagner. Le chef déclaré de ce groupe artistique est M. Pierre Benoit, directeur du Conservatoire d'Anvers.

HUEL (......), professeur et compositeur, vivait dans la seconde moitié du dix-huitième siècle, et faisait partie de la musique des Suisses de la garde de Louis XVI. Il a publié un recueil de *six sonates à violon seul*, avec la basse, op. 1.

HUERTA Y CATURLA (Trinité-François), virtuose célèbre sur la guitare, artiste étrange et surprenant, est né à Orihuela, près Cadix, le 8 juin 1803. On ignore quelle était son origine, et avec qui il apprit la musique; mais on sait qu'étant entré à dix-sept ans comme cadet dans l'armée espagnole, il prit part au soulèvement militaire de 1820, dont l'un des chefs était le général Riego, et qu'en 1823, lorsque le roi Ferdinand VII eut écrasé l'insurrection avec l'aide de l'armée française, il se vit obligé de venir chercher un refuge en France et vint tout droit à Paris, avec tant d'autres. Ici, il songea, se trouvant sans ressources, à tirer parti de ses connaissances musicales, se fit patronner par le fameux chanteur Garcia, son compatriote, le père de la Malibran, et se produisit dans les concerts avec un énorme succès, que justifiait son talent véritablement prodigieux sur la guitare. Garcia quittant l'Europe en 1825 pour aller diriger en Amérique une troupe d'opéra italien dont lui, sa femme et ses enfants formaient les éléments principaux, emmena Huerta, qui se rendit avec lui à New-York, et sans doute se fit entendre comme guitariste dans les représentations de la compagnie Garcia; toutefois, ce qui est certain, c'est que Huerta monta sur la scène aussi comme chanteur, et qu'à New-York il se montra, aux côtés de Garcia, dans le rôle de don Basile du *Barbier*.

Il est à croire pourtant que Huerta ne resta que quelque temps avec son ami. Après avoir visité les États-Unis et la Havane, il revint en Europe et se rendit à Londres, où il n'obtint pas moins de succès que naguère à Paris, et où il gagna des sommes considérables. De là il partit pour Malte, de Malte gagna Constantinople, et revint en 1830 à Paris, où il se lia avec Rossini, et, l'année suivante, connut Paganini. Il retrouva en France ses triomphes passés, et devint l'idole du public, qui lui faisait fête chaque fois qu'il se faisait entendre. « En vérité, — disait Fétis dans la *Revue musicale* — en vérité, M. Huerta est un homme fort extraordinaire; les difficultés qu'il exécute tiennent du prodige. Rien ne peut donner l'idée de la merveilleuse agilité de ses doigts. » On le louait alors en prose et en vers, et Mme de Girardin, devenue déjà fameuse sous son nom de Delphine Gay, exaltait ainsi son talent :

> L'avez-vous entendu ce troubadour d'Espagne,
> Qu'un art mélodieux aux combats accompagne?
> Sur sa guitare il chante et soupire à la fois;
> Ses doigts ont un accent, ses cordes une voix;
> Son chant est un poème harmonieux sans rime;
> Tout ce que l'on éprouve et l'on rêve, il l'exprime.
> Les cœurs à ses accords se sentent rajeunir;
> La beauté qui l'écoute, heureuse en souvenir,
> S'émeut, sourit et pleure, et croit encore entendre
> Ce qu'on lui dit jamais de plus doux, de plus tendre.
> Sa guitare, en vibrant, vous parle tour à tour
> Le langage d'esprit, le langage d'amour;
> Chacun y reconnaît l'instrument qui l'inspire :
> Pour le compositeur c'est un orchestre entier,
> C'est le tambour léger pour le basque en délire,
> C'est le clairon pour le guerrier,
> Pour le poëte c'est la lyre !

En 1833, Huerta retourne pour un instant dans sa patrie, puis il revient à Paris l'année suivante, fait bientôt un grand voyage dans les départements, qui ne l'accueillent pas avec une moindre faveur, et en 1843 va se faire entendre en Belgique. En 1849, on répand le bruit de sa mort; la nouvelle était fausse, mais on n'entend plus parler de lui jusqu'au mois d'octobre 1855, époque où la même nouvelle est remise en circulation par les journaux italiens. C'est alors qu'on lit dans l'*Italia e Popolo* : — « Le célèbre guitariste espagnol Huerta vient de mettre fin à ses jours, en se tirant un coup de pistolet dans le cœur. Son cadavre a été trouvé dans une des rues les moins fréquentées de Nice. Avant de mourir, il avait écrit une lettre pour recommander que l'on distribuât en œuvres de bienfaisance une somme d'argent qu'il avait en sa possession. Il devait donner un concert à Nice, et déjà les affiches étaient placardées. » Cependant, cette fois encore, et malgré des détails si précis, la nouvelle de la mort de Huerta était controuvée; l'artiste est encore, à l'heure présente, en parfaite santé, après avoir fait, il y a peu de temps encore (1873), un voyage en Belgique.

La génération présente n'a pu apprécier le talent de Huerta; mais il fallait que ce talent fût bien extraordinaire pour exciter l'enthousiasme de tous ceux, artistes et amateurs, qui étaient à même de l'apprécier; et d'ailleurs il faut se rappeler que lorsque Huerta se produisit à Paris, deux autres guitaristes, fort distingués tous deux, et ses compatriotes, obtenaient eux-mêmes de grands succès auprès du public : je veux parler de Sor et d'Aguado. Il est vrai que le jeu de ceux-ci était normal, classique si l'on peut dire, tandis que Huerta était un virtuose d'une nature étrange, d'un ordre exceptionnel, qui semblait transformer la guitare en lui demandant ce qu'on n'en avait jamais obtenu avant lui, et qui se caractérisait lui même avec justesse, sinon avec modestie, en répétant sans cesse : *Jé souis lé Paganini dé la goultare !* Fétis disait, dans la *Revue musicale* du 21 juillet 1832, en parlant de cet artiste prodigieux : — « Nous avons déjà dit et tout le monde sait que M. Huerta exécute sur la guitare de très-grandes difficultés; mais lorsque j'entends un artiste distingué déployer un talent peu ordinaire sur la guitare, la sensation qui domine en moi est celle du regret de voir des facultés appliquées d'une manière peu utile; car un fait qui ne peut être contesté, c'est que la guitare est destinée à demeurer constamment dans un état complet d'infériorité à l'égard des autres instruments, malgré tout le talent que des artistes tels que MM. Aguado et Huerta emploient à donner plus d'étendue à ses faibles ressources. M. Huerta est peu musicien, et l'harmonie dont il accompagne ses mélodies est quelquefois étrange. » D'autre part, il est certain que Huerta, un peu grisé sans doute par ses facultés exceptionnelles, prétendait tirer de la guitare ce qu'elle est inapte à rendre. A ce sujet, on a mis sur le compte d'un grand musicien le jugement que voici, qui parait tout à fait équitable : — « Je reprocherai un défaut à Huerta. Parce qu'il entend bruire dans sa tête les accords nombreux et variés de tout un orchestre; parce qu'il sent vibrer en lui, sur tous les tons, tous les échos de son âme, il s'imagine pouvoir rendre sur les six cordes de sa guitare tout ce volcan d'harmonie intérieure. Mais lui seul y est trompé. L'oreille du dilettante n'entend qu'une voix, qui module harmonieusement, il est vrai, mais qui ne peut servir d'interprète aux mille voix que l'artiste écoute chanter en lui. Du reste, Huerta est un excellent guitariste, c'est même le plus excellent que je connaisse. » Ces réflexions, je le répète, sont on ne peut plus sensées (1).

(1) On a attribué à Huerta la composition du fameux chant national espagnol connu sous le nom d'*Hymne de Riego*, et je l'ai fait moi-même, en un article publié sur cet hymne dans la *Gazette musicale* du 25 octobre 1868. Je croyais pouvoir alors ajouter toute confiance aux documents sur lesquels je m'appuyais. Je suis moins sûr de mon fait aujourd'hui, quoique je n'aie pas la preuve du contraire. Je vais donc reproduire, à titre de simple renseignement, ce que je disais à ce sujet : — « .... C'était dans les premiers jours de septembre 1820. L'Espagne, cette terre classique des révolutions, venait de se soulever contre Ferdinand VII, et deux généraux insurgés, Riego et Quiroga, entraient en vainqueurs à Madrid, obligeant le roi a octroyer une constitution à son peuple. — L'effervescence était dans tous les esprits, l'émotion populaire était à son comble, toute l'Espagne enfin était dans une sorte d'enivrement facile à concevoir. C'est à ce moment que deux hommes se rencontrèrent dans une même pensée, celle de doter leur pays d'un hymne de résurrection, d'un chant patriotique et national. L'un d'eux, le colonel Evariste San-Miguel, ancien officier de l'armée de Cadix lors du soulèvement de 1812, ancien rédacteur du journal l'*Espectador*, « tribun et poète en même temps que soldat, » était chef d'état-major de Riego; l'autre, jeune cadet dans l'armée, était un adolescent de dix-sept ans, ayant un peu étudié la musique, et s'appelait Huerta. — Tous deux associèrent leur inspiration, et dans une nuit de fièvre ils enfantèrent un chant auquel ils donnèrent le nom du libérateur, et qu'ils appelèrent l'*Hymne de Riego*. L'Espagne avait trouvé sa *Marseillaise*, et huit jours après, ce chant, devenu rapidement célèbre, retentissait dans les airs d'un bout à l'autre du pays. »

HUET (Auguste), acteur français qui a brillé pendant plus de vingt ans sur le théâtre de l'Opéra-Comique, commença sa carrière à l'époque de la Révolution, sur l'aimable théâtre des Jeunes-Artistes, habilement dirigé par Foignet père et fils (*Voyez* ce nom), et où l'on jouait beaucoup d'opéras-comiques. Vers 1798, il passa au théâtre des Troubadours, où le répertoire se composait tout à la fois de vaudevilles et de pièces lyriques, et où il commença à acquérir les qualités qui devaient le distinguer plus tard comme comédien. Mais celui-ci ayant fait de mauvaises affaires et ayant fermé ses portes, Huet partit pour la province, où il acheva son éducation scénique. Il était au Grand-Théâtre de Rouen, où il tenait l'emploi des *hautes-contre*, lorsqu'il fut appelé à l'Opéra-Comique. Il y débuta le 16 décembre 1805, dans *Adolphe et Clara* et *le Médecin Turc*. Ses commencements furent modestes, et il se borna à doubler Elleviou et Gavaudan; mais bientôt on reconnut qu'il était doué d'un physique plein de grâce et de noblesse, d'une voix fraîche et conduite avec goût, qu'il portait le costume avec une rare distinction, et qu'enfin ses progrès en tant que comédien étaient sensibles de jour en jour. A la retraite d'Elleviou il avait été déjà reçu sociétaire, et le départ de ce grand artiste lui donna l'occasion de créer quelques rôles qui lui firent honneur.

En peu d'années, Huet acquit, avec un véritable talent, une action légitimé sur le public et une incontestable autorité. Outre les rôles importants du répertoire courant, il s'en vit confier un grand nombre de nouveaux qui établirent solidement sa réputation, et on le vit ainsi dans *le Philosophe en voyage*, *Ethelwina*, *le Négociant de Hambourg*, *le Petit Souper*, *Valentine de Milan*, *Marie*, *la Vieille*, *le Colporteur*, *l'Orphelin et le Brigadier*, *Masaniello*, etc., etc., se distinguant à la fois par ses qualités vocales et scéniques, et gagnant chaque jour dans l'estime des amateurs. Huet se fit remarquer aussi, d'une façon moins connue du public, par l'énergie, l'activité, l'intelligence et la probité qu'il déploya lorsque, à la réorganisation de l'Opéra-Comique, il fut nommé, par l'autorité supérieure, l'un des quatre acteurs chargés de l'administration de ce théâtre, et l'on assure que sous ce rapport il rendit d'inappréciables services.

Huet se retira en 1828, pour prendre avec Paul, son ancien camarade de l'Opéra-Comique, la direction du Grand-Théâtre de Rouen. Tous deux s'étaient associés à cet effet, mais Paul ayant obtenu le privilége en son nom seul, voulut rompre le traité. Huet fit alors valoir ses droits, par des actes authentiques, et obligea Paul à lui payer 40,000 francs de dommages-intérêts. Cet artiste distingué est mort en 1832.

HUGH-CASS (.....), chef d'orchestre et compositeur, était en 1865 chef d'orchestre du Casino de Marseille, et remplissait, en 1874, les mêmes fonctions au théâtre de Toulon. Il a fait représenter les ouvrages suivants : 1° *La Croix de Jeannette*, opéra-comique en un acte, Grand-Théâtre de Marseille, 17 janvier 1865 ; 2° *la Ronde de nuit*, opérette en un acte, Alcazar de Marseille, 10 août 1872 ; 3° *Le légataire de Grenade*, drame lyrique en quatre actes, théâtre de Toulon, 28 février 1874. Ce dernier ouvrage, dont les paroles, comme celles des deux précédents, étaient l'œuvre de M. Maurice Bouquet, avait été présenté par ses auteurs au concours ouvert en 1867 au Théâtre-Lyrique. M. Hugh-Cass est encore l'auteur d'une saynète burlesque : *Une Revue à Trépigny-les-Oursins*.

HULLAH (John), professeur, théoricien et écrivain musical anglais, est né à Worcester en 1812. Élève d'abord de Horsley, il entra en 1829 à l'Académie de musique de Londres, où il suivit le cours de chant de Crivelli. En 1832 il se produisit comme compositeur, en écrivant la musique des *Coquettes de village*, opéra-comique de Charles Dickens, puis bientôt il se livra à l'enseignement et à la propagation du chant populaire, et fit depuis lors, dans cet ordre d'idées, les efforts les plus intelligents, les plus persévérants et les plus heureux. Il fit construire en 1847, pour ses exercices, une grande salle de concerts connue sous le nom de *Saint-Martin's Hall*, que le feu détruisit en 1860. Cet événement, qui le ruinait à peu près complétement, le rendit l'objet des plus ardentes sympathies, et ses élèves, ses amis, ses partisans lui donnèrent en cette circonstance des preuves non équivoques de leur vive affection.

M. John Hullah a été professeur de musique vocale et d'harmonie aux colléges du roi, de la reine et de Bedford, à Londres, organiste de la Chartreuse, directeur de l'orchestre et des chœurs de l'Académie royale de musique. En 1872, le Conseil d'Éducation l'a nommé inspecteur musical pour le Royaume-Uni ; depuis lors, il s'est démis de ses fonctions au Collége du Roi.

M. Hullah a produit de nombreux ouvrages d'enseignement, et il s'est occupé aussi avec ardeur des questions relatives à l'histoire de la musique. Voici la liste de ses ouvrages les plus importants : 1° *Méthode de chant de B. Wilhem*, traduite en anglais ; 2° *Notation. Résumé historique concernant le choix, la convenance et la formation des lettres et des caractères qui constituent l'alphabet musical* ; 3° *Histoire de la musique moderne (the History of modern music)*, ouvrage formé d'une série de lectures faites par l'auteur à l'Institution royale de la Grande-Bretagne (Londres, Longmans, 1862, in-8° ; 2° édition 1875) ; 4° *La Période de transition de l'histoire musicale (the Transition period of musical history)*, ouvrage formé dans les mêmes conditions (Londres, in-8°) ; 5° *Rudiments de la grammaire musicale* ; 6° *Grammaire de l'harmonie musicale* ; 7° *Grammaire du contrepoint* ; 8° *Exercices pour la culture de la voix* ; etc. M. Hullah a publié aussi des recueils de chants pour les enfants, et il a donné, dans des publications spéciales, un grand nombre d'articles sur des sujets relatifs à la musique.

HÜLSKAMP (Gustave-Henri), habile facteur de pianos, fondateur et directeur d'une des maisons les plus considérables en ce genre qui existent en Amérique, est né en Westphalie. En 1850 il alla se fixer aux États-Unis, établit à Troy, dans l'état de New-York, une fabrique de pianos qui, grâce à son talent et à son énergie, acquit bientôt une grande importance, et obtint en 1857 une médaille pour l'excellente construction de ses instruments. Depuis 1866, M. Hülskamp a transporté sa fabrique dans la ville même de New-York.

HUNDT (Mlle Aline), jeune musicienne allemande, s'est fait connaître avantageusement, en ces dernières années, comme chef d'orchestre et comme compositeur. Au mois de mars ou d'avril 1871, elle a fait exécuter sous sa direction à Berlin, dans la salle de l'Académie de chant, une symphonie en *sol* mineur et une grande marche instrumentale qui paraissent avoir obtenu un grand succès. Un journal allemand disait, en parlant de la seconde de ces compositions, que c'est une « œuvre originale et puissante, où le sexe de l'auteur ne se trahit ni dans la hardiesse de l'harmonie, ni dans la couleur de l'instrumentation. » J'ignore si, depuis lors, cette artiste s'est produite de nouveau.

HURLEBUSCH (Conrad-Frédéric), organiste et compositeur, né à Brunswick en 1696, vivait vers le milieu du dix-huitième siècle à Amsterdam, où il devint organiste de l'église réformée. Les renseignements manquent sur l'existence de cet artiste, qui fut un compositeur très-fécond, mais dont on ignore les dates de la naissance et de la mort; on sait seulement qu'il était déjà organiste à Amsterdam en 1738, et qu'il vivait encore dans cette ville en 1766. On connaît les œuvres suivantes de Hurlebusch : 1° *l'Innocenza difesa*, opéra italien; 2° *Flavio Cuniberto*, opéra italien; 3° *VI Sonate di cembalo*, Amsterdam, 1746; 4° *Les 150 psaumes de David avec ses motets, composés pour le clavecin et l'orgue, d'après la base et la vraie harmonie, tonalité, basse chiffrée, avec petits agréments*, etc., Amsterdam, Jan Freislich, 1766; 5° 30 à 100 airs italiens, avec instruments; 6° 12 Cantates italiennes, avec violon et autres instruments; 7° Cantates italiennes, avec basse et chant; 8° 12 concertos, 12 sonates et 8 ouvertures; 9° 6 concertos pour clavecin, avec instruments; 10° 24 fugues pour clavecin et orgue; 11° 18 sonates ou suites pour le clavecin. Hurlebusch est encore l'auteur d'un grand ouvrage sur la théorie de la musique.

HURTADO (Pierre), musicien du dix-septième siècle, évidemment d'origine espagnole (il signait : Pierre Hurtado y de Avalos), mais fixé dans les Pays-Bas et peut-être né dans cette contrée, était fils d'un lieutenant de cavalerie au service du roi des Pays-Bas. Pendant dix ans il fut enfant de chœur à la chapelle royale de Bruxelles, et devint ensuite maître de chant à l'église Saint-Bavon, cathédrale de Gand. M. Van der Straeten a retrouvé, dans les archives de l'église de Sainte-Walburge, d'Audenarde, une liste datée de 1734 et donnant l'inventaire de la musique appartenant alors à cette église; cette liste contient la mention des compositions suivantes de Pierre Hurtado : 1° Motet de chœur, à 4 voix et 3 instruments; 2° Motet de chœur, à 3 voix et 3 instruments; 3° Motet à 3 voix; 4° *Te Deum* à 6 voix et 3 instruments; 5° Motet à 6 voix et 3 instruments.

* **HUTH** (Louis), compositeur allemand, est mort à Londres en 1859.

HUTOY (Eugène), compositeur belge, né à Liége le 2 juillet 1844, a fait son éducation musicale au Conservatoire de cette ville, où il suivit les cours de solfége, de violon, d'harmonie et de fugue. Après avoir publié quelques mélodies vocales, cet artiste a écrit la musique de deux opéras-comiques en un acte, l'un, *Quiroco et Cristi*, représenté au Pavillon de Flore, à Liége, le 8 février 1872, l'autre, *la Posada* ou *le Souper du Roi*, représenté au théâtre royal de la même ville le 24 février 1874. M. Hutoy est professeur de solfége au Conservatoire de Liége, depuis 1872.

Le frère puîné de cet artiste, M. *Achille Hutoy*, né à Tournai le 2 avril 1849, s'est adonné à l'étude de la flûte et est devenu un artiste distingué. Elève aussi du Conservatoire de Liége, il y a été couronné au concours de 1869. Il fait aujourd'hui partie de l'orchestre de M. Bilse, à Berlin.

* **HUTSCHENRUYTER** (Guillaume), compositeur et chef d'orchestre, est né à Rotterdam le 25 décembre 1796. Il étudia dans sa jeunesse le violon, le cor et la trompette, fit un cours complet d'harmonie et de contrepoint, puis se livra avec succès à la composition. Doué d'une intelligente initiative secondée par un savoir réel, cet artiste contribua d'une façon considérable au développement du goût musical dans sa ville natale : directeur des concerts de la Société *Eruditio musica*, maître de chapelle de l'église St-Dominique, chef de la musique de la garde bourgeoise, directeur de la Société *Musis sacrum* et de la société chorale *Euterpe*, professeur à l'École de musique, il a occupé pendant longues années une position brillante et exercé une grande influence sur la marche de l'art. Comme compositeur, on lui doit les ouvrages suivants : 1° *le Roi de Bohême*, opéra représenté à Rotterdam; — 2° quatre symphonies à grand orchestre (dont une publiée à Bruxelles, chez Schott); — 3° deux ouvertures de concert, couronnées par la *Société musicale des Pays-Bas*; — 4° une ouverture pour instruments à vent; — 5° plusieurs recueils de *lieder*; — 6° des chants d'écoles (publiés à Schiedam, chez Roelandt); — 7° plusieurs messes; — 8° des cantates; — enfin un grand nombre de compositions de divers genres, qui portent le chiffre de ses œuvres à plus de cent cinquante. Cet artiste vivait encore à Rotterdam en 1864.

HYE (Mme **DE LA**). — *Voyez* **LA HYE** (Mme **DE**).

IBN AICHA (MOHAMMED), chanteur arabe, élève de Djémilè et de Mâbed, fut l'un des artistes les plus renommés de l'Orient. Mais il était doué d'un orgueil insupportable, et tel, dit un biographe, que si on le priait de chanter, il se fâchait, et que s'il chantait et qu'on lui criât : *Bravo !* il s'emportait et cessait aussitôt, disant qu'il n'avait pas besoin d'applaudissements. Pour donner une idée de son talent, on raconte qu'un jour, se trouvant à la Mekke et voyant passer une immense troupe de pèlerins, Ibn Aïcha dit à un ami : — « Je connais un homme qui, s'il ouvrait la bouche, tiendrait tout ce monde immobile et arrêterait la circulation. — Qui donc? demanda l'ami. — Moi, » répondit-il, et il se mit à chanter. A sa voix, tout le cortége cessa d'avancer, les litières se pressaient et s'entre-choquaient, les chameaux allongeaient leur cou vers le chanteur, et la confusion qui résulta de cette suspension de la marche faillit amener de graves accidents.

Un autre fait peint son caractère. Revenant de Damas, où il avait été appelé par le calife Walid II et par lui comblé de présents, Ibn Aïcha, retournant à Médine, s'était arrêté au château de Dhou-Khouchb, chez El-Ghamr, frère de ce prince. Un soir qu'il était à boire avec El-Ghamr sur la terrasse qui formait le toit du château, il chanta un air qui plut beaucoup à celui-ci. El-Ghamr le pria de recommencer; Ibn Aïcha refusa par fierté; le prince insista, le chanteur s'obstina, et El-Ghamr, irrité de ce refus et échauffé par les fumées du vin, fit précipiter l'artiste indocile du haut en bas de la terrasse. Quelques-uns disent, il est vrai, que cette chute fut accidentelle. Quoi qu'il en soit, Ibn Aïcha en mourut, vers l'an 125 ou 126 de l'hégire (environ 743 de l'ère chrétienne).

IBN MOUHRIZ, musicien arabe, vivait au premier siècle de l'hégire (septième siècle de l'ère chrétienne). C'était un chanteur fort distingué, s'il faut en croire l'anecdote suivante, rapportée par Caussin de Perceval dans sa notice sur un autre chanteur arabe, Honayn el-Hiry (1) : — « Honayn tenait, en quelque sorte, le sceptre de l'art musical dans sa province, quand il apprit qu'il était menacé d'une dangereuse concurrence. Ibn Mouhriz, attiré par ce qu'on lui avait rapporté du caractère et des goûts de l'émir Bichr, fils de Merwân, s'était mis en route pour venir faire une tournée en Irâk. Honayn s'empressa d'aller au-devant d'un rival qu'il redoutait. Il le rencontra au bourg de Cadecyiè, sur la limite même de l'Irâk et du désert. Il fit connaissance avec lui et le pria de lui faire entendre sa voix. Ibn Mouhriz ayant aussitôt chanté un air de sa composition, Honayn lui dit : — « Combien te flattes-tu de gagner dans ce pays ? « — Peut-être 1,000 pièces d'or (14,000 fr.), « répondit Ibn Mouhriz. — Eh bien! reprit Ho« nayn, contente-toi de 500 (7,000 fr.); les « voici; va ailleurs, et promets-moi de ne plus « revenir. » Ibn Mouhriz était modeste en ses désirs et naturellement disposé à fuir le monde. Il accepta le marché, et s'en retourna. Les confrères de Honayn le plaisantèrent au sujet de cette aventure. « Riez tant qu'il vous plaira, leur « dit-il, j'ai agi sagement. Si cet homme était « entré en Irâk, j'étais perdu, ruiné. Il m'aurait « tellement écrasé de sa supériorité, que jamais « je n'aurais pu me relever. »

(1) *Notices anecdotiques sur les principaux musiciens arabes des trois premiers siècles de l'Islamisme.*

IBN-SOURAYDJ, l'un des chanteurs arabes les plus fameux, brillait dans le premier siècle de l'islamisme (sixième de l'ère chrétienne). « Il avait, dit Caussin de Perceval la peau brune, peu de barbe, le teint couperosé, les yeux louches. Il se coiffait habituellement d'un chapeau rond et se couvrait le visage d'un léger voile, lorsqu'il chantait, afin que l'attention des auditeurs ne fût pas distraite par la vue de sa figure disgracieuse, et se fixât uniquement sur sa voix, qui était d'une grande beauté. Né à la Mekke à la fin du califat d'Omar, fils de Khattab, il eut pour maître de chant Ibn-Mouçaddjih. Il alla ensuite à Médine, où il fréquenta la maison d'Azzè-tel-Meylâ et apprit plusieurs des airs de cette cantatrice. De retour à la Mekke, il y demeura longtemps obscur; il exerçait la profession de *nâyeh* ou chanteur de vers élégiaques dans les funérailles. Il végéta ainsi jusqu'à l'âge de quarante ans. »

En réalité, Ibn-Souraydj naquit vers l'an 23 de l'hégire, soit vers 641 de l'ère chrétienne. Les circonstances finirent par lui être favorables, et, après une jeunesse obscure, plusieurs occasions lui permirent de mettre en relief son très-beau talent de chanteur et même son habileté à composer de jolis airs, et il finit par être considéré à la Mekke, à Medine et dans tout le Hidjâz pour le premier des *nayeh*. Bientôt il augmenta encore sa renommée en prenant l'habitude de s'accompagner avec le luth, et il fut, assure-t-on, le premier qui chanta des vers arabes en s'aidant de cet instrument.

L'histoire de sa lutte artistique avec un de ses serviteurs devenu son élève, El-Gharîdh, affranchi comme lui, est intéressante et curieuse. Celui-ci avait si bien profité des leçons de son maître, qu'il devint bientôt son rival, sa voix paraissant d'ailleurs particulièrement propre au chant des poésies élégiaques. Ibn-Souraydj, pour éviter une comparaison qui blessait son amour-propre, abandonna alors la profession de *nayeh*, et s'attacha à composer des airs d'un style grave et noble, dans les espèces de rhythmes du genre *thâkîl* ou lent. Mais El-Gharîdh le suivit sur ce terrain et engagea avec lui une lutte qui, pendant plusieurs années, excita l'attention et la curiosité du public Mekkois, lequel jouissait du talent des deux artistes sans accorder la palme à l'un plus qu'à l'autre. Ibn-Souraydj voulut alors changer de nouveau sa manière, et se mit à composer des *hazadj*, airs tendres et faciles, et surtout des *ramal*, mélodies vives et agitées; mais, là encore, El-Gharîdh le poursuivit et presque l'égala. Enfin, Ibn-Souraydj composa un jour, sur des vers du poète Omar et dans le rhythme *thakîl* second, un chant d'une si grande beauté et d'une allure si magnifique, que son rival dut s'avouer vaincu; cet air a été mis au rang des chefs-d'œuvre de la musique arabe.

La renommée du chanteur devint immense, et le calife Walîd, fils d'Abd el-Mélik, à son avènement au trône, le fit venir à Damas et en fit son favori. C'était d'ailleurs un fort honnête homme, aussi estimé pour sa conduite qu'admiré pour son talent. Attaqué de l'éléphantiasis, il mourut à la Mekke, dans sa quatre-vingt-cinquième année, vers l'an 108 de l'hégire (726 de J.-C.).

IMBAULT (J.....-J.....), violoniste, puis éditeur de musique, naquit à Paris le 9 mars 1753. Il commença jeune l'étude de la musique, et à l'âge de dix ans devint pour le violon l'élève de Gaviniés, sous la direction duquel il acquit un remarquable talent. Il débuta comme virtuose à dix-sept ans, en se faisant entendre dans les concerts donnés au profit de l'École de dessin fondée par Bachelier, et l'on raconte que son succès y fut si grand que, pour lui exprimer sa satisfaction, M. de Sartine lui accorda le droit de désigner un élève pour être admis dans cette école. Imbault se produisit ensuite au Concert spirituel, puis aux brillantes séances de la Société olympique, et il eut l'honneur d'exécuter trois fois avec Viotti, devant la reine Marie-Antoinette, les symphonies concertantes de cet illustre maître. Sous l'empire, il fit partie de l'orchestre de la chapelle.

Vers 1785, Imbault, qui avait été attaché pendant quelques années à l'orchestre de l'Opéra, se mit à la tête d'un établissement d'édition musicale qui fut bientôt l'un des premiers de Paris. « Comme éditeur de musique, disait le *Dictionnaire historique des Musiciens*, il s'est attaché plus constamment que tout autre à donner des éditions belles et correctes, même dans les ouvrages les plus ordinaires; outre cela il en a donné un grand nombre de très-bonnes et de très-importantes; on lui doit le *Traité de la fugue et du contrepoint* de Marpurg, l'*École d'orgue* par M. Jos. Martini, les Méthodes de violoncelle par Tillière, Bréval et L. Duport. Il a publié en 1808 une superbe édition des quatuors d'Haydn, au nombre de cinquante-six, avec le portrait de ce compositeur. » Parmi les très-nombreuses publications faites par Imbault, il faut citer aussi plusieurs concertos de violon de Rode, des duos de Viotti, des sonates de clavecin de Boieldieu, et l'un des chefs-d'œuvre de son vieux maître Gaviniés, *les Vingt-quatre Matinées*. Peu de temps avant la mort de ce dernier, en 1800, Imbault donna deux brillants concerts à son bénéfice, et Gaviniés, reconnaissant envers son élève, lui fit don de son portrait dessiné par P. Guérin.

IMBERT ou YMBERT (Th.....), compositeur, a fait représenter le 8 mars 1861, au Théâtre-Lyrique, un opéra-comique en un acte intitulé *les Deux Cadis*. Ce petit ouvrage, très-bien accueilli du public, renfermait de bonnes qualités et semblait d'un bon augure pour l'avenir du jeune artiste qui débutait ainsi. Pourtant, et j'ignore pourquoi, il n'a plus été question depuis lors de M. Imbert, qui a seulement publié la partition d'une sorte de petit oratorio, *Bethléem*, « pastorale » en trois parties (Paris, Choudens). On doit aussi à ce compositeur quelques romances et chansons, *Sur le Lac*, *la Bayadère*, *Juliette*, *Tircis et Amarante*, *l'Hirondelle*, *le Batelier du Nil*, *Pauvre Jacques*, *la Mort et le Bûcheron*, *le Satyre et le Passant*, etc.

* **IMBIMBO** (Emmanuel). Cet artiste est

l'auteur d'un *Salve regina* avec accompagnement d'orchestre, dont M. le docteur Basevi, de Florence, possède une copie datée de 1793.

IMMENRAET (MICHEL), facteur de clavecins, né à Cologne à la fin du seizième siècle, s'établit à Anvers, et fut inscrit au nombre des bourgeois de cette ville le 5 mars 1610. Il était contemporain du fameux Hans Ruckers le vieux, le plus célèbre facteur de clavecins d'Anvers, qui possédait en ce genre un grand nombre d'artistes distingués.

IMPALLOMENI (........), compositeur italien, a fait représenter au théâtre Garibaldi, de Palerme, en 1872, un opéra intitulé *Fatima*.

IMPERATORI (.......). Un musicien italien de ce nom a fait représenter sur le théâtre de la Scala, de Milan, le 22 novembre 1842, un opéra sérieux intitulé *Bianca di Belmonte*.

INCHINDI. — *Voyez* **HENNEKINDT.**

INDY (SAINT-ANGE-WILFRID **D'**), né à Valence (Drôme), le 14 décembre 1821, est un de ces hommes de goût qui savent utiliser par la culture intelligente de l'art, les loisirs que leur crée une situation aisée et indépendante. Venu à Paris en 1839, M. d'Indy y prit des leçons de piano d'Antoine de Konstki, et eut en même temps Banderali comme professeur de chant. En outre, il suivait au Conservatoire le cours de composition de Carafa, ou plutôt celui que faisait au nom du maître Alexis Roger, qui obtint en 1842 le grand prix de l'Institut.

Un quatuor pour instruments à cordes, publié en 1841, chez Challiot, puis un certain nombre de morceaux pour piano, de duos pour piano et violon, et de pièces de chant, parmi lesquelles il faut distinguer une scène dramatique intitulée *Charlotte Corday* (Mme Maeyens-Couvreur, éditeur), tels furent les débuts de M. d'Indy dans la carrière du compositeur. Il écrivit ensuite sur un livret de M. Emilien Pacini (*les deux Princesses*), un opéra-comique en deux actes, qui fut représenté le 2 février 1850, dans la grande salle du Conservatoire, et qui a été édité par Mme Maeyens. Le succès de cet ouvrage engagea M. Perrin, directeur de l'Opéra-Comique, à accepter du jeune compositeur une nouvelle partition, *le Feu sous la neige*; mais différentes circonstances en firent ajourner la mise à la scène, et ce ne fut qu'en 1860 que cet opéra, qui avait été retiré du théâtre, fut représenté au Louvre, chez M. le comte de Niewerkerke, et dans quelques autres salons. L'un des interprètes de l'ouvrage était le ténor Capoul, qui paraissait pour la première fois devant le public parisien.

Pourvu par M. Roqueplan, directeur de l'Opéra, d'un poëme de M. de Saint-Georges, *Maître Claude*, M. d'Indy en avait écrit la musique, et les répétitions allaient commencer, lorsque la direction de l'Opéra vint à passer dans les attributions du ministre de la maison de l'empereur. L'accès de notre première scène lyrique s'étant trouvé en même temps interdit à tout compositeur n'ayant pas encore fait ses preuves sur une scène subventionnée, M. d'Indy dut rendre son poëme à M. de Saint-Georges, qui le remania, et le transmit cette fois à M. Jules Cohen; ce fut, comme on le sait, l'Opéra-Comique qui hérita de *Maître Claude*.

Les derniers ouvrages dramatiques de M. d'Indy sont deux opéras de salon : *Méprise et Surprise*, et *Dans le brouillard*, composés l'un et l'autre en 1867, sur des paroles de M. Jules d'Evry. Ces deux partitions, finement touchées, et d'un caractère très-agréable, ont été exécutées dans la salle du Conservatoire. Une affection prématurée de l'organe visuel, dont la gravité s'est promptement accrue, a forcé M. d'Indy à renoncer aux travaux de composition qui lui étaient chers, et pour lesquels il se sentait heureusement doué. Je compléterai l'énumération de ses œuvres principales en signalant : un trio pour piano, violon et violoncelle, op. 15 (Paris, Richault), deux sonatines pour piano, et une *Sérénade*, dont la mélodie élégante et l'accompagnement soigné donnent la mesure du talent du compositeur.

M. Wilfrid d'Indy a fourni au *Correspondant*, de 1869 à 1873, d'intéressants articles de critique musicale. Il habite depuis un certain nombre d'années l'arrondissement de Bayeux (Calvados).

J. C—z.

INDY (VINCENT **D'**), compositeur, neveu du précédent, s'est fait connaître, depuis quelques années, par plusieurs productions importantes. C'est ainsi qu'il a fait entendre successivement une ouverture intitulée *les Piccolomini* (Concerts populaires, 1874), des fragments d'une « symphonie chevaleresque » (Société nationale, 1876), une ouverture d'*Antoine et Cléopâtre* (Concerts populaires, 1877), et une « chanson espagnole » avec chœur intitulé *la Chevauchée du Cid* (Société nationale, 1877). Ce jeune artiste, qui ne manque ni de talent ni de vigueur, mais qui cherche encore sa voie, semble, comme quelques-uns des musiciens de notre nouvelle école française, un peu trop imbu des théories énervantes de M. Richard Wagner. M. d'Indy a pris une part assez importante à l'utile et intelligente publication des cantiques et des madrigaux de Salomon Rossi, faite récemment par M. S. Naumbourg (*Voyez* ce nom).

INGRANDE (EDMOND **D'**), organiste et compositeur, est né à Paris le 19 mars 1825. D'abord élève de Wilhem et de Taskin, il travailla ensuite avec Zimmermann, et prit part, en 1845, au concours préparatoire pour le prix de Rome. N'ayant pas réussi, il entra en 1848 au Conservatoire, dans la classe de composition d'Adolphe Adam, mais n'y resta que peu de temps. Il devint bientôt professeur de chant dans les écoles communales de la ville de Paris, puis, successivement, organiste de l'église Saint-Ambroise, de Notre-Dame-des-Blancs-Manteaux, et maître de chapelle à Saint-Leu. M. d'Ingrande a écrit un grand nombre de chœurs orphéoniques : *le Guet, Il est minuit, les Papetiers, le Chant des Forgerons, la Fête du bon Dieu, les Génies de la terre, l'Union de l'industrie et des arts, le Chant de l'atelier*, qui ont été couronnés à différents concours; il est aussi l'auteur d'une grande cantate, *Jeanne d'Arc*, pour soprano et chœurs, avec accompagnement de piano et instruments à cordes, couronnée par la Société libre des Beaux-Arts, et de deux messes brèves à 3 voix d'hommes, avec accompagnement d'orgue, qui lui ont valu deux mentions honorables au concours ouvert en 1874 par la Société des compositeurs de musique. M. Edmond d'Ingrande a pris part à la rédaction du journal *l'Orphéon* et à celle de *l'Union chorale*, devenue plus tard *l'Union musicale*.

INIGUEZ (.......), organiste espagnol contemporain, a publié chez l'éditeur Romero y Andia, à Madrid, un *Traité complet de plain-chant* et une *Méthode complète, théorique et pratique d'orgue*.

* **INSANGUINE** (Jacques). Aux ouvrages dramatiques de cet artiste, il faut ajouter *la Matilde generosa*, opéra représenté à Naples, sur le théâtre des Fiorentini, en 1757.

INZENGA (José), pianiste, compositeur et professeur espagnol contemporain, est l'auteur d'un manuel intitulé : *Quelques observations sur l'art d'accompagner au piano* (Madrid, Romero y Andia). Cet artiste a fait représenter sur divers théâtres de Madrid, soit seul, soit en collaboration, un certain nombre de *zarzuelas* ; je ne puis signaler que les suivantes : 1° *Por seguir a una mujer*, 4 actes (en société avec Gaztambide, MM. Barbieri et Oudrid), 24 décembre 1851; 2° *Don Simplicio Bobadilla*, 3 actes (avec Gaztambide, MM. Barbieri et Hernando), 7 mai 1853; 3° *un Dia de reinado*, 3 actes (avec Gaztambide, MM. Barbieri et Oudrid), 11 février 1854; 4° *Cubiertos à cuatro reales*, un acte, 27 octobre 1866; 5° *Oro, astucia y amor*, 3 actes; 6° *Si yo fuera rey*, 3 actes. M. Inzenga est professeur de chant au Conservatoire de Madrid depuis le 1er février 1860. Il a publié récemment le premier volume d'un recueil intéressant, qui, sous le titre d'*Ecos de España* (Barcelone, Vidal et Bernareggi), reproduit cinquante-deux pièces de musique populaire, chansons ou airs de danse, parmi lesquels on retrouve les airs joyeux des montagnes de la Catalogne, la *Guaracha* de l'île de Cuba, des *sevillanas*, la *jota aragonesa*, et jusqu'aux chants militaires de la guerre de l'Indépendance. M. Inzenga, qui a fait un voyage artistique en Italie, a aussi publié un livre intitulé : *Impresionas de un artista en Italia*, qui renferme, dit-on, de bonnes vues sur l'art lyrique et sur l'art du chant.

IREMONGER (Michel), compositeur, s'est fait connaître en Italie par un petit opéra, *una Notte di novembre*, qui fut joué en 1869 au théâtre Re, de Milan, avec un certain succès. Cet artiste, qui fut, je crois, avec un de ses confrères, directeur un instant d'une des petites scènes de Milan, mourut en cette ville, à la fleur de l'âge, le 6 janvier 1871.

ISMAËL (Jean-Vital-Ismael **JAMMES**, dit), chanteur dramatique, est fils d'un pauvre tailleur d'Agen, et naquit en cette ville le 28 avril 1827. Doué d'une superbe voix de baryton et d'heureuses aptitudes musicales, il ne put être aidé par sa famille, trop pauvre pour lui fournir les maîtres dont il avait besoin. Alors, poussé par sa vocation, il quitta un jour la maison paternelle, se rendit à pied à Bordeaux, puis de là à Nantes, s'arrêtant de ville en ville, et faisant le métier de chanteur ambulant pour pouvoir vivre le long de la route. Arrivé à Nantes, il trouva le moyen de se faire engager comme choriste au Grand-Théâtre, et fut appelé un jour, par occasion, à jouer le rôle de Max dans *le Chalet*. Il avait alors seize ans environ. Bientôt il vint à Paris, se vit refuser, dit-on, l'entrée du Conservatoire, prit quelques leçons avec un artiste peu connu, et s'engagea pour tenir, dans une petite ville de la Belgique, l'emploi de baryton et de basse chantante.

Le jeune artiste possédait un tempérament intellectuel remarquable. Seul, sans maîtres, il avait appris à lire et à écrire; presque seul aussi, il apprit la musique, se mit en état de lire les partitions, et fit d'une façon toute pratique, sur les scènes secondaires de la province, son rude apprentissage de chanteur et de comédien. Après avoir tenu son emploi à Tournay, à Orléans, à Amiens, à Saint-Étienne, il arriva à Bordeaux, et c'est dans cette ville qu'il rencontra ses premiers grands succès, en jouant tous les grands rôles du répertoire de l'Opéra et de l'Opéra-Comique. Il était lancé alors, et ne quitta plus les grandes villes, se produisant successivement à Bruxelles, à Rouen, à Lyon, à Marseille, etc.

La réputation que M. Ismaël s'était acquise en province était parvenue jusqu'à Paris. M. Carvalho, directeur du Théâtre-Lyrique, songea à se l'attacher, et, le 30 septembre 1863, M. Ismaël débutait à ce théâtre dans un ouvrage nouveau, *les Pêcheurs de perles*, de Georges Bizet, après quoi il se produisait dans *Rigoletto*. Quoique un peu hésitant à son apparition sur une scène aussi importante, en raison de certains défauts que les artistes contractent forcément en province, M. Ismaël, dont les qualités de chanteur et de comédien étaient incontestables, dont la voix était sympathique bien que parfois un peu dure, et qui joignait à un grand sentiment pathétique la verve comique qui force le rire, M. Ismaël prit bientôt possession du public et devint son acteur favori. Des créations nombreuses dans *Cardillac, la Fiancée d'Abydos, les Joyeuses Commères de Windsor, Mireille, Macbeth*, et la reprise de certains rôles du répertoire, entre autres celui de Sganarelle du *Médecin malgré lui*, vinrent montrer toute l'ampleur, la souplesse et la variété de son talent.

Vers 1871, M. Ismaël fut engagé à l'Opéra-Comique, et là encore, sans parler de l'œuvre ridicule qui s'appelle *Fantasio*, il fit plusieurs excellentes créations : *le Roi l'a dit, le Florentin*, et surtout *Gille et Gillotin*, auquel il dut un de ses plus grands succès. Malheureusement, vers cette époque, il fut atteint d'une affection vocale qui l'obligea de s'éloigner de la scène à plusieurs reprises. Il n'importe; M. Ismaël reste un artiste extrêmement distingué, bien doué à tous les points de vue, soigneux de toutes choses, et qui réunit, qualité si rare aujourd'hui, le talent du comédien à celui du chanteur. C'est en raison de cet avantage que le Conservatoire l'avait placé, il y a quelques années, à la tête de sa classe d'opéra. Il a dû résigner depuis ces fonctions, et la perte de sa voix, qui semblait l'avoir obligé aussi à quitter définitivement la scène, lui a cependant permis d'entrer au théâtre de la Renaissance, où il a fait une excellente création dans une opérette de M. Johann Strauss, *la Tzigane* (1877).

ISO (........), compositeur français, vivait dans la seconde moitié du dix-huitième siècle. Le 20 juillet 1759, l'Opéra donnait la première représentation de *Fragments héroïques* dont chacun des trois actes, comme c'était l'habitude pour ces sortes d'ouvrages, formait un tout complet et indépendant des deux autres. Le premier avait pour titre *Phaétuse* (paroles de Fuselier), le second *Zémide* (paroles de Laurès), et la musique de ces deux actes était d'Iso. Ce compositeur, aujourd'hui complétement oublié et qui n'a pas laissé d'autres traces de son passage, serait resté absolument ignoré sans un incident assez étrange, que l'on trouve ainsi relaté dans les *Anecdotes dramatiques* de l'abbé de La Porte : « M. Iso est connu par le procès qu'il a intenté à M. de Lagarde, compositeur de la chambre de Sa Majesté et ordinaire de sa musique. M. Iso prétendait que de tous les ouvrages de musique qui ont paru sous le nom de M. de Lagarde, il n'y en a pas un seul qui lui appartienne. *Je suis*, dit-il dans son Mémoire, *l'auteur de tous ces ouvrages.... Le sieur de Lagarde s'en est approprié la gloire et le profit*. M. Iso fut condamné au Châtelet, et ensuite au Parlement. » Il m'a été impossible de mettre la main sur le Mémoire d'Iso, qui est sans doute fort curieux, et je n'ai pu découvrir aucun autre renseignement sur cet artiste, si ce n'est que le mardi-saint de l'année 1773, Mlle Duval chantait un motet de sa composition au Concert spirituel. Je crois toutefois qu'il ne fait qu'un avec celui qui est mentionné sous le nom d'*Yso*, au tome VIII de la *Biographie universelle des musiciens*, comme auteur d'un écrit intitulé *Lettre sur celle de M. J.-J. Rousseau, citoyen de Genève, sur la musique*, et publié en 1754.

ISOLANI (Le comte Alessandro), est l'auteur d'un opéra-ballet intitulé *Amina*, qui a été représenté en 1859 au théâtre communal de Bologne.

* **ISOUARD** (Nicolo), compositeur, était né à Malte, d'une famille française, le 6 décembre 1775. A la liste de ses ouvrages, il faut ajouter *le Baiser et la Quittance*, opéra-comique en 3 actes, écrit en société avec Boieldieu, Kreutzer et Méhul, et représenté à l'Opéra-Comique le 18 juin 1803; on lui doit aussi quelques fragments d'*une Nuit de Gustave Wasa*, opéra-comique donné le 29 septembre 1827, et au sujet duquel Fétis disait, dans sa *Revue musicale* : «..... Cette pièce n'est point favorable à la musique. Nicolo Isouard, qui en avait été chargé primitivement, avait jeté sur le papier quelques idées, et avait écrit tout le chœur de la fin du premier acte. Le reste de la musique a été composé par M. Gasse. »

S'il faut en croire certains documents, le véritable nom de famille de Nicolo aurait été *Isoiar*, et non Isouard. Ainsi, dans l'acte de mariage de son frère, dressé à Gand en 1827, on lit : « Joseph-Alexandre-Victor-Antoine-Calcédoine-Jacques-Emmanuel *Isoiar*, dit *Nicolo Isouard*, né à Malte le 24 juillet 1794.... » Ce frère cadet, voulant profiter de la renommée de Nicolo, se faisait appeler lui aussi, comme on le voit, Nicolo Isouard. Après avoir été officier sous le premier empire, il avait ensuite embrassé la carrière théâtrale, d'abord comme chanteur, puis comme directeur. Il chanta l'emploi des ténors d'opéra-comique dans plusieurs grandes villes des départements et de l'étranger, notamment à Lille (1825), Gand (1826 et 1827), Rouen (1828), Nîmes (1829), Toulouse (1833), et ensuite de nouveau à Rouen pendant plusieurs années. Il resta établi en cette ville, où il devint plus tard sous-inspecteur des monuments historiques à la préfecture de la Seine-Inférieure, et y mourut le 23 mars 1863.

L'une des deux filles de Nicolo, Mlle *Ninette Nicolo Isouard*, était musicienne et s'était quelque peu livrée à la composition. Elle avait publié quelques romances et mélodies vocales. Elle est morte à Paris, le 6 octobre 1876, à l'âge de soixante-deux ans.

ITASSE (.......), professeur de chant à Paris, appartenait au personnel de l'Opéra et fit partie des hautes-contre des chœurs de ce théâtre depuis 1768 jusqu'à 1783, époque à laquelle il fut pensionné. Cet artiste a publié un *Premier recueil d'airs et duos avec accompagnement de violon et alto, ou avec la guitare et basse.*

ITIER (Léonard), luthiste fort distingué, vivait dans la seconde moitié du dix-septième siècle et dans la première moitié du dix-huitième. Bien qu'on ne connaisse point l'année de sa naissance ni celle de sa mort, il est certain qu'il vécut fort vieux, car l'*État de la France*, qui l'inscrit, à la date de 1721, comme maître de luth ordinaire des pages de la musique de la chapelle du roi, avec « 600 livres par an pour nourriture, » ajoute qu'« il étoit déjà en possession de cette charge au sacre du roy Loüis XIV en 1654. » Itier a donc fourni une carrière d'une longueur peu commune, et est resté en exercice pendant au moins soixante-sept ans. Il occupait la même charge pour les pages de la musique de la chambre, avec « 730 livres de nourriture par an, » et enfin il était joueur de viole de la musique de la chambre pour le semestre de juillet, « à raison de 450 livres 5 sols pour nourriture, » ce qui lui constituait un traitement total annuel de 1780 livres 5 sols. — Son fils, *Gaston Itier*, luthiste comme lui, avait la survivance de ces trois charges, et lui succéda vraisemblablement.

IVANOFF (Nicolas), l'un des rares chanteurs russes qui se soient fait un nom, est né dans la Petite-Russie au commencement de ce siècle. Doué d'une fort jolie voix de ténor, il quitta jeune son pays pour aller étudier le chant à Milan, sous la direction d'Eliodoro Bianchi. Il débuta à Naples vers 1830, prit encore en cette ville des leçons de Nozzari, et presque aussitôt était engagé au Théâtre-Italien de Paris, où il se produisait pour la première fois en 1832, et où il supporta sans désavantage le redoutable voisinage de Rubini. La voix d'Ivanoff avait un remarquable caractère de tendresse et de suavité, et ses qualités naturelles étaient doublées par la pureté d'un chant plein de douceur et d'élégance. Il chantait l'*adagio* avec un charme exquis, et jamais ne laissait échapper de ces cris et de ces coups de gosier qui sont l'unique ressource des artistes médiocres. Seulement, il était froid et compassé comme acteur. Ivanoff resta plusieurs années à Paris, se fit entendre également à Londres, puis retourna en Italie, se fit applaudir à Florence, à Palerme, à Milan, revint un instant à Paris, vers 1850, et enfin alla se retirer à Bologne, où il vit encore aujourd'hui, entouré, dit-on, de l'estime et de l'affection de tous ceux qui le connaissent.

IVRY (Paul-Xavier-Désiré, marquis de **RICHARD D'**), compositeur dilettante, est né à Beaune (Côte-d'Or) le 4 février 1829. Dès 1847 il faisait exécuter par la Société philharmonique de cette ville une ouverture de concert, et écrivait bientôt les paroles et la musique d'un opéra intitulé *Fatma*, en même temps qu'il publiait quelques mélodies vocales. S'étant fixé à Paris en 1854, il y composa la musique de deux opéras-comiques en un acte, *Quentin Metsys* et *la Maison du docteur*, sans pouvoir réussir à se faire ouvrir les portes d'un théâtre; le second de ces ouvrages fut pourtant joué dans quelques salons et représenté à Dijon en 1855, et la partition en fut gravée chez l'éditeur M. Choudens. A cette époque, M. d'Ivry, qui n'avait reçu aucune éducation musicale et ne s'était formé que par la lecture de quelques traités et des œuvres des maîtres, prit des leçons de contrepoint de Leborne et fit un cours de composition avec M. Aristide Hignard (*Voyez* ce nom). C'est pendant ce temps qu'il écrivit un nouvel ouvrage en un acte, *Omphale et Pénélope*, qui lui avait été commandé pour le Théâtre-Lyrique, mais qu'un changement de direction fit rester dans ses cartons.

Quelques années plus tard, M. d'Ivry, voulant réaliser un rêve longtemps caressé, entreprit d'écrire le poëme et la musique d'un *Roméo et Juliette* qui fût à l'œuvre de Shakespeare ce que le *Faust* de M. Gounod était au drame de Gœthe. La moitié de l'ouvrage était déjà faite lorsque, vers la fin de 1864, le compositeur se trouvant à Rouen, apprit de Liszt que M. Gounod était en train de traiter le même sujet. Douloureusement surpris à cette nouvelle, il se remit pourtant au travail, mais sans se dissimuler les difficultés qu'allait créer à l'expansion de son œuvre une concurrence aussi redoutable. Il la termina néanmoins, et, désirant prendre date, il fit graver sa partition sous le titre : *les Amants de Vérone* (Paris, Flaxland), de façon que sa publication précédât de quelques jours l'apparition, sur la scène du Théâtre-Lyrique, du *Roméo et Juliette* de M. Gounod. La partition des *Amants de Vérone* était signée du pseudonyme anagrammatique de *Richard Yrvid*. Peu de semaines après, le 12 mai 1867, une exécution en était faite à l'école de M. Duprez, avec M. Duprez fils et sa sœur, Mme Vandenheuvel-Duprez, dans les deux rôles de Roméo et de Juliette; la presse musicale, invitée à cette soirée, fut très-favorable à l'œuvre et à l'auteur.

Toutefois, celui-ci n'eut plus alors qu'une double pensée : compléter et parfaire une œuvre qui ne le satisfaisait qu'à demi et, dans ce nouveau travail, s'éloigner le plus possible de l'interprétation que M. Gounod avait donnée au chef-d'œuvre de Shakespeare; puis, faire jouer *les Amants de Vérone*. L'ouvrage, refait en grande partie, augmenté d'un acte (il n'en comportait primitivement que quatre), s'éloigne sensiblement de l'opéra de demi-caractère, pour se rapprocher du grand drame lyrique, et l'auteur a donné beaucoup de développement aux deux rôles de Mercutio et de la nourrice, tenus dans l'ombre par les collaborateurs de M. Gounod. J'ai entendu les deux versions des *Amants de Vérone*, et, déjà fort satisfait de la première, j'ai trouvé la seconde très-supérieure et digne d'être présentée au public avec de grandes chances de succès. Par malheur, celui-ci n'a pas encore été appelé à la juger.

M. le marquis d'Ivry a publié chez MM. Mayaud, Richault et Heu un certain nombre de mélodies vocales : *le Roi de Thulé*, *l'Ondine*, *l'Adieu de la Nourrice*, *Matin et Soir*, *Fleur de jasmin*, etc., ainsi qu'un « cantique à Notre-Dame de Lourdes, » *Litanies de la Délivrance*, dont il a écrit les paroles et la musique.

J

JACOBS (Peeter), luthier flamand, exerça son art à Amsterdam dans les dernières années du dix-septième siècle et au commencement du dix-huitième. C'était un artiste habile, dont les produits avaient une réelle valeur. Les instruments laissés par lui sont nombreux, tant violons qu'altos et basses, et construits sur le modèle de ceux de Nicolas Amati.

JACOBY (Georges), violoniste et compositeur, né à Berlin le 13 février 1840, fut amené de bonne heure en France par ses parents, et se fit admettre au Conservatoire de Paris, où il entra, le 29 décembre 1852, dans la classe de M. Massart. Admis au concours en 1854, il obtint un 3e accessit, et se vit décerner le 1er en 1856, puis concourut deux nouvelles années sans obtenir une récompense supérieure; aux termes des règlements de l'école, il aurait dû être rayé des classes, mais il obtint un sursis, concourut de nouveau en 1859, remporta un second prix, et enfin eut le premier en 1861. A peu près à cette époque il entra à l'orchestre de l'Opéra, ce qui ne l'empêchait pas de se faire entendre fréquemment dans les concerts. Quelques années plus tard, en 1868, M. Jacoby devenait chef d'orchestre au petit théâtre des Bouffes-Parisiens, puis, étant allé se fixer à Londres en 1870, il acceptait, en 1872, les fonctions de chef d'orchestre à l'Alhambra, fonctions qu'il exerce encore aujourd'hui. Cet artiste a fait représenter à Paris deux ou trois opérettes sans conséquence et sans valeur, et il a écrit à Londres la musique de quelques pantomimes et féeries; voici la liste de ces ouvrages: 1° *le Feu aux poudres*, un acte, dans un concert, 21 mars 1869; — 2° *la Nuit du 15 octobre*, un acte, Bouffes-Parisiens, 15 octobre 1869; — 3° *Black-Crook*, féerie en 4 actes (en société avec M. Fr. Clay), Alhambra de Londres, décembre 1872; — 4° *Mariée depuis midi*, monologue, Alhambra, Juillet 1873 (représenté en suite aux Bouffes-Parisiens le 6 mars 1874); — 5° *la Forêt enchantée*, ballet-pantomime, Alhambra, août 1873; — 6° *the Demon's Bride*, féerie en 3 actes, id., 7 septembre 1874; — 7° *Cupid in Arcadia*, ballet en 2 tableaux, id., 26 juin 1875; — 8° *the Fairies Home*, ballet, id., décembre 1876. — 9° *Yolande*, ballet, id., août 1877. Dans les concerts fréquents qu'il donnait naguère à Paris, M. Jacoby fit entendre plusieurs œuvres composées par lui pour le violon: 1er concerto, dédié au roi de Prusse; 2e concerto, dédié à la reine d'Espagne; Valse de concert; Prière; Nocturne; Berceuse; Chanson de matelots; Fantaisies sur *l'Étoile du Nord*, *l'Africaine*, *la Fille du régiment*, etc., etc. J'ignore si aucune de ces compositions a été publiée.

JACOPS (Édouard), est auteur de l'écrit suivant: *Nomenclature des sociétés musicales de la Belgique, suivie d'une notice chronologique sur l'Association royale de sociétés lyriques d'Anvers* (Anvers, 1853, in-8°).

JACQUARD (Léon-Jean), violoncelliste distingué, né à Paris le 3 novembre 1826, fit ses études littéraires à Pont-le-Voy, près de Blois, où il commença à travailler le violoncelle sous l'habile direction de Hus-Desforges, qui s'était retiré en cette ville. Celui-ci étant mort en 1838, M. Jacquard fut confié pendant quelque temps aux soins d'un artiste nommé Auguste Levacq, puis vint à Paris, et fut admis, au Conservatoire, dans la classe de Norblin. Ses progrès furent rapides avec ce nouveau maître, et après avoir obtenu un second prix au concours de 1842, il se voyait décerner le premier en 1844. A partir de ce moment, M. Léon Jacquard se produisit fréquemment en public, et fit apprécier de réelles qualités de virtuose. Vers 1855, il fonda, en compagnie de l'excellent violoniste M. Armingaud, et avec le concours de MM. Mas et Sabatier, une société de musique de chambre qui compta bientôt au nombre des meilleures de Paris. La réputation de M. Jacquard s'établit alors solidement, et l'on remarqua le style élégant, la belle sonorité et le jeu expressif que cet artiste faisait briller dans l'exécution de la musique de chambre.

M. Jacquard, qui est membre de la Société des concerts du Conservatoire, a été nommé au mois de décembre 1877, lors de la mort de Chevillard, professeur de violoncelle dans cet établissement. Il a publié un certain nombre de morceaux de genre pour son instrument. — Son frère, M. *Louis-Auguste Jacquard*, né à Pont-le-Voy le 26 décembre 1832, violoncelliste comme lui, a été, au Conservatoire, l'élève de M. Franchomme, dans la classe duquel il a remporté un second prix en 1850, et le premier en 1852.

JACQUES (Mlle Charlotte), pianiste, professeur et compositeur, a fait représenter au théâtre Déjazet, au mois de décembre 1862, une opérette en un acte intitulée *la Veillée.*

JACQUOT (Charles), luthier français, né à Mirecourt (Vosges) en 1808, était fils d'un maître tailleur d'un régiment de ligne. Il fit son apprentissage dans sa ville natale, d'abord chez Nicolas, ensuite chez Breton, puis partit pour Nancy, où il travailla pendant plusieurs années comme ouvrier compagnon, après quoi il s'établit à son compte. En 1852 il quitta Nancy pour venir se fixer à Paris, et se fit une bonne renommée en cette ville, aussi bien par le talent qu'il déploya dans la facture des instruments neufs que par ses rares connaissances en ce qui concerne la lutherie ancienne.

M. Jacquot est un des meilleurs luthiers de l'école française actuelle, ses produits sont remarquables à beaucoup d'égards, et il a obtenu plusieurs récompenses dans les Expositions : à Paris (1849), un premier et un second prix ; à Paris (Exposition universelle de 1855), une médaille d'argent; à Bayonne (1854), une médaille d'or.

Un fils de cet artiste, M. *Charles Jacquot*, né à Nancy en 1828 et élève de son père, est établi luthier dans sa ville natale.

* **JADASSOHN** (Salomon). Cet artiste distingué, dont le talent est fort apprécié dans sa patrie, quoique sa renommée ne se soit guère étendue en dehors de l'Allemagne, a rempli, de 1867 à 1869, les fonctions de chef d'orchestre de la société musicale *Euterpe*, de Leipzig. Ses compositions pour l'orchestre, pour le piano ou pour le chant se montent à plus de soixante, parmi lesquelles nous citerons les suivantes : 1re symphonie, en *ut* majeur ; 2e symphonie ; 3e symphonie, en *ré* mineur, op. 50 ; trois sérénades pour orchestre ; 1er grand trio pour piano, violon et violoncelle ; 2e grand trio *id.*, op. 20 ; quatuor pour instruments à cordes, op. 10 ; plusieurs sonates pour piano et violon ; ouverture de concert, pour orchestre ; sérénade pour piano, op. 35 ; 3 petits morceaux pour violon et piano, op. 18 ; 2 morceaux pour piano, op. 21 ; *Bal masqué*, 7 airs de ballet pour piano, op. 26 ; Variations pour piano, op. 40 ; *Improvisations*, pour piano, op. 48 ; 9 *lieder* avec accompagnement de piano, op. 36 ; 6 *lieder*, id., op. 52 ; 6 pièces pour piano, op. 49 ; motet pour voix seule et chœur.

* **JADIN** (Louis). Le répertoire dramatique de ce compositeur doit se compléter par les ouvrages suivants : 1° *le Coucou*, un acte, th. Montansier, 1798 ; 2° *les Trois Prétendus*, un acte, même théâtre, 1805 ; 3° *les Arts et l'Amitié* (ancienne comédie de Bouchard, mise en opéra-comique), un acte, Opéra-Comique, 9 juin 1807. A ces ouvrages, il faut joindre encore *la mort de Léopold Brunswick*, scène à grand chœur qu'il fit exécuter au concert spirituel le 1er avril 1790, *l'Education de l'ancien et du nouveau régime*, hymne exécuté à l'Opéra le 11 octobre 1794, et *le Serment des Gardes*, cantate exécutée au même théâtre le 30 mars 1821. En 1802, un éditeur de musique, Mme Duhan, entreprit la publication d'un recueil périodique, le *Journal d'Apollon*, qui contenait des morceaux de chant et de piano dont les auteurs étaient Boieldieu, Cherubini et Jadin. C'est le 11 avril 1853 que Jadin est mort à Paris.

* **JADIN** (Hyacinthe), est mort non en 1802, mais au mois d'octobre 1800. On peut lire un article nécrologique sur cet artiste dans le *Courrier des Spectacles* du 19 vendémiaire an IX.

JAEGHER (L...... DE), organiste de la cathédrale de Bruges, naquit à Oostvoosbeke (Flandre occidentale), et fut élève du Conservatoire de Gand, où il se trouvait en 1840. Devenu organiste à Tourcoing, il fut appelé plus tard à remplir les mêmes fonctions à Bruges. Comme compositeur, cet artiste a publié une messe à 4 voix, des offertoires, plusieurs grands chœurs, des motets, etc., etc.

* **JÆHNS** (Frédéric-Wilhelm), chanteur, compositeur, professeur et écrivain sur la musique, est né à Berlin le 2 janvier 1809. Doué d'une fort belle voix, il se destina d'abord au théâtre, chanta quelques rôles à l'Opéra de Berlin, mais bientôt abandonna cette carrière pour se livrer à l'enseignement. Il étudia alors le piano, prit des leçons de Louis Horzizky, se vit bientôt très-recherché comme professeur de chant, et forma un nombre considérable de très-bons élèves. Il fonda en 1845 et dirigea jusqu'en 1870 une société connue sous le nom d'*Union de chant.*

En même temps, M. Jæhns se faisait connaître aussi comme compositeur par la publication de plus de 130 morceaux de chant à plusieurs voix, dont quelques-uns écrits dans le style religieux ; il faisait paraître encore un trio pour piano, violon et violoncelle, une sonate pour piano et violon, un grand duo pour piano et violoncelle, 4 pièces caractéristiques pour piano, des marches et divers arrangements pour le même instrument. M. Jæhns occupe une place à part comme *arrangeur* des œuvres des grands maîtres, particulièrement de Weber, son auteur favori, auquel il a voué un culte véritable et intelligent.

C'est cette admiration profonde pour Weber qui a amené M. Jæhns à publier, sur cet artiste immortel, un livre important qu'il a donné sous ce titre : *C. M. von Weber in seinen Werken* (*C. M de Weber dans ses œuvres*). Cet écrit, qui a paru à Berlin en 1871 et que l'on peut comparer à celui que le chevalier de Kœchel a publié sur Mozart, donne un catalogue thématique et raisonné des diverses œuvres du maître, avec autographes, critique, biographie et portraits, d'après les lettres et le journal de Weber. M. Jæhns possède, dit-on, une fort belle bibliothèque musicale, dont la partie la plus remarquable et la plus intéressante est la collection relative à Weber, qui ne contient pas moins de 3,500 pièces, consistant en manuscrits, lettres, portraits (au nombre de 86), curiosités et reliques de toutes sortes.

* **JAËLL** (Alfred), pianiste et compositeur. Cet artiste fort distingué, au jeu brillant, élégant et plein de délicatesse, a fait de grands voyages à travers l'Europe, et y a toujours obtenu de légitimes succès. M. Alfred Jaëll se distingue surtout par le style qu'il apporte dans l'exécution des grandes œuvres classiques. Comme compositeur, il a publié près de deux-cents morceaux de piano, parmi lesquels beaucoup de transcriptions et de fantaisies sur des motifs d'opéra; on remarque cependant, dans ces nombreuses productions, quelques morceaux originaux, d'un caractère aimable : *Aux bords de l'Arno*, caprice élégant, op. 124; *Sérénade italienne*, op. 44; Ballade, op. 88; 3 Morceaux de salon, op. 106; Bluette, op. 59; Nocturne dramatique, op. 122; *le Carillon; Aux bords du Mississipi*, morceau caractéristique, op. 37; *le Carnaval de Venise*, variations burlesques, op. 22; Impromptu, op. 151; Nocturne op. 6; *Interlaken*, chant du soir, op. 102, etc., etc.

M. Alfred Jaëll a épousé, vers 1864, une jeune pianiste, Mlle *Marie Trautmann*, Alsacienne de naissance, qui déjà s'était fait elle-même une brillante réputation de virtuose, mais dont le talent contraste singulièrement avec le sien, car le jeu de Mme Jaëll brille surtout par la fougue, la puissance et l'éclat, tandis que celui de son mari se fait remarquer par une grâce et une élégance presque féminines. Déjà bien connus en France, ces deux artistes se sont fait entendre de nouveau à Paris, en 1875 et 1876, avec un grand succès. Élève du Conservatoire de cette ville, Mlle Trautmann y avait remporté, en 1862, un premier prix de piano. Ne se bornant pas à ses succès de virtuose, Mme Jaëll s'est fait aussi connaître, en ces derniers temps, comme compositeur. Non-seulement elle a publié chez l'éditeur M. Gérard un fort joli recueil de 12 valses à quatre mains pour le piano, écrites dans un très-bon style, mais elle a fait entendre un concerto en *ré* mineur pour piano avec accompagnement d'orchestre, qui est une œuvre remarquable à beaucoup d'égards et qui la classe au nombre des artistes les plus distingués.

JAFFÉ (Moritz), est l'auteur d'un opéra intitulé : *Das Kœthchen von Heilbronn*, qui a été représenté pour la première fois à Augsbourg, en 1866, et que l'auteur donna sous le pseudonyme de *Morja*. Au mois de juillet 1875, cet artiste a donné au théâtre Kroll, de Berlin, un second ouvrage qui portait pour titre : *Eckehard*; celui-ci n'a obtenu aucun succès.

JAGARTE (Manoel), compositeur et violoniste espagnol, né vers 1796, mourut à St-Sébastien en 1819, à l'âge de 28 ans. Je n'ai trouvé aucuns renseignements sur cet artiste en dehors de la notice nécrologique suivante, insérée dans les *Annales de la musique* de 1820 : — « Ayant pris à Bordeaux les premières notions de la musique, pour laquelle il manifesta des dispositions extraordinaires, il acquit sur le violon un talent remarquable et exquis pour son âge; puis, se livrant à la composition, il préluda par une foule de pièces légères qui décelaient un goût aussi pur qu'original; enfin, il produisit plusieurs ouvrages plus importants, entre autres cette belle messe de *Requiem*, exécutée à St-Sébastien, en commémoration du 31 août 1813, et l'opéra de *l'Infante de Zamora*, qui se donne actuellement à Madrid. Une mort prématurée prive l'art musical d'un soutien distingué, et ses amis d'un homme aussi aimable par sa modestie que par ses talents. Plusieurs ouvrages inédits, et qui restent à finir, ou à rassembler, assureraient seuls sa réputation d'artiste. »

* **JAHN** (Otto), l'auteur de la biographie de Mozart dont le succès a été si grand en Allemagne, est mort à Gœttingue, le 9 septembre 1869, à l'âge de cinquante-six ans. Cet écrivain, qui était un savant remarquable et un homme distingué à tous égards, avait publié un assez grand nombre de *lieder*. Il a consacré une étude à la nouvelle et superbe édition des œuvres de Beethoven donnée par la maison Breitkopf et Hærtel; cette étude a pour titre : *Gesammelte Aufsätze über Musik*.

Au reste, Jahn avait l'intention de donner un pendant à son admirable biographie de Mozart en publiant sur Beethoven un livre du même genre, pour lequel il avait réuni tous ses matériaux ; il sera toujours à regretter que le temps ne lui ait pas permis de mettre ce projet à exécution.

Il me faut signaler ici, au compte de ce musicographe remarquable, un intéressant volume de *Mélanges sur la musique*, contenant. entre autres chapitres, une étude sur les oratorios de Mendelssohn, une autre sur quelques ouvrages d'Hector Berlioz, et une critique fort vive des opéras de M. Richard Wagner. Jahn possédait cet outil indispensable à tout historien sérieux et instruit : une bibliothèque spéciale très-riche, très-nombreuse et très-variée, et l'on peut affirmer que sa collection de livres et de documents sur la musique était une des plus belles qui existassent. Un journal allemand le constatait en ces termes, à l'époque de sa mort : — « Grâce à ses recherches continuelles, il avait réussi à se procurer des ouvrages que ne possèdent même pas les collections de Berlin ou de Vienne, qui sont pourtant si riches. »

JAHN (......), compositeur, a fait représenter le 28 janvier 1873, sur le théâtre royal d'Anvers, dont il est le directeur, un opéra-comique en un acte intitulé *Michel le Marin*. Cet artiste est, pendant la saison d'été, chef d'orchestre du Casino de Spa.

JAILLET (J.....-B......), organiste de l'église de Saint-Étienne, à Rennes, a publié vers 1857 une *Méthode nouvelle pour apprendre facilement l'accompagnement du plain-chant*, Rennes, l'auteur, in-4°.

JAKUBOWSKI (Samson), inventeur de l'harmonica de bois et paille, et virtuose sur cet instrument, naquit à Kowno, en Lithuanie, en 1801. Après avoir passé ses premières années à Wladislawowa, ville du Palatinat d'Augustowo, il suivit les cours de droit de l'Université de Kœnigsberg, et entra ensuite dans le commerce. Il habitait depuis trois ans Saint-Pétersbourg lorsque le hasard, dit-on, le mit sur la trace de son invention et lui donna la première idée de l'instrument qui devait être la cause de sa renommée, instrument qui se composait d'un certain nombre de morceaux de bois de sapin reliés entre eux, posés sur des rouleaux de paille, et que l'exécutant frappait avec deux baguettes.

Son instrument une fois bien ordonné, Jakubowski le produisit pour la première fois en public à Vibourg, en 1826, puis retourna à Saint-Pétersbourg pour s'y faire entendre. Là, il donna quelques leçons, et eut particulièrement pour élève Gusikow (1), qui devait, quelques années plus tard, acquérir une renommée européenne. « En 1827, dit M. Albert Sowinski, il partit pour l'Allemagne et obtint des applaudissements dans les principales villes, excitant partout la curiosité et l'étonnement. Les artistes, les connaisseurs rendaient justice à l'habileté de M. Jakubowski, qui se faisait écouter dans de grandes salles de concert et sur les théâtres, en tirant de ses morceaux de bois un son extraordinaire. Encouragé par de nombreux succès, notre artiste écrivit plusieurs morceaux pour son harmonica, voyagea en Danemarck, en Suède et Norwége, et vint en France en 1832. L'impression qu'il y produisit augmenta encore sa réputation ; il parcourut les départements, visita l'Angleterre et l'Irlande, revint à Paris, où Mme la comtesse de Spare, qui admirait beaucoup l'exécution étonnante de M. Samson Jakubowski, lui organisa un fort beau concert dans lequel elle chanta elle-même et ravit par son admirable voix un auditoire nombreux et brillant. Depuis cette époque, M. Jakubowski réside habituellement en France en faisant des excursions fréquentes en province. Son instrument consiste en vingt-quatre morceaux de bois de sapin (il n'en comptait primitivement que quinze) posés sur quatre rouleaux de paille. Le tout placé sur une table dont les pieds reposent sur du verre. Les vingt-quatre morceaux de bois sont attachés entre eux, et disposés de manière que les sons élevés du dessus se trouvent du côté de la main gauche de l'exécutant ; les morceaux pour la basse de l'harmonica sont plus longs et sont placés à droite. L'exécutant tient dans ses mains deux baguettes en bois de fer, avec lesquelles il frappe sur les morceaux de sapin avec une dextérité remarquable. Il arrive à une grande netteté, et ses cadences sont perlées. »

Les compositions écrites par Jakubowski (toutes restées en manuscrit, puisque son instrument ne s'est pas répandu et est demeuré à l'état de curiosité), sont les suivantes : *Marche Tartare ; Tyrolienne variée ; les Adieux du Cosaque*, avec variations ; *Fantaisie* sur un thème russe ; *Fantaisie* sur une rêverie (Dumka) ; *Polonaise* en *si* mineur ; *Polonaise* célèbre du prince Oginski, arrangée pour

(1) Gusikow a passé, et Fétis le cite pour l'inventeur de l'instrument en question. M. Albert Sowinski affirme que celui-ci est bien dû à Jakubowski. Tout porte à croire que M. Sowinski a raison, et que Gusikow n'a fait que perfectionner l'harmonica de bois et paille, en portant son étendue à deux octaves et demie tandis que Jakubowski ne lui avait donné que vingt-quatre sons. Ce qui est certain, c'est que celui-ci se fit entendre dès 1826, et Gusikow seulement sept ou huit ans plus tard.

l'harmonica; *Ouverture du Calife de Bagdad*, id.; *Variations* sur un thème russe; *Valse* tirée du *Freischütz; Mazurek* de Kurpinski.

JAL (Augustin), écrivain français, né à Lyon le 13 avril 1795, mort à Paris le 6 avril 1873, est l'auteur d'un ouvrage important publié sous ce titre: *Dictionnaire critique de biographie et d'histoire, errata et supplément pour tous les Dictionnaires historiques, d'après des documents authentiques inédits* (Paris, 1865, in-8°; 2e édition, 1872). Jal avait passé une partie de son existence à dépouiller avec soin les registres de l'état civil et ceux des paroisses de Paris, il avait levé dans ces registres des copies d'une foule d'actes authentiques concernant des personnages célèbres: actes de naissance, de baptême, de mariage, de décès, et cela lui avait permis de relever bien des erreurs commises par les biographes et de compléter le travail de ces derniers. De là, la publication du livre dont on vient de lire le titre, livre dont on ne saurait contester la grande utilité, bien que son auteur s'attache quelquefois à de véritables minuties et qu'il lui arrive aussi, lorsqu'il ne s'appuie pas sur des pièces authentiques, de se livrer à des conjectures un peu forcées. Toutefois, on trouve, au seul point de vue musical, des renseignements pleins d'intérêt dans le *Dictionnaire critique* de Jal, et j'y ai puisé, pour le présent recueil, les éléments de rectifications très-importantes.

* **JANCOURT** (Louis-Marie-Eugène). Cet artiste fort distingué, qui en 1867 était devenu capitaine de musique de la 5e subdivision de la garde nationale de la Seine, a été nommé en 1875, à la mort de Cokken, professeur de basson au Conservatoire. M. Jancourt, qui a apporté des modifications et des perfectionnements importants au mécanisme du basson, a publié de nouvelles et nombreuses compositions pour son instrument: 3e Air varié (Paris, Choudens); 1er, 2e, 3e, et 4e Solos, op. 23, 52, 53, 54; Air varié facile, op. 28 (Paris, Richault); 6e Fantaisie, op. 24 (id., id.); 6 Mélodies, op. 51 (Paris, Gérard); Études caractéristiques, op. 65 (Paris, Goumas); Concertino, d'après Ferdinand David, op. 12 *bis* (Paris, Richault); *Souvenir de l'Italie*, fantaisie, op. 30 (id., id); Fantaisie sur *Don Juan*, op. 50 (id., id.); Concertante pour clarinette et basson, sur *Norma*, op. 12 (Paris, Choudens); Duo concertant, id., sur *la Sonnambula*, op. 16 (Paris, Richault); Fantaisie concertante pour hautbois et basson, sur *l'Italienne à Alger*, op. 26 (id., id.); Fantaisie concertante, id., sur *Sémiramide*, op. 48 (id., id.); Concertino pour les mêmes instruments, op. 40 (id., id.); Duo concertant pour piano et basson, op. 56 (id., id.). M. Jancourt a publié aussi divers morceaux de musique militaire.

Cet artiste, qu'un engagement avantageux avait forcé de quitter l'Opéra pour un grand voyage qu'il fit en Angleterre, en Écosse et en Irlande, avec Mme Persiani et M. Bottesini, remplit plus tard les fonctions de premier basson à l'orchestre de l'Opéra-Comique, puis à celui des Italiens. Il a donné en 1869, après trente ans de service, sa démission de basson-solo à la Société des concerts du Conservatoire.

JANIN (Jules-Gabriel), écrivain français, né à Saint-Étienne (Loire) le 24 décembre 1804, mort à Passy, près Paris, le 19 juin 1874, fut pendant plus de trente-cinq ans chargé de la rédaction du feuilleton dramatique du *Journal des Débats*, qui lui valut une renommée européenne. C'est à ce seul titre que son nom se trouve consigné ici, non que Jules Janin ait jamais été chargé spécialement de la critique musicale, mais parce qu'on trouve souvent, dans ses feuilletons, des détails sur tel ou tel chanteur, tel ou tel musicien. Sous le titre un peu prétentieux d'*Histoire de la littérature dramatique*, il a formé et publié un choix de ces feuilletons (Paris, 1858, 6 vol. in-12).

JANINA (Olga DE), pianiste russe, élève de M. Franz Liszt, s'est fait entendre pour la première fois à Paris au mois de décembre 1872, et depuis lors s'est produite avec succès dans un grand nombre de concerts et de soirées musicales. Le talent de cette artiste, plein de fougue, de puissance, d'éclat, est incontestable en ce qui concerne les qualités mécaniques du virtuose; en ce qui touche le style, le charme, la grâce, c'est toute autre chose, et le jeu de Mme Olga de Janina aurait singulièrement à gagner sous ce rapport.

Mais, il faut bien le dire, ce n'est pas son talent de pianiste qui a valu en France, à Mme Olga de Janina, une sorte de célébrité; c'est le scandale qui s'est fait autour de son nom par la publication d'un livre étrange, malsain, qu'elle a mis au jour sous le titre de *Souvenirs d'une Cosaque* et sous le pseudonyme de *Robert Franz* (Paris, Dentu, 1874, in-12). Dans ce livre, d'une crudité de ton vraiment écœurante, Mme Olga de Janina faisait connaître, dans leurs détails les plus intimes et les plus fâcheux, la nature des relations qui avaient existé entre elle et M. Liszt et qui étaient fort loin de s'être bornées à celles d'un maître et d'une élève. Je n'ai pas à apprécier davantage ici ce produit littéraire d'un esprit évidemment malade et exalté; les autobiographies de ce genre excitent les nausées beaucoup plus que l'intérêt, et si j'ai cru devoir signaler celle-ci, c'est parce que je n'ai pas pensé qu'il était possible de passer sous silence un document de cette nature, lorsqu'il se rapportait à un artiste de la valeur et de la notoriété de M. Franz Liszt. Pour être complet sur cette question, je dois même ajouter qu'il a paru, en guise de réponse aux *Souvenirs d'une Cosaque*, une contre-partie de ce récit, intitulée *le Roman du pianiste et de la Cosaque* et publiée sous le pseudonyme de *Sylvia Zorelli* (Paris, s. l. n. d. [1875], in-12). J'ignore quel est le véritable auteur de ce dernier écrit, et je ne sais pas davantage de qui sont deux autres volumes, publiés sous le couvert de l'anonyme : *Souvenirs d'un pianiste, réponse aux « Souvenirs d'une Cosaque »* (Paris, Lachaud et Burdin, 1874, in-12); et *les Amours d'une Cosaque*, par un ami de l'abbé X*** (Paris, Degorce-Cadot, s. d. in-12).

JANNONI (.......). Un musicien italien de ce nom a fait représenter le 2 février 1807, sur le théâtre de la Scala, de Milan, un opéra sérieux intitulé *Paolo Emilio*.

* **JANSA** (Léopold), violoniste et compositeur, est mort à Vienne le 25 janvier 1875. Il était né, dit-on, en 1794, et non en 1797, et s'était encore fait entendre pour la dernière fois à Vienne en 1871, étant âgé, par conséquent, de 77 ans.

JANSSEN (Gustave), virtuose et compositeur, est né à Dortmund en 1817. Il eut pour premier maître son père, qui lui enseigna à jouer de la flûte, de l'orgue et du piano. En 1840 il se rendit à Berlin pour compléter et perfectionner son éducation musicale, et en 1849 il fit en cette ville la connaissance de lord Westmoreland, qui s'intéressa à lui et l'envoya à Londres, où, grâce à son patronage, il devint un professeur recherché. Il est retourné depuis lors à Berlin, où il réside encore aujourd'hui. En 1861, M. Janssen a publié un *Supplément aux sonates pour piano de Beethoven*; on lui doit aussi une collection de *lieder* avec accompagnement de piano, parmi lesquels l'*Album de Gœthe*, en 6 cahiers (Berlin, 1863).

JANSSEN (Gustave F...), né à Jever (Hanovre) le 15 décembre 1831, a fait ses études musicales à Leipzig, où il fut l'élève de Coccius pour le piano et de Riccius pour la théorie de l'art. Devenu ensuite professeur à Gœttingue, il échangea, en 1855, cette situation contre celle d'organiste à Verden, et en 1861 se vit nommer *Musikdirector* par le roi de Hanovre. On doit à cet artiste quelques compositions vocales, ainsi que des arrangements et transcriptions pour le piano.

* **JANSSENS** (Jean-François-Joseph). M. Edmond Vander Straeten a publié sur cet artiste une notice étendue et intéressante : *J.-F.-J. Janssens*, compositeur de musique (Bruxelles, impr. Sannes, 1866, in-8° de 53 pp.) Il a donné dans cet opuscule le catalogue complet des œuvres du compositeur, parmi les plus importantes desquelles il faut signaler deux opéras inédits : *les Trois Hussards* et *Gillette de Narbonne* (ce dernier, resté inachevé), et deux cantates, dont une sans titre et l'autre intitulée *Winterarmaede* (*Pauvreté d'hiver*).

JAPHA (Louise). — Voyez LANGHANS.

JASINSKA (Mme), née **LASANSKA**, cantatrice et actrice polonaise d'un rare mérite, tint pendant quinze ans, de 1785 à 1800, l'emploi de première chanteuse à l'Opéra national polonais de Varsovie et au théâtre de Cracovie. Elle se faisait remarquer, dans sa jeunesse, par le charme pénétrant et le sentiment poétique qu'elle apportait dans l'exécution des *Dumki* (airs nationaux), ce qui attira sur elle l'attention du fameux directeur d'opéra Boguslawski. Celui-ci l'attacha à sa troupe, la produisit d'abord à Nieswiez, sur le théâtre particulier du prince Charles Radziwill, puis la fit débuter à Varsovie, où sa jolie voix, sa beauté rare et son intelligence de la scène lui attirèrent aussitôt les sympathies du public. Elle parut avec succès dans *l'École des Jaloux*, de Salieri, *la Cosa rara*, de Martini, *il Re Teodoro*, de Paisiello, *l'Impresario in Angustie*, de Cimarosa, et, avec le ténor Kackowski, transporta surtout ses admirateurs en jouant, avec un très-grand talent de tragédienne, dans l'*Axur* de Salieri. Mme Jasinska, dont le mari tenait l'emploi des ténors dans la troupe de Boguslawski, avait conquis une grande renommée lorsqu'elle mourut en 1800, toute jeune encore, au milieu de ses plus grands succès.

* **JASPAR** (André), est mort à Angleur, près Liége, le 27 juin 1863.

JASPERS (Jean), facteur de luths, né dans la première moitié du seizième siècle à Coesvelt, exerça sa profession à Anvers, et fut inscrit dans la bourgeoisie de cette ville le 28 janvier 1568.

JAUCH (.......), luthier habile et renommé, vivait à Dresde dans le courant du dix-huitième siècle. Cet artiste remarquable, qui ne travaillait pas d'une façon empirique, mais dont le talent était basé sur une étude sérieuse et de solides connaissances acquises, a fait d'excellents violons dans le style et sur le modèle des bons instruments de Crémone. Christophe Frédéric Hunger, luthier distingué lui-même, établi aussi à Dresde, était son élève.

JAWURECK (Mlle Constance), cantatrice d'un talent remarquable, fille d'un musicien allemand établi à Paris, naquit en cette ville au mois de septembre 1803. Élève du Conservatoire, elle y reçut des leçons de Plantade et de Garat pour le chant et la vocalisation, de Baptiste aîné pour la déclamation, et obtint un second prix de vocalisation en 1820. Bientôt engagée à l'Opéra, elle débuta à ce théâtre dans un rôle secondaire, celui de Zarine dans *Aladin* ou *la Lampe merveilleuse* (6 février 1822). Douée d'une voix charmante et d'une remarquable beauté, son succès fut très-grand tout d'abord, et elle se fit surtout applaudir dans l'air : *Venez, charmantes bayadères*, qu'elle chantait à ravir. Cependant, l'administration de l'Opéra ne sut pas tirer aussitôt parti des rares qualités de la jeune artiste, et ce n'est qu'à partir du jour où elle eut l'occasion de jouer le rôle d'Amazillie de *Fernand Cortez*, que la direction, enhardie par l'accueil très-chaleureux que lui avait fait le public, prit confiance en elle et lui fit la position qu'elle méritait. Peu de temps auparavant, lors d'une reprise d'*Orphée*, elle avait rempli le rôle de l'Amour dans le chef-d'œuvre de Gluck, et c'est à cette occasion qu'un critique avait dit de l'aimable artiste : *Elle est charmante dans le rôle de l'Amour; elle représente le fils presque aussi naturellement qu'elle représenterait au besoin la mère.*

Quoi qu'il en soit, du jour où elle se fut montrée dans *Fernand Cortez*, Mlle Jawureck fut comptée au nombre des meilleures cantatrices de notre première scène lyrique, et prit place à côté et un peu au-dessous de Mme Damoreau. C'est elle qui créa, avec un talent véritable et une grâce charmante, les rôles du page Isolier dans *le Comte Ory*, de Jeannette dans *le Philtre*, sans compter ceux qu'elle remplit dans *Sapho, Vendôme en Espagne, Pharamond, Don Sanche, la Tentation, la Esmeralda.*

Pourtant, après une heureuse carrière de quinze années à l'Opéra, cette artiste distinguée quitta en 1837 la scène de ses succès, et fut aussitôt engagée au théâtre royal de Bruxelles, où elle débuta le 5 juin de la même année dans *Fernand Cortez*, puis dans *Guillaume Tell* et *Robert-le-Diable.* Sa belle voix, sonore et étendue, et son jeu intelligent et dramatique eurent bientôt conquis les faveurs du public de Bruxelles, dont elle conserva la sympathie jusqu'en 1840, époque où elle abandonna la carrière dramatique, encore en pleine possession de son talent, de sa voix et de sa beauté. Mlle Jawureck est morte à Bruxelles, le 8 juin 1858.

JAYE (Henry), luthier anglais, exerçait sa profession à Londres au dix-septième siècle. On lui doit des violes dont le vernis, dit-on, est parfait, et qui forment de bons spécimens de l'art de la lutherie à cette époque. Le Musée instrumental du Conservatoire de Paris possède de Jaye une petite basse de viole, datée de 1624.

* **JEAN IV**, roi de Portugal. Ce prince mérite certainement une place bien plus importante dans l'histoire de la musique que celle qu'on lui a accordée jusqu'ici. Aucun des musicographes étrangers au Portugal n'a apprécié à leur juste valeur les services qu'il a rendus à l'art, parce que aucun d'eux n'a prêté une attention suffisante à son grand Catalogue de musique (qui se trouve à la Bibliothèque nationale de Paris).

M. Ernest David a signalé, le premier à l'étranger, dans la *Revue et gazette musicale* (1874) la haute importance de ce Catalogue dans une série d'articles sur l'*Essai* que j'ai publié en 1873 sur la Bibliothèque de musique du Roi Jean IV (1). M. E. David a donné dans ces articles un très-bon résumé de l'histoire de cette Bibliothèque, et y a réuni les résultats les plus importants de mon travail. Toutefois, l'histoire de cette merveilleuse Bibliothèque n'est qu'esquissée dans mon *Ensaio*; depuis sa publication (1873), j'ai recueilli bien des notes qui doivent prendre leur place dans l'Introduction historique que je mettrai en tête de la nouvelle édition critique du Catalogue, qui paraîtra prochainement.

Les quelques renseignements que je vais donner sur la Bibliothèque de musique du roi Jean IV suffiront pour attirer l'attention de ceux qui n'ont pas lu le compte-rendu de M. E. David. La Bibliothèque était contenue dans 42 caisses énormes, rangées dans des armoires; le Catalogue (un gros volume de XIX-525 pages in-4°), ne renferme pas moins de 951 numéros; chaque numéro se compose d'une certaine quantité de recueils (*collecçoès*) de messes, de motets, de madrigaux etc., ce qui forme une quantité énorme de compositions; pour donner une idée du volume de ces *recueils*, il suffit de dire que ceux des caisses 25-30 (Nos 657-743), se composent de 2259 *Vilhancicos* (Noëls, etc.); or, c'est là seulement le contenu de 5 caisses ou 86 numéros, et le Catalogue se compose de 40 caisses ou 951 numéros!

(1) *Ensaio critico sobre o Catalogo d'El-Rey D. João IV*. Porto, 1873 in-4°.

Ces *Vilhancicos* appartiennent presque tous à des compositeurs portugais et espagnols, notamment à Gabriel Dias et Francisco de Santiago; cependant, on y trouve aussi quelques compositeurs flamands qui vécurent en Espagne et en Portugal : Gesy de Ghersem, Carlos Caulier, Nicolas de Pont, Ph. Rogier, etc. La plupart des compositions du Catalogue étaient en manuscrit; cependant il y avait aussi la majeure partie des recueils publiés en Hollande, en Italie, en Allemagne, en France et en Angleterre. Les noms les plus illustres de toutes les écoles y étaient représentés, et l'on y trouvait les recueils les plus précieux, les ouvrages théoriques les plus célèbres et les plus rares, et même des manuscrits hors ligne. Il suffit de nommer le manuscrit autographe du *Micrologue* de Guido d'Arezzo, cadeau de la célèbre Christine de Suède au roi Jean IV (1), la presque totalité des compositions autographes du célèbre Philippe Rogier (2), dont les ouvrages sont si rares, une quantité de manuscrits de la main de Palestrina (3) lui-même, les traités manuscrits de John Hothby, Jean de Muris, Marchettus de Padoue, Berno, Tinctoris, etc. Ce qui frappe l'attention du lecteur du Catalogue, ce ne sont pas les milliers de cahiers de musique, mais la rubrique finale du volume; on lit : *Leguesse a segunda parte d'este Index em outro volume.* Le volume de la Bibliothèque nationale n'est donc que la *première partie* du Catalogue, à laquelle une deuxième partie, devait faire suite. Celle-ci n'a pas paru, malgré la recommandation expresse du roi faite dans son testament (4). On peut consulter mon *Essai* sur les obstacles qui survinrent après la mort du roi (1656) et qui empêchèrent aussi la publication de son traité sur l'Histoire de la musique. C'est donc une double perte qu'on a éprouvée. Le roi était aussi fort dans la théorie que dans la pratique de la musique; les traités publiés en font foi, tout aussi bien que les rares compositions qui nous restent de lui. Baini (5) fait beaucoup d'éloges de son analyse (6) de la messe *Panis quem ego dabo* de Palestrina; sa *Defensa de la Musica moderna* (1) contre l'évêque Cyrillo Franco est un livre d'excellente critique, plein d'érudition, et qui contient des aperçus remarquables sur bien des maîtres célèbres. J'en ai donné ailleurs l'analyse (2). Malheureusement ces deux volumes (1649 et 1654) sont aussi rares dans l'édition originale (en espagnol) que dans les traductions (en italien) qu'on en a faites à Rome.

Jean IV avait laissé en outre à son successeur (D. Affonso VI) le soin d'imprimer deux autres manuscrits : *Concordancia da Musica e passos da Collegiada dos maiores professores d'esta arte*, et *Principios de Musica, quem foram seus primeiros autores e os progressos que teve.* Ms in-fol.

J'ai déjà dit qu'on n'en a fait aucun cas. Les compositions du roi Jean IV étaient très-nombreuses (3), mais elles ont été perdues pour la plupart. On ne connaît aujourd'hui que deux *Motets* insérés dans les œuvres de Rebello (Romæ, 1657), et un autre *Motet* inséré dans l'*Anthologie universelle de Musique sacrée*, publiée par Georges Schmitt (Paris, Repos 1869), 1re série, vol. VII). Fétis croit que les exemples de musique qu'on trouve à la fin de la *Defensa* sont des compositions du roi, ce qui ne me paraît pas exact. On n'a que des renseignements fort vagues sur le sort de la Bibliothèque de musique du roi D. Jean IV après sa mort; on ne sait pas au juste si elle a été ensevelie sous les ruines de Lisbonne lors du grand tremblement de terre de 1755. Elle se trouvait alors probablement, à cette époque, dans le même endroit où Jean IV l'avait installée, c'est-à-dire dans le palais royal (Caza do Paço); celui-ci fut presque entièrement détruit. J'espère pouvoir donner bientôt des renseignements définitifs sur ce sujet; en tout cas, qu'elle soit détruite ou non, la première partie du Catalogue nous reste, piédestal grandiose sur lequel on pourra élever au roi artiste le monument qui lui est dû (4).

J. DE V.

(1) V. *Ensaio critico*, pag. 47-51.

(2) V. *Ibid.*, pag. 23 et 24, note 4. J'ai compté 233 compositions de Philippe Rogier dans le Catalogue du roi.

(3) V. *Ibid.*, pag. 54.

(4) V. *Ibid.*, pag. 68-70.

(5) *Memorie storico-critiche*, vol. II, pag. 359-362.

(6) *Respoestas á las Dudas Que se pusieron a la Missa Panis quem ego dabo de Palestrina* (sic); Impressa en el quinto libro de sus Missas, sans lieu, ni date; à la fin (p. 48), la date : a 25 de setiembre 1654. petit in-4° de II, — 29 pag. avec frontispice gravé aux armes de la maison de Bragance. V. pour les détails : *Musicos portuguezes*, vol. I, pag. 138-144. Il y a une traduction des *Respoestas* en italien : *Riposte alli dubii proposti sopra la missa*, etc. V. *Mus. portug.*, tome I, pag. 138.

(1) *Defensa de la Musica moderna, contra la errada opinion del Obispo Cyrilo Franco.* Sans lieu, ni date, ni nom d'auteur, tout comme les *Respoestes*; à la fin on lit : *Lisboa a 2 de Deziébre de* 1649, petit in-4° de IV — 86 p. La traduction italienne porte le titre suivant : *Difesa della Musica moderna contro la falsa opinione del Vescovo Cirillo Franco,* tradotta di spagnuolo in italiano. Sans lieu, ni date, ni nom d'auteur. Le frontispice gravé est le même qui se trouve dans un exemplaire des *Respoestas*, que je possède. Le nombre des pages de la traduction italienne est de 74. Je tire ces renseignements d'un exemplaire que j'ai vu à la Bibliothèque royale de Berlin.

(2) V. *Musicos Portug.*, vol. I, pag. 131-148.

(3) J'en ai donné la liste complète dans mes *Musicos portuguezes*, vol. I, pag. 144-148.

(4) Je n'ai pas cru devoir donner ici des détails biogra-

* **JEAN DE CLÈVES.** Dans le premier volume de son ouvrage : *la Musique aux Pays-Bas*, M. Vander Straeten donne le texte latin de l'épitaphe de cet artiste, épitaphe qui se voyait dans la grande église d'Augsbourg et qui fait connaître, avec la date de sa mort, l'âge qu'il avait alors. En voici la traduction : « Épitaphe de l'éminent musicien, maître Jean de Clèves. Dans cette urne, repose l'excellent musicien de Clèves, de la bouche duquel s'échappent des sons mélodieux. Il fut autrefois musicien de l'empereur Ferdinand Ier, directeur du chœur de l'archiduc Charles, dont il fut la gloire. Il mourut en 1582, le 14 juillet, âgé de cinquante-trois ans. » Jean de Clèves était donc né en 1528 ou 1529.

JEANDEL (Pierre-Napoléon), luthier français, né en 1812 à Courcelles-sous-Vaudemont (Meurthe), fit son apprentissage à Mirecourt, chez Charotte, et en 1835 se rendit à Rouen, où il entra comme ouvrier chez le frère de celui-ci, établi en cette ville. A la mort de son patron (1830), M. Jeandel, s'associant avec Lucien Delau, lui succéda; puis, s'étant séparé de son associé en 1848, il s'établit seul, sans quitter Rouen, et se fit avantageusement connaître par un assez grand nombre d'instruments, remarquables, dit-on, par leur bonne facture et leur belle sonorité. Artiste habile, M. Jeandel a obtenu plusieurs récompenses dans les Expositions : à Rouen (1854), une médaille de bronze; à Paris (Exposition universelle de 1855), une médaille de première classe; à Rouen (1856), une médaille d'argent.

JENIKE (Emile), pianiste et compositeur polonais, s'est fait connaître par de jolies mélodies vocales publiées sous ce titre : *Dziewine Pies'ni*. Parmi ces mélodies, on distinguait surtout celles intitulées : *le Soir sur l'eau*, *le Souvenir*, *Mon souhait*. A la mort de Chopin, cet artiste composa une marche à la mémoire de l'illustre virtuose, qui fut publiée à Varsovie, chez Klukowski. Emile Jenike, qui appartenait, dit-on, par la nature de son talent, à l'école romantique, mourut prématurément en 1852, sans avoir eu le temps de justifier les espérances qu'on avait fondées sur lui.

JENSEN (Adolphe), compositeur, né à Kœnigsberg le 12 janvier 1837, apprit tout seul les éléments de la musique, puis reçut pendant deux ans les conseils bienveillants d'Ehlert et de Marpurg, que son talent précoce avait frappés. Grâce aux études sérieuses qu'il fit sous leur direction, il put bientôt écrire de nombreux morceaux : sonates, ouvertures, quatuors, *lieder*; mais ces professeurs ayant quitté la ville, Jensen se retrouva sans maître. Il continua de composer avec ardeur, puis alla passer en Russie l'année 1856, afin d'y gagner, par ses leçons de piano, l'argent nécessaire pour se rendre auprès de Schumann, son maître de prédilection. Il eut la douleur d'apprendre la mort de ce grand musicien avant d'avoir pu le connaître. Il revint en Allemagne en 1857 et habita successivement Berlin, Leipzig, Weimar et Dresde. Nommé, la même année, chef d'orchestre du théâtre de Posen, il renonça bientôt à cette position pour se rendre à Copenhague, afin de faire la connaissance de M. Niels Gade. Deux ans après, il revenait à Kœnigsberg, où ses leçons étaient très-recherchées. En 1866, il était mandé à Berlin par Carl Tausig, pour être premier professeur à l'École des virtuoses, et, en 1868, il quittait Berlin pour aller à Dresde, puis à Grœtz, en Bohême, où il est encore aujourd'hui.

Les sept morceaux qui composent le recueil *Erotikon* (op. 44) sont d'une mélodie élégante et d'une harmonie intéressante, qui leur prête un attrait particulier. Ces esquisses antiques, *Cassandre*, *Eros*, *Galatée*, *Électre*, etc., expriment tour à tour une grâce coquette et une tendresse langoureuse ; il s'en faut que ces pièces soient faciles à jouer et surtout à bien rendre, mais l'exécutant goûte d'autant plus de plaisir à distinguer peu à peu les intentions de l'auteur et à s'en pénétrer. Ce recueil est le seul de Jensen qui soit encore publié en France; mais je connais à peu près tout son œuvre de piano, qui est déjà considérable, et sans insister sur tant de morceaux, qu'il serait difficile de se procurer à Paris, je citerai simplement ceux qui m'ont frappé par la distinction de l'inspiration et l'élégance de la facture, puis je jugerai d'ensemble le talent de ce compositeur.

Je recommande aux amateurs la *Romance*, (op. 19), une valse brillante (op. 3), les *Fantasiestücke*, la grande sonate en *fa dièze mineur* un délicieux recueil de vingt morceaux, *Chants et danses*, trois charmantes *Valses-Caprices* et deux jolies romances *A celle qui s'en va*. Jensen a aussi composé des morceaux à quatre mains d'une grâce et d'une poésie charmantes. Sa suite intitulée : *Musique de noce*, ses trois morceaux séparés (op. 18) et ses huit *Idylles*, dépeignant tout le cycle d'une journée, depuis le crépuscule matinal jusqu'à la nuit, sont des compositions de haute valeur. Jensen n'a encore que peu écrit pour l'orchestre; mais sa composition des *Pèlerins d'Emmaüs*, d'après l'Évangile de Saint-Luc, est une création symphonique de premier ordre, pleine de poésie et de

phiques sur D. Jean IV. On pourra consulter sa biographie dans les *Musicos Portuguezes*, vol. I, pag. 130-150, et mon *Ensaio critico*.

grandeur religieuse. En résumé, la lecture de ces œuvres, faite en suivant l'ordre de production, montre bien que, comme tant d'autres, le compositeur n'a pu dégager qu'à la longue son inspiration propre : ses premiers morceaux renferment des idées charmantes, mais elles se noient sous les notes et les combinaisons harmoniques. A mesure qu'on suit la filière de ses œuvres, la pensée du musicien devient plus nette, plus claire; la contexture même en est d'autant plus riche qu'elle est moins touffue, et celui de ses recueils qui est peut-être le plus poétique et le plus gracieux, *Chants et danses*, semble inspiré directement par Robert Schumann, dont Jensen fut le disciple et l'admirateur.

Voici le catalogue des œuvres de Jensen :

MUSIQUE POUR ORCHESTRE. *La Fille de Jephté*, d'après Byron, avec *soli* et chœurs (op. 26). — *Les Pèlerins d'Emmaüs*, morceau religieux d'après l'Évangile de saint Luc (op 27). — MUSIQUE DE PIANO. *Voix intérieures*, 5 pièces, (op. 2). — Valse brillante, (op. 3). — Six pièces de fantaisie, en deux cahiers, (op. 7). — Études romantiques, dix-sept pièces en deux cahiers, (op. 8). — Berceuse, (op. 12). — Scène de chasse, (op. 15). — *A celle qui s'en va*, deux romances, (op. 16). — *Tableaux de voyage*, douze morceaux en deux cahiers, (op. 17). — Scherzo, Berceuse et Pastorale, à quatre mains, (op. 18). — Prélude et romance, (op. 19). — Quatre impromptus, (op. 20). — 1re Sonate en *fa* dièze mineur, (op. 25). — Trois valses-caprices, (op. 31). — Vingt-cinq études en trois recueils, (op. 32). — Chants et danses, vingt pièces en deux recueils, (op. 33). — Six suites allemandes, (op. 36). — Impromptu, en *sol majeur*, (op. 37). — Deux nocturnes, en *fa dièze majeur* et en *si bémol mineur*, (op. 38). — Marche, Canzonetta et Scherzo, (op 42). — *Idylles*, huit morceaux à deux et quatre mains, (op. 43). — *Erotikon*, sept pièces, (op. 44). — *Musique de noce*, quatre morceaux à quatre mains, (op. 45). — *Chants du pays de Berchtesgaden*, en deux recueils, (op 46). — *Idylle de la forêt*, (op. 47). — *Souvenirs*, cinq morceaux, (op. 48). — MUSIQUE DE CHANT. Six *lieder*, (op. 1). — Sept chants du livre des *Chants d'Espagne*, de E. Geibel et P. Heyse, (op. 4). — Quatre chants sur des poésies de G. Herwegh et de Eichendorff, (op. 5). — *A l'innomée*, six mélodies d'amour d'après E. Geibel, (op. 6). — Huit *lieder* pour mezzo-soprano ou baryton, (op. 9). — Deux chants sur des poésies de Uhland, (op. 10), avec deux cors et harpe (ou piano) : *a. Chant des Nonnes*, pour soprano solo et chœur à quatre voix de femmes; *b. Chant de la fiancée*, pour chœur général. — Sept *lieder* d'après Hafis, (op. 11). — *Chants d'amour*, six morceaux pour voix grave, (op. 13). — Six *lieder* populaires de Wilhelm Herz pour voix moyenne, (op. 14). — Sept chants du recueil des *Chants d'Espagne* de E. Geibel et P. Heyse, (op. 21). — Douze *lieder* de P. Heyse pour voix moyenne en deux cahiers, (op. 22). — Six *lieder* avec texte allemand et danois, (op. 23). — Six *lieder*, (op. 24). — Huit *lieder* pour soprano, alto, ténor et basse d'après E. Geibel, (op. 28). — Huit *lieder* à quatre parties, d'après Geibel, en deux recueils, (op. 29). — *Dolorosa*, six poésies de Chamisso, (op. 30). — *Antique Heidelberg!* extrait du *Trompette de Sackingen*, par Scheffel, morceau de concert pour basse ou baryton, (op. 34). — Six *lieder* pour voix grave, d'après O. Roquette, (op. 35). — Deux *lieder* : *Chante, ô ma belle* et *Senteurs de la Nuit*, (op. 39). — Douze *lieder*, tirés du *Gaudeamus* de Scheffel, pour voix de basse avec piano, (op. 40). — Romances et ballades, de Robert Hamerling, six morceaux pour voix seule avec piano, (op. 41). — Sept *lieder*, de Robert Burns, (op. 49). — Sept *lieder*, (op. 50). — *Jensen-Album*, recueil de *lieder* pour une voix avec piano. — *Laisse-moi reposer, laisse-moi rêver*, n°1 de la collection des *Chants du Printemps*, composés par Jensen, Taubert, Abt, Reinecke, etc. AD. J—N.

JERVOLINO (ARCANGELO), prêtre et compositeur italien, vivait dans la première moitié du dix-huitième siècle et fut professeur au Conservatoire de Santa-Maria di Loreto, à Naples. Il écrivit la musique d'un intermède qu'il fit représenter sur le petit théâtre de cet établissement, en 1737, et qui avait pour titre *lo Finto Remita e lo Stroccione* (*le Faux Ermite et le Gueux*).

JESPER. *Voyez* **REISET** (Le comte **DE**).

JIMENEZ, est le nom d'une famille de musiciens nègres qui sont venus se faire entendre à Paris, aux mois de novembre et de décembre 1875, et non sans succès. Le père, *José Julian Jimenez*, est, dit-on, élève de Ferdinand David, et possède les qualités solides qui distinguent l'école de ce maître remarquable; toutefois, il manque un peu de charme et de grâce. *Nicasio Jimenez*, le fils aîné, est un violoncelliste de talent, au jeu expressif et au mécanisme précis, mais dont l'archet manque d'ampleur. Enfin le second fils, *Manuel Jimenez*, pianiste bien jeune encore, n'en est pas moins un artiste d'un vrai talent, aussi remarquable par sa virtuosité que par un sentiment plein de grâce.

JIMENEZ HUGALDE ou **UGALDE** (CIRIACO), prêtre espagnol, compositeur et organiste, est né à Pampelune le 5 février 1828. Son père fut son premier maître de solfège, et il étudia ensuite le piano avec José Guelbenzu. Désirant se livrer à la composition et à l'étude de l'orgue, il se rendit à Madrid et se fit admettre au Conservatoire, où il eut pour professeur M. Hilarion Eslava. Ses études terminées, il devint, à la suite de plusieurs concours, maître de chapelle de la cathédrale de Jaca (1857), puis de l'église métropolitaine de Valence (1861), et enfin de la primatiale de Tolède (1865). M. Jimenez a composé un grand nombre de messes, psaumes, répons, motets, saluts, litanies, etc. On cite comme les plus remarquables parmi ces œuvres un *Miserere* de larges proportions, une messe en *mi* bémol, deux psaumes, deux cantiques, et un salut accompagné d'une litanie.

* **JOACHIM** (Joseph). Cet illustre virtuose est assurément l'un des plus grands violonistes dont l'histoire de l'art puisse enregistrer le nom. Enfant prodige, il a vu son talent toujours grandir, jusqu'au jour où ce talent a atteint le développement le plus magnifique et le plus merveilleux. Avec cela chef d'orchestre habile, compositeur distingué, M. Joachim ne se borne pas à être ce qu'on appelle un virtuose de premier ordre : pourvu d'une instruction solide, familier avec les œuvres des grands maîtres, connaissant la musique de Bach et de Corelli aussi bien que celle des violonistes modernes, il est un des plus admirables quartettistes que l'on puisse entendre.

M. Joachim est aujourd'hui fixé à Berlin, où il s'est établi après la guerre de 1866, alors que, le Hanovre ayant été absorbé par la Prusse, il se vit obligé de renoncer aux fonctions de maître de la chapelle royale de Hanovre, qu'il occupait depuis 1854. Il rertouva d'ailleurs à Berlin une situation brillante, devint directeur du Conservatoire particulier qui venait d'être fondé en cette ville sous le titre d'Académie de musique, se distingua tout à la fois comme virtuose, comme compositeur et comme chef d'orchestre, et fut élu membre de l'Académie des Arts.

M. Joachim, qui, dès l'âge de quatorze ans, en 1845, avait obtenu de véritables triomphes à Londres, où Mendelssohn l'avait emmené, ne se vit pas accueillir avec moins de succès à Paris, lorsqu'il y vint en 1866 et qu'il se fit entendre à l'Athénée et aux Concerts populaires de M. Pasdeloup. Sa renommée d'ailleurs est depuis longtemps européenne, mais nulle part elle n'est mieux établie qu'en Angleterre. Engagé, avec un traitement annuel de 2,000 thalers, comme directeur de l'Académie de musique de Berlin, M. Joachim s'est réservé un congé chaque année, du nouvel an à Pâques, congé qu'il va passer régulièrement à Londres, où l'entrepreneur de concerts M. Chappell lui assure mille livres sterling, soit 25,000 francs pour chaque voyage.

Comme compositeur, M. Joachim s'est produit pour la première fois au mois de décembre 1845, en exécutant, dans un concert du Gewandhaus de Leipzig, un adagio et rondo qu'il avait écrit avec accompagnement d'orchestre. Depuis lors, il a composé d'assez nombreux morceaux symphoniques, et plusieurs concertos de violon parmi lesquels on cite surtout son *Concert in ungarischer Weise* (op. 11), production toute brillante de couleur et de fraîcheur. Je mentionnerai, parmi ses autres œuvres : 2 Marches pour orchestre; 3 pièces pour violon et piano, op. 2; Concerto pour violon, avec orchestre, op. 3; Ouverture d'*Hamlet*, op. 4; 3 Pièces pour violon et piano, op. 5; *Mélodies hébraïques*, pour alto et piano, op. 9; Variations pour alto, avec accompagnement de piano, op. 10. — En 1863, M. Joachim a épousé une cantatrice d'un grand talent, Mlle Amélie Weiss, qui se fait surtout remarquer dans l'exécution des *lieder*.

JOANNES (Antoine), facteur de clavecins, vivait à Anvers dans la première moitié du dix-septième siècle.

JOELLUER (André), compositeur allemand, directeur de musique à Meiningen, s'est fait connaître par un grand nombre de chansons, dont quelques-unes obtinrent des succès populaires. Cet artiste est mort à Meiningen, le 2 mars 1862, à l'âge de cinquante-huit ans.

JOLIVET (.........), compositeur, habitait Dijon dans la première moitié du dix-huitième siècle. Il a écrit la musique des ouvrages suivants : Cantate sur la naissance de Monseigneur le Dauphin, exécutée à Dijon le 14 septembre 1729 : *Idylle héroïque* en deux scènes, avec prologue et épilogue, chantée par les écoliers du collège de Dijon le 6 mai 1730; Divertissement pour la fête de M le comte de Tavannes, Dijon, 1730.

* **JOLY** (.......), violoniste et marchand de musique. Outre les publications mentionnées au nom de ce musicien, on lui doit encore : 1° *Méthode de Guitare*. Paris, Schlesinger; 2° *l'Art de jouer de la guitare, ou Méthode rédigée sur un nouveau plan* (nouvelle édition), Lille, Bohem.

* **JOMMELLI** (Nicolò). A la liste des productions dramatiques de ce musicien immortel, il faut ajouter les suivantes, qui sont conservées dans les Archives du Conservatoire de Naples : 1° *Ezio*, opéra sérieux en 3 actes, Bologne 1741; 2° *Artaserse*, 3 actes, Rome, th. Argen-

tina, 1749; 3° *Temistocle*, 3 actes, Naples, th. San Carlo, 1757; 4° *Il Trionfo di Clelia*, 3 actes, id., id., 1757; 5° *Ezio*, 3 actes, écrit pour le jour de naissance du roi Joseph Ier de Portugal, 1771 (c'est le troisième opéra que Jommelli composait sur ce sujet); 6° *Cerere placata*, fête théâtrale, 1772; 7° *Cajo Marzio*, 3 actes (1). L'abbé Alfieri a publié sur Jommelli un opuscule ainsi intitulé : *Notizie biografiche di Nicolo Jommelli* (Rome, 1845, in-8°); on trouve aussi une biographie et un portrait de cet homme célèbre dans la *Biografia degli Italiani illustri del secolo XVIII* (1er vol.), Venise, 1835, in-8°.

* **JONAS** (Emile). Le répertoire dramatique de ce compositeur se complète par les ouvrages suivants : *Job et son chien*, un acte, Bouffes-Parisiens, 1863; *le Manoir des La Renardière*, un acte, id., 1864; *Avant la Noce*, un acte, id., 1865; *les Deux Arlequins*, un acte, Fantaisies-Parisiennes, 1865; *Malbrough s'en va-t-en guerre*, 4 actes (en société avec MM. Bizet, Delibes et Legouix), Athénée, 1867; *le Canard à trois becs*, 3 actes, Folies-Dramatiques, 1869; *Desiré, sire de Champigny*, un acte, Bouffes-Parisiens, 1869; *Javotte*, 3 actes, Athénée, 1871 (ouvrage écrit pour le théâtre de la Gaîté, de Londres, et représenté sur cette scène et sous le titre de *Cinderella*, peu de mois avant d'être joué à Paris); *le Chignon d'or*, 3 actes Bruxelles, 1874. M. Jonas a aussi une part, avec MM. Bazille, Clapisson, Eug. Gautier, Gevaert, Mangeant et F. Poise, dans la musique de *la Poularde de Caux*, opérette en un acte représentée au théâtre du Palais-Royal. Il a en portefeuille un opéra bouffe en 3 actes, intitulé *la Princesse Kelebella*, et il a publié dans le journal *le Magasin des Demoiselles* une opérette, *Miss Robinson*, qui n'a pas été représentée.

Après avoir été, depuis 1847, professeur de solfége au Conservatoire, cet artiste s'était vu chargé d'une des classes d'harmonie créées dans cet établissement pour les élèves militaires, lors de la suppression du Gymnase musical. En même temps, il était chef de musique d'une des subdivisions de la garde nationale de Paris. Nommé, en 1867, secrétaire du Comité d'organisation des festivals militaires à l'Exposition universelle, c'est à lui qu'incomba presque tout le travail relatif à ces festivals; il reçut en récompense le ruban de chevalier de la Légion d'honneur.

JONCIÈRES (Félix-Ludger, dit Victorin, **DE**), compositeur et critique musical, fils d'un écrivain politique qui, après avoir été saint-simonien, devint, sous le second empire, l'un des principaux rédacteurs de *la Patrie* et du *Constitutionnel*, est né à Paris le 12 avril 1839 (1). Après avoir appris, avec une de ses tantes, les premiers principes de la musique et commencé l'etude du piano, il entra au lycée Bonaparte pour y faire son éducation littéraire, et en sortit a l'âge de seize ans, après avoir terminé ses classes. A cette époque, se croyant une vocation irrésistible pour la peinture, il entra dans l'atelier de Picot, ce qui ne l'empêcha pas de reprendre ses premières études interrompues et de cultiver la musique en amateur; il écrivit même la partition d'un petit opéra-comique dont un de ses amis lui avait taillé le livret dans *le Sicilien* ou *l'Amour peintre* de Molière, et fit exécuter cet ouvrage en 1859, par des élèves du Conservatoire, à la salle lyrique de la rue de la Tour-d'Auvergne. Franck-Marie, critique musical de la *Patrie*, mort depuis, assistait à cette représentation, et après l'audition de l'ouvrage, lui conseilla de quitter la peinture pour la musique.

Suivant ce conseil, M. Joncières abandonna l'atelier de Picot, et se mit sous la direction de M. Elwart, avec qui il fit un cours d'harmonie. Il entra ensuite au Conservatoire, dans la classe de fugue et de contrepoint de Leborne, et se préparait à concourir à l'Institut, pour le grand prix de composition musicale, lorsqu'à la suite d'une discussion à propos de Richard Wagner, qui venait de donner son premier concert dans la salle du Théâtre-Italien, il quitta la classe d'un professeur en qui, dit-il lui-même, il n'avait plus confiance. Il commença alors à se livrer sérieusement à la composition, fit jouer aux Concerts-Musard une ouverture, une marche et différents morceaux d'orchestre, puis écrivit, sur la traduction de l'*Hamlet* de Shakespeare faite par Alexandre Dumas et M. Paul Meurice, une partition qui comprenait une ouverture, une marche, des entr'actes et des mélodrames. Il fit entendre cette musique, vers 1864, dans un concert organisé à ses frais, et le 21 septembre 1867 il allait en diriger l'exécution à Nantes, pour une représentation d'*Hamlet* qui avait lieu au Grand-Théâtre de cette ville, et dans laquelle Mme Judith, de la Comédie Française, remplissait le rôle d'Hamlet. L'année suivante, Mme Judith donnait des représentations de cet ouvrage à la Gaîté, encore avec la musique du jeune compositeur.

Cependant, le 8 février 1867, M. Joncières

(1) Quant à l'opéra *il Frastullo*, titre qui n'a point de sens, il faut le remplacer par *Don Trastullo*, intermède à trois voix.

(1) Et non le 26 avril, comme le dit *le Dictionnaire des Contemporains*; je tiens cette date de source certaine. On a donné à M. Joncières le prenom de Victorin en souvenir de sa mère, qui s'appelait Victorine, et qui mourut quinze jours après l'avoir mis au monde.

faisait ses véritables débuts de musicien dramatique en donnant au Théâtre-Lyrique *Sardanapale*, grand opéra en trois actes dans lequel Mlle Nilsson, dont c'était la première création, remplissait le principal rôle. Malgré la présence de cette artiste aimée du public, *Sardanapale*, dont la musique manquait d'élan et d'originalité, ne réussit que médiocrement, quoique certains morceaux de la partition ne fussent pas absolument dépourvus de qualités. Il en fut de même du second ouvrage de M. Joncières, *le Dernier jour de Pompéi*, opéra en 4 actes donné au même théâtre en 1869, et que la critique trouva inférieur au précédent. Depuis lors, le Théâtre-Lyrique ayant disparu et M. Joncières n'ayant pu réussir à forcer les portes de l'Opéra, cet artiste, dont le tempérament musical est absolument hostile au genre de l'opéra-comique, ne s'est pas produit à la scène, bien qu'il ait en portefeuille un ouvrage entièrement terminé, *Dimitri*, opéra en 5 actes écrit sur un poëme de MM. Henri de Bornier et Armand Silvestre. Il s'est borné à publier quelques romances, quelques morceaux de piano, et à faire entendre un concerto de violon, exécuté au Conservatoire, en 1870, par M. Danbé, et une *Symphonie romantique*, exécutée au Concert national au mois de mars 1873. C'est aussi depuis cette époque, et en 1871, que M. Joncières a pris possession du feuilleton musical du journal *la Liberté*, qu'il signe de son nom, tandis que sous le pseudonyme de *Jennius*, il écrit, à ce même journal, une chronique quotidienne des théâtres.

Il est difficile, à l'heure présente, de porter un jugement raisonné sur la valeur musicale de M. Joncières. N'ayant encore fait représenter que deux ouvrages, et quoique ces ouvrages fussent importants, le jeune artiste n'est pas encore sorti de la période des débuts, des tâtonnements, et nous pensons que l'on serait injuste en voulant apprécier son talent sur deux productions imparfaites. Il est vrai que M. Joncières a une fort bonne opinion de lui-même, qu'il se croit appelé à régénérer l'école musicale française, et que, joignant la plume du critique à celle du compositeur, il le prend de très-haut avec ses confrères, et reproche à des artistes tels que M. Reyer, par exemple, de ne pas être musiciens et de ne pas connaître la pratique de leur art. Un tel grief, articulé par l'auteur de *Sardanapale* contre l'auteur de *la Statue*, peut à bon droit faire sourire ce dernier. Du reste, les musiciens français de ce temps ne sont pas les seuls pour lesquels M. Joncières professe un dédain magnifique; en prenant la collection des feuilletons publiés par lui depuis quatre ans dans *la Liberté*, il serait facile de se convaincre de ce fait, que M. Joncières fait dater l'existence de la musique française du jour où il a abordé le théâtre. Quels que soient le nom et la valeur des artistes auxquels la France avait cru devoir jusqu'ici accorder un peu de reconnaissance, quel que soit le genre auquel ces artistes se sont attachés, ceux-ci ne sauraient trouver grâce devant un critique aussi farouche : Monsigny, Grétry, Boieldieu, Auber, Adam, Berlioz, tous sont traités par lui avec une superbe écrasante.

Voici comment M. Joncières apprécie le génie inculte, mais naturel et passionné, de Monsigny : « Nous ne sommes pas, il faut l'avouer, de ceux qui pleurent d'admiration en entendant la musique du *Deserteur*. Les *chants heureux* de Monsigny, comme disent les amateurs de ce vieil opéra-comique, n'ont pas le don de nous toucher..... Il faut avoir porté la culotte courte, s'être délecté aux comédies de Picard, avoir passé ses soirées à *Feydeau*, après un bon dîner chez *le traiteur*, en un mot, avoir été jeune il y a cinquante ans, pour goûter les charmes de la musique de Monsigny. » On pense bien qu'après avoir ainsi traité *le Déserteur*, le critique ne saurait user d'une grande indulgence pour *la Dame blanche :* « L'Opéra-Comique, écrivait-il un jour au sujet de cet ouvrage, donnait la semaine passée la 1,237e représentation de *la Dame blanche*. Devant l'éloquence d'un pareil chiffre la critique perd ses droits, et n'a plus qu'à s'incliner; nous ne discuterons pas la valeur de cet ouvrage. Depuis quarante-six ans le public se pâme d'aise aux *la la-i-lou* des montagnards écossais, à la cavatine du ténor : « Ah! quel plaisi-ir d'être soldat! » à la strette, qui parut si entraînante en 1825, du fameux duo : *Cette main, cette main si joli-i-i-e*, et rien ne semble encore annoncer la fin de l'engouement général pour cet opéra tyrolien dont l'action se passe en Écosse.... » M. Joncières qui, on le voit, cherche parfois à faire de l'esprit, est plus sévère encore envers Berlioz qu'il ne l'a été envers Monsigny et Boieldieu ; il regrette d'abord son *inexpérience des procédés de l'art musical*, *la stérilité de son imagination*, et voici comme il le juge : « Berlioz ressemble à un cuisinier inexpérimenté qui, voulant inventer un art culinaire nouveau, jetterait pêle-mêle dans la casserole tous les ingrédients qui lui tomberaient sous la main, se disant : ce sera peut-être mauvais, mais en tous cas on ne pourra contester l'originalité de ma cuisine, et il se trouvera certainement des palais blasés qui prendront plaisir à goûter une sensation qu'ils n'ont encore jamais éprouvée. »

On voit que la critique de M. Joncières est enfantine, malgré les grands airs qu'elle veut prendre parfois. Ses efforts n'enlèveront pas aux grands artistes qui ont honoré ou illustré la France une parcelle de leur génie, mais ils pourraient porter préjudice à l'avenir du jeune compositeur qui se livre à de tels écarts et qui semble trop porté à croire que tous les yeux de l'Europe sont tournés sur lui. M. Joncières n'est pas encore célèbre ; pour le devenir, il ne suffit pas d'avoir, comme lui, deux admirations exclusives dont l'accouplement semble au moins étrange lorsqu'on sait qu'elles ont pour objet M. Wagner d'une part, M. Offenbach de l'autre ; il faut composer, produire beaucoup, créer des chefs-d'œuvre et forcer l'admiration du public. Mais se cantonner chaque semaine dans le coin d'un journal dans l'unique but de rabaisser sans cesse l'art de son pays, de ternir la mémoire des grands hommes qui l'ont illustré, de s'accorder à soi-même des éloges au moins singuliers, enfin d'amener les administrations théâtrales à représenter vos œuvres, cela n'est pas le fait d'un véritable artiste. Je suis d'avis, pour ma part, qu'on ne peut, pour une foule de raisons, être à la fois producteur et critique. Berlioz, qui, quoi qu'en puisse penser M. Joncières, présentait sous ce double rapport une autre surface que lui-même, a usé sa vie à ce jeu dangereux et avait fini par s'aliéner toutes les sympathies. Que M. Joncières y prenne garde, s'il tient à sa carrière de compositeur (1).

JOSSE (Jean-Marie), compositeur, est né à Toulouse le 23 février 1815, dans une famille d'artistes. Elevé d'abord à la maîtrise de Saint-Étienne, cathédrale de Toulouse, il se rendit vers l'âge de douze ans à Bordeaux, où son père venait d'être engagé comme chef d'orchestre du Grand-Théâtre. Ce fut là qu'il apprit l'harmonie et la composition sous la direction de *Massin*, dit *Turina*, disciple de Reicha, qui, en 1819, avait partagé avec Halévy le grand prix de Rome. En 1832, et après de sérieuses études, son maître l'envoya à Paris terminer son éducation musicale et le recommanda chaudement à Reicha. Le digne artiste fit plus ; en se séparant de son élève, il lui fit don de la somme qu'il avait reçue de lui pendant plusieurs années pour prix de ses leçons, et qu'il avait soigneusement amassée pour la lui rendre et lui faciliter ainsi les premiers pas dans la carrière.

Arrivé à Paris, M. Josse entra au Conservatoire et suivit la classe de Reicha pour la fugue, et celle de Lesueur pour la composition dramatique. En 1836, il obtint, avec Louis Maillart, la seule mention que le jury décerna pour le contrepoint et la fugue. En même temps, il occupait l'emploi de second violon au théâtre Nautique, puis d'alto à l'Opéra-Comique, et, enfin, devenait sous-chef d'orchestre à ce dernier théâtre. C'est pendant cette période qu'il écrivit *la Tentation*, oratorio en trois parties, qui fut exécuté en 1848 aux Italiens, à l'Opéra-Comique et aux concerts du Conservatoire ; puis *le Talisman*, opéra-comique en un acte, qui fut donné en 1849 à l'Opéra-Comique.

En 1850, M. Josse se rendit en Russie, où l'appelait un engagement de chef d'orchestre au Théâtre-Michel de Saint-Pétersbourg. Il conserva ce poste jusqu'en 1861. A cette époque, il est rentré en France, où il habite encore aujourd'hui. — C'est à Marseille qu'il s'était fixé en dernier lieu. — Dégagé de toute fonction assujettissante, s'étant par son travail assuré l'indépendance qu'il avait souhaitée, il a pu dès ce moment se livrer tout entier à son penchant pour la composition. Il a écrit des fragments de musique, symphonique et lyrique, des quatuors, des ouvertures, marches, etc. — Plusieurs de ses pièces d'orchestre ont été exécutées avec succès aux Concerts populaires de Marseille. Son ouvrage le plus important est un grand opéra en 5 actes dont le poëme est tiré du drame d'Alexandre Dumas, *Henri III*, et qui a été traduit en italien sous le nom de *la Lega* (la Ligue). Cet opéra doit être donné au théâtre de la Scala, à Milan, pendant la saison du carnaval 1876 (1).

Il y a dans ces diverses compositions une grande sûreté de main, une facture solide et ferme. On y sent l'influence du style et des procédés de Meyerbeer. Le caractère de la pensée et les moyens employés pour la mettre

(1) Depuis que cette notice est écrite, le Théâtre-Lyrique s'est reconstitué, et M. Joncières y a fait représenter, pour sa réouverture, *Dimitri*, grand opéra en 5 actes qu'il avait inutilement tenté de faire jouer à l'Opéra. Bien que cet ouvrage n'ait point attiré le public, il a obtenu auprès des artistes et de la critique un accueil très-favorable, que justifiaient de réelles qualités. De beaucoup supérieure aux deux œuvres précédentes de l'auteur, la partition de *Dimitri*, bien que manquant encore d'originalité, dénote un vrai tempérament scénique, et fait honneur à l'artiste qui l'a écrite ; les progrès de celui-ci sont évidents, sa main est beaucoup plus sûre, son orchestre est sonore et brillant, et l'inspiration si elle pèche un peu trop du côté de la nouveauté, ne manque du moins ni d'ampleur ni de puissance. *Dimitri* n'est pas sans doute une production accomplie, mais c'est une œuvre mâle, hardie, sincère, qui est un heureux gage pour l'avenir du musicien. Un fait est à signaler au sujet de cet ouvrage ; c'est que, chez M. Joncières, les théories du critique n'ont aucune influence sur la pratique du compositeur ; la musique de *Dimitri* est aussi peu wagnérienne que possible.

(1) *La Lega* fut en effet représentée à la Scala, de Milan, le 28 janvier 1876, et bien accueillie par le public.

en valeur accusent un tempérament vigoureux qui doit s'appliquer heureusement aux compositions dramatiques. AL.R—D.

JOUAN (J....-M....-J.....), instituteur à Caro, près de Ploërmel (Bretagne), est l'auteur d'un *Petit Recueil de mélodies religieuses*, contenant une messe solennelle, un motet pour voix d'enfants, et des Chants en l'honneur du Très-Saint Sacrement et de la Très-Sainte Vierge. Ce recueil a été publié il y a quelques années à Rennes, chez Vatar.

JOURET (Théodore), né à Ath (Belgique), le 11 septembre 1821, ne s'est d'abord occupé de musique que comme amateur, cherchant dans la culture de cet art un délassement à ses études scientifiques. C'est ainsi que de 1840 à 1846, il a composé des mélodies et des chœurs pour quatre voix d'hommes. En association avec Guillaume Meynne, qui lui avait servi de guide et de conseil dans ses premiers essais de composition musicale, M. Théodore Jouret a pris sa part de collaboration à un opéra-comique en un acte, *le Médecin Turc*, exécuté en 1845, dans un salon musical à Bruxelles. (Voir *Biographie universelle des Musiciens*, t. VI, p. 129, l'article consacré à Meynne). Depuis 1846, M. Théodore Jouret n'a plus consacré ses loisirs qu'à la critique musicale. Durant ces trente années, il a successivement collaboré à la *Revue de Belgique*, dont il était l'un des fondateurs, à la *Revue trimestrielle*, à *l'Étoile Belge*, à *l'Observateur*, au *Nord*, au *Guide musical*, et enfin à *l'Office de publicité*, depuis sa fondation (1858). Il a aussi envoyé, de Paris et de l'Allemagne, un grand nombre de correspondances musicales à l'*Indépendance belge* et au *Journal de Saint-Pétersbourg*. Enfin, il a publié dans le journal *l'Art*, de Paris (n^{os} des 1er et 8 octobre 1876), une étude sur Verdi, dont il a été fait un tirage à part (Paris, 1876, in-f°).

M. Théodore Jouret est professeur de chimie à l'École militaire de Bruxelles et chevalier de l'ordre de Léopold. F. D.

JOURET (Léon), compositeur, frère du précédent, naquit à Ath (Belgique), le 17 octobre 1828, entra, à l'âge de huit ans, aux cours de l'École de musique de sa ville natale, où il apprit les premiers éléments de son art, et étudia le violon et le piano. Il tenait déjà très-souvent l'orgue à l'église Saint-Julien ; à cette époque, l'église étant pour lui l'endroit où l'on faisait le plus de musique, il ambitionna — c'est le mot — la place d'enfant de chœur, qu'il obtint ; ses entrées au Jubé lui causèrent une joie immense, et il accompagnait la plupart des offices.

En 1839, sa famille quitta la ville d'Ath pour aller habiter Bruxelles, et dès lors il voulut à tout prix devenir musicien. Rien ne le contraria dans sa vocation, et ses parents le laissèrent libre de suivre son instinct.

Le Conservatoire royal était encombré d'élèves, et il ne put y entrer que vers la fin de 1840. Admis aux cours de solfége et de piano, il fréquenta plus tard les cours d'orgue, de violoncelle, d'harmonie et de composition.

C'est en 1848 que M. Léon Jouret publia ses premières mélodies, écrites sur des paroles de V. Hugo, Alfred de Musset et Th. Gautier. Ses premiers essais furent bien accueillis, et c'est alors qu'il reçut pour son art les meilleurs conseils de deux de ses amis, Guillaume Meynne et Alexandre Stadtfeldt, deux artistes pour qui il eut toujours les sentiments de la plus vive reconnaissance.

A dater de 1850, M. Jouret publia d'année en année des mélodies, des romances, des chansons et des chœurs pour voix d'hommes, sans accompagnement. Depuis lors, à différentes reprises, il a été choisi pour écrire des chœurs destinés à des concours de chant d'ensemble. Sa dernière production en ce genre (1872) a été imposée aux sociétés belges, françaises, allemandes et hollandaises qui entraient en lutte pour le prix d'excellence au concours international de Verviers. Cette composition a pour titre : *Invocation à la Patrie*. Parmi ses œuvres chorales, dont la plus grande partie est au répertoire des sociétés du pays et de l'étranger, nous citerons : *le Lever*, *Salut au pays natal*, *les Blancs Bonnets de Sambre-et-Meuse*, *Chanson Espagnole*, *Hymne à la Charité*, *Chanson de ma Mie* et d'autres encore. Il n'est que juste de mentionner aussi plusieurs mélodies, qui ont été accueillies avec succès : *Ma Mie Annette*, *Chanson de Mai*, *Lamento*, *Barcarolle*, *Une Fleur*, *On dit mon Ange*, *l'Empressement*, *Chanson de Novembre*, *Noël*, etc., éditées, les unes à Paris, et la plus grande partie à Bruxelles.

La maison Schott a publié dernièrement un nouveau recueil de huit mélodies, écrites sur des paroles prises aux meilleurs auteurs, et dont quelques pièces sont de véritables poëmes. Les concerts du Cercle Artistique de Bruxelles ont fait connaître *la Ritournelle*, *le Franc Archer*, et plusieurs autres du recueil, qui contient en outre : *Le Printemps*, *J'aime à chanter*, *L'Évangile des champs*, *le Collier de cœurs*, *l'Absent* et *la Promenade aux champs*. M. Léon Jouret a fait paraître aussi (1871), chez Schott, une autre collection de *six morceaux de chant à deux et à trois voix de femmes*, avec accompagnement de piano, et destinés principalement aux cours de chant d'ensemble. Ces morceaux ont pleinement réussi, et les plus favorisés sont : *les Fleurs, les Clochettes bleues*, — (*Cantate du Printemps*) — et *Tombée du jour*, à trois voix, avec accompagnement d'orgue et de piano; ce dernier est écrit sur une délicieuse poésie de Théophile Gautier.

M. Jouret, qui s'est occupé de musique religieuse, a encore écrit des psaumes et des motets, ainsi qu'une messe et une *Cantate pour le jour de Pâques*, en trois parties, à cinq voix, avec accompagnement d'orgue, violoncelle et contrebasse. En 1851, on exécuta à l'église Saint-Joseph, à Bruxelles, un *Salut* de sa composition, où l'on remarqua un *Ave Maria* et le psaume *Super flumina Babylonis*. Il a fait entendre à plusieurs reprises, dans sa ville natale, une messe à cinq voix, avec accompagnement d'orgue, violoncelle et contre-basse, et lors de la visite du Roi dans cette ville, il écrivit pour cette circonstance un *Domine Salvum fac*, qui fut exécuté par un grand nombre de chanteurs et d'instrumentistes.

En 1865, le Cercle Artistique et Littéraire de Bruxelles mit à sa disposition son splendide local; c'est là qu'il fit représenter son premier opéra, intitulé *Quentin Matsys*, paroles de M. F. Coveliers. L'ouvrage obtint un véritable succès. En 1868, le Cercle eut encore la primeur d'un autre opéra : *le Tricorne enchanté*, comédie originale et charmante de Th. Gautier et Siraudin, appropriée à la scène lyrique par M. F. Coveliers; poëme et musique réussirent à souhait. Grâce à ses relations artistiques et à la sympathie qui s'attachait à son nom, M. Jouret eut le rare bonheur d'avoir pour interprètes les premiers sujets du Théâtre royal de la Monnaie. On eut beau lui demander sa partition pour une scène plus importante et plus grande, il refusa toujours, craignant le trop grand cadre, et disant à ses amis que, s'il se décidait un jour à écrire pour le théâtre, il voulait y produire une œuvre nouvelle, et plus complète, si c'était possible, que *le Tricorne*. Depuis lors, il a terminé différents ouvrages; mais le chant d'ensemble est surtout depuis plusieurs années l'objet de tous ses soins et son travail de prédilection.

En 1874, M. Léon Jouret a été nommé professeur au Conservatoire royal de Bruxelles, et chargé du cours d'ensemble vocal dans les classes du soir. F. D.

JOURNET (Françoise), l'une des plus fameuses chanteuses de l'Opéra, quoique son nom soit aujourd'hui bien oublié, brilla pendant quinze ans à ce théâtre, au commencement du dix-huitième siècle, et y tint le premier rang. L'abbé de Fontenai, dans son *Dictionnaire des Artistes*, a donné sur cette actrice alors célèbre une notice très-complète, et que je ne crois pouvoir mieux faire que de reproduire ici. « Françoise Journet, dit-il, est née à Mâcon selon quelques-uns, et selon plusieurs autres à Lyon. Sa mauvaise fortune la fit entrer, dans cette dernière ville, chez une marchande dont le mari fit banqueroute. Quoique abandonnée de sa maîtresse et n'ayant d'autre bien qu'une très-jolie figure, elle ne céda aux poursuites d'un jeune homme qui l'aimait, qu'en l'épousant. Mais ayant appris, au bout de quelques mois, que ce jeune homme était déjà marié, elle prit alors le parti du théâtre. Elle débuta à l'Opéra de Lyon, et le succès qu'elle eut fut si grand, qu'on l'engagea de venir à Paris. Elle y fut médiocrement reçue. Ses amis lui conseillèrent de persister; elle suivit cet avis, et réussit au point que, peu d'années après, elle devint la première actrice de l'Opéra de Paris. Elle y avait débuté, au mois d'avril 1705, par le rôle d'Yole dans l'opéra de *la Mort d'Alcide*. Elle n'a jamais été remplacée dans ceux d'Isis, de Thétis et d'Iphigénie. Elle quitta le théâtre en 1720. Le Système (1) lui avait procuré une fortune de huit à neuf cent mille livres, qui ne dura qu'autant que le papier : le chagrin qu'elle en eut et un squirrhe au foie la mirent au tombeau en 1722. On a vu longtemps à Paris un portrait de mademoiselle Journet, peinte en Iphigénie, par le fameux Raoust. C'était un des chefs-d'œuvre de ce peintre : il a disparu depuis quelque temps, sans qu'on sache à qui il appartient aujourd'hui. »

Mlle Journet avait dû une partie de son talent aux excellentes leçons de Mlle Le Rochois, qui, aussi bonne qu'intelligente, se plaisait, après être sortie de l'Opéra, à former des élèves qui pussent lui succéder. Mlle Journet avait inspiré à un grand seigneur qui fut son amant, le marquis de Rochemore, une passion telle qu'il mourut du chagrin de l'avoir perdue, et que sa perte lui inspira les vers suivants :

> Aux autels du tyran des morts,
> D'une tremblante main, je consacre ma lyre;
> Je ne chantois que pour Thémire,
> Thémire a vu les sombres bords;
> Tendres concerts, charmant délire,

(1) Le système de Law, source de ruine pour les Parisiens.

Faites place à d'autres transports.
Une douleur muette et sombre,
Des larmes qui partent du cœur,
Ne chercher, ne sentir, ne voir que mon malheur,
Voilà le seul tribut que je dois à son ombre.
Soyez les garants de ma foi,
Lieux redoutés où repose sa cendre;
Il n'est plus aujourd'hui d'autre plaisir pour moi
Que les pleurs qu'en secret je viens ici répandre.

Parmi les très-nombreuses créations que fit Mlle Journet dans le cours des quinze années qu'elle passa à l'Opéra, il faut surtout citer les ouvrages suivants : *les Fêtes Vénitiennes*, *Idoménée*, *Camille reine des Volsques* et *Télèphe*, de Campra ; *Philomène*, et *Bradamante*, de La Coste ; *Polyxène et Pyrrhus*, de Colasse ; *Cassandre*, de Bouvard et Berlin ; *le Jugement de Pâris* et *les Plaisirs de la campagne*, de Berlin ; *Manto la Fée*, de Batistin (Strück) ; *Médée et Jason*, de Salomon ; *les Amours déguisés*, de Bourgeois ; *Télémaque* et *Callirhoé*, de Destouches ; *les Fêtes de l'été*, de Montéclair ; *les Fêtes de Thalie*, de Mouret. Un an avant sa retraite, en 1719, Mlle Journet obtint un véritable triomphe en se montrant dans l'*Iphigénie* de Desmarets, dont elle remplit le rôle principal avec une grâce touchante et des qualités pathétiques qui arrachaient des larmes des yeux des spectateurs ; grâce à elle, la reprise de cet ouvrage, qui s'était vu très-froidement accueilli lors de sa création en 1704, obtint un succès retentissant et prolongé.

* **JOUSSE** (J.....). Aux écrits de cet artiste, on doit ajouter l'ouvrage suivant : *Compendious Dictionary of Italian and other terms used in music, illustrated by numerous examples for students* (Dictionnaire abrégé des termes italiens et autres usités en musique, accompagné de nombreux exemples pour les élèves).

* **JOUVE** (L'abbé Esprit-Gustave). Comme compositeur, M. l'abbé Jouve a publié les ouvrages suivants : 1° 1re messe à 3 voix, avec acc. d'orgue (en *ut* majeur), Paris, Repos ; 2° 2e messe à 3 voix, id. (en *si* bémol majeur), id., id ; 3° 4e messe à 3 voix, id. (en *sol* majeur), id. id. ; 4° *Stabat Mater* à 3 voix, avec acc. d'orgue, id., id. ; 5° *Recueil de motets, hymnes et antiennes*, avec acc. d'orgue ou harmonium, id., id. ; 6° *Recueil de cantiques* à 3 voix égales, avec acc. d'orgue ou harmonium, id., id. ; 7° Album de 6 morceaux à 3 voix égales avec strophes déclamées, récitatifs, *soli* et chœurs, pour distribution de prix, Paris, Heugel. A la liste des écrits publiés sur la musique religieuse par M. l'abbé Jouve, il faut joindre les deux suivants : 1° *Du chant liturgique, état actuel de la question. Quelle serait la meilleure manière de la résoudre*, Avignon, 1854, in-8° de 160 pp. ; 2° *Rapport sur un antiphonaire manuscrit de Sainte-Tulle* (Provence), Paris, 1856, in-8°.

JOUVIN (Benoit-Jean-Baptiste), écrivain qui s'est occupé de critique musicale, est né à Grenoble le 20 janvier 1820. M. Jouvin a pris part à la rédaction d'un grand nombre de journaux, et, comme il paraissait prendre un goût spécial aux choses de la musique, il a traité des matières relatives à cet art dans *le Globe* (1844), *l'Époque* (1845-47), *le Grand Journal*, le *Paris-Magazine*, *la Situation* (1867), *la Presse* (1868), *l'Événement*, et surtout *le Figaro*, où, depuis 1856, il n'a guère cessé d'écrire. M. Jouvin a donné au *Ménestrel* deux longues notices qui ont été ensuite publiées à part, l'une : *D. F. E. Auber, sa vie et ses œuvres* (Paris, Heugel, 1864, gr. in-8° avec portrait et autographes) ; l'autre : *Hérold, sa vie et ses œuvres* (id., id., 1868, id.). Il a donné aussi quelques articles à la *Critique musicale* (1846), ainsi qu'à la *Gazette musicale*. Les articles que M. Jouvin publie sur la musique dans le journal *le Figaro* sont signés du pseudonyme de *Bénédict*.

JUARRANZ (Eduardo-Lopez), musicien espagnol de l'époque actuelle, a fait ses études au Conservatoire de Madrid, où il a obtenu un premier prix de composition. Cet artiste ne m'est connu que par une publication qu'il a entreprise et dont il est le directeur conjointement avec M. Gonzalez Martinez : *El canto sacro, publicacion religiosa-musical, dedicada a S. S. Pio IX* (Madrid, Andres Vidal).

JUBIN (Le Frère Marie), prêtre et musicien, est l'auteur anonyme des publications suivantes : 1° *Principes de plain-chant*, à l'usage des écoles, par un membre de l'Institut des Petits-Frères-de-Marie (Lyon, Perisse, 1865, in-18) ; 2° *Principes de musique et de chant*, à l'usage des écoles (id., id., id.) ; 3° *Recueil d'airs à 1, 2 ou 3 voix égales, adaptés aux cantiques*, à l'usage des Petits-Frères-de-Marie, suivis de quelques motets pour les saluts du Saint-Sacrement (id., id., id.).

* **JUILLET** (Marcel-Jean-Antoine), fils du fameux acteur de ce nom qui fit les beaux jours de l'Opéra-Comique, était né à Rouen le 1er juillet 1789 et mourut à Bruxelles le 16 novembre 1841. Un de ses frères était à cette époque major d'infanterie dans l'armée belge. Je ne suis nullement certain que le nom de cet artiste et de son père doive s'écrire *Juillet*,

et j'ai même beaucoup de raisons de croire que c'est *Juliet* qu'ils s'appelaient réellement. Cependant, comme je n'ai pas à ce sujet de certitude absolue, j'ai conservé à ce nom la forme qui lui était donnée dans la *Biographie universelle des Musiciens.*

JULIÀ (Le Père Benito), moine et compositeur espagnol, fut élevé au fameux collége de musique du couvent de Montserrat, dans la Catalogne, et vivait au dix-huitième siècle. On conserve dans les archives de ce collége plusieurs de ses compositions, pour la plupart fort importantes, entre autres un office de vêpres pour les morts, à quatre voix, et des répons pour la semaine sainte, qui constituent, dit-on, une œuvre particulièrement remarquable.

JULIANO (A. P.). — *Voyez* **PILATI.**

JULIEN (A.....), est l'auteur d'un écrit publié sous ce titre : *L'enseignement du chant considéré comme l'un des objets essentiels qui doivent faire partie de l'instruction primaire de la commune* (1821).

JULIEN (Le Frère). — *Voyez* **LIESENHOF** (Charles).

JULIEN (Toussaint-Fortuné), né à la Roque d'Autheron (Bouches-du-Rhône), le 1er novembre 1837, a fait représenter au théâtre d'Aix, en Provence, le 13 février 1864, un opéra-bouffe en un acte intitulé *le Fils de Thésée.* On connaît également de cet artiste une messe à trois voix égales avec orchestre, qui a été exécutée dans la même ville le 20 mai 1866. Al. R — d.

* **JULLIEN** (Marcel-Bernard). Outre l'approbation de Fetis, M. B. Jullien eut aussi dans la savante discussion qu'il soutint contre Vincent à propos de la musique ancienne, l'appui des musiciens de profession, de Georges Bousquet à *l'Illustration*, et de Berlioz, qui écrivait aux *Débats*, avec une intention assez méchante contre Vincent : « M. Jullien a un immense avantage sur la plupart des écrivains qui se sont occupés de sujets touchant à l'art musical : il sait la musique, il comprend la signification des mots et n'attribue point, comme tant d'autres, aux expressions qu'il emploie un sens vicieux, détourné ou complétement faux, mais bien le sens réel qui leur est assigné dans la pratique de l'art. » Postérieurement à la notice que lui a consacrée Fétis, M. Jullien a publié des *Thèses de Philosophie* (un vol. in-8° de 400 p., Paris, Hachette, 1873), dans l'une desquelles, intitulée *l'Idéologie*, il discute et combat les opinions de d'Ortigue sur la constitution primordiale du langage musical et sur la musique religieuse : ce chapitre intéressant doit donc se rattacher aux ouvrages antérieurs de M. B. Jullien sur la musique. A la liste de ces derniers, il faut ajouter le petit écrit suivant : *De l'étude de la musique instrumentale dans les pensions de demoiselles* (Paris M. Altesto, 1848, in-18 de 16 pp.)

JULLIEN (Jean-Lucien-Adolphe), littérateur, historien et critique musical, fils du précédent, naquit à Paris le 1er juin 1845. M. Adolphe Jullien est aussi petit-neveu du conventionnel Jullien de la Drôme et cousin-filleul du célèbre ingénieur général Adolphe Jullien, qui construisit et dirigea quelques-unes de nos principales lignes de chemins de fer, comme celles de Lyon et de l'Ouest. M. Ad. Jullien fit toutes ses études littéraires au lycée Charlemagne, puis fut reçu licencié en droit. Ses parents, passionnés pour la musique, la lui firent enseigner de bonne heure ainsi que divers instruments : il apprit le piano, le violon et le chant, puis il étudia l'harmonie et le contrepoint avec un ami de son père, Bienaimé, alors professeur retraité du Conservatoire. Tout en faisant de la critique musicale active, M. Jullien s'occupe de travaux d'esthétique pure et d'histoire; il se livre aussi à de fructueuses recherches sur la musique et les théâtres publics et privés au siècle dernier. Il a déjà mis au jour des documents de haut intérêt enfouis aux Archives nationales, et il poursuit activement le dépouillement de ces richesses ignorées sur les mystères artistiques et administratifs de l'Opéra avant la Révolution. M. Jullien publia son premier article au *Ménestrel*, en 1869, à propos de l'exécution du *Paradis et la Péri* au Théâtre-Italien, et il se montra dès lors ardent admirateur et défenseur convaincu de Schumann, comme il l'est encore, ainsi que de Berlioz et de Wagner. Il fournit ensuite d'importantes études aux journaux spéciaux comme *la Revue et Gazette musicale, le Ménestrel, la Chronique musicale*, et aux grands recueils politiques et littéraires : *Revue Contemporaine, Correspondant, Revue de France, Revue Britannique.* En mai 1872, il fut chargé de rédiger le feuilleton musical du journal *le Français*, qu'il continue de tenir au profit des idées sérieuses et élevées, de la grande musique classique. En outre, M. Ad. Jullien a rédigé à l'occasion certaines des revues musicales de *la Revue de France*, signées du pseudonyme collectif d'O. Mercier, et il est chargé depuis quatre ans de faire à *la Gazette musicale* le compte-rendu spécial de l'Opéra ; il collabore aussi au *Courrier littéraire*, recueil de fondation récente, où il apprécie tous les livres ayant trait à la musique. Les travaux de critique et d'histoire publiés par M. Jullien dans ces différents recueils, entrant pour la plupart dans un plan général, doivent former par la suite plusieurs ouvrages se complétant les uns les autres, et la musique tient une large place même dans ceux dont le titre plus général n'implique pas d'idée musicale. Ses écrits publiés jusqu'à ce jour sont : 1° *L'Opéra en 1788*, documents inédits extraits des Archives de l'État (in-8°, Paris, Pottier de Lalaine, 1873); — 2° *La Musique et les Philosophes au XVIIIe siècle* (in-8°, Paris, Baur, 1873); — 3° *Histoire du théâtre de Mme de Pompadour, dit théâtre des Petits-Cabinets*, avec une eau-forte de Martial d'après Boucher (grand in-8°, Paris, Baur, 1874); — 4° *La Comédie à la cour de Louis XVI, le Théâtre de la reine à Trianon*, d'après des documents nouveaux et inédits (in-8°, Paris, Baur, 1875); — 5° *Les Spectateurs sur le théâtre. Établissement et suppression des bancs sur les scènes de la Comédie-Française et de l'Opéra*, avec documents inédits extraits des archives de la Comédie-Française, un plan du Théâtre-Français avant 1759, d'après Blondel, et une gravure à l'eau-forte de E. Champollion, d'après Charles Coypel, 1726 (grand in-8°, Paris, Detaille, 1875); — 6° *Le Théâtre des demoiselles Verrières, la Comédie de société dans le monde galant du siècle dernier* (grand in-8°, Paris, Detaille, 1875); — 7° *Les grandes nuits de Sceaux; le Théâtre de la duchesse du Maine* (in-8°, Paris, Baur, 1876); — 8° *Un Potentat musical. Papillon de la Ferté, son règne à l'Opéra de 1780 à 1790* (in-8° Paris, Detaille, 1876); — 9° *L'Église et l'Opéra en 1735. Mademoiselle Lemaure et l'évêque de Saint-Papoul* (in-8°, Paris, Detaille, 1877); — 10° *Weber à Paris; son voyage de Dresde à Londres par la France; la musique et les théâtres, le Monde et la Presse pendant son séjour* (in-8°, Paris, Detaille, 1877); — 11° *Airs variés, Histoire, critique, biograghie musicales et dramatiques* (in-12, Paris, Charpentier, 1877); 12° *La Cour et l'Opéra sous Louis XVI. Marie-Antoinette et Sacchini; Favart et Gluck* (in-12, Paris, Didier, 1878).

* **JUMILHAC** (Dom Benoit **DE**). M. Théodore Nisard a publié sur ce fameux bénédictin une notice intitulée : *Biographie de Dom Benoit de Jumilhac* (Paris, *s. d.*, Repos, in-8°).

JUNGMANN (Albert), pianiste et compositeur, né à Langensalza le 14 novembre 1814, a été employé chez divers éditeurs de musique, particulièrement dans les magasins de G. W. Kœrner à Erfurt, et chez C. A. Spina à Vienne. Il s'est partagé entre les fonctions qu'il occupait ainsi et la composition d'une quantité innombrable de petits morceaux de salon pour le piano, qui ont été publiés à Vienne, Leipzig, Offenbach, etc. Le nombre des compositions en ce genre de M. Albert Jungmann ne s'élève guère, aujourd'hui, à moins de 350.

JUNGMANN (Louis), pianiste, compositeur et professeur, né à Weimar en 1822, a été en cette ville l'élève de M. Liszt, et y est aujourd'hui professeur de musique à l'Institut Sophie. On lui doit un assez grand nombre de *lieder*, des morceaux pour le piano, et aussi des trios et quelques compositions pour l'orchestre.

JURIEWICZ (Conrad), compositeur polonais, est l'auteur d'un drame lyrique italien, *Piero Calabrese*, qui a été représenté au mois de février 1867 sur le théâtre d'Odessa.

JUSTINIANO (Antonio de S. Jeronymo), artiste portugais, né à Lisbonne en 1675, étudia la musique avec Marques Lesbio et obtint encore assez jeune, la place de maître de chapelle au couvent des Bénédictins de Enxabregas (près de Lisbonne). Il y avait fait profession en 1697. On ne connaît pas la date de sa mort. — Un autre musicien du même nom, l'abbé *Justiniano*, était, vers 1822, un des meilleurs pianistes de la colonie artistique de Rio de Janeiro, où il enseignait la musique. Il composa une grande quantité de musique sacrée qui n'a pas été publiée. J. de V.

K

KÆSSMAYER (Moritz), violoniste et compositeur, né à Vienne en 1831, a fait ses études musicales au Conservatoire de cette ville, sous la direction de Sechter et de Preyer. Il devint par la suite premier violon à l'Opéra impérial de Vienne, puis chef d'orchestre du ballet à ce théâtre, situation qu'il occupe encore aujourd'hui. Outre un opéra-comique intitulé *la Maison de campagne à Meudon*, qui a été représenté au mois de février 1869, avec un succès modéré, au théâtre impérial de Vienne, et qui a été reproduit ensuite à Prague, M. Kæssmayer est l'auteur de compositions nombreuses et importantes, parmi lesquelles il faut surtout signaler plusieurs symphonies, des messes avec orchestre, 6 quatuors pour instruments à cordes, des morceaux pour le piano, enfin des *lieder* et des chants à plusieurs voix.

KAFKA (Johann-Népomucène), musicien allemand contemporain, a obtenu une certaine popularité dans sa patrie par la publication d'une énorme quantité de petits morceaux de musique légère pour le piano, nocturnes, idylles, mélodies, improvisations, rhapsodies, etc. Le nombre de ses compositions en ce genre s'élève à deux-cents environ. M. Kafka est né à Neustadt (Bohême), le 17 mai 1819.

* **KAHLERT** (Charles-Auguste-Timothée), compositeur et écrivain sur la musique, est mort à Breslau le 29 mars 1864.

KAISER (Martin), luthier allemand qui avait sans doute, comme tant d'autres, fait son apprentissage en Italie, était établi à Venise dans les premières années du dix-septième siècle. Le musée instrumental du Conservatoire de musique de Paris possède de cet artiste un archiluth daté de 1609.

KAISER (Fr....), musicien allemand contemporain, a fait représenter en 1867 à Vienne, sur le Carl-théâtre, un opéra intitulé *Moine et soldat*.

* **KALKBRENNER** (Chrétien). L'ouvrage intitulé *la Descente des Français en Angleterre*, et indiqué par erreur comme n'ayant pas été joué, a été représenté à l'Opéra le 4 septembre 1798. Kalkbrenner a donné aussi, au théâtre Molière, en 1800, un opéra-comique en un acte, *le Mort par spéculation*.

* **KALKBRENNER** (Frédéric-Guillaume). A la liste des œuvres de cet artiste, il faut ajouter l'ouvrage suivant : *Traité d'harmonie du pianiste, principes rationnels de la modulation*, etc., dédié à ses élèves. Paris, l'auteur, 1849, in-f° de 64 pages.

KALKBRENNER (Arthur), fils de Frédéric-Guillaume Kalkbrenner, est mort à Paris le 24 janvier 1869. Cet artiste, qui s'était fait un renom à Paris par sa vie excentrique et ses prodigalités, a légué par testament, à l'Association des artistes musiciens de France, une somme de 120,000 francs. Il avait écrit les paroles et la musique d'un opéra en trois actes, intitulé *l'Amour*, qui n'a jamais été représenté, et il avait publié un certain nombre de compositions légères pour le piano.

* **KALLIWODA** (Jean-Wenceslas), violoniste remarquable et compositeur, est mort à Carlsruhe, le 3 décembre 1866, des suites d'une attaque d'apoplexie.

KAPPEY (.......), compositeur anglais, a fait représenter à Londres, le 30 novembre 1872, sur le petit théâtre de la Gaîté, dont il était alors le chef d'orchestre, un opéra-comique important, intitulé *the Wager*, qui a été accueilli par le public d'une façon très-favorable.

* **KAROW** (Charles), compositeur, est mort à Bunzlau le 20 décembre 1863.

KASCHPEROFF (........), compositeur russe, fit en Italie ses débuts de musicien dramatique en donnant à Milan, vers 1860, un opéra intitulé *Maria Tudor*, qui fut assez bien accueilli, et qui fut joué ensuite à Nice et à Odessa. Épris de l'Italie et de ses gloires, M. Kaschperoff chercha, pour tenter une seconde épreuve, un sujet qui fût cher à la nation, et il écrivit un *Rienzi* qu'il voulut faire représenter à Turin. Mais Turin était alors le siége du gouvernement, et la censure, par suite de scrupules et de susceptibilités diplomatiques, souleva des difficultés au compositeur et surtout à l'auteur du livret; les journaux s'emparèrent de la question, et de vives polémiques s'engagèrent à ce sujet, dans lesquelles la personne même de M. Kaschperoff ne fut pas épargnée. Fatigué de tout ce bruit, le compositeur abandonna son premier projet, et s'en alla à Florence dans le but d'y faire représenter son opéra, espérant trouver en cette ville moins d'hostilité. Mais, ici encore, on voulut, malgré tout, et sur le seul titre de l'œuvre, mêler les passions politiques et religieuses à une question purement artistique. Un journal fort avancé, *la Nuova Europa*, avait en quelque sorte patroné le compositeur et son opéra ; c'en était assez pour que d'autres journaux n'en voulussent point entendre parler, et que le sort de celui-ci fût fixé dès avant son apparition. En effet, la première représentation de *Rienzi*, qui eut lieu au théâtre de la Pergola vers la fin du mois de mars 1863, fut très-orageuse, et provoqua à plusieurs reprises des manifestations bruyantes, quoique la partition de M. Kaschperoff parût ne pas être dépourvue de réelles qualités. Un journal italien disait à ce sujet : « On doit déclarer, à l'honneur du maestro Kaschperoff, que la plus grande partie des artistes florentins, à commencer par MM. Romani, Vanuccini, les musiciens d'orchestre et les chanteurs, lui ont rendu justice, louant son œuvre et déplorant que, pour des raisons étrangères à l'art, elle ait été si mal accueillie par une partie de l'auditoire de la Pergola. On aurait dû écouter avec plus de respect une œuvre aussi consciencieuse, au sujet de laquelle l'auteur venait demander, sans prétention et sans orgueil, un jugement calme et courtois. » Malgré tout, les conditions dans lesquelles l'ouvrage s'était produit en empêchèrent absolument le succès. A la suite de cette déconvenue, M. Kaschperoff retourna dans sa patrie, et bientôt il s'occupa d'un opéra russe, *la Tempête*, qui dut d'abord être représenté à Moscou, et qui le fut à Saint-Pétersbourg, au mois de novembre 1867, sans grand succès, je crois. En 1869, M. Kaschperoff était devenu professeur au Conservatoire de Moscou, et travaillait à un opéra intitulé : *Thadéus, le courtier de mariages.*

* **KASTNER** (Jean-Georges), est mort à Paris le 19 décembre 1867. Les lignes suivantes, extraites de l'article nécrologique publié par Fétis, sur cet écrivain, dans la *Revue et Gazette musicale de Paris*, serviront tout naturellement de complément à la notice qui lui a été consacrée dans la *Biographie universelle des Musiciens :*

« Une dernière production bien remarquable de Kastner a pour titre : *Parémiologie musicale de la langue française, ou explication des proverbes, locutions proverbiales, mots figurés qui tirent leur origine de la musique, accompagnée de recherches sur un grand nombre d'expressions du même genre empruntées aux langues étrangères, et suivies de la Saint-Julien des ménétriers, symphonie-cantate à grand orchestre, avec solo et chœur* (Paris, Brandus, in-4°). Rappelons ici ce qui a été dit ailleurs de cet ouvrage singulier : « La conception d'un pareil livre est une des originalités « de l'esprit qui a imaginé et exécuté ceux dont « il vient d'être parlé. Au simple énoncé du « sujet, il est difficile de comprendre qu'il puisse « être la matière d'un livre, et ce n'est que dans « l'ouvrage même qu'on en saisit l'étendue. Le « plan de l'auteur est des plus vastes ; il ne faut « pas moins que sa grande érudition pour le « réaliser. Pour en donner un aperçu, il suffit « de rappeler quelques-unes des expressions « proverbiales les plus familières, par exemple : « *Qui n'entend qu'une cloche n'entend qu'un « son ; ce qui vient de la flûte s'en retourne « au tambour ; faire sonner la trompette de « la renommée ; payer les violons*, et cent au« tres semblables. Dans ces dictons, en apparence « si simples, il y a pour l'esprit investigateur de « Kastner occasion de déployer autant de sagacité « que de savoir.... »

« Nonobstant l'intérêt qui s'attache à ses travaux, on ne peut s'empêcher de regretter qu'ils aient interrompu ceux de Kastner pour l'achèvement du grand dictionnaire de musique dont il s'occupa pendant près de vingt années, et auquel il donnait le titre d'*Encyclopédie musicale.* Esprit véritablement encyclopédique, nul n'était plus capable que lui de remplir ce vaste cadre de l'art et de la science des sons. Possédant toutes les connaissances nécessaires et familiarisé avec les langues anciennes et modernes, armé d'ailleurs d'une patience infatigable, il aurait, sans doute, produit un livre bien supérieur à ceux de Schilling et de Bernsdorff. Ayant amassé d'immenses matériaux pour la réalisation de cette grande entreprise, il y attachait l'importance qu'elle mérite, mais il en ajournait la terminaison, persuadé sans doute qu'il était encore éloigné de l'époque où il faut compter avec la mort. »

KASTNER (Frédéric), fils du précédent, est auteur d'un écrit intitulé : *les Flammes chantantes* (Paris, Dentu, 1875, in-18), destiné à rendre compte des expériences faites par lui sur les flammes chantantes et sur la découverte du principe de leur interférence par l'emploi de deux flammes au lieu d'une, placées dans un tube de verre ou d'autres matières, ouvert à ses extrémités. L'application de ce principe, qui avait amené déjà M. Frédéric Kastner à adresser à l'Académie des sciences un mémoire intéressant, l'a conduit à l'invention d'un instrument de musique d'un timbre nouveau, se rapprochant sensiblement de celui de la voix humaine. Cet instrument, pour lequel son auteur a pris des brevets en France et à l'étranger, a reçu de lui le nom de *Pyrophone*. C'est la première fois, dit M. Kastner, qu'on a su rendre pratique l'application des flammes chantantes produites par la combustion du gaz hydrogène pur, à un appareil ayant le caractère et les propriétés d'un instrument musical.

* **KAUER** (FERDINAND), compositeur, était né le 18 janvier 1751 à Klein-Thaga, et mourut à Vienne le 13 avril 1831.

* **KAUFFMANN** (FRÉDÉRIC), musicien, acousticien et mécanicien allemand, est mort le 1er décembre 1866 à Dresde, où il était né le 5 février 1785.

KAUFFMANN (FRÉDÉRIC-THÉODORE), fils du précédent, né à Dresde en 1812, mort en cette ville au mois de février 1872, fut un facteur d'instruments distingué, et hérita, sans la laisser déchoir, de l'excellente renommée que son père avait acquise par ses nombreux et intéressants travaux.

KÉLER-BÉLA (ALBERT **VON KÉLER**, connu sous le nom de), chef d'orchestre et compositeur de musique de danse, est né à Bartfeld (Hongrie) le 13 février 1820. Adorant la musique, il jouait du violon dès son enfance, mais son père l'envoya faire son droit à l'Université. Cela n'empêcha pas le jeune homme de s'occuper de peinture et de faire du paysage pendant trois ans, après quoi il étudia sérieusement la musique. S'étant rendu à Vienne en 1845, il y étudia le contrepoint et l'harmonie avec Schlesinger et Dechler, tout en tenant une partie de violon à l'orchestre d'un des théâtres de cette ville, puis, en 1854, partit pour Berlin, où il devint chef d'orchestre de la *Sommer'schen Kapelle*, dirigée précédemment par Joseph Gung'l, et où il se distingua tout à la fois comme directeur, violon-solo et compositeur de danses, marches, pots-pourris, etc. En 1855, il retournait à Vienne pour succéder à Auguste Lanner, qui venait de mourir, en 1856 il devenait chef de musique d'un régiment d'infanterie, et en 1867 se fixait à Wiesbaden comme chef d'orchestre du Kursall, conservant cette position jusqu'en 1873. A partir de ce moment, le mauvais état de sa santé vint l'obliger au repos, et depuis lors il vit retiré à Wiesbaden, ce qui ne l'empêche pas de se livrer encore à la composition. — Outre ses nombreux morceaux de musique de danse, on doit à M. Kéler-Béla quelques ouvertures, des *lieder*, et des concertos et fantaisies pour le violon. Le nombre de ses œuvres publiées s'élève à 110 environ.

KELLOGG (CLARA-LOUISE), cantatrice américaine renommée, est née à Sumter (Caroline du Sud) en 1842. Après avoir montré de bonne heure de remarquables dispositions musicales, ses premiers essais furent loin pourtant de faire présager la brillante carrière qu'elle était appelée à parcourir. En effet, ses deux premiers débuts à l'Académie de musique de New-York, en 1860, furent peu satisfaisants, et ce n'est que lors d'une troisième tentative, faite l'année suivante, que l'on put croire que miss Kellogg deviendrait un jour une artiste. Heureusement, la jeune femme était douée d'une rare persévérance, et un riche banquier de New-York, M. H. G. Stibbins, voulut bien se charger des dépenses que nécessiterait le complément de son éducation musicale. Elle ne reparut sur la scène de l'Académie de musique qu'après quatre nouvelles années d'un travail acharné, pendant la saison de 1864-65, et son succès fut alors si grand dans le rôle de Marguerite de *Faust*, que ses compatriotes la proclamèrent aussitôt l'une des plus grandes cantatrices de son temps. Elle ne fut pas moins accueillie, dans le cours de deux années, en se montrant dans *le Barbier de Séville*, *Crispino e la Comare*, *Lucia di Lamermoor*, *la Sonnambula* et *Linda di Chamouni*.

Après s'être fait ainsi connaître dans sa patrie, miss Kellogg partit pour l'Europe et se rendit à Londres, fut engagée au théâtre de la reine, et y débuta, en 1867, d'abord dans *Marta*, puis dans le joli rôle de Zerline de *Don Giovanni*. Douée d'une voix charmante, claire, pure, étendue et flexible, vocalisant avec agilité, avec cela vive et agréable en scène et fort intelligente comme comédienne, miss Kellogg obtint aussitôt de très-grands succès et devint l'une des cantatrices préférées du public anglais. Elle se fit entendre successivement dans la *Traviata*, la *Gazza ladra*, la *Figlia del reggimento*, *Fra Diavolo*, *Crispino e* la *Comare*, et dans tous ces rôles la finesse de son jeu, son véritable talent de chanteuse et une originalité rare lui valurent chaque jour de plus nombreux suffrages. Cependant, en 1869, l'entrepreneur Maretzek, qui formait une troupe pour l'Amérique, lui proposa un brillant engagement et la décida à le suivre. Miss Kellogg s'embarqua donc pour les États-Unis, se fit entendre de nouveau à New-York, puis à Philadelphie, à San Francisco et dans la plupart des villes importantes de la grande république, et retrouva partout les succès qui l'avaient accueillie en Angleterre. Elle aborda alors les rôles tout à fait dramatiques, et ne craignit pas de se montrer dans *Mignon*, dans *Roméo et Juliette* et autres ouvrages semblables. Elle était encore en Amérique en 1877.

* **KELZ** (Jean-Frédéric), compositeur allemand, est mort à Berlin au mois d'octobre 1862.

KENNEDY (Alexandre), luthier anglais (1700-1786), exerçait sa profession à Londres. Il était né en Écosse, et fut le chef d'une famille dont le nom fut connu dans la lutherie pendant un siècle et demi. Son neveu, John Kennedy, né en 1730, mourut en 1816, et le fils de celui-ci, Thomas Kennedy, fabriqua à lui seul plus d'instruments que les deux luthiers qui en construisirent le plus, si l'on en excepte toutefois le prolifique Georges Crask. Thomas Kennedy, qui était né en 1784, est mort en 1870.

KERCADO (Mlle **LE SÉNÉCHAL DE**). Une jeune femme de ce nom fit représenter à l'Opéra-Comique, le 5 juin 1805, un ouvrage en un acte intitulé *la Méprise volontaire*, ou *la double Leçon*.

KERCHOVE (Joseph), compositeur de musique religieuse, naquit à Gand (Belgique) le 26 septembre 1804. D'abord élève de son père, il reçut ensuite des leçons de Jean Gabriels, maître de chapelle de l'église Saint-Michel, puis étudia l'harmonie et le contrepoint avec Pierre Verheyen. Devenu ténor dans la chapelle de l'église Saint-Nicolas, de sa ville natale (1821), puis dans celles de Saint-Michel (1827) et de Saint-Jacques (1831), il fut appelé, le 9 décembre 1839, à remplir les fonctions de maître de chapelle de Saint-Sauveur, où il succéda à Jean d'Hollander. Il a écrit plusieurs messes solennelles, dont une entre autres est fort estimée, un *Miserere*, 3 Commandations, beaucoup de motets, ainsi que des chœurs d'hommes composés pour divers cercles chantants qu'il dirigeait à Gand ou dans les environs.

KERMOYSAN (Jean), écrivain français, auteur d'une *Histoire de Napoléon*, n'est cité ici que pour un long article sur l'Opéra donné par lui dans l'*Encyclopédie moderne* publiée par MM. Firmin-Didot. Cet article a été tiré à part sous ce titre : *Opéra*, par M. Kermoysan. Kermoysan est mort le 9 octobre 1877, à Paris, âgé de soixante-sept ans.

KERST (Léon), musicien et écrivain français, est chargé depuis quelques années du feuilleton musical du journal *la Presse*. Il y a publié récemment une série d'articles sur l'administration de l'Opéra, dont il a formé ensuite une brochure sous ce titre : *l'Opéra et M. Halanzier* (Paris, 1877, in-8° de 32 pp).

KES (Willem), jeune violoniste et compositeur d'avenir, ex-pensionnaire de S. M. le roi des Pays-Bas, est né à Dordrecht en 1856. Fils d'un riche négociant de cette ville, il commença par apprendre le piano avec un professeur nommé Nolthenft, puis, peu de temps après, abandonna cet instrument pour prendre des leçons de violon de M. Thyssens, et continua ensuite ses études avec M. Böhme, qui lui donna aussi des leçons d'harmonie. En 1871, il se rendit à Leipzig auprès de Ferdinand David, et y resta pendant deux années. En 1874, il eut l'honneur de devenir pensionnaire de S. M. le roi des Pays-Bas, qui le fit envoyer au Conservatoire de Bruxelles pour y travailler avec M. Henri Wieniawski ; mais, comme peu après M. Wieniawski tomba en disgrâce complète auprès du roi, M. Kes reçut l'ordre de partir pour Berlin, où il acheva son éducation musicale sous la direction de M. Joachim pour le violon et de M. Kiel pour le contrepoint, au Conservatoire (*Hochschule*) de cette ville. Il passa son examen avec la plus grande distinction et obtint le diplôme d'honneur (*zeugnifs der reife*). Pour obtenir ce témoignage honorable, il faut savoir déchiffrer à première vue un morceau pour piano et pour violon, transposer un choral figuré, réduire une grande partition d'orchestre au piano, diriger une ouverture à grand orchestre, et improviser au piano sur un motif donné.

M. Kes, qui a déjà composé plusieurs petits ouvrages fort aimables, a remporté le premier prix au concours institué par l'Association des musiciens néerlandais (*Toonkunstenaars Vereeniging*) pour un concerto de violon solo et orchestre, œuvre très-honorable. Actuellement violon-solo (*concertmeister*) à l'orchestre du Parc, M. Kes est un jeune artiste sérieux, qui donne de grandes espérances.

Ed. de H.

* **KESSLER** (Joseph-Christophe), pianiste et compositeur, est mort à Vienne le 13 janvier 1872. Cet artiste n'était né ni à Leitmeritz ni à Varsovie, mais à Augsbourg, le 26 août 1800.

KETTEN (Henri), pianiste distingué et compositeur, est né à Baja (Hongrie) le 25 mars 1848. Il a fait son éducation musicale au Conservatoire de Paris, où il a été admis, le 23 décembre 1857, dans la classe de piano de M. Marmontel, et le 27 octobre 1860 dans la classe de composition d'Halévy. Après avoir quitté cet établissement en 1863, il y rentra l'année suivante comme élève de M. Reber, et prit part sans succès aux concours de Rome de 1865 et 1866. Déjà il s'était fait entendre souvent en public, et avait obtenu des succès de virtuose, succès un peu trop escomptés peut-être par sa famille, qui voulait le faire passer pour un prodige. Le jeune artiste avait du talent néanmoins, et pendant plusieurs années se produisit à l'étranger, où il fut fort bien accueilli, non-seulement comme exécutant, mais aussi comme chef d'orchestre. De retour à Paris, il voulut se faire connaître comme compositeur, et fit entendre quelques œuvres qui n'étaient point sans valeur, entre autres une sonate pour piano et clarinette, une *Marche persane* pour orchestre, quelques heureuses mélodies vocales, et divers morceaux de genre pour le piano. — Un frère de cet artiste, M. *Léopold Ketten*, de quelques années plus âgé que lui, pianiste aussi, s'est fait chanteur par la suite et s'est consacré à la carrière lyrique; après s'être, sous ce rapport, produit sans succès à Paris, il a tenu l'emploi des ténors dans plusieurs villes de l'étranger.

KETTERER (Eugène), pianiste et compositeur, né à Rouen, en 1831, d'une famille originaire d'Alsace, fit ses études musicales au Conservatoire de Paris, où il obtint un second prix de solfège en 1847. Admis ensuite dans la classe de piano de M. Marmontel, il se vit décerner un premier accessit au concours de 1852, et n'obtint pas d'autre récompense. Il commença bientôt à se faire entendre dans les concerts, puis se mit à publier une multitude de morceaux de piano : fantaisies, transcriptions, etc., qui obtinrent un grand succès auprès du public frivole. Il en inonda littéralement le commerce de musique, si bien qu'en l'espace de quinze ans environ, le nombre de ses publications en ce genre se monta à près de trois-cents. Eugène Ketterer est mort à Paris, pendant le siège de cette ville, le 18 décembre 1870.

* **KHAYLL** (Aloys), flûtiste bohémien et compositeur pour son instrument, est mort à Ober-Dobling, le 28 décembre 1866, à l'âge de 75 ans.

KIEL (Auguste), virtuose sur le violon, chef d'orchestre et compositeur (qu'on ne doit pas confondre avec l'artiste du même nom qui est mentionné au T. V. de la *Biographie universelle des Musiciens*), naquit à Wiesbaden le 26 mai 1813. Élève favori de Spohr, il acquit un talent distingué sur le violon, et plus tard devint chef d'orchestre. Il remplissait depuis longues années ces fonctions à Detmold, lorsqu'il mourut en cette ville le 28 décembre 1871.

KIEL (Frédéric), un des compositeurs les plus estimés de l'Allemagne contemporaine pour la musique de chambre et la musique religieuse, est né à Puderbach sur la Lahn, le 7 octobre 1821. Après avoir appris le piano avec son père, il se rendit à Berlin, où il devint élève de Schulz pour le violon et de Dehn pour la composition. Il se fixa ensuite définitivement en cette ville, où il se livra à l'enseignement et à la composition, formant un grand nombre d'élèves distingués, et se faisant connaître par des œuvres fort importantes, qui le classaient au premier rang des artistes de son pays. Au mois de février 1862, M. Frédéric Kiel faisait exécuter pour la première fois à Berlin, au profit de la Société Gustave-Adolphe, un *Requiem* pour voix seules, chœur et orchestre (op. 20), qui obtenait un très-grand succès, et qui était reproduit le 8 novembre suivant pour l'anniversaire de la mort de Mendelssohn. Une autre œuvre non moins considérable, son oratorio *Christus* (op. 60), ne fut pas accueillie avec moins de faveur, et est considérée en Allemagne comme l'ouvrage le plus remarquable en ce genre qui ait été produit depuis le *Paulus* de ce maître. Parmi les autres compositions de M. Kiel, qui s'élèvent à soixante-dix environ, je citerai les suivantes : *Stabat mater* pour *soli*, chœur et orchestre; *Te Deum*; plusieurs messes avec orchestre; des psaumes et des motets; des marches pour orchestre; quatuor en *la* bémol, pour piano et instruments à cordes; 2 trios pour piano, violon et violoncelle, op. 65; trio pour les mêmes instruments, op. 24; sonates pour piano et violon, op. 35; sonate pour piano et alto, op. 67; 3 morceaux pour violoncelle et piano, op. 12; 3 romances pour piano et alto, op. 69; 3 pièces pour piano et violon, op. 70; variations pour piano et violon, op. 37; *Humoresques*, pour piano à quatre mains, op. 42; *Ländler* pour piano à quatre mains, op. 66; 2 caprices pour piano, op. 26; 3 gigues pour piano, op. 36; 3 valses pour piano, op. 45; *Souvenirs de voyage*, pour piano, op. 38 et 41; danse russe, pour violoncelle; 2 chants de Novalis, pour voix, chœur et orchestre, op. 63; 3 pièces en formes de mélodies, pour piano, op. 8; 3 romances pour piano, op. 5; 10 pièces de piano, op. 18; 3 pièces de piano, op. 21; 12 *lieder* à une voix, avec accompagnement de piano, op. 31; 2 motets pour voix seule et chœur de femmes, avec piano, op. 32; 6 *lieder*, op. 64; *Reisebilder*, pièces pour piano et violon ou violoncelle, op. 11, en 2 livres. — M. Frédéric Kiel, dont la renommée est grande en sa patrie, est membre de l'Académie de Berlin. Il a été professeur au Conservatoire de Stern, de cette ville.

Artiste véritable, dans la saine et grande application du mot, réunissant les dons d'une inspiration souple et abondante aux qualités d'un musicien instruit et rompu à toutes les difficultés pratiques de l'art, M. Kiel est l'un des musiciens allemands contemporains (beaucoup moins nombreux qu'on ne le pense) dont il restera quelque chose et dont la postérité saura retenir le nom. Son oratorio *Christus* et sa messe de *Requiem*, pour ne citer que ces deux ouvrages, sont des œuvres mâles, vigoureuses, véritablement remarquables, et dans lesquelles la solidité du fond, la largeur d'une inspiration puissante, s'allient à la beauté de la forme. La fécondité de M. Kiel, dont les travaux sont nombreux, n'est pas d'ailleurs une de ces fécondités impuissantes et stériles comme on n'en rencontre que trop souvent, en Allemagne tout aussi bien qu'ailleurs; toutes ses œuvres offrent le cachet d'un art personnel, vivement accentué, et font le plus grand honneur à celui qui les a signées. M. Kiel n'est pas moins respectable comme professeur que comme producteur; son enseignement est recherché avec une ardeur qu'explique la renommée qu'il s'est légitimement acquise sous ce rapport, et cette renommée prend sa source non-seulement dans les bons conseils, l'expérience, la pratique qu'il met au service de ses élèves, mais encore dans la sollicitude dont il les entoure, et dans la bonté dont il fait preuve à l'égard des jeunes artistes qui s'adressent à lui.

KIENLEN (Jean-Christophe), compositeur polonais, né sous le règne d'Auguste III, fit ses études à Posen, et fut d'abord maître de chapelle à Presbourg. Il remplit ensuite le même poste auprès du prince Radziwill, puis devint directeur de musique au théâtre d'Augsbourg, pour lequel il écrivit un opéra allemand en trois actes, *Claudine de Villabella*, qu'il reproduisit plus tard à Berlin. Il vint à Paris, sans doute à l'époque de la Révolution, y séjourna pendant quelques années, et se rendit à Munich, où il fut nommé maître de chapelle de la cour de Bavière. Mais Kienlen semble avoir été d'humeur assez capricieuse, car on le retrouve un peu plus tard remplissant les mêmes fonctions à Baden, près Vienne. En 1816, il donne à Léopolstadt un opéra intitulé *die Kaiserose*, et en 1818 il écrit à Berlin la musique d'une tragédie, *Germanicus*. Kienlen a fait graver à Posen, chez Simon, une symphonie à grand orchestre, et une polonaise pour piano, à quatre mains; à Berlin, chez Trautwein, deux sonates pour piano seul; à Paris, chez Naderman, l'air d'*Alceste*, varié pour piano, et chez Hentz-Jouve, plusieurs chansons allemandes avec accompagnement de piano, séparées et en recueils.

KIENZL (Charles), né à Graetz, en Styrie, passa la plus grande partie de sa vie active comme musicien dans la ville de Guebwiller (Haut-Rhin), où il arriva jeune encore. Compositeur modeste, vivant du produit de ses leçons, il organisa dans sa ville adoptive une société philharmonique dont il dirigea l'orchestre et les chœurs. C'est là qu'il fit entendre, de 1835 à 1845, *la Création* et *les Saisons* de J. Haydn, des messes de Mozart, et des symphonies de Haydn et de Beethoven. Beaucoup des compositions de Kienzl, consistant en messes, motets, chœurs, etc., ont été publiées en Alsace, mais n'ont guère franchi la limite de cette province. Cet artiste méritant et distingué, qui a donné à l'auteur de cette notice, encore enfant, ses premières leçons de musique, est mort en 1874 à Guebwiller. La bibliothèque du Conservatoire de Paris possède de lui une *Méthode d'harmonie* (texte allemand), qui forme un volume petit in-8° de 160 pages, et quelques œuvres de musique religieuse.

J.-B. W.

* **KINDSCHER** (Henri-Charles-Louis), compositeur, professeur et écrivain sur la musique, est mort à Wœrlitz, au mois de février 1875.

KINTERLAND (.........), compositeur et chef d'orchestre, dont le nom indique une origine germanique, a fait représenter sur un théâtre de Gênes, en 1862, un opéra intitulé *Balilla*. Cet artiste a rempli les fonctions de chef d'orchestre dans plusieurs théâtres italiens importants, entre autres au théâtre San Carlos de Lisbonne et au théâtre royal de Malte.

KIPPER (Hermann), compositeur, né à Coblentz le 27 août 1826, a fait ses études musicales à Cologne, sous la direction de H. Dorn, et est depuis longtemps établi en cette ville comme professeur, après avoir passé plusieurs années à Paris. C'est à Paris, où il était directeur d'une société chorale allemande, *Liederkranz*, que cet artiste a composé, pour les réunions annuelles de cette société, deux opérettes en un acte dont voici les titres : *le Prince malgré lui* (26 janvier 1867), et *Fidelia* (25 janvier 1868). En Allemagne, il a écrit de nombreux chœurs pour voix d'hommes, et a fait représenter quelques opérettes, parmi lesquelles celle intitulée *les Esquimaux*, dont on lui doit les paroles et la musique.

KIRSCHNER (Théodore), pianiste, organiste et compositeur, né à Neukirchen, près Chemnitz, en 1824, fit de bonnes études au

Conservatoire de Leipzig, puis accepta les fonctions d'organiste à Winterthur, après quoi il devint directeur de musique à Zurich, tout en se livrant dans cette ville à l'enseignement de l'orgue et du piano. Il se vit chargé, en 1875, de la direction de l'école royale de musique de Wurzbourg, mais ne conserva pas longtemps cette situation, et alla peu de temps après s'établir à Leipzig. Cet artiste s'est fait connaître, comme compositeur, par des *lieder*, des quatuors pour instruments à cordes, et des morceaux de piano de divers genres, parmi lesquels on peut surtout citer ses derniers recueils : 10 Pièces caractéristiques pour piano, op. 25; album pour piano, op. 26 ; caprices, id., op. 27; nocturnes, op. 28; esquisses, op. 29; études et pièces, op. 30; *Im zwielicht*, *lieder* et danses, op. 31 ; 10 pièces, op. 32.

KIRSCHNER (Fritz), pianiste et compositeur allemand contemporain, sans doute parent du précédent, a publié, dans le cours de ces dernières années, une cinquantaine de morceaux de genre pour le piano.

* **KIST** (Le docteur Florent-Corneille), est mort à Utrecht, le 23 mars 1863.

* **KITTL** (Jean-Frédéric), compositeur, ancien directeur du Conservatoire de Prague, est mort à Lissa (province de Posen), le 20 juillet 1868. Cet artiste a écrit la musique d'un opéra intitulé *les Français devant Nice*, dont on assure que M. Richard Wagner avait écrit le poème; cet ouvrage fut représenté à Prague vers 1848, et fut joué de nouveau en 1868.

KLEFFEL (Arno), musicien allemand, s'est fait connaître par la publication d'un assez grand nombre de recueils de *lieder* avec accompagnement de piano, parmi lesquels je citerai les suivants : 7 *lieder*, op. 7; 5 mélodies, op. 10; 6 chœurs, op. 11; 12 *lieder*, en deux livres, op. 12; 6 *lieder* à quatre voix, op. 13; 6 *lieder*, op. 14; 6 *lieder*, op. 23.

* **KLEIN** (Joseph), pianiste et compositeur allemand, est mort à Cologne le 10 février 1862.

* **KLEIN** (Charles-Auguste, baron **DE**), est mort le 13 février 1870, à sa villa d'Assmannshausen.

KLEINMICHEL (Richard), pianiste allemand contemporain et compositeur pour son instrument, s'est fait une grande réputation de virtuose à Hambourg, où il réside. Il a publié un certain nombre de morceaux de genre pour piano, que l'on dit pleins de grâce, de délicatesse et d'élégance. On cite surtout un recueil de poésies musicales à quatre mains intitulé *Zur Winterzeit* (*En hiver*), *les Aquarelles*, *Bal d'enfants* (six petites danses caractéristiques), etc.

* **KLEMM** (Frédéric), dilettante et compositeur autrichien, est mort à Meidling, près Vienne, le 13 septembre 1854.

* **KLENGEL** (Auguste-Alexandre), organiste à Dresde, mort en cette ville le 22 novembre 1852, y était né le 29 janvier 1784.

KLERR (.......), chef d'orchestre et compositeur allemand contemporain, a écrit la musique de plusieurs opérettes parmi lesquelles je signalerai les suivantes : *les Fleurs animées*, Vienne, théâtre *An der Wien*, décembre 1866; *le petit Josi*, id., id., mars 1867; *la belle Meunière*, Berlin, théâtre Friedrich-Wilhelmstadt, mars 1867. M. Klerr a rempli les fonctions de chef d'orchestre au théâtre de l'Harmonie, à Vienne, et a même été pendant un instant (1867), directeur de ce théâtre.

KLOP (.......), musicien belge, naquit à Gand dans la première moitié du dix-huitième siècle, et remplissait, en 1781, les fonctions de maître de chapelle de l'église Notre-Dame (Saint-Pierre) de sa ville natale. Il a laissé des chants d'église estimés, et un *Requiem* en plain-chant qu'on exécute souvent encore en Flandre, dans des funérailles solennelles.

* **KLOSÉ** (Hiacynthe-Éléonore). Cet artiste a pris, il y a quelques années, sa retraite de professeur de clarinette au Conservatoire. Il a publié (Paris, Leduc) trois Méthodes de saxophone aigu et soprano, de saxophone alto et ténor, et de saxophone baryton et basse, et a fait paraître, chez le même éditeur, un certain nombre de morceaux pour fanfares et musiques militaires : *Retraite aux Flambeaux*, *Marche funèbre*, *Andante religioso*, *l'Étape*, pas redoublé, *Dardanus*, id., *Badenburg*, id., *Augusta*, marche, *l'Artilleur*, galop, *le Bandit*, id., etc., etc. M. Klosé a encore publié : 1° 6 petites Fantaisies pour clarinette, avec accompagnement de piano (Paris, Leduc); 2° *le Décaméron des jeunes clarinettistes*, 20 petites fantaisies brillantes (id., id.); 3° *le Progrès*, 16 petites fantaisies brillantes (id., id.); 4° environ dix duos pour clarinette et piano, en société avec Leduc (id., id,); 5° mélodies populaires, choix de 40 petits airs, id., Gérard; 6° *Grande méthode pour la clarinette à anneaux mobiles*, contenant la théorie et les tablatures de cet instrument, des gammes dans tous les tons, des exercices de mécanisme et d'articulation, des duos, 15 grands morceaux, des préludes et 12 études, id., id.; 7° 18 Études mélodiques, tirées des 40 Études de violon de Charles Dancla; 8° enfin, un certain nombre

de fantaisies et airs variés, avec accompagnement de piano. M. Klosé avait été professeur de clarinette au Gymnase musical militaire, et chef de musique de la 10ᵉ légion de la garde nationale.

KLUGHARDT (AUGUSTE), compositeur allemand, directeur de musique à Weimar, né à Cœthen le 30 novembre 1847, est l'auteur d'un opéra intitulé *Mirjam*, qui a été représenté sur le théâtre de Riga au mois d'avril 1873. En 1871, il avait fait exécuter à Iéna une symphonie en *mi* bémol. On connaît de lui plusieurs autres compositions, entre autres un nonetto pour violons, alto, violoncelle, contrebasse, flûte, hautbois, clarinette et basson.

KNIGGE (Le baron DE). — *Voyez* **POLAK DANIELS.**

KNYVETT (DEBORAH **TRAVIS**, épouse), fut l'une des cantatrices les plus renommées de l'Angleterre pour les festivals et les oratorios, et partagea en ce genre les succès de son mari, William Knyvett (V. *Biographie universelle des Musiciens*, t. V.). Elle est morte à Heyside, près Oldham, le 10 janvier 1876, à l'âge de soixante-dix-neuf ans. Son mari était mort sans doute depuis longtemps à cette époque, étant né en 1778.

KOCH (BERNARD), violoniste et compositeur, fils d'un bijoutier d'Amsterdam, naquit en cette ville en 1791. Il reçut d'abord des leçons d'un de ses compatriotes, puis, lors du séjour en Hollande de Guillaume Navoigille, se perfectionna avec lui dans l'étude de son instrument. On dit même que Navoigille, qui l'avait pris en affection, aida de sa bourse son élève, qui était orphelin, après l'avoir fait entrer comme surnuméraire à la chapelle du roi Louis Bonaparte. Après avoir terminé son éducation, Koch se livra à l'enseignement, devint directeur d'une société musicale, et plus tard chef d'orchestre de l'opéra allemand et italien d'Amsterdam. C'est lui qui, en 1827, dirigea les concerts donnés en cette ville par la fameuse cantatrice Mᵐᵉ Sontag.

Koch s'est fait connaître, comme compositeur, par plusieurs ouvrages dramatiques, et par un grand nombre de productions de divers genres : 1° *La mère Gans et l'Œuf d'or*, opéra représenté à Amsterdam; — 2° *Der Hölzerne Sabel*, opérette en un acte, représentée à La Haye en 1830; — 3° *Das gestole Lämmchen*, opérette; — 4° *Pumpernikel*, opéra en 3 actes (non représenté); — 5° *Jane Grey*, récit historique; — 6° *Benjamin*, récit biblique, Amsterdam; — 7° *De Verlatene*, cantate, Amsterdam; — 8° Elégie sur la mort de Mendelssohn; — 9° *Moederliefde*, cantate couronnée par la *Société musicale des Pays-Bas*; — 10° Quatuor pour instruments à cordes (Mayence, Schott); — 11° Deux recueils de romances à 2 voix; — 12° Variations pour clarinette sur *Robin-des-Bois* (Paris, Schlesinger); — 13° Pot-pourri pour piano et violon sur *il Crociato* (id., id.); — 14° Variations pour violon; — 15° enfin, des romances, *lieder*, mélodies vocales, etc., publiés à Amsterdam. Koch, qui a pris une part de collaboration au journal intitulé *Amphion*, est mort à Amsterdam le 30 juillet 1858.

KOCHER (C......), théoricien allemand, a publié vers 1860 l'ouvrage suivant : *Harmonik. Die Kunst des Tonsatzes aus den grundebmenten théoretisch entwickelt und praktisch dargestellt* (*Harmonie. La science de la combinaison des sons développée théoriquement et exposée pratiquement*), Stuttgart, in-4° de 210 pages, avec de nombreux exemples.

KOCIPINSKI (ANTOINE), pianiste et compositeur polonais du dix-neuvième siècle, s'établit comme éditeur de musique à Kamieniec-Podolski. Il est l'auteur de plusieurs compositions remarquables pour le piano, entre autres : 1° *Deux Polonaises*, op. 5; 2° *Invitation à la danse*; 3° *Quatre mazurkas*, op. 8; 4° *Polonaise* et *Trois mazurkas*, op. 12.

KOECHEL (Le docteur LUDWIG **VON**), l'un des musicographes les plus fameux de l'Allemagne, naquit à Stein sur le Danube (Basse-Autriche) le 14 janvier 1800, et mourut à Vienne le 3 juin 1877. Après avoir été précepteur des fils de l'archiduc Charles, il consacra toute son existence, à partir de l'année 1842, à des études scientifiques et surtout à des travaux d'érudition qui avaient la musique pour objet. On lui doit sur cet art de nombreux écrits soit critiques soit biographiques; mais son chef-d'œuvre est le grand catalogue thématique et chronologique des œuvres de Mozart (*Chronologisch - thematisches Verzeichniss sämmtlicher Tonwerke Wolfgang Amadeus Mozart's*), ouvrage vraiment admirable, qui fut publié en 1862 (Leipzig, Breitkopf et Hærtel), et qui donne l'exemple le plus éclatant du parti qu'un esprit sagace et ingénieux peut tirer du sujet le plus sec et le plus aride en apparence. Le chevalier de Kœchel, qui avait consacré vingt années de sa vie à ce travail monumental, a été le promoteur de la belle édition définitive des œuvres de Mozart publiée par la maison Breitkopf et Hærtel, et il y a contribué, non-seulement de ses lumières et de son travail, mais encore d'une notable partie de sa fortune.

* **KOEHLER** (Louis). Le nombre des œuvres pour le piano publiées par ce compositeur s'élève aujourd'hui à environ 300; ces œuvres comprennent des études, des exercices, des sonates, et quelques fantaisies soit originales, soit écrites sur des mélodies célèbres. Le second volume de sa Méthode instructive et systématique de piano (*Systematische Lehrmethode für Klavierspiel und Musik*) a paru en 1858. M. Kœhler a fondé à Kœnigsberg une école pour l'enseignement du piano et de la théorie de l'art, école dans laquelle se sont formés un grand nombre de très-bons professeurs des deux sexes. Cet artiste s'est fait connaître aussi comme écrivain musical ; il a pris une part active à la rédaction de plusieurs feuilles spéciales importantes, entre autres la *Nouvelle Gazette musicale* de Berlin et les *Signale*, de Leipzig, et il a publié divers ouvrages estimés sur l'enseignement.

KOELLING (Charles), pianiste et compositeur, né sans doute en Allemagne, ne m'est connu que par les titres de quelques-unes de ses publications. Cet artiste n'a guère livré au public moins de deux cents petites compositions de genre pour le piano, qui paraissent avoir été accueillies avec faveur par les amateurs de cette sorte de musique.

KOEMPEL (Auguste), violoniste allemand fort remarquable, né à Brückenau le 15 août 1831, fut à Cassel l'un des meilleurs élèves de Spohr, et travailla aussi à Leipzig avec Ferdinand David et à Hanovre avec M. Joachim. Il s'est fait de bonne heure une réputation dans sa patrie, et occupait le poste de violon-solo du roi de Hanovre lorsqu'il vint se produire en France pour la première fois. Le 4 mars 1860, dans une des séances de la Société des jeunes artistes, dirigée par M. Pasdeloup, M. Kœmpel se faisait entendre dans le 8e concerto de son maître Spohr, qu'il exécutait d'une façon magistrale, avec de rares qualités de mécanisme, une justesse remarquable et un style très-pur ; on lui aurait seulement désiré un son plus velouté et plus distingué. Son succès néanmoins fut très-grand et très-légitime. M. Kœmpel revint à Paris en 1867, et se fit entendre à l'Athénée, dans le même concerto ; l'accueil qui lui fut fait cette seconde fois ne fut pas moins brillant. Depuis lors, la renommée de l'artiste a grandi dans son pays, et il est aujourd'hui considéré comme l'un des virtuoses les plus accomplis de l'Allemagne contemporaine. Fixé depuis 1863 à Weimar, où il remplit les fonctions de maître de chapelle, il y donne chaque année, en compagnie de MM. Édouard Lassen et Walbrul, des séances de musique de chambre qui obtiennent le plus grand succès.

KOETTLITZ (Adolphe), violoniste remarquable et compositeur distingué, naquit à Trèves le 27 septembre 1820. Il se produisit de très-bonne heure comme virtuose, se fit entendre avec succès à Cologne dès l'âge de 16 ans, après avoir reçu des applaudissements dans plusieurs villes moins importantes, et passa ensuite trois années à Paris, avec Liszt. A la suite de ce séjour en France, il se rendit à Breslau, puis à Kœnigsberg, en qualité de *concertmeister*. En 1856 il partit pour la Russie et s'établit à Uralsk, où il était chargé de la direction d'une école de musique ; il y mourut par accident, le 26 octobre 1860, dans une partie de chasse. Comme compositeur, on doit à Kœttlitz des concertos de violon, des *lieder* pour la voix, et plusieurs quatuors pour instruments à cordes qui lui ont valu une certaine réputation. — La seconde femme de cet artiste, Mme *Clotilde Kœttlitz*, née *Ellendt*, est établie comme professeur de chant à Kœnigsberg, où son enseignement est très-recherché et sa renommée très-solide. Elle est née le 22 septembre 1822.

KOEUPPERS (Jean), habile luthier flamand du dix-huitième siècle, exerça son art à La Haye de 1755 à 1780. Il passe pour le plus remarquable artiste en ce genre qu'ait produit son pays.

* **KOHAULT** ou **KOHAUT** (Joseph). Cet artiste obtint de grands succès en jouant au Concert spirituel (1763), avec le violoncelliste Duport, des duos pour luth et violoncelle. Dans le cours de cette même année, il fit exécuter aussi au Concert spirituel un *Salve regina* à grand chœur, dont les récits étaient chantés par Mlle Fel avec accompagnement de violoncelle obligé par Duport. Cette composition fut très-favorablement accueillie.

KOLAR (Mme **AUSPITZ-**), pianiste fort distinguée, née à Prague vers 1845, est fille d'un savant Bohémien, M. Kolar, qui a traduit Shakespeare en langue bohême. Elle a fait son éducation musicale dans sa ville natale, et se produisit d'abord, en 1866, à Vienne, où son mécanisme parfait, la délicatesse de son jeu, ses grandes qualités d'expression et de sentiment lui valurent un succès légitime. Elle épousa peu de temps après un médecin, M. le docteur Auspitz, et se fit entendre en 1869 à Londres, dans les séances de l'*Union musicale*, dirigée par M. John Ella, où elle fut accueillie avec la plus grande faveur. J'ignore ce qu'elle est devenue depuis lors.

KOLBE (Oscar), pianiste, compositeur et professeur, né à Berlin le 10 août 1836, est mort en cette ville au mois de janvier 1878. Fils d'un graveur et devenu orphelin dès l'âge de neuf ans, il fut placé à l'orphelinat royal d'Oranienburg, où il commença l'étude du piano et du violon, et de là fut admis, en 1849, au Gymnase de Berlin. En 1852 il entra à l'Institut royal de cette ville, où, sous la direction de MM. Lœschorn, A. W. Bach et E. Grell, il se perfectionna dans l'étude du piano et apprit l'orgue, le chant, l'harmonie et la composition. Enfin, après être devenu pendant deux ans élève de l'Académie royale, il se livra à l'enseignement du piano et du chant en cultivant la composition, et de 1859 jusqu'à 1875 fut attaché au Conservatoire Stern à Berlin, comme professeur de la classe de piano d'ensemble.

Kolbe a publié un *Manuel de l'enseignement général de la basse* (*General basslehre*), Leipzig, 1872, et un *Manuel de l'enseignement de l'harmonie* (*Harmonielehre*), Leipzig, 1873. On lui doit aussi toute une série de compositions pour le piano et pour le chant, des *lieder*, des arrangements mélodramatiques (*Melodramatische Bearbeitungen*), et un oratorio intitulé *Johannes der Täufer* (*Saint-Jean-Baptiste*), qui fut exécuté à Berlin en 1872. Ce dernier ouvrage lui valut le titre de directeur de musique.

KOMAN (Henri), pianiste et compositeur, est né en 1828 à Varsovie. Son père avait été chef de musique dans l'ancienne armée polonaise, et sa mère était Italienne. Après avoir fait ses premières études musicales avec son père, qui lui enseigna le piano et l'orgue, il se fortifia en se mettant sous la direction d'Elsner, directeur du Conservatoire de Varsovie. Il se fit entendre ensuite dans les concerts, et acquit une certaine réputation de virtuose et de compositeur. Aujourd'hui, il est professeur de la classe supérieure de piano au Conservatoire. M. Koman a publié pour cet instrument un certain nombre de compositions, parmi lesquelles on remarque : 2 sonates (en *mi* bémol mineur et en *fa* mineur), 4 Nocturnes, une Polonaise, un Impromptu, une Valse de concert, 5 Mazurkas, une Barcarolle, un *Andante*, une Introduction et Étude, etc., etc.

KOMENDA (Antoine), professeur et compositeur allemand, naquit le 18 janvier 1795 à Raps, dans la Basse-Autriche. Destiné par sa famille à l'état ecclésiastique, il perdit un œil étant encore enfant, et la fatigue de celui qui lui restait ne lui permit pas de terminer les études de littérature et de théologie qu'il avait commencées. Il se tourna alors vers la musique, et étudia simultanément, sous la direction d'un prêtre, le violon, le chant, le piano et l'orgue. Nommé en 1811 professeur à l'école de musique de Closterneubourg, il devint ensuite maître de chapelle du chapitre et de la ville. En 1847 il se vit obligé, par suite du faible état de sa santé, de prendre sa retraite de ces deux emplois et d'abandonner l'enseignement pour ne plus s'occuper que de composition. M. Komenda a écrit plus de soixante œuvres, parmi lesquelles on remarque plusieurs symphonies et quelques concertos ; mais il a su faire briller surtout son talent dans la musique religieuse, et l'on assure que ses compositions en ce genre se distinguent par le caractère élevé, noble et sévère qu'il a su leur imprimer.

KOMOROWSKI (Ignacz), compositeur polonais, né dans la première moitié de ce siècle, s'est fait connaître par un certain nombre de compositions vocales distinguées, qu'il chante lui-même avec talent en s'accompagnant avec habileté, et qui ont été publiées pour la plupart chez les éditeurs Spies et Cie et J. Klukowski à Varsovie, ainsi que chez Friedlein. Les mélodies de M. Komorowski sont empreintes, dit-on, d'un parfum national qui les fait particulièrement bien accueillir par tous les Polonais. On cite surtout de lui un chant pour voix seule, intitulé *Kalina*, et un *Chant de Marie*, pour solo et chœur.

* **KONING** (David), pianiste, compositeur et professeur néerlandais, est mort à Amsterdam le 6 novembre 1876. Il était né à Rotterdam le 19 mars 1820.

* **KONTSKI** (Charles DE), est mort à Paris, le 27 août 1867. Cet artiste avait fait, pendant plusieurs années, partie de l'orchestre de l'Opéra-Comique en qualité de premier violon.

KOPFFER (......), musicien allemand, est l'auteur de *Fritjhof*, opéra qui a été représenté sur l'un des théâtres de Berlin le 11 avril 1871.

KOPKOSCHNY (.......). Un compositeur de ce nom a écrit la musique d'un opéra-comique intitulé *Saint-Nicolas*, qui a été représenté avec succès sur la scène du théâtre national de Prague, au mois de décembre 1870.

KORSOFF (......), un des chanteurs russes les plus estimés de l'époque actuelle, a commencé sa carrière artistique en Italie, où il fut l'élève de M. Corsi. Doué d'une belle voix de baryton, qu'il conduit avec goût et avec style, il retourna en Russie après plusieurs années passées en Italie, se consacra à l'interprétation de l'opéra national russe, et devint l'un des artistes les plus aimés du théâtre Marie, de Saint-Pétersbourg, où son succès fut grand surtout dans un ouvrage du compositeur Séroff, *Judith*, et dans les traductions de *Guillaume Tell* et de *Faust*, où il remplit les rôles de Guillaume et de Valentin. Chaque année, M. Korsoff donne une série de concerts dans lesquels il se plaît à faire connaître au public moscovite les meilleures compositions des musiciens étrangers, et particulièrement les œuvres des artistes français contemporains, MM. Gounod, Reyer, Massenet, etc., pour lesquels, dit-on, il éprouve une vive sympathie.

KOSCHAT (Thomas), compositeur allemand contemporain, a publié, particulièrement chez l'éditeur Leuckart, à Leipzig, environ vingt-cinq œuvres de chœurs qui paraissent avoir été bien accueillis par le public. Les compositions diverses de cet artiste atteignent le chiffre de plus de deux-cents.

KOSMOWSKI (.......), habile facteur d'orgues, vivait à Varsovie au dix-huitième siècle, et était qualifié du titre de facteur d'orgues du roi de Pologne. Il fut chargé, en 1721, de construire l'orgue de la chapelle de Sainte-Marie de Czenstochowa, instrument qui lui fut payé 4,000 florins de Pologne.

KOWALSKI (Henri), pianiste et compositeur, né à Paris en 1841, n'a fait que passer au Conservatoire, où il a été un instant l'élève de M. Marmontel pour le piano, et de M. Reber pour l'harmonie. Il s'est fait connaître d'abord comme virtuose en se faisant entendre fréquemment dans les concerts, et a publié ensuite un certain nombre de compositions légères pour le piano. Après un voyage artistique en Angleterre, en Allemagne et en Amérique, il a livré aussi au public l'écrit suivant : *A travers l'Amérique*, impressions d'un musicien (Paris, Lachaud, 1872, in-8°), absolument insignifiant et dénué d'intérêt. Quelques années après, le 24 décembre 1877, cet artiste faisait représenter au Théâtre-Lyrique un grand opéra en 4 actes, *Gilles de Bretagne*, dont l'insuccès fut éclatant et qui ne put être joué plus de trois fois. Parmi les morceaux de piano publiés par M. Kowalski, il faut signaler une *Marche hongroise*, qui a obtenu une sorte de vogue. Je signalerai aussi : 12 Caprices en forme d'études, op. 16; *Danse des Dryades*; *Sur l'Adriatique*, barcarolle, op. 9; Polonaise, op. 10; *Dans les bois*, op. 12; 3 Mazurkas caractéristiques; Galop de bravoure; etc.

KOZOLT (........), professeur de musique au séminaire de Posen vers 1838, s'est fait connaître comme compositeur en mettant en musique *Six Chants religieux* de Wroblewski et en écrivant un certain nombre de mélodies vocales, que l'on dit conçues dans un très-bon style.

KRÆMER (Traugott), violoniste et compositeur, né à Cobourg le 19 novembre 1818, a commencé de bonne heure l'étude de la musique, et a terminé son éducation artistique au Conservatoire de Prague, dont il a été l'élève pendant trois années, de 1834 à 1837. Il revint ensuite dans sa ville natale, où au bout de peu de temps il fut nommé *concertmeister* (1854) de la chapelle du duc de Saxe-Cobourg et Gotha. On doit à cet artiste estimable d'assez nombreuses compositions, parmi lesquelles je citerai une symphonie, une ouverture de concert, plusieurs quatuors pour instruments à cordes, diverses cantates, et enfin des chants et des *lieder* avec accompagnement de piano.

KRAHL (K.....-F.......), professeur de musique à Varsovie, s'est fait connaître comme compositeur, il y a une trentaine d'années, par la publication à Berlin, chez l'éditeur Simon, des morceaux de piano suivants : 1° Huit variations (*Joh bin Liederlich*); 2° neuf variations sur une mazurke favorite; 3° variations sur *Schöne Minka*.

* **KRAKAMP** (Emmanuel), flûtiste et compositeur, est né, non en Allemagne vers 1815, comme il a été dit par erreur, mais à Palerme, le 3 février 1813. Fils d'un chef de musique militaire, il commença avec son père l'étude de la flûte, et devint rapidement un virtuose distingué. M. Krakamp a beaucoup voyagé, et, après s'être fait entendre à Messine, à Catane, à Malte, il partit pour l'Amérique, se produisit comme virtuose dans toutes les grandes villes des États-Unis, du Canada, des Antilles et du Mexique, puis revint en Europe et se trouvait à Naples en 1837. Devenu chef de musique du 92° régiment écossais à Corfou, il revenait à Naples en 1841, était nommé l'année suivante sous-inspecteur des classes externes du Conservatoire de San-Pietro a Majella et première flûte de la musique du comte de Syracuse, et se voyait contraint d'émigrer, en 1848, pour avoir pris part aux événements politiques du 15 mai. S'étant réfugié à Rome, il devenait chef de musique de la première légion romaine avec le grade de sous-lieutenant, et prenait part à tous les combats soutenus par elle. Après la chute de la République, il reprenait sa vie nomade de virtuose, et se faisait entendre dans presque toutes les grandes capitales de l'Europe,

puis à Alexandrie, au Caire, à Malte et à Tunis. De retour dans sa patrie en 1860, M. Krakamp était nommé professeur des classes d'instruments à vent en bois au Conservatoire, position qu'il échangea en 1874 contre celle de professeur de solfége parlé. Il est en même temps, depuis 1867, professeur de flûte à l'*Albergo de' poveri*.

M. Krakamp n'a pas écrit moins de 255 œuvres pour la flûte, toutes publiées, parmi lesquelles on remarque 30 *Études caractéristiques*, 12 *Études-Caprices*, une *Grande Méthode*, 2 *Albums*, etc. Il a publié en outre des Méthodes pour la clarinette, pour le hautbois et pour le basson, qui ont été approuvées par tous les Conservatoires d'Italie.

KRAMER (H.....), luthier allemand, était établi à Vienne au commencement du dix-huitième siècle. On trouve, dans la collection de la *Gesellschaft der Musikfreunde* de cette ville, une *viola di bordone* signée du nom de cet artiste et datée de 1717.

KRASCROPOLSKY (.......), musicien russe ou polonais contemporain, est l'auteur d'un opéra intitulé *Lesta*, qui a été représenté en Russie il y a quelques années.

KRAUS (Alessandro), pianiste et écrivain musical, est né à Florence le 12 octobre 1853, d'un père d'origine et de naissance allemandes, établi en cette ville depuis longues années. Élève de son père (1), qui l'accompagna en France et en Allemagne dans un voyage entrepris pour lui faire compléter son éducation musicale, il s'est livré à l'enseignement du piano, tout en s'occupant avec ardeur de travaux historiques sur l'art. Sous ce rapport, M. Kraus n'a encore publié jusqu'ici qu'un opuscule ainsi intitulé : *le Quattro Scale diatoniche della moderna Tonalità* (s. l. n. d. [Florence, 1874], in-8° de 7 pp.), écrit dont il a été fait, à Florence même, une édition française sous ce titre : *les Quatre Gammes diatoniques de la tonalité moderne*, proposition d'Alexandre Kraus fils; mais on assure qu'il travaille activement à une *Histoire des divers instruments de musique*, et les journaux italiens ont annoncé en 1877 la prochaine publication de deux écrits de ce jeune artiste : *Storia de' musicisti fiorentini*, et *Storia dell' Istituto musicale di Firenze e della sua biblioteca*; jusqu'ici pourtant ces deux ouvrages n'ont pas paru. On doit à M. Kraus le recueil suivant : *Esercizi elementari per sciogliere le dita ai pianisti* (Florence, 1873).

(1) M. Alessandro Kraus père est né à Francfort-sur-le-Mein le 6 août 1820.

KRAUSE (Antoine), pianiste et compositeur allemand, né à Geithain le 9 novembre 1834, a fait ses études musicales au Conservatoire de Leipzig. Devenu en 1859 directeur de musique dans une ville secondaire, à Barmen, je crois, il s'y est livré avec ardeur à l'enseignement en même temps qu'à la composition. La plupart des œuvres de M. Antoine Krause ont été publiées par la maison Breitkopf et Hærtel, de Leipzig; on y remarque, entre autres : 3 Sonates pour piano, op. 1; Étude du trille sur le piano, op. 2; Sonate pour le piano à 4 mains, op. 3; 10 Études pour le piano, adoptées par le Conservatoire de Leipzig, op. 5; Sérénade pour le piano à 4 mains, op. 6; 2 Sonates pour le piano, op. 10; 3 *lieder* avec accompagnement de piano, op. 11; 3 Sonates pour le piano, op. 12; Prélude, Menuet et Toccata pour le piano, op. 13; 3 *lieder* pour ténor ou soprano, avec piano, op. 14; 10 Études pour le piano, en 2 livres, op. 15; *Kyrie* pour voix seule, chœur et orchestre, op. 16; *Sanctus* et *Benedictus* pour voix seule, chœur et orchestre, op. 16; Sonate pour deux pianos, op. 17; 2 Sonates pour piano à 4 mains, op. 18; 2 Sonates pour piano, op. 19; 2 Sonates pour piano à quatre mains, op. 20; 2 Sonates pour piano, op. 21; 2 Sonates pour piano à quatre mains, op. 22; 8 Sonates pour piano et violon, op. 23; 2 Sonates pour piano, op. 24; 2 Sonates pour piano, op. 26.

KRAUSE (C......), maître de chapelle à Sarrebruck, a fait représenter en cette ville, le 15 avril 1866, un opéra-comique en deux actes, intitulé *le Maître d'école du village*.

Un artiste du même nom, M. *Emile Krause*, a publié en Allemagne, dans ces dernières années, une trentaine de compositions pour le piano.

* **KRAUSHAAR** (Otto), compositeur allemand, est mort à Cassel le 23 novembre 1866.

KRAUSS (Marie-Gabrielle), cantatrice remarquable, fille d'un employé ministériel de l'empire d'Autriche, est née à Vienne le 23 mars 1842. Douée de rares dispositions pour la musique, que venait seconder une vive intelligence, elle reçut, dit-on, ses premières leçons de sa sœur aînée, et à peine âgée de onze ans, en 1853, elle entrait au Conservatoire de Vienne. Elle fit dans cet établissement de brillantes études, y travailla le piano et l'harmonie, et devint bientôt l'une des élèves favorites de Mme Marchesi, le célèbre professeur de chant. Ces études furent couronnées par toutes les récompenses auxquelles une élève puisse aspirer, et Mlle Krauss était encore au Conservatoire lorsqu'un engagement lui fut offert par la direction de l'Opéra impérial, et accepté par elle.

La jeune cantatrice débuta à ce théâtre le 20 juillet 1860, d'une façon très-heureuse, par le rôle de Mathilde de *Guillaume Tell*, et chanta, dans le cours de sa première année, ceux de Bertha du *Prophète*, d'Alice de *Robert le Diable*, de Pamina de *la Flûte enchantée*, de Gabrielle d'*une Nuit à Grenade*, d'Agathe du *Freischütz*, d'Élisabeth du *Tannhaüser*, d'Elvire et d'Anna de *Don Juan*, enfin d'Elsa de *Lohengrin*. Très-bien accueillie par le public dès ses premiers essais, elle entra de plus en plus dans ses bonnes grâces, à mesure que la diversité des rôles qu'elle était chargée d'interpréter donnait des preuves incontestables de la souplesse de son talent, de la sûreté de son style, et de ses rares facultés scéniques. Mlle Krauss put affirmer davantage encore ses belles qualités en se montrant bientôt dans un grand nombre d'ouvrages de genres et de caractères très-divers : *les Huguenots*, *le Vaisseau fantôme*, *la Dame blanche*, *il Trovatore*, *Cosi fan tutte*, *Fidelio*, *Lalla Roukh*, *Belisario*, *Euryanthe*, *Ernani*, *la Croisade des Dames*, *Gustave III*, *Lucrezia Borgia*, *les Noces de Figaro*, *Zampa*, *Maria di Rohan*, etc.

Les succès de Mlle Krauss croissaient de jour en jour, et il était facile de voir que la jeune artiste était destinée à parcourir une carrière exceptionnellement brillante. M. Bagier, alors directeur du Théâtre-Italien de Paris, ayant été à même de l'entendre à Vienne, lui proposa un engagement; Mlle Krauss accepta, et débuta sur notre scène italienne, le 6 avril 1866, dans *il Trovatore*, après quoi elle chanta *Lucrezia Borgia*. Le public parisien était à cette époque sous l'influence, on pourrait dire sous la fascination d'une cantatrice d'un autre genre, Mlle Adelina Patti, dont la voix insolemment belle et la facilité d'exécution semblaient tenir du prodige. Tenu sous le charme de cette nature luxuriante et vraiment extraordinaire, ce public parut ne porter qu'une attention distraite au talent si pur, au style si noble, à l'intelligence si remarquable de la nouvelle venue. Seule, la critique, se voyant en présence d'une artiste de premier ordre, aussi grande au point de vue dramatique que sous le rapport de l'art vocal, l'accueillit comme elle le méritait et sut lui rendre la justice qui lui était due. Mlle Krauss revint à Paris la saison suivante, et, cette fois, trouva une réception digne d'elle et de son admirable talent. Elle se montra successivement dans quelques-uns de ses meilleurs rôles : *Lucia di Lamermoor*, où on la voyait touchante et résignée; *Norma*, où elle déployait une puissance pathétique irrésistible; *Poliuto*, où elle semblait atteinte d'une flamme surnaturelle; *Fidelio* enfin, où elle poussait jusqu'au sublime l'intensité et la grandeur de la passion. On la vit aussi dans *Otello*, *Semiramide*, *il Templario*, *un Ballo in Maschera*, *Don Giovanni*, *Rigoletto*, puis dans un opéra inédit de Mme de Grandval, *Piccolino*. Dans ces derniers ouvrages, Mlle Krauss sut conquérir de haute lutte l'approbation et l'affection d'un public qui, tout d'abord, s'était à son égard montré singulièrement réservé, et bientôt elle fut en possession de toutes ses sympathies.

Les événements politiques vinrent, en 1870, éloigner Mlle Krauss de la France. En 1872, nous la retrouvons au théâtre San-Carlo, de Naples, où elle obtient de très-grands succès et où elle contribue puissamment, par sa présence, à la réussite d'un opéra nouveau de Petrella, *Manfredo*. Dès les premiers jours de l'année suivante, elle fait son apparition à la Scala, de Milan, où elle crée aussi le rôle principal d'un nouvel ouvrage de M. Carlos Gomes, *Fosca*. Au mois d'octobre 1873, elle revient au Théâtre-Italien de Paris; au mois de février 1874, elle va jouer à Naples *Aida*, et donner encore l'appui de son talent au compositeur Petrella pour sa *Bianca Orsini*; puis, de retour à Paris, elle se décide, sur de vives instances, à aborder la carrière française et à signer un engagement avec la direction de l'Opéra. Mais comme elle ne devait faire ses débuts que dans la nouvelle salle, qui n'était pas encore prête, elle va passer une saison au théâtre italien de Saint-Pétersbourg.

C'est le 5 janvier 1875, jour de l'inauguration du nouveau théâtre de l'Opéra, que Mlle Krauss parut pour la première fois dans le répertoire français. Mais le spectacle de cette soirée n'étant composé que de fragments, le véritable début de la cantatrice eut lieu seulement le 8 janvier, dans le rôle de Rachel de *la Juive*. Son succès ne fut pas douteux un instant, malgré la difficulté que présentait pour l'artiste l'articulation d'une langue qui ne lui était pas encore familière au point de vue vocal. Bientôt elle se montra dans les rôles de Valentine des *Huguenots*, de donna Anna de *Don Juan* et d'Alice de *Robert-le-Diable*, par lesquels elle gagna complètement les faveurs du public. Elle créa même le rôle de Jeanne dans la *Jeanne d'Arc* de M. Mermet, et cet ouvrage d'une valeur plus que médiocre dut à sa présence et à celle de M. Faure de ne point subir un sort plus fâcheux encore que celui qui lui était réservé. Au moment où cette notice est écrite (juin 1877), Mlle Krauss continue de faire partie du personnel de l'Opéra.

Le talent de Mlle Krauss est d'autant plus remarquable que l'instrument dont elle dispose est loin d'être parfait et de répondre toujours à ses efforts. La voix de la cantatrice, en effet, si elle ne manque ni de brillant, ni d'éclat, manque parfois de timbre et de couleur; dans certaines parties de l'échelle, la sonorité est sourde, et c'est seulement dans le haut qu'elle acquiert ses plus belles qualités. Mais l'éducation de l'artiste est si complète, son habileté est si grande, qu'elle donne le change jusqu'à un certain point sur la valeur de ses facultés vocales. Le style de Mlle Krauss est pur jusqu'à la perfection, son phrasé est magistral, et chez elle la diction musicale, surtout dans le récitatif, atteint les dernières limites de la grandeur et de la beauté. Si l'on joint à ces qualités purement musicales la flamme puissante dont l'artiste est animée, le sentiment pathétique et l'expression passionnée dont elle fait preuve, sa grande intelligence scénique et l'incontestable puissance de son accent dramatique, on concevra l'action qu'une telle artiste exerce sur le public et l'on aura la raison des succès qui ont marqué sa carrière. Mlle Krauss est certainement l'une des plus grandes cantatrices dont l'art contemporain puisse se glorifier.

KREBS (Mlle Mary), pianiste remarquable, née à Dresde le 5 décembre 1851, est fille de M. Charles-Auguste Krebs, directeur de musique en cette ville (V. *Biographie universelle des Musiciens*, t. V). Sa mère, Mme Aloyse Krebs, née *Michalesi*, était une cantatrice distinguée, douée d'une fort belle voix de mezzo-soprano, qui obtint des succès sur l'une des scènes italiennes de Londres, et qui poursuivit ensuite sa carrière en Allemagne. Élevée dans un tel milieu, la jeune Mary Krebs ne pouvait qu'y recueillir le goût et l'amour de l'art musical. Élève de son père, elle acquit sous sa direction un talent si précoce qu'à peine âgée de douze ans, en 1864, elle fut par lui conduite en Angleterre, et se fit entendre à Londres, dans les belles séances de l'*Union musicale*, avec le plus vif succès. Une étonnante puissance de son, un mécanisme irréprochable, de rares qualités de style, enfin une exécution dont l'ensemble était en quelque sorte magistral, la firent accueillir par les Anglais avec une sympathie et une chaleur voisines de l'enthousiasme. De retour à Dresde, Mlle Mary Krebs se vit l'objet des plus rares prévenances de la part de ses compatriotes, et reçut le titre de virtuose du roi de Saxe. Elle obtint de très-grands succès dans diverses villes de l'Allemagne, ainsi qu'en Bohême, puis, en 1870, s'embarqua pour l'Amérique, qu'elle parcourut pendant trois années, remportant partout de véritables triomphes. Elle revint en Europe en 1873, y retrouva toute la faveur du public allemand, et en 1875 enthousiasma de nouveau les Anglais, qui se portaient en foule à ses concerts. Depuis lors l'éclat de sa carrière ne s'est pas ralenti, et elle n'a cessé de rencontrer les succès auxquels elle était habituée (1).

KREIPL (Joseph), chanteur et compositeur allemand, naquit dans les premières années du dix-neuvième siècle. Il fit de bonnes études musicales, embrassa d'abord la carrière dramatique, et chanta avec succès dans sa jeunesse, à Linz, les rôles de ténor. Plus tard il s'adonna à la composition, et rendit son nom populaire par la publication d'un grand nombre de *lieder*, qui obtinrent de véritables succès. L'un d'eux surtout, intitulé *Mailüfterl*, jouit d'une vogue prolongée. Cet artiste mourut à Vienne, au mois de juin 1866, à l'âge de 61 ans.

KREMPELSETZER (Georges), compositeur allemand, naquit à Vilsbiburg (Bavière) le 20 avril 1827, et fit son éducation musicale sous la direction de l'un des frères Lachner. Devenu chef d'orchestre du théâtre populaire de Munich, il fit représenter en cette ville, au mois de décembre 1868, un opéra-comique intitulé *le Manteau rouge*. Deux ans auparavant, en 1866, il avait fait exécuter avec succès, dans une des séances de la Société de chant académique de Munich, un drame lyrique dont le titre était *Médée* ou *l'Oracle de Delphes*. Cet artiste mourut à Munich, le 9 juin 1871.

KRETSCHMAR (E........), professeur et compositeur, né à Wilsdorf, en Saxe, le 25 juillet 1828, commença l'étude de la musique avec son père, la continua au Gymnase de Dresde, où il devint l'élève de J. Otto et de Ch. Mayer, et enfin termina son éducation au

(1) Une confusion que je ne m'explique pas s'est produite au tome II de la *Biographie universelle des Musiciens*, au mot : Christern. Cet artiste y reçoit les prénoms de *Charles Krebs*, et il est dit qu'une brochure a été publiée sur lui sous ce titre : *Christern als mensch, componist und dirigent*. Or, M. Christern était non l'objet, mais l'auteur de cette brochure, qui avait trait à M. Charles Krebs, père de Mlle Mary Krebs, et dont voici le titre exact : *Karl Krebs als mensch, componist und dirigent* (*Charles Krebs comme homme, compositeur et chef d'orchestre*).

Conservatoire de Leipzig, avec Rietz, Hauptmann, Richter et Moscheles. Il entreprit ensuite la carrière du professorat, se fixa à Arnheim, où il enseignait le chant, le piano et la théorie de l'art, et dans le même temps se livrait à la composition. On connaît de M. Kretschmar un certain nombre d'œuvres de musique de chambre : quatuors et trios pour piano et instruments à cordes, des sonates et divers morceaux pour le piano, des *lieder*, etc. J'ignore si c'est cet artiste, ou un homonyme, qui a pris part à la rédaction de divers feuilles musicales allemandes.

KRETSCHMER (Edmond), organiste et compositeur allemand, est né le 31 août 1830 à Ostritz, en Saxe. Il a fait ses études au Conservatoire de Dresde, où il eut pour maîtres de composition Jules Otto et Jean Schneider. Son nom ne commença à sortir de l'obscurité qu'en 1865, époque à laquelle, ayant pris part à un grand concours ouvert par l'Association des chanteurs allemands, il remporta le prix avec une cantate intitulée *la Bataille des Sceptres*. En 1868, il fut de nouveau proclamé vainqueur d'un concours international organisé à Bruxelles pour la composition d'une messe, concours auquel avaient pris part 98 compositeurs de quatorze nationalités différentes. Il lui fallut attendre pourtant jusqu'en 1874 pour faire son début au théâtre, objet de ses convoitises, mais ce début fut éclatant ; son opéra *die Folkunger*, dont le livret très-dramatique, inspiré d'un épisode de l'histoire de Suède, lui avait été fourni par Mosenthal, « le Scribe allemand, » fut représenté avec un très-grand succès sur le théâtre royal de Dresde et rendit aussitôt populaire le nom du compositeur. Cet ouvrage fit rapidement le tour de l'Allemagne, et dans l'espace de deux années fut joué sur près de cent théâtres.

M. Kretschmer est, dit-on, un ardent sectateur des doctrines et des procédés de M. Richard Wagner, dont il reproduit jusqu'à un certain point les qualités, les défauts, et surtout l'étonnante inégalité. Les juges sincères qui ont entendu son premier ouvrage affirment que l'influence de l'auteur de *Tristan et Iseulde* s'y fait un peu trop sentir ; la partition des *Folkunger*, ajoutent-ils, est d'ailleurs puissante dans quelques-unes de ses parties, l'orchestre y est assez bien traité, l'harmonie est originale, quoique souvent tourmentée, mais c'est dans la vigueur et la netteté du rhythme que le compositeur a trouvé la meilleure partie de ses effets ; ce qui manque dans les *Folkunger*, ce n'est ni la grandeur, ni la force, c'est la passion humaine, c'est surtout la tendresse, c'est, en un mot, l'émotion.

Quoi qu'il en soit, l'opéra de M. Kretschmer a obtenu par toute l'Allemagne un succès incontestable. Depuis lors, le compositeur a écrit les paroles et la musique d'un nouvel ouvrage dramatique, *Heinrich der Lœwe* (*Henri le Lion*), opéra en 4 actes, qui a été représenté pour la première fois au *Stadttheater* de Leipzig, le 8 décembre 1877, et qui, comme le précédent, a obtenu toute la faveur du public. On a constaté que cet ouvrage, de même que *les Folkunger*, était écrit avec un incontestable talent, mais toujours avec une recherche visible et parfois excessive de l'effet matériel, et que l'auteur continuait de prendre M. Richard Wagner comme type et comme modèle. Depuis lors, on a annoncé que M. Kretschmer travaillait à un troisième opéra qui aurait pour titre *l'Exilé*. Jusqu'ici, cet ouvrage n'a pas paru à la scène. M. Kretschmer, qui a le titre d'organiste du roi de Saxe, a publié plusieurs compositions religieuses, parmi lesquelles une messe à quatre voix et orgue, œuvre fort importante, qui se fait remarquer par la science que l'auteur y a déployée, mais où l'on voudrait un peu plus de chaleur et surtout d'inspiration.

KREUEL (Puis), conventuel d'Einsiedeln, né à Zug en 1629, mort en 1690, fut un des facteurs d'orgues les plus estimés de la Suisse au dix-septième siècle.

* **KREUTZER** (Rodolphe). A la liste des ouvrages dramatiques de cet artiste, il faut ajouter les suivants : 1° *la Journée du 10 août 1792*, ou *la Chute du dernier tyran*, 4 actes, Opéra, 10 août 1795 ; 2° *l'Heureux Retour*, divertissement (en société avec Berton et Persuis), Opéra, 25 juillet 1815 ; 3° *Blanche de Provence*, ou *la cour des Fées*, 3 actes (en société avec Berton, Boieldieu, Cherubini et Paër), Opéra, 3 mai 1821 ; 4° *le Paradis de Mahomet*, 3 actes, Opéra-Comique, 23 mars 1822 ; 5° *Pharamond*, 3 actes (en société avec Berton et Boieldieu), Opéra, 10 juin 1825. Cet artiste extrêmement distingué mourut à Genève, non le 6 juin, mais le 6 janvier 1831.

* **KREUTZER** (Jean-Nicolas-Auguste). Sur la tombe de cet artiste, la date de sa naissance est fixée au 3 septembre 1778 ; il est mort à Paris le 31 août 1832.

* **KREUTZER** (Léon-Charles-François), compositeur et écrivain musical, est mort à Vichy le 6 octobre 1868. Cet artiste fort remarquable, qui, comme Berlioz, pour lequel il ressentait une profonde admiration, était en avance sur les idées musicales de son pays, n'a

pas eu la renommée à laquelle il avait droit. D'un caractère atrabilaire et un peu fantasque, prenant la misanthropie pour de la raison, la sauvagerie pour de la réserve, il mettait autant d'ardeur à fuir le suffrage du public que d'autres en mettent à le rechercher, sans considérer qu'en somme le public ne peut pas deviner votre existence, et que travailler dans le silence du cabinet sans jamais produire ses œuvres, sous prétexte d'un dédain orgueilleux du suffrage de la foule, est un enfantillage qui n'est profitable à personne et ne peut qu'être nuisible à l'art. Léon Kreutzer est donc mort sans avoir, par sa faute, acquis la notoriété qu'il méritait à tant de titres, et cela est d'autant plus regrettable qu'il eût certainement occupé une place à part, et fort importante, parmi les artistes les plus distingués de la nouvelle école française. Musicien consommé, symphoniste remarquable, poëte véritablement inspiré, cherchant un peu trop l'originalité, il est vrai, et et atteignant parfois la bizarrerie, Kreutzer avait tout le tempérament et présentait toute l'envergure d'un grand artiste.

Il faut ajouter qu'à son grand talent de compositeur, il joignait les rares qualités du critique et de l'analyste. Doué d'une intelligence vaste et diverse, que rehaussait une instruction solide, pratique et variée, théoricien profond et très-expérimenté, né et élevé dans un milieu tout artistique, ses connaissances techniques étaient relevées encore par un rare savoir littéraire et par la possession de plusieurs langues, avantage inappréciable pour qui veut s'occuper d'études critiques et historiques concernant un art ou une science quelconque. Très-versé dans les littératures étrangères, l'esprit étendu par le fait des voyages fréquents que sa position de fortune lui permettait d'effectuer, il possédait toutes les qualités nécessaires pour faire un critique excellent et respecté. Aussi, les travaux qu'il publia en dehors de son feuilleton de critique courante de *l'Union* (il avait débuté sous ce rapport dans *la Quotidienne*), soit dans la *Revue et Gazette musicale*, soit dans la *Revue contemporaine*, soit dans l'*Encyclopédie du XIXe siècle*, peuvent-ils être lus avec fruit et consultés avec utilité. Il est fâcheux qu'on n'ait pas songé à réunir en volume la longue et intéressante série d'articles sur *l'Opéra en Europe* qu'il publia dans le premier de ces recueils, ni la substantielle étude sur Meyerbeer qu'il donna dans le second; ces deux écrits trouveraient on ne peut mieux leur place dans toute bonne bibliothèque musicale. Entre autres travaux donnés par lui à l'*Encyclopédie du XIXe siècle*, il faut signaler surtout l'article *Opéra, Opéra-Comique*, qu'il rédigea de concert avec M. Édouard Fournier, et dont les deux auteurs firent faire un tiré à part sous ce titre : *Essai sur l'art lyrique au théâtre, depuis les anciens jusqu'à Meyerbeer* (Paris, Bouchard-Huzard, 1849, in-12.)

On trouvera de nombreux détails sur cet artiste distingué dans une brochure publiée par moi sous ce titre : *Léon Kreutzer* (Paris, Liepmannssohn et Dufour, 1868, in-8° de 16 pp.).

KRIESEL (......), artiste né vers 1815, a tenu dans divers petits théâtres de Paris, les les Délassements-Comiques, les Folies-Marigny, les Nouveautés, les Folies-Montholon, l'emploi de chef d'orchestre. Il a écrit la musique de deux opérettes en un acte : *l'Orphéon de Fouilly-les-Oies*, et *un Pierrot en cage*, représentées toutes deux aux Folies-Marigny en 1865. Cet artiste est mort à Paris, en 1876.

KRIGAR (HERMANN), pianiste et compositeur, né à Berlin le 3 avril 1811, commença d'abord par s'occuper de peinture, mais au bout de peu de temps abandonna l'étude de cet art pour celle de la musique, qui convenait mieux à son esprit. Il devint l'élève de plusieurs grands artistes, et travailla, à Leipzig, sous la direction de Mendelssohn, de Robert Schumann, de Moritz Hauptmann, de Finck et de Jules Knorr. En 1845 il revenait s'établir à Berlin, où il se livrait à l'enseignement et à la composition, tout en fournissant des articles de critique à la *Nouvelle Gazette musicale*, et en 1852 il fondait en cette ville une Société de chant pour laquelle il écrivait un grand nombre de chœurs pour voix d'hommes. Devenu directeur de la musique royale en 1857, il a rédigé, depuis 1874, le *Calendrier musical* publié par les éditeurs Bote et Bock. M. Hermann Krigar a écrit de nombreux airs pour des comédies et vaudevilles, et on lui doit aussi des motets, des psaumes, des *lieder*, des chœurs à 4 voix, ainsi que différents morceaux de musique instrumentale.

KRINITZ (Mme DE), femme de lettres française, qui a adopté le pseudonyme de *Camille Selden*, sous lequel ses écrits ont été publiés, est née vers 1835. Sous ce nom de Camille Selden, Mme de Krinitz a livré au public un petit volume portant ce titre : *la Musique en Allemagne : Mendelssohn* (Paris, Germer-Baillière, 1867, in-12), qui n'est qu'une sorte de paraphrase d'un certain nombre de lettres de l'auteur de *Paulus*, et qui ne donne ni une biographie du maître, ni un jugement raisonné sur son œuvre et son génie. Il n'y a là qu'une dissertation assez élégante au point de vue de la forme, mais sans valeur historique, esthétique ou critique. Quelques années auparavant, le même écrivain avait publié un récit romanesque, intitulé *Daniel Vlady*, histoire d'un musicien (Paris, Charpentier, 1862, in-12).

KROLL (Franz), pianiste et professeur allemand, né à Bromberg en 1820, fut l'élève de M. Liszt à Weimar, et se livra ensuite à l'enseignement. S'étant établi à Berlin en 1849, il s'occupa, tout en donnant des leçons, d'assez importants travaux pédagogiques, et fut un instant (1863-1864) professeur au Conservatoire de cette ville. Il publia aussi quelques compositions, mais n'obtint jamais de grands succès sous ce rapport. Il fut plus heureux avec ses éditions nouvelles d'œuvres anciennes, notamment celle qu'il fit du *Clavecin bien tempéré* de Jean-Sébastien Bach, qui fut bien accueillie du public. On cite aussi comme dignes d'estime et d'attention ses critiques et observations sur la musique ancienne et nouvelle de piano, publiées à Berlin en 1867. Franz Kroll est mort en cette ville le 28 mai 1877.

KROMER (Valentin), évêque de Varmie, homme d'Etat, historien renommé, l'un des hommes les plus remarquables qu'ait produits la Pologne, naquit à Biecz, près de Cracovie, en 1612, et mourut en 1689, à l'âge de soixante-dix-sept ans. Kromer n'est cité ici que pour deux écrits publiés en latin par lui et relatifs à la musique. Ce savant prélat avait appris les éléments de la musique à Biecz, sa ville natale, et son seul professeur avait été le maître d'école attaché à l'église paroissiale, lequel enseignait le plain-chant aux enfants de chœur. Des deux petits ouvrages qu'il publia par la suite, l'un était intitulé : *De concentibus musices quos chorales appellamus*, l'autre : *Musica figurata*.

KRONLEIN (Hermann), musicien et littérateur, rédacteur de la *Carlsruher Zeitung*, a écrit les paroles et la musique d'un opéra en trois actes intitulé *Magellone*, qui a été représenté sur le théâtre de Carlsruhe le 24 avril 1874. L'auteur était mort quelques semaines avant l'apparition de son œuvre, qui, du reste, n'obtint qu'un très-médiocre succès. Je n'ai pas d'autres renseignements sur cet artiste, qui, je crois, n'avait pas abordé la scène avant cet ouvrage.

* **KRUG** (Gustave). — Les renseignements qui suivent compléteront et rectifieront ceux qui ont été donnés par la *Biographie universelle des Musiciens* sur cet amateur distingué. — Pianiste habile et compositeur de talent, M. Krug, qui est né à Berlin en 1810, commença d'abord par l'étude du droit, qu'il fit aussi complète et aussi étendue que possible. Cela ne l'empêcha pourtant pas de travailler la musique pour son agrément, et de suivre un cours de piano et de composition avec Louis Berger. En 1845, il fut nommé magistrat (juge) à Naumbourg, et il occupe encore ces fonctions à l'heure présente.

* **KRUG** (Diedrich), pianiste, professeur et compositeur, est né à Hambourg en 1821 et a été l'élève de Jacob Schmitt. Le nombre des compositions de cet artiste ne s'élève guère à moins de 350, parmi lesquelles on trouve, pour une part, un très-grand nombre de morceaux de genre pour le piano, fantaisies, romances sans paroles, etc., et en second lieu toute une série d'études pour le même instrument, publiées pour la plupart à Leipzig, chez l'éditeur J. Schuberth.

KRUG (Arnold), pianiste et compositeur, fils du précédent, est né à Hambourg en 1848, et a été l'élève de son père.

Après avoir terminé son éducation, il se consacra à l'enseignement et devint, en 1872, professeur de piano au conservatoire de Stern à Berlin, ce qui ne l'empêcha pourtant pas de se livrer avec activité à la composition. Quoique fort jeune encore, M. Arnold Krug a déjà publié les ouvrages suivants : Trio pour piano, violon et violoncelle, op. 1, Leipzig, Forberg ; 7 *Lieder* avec piano, op. 2 ; 4 *Phantasiestücke*, pour piano, op. 3 ; Impromptus en forme de valse pour piano à 4 mains, op. 4 ; Fragment du 130e Psaume, pour 5 voix et chœur *a cappella*, op. 6 ; 5 *Lieder* avec chœur, op. 7 ; 5 *Lieder* à voix seule, avec piano, op. 8 ; Symphonie pour orchestre, en *ut*, op. 9, etc.

M. Arnold Krug, qui, en 1869, avait obtenu à Francfort-sur-le Mein le prix de la fondation Mozart, remporta en 1877 un autre succès du même genre : il se vit décerner par l'Académie des arts de Berlin le prix de la fondation Meyerbeer. Le programme du concours ouvert à cette occasion consistait dans la composition d'un opéra en un acte (*la Mort de Rizzio*), d'une fugue double à 8 voix et deux chœurs *a cappella*, et d'une ouverture à grand orchestre. Le prix, de 4,500 marks (5,625 francs), comportait l'obligation, pour le lauréat, de faire un voyage de six mois en Italie et à Paris, et de passer six autres mois à Munich, Dresde, Leipzig et Berlin.

KRÜGER (Gottlieb), flûtiste distingué, attaché comme première flûte à la chapelle du roi de Wurtemberg, naquit à Berlin en 1790 et mourut à Stuttgard le 8 mai 1868. Il était le père de M. W. Krüger, pianiste et compositeur bien connu, qui a longtemps habité Paris. (V. *Biographie universelle des Musiciens*, t. V.)

KUFFERATH (Louis), frère de Jean-Hermann Kufferath et de Hubert Ferdinand Kufferath (V. *Biographie universelle des Musiciens*, T. V), naquit à Mülheim le 10 novembre 1811, commença de bonne heure l'étude de la musique sous la direction de son frère Jean-Herman, et plus tard travailla avec Frédéric Schneider. On assure que dès l'âge de huit ans il commençait à composer. Devenu un brillant pianiste, il se fit entendre avec succès en Allemagne et en Hollande. Après s'être fixé en 1836 à Leeuwarden, où il devint directeur de l'École de musique, il s'établit en 1850 à Gand, où il dirigea pendant deux ans la Société royale des chœurs, tout en se livrant avec activité à l'enseignement et à la composition.

On connait de cet artiste un grand nombre de compositions de divers genres, parmi lesquelles je citerai les suivantes; 3 Polonaises pour piano; 3 Valses pour piano; Valse pour piano à 4 mains; quelques morceaux originaux pour le même instrument (*Souvenance, un Moment de distraction, la Branche de lierre, un Soir d'hiver*, etc.); quelques chœurs pour 4 voix d'hommes; Préludes pour orgue; Messe à 4 voix, avec orchestre et orgue; *Arteveldе*, cantate; 250 canons, etc., etc.

* **KUHE** (Guillaume), pianiste et compositeur, est né non à Stuttgard en 1822, mais à Prague le 10 décembre 1823.

* **KUHLAU** (Frédéric), compositeur, était né à Uelzen le 11 septembre 1786, et est mort à Copenhague le 12 mars 1832.

* **KULLAK** (Théodore), virtuose sur le piano, professeur et compositeur, est né non à Berlin en 1820, mais à Krotoczin, dans le duché de Posen, le 12 septembre 1818. Protégé par le prince Antoine Radziwill, qui l'avait pris en affection, il dut à ce personnage de pouvoir faire d'excellentes études musicales, d'abord à Posen sous la direction du professeur Agthe, puis à Berlin avec MM. Taubert et Dehn, et enfin à Vienne avec Czerny et Sechter. Dès l'âge de cinq ans il jouait du piano, et il en avait à peine onze lorsqu'il se produisit avec succès dans un concert donné à Posen, devant la cour, en compagnie de la célèbre chanteuse Mme Sontag. Devenu jeune homme, il suivit pendant cinq ans les cours de l'Université de Berlin, après quoi, en 1842, il alla donner à Vienne et dans toute l'Autriche une série de concerts qui commencèrent sa réputation. De retour à Berlin l'année suivante, il y devint professeur de musique de la maison royale, fut nommé en 1846 pianiste du roi de Prusse, prit part à l'organisation de l'Association des artistes musiciens, puis fonda en 1850, avec Stern, l'institution connue d'abord sous le nom d'École de musique de Berlin et ensuite sous celui de Conservatoire de Stern, institution dont il fut pendant cinq ans l'un des directeurs, et enfin créa en 1855 la nouvelle Académie de musique. Depuis lors il n'a cessé d'habiter Berlin, où il est extrêmement estimé comme professeur, et où il a formé un nombre considérable d'élèves qui sont devenus des artistes de talent.

Parmi les nombreuses compositions de M. Théodore Kullak, on remarque un concerto pour piano avec accompagnement d'orchestre, des sonates, des trios, une série d'études publiée sous le titre de *l'École du jeu en octaves*, de nombreux caprices (*Psyché, la Gazelle, Perles d'écume, les Arpéges*, etc.), des romances, et toute une collection de transcriptions pour le piano de mélodies nationales allemandes, espagnoles, russes et hongroises.

* **KULLAK** (Adolphe), frère du précédent, né à Meseritz le 23 février 1823, est mort à Berlin le 25 décembre 1862. Pianiste et compositeur, il a publié pour son instrument un certain nombre d'agréables morceaux de genre : fantaisies, impromptu, rêveries, idylles, ballades, nocturnes, etc.

KULLAK (Franz), neveu du précédent et fils de M. Théodore Kullak, né à Berlin en 1842, est devenu aussi un pianiste distingué. Il remplit aujourd'hui, à la nouvelle Académie de musique fondée par son père, les fonctions de professeur de piano et de directeur de la classe d'orchestre. Cet artiste a écrit la musique d'un opéra qui jusqu'ici n'a pas encore été représenté.

* **KUMMER** (Gaspard), flûtiste, est mort à Cobourg le 21 mai 1870.

* **KUMMER** (Frédéric-Auguste), violoncelliste et compositeur. — Je n'ai aucun renseignement nouveau à donner sur cet artiste, mais je ne crois pas inutile de faire remarquer que le nombre de ses œuvres publiées s'élève aujourd'hui à plus de 160.

M. Kummer a eu trois fils musiciens : 1° *Otto Kummer*, né le 19 avril 1826, violoniste, fait partie de la chapelle royale de Dresde; 2° *Max-Charles Kummer*, violoncelliste, né le 23 avril 1842, est mort à Odessa le 18 septembre 1871 : 3° *Ernest-Charles Kummer*, violoncelliste aussi, né le 8 novembre 1844, a appartenu à la chapelle royale, et est mort le 2 août 1860. — Un fils de M. Otto Kummer, *Alexandre-Charles Kummer* né le 10 juin 1850, violoniste, a été l'élève de Ferdinand David au Conservatoire de Leipzig, et habite aujourd'hui l'Angleterre.

* **KUNC** (Aloys-Martin). Au mois de novembre 1863, M. Aloys Kunc quittait Auch pour revenir à Toulouse comme professeur et maître de chapelle du collége Sainte-Marie dirigé par les PP. de la compagnie de Jésus, et comme organiste de l'église Saint-Aubin. Dans ces dernières fonctions, il a été parfaitement secondé par sa jeune femme, pianiste habile et organiste fort distinguée. Fille aînée de M. Durgein, organiste de la métropole d'Auch, Mme Aloys Kunc, une des meilleures élèves de la classe de madame Farrenc au Conservatoire de Paris, n'a pas tardé à prendre elle-même à Toulouse le premier rang parmi les professeurs de piano.

En 1865, M. Aloys Kunc échangeait le poste de Sainte-Marie contre celui d'organiste et de maître de chapelle à l'église de Jésus. Là, il fonda une société de jeunes gens, vouée au chant des offices, et qui, pendant huit années, a donné les meilleurs résultats. C'est incontestablement aux tentatives heureuses faites dans cette église qu'est dû le mouvement de restauration qui s'est produit depuis lors dans les églises de Toulouse. En 1868, les travaux divers de M. Aloys Kunc lui méritèrent une faveur particulière : le pape Pie IX lui fit adresser le bref de chevalier de l'ordre de Saint-Sylvestre et de l'Éperon d'or, en lui envoyant en même temps, comme témoignage tout particulier de son estime, les insignes de l'ordre. En 1870, la place de maître de chapelle de la métropole lui était offerte pour la deuxième fois. M. Kunc prit possession de ces fonctions le 15 juin. Il fut aussi nommé à la même époque suppléant de M. Hommey, comme professeur de haut solfége et de transposition au Conservatoire de Toulouse, et en même temps professeur de musique à l'école normale, place qu'il occupe encore aujourd'hui. — Plusieurs ouvrages de M. Aloys Kunc lui ont mérité un prix à l'Exposition générale de Rome en 1870, et de nouveaux brefs du pape sont venus encourager leur auteur. Au mois de décembre 1874, M. Kunc a fondé à Toulouse, sous le titre de *Musica sacra*, une nouvelle revue de chant liturgique et de musique religieuse.

Les ouvrages publiés par cet artiste, depuis 1863, sont les suivants : 1° *Corona sacra*, recueil de cent morceaux religieux (deux éditions) ; 2° *Chants de la milice du Pape*, cantiques français ; 3° *Recueil de faux-bourdons* notés en clef de sol ; 4° *Manuel de chant religieux*, en notation usuelle ; 5° *Messe à 3 voix* en faux-bourdon, in-folio de lutrin ; 6° *Écrin de l'organiste*, offices du matin ; 7° *Quinze motets*, transcrits ; 8° *Cantiques populaires* pour l'Église et la France (nombreuses éditions, traductions en plusieurs langues) ; 9° *De la musique religieuse* (Congrès de Malines) ; 10° *Nouvel Essai sur la tradition du chant grégorien* ; 11° *Recherches historiques sur l'art musical religieux* (*Revue de Gascogne*), etc., etc.

A. L — N.

KUNTZE (Charles), compositeur, pianiste, organiste et chef d'orchestre, est né à Trèves le 17 mai 1817. Élève de l'Académie et de l'Institut de musique d'église de Berlin, il a reçu dans cet établissement une excellente éducation, est devenu directeur de musique à Aschersleben, et s'est fait connaître comme compositeur par un grand nombre de productions de genres très-divers. Ses œuvres, dont le nombre ne s'élève guère aujourd'hui à moins de trois-cents, et qui embrassent un peu tous les genres, consistent en *lieder* et chœurs pour voix d'hommes, en marches, morceaux de danse, ouvertures pour orchestres symphoniques et pour musiques d'harmonie, en motets, *Ave Maria* et diverses autres compositions de musique religieuse. On connaît aussi de lui une opérette en un acte, *Dans la montagne*, qui a été donnée sur le Thalie-Théâtre, à Dessau, au mois de janvier 1875. M. Charles Kuntze a dirigé avec talent plusieurs grands festivals de musique de chant.

KUON (Giovanni), musicien italien, mort à Rome au mois de décembre 1875, à l'âge de 75 ans, a publié un petit traité d'harmonie et d'instrumentation.

* **KÜSTER** (Hermann), directeur de musique et organiste du Dom à Berlin, est né à Templin le 14 juillet 1817, et est mort à Berlin le 17 mars 1878. Les lignes suivantes compléteront en en rectifiant quelques détails, la notice publiée sur cet artiste dans la *Biographie universelle des Musiciens*.

Organiste remarquable, Küster avait reçu une excellente et solide éducation. Élève d'abord de Chr. Kock pour le piano et pour l'orgue, il entra en 1842 à l'Académie des arts de Berlin, où il eut pour maîtres L. Berger pour le piano, A. W. Bach pour l'orgue, Rungenhagen et A. B. Marx pour la théorie de l'art. Après trois années passées dans cette institution, il fut appelé à Sarrebruck pour y remplir les fonctions de directeur de musique. De retour à Berlin en 1852, il alla faire un court séjour à Dresde, puis revint dans la capitale de la Prusse, où il s'établit comme professeur. C'est en 1857 seulement qu'il succéda à M. Grell comme organiste de la cour et du Dom de cette ville.

Parmi les compositions les plus importantes de Kuster, il faut citer d'abord les six oratorios dont les titres suivent : *Judith*, *Julien l'Apostat*, *l'Apparition de la croix*, *Jean l'Évangéliste*, *la Patrie éternelle*, *et Hermann le Germain* ; puis des psaumes, des cantates, des motets, des *lieder*, de nombreux préludes pour orgue, et diverses compositions symphoniques. Küster s'est fait connaître aussi comme écrivain sur la musique, en donnant à *l'Echo*, de Berlin, ainsi qu'à la *Nouvelle Gazette musicale* de la même ville, plusieurs travaux importants, entre autres une étude qui portait ce titre : *Sur l'« Israel en Egypte » de Hændel* (1854). On lui doit encore l'écrit suivant : *Exposé populaire pour l'instruction et la description de la musique* (Leipzig, Breitkopf et Hærtel, 1872), ouvrage divisé en trois cycles et formé d'une série de conférences faites par l'auteur de 1869 à 1871.

KWAST (Jacob), jeune pianiste de talent, musicien sérieux et surtout d'avenir, élève de M. Brassin et pensionnaire de S. M. le roi des Pays-Bas, est né à Dordrecht. Il serait appelé à devenir un artiste fort distingué, s'il n'avait de lui-même une opinion beaucoup trop favorable. Sa vanité et une trop grande dose de suffisance l'empêchent de développer et de perfectionner son talent, d'acquérir ce qui lui manque encore, et c'est dommage, car avec plus de modestie et de simplicité dans les formes, il pourrait parvenir sans aucun doute à faire honneur à son pays. Il est actuellement professeur de piano au Conservatoire de Cologne, et vient d'épouser une jeune actrice allemande, Mlle Tony Hiller, fille de M. Ferdinand Hiller (1).

Ed. de H.

(1) Après avoir été l'élève de M. Brassin au Conservatoire de Bruxelles, M. Kwast a reçu à Leipzig des leçons de Moscheles. Il s'est fait entendre plusieurs fois en cette ville, avec succès, à partir de 1870, et c'est en 1874 qu'il fut nommé professeur de piano au Conservatoire de Cologne. — A. P.

L

* **LABARRE** (Théodore). Nous compléterons le répertoire de ce compositeur en mentionnant les trois ouvrages suivants : 1° *Pantagruel*, 2 actes, joué une seule fois à l'Opéra, le 24 décembre 1855 ; 2° *Graziosa*, ballet en un acte, Opéra, 25 mars 1861 ; 3° *le Roi d'Yvetot*, ballet en un acte, Opéra, 28 décembre 1865. Un fait singulier empêcha la seconde représentation de *Pantagruel* : l'empereur Napoléon assistait au spectacle dans lequel cet ouvrage fit cette apparition, et l'on s'avisa, un peu tard, que la commission de censure, dite commission d'examen, avait laissé subsister, dans le livret, certains passages qui prêtaient à des allusions politiques fâcheuses ; il n'en fallut pas davantage pour exciter le courroux du souverain, et malgré la situation d'inspecteur-accompagnateur que Labarre occupait à la chapelle impériale depuis 1852, *Pantagruel* fut condamné sans rémission. Quant au *Roi d'Yvetot*, on assura que Labarre n'était point l'auteur de la musique de ce ballet, et qu'il n'était en cette circonstance que l'arrangeur et le prête-nom d'un amateur titré : M. le prince Richard de Metternich.

Labarre avait succédé en 1867 à Prumier, comme professeur de harpe au Conservatoire. Peu d'années après, il se chargeait de faire la critique musicale dans un journal nouvellement fondé, *Paris illustré* ; mais il mourait presque subitement, le 9 mars 1870, avant d'avoir pu donner son premier article, et l'on me confiait la tâche qu'il avait assumée.

LABAT (......) Un artiste de ce nom a fait représenter sur le théâtre de Montpellier, le 21 germinal an II (11 avril 1794), *le Vieillard philosophe* ou *le Double Hymen*, pastorale héroïque en 3 actes, dont il avait écrit la musique. Le livret de cet ouvrage a été imprimé.

* **LABAT** (Jean-Baptiste), compositeur, organiste et écrivain sur la musique, est mort à Lagarosse (Tarn-et-Garonne), le 6 janvier 1875. Les écrits nombreux de cet artiste, d'ailleurs intelligent et laborieux, sont des travaux de seconde main, dans lesquels on chercherait vainement des faits nouveaux, des vues personnelles ou des tendances originales, et qui, par conséquent, ne peuvent rien apprendre à ceux qui sont au courant de l'histoire de l'art et des recherches de l'esthétique moderne. Au surplus, le seul de ses ouvrages qui ait quelque importance et quelque étendue est celui qu'il a intitulé ambitieusement : *Études philosophiques et morales sur l'histoire de la musique, ou Recherches analytiques sur les éléments constitutifs de cet art à toutes les époques, sur la signification de ses transformations, avec la biographie des auteurs qui ont concouru à ses progrès* (2 vol.). Sous le couvert de ce titre sonore et étendu, on ne trouve qu'une compilation un peu banale, présentant un résumé historique qui n'est pas exempt d'erreurs et dont le plan lui-même n'est pas toujours très-logique, et dans laquelle on ne trouve nulle trace de vues morales ou philosophiques.

* **LABLACHE** (Louis), célèbre chanteur italien, a publié, outre la Méthode de chant que l'on connaît de lui, 28 *Exercices* pour voix de basse et 12 *Vocalises* pour la même voix. M. L. Couailhac a consacré, dans la *Galerie des artistes dramatiques de Paris*, une notice à cet artiste fameux (Paris, Marchant, 1841, in 4 de 4 pp.), et l'on a publié en Italie un grosse brochure ainsi intitulée : *Onori alla memoria di Luigi Lablache* (Naples, Cottrau, 1858, in-4).

LABORY (........), compositeur belge et chef de musique militaire, né en 1843, a travaillé, dit-on, sous la direction de Fétis, et ensuite de M. Gevaert. Il s'est fait une réputation pour son habileté comme chef de musique, et n'a guère écrit et publié moins de 200 morceaux de tout genre pour musiques d'harmonie et fanfares. On lui doit aussi un opéra en 2 actes dont j'ignore le titre et qui a été représenté en 1869 à Louvain et à Namur, ainsi qu'un *Te Deum* qu'il a fait entendre d'abord à Louvain, et qui a été exécuté en Angleterre lors des fêtes célébrées pour la convalescence du prince de Galles.

LABOUREAU (........), artiste resté absolument inconnu, est auteur d'une *Théorie de lecture musicale* (1842, in-12).

LABRIOLA (P........), compositeur italien contemporain, ne m'est connu que par la publication d'un album de chant avec accompagnement de piano, *Sere di Napoli*, formé de six mélodies écrites sur des vers du poëte Domenico Bolognese (Milan, Lucca), et par celle d'un autre album de douze mélodies : *Aure dell' Infrascata*.

LABRO (Nicolas-Charles), contrebassiste

et professeur, est né à Sedan le 19 octobre 1810. Admis au Conservatoire de Paris, le 23 janvier 1830, dans la classe de violoncelle de M. Vaslin, il abandonna bientôt cet instrument pour se livrer à l'étude de la contrebasse, et entra dans la classe de Chenié. Il obtint un second prix de contrebasse en 1833, le premier en 1835, puis passa quelque temps dans la classe préparatoire de contrepoint et fugue d'Elwart. Depuis cette époque, M. Labro fait partie, en qualité de première contrebasse, de l'orchestre de la Société des concerts du Conservatoire et de celui de l'Opéra-Comique. Il a été nommé, le 1er décembre 1853, professeur de contrebasse au Conservatoire, en remplacement de Chaft. Cet excellent artiste a publié, en 1870, une très-bonne *Méthode de contrebasse*, en tête de laquelle il a placé sous ce titre modeste : *Notes sur la contrebasse*, un résumé historique très-utile et très-bien fait sur cet instrument. J'ai rendu compte longuement de cet ouvrage, lors de son apparition, dans la *Revue et Gazette musicale*.

LACERDA (D. Bernarda **FERREIRA DE**), dame portugaise illustre, s'est distinguée dans les lettres et dans les arts. Elle savait la plupart des langues vivantes de l'Europe, et connaissait à fond les langues mortes, le latin, le grec et l'hébreu ; elle avait fait en outre de très-fortes études sur la poésie et l'histoire; son talent dans la musique était fort remarquable, et elle parvint à jouer d'une façon supérieure la plupart des instruments connus ; enfin, ses dessins et surtout ses miniatures étaient admirés dans toutes les Espagnes. Sa réputation était si grande vers le commencement du XVII siècle, que Philippe III, roi d'Espagne, la chargea de l'éducation de ses fils, malgré le grand nombre de savants illustres qui aspiraient à cette charge. D. Bernarda n'accepta point cet honneur, et préféra rester chez elle (à Lisbonne), au milieu de ses livres. Elle était née en 1595 à Porto, d'une famille très-noble, et mourut en 1644. En dehors de ses études, elle s'intéressait à toutes les entreprises utiles, et elle encouragea bien des fondations, entre autres celle du couvent des Carmes déchaussées à Goa (Inde portugaise). Elle laissa beaucoup de manuscrits, entre autres celui d'un ouvrage estimé : *Hespanha libertada*.

J. de V.

LACHEURIÉ (Eugène), compositeur, né à Paris le 7 juin 1831, élève d'Halévy et de M. Barbereau, a pris part en 1856 au concours de l'Institut, et a obtenu le deuxième second grand prix de composition musicale. Le 15 février 1867, cet artiste faisait exécuter, à l'Athénée, dont les concerts étaient dirigés par M. Pasdeloup, une symphonie de sa composition. Depuis lors, il n'a plus fait en aucune façon parler de lui.

LACHÈZ (Théodore), architecte, membre de la Société centrale des architectes, inspecteur des travaux publics et de la Préfecture de police, a publié l'écrit suivant : *Acoustique et Optique des salles de réunions publiques, théâtres et amphithéâtres, spectacles, concerts, etc., suivies d'un projet de salle d'Assemblée constituante pour neuf cents membres* (Paris, l'auteur, 1848, in-8 de 137 pp., avec trois planches gravées sur cuivre).

* **LACHNER** (Théodore), l'aîné des quatre frères de ce nom, est mort le 23 mai 1877 à Munich, où il remplissait les fonctions d'organiste de la cour.

* **LACHNER** (François). — Parmi les compositions de cet artiste remarquable qui n'ont pu être comprises dans le catalogue donné par la *Biographie universelle des Musiciens*, il faut signaler plusieurs suites d'orchestre, dont une intitulée *Ballsuite*, une suite pour piano et violon ou violoncelle, une grande messe de *Requiem en fa*, deux trios pour voix de femmes, et les récitatifs qu'il a écrits pour la traduction allemande de *Médée*, l'un des plus beaux opéras de Chérubini.

LACHNER (Ignace), a célébré, le 18 octobre 1875, le cinquantième anniversaire de son entrée dans la carrière de chef d'orchestre. Depuis cette époque, il vit paisible et retiré à Francfort.

* **LACHNER** (Vincent). Parmi les œuvres de cet artiste, il faut citer les deux ouvertures de *Turandot* et de *Démétrius*.

* **LACOMBE** (Louis **BROUILLON-**), pianiste et compositeur. Parmi les œuvres nombreuses publiées pour le piano par cet artiste distingué, il faut surtout signaler les suivantes : 1° Grande sonate de salon, op. 33, Paris, Colombier ; 2° Grandes études, op. 19, id., id.; 3° Études de salon, op. 38, id., id.; 4° 6 Études de style et de mécanisme, Paris, Heugel; 5° *les Harmonies de la nature*, 9 morceaux caractéristiques, Paris, Choudens ; 6° Grand Caprice, op. 1, Paris, Lemoine ; 7° *Bacchanale*, étude de concert, Paris, Heugel ; 8° 4 Nocturnes brillants, op. 8, Paris, Colombier ; 9° 3 Nocturnes, op. 24, id., id.; 10° 3 Mélodies, op. 18, id., id.; 11° Simples Mélodies (6 morceaux) Paris, Choudens ; 12° 3 Nocturnes, op. 35, id., Gerard ; 13° Valse de concert, op. 20, id., id.; 14° Suite de valses, op. 76, Paris, Gregh. M. Louis Lacombe a publié aussi des chœurs orphéoniques : *Extase, Hymne, le Matin* (Colombier), et, pour voix seule : 6 *Fables de la Fontaine* (*le Renard et le Bouc, le Lion devenu vieux, le*

Renard et la Cigogne, le Lievre et les Grenouilles, l'Ane chargé de reliques, la Laitière et le Pot au lait), op. 72 (Gregh); 2 Sonnets de François Barrillot, en quatre livres (Gregh); 2 Sonnets de Zacharie Astruc (Gregh), etc. M. Lacombe a écrit la musique de l'*Amour*, drame lyrique de M. Paulin Niboyet, qui fut représenté vers 1855 au théâtre Saint-Marcel, alors que cette petite scène populaire était dirigée par le grand comédien Bocage. Cet artiste s'est occupé aussi de littérature musicale, et a donné quelques articles au journal la *Chronique musicale*.

M. Louis Lacombe a épousé en secondes noces une aimable cantatrice, Mlle Andrea Favel, qui fit pendant quelques années partie du personnel de l'Opéra-Comique, où elle acquit une certaine réputation. Elle avait fait ses études au Conservatoire, d'où elle était sortie avec un second prix d'opéra-comique et un accessit d'opéra (1851). Elle quitta de bonne heure le théâtre, pour se livrer à l'enseignement. Cette artiste distinguée a publié sous ce titre : *La Science du mécanisme vocal et l'art du chant* (Paris, Enoch, in-8°), une sorte de court traité de chant accompagné de nombreux exercices, qui avait paru d'abord dans un journal spécial, *la Chronique musicale*. Elle a signé cet ouvrage du nom de *Mme Andrée Lacombe*.

LACOMBE (Paul), compositeur distingué dans le genre instrumental, est né en 1837 à Carcassonne, où il fit sa première éducation musicale sous la direction d'un professeur nommé Teysseyre, qui avait été élève du Conservatoire de Paris, et qui lui enseigna l'harmonie et le contrepoint. M. Lacombe travailla seul ensuite, se formant surtout par l'étude attentive des œuvres des grands maîtres, et par de fréquents voyages à Paris et à l'étranger, pendant lesquels il recherchait avidement les occasions d'entendre de bonne musique et de se familiariser avec les productions importantes de toutes les écoles. Bientôt M. Lacombe se livra avec ardeur à la composition, et dans l'espace de quelques années, publia un certain nombre d'œuvres qui se distinguent par l'élégance de la forme et le dédain de toute espèce de banalité. En voici la liste : Sonate pour piano et violon, op. 8, Paris, Maho ; — 2e Sonate, id., op. 17, Leipzig, Breitkopf et Hærtel ; — Trio pour piano, violon et violoncelle, op. 12, id., id.; — Suite en *la* mineur, pour piano, op. 15, Paris, Maho; — Quatre morceaux pour piano et violon, op. 14, id.; id.; — Deux idylles pour piano, op. 11, id., id.; — Nocturne et Impromptu, id, op., 13, id., id.; — Études en forme de variations, id., op, 18, id., id.; — 4 Pièces pour piano à 4 mains, op. 9, Paris, Hartmann ; — 3 Morceaux de fantaisie pour piano et violoncelle, op. 10, id., id.; — *Arabesques* pour piano, op. 16, id., id.; — Cinq morceaux caractéristiques pour piano, op. 7, Leipzig, Breitkopf et Hærtel ; — Ouverture symphonique, arrangée pour piano à 4 mains, Paris, Maho ; enfin, un certain nombre de mélodies vocales, ne portant pas de numéros d'œuvre. La plupart de ces compositions ont été exécutées à Paris, dans des concerts, entre autres aux séances de la Société nationale de musique. Dans ces derniers temps, et sans abandonner le genre de la musique de chambre, vers lequel le portent surtout ses goûts et ses études, M. Lacombe a écrit plusieurs morceaux pour orchestre ; son premier essai public en ce genre a été une *Pastorale*, fort bien réussie, dont l'exécution a eu lieu le 7 novembre 1875 au concert de l'Association artistique dirigée par M. Colonne (théâtre du Châtelet).

LACOME-D'ESTALENX (Paul-Jean-Jacques), compositeur, est né au Houga (Gers) le 4 mars 1838. Fils et petit-fils d'excellents musiciens amateurs, il apprit la musique et le piano dès sa plus tendre enfance, et plus tard, d'excellentes études littéraires qui se terminèrent par l'obtention du diplôme de bachelier, ne l'empêchèrent point de continuer à se livrer à son goût passionné pour l'art. Très-jeune encore il écrivit, sans connaître aucunes notions d'harmonie, plusieurs actes d'opéra-comique et jusqu'à un grand opéra. Le hasard, heureusement, le mit, à l'âge de dix-neuf ans, en relations avec un artiste fort distingué, don José Puig y Absubide, organiste d'Aire-sur-l'Adour, contrepointiste fort habile qui avait été élève de la maîtrise de Barcelone, et ensuite de Mercadante. M. Lacome fit, en trois ans, un cours complet de composition avec cet artiste. Au bout de ces trois années, le hasard amena M. Lacome à Paris : le directeur du *Musée des Familles* avait mis au concours la musique d'une opérette que le directeur des Bouffes-Parisiens avait promis de jouer ; M. Lacome concourut, vit son œuvre couronnée, et vint à Paris pour en activer la représentation. Malheureusement, c'était à l'époque où les Bouffes-Parisiens, poursuivis par la malechance, changeaient d'administration plus fréquemment qu'il n'eût fallu pour leur prospérité. Bref, après quatre ans d'attente et deux ans de répétitions intermittentes, *le Dernier des Paladins* (c'était le titre de l'opérette en question) finit par ne pas être joué.

Pendant ce temps, M. Lacome, qui avait besoin de gagner sa vie et qui avait horreur de l'enseignement, avait réussi à s'introduire dans quelques journaux, auxquels il donnait de nombreux articles; il écrivit ainsi, successivement, dans *le Musée des Familles*, le *Grand Journal*, le *Ménestrel*, le *Magasin d'éducation et de récréation*, *l'Art musical*, *l'Année illustrée*, *la Revue et Gazette musicale*, etc., etc. Il composait beaucoup aussi, et publiait un certain nombre de morceaux de divers genres. Mais le théâtre restait toujours son objectif. Au mois de juillet 1870, il donnait sur la petite scène des Folies-Marigny une opérette en un acte, *Épicier par amour*; deux ans après, en 1872, il faisait représenter à la Tertulia *J'veux mon peignoir*, et *En Espagne*, petites pièces du même genre, et l'année suivante il produisait au théâtre-lyrique de l'Athénée un opéra bouffe en trois actes, *la Dot mal placée*, qui fut bien accueilli et, peu après, traduit et représenté en Espagne. Au mois de mai 1878, M. Lacome donnait aux Bouffes-Parisiens une saynète intitulée *le Mouton enragé*, et au mois d'avril 1874, il faisait représenter à la salle Taitbout un ouvrage en un acte fort important, *Amphitryon*, qui était resté neuf ans dans les cartons de l'Opéra-Comique. Peu de mois auparavant, M. Lacome, qui ressent pour le genie de Destouches une admiration profonde, avait fait exécuter au même théâtre un acte de *Callirhoé*, opéra de ce compositeur, dont il avait retouché et augmenté l'orchestration sans enlever à l'œuvre son caractère particulier. Enfin, le 28 octobre 1876, il donnait aux Folies-Dramatiques un opéra-comique en trois actes, *Jeanne, Jeannette et Jeanneton*.

M. Lacome, qui est doué d'une rare facilité de production, et qui écrit constamment, a en portefeuille trois grands opéras, un opéra-féerie, et une dixaine d'opéras bouffes et opéras-comiques. Il a publié les œuvres suivantes : 1° Trio en *ré* mineur, pour piano, violon et violoncelle, Paris, Richault; 2° Grande valse de concert, pour piano, Paris, Escudier; 3° Trois valses caractéristiques, pour piano, id, id.; 4° Deux mazurkas caractéristiques, pour piano, id., id.; 5° Quatuor (allegro et romance) pour quatre cornets à six pistons, Paris, Sax; 6° Introduction et Polonaise pour cornet à six pistons, id., id.; 7° *Pastorale* pour saxophone ténor, id., id.; 8° Trois *lieder* pour chant, avec piano et violoncelle obligés, Paris, Heu; 9° *Hymne à la France*, chœur orphéonique, Paris, Durand-Schœnewerck; 10° *Chanson de Charles IX*, id., id.; 11° Plusieurs mélodies vocales, publiées chez Heugel et chez Benoit; 12° *Douze Psaumes des lyriques français, à une ou plusieurs voix, avec accompagnement d'orgue ou de piano*, id., Leduc, recueil remarquable au double point de vue de la forme et de l'inspiration, et qui fait le plus grand honneur à son auteur. — M. Lacome est l'éditeur des recueils suivants : 1° *le Bon vieux Temps*, 12 airs de société, sérieux, à fredons, à danser et à boire, à une ou deux voix, par divers auteurs oubliés des XVII° et XVIII° siècles, transcrits avec accompagnement de piano, par P. Lacome (Paris Heugel); 2° *Échos d'Espagne*, chansons et danses populaires recueillies et transcrites par P. Lacome et J. Puig y Absubide, traduction française de P. Lacome et du comte J. de Lau Lusignan (Paris, Durand-Schœnewerk); 3° *le Tour du Monde* en 10 chansons nationales et caractéristiques (Paris, Choudens). (1)

LACOUSTÈNE (........), compositeur, a fait ses études musicales au Conservatoire de Toulouse, où il obtint diverses récompenses. Devenu ensuite musicien au 77° régiment de ligne, il a fait représenter sur le théâtre d'Agen, au mois de février 1867, une opérette en un acte intitulée *le Caporal et la recrue*, dont il jouait et chantait lui-même le rôle principal.

LACROIX (Paul), écrivain fécond, qui a adopté le pseudonyme littéraire de *Bibliophile Jacob*, sous lequel il a publié la presque totalité de ses ouvrages, est né à Paris le 27 février 1806. Dans un de ses écrits, intitulé : *Curiosités de l'Histoire des Arts* (Paris, Delahays, 1858, in-16), se trouve un chapitre sur *les Instruments de musique au moyen âge*.

* **LACY** (Rophino), violoniste et compositeur, est mort à Londres le 20 septembre 1867. Cet artiste était né à Bilbao, le 19 juillet 1795, et non 1765, comme il a été dit par suite d'une erreur typographique. C'est à Rophino Lacy que l'on doit « l'adaptation » anglaise de *Robert le Diable*.

* **LA FAGE** (Juste-Adrien **LENOIR DE**). A la liste des ouvrages didactiques et des écrits de ce musicien, il faut ajouter les suivants : 1° *Nouveau Traité de plain-chant romain, à l'usage de tous les diocèses*, Paris, Repos, 1859, in-8°; — 2° *Essais de diphthérographie musicale et moderne, ou notices, descriptions, analyses, extraits et reproductions de manuscrits relatifs à la pratique, à la théorie et à l'histoire de la musique*, Paris, in-8° avec atlas; — 3° *De l'unité tonique et de la fixation d'un diapason universel*, Paris, Dentu, 1859, in-8°; — 4° *Appendice au cours*

(1) M. Lacome est aussi l'éditeur, avec M. Edmond Neukomm, d'une publication dont il n'a paru qu'un seul volume, *l'Année musicale* (Paris, Faure, 1867, in-12), rédigée, sous leur direction, par une réunion d'écrivains spéciaux.

complet de plain-chant, Paris, in-8° ; — 5° *Gaetan Donizetti* (extrait de la *Biographie universelle*), Paris, in-8° ; — 6° *La musique moderne attaquée par un évêque et défendue par un roi* (extrait de *la Maîtrise*), Paris, typ. de Mourgues, 1859, in-8° de 15 pp. ; — 7° *Nicolas Olivier, évêque d'Evreux* (extrait de la *Revue et Gazette musicale*), Paris, impr. Chaix, in-8° de 4 pp. ; — 8° *Lettera intorno all' introduzione del metodo-Wilhem nelle scuole di Torino, indirizzata al signor maestro Luigi Felice Rossi*, Milan, 1846, in-8° ; — 9° *Banquet choronien, ou Réunion annuelle des anciens élèves de l'école de chant fondée et dirigée par Alexandre Choron* (1re année, 1855), Paris, in-8° de 8 pp. (2e année, 1856), Paris, in-8° de 8 pp. ; — 10° *Pierre Bossi, ou le danger des secondes noces* (nouvelle musicale humoristique), Paris, in-8°. — Adrien de La Fage avait été rédacteur en chef du journal *le Plain-chant*, fondé en 1860 par l'éditeur Repos, et devenu plus tard la *Revue de musique sacrée ancienne et moderne*. Dieudonné Denne-Baron a publié sur cet excellent artiste, dont il avait été le collaborateur et l'ami, une notice intéressante qui a paru sous ce titre : *Adrien de La Fage* (*s. l. n. d.* [Paris, Repos, 1863] in-8). Cette notice est accompagnée d'un portrait de La Fage et de deux de ses compositions religieuses, un *Ave Regina* et un *O Salutaris* avec accompagnement d'orgue.

LAFAYE (.......). Un compositeur de ce nom a fait représenter en 1864, sur le théâtre de Périgueux, un opéra-comique en un acte intitulé *la Croix de ma mère*.

LA FERTÉ. — *Voyez* **PAPILLON DE LA FERTÉ.**

* **LAFLÈCHE** (**J....-A....-M.... DE**), compositeur et professeur, était, en 1820, directeur, conjointement avec un violoncelliste nommé Lefèvre, d'une école de musique située place des Carmes, à Lyon. Cet artiste a publié un assez grand nombre de romances, et, s'il faut en croire l'auteur anonyme de la *Bibliographie musicale* publiée en 1822 (César Gardeton), il aurait écrit aussi deux opéras, qui sans doute furent représentés à Lyon. Voici la note qu'on trouve à ce sujet dans le livre que je viens de citer : — « Nous devons à M. de Laflèche la musique de deux opéras-comiques joués avec succès : *Isaure*, en trois actes, 1808 ; *le Roman d'un jour*, en un acte, 1812. »

LAFLEUR est le nom d'une famille de luthiers qui, de père en fils, exercent cette profession depuis au moins un siècle à Paris. En 1782, un J. Lafleur était établi depuis plusieurs années rue de la Coutellerie. Un autre demeurait en 1835 rue de la Cité, après avoir été rue de la Juiverie. Enfin, depuis environ 1840, la maison Lafleur est installée au boulevard Bonne-Nouvelle, près de la porte Saint-Denis, et depuis longtemps déjà a joint un commerce d'édition de musique à la fabrication des instruments, fabrication qui, en ce qui la concerne, est bien déchue de ce qu'elle était au siècle dernier et au commencement de celui-ci. Un frère de M. Lafleur, le luthier parisien, est établi aujourd'hui luthier à Londres (1).

* **LAFONT** (Charles-Philippe). L'opéra-comique intitulé *Zélie et Terville*, attribué par erreur à cet artiste, n'est point de lui, mais de Blangini. D'autre part, Lafont est l'auteur d'un autre opéra-comique en un acte, qui n'a pas été porté à son nom ; celui-ci avait pour titre *la Rivalité villageoise*, et fut représenté au théâtre des Jeunes-Artistes le 29 octobre 1801.

LAFONT (Marcelin), chanteur qui acquit de la réputation à l'Opéra, à l'époque des plus grands succès d'Adolphe Nourrit, était né en 1800 à Bordeaux, où il remplissait le poste de lieutenant de douanes, lorsque des succès de salon lui suggérèrent la pensée de travailler en vue du théâtre. La nature l'avait doué d'une voix superbe, fraîche et sympathique, en même temps que d'un physique opulent et magnifique. Il vint à Paris en 1821, avec son compatriote Ferdinand Prévost, qui, ainsi que lui, devait appartenir plus tard à l'Opéra, et tous deux entrèrent au Conservatoire. Le 9 mai 1823, Lafont débutait sur notre première scène lyrique dans le rôle de Polynice d'*Œdipe à Colone* ; quoique très-bien reçu par le public, il comprit qu'il avait beaucoup à faire encore au point de vue de la pratique de la scène, et, avec une modestie que ne connaissent guère

(1) Dans son livre : *Les Instruments à archet*, M. Vidal (*Voy.* ce nom) cite seulement deux Lafleur, et il les mentionne, non comme luthiers proprement dits, mais comme simples faiseurs d'archets. Voici les deux notices qu'il leur consacre :

« LAFLEUR (Jacques), né à Nancy en 1760, mort à Paris du choléra en 1832, avait ses ateliers rue de la Juiverie, n° 30. Ses archets ont une réputation méritée ; on en rencontre qui valent des François Tourte. Le musée du Conservatoire de Paris en possède un (n° 49 du catalogue). — LAFLEUR (Joseph-René), fils du précédent, né à Paris le 8 juillet 1812, mort à Maisons-Laffitte le 19 février 1874, élève de son père, a fait de bons archets. Il en existe un très-beau au musée du Conservatoire de Paris (n° 44 du catalogue). »

M. Vidal reproduit un très-curieux portrait de Jacques Lafleur, habilement gravé à l'eau-forte par M. Hillemacher.

les chanteurs de nos jours, il prit le parti de quitter momentanément Paris et d'aller faire en province son apprentissage de comédien. C'est ainsi qu'en 1826 et 1827 il tenait au Grand-Théâtre de Marseille l'emploi de premier ténor d'opéra et d'opéra-comique.

Lorsqu'il fut plus sûr de lui, il songea à rentrer à l'Opéra, et reparut en effet à ce théâtre, avec un très-réel succès, le 24 octobre 1828, dans le rôle de Masaniello de *la Muette de Portici*, que Nourrit venait de créer avec tant de succès. Engagé pour doubler cet artiste, il se montra dans plusieurs rôles du répertoire, où sa belle voix, ses qualités physiques et son talent de chanteur lui attirèrent toutes les sympathies. Il ne fut pas moins bien reçu lorsqu'il créa ceux de Raimbaut dans *Robert le Diable*, de Léopold dans *la Juive* et de Don Ottavio dans l'adaptation de *Don Juan*. Il promettait de fournir une carrière brillante, et s'apprêtait à partir en congé pour Bordeaux, où il devait donner avec Levasseur une série de représentations, lorsqu'il fut enlevé rapidement par une maladie qui ne présentait d'abord aucun symptôme alarmant. Il mourut le 23 août 1838.

On peut dire que la vie artistique de Lafont, tout honorable qu'elle fut, n'a pas été ce qu'elle aurait dû être s'il s'était produit dans des circonstances plus favorables. S'il avait eu un chef d'emploi moins admirable que Nourrit, et si la mort ne l'avait frappé sitôt, il aurait certainement fourni une carrière brillante et son nom ne serait pas oublié. Il est à peu près certain qu'un artiste de sa valeur et réunissant ses qualités, se reproduisant aujourd'hui, exciterait l'enthousiasme du public et parviendrait à la célébrité.

Lafont était le frère cadet du comédien du même nom qui se fit une si grande réputation au Vaudeville et au Gymnase, et qui mourut il y a quelques années.

* **LAGARDE** (Pierre), et non **N. DE LAGARDE**, compositeur, naquit aux environs de Crécy, dans la Brie, le 10 février 1717. Dans sa *Note sur quelques musiciens dans la Brie*, M. Th. Lhuillier produit des renseignements nouveaux sur cet artiste, qui fut attaché à la musique de la chambre de Louis XV et de Louis XVI, et, après avoir été professeur des enfants de France, devint surintendant de la musique du comte d'Artois et enseigna à Marie-Antoinette à pincer de la harpe. « En 1789, dit M. Lhuillier, il était payé et nourri par la maison du roi, sur laquelle il toucha en 1791, pour sa pension, 7,542 l. 10 s. » La date de sa naissance se trouve consignée en 1791 au *Bulletin des lois*, dans un décret qui prouve que ce compositeur survécut jusqu'à la Révolution; son nom, d'ailleurs, est encore compris en 1792 dans la liste que donnait chaque année l'almanach intitulé *les Spectacles de Paris* des « musiciens vivants qui ont travaillé pour l'Académie royale de musique ou pour les autres spectacles ».

Le seul ouvrage dramatique de cet artiste qui soit mentionné dans la *Biographie universelle des musiciens*, *Eglé*, opéra-ballet en un acte fut écrit par lui pour le théâtre des Petits-Appartements, et y fut représenté le 13 janvier 1748, avant d'être donné à l'Opéra dans *les Nouveaux Fragments*; ce petit acte était joué alors par la marquise de Pompadour, la duchesse de Brancas et le duc d'Ayen. Le 26 février 1749, Lagarde donnait encore, sur le théâtre particulier de la Pompadour, *Sylvie*, opéra-ballet en trois actes et un prologue, dont Laujon lui avait fourni les paroles. Enfin, le 25 février 1750, il faisait représenter, toujours sur la petite scène de Versailles, un autre opéra-ballet en trois actes, *la Journée galante*, dans lequel la favorite jouait encore, comme dans les précédents; le premier et le troisième acte de celui-ci étaient seuls nouveaux, et le second était formé du premier ouvrage de Lagarde, *Eglé*.

Un musicien nommé *Lagarde* était chef d'orchestre à l'Opéra en 1750, remplissait encore ces fonctions en 1755 et se retira peu d'années après. J'ignore si c'est le même que celui dont il est ici question, mais cela me paraît probable.

LAGARDE (Paul), est le nom d'un amateur fortuné qui a fait représenter à l'Opéra-Comique, le 16 mai 1860, un petit ouvrage en un acte, *l'Habit de Mylord*, dont l'insignifiance était le moindre défaut. M. Lagarde a publié quelques romances et mélodies vocales, *la Première Hirondelle*, *Espérance et souvenir*, *les Trois Filles du ciel*, etc.

LAGET (Auguste), chanteur, né vers 1820, fit son éducation musicale au Conservatoire de Paris, fut engagé ensuite à l'Opéra-Comique, où il resta plusieurs années, puis quitta ce théâtre pour aller tenir l'emploi des ténors sur diverses scènes de province. Aujourd'hui fixé à Toulouse, où il a ouvert une école de chant et de déclamation lyrique, cet artiste est professeur de solfége au Conservatoire de cette ville. M. Laget a publié dans la *Revue de Toulouse* et dans un autre journal local un certain nombre d'articles sur l'art du chant et sur les chanteurs; il a réuni récemment ces articles, et en a formé un volume qui a paru sous ce titre : *Le chant et les chanteurs* (Paris, Heugel, s. d. [1874], in-8°). Il n'y a dans ce volume, d'ailleurs assez varié et d'une lecture facile, rien de bien nouveau ni de bien intéressant. Précédemment, M. Laget avait publié sous ce titre : *Roger* (Toulouse, impr. Chauvin, 1865, in-8°), une notice biographique sur ce chanteur distingué.

LAGET (Paul-Pierre-Marie-Henri), chanteur dramatique et professeur au Conservatoire de Paris, est né à Toulouse le 10 décembre 1821. Reçu enfant de chœur à la maîtrise de cette ville le 25 novembre 1830, il étudia d'abord le violon, puis le violoncelle, et au bout de quelques années fit partie de l'orchestre du Grand-Théâtre. Il quitta Toulouse pour venir à Paris, où il comptait se livrer entièrement à l'étude du chant, et fut admis au Conservatoire le 24 juin 1839. Au concours de 1841 il remportait les deux seconds prix de chant et d'opéra-comique, et, sans attendre davantage, il quitta l'école pour débuter à l'Opéra-Comique, le 26 octobre de la même année, dans un ouvrage nouveau d'Adam, *la Main de fer*, dont le succès fut négatif et qui n'eut que quatre représentations. Cependant on avait remarqué que la voix du débutant était d'une étonnante fraîcheur, d'un timbre charmant, et qu'elle était conduite avec un goût véritable; le jeune chanteur se montra bientôt dans divers ouvrages du répertoire, notamment dans *Joconde*, *le Chalet*, *Frère et Mari*. Mais le théâtre ne lui fut pas favorable, soit que sa santé, qui laissa toujours à désirer, se trouvât mal des fatigues qu'il lui causait, soit que les auteurs hésitassent à lui confier des rôles nouveaux. Toujours est-il qu'au bout de quelques années, Laget quitta la scène pour se livrer à l'enseignement. Dans cette nouvelle carrière, il réussit pleinement, et le 1er mai 1856 il était nommé professeur de chant au Conservatoire en remplacement de Bordogni; sa classe fut bientôt considérée comme une des meilleures de cet établissement, et l'on peut surtout citer parmi les élèves qui en sortirent MM. Caron, Roudil, Miral, Melchissédec, Bosquin, Géraizer, Mlles Daram, Baretti, Maudult, etc. Laget a rempli ses fonctions de professeur au Conservatoire jusqu'au mois de février 1875, époque où il fut remplacé par M. Henri Potier, l'état précaire de sa santé l'obligeant à un repos absolu. Ce repos ne suffit pas à la rétablir, et Laget, qui était allé se fixer à Rieux (Haute-Garonne), non loin de sa ville natale, y mourut le 15 septembre suivant.

LAGOANÈRE (O....... DE), violoniste et compositeur, a fait représenter deux opérettes en un acte : *l'Étape d'un réserviste*, Folies-Marigny, 1876, et *les Deux Panthères*, Bouffes-du-Nord, 1877. Ce jeune artiste occupe l'emploi de répétiteur au théâtre de la Renaissance.

LAGRAVE (Pierre), compositeur, né à Paris en 1810 ou 1811, fit ses études au Conservatoire de cette ville, où il fut l'élève de Fétis pour le contrepoint et la fugue, et de Berton pour la composition lyrique. Ayant pris part, en 1831, au concours de l'Institut, il y obtint le premier second prix de Rome, tandis que M. Ambroise Thomas obtenait une mention honorable; mais l'année suivante, M. Thomas remportait le premier prix, et Lagrave n'était point couronné, ce qui causa la mort de ce jeune artiste trop impressionnable. Dans la *Revue musicale* du 14 juillet 1832, Fétis rendait compte de ce fait dans les termes suivants : — « Les suites du concours de composition musicale de l'Institut ont été funestes cette année, car le jeune Lagrave y a trouvé la mort. Doué de l'imagination la plus brillante et la plus originale, ce jeune artiste, élève de MM. Berton et Fétis, était vraisemblablement destiné à faire un jour la gloire de l'école française. Des quatuors, des symphonies qu'il avait fait entendre avaient donné de lui cette opinion à ceux qui les avaient entendus. L'année dernière il avait obtenu un premier second prix à l'Institut. Tout semblait présager son triomphe au concours de cette année; mais le premier prix a été adjugé jeudi dernier à M. Thomas, élève de M. Lesueur, par la section de musique. Ému à l'excès par ce jugement qui renversait ses espérances, Lagrave fut frappé d'une attaque de nerfs si violente qu'elle a causé sa mort. Ce cruel événement n'est pas seulement douloureux pour sa famille et ses amis; elle enlève à la France un artiste qui l'aurait honorée. »

* **LAGUERRE** (Marie-Joséphine). On a publié sur cette chanteuse l'opuscule suivant : *Une vente d'actrice sous Louis XVI. Mlle Laguerre, de l'Opéra, son inventaire, meubles précieux, porcelaines de Sèvres, cristal de roche, etc.*, avec une introduction et des notes, par le baron Ch. Davillier. Portrait à l'eau-forte par Gilbert (Paris, Aubry, 1870, in-8°). L'auteur, grand amateur de faïences et de curiosités de toutes sortes, avait publié précédemment un livre sur les faïences espagnoles; c'est ce qui explique cette publication, faite uniquement au point de vue de la curiosité,

et qui n'a de musical que le nom de l'artiste qui en fait l'objet d'une façon indirecte et le portrait qui l'accompagne.

LAGYE (ALEXANDRE), musicien belge, occupe les fonctions de chef d'orchestre au théâtre de l'Alcazar, de Bruxelles, où il a fait représenter, le 7 mars 1878, un opéra-comique en un acte intitulé *Pierrot et Folie*. Cet artiste a écrit la musique de quelques ballets dont j'ignore les titres, et qui ont été joués au théâtre royal de la Monnaie, de Bruxelles.

LA HAUSSE (F.......-J.......), est auteur d'un écrit dirigé contre le système de la notation musicale par le chiffre : *De la vulgarisation de la musique. Égarements de la méthode Galin-Paris-Chevé* (Paris, Legouix, 1858, in-8°).

LAHOZ (FLORENCIO), professeur de piano et compositeur espagnol, né dans l'Aragon, fit son éducation musicale au Conservatoire royal de Madrid, où il devint l'élève de Pedro Albeniz pour le piano, et de Ramon Carnicer pour la théorie de l'art. Il se fit connaître ensuite par la publication d'un grand nombre de compositions pour le piano et pour le chant, dont quelques-unes devinrent populaires. Cet artiste est mort à Madrid, le 25 avril 1868, à l'âge de cinquante-deux ans.

LA HYE (LOUISE - GENEVIÈVE **ROUSSEAU**, épouse **DE**), pianiste, organiste et compositeur, professeur d'harmonie au Conservatoire de Paris, naquit à Charenton (Seine), le 8 mars 1810. Elle était arrière-petite-nièce de Jean-Jacques-Rousseau ; son père, Charles-Louis Rousseau, musicien obscur, étant le fils de Denis-Claude Rousseau ; qui lui-même était fils du frère aîné de l'auteur de *la Nouvelle Héloïse* (1). Elle étudia la musique dès ses plus jeunes années, d'abord avec son père, puis avec Saint-Amans, et dès l'âge de neuf ans, elle s'exerçait à la composition, sans connaître les règles de l'art, mais avec un instinct naturel et une intelligence qui faisaient prévoir un brillant avenir. Admise au Conservatoire à l'âge de onze ans, elle y suivit les classes d'orgue, de piano et de chant, et faisait, dit-on, l'admiration de ses professeurs. En 1825, elle obtenait un accessit de vocalisation, mais bientôt elle était, pour raisons de santé, obligée d'abandonner l'étude du chant ; en 1826, elle se voyait décerner un second prix d'orgue, et elle remportait le premier l'année suivante. Elle se livra alors à l'enseignement et à la composition, et, en 1830, Cherubini lui confiait une classe d'harmonie spécialement destinée aux jeunes filles. Le 10 avril 1831, elle exécutait à la Société des concerts du Conservatoire une fantaisie pour orgue expressif avec accompagnement, composée par elle, et obtint un très-grand succès. Mais elle venait de se marier, et, abandonnant la situation qu'elle s'était acquise si jeune au Conservatoire, elle quitta Paris et suivit son époux à Cambrai, où elle passa trois années.

De retour à Paris à la fin de 1834, elle y reprit son enseignement, tout en s'occupant beaucoup de composition, et même de littérature, car c'était un esprit distingué à tous les points de vue. En 1835, Mme de La Hye faisait entendre, dans un concert donné par elle à l'Hôtel-de-Ville, une grande composition dramatique intitulée *le Songe de la Religieuse*, qui n'était autre chose qu'un grand acte d'opéra avec chœurs. Bientôt elle publia un certain nombre de compositions, parmi lesquelles un duo de piano et cor sur des motifs de *Robin-des-Bois*, des variations pour piano avec accompagnement de quatuor, des variations pour le même instrument sur un air de *la Muette de Portici* (publiées sous le nom de *M. Léon Saint-Amans fils*), et une douzaine de romances et mélodies vocales.

Malheureusement, l'état de santé de cette femme intéressante était très-précaire. Souffrant depuis ses jeunes années d'une affection au foie que venait compliquer une inflammation intestinale, elle se vit bientôt obligée de renoncer à tout travail. Malgré ce repos forcé, la maladie fit de rapides progrès, et Mme de La Hye mourut le 17 novembre 1838, à l'âge de vingt-huit ans, laissant deux jeunes orphelins qu'elle n'avait pas eu le temps d'élever.

On publia après sa mort une *Méthode d'orgue expressif* et un recueil de six mélodies italiennes tirées de *l'Esule* de Pietro Giannone, composées pour Tamburini, Rubini, Lablache, Mmes Grisi, Persiani, Albertazzi, et dédiées à la princesse Belgiojoso. Elle laissait en portefeuille plusieurs messes, une Méthode et des Études de piano, un Traité d'harmonie et de contrepoint, plus de vingt compositions de genre pour le piano et pour l'orgue expressif, enfin une centaine de romances, mélodies, scènes dramatiques, etc. La maladie ne lui avait pas laissé le temps de

(1) Je tire les éléments de cette notice d'un article publié par Castil-Blaze dans *la France musicale* du 21 février 1839. Quoique je n'aie qu'une confiance très-limitée dans les assertions historiques de Castil-Blaze, qui sont toujours sujettes à caution, comme j'ai pu vérifier l'exactitude absolue des faits artistiques rapportés dans cet article, j'ai pensé qu'on pouvait accorder la même créance aux autres faits, contre lesquels, d'ailleurs, personne n'a réclamé.

mettre la main à deux livrets d'opéras-comiques qui lui avaient été confiés. Mme de la Hye avait publié dans un journal, *la Gazette des salons*, deux nouvelles intitulées : *J'ai vu !* et *les Deux Justices*.

LAIR DE BEAUVAIS (Alfred), compositeur, né à Bayeux vers 1820, était le fils d'un architecte de cette ville. Il cultiva de bonne heure ses dispositions pour la musique, et conduisit ses études assez loin pour qu'il lui fût permis d'aborder avec un égal succès le genre sacré et le genre profane. Il publia beaucoup, et il obtint même, avec quelques-unes de ses romances, chantées par les artistes en renom, un succès de vogue.

Il eût été d'autant plus facile à Lair de Beauvais de donner satisfaction à ses inclinations artistiques, qu'il se trouvait à la tête d'une jolie fortune; mais il ne sut que la gaspiller dans de folles entreprises. Ainsi, en 1846, il fonda à Bayeux le *Courrier musical du Calvados*, feuille mensuelle d'abord, puis bientôt semi-mensuelle, avec musique et portraits; et pour se montrer gracieux envers ses abonnés, il leur offrit, avec le concours d'artistes renommés, deux concerts, l'un à Caen, l'autre à Bayeux. Ce journal ne vécut guère plus d'un an.

Quelques années après, Lair de Beauvais établit dans sa ville natale une maison pour la vente des pianos et des orgues, entreprise qui ne réussit point. En octobre 1859, il vint se fixer à Caen, comme professeur de musique, et il organisa, pour faire entendre ses œuvres, quelques grandes exécutions musicales, entr'autres un festival auquel Mlle Masson, MM. Roger et J. Lefort apportèrent le concours de leur talent. Son séjour à Caen dura peu; il transporta ses pénates à Brest, où il fonda une société musicale qui devint bientôt prospère; mais l'esprit de conciliation manquait complétement à Lair de Beauvais. Brouillé avec tout le monde, il dut quitter Brest, et il se rendit à Paris.

A peu près ruiné, ne comptant plus sur la musique pour trouver des moyens d'existence, il essaya de diverses industries, et ne réussit dans aucune. Enfin, il fut trop heureux de pouvoir accepter la place qu'on lui offrait, d'organiste de l'église Saint-Pierre, à Dreux, ville dans laquelle il est mort, au mois de mai 1869.

Lair de Beauvais est auteur d'un *Traité des principes théoriques qui régissent la musique*, publié à Paris, chez Dentu, en 1862, br. in-8°. On trouve à la fin un catalogue complet des œuvres de l'auteur. Nous nous bornerons à citer les principales : 1° Musique religieuse : messe solennelle à trois voix d'hommes avec orgue ou orchestre, Paris, Richault. — *Te Deum*, à 4 v. sans acc., id., id. — *Te Deum*, à quatre v. d'hommes, orgue et orchestre, id., id. — *Inviolata*, motet pour soprano ou ténor, id., id. — *Regina Cœli*, solo de soprano ou ténor, id., id. — *Salve Regina*, id., id. — *Sub tuum præsidium*, pour soprano ou ténor, id., id. — *Tantum ergo*, pour soprano ou ténor, id., id. — *Les Litanies de la Sainte Vierge*, paroles françaises, solo de soprano, id., id. — *La Journée sainte*, recueil de six cantiques à 3 voix, Paris, Heugel et Cie. — 2° Scènes, mélodies, etc. : *Ephraïm*, scène biblique, Paris, Richault. — *Le premier concert*, grande scène lyrique, id., id. — *Une étoile dans les cieux*, grande scène dramatique, id., id. — *Les deux Captives*, nocturne à 2 v. id., id. — *Gloire du monde*, mélodie avec violoncelle, id., id. — *Le Testament divin*, mélodie, id., id. — *La Reine du Côteau*, chanson pour soprano et hautbois, id., id. — 3° Chœurs : *Hymne à la terre*, à 4 voix d'hommes (sans acc.), Paris, Richault. — *Une promenade à la mer*, id., id. — *Une halte de Bohémiens* (avec piano), id., id. — *Les Charbonniers de la Forêt-Noire* (id.), id., id... etc. etc. Ces compositions annoncent un musicien instruit, mais peu original; s'il n'a rencontré que de loin en loin d'heureuses inspirations, au moins a-t-il montré partout de la clarté et de la franchise. La musique religieuse de Lair de Beauvais lui avait valu les titres très-enviés de membre de l'Académie pontificale de Sainte-Cécile de Rome, et de l'Académie des beaux-arts de Florence.

J.C — z.

LAJARTE (Théodore - Edouard DU-FAURE DE), compositeur et écrivain sur la musique, est né à Bordeaux le 10 juillet 1826. Après avoir étudié la musique dans sa ville natale sous la direction d'un artiste nommé Graff, qui avait été élève de Reicha, après avoir travaillé le violon et le piano, il vint à Paris en 1850, et fut admis au Conservatoire dans la classe de fugue et de composition de Leborne. Celui-ci le prit en affection, et ce fut lui-même qui le conduisit chez Séveste, directeur du Théâtre-Lyrique, pour le lui recommander et lui faire obtenir un poëme. Séveste confia au jeune compositeur celui d'un petit opéra-comique en un acte, *le Secret de l'oncle Vincent*, qui fut joué avec succès en 1855, et obtint soixante-dix représentations consécutives. M. de Lajarte donna ensuite au même théâtre *le Duel du Commandeur* (un acte, 1857), *Mam'zelle Pénélope* (un acte, 1859), et *le Neveu de Gulliver*, opéra-ballet en 3 actes (1861); après un long silence, il fit jouer au théâtre de l'Athénée, en 1872, un petit acte intitulé *la Farce de maistre Villon*, et à Enghien, par les artistes de l'Opéra-Comique (1er juillet 1876), un autre petit acte, *Pierrot ténor*.

M. Théodore de Lajarte s'est fait connaître aussi comme compositeur de musique militaire; il a fait exécuter à l'église Saint-Roch, le 16 mars 1857, par cent cinquante soldats-choristes de la musique du 1er régiment de grenadiers de la garde impériale, une grande messe militaire, et il a publié les compositions suivantes : 1° *l'Orphéon de l'armée*, six chœurs avec accompagnement de fanfare, dédiés au maréchal Niel (Paris, Grus); 2° *Nouveau répertoire des musiques d'harmonie et des fanfares civiles et militaires*, 25 marches et pas redoublés (id., id.); 3° *Six pas redoublés* (Londres, Cramer-Wood); 4° *Marche triomphale*, pour harmonie (Paris, Leduc); 5° *Fantaisie symphonique*, pour harmonie (Paris, Lafleur); 6° six ouvertures pour harmonie (Paris, Gautrot aîné); 7° *Airs de ballet*, fantaisie originale pour harmonie (id., id.); 8° *le Beau Grenadier*, pas redoublé pour fanfare (id., id.), etc., etc.

Comme écrivain spécial, M. Th. de Lajarte a donné de nombreux articles au *Moniteur des Arts*, à *la France musicale*, au *Ménestrel*, à la *Chronique musicale*, au *Monde illustré*, à *l'Illustration*, à *la Presse*, à *la Patrie*, au *Courrier diplomatique*, à *l'Avenir libéral* (sous un pseudonyme); il a été le critique musical en titre de trois journaux qui n'ont eu qu'une courte existence : *le Globe*, *le Public* et *l'Assemblée nationale*; enfin, il a publié une brochure ainsi intitulée : *Instruments Sax et Fanfares civiles* (Paris, 1867, in-8°). Depuis 1873, M. Théodore de Lajarte est attaché aux Archives de l'Opéra, auxquelles il a rendu de véritables services en apportant l'ordre nécessaire dans la bibliothèque musicale de ce théâtre, jusque-là négligée plus que de raison, et en dressant l'inventaire avec un soin scrupuleux; c'est ce qui lui a donné l'idée d'un ouvrage fort utile dont la publication par fascicules a commencé récemment (la première livraison a paru au mois de juillet 1876), et qui formera deux forts volumes : *Bibliothèque musicale du théâtre de l'Opéra, Catalogue historique, chronologique, anecdotique, publié sous les auspices du ministère de l'Instruction publique et des beaux-arts et rédigé par Théodore de Lajarte, bibliothécaire attaché aux Archives de l'Opéra* (Paris, Jouaust, in-8° avec portraits à l'eau-forte). Ce catalogue contient, sur les œuvres représentées à l'Opéra, des renseignements précieux et inédits puisés dans les registres d'émargement de notre première scène lyrique, les états de recettes, les affiches, etc.; c'est assurément là un livre sans précédents, et dont l'importance se mesure à celle du théâtre dont il rappelle les hauts faits.

M. Théodore de Lajarte a fait jouer naguère, en société, un petit opéra de salon intitulé : *On guérit de la peur*, et il a en portefeuille un opéra-comique en deux actes, *le Portrait d'un grand homme*. On lui doit encore un petit recueil intéressant publié sous ce titre : *Airs à danser, de Lulli à Méhul, transcrits d'après les manuscrits originaux de la Bibliothèque de l'Opéra de Paris*, Paris, Durand-Schœnewerk, in-8°. Enfin, M. de Lajarte a entrepris tout récemment une publication utile, intéressante, et d'un caractère en quelque sorte national : sous le titre de *Chefs-d'Œuvre classiques de l'Opéra français*, il se propose d'offrir au public toute une série de partitions pour piano et chant, choisies parmi les anciens chefs-d'œuvre de notre première scène lyrique dont on n'a jamais donné que les partitions à orchestre, lesquelles sont aujourd'hui à peu près introuvables, et dont, en tout cas, la lecture exige un musicien absolument exercé. Déjà, la partition du *Thésée* de Lully a paru (Paris, Michaelis, in-8°), et M. de Lajarte annonce celles de *Psyché* et d'*Armide*, du même artiste, de *Castor et Pollux* et des *Fêtes d'Hébé*, de Rameau, de *l'Europe galante*, de Campra, de *Didon*, de Piccinni, etc. C'est là une entreprise intelligente et vraiment pleine d'intérêt.

LA JAUNIÈRE (André DE), musicien normand, fut maître de musique de la collégiale du Sépulcre, à Caen, et dut remplir ces fonctions pendant environ un demi-siècle, car il en était déjà chargé en 1714, et les occupait encore en 1757. Cet artiste, aujourd'hui tombé dans l'oubli, a joui dans son temps d'une grande renommée, et était célèbre dans toute la Normandie. On lui doit, entre autres compositions, la musique du *Triomphe de la vertu ou Sainte Cécile*, « tragédie chrestienne en musique, » publiée à Caen en 1714, chez J. Godes, et qui fut sans doute exécutée à la Collégiale.

LAKE (Georges), compositeur, organiste et écrivain musical anglais, artiste estimé dans son pays, a produit, entre autres œuvres, un grand oratorio, *Daniel*, qui a été exécuté à Londres, dans St-Martin's hall, avec quelque succès. Il a publié pendant un certain temps une feuille spéciale, *the Musical Gazette*, dont l'existence n'a pas été de longue durée. Cet artiste est mort à Londres le 24 décembre 1865.

* **LALANDE** (Michel-Richard **DE**). La musique du ballet *les Éléments* a été écrite par cet artiste en société avec Destouches. Quelques auteurs lui attribuent aussi la musique des chants et des divertissements de *l'Inconnu*, comédie héroïque de Thomas Corneille et de De Visé, jouée au théâtre Guénégaud le 17 novembre 1675; mais cela paraît peu probable, car à cette époque il n'avait pas encore accompli sa dix-huitième année. Lalande a écrit, pour les théâtres de la cour, les ouvrages dont voici les titres : 1° *Ballet de la Jeunesse*, divertissement en 3 actes et 3 intermèdes, Versailles, 28 janvier 1686; 2° *l'Amour fléchi par la Constance*, pastorale divisée en neuf scènes, Fontainebleau, 1697 ; 3° *les Folies de Cardenio*, pièce héroï-comique, ballet en trois actes et en prose, précédé d'un prologue en vers, « dansé par le roi, dans son château des Thuilleries, le 13 décembre 1720. »

* **LALANDE** (Henriette - Clémentine **LAMIRAUX-LALANDE**, épouse **MÉRIC**, connue sous le nom de Mme **MÉRIC-**). Cette grande artiste est morte à Chantilly, près de Paris, le 7 septembre 1867.

LALENI (.......), compositeur italien, a fait représenter sur le théâtre de la Concorde, à Crémone, le 10 février 1868, un opéra semi-sérieux qui avait pour titre *Fornaretto*.

LALLIET (Casimir-Théophile), hautboïste distingué et compositeur pour son instrument, est né à Evreux (Eure), le 5 décembre 1837. Admis au Conservatoire de Paris, dans la classe de hautbois de Verroust, en 1858, il y fit de rapides progrès, fut admis au concours dès l'année suivante, remporta le second prix, et se vit décerner le premier en 1860. M. Lalliet se fit bientôt remarquer comme virtuose, dans les concerts, par sa jolie qualité de son, son style pur et son élégante manière de phraser; il se fit applaudir surtout aux Concerts-Danbé et dans les intéressantes séances de la Société classique. Il fait depuis plusieurs années partie de l'orchestre de l'Opéra. Cet artiste s'est fait connaître aussi par la publication d'un certain nombre de morceaux pour hautbois avec accompagnement d'orchestre ou de piano, parmi lesquels je signalerai les suivants : Fantaisie de concert sur un thème populaire de Frédéric Bérat, op. 4, Paris, Gérard; Fantaisie sur *Lucie de Lamermoor*, op. 18, Paris, Grus; *Souvenir de Berlin*, fantaisie sur un thème original, Paris, Gérard; *Echos des Bois*, fantaisie originale; Fantaisie sur *Martha*, Paris, Brandus; Prélude et Variations sur *le Carnaval de Venise*, etc., etc. M. Lalliet a publié aussi un Terzetto pour piano, hautbois et basson, op. 22, Paris, Maho.

LALLOUETTE (Ambroise), écrivain français du dix-septième siècle, est l'auteur d'un petit ouvrage publié sous ce titre : *Histoire abrégée des ouvrages latins, italiens et français pour et contre la comédie et l'opéra*, Orléans 1697, in-12.

* **LALLOYAU** (.......), est le nom d'un artiste obscur, qui écrivit la musique de trois ballets-pantomimes représentés vers 1772 sur le théâtre de Nicolet : 1° *le Ravissement d'Europe*; 2° *la Descente d'Énée aux Enfers*; 3° *le Triomphe de l'amour conjugal*.

LALO (Édouard), violoniste, compositeur distingué et l'un des représentants les plus intéressants et les mieux doués de la nouvelle école musicale française, est né vers 1830 et a fait ses études musicales au Conservatoire de Lille, sous la direction d'un professeur allemand nommé Baumann. Il vint ensuite à Paris, et, tout en se faisant remarquer comme exécutant en tenant la partie d'alto dans les séances de musique de chambre fondées par MM. Armingaud et Léon Jacquard, il se livra à la composition et commença à publier des mélodies vocales et quelques œuvres instrumentales. Pourvu d'une éducation très-solide, doué de réelles aptitudes et d'un sentiment de l'art très-élevé, soucieux à la fois du fond et de la forme, M. Lalo, qui était évidemment en avance sur le goût public, entrevoyait un idéal auquel songeaient alors bien peu de musiciens. Ses tendances progressives se faisaient jour dans ses premières œuvres; aussi celles-ci, qui furent remarquées en Allemagne, passèrent à Paris tout à fait inaperçues. Il faut remarquer qu'à cette époque, le terrain musical était infesté de ces productions sans saveur et sans valeur qu'on appelait fantaisies, variations, transcriptions, etc., et qui, coulées toutes dans un moule uniforme et prenant pour base des motifs populaires et des thèmes d'opéras en vogue, ne laissaient place à aucune personnalité.

Le résultat négatif qu'il avait obtenu avec ses premières publications découragea le jeune compositeur, et fit naître dans son esprit ce doute si affligeant, si douloureux et si cruel pour les véritables artistes. Ces premiers travaux étaient considérables, et comprenaient 2 trios pour piano, violon et violoncelle, un quatuor pour instruments à cordes, une sonate pour piano et violon, une série de six mélodies vocales sur des paroles de Victor Hugo, et plusieurs morceaux de moindre importance. Outre cela, M. Lalo avait composé deux symphonies et deux quintettes qui n'ont jamais été publiés. Devant l'indifférence du public, il fut pris d'une véritable défaillance intellectuelle, et, renonçant à la lutte, il s'abstint absolument d'écrire pendant plusieurs années.

Cependant, tandis qu'il avait tort de se décourager, le goût public, activé par l'intelligente impulsion que M. Carvalho avait donnée au Théâtre-Lyrique, stimulé par la fondation des Concerts populaires de M. Pasdeloup, subissait une évolution vraiment magnifique, et l'art commençait à marcher dans une voie nouvelle, où il devait se transformer et se régénérer. M. Lalo commença à regretter l'état d'engourdissement dans lequel il s'était laissé tomber, et bientôt l'annonce des trois concours ouverts simultanément dans nos trois théâtres lyriques vint le réveiller tout à fait de sa torpeur. Absolument hostile au genre de l'opéra-comique (comme quelques-uns des membres de notre jeune école musicale, qui ont le tort d'être exclusifs et de repousser d'instinct certaines formes de l'art), mais d'ailleurs se conformant à ses goûts naturels, M. Lalo songea à prendre part au concours du Théâtre-Lyrique, et écrivit, sur un poème qui lui avait été fourni par M. Charles Beauquier (*Voyez* ce nom), un grand opéra en trois actes, intitulé *Fiesque*. Cette œuvre remarquable et empreinte d'un grand souffle, dont la partition pour piano et chant a été publiée depuis lors et dont plusieurs fragments ont été exécutés avec succès dans des concerts, n'obtint pas le prix, qui fut décerné au *Magnifique*, de M. Philipot (*Voyez* ce nom); mais sur sept ouvrages qui furent mentionnés avec éloges par le jury, *Fiesque* fut placé en troisième ligne, à un rang extrêmement honorable (1).

Toutefois, ce n'était là qu'un succès négatif, puisque *Fiesque* ne pouvait être joué au Théâtre-Lyrique. Un membre du jury parla de l'ouvrage à M. Perrin, alors directeur de l'Opéra, qui voulut l'entendre et qui fut frappé des qualités de la musique, mais qui trouva le poème défectueux et proposa de le faire remanier. Cette condition acceptée, les lenteurs ordinaires se produisirent, et, finalement, M. Lalo retira sa partition et la publia. Quelques années après, et sur une intervention de M. Gounod, M. Vachot, directeur du théâtre de la Monnaie de Bruxelles, s'engagea à représenter *Fiesque*, et distribua aussitôt les rôles principaux à Mlles Annah Sternberg (aujourd'hui Mme Vaucorbeil) et Van Edelsberg, à MM. Warot et Lassalle. L'ouvrage allait être mis en répétition lorsqu'un désaccord survint entre la direction du théâtre et la municipalité de Bruxelles, désaccord à la suite duquel M. Vachot donna sa démission. *Fiesque* rentra décidément dans les cartons, et jusqu'ici l'auteur n'a pu tirer parti de cette œuvre fort distinguée à beaucoup d'égards.

Néanmoins, et malgré tous ces déboires, M. Lalo avait repris courage en voyant que le public français était redevenu accessible aux grandes œuvres et aux manifestations les plus nobles de l'art. Après avoir publié plusieurs jolies mélodies nouvelles, après avoir composé un *Divertissement* pour orchestre, production remarquable et qui obtint dans les concerts un succès légitime, il se remit à l'œuvre et commença un opéra, *Savonarole* (paroles de M. Armand Silvestre). Puis, sur la demande de M. Sarasate, il écrivit pour ce virtuose un concerto de violon avec accompagnement d'orchestre, qui fut exécuté par lui au Concert national (18 janvier 1874), et ensuite aux Concerts populaires. Cette composition, conçue dans un grand style, instrumentée avec une puissance réelle, est, à mon sens, trop développée, et les qualités qui la distinguent ne sont pas, me semble-t-il, celles qui doivent constituer une œuvre de ce genre. Son succès, toutefois, ne fut pas douteux, et le talent de M. Sarasate s'exerça avec autant de bonheur, l'année suivante, sur un second concerto auquel M. Lalo donna, je ne sais trop pourquoi, le titre de *Symphonie espagnole*. Depuis lors, M. Lalo a fait entendre encore au public les productions suivantes : Allegro symphonique (Concerts populaires, Janvier 1876); Concerto pour violoncelle, exécuté par M. Fischer (Concerts populaires, 9 Décembre 1877); Ouverture du *Roi d'Ys*, opéra inédit (Concerts populaires, puis Concerts du Conservatoire).

M. Lalo fait partie de ce petit groupe d'artistes fort distingués qui, depuis quelques années, ont révélé au public les nouvelles tendances de l'école française, et qui ont su se faire écouter avec plaisir et sympathie; il a pris place à côté

(1) Entre *le Magnifique* et *Fiesque*, la partition qui obtint le n° 2 était *la Coupe et les Lèvres*, de M. Canoby. Cinquante-deux compositeurs avaient pris part au concours.

du pauvre Bizet, mort si jeune, de MM. Massenet, Ernest Guiraud, Théodore Dubois et de quelques autres, et a obtenu des succès incontestés, dus à ses qualités incontestables. Ces qualités sont la clarté, l'élégance, l'art des développements, une grande habileté dans le maniement de l'orchestre, et avec cela le style, la couleur, et parfois la passion. En un mot, M. Lalo a su jouer un rôle personnel dans le mouvement auquel prennent part tant de jeunes artistes, et cela seul prouve en faveur de ses facultés. Il ne lui manque, peut-être, que d'être un peu moins chatouilleux en ce qui concerne la critique, de conserver son sang-froid devant les observations qui peuvent lui être adressées, et de ne pas prendre pour ennemis les artistes sincères qui accompagnent leurs éloges de réserves et de conseils absolument désintéressés.

Voici la liste des œuvres de M. Lalo, publiées jusqu'à ce jour. — MUSIQUE INSTRUMENTALE. Ouverture de *Fiesque* (partition à grand orchestre), Paris, Durand et Schœnewerk; — Divertissement pour orchestre (réduction pour piano, par M. J. Massenet), Paris, Hartmann; — Concerto pour violon avec accompagnement d'orchestre (grande partition et réduction pour piano), op. 20, Paris, Durand et Schœnewerk; — Symphonie espagnole pour violon principal et orchestre (grande partition et réduction pour piano), op. 21, id., id.; — Quatuor en *mi* bémol majeur, pour 2 violons, alto et violoncelle, op. 19, Paris, Maho; — 1er trio pour piano, violon et violoncelle, Paris, Richault; — 2e trio, en *si* mineur, pour piano, violon et violoncelle, Paris, Maho; — Sonate pour piano et violon, Paris, Ledentu; — Grand duo concertant pour piano et violon, op. 12, Paris, Benacci-Peschier; — Sonate pour piano et violoncelle, Paris, Hartmann; — Chanson villageoise et Sérénade, pour piano et violon ou violoncelle, op. 14, Paris, Maho; — *Allegro* en *mi* bémol majeur pour piano et violoncelle, op. 16, id., id.; — Soirées parisiennes (en société avec M. Charles Wehle), 3 morceaux caractéristiques pour piano et violon (1. Ballade; 2. Menuet; 3. Idylle), op. 18, Paris, Lemoine; — *Arlequin*, esquisse caractéristique pour violon ou violoncelle, avec accompagnement de piano, Paris, Gérard; — 2 Impromptus (1. *Espérance*; 2. *Insouciance*), pour violon, avec accompagnement de piano, op. 4, Paris, Lemoine; — Pastorale et Scherzetto pour violon, avec accompagnement de piano, Paris, Richault. — MUSIQUE VOCALE. *Fiesque*, grand opéra en 3 actes (partition pour chant et piano), Paris, Hartmann; — Six Mélodies, sur des poésies de Victor Hugo, op. 17, Paris, Maho; — Trois Mélodies, sur des vers d'Alfred de Musset, Paris, Hartmann; — *la Captive*, *Souvenir*, *la Fenaison*, *Ballade à la lune*, mélodies vocales.

LA MADELAINE (ÉTIENNE-JEAN-BAPTISTE-NICOLAS **MADELAINE**, dit STÉPHEN **DE**), musicien et écrivain français, naquit à Dijon le 16 avril 1801. Après avoir fait ses études littéraires à Metz, il vint à Paris en 1825, pour passer l'examen du doctorat ès-lettres, mais le sort décida autrement de son avenir. Stéphen de La Madelaine était doué d'une superbe voix de basse-taille; on l'engagea à se présenter au Conservatoire, dont il suivit les cours pendant deux ans, tout en faisant son service de chanteur récitant à la chapelle et à la musique particulière de Charles X, où les ducs de Damas et de Blacas, gentilshommes de la chambre du roi, l'avaient fait entrer. Cependant, malgré ces premiers succès, il n'embrassa pas aussitôt la carrière musicale, et entra vers 1833 dans l'administration, en qualité de chef de bureau à la direction des beaux-arts du ministère de l'intérieur.

A partir de ce moment, il occupa ses loisirs à écrire des feuilletons, des articles de revues et quelques petits romans d'éducation dont il se fit plusieurs éditions; c'est ainsi qu'il rédigea pendant quelque temps le feuilleton musical du *Courrier français*, et qu'il publia successivement : *Scènes de la vie adolescente*, *Après le travail*, *le Curé de campagne*, etc. Cependant, il finit par se livrer au professorat, et c'est alors qu'il offrit au public plusieurs écrits relatifs à l'enseignement vocal, qui lui firent une réputation. Son premier ouvrage en ce genre fut la *Physiologie du chant* (Paris, Desloges, 1840, in-16), bientôt suivi des *Théories complètes du chant* (Paris, Amyot, s. d., in-8°); le premier fut traduit successivement en italien, en anglais et en allemand, et le second fut approuvé par l'Institut de France et adopté par plusieurs Conservatoires de l'étranger.

Mais Stéphen de la Madelaine songeait à une innovation dans l'enseignement du chant, qui, si l'on en savait profiter, pourrait rendre d'immenses services, en ce sens qu'elle perpétuerait les bonnes traditions de l'art : il songeait à aider l'enseignement oral par l'enseignement écrit. Prenant un jour pour texte de ses observations un air célèbre, il s'avisa d'annoter cet air période par période, phrase par phrase, mesure par mesure, indiquant sous chaque fragment, sous chaque note, l'inflexion, le caractère, le degré d'intensité sonore qu'il fallait lui donner; c'était une interprétation complète, détaillée, de l'air en question, tellement complète et tellement détaillée qu'un élève n'avait qu'à étudier le morceau d'après les observations écrites, à le travailler dans le sens indiqué, pour s'en rendre maître et le chanter comme il convient, et cela sans le secours d'un professeur.

Le premier air que Stéphen de la Madelaine interpréta ainsi et qui lui servit à faire une « leçon écrite, » était celui d'Agathe dans le *Freischütz*. Il adressa cette leçon à l'Académie des beaux-arts, qui en fit l'objet d'un rapport très-élogieux, trop élogieux peut-être; car si l'idée était excellente, sa mise en pratique ne laissait pas que de donner lieu à quelques critiques. Entre autres choses, le professeur avait le tort grave non-seulement de ne point engager les élèves au respect absolu du texte musical, mais même d'encourager les altérations qu'ils pourraient apporter à ce texte sous forme de points d'orgue, ports de voix, etc., s'en remettant pour cela à leur goût et à leur sagacité. Or, je ne sache pas de goût au monde qui puisse encourager un chanteur dans cette voie déplorable; le compositeur écrit sa musique comme il veut qu'elle soit chantée, et aucun interprète ne peut se reconnaître le droit de modifier sa pensée d'une façon quelconque. Cette réserve faite, le procédé pédagogique de Stéphen de la Madelaine restait excellent, et lorsqu'il se trouvera un grand maître pour l'appliquer, il pourra produire de merveilleux résultats.

De la Madelaine ne s'en tint pas à l'air du *Freischütz*; il en annota ainsi plusieurs autres : celui d'Eléazar, dans *la Juive*; celui de Rosine, dans *le Barbier de Séville*; les stances de Rachel, dans *la Juive*; l'air de Figaro, dans *le Nozze di Figaro*; enfin l'air célèbre attribué à Stradella. Il publia alors cette série de leçons sous le titre d'*Études pratiques de style vocal* (Paris, Albanel, 1868, 2 vol. in-12), en les accompagnant de très-bonnes observations sur les divers styles de la musique vocale, et de très-utiles considérations sur l'enseignement élémentaire du chant.

L'excellent professeur eut à peine le temps de voir s'établir le succès de son dernier ouvrage. Trois mois environ après la publication de celui-ci, il mourait à Paris, non le 4, comme il a été dit par erreur dans le *Dictionnaire des contemporains*, mais le jeudi 3 septembre 1868. — Stéphen de la Madelaine avait été rédacteur en chef du journal l'*Univers musical*, et avait été le collaborateur de la *Revue et Gazette musicale de Paris*.

LAMAZOU (L'abbé), vicaire de l'église de la Madeleine, à Paris, s'est occupé des questions relatives à la musique religieuse, et a publié l'écrit suivant : *Étude sur la facture d'orgue ancienne et moderne, et description de l'orgue monumental de Saint-Sulpice* (Paris, Repos, s. d. [1862], in-8° avec planches). On lui doit aussi une biographie de Lefébure-Wély, publiée dans *l'Illustration musicale* du même éditeur, et un troisième opuscule, intitulé *l'Orgue* (Paris, Ledoyen, in-8° 1855).

LAMBERT (Nicolas), luthier, était établi maître à Paris en 1745. On n'a point de renseignements sur cet artiste. On sait seulement qu'il était mort en 1783, et qu'à cette époque sa veuve continuait son commerce. Nicolas Lambert était sans doute le fils ou le frère du luthier *Lambert*, établi à Nancy au milieu du dix-huitième siècle, et dont il est question au t. V de la *Biographie universelle des Musiciens*.

* **LAMBERT** (Charles), est mort à Évreux le 23 décembre 1865. Cet artiste avait obtenu au Conservatoire, en 1809, un premier prix de piano, et s'était voué ensuite à l'enseignement. On assure qu'il fut le premier maître et l'ami d'Halévy.

LAMBERT (Georges), musicien français, mort il y a environ vingt ans, n'est connu que par la libéralité dont il a fait preuve envers les artistes, en créant un prix que l'Académie française et l'Académie des beaux-arts ont été chargées par lui de décerner chaque année. « Ce prix, dit à ce sujet le compte-rendu annuel des séances publiques de cette dernière compagnie, est destiné par le testateur, ancien compositeur et professeur de musique, à être décerné chaque année, par l'Académie française et par l'Académie des beaux-arts, à un homme de lettres, ou à un artiste, ou à la veuve d'un artiste honorable, comme marque publique d'estime. » Je n'ai pu recueillir aucun renseignement touchant la vie ou la carrière de cet homme généreux, dont la double fondation artistique a pris le nom de *prix Georges Lambert*.

LAMBERTI (.......), compositeur italien, né, je crois, à Cuneo, et depuis longtemps fixé à Turin, s'est fait connaître par deux opéras représentés en cette ville, *Leila di Granata*, donné avec succès au théâtre Gerbino, en 1857, et *Malek-Adel*. Il a fait exécuter en 1861, dans l'église San-Giovanni, aux funérailles du roi Charles-Albert, une messe avec orchestre, qui est considérée comme une œuvre extrêmement remarquable, et il a fait entendre, lors du mariage de la princesse Pie, fille du roi Victor-Emmanuel, avec le roi don Louis de Portugal, une cantate en trois parties, écrite sur des paroles du poëte Berninzone, et dont on dit beaucoup de bien. Les Italiens tiennent M. Lamberti pour un artiste extrêmement distingué, remarquable au double point de vue du savoir et de l'imagination, et qui fait véritablement honneur à leur pays.

* **LAMBERTINI** (Jean-Thomas), prêtre et compositeur, né à Bologne, était, non pas vice-maître de chapelle de l'église de San-Lorenzo, mais chapelain, copiste et chantre de la collégiale de San-Petronio, de Bologne, à partir de l'année 1545. Sa mauvaise conduite lui donna plus d'une fois maille à partir avec le chapitre de cette église, qui finit par le rayer de la liste des chapelains. En 1569 pourtant, Lambertini, que la bonté du cardinal Paleotti avait empêché de tomber dans une entière disgrâce, faisait encore partie du personnel de la chapelle de San-Petronio; mais en 1573 il était à Rome, auprès de son protecteur le cardinal Ottone Truchses, qui, dans sa jeunesse, l'avait attaché à son service comme musicien, et chez lequel il se retrouva peut-être dans la même situation. A partir de cette époque, on n'a plus de renseignements sur lui. Ceux qui sont résumés ici ont été empruntés à l'excellent écrit de M. Gaspari (*Voy.* ce nom) : *Memorie risguardanti la storia dell'arte musicale in Bologna al XVI secolo.*

* **LAMBILLOTTE** (Le P. Louis), est mort au collége de Vaugirard, près Paris, le 27 février 1855. Il a été l'objet du travail suivant : *Louis Lambillotte et ses frères*, par M. Mathieu de Monter (Paris, Régis-Ruffet, 1871, in-12 avec portrait et autographes).

Le P. Louis Lambillotte avait deux frères, qui, comme lui, avaient embrassé l'état ecclésiastique, et, qui, comme lui aussi musiciens, avaient composé des œuvres nombreuses. Le cadet, François, né à la Hamaide en 1802, mourut à Fribourg en 1836; le plus jeune, Joseph, né dans le même village en 1805, mourut en France, au collége des Jésuites de St-Acheul (1). Un éditeur, M. Gambogi, a entrepris, il y a quelques années, la publication des œuvres posthumes des trois frères. Celle des œuvres complètes de ces trois compositeurs a été entreprise et se poursuit activement par les soins de la maison Brandus.

LAMONINARY (.........), compositeur, vivait à Valenciennes dans la seconde moitié du dix-huitième siècle. Il a publié, outre plusieurs livres de duos ou sonates pour violon et violoncelle, un recueil de *Six Quatuors en symphonie pour deux violons, alto, violoncelle obligé et organo.*

LAMOTTE (Nicolas-Antony), compositeur de musique de danse, est né en 1819 à Beaurieux (Aisne). Il apprit la musique à la maîtrise de Soissons, où il fut enfant de chœur, fit ensuite de bonnes études littéraires au petit séminaire de Laon, et de là passa, pour y faire sa philosophie, au grand séminaire de Soissons. Son père voulait lui voir embrasser la carrière ecclésiastique, mais le jeune homme n'y voulut pas consentir. Après avoir passé deux années comme professeur ou maître d'études dans diverses institutions, après avoir servi pendant une autre année, il se remit à l'étude de la musique, qu'il aimait avec passion, se livra à la composition, et écrivit deux messes qui furent exécutées dans l'église de Ham. Mais il était encore inexpérimenté, et reconnaissait la nécessité de travailler sérieusement. Il vint à Paris, où il suivit un cours d'harmonie avec M. Elwart, et bientôt se fit connaître par la publication d'une foule de morceaux de musique de danse, qui se distinguaient par la grâce de la forme, l'élégance et la fraîcheur des mélodies. Vers 1850, il devint chef d'orchestre du bal du Château-d'Eau, d'où il passa à la salle Barthélemy, puis à la salle Valentino, faisant exécuter et connaître ses compositions dans ces divers établissements. En 1857, il fut appelé à Londres pour y conduire l'orchestre de danse d'Argyll-Rooms, et il y obtint de grands succès. Depuis plusieurs années, il est revenu se fixer à Paris. M. Antony Lamotte n'a pas composé moins de quatre à cinq cents morceaux de musique de danse, presque tous publiés.

On a publié sur cet artiste : *Biographie d'Antony Lamotte*, par A. de Rolland (Lyon, impr. Chanoine, 1863, in-18).

LAMOUREUX (Charles), violoniste et chef d'orchestre, naquit à Bordeaux, le 28 septembre 1834. Après avoir commencé en cette ville l'étude du violon sous la direction d'un artiste distingué, M. Beaudoin, il fut envoyé par sa famille à Paris, et entra en 1850 au Conservatoire, dans la classe de Girard, alors chef d'orchestre de l'Opéra. Ayant obtenu un second accessit en 1852, il se vit décerner le second prix au concours de 1853, et le premier l'année suivante. Il avait d'abord appartenu à l'orchestre du Gymnase en qualité de premier violon, et bientôt entra à celui de l'Opéra, où il resta plusieurs années. Après avoir fait de bonnes études d'harmonie avec M. Tolbecque, avoir suivi ensuite le cours de contrepoint de Leborne au Conservatoire, et enfin terminé ses études théoriques avec Chauvet (*Voyez* ce nom), M. Lamoureux se livra à l'enseignement, et fonda une société de musique de chambre dont les séances étaient très-suivies, et dans laquelle il avait pour partenaires MM. Colonne, Adam et Rignault.

(1) Louis Lambillotte, comme ses frères, est né non à Charleroi, mais au petit village de La Hamaide, situé près de cette ville.

Virtuose extrêmement distingué, artiste fort intelligent, esprit largement ouvert à toutes les grandes manifestations de l'art musical, M. Lamoureux, qui, après avoir été admis à la Société des concerts du Conservatoire, était devenu second chef d'orchestre de cette illustre association, rêvait de doter son pays d'une institution d'un nouveau genre. Après avoir fait plusieurs voyages en Allemagne et en Angleterre, s'être lié avec deux célèbres chefs d'orchestre, MM. Ferdinand Hiller et Michaël Costa, avoir admiré les incomparables exécutions d'oratorios qui avaient lieu sous la direction de ces deux grands artistes, il étudia les moyens pratiques à l'aide desquels il pourrait, à son tour, faire connaître à la France les œuvres immortelles des Bach, des Hændel et des Mendelssohn, qui jusqu'à présent étaient restées pour elle presqu'à l'état de lettre morte, et dont elle n'avait entendu que de rares fragments, exécutés dans des conditions lamentables. A la suite de quelques tâtonnements, de quelques essais un peu timides qui ne firent pourtant que le confirmer dans la pensée d'un succès final, M. Lamoureux finit par concevoir un plan qui devait le mener victorieusement au but vers lequel il tendait.

En dépit de tous les obstacles qui étaient semés sur son chemin, malgré le mauvais vouloir qu'il rencontrait de divers côtés, les jalousies qu'il excitait contre lui, M. Lamoureux, à l'aide de ses seules forces, de ses seules ressources, fonda en 1873 une société dite de l'Harmonie sacrée, organisée à l'instar de la *Sacred harmonic Society* de Londres. Il forma un orchestre, un personnel choral nombreux, se mit énergiquement à l'œuvre, et à la fin de 1873 des affiches apposées sur les murs de Paris annonçaient qu'une première audition du *Messie*, oratorio de Hændel, aurait lieu le 19 décembre dans la salle du Cirque des Champs-Élysées. Les *soli* du chef-d'œuvre de Hændel étaient chantés par quatre élèves du Conservatoire, Mlles Belgirard et Armandi, MM. Vergnet et Dufriche; l'orgue était tenu par M. Henri Fissot; l'orchestre et les chœurs étaient dirigés par M. Charles Lamoureux. L'exécution fut admirable, et le public, pénétré de la grandeur de l'œuvre qui lui était offerte pour la première fois, aux prises avec des sensations jusqu'alors inconnues pour lui, fit l'accueil le plus enthousiaste à cette œuvre, ainsi qu'à l'artiste énergique et convaincu qui l'initiait si courageusement à ses beautés. De ce jour, l'oratorio était acclimaté en France, une nouvelle source d'émotions était ouverte au public, et M. Lamoureux avait donné à son pays l'institution qui lui manquait.

Plusieurs auditions du *Messie* suffirent à peine à satisfaire les désirs de la foule. Après cet ouvrage, M. Lamoureux fit entendre *la Passion* de Jean-Sébastien Bach, puis, la saison suivante, il remporta un nouveau triomphe en faisant exécuter, avec un succès colossal, le *Judas Machabée* de Hændel. Voulant varier ses programmes, et, tout en faisant connaître les chefs-d'œuvre consacrés, réserver une place à l'élément contemporain, il produisit aussi la cantate de M. Gounod intitulée *Gallia*, et une œuvre charmante et encore inédite de M. Massenet (*Voy.* ce nom), *Ève*, « mystère » en trois parties. L'une et l'autre furent accueillies avec la plus grande faveur, et assurèrent définitivement le succès de la Société de l'Harmonie sacrée et de son excellent directeur.

Les séances de cette Société révélèrent du premier coup, en M. Charles Lamoureux, un chef d'orchestre de premier ordre, soigneux de l'exécution jusque dans ses moindres détails, sachant préparer les études avec une patience, une intelligence et un sentiment musical bien difficiles à rencontrer à un pareil degré, joignant enfin, dans la direction, la précision et la fermeté à la chaleur et à l'enthousiasme, et sachant retenir dans ses écarts possibles le personnel placé sous ses ordres en même temps qu'il lui communique son ardeur et le feu dont il est animé.

M. Lamoureux fut chargé, en 1875, de la direction musicale des grandes fêtes données à Rouen pour la célébration du centenaire de Boieldieu. Lorsque, l'année suivante, M. Carvalho fut nommé directeur de l'Opéra-Comique en remplacement de M. du Locle, il s'empressa d'attacher à ce théâtre, comme chef d'orchestre, un artiste si distingué et si digne en tous points de remplir ces difficiles fonctions. Cependant, au bout de quelques mois, des difficultés s'étant élevées entre la direction de l'Opéra-Comique et M. Lamoureux, ce dernier crut devoir se retirer et donna sa démission. Peu de temps après, c'est-à-dire vers le milieu de 1877, il fut appelé à l'Opéra pour succéder, dans les fonctions de premier chef d'orchestre, à M. Deldevez, qui allait prendre sa retraite. Il est aujourd'hui en possession de cet emploi.

LAMPERT (Ernest), pianiste, chef d'orchestre et compositeur, né à Gotha le 3 juillet 1818, fut à Weimar élève de Hummel pour le piano, et reçut ensuite à Cassel des leçons de composition de Moritz Hauptmann. Devenu *concertmeister* en 1844, il fut, en 1855, nommé maître de chapelle à Gotha où il réside encore aujourd'hui. M. Lampert a écrit la musique de quatre opéras qui ont été représentés à Cobourg et à Gotha, et dont j'ignore les titres; il a composé en outre des ouvertures, des cantates, et divers morceaux pour instruments à cordes et pour piano.

LAMPERTI (Francesco), professeur de chant au Conservatoire de Milan, est né à Savone le 11 mars 1813. Cet artiste jouit non-seulement à Milan, non-seulement en Italie, mais par toute l'Europe, d'une éclatante renommée, et depuis 1850, époque où il a été chargé d'une classe de chant au Conservatoire de Milan, il a formé un nombre incalculable d'élèves, parmi lesquels on signale Mmes Waldmann, Teresina Stolz, Emma Albani, MM. Campanini, Collini, etc.; on assure qu'il est le dernier dépositaire des traditions de la grande école du chant italien; aussi, tous ceux de nos chanteurs français qui, depuis vingt ans et plus, ont voulu aborder la carrière italienne, n'ont jamais manqué de se rendre auprès de lui pour recevoir ses leçons et ses conseils. Après une longue carrière entièrement vouée à l'enseignement, M. Francesco Lamperti a pris sa retraite au mois d'avril 1876. On lui doit les ouvrages suivants : 1° *Guide théorico-pratique élémentaire pour l'étude du chant*, dédié à ses élèves du Conservatoire de musique de Milan (Milan, Ricordi); 2° *Exercices journaliers pour soprano ou mezzo-soprano* (id., id.); 3° *Études de bravoure pour soprano*, approuvées par le Conservatoire de Milan (id., id.), 4° *Observations et conseils sur le trille* (id., id.); 5° 8 *Solféges dans le style moderne, pour soprano et mezzo-soprano*.

Un professeur de chant du même nom, M. *G.-B. Lamperti*, a publié à Milan, chez l'éditeur Lucca, un ouvrage intitulé *École de chant*, contenant six solféges et six vocalises pour soprano, mezzo-soprano ou contralto, ténor et baryton, avec accompagnement de piano, et un recueil de 12 *Vocalises pour soprano*. J'ignore si cet artiste est parent du précédent.

* **LAMPUGNANI** (Jean-Baptiste), a écrit, outre les ouvrages dramatiques signalés à son nom, un opéra bouffe intitulé *la Scuola delle Cantatrici*, et un opéra sérieux, *l'Olimpiade*, qui fut représenté, je crois, en Italie, vers 1750.

LAMY (Michel), prêtre et musicien, fut maître de la chapelle de la cathédrale de Rouen de 1697 au mois de mars 1728, et fit entendre en cette église plusieurs messes de sa composition.

LANCIANI (Flavio), compositeur italien, né dans la seconde moitié du dix-septième siècle, est l'auteur d'un oratorio intitulé *Santa Clotilde, reina di Francia*, qui fut exécuté à Bologne en 1704.

* **LANCTIN** (Charles-François-Honoré), dit **DUQUESNOY**, n'est pas né en Belgique en 1759, mais en France, à Beauvais (Oise), le 18 mai 1758. Pendant le long séjour qu'il fit à Bruxelles comme chanteur, avant de se rendre à Hambourg, Duquesnoy écrivit la musique de trois ouvrages qu'il fit représenter dans la capitale de la Belgique : 1° *Almanzor* ou *le Triomphe de la gloire*, grand opéra ballet en 2 actes (et en vers libres, paroles de d'Aumale de Corsanville), 1787; 2° *le Mystificateur mystifié*, opéra-comique en 3 actes, vers 1789; 3° *le Prix des Arts* ou *la Fête flamande*, opéra en un acte, 20 juin 1791. Un peu plus tard, à Hambourg, il composa une cantate, *le Vœu des Muses reconnaissantes*, qui fut exécutée en cette ville, dans le cours de l'année 1795, avec un très-grand succès.

Avant de faire, comme chanteur, la fortune du théâtre de Bruxelles, cet artiste avait tenu en double, de 1781 à 1786, l'emploi de haute-contre à l'Opéra. Son début à ce théâtre s'effectua le 24 janvier 1781, par le rôle de Colin du *Devin du village*, et ce début donna lieu à une singulière méprise de la part de l'*Almanach musical* qui, sans doute par la plume de deux rédacteurs différents, l'enregistre en partie double, avec réflexions à l'appui, d'abord au nom de Duquesnoy, puis à celui de Lanctin.

LANDWING (Marc), compositeur, né à Zug, en Suisse, en 1759, entra au couvent d'Einsiedeln à l'âge de dix-huit ans, et y trouva la facilité de développer ses rares dispositions pour la musique. On lui doit l'ouvrage suivant : *Antiphona Mariana Salve Regina in cantu chorali cum 3 vocibus* (Einsiedeln, Œchslin, 1787), dont une seconde édition a été faite en 1796. On chante encore aujourd'hui, à Einsiedeln, un *Benedictus Dominus Deus* de la composition de Marc Landwing. Cet artiste mourut en 1813.

* **LANG** (Joséphine). Une artiste de ce nom, qui me paraît devoir être la cantatrice dont il est parlé au tome V de la *Biographie universelle des Musiciens*, s'est fait connaître comme compositeur par la publication d'un assez grand nombre de *lieder*. Le catalogue des éditeurs Breitkopf et Hærtel, de Leipzig, en mentionne deux recueils placés sous les chiffres d'œuvre 14 et 15.

LANG (Adolphe), violoniste, chef d'orchestre et compositeur allemand, né à Thorn le 10 juin 1830, fit ses études au Conservatoire de Leipzig, où il resta de 1844 à 1847, et où il fut l'élève de Ferdinand David pour le violon, de Mendelsshon et de Moritz Hauptmann pour la théorie de l'art et la composition. Devenu premier violon au théâtre Friedrich-Wilhelmstadt de Berlin en 1851, il en fut nommé chef d'orchestre en 1854, et à partir de ce moment se produisit comme compositeur, écrivant plusieurs opérettes, faisant exécuter des marches et des ouvertures, et publiant des *lieder* et divers morceaux de chant. Cependant, il renonça assez rapidement à la carrière musicale, et, en 1862, s'établissait à Thorn, sa ville natale, pour y diriger une maison de commerce.

LANGE (Gustave), pianiste, professeur et compositeur, a publié en Allemagne, depuis quelques années, environ 260 morceaux de genre pour le piano : nocturnes, mélodies, caprices, rondos, etc. Ces compositions, parmi lesquelles figure une série de 18 pièces intitulées *les Aquarelles*, paraissent obtenir un grand succès. On signale comme étant faites avec goût une nombreuse série de transcriptions données par M. Lange des *lieder* de Schubert et de Mendelssohn.

Parmi les autres productions de M. Lange, qui comprennent un grand nombre de fantaisies sur des mélodies populaires et des motifs d'opéras célèbres, il faut signaler quelques œuvres plus sérieuses, entre autres un joli quintette pour instruments à vent.

LANGER (Ferdinand), violoncelliste, chef d'orchestre et compositeur dramatique, né en 1839 à Leimem, près de Heidelberg, doit, dit-on, la meilleure partie de son éducation musicale à son travail personnel et à sa propre initiative. Après s'être fait connaître comme violoncelliste, il voulut se produire comme compositeur dramatique, et fit représenter à Mannheim, au mois de juin 1868, un petit opéra qui avait pour titre *dei Gefæhrliche Nachborschaft* (*le Voisinage dangereux*). Il devenait peu de temps après chef d'orchestre du théâtre de Mannheim, et y donnait, le 18 mars 1873, son second ouvrage dramatique, un opéra romantique intitulé *Dornrœschen* (*Églantine*), qui était écrit sur le sujet d'un conte de Perrault, *la Belle au bois dormant*, et qui obtint un succès très-flatteur. M. Ferdinand Langer passe pour être en Allemagne l'un des partisans les plus décidés et des soutiens les plus convaincus des idées et des doctrines de M. Richard Wagner.

Un artiste du même nom, et peut-être parent de celui-ci, M. *Adolphe Langer*, s'est fait connaître assez récemment par la publication d'une vingtaine de morceaux de genre pour le piano. — Un troisième, *Gustave Langer*, qui appartenait peut-être encore à la même famille, a rempli les fonctions de chef des chœurs à l'Opéra de Berlin ; au mois d'avril ou de mai 1876, il a mis volontairement fin à ses jours en se jetant dans le Neckar, et son corps a été retrouvé peu après dans les environs de Heilbronn.

LANGERT (Auguste), compositeur dramatique, né en 1830, est depuis longtemps déjà maître de chapelle du duc de Saxe-Cobourg. Je crois que son premier ouvrage théâtral est l'opéra intitulé *la Pucelle d'Orléans*, qui fut donné à Cobourg le 25 décembre 1861. Deux ans après, le 6 décembre 1863, à l'occasion de l'anniversaire de la duchesse de Saxe-Cobourg, il faisait représenter sur le même théâtre un opéra romantique, *des Sængers Fluch* (*la Malédiction du barde*), qui obtint un grand succès et fut bientôt reproduit sur plusieurs autres scènes importantes. Le 13 mars 1866, cet artiste faisait jouer à Darmstadt *Dona Maria, infante d'Espagne*, opéra dont il avait écrit la musique en société avec un amateur, M. le comte de Reiset, ancien chargé d'affaires de France, qui prenait en cette circonstance le pseudonyme anagrammatique de Tesier.

Le nom de M. Langert était déjà favorablement connu lorsque le compositeur produisit à Cobourg un grand drame lyrique en 3 actes, *les Fabius* (26 novembre 1866), qui lui ouvrit les portes de l'Opéra de Berlin ; en effet, dix-huit mois après, en février 1868, ce nouvel ouvrage, remanié par son auteur, renforcé, agrandi, faisait son apparition dans la capitale de la Prusse. Quelques critiques reprochèrent alors à M. Langert un éclectisme un peu trop facile, qui le poussait tantôt du côté de Spontini et de Marschner, tantôt sur les routes nouvelles frayées par MM. Liszt et Richard Wagner, tantôt encore dans les bras de M. Gounod ; on disait aussi que la phrase mélodique du compositeur était généralement courte d'haleine, trop peu développée, et que le récitatif prenait une trop large place dans la structure des morceaux. Quoi qu'il en soit, M. Langert fit représenter encore à Leipzig, en 1872, un nouvel opéra, *Dornrœschen* (*Églantine*), qui ne paraît pas avoir obtenu un grand retentissement. Depuis lors, il n'a pas reparu à la scène.

Un artiste du même nom que celui dont il est ici question, M. *A. Langert*, était, en 1873, maître de chapelle à Genève, et, à la mort de Lysberg, le remplaça provisoirement comme professeur de la classe supérieure de piano au Conservatoire de cette ville.

LANGHANS (Guillaume), violoniste, compositeur et écrivain sur la musique, est né à Hambourg le 21 septembre 1832. Élève du Conservatoire de Leipzig, il y reçut, de 1849 à 1852, des leçons du grand virtuose Ferdinand David, après quoi il fit partie de l'orchestre du

Gewandhaus et de celui du théâtre de Leipzig. Il vient ensuite se perfectionner à Paris auprès de M. Alard, puis retourne à Leipzig, où il étudie la composition avec Moritz Hauptmann et E. F. Richter. Devenu en 1858 *concertmeister* à Dusseldorf, il y épouse bientôt une jeune artiste fort distinguée, Mlle Louise Japha, et tous deux viennent se faire entendre avec succès à Paris dans des séances de musique classique. Au bout de quelque temps, M. Langhans va se fixer définitivement à Berlin, où, tout en se livrant à l'enseignement et à la composition, il commence à se faire connaître comme écrivain spécial en prenant part à la rédaction de divers journaux et revues.

Parmi les compositions de M. Langhans, je signalerai les suivantes : Quatuor en *fa* pour deux violons, alto et violoncelle, couronné en 1864 au concours ouvert par la *Società del Quartetto* de Florence, sous les auspices de M. le docteur Basevi, op. 4 ; 2 Sonatines pour piano, op. 18 ; 20 Études pour violon ; 2 Recueils de *lieder;* Air de Lotti, transcrit pour violon, avec accompagnement de piano. Comme écrivain sur la musique, outre sa collaboration à divers journaux, outre la part très-active qu'il a prise à la rédaction du *Musikalisches-Conversations-Lexicon* d'Hermann Mendel, M. Langhans a publié divers écrits, parmi lesquels je citerai les deux suivants : 1° *Das musikalische Urtheil und seine ambildung durch die Erziehung* (*le Jugement musical et son développement par l'instruction*), Berlin, 1872 ; 2° *Die Kœnigl. Hochschule für Musik zü Berlin* (*l'École royale supérieure de musique à Berlin*), Leipzig, 1873. M. Langhans occupe la chaire d'histoire de la musique à la nouvelle Académie de musique de Berlin.

LANGHANS (Louise **JAPHA**, épouse), femme du précédent, pianiste et compositeur de talent, a été en 1853, à Dusseldorf, l'élève de Mme Clara Schumann, sous la direction de laquelle elle est devenue une artiste fort distinguée. Après son mariage, elle vint se faire entendre et connaître à Paris, puis retourna en Allemagne avec son mari. Elle a obtenu comme virtuose des succès brillants et mérités ; en tant que compositeur, elle obtint, dit-on, les suffrages de Schumann, qui prenait un grand intérêt à ses productions. Entre autres œuvres publiées, on connaît d'elle : *Drei Gondolieren* (*Trois Gondoliers*), Hambourg, Schuberth ; *Bluettes*, Paris, Flaxland ; Danse guerrière et Nocturne, Paris, Hartmann ; des *lieder*, mélodies, etc. Depuis 1874, Mme Louise Langhans s'est fixée à Wiesbaden, où elle se livre à l'enseignement et où ses leçons sont très-recherchées.

LANNER (Joseph-François-Charles), célèbre compositeur de musique de danse, est né à Vienne non le 11 juillet 1802, comme il a été dit par erreur, mais le 11 avril 1800.

LANNER (Auguste-Joseph), fils du précédent, violoniste, chef d'orchestre et compositeur de musique de danse, naquit à Vienne le 23 janvier 1831. Ce jeune artiste, qui donnait de sérieuses espérances, mourut prématurément en cette ville, à l'âge de vingt et un ans, le 27 septembre 1855

* **LANNOY** (Mme la comtesse Clémentine-Joséphine-Françoise-Thérèse **DE**), née princesse de **LOOZ-CORSWAREM**, naquit au château de Gray (Brabant), le 29 juin 1764, et mourut à Liége le 4 juin 1820.

LANTIN (J.......-B.......), conseiller au parlement de Bourgogne, né à Dijon en 1620, mort en 1695, était grand amateur de musique et s'occupait beaucoup de composition. « Il laissa en manuscrit, dit M. Charles Poisot dans ses *Musiciens bourguignons*, la musique de plus de trente odes d'Horace, de l'*Atys* de Catulle, etc.; on remarqua son ode d'Huet : *Tibi grates zephyris*. »

LANUSSE (.......), artiste obscur, qui vivait à la fin du dix-huitième siècle et au commencement du dix-neuvième, fit représenter deux opéras-comiques en un acte : au théâtre des Jeunes-Artistes, le 15 avril 1802, *Laurette;* à la Porte St-Martin, le 11 octobre suivant, *Melzor et Zima*.

LA NUX (Paul **VÉRONGE DE**), compositeur français, est né à Paris, d'une famille d'artistes, le 29 juin 1853. Son père, pianiste fort distingué, avait fait ses études au Conservatoire, de même que son oncle, mort fort jeune. Lui-même devint, dans cet établissement, l'élève de M. François Bazin, et après avoir obtenu un premier prix de fugue en 1872, se présenta au concours de Rome et remporta le second grand prix de composition en 1874 ; en 1876, il se voyait décerner le deuxième premier grand prix pour sa cantate intitulée *Judith*, tandis que son camarade, M. Hillemacher, remportait le premier grand prix. M. de la Nux occupait à cette époque l'emploi d'accompagnateur au théâtre de la Renaissance. Sa partition de *Judith*, pour chant et piano, a été publiée.

La sœur de cet artiste, Mlle *Jeanne Véronge de la Nux*, élève de leur père, est une pianiste fort distinguée.

LAPIERRE (François-Antoine), né à Cavaillon (Vaucluse), le 5 avril 1769, mort le 25 décembre 1834 à St-Remy (Bouches-du-Rhône), a été longtemps maître de chapelle à

Aix-en-Provence, et a laissé diverses œuvres inédites, qui sont assez estimées de ceux qui les ont entendues, notamment un *Stabat* avec accompagnement d'alto et basse, et une messe de *Requiem*. Contemporain et admirateur de Cherubini, Lapierre paraît avoir cherché à imiter le style de ce grand maître.

Le petit-fils de cet artiste est directeur actuel du Conservatoire d'Aix. Il a composé des messes, des motets, de la musique de danse, et un opéra-comique, *Rose et Lyr*, qui a été représenté au théâtre d'Aix.

AL. R — D.

LAPOMMERAYE (VICTOR **BERDALLE DE**), né à Paris, le 24 février 1825, fit ses études au collége de Rouen, et ne tarda guère à révéler ses dispositions musicales. Il devint élève d'Amédée Méreaux, et s'étant rendu ensuite au Conservatoire de Paris, il entra dans la classe de Zimmermann. Il avait à peine quitté cette école, lorsqu'en 1848 on lui confia l'organisation générale des musiques de la garde mobile, entreprise que la prompte suppression de ce corps empêcha d'aboutir.

Quelques compositions légères, *les Matelots de la Belle-Eugénie*, *le Paria*, etc., firent connaître avantageusement Berdalle de Lapommeraye; son œuvre la plus répandue est une simple polka pour piano, *le lac d'Enghien* (A. Leduc, éditeur); il en a été tiré 50,000 exemplaires. *Le Domino rose*, du même auteur, a acquis presque autant de popularité. Toutefois, il nous plaira davantage de citer de ce musicien une composition plus sérieuse, *les Psaumes de David*, qu'il mit en musique sur une traduction en vers de M. Giffard, ancien professeur au collége de Rouen. Cet ouvrage, sur lequel je ne puis donner aucun renseignement bibliographique, obtint l'approbation des critiques les plus autorisés, qui se plurent à en louer l'originalité et la force expressive. Ce travail valut à Berdalle de Lapommeraye sa nomination de membre de l'Académie pontificale de Sainte-Cécile, laquelle ne comptait alors en France que deux correspondants, Carafa et Auber. Il fut décoré aussi de l'ordre de Saint-Grégoire-le-Grand.

Victor de Lapommeraye est mort du typhus, au mois de janvier 1866, à Glatina, près de Bucharest (Valachie) (1).

J. C — Z.

LARDIN (P.......-JULES.......), amateur de musique, né vers 1780, mort, je crois, vers 1870, est l'auteur d'une notice sur François-André Danican-Philidor, écrite à l'aide de ses souvenirs et des notes laissées par l'un des fils de ce grand artiste, et insérée dans *le Palamède* (revue des échecs) de janvier 1847. Cette notice, intitulée : *Philidor peint par lui-même*, a été tirée à part (Paris, 1847, in-8° de 16 p.). Lardin avait été l'ami de Grétry, et s'est plusieurs fois occupé de ce grand homme. Sous ce titre : *Inauguration de la statue de Grétry due au ciseau de Brackeleer, à la société de la Grande-Harmonie d'Anvers, le 19 août 1860* (Paris, Claye, 1860, in 8°), il publia sur lui trois pièces de vers, d'ailleurs des plus médiocres. Sous le couvert de l'anonyme, il donna aussi la brochure suivante : *Zémire et Azor, par Grétry, quelques questions à propos de la nouvelle falsification de cet opéra* (Paris, Moessard, 1846, in-8° de 32 pp.). En 1842, il offrit à la Société libre de l'Émulation de Liége un volume in-4° manuscrit, ainsi intitulé : *Hommage à la mémoire de Grétry, écrit et offert par Jules Lardin, propriétaire à Paris*; ce manuscrit contient des stances, des cantates, des notes sur Grétry et ses œuvres, ainsi qu'un projet de festival pour l'inauguration de sa statue.

LARDINOIS (.......). Un artiste de ce nom a fait représenter sur le théâtre de Nancy, en 1864, un opéra-comique intitulé *les Deux Clochettes*.

LARGHI (DESIDERIO), musicien italien du dix-huitième siècle, est l'auteur d'un traité de solfége ainsi intitulé : *Il Modo di solfeggiare all'uso francese, introdotto nuovamente in Siena dal M. R. signore Fausto Frittelli*, Sienne, 1744. On sait que Frittelli fit tous ses efforts pour introduire en Italie, où l'on solfiait encore par nuances, le système de la gamme de sept sons, dont l'usage s'était complétement généralisé en France. L'ouvrage ci-dessus cité venait en aide à Frittelli.

• **LARMANDE** (A.......), est le nom d'un artiste qui, vers 1835, était professeur d'harmonie, et qui, à la mort de Reicha, provoqua

(1) D'une nature un peu capricieuse, un peu fantasque, Lapommeraye ne savait point poursuivre un but précis, manquait de persistance dans les idées, et ne pouvait s'astreindre à la lutte que tout artiste est appelé à soutenir. Son humeur vagabonde le portait tantôt ici, tantôt là, et il éparpillait sans profit et sans utilité des forces que son talent aurait pu rendre efficaces s'il avait su les diriger. En dernier lieu, les hasards d'une existence agitée l'avaient conduit à Bucharest, où il était devenu critique musical du journal *la Verite*. C'est en ce pays que la mort l'a surpris, plein de jeunesse et d'ardeur. Cet artiste, qui avait travaillé avec Carafa et Halévy, était le frère d'une aimable chanteuse, Mlle de Lapommeraye, qui a appartenu pendant plusieurs années au personnel de l'Opéra, et de M. Henri de Lapommeraye, l'un de nos critiques de théâtre les plus distingués — A. P.

l'ouverture d'une souscription dans le but de faire frapper une médaille de bronze en l'honneur de ce compositeur. Il publia, pour les étrennes de 1837, un album de six morceaux de chant, intitulé *les Violettes*, dont les paroles lui avaient été fournies par Mme Niboyet. Je crois que c'est le même artiste qui, plus tard, ajusta les paroles françaises du recueil publié par l'éditeur Flaxland sous le titre : *Échos d'Allemagne*, ainsi que de la collection des 12 Duos de Mendelssohn.

LA ROCHE (Mlle Rose **DE**), claveciniste et compositeur pour son instrument, vivait dans la seconde moitié du dix-huitième siècle. Elle a publié diverses compositions, parmi lesquelles une suite de Sonates pour le clavecin (Paris, Benoul), et un Concerto pour le même instrument, avec accompagnement d'orchestre (id., id.).

* **LARRIVÉE** (Marie-Jeanne), femme du fameux chanteur de ce nom, fut elle-même l'une des artistes les plus aimées du public de l'Opéra, où elle commença sa carrière sous le nom de Mlle Lemierre. Elle fut sur le point de quitter ce théâtre en 1759, par suite d'une prétention dans laquelle elle ne s'obstina pas. On remontait *Amadis de Gaule*, et Mlle Lemierre réclamait comme lui appartenant par son emploi le rôle d'Oriane, rôle très-dramatique, au-dessus de ses moyens physiques, et que l'administration voulait très-sagement confier à Sophie Arnould. Mlle Lemierre prétendit qu'elle le jouerait, et qu'elle le jouerait à l'exclusion de toute autre, ou qu'elle quitterait le théâtre. Le récit de cette petite querelle se trouve tout au long dans le *Mercure de France*, qui, tout en se montrant très-sympathique au talent de Mlle Lemierre, disait à ce sujet : « Une voix enchanteresse, une figure charmante, une action noble et juste, de l'intelligence et du sentiment, donnent à Mlle Lemierre le droit de prétendre à exceller dans tous les rôles gracieux et tendres. Mais ces sons brillants, ces cadences légères, cette douce sérénité d'une physionomie riante ne semblent pas faits pour les rôles passionnés tels que celui d'Oriane. » Elle finit par céder et par laisser ce rôle à Sophie Arnould ; mais elle voulut s'y essayer cependant, quelques mois plus tard, et n'y réussit que médiocrement.

Sœur du violoniste Lemierre, qui se fit un nom honorable et qui obtint de vifs succès au Concert spirituel, cette artiste fort distinguée créa des rôles importants dans *Enée et Lavinie*, *Léandre et Héro*, *Canente*, *Ernelinde*, *l'Union de l'Amour et des Arts*, et *Céphale et Procris*. Elle était l'une des cantatrices les plus estimées du Concert spirituel. Elle prit sa retraite en 1777, avec une pension de deux mille livres.

LARUE (Pierre), facteur d'orgues, exerçait sa profession à Paris dans la seconde moitié du dix-huitième siècle. On trouve son nom, à la date de 1767, dans des règlements de comptes de la corporation des faiseurs d'instruments dans un carton des Archives nationales. Pierre Larue vivait encore en 1785. Dans son livre : *les Instruments à archet*, M. Antoine Vidal cite un luthier du nom de *Pierre Mathieu Larue*, qui était « maître-juré comptable de la corporation des maîtres luthiers de la ville de Paris pour l'année 1767. » J'incline à croire que ces deux artistes n'en faisaient qu'un, et que M. Vidal, n'ayant pas eu d'autres renseignements et trompé par cette dénomination générale de luthiers, aura classé à tort Pierre Larue parmi les faiseurs de violons, tandis qu'il était en réalité facteur d'orgues.

* **LARUETTE** (Jean-Louis). Il faut joindre à la liste des ouvrages dramatiques de cet excellent artiste, *Cendrillon*, opéra-comique en deux actes, donné à l'Opéra-Comique le 21 février 1759. Les auteurs de l'*Histoire de l'opéra bouffon* mentionnent une pièce intitulée *la Fausse aventurière*, représentée au même théâtre le 22 mars 1756, et pour laquelle Laruette avait écrit au moins un morceau important, le quatuor final. Je crois que plusieurs musiciens avaient pris part à cet ouvrage, mais aucun annaliste ne donne leurs noms, et celui de Laruette se trouve seul cité, pour ce morceau, dans l'écrit mentionné ci-dessus.

LARUETTE (Mlle **VILLETTE**, épouse), femme du précédent, fut une des plus célèbres actrices de la Comédie-Italienne, dont elle fit les délices pendant plus de quinze ans, après avoir appartenu au personnel de l'Opéra-Comique, puis à celui de l'Opéra. Née vers 1740, Mlle Villette, douée d'une voix charmante et d'une jolie figure, débuta le 9 septembre 1758 à l'Opéra-Comique, où elle produisit un grand effet, ainsi qu'on peut le voir par ces paroles du *Mercure de France* : « Dans ce spectacle a paru pour la première fois Mlle Villette, dont la voix brillante et flexible a produit la plus vive impression. C'est un talent acquis à l'Académie royale de musique. » En effet, peu de mois après, Mlle Villette paraissait sur la scène de l'Opéra, où elle n'était pas moins bien accueillie, et où elle jouait entre autres, avec beaucoup de succès, le rôle de Colette du *Devin du Village*. Le 5 avril 1759, elle se faisait entendre au Concert spirituel, toujours avec le même bonheur, car le *Mercure* disait encore : « Mlle Villette a débuté au Concert spirituel avec le même succès qu'à l'Opéra. Une voix juste, brillante et légère ne peut manquer de réussir partout. »

Toutefois, cette voix aimable et sympathique manquait un peu de puissance, et n'aurait pu sans danger se condamner au régime meurtrier de l'Opéra. Après un séjour de près de trois ans à ce théâtre, après y avoir créé le rôle de l'Amour dans la *Canente* de Dauvergne, Mlle Villette entra à la Comédie-Italienne, où elle débuta le 7 septembre 1761 par le rôle de Nicette de *l'Ile des Fous* et celui de Zerbine de *la Servante maîtresse*. « On ne peut, disaient les auteurs de l'*Histoire de l'opéra bouffon*, paroître avec plus de succès et jouir plus complétement des suffrages du public. La réussite que cette actrice avoit eue précédemment à l'Opéra dans *le Devin du Village* sembloit avoir marqué sa place sur ce théâtre et à la tête du nouveau genre (celui des pièces à ariettes). Elle a passé de bien loin nos espérances, chaque jour fait découvrir en elle de nouvelles perfections. »

Le fait est que la situation de la débutante devint en peu de temps prépondérante à la Comédie-Italienne. Chanteuse d'un mérite reconnu de tous, elle devint rapidement une comédienne charmante, pleine de grâces, de charmes et de séductions, dont les auteurs s'empressèrent d'utiliser le talent. Devenue en 1763 l'épouse de Laruette, elle créa dans l'espace de seize ans environ plus de quarante rôles, dans cet emploi d'ingénuités et d'amoureuses qui convenait si bien à sa nature, et dans lequel, sous le double rapport du chant et du jeu scénique, elle déployait des qualités exquises. Parmi les ouvrages au succès desquels elle contribua pour sa bonne part, il faut citer surtout *Rose et Colas*, *le Roi et le Fermier*, *Isabelle et Gertrude*, *Tom Jones*, *la Clochette*, *le Bûcheron*, *Toinon et Toinette*, *les Sabots*, *Lucile*, *Sylvain*, *les Deux Avares*, *l'Amoureux de quinze ans*, *les Moissonneurs*, *la Fée Urgèle*, *le Magnifique*, *l'École de la Jeunesse*, *les Deux Chasseurs et la Laitière*, *Alix et Alexis*, *Nanette et Lucas*, *la Servante justifiée*, *Julie*, *l'Ile sonnante*, *le Sorcier*, *le Gui de chêne*, *l'Anneau perdu et retrouvé*, *les Pêcheurs*, etc., etc.

Cependant, la santé de Mme Laruette était délicate, et la fatigue l'obligea de se retirer de bonne heure. Elle était à peine âgée de trente-huit ans lorsqu'elle crut devoir prendre sa retraite, à Pâques 1778. Son mari suivit son exemple l'année suivante, et tous deux, je crois, allèrent s'établir en province. On sait que Laruette mourut à Toulouse en 1792, mais je n'ai pu découvrir l'époque de la mort de Mme Laruette. Toutefois elle vivait encore en 1793, car en cette année elle était encore portée sur la liste des artistes auxquels la Comédie-Italienne servait une pension.

LA SALETTE (........), est l'auteur de l'écrit suivant : *De la fixité et de l'invariabilité des sons musicaux* (Paris, 1824, in-8).

LASALLE (Albert DE), critique et historien musical, est né au Mans le 16 août 1833. Après avoir fait à Paris de bonnes études littéraires, s'être fait recevoir bachelier ès-lettres et ès-sciences physiques et en droit, M. de Lasalle se livra à l'étude de la musique, pour laquelle il avait un goût déterminé, se lança en même temps dans la carrière du journalisme, débuta en 1854 dans l'*Illustration*, et dès l'année 1857, époque de la fondation du *Monde illustré*, se vit chargé de la critique musicale de cette revue, qu'il n'a jamais abandonnée depuis, tout en remplissant parfois le même office à d'autres recueils, entre autres à la *Nouvelle Revue de Paris*. Successivement collaborateur de nombreux journaux, *le Charivari*, *le Journal amusant*, *la Vie parisienne*, *le Moniteur universel*, *le Petit Moniteur*, *le Boulevard*, *la Chronique universelle*, la *Revue de France*, M. de Lasalle trouva le temps néanmoins de mettre au jour diverses publications dont la musique était l'objet. Travailleur consciencieux et écrivain spirituel, il sait allier la fantaisie de l'imagination au respect le plus scrupuleux de la vérité historique, et sous ce rapport il a donné, dans la littérature musicale actuelle, une note particulière, tantôt sérieuse, tantôt humoristique.

Voici la liste des écrits relatifs à la musique publiés par M. Albert de Lasalle : 1° *Histoire des Bouffes-Parisiens* (Paris, librairie nouvelle, 1860, in-32), petit volume qui retrace fidèlement l'historique des premières années de ce théâtre, avec un répertoire soigneusement annoté ; 2° *la Musique à Paris* (Paris, Morizot, 1863, in-12), en société avec M. Er. Thoinan (*Voy.* ce nom), annuaire musical de l'année 1862, l'une des meilleures et des plus solides publications de ce genre qui aient jamais été essayées en France ; 3° *Meyerbeer, sa biographie et le catalogue de ses œuvres* (Paris, Dentu, 1864, in-16 de 31 pp.) ; 4° *Dictionnaire de la Musique appliquée à l'amour* (Paris, Lacroix, 1868, in-12), fantaisie tout aimable, à la suite de laquelle l'auteur donne, en appendice, la liste complète et annotée de tous les dictionnaires de musique publiés en français ; 5° *la Musique pendant le siége de Paris*, impressions du moment et souvenirs anecdotiques sur *la Marseillaise*, *le Rhin allemand*, *les Girondins*, *le Chant du départ*, les chansons de la rue et du théâtre, la musique religieuse, les concerts de l'Opéra, les concerts au profit des canons, les instruments de musique militaire, etc. (Paris, Lachaud, 1872, in-12); 6° *Les Treize Salles de l'Opéra* (Paris, Sartorius, 1875, in-12), volume qui est à la fois une histoire et une chronique de l'Opéra, d'après les salles que ce théâtre a successivement occupées; 7° *Mémorial du Théâtre-Lyrique, catalogue raisonné des cent quatre-vingt-deux opéras qui y ont été représentés depuis sa fondation jusqu'à l'incendie de sa salle du Châtelet, avec des notes biographiques et bibliographiques* (Paris, Lecuir, 1877, in-8°).

M. Albert de Lassalle est l'un des collaborateurs du supplément à la *Biographie universelle des Musiciens.*

LASEKK (C.......), pianiste et compositeur allemand, vivait vraisemblablement dans la première moitié de ce siècle, puisqu'un grand nombre de ses compositions ont été écrites en société avec Frédéric-Auguste Kummer. Lasekk a publié, entre autres œuvres : *l'Agitation*, quatuor pour piano, violon, alto et violoncelle; *la Chasse*, grand duo concertant pour piano et violoncelle; concertino brillant pour piano, avec accompagnement d'orchestre; 3 morceaux détachés pour piano; 3 morceaux de sentiment pour violoncelle avec piano; 3 pensées, pièces fugitives pour piano; plusieurs *lieder* avec accompagnement de piano. Avec Kummer, Lasekk a publié : Sonate dramatique pour piano, violon et violoncelle; 9 romances sentimentales pour piano et violoncelle, en 3 livres; Rhapsodie musicale pour piano et violoncelle; enfin, diverses fantaisies pour les deux mêmes instruments.

LASERNA (Blas), chef d'orchestre et compositeur espagnol du dix-huitième siècle, fut un artiste distingué. On ignore la date de sa naissance et celle de sa mort; mais on sait qu'à la fin du siècle il occupait les fonctions de chef d'orchestre au théâtre de la Cruz, à Madrid, et y donnait des preuves d'un véritable talent. Il fit représenter à ce théâtre, tandis qu'il y tenait cet emploi, un opéra espagnol, *la Gitanilla por amor*, qui fut accueilli avec beaucoup de faveur.

LASSABATHIE (Théodore), administrateur et historien du Conservatoire de Paris, naquit à Bordeaux le 13 août 1800. Il entra de bonne heure dans l'administration, et devint chef du bureau des théâtres au ministère de l'intérieur sous le gouvernement de juillet. Sa collection de livres et de documents sur l'art dramatique était l'une des plus riches et des plus précieuses qui existassent à Paris. Le 1er août 1854 il était nommé administrateur du Conservatoire, et après avoir mis en ordre les archives de cet établissement, qui auparavant étaient dans un assez fâcheux état, il utilisa les matériaux classés et coordonnés par lui, et en tira les éléments d'une *Histoire du Conservatoire impérial de musique et de déclamation* (Paris, Lévy, 1860, in-12). Cet ouvrage, d'une lecture naturellement un peu sèche, mais d'une utilité incontestable, aurait pu être fait avec plus de soin, et l'ordonnance pourrait en être meilleure; néanmoins, il est venu combler une véritable lacune dans notre littérature musicale.

Lassabathie est mort à Paris, à la maison municipale de santé, le 5 décembre 1871.

* **LASSEN** (Édouard), pianiste et compositeur (1). Les œuvres de cet artiste se sont accrues d'une façon considérable depuis la publication de la notice qui lui a été consacrée dans la *Biographie universelle des Musiciens.* On peut citer particulièrement: 1° *Le Captif*, opéra; 2° *Œdipe roi*, musique sur la tragédie de Sophocle, exécutée à Iéna au mois de mars 1868; 3° musique symphonique et chorale pour les deux parties du *Faust*, de Gœthe, exécutée avec un grand succès à Weimar, au mois de mai 1876; 4° *Te Deum*; 5° musique pour *les Niebelungen*, trilogie de Hebbel, exécutée avec succès en Allemagne; 6° Symphonie en *ré*; 7° 56 *lieder*, formant onze recueils; 8° *Phantasiestüke* pour violoncelle et basson, avec accompagnement de piano, op. 48; 9° enfin, plusieurs autres symphonies, des cantates, des ouvertures, et des transcriptions pour le piano.

LASSERNE (L........), violoniste qui vivait dans le milieu du dix-huitième siècle, a publié un livre de sonates à violon seul avec basse continue, œuvre 1er (Paris, Boivin, in-f°).

LATASTE (Louis), compositeur, a publié quelques mélodies vocales, et a fait représenter au théâtre Napoléon, de Bordeaux, le 28 mars 1868, une opérette en un acte intitulée : *Quand les chats n'y sont pas.*

* **LATILLA** (Gaetano). A la liste des œuvres de ce grand artiste, il faut joindre les suivantes, qui sont conservées dans les Archives du Conservatoire de Naples : 1° *Antigone*, opéra sérieux en 3 actes, représenté au théâtre San-Carlo, de Naples, en 1775; 2° une série de sept morceaux pour voix de soprano, avec acc. de quatuor d'instruments à cordes; 3° solfège pour soprano, avec acc. de piano. Les quatre opéras dont les titres suivent n'ont pas été compris non plus

(1) Danois d'origine et né à Copenhague, M. Lassen fut amené fort jeune à Bruxelles par ses parents, qui se firent naturaliser belges. Il est fixé depuis longtemps en Allemagne.

dans la nomenclature de ses productions dramatiques : 4° *Li Marite a forza*, Naples, th. des Fiorentini, 1732 ; 5° *lo Sposo senza moglie*, id. th. Nuovo, 1736 ; 6° *il Gismondo*, id., th. des Fiorentini, 1737 ; 7° *il Barone di Vignaluaga*, id., th. Nuovo, 1747.

LATROBE (FERDINAND), est auteur d'un écrit dont le titre seul indique l'inutilité : *La Musique des couleurs, théorie de l'application des couleurs du spectre solaire à la représentation des intervalles musicaux*, Paris, impr. Simon Raçon, 1867, in-8.

* **LAUB** (FERDINAND), violoniste fort remarquable, est mort à Gries, près Bozen, le 17 mars 1875. Cet artiste, qui s'était fait entendre dans les principales villes d'Europe, et notamment à Paris, avec un très-grand succès, avait été nommé professeur au Conservatoire de Moscou. Il s'était démis de ses fonctions en 1873 pour se retirer à Gries, afin d'y soigner sa santé fortement ébranlée. C'est là qu'il est mort, âgé seulement de quarante-trois ans.

LAUDAMO (ANTONIO), compositeur dramatique, né à Messine au mois d'octobre 1814, fit ses études musicales en cette ville, où il eut successivement pour maître Jean Walter, Platone et Giuseppe Mosca. Il fit ses débuts de compositeur en faisant exécuter en 1829, à l'un des théâtres de Messine, une grande ouverture, qui fut bientôt suivie d'un opéra intitulé *gli Amori di due Selvaggi* et d'une cantate pour l'avénement au trône du roi Ferdinand II. M. Laudamo, qui paraît doué d'une grande facilité de production, donna ensuite : *Adda, regina di Caria* (1832) ; une *Cantate funèbre* pour la mort de Bellini (9 novembre 1835); *Ettore Fieramosca* (1839) ; *un Fiasco alla moda* (1842), opéra bouffe qui eut vingt-trois représentation consécutives ; *Clarice Visconti* (1845) ; *Ernani in contumacia* (1849); *Caterina Howard* (1857). Outre ces ouvrages importants, M. Laudamo a encore écrit et fait exécuter 5 cantates, 4 dialogues dramatiques, un hymne national, une grande ouverture héroïque, un ballet-pantomime, une marche funèbre, diverses compositions vocales, et un grand nombre d'œuvres de musique sacrée pour le service de la chapelle municipale, dont il est directeur depuis 1855. Cet artiste est professeur de chant choral à l'Ecole normale de Messine.

LAUGEL (AUGUSTE), philosophe, savant et écrivain français, est l'auteur d'un livre ainsi intitulé : *La Voix, l'oreille et la musique* (Paris, Germer-Baillière, 1867, in-12), dans lequel il s'est attaché à résumer d'une façon précise, exacte et intéressante, les doctrines nouvelles et les découvertes fécondes du grand physicien Helmholtz (*Voy.* ce nom), que M. Georges Guéroult devait faire connaître complétement l'année suivante en donnant une traduction du fameux ouvrage de ce savant. Toute la première partie du livre de M. Laugel, dans laquelle il expose les faits mis en vue par M. Helmholtz et analyse son système, est excellente de tout point, et remarquable par sa clarté ; il n'en est pas de même de la seconde, où l'auteur, voulant aborder à son point de vue personnel des questions purement musicales, trahit son inexpérience en ces matières, se livre à des écarts dangereux et commet de fâcheuses erreurs ; les chapitres qui traitent des gammes, de la mélodie, de l'harmonie, des caractères de la musique, montrent trop, en effet, que M. Laugel s'avance sur un terrain qui lui est inconnu, et l'écrivain parcourt cette voie qui lui est étrangère sans paraître même se douter des dangers qu'il court et des périls auxquels il s'expose.

M. Laugel, véritablement, n'est pas heureux lorsque, quittant le domaine de la physique, qui lui est familier, il veut empiéter sur celui de la musique, où il se perd de la façon la plus complète ; il lui arrive même, en voulant entremêler les deux choses, de méconnaître le sens des mots et de parler une langue absolument inintelligible. Je demande, par exemple, quel est l'homme, musicien ou non, qui comprendra un traître mot à l'étrange théorie que voici : « Quand deux notes, très-voisines, sans être à l'unisson (1), vibrent ensemble, on entend comme un petit murmure ou roulement régulier, provenant des alternatives périodiques de force et de faiblesse du son. Ces alternatives, nommées *battements*, fournissent les moyens de mesurer, en quelque sorte, la pureté d'un intervalle ; le secret du déplaisir, du *laid* musical gît dans les battements ; l'art du musicien doit donc consister à les éviter; il doit surtout redouter les combinaisons qui font naître de trente à quarante battements par seconde. » Je défie bien qui que ce soit de m'expliquer ce que l'auteur a voulu dire ici, et de tirer de ces lignes l'apparence même d'un axiome musical. M. Laugel ignore sans doute que, étant donnée la constitution du système musical moderne, il n'y a pas d'intervalle qui ne puisse être employé, ou, pour parler comme lui, il n'y a pas de voisinage de

(1) Il ne peut pas y avoir d'à peu près dans des questions de ce genre, et il faudrait au moins indiquer d'une façon precise le degré de voisinage, ou, si l'on veut, de rapprochement de ces deux notes. Formeront-elles entre elles deux un intervalle de seconde mineure, ou de seconde majeure, ou de seconde augmentee ? Les musiciens conviendront avec moi que la question vaut la peine d'être posee.

notes si étroit qui ne puisse se produire d'une façon agréable à l'oreille; tout dépend des moyens employés pour l'amener, pour le produire et pour le faire disparaître, en d'autres termes (car il est évident que, dans l'esprit de M. Laugel, il s'agit de dissonance), tout dépend de la façon de préparer, d'accompagner et de résoudre la dissonance. M. Laugel n'est pas plus heureux lorsque, dans sa préface, il imprime sérieusement les choses que voici : « L'harmonie, c'est-à-dire le mariage des consonances et des accords (?), la polyphonie des instruments et des voix, n'est point le caractère des musiques primitives ; il n'y a point d'harmonie véritable dans les concerts où un thème mélodique est simplement renforcé ou soutenu par des unissons, des basses pédales (!), des sourdines (!!), dont le murmure monotone échappe à la mesure et au rhythme (!!!) »

Il est impossible de discuter avec un écrivain qui fait entrer le rhythme dans l'harmonie, et qui présente les sourdines comme un élément sonore ! Mais ceci prouve, une fois de plus, combien il est dangereux de vouloir parler musique quand on n'est pas musicien, et démontre à quel point les hommes les plus instruits et les plus intelligents peuvent ignorer jusqu'aux plus simples éléments d'un art dont ils ont, pourtant, la prétention d'expliquer les phénomènes.

LAURENT DE RILLÉ (François-Anatole), compositeur, né à Orléans en 1828, commença d'abord par étudier la peinture, se tourna ensuite du côté de l'art musical, et fit son éducation d'abord avec un maître italien nommé Comoghio, puis avec Elwart. Il s'occupa de bonne heure de toutes les questions relatives au chant populaire, devint inspecteur de l'enseignement du chant dans les lycées et les écoles normales, et écrivit un grand nombre de chœurs orphéoniques qui se faisaient remarquer par de réelles qualités de rhythme et de facture et dont la plupart obtinrent une véritable vogue ; le nombre de ses compositions en ce genre s'élève à beaucoup plus d'une centaine, et il faut citer surtout, parmi ses chœurs les plus réussis : *Noël, les Martyrs aux Arènes, la Noce de village, les Buveurs, le Chant des Travailleurs, la Saint-Hubert, la Révolte à Memphis, le Soir, la Retraite, les Fils d'Egypte, l'Orphéon en voyage, le Départ du Régiment, Hymne à sainte Cécile, les Ruines de Gaza, les Batteurs de blé, les Enfants du Pêcheur, le Carillon de Dunkerque, l'Océan, le Pardon d'Auray, les Enfants de Gayant, Patrie, Marche hongroise, les Gondoliers, Malbrough, les Archers de Louis XI, Prière à la Vierge*, etc.

M. Laurent de Rillé a travaillé aussi pour le théâtre, et a fait représenter sur les petites scènes de Paris un certain nombre d'opérettes dont voici la liste : 1° *Trilby*, un acte, Folies-Nouvelles, 1857 ; 2° *Aimé pour lui-même*, id., id., 1857 ; — 3° *Bel-Boul*, id., id., 1857 ; — 4° *le Jugement de Pâris*, id., id., 1857 ; — 5° *Achille à Scyros*, id., id., 1858 ; — 6° *le Moulin de Catherine*, id., id., 1858 ; — 7° *la Demoiselle de la HochetrombIon*, id., id., 1858 ou 1859 ; — 8° *le Sultan Mysapouf* id., id., 1859 ; — 9° *Frasquita*, id., Bouffes-Parisiens, 1859 ; — 10° *Au fond du verre*, un acte, théâtre de Bade ; — 11° *le Petit-Poucet*, 3 actes et 4 tableaux, Athénée, 8 octobre 1868 ; — 12° *Pattes blanches*, 1 acte, Bouffes-Parisiens, 1873 ; — 13° *la Liqueur d'or*, 3 actes, th. des Menus-Plaisirs, 11 décembre 1873 ; — 14° *Babiole*, 3 actes, Bouffes-Parisiens, 16 janvier 1878. Il faut ajouter à cela *la Part à Dieu*, opérette en un acte non représentée, mais publiée dans le journal *le Magasin des Demoiselles*, et une cantate officielle, **1867**, exécutée à l'Opéra-Comique le 15 août 1867.

Cet artiste, de qui l'on connaît diverses mélodies vocales, *l'Ange gardien, les Cloches du soir, la Barcarolle, l'Hirondelle, Isaure, Venise, l'Esclave blanche*, s'est encore exercé dans la musique religieuse, et a publié : 1° Messe brève facile à deux voix égales, avec accompagnement d'orgue *ad libitum* ; 2° Messe à 2 ou 4 voix, avec accompagnement d'orgue ; 3° Messe à l'unisson, avec accompagnement d'orgue ou de fanfare ; 4° Messe à 3 voix, avec accompagnement d'orgue obligé ; 5° Messe des Orphéons français à 4 voix, avec accompagnement d'orgue *ad libitum* ; 6° *Salut, vierge Marie*, cantique pour 3 voix de femmes, avec accompagnement d'orgue. On lui doit aussi un recueil de *Morceaux de chant, à une, deux ou trois voix, composés ou choisis pour les cours de chant des lycées impériaux, des écoles normales et des écoles primaires* (Paris, 1870, petit in-8), une sorte de petit roman musical, intitulé *Olivier l'orphéoniste* (Paris, Hachette, in-12), un recueil d'*Exercices de chant choral pour les Orphéons et les sociétés chorales*, en 4 parties (Paris, Chabal), et un manuel intitulé : *Du chant choral* (Paris, Perrotin, in-18). M. Laurent de Rillé est chevalier de la Légion d'honneur.

LAUTERBACH (Jean-Christophe), violoniste, né le 24 juillet 1832 à Culmbach, en Bavière, a fait une partie de ses études musicales au Conservatoire de Bruxelles, où il devint l'élève de

Charles de Bériot et de M. Léonard. Dès 1853, il se faisait remarquer, en cette ville, par les rares qualités qu'il apportait dans l'exécution de la musique de chambre. L'année suivante il retournait dans sa patrie, et devenait, à Munich, violon-solo de la musique royale et professeur au Conservatoire. A la mort de Lipinski, en 1861, il était appelé à Dresde pour y tenir le double emploi de violon-solo et de chef d'orchestre. Il fonda en cette ville, à cette époque, une société de quatuors composée de MM. Hüllweck, Goung, Grützmacher et de lui-même, société dont l'ensemble était des plus remarquables. M. Lauterbach est encore aujourd'hui fixé à Dresde, et remplit les fonctions de professeur au Conservatoire de cette ville. Cette situation ne l'a pas empêché d'entreprendre plusieurs grands voyages artistiques, et de se faire entendre successivement en France, en Belgique, en Hollande, en Allemagne, en Autriche et en Angleterre. Cet artiste distingué a écrit pour le violon divers morceaux qui ont paru à Hambourg, à Wurzbourg et à Leipzig.

* **LAVAINE** (Ferdinand). Aux ouvrages dramatiques que ce compositeur avait fait représenter sur le théâtre de Lille, il faut ajouter *Nérida*, opéra-comique en 3 actes, joué en 1860, et une cantate exécutée le 26 août 1867, lors des fêtes patriotiques qui eurent lieu pour célébrer l'anniversaire de la réunion de Lille à la France.

Au nombre des compositions les plus importantes qui ont été publiées par M. Lavaine, il faut citer les suivantes : *la Fuite en Egypte*, oratorio en deux parties, op. 20, Lille, Bohem ; *Te deum* à 4 voix et orchestre, op. 52, Paris, Richault ; Ouverture de *la Mort du Tasse*, Paris, Catelin ; Quintette (en *mi* bémol) pour piano violon, alto, violoncelle et contrebasse, op. 60, Paris, Launer ; 3 Trios pour piano, violon et violoncelle (en *mi* majeur, *fa* mineur et *sol* majeur), op. 57, 58 et 59, Paris, Launer ; Fantaisie dramatique pour piano, op. 14, Lille, Bohem.

Un fils de cet artiste, *Ferdinand Lavaine*, musicien aussi et qui promettait de devenir un compositeur distingué, est mort le 19 janvier 1874, à peine âgé de trente ans.

LAVALLEYE (Édouard), écrivain belge, né à Liège le 17 avril 1811, mort en cette ville au mois de septembre 1869, est l'auteur de deux opuscules relatifs à la musique : 1° *Documents inédits sur la création d'une École de musique à Liège en* 1798, Liège, Carmanne, 1859, in-8° ; 2° *Essais de biographies liégeoises. Les Hamal*, Liège, Renard, 1860, in-8°. Lavalleye était professeur à l'Université de sa ville natale.

LA VALLIÈRE (........), professeur et compositeur, connu sous le nom de *La Vallière l'aîné*, vivait à Paris dans la seconde moitié du dix-huitième siècle. Il a publié un certain nombre de compositions, parmi lesquelles je ne puis citer que celle qui porte le onzième numéro d'œuvre ; en voici le titre complet : « *Six sonates en duo pour le tambourin*, accompagnées d'un violon seul, dédiées à M. le comte de la Blache, maréchal de camp des armées du roi, par M. La Vallière l'aîné, maître de musique et de tambourin, onzième œuvre. Elles peuvent s'exécuter sur le violon, flûte, hautbois, clarinette, par-dessus de viole, mandoline, guitare, et sur la vielle et musette, en les transposant en *sol-ut*. La quatrième et la cinquième peuvent se jouer à deux flûtes de tambourin. »

LAVAZZA. Deux luthiers de ce nom, *Antonio-Maria Lavazza*, et *Santino Lavazza*, vivaient à Milan dans les premières années du dix-huitième siècle. Dans son livre : *les Instruments à archet*, M. Antoine Vidal reproduit une étiquette de chacun de ces deux artistes ; celle d'Antonio Maria est datée de 1708, et celle de Santino de 1718.

LAVELLO (Rodolphe), pianiste et compositeur, a fait représenter au Grand-Théâtre de Marseille, le 13 avril 1859, un opéra-comique en un acte intitulé : *Il n'est point de laides amours*. Cet artiste a résidé successivement à Nîmes et à Marseille, où il s'est voué quelque temps à l'enseignement, et a publié divers morceaux de genre pour le piano. Al. R— d.

* **LAVIGNA** (Vincent). Cet artiste remplissait, dès l'année 1809, l'emploi de *maestro al cembalo* au théâtre de la Scala, de Milan ; il occupait encore ces fonctions en 1829. Outre ses opéras, il a écrit pour ce théâtre la musique de deux ballets : *Gengis-Kan*, 1802, et *Emilio e Carolina*, 1804. On lui doit aussi une *farsa* en un acte, *le Metamorfosi*, qui fut donnée sur le théâtre de la Fenice, de Venise, au printemps de 1807.

LAVIGNE (Jacques-Émile), chanteur français, né à Pau en 1782, commença sa carrière en province, puis vint débuter à l'Opéra, le 2 mai 1809, par le rôle d'Achille dans *Iphigénie en Aulide*, et joua successivement Polynice dans *Œdipe à Colone*, Admète dans *Alceste*, et Orphée. Il fut très-bien accueilli dès les premiers jours, et obtint personnellement un très-grand succès dans un médiocre opéra de Persuis, *la Jérusalem délivrée*. « Il serait impardonnable, disait à ce sujet un écrivain (*Opinion du Parterre*, 1813), d'oublier les nouveaux titres que le jeune Lavigne vient d'acquérir à la faveur publique. Le rôle de Tancrède, dans *la Jérusalem délivrée*, lui a fait le plus grand honneur; sa place, jusqu'alors incertaine, est actuellement assurée parmi les sujets les plus distingués de ce théâtre, et pour sa réputation, il peut dater de la première représentation de ce poème. »

Lavigne était doué d'un très-beau physique, et sa voix, sonore et vigoureuse, était remarquable par son beau timbre et sa solidité. Il donnait sans faiblir non-seulement l'*ut*, mais le *ré* de poitrine à pleins poumons. On lui aurait seulement désiré une éducation musicale plus complète, et parfois un peu plus de goût dans sa manière de chanter. Les rôles principaux qu'il a créés à l'Opéra sont ceux de Gonzalve de Cordoue dans *les Abencérages*, d'Alcibiade dans *Alcibiade solitaire*, et de Mars dans *les Dieux rivaux*. Lavigne ne tint jamais le grand emploi, qui était alors occupé par Nourrit; mais il brilla dans un rang secondaire, qui d'ailleurs ne l'empêchait pas de jouer des rôles fort importants. Il obtenait surtout d'immenses succès en province, lorsqu'il y allait donner des représentations, et il y faisait littéralement fureur. Cet artiste prit sa retraite en 1825, et alla se retirer à Pau, sa ville natale. Je crois qu'il y est mort en 1855.

La puissance remarquable et l'étonnante sonorité de sa voix avaient fait surnommer Lavigne *l'Hercule du chant*. Il n'était pas médiocrement fier de ce titre, comme on va le voir par la lettre suivante, chef-d'œuvre de sottise et de vanité, qu'il adressait d'Amsterdam à son camarade Dabadie, de l'Opéra, le 21 juin 1821, et qui fut publiée par *le Miroir* du 30 : — « Mon fils m'écrit, et sa lettre est remplie de rapsodies concernant l'Opéra ; il me dit tenir de vous *que l'administration est pénétrée que je n'ai plus de voix, et qu'à peine je pourrais finir un premier acte d'opéra sans courir la chance d'être sifflé*. Quelle honte pour les hommes ! Qui croirait à un pareil assemblage de perfidies, de rapsodies et de platitudes, prétextes pour m'éloigner encore de cet établissement. Est-ce que mes succès, naguère obtenus en France, à Bruxelles, dans la Belgique et en Hollande, sont déjà oubliés, même de mes ennemis ? Qu'ils sachent, ces gens méchants, que je méprise souverainement leur basse conduite et leur insolente fierté, qu'ils n'exercent contre moi que parce que je suis éloigné d'eux. Justice me sera rendue, ou je me la rendrai moi-même. Cette époque n'est pas éloignée, où je paraîtrai à leurs yeux pour les forcer à s'abaisser devant moi ; je les forcerai à paraître dans la lice pour être jugés, comme les gladiateurs qui se présentaient dans l'arène. Nous verrons alors à qui le peuple décernera la couronne. Car enfin il en faut finir avec tous ces pygmées. La plus grande preuve d'intérêt et d'amitié que vous puissiez me donner est celle de lire ma lettre au foyer de l'Opéra; que les prétendants s'inscrivent pour lutter avec moi, qu'ils indiquent l'époque et l'ouvrage dans lequel ils veulent concourir. Je suis prêt à me lancer dans l'arène. A lettre vue, je me rendrai à Paris, vous pouvez même faire connaître mes intentions à l'administration de l'Académie de musique; je vous autorise même à leur montrer ma lettre. Je dis plus ; si vous êtes bon ami, bon compatriote et toujours honnête homme, vous devez, pour l'honneur de cette portion de la patrie à qui vous devez le jour et où je reçus ma naissance, vous devez, dis-je, demander réparation de l'affront qu'on a voulu faire à un homme de votre pays, qui a autant d'honneur que de talent. Montrez ma lettre à tout Paris, que l'Opéra même la fasse consigner dans les journaux, mais que les prétendants passés, présens et futurs se présentent; celui qui refusera la partie devra être taxé de *drôle*, de *fanfaron*, enfin de tous les termes qui constituent l'homme lâche et ignorant. J'attends votre réponse.......... *Sans voix !*..... Les lâches, d'oser ainsi parler de *l'Hercule du chant!* Si je suis votre ami, vous m'en donnerez une preuve, en donnant de la publicité à ma lettre ; j'en garde une copie, elle pourra me servir au besoin. — Votre ami et compatriote, LAVIGNE. »

Une autre lettre, plus utile à sa renommée que la précédente, est celle-ci, que Spontini adressait à Lavigne au lendemain d'une reprise de *Fernand Cortez*, le 19 juillet 1817 : — « En partant pour la campagne, je ne veux pas, mon cher Lavigne, ne pas vous réitérer par écrit combien je suis sensible à tout le zèle que vous avez mis à remplir le rôle de *Fernand Cortez*, dans un moment bien funeste et douloureux pour vous. Ma satisfaction est égale à celle du public, qui comme moi vous l'a témoignée au-delà de vos espérances, et pour le sacrifice que vous nous avez fait et pour le talent très-distingué que vous avez déployé dans cet ouvrage. Certes que vous ne pouviez pas mieux répondre à mes instances, dans une aussi pénible circontance, à celles de l'administration et à nos désirs. C'est ainsi qu'en remplissant honorablement vos devoirs, vous assurez une stabilité bien méritée à votre réputation théâtrale. C'est en continuant ainsi que vous pourrez maintenir en votre faveur la bienveillance de l'autorité et la protection éclairée de S. Exc. le ministre de la maison du Roi, qui n'a ignoré aucune des circontances de votre conduite, à l'égard de la mise en scène de *Cortez*, et qui a daigné m'en témoigner pour vous sa satisfaction particulière. Recevez, je vous prie, mon cher Lavigne, ce témoignage sincère de mon estime et de mon attachement. — SPONTINI. »

D'abord employé en qualité de sous-chef à la direction des droits-réunis de Bordeaux, Lavigne s'était fait en cette ville une réputation de chanteur amateur. On peut croire, d'après les éloges de Spontini, qu'il était devenu à Paris un véritable artiste.

LA VILLEMARQUÉ (THÉODORE-CLAUDE-HENRI **HERSART DE**), littérateur et érudit français, membre de l'Institut, est né en Bretagne le 6 juillet 1815. M. de La Villemarqué s'est fait connaître par la publication de plusieurs ouvrages sur la langue et la littérature bretonnes; parmi eux nous citerons celui intitulé : *Chants populaires de la Bretagne* (*Barzaz-Breiz*), recueillis et publiés avec une traduction française, des arguments, des notes, et les mélodies originales. La première édition de cet ouvrage intéressant a paru en 1839 (2 vol. in-8); la quatrième a été publiée en 1846 (2 vol. in-12). Cette dernière était augmentée de trente-trois nouvelles ballades historiques.

LAVOIX (HENRI), écrivain sur la musique, est né en 1846. Fils d'un employé au cabinet des médailles de la Bibliothèque nationale, lui-même entra, après avoir fait de bonnes études, comme employé au département des imprimés du même établissement, en 1866. Doué d'un goût naturel pour la musique, il étudia le contrepoint et l'harmonie avec M. Henri Cohen (*Voyez* ce nom), et se livra bientôt à des recherches historiques intéressantes sur cet art. Il devint, pour ces questions spéciales, collaborateur de divers journaux, *le Monde artiste, la Revue nationale et étrangère, la Gazette musicale, la Revue de France, la Chronique musicale*, etc., et publia quelques travaux qui se font remarquer par leur caractère ingénieux et par la solidité des informations : 1° *les Traducteurs de Shakespeare en musique* (Paris, Liepmannssohn, 1869, in-8 de 32 pp.); 2° *la Musique dans la nature* (Paris, Pottier de Lalaine, 1873, in-8° de 78 pp.); 3° *la Musique dans l'ymagerie du moyen-âge* (id., id., 1875, in-8 de 48 pp.). En 1875, l'Académie des Beaux-Arts, qui avait mis au concours un Mémoire sur l'histoire de l'instrumentation depuis le seizième siècle jusqu'à nos jours, a accordé deux mentions aux deux travaux présentés sur ce sujet par MM. Henri Lavoix et Weckerlin.

LAVOYE (ANNE-BENOITE-LOUISE), chanteuse et comédienne distinguée, née à Dunkerque (Nord), le 28 juin 1823, fut admise dès l'âge de treize ans, le 8 octobre 1836, au Conservatoire de Paris, où elle devint l'élève de Mme Damoreau. Elle y fit de très-bonnes études, obtint un second prix de chant en 1839, le premier l'année suivante, et remporta le premier prix d'opéra-comique en 1842. Engagée, à la suite de ces succès d'école, au théâtre de l'Opéra-Comique, elle y débuta en 1843 dans *l'Ambassadrice*, et fut accueillie avec faveur et sympathie par le public. Bientôt elle se vit chargée de créations importantes, dans *Sultana, le Caquet du Couvent, le Bouquet de l'Infante, il Signor Pascariello, Ne touchez pas à la Reine;* mais les rôles qui lui firent le plus d'honneur furent ceux d'Haydée dans l'opéra de ce nom, de Zerbina dans *la Sirène*, de Thérèse dans *le Ménétrier*, de Georgette dans *le Val d'Andorre*, et surtout l'adorable rôle d'Athénaïs de Solanges dans *les Mousquetaires de la Reine*. Sa voix fraîche et pure, sa vocalisation nette et hardie, son intelligence de la scène, son élégance et sa grâce valurent à Mlle Lavoye, pendant plusieurs années, des succès incontestables et répétés. En dehors de ses créations, elle se montra aussi avec avantage dans plusieurs rôles du répertoire courant, et joua ainsi *le Domino noir, la Part du diable, les Diamants de la Couronne*, et divers autres ouvrages. Pourtant, malgré l'excellent accueil qu'elle recevait chaque jour du public de l'Opéra-Comique, Mlle Lavoye, j'ignore pour quelles raisons, ne resta pas à ce théâtre. Vers 1850, elle quitta Paris, et s'en alla, dans diverses grandes villes de la province ou de l'étranger, tenir l'emploi des premières chanteuses légères d'opéra et d'opéra-comique, se produisant successivement à Genève, Bruxelles, Marseille, Lyon, Bordeaux et Rouen. Depuis assez longtemps déjà, je crois qu'elle est tout à fait retirée du théâtre.

Une sœur de cette artiste, Mlle *Marie-Hippolyte-Antoinette Lavoye*, née à Dunkerque le 21 septembre 1828, a fait aussi son éducation au Conservatoire de Paris, où elle a obtenu, en 1845, un second prix d'opéra-comique. Elle a suivi obscurément la carrière du théâtre. Enfin, un frère de ces deux cantatrices, musicien aussi, a suivi au Conservatoire la classe de trombone.

LAWROWSKY (ELISABETH), chanteuse russe distinguée, née vers 1848, a fait son éducation musicale au Conservatoire de Saint-Pétersbourg, où elle a été élève de la célèbre cantatrice Mme Nissen-Saloman. Douée d'une voix de mezzo-soprano très-étendue, très-bien timbrée, à qui elle avait su donner les qualités d'un style très-pur, elle parut au théâtre Marie, de Saint-Pétersbourg (Opéra national russe), aussitôt ses études terminées, et débuta, au mois de février 1868, dans *la Vie pour le tsar*, avec un succès d'autant plus considérable qu'elle était la première élève du Conservatoire qui se présentait sur cette scène nationale. Elle fut aussitôt engagée pour deux années, et se montra avec le même bonheur dans *Orphée* et plusieurs autres ouvrages du répertoire. Elle commençait à acquérir une situation artistique et une véritable autorité sur le public, lorsque l'ambition lui tourna la tête et lui fit abandonner cette position. Persuadée qu'elle était destinée à faire événement en Europe et qu'elle n'aurait qu'à choisir entre les scènes italiennes les plus renommées, elle refusa, en 1872, de renouveler son engagement avec le théâtre Marie, et donna dans la salle de la noblesse, en manière d'adieu au public de Saint-Pétersbourg, un concert qui lui valut une sorte de triomphe. Elle vint alors à Paris, se plaça sous la direction de Mme Viardot pour étudier le chant français et le chant italien, se fit entendre une ou deux fois en public, puis, en 1873, se rendit à Leipzig, où elle se produisit, dans plusieurs concerts du Gewandhaus, avec un réel succès. Cependant, ses espérances de rapide célébrité s'évanouirent peu à peu, et elle ne put réussir à se montrer, comme elle l'avait supposé, sur l'un des grands théâtres italiens de l'Europe occidentale. Elle est alors, si je ne me trompe, retournée dans sa patrie, où elle n'a pas reparu à la scène.

Mlle Lawrowsky a épousé à Odessa, le 31 juillet 1871, le prince Zeretelew, ce qui, dit-on, ne la rend ni millionnaire ni très-grande dame, car le titre de prince admet en Russie bien des inégalités. On a raconté sur elle une histoire émouvante. En 1869, sa mère étant tombée dangereusement malade et les ressources de la famille ayant été assez rapidement épuisées, quelques amis eurent l'idée d'organiser à son bénéfice un grand concert auquel, naturellement, elle prendrait part. On fixa le jour au 26 mars, on convoqua l'orchestre, on loua la vaste salle de l'Opéra et l'on fit imprimer les programmes. Le soir venu, Mlle Lawrowsky se rendit au théâtre le cœur gonflé, car l'état de sa mère avait empiré dans la journée. La salle était comble, et la recette s'élevait à 4,000 roubles environ. La jeune artiste chanta avec plus d'expression que jamais et transporta tout l'auditoire, qui, après chaque morceau, la fêtait, la rappelait et l'acclamait. Le concert fini, elle se rendit en toute hâte chez elle, pour retrouver sa mère. Quand elle lui eut fait connaître le succès qu'elle venait d'obtenir et comment elles se trouvaient désormais l'une et l'autre à l'abri du besoin, la mère serra la main de sa fille, et ferma les yeux pour ne plus les rouvrir.

LAZARE (Martin), pianiste et compositeur néerlandais, né à Bruxelles le 27 octobre 1829, commença l'étude du solfège au Conservatoire de cette ville, puis, ses parents étant allés s'établir à La Haye, y travailla le piano sous la direction de M. Van der Does, et vint ensuite continuer ses études à Paris. Admis au Conservatoire de cette ville dans la classe de piano de Zimmermann, il obtint un accessit au concours de 1846 et un second prix en 1848; il se vit décerner aussi un premier accessit d'harmonie et accompagnement en 1847, et espérait pouvoir prendre part au concours de l'Institut, pour le grand prix de Rome, lorsqu'il apprit que sa nationalité étrangère ne lui en laissait pas la possibilité. Après plusieurs années passées à Paris, M. Lazare alla se fixer pendant quelque temps à Londres, puis retourna en Hollande. Un concours ayant été ouvert par le roi des Pays-Bas pour la composition d'un opéra-comique français sur un livret de M. de Saint-Georges, *le Roi de Bohême*, M. Lazare participa à ce concours et vit son œuvre couronnée. *Le Roi de Bohême* fut représenté sur le théâtre royal de La Haye le 1er avril 1852, et fut bien accueilli du public. Cependant, M. Lazare ne resta pas dans sa patrie. Après avoir fait un voyage artistique en Allemagne, il s'embarqua pour les États-Unis, fit un assez long séjour en Amérique, se fixa pendant une année à Toronto (Canada), puis, de retour en Europe en 1860, passa trois années à Londres, pour s'établir ensuite définitivement à Bruxelles, où depuis douze ou quinze ans il se consacre à l'enseignement. Il a fait représenter récemment en cette ville, dans un salon particulier, une opérette intitulée *les deux Mandarins* (9 février 1878). M. Lazare a publié à Paris, à Londres et à La Haye, plusieurs compositions pour le piano, parmi lesquelles je citerai les suivantes : 6 Études de concert, Paris, Chabal; 6 Études de genre, op. 30, id. Schott; 2 Valses de salon, op. 21 et 27, id., id. ; Sicilienne, id., id.; *Florence*, sérénade, id., Heugel; etc.

LEAL. Il y a plusieurs musiciens portugais de ce nom : d'abord *Eleutherio Franchi Leal*, qui fut professeur au séminaire patriarcal de Lisbonne pendant le gouvernement de D. Maria I et de Jean VI; il vivait encore en 1839, mais il avait pris sa retraite. Ce musicien a composé beaucoup de musique d'église de peu de valeur, écrite dans le style théâtral alors en vogue, et parsemée d'airs de bravoure à l'usage des artistes qui se plaisaient alors à les broder d'une foule de fioritures ; c'était la musique de concert (surtout la musique rossinienne), qui à cette époque envahissait partout les églises. On cite parmi les meilleures compositions de Leal une *Messe de Requiem*, et des *Matinas da Conceiçao*.

João LEAL fut un compositeur très-distingué dans le genre spécial qu'on appelle en Portugal *Modinhas*. Ces petites mélodies ont une physionomie originale ; elles sont de courte haleine, d'une construction musicale fort simple, d'un rhythme facile, mais pleines d'expression et empreintes d'une douce mélancolie. Les *modinhas* diffèrent essentiellement de la *romance* française, ou du *lied* allemand. Les paroles sont aussi simples que la musique; c'est presque toujours l'amour qui en fait le sujet ; mais il se présente avec des allures très-modestes, suppliant, et n'acquiert jamais le caractère de la violence ou de la passion. Beaucoup de compositeurs portugais ont cultivé ce genre de petites pièces, mais fort peu y ont réussi ; celles de João Leal étaient très-estimées au commencement de ce siècle (1800-1810). Balbi (1) en parle avec éloges. Cet artiste appartenait à une famille dans laquelle le talent musical était héréditaire. Son père était un excellent amateur sur le violon et fort instruit dans la musique ; ses dix enfants étaient tous si bien doués sous le rapport musical qu'ils exécutaient des opéras tout entiers, les chefs-d'œuvre de Cimarosa, de Rossini, de Marcos Portogallo. C'est ainsi qu'ils exécutèrent à eux seuls une pièce italienne à bord du vaisseau de ligne anglais *le Foudroyant*, qui avait accompagné le roi Jean VI à Rio de Janeiro. Balbi dit qu'il est *impossible de décrire leur habileté*. Le père de João Leal avait aussi deux frères, tous deux médecins et comme lui grands amateurs de musique ; quant à leur père, il jouait de plusieurs instruments, et l'on assure qu'il en était de même de leur aïeul. Voilà donc les facultés musicales se continuant pendant quatre générations dans une même famille.

Miguel LEAL, religieux de l'ordre de Cister dans le couvent d'Alcobaça, où il entra en 1646, naquit à Lisbonne et y passa le reste de sa vie comme prieur du couvent de N[a] S[a] do Desterro; on ignore la date de sa mort. C'était un musicien très-savant, qui a beaucoup composé ; on cite surtout de lui une *Messe* à neuf chœurs ou 36 voix, avec accompagnement d'orchestre et orgue. Les difficultés de cette composition étaient telles qu'on ne put les surmonter avec les éléments dont on disposait à Alcobaça (petit lieu où est situé le célèbre couvent de l'ordre de St-Bernard). Au temps de Miguel Leal, les compositions à grand nombre de voix étaient fort en usage en Portugal. On étudiait beaucoup les savantes œuvres de Benevoli, représenté en Portugal par le célèbre maître national Duarte Lobo. Benevoli (1602-1672) a encore surpassé Leal en composant une messe à 12 chœurs ou 48 voix ; Giansetti (XVIIe siècle) et Gregorio Balabene (XVIIIe siècle) ont écrit des compositions du même genre. La messe de Benevoli fut exécutée dans l'église de *Santa-Maria sopra Minerva*, par 150 musiciens, ce qui est un fait inouï à cette époque. Miguel Leal n'eut pas la même chance.

J. DE V.

(1) *Essai statistique*, vol. II, page 217.

LEALI-MOLCIERA (.......), compositeur italien, a fait représenter en 1800 sur le théâtre de la Scala, de Milan, un opéra bouffe intitulé *il Disertore*. Je n'ai pas d'autres renseignements sur cet artiste, qui est resté complétement inconnu.

LEBEAU (FRANÇOIS), compositeur amateur, fils d'un ministre d'État de Belgique, est né à Liége le 4 août 1827. Il reçut des leçons de piano de Michelot aîné et quelques conseils de Mme Pleyel, puis étudia l'harmonie avec Bosselet. Auteur d'un opéra intitulé *Esméralda*, dont il écrivit la musique sur le livret de M. Victor Hugo qui avait servi à Mlle Louise Bertin, M. Lebeau fit représenter cet ouvrage à Liége le 24 mars 1856, puis à Anvers, et enfin à Bruxelles, d'abord au théâtre des Galeries St-Hubert (14 avril 1857), ensuite à celui de la Monnaie (25 avril 1859). Il fit traduire le livret en italien, et publia sa partition dans cette langue. En parlant de cet opéra, le journal *l'Indépendance belge* s'exprimait ainsi : « Comme compositeur, M. Lebeau est un enfant de la nature. Il n'a point étudié l'art ; ce qu'il en sait, il l'a en quelque sorte deviné. » M. François Lebeau a été secrétaire de la commission administrative du Conservatoire de Bruxelles.

LEBEL (LOUIS-BON), professeur et organiste aveugle, est né à Nangis (Seine-et-Marne) le 10 février 1831. Admis à l'institution des Jeunes-Aveugles de Paris à l'âge de dix ans, il y fit son éducation musicale, et remporta, dans sa dernière année d'études, les prix d'honneur d'orgue, de piano et de violon, ainsi que celui connu sous le nom de prix de six cents francs. En 1849, il entra au Conservatoire, où il devint l'élève de M. Benoist pour l'orgue et d'Halévy pour la fugue et la composition. Nommé, en 1851, professeur d'orgue et de composition à l'Institution des Jeunes-Aveugles, il y fit aussi les classes de violon jusqu'en 1870, et en 1869, à la mort de Roussel, lui succéda comme chef d'orchestre. Depuis 1853, il est organiste à l'église Saint-Étienne du Mont.

M. Lebel, qui a donné à l'école d'orgue de

l'Institution des Jeunes-Aveugles un grand développement, a écrit, pour l'orgue et pour l'orchestre, un assez grand nombre de compositions, qui ont été exécutées pour la plupart par l'orchestre de cet établissement et qui indiquent un artiste de talent. Il faut citer surtout, parmi ces compositions, une cantate à Valentin Haüy, fondateur de l'institution, exécutée lors de l'inauguration de sa statue dans la cour de l'école, et une autre cantate à Braille, inventeur du système d'éducation à l'usage des aveugles. Aucun de ces ouvrages n'a été publié, et M. Lebel n'a fait graver jusqu'ici que quatre morceaux de piano, dont une marche triomphale, et un caprice original intitulé *Lætitia*.

LEBLANC est le nom d'une dynastie de luthiers français dont le dernier membre connu exerçait sa profession à Paris en 1772. Le père, le grand-père et le bisaïeul de celui-ci avaient été luthiers comme lui. On n'a pas, malheureusement, d'autres renseignements sur cette famille intéressante.

* **LEBLANC** (.......), violoniste et compositeur. A la liste des productions dramatiques de cet artiste, il faut ajouter *le Mariage de Nanon ou la Suite de Madame Angot*, opéra-comique en un acte, donné au théâtre d'Emulation en 1796 ou 1797. Certaines féeries dont Leblanc écrivit la musique étaient loin de manquer d'importance à ce point de vue ; nous mentionnerons : *l'Enfant du bonheur* (th. d'Émulation, 1798) ; *la Forêt enchantée* ou *Isaure et Florestan* (Gaîté, 1800); *Huon de Bordeaux* (id., 1801); *Saphirine*, ou *le Réveil magique* (id., 1811); *Riquet à la houppe* (id., 1811). Parmi les mélodrames dont il fit aussi la musique, il faut citer *Elisa* ou *le triomphe des femmes*, *le Sérail*, *Egbert Ier, roi d'Austrasie*, *Azémire* ou *les Réfugiés péruviens*, etc. Leblanc est mort au mois de mars 1827.

* **LEBLICQ** (Charles-Théodore), compositeur, est mort à Schaerbeek-lez-Bruxelles, le 8 octobre 1875. On a exécuté à Bruxelles en 1877, à l'un des concerts du Waux-hall du parc, une ouverture de ce compositeur, intitulée *Gustave Wasa*.

* **LEBORNE** (Aimé-Ambroise-Simon). Il faut joindre à la liste des œuvres dramatiques de ce compositeur *les Deux Figaros*, opéra en trois actes, écrit par lui en société avec Carafa sur un livret que Victor Tirpenne avoir tiré d'une ancienne comédie de Richaud-Martelly, et qui fut représenté à l'Odéon le 22 août 1827. L'enseignement de Leborne était très-renommé, et l'on peut citer parmi ses élèves de nombreux prix de Rome, MM. Aimé Maillart, Georges Bousquet, Duprato, Barthe, Léonce Cohen, Cherouvrier, Deslandres, puis MM. de Lajarte, Charles Poisot, Demerssemann, Savard, Debillemont, Stamaty, Hocmelle, etc. Bibliothécaire de la chapelle de Napoléon III comme il l'avait été de la chapelle de Louis-Philippe, Leborne fut décoré en 1853. Mort le 1er avril 1866, il a laissé inédit un Traité complet d'harmonie, de contrepoint et de fugue. Un détail de la vie de Leborne a été ignoré de tous les biographes : sur les instances de son père, qui jouait la comédie à l'Odéon, il débuta lui-même à ce théâtre, en 1817, dans l'emploi des jeunes amoureux ; mais ce ne fut que l'affaire d'un instant, et bientôt il renonça pour toujours à la carrière de comédien.

LEBOUC (Charles-Joseph), violoncelliste distingué, né à Besançon le 22 décembre 1822, montra de bonne heure d'heureuses dispositions pour la musique, et fit d'excellentes études au Conservatoire de Paris. Admis d'abord dans cet établissement comme élève de M. Vaslin pour le violoncelle, le 10 janvier 1840, il donnait sa démission quinze jours après, le 25 du même mois. Il entrait ensuite, le 9 octobre suivant, dans la classe d'harmonie de Colet, obtenait un accessit d'harmonie en 1842, puis était admis dans une autre classe de violoncelle, celle de Norblin, et se voyait décerner, aux concours de 1843, le second prix de violoncelle et le second prix d'harmonie. Il devenait alors élève d'Halévy pour la fugue et la composition, et remportait, en 1844, le premier prix d'harmonie en même temps que le premier accessit de fugue.

Après avoir quitté l'école, M. Lebouc se livra à l'enseignement, tout en se faisant connaître comme virtuose et en faisant apprécier, dans les concerts, son jeu élégant et distingué, remarquable surtout dans l'exécution de la musique de chambre. Il a organisé chez lui, depuis une vingtaine d'années, en compagnie de sa femme, fille du grand chanteur Nourrit et artiste de talent elle-même, des cours généraux de théorie, de musique vocale et instrumentale, qui comprennent toutes les branches de l'art, et il donne chaque hiver une série de douze séances de musique fort intéressantes. M. Lebouc a publié une bonne *Méthode complète et pratique de violoncelle*, et il a composé aussi un certain nombre de morceaux de genre, fantaisies, etc., pour violoncelle avec accompagnement de piano.

LE CAMUS (........), compositeur, est mort en 1677, malgré ce qu'en a dit l'auteur de la *Biographie universelle des Musiciens*, trompé par la publication, en 1678, d'un recueil de sa composition, recueil qui était évidemment une œuvre posthume. Le *Nouveau Mercure ga-*

tant, dans son numéro d'avril 1677, est absolument explicite à ce sujet : « La mort, dit-il, a pris aussi le sieur Le Camus, qui estoit de la musique du Roy. Il a composé un nombre infiny de beaux airs, et s'ils estoient mis ensemble, il y en auroit de quoi former plusieurs opéras, dans lesquels on ne verroit pas toûjours la mesme chose. »

LE CAMUS (Jean-Pierre), compositeur, né à Genève dans les premières années du dix-huitième siècle, et mort en 1768, n'est connu que par l'ouvrage suivant : *Les Pseaumes du roi et prophète David, mis en vers français, revus et approuvés par les pasteurs et professeurs de l'Eglise et de l'Académie de Genève. Mis en musique par Jean-Pierre Le Camus, citoyen de Genève* (Genève, 1760, 2e édition, 1764). Dans la préface de cet ouvrage, l'auteur annonce que « plus tard il offrira au public ses psaumes à quatre parties composés tant pour l'orgue que pour plusieurs sortes d'instruments, auxquels il joindra une basse fondamentale; ce sera à cette pierre de touche que les connaisseurs décideront de son ouvrage. » Mais ce second recueil ne fut jamais publié, et Le Camus mourut avant de l'avoir mis au jour

LECARPENTIER (Adolphe-Clair). *Voyez* **CARPENTIER (LE).**

LE CÈNE (Michel-Charles), éditeur de musique à Amsterdam, était le gendre et l'associé du célèbre Étienne Roger (*Voy.* ce nom), dont il fut le successeur. Le nom de cet artiste, comme celui de son beau-père, indique une origine française; mais les renseignements sur lui sont à peu près introuvables. Les seuls que je rencontre ont été donnés par M. Edouard Gregoir, dans son second volume de *Documents historiques relatifs à l'art musical et aux artistes musiciens.* Je vais reproduire les quelques lignes relatives à Le Cène, en regrettant que l'écrivain n'ait pas cru devoir citer ses sources : « Michel-Charles Le Cène, probablement Français de naissance, naquit vers 1690, et il est venu s'établir à Amsterdam comme associé de la maison Roger. Le 31 mai 1717, il fut accepté comme membre de la confrérie des imprimeurs de cette ville. Plusieurs ouvrages portent le nom des deux éditeurs. En 1741, Le Cène mourut, et ce grand établissement disparut du monde musical. » C'est en 1732 que Le Cène publia une nouvelle édition, très-augmentée, du catalogue mis au jour en 1716 par Étienne Roger, sous ce titre : *Catalogue des livres de musique imprimés à Amsterdam, chez Étienne Roger, et continués par Michel-Charles Le Cène,* Amsterdam (s. d.), petit in. 8° de 72 pp.

LECHANTRE (Mlle), claveciniste et compositeur, vivait à Paris dans la seconde moitié du dix-huitième siècle. Elle a publié deux concertos pour clavecin ou piano, avec accompagnement de deux violons, deux hautbois, alto et basse, œuvre 1re.

LÉCHETITZKY (Th.....). — *Voyez* **LESCHETITZKY.**

LE CIEUX (Léon), violoniste, né à Bayeux (Calvados), le 12 mai 1821, était fils d'un honorable médecin de cette ville. Contrairement à tant d'autres, il trouva au foyer paternel les plus grandes facilités pour satisfaire la vocation qui, chez lui, s'était annoncée de bonne heure. Son premier maître de violon fut un artiste de Bayeux, nommé Trébutien, lequel le fit débuter à l'âge de treize ans, dans un des concerts de la Société philharmonique. Accueilli avec enthousiasme par ses concitoyens, Léon Le Cieux sut ne pas se laisser étourdir par ses premiers succès, et il continua de travailler avec ardeur.

Au mois de décembre 1844, il fut admis au Conservatoire de Paris, bien qu'ayant dépassé la limite d'âge, et il entra dans la classe d'Habeneck; il y demeura jusqu'en juin 1846, et quitta le Conservatoire sans prendre part aux concours de fin d'année. Il commença dès lors à se produire dans les concerts et dans les soirées du grand monde parisien, près duquel il acquit une certaine vogue, malgré les inégalités de son talent. Ses manières urbaines et distinguées lui avaient permis de se créer, comme professeur d'accompagnement, une nombreuse clientèle. Il fut pourvu plus tard d'un titre officiel, et remplit, jusqu'à la chute de l'Empire, les fonctions de premier violon-solo de la chapelle impériale.

Léon Le Cieux est mort à Paris, le 15 février 1873. Il a écrit pour le violon un certain nombre de fantaisies et morceaux de concert. Parmi ceux qui ont été publiés, nous citerons : Fantaisie sur des motifs de *Don Pasquale*, op. 4, Paris, Léon Grus; — Fantaisie pour piano et violon sur *le Duc d'Olonne*, op. 8, Paris, Brandus; — Fantaisie de concert, op. 10, Paris, Meissonnier et Heugel; — *Andante et rondo*, op. 20, Paris, Mackar.

J. C—z.

* **LECLAIR** (Jean-Marie). Ce violoniste justement célèbre a écrit la musique du second acte des *Amusements lyriques*, opéra-ballet en trois actes qui fut représenté à Puteaux, chez le duc de Gramont, au mois de février 1750. Cet ouvrage se composait, comme c'était l'usage à cette époque, de trois actes distincts, indépendants les uns des autres : 1° *Ajax et Thémire*, musique de Le Vasseur, chanteur de l'Opéra; 2° *Apollon et Climène*, musique de Leclair; 3° *le Bal militaire*, musique de Martin. Si Le-

clair n'a pas compris ce petit ouvrage dans le catalogue de ses œuvres donné par lui en tête de son œuvre 12, c'est que ce catalogue ne comprenait que les compositions publiées, et qu'il est probable que celle-ci n'a jamais été gravée.

LECLAIR (Pierre), violoniste, a publié un recueil de six duos de violons, œuvre 1re (Paris Lemenu). Ce recueil a paru en 1764, l'année même de la mort de Jean-Marie Leclair, le grand violoniste dont la renommée était si grande alors. On sait que ce dernier se faisait appeler *Leclair l'aîné*. Était-ce pour se différencier de cet autre Leclair, violoniste comme lui, et celui-ci était-il son parent ? C'est ce que j'ignore absolument. Je ne sais pas davantage si ce second Leclair était le même que le Leclerc mentionné dans l'Almanach des spectacles, en 1765, comme violon faisant partie de l'orchestre de la Comédie-Française ; cela se pourrait, car on sait qu'à cette époque on s'inquiétait peu du plus ou moins d'exactitude apporté dans l'orthographe des noms propres.

* **LECLERC** (Jean-Baptiste), député à la Convention nationale, auteur de deux écrits sur la musique, naquit le 29 février 1750 et mourut le 16 novembre 1826. Leclerc était musicien. *La Décade philosophique politique et littéraire*, dont il était l'un des collaborateurs habituels, donnait de lui, dans son numéro du 22 octobre 1803, la musique d'une chanson arabe dont les paroles avaient été écrites par Deleyre. « Nous avons trouvé, disait à ce sujet ce journal, que le compositeur avait parfaitement exprimé la tendresse et la mélancolie des idées du poète. »

LECLERCQ (Th......), compositeur belge, est né à Hoeylaert le 17 février 1834. Après avoir fait de bonnes études au Conservatoire de Bruxelles, il devint professeur de chant à l'Académie des Beaux-Arts de Louvain, puis maître de chapelle à l'église Sainte-Gertrude, de cette ville, abandonnant bientôt ce dernier emploi pour accepter les fonctions d'organiste à l'église de Notre-Dame aux Dominicains. M. Leclercq a publié une messe à 3 voix égales avec orgue, 6 motets à 3 voix égales, quelques romances, et a fait exécuter à Louvain, dans l'église Saint-Pierre, un grand *Te Deum* avec orchestre.

LECOCQ (Alexandre-Charles), compositeur français, l'un des artistes les plus actifs de la jeune génération musicale, est né à Paris le 3 juin 1832. Il commença ses études en dehors du Conservatoire, et était déjà un pianiste assez habile lorsqu'il fut admis dans cet établissement, le 5 novembre 1849, comme élève de la classe d'harmonie et accompagnement de M. Bazin. Dès le concours de l'année suivante il obtenait un premier prix, entrait aussitôt dans la classe de fugue et de composition d'Halévy, et peu après devenait élève de M. Benoist pour l'orgue. Il remporta alors un second accessit de fugue en 1851, le second prix en 1852, ainsi qu'un premier accessit d'orgue, et quitta le Conservatoire en 1854 pour se livrer à l'enseignement.

M. Lecocq, cependant, prétendait ne pas se vouer uniquement au professorat, et ambitionnait les succès du compositeur ; mais on sait combien sont difficiles les débuts d'un jeune musicien. Une occasion se présenta pourtant, qu'il n'eut garde de laisser échapper. M. Offenbach, qui venait de fonder le petit théâtre des Bouffes-Parisiens, ouvrait un concours pour la composition d'une opérette en un acte intitulée *le Docteur Miracle*. Soixante-dix-huit musiciens prirent part à ce concours, parmi lesquels l'artiste qui fait l'objet de cette notice. A la première épreuve, M. Lecocq fut classé parmi les six premiers, avec MM. Bizet, Demerssemann, Erlanger, Limagne et Manniquet, et lors du jugement définitif sa partition fut couronnée avec celle de Georges Bizet. Il fut donc décidé que *le Docteur Miracle* serait représenté de deux jours l'un, une fois avec la musique de M. Lecocq, l'autre avec la musique de Bizet. La partition du premier vit le jour, en effet, le 8 avril 1857, tandis que celle du second était offerte au public le lendemain. Ni l'une ni l'autre cependant ne produisit une vive impression, et M. Lecocq dut attendre deux ans une nouvelle occasion. Il fut moins heureux encore cette seconde fois, car une opérette en un acte, *Huis-Clos*, donnée par lui aux Folies-Nouvelles le 29 janvier 1859, ne put être achevée par la faute du poème. Il ne se découragea pas néanmoins, et quelques années après il réussit à faire représenter sur un petit théâtre des Champs-Élysées, connu depuis sous le nom de Folies-Marigny, quelques opérettes en un acte qui se distinguaient par une grâce aimable et une facile inspiration ; il donna sur cette scène mignonne *le Baiser à la porte*, *Liline et Valentin*, *les Ondines au Champagne* (3 septembre 1865), et *le Cabaret de Ramponneau* (11 octobre 1867). Entre ces deux dernières, il avait fait représenter au Palais-Royal un ouvrage du même genre, *le Myosotis* (2 mai 1866), dont la musique, écrite sur un livret très-gai de l'excellent caricaturiste Cham, avait obtenu un franc succès.

Une nouvelle scène lyrique de proportions modestes venait de se fonder, sous le titre de théâtre de l'Athénée. M. Lecocq y fit représenter d'abord un gentil opéra-comique en deux actes, *l'Amour et son Carquois* (30 janvier

1868), et presque aussitôt un ouvrage plus important, *Fleur de Thé*, opérette bouffe en trois actes (11 avril 1868). *Fleur de Thé* fut le premier succès retentissant du compositeur, et obtint plus de cent représentations; la partition de cet ouvrage, si elle ne brillait point par une complète originalité, se distinguait du moins par une facture ingénieuse et soignée, par un souci de la forme qui devait être plus tard l'une des qualités caractéristiques de M. Lecocq et qui contrastait avec le style débraillé des maîtres du genre, MM. Offenbach et Hervé, enfin par une recherche délicate sans prétention des effets d'orchestre. *Fleur de Thé* fut reprise plus tard aux Variétés et, traduite dans plusieurs langues, ne fut pas moins bien reçue à l'étranger qu'à Paris.

Dans le courant de cette même année 1868, M. Lecocq écrivit encore, pour le théâtre de l'Athénée, un opéra-comique en un acte, *les Jumeaux de Bergame*, écrit pour quatre voix de femmes et représenté le 20 novembre 1868, et composa quelques morceaux nouveaux pour un vaudeville en trois actes, *le Carnaval d'un merle blanc*, joué au Palais-Royal le 30 décembre. L'année suivante il donnait aux Bouffes-Parisiens deux opérettes en un acte, *Gandolfo* (16 janvier), et *le Rajah de Mysore* (21 septembre), et il en produisait deux autres, au même théâtre, en 1871, *le Testament de M. de Crac* (23 octobre), et *le Barbier de Trouville* (19 novembre), cette dernière donnée d'abord, j'ignore pour quelle raison, sous le couvert de l'anonyme.

Nous voici arrivés à la période brillante de la carrière du compositeur. *Les Cent Vierges*, opéra bouffe en trois actes représenté aux Variétés le 13 mai 1872, obtint un succès éclatant, après avoir été joué plus de cent fois à Bruxelles (1). Mais ce succès ne fut rien en comparaison de celui de *la Fille de Madame Angot*, autre ouvrage en trois actes, qui, après avoir été donné aussi à Bruxelles, le 4 décembre 1872, parut aux Folies-Dramatiques le 21 février 1873 et obtint une série de plus de quatre cents représentations consécutives. Une telle vogue rendit rapidement populaire le nom de M. Lecocq, et bientôt toutes les scènes vouées à l'opérette voulurent s'arracher ses ouvrages. Au mois de novembre 1874 il donna coup sur coup *Giroflé-Girofla* au théâtre de la Renaissance (cet ouvrage avait été joué d'abord à Bruxelles), et *les Prés-Saint-Gervais* à celui des Variétés; le premier fut très-bien accueilli, mais le second fut moins heureux et n'obtint qu'un petit nombre de représentations. *Le Pompon*, joué aux Folies-Dramatiques (10 novembre 1875), n'eut pas plus de succès que *les Prés-Saint-Gervais*, bien que la partition en fût charmante et d'un style plein d'élégance; la faiblesse insigne du livret avait été cette fois fatale à la musique. Mais le compositeur prit sa revanche avec *la Petite Mariée*, qui attira la foule au théâtre de la Renaissance (décembre 1875), où il a encore donné depuis *Kosiki* (18 octobre 1876), *la Marjolaine* (3 février 1877), et plus récemment *le Petit-Duc* (25 janvier 1878). Ces six derniers ouvrages sont tous en trois actes.

M. Lecocq s'est fait une place à part parmi les jeunes artistes qui forment la nouvelle école française. Accueilli dans les théâtres qui, à la suite des Bouffes-Parisiens, s'étaient voués au culte de l'opérette bouffe, mais n'ayant pas eu la facilité de se produire sur la scène de l'Opéra-Comique, il a réagi, dans la mesure du possible, contre les traditions malsaines du genre auquel il était condamné, et semble s'être donné pour mission de le relever et de le transformer, ou tout au moins de le modifier profondément. Tandis que MM. Offenbach et Hervé, ces deux créateurs de l'opérette, paraissaient prendre à tâche de rabaisser la musique, l'insuffisance de leur éducation première ne leur laissant d'autre ressource que de flatter les instincts grossiers du public, M. Lecocq, artiste instruit et distingué, tendait au contraire à épurer le goût de ses auditeurs, montrait le respect le plus louable de l'art qu'il professait, et, cherchant à relever le niveau du genre qu'on l'obligeait à cultiver, employait tous ses efforts à ramener l'opérette dans le giron de l'opéra-comique. Cela était d'autant plus difficile pour le jeune musicien que ses deux rivaux, passés maîtres alors qu'il entrait dans la lice, avaient conquis une action réelle sur la foule; il pouvait donc paraître hardi de réagir contre leurs tendances malsaines, surtout si l'on considère que M. Lecocq n'avait à sa disposition que des théâtres d'ordre secondaire et des interprètes tout à fait insuffisants. On n'en doit avoir que plus d'estime pour son talent, pour la direction de son esprit, enfin pour la façon dont, en somme, il a fini par conquérir le succès.

M. Lecocq, il faut le dire, s'est servi de l'opérette pour tuer l'opérette, il a su faire adroi-

(1) Pendant la guerre de 1870-71, M. Lecocq s'était retiré à Bruxelles, et c'est peu de temps après qu'il y fit jouer *les Cent Vierges*. Il n'est pas inutile de faire remarquer, à ce propos, que M. Lecocq, affligé d'une douloureuse infirmité, ne marche qu'à l'aide de deux béquilles. On comprendra pourquoi je consigne ici cette particularité.

lement au goût du jour les concessions nécessaires pour le modifier, et, avec une habileté vraiment digne d'éloges, il a amené le public à accepter et peut-être à souhaiter autre chose que cette musique de pacotille et de mauvais lieu qu'on lui servait depuis si longtemps. Cela n'a pas été l'affaire d'un jour; mais plus la lutte a été longue, plus elle a été laborieuse, et plus le rôle joué par le musicien est honorable et bienfaisant. Il n'est donc que juste de le considérer, sinon comme un successeur direct, du moins comme un digne continuateur de tous ces artistes charmants qui se sont fait un renom dans le genre de la comédie musicale, les Berton, les Dalayrac, les Boieldieu, les Nicolo, les Auber, les Adam. *Fleur de Thé* et *les Cent Vierges* sont les premières tentatives importantes de M. Lecocq dans son œuvre de réaction; avec *la Fille de Madame Angot*, production pleine de verve et d'entrain, mais un peu moins distinguée d'allures, il sembla que ses efforts s'arrêtaient un instant; mais *Giroflé-Girofla*, *le Pompon* et *la Petite Mariée* achevèrent l'évolution que l'auteur avait commencée et prouvèrent qu'il n'entendait point abandonner ses idées. Dans ces divers ouvrages, on peut apprécier les saines et aimables qualités du compositeur, c'est-à-dire la grâce, l'élégance, la finesse, le charme; parfois un peu plus d'originalité, de spontanéité dans l'idée mélodique ne messiérait pas sans doute, mais on sent du moins qu'on a affaire à un vrai musicien, sachant construire un morceau, ayant le sentiment juste de la scène et de ses exigences, mettant à profit toutes les situations et tirant parti des moindres éléments. Et avec ces qualités générales, il faut louer encore le style aimable de l'artiste, son heureuse recherche du vrai dialogue musical, son orchestre chatoyant, vif, allègre, coloré. En résumé, M. Lecocq mérite de vifs éloges, non-seulement pour son talent très-réel, mais encore pour son incontestable honnêteté artistique. Au reste, ses succès ont été grands non-seulement en France, mais à l'étranger, et ses ouvrages, traduits dans toutes les langues, ont été accueillis avec la même faveur en Allemagne, en Bohême, en Italie, en Russie, et jusqu'en Suède et en Amérique.

En dehors du théâtre, M. Lecocq a publié un certain nombre de compositions, parmi lesquelles je citerai les suivantes : *Miettes musicales*, 24 esquisses de style pour le piano (Paris, D'Aubel); *les Fantoccini*, ballet-pantomime pour le piano (Paris, Brandus); Gavotte, pour piano (id., id.); *Noël*, à 2 voix; *Berceuse*, mélodie vocale (Paris, Brandus); *Lettre d'une cousine à son cousin*, *Ma femme est blonde*, *le Langage des yeux*, mélodies (id., id.); *Garde à vous*, *la Grosse Gourmande*, *le Pays des amours*, etc., chansons (Paris, Feuchot); *l'Ingénieur de Fontenay-sous-Bois*, « naïveté » (Paris, Brandus), *Ta porte est close*, aubade (Paris, Leduc) (1).

M. Lecocq, qui est un artiste instruit, a publié récemment (1877), chez l'éditeur Legouix, une réduction pour chant et piano de la partition de *Castor et Pollux*, de Rameau.

LECOMTE (A......), compositeur, a fait représenter sur le théâtre du Hâvre, au mois de novembre 1845, un opéra-comique en un acte intitulé *Stella*.

LE CORBEILLER (Charles), pianiste et compositeur, s'est fait connaître depuis une quinzaine d'années par la publication d'un assez grand nombre de morceaux de genre et fantaisies pour le piano, écrits avec une élégance facile. On distingue, parmi ces productions légères : *le Bouquet*, 3 romances sans paroles (*le Cyclamen*, *l'Asphodèle*, *la Clématite*), op. 52; Nocturne, op. 19; *Espoir*, 2e Nocturne, op. 47; *le Secret*, 3e Nocturne, op. 50; *les Gouttes d'or*, rêverie, op. 60; *l'Élan*, galop de chasse, op. 44; *le Murmure*, idylle, op. 43; Marche militaire, op. 28, etc., etc. Cet artiste a publié aussi une quantité de morceaux de musique de danse, et quelques mélodies vocales. Enfin, on lui doit encore une Messe mélodique à 3 voix, avec accompagnement d'orgue (Paris, Colombier), et une opérette de salon intitulée *une Entrevue* (id., id.).

* **LEDEBUR** (Charles, baron DE). — L'ouvrage de ce musicographe distingué, *Tonkünstler-Lexicon Berlin's* (*Dictionnaire des musiciens de Berlin*), dont les deux premières livraisons avaient été mentionnées dans la *Biographie universelle des Musiciens*, a été complétement achevé depuis lors. Il a paru en onze livraisons, dont la réunion forme un fort volume de 704 pages grand in-8° (Berlin, Ludwig Rauh, 1860-1861). La moitié de la dernière livraison est consacrée à un supplément. C'est un des ouvrages du genre les plus soignés et les mieux faits.

LEDENT (Félix-Étienne), pianiste, compositeur et professeur, est né à Liége le 20

(1) M. Lecocq a écrit, en société avec MM. Hervé et Legouix, la musique d'une opérette en un acte, *Deux Portières pour un cordon*, qui a été représentée sur le théâtre du Palais-Royal au mois de mars 1869. Les trois musiciens cachèrent en cette circonstance leurs personnalités sous le pseudonyme collectif d'*Alcindor*.

novembre 1809. Admis en 1827 au Conservatoire de sa ville natale, il y devint élève de Jules Jalheau pour le piano, et obtint un premier prix au concours de 1832. Devenu plus tard élève de Daussoigne-Méhul, il fit sous la direction de cet artiste remarquable un cours complet de composition, et acquit des connaissances très-solides dans l'art d'écrire. En 1843, il remporta le second prix de Rome, et le 1er mars de l'année suivante il était nommé professeur de piano dans l'établissement où il avait fait ses études. Le talent dont il fit preuve dans ces fonctions lui valut une légitime notoriété, car il a formé un grand nombre de bons élèves qui, pour la plupart, ont obtenu les premiers prix dans les concours.

La grande activité déployée comme professeur par M. Ledent l'a obligé de bonne heure à renoncer aux succès du virtuose, et à négliger son talent d'exécution pour consacrer le peu de temps qui lui restait de libre à des travaux de composition; ceux-ci même ont été souvent entravés par le nombre prodigieux d'élèves auxquels il donnait ses soins. Parmi les ouvrages publiés par M. Ledent, on remarque un Adagio et Rondo pour piano et orchestre, dédié à Mme Pleyel (Liége, Muraille), deux Barcarolles pour piano seul, *Lamento* (romance sans paroles), et un grand nombre de mélodies vocales. M. Ledent est chevalier de l'ordre de Léopold.

* **LEDRUY** (Adolphe). Quelques personnes attribuent à cet artiste écrivain la paternité de l'ouvrage facétieux intitulé *Dictionnaire aristocratique, démocratique et mistigorieux de musique vocale et instrumentale*, et publié sous le pseudonyme de *Chrysostauphe Clédeçol* (*Voy.* ce nom).

LEDUC (Alphonse), pianiste, compositeur, professeur et éditeur de musique, né à Nantes le 9 Mars 1804, est mort à Paris, le 17 juin 1868. Petit-fils d'un violoniste et fils d'un bassoniste distingué, il commença avec son père l'étude du solfége, du basson et de l'harmonie; plus tard il étudia la guitare et la flûte, et devint un véritable virtuose sur ces deux instruments. On cite un concert donné par lui à l'âge de 23 ans, dans lequel il exécuta avec le même succès un air varié pour le basson, de grandes variations pour la flûte et une fantaisie pour la guitare. Venu à Paris, il entra au Conservatoire, y obtint un second prix de basson en 1825, puis prit des leçons d'harmonie de Reicha. De retour à Nantes à la fin de 1826, il y étudia le piano avec Rhein, puis bientôt se livra à la composition. En quelques années il offrit au public une innombrable quantité d'œuvres de tout genre, dont le total ne s'élève pas à moins de *treize-cents*, comprenant, entre autres, une Méthode de piano, 9 livres d'études, 328 morceaux à 2 ou à 4 mains, 184 quadrilles, 153 valses et polkas, 295 morceaux de danse à 4 mains, 94 romances et mélodies à 1, 2 ou 3 voix, 13 œuvres de basson, 52 œuvres de guitare, 38 œuvres de flûte, 26 œuvres d'orgue, etc. En 1841, Leduc fonda à Paris une maison de commerce de musique, qu'il fournit lui-même d'un grand nombre de ses compositions, et qui devient rapidement prospère. Cette maison est tenue aujourd'hui par son fils.

Parmi les nombreuses œuvres publiées par cet artiste, il faut citer : 1° *Méthode élémentaire de piano à l'usage des pensions* (ouvrage dont il a été fait trente éditions); 2° 25 *Petites Études très-faciles pour les petites mains*, op. 156; 3° *Études élémentaires*, op. 128; 4° *Études mélodiques*, op. 146; 5° *Études de mécanisme*, op. 166; 6° *Études de genre*, op. 154; 7° 25 *Petites Études à quatre mains*, pour les petites mains, op. 156 bis; 8° 24 *Préludes dans tous les tons majeurs et mineurs*, op. 169; 9° *Études chantantes et concertantes*, à quatre mains, op. 191; 10° *Bibliothèque des jeunes pianistes*, collection de 12 petites fantaisies brillantes, op. 144; *Deuxième Bibliothèque des jeunes pianistes*, 20 morceaux brillants et faciles, op. 160. A ces publications relatives à l'enseignement, il faut joindre des centaines de morceaux divers : fantaisies, thèmes variés, pièces de genre, bagatelles, un nombre infini de morceaux de musique de danse : quadrilles, valses, polkas, polkas-mazurkas, rédowas, schotischs, etc., etc.

* **LEE** (Louis). — Cet artiste a fait exécuter en 1860, à Hambourg, dans un concert, une cantate intitulée *Jeanne d'Arc*.

LEEMANS (......), musicien flamand, né à Bruges, était établi à Paris dans la seconde moitié du dix-huitième siècle, et a publié en cette ville, en 1769 : Six Quatuors, trois pour la flûte, un basson, un violon et un violoncelle, et trois pour un hautbois, un violon, un basson et un violoncelle, œuvre 3. Dans le même temps, cet artiste a publié aussi, sur des paroles de Voltaire, une ariette intitulée *le Songe*, avec accompagnement de harpe, deux violons, deux bassons, deux cors de chasse et basse. Leemans vivait encore en 1785.

LEENDERS (Maurice-Gérard-Hubert), violoniste belge, est né à Venloo le 9 mars 1833. Fils d'un artiste instruit auquel il dut sa première éducation musicale, il fut envoyé fort jeune à Bruxelles et, dès l'âge de douze ans, se voyait admis au Conservatoire de cette ville, dans la classe de M. Meerts, d'où il passa plus tard dans celle de M. Léonard. En 1850 le jeune artiste obtenait le premier prix de violon, consacrait ensuite deux années à étudier la composition, puis entreprenait un grand voyage artistique en Hollande, en Allemagne, en Danemark, en Suède, en Norwége et en Pologne, donnant de nombreux concerts et partout obtenant de vifs succès. En 1857, M. Leenders se fit entendre à Paris, et y fut bien accueilli. De retour dans sa patrie, il s'y livra avec ardeur à l'enseignement et à la composition, et écrivit un concerto et des fantaisies pour le violon, des romances et mélodies vocales, etc. Aujourd'hui, M. Leenders est directeur de l'École de musique de Tournai.

LEEST (GUILLAUME), facteur de clavicordes, natif du pays de Juliers, exerça sa profession à Anvers et fut reçu dans la bourgeoisie de cette ville le 5 décembre 1561.

LE FÉBURE (ISAAC), claveciniste, professeur et compositeur, vivait à Paris dans la seconde moitié du dix-huitième siècle. Il a publié *Deux Sonates pour le clavecin ou le forte-piano*, avec accompagnement de violon.

* **LEFÉBURE-WÉLY** (LOUIS-JAMES-ALFRED), organiste et compositeur distingué, est mort à Paris le 1er janvier 1870. Il avait écrit la musique d'une cantate intitulée *Après la victoire*, qui fut exécutée à l'Opéra-Comique le 15 août 1863. La femme de cet artiste honorable, douée d'une voix charmante, qu'elle conduisait avec beaucoup de goût, se fit, il y a environ vingt-cinq ans, une réputation méritée comme chanteuse de salon et de concert. Depuis longtemps déjà elle avait renoncé à ses succès, pour se consacrer exclusivement à l'éducation de ses deux filles. Elle est morte presque subitement, à Paris, le 28 janvier 1876.

LEFEBVRE (......), luthier français, était établi à Amsterdam de 1720 à 1735 environ. Dans son livre curieux : *les Instruments à archet*, M. Antoine Vidal constate les bonnes qualités de la lutherie de cet artiste habile. « Il est probable, dit-il, que ce Lefebvre avait travaillé en Italie, car les spécimens qui sont restés de lui sont infiniment supérieurs à ce qui se faisait alors en France. »

LEFEBVRE (......), compositeur et poète, vivait à Paris dans la seconde moitié du dix-huitième siècle. Cet artiste ne m'est connu que par la publication suivante, faite par lui en 1784 : RAMEAU, *ballet allégorique en un acte pour la centenaire de sa naissance, suivi de réflexions sur la poésie lyrique et* d'un *oratorio intitulé « la Mort d'Abel »*. En annonçant l'apparition de cet ouvrage, le *Mercure de France* s'exprimait ainsi sur le compte de l'auteur : « Ce ballet allégorique n'a pu obtenir les honneurs de la représentation ; on en appelle au jugement du public. L'auteur nous dispense de prononcer sur son poème quand il dit dans ses *Réflexions sur la poésie lyrique*, que *les meilleurs poëtes sont des juges très-incapables en cette matière tant qu'ils ne sont pas compositeurs*. Nous laisserons donc les musiciens décider si M. Lefebvre est bon poète. Au reste, il y a dans ses *Réflexions* des idées qui nous ont paru pouvoir être utiles aux gens de l'art. »

LEFEBVRE (CHARLES-ÉDOUARD), compositeur, né à Paris le 19 juin 1843, commença par étudier le droit, tout en s'occupant beaucoup de musique. Il finit par renoncer à la carrière d'avocat, entra au Conservatoire dans la classe de M. Ambroise Thomas, et prit part, sans résultat, aux concours de Rome des années 1864 et 1865. En 1866, il épousa une fille de M. Oudiné, le graveur en médailles bien connu, et dès lors se vit, par les réglements, exclu de tout nouveau concours. Mais trois ans après il eut le malheur de perdre non-seulement sa jeune femme, mais la fille qu'elle lui avait donnée. Une nouvelle réglementation des concours de Rome ayant précisément, à cette époque, reporté, comme autrefois, à trente ans la limite d'âge, M. Lefebvre se retrouvait dans les conditions normales. Il se présenta donc de nouveau, en 1870, au concours de l'Institut, et il obtint le premier grand prix de Rome, conjointement avec M. Henri Maréchal (*Voyez* ce nom), pour la cantate intitulée *le Jugement de Dieu*, cantate qui ne put, selon la coutume, être exécutée en séance publique, à cause des événements politiques qui fondirent alors sur la France. Après un voyage à Rome et dans le reste de l'Italie, en Grèce et en Turquie, M. Lefebvre était de retour à Paris, et faisait exécuter dans une séance publique de l'Institut (15 novembre 1873) une ouverture qui portait le même titre que sa cantate de concours, et au Conservatoire, à la séance d'audition des envois de Rome (23 mai 1874), une suite symphonique et le psaume XXIII pour chœur et orchestre (1). Après avoir été faire un second voyage à Rome, où il écrivait une symphonie en *mi* bémol et un très-remarquable drame lyrique en trois parties, *Judith*, sur

(1) Cette suite symphonique avait été produite une première fois par l'auteur, le 11 avril précédent, dans une des séances de la Société nationale de musique.

un poëme de M. Paul Collin, le jeune artiste faisait entendre, dans la séance d'audition des envois de Rome de l'année suivante (27 mai 1875), des fragments de ces deux œuvres importantes, dans lesquelles la critique sut distinguer de rares qualités de style, de facture et d'inspiration.

M. Lefebvre a produit encore les compositions suivantes : 1° Pièces symphoniques (Prélude et Choral, Scherzo), Concerts du Châtelet, 7 février 1875 ; 2° un chœur et une romance pour cor, Société nationale de musique, 13 février 1875 ; 3° ouverture dramatique, Concerts du Châtelet, 26 mars 1876 ; 4° *Dalila*, scènes pour orchestre d'après le drame de M. Octave Feuillet (Prélude, Entr'acte, Nocturne appassionato, le Chant du Calvaire, Finale), Société nationale de musique, 1er avril 1876 ; quatuor en *mi* bémol pour piano et instruments à cordes. Il a publié aussi *Six poésies mises en musique* (Paris, Hartmann), et divers morceaux détachés pour chant et piano, parmi lesquels : *l'Absence*, *Sais-tu ce que le vent soupire ?* etc. La partition pour chant et piano de *Judith* a été publiée par l'éditeur M. Mackar. Enfin, M. Lefebvre a en portefeuille un opéra intitulé *Lucrèce*.

LEFEBVRE (Mlle Caroline). — *Voyez* FAURE (Mme).

LEFÈVRE (........) est auteur d'un opuscule publié sous ce titre : *Des causes qui retardent les progrès dans l'étude de la musique* (Paris, 1822, in-8° de 40 pp.).

LEFÈVRE (Victor-Gustave), compositeur et professeur, directeur de l'École de musique religieuse de Paris, est né à Provins (Seine-et-Marne), le 2 juin 1831, et, après avoir commencé ses études littéraires en cette ville, les termina à Paris, au collége Sainte-Barbe. Son goût pour la musique se révéla de bonne heure, et dès l'âge de treize ans, sans avoir aucune connaissance de l'art d'écrire, il s'essayait à composer des morceaux qu'il harmonisait à quatre parties. Il finit par triompher des scrupules de sa famille, d'abord peu disposée à lui laisser embrasser la carrière artistique, et obtint l'autorisation de suivre le cours de solfége de Foulon. En 1848, il fut présenté à Panseron, qui, frappé de ses dispositions pour la composition, le recommanda d'une façon toute spéciale à Auber et à Carafa ; ce dernier lui témoigna beaucoup d'intérêt, et poussa l'obligeance jusqu'à faire exécuter deux de ses morceaux à orchestre par les élèves du Gymnase musical militaire, dont il était alors directeur. Auber le fit admettre au Conservatoire, dans la classe d'harmonie de Colet.

Mais M. Lefèvre ne resta pas longtemps au Conservatoire. Au bout de deux mois, il quittait Colet pour aller se mettre sous la direction de Pierre Maleden, excellent professeur avec lequel il travailla pendant dix années. C'est là qu'il puisa la connaissance étendue qu'il possède des maîtres de toutes les écoles, et qu'il commença ses travaux sur la contexture des périodes musicales, sur le rhythme et la modulation.

M. Lefèvre, que Maleden aimait comme un fils, épousa en 1865 la fille aînée de Niedermeyer, et fut bientôt nommé directeur de l'École de musique religieuse que celui-ci avait fondée en 1853. Depuis sa direction, cet établissement, qui rend à l'art des services si considérables, a pris une extension nouvelle. En dix années, M. Lefèvre, aidé de ses excellents coopérateurs, a formé et placé dans diverses églises de France 80 maîtres de chapelle et organistes, qui, tous, remplissent honorablement leur tâche, et dont plusieurs sont des artistes fort distingués. En 1872, il a reconstitué la Société de musique vocale classique sans accompagnement, qui avait été créée en 1853 par le prince de la Moskowa et Niedermeyer ; dans les six concerts que donne chaque année cette Société, elle a exécuté un grand nombre de compositions du seizième siècle inconnues à Paris ; en 1873 et 1874, elle a fait entendre à la Sainte-Chapelle l'office du lundi saint tel qu'on le dit à Rome, à la chapelle Sixtine.

M. Lefèvre a en portefeuille de nombreuses compositions vocales et instrumentales, entre autres plusieurs messes avec accompagnement d'orchestre, des quatuors, dont quelques-uns ont été exécutés dans des concerts, et la musique de la tragédie de *Roméo et Juliette* (traduction d'Emile Deschamps), dont on a entendu en public divers fragments. L'éditeur Richault prépare en ce moment la publication d'un Traité d'harmonie et celle d'un Traité d'accompagnement et de la basse chiffrée, écrits par cet artiste pour les cours de l'École qu'il dirige.

LEFORT (Jules), chanteur de concert et de salon, s'est fait sous ce rapport, il y a environ vingt-cinq ans, une certaine réputation, à l'époque des grands succès en ce genre de Mmes Lefébure-Wély et Gaveaux-Sabatier. Depuis quelques années il s'est consacré à l'enseignement, et s'est livré à des recherches spéciales sur l'émission vocale et sur la prononciation appliquée au chant. Voulant rendre public le résultat de ces recherches, il a fait paraître d'abord un opuscule intitulé : *De l'émission de la voix* (Paris, Heu. s. d.., in-4° de

21 pages, avec 16 pages d'exercices). M. Lefort a publié ensuite une *Méthode de chant* (Paris, Lemoine, in-4°), dont il a extrait une brochure imprimée sous ce titre : *Partie théorique de la la nouvelle* Méthode de chant *de Jules Lefort. Du rôle de la prononciation dans l'émisson vocale* (Paris, l'auteur, 1870, in-8° de 47 pages). En 1861, M. Jules Lefort voulut aborder la scène, et fit une fugitive apparition au Théâtre-Lyrique, où il se montra dans un opéra nouveau de M. Théodore de Lajarte (*Voy.* ce nom), *le Neveu de Gulliver*. La modestie de son succès n'ayant pas répondu à ses désirs, il ne renouvela pas cette tentative.

LE FRANÇOIS (.........), artiste qui vivait à Paris à la fin du dix-huitième siècle, imagina une guitare nouvelle, à laquelle il ajoutait un second manche et un grand nombre de cordes. Voici comment le *Calendrier musical* de 1789 décrivait l'instrument ainsi modifié : — « Cet instrument a deux manches, et a pour objet de diminuer les difficultés qui se trouvent dans la guitare ordinaire. Les deux manches contiennent entre eux dix-huit cordes. Le premier porte cinq cordes à vide, ou notes basses; elles se nomment *ut, ré, mi, fa, sol*, et celles qui sont sur le manche sont les mêmes que celles de la guitare, et portent les mêmes notes qu'elle. Le second manche, que l'auteur nomme *manche d'octave*, est le même pour l'accord que le grand, avec cette différence qu'il n'a que trois cordes de basse hors du manche, *ut, ré, sol;* mais on pourrait en mettre cinq, comme au grand. Cette quantité de cordes, et un manche de plus, semblent devoir doubler les difficultés; mais l'auteur fait observer qu'elles n'ont pas lieu, et qu'il gagne, au contraire, beaucoup, parce qu'il peut exécuter, sur son manche d'octave, et par le même doigter, ce que l'on ne peut exécuter sur le manche ordinaire, ou le premier des siens, que par un démanchement qui fait toujours courir des risques pour la justesse des sons et la précision de l'exécution. D'ailleurs, ces notes d'octaves, prononcées par d'autres cordes, produisent des sons plus vigoureux et plus agréables. Un des principaux avantages de cet instrument est sans doute d'offrir, à deux ou trois notes près, dans le bas, la même étendue que le clavecin ou la harpe, et de se prêter ainsi parfaitement à l'accompagnement de la voix. »

LEGEAY (Le R. P.), moine bénédictin de l'abbaye de Solesmes, a publié sous ce titre : *Noëls anciens* (Paris, Victor Palmé, 1876), une collection de quarante noëls populaires de la Bourgogne et de la Champagne, dont il a reproduit les paroles et la musique, en y joignant un accompagnement de piano.

LEGENDRE (Jules), virtuose sur le cornet à pistons et professeur, est l'auteur d'un manuel qu'il a publié sous ce titre en 1877 : *Traité complet d'articulation* ou *le Secret des coups de langue simples et doubles, classés, raisonnés et expliqués, pour cornet ou bugle et en général pour tous les instruments à vent* (Bruxelles, Mahillon, in-8).

LEGENTIL (A.....-F.......), a traduit en français les notices allemandes de Wegeler et Ries sur Beethoven, et les a publiées sous ce titre : *Notices biographiques sur L. Van Beethoven* par le Dr F.-G. Wegeler et Ferdinand Ries, suivies d'un supplément publié à l'occasion de l'inauguration de la statue de L. V. Beethoven à Bonn, sa ville natale, traduites de l'allemand par A.-F. Legentil (Paris, Dentu, 1862, in-12).

* **LEGNANI** (Louis). Cet artiste a publié : *Metodo per imparare a conoscere la musica e suonare la chitarra, composto colla massima semplicità e chiarezza*, Milan, Ricordi. Cet ouvrage porte le chiffre d'œuvre 250.

LEGOUIX (Isidore-Édouard), compositeur, fils d'un éditeur de musique, naquit à Paris le 1er avril 1834. Admis au Conservatoire, dans la classe de M. Henri Reber, il remporta un premier prix d'harmonie au concours de 1855; devenu ensuite élève de M. Ambroise Thomas, il obtint l'année suivante un second accessit de fugue, et, en 1860, une mention honorable au concours de l'Institut pour le grand prix de Rome. M. Legouix a fait représenter quelques ouvrages dont voici les titres : 1° *Un Othello*, th. des Champs-Elysées, 1863; 2° *le Lion de Saint-Marc*, opéra-comique en un acte, th. Saint-Germain, 24 novembre 1864; 3° *Ma Fille*, opérette en un acte, Délassements-Comiques, 20 mars 1866; 4° *Malbroug s'en va-t-en guerre*, opéra bouffe en 4 actes (en société avec MM. Bizet, Léo Delibes et Jonas), Athénée, 13 décembre 1867; 5° *le Vengeur*, opérette en un acte, Athénée, 20 novembre 1868; 6° *les Dernières Grisettes*, opéra bouffe en 3 actes, Fantaisies-Parisiennes (Bruxelles), 12 décembre 1874; 7° *le Mariage d'une étoile*, opérette en un acte, Bouffes-Parisiens, 1er avril 1876; 8° *Madame Clara, somnambule*, « folie » en un acte avec airs nouveaux, Palais-Royal, mars 1877. Il a en portefeuille une opérette en un acte, *la Tartane*, reçue naguère au théâtre de l'Athénée, mais non représentée. M. Legouix a écrit aussi, en société avec MM. Hervé et

Ch. Lecocq, la musique d'une pochade musicale en un acte, *Deux Portières pour un cordon*, qui fut jouée au Palais-Royal au mois de mars 1869, et pour laquelle les trois compositeurs abritèrent leurs noms sous le pseudonyme collectif d'*Alcindor*. Il a donné au journal *le Magasin des Demoiselles* la musique de deux opérettes, *Quinolette* et *la Clef d'argent*, qui n'ont pas été représentées, et il a publié quelques romances et mélodies vocales. M. Legouix est un artiste aimable, instruit, distingué, qui n'a que le tort de respecter l'art qu'il exerce, et qui aurait réussi aussi bien et peut-être mieux que d'autres s'il avait voulu se lancer dans le champ de la musique grotesque et prétendue bouffe, si fort en honneur depuis vingt ans.

LEGRAND (Pierre), pianiste, organiste et compositeur, devint en 1780 « *maître de musique* » du théâtre du grand Opéra et de la Société des Concerts de Marseille. Il avait succédé dans ces fonctions à Rey, qui fut depuis chef d'orchestre à l'Opéra à Paris, et il fut remplacé en 1793 par Parent du grand Opéra. Cet artiste avait acquis dans le midi de la France une assez grande notoriété comme compositeur. Il a écrit des ouvertures et des marches pour orchestre, des motets à grand chœur et des messes. En 1783, il fit chanter à la Société des Concerts *l'Hymne des Lys*, cantate, et, en 1792, des chœurs qu'il avait composés pour l'*Athalie* de Racine. Ce fut lui qui enseigna l'harmonie à Della Maria. Le 20 pluviôse an IX, il fut reçu membre de l'Académie de Marseille, dans la section de musique que venait de former cette compagnie : Delatre et lui furent les deux premiers musiciens admis. Il mourut en 1809.

Al. R—d.

* **LEGROS** (Joseph), chanteur célèbre de l'Opéra. Le petit ouvrage dont cet artiste avait écrit la musique en société avec Desormery avait pour titre non *Hylas et Sylvie*, mais *Hylas et Églé*, et fut représenté à l'Opéra le 16 février 1775. Ces deux artistes avaient fait annoncer en 1774, dans le *Mercure*, la prochaine publication d'un *Recueil d'airs et de duos* dont ils étaient les auteurs ; mais je ne crois pas que cette publication ait eu lieu. (*Voyez* Desormery).

LEIDGEBEL (Amand-Léopold), pianiste, organiste, compositeur et professeur allemand, est né à Guhrau le 26 décembre 1816, alla faire ses études musicales à Breslau, et se rendit ensuite à Berlin, où je crois qu'il est toujours fixé. Cet artiste, qui est fort estimé dans sa patrie, a publié environ quarante œuvres consistant en sonates pour piano seul et pour piano et violon, caprices de concert et morceaux de genre pour un ou deux pianos, etc.

LEITE (Antonio da Silva), né à Porto (Portugal) vers la fin du XVIIIe siècle, fut maître de chapelle de la cathédrale de cette ville et compositeur distingué. Il a publié : 1° *Resumo de todas as regras, e preceitos da Cantoria assim da Musica metrica, como do Canto-chão, dividido em duas partes*. Porto, 1787, petit in-4° de VIII-43 pag. et deux planches gravées (l'auteur dit dans le prologue de cet ouvrage qu'il imprimera bientôt une *Arte de acompanhamento*, et un autre *Arte de Contraponto*, mais ces ouvrages n'ont pas paru ; 2° *Estudo da Guitarra em que se expõe o modo mais facil para aprender este instrumento*, Porto, 1795, 2 in-fol. de 38 pag. pour le texte, pour l'Index et XXIII pag. d'exemples de musique. Il a paru une 2me édition de cet ouvrage en 1796 avec quelques altérations dans le titre, mais elle n'a pas été augmentée. La plupart des compositions de Leite n'ont pas été imprimées ; je ne connais que : *Seis Sonatas de Guitarra com acompanhamento de Rabeca e duas Trompas ad libitum*, 1792, in fol. ; et *Hymno patriotico a grande orchestra*, Paris, 1820, in-fol. chez Ignace Pleyel et fils aîné (édition de luxe gravée par Richomme et ornée du portrait du roi Jean VI). Cet hymne fut exécuté à Porto dans le théâtre de S.-João lors du couronnement de ce prince. Je citerai encore un *Tantum ergo a 4 vozes e orchestra*, 1815. Il a aussi composé beaucoup de *Modinhas* pour un journal de musique de 1793. Je ne connais pas la date de la mort de Leite.

Un autre compositeur du même nom, le Père José Leite, jésuite, a composé la musique d'un drame allégorique : *Angola triumphante*, qui fut représenté à Lisbonne, au collége des Jésuites (Santo-Chitão), le 18 juillet 1620. Ce drame, composé de quatorze scènes, n'est pas connu.

J. de V.

* **LEJEUNE** (Claude). On trouve quatre chansons de cet artiste célèbre dans le recueil divisé en six livres que Pierre Phalèse publia à Louvain en 1555-1556, et dont le premier parut sous ce titre : *Premier livre des chansons à quatre parties, nouvellement composez (sic) et mises en musicque, convenables tant aux instrumentz comme à la voix* (Louvain, 1555, in-4°).

LEJEUNE, est le nom d'une famille de luthiers qui n'étaient point sans renommée et qui exerçaient leur profession à Paris dans la seconde moitié du dix-huitième siècle. Le premier dont il soit fait mention est *François Lejeune*, qui, dès 1764, faisait partie de la corporation des luthiers-maîtres-jurés-comptables, et dont le nom se trouve dans une série de règlements de comptes de cette corporation qui sont conservés dans un carton des Archives nationales. François Lejeune vivait encore en 1785, et demeurait rue de la Juiverie. Ses violons paraissent avoir été estimés. Deux autres, *Jean-Charles Lejeune* et *Louis Lejeune*, étaient établis fabricants de violons, aussi à Paris, en 1783. Enfin, un quatrième, *Jean-Baptiste Lejeune*, à la fois luthier et facteur de harpes, était installé à la même époque rue Montmartre; il vivait encore en 1788, date à laquelle on n'a plus de renseignements sur aucun des précédents.

Les Lejeune, luthiers, formèrent d'ailleurs une véritable dynastie. En 1819, on en comptait trois : *Lejeune aîné*, demeurant cour du Commerce, 10; *Lejeune cadet*, fixé dans la rue Montmartre, au passage Charot; et *Lejeune fils*, établi non loin de là, passage du Saumon. De 1836 à 1846, on ne trouve plus trace que de l'un d'entre eux, qui demeurait au n° 13 de la rue Boucherat; enfin, le dernier survivant de cette famille, fixé en 1862 rue Saint-Claude, au Marais, mourut, dit-on, en 1870.

LEJEUNE (Ernest), compositeur et professeur, établi à Calais, a fait représenter sur le théâtre de cette ville les deux opéras-comiques en un acte dont voici les titres : 1° *La Chanson de Laujon* (août 1862); 2° *Un Mariage normand* (avril 1868).

LE JOLIS (A......) est auteur d'un écrit ainsi intitulé : *De la tonalité du plain-chant comparée à la tonalité des chants populaires*, inséré dans la *Revue archéologique*. Il a été fait un tirage à part de cet opuscule (Paris, 1859, in-8°).

LÉLU (.......), compositeur dramatique, s'est fait connaître par la représentation de deux petits opéras-comiques en un acte, dont le premier, intitulé *le Cousin et la Cousine*, eut un sort très-fâcheux. Joué au théâtre Feydeau le 1er avril 1798, cet ouvrage, dont le poëme avait été écrit par Pigault-Lebrun, tomba si lourdement qu'il ne reparut jamais à la scène et que sa première représentation fut aussi la dernière. Le second, qui avait pour titre *le Niais par ruse* ou *la Mine cache le jeu*, fut donné au petit théâtre des Jeunes-Artistes vers la fin de l'année 1801. On doit à cet artiste un assez grand nombre de romances dont les titres se trouvent dans la *Bibliographie musicale* (de César Gardeton) et trois nocturnes italiens à deux voix. Lélu, qui se fit plus tard éditeur de musique, vivait encore en 1822.

* **LEMAIRE** (Charles). Outre le livre de cantates signalé au nom de ce compositeur, on a de lui les quatre cantates suivantes, publiées séparément chez Ballard : *le Sacrifice d'amour*, *Endymion*, *la Constance*, et *le Retour du Printemps*.

LEMAIRE (Théophile), professeur de chant et écrivain sur la musique, est né à Essigny-le-Grand (Aisne), le 22 mars 1820. Doué d'une magnifique voix de basse profonde, il fut admis, le 15 décembre 1849, au Conservatoire de Paris, et suivit dans cet établissement les cours de Garcia pour le chant, de Michelot pour l'opéra, et de Moreau-Sainti pour l'opéra-comique. Atteint, en 1851, d'une bronchite aiguë qui l'obligea d'interrompre ses études musicales, il se vit forcé de quitter le Conservatoire. Rendu à la santé par les soins de son ami, M. le docteur Blanche, il renonça à la carrière théâtrale, à laquelle il s'était préparé, et se consacra d'une façon absolue à l'enseignement. Il se livra dans ce but à des études spéciales, consulta tous les traités de l'art du chant, et bientôt réunit une bibliothèque musicale qui est devenue l'une des plus importantes que l'on puisse trouver chez un particulier.

C'est en consultant les innombrables méthodes de chant dont il avait formé une si riche collection, que M. Lemaire conçut la pensée de doter notre littérature musicale de la traduction d'un ouvrage de Pierfrancesco Tosi, très-curieux et plein d'intérêt : *Opinioni dei cantori antichi e moderni, ossieno osservazioni sopra il canto figurato* (Bologne, 1723). Cet ouvrage, dont il existait depuis longtemps une version anglaise et une version allemande, n'avait jamais été traduit en français. M. Lemaire se chargea de ce travail utile, l'exécuta avec beaucoup de soin et une grande exactitude, et publia sa traduction sous ce titre : *L'Art du chant, opinions sur les chanteurs anciens et modernes, ou observations sur le chant figuré, par Pierfrancesco Tosi, traduit de l'italien et accompagné de notes et d'exemples, par Théophile Lemaire*, Paris, Rothschild, 1874, in-16. Depuis lors, et en société avec M. Henri Lavoix (*Voy.* ce nom), M. Lemaire travaille à un ouvrage très-important, qui sera publié sous les auspices et avec le concours du ministère des Beaux-Arts ; cet ouvrage n'est autre qu'une *Histoire complète de l'art du chant*, depuis les temps les plus reculés jusqu'à nos jours; il comprendra un résumé de toutes les méthodes de chant de toutes les époques, un parallèle des deux écoles italienne et française, des remarques sur les chanteurs italiens et les chanteurs français, la bibliographie des ouvrages relatifs au chant, etc., etc. *L'Histoire de l'art du chant* formera un volume in-4° de 500 pages environ, avec de nombreux exemples de musique, et paraîtra dans le cours de l'année 1878.

LE MAIRE (.........), dit *l'aîné*, violoniste qui vivait dans la première moitié du dix-huitième siècle, a publié un *Premier Livre de sonates pour le violon, avec la basse continue* (Paris, 1739, in-f°).

* **LEMAÎTRE** ou **LE MAISTRE** (Mathieu), compositeur du seizième siècle, a été l'objet d'un travail biographique important. M. Otto Kade, directeur de la musique du grand-duc de Mecklembourg-Schwerin, a publié sur lui un livre ainsi intitulé: *Mattheus Le Maistre, niederlændischer Tonsetzer und churfürstlich sæchsischer Kapellmeister* (*Matheus Le Maistre, compositeur néerlandais et maître de chapelle de l'Électeur de Saxe*), Mayence, Schott fils, 1862, 1 volume grand in-8° avec musique et *fac-simile*. On voit, d'après le titre de cet ouvrage, que Lemaître doit être considéré non comme Belge, mais comme Néerlandais. Je ne puis d'ailleurs parler plus longuement du travail de M. Otto Kade, ne l'ayant pas eu entre les mains.

LEMANISSIER (Charles), compositeur et professeur, l'un des chefs d'orchestre de la Société philharmonique de la Rochelle, a écrit une musique entièrement nouvelle sur deux anciens vaudevilles, qu'il a ainsi transformés en opéras-comiques et fait représenter sur le théâtre de la Rochelle : 1° *le Dîner de Madelon* (mars 1859); 2° *le Cabaret de Lustucru* (mars 1861).

LEMARIÉ (.......), compositeur amateur, a fait représenter au théâtre de l'Athénée, le 28 juin 1873, un opéra-comique en un acte, intitulé *Royal-Champagne*.

LE MARTINEL (Pierre), compositeur, naquit en Normandie vers le milieu du seizième siècle. Ayant pris part, en 1580, au concours du puy de musique d'Evreux, il s'y vit décerner le prix de la lyre d'argent pour une chanson française : *Pourroys-je sans mourir?*

* **LE MAURE** (Catherine-Nicole), une des plus illustres chanteuses de l'Opéra au siècle dernier, naquit à Paris le 3 août 1703 (et non 1704); reçue dans les chœurs en 1719, elle débuta comme chanteuse soliste, au courant de décembre 1721, en remplaçant Mlle Eremans dans le prologue de Phaéton (et non par le rôle de Céphise, dans *l'Europe galante*, en juin 1724). Je pourrais continuer indéfiniment ces rectifications, car le peu qu'on savait jusqu'à ces derniers temps sur le compte de Mlle Lemaure était bien inexact : De la Borde, par exemple, puis Castil-Blaze et Fétis, plaçaient son début trois ans trop tard. C'est là une des nombreuses erreurs qu'ils ont commises sur son compte et qu'il serait trop long de relever une à une. Ici, ils retardent de trois ans, ailleurs ils avancent d'autant; c'est un enchevêtrement d'inexactitudes et d'erreurs dans lesquelles l'un se trompe en voulant corriger l'autre, et *vice versâ*. Il est, d'ailleurs, très-difficile de suivre les allées et venues d'une chanteuse qui ne faisait que quitter l'Opéra et y rentrer : on ne parvient à démêler la vérité qu'en suivant mois par mois le *Mercure*, dont les indications sont d'une précision extrême, à une date, à un jour près. C'est ce que j'ai fait dans mon travail : *l'Église et l'Opéra en* 1735, *Mlle Lemaure et l'évêque de Saint-Papoul* (Paris, Detaille, 1877), où j'ai dû retracer de la façon la plus complète la carrière trop ignorée de cette illustre actrice, en même temps que je republiais certaines pièces de fantaisie très-amusantes et devenues rares qui font connaître au mieux les goûts légers de nos ancêtres et les amusements satiriques, les écrits facétieux dont les gens de bon ton étaient si fort épris il y a un siècle et demi. Je renverrai le lecteur à cette brochure, non sans ajouter que je crois avoir mis à profit, en les vérifiant l'un par l'autre, tous les renseignements fournis sur cette actrice par les livres sérieux ou facétieux, par les mémoires privés ou plus ou moins publics du temps, en recherchant aussi tous les détails précis et inédits que pouvaient me fournir sur Mlle Lemaure les manuscrits conservés aux Archives, à la Bibliothèque nationale et à l'Opéra.

Ad. J—n.

* **LEMIÈRE DE CORVEY** (Jean-Frédéric-Auguste). Outre *la Dame du Lac* et *Tancrède*, de Rossini, dont cet artiste fut l'arrangeur pour les traductions qui en furent données à l'Odéon, il arrangea sous ce titre : *le Testament*, un autre ouvrage de Rossini (lequel?), qui fut aussi représenté à ce théâtre, le 22 janvier 1827.

* **LEMMENS** (Jacques-Nicolas). Depuis environ douze ans, cet artiste fort remarquable est fixé à Londres, où il est devenu organiste de l'église des Jésuites. Il a publié en 1876 un très-beau recueil de 3 sonates pour orgue. En compagnie de sa femme, Mme Lemmens-Sherrington, qui s'est fait en Angleterre une grande réputation de cantatrice, M. Lemmens a donné de nombreux concerts qui ont obtenu un très-grand retentissement. Mme Lemmens est considérée aujourd'hui,

à Londres, comme la première cantacrice anglaise ; elle a obtenu de grands succès, non-seulement dans les concerts et festivals, comme chanteuse d'oratorios, mais aussi sur l'une des scènes italiennes de la grande métropole, où elle s'est produite de la façon la plus favorable, en 1866, 1867 et 1868, dans les rôles d'Adalgise de *Norma*, Elvire de *la Muette de Portici*, Inez de *l'Africaine*, Alice de *Robert le Diable*, Elvire de *Don Juan* et Angèle du *Domino noir*.

En 1858, un an après son mariage, un journal de Londres, *the Illustrated London news*, parlait ainsi de Mme Lemmens-Sherrington : « Hélène Sherrington est née à Preston en 1834. Très-jeune, elle quitta l'Angleterre avec ses parents, et résida pendant plusieurs années, d'abord en Hollande, et ensuite en Belgique. Elle continua ses études musicales au Conservatoire de Bruxelles, et obtint bientôt de grands succès dans les concerts en France et en Hollande. Au printemps de 1856, Mlle Sherrington fit sa première apparition à Londres; elle y reçut un accueil si flatteur qu'elle se détermina à visiter cette capitale chaque année. Elle habite ordinairement Bruxelles, à cause de son mariage avec M. Lemmens, professeur au Conservatoire de Bruxelles (3 janvier 1857). La voix de Mme Lemmens est pure, brillante et flexible. Son étendue excède deux octaves et demie, avec une singulière facilité de vocalisation. Mme Lemmens unit à beaucoup de sentiment naturel une expression d'artiste, un style distingué et gracieux ; en résumé, c'est une des cantatrices les plus distinguées du jour. »

Deux sœurs cadettes de Mme Lemmens, Mlles Joséphine et Grace Sherrington, se sont fait connaître aussi à Londres comme chanteuses de concerts, et paraissent ne point manquer de talent. Mme Lemmens et Mlle Grace Sherrington ont écrit quelques mélodies vocales.

LEMOINE (Achille), compositeur et éditeur de musique, né à Paris le 15 avril 1813, est fils d'Henry Lemoine et petit-fils d'Antoine Lemoine, qui fonda en 1780 la maison de commerce de musique qui n'a cessé de porter ce nom et qui est la plus ancienne de Paris. Comme pianiste, M. Achille Lemoine fut élève de Brice, d'Henri Bertini et de Kalkbrenner, et se livra ensuite à l'enseignement tout en publiant quelques compositions légères pour son instrument, bagatelles, fantaisies, transcriptions, etc., qu'il donnait généralement sous le pseudonyme de *Heintz*. Son père, Henry Lemoine, homme intelligent et artiste fort distingué, avait su réunir un ensemble judicieux d'ouvrages relatifs à l'enseignement musical, et s'était placé au premier rang des éditeurs de Paris. A sa mort, en 1852, M. Achille Lemoine, associé depuis deux années à la maison, en resta le seul directeur ; il continua les traditions paternelles, et s'efforça surtout de populariser en France les œuvres des grands maîtres. Dans ce but il commençait, dès 1858, la publication d'une immense collection connue sous le nom de *Panthéon des Pianistes* et publiée dans un format nouveau et dans des conditions de bon marché inconnues jusqu'alors en Europe. Le *Panthéon des Pianistes*, qui réunissait les œuvres d'Haydn, de Mozart, de Beethoven, de Chopin, de Clementi, de Dussek, de Hummel, de Mendelssohn, de Weber, etc., réunissait à la beauté de la gravure, à la modicité du prix, une correction qui en faisait une des plus belles et des meilleures éditions connues jusqu'à ce jour. Grâce à cette publication qui comprend aujourd'hui environ six cents numéros, les jeunes gens, artistes ou amateurs, ont pu parvenir à se former sans grands frais une excellente bibliothèque musicale, ce qui était impossible naguère, avec le haut prix de la musique. Il convient de remarquer que les maisons allemandes qui depuis sont entrées dans cette voie, telles que celles de MM. Enoch, Peters, etc. n'ont fait qu'imiter M. Achille Lemoine et ne sont venues qu'après lui. A côté du *Panthéon des Pianistes*, M. Lemoine, qui comprenait l'utilité morale de la musique et avait pour but d'en rendre l'étude plus facile aux enfants, créait deux autres publications excellentes et particulièrement destinées au jeune âge, le *Petit Pianiste* et l'*École d'accompagnement*. Bientôt, sa maison prenant une très-grande extension, il songea à en centraliser tous les services et à les grouper sous sa main, en faisant construire des ateliers de gravure et d'impression qui lui permirent de perfectionner et de développer encore l'œuvre qu'il avait entreprise, en lui donnant la possibilité d'avoir sous les yeux et de surveiller sans cesse les graveurs, les imprimeurs, les brocheurs. Il entreprit alors des publications de luxe qui sont l'honneur du commerce de musique français, et mit au jour de nombreuses méthodes d'enseignement qui ne pouvaient qu'augmenter encore la renommée qu'il s'était acquise. Les jurys de diverses Expositions, soit en France, soit à l'étranger, ont apprécié de la façon la plus favorable les excellents travaux de M. Achille Lemoine, qui a été nommé chevalier de la Légion d'honneur à la suite de l'Exposition universelle de Vienne de 1873.

LEMONNIER (Louise-Thérèse-Antoinette Regnault-Bonscours, femme), connue d'abord sous le nom de Mlle Regnault, fut l'une des chanteuses les plus remarquées de l'Opéra-

Comique. Née à Brest le 24 août 1789, elle débuta, âgée de seize ans, à Rouen, dans *le Prisonnier* et *Maison à vendre*, et resta quatre ans en cette ville, d'où un ordre du surintendant des théâtres la fit venir à Paris pour débuter à l'Opéra-Comique. Elle y parut avec succès, le 16 décembre 1808, dans *Isabelle et Gertrude* et *le Jugement de Midas*. Sa rivalité à ce théâtre avec Mme Duret-Saint-Aubin — rivalité tout amicale — est restée célèbre, et l'on sait que, tandis que Boieldieu écrivait surtout pour elle, Nicolo écrivait surtout pour la seconde. (V. l'article BOIELDIEU au 2e vol. de la *Biographie*.) Elle épousa, en 1817 ou 1818, un de ses camarades de l'Opéra-Comique, Lemonnier, et créa avec succès un nombre considérable d'ouvrages, parmi lesquels *Cendrillon*, *l'Enfant prodigue*, *Jean de Paris*, *le Nouveau Seigneur de village*, *Jeanne d'Arc*, *Leicester*, *Danilowa*, *Joséphine*, etc. L'empereur Napoléon Ier prisait beaucoup son talent. Elle se retira du théâtre en 1828, et, environ dix années après, lorsque son mari eut pris sa retraite à son tour, elle alla habiter avec lui Saint-Sever (Calvados), où elle est morte seulement le 5 avril 1860.

Son mari, *Louis-Augustin Lemonnier*, avait commencé sa carrière dramatique au petit théâtre des Jeunes-Artistes, qui, avec tant d'autres, fut fermé en 1807 par suite du décret impérial qui rétablissait le régime des privilèges et réduisait de plus de moitié le nombre des théâtres alors ouverts dans Paris. Lemonnier s'en alla bientôt à Rouen, puis à Bruxelles, où il joua l'emploi des *Colins*. Engagé à Paris, au théâtre de l'Opéra-Comique, il y débuta, le 5 mai 1817, dans *Jeannot et Colin* et *Paul et Virginie*. Lemonnier n'était pas vraiment un chanteur, et sa voix, quoiqu'agréable et bien conduite, était courte et sans grande portée; mais c'était un excellent comédien, doué d'un beau physique, plein de distinction, et il sut bientôt se faire un emploi approprié à ses facultés. Il fit d'heureuses créations dans *l'Artisan*, *les Petits Appartements*, *l'Orphelin et le Brigadier*, *la Vieille*, *l'Exil de Rochester*, *la Fiancée*, *Danilowa*, *Trois jours en une heure*, *Joséphine*, *le Grand Prix*, *Masaniello*, *le Mariage à l'Anglaise*, *le Roi et le Batelier*, *le Colporteur*, *les Deux Mousquetaires*, *Ludovic*, *l'Homme sans façons*, *les Deux Nuits*, et surtout *le Pré aux Clercs*, où le rôle de Comminges lui fit beaucoup d'honneur. Après vingt ans de bons services, Lemonnier quitta le théâtre en 1837. Plus jeune que sa femme de trois ou quatre ans, il s'en alla vivre avec elle à Saint-Sever, où il lui survécut de de cinq années. Il mourut dans cette retraite, où il était volontairement seul et isolé, le 4 mars 1875, âgé de 82 ans. Son fils, M. Lemonnier, avait été joaillier de la couronne sous le second empire, et sa petite-fille a épousé il y a quelques années M. Georges Charpentier, l'éditeur-libraire bien connu.

LEMOYNE (JEAN-BAPTISTE **MOYNE**, dit). — L'un des premiers ouvrages de cet artiste fut une vaste composition en forme d'oratorio, écrite par lui sur une poésie de Gilbert : *Ode sur le combat d'Ouessant* et qu'il fit exécuter au Concert spirituel en 1778, l'année même de ce combat fameux.

LENEPVEU (CHARLES-FERDINAND), né à Rouen le 4 octobre 1840, fit ses études au lycée de cette ville, et sentit de bonne heure s'éveiller en lui un goût prononcé pour la musique, goût qu'il ne put satisfaire tout d'abord autant qu'il l'aurait voulu; car son père, avocat au barreau de Rouen, prétendait lui faire suivre la carrière que lui-même avait parcourue, et il lui interdisait à cet effet toute étude pouvant l'en détourner. Le jeune Lenepveu se soumit, tant bien que mal, à la volonté paternelle; mais lorsqu'à l'âge de dix-neuf ans, il se vit pourvu du diplôme de bachelier ès lettres, il manifesta le désir d'aller suivre à Paris les cours de la Faculté de Droit. Tel était, du moins, le prétexte dont il couvrait l'intention, bien arrêtée chez lui, de donner satisfaction à ses aspirations musicales, et d'étudier sérieusement l'art dont les séductions promettaient de s'accroître pour lui à mesure qu'il en aurait pénétré les secrets. La permission qu'il demandait lui ayant été accordée, il vint à Paris, et, tout en étudiant le Code et le Digeste, il reçut, durant trois années, de M. Augustin Savard, professeur au Conservatoire, de substantielles leçons concernant le solfége et l'harmonie.

Ce fut au cours de ces études que M. Lenepveu trouva l'occasion de s'essayer pour la première fois comme compositeur. La Société des Beaux-Arts de Caen avait mis au concours une cantate destinée à célébrer le centième anniversaire de la fondation de la Société d'Agriculture et de Commerce de la même ville. M. Lenepveu entra en lice, et obtint le premier prix, consistant en une médaille d'or. Sa cantate fut exécutée, le 29 juillet 1862, à l'hôtel de ville de Caen.

Encouragé par ce premier succès, le jeune compositeur ne songea plus qu'à suivre hardiment la voie qu'il regardait comme sienne. Il obtint, par l'entremise de M. Savard, son admission au Conservatoire, dans la classe de M. Ambroise Thomas, et en 1865, après deux années consacrées à l'étude du contrepoint, de la fugue et de la composition idéale, il se présenta au concours pour le prix de Rome. Reçu second en loges, il fut plus heureux encore au concours définitif, et le grand prix lui fut décerné. Avant de partir pour Rome, il fit entendre dans la salle des concerts du Conservatoire, le 3 janvier 1866, sa cantate, *Renaud dans les jardins d'Armide*. Un duetto, extrait de cette partition, a été publié par l'éditeur M. Hiélard.

Pendant son séjour à Rome, lequel dura jusqu'au mois de juillet 1868, M. Lenepveu se livra à différents travaux de composition; il prit part notamment à l'un des concours de composition dramatique ouverts par le ministère des Beaux-Arts, et revint à Paris avec une partition complète, écrite sur le poëme de M. de Saint-Georges, *le Florentin*. En attendant le résultat de ce concours, il reprit ses études de contrepoint et fugue avec un artiste du plus haut mérite, et dont la fin prématurée a inspiré bien des regrets : nous voulons parler d'Alexis Chauvet (*Voy.* ce nom), l'éminent organiste de la Trinité, près duquel bon nombre de nos jeunes musiciens ont trouvé de précieux conseils et des encouragements efficaces.

Au mois de novembre 1869, M. Lenepveu se vit proclamer lauréat du concours d'opéra-comique, concours auquel avaient pris part soixante-trois compositeurs. Les événements politiques mirent obstacle à la représentation du *Florentin* dans le délai promis; comme heureuse diversion à la longue attente qu'eut à subir en cette circonstance le musicien, il rencontra un succès dans la production d'une messe de *Requiem* qui fut entendue pour la première fois à Bordeaux, le 20 mai 1871, au profit des victimes et des orphelins de la guerre. Des fragments de ce *Requiem* ont été exécutés à Paris, en 1872, par la Société des Concerts du Conservatoire, et en 1873, aux Concerts populiraes; l'œuvre tout entière a eu depuis de nouvelles auditions à Bordeaux.

Enfin, après de longs délais et des démarches réitérées, *le Florentin* fit son apparition sur la scène de l'Opéra-Comique, le 26 févirer 1874, et y fut très-convenablement accueilli, sinon avec une grande faveur. M. Lenepveu travaille en ce moment à un grand opéra, *Velléda*, dont le poëme, de M. Augustin Challamel, est emprunté aux *Martyrs* de Chateaubriand.

Il a publié, chez l'éditeur M. Hiélard, des morceaux de piano, d'une facture soignée, parmi lesquels nous citerons : *Barcarolle*, *Berceuse*, etc., et un certain nombre de mélodies : *la Jeune Captive*, *Rappelle-toi*, *Chanson*, *Je ne le dirai pas*, etc. La partition du *Florentin* a été publiée à Paris, chez M. Achille Lemoine (1). — J. C-z.

(1) M. Lenepveu a publié dans le journal *le Magasin des Demoiselles* la musique d'une opérette, *l'Anniversaire*, qui n'a pas été représentée. — A. P.

LENOIR (E.....-E.....-C.....), compositeur religieux, maître de musique de la Sainte-Chapelle du roi, à Dijon, vivait en cette ville dans la seconde moitié du dix-huitième siècle. Dans son opuscule : *les Musiciens bourguignons*, publié en 1854, M. Charles Poisot disait à son sujet : « M. Henri Joliet possède de ce compositeur un recueil manuscrit de pièces de musique composées pour l'Église en 1785. Ce petit in-4° contient sept psaumes, un *Ave Maris stella*, un *Magnificat*, le cantique *Cantemus Domino*, un *Kyrie*, *Gloria* et *Credo* à quatre voix, un *Domine salvum*, un répons et des fragments d'une grand'messe à symphonie. »

LENOIR-DUPLESSIS (Le chevalier), a écrit la musique d'un mélodrame en un acte, *l'Amour enchaîné par Diane*, qui fut représenté en 1779 au théâtre des Élèves de la danse pour l'Opéra.

* **LENZ** (Léopold), chanteur et compositeur de *lieder*, est mort à Munich le 17 juin 1862.

* **LENZ** (Guillaume DE), dilettante passionné et écrivain sur la musique, est né en 1809. On lui doit un écrit publié sous ce titre : *Liszt*, *Chopin*, *Tausig*, *Henselt*, Berlin, Bote et Bock, 1872. Il a fourni des articles au *Journal de Saint-Pétersbourg* (sous l'initiale L), ainsi qu'à diverses feuilles allemandes, entre autres à la *Neue Berliner Musikzeiteing*.

* **LEO** (Leonardo). A la liste des ouvrages dramatiques de ce maître, il faut ajouter les suivants : 1° *il Trionfo di Camilla, regina de' Volsci*, Rome, th. Capranica, 1726; 2° *il Conte*, Naples, th. des Fiorentini; 3° *Alidoro*, id., id., 1740; 4° *la Fedeltà odiata*, id., id, 1744; 5° *Ezio*.

LEO (Charles), compositeur allemand, a écrit la musique d'une opérette, *Podol*, qui a été jouée au théâtre Wallner, de Berlin, au mois de novembre 1867.

* **LÉONARD** (Hubert), célèbre violoniste belge, est depuis plusieurs années fixé à Paris, où il s'est consacré à l'enseignement, et semble avoir renoncé complètement à se faire entendre en public. Je crois utile de reproduire ici la liste complète des œuvres publiées par cet artiste fort distingué, telle qu'elle m'a été communiquée par lui-même : 1° *Gymnastique du violoniste*, ou résumé des éléments les plus utiles à travailler journellement; 2° *La Petite Gymnastique du jeune violoniste*; 3° 24 Études classiques; 4° 24 Études harmoniques, dans les différentes positions; 5° *École Léonard*, méthode de violon;

6° *l'Ancienne École italienne* (étude spéciale de la double-corde), recueil de fugues et de morceaux divers de Corelli, Tartini, Geminiani et Nardini, harmonisés d'après la basse des auteurs; 7° 6 sonates de Tartini, harmonisées d'après la basse de l'auteur; 8° *Le Trille du Diable* de Tartini, id., 9° 5 concertos, avec accompagnement d'orchestre; 10° 17 fantaisies, *id.*; 11° 6 solos de concertos, avec accompagnement de piano; 12° 10 Petits Morceaux caractéristiques, avec piano; 13° Sérénade pour trois violons; 14° plus de 60 duos pour piano et violon, sur des motifs d'opéras, en société avec Joseph Gregoir; 15° 4 duos originaux pour piano et violon, avec M. Henri Littolff; 16° 4 duos pour violon et violoncelle, avec Servais; 17° Duo de concert, pour deux violons; 18° Valse-caprice de concert; 19° 5 mélodies de Richard Wagner, transcrites pour le violon avec accompagnement de piano. Tous ces ouvrages ont été publiés à Paris, chez Richault, ou à Bruxelles, chez Schott.

LÉONCE (Le Frère), de la communauté des frères du pensionnat de Passy, près Paris, a publié les œuvres suivantes de musique religieuse: 1° Messe solennelle à quatre voix, avec accompagnement d'orchestre ou d'orgue (Paris, Gérard); 2° Deuxième Messe à quatre voix, avec acompagnement d'orgue ou de petit orchestre (id., id.); 3° *Kyrie*, avec accompagnement d'orgue ou de piano (id., id.); 4° *Gloria*, id. (id., id.); 5° *Credo*, id. (id., id.); 6° *Sanctus*, id. (id., id.); 7° *Agnus Dei*, id. (id., id.); 8° *Tablettes de l'organiste*, 120 versets faciles et chantants, dans les tons les plus usités, pouvant servir pour toutes les parties de l'office divin (Paris, Prilipp, in-8° oblong).

LEONHARD (Jules-Émile), pianiste et compositeur. Deux fautes typographiques se sont glissées dans la notice consacrée à cet artiste. Son nom doit s'écrire *Leonhard*, et non *Leonhardt*, et il est né à Lauban, et non Lauben.

LEONI (A......), musicien italien du dix-neuvième siècle, est l'auteur d'un opéra intitulé *Ariele*. On lui doit aussi un *Salve Regina* à voix seule et quelques mélodies vocales.

LEONI (José-Maria-Martins), théoricien portugais, a écrit: *Principios de musica theorica e pratica, para instrucçao da musica de portugueza* (Lisbonne, 1833, in-4° de 52 pp. et 8 planches d'exemples)'; ce n'est que la première partie de cet ouvrage; le reste n'a pas paru, que je sache. Avant les exemples, on trouve une analyse favorable de cet ouvrage, faite par le savant compositeur Frei José Marque se Silva.

J. de V.

LE PAGE (L......), acteur de l'Opéra, où il chantait les basses-tailles, entra à ce théâtre au mois de novembre 1735, et prit sa retraite en 1752. Il y fit un assez grand nombre de créations importantes, dont plusieurs dans des ouvrages de Rameau, ce qui est une présomption en faveur de son talent, car on sait combien cet illustre maître était difficile en ce qui concernait ses interprètes. Voici la liste des ouvrages dans lesquels il établit des rôles: *Castor et Pollux*, *les Fêtes d'Hébé*, *Zaïde, reine de Grenade*, *Dardanus*, *Isbé*, *les Fêtes de Polymnie*, *le Temple de la Gloire*, *l'Année galante*, *les Fêtes de l'hymen et de l'amour*, *Léandre et Héro*, *Almasis*, *Titon et l'Aurore*. Le petit almanach intitulé *le Tableau des Théâtres* (pour 1749), consacrait à Le Page ce quatrain, dans lequel la langue n'était pas moins maltraitée que la poésie:

> Comique, grave, sérieux,
> Le Page remplit tous les rôles;
> Faire les valets et les dieux
> Ne sont pas des emplois frivoles.

Le Page épousa Mlle Eremans (*Voyez* ce nom), qui était sa camarade à l'Opéra. Il avait un frère, désigné sous le nom de *Le Page cadet*, comme lui attaché à ce théâtre, « dans les chœurs et doublant les rôles. »

LE PEINTRE (.......), musicien qui vivait dans la seconde moitié du dix-septième siècle, était renommé à Paris pour son talent sur le violon. Ce talent ne devait pas laisser que de lui être productif, si l'on en juge par ces lignes dans lesquelles Richelet, au mot Violon de son *Dictionnaire français*, parle de cet artiste: « Le poète Martial disait autrefois que pour faire fortune à Rome il fallait être violon. Quand on dirait aujourd'hui la même chose de Paris, on dirait peut-être assez la vérité. Le Peintre, l'un des meilleurs joueurs de violon de Paris, gagne plus que Corneille, l'un des plus excellents et de nos plus fameux poëtes français. » Ce passage de Richelet est du reste le seul témoignage que j'aie rencontré de l'existence de cet artiste.

LEPIN ou **LE PIN** (......), probablement frère du claveciniste du même nom, vivait ainsi que lui à Paris dans la seconde moitié du dix-huitième siècle. Violoncelliste amateur, il a publié quelques compositions pour son instrument. Je n'ai eu connaissance que des suivantes: 1° Trois sonates pour le violoncelle avec accompagnement de basse, op. 1; 2° Sonates pour le violoncelle avec accompagnement de basse, op. 2.

L'ÉPINE (Ernest), littérateur et compositeur, né à Paris en 1826, commença par être employé à l'administration des postes, et se fit d'abord connaître par la publication de quelques romances. Devenu, après le rétablissement de l'empire, chef du cabinet du duc de Morny à la présidence du Corps législatif, il fit jouer deux petites comédies au Théâtre-Français et composa la musique d'une opérette en un acte, *Croquignole XXXVI*, qui fut représentée aux Bouffes-Parisiens le 14 janvier 1860. Les romances de M. L'Épine sont en assez grand nombre, et je citerai seulement : *A qui pensait-il? Madrid, Chinoiserie, Barcarolle, l'Enfant, Si j'étais le bon Dieu! Cousine Marie, Mon petit ange, l'Ombre des blés, Isola bella, le Printemps, Sous les Tilleuls, les Goelands, A bord, le Bois joli, Regrets d'amours*, etc., etc. Sous ce titre : *Poésie chantée*, M. L'Épine a publié (Paris, Hartmann) un recueil de dix mélodies vocales d'un tour aimable et d'un heureux accent; un autre recueil, intitulé *Scènes et Chansons*, et formé de 24 mélodies, a paru chez l'éditeur Flaxland. — En 1875, M. Ernest L'Épine a été nommé conseiller référendaire à la Cour des comptes.

* **LEPLUS** (Louis-Gabriel), est mort à Paris, au mois de mars 1874. Cet artiste avait commencé son éducation musicale au Conservatoire de Lille.

* **LE PRÉVOST** (Étienne-Alexandre), est mort à Paris le 19 décembre 1874. M. Théodore Nisard, qui connaissait personnellement cet artiste fort distingué, a publié sur lui, vers 1868, une notice dont les renseignements complètent ceux donnés par la *Biographie universelle des Musiciens*, et qu'il ne nous semble pas inutile de reproduire en grande partie.

« Ce fut à Paris, dit cet écrivain, qu'il reçut les premières notions de musique sous la direction de Poirier-Lataille, violoniste distingué de la chapelle du roi Louis XVIII. En 1820, il fut admis comme élève à l'École spéciale de musique religieuse fondée et dirigée par l'illustre Choron. Son aptitude au travail et sa rare intelligence furent bientôt remarquées, et lui valurent, peu de temps après, les fonctions de professeur de solfége et de classe d'ensemble dans cet établissement. Il y étudia l'harmonie sous les auspices de Bernardo Porta, et tels furent les progrès de Leprévost dans cette science, qu'il n'avait que douze ans lorsqu'il fit exécuter, en 1824, à l'église de Saint-Jacques-du-Haut Pas, avec le concours de tous les élèves de l'École de musique religieuse, une messe de sa composition. A la même époque, l'institut de Choron se réunissait chaque dimanche dans l'église de la Sorbonne, et y faisait entendre d'admirables offices en musique. Leprévost, malgré son extrême jeunesse, eut l'honneur de tenir le grand orgue dans ces solennités musicales.

« Le 2 mars 1832, il entra au Conservatoire de musique, où il fit de sérieuses études de contrepoint et de fugue, d'abord dans la classe de M. Fétis, puis, après le départ de ce savant professeur pour Bruxelles, dans celles d'Halévy et de H. Berton, jusqu'au mois d'octobre 1833, époque à laquelle il se livra seul à l'analyse des chefs-d'œuvre des plus illustres compositeurs anciens et modernes. »

Successivement, de 1836 à 1844, organiste et maître de chapelle des églises de Saint-Paul-Saint-Louis, de Saint-Merry et de Saint-Eustache, Leprévost, qui remplit aussi les fonctions d'alto à l'orchestre de l'Opéra du 1er novembre 1839 au 30 octobre 1845, devint, le 1er janvier 1844, organiste accompagnateur à Saint-Roch. Il obtint une première médaille au concours des chants historiques et religieux (1847), une médaille semblable au concours de chants nationaux et patriotiques (1848), le 21 mars de cette dernière année donnait à l'Opéra-Comique un agréable ouvrage en un acte, *le Rêveur éveillé* (1), et en 1864 recevait une médaille d'honneur, au nom de l'*Orphéon de France*, pour sa cantate à quatre voix d'hommes, *Halte dans les bois*, avec accompagnement de saxhorns. On a de cet artiste une centaine d'ouvrages de tous genres, messes et morceaux d'église, oratorios, opéras, cantates, ouvertures, chœurs, etc., etc.

« Si, — dit encore M. Th. Nisard,— comme on l'a dit avec raison, la vie d'un artiste est tout entière dans ses œuvres, on conviendra sans peine que celle de Leprévost a été jusqu'à présent aussi active que féconde. Plein d'enthousiasme pour la belle et grande musique des maîtres anciens et modernes, l'organiste-accompagnateur de Saint-Roch s'est constamment imposé la tâche de méditer leurs impérissables modèles, et d'en enrichir l'écrin de son individualité musicale. Cette individualité est évidente : on la touche du doigt, en quelque sorte, dans toutes les pages écloses au souffle de son inspiration. Chez Leprévost, la mélodie domine toujours, et l'auteur ne l'étouffe jamais sous les plis d'une harmonie savante qu'il sait draper en maître, c'est-à-dire avec beaucoup de délicatesse et d'habileté. C'est surtout dans la musique religieuse que notre artiste se complait et réussit : là, sa manière est large et pleine d'une noble gravité

(1) Et non *le Dormeur éveillé*, comme il a été dit par erreur.

qui convient à sa destination, autant que le permet la tonalité moderne. Nous avons souvent qualifié de *musiquette* telle ou telle production soi-disant religieuse de certains compositeurs actuels, mais notre plume n'écrira jamais ce mot en parlant des œuvres de musique sacrée de Leprévost, et c'est par ce témoignage sincère que nous terminerons une notice qui, nous l'espérons bien, ne contient pas le dernier feuillet de la vie artistique du savant organiste. »

* **LEROY** ou **LEROI** (Guillaume), diacre, chantre-basse à la chapelle de Louis XII, quitta Paris et la chapelle royale, en 1530, pour aller prendre possession de la maîtrise de la cathédrale de Rouen, dont on lui avait confié la direction.

LEROY (.......), compositeur, professeur de chant et éditeur de musique à Paris, dans la seconde moitié du dix-huitième siècle, a publié diverses compositions, entre autres un *Recueil d'airs et de chansons, avec accompagnement de piano-forte ou de harpe*, œuvre IV, et un *Premier Pot-Pourri d'airs choisis, tirés des plus jolis opéras-comiques, arrangés pour la harpe ou le forte-piano*, œuvre VI.

LE ROY (.....). C'est sous ce nom que parut à l'Ambigu-Comique, en 1791, un petit opéra-comique en un acte intitulé *la Bascule*.

LESAGE (......), l'un des meilleurs acteurs qu'ait possédés l'Opéra-Comique, où il fournit une carrière de trente années, débuta au théâtre de Monsieur, lors de sa fondation en 1789, dans l'emploi des *tailles comiques*, que Trial avait illustré à la Comédie-Italienne, et s'y fit aussitôt remarquer. Il n'avait que peu de voix, mais il s'en servait très-bien, étant excellent musicien, et son talent de comédien était des plus remarquables. Lors de la réunion des deux troupes d'opéra-comique dans la salle de Feydeau, il se fit une position brillante, et peu d'années après un critique en parlait ainsi : « Lesage est à la lettre un excellent acteur, d'une utilité très-grande, surtout depuis que l'Opéra-Comique a eu le malheur de perdre l'estimable Dozainville. Lesage seul fait la fortune de *Monsieur Deschalumeaux*, folie de carnaval, qui, sans le talent extraordinaire qu'il y a déployé, n'eût point franchi les bornes de ce temps consacré à la grosse joie. La pièce est longue, et M. Deschalumeaux occupe presque toujours la scène : Lesage trouve pourtant le moyen de faire rire le public depuis le commencement jusqu'à la fin. Cet acteur joue les *niais* et les *caricatures*, mais avec esprit et bonhomie. Son genre est très-supérieur à celui de Baptiste cadet, de Brunet, de Talon ; aussi a-t-il la réputation de premier talent, qui ne s'accorde pas facilement à l'acteur livré à ce genre, dans lequel il est si facile d'obtenir des succès (1). »

Lesage avait commencé sa réputation dans quelques pièces du Cousin-Jacques : *la Petite Nanette*, *Jean-Baptiste*, *le Club des bonnes gens* ; il la soutint dans plusieurs autres ouvrages, *Avis au public*, *l'Emprunt secret*, et surtout dans *Cadichon* et *les Comédiens ambulants*, pièces où, en dehors de ses qualités scéniques, il faisait applaudir un talent remarquable de violoniste. Il continua d'être un des favoris du public jusqu'à sa retraite, qui eut lieu le 20 février 1819. Il n'était pas moins estimé comme homme que comme artiste.

Sa femme, née Marie-Françoise-Christine *Saulin*, mais connue sous le nom de Mme Juliette Lesage, débuta en même temps que lui au théâtre de Monsieur, dans l'emploi des secondes chanteuses, obtint pendant quelques années un succès de vogue, et prit ensuite l'emploi des jeunes mères. C'était une artiste estimable, douée d'une voix agréable, mais sans grande originalité. Sa carrière fut courte, car en 1798 ou 99, elle quitta la scène. Elle mourut le 10 juillet 1820.

La fille de ces deux artistes, Mlle *Augustine Lesage*, suivit la même carrière et parut sur le même théâtre, où elle débuta vers 1797. Elle possédait une voix étendue, chantait avec goût, et était loin de manquer de talent comme comédienne. On lui reprochait seulement un peu de froideur et de timidité. Dans un ordre secondaire, elle fut jusqu'en 1813, époque de sa retraite, l'une des artistes les plus distinguées et les plus aimées de l'Opéra-Comique. Peu de temps après ses débuts, elle avait épousé un nommé Haubert, qui n'appartenait pas au théâtre, et depuis lors fut appelée Mme Haubert-Lesage. Devenue veuve, elle se remaria en 1812, peu de temps avant sa retraite, avec le ténor Huet, son camarade à l'Opéra-Comique, qui commençait à se faire une brillante réputation à ce théâtre.

* **LESBIO** (Antonio-Marques). — En parlant de cet artiste, Fétis écrit son nom : *Marquez* (Antonio *Lesbio*), ce qui est une erreur, et il place la date de sa naissance à l'année 1660, ce qui est inexact aussi, Lesbio étant né en 1639. L'article de Fétis contient encore quelques autres erreurs, que j'ai rectifiées dans mes *Musicos portuguezes*. Outre la collection de *Vilhancicos*, indiquée à 1708, il en a publié une foule d'autres, depuis 1660 jusqu'à cette dernière date. J. de V.

LESCHETITZKY (Th.....), pianiste re-

(1) *Opinion du parterre*, 1807.

marquable et l'un des artistes les plus distingués de la Russie, s'est fait connaître d'abord à Saint-Pétersbourg, et se produisit ensuite à Londres, en 1864, avec un très-grand succès, dans les séances de l'*Union musicale* si bien dirigées par M. John Ella. Virtuose distingué, excellent musicien, joignant à de grandes qualités de mécanisme et à une rare puissance de sonorité un goût véritable et une remarquable délicatesse de toucher, M. Leschetitzky fit sur le public anglais une impression profonde. De retour dans sa patrie, il vit sa renommée grandir chaque jour, et sut se faire applaudir non-seulement comme virtuose, mais comme exécutant de musique de chambre, en secondant fréquemment MM. Auer et Davidoff dans leurs intéressantes séances, suivies avec tant d'intérêt par les dilettantes de Saint-Pétersbourg. Il est aujourd'hui professeur au Conservatoire de cette ville.

M. Leschetitzky s'est fait apprécier aussi comme compositeur, en exécutant des pièces écrites par lui, qui se distinguent, dit-on, par une véritable originalité de forme, une grande distinction et un charme pénétrant. J'ignore s'il a publié quelques-unes de ces compositions, mais il a écrit la musique d'un opéra-comique en un acte, *la Première Ride*, qui a été représenté le 9 octobre 1867 sur le théâtre allemand de Prague. En 1871, cet artiste s'est fait entendre avec succès dans l'un des concerts du Gewandhaus, de Lepzig.

* **LESCOT** (C.....-F.....), violon de l'orchestre de la Comédie-Italienne, entra à ce théâtre en 1767, et prit sa retraite, avec pension, en 1790. Le petit ouvrage représenté à la Comédie-Italienne, non en 1789, mais le 15 juin 1787, et indiqué comme étant de lui, *la Négresse* ou *le Pouvoir de la reconnaissance*, n'était pas un opéra-comique, mais un simple vaudeville, de Barré et Radet; Lescot se sera donc borné sans doute à écrire pour cette pièce quelques couplets sans importance. J'ai retrouvé la trace de diverses compositions publiées par Lescot : 1° *Six duos pour deux violons*, Paris, Huguet; 2° *Ariettes, duo et romances*, avec accompagnement d'une basse chiffrée, Paris, Mme Le Menu; 3° *Six trios pour deux violons et basse*, op. 2.

LESCOT (Mademoiselle), fille de Clairval, célèbre acteur et chanteur de la Comédie-Italienne, débuta à ce théâtre, le 17 janvier 1780, par le rôle de Bélinde dans *la Colonie*, et joua ensuite *le Magnifique, Tom Jones, Zémire et Azor* et *la Belle Arsène*. Elle avait du talent, paraît-il, car elle fut immédiatement reçue sociétaire, ce à quoi, du reste, la situation et l'influence de son père ne furent pas sans doute complètement étrangères. Les *Tablettes de renommée des Musiciens* disaient de cette jeune artiste, en 1785 : « Mlle Lescot, jeune actrice et musicienne du plus grand mérite, joue les rôles d'amoureuses. Une belle voix, étonnante surtout dans les tons graves, qui se rapprochent de la rondeur d'une basse-taille, beaucoup de finesse dans le jeu, et un goût exquis dans le chant. » On voit par là que la voix de la jeune artiste était un contralto. Je ne sais si Mlle Lescot mourut en 1791, mais à partir de cette année elle disparaît de la liste des acteurs de la Comédie-Italienne, et n'est point comprise parmi ceux qui se sont retirés avec la pension ordinaire.

LESFAURIS (Jean), théoricien musical, né à Saint-Esprit (Landes), près Bayonne, en octobre 1808, a étudié l'harmonie avec un savant professeur, Ferroud (*Voy.* ce nom), qui a laissé à Bordeaux d'excellents élèves.

M. Lesfauris a publié, en 1852, une brochure intitulée : *Origine de la Gamme moderne* (in-8°, chez L. Hachette); en 1853, une *Physiologie de la voix chantée* (*idem*); en 1854 : *Unité de la voix chantée et Auscultation; De la voix au point de vue du beau* (in-12, Bordeaux, chez Gounouilhou); en 1858 : *Essais d'Esthétique*, (*id.*); en 1867 : *Éléments de l'Acoustique musicale, reposant sur les capacités esthétiques de l'ouïe.*

Sous le titre de *Science nouvelle*, l'auteur a, en quelque sorte, fondu les publications ci-dessus dans deux petits volumes : l'un, *Acoustique musicale au point de vue de l'Art* (2e édition, in-12, chez Dentu), embrassant la musique, les instruments et le local propre à cet art; l'autre : *Théorie du beau perçu par le sens de l'ouïe* et *Esquisse d'une philosophie réduite aux principes de la connaissance scientifique* (in-12, 1875, chez Dentu).

C'est en effet une science nouvelle; car, dit l'auteur, « elle repose sur les capacités esthétiques de l'ouïe (science innée de l'ouïe) qu'il fallait découvrir : ainsi, les systèmes de musique n'étant que des manifestations plus ou moins satisfaisantes des capacités esthétiques de l'ouïe, c'est sur ces capacités que doivent reposer les éléments antérieurs et supérieurs à tous ces systèmes de musique.

« S'agit-il de *la voix chantée*, l'appareil vocal n'est pour l'auteur qu'un instrument en quelque sorte inerte, dépendant des capacités de l'ouïe, soit pour la qualité musicale, soit pour la qualité expressive de la voix. »

L'auteur a soin de faire remarquer que pour développer convenablement les matières contenues dans ses deux derniers volumes, dix gros tomes et plusieurs existences humaines suffiraient à peine. Il n'a que posé les jalons essentiels de la nouvelle science.

A. L—n..

* **LESLIE** (Henri-David). Cet artiste estimable a fait représenter sans succès sur le théâtre Covent-Garden, de Londres, au mois de novembre 1865, un opéra anglais en trois actes, intitulé *Ida*, qu'il a retiré après sa troisième représentation. Quelques années auparavant, dans le cours du mois de février 1861, M. Leslie avait fait exécuter à *Saint-James hall* une cantate importante. On lui doit encore un *Te Deum et jubilé en ré*, et une opérette intitulée *Roman* ou *le Brave Dick Turpin*. Je crois que cet artiste s'est produit aussi comme écrivain spécial; on avait annoncé il y a quatre ou cinq ans qu'il allait publier un *Annuaire musical*. Je ne saurais dire si cet ouvrage a paru.

LESSER (Stanislas, baron DE), est l'auteur d'un manuel intitulé *Gymnastique musicale* (*Musikalische Gymnastik*), qui a été publié à Leipzig, chez von Veit, en 1877. Ce manuel est une sorte de traité de l'application de la gymnastique à la pratique de l'art musical, dans lequel l'auteur s'est proposé de donner aux doigts, aux mains, aux articulations de l'avant-bras, et même aux pieds (ce qui n'est pas inutile pour l'orgue), toute la souplesse, la force et l'indépendance désirables. Dans ce but, il décrit et recommande toute une série d'excercices gymnastiques dont la combinaison et la variété sont pour ainsi dire infinies, et pour lesquels il a inventé plusieurs appareils très-simples et bien imaginés. La théorie de M. de Lesser est ingénieuse, nouvelle, et paraît de nature à donner de très-bons résultats.

LESTAN (.........), violoniste espagnol contemporain, a publié chez l'éditeur Romero y Andia, à Madrid, une *Nouvelle Méthode élémentaire d'alto*.

* **LESUEUR** (Jean-François). Ce grand artiste n'est pas né le 15 janvier 1763, comme on l'a cru jusqu'ici, mais bien le 15 février 1760. Cette importante rectification a été faite dans un écrit anonyme publié récemment sous ce titre : *La Musique à Abbeville. 1785-1856. Souvenirs d'un musicien* (Abbeville, Briez, Paillart et Retaux, 1876, in-8° de 87 pp.). Dans la notice qu'il consacre à Lesueur, l'auteur de cet écrit s'exprime ainsi : — « Le Sueur est né près d'Abbeville, au Plessiel, commune et paroisse de Drucat, le 15 février 1760. » Et il ajoute en note : — « Le registre des actes de baptême de la paroisse de Drucat porte : *Jean-François Sueur, né le 15 février 1760*. Nous rectifions la date de la naissance qui a été fixée à tort en 1763 par la plupart des biographes, mais nous ne changerons pas le nom, dont le célèbre compositeur a signé ses œuvres et qui est consacré par la renommée. »

A la liste des œuvres de Lesueur, il faut ajouter les deux cantates suivantes : *l'Ombre de Sacchini*, exécutée au Concert spirituel au mois de décembre 1786, après la mort de ce grand homme, et *Chant des Bardes en l'honneur de la paix et des héros français*, exécuté à l'Opéra le 14 avril 1802. D'autre part, la liste donnée par Fétis, des compositions gravées de Lesueur, doit s'augmenter de celles dont voici les titres : 1° Deux Oratorios de *la Passion* (Paris, Frey); 2° Oratorio de *Rachel* (id., id.); 3° Oratorios de *Ruth et Noémi* et de *Ruth et Booz* (id., id.); 4° 1er, 2e et 3e oratorios pour le couronnement des princes souverains (id., id.); 5° Cantate religieuse et motet (Paris, Beauvais); 6° Deux Psaumes (id., Lemoine); 7° *Super flumina* et 3e oratorio du Carême (id., Frey); 8° 3e Messe solennelle (id., id.); 9° Messe basse et motet *Joannes* (id., Lemoine); 10° Trois Odes d'Anacréon, mises en musique par Lesueur (Paris, Janet et Cotelle); 11° Six Odes d'Anacréon, id. (id., id.) (1). L'année de sa mort, Lesueur avait commencé dans la *Revue et Gazette musicale* la publication d'une notice sur Lully qui est restée inachevée. Quarante ans auparavant il avait donné, dans une traduction des odes d'Anacréon faite par Gail, une *Notice sur la Mélopée, la Rhythmopée et les grands caractères de la musique ancienne*, notice qui est aujourd'hui complètement inconnue. Enfin, Lesueur a laissé sous ce titre : *Traité sur la musique des anciens*, un travail important sur la musique grecque, qu'il s'était proposé de publier dès 1822 et qui pourtant est resté inédit jusqu'à ce jour. Cet ouvrage a donné lieu récemment à un procès entre les héritiers de Lesueur, procès à la suite duquel l'un de ses gendres, M. X. Boisselot (*Voy.* ce nom), a été autorisé à le publier. Le *Traité sur la musique des anciens* paraîtra donc prochainement.

Il me faut signaler maintenant les deux notices biographiques suivantes, qui ont été consacrées à ce grand artiste : 1° *Notice historique sur la vie et les ouvrages de M. Lesueur*, par M. Raoul-Rochette, secrétaire perpétuel de l'Académie des Beaux-Arts (Paris, Didot, in-4°); 2° *Biographie de Jean-François Le Sueur*, par M. Stéphen de la Madelaine (Paris, bureaux de *la Renommée*, 1841, in-8°). — Le 5 août 1846,

(1) Lesueur a écrit aussi, pour une traduction d'Anacréon faite par Gail en l'an VII, la musique d'une ode de ce poëte. J'ai reproduit ce morceau superbe dans la *Revue de la Musique* du 20 janvier 1877.

la ville d'Abbeville, qui se considère comme le lieu natal du maître, donnait en son honneur un grand festival dans lequel on exécutait une cantate écrite expressément pour la circonstance par Rigel, et le 10 août 1852 elle procédait, au milieu de grandes fêtes artistiques, à l'inauguration d'une statue de Lesueur sur l'une de ses places publiques, la place Saint-Pierre. Cette statue, en bronze, était l'œuvre des frères Rochet, et à l'occasion de son inauguration on exécuta une cantate composée par M. Ambroise Thomas.

Lesueur avait épousé, le 3 juin 1806, Mlle Jomart de Courchamps, qui lui a survécu près de vingt-cinq ans, et qui est morte à Paris le 28 janvier 1861.

LE TERRIER (Pierre), compositeur, vivait à la fin du seizième siècle, et remporta en 1587, au concours du puy de musique d'Évreux, le prix de la lyre d'argent, qui lui fut décerné pour une chanson française : *Ravi de mon penser*.

LETOURNEUR (Jean), chanoine à la cathédrale de Rouen, devint en 1482 maître des enfants de chœur de cette église, et fut, en l'an 1500, élevé à la dignité de grand-chantre par le cardinal Georges Ier d'Amboise.

LEUMS (Régnier), facteur de clavecins à Anvers, fut reçu au nombre des maîtres de la gilde de Saint-Luc en 1610.

LEVACHER (Urclé), est auteur d'un écrit ainsi intitulé : *De l'anatomie de la main, ou Nouvelle Méthode instrumentale raisonnée basée sur la connaissance de l'anatomie de la main* (Paris, s. d., gr. in-8°).

LEVASSEUR (Rosalie), l'une des plus fameuses actrices de l'Opéra au dix-huitième siècle, fut l'interprète préférée de Gluck pour ses chefs-d'œuvre. On n'a que bien peu de renseignements sur elle, et les dates de sa naissance et de sa mort sont jusqu'ici restées inconnues. Peut-être était-elle fille d'un artiste de l'Opéra, car en 1750 un nommé Levasseur était sous-maître, et quelques années après maître de chant à l'école de chant de ce théâtre, qu'il quittait en 1772 (1). C'est au mois d'août 1766 que Mlle Levasseur débuta, d'une façon modeste, par le rôle de Zaïde, dans l'acte « du Turc » de *l'Europe galante*, de Campra. Elle ne portait alors que son prénom de Rosalie, et ce n'est que dix ans plus tard, à partir de 1776, qu'elle se décida à prendre son nom de famille. L'auteur de l'*Arnoldiana* assure que c'est la représentation de la comédie de Palissot, *les Courtisanes*, qui lui fit prendre cette décision : « L'une des héroïnes de cette pièce, dit-il, s'appelle *Rosalie*, et Rosalie actrice ne voulant pas être confondue avec Rosalie courtisane, reprit son premier nom. Sophie (Arnould) disait de Mlle Levasseur, qui était passablement laide : *Cette Rosalie, au lieu de changer de nom, aurait bien dû changer de visage.* »

Mlle Levasseur était laide en effet, mais d'une laideur qui n'était point sans charme, grâce à une physionomie vive qu'éclairaient de grands et magnifiques yeux noirs. Le premier rôle où elle se montra avec quelque honneur fut celui d'Alcimadure dans la fameuse pastorale de Mondonville, où elle doubla en 1768 Mme Larrivée. « Cette actrice, disait alors Bachaumont, qui n'a qu'un filet de voix, joue infiniment mieux que la première. Elle est pleine de sentiment et d'intelligence ; elle serait faite pour les plus grands succès, si son organe répondait à son talent. » Les succès ne manquèrent point à Mlle Levasseur, qui devint bientôt la rivale de Sophie Arnould, rivale puissante, grâce à sa liaison avec le comte de Mercy-Argenteau, et qui sut lui enlever l'un des plus admirables rôles que jamais chanteuse eût pu ambitionner, celui d'Alceste. C'est encore Bachaumont qui nous renseigne à ce sujet :

« On n'a pas été peu surpris, dit-il, de voir Mlle Rosalie Le Vasseur faire le rôle d'*Alceste* au préjudice de Mlle Arnould à laquelle il aurait mieux convenu comme actrice, et d'ailleurs ayant le droit de le réclamer par son ancienneté. Mais quand on saura que la D^lle Le Vasseur est maîtresse de M. le comte de Mercy-Argenteau, ambassadeur de l'empereur et de l'impératrice-reine, qu'elle le mène avec le plus grand empire, que le chevalier Gluck doit être tout à la dévotion de ce ministre, qu'il est logé chez cette courtisane, on concevra pourquoi elle a remporté ce triomphe sur sa rivale. » Lorsqu'elle se montra dans ce rôle d'Alceste, Mlle Levasseur n'avait encore fait de créations que dans quelques ouvrages : *Orphée*, où elle jouait l'Amour, *Azolan*, de Floquet, et *Céphale et Procris*, de Grétry, où elle personnifiait Procris. Tout son talent fut insuffisant à procurer à *Alceste* le succès que méritait ce chef-d'œuvre, qui, on le sait, fut méconnu à son apparition. Gluck ne lui en resta pas moins fidèle, et lui confia encore, dans la suite, les deux grands rôles d'*Armide* et d'*Iphigénie en Tauride*. C'est elle aussi qui créa l'*Andromaque* de Grétry, et qui joua Andromède dans le *Persée* de Philidor

(1) Cet artiste écrivit sous ce titre : *Azor et Themire*, le premier acte d'un opéra-ballet qui en comportait trois et qui, sous ce titre général : *Amusemens lyriques*, fut représenté au mois de février 1750 à Puteaux, chez le duc de Gramont. Le second acte de cet ouvrage (*Apollon et Climène*) avait été composé par le fameux violoniste Leclair, et le troisième (*le Bal militaire*) par un artiste nommé Martin.

Mais l'arrivée de Mme Saint-Huberty fit pâlir l'étoile de Mlle Levasseur. Son dernier rôle important fut celui d'Armide dans *Renaud*, de Sacchini ; mais elle ne le joua que quatre fois, et y fut justement remplacée par Mme Saint-Huberty. Elle fut même obligée de paraître aux côtés de cette admirable actrice, dans un rôle secondaire du petit opéra de Mlle de Beaumesnil, *Tibulle et Délie*, tandis que sa rivale était chargée du personnage important. A partir de ce moment, il n'est plus question de Mlle Levasseur, qui disparaît en 1785 du personnel de l'Opéra.

LEVASSEUR (.......), dit Levasseur l'aîné, compositeur dramatique, vivait dans la seconde moitié du dix-huitième siècle. Il fit la musique des *Adieux de Thalie*, compliment de clôture important, joué à la Comédie-Italienne le 4 avril 1778. Il avait fait représenter précédemment, sur le théâtre particulier d'un grand seigneur, deux petits opéras-comiques, *les Rivaux généreux* (1770) et *l'Aveugle par crédulité* ; enfin, il écrivit la musique du *Sicilien* ou *l'Amour peintre* de Molière, arrangé en opéra-comique, et cet ouvrage, ainsi transformé, fut donné à Versailles, devant le roi, la reine et toute la cour, en 1780. Il mourut peu d'années après, car *les Tablettes de renommée des Musiciens*, petit recueil bien informé qui parut en 1785, le comptent parmi les musiciens morts ; c'est donc à tort que l'*Almanach des Spectacles*, publication faite avec beaucoup de négligence, le mentionne encore, après cette époque, au nombre des musiciens vivants.

LEVASSEUR (Nicolas-Prosper), l'un des plus admirables chanteurs qu'ait possédés l'Opéra, est mort à Paris le 7 décembre 1871. Il était né à Bresles, dans le département de l'Oise.

Parmi ses créations sur notre première scène lyrique, il faut citer Mahomet du *Siège de Corinthe*, le gouverneur du *Comte Ory*, Walter de *Guillaume Tell*, Olifour du *Dieu et la Bayadère*, Fontanarose du *Philtre*, Bertram de *Robert le Diable* (qui mit le sceau à sa renommée comme chanteur et comme tragédien lyrique), maître Andiol du *Serment*, le cardinal Brogni de *la Juive*, Marcel des *Huguenots* (qui fut aussi l'un de ses plus éclatants succès), Rodolphe du *Lac des Fées*, le drapier du *Drapier*, Balthazar de *la Favorite*, et enfin Raymond de *Charles VI*.

Après vingt années de succès ininterrompus, Levasseur s'était éloigné de l'Opéra avec l'intention d'abandonner définitivement la scène et le désir de couronner sa carrière par une grande tournée en province. Mais à son retour de cette tournée, il fut l'objet des vives instances de Meyerbeer, qui admirait son talent autant qu'il honorait son noble caractère, et qui voulait lui faire créer dans *le Prophète* un rôle d'apparence secondaire, mais extrêmement important, celui de Zacharie, l'un des trois anabaptistes. Levasseur céda, sans trop de peine, aux affectueuses sollicitations du vieil ami aux triomphes duquel il avait été mêlé ; il rentra effectivement à l'Opéra pour y faire cette dernière création, après quoi, en 1852, il dit pour toujours adieu au public et se consacra ensuite exclusivement aux soins à donner à ses élèves.

Dès le 1er juin 1841, il avait été mis à la tête d'une classe de déclamation lyrique au Conservatoire, dont, par l'effet d'on ne sait quel caprice, il n'était devenu titulaire qu'en 1850. Pendant ses trente années de professorat (il fut retraité seulement vers 1870), il forma d'excellents artistes, parmi lesquels il faut citer surtout, outre M. Obin, qui lui a succédé dans sa classe, MM. Caron, Bosquin, Devoyod, Mlles Juliette Borghèse, de La Pommeraye, Maudult et Rosine Bloch. En 1868, il avait été nommé chevalier de la Légion d'honneur.

L'ÉVEILLÉ (Auguste), chef d'orchestre et compositeur, né vers 1828, n'étudia d'abord la musique que comme amateur et pour son agrément. Fils d'un employé supérieur de la Conciergerie, il se vit obligé plus tard de tirer parti, pour vivre, des connaissances très-superficielles qu'il avait acquises dans l'art musical ; il devint donc chef d'orchestre de divers petits théâtres, entre autres des Folies-Marigny, et, à partir de 1857, fit représenter sur ces théâtres un certain nombre de petites pièces musicales. Voici les titres de quelques-unes de ces pièces sans importance : *les Virtuoses du pavé ; Chez les Montagnards écossais ; l'Héritage du Postillon ; le Sire de Barbe-Bleue ; Vive la Ligne ! M. Pygmalion et sa statue ; une Tête de Turc, les deux Trésors*, etc., etc.

* **LEVI** (Samuele). — Une erreur a été sans doute commise au sujet de l'opéra de cet artiste, *Iginia d'Asti*, qui n'a pas dû être représenté au théâtre de la Fenice, car M. Lianovosani (*Voy.* ce nom) n'en fait aucune mention dans le répertoire très-détaillé de ce théâtre qu'il a publié récemment.

Un artiste du nom de Levi (j'ignore si c'est le même) a donné à Turin, au mois novembre 1860, un opéra en trois actes, intitulé *la Biscaglina*, qui reçut au théâtre Carignan l'accueil le plus fâcheux et dont, depuis lors, il ne fut plus jamais question. Je crois qu'il est encore l'auteur d'un autre opéra, représenté sous le titre de *Ginevra degli Almieri, o la Peste di Firenze*.

* **LEWALD** (Jean-Charles-Auguste), comédien, directeur de théâtre, romancier, critique et journaliste politique, né le 14 octobre 1792 à Kœnigsberg, est mort à Monaco au mois d'avril 1871.

LEWANDOWSKI (Léopold), violoniste et compositeur, né en Pologne, fut élève de Hornziel, et se fit entendre pour la première fois dans un concert, à Varsovie, en 1848. Il entreprit ensuite un voyage à l'étranger. En 1856, il faisait exécuter à Berlin une symphonie à grand orchestre de sa composition. Précédemment, il avait publié à Varsovie (Spies et Cie) une *Polonaise* pour piano.

LEWINSKI (Ignace), pianiste et compositeur, né en Pologne dans la première moitié du dix-neuvième siècle, a publié à Vienne, chez Witzendorf, les œuvres suivantes : 1° Variations et Polonaise brillantes, op. 4; 2° Barcarolle de *la Muette de Portici*, op. 5; 3° *l'Innocence*, rondoletto à quatre mains, op. 6; 4° Rondino sur *Fra Diavolo*, op. 7; 5° Thème de C. Kreutzer, varié, op. 8; 6° Thème de Beethoven, varié, op. 9; 7° Rondino sur *le Serment*, à quatre mains, op. 10 (chez Diabelli); 8° Variations sur *la Sonnambula*, op. 11 (id.).

LEWY (Carl), compositeur et pianiste allemand contemporain, a publié, dans le cours de ces dernières années, une cinquantaine d'œuvres de divers genres pour le piano.

LEYBACH (Ignace), pianiste, organiste et compositeur, est né à Gambsheim (Bas-Rhin), le 17 juillet 1817. Il apprit de son frère aîné, simple amateur, les premières notions de la musique, puis prit des leçons de deux artistes distingués de Strasbourg, Hœrter (*Voy.* ce nom) pour l'harmonie et le contrepoint, et Wackenthaler, organiste de la cathédrale, pour l'orgue; enfin, pour le piano, il devint plus tard élève de Pixis, de Kalkbrenner et de Chopin. A la fin de 1844, M. Leybach obtint au concours la place d'organiste de la métropole de Toulouse; en 1847, il publia chez l'éditeur Henry Lemoine ses six premières compositions pour le piano, et depuis cette époque le nombre de ses œuvres publiées, tant en France qu'à l'étranger, s'élève à près de 200. Les principales sont les suivantes : 1° 24 Morceaux caractéristiques pour le piano (collection de moyenne force), spécialement écrits pour l'enseignement ; 2° Fantaisies pour le piano sur des motifs d'opéra (les plus connues sont celles sur *i Puritani*, *la Sonnambula*, *Norma*, *la Flûte enchantée*, *Guillaume Tell*, *Faust*, *Don Juan*); 3° Transcriptions pour le piano (*Aux Bords du Gange*, de Mendelssohn, *Mandolinata*, etc.); 4° Morceaux originaux pour le piano (1er et 2e Nocturnes, etc.); 5° Neuf grands morceaux concertants pour piano et harmonium; 6° *Méthode théorique et pratique pour l'harmonium* (traduite en quatre langues), avec 32 morceaux progressifs et 21 morceaux religieux; 7° 24 Morceaux de concert pour l'harmonium; 8° *L'Organiste pratique*, 2 volumes contenant chacun 120 morceaux (un 3e volume de 100 morceaux est sous presse); 9° Recueil de 20 mélodies vocales, avec accompagnement de piano; 10° un certain nombre de motets avec accompagnement d'orgue.

L'HENRY (J........), ancien employé supérieur de l'administration du théâtre de l'Opéra-Comique, a publié l'écrit suivant : *le Théâtre royal de l'Opéra-Comique considéré sous le rapport de l'exploitation*, Paris, Bréauté, 1833, in-8° de 24 pp.

L'HÔTE (Léon-Albert **LHOTE**, connu sous le nom de), violoniste et compositeur, né à Paris le 31 mai 1828, fut admis au Conservatoire, le 23 juin 1841, dans la classe de violon d'Habeneck, entra en 1845 dans la classe d'harmonie d'Elwart, et devint ensuite élève de Le Borne pour la fugue. Il obtint un accessit d'harmonie en 1848, le premier prix l'année suivante, un premier accessit de fugue en 1851 et concourut à l'Institut, pour le prix de Rome, en 1853. Après avoir appartenu à l'orchestre du Gymnase en qualité de violon-solo, il faisait alors partie de celui du Théâtre-Italien.

Doué d'une trop grande modestie, que ne légitimaient pas ses facultés distinguées, M. L'hôte n'a pas fourni, comme compositeur, la carrière qu'on aurait pu attendre de lui. Il n'a fait graver qu'un petit nombre de compositions, entre autres un joli trio pour piano, violon et violoncelle, *Confidence*, romance pour violon; *Loin du bord* et *Rimembranza*, morceaux de genre pour le piano; *Dites-le-moi*, *Soir d'été*, *la Chanson du printemps*, *Qui nous a vus?* *l'Éternelle chanson*, mélodies vocales, et quelques chœurs orphéoniques. M. L'hôte a fait exécuter à l'église Saint-Eustache, en 1857, une messe pour *soli*, chœurs et orchestre, qui a produit une bonne impression. On connaît aussi de lui un second trio pour piano, violon et violoncelle, un quatuor pour instruments à cordes, trois ouvertures à grand orchestre et diverses autres compositions non publiées.

LHUILLIER (Edmond), chansonnier français, né vers 1820, s'est fait connaître par un assez grand nombre de chansons et de chansonnettes dont il écrivait à la fois les paroles et la musique, et qu'il débite assez volontiers, dans les salons, où elles obtiennent un certain succès; ces productions légères forment de petits tableaux de genre qui ne sont pas sans quelque amabilité; cela est bien petit au point de vue musical, à la vérité, mais du moins cela est sans ambition et sans prétention. On cite particulièrement de M. Lhuillier les chansons qui ont pour titre : *Jean Nicaise*, *Ce que femme veut*, *Comment on mène son mari*, *Les Cerises*, *C'est ma fille*, *Monsieur fait ses visites*, *Nos amateurs*, *Sur l'impériale*, *le Quadrille d'honneur*, etc. Quelques-unes de ces petites productions sont très-réussies comme paroles, et la musique accompagne celles-ci d'une façon heureuse. Le nombre des chansons publiées par M. Lhuillier se monte, dit-on, à plus de trois cents. Cet artiste a écrit aussi les paroles et la musique de deux opérettes de salon, *le Bal de mademoiselle Rose*, et *Monsieur et Madame Jean*. La partition de cette dernière, réduite pour chant et piano, a été publiée (Paris, Heugel).

LHUILLIER (Th.), membre de la Société d'archéologie, sciences, lettres et arts du département de Seine-et-Marne, a publié dans le *Bulletin* de cette Société, et ensuite sous forme de brochure, un opuscule ainsi intitulé : *Notes sur quelques artistes musiciens dans la Brie* (Meaux, typ. Carro, 1870, in-8° de 24 pp.). Dans les premières lignes de cet utile opuscule, l'auteur s'exprime ainsi : — « Des recherches dirigées à un autre point de vue nous ont fourni certains renseignements inédits sur des musiciens qui se rattachent par un lien quelconque au pays que nous habitons. Sans avoir la pensée de faire la biographie de ces personnages, sur la plupart desquels les détails manqueraient bien certainement, il ne nous a pas paru sans intérêt de noter des faits qui rappellent soit leur naissance ou leur réputation, soit leur séjour ou seulement leur passage dans la Brie. » Partant de ce principe, d'une incontestable utilité au point de vue de l'histoire artistique, M. Lhuillier donne en effet des notes et des renseignements plus ou moins importants, mais tous à peu près inconnus, sur un certain nombre d'artistes : Claude Goudimel, Edme Guillaume, Pierre Certon, Didier Leschenet, Eustache du Caurroy, Gabriel Bataillé, Henri de Bailly, Louis Lully (dont il produit l'acte de baptême), Francini, gendre de Lully, les Couperin, Forqueray, Gabriel Nivers, Lagarde, Mme Gail, etc., etc. J'ajouterai que M. Lhuillier appuie ses dires sur des documents authentiques, et que ses renseignements n'en sont que plus précieux.

LIANOVOSANI (Luigi), est le pseudonyme anagrammatique sous lequel un dilettante italien, dont j'ignore le nom véritable, a publié un répertoire complet et très-bien fait de tous les ouvrages qui ont été représentés, depuis sa fondation, sur le théâtre de la Fenice, de Venise ; ce répertoire est intitulé : *La Fenice, gran teatro di Venezia, serie degli spettacoli, della primavera 1792 a tutto il carnovale 1876*, Milan, Ricordi, s. d. (1878), in-4°. Peu de semaines après l'apparition du premier volume du présent Supplément, cet écrivain a entrepris, dans la *Gazzetta musicale* de Milan, une petite série d'articles, faits avec soin, et qui avaient pour titre : *Essai de rectifications et d'adjonctions au supplément Fétis, vol. I, relatif aux maestri italiens et à leurs œuvres ;* un tel travail est très-utile, très-honorable, et si l'on prenait la peine d'agir de même en tous pays, l'Europe serait à même de posséder bientôt un Dictionnaire biographique musical aussi complet que possible et presque irréprochable. J'exprimerai seulement le regret qu'en publiant ces très-utiles *rectifications et adjonctions au Supplément Fétis*, ni la *Gazzetta musicale* ni M. Lianovosani n'aient eu la courtoisie de donner leur opinion sur la valeur de l'ouvrage, ni même, ce qui est plus singulier encore, de faire connaître le nom de son auteur.

LIBANI (........), compositeur dramatique italien, a fait représenter en 1869, à Rome, sur le théâtre particulier du palais Pamphili, un opéra semi-sérieux intitulé *Gulnara*, dont, il n'est pas besoin de le dire, le sujet était tiré de l'ancien opéra de Dalayrac qui porte ce titre. Cet ouvrage parut au mois de novembre de l'année suivante sur un théâtre public, le théâtre Pagliano, de Florence, et ne paraît pas avoir produit une profonde impression. Depuis lors M. Libani a obtenu un vrai succès, en donnant au théâtre Apollo, de Rome, en 1873, un second opéra qui avait pour titre *Il Conte Verde*.

LIBERT (Émile). Un artiste ainsi nommé fit représenter à l'Opéra-comique, le 14 avril 1823, un ouvrage en un acte intitulé : *Amour et Colère*.

LICHNER (Heinrich), pianiste allemand et compositeur pour son instrument, a publié environ cent cinquante œuvres consistant en sonatines, impromptus, rondos, morceaux de genre, etc., pour piano à deux ou à quatre mains. Je ne crois pas que tout cela ait une valeur artistique bien appréciable, car le nom et les œuvres de l'auteur sont restés complétement inconnus jusqu'ici en dehors de l'Allemagne

* **LICHTENTHAL** (Pierre). Voici la liste exacte des ballets pour lesquels cet artiste distingué écrivit de la musique, et qui furent représentés au théâtre de la Scala : 1° *il Conte d'Essex*, 1818 ; 2° *le Sabine in Roma*, 26 décembre 1820 ; 3° *Giovanna d'Arco* (en société avec Brambilla et Viganò), 15 août 1821 ; 4° *Didone* (en société avec Brambilla et les frères Viganò), 22 septembre 1821. Il travailla aussi, comme il a été dit, à la musique de *Cimene* et d'*Alessandro nell'Indie*, qui furent représentés en 1820. Aux écrits de Lichtenthal, il faut ajouter aussi l'opuscule suivant, publié à Milan en 1842 : *Mozart e le sue creazioni, memoria scritta in occasione dell' inaugurazione del suo monumento a Salisburgo nel Settembre del* 1842. Enfin, on doit à Lichtenthal un certain nombre de compositions religieuses, entre autre un *Ave Maria* pour soprano, un *Pater noster* à 4 voix, et un *Album musicale sacro*, contenant 12 chants religieux dont neuf à 4 voix, deux à voix seule, et un à deux chœurs.

* **LICKL** (Egide-Charles), pianiste, guitariste et compositeur, est mort à Trieste le 22 juillet 1864.

* **LICKL** (Charles-Georges), pianiste et compositeur, s'est surtout attaché à répandre l'instrument appelé *physharmonica*, qu'il a introduit et vulgarisé en Allemagne. Il a écrit et publié une centaine de morceaux de genre : fantaisies, variations, transcriptions et paraphrases de thèmes d'opéras, etc., qui peuvent se jouer également sur cet instrument et sur le piano. On lui doit aussi quelques opéras, entre autres un *Faust*, et un certain nombre d'œuvres de musique de chambre. Cet artiste est mort à Vienne le 3 août 1877.

LIDON (José), compositeur et organiste espagnol, naquit à Béjar, dans la province de Salamanque, en 1752. Il étudia la musique à l'école des enfants de chœur de Madrid, et montra des talents si précoces comme organiste qu'à l'âge de seize ans il obtint, à la suite d'un concours, la place d'organiste de la cathédrale de Malaga. C'est à la chapelle royale de Madrid que s'établit plus tard sa renommée sous ce rapport, et il fut non-seulement organiste, mais aussi, à partir de 1808, maître de cette chapelle. Les renseignements biographiques sont peu nombreux sur cet artiste, qui paraît avoir été fort distingué, et qui a joui d'une grande et solide réputation; mais on sait du moins que ce fut un compositeur fécond, car il a laissé plus de soixante œuvres de musique religieuse, parmi lesquelles les suivantes sont conservées à la chapelle royale de Madrid : 4 messes ; un office de vêpres ; 2 psaumes et un hymne *del Sagrado Corazon de Jésus* ; 32 Lamentations ; 2 *Miserere* ; 3 hymnes ; un office des morts ; 3 *Te Deum* ; 3 séquences ; 2 saluts et litanies ; une litanie des saints ; un *Pange lingua*. On connaît encore, de Lidon, outre un *Ave Maris Stella*, un *Salve regina* et quelques motets, plusieurs compositions pour l'orgue, entre autres des sonates et six fugues sur des thèmes religieux. Lidon a écrit aussi la musique d'un drame lyrique, *Glauca y Coriolano*, qui a été représenté sur le théâtre del Principe, à Madrid, et enfin il a publié un traité intitulé *Reglas muy utiles para los organistas y aficionados al piano, para acompanar con método*, et laissé inédits un *Traité de la fugue* et un *Traité des modulations*. Ce dernier ouvrage a été cité par un habile théoricien, Pedro Aranaz, dans son *Traité de contrepoint et de composition*, et cet écrivain le qualifie de *precioso manuscrito de modulaciones*. Parmi les nombreux élèves formés par Lidon, on cite particulièrement ses deux neveux, Andrès et Alfonso Lidon, qui furent, le premier organiste de la cathédrale de Cordova, le second organiste de la chapelle royale de Madrid, et aussi Pedro Carrera y Lanchares, qui, dans une de ses publications, a rendu à son maître un solennel hommage. Cet artiste remarquable, qui se fit une grande renommée comme théoricien, comme organiste et comme professeur, est mort à Madrid le 11 février 1827.

LIEBÉ (Louis), pianiste et organiste, a publié, dans ces dernières années, quelques morceaux de genre pour le piano, et divers recueils pour orgue ou harmonium parmi lesquels il faut citer : 1° 25 Morceaux faciles, pour le service divin, op. 27, Paris, Colombier (formant la 10e suite de la collection de l'*Arène des Organistes*); 2° 17 Versets en *ut* mineur et 6 en *mi* bémol majeur pour la messe de Dumont, avec 5 Morceaux pour entrées, sorties et offertoires, op. 28, Paris, Colombier (12e suite de la même collection); 3° 13 Morceaux pour offertoires, op. 38, Paris, Colombier (22e suite de la même collection).

* **LIEBE** (Édouard-Louis), compositeur allemand, auteur de chœurs et de *lieder* devenus populaires, a fait ses débuts de musicien dramatique en donnant sur le théâtre de Carlsruhe, le 9 septembre 1868, pour l'anniversaire de la naissance du grand-duc de Bade, un opéra intitulé *la Fiancée d'Azola*. Quoique cet ouvrage ait été favorablement accueilli du public,

je ne sache pas que depuis lors M. Liebe ait de nouveau abordé la scène.

LIESENHOF (Charles), prêtre et musicien, connu en religion sous le nom de *Frère Julien*, né à Lierre en 1815, était fils d'un artiste qui remplissait en cette ville les fonctions de premier violon à l'église et de directeur d'une société symphonique. Il reçut de son père une bonne éducation musicale, et s'appliqua à l'étude de l'orgue et de la composition. A l'âge de vingt ans il prit l'habit, ce qui ne l'empêcha pas de se livrer à son goût pour la musique. Il est mort le 20 septembre 1877 à Ixelles-lez-Bruxelles. Depuis longues années il était professeur de musique à l'Institut des frères de la Charité à Schaerbeek (banlieue de Bruxelles). Organiste habile, il s'était exercé dans la composition, et avait publié un assez grand nombre de compositions religieuses : *Ave Maris stella, Tantum ergo, Ecce panis, Tota pulchra es*, etc.

LILLE (Gaston de), compositeur de petite musique de piano, né vers 1825, s'est fait connaître d'un public frivole par la publication de plus de cent cinquante morceaux de piano, consistant en airs de danse, en petites fantaisies faciles et en petites pièces de genre. Cela paraît avoir eu un grand succès pendant un certain temps auprès de quelques amateurs peu exigeants, mais n'a jamais été connu des artistes. Au reste, la vogue relative de cette musiquette est aujourd'hui bien éteinte.

* **LILLO** (Joseph), compositeur dramatique, fils d'un maître de chapelle distingué de Galatina, naquit en cette ville le 26 février 1814. Son père lui fit commencer l'étude de la musique et du piano, puis le conduisit à Naples et le fit admettre au Conservatoire de cette ville en 1826. Là, le jeune Lillo devint l'élève de Lanza pour le piano, de Furno pour l'harmonie accompagnée, et ensuite de Zingarelli pour le contrepoint et la composition. Après avoir fait exécuter au Conservatoire une messe à 4 voix avec orchestre, un *Dixit Dominus*, et une opérette intitulée *la Moglie per 24 ore*, Lillo se lança dans la carrière et aborda le théâtre. Ses premiers travaux ont été exposés dans la *Biographie universelle des Musiciens*, jusqu'à la représentation de son opéra de *Lara*. A partir de ce moment, Lillo resta quelque temps éloigné du théâtre, parce que, excellent pianiste, il s'était fait à Naples une très-belle situation de professeur, qui ne lui laissait pas le loisir de se livrer à la composition. Cependant il s'éloigna un instant, en 1846, pour aller faire jouer à Turin un opéra semi-sérieux, *il Mulatto*, après quoi il revint à Naples, où il venait d'être nommé professeur d'harmonie accompagnée au Conservatoire. Ici commence la seconde et la plus fâcheuse partie de sa carrière de compositeur dramatique, car, dans l'espace de quatre années, il fit représenter cinq opéras qui tous tombèrent plus ou moins lourdement : *Caterina Howard*, th. San-Carlo, 1849 ; *Delfina*, th. Nuovo, 1850 ; *il Sogno d'una Notte estiva, ossia la Gioventù di Shakspeare*, id., 1851 ; *Ser Babbeo*, id., 1853 ; *il Figlio della Schiava*, th. du Fondo, 1853.

Lillo s'obstinait à chercher au théâtre une renommée qui semblait le fuir. Il n'avait aucune des qualités qui constituent le compositeur dramatique, et luttait sans succès pour obtenir la récompense de travaux sans valeur, devant lesquels le public restait froid et indifférent. M. Francesco Florimo, peu suspect de sévérité envers les musiciens napolitains, constate que Lillo ne possédait aucune des facultés qui peuvent faire réussir un artiste au théâtre, tandis qu'il aurait pu devenir un pianiste de premier ordre, et se faire, sous ce rapport, un renom exceptionnel. Il ne paraît pas, cependant, que ce soit le chagrin qu'il dut ressentir de ses mésaventures qui attrista d'une façon si lamentable les dernières années du compositeur. Il y avait peu de temps que Lillo avait échangé, au Conservatoire, sa classe d'harmonie contre une classe de contrepoint, lorsqu'en 1861 il fut pris subitement d'un accès de folie furieuse si terrible qu'il fallut aussitôt avoir recours à l'emploi de la camisole de force. On le transporta à Aversa, dans une maison de santé, et l'on put croire, à la suite d'un assez long traitement, qu'il était guéri. Il revint à Naples, rentra au Conservatoire, reprit le cours de ses leçons, mais au bout de quelques mois, l'infortuné Lillo fut attaqué d'un ramollissement cérébral, tomba complètement paralysé du côté gauche, dépérit rapidement, et enfin cessa de vivre le 4 février 1863, peu de jours avant d'avoir accompli sa quarante-neuvième année.

Lillo ne s'est pas produit seulement au théâtre, et s'est fait connaître aussi comme compositeur de musique religieuse et de musique instrumentale. Voici la liste des œuvres qu'il a laissées sous ce rapport : 1° Messe à 3 voix, avec orchestre (en *fa*) ; 2° Messe à 4 voix, avec orchestre (en *ut* mineur) ; 3° *Credo* à 4 voix, avec orchestre ; 4° *Dixit* à 3 voix, id. ; 5° *Magnificat* à 3 voix, id. ; 6° *Te Deum* à 3 voix, id. ; 7° *Litanies* à 3 voix, id. ; 8° *Tantum ergo* à voix seule, id. ; 9° *le Tre Ore d'agonia di N. S. G. C.*, à 3 voix, avec orgue, violoncelle et contrebasse ; 10° Ouverture à grand orchestre, en *sol* majeur ; 11° Symphonie funèbre à grand orchestre, en *ré* mineur ; 12° Quatuor pour piano, flûte, violon et violoncelle ; 13° Quatuor pour deux violons, alto et violoncelle ; 14° Trio concertant pour piano, violon et violoncelle ; 15° Un certain nombre de morceaux de genre pour piano ; 16° Un album de six mélodies vocales ; 17° Quelques morceaux de danse.

LIMA, est le nom de deux frères, tous deux musiciens, nés en Portugal vers le milieu du 18e siècle : BRAZ FRANCISCO DE LIMA, et IERONYMO FRANCISCO DE LIMA. Le premier est moins connu que le second, qui fut un compositeur dramatique distingué. Tous les deux reçurent leur éducation musicale en Italie, où ils furent envoyés, en 1760, avec d'autres musiciens, par le gouvernement du roi Joseph I. Après leur retour, ils furent placés comme professeurs dans l'école de musique du séminaire patriarcal. Ieronymo composa, de 1772 à 1789, cinq opéras (1) qui furent représentés dans les théâtres de la cour aux palais de Salvaterra, Quéluz et Ajuda. Avant de passer en Italie, Ieronymo avait suivi les cours de musique du séminaire ; c'est ce qui ressort d'une inscription datée du 20 mai 1751 et qu'on trouve dans les registres de cet établissement. On ne sait pas si son frère Braz a joui des mêmes avantages. Ieronymo est mort dans un âge fort avancé (79 ans) en 1822.

J. DE V.

***LIMNANDER DE NIEUWENHOVE** (ARMAND-MARIE-GUISLAIN), compositeur, est né à Gand, non le 22 mars, comme il a été imprimé par erreur, mais le 22 mai 1814. Cet artiste, qui avait fait représenter à l'Opéra de Paris, en 1853, un ouvrage en deux actes intitulé *le Maître chanteur*, a reproduit cet ouvrage, augmenté d'un acte nouveau, sous le titre de *Maximilien* ou *le Maître chanteur*, au théâtre de la Monnaie, de Bruxelles, le 25 avril 1874. Dans un des concerts donnés au château des Tuileries, devant la cour du roi Louis-Philippe, sous la direction d'Auber, M. Limnander fit exécuter, le 3 février 1846, trois chœurs avec accompagnement d'orchestre (Chœur de Prêtresses, *Au gui l'an neuf*, Hymne à l'Amitié), qui faisaient partie d'un grand poème lyrique portant pour titre : *Scènes druidiques*. Parmi ses autres compositions importantes, on cite un *Stabat mater* avec orchestre, un *Requiem* avec accompagnement d'orgue, une sonate pour piano et violoncelle, et un quatuor pour instruments à cordes. La mère de M. Limnander, d'abord comtesse de Mallet de Coupigny, était française.

(1) V. *Musicos portuguezes*, vol. I, p 193, où je donne les titres détaillés.

LIMPUS (RICHARD), organiste fort distingué, qui avait été attaché en cette qualité, pendant vingt-cinq ans, à l'une des principales paroisses de Londres, l'église de Saint-Michel, où il remplissait aussi les fonctions de directeur du chœur, est mort en cette ville le 15 mars 1875, à l'âge de cinquante ans. Cet artiste, qui s'était fait connaître aussi comme compositeur, avait fondé en 1864, à Londres, le collége des organistes, excellente institution qui a rendu de très-grands services à l'art religieux en Angleterre, et dont il était le secrétaire.

LINAROLLI (VENTURI), luthier italien du seizième siècle, est cité par M. Antoine Vidal, dans son livre : *les Instruments à archet*, comme « feseur de violes à Venise, vers 1520. »

LIND (JENNY), épouse **GOLDSCHMITH**, est aujourd'hui définitivement fixée en Angleterre, où elle ne s'est produite que rarement, en ces dernières années, dans des concerts de bienfaisance. Elle s'est fait entendre pour la dernière fois en Allemagne, à Dusseldorf, le 20 janvier 1870, dans *Ruth*, l'oratorio bien connu de son mari M. Otto Goldschmith (1).

LINDBLAD (OTTO), compositeur scandinave, est mort au mois de février 1864, à l'âge de quarante-trois ans. On lui doit un assez grand nombre de mélodies vocales. Cet artiste

(1) J'ai reçu de M. Julius Benedict, le compositeur renommé, une demande de rectification relative à quelques détails donnés sous son couvert, dans la *Biographie universelle des Musiciens*, concernant le voyage qu'il fit aux États-Unis en compagnie de Mme Jenny Lind et sous la direction du fameux entrepreneur Barnum. Il résulte des renseignements qui m'ont été communiqués à ce sujet par M. Benedict, que Mme Jenny Lind n'a pas cessé, dans le cours de ce voyage, de rester sous la direction de Barnum, avec lequel elle s'était engagée pour 150 concerts, et qu'elle résilia son contrat après 93 séances (plus dix au bénéfice des pauvres). De plus, Mme Jenny Lind ne recueillit pas de cette immense tournée une somme de trois millions, comme il a été dit, mais seulement, une fois son dédit payé à Barnum, un bénéfice total de 176,000 dollars soit 770,000 francs, sur lesquels elle fit parvenir 500,000 francs en Suède, sa patrie, pour la fondation d'écoles en faveur des enfants des classes indigentes. « J'ai raconté, dit encore M. Benedict, j'ai raconté à M. Fétis un petit incident de notre voyage sur le Mississipi, de la Nouvelle-Orléans à Saint Louis, qu'il a considérablement augmenté. Il fallait sept jours pour remonter le fleuve (une distance de 1200 milles anglais), et notre entrepreneur, M. Barnum, arrangea seulement deux concerts dans les petites villes de Memphis et Natchez, qui furent donnés pendant le temps qu'on cherchait du charbon pour la machine à vapeur du bateau.... »

est probablement parent de celui du même nom qui est mentionné dans la *Biographie universelle des Musiciens.*

LINDEMAN (Ole-Andres), claveciniste et compositeur norwégien, naquit en 1768. Cet artiste distingué serait sans doute complétement inconnu en France, si Farrenc n'avait eu l'idée d'insérer neuf de ses pièces de clavecin dans sa belle collection du *Trésor des pianistes* (2e volume). Farrenc ayant accompagné la reproduction de ces pièces d'une courte notice biographique sur leur auteur, je ne crois pouvoir mieux faire que de rapporter ici cette notice, aucun autre renseignement ne m'étant parvenu sur Lindeman.

« Ole-Andres Lindeman, dit Farrenc, claveciniste et compositeur, naquit, en 1768, en Norwège. Après avoir fait de bonnes études, il se rendit à Copenhague pour passer ses examens à l'Université. Jusque-là il avait cultivé la musique comme amateur; à son arrivée dans la capitale du Danemarck, il fit la connaissance de Wernicke, élève de Kirnberger et maître de chapelle du roi Christian VII. Sous la direction de cet éminent artiste, il étudia avec ardeur le clavecin et le contrepoint. Ses progrès furent tels qu'en quelques années il devint d'une habileté remarquable et fut admis aux séances musicales de la comtesse de Schimmelman, qui réunissait chez elle tous les amateurs de bonne musique. Lindeman a professé pendant quelques années avec un grand succès à Copenhague, et c'est de cette époque que datent les compositions que je publie aujourd'hui. Ayant entrepris un voyage en Norwège pour se marier, il obtint la place d'organiste de Notre-Dame à Drontheim, et il se fixa dans cette ville, où il a demeuré plus de cinquante ans. Il y est mort vers 1855.

« Il paraîtra surprenant qu'avec des facultés musicales hors ligne, une éducation sérieuse et éminemment classique, Lindeman ait peu produit; mais l'étonnement cessera lorsqu'on saura que, père d'une nombreuse famille (il avait douze enfants), et sa place d'organiste ne lui rapportant que très-peu de chose proportionnellement à ses besoins, il était obligé de donner des leçons du matin jusqu'au soir, et qu'en rentrant chez lui il s'occupait de l'éducation musicale de ses enfants, tous devenus, sous sa direction, d'excellents musiciens et d'habiles exécutants.

« Je crois que quelques ouvrages de Lindeman ont été gravés à Copenhague, cependant je n'en trouve aucune indication dans le grand catalogue de musique de Leipzig. Gerber et Fétis n'ont point cité cet artiste dans leurs Dictionnaires biographiques. Je dois à M. Tellefsen, de Drontheim, professeur distingué de piano à Paris, élève de Lindeman, les détails qu'on vient de lire; je lui dois aussi les pièces que je publie aujourd'hui, et, une exceptée, toutes inédites. Bien qu'elles soient de petite dimension et par conséquent peu développées, elles ne méritent pas moins l'attention des connaisseurs. »

Les pièces publiées par Farrenc sont en effet charmantes, et dénotent un artiste d'une haute valeur. J'en ai, moi-même, reproduit deux dans mon journal la *Revue de la musique* (1re année, 1876, n° 2).

LINDEMANN (D.......), compositeur allemand ou scandinave, qui ne doit pas être confondu avec le précédent, s'est fait connaître par la publication d'un grand nombre de recueils de musique de danse : 10 Valses et 10 Écossaises pour petit orchestre, livre 7; 10 Valses et 10 Écossaises pour petit orchestre, livre 9; 9 Valses et 6 Écossaises, id., livre 10; 12 Valses, 8 Écossaises et 2 Sauteuses, id., livre 11; 6 Valses et 4 Sauteuses, id., livre 12; 10 livres de danses pour le piano; 6 Polonaises d'après des airs favoris, pour le piano, etc., etc.

LINGIARDI (Giacomo et Luigi), nés à Pavie, le premier le 16 avril 1811, le second le 2 juillet 1814, sont les fils de Jean-Baptiste Lingiardi, fondateur d'une grande fabrique d'orgues aujourd'hui fort renommée et qui est une des plus importantes de l'Italie. Tous deux furent élèves de leur père, et Giacomo se consacra surtout à la partie mécanique, tandis que Luigi s'occupait de la partie harmonique. Leur premier orgue remonte à l'année 1836, et fut construit pour l'église del Carmine, à Pavie. Depuis lors ils ont fabriqué plus de 120 instruments, dont quelques-uns pour la France, et ils ont apporté dans leurs procédés de construction des améliorations qui leur ont valu d'importantes récompenses.

LINLEY (Georges), compositeur anglais, né vers 1795, s'est fait connaître dans sa patrie par la publication d'un nombre inouï de romances, chansons, nocturnes, ballades, mélodies, qui rendirent son nom populaire et lui acquirent une grande notoriété. Pendant près d'un demi-siècle, ses productions, dont la vogue était immense, furent chantées sur toute la surface du Royaume-Uni. Linley a écrit aussi la musique d'un petit opéra, *la Poupée de Nuremberg*, qui a été représenté à Londres, sur le théâtre de Covent-Garden, en 1861. Cet artiste est mort à Londres, le 10 septembre 1865, à l'âge de 70 ans environ.

LINTERMANS (FRANÇOIS), compositeur, né à Bruxelles le 18 août 1808, s'est attiré de grandes sympathies en Belgique par l'ardeur et le dévouement qu'il a apportés dans le développement et la propagation du chant choral dans ce pays, n'hésitant pas à consacrer la plus grande partie de son temps et même à faire des sacrifices pécuniaires en faveur des sociétés musicales qui étaient placées sous sa direction. M. Lintermans a écrit un assez grand nombre de chœurs pour voix d'hommes : *le Cri de guerre, le Réveil, le Départ des chasseurs, Chœur de buveurs, les Regrets, l'Appel, Sérénade, la Retraite*, etc. On lui doit aussi quelques morceaux de musique religieuse.

LIONEL. — *Voyez* **VERCKEN DE VREUSCHMEN** (LÉON).

* **LIPINSKI** (CHARLES), est mort le 16 décembre 1861, dans sa propriété d'Ourlow, où il s'était retiré depuis quelques années, après avoir résigné ses fonctions de maître de la chapelle royale de Dresde.

LISBOA (B. DA SILVA), littérateur portugais, a publié une petite biographie de Haydn; c'est une traduction de l'écrit français de Joachim Le Breton (*Notice historique sur la vie et les ouvrages de Joseph Haydn....* lue dans la séance publique de la classe des Beaux-Arts, le 6 octobre 1810, Paris, 1810, in-4°). — J. DE V.

LISINSKY (VATROSLAV). Un artiste de ce nom, mort en 1854, a écrit la musique d'un opéra intitulé *Ljubani Zloba*, qui a été représenté à Prague.

LISMORE (........), est le nom ou le pseudonyme d'un musicien amateur qui écrivit les ariettes du *Maître d'école*, parodie du *Maître en droit*, opéra-comique de Monsigny, qui fut représentée à l'Opéra-Comique en 1760. Les auteurs de *l'Histoire de l'opéra bouffon* disent à ce sujet : « La musique fut jugée forte, variée et pleine de tableaux, et malgré les applaudissements du public, l'auteur eut la modestie de garder l'anonyme : on a sçu depuis qu'elle était de M. Lismore. » Il faut croire pourtant que ce personnage n'était pas l'unique auteur de la partition du *Maître d'école*, car voici, d'autre part, la note aussi courte qu'énigmatique qu'on trouve à son nom dans les *Anecdotes dramatiques* de Laporte : « Milord de Lisemore (*sic*) a mis en musique *le Maître d'école* avec Mlle de R...., aujourd'hui Mme D.... »

LISSAJOUS (........), savant français, né vers 1830, s'est fait un nom distingué dans la science. C'est à cause de ses recherches et de ses travaux sur l'acoustique, dont il s'est beaucoup occupé, que sa place est marquée dans ce dictionnaire. Sa découverte la plus importante en ce genre, et la plus digne d'intérêt, est assurément celle de l'étude optique des sons, que le savant physicien a su rendre visibles à l'œil comme ils sont appréciables à l'oreille. Je ne saurais me dispenser d'entrer à ce sujet dans quelques détails, détails que j'emprunterai d'ailleurs directement à M. Lissajous, en reproduisant le passage suivant d'une conférence faite par lui, le 26 décembre 1863, à la Société des compositeurs de musique :

«..... Le son, disait alors l'expérimentateur, étant un mouvement, doit pouvoir être étudié de l'œil; malheureusement ce mouvement est tellement rapide qu'il ne produit sur l'œil qu'une impression confuse. Heureusement certains artifices permettent de changer cette perception confuse et fugitive en une impression nette et persistante, et, par un heureux hasard, c'est précisément dans la comparaison des sons présentant les intervalles fondamentaux de la musique que cet effet se produit avec le plus de netteté.

« L'appareil le plus commode pour ce genre d'expérience est le diapason. Tout l'artifice nécessaire pour rendre les sons en quelque sorte visibles consiste à coller, sur l'une des branches, vers l'extrémité de la face convexe, un miroir plan ; pour que ce miroir ne gêne pas la vibration, on l'équilibre à l'aide d'un contre-poids placé sur l'autre branche.

« Le diapason ainsi disposé peut facilement servir à mettre en évidence la cause première du mouvement vibratoire. A cet effet, on prend une source puissante de lumière (soleil ou lumière électrique); on fait passer un faisceau éteint par une ouverture, et on le dirige sur le miroir ; le diapason étant tenu dans la position verticale, on rejette ensuite le rayon sur un miroir tenu à la main, et de là on le renvoie sur un écran de papier blanc placé à plusieurs mètres de distance. Pour empêcher le faisceau de diverger et concentrer en un point la trace qu'il donne sur l'écran, on a soin de placer entre le diapason et le corps éclairant une lentille convergente d'un foyer convenable. Dès qu'on fait vibrer le diapason, le point lumineux se convertit en une ligne lumineuse verticale, dont la longueur croît avec l'intensité du son. Cet effet est facile à expliquer : lorsque le diapason vibre, le miroir oscille et s'incline tantôt en avant, tantôt en arrière ; le rayon réfléchi éprouve le même mouvement et vient frapper l'écran, tantôt plus haut, tantôt plus bas ; seulement ce mouvement d'oscillation s'effectue avec une telle rapidité que l'œil, au lieu de voir le point lumineux monter et descendre sur l'écran, le voit à la fois dans toutes les positions qu'il occupe successivement. C'est en effet un fait bien connu que les impressions visuelles ne cessent pas immédiatement après leur production. Il s'écoule environ un quinzième de seconde entre le moment où l'œil est frappé par la lumière et le moment où l'impression s'éteint. Par conséquent, il suffit que le diapason effectue plus de quinze oscillations complètes, aller et retour, dans une seconde, pour que le trajet parcouru par le point lumineux reste éclairé *dans toute son étendue.*

« Si l'on profite du moment où le diapason vibre, pour déplacer le rayon réfléchi dans le sens horizontal en faisant tourner le deuxième miroir, alors la pointe du faisceau lumineux, au lieu d'osciller au même point de l'écran, oscille dans des régions de plus en plus éloignées du point de départ, et décrit une succession de sinuosités que l'œil voit illuminées simultanément. Cette expérience démontre donc de la façon la plus nette la cause première du son, c'est-à-dire le mouvement oscillatoire du corps sonore. »

On voit combien est importante la découverte de M. Lissajous ; et elle ne l'est pas moins au point de vue de la précision que de la nouveauté et de l'utilité des résultats obtenus. On s'en rendra compte par cette nouvelle démonstration :

« Pour comparer les sons entre eux, l'expérience se dispose autrement. On place les deux diapasons à comparer l'un vis-à-vis de l'autre, de façon que leurs miroirs soient en regard ; seulement, le plan des branches pour l'un des diapasons est vertical, il est horizontal pour l'autre.

« Un faisceau de lumière parti de la lampe électrique tombe sur le premier miroir, et de là sur l'écran ; une lentille placée sur le trajet du faisceau en concentre les rayons de manière à donner sur l'écran une ligne lumineuse verticale produite par l'oscillation rapide du faisceau de lumière dans le sens vertical ; si l'on fait vibrer le diapason horizontal seulement, il se produit une ligne horizontale ; si l'on fait vibrer les deux diapasons à la fois, l'image se meut sur l'écran dans le sens horizontal et dans le sens vertical à la fois, et devient dans son mouvement une courbe fermée dont la forme dépend du rapport des deux sens. Cette courbe apparaît en traits de feu sur l'écran.

« Si les diapasons sont à l'unisson, ils exécutent le même nombre de vibrations dans le même temps : la figure obtenue est alors une ligne droite ou une ellipse, qui peut parfois devenir un cercle parfait.... Dans le cas où l'unisson est parfaitement rigoureux, celle des figures obtenues au début se maintient pendant toute la durée de la vibration, en éprouvant dans ses dimensions une diminution progressive en rapport avec la diminution d'amplitude des vibrations elles-mêmes. Si l'accord des deux diapasons n'est pas rigoureux, la figure se transforme progressivement, et passe par toutes les formes successives indiquées au tableau (1). Cette transformation est d'autant plus rapide que le désaccord est plus grand, et elle fournit la mesure exacte du désaccord. En effet, chaque fois que la figure, après avoir passé par le cycle complet de ses transformations, reprend sa forme primitive, on est sûr que l'un des diapasons a exécuté une vibration complète de plus que l'autre. Ainsi, s'il faut 60" pour que la figure primitive se reproduise, l'un des diapasons fait dans 60" une vibration double de plus que l'autre. Si l'on opère par exemple sur des diapasons dont l'un donne le *la* normal de 870 vibrations simples, ou 435 vibrations doubles par seconde, il y a donc un désaccord entre ces deux diapasons égal à 1 vibration sur 435 × 60 ou $\frac{1}{26,100}$. Ces nombres donnent une idée de la sensibilité de la méthode. »

Il serait superflu de chercher à démontrer l'intérêt qui s'attache à l'étude de ces questions. Sous ce rapport, et c'est le seul qui doive nous occuper ici, M. Lissajous a rendu à la science des services incontestables. Aussi, lorsque, après la mort d'Auber, M. Ambroise Thomas eut été chargé de la direction du Conservatoire de Paris, l'un de ses premiers soins fut-il de charger M. Lissajous de faire un cours d'acoustique dans cet établissement, qui jamais n'avait eu de professeur de ce genre. M. Lissajous inaugura son cours en février 1873, ce qui ne l'empêcha pas, quelques mois après, de se rendre à l'Exposition universelle de Vienne, où il avait été nommé juré par la France pour la section musicale ; à la suite de ce voyage, il présenta au ministre son rapport, qui fut publié sous ce titre : *Rapport sur les instruments de musique. Instruments à vent et autres appareils acoustiques*, Paris, Imprimerie nationale, 1875, in-4°.

Malheureusement, depuis lors, M. Lissajous a été nommé recteur de l'Académie de Besançon, poste qu'il occupe encore aujourd'hui, et le Conservatoire s'est vu priver de son professeur. On peut espérer, toutefois, que sa situation nouvelle n'empêchera pas ce savant distingué de continuer

(1) M. Lissajous avait publié sur ce sujet un travail dans les *Annales de Chimie et de Physique* (octobre 1857). Ce travail était accompagné d'une planche reproduisant les figures diverses dont il est ici question. Cette planche a été reproduite dans le texte de la conférence de M. Lissajous, tel qu'il a été publié dans les *Bulletins de la Société des compositeurs de musique* (1869).

ses recherches sur une branche de la science qui intéresse la musique d'une façon si spéciale.

LISTOWSKI (ANDRÉ), colonel dans l'armée polonaise et amateur distingué de musique, est né à la fin du dix-huitième siècle. M. Listowski s'est fait connaître d'abord par un grand nombre de mélodies vocales et de pièces fugitives, parmi lesquelles on cite surtout avec éloges *Venise la belle*, écrite sur des paroles de Scribe traduites en polonais, et la *Prière d'une jeune fille*. Il a composé la musique de deux mélodrames, *l'Hôpital des Fous* et *les Perroquets de notre grand'mère*, représentés tous deux sur le théâtre des Variétés, à Varsovie, en 1841.

* **LISZT** (FRANZ). — Cet artiste prodigieux, fantasque, mais d'une trempe intellectuelle singulièrement vigoureuse, n'a cessé, depuis plus d'un demi-siècle, d'occuper le monde de sa personne, de ses travaux, et aussi de ses excentricités. M. Liszt, pour qui la simplicité doit être synonyme de sottise, a toujours avidement recherché les occasions de se mettre en relief et de faire parler de lui. Dans ces dernières années, ayant presque épuisé tous les moyens ordinaires, il n'en a pas trouvé de meilleur que de faire croire qu'il entrait en religion ; je dis : « de faire croire, » car en réalité, malgré tout ce qui a été écrit à ce sujet, tous les détails minutieux à la fois et compliqués qui ont été publiés et reproduits dans cent journaux, malgré la qualification d'abbé qui lui a été donnée par les uns, les railleries dont il a été l'objet de la part des autres, on ne sait encore à quoi s'en tenir et si réellement M. Liszt s'est fait ordonner prêtre. Tout porte à croire pourtant qu'il n'en est rien, et que les pratiques de dévotion qu'on a remarquées chez le grand artiste ne sont encore de sa part qu'une nouvelle occasion de *réclame* et un désir toujours plus intense de faire parler de lui.

D'ailleurs, le prétendu abbé ne saurait tenir en place, court toujours les grands chemins, se trouvant aujourd'hui à Weimar, demain à Rome, où il fréquente les cardinaux et le Vatican, se rendant de Rome à Paris, de Paris retournant en Allemagne, puis allant tenir école à l'Académie de musique de Pesth, et enfin revenant à Rome, où, en définitive, il passe la plus grande partie de son temps, partageant sa vie entre des relations ultra-mondaines et celles qu'il entretient avec les princes de l'Église. Et il faut noter que M. Liszt trouve toujours le temps de travailler, de composer, d'écrire des œuvres importantes, de les produire et d'en diriger l'exécution, de se faire entendre comme virtuose, sinon en public, du moins dans de nombreuses sociétés particulières, enfin de former des élèves et de les lancer dans la carrière. Au demeurant homme étrange, nature puissante et expansive à l'excès, artiste habile et supérieurement doué par la nature, aussi remarquable par le savoir-faire que par le vrai savoir, M. Liszt est un type à part dans l'histoire musicale du dix-neuvième siècle, et si l'on peut regretter ses défauts artistiques et intellectuels, on n'en doit pas moins apprécier ses étonnantes qualités et les facultés admirables, quoique mal équilibrées, qui constituent sa personnalité.

Il serait, je crois, singulièrement difficile de dresser un catalogue détaillé des œuvres innombrables de ce compositeur. Je vais essayer d'en donner un aperçu, et d'étendre un peu les renseignements que l'on trouve dans la *Biographie universelle de Musiciens*. — 12 Poëmes symphoniques (1. *Ce qu'on entend sur la montagne;* 2. Triomphe funèbre du Tasse; 3. Les Préludes; 4. Orphée; 5. Prométhée; 6. Mazeppa; 7. *Fest-Klænge;* 8. Héroïde funèbre; 9. *Hungaria;* 10. Hamlet; 11. *Hunnen-Schlacht;* 12. l'Idéal); — *La Divine Comédie* du Dante, symphonie avec *soli* et chœurs; — *Jeanne d'Arc au bûcher*, scène dramatique pour mezzo-soprano, avec orchestre; — Messe à 4 voix, avec orchestre et orgue; — *Pater noster* à 4 voix avec orchestre; — Concerto pathétique pour piano, avec orchestre; — Concerto de piano en *mi* mineur; — Sonate pour piano; — *Années de pélerinage*, suites de compositions pour piano (*Sposalizio* : *il Penseroso; Canzonnetta de Santa-Rosa ;* 3 Sonnets de Pétrarque; Après une lecture du Dante, *fantasia quasi sonata* ; *Venezia e Napoli*, gondoliera, canzone et tarentelle, etc.); — *Ave Maria* pour chœur, avec orgue; — 12 Études d'exécution transcendante, pour piano; — *Apparitions*, id.; — *Le Carnaval de Pesth*, id.; — *Canzone napoletana*, id.; — Galop russe, id.; — Harmonies poétiques et religieuses, id.; — Marche héroïque dans le genre hongrois, id.; — 2e Marche hongroise, id.; — Mazurka brillante, id.; — *Nonnenwerth*, romance sans paroles, id.; — *les Consolations*, 6 pensées poétiques, id.; — Divertissements, id.; — Grande Valse de bravoure, id.; — *Fleurs des Alpes*, album d'un voyageur, en 3 suites, id.; — Mélodies hongroises, id.; — Grand Galop chromatique, id.; — *Nuits d'été à Pausilippe*, 3 amusements, id.; — 3 Caprices poétiques, id.; — *la Fête villageoise*, id.; — *Un Soir dans les montagnes*, id.; — 24 Grandes Études, en 2 livres, id.: — *le Christ*, oratorio en trois parties; — *la Légende de sainte Élisabeth de Hongrie*, oratorio; — Marche de Racocksy, paraphrase de concert, pour piano; Cantique d'amour, id.; — *Saint François de Paule sur les vagues*, id.; — *Prêche aux oiseaux de saint-François d'Assise*, id.; — *Graner Messe* (Messe de Gran), écrite en 1853 pour la consécration de la basilique de Gran, à la demande du cardinal Szitowski, primat de Hongrie; — Messe du Couronnement; — *Berg-symphonie* (Symphonie de la montagne); — Cantate pour le Centenaire de Beethoven, exécutée à Weimar en juin 1870; — Fantaisies pour piano sur *la Fiancée*, sur *les Huguenots*, *Don Juan*, *Robert-le-Diable*, *la Juive*, *les Puritains*, sur *les Soirées musicales* de Rossini, sur *la Clochette* de Paganini, sur *la Rose* de Schubert; — Morceaux de divers genres pour piano sur *Don Carlos*, *I Lombardi*, *Lucia di Lamermoor*, *Lucrezia Borgia*, *Norma*, *les Soirées italiennes* de Mercadante, *le Songe d'une nuit d'été* de Mendelssohn, etc; — Études mélodiques pour piano, d'après Schubert, en 2 livres.

En dehors de ces compositions, déjà si nombreuses, et dont la liste est loin d'être complète ici, M. Liszt a publié une multitude de transcriptions de toutes sortes pour le piano; outre ses superbes transcriptions des neuf symphonies de Beethoven, on lui doit celles des ouvertures du *Freischütz*, de *Jubel* et d'*Oberon* de Weber, de divers morceaux de *la Muette de Portici*, du *Prophète*, des *Puritains*, des *Ruines d'Athènes*, du *Vaisseau-fantôme*, de *Lohengrin*, du *Tannhäuser*, de *l'Africaine*, de *Tristan et Iseulde*, de *Rienzi*, de la *Schiller-Marsch* et du *Moine* de Meyerbeer, de *la Charité*, du *Stabat Mater* et des *Soirées musicales* de Rossini, de six nocturnes de Field, de 6 mélodies sacrées de Beethoven, de 4 mélodies sacrées de Schubert, de 6 grandes études de Paganini, enfin d'une quantité de *lieder* et de chansons de Beethoven, de Schubert, de Mendelssohn, de M. Robert Franz, de Mme Clara Schumann, etc., etc.

M. Liszt a été, en Allemagne et en France, le sujet d'un grand nombre d'écrits; voici les titres de ceux qui sont venus à ma connaissance: 1° *F. Liszt, nachs einem leben und wirken aus authentischen berichten dargestellt* (F. Liszt présenté dans une relation authentique, d'après sa vie et sa conduite), par Christern, Leipzig, Schuberth; — 2° *F. Liszt in Berlin, Skizze* (F. Liszt à Berlin, esquisse), par Kossarski, Berlin, Barasch; — 3° *Liszt's (F.) oratorium « Christus, » eine studie zur zeit und musikgeschichtlichen stellung derselben* (Etude sur l'oratorio *le Christ* de F. Liszt....), Leipzig, Schuberth, 1874, gr. in-8°; — 4° *Franz Liszt als symphoniker* (Franz Liszt comme symphoniste), par F. Brendel, Leipzig, 1859; — 5° *Franz Liszt ungarische Kronungsmesse eine musik studie* (Étude musicale sur la messe hongroise du couronnement, de Franz Liszt), par K. Abranyi, traduit en allemand du hongrois par H. Gobbi, Leipzig, Schuberth, 1871; — 6° *Franz Liszt oratorium die Legende von der heiligen Elisabeth und die neue Musikrichtung im Allgemeinen, ein offner brief en die herren O. Paul und Ed. Bernsdorf* (l'oratorio de Liszt *la Légende de sainte Élisabeth* et la nouvelle tendance musicale, lettre adressée à MM. O. Paul et Ed. Bernsdorf, Leipzig, Rhode, 1868; — 7° *Ueber Franz Liszt's Graner Festmesse und ihre stellung zur geschichtl eichen entwickelung der Kirchenmusik* (Sur la Messe solennelle de Gran et sur le développement de la musique religieuse), par L. A. Zellner, Vienne, Manz, 1859; — 8° *Die grossen pianofortevirtuosen unserer zeit aus persœnlicher bekanntschaft* (les Grands virtuoses pianistes de notre temps), *Liszt, Chopin, Tausig. Hensell*, Berlin, Behr, 1871; — 9° *Franz Liszt's biographie* (Biographie de Franz Liszt), par J. Schuberth, Leipzig, Schuberth, 1871 (1); — 10° *L'abbé Liszt*, Paris, Heymann, 1871, in-8.

Il me reste à signaler quatre écrits d'un genre fâcheux, dans lesquels la personne de M. Liszt est directement mise en cause: *Souvenirs d'une Cosaque*, par Robert Franz (Mme Olga de Janina), Paris, Dentu, 1874, in-12; *le Roman du pianiste et de la Cosaque*, par Sylvia Zorelli, Paris, s. d. (1875), in-12; *Souvenirs d'un pianiste, réponse aux « Souvenirs d'une Cosaque, »* Paris, Lachaud et Burdin, s. d. (1874), in-12; *les Amours d'une Cosaque*, par un ami de l'abbé X***, Paris, Degorce-Cadot, s. d. in-12. Je ne parlerai pas davantage de ces publications, renvoyant le lecteur à ce que j'en ai dit au mot JANINA (Olga de).

M. Liszt a publié sur John Field l'opuscule suivant: *Über John Field's nocturne* (en français et en allemand), Hambourg, Leipzig et New-York, Schuberth, 1859, in-16. Je dois faire remarquer que le livre intitulé: *Des Bohémiens et de leur musique en Hongrie*, a été publié d'abord en français (Paris, librairie nouvelle, 1859, in-12), et que ce n'est qu'ensuite qu'il a paru en allemand et en hongrois.

***LITOLFF** (HENRY). — Musicien puissant mais inégal, virtuose hors ligne mais incorrect, doué d'une imagination grandiose et vagabonde à la fois, voilà plus de trente ans que cet artiste

(1) On trouve une notice sur M. Liszt dans le premier volume de l'ouvrage intitulé: *Musikalische studienkœpfe*, par M. La Mara, Leipzig, 1868.

étonnant court le monde, faisant entendre partout ses œuvres, sans qu'il soit possible d'apprécier et de fixer sa valeur d'une façon définitive, de déterminer au juste son talent. Il a parcouru la plus grande partie de l'Europe, en commençant par la France, s'en allant de France en Belgique, de Belgique en Pologne, de Pologne en Allemagne, d'Allemagne en Hollande, se produisant successivement à Paris, à Bruxelles, à Varsovie, à Prague, à Francfort, à Leipzig, à Dresde, à Berlin, à Amsterdam, à La Haye, a Brunswick, à Vienne, à Gotha, à Liége, à Anvers, à Wiesbaden, et se faisant applaudir tour à tour comme compositeur, comme pianiste et comme chef d'orchestre. Partout, sur son chemin, Litolff semait ses compositions, consistant en opéras, symphonies, ouvertures, concertos, pièces de piano, morceaux de chant, etc. Tout cela, quoique d'une valeur très-réelle, est généralement inégal, fiévreux, fantasque, et plus original au point de vue de la forme, de la puissance orchestrale, de la couleur, que personnel au point de vue de l'idée proprement dite et de la richesse de l'inspiration. Il y a beaucoup du tempérament de Berlioz dans Litolff, mais avec moins de jet mélodique, moins de sentiment poétique, et point de cette grâce exquise et suave qui caractérisait l'auteur de *la Fuite en Egypte* et de *la Damnation de Faust*. Il faut dire aussi que Litolff ne semble point s'être tracé une route à suivre, et qu'il paraît se laisser volontiers entraîner au cours du hasard et des événements.

Depuis une quinzaine d'années cependant, Litolff, définitivement fixé en France, semble s'être donné un but à atteindre : celui de devenir un compositeur dramatique français. Il a commencé par écrire un opéra en trois actes, *Nahel*, sur un poème d'Edouard Plouvier, ouvrage intéressant qui fut représenté sur le théâtre du Kursaal de Bade au mois d'août 1863. Il songea alors à se produire à l'Opéra-Comique, et l'on parla d'un autre ouvrage en trois actes, *l'Escadron volant de la reine*, qu'il aurait composé pour ce théâtre, mais qui jusqu'ici n'a pas vu le jour. Quelques années après, en 1869, Litolff conçut la pensée de donner dans la salle de l'Opéra une série de grands concerts destinés à l'exécution d'œuvres importantes de musique moderne, entre autres des siennes et de celles de Berlioz, dont il est un des admirateurs les plus ardents et les plus convaincus. Il obtint en effet, grâce à de puissantes influences, la salle de l'Opéra pour y mettre son projet à exécution, et, à la fin de 1869, donna une ou deux séances; mais l'entreprise ne réussit pas et il y dut renoncer presque aussitôt.

Mais il ne renonça pas pour cela à se produire sur une scène parisienne. Ne pouvant se faire jouer à l'Opéra-Comique, il songea à aborder un des petits théâtres consacrés au genre malsain de l'opérette, et écrivit sous ce titre, *la Boîte de Pandore*, un ouvrage en trois actes qui fut représenté aux Folies-Dramatiques à la fin de 1871. L'essai ne fut pas heureux, malgré la présence d'une cantatrice aimable, Mme Ferdinand Sallard, qui avait appartenu naguère au personnel de l'Opéra-Comique, et qui, jouant le rôle de Pandore, produisit un grand effet dans une valse vocale destinée à faire ressortir ses qualités de virtuosité. Le 17 octobre 1872, le compositeur reparaissait au même théâtre avec *Héloïse et Abélard* (3 actes), et cette fois obtenait un succès complet. Ce musicien à la personnalité exubérante, grandiose, souvent violente, avait cherché à se faire coquet, mignon, gracieux, et il n'est que juste de dire qu'il y avait presque entièrement réussi. Déjà, dans *la Boîte de Pandore*, l'effort en ce sens était visible et parfois heureux : cette première partition, conçue dans un ordre d'idées si différent des appétits ordinaires du compositeur, renfermait certaines pages pleines de délicatesse et de fraîcheur; la critique les avait signalées, mais le public n'en avait pu tenir grand compte, la musique ayant succombé sous la sottise du poème. Cette fois, le progrès était réel, évident, palpable, et si la partition d'*Héloïse et Abélard* n'était point une œuvre parfaite, c'était du moins une production fort distinguée, remarquable à beaucoup d'égards, écrite dans le vrai style qui convenait au sujet, et qui, si elle manquait peut-être un peu d'unité, possédait cette qualité rare de ne point viser plus haut qu'il ne faut, en même temps qu'elle restait toujours très-élégante de forme et très-pure de lignes. C'était, en un mot, un véritable opéra bouffe, et non une de ces productions débraillées et triviales qui, sous prétexte de musique, pervertissent et dépravent le goût du public depuis tantôt vingt ans.

Malheureusement, Litolff ne retrouva pas semblable succès. *La Belle au bois dormant*, opéra-féerie en quatre actes donné par lui au théâtre du Châtelet (4 avril 1874), n'eut qu'un petit nombre de représentations, et *la Fiancée du roi de Garbe*, nouvel opéra bouffe en trois actes joué aux Folies-Dramatiques (29 octobre 1874), ne put non plus se soutenir à la scène. C'étaient là deux œuvres médiocres, qui ne méritaient pas un meilleur sort. Un autre ouvrage, *la Mandragore*, donné par le compositeur au théâtre des Fantaisies-Parisiennes de Bruxelles (janvier 1876), n'a pas été plus heureux.

J'ai regret à dire que Litolff, à qui sa légitime renommée artistique devrait interdire certaines tâches vraiment indignes de lui, n'a pas hésité à se charger de la direction d'un concert de bas étage aux Champs-Élysées, non plus que de celle des concerts d'un établissement connu sous le nom de Frascati ; c'est ainsi que, tandis qu'il se faisait jouer sur tel ou tel théâtre, l'auteur de *Robespierre* et des *Girondins* conduisait un orchestre en plein vent. Passons sur ce fait fâcheux, et souhaitons au grand artiste de remporter enfin un grand succès dramatique sur une scène digne de son talent.

Parmi les nombreuses compositions de Litolff en dehors du théâtre, je signalerai les suivantes : *Ruth et Booz*, petit oratorio (partition chant et piano, Paris, Choudens); Marche funèbre à la mémoire de Meyerbeer (Paris, Brandus); 6 Morceaux caractéristiques pour piano (1. Rapsodie hongroise ; 2. *Sur le Danube*, rêverie ; 3. Rapsodie polonaise ; 4. *le Chant du Nautonnier* ; 5. *Un Rêve* ; 6. *Vienne*), Paris, Choudens ; *Ave Maria* à voix seule, id., id. ; 3 Caprices-valses pour piano (1. Légèreté; 2. Grâce ; 3. Abandon), op. 24, Paris, Heugel ; *l'Invitation à la Polka*, op. 31, id., id.; *l'Invitation à la Tarentelle*, op. 36, id., id.; Caprice de concert, op. 37, id., id.; Divertissement fantastique, id., id. Il a écrit aussi et publié un assez grand nombre de mélodies vocales : *l'Aurore, la Charité, le Poète, Je t'aimerai, la Reine Mab*, valse chantée, *N'effeuillez pas la marguerite, Chant du gondolier*, duo, *Enfants, dormez toujours*, etc., etc.

LITTA (Le comte Giulio), compositeur amateur fort distingué, issu d'une illustre famille milanaise, deuxième fils du duc Pompeo Litta, qui était un dilettante éclairé et un véritable Mécène pour les artistes, naquit en 1822. Doué d'un grand amour pour la musique et de rares dispositions pour la culture de cet art, le comte Litta se laissa entraîner à son penchant et se consacra de bonne heure à l'étude de la composition. Dès l'âge de vingt ans il écrivait un opéra sérieux, *Bianca di Santafiora*, qu'il faisait exécuter, le 2 janvier 1843, sur la petite scène intime du Conservatoire de Milan; il fit ensuite représenter, sur des théâtres publics, plusieurs autres ouvrages qui furent favorablement accueillis et qui l'ont classé parmi les amateurs les plus distingués de sa patrie : *Maria-Giovanna* (Turin, th. Carignan), *Editta di Lorno* (4 actes, Gênes, th. Carlo Felice, 1853), *Sardanapale*, et *Don Giovanni di Portogallo*. M. Giulio Litta est aussi l'auteur d'une sorte d'oratorio, *la Passione*, dont il a écrit la musique sur l'hymne fameux de Manzoni : *O tementi dell'ira ventura!* et qui fut chanté, dans un concert de musique sacrée donné à l'Académie philharmonique de Turin, par la Malvani-Ferraris et le ténor Daniele. La dernière production du comte Litta est une scène lyrique, *il Viandante* (d'après *le Passant*, de M. François Coppée), qui a été exécutée avec un véritable succès à Milan, sur le théâtre Milanais, le 17 avril 1873; il a écrit aussi une opérette, *Raggio d'Amore*, qui n'a pas encore été représentée. M. Litta a publié quelques mélodies vocales.

LITZAU (J.... B.....), organiste néerlandais, est né à Rotterdam le 9 septembre 1822. Organiste de l'une des églises réformées de cette ville, on lui doit les publications suivantes : 1° *Les Mélodies des psaumes et chants en usage dans l'église réformée des Pays-Bas*, Rotterdam, Lichtenauer, 1861 ; 2° *Les Mélodies des psaumes et chants en usage dans l'Église évangélique luthérienne arrangées à quatre parties*, id., id., 1852 ; 3° *Les Mélodies des psaumes, motets, chants évangéliques de l'église réformée des Pays-Bas, arrangées à quatre parties avec orgue ou piano, avec des préludes à jouer pendant et après le service*, id., id. 1854.

LLADO (J......), musicien espagnol contemporain, est l'auteur d'un traité de solfége dont il a été fait trois éditions sous ce titre : *Metodo de solfeo, analitico, facil y conciso* (Madrid, Andres Vidal).

LLORENTE (Cipriano), compositeur espagnol contemporain, s'est fait connaître par la publication d'un certain nombre d'œuvres de divers genres, entre autres un recueil de six cantiques à une voix avec accompagnement de piano, plusieurs mélodies religieuses à trois voix, et des morceaux de musique légère et de danse pour le piano.

LOBO (Heitor), musicien portugais, fut un organiste célèbre et en même temps un constructeur d'orgues très-renommé. Il restaura en 1559 le grand orgue de l'église de Santa-Cruz à Coïmbre, instrument superbe qui a été presque entièrement ruiné par un charlatan, il y a quelques années. On n'a malheureusement pas de renseignement plus précis sur cet artiste remarquable, auquel les contemporains accordent de grands éloges. J. de V.

LODER (Edward-James), chef d'orchestre et compositeur dramatique anglais fort distingué, naquit en 1813 à Bath, où son père, violoniste de talent, occupait une bonne situation (1).

(1) Il y a tout lieu de croire que l'artiste qui fait l'objet

Il appartenait à une famille toute musicale, car ses deux frères, John et William, morts longtemps avant lui, étaient, le premier violoniste, le second violoncelliste, et il eut aussi deux sœurs qui se livrèrent à l'enseignement de la musique. Pourtant, lui-même ne se décida qu'assez tard à embrasser définitivement cette carrière, car après avoir été envoyé, en 1826, à Francfort-sur-le-Mein pour y étudier avec Ferdinand Ries, qui avait été en Angleterre l'ami de son père, il revint au bout de deux années à Londres, indécis sur son avenir, et bientôt entreprit l'étude de la médecine; c'est dans ce but qu'il retourna en Allemagne en 1829. Mais s'étant retrouvé avec Ries, il se résolut enfin à poursuivre la carrière artistique, et termina ses études musicales sous la direction de cet artiste distingué.

De retour en Angleterre, Loder se vit chargé d'écrire un opéra pour l'inauguration du nouveau théâtre du Lyceum, alors en construction, et qui était destiné à l'exploitation de l'opéra anglais. Le livret de cet ouvrage, intitulé *Nourjahad*, était l'œuvre du directeur de ce théâtre, Arnold, qui avait transformé à cet effet un ancien drame de lui dont le succès avait été médiocre quelques années auparavant; ce livret n'était point fameux, et la fortune de l'ouvrage s'en ressentit, lorsqu'il fut joué au mois de juillet 1834, bien que la musique en fût, paraît-il, des plus remarquables, et qu'elle donnât les preuves d'un rare tempérament artistique. « Il faut, a dit M. Macfarren en parlant de *Nourjahad*, il faut considérer cet opéra comme ayant créé en Angleterre un genre nouveau de musique dramatique, et les divers compositeurs qui se sont distingués dans cette voie ainsi préparée pour eux doivent un témoignage de gratitude à Edward Loder, qui a été le pionnier de leur fortune. »

L'année suivante, Loder écrivait pour le même théâtre un nouvel ouvrage, *Dice of Death* (*le Dé de la mort*). Il conclut ensuite, avec les éditeurs d'Almen et Cie, un traité par lequel il s'engageait à leur livrer chaque semaine une composition; c'est alors qu'il écrivit pour eux une série de 12 chants sacrés, dédiés à Sterndale Bennett, et qui auraient suffi à établir sa réputation; il leur donna ensuite un grand nombre de chants (*songs*), duos, etc., et ces éditeurs eurent la singulière idée de former, avec ces diverses productions, une sorte d'opéra intitulé *François Ier*, qu'ils firent jouer au théâtre Drury-Lane en 1838.

Quelques années après, Loder était engagé au *Princess' Theatre* comme chef d'orchestre, et déploya dans l'exercice de ces fonctions un talent supérieur. Il fit représenter alors à ce théâtre *the Night Dancers* (*les Danseurs de nuit*), son meilleur ouvrage dramatique (1846), et *Puck*, opéra-ballade (1848). Étant passé avec le même emploi à Manchester, il donna en cette ville (1855) un ouvrage de grande importance et de hautes visées, *Raymond and Agnes*, qui fut reproduit plus tard à Londres, au théâtre St-James, mais dans des conditions d'exécution déplorables. En 1856, Loder perdit l'emploi de ses facultés, et fut atteint d'aliénation mentale; après quelques années d'un traitement intelligent, on put croire un instant qu'il allait être rendu à la vie et à la raison; mais le mal le reprit bientôt, et il mourut à Londres le 5 avril 1865.

Outre les opéras qui ont été mentionnés ci-dessus, Loder en écrivit plusieurs autres, qui n'ont pas été représentés : *Little Red Riding Hood* (*le petit Chaperon Rouge*), qui avait été composé vers 1845 pour le théâtre Drury-Lane, *Pizarre*, *Leila*, et *sir Roger de Coverley*. Il a écrit aussi quelques morceaux de piano intéressants, plusieurs quatuors pour instruments à cordes qui n'ont pas été publiés, mais qui témoignent d'un art consommé, et surtout une quantité énorme de mélodies vocales, parmi lesquelles on cite surtout celles intitulées *the Brave Old Oak* et *Old House at Home*, et pour l'ampleur de la conception celle qui a pour titre *Invocation to the Deep* (*Invocation à l'obscurité*). Enfin on connaît encore de Loder une grande cantate, *the Island of Calypso*, qui fut exécutée en 1851 aux nouveaux concerts philharmoniques.

LODÜJENSKY (N.......), compositeur russe, s'est fait connaître par un certain nombre de romances et mélodies vocales, qui ont été publiées à Saint-Pétersbourg dans le cours de ces dernières années.

***LŒSCHORN** (Charles-Albert). — Parmi les compositions publiées de cet artiste, dont le nombre s'élève aujourd'hui à près de cent cinquante, je signalerai les suivantes : Étude en *ré* op. 3; 3 Sonates, op. 101; *Moments mélancoliques*, 2 nocturnes, op. 114; Études de caractère, op. 118; 4 Études (1. Valse; 2. Galop;

de cette notice est le même que celui qui a été mentionné, au tome V de la *Biographie universelle des Musiciens*, sous le nom inexact de Georges Loder. Les éléments du présent article ont été pris dans une notice que M. G. A. Macfarren, l'éminent compositeur anglais, a publiée sur Loder dans *the Imperial Dictionary of Universal Biography*. On verra qu'il n'y est point question d'un séjour que Loder aurait fait en Amérique.

3. Mazurk; 4. Polka); Sonatines instructives, op. 125, 126, 127, 135; Suite pour piano, op. 130; 3 Mazurkas, op. 132; Tarentelle, op. 133; *die Schule der Geläufigkeit*, 33 études, op. 136; *Album de la jeunesse*, 15 morceaux instructifs, op. 139; Rêverie, op. 141; Quatuor pour piano et instruments à cordes; etc., etc.

LOEW (Joseph), pianiste allemand et compositeur pour son instrument, n'a pas publié jusqu'à ce jour moins de trois-cents-œuvres, consistant en pièces de genre, études faciles, fantaisies, mélodies, transcriptions de *lieder* ou d airs d'opéras, morceaux de danses, etc., pour piano à deux où à quatre mains. Le même artiste a donné aussi quelques morceaux pour piano et harmonium. J'ignore quelle est la valeur de toute cette musique, dont rien absolument n'est connu en dehors de l'Allemagne.

* **LOEWE** (Jean-Charles-Godefroid), est mort à Kiel le 20 avril 1869.

* **LOEWE** (Jeanne-Sophie). Cette cantatrice célèbre était née, non en 1815, comme il a été dit, mais le 24 mars 1816. C'est elle qui avait créé à Gênes le rôle d'Abigail dans le *Nabucco* de M. Verdi, et à Milan la *Maria Padilla* de Donizetti. Elle avait renoncé au théâtre en 1848, pour devenir l'épouse du prince Frédéric de Liechtenstein. Cette grande artiste est morte à Pesth le 28 novembre 1866.

LOEWE (Thomas), compositeur, né en Autriche, a écrit la musique d'un opéra intitulé *Concino Concini*, qui a été représenté à Prague au mois de décembre 1862. Cet ouvrage a été reproduit ensuite à Vienne, ville habitée par l'auteur, sur le théâtre de la Cour, le 1er février 1865.

* **LOGIER** (Jean-Bernard), inventeur du *chiroplaste*, était né à Cassel le 9 Février 1777, et non à Kaiserslautern en 1780. Il eut un fils, *Henri Logier*, qui s'établit comme professeur de harpe et de piano à Londonderry (Angleterre), où il mourut le 15 Mai 1870.

* **LOGROSCINO** (Nicolò). Les opéras suivants doivent être compris dans la liste de ceux qui sont dus à ce compositeur : 1° *la Violante*, Naples, th. des Fiorentini, 1741; — 2° *Cionmetella Correvata*, id., th. *della Pace*, 1744; — 3° *li Zite*, opéra bouffe, id., id., 1745; — 4° *Don Paduano*, id., id., id., 1745; — 5° *la Costanza*, id., th. Nuovo, 1747; — 6° *li Despielte d'ammore*, id., th. *delle Pace*, 1748 (en société avec Nicola Calandro, dit *Frascia*); — 7° *la Finta Frascatana*, id., th. Nuovo, 1750; — 8° *lo Cicisbeo*, id., id., 1751; — 9° *la Griselda*, id., th. des Fiorentini, 1752; — 10° *Elmira generosa* (en société avec Emmanuel Barbella, excellent violoniste), id., th. Nuovo, 1753; — 11° *le Chiajese cantarine*, folie musicale (*pazzia per musica*), id., th. Nuovo, 1754; — 12° *Rosmonda* (en société avec Cecere, Pietro Gomez et Traetta), id., id., 1755.

* **LOISEL** (Jean). Cet artiste naquit à Hesdin, en Artois. Admis dans l'ordre des Prémontrés, il devint chanoine régulier de l'abbaye de Saint-Josse-aux-Bois ou Dompmartin, dans le diocèse d'Amiens, puis fut appelé à Anvers comme maître de chant (*phonascus*) de l'église abbatiale de St-Michel, où il se trouvait en 1646. C'est ce qui résulte d'un ouvrage publié alors par ce musicien, ouvrage resté jusqu'ici ignoré, récemment retrouvé par M. Vander Straeten, et dont le titre produit ces renseignements : *Surculus olivæ, notis musicis concertantibus et pacifis VI vocum vel instrumentorum adornatus, SS. Mariæ Pacis æternæque reginæ concordiæ pro patriæ felici concordia oblatus, a venerabili D. F. Joanne Loisel Hesdiniensi, ecclesiæ J. Judoci in Nemore, sacre Ordinis Præmonstratensis canonico, necnon ecclesiæ S. Michaelis Antverpiæ phonasco. Opus secundum.* (*Antverpiæ, apud heredes Petri Phalesii*, M D C XVLI, *In*-4°). Ceci est, on le voit, l'œuvre deuxième de Jean Loisel. Un recueil, formant l'œuvre troisième, contient un assez grand nombre de motets à plusieurs voix, avec accompagnement d'instruments : *Misericordias, Domine Deus, Alma Dei genitrix, Laudem dicite, Salve Regina, Regina cœli, Tantum ergo*, etc.

LOMAGNE (Joseph), violoniste, compositeur et professeur, né à Perpignan en 1804, s'essaya d'abord à jouer de la flûte, puis se consacra entièrement à l'étude du violon. Il prit d'abord des leçons d'un professeur nommé Coste, maître de chapelle de la cathédrale de Perpignan, puis, admis au Conservatoire de Paris, devint l'élève de Kreutzer. Après avoir rempli les fonctions de violon-solo aux grands théâtres de Nîmes et de Bordeaux, il retourna dans sa ville natale, s'y voua à l'enseignement, et fut assez heureux pour y fonder un Conservatoire, qui ouvrit ses cours au mois d'août 1842, et dont il resta le directeur jusqu'à la fin de sa vie. A partir de cette époque, Lomagne s'occupa beaucoup de composition, et écrivit un grand nombre d'œuvres de divers genres, parmi lesquelles on cite les suivantes : — 1° *La Maronite*, grand opéra en 5 actes; — 2° Messe à 3 voix, exécutée en diverses circonstances; — 3° *Stabat Mater* avec *soli* et chœurs; — 4° Recueil d'études pour le violon; — 5° diverses compositions religieuses, entre autres des psaumes, des vêpres du dimanche, des cantiques, un *Chemin de la Croix;* — 6° des trios et quatuors pour instruments à cordes; — 7° enfin, des fantaisies et airs variés pour le violon. J'ignore si une partie de cette musique a été publiée. Lomagne est mort à Perpignan en 1868.

LOMAN (A.....-D.....), ancien prédicateur à Deventer, puis professeur de théologie à Amsterdam, est né à La Haye (Pays-Bas), le 16 septembre 1823. Il s'est beaucoup occupé de musique, et a publié dans divers journaux un certain nombre d'articles relatifs à cet art. On lui doit aussi les deux publications suivantes : 1° *Suite au livre de J. G. Wilms concernant le livre de chorals de l'église évangélique luthérienne dans le royaume des Pays-Bas, pour orgue et piano*, Amsterdam, Brandt, 1850, in-4° ; 2° *Arrangement à 3 voix des chants évangéliques et luthériens, principalement à l'usage des enfants qui chantent à l'école et à l'église*, Amsterdam, Loman et Reudler, 1852, in-8°.

LOMBARDI (Giacomo), professeur de chant et compositeur, naquit à Parme en 1810, et fit ses études musicales au Conservatoire de Naples, où il eut pour maîtres Francesco Lanza pour le piano, Nozzari pour le chant, Zingarelli et Raimondi pour la composition. Il embrassa d'abord la carrière du chant dramatique, et débuta comme premier ténor, en 1828, au petit théâtre de la Fenice, de Naples, après quoi il alla tenir le même emploi à Côme, à Venise, à Bergame, à Bologne, à Malte, puis revint à Naples, où il se montra sur les théâtres dirigés par le fameux *impresario* Barbaja. Mais la voix du jeune chanteur n'était pas encore suffisamment formée lorsqu'il aborda le théâtre; il en résulta une fatigue et une altération qui l'obligèrent à renoncer à cette carrière. Il s'établit alors à Naples comme professeur de chant, alla ensuite pendant plusieurs années diriger le théâtre de Lecce, puis revint à Naples, qu'il ne quitta plus depuis cette époque, et où il fonda une société chorale. Lombardi a fait représenter trois opéras : *il Capitano ed il Tutore* (Malte), *il Primo Navigatore* (Malte, 1829), et *Elfrida* (Lecce, 1853); il a écrit 23 messes, soit *alla Palestrina*, soit avec orchestre ou musique militaire, diverses autres compositions religieuses, et un certain nombre de morceaux pour le chant et pour le piano; une partie de cette musique a été publiée. On doit encore à Lombardi les ouvrages suivants : *Elementi di linguaggio musicale* (Naples, l'auteur); *Metodo per apprendere la giusta durata delle figure* (id., Orlando); *il Canto moderno*, 4 livres de mélodies (id., Tramater); *l'Amico de' principianti*, 4 autres livres de mélodies (id., Giannini). Cet artiste est mort à Naples, au mois d'avril 1877.

LOMBARDI (F......), compositeur italien, a fait représenter sur le théâtre du Prince Humbert, de Florence, le 8 septembre 1877, un opéra sérieux intitulé *Ginevra di Scozia*.

LOMBARDINI (Giuseppe **LOMBARDO**, dit), compositeur et professeur de chant, né à Palerme en 1820, étudia le piano avec Pixis, l'harmonie avec Carini et le contrepoint avec Pietro Raimondi. Très-jeune encore, il dirigea une troupe de chanteurs amateurs, pour lesquels il écrivit une opérette bouffe, *la Zia Teresa*, qui fut jouée ensuite au théâtre San-Ferdinando, et donna à ce même théâtre un autre ouvrage intitulé *Quattro Mariti e due Mogli*. A 16 ans il alla s'établir à Naples, et ouvrit en cette ville une école de chant, qui fut bientôt très-recherchée et d'où sont sortis plusieurs artistes estimés. Plus tard, son ancien maître, Pietro Raimondi, directeur du Conservatoire de Palerme, lui ayant offert le poste de professeur de chant dans cet établissement, M. Lombardini, satisfait de la situation qu'il s'était faite à Naples, déclina cette proposition. En 1857, il devint directeur de l'école de perfectionnement de *l'Albergo de' Poveri*, puis de celle de l'Association des savants, lettrés et artistes. M. Lombardini a publié un *Guida all' arte del Canto* (Naples, 1851), un autre ouvrage didactique intitulé *Studio di perfetta intonazione* (Naples, Cottrau, 1873), et il a fait représenter à Naples les opéras suivants : *la Sartina e l'Usuraio* (th. Nuovo, 1853), *lo Spaccalegna* (th. du Fondo, 1860), et *l'Albergo dell' Allegria* (th. San-Carlo, 1864). Il a écrit encore un autre opéra, *Lida*, qui jusqu'ici n'a pas été représenté, et a publié quelques romances et mélodies vocales.

LOMÉNIE (Louis-Léonard **DE**), écrivain et critique, membre de l'Académie française, est né à Saint-Yriex (Haute-Vienne) en 1818, et descend de François de Loménie, conseiller au siége présidial de Limoges en 1570, lequel était frère de Martial de Loménie, qui fut secrétaire du roi et chef de la branche des Loménie de Brienne. Après avoir fait de brillantes études au collége d'Avignon, Louis de Loménie vint se fixer à Paris, et débuta dans les lettres par une série d'études biographiques intitulée *Galerie des contemporains illustres* et publiée sous le pseudonyme d'*un Homme de rien* (Paris, René, 1840-1847, in-18 avec portraits). On a dit avec raison que cet « homme de rien » fit beaucoup de bruit dans le monde sans chercher le scandale et sans forcer la curiosité publique par des révélations indiscrètes, qu'il sut garder, dans ses confidences sur la vie privée des contemporains, la mesure et la réserve convenables, et qu'il s'attacha surtout à peindre des portraits vraiment historiques. Dans cette série d'intéressantes études, qui ne comprend pas moins de dix volumes et qui fut publiée par livraisons détachées, la musique a trouvé sa place et donné lieu à cinq notices sur *Auber, Cherubini*, *Meyerbeer, Rossini* et *Spontini*. Les jugements de M. de Loménie sont ceux d'un homme de goût, et l'on trouve dans ses notices quelques utiles renseignements. M. de Loménie, devenu en 1871 membre de l'Académie française, est mort à Menton le 2 avril 1878.

LONGET (François-Achille), médecin et physiologiste français, médecin en chef des maisons de St-Denis et d'Écouen, membre de l'Académie de médecine et de l'Académie des sciences, né à Saint-Germain en Laye en 1811, est l'auteur d'un grand nombre de travaux relatifs à la médecine et à la physiologie. Au nombre de ces écrits, nous devons citer le suivant, publié par lui en société avec M. Masson : *Études expérimentales sur la voix et sur les causes de la production du son dans divers instruments de musique*, Paris, 1852, in-8° de 114 pages. Je crois que M. Longet est mort en 1870.

LONGO (Giacomo), compositeur, né à Faro, près de Messine, le 15 février 1833, était destiné par sa famille à l'état ecclésiastique, et n'obtint qu'à l'âge de 18 ans de pouvoir s'occuper activement de musique. Il commença alors ses études à Messine, sous la direction du maître de chapelle Paolo Abbagnato, et se perfectionna ensuite avec M. Mario Aspa, dont il devint l'élève préféré. Il fit ses débuts de compositeur dramatique en donnant en 1859, au théâtre de Messine, un opéra intitulé *Ezzelino III*, qui fut bien accueilli, et l'année suivante, lors de la descente de Garibaldi en Sicile, s'engagea comme volontaire sous ses ordres et prit part à la sanglante journée de Milazzo. Après avoir fait un assez long voyage en Italie, M. Longo revint se fixer à Messine, où il se livra à l'enseignement du chant et du piano ; il fonda en cette ville la première école de chant choral qu'elle ait possédée, et devint, en 1871, chef d'orchestre du théâtre Victor-Emmanuel. Les éditeurs Ricordi et Lucca, de Milan, ont publié diverses compositions de M. Longo, qui a écrit aussi plusieurs ouvertures et cantates exécutées dans différentes fêtes municipales.

LONGUEVILLE (A.......), pianiste et compositeur, est l'un des fabricants les plus actifs de ces petits morceaux de musique de piano, dont les artistes ignorent jusqu'à l'existence, mais que les éditeurs jettent chaque année par milliers sur la place, à la plus grande joie des amateurs médiocres pour qui l'art musical tout entier est concentré dans ces pages frivoles. M. Longueville a publié environ 120 morceaux de ce genre, parmi lesquels se trouvent un certain nombre de fantaisies sur des motifs d'opéras en vogue.

LOPEZ (Francisco-Miguel), maître de chapelle et organiste espagnol, naquit à Villarroya, en Aragon, dans la seconde moitié du dix-septième siècle. Il devint élève de la célèbre école du monastère de Monserrat, dans la Catalogne, y apprit la musique, et en 1684 y revêtit l'habit de l'ordre de St-Benoist. L'un des disciples les plus renommés de cette école, il fut pendant huit ans maître de la chapelle, puis organiste du couvent, et remplit ensuite les mêmes fonctions à l'église de ce couvent, puis à Madrid et à Valladodid. Lopez a publié deux ouvrages sur la musique avec texte latin, l'un intitulé *Exagoga ad musicem*, l'autre sous le titre de *Miscellanea musica*.

LOPEZ (José-Venancio), musicien espagnol, naquit à Madrid le 18 mai 1795. Après avoir commencé de bonne heure l'étude de la musique, il devint expéditionnaire dans une administration ; il entra ensuite comme clarinette dans la musique d'un corps militaire, puis s'adonna à l'étude de la contrebasse, et obtint la place de premier contrebassiste au théâtre de la Cruz, emploi qu'il conserva depuis 1826 jusqu'en 1846. En 1830, il fut nommé professeur de contrebasse au Conservatoire, et en 1839 il entra à la chapelle royale. Lopez mourut le 15 février 1852. On doit à cet artiste une excellente méthode pour son instrument.

LOPEZ (.......), artiste espagnol contemporain, a publié récemment à Madrid, chez l'éditeur Romero y Andia, une *Méthode élémentaire de mandore*.

LOPEZ REMACHA (Miguel), prêtre et musicien espagnol, naquit, à ce que l'on croit, dans la seconde moitié du dix-huitième siècle, et mourut à Madrid le 14 avril 1827. Il fut un chanteur distingué, et fit partie de la chapelle royale. Il a publié sous ce titre : *la Melopea*, une méthode de chant très-estimée.

LOQUIN (Anatole), théoricien musical, est né à Orléans le 22 février 1834. Éprouvant pour la musique une vocation irrésistible, M. Loquin commença par apprendre cet art, seul et sans professeur. A dix-huit ans, il composait des romances pour piano et chant, dont quelques-unes ont vu le jour. Ce n'est qu'en 1853 que M. Loquin prit à Bordeaux des leçons d'harmonie avec M. Ferroud (*Voy.* ce nom), professeur de talent, qui l'initia aux notions les plus élémentaires de cette science.

Entré dans une administration, et envoyé au début de sa carrière à Espelette, petit village basque des Basses-Pyrénées, M. Loquin, porté par la nature de son esprit aux études abstraites, mit à profit son isolement et le temps qu'il avait à sa disposition, en analysant sous le rapport harmonique les principales partitions de Gluck, de Rossini, de Weber, de Meyerbeer, etc., et en comparant attentivement entre eux les traités d'harmonie de Rameau, de Catel, de Reicha, de Busset, de Fétis et de Chevé. Le premier résultat de ces études comparées fut un petit traité d'une soixantaine de pages in-8°, publié en 1862 à Bordeaux, chez Gounouilhou, sous le titre de *Notions élémentaires d'Harmonie moderne*, bientôt suivi d'un ouvrage plus considérable, en cinq parties, couronné par l'Académie de Bordeaux, et intitulé : *Essai philosophique sur la Tonalité moderne* (1864-1869). Dans ce dernier ouvrage, qui contient un traité complet de modulation, l'auteur réfute les notions de théorie musicale les plus généralement admises.

M. Loquin s'occupe, depuis de longues années, d'un vaste recueil des *Chants populaires Français*, et d'un *Grand traité d'Harmonie ancienne et moderne* basé sur un plan absolument nouveau, plan qu'il a fait connaître en partie dans des mémoires insérés dans les *Actes de la Société des sciences physiques et naturelles de Bordeaux*. — M. Loquin est aujourd'hui membre de l'Académie des sciences de Bordeaux. Depuis 1862 il est devenu le collaborateur de l'excellent journal *la Gironde*, pour tout ce qui concerne les choses de la musique ; ses articles à ce journal sont signés du pseudonyme de *Paul Lavigne*. Enfin, il est l'auteur des articles de musique du *Dictionnaire* de M. Littré, à partir de la lettre N inclusivement jusqu'à la fin.

On a de M. Anatole Loquin, outre les ouvrages que nous avons cités : — 1° des *Lettres sur l'enseignement populaire de la Musique*; — 2° un *Examen de la méthode Galin*, lu en 1861 au congrès scientifique de France; — 3° une *Étude sur les Poésies de Clotilde de Surville*, écrite pour réfuter le mémoire de M. Antonin Macé ; 4° *De l'Avenir des théories musicales*, in-8°; 5° *Aperçu sur un nouveau système de notation pour représenter les successions harmoniques*, gr. in-8°; — 6° *Tableau de tous les effets harmoniques*, de une à cinq notes, gr. in-8°, etc., etc.

Esprit très-actif et très-laborieux, M. Anatole Loquin, qui est l'un des collaborateurs du Supplément de la *Biographie universelle des Musiciens*, a fondé à Bordeaux, en 1877, un recueil fort intéressant, entièrement rédigé par lui, et qu'il publie sous ce titre : *la Musique à Bordeaux*, revue mensuelle.

LORANDI (Giovanni-Alberto), compositeur, vivait à Brescia dans les premières années du dix-huitième siècle. Il écrivit pour le prince de Toscane Ferdinand de Médicis un oratorio, *Santa Maria Maddalena* (1701), et un *Te Deum* à l'occasion de sa guérison (1709).

LORENS DU HEST, luthier et faiseur de harpes, vivait au commencement du 15e siècle.

Nous avons trouvé dans l'intéressant mémoire de B. Bernarht (*Recherches sur la Corporation des Ménestriers*) deux quittances délivrées par ce luthier à la duchesse Valentine Visconti, femme de Louis, duc d'Orléans. Par la première, datée du 17 janvier 1400, Lorens du Hest reconnait avoir reçu du trésorier de la duchesse la somme de 32 sous parisis pour avoir « rappareillié et « mis à point deux des harpes de Madame la « duchesse esquelles il a fait et mis broches et « cordes toutes neufves, et ycelles recollées là « où mélier était ; et en l'une d'icelles fait, taillé « et assis un fons tout neuf. » — Dans la seconde quittance, datée du 29 mars 1401, le même luthier reconnait avoir reçu la « somme de 36 « sous parisis pour avoir rappareillié et refaicte, « et mis à point la belle harpe de Madame la « Duchesse. C'est à savoir recolé le bel baston « qui était romppu en deux lieux, et avoir taillé « mis et assis en icellui une pièce de bois et « avoir reffait tout neuf le fons d'icelle qui avait « été tout froissié et rompus, et ycelle avoir « garnie de broches et de cordes (1). »

J. G.

* **LORENTE** (André). Dans son *Diccionario técnico, histórico y biográfico de la Musica*, M. José Parada y Barreto fixe, d'une façon précise, la date de la naissance de cet artiste au 15 avril 1624.

(1) Depuis longtemps la harpe était l'instrument favori des dames, en même temps que l'ornement des salons princiers. — Des achats de cordes faits aux mois d'octobre et de novembre de l'année 1416 pour la harpe d'Isabeau de Bavière, femme de Charles VI, prouvent également que cette reine, d'odieuse mémoire, avait le goût et la pratique de la musique instrumentale : « A Jehan du Lige pour cordes « de harpes qu'il avait achetées et payées pour la Royne « par commandement de Blétrix de Ry, le dit jour (dernier « octobre 1416. IIII, 6. » — « Item pour cordes de harpes « pour la Royne délivrées à Madame de Romont et par son « commandement, le XI jour de novembre (1416)... VI. S. » « (Compte des menus plaisirs de la Reine Isabeau de Bavière, depuis le 1er mars 1415 (1416) au 18 avril 1417 Ch. Dépenses, arch. du Roy., K. 270).

J. G.

LORENZI (GIOVANNI-BATTISTA DE), facteur d'orgues à Vicence, est né à Schio le 13 mars 1806. Après avoir étudié l'art musical dans sa ville natale, sous la direction de Felice Bragozzo et de Domenico Cimoso, il commença, dès l'âge de 19 ans, à s'occuper de la fabrication des orgues, en construisit un pour l'église de San-Felice, de Vicence, et enfin, en 1830, fonda en cette ville la fabrique très-importante qui porte son nom. M. de Lorenzi a inventé un système d'*orgues phonochromiques*, et un *timpantono* ou timbale pour tous les tons, et il construit aussi des instruments à archet estimés.

LORENZINI (.......), fut l'un des maîtres de la chapelle de Louis XIV. L'existence de cet artiste m'a été révélée par cette mention qu'en fait l'auteur anonyme de l'*Histoire de l'Académie royale de musique* (publiée par le *Constitutionnel*) : « Nous ne parlerons point de l'opéra d'*Oronthée*, dont les paroles sont de Leclerc et la musique de Lorenzini, maître de la chapelle du roi, qui fut exécuté à Chantilly, le 23 août 1688, par l'Académie royale de musique dans une fête que M. le Prince y donna à M. le dauphin, attendu qu'il n'a jamais été joué à Paris. » Je n'ai découvert aucun autre renseignement sur cet artiste.

LORET (JEAN-JOSEPH), organiste et facteur d'orgues, à la fois versé dans la connaissance de la musique, de l'acoustique, de la chimie, de la physique et de l'astronomie, naquit à Termonde (Belgique) le 6 mars 1757. Il fit ses études à Dixmude, chez l'un de ses oncles, et, tout en s'occupant avec activité de la construction des orgues, fournit une longue carrière comme organiste, car il ne fut pas attaché pendant moins de cinquante-cinq ans en cette qualité à l'église Saint-Gilles de sa ville natale, remplissant en même temps les fonctions de carillonneur communal. Parvenu à l'âge de 88 ans il se retira à Malines, où il mourut le 11 septembre 1847.

LORET (FRANÇOIS-BERNARD), fils du précédent, ingénieur-mécanicien et facteur d'orgues, naquit à Termonde le 6 avril 1808 et fut élève de son père. Doué d'aptitudes particulières pour tout ce qui concernait la mécanique, l'horlogerie, les sciences physiques, la géométrie, la musique, l'acoustique et la facture instrumentale, il fit faire de grands progrès à la fabrication des orgues en Belgique, et obtint divers brevets d'invention pour différents procédés imaginés par lui, ainsi que des récompenses nombreuses à diverses expositions. Établi à Malines, François-Bernard Loret construisit plus de 300 orgues soit pour la Belgique, soit pour la Hollande, soit pour divers autres pays, et parmi ces instruments il s'en trouve de premier ordre. Cet artiste fort intelligent a écrit et publié plusieurs opuscules relatifs aux détails de la construction des orgues. Il est mort à Malines le 17 novembre 1877.

LORET (HIPPOLYTE), frère du précédent, organiste et facteur d'orgues, né à Termonde en 1810, fut aussi élève de son père, et s'est fait une renommée honorable. Établi d'abord à Laeken-les-Bruxelles, il se fixa ensuite à Paris. Il n'a guère construit moins de 500 instruments, tant pour la Belgique que pour la Hollande, le nord de la France, quelques églises de Paris et de la Bretagne, et même pour le Chili, le Pérou et les colonies françaises. M. Hippolyte Loret a rempli les fonctions d'organiste à Termonde et à Mons.

LORET (CLÉMENT), organiste distingué et compositeur, né à Termonde (Belgique), en 1833, est fils et petit-fils de deux artistes qui remplirent les fonctions d'organiste à l'église Notre-Dame de cette ville, et auxquels il dut en grande partie son éducation musicale. Son père, M. Hippolyte Loret, qui était en même temps un habile facteur d'orgues, lui faisait, dès l'âge de sept ans, jouer à l'église de petits offertoires et des sorties, et à huit ans, l'enfant le remplaçait quelquefois pour certains offices peu compliqués. En 1846, M. Loret père ayant été nommé organiste à Mons, son fils compléta en cette ville ses études de lecture musicale avec M. Denefve, directeur de l'école de musique, puis, en 1851, se fit admettre au Conservatoire de Bruxelles, où il travailla le contrepoint avec Fétis, l'orgue avec M. Lemmens, et où il obtint le premier prix d'orgue en 1853.

En 1855, M. Clément Loret vint à Paris, y fit la connaissance de M. Mustel, facteur d'harmoniums, qui le décida à s'y fixer, et devint successivement organiste au Panthéon, à Suresnes et à Notre-Dame des Victoires. En 1857, il se présenta à Niedermeyer, directeur de l'École de musique religieuse, qui cherchait un professeur d'orgue pour cet établissement, et, après lui avoir fait entendre plusieurs œuvres de Jean-Sébastien Bach et de Mendelssohn, fut chargé par lui de ces fonctions. Depuis lors, il a formé dans cette école un grand nombre d'élèves, dont quelques-uns occupent aujourd'hui des positions fort honorables comme organistes, et il a contribué à rendre populaires le nom et les œuvres de J.-S. Bach, jusqu'à cette époque imparfaitement connu des artistes français. C'est dans le même temps que, sur la proposition de Niedermeyer, alors maître de chapelle à l'église de Saint-Louis d'Antin,

M. Loret accepta l'emploi d'organiste de cette église, qu'il occupe encore aujourd'hui.

M. Loret s'est fait connaître avantageusement comme compositeur. Dès 1859, il publiait dans le journal *la Maîtrise*, dirigé par d'Ortigue et Niedermeyer, ses premiers *Exercices d'orgue*, en trois livraisons, qui furent bientôt suivis de 24 *Études* pour le même instrument, dont 12 avec pédales et 12 sans pédales (Paris, Heugel). Vinrent ensuite 50 *Pièces d'orgue pour messes et vêpres*, 24 *Morceaux* pour orgue sans pédales (Régnier-Canaux), *l'Office divin*, recueil de morceaux faciles (Heugel), 3 collections de 12 *Morceaux* pour harmonium, 12 *Morceaux* pour harmonium et piano, 10 *Mélodies*, 12 *Morceaux* de piano, et quelques compositions détachées. M. Loret travaille en ce moment à une *Méthode complète pour orgue*, divisée en quatre parties, dont les deux premières, qui traitent l'une de l'orgue sans pédales, l'autre de l'orgue avec pédales, ont déjà paru; la troisième partie traitera des combinaisons des orgues modernes et de l'improvisation, et la quatrième du plain-chant et de son accompagnement.

M. Loret a aussi publié une série de 12 concertos de Hændel pour orgue et orchestre, transcrits par lui pour orgue solo avec de nombreux points d'orgue. Voici la notice que M. Lefèvre, aujourd'hui directeur de l'École de musique religieuse, a placée en tête de cette utile publication : « Jusqu'à ce jour, nous n'avons pas possédé en France d'édition complète des concertos pour l'orgue avec accompagnement d'orchestre, de Hændel. M. Clément Loret, organiste à St-Louis d'Antin et professeur à l'École de musique religieuse, qui possède si bien l'intelligence des traditions, publie aujourd'hui, d'après l'édition de 1792, tous les concertos. Il a apporté dans cette publication le soin respectueux que réclame l'œuvre du grand maître. La transcription d'orchestre est faite excellemment, les points d'orgue, que Hændel n'a pas notés, parce qu'il en laissait l'improvisation à l'imagination de l'exécutant, sont très-bien conçus. M. Loret, à qui l'on doit de bons ouvrages pour l'enseignement de l'orgue, enrichit par cette publication le répertoire des organistes sérieux et leur rend un véritable service. »

M. Loret a en portefeuille un certain nombre d'ouvrages encore inédits. Parmi ces ouvrages, il faut surtout distinguer une symphonie à grand orchestre, en *ré*; une messe à 4 voix, avec accompagnement d'orchestre ou d'orgue et quatuor; plusieurs motets avec solo et chœurs; un oratorio intitulé *le Calvaire*; un concerto pour piano, avec accompagnement d'orchestre; enfin des études et exercices pour le piano, ainsi que plusieurs morceaux de genre, des préludes, fugues et romances sans paroles pour le même instrument.

Un frère de cet artiste, *Charles Loret*, mort jeune il y a quelques années, s'est fait connaître avantageusement comme compositeur et a publié un certain nombre de morceaux pour le piano.

LORETZ (John-M.....), compositeur, a écrit la musique d'un opéra-comique, *the Pearl of Bagdad*, qui a été représenté au Brooklyn Lyceum de New-York, au mois de mai 1872.

LOT (Thomas), facteur d'instruments à vent, l'un des plus habiles et des plus renommés artistes en son genre, était établi à Paris dans la seconde moitié du dix-huitième siècle et faisait partie de la corporation des luthiers-maîtres-jurés-comptables de cette ville. On trouve son nom, à la date de 1770, dans des règlements de comptes de cette corporation qui sont conservés dans un carton des Archives nationales. Il exerçait encore sa profession en 1785, et demeurait alors rue de l'Arbre-Sec. A cette dernière date, un artiste du même nom, *Martin Lot*, qui était évidemment parent de celui-ci, était établi aussi facteur d'instruments à vent à Paris, et demeurait à l'abbaye Saint-Germain. Enfin, un troisième membre de cette famille, *Gilles Lot*, cousin de Thomas, était aussi un habile facteur d'instruments à vent; il avait épousé la fille de Le Clerc, qui exerçait la même profession, et, à la mort de celui-ci, resta avec sa veuve à la tête des affaires en qualité de compagnon, n'ayant pas pu, malgré ses efforts, se faire recevoir maître dans la corporation. Le Musée instrumental du Conservatoire de Paris possède un galoubet de Gilles Lot.

LOTH (......), violoncelliste, attaché en cette qualité à l'orchestre du théâtre de Rouen, a publié en 1783 un *Recueil d'ariettes avec accompagnement de guitare*.

LOTT (John-Frédéric), artisan allemand, né en 1775, quitta de bonne heure son pays pour se rendre en Angleterre, et s'établit à Londres pour y exercer sa profession d'ébéniste. Son compatriote Fendt étant venu se fixer aussi en cette ville, le décida à quitter ce métier pour la profession plus lucrative de luthier, et le fit entrer avec lui chez Dodd (*Voyez* ce nom), où tous deux travaillèrent activement et où Lott fit beaucoup de violoncelles et de contrebasses. Les instruments de Lott, qui était très-soigneux et produisait lentement, étaient d'un travail très-fini, mais son vernis laissait à désirer. Dans son livre, *the Violin*, M. Georges Hart affirme que ses contrebasses sont splendides et supporteraient la comparaison avec les instruments italiens; ce qui est certain, c'est que les contrebassistes anglais considèrent Lott comme le plus grand facteur des instruments de ce genre dans leur pays. Quant à ses violoncelles, on dit qu'ils sont aussi soignés, aussi parfaits à l'intérieur qu'à l'extérieur. — Le fils aîné de cet artiste, *George-Frédérick Lott*, né à Londres en 1800, mort en 1868, connaissait très-bien la lutherie italienne, de même que son frère *John Lott*, qui mourut en 1871, et à qui l'on doit de bonnes imitations des maîtres italiens.

LOTTI DELLA SANTA (Marcellina), cantatrice distinguée, est née à Mantoue au mois de septembre 1831. Élevée au couvent de Vimercate, près de Milan, elle en sortit pour se livrer à l'étude du chant sous la direction de l'excellent professeur Mazzucato, et fit des progrès assez rapides pour pouvoir débuter avec succès à Constantinople, dans la saison de 1850-1851. Cet essai fut si heureux que la jeune artiste fut aussitôt engagée à la Scala, de Milan, où elle débuta dans *Attila* et *Nabucco*, de Verdi. Elle parcourut ensuite toute l'Italie, se montrant à Gênes, Bergame, Modène, Florence, Udine, Rome, Vérone, Parme, Ravenne, Vicence, Palerme, etc. En 1862 elle chantait au théâtre San-Carlo de Naples, puis au San Carlos de Lisbonne; en 1864 on la retrouvait à Milan, puis à Vienne; elle se fit entendre aussi, de la façon la plus heureuse, aux deux théâtres italiens de Saint-Pétersbourg et de Londres. Son répertoire, très-étendu et uniquement composé d'ouvrages essentiellement dramatiques, comprenait *i Lombardi, un Ballo in maschero, Attila, Rigoletto, la Contessa d'Amalfi, les Huguenots, i Vespri siciliani, il Trovatore, Martha, la Juive, Lucia di Lamermoor, Nabucco, Ernani*, etc. Mlle Marcellina Lotti a épousé un baryton nommé Della Santa. Elle semble, depuis quelques années, avoir renoncé à la scène.

* **LOTTIN** (Théodora **PIERRET**, épouse), pianiste et compositeur, née à Paris au mois de décembre 1808, fit ses études musicales au Conservatoire, où elle fut l'élève de Zimmermann pour le piano, et de Ponchard pour le chant. Elle obtint un premier prix de piano en 1826. Cette artiste a publié des romances et un certain nombre de compositions pour le piano.

LOUCHET (Gustave), pianiste et compositeur, né à Boulogne-sur-Mer le 4 octobre 1840, reçut de son père, excellent amateur, ses premières leçons de musique. Envoyé dès l'âge de sept ans à la maîtrise de Rouen, placée alors sous la direction de M. Vervoitte, il y passa trois années, au bout desquelles il vint continuer à Paris son éducation musicale. Devenu élève de M. Marmontel pour le piano, il étudia l'harmonie, le contrepoint et la fugue avec M. Muratet, et, son instruction terminée, il se livra à la composition. Dès 1864, ayant pris part à un concours ouvert par la ville de Paris pour la composition d'un chœur à quatre voix, il voyait couronner son *Hymne de Noël*, et publiait ensuite plusieurs autres productions du même genre. M. Louchet retourna ensuite à Rouen, s'y fixa, y donna plusieurs concerts, et se fit connaître par la publication d'un certain nombre de morceaux de piano, écrits non-seulement avec goût, mais avec style, empreints d'un bon sentiment mélodique, et qui témoignent des bonnes études et des aspirations élevées de leur auteur. Depuis le commencement de 1876, M. Gustave Louchet a quitté Rouen pour venir s'établir définitivement à Paris

Voici la liste des compositions de cet artiste, publiées jusqu'à ce jour : *Psaume* 145 (paroles latines, fragment), solo et chœur, avec accompagnement d'orgue ou d'orchestre, op. 1 (Paris, Choudens); *Hymne de Noël*, chœur à 4 voix mixtes, op. 6 (id., id.); *Ave Maria*, chœur à 4 voix d'hommes, op. 7 (id., id.); *O Sacrum convivium*, chœur à 4 voix mixtes, avec accompagnement d'orgue, op. 10 (id., id.); *l'Abeille*, chœur à 4 voix d'hommes, op. 12 (id., id.); *Tantum ergo*, chœur à 4 voix mixtes, avec accompagnement d'orgue ou d'orchestre, op. 15 (id., id.); *Hymne à la mer*, chœur à 4 voix d'hommes, op. 16 (id., id.); *O Salutaris*, solo de baryton avec accompagnement de violon et orgue, op. 5 (id., id.); *Idylle* pour le piano, op. 2 ; *le Lilas*, romance sans paroles, id., op. 3; *Pensée fugitive*, id., op. 4; 2 *Pensées caractéristiques*, id., op. 8; *Andante cantabile*, id., op. 9; 2 *Mazurkas*, id., op. 11; *Prélude et fugue* en *sol* mineur, id., op. 13; *Allegretto*, id., op. 14. Toutes ces œuvres de piano ont été publiées chez l'éditeur M. Maho.

LOUDIER (Sophronyme). C'est sous ce nom, que nous croyons être un pseudonyme, qu'a paru un livre ainsi intitulé : *La Musique au village, histoire anecdotique de la méthode Galin-Paris-Chevé*, par Sophronyme Loudier, avec une préface de A. Thys et un portrait d'Émile Chevé (Paris, s. d. [1872], librairie de *l'Écho de la Sorbonne*, in-12).

LOUET (Aristius), virtuose sur plusieurs instruments et compositeur, frère d'Alexandre Louet (auquel une notice est consacrée au tome V de la *Biographie universelle des Musiciens*), publia un certain nombre de romances, dont une entre autres, intitulée *Près d'un berceau*, obtint jadis un succès de vogue (1). Cet artiste vivait à Bruxelles en 1851, et un journal de cette ville, *l'Éclair*, en parlait ainsi dans son numéro du 4 janvier 1851 : « Violoniste distingué, guitariste extraordinaire, il n'a pas son pareil à Bruxelles. Compositeur comme son frère, il est auteur de chants et de romances aussi populaires que cette charmante *Berceuse*, récitée sous les lambris dorés comme sous le toit de la plus modeste chaumière. M. Louet fait chanter agréablement le violon ; son talent de pianiste accompagnateur est justement apprécié, mais rien ne peut égaler le mérite transcendant qu'il possède comme guitariste. » On croit qu'Aristius Louet est mort à Bruxelles il y a plusieurs années.

* **LOUIS** (Mme), compositeur, femme de l'architecte de ce nom, s'était fait connaître d'abord comme virtuose sous le nom de Bajon, qui était celui de sa famille, ainsi qu'on peut le voir par ces lignes de la *Correspondance secrète* (T. III) : « Mme Louis, femme de l'architecte du roi de Pologne, était déjà célèbre sous le nom de Mlle Bajon par ses talents en musique. C'est elle qui a mis à la mode en France le *forte-piano*, instrument qui a maintenant la plus grande vogue. »

* **LOUIS** (Nicolas), violoniste et compositeur pour son instrument, s'est fait connaître aussi comme musicien dramatique, mais il n'a jamais pu aborder une scène parisienne, et a dû se contenter de faire représenter ses ouvrages sur des théâtres de province. De là le peu de retentissement qu'ils ont eu. Voici ceux qui sont venus à ma connaissance : 1° *un Duel à Valence*, un acte, Lyon, 24 décembre 1844 ; 2° *Marie-Thérèse*, quatre actes, Lyon, 19 février 1847 ; 3° *les Deux Sergents*, deux actes, Reims, janvier 1850 ; 4° *le Vendéen*, un acte ; 5° *les Deux Balcons*, un acte ; 6° *Brelan de dames*, un acte. Louis était né à Gueux, le 30 novembre 1808. — La veuve de cet artiste, pianiste fort distinguée, a épousé en secondes noces un riche commerçant parisien, M. Viard. Elle a donné à Londres, dans le couvent de l'hiver 1877-78, toute une série de concerts qui ont été très-suivis.

(1) Il y a lieu de croire (surtout en présence de ce prénom d'*Aristius*, qui n'est rien moins que commun), que cet artiste ne fait qu'un avec Aristius Louet, mentionné au tome V de la *Biographie*, et dont le nom aura sans doute été altéré à l'impression.

LOULIÉ ou **LOULLIER** (L.....-A.....), violoniste et compositeur, fut pendant vingt ans, de 1766 à 1786, attaché à l'orchestre de la Comédie-Italienne en qualité de second violon, emploi dans lequel son fils lui succéda. Cet artiste a publié un certain nombre de compositions pour le violon et pour l'alto, parmi lesquelles je citerai les suivantes : Trois sonates pour l'alto, avec accompagnement de basse, op. 6 (Paris, Louis) ; *Trois sonates pour le violon avec accompagnement de violon*, op. 9 (Paris, Corbaux) ; *Trois sonates pour l'alto, avec accompagnement de basse*, op. 10 (id., id.).

L'artiste du même nom dont la notice est insérée au tome V de la *Biographie universelle des Musiciens* est vraisemblablement le fils de celui dont il est ici question.

LOUVET (Pierre), luthier et facteur de harpes, était au nombre des luthiers-maîtres-jurés-comptables de Paris en 1742, et jouissait d'une bonne réputation. Il vécut vieux, car quarante ans après, en 1783, il exerçait encore sa profession et était doyen de la corporation des luthiers. On n'a pas, d'ailleurs, d'autres renseignements sur son compte.

Un autre luthier du même nom, *Jean Louvet*, peut-être son frère, était établi maître-luthier à Paris en 1759.

LOVATI-CAZZULANI (.......). Un artiste de ce nom a écrit la musique d'un opéra sérieux italien, *Bianca Capello*, qui a été représenté avec succès à Valence (Espagne), en 1871.

LOYS (Jean), musicien qui vivait en Flandre au milieu du seizième siècle, a composé deux chansons insérées dans un recueil de chansons françaises publié par Pierre Phalèse à Louvain, en 1555-1556.

LUBECK (J...-H.....), compositeur de talent, fondateur de l'École de musique de la Haye, naquit à Alphen en 1798. Musicien de premier ordre, artiste de grand mérite dans toute l'étendue du mot, il savait jouer de presque tous les instruments, aussi bien des instruments à vent que des instruments à cordes. En 1813, avant même d'avoir atteint l'âge de seize ans, il s'était engagé dans un corps de musique militaire sur le Rhin ; il fit la campagne de 1813-1815, et en 1816 se rendit à Postdam, en Prusse, pour y travailler sérieusement l'harmonie et le contrepoint. Bientôt il fut attaché au théâtre de Riga, puis à celui de Stettin, se produisit ensuite comme violoniste, et en 1823 revint dans les Pays-Bas, où il organisa de nombreux concerts. Nommé en 1826 directeur de l'École royale de musique de la Haye, il se vit, en 1829, conférer par le roi le titre de maître de sa chapelle, et en 1835 reçut sa nomination de membre de l'Institut royal néerlandais. Pendant près de quarante ans, Lubeck a contribué grandement à la propagation de la musique classique dans les Pays-Bas, et durant sa longue carrière il a formé de nombreux élèves qui sont devenus des artistes fort distingués.

Lubeck était un des meilleurs chefs d'orchestre qu'on eût connus dans les Pays-Bas; comme compositeur, ce fut un artiste sérieux, qui a produit des œuvres remarquables. Une de ses compositions les plus distinguées est un psaume pour *soli*, chœurs et orchestre, ouvrage qui lui fait le plus grand honneur et et qui a été souvent exécuté dans sa patrie. Viennent ensuite plusieurs cantates, des ouvertures, quatre concertos pour violon et orchestre, un concerto pour cor et orchestre, un concerto pour hautbois et orchestre, et beaucoup d'autres compositions de moindre importance. En 1842, Lubeck fut nommé chevalier du Lion néerlandais, et en 1852, à l'occasion du vingt-cinquième anniversaire de la fondation de l'École de musique, le roi lui fit remettre la grande médaille d'or du Mérite.

Lubeck est mort à La Haye le 7 février 1865.

ED. DE H.

LUBECK (ERNST), fils aîné du précédent et son élève, né à La Haye en 1829, est un des pianistes les plus éminents de l'époque actuelle. Avant de devenir célèbre en Europe, il fit avec Franz Coenen, de 1850 à 1854, un grand voyage dans toute l'Amérique, et ce voyage lui valut toute une série de triomphes. A son retour en Europe, il donna de nombreux concerts en Allemagne, en France, en Angleterre et dans sa patrie, et partout il obtint un succès d'enthousiasme. En 1854, Ernst Lubeck se fixa à Paris, y fut acclamé toutes les fois qu'il se produisit en public, surtout pour son admirable interprétation des grandes œuvres classiques, et pendant de longues années fit partie de l'excellente société de musique de MM. Armingaud, Lalo et Jacquard. Il se mit aussi à donner des leçons de piano, forma d'excellents élèves, et devint l'un des meilleurs professeurs de Paris.

Lubeck est incontestablement l'un des plus remarquables pianistes contemporains, et il restera l'un des meilleurs artistes que les Pays-Bas aient produits dans le dix-neuvième siècle. Musicien accompli, il a écrit pour son instrument des ouvrages fort estimés, entre autres un concerto avec orchestre d'une réelle valeur, d'excellentes études, et beaucoup de petites compositions. Il a le titre de pianiste de S. M. le roi des Pays-Bas, et il est décoré de l'ordre néerlandais de la Couronne de chêne.

Malheureusement, depuis quelques années, le pauvre grand artiste souffre d'une maladie nerveuse qui a pris un caractère alarmant, et et qui ne laisse pas que de donner de cruelles inquiétudes à sa famille et à ses nombreux amis (1).

ED. DE H.

LUBET D'ALBIZ (JOSEPH), écrivain français, est l'auteur d'un opuscule publié sous ce titre : *Des relations de l'harmonie musicale avec l'harmonie céleste* (Paris, aux bureaux de *la Semaine musicale*, 1866, in-8°).

LUBOWSKI (J.....), pianiste et compositeur distingué, né en Pologne, se fit entendre avec succès, en 1852, dans un concert donné par lui à Cracovie, et mourut peu d'années après. Un livre d'études pour le piano parut à Leipzig après sa mort; ces études étaient

(1) Ce grand artiste, dont le talent égalait la renommée, est mort à Paris, dans un état de démence complète où il était tombé peu de temps après la guerre franco-allemande. Aucun symptôme n'avait pu faire soupçonner encore un désordre de son esprit, lorsqu'un soir, à la suite d'un concert dans lequel il s'était fait entendre, il fut pris d'un violent désespoir : lui, l'homme modeste par excellence, prétendit qu'il n'avait pas été applaudi comme de coutume, et trouva la cause de cet insuccès, d'ailleurs imaginaire, dans ce fait que le public, le sachant étranger, l'avait peut-être supposé Allemand. Cette idée devint fixe chez lui, et bientôt Lubeck était fou. Il avait épousé une jeune femme charmante, fille d'un médecin distingué, M. le marquis du Plantis, et il en était vivement épris; c'est dans cette famille, devenue la sienne, qu'il fut soigné avec une sollicitude et un dévouement sans bornes. M. le marquis du Plantis étant mort au mois de juillet 1876, le pauvre Lubeck sut se soustraire un jour à la surveillance affectueuse dont il était l'objet; il se rendit au bois de Boulogne, auprès duquel il demeurait, entra dans un restaurant, se fit servir à dîner, et voulut ensuite partir sans même songer à payer sa dépense. On ne vit pas qu'on avait affaire à un fou, et on le fit conduire chez un commissaire de police, qui comprit vite la situation de l'infortuné; malheureusement, Lubeck ne put ou ne voulut dire ni son nom ni son adresse, de sorte que la soirée se passa à le transporter de poste de police en poste de police, tandis que sa femme éplorée le faisait vainement chercher partout. Enfin, dans le courant de la nuit, il put être rendu aux siens. Peu de jours après cet événement, Lubeck subit une violente crise nerveuse, et le 17 septembre 1876 il rendait le dernier soupir.

Lubeck, dont le talent était magnifique et plein d'ampleur, est certainement l'un des virtuoses les plus remarquables qu'ait produits le dix-neuvième siècle.

A. P.

intitulées *la Fontaine*, *le Tourbillon*, *la Danse des Sorcières*, *le Trille*, *les Arpèges*, *le Mouvement perpétuel*. On avait publié de lui, précédemment : Deux Pas redoublés, Brunswick, Spohr ; *Marche Lithuanienne*, idem, idem ; Fantaisie sur la valse du comte de Gallemberg, Prague, Berra ; Variations sur une chanson de l'Ukraine, idem, idem ; *la Cascade*, étude.

LUCANTONI (Giovanni), compositeur italien, est né à Macerata en 1825. Son père était un ténor, et sa mère une cantatrice douée d'une belle voix de contralto. Il commença ses études musicales sous la direction de Giovanni Pacini, à Lucques et à Viareggio, et les termina avec Vaccaj au Conservatoire de Milan. Pour ses débuts il écrivit la musique d'un ballet en deux actes, *Don Chisciotte*, qui fut représenté en 1845 au théâtre de la Scala, de Milan. Il composa ensuite une messe à quatre voix qui fut exécutée dans la même ville en 1850, et dans le cours de cette même année il donnait au théâtre Re un opéra semi-sérieux en deux actes, intitulé *Élisa*. Enfin, toujours à Milan, il faisait exécuter au théâtre philodramatique, pour l'inauguration du buste de Métastase, une grande cantate pour soprano, contralto, ténor et basse. Établi à Paris depuis 1857, M. Lucantoni a publié chez les éditeurs Choudens, Flaxland, Heugel, Hartmann et Langlois, un nombre considérable de romances, mélodies vocales, duos, etc., qui ont paru aussi à Londres, chez Novello. On connait encore de ce compositeur une ouverture à grand orchestre dédiée par lui à Rossini, et des morceaux de musique de danse publiés en Italie (1).

J. D. F.

LUCAS (Charles), compositeur, violoncelliste et professeur anglais, né à Salisbury en 1808, fit ses études littéraires en cette ville et y reçut sa première éducation musicale à la maîtrise de la cathédrale, après quoi il alla se perfectionner à l'Académie royale de musique de Londres. Nommé en 1830 compositeur, arrangeur de la musique et violoncelliste de la musique particulière de la reine Adélaïde, il devenait, dans le cours de la même année, organiste de la chapelle hanovrienne de Saint-Georges ; puis il succédait à Lindley comme premier violoncelliste de l'orchestre de l'Opéra royal italien, et en 1832 il assumait les fonctions de chef d'orchestre de l'Académie royale de musique. Enfin, en 1859, il était nommé *principal* (directeur) de ce dernier établissement. Il mourut à Londres le 23 mars 1869.

Charles Lucas était un artiste honorable et distingué. Virtuose habile, professeur remarquable, il s'est fait apprécier aussi comme compositeur, et on lui doit plusieurs opéras, des symphonies, des ouvertures, des antiennes, et un assez grand nombre de *songs* et de *glees*.

LUCAS (Eusèbe), compositeur de musique de danse, chef de l'orchestre du Casino des bains de Monaco (Monte-Carlo), s'est distingué par la façon remarquable dont il dirige cet orchestre, et par l'intelligence artistique dont il a fait preuve en offrant à son public autre chose que la musique plus ou moins frelatée qui est l'apanage ordinaire des orchestres de bains de mer. Cet artiste a eu, en effet, l'excellente idée de consacrer un jour par semaine à l'exécution des œuvres purement classiques, ou du moins (car cette épithète de classique, aujourd'hui passée dans la langue, n'est pas entièrement juste), à celle des œuvres des maîtres, faisant entendre ainsi les grandes compositions de Haydn et de Mozart, de Beethoven et de Weber, de Mendelssohn et de Meyerbeer, de Méhul et de Cherubini, de Berlioz et de M. Richard Wagner. Cette tentative a obtenu un plein succès, et les *jeudis de Monte-Carlo* (1) ont été fort bien accueillis. M. Lucas, qui est du reste un artiste instruit, est l'auteur d'un opuscule intitulé *l'Orchestre et le public* (Monaco, 1868, in-8°), dans lequel, sans apporter un contingent bien nouveau à la poétique de l'art, il a exprimé des idées saines dans un langage clair et précis ; l'auteur a amplifié cet écrit dans un volume plus étendu, *les Concerts classiques en France* (Paris, Sandoz et Fischbacher, 1876, in-16), qui, en affichant de plus grandes prétentions, n'a pas sensiblement augmenté la valeur des idées exprimées.

LUCATELLI (Giovanni-Battista), musicien italien qui vivait à Venise au commencement du dix-huitième siècle, écrivit pour le service du prince de Toscane Ferdinand de Médicis quelques cantates *da camera*, et un divertissement musical intitulé *le Vittorie di David e la gelosia di Saul*, qui fut exécuté en 1701.

LUCCA (Francesco), éditeur de musique

(1) M. Lucantoni a publié aussi dans sa patrie un certain nombre de mélodies vocales, entre autres un album de six romances intitulé *Una Sera di Carnevale*, et un autre recueil : *Quattro Romanze*. — A. P.

(1) C'est le nom qu'on leur a donné, et c'est le titre sous lequel un écrivain ingénieux, M. Ch. M. Domergue (*Voy.* ce nom), a publié un volume de critique intéressant et substantiel.

italien, naquit à Crémone en 1802. Il avait étudié la musique et occupait l'emploi de seconde clarinette à la Scala, de Milan, lorsqu'il entra chez l'éditeur Giovanni Ricordi, en qualité de graveur, à raison d'un franc par jour. Il était alors âgé de vingt ans, et n'était point dépourvu d'ambition. A force d'économies, il finit par réaliser une petite somme de 640 francs, et s'enfermant alors chez lui pendant six mois, il se mit à graver pour lui-même un certain nombre de Méthodes et de Traités qui lui servirent de premier fond pour un commerce de musique qu'il voulait créer. Bientôt il s'établit en effet, lutta avec énergie contre toutes les difficultés, et finit par réussir. Il fit plusieurs voyages en Allemagne pour se rendre compte des meilleurs procédés à employer, et fit faire de réels progrès au commerce musical par la beauté et la correction des éditions qu'il livrait au public, par la netteté et le fini de sa gravure.

Après s'être assuré la propriété pour l'Italie des œuvres de Thalberg, de Chopin, de Schuloff, de Czerny, il songea aussi à la publication d'ouvrages dramatiques, et répandit les partitions de Donizetti, Mercadante, Pacini, Coppola, et plus tard celles de Petrella, de MM. Marchetti, Gomes, Usiglio, etc. Esprit libéral et ouvert à tous les progrès, c'est à ses efforts que l'Italie doit d'avoir pu connaître les productions des grands musiciens étrangers, et c'est Lucca qui introduisit dans sa patrie *Faust*, *l'Africaine*, *la Juive*, *Lalla-Roukh*, et jusqu'à *Lohengrin* et au *Tannhauser*.

Lucca était devenu très-puissant, et avait fait de sa maison l'une des premières et des plus honorablement connues de toute l'Italie. Le nombre des publications faites par lui ne s'élève pas à moins de 21,000, et parmi elles il en est de fort importantes. Homme de cœur aussi, et homme de bien, il était le père de ses ouvriers, qui le vénéraient, et les artistes n'avaient qu'à se louer de ses procédés envers eux. Il avait voué surtout une affection profonde à Donizetti, qu'il aimait comme un frère, et il y a quelques années il fit don à la municipalité de Milan d'une statue de ce grand artiste, destinée à être placée dans le vestibule du théâtre de la Scala. Lucca est mort subitement à Milan, frappé d'apoplexie, le 20 novembre 1872.

LUCCA (Pauline), chanteuse remarquable, est née à Vienne, le 26 avril 1841, de parents italiens. D'abord choriste au théâtre de cette ville, elle ne fut pas longtemps sans faire admirer sa magnifique voix de soprano et sa précoce intelligence. Des maîtres lui furent donnés, ses progrès furent rapides, et elle était à peine âgée de seize ans lorsqu'elle débuta avec succès, au théâtre d'Olmütz, dans le rôle d'Elvira d'*Ernani*. Au bout de quatre mois elle se produisait, à Prague même, dans la *Norma* et dans *les Huguenots*. Meyerbeer assistant à l'une des représentations de cet ouvrage et lui entendant chanter le rôle de Valentine, en fut si charmé qu'il la fit engager aussitôt au théâtre royal de Berlin. Elle y débuta avec éclat, et bientôt devint l'idole du public, qui la plaça au rang des grandes cantatrices qui avaient brillé sur ce théâtre, les Sontag, les Schrœder-Devrient et les Jenny Lind. D'ailleurs, en dehors de la beauté de sa voix, Mme Lucca sut bientôt faire apprécier de rares qualités scéniques, qui, quoique inégales, parfois exagérées et opposées entre elles, n'en donnaient pas moins la preuve d'un tempérament artistique d'une grande puissance et d'une rare souplesse. C'est ainsi qu'elle jouait tour à tour, en donnant à chaque personnage le caractère qui lui convenait, Marguerite de *Faust*, Chérubin des *Noces de Figaro*, Valentine des *Huguenots*, et Zerline de *Fra Diavolo*. Infatigable du reste, douée d'une énergie, d'une volonté et d'une âpreté au travail des plus rares, elle se constitua un répertoire étonnamment étendu, et qui, aujourd'hui, ne comprend pas moins de cinquante-six rôles, parmi lesquels *le Trouvère*, *la Favorite*, *l'Africaine*, et bien d'autres de genres et de caractères absolument différents.

On assure même que c'est à son intention expresse que Meyerbeer écrivit le rôle de Selika, de *l'Africaine*, qu'il désirait lui voir créer à Paris ; mais Mme Lucca, qui ne saurait chanter le français qu'avec un accent allemand très-prononcé, ne voulut pas s'exposer à un échec et refusa obstinément toutes les propositions que le maître lui fit à ce sujet. Elle ne voulait pas, d'ailleurs, quitter Berlin, et se bornait à aller passer trois mois de chaque année à Londres, sur l'une des scènes italiennes de cette ville. Plus tard, cependant, elle se fit entendre à Vienne, à Saint-Pétersbourg, à New-York et dans plusieurs villes de l'Italie. Engagée récemment par l'*impresario* Merelli, elle a donné au commencement de 1876, à Bruxelles, une série de représentations qui ont été pour elle de véritables triomphes.

En tant que tragédienne lyrique, Mme Lucca serait, dit-on, sans rivale, si, à force de vouloir atteindre l'effet, il ne lui arrivait parfois de l'exagérer, et si elle voulait modérer des emportements qui dépassent le but et la font tomber dans un réalisme un peu outré. Son jeu est néanmoins d'une grande originalité, elle a des élans de passion superbes, et lorsqu'elle sait se contenir, elle atteint aux dernières limites du pathétique, se montrant cantatrice aussi remarquable que puissante tragédienne. Quoique les rôles d'un caractère tendre ou mélancolique conviennent moins à sa nature ardente que ceux dans lesquels la passion doit se déployer dans toute sa force, elle sait cependant leur donner une couleur toute particulière, et s'y montre supérieure sous le rapport du chant proprement dit. Au total, c'est une artiste de premier ordre, merveilleusement douée par la nature, et dont le talent magnifique s'appuie sur les plus sérieuses études.

Mme Lucca avait épousé à Berlin, en 1860, un officier supérieur prussien, le baron Von Rhode, dont elle eut une fille; lorsque, au mois d'août 1872, elle arriva à New-York, où elle était engagée par l'*impresario* Max Maretzek, elle entama aussitôt une procédure pour faire prononcer son divorce. Ce procès, dont toutes les circonstances furent singulières, se termina par un arrêt rendu le 2 juin 1873, arrêt qui prononçait en effet le divorce, en établissant que Mme Lucca conserverait la garde de sa fille et qu'elle pourrait se remarier si bon lui semblait, tandis que cette faculté n'était pas accordée à son mari. Deux jours après, le 4 juin, Mme Lucca prenait un second époux, Prussien comme le premier, M. Émile Von Wallafeu, et le baron Von Rhode, malgré l'appel qu'il interjeta du jugement, ne put obtenir ni la cassation de l'arrêt, ni même l'autorisation de se remarier.

LUCCHESI (Frediano-Matteo), compositeur de musique religieuse fort estimé de son temps, naquit à Lucques vers 1710, et eut le bonheur d'être l'élève du célèbre Leo. Il fut maître de chapelle de l'église collégiale de Saint-Michel *in foro*, et écrivit un grand nombre d'œuvres dont la plupart sont conservées, à Lucques, dans des archives publiques ou des collections particulières. Parmi ces œuvres, on distingue surtout : plusieurs messes à 2, 4 et 5 voix *a cappella*; une messe à deux orchestres; des répons à 4 voix, pour la semaine sainte; un grand nombre de motets; enfin, treize grands services religieux à 4 voix et à grand orchestre, exécutés, de 1747 à 1778, à l'occasion de la fête de Sainte-Cécile. Musicien très-savant, professeur estimé, Lucchesi, qui fut le maître de Domenico Quilici et d'Antonio Puccini, mourut à Lucques le 18 août 1779, âgé de près de soixante-dix ans.

* **LUCE-VARLET** (J......). Cet artiste a fait représenter sur le théâtre de Versailles, en 1850, un opéra-comique en deux actes, intitulé *le Maestro* ou *la Renommée*. La partition pour chant et piano de cet ouvrage, dédiée à Auber, a été publiée par l'éditeur M. Richault.

LUCIDI (A.....). Un artiste ainsi nommé a fait représenter à Rome, sur un théâtre particulier, le 31 mars 1876, un opéra semi-sérieux intitulé *Ivan*.

LUCILLA (Domenico), compositeur dramatique, est né à Riofreddo le 17 février 1820. Après avoir fait ses études au Lycée musical de Bologne, où il eut pour professeurs MM. Corticelli et S. Golinelli pour le piano et M. Gaetano Gaspari pour l'harmonie, il alla, sur le conseil de Rossini, se perfectionner sous la direction de Domenico Vecchiotti, auprès duquel il resta pendant trois années à Lorette, de 1843 à 1846. De retour à Rome après avoir obtenu à l'Académie philharmonique de Bologne le diplôme de compositeur, il fit représenter au théâtre Valle, en 1853, son premier opéra, *il Solitario*, qui fut bien accueilli et qu'il fit bientôt suivre de *Giuliano Salviati* (1854), et d'une grande cantate qui fut exécutée au théâtre Apollo (1856). En 1857, il donna au théâtre Capranica *il Sindaco del Villaggio*, qui obtint un brillant succès, et en 1862 il fit jouer à Reggio d'Emilie *l'Eroe delle Asturie*, que l'on considère comme son meilleur ouvrage. Enfin, M. Lucilla fit encore exécuter en 1871, au théâtre Apollo, pour une soirée de gala, une cantate nouvelle, en fit chanter une autre, par 700 voix, sur la place du Capitole, le 2 octobre de la même année, et le 18 janvier 1873 donna au théâtre communal de Ferrare son cinquième opéra, *il Conte di Beuzeval*, ouvrage en 4 actes, qui obtint une série de dix-huit représentations. Cet artiste, qui est aujourd'hui président de l'Académie philharmonique romaine, a en portefeuille deux autres ouvrages dramatiques : *la Bella Fanciulla di Perth*, en 4 actes, et *Tommaso Chatterton*.

* **LUCOT** (Alexis). Nous rétablissons ici le prénom de cet écrivain, qui s'appelait Alexis, et non Alexandre.

LÜDECKE (Louis), violoncelliste allemand et compositeur pour son instrument, a publié dans ces dernières années un certain nombre d'œuvres parmi lesquelles je citerai les suivantes : *Souvenir d'un bal*, mazurka pour violoncelle, avec accompagnement de piano, op. 9; Romance, *id.*, op. 10; *Momento religioso*, pour violoncelle ou violon, avec piano, op. 11; 3 *lieder*, id. id., op. 12; *Stations musicales*, 12 petits morceaux faciles et progressifs pour violoncelle, avec piano, op. 15; *Nocturne* pour violoncelle ou violon, avec piano, op. 16.

LUIGINI (JOSEPH), chef d'orchestre habile et compositeur, né en Italie vers 1820, et depuis naturalisé français, a dirigé l'orchestre du théâtre du Capitole, de Toulouse, est devenu ensuite second chef d'orchestre du Grand-Théâtre de Lyon puis premier, lorsque George Hainl eut été appelé à remplacer Dietsch à l'Opéra, et enfin, en 1872, se trouva placé, conjointement avec M. Dami, à la tête de l'orchestre du Théâtre-Italien de Paris. Il n'y resta que quelques mois, retourna ensuite à Lyon, puis revint à Paris, où il entra comme chef d'orchestre au petit théâtre des Fantaisies-Oller, pour lequel il composa la musique de quelques divertissements dansés : *Zédouika, le Printemps, les Postillons*, etc. M. Luigini avait écrit précédemment, pour le Grand-Théâtre de Lyon, la musique d'un ballet en deux actes, *les Filles de Gros-Guillot*, qui fut représenté au mois de mars 1866, et celles de deux cantates qui furent exécutées en 1865 et 1866. — Un fils de cet artiste, M. *Alexandre Luigini*, musicien intelligent et bien doué, a fait une partie de ses études au Conservatoire de Paris, où il a obtenu un accessit de violon, et est ensuite retourné à Lyon, d'où il a envoyé, aux concours ouverts par la Société des compositeurs de musique, deux quatuors pour instruments à cordes qui ont été couronnés. Il a écrit aussi la musique d'un ballet en 3 actes et 5 tableaux, *Ange et Démon*, qui a été représenté à Lyon le 13 janvier 1875, et celle d'un opéra-comique en un acte, *les Caprices de Margot*, joué dans la même ville le 13 avril 1877. Il est aujourd'hui chef d'orchestre du théâtre de Lyon. — Une fille de M. Joseph Luigini, chanteuse aimable, s'est consacrée au théâtre.

* **LULLY** (LOUIS DE), fils aîné de Jean-Baptiste de Lully. Dans son intéressant écrit : *Note sur quelques musiciens dans la Brie*, M. Th. Lhuillier (*Voy.* ce nom) a publié pour la première fois l'acte de baptême de cet artiste. Ce document, en nous faisant connaître que Louis de Lully fut baptisé seulement à l'âge de treize ans révolus, et dans la chapelle royale de Fontainebleau, nous apprend aussi qu'il eut pour parrain et marraine le roi et la reine en personne. En voici la reproduction exacte :

« Ce jourd'hui neufviesme du mois de sep-
« tembre 1677, Mgr l'éminentissime Emmanuel-
« Théodore de la Tour-d'Auvergne, cardinal
« de Bouillon, grand aumônier de France,
« dans la chapelle haulte de la cour de l'Ovale
« du château royal de Fontainebleau, a sup-
« pléé les cérémonies du baptême au fils de
« Jean-Baptiste de Lully (*sic*) et Magdeleine
« Lambert, demeurant à Paris, lequel de Lully
« est surintendant de la musique du roi, lequel
« (enfant) fut ondoyé par M. de Lamet, pour
« lors doyen de Saint-Thomas du Louvre, le
« sixième du mois d'août 1664, selon qu'il a
« été certifié, et né du quatrième du même
« mois et an que dessus. — Et a eu pour pa-
« rein et mareine le roi et la reine, qui lui ont
« donné le nom Louis; le tout en la présence
« de nous, soussigné, Antoine Durand, prêtre,
« curé de l'église paroissiale de Saint-Louis de
« Fontainebleau.

« *Louis.*
« *Marie-Thérèse d'Autriche.*
« *Jean-Baptiste Lulli.* »

Cet acte est conservé aujourd'hui à la mairie de la ville de Fontainebleau.

* **LULLY** (JEAN-BAPTISTE DE), deuxième fils du fameux compositeur. Dans l'écrit que nous venons de citer, M. Th. Lhuillier parle aussi du second fils du grand Lully, au sujet d'un mariage célébré à Melun, dans l'église Saint-Aspais, le 7 février 1689, et dans l'acte duquel il figure comme témoin. Cet acte nous apprend que Jean-Baptiste de Lully, alors âgé seulement de vingt-trois ans, puisqu'il était né au mois d'août 1665, était déjà pourvu d'un prieuré et d'une abbaye; dans ce document, en effet, il est nommé et qualifié « messire Jean-Baptiste de Lully, abbé de Saint-George-sur-Loir, prieur et seigneur de Vitry ». Cette situation ne l'empêchait pas, paraît-il, de se livrer à la composition et de travailler pour la scène; on va le voir par la note suivante, qui m'est communiquée par M. Wekerlin, et qui rectifie une double erreur commise au sujet de Jean-Baptiste de Lully : — « M. Fétis cite sous le nom de Louis de Lully la moitié du titre d'un ouvrage qui n'est pas de celui-ci, mais de son frère. C'est *le Triomphe de la raison sur l'amour*, « pastorale mise en musi-« que par M. de Lully, surintendant de la musi-« que du roy, représentée devant Sa Majesté, à « Fontainebleau, le 25 octobre 1696 (Paris, « Christophe Ballard, 1697). » L'épître au roi qui se trouve en tête de ce petit in-4° oblong est signée *Jean-Baptiste Lully*. Le fils a dû ramasser quelques bribes des délicaces de son père, et, sans s'en douter, il se rend justice. On y lit : *Je suis persuadé, sire, que je n'aurois pu réussir dans ce petit ouvrage*

si je n'avois esté excité par un aussi puissant motif que celuy de plaire à Vostre Majesté; une si belle ambition tient souvent lieu de génie, et peut élever des dispositions médiocres; j'ay succédé à feu mon père dans cette noble émulation, etc. Malheureusement, cette noble émulation ne suffit pas pour avoir du talent, et Jean-Baptiste le fils n'avait pour lui que *l'ambition de plaire au grand roi*. Cet ouvrage, où manque évidemment le souffle de Lully le père, compte 70 pages d'impression, et renferme dix-neuf petits morceaux, dont quelques-uns sont à deux parties. Les personnages sont Ménalque, Célimène, Chloris, Tircis, deux Songes funestes, et une troupe de bergers et de bergères. »

* **LUMBYE** (Hans-Christian), est mort à Copenhague, le 20 mars 1874.

LUNN (Charles), écrivain anglais, a publié récemment, dans le journal *Medical Press and Circular*, un écrit dont il a été fait ensuite un tirage à part sous ce titre : *The Philosophy of voice and the basis of musical expression* (*La Philosophie de la voix et la base de l'expression musicale.*) Il a paru quatre éditions de cet opuscule, que l'auteur a fait suivre d'un autre petit ouvrage, intitulé *the Roots of musical art, a catechism for children* (*les Sources de l'art musical, catéchisme pour les enfants*).

LUPOT.— L'auteur de la *Biographie universelle des Musiciens* n'a parlé que du fameux luthier Nicolas Lupot, en disant qu'il était fils d'un artiste exerçant la même profession. Dans son livre : *les Instruments à archet*, M. Antoine Vidal, qui a été renseigné d'une façon plus complète sur cette intéressante famille, donne sur elle les détails suivants :

« La famille des luthiers français de ce nom est originaire de Mirecourt; en voici la généalogie, du plus loin qu'on la connaisse. Il y avait à Mirecourt, dans le courant du XVIIIe siècle, un luthier du nom de *Jean Lupot*, et sa femme Laure Henry. De cette union naquit :

« *Laurent Lupot*, né à Mirecourt en 1696; luthier comme son père, il avait ajouté à son état d'autres fonctions, car on le retrouve, en 1747, maître d'école à Plombières. En 1751, il quitte Plombières pour aller s'établir comme luthier à Lunéville, où il reste jusqu'en 1756. On le retrouve en 1762 exerçant sa profession à Orléans. Il eut un fils :

« *François Lupot*, né à Plombières en 1736, qui se maria en 1754, étant encore mineur. Ce dernier commença à travailler avec son père à Lunéville, puis en 1758 partit pour Stuttgard, où il fut pendant douze années luthier du duc de Wurtemberg. En 1770, il alla se fixer à Orléans, rue Sainte-Catherine; il est mort à Paris en 1804. Il avait eu deux fils : 1° *Nicolas*, né en 1758 à Stuttgard; 2° *François*, né à Orléans en 1774. »

Nicolas Lupot est le luthier célèbre dont on peut lire la notice dans la *Biographie universelle des Musiciens* (t. V, p. 377). Quant à son frère François, il se livra exclusivement à la fabrication des archets et devint en ce genre l'un des artistes français les plus distingués ; c'est lui, dit-on, qui imagina d'ajouter à la hausse de l'archet ce qu'on appelle la coulisse, doublure en métal qui garnit cet hausse dans la rainure pratiquée sur la baguette et qui, la fixant solidement, l'empêche de tourner sur celle-ci. Dès 1815, François Lupot avait établi ses ateliers à Paris, rue d'Angivilliers, n° 18, près de l'oratoire St-Honoré. C'est dans cette maison qu'il mourut, le 4 février 1837 (1).

* **LUSITANO** (Vicente), illustre théoricien portugais. — La célèbre dispute de cet artiste avec Nicola Vicentino est un des épisodes les plus intéressants de l'histoire de la musique. Fétis en parle longuement; il a eu le mérite d'appeler l'attention des connaisseurs sur les documents que Baini a présentés au sujet de cette dispute et qui rétablissent la vérité des faits dénaturés par Arteaga et par tous les écrivains qui ont puisé leurs renseignements dans le livre de ce dernier. Vicentino, blessé dans son orgueil par la sentence des juges Danckerts et

(1) M. J. Gallay veut bien me communiquer la note suivante, rédigée par lui d'après des renseignements qui lui ont été fournis par M. Eugène Gand, et qui concerne le plus fameux membre de cette famille, Nicolas Lupot. — « Nicolas Lupot, fils de François Lupot, vint s'établir en France avec son père vers 1765. Il se fixa d'abord à Orléans; ses premiers instruments sont datés de cette ville. En 1792, Pique, luthier à Paris, fort en faveur à cette époque, se mit en rapport avec Lupot. Celui-ci lui faisait une grande partie de ses violons et les lui livrait en *blanc*, au prix de 20 livres. Ce fut en 1794 seulement que Lupot vint s'établir à Paris; mais ses instruments parisiens ne datent que de 1798. Il habitait alors la rue de Grammont. En 1806, il transporta son établissement rue Croix-des-Petits-Champs. Nommé (1815) luthier de la chapelle royale, il devint luthier de l'École royale de musique en 1816, et fut chargé, en cette qualité, d'établir les instruments donnés en prix chaque année aux élèves couronnés. En 1820, il entreprit de remplacer presque tous les anciens instruments de la chapelle royale par des instruments entièrement de sa main; mais à sa mort, ce travail n'étant pas terminé, ce fut Charles-François Gand, son gendre et son élève, qui se chargea de l'achever. Par malheur, ces superbes instruments devaient être tous détruits, en 1871, lors de l'incendie du palais des Tuileries. Lupot est considéré à juste titre comme le luthier le plus éminent de l'école de Paris. »

Escobedo, qui le condamnèrent à payer les deux écus d'or du pari, s'empressa de publier son *Antica musica*, où il embrouille toute la question (ch. XXXXIII, fol. 95-98 verso). Depuis 1555, date de la publication de son ouvrage, jusqu'en 1828, époque où parurent les *Memorie* de Baini, la querelle a été appréciée d'une manière toute partiale, car les juges n'ayant pu se défendre des accusations de Vicentino, celui-ci resta seul sur le terrain. Le mémoire de Danckerts sur cette célèbre dispute resta enfoui dans une bibliothèque de Rome, grâce à la protection que le cardinal de Ferrare, Hyppolite d'Este, accordait à Vicentino, et il n'a pas encore vu le jour. Fétis en donne le titre *in extenso* (*Biogr. univ.*, t. II, pp. 425 et 426). J'ajouterai que Danjou en parle comme d'un excellent ouvrage (*Revue de la musique religieuse*, t. III, p. 201). « Ce mémoire, dit-il, très-étendu, est entièrement écrit de la main de l'auteur. Toutes les questions musicales agitées au XVIe siècle y sont traitées avec développement et avec une érudition remarquable. C'est un plaidoyer en faveur de la musique du XVIe siècle, et en particulier de l'école romaine. Ghislino d'Ankerts (*sic*) attaque avec force l'école de Venise, représentée par Adrien Willaert et ses disciples, au nombre desquels était Nicola Vicentino. J'ai caractérisé cette lutte dans quelques articles sur *l'Origine et la constitution de la musique moderne*. Le mémoire de Ghislino d'Ankerts en fait connaître tous les détails; il traite accidentellement de diverses difficultés de la notation proportionnelle, et contient une foule de renseignements précieux pour l'histoire de la musique. L'abbé Baini, qui cite ce manuscrit et en a copié le titre, ne paraît pas en avoir apprécié l'importance. »

Ceci n'est pas exact, puisque c'est Baini qui a exposé le premier, et très-nettement, la question à laquelle le mémoire de Dankerts (ou d'Ankerts) se rattache. Il a dû le lire. (Les articles de Danjou sur *l'Origine et la constitution de la musique moderne* se trouvent dans la *Revue* citée, 1846, vol. II, page 56 et page 424.)

N'ayant pas eu le bonheur d'examiner ce précieux manuscrit, qui est pour ainsi dire le procès-verbal d'une victoire nationale de mon pays, je tiens à réunir ici tous les renseignements que j'ai recueillis depuis bien des années sur Vicente Lusitano et sa dispute fameuse. Peut-être pourront-ils servir un jour à quelque travailleur désintéressé.

Après Danjou, c'est La Fage qui s'est occupé du manuscrit de Danckerts. Il en a donné un intéressant résumé dans ses *Essais de diphtérographie musicale*, (Paris 1862, pages 224-239), avec la liste complète des chapitres du mémoire. La Fage s'est servi à cet effet d'une *copie* (à la Bibliothèque Casanatense O, III, 118) du mémoire, faite par Baini, dit-il, sur l'original de la bibliothèque du palais *Corsini alla Lungara*. Cette copie est la meilleure preuve de l'importance que Baini attachait au mémoire. Je tiens à dire que je n'ai eu connaissance du compte-rendu de La Fage qu'après avoir lu la notice de Danjou, car La Fage est aussi d'opinion que Baini avait aussitôt reconnu l'importance du manuscrit. Danjou a vu l'original à la bibliothèque *Vallicelliana* (dans le couvent des pères de l'Oratoire, à Rome). Je ne sais pas comment le mémoire de Danckerts, a passé de la *Vallicelliana* à la *Corsiniana*? Peut-être La Fage s'est-il trompé; après avoir dit que l'original est au palais *Corsini alla Lungara*, il ajoute qu'il aura l'occasion de le signaler, « ainsi que plusieurs autres copies. » Cependant je n'ai trouvé nulle part, dans son volume, un mot sur l'original; parmi les copies, il n'en cite, outre celle de Baini, qu'une seule autre, qui serait dans la bibliothèque des Philippins de Rome (page 226).

Vicente Lusitano a laissé sur le plain-chant, le contrepoint et la fugue un ouvrage que Fétis loue beaucoup; l'éminent maître donne les dates des trois éditions qui en ont été faites; mais l'indication du nombre des pages n'est pas exacte; pour la première c'est 46 qu'il faut lire, au lieu de 86, et pour la seconde, 26 au lieu de 23. Le titre est le même dans les trois éditions; le portrait de Lusitano, qui, d'après Fétis, doit orner la première, m'est inconnu. Fétis possédait les 1re et 3me éditions (*Catalogue*, n°s 5,317 et 5,319). J. DE V.

LUSSY (MATHIS), professeur de musique et didacticien, est né à Stanz (Suisse) le 8 avril 1828, et reçut ses premières leçons de piano et de violon de l'abbé Aloys Businger, alors organiste en cette ville. Il était à peine âgé de dix ans qu'il tenait déjà l'orgue à l'église dans les exécutions à grand orchestre, et qu'il accompagnait sur la basse chiffrée, comme c'est l'usage en Suisse et dans toute l'Allemagne du Sud. En 1842, M. Lussy entra au séminaire de Saint-Urban, dépendant de la célèbre abbaye de Cîteaux, et là il reçut des leçons d'orgue et de composition du P. Naegeli, l'organiste le plus renommé de la Suisse à cette époque. Quatre ans après, en 1846, il venait à Paris pour étudier la médecine, mais il abandonnait bientôt cette carrière pour revenir et se consacrer exclusivement à l'étude de la musique

Enfin, en 1852, ayant terminé complétement son éducation, il se livra à l'enseignement d'une façon absolue, se fixa définitivement à Paris, et bientôt y épousa la fille d'un ancien officier supérieur français.

Le premier ouvrage publié par M. Lussy est le fruit de cette pratique de l'enseignement, et porte le titre suivant : *Réforme dans l'enseignement du piano. 1e partie. Exercices de piano dans tous les tons majeurs et mineurs à composer et à écrire par l'élève, précédés de la théorie des gammes, des modulations, du doigté, de la gamme harmonique, etc., et de nombreux exercices théoriques* (Paris, librairie internationale, 1863, in-8°). Dans cet ouvrage, conçu sur un plan nouveau, M. Lussy, au lieu de faire de l'élève l'instrument passif du maître, lui donne un rôle plus élevé, plus intelligent, et en fait presque son collaborateur, en excitant son initiative, son amour-propre, ses facultés personnelles, et en lui donnant, en dehors du travail mécanique, une large part dans les progrès de son éducation. L'explication de ce système rationnel et salutaire, dans lequel l'initiative du maître est aussi toujours tenue en éveil, m'entraînerait à des développements qui dépasseraient les bornes que je dois donner à cet article ; mais je me fais un devoir de le recommander à ceux qui ont souci de la bonne instruction musicale de leurs enfants.

Le second ouvrage de M. Lussy, d'un tout autre genre, est intitulé *Traité de l'expression musicale* (Paris, Heugel, 1874, gr. in-8°), et prouve que l'auteur n'est pas seulement un musicien, mais aussi un lettré fort instruit et un véritable penseur. Je ne sais pourtant si ce livre, remarquable à beaucoup d'égards, est appelé à rendre autant de services qu'il le suppose. Non que je le considère comme inutile, il s'en faut de tout ; mais je crois que son utilité sera bien plus grande aux artistes doués par eux-mêmes du sentiment de l'expression, du don d'émouvoir en matière musicale, qu'à ceux qui ne possèdent point cette faculté, et pour qui justement il est fait. M. Lussy a cru, non point sans doute découvrir, mais discerner et coordonner ce qu'il appelle *les lois* de l'expression musicale, et c'est l'exposé, d'ailleurs remarquable, des principes qu'il en fait découler qui forme l'objet de son *Traité*. Or, ce qu'on appelle en musique le sentiment, l'expression, l'âme, la passion, me semble chose absolument personnelle à l'artiste, et ne saurait, à mon sens du moins, être régi de façon ou d'autre. Chaque artiste sent, éprouve, exprime par conséquent à sa manière, et c'est cette diversité de sentiments, cette personnalité en ce qui concerne l'émotion, qui diversifie les talents. Cela est si vrai que, dans l'ordre littéraire, par exemple, on a vu au théâtre des artistes de génie jouer le même rôle de façon différente, et y être sublimes chacun de leur côté. Bien plus, certains comédiens supérieurs trouvaient sans cesse de nouveaux effets, de nouveaux moyens d'expression, et modifiaient leur jeu sans cesser d'être admirables. On sait que Talma, doué, sous ce rapport, d'une inspiration multiple et toujours en travail, étonnait constamment le public par une interprétation dont les détails variaient à l'infini.

Donc, l'expression n'est pas *une*, comme paraît le croire M. Lussy, et n'obéit pas à des lois fixes, précises, immuables ; elle est, non-seulement affaire de tempérament de la part de l'artiste, mais encore affaire d'inspiration, de disposition spéciale, de sentiment nerveux, etc. Ce qui revient à dire, non-seulement que dix artistes pourront donner à la même phrase musicale dix nuances d'expression différentes, toutes excellentes, selon le caractère de leur talent, leur éducation, leur sentiment personnel, mais encore que chacun d'eux pourra diversifier lui-même à l'infini l'expression de cette même phrase, selon sa disposition d'esprit, son état de santé ou toute autre cause possible. Quant à ceux qui ne trouvent pas en eux-mêmes le secret de cette expression, ceux qui ne peuvent s'animer, les insensibles, les impassibles, je reste bien convaincu que les déductions les plus ingénieuses, que tous les préceptes du monde seront impuissants à leur donner le feu sacré, à leur communiquer cette incomparable faculté d'émouvoir les âmes qui est le don le plus précieux, le plus admirable à la fois et le plus mystérieux que la divinité ait pu faire à sa créature.

Quoi qu'il en soit de ces réflexions et de ces réserves, j'ai dit et je suis persuadé que le livre de M. Lussy ne restera point inutile. Œuvre très-hardie en somme, d'un caractère très-noble, très-élevé, ce livre sera lu avec fruit, utilement médité par tous les artistes, même les mieux doués, qui y trouveront des moyens nouveaux d'émotion, des aperçus pleins de justesse, et qui grandiront leur talent à la lecture de ces pages empreintes d'un grand amour de l'art, d'un rare sentiment du beau, et parfois d'une véritable éloquence.

LUTTI (.......). Un compositeur de ce nom a fait représenter à Milan, sur le théâtre de la Scala, le 22 mars 1858, un opéra sérieux intitulé *Berengario d'Ivrea*. Cet ouvrage subit une chute complète, et je ne sache pas que depuis lors l'auteur se soit de nouveau présenté au public.

LUVINI (.........), compositeur italien, a fait représenter à Turin, sur le théâtre Nota, le 7 août 1865, un opéra sérieux, intitulé *un'Eredità in Corsica*, dont, je crois, il avait écrit les paroles et la musique. Je n'ai pas d'autres renseignements sur cet artiste, qui depuis lors ne s'est pas reproduit à la scène.

* **LUX** (Frédéric), pianiste, organiste, chef d'orchestre et compositeur allemand, est devenu chef d'orchestre du théâtre de la ville, à Mayence. Précédemment, cet artiste avait obtenu de grands succès comme organiste, en se faisant entendre à Mannheim, Bruxelles, Darmstadt, Würzbourg et autres villes. M. Lux a publié une soixantaine d'œuvres de divers genres, qui révèlent un musicien instruit et nourri de saines études. Je citerai, entre autres : une Symphonie pour orchestre; une messe avec chœurs; un quatuor pour instruments à cordes, op. 58; Grande Marche solennelle, pour piano; Grande Marche festivale, pour piano à 4 mains, op. 19; Fantaisie de concert pour orgue sur le Choral de Luther *Eine feste Burg*, op. 53; Fugue de concert, pour orgue, op. 56; *lied* pour orgue, op. 57; etc. On doit aussi à cet artiste une excellente transcription pour piano à 4 mains des neuf symphonies de Beethoven.

LUZARCHE (Victor), érudit et bibliographe français, né à Tours en 1805, mourut à Amélie-les-Bains en 1869. Possesseur d'une fortune considérable, il avait réuni une riche et magnifique bibliothèque, fertile en raretés de toutes sortes, et fut pendant de longues années conservateur de celle de sa ville natale, dont il prépara le catalogue avec un soin tout particulier. C'est dans les manuscrits précieux de cette dernière qu'il trouva les éléments de plusieurs publications intéressantes, faites par lui avec un goût rare. Je mentionnerai ici deux de ces publications, qui se rattachent indirectement à la musique. La première est une « *Vie du pape Grégoire le Grand*, légende française publiée pour la première fois » (Tours, impr. de J. Bouserez, 1857, in-16), poème étrange et fantasque dont le héros est ce pontife qui se fit un renom si célèbre sous divers rapports, et particulièrement dans l'histoire de l'art musical. La seconde publication est la suivante : « *Adam*, drame anglo-normand du XIIe siècle, publié pour la première fois d'après un manuscrit de la Bibliothèque de Tours » (Tours, impr. J. Bouserez, 1854, in-8°). Ce drame comprend plusieurs chœurs, et c'est en cela qu'il intéresse non-seulement l'histoire du théâtre, mais aussi celle de la musique; toutefois, l'éditeur restant muet à ce sujet, il ne paraît pas que le manuscrit contienne la musique de ces chœurs. Cela paraît d'autant moins probable que Luzarche a signalé, dans le volume même d'où il tirait ce poëme, volume divisé en deux parties (dont la première date de la seconde moitié du XIIe siècle et la deuxième du commencement du XIIIe) et comprenant divers ouvrages du même genre, la présence d'un fragment musical important : — « La première partie, dit-il, commence par un office latin de la Résurrection dramatisé et mis en musique. Nous nous occupons de la publication de ce curieux monument liturgique, le plus complet que nous connaissions jusqu'à ce jour. Afin d'en conserver et d'en produire tous les détails, particulièrement en ce qui concerne la partie musicale, nous le publierons en *fac-simile*. » Luzarche a tenu sa promesse, et a publié ce monument intéressant : « *Office de Pâques ou de la Résurrection*, accompagné de la notation musicale et suivi d'hymnes et de séquences inédites, publié pour la première fois d'après un manuscrit du XIIe siècle de la Bibliothèque de Tours par V. Luzarche » (Tours, 1856, in-8°).

* **LUZZASCO LUZZASCHI**, musicien fameux du seizième siècle, vivait sans doute encore au commencement du dix-septième, car M. Guidi, éditeur de musique à Florence, a retrouvé récemment (1876) un recueil de madrigaux de cet artiste daté de 1601, et resté inconnu jusqu'à ce jour de tous les biographes modernes. Ce recueil est particulièrement précieux en ce qu'il offre le premier exemple connu d'un ouvrage de ce genre publié en partition avec accompagnement de clavecin ou orgue, toutes les publications analogues faites jusqu'alors ne contenant aucun accompagnement. Voici le titre de ce livre de madrigaux de Luzzasco Luzzaschi : *Madrigali di Luzzasco Luzzaschi per cantare e sonare a uno e doi e tre soprani, fatti per la musica del già Ser. Duca Alfonso d'Este, stampati in Roma app. Simone Veroni*, 1601 (un vol. in-folio avec frontispice gravé).

LUZZI (Luigi), compositeur italien, né vers 1825 à Olevano, dans la Lomelline, commença par faire d'excellentes études littéraires à l'Université de Turin, et suivit ensuite les cours de l'École de médecine de cette ville. A cette époque, néanmoins, il s'occupait déjà de musique, et faisait exécuter un jour, dans une réunion d'étudiants, ses camarades, un hymne de sa composition (1847). Lors du passage à Gênes du roi Charles-Albert, à la suite des événements de 1848, cet hymne fut chanté par 6 ou 700 voix, et après la funeste bataille de Novare, qui ruina pour un temps les espérances de l'Italie libérale, il devint le chant de prédilection des étudiants turinais.

Je n'ai pas connaissance des premiers travaux de Luzzi, et ne puis signaler, en ce qui concerne ses commencements, qu'une sorte d'opérette intitulée *Chiarina*, dont la musique était, dit-on, charmante, et qui fut représentée sur un théâtre de Turin. Au mois de novembre 1860, il fit exécuter au théâtre Carignan, de cette ville, un hymne patriotique intitulé *Vittorio-Emanuele, re d'Italia*, dont les paroles lui avaient été fournies par M. Vincenzo Riccardi, et qui comprenait une introduction, un chœur, quelques *soli* et un grand final; au mois de juin de l'année suivante, à l'occasion de la mort du comte Cavour, il fit entendre une grande marche funèbre que l'on dit fort belle, et dont la réduction pour piano a paru, ainsi que celle de l'hymne à Victor-Emmanuel, chez les éditeurs Giudici et Strada. Les mêmes éditeurs faisaient paraître, dans le même temps, deux albums de Luzzi, *le Grazie* et *le Serate Torinese*, qui contenaient seize pièces de différents genres : mélodies, hymnes, sérénades, airs de danse, et publiaient encore la partition d'une ouverture à grand orchestre que Luzzi avait fait exécuter en 1857 à l'Académie philharmonique. Un des critiques les plus compétents de l'Italie, M. F. d'Arcais, a fait les plus grands éloges des deux albums que je viens de signaler, disant que les morceaux qui les composent sont pour la plupart très-remarquables et sortent complétement du genre habituel de ces sortes de recueils. Luzzi a publié ainsi beaucoup de compositions élégantes et légères, pour le chant et pour le piano, et il ne s'est adressé que rarement au théâtre. Pourtant il a donné à Novare, le 7 février 1874, un opéra bouffe intitulé *Tripilla*, et je crois qu'il avait fait représenter, il y a une douzaine d'années, un autre ouvrage du même genre, *la Ventola*. Luigi Luzzi est mort à Stradella le 28 février 1876.

* **LVOFF** (Le général Alexis-Théodore), est mort le 28 décembre 1870, dans le domaine qu'il possédait dans le gouvernement de Kowno.

LYSBERG (Charles-Samuel **BOVY**, dit), pianiste et compositeur extrêmement distingué, naquit à Genève, le 1er mars 1821. Il était fils d'Antoine Bovy, qui, d'abord élève de Pradier, devint un de nos graveurs en médailles les plus remarquables, et à qui l'on doit, entre autres, les belles médailles de Thalberg, son compatriote, de Liszt et de Paganini. Lysberg commença l'étude de la musique dans sa ville natale; sa famille ayant bientôt reconnu ses aptitudes, l'envoya à Paris terminer son éducation. Là, il eut le bonheur d'entrer en relations avec Chopin, dont il devint l'élève, et le bonheur plus grand encore de ne pas laisser, sous l'influence d'un pareil maître, étouffer son tempérament artistique, très-personnel et très-original. De ce tempérament et de cette éducation, — à laquelle Liszt, qu'il connut aussi à Paris, ne fut pas complétement étranger — sortit un talent tout particulier, à la fois substantiel, savoureux et poétique. Comme harmoniste, il reçut des leçons de Delaire, l'un des bons élèves de Reicha.

C'est pendant son séjour à Paris que Lysberg publia ses premières œuvres, et c'est par crainte d'un jugement fâcheux de la part du public qu'il les donna sous ce pseudonyme de Lysberg, qui est le nom d'un joli village suisse situé au nord du canton de Berne. (On a dit que ce pseudonyme avait été formé avec les noms de Liszt de Thalberg. Ceci n'est pas exact. Notons en passant que Lysberg n'a jamais connu son illustre compatriote.) Mais la révolution de février effraya le jeune artiste, et le fit s'éloigner de Paris pour retourner à Genève. Peu de temps après il épousait la fille aînée de M. Jean-Louis Fazy, membre du grand conseil de cette ville, puis il devenait professeur de piano au Conservatoire, où il forma une longue suite d'excellents élèves.

Ses travaux de composition ne souffrirent pourtant pas de cette situation nouvelle. Retiré dans le joli petit village de Dardagny, il mena pendant longues années une existence calme et douce, particulièrement favorable à la production. Si Lysberg n'avait pas été aussi modeste, s'il n'avait pas eu des goûts aussi tranquilles, si, comme tant d'autres, il avait eu l'amour des voyages et des ovations, il aurait conquis un grand nom et serait assurément devenu célèbre. Mais il aimait son pays et les siens au delà de tout au monde, se plaisait dans un cercle d'amis et d'intimes, et, dépourvu de vanité sinon d'ambition, trouvait dans cette intelligente ville de Genève l'expansion suffisante à ses désirs. Recherché partout et par tous, il était accueilli, choyé, fêté d'une façon tout exceptionnelle. Un de ses grands succès fut lorsqu'il inaugura, dans la salle du Casino, une série de soirées très-brillantes, dans lesquelles il faisait entendre non-seulement sa jolie musique de piano, mais des chœurs d'un excellent effet, dont il dirigeait lui-même l'exécution avec une rare *maestria*. D'ailleurs il travaillait sans cesse, croyant n'avoir jamais assez appris ni assez fait, ce qui est le propre des esprits élevés et des grands artistes.

L'œuvre gravé de Lysberg se compose de près de cent cinquante morceaux de piano, qui se distinguent par un grand sentiment poétique, une forme extrêmement soignée, une couleur originale, et dans lesquels il semble souvent voir passer comme un souffle de Weber ou de Chopin, ces deux grands romantiques d'une nature si différente. Parmi ses œuvres nombreuses, il en est dont les succès furent éclatants et prolongés : les *Études de salon*, les *Romances sans paroles*, les *Barcarolles*, les *Nocturnes*, les *Valses de salon*, les *Caprices*; puis, tous ces morceaux de genre, si avidement recherchés : *la Baladine*, *le Réveil des Oiseaux*, *la Napolitaine*, *Tenerezza*, *Bergeronnette*, *la Chasse*, *la Fontaine*, *la Sérénade du page*, *le Pas des Archers*, *un Soir à Venise*, *l'Amazone*, *le Tic-tac du Moulin*, *Giovinetta*, *l'Idylle*, *Romanesca*, *le Menuet*, *le Rêve d'enfant*, *la Berceuse*, *la Moldavienne*, *la Bourrée*, *la Voix des Cloches*, *le Chant du Rouet*, etc. Enfin, il faut encore citer *l'Absence*, sonate romantique, la *Marche funèbre*, une *Polonaise brillante*, les belles fantaisies sur *Faust* et *Mireille*, les transcriptions de *Guillaume Tell*, de *Mignon*, d'*Hamlet*, et ses superbes morceaux pour deux pianos sur *Oberon*, *Don Juan*, *Preciosa*, *le Freischütz* et *la Flûte enchantée*.

C'est le 15 février 1873 que Lysberg a été enlevé aux siens, après une courte maladie. On peut presque dire, tant il y était aimé, estimé, honoré, que sa perte fut un deuil public pour la ville de Genève. Il possédait d'ailleurs non-seulement les qualités d'un artiste, mais celles d'un homme de cœur, et un journal de Genève lui adressa un éloge complet en disant de lui que « ce grand artiste, fils de ses œuvres, sut être à la fois un vrai patriote, un bon citoyen, un ami dévoué, enfin un chef de famille considéré, estimable, et digne de la plus sincère affection de tous ceux qui ont eu le bonheur d'être en relations avec lui. »

Lysberg avait fait représenter à Genève, en 1854, un opéra-comique en un acte, *la Fille du Carillonneur*, que le public avait accueilli avec faveur, mais sans enthousiasme. Il a laissé en manuscrit un certain nombre de morceaux qui doivent être publiés prochainement : *Barcarolle-Sérénade*, *Scherzetto alla Mazurka*, *les Bruits des champs*, etc.

M

* **MAARSCHALKENWEERD** (P...), facteur d'orgues distingué, est né à Utrecht (Pays-Bas) en 1812. Il s'associa d'abord avec un autre facteur, M. Stulting, puis, en 1848, se sépara de lui. Parmi les instruments qu'il a construits seul, on cite les orgues de la loge *Union royale* à Utrecht, de l'église Saint-Martin de la même ville, de l'église catholique de Nieuwkoop, puis celles de Harmelein, de Helmskert, de Zeyst, de Rumpst, etc.

* **MABELLINI** (Teodulo). Cet artiste fort distingué, qui occupe à Florence une situation exceptionnelle, remplit depuis longues années en cette ville les fonctions de *maestro concertatore* et de chef d'orchestre du théâtre de la Pergola, en même temps qu'il est professeur de contrepoint et de fugue à l'Institut royal de musique. Il a formé dans ce dernier établissement un nombre considérable d'élèves, parmi lesquels on cite MM. Emilio Usiglio, Gandolfi, Pollione Ronzi, G. Palloni, Gialdini, De Champs, Felici, Cesare Ciardi, etc. M. Mabellini semble avoir renoncé, depuis longtemps déjà, à écrire pour le théâtre, mais il n'a pas pour cela cessé de composer. A la liste de ses œuvres, que je ne saurais compléter, j'ajouterai cependant les suivantes : *lo Spirito di Dante*, cantate pour soprano, contralto, ténor et basse, exécutée à Florence lors des fêtes célébrées pour le centenaire de Dante; *le Antiche Festività fiorentine*, cantate pour soprano et masses chorales, exécutée aussi à Florence; *Te Deum* à 4 voix, avec orchestre; *Messa da vivo* pour *soli*, chœurs et orchestre, etc., etc.

MACCHI (Luigi-Davide DE), professeur et théoricien italien, est l'auteur d'un ouvrage élémentaire qui a obtenu un très-grand succès en Italie et dont il a été fait trois éditions. Cet ouvrage est ainsi intitulé : *Grammatica musicale, ovvero Principii teorico-semeiografici della musica, metodicamente esposti*. M. de Macchi est directeur et professeur de l'école municipale de chant de Turin.

MACEDO (Manuel), compositeur portugais, qui vécut à Madrid vers le milieu du XVIe siècle, a écrit des motets et des *Vilhancicos*.

J. de V.

MACEDO (Antonio de Souza de), polygraphe et diplomate portugais du XVIIe siècle, naquit à Porto en 1606, et mourut à Lisbonne en 1682. Ses écrits, qui ont été imprimés en Portugal et à l'étranger, sont nombreux, et quelques-uns eurent une très-grande vogue en Portugal, surtout son *Eva e Ave... theatro de erudição e philosophia christã* (Lisbonne, 1676; la 10me édition en 1766). Les chapitres 23 et 24 de la 1re partie de cet ouvrage ont rapport à la musique; ce qu'il y donne a cependant peu de valeur; ses idées sont empreintes d'un mysticisme qu'il a puisé dans les saintes Écritures et qui était fort en vogue en Portugal vers la fin du XVIIe siècle. Les faits historiques font défaut dans ce livre; on n'y trouve d'intéressant que les faits qui se rattachent au roi D. Jean IV (*Voy.* ce nom) et à Peixoto da Pena. Souza de Macedo fut très-protégé par D. Jean IV, qui lui confia des affaires d'État fort importantes; ses missions à Londres, en Hollande, en Suède, etc., rendirent de grands services à la dynastie de Bragance, qui venait d'expulser les Espagnols (1640). C'est en Suède qu'il découvrit (après les plus grands efforts faits dans toute l'Europe par ses ambassadeurs et autres ministres, ce dont je suis témoin, car à ce sujet moi-même j'ai fait bien des recherches), l'autographe du *Micrologue* de Guido d'Arezzo, qui se trouvait dans la bibliothèque de la célèbre et malheureuse Christine de Suède. D'après Macedo, c'est au roi lui-même que revient l'honneur de la découverte de ce manuscrit; cependant, il ne dit pas par quels moyens D. Jean IV en apprit l'existence dans la Bibliothèque de la reine (1). Souza de Macedo fut, après la mort de D. Jean IV, ministre (*secretario de estado*) de son fils Alphonse VI; ses ouvrages portugais (il en a écrit aussi en espagnol, en latin, etc.) sont estimés comme classiques.

J. de V.

* **MACFARREN** (George-Alexandre), l'un des artistes les plus éminents de l'école anglaise contemporaine, est né à Londres le 2 mars

(1) Voy. pour de plus amples renseignements mon *Essai sur le catalogue de musique du roi D. Jean IV* (Porto, 1873, page 47-8, et appendice, *VI-VII*).

1813. Fils aîné de George Macfarren, auteur dramatique fécond et connu par de nombreux et brillants succès, il reçut sa première instruction artistique dans l'institution musicale de C. Lucas, et entra ensuite (1829) à l'Académie royale de musique, où il étudia principalement sous Cipriani Potter. Tout en travaillant la composition, il s'appliqua à l'étude de divers instruments d'orchestre, afin d'en bien connaître les effets et les moyens pratiques, entre autres le violon et le violoncelle, le hautbois, le basson, et surtout le trombone, sur lequel il devint un exécutant de première force. Il va sans dire qu'il pratiqua aussi le piano.

Sorti de l'Académie après y avoir terminé ses études, il y rentra en 1834 comme professeur d'harmonie, et c'est dans le cours de la même année qu'il inaugura les séances de la Société des *British Musicians*, aujourd'hui disparue, par l'exécution de sa symphonie en *fa* mineur. En 1838, il donne au théâtre du Lyceum son premier ouvrage, *l'Opéra du diable*, dont son père lui avait écrit le livret, et qui est bien accueilli; il écrit ensuite, à l'occasion du mariage de la reine Victoria, une cantate, *Emblematical Tribute*, qui est exécutée au théâtre de Drury-Lane en 1841, et fait représenter sur la même scène, en 1846, son second opéra, *Don Quichotte*, dont son père lui avait encore fourni le livret, et qui n'obtient qu'un succès d'estime. L'année suivante il fait un voyage aux États-Unis, et en rapporte un nouvel opéra, *le Roi Charles II*, qu'il fait représenter avec un grand succès au Princess's Théâtre en 1849 et dans lequel miss Louisa Pyne, la célèbre cantatrice, fait sa première apparition. Viennent ensuite plusieurs cantates : *the Sleeper awakened* (th. de la Reine, 1850), *Lenore*, d'après la ballade de Bürger (Londres, 1853, et festival de Birmingham, 1855), *Jour de mai* (festival de Bradford, 1858), dans laquelle l'auteur reproduit l'esprit des vieilles mélodies anglaises, et *Noel* (Société musicale de Londres, 1860), qui se faisait remarquer par la même recherche.

C'est en cette même année 1860 que M. Macfarren produit au théâtre de la Reine son opéra le plus heureux, *Robin-Hood*, au succès duquel ne furent pas étrangers ses excellents interprètes, Mme Lemmens-Sherrington, MM. Sims Reeves et Stanley. En 1862, il donne *Jessy Lea* (un acte), en 1863, *the Soldier's Legaly* (un acte) et *Freya's Gift*, cantate exécutée au théâtre de Covent-Garden pour le mariage du prince de Galles. Enfin, en 1864, il fait représenter au même théâtre *She Stoops to conquer* (*Elle s'humilie pour mieux triompher*), et *Helvellyn*, grand opéra en 4 actes.

Mais ces grands travaux scéniques n'empêchaient pas M. Macfarren de produire un grand nombre de compositions d'autres genres, et fort diverses. C'est ainsi qu'il écrivait successivement plusieurs symphonies, beaucoup d'ouvertures (*the Merchant of Venice*, *Romeo and Juliet*, *Don Carlos*, *Chevy Chase*, *Hamlet*), un grand quintette pour instruments à cordes, 4 quatuors, un trio pour piano, violon et violoncelle, 2 sonates pour piano et violon, 3 sonates pour piano seul. Pour le chant, ses productions sont innombrables, et quelques-unes sont devenues extrêmement populaires; il faut surtout citer, parmi ses mélodies vocales, celles écrites sur des paroles de Shelley, Walter Scott, Byron, Schiller, Henri Heine, ses *songs* tirés des *Idylles* de Tennyson, des *Nuits arabes* de Lane et des poëmes de Kingsley, puis toute une série de *Shakespeare songs* à 4 voix, extraits des œuvres dramatiques de Shakespeare, et enfin plusieurs centaines d'autres chants, chansons, duos, trios, etc., sans compter divers morceaux écrits pour des drames non lyriques, la cantate *Christmas*, etc.

M. Macfarren a aussi beaucoup écrit pour l'église, et l'on signale principalement sous ce rapport ses 52 *Introït* pour chaque dimanche de l'année, pour lesquels il semble avoir puisé à une source d'inspiration vraiment nouvelle. On lui doit encore plusieurs oratorios, dont le premier, *Saint-Jean-Baptiste*, fut chanté avec un grand succès au festival de Bristol (1873), par Mmes Lemmens et Patey, MM. Lloyd et Stanley, et produit ensuite, avec le même bonheur, à Londres, dans diverses villes de province, et jusqu'en Amérique et dans les colonies. Il donna ensuite *la Résurrection* (festival de Birmingham, 30 août 1876), et *Joseph*, qui excita un véritable enthousiasme au festival de Leeds, où il fut chanté en 1877 par Mlle Emma Albani, Mmes Patey et Edith Wynne, MM. Lloyd, Foli et Santley. C'est de cet ouvrage qu'un critique a dit qu'il était « l'œuvre la plus complète qui soit sortie de la plume du mieux doué et du plus distingué des musiciens anglais. » Dans le cours de cette dernière année, M. Macfarren faisait exécuter au festival de Glascow une jolie cantate, *the Lady of the Lake*, qui fut fort bien accueillie.

Malgré l'infirmité dont il a été frappé dans la plus grande force de sa jeunesse (on sait que depuis l'âge de 25 ans environ, il est complétement aveugle), M. Macferren n'a cessé d'être, sous tous les rapports, l'un des musiciens les plus actifs, des compositeurs les plus féconds de son pays, non-seulement produisant sans cesse des œuvres importantes, mais multipliant son enseignement et s'occupant même de littérature musicale. En effet, ce grand artiste, dont l'activité semble infatigable, s'est fait connaître encore comme écrivain spécial et comme théoricien. Sous ce rapport, on a de lui de remarquables dissertations critiques et analytiques sur la plupart des oratorios de Hændel, sur la messe en *ré* et les symphonies de Beethoven; de plus, il a donné des notices biographiques sur les musiciens célèbres à *l'Imperial Dictionary of universal biography*, et une traduction de l'écrit d'Édouard Devrient : *Mes Souvenirs relatifs à Mendelssohn-Bartholdy;* il a publié des *Rudiments of Harmony* (1860), et *Six Lectures on Harmony* (1867); il a revu et édité les *Old English Ditties* (Vieilles chansons anglaises), en 13 volumes (1857-1869), les *Moore's Irish Melodies* (1859), et les *Scotch Songs*. Il a, enfin, fait de nombreuses conférences sur la musique à l'Institution royale, à l'Institution de Londres, etc.

Nommé en 1860 membre du bureau des professeurs de l'Académie royale de musique de Londres, en 1868 membre du Comité de direction de cette institution, M. Macfarren fut appelé, en 1875, à succéder à William Sterndale Bennett comme *principal* (directeur) de cette grande école, en même temps qu'il lui succédait aussi comme professeur de musique à l'Université de Cambridge. M. Macfarren occupe aujourd'hui l'une des plus hautes, des plus importantes et des plus honorables situations musicales qui soient en Angleterre.

MACFARREN (Walter-Cecil), chef d'orchestre, pianiste et compositeur, frère du précédent, est né à Londres le 28 août 1826. D'abord enfant de chœur à l'abbaye de Westminster, de 1836 à 1840, il abandonna pendant deux années l'étude de la musique pour se livrer à celle de la peinture. Toutefois il revint à la première, et, en 1842, entra à l'Académie royale de musique, où il devint l'élève de son frère, de W. H. Holmes et de Cipriani Potter. Plus tard, en 1848, il fut nommé professeur de piano dans cette institution, puis chef de l'orchestre et des chœurs (1875). Artiste distingué, M. Walter Macfarren a donné pendant plusieurs années des séances de musique de chambre qui étaient très-suivies, et, comme chef d'orchestre, il a dirigé l'exécution de nombreux festivals. En tant que compositeur, on lui doit une assez grande quantité de morceaux pour le piano, des duos pour piano et violon ou violoncelle, de nombreuses romances, des madrigaux, et aussi plusieurs ouvertures, parmi lesquelles l'*Ouverture pastorale*, qui a été exécutée en 1878. M. Walter Macfarren a donné une bonne édition des œuvres de piano de Mozart et de Beethoven, et il a publié chez les éditeurs Ahsdown et Parry, à Londres, un choix d'œuvres populaires classiques pour le piano (*Popular classics*), tirées des plus grands maîtres. Cet artiste fort estimable s'est aussi beaucoup occupé de critique musicale.

MACHADO (Le P. Diogo-Barbosa), célèbre bibliographe portugais, né à Lisbonne en 1682, y mourut en 1772 avec le titre d'abbé de Sever (évêché de Porto). Son ouvrage le plus remarquable est la *Bibliotheca Lusitana* (1), où tous les musicographes, depuis Gerber et Forkel jusqu'à Fétis et Mendel, ont puisé leurs renseignements sur les musiciens portugais antérieurs au tremblement de terre de 1757. Barbosa Machado prodigue ses éloges à presque tous les musiciens dont il parle; il est juste de remarquer que l'éducation musicale en Portugal était très-soignée jusque vers la fin du règne de D. José I, tant dans les couvents que dans les séminaires, dans la haute société que dans les académies particulières. Domenico Scarlatti sous D. Jean V, et David Perez sous D. José I, exercèrent une grande influence sur l'art au XVIIIe siècle, à ce point que sous la direction de Perez l'opéra de Lisbonne devint le premier théâtre de l'Europe (2). La dynastie de Bragance, suivant les traditions glorieuses de son fondateur D. Jean IV, cultivait la musique avec passion; tous les membres de la famille de D. Jean V étaient des amateurs distingués; l'infante D. Maria Barbara (3), plus tard reine d'Espagne (femme de Fernand VI), fut une virtuose habile sur le clavecin et l'élève favorite de D. Scarlatti, qui lui enseigna aussi la composition et lui dédia deux de ses pièces de clavecin ce fut elle qui créa à Farinelli sa position exceptionnelle à la cour de Madrid. Il se peut donc qu'il n'y ait rien d'exagéré dans les éloges de Machado; j'ai donné ailleurs (4) une liste de compositeurs portugais qui occupèrent les charges les plus élevées aux XVIe et XVIIe siècles dans les églises d'Espagne. Ces faits, et bien d'autres, prouvent que l'étude de la musique était très-sérieusement faite autrefois, et que les compo-

(1) Le 1er volume parut en 1741 (A-E); le 2me en 1747 (F-J); le 3e en 1752 (L-Z); le 4e en 1758 (supplément).

(2) V. Burney, *A general history of Music*, t. IV, p. 570.

(3) *Voy.* ma biographie de cette princesse, *Arte musical*, n°s 40 et 41.

(4) Le célèbre Martini lui dédia aussi sa célèbre *Storia della Musica* (Bologna, 1757). La reine étant morte lorsqu'il publia les deux derniers volumes, il les dédia à d'autres princes.

sileurs dont parle Barbosa Machado étaient vraiment des artistes remarquables. Il est à regretter qu'il ne nous ait pas donné de plus amples notices sur la Bibliothèque de musique du roi D. Jean IV, *qu'il a vue certainement*, et où il aurait trouvé des documents d'une valeur inestimable aujourd'hui. C'est Barbosa Machado qui a fourni à Moreri ses notices sur les écrivains portugais (plus de 300) pour son grand *Dictionnaire* (éd. 1725). J. DE V.

MACHADO (RAPHAEL-COELHO), musicien portugais, naquit en 1814 à Angra do Heroismo (Açores), où il se prépara à la carrière ecclésiastique; mais ayant résolu de se vouer à la musique, M. Coelho Machado vint à Lisbonne, où il resta jusqu'en 1835. En 1838 il partit pour le Brésil, où il vit encore. En 1852 et 1853, M. Machado fit un voyage en Angleterre et en France, pour augmenter ses connaissances musicales; il revint par l'Espagne en Portugal, et retourna au Brésil, où il a su se faire une position honorable. M. Machado a beaucoup écrit, dans tous les genres : une cinquantaine de *mélodies brésiliennes*, dont plusieurs ont été traduites en italien; des *chants religieux* pour l'école (1857); 3 *Messes;* 2 *Te Deum ;* des cantiques à 2, 3 et 4 voix, avec chœurs, orgue et orchestre. Il est aussi l'auteur d'ouvrages didactiques : 1° *Méthode de Piano-Forte*, etc., Rio de Janeiro, 1843 ; 2° *Grande Méthode de flûte*, ibid, 1843 ; 3° *Méthode complète de violon*, ibid. 1853. Tous ces ouvrages sont des compilations de ceux de Hünten, de Devienne et Berbiguier, de Carcassi et d'Alard. M. Machado a publié en outre : 4° *Principios de Musica pratica*, etc. (Rio de Janeiro, 1842 ; 5° *A. B. C. musical*, etc., ibid., 1845 ; 6° *Elementos de escripturaçœ musical*, Lisbonne, 1852 ; 7° *Breve tratado de harmonia*, etc., Paris, 1852 ; 8° *Methodo de orgão expressivo*, etc., Rio de Janeiro, 1854 ; 9° *Methodo de afinar o piano*, etc., ibid, 1845; il y a de cet ouvrage une seconde édition, à laquelle on a ajouté : *Chyrogymnasto das pianistas* (gymnastique des doigts), traduit de l'ouvrage de Martin, 10° *Diccionario musical*, etc.; Rio de Janeiro, 1842; 2me éd., 1855. Je me rappelle avoir vu une 3me édition.

M. Coelho Machado, qui est très-laborieux, a publié de 1842 à 1846 un journal musical sous ce titre : *O Ranalhete das Damas* (*le Bouquet des Dames*), journal dans lequel il traitait les questions relatives à l'esthétique, à la critique et à l'histoire de la musique, en les mettant à la portée de tout le monde; ce recueil utile, qui paraissait deux fois par mois, a cessé de vivre, peu de temps après avoir passé dans d'autres mains. La partie qui a été publiée par M. Machado ne forme pas moins de 800 pag. in-fol., y compris les morceaux de musique de l'auteur. M. Machado s'est essayé aussi au théâtre avec un ouvrage ayant pour titre : *Urania au los amores de um poeta.* J. DE V.

MACHADO (CARLOS-MARIA), compositeur, était professeur de musique au séminaire ecclésiastique de Santarem (Portugal). Quoique de condition modeste (son père était horloger), il reçut cependant une éducation soignée. On louait beaucoup son talent d'improvisation sur le piano; il a écrit pour cet instrument une foule de bagatelles, qu'on dit avoir du mérite (elles n'ont pas été publiées). Il a laissé en manuscrit un grand *Te Deum* dédié au partiarche de Lisbonne D. Juilherme, des *Liçoès* et *Matinas* pour la semaine sainte, des *Matinas de Natal*, deux *Missas* et des *Novenos de S. Luiz Gonzaga et da Conceição* etc. Sa musique d'église est peu connue, à cause des difficultés de son exécution, dit-on; on lui accorde de l'originalité dans les idées, mais on lui reproche une recherche extrême dans la facture harmonique, qui aboutit à la bizarrerie. Machado est mort en 1865, âgé de 49 ans; il était né à Santarem en 1816.

J. DE V.

MACHADO (CÉSAR), journaliste portugais, est l'auteur d'un livre publié récemment sous ce titre : *Os Theatros de Lisboa*, et dans lequel on trouve d'abondants renseignements sur les chanteurs et comédiens portugais de l'époque actuelle.

MACK (GUGLIELMO), chef d'orchestre et compositeur, ancien élève du Conservatoire de Naples, occupait en 1872 les fonctions de chef d'orchestre au théâtre italien de Calcutta et faisait représenter sur ce théâtre un opéra sérieux intitulé *Giovanna Grey*. De retour en Europe, il publia chez l'éditeur Vismara divers morceaux de piano et de chant, puis, en 1876, repartit pour les Indes et se fixa à Calcutta comme professeur.

MACKENZIE (ALEXANDRE-CAMPBELL), violoniste et chef d'orchestre, fils de M. Alexandre Mackenzie, violoniste et chef d'orchestre du théâtre royal d'Édimbourg, est né en cette ville le 22 août 1847. A l'âge de dix ans il fut envoyé à Sondershausen, où il devint élève du *concertmeister* Ulrich pour le violon, et pour la théorie de l'art d'Édouard Stein, ami intime de Liszt. A 13 ans, il devenait membre de la musique ducale de Sondershausen, et au bout de deux années partait pour Londres, où il se faisait admettre à l'Académie royale de musique et où il recevait des leçons de M. Sainton pour le violon, de M. Charles Lucas pour la théorie et de Frédéric Bowen Juson pour le piano. Il retourna ensuite à Edimbourg, où il occupe aujourd'hui une excellente position comme professeur, tout en étant chef d'orchestre de diverses sociétés musicales et en se faisant entendre parfois comme virtuose sur le violon. M. Mackenzie a fait exécuter plusieurs compositions qui n'ont pas encore été publiées, mais qui décèlent un artiste instruit et bien doué, entre autres une « ouverture pour une comédie, » une ouverture de *Cervantes* et un *Tempo di Ballo* pour orchestre.

* **MACRI** (Paolo). — *Voyez* **MAGRI**.

MACRORY (Edmund), écrivain anglais, a publié à Londres, il y a quelques années, un opuscule intitulé : *Quelques notes sur l'orgue d'église*. Il a été fait deux éditions de cet écrit.

* **MADELAINE** (Stéphen **DE LA**). — (*Voyez* **LA MADELAINE** (Stéphen **DE**).

MADOGLIO (L.......), musicien italien contemporain, est connu par la composition de plusieurs œuvres importantes de musique religieuse, parmi lesquelles il faut citer une Messe pour deux ténors et basse, avec accompagnement d'orgue, et les motets suivants, tous écrits pour trois voix avec accompagnement d'orgue : *Magnificat, Lætatus sum, Lauda Jerusalem, Nisi Dominus, Confitebor*, et *Dixit Dominus*.

Un artiste du même nom (j'ignore si c'est le même) a écrit, en société avec quelques confrères, la musique de deux ou trois ballets, *la Silfide a Pecchino, il Giocatore*, etc. Il a composé, seul, celle de trois ouvrages du même genre, *Beatrice Cenci*, ballet héroïque en 6 tableaux, donné au théâtre Victor-Emmanuel, de Turin, au mois d'août 1861; *Ines, o un Sogno*, joué au théâtre San-Carlo, de Naples, et *Atabalipa degli Incas, ovvero Pizzarro alla scoperta delle Indie*, représenté en 1867 sur l'un des théâtres de Gênes.

MAELZEL (Léonard), frère de Jean-Népomucène Maelzel, l'inventeur du métronome, musicien comme celui-ci, ne m'est connu que par la note suivante, insérée dans la *Bibliographie musicale* de César Gardeton (Paris, 1822) : — « M. Léonard Maelzel, musicien et frère du célèbre mécanicien de ce nom, a inventé à Vienne un nouvel instrument de musique, d'une grande perfection, auquel il a donné provisoirement le nom d'*Harmonie d'Orphée*, à cause de l'effet extraordinaire qu'il produit sur les auditeurs. Cet instrument a la forme d'une caisse, qui, posée horizontalement, présente cinq pieds carrés de surface, et trois pieds de profondeur. Les touches embrassent cinq octaves; il suffit de les toucher légèrement pour en tirer des sons flûtés, qui se prolongent aussi longtemps que le doigt ne quitte pas la touche, et qui peuvent être renforcés ou affaiblis à volonté. Il imite surtout parfaitement la voix humaine, et ses sons ne sont pas moins mélodieux que ceux de l'harmonica, sans être aussi pénétrans. »

MAES (Louis), compositeur belge, a fait exécuter le 23 avril 1870, en l'église Saint-Boniface, à Ixelles-les-Bruxelles, une messe à 4 voix d'hommes, avec accompagnement d'orgue.

* **MAESTRINI** (........). — Outre les deux ouvrages dramatiques signalés à son nom, ce compositeur a écrit encore la musique d'un opéra intitulé *Zingarella*.

MAGAZZARI (Gaetano), professeur et compositeur italien, né à Bologne vers 1808, a publié quelques compositions vocales importantes, entre autres un *Ave Maria* à 3 voix. Son nom devint presque célèbre dans sa patrie, lors de l'avénement de Pie IX au trône pontifical et de l'immense mouvement qui en fut le résultat. On se rappelle qu'à cette époque les Italiens croyaient avoir trouvé, dans le nouveau pape, le restaurateur et le porte-voix de leurs libertés si longtemps exilées; c'est alors que Magazzari écrivit, sous l'impression du sentiment général, l'hymme devenu rapidement fameux : *Scuoti o Roma, la polvere !* et ce chant martial résonna bientôt par toute l'Italie, passa par toutes les bouches comme une sorte de *Marseillaise*, et valut à son auteur une étonnante popularité. Mais au mois d'avril 1848 survenait la fameuse encyclique qui brisait à jamais l'espoir qu'avaient conçu les patriotes, l'Hymne à Pie IX était proscrit, et le nom de Magazzari retombait dans l'obscurité d'où il était un moment sorti.

Douze ans plus tard, Magazzari voulut en quelque sorte renouveler cet exploit. C'était après la guerre de 1859 et l'annexion de la Lombardie au Piémont, qui avaient amené la reconstitution du royaume d'Italie. Magazzari mit en musique l'ode admirable de Manzoni, *il Cinque Maggio*, en fit une cantate à 4 voix avec accompagnement d'orchestre, et fit exécuter cette composition au théâtre de la Canobbiana, de Milan, en 1860. L'œuvre, paraît-il, était misérable, d'une facture informe, et produisit le plus lamentable effet. Depuis lors, on n'entendit plus parler de l'artiste, qui passa les dernières années de sa vie dans un oubli complet. Magazzari mourut à Rome, le 27 mars 1872, âgé de 64 ans, au moment où il venait d'obtenir un emploi dont il n'eut même pas le temps de prendre possession : celui de directeur des exercices choraux dans les écoles municipales.

MAGAGNINI (Giovannini), compositeur italien, a fait ses études musicales au Conservatoire de Milan, où il a été admis au mois de novembre 1863, et qu'il a quitté au mois d'août 1869. Il est l'auteur d'un opéra sérieux, *Giovanna di Castiglia*, qui a été joué sur le théâtre de Carpi le 15 août 1874, et d'un opéra bouffe, *Osmano, bascià d'Egitto*, dont j'ignore le lieu et la date de représentation. Cet artiste s'est fait connaître aussi par la publication d'un certain nombre de mélodies vocales, *la Fede, Venezia, O Giovinetta, il Saluto, una Rimembranza*, etc., d'un *Ave Maria* pour voix de baryton et cor obligé avec piano, et de quelques morceaux de musique légère pour le piano.

MAGI (Fortuné), est né à Lucques, en Toscane, le 6 octobre 1839. Il étudia la musique à l'Institut public de cette ville, l'harmonie et le contrepoint sous la direction de son beau-frère M. Puccini. En 1857, ayant fait entendre dans sa ville natale une messe à grand orchestre, il fut appelé à remplir l'emploi de professeur d'harmonie à l'Institut dont il a été parlé ci-dessus, et, en 1861, il y succéda à son maître Puccini dans les fonctions de professeur de contrepoint ; il lui succéda également comme maître de chapelle de la cathédrale. En 1872, il obtint la place de directeur du dit Institut, mais il la conserva peu de temps, et donna sa démission, motivée par des changements que les administrateurs voulaient introduire malgré lui dans l'enseignement. Il abandonna du même coup la maîtrise et la place d'organiste de la cathédrale, et alla s'établir à Sarzana en Luniziana, pour y occuper la même situation; il y resta, cependant, peu de temps, et obtint en 1874 la place de directeur des écoles communales de musique de Ferrare.

M. Magi a composé dans sa jeunesse beaucoup de musique d'église, qui révèle une grande facilité et ne manque pas de mérite, mais dont la facture est parfois quelque peu négligée ; mûri par l'âge, ainsi que par les études sérieuses auxquelles il s'est livré, ce défaut a disparu dans ses dernières compositions, parmi lesquelles nous devons une mention spéciale à un *Miserere*, un *Christus*, et à quelques motets et graduels remarqués à juste titre. On a également de M. Magi diverses compositions pour chant avec accompagnement de piano, quelques symphonies, un oratorio à grand orchestre (*Esther*) et une cantate (*Burlamacchi*). M. Magi a en portefeuille un opéra-comique, *I tre Rivali*, un grand opéra, *l'Onore di una donna*, et un traité de contrepoint et de composition auquel il travaille depuis longtemps et qui promet une œuvre de mérite supérieur. M. Magi est membre de l'Académie des Philharmoniques de Bologne, membre correspondant de l'Académie de l'Institut royal de musique de Florence, et maître agrégé après examen à l'Académie (ci-devant congrégation) de Sainte-Cécile de Rome. Cet artiste possède toutes les qualités d'un excellent chef d'orchestre, et est en même temps un organiste d'un mérite supérieur (1). L.-F. C.

MAGIMEL (Edmond), amateur distingué, né à Paris le 27 mars 1831, s'est appliqué à traduire pour l'orchestre, avec une rare intelligence, ceux des ouvrages des grands maîtres dont le caractère lui paraissait le plus propre à ce genre de transformation.

Lors d'une première audition de quelques-unes de ces transcriptions (salle Pleyel, 10 mars 1870), M. Magimel expliquait en ces termes le but et la portée de son travail : « En faisant entendre « divers essais d'orchestration d'après les ou- « vrages de nos grands maîtres, essais entrepris « d'abord uniquement pour notre propre plaisir « et notre instruction, nous avons voulu payer « un juste tribut d'admiration à des chefs-d'œu- « vre dans lesquels la grandeur de la pensée ou « le charme du coloris font naître le désir de « cette sorte d'agrandissement dans les moyens « d'exécution. Que de fois n'avons-nous pas « entendu exprimer ce désir ou cette sensation : « *Pourquoi n'est-ce pas écrit pour l'orches- « tre? Il semble entendre tout un orchestre.* « Il nous a donc paru que, dans un temps où « l'emploi des masses instrumentales prend cha- « que jour plus d'importance et où nous avons « vu tant de fois dans nos concerts substituer « avec succès l'exécution collective à l'exécution « individuelle, ce genre, traité sans doute avec « choix et discrétion, pouvait introduire dans no- « tre musique d'orchestre un élément de variété « et d'intérêt et en augmenter les richesses. »

Le programme ainsi annoncé se composait du Quatuor avec piano de Mozart, en *sol* mineur, du *Largo* en *ré* mineur (1er Trio, op. 70) de Beethoven, de la marche en *ut* pour piano à 4 mains du même maître (op. 45), et de la sonate en *ré* pour deux pianos de Mozart. Dès la première répétition, l'orchestre, composé de l'élite de la Société des concerts, sous l'intelligente direction de M. Eug. Sauzay, accueillit de ses plus chaleureuses sympathies tous ces chefs-d'œuvres qui se présentaient à lui revêtus des brillantes couleurs de la symphonie : jugement autorisé et succès légitime que le public confirma pleinement le soir du concert. Ce même programme fut exécuté de nouveau avec succès le 3 mai 1870. Depuis, diverses autres auditions du même genre, soit à la salle

(1) Depuis que cette notice est écrite, M. Magi a été nommé (décembre 1876) directeur du nouvel Institut musical de Spezia. — A. P.

Pleyel (18 mars 1873 et 18 avril 1874), soit aux concerts Danbé ou dans les salons de la préfecture de la Seine, ont mis ces travaux en lumière et provoqué dans la presse des appréciations généralement favorables sur cette intéressante entreprise.

Ce n'est pas chose nouvelle assurément que l'orchestration d'une œuvre originairement écrite par son auteur dans les conditions d'instrumentation restreinte; mais ce genre, cultivé surtout en Allemagne, employé notamment plus d'une fois pour l'œuvre de Beethoven (et même de son vivant et en quelque sorte sous ses yeux par Seyfried, Bierey, Nicolaï, etc.), ne s'est le plus souvent appliqué en France qu'à des ouvrages de peu d'étendue; chacun sait pourtant le succès qui accueillit dans les concerts l'orchestration pleine d'effet adaptée par Berlioz à l'*Invitation à la valse* de Weber; mais les œuvres de longue haleine ont été beaucoup plus rarement l'objet de ces sortes de traductions. Et cependant plus d'un écrivain spécial, en analysant les œuvres de nos maîtres, avait fréquemment constaté cette sorte de disproportion entre la grandeur de leurs idées et les moyens d'exécution dont ils disposaient, souvent aussi réclamé, pour les mettre dans toute leur valeur, un coloris emprunté à une palette plus riche. Le très-intéressant opuscule consacré par M. de Lenz aux trois styles de Beethoven est plein de ces *desiderata*. Il n'est donc pas surprenant que l'on ait tenté de les réaliser, et il pourrait être à désirer que le public fût mis à même d'apprécier la valeur d'une entreprise qui, sans rien enlever au répertoire de la musique de chambre, tend à accroître et à varier celui de la musique d'orchestre, si en faveur aujourd'hui. Indépendamment de quelques autres travaux du même genre, M. Magimel a en portefeuille, complétement achevé, l'œuvre entier des sept trios de Beethoven pour piano, violon et violoncelle.

* **MAGINI** (Francesco-Maria). — On a publié de cet artiste un recueil de solféges à 2 voix : *Solfeggiamenti a 2 voci*, Rome, Mascardi, 1703.

MAGLIONI (Giovacchino), pianiste, professeur et compositeur italien, né vers 1830 à Pontassieve (Toscane), aujourd'hui fixé à Florence, est l'auteur d'un drame lyrique intitulé *Ferruccio*, qui a été représenté au mois de janvier 1863 sur le théâtre Pagliano, de cette ville. On lui doit aussi une Messe solennelle à six voix, deux chœurs et grand orchestre, dont la première exécution a eu lieu dans l'église San-Gaetano, de la même ville, au mois de novembre 1866. M. Maglioni s'est fait connaître surtout par la publication d'un grand nombre de compositions intéressantes pour le piano à 2 et à 4 mains, et même pour deux pianos, compositions au nombre desquelles il faut citer plus de trente *scherzi*, et un recueil volumineux divisé en plusieurs séries et donné sous ce titre : *les Étoiles*.

MAGNAT (M. l'abbé), est l'auteur des deux ouvrages suivants : 1° *Méthode pour apprendre le plain-chant*, Paris, Jules Vic, 1875, in-8; 2° *Panorama de la méthode de plain-chant*, Paris, Jules Vic, 1875, in-f°.

* **MAGNELLI** (Giuseppe). — A ce que Fétis a dit de ce maître, nous croyons pouvoir ajouter que dans sa jeunesse il avait été un excellent clarinettiste, et, par un ensemble de talents qui n'est pas commun, un non moins excellent chanteur et professeur de chant. Élevé dans les principes de la grande école de chant italienne, il déplorait l'habitude du cri, devenu à la mode, vers le milieu du siècle courant, sous le prétexte d'expression dramatique. A quelqu'un qui lui demandait un jour son opinion sur certains artistes de grand renom qui chantaient alors au théâtre de la Pergola, à Florence, nous nous rappelons lui avoir entendu répondre : — « Oh! certes, ce sont de grands artistes; mais (ajoutait-il avec son air tant soit peu narquois) ils ont raison de se faire payer très-cher, parce qu'en chantant comme ils chantent, on ne dure pas longtemps. »

Outre la messe des morts mentionnée par Fétis, Magnelli a laissé une foule de compositions, pour la plupart dans le genre sacré, toutes dignes d'attention et toutes inédites, ce qui est d'autant plus fâcheux qu'elles renferment des beautés de premier ordre. Lors de la mort de cet artiste distingué, tous ses manuscrits furent achetés à ses héritiers par le grand-duc de Toscane Léopold II, et ils sont maintenant conservés dans la bibliothèque de l'Institut royal de musique de Florence (1). L.-F. C.

MAGNER (Charles), pianiste, compositeur et professeur, a fait, je crois, ses études à l'École de musique religieuse fondée par Niedermeyer. Maître de chapelle à l'église Saint-Nicolas-du-Chardonnet, au collége Rollin et au Petit-Séminaire, il s'est fait connaître par diverses compositions religieuses, entre autres une messe avec orgue et orchestre qui a été exécutée en 1874 à Saint-Nicolas-du-Chardonnet, et plusieurs

(1) M. le docteur Basevi, de Florence, possède plusieurs œuvres manuscrites de Magnelli : *Messa a 3 voci, a cappella*, 1830; *Introito in nativitatis S. Joannis Battista a 4, con istrumenti*, 1806; *Graduale a 4, con istrumenti*, 1806. D'après une notice écrite par Luigi Picchianti, Magnelli serait né non en 1767, comme il a été dit, mais le 16 mars 1774. — A. P.

motets. M. Magner a écrit aussi un trio pour piano, violon et violoncelle, des morceaux de genre pour le piano, et quelques mélodies vocales : *Son Nom*, *le Papillon*, *l'Ondine et le Pêcheur*, etc. Enfin, cet artiste a fait représenter en 1867, au théâtre des Bouffes-Parisiens, une opérette en un acte intitulée *Khan-ta-lou*, et en 1873, au théâtre Cluny, un petit ouvrage du même genre intitulé *un Souvenir*.

MAGNETTA (Vincenzo), jeune compositeur italien, est l'auteur d'un opéra sérieux intitulé *la Fiammina*, qui a été joué à Naples, sur le théâtre Rossini, le 17 avril 1873. Il a donné ensuite, en 1876, sur le théâtre de la Fenice, de la même ville, un second ouvrage dramatique qui avait pour titre *Don Ippazio* et qui a été bien accueilli. Cet artiste a publié sous ce titre : *Ore fantastiche*, un album de cinq mélodies vocales (Naples, Cottrau).

* **MAGNUS** (Magnus **DEUTZ**, dit), avait commencé son éducation musicale à Heidelberg, sous la direction de Wollveilher, l'un des meilleurs théoriciens de l'Allemagne, avant d'entrer au Conservatoire de Bruxelles. Malgré ses succès dans cet établissement, ses parents voulurent lui faire suivre la carrière commerciale, et le placèrent chez un marchand de dentelles; mais au bout de deux mois le jeune homme prit sa volée, et sacrifia tout à ses goûts artistiques. Venu à Paris, il s'y livra à l'enseignement et à la composition, et, vers 1852, se fit entendre plusieurs fois avec succès au théâtre du Gymnase. Il avait fait alors un séjour en Angleterre, mais n'avait pu rester dans ce pays, dont le climat était contraire à sa santé. Bientôt il entreprit une grande tournée artistique, et visita successivement l'Allemagne, le Piémont, l'Espagne, la Russie et l'Algérie. Puis il revint s'établir à Paris, qu'il n'a plus quitté que de loin en loin pour se livrer à quelques excursions artistiques.

Les compositions de M. Magnus sont nombreuses, et ne s'élèvent guère à moins de deux-cents. La plupart sont pour le piano, et voici les titres des plus importantes : 24 *Études de genre et de style* (Gregh); 24 *Pièces caractéristiques* (Michaëlis); 1re grande Sonate, en *ut* mineur (d'Aubel); 2e grande Sonate, en *ré* majeur (Schœn); 1re, 2e et 3e Études de concert (Richault); *Constantinople*, grande marche militaire (id.); Marche funèbre (Choudens); Polonaise brillante (Leduc); Marche russe (id.); *Abd-El-Kader-Marsch* (Mackar); *les Feux follets*, *la Danse des Esprits*, caprices (Richault); *Mourez, roses d'amour*, *les Cloches du soir*, romances sans paroles (id.); *Saltarelle* (id.); *la Ronde des sorcières*, caprice fantastique (Choudens); Trois Pastorales : *les Plaintes d'un pâtre*, *les Laitières*, *Sérénade sur l'eau* (Richault); Tarentelle (id.); Boléro de salon (id.); *Chanson polonaise* (Heugel); *Au gré des flots*, caprice-étude (Leduc); *le Carnaval napolitain* (id.); *Un vœu à la Vierge*, morceau de genre (id.), etc. Le reste se compose de valses, schottischs, polkas, mazurkas, galops, fantaisies sur des thèmes d'opéras, etc. M. Magnus a publié aussi quelques mélodies vocales, et il a composé, sur des paroles de M. Bernard Lopez, un opéra de salon en un acte, *la Toledane*, qui a été joué en 1874 à Paris, pour l'inauguration de la salle Taitbout. Dans ces derniers temps, cet artiste a été chargé, au journal *le Télégraphe*, de la rédaction des articles de critique musicale.

MAGOTTI (A.......), musicien italien contemporain, a publié plusieurs morceaux de genre pour le piano, entre autres une marche militaire intitulée *la Croce di Savoia*, après quoi il a voulu aborder la scène avec un opéra qui avait pour titre *il Capitano nero*. L'essai n'a pas été heureux, car cet ouvrage, représenté sur le théâtre Brunetti, de Bologne, au mois de mars 1872, a essuyé une chute complète. L'auteur pourtant ne s'est pas découragé, et, après avoir remanié sa partition et en avoir changé le titre, il l'a reproduite sous celui de *l'Ultimo Faliero*, à Castel San Pietro, au mois de juillet 1877.

* **MAGRI** (Paolo), compositeur italien, est plus connu sous le nom de *Macri*, parce que, comme c'était l'habitude au temps où il vivait, il donnait une forme latine à son nom. Né à Bologne vers 1534, il apprit la grammaire et le chant à l'école de la basilique de San-Petronio, de sa ville natale. Toutefois il ne poursuivit pas la carrière ecclésiastique, et c'est comme clerc d'abord, puis comme chantre laïque, qu'il fut employé à cette église depuis l'année 1550 jusqu'à 1568. Il devint ensuite professeur à l'Académie des Ardents, sorte de collège destiné à l'éducation des fils de familles riches de Bologne. On ignore l'époque de la mort de Magri, dont les deux seules œuvres connues sont celles qui ont été signalées dans la *Biographie universelle des Musiciens* (*Voy.* Macri). Il vécut assez vieux cependant, puisque son recueil des *Lamentations de Jérémie* est daté de Venise, 1597.

MAHILLON (Victor), acousticien et facteur d'instruments, est né à Bruxelles le 10 mars 1841. Après avoir fait de très-bonnes études musicales sous la direction de MM. Bosselet fils, De Swert, Humblet, Golle et Bender, il s'appliqua à acquérir la connaissance pratique et théorique de tous les instruments, et, en 1865, devint l'associé de son père, directeur d'une importante fabrique d'instruments à vent (1); aujourd'hui, et depuis environ dix ans, il est le directeur effectif de cette maison, où il a fondé un journal spécial, *l'Écho Musical*.

Secrétaire de la commission du diapason et conservateur du Musée instrumental du Conservatoire de Bruxelles, M. Mahillon s'est occupé de travaux d'acoustique, mais en y donnant plus d'importance pratique que la plupart de ses confrères, ce qui l'a amené à publier un excellent manuel : *Éléments d'acoustique musicale et instrumentale, comprenant l'examen de la construction théorique de tous les instruments de musique en usage dans l'orchestration moderne* (Bruxelles, Mahillon, 1874, in-8°). Ce livre est certainement un des meilleurs qui existent sur la matière, et j'en connais peu dont les explications soient plus claires, plus nettes, plus complètes et plus concises; de plus, il est très-purement écrit, ce qui ne gâte rien, et ce qui, il faut l'avouer, n'est pas absolument commun dans l'ordre des idées qui en font l'objet. C'est là un excellent traité, appelé à rendre de très-grands et très-utiles services.

M. Mahillon, qui est un esprit aussi pratique que distingué, est aussi l'auteur des deux publications suivantes : 1° *Tableau synoptique de la science de l'harmonie, indiquant la théorie de tous les accords et la loi de leur succession;* 2° *Tableau synoptique des voix et de tous les instruments de musique employés dans l'instrumentation moderne des orchestres de symphonie, d'harmonie et de fanfares, indiquant l'étendue, la position et l'emploi de chacun d'eux, la manière de les écrire et les rapports qui existent entre eux.*

M. Mahillon a formé, dans la maison qu'il dirige avec une rare intelligence, un musée instrumental excessivement riche, très curieux, et précieux pour l'histoire non-seulement de la facture, mais de l'art lui-même et de ses transformations sous le rapport matériel.

MAICHE (F.-X.-J.-G. **DE**), musicien français, né vers le milieu du dix-huitième siècle, a publié à Paris, chez Pleyel, en 1802, un recueil de *Canons à 3, 4 et 5 voix, avec accompagnement de lyre ou guitare*. Un journal du temps disait, en annonçant cette publication : — « Ces canons, au nombre de 40, sont en général d'un chant facile et agréable; on peut justement les recommander. » Je n'ai pu découvrir aucun autre renseignement sur cet artiste.

* **MAILLART** (Louis, dit Aimé), était le plus jeune des trois fils d'un honorable comédien de province, qui, après avoir abandonné la carrière théâtrale proprement dite, était venu fonder à Paris une agence d'affaires dramatiques. L'aîné de ces trois fils (mort en 1869), avait succédé à son père dans la direction de cet établissement, tandis que le second, après avoir passé quelques années au théâtre des Variétés, devenait sociétaire de la Comédie-Française, où il tint pendant vingt ans, conjointement avec MM. Brindeau et Leroux, l'emploi des jeunes premiers.

Après avoir fait de très-bonnes études au Conservatoire, après avoir remporté le premier grand prix à l'Institut, Maillart, plus heureux que la plupart des lauréats du concours de Rome, eut la chance de se voir ouvrir la carrière presque à son retour d'Italie, et le bonheur de débuter au théâtre par un succès retentissant et incontesté. Son *Gastibelza*, donné par lui à l'Opéra-National pour l'ouverture de ce théâtre, fondé et dirigé par Adolphe Adam, fut accueilli par le public et par la critique avec la plus grande faveur. Cette faveur était d'ailleurs justifiée par de rares qualités : dans ce premier ouvrage, où l'on ne trouvait pour ainsi dire pas trace d'hésitation, le jeune musicien avait fait preuve d'élan, de passion, d'un grand sens des exigences et des nécessités scéniques, et du premier coup il se posait en maître à venir, bien qu'âgé de trente ans à peine. Si sa santé eût été meilleure, et s'il eût été d'une nature plus laborieuse, peut-être fût-il devenu célèbre, car il montra dans le cours de sa carrière, on peut le dire, des aptitudes et des facultés presque exceptionnelles. Malheureusement, il était d'un tempérament maladif et semblait totalement dépourvu d'ambition, de sorte qu'il travaillait peu et seulement à ses heures, n'étant aiguillonné ni par le besoin ni par le désir de briller. C'est ce qui fait que son bagage théâtral ne se compose que d'un petit nombre d'ouvrages, bien que les directeurs de nos scènes lyriques se montrassent toujours heureux d'accueillir le compositeur.

C'est ainsi que de la fin de 1847 à la fin de 1860, c'est-à-dire dans un espace de treize ans, il ne livra au public que cinq opéras : *Gastibelza, le Moulin des Tilleuls, la Croix de Marie, les Dragons de Villars et les Pêcheurs de Catane* (nous ne parlons pas de deux cantates, l'une, *la Voix sacrée*, exécutée au Théâtre-Lyrique le 25 juin 1859, l'autre, *le 15 Août*, chantée à l'Opéra le 15 août 1860); mais de ces cinq opéras, le premier, *Gastibelza*, obtint un brillant succès, tandis qu'un autre, *les Dragons de Villars*, aussitôt traduit en Allemagne, où il fait partie du répertoire courant des grands théâtres, procurait

(1) M. Mahillon père est né à Bruxelles, le 8 novembre 1813.

à son auteur une renommée européenne. Son dernier ouvrage, *Lara*, donné à l'Opéra-Comique en 1864, fut aussi l'un de ceux qui obtinrent le plus de retentissement ; il était joué pour les rôles principaux par MM. Montaubry, Gourdin et Mme Galli-Marié, et il valut à cette dernière artiste, qui s'y montrait sous les traits du jeune page Kaled, un véritable triomphe. Le public fut unanime à apprécier les belles pages qui émaillaient la partition, le souffle puissant et vigoureux qui planait sur elle, la poésie dont elle était empreinte.

Maillart était un musicien d'une nature assez analogue à celle de M. Verdi : inégal et fougueux parfois, mais dramatique et inspiré, il avait ses élans de passion intense, ses sursauts un peu désordonnés ; mais il était plus varié, plus souple dans son inspiration scénique, il possédait la tendresse, presque inconnue au maître italien, et lui était singulièrement supérieur dans l'art de manier l'orchestre. Aussi peut-on s'étonner qu'avec ses qualités particulières, avec son tempérament si vigoureux, et en dépit de certaines vulgarités de style, il n'ait point abordé la grande scène de l'Opéra, où les ailes de sa muse puissante auraient pu prendre leur pleine envergure. Quoiqu'il en soit, il reste un musicien remarquable, n'ayant point fait assez sans doute pour acquérir la gloire, mais ayant produit suffisamment pour affirmer un talent réel, mâle, parfois élevé, souvent original, et d'une inspiration à la fois poétique et savoureuse. Malheureusement, et comme je l'ai dit plus haut, sa modestie naturelle, jointe à une position de fortune qui, sans être considérable, le mettait du moins à l'abri du besoin et ne l'obligeait point au travail, ont privé peut-être la France de quelques œuvres plus remarquables encore que celles qui ont si avantageusement fait connaître son nom.

Maillart n'a rien publié, rien produit, que je sache, en dehors du théâtre. Souffrant depuis plusieurs années déjà, il se trouvait à Bruxelles au mois de février 1871, et, à la suite des événements lugubres qui signalèrent à Paris la fin du mois de mars, il partit pour Moulins (Allier), où il allait demander l'hospitalité à l'un de ses meilleurs et de ses plus intimes amis, M. le docteur Chomel. C'est là qu'il est mort, vers le 20 mai 1871, ayant à peine depuis deux mois accompli sa cinquante-quatrième année.

MAILLY (Jean-Alphonse-Ernest), né à Bruxelles le 27 novembre 1833, est professeur d'orgue au Conservatoire de cette ville, où il a fait toutes ses études. Il attribue son goût pour l'orgue et son talent d'organiste aux excellentes leçons de Christian Girschner, le véritable fondateur de la célèbre école d'orgue de la capitale belge, qui a compté parmi ses disciples Jacques Lemmens, son élève et successeur, et Alphonse Mailly, le chef actuel de l'école.

Encore enfant, Mailly obtint, en raison de sa grande facilité de lecture, la place de pianiste-accompagnateur au théâtre de la Monnaie, tandis que le charme de ses improvisations le faisait choisir comme organiste titulaire de l'église de Saint-Joseph.

Nommé professeur de piano au Conservatoire de Bruxelles en octobre 1861, il occupa cette position jusqu'en septembre 1869, date de sa nomination en qualité de professeur d'orgue au même établissement. Depuis, Mailly a accepté la place d'organiste à l'église des Carmes.

En mars 1858, Mailly s'est fait entendre pour la première fois à Paris, sur le grand orgue de Saint-Vincent de Paul. Il fut l'objet du plus sympathique accueil, et quelques jours après, Hector Berlioz le citait (*Journal des Débats*) comme l'un des plus savants virtuoses que l'art moderne du grand orgue ait produits. Ses succès constants lui ont valu d'innombrables engagements pour les inaugurations d'instruments nouveaux : Amsterdam, Tourcoing, Bordeaux, Douai, Berg-op-Zoom, Roubaix, Charleville, Mézières, etc., etc. Presque toutes les villes de la Belgique ont eu l'occasion de l'apprécier en ces circonstances.

En 1871, sur la proposition de Fétis, Mailly fut nommé le représentant de la Belgique à la grande Exposition internationale de Kensington (Londres). Après une séance où le virtuose-compositeur belge avait fait entendre sa 1re sonate, déjà popularisée en Angleterre par M. E. Best, et sa grande fantaisie en *ut* mineur, il fut l'objet d'un double rappel, ovation sans précédents pour les séances de ce genre. Peu de temps après son retour, Mailly était nommé chevalier de l'ordre de Léopold. Enfin, plus récemment, Mailly a retrouvé à Amsterdam, au Palais de l'Industrie, sur le bel orgue de Cavaillé-Coll, le même succès retentissant. Le maître ne pouvant, à cause de sa position à Bruxelles, faire que de fugitives apparitions dans la riche cité batave, on lui a demandé de désigner un de ses élèves, qui, sur sa proposition, a été nommé organiste titulaire.

Longue serait la liste de tous les jeunes artistes sortis de l'école d'orgue de Mailly, et qui ont fait pénétrer jusque dans les villages belges les excellentes traditions du maître. Citons MM. Paul Trillat, organiste de la Primatiale de Lyon ; Maes, organiste du palais de l'Industrie d'Amsterdam ; Wouters, organiste et maître de chapelle à l'église Saint-Nicolas à Bruxelles ; De Pauw, organiste de l'église Saint-Boniface à Ixelles; Rosoor, organiste de la cathédrale de Tournai; Vastersavendts, organiste de l'église de Tilburg (Hollande). Indépendamment de sa classe au Conservatoire, Mailly a ouvert un cours d'orgue libre, où beaucoup d'organistes étrangers se sont fait inscrire.

Cet artiste remarquable n'a encore publié qu'un très-petit nombre de ses compositions : Sonate pour orgue, op. 1, Bruxelles, Schott; 2 Prières pour orgue, op. 2, id., id.; 6 Morceaux caractéristiques pour harmonium, op. 3, id., id.. Parmi ses œuvres encore inédites, nous citerons les suivantes : 4 Petites pièces pour piano; Sonate en *fa* majeur, pour orgue; Sérénade pour flûte, violon, violoncelle, orgue et piano; Sonate en *ut* mineur pour piano; 6 Morceaux de genre pour orgue-Mustel; Fantaisie en *ut* mineur pour orgue (exécutée par l'auteur à l'Albert-hall, de Londres); Trio en *la* majeur pour piano, violon et violoncelle; Recueil de pièces dans tous les styles, pour piano; 10 Petites pièces pour orgue; Duettino pour orgue et piano; Motets à 1, 2, 3 et 4 voix, avec accompagnement d'orgue; Mélodies pour soprano, ténor et basse; Chorals divers. F. D.

* **MAINVIELLE-FODOR.** — *Voyez* **FODOR** (Madame Joséphine **MAINVIELLE-**).

* **MAINZER** (L'abbé Joseph). A la liste des écrits de cet artiste laborieux, il faut ajouter le suivant : *Musical Athenæum or nature and art, music an musicians in Germany, France, Italy, and other parts of Europe* (Londres, 1842, un fort volume in-8°). Mainzer avait été le collaborateur du journal *le Monde dramatique.*

MAISTRE (Mme la baronne **DE**), compositeur amateur, s'est fait connaître par un certain nombre d'œuvres de musique religieuse, entre autres un *Stabat Mater* qui a été favorablement accueilli lors de son exécution publique. Elle avait écrit plusieurs opéras, mais ne put jamais, malgré ses désirs et ses efforts, réussir à en faire représenter un seul sur l'une des scènes lyriques de Paris. Voyant qu'elle ne pouvait décidément se produire en France comme compositeur dramatique, Mme de Maistre conçut la pensée de faire jouer un de ses ouvrages en Belgique, et en effet, le 14 mars 1870, le théâtre de la Monnaie, de Bruxelles, donnait la première représentation d'un opéra-comique en deux actes et trois tableaux, *les Roussalkas*, écrit par elle et qui fut reçu d'une façon flatteuse par le public. Elle avait encore en portefeuille deux œuvres plus importantes, deux grands drames lyriques, dont l'un avait pour titre *Ninive*, et l'autre *Cléopâtre*; mais elle n'eut guère le loisir de s'en occuper. Mme de Maistre perdit une de ses filles, qu'elle adorait, et le chagrin qu'elle en conçut altéra profondément sa santé. Elle alla se retirer alors dans un riche domaine qu'elle possédait aux Cocques, près de Cannes, mais ses jours étaient comptés, et c'est là qu'elle mourut, au mois de juin 1875.

MAJO (........), musicien italien du dix-neuvième siècle, est l'auteur d'un opéra bouffe intitulé *Mattia l'invalido.*

* **MAJO** (Joseph **DE**). Cet artiste ne s'occupa pas seulement de musique d'église, et aborda le théâtre au moins par deux fois. J'ai pu m'en convaincre par la vue de deux livrets d'opéras bouffes sur lesquels son nom est inscrit comme compositeur. Ces deux ouvrages ont été représentés à Naples, sur le théâtre des Fiorentini, le premier, *lo Finto Laccheo*, en 1725, le second, *lo Vecchio Avaro*, en 1727.

* **MAJO** (Jean-François **DE**), célèbre compositeur napolitain du dix-huitième siècle, mourut certainement avant 1774, date fixée par tous les biographes comme celle de sa fin prématurée. M. Francesco Florimo en a donné la preuve dans son livre sur les Conservatoires de Naples.

On sait que cet artiste avait été chargé, en 1770, d'écrire un opéra intitulé *Eumene*, et que, vu le mauvais état de sa santé, il n'en put achever que le premier acte. Or, voici ce que dit à ce sujet M. Florimo : — « Nous avons dans les archives du Collége royal (Conservatoire de Naples) le livret de *l'Eumene* imprimé à Naples en 1771 comme opéra à représenter au théâtre royal de Naples le 20 janvier de cette année, et voici ce qu'on y lit : « La musique « du premier acte est de *feu* Gianfrancesco « de Majo, organiste de la Chapelle royale de « Naples; celle du second acte est de M. Giacomo Insanguine, dit Monopoli; et celle du « troisième acte de M. Pasquale Errichelli, tous « maîtres de chapelle napolitains. » De telle sorte que tout au commencement de l'année 1771, le nom de De Majo était accompagné du mot *feu*. On ne peut donc croire que, vivant encore, il eût tranquillement toléré une aussi fâcheuse qualification. D'autre part, on lit encore dans le même livret : « *L'Eumene*, très-heureux drame représenté dans beaucoup de « parties de notre Italie, et spécialement sur « ce théâtre royal, va nouvellement, en cet « heureux jour (l'anniversaire de la naissance « du roi Charles III), paraître sur la même

« scène. » Il ressort donc de ces documents, qui ne peuvent être mis en doute, non-seulement qu'au commencement de 1771 De Majo était mort, mais qu'il l'était déjà depuis quelque temps... Il nous semble donc logique de placer la date de la mort de De Majo à l'automne de 1770. »

A la liste des œuvres de ce compositeur, dont la carrière aurait été ainsi brisée à l'âge de vingt-cinq ans, il faut ajouter : 1° *Astrea Placata*, composition dramatique en 2 actes (Naples, th. San Carlo, 1760); 2° *Gesù sotto il peso della Croce*, « action sacrée » (Naples, 1764); 3° *la Gara delle Grazie*, cantate.

MALANDAINE (.........), compositeur anglais, est l'auteur de quelques petits opéras qui ont été représentés sur des scènes secondaires de Londres, non sans un certain succès : 1° *le Moulin hanté*; 2° *Secret d'amour*; 3° *Sylvia* ou *la Fleur de la forêt* (New-Royalty-Theatre, février 1866); 4° *Paquita*, etc.

MALASCHKIN (.......), compositeur russe, a fait exécuter sous sa direction, le 19 avril 1872, dans un concert donné au théâtre impérial de Saint-Pétersbourg, une symphonie descriptive en cinq parties, intitulée *la Vie des artistes*.

* **MALETTI** (JEAN DE), ou plutôt JEHAN **MALLETY**, obtint en 1578, au concours du puy de musique d'Évreux, le prix du luth d'argent pour une chanson française : *Veu la douleur*.

MALGOÇKI (FR......), pianiste et compositeur polonais, né dans la première moitié du dix-neuvième siècle, était fixé vers 1840 à Varsovie, où il se livrait à l'enseignement tout en s'occupant de travaux sérieux de composition. On lui doit plusieurs ouvertures de concert, des Polonaises à grand orchestre, un certain nombre d'œuvres de musique religieuse qui furent souvent exécutées à Czerniakow, près Varsovie, et enfin la musique d'une petite pièce de Boguslawski, intitulée *Pod Strychem* (*Sous les Combles*). Cet artiste mourut jeune, en 1844.

MALHERBE (MICHEL), compositeur, était maître des enfants de chœur de la cathédrale de Coutances en 1582. C'est en cette même année qu'il prit part au concours du puy de musique d'Évreux, où il se vit décerner le prix de la harpe d'argent pour le motet : *Heu mihi Domine !*

* **MALIBRAN** (MARIE-FÉLICITÉ). Voici les titres de quelques écrits dont cette admirable artiste a été l'objet, et qui n'ont pas été mentionnés dans la *Biographie universelle des Musiciens* : 1° *A Maria Malibran, odi* (Naples, tip. Rusconi, 1832, in-12 de 25 pp.); 2° *A Maria Malibran, per la sua rappresentazione dell'*Otello *in S. Carlo* (S. l. n. d. [Naples], in-16 de 15 pp.); 3° *In morte della celebre Maria Malibran de Bériot* (Bruxelles, 1836, in-8°); 4° *La Malibran*, anecdoctes, par Jules Bertrand (Paris, librairie du *Petit Journal*, 1864, in-12 avec portrait). Le 17 mars 1837, on exécutait au théâtre de la Scala, de Milan, une cantate funèbre : *In morte di Maria Malibran*, dont les vers étaient dus au poète Piazza, et dont la musique avait été écrite par Coppola, Donizetti, Mercadante, Pacini et Vaccaj.

MALHÂO (Le P. FRANCISCO-RAPHAEL DA **SILVEIRA**), prédicateur distingué qui a joui d'une grande réputation en Portugal, a aussi composé des motets, des litanies à la Vierge, des *vilhancicos*, etc., qui n'ont pas été publiés. J. da Silva (*Dicc. bibliographico*, T. III, p.41) donne la liste de ses ouvrages littéraires. Malhão était né à Obidos, près de Lisbonne, en 1794, et vivait encore en 1859. J'ignore la date exacte de sa mort.

J. DE V.

* **MALIBRAN** (ALEXANDRE), est mort à Paris, le 13 mai 1867. En 1864, cet artiste quittait l'Allemagne pour la Belgique, et fondait à Bruxelles *le Monde musical*, journal dont l'existence reposait sur une combinaison économique particulière. L'année suivante, cette affaire ayant avorté, il revint à Paris et essaya d'organiser, dans la salle du théâtre de la Gaîté, des concerts populaires à l'instar de ceux que M. Pasdeloup avait créés au Cirque Napoléon; mais l'orchestre qu'il avait recruté, mécontent de ses procédés, l'abandonna pour aller au Cirque des Champs-Élysées continuer la campagne sous le titre de *Société philharmonique de Paris*. Malibran est mort à Boulogne (Seine), dans un état précaire. Il avait collaboré jadis au journal *le Luth français*.

La femme de cet artiste, née Marie-Louise Perret, fille d'un violoniste de province, avait vu le jour à Moulins, et, pianiste fort distinguée, partagea les premiers succès de son mari comme virtuose. Elle est morte à Paris, pendant le siége de cette ville, le 8 janvier 1871, laissant orpheline une jeune fille de quinze ans.

* **MALIPIERO** (FRANÇOIS). Cet artiste est l'auteur de deux opéras sérieux, dont l'un, intitulé *Alberigo da Romano*, fut joué pour la première fois à Venise en 1846 et reproduit dans la même ville en 1869, et dont l'autre avait pour titre *Linda d'Ispahan*. Il a encore donné à Venise, sur le théâtre de la Fenice, en 1851, un drame lyrique intitulé *Fernando Cortez*. On a

publié de ce compositeur plusieurs mélodies à une ou plusieurs voix, ainsi qu'une grande cantate : *A Rossini*, pour chœur d'hommes et de femmes.

MALLET (.....), compositeur, qui vivait au commencement du dix-huitième siècle, a écrit la musique de *l'Impromptu de Nismes*, pastorale en un acte qui fut représentée à Nîmes, chez le marquis de Maillebois, le 9 décembre 1714.

MALLINGER (Mademoiselle), chanteuse dramatique fort remarquable, est née à Agram vers 1846. Elle fut élève, dit-on, d'un corniste de Vienne nommé Lévy, qui donnait des leçons de chant, et qui fut aussi le maître de Mme Pauline Lucca. Elle débuta en 1866 à Munich, dans *Norma*, avec un très-grand succès, et on lui prédit dès-lors une carrière des plus brillantes. Après deux années passées à Munich, où elle se fait constamment applaudir, et où elle donne surtout la mesure de son talent dramatique dans *les Maîtres chanteurs de Nuremberg*, de M. Richard Wagner, elle va se faire entendre à Dresde, dans *Lohengrin*, excite un véritable enthousiasme, puis se rend à Leipzig. En 1869, elle est à Mannheim, en 1870 à Weimar, puis, en 1872, elle va chanter l'opéra italien à Saint-Pétersbourg; mais ceci n'était pas son fait, et cette courte campagne italienne lui fut peu profitable.

Tout en se faisant entendre dans diverses villes, Mlle Mallinger avait débuté en 1869 à l'Opéra royal de Berlin, et de prime abord elle avait conquis toutes les faveurs du public. Elle continua d'appartenir à ce théâtre, ce qui ne l'empêcha pas de se produire sur d'autres scènes importantes, particulièrement à l'Opéra impérial de Vienne, où elle obtint de très-grands succès en 1875. Dès 1868, un critique la jugeait ainsi : « Il est regrettable que le volume de la voix de Mlle Mallinger, très-assouplie et très-sympathique d'ailleurs, ne soit pas en rapport avec ses autres qualités lyriques et dramatiques. Mlle Mallinger possède tout ce qu'une grande artiste peut avoir de style, d'intelligence, de passion, et le jeu chez elle est à la hauteur du chant. »

Mlle Mallinger se distingue en effet par un rare sens scénique, une grande profondeur de sentiment et une puissance pathétique incontestable. Aussi est-elle relativement médiocre dans les rôles légers ou de demi-caractère, qu'elle aborde rarement, et doit-elle sa magnifique réputation à ceux du grand répertoire dramatique, et surtout aux ouvrages de M. Richard Wagner. Elle semble d'ailleurs née pour le théâtre, auquel conviennent merveilleusement ses qualités physiques. Sa physionomie est expressive, sa beauté remarquable, et la grâce, aussi bien que la distinction, réside dans toute sa personne. Les ouvrages qui composent le répertoire de Mlle Mallinger sont *Norma*, *les Huguenots*, *les Noces de Figaro*, *Jessonda*, *Jean de Paris*, *les Maîtres chanteurs*, *Lohengrin*, *Tannhäuser*, *le Freischütz*, *le Philtre*, *le Trouvère*, *l'Elisire d'amore*, *Euryanthe*, *Faust*, *Roméo et Juliette*, etc.

Depuis plusieurs années, Mlle Mallinger est devenue Mme la baronne de Schimmelfennig von der Ove, mais elle a toujours conservé au théâtre le nom sous lequel elle s'était fait connaître.

MALLIOT (Antoine-Louis), chanteur, compositeur, professeur et critique musical, naquit à Lyon le 30 août 1812. Son père, l'un des deux inventeurs de la combinaison métallique connue sou le nom de *maillechort*, et qui fut ruiné en voulant l'exploiter, ne pouvant lui faire continuer les études d'architecte qu'il lui avait fait commencer, le jeune Malliot embrassa la carrière musicale, pour laquelle il avait un goût inné; il suivit d'abord un cours de *méloplaste*, professé à Lyon par Édouard Jue, puis, étant venu à Paris en 1832, entra à l'école de Choron. Mais celui-ci étant mort en 1834, il se fit admettre au Conservatoire, dans la classe de Garaudé pour le solfége, et dans celle de Banderali pour le chant.

Malliot était pauvre, et avait besoin de gagner sa vie. Dès 1835 il aborde le théâtre, et se produit successivement comme ténor à Nancy, Metz, Lille, Lyon, Bruxelles et Rouen, partout se trouvant bien accueilli. Pourtant sa voix était faible, et la scène le fatiguait. En 1843, après huit ans d'exercice, il abandonnait la carrière dramatique et se fixait à Rouen comme professeur de chant; sa méthode était bonne, s'il faut s'en rapporter aux résultats, puisque, au milieu de ses nombreux élèves, on distingue deux artistes hors ligne, qui ont eu leurs beaux jours à l'Opéra : M. Poultier et Mme Julienne Dejean.

Cependant son ambition était plus haute, et il cherchait de nouveaux débouchés à son activité intelligente. Bientôt il devint collaborateur du *Mémorial de Rouen* (1846), puis du *Nouvelliste*, qui succéda à celui-ci, et dans lequel, pendant vingt ans, il n'a cessé d'exercer les fonctions de critique musical. Mais il briguait aussi les succès du compositeur, et publia un certain nombre de romances et mélodies distinguées : *Marie*, *Charles-Quint*, *les Petits Bonheurs*, *la Coupe*, *les Vrais Plaisirs*, *Nuit d'orage*, *Perle de Rosée*... Cela ne lui suffisait pas, et il voulait faire des opéras. Sentant que son éducation était restée incomplète, il s'adressa à Amédée Méreaux, son confrère du *Journal de Rouen*, musicien bien connu et justement estimé, et suivit avec lui un cours d'harmonie; puis il se mit à écrire pour la scène, et fit représenter à Rouen, au Théâtre-des-Arts, le 6 décembre 1857, un grand opéra en trois actes, *la Vendéenne*, paroles de M. Frédéric Deschamps, qui obtint un grand succès, fut repris deux ans après avec un acte ajouté, obtint plus de trente représentations, fut joué aussi à Toulouse et à Lyon, et l'eût été à Paris, au Théâtre-Lyrique, sans une circonstance particulière qui empêcha sa mise à la scène. En novembre 1861, il donna sur le même théâtre *la Truffomanie*, opéra-bouffe en un acte, paroles de M. Ch. Letellier, qui réussit aussi complétement.

Pendant ce temps, il n'abandonnait pas ses travaux de critique, et, polémiste vigoureux et judicieux, multipliait, au contraire, en même temps que ses articles de journaux, des publications fort utiles et d'une importance toute particulière, dont voici les titres : *La Musique au Théâtre* (Paris, Amyot, 1863, in-12), livre dont le point de départ était tout à fait neuf, qui fit faire un grand pas à la question de la liberté théâtrale et provoqua, dit-on, par le retentissement que les idées qui y étaient contenues obtinrent dans la presse parisienne, le décret du 6 janvier 1864; — *Le Nouveau Régime des théâtres dans les départements* (Rouen, impr. Lapierre, mai 1865, in-12); — *Institut Boieldieu; création d'un Conservatoire de musique à Rouen*, projet présenté à M. Verdrel, maire de Rouen (mai 1866, in-8°), brochure dans laquelle Malliot reprenait en sous-œuvre une idée émise en 1793 par Boieldieu, et dont, le premier, il avait retrouvé la trace; — *Deuxième Pétition au Sénat; Fondation des Théâtres impériaux et des Conservatoires de la province* (Paris, Amyot, janvier 1866, in-8°); — *Institut Boieldieu; création d'un Conservatoire de musique à Rouen; appendice* (Rouen, impr. Lapierre, 1867, in-8°). Ces diverses publications, le talent de leur auteur et les idées ingénieuses qu'elles renfermaient, l'énergie avec laquelle il défendait celles-ci dans une feuille spéciale de Paris, *la France musicale*, avaient créé à Malliot une situation unique en province, en ce sens qu'il exerçait, même à Paris, pour ce qui se rapportait aux questions soulevées par lui, une influence intellectuelle véritable. Cet excellent homme, cet artiste convaincu, intelligent et zélé, mourut à Rouen, à la suite d'une dyspepsie, après dix mois de souffrances, le 5 avril 1867. Rouen lui fit des funérailles splendides, témoignant, par les honneurs inusités qu'elle lui rendait, de l'estime qu'elle faisait de son talent et de son caractère, et le récompensant en quelque sorte du lustre qu'il avait jeté sur sa patrie d'adoption. Le Conseil municipal, voulant rendre un hommage public à sa mémoire, vota une somme de 2,000 francs pour l'achat de la partition à orchestre manuscrite de son opéra *la Vendéenne*, qui fut déposée dans la bibliothèque de la ville.

MALO (Charles), chef d'orchestre et compositeur, né à Boulogne-sur-Mer le 29 juillet 1835, a commencé son éducation artistique à l'école de musique de cette ville, puis est venu à Paris, où il a travaillé le violon avec M. Alard. Après avoir voyagé pendant deux ans comme chef d'orchestre de la troupe que Mlle Déjazet dirigeait en province, M. Malo remplit les mêmes fonctions au théâtre du Gymnase, de Marseille (1859), puis à Paris, au théâtre Déjazet (1862), et enfin entra en la même qualité au café-concert de l'Eldorado (1869), qu'il n'a pas quitté depuis.

Cet artiste, dont les facultés sont au-dessus de la situation qu'il occupe, et qui avait étudié l'harmonie avec Carulli, a écrit près de 200 romances, chansons ou scènes dramatiques, dont la plupart ont été exécutées dans les cafés-concerts et qui sont supérieures aux productions ordinaires du genre; je citerai particulièrement celles qui ont pour titre *la Dernière Grisette*, *une Tombe dans les blés*, *le Rire de Rabelais*, *le Lever du soleil*, *Morts pour le pays*, *Tu ne m'aimais pas*, *l'Appel au combat*, etc. Il est aussi l'auteur des opérettes suivantes : *un Amour au village* (Marseille, th. du Gymnase), *Monsieur tout-blanc* (Eldorado), *Ne touchez pas à l'arène* (id.), *un Mariage au flageolet* (id.), *Bataille de Bossus* (id.), *la Revanche de Marguerite* (id.).

MALVAUX (.........), compositeur, qui paraît avoir vécu dans le milieu du dix-huitième siècle, a publié la partition d'une cantatille à voix seule, intitulée *les Vœux exaucés* (Paris, l'auteur, in-f°).

MALVEZZI (Cristoforo), musicien distingué, né à Lucques vers le milieu du seizième siècle, fut le maître du grand compositeur Jacques Peri. Maître de chapelle de la cour du grand-duc de Toscane, il habita Florence pendant longues années. Il ne reste aucune trace aujourd'hui des compositions de cet artiste.

MAMMI (Antonio), compositeur, né à Modène, a fait exécuter au théâtre de cette ville plusieurs ouvertures, et y a fait représenter, le 25 janvier 1845, un opéra sérieux intitulé

Zaira, écrit par lui sur le texte de Felice Romani. Quoique cet ouvrage ait été bien accueilli, l'auteur, peu d'années après, abandonna la musique pour embrasser une autre carrière.

* **MANCHICOURT** (Pierre). Deux chansons de cet artiste ont trouvé place dans le recueil divisé en six livres que Pierre Phalèse publia à Louvain en 1555-1556, et dont le premier parut sous ce titre : *Premier livre des chansons à quatre parties nouvellement composez* (sic) *et mises en musique, convenables tant aux instruments comme à la voix* (Louvain, 1555, in-4°).

MANCINELLI (Luigi), compositeur italien contemporain, né à Orvieto le 5 février 1848, a publié plusieurs albums de mélodies à une ou deux voix, entre autres un recueil de 5 pièces intitulé *un'Ora di musica*, et deux de 8 pièces qui portent pour titres, *un'Estate a Perugia* et *Al Chiaro di luna*. On lui doit aussi quelques morceaux de piano, soit originaux, soit écrits sur des thèmes d'opéras célèbres. Aujourd'hui chef d'orchestre au théâtre Apollo, de Rome, cet artiste a écrit en 1877 pour un drame de M. Pietro Cossa, *Cleopatra*, représenté en cette ville, des intermèdes symphoniques qui ont été accueillis avec un véritable enthousiasme. — Un de ses frères, M. *Marino Mancinelli*, né comme lui à Orvieto, le 16 juin 1842, occupe les fonctions de chef d'orchestre au théâtre Pagliano, de Florence. Un autre, dont j'ignore le nom, est aussi musicien.

* **MANCINI** (François), compositeur italien, né à Naples en 1674, mourut en cette ville en 1739. Il avait été, au Conservatoire de Santa-Maria di Loreto, élève de Francesco Durante. A la liste de ses œuvres, il faut ajouter : *Quante pene fai provar*, cantate, avec basse ; *Torna o cara e mi consola*, id. ; *Tanto vola intorno al lume*, id. ; *Son cosi cosi geloso*, cantate pour soprano, avec basse ; Sérénade pour voix de soprano, avec basse ; *Magnificat* à 4 voix, en *ré* majeur, avec violons, alto et basse.

La bibliothèque du Conservatoire possède de cet artiste un Traité manuscrit qui porte ce titre : *Regole o vero Toccate di studio, del sig. abb. Fran. Mancini* (1695, in-4° oblong de 160 pages). C'est simplement une suite de basses chiffrées.

MANCINI (.......), compositeur italien, a fait représenter en 1860, sur le théâtre de Cingoli, un opéra sérieux intitulé *Chatterton*.

* **MANDANICI** (Placido). Aux ouvrages dramatiques portés au nom de ce compositeur, il faut joindre un opéra semi-sérieux intitulé *Griselda*. Parmi ses œuvres de musique religieuse, je citerai une messe pour deux ténors et basse, avec chœur et accompagnement d'orgue, et une composition à laquelle il a donné ce titre : Deux fugues en une (*Cum sancto Spiritu*). Mandanici est encore l'auteur d'une grande cantate : *A Gioacchino Rossini*, qui a été publiée par l'éditeur Ricordi, de Milan. Des nombreux ballets écrits par lui, je ne puis citer que deux, *Romanoff*, ballet héroïque représenté vers 1837 et qui contenait, dit-on, une marche très-originale et d'un grand effet, et *l'Ombra di Tziwen*, qui fut représenté à la Scala, de Milan, en 1840. — Quoique le nom de Mandanici soit aujourd'hui bien oublié, ceux de ses compatriotes qui sont au courant de l'histoire de l'art musical en Italie pendant la première moitié du dix-neuvième siècle le considèrent comme un artiste d'une valeur réelle, d'un talent charmant et plein de grâce. La date de sa mort est, non le 5, mais le 6 juin 1852.

MANDL (Louis), médecin distingué et physiologiste éminent, est né à Pesth en 1812. Après avoir fait ses études à l'université de Vienne et s'être fait recevoir docteur en médecine dans sa ville natale en 1836, il vint se fixer à Paris à la fin de cette même année, se fit presque aussitôt naturaliser Français, et fut reçu docteur à la Faculté en 1842. Collaborateur de la *Gazette médicale de Paris*, des *Archives générales de médecine*, de *l'Union médicale*, de la *Gazette hebdomadaire de médecine et de chirurgie*, auteur d'ouvrages importants et réputés, il a contribué d'une façon considérable, par ses écrits, par ses cours à l'École pratique, à répandre l'application médicale du microscope en France. Dilettante passionné en même temps que praticien consommé, M. Mandl, qui a fait de son salon le rendez-vous de tout ce que Paris compte d'artistes célèbres ou distingués, a fini par se faire une spécialité des soins à donner aux maladies des organes vocaux ; depuis une vingtaine d'années, il s'est voué particulièrement à cette étude, grâce surtout à l'emploi du *laryngoscope*, appareil précieux, perfectionné et vulgarisé par Czermak, et il est passé maître dans l'art de déterminer et de traiter ces maladies. Il a publié sur ce sujet un livre excellent : *Traité pratique des maladies du larynx et du pharynx* (Paris, Baillière, 1872, in-8°), écrit avec une remarquable clarté et une rare élégance, et qui résume l'ensemble de ses recherches, de ses travaux et de ses découvertes dans cet ordre d'idées. On ne saurait trop recommander ce livre à ceux que ces questions intéressent, car il est peu de lectures aussi instructives, aussi utiles, aussi profitables sous tous les rapports.

M. Mandl a publié encore un livre fort utile : *Hygiène de la voix parlée ou chantée* (Paris, Baillière, 1872, in-8), ainsi qu'un opuscule ainsi intitulé : *De la fatigue de la voix dans ses rapports avec le mode de respiration* (Paris, 1855, in-8). Depuis 1872, cet excellent professeur est chargé, au Conservatoire de Paris, d'un cours d'hygiène de la voix.

MANENT (François), compositeur espagnol, est né à Mahon (île de Minorque), le 22 juin 1827. Dès l'âge de cinq ans il commençait l'étude de la musique sous la direction d'un maître de chapelle qui lui enseigna successivement le solfége, le piano, l'harmonie et la composition, et de sept à quatorze ans il tint la partie de flûte à l'orchestre du théâtre de sa ville natale. Il avait à peine douze ans lorsqu'il commença à écrire quelques morceaux de musique de danse, et en 1842 il se voyait confier l'emploi d'organiste à l'église Saint-François. En 1845, il alla s'établir à Barcelone pour y terminer son éducation, entra peu de temps après en qualité de contrebasse à l'orchestre du théâtre du Lycée, et ne quitta cet emploi qu'en 1851 pour prendre celui de maître de chapelle à l'église San-Jaime. Le service de cette chapelle lui donna l'occasion d'écrire beaucoup de musique religieuse, et l'on compte parmi ses œuvres en ce genre 25 messes, dont plusieurs avec orchestre, deux *Stabat Mater*, des *Miserere*, des saluts, des rosaires, des litanies, etc.

M. Manent a voulu aussi s'occuper de musique dramatique. Devenu chef d'orchestre du Cirque de Barcelone, il a fait représenter à ce théâtre, aussi bien qu'à celui du Lycée, une dizaine de *zarzuelas* qui paraissent avoir été bien accueillies du public. Voici les titres de celles qui sont venues à ma connaissance : 1° *la Tapada del Retiro* (Lycée, 1853); 2° *Tres para una* (1853); 3° *Gualtiero de Monzonis* (3 actes, Lycée, 23 mai 1857); 4° *Maria* (un acte, Lycée, août 1866); 5° *El Convidato di pietra* (3 actes, Cirque, 1875); 6° *lo Pou de la Veritad* (Cirque). M. Manent a écrit encore la musique de plusieurs ballets qui ont été représentés au théâtre du Lycée : *el Carnaval de Venecia*, *Apolo*, *la Contrabandista de rumbo*, *la Perla de Oriente*, etc. Enfin il a publié une telle quantité de musique vocale et instrumentale, que le nombre total de ses œuvres ne s'élève pas aujourd'hui, dit-on, à moins de 250.

* **MANFREDI** (Philippe). M. Cerù, qui doit être bien informé au sujet de cet artiste, puisque celui-ci était Lucquois, affirme, dans ses *Cenni storici dell'insegnamento della musica in Lucca*, que Manfredi, après être allé en Espagne avec Boccherini, revint dans sa ville natale en 1773, et qu'il y continua l'exercice de de son art jusqu'au 12 juillet 1777, époque de sa mort. M. Cerù rectifie aussi la date de la naissance de Manfredi, qu'il fixe à l'année 1729.

MANFREDINI (Élisabetta), cantatrice italienne renommée, naquit à Bologne en 1790. Elle se consacra de bonne heure à l'étude du chant dramatique, et se produisit pour la première fois en public, sur le théâtre communal de sa ville natale, en 1809, dans un opéra de Pavesi. Ses compatriotes l'accueillirent avec une faveur marquée, et la jeune artiste fournit une carrière brillante et prolongée. Sa voix de soprano était d'une qualité superbe, et dirigée avec un goût exquis; on reprochait seulement à la cantatrice de manquer d'expression, et d'apporter un peu de lourdeur dans sa vocalisation. Néanmoins les compositeurs travaillèrent beaucoup pour elle, et, entre autres, Rossini écrivit à son intention les rôles importants de deux de ses opéras : *Ciro in Babilonia* et *Adelaide di Borgogna*. En 1827, la Manfredini était à Venise, mais, quoique jeune encore, sa voix avait perdu de son éclat, et elle ne retrouvait plus ses succès d'autrefois. J'ignore l'époque de la mort de cette artiste.

* **MANFROCE** (Nicola-Antonio), compositeur italien, naquit à Palmi (et non à Palma), dans la Calabre méridionale, le 20 février 1791. La vie de cet artiste, mort si jeune en promettant à sa patrie l'un des plus beaux génies qu'elle eût jamais possédés, ne laisse pas que d'offrir des particularités intéressantes. Dans son livre sur l'école musicale napolitaine, M. Francesco Florimo, renseigné directement par un contemporain de Manfroce, Alessandro Perrella, alors vice-recteur du Conservatoire de San-Sebastiano, a rapporté quelques détails qu'il ne me paraît pas inutile de reproduire ici, et que je vais traduire textuellement.

Manfroce comptait encore au nombre des élèves de ce Conservatoire lorsqu'il alla donner à Rome son opéra d'*Alzira*, et l'immense succès obtenu par cet ouvrage ne l'empêcha point de venir reprendre modestement sa place sur les bancs de l'école. « Sa santé mal affermie, dit alors son biographe, commença à s'altérer sensiblement. Lui, certain de devenir quelque chose de grand dans l'art, donnait tout son temps à l'application et à l'étude, au lieu de penser sérieusement à se soigner, comme tous le lui conseillaient, et de vivre tranquille, à l'abri de toute émotion, de quelque nature qu'elle fût.

« Mais la fatale sentence de sa fin prochaine était écrite. Dévoré par la fièvre de l'art, il prit l'engagement d'écrire, pour le théâtre royal San-Carlo, un opéra sérieux intitulé *Ecuba*. Son travail avançait en même temps que progressait le mal qui le conduisait au tombeau, et tandis que les médecins désespéraient de sa guérison, il écrivit les derniers morceaux de son opéra, qui fut représenté au théâtre San-Carlo pendant l'hiver de 1813. Le succès qu'il obtint fut véritablement de l'enthousiasme, et presque à chaque morceau le public voulait revoir le maestro sur la scène pour l'applaudir et le fêter. Plus heureux que Pergolèse, qui n'eut point la consolation d'entendre exécuter son *Stabat*, ses forces débiles lui permirent d'assister à plusieurs représentations de son *Ecuba*, et de goûter l'inexprimable joie non-seulement du triomphe, mais d'une récompense extraordinaire ; car le ministre de l'intérieur et de l'instruction publique, Giuseppe Zurlo, faisait savoir à l'administration du Conservatoire que S. M. le roi avait, sur la caisse royale, accordé une pension à Manfroce, afin qu'il pût aller voyager à l'étranger et se perfectionner encore dans l'art où il avait débuté d'une façon si extraordinaire. La reine alors régnante, Caroline Murat, qui assistait à la représentation de l'*Ecuba*, envoya, celle-ci terminée, complimenter le compositeur et lui exprimer ses sincères félicitations pour le brillant succès qu'il avait obtenu; et elle devait réellement en être satisfaite, car à peine eut-elle su que la santé de Manfroce était en péril, elle fit réunir une consultation des premiers médecins de la capitale et pourvut, à ses frais, à tout ce qui pouvait être nécessaire pour conjurer et arrêter le mal. Il fut décidé par les professeurs de la faculté, le célèbre Cotugno en tête, que le malade irait respirer l'air salubre et balsamique de Pozzuoli, comme le plus doux et le plus propice pour les maladies pulmonaires, au moins le plus efficace pour en diminuer les souffrances.

« Malheureusement, il ne retira de cet air aucun avantage; au contraire, le mal était tellement avancé que la fièvre qui le consumait n'en devint que plus ardente, et qu'il dut en toute hâte retourner à Naples et rentrer dans ce collége de San-Sebastiano, qu'il considérait comme une seconde maison paternelle. Là, entouré de ses affectueux compagnons qui l'adoraient......., il rendit le dernier soupir; si quelque consolation pouvait lui être accordée en ce moment suprême, c'était certainement celle de se voir environné de ces chers jeunes gens, qui, touchés de son malheur, pleuraient à chaudes larmes sa fin prochaine. Avec une grande résignation et un calme impossible à décrire, donnant le dernier adieu à ces compagnons adorés qui, agenouillés auprès de son lit, priaient pour lui, et les remerciant des soins affectueux qu'ils lui avaient prodigués, il s'éteignit avant d'avoir accompli sa vingt-troisième année, à l'aurore de la vie, et alors qu'il avait à peine commencé à donner les premiers fruits de son génie... Le 9 juillet 1813, jour de sa mort, fut un jour de véritable deuil pour la ville de Naples, et sa perte fut pleurée par tous. Les élèves du collége, avec le signe du deuil au bras, la douleur dans le cœur, la tristesse sur le visage, l'accompagnèrent à sa dernière demeure, conduits par les professeurs, recteur, vice-recteur et gouverneurs de l'établissement. Il fut enterré dans l'église même de San-Sebastiano, après la célébration d'une messe funèbre dirigée par son premier maître Giacomo Tritto et exécutée par les professeurs et tous les élèves du collége, auxquels s'étaient joints les artistes les plus distingués de Naples, qui s'étaient gracieusement offerts.... (1). »

MANGEANT (Sylvain), chef d'orchestre et violoniste, né vers 1828, fut admis jeune au Conservatoire de Paris, et obtint un accessit de violon au concours de 1847. Peu de temps après, il devint deuxième, puis premier chef d'orchestre au Théâtre-Historique, et remplit ensuite les mêmes fonctions à la Gaîté, et enfin au Palais-Royal. M. Mangeant écrivit pour ce dernier théâtre un certain nombre de jolis airs de vaudeville, et il fit représenter les opérettes suivantes : *la Recherche de l'inconnu*, un acte, Folies-Nouvelles, vers 1858 ; *Tu ne l'auras pas, Nicolas*, un acte, Palais-Royal, 1859 ; *Danaé et sa bonne*, un acte, Palais-Royal, 1862 (1). A la suite de l'annexion du comté de Nice et de la Savoie à la France, M. Mangeant écrivit aussi une cantate, *la Savoie française*, qui fut exécutée sur ce théâtre le 14 juin 1860. Deux ou trois ans après, cet artiste partit pour Saint-Pétersbourg, où il était chargé de la direction de l'orchestre du Théâtre-Français, emploi qu'il occupe encore aujourd'hui.

MANGIN, est le nom d'une famille de musiciens qui vivait dans la Brie au XVIIe et au XVIIIe siècle. Dans son écrit : *Note sur quelques musiciens dans la Brie*, M. Th. Lhuillier donne les dé-

(1) La municipalité de Polmi, ville natale de Manfroce, a décidé, par une délibération en date du 10 juin 1853, que la rue qui portait alors le nom de rue des Murailles prendrait à l'avenir celui de rue Manfroce.

(1) Il faut encore citer *la Poularde de Caux*, opérette en un acte représentée aussi au Palais-Royal, et dont M. Mangeant écrivit la musique en société avec MM. Bazille, Clapisson, Gautier, Gevaert, Jonas et Ferdinand Poise.

tails suivants sur cette famille d'artistes. « Dans une famille du bourg de Mitry, qui a fourni un architecte estimé, Charles Mangin, le constructeur de l'ancienne halle aux blés de Paris, la musique avait longtemps été en honneur. Les Mangin étaient artistes de père en fils, et, sans que leur renommée s'étendit au delà d'un modeste rayon, plusieurs d'entre eux eussent pu figurer sur une plus vaste scène. A la fin du XVII° siècle, Charles Mangin touchait les orgues que l'église de Mitry tenait de la libéralité de Richelieu, un instant possesseur du château de Bois-le-Vicomte ; l'un de ses fils, son élève, fut choisi à la suite d'un concours comme organiste de Notre-Dame de la Victoire, près Senlis. Un autre, Pierre Mangin, organiste de Mitry en 1721, père de l'architecte, avait épousé la sœur du libraire Lottin. Quelques années plus tard (1735-40) on retrouve Étienne Mangin, organiste à Joigny, François Mangin, facteur d'orgues à Troyes, et Catherine Mangin, qui épousa Étienne Royer, organiste à Brie-Comte-Robert. Un membre de cette famille, Éléonor Mangin, avait eu l'honneur d'être admis dans la musique de la chambre de Louis XIV, après avoir fait partie de celle de Philippe d'Orléans. »

MANGIN (Eugène-Édouard), pianiste, compositeur, chef d'orchestre et professeur, directeur du Conservatoire de Lyon, est né à Paris le 9 décembre 1837. Admis au conservatoire de cette ville, comme élève de M. Mozin pour le solfége et de M. Marmontel pour le piano, il y remporta le premier prix de solfége en 1850, et le premier second prix de piano en 1853; il entra ensuite dans une classe d'harmonie et accompagnement, et obtint, pour cette partie de ses études, un second accessit en 1856, le premier en 1857, et le premier prix en 1858. Nommé répétiteur dans l'école dont il avait été l'élève, M. Mangin devint, en 1860, professeur de chant dans les écoles municipales de Paris, puis chef du chant et ensuite chef d'orchestre au Théâtre-Lyrique. A la même époque il se vit couronné plusieurs fois dans des concours ouverts par la ville de Paris pour des compositions chorales.

En 1871, M. Mangin fut engagé pour remplir l'emploi de chef d'orchestre au Grand-Théâtre de Lyon, et conserva ces fonctions jusqu'en 1873. Dès son arrivée en cette ville, il songea à mettre à exécution un projet qui jusqu'alors n'avait pu aboutir, celui de la fondation d'un Conservatoire. La municipalité manquait des fonds nécessaires à cette création, et il fallait, dans une telle situation, une certaine abnégation à un artiste pour passer outre, et un certain courage pour venir à bout des difficultés. M. Mangin sut se plier à tout pour attacher son nom à une œuvre artistique aussi honorable. Nommé directeur du nouveau Conservatoire par un arrêté municipal en date du 24 mai 1872, M. Mangin sut grouper autour de lui un certain nombre de professeurs, qui, ainsi que lui, mettaient gratuitement leur temps et leur talent au service de l'école qui se fondait. Ces professeurs étaient MM. Mangin pour l'harmonie, Ribes (chant), Féret (opéra-comique), G. d'Hérou (étude des rôles), Cherblanc (violon), Baumann (violoncelle), Ritter (flûte), Renaud (clarinette), Fargues (hautbois), etc.

Le Conservatoire de Lyon fut ouvert à l'enseignement le 8 octobre 1872, et au bout de dix-huit mois seulement, la municipalité lyonnaise trouva les ressources nécessaires pour organiser le traitement du directeur et des professeurs qui s'étaient dévoués avec tant de désintéressement. Par arrêté ministériel en date du 2 avril 1874, le Conservatoire de Lyon recevait le titre de succursale du conservatoire de Paris. Dès sa première année d'exercice, cet établissement donnait l'instruction musicale à 312 élèves; il en comptait 358 en 1873, 395 en 1874, 415 en 1875, 530 en 1876, et 647 en 1877. Ces excellents résultats sont dus à l'initiative, au dévouement et à l'intelligence de M. Mangin, qui est un artiste fort distingué et digne des plus vifs encouragements.

* **MANGOLD** (Wilhelm), ex-maître de chapelle du grand-duc de Hesse-Darmstadt, est mort à Darmstadt au mois d'août 1875.

* **MANNA** (Gennaro). Les compositions religieuses de cet artiste comprennent : 2 messes, dont une à 5 voix avec accompagnement instrumental; des psaumes; un motet à 5 voix avec accompagnement instrumental; une Pastorale à 4 voix; une Cantate sacrée à 4 voix, avec chœurs et divers instruments; enfin, deux morceaux à 2 voix de soprano et contralto pour la nuit de Noël.

MANNA (Ruggero), compositeur, était le fils de la célèbre cantatrice Carolina Bassi, et naquit à Trieste le 6 avril 1808. Il commença l'étude du piano avec son oncle maternel, Ladislao Bassi, et, suivant sa mère dans toutes les villes où elle allait chanter, ressentit de bonne heure une grande passion pour la musique. Depuis l'âge de dix ans jusqu'à douze, il fut mis en pension à Milan, et prit des leçons de piano de Vincenzo Lavigna. A cette époque il commençait déjà à composer, et Meyerbeer ayant examiné un petit morceau qu'il venait d'écrire, conseilla à sa mère, qui allait passer une saison à Bologne, de le confier aux soins du P. Mattei. L'enfant entra en effet au Lycée musical de Bologne, y étudia le piano avec Donelli, le contrepoint avec le P. Mattei, et fit de tels progrès qu'après un an et demi d'études, il écrivit une messe à trois voix et orchestre et en dirigea l'exécution. A quinze ans et demi, il fut reçu à l'Académie des Philharmoniques de Bologne, après avoir subi un examen rigoureux et bien que les règlements exigeassent l'âge de vingt ans pour l'admission des membres. Sa mère étant devenue veuve, puis ayant abandonné la carrière du théâtre, proposa à Manna de lui faire faire un voyage à Vienne, afin de lui donner la facilité de connaître et d'étudier la musique allemande. Le jeune artiste accepta avec joie, et passa en effet deux ans et demi dans cette ville, où il fit la connaissance d'un grand nombre d'artistes distingués, Gyrowetz, Eibler, Weigl, Czerny, Merk, Mayseder, Stadler, etc. Pendant son séjour dans la capitale de l'Autriche, Manna composa et fit exécuter un *Stabat Mater* (1832), publia un recueil de six ariettes italiennes pour voix de soprano, et écrivit encore, outre une messe de *Requiem* à 4 voix avec orchestre, un opéra intitulé *Francesca da Rimini*, qui ne fut jamais représenté. A la fin de l'année 1832, Manna étant retourné à Trieste, sa ville natale, y fit jouer un opéra sérieux, *Jacopo di Valenza*, et accepta ensuite les fonctions de *maestro concertatore* au théâtre. Au mois de mars 1835, l'emploi de maître de chapelle de la cathédrale de Crémone lui ayant été offert, il partit pour cette ville où il fixa définitivement sa résidence, et où il remplit aussi, par la suite, les fonctions de directeur de la musique au théâtre. Manna est mort à Crémone le 14 mai 1864, à l'âge de 56 ans. Il ne s'en était éloigné momentanément que pour faire représenter deux opéras, l'un, *Preziosa*, en 1845, à Casalmaggiore, l'autre, *il Profeta Velato*, en 1846, à Trieste.

En dehors de ses trois ouvrages dramatiques, Manna a écrit : une cantate à 3 voix, *Saluto a S. M. il Re Vittorio Emanuele*; un *Hymne à la Lune*, à 6 voix ; une prière à 3 voix avec chœur, *Una Notte sull'Appennino*. Mais c'est surtout comme compositeur d'église qu'il s'est montré fécond ; on a de lui, sous ce rapport : une messe funèbre à 4 voix, dédiée à la mémoire du P. Mattei ; environ dix messes solennelles à 3 et 4 voix ; six messes funèbres à 3 et 4 voix ; 30 psaumes à 3 et 4 voix avec orchestre ; trois *Stabat Mater* ; deux *Salve Regina*, avec orchestre ; un *Dies iræ* à 4 voix ; un *Ave Maria* à voix seule ; un *De profundis* ; un cantique intitulé *gli Esuli d'Isdraello*, écrit sur le texte du psaume 136 de David ; six *Credo* à 3 et 4 voix ; huit *Kyrie* ; quatre Litanies avec orchestre ; vingt Hymmes ; des versets, des antiphonaires, des *responsorii*, etc., etc. Enfin, Manna a publié quelques sonnets de Pétrarque (entre autres les 3ᵉ, 47ᵉ, 48ᵉ, 261ᵉ) mis par lui en musique, à une voix, et il a composé encore un certain nombre d'ouvertures et morceaux de concert qui n'ont pas été gravés.

MANNS (Ferdinand), violoniste et compositeur allemand, est né le 27 août 1844 à Witzenhausen (Prusse). Élève à Cassel de M. Otto Kraushaar pour la théorie de l'art, il est fixé depuis 1866 à Brême, et est attaché à l'orchestre du théâtre de cette ville. M. Manns s'est fait connaître par un certain nombre de compositions, consistant en petites pièces pour orchestre, en quintettes, quatuors et trios pour instrument à cordes, sonates pour violon ou violoncelle avec piano, morceaux de concert, etc. L'une de ses œuvres les plus importantes est un *concertstück* pour violoncelle, avec piano, op. 19.

MANNSTADT (.....), compositeur allemand, a fait représenter au mois de juillet 1866, sur le théâtre Wallersdorf, de Berlin, une opérette intitulée *l'Amour défendu*.

* **MANNSTEIN** (Henri-Ferdinand), écrivain musical, est mort à Loschwitz, près de Dresde, le 3 août 1872, à l'âge de 66 ans.

* **MANRY** (Charles-Casimir), est mort à Paris le 18 janvier 1866. A la liste des œuvres de ce compositeur, il faut ajouter les deux suivantes : 1° *La Bourse ou la Vie*, opéra-comique, représenté sur le théâtre particulier des Néothermes ; 2° *La Première Pierre de l'église d'Argis*, « légende valaque. »

MANSOUR (A.....), pianiste et compositeur français, né vers 1830, habite Paris, où il se livre à l'enseignement. Il a publié une grande *Méthode de piano*, ainsi qu'un certain nombre de morceaux de genre pour cet instrument : *une Fête au hameau, Solitude, Chanson arabe variée*, etc. M. Mansour a écrit la musique d'un petit opéra-comique en un acte, *la Comtesse Rose*, qui a été représenté pour la première fois au Casino de Dieppe, le 22 août 1877. On connaît aussi de cet artiste quelques romances et mélodies vocales.

* **MANTIUS** (Édouard), chanteur allemand, est mort à Ilmenau le 4 juillet 1874. Il était né à Schwerin le 18 janvier 1806 (et non 1808, comme il a été imprimé par erreur), et quitta le théâtre de Berlin le 17 avril 1857, après une carrière de vingt-sept ans, pour se livrer au professorat.

MANZAROS (N........), compositeur grec, mort à Corfou au mois de mai 1872, est, dit-on, l'auteur de l'hymne national grec, et s'est fait connaître aussi par la publication d'un grand nombre d'autres chants patriotiques.

MANZOLINI (Carlo-Andrea), né à Bologne vers le milieu du dix-septième siècle, devint, comme élève de Giovanni Benvenuti, un violoniste distingué, et fut aussi un contrapuntiste habile. On connaît de lui des sonates de chambre à trois instruments. Il fit partie, à partir de 1688, de l'Académie des philharmoniques de Bologne.

* **MARAIS** (Marin). L'auteur anonyme de l'*Histoire de l'Académie royale de musique* (1), publiée il y a une trentaine d'années par le journal *le Constitutionnel*, nous apprend que ce virtuose remarquable fut pendant de longues années chef d'orchestre à l'Opéra. Castil-Blaze avait bien compris le nom de cet artiste dans la liste qu'il a donnée des « batteurs de mesure » de ce théâtre; mais Castil-Blaze, qui ne cite jamais ses sources, s'est bien gardé de dire où il avait puisé ce renseignement, et comme il est sujet à caution, on pouvait ne pas le croire sur parole; le témoignage d'un contemporain de Lully vient lever tout scrupule à cet égard. Voici ce que dit ce dernier au sujet de Marais: « Marais s'attacha à Lully qui l'estimait beaucoup, et qui se servait souvent de lui pour battre la mesure pour l'exécution de ses opéras. Après la mort de Lully, il continua de battre la mesure, et n'a quitté cet emploi que vers 1710 ou 1712. » Lully étant mort au mois de mars 1687, on peut donc supposer que Marais a rempli ces fonctions pendant au moins vingt-cinq ans. L'écrivain donne ensuite ces détails intéressants au sujet de Marais : « Trois ou quatre ans avant sa mort, Marais s'était retiré dans une maison rue de Lourcine, faubourg Saint-Marceau, où il cultivait les plantes et les fleurs de son jardin. Il louait cependant une salle rue du Battoir, quartier Saint-André-des-Arts, où il donnait deux ou trois fois la semaine des leçons aux personnes qui voulaient se perfectionner dans la viole. Il a eu dix-neuf enfants de Catherine d'Amicourt, avec laquelle il a été marié pendant cinquante-trois ans, et a célébré ses noces jubilaires en 1709; il en présenta quatre au feu roi, et donna à ce monarque un concert de ses pièces de viole, exécutées par lui et par trois de ses fils. Le quatrième, qui portait pour lors le petit collet, avait soin de ranger les livres sur le pupitre et d'en tourner les feuillets. Le roi entendit ensuite ses trois fils séparément, et lui dit : « Je suis « bien content de vos enfants, mais vous êtes « toujours Marais et leur père. »

MARATTA (Alessandro), compositeur italien, est l'auteur d'une tragédie lyrique en trois actes, *Gismonda da Mendrisio*, qui fut représentée à Buénos-Ayres, en 1860, avec Mme Anna de Lagrange dans le rôle principal.

MARC (.......), violoniste qui vivait à Reims au dix-huitième siècle et était attaché au concert de cette ville, a publié *Six sonates à violon seul, avec une basse chiffrée*, (Paris et Reims, chez l'auteur).

MARC (.......), compositeur français, vivait à la fin du dix-huitième siècle, et écrivit la musique d'un opéra en 3 actes intitulé : *Arabelle et Vascos* ou *les Jacobins de Goa*, qui fut représenté au théâtre Favart, le 21 fructidor an II (7 septembre 1794). Je n'ai d'autres renseignements sur cet artiste que ceux qui concernent l'ouvrage en question, dont l'histoire est assez curieuse, et qui fut livré au public sous le nom et sous le couvert de Lesueur.

Dans son numéro du 26 fructidor an II, le *Journal de Paris* terminait ainsi son compte-rendu de la représentation d'*Arabelle et Vascos* : — « La musique est du C. Lesueur; la réputation de ce compositeur célèbre a nui au succès de cet ouvrage, parce qu'en comparant cette production nouvelle à ses ouvrages déjà connus, la comparaison n'est pas à l'avantage de celui-ci. Il y a néanmoins plusieurs morceaux d'une grande beauté, et qui portent le cachet de ce grand maître. L'auteur des paroles est le C. Lebrun-Tossa, déjà connu par plusieurs ouvrages qui ont eu du succès. » Le *Journal de Paris*, comme le public entier, était ici la victime d'une petite supercherie; la musique d'*Arabelle et Vascos*, comme je l'ai dit, n'était point de Lesueur, et on va le voir par la lettre suivante, dans laquelle il expliquait les motifs très-louables qui lui en avaient fait endosser momentanément la responsabilité. Cette lettre était adressée au même *Journal de Paris*, qui la publia deux mois après l'apparition de l'ouvrage :

« Il est temps d'instruire le public et les artistes du théâtre de l'Opéra-Comique national-

(1) Le manuscrit de cette Histoire, portant qu'elle était « composée et écrite par un secrétaire de Lully, » appartenait à M. le baron Taylor et fut publié en feuilleton par *le Constitutionnel*. C'est un écrit fort utile, et indispensable à consulter pour celui qui voudra doter notre littérature musicale d'une véritable Histoire de l'Opéra. Il est seulement fâcheux que les épreuves aient été corrigées par quelqu'un qui ne connaissait point cette histoire, et qui a laissé subsister des fautes innombrables.

nal des motifs qui m'ont déterminé à faire paraître sous mon nom la musique du drame intitulé : *Arabelle et Vascos*. Le premier a été d'épargner au citoyen *Marc*, auteur de cette musique, les désagréments attachés à un début ; le second, de donner aux artistes du théâtre Favart un compositeur de plus, et de montrer à la République un talent qui pourra lui devenir cher. Je ne me suis point dissimulé les dangers que j'avais à courir, en me chargeant de la responsabilité de cet ouvrage : mais une *bonne école*, une musique à la fois pittoresque, énergique et chantante, l'empreinte d'une main sûre et d'une *méthode excellente* qui peut faire honneur à notre école française, tout m'a rassuré. J'étais si intimement persuadé de la beauté de plusieurs morceaux de cet opéra, que j'en eusse regardé la chute comme une injustice ; et, dans ce cas, j'aurais eu le courage de la supporter. Enfin le succès a couronné mon espoir, et j'en rends la gloire à qui elle appartient tout entière. J'atteste maintenant que c'est moins l'amitié pour le musicien que son talent qui m'a déterminé à la démarche que j'ai faite, et que j'eusse entrepris la même chose pour tout autre artiste qui eût eu le même génie. Mon extrême amour pour les arts, et leur gloire, est entré pour tout dans le péril auquel je me suis exposé. Je déclare en outre n'avoir point fait une *note* dans la musique du citoyen *Marc*, ni même donné un conseil ; car, si l'un de nous deux pouvait en donner à l'autre, ce ne serait pas moi, vu que, dans un temps où je savais à peine les éléments de mon art, le compositeur dont je parle avait déjà remporté un prix de musique sur quarante-cinq rivaux qui concouraient avec lui. Il ne me reste qu'à inviter les artistes de l'Opéra-Comique national à continuer leurs soins pour un ouvrage qui, par l'affluence des spectateurs qu'il continue d'attirer, prouve combien il est agréable au public.— LESUEUR. »

J'ai vainement cherché, partout où j'avais chance de le rencontrer, un renseignement quelconque sur Marc, que Lesueur avait ainsi noblement pris sous son patronage. Musicien resté obscur, il n'est pas plus mentionné dans le *Dictionnaire historique des Musiciens* de Choron et Fayolle que dans aucun des grands recueils biographiques publiés depuis le commencement de ce siècle. Le livret d'*Arabelle et Vascos* lui-même est muet à son égard, et donne le nom de Lesueur comme auteur de la musique. Serait-ce donc que jusqu'à Lebrun-Tossa aurait été le jouet de la mystification de Lesueur ? Toujours est-il que sans la lettre du *Journal de Paris*, reproduite ci-dessus, *Arabelle et Vascos* (dont ne parle d'ailleurs aucun ouvrage historique, et dont le titre même était resté ignoré jusqu'ici) aurait été tout naturellement attribué à Lesueur.

MARCARINI (GIUSEPPE), compositeur et professeur italien, né à Romanengo le 17 avril 1832, a fait représenter au mois de décembre 1871, sur le théâtre Carcano, de Milan, un drame lyrique intitulé *Francesca da Rimini*.

MARCELLI (ANAÏS). *Voyez* **PERRIÈRE-PILTÉ** (Mme).

MARCELLO (MARCO-MARCELLIANO), pianiste, compositeur et écrivain musical, naquit vers 1817 à San-Gerolamo Lupatolo, petit pays situé dans la province de Vérone. Il montra de bonne heure un goût prononcé pour le théâtre et la musique, et après avoir écrit un drame qu'il fit représenter à l'âge de seize ans, il alla trouver à Novare Mercadante, pour devenir son élève, et le suivit ensuite à Naples. N'ayant pas réussi à faire jouer deux opéras dont il avait écrit la musique, il passa en Piémont en 1848, s'établit à Turin, et y donna des leçons de piano et de chant tout en écrivant dans divers journaux. En 1854, il fonda en cette ville un journal de théâtre, *il Trovatore*, qu'il transporta en 1859 à Milan ; ce journal, dans lequel la critique était faite à la diable, était plutôt une sorte de petit pamphlet dont le directeur cherchait à faire de l'esprit aux dépens d'autrui, qu'une véritable feuille artistique. Le style de Marcello était beaucoup plus convenable et plus approprié aux sujets qu'il traitait dans la *Rivista contemporanea*, où pendant plusieurs années il fut chargé de la critique musicale.

Mais ses travaux littéraires n'empêchaient pas Marcello de se livrer à la composition. Pendant son séjour à Turin, il publia une messe à 3 voix avec accompagnement d'orgue, un album de six ariettes intitulé *Sere d'autunno*, un recueil de piano, *Arc-en-ciel*, composé de sept petits morceaux, un autre recueil, *Mazzolino primaverile*, formé de « dix pièces de danse en forme d'études, » puis, sous le titre de *Miniera teatrale*, toute une série de divertissements sur des thèmes d'opéras, *Robert le Diable*, *Luisa Miller*, *le Prophète*, *Buondelmonte*, etc. En même temps, et ne pouvant se produire au théâtre comme compositeur, il y trouvait accès comme librettiste, et dans l'espace de quelques années fournissait à divers musiciens dramatiques une trentaine de livrets dont quelques-uns étaient bien accueillis; c'est ainsi qu'il écrivit *il Bravo* pour son maître Mercadante, *Isabella d'Aragona*, *Tutti in Maschera*, *Guerra in quattro* pour M. Pedrotti, *Giuditta* pour M. Peri, *Bianca degli Albizzi* pour Villanis, *Ginevra di Scozia* pour M. Petrali, etc. Il traduisit aussi en italien les poèmes de plusieurs opéras français, entre autres celui du *Prophète*. Ce fut peut-être, là, le côté le plus intéressant de la carrière de Marcello, car il acquit comme librettiste une certaine notoriété. Cet artiste mourut à Milan, le 25 juillet 1865.

MARCHAL ou **MARÉCHAL**, claveciniste distingué, se produisit plusieurs fois avec succès au Concert spirituel, vers 1780. Il y exécuta plusieurs morceaux de sa composition, entre autres un concerto avec accompagnement d'orchestre, et un quatuor pour clavecin, cor, clarinette et harpe, qu'il joua plusieurs fois en compagnie de Le Brun, Michel et Vernier.

MARCHAL (Pedro-Anselmo), claveciniste et compositeur portugais, était aussi éditeur de musique, ainsi que le démontre cette mention que l'on trouve sur le titre de diverses pièces de musique de salon publiées à Lisbonne vers la fin du XVIIIe siècle : *Marchal, éditeur et marchand de musique privilégié de S. M.* Marchal jouait assez bien du clavecin, et sa femme avait du talent sur la harpe; on les fêtait beaucoup dans les salons de Lisbonne. Marchal a composé pour son instrument quelques ouvrages qui sont rares aujourd'hui ; un livre de Rondos (six) pour clavecin et flûte porte pour chiffre d'œuvre le numéro 10, et appartenait à son propre fonds de musique. J. de V.

* **MARCHAND** (Louis-Joseph), prêtre et maître de chapelle du dix-huitième siècle. Le *Traité du contrepoint* de cet artiste a été publié en 1739; la date de 1758, donnée dans la *Biographie universelle des Musiciens*, est évidemment celle d'une seconde édition.

MARCHAND (Alexandre-Nicolas), théoricien français, est né à Bourmont, le 21 mai 1819. Après avoir fait de bonnes études musicales, qu'il termina au Conservatoire de Paris, après avoir obtenu en 1844 une mention honorable au concours de Rome, il se livra à l'enseignement et devint, fort jeune encore, professeur d'harmonie au Conservatoire de Bruxelles. M. Alexandre Marchand a publié sous ce titre : *Du principe essentiel de l'harmonie* (Paris, imprimerie nationale, 1872, in-4°), un ouvrage théorique qui bouleverse peut-être un peu trop les idées reçues dans la matière, et dont les tendances sont hardies au point d'en paraître audacieuses. Sans être l'ennemi de tout progrès en matière de science musicale et sans se confiner dans une routine obstinée, je crois que l'on ne saurait accepter, même en partie, le système et les théories de M. Marchand sans en faire l'objet de l'examen le plus scrupuleux.

* **MARCHESI** (Louis). Ce chanteur célèbre a fait l'objet d'une notice publiée sous ce titre : *Lodi caratteristiche del celebre cantore signor Luigi Marchesi* (Sienne, 1781, in-8° de 10 pp.).

MARCHESI (Le chevalier Salvatore **DE CASTRONE**), chanteur et professeur italien très-renommé, est né à Palerme le 15 janvier 1822, d'une famille d'origine princière (1). Son père avait été gouverneur général de la Sicile de 1806 à 1810, et lui-même entra dans la garde noble à Naples, en 1838. Mais ses principes libéraux l'en éloignèrent bientôt, et il alla étudier le droit et la philosophie à Palerme, tout en prenant des leçons de chant et de composition avec Pietro Raimondi. En 1846 il se rendit à Milan, où il prit des leçons de MM. Lamperti et Fontana. Mais ayant pris part à la révolution de 1848, il se vit obligé de s'enfuir en Amérique, et là, abordant le théâtre, il débuta à New-York dans *Ernani*. Toutefois il fut obligé de reconnaître son insuffisance, et, étant revenu en Europe, il se fit à Londres l'élève de Manuel Garcia.

Il profita grandement des conseils de son nouveau maître, et bientôt, sous le nom de Marchesi, il se fit une belle réputation dans les concerts par sa splendide voix de baryton et son élégante manière de chanter. En 1851, il fait une grande tournée artististique en Allemagne, donne une série de brillants concerts à Francfort, Leipzig, Berlin, Hambourg, Brême, Weimar, Hanovre, etc., et se fait entendre aussi dans les Pays-Bas. En 1852, il épouse Mlle Mathilde Graumann, jeune artiste de Francfort qui devait partager sa renommée et qui fait l'objet de l'article suivant, et l'année d'ensuite tous deux font partie des troupes italiennes de Berlin, de Bruxelles et de Londres. En 1854, M. et Mme Marchesi donnent des concerts à Vienne, et bientôt s'établissent en cette ville, où ils deviennent

(1) Dans le premier volume de ce Supplément se trouve une courte notice consacrée à M. de *Castrone-Marchesi*, dans laquelle j'ai qualifié cet artiste de « dilettante, » au sujet du Rapport officiel rédigé par lui sur la section des instruments de musique italiens à l'Exposition de Vienne. J'ignorais alors que l'auteur de ce rapport ne fît qu'un avec le célèbre professeur de chant. On voudra donc bien considérer cette notice comme nulle, et se référer uniquement à celle-ci.

professeurs au Conservatoire. En 1862, ils entreprennent un voyage artistique, parcourent l'Allemagne, la Suisse et la Hollande en donnant des concerts, et se font entendre à Paris. En 1863, M. Marchesi chante au théâtre de Weimar, puis au théâtre de la reine, à Londres, où il se produit particulièrement dans *Faust* et dans *Don Juan*. Bientôt, avec sa femme, il revient à Paris, où tous deux donnent une série d'intéressants concerts historiques, et où M. Marchesi s'établit un instant comme professeur. Mais dès le mois d'octobre 1865, l'un et l'autre vont se fixer à Cologne, où Mme Marchesi est attachée comme professeur au Conservatoire, et où, deux ans après, M. Marchesi obtient la même situation. Enfin, en 1869, Mme Marchesi étant rappelée au Conservatoire de Vienne, est suivie en cette ville par son mari.

M. Marchesi n'est pas seulement un chanteur distingué et un professeur consommé. Artiste instruit et compositeur élégant, il a écrit des *lieder* allemands, des chansons napolitaines, des romances françaises, et il a donné des traductions italiennes d'un grand nombre d'opéras allemands et français, parmi lesquels il faut citer *Médée*, *Lohengrin*, *le Vaisseau-fantôme*, *Abou-Hassan*, *Roland à Roncevaux*, *la Vestale*, *Tannhäuser*, *le Capitaine Henriot*, *Iphigénie en Tauride*, etc., etc. On lui doit aussi une Méthode de chant, un recueil de *Sei Nuovi Canti Siciliani*, dont il a écrit les paroles et la musique, et, sous ce titre : *Riassunto dell' arte del canto*, une série de 20 vocalises élémentaires et progressives avec paroles pour unir l'articulation à la vocalisation. Enfin, nommé membre du jury du groupe XV à l'Exposition universelle de Vienne de 1873, il est l'auteur de la *Relazione sugli Istrumenti musicali quali erano rappresentati all' Esposizione universale di Vienna nel Giugno* 1873 qui a été publiée dans la collection officielle des Rapports des jurys italiens. Il a été fait de cet écrit un tirage à part.

MARCHESI (Mathilde **GRAUMANN**, épouse), femme du précédent, chanteuse et professeur remarquable, est née à Francfort-sur-le Mein le 26 mars 1826. Fille d'un riche négociant qui lui fit donner une excellente éducation, elle prit à Vienne, en 1843, des leçons de chant d'Otto Nicolaï, puis vint terminer ses études musicales à Paris, sous la direction Mlle Klotz pour le solfège, de Manuel Garcia pour le chant et de Samson pour la diction, s'attachant à la déclamation lyrique et à la connaissance de la théorie de la musique, et prenant pour exemple et pour modèles les grands artistes qui brillaient alors sur nos scènes lyriques Duprez, Lablache, Tamburini, Mmes Grisi, Persiani, Stoltz, etc. En 1849, Mlle Graumann donnait un concert d'adieu à Paris ; ensuite elle alla passer trois saisons à Londres, où elle se produisit avec bonheur, et n'obtint pas moins de succès en Allemagne, surtout en se faisant entendre dans les superbes concerts du Gewandhaus, de Leipzig, dont elle devint une des cantatrices les plus aimées.

C'est alors (1852) qu'elle épousa M. Marchesi, en compagnie duquel elle se fit applaudir bientôt à Berlin, à Bruxelles et à Londres. Nommée professeur au Conservatoire de Vienne en 1854, sa classe devint rapidement la meilleure de cet établissement et acquit une renommée européenne; c'est là que se sont formées nombre d'artistes de premier ordre, Mlles Antoinette Fricci, Caroline Smeroschi, Etelka Gerster, Anna Lüdecke, Rosa Bernstein, Marguerite Dorn, Clémentine Proska, Catherine Prohaska, Anna d'Angeri, Louise Radecke, Anna Riegel, Ilma de Murska, Gabrielle Krauss, Caroline Dary, Katharina Carina, Julie Dumont-Suvanny, Weinberger, Marck, Schmidt, etc. Cependant, au bout de sept ans, en 1861, Mme Marchesi donne sa démission, se rend à Paris avec toute sa famille, y reçoit des élèves de tous les pays, entreprend bientôt un grand voyage artistique en Europe avec son mari, puis revient à Paris, où tous deux donnent des concerts historiques et où elle écrit sa Méthode pratique de chant, dont la publication a lieu simultanément en France et en Allemagne. En 1865, les deux époux vont se fixer à Cologne, où Mme Marchesi devient professeur au Conservatoire, et enfin, en 1869, elle est rappelée au Conservatoire de Vienne, où elle est fixée encore aujourd'hui.

Mme Marchesi, qui, en 1864, parcourut avec son mari l'Angleterre, l'Irlande et l'Écosse en donnant toute une série de brillants concerts, n'a pas seulement formé d'excellents sujets pour le théâtre, mais aussi un grand nombre de professeurs de chant, qui aujourd'hui propagent son enseignement et ses traditions. Elle a publié plusieurs ouvrages didactiques consacrés aux voix de femmes et dont on dit le plus grand bien ; 24 *Vocalises pour soprano*, dédiées à Rossini : *Exercices élémentaires; Vocalises pour une, deux et trois voix ; Études d'agilité avec paroles*; enfin une grande méthode intitulée : *École Marchesi, l'Art du chant*. Mme Marchesi a été l'objet d'une foule de distinctions, et l'empereur François-Joseph lui a conféré en 1874 la croix pour le mérite (en or, avec couronne), honneur exceptionnellement rare pour une artiste de son sexe.

On doit à Mme Marchesi un petit livre intéressant publié à Vienne, en 1877, sous ce titre : *Erinnerungen aus meinem Leben* (*Mes Souvenirs*).

MARCHETTI (Filippo), compositeur dramatique italien, est né à Bolognola, près de Camerino, le 26 février 1831. A l'âge de douze ans, et comme simple distraction, il commença l'étude de la musique, et trois ans plus tard, s'étant mis à travailler sérieusement sous la direction d'un professeur nommé Bindi, il se consacra décidément à la carrière artistique. Ses progrès étant remarquables, sa famille résolut, en 1850, de l'envoyer à Naples, afin qu'il pût terminer son éducation au Conservatoire de San-Pietro a Majella. Il se fit admettre en effet dans cet établissement, où, après avoir suivi un cours d'harmonie accompagnée avec Giuseppe Lillo, il devint, pour le contrepoint et la composition, l'élève de Carlo Conti, auprès duquel il passa quatre années. Ayant achevé ses études sous cet excellent maître, M. Marchetti retourna dans sa patrie, et songea aussitôt à écrire un opera, dont son frère, M. Raffaele Marchetti, lui avait fabriqué le livret. Cet ouvrage, intitulé *Gentile da Varano*, fut représenté sur le théâtre National de Turin, au commencement de l'année 1856, et le succès en fut assez grand pour que le directeur de ce théâtre commandât au jeune compositeur un second opéra, qui devait être produit l'année suivante au théâtre Carignan de la même ville. M. Marchetti se mit aussitôt à l'œuvre, et écrivit *la Demente*, qui fut en effet donnée sur cette dernière scène, en 1857. Soit que ce nouvel ouvrage fût inférieur au précédent, soit, comme on l'a dit, que l'immense succès obtenu en ce moment à Turin par *la Traviata*, de M. Verdi, attirât toute l'attention du public, *la Demente* ne put être jouée au-delà de quatre représentations. Peu de mois après cependant, elle était reproduite à Rome et non sans succès.

M. Marchetti s'établit alors à Rome comme professeur de chant, ce qui ne l'empêcha pas d'écrire la musique d'un grand drame lyrique en trois actes, intitulé *le Paria*. Mais, malgré tous ses efforts, il ne put trouver un théâtre pour jouer cet ouvrage, et, découragé, il quitta Rome après trois ans de séjour pour se rendre à Milan, où il fit la connaissance d'un compositeur aimable, qui était en même temps un librettiste fécond, Marco Marcello (*Voyez* ce nom). Celui-ci traça pour lui le livret d'un *Romeo e Giulietta* que le jeune artiste mit aussitôt en musique, mais qu'il eut encore beaucoup de peine à faire connaître au public, quoique l'un des grands éditeurs de musique de Milan, Francesco Lucca, lui eût acheté sa partition et l'eût publiée avec l'accompagnement de piano. Enfin, *Romeo e Giulietta* fut représenté au théâtre communal de Trieste le 25 octobre 1865, et assez bien accueilli ; deux ans après, l'ouvrage était reproduit à Milan, sur le théâtre Carcano, et malgré le voisinage du *Roméo et Juliette* de M. Gounod, qu'on jouait alors à la Scala, il obtint un succès retentissant et qui classa M. Marchetti au nombre des jeunes compositeurs sur lesquels l'Italie avait le plus droit de compter.

Ce succès ouvrit à l'artiste les portes du grand théâtre de la Scala, pour lequel il écrivit un drame lyrique en quatre actes, *Ruy Blas*. Chanté par MM. Tiberini et Cesare Rota, par la Poch et la Benza, *Ruy Blas* fut représenté pour la première fois à la Scala le 3 avril 1869, et cette fois ce fut un triomphe qu'obtint M. Marchetti. Je n'ai pas eu l'occasion d'entendre cet ouvrage en Italie et de le pouvoir juger, mais je puis donner l'impression d'un critique italien très-expert et très-autorisé, qui m'écrivait ce qui suit au sujet de M. Marchetti, de son *Ruy Blas*, et de l'influence que cet ouvrage a exercée sur la destinée de son auteur : — « .... Quelle que soit la mesure du talent de M. Marchetti, c'est assurément un très-bon musicien, qui écrit très-bien pour les voix et pour l'orchestre, et qui connaît tous les secrets de l'harmonie et du contrepoint. Son premier succès a été *Giulietta e Romeo* au Carcano de Milan, mais cette partition a été vite oubliée, sans doute à cause du *Roméo* de Gounod, qui est infiniment supérieur. Le triomphe de M. Marchetti a été son *Ruy Blas*, qui a fait le tour de tous les théâtres d'Italie. C'est une œuvre d'une facture exquise et d'une inspiration tendre, douce, passionnée, mais un peu monotone. Avec une seule mélodie, l'auteur a fait les frais de toute sa partition ; le duo d'amour est admirable, et excite toujours l'enthousiasme, quelquefois trop facile, du public italien. Le succès de *Ruy Blas* a été le grand malheur de M. Marchetti, parce qu'à son quatrième opéra le public lui a demandé beaucoup plus qu'il ne pouvait donner. Son *Gustavo Wasa*, donné en février 1875 à la Scala, de Milan, est tombé sans espoir de résurrection. C'est un *Ruy Blas* à l'eau de rose. Pas d'inspiration ; un orchestre morne, sans éclat ni couleur ; des longueurs interminables, et une absence presque complète d'idées. »

Gustavo Wasa n'obtint en effet aucun succès, quoique très-bien chanté par M. Bolis, le ténor Maini et Mme Mariani-Masé; il ne fut pas plus heureux à Florence, malgré les corrections et les modifications apportées par l'auteur à son œuvre pour sa représentation au théâtre de la Pergola. Deux ans auparavant, le 25 mars 1873, le compositeur avait donné au théâtre d'Angennes, de Turin, un opéra de demi-caractère intitulé *l'Amore alla prova*, qui, bien qu'accueilli assez favorablement, disparut avec rapidité. Depuis lors, il ne s'est pas produit nouvellement à la scène, et ses compatriotes semblent craindre qu'il ne se puisse relever de son dernier insuccès. M. Marchetti n'en a pas moins obtenu, dans le cours de sa carrière, un long et retentissant succès avec sa partition de *Ruy Blas*; bien des compositeurs n'ont pas eu cette bonne fortune, et n'ont jamais joui d'un tel moment de popularité. Il a en portefeuille un drame lyrique encore inédit, intitulé *Giovanna d'Austria*.

En dehors du théâtre, M. Filippo Marchetti a publié un certain nombre de compositions vocales : *Ricordi di Roma*, album de 6 mélodies (1. *l'Ora del Tramonto*; 2. *Aspetto la riposta*; 3. *Sei tenerina come la lattuga*; 4. *E tu credevi vanarella mia*; 5. *la Primavera*, duo; 6. *la Preghiera*, quatuor); — *la Vita*, id. (1. *Perchè si muore*; 2. *lo Straziafanciulle*; 3. *Ritornate presto*; 4. *Quanto è bella*; 5. *Poverella*; 6. *Madre e figlio*); — *A Roma*, id. (1. *la Figlia d'Italia*; 2. *l'Arancino*; 3. *la Gemma d'amore*; 4. *la Cagia*; 5. *Ei più non torna*; 6. *la Partenza*, duo); — *Quattro Canti popolari*, avec piano; — 12 *Canti popolari romaneschi*, id.; — *Ave Maria* pour 3 voix de femmes, avec piano; — enfin diverses mélodies vocales détachées : *Tu vaneggi*; *la Sera*; *Di che ti lagni?* *Era stanca*; *un Bacio solo*; *Ad una Bambina*; *Morremo*, duo; *All' amica lontana*; etc. On connaît encore de M. Marchetti une ouverture à grand orchestre, en *ré* majeur, et un *Chœur de Corsaires* avec accompagnement d'orchestre.

MARCHI (Virginio DE), compositeur italien contemporain, est né à Udine, dans le Frioul. J'ignore avec quel artiste il a fait son éducation musicale, et je sais seulement qu'il reçut quelques leçons de son compatriote Mazzucato (*Voy.* ce nom), né comme lui à Udine, et mort récemment. M. De Marchi a fait représenter il y une quinzaine d'années, sur le théâtre de Brescia, un opéra sérieux intitulé *il Cantore di Venezia*, dont le sujet était tiré de l'aventure légendaire de Stradella. L'ouvrage était faible aussi bien sous le rapport de l'invention qu'en ce qui concerne la facture, et n'obtint qu'un médiocre succès; il ne fut pas beaucoup plus favorablement accueilli au théâtre Pagliano, de Florence, lorsqu'il y fut reproduit en 1866. Depuis ce temps, on n'a pas entendu parler du compositeur.

MARCHIÒ (.......), compositeur dramatique italien de l'époque actuelle, a fait représenter avec succès en 1869, sur le théâtre de Reggio d'Émilie, un opéra sérieux qui avait pour titre *la Statua di carne*; six ans après, le 7 février 1875, il donnait au même théâtre un second ouvrage, intitulé *Amore e Vendetta*. Je n'ai aucun renseignement particulier sur cet artiste.

MARCHISIO (Antonino), pianiste distingué, renommé pour son enseignement, et compositeur, était né à Buttigliera d'Asti, le 19 février 1817. Fixé depuis longues années à Turin, il est mort en cette ville le 4 août 1875, à l'âge de 58 ans. Il avait fait représenter trois opéras : *Il Marito della vedova*, *un Matrimonio a tre*, et *Piccarda Donati*, et il en a laissé deux inédits : *gli Ussiti*, et *Cristoforo Colombo*.

MARCHISIO (Barbara et Carlotta), chanteuses renommées, sœurs du précédent, naquirent à Turin, la première le 12 décembre 1834, la seconde le 6 décembre 1836, et de bonne heure se livrèrent à l'étude de la musique. Carlotta, la cadette, était douée d'une fort belle voix de soprano, à la fois solide et souple, tandis que sa sœur possédait un contralto magnifique et puissant. Toutes deux songèrent à embrasser la carrière théâtrale, travaillèrent sous la direction d'un professeur nommé Luigi Fabbrica, et vers 1856 Barbara débuta à Vienne, pour se rendre ensuite à Madrid, où sa sœur était engagée avec elle. En 1857, les deux jeunes chanteuses se faisaient entendre au théâtre Victor-Emmanuel, de Turin, où elles obtenaient un grand succès en jouant ensemble la *Semiramide* de Rossini. Si j'en crois un biographe italien, Francesco Regli, elles chantèrent ensuite à Venise, à Mantoue, à Trieste, à Milan (Scala), à Rome, enfin à Parme, voyant grandir chaque jour leur renommée, et c'est alors que l'administration de l'Opéra de Paris conçut l'idée de se les attacher et, pour les produire de la façon la plus favorable, de faire traduire expressément pour elles *Semiramide*, qui leur avait valu leurs plus beaux triomphes. Les deux sœurs se montrèrent en effet, le 10 juillet 1860, dans *Sémiramis*, et produisirent une impression profonde, justifiée par la beauté de leur voix, par leur talent très-réel, et par le charme et l'ensemble qu'elles apportaient dans l'exécution des morceaux chantés à elles deux. Toutefois, on a singulièrement exagéré en affirmant que la façon dont elles disaient le duo célèbre du second acte rappelait la réunion mémorable, dans ce morceau, de la Malibran et de la Sontag.

Après un séjour relativement court à Paris, les sœurs Marchisio se produisirent avec le même bonheur sur la plupart des grands théâtres de l'Europe, à Londres, à Bruxelles, à Rome, à Barcelone, et dans ces deux dernières villes surtout leur succès fut très-marqué. Elles étaient encore dans tout l'éclat d'une carrière qui aurait pu se prolonger, lorsque Carlotta mourut à Turin le 28 juin 1872, âgée seulement de trente-cinq ans. Celle-ci avait épousé un chanteur dramatique autrichien connu au théâtre sous le nom d'*Eugenio Coselli*, qui s'appelait *Kuh* de son nom véritable, et qui depuis quelques années avait abandonné la scène pour acheter et diriger, à Venise, une importante fabrique de pianos. Lui-même est mort près de cette ville, à Mira, le 2 mai 1875. Il était né à Vienne en 1835.

Un compositeur qui me semble devoir appartenir à la même famille, M. *Giuseppe-Enrico Marchisio*, s'est fait connaître par la publication d'une trentaine de morceaux de genre pour le piano, rêveries, tarentelles, barcarolles, etc.

MARCILLAC (F...), né le 1er mai 1817, à Genève, est mort dans cette même ville le 9 mars 1876. Les premières leçons de musique lui furent données par son père, qui était Français, et tenait à Genève un magasin de musique. Il parcourut l'Europe pendant près de quinze ans avec une famille russe à laquelle il fut attaché d'abord comme précepteur, puis comme secrétaire des commandements. C'est pendant cette période de sa vie qu'il eut occasion d'entendre souvent de grands artistes et de développer son goût et ses connaissances musicales. Dès son retour à Genève, en 1848, il commença à s'occuper de recherches sur l'histoire de la musique. Vers 1866, il fut chargé du cours de littérature à l'École supérieure des jeunes filles, et conserva ces fonctions jusqu'à sa mort. Il avait été nommé aussi membre du Comité du Conservatoire de Genève, puis vice-président, et prit, pendant plus de vingt ans, une part active à la direction de cette école. Ce fut à la demande de ses collègues qu'il rédigea, en 1862, une *Théorie élémentaire de la Musique*, suivie d'exercices de solfége à deux voix, publiée à Genève chez L. Martinet. On a aussi de lui une brochure sur *l'Enseignement populaire de la musique d'après la méthode Chevé* (Genève, Jules Gme Fick, 1862, extrait du bulletin, n° 17, de la Société Genevoise d'utilité publique). Le but de cet opuscule, dont une partie est consacrée à l'éloge de la méthode Wilhem, est de recommander le système Galin-Paris-Chevé pour l'enseignement du chant en chœur, et notamment du chant religieux. L'auteur demande, en terminant, que la notation en chiffres soit introduite dans les Psautiers de l'Église réformée. Le titre le plus important de Marcillac à l'estime des connaisseurs et des érudits est son *Histoire de la Musique moderne et des Musiciens célèbres depuis l'ère chrétienne jusqu'à nos jours* (Sandoz et Fischbacher, Paris, 1876). Cet ouvrage est surtout exact et complet dans la partie consacrée aux origines et aux progrès de l'art tout moderne de la musique. Cette partie, qui comprend les deux tiers du volume, est un résumé net et bien ordonné des meilleurs travaux sur la matière de Burney, Martini, Forkel, Kiesewetter, Fétis, Coussemaker, etc. En d'autres termes, c'est une intelligente vulgarisation de notions qu'on ne pouvait guère acquérir et préciser qu'en compulsant de volumineux in-folio écrits dans des langues diverses, et assez souvent conçus sans méthode. Écrit sans prétention et avec clarté dans le plan et dans l'expression, ce livre est d'une lecture aisée et instructive. Les chapitres relatifs à la notation au moyen âge, à la Renaissance et aux origines de l'opéra sont particulièrement à recommander. La fin du volume, où l'auteur passe en revue les productions du siècle actuel, est incontestablement beaucoup plus faible. Il semble qu'elle ait été faite avec précipitation et une connaissance imparfaite du sujet. On peut y relever plus d'une appréciation douteuse, et même des inexactitudes de fait surprenantes lorsqu'il s'agit d'événements contemporains. Il est à croire, par exemple, que les jugements portés sur Beethoven, Schumann et surtout Meyerbeer ne seront pas complètement ratifiés par les artistes et les gens de goût. Parlant de Berlioz, Marcillac présente sa carrière comme terminée après l'*Enfance du Christ* et omet d'une façon évidemment inconsciente la généreuse tentative des *Troyens*, la plus intéressante de l'auteur de *Benvenuto* au théâtre. Il y aurait plus d'une lacune de ce genre à signaler dans les derniers chapitres. Malgré ces imperfections, l'*Histoire de la musique* de Marcillac méritait ici une mention particulière. On y trouve cette érudition consciencieuse et ce sentiment élevé de l'art qui font la valeur durable des ouvrages de ce genre.

AL. R—D.

MARCORA (C........), musicien italien contemporain, est l'auteur d'un drame lyrique intitulé *Cristoforo Colombo*, qui n'a été représenté qu'après sa mort, en 1869, sur le théâtre de Bahia. J'ignore s'il était fixé en ce pays. Cet artiste, sur lequel je ne possède aucun autre renseignement, avait publié précédemment quelques mélodies vocales et plusieurs morceaux de piano.

MARCOU (PAUL), pianiste français et compositeur pour son instrument, a publié, dans ses dernières années, un certain nombre de morceaux de genre parmi lesquels je signalerai les suivants : *Florence*, nocturne, op. 8 ; *le Soir*, rêverie, op. 9 ; *Inquiétude*, caprice, op. 11 ; *le Papillon*, scherzo, op. 12 ; Barcarolle, op. 13 ; Tarentelle, op. 14 ; *la Cosaque*, impromptu, op. 15 ; *la Fleur et le Ruisseau*, étude mélodique, op. 16 ; *Chant du berceau*, op. 17 ; *Andante alla marcia*, op. 18 ; *le Hamac*, mélodie champêtre, op. 19 ; Scène russe, op. 20 ; Légende, op. 21 ; *Souffle de printemps*, romance sans paroles, op. 22 ; Idylle, op. 24 ; 5 Marches, op. 24 ; Valse villageoise, op. 22 ; etc., etc.

MARCUCCI (FERDINANDO), harpiste extrêmement distingué, né à Florence le 6 mai 1800, mort en cette ville le 29 décembre 1871, fut élève de son père, Curzio Marcucci, qui était lui-même un virtuose fort remarquable, et reçut des leçons d'harmonie et de contrepoint de Disma Ugolini. Dès ses plus jeunes années il tenait très-habilement la partie de harpe à l'orchestre du théâtre de la Pergola, de Florence, et il se fit toujours remarquer, dans les concerts, par ses grandes qualités de style et de mécanisme, transformant en quelque sorte l'instrument sous ses doigts et en tirant des effets inconnus avant lui. En 1827, Marcucci vint en France, obtint beaucoup de succès en donnant en province une série de concerts, et, une fois arrivé à Paris, entra à l'orchestre du Théâtre-Italien par la protection de Rossini. Après quelques années, en 1835, il était de retour à Florence, qu'il ne quitta plus, et s'y livra complétement à l'enseignement, formant de nombreux et excellents élèves, tout en continuant de faire admirer son admirable talent toutes les fois qu'il se produisait en public.

MARCUSSEN (......), facteur d'orgues, associé, je crois, à M. Reuter, était avec celui-ci le chef de la maison la plus importante en ce genre de tout le Danemark, il y a une trentaine d'années. Ces deux artistes distingués ont apporté d'heureuses et utiles améliorations dans la fabrication des orgues.

MARÉCHAL (CHARLES-HENRI), compositeur, est né à Paris le 22 janvier 1842. Il se fit recevoir au Conservatoire seulement en 1866, et entra dans la classe d'orgue de M. Benoist et dans la classe de composition de M. Victor Massé. Je ne crois pas qu'il ait pris part aux concours de l'école ; tout au moins n'y obtint-il aucune récompense ; mais s'étant présenté en 1870 au concours de l'Institut, il y remporta d'emblée le premier grand prix de Rome, conjointement avec M. Charles Lefebvre (*Voyez* ce nom). En 1875, à la séance d'audition des envois de Rome, on exécuta au Conservatoire des fragments de *la Nativité*, drame sacré écrit par M. Maréchal sur un poëme de M. Cicile, et dont divers autres fragments avaient été précédemment entendus dans les séances de la Société nationale de musique. Depuis lors, M. Maréchal a donné à l'Opéra-Comique (8 mai 1876) un petit ouvrage en un acte, *les Amoureux de Catherine*, qu'on a trouvé empreint d'une grâce touchante et d'un bon sentiment mélodique. Presque en même temps il écrivait pour une comédie de MM. Erckmann et Chatrian, *l'Ami Fritz*, représentée à la Comédie-Française, deux morceaux dont l'un surtout, une chanson avec chœur, produisait un heureux effet. M. Maréchal a rempli un instant, en 1867, les fonctions de chef des chœurs au Théâtre-Lyrique.

MARENCO (ROMUALDO), compositeur dramatique italien, s'est fait connaître par la musique de plusieurs ballets dont voici les titres : 1° *i Setti Peccati capitali* ; 2° *Bianca di Nevers*, représenté à la Scala, de Milan ; 3° *Armide*, joué au Politeama, de Naples, au mois de Mai 1873 ; 4° *le Follie del Carnevale*, écrit en société avec MM. Levi et Casiraghi et donné au théâtre Dal Verme, de Milan, le 20 janvier 1877 ; 5° *Ermanzia*, joué au théâtre San-Carlo, de Naples, en mars 1877 ; 6° *Balilla*, représenté à Gênes au mois d'avril de la même année ; 7° *Sieba*, donné à Turin au mois de janvier 1878. M. Marenco est aussi l'auteur d'un drame lyrique en quatre actes, *Lorenzino de' Medici*, représenté le 1er décembre 1874 sur le théâtre de Lodi, et qui a été bien accueilli par le public. Cet artiste a publié un certain nombre de morceaux de musique de danse pour le piano. Il était, en 1873, chef d'orchestre pour le ballet au théâtre de la Scala, de Milan.

* **MARENZIO** (LUCA), illustre compositeur italien du seizième siècle. — M. le docteur Basevi, de Florence, m'a signalé une édition du premier livre de madrigaux de cet artiste qui est restée inconnue à Fétis, et dont voici le titre : *Di Luca Marenzio madrigali à 4, 5 et 6 voci libro primo, novamente composte et date in*

luce. In Venetia, presso Giacomo Vincenzi. 1588. Dans la dédicace, adressée au comte Mario Bevilacqua, Marenzio dit qu'il a composé ces madrigaux *con maniera assai differente dalla passata, havendo, et per l'imitatione delle parole, et per la proprietà dello stile, atteso (diro cosi) a una mesta gravità.*

MARESCALCHI (F........), musicien italien contemporain, s'est fait connaître par la publication d'un assez grand nombre d'albums de mélodies vocales, parmi lesquels je citerai : *Alla giovine Italia* (12 pièces), *Coselle del Core* (4 chants dans le style populaire), *un Fiore a Bellini* (6 pièces), etc.

* **MARESSE** (Louis). — On a de ce compositeur un petit opéra-comique en un acte, *les Projets de sagesse*, représenté au Gymnase le 20 février 1821. L'auteur des paroles de cet ouvrage était Mélesville, et tous deux en écrivirent la musique en collaboration.

***MARIA** (D. Carlos **DE JESUS**). — Fétis n'a pas connu la première édition du traité de cet auteur sur le plain-chant ; il n'a même pas donné exactement le titre de la seconde, que voici : *Resumo das regras geraes mais importantes e necessarias para a boa intelligencia do Cantochão*, etc., Coïmbre, 1726, in-4° de 47 pp. La deuxième édition porte le même titre; l'auteur y ajoute seulement : *Dado novamente ao prelo com varios accrescentamentos que vane notados com este signal :* *Coïmbre, 1741, in-4° de II-92 pp. et index. L'auteur a publié son traité sous le pseudonyme : *P. Luis da Maria Crosse'r.*

J. de V.

MARIA (D. João **DE SANTA-**), prêtre portugais, chanoine de l'église de S. Vicente de Fora, né à Terena (Extremoz), mort à Grijo en 1654, écrivit sur le plain-chant trois livres qu'il dédia au roi D. Jean IV, et qui existaient dans la bibliothèque de ce prince. Ces trois livres ne formaient probablement qu'un seul ouvrage, divisé en trois parties.

J. de V.

MARIA (Le P. Francisco **DE SANTA-**), religieux franciscain portugais, né à Barcellos, exerça la charge de *vigario de côro* dans le couvent de Jésus, à Lisbonne, et mourut à Coïmbre en 1721. Il composait, et ses compositions existaient encore en 1833 dans son couvent, qui fut supprimé avec tous les autres en 1834. Le couvent de Jésus fut donné à l'Académie royale des sciences, qui y est encore installée.

J. de V.

MARIANI (Angelo), compositeur et le plus fameux chef d'orchestre de l'Italie contemporaine, est né à Ravenne le 11 octobre 1822, et mort à Gênes le 13 juin 1873. Cet artiste extrêmement distingué, dont la renommée comme chef d'orchestre fut exceptionnelle, était fils d'honnêtes bourgeois de Ravenne, et avait fait son éducation musicale sous la direction de maîtres obscurs. Il eut pour professeur de violon un nommé Pietro Casolini, et fit ses études de contrepoint et d'harmonie avec un moine, le père Livrini, théoricien habile. A dix-huit ans, ne jouant que du violon et du piano, il accepta, à Sant Agata, l'emploi de chef d'une bande musicale, et se mit à étudier le mécanisme des instruments à vent. Peu après il parcourut, comme simple musicien d'orchestre, différentes villes des Romagnes, puis se rendit à Bologne, où Rossini, alors directeur du Lycée musical, fit exécuter une ouverture de sa composition et lui adressa des éloges à ce sujet. Ce fut alors que Mariani se mit à étudier les œuvres classiques de toutes les écoles, et que, sur les conseils de Rossini, il mit en partition les quatuors et les symphonies de Mozart et de Beethoven, travail excellent qui meuble merveilleusement la mémoire et forme le vrai musicien.

Mariani fit ses débuts de chef d'orchestre en 1844, à Messine, en dirigeant l'exécution de la *Saffo* de Pacini, puis il remplit ces fonctions à Milan et à Vicence. Ses premiers pas annonçaient un artiste très-habile en ce genre, et en 1847 il était appelé à diriger l'orchestre du théâtre de la cour, à Copenhague, où il écrivit une messe de *Requiem* pour les funérailles du roi Christian VIII. Comme tous les Italiens, Mariani était un chaud patriote : à la première nouvelle des événements de 1848, il abandonne la brillante situation qu'il occupait en Danemark, accourt à Milan, s'engage comme volontaire, et fait toute la campagne. La guerre terminée, il part pour Constantinople, où le sultan le prend en affection, et où il fait exécuter, outre un hymne en l'honneur de ce souverain, deux grandes cantates : *la Fidanzata del guerriero* et *gli Esuli*.

Enfin, en 1852, Mariani est chargé de la direction de l'orchestre du théâtre Carlo-Felice, à Gênes, et c'est de cette époque surtout que commence sa grande renommée. Quelques années après, son talent exceptionnel le faisait attacher, en la même qualité, au théâtre communal de Bologne, l'un des cinq ou six premiers de l'Italie, et il sut conserver à ce magnifique établissement son ancienne supériorité. Sa renommée ne fit qu'y grandir, à ce point que les Italiens, avec leur emphase habituelle, le surnommèrent *le Garibaldi de l'orchestre*. Voici comme un de ses confrères, le compositeur Alberto Mazzucato, devenu plus tard directeur du Conservatoire de Milan, et alors chef d'orchestre du théâtre de la Scala, appréciait le talent de cet artiste; ces lignes enthousiastes sont extraites d'un journal italien, *l'Euterpe*, du 23 septembre 1869 :

« Directeur d'orchestre! — Mais quand on a prononcé ces deux froides paroles, nul ne se doute de ce qu'est Mariani, parce qu'il est vraiment ce que doit être le véritable interprète des compositeurs : ingénu avec Paisiello et Cimarosa, idéal (*immaginoso*) avec Mozart et Rossini, élégiaque et passionné avec Gounod et Bellini, ardent et dramatique avec Verdi et Meyerbeer. Nul plus que le célèbre violoniste et compositeur ravennais n'a su s'identifier plus intimement, plus parfaitement, avec tous les genres de musique, avec tous les styles, avec tous les créateurs de mélodies et d'harmonies ; à tel point que, quand il se fait leur interprète, on dirait que ces chants suaves ou volcaniques, que ces harmonies ou simples, ou sévères, ou idéales, que ces combinaisons instrumentales légères, brillantes, impétueuses, formidables, austères, vagues, mystiques, sont siennes, et partent toutes de lui.

« Ce n'est pas tout. Non-seulement il s'assimile le compositeur de façon à en reproduire, à en photographier l'imagination, l'âme, l'esprit, l'idéalité, le génie ; mais cette âme, cet esprit, il les surpasse même parfois : il va plus loin, et là où l'interprétation simple ou ne suffit pas, ou laisse la voie ouverte à diverses manières, ou donne lieu à hésitations, il la devine et la trouve; et chaque fois sa divination est un miracle, qui se traduit pourtant en un prodige d'*effets*. Et ceux que nous appelons chanteurs, que nous appelons musiciens d'orchestre (*suonatori*), magnétisés et conquis par l'efficacité démesurée d'intuition d'un tel génie, sont plus que d'obéissants et valeureux soldats guidés par un grand capitaine; ils sont autant d'émanations de lui-même, ils sont les ramifications nerveuses de cette phénoménale intelligence, ils sont les mouvements immédiats de sa volonté, qui pourtant, dans leur immense variété, la révèlent non-seulement une, mais si puissante et si inébranlable que non-seulement tout obstacle s'efface et disparaît devant elle, mais même qu'on n'en soupçonne aucun et qu'on ne suppose point qu'il en puisse exister. »

Si l'on veut bien faire la part de l'exagération toute méridionale de ce jugement, on conviendra néanmoins que de tels éloges, surtout venant d'un confrère, ne pouvaient s'adresser à un artiste ordinaire. Mariani s'était fait d'ailleurs une renommée européenne, et il n'est que juste de dire que c'était un artiste hors ligne. Il dominait, de toute la hauteur de son talent exceptionnel et de son immense réputation, la notoriété cependant légitime de ses confrères italiens les plus experts, les Mazzucato, les Nicolo de Giosa, les Franco Faccio, les Francesco Pollini et autres. Il avait mis le comble à sa renommée par les soins et l'expérience qu'il avait apportés, dans ses dernières années, à l'exécution de plusieurs ouvrages particulièrement importants et difficiles et d'une nature singulièrement dissemblable : *l'Africaine*, de Meyerbeer, *Aida* et *Don Carlos*, de Verdi, enfin *Lohengrin* et *Tannhäuser*, de M. Richard Wagner. Le *Lohengrin* fut monté par lui avec *neuf* répétitions d'orchestre seulement, ce qui est un véritable tour de force.

Dans les premiers mois de 1873, Mariani venait d'être réengagé au théâtre Carlo-Felice, où il devait diriger prochainement l'exécution de *la Perle du Brésil*, de Félicien David, qu'on venait de traduire en italien. C'est précisément à Gênes qu'il est mort, le 13 juin, à huit heures du soir, après une assez longue et très-cruelle maladie.

Comme compositeur, et outre les ouvrages qui ont été cités plus haut, Mariani a publié un certain nombre de recueils de chant, parmi lesquels on signale surtout les suivants : *Rimembranze del Bosforo; il Trovatore nella Liguria ; Il Colle di Carignano*, recueil de 8 mélodies; *Album vocale* (dédié à Massimo d'Azeglio); *Rimembranze di Arenzano*, 6 pièces romantiques; *Liete e triste Rimembranze*; *Otto Pezzi vocali ; Nuovo Album vocale*, etc., etc. C'est Angelo Mariani qui eut, en 1864, la direction musicale des grandes fêtes célébrées à Pesaro en l'honneur de Rossini.

MARIGNAN (DE), comédien qui vivait au dix-huitième siècle, est l'auteur d'une brochure ainsi intitulée : *Éclaircissements donnés à l'auteur du « Journal encyclopédique » sur la musique du « Devin du Village »* (Paris, Duchesne, 1781, in-8°). Dans cette brochure, écrite avec un accent de sincérité convaincue, l'auteur prend avec vivacité la défense de Jean-Jacques Rousseau, qu'on avait accusé de s'être approprié la musique du *Devin du Village*, qui aurait été écrite par un autre que lui. Il donne d'ailleurs, à ce sujet, des raisons qui paraissent probantes, et cette question, reprise de nos jours par Castil-Blaze avec un acharnement qu'on a peine à s'expliquer, semble bien résolue lorsqu'on a lu l'écrit, d'ailleurs fort rare et presque inconnu, dont il est ici parlé. (*Voyez* GRANIER et GRENET.)

***MARIN** (FRANÇOIS-LOUIS-CLAUDE MARINI dit). — Cet écrivain avait été d'abord musicien, et avait rempli les fonctions d'organiste à la Ciotat, sa ville natale. Je ne rappelle ici son nom que pour citer un passage d'un pamphlet de Beaumarchais dans lequel sont remis en lumière ces commencements de sa carrière. Lorsqu'en 1771 Marin fut appelé à la rédaction en chef de la *Gazette de France*, ce choix fut l'objet de critiques très-vives de la part de certains hommes de lettres, dont Marin s'était fait des ennemis en qualité de censeur de la police. Beaumarchais se distingua entre tous par son animosité, et publia à ce sujet un mémoire dans lequel, après l'avoir montré gagiste à la Ciotat, où il touchait de l'orgue, il ajoute : — « Il quitte la jaquette et les galoches, et ne fait qu'un saut de l'orgue au professorat, à la censure, au secrétariat, enfin à la gazette. Et voilà mon Marin les bras retroussés jusques aux coudes et pêchant le mal en eau trouble ; il en dit hautement tant qu'il veut, il en fait sourdement tant qu'il peut. Censure, gazettes étrangères, nouvelles à la main, à la bouche, à la presse, journaux, petites feuilles, lettres courantes, fabriquées, supposées, distribuées, etc., tout est à son usage. Écrivain éloquent, conteur habile, gazetier véridique, journalier de pamphlets, s'il marche, il rampe comme un serpent, s'il s'élève, il tombe comme un crapaud. Enfin, se traînant, gravissant, et par sauts et par bonds, il a tant fait par ses journées, que nous avons vu de nos jours le corsaire aller à Versailles tiré à quatre chevaux sur la route, portant pour armoiries, aux panneaux de son carrosse, dans un cartel en forme de buffet d'orgues, une Renommée en champ de gueules, les ailes coupées, la tête en bas, raclant de la trompette marine, et pour support une figure dégoûtée, représentant l'Europe ; le tout embrassé d'une soutanelle doublée de galettes, et surmonté d'un bonnet carré, avec cette légende à la houpe : *Ques-à-co? Marin* (1). »

* **MARINELLI** (Gaetano). — Au sujet de cet artiste, M. Joaquim de Vasconcellos me communique obligeamment la note suivante : « A ce que Fétis dit de Marinelli, il faut ajouter que ce compositeur se trouvait, avant 1790, à Madrid, où il donna des leçons de chant à un artiste de talent, Lourença Correa (2) ; en 1817 il était à Lisbonne, où il composait une cantate pour le mariage du prince royal D. Pedro, cantate qui fut chantée au théâtre royal de l'Opéra (San Carlos). Marinelli était vers 1820 à Porto, où il donnait des leçons de musique. »

A la liste des ouvrages dramatiques de ce compositeur, il faut ajouter les suivants : 1° *l'Interesse gabba tutti*, Florence, 1795 ; 2° *Issipile*, Venise, théâtre de la Fenice, automne 1796 ; 3° *li due Fratelli Castracani*, Padoue, 1798 ; 4° *la Morte di Cleopatra*, Venise, théâtre de la Fenice, 1800.

MARINI (.....). Un artiste de ce nom, resté d'ailleurs absolument obscur, a écrit la musique d'un opéra-comique en un acte, *Duval ou une Erreur de jeunesse*, qui fut représenté à l'Ambigu-Comique, de Paris, en 1800.

MARINI (Ignazio), chanteur italien, naquit à Bergame vers 1815. Son père voulait lui faire suivre la carrière ecclésiastique, mais il préféra se consacrer au théâtre. Doué d'une voix de basse profonde extrêmement puissante, ainsi que d'une stature colossale, il offrait, dit-on, sur la scène, un type d'une majestueuse beauté. Il débuta fort jeune à Brescia, obtint beaucoup de succès, et fut bientôt engagé au théâtre de la Scala, où il resta plusieurs années et où il se fit une grande réputation. Chanteur remarquable aussi bien dans le genre tragique que dans le genre bouffe, il se faisait surtout applaudir dans *Mosè* et dans *l'Italiana in Algeri*. C'est pour lui que M. Verdi écrivit le rôle principal d'*Attila*. Après avoir fait un assez long voyage en Amérique, il revint à Milan, et remporta un véritable triomphe, au théâtre de la Canobbiana, en se montrant dans le rôle de Marcel des *Huguenots*, où à ses qualités bien connues de chanteur il joignit un talent de comédien qu'il n'avait jamais à ce point déployé. Marini a appartenu au théâtre impérial de Saint-Pétersbourg, et en 1860 il chantait sur celui de Barcelone. Il est mort à Milan le 29 avril 1873.

* **MARIO** (Giuseppe), comte **DE CANDIA**, célèbre ténor italien, n'est pas né à Gênes, comme on l'a dit, non plus qu'à Turin. La *Gazzetta musicale* (de Milan) du 7 octobre 1877 le déclarait formellement en ces termes : « La patrie du célèbre ténor Giuseppe Mario est Cagliari, et non Turin, comme le voudrait le *Dizionario* de Regli. » Dans une lettre publiée au mois de septembre 1867 par un grand nombre de journaux français, M. Mario donnait les détails suivants sur sa carrière : — « J'ai fait ma première apparition à Paris en décembre 1838, dans *Robert-le-Diable*, sur le théâtre de l'Opéra. Là, j'ai passé deux ans et demi, et j'ai chanté *le Comte*

(1) On sait que *Ques-à-co?* est une locution provençale qui signifie : « Qu'est-ce que cela? » Marin se servait à tout propos de cette expression, qu'il avait rapportée de son pays. On raconte qu'elle plut beaucoup à la Dauphine, lorsqu'elle lut le mémoire de Beaumarchais, qu'elle l'adopta et la répétait à tout propos, si bien qu'elle devint un quolibet de cour et courut Paris et Versailles. Une marchande de modes, profitant de la circonstance, imagina de répandre une coiffure à laquelle elle donnait le nom de *quesaco* et qui obtint un succès de vogue.

(2) V. *Os Musicos portuguezes*, par Joaquim de Vasconcellos, T. I, p. 57

Ory, le Drapier et autres ouvrages. En 1840, M. Aguado me fit chanter *l'Elisire d'amore*, au Théâtre-Italien..... En fait, ma carrière n'a commencé qu'en 1842, à Dublin, où j'ai chanté avec Tamburini, Grisi et Lablache, sous la direction de J. Benedict. Ensuite, je revins à Paris et j'y chantai le répertoire de Rubini, ce qui ne fut pas une petite fortune pour moi. Finalement, ma vie se passait rapidement, allant de Paris à Londres à chaque saison, et rencontrant partout le plus aimable accueil. Dans l'hiver de 1849, pour la première fois, je m'en allai en Russie, et en 1854 en Amérique. Londres et Paris sont encore les deux villes dont j'ai gardé les plus doux souvenirs, sans oublier pourtant Dublin, où j'ai reçu les plus chaleureux encouragements. Etrange à dire, jamais je n'ai chanté en Italie. »

A la fin de 1862, M. Mario, par un caprice sans doute, eut la singulière idée de se présenter de nouveau sur la scène de l'Opéra, abandonnée par lui depuis plus de vingt ans, et s'y montra dans le role de Raoul des *Huguenots*. La tentative ne fut pas heureuse, et il ne la renouvela pas, s'empressant de rentrer au Théâtre-Italien. Depuis quelques années il a quitté définitivement une carrière qui avait été pour lui très-brillante, et l'on assure qu'aujourd'hui il occupe un emploi important dans l'administration des beaux-arts à Rome.

Un écrivain italien, Francesco Regli, affirme, dans son *Dizionario biografico*, que M. Mario, destiné d'abord à l'état militaire, était entré en 1830, avec le grade d'officier, dans le régiment des chasseurs sardes, alors en garnison à Gênes. Exilé à Cagliari pour un méfait de jeunesse, il aurait donné sa démission, qui n'aurait pas été acceptée, et se serait alors réfugié à Paris, où il fit apprécier dans les salons son adorable voix de ténor. C'est alors que, selon le même écrivain, un engagement lui aurait été proposé à l'Opéra, à raison de 1,500 francs par mois. Mais le jeune dilettante n'était pas en état de se présenter sur une scène de cette importance. Tout en acceptant le traité qui lui était offert, il se plaça, pour faire des études serieuses, sous la direction de Ponchard et de Bordogni, et après deux ans de travail songea enfin à effectuer ses débuts, qui eurent lieu dans *Robert-le-Diable*, non le 2 décembre 1838, comme le dit Regli, mais le 30 novembre précédent. Après être resté quelque temps à l'Opéra, où d'ailleurs il avait été bien accueilli et où il avait adopté le pseudonyme de *Mario*, le jeune chanteur, dont la voix et le talent convenaient mieux au répertoire italien qu'au répertoire français, fut engagé au Théâtre-Italien, où il fit de brillants débuts. On a vu plus haut, d'après M. Mario lui-même, de quelle façon se continua sa carrière jusqu'au jour où il eut la fâcheuse pensée de reparaître sur la scène de l'Opéra.

Pendant les vingt-six ou vingt-huit années qu'il passa à notre Théâtre-Italien, M. Mario ne cessa d'y obtenir d'incontestables et légitimes succès. Les ouvrages qui constituaient son répertoire étaient *Trancredi*, *la Gazza ladra*, *il Barbiere*, *Mosè*, *Matilde di Sabran*, *la Cenerentola*, de Rossini; *Lucia di Lamermoor*, *Lucrezia Borgia*, *Poliuto*, *Anna Bolena*, *l'Elisire d'Amore*, *Don Pasquale*, de Donizetti; *la Sonnambula*, *il Pirata*, *Norma*, *i Puritani*, *la Straniera*, de Bellini; *Don Giovanni*, de Mozart, etc. Dans la seconde partie de sa carrière, il dut un regain de succès aux opéras de M. Verdi : *Ernani*, *i Lombardi*, *la Traviata*, *Rigoletto*, *il Trovatore*. Mais les premières années de M. Mario furent assurément les plus brillantes, alors qu'il se faisait entendre en compagnie de ces artistes à jamais illustres qui s'appelaient Tamburini, Lablache, Mmes Persiani, Sontag et Giulia Grisi. Il devint plus tard l'époux de cette dernière et célèbre cantatrice. A la fin de 1869, M. Mario tenait encore à Saint-Pétersbourg l'emploi des premiers ténors; mais sa voix était alors bien affaiblie, et il n'était plus que l'ombre de lui-même. C'est vers cette époque qu'il se décida à renoncer définitivement à une carrière qui avait duré pour lui plus de trente ans.

MARIOTTI (Olimpo), compositeur, né à Florence le 11 juin 1813, est mort en cette ville le 29 juillet 1868. D'abord professeur de chant, et comme tel attaché aux écoles musicales de sa ville natale, dont il fut ensuite l'inspecteur, il devint, en 1860, secrétaire de l'Institut musical. On doit à cet artiste, outre une sorte d'opérette intitulée *la Casa disabitata*, un oratorio, *Giuda Maccabeo*, exécuté vers 1860, plusieurs cantates, et un certain nombre de compositions religieuses.

MARIOTTI (Cosimo), compositeur, professeur et écrivain musical, était né à Parme le 4 septembre 1827. Il commença l'étude de la musique avec Alinori, et eut ensuite Marcello pour professeur de contrepoint et de composition. S'étant fixé à Turin, il s'y livra à l'enseignement, et s'occupa surtout avec ardeur de populariser l'étude et la pratique du chant choral, principalement dans les classes laborieuses. Il écrivit et publia à ce sujet plusieurs recueils de chants populaires à une ou plusieurs voix, avec accompagnement de piano : *Tesoretto melodico*, *Braccio e Cuore*, *Primizie meloginniche*. On doit aussi à cet artiste, outre quelques romances et des airs de danse, outre un recueil de sept chant nationaux intitulé *il Canzoniere nazionale* (écrits sur des pièces de vers des meilleurs poètes italiens et parmi lesquels on cite surtout *il Tamburo di Novara* et *i Tre Colori*), la musique de trois opérettes sans conséquence qui furent représentées à Turin : *i Distratti*, *l'Oca* (1876) et *la Batracomiomachia*. Mariotti s'occupa aussi de critique musicale, et publia de nombreux articles non-seulement dans des feuilles spéciales, telles que *il Pirata*, *la Gazzetta musicale*, *il Trovatore*, mais aussi dans plusieurs journaux politiques de Turin : *l'Espero*, *la Gazzetta di Torino*, *il Conte di Cavour*, et *la Nuova Torino*. Corinno Mariotti mourut en cette ville, le 3 août 1876.

MARIUS (.......), facteur de clavecins, vivait à Paris à la fin du dix-septième et au commencement du dix-huitième siècle. On trouve dans le tome Ier du recueil ainsi intitulé : *Machines et inventions approuvées par l'Académie royale des sciences*, le modèle et la description d'un clavecin brisé dû à son invention, et qui, se pliant en deux au moyen de charnières, était d'un transport plus facile que les clavecins ordinaires. Mais là n'est pas ce qui a attiré l'attention sur le nom de Marius. Dans le recueil qui vient d'être cité (t. III, depuis 1713 jusqu'en 1719), cet artiste a donné, à la date de 1716, la description et le modèle gravé de trois clavecins « à maillets » inventés par lui, et qui étaient un acheminement direct vers la transformation que le clavecin a subie pour devenir le piano moderne. Voilà longtemps que l'on dispute sur ce sujet, que l'on discute pour savoir quel est le premier auteur de cette transformation, et que l'on met en avant les noms de Marius pour la France, de Cristofori pour l'Italie, et de Schrœter pour l'Allemangne. Tout doute doit être, je crois, dissipé maintenant, grâce aux nouveaux documents mis au jour par mon savant collaborateur, M. Casamorata, dans l'article *Cristofori* du premier volume de ce Supplément, documents desquels il résulte que les premiers travaux de Cristofori en ce sens datent de 1709. Toutefois, comme sa découverte ne fut répandue que quelques années plus tard, et que les communications étaient autrement difficiles alors qu'aujourd'hui, on peut facilement croire que ni Marius ni Schrœter n'eurent connaissance de ces travaux, et que chacun d'eux eut aussi, de son côté, l'idée de remplacer les sautereaux du clavecin par des marteaux ou « maillets. »

Au reste, dans un quatrième modèle, joint au trois précédents, Marius cherchait à marier l'ancien système avec sa propre combinaison, et il présentait à l'Académie des sciences un « quatrième clavecin à maillets et à sauteraux ». Enfin, cet inventeur donnait aussi le modèle d'un « orgue à soufflets, » imaginé par lui. C'est là, malheureusement, tout ce qu'on sait sur Marius et tout ce qui reste de lui, et il m'a été, pour ma part, impossible de découvrir aucun détail, aucun renseignement, aucun vestige d'information quelconque sur cet artiste intéressant, qui ne rencontra sans doute qu'indifférence et incrédulité.

Ce qu'il y a de plus singulier peut-être, c'est qu'on n'a retrouvé jusqu'à ce jour aucun spécimen des fameux clavecins à maillets de Marius, tandis qu'on connait au moins trois exemplaires de ses clavecins repliés. J'en ai pu voir un, superbe de conservation, dans le beau musée instrumental de M. Alexandre Kraus, à Florence ; celui-ci, daté de 1713 et produisant la signature de son auteur dans ses divers compartiments, porte aussi cette mention : *Exclusif privilege du Roy*. Un autre, qui a figuré dans la galerie de l'art rétrospectif à l'Exposition universelle de Paris de 1878, appartient à la riche collection de M. Auguste Tolbecque. Enfin, un troisième fait partie du Musée instrumental du Conservatoire de Paris, et est ainsi décrit dans le catalogue de ce Musée : — « Cet instrument, d'une étendue de quatre octaves (de *si* grave à *fa*), se divise en trois sections se repliant l'une sur l'autre et se pouvant serrer dans un coffret de voyage. Sur la table d'harmonie, richement décorée, on lit le nom du facteur, et l'on apprend qu'il jouissait d'un *exclusif privilège du roy*. C'est en 1700 que Marius inventa ce clavecin portatif dont les *Mémoires de Trévoux* (de 1703, p. 1292) ont parlé avec éloges. »

MARK (Le docteur), dilettante passionné, fut en Angleterre l'un des propagateurs les plus infatigables de la musique parmi les enfants, et fonda un collége de musique qu'il dirigeait en personne. Cet homme dévoué et convaincu mourut à Manchester le 2 janvier 1868. Dans le dernier rapport publié par lui sur le Collége de musique dont il était le créateur, le docteur Mark établit que dans l'espace de vingt ans il avait donné 9,586 concerts et 5,250 conférences devant 7,645,791 enfants et 5.255,689 adultes ; qu'il avait fait exécuter l'Hymne national 9,982 fois ; qu'il avait parcouru 296,090 milles (95,563 lieues), et qu'il avait dépensé 115,000 livres sterling, indépendamment de 25,000 livres à lui appartenant, soit une somme totale de trois millions 500,000 francs. Outre son collége de musique, le docteur Mark avait créé plusieurs Conservatoires, et organisé un grand nombre de corps de musique enfantins qu'on appelait *les Petits Hommes;* enfin plus de 5,500 classes de jeunes élèves, tant publiques que privées, avaient reçu l'enseignement musical d'après son système.

MARLET (L'abbé), prêtre et musicien, vivait à Paris vers le milieu du dix-huitième siècle. Il a écrit la musique d'une pastorale religieuse : *Jésus naissant adoré par les bergers*, qui fut représentée en 1744 dans la maison des Demoiselles de l'Enfant Jésus.

* **MARLIANI** (Le comte Marc-Aurèle). — Ce compositeur écrivit, en société avec MM. Benoist et Ambroise Thomas, la musique du ballet *la Gipsy*, représenté à l'Opéra le 28 janvier 1839. — C'est le 8 mai 1849 que cet artiste patriote périt sous les murs de Bologne, mortellement frappé par une balle ennemie.

MARLOW (Madame), cantatrice dramatique allemande fort distinguée, née vers 1838, appartenait en 1859 au théâtre de Stuttgard, où elle obtenait de très-grands succès et où elle restait jusqu'en 1864. Possédant une superbe voix de soprano, pleine et étendue, souple et expérimentée, que venait aider un talent scénique d'une rare valeur, cette artiste se faisait applaudir dans les rôles des genres les plus opposés, et jouait tour à tour *les Huguenots, la Fiancée, Robert-le-Diable, Marta, Stradella, le Philtre, le Pardon de Ploërmel, la Fille du régiment, les Diamants de la couronne*, etc. Très-remarquable et très-diverse d'ailleurs comme cantatrice, elle n'obtenait pas moins de succès au concert qu'au théâtre, et faisait apprécier dans l'oratorio un chant plein d'onction, de largeur et de majesté.

En 1864, Mme Marlow se faisait entendre avec succès au théâtre Kroll, de Berlin, puis, dès le commencement de l'année suivante, rentrait au théâtre royal de Stuttgard. Bientôt, elle entreprenait un voyage en Italie. C'est alors (août 1865) qu'un journal annonçait sa mort en ces termes : — « Mme Marlow, la célèbre *prima donna* de l'Opéra royal de Stuttgard, voyageant en Italie, s'était arrêtée à Ravenne pour visiter le tombeau du Dante, et y est morte après une courte indisposition. » Cette fâcheuse nouvelle était démentie huit jours après, et cependant je constate que depuis lors on n'a plus en aucune façon entendu parler de Mme Marlow.

* **MARMONTEL** (Antoine-François), compositeur et professeur de piano au Conservatoire de Paris, n'a cessé, depuis trente ans, de remporter des succès constants dans la personne des élèves qu'il forme dans cet établissement. Parmi ceux-ci, je me bornerai à citer les noms de MM. Ernest Guiraud, Paladilhe, Alphonse et Edmond Duvernoy, Joseph Wieniawski, Thurner, Georges Bizet, Théodore Dubois, Ketten, Henri Fissot, Diémer, Lavignac, Lepot-Delahaye, Dolmetsch, Paul Chabeaux, Bourgeois, Berthemet, Thibaud, Suiste, Servantes, Thomé, Lack, etc., etc. Le temps qu'il consacre à l'enseignement n'empêche pas M. Marmontel de se livrer à d'importants travaux de composition, et le nombre des œuvres publiées par cet excellent artiste dépasse aujourd'hui le chiffre de 120. Je signalerai particulièrement les suivantes : *L'Art de déchiffrer*, 100 études élémentaires et progressives de lecture musicale (Paris, Heugel); *École élémentaire de mécanisme et de style*, 24 petites études caractéristiques, op. 6 (Paris, Legouix); 24 Études spéciales et progressives, op. 9 (Paris, Grus); 24 Études d'agilité et d'expression, op. 45 (id., id.); 24 Grandes Études de style et de bravoure, op. 85 (Paris, Heugel); 30 Petites Études de mécanisme et mélodiques, op. 80 (id., id.); 25 Études progressives de mécanisme et d'expression, op. 62 (Paris, Legouix); 24 Grandes Études caractéristiques, op. 45 (Paris, Grus); École de mécanisme, op. 105, 106 et 107 (Paris, Heugel); 50 Études de salon, op. 108 (id., id.); *l'Art de déchiffrer à 4 mains*, 50 Études mélodiques et rhythmiques, op. 111 (id., id.); Sonate en *ré* majeur, op. 8 (id., id.); 2e Sonate (id., id,); Nocturnes, op. 10, 11 et 12 (Paris, Grus); 3 Sérénades, op. 21, 56 et 109; 2 Morceaux de salon, op. 23 et 24 (Paris Grus); 3 Thèmes variés, op. 49, 63 et 78; 3 Mélodies caractéristiques, op. 19 (Paris, Grus); 2 Marches caractéristiques, op. 37 (Paris, Heugel); 2 Polonaises, op. 40 et 92 (Paris, Escudier); 3 Mazurkas, op. 35 (Paris, Maho); Marche triomphale, op. 68 *bis* (Paris, Gérard); 3 Rêveries, op. 95 (Paris, Escudier); *Sous bois*, 2 pièces caractéristiques, op. 113 (Paris, Heugel); 2 Menuets, op. 114 (id., id.); 3 Pièces caractéristiques, op. 117 (id., id.); *Fleurs de bruyère*, 3 pièces caractéristiques, op. 83 (Paris, Escudier); *Napolitana*, étude de concert, op. 39 (id., id.); *Chants du Nord*, 2 mazurkas, op. 30 (Paris, Heugel).

On doit aussi à M. Marmontel les écrits suivants : 1° *Petite Grammaire populaire, théorie raisonnée des principes élémentaires*, Paris, Grus; 2° *Vade-mecum du professeur de piano, catalogue gradué et raisonné des meilleures méthodes et œuvres choisies des maîtres anciens et contemporains*, Paris, Heugel, in-12; 3° *Art classique et moderne du piano, conseils d'un professeur sur l'enseignement technique et l'esthétique du piano*, Paris, Heugel, in-12; 4° *les Pianistes célèbres, silhouettes et médaillons*, Paris, Heugel, 1878, in-12.

La date exacte de la naissance de M. Marmontel est le 18 juillet 1816.

Le fils de cet artiste, M. *Émile-Antonin-Louis Marmontel*, né à Paris le 24 novembre 1850, a fait ses études au Conservatoire de cette ville, où il a obtenu le second prix de solfège en 1861 et le premier l'année suivante, le second accessit de piano en 1864, le second prix en 1865, le premier prix en 1867, un troisième accessit d'harmonie et accompagnement en 1868, le premier prix en 1869, enfin le second prix de fugue en 1870, et en 1873 une mention honorable au concours de Rome. M. Marmontel fils, qui est aujourd'hui professeur de solfège au Conservatoire, a publié diverses compositions, parmi lesquelles une marche pour musique militaire, une grande sonate pour piano et plusieurs morceaux de genre pour le même instrument.

* **MARQUE** (Pierre-Auguste), violoniste et compositeur de musique de danse, est mort à Paris au mois de décembre 1868.

MARQUES (Joaquim-José), musicographe portugais, amateur distingué, écrivain aussi consciencieux que modeste, a rendu de grands services à la littérature musicale de son pays. Plein d'enthousiasme pour l'art, il a prodigué à tout le monde ses livres, ses recueils de musique, ses notes personnelles, fruit d'immense travaux, sans qu'on l'ait, dans la plupart des cas, remercié jamais d'un seul mot. Il a fait des sacrifices de toute espèce pour rappeler la classe des musiciens de Lisbonne, dans laquelle tous les sentiments d'honneur et de dignité professionnels semblent éteints, à leurs devoirs envers l'art, envers le pays et ses glorieuses traditions artistiques. M. Marques a fondé des journaux, a mis sa plume au service de toutes les entreprises utiles, sans aucun souci de son temps, de ses intérêts, de sa santé même, et malgré des conditions très-modestes de fortune, malgré des déceptions de toutes sorte, il n'a jamais manqué de courage dans la lutte ni perdu la foi dans l'idéal de l'art; de plus, il a su communiquer à quelques rares prosélytes l'enthousiasme qui l'anime, et recruter deux ou trois travailleurs qui l'ont aidé dans l'*Arte Musical*, de Lisbonne. Ce journal, qui a dû suspendre sa publication après deux années de luttes (1874-1875), a marqué une ère nouvelle à Lisbonne, où les feuilles artistiques n'avaient tendu jusqu'alors, tout comme en Italie, qu'aux plus ignobles buts; M. Marques y a publié : *Chronologia da Opera em Portugal* (plus de 20 articles), *Estudos sobre a historia da musica em Portugal* (15 articles), d'après le manuscrit de M. Platon de Vaxel (1), etc., etc. M. Marques a fourni au *Jornal do Commercio*, le premier journal de Lisbonne, une foule d'articles relatifs à la musique ; c'est lui qui, avec M. le docteur Ribeiro Guimarães (*Voy.* ce nom), qui vient, hélas ! de mourir il y a quelques mois, a éveillé et répandu le goût pour les études de musicographie, revenant sans cesse et à tous propos sur les questions les plus importantes de l'histoire de l'art. Je tiens à rendre ici cet hommage à M. Marques, car je lui dois, plus que tout autre, des services inappréciables pour mes travaux. M. Marques est né à Lisbonne en 1836. J. de V.

MARQUES (José-Martinho), né à Macau, possession portugaise en Chine, fit ses études au collège de Saint-Joseph de ladite ville, et devint ensuite interprète officiel du gouvernement et des légations étrangères. On a de lui : *Principios elementares de musica*, Macau, 1853. Je ne connais pas cet ouvrage. J. de V.

MARQUÈS (Miguel), compositeur espagnol, a fait représenter sur l'un des théâtres de Madrid, le 24 novembre 1875, une *zarzuela* en trois actes intitulée *la Monja al ferez*.

MARQUEZ (Antoine **LESBIO**). — Voyez **LESBIO** (Antonio-Marques).

MARRACO (José), compositeur espagnol contemporain, a fait exécuter dans la cathédrale de Barcelone, le 30 janvier 1868, une messe de *Requiem* pour voix seules, chœur et orchestre.

MARTEL (L'abbé A.), est l'auteur d'un ouvrage publié sous ce titre : *Méthode de plain-chant selon le rit romain, suivie des Principes comparés du chant musical.* Je ne connais que la « seconde édition, corrigée, » de cette Méthode (Fréjus, impr. Perreymond, in-12).

MARTI (Anselme), compositeur, né vers le milieu du dix-huitième siècle, entra au couvent d'Engelberg (Suisse) en 1779. « C'était, dit M. George Becker (*la Musique en Suisse*) un organiste et compositeur de grand mérite, qui a laissé des œuvres en tous genres : messes, motets, opérettes, etc. »

MARTI (Le P. José), compositeur et maître de chapelle espagnol, naquit à Tortosa en 1719, et prit, à l'âge de trente ans, l'habit de moine bénédictin au fameux couvent de Montserrat, où il devint professeur de musique. A cette époque il était déjà prêtre et avait occupé les fonctions de maître de chapelle dans une cathédrale. Il mourut à Montserrat, le 3 janvier 1763. Le P. Marti a laissé plusieurs œuvres de musique religieuse que l'on dit fort distinguées, entre autres un cantique pour la Nativité de Jésus-Christ, et

(1) La rédaction de ces articles appartient à M. Joaquim José Marques, qui a fourni à M. de Vaxel, amateur russe, les documents les plus précieux pour son travail.

des *Lamentations de la semaine sainte*, avec orchestre, qui sont conservées dans les archives du couvent de Montserrat.

MARTIN (Robert), musicien distingué qui vivait dans la seconde moitié du quinzième siècle, fut organiste du grand orgue à l'église métropolitaine de Rouen, de 1483 à 1488.

MARTIN (Michel), artiste distingué, qui vivait dans la première moitié du dix-septième siècle, fit ses études à la maîtrise de la cathédrale de Rouen, s'établit ensuite à Paris comme professeur, puis devint maître de la chapelle de Laon, et enfin dirigea la maîtrise de la cathédrale de Rouen, de 1632 à 1634. Il mourut sans doute en cette dernière année.

* **MARTIN** (Jean-Blaise), célèbre chanteur de l'Opéra-Comique. — Dans son *Histoire du Conservatoire*, Lassabathie, qui a eu en mains tous les documents originaux nécessaires à son travail, donne à cet artiste le prénom de Nicolas, qui peut-être vient non se substituer, mais s'ajouter aux deux précédents, et fixe la date de sa naissance au 24 février 1768. Quant à celle de sa mort, c'est le 28 et non le 18 octobre 1837, ainsi qu'une erreur d'impression l'a fait dire dans la *Biographie universelle des Musiciens*. Martin était devenu professeur de chant au Conservatoire le 1er avril 1816, et avait donné sa démission après deux années d'exercice, le 1er avril 1818; il reprit ces fonctions le 1er octobre 1832, et les conserva jusqu'au 1er octobre 1837.

* **MARTIN** (Julien), connu sous le nom de **MARTIN D'ANGERS**. — Au nombre des écrits de cet artiste, il faut signaler la brochure suivante : *De l'Avenir de l'Orphéon et de toutes les écoles populaires de musique en France*, Paris, 1846, in-8°.

MARTIN (Charles), pianiste, professeur et compositeur allemand, né à Berlin en 1808, mort en cette ville au mois d'avril 1875, s'est fait connaître par la publication d'un assez grand nombre de morceaux de genre pour le piano, consistant en divertissements, pots-pourris, valses, petites fantaisies, etc. Tout cela, je crois, est sans grande valeur.

MARTIN (N.), né à Marseille en 1810, fit ses premières études musicales dans cette ville, à la maîtrise de l'église métropolitaine de Saint-Martin. Il y apprit le solfége de Gebelin, maître de chapelle, et de Mey, organiste. Au sortir de la maîtrise, il s'essaya d'abord dans la carrière commerciale à laquelle ses parents le destinaient, puis, ayant triomphé de leurs hésitations, suivit définitivement la voie artistique, vers laquelle il se sentait attiré. Ayant obtenu au concours une place de contrebassiste au Grand-Théâtre de Marseille, il compléta ses études sous la direction de Maccary, qui lui enseigna l'harmonie, et de Barsotti, fondateur et directeur du Conservatoire de Marseille, qui le chargea plusieurs fois de le suppléer dans ses cours. Ce fut à cette époque qu'il enseigna les premières notions de l'harmonie à son ami d'enfance, François Bazin, plus tard professeur de composition au Conservatoire de Paris, et membre de l'Institut. En 1831, il se rendit à Paris, muni de lettres de recommandation pour Cherubini et Choron, et fut admis comme pensionnaire à l'école de ce dernier, d'où sont sortis tant d'artistes distingués.

Il devenait peu après répétiteur des classes de *contralti* et de basses et mettait à profit son séjour à l'institution, en reprenant ses études d'harmonie et de contrepoint avec Nicou-Choron, gendre du directeur. Choron étant mort et l'école fermée, il fut désigné au concours parmi le petit nombre d'élèves choisis par Cherubini, pour achever leurs études au Conservatoire. Il y suivit les cours de haute composition de Berton. Après trois ans de séjour au Conservatoire, il quitta cette école, à la suite d'un différend avec Cherubini, et, sur la recommandation d'Halévy, entra à l'Opéra comme artiste du chant. Il y resta jusqu'au mois de mai 1846, sans s'y faire remarquer, par suite d'une timidité excessive qui paralysait ses moyens et l'empêchait de tirer parti d'une bonne voix de basse-taille, et de son talent peu commun de musicien. Deux mois plus tard, il était appelé à Marseille par M. Reynard, maire de cette ville, pour fonder au Conservatoire les classes de solfége pour les demoiselles.

M. Martin occupe encore actuellement ces fonctions, où il a rendu les plus grands services, et où il a témoigné d'éminentes qualités. Il n'a cessé de maintenir son enseignement au niveau le plus élevé, et sa classe est certainement une des plus fortes de ce genre qu'il y ait dans les écoles spéciales françaises. C'est par centaines qu'il faudrait citer les noms des élèves devenus aujourd'hui des artistes et des professeurs distingués, qui lui doivent une solide éducation musicale. En dehors des procédés connus, M. Martin emploie volontiers dans ses cours la lecture, sans aucun accompagnement, de parties instrumentales travaillées d'une façon intéressante, comme, par exemple, celles des œuvres de J. S. Bach pour piano, orgue ou orchestre, dont les dessins fugués et les intonations ardues habituent la voix et l'oreille des élèves à toutes les combinaisons harmoniques et rythmiques. On lui doit aussi l'adoption, pour les classes supérieures, de la lecture de manuscrits composés par les élèves eux-mêmes. Ce mode d'enseignement, adopté à Paris, l'a été aussi récemment à Toulouse à la suite d'une visite que fit à la classe de M. Martin M. Mériel, directeur du Conservatoire de cette ville.

M. Martin a écrit pour la société chorale Trotebas, qu'il a dirigée pendant quinze ans et dont il avait été fondateur en 1828, diverses œuvres, messes, motets, litanies et chœurs d'une valeur incontestable. Toutes ces pièces, qui n'ont malheureusement pas été publiées, sont écrites avec clarté et élégance, sans cette aridité et cette recherche qu'on trouve quelquefois chez les artistes habitués à l'enseignement. Sa messe en *sol majeur* est une œuvre très-distinguée.

M. Martin a acquis dans le midi de la France une légitime notoriété comme bibliographe érudit. Cet artiste modeste est parvenu, au prix d'efforts considérables et incessants, à accumuler dans sa bibliothèque de véritables trésors. Cette bibliothèque est une des plus riches et des plus intéressantes qui existent en province. Elle ne compte pas moins de dix mille volumes et partitions, parmi lesquels les raretés abondent.

On y trouve à peu près toutes les partitions d'orchestre anciennes et modernes : Lulli, Campra, Destouches, Marais, Rameau, Mondonville, Gluck, Monsigny, Grétry, Dalayrac, Catel, Méhul, Cherubini, Gossec, Berton, Boieldieu, Auber, etc.

La partie théorique est on ne peut plus complète : elle renferme presque tous les livres, histoires et traités les plus recherchés des bibliophiles. — Pour l'Italie, F. Gafforius, Vannius, Spataro, Zacconi, Canuntius, Lanfranco, Artusi, Berardi, V. Galileo, Zarlino, le père Martini, Sabattini, Tartini, Eximeno, Bononcini, Mattei, etc., jusqu'aux plus récentes publications.

Pour l'Allemagne ; Glareanus, G. Printz, Fregius, tous les ouvrages de Mattheson, Kirnberger, Marpurg, Sorge, l'abbé Vogler, Forkel, F. et H. Bellermann, Rochlitz, Winterfeld, C. M. Weber, G. Weber, Kiesseweter, Kandler, etc.

Pour l'Angleterre, T. Morley, Butler, Simpson, Hawkins, Busby, Burney, W. Jones, Pepusch, etc.

Pour la France, le père Jumilhac, le livre d'orgue de Titelouze, tous les ouvrages du père Mersenne, les tons du père Maillard, Rameau, Descartes, A. Gantez, Bacilly, Bérard, l'abbé Roussier, Laborde, Diderot, Grimm, J. J. Rousseau, A. Choron, Lafage, H. Vincent, Coussemaker, Fétis, etc.

Pour l'Espagne et le Portugal, la *lyra Hispaña* de M. Eslava, plusieurs traités de la plus grande rareté, entre autres par J. de Ulloa (dédié à Ignace de Loyola.) — De même pour la Hollande et la Russie.

Les auteurs grecs et latins de l'antiquité et du moyen âge sont représentés par Meibomius, J. Vossius, T. Wallis, V. Galilée, Doni, saint Augustin, Boëtius, Cassiodorus, le précieux recueil de l'abbé Gerbert, sa suite par Coussemaker, les travaux de Perne sur les trouvères et de Villoteau sur la musique orientale, et à peu près toutes les histoires de la musique publiées jusqu'à nos jours.

On doit signaler encore la collection complète, depuis 1798, de la *Gazette musicale* de Leipzig ; la *Cæcilia* de Mayence ; la *Revue et Gazette musicale* depuis sa fondation, etc. ; quelques MANUSCRITS AUTOGRAPHES, parmi lesquels un intermède bouffe inédit et non achevé de J. B. Pergolèse ; un *miserere* de Jomelli ; des préludes et fugues pour clavecin de Durante; une messe à deux chœurs par Abbo; des solféges de Columacci; des motets de Choron; une cantate inédite de Berlioz, etc.

M. Martin possède toutes les éditions de Hændel, y compris ses opéras publiées par Walsh, toutes les éditions des psaumes de Marcello, les collections contemporaines de Mozart, Beethoven, Bach, etc., par Breitkopf et Hærtel, le Palestrina publié par l'abbé Alfieri à Rome, etc., et, comme musique madrigalesque, Orlando Lassus, Arcadelt, les deux Gabrielli, Palestrina, Cyprien de Rore, Philippe de Mons, Clément Jannequin, Josquin Desprez, J. Mouton, J. Certon et cent autres aussi célèbres.

C'est à dessein qu'une mention aussi détaillée a été faite ici de cette bibliothèque. C'est en effet un véritable devoir d'appeler sur elle l'attention. On doit souhaiter que ces richesses ne se dispersent pas, et qu'une bibliothèque publique en fasse l'acquisition pour qu'elles puissent être mises utilement à la disposition des connaisseurs et des érudits. AL. R—D.

MARTIN (ALEXANDRE), violoniste et compositeur, né à Varsovie en 1825, d'un père français et d'une mère polonaise, mourut en cette ville en 1856. Après avoir travaillé le violon et l'harmonie, il se livra à la composition, écrivit quelques morceaux de musique instrumentale, puis, désireux de se produire au théâtre, s'exerça à mettre en musique différentes poésies de Byron, de Mickiewicz et de Walter Scott. Il composa ensuite deux ouvertures, et commença à écrire la partition d'un opéra dont le livret, emprunté au *Corsaire*, de Byron, lui avait été confié par Joseph Korzeniowski ; mais avant même de l'avoir terminé, il en entreprit un second, *Wianki*, sur un poème de B. Gwozdecki, et l'acheva assez rapidement. Il fit entendre quelques morceaux de ce dernier ouvrage dans une réunion particulière, où ils produisirent un effet considérable. Malheureusement, la mort le surprit, à peine âgé de trente et un ans, avant qu'il pût tirer parti de son œuvre.

Martin, qui appartenait comme alto à l'orchestre du théâtre de Varsovie, a laissé les compositions suivantes : 1° Grande Fantaisie pour violon, avec accompagnement de piano, dédiée à K. Baranowski ; 2° Nocturne pour violoncelle, dédiée à Szabliuski ; 3° Deux Épisodes pour violoncelle ; 4° Fantaisie pour hautbois, dédiée à M. Malik ; 5° Mazurke pour piano, dédié à M. Lapezynski ; 6° Élégie pour deux violons, alto et violoncelle ; 7° Marche pour musique militaire ; 8° Polonaise pour violon et violoncelle obligés, avec accompagnement d'orchestre ; 9° Marche funèbre, pour trois trompettes, trois trombones, et chœur. Ce dernier morceau a été exécuté aux funérailles de Martin.

MARTINEZ (Vicente), prêtre et musicien espagnol, né dans la première moitié du dix-huitième siècle, devint maître de chapelle de la cathédrale d'Albarracin le 19 juin 1764, et mourut en cette ville le 10 février 1777. On a conservé dans les archives de la cathédrale d'Albarracin les compositions suivantes de cet artiste, écrites spécialement par lui pour le service de sa chapelle : 2 *Laudate* à 6 voix ; une séquence dite du Saint-Esprit, à 6 voix ; 3 messes à 4 et à 6 voix, et 2 messes dites du dimanche, à 6 voix ; 5 lamentations, à 6 voix ; un motet à 5 voix, pour le dimanche des Rameaux ; une séquence dite du *Corpus*, à 7 voix ; un *Adjuvamus* à 4 voix ; enfin 124 cantates et cantiques (*villancicos*) à 5, 6 et 8 voix.

MARTINEZ (Nicolas-Gonzalez), compositeur espagnol contemporain, organiste de l'église paroissiale de San-José, de Madrid, a entrepris il y a quelques années, conjointement avec M. Lopez Juarranz, une publication à laquelle les deux artistes ont donné ce titre : *El Canto sacro, publicacion religiosa-musical, dedicada à S. S. Pio IX* (Madrid, Andres Vidal).

***MARTINI** (Jean-Paul-Égide). — Ce compositeur distingué a été l'objet d'un travail biographique assez étendu, qui a paru sous ce titre : *Martini*, par Arthur Pougin (Paris, impr. Chaix, 1864, in-8° de 32 pp.). On peut utilement consulter aussi, à son sujet, l'*Éloge de Martini* que la princesse Constance de Salm a publié, avec ceux de Sedaine et de Gaviniés, dans le tome IV de ses Œuvres complètes (Paris, 1842, in-8). Je me bornerai à mentionner ici un petit opéra qui n'a point été compris au nombre de ses ouvrages dramatiques, *le Nouveau-Né ;* cet opéra, écrit à l'occasion de la naissance du duc d'Enghien, fut représenté à Chantilly, sur le théâtre particulier du prince de Condé, au mois de novembre 1772.

MARTINI (Andrea), célèbre sopraniste italien qui naquit à Sienne (Toscane) vers 1763, est généralement connu sous le sobriquet de *Senesino,* mais ne doit pourtant pas être confondu avec François Bernardin, dit aussi Senesino, qui brillait à Londres du temps de Hændel. Du reste, ce Senesino *junior* était, lui aussi, un parfait musicien et excellent chanteur, doué d'un soprano magnifique. Son chant était d'un fini exquis, et empreint d'une douce mélancolie. Pendant sa jeunesse, Senesino chanta avec beaucoup de succès sur les principaux théâtres d'Italie, et, doué d'une jolie figure, il jouait ordinairement sur les théâtres de Rome les rôles de femmes. En 1792 il obtint la place de second sopraniste dans la musique de chambre et chapelle du grand-duc de Toscane, et en 1797 il y succéda à Veroli dans la place de premier sopraniste, qu'il occupa jusqu'à ce que les événements politiques eussent contraint le grand-duc à abandonner ses États. En 1815, après la restauration du gouvernement grand-ducal, la musique de la cour ayant été reconstituée, Senesino y reprit sa place, que cependant il ne conserva pas longtemps. L'affaiblissement de sa santé l'obligea en effet à prendre sa retraite en 1819, et peu de temps après, c'est-à-dire le 19 septembre de la même année, il mourut à Florence, regretté de tous ceux qui le connaissaient, car il était généralement aimé et estimé, tant à cause de son habileté que pour la bonté de son caractère et ses manières pleines de distinction. Senesino était grand amateur de beaux-arts, et particulièrement de gravures, dont il avait réuni dans sa maison une collection riche et choisie.

L.-F. C.

MARTINUS (.......), poète et musicien polonais du seizième siècle, naquit à Léopol, en Gallicie, fit ses études littéraires à l'Université de Cracovie, et travailla ensuite la musique avec Sébastien de Felsztyn, théoricien et auteur de plusieurs ouvrages didactiques. Ses progrès furent tels, dit-on, et il atteignit une telle perfection qu'il surpassa tous ceux qui avaient étudié la musique à Rome. « En 1540, dit M. Albert Sowinski dans ses *Musiciens polonais et slaves,* il fut nommé organiste de la cour de Sigismond-Auguste, roi de Pologne, et conserva cette place jusqu'à la mort du roi, arrivée en 1572. Il publia une *Année entière* pour l'Église, qui a été adoptée par tous les diocèses catholiques de

Pologne. Les mélodies de Martinus, douces et chantantes, surpassaient tout ce qu'on avait entendu jusqu'alors en Pologne; il possédait en même temps beaucoup de talent pour la poésie, et rédigea le texte de la plupart de ses cantiques; mais c'est surtout dans ses compositions religieuses qu'il ne pouvait être assez admiré. Simon Starowolski, son historien, fait grand éloge des chants chorals qui étaient exécutés aux processions de Pâques; il ajoute aussi que Martinus dédia ses compositions à Mgr saint Martin de Tours, son patron, en signe de respect et de vénération. » D'après Starowolski et Zimorowicz, Martinus aurait inventé de nouveaux instruments de musique. Sur la fin de sa vie, il se retira à Léopol, sa ville natale, où il mourut en 1589. Un de ses biographes a fait son éloge en ces termes : « O Martinus, noble rejeton « d'Apollon, digne des couronnes de laurier et « des chants d'éloges que t'a décernés l'Italie! « Tu les as mérités par ton génie, par ta vertu, « par ton courage. Plus d'une fois, dans une « lutte engagée, le génie de l'Italie a dû, en « rougissant, le céder au génie de la Pologne. « Après tant de lauriers, ceins ton front de la « couronne de la gloire immortelle. » M. Sowinski affirme qu'un seul exemplaire des compositions de Martinus avait été conservé, qu'il se trouvait à la bibliothèque de Zaluski, et qu'il fut perdu avec elle.

MARTUCCI (Giuseppe), pianiste et compositeur italien, fils d'un chef de musique militaire, est né à Capoue le 6 janvier 1856. Après avoir, dès l'âge de six ans, commencé l'étude du piano avec son père, il se présenta, en 1867, à l'examen d'admission au Conservatoire de Naples, et l'emporta sur tous ses concurrents pour l'unique place qui se trouvait alors vacante. Il eut comme professeurs dans cet établissement B. Cesi pour le piano, Carlo Costa pour l'harmonie accompagnée, enfin MM. Paolo Serrao et Lauro Rossi pour le contre-point et la composition. Il fit des études très-brillantes, sortit du Conservatoire en 1872, et se livra aussitôt à l'enseignement. Cependant son talent de virtuose, déjà remarquable, se développait chaque jour de plus en plus, et le jeune artiste, après s'être produit à Naples avec beaucoup de succès, dans plusieurs concerts, fit un voyage à Rome, où il ne fut pas moins bien accueilli. En 1875, il se fit entendre à Milan, et du premier coup produisit une impression profonde, grâce à l'excellence de son mécanisme, à ses grandes qualités de musicien, à son style pur, élevé, à son exécution ferme et colorée, à son jeu à la fois noble et expressif. Deux ans plus tard il se produisit de nouveau dans la même ville, et cette fois il excita, dit-on, un véritable enthousiasme. Il avait fait précédemment un voyage en Angleterre, et s'était vu accueillir avec beaucoup de faveur dans les concerts donnés par lui à Londres et à Dublin. M. Martucci paraît être de la race des grands artistes, et il semble destiné à fournir une carrière extrêmement brillante.

Ce jeune virtuose s'est produit aussi comme compositeur, et, quoiqu'à peine âgé de vingt-deux ans, il a déjà publié une quarantaine d'œuvres qui se distinguent sinon toujours par une grande originalité, du moins par de rares qualités de facture, de style et d'inspiration ; on remarque, parmi ces compositions : 6 Caprices, op. 2, 3, 12, 15, 24 et 26; 2 Mélodies, op. 16 et 21 ; 1re Sonate pour piano, op. 34 ; Sonate pour piano et violon, op. 22; Polonaise, op. 19; 3 Barcarolles, op. 20, 30 et 31; 4 Romances, op. 27 et 31; Étude de concert, op. 9; *Allegro appassionato*, op. 13; 2 Fugues, op. 14 et 18; Tarentelle, op. 6; *Scherzo*, op. 23; Fantaisie en *ré* mineur, pour 2 pianos, op. 32; *Canto religioso*; Mazurka; etc.

Au commencement de 1878, M. Martucci a obtenu le premier prix dans un concours ouvert par la *Società del Quartetto*, de Milan, pour la composition d'un quintette pour piano et instruments à cordes. Presque aussitôt il vint à Paris, s'y produisit simultanément comme virtuose et comme compositeur, et y obtint de vifs succès, légitimés par un talent à la fois très-pur, très-sobre, très-fin et très-délicat.

* **MARX** (Adolphe-Bernard), est mort à Berlin le 17 mai 1866. On doit à cet artiste laborieux des mémoires publiés sous ce titre : *Erinnerungen aus meinem leben* (Souvenirs de ma vie), Berlin, Otto Janke, 2 vol.

MARX (C.....-R.....), pianiste, violoniste et compositeur, né à Arnheim (Pays-Bas) le 7 juillet 1814, était fils d'un artiste qui occupait les fonctions de directeur de la musique de cette ville, et qui, né à Salefeld le 4 mars 1777, mourut à Arnheim le 31 août 1851. L'artiste qui est l'objet de cette notice eut pour maître J. H. Kleine et J. Bertelman, et, après avoir fait un voyage en Allemagne, revint dans sa ville natale, où en 1845 il succéda à son père, et où il fut nommé successivement chef d'orchestre de la Société de Sainte-Cécile, président et directeur de la Société *Euphonia*, directeur honoraire de la Société musicale des Pays-Bas, chef de musique de la garde bourgeoise et organiste de l'Église luthérienne. Il mourut à Arnheim, le 23 février 1862. Marx a publié des *lieder*, des ballades, des chœurs pour voix d'hommes, et divers morceaux pour le piano et pour le violon.

MARZANO (.........), compositeur italien, a donné sur le théâtre de Salerne, au mois de juillet 1872, un opéra sérieux en quatre actes, dont le sujet était tiré de l'histoire de cette ville, et qui avait pour titre *i Normanni a Salerno*.

MASCHEK (E......), compositeur allemand, fils d'un maître de chapelle d'Heilbronn, a fait représenter en cette ville, au mois d'avril 1866, une opérette intitulée *le Postillon d'amour*.

MASCIA (GIUSEPPE), compositeur amateur, né à Barletta, dans la province de Bari, le 3 février 1808, se livra avec ardeur à l'étude de la musique tout en étudiant la jurisprudence, à laquelle il était destiné par sa famille, et ne cessa jamais de la cultiver malgré les hautes fonctions qu'il occupa dans la suite. Il travailla d'abord le violon, puis suivit un cours complet de composition avec Giacomo Tritto. Dès 1826 il devint directeur de la Société philharmonique napolitaine, pour laquelle il écrivit de nombreuses compositions instrumentales. Il s'occupa aussi de littérature spéciale, fut jusqu'en 1858 l'un des collaborateurs assidus de la *Gazzetta musicale* de Naples, et depuis 1868 jusqu'à ce jour n'a cessé de donner au journal *Napoli musicale* de nombreux articles sur l'esthétique et l'histoire de l'art. Les compositions de M. Mascia, tant vocales qu'instrumentales, ne s'élèvent pas à moins de cent cinquante, soit dans le genre libre ou classique, dans le sacré ou dans le profane.

***MASCITI** ou **MASCITTI** (MICHEL), violoniste et compositeur italien. — Je crois que l'on se tromperait en prenant trop à la lettre l'assertion de la *Biographie universelle des Musiciens*, disant que cet artiste était né « dans les dernières années du dix-septième siècle, » car, dès le mois de novembre 1704, le *Mercure* parlait ainsi de cet artiste : — « M. Michel Mascitti, Italien, a fait graver ici un livre de douze sonates, six à violon seul avec la basse, et six à deux violons avec la basse. Ce livre est dédié à S. A. R. le duc d'Orléans..... L'auteur de cet ouvrage s'est acquis beaucoup de réputation depuis qu'il est à Paris. Il a eu le bonheur de plaire au grand prince que je viens de nommer, qui ne se trompe jamais en gens de mérite. M. Mascitti a eu l'honneur de jouer devant le Roy, devant Monseigneur le Dauphin, et par conséquent devant toute la cour, dont il a esté fort applaudi. » Il paraît donc probable que Mascitti était établi à Paris dès la fin du dix-septième siècle ou les premiers jours du dix-huitième.

* **MASINI** (FRANÇOIS), compositeur italien qui a passé la plus grande partie de sa vie en France, a écrit des centaines de romances et de mélodies qui se faisaient remarquer par une grâce aimable et élégante, un sentiment tendre et expressif, auxquels elles durent un très-réel succès. Pendant fort longtemps, Masini publia chaque année un album, ainsi que le faisaient A. de Latour, Clapisson, Frédéric Bérat, Mmes Victoria Arago, Loïsa Puget, etc., et ses compositions distinguées étaient recherchées des amateurs et se chantaient dans tous les salons. Cependant Masini ne vit point la fortune lui sourire, et lorsqu'en 1863 une grave affection de poitrine vint mettre ses jours en danger, il fallut que le gouvernement français vînt à son aide et que le maréchal Vaillant, alors ministre des Beaux-Arts, le fit admettre dans la maison municipale de santé connue sous le nom d'*Hospice Dubois*. C'est là que Masini est mort, le 20 août 1863. Il était né à Florence le 16 juillet 1804.

Parmi les nombreuses mélodies, romances, chansons, ariettes, cantilènes que Masini avait publiées en France, et qui se distinguaient par un rare sentiment mélodique et par une saveur pénétrante, il faut citer surtout *le Langage des fleurs*, *Ma Bretagne*, *Plus heureux qu'un roi*, *les Deux Madones*, *le Départ de l'hirondelle*, *l'Exilé*, *la Fiancée du pêcheur*, etc., etc.

MASSA (Le duc DE), dilettante et compositeur, né vers 1835, embrassa la carrière des armes et, sous l'empire, devint officier dans un régiment de la garde. Il avait étudié la musique en amateur, et fit représenter à l'Opéra-Comique, le 12 avril 1861, *Royal-Cravate*, opéra-comique en 2 actes. Le 20 mai 1865 il faisait exécuter, dans la grande salle du Conservatoire, des fragments d'un opéra italien, *la Sposa veneziana*, et le 28 mars 1868, dans la même salle, des fragments d'un grand opéra en 5 actes, intitulé *le Dante*. M. de Massa a publié aussi la partition d'un opéra-comique en un acte, *Tout chemin mène à Rome*, qui, je crois, a été joué par des amateurs sur un théâtre de société.

* **MASSART** (LAMBERT-JOSEPH), violoniste et professeur, est issu d'une famille qui depuis un temps immémorial exerce la musique à Liége. Trois de ses frères ont été ou sont encore professeurs de cor, de clarinette et de contre-basse en cette ville. Dès ses plus jeunes années, M. Massart se livra à l'étude du violon sous la direction d'un amateur distingué, Delaveu, qui l'amena fort jeune à Paris pour le faire entendre, puis retourna avec lui en Belgique. Reconnaissant qu'il n'avait plus rien à lui apprendre, Delaveu intéressa à son élève la ville de Liége

et le roi des Pays-Bas, Guillaume Ier, et le jeune artiste obtint une pension pour venir terminer ses études à Paris. Recommandé à Rodolphe Kreutzer, celui-ci en fit son élève de prédilection, sans pouvoir toutefois le faire entrer au Conservatoire, Cherubini, alors directeur de cet établissement, étant inflexible et n'y voulant pas permettre l'introduction des étrangers.

M. Massart se fit entendre avec succès aux concerts spirituels de l'Opéra, pour lesquels Kreutzer lui écrivit plusieurs morceaux, dont un entre autres sur l'air de *la Molinara*. En même temps il étudiait avec Lafont et Rode les compositions de ces grands artistes. Mais M. Massart se destinait surtout à l'enseignement; il devint bientôt l'un des meilleurs professeurs de Paris, et en 1843 se vit nommer professeur au Conservatoire, en même temps que M. Alard. Depuis trente-cinq ans il a formé un grand nombre d'excellents élèves, parmi lesquels il faut citer MM. Henri Wieniawski, Isidore Lotto, Victor Chéri, Henri Fournier, Taudou, etc. M. Massart est chevalier de la Légion d'honneur.

MASSART (Louise-Aglaé **MASSON**, épouse), femme du précédent, est l'un des représentants les plus nobles et les plus distingués de l'école française actuelle de piano. Née à Paris le 10 juin 1827, elle entra au Conservatoire au mois d'octobre 1838, d'abord dans la classe de Mme Coche, d'où elle passa, au bout d'une année, dans celle de Louis Adam. Elle remporta d'emblée le premier prix, et de la façon la plus brillante, en 1840, à peine âgée de treize ans. Bientôt elle se produisit en public, se vit accueillir avec une rare faveur, et obtint le titre de pianiste de Mme la duchesse d'Orléans.

Artiste de race, musicienne instruite, virtuose de premier ordre, Mme Massart possède à la fois la grâce et la vigueur, la grandeur et l'élégance, le goût et la passion, et son jeu brillant, coloré, poétique, sait se plier aux styles de tous les maîtres et revêtir successivement les qualités qui conviennent à chacun d'eux. Elle a obtenu à Paris de brillants et nombreux succès; mais, par malheur, son talent vraiment magistral n'est pas connu au dehors, Mme Massart n'ayant jamais voyagé. Cette excellente artiste a été nommée professeur de piano au Conservatoire, en 1875, à la mort de Mme Farrenc.

* **MASSÉ** (Félix-Marie, dit Victor). — Voici la liste exacte et complète des œuvres dramatiques de ce compositeur aimable : 1° *le Renégat de Tanger*, cantate qui lui valut le prix de Rome et qui fut exécutée à l'Opéra au commencement de l'année 1845; 2° *la Favorita e la Schiava*, opéra italien, qui, je crois, constitua l'un de ses envois de Rome à l'Académie des Beaux-Arts; 3° *la Chanteuse voilée* (un acte, Opéra-Comique, 26 novembre 1850), partition élégante qui fut un excellent début pour son auteur; 4° *Galatée* (2 actes, id., 14 avril 1852), œuvre charmante, poétique, pleine de couleur et comme imprégnée d'un parfum véritablement antique; 5° Cantate (Opéra, 28 octobre 1852); 6° *les Noces de Jeannette* (un acte, Opéra-Comique, 4 février 1853), petit tableau rustique plein de grâce, de fraîcheur et d'émotion; 7° *la Fiancée du Diable* (3 actes, id., 5 juin 1854); 8° *Miss Fauvette* (un acte, id., 13 février 1855); 9° *les Saisons* (3 actes et 4 tableaux, id., 22 décembre 1855, repris avec des remaniements le 15 juin 1856), œuvre importante et colorée, qui méritait mieux que le froid accueil qu'elle reçut du public; 10° *la Reine Topaze* (3 actes, Théâtre-Lyrique, 27 décembre 1856), production pleine de chaleur et dont le succès fut très-vif; 11° *le Cousin de Marivaux* (un acte, théâtre de Bade, août 1857); 12° *les Chaises à porteurs* (un acte, Opéra-Comique, 28 avril 1858); 13° *la Fée Carabosse* (3 actes, Théâtre-Lyrique, 28 février 1859); 14° *la Mule de Pedro* (2 actes, Opéra, 6 mars 1863); 15° *Fior d'Aliza* (4 actes et 7 tableaux, Opéra-Comique, 5 février 1866); 16° *le Fils du Brigadier* (3 actes, id., 25 février 1867); 17° *Paul et Virginie* (3 actes et 8 tableaux, Théâtre-Lyrique, 15 novembre 1876), véritable drame lyrique dont le retentissement a été très-grand, grâce au nom de son auteur et à celui d'un de ses principaux interprètes, M. Capoul, mais qui, à mon sens, est fort loin de valoir les jolies partitions que M. Massé avait écrites dans le genre tempéré, celui qui convient le mieux à son talent fin, délicat et plein de grâce.

A ces divers ouvrages, il faut ajouter : une messe solennelle exécutée à Rome en 1846; une opérette non représentée, *le Prix de famille*, publiée dans le journal *le Magasin des Demoiselles*; enfin, un grand nombre de mélodies vocales, parmi lesquelles il faut surtout distinguer les trois recueils intitulés *Chants bretons*, *Chants du soir*, *Chants d'autrefois*, qui contiennent de véritables bijoux (1). — Chef des

(1) A tout cela il faut ajouter encore un chœur écrit pour une petite comédie, *le Dernier Couplet*, et une ouverture, un air et un chœur composés pour une autre comédie, *Adieu paniers, vendanges sont faites*, toutes deux représentées à Bade au mois de septembre 1861. Enfin, un éditeur de musique, M. Michaelis, a annoncé récemment la publication prochaine de quatre opéras-comiques de M. Massé qui n'ont jamais été représentés : *la Trouvaille*, un acte ; *les Enfants de Perrette*, un acte ;

chœurs à l'Opéra depuis 1860, professeur de composition au Conservatoire depuis 1866, M. Victor Massé est officier de la Légion d'honneur. Il a, selon la coutume, lu en séance non publique de l'Académie des Beaux-Arts une notice sur Auber, auquel il avait succédé; cet éloge a été publié (Paris, Firmin-Didot, in-4°).

MASSENET (Jules-Émile-Frédéric), l'un des mieux doués, le plus fécond et peut-être le plus absolument distingué de tous les membres de la jeune école musicale française, est né le 12 mai 1842 à Montaud (Loire). Le plus jeune d'une famille qui ne comprenait pas moins de onze enfants, il montra de bonne heure une vocation décidée pour la musique, et il était à peine âgé de dix ans lorsqu'il fut admis dans une des classes de solfége du Conservatoire de Paris, où il obtint un troisième accessit dès 1853. En même temps il suivait, dans cette école, le cours de piano de M. Laurent, et se voyait décerner un troisième accessit de piano en 1854, le premier accessit en 1856, et le premier prix en 1859. Doué d'une précocité remarquable, le jeune Massenet avait commencé l'étude de l'harmonie avant même d'avoir atteint sa onzième année, et était entré dans la classe d'harmonie et accompagnement de M. François Bazin. Par malheur, le maître n'avait pas su discerner la nature et les qualités de l'élève, et un jour, après lui avoir fait, j'ignore pour quelle raison, une sorte d'avanie devant tous ses condisciples, il le chassa brutalement de sa classe.

Découragé, l'enfant resta cinq ans sans reprendre ses études théoriques. Puis, devenu jeune homme, il entra dans une autre classe d'harmonie, celle de M. Reber, et ses progrès furent si rapides, qu'ayant obtenu un premier accessit à son premier concours (1860), son maître lui dit : — « Vous n'avez plus rien à apprendre ici. Vous méritiez le premier prix, vous ne l'avez pas eu, ne perdez pas votre temps à attendre un nouveau concours et entrez aussitôt dans une classe de fugue. » M. Massenet suivit ce conseil, et devint alors l'élève de M. Ambroise Thomas, qui le prit bientôt en affection en voyant ses habitudes laborieuses et son désir de parvenir. Il était en effet, dès cette époque, dévoré de la fièvre de la production, et l'on raconte qu'il ne se passait point de classe qu'il n'apportât à à son professeur soit toute une série de romances ou de mélodies (il mit ainsi en musique une grande partie des poésies d'Auguste de Châtillon : *A la grand'pinte*), soit un ou deux morceaux de symphonie, soit même une scène ou un acte d'opéra. D'ailleurs très-réservé, rempli de modestie, c'était presque en tremblant que le jeune compositeur présentait ses essais à son maître, et il semblait toujours confus de ne pouvoir faire mieux ou plus. Mais cette furie de production n'était pas sans exciter un peu la jalousie de ses camarades moins laborieux, qui ne se gênaient point pour le railler en son absence devant le maître, disant qu'il était impossible d'obtenir de bons fruits avec une culture ainsi surmenée, et qu'une telle fécondité devait fatalement aboutir à l'impuissance. Mieux avisé que naguère M. Bazin, M. Ambroise Thomas, qui savait discerner les qualités de son élève, faisait au contraire grand fond sur lui, était presque touché de l'énergie et de la force de volonté dont il faisait preuve, et disait alors : — « Laissez, laissez faire; quand ce grand feu-là sera passé, il saura bien retrouver son aplomb et devenir ce qu'il doit être. »

Enfin, M. Massenet travailla tant et si bien qu'il fit, en 1862 et 1863, deux doubles concours d'une façon très-brillante. En 1862 il obtenait un second prix de fugue en même temps qu'une mention honorable au concours de Rome, et en 1863 il se voyait décerner coup sur coup le premier prix de fugue et le premier grand prix de Rome. La cantate qui lui avait valu une mention honorable était d'Édouard Monnais et avait pour titre *Mademoiselle de Montpensier*; celle avec laquelle il obtint son premier prix était intitulée *David Rizzio*. Cette dernière fut chantée par M. Roger, par Gourdin, jeune artiste qui mourut à la fleur de l'âge après avoir fait une apparition brillante à l'Opéra-Comique, et par Mme Vandenheuvel-Duprez.

M. Massenet fit donc à son tour ce voyage de Rome, si inutile jadis à la plupart de nos jeunes compositeurs, souvent plus obscurs au retour de ce voyage qu'alors qu'ils se préparaient à le faire. Mais il ne perdit pas son temps pendant son séjour en Italie, où il se remit au travail avec ardeur, et d'ailleurs il ne resta pas dans ce pays tout le temps qu'il passa hors de France. Il prit un beau jour sa course et s'en alla visiter l'Allemagne et la Hongrie, comme Berlioz, regardant, rêvant et composant toujours, car il avait sa muse pour compagne de route. En 1865, il est à Pesth, où il écrit ses *Scènes de bal*, espèce de « suite » pour le piano, d'une forme délicate et élégante (qu'il publia plus tard, lors de son retour à Paris), et il jette la première idée des *Scènes hongroises*, avec lesquelles il fera, quelques années après, sa deuxième suite d'orchestre. Au commencement de 1866, il est, je crois, de retour à Rome, d'où il fait à l'Académie des

une *Loi somptuaire*, 2 actes, et *la Petite sœur d'Achille*, un acte.

Beaux-Arts l'envoi que tout pensionnaire de la villa Médicis est tenu d'effectuer chaque année. Celui-ci comprenait une grande ouverture de concert et un *Requiem* à 4 et 8 voix, avec accompagnement de grand orgue, de violoncelles et de contre-basses. Presque aussitôt il revient à Paris, et dès le 24 février 1866, il fait exécuter au Casino une composition importante intitulée *Pompéia*.

Il est toujours intéressant, lorsqu'un artiste a réussi à se mettre en lumière, de voir de quelle façon ont été jugés ses premiers essais, ceux qui sont restés inaperçus de la foule. Je reproduirai donc ici, au sujet de *Pompeia*, l'appréciation que je trouve dans un journal spécial, la *Revue et Gazette musicale* : — « M. J. Massenet, prix de Rome de 1863, n'a pas parcouru en vain la « terre classique des arts »; il en a rapporté une fantaisie symphonique intitulée : *Pompéia*, dans laquelle il a essayé de retracer quelques scènes antiques. Les quatre morceaux dont elle se compose, *Prelude*, *Hymne d'Eros* (danse grecque), *Chœur des funérailles*, *Bacchanale*, pourraient être signés Berlioz; on y retrouve la touche vigoureuse de ce maître, l'horreur des lieux communs qui le fait quelquefois tomber dans l'étrange, et tel dessin d'orchestre, tel duo d'instruments à vent rappelle, sans y ressembler pourtant, les danses puniques des *Troyens à Carthage*. On conçoit que la coupe ordinaire des morceaux symphoniques n'était pas ici de mise ; il ne faut pas chercher dans cette évocation du fantôme de la vieille Italie des développements selon les règles, des motifs revenant à la place voulue, des modulations prévues : c'est une description, un programme suivi pas à pas, avec des accents tantôt grandioses, tantôt naïfs, quelquefois exagérés dans leur expression, mais toujours vrais. Nous avons été frappé de l'habileté de l'instrumentation, vraiment surprenante chez un jeune homme de cet âge, que le sentiment doit guider plus encore que l'expérience. M. Massenet est d'ailleurs un musicien consommé et un de nos plus habiles pianistes. Après un pareil début, nous sommes en droit d'attendre d'une organisation aussi heureuse des travaux sérieux d'un autre ordre, qui, nous en avons la conviction, lui assigneront une place honorable parmi les compositeurs contemporains. »

A peine est-il de retour en France, que M. Massenet retrouve la furie de production qui, on l'a vu, le distinguait avant son départ. Au mois de juillet 1866, il fait exécuter aux concerts des Champs-Élysées deux fantaisies pour orchestre; le 24 mars 1867, il fait connaître aux habitués des Concerts populaires sa première Suite d'orchestre, que M. Pasdeloup fait jouer aussi, peu de jours après, à l'Athénée, où se donnaient alors des concerts très-brillants, et qui obtient un très-vif succès, justifié par une forme originale, par une inspiration abondante, par une instrumentation très-fine, très-brillante et très-variée; le 3 avril suivant, le jeune musicien fait son début au théâtre, en donnant à l'Opéra-Comique un gentil petit acte, *la Grand'-Tante*, qui était chanté par M. Capoul, par Mlles Girard et Heilbron; en même temps, il prenait part au concours ouvert pour la cantate de l'Exposition universelle, et sa partition, non couronnée, mais très-bien classée, obtenait le n° 3; enfin, il écrit pour le Théâtre-Lyrique la cantate officielle destinée à être chantée le 15 août 1867 : *Paix et Liberté!* et il prend part à un nouveau concours, celui ouvert à l'Opéra pour *la Coupe du roi de Thulé*. Mais il était alors sous l'influence des idées ultra-wagnériennes, et, de son aveu même, sa partition de *la Coupe*, qu'il détruisit plus tard, était l'œuvre la plus étrange qui se pût rencontrer.

Après cette veine de fécondité, M. Massenet semble se recueillir un peu, et pendant quelque temps ne fait plus parler de lui. Il écrit et compose toujours, mais ne se produit pas devant le public. Un jeune auteur dramatique trace pour lui le livret d'un *Manfred*, grand opéra en cinq actes, avec prologue et épilogue; ce sujet convenait au compositeur, mais, je ne sais par suite de quelles raisons particulières, il ne se décida pas à le traiter. C'est dans des productions intimes, poétiques, tout à fait en dehors du drame et de la symphonie, qu'il se complait alors. Il écrit sur des vers d'un vrai poëte, M. Armand Silvestre, deux choses charmantes : *Poëme d'avril* et *Poëme du souvenir*, sortes de fantaisies mélancoliques, formant chacune un petit recueil d'un accent très-personnel et très-pénétrant, d'un caractère touchant et rêveur, parfois même pathétique, et indiquant nettement les aptitudes de l'auteur au point de vue de la scène. Les délicats en musique apprécient comme elles le méritent ces deux compositions d'un ordre vraiment original, dans lesquelles, avec une élégance exquise, on trouve réunies la mélancolie de Schubert et la grâce ineffable de M. Gounod. C'est dans le même temps, ou à peu près, que M. Massenet publiait ses *Chants intimes*, mélodies vocales, et *l'Improvisateur*, « scène italienne transcrite pour le piano. »

On retrouve le jeune compositeur aux Concerts populaires, où il fait exécuter, le 26 novembre 1871, une deuxième Suite d'orchestre, intitulée *Scènes hongroises* (*Entrée en forme de danse, Intermezzo, Cortége et bénédiction nuptiale*). Malgré quelques détails charmants, malgré la coquetterie des deux premiers morceaux, malgré l'ampleur du dernier, il semble qu'on doive préférer à cette seconde suite celle que M. Massenet fit exécuter tout d'abord. Ce n'en est pas moins une œuvre fort distinguée. Quelques mois après (26 mars 1872), M. Massenet produisait à la Société classique de M. Armingaud une composition tout à fait exquise, portant ce simple titre : *Introduction et Variations* (pour 2 violons, alto, violoncelle, contre-basse, flûte, hautbois, clarinette, cor et basson). Ce petit badinage musical, tout plein de grâce et de délicatesse, de charme et d'élégance, tout parfumé et tout fleuri, obtint le succès qu'il méritait.

C'est ici que se place un incident particulier dans la carrière de M. Massenet. La direction de l'Opéra-Comique, prise de court et se trouvant avoir besoin d'un ouvrage en trois actes dans un délai très-bref, vint demander au jeune compositeur s'il se chargerait d'écrire cet ouvrage dans l'espace de trois semaines. Celui-ci, malheureusement, était encore sous l'influence des idées fâcheuses qui prévalaient encore dans certain petit clan musical : d'une part, il professait une sorte de mépris pour le genre de l'opéra-comique, ce genre illustré et rendu fameux depuis plus d'un siècle par tant de grands maîtres; de l'autre, rien ne lui semblait plus facile que de brocher à la hâte trois actes de semblable musique; et comme, en résumé, l'occasion était favorable pour se produire, il n'hésita pas à accepter la proposition qui lui était faite. Il écrivit donc dans le délai voulu la partition de *Don César de Bazan*. Mais pour avoir trop présumé de ses forces, pour n'avoir pas compris tout d'abord que l'opéra-comique est une forme de l'art à laquelle on peut ne pas s'attaquer, mais qu'on n'a pas le droit de dédaigner, il fut bientôt dévoyé et fit un pas de clerc. La critique fut dure à son œuvre, et le public ne lui fit pas meilleur accueil; c'est que l'œuvre n'était pas bonne, et qu'elle ne pouvait l'être, conçue dans les conditions qui viennent d'être rapportées. L'artiste était tombé de haut, il fut un peu étourdi de sa chute; celle-ci lui fut profitable pourtant, car avec sa vive intelligence il comprit bientôt qu'en matière d'art il n'est pas de petites œuvres, et que le devoir de celui qui produit est de rechercher en tout la perfection.

Il se releva d'un bond, et obtint un succès très-brillant et très-franc en faisant exécuter à l'Odéon, peu de mois après, *Marie-Magdeleine*, drame sacré en trois parties. C'est à dessein que, malgré la nature du sujet traité, il ne qualifia pas cette œuvre d'oratorio. M. Massenet, en effet, n'avait pas pris et n'avait pas voulu prendre en cette occasion le style large, noble et pompeux de l'oratorio. Peintre et poëte, il avait prétendu, dans cette œuvre nouvelle et longuement caressée, donner place à la rêverie et au paysage; de plus, il y faisait entendre des accents d'une passion véritablement humaine, d'une tendresse en quelque sorte terrestre, qui auraient pu donner matière à critique s'il avait laissé supposer qu'il voulait marcher sur les traces de Hændel, de Bach ou de Mendelssohn. En somme, l'œuvre était belle, suave, pure de lignes, tout imprégnée d'un parfum de jeunesse et de poésie, avec cela grandiose par instants et vraiment émouvante. C'était assez, certes, pour légitimer le succès qui l'accueillit à son apparition, et qui la suivit lors de son exécution à l'Opéra-Comique.

Ce succès, M. Massenet le retrouva avec son *Ève*, ouvrage de proportions beaucoup plus modestes, auquel il a donné la qualification de « mystère », ne voulant pas non plus l'intituler oratorio, et qui fut, on peut le dire, accueilli avec un véritable enthousiasme lorsque le public l'entendit à la Société de l'Harmonie sacrée, si bien dirigée par M. Charles Lamoureux. Une poésie rêveuse et une passion ardente, un grand sentiment du pittoresque, des sonorités exquises, un orchestre adorable, des idées d'une fraîcheur et d'une grâce toutes juvéniles, parfois une chaleur entraînante et une incomparable puissance d'expression, telles sont les qualités qui distinguent cette partition et qui ont fait sa fortune. — C'est peu de temps après l'exécution d'*Ève* que M. Massenet fut nommé chevalier de la Légion d'honneur.

Mais, comme l'immense majorité des musiciens français, M. Massenet avait surtout pour objectif le théâtre, qu'il n'avait encore, en quelque sorte, abordé qu'accidentellement. En effet, *la Grand'-Tante* n'avait été qu'un essai sans grande importance, *Don César de Bazan* avait été écrit trop hâtivement, et la musique scénique que le jeune artiste avait composée pour un drame de M. Leconte de Lisle, *les Erynnies*, ne constituait point une œuvre lyrique. M. Massenet avait bien en portefeuille la partition d'un opéra en 3 actes, *Méduse*, mais cet ouvrage lui paraissait d'un caractère un peu trop circonscrit pour qu'il voulût faire avec lui son véritable début sur une grande scène. Bientôt il entreprit d'écrire un grand opéra en 4 actes, *le Roi de Lahore*, sur lequel il fondait de grandes espérances, et avant que cette œuvre extrêmement importante fût tout à fait terminée, elle était reçue par la direction de l'Opéra

C'est avec une certaine impatience que le public français attendit l'apparition de ce nouvel ouvrage, dû à un jeune artiste qui était rapidement devenu son favori et pour lequel il ressentait une sympathie vive et sincère. La critique elle-même, qui avait traité M. Massenet en enfant gâté parce qu'elle croyait voir en lui l'étoffe d'un vrai créateur, la critique était désireuse de son succès, et attendait avec une certaine anxiété l'issue de la tentative si importante d'où allait dépendre en partie l'avenir du compositeur. Enfin, la première représentation du *Roi de Lahore*, entourée de toute la pompe, de tout l'éclat que notre première scène lyrique sait mettre au service d'une œuvre nouvelle, aidée par une interprétation remarquable de la part des chanteurs, excellente en ce qui concernait les masses instrumentale et chorale, eut lieu le 27 avril 1877. Le succès n'en fut pas douteux un instant, et justifia toutes les espérances qu'on avait conçues du talent du jeune maître. La partition du *Roi de Lahore* ne constitue pas un chef-d'œuvre sans doute; mais c'est une œuvre puissante et colorée, sincère et mâle, à la fois sobre et pleine d'ampleur, dans laquelle le compositeur a donné des preuves non-seulement d'une grande habileté de main, ce qui ne faisait doute pour personne, mais d'un grand sens dramatique et scénique ; ces qualités, déjà remarquables, sont complétées par une inspiration souple et variée, dans laquelle un charme pénétrant et la grâce la plus tendre s'unissent à une rare vigueur, par un grand respect des bonnes conditions vocales, par une grande science de l'orchestre, et enfin par une horreur de la banalité qui ne se traduit jamais en une recherche des effets excentriques ou bizarres. En réalité, cette production d'une élégance si noble, d'une allure si personnelle, d'une couleur vraiment nouvelle, ne pouvait qu'être accueillie avec faveur. Aussi son succès fut-il grand, et non-seulement en France, mais encore en Italie, où l'ouvrage fut joué peu de mois après avoir été représenté à Paris, et reçu, on peut le dire, avec transports. Le public du théâtre Regio, de Turin, et celui du théâtre Apollo, de Rome, firent au jeune compositeur des ovations véritablement enthousiastes, et l'on peut presque affirmer que jamais jusqu'alors, en Italie, artiste français n'avait été l'objet de semblables manifestations. C'est un honneur pour l'art français qu'une telle victoire remportée par un des siens à l'étranger, et l'on peut dire qu'en cette circonstance M. Massenet a bien mérité de son pays.

Au point où il en est arrivé pourtant, il est encore difficile et il serait téméraire de chercher à caractériser, d'une façon nette et précise, le talent de M. Massenet, car malgré ses succès nombreux, le compositeur en est encore à l'aurore de sa carrière. Mais on peut tout au moins le féliciter, dès aujourd'hui, d'avoir agi avec sagesse et courage en brisant son talent, en le forçant à se plier à toutes ses volontés, de façon à n'être arrêté, dans la suite, par aucun obstacle; on peut aussi remarquer qu'en produisant, ainsi qu'il le fait, dans tous les genres, il a donné des preuves de cette fécondité heureuse qui est l'apanage des tempéraments vigoureux. M. Massenet a déployé une rare liberté d'esprit, une fantaisie véritablement personnelle, en s'essayant à des genres jusqu'ici inconnus des artistes français; le *Poëme d'avril* et le *Poëme du souvenir* n'ont guère d'analogue chez nous : ce sont de petites compositions dramatiques intimes, comme qui dirait des réductions d'opéra, dans lesquelles le musicien a mis toute son âme, qu'il a empreintes d'une mélancolie profonde, d'une tendresse pleine d'expansion, d'une touchante rêverie; j'appellerais presque cela du Musset musical, et en parlant ainsi je n'exagérerais pas beaucoup ma pensée, car il y a là des qualités exquises. D'autre part, M. Massenet s'est éprouvé dans la musique instrumentale, avec ses Suites d'orchestre, son ouverture de *Phèdre* et sa fantaisie intitulée *Pompeia;* il a très-bien réussi dans ce genre libre, où il a déployé tout à loisir les qualités de son imagination, et où il a prouvé sa grande connaissance des effets d'orchestre, des accouplements de timbres, des diverses et multiples sonorités de l'instrument aux cent voix; on peut regretter seulement que M. Massenet n'ait pas cru devoir, jusqu'ici, s'attaquer à une symphonie véritable et régulière. A côté de tout cela, M. Massenet s'est exercé dans le drame religieux avec *Ève* et *Marie-Magdeleine*, et, en dehors de ses premiers essais, a montré ce qu'on pouvait attendre de lui, au point de vue de la scène, avec *le Roi de Lahore*. On voit que son ambition n'est point celle d'un artiste vulgaire, et que les ailes de sa muse sont douées d'une singulière envergure. Ce qui est certain, c'est qu'à l'heure présente M. Massenet est l'un des plus fermes soutiens de la jeune école française, qu'il est à la tête du petit groupe d'artistes fort distingués qui forme cette jeune école, et que ceux qui ont foi et espérance dans l'avenir de l'art national ont les yeux fixés sur lui. M. Massenet ne trahira pas la confiance qu'on a placée en lui ; il se peut, — ce n'est pas probable cependant, — il se peut qu'il reste en chemin ; mais, du moins, on peut tenir pour certain qu'il agira toujours avec honnêteté, et qu'il ne fera jamais aucune concession au faux goût et à la frivolité.

Voici le catalogue complet des œuvres de M. Massenet. — A. MUSIQUE DRAMATIQUE. 1° *La Grand' Tante*, opéra-comique en un acte, Opéra-Comique, 3 avril 1867 ; 2° *Paix et Liberté !* cantate scénique, Théâtre-Lyrique, 15 août 1867 ; 3° *Don César de Bazan*, opéra-comique en 3 actes, Opéra-Comique, 30 novembre 1872 ; *les Erynnies*, tragédie antique en 2 parties, Odéon, 6 janvier 1873 (et plus tard, Théâtre-Lyrique, 15 mai 1876, la partition comprenant alors, outre l'ouverture, l'entr'acte et les mélodrames, des chœurs et plusieurs airs de ballet) ; 4° *le Roi de Lahore*, 5 actes et 6 tableaux, Opéra, 27 avril 1877. — B. ŒUVRES LYRIQUES. 5° *Marie-Magdeleine*, drame sacré en 3 actes et 4 parties, Odéon, 11 avril 1873 ; 6° *Ève*, mystère en 3 parties, Société de l'Harmonie sacrée, 18 mars 1875 ; 7° *la Vierge*, légende sacrée en 4 scènes (non exécutée jusqu'à ce jour) ; 8° *Narcisse*, idylle antique, exécutée par la Société chorale d'amateurs, le 14 février 1878.— C. MUSIQUE SYMPHONIQUE. 9° Suite d'orchestre, op. 13 (réduction pour piano à 4 mains), Paris, Flaxland ; 10° *Scènes hongroises*, 2e suite d'orchestre, Paris, Hartmann ; 11° Musique pour une pièce antique (*les Erynnies*), 3e suite d'orchestre, id., id. ; 12° *Scènes pittoresques*, 4e suite d'orchestre, id., id. ; 13° *Scènes dramatiques*, d'après Shakspeare, 5e suite d'orchestre ; 14° Ouverture de concert ; 15° Ouverture de *Phèdre ;* 16° *Lamento*, écrit à la mémoire de Georges Bizet ; 17° Sarabande espagnole, pour petit orchestre ; 18° *Pompeia*, fantaisie symphonique ; 19° Introduction et Variations, pour 2 violons, alto, violoncelle, contrebasse, flûte, hautbois, clarinette, cor et basson. — D. MUSIQUE DE PIANO. 20° *Scènes de bal*, suite pour le piano, Paris, Hartmann ; 21° *Improvisations*, 20 pièces en 3 livres (dont le premier seul est publié), id., id. ; 22° *le Roman d'Arlequin*, pantomimes enfantines pour piano. — E. MUSIQUE VOCALE. 23° *Poëme du souvenir*, scènes (6 morceaux), Paris, Hartmann ; 24° *Poëme d'avril* (8 morceaux), op. 14, id., id. ; 25° *Poëme pastoral*, scènes (6 morceaux), id., id. ; 26° *Poëme d'octobre*, scènes (5 morceaux), id., id. ; 27° *Poëme d'hiver*, id., id. ; 28° 20 Mélodies, id., id. ; 29° Chanson de *David Rizzio*, Paris, Escudier ; 30° *Sérénade aux Mariés*, *l'Esclave*, *la Vie d'une rose*, *le Portrait d'un enfant*, mélodies, Paris, Girod. — A tout cela, il faut encore ajouter : *Méduse*, opéra en 3 actes, écrit en 1868 et non représenté jusqu'à ce jour ; *l'Adorable Bel-Boul*, fantaisie en un acte, jouée au Cercle de l'Union artistique en 1874 ; *Bérengère et Anatole*, saynète jouée au Cercle de l'Union artistique au mois de février 1876 (1) ; un morceau écrit pour *l'Helman*, drame de M. Paul Déroulède, représenté à l'Odéon le 2 février 1877 ; *Cantabile* pour violoncelle, avec accompagnement de piano. Enfin, M. Massenet travaille à deux grands drames lyriques, *Robert de France* et *les Girondins*, dont aucun n'est encore achevé.

Par un arrêté ministériel en date du 7 octobre 1878, M. Massenet a été nommé professeur de composition au Conservatoire, en remplacement de François Bazin.

MASSON (C......), musicien du dix-septième siècle, est auteur d'un ouvrage ainsi intitulé : *Nouveau Traité des règles pour la composition de la musique, très-utile à ceux qui jouent de l'orgue, du clavessin et du théorbe* (Paris, Ballard, 1699, in-8°).

MASSON (.......). Un écrivain de ce nom est auteur, avec M. Longet, d'un écrit analytique publié sous ce titre : *Études expérimentales sur la voix et sur les causes de la production du son dans divers instruments de musique* (Paris, 1852, in-8° de 114 p.).

MASTERS (W...... CHALMERS), compositeur anglais, est l'auteur de deux opérettes dont l'une, intitulée *the Forester's Daughters* (les Filles du Forestier), a été représentée le 13 novembre 1867 dans la salle Saint-Georges, à Londres, par la *London Bijou Operetta Company*, et dont l'autre a pour titre *the Rose of Salency*.

MASUTTO (GIOVANNI), écrivain italien, directeur d'un recueil périodique intitulé *la Volontà*, et régent de l'école populaire de musique de Venise, est l'auteur d'un petit résumé historique intéressant, publié par lui sous ce titre : *la Musica, della sua origine e della sua storia*. Il a été fait de cet opuscule trois éditions, dont la dernière a paru en 1878.

MATA (MANUEL **DE LA**), pianiste et professeur espagnol contemporain, est l'auteur d'une *Méthode complète d'harmonium ou orgue expressif*.

MATERNA (AMÉLIE **MATERNA**, épouse **FRIEDRICH**, connue sous le nom de

(1) Cette petite pièce a été jouée peu de temps après au théâtre du Palais-Royal ; mais, M. Massenet n'ayant pas voulu consentir à laisser exécuter sa musique, le chef d'orchestre de ce théâtre, M. Bariller, en écrivit une nouvelle.

Mme FRIEDRICH), cantatrice allemande distinguée, attachée depuis environ dix années à l'Opéra impérial de Vienne, commença sa carrière vers 1865 à Gratz, où elle épousa le chanteur Friedrich, puis se fit une réputation de chanteuse d'opérette au *Carltheater*, de Vienne, d'où elle fut appelée à tenir un emploi important sur la première scène lyrique de cette ville. D'abord un peu effacée dans le vaste cadre du théâtre impérial, elle finit cependant, à force de travail et d'intelligence, par s'y faire remarquer et se créer une situation enviable. Elle obtint de vifs succès dans divers ouvrages, entre autres dans la *Judith* de Doppler, *la Guerre domestique* de Schubert, et surtout dans *Fidelio* et dans *Lohengrin*. C'est alors que M. Richard Wagner songea à mettre son talent à contribution pour les fameuses « représentations-modèles » de Bayreuth, et qu'il l'engagea pour remplir les principaux rôles de sa tétralogie, particulièrement celui de Brunhilde de *la Walkyrie*. Mme Materna prit donc part aux concerts donnés à Londres par M. Wagner au profit de l'entreprise de Bayreuth, et se produisit ensuite en cette dernière ville, dans la tétralogie du maître saxon, en compagnie de Mmes Weckerlin et Scheffzky, de MM. Niemann, Betz, Unger, Gura, Kœgel, Schlosser et Niesing. Elle y fit un grand effet, grâce à la splendeur de sa voix, à son talent de cantatrice, à son intelligence de la scène, enfin à la passion qui l'anime et au feu qui semble la dévorer. Le seul reproche qu'on lui adresse consiste en une expansion un peu vive, en une sorte d'exagération apportée par elle dans un jeu scénique d'ailleurs fort intelligent et plein de vérité. Depuis l'expédition de Bayreuth, Mme Materna a repris son emploi à l'Opéra de Vienne et y a retrouvé ses succès.

* **MATHIAS** (GEORGES - AMÉDÉE - SAINT-CLAIR). — Cet artiste extrêmement distingué, qui a succédé à M. Laurent comme professeur de piano au Conservatoire de Paris, a promptement relevé le niveau de cette classe, qui était tombée dans un assez grand discrédit. Au nombre de ses meilleurs élèves, il faut surtout citer MM. Pradeau, Raoul Pugno, Rambourg, Auzende, Chabeaux, etc. M. Mathias, qui lui-même, après avoir étudié d'abord avec Kalkbrenner, a eu le bonheur d'être pendant sept années l'élève de Chopin, sait communiquer à ses disciples les grandes traditions de mécanisme et de style qu'il doit à ces deux maîtres célèbres.

Mais M. Mathias n'est pas seulement un grand virtuose et un professeur de premier ordre. Élève de MM. Savard, Bazin, Halévy et Barbereau, c'est aussi un compositeur extrêmement distingué, à l'imagination abondante aidée par une instruction solide. Les concerts avec orchestre donnés par lui en 1859 et dans lesquels il fit entendre sa 1re symphonie, son 1er concerto pour piano et ses *Esquisses d'après Gœthe*, l'ont prouvé tout d'abord, et les œuvres nombreuses qu'il a publiées depuis n'ont pu qu'augmenter sa réputation auprès des gens de goût et des vrais artistes. La nomenclature complète de ces œuvres ne saurait trouver place ici, mais j'en veux citer au moins les plus importantes, qui sont les suivantes. — MUSIQUE SYMPHONIQUE OU CONCERTANTE. 1re symphonie à grand orchestre, op. 22, dont une réduction pour le piano à 4 mains a été publiée par l'auteur; 1er trio pour piano, violon et violoncelle, op. 1 (Brandus); 2e trio, en *fa*, op. 15 (Richault); 3e trio, en *fa*, op. 33 (Maho); 4e trio, en *la*, op. 36 (Heugel); 5e trio, en *sol*, op. 50 (Hartmann); ouverture d'*Hamlet*, op. 23 (réduction à 4 mains, Richault); ouverture de *Mazeppa*, op. 56 (id., Hartmann); 5 morceaux symphoniques pour piano, violon et violoncelle, op. 30 (Richault). — MUSIQUE DE PIANO. 1re Sonate, en *si* mineur, op. 20 (Gérard); 2e Sonate, op. 34 (Heugel); 3e Sonate, op. 35 (Richault); 1er Concerto avec orchestre, en *fa* dièse mineur, op. 21 (réduction pour 2 pianos, Heugel); 2e Concerto avec orchestre, en *sol* mineur, op. 56 (id., Hartmann); Trois Esquisses d'après Gœthe, à 4 mains (Heugel); Allegro symphonique, op. 51 (Hartmann); Allegro appassionato, op. 5 (Brandus); 3 Suites de romances sans paroles, op. 18 (Lemoine); Polonaise de salon, op. 7 (Brandus); Pastorale et air de ballet, op. 11 (id.); *Feuilles de printemps* op. 8 et 17 (2 séries, Brandus); 2 Valses de concert, op. 13 et 19 (id.); Marches à 4 mains, op. 37 (Heugel); Marche impériale, op. 43 (Richault); *Chants du crépuscule*, op. 52 (Flaxland); 7 Pièces (*Rêve, Menuet, Promenade, Marguerite à l'église, Repas, Canon*), op. 55 (Flaxland); 24 Études de style et de mécanisme, en deux livres, op. 28 (Heugel); 10 Études de genre, op. 10 (Brandus).

M. Georges Mathias a eu l'honneur et le bonheur d'être choisi par Rossini pour accompagner sa *Petite Messe solennelle*, lors des exécutions qui furent faites de cette œuvre lumineuse, en 1864 et 1865, chez son ami M. Pillet-Will. Il a été nommé chevalier de la Légion d'honneur en 1872 (1).

MATHIEU (ÉMILE), chanteur comique, se fit entendre pendant de longues années dans les

(1) En 1876, M. Mathias a formé un recueil de quelques-unes de ses compositions pour le piano, et l'a publié sous ce titre : *Œuvres choisies pour le piano de Georges Mathias* (Paris, Brandus, un vol. in-8° avec portrait de l'auteur).

cafés-concerts de Paris, et fit un instant partie de la troupe du petit théâtre des Folies-Nouvelles. Cet artiste est l'auteur d'un écrit publié sous ce titre : *les Cafés-concerts* (Paris, 1863, in-12 de 47 p.).

MATHIEU (Émile), compositeur, né à Lille le 16 octobre 1844, est fils d'une cantatrice distinguée et d'un chanteur qui tint l'emploi de première basse au théâtre de la Monnaie, de Bruxelles (1). Il commença ses études à l'école de musique de Louvain, et les continua au Conservatoire de Bruxelles, où il obtint en 1861 le premier prix d'harmonie, et en 1863 le premier prix de piano (classe de M. Auguste Dupont). Il suivit ensuite pendant deux années le cours de contre-point de Fétis, puis alla se fixer à Louvain, où il devint professeur de piano et d'harmonie à l'Académie des Beaux-Arts, en même temps que directeur des concerts de la Société de musique. Cela ne l'empêcha pas de prendre part au concours de Rome, qui a lieu tous les deux ans en Belgique : en 1869, il y obtint un second prix, en partage avec M. J. Pardon ; en 1871, il eut de nouveau le second prix, avec mention spéciale et à l'unanimité ; en 1873, il manqua d'une voix le premier prix.

En cette dernière année, M. Mathieu quitta la la situation qu'il occupait à Louvain pour aller se fixer à Bruxelles. Déjà il avait publié un recueil de 6 mélodies, et 6 ballades de Gœthe (Bruxelles, Nagant), et il avait fait représenter à Liége, le 25 avril 1863, un petit opéra intitulé : *l'Échange*. Il donna à Bruxelles un concert destiné à faire connaître quelques-unes de ses compositions, entre autres sa dernière cantate de concours, *Torquato Tasso's Dood*, qui produisit une heureuse impression. Il continua alors à se livrer à l'enseignement, mais sans négliger la composition, et écrivit la musique d'un ballet en un acte, *les Fumeurs de Kiff*, qui fut représenté au théâtre de la Monnaie dans le cours du mois d'avril 1876 et très-bien accueilli. Le 21 décembre de l'année suivante, il a donné sur ce même théâtre un opéra-comique en 3 actes, *George Dandin*, qui a été moins heureux auprès du public, bien que la critique lui ait été généralement favorable. La partition de ce dernier ouvrage a été publiée à Bruxelles, chez Schott.

MATHIEU DE MONTER (Émile), critique et écrivain musical, est né à Bordeaux le 1er mai 1835, et étudia d'abord la médecine à la Faculté de Strasbourg. Tout en suivant ses cours, il étudia la musique avec un artiste fort distingué, Conrad Berg, et vint ensuite s'établir à Paris. Là, il devint journaliste, et collabora successivement, au point de vue musical, à *l'Europe artiste*, au *Messager des Théâtres*, à *l'Orchestre*, à *l'Orphéon*, et enfin à la *Gazette musicale de Paris*, à la rédaction de laquelle il appartient depuis 1858. Il est aussi correspondant du *Musical World*, de Londres. M. Mathieu de Monter, qui s'est beaucoup occupé de la musique chorale, et qui a écrit les paroles d'un certain nombre de chœurs orphéoniques, a publié un livre intéressant : *Louis Lambillotte et ses frères* (Paris, Ruffet, 1871, in-12 avec portrait et autographes).

* **MATHO** (Jean-Baptiste). — Lorsqu'il donna *Arion* à l'Académie royale de musique, cet artiste avait écrit déjà trois ouvrages dramatiques, qui avaient été représentés à Châtenay, dans les fameuses « nuits » de la duchesse du Maine. C'est M. Adolphe Jullien qui a retrouvé la trace de ces trois ouvrages, dont il parle dans son intéressant écrit, *les Grandes Nuits de Sceaux*, et dont voici les titres : 1° *Philémon et Baucis*, 5 août 1703 ; 2° *Le Prince de Catay*, divertissement, 17 août 1704 ; 3° *La Tarentole*, comédie-ballet en 3 actes, 9 août 1705. J'ajouterai que Matho a pris une part importante à la composition d'un ouvrage dont je n'ai pu découvrir le titre, mais qui a été représenté le 16 février 1718 dans une des salles du palais des Tuileries, en présence du jeune roi Louis XV, et pour fêter l'anniversaire de sa naissance. Le *Mercure* disait, en parlant de cet ouvrage : — « Les paroles sont de la composition de M. de Beauchamps, la musique vocale de M. Matot, l'instrumentale de M. Alarius, et la danse de M. Balon. »

Arion, qui n'eut point de succès, fut donné à l'Opéra le 10 août 1714. Dans son *Histoire (manuscrite) de l'Académie royale de musique*, Parfaict raconte au sujet de cet ouvrage l'anecdote suivante : — « Le hazard voulut que le jour même de la première représentation, un limonadier fit afficher : *Marion vend de la glace en gros et en détail*. Des personnes qui n'avaient pas été satisfaites de cette tragédie mirent du papier blanc sur la première lettre du nom du marchand de glace. Cette plaisanterie donna le ton au public, et *Arion* expira à la quatrième ou à la cinquième représentation. »

MATTARESS (Vincenzo), compositeur italien contemporain, né à Naples, a habité pendant plusieurs années l'Amérique, et a fait re-

(1) Nicolas-Joseph Mathieu, père de l'artiste dont il est ici question, était né à Champion (Luxembourg) le 24 janvier 1816, et mourut à Malines le 24 juillet 1860. Après avoir été attaché au théâtre de la Monnaie, de Bruxelles (1840), il était devenu directeur du théâtre royal d'Anvers (1849-1850), et en dernier lieu professeur de chant à l'Académie de musique de Louvain.

présenter à Rio de Janeiro et à Pernambuco deux opéras italiens dont j'ignore les titres. De retour en Italie, il a fait exécuter au théâtre Castelli, de Milan, en 1876, l'ouverture d'un autre opéra inédit, *il Re di Svezia*, et une ouverture-fugue intitulée : *Nel Vesuvio*. M. Mattaress a composé aussi des romances et mélodies vocales.

MATTAU (JOSEPH), né à Bruxelles le 13 mars 1788, mort le 5 août 1856, est l'inventeur de l'instrument appelé *mattauphone*, qui était un perfectionnement ingénieux de l'harmonica, et qu'il fit entendre avec succès à Paris. Tout d'abord ménétrier et musicien de kermesses, Mattau apprit seul à jouer de plusieurs instruments, entra dans le corps de musique du 72ᵉ régiment, qui avait son dépôt à Bruxelles, fit plusieurs campagnes, puis revint dans sa ville natale, où il sut se créer une carrière toute particulière, devenant maître de danse, puis directeur des bals de la cour, et participant à la fondation de la Société de la Grande-Harmonie. Un écrivain anonyme a retracé sous ce titre : *Un type bruxellois*, la vie de Mattau (Bruxelles, Polack-Duvivier, 1857, in-32).

* **MATTEI** (L'abbé STANISLAS). — Au nombre des écrits publiés sur cet artiste, il faut comprendre le suivant : *Osservazioni sulla vita di Stanislao Mattei scritta dall' avvocato Filippo Canuti* (Reggio, Torreggiani, 1830, in-8°).

MATTEI (TITO), pianiste et compositeur italien, est né à Campobasso le 24 mai 1841. Après avoir, dès l'âge de quatre ans, commencé l'étude du piano avec son père, il montra une telle précocité et fit des progrès si rapides, qu'au bout de deux années il se faisait entendre en public avec succès. Un peu plus tard il devint, à Naples, l'élève de Thalberg, et étudia dans cette ville la composition d'abord avec Raimondi, puis, après la mort de celui-ci, avec MM. Parisi, Conti et Ruta. En 1853 il se produisait à Paris avec succès, se faisait ensuite applaudir à Londres, puis, quelques années après, entreprenait une série de voyages artistiques en Italie, en France et en Allemagne, où son talent très-distingué de virtuose était justement apprécié. Bientôt il se fixait définitivement à Londres, où il devint l'un des artistes favoris du public, et où il se fit connaître aussi comme chef d'orchestre, soit au nouvel opéra italien, soit même au théâtre de la Reine. Cela ne l'empêchait pas de se produire aussi comme compositeur, d'abord en exécutant lui-même un grand concerto de piano avec accompagnement d'orchestre, puis en publiant, outre un assez grand nombre de morceaux originaux pour cet instrument, quelques transcriptions et fantaisies sur des airs d'opéras, ainsi que des romances et mélodies vocales sur paroles italiennes ou françaises, et enfin en faisant entendre, dans la salle Saint-Georges (juillet 1877), la musique d'un drame lyrique italien intitulé *Maria di Gand*, qui fut très-bien accueillie.

Comme virtuose et comme compositeur, M. Tito Mattei occupe aujourd'hui à Londres une situation brillante. Le nombre des œuvres qu'il a publiées est assez considérable, et parmi celles qui ont obtenu le plus grand succès il faut signaler la valse intitulée : *le Tourbillon*, ainsi que trois mélodies italiennes : *Non è ver*, *Non torno*, et *la Pesca*. Ces dernières ont été l'objet d'une véritable vogue. Ses productions pour le piano, publiées pour la plupart à Paris chez l'éditeur M. Alphonse Leduc, sont au nombre de quarante environ, parmi lesquelles je citerai les suivantes : *l'Illusion*, *le Chant de l'exilé*, *la Lyre*, nocturnes ; *la Danse des feuilles*, *Pas de charge*, *la Harpe céleste*, *une Perle*, morceaux de salon ; *le Tourbillon*, *Neuf-huit*, *le Bouquet de fleurs*, *Fenella*, *Avant la danse*, *Braggiotti*, grandes valses ; *Mergellina*, barcarolle, etc.

M. Mattei, qui a épousé une jeune cantatrice, Mˡˡᵉ Colombo, est chevalier de l'ordre des SS. Maurice et Lazare.

MATTIOZZI (RODOLFO), pianiste, professeur et compositeur, né à Florence le 19 novembre 1832, s'est fait une réputation dans sa patrie par la publication de mélodies vocales pleines de grâce, et par la production d'un nombre très-considérable de morceaux de musique de danse d'une forme pleine d'élégance, de franchise et de *brio*. Parmi les albums *da ballo* livrés par lui au public et qui obtenaient le plus vif succès, il faut surtout citer les suivants : *Castelli in aria*, *les Débardeurs*, et *Roma capitale*. Mattiozzi est venu écrire à Paris, pour le Théâtre-Italien, la musique de deux divertissements, dont l'un, sans titre, fut représenté le 6 novembre 1865, et dont le second, intitulé *la Fidanzata valacca*, fut joué le 5 mai 1866 ; une partie de la musique de ce dernier avait été composée par M. le comte Massimiliano Graziani.

Mattiozzi, qui passait chaque année une partie de la saison musicale à Londres et à Paris, mourut presque subitement à Florence, au moment où il venait d'y rejoindre sa famille, le 14 juin 1875. Il était âgé seulement de quarante-deux ans.

MATYS (KARL), compositeur allemand contemporain, s'est fait connaître en ces dernières années par la publication et l'exécution d'un certain nombre d'œuvres, qui s'élèvent au chiffre de cinquante environ, et qui sont écrites soit pour les instruments, soit pour la voix. Je citerai, entre autres : *la Nymphe de la forêt*, ouverture à grand orchestre ; *Souvenirs*, 4 pièces pour violoncelle avec piano ; *Im Maien*, chanson à voix seule avec accompagnement de violoncelle et piano, etc.

MAUCOTEL (Charles-Adolphe), luthier français qui ne manquait pas d'habileté, naquit à Mirecourt en 1820, fit son apprentissage en cette ville, puis vint à Paris en 1839, entra comme ouvrier dans l'atelier de Vuillaume, et s'établit pour son compte en 1844. Il produisit beaucoup d'instruments, violons, altos et violoncelles, qui se faisaient remarquer par de bonnes qualités et qui donnent de bons échantillons de la lutherie française. Ses travaux lui valurent une médaille de seconde classe à l'Exposition internationale de Paris, en 1855. Maucotel, qui s'était d'abord installé dans la galerie Vivienne, alla demeurer ensuite rue Croix-des-Petits-Champs, puis rue Princesse. C'est dans ce dernier endroit qu'il est mort, d'une façon tragique : pris d'un accès de fièvre chaude, le 6 février 1858, il se coupa la gorge d'un coup de rasoir, et mourut sans avoir pu proférer une parole.

* **MAUGARS** (André), célèbre violiste du dix-septième siècle, ne s'appelait pas *Aude*, comme l'a dit la *Biographie universelle des Musiciens*, mais bien *André*, ainsi qu'il a signé, en toutes lettres, la dédicace de sa traduction de l'ouvrage de Bacon : *le Progrez et avancement aux sciences divines et humaines*. Son talent de musicien et sa supériorité comme virtuose ont été constatés en ces termes par le père Mersenne. — «.... Personne en France n'égale Maugars et Hottman, hommes très-habiles dans cet art : ils excellent dans les diminutions et par leurs traits d'archet incomparables de délicatesse et de suavité. Il n'y a rien dans l'harmonie qu'ils ne sachent exprimer avec perfection, surtout lorsqu'une autre personne les accompagne sur le clavicorde. Mais le premier exécute seul et à la fois deux, trois ou plusieurs parties sur la basse de viole, avec tant d'ornements et une prestesse de doigts dont il paraît si peu se préoccuper, qu'on n'avait rien entendu de pareil auparavant par ceux qui jouaient de la viole ou même de tout autre instrument. » Un musicographe distingué, M. Ernest Thoinan (*Voy.* ce nom), a donné, il y a quelques années, une nouvelle et très-bonne édition de la fameuse lettre de Maugars sur la musique italienne, en l'accompagnant d'une notice sur son auteur et de notes intéressantes. Voici le titre de cette publication : *Maugars, célèbre joueur de viole, musicien du cardinal de Richelieu, conseiller, secrétaire, interprète du Roi en langue anglaise, traducteur de F. Bacon, prieur de Saint-Pierre Eynac, sa biographie, suivie de sa* Response faite à un curieux sur le sentiment de la musique d'Italie, escrite à Rome le premier octobre 1639, *avec notes et éclaircissements par Er. Thoinan*, Paris, Claudin, 1865, petit in-8° carré. Cette reproduction, très-soignée au point de vue typographique, n'a été tirée qu'à 100 exemplaires.

MAUGIN (J.....-C.....), artiste absolument inconnu, est auteur du livre suivant, compris dans l'intéressante collection des manuels de l'Encyclopédie-Roret : *Manuel du luthier*, contenant : 1° la construction intérieure et extérieure des instruments à archet, tels que violons, altos, basses et contre-basses ; 2° la construction de la guitare ; 3° la confection de l'archet (Paris, Roret, 1834, in-18 avec planches). A l'époque de la publication de ce livre, il n'existait aucun luthier du nom de Maugin ; cet ouvrage ne peut donc être attribué à un luthier ; mais j'ai retrouvé, dans l'*Agenda musical* de 1836, la trace d'un violoniste professeur de ce nom. Il me semble donc bien supposable que c'est à ce dernier qu'est dû le manuel en question.

MAUPOINT (..........), écrivain français du dix-huitième siècle, est l'auteur anonyme du livre suivant, dont les renseignements ne sont pas sans quelque utilité : *Bibliotèque* (sic) *des Théâtres*, contenant le catalogue alphabétique des pièces dramatiques, opéra (sic), parodies et opera comiques et le tems de leurs représentations, avec des anecdotes sur la plupart des pièces contenuës en ce recueil, et sur la vie des auteurs, musiciens et acteurs (Paris, Prault, 1733, in-8°). Cet ouvrage a servi de type et de modèle au *Dictionnaire des théâtres* de de Léris, et aux *Anecdotes dramatiques* de l'abbé de La Porte.

* **MAURER** (Louis-Wilhelm), violoniste et compositeur, est mort à Saint-Pétersbourg le 25 octobre 1878, à l'âge de quatre-vingt-quatorze ans. Il était né à Potsdam le 8 février 1784. Maurer avait été chef d'orchestre du théâtre français de Saint-Pétersbourg, puis des concerts symphoniques fondés par Lwoff, et enfin inspecteur de tous les orchestres impériaux.

MAURICE DE MENZINGEN, moine et musicien suisse, est connu sous ce nom parce qu'il naquit à Menzingen, dans le canton de Zug, en 1654. Étant entré dans l'ordre des capucins, il fut prédicateur dans plusieurs couvents, puis se fixa à Andermatt. C'est là qu'il écrivit les paroles et la musique de nombreuses chansons religieuses, dont une partie a été publiée sous ce titre : *Philomela Mariana, die Marianische*

Nachtigall, welche da Unterschidlich schœne Lobund Liebs-Gesætzlein der allerschœnsten und holdseeligsten Himmels-Kœnigin Mariæ zu schuldigem Lob, Preiss und Ehrenschall schlagend und singende die Herzen thut erquicken, in 36 Liedern verfasset mit beigefügten musikalischen Noten, durch P. Fr. Mauriz von Menzingen, capucinern der schweizerischen-Provinz Zug. 1713. « Ce recueil, dit M. George Becker (*la Musique en Suisse*) a dû être très-répandu, car on peut encore aujourd'hui facilement le trouver. »

MAURIN (Jean-Pierre), violoniste, naquit à Avignon le 14 février 1822. Admis le 20 juin 1838 au Conservatoire de Paris, dans la classe préparatoire de violon de Guérin, il passa ensuite dans celle de Baillot, puis, à la mort de ce grand maître, dans celle d'Habeneck. Il obtint le second prix en 1842, le premier en 1843, puis, ses études terminées, se livra à l'enseignement. Un peu plus tard, M. Maurin fonda avec Chevillard, le violoncelliste, une société de musique de chambre, dans laquelle il s'attacha surtout à faire connaître au public parisien les derniers quatuors de Beethoven, qu'on n'exécutait presque jamais alors. A la même époque, il commença à se produire dans le grand monde parisien, et son jeu large, son style solide, lui valurent bientôt une réputation méritée. Au mois d'octobre 1875, cet artiste a été nommé professeur de la classe de violon devenue vacante au Conservatoire par suite de la démission de M. Alard.

MAYER-MARIX (............), musicien français, né vers 1805, est l'inventeur d'un petit instrument à clavier et à anches auquel il a donné le nom d'*harmoni-flûte*. Cet instrument, qui n'est pas sans analogie avec l'accordéon, possède une étendue de trois octaves; on le joue en le posant sur les genoux, la main droite occupant le clavier, tandis que la gauche fait manœuvrer les soufflets. Mayer-Marix a publié une Méthode et de nombreux morceaux pour l'harmoni-flûte. Cet artiste est mort à Paris, au mois d'avril 1872, à l'âge de soixante-sept ans.

MAYEUR (........), clarinettiste, chef d'orchestre et compositeur, est l'un des plus habiles virtuoses sur le saxophone qui existent à Paris. Il a beaucoup fait pour la propagation de cet instrument, qu'il joue à l'orchestre de l'Opéra, ainsi que la clarinette. On lui doit une très-bonne Méthode de saxophone, une fantaisie pour saxophone-alto avec accompagnement de piano sur des motifs de *Don Juan*, un arrangement de la 19e sonate de Mozart pour saxophone-alto et piano, une transcription de cinq trios du même maître pour saxophones alto, ténor et baryton, etc. M. Mayeur est depuis plusieurs années chef d'orchestre des concerts d'été du Jardin d'acclimatation. Élève de Klosé au Conservatoire de Paris, cet artiste obtint le premier prix de clarinette dans cet établissement en 1860.

MAYO (Dermino). Un artiste de ce nom a fait représenter sur le théâtre du Fondo, de Naples, en 1843, un opéra semi-sérieux en deux actes, intitulé *Mattia l'Invalido*, dont le livret était tiré d'un vaudeville français portant ce titre.

* **MAYR** (Jean-Simon). — Une publication faite à Bergame, et dont l'auteur de la *Biographie universelle des Musiciens* n'a évidemment pas eu connaissance, vient compléter et rectifier en certains points les détails donnés par lui sur la vie de ce musicien fameux. Cette publication, mise au jour en 1841, à l'époque où une médaille fut frappée en l'honneur de Mayr et par les soins des souscripteurs qui avaient pris l'initiative de cet hommage, est ainsi intitulée : *Per il settantesimo ottavo natalizio del celebre maestro Gio. Simone Mayr* (Bergamo, Crescini, 1841, in-4° de 84 p.). C'est, selon l'usage italien, un recueil de poésies écrites à la gloire de l'artiste, poésies qui sont précédées d'une bonne notice biographique signée du nom de M. Adolfo-Gustavo Maironi Daponte, vice-président de l'Athénée des sciences, lettres et arts de Bergame, dont Mayr était le président.

On voit dans cet opuscule que Mayr, qui avait fait de Bergame sa patrie d'adoption, refusa successivement, pour rester en cette ville, les emplois suivants, qui lui furent proposés : en 1803, la direction du Théâtre-Italien de Vienne ; en 1806, celle du théâtre et des concerts de la cour du roi d'Italie, empereur des Français ; en 1808, la charge de censeur du nouveau Conservatoire de Milan, et la succession de Paër comme maître de chapelle de la cour royale de Dresde ; en 1814, la régence de la surintendance des théâtres royaux de Milan ; et enfin, en 1822, le poste de maître de chapelle à Novare.

A partir de 1805, époque à laquelle fut créé par ses soins et placé sous sa direction le Lycée musical de Bergame, Mayr se dévoua sans réserve à cet établissement, pour lequel il écrivit toute une série de petits traités : 1° *Piccolo catechismo elementare ;* 2° *Metodo di applicatura, ossia per le regolari e più comode posizioni delle dita sul cembalo ;* 3° *Alcuni cenni sul modo di scrivere pei corni da caccia ;* 4° *Trattato per il pedale*. Il traduisit aussi de l'allemand le *Traité de l'accompagnement* de Fœrster. Enfin, il composa, pour les examens et concerts du Lycée, un grand nombre de morceaux de divers genres, et afin d'exercer ses élèves dans la composition théâtrale, il écrivit à leur usage, et dans la mesure de leurs capacités, quelques livrets d'opérettes destinés à être par eux mis en musique : *la Prova dell' accademia finale; il Piccolo compositore di musica; i Piccoli virtuosi ambulanti; il Giovedì grasso; un Buon cuore scusa molti difetti.*

En 1809, Mayr fonda à Bergame un *Pio Istituto musicale*, destiné à venir en aide aux artistes devenus vieux ou infirmes, à leurs veuves et à leurs orphelins. Au premier concert donné au profit de cet établissement, il fit exécuter *la Création* d'Haydn, qui n'avait jamais été entendue en Italie, et publia à cette occasion, dans un journal, un précis de la vie du maître, précédé d'une dissertation sur son œuvre. Ce n'est pas la seule fois que Mayr prit la plume au profit de l'histoire et de la littérature musicales. Il lut, dans les séances de l'Athénée de Bergame, deux notices étendues, l'une sur le célèbre théoricien Franchino Gaforio, l'autre sur Michele Alberto da Carrara, savant écrivain bergamasque du quinzième siècle à qui l'on doit un traité sur la musique. C'est encore dans une séance de l'Athénée qu'il donna lecture d'une dissertation ainsi intitulée : *Cenni istorici intorno all'Oratorio musicale, ed ai misterj che lo precedettero.* En 1836, il publia, dans le feuilleton de la *Gazzetta Milanese*, un écrit qui portait ce titre : *Considerazioni del vecchio suonatore di viola dimorante in Bergamo, intorno ad un articolo di Sevellinges risguardante la vita e le opere di Luigi Palestrina.* Enfin, M. Daponte cite divers autres écrits de Mayr, encore inédits à l'époque où il publiait sa notice : 1° *Piano per una riforma del Conservatorio di Napoli, particolarmente per i nuovi metodi dell' istruzione istromentale, steso per quel Ministro dell'interno*: 2° *Piano per l'istituzione d'una cattedra di musica nell' Università di Pavia, scritto per ordine del Direttore generale della pubblica istruzione*; 3° *Parere intorno ad un apposito maestro per la composizione teatrale, e particolarmente per l'istromentazione, scritto pel Direttore del Liceo musicale di Bologna*; 4° *la Vita di Clementi* (Muzio ?); 5° *la Vita di Santa Cecilia, in due parti*; 6° enfin, une traduction italienne du *Traité d'harmonie* de Reicha.

En 1838, Mayr, déjà âgé de 75 ans, eut le désir de revoir son pays natal. Il partit donc pour la Bavière, et fut l'objet, à Munich, d'honneurs extraordinaires de la part du roi, de la cour, des artistes et de toute la population; les journaux publièrent des récits de l'accueil enthousiaste qui lui était fait, et Aiblinger, maître de chapelle du roi de Bavière, écrivit à ce sujet au gendre de Mayr, M. Massinelli, une lettre qui se terminait ainsi : « L'Allemagne peut être fière d'avoir donné à l'Angleterre un Hændel, à la France un Gluck, et à l'Italie un Simon Mayr. » A son retour à Bergame à la suite de ce voyage, Mayr se vit accueilli avec des démonstrations enthousiastes : le comte Giacomo Clemente Suardo, alors président de l'Athénée, fit exécuter son buste et le donna à cette Société. Déjà, en 1819, le portrait de l'artiste, peint par Diotti, avait été placé dans un édifice public. C'est peu de temps après qu'on eut l'idée de faire frapper une médaille en son honneur.

La liste des opéras, cantates et oratorios de Mayr doit se compléter par les œuvres suivantes : 1° *Alcide al bivio*, cantate pour le Lycée de Bergame, 1809; 2° Cantate pour la naissance du roi de Rome, Bergame, 1811; 3° *le Due Duchesse*, ossia *la Caccia de' Lupi*, opéra semi-sérieux, Milan (Scala), 1814; 4° *Cori*, opéra sérieux, Naples (San-Carlo), 1815; 5° *le Feste d'Ercole*, cantate, Bergame, 1816; 6° *Egeria*, id., id., 1816; 7° *il Sogno di Partenope*, cantate dramatique en 3 actes, pour l'ouverture du théâtre reconstruit de San-Carlo, Naples, 1817; 8° *Arianna e Bacco*, cantate en 2 actes, pour le *Pio Istituto*, Bergame, 1817; 9° *Mennone e Zemira*, opéra sérieux, Naples (San-Carlo), 1817; 10° *Tanassa*, id., Venise (Fenice), 1818; 11° *le Danaidi*, id., Rome (Argentina), 1819; 12° *Inno a Pallade*, Milan, 1820; 13° *Alfredo il Grande*, opéra sérieux, Bergame, 1821; 14° *Samuele*, oratorio, Bergame, 1821; 15° *Fedra*, opéra sérieux, Milan (Scala), 1822; 16° *Atalia*, oratorio, Naples (San-Carlo), 1822; 17° *San Luigi Gonzaga*, id., Bergame, 1822; 18° *Demetrio*, opéra sérieux, Turin (Regio), 1824; 19° *l'Armonia*, cantate, Bergame, 1825; 20° Cantate avec chœurs à l'occasion de la mort de Beethoven, Bergame (Union philharmonique), 1827. Mayr était membre correspondant de l'Académie des Beaux-Arts de France (1).

Les 12, 13 et 14 septembre 1875, de grandes solennités eurent lieu à Bergame pour la translation, dans la basilique de Sainte-Marie-Majeure, des cendres de Mayr et de son élève Donizetti (2).

(1) L'opéra intitulé *Medea* a été donné au théâtre San-Carlo, de Naples, en 1813, et non à la Fenice, de Venise, en 1812; celui qui porte pour titre *Atar* a été représenté au théâtre Sant'Agostino, de Gênes, en 1814, et non à la Scala, de Milan, en 1815. M. le docteur Basevi possède en manuscrit, portant la signature de Mayr, un *Miserere a tre, con viole e 3 strumenti di fiato.*

(2) Les restes de Mayr furent renfermés dans une urne où l'on plaça, roulé dans un tube de verre, un parchemin

Des exécutions musicales religieuses, des spectacles, des concerts, dans le programme desquels brillaient les noms des deux grands artistes, signalèrent ces trois journées, et le lundi 13, au théâtre Riccardi, on entendit une cantate expressément écrite pour la circonstance par le compositeur Amilcare Ponchielli (*Voy.* ce nom) sur des vers de M. Ghislanzoni. Ces fêtes donnèrent lieu à plusieurs publications intéressantes. L'une, portant ce titre : *Donizetti-Mayr, notizie e documenti* (Bergame, Gaffuri et Gatti, 1875, in-8°), a pour auteurs MM. Federico Alborghetti et Michelangelo Galli, et donne deux biographies étendues du maître et du disciple, avec vingt et une lettres du second adressées au premier ; la seconde est la reproduction du discours prononcé par M. le chanoine Finazzi à la cérémonie religieuse faite en l'honneur des deux grands musiciens : *Il maestro Giovanni Simone Mayr, orazione detta nell' inaugurazione del suo monumento nella basilica di S. Maria Maggiore dal can. cav. Giovanni Finazzi* (Bergame, impr. Pagnoncelli, 1875, in-8) ; enfin, la troisième forme un recueil des notices écrites naguère par Mayr et consacrées par lui à des artistes bergamasques, auxquelles on a ajouté celles du P. Vaerini, aussi sur des musiciens nés à Bergame : *Biografie di scrittori e artisti musicali Bergamaschi nativi od oriundi, di Giovanni Simone Mayr, raccolte e publicate con note dal prof. Ab. Antonio Alessandri, con aggiunta degli scrittori musicali Bergamaschi del. P. Vaerini* (Bergame, impr. Pagnoncelli, 1875, in-4°).

MAYRBERGER (Charles), compositeur autrichien distingué, né à Vienne le 9 juin 1828, fut élève de M. Gottfried Preyer, alors maître de la chapelle impériale en cette ville, et qui depuis 1864 est fixé à Presbourg (Hongrie), où il occupe les fonctions de maître de chapelle de l'église métropolitaine et de professeur de musique dans une école de l'État. Cet artiste s'est acquis un renom fort honorable par la publication de nombreux chœurs pour voix d'hommes, qui ont paru à Vienne, et dont les plus considérables sont : *Die Mainacht* (Nuit de mai), *Bundeslied* (chœur de confrérie), et *Stumme Liebe* (Amour muet). M. Mayrberger, qui a écrit aussi de nombreux *lieder*, et qui est l'auteur d'une musique

sur lequel était le portrait du maître avec cette inscription : *A di 26 Aprile 1875, nel cimitero di Valtesse, queste preziose reliquie di Giovanni Simone Mayr, che illustre fra i maestri musicali d'Italia, moriva in Bergamo, sua patria adottiva, al 2 dicembre 1845, vennero in quest'urna composte a cura del municipio di Bergamo.*

estimée pour la tragédie du poëte Œhlenschlager : *Yrsa*, s'est fait connaître encore par un grand opéra romantique, *Mélusine*, qui a été représenté avec beaucoup de succès à Presbourg en 1876.

La musique de M. Mayrberger a le caractère allemand, mais son opéra de *Mélusine* a été visiblement écrit sous l'influence du célèbre maître M. Gounod. Le même artiste a publié récemment un ouvrage théorique qui a paru sous ce titre : *Lehrbuch der musikalischen Harmonik* (Guide d'harmonie musicale). J. B.

* **MAYSEDER** (Joseph), violoniste remarquable et compositeur, est mort à Vienne, le 21 novembre 1863, à l'âge de 74 ans.

MAZEL (Mlle Hélène ROBERT-). — *Voyez* **ROBERT-MAZEL** (Mlle Hélène).

MAZETTI (Raffaele), compositeur dramatique italien, mort à Imola au mois de décembre 1867, a écrit la musique de deux opéras dont j'ignore la date et le lieu de représentation. L'un de ces ouvrages était intitulé *Marco Visconti;* l'autre avait pour titre *Gustavo Wasa*. Je n'ai aucun autre renseignement sur cet artiste.

MAZUEL, est le nom d'une famille assez nombreuse de musiciens français. Les notes que nous donnons ici sur ces artistes, sont extraites d'un petit volume publié par nous récemment et intitulé : *Un bisaïeul de Molière; Recherches sur les Mazuel, musiciens des XVIe et XVIIe siècles, alliés de la famille Poquelin*, par Er. Thoinan (Paris, A. Claudin, 1878, petit in-12, Elzévir).

Mazuel (*Adrian*), l'aîné de deux frères joueurs de violon, vivait à Paris dans la seconde moitié du seizième siècle ainsi qu'on le voit par les baptistaires de deux de ses enfants, datés de 1558 et de 1560.

Mazuel (*Guillaume*), le plus jeune de ces deux frères, avait épousé Claude Mechaine, d'une famille de musiciens très-probablement, ce nom ayant été porté par plusieurs artistes de cette époque. Guillaume fit partie, ainsi du reste que son frère Adrian, de la corporation des ménétriers de la ville de Paris et fut musicien du roi, si, comme nous le supposons, c'est de lui qu'il s'agit dans un acte de décès du 5 juillet 1612 disant que la défunte, Perrette Lemesureux, était *veuve de Guillaume Mazuel, violon du roy*. La preuve que, Claude Mechaine étant morte, son époux avait épousé en secondes noces Perrette Lemesureux nous manque, il est vrai; aussi nous en tenons-nous, à cet égard, à une simple supposition. Mais il est hors de doute qu'une fille de Guillaume Mazuel et de sa femme Claude Mechaine, nommée Agnès, épousa le 11 juillet 1594 Jean Poquelin, porteur de grains et marchand tapissier, qu'il naquit de ce mariage de nombreux enfants, dont l'aîné, appelé, lui aussi, Jean Poquelin, se maria avec Marie Cressé, le 27 avril 1621, et enfin que le premier-né de cette union, baptisé à Saint-Eustache le 15 janvier 1622, prit plus tard le nom immortel de JEAN-BAPTISTE MOLIÈRE.

Guillaume Mazuel, artiste musicien, fut donc le bisaïeul de Molière.

MAZUEL (*Jean I*), fils de Guillaume et par conséquent grand-oncle de Molière, fut baptisé à Saint-Eustache le 2 mai 1563. Il prenait le titre de *violon ordinaire du roy*. Marié avec Claude Levasseur, il eut une nombreuse famille ; mais deux de ses enfants seulement embrassèrent la carrière musicale, Jean II et Pierre. Son convoi funèbre eut lieu à Saint-Eustache le 6 septembre 1616.

MAZUEL (*Jean II*). Ce fils de Jean I, oncle de Molière à la mode de Bretagne, naquit vers 1593. Il fut reçu de bonne heure dans la corporation des *Joueurs d'instruments tant hault que bas*, et appartint à la musique du roi comme violoniste. Il mourut en 1633.

MAZUEL (*Pierre*), autre fils de Jean I, né en 1605, fut, lui aussi, musicien de la cour.

MAZUEL (*Michel*). Nous n'avons pu découvrir aucun indice permettant d'établir que Michel était fils de Jean II ou de Pierre, ou encore de leur frère nommé Antoine, et exerçant la profession de teinturier. Il apprit le violon de son père ou d'un de ses oncles, mais la composition lui fut enseignée par un organiste de Paris (de Notre-Dame ou de Saint-Leu). Reçu dans la musique de la cour comme violoniste, il composa quelques morceaux symphoniques très-remarqués de Louis XIV, qui créa pour lui une nouvelle charge, celle de *compositeur de la musique des vingt-quatre violons de la chambre*. Le brevet de cette place lui fut délivré en mai 1654. On sait par une lettre d'André Philidor, placée en tête de l'un des volumes de sa précieuse collection, que Michel Mazuel travaillait à la composition des morceaux de musique instrumentale des ballets de cour avec Louis Molier et Verpré, tandis que Cambefort, Chancy et Boesset composaient les airs de chant. Le premier volume de la collection philidorienne renferme, aux pages 47 et 69, deux *Allemandes* de Mazuel.

Notre artiste figura longtemps parmi les vingt-quatre violons, et fit souvent sa partie dans les pièces que Molière, son cousin à la mode de Bretagne, faisait représenter chez le roi avec la musique de Lully. Il fut, en outre, un des membres les plus considérés de la corporation des ménétriers, et représentait cette compagnie comme administrateur de la chapelle de Saint-Julien. C'est en cette qualité qu'il signa, avec Guillaume Dumanoir, roi des violons, et quelques autres artistes maîtres de la communauté, la transaction qui intervint en 1664, entre les frères de la doctrine chrétienne et les joueurs d'instruments de la ville de Paris, concernant la jouissance de la chapelle de Saint-Julien, transaction qui en somme donna gain de cause à ces derniers.

Michel Mazuel se démit de sa place de musicien de la chambre du roi, le 6 février 1674, en faveur de Pierre Huguenet. Il mourut deux ans après, et son convoi eut lieu à saint-Germain-le-Viel le 24 octobre 1676. ER. T.

*MAZZA (GIUSEPPE). — La liste des compositions dramatiques de cet artiste doit s'augmenter des ouvrages suivants : 1° *Amor la vince*, Lucques, 1826 ; 2° *Montenciel*, Florence, théâtre de la Pergola, 1827 ; 3° *Monsieur Deschalumeaux*, Naples, théâtre Nuovo ; 4° *la Prova d'un opera seria* ; 5° *la Sacerdotessa d'Iside*, Milan, théâtre Carcano ; 6° *la Sciocca per astuzia*, Trieste, théâtre Mauroner ; 7° *Chiara di Chalency* ; 8° *il Voto di Jefte*, Trieste, théâtre Mauroner.

* MAZZAFERRATA (JEAN-BAPTISTE). — Aux compositions de cet artiste, il faut ajouter un oratorio intitulé *l'Efficacia della fede*, qui fut exécuté à Sienne en 1684.

MAZZI (LE P. PROSPERO), moine et musicien, qui vivait dans la seconde moitié du dix-septième siècle, a écrit la musique d'une pastorale dramatique qui fut représentée à Modène en 1674.

MAZZOLANI (ANTONIO), compositeur et professeur italien, né le 26 décembre 1819 à Ruina, dans la province de Ferrare, commença dès l'âge de sept ans l'étude du piano et de l'orgue avec son père, et deux ans après fut confié aux soins du P. Francesco Zagagnoni, ancien élève du P. Mattei, qui demeurait à Ferrare. Mais pour pouvoir prendre des leçons de cet artiste, l'enfant devait, plusieurs fois par semaine, franchir à cheval la distance qui séparait Ruina de Ferrare. Lorsque les ressources de sa famille permirent à celle-ci de l'envoyer habiter cette ville, le jeune Mazzolani devint l'élève de Filippo Ferrari, et fit avec ce maître des progrès si rapides qu'à treize ans il put se faire entendre en public, dans un concert donné au Casino.

A quinze ans il revint dans sa ville natale, y resta cinq années, puis retourna à Ferrare, où il se livra à l'enseignement et où il écrivit diverses compositions, dont quelques-unes pour une société chorale fondée par lui. Il n'y resta cependant pas longtemps, et bientôt se rendit à Lucques, où, tout en complétant ses études musicales avec Michele Puccini, il écrivit un opéra intitulé *il Tradimento,* qui fut accueilli avec faveur en 1852, obtint vingt et une représentations, et fut joué ensuite à Livourne, à Bastia et à Ferrare. L'année suivante il donnait dans cette dernière ville, où il se fixait de nouveau, un second opéra, qui avait pour titre *Gismonda*. Depuis lors cet artiste a continué la carrière de l'enseignement, tout en composant un grand nombre de chœurs et de cantates pour la société chorale qu'il avait créée. Il n'avait cependant pas renoncé complétement à l'espoir de se produire de nouveau à la scène, et le 25 novembre 1876 il reparaissait sur le théâtre de Ferrare avec un troisième ouvrage dramatique, *Enrico di Charlis, ovvero il Ritorno dalla Russia*, opéra sérieux en quatre actes, qui n'était pas écrit depuis moins de dix-huit ans lorsqu'il put enfin être offert au public. Le sort de cet ouvrage fut heureux néanmoins, et l'accueil qu'il reçut fut des plus favorables.

MAZZOLD (VINCENZO), théoricien italien, vivait dans la seconde moitié du dix-huitième siècle. La bibliothèque du Conservatoire de Paris possède en manuscrit une Méthode de cet artiste, qui porte le titre suivant : *Regole musicali per i principianti di cembalo, in Napoli*, 1795, *per Vincenzo Mazzold* (in-4° oblong).

MAZZOLI (.........), compositeur dramatique italien, a donné sur le théâtre de Modène, en 1877, un opéra sérieux intitulé *Adele d'Asturia*.

.**MAZZONE** (LUIGI), compositeur, professeur de chant et écrivain musical italien, est né le 19 décembre 1820 à Manfredonia, dans la province de Foggia. Après avoir pratiqué avec son père l'étude de la musique, il fut, à l'âge de vingt-deux ans, envoyé à Naples pour y terminer son éducation, avec une pension d'environ 300 francs que sa ville natale lui servit pendant trois ans. A Naples, il travailla l'harmonie avec Rondinella et Parisi, la composition avec Francesco Ruggi, puis, une fois ses cours achevés, se consacra à l'enseignement, tout en se livrant à de nombreux travaux de composition. M. Mazzone a publié de nombreux morceaux de piano, des mélodies vocales, des *canzonette* napolitaines, des pièces pour divers instruments, et il a écrit encore plusieurs messes, des hymnes et des morceaux symphoniques. Il s'est aussi beaucoup occupé de littérature musicale; après avoir donné de nombreux articles dans divers journaux, *il Commercio*, *il Nomade*, après avoir dirigé la *Gazzetta musicale*, il a fondé lui-même une feuille spéciale, *Napoli musicale*, qu'il dirige avec goût depuis environ dix années. Correspondant à Naples d'un journal théâtral de Venise, *la Scena*, M. Mazzone a en portefeuille un opéra intitulé *lo Scambio de'ritratti*, qui jusqu'ici n'a pas été représenté.

* **MAZZUCATO** (ALBERTO), directeur du Conservatoire de Milan, est mort en cette ville le 31 décembre 1877. Il était né à Udine non le 20, mais le 28 juillet 1813. Lorsque, après la mort de Mercadante, M. Lauro Rossi fut placé à la tête du Conservatoire de Naples, Mazzucato fut appelé à lui succéder comme directeur de celui de Milan. Dès 1839, il avait succédé à Mauri comme professeur de la classe de chant pour les jeunes filles dans cet établissement; il quittait ces fonctions en 1851 pour celles de professeur de composition, dans lesquelles il remplaçait Felice Frasi, devenait en 1852 titulaire de la chaire d'esthétique et d'histoire musicale, créait en 1857 une classe d'instrumentation, et enfin, en 1872, devenait directeur de l'école à laquelle, depuis trente-trois ans, il était attaché comme professeur. J'eus l'occasion et l'heureuse chance, vers cette époque, de le connaître à Milan, et je pus me convaincre qu'il était l'un des artistes les plus distingués de l'Italie, l'un de ceux qui faisaient le plus d'honneur à leur pays. Sous des dehors pleins de rondeur, de bonhomie et de franchise, empreints d'ailleurs d'une grâce naturelle, Mazzucato recélait un véritable tempérament d'artiste, complété par une instruction solide et étendue dans tous les genres. Doué d'une intelligence rare, plein d'activité, animé des meilleures intentions et des plus nobles désirs, on n'eût pu lui reprocher, dans les nouvelles fonctions qu'il occupait, qu'une certaine faiblesse de caractère causée par sa bonté même, la crainte un peu trop vive de heurter ou de chagriner tel ou tel. Mais on ne peut nier que l'établissement dont les destinées lui étaient confiées n'ait pris rapidement, sous son administration à la fois habile et paternelle, un nouvel essor, et l'on peut certifier qu'il n'eût pu être placé en de meilleures et plus dignes mains.

Lors de la création par l'éditeur Ricordi de la *Gazzetta musicale* de Milan, Mazzucato avait été chargé de la rédaction en chef de ce journal, et il s'acquitta de cette tâche, pendant plusieurs années, avec un véritable talent; il était d'ailleurs très-versé dans la connaissance de l'histoire de la musique et des belles-lettres, et sa valeur était grande comme théoricien. De 1859 à 1869, il occupa brillamment le poste de *maestro concertatore* au théâtre de la Scala, dont il avait été un instant le directeur (1854-55) Comme compositeur dramatique, sa carrière fut relativement courte, car il ne fit représenter que les ouvrages suivants : 1° *la Fidanzata di Lammermoor*, Padoue, théâtre *Nuovissimo*, 1834 ; 2° *Don Chisciotte*, Milan, théâtre de la Canobbiana, 26 avril 1836; 3° *Esmeralda*, Mantoue, théâtre social, 10 février 1838 ; 4° *i Corsari*, Milan, théâtre de la Scala, 15 février 1840 ; 5° *i Due Sergenti*, Milan, théâtre Re, 27 février 1841 ; 6° *Luigi V*, id., id., 25 février 1843 ; 7° *Ernani*, Gênes, théâtre Carlo-Felice, 26 décembre 1843 (1). Au reste, Mazzucato ne fut jamais heureux à la scène, et quelques-uns de ses opéras tombèrent lourdement, entre autres *Don Chisciotte* et *i Corsari*.

Outre l'*École de chant* de Garcia et le *Traité de la théorie et de la pratique de l'harmonie* de Fétis, Mazzucato avait donné la traduction italienne des ouvrages que voici : *Grand Traité d'instrumentation et d'orchestration moderne* de Berlioz (Milan, Ricordi); *Hygiène du chanteur* de M. L. A. Second (id., id.); *Abécédaire vocal* de M. Henri Panofka (id., id.). Enfin, il avait publié une nouvelle édition, augmentée, des *Principi elementari di musica* d'Asioli (Milan, Ricordi), et il avait donné un *Atlas de la musique antique, précédé d'une préface à ses élèves d'histoire et de philosophie musicale* (Milan, Lucca).

Comme compositeur, et en dehors du théâtre, Mazzucato a publié seulement un recueil de *Quattro Melodie* (*il Lago*, *il Bacio*, *il Pensiero della sera*, *il Canto d'amore*), un *Hymne du soir dans les temples* (fragment de la 8e Harmonie de Lamartine), et une *canzone* intitulée *ai Fratelli Triestini e Istriani*. Ces diverses productions ont paru à Milan, chez Ricordi. On lui doit aussi une messe et un service solennel de vêpres, qui ont été exécutés à Novare en 1841. Enfin, il a écrit l'un des trois hymnes qui, le 20 septembre 1871, étaient exécutés sur la place du Dôme, à Milan, pour l'anniversaire de l'entrée à Rome des troupes italiennes ; cet hymne avait pour titre *Roma*. Les deux autres avaient été composés par MM. Perelli et Panzini (*Voy.* ces noms).

Mazzucato avait été rédacteur en chef non-seulement de la *Gazzetta musicale* de Milan, mais aussi du *Giornale della Società del Quartetto*, qui remplaça un instant ce journal ; il fut aussi le collaborateur de *la Scena*, de Venise, et donna quelques articles à divers journaux politiques. A ce propos, un de ses biographes, M. Caputo, a pu dire de lui avec raison : — « Alberto Mazzucato a été un des plus solides champions, je dirai presque un des fondateurs de la critique musicale en Italie. Il avait le style facile, concis, convaincant ; ses jugements sont empreints de la plus grande impartialité. Quand il prenait en main la plume du critique, il oubliait amis et adversaires, et avec une âme sereine il se mettait à l'œuvre uniquement préoccupé du progrès de l'art. Il aimait les jeunes gens comme ses propres fils, et leur prodiguait les conseils, donnés sous la forme la plus bienveillante. Il respectait toutes les opinions, et discutait avec conscience, avec calme, avec affection. Aussi il était aimé, estimé et respecté de tous, même de ceux qui ne pouvaient se trouver toujours d'accord avec lui. » Mazzucato a laissé inédit un *Traité d'esthétique musicale*, qui doit être publié prochainement.

(1) Il n'est pas juste de dire, comme on l'a fait, que Mazzucato a donné une preuve d'orgueil en refaisant *Ernani* après Verdi. L'*Ernani* de Verdi ne fit son apparition qu'en 1844, plusieurs mois après celui de Mazzucato.

MECHURA (.........), compositeur contemporain, est l'auteur d'un opéra romantique intitulé *Marie Polokd*, qui a été représenté sur le théâtre national de Pesth, au mois de janvier 1871, avec un brillant succès.

MÉDICIS (Ferdinand DE), prince de Toscane, fils du grand-duc Côme III, né en 1663, mort le 30 octobre 1713, fut un des plus célèbres amateurs de musique qui aient existé, un protecteur généreux et intelligent de l'art et des artistes, et cultivait lui-même la musique avec un réel talent, connaissant l'harmonie et le contre-point et étant un virtuose distingué sur l'orgue et sur le clavecin. Le prince Ferdinand attirait à sa cour une foule de grands artistes, excitait les compositeurs à écrire pour lui des œuvres de tout genre, opéras, oratorios, cantates, messes, psaumes, motets, madrigaux, divertissements, etc., et faisait exécuter ces œuvres par les virtuoses les plus fameux et les plus remarquables. Parmi les compositeurs qu'il encourageait et protégeait ainsi, on peut surtout citer Alessandro Scarlatti, Giacomo Perti, Hændel, Clari, Pasquini, Polaroli, Della Porta, Mancini, Lucatelli, Montuoli, etc. Quant aux œuvres exécutées dans son théâtre ou à sa chapelle, aux virtuoses attachés à son service, il serait trop long d'en dresser la liste. Le seul catalogue des instruments qui formaient sa collection et qui servaient aux exécutions musicales est un document des plus curieux. Ferdinand de Médicis fut certainement un des princes qui contribuèrent pour une large part aux progrès et à la splendeur de l'art musical en Italie. M. Leto Puliti a publié à son sujet, dans les *Atti* de l'Académie du Royal Institut musical de Florence (12e année), un travail étendu et plein d'intérêt, ainsi intitulé : *Della vita del Serenissimo Ferdinando dei Medici, gran-principe di Toscana, e della origine del piano-forte.* Ce fut, en effet, à la cour de ce prince que Bartolomeo Cristofori, son luthier et son facteur de clavecins, imagina et construisit en 1709 le premier *piano-forte.*

MEDORI (Mme Joséphine), chanteuse dramatique remarquable, est née, dit-on, en France, en 1828, et épousa en Italie, en 1848, un artiste du nom de Medori (1). J'ignore sous la direction de quel professeur cette artiste fit ses études musicales, mais on dit qu'à Naples elle reçut des leçons de Mercadante ; toutefois, elle s'adonna de bonne heure au chant italien, et se fit entendre avec succès sur plusieurs grandes scènes de la Péninsule, où sa beauté vigoureuse et opulente, sa voix de soprano riche et étendue, son grand sentiment dramatique et son intelligence de la scène lui attirèrent aussitôt toutes les sympathies du public. C'est surtout dans le grand répertoire tragique que Mme Medori se fit remarquer, chantant tour à tour *Norma, Don Juan, Otello, Fidelio, Semiramide, Ernani, les Huguenots, il Trovatore, Anna Bolena, Parisina, Maria di Rohan, il Giuramento, Poliuto,* etc. Après avoir fait apprécier en Italie son talent pathétique, Mme Medori se fit applaudir au théâtre de la Reine à Londres, à l'Opéra impérial de Vienne, à l'Opéra italien de Saint-Pétersbourg, à la Fenice de Venise, et au grand théâtre de Vérone. Vers 1856, elle fut engagée à l'Opéra de Paris, où elle se fit entendre dans *les Vêpres siciliennes* et dans *les Huguenots ;* mais sa voix, dit-on, commençait déjà à se fatiguer, et, bien que le public rendît justice à ses éminentes qualités, la cantatrice ne rencontra pas tout le succès qu'elle avait espéré. Bientôt elle quitta l'Europe, après avoir été passer une saison à Lisbonne et une autre à Naples, et se rendit au Brésil, où elle fut encore accueillie avec une grande faveur. En 1861 elle revenait au théâtre San-Carlo, de Naples, et en 1863 elle repartait pour l'Amérique et se produisait à Philadelphie, à New-York, et dans diverses autres villes des États-Unis. Depuis lors, elle n'a plus fait parler d'elle. Retirée aujourd'hui à Laeken-lez-Bruxelles, cette artiste remarquable a épousé en secondes noces un tailleur du nom de Navir.

(1) Francesco Regli, dans son *Dizionario biografico,* fait nôtre Mme Medori à Bellevue, près Paris, tandis que Scudo (*Crit que et littérature musicales,* t. Ier) affirme qu'elle est Belge et née à Bruxelles. Je crois que Regli était bien informé.

MEERENS (Jean-Antoine), virtuose distingué et compositeur, naquit à Rotterdam en 1804. Chef de musique du *Schuttery* (garde civique) de Bruges sous la domination hollandaise, il était renommé pour son talent sur la flûte, et sa virtuosité était telle sur cet instrument, que Tulou, voyageant en Belgique vers 1830, lui proposa de l'accompagner dans ses concerts, pour exécuter avec lui des duos. Il n'était pas moins habile sur la guitare, et, outre ces deux instruments, qui étaient ceux de sa prédilection, il jouait aussi du violon, de la harpe et du piano. Il jouissait d'une grande réputation comme professeur, ce qui ne l'empêcha pas de fonder à Bruges une maison de commerce de musique et de pianos, qu'il continua de diriger jusqu'en 1845, époque à laquelle il alla se fixer à Anvers, pour y prendre la suite des affaires de la maison Schott et la direction du comptoir que cette maison possédait en cette ville. Vers la fin de 1854, il s'établit à Bruxelles, où il mourut le 15 mai 1864. Il laissait deux fils, dont l'un, *Jean Bruno,* entreprit sur la propriété littéraire et artistique quelques travaux que d'autres occupations ne lui permirent pas de terminer, et dont le plus jeune, *Charles,* fait l'objet de la notice suivante.

MEERENS (Charles), violoncelliste, acousticien et écrivain musical belge, fils du précédent, est né à Bruges le 26 décembre 1831. Élevé dans un milieu très-artistique, il apprit de bonne heure les premiers éléments de la musique, et lorsqu'en 1845 son père alla se fixer à Anvers, il commença l'étude du violoncelle avec M. Joseph Bessems, pour la terminer un peu plus tard, à Gand, avec M. Dumon. De retour à Bruges, il y créa une société symphonique d'amateurs, *les Francs-Amis,* et reprit la suite de la maison de commerce de musique que son père avait fondée en cette ville. En 1855, il alla rejoindre celui-ci, alors établi à Bruxelles, se fit admettre au Conservatoire, dans la classe de Servais, y obtint une récompense au concours, et fréquenta aussi le cours d'accompagnement de M. Stevenier, ce qui lui donna l'occasion d'exécuter et de connaître toutes les grandes œuvres de la musique classique.

Cependant, après s'être produit avec succès et à plusieurs reprises comme virtuose, M. Meerens se vit obligé, par suite de diverses circonstances, de modifier sa carrière. Devenu l'accordeur de la maison de pianos que son père dirigeait à Bruxelles, ce travail réveilla dans son esprit le désir, qui s'était déjà présenté à lui, de rechercher les lois physico-mathématiques qui régissent l'art musical. Doué d'une grande faculté d'étude, possesseur d'une bonne instruction, avec cela très-bon musicien, M. Meerens se livra avec ardeur à la recherche de la solution des problèmes acoustiques. Ses travaux ont été résumés par lui dans une série d'opuscules intéressants, ainsi que dans de nombreux articles insérés dans divers journaux, entre autres le *Guide musical* de Bruxelles. Ils ont parfois suscité d'utiles polémiques, et ont appelé l'attention sur des sujets dignes du plus vif intérêt.

En ce qui concerne le côté physiologique de la musique, chacun sait que jusqu'à ce jour on s'est trouvé en présence de deux doctrines absolument contraires, dont l'une acceptait, tandis que l'autre repoussait toute idée d'intervention des lois physiques des corps sonores pour l'analyse des phénomènes musicaux, la formation des gammes, etc. « Jusqu'à moi, a dit lui-même M. Meerens, ces deux doctrines restaient à l'état hypothétique. Grâce à mes découvertes, il est avéré que les phénomènes naturels des corps sonores, tels que les harmoniques et les sons résultants sont complétement étrangers à toute perception musicale. Les combinaisons artistiques des sons sont purement artificielles. Ce fait est de la plus haute importance pour la théorie, et c'est grâce à mes travaux qu'il peut être considéré comme définitivement acquis à la science. Les investigations des autres doctrines peuvent maintenant être éliminées. La voie de la vérité est ouverte. »

Sans prendre absolument parti dans la question, je pencherais volontiers à me ranger de l'avis de M. Meerens. Je crains pourtant que sa doctrine n'offre le danger des doctrines tout d'une pièce, c'est-à-dire qu'elle ne soit trop absolue. Je crois volontiers que M. Meerens est sur le chemin de la vérité; il me paraît que les résultats obtenus par lui sont remarquables et qu'il a ouvert la voie à des recherches nouvelles et fécondes; mais je me demande si son système n'est pas un peu trop exclusif. Toutefois, M. Gevaert, dans son livre : *Histoire et Théorie de la musique de l'antiquité*, a caractérisé en ces termes les travaux et les découvertes de son compatriote : — « De récentes investigations expliquent les phénomènes physiologiques qui se rattachent aux diverses combinaisons de rapports numériques des intervalles musicaux, tels que la tonalité, le caractère et la fonction tonale de chaque degré de la gamme, les accents mélancoliques du mode mineur, les tendances résolutives des dissonances et le sentiment de repos de l'accord parfait. Les découvertes de M. Meerens, appuyées sur des expériences précises et réitérées, coordonnent une théorie nouvelle qui mérite d'être prise en sérieuse considération. »

Dans un autre ordre d'idées, on doit à M. Meerens, la formule $\frac{3{,}600}{M^2}$, qui représente la longueur du pendule dont les balancements correspondent aux mouvements du métronome ; c'est-à-dire qu'en divisant le nombre 3600 par M^2 (le degré métronomique de l'échelle multiplié par lui-même), on obtient en mètres et centimètres la longueur en question. Chacun peut ainsi, à l'aide d'un fil au bout duquel on fixe un petit objet pesant, connaître, sans métronome, le degré exact de vitesse d'un mouvement métronomique indiqué.

Enfin, M. Meerens a conçu le projet d'une réforme partielle dans l'écriture musicale. Signalant « l'anomalie des anciennes clefs de la musique en présence du principe radical moderne de l'art, qui n'est plus le tétracorde, d'où sont sorties les clefs, mais l'octave, » M. Meerens propose de remplacer les anciennes clefs par le chiffre indiquant le numéro d'ordre de l'octave à laquelle appartiennent les notes écrites pour chaque instrument. Pour ma part, je ne vois guère l'amélioration qu'apporterait le système imaginé par M. Meerens, et je n'en suis point partisan. Je dois dire pourtant que ce système a rencontré des adhérents, et que son auteur a créé une société destinée à le propager.

Voici la liste des écrits de M. Meerens : 1° *Le Métromètre, ou moyen simple de connaître le degré de vitesse d'un mouvement indiqué*, Bruxelles, Schott, 1859, feuille in-plano; 2° *Instruction élémentaire du calcul musical, et philosophie de la musique*, Bruxelles, Schott, 1864, brochure in-8°; 3° *Phénomènes musico-physiologiques*, id., id., 1868, brochure in-8°; 4° *Hommage à la mémoire de M. Delezenne, examen analytique de ses précieuses expériences d'acoustique musicale*, id., id., 1869, brochure in-8°; 5° *Le Diapason et la notation musicale simplifiés*, id., id., 1873, brochure in-8°; 6° *Mémoire sur le diapason*, adressé à l'Institut national de Genève, id., id., 1877, brochure in-8°; 7° *Petite Méthode pour apprendre la musique et le piano en peu de temps, d'après le système de notation musicale simplifiée*. M. Meerens a publié, dans ce système, diverses transcriptions ou traductions de sonates, études et fantaisies. En 1870, M. Meerens a adressé à l'Académie des sciences de Paris un mémoire portant pour titre : *Examen analytique des expériences d'acoustique musicale de MM. A. Cornu et E. Mercadier.* M. Meerens est membre d'honneur de diverses sociétés musicales et orphéoniques de Belgique, et membre correspondant de l'Institut national de Genève et de l'Académie royale de Palerme.

* **MEERTS** (Lambert-Joseph), violoniste, naquit à Bruxelles, non en 1802, mais le 6 janvier 1800.

* **MEES** (Joseph-Henri), naquit à Bruxelles non en 1779, mais le 28 mai 1777. Cet artiste, dont les dispositions musicales furent extrêmement précoces, chantait à l'église dès l'âge de cinq ans; à sept ans il commençait l'étude du violon, et à dix il faisait déjà sa partie à l'orchestre du théâtre. Il perfectionna son talent sur cet instrument avec Pauwels, artiste fort distingué qui avait reçu des leçons de Fiorillo et qui, à cette époque, revenait de Paris pour se fixer à Bruxelles. C'est avec son grand-père Vitzthumb, grand admirateur de Gluck, que Mees travailla le contre-point.

Ce n'est ni à Saint-Pétersbourg, ni aux environs de 1838 que mourut Mees, car en 1855 il habitait Paris, auprès de son fils, qui était directeur de l'hôpital militaire du Val-de-Grâce. Après un court séjour à Saint-Pétersbourg, puis à Moscou, il s'était fixé à Kiev, où pendant quinze ans il avait dirigé une académie de musique et donné des leçons au pensionnat impérial.

MEGLIO (Vincenzo **DE**), pianiste et compositeur italien, né à Naples le 9 avril 1825, a commencé l'étude du piano avec Pasquale Mugnone, et l'a continuée sous la direction de Francesco Lanza, tout en travaillant l'harmonie avec Casella et le contre-point avec Mario Aspa. Il se fit admettre néanmoins en 1840 au Conservatoire de Naples, y suivit un cours de hautbois, et se perfectionna dans la théorie de l'art avec Parisi et Francesco Ruggi. Il sortit de l'école en 1843, et depuis lors n'a cessé de se livrer à la pratique de l'enseignement, tout en s'occupant beaucoup de composition. Le 30 septembre 1848, M. de Meglio faisait représenter au théâtre Nuovo un opéra semi-sérieux intitulé *Ermelinda*, qui n'obtint que quatre représentations, et il donnait ensuite, au même théâtre, une *farsa* qui obtint quelque succès, *Giocrisse*. Depuis cette époque, il n'a pu réussir à se reproduire à la scène, mais il a écrit beaucoup de musique religieuse, avec accompagnement d'orchestre ou d'orgue; de plus, outre quelques mélodies vocales, quelques chansons populaires napolitaines, il a publié chez l'éditeur Ricordi, de Milan, 5 trios pour piano, violon et violoncelle et environ deux cents morceaux de piano à deux ou quatre mains, dans lesquels il ne se trouve pas une seule composition originale. Tous ces morceaux, en effet, consistent en arrangements, fantaisies ou transcriptions sur des airs populaires ou des thèmes d'opéras en vogue. Parmi les compositions les plus importantes de M. de Meglio, il faut mentionner une sorte d'oratorio, *le Tre Ore di agonia*, qui a été exécuté dans diverses églises de Naples. Sous ce titre : *Eco di Napoli*, il a publié un recueil intéressant de 50 *canzoni* napolitaines populaires, avec accompagnement de piano.

* **MÉHUL** (Étienne-Nicolas). — Une double erreur s'est constamment produite jusqu'à ce jour au sujet de cet artiste célèbre, auquel on a toujours donné pour prénoms Étienne-*Henri*, tandis qu'il s'appelait Étienne-*Nicolas*, et qu'on a fait naître le 24 juin, tandis qu'il est né le 22 juin 1763. Je rectifie les faits à l'aide de l'acte de baptême du maître, daté de Givet, le 22 juin 1763. D'ailleurs, la pierre tumulaire de Méhul indique bien cette date comme celle de sa naissance.

* **MEIFRED** (Joseph-Jean-Pierre-Émile), né à Colmars (Basses-Alpes), le 22 novembre 1791 (et non le 23 octobre 1793), est mort le 29 août 1867. Il avait pris, en 1865, sa retraite comme professeur de cor à pistons au Conservatoire, et cette classe, naguère créée pour lui, fut alors supprimée. Parmi les journaux auxquels Meifred a collaboré d'une façon active, il faut citer surtout *la Mélomanie* et *la Critique musicale*. On lui doit aussi l'opuscule suivant : *Sur l'enseignement populaire de la musique en France* (Paris, 1853, impr. Chaix, in-8° de 32 p.). Meifred était chevalier de la Légion d'honneur.

MEILLET (Auguste-Alphonse-Edmond), chanteur et comédien distingué, naquit à Nevers le 7 avril 1828. Fils d'un avoué, il devait suivre la carrière paternelle; envoyé à Paris pour y faire ses études, il fit son éducation littéraire au lycée Louis le Grand, obtint ensuite le diplôme de bachelier ès lettres, puis prit ses inscriptions à l'École de droit et entra dans une étude d'avoué. Mais comme à une jolie voix de baryton il joignait le goût de la musique, il commença à travailler le chant, se fit, sur des conseils amis, recevoir au Conservatoire dans les premiers mois de 1847, fit de rapides progrès, et bientôt remportait aux concours les prix de chant, d'opéra et d'opéra-comique.

En présence de tels succès, la famille de Meillet n'apporta aucune opposition à son entrée dans la carrière artistique. Il signa donc un engagement avec la direction de l'Opéra, et débuta à ce théâtre en 1850, dans un ouvrage de M. de Flotow, *l'Ameen peine*. Mais il y resta peu de temps, et, après un court passage à l'Opéra-Comique, il entra en 1854 au Théâtre-Lyrique, où le succès l'attendait. Il s'y fit remarquer dès son apparition, et bientôt se vit chargé de créations nombreuses et importantes qui lui donnèrent de l'autorité sur le public et assurèrent sa réputation. De la liste des ouvrages successivement joués par lui, nous citerons les titres suivants : *Bonsoir, voisin, Maître Wolfram, le Bijou perdu, le Médecin malgré lui, la Poupée de Nuremberg, le Billet de Marguerite, la Butte des Moulins, la Fille invisible, Jaguarita l'Indienne*; puis, en fait d'œuvres du répertoire, *Richard Cœur-de-Lion, Ma Tante Aurore, les Noces de Figaro, le Val d'Andorre, le Brasseur de Preston*, etc., etc.

Alors qu'il était à l'Opéra-Comique, Meillet avait épousé une jeune artiste de ce théâtre, Mlle Meyer, qui avait été sa camarade d'études au Conservatoire. Vers 1861 ou 1862, tous deux quittèrent Paris et s'en allèrent tenir leurs emplois dans diverses grandes villes de province et de l'étranger. Ils étaient en 1863 à Bruxelles, où Mme Meillet tint avec une grande distinction l'emploi des Falcon. Lorsque le Théâtre-Lyrique monta *le Bal masqué*, de Verdi, Mme Meillet fut rappelée à ce théâtre pour remplir le principal rôle de cet ouvrage, et Meillet lui-même fit bientôt sa rentrée dans *le Brasseur de Preston*, créa ensuite Sancho Pança dans le *Don Quichotte*, de M. Boulanger, puis se montra de nouveau à l'Opéra-Comique, où il créa dans *l'Ombre*, de M. de Flotow, le personnage du docteur Mirouet, qui fut son dernier et l'un de ses meilleurs rôles.

Meillet n'était pas seulement un chanteur distingué; c'était encore un excellent comédien, plein de rondeur, d'intelligence, de verve et de bonhomie. Il mourut subitement à Veules, petit port de mer de la Seine-Inférieure, le 31 août 1871, dans sa quarante-quatrième année, au moment même où l'Opéra-Comique annonçait sa rentrée dans le docteur Mirouet de *l'Ombre*, sa dernière création.

MEINARDUS (Louis), compositeur allemand, est né à Hooksiel (duché d'Oldenbourg) le 17 septembre 1827, et a reçu son éducation musicale au Conservatoire de Leipzig, après quoi il alla se perfectionner à Weimar, auprès de M. Liszt. En 1853 il se rendit à Glogau, où il était appelé à la direction de l'Académie de chant, et conserva ces fonctions jusqu'en 1858. Il passa ensuite plusieurs années à Dresde, puis alla se fixer à Hambourg, où il réside encore aujourd'hui.

M. Meinardus est un artiste instruit et distingué, qui s'est fait connaître et apprécier par un assez grand nombre d'œuvres importantes. Il faut citer en première ligne, parmi ces œuvres, plusieurs oratorios : *le Roi Salomon, Simon Pierre, Gédéon, Luther à Worms*, qui sont considérés dans sa patrie comme des productions fort estimables et qui ont toujours été accueillis avec faveur par le public. Je signalerai aussi, entre autres compositions intéressantes de cet artiste, une grande ballade pour voix seule, chœur et orchestre : *Roland's Schwanenlied*, un trio pour piano, violon et violoncelle, op. 40, un quatuor en *fa* majeur pour instruments à cordes, op. 41, etc., etc.

* **MEINERS** (Giovanni Battista), compositeur, né à Milan en 1820, a fait ses études musicales au Conservatoire de cette ville, où il fut admis le 9 novembre 1833, et qu'il quitta le 7 septembre 1843. Ses classes furent brillantes, et lorsqu'il sortit de l'école, il avait écrit déjà deux opéras : *Francesca da Rimini* et *il Disertore svizzero*, dont le dernier avait été exécuté, le 11 février 1842, sur le petit théâtre du Conservatoire. Il se rendit presque aussitôt à Vienne, s'y perfectionna en se mettant sous la direction de Sechter, y reçut aussi des leçons de Donizetti, revint à Milan après deux années d'absence, et se vit bientôt nommer maître de chapelle de la basilique métropolitaine de Vercelli. Il écrivit pour le service de sa chapelle un grand nombre de compositions religieuses, dont quelques-unes furent publiées, mais la situation qu'il occupait à Vercelli ne l'empêcha pas de se produire au théâtre, vers lequel il se sentait attiré.

Il fit jouer d'abord au Théâtre-National de Turin (1851) son *Disertore svizzero*, qui fut bien accueilli, et donna ensuite au théâtre Carcano, de Milan, un second ouvrage intitulé *Elodia di san Mauro*. Les portes de la grande scène de la Scala s'étant ouvertes devant lui après ces deux essais, il y donna, le 12 novembre 1859, son opéra de *Riccardo III*, qui fut reçu avec une extrême froideur, bien que chanté par des artistes fort distingués, MM. Tiberini, Echeverria, Corsi, et Mme Ortolani-Tiberini (1). Après cet échec, M. Meiners demeura plusieurs années sans se reproduire à la scène, et ce n'est que le 3 avril 1866 qu'on le voit donner à la Pergola, de Florence, un nouvel

(1) Je crois que la partition de *Riccardo III* avait été exécutée précédemment, et qu'elle fut refaite en partie par son auteur, *rinnovata*, pour la Scala; mais je n'ai pu découvrir sur quel théâtre elle aurait vu le jour originairement.

ouvrage dramatique intitulé *Veronica Cybo*, qui était écrit pourtant depuis près de dix ans. Celui-ci était chanté par la Palmieri, la Marini, MM. Graziani et Cima. Depuis lors, je crois que le compositeur n'a pas abordé de nouveau le théâtre, bien qu'il ait encore écrit un autre opéra, *Gabriella di Thelschen*. En dehors de ses œuvres dramatiques et de ses compositions religieuses, M. Meiners, qui est un artiste fort estimable, a publié quelques mélodies vocales, *il Lamento d'una prigioniera, Perche non torni mai! Voga, l'Orfanella*, etc. Il faut citer aussi un ballet, *Fiammella*, dont il a écrit la musique en société avec M. Paolo Giorza (*Voy.* ce nom), et qui a été représenté à la Scala, de Milan, le 20 janvier 1866. Enfin, au nombre de ses premiers ouvrages, se trouve une « symphonie caractéristique, » *la Giornata d'un Eroe*, qui fut exécutée au théâtre Regio, de Turin, vers 1862 ; cette vaste composition, dans laquelle, dit-on, l'auteur avait donné des preuves d'une rare connaissance des instruments et de leur emploi bien entendu, était divisée en quatre parties : 1° *il Mattino;* 2° *la Battaglia ;* 3° *l'Idilio;* 4° *il Trionfo.*

C'est surtout dans la musique religieuse que M. Meiners s'est acquis dans son pays un renom véritable. Je dois dire pourtant que plusieurs critiques, ses compatriotes, lui ont adressé à diverses reprises le reproche de ne pas saisir le caractère nécessaire à ce genre de composition, et de confondre avec trop de facilité le style qui convient au théâtre avec celui qui convient au temple. Cette remarque a été faite particulièrement à propos de la messe de *Requiem* que M. Meiners écrivit pour l'un des anniversaires de la mort du roi Charles-Albert, et qui fut exécutée à Turin vers 1862.

* **MEISSONNIER** (Antoine), guitariste, compositeur et éditeur de musique, est mort à Saint-Germain-en-Laye, près de Paris, en 1857.

* **MEISSONNIER** (Joseph), frère et élève du précédent, comme lui guitariste, compositeur et professeur, est mort environ deux années avant lui, vers 1855.

* **MEISTER** (Jean-Georges), organiste à Hildburghausen, est mort en cette ville au mois de septembre 1870.

MELA (Vincenzo), chanteur et compositeur italien, né dans les premières années de ce siècle, a écrit la musique d'un certain nombre d'ouvrages dramatiques dont aucun n'a réussi à tirer son nom de l'obscurité. Voici les titres de ceux de ces ouvrages qui sont venus à ma connaissance : *il Feudatario; l'Alloggio militare*, farce; *il Convento di S. Nicola; la Testa di bronzo*, représentée en 1855 et dans laquelle l'auteur remplissait un rôle; *Cristoforo Colombo* (Vérone. 1857); *il Casino di campagna*, farce jouée pour la première fois sur le théâtre Re, de Milan, au mois de juillet 1865, et donnée ensuite au Théâtre-Italien de Paris, le 5 mai de l'année suivante. Le principal rôle de cette opérette était joué, à Paris, par la propre fille du compositeur, à qui l'on avait essayé d'avance de faire une renommée d'après la nature de sa voix, qui, disait-on, avait tout le caractère de celle d'un ténor; c'est pourquoi on n'appelait Mlle Mela que la *tenoressa*. Cette qualification barbare était absolument sans objet, car la voix de la jeune cantatrice ne présentait d'autre particularité que celle d'être sans timbre, sans couleur et sans caractère.

MELANI (Jacopo), compositeur dramatique, vivait dans la seconde moitié du dix-septième siècle. Dans les notes d'un travail très-intéressant publié par Leto Puliti dans les *Atti* de l'Académie de l'Institut musical de Florence (pour 1874, 12e année), je trouve le paragraphe suivant sur cet artiste : — « Jacopo Melani a mis en musique beaucoup de drames du docteur Monaglia, et ses compositions ont toujours obtenu un très-grand succès. On cite parmi les plus applaudies : *il Potestà di Colognole*, exécutée à la Pergola en 1657, et ensuite sur beaucoup d'autres théâtres; *il Pazzo per forza*, à Pratolino, en 1658 ; *Tacere ed amare*, au théâtre *degli Accademici Infuocati*, en 1674 ; *il Tiranno di Colco*, à Pratolino, 1688 ; *il Ritorno d'Ulisse*, à Pise, en (?); *Enea in Italia*, au palais du grand-duc, en 1698 ; et *la Vedova*, dans le jardin de Bartolommeo Corsini, en (?). »

MELANT (Charles), jeune compositeur belge, s'est fait connaître d'abord par la publication de quelques romances, et a écrit ensuite la musique d'un opéra-comique en un acte intitulé *l'Avalanche*. Ce petit ouvrage a été représenté avec succès, le 28 mars 1878, sur le théâtre de Namur.

MELCHIOR (P.........), corniste français qui vivait dans la première moitié du dix-neuvième siècle, s'est fait connaître par la publication des ouvrages suivants : 1° 4 petits duos faciles pour deux cors, op. 1 ; 3 duos pour cor alto et cor basse, op. 2; 3 duos pour deux cors, op. 3; 3 grands duos pour cor alto et cor basse, op. 4 ; *Ordonnance des sonneries militaires pour le clairon, suivie de fanfares.*

MELCHIOR (A.....-J.......-B.......), bassoniste français, sans doute parent du précédent, fut admis au Conservatoire de Paris dans les premières années de ce siècle, et obtint au concours de 1810 le premier prix de basson. Il était attaché en 1825 à l'orchestre du théâtre de l'Ambigu-Comique. Cet artiste a publié diverses compositions instrumentales, parmi lesquelles je signalerai les suivantes : Quatuor pour flûte, clarinette, cor et basson, op. 1; 3 Grands Duos pour clarinette et basson, op. 2; 3 trios très-brillants et faciles pour clarinette en *si*, cor et basson, op. 7; Grand Quatuor pour flûte, clarinette, cor et basson, op. 8; 3 Petits Quatuors pour flûte, clarinette, cor et basson, op. 14.

MELCIOR (.......), écrivain espagnol contemporain, est l'auteur d'un *Diccionario enciclopedico de la Musica*. Je n'ai jamais eu cet ouvrage sous les yeux, et n'en puis apprécier la valeur.

MELE (GIANBATTISTA), musicien italien du dix-huitième siècle, fut attaché à cour d'Espagne et fixa sa résidence à Madrid, où il fit représenter un certain nombre d'ouvrages. Je n'ai pu découvrir aucun renseignement particulier sur la vie ou la carrière de cet artiste, dont aucun biographe, à ma connaissance, n'a jamais parlé, mais je vais reproduire les titres de quelques-unes de ses œuvres, que je trouve mentionnées dans un livre publié récemment à Madrid, *Cronica de la opera italiana en Madrid*, par M. Luis Carmena et Millan (Madrid, 1878, in-8) : 1° *Por amor y por lealtad*, opéra espagnol, Madrid, th. de la Cruz, 1736; *Amor, constancia y mujer*, opéra espagnol, Madrid, th. *de los Canos*, 1737; 3° Sérénade à 5 voix, écrite à l'occasion des noces de l'infante Marie-Thérèse et du Dauphin de France, Madrid, 1744; 4° Sérénade à 5 voix, pour le rétablissement de la santé de S. M. Très-Chrétienne, Madrid, 1744; 5° *il Vello d'oro consquistato*, opéra italien, Madrid, th. du Buen-Retiro, 23 septembre 1748; 6° *Polifemo*, opéra italien (en société avec Coradini et Corselli), id., id., 1748; 7° *Endimion y Diana*, cantate espagnole, id., id., 1749; 8° *Armida placata*, opéra italien, id., id., 12 avril 1750.

MÉLESVILLE (ANNE-HONORÉ-JOSEPH, baron **DUVEYRIER**, connu dans les lettres sous le pseudonyme de), auteur dramatique français, né à Paris le 13 novembre 1787 (et non 1788), est mort à Marly-le-Roi le 6 (et non le 8) novembre 1865. Fils d'un magistrat, avocat distingué lui-même, devenu substitut du procureur impérial, puis du procureur général à la cour de Montpellier, où son père était premier président, il donna sa démission en 1816 pour se retirer avec son père, que la Restauration venait de destituer. Il se retourna naturellement vers le théâtre, où il s'était déjà essayé avec succès, et c'est alors qu'il adopta le pseudonyme de Mélesville, nom d'une ferme que sa famille possédait en Beauce. S'il prit ce nom de guerre, ce ne fut pas, comme on le dit partout, pour ménager la susceptibilité de son père, car son père n'avait aucune prévention contre le théâtre, ayant lui-même composé et signé du nom de Duveyrier un opéra-comique en deux actes, *Léonore ou l'Heureuse épreuve*, mis en musique par son ami Champein et représenté à la Comédie-Italienne le 7 juillet 1781. De plus, — je tiens le fait de sa petite-fille, — il avait collaboré à *la Mélomanie*, le meilleur ouvrage de Champein, joué à la Comédie-Italienne le 29 (et non le 23) janvier 1781 : les écrivains du temps ne connurent pas les auteurs du livret, qui fut d'abord publié anonyme, et qui fut signé du seul nom de Grenier lorsqu'on le republia beaucoup plus tard, en 1825. L'adoption du nom de Mélesville était une simple précaution pour le cas où, ne réussissant pas à la scène, Duveyrier fils aurait voulu rentrer dans la magistrature, à supposer que l'état politique inauguré après les Cent-jours eût bientôt pris fin. Ce régime, en durant, et ses succès dramatiques, en augmentant, décidèrent Mélesville à se consacrer définitivement au théâtre. On connaît les heureux résultats de sa collaboration avec Scribe d'abord, ensuite avec Bayard, Carmouche, Merle, Brazier, etc., et les succès qu'il obtint en faisant jouer plus de 300 pièces sur les divers théâtres de Paris, entre autres à l'Académie de musique et surtout à l'Opéra-Comique, où il donna *Sarah*, *le Chalet*, *Zampa*, *la Grande-Duchesse*, *le Trompette de M. le Prince*, *les Dames capitaines*, *le Valet de chambre*, *Léocadie*, *le Concert à la cour*, etc. Toutefois, ce n'est point pour cela que le nom de Mélesville se trouve mentionné ici, mais bien parce que cet écrivain a fait œuvre de musicien, ce qui jusqu'ici était resté complétement inconnu. Dans *Gillette de Narbonne*, pièce en 3 actes représentée au théâtre des Nouveautés (1829), Mélesville avait écrit quelques airs nouveaux, ainsi qu'on en peut acquérir la preuve en consultant la pièce. Ce n'est pas tout, et quelques années auparavant, alors que le Gymnase, qui venait d'être fondé, jouait de petits opéras-comiques, Mélesville donna à ce théâtre (14 mars 1821) un opéra-comique en un acte, *les Projets de sagesse*, dont il ne s'était pas borné à écrire les paroles, mais dont il avait composé la musique en société avec Louis Maresse (*Voy.* ce nom). Enfin dans *la Visite à Bedlam*, dans *la Chatte métamorphosée en femme*, et plusieurs autres de ses vaudevilles les plus applaudis, il y a quelques couplets dont la musique est de lui. Tels sont les diverses preuves qu'un auteur dramatique demeuré célèbre à des titres plus sérieux a pu donner, presque en cachette, de son instinct musical. AD. J—N.

MÉLESVILLE (HONORÉ-MARIE-JOSEPH, baron **DUVEYRIER**), fils du précédent, est né à Paris le 18 décembre 1820. Il s'est produit au théâtre avec trois petits ouvrages en un acte : 1° *Les Deux Gilles* (paroles et musique), représenté aux Folies-Nouvelles en 1855; 2° *La Mauresque* (paroles et musique), au même théâtre, en 1857; 3° *Les Soufflets* (sur un livret posthume de son père), donné aux Fantaisies-Parisiennes en 1867. La première de ces opérettes se distinguait par une certaine facilité élégante; les deux autres étaient médiocres. M. Mélesville semble d'ailleurs avoir renoncé à la musique pour écrire à ses moments perdus des nouvelles et des comédies qu'il réunit ensuite en volume sans essayer de les faire jouer (*la Fosse aux Ours*, in-12, librairie nouvelle, 1865). Maigre consolation pour un auteur qui a défendu par deux fois, de sa plume, la liberté des théâtres, et auquel les théâtres rendent son entière liberté.

AD. J—N.

MÉLIOT (ADOLPHE), pianiste et écrivain musical français, né vers 1840, a été l'élève de M. Napoléon Alkan. On lui doit un petit traité publié sous ce titre : *Principes de musique*, et qui fait partie d'un cours d'éducation populaire intitulé *l'École mutuelle* (Paris, 1866, in-18). Ajoutant à ce traité élémentaire une seconde partie relative à la composition et une troisième concernant l'exécution musicale, M. Méliot publia de nouveau son ouvrage sous le titre de *la Musique expliquée aux gens du monde* (Paris, Delagrave, 1867, in-12). Cet écrivain avait annoncé aussi la publication prochaine de trois ouvrages qui, jusqu'ici, n'ont pas encore vu le jour : 1° *Anecdotes et curiosités musicales*; 2° *Biographie portative des musiciens anciens et modernes*; 3° *Encyclopédie universelle de la musique, dictionnaire général biographique, bibliographique, historique, esthétique de l'art musical*, avec de nombreux exemples et gravures.

M. Méliot, qui, en 1876, était directeur du casino de Dieppe et du théâtre de la même ville, a publié, chez l'éditeur M. Brandus, la réduction au piano de *Trois airs de ballet inédits* de Meyerbeer, qu'on a intercalés au théâtre de l'Opéra, en ces dernières années, dans le troisième acte des *Huguenots*.

MELLIER (......). Un artiste de ce nom a fait représenter sur le Théâtre-Français comique et lyrique, en 1791, un drame lyrique en 4 actes, intitulé *Fernand Cortez ou la Vestale du Mexique*.

MELLON (ALFRED), compositeur, chef d'orchestre et professeur anglais, né vers 1820, s'est fait une grande réputation comme chef d'orchestre des concerts fondés par lui à Londres en 1860, et auxquels il donna son nom ; ces concerts, organisés d'abord dans la Salle florale et transportés ensuite dans un autre local, étaient dans le principe dirigés par lui et par le prince Galitzine (*Voyez* ce nom); plus tard, Mellon en fut le seul directeur, et il y faisait apprécier sa grande habileté et ses rares qualités de conducteur. Au mois de décembre 1859, Mellon fit représenter sur le théâtre de Covent Garden un opéra dont le titre m'est inconnu et dont le sujet était tiré d'un ancien drame français : *Victorine ou la Nuit porte conseil*; cet ouvrage, chanté par Mlles Parepa et Therlwals, par MM. Santley et Henry Haigh, obtint du succès. Mellon a publié aussi quelques compositions de divers genres. Cet artiste distingué est mort à Londres, le 27 mars 1867, à l'âge de quarante-six ans.

MELZI (Le comte LODOVICO), dilettante distingué et grand amateur de musique, a été nommé en 1871 régent, et ensuite président du conseil du Conservatoire de Milan. Sur l'invitation du gouvernement italien, qui désirait que cet établissement, l'un des mieux organisés et des mieux dirigés de l'Europe, fût représenté à l'Exposition universelle de Vienne, M. Melzi en a tracé et publié sous ce titre : *Cenni storici sul R. Conservatorio di musica in Milano*, un excellent historique (Milan, Ricordi, 1873, in-4°).

MEMBRÉE (EDMOND), compositeur, né à Valenciennes (Nord), le 14 novembre 1820, commença l'étude de la musique dans sa ville natale, puis fut envoyé par sa famille à Paris pour y continuer son éducation. Il reçut à cet effet pendant quatre ans, de 1834 à 1838, un subside annuel de 1,200 francs qui lui était accordé par la municipalité de Valenciennes. Reçu au Conservatoire, M. Membrée y devint l'élève de Zimmermann et de M. Ch. V. Alkan pour le piano, puis de Dourlen pour l'harmonie et de Carafa pour la composition. Après avoir terminé ses cours, il se livra à l'enseignement en même temps qu'il commença à se faire connaître, comme compositeur, par la publication de certaines mélodies vocales dont quelques-unes obtenaient de grands succès dans les concerts, notamment celle intitulée *Page, écuyer, capitaine*, qui fut popularisée par M. Roger et qui se vendit à des milliers d'exemplaires.

M. Membrée était, comme la plupart des compositeurs, possédé du démon du théâtre, et son ambition était d'écrire pour la scène. Il présenta vers 1852, à la direction de l'Opéra, un grand ouvrage intitulé *l'Esclave*, avec lequel on le berça d'illusions qui devaient rapidement s'évanouir. Cependant ce théâtre lui joua, en 1857, un petit opéra en un acte, *François Villon*, dont le livret lui avait été fourni par M. Got, l'excellent artiste de la Comédie-Française. Au mois de septembre de l'année suivante, ce dernier théâtre donnait la représentation d'*Œdipe roi*, tragédie imitée de Sophocle par Jules Lacroix et pour laquelle M. Membrée avait écrit des chœurs qui furent applaudis. Le 14 mai 1861, le compositeur faisait exécuter, dans une séance de l'Union artistique, *Fingal*, grande cantate avec chœurs et orchestre, dont les parties récitantes étaient chantées par MM. Roger, Cazaux, Gourdin et Mlle Amélie Rey. Il écrivit ensuite un petit opéra en un acte, *la Fille de l'orfèvre*, qui fut représenté sur le théâtre de Bade au mois de juillet 1863.

Onze années s'écoulèrent alors sans que M. Membrée pût de nouveau se produire au théâtre, et ce n'est que le 15 juillet 1874 qu'il put enfin faire connaître au public sa partition de *l'Esclave*, écrite depuis plus de vingt ans. La salle de l'Opéra avait été détruite en 1873 par un incendie; ce théâtre avait été obligé de se réfugier provisoirement dans celle du Théâtre-Italien (place Ventadour), et la destruction de son matériel le mettant dans l'impossibilité de jouer la plupart des ouvrages de son répertoire, il dut songer à monter une œuvre nouvelle. Il choisit *l'Esclave*, qui depuis si longtemps attendait son tour. Dans le même temps, une entreprise qui n'eut malheureusement qu'un sort éphémère, l'Opéra populaire, installé au théâtre du Châtelet, allait ouvrir ses portes et demandait à M. Membrée une partition nouvelle; celui-ci offrit celle des *Parias*, opéra en trois actes qui fut mis aussitôt à l'étude et représenté le 13 novembre 1874. A l'heure où cette notice est écrite (octobre 1877), un opéra-comique en trois actes de cet artiste, *la Courte Echelle*, doit entrer en répétition à l'Opéra-Comique, après avoir été reçu précédemment au Théâtre-Lyrique. M. Membrée a encore en portefeuille deux autres ouvrages dramatiques : *le Moine rouge* et *la Filleule des anges*.

En dehors du théâtre, M. Membrée a publié environ cinquante mélodies ou scènes dramatiques, dont quelques-unes ont une grande allure et des développements considérables; parmi ces compositions, on remarque surtout celles qui ont pour titre : *Roméo et Juliette*, *Page, écuyer, capitaine*, *Chanson d'amour*, etc.; l'éditeur M. Heugel, chez qui elles ont presque toutes été publiées, en a fait un choix dont il a formé un volume : *Mélodies d'E. Membrée*. Outre deux romances sans paroles pour violoncelle, M. Membrée a publié aussi plusieurs trios pour piano, violon et violoncelle, qui lui ont fait décerner en 1873, par l'Académie des Beaux-Arts, le prix fondé par M. Chartier pour l'encouragement de la musique de chambre. Enfin, le même artiste a encore écrit une grande cantate pour voix seules, chœur et orchestre, *Polyphème et Galatée*, que Berlioz a fait exécuter, sous sa direction, dans un concert. M. Membrée a été nommé, en 1876, chevalier de la Légion d'honneur. Il est aujourd'hui (1878) président de la Société des compositeurs de musique.

MENCARELLI (D... Antonio), musicien italien du dix-huitième siècle, a publié le manuel suivant : *Scuola di musica tutta conforme nel solfeggio alla lettura delle sette chiavi*, Loreto, 1789.

MENDEL (Hermann), musicographe distingué et éditeur de musique, naquit à Halle le 6 août 1834. Il fit de bonnes études artistiques, travailla le piano sous la direction de Moscheles, et reçut, dit-on, des leçons de composition de Mendelssohn. Ces leçons, toutefois, ne durent pas être nombreuses, car Mendel n'était âgé que de treize ans lorsque mourut l'auteur de *Paulus*, en 1847. Il se livra de bonne heure à des travaux relatifs à l'histoire et à la critique de l'art, et, devenu rédacteur principal d'une feuille spéciale de Berlin, la *Deutsche Musiker-Zeitung*, il y publia d'intéressantes études, dont une entre autres, sur Otto Nicolaï, formant dix articles, fut remarquée. Vers 1862, il se fit éditeur de musique à Berlin, ce qui ne l'empêcha pas de continuer à s'occuper de littérature, car il donna coup sur coup deux écrits sur Meyerbeer : l'un intitulé *Giacomo Meyerbeer, eine biographie*, Berlin, Heimann, 1868; l'autre ayant pour titre *Giacomo Meyerbeer, sein leben und seine werke* (Giacomo Meyerbeer, sa vie et ses œuvres), Berlin, Leisser, 1869. Ce dernier, traduit en italien, par M. Luca Lazaneo, fut publié à Turin en 1870.

Mais Mendel conçut bientôt le projet d'une vaste publication qui aurait la musique pour objet, et qui embrasserait tout à la fois, relativement à cet art, l'histoire, la biographie, la bibliographie, la didactique et la théorie. Il obtint à cet effet la collaboration d'un assez grand nombre d'écrivains spéciaux de divers pays, entre autres MM. Dœrffel, O. Tiersch, Oscar Paul, L. Hartmann, Gevaert, L. Wandelt, Zopff, Nicolai, E. F. Richter, E. Naumann, F. Hüffer, E. Mach, G. Engel, Auguste Reissmann, W. Rust, Wilhelm Langhans, etc., et en 1870 il lança cette publication, à laquelle il donna le titre de *Musikalisches-Conversations-Lexicon* et qu'il dirigea avec une réelle habileté. Malheureusement, Mendel n'eut pas le temps de mener à sa fin l'œuvre très-honorable à laquelle il avait attaché son nom : fort jeune encore, il mourut à Berlin, le 26 octobre 1876, âgé seulement de quarante-deux ans. C'est l'un de ses collaborateurs les plus actifs, M. Auguste Reissmann, qui se chargea de diriger la suite de sa publication, laquelle est aujourd'hui terminée.

Mendel a publié quelques morceaux de musique légère pour le piano.

* **MENDELSSOHN - BARTHOLDY** (JACQUES-LOUIS-FÉLIX). — Les faits précis sont les seuls points à réviser dans le travail d'un auteur disparu. Les opinions, au contraire, sont chose trop personnelle pour qu'on y touche le moins du monde, et d'ailleurs les appréciations comme les insinuations s'évanouissent d'elles-mêmes, lorsqu'elles découlent de faits reconnus plus tard controuvés ou de textes défigurés. Il convient de rectifier présentement quelques faits de première importance au sujet de Mendelssohn, et l'on peut le faire en s'appuyant sur deux ouvrages tout récents : d'abord sur l'étude placée par M. Félix Grenier en tête de sa traduction des *Lettres et souvenirs de Mendelssohn* par M. Ferd. Hiller (un vol. in-18, Paris, Baur, 1877), puis sur mon propre travail : *Mendelssohn à Paris*, dans mon volume intitulé : *Airs variés* (in-18, Paris, Charpentier, 1877). Le séjour de Mendelssohn à Paris, pour commencer par le commencement, fut sensiblement plus long que ne le dit Fétis : il arriva dans la capitale de notre pays à la mi-novembre 1831 et en repartit vers le milieu d'avril 1832, pour arriver à Londres le 23 du même mois. Cela n'est qu'une simple question de dates, mais voici qui est beaucoup plus grave. Il faut se bien garder d'exagérer le dédain et le mécontentement que Mendelssohn aurait marqué de tout ce qu'il voyait à Paris, et ne pas dire qu'il garda toujours un souvenir détestable des cinq mois qu'il avait passés au milieu de nous. Il est bien vrai que son amour-propre excessif ne fut qu'à demi satisfait de l'accueil pourtant si favorable qu'il reçut dans la société parisienne, et que les éloges sans restriction adressés au virtuose ne purent compenser à ses yeux le médiocre succès obtenu par le compositeur ; il est également exact que sa nature froide et réservée avait rencontré chez nous bien des contradictions qui l'avaient froissé, et que son dépit de ne pouvoir faire jouer quelque opéra sur l'une ou l'autre de nos scènes lyriques fut pour beaucoup dans ses appréciations plus que sévères sur notre théâtre et notre musique dramatique. Au résumé, il ne garda pas de Paris un souvenir dégagé de tout nuage, tant s'en faut ; mais il y a loin de là à dire, comme on fait le plus souvent, qu'il montra un suprême mépris pour tout ce qu'il voyait ou entendait, et qu'il en parlait toujours avec une pitié mal déguisée ou une orgueilleuse envie. La publication récente des lettres de voyage de Mendelssohn permet de rétablir le vrai sens de certaines bribes de phrases, mal coupées et défigurées, sur lesquelles la plupart des biographes français se sont appuyés avec une légèreté inexplicable pour traiter ce compositeur en toute sévérité et le punir de ses propos insolents à notre égard. Le texte véritable, opposé à ces citations tronquées, suffira à atténuer singulièrement la gravité de ces accusations. Le premier grief soulevé contre lui avec tant d'acrimonie est d'avoir traité Boccherini de perruque à propos d'une séance de musique de chambre où Baillot exécuta un quintette de ce maître avant le quatuor en *mi majeur* de Mendelssohn ; or, voici la phrase entière de la lettre, qui dit absolument le contraire : *On commença par un quintette de Boccherini, une perruque, mais une perruque sous laquelle il y a un bon vieux maître plein de charme.* Il faut ajouter que, Mendelssohn n'ayant jamais composé de quatuor en *mi majeur*, mais bien deux en *mi bémol majeur* et un en *mi mineur*, c'est celui en *mi bémol majeur* (op. 12) qui fut exécuté ce soir-là chez Baillot. La seconde citation est également tronquée, et cette altération change le sens de la phrase du tout au tout. Mendelssohn, a-t-on dit, très-mécontent de la médiocre impression produite par ses ouvrages, se serait écrié en quittant la France : « Paris est le tombeau de toutes les réputations ! » C'est dans sa lettre du 31 mars 1832, la dernière de Paris, que Félix, formant le projet de rester jusqu'à la mi-avril, si toutefois le choléra laisse quelque répit qui permette de songer aux délassements et à la musique, ajoute : « Je serai fixé à cet égard d'ici à huit jours. Je crois cependant que tout ne tardera pas à reprendre son train accoutumé, et que le *Figaro* aura eu raison. Dans un article intitulé *Enfoncé le choléra*, ce journal prétend que Paris est le tombeau de toutes les réputations, que l'on n'y

fait plus attention à rien, que l'on y bâille devant Paganini, qu'on ne se retourne même pas dans la rue pour voir un empereur ou un dey, etc... » Le compositeur ne faisait donc que résumer en riant un article du *Figaro*, et c'était là une simple plaisanterie de journal.

Trois autres points restent à corriger, qui visent des époques différentes. D'abord, Mendelssohn n'avait pas seize ans, mais sept seulement lorsque, passant par Paris, il prit des leçons de piano de la célèbre Mme Bigot : Mendelssohn n'eut seize ans qu'en 1825, et Mme Bigot était morte en 1820. Ces leçons remontent à son premier voyage à Paris, en 1816 ; et ce sont des conseils de Cherubini qu'il reçut, entre quinze et seize ans, lorsque son père le ramena chez nous, en 1824. Mendelssohn vint, en effet, trois fois à Paris : tout enfant, adolescent, et jeune homme. — Il faut noter ensuite que Mendelssohn fut en rapports suivis avec le poëte Immermann bien avant d'aller, en 1833, occuper le poste de directeur de la musique de la ville à Dusseldorf, et que leur projet d'écrire en commun un opéra d'après *la Tempête*, de Shakespeare, datait de plus loin. Mendelssohn en parle, en effet, le 28 mai 1831 ; puis, dans sa première lettre de Paris, il expose à son père ses engagements avec Immermann, et enfin, le 11 janvier 1832, il écrit à celui-ci une de ses plus jolies lettres de Paris, sur les théâtres qu'il visite et les pièces qu'il entend à Paris. — Le troisième point est celui-ci. C'est *Antigone*, et non pas *Œdipe à Colone*, qui fut exécutée à Paris au théâtre de l'Odéon, le 21 mai 1844, et c'étaient MM. Meurice et Vacquerie qui avaient traduit la tragédie de Sophocle : cette tentative, enfin, ne fut pas sans obtenir un certain succès auprès du public très-restreint auquel elle s'adressait, et d'ailleurs, réussite ou insuccès, elle ne prouve absolument rien pour ou contre les dispositions plus ou moins grandes de Mendelssohn pour la musique dramatique.

AD. J—N.

Nous allons maintenant dresser une nomenclature sinon complète, du moins aussi étendue que possible, des nombreuses publications qui depuis plus de trente ans ont été faites sur Mendelssohn, soit en Allemagne, soit en France, soit en Angleterre. Voici cette liste : — 1° *Ueber Félix Mendelssohn - Bartholdy oratorium « Paulus »* (Sur l'oratorio *Paulus* de Mendelssohn), par Otto Jahn, Kiel, 1842 ; — 2° *Felix Mendelssohn Bartholdy. Ein Denkmal fur sein freunde* (F. Mendelssohn. Un monument pour ses amis), par W. A. Lampadius, Leipzig, Hinrichs, 1848 ; — 3° *F. Mendelssohn-Bartholdy, eine Biographie* (une Biographie), par W. Neumann, Cassel, 1854 ; — 4° *Ueber Felix Mendelssohn-Bartholdy's oratorium « Paulus »* (Sur l'oratorio *Paulus*, de Mendelssohn), Halle, 1859 ; — 5° *Ueber Mendelssohn's « Walpurgisnacht's »* (Sur la Nuit de Walpurgis, de Mendelssohn), par Fr. Zander, Kœnigsberg, 1862 ; — 6° *Felix Mendelssohn-Bartholdy. Reisebriefe von Félix Mendelssohn-Bartholdy aus den Jahren* 1830 *bis* 1832 (Lettres de voyage de Mendelssohn, des années 1830 à 1832), publiées par Paul Mendelssohn-Bartholdy, Leipzig, Mendelssohn, 1868 ; — 7° *Erinnerungen an Felix Mendelssohn-Bartholdy* (Souvenirs de Félix Mendelssohn-Bartholdy, vie de l'artiste et de l'homme), par Mme Élise Polko, Leipzig, Brockhaus, 1868 (ouvrage traduit en anglais par lady Wallace) ; — 8° *Meine Erinnerungen an Mendelssohn-Bartholdy* (Mes Souvenirs relatifs à Mendelssohn-Bartholdy), par Edouard Devrient, Leipzig, Weber ; — 9° *Adolf Bernhard Marx's Verhältnisse zu Felix Mendelssohn-Bartholdy in Bezug auf E. Devrient's Darstellung harichtigt* (Rapports d'Adolphe Bernard Marx avec Félix Mendelssohn-Bartholdy, tels qu'ils ont été présentés par E. Devrient), par Thérèse Marx, Leipzig, Dürr, 1869 ; — 10° *Studie über Ed. Devrient's Erinnerungen an Felix Mendelssohn-Bartholdy* (Étude sur les souvenirs d'Edouard Devrient sur Félix Mendelssohn-Bartholdy), par R. Wagner, Berlin, Stilke, 1869 ; — 11° *Félix Mendelssohn-Bartholdy. Briefe an Gœthe zu dessen geburtstage* (Lettres à Gœthe pour son anniversaire de naissance), publiées par von Lœper, Berlin, Stargardt, 1869 ; — 12° *Felix Mendelssohn-Bartholdy. Briefe*, 1830-1847 (Lettres, 1830-1847), Leipzig, Mendelssohn, 1870 ; — 13° *Félix Mendelssohn-Bartholdy. sein leben und seine werke* (Mendelssohn, sa vie et ses œuvres), par Auguste Reissmann, Berlin, Guttentag, 1871, avec portrait ; — 14° *Felix Mendelssohn-Bartholdy. Acht briefe und ein fac-simile* (Mendelssohn. Huit Lettres et un *fac-simile*), Leipzig, Grunow, 1871 ; — 15° *Gœthe und Mendelssohn-Bartholdy* (Gœthe et Mendelssohn), par le docteur K. Mendelssohn-Bartholdy, avec le portrait lithographié de Félix Mendelssohn à l'âge de 12 ans, Leipzig, Hirzel, 1871 ; — 16° *Felix Mendelssohn-Bartholdy. Briefe und Erinnerungen* (Mendelssohn. Lettres et souvenirs), par Ferdinand Hiller ; — 17° *Musikalische Charakterbilders* (Portraits caractéristiques de musiciens) : Mendelssohn, Schubert, Weber, Rossini, Auber, Meyerbeer, par O. Gumprecht, Leipzig, Gumbrecht, 1868 ; — 17° *bis*, *Die Familie Mendelssohn*, 1729 1847, *nach briefen und tagebüchern* (la Famille Mendelssohn, d'après des lettres et agendas personnels), par S. Hensel, Berlin, Behr, 1879, 3 vol. in-8° avec huit portraits; — 18° *Étude biographique sur Mendelssohn-Bartholdy*, par Victor Magnien, Beauvais, 1850, in-8°; — 19° *Lettres inédites de Mendelssohn*, traduites par A. A. Rolland, Paris, Hetzel, s. d. [1864], in-12); — 20° *La Musique en Allemagne. Mendelssohn*, par Camille Selden, Paris, Germer-Baillière, 1867, in-12; — 21° *Félix Mendelssohn-Bartholdy, sa vie et ses œuvres*, par H. Barbedette, Paris, Heugel, 1869, gr. in-8° avec portrait; — 22° *Felix Mendelssohn-Bartholdy* (Lettres et souvenirs de Ferdinand Hiller), *traduit et précédé d'un aperçu de divers travaux critiques concernant ce maître*, par Felix Grenier, Paris, Baur, 1877, in-16; — 23° *Sketch of the life and works of the late Felix Mendelssohn-Bartholdy* (Esquisse de la vie et des œuvres de feu F. Mendelssohn), par Julius Benedict, Londres, 1850; — 24° *Reminiscences of Felix Mendelssohn-Bartholdy, on this 57 th birthday February* 3 1866 (Souvenirs de Mendelssohn, à l'occasion du 57e anniversaire de sa naissance), par J. Schubring, Londres, 1866; — 25° *Life of Felix Mendelssohn-Bartholdy, from the German of W. A. Lampadius, with supplementary sketches by sir Julius Benedict, Henry F. Chorley, Ludwig Rellstab, Bayard Taylor, R. S. Willis and J. S. Dwight. Additional notes by C. L. Gruneisen. Edited and translated by William Leonhard Gage* (Vie de Mendelssohn, traduite de l'allemand de Lampadius, avec esquises supplémentaires de Jules Benedict, etc.; notes aditionnelles de Gruneisen; publié et traduit par W. L. Gage), Londres, W. Reeves, 1876, in-8° avec portrait; — 26° *Gœthe and Mendelssohn*, 1824-1831, traduit, avec additions, par M. Glein, portrait et lettres de Mendelssohn de la dernière date, Londres, Reeves; — 27° *Recollections of Felix Mendelssohn-Bartholdy*, par E. Devrient (ce sont les *Souvenirs* d'Édouard Devrient, traduits en anglais par M. N. Macfarren), avec portrait, Londres, Reeves.

La maison Breitkopf et Hærtel, de Leipzig, a mis au jour un exellent *Catalogue thématique des compositions publiées de Félix Mendelssohn-Bartholdy*. Ce catalogue comprend un certain nombre d'œuvres qui n'ont pas été mentionnées dans la *Biographie universelle des Musiciens*; les plus importantes sont les suivantes : 1° Symphonie de la Réformation, op. 107; 2° *Trompeten-Ouverture* (Ouverture des Trompettes), op. 101; 3° Marche funèbre pour orchestre, op. 103; 4° Marche en *ré* majeur, pour orchestre, op. 108; 5° Sextuor pour piano, violon, 2 altos, violoncelle et contre-basse, en *ré* majeur, op. 110; 6° Sonate en *sol* mineur, pour piano, op. 105; 7° Sonate en *si* majeur, pour piano, op. 106; 8° 3 Fantaisies pour piano, op. 16.

MENDELSSOHN - BARTHOLDY (PAUL), l'un des quatre frères du compositeur et le dernier survivant d'entre eux, chef d'une grande maison de banque de Berlin, mourut en cette ville le 21 juin 1874. Il était né en 1812, et par conséquent plus jeune de trois ans que l'auteur du *Songe d'une nuit d'été*. « Rien, disait un journal à l'époque de sa mort, rien, pendant le cours de leur vie, n'avait altéré une parfaite amitié entre les deux frères. Après la mort de Félix, si Paul Mendelssohn, interprétant les derniers vœux de son frère, s'est opposé à la publication des compositions musicales qu'il a laissées, du moins on lui doit d'avoir édité deux volumes de ses lettres qui forment une collection si pleine d'intérêt et si caractéristique. Paul Mendelssohn avait toujours beaucoup aimé la musique, et son exécution dans les quatuors était renommée à Berlin. Dans sa jeunesse, il jouait du violoncelle : plus d'une des œuvres de son frère a été écrite pour lui. Paul Mendelssohn hérita de la splendide collection d'autographes de Beethoven que Félix avait découverts. Il les offrit, très-peu de temps avant sa mort, à la Bibliothèque impériale de Berlin. »

MENEAU (LÉON), musicien amateur fort distingué, né à la Rochelle le 19 août 1830, est mort en cette ville le 24 mai 1868. Élève de Désiré Beaulieu (*Voyez* ce nom), Meneau avait commencé jeune l'étude de la musique, et s'était livré de bonne heure à la composition. Il avait fait exécuter dans sa ville natale plusieurs messes pour orchestre, chœurs et *soli*, deux symphonies, des ouvertures, des quatuors, quintettes et septuors pour instruments à cordes et à vent, et y avait fait représenter deux opéras-comiques en un acte : *Qui compte sans son hôte* (décembre 1860), et *l'Amoureux transi* (décembre 1864). De plus, il a laissé en portefeuille un grand opéra en trois actes, *Hippolyte*, et les deux premiers actes de l'opéra-comique *le Florentin*, avec lequel il comptait prendre part au concours dont est sorti vainqueur M. Ch. Lenepveu (*Voyez* ce nom). Léon Meneau s'occupait aussi de littérature musicale : il était, à la Rochelle, le correspondant du *Ménestrel*, et il avait donné à ce journal, il y a une dizaine d'années, une longue série d'articles sur l'histoire de l'Opéra-Comique. Depuis plusieurs années président de la Société philharmonique de la Rochelle, il avait présidé, en 1866, le congrès musical de l'Ouest. On doit encore à cet artiste une cantate, *Hommage à Meyerbeer*, qu'il fit exécuter à la Rochelle lors de la mort de ce grand homme, le 24 mai 1864.

* **MENGAL** (MARTIN-JOSEPH). Aux ouvrages dramatiques de ce compositeur, il faut ajouter *le Vampire*, opéra-comique en un acte, représenté sur le théâtre de Gand, sa ville natale, le 1er mars 1826. Mengal était membre de l'Académie royale de Belgique, et c'est à ce titre qu'une notice lui a été consacrée par M. Édouard Fétis dans l'*Annuaire* de cette compagnie pour 1859. Mais c'est à tort que cette notice place la date de sa mort au 13 juillet 1851, de même que celle de la *Biographie universelle des Musiciens* le fait mourir dans la nuit du 2 au 3 juillet. Mengal est mort à Gand, le 4 juillet 1851.

MENNECHET DE BARIVAL (Mme), pianiste distinguée et compositeur, s'était acquis une certaine réputation, il y a une trentaine d'années, dans la musique et dans la littérature. On doit à cette artiste un assez grand nombre de compositions pour son instrument, qui ne manquaient ni de grâce ni d'élégance, et parmi lesquelles je citerai les suivantes : 6 Études poétiques (1. *Rosine*; 2. *l'Adieu*; 3. *Ninon*; 4. *le Collier de perles*; 5. *Roses de mai*; 6. *Voix plaintives*); *l'Aveu*, nocturne; *Duchesse de Fontanges*, op. 25; *Speranza*, op. 26; *Brises du soir*, op. 57; *la Marquise de Presles*, valse; 2 Mélodies (1. *Simple fleur*; 2. *Guitare*); Mazurka brillante; *la Prière*, mélodie; etc. Mme Mennechet de Barival est morte à Paris, le 15 janvier 1861.

MENNÉGAND (CHARLES), luthier français, né à Nancy le 19 juin 1822, vint à Paris en 1840 après avoir fait son apprentissage à Mirecourt, et entra dans l'atelier de Rambaux, où il acquit une grande expérience dans l'art de réparer les instruments. Il passa ensuite quelque temps chez Maucotel, puis, en 1852, alla s'établir à Amsterdam, où il construisit un assez grand nombre de violons, d'altos et de violoncelles, qui firent honneur à son habileté. En 1857 il revint se fixer à Paris, où, tout en continuant de produire des instruments neufs, particulièrement des violoncelles, il s'est fait remarquer par son talent pour la réparation des instruments anciens. M. Mennégand a obtenu une médaille de seconde classe aux Expositions universelles de Paris de 1855 et 1867.

MENOZZI (GIOVANNI), pianiste, professeur et compositeur italien contemporain, s'est fait connaître par quelques ouvrages pédagogiques et par la publication de diverses œuvres pour le piano, dont le nombre ne s'élève guère aujourd'hui à moins de deux cents. Parmi ces œuvres, je citerai les suivantes : *l'Esordiente*, recueil gradué de sonatines variées, commodes pour les mains qui n'atteignent pas l'octave; *Collana di melodie teatrali le più favorite* (environ 100 livraisons); *Veglie autunnali*, fantaisies brillantes sur les meilleurs motifs d'opéras modernes; *Ricordi teatrali*, 6 pièces concertantes pour harmoniflûte et piano, etc. M. Menozzi est l'auteur d'une *Methode théorico-pratique pour la lecture musicale, dédiée à la jeunesse studieuse et adoptée par le Conservatoire de Milan*, op. 102 (Milan, Lucca, in-8°), et d'un *Cours élémentaire pour voix de basse préparatoire et pratique, dédié aux écoles populaires de chant*, op. 171 (id., id., id.).

MENOZZI (GIUSEPPE), pianiste, professeur et compositeur, sans doute parent du précédent, né à Pallanza le 15 juillet 1841, a fait ses études au Conservatoire de Milan, où il fut admis au mois de janvier 1854 et d'où il sortit au mois de septembre 1861. Il a publié environ soixante œuvres de morceaux de genre pour le piano.

MEOLA (LUIGI), compositeur, né à Naples le 5 décembre 1845, a fait son éducation musicale sous la direction de M. Claudio Conti. Il a publié plusieurs albums de chant, *Speranza e dolore*, *Stelle cadute*, *Sull'isola*, etc., et a écrit, avec plusieurs autres compositeurs, la musique d'une pièce intitulée *gli Speculatori*, qui fut jouée sans aucun succès, en 1873, au théâtre Nuovo.

MÉON (JEAN-FRANÇOIS), professeur de solfége au Conservatoire de Paris, naquit en cette ville le 3 octobre 1740, et y mourut le 29 juin 1813. Il entra vers 1765 dans les chœurs de l'Opéra pour y chanter la partie de taille, et plus tard devint l'un des professeurs de chant de l'école annexée à ce théâtre. Les *Tablettes de renommée des musiciens* (1785) le mentionnaient ainsi dans le personnel de l'Opéra : — « Méon, troisième maître de chant des chœurs et maître de solfége du Conservatoire, n'est pas moins avantageusement connu par ses talents personnels que par l'art d'enseigner et faire faire à ses élèves les progrès les plus rapides. » Lors de la fondation réelle du Conservatoire par Sarrette, Méon fut mis à la tête d'une classe de solfége et compris parmi les professeurs de 2me classe. Il conserva cette situation jusqu'en 1803, époque à laquelle il devint l'un des surveillants de la police des classes, emploi qu'il conserva jusqu'à sa mort. Méon s'est fait connaître comme compositeur par une messe qui fut exécutée à Paris en 1785 ou 1786. J'ignore si on lui doit d'autres ouvrages.

MERAS (JOAQUIN), écrivain espagnol, est l'auteur d'un travail statistique publié sous ce titre : *Calendario lirico italiano* (Madrid, Romera y Marzo, 1877, in-8°). Cet écrit donne, dans l'ordre chronologique, les titres, lieu originaire et date de représentation de tous les operas qui ont été joués sous la forme italienne sur les grands théâtres de Madrid et de Barcelone.

MERCADAL Y PONS (ANTONIO), compositeur espagnol, né à Port-Mahon (île Minorque) en 1850, y fit représenter, au mois de mars 1873, un opera intitule *Giulietta e Romeo*, qui obtint un très-grand succès. Peu de temps après, au mois d'octobre ou de novembre de la même année, ce jeune artiste mourait dans sa ville natale, à peine âgé de vingt-trois ans.

* **MERCADANTE** (SAVERIO), directeur du Conservatoire de Naples, l'un des plus fameux musiciens italiens du dix-neuvième siècle, est mort à Naples, le 17 décembre 1870. Six ans après sa mort, une vive polémique s'engagea dans une feuille spéciale de Milan, la *Gazzetta musicale*, polémique à laquelle prirent part MM. G. Paloschi, le baron Beniamino Rossi, Francesco Florimo et Francesco da Scorno, et qui avait pour objet le lieu de naissance du vieux maître. On ne savait, en effet, s'il avait vu le jour à Altamura, ainsi qu'il est dit dans la 2e édition de la *Biographie universelle des Musiciens* et dans une notice étendue publiée sur lui par M. Raffaele Colucci (1), ou à Naples, selon d'autres biographes, et particulièrement M. Fr. Florimo dans son livre : *Cenno storico sulla scuola musicale di Napoli*.

Cette question délicate n'etait pas facile à élucider. M. Florimo, archiviste du Conservatoire de Naples et vieil ami de Mercadante, avait écrit sa notice en quelque sorte sous son inspiration, et comme l'indécision sur le lieu de sa naissance s'était déjà précédemment produite, il lui demanda s'il était né à Naples ou à Altamura, à quoi le maître répondit, non sans un mouvement d'impatience : *Naples, Naples, Naples! Et quand voudrez-vous tous vous persuader que je suis Napolitain par sang?* M. Florimo pouvait donc, raisonnablement, se croire autorisé à défendre son assertion par les paroles mêmes de Mercadante, qu'on ne pouvait supposer coupable de mensonge à ce sujet.

Cependant, M. le baron Benjamin Rossi étaya l'argumentation contraire d'un document dont il était difficile de méconnaître la valeur, document qui n'était autre que la copie, légalisée, de l'acte de baptême d'un enfant qui paraissait n'être autre que Mercadante. Cet acte, tiré des registres baptismaux de la cathédrale d'Altamura, disait : « Le jour 17 septembre mil sept cent quatre-vingt quinze, 1795, par moi, curé Sergio Sallicano, fut baptisé *sub conditione*, Giuseppe Saverio Raffaele, fils de parents inconnus. » En marge, sur le registre, avait été tracée plus récemment cette mention, pour indiquer à qui se rapportait l'acte : *Maestro di cappella Mercadante.*

D'autre part, voici le récit curieux (car il s'agit ici d'une sorte de roman) que M. Francesco da Scorno adressa à la *Gazzetta musicale*, relativement à l'origine et aux premières années de Mercadante : — « Suverio Mercadante naquit à Altamura le 17 septembre 1795, de Giuseppe Mercadante et d'une domestique à lui nommée Rosa Bia, fut baptisé par le curé Don Sergio Sallicano, et eut pour parrain Saverio Tavani, de Gravina, lequel était intime de la famille et en mémoire duquel fut donné au nouveau-né le nom de Saverio. A la date des susdits jour et an, on trouve, dans les registres de la curie d'Altamura, la naissance de cet enfant aux noms de *Giuseppe Saverio Raffaele*, avec l'indication du parrain susmentionné. Des personnes de bonne foi, contemporaines de cette époque, et encore vivantes, confirment cette vérité et rappellent les moindres particularités de l'enfance du grand artiste.... La mère aimait l'enfant, mais le père ne le voulait reconnaître ni légitimer, comme étant le fruit d'amours secrètes. Cependant, un talent prodigieux pour la musique s'étant manifesté chez l'enfant, beaucoup engageaient ses parents à l'envoyer étudier la musique à Naples, et parmi ceux qui voulaient proteger le pauvret fut l'illustre archidiacre Cagnazzi. Finalement, la mère, poussée par son amour maternel, prit un jour avec son fils la route de Naples, où régnait Joachim Murat, puis, un jour que celui-ci passait les troupes en revue, elle se présenta hardiment devant lui, en portant la main à la bride de son cheval, et lui remit une supplique par laquelle elle le priait de faire entrer son fils au collége de musique, afin qu'il y fût instruit gratuitement. Le roi écrivit en marge, au crayon : *Soit accordé*, et rendit la supplique à la mère.... Le père, qui était resté à Altamura, ayant dû se rendre aussi à Naples pour affaires, voyant la grâce souveraine obtenue, se prépara à conduire l'enfant au collége de musique ; mais ici on fit des difficultés pour le recevoir, sa naissance n'étant pas légitime. On conseilla alors aux parents de procéder à la légitimation, et ils se présentèrent un jour devant le curé de Porta Nuova,

(1) Dans le journal *la Scena*, de Trieste, des 19 et 26 septembre, 10 et 24 octobre 1867.

à Naples, avec deux témoins, et certifièrent, pour ne pas perdre de temps en d'autres formalités, que l'enfant qu'ils voulaient légitimer était né à Naples plusieurs années auparavant.... »

Les faits contenus dans ce récit, joints à quelques autres qui se produisirent plus tard, alors que Mercadante était à l'apogée de sa renommée, semblent donner raison à ceux qui le font naître à Altamura. Quant aux affirmations de Mercadante lui-même, déclarant avec vivacité qu'il était né à Naples, ne peut-on pas croire qu'elles lui étaient inspirées par les circonstances pénibles qui entouraient son origine? et ne peut-on pas supposer qu'il se disait né en cette ville dans le but d'empêcher, du côté d'Altamura, toute recherche qui aurait eu précisément pour résultat de faire connaître cette origine, qu'il désirait tenir secrète? C'est là un point délicat, qui n'a pas été touché dans la polémique dont j'ai parlé, et qui me semblerait justement donner raison à ceux qui veulent que Mercadante soit né à Altamura (1).

Au reste, beaucoup d'Italiens sont de ce dernier avis, et, sans prétendre ici trancher absolument la question, je me range à leur sentiment. Jusqu'à plus ample informé, je crois donc qu'on peut considérer Giuseppe Saverio Raffaele Mercadante comme étant né à Altamura, province de Bari, le 17 septembre 1795.

Il est encore fort difficile, à l'heure présente, de dresser avec certitude la liste des œuvres dramatiques de Mercadante; la voici, cependant, telle que j'ai pu la constituer (2) : 1° *l'Apoteosi d'Ercole*, Naples, th. San-Carlo, 12 janvier 1819 (?); 2° *Violenza e Costanza*, Naples, th. Nuovo, 1820 (?); 3° *Anacreonte in Samo*, Naples, th. San-Carlo, 1820 (?); 4° *Scipione in Cartagine*, Rome, th. Argentina, 1821 (?); 5° *Maria Stuarda*, Bologne, th. Communal, 1821 (?); 6° *Elisa e Claudio*, Milan, Scala, 30 octobre 1821; 7° *il Posto abbandonato*, Milan, 1821 (?); 8° *Gli Sciti*, Naples, th. San-Carlo, 1822 (?); 9° *Alfonso ed Elisa*, Mantoue, 1822 (?); 10° *Didone abbandonata*, 2 actes, Turin, 1823 (?); 11° *Adele ed Emerico*, Milan, Scala, 21 septembre 1822; 12° *Andronico*, Venise, th. de la Fenice, 1822 (?); 13° *Costanza ed Almerika*, Naples, 1822 ou 1823 (?); 14° *gli Amici di Siracusa*, Rome, 1822 ou 1823 (?); 15° *Nitocri*, Turin, th. Regio, 1824 (?); 16° *Dorilice*, Vienne, 1824 (?); 17° *le Nozze di Telemaco ed Antiope*, Vienne, 1824 (?); 18° *il Podestà di Burgos, ossia il Signor del Villaggio*, Vienne, 1824 (?); 19° *Ipermestra*, Naples, 1824 (?); 20° *il Geloso ravveduto*, Rome, 1824 (?); 21° *Caritea, regina di Spagna* (plus connu sous le titre de *Donna Caritea*), Venise, 1826 (?); 22° *Amleto*, Milan, Scala, 26 décembre 1826; 23° *Erode*, Venise, 1826 ou 1827 (?); 24° *Ezio*, Turin, th. Regio, 1827 (?); 25° *il Montanaro*, Milan, Scala, 16 avril 1827; 26° *i Due Figaro*, Madrid, 1827 (?); 27° *Pietro il Grande*, Lisbonne, 17 décembre 1827 (?); 28° *Adriano in Siria*, Lisbonne, 28 février 1828 (?); 29° *Francesca da Rimini*, Madrid, 1828 (?); 30° *la Testa di bronzo*, Lisbonne, 1829; 31° *la Rappresaglia*, Cadix, 1829 (?); 32° *Don Chisciotte*, farce, Cadix, 1829 (?); 33° *Zaira*, Naples, th. San-Carlo, août 1831; 34° *Gabriella di Vergy*, Gênes, th. Carlo-Felice, 1832 (?); 35° *Ismalia, ossia amor e morte*, Milan, Scala, 27 octobre 1832; 36° *i Normanni a Parigi*, 4 actes, Turin, th. Regio, 1832 (?); 37° *il Conte d'Essex*, 3 actes, Milan, Scala, 10 mars 1833; 38° *Emma d'Antiochia*, Venise, th. de la Fenice, 1834 (?); 39° *Uggero il Danese*, Bergame, 1834; 40° *la Gioventù di Enrico V*, Milan, Scala, 25 novembre 1834; 41° *Francesca Donato, ossia Corinto distrutta*, 3 actes, Turin, th. Regio, 1835; 42° *i Briganti*, Paris, Th.-Italien, 22 mars 1836; 43° *il Giuramento*, 3 actes, Milan, Scala, 11 mars 1837; 44° *il Vascello di Gama*; 44° *bis, le Due illustri Rivali*, Venise, Fenice, 1838 (?); 45° *Elena da Feltre*, Naples, th. San-Carlo, janvier 1839; 46° *il Bravo*, Milan, Scala, 9 mars 1839; 47° *la Solitaria delle Asturie, ossia la Spagna ricupe-*

(1) Les numéros de la *Gazzetta musicale* de Milan qui sont à consulter à ce sujet sont ceux des 18 juin, 16 et 30 juillet, 13 août et 17 septembre 1876.

(2) Je me suis, depuis près de vingt ans, beaucoup occupé de l'histoire des musiciens italiens, et je l'ai fait, à défaut d'autres qualités, avec beaucoup de soin et de conscience, apportant une grande ardeur à tâcher de faire la lumière sur quelques points de cette histoire, laissée jusqu'à ces derniers temps dans une obscurité complète par les Italiens eux-mêmes. Cependant j'ai appris à mes dépens qu'on ne se mêle pas impunément des affaires des autres, même lorsqu'il s'agit de l'histoire d'un art qui intéresse tous les peuples civilisés. Tandis que je m'évertuais à chercher et parfois à découvrir la vérité au milieu d'un chaos d'informations contradictoires, certains écrivains italiens, ne me tenant aucun compte de mes efforts et se gardant bien de faire ressortir ce que ceux-ci avaient pu avoir d'utile pour eux-mêmes, se sont plu à me railler et à me critiquer, parfois d'une façon peu courtoise, pour les erreurs dans lesquelles m'avaient fait tomber des documents *italiens* fautifs ou incomplets. C'est pourquoi, voulant d'avance éviter une critique trop acerbe, je déclare ici, en ce qui concerne Mercadante, qu'il m'a été impossible, faute de données précises, de constituer son répertoire dramatique avec une exactitude absolue. La liste que je donne n'est donc qu'un à peu près, pour lequel je me borne à l'observation suivante : lorsque je me crois sûr de la valeur des indications relatives à un ouvrage, je ne l'accompagne d'aucun signe; mais lorsque ces indications ne sont qu'approximatives, je les fais suivre d'un point d'interrogation placé entre parenthèses : (?).

rata, Venise, th. de la Fenice, 1840 (?); 48° *la Vestale*, Naples, th. San-Carlo, 1840 (?); 49° *il Proscritto*, Naples, th. San-Carlo, 1842 (?); 50° *il Reggente*, Gênes, th. Carlo-Felice, 1844 (?); 51° *Leonora*, Naples, th. San-Carlo, décembre 1844 (?); 52° *Orazii e Curiazii*, Naples, th. San-Carlo, 10 novembre 1846; 53° *la Schiava Saracena*, Milan, Scala, 26 décembre 1848; 54° *Medea*, Naples, th. San-Carlo, 1851 (?); 55° *Violetta*, Naples, th. Nuovo, 1852; 56° *Statira*, Naples, th. San-Carlo, 1853 (?); 57° *Pelagio*, 4 actes, Naples, 1857 (?); 58° *Virginia*, 4 actes, Naples, th. San-Carlo, 7 avril 1866.

Voici maintenant la liste des œuvres écrites par Mercadante en dehors du théâtre. — A. MUSIQUE RELIGIEUSE. 1° *Le Sette parole di Nostro Signore*, cantate religieuse à 4 voix et chœur, avec accompagnement de quatuor d'instruments à cordes; 2° environ 20 messes, soit avec orgue, soit avec orchestre; 3° Hymne à la Vierge immaculée, à 5 voix et orchestre; 4° Hymne funèbre à la mémoire de Mgr Somma, à 4 voix et orchestre; 5° Hymne à Pie IX, à 5 voix et orchestre; 6° *Un soupir sur la tombe de Mgr Scotti*, cantate funèbre à 5 voix et orchestre; 7° *Christus* et *Miserere* à 4 voix, *alla Palestrina*; 8° *Dominus a dextris*, pour chœur et orchestre; 9° *De profundis* à 4 voix et orchestre; 10° plusieurs *Tantum ergo*, dont deux à 5 voix avec orchestre; 11° un nombre considérable de psaumes, motets, antiphonaires, *Te Deum*, *Magnificat*, etc. — B. MUSIQUE VOCALE PROFANE. 12° *Cantate* en l'honneur de l'ex-roi d'Espagne Charles IV, Naples, théâtre San-Carlo, 1818; 13° *la Danza augurale*, cantate pour l'avénement au trône du roi François II, id., id., 1859; 14° *Hymne en l'honneur de Victor-Emmanuel, roi d'Italie*, 1860; 15° *Hymne guerrier*, dédié à Garibaldi, 1861; 16° *Hymne populaire*, dédié à Dante, 1863; 17° *Hymne à l'Harmonie*, écrit à l'occasion du premier congrès musical tenu à Naples, 1864; 18° *Hymne à Rossini*, écrit pour l'inauguration de la statue de Rossini à Pesaro, 1864 (tous ces hymnes sont avec chœurs et orchestre); 19° 24 *Mélodies préparatoires au chant dramatique*; 20° 8 Nocturnes à 4 voix; 21° un nombre infini d'albums de musique vocale, romances, *canzoni napolitane*, duos, trios et quatuors de divers genres; 22° beaucoup de Solféges écrits pour les classes du Conservatoire de Naples. — C. MUSIQUE SYMPHONIQUE. 23° 3 *Symphonies caractéristiques napolitaines* à grand orchestre (dont une, la troisième, intitulée *lo Zampognaro*); 24° *il Campo dei Crociati, o la Schiava Saracena*, symphonie à grand orchestre; 25° *l'Insurrezione Polacca*, id.; 26° *l'Aurora*, id.; 27° *il Lamento dell'Arabo*, id.; 28° *la Religione*, id.; 29° *la Rimembranza*, id.; 30° Symphonie à grand orchestre sur les motifs du *Stabat* de Rossini; 31° *Symphonie funèbre*, à grand orchestre; 32° *Omaggio a Donizetti*, symphonie funèbre à grand orchestre; 33° *Omaggio a Bellini*, id., 1860; *Omaggio a Rossini*, id., 1868; 34° *Omaggio a Pacini*, id., 1868; 35° *il Lamento del Bardo*, symphonie à grand orchestre, 1862; 36° Symphonie à grand orchestre, dédiée à Rossini, 1866; 37° *Symphonie-Marche*, écrite pour la naissance du jeune prince de Naples; 38° 2 *Symphonies caractéristiques* à grand orchestre, sur des motifs populaires espagnols; 39° 3 *Divertissements* à grand orchestre; 40° *la Malinconia*, grande mazurka de concert, à grand orchestre. — D. MUSIQUE POUR DIVERS INSTRUMENTS. 41° *Élégie* pour violon, avec orchestre; 42° Romance et Rondo sur *il Proscritto*, pour violon, avec orchestre; 43° Pièce sur *il Vascello di Gama*, pour violon, avec orchestre; 44° Fantaisie pour 2 violons, avec orchestre, sur *gli Orazi e Curiazi*; 45° 3 Mélodies pour 4 violons; 46° Fantaisie sur *Lucia di Lamermoor*, pour violoncelle, avec orchestre; 47° Fantaisie sur *il Giuramento*, pour cor et trompette, avec orchestre; 48° Mélodie pour harpe, avec orchestre; 49° Fantaisie sur *il Figliuol prodigo*, pour basson, avec orchestre; 50° Cavatine de l'opéra *il Campo dei Crociati*, transcrite pour basson, avec accompagnement de piano; 51° *Terzettino* pour 3 cors; 52° 2 *Duetti* pour 2 cors; 53° *la Poesia*, quatuor pour 4 violoncelles; 54° enfin, un nombre considérable de quatuors, concertos et morceaux de divers genres pour divers instruments (1).

On connaît de Mercadante un opuscule ainsi intitulé : *Breve Cenno storico sulla musica teatrale, da Pergolesi a Cimarosa*, s. l. n. d., in-4° de 7 p.

En 1876, on a placé à Naples, sur la *Piazza di Fontana Medina*, une statue en marbre de Mercadante, due au sculpteur Tito Angelini.

MERCANTINI (LUIGI), compositeur italien, mort à Palerme au mois de novembre 1872, est l'auteur de l'*Hymne à Garibaldi*, composé par lui à l'époque du soulèvement et de la révolution suscités par ce grand patriote dans le royaume de Naples, et qui dut aux circonstances une vogue extraordinaire par toute l'Italie.

MERCÉ DE FONDEVILA (ALEJO), prêtre et compositeur espagnol, né à Lérida le

(1) Mercadante a écrit, en société avec Coppola, Donizetti, Pacini et Vaccaj, une cantate funèbre : *In morte di Maria Malibran*, qui fut exécutée à la Scala, de Milan, le 17 mars 1837.

5 janvier 1805, entra à l'âge de sept ans comme enfant de chœur à la cathédrale de cette ville et y reçut son éducation musicale, étudiant le solfége, l'orgue et la composition avec Jaime Nadal, Antonio Sambola, Juan Ariel, premier organiste de cette église, et Juan Prenafeta. Devenu plus tard organiste de l'église paroissiale Saint-Jean, il y reçut les quatre ordres mineurs; mais n'ayant pas réussi dans un concours auquel il avait pris part pour la place de maître de chapelle alors vacante à la cathédrale, il refusa un emploi du même genre qu'on lui offrait à Igualada pour aller se fixer à Madrid, où il arriva au commencement de l'année 1828. Là, il devint professeur de piano au collége impérial de San Isidro, tenu par les Jésuites, puis au collége royal des écoles pies de San Antonio, et à celui de San Ferdinando. Plus tard, il revint occuper à Lérida cet emploi de maître de chapelle de la cathédrale, qu'il n'avait pu obtenir naguère, et il en était encore en possession en 1867.

M. Mercé de Fondevila, compositeur très-fécond dans le genre religieux, n'a pas écrit moins de 300 œuvres de plus ou moins grande importance, soit avec orgue, soit avec orchestre. Parmi ces œuvres, on cite des messes de *Gloria* et de *Requiem*, des cantiques, répons, lamentations, hymnes, motets, etc.

* **MERCIER** (Jules), est mort à Dijon, sa ville natale, le 5 mars 1868. Ses compatriotes ont fait à cet artiste honorable des funérailles splendides, témoignant ainsi de l'estime que leur inspirait son caractère et son talent : trente-six sociétés musicales s'étaient fait représenter au cortége; deux des cordons du poêle étaient tenus par MM. Vieuxtemps et Félix Godefroid, de passage à Dijon; la fanfare de la ville exécutait un *Pie Jesu* de la composition du défunt, et, dans l'église, l'orchestre joua l'*andante* de la symphonie en *la* de Beethoven, dans lequel le grand violoniste M. Vieuxtemps ne dédaigna pas de tenir une partie de premier violon. Fondateur et président de la Société philharmonique de Dijon, Jules Mercier avait imprimé à la musique, dans sa ville natale, un mouvement très-considérable, et avait fait faire à l'art qu'il cultivait lui-même avec un vrai talent de grands et réels progrès.

MERCURI (Andreoni-Agostino), pianiste, organiste, chef d'orchestre et compositeur italien, est né le 2 août 1839 à Sant'Angelo in Vado, dans la province de Pesaro. Après avoir étudié d'abord avec un professeur nommé Giuseppe Menghetti, il se rendit à Naples en 1853, et fut admis au Conservatoire de cette ville, où il eut pour maîtres Russo, Parisi, Carlo Conti et Mercadante. Son éducation musicale terminée, il retourna à Sant'Angelo, y devint maître de chapelle de la cathédrale en même temps que directeur de la Société philharmonique et du Concert, et y fit représenter, en 1860, un opéra intitulé *Adello*, qui fut fort bien accueilli et bientôt reproduit sur plusieurs théâtres importants d'Italie. Appelé à représenter sa ville natale aux fêtes célébrées à Pesaro en l'honneur de Rossini (1864), il prit à l'exécution musicale une part effective, et se lia avec Pacini, Mabellini et Angelo Mariani. Devenu chef d'orchestre à Assise en 1865, maître de chapelle de la métropolitaine d'Urbino et *maestro concertatore* au théâtre de cette ville en 1867, second chef d'orchestre au théâtre Carlo Felice de Gênes en 1868, il fut mandé en 1871 à Urbino, à l'occasion du Centenaire de Raphaël, pour écrire l'*Hymne à Raphaël* et diriger l'exécution de la messe funèbre de Verchiotti. Presque aussitôt il fondait à Pérouse un nouvel Institut musical, où il était nommé professeur d'harmonie, de contre-point et de composition, et en 1872 il était chargé par le gouvernement de la petite république de Saint-Marin d'écrire l'opéra qui devait servir à l'inauguration du nouveau théâtre de cette ville; cet ouvrage était un drame lyrique en trois actes, intitulé *Adelinda*, qui fut représenté le 27 août 1872 avec un grand succès.

M. Mercuri, qui avait acquis une grande renommée comme chef d'orchestre, fut choisi, à la mort d'Angelo Mariani, pour succéder à ce grand artiste comme *maestro concertatore* du théâtre communal de Bologne, l'un des plus importants de toute l'Italie. Sur ces entrefaites, son opéra d'*Adelinda* ayant été donné à Ravenne et accueilli avec la plus grande faveur, l'éditeur Ricordi, de Milan, se rendit acquéreur de la partition et lui commanda aussitôt un nouvel ouvrage, *Romolo*, dont il lui fournit le livret. Cet ouvrage n'a pas encore été représenté, mais depuis lors le compositeur a donné à Cagli, le 12 septembre 1878, un opéra en 3 actes intitulé *il Violino del Diavolo*, qui, reçu favorablement en cette ville, a été reproduit avec succès, trois mois plus tard, au théâtre de la Pergola, de Florence. Le principal rôle de cet ouvrage était tenu par une artiste fort distinguée, Mme Carolina Ferni, qui y faisait briller son double talent de violoniste et de cantatrice. M. Mercuri a écrit plusieurs œuvres importantes de musique religieuse, ainsi que quelques mélodies vocales : *Fior d'erb'amara*, *Adina*, etc.

* **MÉREAUX** (Jean-Nicolas **LE FROID DE**). — Voici la liste complète, avec les dates précises de représentation, des ouvrages dramati-

ques de ce compositeur : 1° *la Ressource comique ou la Pièce à deux acteurs*, opéra-comique en 2 actes et un prologue, Comédie-Italienne, 22 août 1772; 2° *le Retour de tendresse*, un acte, Comédie-Italienne, 1er octobre 1774 ; 3° *le Duel comique*, 2 actes (musique de Paisiello, « rédigée et augmentée par M. de Méreaux, » dit la pièce imprimée), Comédie-Italienne, 16 septembre 1776; 4° *Laurette*, un acte, Comédie-Italienne, 23 juillet 1777; 5° *Alexandre aux Indes*, 3 actes, Opéra, 26 août 1783; 6° *Œdipe et Jocaste*, 3 actes, Opéra, 30 décembre 1791 ; 7° *Fabius*, 3 actes, Opéra, 9 août 1793. A ces ouvrages, il faut ajouter la musique d'une Ode sur la naissance du Dauphin, exécutée au Concert spirituel le 8 décembre 1781, et *Samson*, oratorio qui avait été entendu au même concert en avril 1774.

* **MÉREAUX** (Jean-Amédée **LE FROID DE**), connu sous le nom d'*Amédée Méreaux*, est mort à Rouen, le 25 avril 1874. Cet artiste extrêmement distingué avait publié en 1867 un ouvrage fort important : *les Clavecinistes, de 1637 à 1790, œuvres choisies classées dans leur ordre chronologique, revues, doigtées et accentuées, avec les agréments et ornements du temps traduits en toutes notes* (Paris, Heugel). Cette publication, dans laquelle on retrouvait des œuvres de Frescobaldi, Chambonnières, Louis et François Couperin, Purcell, J. S. Bach, Hændel, Marcello, Scarlatti, Rameau, etc., faisait le plus grand honneur à son auteur, et lui valut, l'année suivante, le ruban de chevalier de la Légion d'honneur. Méreaux, dont l'enseignement était très-recherché à Rouen, forma comme élèves pianistes Mme Tardieu de Malleville, MM. Émile Madoulé, Aloys Klein, etc., et comme compositeurs Malliot, MM. Dautresme, Camille Caron (*Voyez ces noms*), et d'autres encore.

Collaborateur pendant trente ans du *Journal de Rouen* pour la partie musicale, Méreaux fournissait aussi d'assez nombreux articles au *Moniteur universel*. Il a publié divers écrits peu importants sur la musique : 1° *Biographies musicales : Labarre, de Bériot, Moscheles, Stamaty. Les écoles de la harpe, du violon et du piano au XIXe siècle*, s. l. n. d. (Rouen, impr. Brière, in-12 de 28 p.); 2° *Biographies musicales : Fétis, Auber, Thalberg, Kellerer, Perelli*, s. l. n. d. (Rouen, impr. Brière, in-12 de 31 p.); 3° *Esquisse de l'histoire du chant en France*, s. l. n. d. (Rouen, impr. Brière, in-12 de 24 p.). Il faut encore citer, parmi les publications littéraires de Méreaux, son discours de réception à l'Académie des belles-lettres, sciences et arts de Rouen (Rouen, 1858, in-8°), discours qui avait tout naturellement la musique pour sujet; la série des trois discours prononcés par lui comme président de cette Académie (Rouen, 1865, in-8°); enfin, son rapport sur les médailles d'honneur décernées par la même compagnie (Rouen, 1866, in-8°). On trouve dans ce dernier des renseignements intéressants sur un artiste fort distingué, M. Vaucorbeil (*Voy.* ce nom), né à Rouen. Ces divers écrits, et d'autres encore, ont été réunis par la veuve de Méreaux, et publiés en un volume qui a paru récemment sous ce titre : *Variétés littéraires et musicales, pages d'histoire, critique, portraits à la plume, discours*, précédées d'une notice biographique par Marmontel, Paris, Lévy, 1878, in-12.

* **MÉRIC-LALANDE** (Henriette-Clémentine). — *Voyez* **LALANDE.**

MÉRIEL (Paul), compositeur, directeur du Conservatoire de Toulouse, est né à Mondoubleau (Loir-et-Cher), le 4 janvier 1818. Issu d'une famille de comédiens de province très-estimée au théâtre, il ébaucha ses études musicales au milieu des voyages qu'il faisait avec les siens, et eut plus tard pour professeurs deux artistes italiens : Alessandro Napoleone à Lisbonne, et Somma à Perpignan. Devenu second chef d'orchestre au théâtre d'Amiens, il fit représenter en cette ville un petit opéra-comique intitulé *Cornelius l'Argentier*, puis continua de parcourir la province comme chef d'orchestre, résida un instant à Avignon, et enfin, en 1847, se fixa à Toulouse, où il se livra à l'enseignement et à la composition. Il y fit exécuter une grande symphonie, *le Tasse*, un oratorio dramatique qui avait pour titre *Caïn*, un certain nombre de morceaux de musique de chambre, et enfin produisit au théâtre du Capitole un grand opéra en quatre actes et cinq tableaux, *l'Armorique*, dont il avait écrit les paroles et la musique. C'est à la suite de ces travaux, qui avaient été favorablement accueillis par le public, que M. Mériel fut placé à la tête du Conservatoire de Toulouse, où sa femme, Mme Mériel, devint titulaire d'une classe de piano pour les demoiselles. M. Paul Mériel a été nommé, il y a quelques années, chevalier de la Légion d'honneur, et il a fait représenter à Toulouse, au mois d'avril 1877, un dernier ouvrage, *les Précieuses ridicules*, opéra-comique en un acte tiré de la comédie de Molière.

MERKEL (Gustave-Adolphe), organiste et compositeur allemand distingué, est né à Oberoderwitz (Saxe) en 1827. Doué de dispositions remarquables pour la musique, il alla faire ses études à Dresde, où il devint l'élève de Julius Otto pour la composition, et, pour l'orgue, de

Jean-Gottlob Schneider, organiste de la cour. Il acquit, sous la direction de ces deux hommes distingués, un talent véritable, se livra ensuite à l'enseignement et à la pratique de son art, et se fit remarquer par son habileté comme organiste et sa fécondité comme compositeur. Devenu organiste de l'église de la cour, il occupe aussi aujourd'hui les fonctions de professeur au Conservatoire de cette ville.

Les compositions de M. Gustave Merkel s'élèvent au chiffre de plus de cent œuvres publiées. Dans le nombre, on distingue des sonates, fantaisies et fugues, préludes, chorals pour orgue, des sonates et pièces de concert pour piano, des motets et divers morceaux de musique religieuse, enfin un assez grand nombre de *lieder* aves accompagnement de piano et de violoncelle, etc.

Un jeune artiste du même nom, M. *Jules Merkel*, violoncelliste et compositeur pour son instrument, a publié dans ces derniers temps quelques morceaux pour violoncelle avec accompagnement de piano.

MERLIN (Maria de las Mercedes, comtesse), cantatrice amateur d'un grand talent, connue par son admiration affectueuse pour la Malibran, naquit à la Havane le 5 février 1789, et mourut à Paris le 31 mars 1852. Fille d'un grand d'Espagne, le comte de Mopox de San-Juan de Jaruco, et nièce du général O'Farill, qui fut ministre de la guerre, elle épousa en 1811, à Madrid, le général comte Merlin, frère du conventionnel Merlin de Thionville et alors capitaine général de la garde du roi Joseph, et le suivit en 1814 à Paris, qu'elle ne quitta pour ainsi dire plus jusqu'à sa mort. « Son rang et sa position, dit un de ses biographes, lui ouvraient tous les salons de la capitale; sa jeunesse, sa beauté, la placèrent promptement au premier rang. Musicienne de premier ordre, esprit distingué et aimable, la comtesse Merlin accueillait tout le monde avec une grâce sans pareille. Les artistes, les hommes de lettres, les savants, les hommes politiques, sans distinction de partis, se pressaient dans ses réunions, où l'on ne rencontrait qu'un monde d'élite. Bientôt, mettant son talent et son influence au service du malheur, elle organisa à Paris des concerts de bienfaisance donnés exclusivement par des amateurs. En 1825, elle chantait à Genève lors d'un voyage qu'elle fit en Suisse, dans un grand concert organisé au bénéfice des Grecs et qui produisit plus de 30,000 francs. Elle en organisa d'autres sur une grande échelle au profit des Polonais après l'insurrection de 1831, au profit des Lyonnais à la suite des désastres causés par l'inondation du Rhône, au profit des victimes du tremblement de terre de la Martinique. En même temps, elle patronnait de son nom et de son influence les artistes à leur début, parmi lesquels nous citerons la Grisi et Mario, qu'elle présenta au directeur de l'Opéra. »

La comtesse Merlin, dont l'intelligence était singulièrement vive et qui avait le sentiment de tous les arts, était douée de véritables facultés littéraires. Elle publia divers écrits qui furent accueillis avec une rare faveur; l'un des plus importants est celui qu'elle donna sous ce titre : *les Loisirs d'une femme du monde* (Paris, Ladvocat, 1838, 2 vol. in-8°). Elle avait beaucoup connu la Malibran, pour laquelle elle éprouvait une affection profonde, et cet ouvrage fut comme une sorte d'hommage rendu par elle à cette noble artiste, car le premier volume tout entier et 144 pages du second étaient consacrés à retracer son histoire, en même temps que son portrait se trouvait en tête, portant seulement son nom : *Maria*. Quelques années plus tard, Mme la comtesse Merlin reproduisit cet écrit sous le nouveau titre de *Lola et Maria* (Paris, de Potter, 1845, 2 vol. in-8°). Une contrefaçon belge en avait été faite dès l'année de sa publication (Bruxelles, Wahlen, 1838, 2 vol. in-12).

MERMET (Auguste), compositeur, né vers 1815, est issu d'une famille de militaires; son père et un de ses oncles furent généraux sous le premier empire. Il s'occupa de musique d'abord en amateur, et commença par étudier la flûte. Plus tard, il voulut travailler la composition, et prit, dit-on, des leçons de Lesueur et d'Halévy. Destiné par son père à la carrière militaire et ayant préparé dans ce but les études qui devaient le mener à l'École polytechnique, il abandonna tout pour se livrer à son goût pour la musique. Fort jeune encore, il écrivit, sur un poëme de Carmouche, *la Bannière du Roi*, la musique d'un petit opéra-comique qu'il fit jouer sur le théâtre de Versailles; puis, ayant obtenu de Soumet qu'il transformât pour lui, en un livret de drame lyrique, sa tragédie de *Saül*, il composa la partition de cet ouvrage, et, plus heureux que bien d'autres, réussit à le faire recevoir à l'Opéra, où il fut représenté sous ce titre : *le Roi David*, en 1846.

Le Roi David, dont le rôle principal était pourtant joué par Mme Stolz, n'obtint qu'un médiocre succès (1). M. Mermet conçut alors le projet d'é-

(1) Le baron de Peellaert, auteur et compositeur dramatique, mort il y a quelques années, et qui était le parent de M. Mermet, a écrit ceci au sujet de cet ouvrage : — « *Le Roi David* fut joué le 3 juin 1846 et n'obtint que peu de représentations, quoique Mme Stoltz y remplissait

crire le poëme et la musique d'un opéra héroïque et national, et, choisissant pour sujet la légende de Roland, il composa son *Roland à Roncevaux*, grand opéra en cinq actes qu'il présenta, aussitôt achevé, à l'administration de notre première scène lyrique. Peu heureux dans ses premières démarches, mais doué d'une patience à toute épreuve, il ne se laissa pas rebuter par les refus, et attendit pendant plus de quinze ans une circonstance favorable, mettant à profit ses loisirs pour tracer le livret et la partition d'un ouvrage d'un tout autre genre, *Pierrot pendu*, opéra-bouffe en un acte qui jusqu'ici n'a pas été représenté. Enfin, faisant intervenir de puissantes influences, M. Mermet finit par obtenir la mise à l'étude de *Roland à Roncevaux*, et l'Opéra en donna la première représentation le 3 octobre 1864.

Cet ouvrage obtint un succès auquel personne ne s'attendait, et qui peut à bien des égards paraître surprenant. La critique se montra singulièrement bienveillante à son sujet, et le public s'enthousiasma presque pour une production qui ne méritait assurément pas la faveur dont elle fut un instant l'objet. Il est certain que *Roland à Roncevaux* est une œuvre médiocre au point de vue musical, que la structure des morceaux en est très-faible, que les harmonies sont lâches et sans consistance, que l'instrumentation, absolument élémentaire, est bruyante sans être sonore, lourde et sans saveur. Mais, d'autre part, le sujet du poëme séduisait les spectateurs, un certain caractère martial animait quelques morceaux de la partition, et l'on sentait par endroits une sorte d'élan et de souffle patriotique, comme dans le trio du second acte et dans ce qu'on a appelé « la Marseillaise de *Roland* ». Quoi qu'il en soit, l'œuvre était débile, et, lorsque le premier feu fut passé, on vit bien qu'elle n'était pas née viable. Elle n'en obtint pas moins plus de soixante représentations ; mais lorsqu'on voulut la reprendre après deux ou trois ans, l'effet en fut déplorable.

Cependant M. Mermet, croyant avoir trouvé sa veine, s'occupa aussitôt d'un second ouvrage conçu dans le même esprit, c'est-à-dire dans un esprit chevaleresque et patriotique, et, voulant continuer d'être tout à la fois son poëte et son musicien, mit au jour le livret et la musique d'un nouvel opéra en cinq actes, *Jeanne d'Arc*, qu'il fit recevoir à l'Opéra et qui était à l'étude lorsque ce théâtre fut détruit par l'incendie de 1873. Cet événement ne fit pourtant qu'en retarder l'apparition, et *Jeanne d'Arc* fut représentée le 5 avril 1876. Mais cette fois, et malgré les splendeurs d'une mise en scène merveilleuse, malgré le talent des deux principaux interprètes, qui n'étaient autres que M. Faure et Mlle Krauss, la faiblesse misérable de l'œuvre était telle qu'elle ne put se soutenir au delà de douze ou quinze représentations. Tout porte à croire que la carrière active du compositeur aura pris fin par cet échec retentissant.

M. Mermet a été nommé chevalier de la Légion d'honneur en 1865.

(sic) avec talent le rôle de David. La musique parut originale, mais d'un auteur tout à fait inexpérimenté; quelques airs de danse y furent ajoutés par un de ses amis, musicien de l'orchestre. Il put à peine assister aux répétitions, parce que l'ouvrage n'était pas entièrement orchestré, et de là mille bruits sur le compte de l'auteur tendant à faire croire qu'il n'avait pas seul composé cet opéra » (A. DE PEELLAERT, *Cinquante ans de souvenirs recueillis en 1866*, t. I, p. 160)

MERTENS (JOSEPH), compositeur et violoniste belge, est né le 17 février 1834 à Anvers, où il remplit les fonctions de professeur de violon au Conservatoire, après avoir, pendant plusieurs années, occupé le poste de premier violon au théâtre royal. M. Mertens s'est fait connaître d'abord par la publication de six romances sans paroles pour le piano, d'un album de six mélodies vocales, et de quelques morceaux de genre. Il a songé ensuite à se produire à la scène, et dans ces dernières années a fait représenter les ouvrages suivants, tous écrits sur paroles flamandes : 1° *De Vrijer in de strop*, opéra-comique en un acte, Anvers, 18 mars 1866 ; 2° *De Vergissing* (la Méprise), opéra-comique en un acte, Anvers, 6 janvier 1869 ; 3° *l'Egoïste*, id., Anvers, 1873; 4° *Thécla*, opéra-comique en un acte, Anvers, 21 janvier 1874 ; 5° *Liederik l'intendant*, opéra flamand en 3 actes, Anvers, août 1875 ; 6° *De Zwarte Kapitein* (le Capitaine noir), opéra flamand en 3 actes, la Haye, 12 mai 1877 ; 7° *les Trois Étudiants*, un acte ; 8° *le Vin, le jeu et le tabac*, un acte; 9° *le Capitaine Robert*, un acte ; 10° *les Évincées*, un acte. Ces divers ouvrages, tout en péchant un peu du côté de l'originalité, sont fort estimables et ont été très-bien accueillis. Au mois de décembre 1867, M. Mertens avait fait exécuter à Boom un oratorio intitulé *l'Angelus*. Cet artiste a publié un assez grand nombre de compositions de divers genres, consistant en chœurs religieux, romances, pièces symphoniques et morceaux pour divers instruments.

MERTKE (........), compositeur allemand, est l'auteur d'un opéra en deux actes, intitulé *Lisa ou le Langage du cœur*, qui a été représenté le 24 janvier 1872 sur le théâtre de Mannheim, et dont il avait écrit les paroles et la musique.

* **MERULO** (CLAUDE). — Une notice historique a été publiée, il y a quelques années, sur cet artiste célèbre : *Claudio Merulo....., discorso*

biografico, par M. Quirino Bigi, Parme, 1861.

MERVILLE (PIERRE-FRANÇOIS **CAMUS**, dit), auteur dramatique, né à Pontoise le 20 avril 1783, a eu, avec Coupart, une part de rédaction dans l'*Almanach des Spectacles* publié par le libraire Barba de 1822 à 1838.

MÉSENGE (PIERRE), chanoine à la cathédrale de Rouen, où il était l'un des artistes favoris du cardinal Georges Ier d'Amboise, fut maître des enfants de chœur de cette église en 1504. La cathédrale possédait déjà un grand et un petit orgue; Pierre Mésenge fit construire à ses frais un troisième jeu d'orgue d'une grande beauté, dont il fit don au chapitre, et que celui-ci fit installer au sommet du jubé.

MESSAGER (ANDRÉ), compositeur et organiste français, a fait ses études à l'École de musique religieuse de Paris, où il a été l'élève de M. Camille Saint-Saëns. Il a remporté, en 1876, le premier prix au concours ouvert par la Société des compositeurs pour la composition d'une symphonie à grand orchestre, et cette œuvre intéressante, exécutée le 20 janvier 1878 aux concerts du Châtelet, a été accueillie favorablement. En 1877, M. Messager a pris part à un nouveau concours ouvert par la Société académique de Saint-Quentin pour la composition d'une cantate à 3 voix, *Don Juan et Haydée;* il a obtenu cette fois le second prix. Le même artiste a fait entendre à la Société nationale de musique quelques mélodies vocales, et il a fait représenter aux Folies-Bergère deux petits ballets, dont l'un intitulé *les Vins de France* (1879). Il est aujourd'hui organiste à l'église Saint-Paul.

* **MESSAUS** (GEORGE). — On doit à cet artiste un recueil important de chants religieux pour les principales fêtes de l'année, qui fut publié à Anvers en 1635, et qui ne comprend pas moins de vingt-huit morceaux. Voici le titre de cet ouvrage, dédié à Claude de Hennin, seigneur de Corionville, musicien distingué lui-même et protecteur de George Messaus, par lequel nous apprenons que celui-ci était maître de chant de l'église paroissiale de Sainte-Walburge, à Anvers : *Cantiones sacræ præcipuis anni festis accomodatæ, octo vocum, cum missa maiali, a II, tam vocibus quam instrumentis, cum basso continuo ad organum, auctore Guilielmo Messaus, phonasco ecclesiæ parochialis S. Walburgis, Antverpiæ* (Anvers, chez les héritiers de Pierre Phalèse, 1635, in-4°) (1).

(1) Ce titre est reproduit d'après l'ouvrage de M. Edmond Vander Straeten, *la Musique aux Pays-Bas*. On voit que le prénom du musicien est ici Guillaume, au lieu de George. Peut-être s'appelait-il Guillaume-George, et prenait-il tantôt l'un, tantôt l'autre de ces prénoms.

* **MESSEMACKERS** (HENRI), est mort à Schaerbeck-lez-Bruxelles *le 25 décembre 1864*.

* **METHFESSEL** (ALBERT-THÉOPHILE), est mort à Brunswick, au mois de mars 1869.

METHFESSEL (ALBERT), compositeur et chef d'orchestre, qui s'était acquis une grande réputation par la composition de nombreux *lieder*, naquit dans les premières années de ce siècle. Il est mort à Berne, le 19 novembre 1878, à l'âge de 72 ans.

METON (VALENTIN), organiste et compositeur espagnol, naquit à Tafalla, le 16 décembre 1810. Placé comme enfant de chœur à la cathédrale de Saragosse, il y apprit le solfége, l'orgue et la composition. En 1833, il devint, à la suite d'un concours, organiste de l'église de Notre-Dame del Pilar, de Saragosse, et conserva cet emploi pendant vingt-sept ans, c'est-à-dire jusqu'à sa mort, arrivée le 8 septembre 1860. Meton était considéré comme un organiste distingué. Il a écrit de nombreuses compositions religieuses.

MÉTRA (JULES-LOUIS-OLIVIER), compositeur et chef d'orchestre français, est né à Reims le 2 juin 1830. Son père, qui avait fait son droit, était devenu comédien et avait joué la tragédie avec Mlle Duchesnois dans les tournées que cette célèbre actrice faisait en province. C'est à cela que l'enfant dut l'occasion de monter, lui aussi, sur la scène, et de jouer le rôle de Joas dans *Athalie*. Un peu plus tard, en 1842, il entra à Paris dans la troupe du petit théâtre Comte (devenu plus tard les Bouffes-Parisiens), laquelle, on le sait, était presque exclusivement composée d'enfants. C'est là qu'il fit la connaissance d'Edmond Roche (*Voy.* ce nom), attaché à l'orchestre de ce théâtre, et qu'il reçut de lui ses premières leçons de musique. M. Métra fit ensuite partie des orchestres de divers petits théâtres, où il jouait tantôt le violon, tantôt le violoncelle, tantôt la contre-basse.

Admis au Conservatoire, le 10 janvier 1849, dans la classe d'harmonie d'Elwart, il obtenait un second accessit au concours de 1852, le premier accessit l'année suivante, et le premier prix en 1854. Il passa ensuite quelque temps dans la classe de composition de M. Ambroise Thomas, puis bientôt quitta l'école. Devenu, peu de temps après, chef d'orchestre au théâtre Beaumarchais, il publiait en 1856 sa première valse à succès, *le Tour du monde*, qui était exécutée au jardin Mabille.

Successivement chef d'orchestre au bal Robert (boulevart Rochechouart), à Mabille, au Château-des-Fleurs, puis à l'Athénée musical (aujourd'hui théâtre Cluny), à l'Élysée-Montmartre et au

Casino-Cadet, M. Olivier Métra se livra avec ardeur à la composition de la musique de danse, écrivit en ce genre de nombreux morceaux : quadrilles, polkas, rédowas, etc., et sut rapidement se faire une réputation par la grâce, l'élégance et l'originalité dont ses valses surtout étaient empreintes ; on peut citer de lui telles de ces valses qui sont de véritables bijoux : *Espérance*, *le Soir*, *Mélancolie*, *Gambrinus*, *la Rêveuse*, *l'Italie*, *l'Orient*, *le Tour du monde*, *la Nuit*, *Sérénade espagnole*, *Fascination*, *les Faunes*, etc. ; mais parmi celles qui ont obtenu le plus de succès, il faut nommer surtout *la Vague* et *les Roses*, dont il s'est vendu des milliers d'exemplaires et qui ont rendu populaire le nom de leur auteur. On peut signaler aussi, parmi ses mazurkas, *Bohémienne*, *le Rhin*, *Souvenir du bal*, *la Neva*, *Saint-Pétersbourg*, *Johannisberg* ; et pour ses quadrilles, *la Poste aux Amours*, *le Singe vert*, *Coquelicot*, *Mimi Printemps*, *les Ombres chinoises*, *Saphir*, etc.

Au bout de quelques années, M. Métra fut placé à la tête de l'orchestre du bal Frascati, et là, avec les ressources que lui offrait cet orchestre pour les effets d'instrumentation, il put donner la juste mesure de sa valeur dans le genre adopté par lui, et vit grandir d'autant sa réputation. Lorsque, dans ces dernières années, l'Opéra-Comique songea à donner des bals masqués, ce fut M. Métra qui fut choisi pour en diriger l'orchestre. A peu près dans le même temps, il devenait chef d'orchestre du spectacle des Folies-Bergère, et là, pendant plusieurs années, il écrivit la musique de la plupart des opérettes et divertissements dansés, tous en un acte, qui étaient donnés à ce théâtre. Voici une liste de ces petits ouvrages, assez étendue, mais que pourtant je ne donne pas pour complète, car le nombre total des divertissements de M. Métra s'élève au chiffre de trente-quatre : *le Valet de chambre de Madame*, opérette, 1872 ; *Clown-Ballet*, divertissement, 1873 ; *Champagne-Ballet*, id., 1873 ; *le Baptême des tropiques*, id., 1873 ; *les Femmes de feu*, id., 1874 ; *un Jour d'orage*, opérette, 1874 ; *la Posada*, divertissement, 1876 ; *la Noce bohème*, id., 1876 ; *les Faunes*, id., 1876 ; *les Fiancés du Béarn*, id., 1876 ; *une Nuit vénitienne*, id., 1877 ; *Fouchtra !* id., 1877 ; *Échec et mat*, id., 1877 ; *Aux Porcherons*, id., 1877.

A la fin de l'année 1877, M. Métra, qui venait de diriger pendant deux années (1874 et 1876) les bals du théâtre de la Monnaie, de Bruxelles, quitta la situation qu'il occupait aux Folies-Bergère. Il est aujourd'hui chef d'orchestre des bals de l'Opéra. La plupart des nombreux et élégants morceaux de musique de danse écrits par cet artiste ont été publiés par l'éditeur de M. Gérard. On lui doit aussi quelques romances et mélodies vocales. Aux petits ouvrages scéniques qui ont été mentionnés ci-dessus, il faut ajouter *Robinson Crusoé*, ballet-pantomime représenté aux Folies-Nouvelles vers 1857, et *les Almées*, divertissement donné au Cirque d'été en 1877. La dernière et la plus importante des œuvres du compositeur est la musique d'un ballet en 3 actes, *Yedda*, qui a été représenté à l'Opéra le 17 janvier 1879.

METTENLEITER (DOMINIQUE), prêtre et écrivain sur la musique, était frère de Jean-Georges Mettenleiter (dont la notice se trouve au tome IV de la *Biographie universelle des Musiciens*). Né le 22 mai 1822, il reçut une bonne éducation littéraire et artistique, entra dans les ordres, et, devenu prêtre, s'occupa très-activement de la réforme de la musique dans les églises. Il a publié une *Histoire de la musique de la ville de Ratisbonne* (1866), et une *Histoire de la musique du Haut-Palatinat* (1867). Ces deux écrits devaient entrer dans la composition d'un ouvrage plus considérable, que Mettenleiter préparait sous ce titre : *Histoire de la musique d'église en Bavière* ; mais il n'eut pas le temps de publier ce dernier, car il mourut le 2 mai 1868.

METTENLEITER (JOHANN-MICHEL), violoniste et organiste allemand, n'appartenait pas à la même famille que le précédent. Directeur de la chapelle du prince de la Tour et Taxis, il a laissé de nombreuses compositions de divers genres. Cet artiste est mort à Waltersten le 11 février 1859.

METTENLEITER (BERNARD), artiste allemand contemporain, s'est fait connaître par quelques compositions. Je n'ai pu recueillir aucun renseignement sur sa personne ou sur sa carrière.

METZDORFF (RICHARD), compositeur allemand contemporain, fils d'un musicien de chambre qui est, je crois, professeur au Conservatoire de Saint-Pétersbourg, est né à Dantzig. Il a fait ses études avec MM. Dehn et Fl. Geyer à Berlin, et les a terminées à Saint-Pétersbourg, sous la direction de M. H. Stiehl. M. Metzdorff s'est fait connaître en ces dernières années par la publication et la production d'un nombre considérable d'œuvres intéressantes, soit instrumentales, soit vocales, qui ont été bien accueillies du public. Parmi ses compositions, je citerai les suivantes : 1re symphonie pour orchestre, op. 16 (Brunswick, Litolff) ; *Frau Alice*, ballade pour contralto solo et chœur, avec accompagnement d'orchestre, op. 22; Rêverie (*Phantasiestück*) pour orchestre; Caprice pour piano, op. 26; trios pour piano et instruments à cordes; sonates pour piano; *Schlummerlieder*, 3 morceaux de chant, op. 30; Valse-impromptu pour piano, op. 33 (Brunswick, Bauer); Quintette pour piano, 2 violons, alto et violoncelle, op. 35 (id., id.); 3 *Lieder* avec piano, op. 36 (id., id.); 3 *Lieder* avec piano, op. 37 (id., id.); 3 *Lieder* avec piano, op. 39 (id., id.); *Metzdorff-Album*, recueil de chant (Brunswick, Litolff). M. Metzdorff, qui, je crois, est fixé depuis plusieurs années à Brunswick, a abordé une fois la scène; il a fait représenter sur le théâtre de Weimar, en 1876, un opéra-comique en 4 actes intitulé *Rosamunda*.

MEYER-DUSTMANN (Louise), une des meilleures et des plus célèbres chanteuses d'opéra et de concert de l'Allemagne, est née en 1832 à Aachen, reçut de sa mère ses premières leçons de chant, et débuta à Vienne en 1848, au théâtre Josephstadt. Appelée ensuite à Cassel, elle se perfectionna dans l'art du chant dramatique sous la direction du célèbre Spohr. A l'expiration de son engagement en cette ville, elle se fit entendre à Prague, puis fut engagée à l'Opéra impérial de Vienne (1856), où elle acquit le plus haut degré de sa renommée comme première chanteuse dramatique. Elle prit congé du public après vingt ans de service, en 1876, et se retira avec une pension et le titre de cantatrice de la cour. Depuis lors elle s'occupe de fonder à Vienne une école de chant.

La voix de Mme Meyer-Dustmann était un soprano sonore d'une puissance rare, avec un timbre argentin et plein de brillant dans le médium. Cette grande artiste chantait avec une vérité d'expression touchante, avec une inspiration véritable, les rôles d'Iphigénie, d'Armide, de Jessonda, de donna Anna (*Don Juan*), d'Euryanthe, de Valentine (*les Huguenots*), de Marguerite (*Faust*), d'Elsa (*Lohengrin*), d'Élisabeth (*Tannhäuser*), d'Ève (*les Maîtres chanteurs*). Mais elle était surtout supérieure dans *Fidelio*, qu'elle jouait et chantait d'une façon incomparable. En dehors du théâtre, Mme Meyer-Dustmann n'avait pas son égale pour l'exécution des *lieder*, et elle était admirable dans l'oratorio. J. B.

MEYER-OLBERSLEBEN (J........), pianiste et compositeur allemand contemporain, s'est fait connaître par plusieurs productions que l'on dit intéressantes, et parmi lesquelles je citerai un grand concerto de piano et un trio en *mi* majeur pour piano, violon et violoncelle. Je n'ai pas d'autres renseignements sur cet artiste.

* **MEYERBEER** (Jacques-Liebmann BEER, connu sous le nom de), né à Berlin le 23 septembre 1791 (1), est mort à Paris le 2 mai 1864. Je n'ajouterai que quelques renseignements à la remarquable notice dont cet artiste immortel a été l'objet dans la *Biographie universelle des Musiciens*, et je constaterai d'abord que la dernière grande œuvre du maître, celle dont il s'occupait dès avant *le Prophète*, mais qu'il ne voulut jamais laisser jouer de son vivant parce qu'il ne trouvait pas d'interprètes à sa convenance, *l'Africaine* enfin, fut représentée à l'Opéra un an après sa mort, le 28 avril 1865. Les artistes qui prirent part à l'exécution de cet ouvrage, dont le succès ne fut pas inférieur à celui de ses aînés, sont MM. Naudin (engagé spécialement à cet effet), Faure, David, Warot, Castelmary, Obin, Mmes Marie Sax et Marie Battu.

La liste des œuvres du maître se complète de la façon suivante : Musique dramatique : 1° *l'Africaine*, grand opéra en 5 actes, Opéra, 28 avril 1865 (la partition de cet ouvrage a été publiée par l'éditeur M. Brandus, qui a publié une « deuxième partie, précédée d'une préface de M. Fétis et contenant 22 morceaux et fragments inédits, qui n'ont pas été exécutés à la représentation de l'Opéra à Paris »); 2° Introduction, sérénade et entr'acte pour *Murillo*, drame représenté à la Comédie-Française en 1853. — Cantates et chœurs : *Cantate* pour ténor solo et chœur, composée à l'occasion du festival donné à Paris, le 10 novembre 1859, pour la célébration du 100e anniversaire de la naissance de Schiller; *Nice*, cantate, hommage pour l'anniversaire de S. A. I. Mme la grande-duchesse Stéphanie de Bade; *A la patrie*, *Invocation à la terre natale*, *les Joyeux Chasseurs*, *le Chant des Exilés*, chœurs pour voix d'hommes. — Musique religieuse : *Chant tiré de l'Imitation de Jésus-Christ*. — Mélodies (avec accompagnement de piano) : *Confidence*, *le Revenant du vieux château de Bade*, *la Nonna*. — Musique ins-

(1) La date du 5 septembre 1794, donnée dans la *Biographie universelle des Musiciens*, provient d'une fausse rectification. Le jour même de la mort du maître (2 mai 1864), on écrivait de Berlin à la *Revue et Gazette musicale de Paris* : — « La nouvelle arrivée aujourd'hui par le télégraphe de la mort de Meyerbeer a produit dans notre ville, où il est né, une douloureuse sensation. D'après les registres de la commune israélite, le célèbre compositeur est né le 23 septembre 1791, et non en 1794, comme l'annoncent la plupart des biographes du maître. » D'ailleurs, les lettres de faire part adressées par la famille portaient qu'il était « décédé à Paris, le 2 mai 1864, à l'âge de *soixante-douze ans*. »

TRUMENTALE : 1° *Quatrième marche aux flambeaux*, pour orchestre militaire; 2° *Schiller-Marsch*, composée et exécutée à Paris pour le festival organisé à l'occasion de l'anniversaire séculaire de la naissance de Schiller; 3° *Marche du Couronnement*, pour deux orchestres, exécutée à Kœnigsberg, en 1861, pour le sacre du roi de Prusse Guillaume Ier; 4° *Ouverture* en forme de marche, exécutée à la séance inaugurale de l'Exposition universelle de Londres, en 1862. — Parmi les compositions de Meyerbeer restées inédites, je n'ai connaissance que des suivantes : Chœurs et intermèdes d'orchestre pour *les Euménides*, tragédie d'Eschyle; Entr'acte (en *ré* majeur) pour deux violons, alto, flûtes, hautbois, clarinettes, bassons, cors et basses (morceau magnifique, dit-on, thématique, et fondé sur un dessin de trois notes) ; 20 mélodies pour les romances du roman *Schwarzwalderdorf-Geschichten* (Histoire de village dans la Forêt-Noire), d'Auerbach; 18 *canzonette* de Métastase; plusieurs *lieder*, écrits à Berlin pour une pièce de Mme Birch-Pfeiffer; Variations pour piano, sur une marche originale; Symphonie concertante pour piano et violon, avec accompagnement d'orchestre (1).

Les écrits suivants ont été publiés sur Meyerbeer : 1° *Meyerbeer*, par Eugène (Jacquot) de Mirecourt, Paris, Roret, 1854, in-32 ; 2° *Meyerbeer, notes biographiques*, par Arthur Pougin, Paris, Tresse, 1864, in-12 de 50 p.; 3° *Meyerbeer, sa vie et le catalogue de ses œuvres*, par Albert de Lasalle, Paris, Dentu, 1864, in-16 ; 4° *La Muse de l'harmonie à Meyerbeer*, strophes, par Albert Maurin, Paris, Dentu, 1864, in-8° de 16 p.; 5° *Éloge de Meyerbeer*, par M. Beulé, Paris, Firmin-Didot, 1865, in-4° (et Didier, 1865, in-8°); 6° *Meyerbeer, sa vie, ses œuvres et son temps*, par Henri Blaze de Bury, Paris, Heugel, 1865, in-8° avec portrait et autographes (et Michel Lévy, in-12) ; 7° *Meyerbeer et son œuvre, Haydn, Mozart, Beethoven, Rossini, les Concerts populaires, Thérésa*, lettres d'un campagnard à propos de *l'Africaine*, par Rustique Froment, Paris, Faure, s. d. (1866), in-8° carré ; 8° *Meyerbeer*, poëme, par Jourdan de Seule, Arras, Brissy, 1866, in 8°; 9° *Stances à Meyerbeer*, par G. Romieux, la Rochelle, Siret, 1866, in-8° ; 10° *Giacomo Meyerbeer, eine biographie*, par Hermann Mendel, Berlin, Heimann, 1868 ; 11° *Giacomo Meyerbeer, sein leben und seine werke* (*Giacomo Meyerbeer, sa vie et ses œuvres*), par Hermann Mendel, Berlin, Leisser, 1869 ; 12° *los Despojos de « la Africana »* (les Débris de *l'Africaine*), par Antonio Peña y Goñi, Madrid, Medina, s. d., in-12. (Cet écrit intéressant est une analyse des morceaux de *l'Africaine* qui ont été retranchés avant la représentation, et dont, ainsi qu'on l'a vu plus haut, les éditeurs ont fait une publication particulière sous ce titre : *Deuxième partie de « l'Africaine »*.) On peut encore consulter, au sujet de Meyerbeer, les articles suivants, parus dans divers recueils : *Jacomo Meyerbeer*, par Joseph d'Ortigue (*Revue de Paris*, 1831) ; *M. Meyerbeer*, par Léon Kreutzer (*Revue contemporaine*, 1853) ; *Meyerbeer*, par H. Blaze de Bury (*Correspondant*, 1864) ; *Giacomo Meyerbeer*, par le baron Ernouf (*Revue contemporaine*, 1864) ; *la Vérité sur Meyerbeer à propos de « l'Africaine »*, par Joseph d'Ortigue (*le Correspondant*, 25 juin 1865) ; *Meyerbeer pianiste et compositeur de musique religieuse*, par Maurice Cristal (*le Correspondant*, 10 octobre 1868).

MEYROOS (H. A.), violoniste, né à Enkhuizen en 1830, est un élève de J. B. van Bree et a fini ses études au Conservatoire de musique de Leipsick. Depuis 1862 il est maître de chapelle des concerts philharmoniques à Arnhem. M. Meyroos a publié quelques compositions de peu d'importance. ED. DE H.

MÉZERAY (LOUIS-CHARLES-LAZARE **COSTARD DE**), compositeur et chef d'orchestre, né à Brunswick, ville hanséatique, le 25 novembre 1810, est le fils d'un employé dans l'administration française, du nom de Costard. Après les événements de 1814, le duc de Brunswick ayant été tué, M. Costard resta sans emploi. Rentré en France sous la Restauration, il résolut avec sa femme de tirer parti des talents musicaux qu'ils possédaient tous deux. Ils s'engagèrent au théâtre de Strasbourg, le mari comme première basse-taille, la femme comme première duègne, et prirent pour nom de théâtre celui de Mézeray, qu'avait porté jadis le grand-père maternel de M. Costard, M. de Mézeray, receveur des tailles à Montargis.

Le jeune Costard-Mézeray manifesta, dès son enfance, des dispositions particulières pour la musique; mais d'une complexion fort délicate,

(1) Il faut mentionner encore une prière et une scène ajoutées à la partition de *Robert le Diable*, lorsque M. Mario chanta la traduction italienne de cet ouvrage, et un rondo ajouté pour Mme Alboni à la traduction italienne des *Huguenots*; ces morceaux ont été publiés par l'éditeur M. Brandus, ainsi que trois airs de ballet récemment ajoutés à ce dernier ouvrage et restés inédits jusqu'à ces dernières années.

Je rectifie ou je complète ici les dates de représentation de trois opéras de Meyerbeer : *Romilda e Costanza*, 19 juillet 1818 ; *Emma di Resburgo*, 1819; *il Crociato in Egitto*, 26 décembre 1824 ; *les Huguenots*, 29 février 1836 ; *le Camp de Silésie*, 7 décembre 1844.

il ne put commencer le solfége que vers dix ou douze ans; il est vrai de dire qu'il rattrapa bien vite le temps perdu. Il avait une voix de soprano charmante. A treize ans il prit ses premières leçons de violon. Ses progrès musicaux furent si rapides, qu'à l'âge de quinze ans il était déjà deuxième chef d'orchestre et répétiteur des chœurs au théâtre de Strasbourg. Il commença à apprendre la composition avec le chef d'orchestre Talliez, et un peu plus tard prit des leçons plus sérieuses d'harmonie avec Wachental, organiste de la cathédrale de Strasbourg.

En 1825, M. Mézeray fit représenter au théâtre de Strasbourg un petit opéra-comique : *le Sicilien ou l'Amour peintre*, sur le poëme de Molière arrangé par l'acteur Perlet, du Gymnase. M. Mézeray père, le ténor de Rancourt, la première chanteuse madame Boulard, la Dugazon Mlle Deschanel, chantèrent cet ouvrage, qui eut quelques représentations. Peu de temps auparavant, M. Mézeray, enthousiaste de la musique de Weber, s'était essayé, en composant pour la basse-taille Duport, chargé du rôle de l'Hermite dans *le Petit Chaperon rouge*, un grand air dans le style allemand, dont un ténor nommé Cobourg lui avait fourni les paroles. Ignorant quel était l'auteur de cette musique colorée, tous les musiciens de l'orchestre s'extasièrent sur ce morceau : le jeune Mézeray s'étant nommé, changement complet de physionomies, et ce fut à qui trouverait des fautes dans sa composition...C'est là l'histoire éternelle de tous les débutants qui possèdent quelque talent!

A peu de temps de là, nous retrouvons la famille Costard-Mézeray, le père et la mère engagés au théâtre comme chanteurs, et le jeune Charles remplissant les fonctions de deuxième chef d'orchestre; mais l'ambition de ce dernier était d'être chef en premier; et peu de temps après, il dirigeait en cette qualité, à Verviers, un petit orchestre qui n'était composé, il est vrai, que de douze musiciens! C'est là qu'il dirigea le premier concert d'un jeune enfant prodige qui devait, plus tard, beaucoup faire parler de lui dans le monde musical : le violoniste Vieuxtemps.

C'est pendant qu'il occupait cette modeste position à Verviers que le jeune Costard-Mézeray, par un coup du sort aussi extraordinaire qu'imprévu, fut mandé au Grand-Théâtre de Liége, et y reçut la proposition d'en diriger l'orchestre en qualité de premier chef. Saisissant, comme on dit, la balle au bond, le jeune chef d'orchestre de dix-sept ans, doué d'une force de volonté peu commune, et sentant bien que l'occasion qui s'offrait à lui ne se représenterait pas de longtemps, fit des prodiges, et se montra si bien à la hauteur de sa nouvelle tâche que Daussoigne-Méhul n'hésita pas, quelque temps après, à lui confier la conduite des concerts du Conservatoire de Liége, dont il était alors le directeur. Le jeune Mézeray obtint encore, dans cette même ville de Liége, la direction des concerts Grétry.

En 1830, M. Mézeray était installé à la Haye, au Théâtre-Royal, cette fois en qualité de premier chef d'orchestre. C'est là qu'il donna, en 1832 (il avait vingt-deux ans), un grand opéra héroïque en 3 actes de sa composition, *Guillaume de Nassau*, qui fut chanté par Mmes Bailly et Borsun, MM. Gustave Biès et Léon Bizot. Cet ouvrage obtint un succès exceptionnel. Guillaume Ier en accepta la dédicace, et envoya à l'auteur une superbe bague en brillants. M. Mézeray avait alors, comme premier chef d'orchestre du Théâtre-Royal, une position magnifique. Le roi de Hollande lui faisait 12,000 fr. sur sa cassette. « Il ne faut pas rester ici avec votre talent; votre place est à Paris, » dirent à M. Mézeray les musiciens de La Haye, dont beaucoup sans doute étaient sincères. On croyait alors, dans les orchestres importants, de la meilleure foi du monde, que lorsqu'un compositeur possédait réellement du talent, il lui suffisait d'aller à Paris pour être de suite apprécié à sa juste valeur. Le temps et les chemins de fer ont fait justice de ces belles illusions... M. Mézeray sacrifia donc sa place. Arrivé dans la capitale en 1833 muni d'une lettre de recommandation pour Rossini, de son ex-directeur Auguste Nourrit, l'auteur de *Guillaume de Nassau*, comme tant d'autres, des plus méritants, se vit sur le pavé de Paris sans position, sans titre, sans espoir d'arriver à se faire représenter. « Composez quelques romances pour vous faire connaître, » lui dirent des éditeurs compatissants.... Après avoir cependant travaillé sérieusement le contre-point et la fugue avec Reicha, M. Mézeray s'engagea tour à tour comme chef d'orchestre à Gand (1834), à Rouen, à Marseille. Puis, il se fit baryton; et ce n'est pas là assurément le trait le moins original de sa vie accidentée. Il débuta à Bordeaux en 1841, dans le rôle d'Asthon de *Lucie*; puis il alla à Montpellier, à Anvers et à Nantes, obligé de quitter successivement les théâtres de ces villes, par suite de la banqueroute de leurs entrepreneurs. M. Mézeray était à Nantes, en dernier lieu, et sans position, quand M. Devéria, directeur du Grand-Théâtre de Bordeaux, lui écrivit pour lui proposer le fauteuil de premier chef d'orchestre, avec 5,000 fr. d'appointements, un bénéfice, et carte blanche pour la réorganisation complète de l'orchestre.

M. Mézeray accepta, et, de concert avec M. Durand, l'architecte de la ville, il fit agrandir l'orchestre des musiciens, engagea des artistes de premier mérite, et peu de temps après (1843) le Grand-Théâtre rouvrit ses portes au public, en donnant *la Favorite* avec un succès exceptionnel. Après tant de courses et de tentatives, M. Mézeray était enfin arrivé au port. Son talent éprouvé de musicien, son habileté incontestable, sa fermeté, son expérience de chef d'orchestre et sa volonté de fer furent appréciés à leur juste et haute valeur. Et depuis 32 ans (sauf deux absences insignifiantes pour se rendre à Toulouse et à Marseille), M. Mézeray est resté possesseur du bâton de commandement qu'il tient encore aujourd'hui (1875), et qui, dans ses mains, est devenu un véritable sceptre.

Le 19 novembre 1843, M. Mézeray fonda la Société Sainte-Cécile, dont il fut nommé vice-président à l'unanimité. Nous jugeons inutile de nous étendre sur les services nombreux que cette utile institution a rendus aux artistes d'abord, comme société de bienfaisance; à l'art ensuite, par ses brillants festivals, par ses classes, par ses concours de composition et d'orphéons, etc., etc. Toujours sur la brèche, M. Mézeray a vaillamment concouru pour sa bonne part à tout ce qui s'est fait de bon, de grand et d'utile dans cette Société.

Marié en 1845, M. Mézeray est le père de Mlles Caroline, Cécile et Reine Mézeray, cantatrices expérimentées qui se sont déjà fait entendre sur plusieurs scènes importantes de France et de Belgique. A. L—N.

* **MIARI** (Antoine, comte **DE**), compositeur, est mort à Bellune, sa ville natale, en 1854.

MICELI (Giorgio), pianiste, chef d'orchestre et compositeur, est né le 21 octobre 1836, à Reggio de Calabre, d'une famille aisée. Dès l'âge de sept ans il commença l'étude de la musique, dont un oncle maternel lui enseigna les premiers éléments. Son père, impliqué dans la révolution de 1847, ayant été condamné aux galères, l'enfant fut conduit à Naples à la suite de l'amnistie de 1848, et devint en cette ville l'élève de Gallo d'abord, puis de Giuseppe Lillo, sous la direction duquel il fit de très-grands progrès. Il était à peine âgé de seize ans lorsqu'en 1852 il donna au théâtre Nuovo un petit opéra, *Zoé*, qui n'obtint pas moins de quarante représentations. Moins heureux l'année suivante, il donna un second ouvrage, *gli Amanti sessagenarii*, qui ne plut que médiocrement. Il prenait sa revanche de cet insuccès en produisant au théâtre du Fondo, en 1854, *il Conte di Rossiglione*, lorsque, après sept représentations de cet opéra, la police napolitaine n'hésita pas à l'interdire, en haine du nom de l'auteur, dont la famille eut à subir jusqu'en 1860, époque de l'annexion du royaume de Naples à l'Italie, les colères et les basses rancunes du gouvernement des Bourbons.

M. Miceli se vit alors réduit à se consacrer à l'enseignement du piano et du chant, ce qui ne l'empêcha pas de publier plusieurs recueils de mélodies vocales et quelques compositions pour le piano. Puis, en 1864 et 1865, il prit part à divers concours dont il sortit vainqueur, notamment à Naples et à Florence, où il vit couronner un trio et un quatuor instrumental de sa composition. En 1870 il écrivit pour les fêtes de l'Exposition maritime de Naples une Sérénade avec mandoline et guitare qui fut bien accueillie, et l'année suivante il donna avec succès, au théâtre Nuovo, un opéra semi-sérieux intitulé *l'Ombra bianca*. Créé chevalier de l'ordre de la Couronne d'Italie et nommé directeur d'une école de chant, il fit encore représenter, le 17 avril 1875, sur le théâtre de la Société philodramatique de Naples, une opérette intitulée *la Fata*, qui fut jouée ensuite au Politeama de la même ville. Enfin il a donné le 12 mars 1878, au grand théâtre San-Carlo, un drame lyrique en 4 actes, *il Convito di Baldassare*, qui a obtenu un succès très-marqué, et dont la partition, paraît-il, se distingue par la largeur du style, la beauté de l'inspiration, et de rares qualités de facture et d'instrumentation. — M. Miceli a occupé et, je crois, occupe encore les fonctions de chef d'orchestre au Politeama de Naples.

Parmi les œuvres que M. Miceli a publiées en dehors du théâtre, je citerai les suivantes : 1° Trio (en *ut* majeur) pour piano, violon et violoncelle; 2° Quatuor (en *la* majeur) pour piano, violon, alto et violoncelle, couronné au concours de la *Società del Quartetto* de Florence; 3° *Inno alla marina italiana;* 4° *Canto dei marinari della flotta italiana;* 5° *Souvenir de Florence*, album de six morceaux de piano; 6° *Lagrime e Speranze*, album de cinq morceaux de chant; 7° *Sospiri dell'anima*, id.; 8° *Serenata*, chœur pour *soprani*, ténors et basses; 9° un certain nombre de morceaux de genre pour piano. On doit aussi à M. Miceli un *Miserere* pour voix de femmes avec accompagnement de double quatuor, harmonium, harpe et cor anglais, qui a été exécuté avec succès dans diverses églises de Naples, et qui est considéré comme une œuvre extrêmement remarquable.

MICHAELIS (G......), pianiste et compositeur allemand contemporain, a publié dans ces dernières années plus de cent œuvres de piano, consistant en petits morceaux de genre et de musique de danse : polkas, valses, galops, etc. Un artiste de ce nom (j'ignore si c'est le même) a fait représenter au mois de juillet 1866 à Berlin, sur le théâtre Wallersdorf, un opéra burlesque en 2 actes intitulé *la Maison ensorcelée*, et au mois de décembre suivant une opérette qui avait pour titre *Avant les noces*.

MICHEL, est le nom sous lequel se fit connaître à Paris, vers le commencement du dix-huitième siècle, un violoniste italien, ou peut-être simplement né en Italie. Je n'ai trouvé d'autre renseignement sur lui que ces lignes écrites par Daquin dans son *Siècle littéraire de Louis XV* (1753), au chapitre concernant les violonistes : — « M. Michel, Napolitain, auteur encore vivant, mit au jour à peu près dans le même temps (que Senaillé), huit livres de sonates dans le goût français, qui plurent beaucoup. Sa renommée bien établie ne souffre point des nouveautés modernes. La facilité de jouer ses pièces, et la beauté de plusieurs, entretiennent toujours leur débit, et ma surprise est que la mode courante ne puisse pas en interrompre le cours. »

MICHEL (Camille), né vers 1825, apprit de bonne heure les premiers éléments de la musique, étudia le piano d'une façon rudimentaire, puis entra comme employé dans l'une des premières maisons de commerce de musique de Paris, la maison Brandus. Il quitta ensuite son emploi pour se faire comédien, et fut engagé dans un des petits théâtres de banlieue. En 1855, il entra aux Folies-Concertantes (plus tard Folies-Nouvelles) pour y chanter l'opérette, et passa, au bout de plusieurs années, aux Délassements-Comiques, puis aux Folies-Dramatiques. Cet artiste est mort fou, il y a quelques années. Il avait publié quelques romances et quelques morceaux de musique de danse pour le piano, et écrit la musique de deux opérettes : 1° *A bon chat, bon rat* (un acte, Délassements-Comiques, 1860); 2° *Encore un sapeur* (un acte, Folies-Saint-Antoine, 1860).

MICHEL (P........-A......), est auteur de l'écrit intitulé *l'Art musical*, imité de *l'Art poétique* de Boileau (Paris, 1854, in-8°).

MICHEL (Joseph), pianiste et compositeur belge, né à Liége le 13 décembre 1847, a fait ses études musicales au Conservatoire de cette ville, où il obtint en 1868 un premier prix de piano, et en 1869 la médaille aux concours supérieurs. Il vint ensuite à Paris, mais il n'y resta que peu de temps, et retourna en Belgique en 1870. Il se livra alors à la composition, publia un recueil de mélodies vocales, puis songea à aborder le théâtre. Son premier ouvrage fut un opéra-comique en un acte, *la Meunière de Saventhem*, qui fut représenté à Liége le 23 février 1872, et qui fut suivi, le 19 décembre de la même année, d'un nouvel opéra, *les Chevaliers de Tolède*, donné au même théâtre. Le 25 février 1875, M. Joseph Michel faisait jouer une opérette en un acte, *M. Canardier, s. v. p.*, et enfin, au mois d'avril 1876, il donnait au théâtre de la Monnaie, de Bruxelles, un quatrième ouvrage, *Aux Avant-postes*, opéra-comique en un acte. Cet artiste a écrit aussi quelques morceaux de musique militaire et diverses compositions religieuses, et il a fait exécuter à Liége, dans une fête officielle (mai ou juin 1877), une cantate patriotique intitulée *la Visite royale*. M. Michel a publié un recueil de 20 *Mélodies* (Bruxelles, Katto), un *Album de concert* pour piano (Bruxelles, Schott), une *Méditation* pour piano, orgue, violon et violoncelle, 6 *Morceaux caractéristiques* pour piano, etc.

* **MICHELI** (Domenico), prêtre et compositeur italien du seizième siècle, naquit à Bologne, et vécut longtemps loin de cette ville. On voit en effet, par les diverses dédicaces de ses œuvres publiées, qu'il habitait Cesena en 1577, Ravenne en 1581, et Venise en 1584. Pourtant, à la mort de Stefano Bettini, en 1577, il fit par écrit la demande de l'emploi de maître de chapelle de la basilique de San-Petronio, de Bologne; mais sa demande arriva trop tard, alors que Bartolomeo Spontone venait d'être nommé à ces fonctions. Ce n'est que vers 1588 qu'il revint dans sa ville natale ; c'est du moins à cette époque qu'il y fut nommé maître du chant à la cathédrale Saint-Pierre, emploi qu'il échangea, l'année suivante, contre celui de maître de chapelle. A partir de ce dernier moment, on ne rencontre sur lui aucun renseignement.

Domenico Micheli a publié cinq livres de madrigaux, dont le dernier parut à Venise en 1581. On lui doit aussi un recueil de cinq messes : *Missarum quinque cum quinque vocibus* (1° *Missa Veni Sponsa Christi ;* 2° *Missa Primi Toni ;* 3° *Missa Brevis ;* 4° *Missa sine nomine ;* 5° *Missa pro Defunctis*), Venise, Gardano, 1584.

* **MICHELI** (Benedetto). Cet artiste a fait représenter à Rome, en 1723, sur le théâtre Capranica, un opéra intitulé *l'Oreste*.

MICHEUZ (Georges), pianiste, professeur et

compositeur, né vers 1815 et fixé à Paris, s'est livré à l'enseignement et a publié pour le piano environ cent cinquante morceaux de genre qui sont faits non sans goût, mais qui n'ont pas pu réussir à faire sortir son nom de l'obscurité. Au nombre de ces compositions, parmi lesquelles on peut surtout citer les deux recueils intitulés *Échos de Hongrie*, op. 50, et *Six Mélodies sympathiques*, op. 112, se trouvent beaucoup de fantaisies écrites sur des mélodies célèbres et des thèmes d'opéras en vogue. M. Micheuz a fait aussi, pour piano seul, les réductions de beaucoup de partitions d'opéras et de toute une série de symphonies d'Haydn.

MICHIELS VAN KESSENICH (Le baron J.-A.-H.), écrivain hollandais, né à Ruremonde le 2 avril 1800, est l'auteur d'un ouvrage intitulé *De la Musique* (Ruremonde, J.-J. Roman, 1858, un vol. in-16). Il a pris pour épigraphe de son livre cette phrase modeste : *Je n'entends rien apprendre à personne*, et on le croit sans peine après l'avoir lu. Mais à quoi bon écrire, lorsqu'on n'a rien à enseigner aux autres ? Pourquoi surtout avoir la prétention d'écrire en français, lorsqu'on ne connait pas les premiers éléments de cette langue, et qu'on ne trace que des phrases dépourvues de sens et absolument inintelligibles ?

MICHON (........), musicien français du dix-huitième siècle, est l'auteur d'un recueil d'airs pour vielle ou musette, publié sous ce titre : *Amusements de chambre, avec basse continue*, dédié à M. Lerebours, conseiller au Parlement.

MIGLIACCIO (..........), compositeur italien, est l'auteur d'un opéra-bouffe, *una Moglie per un soldo*, qui a été représenté sur le théâtre Nuovo, de Naples, le 14 janvier 1874. C'était le premier essai de ce jeune artiste, essai qui a été très-favorablement accueilli. M. Migliaccio a donné ensuite, toujours à Naples, un autre ouvrage du même genre, *Cicco e Rienzo*, qui n'a pas été moins heureux.

* **MILANOLLO** (Maria-Teresa et Maria), violonistes célèbres (1). On a publié sur ces deux grandes artistes, dont l'une mourut si jeune, et dont l'ainée est aujourd'hui Mme Parmentier, une notice signée des initiales C. M., et intitulée : *Thérésa Milanollo et Maria Milanollo* (*s. l. n.d.* [Nantes, impr. Mellinet] in-8°). C'est un extrait d'un journal de Nantes : *le Breton*. Une autre notice, sans signature d'aucune sorte, a paru sous ce titre : *les Sœurs Milanollo*, études biographiques, artistiques et morales (Lyon, Girard et Guyet, 1847, in-8° de 36 p.)

Quelques erreurs se sont produites dans la notice consacrée à ces deux artistes célèbres. Leur père était, non menuisier, mais fabricant de moulins à soie, et la famille n'était point composée de treize enfants. Lorsqu'elle quitta Savigliano en 1836, cette famille comprenait seulement quatre enfants vivants (un cinquième était mort en bas âge); le père Milanollo eut en tout dix enfants, dont cinq nés pendant les voyages qu'il fit avec ses deux filles violonistes. Teresa n'a jamais eu de leçons de M. Ghebart (*Voy.* ce nom) (1), et l'un de ses professeurs fut M. Giovanni Morra (et non *Mora*), qui vit encore à Turin. Enfin, la propriété achetée par Milanollo père était située à Malzéville, et non *Malezeville*.

Mme Teresa Milanollo-Parmentier, qui, depuis longtemps déjà, a renoncé à se produire en public, et ne s'est plus fait entendre que dans des concerts de bienfaisance, n'a pas écrit de concerto, comme il a été dit; mais elle a publié les compositions suivantes : *Fantaisie élégiaque* pour violon, avec piano, op. 1, Paris, Brandus; *Ave Maria*, chœur à 4 voix d'hommes sans accompagnement, op. 2, Paris, Lebeau (le même pour soprano, contralto, ténor et basse, avec accompagnement d'orgue *ad libitum*); 2 Romances : *le Baptême*, *Extase*, op. 3, Paris, Heinz; *Ave Maria* de Schubert, transcrit pour violon, avec piano, op. 4, Paris, Schott; Variations humoristiques sur l'air de *Malbrough*, pour violon avec piano, ou quatuor, op. 5, Paris, Maho; Variations humoristiques sur le *Rheinweinlied*, d'André, pour violon, avec piano ou quatuor, op. 6. (*Voyez* Parmentier.)

MILANTA (Evil), né à Casalmaggiore vers le milieu du dix-septième siècle, devint en 1682 maître de chapelle de San-Biagio. Cet artiste a publié des recueils de canons et contre-points dédiés par lui à divers princes et seigneurs d'Italie. Il était membre de l'Académie des Philharmoniques de Bologne, et mourut le 21 octobre 1712.

MILCZARSKI (Mathieu), facteur d'orgues polonais, établi à Varsovie, est né dans la première moitié de ce siècle, et s'est acquis dans sa patrie une grande réputation pour la construction des orgues. « M. Milczarski, dit M. Albert Sowinski, contribua beaucoup à créer en Pologne l'industrie de la fabrication des orgues; il y parvint à force de zèle et de travaux infatigables. Artiste consciencieux, jaloux de la gloire nationale, cet habile constructeur d'orgues dota la ville de Varsovie de plusieurs instruments remar-

(1) Les deux seuls prénoms de la sœur ainée sont *Maria-Teresa*. La sœur cadette, *Maria*, était née à Savigliano le 19 juin 1832.

(1) Qui est écrit *Gebbaro* dans la *Biographie universelle des Musiciens*, à l'article *Milanollo*.

quables, qui attestent de ses heureux efforts pour mettre cette industrie à la hauteur des besoins du siècle. »

* **MILDNER** (MAURICE), chef d'orchestre du théâtre allemand de Prague, professeur de violon au Conservatoire, est mort en cette ville le 4 décembre 1865.

MILHÈS (ISIDORE), professeur français, est l'auteur d'un ouvrage publié sous ce titre : *le Guide du chanteur, traité de l'art du chant pratique, de son perfectionnement et de tous ses agréments, leur dénomination, leur classification, leur rapport et leur différence.*

Un artiste du nom de *Milhès* (j'ignore si c'est le même), a composé et fait exécuter en 1867, à l'occasion de l'inauguration de la statue de Rotrou à Dreux, sa ville natale, la musique d'une *Cantate à Rotrou*, dont les paroles avaient été écrites par Mme la comtesse Olympe Milon de Lernay, petite-nièce du célèbre poëte.

MILILOTTI (GIUSEPPE et LEOPOLDO), compositeurs et professeurs italiens, sont fixés à Rome, où ces deux frères ont écrit en collaboration la musique de deux opérettes qui ont été très-bien accueillies au théâtre Quirino, de cette ville : l'une, *la Vendetta d'un folletto*, a été jouée au mois de juin 1875, et la seconde, *un Sogno nella luna*, a été représentée le 15 octobre suivant. M. Leopoldo Mililotti a publié plusieurs recueils de mélodies vocales : *Ore di tristezza, Brezze dell'Adriatico, Foglie d'Autunno*. Son frère, M. Giuseppe Mililotti, professeur de la classe de chant choral au nouveau Lycée musical de Rome et directeur de la musique municipale, était, il y a peu d'années, *maestro concertatore* et chef d'orchestre au théâtre Capranica. J'ignore s'il occupe toujours ce dernier emploi.

M. Giuseppe Mililotti est né à Ravenne le 11 avril 1833; son frère Leopoldo a vu le jour dans la même ville le 16 août 1835.

MILLET (LOUIS-ÉMILE), compositeur et professeur de chant, né à Paris le 21 avril 1813, est le fils du célèbre miniaturiste qui fut le rival d'Isabey, et le frère du statuaire auquel on doit l'Apollon qui couronne l'Opéra. Après avoir terminé en 1830 ses études classiques, M. Emile Millet entra comme employé dans l'administration des hospices, ce qui ne l'empêchait pas de prendre des leçons particulières d'harmonie d'Halévy. Bientôt cependant il quitta l'administration pour suivre au Conservatoire la classe de contre-point et de fugue de ce maître ; ensuite il passa dans celles de Lesueur et de Paër, où il apprit la composition idéale. En 1835, il partageait avec M. Marmontel le 2me prix de contrepoint ; en 1836, il fut nommé professeur adjoint de la classe d'Halévy, position qu'il occupa pendant trois ans.

M. E. Millet a publié à Paris un certain nombre d'œuvres vocales qui furent remarquées, parmi lesquelles, *Agar dans le désert*, scène dramatique; *la Promenade en gondole*, trio ; *Maître Wolframb, le Petit Oiseau, les Pyrénées*, etc... Puis, en 1849, il partit pour New-York, où il séjourna vingt-quatre ans, propageant par son enseignement les bonnes doctrines de notre Conservatoire, et publiant quantité de morceaux de chant sur des paroles latines, françaises, italiennes et anglaises. Il a rempli aussi dans cette ville les fonctions de maître de chant à l'Opéra.

Après un séjour de trois ans à Liverpool (1873-1876), M. Millet est rentré à Paris, où il a signalé son retour en faisant paraître, chez l'éditeur Choudens, un important recueil de *vingt mélodies*. Y.

MILLŒCKER (CARL), chef d'orchestre et compositeur autrichien, est né à Vienne le 29 avril 1842. Son père était un pauvre orfèvre, qui voulait lui faire suivre sa carrière; mais l'étonnante prédilection de l'enfant pour la musique finit par le déterminer à céder à ses désirs. Le jeune Millœcker fréquenta le Conservatoire de Vienne, et parvint bientôt à pourvoir à ses besoins en s'engageant dans un orchestre, ce qui ne l'empêcha pas d'étudier le piano, l'harmonie et la composition. En 1863, il fut engagé comme chef d'orchestre au théâtre de Gratz, et y fit jouer deux petites opérettes de sa composition. En 1865 il était à Vienne, au théâtre de l'Harmonie, où il donna avec succès une opérette en 2 actes intitulée *Diana*. L'année suivante il allait à Bude-Pesth, et en 1869 il était de retour à Vienne, où il devenait compositeur et chef d'orchestre au théâtre du faubourg Wieden, fonctions qu'il occupe encore aujourd'hui. Sa musique pour le vaudeville : *Trois Paires de souliers*, qui y a été joué plus de cent fois, attira sur lui l'attention générale; quelques airs de cette musique obtinrent une popularité extraordinaire. M. Millœcker écrivit ainsi, pour le théâtre du faubourg Wieden, la musique de plusieurs farces et vaudevilles, puis celle de plusieurs opérettes : *le Tambour du régiment, l'Ile des Femmes, une Aventure à Vienne, la Musique du diable.* Son dernier ouvrage, *le Château enchanté*, opéra-comique dont le principal rôle était tenu par la Gallmeyer, obtint un grand succès. Dans cet ouvrage, M. Millœcker a osé faire un essai qui lui a tout à fait réussi ; cet essai consistait à introduire dans l'opéra-comique allemand les chants des paysans de la Haute-Autriche et de la Styrie, comme Jean Strauss avait introduit avec bonheur dans l'opérette les valses et les polkas viennoises.

La musique de M. Millœcker est vive, gaie, et ne manque pas d'originalité; elle promet pour l'avenir du compositeur. De 1875 à 1878, M. Millœcker a donné chaque mois des pièces de muque à la nouvelle publication de musique de piano intitulée *la Presse musicale*, qui contient des compositions de musiciens de tous les pays.

J. B.

MILLONT (Bernard-Edouard), violoniste distingué et professeur pour son instrument au Conservatoire de Marseille, est né à Manosque (Basses-Alpes) le 12 mars 1820. Il eut pour premier maître un Allemand nommé Kierscheneck, et en 1832 vint travailler à Marseille sous la direction de Charles Bouchet. En décembre 1835, il entra au Conservatoire de Paris, et, au bout de cinq ans de solides études, obtint, en août 1840, le premier prix de violon dans la classe de Baillot. Au sortir du Conservatoire, il prolongea son séjour à Paris et eut l'occasion de mûrir son talent dans la fréquentation de son illustre maître, dont la maison était le rendez-vous des artistes les plus éminents. C'est là, et en faisant sa partie dans les quatuors exécutés par Baillot, qu'il acquit le style et la parfaite connaissance de la musique de chambre, où excellait ce grand musicien. Après un voyage à Marseille, où il s'était fait entendre avec succès, M. Millont prit la résolution de se fixer dans cette ville. Il s'y établit en 1842, et y est resté jusqu'à ce jour. Peu après son arrivée, il fut nommé premier violon-solo au Grand-Théâtre: il a occupé ce poste jusqu'en 1865. En 1849, il fonda la *Société des quatuors* qu'il dirige encore aujourd'hui, et qui est, sans contredit, son meilleur titre artistique. Cette institution mérite ici une mention particulière, tant à cause de sa valeur qu'à cause des services qu'elle a rendus à l'art musical à Marseille.

A partir de 1839, le remarquable mouvement qui s'était produit à Marseille depuis 1805 avait changé de direction. Les concerts périodiques désignés sous le nom de *Concerts Thubaneau*, qui avaient renoué les traditions des concerts fondés en 1716 par le maréchal de Villars, — et où avaient été entendues, pour la première fois en France, les symphonies de Beethoven à côté d'autres chefs-d'œuvre, — avaient pris fin après une existence de plus de 34 ans. On avait inutilement essayé de les remplacer par d'autres institutions qui avaient été de courte durée. Toute l'activité se concentrait sur la musique dramatique. On était à une époque de développement pour le théâtre et l'art du chant. Des troupes françaises, allemandes et surtout italiennes, où se trouvaient de très-grands artistes, se succédaient au Grand-Théâtre et accaparaient l'attention. Quant à la musique instrumentale, elle était délaissée : le goût s'était altéré. Sous l'influence de quelques grands virtuoses, la mode en était venue peu à peu à la musique dite *brillante*, dont l'unique objet est de mettre en relief l'habileté mécanique de l'exécutant. On en était là à Marseille en 1849, quand M. Millont eut la pensée de créer des séances publiques de musique de chambre. A ce moment, on le voit, l'entreprise était hardie. Aussi les débuts furent-ils pénibles. La nouvelle institution rencontra chez les artistes une vive opposition ou une indifférence plus dangereuse encore. La plupart des pianistes déclinèrent l'honneur de se faire entendre, et M. Millont dut s'adresser au talent encore ignoré de mademoiselle Brissac, qui fut depuis madame Millont, et qui prit une part active aux séances de quatuors jusqu'à sa mort, en 1868. On ne put réunir d'abord que trente-deux souscripteurs et, dès la première année, il fallut s'arrêter devant le choléra. Cependant M. Millont ne se découragea pas. Les auditions reprirent leur cours, se succédèrent chaque année pendant la saison d'hiver, et gagnèrent peu à peu la faveur du public. Le succès n'a pas été interrompu pendant vingt-six ans, et les séances de quatuors ont pris place parmi les meilleures et les plus intéressantes institutions musicales du midi de la France. On y a entendu à peu près toute la musique de chambre de Haydn, Mozart, Beethoven, les plus belles œuvres de Weber, Hummel, Schubert, Schumann, Chopin, Rubinstein, et aussi, — dans les proportions qu'elles comportent, — un choix de celles de Boccherini, Moscheles, Ries, Onslow, Kucken, Kulhau, Golterman, Brahms, Raff, etc. — Il convient d'y ajouter une série d'œuvres locales remarquables, notamment des quatuors de M. Dubois, des trios et sonates de M. de Stammer, et l'œuvre de quatuors, quintettes et trios de M. Aug. Morel.

L'influence exercée par la Société des quatuors a été considérable. Les artistes sont peu à peu revenus avec le public à la musique sérieuse : ils y ont acheminé leurs élèves. Avec une largeur d'esprit qu'il faut louer, la Société des quatuors a accueilli tous ceux qui ont tenu à honneur de prendre part à ses séances. La plupart s'y sont fait entendre et y ont notablement gagné : d'autres, tels que MM. Thurner, Fronti, Ginouvès, Mlle Perez, ont donné des auditions analogues. Enfin, toutes les fois que de grands virtuoses ont passé à Marseille, — Vieuxtemps et Sivori, entre autres, — ils ont trouvé des artistes disposés à leur faciliter l'exécution des grandes œuvres classiques et un public préparé à les apprécier. C'est ainsi que le goût de la musique saine s'est répandu à Marseille. La génération actuelle a été élevée dans ce milieu, et toutes les productions locales un peu importantes témoignent de cette influence : on y sent l'effort vers cette élévation de pensée, cette dignité de style, cette logique de développement, cette conscience artistique qui constituent l'esprit classique.

Le quatuor marseillais était formé au début comme suit : 1er violon : B. Millont ; — 2me violon : E. Tauffenberger, second chef d'orchestre au Grand-Théâtre ; — alto : Dubois ; — violoncelle : Bertolotti, professeur au Conservatoire. — Ces deux derniers instruments ont seuls changé de mains. — La partie d'alto a été confiée en 1857 à M. Aubert, second professeur de violon au Conservatoire, et celle de violoncelle en 1862 à M. Heff, qui fit place en 1864 à M. Tolbecque. Ce dernier ayant été en 1871 se fixer à Paris, où il fait partie du quatuor Maurin, a été remplacé par M. Casella, professeur au Conservatoire (1).

Un an après la fondation de la Société de quatuors, soit en 1850, M. Millont fut nommé professeur de violon au Conservatoire de Marseille. En 1870, il a été appelé à diriger en outre une classe d'accompagnement pour l'étude de la musique d'ensemble. Dans ces fonctions il a formé de nombreux élèves, dont plusieurs ont obtenu les premiers succès au Conservatoire de Paris. La plupart se sont voués à l'enseignement ou occupent des places honorables dans les orchestres. On peut citer MM. Paul Jullien, Vannereau, Mlles Castellan, Pommereul, MM. Brisse, Grobet, Bruguier, etc.

Les principales qualités de M. Millont sont la pureté de style, la correction, la justesse et la largeur. Il a le jeu de l'école de Baillot, et se montre surtout remarquable dans la musique de chambre.

Cet artiste laborieux a composé pour son instrument diverses pièces, dont voici l'indication : *Pensées fugitives* et *Capriccio* (chez Bruilé) ; — 1er *Nocturne* (chez Sylvain Saint-Étienne) ; — *Fantaisie sur Lucie*, *Souvenirs des Alpes*, *Souvenirs de Montvert*, *Rêverie*, *Berceuse* (chez Gérard) ; — *Échos du soir*, *Fantaisie sur une romance d'Aug. Morel* (chez Roussel, à Marseille) ; — *Six grandes études* ; — 2me *Nocturne*, *Fantaisies sur Galatée et le Trouvère* ; — *Six Morceaux caractéristiques* ; — 2 Morceaux d'offertoire ; — Exercices journaliers et Dix Études pour l'archet ; — Six Pièces ; — Concertino.

AL. R—D.

(1) On a publié récemment, à Marseille, une *Notice (anonyme) sur la Société des quatuors de Marseille* Marseille, impr. Barlatier-Feissat, in-8° de 16 p.). — A. P.

MINKOUS (......), violoniste et compositeur russe, né vers 1840, occupait les fonctions de premier violon à l'orchestre du théâtre impérial de Moscou lorsqu'il écrivit la musique de *Fiammetta*, ballet en 3 actes qui fut représenté à Saint-Pétersbourg au mois de mars 1864. Grâce à de puissantes protections, il obtint de faire jouer à Paris, le 11 juillet de la même année, sur la scène de l'Opéra, ce même ouvrage, réduit en 2 actes et donné sous le nouveau titre de *Néméa ou l'Amour vengé*. Le même théâtre donnait, le 12 novembre 1866, *la Source*, ballet en 3 actes dont M. Minkous avait été chargé d'écrire la musique conjointement avec M. Léo Delibes. Enfin, le 15 mars 1868, cet artiste faisait jouer sur le théâtre communal de Trieste *Fiamma d'amore*, ballet qui n'était, je crois, qu'une nouvelle et troisième édition de sa *Fiammetta*.

MIODUSZEWSKI (L'abbé MICHEL-MARTIN), prêtre de la congrégation de la Mission, professeur de théologie et de droit sacré au séminaire du diocèse de Cracovie, est né à Varsovie en 1787. On lui doit une publication très-intéressante relative aux chants liturgiques de la Pologne. « Ayant été désigné, dit M. Albert Sowinski, en 1830 et 1831, pour accompagner Monseigneur l'évêque de Cracovie dans sa visite pastorale, en qualité de théologien, il observa combien on connaissait peu les mélodies religieuses dans les petites paroisses, et que les organistes manquaient d'un livre nécessaire pour apprendre aux enfants le chant d'église et diriger les fidèles. Il eut l'heureuse idée de faire un recueil de toutes ces mélodies religieuses, et de le publier avec le texte des prières. Dans ce but, M. l'abbé Mioduszewski se mit à faire des recherches dans les archives des communautés, dans les vieux livres imprimés et en manuscrit, dans les recueils de cantiques, *Kancyonaly*, et dans toutes les églises et chapelles de l'ancienne Pologne, où l'on avait des chants particuliers. Un beau résultat couronna les pieux efforts de M. l'abbé Mioduszewski, après un travail de huit années. Il publia la première édition de son *Livre de chant*, sous le titre : *Spiewnik Kos'cielny czyli pies'ni mabozne zmelodyamiw Kosciele Katolįckim uzywane, a dla wygody Hosciolow parafijalynch przez X. M. M. M. Zgromadzenia XX. Missionarzy zebrane* (Livre de chant, ou Recueil de prières avec leurs mélodies, en usage dans l'église catholique, publié pour la commodité des paroisses, par l'abbé Michel-Martin Mioduszewski, missionnaire, Cracovie, un volume in-8°, 1838, chez Cieszkowski). En même temps il publia, chez le même libraire, le texte seul sans musique. Cette première édition, quoique riche en mélodies religieuses d'un beau caractère, n'étant pas complète, le digne prêtre continua ses recherches et composa lui-même la musique pour certaines prières qui en manquaient, en arrangea d'autres pour les cérémonies religieuses en usage dans les églises polonaises. Il enrichit ainsi son livre d'un grand nombre de nouvelles mélodies ; il publia successivement trois nouveaux suppléments, qui parurent à Leipzig en 1842, en 1853 et en 1854, à la librairie étrangère de J.-N. Bobrowicz, et qui forment un gros volume de 66 feuilles in-8°. M. l'abbé Mioduszewski éleva ainsi un monument impérissable à la musique religieuse, et tous les habitants de la catholique Pologne lui en doivent de la reconnaissance. »

M. Mioduszewski a publié un autre ouvrage intéressant, sous ce titre : *Pastorales et Noëls*, avec musique, auxquels on a ajouté plusieurs mélodies populaires, mais qui ne peuvent être chantées à l'église (Cracovie, 1843). Ce livre renferme une collection de noëls anciens et modernes, dont plusieurs offrent un véritable intérêt historique, remontant au quatorzième et même au treizième siècle. Le choix en a été fait avec beaucoup d'intelligence, et ils sont accompagnés du texte polonais.

* **MION** (Jean-Jacques-Henri). — Dans son *Dictionnaire des théâtres*, de Léris attribue à Mion la musique des *Quatre Parties du monde*, opéra-ballet qui fut représenté à Versailles, devant le roi, en 1745, et qui n'est pas mentionné dans le recueil de la Vallière : *Ballets, opéras et autres ouvrages lyriques*. De son côté, ce dernier porte au nom de Mion deux autres compositions scéniques : *l'Idylle de Rambouillet*, opéra en un acte joué à Rambouillet en 1735, et *Bouquets de Mademoiselle de G****, opéra en un acte, « chanté en 1735 chez Madame de G***, à la Bibliothèque du roi. » Enfin, cet artiste est encore l'auteur d'un ballet en un acte, *Julie et Ovide*, qu'il écrivit en 1753, à l'occasion du mariage du prince et de la princesse de Condé, et dont la partition autographe se trouve aux Archives de l'Opéra de Paris. Mion était le neveu du fameux Michel Richard de Lalande, compositeur de musique religieuse et surintendant de la musique du roi, ainsi qu'on peut le voir dans le *Mercure* de février 1728.

MIR Y LLUSA (......), est le nom d'un musicien espagnol qui naquit dans la seconde moitié du dix-septième siècle et qui, au commencement du dix-huitième, était maître de la chapelle de l'Incarnation, à Madrid. Cet artiste a composé de nombreuses œuvres de musique religieuse, parmi lesquelles, dit-on, il s'en trouve de fort remarquables. On ignore l'époque de sa mort.

MIRECOURT (Eugène **JACQUOT**, dit **DE**), écrivain, né à Mirecourt (Vosges), le 19 novembre 1812, n'est cité ici que pour quelques biographies de musiciens comprises dans sa série des *Contemporains*, qui ne compte pas moins de 100 petits volumes in-18 à 50 centimes. Ceux de ces écrits qui concernent l'art musical sont consacrés à *Berlioz* (1854), *Meyerbeer* (1854), *Félicien David* (1854), *Rossini* (1855), *Pierre Dupont* (1856), *Auber* (1857). Tout cela est sans valeur aucune, aussi bien au point de vue critique ou historique qu'au point de vue littéraire, et ces écrits informes n'ont été conçus qu'en vue de la spéculation commerciale. Cela est si vrai qu'en renouvelant ses publications, l'auteur, loin de les améliorer, les amoindrissait : c'est ainsi qu'en 1867 il refaisait la biographie d'Auber, mais en ne lui consacrant plus qu'un demi-volume, et en donnant l'autre moitié à M. Offenbach, ce qui produisait un accouplement au moins bizarre ; l'année suivante, il partageait un autre volume entre Arnal et Adolphe Adam ; enfin, en 1871, 6 pages d'un troisième volume retraçaient sommairement la vie de l'admirable artiste qui s'était appelée Giulia Grisi, et le reste appartenait à un romancier, Mme Clémence Robert. Tout cela, nous le répétons, n'existe à aucun point de vue. C'est par erreur que la mort de M. Jacquot, dit de Mirecourt, a été annoncée, il y a quelques années ; mais, récemment, plusieurs journaux ont répandu la nouvelle de l'entrée de ce personnage dans les ordres.

MIREMONT (Claude-Augustin), luthier français, né à Mirecourt en 1827, est le fils d'un luthier alors établi en cette ville, et chez lequel il fit son apprentissage. En 1844 il vint à Paris et y travailla comme premier ouvrier jusqu'en 1852, époque à laquelle il partit pour l'Amérique. Il alla s'établir à New-York, où il résida jusqu'en 1861, et revint, en cette dernière année, se fixer à Paris, qu'il ne quitta plus. Artiste habile, M. Miremont a construit un grand nombre d'instruments, particulièrement des violoncelles, qui offrent de bons spécimens de la lutherie française, et il a pris part avec succès à diverses Expositions, où il a remporté les récompenses suivantes : une médaille à l'Exposition de New-York (1853) ; une médaille de première classe à l'Exposition de Paris (1855), où il figurait dans le département des États-Unis ; la *prize-medal* à l'Exposition de Londres (1862). Fétis, rapporteur du jury spécial pour l'Exposition universelle de 1867 (Paris), s'exprimait ainsi au sujet des instruments présentés par M. Miremont : — « Trois violons, un alto et un violoncelle sont exposés par M. Miremont, de Paris. Ce luthier travaille seul, voulant une précision extrême dans son travail, qu'il ne croit pas pouvoir obtenir d'un ouvrier. Ses instruments sont, en effet, très-bien faits. »

MIRO Y ANORIA (José), pianiste espagnol, né à Cadix en 1810, fit son éducation musicale à Séville, d'abord sous la direction d'un prêtre nommé Vargas, puis comme élève de l'organiste de la cathédrale, Eugenio Gomez. Devenu habile exécutant, il vint à Paris en 1830, s'y perfectionna avec Kalkbrenner, et pendant les douze années de son séjour en France, se lia avec plusieurs pianistes célèbres, notamment Hummel, Chopin, Bertini, Dœlher et M. Herz. Après s'être fait entendre avec succès à Paris, Miro fit un voyage artistique d'abord dans les départements, puis jusqu'en Belgique et en Hollande. En 1842 il retourna en Espagne, y reçut un accueil chaleureux de ses compatriotes, dès l'année suivante alla se produire à Londres, puis s'embarqua pour l'Amérique, où il resta plusieurs années, donnant en premier lieu des concerts très-suivis à New-York, Philadelphie et Boston, et se rendant ensuite à la Havane, où ses succès furent très-grands et où il se fixa pendant six années, se livrant à l'enseignement et se chargeant de la direction du Lycée artistique. En 1851, Miro visite la Jamaïque, revient bientôt en Europe, fait un nouveau séjour à Paris, et en 1854 rentre à Madrid, où il est nommé professeur au Conservatoire. Il n'avait pas cessé d'occuper cet emploi, lorsqu'il mourut à Madrid au mois de janvier 1879.

Miro avait composé pour son instrument un assez grand nombre d'œuvres, consistant en fantaisies, soit originales, soit écrites sur des thèmes d'opéras célèbres : *i Lombardi, i Puritani, il Pirata*. Tout cela est resté inédit, et l'on n'a publié de lui qu'une bonne *Méthode de piano*, adoptée pour l'enseignement des classes au Conservatoire de Madrid.

MIROIR. Trois frères de ce nom, tous trois organistes et clavecinistes, vivaient à Paris à la fin du dix-huitième siècle. Je n'ai pu découvrir le prénom d'aucun d'eux, mais on les distinguait en les désignant sous les noms de *Miroir l'aîné*, *Miroir cadet*, et *Miroir le jeune*, et ce dernier, je ne sais pourquoi, était surnommé *Paventelly*. Miroir l'aîné était un artiste fort remarquable, qu'on appelait toujours « le célèbre organiste de Saint-Germain des Prés ». Mais il ne remplissait pas ces fonctions seulement dans cette fameuse abbaye, car il était en même temps organiste aux églises Saint-Benoît, Saint-Honoré et Saint-Louis en l'Isle, au couvent des Bénédictins anglais, et au Saint-Sépulcre de la rue Saint-Honoré (1785). La renommée de Miroir l'aîné était fort grande, et l'on accourait de très-loin pour l'entendre. Il était aussi compositeur, mais je ne connais aucune de ses œuvres.

Miroir cadet avait la réputation d'un excellent claveciniste, et se livrait à l'enseignement, ainsi que le troisième frère, Miroir le jeune, dit *Paventelly*. L'un des deux était organiste à Sainte-Aure et aux Cordeliers. Je crois que ces trois artistes étaient morts tous trois en 1810.

* **MIRY** (Charles), compositeur, chef d'orchestre et professeur, est né à Gand le 14 août 1823 (et non avril, comme il a été dit par suite d'une erreur typographique). C'est après avoir commencé l'étude de la musique avec un de ses oncles, Pierre Miry, qu'il devint l'élève de Mengal ; plus tard, et lorsqu'il commença sa carrière de compositeur, il reçut d'excellents conseils de son compatriote, M. Gevaert, aujourd'hui directeur du Conservatoire de Bruxelles.

Les premiers essais de M. Miry étaient des vaudevilles flamands dont il écrivait la musique, et dont quelques-uns sont encore joués aujourd'hui avec succès : *Wit en zwart, Een man te trouwen, Vader Cats*, etc. Bientôt il s'occupa sérieusement de composition dramatique, et, bien qu'il ait écrit quelques ouvrages sur texte français, ses compatriotes rappellent volontiers qu'il est le premier qui ait travaillé à la renaissance de l'opéra flamand. Il a montré une véritable fécondité en ce genre, et à celles de ses œuvres qui ont été mentionnées dans la *Biographie universelle des Musiciens*, il faut ajouter aujourd'hui les suivantes : 1° *Anne Mie*, un acte, Anvers, 9 octobre 1853 ; 2° *Bouchard d'Avesnes*, grand opéra en 5 actes, Gand, 1864 ; 3° *Maria van Burgondie*, grand opéra en 4 actes, Gand, 28 août 1866 ; 4° *De Keizer bij de Boeren*, un acte, Gand, 29 octobre 1866 ; 5° *De Occasie maakt den dief*, un acte, Gand, 24 décembre 1866 ; 6° *Frans Ackerman*, 4 actes, Bruxelles, Cirque, 13 octobre 1867 ; 7° *Brutus en Cesar*, un acte, Gand, 14 octobre 1867 ; 8° *le Mariage de Marguerite*, un acte, Gand, 27 novembre 1867 ; 9° *Een Engel op wacht* (*l'Ange en sentinelle*), un acte, Anvers, 8 décembre 1869 ; 10° *Drie*

Koningen Avond, 1870; 11° *la Saint-Lucas*, un acte, Gand, 1870; 12° *Het Driekoningen-feest*, un acte, Bruxelles, janvier 1876; 13° *la Rose d'or*, un acte; 14° *le Poëte et son idéal*, grand opéra en 4 actes; 15° *Twee Zusters* (*les Deux Sœurs*), opérette en un acte. A ces ouvrages nombreux, il faut joindre encore trois ballets représentés à Bruxelles: *la Bouquetière*, *la Fée des eaux*, et *Klida*.

Parmi les compositions publiées par M. Miry en dehors du théâtre, il faut citer: Recueil de dix chœurs à trois voix, pour les écoles de filles; *Volkliedjes voor schoolen*, environ deux cents chants pour les écoles à 1, 2, 3 ou 4 voix; *Schoolgezangen*, 105 chants d'écoles pour filles, garçons ou adultes, avec ou sans accompagnement de piano; 12 Fables sur des paroles d'Ésope, pour voix d'enfant, avec accompagnement de piano; un grand nombre de chœurs pour quatre voix d'hommes; enfin, beaucoup de romances, morceaux pour musiques d'harmonie ou fanfares, et quelques airs de danse pour le piano. M. Miry a encore écrit plusieurs cantates, qui, je crois, n'ont pas été publiées, et dont voici les titres : *Au Roi*; *la Belgique* ou *le Règne de 25 ans*; *le 16 Décembre*; *les Orphelins*; *Het Eerevaandel der werklieden*; *Het Eerevaandel der Weezen-jongens van Gent*. — M. Miry est chevalier de l'ordre de Léopold.

MISAËLIDIS (Misaël), premier chantre et directeur de la musique de l'église de Saint-Dimitri, à Smyrne, est un théoricien remarquable et l'un des musiciens les plus distingués de l'Orient. Dans son intéressant écrit : *Souvenirs d'une mission musicale en Grèce et en Orient*, M. Bourgault-Ducoudray (*Voyez* ce nom) parle ainsi de cet artiste : « Misaël Misaëlidis est un homme intelligent et instruit. S'il n'arrive pas à régénérer la musique byzantine, il aura, par ses travaux, rendu d'incontestables services à l'Orient. Il a le mérite, rare à nos yeux, de ne pas accepter en aveugle une théorie absurde. Il raisonne, il réfléchit, il remonte aux sources. Il a lu les traités des anciens, et dans un ouvrage important, qui n'est malheureusement pas encore imprimé, il montre les contradictions qui existent entre leurs principes et ceux des modernes. Il ne s'est pas contenté de relever les nombreuses erreurs dont fourmillent ces théories qui prétendent donner pour base à la musique byzantine la musique antique; il a fait une grammaire comparée. Grâce à lui, tout musicien byzantin pourra arriver en peu de temps à lire la portée européenne, et *vice versa*, tout Grec connaissant la musique européenne pourra apprendre facilement la notation orientale. Misaël a compris l'immense intérêt qu'il y aurait à abattre la barrière qui sépare l'Orient de l'Occident au point de vue musical. Si un but aussi désirable et aussi élevé pouvait être atteint, quelles conséquences n'en découleraient pas ? Les Orientaux, dont la musique a été immobilisée jusqu'ici dans une longue stagnation, comprendraient quel élément fécond et régénérateur elle doit trouver dans la polyphonie moderne. La musique européenne, déjà fatiguée par un développement excessif de son *majeur* et de son *mineur*, puiserait des éléments nouveaux de combinaison et des moyens d'expression encore inexploités dans l'adaptation de l'harmonie aux modes antiques.... »

MISON (Luis), flûtiste et compositeur espagnol qui jouit dans sa patrie d'une grande renommée comme virtuose et comme auteur de *zarzuelas* et de *tonadillas* (chansonnettes), naquit dans la première moitié du dix-huitième siècle à Barcelone. Il entra en 1748 à la chapelle royale de Madrid, et en 1756 il y tenait les parties de flûte et de hautbois avec un traitement annuel de 9,000 réaux (environ 2,250 francs), traitement considérable pour le temps et qui donne une haute idée de son talent. Artiste habile et homme distingué, Mison se faisait remarquer, dit-on, par l'étendue de ses connaissances littéraires et musicales; plusieurs écrivains espagnols se sont occupés de lui, entre autres F. M. Samaniego dans sa fable du *Tordo flautista*, et Manuel Garcia de Villanueva Hugalde et Parra dans son écrit intitulé *Origen, épocas y progresos del teatro español*. Mison est l'auteur de la musique du monologue : *Guzman el Bueno*, dû à la plume de Thomas Yriarte, auteur du fameux poëme *la Musica*, et il paraît avoir fait preuve d'un grand talent et d'une véritable originalité dans la composition de divers opéras et *zarzuelas*, parmi lesquels on cite surtout *Écho et Narcisse* et *Pyrame et Thysbé*. Il est considéré comme l'inventeur du genre de chansons dramatiques connues sous la dénomination de *tonadillas*, et qui lui ont valu une foule d'imitateurs; il en a composé un très-grand nombre, à une ou plusieurs voix, dont les rhythmes étaient pleins d'originalité, l'accent mélodique plein de charme et de saveur. Cet artiste distingué, que ses compatriotes regardaient comme une sorte de musicien national et dont la personnalité était très-nettement accusée, mourut à Madrid le 13 février 1766.

MITOYEN (J.....-B.....), musicien français né dans la seconde moitié du dix-huitième siècle, a publié à Paris, en 1811, un *Recueil de chants* *d'église, contenant les antiennes de la Sainte Vierge, les hymnes du carême, etc., mis en contre-point en trio, pour haute-contre, taille et basse.*

MITTAG (Auguste), chef d'orchestre et pianiste allemand fort distingué, né vers 1795, se fit une grande réputation de virtuose et de professeur, et compta, dit-on, Thalberg au nombre de ses élèves. Après avoir exercé les fonctions de chef d'orchestre en Saxe, cet artiste remarquable était depuis longues années fixé à Vienne, où son enseignement était très-recherché et où il était professeur de piano au Conservatoire. C'est à Vienne qu'il est mort, le 21 novembre 1867, à l'âge de 72 ans.

MOCKER (Antony), professeur, pianiste et compositeur pour son instrument, est depuis longtemps fixé à Lyon, où il occupe une situation fort honorable et où il partage son temps entre l'enseignement et la composition. Il a publié pour le piano environ 150 morceaux de genre, consistant en nocturnes, mélodies, divertissements, airs de ballet, rondos, et aussi en fantaisies sur des motifs d'opéras célèbres. Parmi ces compositions, qui ont été généralement bien accueillies, je citerai les suivantes : Scherzo brillant, op. 73 ; Chanson autrichienne ; Villanelle, op. 115 ; *Brises printanières*, 2 mélodies, op. 110 ; 3 Nocturnes, op. 60 ; *Nadine*, air de ballet, op. 103 ; Divertissement, op. 84 ; Chanson espagnole, op. 107 ; *Fête au Tyrol*, op. 88 ; *les Souvenirs*, op. 59 ; *la Fête helvétique*, op. 65 ; *Promenade sur l'eau*, op. 99, etc.

MOCKER (Melchior), fils du précédent, et comme lui pianiste, professeur et compositeur pour son instrument, a publié une centaine de petits morceaux de genre, parmi lesquels on peut signaler : 2 Mazurkas originales ; Marche turque, op. 20 ; *la Forêt enchantée*, op. 45 ; *Nymphes et Faunes*, pastorale ; *Fleurs des champs*, esquisses poétiques en 3 livres, op. 29, 31 et 35 ; Rêverie ; *Sultana*, caprice, etc.

MODERATI (Clite), est le nom d'un compositeur qui a fait représenter sur le théâtre de la Zarzuela, de Madrid, au mois de mars 1864, une zarzuela intitulée *Margarita*.

MOEHRING (Ferdinand), pianiste, organiste et compositeur allemand, est né à Alt-Ruppin le 18 janvier 1816. Après avoir fait de bonnes études, il s'est livré à l'enseignement et à la composition. Outre un opéra-comique en 2 actes, *der Pharraaus* (*la Cure*), qui a été représenté à Ruppin le 8 avril 1856, on connaît de cet artiste une symphonie, des ouvertures, des cantates, des quatuors pour instruments à cordes, des morceaux de concert pour piano, des *lieder*, des nocturnes, et enfin diverses compositions pour l'église. Le nombre des œuvres de M. Moehring s'élève à 70 environ.

MOENNSTADT (........), compositeur allemand, a fait représenter à Berlin, sur le théâtre Waltersdorff, au mois de juillet 1866, une opérette intitulée *l'Amour défendu*, dont il avait écrit les paroles et la musique.

MOENS (Simon). — *Voyez* **MOYNS.**

MOERICKE (Édouard), écrivain distingué, l'un des meilleurs poëtes de l'école de Souabe, né à Ludwigsbourg le 8 septembre 1804, mort à Stuttgard le 4 juin 1875, est auteur de l'écrit suivant : *Un Voyage de Mozart*, biographie, anecdotes, dont il a été donné une traduction française par A. Rolland (Bruxelles, Dumont, 1859, in-32).

Un artiste du même nom, M. *Oscar Mœricke*, s'est fait connaître en Allemagne, dans ces dernières années, par la publication de quelques compositions instrumentales. On lui doit aussi un opéra romantique intitulé *die Bergknappen* (*les Mineurs*).

MOERMANS (Hans ou Jean), facteur de clavecins à Anvers dans la seconde moitié du seizième siècle, fut reçu en cette qualité dans la gilde de Saint-Luc, en 1570. Il eut à la cathédrale, jusqu'en 1610, une place de chanteur parmi les basses, et à ce titre jouissait des revenus d'une chapellenie.

MOEZELE (Franz), compositeur allemand, a fait représenter le 3 mars 1873 à Vienne, sur le *Kunstlerhaus theater*, un opéra en 2 actes intitulé *Frédéric le Calorique*.

MOHR (Adolphe), compositeur allemand, est l'auteur d'une opérette intitulée *le Cousin de Brême*, qui a été représentée à Hombourg en 1872.

MOJANA (Pietro-Antonio DE), dilettante et compositeur italien, s'est fait connaître par la publication de plusieurs mélodies vocales à une ou plusieurs voix, entre autres une série de trois nocturnes pour soprano, ténor et basse. Il est aussi l'auteur d'une *farsa* en un acte intitulée *Emma di Fondi*, et d'un opéra sérieux, *la Figlia del Proscritto*. J'ignore où et quand ces deux ouvrages ont été représentés. De Mojana est mort à Milan le 7 décembre 1870.

MOLCK (Heinrich), compositeur allemand contemporain, s'est fait connaître par la publication d'un grand nombre de compositions vocales, tant religieuses que profanes. Je citerai les suivantes : le 130e psaume à 4 voix seules, avec chœurs et accompagnement d'instruments à cordes, op. 63 ; 4 morceaux de chant religieux, op. 69 ; 3 morceaux de chant religieux, op. 75 ; recueils de *lieder* à une ou plusieurs voix, op.

60, 61, 62, 65, 66, 67, 68, 69, 70, 71, 72, 73, 74, 75, 78, 81, 82, 83, 84, 85, 86; *lieder* patriotiques, op. 74, etc. Je n'ai pu recueillir aucun renseignement biographique sur cet artiste.

MOLINA (Barthélemé), moine espagnol de l'ordre des Franciscains, né dans la seconde moitié du quinzième siècle, a publié un Traité de plain-chant.

* **MOLINOS-LAFITTE** (Mme), compositeur amateur, publiait chaque année, aux environs de 1840, un album d'une dizaine de romances ou chansonnettes, qui paraissait chez l'éditeur Catelin.

* **MOLIQUE** (Bernard), violoniste et compositeur pour son instrument, est mort à Kannstadt, le 10 mai 1869. Il avait fait exécuter au mois de septembre 1860, au grand festival triennal de Norwich, un oratorio intitulé *Abraham*. — Un frère de cet artiste remarquable faisait partie de l'orchestre du théâtre de Stuttgard, et mourut en cette ville au mois de novembre 1861.

* **MOMIGNY** (Jérôme-Joseph DE). — Cet artiste n'est pas né en 1766, comme il est dit au tome VI de la *Biographie universelle des Musiciens*. Le doute n'est plus permis à ce sujet, depuis la publication de son acte de naissance, qui a été produit par M. Édouard Gregoir dans le troisième volume de son *Panthéon musical*, et qui est ainsi conçu : — « Le vingt janvier dix-sept cent soixante-deux est né à Philippeville Jérôme-Joseph Momigny, fils de Jérôme Momigny, maître d'école en cette ville, et de Marie-Joseph Joslet, ses père et mère, mariés ensemble à Walcourt, demeurant à Philippeville. » Malheureusement, on n'a pu découvrir jusqu'ici le lieu et la date de la mort de Momigny. On remarquera, dans le document qui précède, l'absence de la particule *de*, que Momigny a toujours accolée à son nom.

MOMIGNY (Georges-Joseph DE), compositeur, né à Vire (Calvados), le 12 décembre 1812, est le fils de l'artiste qui fait l'objet de la notice précédente.

Admis en 1830, comme élève pensionnaire au Conservatoire de Paris, Georges de Momigny y eut pour professeurs Zimmermann et Reicha. Étant sorti de cet établissement, il se livra au professorat, obtint le poste d'organiste à la Chapelle-Saint-Denis, et se fit connaître en outre par un assez grand nombre de compositions musicales, consistant surtout en romances, nocturnes, mélodies religieuses, etc.

En 1844, il créa *la Semaine des jeunes filles*, album spécial de chant à l'usage des maisons d'éducation, dont il a paru quatre années. Vers la même époque, il fut nommé professeur de piano et de chant à *l'Institution royale de jeunes demoiselles* de Nogent-sur-Marne.

Parmi les productions de M. de Momigny, nous citerons encore un *Album artistique*, contenant six morceaux de chant, trois cantiques pour le mois de Marie, et enfin un 1er *Salut solennel*, composé d'un *O Salutaris* et d'un *Ave Maria*, publiés séparément, avec accompagnement d'orgue et violon (Paris, H. Gautier). Ces deux compositions, écrites dans le style concertant, ont été exécutées pour la première fois à Paris, dans l'église de la Trinité, le 25 avril 1875.

M. Georges de Momigny habite maintenant sa ville natale. J. C — z.

* **MONARI** (Clément), compositeur dramatique, est né, non dans le duché de Modène, comme il a été dit par erreur, mais à Bologne. Outre les deux ouvrages signalés à son nom, il a encore écrit un opéra, *Atalanta*, et un oratorio, *la Purità trionfante del Sospetto*, composé à l'occasion de la fête de l'empereur Joseph Ier sur l'ordre du duc de Modène, et exécuté en 1711 dans l'église des Carmélites de Modène.

* **MONASTERIO** (Jesus), violoniste espagnol, est né, non en 1835, mais le 21 mars 1836. Cet artiste fort distingué a fondé en 1861, à Madrid, une société de quatuors qui grâce à son talent a obtenu les plus grands succès, et il dirige de la façon la plus remarquable les concerts classiques du Conservatoire. M. Monasterio a rendu ainsi de très-grands services à l'art et à son pays, en faisant connaître et apprécier de ses compatriotes, à l'aide d'une excellente exécution, les grands chefs-d'œuvre de la musique symphonique et de la musique de chambre. Il est chevalier de l'ordre de Charles III, commandeur de l'ordre d'Isabelle la Catholique, et membre de l'Académie des Beaux-Arts de Madrid.

MONBINNE (Théodore-Nicolas-Marie), caissier dans une maison de banque, né à Paris en 1803, mort en cette ville le 21 mars 1876, mérite de prendre place au nombre de ceux qui se sont fait remarquer par leurs sympathies effectives en faveur de l'art et des artistes. Cet homme de bien, qui, à force d'ordre et d'économie, avait amassé un modeste avoir, a laissé en mourant les sommes nécessaires à la fondation de quelques œuvres dont deux intéressent la musique. La première est une rente annuelle de 250 francs léguée à l'Association de secours mutuels des artistes musiciens; la seconde consiste en un prix biennal de 3,000 francs mis à la disposition de l'Académie des Beaux-Arts, et qui sera décerné par elle « soit à l'auteur de la musique d'un opéra-comique représenté dans les deux précédentes années, soit à une composition musicale envoyée par un pensionnaire de Rome dans les quatre années précédentes, soit à une composition symphonique avec ou sans paroles, soit à une cantate, un oratorio, soit à une composition religieuse. »

* **MONDONVILLE** (JEAN-JOSEPH **CASSANEA DE**), violoniste et compositeur fameux du dix-huitième siècle, naquit à Narbonne le 25 décembre 1711. Cette date paraît établie d'une façon bien certaine aujourd'hui, d'après une notice publiée à Narbonne même, sous les auspices de la commission archéologique de cette ville, par M. L. Galibert : *J.-J. Cassanea de Mondonville, compositeur et maître de musique de la chapelle du roi* (Narbonne, Caillard, 1856, in-8° de 38 p.). L'auteur de cette notice nous renseigne en ces termes sur la naissance, sur le nom et sur la famille de Mondonville : — « Jean-Joseph Cassanea de Mondonville naquit à Narbonne le 25 décembre 1711, dans la paroisse de Saint-Sébastien. Cassanea prit le nom de *Mondonville*, enrichi de la particule nobiliaire, par suite de son mariage avec une demoiselle *de Mondonville*, de Toulouse, dont la famille se rendit célèbre par ses différends avec les Jésuites, à propos de l'*Institut des Filles de l'Enfance*, fondé par Mme de Mondonville, tante de l'épouse de Cassanea. L'auteur des *Annales de Toulouse*, du Rosoy, pense que les Cassanea étaient originaires de cette ville; et, à l'appui de son assertion, il cite un Jean de Cassanea qui fut capitoul de Toulouse en 1533. Si cette généalogie est exacte, la branche de Cassanea de Narbonne aurait bien déchu, car le père de notre compositeur était simple maître de musique des enfants de chœur de Saint-Just, et, en 1745, un autre Cassanea remplissait les modestes fonctions de bassoniste à l'église de Saint-Sébastien.... » Mondonville mourut le 8 octobre 1772, et non 1773, comme il a été imprimé par erreur dans la *Biographie universelle des Musiciens*.

En dehors de ses œuvres dramatiques, Mondonville a écrit un assez grand nombre de compositions religieuses pour le Concert spirituel, et il a publié diverses œuvres de musique instrumentale. Ces dernières comprennent : 1° 1er livre de sonates de violon; 2° 2e livre de sonates de violon, ou sons harmoniques; 3° un livre de trios; 4° un livre de pièces de clavecin, avec accompagnement de violon; 5° un second livre de pièces de clavecin, en petits motets, avec accompagnement de violon; 6° plusieurs concertos de violon. Ses motets, tous avec chœur et orchestre, sont les suivants : *De profundis, Bonum est, Cœli enarrant, Jubilate, Dominus regnavit, Magnus Dominus, Venite exultemus, Nisi Dominus* (1).

* **MONETA** (JOSEPH). — On a publié de ce compositeur un recueil de *Sei ariette a voce sola*. M. le docteur Basevi, de Florence, possède en manuscrit, dans sa bibliothèque, les œuvres suivantes de Moneta : 1° *Notturni a voce sola;* 2° *Cantata a voce sola di sei ottave del canto XIX della* Gerusalemme liberata *del Tasso;* 3° *la Morte del generale Hoche, sinfonia.* Enfin, à la liste des ouvrages dramatiques de Moneta, il faut ajouter les deux suivants : *la Poetessa capricciosa*, jouée à Florence en 1790, et *il Trionfo di Gedeone*, donné dans la même ville en 1804.

MONGINI (PIETRO), chanteur italien, né vers 1830, parcourut une belle carrière en faisant entendre une voix de ténor à la fois robuste et pure, qu'il savait diriger avec goût et intelligence. Après s'être fait applaudir dans sa patrie, à Milan et à Turin particulièrement, il se produisit à l'étranger, et obtint surtout des succès au théâtre impérial de Saint-Pétersbourg, à celui de l'Oriente, de Madrid, ainsi que sur la scène italienne de Paris (1872). Cet artiste est mort à Milan, dans toute la force de l'âge et du talent, le 27 avril 1874.

MONIOT (EUGÈNE), compositeur et auteur dramatique, né vers 1820, mort à Paris au mois de novembre 1878, à l'âge de cinquante-huit ans, s'est fait connaître d'abord par un certain nombre de romances et chansonnettes, puis par quelques vaudevilles représentés sur de petits théâtres. Devenu directeur d'une scène minuscule, celle des Folies-Marigny, qui avait porté le titre de *Bouffes-Debureau* après avoir été le berceau des Bouffes-Parisiens, il prit ensuite (1865) la direction du théâtre Saint-Germain, devenu plus tard théâtre Cluny, lequel venait d'être fondé par l'effet du décret de 1864 qui rétablissait le régime de liberté industrielle en matière d'entreprises dramatiques; son administration ne fut pas heureuse, et peu de temps après il se voyait obligé d'y renoncer. Eugène Moniot a fait représenter les opérettes suivantes, toutes en un acte, et dont, à l'exception de trois seulement, il a écrit les

(1) J'ai publié dans la *Revue et Gazette musicale de Paris*, en 1860, un travail assez étendu sous le titre de *Mondonville et la Guerre des coins*. On trouvera dans cette étude des renseignements peu connus sur l'artiste qui en fait l'objet.

paroles et la musique : 1° *la Dette de Jacquot* (paroles de MM. Amédée de Jallais et Emile Thierry), Bouffes-Debureau, 1er septembre 1858; 2° *le Fils d'Ulysse* (en vers libres), Délassements-Comiques, 5 mai 1866 ; 3° *Amoureux d'une valse*, Nouveautés, octobre 1866; 4° *le Dernier Romain*, Folies-Marigny, 11 octobre 1867 ; 5° *l'Exemple* (paroles de M. Jaime), Bouffes-Parisiens, 1er janvier 1873; 6° *V'là le Tambour-major*, Folies-Bergère, février 1873; 7° *les Épouseux de Marianne*, Folies-Bergère, mars 1873; 8° *Minuit*, Menus-Plaisirs, 14 février 1874 ; 9° *la Fille de Dagobert* (paroles de M. Hermil), Folies-Bergère, 18 février 1874; 10° *Marianne et Jeannot*, Renaissance, 1er septembre 1875; 11° *Mignonne*, Bouffes-Parisiens, 10 décembre 1877. On doit aussi à Moniot la musique d'une cantate politique, *le Mincio*, exécutée au théâtre des Variétés à la fin du mois de juin 1859. Tout cela est bien mesquin, bien banal, bien peu musical. Eugène Moniot, qui a écrit encore la musique d'une féerie en 5 actes et 14 tableaux, *les Heures diaboliques*, jouée au théâtre Déjazet le 10 octobre 1874, a publié une soixantaine de petits morceaux de piano sans valeur aucune.

Un fils de cet artiste, M. *Georges Moniot*, musicien aussi, a fait représenter au petit théâtre des Folies-Marigny, en 1877, deux opérettes en un acte intitulées *l'Héritage de M. Maclou* et *la Dernière Crinoline;* dans la même année, il donnait un autre ouvrage du même genre, *un Convive sans gêne*, sur une scène de même importance, les Folies-Bergère.

MONIUSZKO (Stanislas), compositeur polonais célèbre, naquit le 5 mai 1820 à Litthauen, dans le gouvernement de Minsk, en Lithuanie. Il appartenait à une famille polonaise très-honorablement connue dans cette contrée, où elle était établie depuis longtemps, et où elle jouissait d'une certaine aisance. Sa mère, femme très-distinguée et excellente musicienne, douée d'une voix admirable, berça son enfance avec les chants historiques de Niemcewicz, et lui donna ses premières leçons de piano. Il travailla ensuite avec un artiste de premier ordre, l'excellent organiste Auguste Freyer, puis avec l'un des meilleurs professeurs de Minsk, Dominique Stefanowicz, musicien passionné, qui sut développer chez son élève l'amour que lui-même ressentait pour son art.

Voyant ses penchants favorisés par sa famille au lieu d'être combattus, comme il arrive souvent, Moniuszko n'en étudia qu'avec plus d'ardeur. En 1837, accompagné de son père, il entreprit un voyage à Berlin, dans le but de se perfectionner et d'achever son éducation, et travailla la composition dans cette ville sous la direction d'un artiste fort distingué, Frédéric Rungenhagen, élève lui-même de Benda et de Zelter, et auteur de compositions religieuses estimées. Après trois années passées avec ce maître, il retourna dans sa patrie et s'établit à Wilna, capitale de la Lithuanie, où il se fit en peu de temps une réputation brillante comme compositeur et comme professeur.

Très-bien vu des artistes, auxquels il aimait à rendre service, fort accueilli dans la société, Moniuszko fit plusieurs voyages à Saint-Pétersbourg, où la famille impériale le reçut avec courtoisie et distinction, et il donna en cette ville un certain nombre de concerts pour y produire quelques-unes de ses œuvres, qui obtinrent auprès du public russe un véritable succès. Il parcourut ensuite l'Europe, se lia à Paris avec Meyerbeer, à Weimar avec Liszt, dont il admirait le talent de virtuose, puis, de retour en Pologne, se fixa à Varsovie. Il donna sur le théâtre de cette ville, en 1846, son premier ouvrage dramatique, *Halka*, opéra en deux actes, qui attira l'attention des vrais connaisseurs, et fut bientôt reproduit à Wilna. Il s'adonne alors au genre lyrique, y montre toute la souplesse de son talent et de ses facultés, et dans l'espace de dix années environ fait représenter les ouvrages suivants : *Loterza*, opérette (Varsovie) ; *le Nouveau Don Quichotte*, opéra-bouffe, paroles du comte Alexandre Fedro ; *une Nuit dans les montagnes de l'Apennin*, composition descriptive; *Milda, déesse de la beauté*, cantate exécutée à Saint-Pétersbourg en présence du grand-duc héritier, et à lui dédiée (1849); *Niola*, cantate mythologique; *Idéal*, opérette; *Betty*, opérette; *les Bohémiens*, opérette ; *la Madone*, hymne pour solo, chœur et orchestre; *un Conte*, fantaisie pour orchestre.

Moniuszko écrivit encore la musique pour la troisième partie du grand poëme d'Adam Mickiewicz, *Dziady*, pour trois chants du même auteur, très-répandus en Lithuanie, et pour un petit poëme intitulé *le Joueur de lyre*. Il se fit connaître comme compositeur de musique religieuse en publiant quatre *Litanies* pour chœur et orchestres (écrites expressément pour l'église Notre-Dame de Wilna), une messe à quatre voix avec orchestre, et trois messes sur texte polonais, avec accompagnement d'orgue. Enfin, outre d'assez nombreux morceaux de piano, il composa encore plus de cent mélodies vocales, dont quelques-unes sont devenues et méritaient de devenir populaires. Ces mélodies se font remarquer par un charme étrange, une saveur toute particulière, un sentiment mélancolique d'une grâce et d'une tendresse tout à fait pénétrantes. Un recueil choisi de ces jolies compositions vocales a été publié à Paris sous le titre : *Échos de Pologne* (chez Flaxland), avec paroles françaises de M. Alfred des Essarts. Ce recueil est formé de pièces très-originales, d'une allure touchante et rêveuse, qui procurent une sensation peu commune. Le caractère de ces morceaux est singulier, les rhythmes accompagnants en sont très-variés et parfois de forme inusitée, d'autres fois d'une simplicité toute primitive; les harmonies, très-fines souvent, très-douces toujours, présentent des successions d'accords inattendus et qui surprennent, sans les choquer, nos oreilles occidentales, habituées à d'autres formules, à d'autres dessins, à d'autres combinaisons. Les mélodies de Moniuszko, en un mot, sont un fruit de la terre sur laquelle est né le compositeur; on sent qu'elles sont slaves de naissance, comme certaines poésies populaires, *les Doïnas*, entre autres, qui ne sauraient cacher leur origine. La plupart de celles qui composent le recueil que j'ai signalé sont adorables, et il serait bien difficile d'y faire un choix; je citerai au hasard *le Soir*, *l'Hirondelle*, *le Chant de la Forêt*, *les Larmes*, *le Cosaque*, *le Fiancé*, et un charmant *Cracoviak* à deux voix.

Ce dernier a donné lieu à un petit fait assez singulier. Lorsque M. Léo Delibes (*Voy.* ce nom) fut chargé par la direction de l'Opéra d'écrire la partition du joli ballet de *Coppélia*, Saint-Léon, qui était excellent musicien en même temps que chorégraphe accompli, lui proposa, pour donner plus de saveur à sa musique et plus de caractère, de lui dicter quelques motifs populaires en Pologne et en Russie, où il avait longtemps résidé. Les compositeurs sont toujours, avec raison, très-friands de choses de ce genre, qui donnent la véritable couleur locale. M. Léo Delibes écrivit donc, sous la dictée de son collaborateur, quelques-uns de ces chants populaires, qu'il intercala dans sa partition sans penser à mal. Mais voici que l'éditeur des mélodies de Moniuszko, assistant à une représentation de *Coppélia*, reconnut au passage le joli *Cracoviak* dont je viens de parler, et, s'étonnant d'une telle rencontre musicale, demanda à M. Delibes s'il était bien certain de l'originalité de ce motif, varié du reste par le jeune compositeur avec beaucoup de verve, de grâce et de distinction. M. Delibes, qui n'est pas à cela près d'une jolie mélodie, et qui peut sans rougir avouer un emprunt, déclara aussitôt que celle-ci n'était pas de lui, que Saint-Léon la lui avait chantée de mémoire, et que la trouvant fort heureuse il l'avait employée.

Ceci prouve la popularité des chants de Moniuszko, qui courent les rues et les campagnes, et que chacun répète sans savoir si l'auteur est mort ou vivant, connu ou inconnu, célèbre ou obscur.

Quoi qu'il en soit, Moniuszko laissera un nom et sera classé dans l'avenir parmi les musiciens sinon les plus remarquables, du moins les plus distingués du dix-neuvième siècle. Il s'est essayé dans presque tous les genres : dans la musique dramatique, dans la musique religieuse, dans la cantate, dans la musique instrumentale; il a réussi dans tous, mais il ne laisserait que ses jolies mélodies, ses chants devenus si rapidement populaires, qu'il mériterait une place à part au milieu des musiciens de ce temps, et serait digne d'être tiré de pair.

Moniuszko est mort le 4 juin 1872, à Varsovie, où il occupait depuis environ quinze années le poste de directeur de l'Opéra, et où il avait fait représenter encore, le 14 décembre 1869, un opéra en trois actes, *le Paria*, tiré du drame de Casimir Delavigne qui porte le même titre, et exécuter un grand poëme lyrique intitulé *Faust*, ainsi qu'une ode-symphonie, *Crimée*, pour *soli*, chœurs et orchestre (mars 1868). La ville de Varsovie lui a fait des funérailles splendides, témoignant ainsi de l'estime qu'elle professait pour son talent et pour son caractère.

MONLIURD (C....-E....-F....), est le nom d'un écrivain auquel on doit un *Sermon sur la musique sacrée*, qui a été publié à Genève en 1802.

* **MONNAIS** (Guillaume-Édouard-Désiré), est mort à Paris le 25 février 1868. A la liste de ses écrits relatifs à la musique, il faut joindre le suivant : F. Halévy, *souvenirs d'un ami, pour joindre à ceux d'un frère* (Paris, impr. Chaix, 1863, in-8° de 38 p.); ces « souvenirs » personnels sont fort intéressants, et seront utiles à l'écrivain qui entreprendra une étude complète sur l'illustre artiste qui en fait l'objet. Édouard Monnais possédait, dit-on, un agréable talent d'amateur sur le violon.

* **MONOPOLI** (Jacques). — *Voyez* **INSANGUINE.**

MONSIGU (Joseph-Jean-Baptiste), né le 29 janvier 1849, s'est fait connaître à Marseille, où il habite, par quelques publications pour le piano, — *Chant des feuilles*, *Villanelle*, *Voyage aérien* (valse), *Postillon-Polka* (Pépin frères, éditeurs à Marseille), et deux opéras : *Châteaux en Espagne*, opéra-comique en un acte, et *Spartacus*, grand opéra en 5 actes, dont plusieurs fragments ont été entendus dans des réunions privées.

AL. R — D.

* **MONTAG** (Ernest), pianiste et compositeur, est mort à Weimar au mois d'octobre ou de novembre 1864.

MONTAL (Claude), facteur de pianos, né à la Palisse (Allier), le 28 juillet 1800, est un exemple étonnant de ce que peut l'intelligence humaine, même placée dans les conditions les plus difficiles, lorsqu'elle est aidée par l'énergie, la persévérance et la volonté. A peine âgé de cinq ans et demi, Montal était frappé de cécité, et à seize ans il était admis à l'Institution des Jeunes-Aveugles, où, après avoir appris les mathématiques, il professait bientôt cette science, tout en exerçant son adresse dans certains travaux manuels. Bientôt il se mit à étudier avec ardeur la construction et le mécanisme des pianos, ouvrit à sa sortie de l'école, en 1831, un cours public pour l'accord de ces instruments, publia en 1834 un *Abrégé de l'art d'accorder soi-même son piano* (Paris, 1834, in-8° avec planches et figures), et deux ans après fit suivre ce petit manuel d'un écrit plus étendu, et dont voici le titre exact : *l'Art d'accorder soi-même son piano, d'après une méthode sûre, simple et facile déduite des principes exacts de l'acoustique et de l'harmonie; contenant en outre les moyens de conserver cet instrument, l'exposé de ses qualités, la manière de réparer les accidents qui surviennent à son mécanisme, un traité d'acoustique, et l'histoire du piano et des instruments à clavier qui l'ont précédé, depuis le moyen âge jusqu'en* 1834 (Paris, Meissonnier, in-8° avec planches, 1836). Il a été fait de ce manuel plusieurs éditions, et il a été traduit en plusieurs langues. Pendant ce temps, Montal créait, pour la fabrication des pianos, un établissement important, qui prospérait rapidement, et, après avoir placé quelques spécimens de ses produits à l'Exposition industrielle de 1834, il obtenait successivement toutes les récompenses et toutes les distinctions que peuvent décerner les jurys, les sociétés de toutes sortes, les académies et les athénées. A la suite de l'Exposition universelle de 1851, Montal était nommé chevalier de la Légion d'honneur, et peu après il publiait une nouvelle brochure, intitulée : *Notice raisonnée sur les perfectionnements introduits dans la fabrication des pianos* (Paris, 1852, in-8° de 31 pages). Cet homme distingué est mort le 7 mars 1865. — M. Guadet, directeur de l'Institution des Jeunes-Aveugles, dont Montal avait été l'élève, a publié une *Notice biographique sur Claude Montal, facteur de pianos à Paris* (Paris, 1845, in-8°).

MONTANDON (Auguste-Laurent), pasteur de l'Église réformée, à qui ses prédications valurent une grande notoriété, s'est beaucoup occupé de musique et a été l'un des plus ardents sectateurs de la méthode Chevé, en faveur de laquelle il a publié l'écrit suivant : *École Galin-Paris-Chevé. Problème musical historique, pédagogique, prophétique*, Paris, 1861, Taride, in-8° de plus de 200 pages. Joignant la pratique à la théorie, il publia aussi, en notation chiffrée, les recueils suivants : *Chants religieux à l'usage des écoles du dimanche*, trois recueils de cantiques à deux voix; 2° *Chants de l'Alliance chrétienne universelle*, à deux voix; 3° *Chants de l'école et des loisirs*; 4° *Recueil de psaumes et cantiques à l'usage des églises réformées.* Montandon, qui était né à Clermont-Ferrand en 1803, est mort au mois de décembre 1876.

MONTAUBRY (Jean-Baptiste-Édouard), chef d'orchestre et compositeur, né à Niort le 27 mars 1824, reçut de son père, musicien en province, ses premières leçons. Venu de bonne heure à Paris, il entra au Conservatoire dans la classe d'Habeneck, et remporta un accessit de violon en 1843. Devenu, fort jeune, second chef d'orchestre au théâtre du Vaudeville, il succéda bientôt comme premier chef à Doche, lorsque celui-ci partit pour la Russie. Il eut alors l'occasion de se faire connaître comme compositeur, en écrivant des couplets, des rondes et des chansons pour certaines pièces dont les succès furent éclatants, entre autres pour *les Filles de Marbre*, dont la ronde de Marco courut tout Paris, et pour *la Vie en rose*. Ses petits airs n'étaient dénués ni de charme ni de distinction. Quelques auteurs lui confièrent alors de véritables livrets d'opérettes, dont il fit la musique, et ces petits ouvrages, *le Nid d'amours*, *le Rat de ville et le Rat des champs*, *les Néréides et les Cyclopes*, furent représentés au Vaudeville et accueillis avec faveur. Bientôt il écrivit un ouvrage en un acte, *l'Agneau de Chloé*, qui fut joué au Théâtre-Lyrique le 9 juin 1858, et il donna aussi quelques opérettes aux Folles-Nouvelles, *Freluchette* (1856), *la Perruque de Cassandre* (vers 1858), *Vendredi* (1859). En 1862 ou 1863, encouragé par l'exemple de son frère, qui s'était fait une belle situation comme chanteur, M. Montaubry crut se découvrir de la voix, se mit à travailler le chant, et quitta sa position pour aller tenir en province l'emploi des ténors. Mais il n'était plus à l'âge où de semblables essais peuvent réussir. Depuis cette époque, on n'en a plus entendu parler.

MONTAUBRY (Achille-Félix), frère du précédent, chanteur qui a tenu pendant plusieurs années l'emploi de premier ténor à l'Opéra-Comique, est né à Niort le 12 novembre 1826. D'abord élève de violoncelle au Conservatoire, il commença par être musicien d'orchestre, et était violoncelle au Vaudeville lorsque son frère n'y était encore que premier violon. S'étant aperçu qu'il possédait une jolie voix, il rentra au Conservatoire, y devint élève de Panseron pour le chant, de Moreau-Sainti pour l'opéra-comique, et obtint au concours de 1846 un second prix d'opéra-comique. Il partit alors pour l'Amérique, où un engagement avantageux lui était offert, et fit à la Nouvelle-Orléans une campagne très-brillante. Au bout de deux ans il revint en Europe, et obtint de très-grands succès en tenant l'emploi de ténor léger à Lille, Bruxelles, la Haye, Strasbourg, Marseille, Bordeaux, etc.

On s'étonnait de ne pas voir M. Montaubry à l'Opéra-Comique, lorsque Roqueplan, à son arrivée à ce théâtre, lui fit proposer un traité de cinq ans, à raison de 40,000 francs par année. M. Montaubry accepta et vint débuter, le 16 décembre 1858, dans un ouvrage fait à son intention, *les Trois Nicolas*, dont Clapisson avait écrit la musique, et dans lequel il personnifiait Dalayrac. Son succès fut très-grand dès l'abord, et prit bientôt les proportions d'une véritable vogue. Non que le chant du nouveau ténor brillât par le style et la distinction; il avait même parfois un caractère de vulgarité fâcheux, et M. Montaubry, comme comédien, était souvent d'un sans-gêne et d'un laisser-aller condamnables. Mais le chanteur avait de la facilité, une voix bien timbrée, de jolies notes de fausset, l'acteur avait de la verve, de l'acquis, beaucoup d'aplomb, et à une époque où les ténors commençaient à se faire si rares, il n'en fallait pas davantage pour lui assurer les faveurs du public. M. Montaubry reprit donc avec succès un grand nombre de rôles du répertoire: *Fra Diavolo*, *le Songe d'une nuit d'été*, *les Mousquetaires de la Reine*, *Zampa*, *le Postillon de Lonjumeau*, *le Petit Chaperon rouge*, *Rose et Colas*, et il fit plusieurs créations importantes: *le Roman d'Elvire*, *la Circassienne*, *le Joaillier de Saint-James*, *Lalla-Roukh*, *Lara*, etc.

En 1868, M. Montaubry quitta l'Opéra-Comique. Sa voix avait perdu une partie de sa fraîcheur, et il songea d'abord à tirer parti de son talent comme professeur. Mais bientôt il acheta un petit théâtre, les Folies-Marigny, et se fit directeur de cette scène lilliputienne, sur laquelle il fit représenter et joua lui-même une opérette de sa composition, *Horace*. Il abandonna promptement cette entreprise. En 1873, après avoir fait jouer sur un petit théâtre une seconde opérette, intitulée *Son Altesse le Printemps*, il fut engagé à la Gaîté, pour jouer le rôle principal dans la reprise faite à ce théâtre de l'*Orphée* de M. Offenbach. En 1877, il quitta Paris pour aller prendre la direction d'un théâtre en province.

M. Montaubry a épousé en 1850 une chanteuse de talent, Mlle Caroline Prévost, fille elle-même d'une cantatrice distinguée, Mlle Zoé Prévost. Dans son premier engagement à l'Opéra-Comique, il avait fait insérer une clause par laquelle le théâtre s'engageait à jouer un ouvrage en deux actes de son frère, dont le rôle principal serait rempli par lui. Celui-ci n'a pas profité de l'avantage que l'affection de son frère lui avait fourni.

MONTEMAYOR (Le P. Francisco-Melchor), musicien espagnol, plus connu en son temps sous le nom de maître *Cabello*, fut l'un des compositeurs religieux les plus distingués de son pays dans la seconde moitié du dix-septième siècle. Moine de l'ordre de Saint-Jérôme au monastère de Guadalupe, il écrivit quantité d'œuvres de musique sacrée, dont on rencontre encore un grand nombre dans les divers couvents de son ordre, particulièrement à l'Escurial. On ne possède aucuns renseignements biographiques sur cet artiste, que l'on sait seulement être mort dans un âge avancé.

MONTENEGRO (Antonietta), chanteuse italienne renommée, née à Cadix vers 1825, s'est fait une grande réputation par son talent de cantatrice, par sa beauté poétique, fière et imposante, et par sa rare intelligence. Elle fit ses débuts en 1844, à Milan, sur le théâtre de la Scala, en chantant la *Norma* de Bellini, et son succès fut tel que l'ouvrage fut joué plus de trente fois dans le cours de la saison et qu'on frappa une médaille d'or reproduisant les traits de la cantatrice. De Milan elle se rendit à Venise, puis se fit entendre avec le même succès à Vienne et à Rome, et parcourut ensuite l'Angleterre, la Hollande et la Belgique. De retour à Milan en 1856, elle fanatisait de nouveau le public de la Scala dans *Semiramide*, où elle obtint un véritable triomphe. Chanteuse d'inspiration, douée d'une voix étendue et puissante, sympathique et pénétrante surtout dans le médium, se distinguant par ses élans passionnés et son sentiment pathétique, la Montenegro brillait tout particulièrement dans les ouvrages du grand répertoire italien, tels que la *Norma*, *Lucre-*

zia Borgia, *Semiramide* et *Anna Bolena*. Cette artiste remarquable est morte à Naples au mois de juin 1864.

MONTI (DECIO), compositeur italien, a fait représenter en 1869, sur le théâtre Doria, de Gênes, un opéra en trois actes intitulé *Graziella*.

MONTICELLI (ANGE), né à Marseille le 2 octobre 1829, a fait dans cette ville son éducation musicale. En 1845 il se rendit à Paris pour y compléter ses études. Lorsque survinrent les événements de 1848, il fut rappelé par sa famille et revint à Marseille, qu'il n'a plus quittée. Il s'y est voué à l'enseignement. Cet artiste s'est fait connaître comme compositeur par un opéra en trois actes, *le Fou de Saint-James*, qui fut représenté pour la première fois au Grand-Théâtre de Marseille le 21 mai 1851. Il a publié aussi divers morceaux de piano. M. Monticelli est actuellement professeur de musique aux écoles communales et au lycée de Marseille.

AL. R — D.

MONTIGNY (FANNY-MARCELINE-CAROLINE **RÉMAURY**, épouse), l'une des pianistes les plus remarquables de l'époque actuelle, est née à Pamiers (Ariége), le 22 janvier 1843. Elle fut amenée tout enfant à Paris, et après avoir été admise au Conservatoire, dans la classe de solfége de Mlle Mercié-Porte, elle entrait, peu de temps après, dans la classe de piano de M. Le Couppey. Elle obtenait au concours de 1856 un premier accessit de piano, l'année suivante le second accessit de solfége et le second prix de piano, en 1858 le premier accessit de solfége et le premier prix de piano, et en 1859 une seconde médaille (second prix) de solfége. A la fin de cette année 1859, elle entra dans la classe d'harmonie et accompagnement de Mme Dufresne, remporta en 1861 le premier accessit pour cette partie de ses études, en 1862 le premier prix, et termina ainsi brillamment sa carrière scolaire.

Après avoir accompli son apprentissage d'artiste, Mlle Caroline Rémaury commença à se faire entendre en public, et fit apprécier un talent qui brillait à la fois par la finesse et la solidité, la grâce et la fermeté, par un goût très-pur et par la franchise d'une exécution dont la sûreté était inébranlable. Au bout de quelques années, la jeune artiste, par l'évidente supériorité de son jeu, s'était fait une place à part dans le nombre de nos meilleurs virtuoses et avait conquis une légitime renommée. D'ailleurs, il semblait que ses succès ne fissent que l'encourager au travail, et chaque jour son talent acquérait plus de force, d'assurance et de distinction. Un son clair et superbe, un style noble et pur, une excellente manière de phraser, la vive et saine compréhension des maîtres, à quelque genre qu'ils appartiennent, et par conséquent la souplesse et la variété dans le jeu, telles sont les qualités de cette grande artiste, qui exécute avec la même supériorité les œuvres de Bach ou de Rameau, de Mozart ou de Beethoven, de Schumann ou de Chopin, de Schuloff ou de Mendelssohn, ou encore les productions des jeunes compositeurs contemporains, MM. Saint-Saëns, Widor, Rubinstein, Godard, etc.

Dans ces dernières années, Mme Montigny-Rémaury (1) s'est fait entendre non-seulement dans nombre de concerts particuliers, mais aux concerts du Châtelet, et surtout au Conservatoire, où elle obtient toujours de vifs applaudissements. En 1876, elle a donné des séries de concerts à Bordeaux, à Lyon et à Londres, et dans cette dernière ville ses succès ont été éclatants. En 1877, sur la demande expresse de M. Ferdinand Hiller, directeur du Gürzenich, elle s'est rendue à Cologne, où elle a obtenu un véritable triomphe.

Mme Montigny est assurément l'une des artistes les plus accomplies de ce temps, et, faculté rare! elle ne brille pas moins dans l'exécution de la musique d'ensemble que lorsqu'elle est appelée à se produire comme virtuose proprement dite.

MONTLAUR (JOSEPH-ISIDORE, comte **VILLARDY DE**), amateur distingué de musique, né au château de Pondres, près de Sommières, dans le département du Gard, le 5 février 1779, mourut dans le même lieu le 22 décembre 1848. Il prit, dit-on, des leçons de violon avec Rode, et travailla l'harmonie avec Reicha. Doué d'une fort belle voix de ténor, il obtenait, comme chanteur, de grands succès de salon, ce qui ne l'empêcha pas de se livrer à la composition. Il a publié deux recueils de Nocturnes : *Veillées du château* et *Nouvelles Veillées du Château* (Paris, Pacini), deux duos italiens : *Ecco dunque la bella Maraviglia* et *la Serenata* (Paris, Bernard-Latte), quelques romances : *la Vierge espagnole*, *Plaisir, amour ont fui loin de la France*, *la Pèlerine*, un quatuor vocal destiné aux églises réformées (Montpellier, Boehm), etc. La mort surprit ce compositeur au moment où il achevait un grand oratorio, *Gerusalemme liberata*, avec paroles italiennes et françaises. Il a laissé aussi en portefeuille un opéra-comique, *la Jeune Mère*, qui n'a jamais été représenté.

(1) Mlle Caroline Rémaury avait épousé un publiciste distingué, M. Montigny, rédacteur du journal *le Temps*, qui l'a laissée veuve il y a trois ou quatre ans.

MONTROND (Maxime DE), écrivain, a publié un livre ainsi intitulé : *les Musiciens les plus célèbres* (Lille, Lefort, 1853, in-8°), contenant quarante-deux notices sur des musiciens fameux. Ce volume fait partie d'une série de publications du même genre, dont les autres sont consacrées aux peintres, aux militaires, aux marins, etc. C'est dire que l'auteur ne connaît spécialement aucun des sujets traités par lui, et que ses compilations, dépourvues des qualités les plus indispensables, ne peuvent être d'aucune utilité.

MONTUOLI (Giuseppe), compositeur de musique religieuse, naquit à Lucques vers 1670. Après avoir fait d'excellentes études, il devint maître de chapelle de la république, et produisit un certain nombre d'œuvres estimables, entre autre sept services religieux à grand orchestre exécutés, de 1699 à 1735, à l'occasion de la fête de Sainte-Cécile, plusieurs compositions du même genre écrites pour les cérémonies de l'Exaltation de la Croix, un oratorio intitulé *le Passioni convinte*, une messe à 4 voix avec accompagnement instrumental, et plusieurs cantates *da camera ;* on assure même qu'il écrivit pour le théâtre, mais les titres de ses œuvres en ce genre sont aujourd'hui oubliés. Montuoli mourut à Lucques le 27 novembre 1739 ; en lui s'éteignit son nom, car il n'avait pour, toute famille qu'une sœur, religieuse au couvent de Saint-Nicolas.

Montuoli, qui sans doute consacrait une partie de son temps à l'enseignement, a publié un ouvrage théorique dont il a été fait plusieurs éditions, car on verra que celle que je vais citer, et qui m'a été signalée par M. le docteur Basevi, de Florence, n'est pas la première : *Lezioni per notteggiare a voce sola col basso continuo del sig. Giuseppe Montuoli, maestro di cappella della Sereniss[a] Repubblica di Lucca. Di nuovo ristampate. Firenze, ad istanza di Carlo Bolli, librajo dell' Arcivescovado*, 1711.

MONTUORO (Achille), compositeur italien, né à Naples, a fait représenter à Paris, au Théâtre-Lyrique, le 10 juin 1857, un opéra-comique en un acte intitulé *les Commères*, qui passa complètement inaperçu. L'année suivante il publiait sous ce titre : *le Vere e sole Cagioni della decadenza dell' arte musicale in Italia, e quale il mezzo ad arrestarne il corso* (Parigi, 1858, in-8° de 14 p.), une brochure écrite en italien et qui présente cette particularité que, bien que publiée à Paris, elle a été imprimée à Turin.

J'ignore si c'est le même artiste qui, en 1862, sollicitait et obtenait la direction du théâtre San-Carlo, de Naples, qu'il ne conservait pas longtemps ; c'est du moins un personnage qui portait exactement les mêmes nom et prénom. Quoi qu'il en soit, M. Montuoro retourna en Italie, où il continua sa carrière de compositeur en donnant au théâtre de la Scala, de Milan, le 20 mars 1869, un opéra sérieux intitulé *Fieschi*, qui fut froidement accueilli, bien qu'il fût chanté par d'excellents artistes, entre autres Mlle Teresina Stolz et le baryton Colonnese. Deux ans après, au mois de mai 1871, il faisait représenter au théâtre Re, de la même ville, un ouvrage bouffe, *l'Avvocato Patelin*, qui n'obtenait guère plus de succès. Enfin, le 9 janvier 1874, il produisait au théâtre Regio, de Turin, un nouveau drame lyrique, *Re Manfredi*, qui subissait une chute lamentable. « Cet ouvrage, disait un journal, n'a vécu que deux soirées ; il a disparu le lendemain dans un ouragan de sifflets, sans avoir même pu s'achever. C'est une série interminable de lieux communs mélodiques et harmoniques. *Re Manfredi* a mérité son sort. Il est dommage que le musicien ait entraîné dans sa chute le poëte Léopold Marenco, un des esprits les plus distingués d'Italie : mais aucun libretto ne pouvait sauver cette musique. » Depuis ce *fiasco* colossal, M. Montuoro ne s'est pas représenté à la scène.

MONVILLE (DE), musicien du dix-huitième siècle, a écrit la musique d'un petit ouvrage qui avait pour titre : « *les Amours de village* ou *Lisette et Colin*, scène pastoralle, avec accompagnement de harpe, violon, quinte et clavecin. » La partition de cet ouvrage a été gravée, et l'on en trouve un exemplaire à la bibliothèque de l'Opéra de Paris. Cet artiste est resté absolument inconnu.

MOONEN (Léon-Hermann-René), organiste et compositeur français, d'origine hollandaise, est né à Paris le 22 février 1842. Élevé en Angleterre, où il a séjourné pendant dix-neuf ans, il a fait la plus grande partie de ses études musicales à Londres, où il a été élève de Sterndale Bennett pour le piano et de M. Jansa pour le violon, et il a été attaché pendant plusieurs années, en qualité de violoniste, à l'un des théâtres d'opéra italien de cette ville. Cet artiste occupe aujourd'hui, à Paris, une situation importante dans la fabrique d'orgues-harmoniums Alexandre. M. Moonen a publié une *Nouvelle Méthode d'orgue expressif*, ouvrage utile et estimable, et quelques compositions : 3 trios pour piano, violon et violoncelle, un *Stabat Mater*, une Marche militaire, plus quelques transcriptions pour l'harmonium et quelques morceaux de musique de danse pour piano. M. Moonen a collaboré aussi à divers journaux, entre autres à l'*Écho musical*, de Bruxelles, au *Musical World*, de Londres, et au *Progrès artistique*, de Paris.

* **MOOSER** (Aloys). — La 3e livraison des *Souvenirs de Fribourg* (Fribourg, Schmid, 1840, in-4° de 42 p.), entièrement consacrée à l'orgue célèbre de cette ville et à son auteur, porte ce titre particulier : *l'Orgue d'Aloyse Mooser, construit dans l'église collégiale de S. Nicolas, à Fribourg en Suisse.* Elle contient sur le fameux facteur quelques détails biographiques qui ne sont pas sans intérêt, et qui vont être résumés ici.

Aloys Mooser, né à Fribourg le 27 juin 1770, suivit la même carrière que son père, Joseph Mooser, qui avait étudié la facture d'orgues à Strasbourg, dans l'atelier du vieux Silbermann, le plus célèbre organier de son temps. A 18 ans, le jeune Mooser quitta son pays pour aller travailler chez Silbermann fils, après quoi il passa dans les ateliers de Krœmer à Mannheim, de Huber à Cologne, et enfin d'Antoine Walter, facteur de la cour de Vienne. C'est sous la direction de ce dernier maître qu'il prit une part importante à la construction de différentes orgues en Autriche et en Hongrie. Revenu dans sa patrie, Aloys Mooser prit la direction de la maison paternelle, et ajouta à la fabrication des orgues celle des pianos; il imagina même une combinaison des deux instruments, et construisit un piano-orgue comprenant huit claviers et trente registres, qui produisait, dit-on, un grand effet. Mais sa réputation comme facteur d'orgues augmentait chaque jour, et l'on cite parmi les meilleurs instruments de ce genre sortis de ses mains ceux de l'église du Saint-Esprit à Berne, des églises paroissiales des villes de Bulle et d'Estavayer, de l'abbaye de Hauterive, des couvents des Sœurs de Montorge et de la Visitation, enfin celui des Pères du Saint-Rédempteur à Fribourg. Quant à celui qu'il éleva dans l'église collégiale de cette ville, il est généralement considéré comme son chef-d'œuvre; Mooser employa dix années à le construire, de 1824 à 1834. Peu de temps après l'inauguration de cet orgue, Mooser fut invité par la municipalité de Winterthur à en construire un sur le même modèle, quoique de dimensions moins considérables; il se rendit à cet effet dans cette ville, mais bientôt il tomba malade, dut revenir à Fribourg, et mourut le 23 (et non le 19) décembre 1839, âgé de soixante-neuf ans et demi.

Marié deux fois, Mooser eut quatorze enfants, dont sept seulement, quatre filles et trois fils, lui survécurent; l'une de ses filles, Marie Mooser, mourut peu de mois après son père. Les trois fils suivirent la carrière de leur père, et les deux aînés, MM. Maurice et Alexandre Mooser, furent chargés de la construction de l'orgue de Winterthur, dont il avait à peine eu le temps de dresser les plans. On a fait ce quatrain sur la mort de Mooser :

> Mooser, repose en paix, ta carrière est fournie ;
> Triomphant de la mort, dont tu subis la loi,
> Ton seul nom, illustré par ton heureux génie,
> Contraindra l'avenir à s'occuper de toi.

MORALES (Melesio), compositeur mexicain, est l'auteur d'un drame lyrique italien en 3 actes et un prologue, intitulé *Ildegonda*, qui a été donné pour la première fois, en 1866, sur le théâtre de Mexico, où il a obtenu un vif succès. Le jeune artiste étant venu ensuite en Europe pour se faire connaître, fut assez heureux pour pouvoir faire reproduire cet ouvrage au théâtre Pagliano, de Florence, en 1869. Depuis lors il est retourné à Mexico, où il a fait représenter, le 21 juillet 1877, un nouvel opéra sérieux intitulé *Gino Corsini*. A part un chœur pour voix de femmes avec accompagnement de piano, *Al Liceo di Mérida*, je ne connais pas d'autre composition de cet artiste. M. Morales est directeur de la Société philharmonique de Mexico, et il a imprimé, par son intelligence et son activité, une grande impulsion au mouvement musical de cette ville.

* **MORALT** (Joseph), violoniste bavarois, n'était pas mort à Munich en 1828, ainsi que l'a dit la *Biographie universelle des Musiciens*. Il n'est mort en cette ville que le 14 novembre 1855.

MORANDI (Rosa), cantatrice dramatique fort distinguée, née à Sinigaglia dans la dernière partie du dix-huitième siècle, était la femme de Pietro Morandi, compositeur et organiste remarquable (*V. Biographie universelle des Musiciens*, t. VI). La Morandi se voua de bonne heure à la carrière théâtrale, où elle obtint de très-grands succès, et acquit rapidement une brillante renommée que justifiaient la beauté de sa voix et ses rares qualités d'exécution et d'expression. Elle fut une des meilleures interprètes de Rossini, et c'est pour elle que ce grand homme écrivit, à Venise, en 1819, son opéra d'*Odoardo e Cristina*. Elle était sublime, dit-on, dans *Otello*, et aussi dans un des meilleurs ouvrages de Pacini, *la Sacerdotessa d'Irminsul*. La Morandi mourut le 7 mai 1824, à Milan, dans tout l'éclat de son talent, au moment où ce maître se préparait à écrire à son intention un nouvel opera, *Isabella ed Enrico*. Les Milanais, qui étaient affolés de la

Morandi, lui firent des funérailles splendides, dont les frais furent couverts par une souscription privée, et le poëte Felice Romani, collaborateur de tous les grands musiciens de ce temps et dont elle avait été souvent l'interprète inspirée, lui consacra les quatre vers suivants :

Puro cor, casta mente, onore e zelo
Di madre amante e di fedel consorto
Avran potuto disarmar la morte,
Ma la bell'alma era aspettata in cielo (1).

MORANDI (G.........), pianiste, organiste et compositeur italien contemporain, a publié quelques morceaux de genre pour le piano, marches, nocturnes, etc., mais s'est surtout fait connaître par la publication d'un assez grand nombre d'œuvres importantes pour l'orgue, parmi lesquelles il faut citer particulièrement quinze recueils de sonates, des symphonies, et des pastorales. On lui doit aussi un recueil de divertissements et marches écrits pour musique militaire, et réduits par lui pour piano et orgue.

* **MORANGE** (A. DE). — Aux deux ouvrages dramatiques cités de ce compositeur, il faut ajouter *un Grain de folie* ou *les Deux Étuis*, opéra-comique en un acte représenté au théâtre des Jeunes-Artistes à la fin de 1802. Parmi les mélodrames dont il écrivit la musique, on peut mentionner : *Ardres sauvée, A-t-il deux femmes? Amour et Cruauté.* En 1805, Morange était chef d'orchestre au théâtre de la Gaîté ; mais dès l'année suivante il n'était plus en possession de cet emploi, et depuis lors il disparut complétement.

MOREAU-SAINTI (Théodore-François), chanteur scénique, né à Paris le 25 février 1799, s'appelait Moreau, et ajouta plus tard à son nom celui de sa femme, Mlle Sainti, comédienne distinguée qu'il épousa à Lille, et qui se fit ensuite une place honorable à Paris, d'abord à l'Odéon, puis au Théâtre-Français, tandis que son mari acquérait à l'Opéra-Comique une notoriété légitime. Moreau-Sainti avait été élève du Conservatoire, et était entré au Gymnase-Dramatique lors de la création de ce théâtre, en 1820. Mais il partit peu de temps après pour la province, et tint avantageusement l'emploi des premiers ténors d'opéra et d'opéra-comique dans plusieurs grandes villes, telles que Rouen, Bordeaux, Bruxelles, etc. Il était à Lyon lorsque, en 1829, la retraite de Ponchard arrêtant la mise à la scène du dernier ouvrage de Boieldieu, *les Deux Nuits*, il fut appelé à l'Opéra-Comique pour établir le rôle principal de cet ouvrage. Malgré ses qualités très-réelles, il resta au-dessous de la tâche très-difficile dont il était chargé, et fut une des causes du peu de succès des *Deux Nuits*. Cependant il sut se faire une place à l'Opéra-Comique, où il reprit d'une façon très-heureuse plusieurs rôles du répertoire ; mais en 1831 la fermeture de ce théâtre l'obligea à retourner en province, où il se vit accueilli avec une rare faveur.

En 1836, il reparut à l'Opéra-Comique, où il fournit pendant plusieurs années une excellente carrière, grâce à son élégance scénique, à l'aisance de ses manières, à sa diction parfaite, et au goût dont il faisait preuve dans sa façon de chanter, bien que sa voix fût parfois un peu faible et manquât d'étendue. C'est alors qu'il créa avec succès les rôles de Juliano du *Domino noir*, du duc de *l'Ambassadrice*, du marquis des *Deux Voleurs*, de l'ambassadeur du *Guitarero*, et beaucoup d'autres encore. En même temps Moreau-Sainti se livrait à l'enseignement, et formait des élèves qui lui faisaient honneur, tels que Grard, Masset, Sainte-Foy, Laget, Mlles Rouvroy, Rossi, etc. Bientôt le Conservatoire voulut se l'attacher ; en 1845, il fut appelé dans cet établissement comme professeur d'opéra-comique, et en 1848 il devint chef du pensionnat des chanteurs, après avoir quitté la scène en 1847, pour se livrer entièrement aux soins que réclamait son enseignement. Il résigna ses fonctions de chef du pensionnat lorsqu'il perdit sa femme, mais il conserva sa classe jusqu'à son dernier jour. Il mourut presque subitement à Paris, le 31 mars 1860. — Un frère de cet artiste, qui avait tenu longtemps en province l'emploi des ténors, est mort au mois de septembre 1863.

MOREL (Auguste-François), né à Marseille le 26 novembre 1809, montra dès ses premières années d'heureuses dispositions pour la musique. Il l'apprit d'abord comme complément d'éducation, et fit de sérieuses études au collége de Marseille, d'où il sortit en 1826 pour suivre la carrière commerciale à laquelle ses parents le destinaient. Mais un irrésistible penchant l'entraînait vers l'art qu'il cultivait depuis son enfance ; il voulait s'y consacrer tout entier. Appelé à faire sa partie dans des séances intimes de musique de chambre, il sentait sa jeune imagination s'enflammer à l'audition des quatuors de Haydn, de Mozart et surtout de Beethoven. N'ayant reçu aucune leçon d'harmonie ni de contre-point, il essayait de se rendre compte des accords qui le frappaient et se fit ainsi une sorte de théorie de l'harmonie qu'il compléta et

(1) Cœur pur, âme chaste, honneur et zèle de mère aimante et de fidèle épouse auraient pu désarmer la mort ; mais sa belle âme était attendue au ciel.

régularisa plus tard en étudiant les œuvres didactiques de Reicha. Il mit bientôt en pratique ces premières observations en écrivant divers morceaux pour les voix ou les instruments, et, en 1830, son premier quatuor en *si mineur*.

En 1836, ayant triomphé des hésitations de sa famille, il partit pour Paris et essaya d'entrer au Conservatoire. Son âge s'y opposa, car on ne pouvait y être admis que jusqu'à 25 ans. Mais il fut accueilli avec un bienveillant intérêt par Halévy, qui, — après avoir examiné quelques pièces d'orchestre du jeune artiste, — lui déclara que « puisqu'il écrivait ainsi, il n'avait plus besoin de maîtres. » — M. Aug. Morel ne dut donc qu'à lui-même sa parfaite entente des lois et des procédés de la composition.

Il chercha dès lors à se faire connaître comme compositeur et critique. Il fit partie d'abord de la rédaction du *Vert-Vert*, dont son ami et compatriote Méry lui avait facilité l'accès, et où il avait pour collaborateurs Guinot, Gozlan, Esquiros, etc. — Il devint bientôt après feuilletoniste du *Messager des Chambres*, du *Journal de Paris*, et donna d'une façon suivie des articles au *Monde musical* et à la *Revue et Gazette des Théâtres*.

En même temps il publiait de la musique, — surtout vocale, — dans le genre qui était en vogue à Paris. C'est ainsi qu'en 1837 il fit paraître un album de six mélodies, dont l'une, *le Retour*, dans la manière de Schubert, est particulièrement belle de pensée et de forme. Depuis cette époque jusqu'en 1850, M. Aug. Morel écrivit successivement une soixantaine de mélodies. On peut citer, parmi les plus remarquables : *Rappelle-toi !* sur les paroles d'Alfred de Musset, inspiration élevée et touchante ; *le Fils du Corse*, qui devint populaire et qu'affectionnait le baryton Géraldy ; *l'Invocation*, *les Adieux dans la nuit*, *la Plainte du pâtre*, *le Sonnet sur la mort d'une amie*, dont la forme archaïque et la portée étaient bien au-dessus de ce qui se faisait alors dans le genre ; *Pauvre Oiseau*, *la Fille de l'hôtesse*, *Page et Mari*, etc.

M. Aug. Morel avait le désir de se faire connaître comme compositeur dramatique : mais on sait les obstacles que rencontrent les auteurs français quand ils veulent aborder le théâtre dans ce milieu artistique de Paris, où se concentrent et luttent toutes les ambitions. Ces obstacles, M. Aug. Morel, par suite de l'extrême réserve de son caractère, devait plus difficilement que tout autre les surmonter. Aussi, malgré les promesses réitérées des librettistes et des directeurs, ne put-il arriver à se faire place jusqu'à une de nos grandes scènes lyriques. Cependant, en 1848, il réussit à faire apprécier divers morceaux (introduction, entr'actes, chœur, marche et couplets de Canéphores), destinés à accompagner le drame antique de Joseph Autran, *la Fille d'Eschyle*, qui fut joué avec succès à l'Odéon. En 1850, il fit pour la Porte-Saint-Martin un ballet en 3 actes, *l'Étoile du Marin*, qui fut favorablement jugé par la presse, puis, — pour le même théâtre, — la musique des divertissements d'un drame ayant pour titre *Rome*. — Cette pièce fut interdite parce qu'elle mettait en scène la vie de Pie IX, et se transforma en *Connétable de Bourbon*.

En 1847, M. Aug. Morel écrivit son 2me quatuor, à la suite d'un voyage à Marseille, où ses amis l'engagèrent vivement à s'adonner à la musique de chambre. Pendant les quinze années de son séjour à Paris, il écrivit encore une *Marche funèbre*, une ouverture en *ré mineur* et une grande scène dramatique pour basse-taille solo, chœur, orchestre et orgue, qui fut chantée d'abord par Bouché, auteur des paroles, puis par Alizard.

En 1850, M. Aug. Morel renonça, — par suite de considérations de famille, — à la situation et à la notoriété qu'il avait acquises à Paris, et revint se fixer à Marseille. En octobre 1852, il fut appelé à la direction du Conservatoire de cette ville, en remplacement de M. Barsotti. Chargé d'introduire dans cet établissement le système d'enseignement suivi au Conservatoire de Paris, il y parvint en peu de temps, et élargit considérablement le cadre des études. Il dédoubla les classes de solfége, en les divisant en classes élémentaires et supérieures, augmenta le nombre de celles de piano, développa celles de violon et de violoncelle, et obtint, à force d'instances, la création des classes de flûte, hautbois, clarinette, basson, cor, trompette et contre-basse. Sa gestion ne prit fin qu'en 1873, après qu'une décision regrettable de la municipalité eut réduit le Conservatoire au rang de simple école communale.

Pendant cette période de vingt ans, M. Aug. Morel écrivit un grand nombre de pièces pour tous les instruments, en vue des besoins de l'école qu'il dirigeait. Il publia en outre, chez Gérard, à Paris, son 3me quatuor en *mi*, son quintette en *la*, son 4me quatuor en *si bémol*, son 5me quatuor en *ré mineur*, et, récemment, son trio en *fa dièze mineur*, pour piano, violon et violoncelle.

En 1860, il donna au Grand-Théâtre de Marseille un grand opéra en 4 actes, ayant pour titre *le Jugement de Dieu*. (La partition d'orchestre et la partition piano et chant ont été éditées par Gérard, à Paris.) Cet opéra, qui eut du succès à Marseille, puis à Rouen, où il fut chanté par Mme Sax, semble avoir été conçu avec la préoccupation de satisfaire le goût de la majorité du public dans le midi de l'Europe. L'auteur, dont la musique de chambre témoigne une prédilection marquée pour les classiques allemands, a composé toute sa partition dans l'esprit et le style de la musique italienne. Plusieurs morceaux sont dans la coupe de ceux de Donizetti. Ce fut en cette même année (1860) que M. Aug. Morel fut nommé chevalier de la Légion d'honneur.

Il faut citer encore parmi les œuvres que M. Aug. Morel a écrites à Marseille des mélodies publiées, soit à Paris par Gérard, soit à Marseille par l'éditeur Roussel ou son successeur Carbonel, parmi lesquelles : *Résignation*, *Si vous n'avez rien à me dire*, *Puisque j'ai mis ma lèvre*, etc.; divers morceaux de musique religieuse; une ouverture en *mi bémol*; une *Ouverture-boléro*, pour l'inauguration de l'Union des arts; une ouverture en *si bémol* pour les concerts de distribution de prix du Conservatoire; plusieurs chœurs d'orphéon; trois cantates, dont une, sur une poésie de Méry (*l'Hymne du travailleur et du soldat*), pour chœurs d'hommes et musiques militaires, fut exécutée en 1860, dans un festival donné au château Borély, par une masse d'environ deux mille chanteurs et instrumentistes; enfin, une grande symphonie en *ut mineur*, exécutée pour la première fois en 1874. Au moment où cette notice est écrite, M. Aug. Morel termine une seconde symphonie (en *ré*), dont le premier morceau a été entendu en 1875 au Cercle artistique de Marseille.

Comme on le voit, M. Aug. Morel a beaucoup écrit. Musique de chambre musique symphonique, dramatique, religieuse, chorale, tous les genres ont fixé tour à tour son attention et tenté son activité. Sans doute, dans cette œuvre considérable, tout n'a pas la même portée. Mais on n'y rencontre jamais de négligence de forme, et en plus d'un endroit M. Aug. Morel s'est élevé à une réelle hauteur. C'est, sans contredit, dans la musique de chambre qu'il a excellé. On peut dire qu'il y est à peu près à la tête des compositeurs français. C'est aussi cette partie de son œuvre que l'Institut a couronnée, en lui décernant à deux reprises le prix Chartier. Il y a là la noblesse de la pensée, l'ampleur et l'abondance des développements, et l'esprit classique. M. Aug. Morel a aussi une supériorité réelle dans le cadre concis et coloré de la mélodie vocale. Plusieurs de ses romances, *Rappelle-toi*, *le Retour*, *les Adieux dans la nuit*, sont de petits chefs-d'œuvre de grâce et de sentiment. L'auteur y est bien au-dessus de ceux qu'on a appelés en France les maîtres du genre, Plantade, Labarre, Panseron, L. Puget, etc. C'est à Niedermeyer, Gounod ou Reber qu'il faut le comparer.

Les qualités dominantes de M. Aug. Morel sont le vif sentiment mélodique, l'expression et la clarté. Le caractère de sa pensée est le plus souvent triste, mélancolique ou pathétique. Quelquefois sa phrase vocale a l'accent un peu plaintif d'Halévy. Cet artiste laborieux et modeste, qui a presque toujours vécu en province et dont les travaux ne sont pas assez connus, doit avoir sa place à côté des personnalités les plus honorées de l'art contemporain. Une partie de son œuvre marquera parmi les meilleures productions de ce temps (1).

AL. R—D.

MORETTI (FÉLIX). — *Voyez* **DAVIDE** (Le Père).

* **MORETTI** (GIOVANNI) et non *Felice*, comme il a été dit dans la *Biographie universelle des Musiciens*, est né à Naples en 1807 (2). Admis au Conservatoire de cette ville, il y devint élève de Pietro Casella et de Giuseppe Elia pour le piano, de Birago pour le solfége, puis de Furno pour l'harmonie accompagnée, et enfin de Tritto, de Zingarelli et de Raimondi pour le contre-point et la composition. Il était encore sur les bancs de l'école lorsqu'il écrivit pour le théâtre Nuovo, à l'occasion du retour de François Ier, une cantate intitulée *la Gioja dei sudditi* (1829), et pour le théâtre de la Fenice un opéra semi-sérieux en 2 actes, *il Premio della Rosa*, qui fut représenté dans le cours de la même année. L'heureux résultat de ces premiers essais l'amena à composer coup sur coup plusieurs autres ouvrages : *la Strega*, 2 actes, Fenice, 1830; *lo Spirito nell'ampolla*, th. Nuovo, 1830; *l'Eredità di Pulcinella*, id., 1831; *la Fidanzata ed il Ciarlatano*, id., 1832; *i Due Forzati*, 1833.

Ce n'est que lorsqu'il eut donné ce dernier opéra que les supérieurs du Conservatoire consentirent à lui laisser quitter cet établissement, dans lequel ils l'avaient retenu jusqu'alors mal-

(1) Depuis 1877, M. Auguste Morel s'est de nouveau fixé à Paris, où il est devenu l'un des collaborateurs du journal *le Ménestrel*. — A. P.

(2) Je refais cette notice d'après celle qui a été publiée par M. Francesco Florimo dans son livre : *Cenno storico sulla scuola musicale di Napoli*.

gré ses prières. Il continua alors d'écrire pour la scène, et voici la liste des ouvrages qu'il fit représenter par la suite : *Ugo d'Edimburo*, th. Nuovo, 1834 ; *la Famiglia indiana*, id., 1836 ; *l'Ossesso immaginario*, id., 1836 ; *un Curioso Stratagemma*, id., 1838 (en société avec divers compositeurs) ; *il Feudatario di Margate*, 3 actes, id., 1839 ; *l'Una per l'altre*, 2 actes, id., 1844 ; *le Nozze frastornate da un pazzo*, Fenice, 1844 (en société avec divers compositeurs) ; *Adelina*, 3 actes, th. Nuovo, 1846 ; *Policarpio*, 2 actes, id., 1849 ; *l'Arrivo del Nipote*, 3 actes, id., 1850 ; *il Festino*, 3 actes, id., 1854 ; *una Gita a Pompei*, 3 actes, id., 1856 ; *le Due Pasquarelle*, 3 actes, id., 1857.

De 1840 à 1842, M. Moretti exerça les fonctions, de directeur de la musique au théâtre du Fondo ; de 1850 à 1861 il remplit le même emploi au théâtre Nuovo, et enfin, en 1870, il fut engagé en la même qualité au théâtre San-Carlo. Il était alors âgé de soixante-trois ans. M. Moretti s'est fait à Naples une réputation comme professeur de composition, principalement pour les jeunes artistes qui se destinent au théâtre. En dehors de ses œuvres dramatiques, on doit à cet artiste d'assez nombreuses compositions religieuses, parmi lesquelles je citerai les suivantes : 12 messes de *Gloria*, à 2, 3 et 4 voix, avec orchestre ; Messe funèbre, à 4 voix, avec orchestre ; 4 *Credo* à 3 et 4 voix, avec orchestre ; 4 *Magnificat*, id. ; 5 *Salve Regina*, id. ; *Salve Regina* pour ténor et basse avec chœur, *alla Palestrina* ; 12 litanies à 2, 3 et 4 voix, avec orchestre ; leçons, lamentations et répons pour le mercredi saint, avec accompagnement de quatuor d'instruments à cordes. M. Moretti a écrit encore une quinzaine d'ouvertures pour grand ou petit orchestre.

MORI (Franck), professeur de chant à Londres, né en 1820, a publié, outre un certain nombre de mélodies vocales, un recueil d'exercices pour la voix, *Vocal Exercises* (Londres, Duncan Davison). On lui doit aussi la musique d'un petit opéra, *the River Spirite* (l'Ondine), qui a été représenté au théâtre de Covent-Garden au mois de février 1865, et qui a reçu du public un accueil très-favorable. Mori, dont la réputation comme professeur était très-grande à Londres, faisait partie de la *Vocal Association* et de la Société musicale de Londres. Cet artiste est mort en France, à Chamant, près Senlis, le 2 août 1873, à l'âge de cinquante-trois ans.

MORIAC (Édouard), journaliste français, est auteur du livre intitulé : *le Nouvel Opéra, le monument, les artistes, par X. Y. Z.* (Paris, Lévy, 1875, in-12 avec nombreuses vignettes). Cet écrivain est mort, âgé de trente-cinq ans environ, au commencement de 1876.

* **MORIANI** (Napoléon), chanteur italien célèbre, né à Florence, non en 1806, mais le 10 mars 1808, est mort en cette ville le 4 mars 1878. Élève d'un maître nommé Carlo Ruga, et doué d'une voix admirable, il eut à vaincre, pour pouvoir se livrer à la carrière qu'il ambitionnait, la volonté longtemps inflexible de son père. Il se fit entendre d'abord à la Scala de Milan (1832), dans un concert au bénéfice du *Pio Istituto teatrale*. L'année suivante, il faisait d'éclatants débuts à Pavie, dans *gli Arabi nelle Gallie*, de Pacini. Par la suite, sa carrière ne fut qu'un long triomphe, justifié par ce fait qu'il était comédien pathétique et passionné en même temps que virtuose incomparable. Les Espagnols l'appelaient *le ténor à la belle mort*, pour la façon dont il jouait la scène finale de *Rolla*, qui se terminait par la mort du héros. Donizetti écrivit pour lui *Maria di Rudenz* ; Vaccaj, *la Sposa di Messina* ; Luigi Ricci, *Eran due ed or son tre* ; Mercadante, *le Illustri Rivali* ; Savi, *il Cid* ; Lillo, *Rosmonda* ; Uccelli, *Emma di Presburgo* ; Persiani, *Eufemia di Messina*, etc. Moriani chantait le genre sérieux ainsi que le *mezzo-carattere*, mais non le bouffe ; parmi les ouvrages qui composaient son répertoire, on remarque *Otello, la Sonnambula, Lucia di Lamermoor, il Barbiere di Siviglia, Lucrezia Borgia, la Gazza Ladra, i Puritani, un Ballo in maschera, Poliuto* et *i Lombardi*. Moriani eut pour compagnons les premiers chanteurs de son temps, et l'on se souvient encore en Italie du trio fameux qu'il formait avec la Carolina Ungher et Georges Ronconi, et que l'*impresario* Alessandro Lanari conduisait triomphalement par toute la Péninsule. Ce grand artiste fut l'ami inséparable, le compagnon de joies et de douleurs de l'illustre poëte Giusti, qui l'aimait comme un frère.

* **MORIN** (Jean-Baptiste). — Ce musicien a publié, chez Ballard, non pas seulement deux, mais quatre livres de *Cantates françoises* ; le livre III porte la mention : *œuvre sixième*, et le livre IV : *œuvre septième*.

MORIN (Pierre-Auguste), fils d'un musicien français qui s'était fixé à Amsterdam, naquit en cette ville en 1795 (1). Il reçut des leçons de

(1) Le père de cet artiste, *Pierre-Augustin Morin*, né en Normandie en 1766, était lui-même fils et élève d'un musicien qui avait été au service du duc d'Orléans, et apprit le clavecin et plus tard la flûte. S'étant rendu fort jeune aux Pays-Bas, en compagnie d'une troupe dramatique française, il fut engagé comme première flûte au théâtre français d'Amsterdam, et conserva ces fonc-

violon de son père et d'un artiste nommé Merlen, et étudia la composition avec Navoigille. Attaché successivement à l'orchestre du théâtre français, puis du théâtre néerlandais, enfin du théâtre allemand d'Amsterdam, il fit partie aussi de ceux des concerts *Felix Meritis*, des Concerts du dimanche et de la Société *Eruditio musica*. Parmi ses compositions, on cite, outre des études pour le violon et un pot-pourri sur *la Flûte enchantée*, de Mozart, la musique de deux ballets qu'il écrivit pour l'un des théâtres d'Amsterdam, et celle d'un mélodrame intitulé *Pygmalion*. Cet artiste mourut en 1826, à la fleur de l'âge.

* **MORINI** (Ferdinando), compositeur italien, naquit à Florence le 10 avril 1791, et fit ses études musicales sous la direction d'un professeur renommé, Disma Ugolini, maître de contre-point à l'Académie des Beaux-Arts. M. Morini a transcrit et arrangé pour grand orchestre, sous le titre de *concertoni*, 31 œuvres diverses de Beethoven (sonates, trios ou quintettes), trois de Mozart, une de Weber et une de Krommer; il a formé aussi, à l'aide de divers morceaux tirés des plus belles œuvres de Beethoven, une sorte de grande symphonie religieuse qu'il a intitulée : *les Sept paroles prononcées par le Rédempteur sur la croix*. Enfin, il est l'auteur d'une symphonie militaire à quatre voix, chœur et orchestre, écrite après la bataille de Solferino et dédiée au roi d'Italie.

* **MORLACCHI** (François). — Un dilettante italien, M. le comte Giovan-Battista Rossi-Scotti, s'est pris d'un véritable culte pour la mémoire de ce compositeur, sur lequel il a publié un ouvrage important : *Memorie storiche del maestro Francesco Morlacchi e Biografia e bibliografia musicale Perugina* (Pérouse, 1860, un gros volume in-4° avec portrait). M. Rossi-Scotti, qui avait fait en sorte de réunir tous les manuscrits originaux des œuvres dramatiques de Morlacchi, en a fait don ensuite aux archives de toutes les villes où ces ouvrages avaient été représentés pour la première fois. Enfin, M. Rossi-Scotti a publié récemment, dans la *Gazzetta musicale* de Milan (année 1877, n° 1), un tableau chronologique complet des opéras de Morlacchi, dans lequel on peut avoir toute confiance. Un assez grand nombre d'erreurs s'étant produites dans la liste donnée par la *Biographie universelle des Musiciens*, il me semble utile de dresser à nouveau cette liste, d'après le répertoire que je viens de signaler : 1° *il Poeta spiantato, o il Poeta in campagna*, Florence, th. de la Pergola, 1807 (1); — 2° *il Ritratto, ossia la Forza de l'astrazione*, Vérone, th. Philharmonique, 1807; — 3° *Corradino*, Parme, th. Impérial, 1808 (cet ouvrage, non pas refait, comme il a été dit, mais seulement augmenté de quelques morceaux nouveaux, fut ainsi représenté à Dresde au commencement de 1811); — 4° *Paride ed Enone*, Livourne, th. Avvalorati, 1808; — 5° *Oreste*, Parme, th. Impérial, 1808; — 6° *Rinaldo d'Asti*, Parme, sur un théâtre particulier, 1809; — 7° *la Principessa per ripiego*, Rome, th. Valle, 1809; — 8° *il Simoncino*, id., id., 1809; — 9° *le Avventure di una giornata*, Milan, th. de la Scala, 1809; — 10° *le Danaidi*, Rome, th. Argentina, 1810; — 11° *Raoul de Créqui*, Dresde, th. Royal, 1811; — 12° *la Capricciosa pentita*, id., id., 1816; — 13° *il Barbiere di Siviglia*, id., id., 1816; — 14° *Boadicea*, Naples, San-Carlo, 1818 (véritable opéra, et non cantate, comme il a été dit par erreur); — 15° *Gianni di Parigi*, Milan, th. de la Scala, 1818; — 16° *Donna Aurora*, id., id., 1821; — 17° *Tebaldo e Isolina*, Venise, th. de la Fenice, 1822; — 18° *la Gioventù di Enrico V*, Dresde, th. Royal, 1823; — 19° *Ilda d'Avenello*, Venise, th. de la Fenice, 1824; — 20° *il Disperato per eccesso di buon cuore* (ouvrage écrit en 1826 à Dresde, répété à diverses reprises sous la direction de l'auteur, mais qui ne fut jamais représenté); — 21° *i Saraceni in Sicilia*, Venise, th. de la Fenice, 1828; — 22° *il Colombo*, Gênes, pour l'ouverture du théâtre Carlo-Felice, 1828; — 23° *il Rinnegato*, Dresde, th. Royal, 1832 (musique toute nouvelle écrite sur le livret d'*i Saraceni in Sicilia*, donnés en 1828 par Morlacchi); — 24° *Francesca da Rimini*, opéra commencé à Dresde en 1839, mais que la mort de l'auteur laissa inachevé. Quant à l'opéra *Laodicea*, signalé dans la *Biographie universelle des Musiciens*, M. Rossi-Scotti n'en a retrouvé aucune trace et croit qu'il n'a jamais existé. Par contre, il a retrouvé, sans donner d'autres détails sur son compte, l'introduction d'un opéra de Morlacchi, intitulé *Laurina alla Corte*.

MORNY (Charles-Auguste-Louis-Joseph, duc **DE**), homme politique français qui se fit remarquer par son dilettantisme, naquit à Paris le 23 octobre 1811, et mourut le 10 mars 1865. Amateur passionné de tous les arts, littérateur et un peu musicien lui-même, il écrivit les paroles et la musique de deux opérettes

tions pendant plus de vingt-cinq ans. Il mourut à Amsterdam le 5 juin 1819.

(1) La bibliothèque du Conservatoire de Paris possède la partition autographe de cet ouvrage, sous ce titre : *il Poeta disperato*.

qu'il fit représenter, sous le pseudonyme de *M. de Saint-Remy*, au petit théâtre des Bouffes-Parisiens : l'une avait pour titre *le Mari sans le savoir*; l'autre, *M. Choufleury restera chez lui*. Le duc de Morny était président du comité de patronage de l'école Galin-Paris-Chevé.

MORODER (Augusto), jeune compositeur italien, a fait ses débuts à la scène en donnant au théâtre dal Verme, de Milan, le 25 mai 1878, un opéra sérieux, intitulé *Gabriella Candiano*. Cet ouvrage a été accueilli par le public avec bienveillance, et paraît avoir obtenu quelque succès. M. Moroder a fait, dit-on, son éducation musicale sous la direction de M. Lauro Rossi (*Voy.* ce nom), directeur du Conservatoire de Naples.

MORONI (Luigi), compositeur italien, né, je crois, à Rome, est l'auteur d'un opéra intitulé *Amleto*, qu'il a fait représenter en cette ville vers 1860. Cet artiste a publié un certain nombre de compositions vocales, parmi lesquelles je citerai : *Ispirazioni della sera*, album de 6 mélodies; *Notti estive a Frascati*, 2 mélodies à 3 voix; puis *l'Orfanella*, *Canto notturno del Gondoliere*, *il Tramonto della Luna*, etc., mélodies détachées.

Un autre artiste du même nom et sans doute appartenant à la même famille, M. *Carlo Moroni*, a publié aussi diverses compositions pour le chant, entre autres un album lyrique comprenant 8 mélodies et intitulé *Souvenir de Rome et de Genève*.

MORTARIEU (Henri DE), compositeur amateur, a fait représenter sur le théâtre des Fantaisies-Parisiennes, le 3 août 1867, une opérette en un acte intitulée *Baldassari*. Le 6 juin 1873 il donnait à l'Athénée un autre petit ouvrage en un acte, *la Saint-Nicolas*, dont il avait écrit les paroles et la musique, et qui n'était pas meilleur que le précédent.

***MORTELLARI** (Michel). — Aux ouvrages de ce compositeur, il faut ajouter *il Giuramento*, cantate à deux voix avec chœurs, violons, violes, basson, violoncelle et basse. M. le docteur Basevi, de Florence, possède dans sa bibliothèque le manuscrit de cette composition.

MORTEN (A.....), l'un des associés de la grande fabrique anglaise d'orgues connue sous la raison sociale Bryceson frères et Morten, a publié une petite brochure de 15 pages intitulée *Hints on the organ* (Avis sur l'orgue), Londres, 1878. C'est une sorte de petit manuel destiné à éclairer rapidement et sans phrases toutes les personnes qui veulent savoir à peu près ce qu'est l'instrument si admirable et si compliqué qui s'appelle l'orgue. Ce petit écrit, substantiel à la fois et sans prétention, peut rendre d'utiles services. Entre autres choses, l'auteur déplore très-justement la sottise des architectes d'église, qui placent maladroitement un orgue dans un coin du monument où ses jeux ne peuvent s'épandre comme il convient, ou qui l'élèvent précisément derrière une assemblée, ou qui font cent autres choses aussi fâcheuses, provenant d'une profonde inexpérience ou d'une ignorance absolue des lois de l'acoustique.

MORTIER DE FONTAINE (Henri-Louis-Stanislas), pianiste polonais remarquable, est né le 13 mai 1816 à Wisnowiec, en Wolhynie. Ses parents s'étant fixés à Milan peu après sa naissance, c'est là que l'enfant, dès l'âge de sept ans, reçut ses premières leçons de piano d'un professeur nommé Domenico Scappa. Un peu plus tard, à Vienne, il devint l'élève d'un maître aussi obscur que le précédent, Antoine Hladislas; puis, étant retourné en Pologne, il termina son éducation avec un artiste distingué, Maurice Ernemann, qui était alors professeur au Conservatoire de Varsovie. C'est à ce moment que, des revers ayant accablé sa famille, le jeune Mortier dut commencer à donner lui-même des leçons de piano, tandis que sa mère devenait institutrice. A seize ans il quitta son pays natal, commença à voyager, et aborda cette carrière de virtuose qui devait être pour lui particulièrement brillante.

C'est à Dantzig qu'il donna son premier concert. Il se rendit presque aussitôt à Copenhague, où il trouva dans la personne de M. de Montebello, ambassadeur de France en Danemark, un protecteur et un solide appui. A Kiel se produit bientôt ce fait intéressant que, dans la séance donnée par le jeune pianiste, l'orchestre est dirigé par un étudiant de l'Université qui devait être, à vingt ans de là, l'une des lumières de la philologie allemande, et qui était appelé à élever à la mémoire de Mozart le plus beau monument qui lui ait été consacré. Je veux parler du célèbre savant Otto Jahn. Mortier de Fontaine se rend ensuite à Paris, où sa première visite est pour son compatriote Chopin, qui l'accueille comme un frère. « Il suffit, lui dit celui-ci, que tu aies respiré l'air de Varsovie pour trouver en moi un ami et un conseiller. » Et Chopin tint parole. On venait de fonder à Paris une entreprise de grands concerts symphoniques qui avait pris le titre de Gymnase musical, et dont les séances étaient dirigées par Tilmant, qui fut plus tard chef d'orchestre du Théâtre-Italien, de l'Opéra-Comique et de la Société des concerts du Conservatoire. M. Mortier s'y fait entendre avec un vif succès et y fait connaître, pour la première fois en France, plusieurs œuvres de Mendelssohn, entre autres le beau concerto en *sol*.

En 1830, M. Mortier épouse une jeune cantatrice belge, Mlle Marie-Josine Vanderperren, artiste distinguée, qui était née à Bruxelles le 29 octobre 1814. Peu de temps après, on le retrouvait avec elle à Milan, où il exécutait, en compagnie de M. Liszt, un duo à deux pianos. C'est à partir de ce moment que M. Mortier de Fontaine commença ses explorations intelligentes dans la musique du passé, mettant en lumière les œuvres oubliées ou inconnues des vieux maîtres du clavecin, particulièrement de Bach et de Hændel. C'est de ce jour aussi que la presse européenne commença à s'occuper de lui, à analyser son talent, à faire ressortir l'originalité de son exécution extrêmement remarquable. Au mois d'avril 1842 il revient à Paris, donne au Conservatoire un grand concert, et y produit, avec un orchestre de 120 musiciens et un chœur de 80 artistes dirigés par Berlioz, la Fantaisie (op. 80) de Beethoven. Son succès fut si grand, et les journaux, aussi bien que le public, l'acclamèrent avec tant d'unanimité que les séances qu'il donna, dans le cours des deux années suivantes, à Berlin, à Leipzig et à Dresde, furent pour lui autant de triomphes.

Pourtant, sa vie intérieure était moins heureuse que sa vie artistique. S'étant rendu en Suisse pour y obtenir son divorce avec sa femme, il épousa, peu de temps après, Mlle Marguerite Limbach, et, se rendant en Russie, il résida pendant plusieurs années avec elle, tantôt à Saint-Pétersbourg, tantôt à Moscou, où son talent était très-apprécié. En 1860, il quitta la Russie pour la Bavière, et s'établit à Munich, où il se vit fêté par les artistes, choyé par la noblesse, et où on lui avait fait espérer la direction du Conservatoire. Malheureusement, il fut déçu dans cet espoir, et la mort de sa seconde femme, en lui causant un chagrin profond, le fit bientôt s'éloigner de Munich et reprendre sa vie un peu errante de virtuose. On l'a entendu une dernière fois à Paris, dans un concert historique donné par lui en 1868.

M. Mortier de Fontaine est un artiste extrêmement distingué, nourri des pures traditions classiques, et dont le talent puissant et élevé mérite la plus sincère sympathie. Aussi le succès ne lui a-t-il jamais fait défaut. Mais ce n'est pas seulement comme exécutant que l'artiste a droit aux plus chaleureux éloges ; M. Mortier a été, on peut le dire, un vulgarisateur et presque un novateur, et sous ce rapport sa carrière artistique présente une véritable originalité. C'est à lui qu'on doit le retour aux œuvres des grands et vieux maîtres de l'Allemagne et de l'Italie; c'est lui qui, entre autres, a remis en lumière les concertos de Hændel et de Jean-Sébastien Bach; il est le premier qui ait fait entendre et popularisé, si l'on peut dire, les dernières sonates de piano de Beethoven ; enfin c'est aussi lui qui a répandu comme elles le méritaient les œuvres si exquises de Mendelssohn. M. Mortier de Fontaine a donc rendu à l'art de véritables et signalés services, et d'autant plus que, grâce à sa connaissance universelle, grâce à son intelligence et à sa compréhension de tous les styles, il savait donner ou restituer à chaque maître le caractère qui lui convenait et placer chaque œuvre sous le jour qui lui était favorable. A ces divers titres, M. Mortier de Fontaine doit être considéré comme un artiste d'un ordre exceptionnel.

M. Mortier de Fontaine ne s'est que peu produit comme compositeur, et par des œuvres peu importantes. Sa seconde femme, Allemande de naissance et douée, dit-on, d'une voix merveilleuse, avait embrassé jeune la carrière lyrique, et vers 1835 était attachée au théâtre Kœnigstadt, de Berlin. Artiste fort distinguée, c'est elle qui, la première en Allemagne, avait chanté le rôle de Rachel dans *la Juive*, d'Halévy.

***MOSCA** (Joseph). — A la liste des œuvres dramatiques de ce compositeur, il faut ajouter *la Dama locandiera*, opéra bouffe représenté avec succès sur le théâtre de la Scala, de Milan, le 8 avril 1822. Quant à l'ouvrage inscrit sous le titre d'*Emiro*, son titre véritable était: *Emira, regina d'Egitto ;* c'était un opéra sérieux qui vit le jour au même théâtre, le 6 mars 1821. Il faut signaler encore deux opéras bouffes : *il Fanatico per l'Olanda*, représenté à Bologne en 1814, et *il Disperato per eccesso di buon cuore*, qui fut donné au théâtre des Fiorentini, de Naples, en 1816. Je dois corriger aussi les titres de trois ouvrages de Joseph Mosca, qui ont été tronqués dans la *Biographie universelle des Musiciens ;* il faut lire : *il Folletto* pour *il Tolletto*, *la Poetessa errante* pour *la Principessa errante*, et *la Vedova misteriosa* pour *la Voce misteriosa*.

* **MOSCA** (Luigi), frère du précédent, fit son éducation musicale au Conservatoire de *la Pietà dei Turchini*, de Naples, où il fut, comme on l'a dit, élève de Fenaroli. Compositeur d'un ordre inférieur, comme son frère, c'était néanmoins un artiste distingué; il jouit d'une grande renommée comme professeur de chant, fut considéré comme un excellent accompagnateur au piano, et dirigea longtemps avec intelligence et talent la musique au théâtre Nuovo, de Naples. Il mourut en cette ville le 30

novembre 1824, à l'âge de 49 ans seulement. Louis Mosca était l'ami de Paisiello et de Zingarelli. A la liste des ouvrages de ce compositeur, il faut ajouter les suivants : 1° *la Sposa tra le imposture*, Naples, th. Nuovo, 1798 ; 2° *un Imbroglio*, id., id , 1799 ; 3° *l'Omaggio sincero*, composition scénique ; 4° *il Ritorno impensato*, Naples, th. des Florentini, 1802 ; 5° *Chi si contenta gode*, farce ; 6° *Chi troppo vuol veder diventa cieco*, farce ; 7° *l'Impostore*, farce ; 8° *il Sedicente Filosofo*, farce ; 9° *Gioas*, oratorio.

* **MOSCHELES** (IGNACE). — Ce grand artiste est mort à Leipzig le 10 mars 1870. Peu d'années après, sa veuve a publié, en consultant les papiers laissés par lui, une biographie pleine d'intérêt de son mari : *Aus Moscheles' Leben, nach briefen und tagebüchern, herausgegeben von seiner frau* la Vie de Moscheles racontée par sa veuve, d'après sa correspondance et ses tablettes journalières), 2 volumes in-8°.

MOSCUZZA (VINCENZO), compositeur dramatique, naquit au mois d'avril 1827 à Syracuse, où sa famille jouissait d'une position aisée. Il donna dès ses plus jeunes années des preuves d'un goût musical très-prononcé, et fit d'excellentes études de contre-point et de composition dans sa ville natale. Il eut le bonheur, après avoir terminé son éducation, de voir s'ouvrir toutes grandes devant lui les portes du théâtre San-Carlo de Naples, et de pouvoir faire représenter sur cette scène fameuse son premier ouvrage dramatique, *Stradella*, opéra sérieux qui fut accueilli avec faveur. Ce succès ne l'enivra pas au point de l'empêcher de reconnaître ce qui lui manquait encore sous le rapport de la pratique et de l'expérience, et il se remit courageusement au travail, dans le but de se perfectionner, sous la direction d'un des meilleurs maîtres napolitains.

Plus sûr de lui après avoir ainsi parachevé son éducation, il songea à se reproduire à la scène et écrivit un second opéra, *Eufemia*, qui, comme le précédent, vit le jour au théâtre San-Carlo et y fut applaudi. Le 25 mai 1862 il donnait, toujours au même théâtre, son troisième ouvrage, *Don Carlos*, qui ne fut pas moins bien reçu, et l'année suivante il faisait représenter à la Pergola, de Florence, un nouveau drame lyrique intitulé *Piccarda Donati*. De retour dans sa ville natale en 1869, il y écrivait rapidement une nouvelle partition, *Gonzales Davila*, que ses concitoyens accueillirent avec enthousiasme.

Jusqu'alors M. Moscuzza ne s'était produit que dans le genre sérieux Il voulut aborder l'opéra bouffe avec un ouvrage intitulé *Quattro Rustici*, dont la musique, fine et élégante, fut reçue avec la plus grande faveur, le 5 juin 1876, par les spectateurs du Politeama, de Florence. Depuis, il a encore donné à Malte, au mois de mai 1877, un nouveau drame lyrique, *Francesca da Rimini*. On assure que M. Moscuzza a en portefeuille quatorze opéras qui n'ont pu encore être représentés.

MOSER (LOUIS), musicien estimé, né à Weinfelden, vivait à Bâle dans la seconde moitié du quinzième siècle, et contribua puissamment à populariser en Suisse le chant d'église, qui fut depuis appelé *choral*. Il a publié sous ce titre : *Ein vast notldürftige Materi*, un ouvrage important dans lequel on trouve une suite de chants allemands adaptés aux mélodies d'église les plus connues.

MOSKOWA (JOSEPH-NAPOLÉON **NEY**, prince **DE LA**), homme politique français, écrivain, dilettante fort distingué et compositeur, était l'aîné des quatre fils du maréchal Ney, duc d'Elchingen, et naquit à Paris le 8 mai 1803. Il passa, je crois, une partie de sa jeunesse en Italie, et il semble que c'est là qu'il dut recevoir son éducation musicale. Après son retour en France, il épousa, en 1828, la fille unique du célèbre banquier Laffitte, et à partir de ce moment mena une vie très-active, partagée entre le travail et le plaisir, se faisant remarquer par son luxe, acquérant une véritable célébrité comme *sportsman*, prenant une part importante à la fondation du Jockey-Club et se produisant comme compositeur.

A ce dernier point de vue, il ne serait pas juste sans doute de considérer le prince de la Moskowa comme un simple amateur, car il a donné des preuves, non-seulement d'un sincère et sévère amour de l'art, mais aussi d'un talent personnel, qui s'est exercé tout à la fois et avec bonheur dans le genre profane et dans le genre sacré. Dès le commencement de 1831, c'est-à-dire âgé seulement de vingt-sept ans, le prince faisait exécuter, dans un des exercices de l'école de Choron, une messe à grand orchestre qui était ainsi appréciée par Fétis dans la *Revue musicale* du 19 février :

« Un amateur, et de plus un *prince*, qui compose une messe à grand orchestre, remplie de fugues et de contre-point, est un phénomène assez rare, mais ici la chose est encore plus singulière, car, *principauté à part*, la messe est fort bonne, et l'effet en est remarquable. Les conditions premières d'une composition de ce genre sont d'être écrite d'un style pur, et de renfermer certaines formes scientifiques qu'on désigne sous le nom de *contre-point fugué ;* ces conditions se trouvent dans la messe de M. le prince de la Moskowa : peut-être même s'y représentent-elles trop souvent ; du moins il m'a paru que les entrées de fugues y sont multipliées et donnent en plusieurs endroits un certain aspect scolastique à l'ouvrage. J'aurais désiré aussi que la modulation générale eût été plus variée ; mais, à cela près, j'avoue que j'ai entendu cette composition avec autant d'étonnement que de plaisir. La mélodie a de la grâce, de la facilité, et la convenance du genre ; l'expression est souvent juste ; et les effets de l'instrumentation annoncent une habitude d'analyse qu'il est fort rare de rencontrer chez un compositeur qui n'a point eu d'occasion d'entendre ses productions. J'engage M. de la Moskowa à ne point s'arrêter en si beau chemin et à développer par le travail les dons heureux qu'il tient de la nature et de l'art. »

L'existence et les préoccupations artistiques du prince de la Moskowa ont été assez exactement décrites dans la notice suivante, qui fut publiée à l'époque de sa mort :

« La nature lui avait prodigué largement ses faveurs. Elle l'avait doué de ce merveilleux instinct, de ce sentiment de la mélodie qui, développés par la science, produisent les talents d'élite. Ses facultés musicales se révélèrent de bonne heure. Il était déjà compositeur à l'âge où tant d'autres étudient encore les premiers rudiments de l'art. A treize ans, le prince de la Moskowa fit exécuter à Lucques une messe en musique de sa composition. Cette œuvre, fruit précoce d'une adolescence studieuse, eut un brillant succès ; les connaisseurs y remarquèrent de belles inspirations et une étude déjà profonde du style des grands maîtres.

« Très-jeune encore, M. le prince de la Moskowa s'occupa de recueillir les manuscrits des musiciens illustres du seizième siècle, et l'on doit à ses patientes investigations des découvertes tout à fait inattendues. Doué de cet esprit d'initiative qui, dans le monde des arts, est le principe le plus actif de vie et de progrès, il contribua puissamment à faire connaître, en France, les œuvres de Palestrina, et il remit en lumière quelques-uns des contemporains de ce génie immortel. A ce point de vue, le prince de la Moskowa peut être considéré comme l'archéologue le plus distingué de notre époque. Cette œuvre d'exhumation et de réhabilitation des vieux maîtres, à laquelle il avait consacré sa jeunesse, devint la préoccupation constante de son âge mûr. Pour donner à ses idées une large application, il fonda la Société des concerts de musique religieuse et classique, dont les séances, suivies par l'élite des amateurs et des artistes, ont eu tant de retentissement. C'est à l'infatigable dévouement de M. le prince de la Moskowa qu'est dû le succès de cette institution, qui a rendu à l'art d'immenses services, et répand le goût des études sérieuses en appelant l'intérêt sur une foule de chefs-d'œuvre ignorés...

« Les encouragements et les suffrages de M. le prince de la Moskowa n'ont jamais manqué aux tentatives de quelque importance qui se sont produites dans le domaine de l'art musical. C'est ainsi qu'il a prêté son puissant appui aux concerts historiques organisés à diverses reprises par MM. Fétis et Delsarte, et à la création du conservatoire de musique religieuse dirigé par M. Niedermeyer. Au milieu de ses préoccupations d'archéologue, il a trouvé le temps d'écrire de charmantes partitions. *Le Cent-Suisse*, qu'il fit représenter à l'Opéra-Comique, eut cent représentations. *Yvonne*, que M. le prince de la Moskowa a donné depuis au même théâtre, se distingue à la fois par l'intérêt des situations, l'élégance des mélodies et l'entente de la scène. Lorsque la mort est venue le frapper, il mettait la dernière main à de grandes compositions qui l'auraient classé sans doute parmi nos compositeurs dramatiques les mieux inspirés (1). »

Le prince de la Moskowa fit représenter en effet, à l'Opéra-Comique, deux petits ouvrages en un acte qui furent bien accueillis du public : *le Cent-Suisse*, qui fut donné le 7 juin 1840, et *Yvonne*, qui parut le 16 mars 1855. Mais ce n'est pas tant comme compositeur que comme dilettante intelligent, que le prince se fit un nom dans l'art musical. Il avait fondé en 1843 une *Société de musique vocale, religieuse et classique*, dont les séances avaient lieu chez lui, et qui semblait recueillir, pour les transmettre à un public choisi, les nobles traditions laissées par l'école de Choron, qu'il avait personnellement connu. Les deux premiers articles du règlement de cette société, que le prince dirigeait en personne et dont Niedermeyer était le sous-directeur, étaient ainsi conçus : — « *Art.* 1er. Le but principal que se propose la Société est l'exécution de morceaux écrits pour les voix, sans accompagnement, ou avec accompagnement d'orgue, et particulièrement par les maîtres français, belges, italiens et allemands des seizième et dix-septième siècles. *Art.* 2. La Société n'exécutera que des morceaux dont les auteurs seraient morts avant le commencement du dix-neuvième siècle. »

Les concerts donnés par la Société du prince de la Moskowa étaient extrêmement intéressants, organisés avec le plus grand soin, et faisaient beau-

(1) *France musicale* du 2 août 1857.

coup d'honneur aux connaissances artistiques profondes et au goût très-pur de son fondateur. Ces concerts amenèrent d'ailleurs le prince à entreprendre une publication fort importante, qu'il mit au jour sous ce titre : *Recueil des morceaux de musique ancienne exécutés aux concerts de la Société de musique vocale, religieuse et classique, fondée à Paris en 1843 sous la direction de M. le prince de la Moskowa* (Paris, 11 volumes in-8). Ce recueil précieux contient, en partition, des messes et diverses compositions religieuses de tous ces grands maîtres qui s'appelaient Palestrina, Allegri, Roland de Lattre, Arcadelt, Vittoria, Leisring, Scarlatti, Jean-Sébastien Bach, Stradella, l'abbé Clari, Marcello, Hændel, Gluck, et bien d'autres dont j'oublie les noms.

En réalité, le prince de la Moskowa a rendu de grands services à l'art musical, et son nom mérite de ne pas périr. Il avait été nommé pair de France par le gouvernement de juillet, le 18 novembre 1831, et après avoir réclamé longtemps, sans succès, la réhabilitation de son père, il refusa jusqu'en 1841 de siéger parmi ceux qui l'avaient jugé. Après l'avénement du second empire, il fut nommé sénateur et reçut le titre de général de brigade, presque en même temps que sa fille épousait le comte de Persigny, ministre de l'intérieur. Il mourut le 25 juillet 1857, à Saint-Germain-en Laye, des suites d'une maladie nerveuse ; son titre passa au dernier de ses frères, connu jusqu'alors sous le nom d'Edgar Ney (1).

MOSONYI (MICHEL **BRAND**, dit), le plus célèbre compositeur hongrois après F. Erkel, était le fils de pauvres parents et naquit le 4 septembre 1814 à Boldogasszong (Hongrie). Il excita l'attention du maître d'école de son village natal, qui lui enseigna les premiers éléments de l'art du chant et lui apprit aussi à jouer de divers instruments, entre autres l'orgue, le violon et le cor. Agé de vingt ans, il se rendit à Presbourg dans le but d'y devenir maître d'école, et y fit la connaissance de J. Turanyi, qui mourut plus tard directeur de musique à Aix-la-Chapelle. Celui-ci le fortifia dans l'étude de la musique, et lui fit connaître l'œuvre célèbre de Reicha, ainsi que les symphonies et les quatuors des grands maîtres classiques. Mosonyi s'appliqua à l'étude avec le plus grand zèle, et s'exerça à mettre en partition ces compositions célèbres afin de se pénétrer du style et de la technique de leurs auteurs.

Se consacrant dès lors entièrement à l'étude d'un art qui l'enchantait, le jeune Mosonyi entra, en 1835, sur la recommandation de Turanyi, comme professeur de piano dans la maison du comte Pejachevits, en Esclavonie, et y resta pendant sept ans. C'est là qu'il se perfectionna lui-même dans le mécanisme du piano, qu'il travaillait la nuit avec ardeur. La famille du comte Pejachevits passant chaque hiver quelque temps soit à Vienne, soit à Presbourg, Mosonyi en profita pour y chercher de nouvelles impressions en fréquentant tantôt l'Opéra, tantôt le concert. A cette époque il ressentit une grande prédilection pour la musique d'église, et écrivit plusieurs compositions de ce genre. S'étant fixé définitivement à Pesth, vers 1843 ou 1844, son activité artistique y prit un essor plus élevé. Il y devint maître de musique, et fut bientôt connu dans les cercles musicaux. Il entra même en relations intimes avec F. Erkel, ainsi qu'avec le célèbre écrivain musical hongrois K. Abranyi. Sa femme, Pauline Weber, qu'il avait épousée en 1845, mourut en 1851. En 1853, 1854 et 1855, Mosonyi composa plusieurs grandes œuvres religieuses et profanes, parmi lesquelles on remarqua un recueil de *lieder*, publié à Leipzig, et une symphonie qui produisit une grande sensation lorsqu'elle fut exécutée à Pesth.

C'est alors qu'il eut la pensée d'écrire pour le théâtre, et qu'il composa un opéra qui avait pour titre *Maximilien au rocher de St-Martin*, ouvrage conçu, comme toutes ses productions précédentes, dans le style des maîtres classiques. A ce moment (1856), le plus considérable éditeur de musique de Pesth, Rozsavolgyi, voulant profiter du séjour de la reine Élisabeth en cette ville pour lui offrir un album magnifique de compositions nationales hongroises pour le piano, s'adressa à tous les musiciens hongrois pour les prier de lui livrer un morceau. Sur ses demandes réitérées, Mosonyi lui envoya une composition intitulée *la Vie de la Puszta*, qui était si parfaitement travaillée et écrite dans un style national si pur, qu'Abranyi et tout le public en furent émerveillés. Cette composition amena un changement complet dans les créations musicales de Mosonyi. A l'occasion de la bénédiction de la basilique de Gran (1857), pour laquelle Liszt écrivit sa messe célèbre, Mosonyi, à la sollicitation de ce maître, composa un *offertoire* et un graduel. C'est à dater de ce jour qu'il entra en relations intimes avec Liszt, et que, secondé par lui, il conçut le projet de faire représente

(1) Le prince de la Moskowa s'est fait connaître aussi comme écrivain : il a donné au *Constitutionnel* des articles sur les haras et sur l'amélioration des races chevalines ; à la *Revue des Deux-Mondes* des récits de ses voyages en Algérie ; enfin, à la *France musicale*, quelques articles sur des sujets artistiques.

à Weimar son opéra de *Maximilien*, dont le livret était en allemand. Cependant, Liszt l'ayant engagé à retoucher cet ouvrage, Mosonyi, découragé, le jeta au feu avec diverses autres compositions, et dès lors ne songea qu'à se consacrer à l'élévation de la musique nationale hongroise.

Jusqu'alors Mosonyi n'était connu que sous son véritable nom de Brand. En 1860, l'éditeur Rozsavolgyi reçut à de courts intervalles un morceau de piano intitulé *Souvenir de Kazinczy*, puis toute une série de douze morceaux faciles pour le même instrument, qui avaient pour titre *Monde enfantin*. Il s'empressa de publier ces compositions, qui excitèrent aussitôt l'attention des amateurs et qui, aujourd'hui encore, sont considérées comme de véritables chefs-d'œuvre du style national hongrois; mais elles ne furent connues que sous le nom de Mosonyi, adopté par le compositeur, jusqu'au moment où Brand jugea à propos de faire savoir qu'elles étaient de lui, et de déclarer qu'il s'était caché sous ce pseudonyme. Ce n'est qu'à partir de ce moment que, sous ce nouveau nom, il commença sérieusement à travailler pour l'expansion de la musique hongroise et de l'art national. Après s'être associé avec K. Abranyi pour la création d'un journal musical hongrois dont il était le principal collaborateur, il fit paraître quatre cahiers de musique de piano intitulés : *Études pour le perfectionnement de la musique hongroise*; par ces compositions il faisait en sorte de gagner à la musique hongroise un terrain plus étendu, s'efforçant d'exprimer dans chaque pièce différents sentiments, différents caractères, tout en leur communiquant une plus grande variété d'harmonie et en leur donnant plus d'étendue. Richard Wagner loua grandement ce nouveau recueil, en exprimant ses préférences pour deux des études, qui lui parurent excellentes : la romance intitulée *Chant lugubre du rossignol sur la mort d'Egressy*, et la pièce portant pour titre *Patriarcalement*. La composition publiée ensuite par Mosonyi était une cantate en style hongrois pour voix seule, chœur et grand orchestre, qui, au grand regret de ses amis, ne fut pas exécutée.

En 1860, Mosonyi fut élu chef d'orchestre par la Société des Amis de la musique, de Pesth; il céda pourtant bientôt ces fonctions à M. Thern, et se mit à écrire, sur la mort du grand patriote le comte E. Széchényi, une grande composition symphonique (dont la partition pour piano parut chez l'éditeur Rozsavolgyi), appliquant ainsi au genre symphonique le style de la musique nationale hongroise. Il remporta ensuite un très-grand succès avec une ouverture dans laquelle il fit entrer le chant national, *Szozat*', puis produisit une troisième œuvre de ce genre en écrivant pour l'orchestre une composition intitulée *le Triomphe et le deuil du Honved*, que ses amis déclarèrent la meilleure qui fût sortie de sa plume.

Le grand succès qu'Erkel avait obtenu avec son opéra *Bank Ban* encouragea Mosonyi à écrire un opéra hongrois; cet ouvrage, intitulé *la Belle Ilka*, fut représenté pour la première fois le 16 décembre 1861 sur le théâtre national de Buda-Pesth. Le livret, simple et naïf, avait été tiré d'une ballade de Vorosmaty; quant à la musique, elle était gracieuse, essentiellement conçue dans le style hongrois, et tout effet grossier d'orchestre en avait été banni par l'auteur; celui-ci s'était refusé à y admettre aucune espèce d'élément étranger, ce qui différenciait son ouvrage des opéras d'Erkel. *La Belle Ilka* était d'ailleurs une œuvre du genre purement lyrique, et c'est peut-être pour cette raison qu'elle n'obtint que peu de succès. En 1862, Mosonyi composa un opéra héroïque intitulé *Almos*, et l'offrit au Théâtre-National; mais ce nouvel ouvrage ne fut pas représenté, et l'envie fit échouer tous les efforts du compositeur. Découragé par ce fait, Mosonyi s'effaça peu à peu. Il ne reparut plus qu'une fois devant le public, en 1867, pour faire exécuter, lors du couronnement de Sa Majesté François-Joseph comme roi de Hongrie, la Messe du couronnement de Liszt. Depuis lors il vécut retiré du monde, et mourut le 31 octobre 1870. Sa partition d'*Almos* et bien d'autres manuscrits se trouvèrent dans sa succession.

Comme compositeur national, Mosonyi s'est acquis une renommée impérissable, et il a légué à la musique hongroise de véritables chefs-d'œuvre dans tous les genres, depuis les chœurs et les mélodies vocales les plus simples jusqu'à l'opéra et à la symphonie. Par son talent, il est devenu en quelque sorte le créateur de la musique nationale hongroise; il l'a révélée sous toutes ses formes, en a fait valoir les richesses jusqu'alors inconnues, et a ennobli ces richesses originaires en les faisant valoir par une mise en œuvre admirable. Mosonyi était d'ailleurs un artiste instruit, et possédait de grandes connaissances générales; en tant qu'écrivain musical, il s'est montré spirituel et vulgarisateur, et ses essais, publiés dans le journal qu'il avait fondé, sont un véritable trésor pour la littérature spéciale hongroise. Liszt l'a désigné comme « le représentant le plus noble et le plus téméraire » de la musique hongroise, et K. Abranyi a publié sur lui une excellente notice biographique, qui a paru à Buda-Pesth en 1872. A la liste des compositions de Mosonyi qui ont été indiquées ci-dessus comme ayant été publiées, il faut ajouter : 1° Ouverture de fête (dans laquelle le *Szozat* est employé ; 2° la partition pour piano seul de l'opéra *la Belle Ilka ;* 3° un arrangement excellent, pour piano à 4 mains, des neuf symphonies de Beethoven ; 4° enfin, quelques arrangements de chants nationaux hongrois.

J. B.

MOSZKOWSKI (MORITZ), virtuose fort distingué sur le piano et compositeur, est né à Breslau le 23 août 1854. Élève des Conservatoires de Dresde et de Berlin, il a commencé par se produire comme pianiste avec de grands succès, puis a fait apprécier son talent de compositeur par la publication des ouvrages suivants : *Albumblatt* pour piano, op. 2 (Breslau, Hainauer); Caprice pour piano, op. 4 (id., id.); *Hommage à Schumann*, pour piano, op. 5 (id., id.); *Trois moments musicaux*, id., op. 7 (id., id.); 2 *lieder* avec piano, op. 9 (id., id.) ; Esquisses pour piano, op. 10 (id., id.); 3 Pièces pour piano à 4 mains, op. 11 (id., id.); Danses espagnoles pour piano, op. 12 (Berlin, Simon) ; 3 *lieder* avec piano, op. 13 (Breslau, Hainauer) ; *Humoresques* pour piano, op. 14 (id., id.) ; 6 Pièces, id., op. 15 (id., id.); 2 Morceaux de concert, pour violon et piano, op. 16 (id., id.); 3 Pièces pour piano, en forme de danse, op. 17 (id., id.) ; *les Pleurs*, 5 chants sur des poésies de Chamisse. M. Moszkowski a écrit aussi une symphonie qui n'a pas encore été exécutée.

MOSZKOWSKI (ALEXANDRE), écrivain allemand, est l'auteur d'un « poëme humoristique » qu'il a publié sous ce titre : *Poetische Musikgeschicte* (Histoire poétique de la musique), Berlin, Barth, 1876.

MOUCHET (......), compositeur français, né à Bordeaux, a fait représenter, le 11 janvier 1877, sur un petit théâtre de cette ville, les Folies-Bordelaises, un opéra-comique en un acte intitulé *la Revanche de Frontin*.

* **MOULINGHEM** (LOUIS-CHARLES). — Aux opéras de ce compositeur, il faut ajouter *Horiphème*, et *Sylvain ;* ce dernier, écrit par lui en société avec Legrand et Davesne.

* **MOULINGHEM** (JEAN-BAPTISTE). — Cet artiste a fait représenter à Fontainebleau, sur le théâtre de la cour, le 9 octobre 1773, un opéra-comique en un acte intitulé *la Servante justifiée*.

MOULINGHEM (LOUISE - FRÉDÉRIQUE **SKREUDERF**, femme), épouse du précédent, fut pendant dix ans l'une des actrices les plus aimées du public de la Comédie-Italienne, où elle se distinguait autant par les qualités de son jeu que par celles de sa voix et de son chant. Elle mourut jeune, en pleine possession de son talent, le 25 novembre 1780, et voici comment le *Mercure de France* annonçait cette perte à ses lecteurs : « Fille d'un directeur de comédie, la jeune Louise parut de bonne heure sur la scène, et y obtint des succès, ce qui n'est pas étonnant. L'enfance porte presque toujours avec elle un intérêt qui double le prix de l'effet que produisent ses dispositions à l'intelligence. Après avoir débuté au Théâtre-Italien comme danseuse, en 1766, elle s'y présenta comme comédienne en 1770. Quoique sa voix fût un peu élevée dans le dialogue, défaut assez ordinaire aux chanteuses, quoiqu'elle phrasât difficilement les vers, les connoisseurs lui trouvèrent un talent décidé, et prévirent qu'elle mériteroit une réputation : ils ne se trompèrent pas. Une belle entente de la scène, une connoissance étendue du jeu muet, beaucoup de gaîté, de chaleur, de naturel, une soumission exacte au costume, du zèle, de l'ardeur, une activité presqu'infatigable, lui concilièrent tous les suffrages, et la rendirent bientôt aussi chère à ses camarades qu'au public : éloge flatteur, bien rarement mérité, et qui fait autant d'honneur au caractère qu'aux talens de Madame Moulinghem. » En réalité, Mme Moulinghem tint une place distinguée sur la scène de la Comédie-Italienne, à une époque où la troupe de ce théâtre était presque uniquement composée d'artistes de premier ordre. — Mme Moulinghem avait une fille qui devint claveciniste ; élève de Rigel, cette jeune virtuose se fit entendre au Concert spirituel le 7 avril et le 17 mai 1787, et un journal en parlait alors en ces termes : « Les concerts spirituels sont devenus plus intéressants. MM. Guérin ont excité une sensation très-vive. On a aussi entendu avec le plus grand plaisir le concerto exécuté par Mlle Moulinghem, fille de feu Mme Moulinghem, si justement regrettée au Théâtre-Italien, et élève de Rigel. » — Mme Moulinghem avait aussi une sœur, actrice comme elle, qui débuta à la Comédie-Italienne au mois d'avril ou de mai 1781, sous le nom de Mlle Lambert. Son succès fut négatif, et elle ne fut point reçue.

* **MOURET** (JEAN-JOSEPH). — Outre les ouvrages qu'il a fait représenter à l'Opéra, cet artiste, que ses contemporains avaient surnommé *le Musicien des grâces*, et qui, en effet, à défaut d'une instruction musicale solide, était doué d'une imagination pleine de grâce et de naïveté, a écrit la musique d'une cinquantaine de pièces représentées à la Comédie-Italienne, musique qui consistait en chansons, airs de danse, divertisse-

ments. La plus grande partie de cette musique a été publiée dans une collection formée sous ce titre : *Six Recueils de divertissemens du nouveau théâtre italien, avec toutes les symphonies, airs à chanter, à boire, vaudevilles, rondes de table*, etc., dédiés à S. A. R. Monseigneur le duc d'Orléans, régent du royaume, par Mouret, musicien de la chambre du roy. Voici les titres de quelques-unes des pièces qui étaient accompagnées des airs de Mouret : 1° *l'Amante romanesque*, 1718 ; 2° *le Naufrage au Port-à-l'Anglois*, 1718 ; 3° *l'Amour maître de langues*, 1718 ; 4° *la Désolation des deux Comédies*, 1718 ; 5° *le Procès des théâtres*, 1718 ; 6° *Arlequin Pluton* ; 7° *les Lunettes magiques*, 1719 ; 8° *la Foire renaissante*, 1719 ; 9° *la Fausse Magie*, 1719 ; 10° *les Aventures de la rue Quincampoix*, 1719 ; 11° *le Philosophe trompé par la nature*, 1719 ; 12° *le Triomphe d'Arlequin*, 1719 ; 13° *la Mode*, 1719 ; 14° *le May*, 1719 ; 15° *la Rupture du Carnaval et de la Folie*, 1719 ; 16° *les Amours de Vincennes*, 1719 ; 17° *Mélusine*, 1719 ; 18° *le Trésor supposé*. 1720 ; 19° *les Amans ignorans*, 1720 ; 20° *Arlequin Endymion*, 1721 ; 21° *la Fille inquiète*, 1723 ; 22° *l'Amante capricieuse*, 1726 ; 23° *le Tour de Carnaval*, 1726 ; 24° *les Comédiens esclaves*, 1726 ; 25° *l'Horoscope accompli*, 1727 ; 26° *Zéphire et Flore*, 1727 ; 27° *l'Isle de la Folie*, 1727 ; 28° *la Revue des Théâtres*, 1728 ; 29° *Arlequin hulla*, 1728 ; 30° *le Triomphe de Plutus*, 1728 ; 31° *l'Italien marié à Paris*, 1728 ; 32° *Melpomène vengée*, 1729 ; 33° *le Feu d'artifice ou la Pièce sans dénouement*, 1729 ; 34° *la Nouvelle Colonie ou la Ligue des Femmes*, 1729 ; 35° *la Réunion forcée*, 1730 ; 36° *Démocrite prétendu fou*, 1730 ; 36° *bis le Triomphe de l'intérêt*, 1730 ; 37° *le Je ne sçay quoi*, 1731 ; 37° *bis le Grand-Mogol*, 1734 ; 38° *la Surprise de l'amour*, 1734 ; 39° *l'Apologie du siècle*, 1734 ; 40° *Pygmalion*, ballet, 1734 ; 41° *les Billets doux*, 1734 ; 42° *les Amours anonymes* ; 43° *les Fées*, 1736 ; 44° *le Phénix*, 1731 ; 45° *l'Amant déguisé* ; 46° *le Jeu d'amour* ; 47° *l'Empereur dans la lune* ; 48° *Colombine mari par complaisance* ; 49° *Danaüs* ; 50° *Don Micco* ; 51° *la Pupille* ; 52° *la Guinguette de la finance*.

Mouret écrivit aussi les divertissements de quelques pièces jouées à la Comédie-Française : *la Métempsycose ou les Dieux Comédiens* ; *Pan et Doris*, pastorale héroïque en un acte faisant partie d'une pièce de Daiguebert intitulée *les Trois Spectacles*, 1729 ; *les Mécontents*, 1734 ; *la Grondeuse*, 1734 ; *la Magie de l'amour*, 1735.

Mouret composa encore, pour le service du Concert spirituel, un certain nombre de motets. Je ne puis citer que les suivants : *O Sacrum convivium*, *Benedictus Dominus*, *Cantate*, *Cantemus Domino*, *Quemadmodum*, *Usquequo*, *Regina cœli lætare*. Il écrivit aussi, pour les fêtes fameuses que la duchesse du Maine donnait à Sceaux, les trois ouvrages suivants, qui n'ont été représentés sur aucun théâtre public : *le Mystère ou les Fêtes de l'inconnu*, divertissement en 3 actes (en société avec Marchand, qui fit la musique du troisième acte), 22 novembre 1714 ; *Apollon et les Muses*, intermède en 3 actes, 1715 ; *la Grande Nuit de l'éclipse*, intermède en 3 actes, 3 mai 1715. Enfin, Mouret est encore l'auteur de nombreuses et importantes compositions qu'il fit exécuter au Concert spirituel sous les titres suivants : *les Amours de Silène*, « divertissement bachique, » 1729 ; *la Mort de Didon*, cantate, 1729 ; *Andromède et Persée*, cantate, 1729 ; *Au gui l'an neuf*, divertissement chanté, 1729 ; *la Beauté couronnée*, divertissement, 1729 ; *Églé*, cantatille, 1729 ; *Hymne à l'amour*, 1729 ; *le Bal*, cantate. Pour terminer cette longue liste des œuvres dues à un artiste remarquablement fécond, je citerai une dernière composition de Mouret, *l'Impromptu de Villers-Cotterets*, dont il écrivit les paroles et la musique pour une fête donnée au roi Louis XV, le 3 novembre 1722, par le duc d'Orléans, dans son domaine de Villers-Cotterets.

MOUSSORGSKY (........), compositeur russe contemporain, s'est fait connaître d'abord par la publication de quelques romances et mélodies vocales qui ont été bien accueillies du public. Il a écrit ensuite, sur un livret tiré du drame de Pouschkine qui porte ce titre, la partition d'un grand drame lyrique intitulé *Boris Godounoff*. Cet ouvrage, en 4 actes et un prologue, a été représenté à Saint-Pétersbourg en 1874.

MOUZIN (Pierre-Nicolas) (1), professeur au Conservatoire de Paris, ancien directeur du Conservatoire de Metz, est né dans cette dernière ville le 13 juillet 1822. Admis à l'école de musique de sa ville natale au mois de juin 1838, il y devint élève de Victor Desvignes, son fondateur, et étudia l'harmonie, le contre-point et la fugue avec M. Camille Durutte. Devenu professeur adjoint de l'école en 1842, professeur titulaire deux ans après, M. Mouzin, après la mort de Des-

(1) Malgré ses prénoms véritables de Pierre-Nicolas, la famille de M. Mouzin avait adopté pour lui celui d'Édouard. De là vient que plusieurs de ses compositions sont signées : Ed. Mouzin.

vignes, en fut nommé directeur, le 1er janvier 1854. Artiste actif et doué d'initiative, se livrant à des travaux considérables de composition, donnant des articles de critique musicale à divers journaux, entre autres au *Courrier de la Moselle*, il dirigea la Société philharmonique de Metz (orchestre et chœurs) de 1844 à 1849, la Société des concerts de 1849 à 1851, la Société de l'Union des arts de 1851 à 1853, fonda l'Orphéon au mois de novembre 1854 et le dirigea jusqu'en 1868, fonda une Société de musique d'harmonie en 1866, provoqua l'année suivante une association de vingt-deux sociétés chorales du département de la Moselle, enfin dirigea les grands concerts annuels de l'École de musique, et ceux qui eurent lieu sous la présidence de M. Ambroise Thomas, en 1861 et 1867, à l'occasion de l'Exposition universelle et du concours régional. Pendant ce temps, il publiait : 1° *Metz. École de musique, succursale du Conservatoire impérial*, esquisse historique par le directeur, M. Ed. Mouzin (Metz, Blanc, janvier 1859, in-8° de 24 p.); 2° *Metz. École de musique, succursale du Conservatoire impérial, et Société chorale de l'Orphéon*, deuxième esquisse historique (Metz, Blanc, 1864, in-8° de 90 p.); 3° *Petite Grammaire musicale*, à l'usage des écoles primaires, des cours orphéoniques et de tous les établissements d'instruction, en trois parties (Paris, Tandou, 1864, in-12), ouvrage adopté au Conservatoire de Paris, et auquel une mention honorable a été accordée à l'Exposition universelle de 1867. A la suite des événements de 1870-71, M. Mouzin vint s'établir à Paris, et fut nommé professeur de solfége au Conservatoire.

Voici la liste des compositions de cet artiste estimable. — MUSIQUE DRAMATIQUE. *Les Deux Valises*, opéra-comique en un acte, joué à Metz en 1866; *Michel-Ange*, opéra-comique en un acte, resté inédit. — CANTATES. *Spartacus*, pour voix de basse, avec chœur masculin et accompagnement d'orchestre, exécutée à Metz (composition qui reçut plus tard de plus grands développements, et devint une scène pour soprano, ténor et basse avec chœur mixte); *Metz*, pour voix de mezzo-soprano avec chœurs et orchestre, exécutée à Metz; *Sébastopol*, pour ténor, baryton, chœurs et orchestre, exécutée à Metz; *Hommage à la mémoire d'Halévy*, pour soprano, chœurs et orchestre, id.; *Rémilly*, pour chœur d'hommes, avec orchestre, id.: *les Eaux de Metz*, pour chœur mixte, avec orchestre, id.; Marche funèbre de la Symphonie héroïque de Beethoven, arrangée pour chœur et orchestre, id. — MUSIQUE VOCALE. Six Vocalises, pour soprano ou ténor; six Mélodies pour soprano, ténor ou mezzo-soprano; *Simples Chants*, recueil écrit pour les salles d'asile; *la Voix du Torrent, la Fauvette, la Jeune Fille, Canzone de Vittoria Colonna, la Marinière, le Vieillard aveugle, la Voix secrète, Derniers Soleils*, mélodies. — MUSIQUE RELIGIEUSE. *Agnus Dei*, pour ténor et chœur; *Sanctus* (en *ré*) pour baryton et chœur; *Ave verum*, solo de basse, avec orgue; *Sanctus* en *mi* bémol, messe des morts; *Pie Jesu*, pour ténor et chœur, avec orgue; *Veni Creator*, trio ou chœur, avec orchestre ou orgue. — CHŒURS SANS ACCOMPAGNEMENTS. *A la France, la Ronde des Moissonneurs, Souvenir de Strasbourg, la Prière des petits, Salut à Ambroise Thomas, Chant de bienvenue, Qui d'un mot calme les orages? Chantons la vapeur, la Moselle, Strasbourg, Hourrah! les Francs-Tireurs, la Rosée, les Trois Légions*; 12 Chœurs arrangés, avec paroles spéciales, sur différents fragments de musique instrumentale de Haydn, de Mozart et de Beethoven. — MUSIQUE INSTRUMENTALE. Sérénade pour orchestre; Andante et scherzettino pour orchestre; Ouverture à grand orchestre; 1re Symphonie (*le Passé*), pour orchestre; *Préludes et Fugues*, pour le piano; *Souvenirs du pays Messin*, six mélodies pour le piano, etc.

MOYNS ou **MOENS** (SIMON), facteur de clavecins, exerçait cette profession à Anvers au milieu du seizième siècle, et était reçu en cette qualité dans la corporation de Saint-Luc en 1552.

* **MOZART** (JEAN-CHRYSOSTOME-WOLFGANG-THÉOPHILE). — La bibliographie relative à Mozart, en ce qui concerne la France, doit se compléter par les écrits suivants : 1° *Histoire de W. A. Mozart*, sa vie et son œuvre d'après la grande biographie de G. N. de Nissen, augmentée de nouvelles lettres et de documents authentiques, traduite de l'allemand par Albert Sowinski (Paris, Garnier, 1869, in-8° avec portrait et autographes); 2° *Notice biographique sur Jean-Chrysostome-Wolfgang-Théophile Mozart*, par Winckler (Paris, Fuchs, an X (1801), in-8°); 3° *Mozart*, par le docteur Henri Doering, traduit de l'allemand par C. Viel (Paris, Bohné, 1860, in-12); 4° *Mozart ou la Jeunesse d'un grand artiste*, par Étienne Gervais (Tours, Mame, 1866, in-12); 5° *Mozart d'après de nouveaux documents*, par J. Goschler (Paris, Douniol, 1866, in-8°); 6° *un Voyage de Mozart*, biographie, anecdotes, par Édouard Moericke, traduit de l'allemand par A. Rolland (Bruxelles, Dumont, 1859, in-18); 7° *Lecture sur les trois séjours de Mozart à Paris*, par Charles Poisot (Paris, typ. Chamerot, 1873, in-18).

A part ces publications, nous signalerons les deux livraisons (29e et 30e entretiens) du *Cours familier de littérature* de Lamartine, intitulés : *la Musique de Mozart*, et surtout l'excellent travail publié sur le maître par M. Victor Wilder, en 1874, dans *le Ménestrel*, écrit vraiment remarquable, et le seul de quelque valeur qui ait paru en France. Il est bien à désirer que l'auteur publie sous forme de volume cette très-intéressante étude.

MUCK (Le docteur J......), musicien allemand, né à Wurzbourg le 16 août 1824, s'était d'abord adonné à l'étude du droit, qu'il abandonna pour se consacrer à la musique. Chef d'orchestre au théâtre de Brünn en 1860, à celui de Freiburg en 1866, il se fixa ensuite dans sa ville natale, où il dirige une Société de chant. Cet artiste a composé des chœurs pour voix d'hommes, des morceaux de violoncelle, et il a fait représenter avec un certain succès, le 3 février 1867, à Darmstadt, un drame lyrique intitulé *les Nazaréens à Pompéi*, dont le sujet était emprunté au poëme célèbre de Bulwer : *les Derniers Jours de Pompéi*.

MUELEVOETS (Jean), facteur de cithares, vivait à Anvers à la fin du seizième siècle.

MUGNONE (Leopoldo), compositeur dramatique italien, né vers 1857, a fait représenter à Naples, sur le théâtre Nuovo, les deux ouvrages suivants : 1° *Don Bizzarro e le sue figlie*, opéra bouffe (20 avril 1875), qui a été assez bien accueilli ; 2° *la Mamma Angot a Costantinopoli*, opérette (29 juillet 1875), qui n'a obtenu aucun succès. Je n'ai pas d'autres renseignements sur cet artiste, qui n'était âgé que de dix-sept ans lorsqu'il a fait son début au théâtre.

MÜHLDORFER (Guillaume-Charles), compositeur et maître de chapelle autrichien, est né à Gratz le 6 mars 1837. On lui doit plusieurs ouvrages dramatiques, parmi lesquels je citerai les suivants : *le Sommeil magique*, opéra-comique en 2 actes, Leipzig, 1866 ; *le Commandant de Kœnigstein*, un acte, Leipzig, 30 mars 1869 ; *Solitude dans les bois*, ballet, Leipzig, 24 décembre 1869. Son dernier ouvrage, donné encore à Leipzig, au mois de septembre 1877, est un opéra-comique en un acte, *Prinzessin Rebenblüth*, qui accompagnait la première représentation du *Roméo et Juliette* de M. Gounod. M. Mühldorfer remplit les fonctions de second chef d'orchestre au théâtre de Leipzig. On connaît encore de lui des *lieder* et plusieurs ouvertures de concert.

MULDER (Richard), pianiste, chef d'orchestre et compositeur, naquit à Amsterdam en 1823, et reçut une excellente éducation musicale. Dès sa jeunesse il vint en France, résida longtemps à Paris, où il publia de nombreuses compositions, et c'est en cette ville qu'il épousa, en 1844, Mlle Lia Duport, fille de l'auteur dramatique Paul Duport. Mlle Lia Duport était une cantatrice distinguée, qui a brillé de bonne heure dans les concerts, et qui s'est ensuite vouée à l'enseignement. Il y a quelques années, Richard Mulder était parti pour l'Amérique, et s'était fixé aux États-Unis ; il est mort, jeune encore, à San-Francisco, le 22 décembre 1874. Parmi les compositions publiées par cet artiste intelligent, je citerai surtout les suivantes, toutes pour le piano : Chants caractéristiques, op. 9 ; Thème original et scherzo, op. 10 ; *Plaisir du bal*, valse, rédowa et polka, op. 11 ; Styrienne, op. 12 ; *la Cascade*, op. 12 *bis* ; *Rêve d'espoir*, andante, op. 13 ; *le Tambour de basque*, impromptu, op. 15 ; *le Menuet*, variations-études, op. 16 ; *Fête styrienne*, valse-caprice, op. 17 ; *la Consolation*, nocturne, op. 18 ; *Cécilia*, mazurka-caprice, op. 19 ; *le Retour*, nocturne, op. 20 ; *les Chantres des bois*, 6 morceaux caractéristiques, op. 22 ; *Souvenir de jeunesse*, 3 morceaux de genre, op. 28 ; *le Chalumeau*, pastorale, op. 29 ; *Lyceum des pianistes*, collection complète et progressive d'études, en 6 livres, op. 31, 32, 33, 34, 35 et 36 ; *les Loisirs de la Châtelaine*, collection de 6 morceaux caractéristiques et de moyenne force, op. 44, etc., etc.

De son mariage avec Mlle Lia Duport, Richard Mulder avait eu une fille, aujourd'hui Mme Pauline Boutin, qui est l'une des plus aimables cantatrices de concert de Paris et l'un de nos meilleurs professeurs de chant.

MÜLLER (Marianus), moine et musicien du dix-huitième siècle, naquit en Suisse, à Æsch (canton de Lucerne), en 1724. Après avoir étudié la composition avec Giuseppe Paladino, maître de chapelle à Milan, il entra en 1743 au couvent d'Einsideln, dont il fut, trente ans plus tard, nommé prince-abbé. Il mourut en 1780. On connaît de cet artiste une messe à quatre voix avec orgue, quatre motets à huit voix, six *Magnificat* à quatre voix avec accompagnement d'orchestre, etc.

* **MÜLLER** (Iwan), célèbre clarinettiste russe, naquit le 3 décembre 1786, et non le 15 décembre 1781.

* **MÜLLER** (Frédéric), violoniste, violoncelliste, clarinettiste, compositeur et maître de chapelle, est mort à Rudolstadt, le 12 décembre 1871. (V. *Biographie universelle des Musiciens*, t. VI, p. 259.)

* **MÜLLER** (Chrétien-Gottlieb-Théophile),

compositeur, est mort à Altenbourg le 29 juin 1863. (V. *Biographie universelle des Musiciens*, t. VI, p. 260.)

*MÜLLER (Adolphe). — Une note qui m'est fournie sur cet artiste, par M. Jean Batka (de Presbourg), me prouve qu'il n'a jamais été attaché au théâtre de Kœnigstadt, de Berlin. « En 1828, dit cette note, Müller fut engagé au théâtre du faubourg de Wieden, à Vienne, comme compositeur et chef d'orchestre; il conserva cet emploi jusqu'en 1847, époque où il passa dans la même qualité au théâtre du faubourg de Leopoldstadt. Mais il rentra bientôt au théâtre de Wieden, où il se trouve encore aujourd'hui, jouissant de l'estime générale. M. Müller a écrit la musique d'environ 600 pièces de théâtre: opéras-comiques, opérettes, farces et vaudevilles. Outre cela, il a composé 300 *lieder*, des morceaux de musique de danse, des pièces symphoniques et une grande messe. On lui doit aussi une Méthode de chant en langue allemande et française, publiée à Vienne, chez Haslinger. Les compositions de M. Müller sont très-populaires; la plupart de ses *lieder* et de ses couplets, écrits pour le théâtre, ont fait le tour de l'Allemagne, et sont encore chantés chaque jour par les gens du peuple. M. Müller est un représentant richement doué de l'ancienne école viennoise de composition. » (V. *Biographie universelle des Musiciens*, t. VI, p. 261.)

MÜLLER (Adolphe), fils du précédent, est né à Vienne le 15 octobre 1839. Il a hérité de la fantaisie féconde et de la riche force créatrice de son père. Après avoir terminé ses études, il devint chef d'orchestre à Posen, puis à Magdebourg, où il fit représenter son premier opéra, *Henri l'orfèvre*. En 1872, il alla remplir le même emploi au théâtre de l'Opéra-Comique, nouvellement créé à Vienne, et où il se trouve encore. Son dernier ouvrage : *Waldmeisters Brautfahrt*, est un opéra-comique fantastique; la musique en est gracieuse et gaie, et la partition en a été publiée chez l'éditeur M. Schereiber. M. Müller a écrit un trio, des *lieder*, et la musique de plusieurs pièces de théâtre.

J. B.

*MÜLLER (Charles-Frédéric), violoniste, l'aîné des quatre frères de ce nom qui composaient le fameux quatuor Müller, si longtemps célèbre en Allemagne, est mort à Brunswick, le 4 avril 1873. (V. *Biographie universelle des Musiciens*, t. VI, p. 262.)

*MÜLLER (Auguste-Théodore), violoncelliste, frère du précédent, le troisième et le dernier membre survivant de ce quatuor fraternel, est mort à Brunswick au mois d'octobre 1875. (V. *Biographie universelle des Musiciens*, t. VI, p. 262.)

MÜLLER (Jules-E......), pianiste et compositeur allemand, s'est fait connaître, en ces dernières années, par la publication de morceaux de genre et fantaisies pour piano, dont le nombre ne s'élève guère aujourd'hui à moins de deux cents.

MÜLLER (........), compositeur contemporain, connu sous le nom de *Müller, de New-York*, s'est fait connaître par la publication d'une énorme quantité de recueils de chœurs et *lieder* à plusieurs voix, dont quelques-uns avec accompagnement d'orchestre ou de divers instruments. Le nombre de ces recueils ne s'élève guère aujourd'hui à moins d'une centaine. Je n'ai pu recueillir aucun renseignement biographique sur cet artiste.

MÜLLER (Louis), maître de chapelle et professeur de chant au collége Stanislas, à Paris, est l'auteur d'un *Solfége pratique et théorique*, à l'usage des colléges, pensionnats et séminaires, Paris, Leduc, in-8°. Il a publié aussi *les Solennités religieuses*, recueil avec orgue de chants sacrés pour toute l'année, id., id.

MULLER (Marcellus), notaire à Caen et grand amateur de musique, ancien élève de Carafa, a fait représenter à Caen, dans la grande salle de l'hôtel de ville, à l'occasion d'une fête locale, le 5 février 1875, un opéra-comique en deux actes intitulé *le Bocage*. Peu de jours après, le 16 février, M. Marcellus Muller donnait à la salle Taitbout, à Paris, dans une représentation privée, une opérette en un acte, *les Idées de M. Pampelune*. Enfin, le 6 mars 1877, il donnait à Caen une autre opérette en un acte, *le Maître de chant*, qu'il faisait représenter sous le pseudonyme de *Wilhelm*.

MÜLLER-HARTUNG (........), chef d'orchestre et professeur allemand, directeur de l'École de musique de Weimar, est l'auteur d'un ouvrage publié récemment sous le titre de *Théorie de la Musique* (Eisenach, Bacmeister, in-8°).

MUNCHEIMER (Adam), compositeur, directeur de l'Opéra national de Varsovie, a écrit la musique d'un opéra polonais en 4 actes, *Stradiota*, qui a été représenté sur ce théâtre en 1877. On connaît aussi de cet artiste de la musique de ballet, des ouvertures, des *lieder*, des chœurs, etc.

MURAIRE (........), chanteur français, né à Avignon vers la fin du dix-septième siècle, se fit une très-grande réputation à l'Opéra dans l'emploi des hautes-contre, mais ne resta guère plus d'une douzaine d'années à ce théâtre, et se retira dans toute la force de l'âge. Doué d'une voix superbe et étendue, il paraît avoir été aussi remarquable comme comédien que comme chanteur, car le *Mercure de France* disait de lui, en parlant de la reprise d'*Atys* qui eut lieu le 23 décembre 1725 : — « Entre les meilleurs acteurs qui contribuent au grand succès de cet opéra, le public distingue le sieur Muraire, dont la voix et l'action enchantent les oreilles, et les yeux touchent le cœur. » Selon Laborde (*Essais sur la musique*), Muraire aurait débuté seulement en 1717, mais il y a là une erreur, car cet artiste remplissait un rôle dans *les Fêtes de l'été*, de Montéclair, qui furent représentées le 12 juin 1716. C'est vers 1715 que Muraire se montra pour la première fois à l'Opéra, dans *Isis*, de Lully. Laborde se trompe encore lorsqu'il dit, en parlant de Muraire : « Il avoit une des plus belles haute-contre qu'on eût jamais entendues, et il falloit les talens réunis de Jélyotte pour l'éclipser. » Jélyotte put faire oublier Muraire, mais non l'éclipser, puisqu'il ne débuta à l'Opéra qu'en 1733, alors que celui-ci avait pris sa retraite depuis plus de six ans, ainsi que nous l'apprend le *Mercure* dans son numéro de janvier 1727 : « Le sieur Muraire, un des principaux acteurs de l'Académie royale de musique, qui a été assez longtemps malade, est entièrement rétabli ; mais le public, à qui sa belle voix a fait tant de plaisir, n'y gagne rien ; il a quitté l'Opéra pour se retirer à Avignon, sa patrie. »

Voici la liste des ouvrages créés par Muraire à l'Opéra : *les Fêtes de l'été*, de Montéclair; *Camille, reine des Volsques*, *les Ages*, de Campra; *les Plaisirs de la campagne*, de Bertin; *Polydore*, de Batistin Strück ; *les Amours de Protée*, de Gervais ; *Pirithoüs*, de Mouret ; *les Fêtes grecques et romaines*, de Colin de Blamont ; *la Reine des Péris*, d'Aubert ; *les Éléments*, de Lalande et Destouches ; *les Stratagèmes de l'amour*, de Destouches ; *Télégone*, de Lacoste ; enfin, *Pyrame et Thisbé*, de Rebel et Francœur, sa dernière création en 1726.

MURATORI (Lodovico), compositeur italien, est l'auteur d'un opéra intitulé *Virginia, ovvero un'Imprudenza*, qui a été représenté sur le théâtre du Corso, de Bologne, au mois de décembre 1866. — Un artiste du même nom, M. *G. Muratori*, a publié dans ces dernières années quelques mélodies sur paroles italiennes.

MURET (Théodore-César), écrivain dramatique et critique distingué, né à Rouen le 24 janvier 1808, est mort à Soissy, près Montmorency, le 17 juillet 1866. Pendant longues années, Th. Muret a publié dans le journal légitimiste *l'Union*, dont il partageait les doctrines politiques, un feuilleton théâtral justement remarqué, dans lequel une connaissance intime du sujet traité s'alliait aux formes les plus courtoises et à un réel talent littéraire. Il est surtout mentionné ici pour un ouvrage fort intéressant : *l'Histoire par le Théâtre* (Paris, Amyot, 3 vol. in-12), qui contient d'assez nombreux renseignements sur la musique et quelques musiciens.

MURSKA (Ilma DE), une des bonnes cantatrices allemandes de ce temps, est née en Croatie vers 1836. Elle a commencé son éducation musicale en Italie, puis s'est perfectionnée sous la direction de Mme Marchesi, le célèbre professeur de Vienne. Mlle de Murska s'était déjà fait apprécier en Allemagne, lorsqu'au mois de janvier 1862 elle se fit entendre presque furtivement à Paris, dans un concert au profit de la Société allemande de bienfaisance. Elle ne resta pas en cette ville, partit aussitôt pour Florence, où l'appelait un engagement pour le théâtre de la Pergola, et se rendit ensuite à Barcelone, à Hambourg et à Pesth. En 1864, elle débute avec succès à Berlin, y joue successivement *Lucie de Lamermoor*, *le Trouvère*, *la Somnambule*, *Linda di Chamounix*, *Martha*, puis, au mois d'août, se produit avec non moins de bonheur à l'Opéra impérial de Vienne. Elle établit à ce théâtre le rôle de Dinorah du *Pardon de Ploërmel*, qui lui vaut un véritable triomphe.

Mlle de Murska resta attachée pendant dix ans à l'Opéra de Vienne, ce qui ne l'empêcha pas, dès 1865, de passer chaque été à Londres, où elle obtenait de très-grands succès au théâtre de la Reine. La brillante carrière de la cantatrice était justifiée par ses facultés naturelles, autant que par ses qualités acquises. Mlle de Murska était douée d'une voix superbe, sonore, étendue, dont elle savait tirer le meilleur parti, chantant avec goût, vocalisant avec légèreté, se faisant remarquer par un rare sentiment des nuances, et joignant à ces qualités purement musicales la tendresse et le charme, la grâce et l'émotion. Les principaux rôles de son répertoire, outre ceux qui ont été cités plus haut, sont Marguerite des *Huguenots*, le page d'*un Ballo in maschera*, Ophélie d'*Hamlet*, Catherine de *l'Étoile du Nord*, Gilda de *Rigoletto*, puis *Médée*, *Roméo et Juliette*, *l'Africaine* (Inès), *il Flauto magico*, *l'Enlèvement du sérail*, etc., etc.

Veuve d'un officier de l'armée autrichienne qui s'appelait Eders, Mme Ilma de Murska quitta l'Europe à la fin de 1873, alla se faire entendre à New-York et dans diverses autres villes des États-Unis, puis de là passa en Australie, où elle fit une grande tournée lyrique. C'est dans ce pays qu'elle épousa en secondes noces, en 1876, un pianiste du nom d'Anderson, qui mourut très-peu de temps après.

MUSARD (Philippe), chef d'orchestre et compositeur fameux de musique de danse, naquit vers 1792. Cet artiste, qui obtint, à l'époque du règne de Louis-Philippe, une véritable célébrité comme chef d'orchestre de bal et compositeur de quadrilles, eut des commencements difficiles et ne paraissait pas destiné à jamais sortir de l'obscurité. Dans sa jeunesse, qui, dit-on, fut loin d'être heureuse, il apprit le cor, et jouait de cet instrument dans les bals publics de bas étage, aux barrières de Paris, d'abord au *Bœuf rouge*, à Belleville, puis à *l'Ile d'amour*, près de Romainville. Dès cette époque pourtant il jouait un peu de violon, et s'exerçait déjà à composer des quadrilles.

Trouvant que la fortune ne lui venait pas assez vite à Paris, Musard, sous la Restauration, partit pour l'Angleterre. C'est à Londres qu'il commença à se faire connaître, et que sa réputation s'établit tout d'abord. Il s'associa, en cette ville, avec un autre artiste, pour exploiter les bals de la cour, dont sans doute il était le chef d'orchestre, et c'est alors qu'il publia et fit exécuter ses premières compositions dansantes, compositions qu'il envoyait ensuite à Paris, à un nommé Marchand, chef d'orchestre du bal du Vauxhall, lequel les faisait exécuter à son tour. C'est ainsi que Musard obtint ses premiers succès.

Peu de temps après la révolution de 1830, Musard revient à Paris, et bientôt il est appelé à diriger l'orchestre des bals masqués qui se donnaient alors au théâtre des Variétés. Chose singulière, pourtant, et qui pourrait faire croire que cet artiste n'a jamais été qu'un *déclassé*, Musard, à cette époque, semblait avoir une ambition plus haute, et désirer une autre renommée que celle de compositeur et de conducteur de quadrilles. En effet, c'est peu après son arrivée à Paris qu'il publiait trois quatuors pour deux violons, alto et basse (Paris, l'auteur), et c'est dans le même temps qu'il faisait paraître les premiers fascicules d'une *Nouvelle Méthode de composition musicale* (Paris, l'auteur). En annonçant cet ouvrage dans la *Revue musicale*, Fétis disait : « M. Musard annonce aussi la publication d'un *Traité complet et raisonné du système musical*, qui paraîtra par livraisons et qui sera accompagné de *notes curieuses* sur l'histoire de la musique (1). » Ne sont-ce pas là les appétits d'un véritable artiste, et ne peut-on pas croire que Musard ne s'est livré à une forme vulgaire de l'art (en y faisant preuve, d'ailleurs, d'un talent véritable) que parce qu'elles lui offraient des moyens d'existence qui lui faisaient défaut d'autre part?

Quoi qu'il en soit, Musard obtint un tel succès aux bals des Variétés qu'un spéculateur, Masson de Puitneuf, conçut la pensée d'organiser, aux Champs-Elysées, un établissement de concerts et de bals dont il lui confia la direction artistique. L'entreprise réussit à souhait, et fut bientôt connue sous le nom de *Concert-Musard* ; mais, Musard s'étant brouillé avec son associé, alla s'installer au Jardin-Turc du boulevard du Temple, passa ensuite à la salle Saint-Honoré (connue plus tard sous le nom de salle Valentino), et enfin à la salle Vivienne, où ses concerts et ses bals obtinrent une vogue sans pareille et firent littéralement courir tout Paris. En même temps, il dirigeait les bals masqués de la salle Ventadour, puis ceux de l'Opéra-Comique, et l'on se rendra compte des succès qu'il obtenait alors par ces fragments d'un article un peu railleur que publiait à son sujet le journal *le Ménestrel :*

« Oh ! qu'il est beau, qu'il est sublime, qu'il est excentrique et idéal, ce monsieur Musard ! Depuis le boulevard Saint-Martin jusqu'en Chine, vous ne trouverez pas une personne, pas une chose, pas un chef d'orchestre, qui lui soit comparable.

« Mais qui n'a pas vu Musard aux fêtes nocturnes de l'Opéra-Comique, celui-là n'a rien vu. Là, sur ce pont vénitien, le maestro éclairé par mille bougies, apparaît dans son vrai jour. Là, on le contemplerait des heures entières. Ce n'est pas un homme, ce n'est pas un musicien, c'est un dieu qui conduit l'orchestre. Tantôt il roule ses yeux comme deux boules enflammées ; tantôt il les promène avec calme de droite à gauche et de gauche à droite. Son infatigable archet marque chaque note, depuis la ronde jusqu'à la double croche, et semble conduire les sons jusqu'à l'oreille des auditeurs. Avec son regard, Musard magnétise tout ce qui l'entoure ; avec son archet, il ramène les égarés, contient les audacieux, avertit les distraits, rallie les traînards et maintient les fougueux. Dans l'*adagio*, dans l'*andante*, son visage est onctueux, sa bouche est riante, son attitude est pleine de dignité et de contemplation plastique. Dans l'*allegro*, son œil lance des éclairs, ses nerfs s'agitent, et tout son corps réalise la chi-

(1) Je crois que la *Nouvelle Méthode de composition musicale* de Musard ne parut jamais dans son entier, et que sept livraisons seulement en furent publiées.

mère du mouvement perpétuel. Alors il ne bat plus la mesure, il la frappe à coups redoublés, des pieds, des mains, des coudes et des genoux. Son pied fait voler la poussière en l'air, et jette de la poudre aux yeux.

« Tantôt il se lève, regarde le plafond, mesure le public du haut de sa majesté, se gratte la tête ou se tient les côtes; tantôt il s'assoit, passe la main sur son front, siége de tant de génie, réceptacle de tant d'harmonie, entrepôt de tant de responsabilité. Dans certains moments, la pointe de son archet plane sur la note jusqu'à son agonie, et l'aide à mourir; dans d'autres, l'archet semble ramasser la note par terre, et la ramener vers le pupitre. C'est un curieux spectacle, je vous assure, que celui de M. Musard conduisant son orchestre. On ne se lasse pas de l'admirer.... »

A l'époque où ces lignes étaient écrites, Musard était vraiment une des originalités, on pourrait dire une des célébrités de Paris. Mais c'est surtout à partir du jour où il dirigea les bals de l'Opéra, que sa vogue acquit toute sa puissance. Là, avec un orchestre qui comprenait 24 violons de chaque côté, des altos et des contre-basses en proportion, un orchestre où les cuivres étaient représentés par 14 cornets à pistons et 12 trombones, il obtint des effets de sonorité vraiment curieux, qu'il augmentait d'ailleurs par des excentricités telles que le fracas de plusieurs chaises qu'on brisait en mesure à un moment donné, ou d'un pistolet qu'on faisait partir à l'attaque du galop final d'un quadrille.

En réalité, et dans la sphère où il se mouvait, Musard était loin de manquer de talent. Dans ses quadrilles de concerts, il a été l'un des premiers à faire usage du contre-point, parfois d'une façon vraiment originale, et d'ailleurs quelques-uns de ces quadrilles, comme *les Échos*, *le Rendez-vous de chasse*, *les Cloches argentines*, *les Gondoliers vénitiens*, renfermaient de jolies idées et étaient vraiment agréables à entendre. Quant à ses quadrilles dansants, la plupart étaient remarquables par leur allure, leur élan, leur entrain, leur caractère; dans le nombre on peut surtout citer le *quadrille espagnol*, le *quadrille anglais*, le *quadrille arabe*, *les Étudiants de Paris*, *les Lions*, *la Victoire*, *le Moyen-Age*, *le Pirate*, *la Reine des Fous*, *le Tourbillon*, *la Foudre*, etc. C'est Musard qui, le premier, dans les morceaux de ce genre, a imaginé d'écrire des chants de trombones, parfois même de faire exécuter par ces instruments le dessin mélodique principal, au lieu de leur faire frapper simplement des temps ou des contre-temps; il en résultait, dans l'allure générale, un éclat, une animation, un entrain extraordinaires.

Musard a écrit plus de cent cinquante quadrilles, et si, dans le nombre, beaucoup furent composés sur des motifs d'opéras en vogue, on en peut signaler aussi beaucoup d'originaux, et qui n'étaient pas les plus médiocres. Parmi ces derniers, je mentionnerai encore ceux qui avaient pour titre : *Zurich*, *Munich*, *le Lac*, *Montmorency*, *Oran*, *Victoria*, *l'Angleterre*, *Dublin*, *l'Écosse*, *l'Étoile*, *les Heures*, *l'Indien*, *Méphistophélès*, *le Mexique*, *Milan*, *Moscou*, *le Plébéien*, *le Provençal*, *le Printemps*, *l'Omnibus*, *Polichinelle*, *les Bayadères*, *le Bal de l'Opéra*, *l'Arc-en-ciel*, *Versailles*, *les Querelleurs*, *Florence*, *Vive la danse*, *le Nain du roi*, *les Chasseurs au bal*, etc., etc. Il a écrit aussi un assez grand nombre de valses.

Cet artiste honorable et excentrique, que ses contemporains ont appelé *le Paganini de la danse* et le Roi du quadrille, est mort à Auteuil, près Paris, le 31 mars 1859, à l'âge de 66 ans.

MUSIOL (Robert), professeur et théoricien allemand, est l'auteur d'un petit manuel publié sous ce titre : *Katechismus der Musikgeschichte* (Catéchisme de l'histoire musicale), Leipzig, J. J. Weber, in-12. Ce petit livre est une sorte d'histoire abrégée de la musique, exposée par demandes et par réponses. On en avait annoncé une traduction française, qui jusqu'ici n'a pas encore paru. M. Robert Musiol est l'un des collaborateurs de la *Nouvelle Gazette musicale de Berlin*.

Il prépare en ce moment une nouvelle édition, très-augmentée, du petit Lexique musical de Julius Schuberth.

MUSONE (Pietro), compositeur dramatique italien, s'est fait connaître au public par trois ouvrages importants qui ont été représentés tous trois à Naples, sur le théâtre du Fondo, devenu aujourd'hui le théâtre Mercadante. Le premier de ces ouvrages, *Camoens*, donné le 19 septembre 1872, fut accueilli avec une grande faveur; le second, intitulé *Wallenstein*, fut joué le 19 août 1873, et obtint un très-grand succès; enfin, le troisième, qui avait pour titre *Carlo di Borgogna*, ne se vit guère moins bien reçu que les précédents lorsqu'il parut le 22 mars 1876. Celui-ci était en 4 actes et un prologue. Je n'ai pas d'autres renseignements sur M. Musone, qui paraît être un artiste distingué; je sais seulement que la critique lui a été très-favorable, que ses compatriotes fondent un grand espoir sur son avenir, et que particulièrement le quatrième acte de *Camoens*, son premier ouvrage, est considéré par quelques-uns comme une page de premier ordre.

MUSSI (A....), compositeur italien, naquit dans les premières années du dix-neuvième siècle. Il a écrit la musique de plusieurs ballets, entre autres des suivants : 1° *Ali, basciá di Giannina*, Milan, Scala, 1838 ; 2° *il Raja e le Bajadere* (en société avec Schira), id., id., 16 août 1843 ; 3° *Uriella, ossia gli Amori di un genio* (en société avec Scaramelli et divers autres compositeurs), id., id., 1854 ; 4° *Gli Afgani* ; 5° *Don Cesare di Bazan* ; 6° *un Fallo* (en société avec M. Paolo Giorza). Je n'ai pas d'autres renseignements sur cet artiste.

MUSSINI (Adèle Branca), jeune pianiste italienne et compositeur pour son instrument, est descendante du fameux compositeur Giuseppe Sarti, qui fut maître de chapelle du dôme de Milan. Née à Berlin, elle fit son éducation musicale à Florence, et habite aujourd'hui Crémone. Cette jeune artiste a publié récemment chez l'éditeur Ricordi, de Milan, un recueil de *Six Pensées fugitives*, et de *Tre Pensieri sciolti*, sortes de romances sans paroles pour le piano, et quelques autres morceaux détachés pour le même instrument. La critique a favorablement accueilli ces essais d'une plume qui paraît élégante et aimable.

MUSTEL (Victor), facteur d'harmoniums à Paris, s'est depuis longtemps fait connaître par la bonne qualité de ses instruments, désignés sous le nom d'*orgues Mustel*, et les soins qu'il apportait à leur fabrication. D'abord attaché à la fabrique d'orgues de MM. Alexandre (*Voy.* ce nom), M. Mustel finit par s'établir à son compte, et, en 1854, prit un brevet « pour de nouvelles dispositions propres à produire des effets nouveaux sur l'orgue expressif. » Après avoir obtenu à l'Exposition universelle de 1855 (Paris) une médaille de première classe, M. Mustel se vit décerner à celle de 1862 (Londres) la *prize medal* pour l'excellence de sa fabrication. En 1867 (Paris), une médaille d'argent venait récompenser ses efforts, et dans son rapport comme président du jury de la classe 10 à cette dernière Exposition, Fétis rendait ainsi justice à la supériorité des produits de ce facteur distingué : — « M. Mustel n'est pas, à proprement dire, un fabricant, car le nombre d'instruments qui sortent chaque année de ses mains ne dépasse pas quinze. M. Victor Mustel est un artiste ; il porte dans son travail les soins les plus minutieux ; toutes les parties de ses instruments se font remarquer par la précision et le fini, et la qualité des sons a une rare distinction. » Depuis plusieurs années, M. Mustel a associé ses deux fils à la direction de sa maison.

MUTEL (Alfred), pianiste et compositeur français contemporain, a fait de bonnes études théoriques sous la direction de M. Elwart. Il s'est fait connaître d'abord par la publication d'un recueil de mélodies vocales dont le tour était aimable et l'accent distingué ; il a donné ensuite beaucoup de romances et chansons détachées, ainsi que quelques morceaux de piano faciles. On lui doit encore un certain nombre de compositions religieuses, consistant en messes et motets, et, je crois aussi, un ou deux opéras de salon.

* **MUTZENBECHER** (le docteur Louis-Samuel Diterich), et non *Mutzenbrecher*, amateur distingué de musique, naquit le 4 février 1766 (et non 1760), et mourut à Altona le 13 mai 1839 (et non 1838).

MUZIO (Emanuele), compositeur dramatique, chef d'orchestre et professeur de chant, est né le 25 août 1825 à Zibello (1), petit village situé près de Busseto (duché de Parme). C'est en cette dernière ville qu'il commença son éducation musicale, étant enfant de chœur à la cathédrale, où le vieil organiste Provesi lui donna ses premières leçons de chant ; il commença l'étude du piano avec Margherite Barezzi, première femme de M. Verdi, et ce maître, fort jeune alors, l'ayant pris en affection, lui fit obtenir une bourse du Mont-de-Piété pour achever ses études musicales, qu'il put terminer complétement grâce à l'aide du vieil Antonio Barezzi, beau-père de l'auteur de *Rigoletto*.

Pour la composition, M. Muzio devint l'élève de M. Verdi, qui, je crois, n'en forma jamais d'autre. Il s'appliqua de bonne heure à faire les réductions pour piano et chant, pour piano seul et à quatre mains, des opéras de son maître, ainsi que de quelques-uns de ceux de Mercadante, et prépara pour l'éditeur Ricordi l'édition complète des œuvres de Rossini. En 1852 il commença sa carrière de chef d'orchestre, et fut engagé à Bruxelles pour y diriger les représentations d'une troupe d'opéra italien ; c'est là qu'il fit aussi ses débuts de compositeur dramatique, en produisant son premier opéra, *Giovanna la pazza*, qui obtint du succès, et qui en 1853 fut joué sur le théâtre de la Canobbiana, de Milan. C'est pour Milan qu'il écrivit ensuite *Claudia*, puis *le Due Regine* (Canobbiana, 17 mai 1856) ; après quoi il fit représenter sur le théâtre communal de Bologne, en 1857, *la*

(1) Le lieu et la date de naissance m'ont été fournis par M. Muzio lui-même.

Sorrentina. En concevant ces divers ouvrages, M. Muzio avait voulu s'écarter autant que possible du style de son maître, qu'il admirait sans vouloir l'imiter. N'ayant pu trouver sa voie, il se résolut à abandonner la carrière de la composition dramatique.

Engagé en 1858 à Londres, comme chef de chant au théâtre de Sa Majesté, il se rendit ensuite à New-York comme chef d'orchestre de l'Académie de musique. De retour en Europe, il remplit les mêmes fonctions au théâtre de la Fenice, de Venise, à Barcelone, au Caire et au Théâtre-Italien de Paris (1870). C'est lui qui devait avoir l'honneur de diriger, au Caire, l'exécution du chef-d'œuvre de M. Verdi, *Aida*, écrit sur la demande expresse du vice-roi d'Égypte et représenté pour la première fois en cette ville; les circonstances vinrent l'en empêcher.

Chef d'orchestre remarquable, habile et exercé, M. Muzio est aussi un professeur de chant fort distingué. On cite surtout, parmi les élèves qu'il a formés sous ce rapport, miss Clara Kellogg (*Voy.* ce nom), et l'on assure qu'il a été le premier maître de Mme Adelina Patti, ainsi que de sa sœur, Mlle Carlotta Patti. Fixé à Paris depuis 1875, il s'y est exclusivement consacré à l'enseignement. M. Muzio a écrit, pour les deux sœurs Patti, plusieurs morceaux de chant qui ont été publiés à Paris, par l'éditeur Schonenberger, dans un recueil intitulé *les Feuilles d'or*.

N

NABER (C.....-F......), facteur d'orgues néerlandais, né à Deventer vers 1790, s'est fait une réputation dans sa patrie par la bonne qualité de ses instruments. Il en construisit un grand nombre, dont le plus estimé est l'orgue qu'il plaça à l'église Saint-Georges, à Amersfoort, en 1843. On cite, parmi les autres instruments qui sortirent de ses ateliers, les orgues d'Appeldoorn, d'Almelo, de Sliedrecht, de Raamsdonk, de Deventer, de Dœtighem, d'Arnhem, de Wilr, de Raalse, de Holten, de Winterzwyk, de Goor, de Terborg, de Voorst, de Boslo, de Hakkum, de Weye, de Gronlo, de Gorsel, etc. Naber mourut à Deventer, le 23 août 1861. — Un fils de cet artiste, M. *F. S. Naber*, son élève, lui a succédé.

NACCIARONE (NICOLA), pianiste et compositeur, né à Naples le 2 avril 1802, commença à l'âge de dix ans l'étude du piano, et eut pour maîtres Raffaele Cioffi et Giuseppe Elia, qui prirent soin de lui au Conservatoire. Plus tard, et tandis qu'il était encore dans cet établissement, où il travaillait le chant avec Luigi Mosca, l'harmonie et le contre point avec Fenaroli et Zingarelli, il prit des leçons particulières de John Field. Après avoir terminé son éducation, il se livra à l'enseignement du piano et de la composition, et forma un grand nombre d'élèves, parmi lesquels on cite son fils Guglielmo, Michele Tinto, Raffaele Billema, Emmidio Perrella, etc. Outre un opéra inédit intitulé *Sofonisba*, outre de nombreuses compositions pour le chant et pour le piano, publiées pour la plupart chez Cottrau, à Naples, et chez Lucca, à Milan, on doit à Nacciarone une Messe de *Requiem* exécutée en 1859 pour les funérailles du roi Ferdinand II, un *Sanctus* fugué à 8 voix, quatre symphonies pour orchestre, une symphonie funèbre, des quatuors pour piano, violon, alto et violoncelle, et diverses œuvres de musique d'église. Cet artiste est mort à Naples au mois de décembre 1876.

NACCIARONE (GUGLIELMO), pianiste et compositeur, fils du précédent, est né à Naples le 18 février 1837. Dès l'âge de six ans, il se livrait à l'étude du piano sous la direction d'un professeur nommé Michele Marrano; après quoi, il travailla avec son père, qui devint aussi son maître de composition. Il était à peine âgé de dix ans lorsqu'il donna à Naples plusieurs concerts, et à douze ans, accompagné de son père, il vint se produire à Paris, où il fut remarqué par Thalberg. En retournant à Naples, en 1851, il se fit entendre avec succès à Florence, et en 1858 il entreprit un grand voyage artistique dans les principales villes de l'Allemagne; après quoi, il revint à Paris, puis se rendit à Londres. Enfin, il se fixa définitivement dans sa ville natale, où il se livra à l'enseignement et à la composition. M. Guglielmo Nacciarone a publié à Naples, à Londres et à Paris un assez grand nombre d'œuvres pour le piano; parmi celles de ses compositions qui sont restées inédites, on cite un opéra: *Pier de' Medici*, une cantate, deux symphonies à grand orchestre, un *Miserere* à 4 parties réelles, des romances, etc.

NACHBAUER (FRANZ), un des chanteurs les plus estimés de l'Allemagne contemporaine, s'est acquis une grande renommée par la beauté de sa voix de ténor, par son talent d'exécution, et par le sentiment dramatique dont il est animé.

Né le 25 mars 1835 au château de Giessen, près Friedrichshafen (Wurtemberg), il fut admis, à l'âge de treize ans, à l'école polytechnique de Stutigard, où il demeura cinq années. Sa belle voix, pourtant, le détermina à prendre des leçons de Pischek, et à entreprendre la carrière du théâtre. D'abord employé dans les chœurs à Bâle, il accompagna ensuite une troupe allemande en France, trouva dans la personne de M. Passavant, banquier à Lunéville, un protecteur dévoué, alla compléter ses études à Milan sous la direction de M. Lamperti, auprès duquel il resta deux années, puis aborda sérieusement la scène en se produisant à Mannheim, à Hanovre, à Prague et dans diverses autres villes. C'est à Darmstadt, où il était en 1865, que M. Nachbauer commença à établir sa réputation, et qu'il se fit remarquer surtout dans les rôles de Vasco de Gama de *l'Africaine* et de *Jean de Paris*. Appelé à Berlin au mois de juin 1867, il s'y fait entendre avec succès dans Raoul des *Huguenots*, va passer ensuite quelques semaines au théâtre royal de Munich, puis revient à Darmstadt au mois de novembre de la même année. C'est alors qu'il aborde avec la même fortune plusieurs autrès grands ouvrages du répertoire, tels que *Lohengrin*, *Don Carlos*, *Guillaume Tell* et *les Maîtres chanteurs de Nuremberg*. Sans cesser d'être attaché au théâtre de Darmstadt, il se produit bientôt sur ceux de diverses grandes villes de l'Allemagne, où le public l'accueille avec une faveur constante dans les ouvrages qui viennent d'être cités, ainsi que dans quelques autres, parmi lesquels il faut surtout mentionner *le Vaisseau fantôme* de M. Richard Wagner.

Au commencement de 1871, une grave maladie vient éloigner momentanément l'artiste de la scène. Après s'être rétabli, il se fait entendre à Prague, puis est engagé au théâtre royal de Munich, auquel, jusqu'à ce jour, il n'a cessé d'appartenir, et où le succès ne l'a jamais abandonné. Pendant ses congés à ce théâtre, M. Nachbauer est retourné à Berlin, où les spectateurs du théâtre Kroll l'ont vivement applaudi, et au commencement de 1878 il s'est montré au théâtre Apollo, de Rome, dans le rôle de *Lohengrin*.

M. Nachbauer est, avec M. Niemann, l'un des ténors les plus renommés de l'Allemagne ; mais, plus jeune que ce dernier, dont la voix, dit-on, commence à faiblir, il a conservé la plénitude de ses facultés, et n'a pas encore ressenti la fatigue qui semble s'emparer de son aîné.

NADAL (Jaime), compositeur espagnol, naquit à Lérida en 1793, et entra à l'âge de neuf ans à l'école de musique du monastère de Monserrat, en Catalogne, qu'il ne quitta qu'après y avoir passé sept années. Devenu organiste à Lérida, puis à l'église Saint-Martin de Madrid, Nadal échangea cette situation, en 1829, contre celle de *maestro director* du théâtre d'opéra de Valladolid. En 1831, on le retrouve maître de chapelle de la cathédrale de Palencia, et en 1833 il passe en la même qualité à la cathédrale d'Astorga. Il conserva ce dernier emploi jusqu'à sa mort, dont on ignore la date. Nadal a composé un grand nombre d'œuvres de musique religieuse, qui sont, dit-on, estimées en Espagne, et l'on cite surtout, parmi ses meilleurs travaux, une messe qu'il écrivit en 1832, par ordre du ministre de la guerre, et qui fut exécutée pour une cérémonie militaire et nationale dans le monastère de San-Geronimo.

NADAUD (Gustave), chansonnier français, né à Roubaix (Nord) le 20 février 1820, d'une famille de commerçants, fit ses études littéraires au collége Rollin, à Paris, puis entra dans le commerce. Peu fait pour les affaires, il s'en dégoûta rapidement, et transforma bientôt sa carrière. Il avait écrit, pour se distraire, quelques chansons qu'il avait fait entendre dans des réunions intimes où elles avaient produit une vive impression, entre autres celles intitulées *la Lorette* et *les Reines de Mabille*. On lui conseilla de poursuivre cette veine, qui paraissait heureuse, et c'est alors que M. Nadaud commença à montrer sa fécondité en écrivant les paroles et la musique de tous ces petits poëmes, tantôt comiques et amusants, tantôt touchants et mélancoliques, parfois philosophiques, le plus souvent empreints d'une fantaisie aimable et charmante, qui depuis près de trente ans sont répétés par tous les échos et ont fait le tour non-seulement de la France, mais on peut dire de l'Europe, rencontrant partout le succès.

M. Nadaud n'est pas un profond musicien, loin de là ; mais il a des idées mélodiques, et sait les adapter avec goût aux paroles de ses chansons ; il a d'ailleurs, chose importante dans cet ordre d'idées, le sentiment de la tonalité et du rhythme. On comprend, dès lors, tout l'avantage qu'il trouve à être son propre compositeur, et combien la pensée musicale et poétique se trouve plus serrée, plus homogène, par le fait de cette inspiration unique, de cette fusion de deux facultés. On peut dire que M. Nadaud a obtenu de triples succès comme poëte, comme compositeur et comme chanteur, car lui-même interprète ses chansons, en s'accompagnant au piano, avec une finesse et une bonhomie tout à fait aimables.

Toutes les chansons de M. Nadaud ne sont pas d'une égale valeur ; d'ailleurs, il en a écrit jusqu'à ce jour plus de trois cents, et l'on comprend que dans ce nombre il peut s'en trouver de relativement faibles. Néanmoins, le plus grand nombre d'entre elles ont obtenu des succès mérités, et il me serait impossible de citer toutes celles qui ont conquis la faveur du public. Je me bornerai à mentionner ici les titres de quelques-unes de celles qui sont devenues les plus célèbres : *le Voyage aérien*, *les Deux Notaires*, *le Vieux Télégraphe*, *les Dieux*, *l'Insomnie*, *Pandore ou les Deux Gendarmes*, *l'Aimable Voleur*, *le Nid abandonné*, *le Mandarin*, *la Ferme de Beauvoir*, *le Quartier latin*, *Saint-Mathieu de la Drôme*, *Carcassonne*, *les Souvenirs de voyage*, *Bonhomme*, *Ivresse*, *la Vie moderne*, *Paris*, *la Pluie*, *le Message*, *la Vigne vendangée*, *Profession de foi pouvant servir à plusieurs candidats*, *la Forêt*, *Chauvin*, *le Docteur Grégoire*, etc., etc.

Pendant plusieurs années, le journal *l'Illustration* donnait chaque semaine les paroles et la musique d'une chanson nouvelle de M. Nadaud ; ces chansons étaient ensuite publiées séparément. Puis on fit diverses éditions des paroles seules.

Enfin, l'éditeur M. Heugel entreprit une édition complète de ces chansons, paroles et musique, qui comprend aujourd'hui environ quinze volumes de chacun vingt chansons, et un volume de *Chansons légères*, au nombre de trente. M. Nadaud a encore écrit les paroles et la musique de trois opérettes de salon : *le Docteur Vieux-temps, la Volière, Porte et Fenêtre*, dont les partitions ont été publiées chez le même éditeur.

M. Nadaud, qui a été nommé chevalier de la Légion d'honneur en 1861, est aussi l'auteur d'un joli roman de mœurs qui a pour titre : *une Idylle.*

* **NADERMAN** (François-Joseph). — Cet artiste est auteur de l'ouvrage suivant : *Dictionnaire des transitions pour s'exercer dans l'art de préluder et d'improviser tant sur la harpe que sur le piano*, op. 95 (Paris, Naderman, in-f°).

* **NAGILLER** (Mathieu), né, non vers 1820, mais le 24 octobre 1815, à Munster, dans le Tyrol autrichien, est mort le 8 juillet 1874 à Inspruck. A son retour de France en Allemagne, cet artiste écrivit une *Missa solemnis* et plusieurs petites messes. En 1854 il s'établit à Munich, écrivit et fit représenter en cette ville un opéra intitulé *Frédéric à la poche vide* (Friedrich mit der leeren Tasche), puis composa divers morceaux de musique pour la *Nausikaa* de Widmann. En 1866, il accepta de se rendre à Bozen pour y remplir les fonctions de maître de chapelle, et alla tenir ensuite le même emploi à Inspruck, où il mourut à l'âge de cinquante-huit ans. On connaît de Nagiller des ouvertures, des symphonies, divers morceaux de chant, et un second ouvrage dramatique, *le Duc de Tyrol*, opéra en 3 actes, qui, je crois, fut représenté vers 1860.

NAINVILLE (.......), excellent acteur de la Comédie-Italienne, s'est fait applaudir pendant treize ans à ce théâtre, aussi bien comme comédien que comme chanteur, car son talent était remarquable sous ce double rapport. « On ne peut entendre une basse-taille plus belle, plus franche, plus flatteuse, disait de lui le *Mercure*, et qui fasse désirer davantage que cet acteur, qui a d'ailleurs beaucoup de talent, veuille se prêter souvent aux désirs que les spectateurs ont de l'applaudir. » Nainville avait débuté, le 3 mai 1767, dans l'emploi qu'on désignait alors sous le nom de *Tabliers*. Dans l'espace de treize ans, il créa un grand nombre de rôles, dans *le Retour de tendresse, Perrin et Lucette, la Fausse Magie, Laurette, les Femmes vengées, la Fête du village, la Belle Arsène, la Reduction de Paris, les Souliers mordorés, le Lord supposé, les Trois Fermiers, Félix, Sarah, le Stratagème, la Chasse, le Jugement de Midas, l'Amant jaloux, le Porteur de chaises*, etc. Quoique toujours bien accueilli du public, il prit sa retraite en 1780, et le *Mercure* regrettait en ces termes son départ : «... Recommandable d'abord par la qualité de sa voix, une des plus belles que l'on puisse entendre, c'est au moment même qu'il devenoit plus cher aux connoisseurs, comme acteur intelligent, qu'il a renoncé à la gloire qui l'attendoit, et abandonné les plaisirs du public, dont il étoit adoré. »

Nainville avait épousé une jeune et aimable artiste de la Comédie-Italienne, Mlle Beaupré, qui était entrée à ce théâtre trois ans avant lui, en 1764, et qui y avait obtenu de nombreux succès par sa grâce charmante, par la variété et l'élégance de son jeu ; elle avait su se faire applaudir même dans les rôles créés et en quelque sorte consacrés par Mme Favart, ce qui ne prouvait pas médiocrement en faveur de son talent. Mme Nainville, qui se retira en 1780, en même temps que son mari, vivait encore en 1790.

* **NALDI** (Joseph), excellent chanteur bouffe italien, était né, non dans le royaume de Naples en 1765, mais à Bologne, le 2 février 1770. Il avait, dit-on, composé une symphonie militaire intitulée *la Bataille de Waterloo*, qu'il fit exécuter à Londres au mois de juin 1816.

* **NALDI** (Caroline), chanteuse fort distinguée, est morte dans son château du Haut-Frizay, le 25 décembre 1876, à l'âge de 75 ans. Mlle Naldi avait débuté sur la scène italienne de Paris, aux côtés de son père, le 19 septembre 1820, et pendant trois années elle avait partagé la faveur publique avec la Pasta. En 1823, elle était devenue l'épouse du général comte de Sparre, et avait pour toujours abandonné le théâtre. Toutefois, et jusqu'en ses derniers jours, elle avait conservé, avec le goût de la musique, un talent remarquable que ses intimes pouvaient apprécier encore, soit chez elle, soit dans quelques salons amis.

NAMY (.......), luthier français, était établi à Paris à la fin du dix-huitième et au commencement du dix-neuvième siècle. On ne connaît guère d'instruments de lui, et l'on n'a plus d'autre preuve de son habileté, qui paraît avoir été grande, que ces lignes que l'abbé Sibire traçait à son sujet dans son livre, *la Chélonomie* : — « Je m'étais fait une loi de m'abstenir de toute citation ; mais, en vérité, je ne puis résister au désir de nommer entre autres un homme d'un vrai mérite qui, avec un talent très prononcé pour toutes les parties de l'art, s'est attaché spécialement à remettre sur pied, à rajeunir ces centenaires décrépits (les vieux instruments) et à les rétablir dans leur première fraîcheur. C'est le sieur Namy.... Ses preuves sont faites depuis un quart de siècle, et même elles se réitèrent journellement.... Nul n'a étudié plus à fond leur tempérament et leurs besoins; toutes les fois qu'il me tombe sous les yeux des instruments qui portent l'empreinte de ces savantes réparations, je reconnais la trace de l'habile main qui les a entreprises; je dis tout d'un coup: *Voilà du Namy*, comme je dirais: *Voilà du Crémone!* »

Tout porte à croire que la très-grande habileté de Namy s'exerçait surtout dans les réparations, et qu'il n'a que peu construit d'instruments. Cependant, l'almanach connu sous le titre de *Tablettes de renommée des artistes musiciens* (1785), en l'inscrivant au nombre des luthiers parisiens, fait suivre son nom (qu'il écrit *Nani*) de cette mention: *Renommé pour les violons*.

NANCHINI (........), prêtre dalmate, qui vivait au commencement du dix-huitième siècle, se fit une renommée considérable dans l'art de la construction des orgues, et fut considéré sous ce rapport comme un des maîtres les plus habiles de l'école vénitienne. Il eut, dit-on, pour élèves Valvasori et le célèbre facteur Callido.

NANTIER-DIDIÉE (Constance-Betzy-Rosabella **NANTIER**, épouse **DIDIÉE**, connue sous le nom de Mme), cantatrice française distinguée, née à Saint-Denis (île Bourbon) le 16 novembre 1831, fut admise au Conservatoire de Paris le 18 décembre 1845, y devint élève de M. Duprez, et remporta en 1849 un accessit de chant et un premier prix d'opéra. Douée par la nature d'une voix de contralto sonore et bien timbrée, d'un sentiment pathétique très-intense et de véritables qualités dramatiques, Mme Nantier-Didiée se consacra aussitôt à l'étude du chant italien, et bientôt alla débuter au théâtre Carignan, de Turin, où elle se montra dans *la Vestale* de Mercadante, et dans *la Gazza ladra*. Après avoir ensuite, en compagnie de Mme Vera et du ténor Giuglini, donné quelques séries de représentations en France, dans diverses villes de province, elle fit, en 1853, une courte apparition au Théâtre-Italien de Paris, dans *Luisa Miller*, puis fut engagée pour trois années à Londres, au théâtre de Covent-Garden, ce qui ne l'empêcha pas de faire une saison de quatre mois à Bruxelles.

En 1854, Mme Nantier-Didiée était à Madrid, où elle obtenait de très-grands succès; elle partait ensuite pour l'Amérique, visitait successivement New-York, Boston, Philadelphie, Baltimore, Washington, se faisant partout applaudir, puis revenait à Londres, faisait une tournée dans les provinces anglaises ainsi qu'en Irlande, de là passait de nouveau en Espagne, se faisait entendre à Valence et à Barcelone, puis revenait au Théâtre-Italien de Paris, où elle demeurait deux années et où elle était fort bien accueillie par le public.

De Paris, elle se rendit une troisième fois à Londres, et de Londres fut engagée à Saint-Pétersbourg, où le succès la suivit. Son répertoire, très-étendu et très-varié, lui permettait de déployer toute la souplesse d'un talent que sa beauté remarquable rendait encore plus sympathique; ce répertoire comprenait *le Prophète*, *la Favorite*, *il Trovatore*, *Lucrezia Borgia*, *Rigoletto*, *Semiramide*, *Linda di Chamouni*, *Maria di Rohan*, *le Barbier de Séville*, *Saffo*, *les Huguenots*, *Don Juan*, *Roméo et Juliette*, etc. Après s'être fait applaudir en Russie, Mme Nantier-Didiée repartit pour Madrid, où le public était désireux de la revoir. C'est dans cette ville qu'elle mourut, dans toute la force de la jeunesse, le 3 décembre 1867, ayant à peine accompli sa trente-sixième année.

NAPRAWNIK (Édouard), chef d'orchestre et compositeur distingué, fixé depuis plus de quinze ans en Russie, est né le 24 août 1839 à Bejst, près Kœniggraetz (Bohême). Dès l'âge de cinq ans, il étudia le piano avec un professeur nommé J. Puhonny. En 1850, il se rendait à Pardubic, près de son oncle Auguste Svoboda, afin de perfectionner son talent sur le piano et sur l'orgue. Deux ans après il était à Prague, et en 1856 on le retrouvait à Dasie, où il faisait exécuter une messe de sa composition. En 1861 il était appelé à Saint-Pétersbourg, chez le prince Yusupou, qui lui confiait la direction de sa chapelle particulière, et enfin, en 1869, il devenait chef d'orchestre de l'Opéra russe du théâtre Marie, dans cette ville. A peu près dans le même temps, M. Naprawnik était nommé directeur de la Société musicale russe, dont les concerts symphoniques sont très-suivis et forment un des attraits artistiques de la capitale de l'empire. La situation de cet artiste est donc très-considérable, et son influence sur la marche de l'art très-réelle en Russie.

En 1869, M. Naprawnik a fait représenter à Saint-Pétersbourg un grand opéra en 5 actes, *Nisegorodnis*; il en a écrit un autre, *la Tempête*, qui jusqu'ici n'a pas paru à la scène. Dans un concours ouvert en 1876 par la Société musicale russe pour la composition d'un trio pour piano, violon et violoncelle, il a obtenu le premier prix (ce trio, en *sol* mineur, a été publié, et porte comme chiffre d'œuvre le n° 24). On connaît de lui plusieurs autres œuvres de musique instrumentale de chambre, entre autres une sonate pour piano et violon et deux quatuors pour instruments à cordes. Enfin, M. Naprawnik a encore écrit un certain nombre de compositions de divers genres, parmi lesquelles on distingue plusieurs ouvertures, des fantaisies instrumentales, des *lieder*, des duos, des chœurs, etc.

NARBONNE (........), excellent acteur de la Comédie-Italienne dans un ordre secondaire, obtint de véritables succès à ce théâtre dans l'emploi des chanteurs comiques, où il apportait, avec les qualités d'un comédien souple et spirituel, celles d'un excellent musicien. Né en 1751, Narbonne avait étudié la musique dès son enfance, et s'était essayé fort jeune, à l'Opéra même, dans le rôle de Colin du *Devin du village*. Sa voix, qui semblait d'abord un ténor, prit ensuite le caractère du baryton (ou *concordant*, comme on disait alors); il travailla assidûment avec Trial le chanteur, et lorsqu'il fut bien préparé, il débuta à la Comédie-Italienne, le 21 octobre 1772, dans le rôle de Sylvain de l'opéra de Grétry qui porte ce nom, et joua le 28 du même mois celui de Western dans *Tom Jones*. Il fut accueilli avec la plus vive sympathie, et le *Mercure de France* disait de lui : « Le public espère beaucoup de son jeune talent, et lui a prodigué ses applaudissemens. » Narbonne parcourut une heureuse carrière, et fit de nombreuses créations, entre autres dans *les Mariages Samnites*, *le Mai*, *Ernestine*, *les Deux Amis*, *le Porteur de chaises*, *Laurette*, *Blaise et Babet*, etc. Il prit sa retraite en 1788, avec une pension de la Comédie, et alla donner des représentations à Marseille (V. *Calendrier musical*, 1789, p. 133). Il revint ensuite à Paris, faisait de nouveau partie du personnel de la Comédie-Italienne, devenue théâtre Favart, en 1793, et en l'an VI était passé au théâtre Feydeau. A partir de cette dernière époque, sa trace se perd complétement.

* **NARDINI** (Pierre). — Cet illustre artiste a été l'objet de la notice suivante : *Elogio di Pietro Nardini, celebratissimo professor di violino* (Florence, 1793), dont l'auteur avait nom Raimondo Leoni.

* **NARGEOT** (Pierre-Julien). — Cet artiste a occupé pendant une vingtaine d'années les fonctions de chef d'orchestre au théâtre des Variétés, et a écrit pour les vaudevilles joués alors à ce théâtre la musique d'un grand nombre de couplets et de chansons, dont une entre autres devint populaire sous le titre de *Drinn drinn*. Depuis longtemps déjà, M. Nargeot a renoncé à cet emploi. On doit à cet artiste la musique d'un certain nombre d'opérettes représentées sur des scènes d'ordre inférieur ; voici les titres de quelques-unes d'entre elles : 1° *los Contrabandistas*, un acte, Théâtre féerique, 1861 ; 2° *la Volonté de mon oncle*, un acte, Vaudeville, 1862 ; 3° *les Exploits de Sylvestre*, un acte, théâtre Saint-Germain, 1865 ; 4° *un Vieux Printemps*, Luxembourg, 1865 ; 5° *Dans le Pétrin*, un acte, Folies-Marigny, 1866 ; 6° *Jeanne, Jeannette et Jeanneton*, un acte, id., 1876 ; 7° *Trois Troubadours*, un acte, Folies-Nouvelles ; 8° *i Pifferari*, un acte, th. Debureau ; 9° *le Docteur Frontin*, un acte ; 10° *les Ouvrières de qualité*, opérette non représentée, publiée dans le journal *le Magasin des Demoiselles*.

* **NASOLINI** (Sébastien). — La liste des productions dramatiques de ce compositeur doit s'augmenter des ouvrages dont voici les titres : 1° *Tito e Berenice*, Venise, théâtre de la Fenice, printemps 1793 ; 2° *Monime e Mitridate*, Florence, 1799 ; 3° *il Medico de' Bagni*, Livourne, 1800 ; 4° *l'Achille*, Florence, 1811.

NATALUCCI (Tiberio), compositeur italien, né au commencement du dix-neuvième siècle, a écrit la musique d'un opéra en deux actes, *il Viaggio di Bellini*, qui a été représenté à Rome, sur le théâtre Valle, pendant la saison du carnaval de 1838. Cet artiste est mort à Trevi le 10 février 1868.

* **NATHAN** (Isaac), compositeur et écrivain musical anglais, est mort à Sydney (Nouvelle-Écosse), le 15 janvier 1864.

NAUDIN (Emilio), chanteur italien d'origine française, est né à Parme le 23 octobre 1823. Son aïeul avait été chargé par le gouvernement français d'une mission à la cour d'Espagne, où il épousa la fille du marquis de Guzman, et son père était peintre de chambre de l'archiduchesse Marie-Louise de Parme. Tout en s'occupant de bonne heure de musique, il fit d'excellentes études littéraires et scientifiques au collége Marie-Louise de sa ville natale, et commença l'étude de la médecine à l'université de Parme. Mais l'amour du théâtre et de la musique l'emporta en lui, et il abandonna la médecine pour se livrer sans réserve à son goût pour le chant. S'étant rendu à Milan, il se plaça sous la direction d'un excellent professeur, Giacomo Panizza, et au bout de peu de temps il était en état de faire ses débuts sur le théâtre de Crémone, où il se vit très-favorablement accueilli.

Ce fut alors que commença pour M. Naudin une brillante carrière, dans laquelle il ne devait rencontrer que des succès. Malgré une physionomie dure et sombre, malgré sa froideur automatique et son insuffisance complète comme comédien, et quoique sa voix sortit de la gorge un peu plus qu'il n'eût fallu, cette voix était si puissante à la fois et si charmante, si solide et pourtant si veloutée, et l'artiste s'en servait avec tant de goût, qu'on passait sur ses défauts pour ne voir que ses qualités. Après avoir fait ses premières armes en Italie, s'être produit à Gênes, Turin, Florence, Rome, Venise, Milan, Bologne et dans plusieurs autres villes, M. Naudin se fit entendre sur les plus grands théâtres de l'Europe, où il ne fut pas moins apprécié. Vienne, Londres, Saint-Pétersbourg, Moscou, Paris, Lisbonne, Madrid, Barcelone, Berlin, le Caire même, l'applaudirent tour à tour, et chaque année augmentait la renommée du chanteur.

C'est en 1862 que M. Naudin vint débuter au Théâtre-Italien de Paris, où il joua successivement *Lucia di Lamermoor*, *Rigoletto*, *Lucrezia Borgia*, *Cosi fan tutte* de Mozart, et quelques autres ouvrages. L'effet qu'il produisit fut grand non-seulement sur le public, mais aussi parmi les artistes, et lorsque après la mort de Meyerbeer, on ouvrit le testament du grand homme, on vit qu'une clause de ce testament, en accordant au théâtre de l'Opéra l'autorisation de représenter son dernier ouvrage, *l'Africaine*, mettait pour condition expresse que M. Naudin serait engagé pour chanter le rôle de Vasco de Gama. L'administration de notre première scène lyrique s'empressa d'acquiescer à cette condition, engagea M. Naudin au prix énorme de 110,000 francs par an, et le chanteur fit son apparition à l'Opéra dans *l'Africaine*. Il y produisit une impression profonde en dépit de ses défauts de comédien, beaucoup plus sensibles sur une scène française que sur un théâtre italien, et de son accent très-prononcé, dont il n'avait pu se défaire. Néanmoins, comme en raison de ces défauts, M. Naudin se trouvait dans l'impossibilité d'aborder les rôles du répertoire courant, il quitta l'Opéra après un séjour de deux années, c'est-à-dire lorsque le succès de nouveauté de *l'Africaine* eut été épuisé. Depuis lors, il a repris la carrière italienne.

* **NAUE** (Jean-Frédéric), savant musicien allemand, est mort à Halle le 19 mai 1858.

NAUMANN (Emile), compositeur allemand, fils d'un médecin renommé qui fut professeur à la faculté de médecine de Bonn et à qui l'on doit d'importants ouvrages scientifiques, est né à Berlin le 8 septembre 1827. Ayant révélé un goût précoce pour la musique, il commença de bonne heure l'étude de son art et devint plus tard l'élève de Mendelssohn. Il n'avait que 21 ans lorsqu'il fit ses débuts de compositeur en faisant exécuter à Dresde, en 1848, un oratorio intitulé *le Christ messager de paix* (Christus der Friedensbote), qu'il fit entendre à Berlin l'année suivante. Ayant présenté à l'illustre Alexandre de Humboldt un mémoire qui avait trait à une réforme générale de la musique religieuse, mémoire que ce grand homme voulut bien se charger de lire au roi de Prusse, M. Naumann s'en vit récompenser par l'offre de l'emploi de directeur du chœur à la cathédrale de Berlin, qu'il accepta. Peu de temps après, un autre mémoire, relatif à l'âge des psaumes, lui fit accorder le titre de docteur en philosophie.

M. Émile Naumann a publié un assez grand nombre d'œuvres de musique religieuse, parmi lesquelles on cite surtout une messe solennelle qui a été exécutée à Dresde et à Berlin en 1852. Parmi ses autres compositions, il faut signaler une grande cantate dédiée au roi de Prusse, écrite en l'honneur des succès des armes prussiennes pendant la campagne de 1866 contre l'Autriche. On cite comme étant de lui une « pièce à ariettes, » *la Sorcière du Moulin*, qui a été représentée à Berlin, sur le théâtre Friedrich-Wilhelmstadt, au mois de janvier 1862. M. Émile Naumann, qui habite Dresde, est l'un des collaborateurs de la *Nouvelle Gazette musicale de Berlin*.

NAUMANN (Ernest-Charles), organiste, pianiste et compositeur, est né à Fribourg, en Saxe, le 15 août 1832. Après avoir été d'abord élève de Moritz Hauptmann, il termina son éducation musicale à Dessau, sous la direction de F. Schmidt. Devenu en 1858 directeur d'une société musicale de Leipzig, il accepta, deux ans après, de remplir les fonctions d'organiste et de directeur des concerts à Iéna, où je crois qu'il se trouve encore aujourd'hui. M. Naumann a fait exécuter un certain nombre de compositions importantes, entre autres une symphonie et une sérénade pour orchestre.

* **NAUMBOURG** (S.......), compositeur, ministre officiant du temple consistorial de Paris, a publié une quatrième partie des *Chants religieux des Israélites*, dont la *Biographie universelle des Musiciens* n'avait pu faire connaître que les trois premières. Depuis lors, M. Naumbourg a attaché son nom à une autre publication digne du plus vif intérêt ; je veux parler d'un choix de cantiques et de madrigaux de Salomon Rossi, habile musicien israélite italien qui vécut dans la seconde moitié du seizième siècle et dans la première moitié du dix-septième. Ce recueil contient 30 cantiques de cet artiste à 3, 4, 5, 6, 7 et 8 voix, et 22 madrigaux à 5 voix, tous transcrits en notation moderne ; il porte

pour titre : *Cantiques de Salomon Rossi, hebreo* (Paris, Naumbourg, 1877, petit in-4°). On trouvera au mot Rossi (Salomon) tous les renseignements relatifs à cette excellente publication.

NAVA (Antonio-Maria), compositeur, guitariste et professeur de chant italien, naquit dans la seconde moitié du dix-huitième siecle. Il était fixé à Milan, où il s'était fait une réputation comme virtuose sur la guitare. On lui doit une *Méthode complete de guitare française*, de nombreuses fantaisies pour cet instrument, écrites pour la plupart sur des motifs d'opéras, des duos pour flûte et guitare, quelques morceaux pour violon, flûte et guitare, et enfin une assez grande quantité de mélodies vocales, entre autres trois recueils de chacun 6 ariettes, op. 39, 56 et 59. Nava mourut en 1826.

NAVA (Gaetano), fils du précédent, professeur de chant au Conservatoire de Milan, naquit en cette ville le 16 mai 1802. Il apprit de son père les premiers éléments de la musique, travailla le piano avec divers professeurs, et enfin, en 1817, fut admis au Conservatoire de Milan, où il étudia le chant, l'harmonie et la composition sous la direction d'Orlandi, de Ray, de Piantanida et de Federici. Sorti de cet établissement en 1824, au terme de ses études, il se livra à l'enseignement, et sut se faire comme professeur une situation honorable et indépendante. En 1838 il fut appelé à diriger une classe de chant pour les femmes dans l'excellente école dont il avait été l'élève, et en 1860 il échangeait cette classe contre une classe d'harmonie pour les femmes. Peu d'années après, il prenait sa retraite. Il mourut à Milan le 31 mars 1875, âgé de près de soixante-treize ans.

Gaetano Nava a publié de nombreux recueils de vocalises pour diverses voix (op. 10, 11, 12, 30), et de solféges à une ou plusieurs voix (op. 4, 6, 7, 14, 15, 17, 18, 23, 24, 25 et 28). On lui doit aussi quelques mélodies religieuses et d'assez nombreuses romances.

Un artiste du même nom et sans doute de la même famille que les précédents, *David Nava*, s'est fait connaître par la publication de quelques compositions légères pour le piano et pour le chant.

NAVARRO (Juan), compositeur espagnol, naquit à Séville en 1545, et fut maître de chapelle de la cathédrale de Salamanque. Il écrivit pour le service de cette église un nombre considérable de motets, hymnes, psaumes, etc., qui sont conservés encore aujourd'hui dans diverses églises d'Espagne, et particulièrement à Tolède. Navarro jouit dans son temps d'une renommée considérable, et mourut, dit-on, dans les premieres années du dix-septième siècle.

***NAVOIGILLE** (Guillaume Julien, dit). — Cet artiste a écrit la musique des trois ouvrages suivants, représentés au théâtre de la Cité (connu aussi sous le nom de théâtre du Palais) : 1° *l'Orage, ou Quel Guignon !* opéra-comique en un acte, 1793 ; 2° *les Honneurs funèbres ou le Tombeau des Sans-Culottes*, drame lyrique en un acte, 1793 ; 3° *l'Empire de la Folie ou la Mort et l'Apothéose de Don Quichotte*, pantomime en 3 actes (en société avec Baneux), 1799.

* **NEATE** (Charles), pianiste, violoncelliste et compositeur, était né à Londres le 28 mars 1784, et est mort le 30 mars 1877 à Brighton, au moment où il venait d'accomplir sa quatre-vingt-treizième année. Élève de James Wilson (de Bath) pour le piano, et de William Sharpe pour le violoncelle, il devint plus tard l'élève et l'ami de John Field, qui en fit un artiste extrêmement distingué. Neate fut en effet au nombre des pianistes les plus estimés de son temps, et comme professeur il conquit le premier rang. Son école était celle de Cramer, de Field et de Hummel ; son style, auquel on pouvait reprocher peut-être une certaine froideur, était classique et très-raffiné, et son toucher distingué et délicat. Il se fit entendre fréquemment dans les concerts, et toujours avec succès. Il était aussi fort habile comme violoncelliste. En tant que compositeur, sa valeur était toute relative.

En 1816, Neate s'était rendu à Vienne, uniquement dans le but d'y faire la connaissance de Beethoven, et pendant les huit mois qu'il passa en cette ville il se lia avec le grand homme d'une amitié solide, dont on retrouve les traces dans la correspondance de ce dernier. De retour en Angleterre en 1818, il se fit à Londres une place très-distinguée comme virtuose et comme professeur, et sa maison devint le centre et le rendez-vous de tous les grands artistes qui visitaient la capitale du Royaume-Uni. L'un des premiers il fit connaître au public anglais les œuvres de Beethoven.

Neate fut le dernier survivant des trente membres fondateurs de l'ancienne Société philharmonique de Londres, qui fut créée en 1813, et dont il dirigea les concerts à partir de 1831. Vers l'âge de 65 ou 70 ans, il se retira de la carrière militante, et vécut dans le repos. C'était, en somme, un artiste fort intéressant, et qui justifia en tous points la notoriété qui s'est attachée à son nom.

NEBRA (José), organiste remarquable et compositeur espagnol, né dans la première moitié du dix-huitième siècle, fut organiste de la chapelle royale de Madrid, et se fit remarquer par la composition de diverses œuvres de musique religieuse écrites par lui pour le service de cette chapelle. On cite surtout, comme l'une des plus accomplies parmi ces œuvres, la messe de *Requiem* qu'il écrivit pour les funérailles de la reine Barbara et qui valut à son auteur une grande renommée pour la pureté avec laquelle elle était conçue et le sentiment douloureux qui y dominait. On connaît aussi de lui un « drame harmonique » intitulé *No todo indicio es verdad*, qui fut représenté sur le théâtre de la Cruz, à Madrid, en 1744. On ignore la date de la mort comme de la naissance de cet artiste.

José Nebra eut un neveu, *Manuel Blasco Nebra*, qui fut aussi un musicien distingué et qui remplit les fonctions d'organiste à la cathédrale de Séville. Celui-ci mourut le 12 septembre 1784, à l'âge de 34 ans.

* **NEEB** (Henri), compositeur, est mort à Francfort-sur-le-Mein le 18 janvier 1878.

NEGRINI (Carlo **VILLA**, dit), ténor qui a joui d'une grande renommée en Italie, était né à Plaisance vers 1825 et commença sa carrière d'une façon bien humble, car il chanta tout d'abord dans les chœurs. On s'aperçut bientôt qu'il était doué d'une voix superbe, puissante et bien timbrée, et, confié aux soins d'un professeur habile, il fut mis en état de débuter au théâtre de la Scala, de Milan, le 7 octobre 1847, dans un opéra de Verdi, *i Due Foscari*. Il parcourut ensuite toute l'Italie, partout se faisant applaudir, et obtenant des succès qu'il ne devait pas moins à son talent de comédien qu'à ses grandes qualités de chanteur dramatique et passionné. Negrini venait d'être engagé par la direction du Théâtre-Italien de Paris, et il s'apprêtait à partir pour la France lorsqu'il fut atteint, à Naples, d'une maladie qui le conduisit promptement au tombeau. Il mourut en cette ville au mois de mars 1865, âgé d'environ quarante ans.

* **NEITHARDT** (Henri-Auguste), compositeur et directeur du *Domchor*, de Berlin, est mort en cette ville le 18 avril 1861.

NENCINI (Andrea), compositeur, professeur et remarquable contre-pointiste, naquit à Sienne le 27 novembre 1788. Après avoir commencé l'étude de la musique dans sa ville natale, il fut, dès l'âge de dix ans, envoyé par sa famille au lycée musical de Bologne, où il étudia le contre-point avec le P. Mattei et où il fut le condisciple de Rossini ; ce fut ce dernier qui, dans un des concerts donnés par les élèves de l'école, chanta un air de soprano qui était la première composition de Nencini. A vingt ans, et après examen, Nencini reçoit de l'Académie des philharmoniques le diplôme de maître de chapelle. Il reste alors quelques années encore à Bologne, devient chef d'orchestre au théâtre, puis accepte l'emploi de maître de chapelle à Urbino, où il demeure neuf ans, et se rend ensuite à Ravenne, pour y remplir les fonctions de professeur de contre-point et de chant à l'Académie philharmonique. Au bout deux années il va à Florence, où il se fixe définitivement ; il s'y produit d'abord comme *maestro al cembalo* au théâtre de la Pergola, est nommé ensuite un des six maîtres du collège des musiciens placé sous l'invocation de sainte Cécile dans l'église des SS. Michel et Caïetan, compose à ce titre une grand'messe et un *Requiem* pour les fêtes annuelles de cette association, et enfin obtient la chaire de professeur de contre-point et de composition aux écoles de musique annexées à l'Académie des Beaux-Arts, emploi qu'il conserve jusqu'à sa mort, arrivée le 10 mars 1852.

Nencini a écrit un peu pour le théâtre et beaucoup pour l'église ; mais, très-habile professeur, il ne s'élevait pas, dit-on, comme compositeur, au-dessus de l'ordinaire. — Il a laissé une fille qui est aujourd'hui la femme de M. Medoro Savini, romancier et membre de la chambre des députés italienne (1).

NERCIAT (Le chevalier André-Robert **ANDRÉA DE**), amateur de musique, fils d'un avocat au parlement de Bourgogne, naquit à Dijon en 1739 et mourut à Naples en 1800. Ce personnage, fort instruit, qui fut d'abord officier de gendarmerie, puis chargé de missions diplomatiques, et qui émigra à Naples à l'époque de la Révolution, s'est fait connaître par la publication de plusieurs romans licencieux, dont un surtout, intitulé *le Diable au corps*, est, dit-on, d'une obscénité infâme. De Nerciat était aussi musicien, et a publié quelques compositions, parmi lesquelles *la Surprise de l'Amour*, ariette avec accompagnement de deux violons, alto et basse ; *les Invalides de l'Amour*, morceau du même genre, et plusieurs quatuors. Pendant son émigration à Naples, de Nerciat devint l'un des conseillers intimes de la reine Caroline ; lorsque les troupes de la République française s'emparèrent de cette ville, il fut arrêté et enfermé au château Saint-Ange. Sa détention dura jusqu'en

(1) Les renseignements contenus dans cette notice, et qui m'ont été communiqués en Italie, sont complétés par le fait suivant. Nencini avait épousé une cantatrice dramatique, Mme *Giuditta Nencini*, qui, en 1826, était attachée au théâtre San Giacomo, de Corfou ; il écrivit à son intention, et pour son bénéfice, les paroles et la musique d'une *farsetta a due voci per musica*, intitulée *l'Errore fortunato*, qui fut représentée sur ce théâtre le 7 mars 1826.

1800, et il mourut dans le cours de la même année.

NERI (NerEo), prêtre et musicien italien, né à Pistoia dans la première moitié du dix-huitième siècle, devint maître de chapelle de la cathédrale de cette ville et se fit connaître avantageusement comme compositeur de musique religieuse. Outre un assez grand nombre d'hymnes et de messes, on lui doit un oratorio : *la Conversione di S. Agostino*, exécuté en 1743 dans l'église S. Bartolomeo, et une cantate : *la Nascita di Ciro*, qu'il fit entendre au collége épiscopal, dans une séance publique donnée en 1764 pour fêter l'avénement du grand-duc Pierre-Léopold de Toscane. Cet artiste mourut subitement le 24 juin 1770.

***NERI-BONDI** (Michele), pianiste et compositeur italien. — Cet artiste doit être né avant 1769, car, ce qui paraît peu probable, il n'aurait eu que seize ans lorsque, en 1785, il fit représenter à Florence un opéra intitulé *i Matrimonj in cantina*, et à Arezzo un autre opéra qui portait pour titre *Ogni disuguaglianza amore agguaglia*. En 1794, Neri-Bondi a encore donné à Florence *la Cameriera raggiratrice*. M. le docteur Basevi, qui me communique ces renseignements, possède en manuscrit un *Benedicat* à 4 voix avec orchestre de ce compositeur.

NERICI (L'abbé Luigi), prêtre et musicien italien contemporain, est l'auteur d'un manuel de plain-chant publié sous le titre de *Scuola di canto fermo*, et dont il a été fait une seconde édition en 1876. La première partie de ce traité contient les règles nécessaires pour le plain-chant, et la seconde renferme les chants des messes et de l'office divin qui ne se trouvent pas dans les manuels choraux.

NERUDA (Joseph), maître d'école qui exerçait encore sa profession à Vodolka (Bohême), en 1866, est mentionné ici au sujet d'un rhythme de danse devenu fameux, qui fut imaginé par une servante bohême nommée Anne Slezak, et auquel cette fille donna le nom de *polka*. Neruda écrivit la musique de cet air, et le multiplia partout en Bohême. C'est de là qu'il fut importé à Vienne en 1839, à Paris en 1840, et qu'il obtint le succès que l'on sait.

J. B.

NERUDA (Wilhelmine **NERUDA**, épouse **NORMANN**, connue sous le nom de Mme **NORMANN-**), violoniste extrêmement remarquable, est née à Brünn, en Moravie, au mois de mars 1839. Véritable enfant prodige, elle avait à peine accompli sa quatrième année lorsqu'elle commença l'étude du violon sous la direction de son père, qui remplissait les fonctions d'organiste à la cathédrale de Brunn (1). Elle était douée de telles dispositions et ses progrès furent si remarquables, que, lorsqu'elle eut atteint sa sixième année, elle fut envoyée à Vienne pour y travailler sous un maître habile, Léopold Jansa, et qu'au bout d'une année elle se produisait en public avec succès. Au reste, toute la famille Neruda était particulièrement douée au point de vue musical, car en 1847 la petite Wilhelmine, en compagnie d'une sœur aînée (Marie), qui tenait le piano, et d'un jeune frère (François), qui jouait du violoncelle, entreprenait son premier voyage artistique en Allemagne, en Belgique et dans les Pays-Bas. Deux ans après, ce trio mignon se rendait en Angleterre, puis partait pour la Russie, où la mort venait l'éprouver cruellement ; en 1850, en effet, le jeune violoncelliste mourait à Saint-Pétersbourg. Toutefois, celui-ci fut bientôt remplacé par un autre frère, et bientôt même le trio se transforma en quatuor par l'adjonction d'une petite sœur qui vint remplir la partie de second violon. Depuis lors, et pendant environ dix années, c'est-à-dire jusqu'en 1861, la famille Neruda se rendait chaque année en Russie, et chaque fois s'y voyait accueillie avec des transports d'enthousiasme. C'est, je crois, en 1862 que Mlle Wilhelmine Neruda visita pour la première fois la Suède, en compagnie de sa sœur cadette, Mlle Maria Neruda, et que toutes deux arrivèrent à Stockholm après avoir donné une série de concerts à Copenhague et s'être fait entendre au Gewandhaus de Leipzig. Leur succès, qui avait été grand dans ces deux dernières villes, ne le fut pas moins à Stockholm, où le roi de Suède, après lui avoir accordé la médaille d'or pour l'art et les sciences, nomma l'aînée des deux sœurs virtuose de sa chambre. C'est alors que Mlle Wilhelmine Neruda fit la connaissance de M. Louis Normann, maître de la chapelle royale, avec lequel elle se fiança, et qu'elle épousa le 27 janvier 1864.

En 1865, les deux sœurs créent à Stockholm, avec le concours de MM. Dauberd, Lindblad et Sœdermann, une société de musique de chambre qui donne des séances très-suivies. En 1867, Mme Normann-Neruda se fait entendre de nouveau au Gewandhaus, et au commencement de l'année suivante elle vient à Paris, où elle se produit à trois reprises, aux Concerts populaires, avec un succès éclatant, en exécutant successivement le concerto de Mendelssohn, le concerto en *mi* de Vieuxtemps et le 8e concerto de Spohr

(1) Joseph Neruda, père de Mme Normann-Neruda, est mort à Brünn le 1er février 1875, à l'âge de 68 ans.

(*Scènes de chant*). Le public parisien admira dans le jeu de la virtuose une grâce toute féminine et sans afféterie, un archet souple et nerveux, une justesse incomparable, un style exquis et pur, une étonnante sûreté d'exécution, enfin une expression tendre et pleine de poésie. On peut s'étonner qu'après les succès obtenus en cette circonstance par la grande artiste, elle soit restée plus de dix ans sans se produire de nouveau à Paris, où elle ne s'est plus fait entendre qu'une seule fois, en 1878.

Dans le cours de cette même année 1868, Mme Normann-Neruda se fait entendre encore à Copenhague, et l'année suivante on la retrouve à Wiesbaden, à Bruxelles et à Londres. Dans cette dernière ville elle excite de véritables transports d'admiration, surtout en tenant la partie de premier violon dans les quatuors des Concerts populaires du lundi. Bientôt elle entreprend une tournée artistique dans les provinces anglaises, et se fait entendre à Manchester, à Liverpool, et dans la plupart des grandes villes du royaume. De retour à Londres, elle y retrouve ses succès, et depuis lors elle est restée fixée en cette ville, où elle n'a cessé d'appartenir au personnel des Concerts populaires et continue de provoquer l'enthousiasme du public. Cela n'empêche pas Mme Normann-Neruda de faire des voyages fructueux sur le continent. Elle s'est surtout fait applaudir, en 1871, à Amsterdam et à Rotterdam.

***NERVIUS** (Léonard). — M. Edmond Vander Straeten (V. *la Musique aux Pays-Bas*) a retrouvé trois publications extrêmement importantes de ce musicien, toutes trois imprimées à Anvers, par Pierre Phalèse : 1° *Magnificat super octo consuetos tonos, una cum aliquot motettis et litaniis B. Mariæ Virginis octo vocum, cum basso continuo ad organum* (Anvers, 1624, in-4°), recueil contenant, outre le psaume *Magnificat*, qui a fourni matière à huit compositions, chacune dans un ton différent, une série de motets écrits aussi à huit parties réelles ; 2° *Missæ sacræ octonis vocibus, quibus adjecta sunt aliquot Motetta, cum Litaniis B. Mariæ Virginis, cum basso continuo ad organum* (Anvers, 1624, in-4°) ; 3° *Fasciculus cantionum sacrarum quatuor, quinque et sex vocum, additis Litaniis Lauretanis quatuor et sex vocum, cum basso ad organum* (Anvers, 1628, in-4°).

NESSLER (Victor-E....), compositeur et chef d'orchestre, est né à Baer, près Strasbourg, le 28 janvier 1841, a reçu une excellente éducation musicale, et s'est fait remarquer par la publication d'un grand nombre d'œuvres qui dénotent un artiste sérieux et distingué. Depuis plusieurs années fixé en Allemagne, il remplit les fonctions de chef des chœurs au théâtre de Leipzig, où il a fait représenter les ouvrages dramatiques suivants : 1° *le Voyage de noces*, mars 1867 ; 2° *Veilleur de nuit et Étudiant*, un acte, 1868 ; 3° *le Jour de la Saint-Alexandre*, opérette, 1869 ; 4° *Irmingard*, grand opéra en 5 actes, 19 avril 1876 ; 5° *Dornrœschens Brautfahrt*, opéra ; 6° *le Ratier de Hameln*, opéra en 5 actes, mars 1879. Précédemment, au mois de mars 1864, il avait donné sur le théâtre de Strasbourg un opéra-comique en 2 actes, intitulé *Fleurette*. M. Nessler a écrit des cantates, des chœurs, de nombreux recueils de *lieder* à une ou plusieurs voix, des compositions vocales avec accompagnement d'orchestre, et ses productions en ce genre ne s'élèvent guère aujourd'hui à moins d'une centaine. Je signalerai les suivantes : *der Blumen Rache* (la Légende des fleurs), pour chœur, ténor solo et orchestre, op. 31 ; *Sængers Frühlingsgruss* (Salut printanier du chanteur), double chœur pour voix d'hommes, op. 95 ; *Von der Wiege bis zum Grabe* (depuis le berceau jusqu'à la tombe), cycle de chants à 4 voix d'hommes et solo, avec accompagnement de piano, op. 8 ; 4 *lieder* à 4 voix, op. 83 ; *die Drei Schneider* (les Trois Tailleurs), chant à 4 voix et basse solo, op. 84 ; *der Frater Kellermeister* (le Frère sommelier), mélodie pour basse, avec piano, op. 91.

NESWADBA (Joseph), compositeur et chef d'orchestre, naquit le 19 janvier 1824 à Vysker, en Bohême. Il reçut une bonne éducation musicale, et en 1857 il était nommé chef d'orchestre du théâtre de Prague, comme successeur de François Skraup. Plus tard il quitta Prague pour se rendre à Berlin, où pendant une saison il dirigea l'orchestre d'une compagnie italienne, et ensuite il alla à Hambourg. En 1864 il fut engagé à Darmstadt pour y remplacer le fameux chef d'orchestre Schindelmeisser, et il obtint les plus grands succès en cette ville, où il resta jusqu'à sa mort, arrivée le 20 mai 1876.

Neswadba s'est fait un nom honorable comme compositeur. Il a écrit des *lieder* fort distingués, et l'un d'eux, intitulé *Betulinka*, est devenu très-populaire. Ses compositions pour l'orchestre sont aussi fort estimées, et les partitions qu'il a écrites pour plusieurs ballets représentés à Darmstadt, ont obtenu un très-vif succès. Le nombre des œuvres publiées de Neswadba s'élève à trente-cinq. J. B.

* **NETZER** (Joseph), compositeur, né le 18 mars 1808 à Zams, dans le Tyrol, est mort à Gratz le 28 mai 1864. Son opéra en 3 actes intitulé *Mara* fut représenté à Vienne le 16 mars

1842, et celui qui avait pour titre *la Noce extraordinaire*, aussi en 3 actes, fut donné dans la même ville le 6 mai 1846. Quant à *la Reine de Castille*, j'ai des raisons de croire qu'il est resté inédit et n'a jamais été offert au public.

* **NEUKOMM** (SIGISMOND), compositeur allemand, naquit à Salzbourg non le 10 avril, mais le 10 juillet 1778. On a publié à son sujet l'écrit suivant : *Esquisses biographiques de Sigismond Neukomm, écrites par lui-même*, Paris, Mourgues, 1859, in-8° de 30 p.

NEUKOMM (EDMOND), écrivain musical, né à Rouen le 2 novembre 1840, est neveu du célèbre organiste et compositeur Sigismond Neukomm, qui fut l'ami de Joseph et de Michel Haydn. Son père, lui-même musicien distingué, était élève de ce dernier. M. Edmond Neukomm est depuis plusieurs années l'un des collaborateurs actifs de *l'Art musical*, de la *Chronique musicale*, et surtout de la *Revue et Gazette musicale*, dans laquelle sa connaissance approfondie de la langue allemande lui a permis de donner de solides travaux sur plusieurs grands musiciens d'outre-Rhin, entre autres Weber, Moscheles et Mendelssohn. Il a publié une *Histoire du Freischütz* (Paris, Faure, 1867, in-12 de 69 p.), tirée de la Biographie de Charles-Marie de Weber écrite par le fils de ce grand homme, le baron Max-Marie de Weber, et un historique des fêtes célébrées à Rouen pour l'anniversaire séculaire de la naissance de Boieldieu : *Trois jours à Rouen, souvenirs du centenaire de Boieldieu, 13, 14 et 15 juin* 1875 (Paris, Pont, 1875, in-12 de 68 p.). On lui doit encore une autre publication, faite de concert avec M. Lacome (*Voyez* ce nom) : *la Saison musicale*, par une réunion d'écrivains spéciaux, 1re année (Paris, Faure, 1867, in-12); celle-ci est une sorte d'annuaire, dirigé par ces deux écrivains, avec le concours de MM. J. Weber, H. Vallier, Arthur Pougin, Alexis Azevedo, Léon Escudier, Vaudin, Er. Thoinan, Malliot, Langhans, A. de Gasperini et M. de Thémines (1).

NEUMANS (ALPHONSE), professeur et virtuose remarquable sur le basson, est né à Anvers (Belgique) le 23 août 1829. Il montra de bonne heure un goût décidé pour la musique, s'adonna à l'étude du basson et fut admis au Conservatoire de Bruxelles, où il obtint, à peine âgé de quatorze ans, le premier prix pour cet instrument. Il en avait dix-huit lorsqu'il fut nommé professeur de la classe dont il avait été l'élève, et qui devint, sous sa direction, l'une des meilleures et des plus brillantes du Conservatoire. Depuis lors, M. Neumans a formé, dans cet établissement, un grand nombre d'excellents élèves. M. Neumans est chevalier de l'ordre de Léopold.

NEUSTEDT (CHARLES), pianiste, compositeur et professeur, est né, je crois, à Saumur, vers 1838. Établi depuis longues années à Paris, cet artiste, dont les leçons sont très-recherchées, s'y est livré avec ardeur à l'enseignement, en même temps qu'il se faisait connaître par la publication d'un grand nombre de morceaux de piano écrits avec délicatesse par une main légère et exercée. Ses transcriptions et fantaisies sur des airs d'opéras sont faites avec goût, et parmi ses compositions originales il en est, comme ses *Feuillets d'album*, qui sont empreintes d'une grâce aimable et réelle. Parmi les productions nombreuses de M. Neustedt, on peut surtout signaler les suivantes : 20 Études progressives et chantantes, op. 31; *Carnaval hongrois*, op. 112; *Prière du soir*, op. 113; *Feuillets d'album* (12 morceaux); *Promenade militaire*, marche caractéristique, op. 115; *Bluettes musicales*, 6 morceaux de concours; *Confidence*, 3e rêverie, op. 34; Menuet sentimental; Gavotte de Marie-Antoinette; chefs-d'œuvre dramatiques et lyriques des grands maîtres; etc., etc.

NEY (JENNY), chanteuse allemande très-renommée (que l'on dit proche parente du maréchal Ney), est née à Gratz le 21 décembre 1826. Elle reçut ses premières leçons de sa mère, qui était elle-même une cantatrice distinguée, et se perfectionna ensuite sous la direction de plusieurs maîtres italiens. Mlle Ney se produisit d'abord sur divers petits théâtres d'Autriche, et plus tard obtint un engagement pour le théâtre de Kærnthnerthor, de Vienne. Mais son grand talent n'étant pas apprécié sur cette scène comme il le méritait, Mlle Ney quitta Vienne en 1853, après la mort de sa mère, et alla tenir son emploi au théâtre de la cour, à Dresde, où elle resta jusqu'à l'année 1867. A cette époque, comme elle venait d'épouser un acteur estimé, M. Burde, Mme Burde-Ney quitta la carrière dramatique et se retira de la scène avec le titre de cantatrice de la cour de Saxe. Les meilleurs rôles de cette artiste fort distinguée étaient ceux de Dinorah (*le Pardon de Ploërmel*), de Norma, de dona Anna (*Don Juan*), d'Armide, d'Iphigénie et de Valentine (*les Huguenots*). Ses plus grands succès furent toujours obtenus par elle dans les grandes œuvres classiques.

J. B.

* **NEYRAT** (L'abbé ALEXANDRE-STANISLAS),

(1) En dehors des questions musicales, M. Neukomm a collaboré à divers journaux politiques, entre autres *le Matin* et *le XIXe siècle*, et il a publié un livre très-français : *les Prussiens devant Paris, d'après des documents allemands*; (Paris, s. d. (1873), in-12.

maître de chapelle de la primatiale de Lyon, a publié les deux ouvrages suivants, qui doivent se joindre à ceux qui ont été mentionnés sous son nom : 1° *Cantiques du petit séminaire de la Primatiale de Lyon* (recueillis, harmonisés ou composés par lui), Lyon, P. Clot, 1867, un volume de 500 p. ; 2° *Adoremus*, recueil de motets et cantiques au Saint-Sacrement et au Sacré-Cœur (entièrement de la composition de M. Neyrat), Paris, Bray et Restant.

La maîtrise de Lyon n'a cessé, sous la direction de M. l'abbé Neyrat, d'exécuter les œuvres des maîtres, soit à l'église, soit dans des concerts historiques très-suivis et très-remarqués ; entre autres grandes compositions, elle a fait connaître les plus célèbres oratorios classiques ; elle est considérée aujourd'hui comme l'une des meilleures maîtrises de France. Membre de l'Académie des sciences, belles-lettres et arts de Lyon, M. Neyrat a fait, dans les séances de cette compagnie, plusieurs lectures sur diverses questions musicales ; l'un de ces morceaux, inséré dans les *Mémoires* de l'Académie, a été tiré à part sous ce titre : *un Festival musical en Angleterre* (Lyon, Riotor, 1878, in-8° de 15 p.).

NEYTS (JACQUES), chanteur dramatique et directeur de théâtre, né à Bruges en 1727, organisa une troupe de comédiens qui jouaient à la fois la comédie, le vaudeville et l'opéra, et pendant longues années donna des représentations en langue flamande à Bruxelles, Anvers, Gand, Bruges, Amsterdam et diverses autres villes des Pays-Bas. Il fit traduire en langue flamande et arranger par son frère, *François Neyts*, la plupart des opéras-comiques français de ce temps, qu'il faisait ainsi représenter : *les Deux Avares, le Jaloux corrigé, le Déserteur, Don Quichotte, le Devin du village, Rose et Colas, Lucile, le Soldat magicien, Zémire et Azor, le Tableau parlant*, etc. C'est à une représentation du *Déserteur*, donnée par lui au théâtre d'Amsterdam, le 11 mai 1772, que le feu prit à ce théâtre, qui devint la proie des flammes. On assure que le véritable nom de Neyts était *Cary*. Cet artiste mourut à Boulogne-sur-Mer le 8 juillet 1794. Il avait épousé une chanteuse, Mlle *Isabelle Stasinou*, douée d'une fort jolie voix, et qui brillait au premier rang dans la troupe qu'il dirigeait. Celle-ci était née à Bruges vers 1730.

NIBELLE (ADOLPHE-ANDRÉ), compositeur français, né à Gien (Loiret) le 9 octobre 1825, se livra de bonne heure à l'étude du violon et du piano, puis fut admis au Conservatoire de Paris (janvier 1844), dans la classe d'harmonie d'Hippolyte Colet. Tout en suivant les cours de cet établissement, il fréquentait ceux de la Faculté de droit, devenait licencié en droit et se faisait recevoir avocat au barreau de Paris. Après avoir obtenu un second accessit d'harmonie en 1847, le second prix en 1848, et le premier en 1850, M. Nibelle entra dans la classe de composition d'Halévy ; mais il n'y resta que peu de temps, et après avoir quitté le Conservatoire, il commença à se livrer assez activement à la composition. Il publia d'abord quelques mélodies vocales : *Rêves d'enfant, Dieu ou Roi*, etc., puis écrivit une grande cantate symphonique en 3 parties avec *soli* et chœurs, *Jeanne d'Arc*, qui fut exécutée à Orléans, par 500 exécutants, pour l'inauguration en cette ville de la belle statue de la Pucelle due au ciseau de Foyatier. Il publia ensuite sous ce titre : *les Heures musicales*, une série de 24 mélodies vocales (Paris, Girod), et un autre recueil de 12 morceaux intitulé *Chants des aïeux*, légendes et ballades de l'ancienne France (id., id.).

Mais, comme tant d'autres, M. Nibelle songeait au théâtre. Il fit représenter aux Folies-Nouvelles, le 22 janvier 1858, une gentille opérette en un acte, *le Loup-garou*, dont la musique était fine et distinguée, et le 18 décembre de la même année un ouvrage du même genre, *les Filles du lac*, dont la forme, plus ambitieuse, convenait moins à une scène aussi mignonne. Depuis lors, il a produit les ouvrages suivants, qui généralement ont été bien accueillis : *l'Arche-Marion*, un acte, Bouffes-Parisiens, 30 septembre 1868 ; *la Fontaine de Berny*, un acte, Opéra-Comique, 30 mai 1869 ; *le 15 Août 1869*, cantate, Opéra, 15 août 1869 ; *les quatre cents Femmes d'Ali-Baba*, 2 actes, Folies-Marigny, mars 1872 ; *l'Alibi*, 3 actes, Athénée, 11 octobre 1872.

M. Nibelle, qui a écrit aussi quelques morceaux de musique pour deux drames représentés à l'Ambigu en 1876 : *Spartacus* et *Jean Sobieski*, ainsi que pour *Casina*, comédie jouée en 1878 dans une des matinées littéraires de la Gaîté, a en portefeuille un grand opéra en un acte intitulé *l'Age d'or* et un opéra-comique en un acte qui a pour titre *Joli Grec à l'œil noir*. On lui doit encore diverses mélodies vocales : *Tout est fauché, les Lauriers, la Folie de Fréhel, la Chanson de l'hirondelle*, etc. M. Nibelle est décoré des ordres de Charles III (Espagne), du Medjidié (Turquie) et du Sauveur (Grèce).

* **NICCOLINI** (LOUIS), compositeur italien, mourut à Livourne en 1829. On cite parmi ses œuvres une cantate pour voix de soprano avec accompagnement de quatuor d'instruments à

cordes, la musique de deux ballets représentés au théâtre San Carlo, de Naples, et un grand nombre de compositions religieuses : Messes, *Dixit*, Litanies, etc., écrites pour la cathédrale de Livourne, dont il était le maître de chapelle.

* **NICCOLINI**, ou plutôt **NICOLINI** (Joseph), compositeur italien. Aux œuvres dramatiques de cet artiste, il faut ajouter *le Nozze inaspettate*, opéra représenté en 1805 à Naples, sur le théâtre Nuovo. Nicolini est mort à Plaisance, le 18 décembre 1842.

NICELLI (Daniele), compositeur italien qui vivait dans la première moitié de ce siècle, a écrit la musique d'un drame lyrique intitulé *il Proscritto di Messina*, qu'il a fait représenter en 1829 sur le théâtre Carlo-Felice, de Gênes. On connait aussi de lui un opéra bouffe joué sous le titre de *l'Aio nell' imbarazzo*. Je n'ai aucun autre renseignement sur cet artiste.

* **NICODAMI** (François **NICODIM**, dit). La veuve de cet artiste, mariée alors en secondes noces, publia en 1843 une notice biographique sur son premier mari : *Biographie de M. Nicodami* (*Nicodim*), maître de piano et professeur de musique au Conservatoire de Paris (Paris, impr. Malteste, 1843, in-8° de 32 p., avec autographe musical et vue du tombeau de Nicodami). Cet opuscule nous apprend que Nicodami naquit en 1758 à Willimor, en Bohême, qu'il reçut son instruction musicale d'un de ses oncles, qu'il se rendit jeune à Vienne, où il devint le copiste préféré et l'ami de Mozart, puis qu'il vint s'établir en France un peu avant l'époque où éclata la Révolution. Nicodami, qui paraît avoir été un bon professeur de piano, ne fit autre chose à partir de ce jour et jusqu'à sa mort, qui arriva non en 1844, comme il a été dit par erreur, mais le 13 août 1829, à l'âge de 71 ans environ.

La veuve de cet artiste, devenue Mme Ravinet, morte en 1864, a légué au Conservatoire de musique, en même temps que le buste en marbre de son premier mari, placé aujourd'hui dans la bibliothèque de cet établissement, une somme de dix mille francs, « une fois donnée, » sans aucune condition. Après s'être fait mettre en possession de ce legs (le décret impérial autorisant l'acceptation est du 9 janvier 1867), l'administration du Conservatoire résolut de consacrer cette somme à créer un prix de 500 francs qui servirait à récompenser, chaque année, un ou deux élèves qui se seraient particulièrement distingués. Ce prix est décerné sous le nom de *Prix Nicodami*. — On trouve à la bibliothèque du Conservatoire un volume de Mémoires manuscrits de Mme Nicodami, renfermant des révélations fort curieuses sur un certain nombre d'artistes qu'elle avait connus dans sa jeunesse. Ce volume fut acheté il y a quelques années chez un bouquiniste, par un employé supérieur de l'administration du Conservatoire, et donné par lui à la bibliothèque de l'établissement.

* **NICOLA** (Charles), violoniste et musicien de chambre à l'ancienne cour de Hanovre, est mort à Hanovre le 8 mai 1875.

NICOLAÏ (Charles), père du compositeur Othon Nicolaï, était lui-même un musicien instruit et l'un des meilleurs maîtres de chapelle de Berlin. Il mourut en cette ville le 2 avril 1857, et le jour même de ses funérailles on donnait au Théâtre royal une représentation des *Joyeuses Commères de Windsor*, l'un des meilleurs ouvrages de son fils.

* **NICOLAÏ** (Othon). — C'est le 9 juin 1810 que ce compositeur naquit à Kœnigsberg. Hermann Mendel (*Voy.* ce nom) a publié sur lui une notice : *Otto Nicolaï* (Berlin, Heimann), dont une traduction anglaise a été faite dans le *Musical World*, de Londres.

NICOLAÏ (Willem-Frédéric-Gérard), organiste, planiste et compositeur de beaucoup de talent, naquit à Leyde (Pays-Bas), le 20 novembre 1829. Dès sa plus tendre enfance il devint orphelin, et reçut son éducation à l'hospice des Orphelins. Là, on remarqua chez lui de si grandes dispositions pour la musique, qu'on lui permit de suivre les cours de l'École de musique de Leyde, où il remporta plusieurs prix ; ses progrès furent même si rapides et si considérables, que ses protecteurs s'occupèrent bientôt de trouver les moyens pécuniaires nécessaires pour l'envoyer à Leipzig, et le mettre à même de terminer son éducation musicale au Conservatoire de cette ville. On organisa plusieurs concerts à cet effet, et en 1849 M. Nicolaï partit pour Leipzig, où il passa trois années, suivant les cours d'orgue, d'harmonie et de contre-point au Conservatoire. Il se rendit ensuite à Dresde, y reçut quelques conseils de Johann Schneider, et en 1852 quittait l'Allemagne pour revenir dans sa patrie.

En 1853, M. Nicolaï était nommé professeur d'orgue et de piano à l'École royale de musique de la Haye, en même temps qu'organiste de l'église française de cette ville, et en 1865, à la mort de J. H. Lubeck, il était appelé à lui succéder dans les fonctions de directeur de cet établissement, fonctions qu'il occupe encore aujourd'hui. A la même époque, il devenait chef d'orchestre de la Société philharmonique *de Toekomst* (Association des artistes musiciens), de la Haye, et c'est aussi lui qui dirigea pendant quelque temps les concerts de la Société pour l'encouragement de l'art musical.

M. Nicolaï est un compositeur de talent, et ses *lieder* surtout jouissent, aussi bien en Allemagne que dans les Pays-Bas, d'une grande et légitime popularité; il en a publié plusieurs recueils, ainsi que des duos pour soprano et contralto. On lui doit aussi plusieurs grands ouvrages: *Boniface*, oratorio pour *soli*, chœurs et orchestre; plusieurs cantates, parmi lesquelles *Lied von der Glocke* pour *soli*, chœurs et orchestre, et *Hanske van Gelder* (id.), écrite sur un poëme hollandais et l'une de ses meilleures productions; une symphonie, plusieurs ouvertures (inédites), sans oublier une grande sonate pour piano et violoncelle.

M. Nicolaï est un travailleur sérieux, fort aimé et fort estimé de ses confrères, et en même temps un excellent professeur de piano et d'harmonie, à qui l'on doit de nombreux élèves. Depuis quelques années il est devenu le rédacteur en chef de la revue musicale néerlandaise *Cæcilia*. Il termine en ce moment la composition d'une cantate de circonstance pour chœurs et orchestre, qui sera exécutée à Amsterdam pour l'inauguration de la statue de Thorbecke, le grand homme d'Etat. M. Nicolaï est chevalier de l'ordre de la Couronne de chêne.

Éd. de H.

NICOLAO (.......), compositeur français, qui a fait son éducation musicale en Italie, a écrit la musique de *Margellina ou l'Orgueilleuse punie*, ballet qui a été représenté en 1860 sur le Grand-Théâtre de Marseille.

NICOLAS (Didier), dit *le Sourd*, très-habile luthier français, naquit à Mirecourt en 1757. Il fit évidemment son apprentissage en cette ville, où il s'établit avec cette enseigne: *A la ville de Crémone*, et où il mourut très-âgé, en 1833. « Les instruments de Nicolas aîné (dit M. Vidal dans son livre: *les Instruments à archet*), quoique d'une facture qui laisse à désirer sous certains rapports, sont cependant loin d'être sans mérite. Le vernis est, en général, rouge-brun, tirant sur le jaune. La coupe des *ff*, très-ouvertes dans le milieu, est particulière. » Nicolas l'aîné obtint à l'Exposition des produits de l'industrie, à Paris, en 1806, une médaille d'argent; le violon qui lui valut cette récompense est aujourd'hui la propriété de son petit-fils. A la place où les luthiers fixent d'ordinaire leur étiquette, il marquait ses instruments avec un fer rouge: *A la ville de Crémone, D. Nicolas aîné*.

NICOLAS (Joseph), fils et successeur du précédent, naquit à Mirecourt en 1796, et mourut en 1864. Il fut élève de son père, et, à la mort de celui-ci, prit la suite de ses affaires. Comme lui, il marquait tous ses instruments à l'aide d'un poinçon: *J. Nicolas fils*, après les avoir préalablement signés à la plume. A l'époque de sa mort, sa veuve vendit son fonds de lutherie à un confrère, M. Derazey, et dans la vente fut comprise la propriété des deux marques du père et du fils Nicolas; de telle sorte qu'aujourd'hui on pourrait rencontrer des instruments de facture moderne portant le poinçon de l'un ou de l'autre, et auxquels pourtant tous deux seraient étrangers.

NICOLAS (Michel), théologien protestant et écrivain fécond, professeur de philosophie à la Faculté de théologie protestante de Montauban, est né à Nîmes le 22 mai 1810. Parmi ses nombreux et remarquables écrits, presque tous relatifs à des questions historiques ou religieuses, nous ne citerons que le suivant, le seul dans lequel il soit question de musique: *Histoire des artistes peintres, sculpteurs, architectes et musiciens-compositeurs nés dans le département du Gard* (Nîmes, impr. Ballivet, 1859, in-12).

NICOLE (Michel), compositeur, habitait Paris dans la seconde moitié du seizième siècle. Il remporta en 1581, au concours du puy de musique d'Évreux, le prix de la harpe d'argent pour le motet: *In voluntate tua*.

* **NICOLO.** — *Voyez* **ISOUARD** (Nicolo).

NICOU-CHORON (Stéphane-Louis), compositeur et professeur français, né à Paris le 20 avril 1809, fut admis dès l'âge de dix ans à l'école de Choron, qui le prit en affection à cause de son intelligence et de ses dispositions artistiques, devint plus tard professeur dans cette école, et en 1832 y fut nommé inspecteur des études. A la mort de son maître, dont il était devenu le gendre, M. Nicou prit la direction effective de l'école, mais on sait que celle-ci, abandonnée par le gouvernement et laissée à ses seules forces, ne tarda pas à disparaître.

Tout en se livrant à l'enseignement particulier, M. Nicou s'adonna avec ardeur à la composition, et publia ou fit exécuter un grand nombre d'œuvres de musique religieuse. On lui doit, entre autres, plusieurs messes solennelles, avec orchestre; des messes brèves, à une ou plusieurs voix, avec accompagnement d'orgue; de nombreux motets, et des cantiques plus nombreux encore; des oratorios pour Noël, Pâques et la Pentecôte; plusieurs cantates; une marche religieuse à grand orchestre: *les Prestiges de l'Harmonie*, cantate sacrée à 6 voix; etc.

M. Nicou a donné aussi une méthode de solfége et de chant, un recueil de 12 vocalises pour soprano et ténor, et quelques chœurs. En 1847, au grand concours ouvert par M. de Salvandy pour la composition de chants religieux et historiques, M. Nicou obtint trois médailles d'or et deux de bronze. Dans un concours international ouvert en Belgique, en 1868, par l'éditeur Schott, de Bruxelles, pour la composition d'une messe avec orchestre, cet artiste se vit décerner le troisième prix, et son œuvre fut publiée avec celles des deux compositeurs qui avaient remporté le premier et le second prix.

NIEDERHEITMANN (Frédéric), amateur de musique et collectionneur de violons italiens, a publié en 1877 à Aix-la-Chapelle, où il était fixé, un écrit que l'on dit très-curieux, intitulé *Cremona*, dans lequel il étudiait les anciens luthiers italiens et leurs instruments. Niederheitmann est mort à Aix-la-Chapelle au mois de septembre ou d'octobre 1878.

* **NIEDERMEYER** (Louis). — Des deux filles de cet artiste remarquable, l'une a épousé M. Gustave Lefèvre, qui lui a succédé dans la direction de l'École de musique religieuse fondée par lui; l'autre, M. Eugène Gigout, organiste de l'église Saint-Augustin (*Voy.* ces noms). Les éditeurs MM. Heugel ont publié en 1876 une seconde édition du *Traité théorique et pratique de l'accompagnement du plain-chant* de Niedermeyer et d'Ortigue, pour lequel Fétis semble s'être montré sévère; ce qui paraît certain, c'est que le principe fondamental de cet ouvrage : « Nécessité, dans l'accompagnement du plain-chant, de l'emploi exclusif des notes de l'échelle, » est généralement adopté aujourd'hui. Peu de temps avant sa mort, Niedermeyer avait livré au public un manuel intitulé : *Accompagnement pour orgue des offices de l'Église* (Paris, Gaume, 1861), qui a puissamment contribué à la propagation de ses idées. La maison Richault, qui avait publié une symphonie à grand orchestre de cet artiste, a fait paraître en 1877 la partition de *la Fronde*, son dernier ouvrage dramatique, resté inédit jusqu'alors, et de nouvelles éditions de deux autres de ses opéras, *Stradella* et *la Casa nel Bosco*. Enfin, M. Alfred Niedermeyer a publié sur son père une notice intitulée : *Louis Niedermeyer, son œuvre et son école* (Paris, Repos, s. d., in-8° avec portrait).

NIEDZIELSKI (Joseph), musicien polonais, attaché pendant longues années comme premier violon à l'orchestre du Grand-Théâtre de Varsovie, est mort en cette ville en 1852. On lui doit une *École de violon*, publiée à Varsovie et à Saint-Pétersbourg, ainsi qu'une Méthode de flûte et une Méthode de guitare.

* **NIEMANN** (Albert), chanteur fameux en Allemagne depuis plus de vingt ans, est né à Erxleben, dans le cercle de Magdebourg, en 1831. Après avoir fait d'assez bonnes études musicales, il commença par accepter un modeste emploi de choriste dans une troupe ambulante 1851), puis fut engagé à Darmstadt pour y chanter, outre les chœurs, quelques rôles secondaires, ce qui lui donna l'occasion de faire remarquer les belles qualités de sa voix. En 1852, on le trouve à Halle, où il chante l'emploi des ténors et commence à faire apprécier son intelligence scénique, ce qui le fait appeler à Berlin l'année suivante. Mais ce n'est qu'à partir de 1855 et de ses débuts à Hanovre, que son talent est complétement mis en relief et que sa renommée commence; le roi de Hanovre le prend en affection et le protége d'une façon toute particulière, et le public, séduit par la puissance vocale du chanteur, par son jeu chaleureux et passionné, en fait bientôt son favori et le comble des marques de la bienveillance la plus constante. M. Niemann chante successivement sur le théâtre de Hanovre, avec le plus grand succès, les grands rôles du *Prophète*, de *la Muette*, de *Joseph*, de *Fernand Cortez*, de *Faust*, du *Freischütz*, de *la Juive*, de *Fra Diavolo*, de *Robert le Diable* et d'*Iphigénie en Aulide*. Il brille surtout dans les ouvrages de M. Richard Wagner, *Lohengrin*, *Rienzi*, *Tannhäuser*, si bien que lorsqu'il est question de donner ce dernier à Paris, le compositeur met pour condition l'engagement de M. Niemann pour en chanter le principal rôle.

On sait comment fut accueilli *Tannhäuser* à l'Opéra, en 1861, et que l'ouvrage ne put être joué que trois fois. M. Niemann retourna aussitôt à Hanovre. Tout en continuant de faire partie du personnel du théâtre de cette ville, il s'était fait entendre en 1859 à Cologne, en 1860 à Francfort et à Leipzig; en 1861 il se produisit de nouveau à Cologne, deux ans après à Darmstadt, et en 1864 obtint d'énormes succès à Berlin et à Breslau. Engagé d'une façon définitive au Théâtre royal de Berlin, il se fait connaître néanmoins à Dresde en 1867, à Vienne en 1869, à Hambourg en 1872, et partout obtient des succès éclatants. Enfin, en 1876, il prête l'appui de son talent à M. Richard Wagner pour les « représentations modèles » du théâtre de Baireuth, et prend la part la plus importante à l'exécution de la tétralogie de ce compositeur.

M. Niemann a en partage la force, la puissance et la grandeur, mais il s'en faut de beaucoup qu'il sache se garder de l'exagération, et l'on assure même que son chant et son jeu scénique sont empreints d'une emphase qui n'est pas toujours du meilleur goût. Aussi le genre tempéré lui est-il beaucoup moins favorable que le genre vraiment dramatique, et se trouve-t-il assez mal à son aise dans les ouvrages du répertoire français, tels que *Faust* et *Fra Diavolo;* quant au répertoire italien, celui-ci lui est absolument hostile, et M. Niemann a pu s'en apercevoir en s'y essayant par deux fois, et de la façon la plus fâcheuse, dans *le Trouvère* et *le Bal masqué* de M. Verdi. Il est juste d'ajouter que l'artiste n'en est pas moins doué d'un incontestable talent, à la condition que ce talent s'exerce dans des conditions propices, et que sa renommée est tout à fait légitime.

Au mois de février 1877, M. Niemann a pris congé du public de l'Opéra de Berlin, dans une représentation extraordinaire du *Fernand Cortez* de Spontini, qui lui a valu de chaleureuses ovations. Il ne s'est cependant pas éloigné de la scène pour toujours, mais compte ne s'y plus reproduire que de loin en loin, et seulement à titre d'artiste en représentations.

La première femme de cet artiste, Mme *Niemann-Seebach*, a été considérée comme l'une des meilleures cantatrices dramatiques de ce temps, et a chanté avec lui pendant de longues années. C'est, je crois, après avoir divorcé avec elle que M. Niemann a épousé, en 1871, une comédienne que l'on dit fort distinguée, Mlle *Hedwige Raabe*.

NIEMANN (Rudolphe), jeune compositeur allemand, né à Wesselburen (Holstein) le 4 décembre 1838, a été, de 1853 à 1856, élève du Conservatoire de Leipzig. Il vint ensuite visiter Paris, puis alla compléter son éducation musicale à Berlin, sous la direction de M. Hans de Bülow. Depuis lors il s'est fixé à Hambourg. M. Niemann a publié dans ces dernières années diverses compositions parmi lesquelles je citerai : *Humoresques* pour piano, op. 15; sonate pour piano et violon, op. 18; gavotte pour piano; valse de concert, id.; etc.

NIESSEL (.......), corniste et compositeur français, vivait dans la première moitié de ce siècle, et se fit une sorte de spécialité de la publication d'ouvrages didactiques et de compositions pour les instruments de la famille du cor et de la trompette. Voici ceux dont j'ai eu connaissance : 1° *Méthode de cor à pistons;* 2° *Méthode de néo-cor;* 3° *Méthode de clavi-cor;* 4° *Méthode de trompette à cylindres;* 5° *Méthode de cornet à pistons;* 6° Airs favoris des plus célèbres opéras, transcrits pour cor à pistons; 7° Ouvertures d'opéras, pour deux cors à pistons; 8° Airs favoris du *Chalet*, de *Norma* et d'*I Puritani*, pour deux cors à pistons; 9° 3 Trios sur *le Chalet, le Maçon* et *Nabuchodonosor*, pour deux cornets à pistons et piano (en société avec Miné); 10° 12 Valses pour deux cornets à pistons; 11° 6 Mélodies de Bellini, pour deux cornets à pistons; 12° 25 Morceaux favoris, pour cornet à pistons.

NIETO (Manuel), compositeur espagnol contemporain, a fait représenter sur le théâtre Apolo, de Madrid, au mois de mars 1879, une *zarzuela*, en un acte, intitulée *Entre dos tios*.

NIETZSCHE (Frédéric), professeur de philologie classique à l'université de Bâle, est l'auteur d'un écrit ainsi intitulé : *Die Geburt der tragœdie aus dem geiste der musik* (la Naissance de la tragédie développée par la musique), Leipzig, 1872. Le même auteur a publié sur M. Richard Wagner un livre dont il a été fait une traduction française sous ce titre : *Richard Wagner à Bayreuth* (Schloss-Chemnitz, Schmeitzner, 1877, in-12); je ne parlerai pas du style de cette traduction, qui fourmille d'incorrections et de barbarismes prouvant suffisamment que le traducteur était peu familiarisé avec la langue dont il prétendait se servir; mais quant aux idées exprimées par l'auteur, elles sont tellement nébuleuses, tellement vagues, tellement enveloppées de brouillards impénétrables, que malgré toute mon attention, j'avoue qu'il m'a été de toute impossibilité d'en saisir une seule et de la fixer au passage. Je ne sais ce que vaut, dans l'original, le livre intitulé *Richard Wagner à Bayreuth*, mais je déclare que dans le prétendu français où l'on a essayé de le traduire, il est outrageusement illisible.

NIEUWENHUIJSEN (F.......), organiste néerlandais, naquit à Zutphen en 1758, et reçut ses premières leçons d'un organiste nommé Bleumer. Après avoir perfectionné son talent avec un autre organiste, Groeneman, qui était aussi un bon carillonneur, il obtint, à la suite d'un concours, la place d'organiste du Dom à Utrecht. Il était alors âgé de vingt ans seulement, et se livra bientôt sérieusement à la composition, mettant en musique des poésies de Van Alphen, Bellamy et Klein, poètes avec lesquels il s'était lié d'amitié. Organiste fort distingué, Nieuwenhuijsen se fit aussi une grande réputation comme carillonneur. Maître de chapelle de l'Académie, fondateur de la société *Naar hooger doel*, directeur de concerts publics et de plusieurs associations d'amateurs, cet artiste, qui est mort à Utrecht le 29 janvier 1841, a laissé un grand nombre de compositions, parmi lesquelles on remarque : 1° *la Bataille de Doggersbank*, pièce symphonique pour deux orchestres (1781); 2° Cantate en l'honneur du baron Vander Capellen (1784); 3° Cantate du 150° anniversaire de l'Académie d'Utrecht (1789); 4° Chant dramatique pour l'inauguration du théâtre de cette ville (1796); 5° *la Paix d'Alkmaar*, cantate (1802); *de Toonkunst*, cantate (1818); etc., etc.

NIEUWENHUIJSEN (Jean-Frédéric), premier fils du précédent, né à Utrecht le 27 février 1784, a été organiste en cette ville pendant quarante ans. Directeur des concerts, fondateur d'une société d'harmonie, il n'a pas été sans influence sur le développement de l'art musical à Utrecht, où il est mort en 1851.

NIEUWENHUIJSEN (Guillaume-Jean-Frédéric), frère cadet du précédent, naquit à Utrecht le 4 janvier 1818, et dès l'âge de quatorze ans touchait l'orgue à l'église des Mennonites. En 1840, à la suite d'un concours, il fut nommé organiste de la cathédrale et carillonneur. Non content des succès qu'il obtenait comme exécutant, cet artiste se livra avec ardeur à la composition, ainsi qu'à la littérature musicale. De 1846 à 1848, il rédigea presque seul une feuille spéciale intitulée *Nederlansch muzijkaal Tijdschrift;* quant à ses compositions, on cite particulièrement : *Hernani*, ouverture pour le drame de Victor Hugo; *Leicester*, cantate, dont il écrivit les paroles et la musique; des chœurs à quatre voix d'hommes, et diverses pièces instrumentales. Nieuwenhuijsen, qui a formé un assez grand nombre de bons élèves, qui a beaucoup contribué à la réforme du chant protestant en Hollande et à l'expansion de la littérature musicale en ce pays, est mort dans sa ville natale le 19 mai 1869.

NIGITTI (Francesco), célèbre musicien toscan, était organiste du dôme de Florence dans les premières années du dix-huitième siècle. Antonio Maria Salvini le cite dans son écrit : *Della perfetta Poesia italiana*, comme ayant inventé et construit un clavecin ou instrument à touches et à quatre claviers, auquel il donnait le nom de *Strumento omnisono*, parce que l'échelle de cet instrument était divisée en tons, demi-tons et quarts de ton. « Cet instrument, dit Salvini, est conservé et joué par l'élève de Nigitti et son digne successeur, le prêtre Jean-Marie Casini, aumônier de la princesse de Toscane Violante de Bavière. »

NIHOUL (Michel), compositeur et professeur belge, né à Tongres en 1790, fit de bonnes études musicales sous la direction de Daussoigne-Méhul, et se livra ensuite à l'enseignement et à la composition. Il fit représenter à Liége, le 22 février 1836, un opéra-comique en un acte intitulé *une Soirée à la mode*, et écrivit en suite un grand opéra en cinq actes, *le Compromis des Nobles*, dont quelques fragments seulement ont été exécutés en public, à Tongres, sa ville natale. On lui doit aussi quelques morceaux de musique d'église et de musique symphonique. En 1834, cet artiste avait accepté un emploi dans une administration de l'État, et en 1860 il était directeur de la poste à Tongres. Il est mort en cette ville au mois de novembre 1865.

NIHOUL (Romain), fils du précédent, né à Tongres en 1821, fit son éducation musicale au Conservatoire de Liége. Il retourna ensuite dans sa ville natale, où il devint successivement directeur de la Société d'harmonie, de la Société de chœurs et de la Société philharmonique, maître de chapelle à la cathédrale et professeur dans diverses écoles. Plus tard, il fut placé à la tête de l'École de musique. M. Nihoul a fait représenter à Tongres, en 1857, un opéra-comique en 2 actes intitulé *le Bandit*. Il a écrit aussi plusieurs messes, des cantiques, des chœurs, et quelques morceaux religieux.

NILSSON (Christine), cantatrice dramatique distinguée, naquit en Suède, dans le village de Hussaby, le 3 août 1843, d'une famille de pauvres laboureurs dont elle était le huitième enfant. Toute jeune, elle s'en allait aux jours de fête, avec un de ses frères, chanter et jouer du violon aux villages voisins, où les paysans admiraient sa grâce naïve, sa gentillesse, et sa voix pure et brillante comme le cristal. Un jour, un grand seigneur du pays l'entendit, fut frappé de son intelligence, et offrit à ses parents de l'emmener avec lui et de se charger de son éducation et de son avenir. L'offre fut acceptée, et l'enfant suivit son bienfaiteur dans son château d'abord, puis à Stockholm, où elle reçut des leçons de chant et de piano d'un professeur distingué, M. Franz Berwald. Plus tard, elle fut envoyée à Paris, confiée aux soins d'une famille anglaise, et c'est dans cette ville qu'elle acheva son éducation musicale sous la direction de M. Wartel.

Après trois années de ces études complémentaires, Mlle Nilsson fut engagée par M. Carvalho, alors directeur du Théâtre-Lyrique, et elle débuta à ce théâtre le 27 octobre 1864, dans la traduction de *la Traviata* de M. Verdi, jouée sous le titre de *Violetta*. Elle obtint un succès éclatant, dû tout à la fois à sa beauté étrange et pleine d'élégance, à sa distinction naturelle, à sa voix de *soprano sfogato* d'un timbre particulier et pénétrant, à son style d'une saveur tout originale, enfin à la facilité d'une vocalisation à la fois très-hardie et très-correcte. Les qualités physiques et vocales de la jeune cantatrice, qualités toutes personnelles et essentiellement originales, se trouvèrent encore, l'année suivante, mises en un relief plus complet lorsqu'elle se montra dans le rôle de la Reine de la Nuit de *la Flûte enchantée*, de Mozart, où elle produisit une impression profonde et où tout Paris voulut la voir et l'entendre. Dès ce moment, l'avenir de Mlle Nilsson était assuré, et sa personnalité s'imposait forcément à l'attention. Elle joua ensuite quelques autres ouvrages, *Martha*, *Don Juan* (Elvire), *Sardanapale*, *les Bluets*, puis fut engagée à l'Opéra pour y créer le rôle d'Ophélie dans l'*Hamlet* de M. Ambroise Thomas.

Ce rôle, qui convenait merveilleusement à ses facultés, mit le comble à la renommée de l'artiste, qui ne cessait de travailler d'ailleurs et de s'efforcer chaque jour à mieux faire. Très-bien accueillie dans le personnage poétique d'Ophélie par le public de notre première scène lyrique, Mlle Nilsson ne réussit pas moins dans celui de Marguerite, du *Faust* de M. Gounod. Pourtant, elle ne devait pas rester longtemps à l'Opéra. Déjà elle s'était produite à Londres, au théâtre de la Reine, dans le répertoire italien, et après s'y être montrée dans les ouvrages joués par elle à Paris, elle avait paru dans *Lucia di Lamermoor* et dans Chérubin des *Noces de Figaro*. Les Anglais ne lui marchandèrent pas les applaudissements, et la fêtèrent plus encore lorsqu'elle prit part, dans des concerts et festivals, à l'exécution de divers oratorios de Hændel.

Bientôt, et comme tant d'autres, Mlle Nilsson, abandonnant l'art pour le métier, quitta l'Opéra, et, après s'être fait entendre à Moscou et à Saint-Pétersbourg, s'en alla, sous la direction d'un entrepreneur audacieux, faire une immense tournée en Amérique. Sa fortune fut rapidement faite, et les ovations ne lui manquèrent pas ; mais il est permis de regretter qu'une artiste aussi bien douée sacrifie ainsi, au désir de réaliser promptement des sommes immenses, la suite d'une carrière vraiment honorable et commencée d'une façon si brillante.

Depuis quelques années, Mlle Nilsson a épousé un jeune Français, M. Auguste Rouzaud. Elle a fait l'objet d'une notice publiée par M. Guy de Charnacé (Paris, Plon, 1869, in-8° avec portrait), laquelle aurait gagné à être écrite avec moins de prétention.

***NINI** (Alessandro), compositeur italien, est né à Fano, non en 1811, mais le 1er novembre 1805. Cet artiste occupe une place secondaire, mais très-honorable, dans l'histoire de la musique dramatique italienne au dix-neuvième siècle. Parmi ses opéras, qui tous ont été bien accueillis, il faut surtout citer *la Marescialla d'Ancre*, qui a obtenu dans son temps un très-grand succès et qui lui a valu une véritable renommée. Comme compositeur de musique religieuse, M. Nini n'est pas moins estimé; ses œuvres en ce genre sont considérées comme tout à fait hors ligne, aussi bien en ce qui concerne le style et le savoir que l'accent et l'inspiration, et ses compatriotes font surtout grand cas de sa messe de *Requiem* à 4 voix et orchestre. M. Nini, vieux aujourd'hui, mais à qui sa modestie a fait grand tort et qui mériterait d'être mieux connu, est depuis longues années fixé à Bergame, où il a occupé pendant longtemps les doubles fonctions de directeur de la célèbre chapelle de Sainte-Marie-Majeure et de directeur de l'Institut musical. La fatigue l'a obligé de renoncer, au mois d'octobre 1876, à l'administration de ce dernier établissement.

* **NISARD** (Théodore). — *Voyez* **NORMAND** (L'abbé).

NIVERNOIS (Louis-Jules **BARBON-MANCINI-MAZARINI**, duc **DE**), ministre et diplomate français, né à Paris en 1716, mourut en 1798, après avoir été ministre d'État et ambassadeur à Rome, à Berlin et à Londres. Ami et protecteur des savants, des artistes et des gens de lettres, il se fit connaître comme écrivain par quelques imitations d'Anacréon, d'Horace, de Catulle, de Tibulle et de Properce, par des fables et quelques autres ouvrages. Il cultivait aussi la musique, et écrivit celle d'un divertissement en un acte intitulé *le Temple des chimères*, dont les paroles étaient dues au président Hénault, et qui fut représenté en 1758 sur un théâtre particulier.

NOBERASCO (Vincenzo), compositeur italien contemporain, est l'auteur d'un opéra en 4 actes intitulé *Ezzelino da Romano*, qui a été représenté sans succès à Gênes, sur le théâtre Carlo-Felice, en 1863. Je n'ai pas d'autres renseignements sur cet artiste, qui a publié quelques romances et mélodies vocales.

* **NOBLET** (Charles), organiste et claveciniste, naquit à Abbeville (et non à Paris) vers 1715, et mourut à Paris en 1769. Je tire ces dates d'un écrit anonyme publié sous ce titre : *la Musique à Abbeville*, 1785-1856 (Abbeville), 1876, in-8°), et dans lequel l'auteur ajoute, en parlant de Noblet : — « Son portrait a été gravé par Élisabeth Pourvoyeur, page 41 de la liste des portraits des Français illustres, à la fin du tome IV de la *Bibliothèque historique de la France*, du père Lelong, in-4°, Paris, 1775. »

Noblet avait été organiste de l'église des Mathurins et du collége de Navarre, en même temps que claveciniste à l'Opéra. C'est par erreur qu'il a été dit que sa retraite de ce dernier emploi lui avait été accordée en 1762. Noblet remplit ses fonctions à l'Opéra jusqu'en 1768, et ce fut en cette année seulement qu'il se retira, avec une pension de 350 livres. On peut s'en convaincre en consultant le petit almanach : *les Spectacles de Paris*. — Une demoiselle *Noblet*, sans doute fille de cet artiste, était en 1784 organiste à la Madeleine.

NOEL (Léger), écrivain français, est l'auteur d'un livre étrange publié sous ce titre : *le Livre de l'époque, ou Histoire populaire de la France, anecdotique, critique et philosophique, depuis les premiers temps de la monarchie jusqu'à Louis-Napoléon Bonaparte, renfermant la solution claire et précise de toutes les questions politiques et sociales (finances, organisation du travail, etc.), et formant, à vrai dire, l'indispensable manuel du bon citoyen, ouvrage utile à tous les peuples qui travaillent à leur régénération* (Paris, Dutertre, 1849, in-8°). On ne s'attendrait pas sans doute à voir la musique figurer au nombre des « questions politiques et sociales » traitées par l'auteur dans cet ouvrage. Cependant, 268 pages du volume lui sont consacrées, et un *Vocabulaire musical* en occupe 97. Ce vocabulaire est bien l'œuvre de l'esprit le plus déréglé, le plus fantasque et le plus étonnamment ignorant qui se puisse rencontrer ; on en peut dire autant du *Panthéon musical ou Liste des musiciens célèbres* qui y fait suite, et qui se termine par cette phrase merveilleuse, dans laquelle l'auteur donne une idée de son goût pour le sujet traité par lui : « Quand je vous dis que la musique est faite pour stupéfier, dans la propre acception de ce mot (rendre stupide) ! »

* **NOHL** (Ludwig), savant musicographe allemand, né le 5 décembre 1831, à Iserlohn, en Westphalie, a reçu une brillante éducation littéraire et artistique. Reçu docteur en philosophie dans le cours de l'année 1860, il a entrepris un grand voyage en France, en Italie et en Allemagne, a visité Paris, Gênes, Naples, Rome, Munich, etc., puis a commencé la publication d'un grand nombre d'écrits importants relatifs à l'histoire, à la vie et à l'appréciation esthétique et critique de la carrière et des œuvres de plusieurs grands musiciens allemands, entre autres Gluck, Haydn, Mozart, Beethoven et Weber. Fixé à Carlsruhe depuis 1865, M. Nohl n'a cessé de s'occuper de ces questions intéressantes, et si les ouvrages publiés par lui laissent parfois à désirer au point de vue du sens critique déployé par l'auteur et des éléments par lui mis en œuvre, ils n'en sont pas moins d'une grande utilité pour l'histoire de certains artistes et celle de la marche générale de l'art. En 1875, cet artiste a été nommé professeur d'esthétique et d'histoire musicales à l'université d'Heidelberg.

Voici la liste des ouvrages de M. Nohl qui n'ont pu être signalés dans la *Biographie universelle des Musiciens* : 1° *Die Zauberflœte* (la Flûte enchantée), Francfort-sur-le-Mein, Sauerlænder, 1862 ; 2° *Mozart*, Stuttgard, Bruckmann, 1863, un volume de 593 pages ; cet ouvrage a été traduit en anglais sous ce titre : *the Life of Mozart*, par lady Wallace, veuve du célèbre compositeur (Londres, Longmans, 1877, 2 vol., avec les portraits de Mozart et de sa sœur) ; 3° *Beethoven's Briefe* (Lettres de Beethoven), Stuttgard, 1865 ; 4° *Musikalisches Skizzenbuch* (Esquisses musicales), Munich, 1866 ; 5° *Musiker-Briefe, von Gluck, Bach, Haydn, Veber und Mendelssohn, nach den originalen veræffentlicht* (Lettres musicales de Gluck, Bach, Haydn, Weber et Mendelssohn, publiées d'après les originaux), Leipzig, 1867 (une traduction d'un choix de ces lettres a été publiée en français sous ce titre : *Lettres de Gluck et de Weber*, publiées par M. L. Nohl, traduites par Guy de Charnacé, Paris, Plon, 1870, in-12) ; 6° *Neues Skizzenbuch* (Nouvelles Esquisses), Munich, 1869 ; 7° *Beethoven's Brevier ; Sammlung der von ihm selbst ausgezogenen oder angemerkten Stellen aus Dichtern und Schriftstellern alter und neur Zeit, nobst einer Darstellung von Beethoven's geistiger Entwicklung* (Bréviaire de Beethoven ; Collection de passages extraits et annotés par lui-même des écrivains anciens et modernes, avec l'exposé du développement du génie de Beethoven), Leipzig, Gunther, 1870, in-8° avec portrait ; 8° *Gluck und Wagner. Nebor die entwicklung das musikdramas* (Gluck et Wagner. Sur le développement de la musique dramatique), Munich, Finsterlin, 1870 ; 9° *Beethoven, Liszt, Wagner, ein Bild der Kunstbewung unseres Jahrhundert* (Beethoven, Liszt, Wagner, tableau du mouvement de notre siècle), Vienne, Braunmuller, 1874 ; 10° *Beethoven, nach den Schilderungen seiner Zeitgenossen* (Beethoven, d'après les descriptions de ses contemporains), Stuttgard, Cotta, 1877 ; cet ouvrage, dont Beethoven est l'objet, a été dédié en ces termes, par M. Nohl, à l'auteur du *Tannhäuser : A Richard Wagner, le maître des maîtres* ; d'où il semblerait résulter que M. Richard Wagner est supérieur à Beethoven ; c'est là une de ces fautes de goût qui ne sont pas rares en Allemagne ; 11° *Musik und Musikgeschichte*

(*Musique et Histoire de la musique*), Carlsruhe, Müller ; 12° *Eine stille liebe zu Beethoven, nach dem tagebuche einer jungen Dame* (Un amour silencieux pour Beethoven, d'après l'album d'une jeune dame), Leipzig, Gunther, 1875.

* **NOHR** (CHRÉTIEN-FRÉDÉRIC), violoniste et compositeur, est mort à Meiningen le 6 octobre 1875.

NORBLIN (LOUIS-PIERRE-MARTIN), violoncelliste d'un très-grand talent, naquit à Varsovie le 2 décembre 1781. Son père, Jean-Pierre Norblin de la Gourdaine, peintre français distingué, était allé s'établir en 1772 dans la capitale de la Pologne, où il était premier peintre du roi Stanislas-Auguste et où il avait fondé une école dans laquelle il forma plusieurs artistes de talent. Marié à une Polonaise, il en eut plusieurs enfants, dont l'aîné, qui fait l'objet de cette notice, vint à Paris en 1798, entra au Conservatoire, y devint l'élève de Baudiot et obtint le premier prix de violoncelle au concours de l'an XI. En 1809 il fut attaché à l'orchestre du Théâtre-Italien, entra en 1811 à celui de l'Opéra, où il conserva jusqu'en 1841 la place de violoncelle-solo, et le 1er janvier 1826 fut nommé professeur au Conservatoire, en remplacement de Levasseur, qui prenait sa retraite. Lui-même fut retraité le 5 juin 1846, et mourut au château de Connantre (Marne), le 14 juillet 1854.

Norblin fut un virtuose extrêmement remarquable, dont on louait tout à la fois le goût, le style et la belle sonorité. Ami intime de Baillot, qui ne désirait jamais d'autre accompagnateur, il fit pendant de longues années partie du *quatuor* de cet homme célèbre, dont les séances étaient fameuses par toute l'Europe. Il se fit entendre avec grand succès aux superbes concerts spirituels que l'Opéra donnait chaque hiver, à l'époque de la Restauration, pendant la semaine sainte, et il fut en 1828, avec Habeneck, l'un des artistes qui concoururent le plus efficacement à la création de la Société des concerts du Conservatoire, dont il fit partie pendant dix-neuf ans (1). — L'un de ses fils et de ses meilleurs élèves, M. *Émile Norblin*, né à Paris le 2 avril 1821, obtint un premier prix de violoncelle au Conservatoire, en 1841, et s'est consacré depuis lors à l'enseignement. M. Émile Norblin a été l'élève d'Halévy pour la composition.

(1) Norblin était un numismate fort distingué, et possédait sous ce rapport une des collections les plus intéressantes que l'on connût en France à cette époque. Cette collection fut vendue après sa mort, et l'on en publia le catalogue sous ce titre : *Catalogue des monnaies françaises et étrangères composant la collection de feu M. Norblin*, rédigé par M. F. Poey-d'Avant, Fontenay-le-Comte (Vendée), impr. Robuchon, 1855, in-8°.

NORDAL (EUGÈNE), compositeur dramatique allemand, a fait représenter à Lintz deux ouvrages importants, dont l'un, *Francesca de Rimini*, fut donné le 17 février 1840, et l'autre, *Don Carlos*, en 1843. Je ne possède aucun autre renseignement sur cet artiste.

NORMAN (BARAK), l'un des meilleurs luthiers anglais du dix-huitième siècle, naquit en 1688 et mourut en 1740. On ignore le nom de son maître, mais on suppose qu'il fut élève de Thomas Urquhart. Établi à Londres dès sa jeunesse, il était très-renommé pour ses violes. Habile et intelligent, il copiait les patrons des deux Magini, et obtenait d'excellents résultats. Les instruments de Norman font honneur à la vieille école de lutherie anglaise, et cet artiste est considéré comme le premier, parmi ses compatriotes, qui ait construit des violoncelles. Vers 1715, Norman s'associa avec son confrère Nathaniel Cross, et tous deux prirent pour enseigne : *A la Basse de viole*.

* **NORMAND** (L'abbé THÉODULE-ELZÉAR-XAVIER), connu sous le pseudonyme de *Théodore Nisard*. — Voici une liste complémentaire des écrits de cet artiste laborieux : 1° *Lettre à M. Charles Lenormant au sujet des chants de la Sainte-Chapelle*, Paris, 1850, in-8° ; 2° *Études sur la restauration du chant grégorien au XIXe siècle*, Paris, 1856, in-8° ; 3° *Question liturgique. Lettres sur la commission parisienne, l'esthétique du plain-chant et la condamnation de la brochure de M. S. Rodière dans le diocèse d'Albi*, Rennes, 1856, in-8° ; 4° *Du rhythme dans le plain-chant*, Rennes, 1856, in-8° ; 5° *Réponse de dom Anselme Schubiger au P. Dufour, précédée de quelques réflexions faisant suite aux « Notes pour servir à l'histoire de la question du chant liturgique en 1857, »* Paris, juin 1857, in-8° ; 6° *Giovanni Pierluigi da Palestrina, Jean Romain, Grosjean, Cherubini*, etc., Paris, Repos, 1866, in-8° avec portraits et musique ; 7° *l'Abbé Vogler*, Paris, Repos, 1866, in-8° avec portrait ; 8° *Saint Odon de Cluny, Lully, monographie de Jean Gilles, célèbre compositeur provençal*, Paris, Repos, 1867, in-8° ; 9° *Monographie de Jean-Philippe Rameau*, id., id., 1867, in-8° ; 10° *Pergolèse*, id., id., 1867, in-8°. On connaît aussi de M. Th. Nisard un recueil de motets publiés sous ce titre : *la Voix du sanctuaire*.

NORMANN (LOUIS), compositeur et maître de chapelle, né à Stockholm le 28 août 1831, fut d'abord élève de Lindblad, le fameux compositeur de *lieder*, puis alla achever son éducation musicale au Conservatoire de Leipzig. De retour dans sa patrie, il fut nommé professeur de composition à l'Académie de musique de Stockholm, et devint maître de la chapelle de la cour en 1861. On lui doit une trentaine d'œuvres assez intéressantes, consistant en morceaux de piano et compositions de musique de chambre. En 1864, M. Normann a épousé une violoniste fort remarquable, Mlle Wilhelmine Neruda, qui est devenue célèbre sous le nom de Mme Normann-Neruda.

NORMANN-NERUDA (Mme). — *Voyez* **NERUDA** (Mme NORMANN-).

NORRIS (John), luthier anglais établi à Londres, naquit en 1739 et mourut en 1818. Il travailla avec Thomas Smith, et devint par la suite l'associé de Robert Barnes.

NOSEDA (Gustavo-Adolfo), dilettante et compositeur italien, fils d'une famille extrêmement riche, avait étudié la musique avec passion et la cultivait avec bonheur. Fort jeune encore, il avait fondé en 1863, à Milan, des concerts populaires à l'instar de ceux que M. Pasdeloup venait de créer à Paris, et cette institution, vivement soutenue par les artistes et par la presse, promettait de donner d'excellents fruits. Noseda dirigeait en personne l'exécution de ces intéressantes séances, et il y fit entendre quelques-unes de ses compositions, qui furent très-favorablement accueillies, notamment une *Symphonie fantastique* dont la critique semblait faire le plus grand cas, et une *Symphonie caractéristique* écrite sur des mélodies populaires lombardes. Il venait de terminer la partition d'un opéra qu'il avait écrit sur un livret du poëte Piave, lorsqu'il mourut à Milan, le 27 janvier 1866, à peine âgé de vingt-huit ans.

NOTKER LABÉO, musicien suisse, qui vivait à la fin du dixième siècle et au commencement du onzième, est l'auteur du plus ancien traité de musique que l'on connaisse en langue allemande. Cet ouvrage, intitulé *Opusculum theoricum de Musica*, était divisé en quatre parties, et avait été écrit par Notker, artiste très-renommé de son temps, pour l'enseignement de l'école du couvent de Saint-Gall, dans la bibliothèque duquel il est conservé. Fétis, dans sa notice sur *Notker Balbulus* (le bègue), ne sait s'il faut l'attribuer à ce maître ou à Notker Labéo; mais dans son petit livre : *la Musique en Suisse*, M. George Becker tranche la question en faveur de ce dernier. D'ailleurs Notker le bègue vivait un siècle avant ce dernier, puisqu'il mourut en 912, et que Notker Labéo mourut en 1023. Parmi les élèves de cet artiste, on cite *Ekkehard IV*,' qui fut plus tard directeur de l'école de chant de Mayence.

NOTTEBOHM (G........), musicographe allemand fort distingué, s'est fait connaître par quelques travaux intéressants qu'il a publiés sur divers musiciens illustres de l'Allemagne. Parmi ces écrits, il faut particulièrement citer les suivants : *Études sur Beethoven*, Leipzig, 1865; *Catalogue thématique des œuvres publiées de Ludwig van Beethoven, avec des observations chronologiques et bibliographiques*, Leipzig, 1868, in-8°; *Catalogue thématique des œuvres publiées de Franz Schubert*, Vienne, Schreiber, 1875, in-8°. C'est M. Nottebohm qui, à la mort du savant historien musical Ambros (1), ayant recueilli avec un soin pieux les fragments et tous les papiers relatifs au quatrième volume de son *Histoire de la musique* (Geschichte der musik), se chargea de les mettre en œuvre et de rédiger ce dernier volume, qui a paru en 1878.

* **NOURRIT** (Adolphe). — Cet admirable chanteur a été l'objet des publications suivantes : 1° *Aux Mânes de Nourrit, mort à Naples en* 1839, hymne funèbre, par M. Jules Gabrielli (le Mans, Richelet, 1840, in-8°); 2° *Adolphe Nourrit, sa vie, son talent, son caractère, sa correspondance*, par L. Quicherat (Paris, Hachette, 1867, 3 vol. in 8°), écrit trop étendu et hors de proportions avec son sujet, mais plein de faits et de documents intéressants. Nous signalerons encore, à propos de Nourrit, la notice publiée par Miel sur cet artiste dans le VIIIe volume des *Annales de la Société libre des Beaux-Arts*.

NOVARO (M.........), compositeur italien contemporain, s'est fait connaître par la publication de plusieurs chants nationaux et patriotiques inspirés par les événements dont l'Italie a été le théâtre en 1859. Je citerai, entre autres, *il Canto degl' Italiani*, hymne national pour chœur d'hommes; *È risorta*, chant patriotique, dédié au roi Victor-Emmanuel II; Hymne de guerre (*Suona la tromba*), pour chœur d'hommes et de femmes. Cet artiste, qui a écrit aussi sous ce titre : *una Battaglia*, un morceau pour orchestre et musique militaire, a fait représenter en 1874, sur le théâtre national de Gênes, un opéra bouffe : *O mego per forza*, dont le texte est en dialecte génois.

NOVAYNHO (.......), violoniste, compositeur et chef d'orchestre portugais, a fait représenter à Oporto, en 1863, un opéra intitulé *Beatrice di Portogallo*.

(1) Ambros est mort à Vienne, le 28 juin 1876.

* **NOVELLO** (Vincent), éditeur de musique à Londres, n'était point mort en cette ville « vers 1845, » comme il a été dit par erreur dans la *Biographie universelle des Musiciens*. Cet artiste est mort à Nice, au mois d'août 1861.

NOVELLO (Joseph-Alfred), fils du précédent, fut l'un des plus habiles et des plus fameux éditeurs de musique de Londres, où il naquit en 1810. Suivant les traditions de son père, et déployant un zèle actif et intelligent pour la propagation de la bonne musique en Angleterre, il était âgé seulement de dix-neuf ans lorsqu'il s'établit comme éditeur de musique. Il inventait peu après un procédé économique pour l'impression de la musique, procédé qu'il mit en pratique avec le plus grand succès en dépit de l'opposition de ses confrères, furieux de lui voir livrer au public, à un prix d'une modicité inconnue jusqu'alors, des éditions très-correctes et très-soignées. Les éditeurs de musique de Londres ne comprenaient à cette époque, pas plus que ceux de Paris aujourd'hui, que c'est tout à la fois un avantage commercial et un bienfait social que de répandre les éditions musicales à grand nombre et à bas prix, au lieu de borner maladroitement la vente en maintenant des prix très-élevés.

Possesseur d'une excellente instruction artistique et générale, doué d'un esprit inventif et d'une activité prodigieuse, M. Alfred Novello publia d'excellentes éditions des grands chefs-d'œuvre classiques de la musique, et, intimement lié avec Mendelssohn, il produisit avec un enthousiasme confiant devant le public anglais les compositions de ce maître, dont il traduisit lui-même le *Paulus*, le *Lobgesang*, et autres œuvres importantes. D'autre part, c'est à ses courageux efforts qu'on doit l'abolition d'une loi restrictive et vexatoire qui, depuis 1811, pesait sur l'industrie typographique de façon à en entraver tout l'essor et le développement. Poursuivant ses idées d'affranchissement, il prit, en 1849, une part très-active au mouvement organisé contre « l'impôt sur l'intelligence » ; il devint le trésorier de l'association formée pour le combattre et dont les efforts obtinrent en effet le rappel de l'impôt sur les annonces (1853), celui du timbre des journaux (1855), et plus tard celui des droits sur le papier, sur les livres étrangers, etc.

Vers 1856, M. Novello se retira des affaires, et alla se fixer en Italie, patrie de ses ancêtres paternels.

* **NOVELLO** (Clara-Anastasie), comtesse **GIGLIUCCI**, sœur du précédent et quatrième fille de Vincent Novello, venait de se produire au théâtre Drury-Lane, de Londres (1843), et à Manchester, lorsqu'en 1844 elle épousa le comte Gigliucci et renonça à la carrière artistique. Des circonstances l'obligèrent à la reprendre en 1850, et elle retrouva ses succès passés en se produisant dans les concerts, dans les festivals, en prenant part aux exécutions d'oratorios et même en reparaissant au théâtre. C'est alors qu'on l'applaudit non-seulement à Londres, mais sur diverses scènes de Rome, de Lisbonne, de Madrid, de Milan, ainsi que dans quelques villes d'Allemagne. En 1860, elle se retira définitivement, et alla se fixer en Italie, dans le voisinage de Gênes.

NOVELLO (Sabilla), sœur des précédents et la plus jeune des filles de Vincent Novello, est née vers 1820. Ayant reçu une bonne éducation musicale, elle se produisit à Londres comme cantatrice de concert, tout en se livrant à l'enseignement ; mais la délicatesse de sa santé ne lui permit pas de poursuivre cette carrière, et elle dut aller se fixer en Italie. On assure que depuis lors elle s'est consacrée à la littérature musicale, et qu'elle a publié les ouvrages suivants : *École vocale ; la Voix et l'art vocal ; la Basse continue de Mozart ; la Basse continue d'Albrechtsberger ; l'École chorale de Nagel et Pfeiffer* ; *le Jeu de Paganini*. Aucun de ces écrits n'est venu à ma connaissance, et je n'en saurais parler autrement. On doit aussi à cette artiste une *English Version of Mendelssohn's vocal compositions*.

NUITTER (Charles-Louis-Étienne **TRUINET**, dit), auteur dramatique, né à Paris le 24 avril 1828, se fit recevoir avocat en 1849. Il a beaucoup écrit pour le théâtre, en société avec M. Beaumont, et a fourni surtout, à la plupart de nos compositeurs, un grand nombre de livrets d'opéras, d'opéras-comiques et d'opérettes. Ces deux écrivains ont traduit aussi pour la scène française plusieurs poëmes d'opéras étrangers, et c'est à eux que l'on doit, entre autres, les traductions représentées de *Tannhäuser*, *Oberon*, *Preciosa*, *la Flûte enchantée*, *Macbeth*, *Rienzi*, *les Masques* (Tutti in maschera), *le Docteur Crispin*, etc., etc. M. Nuitter a donné aussi à l'Opéra plusieurs scénarios de ballets : *la Source*, *Gretna-Green*, *Graziosa*.....

Mais M. Nuitter est surtout mentionné dans ce livre pour sa réorganisation des archives de l'Opéra, et pour la création, qui lui est due, de la bibliothèque de ce théâtre. Depuis une quinzaine d'années que M. Nuitter est chargé des fonctions d'archiviste de notre premier théâtre lyrique, il a mis en ordre des milliers de documents précieux pour notre histoire musicale, jusque-là épars de tous côtés, et qui, sans lui, eussent été infailliblement détruits ou égarés en partie. C'est à ses soins, à son travail, à son intelligence, qu'est due la reconstitution de ces archives d'un prix inestimable, ainsi que la création et la mise en ordre de la bibliothèque; c'est sur ses instances que des fonds ont été mis à sa disposition pour ces deux dépendances de notre première scène lyrique, et c'est grâce à lui que la bibliothèque contient aujourd'hui des milliers de volumes, d'œuvres musicales, d'estampes et d'objets précieux. Enfin, c'est encore à Nuitter qu'on doit l'installation du beau local de la bibliothèque, qui, lorsqu'elle pourra être rendue publique, constituera l'un des plus utiles dépôts que les travailleurs puissent mettre à contribution.

M. Nuitter a publié, le jour même de l'inauguration de la nouvelle salle de l'Opéra, un livre intitulé *le Nouvel Opéra* (Paris, Hachette, 1875, in-12), qui donne la description et l'historique le plus complet qu'on puisse désirer du monument dû au génie de M. Charles Garnier. Les vignettes charmantes qui illustrent ce petit volume contribuent à en faire une publication sans analogue et sans précédent.

NÜRNBERG (Herrmann), pianiste et compositeur allemand contemporain, est l'auteur d'une foule de pièces de genre et de morceaux de danse pour le piano, qui paraissent accueillis avec faveur par ses compatriotes. Le nombre des œuvres publiées par cet artiste ne s'élève guère à moins de 250, et celui des morceaux est bien plus considérable, car tel cahier en contient six et même davantage. Rien de tout cela n'est connu en dehors de l'Allemagne, et il y a lieu de supposer que la valeur de toute cette musique n'est que fort relative.

NUYENS (.......), pianiste et professeur espagnol contemporain, a publié quelques compositions, parmi lesquelles on remarque : 12 *Petites Études élémentaires pour la mesure, pour être intercalées dans la Méthode de Compta;* et *Esquisses musicales*, 6 études de style (Madrid, Andrés Vidal).

O

OAKELEY (Sir Herbert-S...) musicien anglais, a été nommé en 1865, à la suite d'un concours dans lequel il l'emporta sur vingt-trois concurrents, titulaire de la chaire de musique à l'université d'Edimbourg. Cette chaire venait d'être créée par le général Reid, dilettante passionné et compositeur amateur. Sir Oakeley, qui n'est point connu sur le continent, occupe sans doute dans sa patrie une haute situation artistique, car, en 1876, la reine l'a créé chevalier, distinction qui n'a encore été accordée qu'à trois autres musiciens, Sterndale Bennet, sir Julius Benedict et sir Georges Elvey. Je n'ai pu, néanmoins, recueillir aucun autre renseignement sur cet artiste.

OAKEY (George), professeur et compositeur anglais contemporain, bachelier en musique, professeur au collége de *Tonic sol-fa*, de Londres, est l'auteur d'un petit *Manuel de contrepoint* (Text Book of Counterpoint), publié récemment. Cet artiste a publié aussi des morceaux de chant, des antiennes, etc.

* **OBERHOFFER** (Henri), pianiste et professeur, est né à Trèves le 9 décembre 1824. Il a été l'objet du petit écrit suivant : *Monographie de Henri Oberhoffer*, par H. Fisquet, membre de plusieurs sociétés savantes (Paris, Repos, in-4° de 14 p. avec portrait).

* **OBERTHUR** (Charles), harpiste extrêmement remarquable et compositeur, est né à Munich le 4 mars 1819. Établi à Londres depuis environ trente années, cet artiste s'est fait en cette ville une situation considérable à la fois comme virtuose, comme professeur et comme compositeur, se faisant entendre dans tous les grands concerts et dans les soirées de la haute aristocratie anglaise, publiant ses œuvres chez les principaux éditeurs, et occupant les fonctions de professeur de harpe à l'Académie royale de musique. Il a formé un nombre considérable d'artistes distingués, et ne cesse de se produire devant le public, qui lui fait toujours l'accueil le plus chaleureux et le plus empressé. En 1876, M. Oberthur a entrepris une grande tournée artistique en Autriche et en Allemagne, et s'est fait entendre avec un vif succès à Ratisbonne, Coblentz, Wiesbaden, Vienne et dans plusieurs autres villes.

Parmi les compositions de M. Oberthur, dont le nombre s'élève à deux cents environ, je signalerai : *Rübezahl*, ouverture à grand orchestre; Trio en *fa* mineur pour violon, violoncelle et harpe; Nocturne pour 3 harpes; Fantaisie pour harpe sur d'anciens airs anglais; 4 Livres de mélodies anglaises arrangées pour la harpe; *Liebeslied*, impromptu pour piano; *Espagnolia*, boléro pour piano; *Si doux et cher*, poésie musicale pour piano; *Home, swet home*, mélodie anglaise célèbre transcrite pour piano, etc., et un grand nombre de morceaux de chant.

OBIN (Louis-Henri), chanteur français, est né à Ascq, près de Lille (Nord), le 4 août 1820. Après avoir commencé ses études au Conservatoire de Lille, il fut admis comme élève pensionnaire au Conservatoire de Paris, le 10 mai 1842, dans la classe de Ponchard; il en sortit en 1844, sans s'être distingué dans les concours, et débuta à l'Opéra, le 21 octobre de cette année, par le rôle de Brabantio dans *Othello*. Il ne resta que peu de temps à ce théâtre, mais il y rentra en 1850 pour créer un rôle dans *l'Enfant prodigue*, d'Auber. Depuis lors, il fit plusieurs autres créations importantes dans l'emploi des basses chantantes, auquel convenait sa voix, entre autres dans *les Vêpres Siciliennes*, *Pantagruel*, *l'Africaine* et *Don Carlos*, tout en reprenant un certain nombre de rôles du répertoire, dans *Moïse*, *Don Juan*, *le Dieu et la Bayadère*. Doué d'une voix pleine et sonore, qu'il conduisait avec goût, comédien habile et souple, aussi remarquable dans les personnages dramatiques comme Moïse, ou Procida des *Vêpres Siciliennes*, que dans des rôles comiques tels que le Leporello de *Don Juan*, M. Obin sut se faire à l'Opéra une situation importante et enviable. En 1869, M. Obin quitta ce théâtre après avoir fait régler sa pension, mais il y rentra en 1871, pour se retirer définitivement peu de temps après. A la mort de Levasseur, cet artiste fut nommé professeur de déclamation lyrique au Conservatoire; après avoir, au bout de deux ans environ, abandonné ces fonctions, il les a reprises au mois de janvier 1877. M. Obin a fait une courte apparition sur le théâtre de l'Opéra-Comique.

OBIOLS (Mariano), compositeur, violoniste et professeur espagnol, est né à Barcelone le 26 novembre 1809. Il étudia le violon dès ses plus jeunes années avec un professeur nommé

Juan Vilanova, mais, destiné par sa famille au commerce, il entra ensuite dans la maison d'un de ses parents, qui était négociant, et dont il devint l'employé ; cela ne l'empêcha pas de se perfectionner dans l'étude de son instrument, et de prendre des leçons d'harmonie avec Arbos et Saldoni. Bientôt il renonça d'une façon absolue à la carrière qu'on voulait lui faire parcourir, et, avec le consentement des siens, se consacra exclusivement à la musique.

Après avoir, pendant trois années, suivi un cours de composition avec Ramon Vilanova, le jeune artiste écrivit quelques morceaux de musique vocale sacrée et profane, ainsi que diverses pièces instrumentales qu'il fit exécuter dans un concert à Barcelone. Peu de temps après, en 1831, il quittait l'Espagne pour aller parfaire son éducation en Italie, et, muni de bonnes recommandations, il se présentait à Mercadante, qui le prit en affection, se chargea de le faire travailler et le traita comme un fils. Il parcourut avec son nouveau maître l'Italie, la France et l'Allemagne, étudiant et admirant toutes les grandes œuvres qu'il avait l'occasion d'entendre dans ces divers pays. Ayant obtenu un livret de Felice Romani, le premier poëte lyrique de l'Italie à cette époque, il le mit bientôt en musique, et son premier opéra, *Odio ed amore*, fut représenté à la Scala, de Milan, le 5 septembre 1837, chanté par la Schoberlechner, Pedrazzi, Cartagenova et Luzio.

M. Obiols retourna ensuite dans sa patrie, et bientôt se vit chargé de la direction du Lycée musical de Barcelone, que l'on venait de créer ; peu de temps après, il organisait dans cet établissement des concerts qu'il dirigeait lui-même avec habileté, et enfin il devenait directeur général de la musique et chef d'orchestre du grand théâtre du Lycée, pour l'inauguration duquel il écrivait une grande cantate intitulée *Il Regio Imeneo*. Il se distingua par le talent et l'activité dont il fit preuve dans ces diverses fonctions, et sut se créer dans sa ville natale une haute et puissante situation artistique, tout à la fois comme administrateur, chef d'orchestre, compositeur et professeur, formant au Lycée de nombreux élèves de solfége, de chant et de composition. C'est alors qu'il écrivit pour le théâtre une grande quantité de scènes et de morceaux à une ou plusieurs voix, avec accompagnement d'orchestre, et pour les classes du Lycée trois méthodes de solfége et un recueil de 6 solféges, qui furent publiés par l'éditeur Andrés y Vidal.

Mais M. Obiols n'a pas borné là son activité de compositeur ; parmi les nombreuses œuvres qui sont sorties de sa plume, il faut surtout signaler les suivantes : Messe avec accompagnement d'harmonium, harpe et piano ; 2 Psaumes ; 3 *Salve Regina* ; plusieurs motets ; 4 grands hymnes ; un Hymne religieux à Saint-Jean l'Évangéliste ; un *Album religieux*, contenant 6 morceaux à une voix avec accompagnement de piano ou harmonium ; 3 ouvertures de concert ; une sérénade ; un concerto de cor anglais ; 2 albums de chant, contenant chacun 6 morceaux à une voix avec accompagnement de piano ; enfin, beaucoup de mélodies détachées. Je crois que M. Obiols n'a abordé de nouveau le théâtre qu'une seconde fois, en donnant au théâtre du Lycée, le 28 janvier 1874, un opéra en 4 actes intitulé *Editta di Belcourt*. Cet artiste distingué est chevalier des ordres de Charles III et d'Isabelle la Catholique.

OCON Y RIVAS (Édouard), compositeur, organiste et pianiste espagnol, est né le 12 janvier 1834 à Malaga, et fit son éducation musicale à la cathédrale de cette ville, où il entra d'abord comme enfant de chœur, et où il apprit ensuite du maître de chapelle le solfége, le chant et la composition. Il composa, dit-on, à l'âge de treize ans seulement, un *Miserere* à quatre voix, qui fut exécuté, et dont lui-même chantait une des parties principales. Après s'être livré, seul, à l'étude du piano et de l'orgue, il obtint au concours, en 1853, l'emploi de second organiste à la cathédrale de Malaga. A partir de cette époque jusqu'en 1858, il se consacra en partie à l'enseignement du piano, et dans le cours de cette dernière année il vint à Paris, où l'on assure qu'il reçut quelques conseils de M. Gounod. Il resta plusieurs années en France, après quoi il repartit pour Malaga, où je crois qu'il est toujours fixé.

M. Ocon a publié un certain nombre de compositions religieuses, messes, motets, psaumes, litanies, hymnes, etc., ainsi que toute une collection de mélodies espagnoles, italiennes et françaises, et quelques morceaux de genre pour le piano. On lui doit aussi un recueil intéressant publié sous ce titre : *Cantes españoles, coleccion de aires nacionales y populares, formada é ilustrada con notas explicativas y biograficas* (Malaga, 1874). Ce recueil, le premier de ce genre fait en Espagne, contient environ trente airs populaires espagnols, dont la plupart n'avaient jamais été notés et qui sont extrêmement curieux ; tous portent un accompagnement de piano, et quelques-uns de guitare. La musique en a été gravée en Allemagne, et une traduction allemande est jointe au texte des chansons.

ODDO (Pietro), artiste italien, est l'auteur d'un opuscule publié en 1877 sous ce titre : *Grammatica della lingua musicale*, et dans lequel sont consignées les plus étranges remarques sur les bases fondamentales de l'art musical.

ODOEWSKY (Le prince Wladimir), dilettante russe, dernier descendant de Rurik, le fondateur de l'empire moscovite, était un amateur éclairé de musique, à qui l'on doit divers opuscules relatifs à cet art, et des articles de journaux dans lesquels il a toujours plaidé en faveur de l'opéra et de la musique d'église russes. Le prince Odoewsky a publié quelques nouvelles qui renferment des épisodes intéressants relatifs à la vie d'artistes célèbres. Il est mort à Moscou le 11 mars 1869, à l'âge de soixante-huit ans.

* **ŒSTEN** (Théodore), pianiste et compositeur allemand, n'a cessé de produire jusqu'à sa mort, si bien que le nombre de ses compositions publiées dépasse le chiffre de quatre cents, qui représente peut-être plus de mille morceaux, car il est tel recueil portant un seul numéro d'œuvre, qui contient six, douze, vingt et jusqu'à vingt-cinq morceaux. C'est ainsi que l'on trouve, dans le catalogue de ses œuvres : 4 Rondos, op. 10; *les Délices germaniques*, 12 petites fantaisies sur des mélodies populaires allemandes, op. 1; *Musée des pensions*, 12 morceaux faciles, op. 9; 12 Petites Fantaisies sans octaves sur des mélodies populaires allemandes, op. 49; 6 Morceaux de salon, op. 50 : 6 Sonatines, op. 60; *le Muguet*, 25 petits morceaux faciles, op. 61; *Rêves d'enfants*, 6 morceaux faciles, op. 65; 3 Bagatelles, op. 85; etc., etc. Œsten est mort à Berlin le 16 mars 1870.

Un fils de cet artiste, M. *Max. Œsten*, s'est fait connaître aussi par la publication d'un assez grand nombre de morceaux légers pour le piano : nocturnes, tarentelles, mélodies, marches, valses, galops, polkas, etc. De même que son père, il a donné beaucoup de transcriptions de mélodies et de thèmes d'opéras.

* **ŒTTINGER** (Édouard-Marie), écrivain allemand, auteur d'un livre fâcheux sur Rossini, est mort à Blasewitz, près de Dresde, le 26 juin 1872. La traduction française de ce livre comprend trois volumes, et non pas seulement deux, comme il a été dit. Œttinger a publié aussi un roman intitulé *Sophie Arnould* (Leipzig, 1847, 2 vol.), dont l'héroïne est la célèbre chanteuse de ce nom.

* **OFFENBACH** (Jacques), musicien allemand, naturalisé français, offre l'un des exemples les plus prodigieux de la faveur qu'un artiste peut obtenir du public, même lorsqu'il ne respecte ni l'art, ni lui-même, ni ce public, et qu'il se borne à flatter les instincts les plus grossiers de la foule. Ce compositeur, chez lequel une certaine adresse de main ne saurait masquer une ignorance profonde de l'art d'écrire, occupe cependant la scène depuis près de vingt-cinq ans, s'est fait jouer sur dix théâtres de Paris, et a joui d'une vogue que son exagération pourrait faire qualifier de scandaleuse. Sans vouloir, par une discussion inutile, accorder plus d'importance qu'elle n'en mérite à une production prétendue musicale qui ne tient à l'art par aucun côté, on peut cependant essayer de découvrir les causes auxquelles sont dus des succès en apparence inexplicables, succès qui sont loin de faire honneur à l'intelligence française et dont, grâce au ciel, nous commençons à nous sentir confus. Or, dans un temps où une certaine école musicale, marchant sur les traces de M. Richard Wagner, et enchérissant encore sur les défauts de cet artiste puissant mais incomplet, semble vouloir exclure de la musique deux de ses éléments essentiellement constitutifs, le rhythme et la tonalité, il est facile de supposer que le public devait bien accueillir un musicien qui, réagissant à son tour contre une tendance funeste, se présenterait à lui en exagérant et en exaspérant, si l'on peut dire, le double sentiment rhythmique et tonal. C'est précisément ce qu'a fait M. Offenbach : doué d'une certaine veine mélodique vulgaire, il appuyait sur les contours de certains motifs que leur caractère trivial destinait à plaire à la foule, et en les accompagnant d'un orchestre à la fois criard et malingre, il poussait le rhythme à son extrême puissance et le rendait parfois entraînant; d'autre part, la pauvreté de son harmonie, son ignorance absolue de la modulation rendaient ses petits chants faciles à retenir et les faisaient passer de bouche en bouche. Pour être juste, d'ailleurs, il faut remarquer que parfois, dans les commencements de sa carrière, il arrivait à M. Offenbach d'être assez gentiment inspiré, et que quelques-unes de ses petites pièces, qui n'étaient guère autre chose que des vaudevilles importants, ne manquaient pas toujours d'une certaine grâce aimable, quoique un peu trop facile. On peut citer, sous ce rapport, parmi ses premières opérettes en un acte, *Dragonette*, *la Chanson de Fortunio*, *le Mariage aux lanternes*, etc. Il faut dire aussi que M. Offenbach, à qui l'on ne saurait contester un sentiment assez juste des conditions scéniques, avait le don de la gaieté communicative, et que si cette gaieté tournait neuf fois sur dix à la charge et à la caricature, elle n'en était pas moins réelle.

Le malheur est que M. Offenbach, qui écrivait d'instinct et dont l'éducation était nulle, ne songea pas un instant à faire ou à compléter cette éducation, lorsque son ambition le porta à écrire des ouvrages de proportions plus considérables. Tant qu'il ne s'agit pour lui que de se produire sur des scènes qui n'étaient point musicales, où sa musette était excitée par des livrets excellents et où ses pièces étaient jouées par des comédiens remarquables, le public ne s'aperçut pas trop de ses défauts. Mais il n'en fut pas de même lorsqu'il voulut se montrer sur de véritables théâtres lyriques; là, le voisinage et la comparaison d'œuvres vraiment musicales lui furent fatals, et son ignorance éclata dans tout son jour. Aussi devient-il impossible de discuter ici sa valeur, et doit-on se borner à constater les chutes éclatantes et méritées que subirent ses ouvrages. L'apparition du ballet *le Papillon* à l'Opéra fut un véritable scandale artistique; *Barkouf*, son début à l'Opéra-Comique, vigoureusement sifflé le premier soir, tomba bientôt sous le dédain public, et ne put être joué plus de six fois; enfin, aucune des pièces qu'il s'obstina à donner encore à ce dernier théâtre ne put se soutenir à la scène, et toutes furent accueillies avec plus ou moins d'hostilité. Au reste, depuis dix ans, l'étoile de M. Offenbach a singulièrement pâli, et, même sur les théâtres qui lui étaient dévoués autrefois, il n'a pu obtenir un véritable succès. Le compositeur semble épuisé, et ne retrouve même plus les élans de verve burlesque qui avaient fait autrefois sa fortune.

Vers 1866, M. Offenbach abandonna la direction des Bouffes-Parisiens, le petit théâtre qu'il avait fondé, et c'est alors qu'il commença à se produire sur diverses autres scènes, les Variétés, le Palais-Royal, etc., où il obtint de bruyants succès avec *Barbe-Bleue*, *la Grande-Duchesse de Gerolstein*, *la Vie Parisienne*..... Vers 1872, il prit la direction de la Gaîté, avec l'intention d'y faire jouer ses pièces, et en effet c'est là qu'il remonta *Orphée aux Enfers*, transformé en une immense féerie, et qu'il donna *le Voyage dans la Lune*, autre féerie musicale. Cependant, en 1876, il céda la direction de la Gaîté à M. Albert Vizentini (*Voy.* ce nom), qui y établit le Théâtre-Lyrique, et il alla faire un grand voyage en Amérique, où il donna toute une série de concerts à orchestre destinés à faire connaître sa musique. Les Américains, qui ne sont cependant pas le peuple le plus musical du monde, n'eurent pas de peine à comprendre qu'ils étaient l'objet d'une mystification, et ces concerts eurent un insuccès colossal. M. Offenbach s'en consola en publiant, à son retour en France, un livre ainsi intitulé : *Notes d'un musicien en voyage* (Paris, Lévy, 1877, in-12), livre dans lequel il s'est efforcé de faire de l'esprit aux dépens d'une langue qui lui était malheureusement trop peu familière et qu'il outrageait à chaque ligne. Depuis lors il s'est remis à composer.

Voici le répertoire complet des productions théâtrales de M. Offenbach : 1° *Pepito*, un acte, Variétés, vers 1850; 2° *Oyayaye*, un acte, Folies-Nouvelles, vers 1855; 3° *Entrez, Messieurs, Mesdames !* un acte, Bouffes-Parisiens, 1855; 4° *une Nuit blanche*, id., id., 1855; 5° *les Deux Aveugles*, id., id., 1855; 6° *le Rêve d'une nuit d'été*, id., id., 1855; 7° *le Violoneux*, id., id., 1855; 8° *Madame Papillon*, id., id., 1855; 9° *Périnelle*, id., id., 1855; 10° *Ba-Ta-Clan*, id., id., 1855; 11° *un Postillon en gage*, id., id., 1856; 12° *Tromb-Al-Cazar*, id., id., 1856; 13° *la Rose de Saint-Flour*, id., id., 1856; 14° *les Dragées du Baptême*, id., id., 1856; 15° *le 66*, id., id., 1856; 16° *le Financier et le Savetier*, id., id., 1856; 17° *la Bonne d'enfants*, id., id., 1856; 18° *les Trois Baisers du Diable*, id., id., 1857; 19° *Croquefer ou le Dernier des Paladins*, id., id., 1857; 20° *Dragonette*, id., id., 1857; 21° *Vent du soir ou l'Horrible Festin*, id, id., 1857; 22° *une Demoiselle en loterie*, id., id., 1857; 23° *le Mariage aux lanternes*, id., id., 1857; 24° *les Deux Pêcheurs*, id., id., 1857; 25° *les Petits Prodiges* (en société avec M. Jonas), id., id., 1857; 26° *Mesdames de la Halle*, id., id., 1858; 27° *la Chatte métamorphosée en femme*, id., id., 1858; 28° *Orphée aux Enfers*, 2 actes et 4 tableaux, Bouffes-Parisiens, 1858 (remis en 4 actes et 12 tableaux et ainsi repris à la Gaîté en 1874); 29° *un Mari à la porte*, un acte, id., 1859; 30° *les Vivandières de la grande armée*, id., id., 1859; 31° *Geneviève de Brabant*, 2 actes et 6 tableaux, id., 1859 (remanié et repris au théâtre des Menus-Plaisirs en 1867); 32° *le Carnaval des revues*, 2 actes et 9 tableaux, id., 1860; 33° *Daphnis et Chloé*, un acte, id., 1860; 34° *Barkouf*, 3 actes, Opéra-Comique, 1860; 35° *le Papillon*, ballet en 2 actes et 4 tableaux, Opéra, 1860; 36° *la Chanson de Fortunio*, un acte, Bouffes-Parisiens, 1861; 37° *le Pont des soupirs*, 2 actes et 4 tableaux, id., 1861 (remis en 4 actes et 5 tableaux, et ainsi repris aux Variétés en 1874); 38° *M. Choufleury restera chez lui le...* (en société avec M. de Saint-Rémy (1),

(1) Sous ce pseudonyme de *Saint-Rémy* se cachait un homme politique influent, le duc de Morny, ministre du second empire, qui, paraît-il, ne dédaignait pas d'écrire les paroles et parfois la musique de quelques petites pièces sans importance.

un acte, id., 1861; 39° *Apothicaire et Perruquier*, id., id., 1861; 40° *le Roman comique*, 3 actes, id., 1861; 41° *Monsieur et Madame Denis*, un acte, id., 1862; 42° *le Voyage de MM. Dunanan père et fils*, 2 actes et 4 tableaux, id., 1862; 43° *les Bavards*, 2 actes, id., 1863; 44° *Lischen et Fritzchen*, un acte, id., 1864; 45° *l'Amour chanteur*, id., id., 1864; 46° *il Signor Fagotto*, id., id., 1864; 47° *les Géorgiennes*, 3 actes, id., 1864; 48° *la Fée du Rhin*, 3 actes, Vienne, 1864; 49° *le Fifre enchanté*, un acte, casino d'Ems, 1864 (joué aux Bouffes-Parisiens en 1868); 50° *Jeanne qui pleure et Jean qui rit*, un acte, casino d'Ems, 1864 (joué aux Bouffes-Parisiens en 1865); 51° *la Belle Hélène*, 3 actes, Variétés, 1864; 52° *Coscoletto*, un acte, casino d'Ems, 1865; 53° *les Bergers*, 3 actes, Bouffes-Parisiens, 1865; 54° *Barbe-Bleue*, 3 actes et 4 tableaux, Variétés, 1866; 55° *la Vie Parisienne*, 4 actes et 5 tableaux, Palais-Royal, 1866; 56° *la Grande-Duchesse de Gérolstein*, 3 actes et 4 tableaux, Variétés, 1867; 57° *la Permission de dix heures*, un acte, casino d'Ems, 1867 (joué à la Renaissance en 1873); 58° *la Leçon de chant*, un acte, casino d'Ems, 1867; 59° *Robinson Crusoé*, 3 actes, Opéra-Comique, 1867; 60° *l'Ile de Tulipatan*, un acte, Bouffes-Parisiens, 1868; 61° *le Château à Toto*, 3 actes, Palais-Royal, 1868; 62° *la Périchole*, 2 actes, Variétés, 1868 (remis en 3 actes et ainsi repris au même théâtre en 1874); 63° *la Princesse de Trébizonde*, 3 actes, Bade, 1869 (joué aux Bouffes-Parisiens dans le cours de la même année); 64° *Vert-Vert*, 3 actes, Opéra-Comique, 1869; 65° *la Diva*, 3 actes, Bouffes-Parisiens, 1869; 66° *les Brigands*, 3 actes, Variétés, 1869; 67° *la Romance de la rose*, un acte, Bouffes-Parisiens, 1869; 68° *Boule de neige*, 3 actes, id., 1871; 68° *bis le Roi Carotte*, 5 actes, Gaîté, 1872; 69° *Fleurette*, un acte, Vienne, 1872; 70° *Fantasio*, 3 actes, Opéra-Comique, 1872; 71° *le Corsaire noir*, 3 actes, Vienne, 1872; 72° *les Braconniers*, 3 actes, Variétés, 1873; 73° *Pomme d'api*, un acte, Bouffes-Parisiens, 1873; 74° *la Jolie Parfumeuse*, 3 actes, Renaissance, 1873; 75° *Bagatelle*, un acte, Bouffes-Parisiens, 1874; 76° *Madame l'Archiduc*, 3 actes, id., 1874; 77° *Willington et son Chat*, 4 actes, Londres, Alhambra, 1875; 78° *les Hannetons*, 3 actes, Bouffes-Parisiens, 1875; 79° *la Boulangère a des écus*, 3 actes, Variétés, 1875; 80° *le Voyage dans la Lune*, 4 actes et 24 tableaux, Gaîté, 1875; 81° *la Créole*, 3 actes, Bouffes-Parisiens, 1875; 82° *Pierrette et Jacquot*, un acte, id., 1876; 83° *la Boîte au lait*, 4 actes, id., 1876; 84° *le Docteur Ox*, 3 actes, Variétés, 1877; 85° *la Foire Saint-Laurent*, 3 actes, Folies-Dramatiques, 1877; 86° *Maître Peronilla*, 3 actes, Bouffes-Parisiens, 1878; 87° *la Marocaine*, 3 actes, Bouffes-Parisiens, 1879; 88° *Madame Favart*, 3 actes, Folies-Dramatiques, 1879.

M. Offenbach a publié, dans sa jeunesse, un certain nombre de compositions vocales et instrumentales, dont l'intérêt me paraît devoir être médiocre. Voici celles qui sont venues à ma connaissance : Duos pour violoncelles (4 livres); 24 Duos pour 2 violoncelles, op. 49, 50, 51, 52, 53, et 54; *les Voix mystérieuses*, 6 mélodies vocales; *les Chants du soir*, 6 morceaux de moyenne difficulté pour piano et violoncelle (en société avec M. de Flotow). — Un frère de cet artiste, M. *Jules Offenbach*, violoniste, a rempli pendant quelques années les fonctions de chef d'orchestre aux Bouffes-Parisiens.

OFFERMANS VAN HOVE (Sophie), une des meilleures cantatrices que les Pays-Bas aient produites, est née au mois de juillet 1840, et a fait son éducation artistique à l'École de musique de la Haye, avec J. H. Lubeck. C'est une artiste de très-grand talent, excellente musicienne surtout, et l'un des meilleurs professeurs de chant que les Pays-Bas possèdent en ce moment. Elle a un véritable culte pour la musique classique, et pendant de longues années elle a été la digne interprète des chefs-d'œuvre de Hændel, Haydn, Mozart et Beethoven. Depuis quelque temps elle a renoncé absolument à se produire en public, et elle se consacre entièrement à l'enseignement du chant. Éd. de H.

* **OKEGHEM** (Jean), a été récemment l'objet de la publication suivante : *Déploration de Guillaume Cretin sur le trépas de Jean Okeghem*, musicien, premier chapelain du roi de France et trésorier de Saint-Martin de Tours, remise au jour, précédée d'une introduction biographique et critique, et annotée par Er. Thoinan (Paris, Claudin, 1864, in-8). Ce travail intéressant complète les renseignements connus jusqu'à ce jour sur le célèbre musicien. D'autre part, un laborieux musicographe flamand, M. Edmond Vander Straeten, a annoncé qu'il avait retrouvé en Italie une série de six messes d'Okeghem, dont l'existence était restée jusqu'ici inconnue, ainsi qu'un *Ave Maria* et un motet (*Intemerata*) du même maître, également ignorés. Un journal spécial de Bruxelles, *le Guide musical*, a donné à ce sujet quelques détails dans son numéro du 7 décembre 1876.

O'KELLY (Joseph), pianiste et compositeur français, d'origine irlandaise, est né à Boulogne-sur-Mer (Pas-de-Calais) en 1829, et a fait ses études musicales à Paris, où il a été l'élève de M. Osborne et de Kalkbrenner pour le piano, de Dourlen et d'Halévy pour la composition. En 1855, il fit exécuter, dans la salle du Théâtre-Lyrique, un poëme lyrique en 3 parties intitulé *Paraguassü*. Depuis lors il a publié, pour le piano, un assez grand nombre de compositions qui sont écrites non sans goût, mais dans une forme qui est loin de cadrer avec les idées larges, la libre allure et le souffle nouveau qui distinguent la jeune école française. Parmi les productions ainsi mises au jour par M. O'Kelly, je citerai les suivantes : 55 Études récréatives, op. 50 ; *les Soirées intimes*, 24 transcriptions faciles ; *les Soirées enfantines*, 12 transcriptions faciles ; Études de salon ; *le Beija flor*, *la Roche qui pleure*, *la Mare aux fées*, *la Noce de village*, caprices ; *la Retraite*, fantaisie militaire ; *Arlequin et Colombine*, passacaille ; *le Menuet de la Reine ; Naples*, tarentelle ; *la Permission de dix heures*, *la Vague et la Perle*, *les Oiseaux de Trianon*, *les Castagnettes*, etc., morceaux de genre. Le même artiste a publié un trio pour piano, violon et violoncelle, d'assez nombreuses romances et mélodies vocales parmi lesquelles on signale : *Vieille Chanson du jeune temps*, *Dernier chant*, *Hosannah !* etc., et une opérette intitulée *Ruse contre Ruse* (dans le journal *le Magasin des Demoiselles*). Enfin, M. O'Kelly, a fait exécuter : 1° Cantate (théâtre d'Amiens, 15 novembre 1867) ; 2° Cantate pour le centenaire d'O'Connell (Dublin, 1878) ; 3° *Justice et Charité*, cantate religieuse (chapelle du château de Versailles, 1878) ; 4° *le Lutin de Galway*, opéra-comique en un acte (Boulogne-sur-Mer, septembre 1878) ; 5° *la Zingarella*, opéra-comique en un acte, Opéra-Comique, février 1879.

Un frère de cet artiste, M. *A. O'Kelly*, est éditeur de musique à Paris.

OLDENBOURG (Le prince NICOLAS-FRÉDÉRIC-PIERRE, grand-duc régnant d'), né le 8 juillet 1827, est, comme beaucoup de princes allemands, amateur de musique et compositeur. On lui doit la musique d'un opéra intitulé *Kœlchen von Heilbronn*, qui a été représenté sur le théâtre de la cour, à Wiesbaden, dans le cours de l'année 1861. Depuis lors, le prince Pierre a écrit deux symphonies pour orchestre, dont la seconde, en *fa* majeur, était exécutée récemment à Oldenbourg.

OLDYS (VALENTIN), apothicaire de Blackfriars à Londres, vivait à l'époque du protectorat de Cromwell et s'occupait beaucoup de musique. Il avait fait sous ce rapport de bonnes études, s'est distingué comme compositeur, et a laissé de nombreuses œuvres de musique instrumentale, surtout dans le genre de la *fantaisie* ou *fancy*, sorte de pièces qui se rapprochaient beaucoup des *ricercari* italiens.

* **OLIPHANT** (THOMAS), musicien érudit et auteur de plusieurs écrits sur son art, est mort à Londres, le 9 mars 1873, à l'âge de soixante-treize ans.

OLIVEIRA (HENRIQUE **VELLOZO D'**), est auteur de l'opuscule suivant : *Art mnémonique de lecture musicale*, ou le déchiffrement des notes dans toutes les clefs et positions acquis facilement et presque sans travail au moyen de la mnémotechnie additionnée de la solution de plusieurs embarras et difficultés qui compliquent l'étude de la musique, d'un moyen ingénieux pour parvenir à l'exécuter, et d'une notion générale de la composition, plain-chant et contre-point (Paris, 1860, in-8° de 22 p.). Cette brochure présente l'ensemble le plus burlesque de prétendus préceptes posés par un écrivain qui ne connaît pas le premier mot des choses dont il parle.

ORAY (......), ancien chef d'orchestre du théâtre des Folies-Dramatiques, à Paris, né vers 1820, a fait représenter deux petites opérettes en un acte : *le Royaume des aveugles*, théâtre des Nouveautés, 7 mai 1866, et *A la Bretonne*, Folies-Marigny, 8 août 1868.

ORDINAIRE (RAOUL), compositeur et écrivain musical, né à Besançon en 1843, a fait de sérieuses études théoriques sous la direction de M. Pierre de Mol (*Voy.* ce nom), artiste belge qui habita longtemps cette ville. Bien qu'il n'ait publié jusqu'ici que quelques morceaux de genre pour le piano, M. Ordinaire, qui n'a pas quitté sa ville natale, a en portefeuille plusieurs compositions importantes, entre autres une sonate pour piano et violoncelle, un trio pour piano, violon et violoncelle, un quatuor pour instruments à cordes, une sérénade en quintette, enfin des mélodies vocales, des chœurs avec ou sans accompagnement, et divers morceaux symphoniques. Plusieurs de ces compositions ont été exécutées soit par l'orchestre du théâtre, soit par les sociétés de musique de chambre de Besançon. — M. Ordinaire s'est occupé de littérature musicale ; il a pris part, de 1866 à 1870, à la rédaction du journal *l'Art musical*, et a publié une facétie ainsi intitulée : *Marius et les Teutons*, fantaisie musicale (Paris, Faure, 1866, in-12).

OREFICE (ANTONIO), compositeur dramatique italien, vivait à Naples dans la première moitié du dix-huitième siècle. Je n'ai pu découvrir aucun renseignement sur la vie ou la carrière de cet artiste, et son existence ne m'a été révélée que par les livrets de trois opéras dont il a écrit la musique et sur lesquels son nom se trouve naturellement inscrit. Voici les titres de ces ouvrages : 1° *Il Gemino amore*, Naples, théâtre des Fiorentini, 1718 ; 2° *Chi la dura la vence*, id., id., 1721 ; 3° *lo Simmele*, Naples, théâtre Nuovo, 1724.

* **ORGITANO** (Raphael). — A la liste des ouvrages de cet artiste, il faut ajouter : un opéra, *Arsinoe* ; un oratorio, *Jefte*, et *la Passione di N. S.*, cantate religieuse à 3 voix. Quant à la *farsa* intitulée *Amore intraprendente o l'Apparenza inganna*, et citée par quelques biographes, l'analogie des titres me fait supposer qu'elle ne fait qu'un avec l'ouvrage désigné par Fétis sous celui-ci : *Non credere alle apparenze*. On doit encore à Orgitano une cantate intitulée *Endimione*.

ORGITANO (Vincenzo), musicien napolitain. Le marquis de Villarosa, qui mentionne cet artiste dans ses *Memorie dei compositori del regno di Napoli*, dit qu'il ne sait autre chose sur lui sinon qu'il a écrit le *Stabat Mater* à 2, à 3 et 4 voix avec violon et basse, diverses ouvertures pour « violon, piano et basse obligés, » et d'autres compositions pour le service de l'Église.

* **ORLANDINI** (Joseph-Marie), compositeur dramatique italien, est l'auteur des deux ouvrages suivants, qui doivent s'ajouter au catalogue de ses œuvres : *il Temistocle*, opéra sérieux représenté à Florence en 1737, et *Gioas, re di Giuda*, oratorio exécuté dans la même ville en 1746.

ORLANDINI (Cesare), professeur de musique italien, est auteur de l'ouvrage suivant : *Dottrina musicale, esposta in sei ragionamenti scientifici* (Bologne, 1844, in-f°).

ORSINI (Alessandro), compositeur italien, est né à Rome le 24 janvier 1842. Il commença à dix ans, dans sa ville natale, l'étude de la musique, et fut successivement l'élève de don Mariano Astolfi, de Ricci, de Raimondi, et enfin de Muti Papazzurri. Chef, pendant plusieurs années, de divers orchestres d'Italie, il écrivit la musique de huit ballets dont j'ignore les titres, ainsi que les lieux et dates de représentation (hormis un seul, *la Modista alla corte*, qui fut joué au théâtre Capranica en 1865) ; il fut moins heureux en composant cinq opéras, dont pas un seul ne put voir le jour. De retour à Rome, il s'y fixa, fut nommé membre de l'Académie de Sainte-Cécile, devint en 1870 bibliothécaire de cette compagnie, puis (1873) professeur de chant de son école. M. Orsini a pris part à plusieurs concours de composition, et toujours avec succès : en 1862 il obtint un premier prix de l'Institut musical de Florence pour un album vocal ; en 1864, un accessit du même Institut pour une cantate, *Lamberto di Pavia* ; en 1870, la Société philharmonique romaine couronna sa cantate *il Genio di Roma* ; et enfin, en 1873, il vit aussi récompenser la cantate qu'il avait écrite pour l'inauguration du monument de Cavour, à Turin. M. Orsini a composé beaucoup d'autres œuvres, parmi lesquelles un *Ave Maria* à 4 voix *alla Palestrina*, un *Benedictus* pour voix et orgue, un *Inno della Pentecoste*, un chœur à 3 voix de femmes, *Salve del mar, o Stella*, avec accompagnement de divers instruments, différentes pièces d'orchestre, et 12 *Études d'harmonie pratique*. On doit encore à cet artiste un opuscule intéressant publié sous ce titre : *Considerazioni generali sull' arte del canto* (Rome, 1876, in-8° de 55 p.).

ORSINI (Antonio), pianiste et compositeur, né à Naples le 13 juin 1843, étudia le piano avec Antoine Coop, et la théorie de l'art avec le baron Staffa. Après s'être produit avec succès comme pianiste virtuose dans sa ville natale, il se rendit à Rome, où il donna des concerts, puis à Paris et à Londres. Ayant atteint l'âge du service militaire, il retourna dans sa patrie, et obtint au concours l'emploi de chef de musique du 54e régiment d'infanterie. Congédié en 1872, il reprit ses travaux artistiques, et publia successivement les ouvrages suivants : 1° *Fughe per 4 voci* (Naples, Giannini) ; 2° *Norme per apprendere la composizione musicale ed il contrappunto* (Naples, De Angelis) ; 3° *Schema di un indirizzo all' arte del canto* (Naples, Gallo). De plus, M. Orsini a fait représenter à Naples, sur le théâtre Mercadante, le 3 mai 1875, un opéra sérieux intitulé *Benvenuto Cellini*. Cet ouvrage n'a obtenu qu'un médiocre succès.

ORSUCCI (L'abbé Pompeo), compositeur de musique religieuse, issu d'une excellente famille, naquit à Lucques le 21 mai 1665. Il se distingua autant dans les sciences sacrées que dans la musique, et devint doyen de l'église collégiale de *San Michele in foro*. Cet artiste est considéré comme un des plus habiles et des plus savants musiciens de son temps dans le style religieux ; on connait particulièrement de lui : *Pater noster* en italien, à 2 voix ; un hymne à la Trinité, en italien, à 2 voix ; un Symbole à saint Anastase, aussi à 2 voix ; deux *Vexilla* à deux chœurs ; une messe *in pastorale* ; enfin, des *Te Deum*, des hymnes, des motets, des psaumes, des litanies, etc. M. Cerù, dans ses recherches sur la musique à Lucques, constate qu'après deux siècles d'existence, les œuvres d'Orsucci, encore exécutées en cette ville, sont toujours entendues avec plaisir et produisent un grand effet, principalement à cause de leur clarté et de leur majesté. On ignore la date de la mort de cet artiste.

* **ORTIGUE** (Joseph-Louis D'), est mort le 20 novembre 1866. Nous ajouterons les quelques renseignements suivants à ceux donnés sur cet artiste par la *Biographie universelle des Musiciens*. Outre les journaux cités, d'Ortigue avait collaboré encore au *National*, au *Correspondant*, au *Courrier de l'Europe*, au *Ménestrel*, à la *Revue de Musique ancienne et moderne*, ainsi qu'au *Dictionnaire de la conversation et de la lecture*. Il avait publié un *Abécédaire de plain-chant* (Paris, Duverger, 1841, in-12), et un certain nombre de compositions, dont la plus importante est une *Messe sans paroles*. D'Ortigue avait été nommé chevalier de la Légion d'honneur en 1843. Le *Traité théorique et pratique de l'accompagnement du plain-chant*, qu'il avait publié en 1857 avec Niedermeyer, a eu une seconde édition, faite en 1876 par l'éditeur M. Heugel (1).

ORTOLAN (Eugène), compositeur, né à Paris le 1er avril 1824, est le fils de M. J.-L.-E. Ortolan, dont la renommée fut si grande comme professeur à la faculté de droit de Paris. Tout en suivant la carrière de son père et en fréquentant les cours de l'École de droit, son amour de la musique était tel qu'il suivait aussi ceux du Conservatoire, où il fut élève de Berton et d'Halévy pour la composition; c'est ainsi qu'entre son premier et son second examen de licence, il concourut à l'Institut en 1845 et obtint le second grand prix de composition musicale. (Il est à remarquer qu'il n'y eut pas de premier prix décerné cette année.) Après s'être fait recevoir docteur, M. Ortolan entra au ministère des affaires étrangères, où son amour de l'art et sa connaissance du droit lui permirent de se rendre utile d'une façon toute particulière, en participant très-activement et très-habilement aux travaux relatifs à la reconnaissance et à la protection de la propriété littéraire et artistique à l'étranger.

Auteur d'un *Traité du droit de souveraineté territoriale et de l'équilibre politique*, M. Ortolan a voulu se faire connaître aussi comme compositeur. Il a donné au Théâtre-Lyrique, le 10 avril 1855, *Lisette*, opéra-comique en deux actes, et le 27 juillet 1857 il faisait représenter aux Bouffes-Parisiens une opérette en un acte intitulée *la Momie de Roscoco*. De plus, il a fait exécuter à Versailles, le jeudi saint 16 avril de l'année 1867, *Tobie*, oratorio dont il avait écrit la musique sur un poëme de M. Léon Halévy, le frère de son ancien maître. On connaît aussi de lui plusieurs morceaux symphoniques et un certain nombre de mélodies vocales d'un joli tour et d'un heureux caractère. — M. Eugène Ortolan est chevalier de la Légion d'honneur et de l'ordre de Léopold de Belgique, et commandeur de l'ordre de Saint-Stanislas de Russie.

ORTOLANI (Angelo) (1), né à Sienne (Toscane), le 11 avril 1788, étudia la musique sous de Ritterfels, et le contre-point sous Deifebo Romagnoli, puis, à la mort de celui-ci, avec son frère Ettore Romagnoli. En 1813, il fut nommé maître des enfants de chœur de l'église collégiale de *Santa-Maria di Provenzano* de Sienne, et en 1838 il succéda à son maître Ettore Romagnoli dans les fonctions de maître de chapelle de la même église, pour laquelle il composa un certain nombre d'œuvres de musique sacrée, qui généralement sont de peu d'intérêt. Entre 1835 et 1836 il écrivit un opéra intitulé *il Giorno delle nozze*, qui ne fut pas produit à la scène, ainsi que l'a dit Fétis, mais seulement essayé dans l'intimité, en forme de concert, et sans trop de succès. Fétis lui attribue aussi, mais à tort, un autre opéra, *la Pastorella delle Alpi*, qui appartient à un autre maître du même nom (*Voy.* la notice suivante). L'ouvrage qui appartient vraiment à Ortolani, quoique publié sous le pseudonyme de *Lotario Ganleno*, qui forme l'anagramme de ses nom et prénom, est un traité de contre-point en vers intitulé : *l'Arte del contrappunto, passatempo armonico-poetico in ottava rima..., con un appendice intitolato Cisolfautte agli elisi*, publié à Sienne, par Pandolfo Rossi, en 1828 (2). Quoique ne s'élevant pas au-dessus de la médiocrité, et parfois même ne l'atteignant pas, ce poëme contient quelques traits qui se laissent lire avec assez d'agrément.

(1) Peut-être ai-je retrouvé la trace d'un ancêtre de d'Ortigue. Tout au moins voici la notice que le chevalier de Mouhy, dans ses *Tablettes dramatiques*, consacre à un écrivain dramatique de ce nom, originaire de la même province : — « Ortigue (Pierre d'), sieur de *Vaumorière*. Il étoit d'une fort bonne famille d'Apt en Provence; il écrivoit agréablement. On a de lui plusieurs romans qui eurent de la réputation dans ce tems-là. Il acheva celui de *Pharamond*, de la Calprenède; il fut quelque tems au Châtelet, pour dettes, et Richelet le lui reproche. Il n'a fait qu'une comédie qui a pour titre : *le Bon Mari*. Il vivoit en 1673. »

(1) Au nom d'*Ortolani* (Giulio), Fétis a écrit, dans la *Biographie universelle des Musiciens*, une notice dans laquelle il confond en un seul, avec un prénom inexact, deux artistes différents. D'ailleurs, trompé par de faux renseignements, l'écrivain a accumulé les erreurs dans les quelques lignes qui composent cette notice. Nous rétablissons ici les faits.

(2) Ignorant cette supercherie, j'ai, dans le premier volume du présent Supplément, signalé cet ouvrage au nom de *Ganleno*. La méprise était facile. — A. P.

Ortolani publia aussi à Sienne, en 1839, sept volumes de comédies et drames, et en 1842, à Colle, sous les seules lettres initiales A. O. S. (Angelo Ortolani, Senese), un volume de mémoires sur l'histoire de la ville de Sienne, enrichi d'un catalogue d'hommes illustres siennois, qui ne manque pas d'intérêt. Ortolani mourut à Sienne, à la suite d'une longue maladie, le 18 avril 1871, à l'âge de quatre-vingt-trois ans.

L.-F. C.

ORTOLANI (Terenzio), né à Pesaro, dans la Marche d'Ancône, le 4 septembre 1799, s'adonna à l'étude du droit, après avoir fait ses cours de littérature et de philosophie au Gymnase de sa ville natale. Néanmoins il cultivait en même temps la musique pour son délassement, et il acquit assez d'habileté sur la flûte pour tenir honorablement une place dans les orchestres de son pays. Le maestro Ripini, de Fano, s'étant lié d'amitié avec lui, il en reçut des leçons d'harmonie et de contre-point; ce fut alors que sa passion pour la musique lui fit abandonner l'étude du droit, si bien qu'en 1822 il se rendit à Bologne et se fit admettre au Lycée musical de cette ville pour se perfectionner dans la composition sous la direction du célèbre père Mattei. Ses progrès furent si rapides qu'en 1825 il obtint de l'Académie philharmonique de Bologne le diplôme de maître de composition.

En janvier 1830, il produisit à Naples, sur le théâtre *del Fondo* (aujourd'hui Mercadante), un opéra bouffe, *la Pastorella delle Alpi*, que Fétis a faussement attribué à un prétendu *Giulio Ortolani* (*Voy.* ci-dessus). Cet ouvrage n'eut pas de succès, et Ortolani, dégoûté du théâtre, revint à Pesaro, s'adonna à des études sérieuses de contre-point, et se fit bientôt remarquer par des compositions d'église qui furent accueillies très-favorablement. Ensuite il devint successivement maître de chapelle dans plusieurs villes de la Marche et des Romagnes, puis revint à Pesaro, où il obtint la place de maître de chapelle de la cathédrale; mais ne pouvant vivre avec les modiques appointements attachés à cette place, il obtint, tout en la conservant, un emploi de commis dans le bureau de statistique de la province, et remplit, à la grande satisfaction de ses concitoyens, les devoirs si divers de ces doubles fonctions jusqu'à l'époque de sa mort, arrivée le 7 avril 1875.

Ortolani publia en 1844 à Ascoli, chez Galanti, dix fugues à 8 voix et basse chiffrée, et en 1871 à Milan, chez Vismara, cent fugues à 2, 3 et 4 voix, et dix canons circulaires. En outre, il a laissé inédits un Traité d'harmonie pour les instrumentistes, et beaucoup de messes, psaumes et autres morceaux de musique d'église

L.-F. C.

* **OTS** (Charles), violoniste et compositeur, naquit à Bruxelles. Cet artiste a fait représenter à Gand, où il s'était fixé, trois opéras-comiques dont voici les titres : 1° *la Ruse villageoise*, un acte, 2 janvier 1796; 2° *Jean Second* ou *Charles-Quint dans les murs de Gand*, un acte, 19 décembre 1816; 3° *David Téniers*, un acte, 28 octobre 1818.

Une fille de cet artiste, Mlle *Émilie Ots*, née à Gand le 24 avril 1808, fut élève de son père, et embrassa la carrière lyrique. Elle fit ses débuts à Gand, fit successivement partie des troupes de diverses villes des départements français, Amiens, Rouen, le Havre, et appartint un instant au personnel du théâtre de l'Opéra-Comique à Paris (1827).

OTTAVIANI (.......), compositeur italien, est l'auteur d'un opéra, *Ester*, qui a été représenté à Messine en 1865.

* **OTTO** (Ernest-Jules), organiste et compositeur, est mort à Dresde le 5 mars 1877.

OTTOLINI (Vittore), écrivain italien, est l'auteur d'un écrit intitulé : *il Teatro in Italia, storia, dedicata agli artisti teatrali e agli allievi dei Conservatori* (Milan, 1876).

OUDOT (.......), musicien français, vivait dans la seconde moitié du dix-septième siècle. Il prit part, au mois d'avril 1683, avec trente-quatre autres artistes, à un concours ouvert pour les quatre places de maîtres de la chapelle du roi, vacantes à la fois, et qui furent adjugées à Lalande, Minoret, Colasse et Coupillet. On peut voir, dans le *Mercure galant*, les détails relatifs à ce curieux concours. Au mois de juin de la même année, l'académicien Charles Perrault, l'auteur des *Contes de fées*, donnant chez lui une grande fête pour célébrer la naissance du duc de Bourgogne, faisait représenter à cette occasion un petit opéra dont il avait écrit les paroles et Oudot la musique, et que le roi voulut entendre ensuite. On a de cet artiste un recueil de chants religieux dont voici le titre : *Stances chrétiennes de M. L. T.* (l'abbé Testu), *mises en musique à deux, trois et quatre parties, avec des symphonies, par M. Oudot* (Paris, Ballard, 1692, in-4°). La même édition de cet ouvrage a été remise dans le commerce par Ballard, en 1722, avec un nouveau titre et un nouveau privilége.

OUDRID Y SEGURA (Cristobal), chef d'orchestre et compositeur dramatique espagnol, né à Badajoz le 7 février 1829, est mort presque subitement à Madrid au mois de mars 1877. On ne sait rien de son enfance, et l'on ignore de quelle façon et avec quels maîtres il fit ses premières études, car Oudrid s'est toujours obstinément refusé à donner sur lui le moindre renseignement, même à son intime ami M. Baltasar Saldoni, lorsque celui-ci entreprit la publication de son *Dictionnaire des musiciens espagnols*. Oudrid se rendit à Madrid en 1844, lorsqu'il n'était encore âgé que de quinze ans, et dès 1849 il commença à produire ses premières compositions pour l'orchestre. Bientôt il chercha à aborder la scène, et il y réussit assez rapidement, donnant successivement sur divers théâtres de Madrid un assez grand nombre de *zarzuelas*, dont plusieurs furent accueillies avec une véritable faveur. Il fit partie, avec MM. Arrieta, Barbieri, José Rogel, Reparaz, Caballero, Hernandez, Sunyer, Inzenga, de ce petit groupe d'artistes qui surent remettre ce genre en honneur, et il partagea avec eux la faveur populaire. En même temps, Oudrid se faisait connaître comme chef d'orchestre, remplissait ces fonctions dans divers théâtres, et y déployait une réelle habileté; en 1867, il était chef des chœurs au théâtre italien de Madrid, en 1872 chef d'orchestre au théâtre de la Zarzuela, et depuis plusieurs années occupait le même emploi au théâtre de l'Oriente.

Voici une liste des zarzuelas écrites par Oudrid; nous ne la donnons pas comme complète: *Buenas noches, señor don Simon*, 16 avril 1852; *a Rey muerto; Concha; los Encantos de Brijan; Enlace y desenlace; Equilibrios de amor; el Hijo del regimiento; Memorias de un estudiante; Nadie se muere hasta que Dios quiere*, un acte; *los Polvos de la madre Celestina; Por amor al projimo; el Ultimo mono* (30 mai 1859); *el Postillon de la Rioja* (2 actes, 7 juin 1856); *la Isla de San Balandran* (un acte); *Bazar de novias* (un acte, théâtre des Variétés, 9 mars 1867); *la Pata de Cabra* (3 actes); *la Revista de 1866 y 1867* (un acte, théâtre du Cirque, 24 décembre 1866); *Misterios de bastidores; la Espada de Satanas* (féerie en quatre actes, théâtre des Variétés, 23 février 1867); *los Comicos de Alcorcon; los Pages del Rey* (théâtre de la Zarzuela, décembre 1876). Oudrid a encore donné, en collaboration avec plusieurs autres compositeurs, *la Cola del Diablo; Estebanillo; Dalila; Matilde y Malek-Adel; Escenas de Chamberi* (théâtre des Variétés, 19 novembre 1850); *Por seguir à una mujer* (4 actes, théâtre du Cirque, 24 décembre 1851); *un Dia de reinado* (3 actes, Cirque, 11 février 1854); *el Testamento azul* (3 actes, théâtre du Buen-Retiro, 20 juillet 1874).

* **OUSELEY** (Sir Frederick-Arthur-Gore), un des musiciens anglais les plus distingués de l'époque actuelle, est aujourd'hui recteur du collége Saint-Michael, de Tenbury, tout en se trouvant chargé de l'éducation musicale classique et chorale des enfants.

Professeur de musique à l'université d'Oxford depuis 1855, sir Ouseley s'est acquis sous ce rapport une solide renommée, et n'est pas moins estimé comme compositeur de musique religieuse et comme théoricien proprement dit. On lui doit la musique de plusieurs antiennes remarquables, dont une surtout est devenue populaire: *How goodly are thy tents, o Israel!* (Combien tes tentes sont gracieuses, ô Israël!), et celle d'un grand oratorio: *Hagar*, qui a été exécuté pour la première fois au festival d'Hereford, au mois de septembre 1873, et très-bien accueilli. Outre un *Traité d'harmonie* et un *Traité de contre-point et fugue* (1869), M. Ouseley a publié aussi plusieurs recueils de musique d'église ancienne et moderne, et il a donné, en société avec M. le docteur Monk, les *Chants du psautier anglican* (1872).

En 1861, M. Ouseley s'est fait remarquer par ses travaux comme membre du jury musical de l'Exposition universelle de Londres. Il est l'un des collaborateurs de l'ouvrage intéressant dont la publication a commencé récemment à Londres, sous le titre de *Dictionary of music and musicians* et sous la direction de M. George Grove (Londres, Macmillan, in-8°).

OUVRARD ou **OUVROIR** (Jean), luthier, était établi à Paris en 1743 et paraît n'avoir pas été sans talent. Le père et le grand-père de cet artiste étaient sans doute luthiers eux-mêmes, car on assure qu'un Ouvrard fut élève de Pierret, qui exerçait cette profession sous les règnes de Henri IV et de Louis XIII.

OVEJERO Y RAMOS (Ignacio), compositeur et organiste espagnol, né à Madrid le 1er février 1828, reçut ses premières leçons de musique d'un organiste nommé Gimeno, et termina ses études sous la direction d'un artiste distingué, Ledesma, maître de la chapelle royale de Madrid. Il n'était âgé que de onze ans lorsque, dit-on, il écrivit une ouverture à grand orchestre, dont il dirigea lui-même l'exécution au théâtre *del Principe*, et il avait à peine accompli sa vingtième année quand il fit représenter sur celui du Cirque, le 18 mars 1848, un drame lyrique italien intitulé *Fernando Cortez*. Le principal rôle féminin de cet ouvrage était rempli par une adorable cantatrice, Angiolina Bosio (*Voy.* ce nom), enlevée trop tôt à l'art qu'elle semblait appelée à illustrer.

Pourtant, malgré ces débuts dans le genre dramatique, c'est surtout dans la musique religieuse que M. Ovejero s'est exercé par la suite ; il n'a pas écrit, en effet, moins de deux cents œuvres pour l'église, parmi lesquelles il s'en trouve de fort honorables. En 1858, cet artiste a été nommé professeur suppléant de la classe d'orgue au Conservatoire de Madrid, et le 30 août de cette année il donnait au théâtre du Cirque une *zarzuela* en un acte intitulée *la Cabana*. Comme chef d'orchestre, il est chargé de la direction des principales fêtes religieuses de la cour d'Espagne.

P

PACEY (Frédéric-William), organiste et compositeur anglais contemporain, bachelier en musique, fut d'abord l'élève du docteur J. Peck, à Londres, puis étudia le piano, l'orgue et la théorie de l'art à Oxford, sous la direction du docteur Corfe. D'abord chef de chœurs à l'Union chorale d'Abingdon (1865), organiste de l'église Saint-Paul à Oxford (1865-1873), puis chef d'orchestre de l'Association musicale d'Abingdon, il devint en 1874 organiste, et ensuite chef de chœur à l'église de la Trinité de Bolton. On doit à cet artiste diverses antiennes, des chants religieux, des hymnes, des mélodies vocales et des compositions pour l'orgue.

* **PACHER** (Joseph-Albert), pianiste et compositeur, est mort à Gmunden (Wurtemberg) le 3 septembre 1871.

* **PACINI** (André), sopraniste renommé, était né à Lucques vers 1705, et en 1730 chantait l'*Artaxerce* de Hasse sur le théâtre de sa ville natale. S'il ne se livra point d'une façon active à la composition, il devait néanmoins être fort bon musicien, car les registres de la compagnie de Sainte-Cécile de Lucques constatent qu'il écrivit un service religieux qui fut exécuté à l'occasion de la fête de cette sainte. André Pacini vint sans doute, après sa retraite, passer ses derniers jours dans sa ville natale, car il y mourut en 1764.

* **PACINI** (Antonio-Francesco-Gaetano-Saverio), d'abord compositeur, puis éditeur de musique, est mort à Paris le 10 mars 1866. Pacini ne se rendit pas immédiatement à Paris après avoir quitté Naples, sa ville natale. Il se fixa d'abord à Nîmes, où il devint chef d'orchestre du théâtre, et où il fit exécuter d'abord, à la cathédrale, une grande composition religieuse, ensuite, dans un pensionnat où il donnait des leçons, une cantate en l'honneur de Bonaparte, et enfin, pour l'inauguration de la nouvelle salle de spectacle, un opéra-comique, *Isabelle et Gertrude*, dont il avait écrit la musique sur un ancien livret de Favart. Martin et Elleviou, alors en représentation à Nîmes, ayant entendu cet ouvrage, engagèrent son auteur à se rendre à Paris, où il arriva en effet en 1804. Il y fut d'abord professeur de chant, et donna des leçons aux nièces de Joseph Bonaparte, à la maréchale Bernadotte, à l'ambassadrice de Naples, à la princesse Borghèse, etc.

Il songea ensuite à aborder le théâtre, et donna successivement quatre ouvrages : *Point d'adversaire* (théâtre Montansier, 8 août 1805) ; *Isabelle et Gertrude* (th. Feydeau, 1er mars 1806) ; *le Voyage impromptu* (th. Montansier, 5 août 1806) ; *Amour et mauvaise tête, ou la Réputation* (th. Feydeau, 17 mai 1808). Au bout de quelques années, cependant, Pacini renonça à la carrière du théâtre. Bientôt il se fit éditeur de musique, et c'est à lui que l'on doit la vulgarisation en France des opéras des compositeurs italiens qui ont illustré ce siècle : Rossini, Donizetti, Bellini, etc. Depuis longtemps déjà sa maison de commerce était florissante, et il avait renoncé lui-même à la composition pour s'attacher à la publication des œuvres de ses confrères, lorsqu'un événement vint le ruiner, à la suite duquel ceux-ci se réunirent pour le sauver. Le fait a été raconté en ces termes, en 1865, dans le *Journal de Rouen*, par Amédée Méreaux, qui avait bien connu Pacini : — « ... Son magasin, situé sur le boulevard, au coin de la rue Marivaux, fut brûlé par l'incendie du théâtre Favart vers 1835. Tout le fonds de Pacini fut la proie des flammes. C'était une ruine ; mais la sympathie de tous les artistes le sauva de ce désastre. On renouvela en sa faveur le livre des *Cent et un* ; de tous les pays il reçut des manuscrits pour le piano, pour la voix, de cent et un compositeurs français ou étrangers, et cette publication sans droits d'auteur lui rapporta d'autant plus qu'elle ne lui avait rien coûté. »

* **PACINI** (Giovanni), l'un des compositeurs les plus féconds de l'Italie au dix-neuvième siècle, le contemporain et l'ami de Rossini, de Bellini, de Donizetti, de Mercadante, des deux Ricci, de Carafa, de Coccia, de Coppola, est mort à Pescia le 6 décembre 1867. Il était né, non à Syracuse, mais à Catane le 17 février 1796, écrivit à l'âge de dix-sept ans son premier ouvrage dramatique, et ne fit pas représenter moins de 71 opéras, sans compter les douze ou quinze partitions qu'il laissa en portefeuille, ni les cantates, hymnes, messes, etc., qu'il fit exécuter en grand nombre.

Je ne crois pas inutile de dresser ici de nouveau, dans son entier, le catalogue des œuvres de ce maître, d'après celui, très-complet, qu'en a donné M. Filippo Cicconetti ; voici ce catalogue, qui corrigera les erreurs et les omissions contenues dans ceux qu'on avait antérieurement publiés. — A. — Opéras. 1° *Annetta e Lucindo*, bouffe, Milan, th. Santa-Radegonda, 1813 ; 2° *l'Escavazione del Tesoro*, bouffe, Pise, 1814 ; 3° *l'Ambizione delusa*, bouffe, Florence, th. de la Pergola, 1814 ; 4° *gli Sponsali de' Silfi*, bouffe, Milan, th. Re, 1814 ; 5° *Dalla beffa al disinganno*, id., id., id., 1815 ; 6° *il Matrimonio per procura*, id., id., id., 1815 ; 7° *il Carnevale di Milano*, id., id., id., 1815 ; 8° *Piglia il mondo come viene*, id., id., id., 1815 ; 9° *il Seguito di Ser Mercantonio*, bouffe, Venise, th. San-Mosè, 1815 ; 10° *l'Ingenua*, bouffe, Venise, th. San-Benedetto, 1816 ; 11° *Adelaide e Comingio*, bouffe, Milan, th. Re, 1816 ; 12° *la Sacerdotessa d'Irminsul*, sérieux, Trieste, 1817 ; 13° *Atala*, sérieux, Padoue, 1818 ; 14° *il Barone di Dolsheim*, sérieux, Milan, Scala, 23 septembre 1818 ; 15° *la Sposa fedele*, sérieux, Venise, th. San-Benedetto, 1819 ; 16° *il Falegname di Livonia*, sérieux, Milan, Scala, 1819 ; 17° *Wallace*, id., id., id., 1820 ; 18° *la Schiava di Bagdad*, bouffe, Turin, th. Carignan, 1820 ; 19° *la Gioventù d' Enrico V*, bouffe, Rome, th. Valle, 1821 ; 20° *Cesare in Egitto*, sérieux, Rome, th. Argentina, 1822 ; 21° *la Vestale*, sérieux, Milan, Scala, 1823 ; 22° *Temistocle*, sérieux, Lucques, 1823 ; 23° *Isabella ed Enrico*, semi-sérieux, Milan, Scala, 1824 ; 24° *Alessandro nell' Indie*, sérieux, Naples, th. San-Carlo, 1824 ; 25° *Amazilia*, sérieux, id., id., 1825 ; 26° *l'Ultimo Giorno di Pompei*, id., id., id., 19 novembre, 1825 ; 27° *la Gelosia corretta*, semi-sérieux, Milan, Scala, 1826 ; 28° *Niobe*, sérieux, Naples, th. San-Carlo, 19 novembre 1826 ; 29° *gli Arabi nelle Gallie*, sérieux, Milan, Scala, 8 mars 1827 ; 30° *Margherita d'Inghilterra*, sérieux, Naples, th. San-Carlo, 1827 ; 31° *i Crociati a Tolemaide*, sérieux, Trieste, 1827 ; 32° *i Cavalieri di Valenza*, sérieux, Milan, Scala, 1828 ; 33° *il Talismano*, semi-sérieux, Naples, th. San-Carlo, 1829 ; 34° *i Fidanzati*, id., id., id., 1829 ; 35° *Giovanna d'Arco*, sérieux, Milan, Scala, 1830 ; 36° *il Corsaro*, sérieux, Rome, th. Apollo, 1831 ; 37° *Ivanhoe*, sérieux, Venise, th. de la Fenice, 1832 ; 38° *il Convitato di pietra*, sérieux, Viareggio, 1832 ; 39° *gli Elvezi, o Corrado di Tochemburgo*, sérieux, Naples, th. San-Carlo, 1833 ; 40° *Fernando, duca di Valenza*, id., id., id., 1833 ; 41° *Irene di Messina*, id., id., id., 1833 ; 42° *Carlo di Borgogna*, sérieux, Venise, th. de la Fenice, 1834 ; 43° *Furio Camillo*, sérieux, Rome, th. Apollo, 1840 ; 44° *Saffo*, sérieux, Naples, th. San-Carlo, 29 novembre 1840 ; 45° *l'Uomo del mistero*, semi-sérieux, Naples, th. Nuovo, 1841 ; 46° *la Fidanzata Corsa*, sérieux, Naples, th. San-Carlo, 1841 ; 47° *il Duca d'Alba*, sérieux, Venise, th. de la Fenice, 1842 ; 48° *Maria Tudor d'Inghilterra*, sérieux, Palerme, th. Carolino, 1843 ; 49° *Luisella, o la Cantante del Molo*, bouffe, Naples, th. Nuovo, décembre 1843 ; 50° *Medea*, sérieux, Palerme, th. Carolino, 1843 ; 51° *l'Ebrea*, sérieux, Milan, Scala, 1844 ; 52° *Lorenzino de' Medici*, sérieux, Venise, th. de la Fenice, 5 mars 1845 ; 53° *Buondelmonte*, sérieux, Florence, th. de la Pergola, 18 juin 1845 ; 54° *la Stella di Napoli*, sérieux, Naples, th. San-Carlo, 1845 ; 55° *la Regina di Cipro*, sérieux, Turin, th. Regio, 7 février 1846 ; 56° *Merope*, sérieux, Naples, th. San-Carlo, 1846 ; 57° *Ester d'Engaddi*, sérieux, Turin, th. Regio, 1847 ; 58° *Allan Cameron*, sérieux, Venise, th. de la Fenice, 1848 ; 59° *Malvina di Scozia*, sérieux, Naples, th. San-Carlo, 1851 ; 60° *Zaffira*, bouffe, Naples, th. Nuovo, 1851 ; 61° *il Cid*, sérieux, Milan, Scala, 1853 ; 62° *Romilda di Provenza*, sérieux, Naples, th. San-Carlo, 1853 ; 63° *la Punizione*, sérieux, Venise, th. de la Fenice, 1854 ; 64° *Margherita Pusterla*, sérieux, Naples, th. San-Carlo, 1856 ; 65° *il Saltimbanco*, semi-sérieux, Rome, th. Argentina, 24 mai 1858 ; 66° *Lidia di Brusselle*, sérieux, Bologne, th. Communal, 1858 ; 67° *Gianni di Nisida*, sérieux, Rome, th. Argentina, 1860 ; 68° *il Mulattiere di Toledo*, semi-sérieux, id., id., 1861 ; 69° *Belfegor*, fantastique, Florence, th. de la Pergola, 1861 ; 70° *Don Diego di Mendoza*, sérieux, Venise, th. de la Fenice, 1867 ; 71° *Berta di Varnol*, sérieux, Naples, th. San-Carlo, 1867. — B. — Oratorios. 72° *la Destruzione di Gerusalemme*, Florence, salle des Cinq-Cents, 1858 ; 73° *Carcere Mamertino*, Rome, salle du Capitole, 1867 ; 74° *il Trionfo di Giuditta* ; 75° *il Trionfo della Religione* ; 76° *Sant'Agnese*. — C. — Cantates et hymnes. 77° *l'Omaggio più grato*, Pavie, 1819 ; 78° *il Puro Omaggio*, Trieste, 1822 ; 79° Cantate pour François Ier, Naples, 1825 ; 80° Cantate pour les noces de Marie-Christine de Naples, 1830 ; 81° *il Felice Imeneo*, Naples, 1832 ; 82° Cantate pour Pie IX, Rome, Capitole, 1848 ; 83° Cantate pour l'empereur du Brésil, 1851 ; 84° Cantate pour Pie IX, Bologne, 1857 ; 85° Cantate pour l'empereur des Français ; 86° Cantate pour les noces du prince Ferdinand de Naples ; 87° Cantate pour les noces du prince héréditaire de Toscane ; 88° *Rossini e la Patria*, cantate pour les fêtes rossiniennes de Pesaro ; 89° *l'Italia cattolica*, cantate pour l'Académie des Quirites, de Rome : 90° Hymne à Guido d'Arezzo ; 91° Hymne pour le vice-roi d'Égypte ; 92° Hymne pour San-Marino ; 93° Hymne à la Vierge. — D. — MUSIQUE RELIGIEUSE. Messe à la Madone del Castello, Milan, 1822 ; Messe à 8 parties réelles, dédiée à Grégoire XVI, 1827 ; Messe exécutée à Viareggio en 1835 ; Messe de *Requiem*, dédiée à la ville de Catano; Messe exécutée dans l'église de Montecarlo ; Messe de *Requiem*, à la mémoire de Michele Puccini ; Messe de *Requiem*, pour le transport des cendres de Bellini ; un grand nombre de Messes à 3 et 4 parties avec accompagnement d'orgue et de contre-basse ; un grand nombre de Messes à grand orchestre ; 2 *Miserere ;* 1 *De Profundis ;* beaucoup de services de vêpres, à 4 ou 8 parties réelles, avec grand orchestre. — E. — COMPOSITIONS DIVERSES. Chœurs pour l'*Œdipe* de Sophocle, exécutés à Vicence en 1847 ; *Dante*, symphonie ; Octuor pour 3 violons, hautbois, basson, cor, violoncelle et contre-basse ; 6 Quatuors pour instruments à cordes ; Quatuor, dédié à Mme Pacini ; Quatuor, dédié à Lucca ; 2 Trios pour piano, violon et violoncelle ; un grand nombre de duos, trios et quatuors pour piano et instruments à vent ; divers morceaux pour harpe et piano; un recueil de 6 romances ; un recueil de 5 romances et un duo ; un grand nombre de chants détachés, à une ou plusieurs voix.

Pacini a laissé plusieurs opéras inédits ; M. Cicconetti cite seulement les suivants : *Rodrigo di Valenza, la Donna delle isole, Carmelita, Gusmano d'Almeida, Niccola de Lapi, Elnava, Don Pomponio*, et *gl' Illinesi ;* mais à la mort du compositeur on signala encore *l'Assedio di Leida, Maria Stuarda, il Rinnegato Portoghese, i Virtuosi di teatro, l'Orfanella Svizzera, il Trionfo delle Belle, Elfrida*, et *Lidia di Brabante.* (Il me semble que ce dernier ne doit faire qu'un avec celui mentionné plus haut [n° 66], sous le titre de *Lidia di Bruxelle.*)

En dehors de ses travaux de composition proprement dits, dont le nombre est incalculable, Pacini s'occupa beaucoup aussi de théorie et de littérature musicale ; collaborateur actif de plusieurs journaux spéciaux, la *Gazzetta musicale* (Naples), la *Gazzetta musicale* (Milan), *Boccherini* (Florence), *la Scena* (Venise), *l'Arpa* (Bologne), *il Pirata* (Milan), auxquels il fournissait de nombreux articles d'esthétique, de critique et de polémique, il a publié les ouvrages et opuscules suivants : 1° *Corso teorico-pratico di lezioni di armonia ;* 2° *Principj elementarj col metodo del Meloplasto ;* 3° *Cenni storici sulla musica, e Trattato di contrappunto*, Lucques, 1864 ; 4° *Sulla originalità della musica italiana ;* 5° *Memoria sul migliore indirizzo degli studi musicali*, Florence, Tofani, 1863 ; 6° *Progetto pei giovani compositori*, 1863 ; 7° *Lettera ai Municipj italiani per una scuola musicale*, 1863 ; 8° *Discorso in morte di Michele Pucini*, 1865 ; 9° *Vita di Guido d'Arezzo ;* 10° *Discorso ai colleghi sul concorso all'ufficio di Direttore nel Conservatorio di Palermo*, Pescia, 1862 ; 11° *Discorso nel primo pubblico esperimento degli alunni dell' Istituto musicale in Lucca*, Lucques, Landi, 1865 ; 12° *Ragionamento sull' opera del Tiron : Études sur la musique grecque ;* 13° *Discorso nel secondo pubblico esperimento degli alunni dell' Istituto musicale in Lucca*, Pescia, 1867. Enfin, Pacini a publié encore son autobiographie sous ce titre : *le Mie Memorie artistiche*, Florence, Guidi, 1865, in-16 (1) ; M. Filippo Cicconetti a donné, après sa mort, une suite à ces Mémoires : *le Mie Memorie artistiche, di Giovanni Pacini, continuate dall' avvocato Filippo Cicconetti*, Rome, Sinimberghi, 1872, in-12.

Malgré de grandes facultés naturelles et une imagination très-féconde, Pacini ne laissera dans l'histoire de l'art qu'une trace superficielle. Il n'avait pas suffisamment cultivé les heureux dons qu'il avait reçus de la nature ; son éducation était restée imparfaite, et il s'est toujours prodigué avec une sorte de fièvre, sans jamais prendre le temps ni la peine de coordonner ses inspirations et de châtier son style, de façon à produire des œuvres sérieuses et durables. Je me souviens qu'un jour, me trouvant avec Rossini et passant en revue avec lui tous les musiciens qui avaient brillé en Italie dans la première moitié de ce siècle, le grand homme me dit en parlant de Pacini, pour lequel il éprouvait une sincère et profonde affection : — « Oh ! pour celui-là, je pense que depuis sa jeunesse il a travaillé, mais pas assez. Il avait de la fantaisie pour quarante compositeurs, et des idées charmantes ; mais il n'a jamais su s'en servir. » Voilà la véritable condamnation du système des producteurs à tout prix, dont Pacini faisait malheureusement partie.

* **PAËR** (FERDINAND). — Cet artiste célèbre a collaboré, en compagnie de Berton, de Kreutzer et de Méhul, à la partition de *l'Oriflamme*, ouvrage de circonstance donné à l'Opéra le 31 janvier 1814. Il a aussi, avec Auber, Batton,

(1) C'est, comme il le déclare lui-même, à l'instigation de M. le docteur Abramo Basevi, que Pacini se décida à coordonner et à publier ainsi les souvenirs de sa longue existence artistique.

Berton, Blangini, Boieldieu, Carafa, Cherubini et Hérold, une part de collaboration dans la musique de *la Marquise de Brinvilliers*, représentée à l'Opéra-Comique, le 31 octobre 1831.

* **PAGANINI** (Ercole), compositeur dramatique italien.— A la liste des opéras de cet artiste, il faut ajouter les deux suivants : 1° *Olimpia*, Florence, 1804 ; 2° *Lisinga*, Florence, 1808.

* **PAGANINI** (Nicolas). — On a publié récemment en Italie, sur cet artiste extraordinaire, un écrit qui n'est point sans intérêt, mais dont les détails un peu romanesques ne peuvent, pensons-nous, être acceptés que sous bénéfice d'inventaire. Voici le titre de cet ouvrage : *Niccolo Paganini, celebre violinista genovese, racconto storico di Oreste Bruni* (Florence, Galletti et Cocci, 1873, in-8°). Plus récemment, en Allemagne, une dame, Mme Elise Polko, a fait paraître un écrit que je n'ai pas eu sous les yeux, mais qui, d'après son titre, semble établi sur une donnée particulière; cet écrit, publié à Leipzig en 1875, est intitulé *Nicolo Paganini et les luthiers* (Nicolo Paganini und die Geigenbauer).

PAGANINI (Cesare), théoricien italien, a fait paraître le manuel suivant : *Nuova Teoria musicale*, Florence, 1865.

PAGÈS (Alphonse), écrivain français, est l'auteur d'une brochure publiée sous ce tititre : *la Méthode musicale Galin-Paris-Chevé, exposé historique* (Paris, 1860, in-8° de 31 p.). Ce petit écrit, consacré à la glorification du système de la notation musicale chiffrée, cherche à faire la part de chacun de ceux qui en ont été les principaux promoteurs, et rappelle les efforts personnels de Jean-Jacques Rousseau, de Pierre Galin, d'Aimé Paris, d'Émile Chevé et de Mme Chevé.

PAINO (Alfonso), compositeur italien qui vivait dans la seconde moitié du dix-septième siècle, était maître de chapelle de la congrégation de San-Carlo à Modène. Il a écrit, pour cette congrégation et à l'occasion de la fête de Sainte-Cécile, un oratorio intitulé *il Battesimo di San Valeriano*, qui fut exécuté en 1665.

* **PAISIELLO** (Jean). — A la liste des œuvres dramatiques de cet artiste célèbre, il faut ajouter les suivantes, dont les manuscrits sont conservés dans les archives du Conservatoire royal de Naples : 1° *il Credule deluso*, opéra bouffe en 3 actes, Naples, théâtre Nuovo, 1774 ; 2° *le Trame per amore*, id., id., id., 1785 ; 3° *l'Amor contrastato*, id., id., th. des Fiorentini, 1789 ; 4° *la Zelmira*, opéra sérieux en 3 actes; 5° *la Daunia felice*, fête théâtrale, Foggia, 1797 ; 6° *Amor vindicato*, cantate à 4 voix, chœur et orchestre, 1786 ; 7° Cantate en l'honneur de saint Janvier, Naples, 1787 ; 8° *Silvio e Clori*, cantate ; 9° *Mosè in Egitto*, cantate, Naples, th. San-Carlo.

PALADILHE (Émile), compositeur, né à Montpellier (Hérault), le 3 juin 1844, fut une sorte d'enfant prodige. Admis fort jeune au Conservatoire de Paris, il y fit des études extrêmement brillantes sous la direction de M. Marmontel pour le piano, de Benoist pour l'orgue, et d'Halévy pour le contre-point, la fugue et la composition. Dès l'âge de douze ans, en 1856, il obtenait au concours un second prix de piano et un premier accessit de fugue; l'année suivante, il remportait un brillant premier prix de piano, se voyait décerner un second accessit d'orgue en 1858, et en 1859 obtenait le premier accessit. En cette même année, le jury du concours de Rome lui accordait une mention honorable. Enfin, en 1860, après avoir reçu un second prix d'orgue, il emportait de haute lutte, bien qu'à peine âgé de seize ans, le premier grand prix de Rome. Sa cantate de concours, intitulée *Ivan IV* et écrite sur des paroles de Théodore Anne, fut exécutée à l'Opéra le 7 décembre 1860.

Malheureusement, M. Paladilhe n'a pas tenu jusqu'ici tout ce que faisaient présager de si brillants succès d'école. Est-ce insouciance, est-ce lassitude précoce? c'est ce que je ne saurais dire. Dès le commencement de 1860, avant même d'avoir obtenu le grand prix de Rome, il donnait un concert dans lequel il se produisait à la fois comme virtuose et comme compositeur, et où il faisait entendre des fragments d'un opéra-comique en 3 actes intitulé *la Reine Mathilde*. Peu de temps après, il publiait chez l'éditeur M. Heugel une série de trois morceaux de piano sous ce titre : *Premières Pensées*, et pendant son séjour à Rome il envoyait successivement à l'Académie des Beaux-Arts une Messe solennelle, un opéra bouffe italien, une ouverture et une symphonie en *mi* bémol. Mais une fois de retour à Paris, où il rapporta une charmante mélodie vocale, *Mandolinata*, qui eut un succès colossal, il sembla se tenir systématiquement à l'écart, et pendant près de dix ans ne fit parler de lui en aucune façon. Ce n'est que le 27 avril 1872 qu'il aborda pour la première fois la scène en donnant à l'Opéra-Comique un ouvrage en un acte, *le Passant*, qui n'était que l'adaptation lyrique de la comédie que M. François Coppée avait fait jouer sous ce titre, à l'Odéon, avec tant de succès. La musique du *Passant*, quoique empreinte d'une jolie couleur, était plutôt l'œuvre d'un rêveur que d'un vrai musicien scénique ; l'ouvrage n'eut que peu de représentations. M. Paladilhe ne fut pas plus heureux avec *l'Amour africain*, opéra-comique en 2 actes qu'il donna au même théâtre le 8 mai 1875. Depuis lors, l'artiste ne s'est communiqué au public que par deux recueils de chants : 20 *Mélodies* (Paris, Hartmann), et *Six Mélodies écossaises* (id., id.), dans lesquels on distingue plusieurs pièces pleines de charme et de grâce (1).

PALELLA (Antoine), compositeur italien, né à Naples, vivait en cette ville dans la première moitié du dix-huitième siècle. Il y fit représenter en 1741, sur le théâtre Nuovo, un opéra bouffe intitulé *l'Incanti per amore*. Je n'ai pas d'autres renseignements sur cet artiste, dont le nom est resté complétement obscur.

***PALESTRINA** (Giovanni **PIERLUIGI**, surnommé **DA**). — On a publié sur cet artiste immortel : 1° *Palestrina*, par E.-J. Delécluze (Paris, 1842, in-8°), extrait de la *Revue de Paris* ; 2° *Giovanni Pierluigi da Palestrina*, par Théodore Nisard (*s. l. n. d.* [Paris, Repos], in-8°) ; 3° *Elogio di Giovanni Pierluigi da Palestrina*, detto dal canonico Agostino Bartolini in S. Maria in Vallicella il 1° febbraio 1870 (Roma, tip. Camerale, 1870).

PALIANTI (Louis-Pierre-Marie), né à Cadix le 9 septembre 1810, suivit ses parents en France à l'âge de sept ans, fit de bonnes études, et embrassa de bonne heure la carrière lyrique. Après avoir tenu l'emploi des secondes basses-tailles à Nantes, à Versailles et à Dijon, il fut engagé à l'Opéra-Comique, pour y remplir les fonctions de régisseur en même temps que pour y jouer des rôles secondaires (1836). Il conserva cette situation pendant plus de trente ans, et n'avait pris sa retraite que depuis peu lorsqu'il mourut à Paris, le 5 novembre 1875, dans la maison de Sainte-Périne.

Palianti a publié un *Almanach des Spectacles* pour 1852 et 1853 (Paris, Brière, 2 vol. petit in-8°), et a commencé une autre publication intitulée : *Petites Archives des théâtres de Paris, souvenirs de dix ans, du 1er janvier 1855 au 31 décembre 1864 et des six premiers mois de 1865*. Il n'a paru de ce recueil que la première livraison, consacrée à l'Opéra (Paris, Gosselin, 1865, in-12), et d'ailleurs entachée d'erreurs fâcheuses et de fautes typographiques impardonnables. Palianti, qui avait fondé pendant son séjour à Dijon une petite feuille intitulée *l'Entr'acte*, a collaboré à quelques journaux de théâtres parisiens, et a publié toute une série de *mises en scène* des ouvrages représentés à l'Opéra et à l'Opéra-Comique.

PALIARD (Léon), amateur de musique, était chef d'une importante maison de commerce de Lyon lorsqu'il fit représenter sur le Grand-Théâtre de cette ville, le 28 février 1855, un opéra-comique en un acte, intitulé *l'Alchimiste* dont les deux rôles principaux étaient tenus par M. et Mme Barbot (*Voy.* ces noms). M. Paliard avait reçu d'ailleurs une assez bonne éducation musicale, et avait été l'élève d'Adolphe Adam. Quelques années plus tard, le 13 décembre 1861, il donnait à Paris, au Théâtre-Lyrique, *la Tête enchantée*, opéra-comique en un acte. Mais j'ai lieu de croire que cet ouvrage ne faisait qu'un avec le précédent, et que le titre seul en avait été changé. M. Paliard a écrit aussi les paroles et la musique d'un chant patriotique, *Délivrance*, qui a été exécuté au Grand-Théâtre de Lyon, en février 1872, dans un concert donné au profit de l'œuvre de la libération du territoire.

PALLONI (Caietano), est né le 4 août 1831 à Camerino, dans la Marche d'Ancône. En 1832, sa famille s'établit à Termo, autre ville de la Marche. Dès l'âge de six ans il commença l'étude du piano et de l'orgue, et il avait onze ans quand son père, le chevalier avocat Antoine Palloni, confia son instruction musicale à Cellini (*Voy.* ce nom), qui était revenu depuis peu dans sa ville natale, après avoir été étudier la composition à Naples sous Zingarelli et Mercadante. C'est sous la direction de ce maître que Palloni étudia l'harmonie, la composition et le chant. Il devint en peu de temps l'organiste favori des principales églises de Termo. et fut en outre maître des chœurs et sous-directeur des spectacles au théâtre de la même ville. En 1855, ayant perdu son père, on lui offrit la maîtrise de l'église *San-Benedetto del Tronto* ; mais, quelque avantageuse que fût cette offre, il la refusa pour se rendre à Florence, afin d'y compléter son éducation musicale sous la direction de M. Mabellini (*Voy.* ce nom), et ne tarda pas à s'y produire avec des compositions qui permettaient de fonder sur lui de grandes espérances. En 1858, il fit exécuter dans l'église des SS. Michel et Caïetan, de Florence, une grand'messe de sa composition, et cette œuvre obtint un tel succès qu'elle lui valut le titre de maître de chapelle honoraire de la congrégation de Sainte-Cécile, établie dans la même église. Il publia la même année, chez Lorenzi, son premier album de musique vocale de salon, dont le succès l'encou-

(1) Au moment où je corrige les épreuves de cette notice, M. Paladilhe vient de donner à l'Opéra-Comique (janvier 1879) un charmant ouvrage en 3 actes, *Suzanne*, plein de grâce, de fraîcheur et de jeunesse, et qui semble promettre à la scène française un musicien doué des plus solides et des plus sérieuses qualités. La partition de *Suzanne* a été pour le public la révélation d'un talent neuf, personnel et plein de sève.

rages à s'adonner de préférence à ce genre de productions ; M. Palloni en est déjà à son 17e album publié. Les romances, nocturnes, mélodies, ballades, *stornelli* à une ou plusieurs voix avec accompagnement de piano de M. Palloni méritent la faveur qu'ils ont obtenue par l'expression toujours juste, le bon goût, le sentiment, l'élégance qui les distinguent ; ce sont de petits tableaux, mais des tableaux parfaits dans leur genre. Ces compositions ont été éditées par Lorenzi, de Florence, et par Fanti et Ricordi, de Milan (1).

M. Palloni est chevalier de la Couronne d'Italie, associé honoraire de la Société philharmonique et membre résident de l'Institut royal de musique de Florence.

L.-F. C.

* **PALMA** (Silvestro), compositeur dramatique italien. — Aux ouvrages signalés au nom de cet artiste, il faut ajouter *il Naturaliste immaginario*, opéra représenté à Florence en 1806.

PALMER (Charles-Austin), pianiste français et compositeur pour son instrument, est né à Rio-Janeiro le 6 mai 1840. Sa première éducation musicale lui fut donnée par sa mère, et il travailla ensuite, au Brésil, avec un professeur allemand nommé F.-A. Nolte. Venu en France, il étudia le piano sous la direction de M. Charles Jeltsch, et fit un cours d'harmonie et de composition avec Adolphe Lecarpentier. Ses études terminées, il se consacra à Paris à l'enseignement, et s'occupa en même temps de composition. Il a publié, chez les éditeurs MM. Brandus, Choudens et Leduc, un certain nombre de morceaux de genre pour le piano, parmi lesquels on distingue : *Boléro*, *les Fleurs des Tropiques*, valse, *Murmures*, *Chasse au bois*, scherzo-fantaisie, etc., etc.

PALMIERI (F........), compositeur italien, a donné en 1871, sur l'un des théâtres de Naples, un opéra intitulé *la Fortuna d'un poeta*. Le 4 décembre 1878, il a fait représenter, sur le théâtre des Variétés de la même ville, une opérette qui avait pour titre *il Ratto delle Sabine*.

PALMINTERI (Antonio), musicien italien contemporain, a fait représenter à Monza, le 12 octobre 1878, un opéra en 4 actes intitulé *Arrigo II*.

(1) Parmi ces albums, nous signalerons les suivants : *il Sentimento* (8 mélodies) ; *Fiori d'amore* (6) ; *Amore e musica* (6) ; *Eco del cuore* (6) ; *Pensieri romantici* (6) ; *Raggi della luna* (8) ; *l'Arpa melanconica* (6) ; *Armonie d'amore* (6) ; *Messagi d'Aprile* (6) ; *Lacrime e sorriso* (8) ; *Pensiero ed anima* (8) ; *Sospiri e speranze* (8) ; *Misteri del cuore* (8) ; *Perle e rugiade* (8), etc., etc. — A.P.

PALOSCHI (Giovanni), employé de la grande maison d'édition musicale de M. Ricordi, à Milan, est l'auteur d'un intéressant *Annuario musicale universale* publié en 1876 (Milan, Ricordi, petit in-4°), et dont une seconde édition, très-augmentée et considérablement améliorée, a paru en 1878. M. Paloschi, qui prend une part active de collaboration à la *Gazzetta musicale* de Milan, est le traducteur de plusieurs ouvrages théoriques et didactiques allemands et français, publiés par M. Ricordi. Il est aussi le rédacteur de l'excellent et magnifique catalogue de la maison Ricordi, qui forme un volume in-8° de plus de 700 pages.

PALUMBO (Costantino), pianiste et compositeur, né le 30 novembre 1843 à Torre Annunziata, dans le royaume de Naples, fut admis en 1854 au Conservatoire de cette ville, où il fut élève de Lanza et de Russo pour le piano, et où il eut Mercadante pour maître de composition. Ses études terminées, il entreprit, vers 1864, un voyage artistique, se fit entendre à Milan, à Bologne et dans plusieurs autres grandes villes de l'Italie, vint en 1867 à Paris, où il donna deux concerts et où il reçut des conseils de MM. Henri Herz et Planté, se rendit à Londres, où il se fit connaître aussi comme virtuose, puis retourna à Naples et y donna aussi de nombreux concerts, se produisant fréquemment en compagnie de Thalberg. Depuis lors il s'est consacré à l'enseignement et est devenu professeur de piano au Conservatoire (1873), ce qui ne l'a pas empêché de publier environ 70 compositions pour son instrument. M. Palumbo a écrit aussi un opéra sérieux, *Maria Stuarda*, qui a été représenté sur le théâtre San-Carlo le 23 avril 1874. Au nombre des œuvres pour le piano publiées par M. Palumbo, on remarque les suivantes : 3 Préludes et fugues (op. 49, 50, 51) ; 2 Romances sans paroles (op. 3) ; 2 Valses (op. 34) ; 2 Nocturnes (op. 37 et 38) ; *Tre Pensieri* (op. 39) ; Andante (op. 40) ; Élégie (op. 41) ; *le Fate*, caprice (op. 6) ; Tarentelle (op. 7) ; etc, etc.

PAMPHILON (Edward), luthier anglais, était établi à Londres dans le courant du dix-septième siècle. Ses instruments, dit-on, étaient assez défectueux et n'avaient qu'une valeur secondaire ; mais il savait les recouvrir d'un bon vernis, qui leur donnait un agréable aspect.

* **PANCALDI** (Carlo). — Outre l'écrit mentionné à son nom, ce dilettante est encore l'auteur de l'opuscule suivant : *Vita di Lorenzo Gibelli, celebre contrappuntista*, Bologne, 1830.

PANE (Giuseppe), compositeur et professeur, est né à Naples le 21 mars 1836, et a fait ses études au Conservatoire de cette ville, où il eut pour professeurs M. Francesco Florimo pour le chant, Gennaro Parisi pour l'harmonie et Carlo Conti pour le contre-point et la composition. Il se rendit à Moscou en 1858, y fut nommé professeur de chant à l'Institut impérial Nicolas, et après un séjour de plusieurs années en cette ville, d'où il fit divers voyages à Saint-Pétersbourg, à Paris et à Londres, il retourna dans sa patrie. Appelé en 1870 à Varsovie pour y remplir les fonctions de professeur de chant au Conservatoire, il n'a cessé depuis lors d'occuper cet emploi. M. Pane a publié à Florence, à Moscou et à Varsovie un grand nombre de compositions vocales : *M'amasti mai*, *Triste Ritorno*, *Mio povero amor*, *Desolazione*, *Chiamatelo destino*, etc.

PANIAGUA (Cenobio), compositeur mexicain, s'est fait connaître dans sa patrie par un certain nombre d'œuvres intéressantes, entre autres par un drame lyrique intitulé *Catherine de Guise*, qui a été représenté avec un grand succès sur le Théâtre national de Mexico, et qui était, dit-on, la production la plus remarquable en ce genre qui fût due jusqu'alors à un artiste de ce pays. Paniagua était pauvre et oublié lorsqu'il mourut à Vera-Cruz, au mois de novembre 1865.

PANICO (Michele), compositeur italien, né à Naples le 16 juillet 1830, commença très-jeune l'étude du piano, puis celle de la composition, d'abord au Conservatoire de Naples, et ensuite à celui de Milan. On raconte qu'il était doué d'une mémoire musicale prodigieuse, à ce point qu'un soir, dans le salon du directeur d'un journal de Naples, il confondit d'étonnement le vieux Pacini en lui jouant au piano, sans musique, la plus grande partie d'un opéra nouveau de ce maître dont la première représentation avait été donnée la veille au théâtre San-Carlo.

La première œuvre que produisit M. Panico fut une Messe à grand orchestre, qu'il fit exécuter en 1855 dans l'église de *San Giorgio de' Genovesi*. Deux ans après, en 1857, il donnait à l'ancien théâtre Nuovo un opéra intitulé *la Figlia di Domenico*, dont le sujet était tiré d'un ancien vaudeville français connu sous ce titre, et en 1859 il faisait représenter sur la même scène un second opéra, *Stella*. Le succès obtenu par ces deux ouvrages avait encouragé la direction à lui commander une troisième partition, lorsque l'incendie du théâtre vint ruiner les espérances du jeune artiste. Ce n'est qu'en 1875 que M. Panico put se reproduire devant le public, en donnant sur le théâtre Nuovo, reconstruit, une opérette intitulée *Si e no*. Depuis lors il a écrit un nouvel opéra, *Claudina*, qui n'a pas encore été représenté. M. Panico a écrit diverses œuvres pour l'église, et il a publié des mélodies vocales, parmi lesquelles je citerai un album, *la Gentiline* (Naples, Cottrau).

PANIZZA (Giacomo), pianiste, compositeur et chef d'orchestre italien, né à Castellazzo le 1er mai 1804, a occupé pendant vingt ans, de 1839 à 1859, les fonctions de *maestro al cembalo* et de *maestro concertatore* au théâtre de la Scala, de Milan. Compositeur distingué, il a écrit la musique de plusieurs ballets, parmi lesquels je ne puis citer que les suivants : 1° *la Rosiera*; 2° *Merope* (en société avec Viviani), Milan, théâtre de la Scala, 1832 ; 3° *Faust* (en société avec Costa et Bajetti), id., id., 1848 ; 4° *Palmina* (en société avec Santos et Pinto), id., id., 1853 ; 5° *Nana Saïb* (en société avec M. Strebinger), Vienne, Opéra impérial, 1867. On doit aussi à cet artiste la musique d'une *farsa* intitulée *la Collerica*, donnée à la Scala le 25 novembre 1831, et celle d'un opéra bouffe, *i Ciarlatani*, jouée au même théâtre le 29 octobre 1839.

Un artiste du même nom, M. *Achille Panizza*, était en 1872 *maestro concertatore* et chef d'orchestre du théâtre Eretenio, de Vicence. Je pense que c'est celui-ci qui est l'auteur d'un opéra bouffe, *le Nozze per astuzie*, représenté sous le nom de Panizza en 1872. Je ne saurais cependant affirmer duquel des deux est la musique de cet ouvrage.

PANNAIN (Antonio), compositeur italien, né à Naples le 31 janvier 1841, commença jeune l'étude de la musique, et de 1853 à 1859 suivit un cours complet d'harmonie et de contre-point avec son oncle, M. Nicola Fornasini. A partir de 1860, et tout en consacrant une grande partie de son temps à l'enseignement, il se livra à la composition et publia chez divers éditeurs toute une série de morceaux de chant et de morceaux de piano. Parmi ses œuvres inédites, on cite quatre messes, dont trois avec orchestre, plusieurs autres compositions religieuses, et deux ouvertures pour orchestre, dont une a été exécutée pendant vingt-quatre soirées consécutives au théâtre Bellini, de Naples.

* **PANOFKA** (Henri), violoniste, compositeur et professeur de chant, est né à Breslau, le 3 octobre 1807. Cet artiste distingué s'est fixé définitivement à Florence, depuis 1866, et n'a cessé de s'occuper de l'enseignement théorique et pratique de l'art du chant.

* **PANORMO** (Vincent), luthier habile, né

en Italie, vint s'établir en France dans la première moitié du dix-huitième siècle. M. Vidal, dans son livre, *les Instruments à archet*, a résumé ainsi les renseignements qu'il a pu recueillir sur cet artiste : — « Il vint s'établir à Paris vers 1735, et y travailla jusqu'en 1780 environ. Lutherie bien faite et infiniment supérieure à tout ce qui se produisait alors à Paris : son vernis est jaune clair. On rencontre aujourd'hui dans le commerce de nombreux spécimens de ses violons, altos et basses, qui ne sont pas dédaignés des connaisseurs. Panormo marquait ses instruments d'une étiquette soit en français, soit en latin. La première était libellée : *Vincent Panormo, rue de l'Arbre-Sec, Paris*, 17..; la seconde : *Vincenzo Triusano Panormo fecit Parisiis, anno* 17... Dans le coin droit de cette étiquette latine se trouve un petit cerle formé de deux traits en pointillé entre lesquels se trouvent les mots : *armi di Palermo;* et au centre du cercle, une harpe, le tout surmonté d'une croix pattée. Les dates extrêmes que nous avons relevées dans les instruments de Vincent Panormo, faits à Paris, sont 1738 et 1778. Nous ne sommes pas autrement fixé sur la biographie de Vincent Panormo. A partir de 1772, on rencontre à Londres un luthier de ce nom ; est-ce le nôtre ou un de ses fils ? Nous nous rangerions volontiers à la seconde hypothèse, puisque le Vincent Parnomo de Paris a signé ses instruments datés de cette ville jusqu'en 1778. Toujours est-il que les biographes anglais indiquent cinq Panormo comme ayant travaillé à Londres : 1° *Vincent Panormo*, arrivé à Londres vers 1772, mort en 1813 ; 2° *Joseph*, fils de Vincent ; 3° *Georges-Louis*, facteur d'archets; 4° *Edouard;* 5° *Georges* (1). »

***PANSERON** (Auguste-Mathieu). — Dans son *Annuaire des artistes français* publié en 1832, Guyot de Fère mentionnait en ces termes les compositions religieuses de cet artiste distingué : « Parmi ses compositions inédites sont trois messes solennelles, dont une composée pour la célèbre chapelle du prince Esterhazy ; un *Requiem* et un *De Profundis*, exécutés à l'église française de Vienne, en Autriche, pour l'anniversaire, en 1817, de la mort de Louis XVI. A la mort de Gossec, il improvisa un *Pie Jesu* qui depuis s'est exécuté dans beaucoup de cérémonies, entre autres à la mort de Catel, de Nourrit père, etc. On trouve aussi, dans ses manuscrits, un *Miserere* à quatre voix, ainsi qu'un grand nombre de fugues. »

(1) On peut consulter, sur les Panormo, le livre de M. Jos. Pearce, *Violins and violon makers*, et celui de M. Hart, *the Violin*.

Quant à la liste des œuvres dramatiques de ce compositeur, il y faut ajouter *le Mariage difficile*, petit ouvrage en un acte, qui fut représenté au théâtre de l'Opéra-Comique le 19 février 1823. C'est aussi Panseron qui écrivit la musique de trois couplets en trio qui furent chantés au même théâtre, à l'occasion de la naissance du duc de Bordeaux, le 29 septembre 1820, par Huet, Darancourt et Mme Boulanger.

D'après l'*Histoire du Conservatoire*, de Lassabathie, Panseron avait été nommé professeur adjoint de solfége dans cet établissement le 1er janvier 1826, professeur de vocalisation le 1er septembre 1831, et enfin professeur de chant le 1er janvier 1836.

PANZINI (Angelo), pianiste, professeur et compositeur italien, né à Lodi le 22 novembre 1820, a publié plus de deux cents œuvres de divers genres pour le piano, pour le chant et pour divers instruments. Parmi ces compositions, je signalerai les suivantes : *la Carità*, cantate ; 24 Solféges pour 2 et 3 voix de femmes, adoptés par le Conservatoire de Milan ; 6 Ariettes ; *il Brindisi*, chanson avec chœur ; *All'eroica Venezia, Daniele Manin morente*, chant pathétique ; *la Cetra lombarda*, album de 8 morceaux originaux pour le piano ; *l'Aurora del pianista*, morceaux courts et faciles sur des thèmes favoris italiens ; Grande Sonate pour piano et harmonium ; divers morceaux pour les mêmes instruments ; plusieurs morceaux pour piano et flûte ; Grand Duo pour deux flûtes ; enfin des nocturnes, caprices, mélodies, *scherzi*, marches, divertissements, des fantaisies sur des motifs d'opéras et quelques morceaux de danse. M. Panzini est professeur au Conservatoire de Milan.

Lorsque, le 20 septembre 1871, on célébra à Milan, par de grandes fêtes, l'anniversaire de l'entrée à Rome des troupes italiennes, M. Panzini fut chargé d'écrire l'un des trois hymnes de circonstance qui furent exécutés en plein air, sur la place du Dôme. Les deux autres étaient dus à Mazzucato et à M. Perelli.

PAOLETTI (N......), pianiste et compositeur italien de l'époque actuelle, s'est fait connaître par la publication de plus de deux cents morceaux de genre pour le piano, fantaisies, arrangements, transcriptions, etc., tous ou presque tous écrits sur des airs célèbres et des thèmes d'opéras populaires. J'ignore quelle est la valeur de cette musique, qui semble beaucoup plus une œuvre de commerce qu'un produit de l'art.

***PAPAVOINE** (......). — Cet artiste fit représenter à la Comédie-Italienne, le 7 décembre

1761, un second ouvrage, intitulé *le Vieux Coquet* ou *les Deux Amies*. Celui-ci était en trois actes, mais le livret, imité des *Joyeuses Commères de Windsor*, de Shakspeare, déplut si fort au public, que la première représentation fut aussi la dernière, et que cet opéra dut être retiré, bien que la musique en eût paru agréable. Parmi les pièces dont Papavoine écrivit la musique pour l'Ambigu-Comique, et qui pour la plupart étaient des pantomimes, je citerai les suivantes : *Alceste* ou *la Force de l'amour et de l'amitié; les Filets de Vulcain; le Fort pris d'assaut; Zélie; la Curiosité punie; le Magicien de village* ou *l'Ane perdu et retrouvé; le Répertoire*; etc., etc. Papavoine a publié quelques œuvres de musique instrumentale, entre autres : 1° Duo à la Grecque, à deux violons; 2° Symphonie avec hautbois, flûtes et cors de chasse. Il avait fait exécuter au Concert spirituel, le 19 mai 1757, une symphonie pour plusieurs instruments; peut-être est-ce la même que celle dont il est ici question.

* **PAPE** (Jean-Henri), habile facteur de pianos, est mort le 2 février 1875 à Asnières, près Paris, où il s'occupait encore de recherches relatives à la construction de l'instrument auquel il avait consacré toute sa vie. Depuis longtemps déjà son fils et son neveu lui avaient succédé dans la direction de la fabrique fondée par lui.

* **PAPE** (Louis), violoniste, violoncelliste et compositeur allemand, est mort le 9 janvier 1855.

PAPERA (Le P. Giovanni-Antonio), compositeur de musique religieuse, né à Lucques en 1680, fut maître de chapelle du séminaire de Saint-Martin, de cette ville. De 1699 à 1733, il fit exécuter, ainsi que le constatent les registres de la compagnie de Sainte-Cécile, quatorze services religieux à quatre voix, avec accompagnement instrumental, à l'occasion de la fête de cette sainte. Le P. Papera mourut à Lucques le 3 février 1746.

PAPIER (Louis), organiste et compositeur, né à Leipzig le 26 février 1829, reçut une excellente éducation, et devint, en 1869, organiste de l'église Saint-Thomas de sa ville natale. Il a publié un grand nombre de compositions, consistant en pièces d'orgue, morceaux de piano, chœurs, etc. Cet artiste estimable est mort à Leipzig le 13 février 1878.

PAPILLON DE LA FERTÉ (Denis-Pierre-Jean), fut inscrit à la paroisse de Notre-Dame de Châlons le 18 février 1727, ainsi qu'il résulte des copies de son acte de naissance et de son acte de décès (1er thermidor an II), conservées aux achives de l'Opéra. Tout était encore à dire, il n'y a pas plus de deux ans, sur cet homme qui exerça une influence dominante à l'Opéra vers la fin du siècle dernier, une influence supérieure même à celle du ministre qui détenait le pouvoir nominal, mais qui laissait son second gouverner. Ce personnage considérable ne jouissait pas seulement d'une autorité occulte, car lui-même était décoré du titre de commissaire du roi près l'Académie de musique; mais il avait su par son esprit d'intrigue, par son habileté à flatter le tiers et le quart, se faire peu à peu une place beaucoup plus grande que ses fonctions ne le comportaient d'abord. Il sut enfin occuper ce poste envié pendant les dix années qui précédèrent immédiatement la Révolution, et, ne fût-ce que par la durée de son autorité, il méritait qu'on s'occupât sérieusement de lui, alors même qu'il n'aurait pas eu une si grande influence sur les destinées de notre Opéra, partant sur celles de la musique dramatique en France. C'était d'ailleurs une figure singulière et bien curieuse à étudier que celle de ce Papillon de la Ferté, parti d'une position assez modeste et arrivé aux fonctions les plus enviées, jouissant d'un crédit sûr et l'employant volontiers pour ses favorites, homme aimable d'ailleurs et très-affable, trop affable même, doué d'une grande activité et d'un sens droit, ne boudant pas au travail, imaginant, proposant, essayant quantité de projets qu'il croyait être pour le bien de l'Opéra, homme de mérite au résumé, mais, pour employer une expression toute moderne, faux bonhomme au premier chef. Ce n'était pas assez d'un mot pour expliquer ce caractère complexe, et il ne suffisait pas d'injurier la Ferté, comme fait Castil-Blaze, le déclarant « vieux dévot, libertin et frappé d'imbécillité dès ses plus jeunes ans, » pour le juger. Celui-là méritait mieux qu'une appréciation sommaire, qui sut jouer un tel rôle dans notre histoire musicale, qui gouverna presque souverainement l'Opéra durant une période aussi glorieuse pour ce théâtre. La Ferté, dont l'activité était infatigable, est certainement un des hommes qui ont le plus écrit durant leur passage aux affaires, et les cartons des Archives nationales ne sont pleins que de ses lettres et rapports. Toute sa carrière administrative, toute sa vie publique et privée, toutes ses menées artistiques, toutes ses intrigues galantes, sont maintenant percées à jour, grâce aux nombreuses pièces que j'ai le premier publiées dans mes divers articles, brochures ou livres sur l'Opéra au siècle dernier, et en particulier dans le travail spécial que j'ai consacré à ce personnag esi important et pourtant si peu connu : *un Potentat musical, Papillon de la Ferté, son règne à l'Opéra de* 1780 à 1790, d'après ses lettres et ses papiers manuscrits conservés aux archives de l'Opéra et à la bibliothèque de la ville de Paris, avec un portrait de lui gravé à l'eau-forte par M. Adolphe Varins (Paris, Detaille, 1876). Je renverrai simplement chercheurs et curieux à cet écrit, ne pouvant essayer de le résumer ici, ni même relever à la file toutes les erreurs débitées jusqu'à ce jour sur le compte de la Ferté, sans occuper une place disproportionnée au sujet.

AD. J — N.

PAPINI (GUIDO), virtuose remarquable sur le violon et compositeur pour son instrument, est né à Camajore au mois d'août 1846.

Il fut élève, à Florence, d'un artiste fort distingué, Giorgetti, et, après s'être produit non sans succès en cette ville, était retourné à Camajore, où, je ne sais pour quelle raison, il avait renoncé, m'a-t-on dit, à poursuivre la carrière musicale. Mais un jour l'excellent professeur M. Basevi ayant fait appel à sa bonne volonté et lui ayant demandé de tenir la partie de premier violon dans les superbes séances de quatuor qu'il donnait chez lui, M. Papini revint à Florence, se fit entendre dans ces séances avec un grand bonheur, et se produisit ensuite dans de nombreuses occasions. Après avoir, dans sa patrie, établi sa renommée sur des bases solides, il est venu demander à la France la consécration d'un talent qui se distingue par de rares qualités. En 1876, il s'est fait entendre à Paris avec un succès que justifiaient un son pur et d'une grande puissance, un mécanisme remarquable, un jeu plein de chaleur, et un style à la fois souple, ferme et varié, se pliant habilement aux exigences de la musique des maîtres divers interprétés par l'artiste. M. Papini, qui s'est produit ensuite à Londres avec le même bonheur, est un violoniste de race, et son talent est à la fois plein d'élégance et de solidité.

Parmi les compositions que M. Papini a écrites pour son instrument, je signalerai les suivantes : *Amour*, romance-nocturne; *A mon étoile*, romance sans paroles; *Contes orientaux*, pièces de genre; *Saudade*, romance; Adagio et Valse de concert, op. 23; *la Lontananza*, *il Ricordo*, *Berceuse*, 3 morceaux de concert, op. 30; puis des transcriptions-fantaisies sur divers opéras célèbres, *le Pardon de Ploërmel*, *Don Carlos*, *la Forza del Destino*, *Aida*, etc.

* **PAPPALARDO** (SALVATORE), compositeur italien, est né à Catane le 21 janvier 1817. Il fut d'abord chef d'orchestre au théâtre communal de cette ville, et en 1841 fut nommé professeur de contre-point aux écoles de musique de l'Hospice royal de bienfaisance. En 1851, il alla se fixer à Naples, y reçut le titre de compositeur de la chambre du comte de Syracuse, puis devint maître de contre-point à l'*Albergo de' Poveri*. Il a fait représenter les ouvrages suivants : *Francesca da Rimini*, 4 actes; *il Corsaro*, 3 actes, Naples, th. du Fondo, 1846; *la Figlia del Doge*, 4 actes et un prologue, Catane, 1855; *l'Atrabilare*, 4 actes, Naples, th. Nuovo, 1856; *Mirinda*, 3 actes, Naples, th. San-Carlo, 1860. On doit à M. Pappalardo, en dehors du théâtre, diverses compositions : une messe de *Requiem*; 3 *Salve regina* pour un ou deux ténors, avec accompagnement de petit orchestre; *Antifona della velazione*, recueil de 8 morceaux religieux pour une, deux ou trois voix de femmes ou chœur de femmes; un recueil de trois mélodies vocales et des romances détachées; un quatuor pour 2 violons, alto et violoncelle, op. 18. Sous le pseudonyme transparent de *Paraladopp*, qui est l'anagramme de son nom, le même artiste a publié diverses fantaisies pour violon, alto et violoncelle, pour piano, flûte, violon et violoncelle, un duo pour deux violoncelles, etc. — M. Pappalardo s'occupe aussi de littérature musicale, et a été chargé, en 1873, de rendre compte dans un journal politique de Naples, *la Patria*, de tous les faits relatifs à la musique.

* **PAQUE** (GUILLAUME), violoncelliste, est mort à Londres le 3 mars 1876. Il était né à Bruxelles le 24 juillet 1825.

PARAZZI (A......-ANTONIO), musicographe italien, est l'auteur d'un écrit très-intéressant qui, après avoir été inséré dans la *Gazzetta musicale* de Milan, a été publié sous ce titre : *Della vita e delle opere musicali di Lodovico Grossi-Viadana, inventore del basso continuo nel secolo XVI, con ritratto e quattro concerti ecclesiastici del Viadana* (Milan, Ricordi, 1877). Dans cet écrit, M. Parazzi a pu, grâce à des documents authentiques, rectifier un grand nombre de faits concernant la vie et les œuvres de l'artiste remarquable dont il retraçait la carrière. (*Voy.* VIADANA).

PARDIGON (MARIUS), éditeur et marchand de musique à Marseille, a publié un opuscule ainsi intitulé : *Nécrologie des artistes musiciens, acteurs et compositeurs de l'année* 1857, première année (Marseille, impr. Vial, 1858, in-8°). J'ignore si cette publication s'est prolongée pendant plusieurs années.

PARDINAS (PHILIPPE), compositeur, professeur et écrivain espagnol sur la musique, naquit à Lugo, dans la province de Galice, au commencement du dix-septième siècle. On lui attribue un certain nombre de chants religieux, *cantares galleyos*, que le peuple entonnait avec enthousiasme dans les pèlerinages et les fêtes de l'ancien royaume. Il se fit connaître aussi par un certain nombre d'écrits publiés sur diverses questions musicales, et qui donnaient une haute idée de ses connaissances en art et en littérature. Pardinas était aussi considéré comme un remarquable professeur, et il forma une quantité d'excellents élèves. Par malheur, il était doué par la nature du caractère le plus intraitable, qui lui attirait l'inimitié de tous ceux qui étaient à même de le connaître. Aussi mourut-il pauvre et abandonné de tous.

* **PARDON** (Félix), pianiste et compositeur belge, né à Bruxelles le 2 juin 1851, a fait ses études au Conservatoire, où il a été élève de M. Mailly pour le piano (tout en recevant des leçons particulières de M. Louis Brassin) et de Fétis pour la composition. Il prit part en 1869 au concours de Rome, et se vit décerner le second prix pour sa cantate intitulée *la Dernière Nuit de Faust*. Deux ans après, le 10 avril 1871, c'est-à-dire avant même d'avoir accompli sa vingtième année, ce jeune artiste faisait représenter sur le théâtre de la Monnaie, de Bruxelles, un opéra-comique en 2 actes qui avait pour titre *la Jeunesse de Grétry*. Au mois de février 1879, il a donné à Paris, au concert de l'Alcazar, une opérette intitulée *Friscoff l'Américain*.

PARENT (Mlle Charlotte-Francès-Hortense), pianiste et professeur, née à Londres le 22 mars 1837, fut admise en 1853 au Conservatoire de Paris, où elle suivait simultanément le cours de piano de Mme Farrenc et le cours d'harmonie et accompagnement pratique de Mme Dufresne. Elle obtint en 1854 un premier accessit d'harmonie, le premier prix l'année suivante avec un premier accessit de piano, en 1856 le second prix de piano, et le premier en 1857. Mlle Parent se consacra alors exclusivement à l'enseignement, et publia, quelques années plus tard, un petit livre ainsi intitulé : *l'Étude du piano, manuel de l'élève, conseils pratiques* (Paris, Hachette, 1872, in-12). Ce petit manuel, conçu avec intelligence et fait avec soin, est dédié par l'auteur à M. Félix le Couppey.

***PARENTI** (François-Paul-Maurice). — Ce compositeur a donné au théâtre Favart, en 1794, *le Cri de la Patrie*, opéra-comique en 3 actes.

PAREPA-ROSA (Euphrosine **PAREPA**, épouse **ROSA**, connue sous le nom de Mme), cantatrice dramatique, naquit à Édimbourg en 1837 ou 1838. Fille d'artistes et nièce d'un chanteur réputé nommé Seguin, elle reçut une bonne éducation musicale et, fort jeune encore, débuta au théâtre italien de Malte. Elle était à peine âgée de dix-neuf ans lorsqu'elle fut engagée au théâtre du Lyceum, de Londres, où la troupe de l'opéra italien avait dû être provisoirement transportée à la suite de l'incendie de la salle de Covent-Garden ; elle s'y montra pour la première fois avec succès, au mois de mai 1857, dans *les Puritains* de Bellini. Elle fit ensuite partie de la compagnie anglaise dirigée par miss Louisa Pyne et M. Harrison, devint l'idole du public, et, quelques années après, s'étant trouvée veuve d'un premier mariage contracté avec le capitaine Carwill, épousa M. Carl Rose, dit Rosa, habile violoniste allemand et chef d'orchestre exercé.

C'est alors que Mme Parepa-Rosa conçut, avec son mari, le projet de former une troupe d'opéra anglais et d'aller avec elle exploiter l'Amérique. Cette troupe fit une tournée immense et triomphale dans toutes les grandes villes du nouveau monde, et Mme Parepa-Rosa, douée d'une voix puissante et superbe qu'elle dirigeait avec un grand style, acquit de l'autre côté de l'Océan une immense fortune et une réputation colossale. Après quelques années passées en Amérique, elle revint en Europe, fit une courte apparition au théâtre de Covent-Garden, puis, toujours en compagnie de son mari, forma une nouvelle troupe destinée à jouer et à populariser l'opéra anglais dans les provinces. Cette troupe, habilement dirigée, marchait de succès en succès, lorsqu'une grave maladie de Mme Parepa-Rosa vint en interrompre les représentations ; le mal fit des progrès rapides, et cette artiste distinguée mourut à Londres, le 21 janvier 1874, dans toute la force de la jeunesse et du talent.

***PARFAICT** (François et Claude). — Il ne s'est malheureusement pas encore trouvé, jusqu'ici, d'éditeur assez courageux pour publier l'*Histoire de l'Opéra* (ou plutôt, car tel est son vrai titre, l'*Histoire de l'Académie royale de musique*) de ces deux écrivains. La copie de cet intéressant ouvrage faite par Beffara se trouve aujourd'hui, non plus à la bibliothèque de la ville de Paris, comme il a été dit, mais au département des manuscrits de la Bibliothèque nationale.

L'aîné des frères, François, est l'auteur d'un almanach théâtral dont il a paru trois années, et qui a été certainement le premier essai, sinon en Europe, du moins en France, de ce genre de publications. L'*Agenda historique et chronologique des théâtres de Paris* a été publié par lui en 1735, 1736 et 1737, et le seul exemplaire connu de cette petite et précieuse collection, acheté par moi en 1864, à la vente des livres de Favart fils, fait aujourd'hui partie de ma bibliothèque. Il m'a servi à faire une réimpression en *fac-simile* de ces trois petits volumes, qui ont été ainsi publiés à nouveau en 1876 : *Agendus des théâtres de Paris*, 1735, 1736 *et* 1737, *par François Parfaict. Réimpression exacte du seul exemplaire existant, avec préface par Arthur Pougin*, Paris, Bonnassies, 1876, 3 vol. in-32 (tiré à cent exemplaires).

*****PARIS** (Aimé), l'un des propagateurs les plus ardents et les plus intelligents du système de la notation musicale par le chiffre, est mort le 29 novembre 1866. Aimé Paris était un homme d'une rare valeur et d'une rare vigueur au point de vue intellectuel ; son invention de la langue rhythmique, qu'il appelait la *langue des durées*, est un moyen pédagogique d'une réelle puissance, qui peut rendre des services signalés, et dont le principe pourra être un jour d'un grand secours dans l'enseignement musical ordinaire. Ce qui a nui à l'expansion de ce procédé utile et ingénieux, c'est que son auteur a toujours voulu y joindre le système de la musique chiffrée, absolument irrationnel. On doit à Aimé Paris plusieurs autres inventions relatives à l'enseignement musical : deux appareils nommés par lui *Œdipe musical* et *Panotiscope*, et un tableau intitulé *Sténographie mélodique*. On trouvera des détails fort intéressants sur ces divers travaux dans la brochure publiée sous ce titre: *M. Aimé Paris et ses inventions, trois feuilletons de M. Alexis Azevedo dans* l'Opinion nationale *des* 25 *août*, 1er *et* 8 *septembre* 1863 (Dieppe, impr. Delevoye, s. d. [1863], in-8° de 23 p.). Aimé Paris publiait à Rouen, en 1850, une feuille musicale intitulée *le Franc-Juge*.

* **PARIS** (Claude-Joseph), est mort à Paris le 25 juillet 1866. Après avoir obtenu le second prix au concours de l'Institut en 1825, il avait écrit la musique d'un ballet représenté à la fin de la même année à la Porte-St-Martin, puis, en 1826, il obtenait le premier prix, ce qui ne le conduisit pas à la fortune, car il ne put jamais réussir qu'à faire représenter un petit acte, *la Veillée*, à l'Opéra-Comique. C'est à ce propos qu'Adolphe Adam écrivait ce qui suit (V. les notes biographiques placées en tête du volume, *Souvenirs d'un Musicien*) : — « Je concourus deux fois à l'Institut ; la première fois, j'eus une mention honorable ; la deuxième, le premier grand prix fut décerné à Barbereau, le premier second prix à Paris, et j'obtins un deuxième second prix... Dix ans plus tard, Barbereau était chef d'orchestre au Théâtre-Français, Paris était chef d'orchestre au théâtre du Panthéon, et j'avais déjà fait jouer une dizaine d'opéras. » Outre *la Veillée*, donnée à l'Opéra-Comique, Paris fit représenter en 1840 au petit théâtre Beaumarchais, transformé pour un instant en Opéra bouffe, un petit ouvrage intitulé *le Cousin de Denise*.

PARISINI (Federico), théoricien et compositeur italien, professeur au Lycée musical de Bologne, a fait exécuter en cette ville plusieurs messes qui lui ont valu les éloges de la critique et du public. Cet artiste, qui considère à juste titre la musique comme un des éléments les plus essentiels de toute bonne éducation, s'est appliqué à écrire quelques petits ouvrages dramatiques destinés à être joués et chantés par des enfants, et conçus, par conséquent, dans des conditions vocales particulières ; c'est ainsi qu'il a composé la musique de trois *farse* ou opérettes appelées, dans sa pensée, à être exécutées dans les maisons d'éducation : *la Sartine* (un acte), *Jenny* (2 actes), et *una Burla* (2 actes). Ces trois petits ouvrages ont été publiés en 1871 par l'éditeur Trebbi, de Bologne. M. Parisini a écrit aussi deux véritables opéras, tous deux du genre bouffe : l'un, *il Maestro di scuola*, a été donné au théâtre Brunetti, de Bologne, en 1869 ; l'autre, *i Fanciulli venduti*, a été représenté au théâtre Contavalli, de la même ville, le 15 mars 1876.

M. Parisini s'est fait connaître aussi par la publication de véritables ouvrages d'éducation et de traités théoriques. On a de lui : 1° *Méthode théorique et pratique de chant choral*; 2° *Méthode théorique et pratique de chant choral pour les écoles normales*; 3° *Méthode en chiffres de chant choral à l'usage des écoles élémentaires*. Enfin, on a annoncé comme prochaine la publication d'un *Traité d'harmonie* du même artiste.

PARISOT (......), habile facteur d'orgues français, vivait dans la première moitié du dix-huitième siècle, à Rouen. Il construisit en 1731, conjointement avec un autre facteur nommé Fol, le grand orgue de l'église Saint-Rémy, à Dieppe, instrument qui ne coûta pas moins, dit-on, de 18,000 livres.

PARKER (Daniel), artisan distingué, fut un des bons luthiers de l'école anglaise au dix-huitième siècle, et des plus justement estimés. Il dut vivre vieux, car les dates de ses instruments s'étendent de 1740 à 1785, et comprennent ainsi près d'un demi-siècle. C'est Parker qui, avec Benjamin Banks, commença à dissuader ses confrères d'imiter les patrons de Stainer.

* **PARMENTIER** (Charles-Joseph-Théodore), militaire et amateur distingué de musique, a continué, tout en poursuivant avec éclat sa carrière, à s'occuper de l'art qu'il affectionne.

• Blessé à Wœrth, dans le cours de la guerre de 1870-71, puis fait prisonnier à Sedan et emmené en captivité à Bonn, il fut promu général de brigade peu après sa rentrée en France, et bientôt nommé commandant supérieur du génie à Tours. Il est aujourd'hui membre du comité des fortifications, et réside à Paris. Cela n'a pas empêché M. Parmentier de publier, dans ces dernières années, un certain nombre de compositions parmi lesquelles je signalerai les suivantes : 4 Pièces et une Fugue pour orgue, op. 5 ; 96 petits Préludes et Versets pour orgue, dans tous les tons majeurs et mineurs, op. 6 ; Nocturne pour piano, op. 9 ; Polonaise en *mi* bémol, de Weber, transcrite pour orchestre.

Mme Teresa Milanollo-Parmentier, la célèbre violoniste, dont on avait, à tort, annoncé la mort, il y a quelques années, paraît avoir complétement renoncé à se produire en public. En 1871 ou 1872, elle s'est fait entendre une fois à Paris, dans un concert au profit d'une œuvre nationale.

* **PARRAN** (Le P. Antoine). — L'auteur de la *Biographie universelle des Musiciens* a été trompé par un faux renseignement lorsqu'il a affirmé que le *Traité de la musique théorique et pratique* du P. Parran avait été publié pour la première fois en 1646. J'ignore si Forkel, Gerber et les autres biographes se sont trompés, comme il le dit, en signalant une édition de 1636; mais ce qui est certain, c'est que la bibliothèque du Conservatoire de Paris possède une édition bien authentique du Traité du P. Parran datée de 1639, et formant un volume de 144 pages avec une planche et des exemples dans le texte.

PARRAVANO (Costantino), compositeur dramatique italien, est né à Caserte le 25 novembre 1841, et a étudié le piano avec Vincenzo Ruta, et la composition avec Domenico Gatti et Mercadante. Il s'est fait connaître jusqu'ici par quelques ouvrages qui ont été assez bien accueillis : 1° *Isaura di Firenze*, Caserte, 1860 ; 2° *Colpa e Castigo*, 3 actes (paroles et musique), Naples, théâtre Bellini, 26 septembre 1867; 3° *l'Ultimo de' Mori in Ispagna*, Naples, théâtre Mercadante, décembre 1874 ; 4° *Ginevra di Monreale*, Milan, théâtre Dal Verme, 18 novembre 1878. Il a en portefeuille trois autres opéras, jusqu'à ce jour inédits : *Piccarda Donati*, *gli Uscocchi*, et *la Dama bianca*. M. Parravano a publié quelques romances et mélodies.

PARRAVICINI (La signora), violoniste extrêmement remarquable, était fille d'une cantatrice dramatique fameuse, Isabelle Gandini, et naquit à Turin en 1769. On la dit élève de Viotti, ce qui semble difficile, s'il est vrai, comme l'affirme Francesco Regli (*Storia del violino in Piemonte*), qu'elle ne vint à Paris qu'en 1797 ; Viotti, en effet, avait quitté Turin dès 1780 pour venir en France, était parti pour l'Angleterre en 1792, et ne revint à Paris qu'au bout de dix années. Il faudrait donc croire, ce qui, après tout, ne serait pas impossible, que la Parravicini avait reçu des leçons de Viotti dès sa plus tendre enfance, et seulement jusqu'à l'âge de onze ans.

Quoi qu'il en soit, déjà mariée lorsqu'elle vint à Paris, elle produisit une véritable sensation en s'y faisant entendre aux concerts de la Société Olympique. Deux ans après, elle obtenait de grands succès à Leipzig, puis à Dresde, et en 1801 elle était de retour à Paris, où elle retrouvait toute la faveur du public. L'année suivante, elle était à Berlin, et bientôt elle se fixait dans une petite cour d'Allemagne, où, séparée alors de son mari, elle s'était présentée sous le nom d'un grand seigneur qui était devenu son amant. A partir de ce moment, elle cessa d'employer son talent pour vivre. Pourtant, et sans doute à la suite de revers de fortune, elle se produit de nouveau comme virtuose en Allemagne vers 1820, et sept ans plus tard elle donne à Munich des concerts qui la font admirer du public, bien qu'à cette époque elle fût âgée de près de soixante ans. Les journaux du temps rendirent compte de ses succès d'une façon étendue. Depuis lors, on n'en entendit plus parler.

La Parravicini, dit-on, ne jouait absolument pas d'autre musique que celle de Viotti.

PASCAL (Prosper), compositeur et critique musical, est né vers 1825. Artiste un peu froid, mais fort instruit et non dénué d'imagination, M. Prosper Pascal s'est produit au théâtre avec les ouvrages suivants : 1° *le Roman de la Rose*, un acte, Théâtre-Lyrique, 29 novembre 1854 ; 2° *la Nuit aux gondoles*, un acte, id., 19 novembre 1861 ; 3° *le Cabaret des Amours*, un acte, Opéra-Comique, 8 novembre 1862 ; 4°. *Fleur de lotus*, théâtre de Bade, 29 juillet 1864. Il a écrit aussi les paroles et la musique d'un grand opéra en cinq actes, *les Templiers*, dont il a fait exécuter quelques fragments, dans un salon, au mois de mai 1867. C'est à M. Pascal qu'est due la traduction de *l'Enlèvement au Sérail*, de Mozart, donnée au Théâtre-Lyrique en 1859, et c'est à cette occasion qu'il a orchestré avec un tact, une finesse et une élégance rares, et fait exécuter en guise d'entr'acte la jolie Marche turque de Mozart. Ainsi arrangé, ce morceau produisait un effet infaillible non-seulement au théâtre, mais dans les concerts, où on l'exécutait sans cesse.

M. Prosper Pascal s'est fait connaître auss

comme critique, et il a fait preuve de délicatesse, de goût et de véritables qualités d'écrivain en collaborant, sous ce rapport, au *Courrier du Dimanche*, au *Ménestrel*, au *Derby*, et à *l'Exposition universelle illustrée*. Depuis plusieurs années, la maladie a réduit cet artiste au silence. Il a publié, chez l'éditeur Gérard, un recueil de vingt mélodies vocales, intitulé *les Chants de la veillée*, et, chez Heugel, quatre duettinos, dont un sur paroles italiennes, portant les titres suivants : *Comment disaient-ils ? la Chanson du feu ; l'Été ; Bel tempo che vola.*

PASCUCCI (.....), compositeur dramatique italien, a fait représenter sur le théâtre Argentina, de Rome, le 23 septembre 1877, un opéra semi-sérieux intitulé *il Pronosticante fanatico*. Écrite depuis dix ou douze ans, la musique de cet ouvrage parut conçue dans un style un peu étroit, un peu conventionnel, et dont les formes étaient déjà vieilli ; cependant, et bien que les idées, parfois gracieuses et élégantes, parussent manquer de nouveauté, on reconnut dans la partition la trace de bonnes études et de l'heureuse organisation du compositeur.

PASDELOUP (Jules-Étienne), chef d'orchestre français, fondateur des Concerts populaires, est né à Paris le 15 septembre 1819. Fils d'un artiste estimable qui avait obtenu au Conservatoire un premier prix d'harmonie (1809) et un premier prix de violon (1811), lui-même fut admis dans cette école le 16 octobre 1829, et y devint successivement l'élève de Rosellen pour le solfége, de Laurent et de Zimmermann pour le piano, de Bazin et de Dourlen pour l'harmonie, enfin de Carafa pour la composition. Après avoir obtenu un accessit de solfége en 1830, le second prix en 1831 et le premier prix en 1832, il se vit décerner un second prix de piano en 1833 et le premier prix l'année suivante. Il était encore élève de l'école, où il ne termina ses études qu'en 1844, lorsqu'en 1841 il y fut nommé répétiteur de solfége; devenu répétiteur d'une classe d'étude du clavier en 1847, il donna sa démission en 1850, fut nommé professeur agrégé de la classe d'ensemble vocal en 1855, et en 1868 renonça à ces dernières fonctions. Il était, à cette époque, directeur d'une des deux sections de l'Orphéon municipal de Paris.

M. Pasdeloup commença sa carrière artistique en se faisant entendre dans les concerts, et en publiant pour le piano quelques pièces de genre sans grande importance et quelques morceaux de danse. Nommé, à la suite de la révolution de 1848, gouverneur du château de Saint-Cloud, il ne conserva pas longtemps ces fonctions, et, frappé du succès qu'obtenait alors la Société de Sainte-Cécile, si bien dirigée par M. Seghers (*Voy.* ce nom), il songea bientôt à fonder, avec l'aide des jeunes élèves du Conservatoire, une association du même genre à laquelle il donna le nom de *Société des jeunes artistes du Conservatoire*. Il styla cette jeune armée de symphonistes, et donna son premier concert public à la salle Herz, au mois de février 1851. Peu de temps après, il était chargé de la direction des soirées musicales de la princesse Mathilde et de celles de M. de Nieuwerkerke, surintendant des Beaux-Arts.

Mais M. Pasdeloup poursuivait un but plus vaste et plus élevé. Désireux de doter son pays d'une institution qui lui manquait encore, malgré les essais faits en ce genre, à diverses reprises, par plusieurs artistes distingués, il rêvait la fondation d'une entreprise de concerts à bon marché, grâce à laquelle on pourrait mettre à la portée de tous, pour un prix modique, les grands chefs-d'œuvre de la musique symphonique classique, dont l'audition était jusqu'alors le privilége d'un petit nombre. Fort de la bonté de son idée, il songea aux moyens pratiques de la réaliser. La difficulté principale était de trouver une salle assez vaste pour contenir un public nombreux, afin que, malgré la modicité du prix des places, le chiffre des recettes permit de supporter, avec les dépenses d'un orchestre considérable, tous les autres frais inhérents à une telle entreprise. Or, on sait combien Paris a toujours été pauvre en salles de concert. M. Pasdeloup ne se rebuta pas pour cela, et, ne trouvant rien de mieux, en vint à s'installer dans un manége. Il loua la salle du Cirque d'hiver (boulevard des Filles-du-Calvaire), et c'est là qu'il transporta son orchestre de la salle Herz, d'ailleurs notablement augmenté en raison de l'importance du vaisseau dans lequel il était appelé à manœuvrer désormais. Une fois en possession de sa salle, M. Pasdeloup s'occupa de l'organisation matérielle de ses séances, et bientôt d'immenses affiches, placardées dans tout Paris, annonçaient l'inauguration des *Concerts populaires de musique classique*, inscrivant sous ce titre hardi les cinq grands noms de Haydn, Mozart, Beethoven, Weber et Mendelssohn, et faisant connaître les prix des places, qui étaient fixés à 5 francs, 2 fr. 50, 1 fr. 25, et 75 centimes. Le premier concert eut lieu le dimanche 27 octobre 1861, et le programme en était ainsi composé : 1° Ouverture d'*Oberon* (Weber) ; 2° Symphonie pastorale (Beethoven); 3° Concerto de violon (Mendelssohn), exécuté par M. Alard ; 4° Hymne (Haydn), exécuté par tous les instruments à cordes; 5° Ouverture du *Jeune Henri* (Méhul).

Le succès fut spontané, colossal, immense. Bien avant l'heure fixée pour l'ouverture des bureaux, la foule se pressait aux portes du Cirque, et la salle était comble lorsque M. Pasdeloup donna le signal de l'attaque de la chevaleresque ouverture d'*Oberon*. Une immense salve d'applaudissements éclata de tous les points de la salle lorsque le morceau fut terminé, et l'enthousiasme ne fit que s'accroître jusqu'à la fin de la séance. De ce jour, l'avenir des Concerts populaires était assuré, et M. Pasdeloup, en rendant un éclatant service à la musique, en mettant les classes bourgeoise et laborieuse à même de connaître ses plus admirables chefs-d'œuvre, en propageait le goût d'une façon incalculable et créait une institution qui marquera dans l'histoire de l'art. Presque aussitôt celle-ci portait les fruits qu'on en pouvait attendre, et des concerts populaires s'établissaient successivement, non-seulement dans la plupart de nos grandes villes de France, Toulouse, Bordeaux, Nantes, Marseille, Lyon, mais dans presque toutes les capitales et villes importantes des pays étrangers : Londres, Turin, Gênes, Florence, Moscou, Madrid, Birmingham, Bruxelles, etc., et partout avec le même succès.

Cependant, M. Pasdeloup ne se borna pas à faire connaître à son public les grandes œuvres que le temps avait jusqu'alors consacrées. Doué d'un large esprit d'initiative, et se rendant un compte exact des services qu'il pouvait rendre, il produisit bientôt diverses compositions des maîtres de l'école contemporaine allemande et de quelques autres artistes étrangers, MM. Richard Wagner, J. Raff, Niels Gade, Rubinstein, Tschaïkoffsky, Grieg, etc. ; puis il songea à donner aussi l'hospitalité à nos jeunes musiciens français, qui, en dehors du théâtre, n'avaient en France aucun moyen de se faire connaître. C'est ainsi qu'il fit exécuter les premières compositions de tous nos jeunes maîtres, MM. Massenet, Georges Bizet, Ernest Guiraud, Edouard Lalo, Salvayre, Bourgault-Ducoudray, etc., tout en donnant place aux grandes œuvres de Félicien David, de Berlioz, de MM. Gounod, Gouvy et autres. Le large et vigoureux éclectisme de M. Pasdeloup a rendu, on peut le dire, de très-grands services à l'art musical, et on doit lui en savoir d'autant plus de gré que ce n'est pas sans entrer en lutte parfois avec son public qu'il pouvait l'obliger à écouter des œuvres qui ne lui étaient pas sympathiques dès l'abord. En agissant ainsi, M. Pasdeloup a créé un grand courant musical, a activé la production chez nos jeunes artistes, en a fait connaître plusieurs qui sans lui fussent restés obscurs, et a prouvé à la France elle-même qu'elle possédait une jeune et forte école musicale, digne et capable de lutter victorieusement contre quelque pays que ce soit.

Au mois de novembre 1866, M. Pasdeloup, sans abandonner en aucune façon les Concerts populaires, voulut fonder dans la salle nouvelle de l'Athénée (rue Scribe) une entreprise de concerts permanents avec chœurs et orchestre, qui auraient lieu le soir, trois fois par semaine. Il fit exécuter là diverses œuvres importantes, les chœurs d'*Athalie*, de Mendelssohn, ceux d'*Ulysse*, de M. Gounod, *les Ruines d'Athènes*, de Beethoven, *le Désert*, de Félicien David, *les Saisons*, d'Haydn, l'*Ode à sainte Cécile*, de Hændel, etc. ; mais les concerts de l'Athénée ne réussirent que médiocrement, et ne durèrent pas plus d'une saison. Deux ans après, au mois d'octobre 1868, M. Pasdeloup voulut prendre la direction du Théâtre-Lyrique, mais son administration ne fut pas heureuse; après avoir remonté l'*Iphigénie en Tauride*, de Gluck, avoir donné une traduction du *Rienzi*, de M. Richard Wagner, avoir joué *Don Quichotte*, de M. Ernest Boulanger, et quelques autres ouvrages, il dut, au bout de dix-huit mois, abandonner la situation et résigner son privilége. Depuis lors il s'en est tenu exclusivement à la direction des Concerts populaires, dont la création reste son grand et véritable titre à l'estime et à la sympathie publiques. — M. Pasdeloup est chevalier de la Légion d'honneur.

PASINI (Timoteo), compositeur italien, est auteur d'un drame lyrique, *Giovanna Grey*, qui était représenté (j'ignore si c'est pour la première fois) en 1853, au théâtre communal de Ferrare. On lui doit aussi un chant patriotique intitulé *la Partenza del volontario*. Cet artiste était vraisemblablement l'époux de la cantatrice Mme Pasini-Nencini, dont on trouve une notice au tome VI de la *Biographie universelle des Musiciens*.

* **PASQUALI** (Boniface), prêtre et musicien italien du seizième siècle, ne paraît pas avoir été maître de chapelle de la cathédrale de Parme, ainsi qu'il a été dit dans la *Biographie universelle des Musiciens*. Faisant partie de l'ordre des mineurs conventuels de San-Francesco, de Bologne, sa ville natale, il fut tout naturellement choisi par ses supérieurs, s'étant donné à la pratique de la musique, pour remplir les fonctions de maître de chapelle de son couvent; fonctions qu'il conserva depuis le 3 septembre 1567 jusqu'à sa mort, arrivée à la fin de février 1585. Pendant ce cours de dix-huit années, il ne s'éloigna un instant de Bologne que pour aller tenir le même emploi à Padoue, précisément en 1576, c'est-à-dire à l'époque où il fit paraître à

Venise son recueil de psaumes. Mais il revint bientôt à son couvent, pour ne le plus quitter. On trouvera des détails à ce sujet dans l'écrit de M. Gaspari : *Memorie risguardanti la storia dell'arte musicale in Bologna al* XVI *secolo.*

* **PASQUINI** (Bernardo), compositeur italien. — A la liste des œuvres de ce grand artiste, il faut ajouter un oratorio qui avait pour titre *il Sete di Cristo*, et un opéra intitulé *la Forza d'amore.* J'ignore le lieu et la date de représentation de ce dernier ouvrage, dont M. le docteur Abramo Basevi, de Florence, possède la partition manuscrite dans sa bibliothèque.

* **PASTA** (Judith **NEGRI**, épouse), — Cette cantatrice admirable, qui depuis vingt-cinq ans s'était définitivement retirée de la scène et vivait dans sa splendide villa du lac de Côme, est morte le 1er avril 1865. Deux écrits ont été publiés naguère, en Italie, sur Mme Pasta : 1° *Giuditta Pasta al Carcano, poema eroi-comico*, par Lorenzo Bossini (Naples, 1833, in-8°) ; 2° *In lode d'una maravigliosa non meno italica cantante che tragica ed anche comica attrice, canzone essuta in Londra*, par Luigi Angeloni (Londres, 1833, in-8°). On sait que le portrait de Mme Pasta a été fait naguère par l'un des meilleurs peintres de son temps, le baron Gérard.

PASTA (........), musicien italien, a fait ses débuts à la scène en donnant sur le théâtre Paganini, de Gênes, le 23 novembre 1875, un opéra intitulé *Atahualpa.*

* **PASTOU** (Étienne-Jean-Baptiste). — On doit à cet artiste les ouvrages suivants : 1° *Cours de musique vocale, ou Recueil méthodique des leçons de Pastou* (Paris, 1827, in-8°) ; 2° *Discours sur l'enseignement musical à Paris* (Paris, 1818, brochure gr. in-8°) ; 3° *Questionnaire, 400 questions à ses élèves, par Pastou* (Paris, 1850, grand in-8° de 16 p.).

PATAU (Édouard), ancien officier de marine, est auteur d'un écrit publié sous ce titre : *Science et musique, ou les Règles de l'art musical justifiées à l'aide de la science* (Paris, Delagrave, 1867, in-8°). Ce travail avait été d'abord inséré dans la *Presse scientifique et industrielle des deux mondes.* M. Patau est de la race, trop nombreuse, des savants qui veulent subordonner les règles de la musique à celles de la science, l'asservir à celle-ci, sans vouloir admettre cette vérité incontestable qu'en dehors du principe physique de la détermination du son, l'une ne doit plus avoir avec l'autre aucune espèce de rapport.

PATEY (Madame), née *Whycoth*, cantatrice anglaise fort distinguée, et qui jouit dans sa patrie d'une grande et légitime renommée, est née à Londres en 1843. Ayant reçu de bonne heure une excellente éducation artistique, elle a complété cette éducation sous la direction de son mari, qui est lui-même un musicien et un chanteur habile doué d'une fort belle voix de basse, et qui s'est fait connaître avantageusement. Mme Patey a commencé sa carrière à Londres, avec un grand succès, dans les concerts de M. Henri Leslie ; puis, lorsque Mme Sainton-Dolby crut devoir prendre prématurément sa retraite, elle fut engagée par M. Michaël Costa pour succéder à cette grande artiste dans l'emploi de premier contralto qu'elle remplissait à la *Sacred harmonic Society.* Depuis lors elle s'est fait entendre avec le plus grand bonheur dans les séances, concerts et festivals donnés par la célèbre société, et a acquis une grande réputation. Mme Patey est justement considérée aujourd'hui, par le public anglais, comme l'une des premières cantatrices d'oratorio, et non-seulement elle a fait apprécier son grand style et son admirable voix dans les chefs-d'œuvre de Bach, de Hændel et de Mendelssohn, mais MM. Macfarren, Julius Benedict et Sullivan (et aussi M. Gounod, pendant son séjour en Angleterre) ont écrit expressément pour elle un grand nombre de compositions, qu'elle a fait valoir avec un incontestable talent.

La voix de Mme Patey, qui est un contralto profond, est d'une pâte superbe, d'une grande étendue, d'une égalité rare et d'une justesse irréprochable ; elle a le ton gras et merveilleux qu'on admirait naguère dans celle de l'Alboni, et la cantatrice joint à ses facultés naturelles des qualités acquises qui en font une artiste de premier ordre.

Mme Patey n'est pas tout à fait étrangère à la scène. En compagnie de son mari, de Mlle Joséphine Sherrington et de M. Varley, elle a fait, en 1870, une tournée théâtrale dans les provinces anglaises ; la principale *attraction* de cette petite compagnie d'opéra, dont le grand organiste M. Lemmens était l'accompagnateur, consistait dans la représentation du *Fils de l'étranger*, de Mendelssohn. Toutefois, c'est comme chanteuse d'oratorio que Mme Patey a établi victorieusement sa grande renommée, et c'est sous ce rapport qu'elle a été chaudement applaudie à Paris, en 1875, lorsqu'elle y vint prendre part aux belles exécutions du *Messie* organisées à cette époque par M. Charles Lamoureux (*Voy.* ce nom).

PATRIE (......), compositeur belge, a écrit la musique d'un opéra-comique en un acte, *les Meuniers*, qui a été représenté au Cercle dramatique et symphonique de Bruxelles, au mois de novembre 1867.

PATTI (Adeline-Marie-Jeanne), cantatrice remarquable, est née à Madrid, le 8 avril 1843 (1). Son père (mort à Paris le 21 août 1869, à l'âge de soixante-neuf ans) était un chanteur estimable, qui tint longtemps l'emploi des ténors, et sa mère, qui avait épousé en premières noces le fils de la célèbre cantatrice Mme Barilli, était, elle aussi, une chanteuse distinguée, dont la carrière fut brisée par la naissance de l'enfant dont il est ici question, car elle perdit la voix en lui donnant le jour (2). Étonnamment douée pour la musique, et surtout pour le chant, la jeune Adelina Patti fut un enfant prodige, et montra de bonne heure une véritable vocation pour l'art qui devait lui donner la fortune et la renommée. Un de ses biographes a raconté l'anecdote que voici : « Un soir, après avoir assisté à une représentation de *Norma*, pendant laquelle les artistes avaient été acclamés et couverts de fleurs, Adelina, rentrée chez ses parents, profita du moment où ceux-ci se trouvaient réunis au souper de famille, pour se glisser silencieusement dans la chambre de sa mère. Une fois là, et se croyant à l'abri de toute indiscrétion, l'enfant (elle avait six ans à peine) s'affuble tant bien que mal d'un drap de lit, se coiffe d'une couronne, souvenir de quelque soirée de triomphe de sa mère, et, gravement posée devant une glace, elle entonne l'air d'entrée de *Norma* avec toute l'importance d'une débutante qui s'attend à charmer l'assemblée. Quand elle eut fini son air, simulant alors elle-même son auditoire, elle s'applaudit à outrance, enleva la couronne de son front et se la jeta elle-même pour avoir l'occasion d'essayer, en la ramassant, le plus gracieux salut que jamais artiste rappelée ait dédié à son public, et, reculant en saluant et saluant en reculant, elle arriva ainsi jusqu'à la porte de la chambre, où sa mère, se doutant de quelque chose d'extraordinaire, l'avait suivie en cachette et avait pu observer tous les détails de la scène. »

A cette époque, et par suite de diverses circonstances, la famille Patti, qui comprenait au moins quatre enfants (1), se trouvait dans une situation difficile. On songea à tirer aussitôt parti des dispositions vocales que la fillette faisait pressentir, et, après l'avoir fait étudier pendant une année, on la produisit un jour à New-York, dans un concert, où elle obtint un succès colossal. Elle avait sept ans alors, on fut obligé de la placer sur une table pour la présenter au public, et l'on raconte que, pour la faire entrer en scène, il fallut lui laisser dans les bras sa poupée, dont elle refusait absolument de se dessaisir. Ce succès engagea la famille Patti à entreprendre avec l'enfant un grand voyage qui promettait d'être fructueux. En effet, dans l'espace de deux années, la petite enfant prodige donna environ trois-cents concerts et parcourut la plus grande partie de l'Amérique, se faisant entendre successivement à Boston, Philadelphie, Washington, Charlestown, la Nouvelle-Orléans, Santiago, visitant le Mexique, Cuba, Porto-Rico, etc.

Les parents de la jeune Adelina jugèrent ensuite à propos de la laisser reposer, et, au bout de quelques années, songèrent à travailler à son avenir en lui faisant donner une éducation musicale sérieuse, de façon à lui permettre d'aborder le théâtre. C'est alors qu'elle fut confiée aux soins de M. Maurice Strakosch, son beau-frère, qui s'appliqua surtout à ne pas fatiguer l'admirable instrument qu'elle devait à la nature, instrument qu'une culture si précoce n'avait heureusement pas altéré. Au bout de trois ans d'étude, l'enfant, devenue jeune fille, fut en état d'aborder sa nouvelle carrière, et le 24 novembre 1859 elle débutait à New-York, dans *Lucia*

(1) Voici la copie de l'acte de naissance de Mme Adelina Patti, tel qu'il a été publié il y a quelques années par les journaux français·

« Livre des baptêmes, n° 42, feuille 153, verso. — En la ville de Madrid, arrondissement et province du même nom, le 8 avril 1843, moi, don Joseph Losada, vicaire de la paroisse Saint-Louis, j'ai baptisé solennellement une fille, née à quatre heures de l'après-midi du 10 février de l'année courante, fille légitime de M. Salvator Patti, professeur de musique, né à Catania, en Sicile, et de Mme Catherine Chiesa, née à Rome.

« Les grands parents paternels étant M. Pierre Patti et Mme Conception Marino, et les maternels étant M. Jean Chiesa, né à Venise, et Mme Louise Caselli, née à Marino, dans les États pontificaux. On lui donna pour noms Adèle-Jeanne-Marie.

« Assistèrent au baptême comme parrain, M. Joseph Sinico, né à Venise, professeur de musique ; et comme marraine, son épouse, Mme Rosa Manara Sinico, née à Crémone, en Lombardie, lesquels je prévins de la parenté spirituelle et des devoirs qu'ils contractaient par cet acte ; et, comme témoins, Julien Huezal et Casimir Garcia, nés à Madrid, sacristains de cette paroisse.

« En foi de quoi j'ai rédigé, signé et délivré le présent certificat le 8 avril, etc. — JOSEPH LOSADA. »

(2) Un fils du premier mariage de cette artiste, par conséquent frère utérin de Mme Adelina Patti, Antonio Barilli, devint un compositeur et un chef d'orchestre distingué. Il est mort à Naples, le 15 juin 1870, âgé de cinquante ans.

(1) Ces quatre enfants étaient Amelia, qui devint la femme de M. Maurice Strakosch ; Carlotta, qui s'est fait un grand [illegible] comme cantatrice de concert, et qu'une claudication prononcée a toujours empêchée de se produire à la scène ; Carlo, qui devint un violoniste de mérite, et qui, fort jeune encore, est mort de consomption à Cincinnati, en 1873 ; enfin Adelina, qui fait l'objet de cette notice.

de Donizetti. Sa voix au timbre d'or, l'habileté de son art, sa facilité de vocalisation, ses qualités naturelles enfin, jointes à sa grâce et à sa jeunesse, lui valurent un succès éclatant, qui se prolongea pendant dix-huit mois. Engagée ensuite à Londres, Mlle Patti se produisit pour la première fois, le 14 mai 1861, au théâtre de Covent-Garden, dans *la Sonnambula*. Le public anglais la reçut avec un véritable enthousiasme, avec des applaudissements frénétiques dont l'écho retentit bientôt en France et qui la firent appeler à Paris. Elle vint en effet débuter à notre Théâtre-Italien dans ce même rôle d'Amina de *la Sonnambula*, le 19 novembre 1862, et devint aussitôt l'idole d'un public qui ne jurait plus que par elle et ne voulait plus entendre qu'elle. Depuis la Malibran, de glorieuse mémoire, on n'avait point vu d'artiste conquérir aussi rapidement une telle autorité, obtenir d'emblée des succès si brillants, et subjuguer à ce point la foule.

Mlle Patti, tout en allant passer chaque saison d'été à Londres, demeura attachée au Théâtre-Italien de Paris jusqu'en 1870, se faisant entendre tour à tour dans *Lucia di Lamermoor, il Barbiere di Siviglia, Linda di Chamounix, Crispino e la Comare, la Traviata, Don Pasquale, Rigoletto, Marta, la Gazza ladra, Don Giovanni, Ernani, l'Elisire d'amore, Don Desiderio, i Puritani, il Trovatore, Giovanna d'Arco*, tandis qu'à Londres elle jouait *Faust, Roméo et Juliette, les Huguenots, Mosé, l'Étoile du Nord, le Pardon de Ploërmel, la Fille du Régiment, Sémiramide*, etc. Chaque jour augmentait sa renommée, et consacrait davantage une réputation qui dès l'abord avait pris des proportions inouïes. On se rendra compte de ce fait par ces lignes d'un critique qui n'était pas tendre, Scudo, qui s'exprimait ainsi sur son compte dès sa première apparition à Paris : — « C'est une personne charmante que Mlle Patti dans sa petite taille aussi svelte que bien prise. Elle a une physionomie heureuse, où brillent l'intelligence et la vie plutôt que la beauté. Ses traits accusés sont éclairés par deux beaux yeux pleins de curiosité, et le tout est couronné par une chevelure noire très-abondante. La voix de Mlle Patti est un soprano aigu dont l'étendue dépasse deux octaves, car elle peut aller de l'*ut* en bas jusqu'au *fa* supérieur. Cette voix, d'un timbre éclatant et un peu métallique, qui saisit l'oreille comme une lumière électrique frappe les yeux, est d'une souplesse merveilleuse, et la jeune cantatrice en fait tout ce qu'elle veut. Les doubles gammes diatoniques et chromatiques, les arpéges de toute nature, les notes piquées, les sauts périlleux, le trille surtout, qu'elle prépare bien et qu'elle fait scintiller longtemps comme un point lumineux dans une nuit obscure, tous ces artifices de la vocalisation sont réalisés par Mlle Patti avec le sourire sur les lèvres et sans le moindre effort. Elle chante avec feu, avec entrain, avec une ardeur juvénile qui saisit immédiatement l'auditeur et l'éblouit. Elle joue comme elle chante, avec audace et sans la moindre hésitation. Mlle Patti est toujours en scène, son visage parle toujours, et toujours il est empreint de la nuance de sentiment qu'elle doit éprouver. C'est une organisation rare que Mlle Patti, une nature d'artiste des plus vaillantes et des plus riches. »

C'est, en effet, une organisation exceptionnelle que celle de cette artiste étonnante, organisation que vient aider d'ailleurs une rare intelligence musicale. La voix de Mlle Patti, brillante à la fois par le timbre, l'éclat et la sonorité, cristalline et pure, d'une justesse et d'une égalité surprenantes, obéit comme une esclave soumise aux volontés de la cantatrice, dont l'habileté est véritablement merveilleuse. On a reproché à Mlle Patti de n'être qu'une virtuose, et des critiques injustes ont prétendu qu'elle ne possédait qu'un instrument. On peut répondre que lorsqu'un instrument, si souple et si facile qu'il soit, est guidé avec une telle habileté, le talent est incontestable. D'ailleurs, aucun artiste n'est parfait, et si, ce qui est exact, Mlle Patti est moins à sa place dans l'emploi dramatique que dans le genre bouffe ou le demi-caractère, il serait injuste de prétendre qu'elle est inaccessible à la tendresse ou à l'émotion. Je n'en veux pour preuve que la façon très-distinguée dont elle a joué et chanté certains ouvrages, tels que *la Sonnambula, Linda di Chamounix, la Traviata*, et même la *Lucia*. En tout état de cause, Mlle Patti est assurément une artiste originale, supérieure à bien des égards, et dont les succès sont justifiés par de rares qualités.

Depuis 1870, Mlle Patti ne s'est plus fait entendre à notre Théâtre-Italien, disparu d'ailleurs aujourd'hui. Le public parisien, dans ces dernières années, n'a pu la voir que dans quelques représentations données par elle à l'Opéra, où elle a joué *Faust* et *les Huguenots*. Mais les succès de la cantatrice se sont continués à l'étranger, particulièrement à Bruxelles, Vienne, Pesth, Saint-Pétersbourg, Moscou, Milan et Naples, où elle a fait littéralement fureur. En 1868, cette grande artiste avait épousé à Paris un Français, M. Louis-Sébastien-Henri de Cahuzac, marquis de Caux, écuyer de l'empereur Napoléon III ; ce mariage ne fut pas heureux.

et, à la suite d'un procès qui fit quelque bruit et qui se plaida à Paris au mois d'août 1877, la séparation des deux époux fut prononcée.

Plusieurs notices biographiques ont été publiées sur Mlle Patti; voici celles dont j'ai eu connaissance : 1° *Biographie d'Adelina Patti*, par Théodore de Grave, Paris, Castel, 1865, in-12 avec portrait; 2° *Adelina Patti*, par Léo, Montdidier, Radnez, 1866, in-18; 3° *Adelina Patti*, par Em. de Lyden, Vichy, Vallon, 1866, in-16; 4° *Adelina Patti*, par Guy de Charnacé, Paris, Plon, 1868, gr. in-8° avec portrait et autographe; 5° *Adelina Patti's Life, and her appearances at the Royal Italian Opera, Covent-Garden, with particular documents*, par J. M. Dalmazzo, Londres, 1877, in-8°.

Mme Adelina Patti s'est essayée dans la composition; elle a écrit une mélodie vocale intitulée *Il Bacio d'addio*, et une valse pour piano qu'elle a publiée sous le titre de *Fior di primavera*.

PATTINSON (James), pianiste, organiste et professeur anglais contemporain, a fait ses études musicales à la cathédrale de Carliste, où il a rempli ensuite, de 1869 à 1874, les fonctions d'organiste adjoint. Il est devenu ensuite organiste et chef de chœurs à l'abbaye de Paisley. M. Pattinson publie, depuis plusieurs années, un *Journal trimestriel des organistes*.

PATTISON (Mee), professeur anglais contemporain, a publié il y a peu d'années le petit manuel suivant : *Rudiments of vocal music* (Éléments de musique vocale, avec 32 exercices préparatoires, rondes et chants, à l'usage des écoles et des chœurs), Londres, W. Reeves.

PATTONI (Giovanni-Battista), compositeur, né à Mantoue dans la première moitié du dix-huitième siècle, a écrit la musique d'une cantate composée et exécutée à Modène vers 1750, pour fêter l'arrivée en cette ville du duc François III.

PATU DE SAINT-VINCENT (.......), est auteur de deux écrits relatifs au plain-chant : 1° *Réplique à la « Simple réponse de M. J. Bonhomme au R. P. Lambillotte »* (Paris, 1855, in-8°); 2° *Quelques Observations sur le chant grégorien* (Paris, 1856, in-8°). Ce dernier mémoire a été couronné par l'Institut.

PATZOLD (Herrman), compositeur et organiste allemand distingué, naquit en Silésie, vers 1830. Il reçut une bonne éducation, et devint précepteur des enfants du comte York de Wartenbourg, chez lequel il fut connu du roi de Prusse Frédéric-Guillaume IV. Ce prince le fit venir à Berlin, où Patzold prit des leçons d'orgue à l'institut Bach, et le nomma ensuite organiste de la chapelle du château et professeur de musique à l'Orphelinat de Kœnigsberg. Patzold devint plus tard directeur des concerts de l'Académie de musique de Kœnigsberg, et c'est en dirigeant un de ces concerts, après avoir fait attaquer les premières mesures de *l'Elie*, de Mendelssohn, qu'il mourut subitement, à la tête de son orchestre, le 6 février 1861, ayant à peine dépassé l'âge de trente ans. Cet artiste, qui était devenu un organiste extrêmement remarquable, a écrit beaucoup de musique pour son instrument. On lui doit aussi un album lyrique pour piano, et des chœurs pour voix de femmes.

* **PAUER** (Ernest). — Parmi les compositions nombreuses de cet artiste distingué, je signalerai les suivantes : Symphonie à grand orchestre, en *ut* mineur, op. 50; Quatuor pour piano, violon, alto et violoncelle, op. 44 *bis*; Quintette pour piano, hautbois, clarinette, cor et basson, op. 44; Grande Sonate pour piano et violoncelle, op. 45; Marche triomphale pour piano à 4 mains, op. 48; quarante marches pour le piano; Sonate pour piano, op. 22; 2 Sonates, id., op. 38; Nocturne, id., op. 32; Pensées fugitives, id., op. 33; Caprice hongrois, id., op. 58; Tarentelle de concert, op. 52; *Capriccio*, op. 39; Séguidille, op. 35; 2 Mazurkas; *Magyar Emlek*, marche; 2 Tyroliennes; etc.

M. Ernest Pauer est l'un des collaborateurs les plus actifs du *Dictionary of music and musicians* qui se publie en ce moment à Londres, sous la direction de M. George Grove (Londres, Macmillan, in-8°); il a donné à ce recueil d'intéressants articles encyclopédiques et didactiques. Il a fait à Londres, à différentes reprises, des lectures et conférences sur des sujets relatifs à la musique. Professeur de piano à l'Académie royale de musique de Londres pendant plusieurs années, M. Pauer remplit aujourd'hui les mêmes fonctions à la nouvelle école musicale récemment fondée par son ami M. Arthur Sullivan.

PAUL (Oscar), pianiste, professeur, théoricien et musicographe allemand, est né à Freiwalden, dans la Silésie, le 8 avril 1836. J'ignore de quelle façon cet artiste distingué a fait ses études musicales, et quels ont été ses maîtres. Fixé à Leipzig, il y a publié plusieurs ouvrages importants, s'y est fait connaître comme journaliste spécial et, en 1874, est devenu professeur de piano, d'harmonie et de sciences musicales à l'université et au Conservatoire de cette ville. Les écrits les plus importants de M. Oscar Paul sont les suivants : *Enseignement de l'harmonie de Moritz Hauptmann*, Leipzig, 1868; *Histoire du piano*, Leipzig, 1869; *Lexique-manuel de la composition*, Leipzig, 1871-1873. Il a fondé en 1868 une feuille spéciale intitulée *Tonhalle*, et l'année suivante le journal intéressant qui se publie sous ce titre : *das Musikalische Wochenblatt*. En dernier lieu, il était rédacteur musical du journal *Leipziger Tageblatt*.

* **PAVESI** (Étienne), compositeur italien. — Fétis tenait de Pavesi lui-même, a-t-il dit, les renseignements qui lui ont servi à rédiger la notice consacrée par lui à ce compositeur ; en ce cas, Pavesi l'avait bien mal informé, ce qui n'aura pas lieu de surprendre ceux qui, comme moi, ont été amenés à savoir combien certains artistes sont souvent négligents des faits qui les intéressent personnellement, combien d'autres cherchent, pour des raisons dont on ne saurait comprendre la cause, à dépister l'historien qui prend la peine de s'occuper d'eux avec conscience et loyauté. Quoi qu'il en soit, de nombreuses erreurs, et des omissions plus nombreuses encore, sont à relever dans la notice relative à l'artiste dont il est ici question.

D'une biographie de Pavesi écrite par son ami J. Sanseverino, et publiée en 1851 par l'éditeur Ricordi, il résulterait que ce maître ne serait pas né à Crema le 5 février 1778, ainsi qu'il a été dit dans la *Biographie universelle des Musiciens*, mais bien le 22 janvier 1779, dans un petit village du Crémonais qui a nom Casaletto Vaprio. Quant aux œuvres du compositeur, les erreurs les plus importantes en ce qui les concerne sont les suivantes : 1° l'opéra mentionné sous le titre de *l'Amor vero* portait celui-ci : *Sapersi sciegliere un degno sposo, ossia amor vero e amor interessato*, et fut représenté à Venise sur le théâtre de la Fenice, au printemps de 1807 ; 2° celui connu sous le nom de *la Festa della Rosa* fut donné au même théâtre en 1808, et non en 1809 ; 3° celui qui a été enregistré sous ce titre : *Ordeno ed Artalla*, était exactement intitulé *Ardano e Dartula*, et fut joué sur le même théâtre en 1825, et non en 1823 ; 4° enfin, *l'Incognito*, indiqué comme ayant été représenté à Milan en 1805, et *l'Abitator del Bosco*, comme joué à Venise en 1806, ne forment qu'un seul et même ouvrage, à qui, je crois, l'on a attribué parfois le titre de *l'Incognito*, mais qui fut donné pour la première fois à la Fenice, de Venise, en 1805, sous l'appellation que voici : *Amare e non voler essere amante, ossia l'Abitatore del Bosco*.

Les omissions sont considérables, comme on va le voir, et le répertoire des ouvrages dramatiques de Pavesi doit se compléter avec les suivants : 1° *l'Amor e prodotto dall' odio*, Padoue, 1804 ; 2° *il Giuocatore*, Rome, 1806 ; 3° *Napoleone il Grande al tempio dell'immortalità*, cantate, Venise, th. de la Fenice, 1806 ; 4° *la Sorpresa*, Venise, 1806 ; 5° *l'Amor vince l'inganno*, Venise, 1808 ; 6° *l'Amor perfetto*, Venise, 1808 ; 7° *Amore e generosità*, Venise, 1812 ; 8° *una Giornata pericolosa*, Venise, 1813 ; 9° *la Fiera di Brindisi*, Modène, 1815 ; 10° *il Trionfo di Gedeone*, oratorio, Modène, 1819 ; 11° *Don Gusmano*, Venise, 1819 ; 12° *Eugenia degli Astolfi*, Naples, 1820 ; 13° *Antigona e Lauso*, Milan, 1827. La maison d'édition de musique de Mme veuve Lucca, de Milan, possède les partitions autographes de deux opéras de Pavesi : *la Vendetta di Medea* et *la Testa riscaldata* ; j'ignore si ces deux ouvrages ont été représentés. Quant aux compositions religieuses de Pavesi, elles sont nombreuses, et Sanseverino, dans la notice qu'il a consacrée à son ami, n'en cite pas moins de soixante-quinze.

* **PAX** (Charles-Edouard), compositeur, professeur et organiste, est mort à Berlin au mois de janvier 1868.

PAYNE (John), musicien américain, né à New-York en 1792, est l'auteur des paroles et de la musique du chant devenu si fameux et si populaire : *Home, swet home*, qui avait été écrit à Paris et qui fut exécuté pour la première fois, à Londres, par une jeune cantatrice nommée miss Tree. Le succès de cette chanson fut si rapide et si considérable, qu'en moins de deux ans il s'en vendit deux mille exemplaires ; depuis lors, il a été transcrit, arrangé, paraphrasé pour tous les instruments possibles par une foule de musiciens. Payne écrivit aussi un opéra, intitulé *Clari*, dont la fortune fut loin d'être aussi heureuse que celle de la chanson qui avait rendu son nom si populaire. Il est mort en 1852, à Tunis, où il remplissait des fonctions consulaires.

PAZZAGLIA (Salvadore), chanteur dramatique italien et compositeur dans le genre religieux, naquit à Pistoie en 1723, et mourut à Florence en 1807. Il se livra d'abord à la carrière du chant dramatique, et tint avec succès en Italie l'emploi des ténors jusqu'à l'âge de plus de quarante ans. Plus tard, il fut maître de chapelle du grand-duc de Toscane, puis de Marie-Louise. C'est alors qu'il s'exerça dans la composition. Luigi Picchianti, qui a publié sur cet artiste une petite notice biographique, dit que l'on peut considérer comme les chefs-d'œuvre de Pazzaglia l'offertoire du jeudi saint, *Dextera Domini*, la fugue du *Kyrié* dans son *Requiem* pour l'impératrice, et le *Libera* qu'il écrivit à l'âge de quatre-vingt-un ans.

PÉAN DE LA ROCHE-JAGU (Mlle E.-Françoise), compositeur, fille d'un fonctionnaire qui remplissait l'emploi de directeur de l'hôpital de la marine à Brest, naquit en cette ville vers 1820. Passionnée pour la musique, elle composa fort jeune, et sans avoir aucune connaissance de l'harmonie, un opéra en 3 actes tiré d'une ancienne comédie de Cailhava, *le Tuteur dupé*, qu'elle fit exécuter par des amateurs dans sa ville natale; puis elle vint avec sa mère à Paris, où Berton consentit à la prendre pour élève. Après s'être formée à l'école de ce maître, elle écrivit plusieurs autres ouvrages dramatiques : *Nell* ou *le Gabier d'artimon*, drame lyrique en 3 actes ; *Gil Diaze*, opéra en 2 actes ; *la Jeunesse de Lully*, opéra-comique en un acte; *le Retour du Tasse*, grand opéra en un acte; *le Mousquetaire* (qui porta aussi ce titre : *le Jeune Militaire* ou *la Trahison*), opéra-comique en un acte, et *Simple et Coquette*, opéra-comique en un acte ; plus une scène lyrique intitulée *les Deux Novices*, et une cantate.

Mlle Péan de la Roche-Jagu, dont l'imagination ne fut jamais bien saine, avait pris pour une vocation musicale ce qui n'était chez elle qu'un désir de produire sans les facultés nécessaires à la production. Aussi, comme ce qu'elle écrivait était au-dessous même de la critique, il en résulta pour elle, avec la situation la plus ridicule, les plus cruels déboires et l'existence la plus infortunée. Toute sa vie s'écoula en démarches infructueuses pour faire représenter ses ouvrages, en vaines sollicitations auprès des directeurs, tandis que la misère venait frapper à sa porte et l'étreignait sans pitié. Elle trouva cependant le moyen de faire jouer, à ses frais, à l'hôtel de ville, *la Jeunesse de Lully* (qui fut jouée peu après au théâtre Montmartre) et *le Jeune Militaire*, dans la salle du Théâtre-Italien le petit ouvrage intitulé *Simple et Coquette*, et à la salle Herz *la Reine de l'onde*, opéra-féerie (1862).

Cette femme malheureuse et un peu excentrique est morte, presque de misère et de chagrin, vers 1871. Elle avait publié, dix ans auparavant, le récit de sa vie sous le titre de *Mémoires artistiques de Mlle Péan de la Roche-Jagu, écrits par elle-même* (Paris, Ledoyen, 1861, in-12), mémoires dont le style est aussi incorrect que celui de sa musique, et dans lesquels elle rappelait que sa famille, « l'une des plus anciennes de la Bretagne, appartient aux Chateaubriand, de Duras, de Montmorency, de Malestroit, etc. »

PEARSALL (R.....-L......), professeur et théoricien anglais contemporain, est l'auteur d'un écrit didactique ainsi intitulé : *an Essay on consecutive fifths and octaves in counterpoint* (Essai sur les quintes et les octaves consécutives en contre-point), Londres, Novello.

PEARSON (W.....-W.....), compositeur et professeur anglais contemporain, s'est fait connaître par la publication d'un assez grand nombre de compositions vocales profanes ou religieuses, à une ou plusieurs voix, qui ont été bien accueillies du public. Parmi les premières, je citerai celles dont voici les titres : *Sombre Shadows of the Night*, à 3 voix ; *Soul of living music*, chant pour soprano solo et chœur; *Sweet spring*, madrigal ; *Over the Mountain Side*, sérénade à plusieurs voix; *the Ocean ; the Ironfounders; the Jager Chorus ; Autumn ; Woods in Winter; Departed joys; Soldier, Rest*, etc. Au nombre des antiennes de M. Pearson, il faut mentionner : *If ye love me; Jerusalem the Golden ; Gracious lord, we come before thee; Thy will be done; Sun of my soul;* etc.

On doit au même artiste les deux manuels suivants : *Méthode nationale de musique vocale*, et *la Notation de la musique vocale*.

PECCATE (Dominique), luthier et surtout *archettiste* remarquable, naquit à Mirecourt le 15 juillet 1810, d'un père qui, barbier de son état, voulait lui faire embrasser la même profession ; mais l'enfant, après s'être essayé à tenir le rasoir, voulut devenir luthier. Il fut envoyé à Paris, en 1826, comme apprenti chez J.-B. Vuillaume, et bientôt, sous la conduite d'un maître aussi habile, il sut se faire une spécialité et devint le premier faiseur d'archets de son temps. A la mort de François Lupot, en 1837, Peccate quitta Vuillaume et prit la suite de la maison Lupot. Sa renommée ne tarda pas à s'établir, et il avait peine à fournir le commerce des archets qu'on lui demandait de toutes parts. Il quitta Paris en 1847 pour retourner à Mirecourt, où il continua de travailler ; mais à partir de ce moment il produisit moins, et l'on ne pouvait pas toujours obtenir de ses archets aussitôt qu'on les désirait. Peccate est mort à Mirecourt le 13 janvier 1874.

M. Vidal a eu raison de dire (*les Instruments à archet*) : « D'après l'avis de tous ceux qui savent juger les travaux de ce genre, D. Peccate est, sans contredit, le premier, après François Tourte; et certains de ses archets, auxquels il donna un soin particulier, peuvent rivaliser avec ceux du maître. » Les archets de Peccate, qui travaillait toujours avec goût et conscience, sont pour la plupart excellents, et réunissent les qualités contraires qui constituent précisément les meilleurs produits de ce genre: la légèreté et la force, la souplesse et la résistance. Peccate vendait ses archets vingt francs; la valeur en a presque quadruplé aujourd'hui.

PEDRELL (Felipe), pianiste et compositeur espagnol contemporain, né dans la Catalogne, s'est fait connaître par quelques œuvres importantes. Il a fait représenter au théâtre du Lycée, de Barcelone, deux opéras, dont l'un intitulé *el Ultimo Abencerrajo*, fut donné le 14 avril 1874, et dont l'autre, qui avait pour titre *Quasimodo*, fut représenté au printemps de l'année suivante. On connaît aussi de cet artiste une Messe de *Gloria* à 3 voix et chœurs, avec grand orchestre, orgue et harpe. Enfin, il a publié, entre autres compositions de moindre importance : 12 *Orientales*, pour chant et piano; *Consolations*, recueil de 12 mélodies pour chant et piano; *Hojas de album*, 6 fantaisies faciles pour piano sur des motifs d'opéras, op. 16, 36, 37 et 38, etc. M. Pedrell, qui s'est aussi occupé de littérature musicale, et qui a collaboré à divers journaux et recueils, entre autres à *la España musical*, a entrepris il y a quelques années une publication considérable, faite par lui sous ce titre : *les Poëmes du pianiste*, petite encyclopédie critique, analytique, anecdotique et biographique des œuvres de piano des grands maîtres, accompagnée du catalogue de leurs œuvres. C'est une édition des classiques du piano.

* **PEDROTTI** (Carlo), chef d'orchestre et compositeur dramatique, directeur du Lycée musical de Turin, l'un des artistes les plus aimables et les mieux doués de l'Italie contemporaine, est né à Vérone le 12 novembre 1817. Il a fait toutes ses études musicales sous la direction d'un maître distingué, Domenico Foroni, et il était à peine âgé de vingt-deux ans lorsqu'il fit ses débuts de compositeur en donnant au Théâtre philharmonique de Vérone, en 1840, un opéra semi-sérieux intitulé *Lina*, qui reçut du public un accueil favorable. Au mois d'octobre de la même année, M. Pedrotti partit pour Amsterdam, où il était engagé pour tenir l'emploi de chef d'orchestre au théâtre italien qui existait alors en cette ville; il occupa ces fonctions pendant cinq années, et fit représenter à Amsterdam, en 1844, son second ouvrage dramatique, *la Figlia dell'arciere*. De retour à Vérone en 1845, il y devint *maestro concertatore* du Théâtre philharmonique, puis du théâtre Nuovo, donna sur le premier un nouvel opéra intitulé *Romea di Montfort* (1845), et écrivit pour le second *Fiorina* (novembre 1851) et *il Parrucchiere della Reggenza* (1852); de ces trois partitions, *Fiorina* surtout fut considérée comme une œuvre aimable, et bien reçue du public.

M. Pedrotti fut moins heureux en donnant coup sur coup à la Scala, de Milan, deux ouvrages qui tombèrent l'un après l'autre : le premier, *Gelmina, o col fuoco non si scherza*, le 3 novembre 1853, le second, *Genoveffa del Brabante*, le 20 mars 1854. Le compositeur se releva avec éclat en donnant au théâtre Nuovo, de Vérone (automne 1856), l'opéra *Tutti in maschera*, partition pleine de verve, d'éclat et d'entrain, qui restera peut-être son meilleur titre à l'estime des artistes : puis il produisit successivement *Isabella d'Aragona*, dont le succès fut vif au théâtre Victor-Emmanuel de Turin (carnaval 1859), *Mazeppa*, qui fut bien accueilli au théâtre communal de Bologne (automne 1861), et *Guerra in quattro*, charmant opéra bouffe qui du théâtre de la Canobbiana, de Milan, où il fut représenté le 25 mars 1861, rayonna rapidement sur toute l'Italie. M. Pedrotti donna ensuite à Trieste un grand drame lyrique, *Marion Delorme* (1865), qui, je crois, ne compte pas au nombre de ses meilleures productions.

Au mois de décembre 1868, M. Pedrotti était appelé à Turin pour y prendre la direction du Lycée musical créé en cette ville et à la tête duquel il se trouve toujours, et pour tenir l'emploi de *maestro concertatore* et de chef d'orchestre au théâtre Regio. Ces doubles fonctions n'ont pas empêché cet artiste très-actif et très-laborieux de continuer sa carrière de compositeur, et depuis lors il a fait encore représenter deux ouvrages importants, *il Favorito* (1870), dont le rôle principal était écrit pour une cantatrice admirable, la Galletti-Gianoli, et *Olema la Schiava* (Modène, 1872). En cette année 1872, M. Pedrotti fonda à Turin une entreprise de concerts populaires qui devint rapidement prospère, et qui n'a cessé d'obtenir des succès. L'orchestre de ces concerts, amené par lui à Paris pendant l'Exposition universelle de 1878, s'est fait entendre, sous sa direction, dans la grande salle des fêtes du Trocadéro, où il a donné quatre séances qui ont été très-suivies.

M. Pedrotti, je l'ai dit, est l'un des musiciens les plus distingués de l'Italie actuelle. Peu fait sans doute pour le genre du grand drame lyrique, il a rencontré, dans l'opéra *semi-seria* et dans l'opéra bouffe, des succès très-sincères, que justifiaient des qualités très-réelles de grâce, d'entrain et de bon sentiment scénique. Dans cet ordre d'idées, son style se rapproche de celui de l'opéra-comique français, et rappelle volontiers la manière d'Adolphe Adam, dont il a même parfois la négligence un peu lâchée. Ce qui est certain, c'est que deux de ses ouvrages, *Guerra in quattro* et *Tutti in maschera*, sont depuis vingt ans en possession de la faveur publique.

Une traduction de ce dernier (*les Masques*) a été donnée il y a quelques années à Paris, au théâtre de l'Athénée, et y a produit un vif plaisir.

* **PEELLAERT** (AUGUSTIN-PHILIPPE-MARIE-GHISLAIN, baron **DE**), lieutenant-colonel d'état-major en retraite, compositeur, auteur dramatique et romancier, est mort à Saint-Josse-ten-Noode-lez-Bruxelles, le 16 avril 1876. Le nom de cet artiste a été inexactement orthographié dans la *Biographie universelle des Musiciens*, où il est écrit *Pellaert*, et où la liste de ses œuvres musicales est restée incomplète. Aux ouvrages dramatiques de ce compositeur, il faut ajouter les suivants : 1° *le Barigel*, opéra-comique en un acte ; 2° *Monsieur et Madame Putiphar*, opérette en un acte (paroles et musique), Bruxelles, Château des fleurs, 19 août 1857 ; 3° *le 29 février*, cantate pour l'anniversaire de la naissance de Rossini, exécutée au théâtre de la Monnaie, de Bruxelles ; 4° *le Mariage par testament*, un acte, non représenté ; 5° *les Trois Clefs*, opérette, id. (publiée dans le *Journal des demoiselles*) ; 6° *Régilde*, grand opéra en 2 actes, non représenté ; 7° *Trois contre un*, opérette (paroles et musique), id. ; 8° *Théela*, opérette (id.), id. ; 9° *Sans dot*, opérette (id.), id. ; 10° *la Sirène*, opérette (id.), id. ; 11° *Castor et Pollux*, grand opéra, inachevé ; 12° *Songe et realité*, opéra en 3 actes, inachevé ; 13° *Drack ou le Château d'Ernestal*, grand opéra en 4 actes (arrangé sur la musique de *Faust*, du même auteur).

Le baron de Peellaert a écrit encore plus de cent mélodies vocales à 1, 2, 3 ou 4 voix, des cantiques, des prières, et plusieurs scènes lyriques, entre autres *Alceste*, *Montezuma*, *Cromwell*, *l'Orage gronde*, *Corinne improvisant*, *le Jaloux*, *la Sylphide*, enfin des chœurs à 4 voix, des messes, etc. Il a consigné le récit de son existence très-active dans l'ouvrage publié sous ce titre : *Cinquante ans de souvenirs, recueillis en 1866*, par A. de Peellaert (Bruxelles, Decq, 1867, 2 vol. in-12).

* **PELI** (FRANÇOIS). Ce compositeur a écrit un oratorio, *l'Ultima Persecuzione di Saulle contro Davide*, qui fut exécuté à Modène en 1708, et une cantate, *Giove pronubo*, exécutée dans la même ville à l'occasion des fiançailles de la fille du duc régnant.

* **PÉLISSIER** (Mademoiselle), célèbre chanteuse de l'Opéra, naquit en 1707, « le jour de la mort de la célèbre Maupin, » dit Laborde, qui ne donne pas la date de la mort de cette dernière. Cette actrice fameuse, qui appartenait au personnel de l'Académie royale de musique en même temps que Mlle Antier et Mlle Lemaure, se trouva surtout en rivalité avec cette dernière : elle y créa un grand nombre d'ouvrages, dont voici une liste sinon complète, du moins fort étendue : *Pyrame et Thisbé*, *les Amours des Dieux*, *Orion*, *la Princesse d'Elide*, *Tarsis et Julie*, *les Amours des Déesses*, *Pyrrhus*, *les Sens*, *Biblis*, *l'Empire de l'Amour*, *Hippolyte et Aricie*, *les Grâces*, *les Indes galantes*, *Scanderberg*, *les Voyages de l'Amour*, *les Génies*, *Castor et Pollux*, *les Caractères de l'Amour*, *le Ballet de la Paix*, *Zaïde, reine de Grenade*, *Nitétis*.

La rivalité de Mlle Pélissier avec Mlle Lemaure dura plusieurs années, et prit tous les caractères d'une de ces guerres artistiques comme on en connut tant au dix-huitième siècle. Il y avait les *Pélissiens* et les *Mauriens* comme il y avait les Ramistes et les Lullistes, comme, plus tard, il y eut les Gluckistes et les Piccinnistes. Cela en vint à tel point que, lorsque les deux cantatrices paraissaient dans le même ouvrage, les partisans de l'une tournaient le dos au théâtre quand sa rivale entrait en scène, à charge, naturellement, de revanche de la part des partisans de l'autre. Les mémoires et les chroniques du temps se gardèrent bien de négliger ce grave sujet de discussions, et la correspondance de Mlle Aïssé nous en donne une preuve; on lit en effet ce qui suit, dans sa lettre du 6-10 janvier 1727 : — « Les partis sur Mlle Lemaure et Mlle Pellissier deviennent tous les jours plus vifs. L'émulation entre ces deux actrices est extrême, et a rendu la Lemaure très-bonne actrice. Il y a des disputes dans le parterre, si vives que l'on a vu le moment où l'on en viendroit à tirer l'épée. Elles se haïssent toutes deux comme des crapauds, et les propos de l'une et de l'autre sont charmants. Mlle Pellissier est très-impertinente et très-étourdie. L'autre jour, à l'hôtel de Bouillon, à table, devant des personnes très-suspectes, elle a dit que M. Pellissier, son cher mari, pouvoit compter d'être le seul, à Paris, qui ne fût pas cocu. Pour la Lemaure, elle est bête comme un pot; mais elle a la plus belle et la plus surprenante voix qu'il y ait dans le monde ; elle a beaucoup d'entrailles, et la Pellissier beaucoup d'art... »

On a publié sur cette actrice l'écrit suivant : *Mémoires-anecdotes pour servir à l'histoire de M. Duliz, et la suite de ses aventures après la catastrophe de Mlle Pélissier, actrice de l'Opéra*, Londres (Paris), 1739, in-8°.

PELLAERT (Le baron **DE**). — *Voyez* **PEELLAERT**.

PELLE (CHRISTIAN ou CHRÉTIEN), facteur de clavecins, vivait à Anvers en 1660.

PELLEGRINI (......), musicien italien, a fait ses débuts de compositeur dramatique en faisant représenter à Brescia, le 29 mars 1875, un opéra intitulé *Scomburga*. Il a publié, sous le titre de *Fiori d'Italia*, un album de 12 mélodies vocales (Naples, Cottrau).

PELLESCHI. — Trois frères de ce nom, tous trois musiciens, ont vécu à Florence depuis la seconde moitié du dix-huitième siècle jusqu'au commencement du dix-neuvième.

L'aîné, *Luigi Pelleschi*, fut un bon contrepointiste, qui composa beaucoup de musique d'église, particulièrement dans le style *a cappella*. Parmi ses compositions, une mention spéciale est due à ses Matines de la semaine sainte. La plus grande partie de ses œuvres, restées toutes inédites, est conservée dans les archives de la chapelle de la *Sanctissima Annunziata*, dont il était le maître directeur à Florence. En 1828, il succéda à Disma Ugolini, professeur de contre-point et de composition dans les écoles publiques de musique annexées à cette époque à l'Académie des Beaux-Arts de Florence. Il conserva ces fonctions jusqu'à sa mort, arrivée le 5 avril 1832, alors qu'il était âgé de 63 ans.

Salvadore Pelleschi, bon maître enseignant, ne s'éleva pas au-dessus de la médiocrité. On ne connaît rien de sa composition.

Gasparo Pelleschi, d'un caractère aussi bizarre et fougueux que son frère Luigi était doux et paisible, fut un chanteur distingué. Doué d'une très-belle voix de ténor, il s'essaya dès son jeune âge dans la carrière du théâtre, mais y renonça presque aussitôt à cause de quelques contrariétés qu'il éprouva. En 1814, il fut nommé adjoint, puis professeur titulaire de chant à l'Académie des Beaux-Arts de Florence. Il était bon contre-pointiste aussi, et l'on connaît de lui quelques nocturnes et autres morceaux de musique vocale de chambre qui sont dignes d'attention. Il a même laissé des messes à grand orchestre dont la facture savante est irréprochable, mais dont la prolixité est excessive (on cite, dans l'une d'elles, une pédale qui ne dure pas moins d'une trentaine de mesures), et qui manquent généralement du charme de l'inspiration. Gasparo Pelleschi mourut à Florence le 21 janvier 1861, à l'âge de soixante-dix-neuf ans.

L.-F. C.

PELLET (Alphonse), compositeur et professeur, directeur du Conservatoire de Nîmes, est né à Uzès (Gard), le 18 octobre 1828. Son père, qui était organiste de la cathédrale d'Uzès, fut son premier maître, bien que tout d'abord il n'eût pas voulu lui laisser embrasser la carrière musicale. C'est en cachette, et chez des camarades, que l'enfant commença, tout seul, à apprendre divers instruments, le violon, le violoncelle, la flûte et la clarinette, après quoi son père, étonné de ses aptitudes, lui enseigna le piano et l'harmonie. Un peu plus tard, il fut envoyé à Paris, où Colet, alors professeur d'harmonie au Conservatoire, et qui, natif d'Uzès, avait été en cette ville l'élève de M. Pellet père, l'admit comme auditeur dans sa classe, après quoi le jeune homme passa, au même titre, dans la classe de composition d'Halévy. La mort de sa mère le ramena, à l'âge de 21 ans, à Nîmes, qu'il n'a plus quitté depuis lors.

M. Pellet s'est fait à Nîmes une situation très-honorable. Devenu directeur du Conservatoire de cette ville et organiste de la basilique, il s'y livre à l'enseignement du piano et à la composition, et y a fait représenter plusieurs ouvrages dramatiques dont voici les titres : 1° *les Deux Avares*, opéra-comique écrit sur le poëme qui servit jadis à Grétry (1864); 2° *l'Ours et le Pacha*, d'après le vaudeville de Scribe arrangé en opéra comique (1865); 3° *Salsifi* ou *les Inconvénients de la grandeur*, 3 actes (1866); 4° *Futaille à vendre*, saynète en un acte (1868); 5° *Deux Locataires*, un acte (1873); 6° *Sous les palmiers*, opéra romantique en 2 actes (avril 1878). M. Pellet a publié plusieurs morceaux de piano (Paris, Sylvain St-Étienne), deux séries de mélodies pour piano et violoncelle (Paris, Benoit), une collection de morceaux religieux (Paris, Graff). Il a écrit encore une vingtaine de cantates, deux grands opéras encore inédits, un oratorio, un quintette pour 2 violons, alto et 2 violoncelles, un quatuor pour piano et instruments à cordes, un trio pour piano, violon et violoncelle, une grande sonate pour piano et violoncelle enfin plusieurs chœurs orphéoniques et religieux. M. Pellet est l'auteur d'un *Essai sur l'opéra en France depuis Lully jusqu'à nos jours* (Paris, Dentu, 1876, in-12), écrit qui n'est que le résumé de trois conférences faites par lui sur ce sujet, et il prépare un ouvrage plus important qu'il compte publier sous ce titre : *Aperçu sur l'histoire de la musique depuis les temps les plus reculés jusqu'à nos jours*, suivi d'une analyse à peu près complète des œuvres de Palestrina, Monteverde, Scarlatti, Bach, Hændel, Haydn, Mozart, Beethoven, Mendelssohn, Schumann et Wagner. Cet ouvrage ne formera pas moins de 3 volumes in-octavo.

PELLETAN (Mlle Fanny), amateur passionné de musique, fille et petite-fille de médecins distingués, née le 28 juillet 1830, mourut à Passy le 2 août 1876. Cette femme intelligente, qui avait reçu une excellente éducation dans laquelle une large part avait été faite à la musique, était bonne pianiste, et s'était même appliquée à l'étude de l'harmonie sous la direction de Damcke (*Voy.* ce nom). Elle fut frappée un jour par la lecture de ce passage des *Grotesques de la musique*, dans lequel Berlioz formait le vœu de voir entreprendre une édition modèle des six grands opéras français de Gluck : — « Personne « n'a osé en Europe entreprendre une édition nou- « velle, et soignée, et mise en ordre, et annotée, « des six grands opéras de Gluck. Aucune tenta- « tive sérieuse de souscription à ce sujet n'a été « faite. Personne n'a eu l'idée de risquer vingt « mille francs pour combattre ainsi les causes de « plus en plus nombreuses de destruction qui « menacent ces chefs-d'œuvre. Et malgré les « ressources dont l'art et l'industrie disposent, « grâce à cette monstrueuse indifférence de tous « pour les grands intérêts de l'art musical, ces « chefs-d'œuvre périront. »

Émue d'un noble sentiment à la lecture de ces lignes, Mlle Pelletan résolut de réaliser le vœu de Berlioz, et de consacrer à ce projet une partie de sa modeste aisance. Aidée des conseils et de l'expérience de Damcke, son maître et son ami, elle entreprit d'élever à la mémoire de Gluck un monument artistique digne de sa gloire et du culte qu'elle lui avait voué. Dès lors, toute l'activité de son esprit, toutes les ressources de sa fortune furent mises au service de son généreux projet, et elle prépara tous les éléments d'une édition splendide de l'œuvre français du maître immortel. Damcke se chargea de la partie critique de ce prodigieux travail, mit à profit ses notes et ses lectures, compara et corrigea les textes, rectifia des incorrections que le temps avait consacrées. Bref, à force d'efforts et de travaux patients de la part de chacun, la partition d'*Iphigénie en Aulide*, publication irréprochable au point de vue artistique, admirable au point de vue matériel, fut offerte au public au mois de juin 1873, et bientôt suivie de celle d'*Iphigénie en Tauride*. Celle d'*Alceste* allait paraître à son tour, lorsque Damcke mourut. Privée de l'appui de cet auxiliaire intelligent et dévoué, Mlle Pelletan ne se découragea pas, et *Alceste* fut en effet publiée. *Armide* fut bientôt préparée par elle et allait aussi voir le jour, lorsque cette femme courageuse et convaincue, que la maladie minait depuis plusieurs mois sans affaiblir sa volonté, fut elle-même frappée par la mort, à l'âge de quarante-six ans.

L'œuvre de Mlle Pelletan fut ainsi arrêtée ; mais on assure qu'elle a pris tous ses soins et toutes ses mesures pour que cette œuvre soit menée à terme, et que la publication entreprise par elle soit complètement achevée. En tout état de cause, le nom de Mlle Pelletan appartient aujourd'hui à l'histoire de l'art, dans laquelle il tiendra une place particulièrement honorable. En mourant, cette femme distinguée a voulu faire encore une bonne action artistique ; elle a légué par testament, à la Bibliothèque nationale, les manuscrits autographes de deux chefs-d'œuvre : la partition d'*Alceste*, de Gluck, qu'elle avait achetée 10,000 francs à Mme Girard, veuve du chef d'orchestre de l'Opéra, et celle de *l'Enfance du Christ*, de Berlioz.

PELLETIER (.......), facteur d'instruments à vent, vivait à Paris dans la première moitié du dix-huitième siècle. Je n'ai eu connaissance de cet artisan que par la note suivante, insérée au *Mercure* d'octobre 1728, évidemment sur sa demande, et qui nous renseigne à la fois sur lui et sur deux autres facteurs, nommés Naust et L'Erablé : « Le sieur Pelletier, facteur d'instrumens à vent, neveu et élève de feu M. Naust, avertit le public que le sieur L'Erablé, aussi facteur d'instrumens à vent, n'est pas le seul qui ait travaillé chez le sieur Naust ; puisque le sieur Pelletier, qui y travailloit de son vivant, a toujours continué après sa mort sous la veuve et marquoit les instrumens au nom de Naust. A la vérité, le sieur l'Erablé a aussi travaillé chez Madame Naust quelques années après, mais conjointement et de société avec le sieur Pelletier et elle, jusqu'en l'année 1722, que le sieur Pelletier a jugé à propos de s'établir et de marquer ses instrumens à son nom. Ainsi tous les instrumens qui ont été faits par l'un ou par l'autre jusqu'à ce temps, ont été également marquez du nom de Naust, et le sieur Pelletier peut avancer qu'il a fait la plus grande partie des instrumens marquez au nom du sieur Naust depuis sa mort. Le sieur Pelletier demeure rue des Grands Cordeliers, au gros Raisin. »

PEMBERTON (Edward), luthier anglais fort estimé, vivait à Londres en 1660. C'est par erreur que cet artiste a été mentionné souvent comme l'auteur du violon qui fut présenté à la reine Elisabeth par le comte de Leicester, puisqu'il ne vécut qu'un siècle plus tard.

PEÑA Y GOÑI (Antonio), musicographe et compositeur espagnol, est né à Saint-Sébastien le 2 novembre 1846. Orphelin dès l'âge de dix ans, il fit en France, au collége des Frères de Marie de Saint-Jean de Luz, ses premières études littéraires, et sa famille le destinait à une carrière scientifique ; mais dès cette époque, un penchant irrésistible entraînait son esprit vers la musique et les lettres proprement dites. Aussi, lorsqu'il fut de retour à Saint Sébastien, il travailla le grec et le latin avec le célèbre Manterola (qui, comme conseiller intime de don Carlos, joua un rôle si important dans la dernière guerre civile qui désola l'Espagne), et se mit à étudier seul la musique. Tout jeune, il obtint un emploi dans l'administration des postes de cette ville, occupation qui ne l'empêcha pas de travailler le piano, le solfége et l'harmonie, sans le secours d'aucun maître. Étant allé se fixer à Madrid, il fit un court passage au Conservatoire, puis, étant entré dans les bureaux du ministère des Travaux publics, de l'Instruction publique et des Beaux-Arts, il continua ses études musicales, travaillant, toujours seul, l'harmonie, le contrepoint, la fugue et l'instrumentation, et en même temps se familiarisant avec les œuvres des grands écrivains des diverses littératures européennes, surtout les écrivains français, pour lesquels il éprouvait une admiration profonde.

M. Peña y Goñi était à peine âgé de vingt ans lorsqu'il publia dans *el Imparcial*, le plus important journal politique de Madrid, ses premiers essais de critique musicale, essais qui furent d'autant plus remarqués que cette critique n'avait jamais existé en Espagne, et qu'il était le premier musicien qui se fût occupé de ces questions et qui prît en main la défense d'un art admirable, jusque-là singulièrement dédaigné sous ce rapport. Aux connaissances théoriques indispensables à une telle tâche, M. Peña y Goñi joignait un véritable talent d'écrivain, qui ne fit que s'accroître de jour en jour par la pratique et par une étude toujours plus approfondie des sujets qu'il avait à traiter. Le public, complétement ignorant des choses que le jeune artiste lui révélait chaque jour, le suivit avec un véritable plaisir, avec une curiosité ardente; bientôt tous les journaux, suivant le mouvement d'impulsion qui leur était donné, durent chercher à s'adjoindre des collaborateurs spéciaux chargés de traiter ces questions pour eux si nouvelles, et M. Peña y Goñi, dont la renommée augmentait chaque jour, eut l'honneur d'avoir véritablement fondé en Espagne la critique musicale, dont avant lui on n'avait aucune idée en ce pays.

On comprend que l'écrivain dont l'initiative avait eu un tel résultat devait être particulièrement recherché; aussi M. Peña y Goñi a-t-il pris part, depuis une dizaine d'années, à la rédaction d'un grand nombre de journaux, parmi lesquels il faut surtout citer, outre *el Imparcial*, *la Ilustracion de Madrid*, *la Critica*, *la Revista contemporanea*, *el Globo*, *el Tiempo*, *la Ilustracion española y americana*, *la Revista europea*, etc. Son style aisé et brillant, sa grande connaissance de l'art, son éclectisme large et intelligent, la vivacité de son esprit, en font d'ailleurs un des écrivains les plus remarquables qu'on puisse rencontrer dans le genre auquel il s'est attaché. En dehors de ses innombrables articles de critique courante, M. Peña y Goñi a publié deux opuscules intéressants : l'un, intitulé *los Despojos de la Africana* (les débris de « l'Africaine, » Madrid, Medina, s. d., in-12), est une analyse substantielle de la seconde partition de *l'Africaine*, c'est-à-dire des parties de cet opéra qui ont dû être supprimées avant la représentation et dont on a fait une publication à part; l'autre, qui porte ce titre : *la Obra maestra de Verdi, « Aida, »* (Madrid, Iglesias et Garcia, 1875, in-12), est un essai analytique et critique de la dernière œuvre de M. Verdi. On lui doit aussi une notice intéressante sur l'un des premiers musiciens espagnols de ce temps : *Barbieri* (Madrid, Ducazcal, 1875, in-8° de 61 pp., avec portrait). Enfin, plus récemment, il a formé, de divers travaux publiés par lui dans différents journaux, un recueil qu'il a donné sous ce titre : *Impresiones musicales* (Madrid, 1878, in-8°), et il a publié sur M. Gounod un petit écrit intéressant : *Impresiones y Recuerdos. Carlos Gounod* (Madrid, 1879, petit in-8° de 59 pp.). Comme compositeur, M. Peña y Goñi s'est fait connaître par quelques morceaux de piano, et par une sorte de chant patriotique basque, pour voix seule, chœur et orchestre, *Viva Hernani!* qui, chanté par M. Tamberlick sur le théâtre royal de Madrid, le 21 décembre 1875, obtint un énorme succès.

Membre honoraire de la Société espagnole pour le développement des arts et de l'Académie de Sainte-Cécile de Rome, membre de la Commission de l'Association artistique musicale de secours mutuels, M. Antonio Peña y Goñi, qui n'a cessé d'être attaché au *ministerio de Fomento* (travaux publics), est chevalier de l'ordre de Charles III et commandeur de celui d'Isabelle la Catholique.

PÉNAVAIRE (J......-G ....), violoniste et compositeur, né vers 1835, a fait pendant plusieurs années partie de l'orchestre du Théâtre-Italien, et a écrit la musique des deux petits ouvrages suivants : 1° *Ninette et Ninon*, opérette en un acte, Athénée, 28 avril 1873; 2° *la Folle espagnole*, divertissement en un acte, Folies-Bergère, 18 mars 1874. M. Pénavaire a publié aussi plusieurs mélodies vocales et quelques morceaux de musique instrumentale.

PENCO (Mme ROSINA), cantatrice italienne fort distinguée, est née à Naples, de parents génois, au mois d'avril 1830. Par quel singulier hasard cette artiste, née sous les rayons brûlants du soleil du midi, commença-t-elle sa carrière à l'extrémité septentrionale de l'Europe? c'est ce que je ne saurais dire. Toujours est-il que Mme Penco se produisit pour la première fois en public à Copenhague, et qu'après avoir passé une saison en cette ville et avoir fait une tournée dans les provinces du Danemark et de la Suède, elle se vit accueillir avec la plus grande faveur à Stockholm. De Stockholm elle se rendit à Berlin (1849), puis à Constantinople (1850-1851), et enfin alla se faire applaudir en Italie, particulièrement à Florence, à Trieste, à Naples, à Rome, et à Gênes, où elle se maria.

C'est après avoir obtenu de grands succès à Madrid, que Mme Penco fut engagée au Théâtre-Italien de Paris, où elle débuta en 1855. On la vit d'abord dans un opéra de la jeunesse de M. Pedrotti (*Voy.* ce nom), *Fiorina*, où elle plut aussitôt, puis dans *l'Assedio di Firenze*, de M. Bottesini. Elle s'empara ensuite et successivement d'un grand nombre de rôles du répertoire courant, conquit une renommée que légitimaient sa beauté radieuse, sa voix limpide et étendue, ses réelles qualités de chanteuse et son intelligence scénique, et ne cessa, pendant environ dix-huit ans, de plaire au public parisien, qui l'avait prise en grande affection. Cela ne l'empêchait pas de se faire entendre tantôt à Londres, tantôt à Madrid, où elle n'était pas moins fêtée.

Douée d'une beauté vraiment sculpturale, Mme Penco, dont la belle voix de soprano était solide et bien timbrée, conduisait avec habileté cette voix chaude, sympathique et pénétrante, et n'était pas moins remarquable au point de vue de l'art de la scène que de l'art du chant. Cantatrice passionnée et comédienne pathétique dans les grands rôles du répertoire sérieux, elle savait émouvoir ses auditeurs en se montrant dans *Norma*, *Poliuto*, *Don Juan*, *un Ballo in maschera*, *il Trovatore*, *Lucrezia Borgia*, *il Giuramento;* d'autre part, elle déployait dans le genre bouffe un naturel charmant, une bonne humeur communicative, et se faisait également applaudir dans Suzanne des *Nozze di Figaro*, dans Carolina d'*il Matrimonio segreto*, et dans *Don Pasquale;* elle brillait encore, à des titres divers, dans *Semiramide*, *Matilde di Shabran*, *la Traviata*, etc.

Mme Penco était une artiste sinon absolument supérieure, du moins extrêmement distinguée, remarquable à beaucoup d'égards, et dont le talent souple et varié, tantôt grandiose et pathétique, tantôt aimable et plein de grâce, ne laissait peut-être parfois à désirer qu'un style plus châtié et plus soutenu. Depuis quelques années elle a définitivement renoncé à la scène, et s'est fixée à Paris.

PENDOLA (CARLO), pianiste et compositeur italien contemporain, né à Gênes, s'est fait connaître par la publication d'environ soixante-dix œuvres de genre pour son instrument, écrites pour la plupart sur des motifs d'opéras. Quelques-unes cependant, telles que *la Corriera*, grand galop de concert, *Sulle Alpi*, « scherzo pianistique », sont originales. M. Pendola a publié aussi quelques morceaux de chant, entre autres un *Ave Maria* pour voix seule, avec accompagnement de piano.

PENSO (........), compositeur italien, est l'auteur de *Don Fabio*, opéra qui a été représenté en 1862 à Livourne.

* **PENTENRIEDER** (FRANÇOIS-XAVIER), organiste, naquit, non à Munich en 1808, mais à Kaufbauern (Bavière), le 6 février 1813. Il est mort à Munich le 17 juillet 1867.

PEPE (E.....), compositeur italien, ne m'est connu jusqu'ici que par un opéra bouffe, *i Pretendenti*, qu'il a fait représenter à Naples, sur le théâtre Rossini, le 3 juillet 1877.

PÉPIN (CHARLES-JOSEPH), chef d'orchestre et compositeur, naquit à Genève en 1795 de parents français. Son père, qui avait de la fortune, lui fit donner une éducation très-soignée. Cependant, Charles Pépin, ayant un goût très-prononcé pour la musique, ne répondit pas aux desseins que sa famille paraissait avoir pour son avenir, et se voua de bonne heure à la carrière artistique. Dès l'âge de dix-sept ans, il commença à diriger des orchestres dans les villes secondaires comme Colmar, où il prit des leçons de violon de M. Rovelli, et Épinal, où il reçut les conseils de M. Mongenot pour l'harmonie et la composition. Tourmenté du désir de produire, il fit la musique d'une pièce intitulée *Amélie de Montfort*, qui fut jouée à Épinal avec un succès assez vif, malgré l'insuffisance du poëme, qui fut jugé très-faible. Engagé comme chef d'orchestre au Grand-Théâtre de Nantes, Charles Pépin se rendit dans cette ville, et, pendant un séjour de plusieurs années, y établit solidement sa réputation de chef d'orchestre et de compositeur. Il écrivit un grand ballet et un assez grand nombre de romances sur des paroles de M. Boucher de Perthes, ou du comte de Pradel, qui devait acquérir plus tard une grande notoriété par son talent surprenant d'improvisateur. Quelques-unes de ces romances eurent de la vogue, surtout celle qui avait pour titre *les Deux Tombeaux*. En 1822, Charles Pépin ayant accepté le poste de chef d'orchestre au Grand-Théâtre de Marseille, se fixa dans cette ville, où il est resté très-long temps. La première fois qu'il y conduisit l'orchestre, il fit exécuter une ouverture de sa composition qui lui valut tout aussitôt l'estime des artistes et des connaisseurs. C'est sous la direction de Charles Pépin qu'ont été créés à Marseille les opéras de *la Muette*, *Charles VI*, *la Reine de Chypre*, *Jérusalem*, *les Monténégrins*, *les Mousquetaires*, *Ne touchez pas à la reine*, *Mosquita la Sorcière*, etc. Lui-même donna au théâtre de Marseille plusieurs ballets, entre autres *un Voyage à Cythère*. Il fit aussi la musique d'un opéra dont le poëme était de Verteuil, comédien distingué, qui joua longtemps à Marseille. Mais Pépin hésita au moment d'écrire la dernière scène de l'ouvrage, qui, par un singulier caprice du librettiste, devait se passer dans un ballon. En vain le musicien réclamait-il des modifications à ce tableau; le poëte s'obstinait à n'y rien changer. Sur ces entrefaites, Verteuil partit pour l'Amérique, où il mourut. L'opéra ne fut jamais achevé ni représenté.

Charles Pépin, ayant épousé une cantatrice de talent qui tenait l'emploi des premières dugazons, fut obligé de quitter Marseille pour suivre sa femme. Il alla d'abord à Lille, puis à Lyon en 1832. Il composa dans cette ville la musique d'un poëme national qui fut exécuté par une véritable armée de chanteurs et d'instrumentistes. Le Grand-Théâtre s'étant trouvé trop petit pour contenir, non les auditeurs, mais seulement les exécutants, on dut faire un plancher dans une vaste cour de la mairie, où la cantate fut donnée avec éclat. Cependant, ainsi qu'il arrive toujours en pareille circonstance, l'œuvre fut mieux appréciée lorsqu'elle fut interprétée peu après au théâtre par l'orchestre et les choristes qui suffisaient aux représentations ordinaires. Pépin avait introduit dans sa partition une partie vocale de basse-contre, sonnant à une octave au-dessous des parties de basses-tailles. Ce rôle fut confié à un amateur de la ville, qui possédait cette voix exceptionnelle. — La direction du Grand-Théâtre de Lyon ayant sombré dans une banqueroute, Charles Pépin revint à Marseille, où il se présenta cette fois comme simple professeur. Mais sa valeur incontestée comme chef d'orchestre le fit bientôt désigner pour la direction de l'orchestre du Grand-Théâtre, qu'il reprit et conserva jusqu'au moment où éclata le choléra. Épouvanté par les ravages que faisait le fléau, Pépin quitta Marseille et s'établit définitivement à Genève, où il cumula pendant longtemps les fonctions de directeur, de chef d'orchestre et de professeur au Conservatoire. Malgré ces occupations multiples, il trouva le temps de composer plusieurs morceaux de musique religieuse (notamment un *O Salutaris* à 4 voix, et un *Sanctus* à six voix), et une grande symphonie en *ré mineur*, qui obtint les suffrages de tous les connaisseurs. Atteint d'une maladie douloureuse qui lui laissa peu de repos pendant ses dernières années, Pépin expira à Genève en 1864. A la nouvelle de sa mort, plusieurs sociétés musicales de Suisse et d'Allemagne firent d'instantes démarches auprès de la municipalité pour la prier de retarder l'enterrement de Charles Pépin, afin de pouvoir assister à la cérémonie funèbre, qui fut fort belle et témoigna des regrets que laissait cet artiste laborieux et distingué.

AL. R—D.

PERDIGAL (.........), compositeur français, vivait à la fin du dix-septième siècle. Il ne m'est connu que parce qu'il a écrit la musique de dix-sept poésies du recueil que l'abbé Perrin (*Voy.* ce nom) a donné sous ce titre : *Diverses Paroles de musique pour des airs de cour, airs à boire, dialogues, noëls, motets et chansons de toute sorte, mises en musique par les sieurs Cholonier, Camefort, Lambert, Perdigal, Cambert, Martin et autres excellents musiciens.*

* **PERELLI** (NATALE), compositeur dramatique italien, était né à Milan le 24 décembre 1817. Il est mort à Philadelphie au mois de mars 1867.

PERELLI (EDOARDO), compositeur italien, né à Milan le 20 novembre 1842, a fait représenter sur le théâtre de la Pergola, de Florence, en 1869, un opéra sérieux intitulé *la Martire*, qui a été bien accueilli du public. Il a été moins heureux en donnant à la Scala, de Milan, le 8 avril 1878, un drame lyrique en 4 actes qui avait pour titre *Viola Pisani;* quoique fort bien chanté par Mlle Gabrielle Krauss, par MM. Campanini et Maurel, cet ouvrage, dont le livret d'ailleurs était détestable, a subi une chute complète. J'ignore où et quand a été joué un autre opéra du même auteur, *Marion Delorme*. M. Perelli, qui est un artiste de goût et de savoir, a publié, en dehors du théâtre, diverses compositions : une Messe à 4 voix avec orgue; un Quatuor en *mi* pour deux violons, alto et violoncelle; un recueil de 12 Mélodies écrites sur des poésies de Henri Heine traduites en italien; plusieurs autres mélodies vocales détachées; 6 Madrigaux à 4 voix seules, en style moderne (compositions fort distinguées, qui témoignent du savoir et de l'imagination de l'auteur); divers morceaux de genre pour le piano; enfin, quelques morceaux de musique de danse. M. Perelli est l'auteur de l'un des trois hymnes de circonstance (le sien avait pour titre *Hymne de l'Industrie*) qui, le 20 septembre 1871, pour l'anniversaire de l'entrée des troupes italiennes à Rome, furent exécutés à Milan sur la place du Dôme.

Cet artiste vraiment distingué s'est parfois occupé de critique, et a collaboré, entre autres journaux, à la *Gazzetta musicale* de Milan, où ses articles étaient signés du pseudonyme d'*Edwart*; il a publié aussi sous ce nom d'emprunt un petit nombre de ses compositions.

* **PEREZ** (David). — A la liste des compositions religieuses de cet artiste, il faut ajouter les suivantes : deux messes pour 2 chœurs et plusieurs instruments; messe à 4 et 8 voix et plusieurs instruments; messe à 4 voix, avec violon, orgue et violoncelle; *Magnificat* à 5 voix et plusieurs instruments; *Miserere* à 5 voix avec bassons obligés et orgue; Lamentations pour les trois offices des Ténèbres, à 4 voix avec orgue; Répons pour les trois offices des Ténèbres. Aux ouvrages dramatiques de Perez, il faut joindre aussi *l'Isola disabitata*, opéra sérieux en un acte.

PEREZ MARTINEZ (Vicente), ténor de la chapelle royale de Madrid pendant environ trente ans, était né à Cifuentes, évêché de Sigüenza, dans la première moitié du dix-huitième siècle. Renommé pour sa belle voix et pour le grand style qu'il apportait dans l'exécution du chant religieux, il fut aussi considéré comme un excellent professeur, et au nombre de ses meilleurs élèves on comptait son fils, José Perez, qui fut longtemps ténor à la cathédrale de Tolède.

Nommé chanteur de la chapelle royale le 25 mars 1770, Perez Martinez faisait paraître au mois de mai 1799 le premier volume d'un très-important traité de plain-chant qui devait en comporter trois, et qu'il donna sous ce titre : *Prontuario del canto llano gregoriano, corregido todo del mal acento y otros defectos notados en los libros antiguos*. Le premier volume de cet ouvrage comprenait 862 pages, le second 550, et le troisième environ 600. Le moine Antonio Hernandez en donna, en 1828, une nouvelle édition, corrigée et augmentée par lui. — Perez Martinez mourut à Madrid le 2 janvier 1800.

PERFALL (Le baron K... DE), jurisconsulte et musicien allemand, né à Munich le 29 janvier 1824, étudia le droit après avoir fait ses humanités, et devint fonctionnaire de l'État. Il abandonna plus tard sa situation officielle pour se livrer sans contrainte à la culture de la musique, qu'il avait étudiée à Leipzig, où il avait reçu des leçons du célèbre Moritz Hauptmann. Après avoir pris la direction de la *Liedertafel* (Société de chant) de Munich, il fonda en cette ville une société d'oratorios (*Oratorien-Verein*), puis devint intendant général du théâtre de la cour en 1867. Comme compositeur, M. de Perfall s'est fait connaître par ses *Deutsche Mæhrche* (Contes allemands) pour voix seules, chœurs et orchestre, et par des *lieder*.

* **PERGOLÈSE** (Jean-Baptiste **PERGOLESI**, connu en France sous le nom de). — Je n'ai rien à ajouter à la biographie de cet artiste immortel, mais il me faut joindre à la liste de ses compositions religieuses quelques œuvres dont les manuscrits ont été recueillis dans les Archives du Conservatoire de Naples, par les soins éclairés de M. Francesco Florimo : 1° Messe à deux chœurs et plusieurs instruments (en *ré* majeur); 2° Messe à deux chœurs et plusieurs instruments (en *fa* majeur); 3° Messe à 4 voix, avec basse (en *fa* majeur); 4° *In hoc die*, motet à 5 voix et plusieurs instruments; 5° *In cœlestibus regnis*, pour voix de contralto, avec violon et basse; 6° *Sicut erat* à 4 voix, avec plusieurs instruments. Le même établissement possède les manuscrits de cinq cantates de Pergolèse (1° *Ave tu ben mio non sei*; 2° *Chi non ode e chi non vede*; 3° *Euridice, ah! dove sei?* 4° *A te torna il tuo Fileno*; 5° *Dite che ogni momento*), et ceux des compositions suivantes : airs divers, avec accompagnement de violons, alto et basse; duos divers, id.; *Vado a morir ben mio*, trio, id.; *Cieco che non vid' io*, id.; *Scherzo* pour voix de ténor et basse; 12 Sonates pour 2 violons et basse; Concerto de violon, avec accompagnement de quatuor d'instruments à cordes; Solféges à 2 et 3 voix.

M. Franz de Villars a publié sur l'un des chefs-d'œuvre de Pergolèse l'écrit suivant : *la Serva padrona, son apparition à Paris en 1752, son analyse, son influence* (Paris, Castel, 1863, in-8°). On a joué sur le théâtre de la Scala, de Milan, le 16 mars 1857, un opéra intitulé *Pergolesi*, dont la musique avait été écrite par M. Ronchetti, et au mois de mars 1878 on a donné à Jesi, ville natale du maître, un drame de M. P. L. Grazioli, qui avait pour titre *G. Battista Pergolesi*.

* **PERI** (Achille), compositeur dramatique et chef d'orchestre italien, né à Reggio d'Émilie, non en 1817, mais le 20 décembre 1812, est aujourd'hui et depuis longues années chef d'orchestre du grand théâtre de Reggio d'Émilie, sa ville natale, l'un des plus beaux de toute l'Italie. M. Peri a eu un moment de vogue en imitant d'une façon presque servile la première manière

de M. Verdi, mais ce moment a été d'autant plus court que le disciple reproduisait beaucoup plutôt les défauts et les exagérations du modèle que ses réelles et incontestables qualités.

La carrière active de M. Peri s'est continuée par les ouvrages suivants : 1° *Tancreda*, drame lyrique en 3 actes (Gênes, théâtre Carlo-Felice, 1848), ouvrage qui obtint trente représentations consécutives, ce qui constitue un succès rare en Italie; 2° *i Fidanzati* (id., id.), 1850; 3° *Vittore Pisani*, opéra sérieux en 3 actes (Reggio, 21 avril 1857), qui fut assez bien accueilli, quoique la musique, dit-on, en soit médiocre; 4° *Giuditta*, drame biblique en 3 actes (Milan, théâtre de la Scala, 26 mars 1860); très-bien accueilli à son apparition, cet opéra, qui est peut-être le meilleur du compositeur, ne put être joué qu'une fois par suite d'une indisposition du ténor Pancani, mais il fut repris avec succès en 1862, et l'on en cite particulièrement l'ouverture comme une page fort distinguée; 5° *l'Espiazione* (3 actes, Milan, Scala, 7 février 1861), ouvrage écrit sur un poëme détestable de M. Thémistocle Solera, qui énerva l'inspiration du compositeur et qui lui valut une chute complète, bien qu'il eût pour interprètes des artistes tels que Mme Borghi-Mamo, MM. Tiberini et Beneventano; 6° *Orfano e Diavolo*; 7° *Rienzi* (3 actes, Milan, Scala, 26 décembre 1862), partition qui n'eut pas un meilleur sort, bien que l'un des principaux rôles en fût encore chanté par la Borghi-Mamo. Depuis cette époque, le compositeur n'a plus fait parler de lui, et semble avoir renoncé définitivement à la carrière du théâtre. — M. Peri est chevalier de l'ordre des SS. Maurice et Lazare.

PÉRIGNON (H.....-J.....), violoniste distingué, qui fit partie de l'orchestre de l'Opéra depuis 1775 jusqu'en 1808, se fit entendre fréquemment au Concert spirituel, où il obtint de grands succès de virtuose et même de compositeur, en exécutant des morceaux écrits par lui. « Cet artiste, disait le rédacteur des *Tablettes de renommée des Musiciens* (1785), joint à beaucoup de netteté une justesse dans l'intonation et une belle qualité de son qui le mettent au rang des plus célèbres virtuoses. » D'autre part, les auteurs du *Dictionnaire historique des Musiciens* constatent que « son portrait a été gravé en 1781, ce qui prouve sa grande célébrité dès cette époque. » Je n'ai pu recueillir d'autres renseignements sur cet artiste. Je sais seulement qu'il épousa en 1784 Mlle Gervais, sœur du fameux violoniste de ce nom, qui était elle-même attachée comme danseuse à l'Opéra, où elle fit briller pendant plusieurs années un talent plein de légèreté, de grâce et de distinction.

PERNARELLI (Odorisio), musicien italien, est auteur du traité suivant : *Istituzioni di canto fermo per uso degli ecclesiastici secondo lo stilo del moderno sistema e la pratica della chiesa romana* (Rome, 1844, in-8°).

PERNY (Pierre), pianiste, professeur et compositeur pour son instrument, est né le 7 mars 1824 à Nice, où il réside toujours et où il a occupé les fonctions de chef d'orchestre au théâtre italien. Il y partage aujourd'hui son temps entre l'enseignement, d'une part, et, de l'autre, la composition d'un grand nombre de morceaux de genre pour le piano, écrits avec une grâce aimable et d'une main expérimentée. M. Perny, qui est un artiste instruit et distingué, a publié ainsi environ deux cents morceaux, consistant en mélodies originales, caprices, romances sans paroles, divertissements, airs de danse, etc. Dans le nombre se trouvent plusieurs transcriptions et fantaisies écrites sur des chants populaires et sur des motifs tirés d'opéras célèbres.

PÉRONNET (Gustave), pianiste et compositeur, est né à Bordeaux vers 1823. Il avait dix-huit mois lorsque son père, qui chantait en province les rôles d'Elleviou, se fixa à Marseille où il était engagé. M. Gustave Péronnet apprit la musique dans cette ville avec Dumoulin, professeur de piano et timbalier au Grand-Théâtre. Quand il eut atteint l'âge d'homme, il se rendit à Paris pour y compléter ses études, et entra au Conservatoire dans la classe de piano de Zimmermann. En même temps, il recevait des conseils de Prudent pour le même instrument et de M. Barbereau pour l'harmonie et le contre-point. En 1843, il obtint le premier accessit de piano, et en 1845 le premier prix. Dans cette dernière année, il fut admis dans la classe de composition d'Halévy, et en 1849 fut présenté par son maître au concours pour le prix de Rome. Revenu à Marseille quelque temps après, M. Péronnet fut nommé en 1852 professeur de piano au Conservatoire de cette ville, qui venait d'être placé sous la direction de M. Auguste Morel. Il y forma de nombreux élèves, dont quelques-uns se sont distingués dans la carrière de l'enseignement. Après treize à quatorze ans de professorat, M. Péronnet renonça, à la suite de circonstances diverses, au poste qu'il occupait au Conservatoire pour gérer une entreprise commerciale. Ses occupations nouvelles ne l'empêchaient pas de se livrer à la composition, pour laquelle son goût très-vif lui faisait désirer une situation indépendante. Cependant l'affaire à laquelle il s'était voué ne réussit pas, et M. Péronnet quitta Marseille en 1867. Il alla à Paris, où il espérait se faire connaître comme compositeur. A la suite des événements de 1870, il revint à Marseille, où il est resté jusqu'à ce jour. Peu après son retour, il est rentré au Conservatoire de Marseille, où il a été chargé d'une des classes de piano.

On a de cet artiste : — Une *Sonata capricciosa* pour le piano, dédiée à Schuloff (E. Gérard, éditeur); *Six impromptus caractéristiques* (Brandus, éditeur); *Rêveries d'un solitaire* (trois nocturnes (Meissonnier, éditeur); *Six grandes Études* (id.); *Petit rien* (Carbonel, éditeur à Marseille); *Une Bamboula de plus* (id.); *Nocturne* (Pépin frères, éditeurs, à Marseille); *Chantilly*, galop brillant (Renaud, éditeur); *Madrid*, boléro pour chant (Gérard, éditeur); *Venise*, mélodie (id.); *Méditation* pour la voix, adaptée à la *Dernière pensée de Weber* (Colombier, éditeur). M. Péronnet a écrit aussi une partie de violon sur les 42 premières études de Cramer. Le but de cet arrangement, qui a été publié par Mme veuve Régnier-Canaux, est d'habituer les élèves à la musique concertante pendant le temps employé à former leur mécanisme. — Parmi les œuvres inédites de M. Péronnet, on connaît une messe, plusieurs morceaux de genre et de danse pour le piano, un *Galop* pour orchestre qu'il a fait entendre aux Concerts d'été de Marseille, et *le Chêne et le Roseau*, scène imitative pour orchestre, qui a eu quelques auditions aux Concerts populaires de cette ville.

Comme le pianiste Darboville, qui est également professeur de piano au Conservatoire de Marseille, M. Péronnet est le fils d'un chanteur distingué. Péronnet père était un élève de Plantade. Des amateurs l'ayant fait venir de Paris en 1819, il se produisit pendant deux ou trois ans dans les concerts, où il fut très-apprécié. Désireux de tirer un parti plus lucratif de son talent, il prit le théâtre et, en 1823, aborda les premiers rôles de ténors à Bordeaux. L'année suivante, il fut engagé à Marseille. Il débuta dans *le Calife*, où il fut très-applaudi, malgré sa timidité. Il chanta ensuite *le Barbier* et *la Neige*, où sa facilité de vocalisation lui valut la faveur du public. Depuis cette époque, Péronnet fit souvent partie de la troupe d'opéra de Marseille. Il créa dans cette ville plusieurs ouvrages, notamment *la Neige*, *Leicester*, *le Concert à la cour*, *Léocadie*, *Fiorella*, *le Maçon*, etc. Son nom figure pour la dernière fois sur les états de troupes dans la saison théâtrale 1837-38. Pendant cette même période de temps, Péronnet avait chanté aussi avec succès à Paris (à l'Odéon), à Anvers, et à Cadix. Sa voix était pure et flexible. Assez faible dans le chant passionné et énergique, il excellait dans la musique légère, surtout dans celle qui comporte des ornements. Son meilleur rôle était *la Neige*. Péronnet était aussi poète et compositeur à ses heures. C'est ainsi qu'en 1830, il avait fait un *Chant national*, mis en musique par Dumoulin. En 1831, il avait écrit les paroles et la musique d'une *Varsovienne* que les officiers de la garnison firent chanter au Grand-Théâtre. — Cet artiste estimable, qui a laissé des souvenirs à Marseille, où il a résidé, même après s'être retiré du théâtre, est mort il y a déjà assez longtemps.

AL. R—D.

***PEROTTI** (Jean-Augustin), compositeur italien, était né à Verceil, non en 1774, mais le 12 avril 1769. Il est mort à Venise le 28 juin 1855.

PERRIÈRE-PILTÉ (Mme la comtesse Anaïs), musicienne amateur, à qui sa situation dans le monde et les avantages d'une grande fortune ont facilité l'accès du théâtre, naquit dans les premières années de ce siècle. Mme Perrière-Pilté faisait jouer chez elle, dans son salon, des ouvrages dont elle écrivait à la fois le poëme et la musique, et qu'elle parvenait ensuite à produire à la scène; mais les applaudissements complaisants qui accueillaient, dans l'intimité, ces productions vraiment enfantines, ne se retrouvaient plus devant le vrai public, qui, ayant payé sa place au théâtre, manifestait de tout autres exigences. Sous le pseudonyme d'Anaïs Marcelli, Mme Perrière-Pilté fit ainsi représenter deux opérettes qui n'obtinrent qu'un succès absolument négatif : *le Sorcier* (un acte, Théâtre-Lyrique, 13 juin 1866); et *Jaloux de soi* (un acte, Athénée, 6 juin 1873). Elle a fait exécuter chez elle, dans son hôtel, où elle avait fait construire une salle de spectacle, un ouvrage de dimensions plus considérables : *les Vacances de l'Amour*, opéra-comique en 3 actes (6 août 1867). En dehors de la spécialité qui nous occupe, cette dame a fait aussi représenter, au Théâtre-Ventadour, en mai 1875, une comédie en trois actes et en vers, intitulée *le Talon d'Achille*. Mme Perrière-Pilté est morte à Paris, au mois de décembre 1878.

PERRIN (Pierre), connu sous le nom de *l'abbé Perrin*, bien qu'il ne fût pas prêtre, fut le véritable fondateur de l'opéra français, et mérite, à ce titre, une place dans ce Dictionnaire. Né à Lyon en 1619 ou 1620, il vint de bonne heure à Paris et y porta le petit collet, ce qui ne l'empêcha pas d'épouser une certaine veuve La Barroire, dont il était le troisième époux et qui le laissa veuf lui-même au bout de peu de temps. Il se fit d'abord connaître par une méchante traduction en vers français de l'*Énéide*, puis acheta du poète Voiture la charge d'introducteur des ambassadeurs auprès de Gaston, duc d'Orléans, frère de Louis XIII, dont il devint le protégé. C'est à la cour de ce prince intelligent et dissolu qu'il prit le goût des choses du théâtre, en voyant jouer les divertissements qu'il faisait représenter fréquemment au palais du Luxembourg, habité par lui. C'était aussi l'époque où Mazarin, pour distraire la reine Anne d'Autriche, faisait venir à Paris des troupes de chanteurs italiens qui produisaient en France les opéras de leur pays. Perrin, attentif à toutes ces manifestations d'un art nouveau, songea à acclimater l'opéra en France. Avec une intelligence véritable de la situation, sentant ce que la durée des ouvrages italiens avait d'excessif (sept ou huit heures!), et, d'autre part, comprenant que nos vers alexandrins étaient trop lourds et trop pompeux pour s'allier à la musique, il conçut la pensée d'écrire, en évitant ces défauts, des livrets d'opéras en langue française, et, après les avoir fait mettre en musique par un artiste judicieusement choisi, de les produire en public.

Ce projet fut aussitôt qualifié de chimérique par tous ceux auxquels il le confia, chacun s'empressant à lui répéter que la langue française était absolument incompatible avec la musique dramatique. Perrin ne se laissa pas émouvoir, et essaya tout d'abord divers compositeurs en leur faisant écrire la musique de diverses pièces de poésie conçues dans le style qu'il voulait adopter; puis, ayant vu que celui qui paraissait le plus apte à seconder ses desseins était Robert Cambert (*Voy.* ce nom), il lui confia le livret d'une « *comédie en musique* » intitulée *la Pastorale*, avec charge de la mettre en musique. Quand ce dernier eut terminé son œuvre, Perrin s'occupa de la représentation de leur *Pastorale*, qui fut jouée en effet à Issy, près de Paris, dans un domaine appartenant à un certain de la Haye, maître d'hôtel de la reine. Le spectacle avait lieu par invitations, et le succès en fut tellement grand que le roi voulut voir *la Pastorale*, et qu'on fut la jouer devant lui à Vincennes, ce qui n'empêcha pas qu'on la reproduisît plusieurs fois à Issy. Pour bien comprendre la portée et l'intelligence de l'essai tenté par Perrin, il faut lire la longue et intéressante lettre placée par lui en tête du livre imprimé de *la Pastorale*, lettre adressée au cardinal de la Rovere et datée du 30 avril 1659.

Le succès éclatant de cette tentative engagea Perrin à la renouveler. Il écrivit donc un nouvel opéra, intitulé *Ariane*, dont Cambert fit encore la musique, et dont il se fit diverses répétitions publiques à l'hôtel de Nevers; mais la mort de Mazarin vint empêcher l'ouvrage de voir le jour et arrêter son essor. Toutefois, Perrin poursuivait les projets qu'il avait formés, et à la date du 28 juin 1669 il obtenait de Louis XIV des lettres patentes qui lui octroyaient le privilége d'un théâtre nouveau désigné sous le titre d'Académie des opéras. Il s'associa alors avec un financier nommé Champeron, qui devait faire les fonds de l'entreprise, avec le marquis de Sourdéac, qui était chargé de toute la partie relative à la mise en scène, et avec Cambert, qui était appelé à écrire la musique de tous les ouvrages représentés. On réunit une troupe, des chœurs, un orchestre, on construisit une salle sur l'emplacement du jeu de paume dit *de la Bouteille*, et, le 19 mars 1671, le nouveau théâtre s'ouvrait par la représentation de *Pomone*, opéra en 5 actes et un prologue, dont le succès fut tel qu'il fit courir Paris pendant huit mois entiers, et qu'il produisit un bénéfice de 120,000 livres.

Malheureusement la désunion se mit parmi les associés; Sourdéac et Champeron trouvèrent le moyen d'évincer Perrin, et, d'un autre côté, Lully, qui songeait à les supplanter tous, faisait bientôt révoquer en sa faveur le privilége de celui-ci, après l'avoir personnellement dédommagé. Lully associa Quinault à sa fortune, attira à lui les artistes réunis à grand'peine par Cambert, fit construire une nouvelle salle, et, l'année suivante, ouvrait à son tour son Académie royale de musique. Mais si Lully et Quinault ont bénéficié du titre de fondateurs de l'opéra français, il n'est que juste de constater que ce titre ne leur appartient pas et qu'il revient de droit à Perrin et à Cambert, à Perrin surtout, qui eut vraiment l'idée première, et qui sut la réaliser à force d'adresse, d'énergie et d'efforts. Il ne s'agit pas ici de savoir si, ce qui est vrai, Perrin était un méchant poëte, mais simplement s'il conçut le premier la pensée d'écrire et de faire représenter des opéras en langue française, et s'il réussit à réaliser son projet. Or, à cet égard, le doute n'est pas possible, et les sarcasmes littéraires de Boileau ne sauraient entamer la reconnaissance qu'on lui doit à ce sujet (1).

Perrin avait écrit quatre autres poëmes d'opéras: *Diane amoureuse ou la Vengeance de l'amour*, *la Reine du Parnasse*, *la Noce de Vénus*, et *Ariane ou le Mariage de Bacchus*. Ce dernier seul avait été mis en musique par

(1) Sous ce titre : *les Vrais Créateurs de l'Opéra français, Perrin et Cambert*, j'ai publié dans le journal *le Ménestrel* (1875-1876) un écrit très-étendu, contenant de nombreux faits inconnus, et qui pourra être utilement consulté sur ces commencements de l'histoire de notre musique dramatique.

Cambert; mais, on l'a vu, *Ariane* ne put être représentée à Paris, elle le fut à Londres, lorsque Cambert, après la destruction de ses espérances, quitta la France pour aller se réfugier en cette ville. Quant aux trois autres livrets, ils restèrent sans emploi.

Perrin mourut à Paris, dans la misère, le 25 avril 1675, à l'âge de cinquante-cinq ans.

PERRIN (Théodore), docteur en médecine, vice-président de la Société de médecine à Lyon, a publié l'écrit suivant : *de l'Influence des doctrines et de la civilisation sur la musique*, discours de réception à l'Académie des sciences, belles-lettres et arts de Lyon, lu dans la séance du 3 juillet 1855 par le docteur Théodore Perrin (Lyon, impr. Dumoulin, gr. in-8 de 39 p.).

PERRONARD (.....), facteur de clavecins, vivait à Paris et était établi, en 1788, rue du Coq-Saint-Honoré. Voici comment l'*Almanach musical* de 1782 rendait compte d'une de ses inventions : « M. Perronard a adapté au clavecin des pédales qui font jouer un jeu de basse qui fournit des sons de contre-basse très-beaux, très-forts et très-nourris. La pression du pied, plus ou moins appuyée, peut varier beaucoup l'harmonie qui résulte de cette invention. On la rend pleine et forte, quand le morceau que l'on joue demande cet effet. On diminue le corps des sons, en appuyant légèrement le pied sur la pédale qui les produit. Il ne faut donner qu'une attention très-légère à la méchanique que M. Perronard a imaginée pour acquérir l'habitude de s'en servir. Le petit travail auquel elle soumet d'abord l'esprit, est agréablement compensé par l'harmonie pleine, moëlleuse, qu'on tire de cet instrument. »

PERROSSIER (....).— Un artiste de ce nom a écrit la musique de *l'Antiquaire*, opéra-comique en un acte représenté sur l'un des théâtres de Toulouse en 1875.

PERRY-BIAGIOLI (Antonine et Henri), compositeurs français, nés la première vers 1848, le second vers 1854, sont fils d'un médecin de talent qui est mort au mois d'avril 1877. Tous deux apprirent le piano sous la direction de leur mère, qui avait été, dit-on, élève de Liszt, et commencèrent à composer d'instinct, dès leurs plus jeunes années, sans avoir encore aucune notion de la théorie de l'art. Ils écrivirent ainsi une messe à 4 parties, avec chœurs et orchestre, qui fut exécutée en 1863 à Bellevue, village qu'ils habitaient auprès de Paris, et en 1864 dans l'église de Saint-Vincent de Paul. Dans la première de ces deux exécutions, l'orchestre était dirigé par Mme Perry-Biagioli, la mère des deux jeunes compositeurs. Les deux enfants écrivirent ensuite la musique d'une opérette, *les Matelots du Formidable*, qui fut jouée dans un concert au mois d'avril 1865. Depuis lors, Mlle Antonine Perry-Biagioli a publié quelques morceaux de chant, et son frère un recueil de 20 mélodies vocales. M. Henri Perry-Biagioli a écrit aussi la musique d'un drame lyrique en 3 parties, *les Héroïques*, dont sa sœur lui a fourni le poëme, et qui a été exécuté en 1876, au théâtre de l'Opéra-Comique, dans une matinée donnée spécialement à cet effet. Il a fait représenter ensuite au petit théâtre Beaumarchais (Fantaisies-Parisiennes), le 29 août 1878, une opérette en 3 actes intitulée *la Croix de l'Alcade*. L'éditeur M. Hartmann a publié la partition, avec accompagnement d'orgue ou de piano, de la *Messe fraternelle* d'Antonine et Henri Perry-Biagioli.

* **PERSIANI** (Joseph), compositeur dramatique italien, est mort le 14 août 1869 à Paris, où depuis longtemps il s'était fixé. Aux ouvrages dramatiques mentionnés sous le nom de cet artiste, il faut ajouter *il Fantasma*, opéra expressément écrit par lui pour le Théâtre-Italien de Paris, où il fut représenté sans grand succès le 14 décembre 1843. D'autre part, on doit remarquer que les deux opéras inscrits sous les titres suivants : *i Saraceni in Catania* et *Eufemio di Messina*, ne forment qu'un seul et même ouvrage. Persiani avait donné au théâtre Alfieri, de Florence, en 1829, un opéra intitulé *Eufemio di Messina, ovvero la Distruzione di Catania*; peu satisfait sans doute de sa partition, il la remania et la produisit au Théâtre-Neuf de Padoue, en 1832, sous ce nouveau titre : *i Saraceni in Catania*, qu'elle conserva lorsqu'il la fit entendre l'année suivante à la Fenice, de Venise.

* **PERSIANI** (Fanny **TACCHINARDI**, femme), épouse du précédent, naquit à Rome le 4 octobre 1812 et mourut à Neuilly-sur-Seine le 3 mai 1867. Nous ajouterons quelques renseignements à ceux donnés sur cette cantatrice célèbre par la *Biographie universelle des Musiciens*. Mme Persiani aborda la carrière théâtrale à Livourne, en 1832, dans *Francesca da Rimini*; de là elle alla à Padoue, à Venise, où la beauté de sa voix et de son chant dramatique la firent surnommer « la petite Pasta, » à Milan, où le poëte Felice Romani lui adressa des vers empreints d'admiration pour son talent, à Rome, à Naples, où Donizetti écrivit expressément pour elle son admirable *Lucia di Lamermoor* et les deux Ricci leur *Disertore per amore*, à Gênes, Pise, Florence, Bologne, etc. Elle se rend ensuite à Londres, puis est engagée au Théâtre-Italien de Paris, où elle débute avec éclat à la fin de 1837 et reste jusqu'en 1849. Vers cette époque, elle perd sa voix et prend avec son mari la direction d'un des théâtres

italiens de Londres, entreprise dans laquelle elle perd tout le fruit de ses économies. Obligée de revenir à Paris, elle s'y fixe et donne des leçons de chant pour vivre. Frappée le 3 mai 1867 d'une attaque d'apoplexie foudroyante, elle meurt sans avoir le temps d'embrasser son mari et ses enfants, qui l'entouraient.

PERSIANI (GIUSEPPE), compositeur italien, d'une famille noble, est né à Gessopalena, dans les Abruzzes, vers 1832. Après avoir fait de bonnes études littéraires à Chieti, il suivit, à Naples, un cours complet de contre-point et de composition avec Mario Aspa. En 1855, il fit représenter à Chieti un opéra sérieux intitulé *Malek-Adel*, et fit ensuite exécuter sur le théâtre de cette ville deux scènes lyriques : *Il Prigioniero di Palermo* et *l'Italia*. M. Persiani a écrit un certain nombre d'œuvres religieuses : messes, vêpres, hymnes, etc., et aussi des ouvertures, airs, romances et morceaux de musique de danse.

Y.

PERSICHINI (......), compositeur dramatique italien, est l'auteur de deux opéras sérieux, dont l'un, *l'Ultimo degli Incas*, a été donné sur le Grand-Théâtre de Vienne le 18 mars 1866, et dont l'autre, *Cola di Rienzi*, a été représenté au Politeama de Rome, le 28 juin 1874.

* **PERSUIS** (LOUIS-LUC **LOISEAU DE**). —D'après une notice publiée par M. Bégin dans la *Biographie de la Moselle* (t. III, p. 456-463), cet artiste est né à Metz, non le 21 mai, mais le 4 juillet 1769. Son père, Jean-Nicolas Loiseau de Persuis, était maître de musique de la cathédrale, chargé d'instruire les enfants de chœur, et sa mère s'appelait Marie-Anne Liouville. D'autre part, Soliman Léautaud, dans sa *Liste des portraits de personnages nés dans la Lorraine et le pays Messin*, fait connaître l'existence de deux portraits de Persuis, dont le premier, peint en 1811 par P. Guérin, a été gravé par Jules Porreau en 1849.

***PERTHALER** (CAROLINE), pianiste distinguée, établie à Munich, où, jusqu'en 1870, elle n'a cessé de se livrer à l'enseignement, est morte à Gries (Tyrol), au mois d'octobre 1873.

* **PERTI** (JACQUES-ANTOINE). — A la liste des ouvrages dramatiques dus à cet artiste, il faut ajouter les suivants, composés pour le service du duc de Toscane Ferdinand de Médicis : 1° *Dionisio* (1707), 2° *Ginevra* (1708), 3° *Rodelinda* (1710). Perti écrivit aussi, pour la chapelle de ce prince ami des arts, trois motets et deux *Benedictus*. On lui doit encore un autre opéra, *Penelope la casta*, qui fut représenté à Rome, sur le théâtre Tordinona, en 1696, et un oratorio, *Cristo al limbo*, exécuté à Bologne en 1698.

* **PERUCCHINI** (Le docteur JEAN-BAPTISTE), pianiste et compositeur dilettante, était né non à Venise en 1790, mais à Bergame en 1784. Il est mort à Venise au mois de janvier ou février 1870.

PERULLO (LODOVICO), pianiste et compositeur, né à Naples le 13 juin 1839, mort en cette ville, à peine âgé de vingt et un ans, le 13 juillet 1860, avait fait ses études avec M. Luigi Biscardi, puis avec le baron Giuseppe Staffa. Très-jeune, il s'était adonné à la composition, et avait écrit un grand nombre de morceaux soit pour le piano, soit pour le chant. Quelques-uns de ces morceaux avaient été publiés, mais la plupart étaient restés inédits. Il y a quelques années, un éditeur de musique de Naples, M. Théodore Cottrau, eut l'idée de recueillir les compositions de Perullo et de les livrer au public ; il commença par former un recueil de *Danses napolitaines*, qui ne contenait pas moins de cinquante morceaux. D'autres recueils ont dû paraître par la suite.

PESCHARD (ALBERT), docteur en droit, organiste de Saint-Étienne de Caen, né dans cette ville en 1837, est l'inventeur d'un système d'application de l'électricité aux orgues, pour lequel il a pris, en 1862, un brevet dont se sont rendus acquéreurs les facteurs Barker et Verschneider. C'est d'après ce système qu'ont été construits les orgues de Salon, en Provence, de Saint-Augustin de Paris, et de Saint-Pierre de Montrouge. M. Peschard a exposé les détails de son invention dans une notice ayant pour titre : *Application de l'électricité aux grandes orgues*, laquelle a été publiée dans le *Bulletin de la Société des Beaux-Arts de Caen* (juin 1865). Il en a été fait un tirage à part.

J. C — z.

PESCHKA-LEUTNER (MINA **VON LEUTNER**, épouse **PESCHKA**, connue sous le nom de Mme), cantatrice allemande distinguée, née à Vienne le 25 octobre 1839, a fait ses études musicales sous la direction de Proch, et, à peine âgée de dix-sept ans, débuta au théâtre de Breslau, en 1856, dans le rôle d'Agathe du *Freischütz*. Sa jolie voix de soprano léger, son goût naturel, son intelligence de la scène, la firent aussitôt bien accueillir du public, qui ne lui marchanda pas les encouragements. Du théâtre de Breslau Mlle Leutner passa à celui de Dessau ; elle se rendit ensuite à Vienne, où elle perfectionna son talent à l'aide des leçons d'une cantatrice célèbre, Mme Bockholz-Falconi, et où elle épousa un docteur en médecine, M. Peschka. Après deux années d'un travail attentif et soutenu, Mme Peschka-Leutner fit, à l'Opéra impérial de Vienne, de très-heureux débuts dans *les Huguenots* (Marguerite) et *Robert le Diable* (Isabelle); elle demeura plusieurs années attachée à ce théâtre, où elle joua aussi *Don Juan*, *la Flûte enchantée*, *l'Africaine*, et divers autres ouvrages. A la suite d'une longue maladie, et après avoir quitté Vienne, elle se produisit à Darmstadt en 1867, et depuis 1868 jusqu'en 1876 appartint au théâtre de Leipzig; elle obtint en cette ville de grands succès, non-seulement à la scène en jouant *Dinorah*, *les Noces de Figaro*, *Idoménée*, *la Fille du régiment*, *l'Enlèvement du sérail*, etc., mais en se faisant entendre aussi avec beaucoup de fréquence aux concerts du Gewandhaus, où elle savait se faire vivement applaudir comme chanteuse de *lieder* et d'oratorio. C'est en cette qualité qu'elle s'est fait entendre dans les festivals de diverses villes, notamment à Cologne et à Dusseldorf. Aujourd'hui (1878) Mme Peschka-Leutner est engagée au théâtre de Hambourg. Cette artiste distinguée a pris part, en 1872, au festival monstre de Boston.

PESSARD (ÉMILE-LOUIS-FORTUNÉ), l'un des membres les plus actifs et les plus distingués de la jeune école musicale française, est né à Montmartre (Paris) le 29 mai 1843. Fils d'un flûtiste habile, il apprit de bonne heure les premiers éléments de la musique, et plus tard, tout en étudiant le piano, tint l'emploi de contre-bassiste dans divers orchestres. Passionné pour son art, il commença à écrire dès l'âge de douze ou treize ans, et composait d'instinct, sans connaître aucune notion d'harmonie. Admis au Conservatoire, dans la classe d'harmonie et accompagnement de Bazin, il remporta un second prix en 1861, le premier en 1862, et entra ensuite dans la classe de fugue et de composition de Carafa. Reçu le premier, en 1865, au concours préparatoire pour le prix de Rome, il n'obtint pourtant aucune récompense; mais l'année suivante, ayant été, au contraire, reçu le dernier à cette première épreuve, il se vit décerner à l'unanimité le premier grand prix de composition. Sa cantate, intitulée *Dalila*, fut exécutée à l'Opéra le 21 février 1867, et favorablement accueillie par le public.

M. Pessard partit alors pour Rome, fit régulièrement à l'Académie des beaux-arts les envois que lui imposaient les règlements, et, de retour à Paris, fut assez heureux pour faire recevoir à l'Opéra-Comique un ouvrage en un acte qui avait pour titre *la Cruche cassée*. Ce petit ouvrage, élégant et mignon, fut représenté le 21 février 1870, c'est-à-dire trois ans, jour pour jour, après l'exécution de sa cantate à l'Opéra. Quoiqu'il eût produit un excellent effet, son auteur dut cependant attendre huit années une nouvelle occasion de se reproduire à la scène. Mais M. Pessard pour cela ne perdit point son temps, et, voyant que le théâtre lui était fermé, se mit à écrire beaucoup de musique d'église, de concert ou de salon. Outre une petite messe solennelle et divers morceaux religieux, il fit exécuter une jolie suite d'orchestre, un sextuor et un quintette fort élégants pour instruments à vent, un trio pour piano, violon et violoncelle, une grande marche symphonique, puis il publia un assez grand nombre de morceaux de piano et de morceaux de chant à une ou plusieurs voix, sans compter un recueil charmant de mélodies vocales donné sous ce titre : *Joyeusetés de bonne compagnie*.

M. Pessard, qui est un musicien bien doué, instruit et respectueux de son art, voyait cependant avec peine que la carrière dramatique semblait se fermer devant lui. Il avait écrit la musique d'un opéra-comique en un acte, *le Char*, que la direction de l'Opéra-Comique tenait depuis longtemps enfermé dans ses cartons, et il s'occupait d'un ouvrage beaucoup plus important, *le Capitaine Fracasse*, dont le livret avait été tiré du roman fameux de Théophile Gautier qui porte ce titre. Ce dernier, reçu d'abord à l'Opéra-Comique, comme le précédent, fut ensuite porté aux Folies-Dramatiques, puis à l'Opéra populaire installé pour un instant au théâtre du Châtelet, puis au Théâtre-Lyrique reconstitué à celui de la Gaîté par M. Albert Vizentini. En dépit de ses efforts, le compositeur ne pouvait parvenir à présenter l'un ou l'autre au public, et cette situation menaçait de se prolonger indéfiniment, lorsque enfin, le 18 janvier 1878, l'Opéra-Comique se décida à donner la première représentation du *Char*, dont la musique alerte, vive, enjouée, pleine de grâce et de distinction, réunit tous les suffrages. Dans le même temps, le Théâtre-Lyrique, qui avait sombré dans la salle de la Gaîté, s'étant reformé à la salle Ventadour, mit en répétition *le Capitaine Fracasse*, et cet ouvrage, qui servait de début à la nouvelle administration, obtint un succès très-vif, très-brillant, que légitimaient les excellentes qualités que l'auteur y avait déployées, qualités qui consistaient surtout en un grand sentiment scénique, en une inspiration très-franche, en une verve très-heureuse, complétés par une recherche à la fois sobre et ferme des effets d'harmonie et d'instrumentation. Bref, *le Capitaine Fracasse* fut reçu par le public avec une faveur évidente, et de ce jour on put compter M. Pessard au nombre des jeunes soutiens les plus solides de la scène lyrique française. L'avenir se chargera sans doute de réaliser les promesses faites par l'artiste dans cet ouvrage vraiment intéressant.

Voici la liste des œuvres de M. Pessard publiées jusqu'à ce jour : 1° *la Cruche cassée*, un acte, Opéra-Comique, 21 février 1870; 2° *le Char*, un acte, 18 février 1878; 3° *le Capitaine Fracasse*, 3 actes et 6 tableaux, Théâtre-Lyrique, 2 juillet 1878; 4° Petite messe solennelle (en *fa* majeur) à 2 voix égales, avec accompagnement d'orgue ou harmonium ; 5° *Ave Maria*, avec accompagnement d'orgue, violon et violoncelle ; 6° Méditation religieuse (*Mater Salvatoris*) ; 7° *Joyeusetés de bonne compagnie*, recueil de chansons et mélodies vocales ; 8° 25 Pièces pour piano à 2 mains; 9° 10 Pièces pour piano à 4 mains ; 10° Quintette pour instruments à vent (transcrit pour piano) ; 11° Trio (en *si* bémol) pour piano, violon et violoncelle; 12° Première suite d'orchestre (transcrite pour piano); 13° Grande Marche pour orchestre (id.) : 14° 2 Nocturnes pour piano; 15° 2 Romances sans paroles, id.; 16° 3 Mazurkas, id.; 17° Diverses Pièces détachées pour piano; 18° *Ne la réveillons pas*, mélodie avec chœur à 3 voix égales ; 19° environ 30 chansons, romances ou mélodies à une ou deux voix.

M. Émile Pessard est inspecteur du chant dans les écoles communales de la ville de Paris. Il a été nommé chevalier de la Légion d'honneur en 1879.

PETELARD (.....). Un musicien de ce nom a fait représenter, à la fin du dernier siècle, trois petits opéras-Comiques sur des scènes peu importantes : 1° *le Rossignol*, un acte, Délassements-Comiques, 1798; 2° *la Résurrection de Cadet Rousselle*, Délassements-Comiques, 1798 ; 3° *l'Amour et la Nature*, un acte, Jeunes-Élèves, 1799.

* **PETIT** (Adrien), surnommé **COCLICUS**. — *Voyez* **COCLICUS**.

PETIT (L'abbé), est auteur d'une *Dissertation sur la psalmodie et les autres parties du chant grégorien dans leurs rapports avec l'accentuation latine* (Paris, Didron, 1855, in-8°).

* **PETRALI** (Louis), a fait représenter à Bergame, en 1864, un opéra sérieux intitulé *Maria de' Griffi*. Cet artiste remplissait, vers 1872, les fonctions de chef d'orchestre au théâtre social de Crema.

* **PETRELLA** (Enrico), compositeur dramatique italien, naquit à Palerme le 10 décembre 1813. Fils d'un officier de marine, il fut amené de bonne heure à Naples, y montra un goût précoce pour la musique, et dès l'âge de huit ans commençait l'étude du violon sous la direction d'un maître nommé Saverio del Giudice. A douze ans, il était admis au Conservatoire, où il avait pour répétiteurs (*maestrini*) M. Michele Costa, le chef d'orchestre devenu depuis lors si célèbre à Londres, et l'immortel auteur de *Norma*, le blond, doux et passionné Bellini ; il passa ensuite sous la conduite de Furno et de Francesco Ruggi, puis commença l'étude du contre-point et de la composition avec Zingarelli lui-même, le directeur du Conservatoire.

Malheureusement pour lui, l'occasion de se produire se présenta beaucoup trop tôt. Le hasard fit qu'un ami de sa famille, s'étant trouvé à la tête du petit théâtre de la Fenice et voulant lui être agréable, vint demander au jeune Petrella, à peine âgé de seize ans, s'il voulait écrire un opéra pour ce théâtre. Or, à cette époque, non-seulement le futur artiste était fort loin d'avoir terminé ses études, mais il n'avait jamais mis le pied dans une salle de spectacle, il n'avait jamais entendu un opéra, et il n'avait pas écrit un seul morceau de musique instrumentale. Il n'en accepta pas avec moins d'empressement l'offre qui lui était faite, en dépit de l'opposition vigoureuse et raisonnée qu'il rencontrait à ce sujet chez son maître Zingarelli, et il aima mieux se fâcher avec celui-ci et quitter le Conservatoire que de laisser échapper une occasion qui d'ailleurs, il faut le dire, était singulièrement tentante pour un jeune artiste.

Il écrivit donc l'ouvrage demandé, qui était un opéra bouffe en deux actes ayant pour titre *il Diavolo color di rosa*, et, quoique ainsi composé à la diable et à l'aventure, ce petit ouvrage, représenté sur le théâtre de la Fenice à la fin de 1829 ou au commencement de 1830, obtint un énorme succès. Ce succès peut être considéré comme un malheur pour Petrella, car il ne lui permit pas de continuer ses études (quoiqu'on assure qu'il ait encore travaillé quelque temps avec Francesco Ruggi), et c'est à ce défaut d'éducation première qu'est dû le peu de solidité des œuvres qu'il produisit par la suite, malgré les dons heureux qu'il tenait de la nature.

Une fois entré dans la carrière, Petrella ne s'arrêta plus, et dans l'espace de quarante ans donna plus de vingt ouvrages, soit sérieux, soit bouffes, qui, pour une bonne partie, furent bien accueillis du public, quoique d'une valeur très-inégale et conçus dans un système dont le défaut principal était de n'en être pas un et de laisser tout au hasard d'une inspiration plus ou moins heureuse. Parmi ses plus grands succès, il faut surtout citer, dans le genre dramatique, *Jone*, *Marco Visconti*, *Giovanna II di Napoli*, et dans le genre bouffe, *il Folletto di Gresy*, et particulièrement *le Precauzioni*, qui depuis vingt-cinq ans n'ont cessé de se maintenir à la scène. Petrella était d'ailleurs l'enfant chéri du public napolitain, et l'engouement singulier de ce public pour ses œuvres était tel qu'après la représentation d'un de ses opéras bouffes, le *Giornale ufficiale* de Naples ne rougissait pas d'écrire un jour ces lignes véritablement monstrueuses : — « En cet opéra l'on peut dire que sont ressuscités Paisiello et Cimarosa. » Or, pour qui connaît la forme lâche et débile, le style plat et vulgaire de Petrella, ceci est tout simplement inouï.

Il faut bien le constater, d'ailleurs, quoiqu'il ne fût qu'un artiste d'un ordre très-secondaire, Petrella a été l'un des musiciens les plus applaudis et les plus populaires de l'école qui a surgi, en Italie, à la suite de M. Verdi. Imitateur servile de la première manière de ce maître, il n'a fait, dans le genre sérieux, que se traîner vulgairement à sa remorque, n'ayant point sa générosité d'inspiration, mais reproduisant ses effets de sonorité brutale et certains procédés d'un emploi facile. J'ai entendu, pour ma part, en Italie, deux ou trois de ses ouvrages, entre autres *Giovanna di Napoli*, et je ne me rappelle pas avoir jamais ouï musique plus plate, plus insipide et plus banale. Au reste, un de ses compatriotes, musicien distingué et critique très-accrédité, m'écrivait à son sujet, il n'y a pas longtemps, les lignes que voici :— « Petrella a été considéré longtemps comme le « second compositeur dramatique de l'Italie, « après Verdi. Cette opinion monstrueuse s'est « beaucoup modifiée depuis l'apparition de Ponchielli, de Marchetti, de Boito, de Gomez, et « autres véritables musiciens. Petrella est doué « d'une organisation musicale très-heureuse, « malheureusement entachée de graves défauts. « Ce maestro a beaucoup d'imagination, de *fantasia*, sa veine mélodique est abondante, mais « le sens du rhythme, de la mesure, des propor« tions lui manque complétement. De plus il est « vulgaire, son harmonie est incorrecte, et la « plupart de ses grands effets scéniques sont fondés « sur les passages inopinés, foudroyants, du *forte* « au *piano*. Il peut saisir le public, produire un « effet bruyant, faux ; mais les vrais connaisseurs « sont forcés de ne reconnaître en lui qu'un com« positeur de mauvais goût. Il a écrit beaucoup « d'opéras; son meilleur ouvrage reste *le Precauzioni*, opéra bouffe de genre napolitain, plein « de *brio*, de verve, et où l'élément comique « est très-bien employé. Dans le genre drama« tique, *Jone* est son œuvre la mieux réussie ; la « scène du délire est une belle page de musique « inspirée et expressive. Ceux de ses autres ou« vrages qui ont obtenu un succès plus ou moins « brillant sont *Giovanna di Napoli*, *Bianca Orsini*, *l'Assedio di Leida*, *Caterina Howard*, « *il Duca di Scilla*, *la Contessa d'Amalfi*, « ce dernier tiré du drame de votre Octave « Feuillet : *Dalila*. »

Tel est, sur l'ensemble de l'œuvre et sur le talent de Petrella, le jugement d'un Italien, très-compétent, très-sincère et très-désintéressé ; ce jugement s'accorde complétement avec l'impression que j'ai ressentie personnellement à l'audition de la musique de ce compositeur, et il me paraît absolument équitable. Pourtant, et comme on vient de le voir, Petrella a obtenu dans sa patrie des succès retentissants, surtout avec *Jone* et *le Precauzioni*, qui sont étonnamment populaires de l'autre côté des Alpes. Il est vrai que, malgré ses succès, aucune œuvre de cet artiste n'a pu franchir les frontières de son pays, et que l'on ne connaît rien de lui ni en France, ni en Allemagne, ni en Angleterre. Il est probable qu'il ne laissera aucune trace visible de son passage, et que dans peu d'années tous ses opéras seront oubliés.

Ce qui prouve à quel point l'éducation musicale de Petrella était restée incomplète et tronquée, c'est qu'il y a quelques années, un concours ayant été ouvert pour une place de professeur de contre-point au Conservatoire de Naples, et Petrella s'étant présenté, il subit ce concours d'une façon tellement pitoyable qu'il fut impossible de lui confier l'emploi vacant, malgré sa notoriété de compositeur et la fortune de quelques-uns de ses ouvrages. Il était d'ailleurs aussi inculte comme homme que comme musicien, et tellement ignorant de toutes choses qu'on pouvait supposer que son instruction littéraire avait été aussi complétement négligée que son instruction artistique. Honnête homme, du reste, et travailleur acharné, la vie lui fut difficile en dépit des heureuses circonstances qui se présentèrent pour lui, et il mourut dans l'état le plus précaire. Il se trouvait à Gênes, dans une famille amie, lorsqu'il tomba gravement malade, au mois de février ou de mars 1877. Bientôt, son état empirant et nécessitant des dépenses considérables, on dut faire connaître sa situation, le pauvre Petrella étant absolument sans ressources ; le municipe de Gênes vota en sa faveur une somme de 500 francs, et le théâtre Paganini de cette ville donna à son bénéfice une représentation des *Precauzioni*, qui produisit environ 1,500 francs ; de leur côté, le Conservatoire de Naples et son directeur, M. Lauro Rossi, s'occupaient des moyens de venir en aide à cet artiste honorable, lorsqu'il mourut, le 7 avril 1877, des suites de la grave maladie dont il était atteint. Il était âgé de soixante-trois ans.

Voici la liste chronologique des opéras de Petrella : 1° *il Diavolo color di rosa*, bouffe, 2 actes, Naples, théâtre de la Fenice, 1829 ou 1830 ; 2° *il Giorno delle Nozze*, bouffe, 2 actes, Naples, théâtre Nuovo, 1832 ; 3° *Pulcinella morto e non morto*, bouffe, 2 actes, Naples, théâtre Nuovo, 1832 ; 4° *Cimodocea*, sérieux, non représenté ; 5° *lo Scroccone*, bouffe, 2 actes, Naples, théâtre Nuovo, 1836 ; 6° *i Pirati spagnuoli*, semi-sérieux, 2 actes, Naples, théâtre Nuovo, 1837 ; 7° *le Miniere di Freimberg*, semi-sérieux, Naples, théâtre Nuovo, 1839 ; 8° *le Precauzioni*, bouffe, 3 actes, Naples, théâtre Nuovo, 1850 ; 9° *Elena di Tolosa*, semi-sérieux, 3 actes, Naples, Fondo, 1852 ; 10° *Marco Visconti*, sérieux, 3 actes, Naples, San-Carlo, 1854 ; 11° *Elnava, o l'Assedio di Leida*, sérieux, 4 actes, Milan, Scala, 1855 ; 12° *Jone*, sérieux, 4 actes, Milan, Scala, 1858 ; 13° *il Duca di Scilla*, sérieux, 4 actes, Milan, Scala, 1859 ; 14° *Morosina*, sérieux, 3 actes, Naples, San-Carlo, 1860 ; 15° *il Folletto di Gresy*, bouffe, 3 actes, Naples, Fondo, 1860 ; 16° *Virginia*, sérieux, 3 actes, Naples, San-Carlo, 1861 ; 17° *la Contessa d'Amalfi*, sérieux, Turin, théâtre Regio, 1864 ; 18° *Celinda*, sérieux, 3 actes, Naples, San-Carlo, 1865 ; 19° *Caterina Howard*, sérieux, Rome, théâtre Apollo, 1866 ; 20° *i Promessi Sposi*, semi-sérieux, Lecco, 1866 ; 21° *Giovanna II di Napoli*, sérieux, 4 actes, Naples, San-Carlo, 1869 ; 22° *Manfredo*, sérieux, Naples, San-Carlo, 1872 ; 23° *Bianca Orsini*, sérieux, 4 actes, Naples, San-Carlo, 4 avril 1874. Petrella a fait exécuter aussi au théâtre San-Carlo, en 1861, un *Inno a Vittorio-Emanuele*. Lorsqu'il mourut, il avait en portefeuille un opéra complètement achevé, *la Fata di Pozzuoli*, et il venait d'en commencer un autre intitulé *Salammbo*. On connaît aussi de lui une messe funèbre écrite à l'occasion de la mort d'Angelo Mariani (*Voy.* ce nom).

PETRILLO (Francesco), compositeur italien, a fait représenter au mois d'octobre 1867, sur le petit théâtre de la Fenice, de Naples, un opéra bouffe intitulé *Candida e Tommaso*.

PETRINI (F.....-P.....), théoricien, vivait dans la première moitié du dix-neuvième siècle. Il a publié : *Règles de l'harmonie, rendues plus faciles par une suite de leçons en forme de préludes*, etc. (in-folio de 35 pages gravées).

PETROCINI (Francesco), compositeur dramatique italien, a fait représenter avec un très-grand succès, le 2 décembre 1858, au théâtre de la Scala, de Milan, un opéra intitulé *l'Uscocco*, dont le sujet avait été emprunté au roman de George Sand, *l'Uscoque*. Auparavant, il avait donné, je ne sais en quelle ville, un premier ouvrage qui avait pour titre *la Duchessa di la Vallière*. Malgré le succès obtenu par *l'Uscocco*, dont la partition, disait-on, renfermait des qualités de premier ordre au double point de vue de la forme et de l'inspiration, je ne sache pas que l'auteur se soit, depuis lors, présenté de nouveau à la scène. Il est mort à Milan, au mois de juillet 1875.

PETRONI (Le P. Antonio), compositeur de musique religieuse, naquit à Lucques vers 1700, et mourut en cette ville en 1760. On lui doit une messe à 4 voix, avec accompagnement instrumental, exécutée à la fête de sainte Cécile, huit services consistant en psaumes, messes, motets, exécutés pour la même fête, de 1738 à 1749, et un *De profundis* à 4 voix.

PÉTROW (Ossip), chanteur russe qui a joui dans sa patrie d'une immense renommée dont l'éclat s'est répandu même à l'étranger, était né dans les premières années de ce siècle. Doué d'une superbe et vigoureuse voix de basse-taille, il s'adonna de bonne heure à l'étude du chant et se consacra à la carrière dramatique, donnant surtout l'appui de son talent à la musique nationale, et n'ayant, je crois, jamais quitté le Théâtre-Impérial de Saint-Pétersbourg, auquel il resta attaché pendant plus d'un demi-siècle. Pétrow chantait aussi l'italien, et, dans les grands concerts qui se donnaient naguère à la grande salle de l'assemblée de la noblesse, il obtenait d'énormes succès aux côtés de Rubini, qui le tenait en haute estime, et de Negri.

Dans le répertoire russe, le rôle qui lui valut surtout son plus grand triomphe est celui de Soussanine dans l'opéra fameux de Glinka, *la Vie pour le Tzar*, qu'il créa lors de l'apparition de cet ouvrage. Il s'y montrait, paraît-il, chanteur consommé et comédien des plus remarquables, et le public, dont il était le favori, ne lui faisait jamais plus de fête que dans cet opéra, où il faisait preuve d'une vigueur, d'une puissance et d'un talent exceptionnels. Pétrow, à l'âge de soixante-neuf ans, reprit, dans une circonstance exceptionnelle, le rôle de Soussanine, qu'il avait depuis longtemps abandonné ; il s'agissait de fêter, sur la scène du théâtre Marie, le quarantième anniversaire de l'apparition de *la Vie pour le Tzar*, en donnant la *quatre cent quarante-huitième* représentation du chef-d'œuvre populaire de Glinka. C'était le 28 novembre 1876. Lui-même avait célébré, peu de mois auparavant, le cinquantième anniversaire de son début sur ce théâtre, et l'on pense si le public russe avait accueilli avec enthousiasme le vénérable artiste qui lui avait fait éprouver des joies si nombreuses et de si vives sensations ! Pétrow ne survécut pas longtemps à ce double événement, qui couronnait si bien une carrière honorable et brillante. Il mourut à Saint-Pétersbourg, le 11 mars 1878, à l'âge de soixante et onze ans. Parmi les autres ouvrages à l'interprétation desquels il concourut de la façon la plus heureuse, il faut citer *la Pskovitane*, de M. Rimski-Korsakof, *le Convive de Pierre*, de Dargomijski, et *la Roussalka*.

Mme *Pétrow*, née Vorobiew, femme de cet artiste, fut aussi une cantatrice dramatique distinguée, et appartint, ainsi que lui, pendant longues années, au personnel de l'Opéra russe. C'est elle qui créa le rôle de l'orphelin Vania dans *la Vie pour le Tzar*.

PETRUCCI (........), compositeur italien, a écrit la musique de *la Maladetta*, opéra qui a été représenté à Barletta le 22 mars 1873.

PETTENGHI (......), compositeur italien, a écrit la musique d'*el Risott*, bouffonnerie musicale en dialecte, qui a été représenté sur le théâtre Castelli, de Milan, au mois de février 1877.

***PFEIFFER** (Georges-Jean). — Cet artiste extrêmement distingué est l'un des représentants les plus originaux, les plus actifs, les plus féconds et les mieux doués de la jeune école française (1). Artiste d'un talent souple, d'un esprit curieux et chercheur, d'une imagination variée, M. Pfeiffer est à la fois un compositeur remarquable et un virtuose de tendances élevées, d'un style à la fois ferme, élégant et soutenu. Ses œuvres, déjà fort nombreuses, se distinguent par une heureuse variété mélodique, par une forme très-châtiée, et par une heureuse recherche de l'effet que vient aider une excellente instruction et une rare sûreté de main. Elles sont d'ailleurs de genres très-divers, et cette diversité dénote chez leur auteur une louable ambition. Symphonies, ouvertures, concertos, scènes lyriques, sonates, études, musique de chambre, mélodies vocales, M. Pfeiffer a produit un peu de tout, sans compter même certaines compositions plus légères, qu'il sait relever par les agréments d'une harmonie piquante, d'un style aimable et recherché. Ses concertos sont remarquables à plus d'un point de vue, sa musique de chambre est écrite avec une grande pureté, et l'une de ses œuvres les plus distinguées est celle qui est intitulée *Agar*, et qui est qualifiée « scènes lyriques. » Cette belle composition a été exécutée au mois de mars 1875, dans un concert où l'auteur fit entendre aussi, avec un très-grand succès, son troisième concerto pour piano et orchestre, production mâle et vigoureuse, digne de la plus grande estime. J'aime moins le « poëme symphonique » intitulé *Jeanne d'Arc*, que M. Pfeiffer a fait exécuter au théâtre du Châtelet en 1872. Toute musique de ce genre est, à mon sens, le produit d'une illusion fâcheuse, la musique étant impuissante à rendre, sans le secours des paroles, des sentiments précis, à donner l'idée de faits palpables et tangibles. Quoi qu'il en soit, M. Pfeiffer fait honneur à la génération musicale présente, si riche et si fournie en sujets distingués dans tous les genres.

Voici le catalogue des œuvres de ce compositeur : Musique symphonique, dramatique ou concertante : 1er, 2e et 3e concertos pour piano, avec accompagnement d'orchestre (op. 11, 21 et 58) ; Sonate pour piano et violoncelle (op. 28) ; Sonate pour piano et violon (op. 66) ; Trio en *sol* mineur, pour piano, violon et violoncelle (op. 14) ; Quintette pour piano, deux violons, alto et violoncelle (op. 41) ; Symphonie à grand orchestre (op. 31) ; Allegro symphonique pour piano et orchestre (op. 40) ; Grande Polonaise pour piano (op. 39) ; *Jeanne d'Arc*, poëme symphonique (publié pour le piano à 4 mains (op. 43) ; *Agar*, scènes lyriques pour *soli*, orchestre et chœurs, paroles de M. Collin (op. 58) ; Ouverture du *Cid*, d'abord intitulée *Phèdre* (op. 24) ; *le Capitaine Roch*, opéra-comique en un acte, paroles de M. Galoppe d'Onquaire, non représenté au théâtre (1) (op. 19). — Musique de piano. 6 Romances sans paroles (op. 27) ; 6 Valses de salon (op. 2, 17, 33, 34 et 48) ; Mazurkas de salon (op. 3, 10, 26, 35, 62 et 63) ; Valse-Fantaisie et Valse rêveuse (op. 56 et 57) ; Boléro de concert (op. 12) ; Tarentelle (op. 52) ; Scherzo-ballade (op. 49) ; *Chanson de Henri IV*, air varié dans le style ancien (op. 45) ; Sonate à 2 pianos ; 3 Sonatines (op. 59) ; 6 Études (op. 60) ; Gavotte (op. 51) ; Berceuse (op. 53) ; Croquis (op. 54) ; Air de ballet (op. 55) ; Impromptu-fantaisie, (op. 50), etc., etc. Il y a quelques années, M. Pfeiffer s'est vu décerner par l'Académie des beaux-arts le prix Chartier, pour son quintette (op. 41) ; en 1877, il a remporté le prix mis au concours par la Société des compositeurs de musique, pour une sonate à deux pianos. Sous ce titre : *les*

(1) M. Georges Pfeiffer est le petit-neveu de J. Pfeiffer, facteur de pianos, qui fut d'abord l'associé de Petzold et s'établit ensuite à son compte (V. *Biographie universelle des Musiciens*, t. VII). J. Pfeiffer eut ensuite pour associé Émile Pfeiffer, son neveu, père de M. Georges Pfeiffer, lequel, en 1844, devint associé de la maison de pianos dirigée par Camille Pleyel. Cette maison, connue actuellement sous la raison sociale *Pleyel-Wolff et Cie*, a pour gérant aujourd'hui M. Wolff (*Voy.* ce nom) et pour associé M. Georges Pfeiffer.

(1) Mais joué dans un concert en 1882.

Chefs-d'œuvre classiques du piano, édition revue et doigtée par Georges Pfeiffer, il a entrepris récemment, chez l'éditeur M. Grus, une très-intéressante collection d'œuvres des grands maîtres.

Compositeur distingué, professeur très-habile, très-recherché, M. Pfeiffer, qui est doué d'un tempérament singulièrement laborieux, consacre encore une partie de son temps aux travaux de la maison Pleyel-Wolff et Cie, dont il est l'associé, ainsi que son père.

* **PFISTER** (Jules), ténor allemand, pensionnaire du théâtre royal de Berlin, est mort en cette ville le 28 février 1866.

PFLUGHAUPT (Robert), pianiste distingué, naquit le 4 août 1833 à Berlin, où, tout en travaillant le piano, il étudia l'harmonie avec le fameux professeur Dehn, chez lequel il fit connaissance d'une jeune personne, fille du général russe Stschepin, qu'il épousa quelques années plus tard. Ce fut là pour lui l'occasion d'un voyage à Saint-Pétersbourg, où il se perfectionna dans l'étude du piano, avec Henselt. Il se maria en cette ville en 1854, et en 1857 se rendit avec sa femme à Weimar, où il prit des leçons de Liszt, qui exerça une grande influence non-seulement sur son talent de virtuose, mais aussi sur sa manière de composer. Les deux époux firent ensuite un grand voyage artistique qui leur valut beaucoup de succès, puis se fixèrent en 1862 à Aix-la-Chapelle. Pflughaupt mourut en cette ville le 12 juin 1871. Cet artiste a publié diverses compositions pour le piano et des *lieder*.

Mme Sophie Pflughaupt avait été à Saint-Pétersbourg l'élève de Herke d'abord, de Henselt ensuite, et avait acquis un talent de pianiste remarquable. Elle se distinguait surtout dans l'exécution de la musique de Chopin, de Schumann et de Liszt. Née à Dunabourg en 1834, elle mourut à Aix-la-Chapelle, quelques années avant son mari, le 10 novembre 1867.

PHILBERT (C....-M.....), amateur distingué de musique, attaché à la légation française à Amsterdam, né vers 1820, a publié sous ce titre un livre important : *l'Orgue du Palais de l'Industrie d'Amsterdam, la facture d'orgues moderne et la facture d'orgues néerlandaise ancienne et contemporaine* (Amsterdam, Binger, 1876, in-4°). Ce livre, fait avec beaucoup de soin, écrit par un homme chez qui l'amour de l'art est porté à son plus haut degré et qui possède bien son sujet, va beaucoup plus loin que son titre ne l'indique. L'auteur ne se borne pas à décrire le magnifique instrument construit par M. Cavaillé-Coll et posé par lui dans le palais d'Amsterdam, il fait connaître, au point de vue général, le principe et les conditions mécaniques de l'orgue, trace un rapide historique de la facture et de ses progrès dans les divers pays européens, constate son état actuel et par conséquent la supériorité de la facture française, enfin dresse en quelque sorte le procès-verbal de la construction et de la pose de l'orgue d'Amsterdam et des belles séances artistiques auxquelles ce fait a donné lieu. Le livre de M. Philbert, fait avec soin, avec intelligence, par un homme auquel le sujet est familier, sera lu avec fruit par tous ceux qui s'intéressent au sujet traité par l'auteur et qui considèrent l'orgue comme le plus noble, le plus majestueux et le plus admirable des instruments.

PHILIDOR (DANICAN-). — Les renseignements fournis par Fétis sur cette famille d'artistes, ne reposant pas sur des documents authentiques, sont tellement incomplets et erronés qu'il nous a paru indispensable de refaire entièrement ici les notices consacrées à ces musiciens. Nous nous aidons à cet égard d'un travail publié par nous dans la *France musicale* en 1867-1868, travail basé sur des découvertes que nous avions faites aux archives de l'état civil de Paris et de Versailles, aux Archives nationales et dans des actes et titres divers appartenant aux descendants encore existants de la famille Danican-Philidor.

Si l'on en croit la tradition, un joueur de hautbois très-habile, du nom de Michel Danican et né dans le Dauphiné, réussit, en arrivant à Paris, à se faire entendre et applaudir de Louis XIII. Ce prince, grand amateur de musique et musicien lui-même, fut enchanté de l'artiste dauphinois, dont le jeu, disait-il, lui rappelait celui d'un célèbre hautboïste italien nommé Filidori, venu de Sienne quelques années avant, et qui l'avait charmé. De là le nom de Philidor ajouté à celui de Danican.

Nous avions déjà douté de l'authenticité de cette anecdote, et un nouvel examen des documents en notre possession nous donne à penser que si le fond paraît vraisemblable, il n'en est pas de même des détails. Ainsi, les actes que nous avons trouvés concernant Michel Danican sont datés de 1651 et de 1659, époque de sa mort, et le nom de Philidor n'y figure pas. D'autre part, Jean Danican est simplement désigné, dans les actes de naissance ou de mort de trois de ses enfants en 1649 et en 1657, sous son nom patronymique sans l'addition de celui de Philidor. C'est seulement dans son brevet de fifre du roi, daté du 6 mars 1659, qu'il est nommé Jean Danican dit *Philidor*. Depuis lors, tous les Danican, sauf Michel Ier, ont porté le même surnom. Il semble résulter de ceci que si l'anecdote est vraie, il faudrait l'appliquer à Louis XIV et à Jean Danican, et non à Michel et à Louis XIII, mort en 1643. Mais ne serait-il pas plus simple de croire que Jean Danican, très-sobre et ne buvant que de l'eau, fut appelé *Philidor* par un érudit du temps ? Enfin, laissant dans le doute la raison qui valut aux Danican un surnom d'une euphonie passablement heureuse, s'appliquant à des musiciens, et sans disserter sur le degré de parenté existant entre Michel et Jean, nous établissons comme il suit, et d'après des données positives, le crayon généalogique des musiciens du nom de Danican-Philidor.

ARBRE GÉNÉALOGIQUE

DES MUSICIENS DE LA FAMILLE

DANICAN-PHILIDOR.

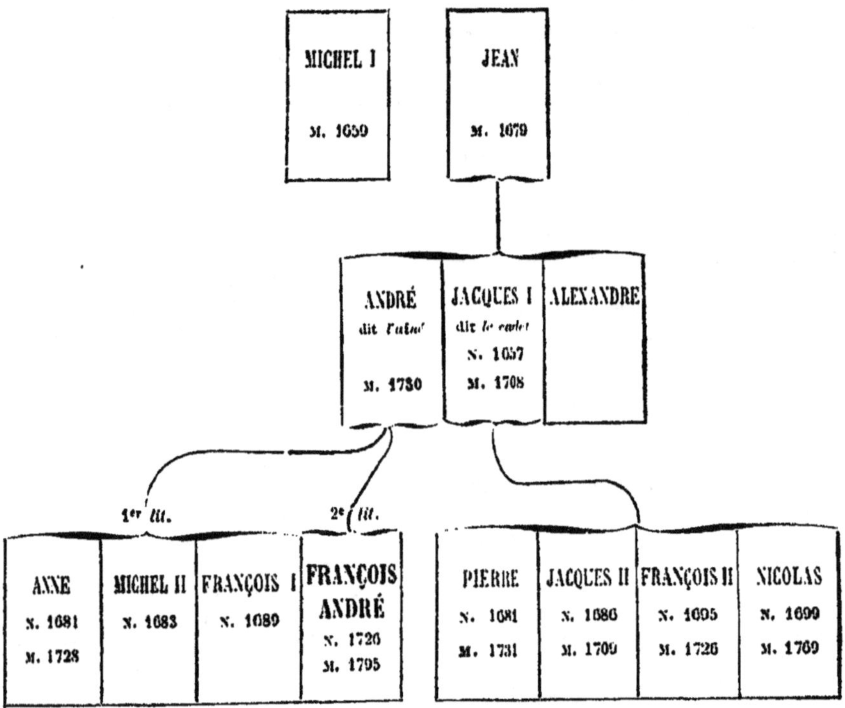

PHILIDOR (*Michel* (1) DANICAN Ier). — Un parchemin, appartenant à la famille Philidor, nous apprend que Michel fut reçu « en l'estat et charge de joueur de quinte de cromorne et trompette-marine de la Grande-Écurie le 31 juillet 1651. » Michel n'exerça pas longtemps cette charge ; il mourut à la fin d'août de l'année 1659. Sa place fut promise par brevet, le 10 septembre suivant, au fils de Jean, nommé André.

PHILIDOR (*Jean* DANICAN-). — Cet artiste n'est mentionné par aucun auteur, et cependant, si son talent modeste ne lui valut pas une grande réputation, son nom méritait néanmoins d'être conservé, puisqu'il fut le père et le grand-père des plus célèbres parmi les Philidor. Le 6 mars 1659, il succéda à Noël Düy, dit Regnaud, comme *phiphre* de la Grande-Écurie ; mais il avait sans doute la survivance de cette charge depuis quelques années, car l'acte de baptême d'un de

(1) Malgré l'opinion émise plus haut et d'après laquelle Michel Ier Danican n'aurait pas porté le nom de Philidor, le lecteur comprendra que nous le fassions néanmoins figurer ici parmi les membres de la famille.

ses enfants, Jacques, né le 5 mai 1657, le qualifiait déjà du titre de musicien du roi.

Jean Philidor jouait du tambour, du fifre, du hautbois et du cromorne; il remplit ces divers emplois à la cour et occupait encore, lors de sa mort, la place de dessus de cromorne et trompette-marine de la Grande-Écurie. Il composa quelques airs de danse qui se trouvaient dans le 25e volume de la collection due à son fils André, volume aujourd'hui disparu.

Jean avait épousé Jacqueline Goudière, et eut une nombreuse famille. Trois de ses fils embrassèrent la carrière musicale. Il mourut à Paris le 8 septembre 1679, et fut inhumé au cimetière des Saints-Innocents.

Philidor (*André* Danican-). — Malgré nos recherches les plus minutieuses, il nous a été impossible de trouver la naissance d'André, et, quoiqu'il soit dit dans son acte de décès qu'il mourut le 11 août 1730, « âgé de soixante-dix-huit ans ou environ, » ce qui reporterait sa naissance de 1650 à 1652, nous pensons cependant qu'il naquit vers 1647. En effet, des notes biographiques laissées par son petit-fils, en lui donnant l'âge de soixante-treize ans lors de son second mariage, qui eut lieu vers 1719, permettent d'autant plus de croire à cette date, qu'il est probable qu'il avait au moins douze ans lorsqu'on lui promit, le 10 septembre 1659, ainsi que nous l'avons dit, la place de son parent Michel, qui venait de mourir.

C'est à Bordeaux, le 12 octobre 1659, que le roi signa le brevet en bonne et due forme par lequel André succédait à Michel Ier comme quinte de cromorne et trompette-marine de la Grande-Écurie. Pour le distinguer de son frère Jacques, dit le *cadet*, reçu également musicien de la cour quelques années plus tard, on l'appelait Philidor l'aîné. Il se maria jeune et épousa Marguerite Monginot, de laquelle il eut seize enfants d'après les actes de naissance que nous avons été à même de consulter, et ceci sans préjudice des cinq autres enfants qu'il eut de sa seconde femme, et peut-être aussi de ceux dont les actes de baptême nous seraient restés inconnus.

Sa place à la cour n'était point une sinécure; car, soit que le travail ait été un goût naturel chez lui, soit qu'il ait été stimulé par les obligations que lui imposait sa nombreuse famille, il est certain qu'il mena une vie occupée et laborieuse. Aussi son nom se rencontre-t-il souvent dans les *états de la maison du roi*. Il fut hautbois, basse, dessus et quinte de cromorne et trompette-marine, basson et tambour, faisant partie en même temps de la musique de la Grande-Écurie, de celles de la chambre et de la chapelle. C'est comme basse de cromorne qu'André servit à la chapelle du roi. Le son de cet instrument venait renforcer celui du basson et du serpent; Laborde avait donc raison de dire qu'on l'employait pour soutenir les chœurs dans les cérémonies religieuses de la cour, et Fétis a eu tort d'écrire que cette assertion était *vide de sens*, parce que, suivant lui, les cromornes ne servaient que dans la musique de la cavalerie (!).

André, remplissant de si nombreux emplois, se multipliait donc dans toutes les circonstances; il fut encore chargé par Louis XIV, à différentes fois et en compétition avec Lully, de composer des airs militaires pour les mousquetaires, les dragons et autres gardes du corps. Exécutant assez habile sur le basson, il joua souvent des solos de sa composition devant le roi, qui se plut à lui donner des preuves du plaisir qu'il prenait à l'entendre, et de la justice qu'il rendait à son dévouement pour son service. Dans les séances particulières de musique ayant lieu à la cour, il était le partenaire de Couperin, Duval, Alarius et Dubois.

Mais André ne fut pas seulement un virtuose sur le basson ou sur le hautbois; ses aspirations de compositeur ne portèrent pas exclusivement non plus sur la composition de marches, de retraites, de générales, de sonneries de trompettes, de batteries de tambour, de descentes des armes pour fifres et hautbois, d'airs et de duos pour le basson et autres instruments; il tenta aussi quelques excursions dans le genre lyrique, et s'essaya dans la musique dramatique. Il fit représenter devant la cour, le 16 juillet 1687, un opéra-ballet, *le Canal de Versailles*, puis, en 1688, il composa la musique d'un divertissement dansé devant monseigneur le grand Dauphin. Ce divertissement, *le Mariage de la Couture avec la Grosse Cathos*, était une mascarade assez triviale, ainsi, du reste, que son titre l'indique suffisamment. Nous en avons lu la musique avec plaisir; elle est franche, bien rhythmée, mais sans grande originalité. Le roi, devant qui ce divertissement fut représenté, ordonna qu'on en fit la copie, et qu'une somme de cent livres fût versée à cet effet au compositeur.

André fut aussi l'auteur de l'opéra-ballet *la Princesse de Crète*, et d'un certain nombre de petites pièces en musique qui s'exécutaient chez le roi, dans l'intimité et sans grand apparat. Nous sommes sûr que la *Mascarade des Savoyards* et celle du *Roy de la Chine*, représentées à Marly en 1700, étaient de sa composition, et nous supposons fort, sans cependant l'affirmer, qu'il fut aussi l'auteur des mascarades suivantes, jouées vers la même époque : *la Noce de village*, *les Amazones*, *le Lendemain de la noce*, *le Vaisseau marchand*, *le Jeu des echecs* et *la Fête d'Arcueil*.

Mais le talent de Philidor l'aîné, en tant que compositeur, n'eut pas de son temps un grand retentissement, et il est peu probable que sa réputation comme tel se relève de l'oubli où on l'a laissée jusqu'à présent. Il n'en sera pas de même du service qu'il a rendu à l'histoire de la musique en s'appliquant, comme il le fit, à diriger et à augmenter la bibliothèque musicale du roi Louis XIV. Cette collection, qui porte son nom désormais, est et restera longtemps un monument précieux pour les annales de la musique. Nous croyons devoir en parler ici avec détail.

La garde de la bibliothèque de musique de la cour était confiée à François Fossard, violoniste de la chapelle et de la chambre ; mais cet artiste étant trop occupé pour remplir sa charge à lui seul, on lui adjoignit un collaborateur. Sur la recommandation de M. le duc de Noailles, qui avait donné plusieurs fois à André des preuves de sa haute et puissante protection, ce fut lui qui obtint cette place. Sa nomination eut lieu en 1684, et, sans perdre un instant, le nouveau bibliothécaire se mit à l'œuvre. Peu de temps après, Fossard, qui s'était borné à copier ou à faire copier les opéras et ballets formant le répertoire courant des représentations de la cour, sembla vouloir abandonner la direction de la collection royale, et s'effaça à peu près tout à fait devant l'initiative, le zèle et l'activité de son collègue. André Philidor comprenait sa mission autrement que Fossard, et agrandit considérablement, de lui-même, le programme suivi par celui-ci (1). Il colligea d'abord la musique des anciens ballets dansés à la cour de France depuis Henri III jusqu'à Louis XIV, y ajouta les opéras de Lully et ceux de quelques autres compositeurs ; puis, de même qu'il y avait intercalé des vieux airs de danse, des branles, des gaillardes, des pavanes et sarabandes remontant au règne de François Ier, des morceaux divers, composés par Constantin et Dumanoir, rois des violons, par Mazuel, Couperin, Chancy, etc., etc., ou par quelques grands seigneurs de la cour, des marches et batteries de tambour, des airs de fifres, de trompettes et de timbales, pour les carrousels, des fanfares de trompe, composées pour les chasses royales, il y joignait encore des morceaux de musique religieuse, qui s'exécutaient à la chapelle du roi, depuis les temps les plus reculés, ainsi que les messes et motets des musiciens contemporains, compositeurs de la musique de Louis XIV.

On le voit, une telle collection, comprenant un nombre de volumes considérable, offrait un grand intérêt pour l'histoire de la musique ; malheureusement, l'œuvre de Philidor ne s'est pas conservée entière. Lors de la création d'un Conservatoire de musique à Versailles, sous la république, Bêche, qui fut un des plus actifs fondateurs de cet établissement, put prendre au château les livres de musique qui lui étaient utiles pour ses classes (1). Il en eut personnellement le plus grand soin, car il signalait au comité de l'instruction publique la nécessité de conserver ces œuvres, infiniment précieuses, disait-il, pour l'art musical ; mais il faut croire que quelques professeurs ou élèves ne partagèrent pas son respect pour ces vieux manuscrits : aussi, qu'il y ait eu simplement défaut d'ordre ou malversations honteuses, conséquences de l'agitation que les événements d'alors entraînaient avec eux, toujours est-il que beaucoup des volumes qui composaient cette riche collection disparurent (2). Ces dilapidations de l'œuvre d'André Philidor ne devaient pas, hélas ! être les seules à déplorer, ainsi que nous allons le voir.

Une partie de cette collection fut donnée au Conservatoire de Paris, l'autre resta à la Bibliothèque de Versailles. Fétis est un des premiers, sinon le premier, qui ait appelé l'attention sur la collection Philidor, et ceci dans un article de la *Revue musicale* du mois d'août 1827. En expliquant l'intérêt que présentait, pour l'histoire de la musique, la partie de cette collection échue au Conservatoire, Fétis s'indignait de la perte de plusieurs volumes détruits par un employé de l'établissement, et publiait les initiales du nom du délinquant, en regrettant qu'il n'ait pas été puni sévèrement (3). Il donnait, du reste, le nombre

(1) Le nom de Fossard, qui figurait à côté de celui de Philidor dans plusieurs lettres adressées au roi et placées en tête de quelques volumes, a été gratté et remplacé par des points. Il est supposable que la suppression de ce nom fut effectuée par André Philidor, qui croyait avoir le droit d'en agir ainsi, son collaborateur n'ayant eu que peu de part à la formation de cette collection.

(1) Manuscrits de Beêche faisant partie de notre collection.

(2) Il s'est vendu à Londres, le 20 juin 1853, sous le n° 606 du catalogue J. Wilkinson, cinq volumes qui provenaient peut-être des vols commis sous la révolution. En voici le détail : *Festivitatum omnium quæ in Sacello regis christianissimi celebrantur libri V*. Recueillis par Philidor l'aisne, ordinaire de la Musique du Roy, l'an 1691. — 5 volumes. « Splendide specimen de calligraphie. — Vieux marocain français bleu, aux armes de Louis XIV. »

(3) Cet employé s'appelait Hottin. Il se servait des volumes de Philidor pour faire des cartons avec lesquels il reliait d'autres volumes. Ce Vandale, très-ingénieux, on le voit, ne fut plus chargé de *soigner* les livres ; on lui donna d'autres fonctions. Berlioz se vante de l'avoir eu

des volumes disparus, leur contenu et leurs numéros d'ordre. Plus tard, on constata encore la disparition de quelques autres volumes de cette collection, mais cette fois aucune initiale ne fut publiée.

Quoi qu'il en soit, les débris de cette superbe collection se trouvent disséminés à la bibliothèque du Conservatoire de Paris, à la bibliothèque de Versailles, à la Bibliothèque nationale et dans quelques collections particulières (1). Les volumes faisant partie des deux premiers de ces dépôts forment encore un ensemble de documents de la plus haute valeur. Nous en avons relevé le catalogue, et nous espérons, en le publiant bientôt, mettre les archéologues musiciens à même de consulter des œuvres utiles à connaître et qu'ils chercheraient vainement ailleurs.

Pour pouvoir mener à bien une telle œuvre, André Philidor fit preuve d'une grande persévérance en poursuivant presque sans interruption, et malgré le peu de temps que devaient lui laisser ses autres emplois, la tâche tant soit peu aride qu'il s'était tracée. Louis XIV, habituellement bienveillant pour les artistes de sa musique, récompensa son bibliothécaire en lui faisant don d'un terrain situé rue du Bel-Air, à Versailles. André, qui s'était fixé dans cette ville depuis 1683, fit bâtir une maison sur ce terrain, et le roi témoigna encore à son musicien de ses bonnes dispositions à son égard en l'autorisant, en 1693, à mettre cette maison en loterie, faveur qui lui permit d'en retirer un plus haut prix que celui qu'une vente par les moyens ordinaires aurait produit.

Les raisons qui déterminèrent André à se défaire de cette propriété nous sont inconnues, et quoique les charges que lui imposait sa nombreuse famille puissent donner à penser que c'est le besoin qui l'y décida, nous ne supposons pas qu'il en fût ainsi. Il paraît avoir toujours été dans l'aisance, et fut même assez heureux pour pouvoir doter ses enfants en les mariant. Ce fait est constaté par un acte de tutelle des enfants mineurs du second lit, qui nous a été communiqué par son arrière-petit-fils.

On ne sait au juste l'époque à laquelle André quitta Versailles pour aller habiter Dreux; toujours est-il que sa première femme, Marguerite Monginot, étant morte, il épousa, vers 1719 une jeune fille, âgée seulement de dix-neuf ans, Elisabeth Le Roy, appartenant à une famille d'artistes dont plusieurs membres firent partie de la musique de la cour (1), et que le premier des cinq enfants qu'il eut de ce second mariage, Jeanne Elisabeth, naquit à Dreux, le 11 juin 1720. Le troisième enfant de ce second lit, né le 7 septembre 1726, fut François-André, le grand compositeur, le célèbre joueur d'échecs. Parmi les enfants nés de son premier mariage, il n'y en eut que trois qui embrassèrent la profession de leur père, Anne, Michel II et François Ier.

André était serviable, bienveillant et d'une humeur enjouée. Il vécut toujours dans la plus grande intimité avec les siens, et sut se faire aimer et estimer de ses collègues; Fossard, entre autres, dont nous avons eu une lettre entre les mains, se plaisait à reconnaître l'excellence des rapports qui existèrent toujours entre eux.

Enfin, Philidor l'aîné, nommé, on s'en souvient, musicien du roi en 1659, figure dans l'*Etat de la France* de 1722 comme vétéran de la musique de la chapelle et n'obtint sa vétérance de grand hautbois de la chambre et écurie que le 15 décembre 1729. Comme il conserva jusqu'à sa mort, arrivée à Dreux le 11 août 1730, sa place de garde de la Bibliothèque de musique du roi, il servit donc soixante-dix ans. Ce fut son gendre Schwarsberg, dit *Lenoble*, veuf de sa fille Hélène et musicien de la chambre et de la chapelle, qui lui succéda dans cette dernière place (2).

Voici maintenant quelques indications bibliographiques sur les œuvres d'André Philidor : *Le Canal de Versailles*, opéra-ballet, 1687. Partition ms. au Conservatoire de Paris; 28e vol. de la collection Philidor in-fol. — *Le Mariage de la Couture avec la Grosse Cathos*, opéra-ballet, 1688. Partition ms. au Conservatoire de Paris; 54e vol. collection Philidor in-fol. La danse y est notée. Autre exemplaire in-12 obl. à la bibliothèque de l'Arsenal. Ce dernier volume, aux armes de Louis XIV, est la copie pour laquelle André reçut cent livres d'ordre du roi. — *La Princesse de Crète*, opéra-ballet. Cette partition formait le 25e vol. de la coll.

pour garçon d'orchestre, et dit qu'il était « le plus furibond partisan de sa musique (!). »

(1) André Philidor ne dirigeait pas seulement le bureau de copie pour la musique royale. Il faisait encore copier dans son atelier des opéras et d'autre musique pour les particuliers. On trouve beaucoup de ces manuscrits portant le nom de *Philidor l'aîné*, mais n'ayant pas, comme les volumes de la collection du roi, un *ex libris* imprimé avec le paraphe de Philidor, collé sur une ou plusieurs pages de l'ouvrage.

(1) Richer père épousa une demoiselle Le Roy, du concert de la reine et nièce d'Elisabeth. Une fille, née de ce mariage, épousa plus tard son cousin François-André Philidor, fils d'André Philidor l'aîné et d'Elisabeth Le Roy.

(2) Ce Lenoble eut plusieurs enfants qui furent musiciens de la cour comme lui, et par conséquent comme leur grand-père André Philidor.

Philidor qui a disparu ; mais on en trouve quelques airs dans le 51e vol. de cette même collection au Conservatoire de Paris. Ce 51e vol. contient encore des *Trios*, *Passe-pieds* et *Menuets* de la composition d'André. — *Mascarade des Savoyards, mise en musique par M. Philidor l'aîné, et représentee devant le Roy à Marly.* Paris, Ballard, 1700, in-4°. — *Mascarade du Roy de la Chine, ibid.* — Nous ne connaissons ces deux pièces que par les livrets imprimés faisant partie de notre collection. Quant aux autres mascarades citées plus haut, nous avons dit, sans rien affirmer, que nous les supposions d'André Philidor. — *Suite de danses pour les violons et hautbois qui se jouent ordinairement chez le Roy, recueillies, mises en ordre et composez la plus grande partie par Philidor l'aîné. Livre premier.* Paris, Ballard, 1699, in-4° obl. (Bibl. nat.). On y voit des compositions de Mme la duchesse de Bourgogne et de Mme la Dauphine, avec des basses de Philidor. — Un catalogue de Ballard, de 1718, indique comme ayant été publiés : *un livre de Trios recueillis par Philidor le père*, ainsi que le *deuxième livre d'Airs des Bals du Roy, recueillis par le même.* Nous n'avons pas trouvé ces œuvres. — *Pièces à deux basses de viole, basse de violon et basson, composez par M. Philidor l'aisné, ordinaire de la musique du Roy et l'un des deux gardiens des livres de musique de Sa Majesté, dédiez au Roy* ; 1700, in-4° obl. gravé. (Bibl. Conserv. Paris). — *Pièces de trompettes et timballes, Ier livre, par M. Philidor l'aisné, ordinaire de la Musique de la chambre et de la chapelle du Roy* ; Paris, Ballard, 1685, in-12 obl. (Collection Weckerlin). — *Partition de plusieurs marches et batteries de tambour tant françaises qu'étrangères, avec les airs de fifres et de hautbois*, etc., etc. Grand in-fol. MS. (bibl. de Versailles). Ce volume contient une quantité de compositions d'André, de son frère Jacques, de son fils aîné Anne et de son neveu Pierre, pour tambours, fifres, hautbois et timbales. Kastner a reproduit quelques-uns de ces morceaux dans son *Manuel général de musique militaire.*

PHILIDOR (*Jacques Ier* DANICAN-). — Jacques, désigné, ainsi que nous l'avons vu, sous le nom de Philidor *le cadet*, pour le distinguer de son frère André, naquit à Paris le 5 mai 1657 et fut baptisé à Saint-Merry. Il reçut le 5 octobre 1669, soit juste à l'âge de douze ans et cinq mois, sa nomination de fifre de la Grande-Ecurie, en remplacement de Claude le Bœuf, décédé, et c'est à Chambord que le roi signa son brevet. En 1674, Jacques s'intitulait *aubois du roy*, au baptême de la fille aînée d'André, Anne-Marguerite, dont il était le parrain, et succédait le 13 septembre 1679, comme dessus de cromorne et trompette-marine de la Grande-Ecurie, à son père Jean, qui venait de mourir ; il y joua plus tard de la quinte de cromorne et du hautbois, et fut reçu en 1683 à la chapelle, où il jouait indifféremment du basson ordinaire ou du gros basson à la quarte, à l'octave. En 1690, il fit partie de la musique de la chambre, en qualité de basson du corps des *violons de cabinet.*

Jacques, qui habitait avec son frère André à Paris (rue Saint-Honoré, proche le Palais-Royal), quitta cette ville à la fin de 1683, et en même temps que ce frère, pour venir habiter Versailles. Le roi lui fit don, à lui aussi, d'un terrain situé avenue de Saint-Cloud, et Jacques s'y fit construire une maison qu'il laissa en héritage à ses enfants.

Son mariage avec Elisabeth Hanique fut presque aussi fécond que celui d'André, puisque nous avons relevé les actes de baptême de ses enfants, au nombre de douze. Il n'y eut que quatre de ses fils qui se consacrèrent à la musique : Pierre, Jacques II, François II et Nicolas. Une de ses filles, Marie-Jeanne, épousa Vignon, chantre de la musique du roi.

Philidor le cadet vécut toujours avec son aîné dans les liens de la plus étroite amitié. Il avait cédé la survivance de deux de ses places à ses fils Pierre et Jacques ; mais il en resta titulaire, ainsi que de ses autres emplois, jusqu'à sa mort, survenue à Versailles le 29 mai 1708.

Il écrivit, comme son frère, un grand nombre de marches de tambour et de timbales et d'airs de hautbois pour les gardes du corps ; ces compositions se trouvent à la bibliothèque de Versailles, dans le curieux volume (M. d. 1) dont nous avons parlé. Jacques composa aussi des contredanses, menuets, passe-pieds, etc., morceaux que son frère avait insérés dans les 25e et 26e volumes de sa collection. Ces volumes n'existent plus.

PHILIDOR (*Alexandre* DANICAN-). — Ce troisième fils de Jean fut reçu basse de cromorne et trompette-marine de la Grande-Écurie le 30 mai 1679 ; mais il n'exerça pas longtemps cette charge, car il donna sa démission le 23 septembre 1683, et fut remplacé par Claude Royer. C'est tout ce que nous savons de lui.

PHILIDOR (*Anne* DANICAN-). — Anne naquit à Paris le 11 avril 1681, et eut pour parrain le duc Anne de Noailles. Doué des meilleures dispositions pour la musique, il fit de si rapides progrès, qu'à peine entré dans sa dix-septième année il composa la musique d'une pastorale, *l'Amour vainqueur*, qui fut représentée à la cour en 1697. L'année suivante, on représentait encore à la cour une nouvelle œuvre de lui, *Diane et Endymion*, et le roi lui fit donner cent livres pour une copie de cet opéra qu'il lui offrit (1). En 1701, on joua à Marly *Danaé*, opéra de Lenoble, dont il avait fait la musique. Il fut admis dans la musique du roi en 1702. Assez habile exécutant sur la flûte, il publia un livre de pièces pour cet instrument en 1712.

De même que son prédécesseur, Louis XV accorda sa protection à notre musicien, et celui-ci en profita pour fonder une institution qui eut les meilleurs résultats pour les progrès de la musique en France. L'Opéra restant fermé les jours de grandes fêtes de l'Église, Anne eut l'idée de donner, ces jours fériés, des concerts composés principalement de musique religieuse et qu'on appela *concerts spirituels*. Il s'entendit à cet égard avec Francine, directeur de l'Opéra, en lui payant une redevance annuelle. L'inauguration de ces concerts se fit aux Tuileries le 18 mars 1725. Anne Philidor donna la meilleure impulsion à sa création, et sut la conduire de façon à conserver la faveur que le public lui accorda dès le commencement. Il avait pour associé un nommé Lanoy, avec lequel il eut d'assez graves contestations au commencement de 1727. Il en résulta une interruption forcée, puis, en fin de compte, la démission de Philidor. Simart reprit le privilége avec l'agrément du roi (1728), et s'adjoignit Mouret comme chef d'orchestre. Tous les deux passèrent un traité avec Gruer, alors directeur de l'Opéra; mais ce traité n'ayant pas été exécuté, l'administration de l'Opéra rentra dans ses droits, et régit elle-même les concerts spirituels à partir du 25 décembre 1734.

Anne Philidor mourut le 8 octobre 1728. Voici la liste de ses œuvres : *L'Amour vainqueur*, pastorale (1697); la musique a été imprimée par Roger, d'Amsterdam, et est fort rare. — *Diane et Endymion* (1698), partition manuscrite à l'Arsenal et dans notre collection. — *Danaé, opéra mis au théâtre par Lenoble et en musique par Anne Philidor, l'an* 1701. Livret manuscrit à la Bibliothèque nationale. — *Premier livre de pièces pour la flûte traversière, flûte à bec, violons et hautbois avec la basse continue, composées par M. Philidor fils aîné*, 1712. — *Te Deum, motet à 4 voix et chanté sur mer devant S. A. S. Monseig. l'Amiral.* Manuscrit à la bibl. du Conservatoire de Paris. Le volume de la bibliothèque de Versailles, M. d. 1, contient diverses marches de lui. Les 25e et 26e volumes de la collection de son père renfermaient divers morceaux de sa composition.

(1) Ce volume, petit in-4 oblong, relié en maroquin rouge avec larges dentelles et armes du roi sur les plats, fait partie de notre collection. Il est exactement semblable au *Mariage de la Couture* d'André Philidor que possède la bibliothèque de l'Arsenal.

PHILIDOR (*Michel II* DANICAN-). — Né à Versailles le 2 septembre 1683, il eut pour parrain Michel Richard de la Lande, maître de musique de la chapelle du roi. Il fut timbalier des gardes du corps (compagnie de Noailles), et succéda à Claude Babelon comme timbalier des plaisirs du roi.

PHILIDOR (*François Ier* DANICAN-). — François naquit à Versailles le 17 mars 1689. Il fut reçu en 1708 basse de cromorne et trompette-marine de la chapelle royale, et en 1716 hautbois de la chambre et de la Grande-Écurie. François jouait de la flûte avec talent, et a laissé deux livres de pièces pour cet instrument. Le second de ces livres, publié en 1718, et portant au titre ces mots : « par feu M. Philidor, » indique qu'il mourut cette même année ou la précédente. Fétis a cru qu'il avait existé une demoiselle Philidor, du nom de Fanchon, mais il a fait erreur : c'est François qui, d'une complexion délicate, était appelé Fanchon dans sa famille. Voici les titres de ses deux livres de pièces pour flûte : *Pièces pour la flûte traversière, qui peuvent aussi se jouer sur le violon, par M. François Philidor*, etc.; Paris, 1716, in-4° obl. — *Pièces pour la flûte traversière et pour le violon, par feu M. Philidor. Livre deuxième*, Paris, 1718, in-4° obl.

PHILIDOR (*Pierre* DANICAN-). — Pierre, né à Paris le 22 août 1681, montra des dispositions non moins précoces que son cousin Anne, venu au monde quelques mois avant lui et sous le même toit. Tous les deux firent leurs études musicales ensemble, dirigés par les deux frères, leurs parents. Les progrès de Pierre ne furent pas moins rapides que ceux de son cousin, puisque, comme ce dernier, il fit représenter, à Marly et à Versailles, en 1697, une *Pastorale* dont il avait composé la musique. Il fut reçu hautbois de la Grande-Écurie à cette époque, puis hautbois de la Chapelle en 1704, enfin flûtiste de la chambre en 1712, et joueur de viole le 10 janvier 1716.

Pierre, qui était habile flûtiste, a laissé trois livres de duos et de pièces diverses pour flûte, hautbois et violon, réunis en un seul volume dans une seconde édition, et un livre de trios pour les mêmes instruments. Après la mort de son père, il fut nommé tuteur de ses frères et sœurs, et Louis XIV lui fit don de deux terrains à

Versailles. Il mourut le 1er septembre 1731. Voici la liste de ses œuvres : *Pastorale*, 1697. Manuscrit à la bibliothèque de Versailles. — *Premier œuvre, contenant 3 suites à deux flûtes traversières*, etc., Paris, 1717, in-4° obl. — *Deuxième œuvre, contenant 2 suites à deux flûtes traversières*, etc., Paris, 1718, in-4 obl. — *Troisième œuvre, contenant 1 suite à deux flûtes traversières*, etc., Paris, 1718, in-4° obl. La seconde édition, sous la date de 1718, renferme ces trois œuvres sous un seul et même titre. — *Trio, premier œuvre, contenant 6 suites, par M.P. Philidor*, etc., Paris, sans date, in-4° obl. Le volume de marches de Versailles contient quelques petits airs de sa composition.

PHILIDOR (*Jacques II* DANICAN-). — Jacques naquit à Versailles en 1689, succéda à son père dans la place de hautbois de la chambre, et fut aussi tambour et fifre de la Grande-Ecurie. Comme timbalier du duc d'Orléans, il accompagna les troupes françaises en Espagne, et mourut à Pampelune le 25 juin 1709.

PHILIDOR (*François II* DANICAN-) — Né à Versailles en 1695, il fut reçu hautbois de la chambre et de la Grande Ecurie en 1716, et mourut le 27 octobre 1726.

PHILIDOR (*Nicolas* DANICAN-). — Nicolas vint au monde à Versailles, le 3 novembre 1699. Il succéda, comme hautbois de la Grande-Ecurie et comme joueur de viole de la chambre, à son frère Pierre, et fut nommé serpent de la chapelle en 1747. Admis plus tard à la vétérance, il mourut en 1769.

Castil-Blaze, en disant que les descendants des Philidor s'étaient voués à la bijouterie, a confondu les Danican Philidor avec une autre famille du nom de *Philisdor*. Scudo, également, a prétendu qu'un artiste qu'il avait connu à Vendôme appartenait à la famille de nos musiciens, mais il se trompait ; son protégé ne s'appelait pas Danican et signait : Phylidor.

ER. T.

*PHILIDOR (FRANÇOIS-ANDRÉ DANICAN-). —Sur ce grand artiste, qui mérite d'être placé au premier rang des musiciens français, j'ai publié, dans la *Chronique musicale* (1874-1875), un travail très-étendu, accompagné de musique, de portraits et d'autographes, dans lequel j'ai rectifié nombre d'erreurs et revelé beaucoup de faits restés jusqu'à ce jour inconnus. Je renvoie à ce travail tous ceux qui s'intéressent à l'existence laborieuse et à la carrière remarquable de Philidor. Je me bornerai à dresser ici, dans son entier, la liste exacte de ses œuvres, celles qui ont été données jusqu'ici étant toutes fautives ou incomplètes. — MUSIQUE DRAMATIQUE. 1° *Blaise le Savetier* (un acte, Opéra-Comique, 9 mars 1759) ; 2° *l'Huître et les Plaideurs* (un acte, id., 17 septembre 1759) ; 3° *le Quiproquo* ou *le Volage fixé* (Comédie-Italienne, 6 mars 1760) ; 4° *le Soldat magicien* (un acte, Opéra-Comique, 14 août 1760) ; 5° *le Jardinier et son Seigneur* (un acte, id., 18 fevrier 1761) ; 6° *le Maréchal ferrant* (2 actes, id., 22 août 1761) ; 7° *Sancho-Pança dans son isle* (un acte, Comédie-Italienne, 2 juillet 1762) ; 8° *le Bucheron* ou *les Trois Souhaits* (un acte, id., 28 février 1763) ; 9° *les Festes de la Paix* (un acte, id., 4 juillet 1763) ; 10° *le Sorcier* (2 actes, id., 2 janvier 1764) ; 11° *Tom Jones* (3 actes, id., 27 février 1765) ; 12° *Ernelinde, princesse de Norwège* (3 actes, Opéra, 29 novembre 1767 ; repris avec des changements, sous le titre de *Sandomir, prince de Danemark*, le 24 janvier 1769 ; refait en grande partie, mis en 5 actes, et joué sous cette nouvelle forme à Versailles, devant la cour, le 11 décembre 1773, et à l'Opéra le 8 juillet 1777) ; 13° *le Jardinier de Sidon* (2 actes, Comedie-Italienne, 18 juillet 1768) ; 14° *l'Amant deguisé* ou *le Jardinier supposé* (un acte, id., 2 septembre 1769) ; 15° *la Nouvelle Ecole des Femmes* (3 actes, id., 22 janvier 1770) ; 16° *le Bon Fils* (un acte, id., 11 janvier 1773) ; 17° *Zemire et Mélide* (2 actes, Fontainebleau, devant la cour, 30 octobre 1773, non joué à Paris) ; 18° *Berthe* (3 actes, en société avec Gossec et Botson, Bruxelles, 18 janvier 1775) ; 19° *les Femmes vengées* (1 acte, Comédie-Italienne, 20 mars 1775) ; 20° *le Puits d'amour* ou *les Amours de Pierre le Long et de Blanche Bazu* (un acte, théâtre des Petits Comediens du bois de Boulogne, 1er mai 1779) ; 21° *Persée* (3 actes, Opéra, 27 octobre 1780) ; 22° *l'Amitié au village* (3 actes, Comédie-Italienne, 31 août 1785) ; 23° *Thémistocle* (3 actes, Opéra, 23 mai 1786) ; 24° *la Belle Esclave* (théâtre des Beaujolais, 18 septembre 1787) ; 25° *le Mari comme il les faudrait tous* (id., 1788) ; 26° *Bélisaire*, ouvrage posthume (3 actes, dont le dernier fait par Berton, théâtre Favart, 4 octobre 1796) ; 27° et 28° *Alceste*, et *Protogène*, ouvrages non représentés, et sans doute restés inachevés (1). —

(1) Philidor a écrit quelques morceaux de chant pour *les Pèlerins de la Mecque*, lors d'une reprise qui fut faite de cette pièce à l'Opéra-Comique ; il a fait, avec quelques autres compositeurs, la musique de *la Rosière de Salency*, donnée à la Comedie-Italienne en 1769 ; on lui doit aussi celle d'un petit opéra-ballet en un acte, *le Retour du printemps*, qui fut représenté chez M. Thirou d'Epersenne, receveur général des finances, au mois de décembre 1788 (V. à ce sujet le *Mercure* de

MUSIQUE RELIGIEUSE. *Lauda Jerusalem*, motet exécuté au Concert spirituel le 2 février 1755; Messe exécutée à l'Oratoire en 1766, pour l'anniversaire de la mort de Rameau; *Te Deum*, exécuté au Concert spirituel le 15 août 1786; plusieurs motets, exécutés au Concert spirituel et non publiés. — MUSIQUE DIVERSE. *L'Art de la Modulation*, quatuors pour un haut-boy, deux violons et basse. Dédié à monseigneur le duc d'Ayen. Paris, l'auteur; *Ariettes périodiques*, à voix seule, avec accompagnement de violon alto, basse, hautbois et cors de chasse, et avec un simple accompagnement de violon et basse, différent du premier, pour la facilité de l'exécution, gravé au-dessus et au-dessous de la partie chantante, par MM. Philidor et Trial, Paris, Lachevardière (ces ariettes, qui paraissaient de quinze en quinze jours, ont été publiées au nombre de 24, dont 12 de Trial et 12 de Philidor, dont voici les titres : 1° *le Triomphe de la Jeunesse;* 2° *les Rigueurs d'Hortense ;* 3° *le Père de famille;* 4° *le Printemps ;* 5° et 5° *bis le Politique, A quelque chose malheur est bon ;* 6° *Aux sons amoureux des musettes ;* 7° et 7° *bis Venés, venés sous ces bosquets charmants, la Restitution ;* 8° *la Vie champêtre ;* 9° *l'Image de la guerre ;* 10° *l'Indifférent ;* 11° *l'Amant malheureux ;* 12° *la Bergère coquette*) ; *l'Été*, cantatille à voix seule, avec symphonie, deux violons, alto et basse ; six ariettes composées pour le roman de Sauvigny intitulé *Histoire amoureuse de Pierre le Long et de sa très honorée dame Blanche Bazu*, publiées à la fin du volume et qu'il ne faut pas confondre avec la musique faite par Philidor pour le petit opéra tiré de ce roman.

On a publié sur Philidor : 1° *Épître à M. A. Philidor*, pensionnaire du roi, par un citoyen ignoré dans la République des Lettres, Paris, Hardouin, 1780, in-8°; 2° *Réflexions sur un prospectus où l'on propose par souscription la partition complète d'*Ernelinde, *tragédie lyrique mise en musique par M. Philidor*, par M. T***** F, s. l., 1768, in-8° de 15 pp.; 3° *Lettre à M. le chevalier de***, à l'occasion du nouvel opéra (Ernelinde)*, s. l. n. d. [1768, Paris], in-8° de 15 pp. ; 4° *Particularités inédites concernant les œuvres musicales de Gossec et de Philidor*, par M. Ch. Piot (extrait des *Bulletins de l'Académie royale de Belgique*, novembre 1875), in-8° ; ce petit écrit très-substantiel, relatif à un opéra en 3 actes, *Berthe*, écrit pour le théâtre de Bruxelles par Philidor, Gossec et Botson, contient plusieurs lettres de Philidor.

PHILIPOT (JULES), pianiste, professeur et compositeur, est né à Paris le 24 janvier 1824. Admis en 1839 au Conservatoire, d'abord dans la classe préparatoire de piano de Laurent, puis dans celle de Zimmermann, il obtint un accessit au concours de 1842, le second prix l'année suivante, et le premier prix en 1844. Il suivit aussi dans cet établissement le cours d'harmonie et accompagnement de M. Bazin, puis passa quelque temps dans la classe de composition de Carafa. Après avoir terminé ses études, M. Philipot se livra à l'enseignement et à la composition, et se fit connaître par la publication d'un assez grand nombre de morceaux de piano qui se distinguaient par leur facture élégante et leurs bonnes qualités de style. Parmi ses productions, je citerai surtout les suivantes : 10 Études de style, op. 30, 34, 37, 41, 47, 48, 49, 50, 56, 61 ; 10 Études de salon, op. 19, 21, 22, 23, 24, 25, 26, 29, 32, 34 ; 3 Solos, op. 15 ; *Album d'un voyageur*, 4 morceaux, op. 81, 82, 83, 84 ; 6 Grands Caprices, op. 1 ; 2 Romances sans paroles, op. 13 ; *Sérénade espagnole*, grande fantaisie de concert, op. 80 ; *Suavita*, berceuse, *les Gondoliers*, *la Peri*, caprice, *Carillon*, *Chasse royale*, *la Captive*, *la Chanson du moulin*, *Chanson hongroise*, *Hortensia*, *Marche croate*, *Barchetta*, souvenir de Venise, *Villanelle*, *Chant du pâtre*, *Chanson d'un écolier*, etc.

Lorsqu'en 1867 un triple concours fut ouvert pour la composition de trois ouvrages destinés à nos trois grandes scènes lyriques, M. Philipot songea à se mettre sur les rangs et se présenta au concours du Théâtre-Lyrique avec un opéra-comique en un acte intitulé *le Magnifique*. Il l'emporta sur tous ses rivaux et vit son œuvre couronnée ; mais, par suite d'une foule de circonstances, la représentation de celle-ci ne put avoir lieu qu'au bout de neuf ans, le 24 mai 1876, et *le Magnifique* ne parut pas mériter l'honneur qu'on lui avait fait. L'ouvrage fut accueilli froidement par le public et par la critique, et ne put être joué plus de quatre fois.

Outre ses morceaux de piano, M. Philipot a publié de jolies mélodies vocales, d'un tour aimable et distingué.

PHILLIPS (HENRY), fameux chanteur anglais, d'origine israélite, également estimé dans les genres divers de l'opéra, de l'oratorio et de la ballade, naquit à Bristol le 13 août 1801. Sa mère, d'origine allemande, chantait, ainsi que son père, et tous deux appartenaient au théâtre de Bristol et à celui de Bath. Il accompagnait ses

janvier 1787) ; enfin, Philidor a encore écrit la musique de plusieurs airs pour *le Triomphe du Temps*, comédie de Legrand, lors d'une reprise de cet ouvrage qui fut faite à la Comédie-Française au mois de février 1763.

parents dans leurs tournées dans le Nord, et lorsqu'il eut atteint sa neuvième année, on s'aperçut qu'il avait de la voix. On lui fit alors étudier la musique, et pour la première fois il parut sur la scène à Harrogate. Venu à Londres, il prit des leçons du célèbre chef d'orchestre George Smart (*Voy.* ce nom), et débuta au théâtre Haymarket, puis bientôt chanta avec son père à celui de Drury-Lane. Il travailla alors avec Price, chef des chœurs de ce dernier théâtre, et avec Leoni Lee. Lorsque l'époque de la mue de sa voix fut arrivée, il s'essaya dans la peinture, étant passionné pour le dessin, et Ackermann l'employa à colorier des gravures. Mais bientôt il s'attacha à l'étude du piano, et lorsque sa voix eut acquis le beau timbre de baryton grave qui lui valut dans la suite tant de succès, il s'engagea comme choriste au théâtre du Lyceum, là travailla avec le ténor Broadhurst, et au bout de deux ans se montra à Covent-Garden dans un opéra de Bishop, *la Terre de Java*. Ce fut peu après cette époque que George Smart le fit débuter avec succès dans l'oratorio, ce qui ne l'empêcha pas d'entrer comme première basse au Lyceum. Ce fut lui qui créa (20 juillet 1824) le rôle de Caspar dans le *Freischütz* de Weber. Ce chef-d'œuvre fut d'abord mal accueilli, mais bientôt Phillips se mit à exécuter, à la fin de chaque phrase du chant de son rôle, un pas de danse imité des danses guerrières des Indiens d'Amérique, et l'on assure que cette excentricité sauva l'ouvrage et assura son succès, ce qui n'est pas à l'honneur du public anglais, qui se prétend si fin appréciateur des choses musicales.

Pendant plusieurs années, Phillips tint une des premières places aux théâtres du Lyceum, de Covent-Garden, de Drury-Lane, puis se vit engager pour tous les grands festivals de province, et bientôt sa renommée s'établit à tel point qu'il ne se donnait pas une exécution du *Messie*, de *la Création* ou d'*Israël en Égypte* sans sa participation, que pas un programme de concert n'était complet si son nom n'y était inscrit. De grands artistes, tels que Spohr, Mendelssohn, Neukomm, écrivaient des morceaux spécialement pour lui, il composait lui-même des ballades et des *songs*, et faisait avec succès des lectures publiques sur les mélodies hébraïques.

Dans sa longue carrière théâtrale, Phillips tint la partie de basse dans la plupart des opéras des compositeurs anglais contemporains : Balfe, Wallace, Edouard Loder, John Barnett, Hatton, MM. Macfarren, Jules Benedict, etc., et se voyait toujours reçu par le public avec les marques de la sympathie la plus vive. Il fut moins heureux en se produisant lui-même comme compositeur dramatique, et en donnant à Drury-Lane, le 22 avril 1838, *the Harvest Queen* (*la Reine de la moisson*), opéra qui n'obtint point de succès.

Les Anglais considèrent Phillips comme le lien entre l'ancienne école de chant et l'école actuelle. Aucun artiste n'a plus fait que lui pour populariser dans son pays les grandes œuvres de Hændel, de Haydn et des maîtres classiques, et il a donné une vie nouvelle aux chants du vieux Purcell, le grand compositeur national. Mais si sa voix riche, sympathique et puissante, d'une étendue de deux octaves, brillait dans l'oratorio et dans l'opéra, Phillips était particulièrement sans rival dans le genre de la ballade, et lorsqu'il chantait, en s'accompagnant lui-même au piano, quelqu'un de ces vieux airs si chéris de ses compatriotes, il excitait littéralement l'enthousiasme. En réalité, il a tenu pendant quarante ans une place à part, et a joui d'une popularité exceptionnelle. Il quitta la carrière en 1863, et donna dans la salle Saint-James, le 25 février de cette année, un concert d'adieu auquel prirent part tous les artistes de renom qui se trouvaient alors à Londres. A partir de ce moment il ne chanta plus que par occasion, dans les provinces. Il s'était occupé de la rédaction de ses mémoires artistiques, et les publia sous ce titre : *Souvenirs personnels et musicaux durant un demi-siècle* (*Musical and personal Recollections during half a century*), Londres, 1864, 2 vol. in-8° avec portrait. Il vécut ensuite pendant quelques années à Edgbaston, près de Birmingham, et alla se fixer ensuite à Dalston. En 1874, il vint à Londres pour assister à l'inauguration de la statue de Balfe, qui eut lieu le 25 septembre au théâtre Drury-Lane. Il mourut à Dalston le 8 novembre 1876.

PHILLIPSON (W... .), pianiste anglais contemporain, est l'auteur d'un petit manuel publié sous ce titre: *Guide to young piano-forte teachers and students* (*Guide des jeunes élèves de piano*).

PHIPPS (Alexandre-James), compositeur, organiste et pianiste anglais contemporain, fut d'abord élève de M. J. O. Smith au collége de Cheltenham, passa ensuite deux années à l'Académie royale de musique de Londres, puis prit des leçons de M. W. H. Holmes et du docteur Steggall, maître de chœur à Oxford. Devenu organiste à Birkenhead (1866), à l'église Saint-James, à Swansea, puis chef d'orchestre de la Société d'oratorio de cette dernière ville, il fut ensuite directeur d'une société dont le titre est au moins original : Société musicale de ceux qui parlent entre leurs dents. M. Phipps s'est fait connaître par diverses compositions, entre autres un oratorio : *les Dix Vierges*, plusieurs antiennes et des mélodies vocales. On lui doit aussi un *Guide pour la musique*.

PHIPSON (Le docteur), est l'auteur d'un livre publié sous ce titre : *Biographical sketches of celebrated violinists* (Esquisses biographiques de violonistes célèbres), Londres, Richard Bentley, 1877, in-8°. On trouve dans ce volume des notices sur des violonistes de divers temps et de divers pays : Lully, Corelli, The Bannisters, Tartini, Viotti, Paganini, Ole Bull, Charles de Bériot, Ernst, Joachim, etc.

PIACENTINI (.........), compositeur italien de l'époque actuelle, a écrit la musique d'un opéra intitulé *Buondelmonte*, dont je ne connais ni le lieu ni la date de représentation.

PIACENZA (Pasquale), compositeur italien, né le 10 novembre 1810 à Casalmontferrat, était destiné par sa famille au commerce, mais sut vaincre toutes les résistances pour se livrer, selon son désir, à l'étude de la musique. Il apprit d'abord à jouer de la flûte et du basson, puis s'enrôla comme musicien dans le 3° régiment d'infanterie, où, au bout de quelques années, il devint chef de musique en remplacement d'un artiste nommé Berna, qui lui avait enseigné l'harmonie. Son régiment ayant été placé en garnison à Chambéry, le jeune artiste compléta ses connaissances théoriques avec Musso, maître de chapelle de la cathédrale de cette ville. Ayant passé de Chambéry à Cuneo, M. Piacenza se mit à écrire de la musique de danse, et en 1845 fit représenter un opéra sérieux intitulé *il Tribunal segreto*. Treize ans plus tard, en 1858, il donnait au théâtre Rossini, de Turin, un second ouvrage dramatique, *Marinella*, qui obtint un très-grand succès. A la suite des événements de 1859, il fut chargé d'organiser les musiques de plusieurs régiments, obtint le grade d'officier au 65° d'infanterie, puis, ayant pris son congé, songea de nouveau au théâtre. Il donna alors à Gênes un opéra bouffe, *Cipriano il sarto*, et à Turin (th. Victor-Emmanuel, 20 novembre 1867) un opéra sérieux en trois actes, *Monaldesca*, ouvrages dont le succès lui valut la croix de chevalier des SS. Maurice et Lazare. En 1873, M. Piacenza était chef d'orchestre d'une troupe d'opérettes bouffes qui occupait le théâtre Apollo, de Venise, et il écrivait pour elle plusieurs petites pochades musicales, *le Donne guerriere*, *Serafino il Mozzo*, etc.

M. Piacenza s'est occupé aussi de littérature musicale. Outre un assez grand nombre de poésies, dont quelques-unes dans le genre burlesque, il a publié un écrit intitulé : *Détails sur la fabrication des instruments de cuivre* (*Cenni sulla fabbricazione degli istrumenti di ottone*, qu l'on dit fort utile, et un petit poëme musical facétieux, *Storia della famiglia semicromatica*, qui a été souvent réimprimé.

PIAGGIO (Michele), musicien italien, a fait ses débuts de compositeur dramatique en écrivant la musique de *la Fanciulla romantica*, opéra sérieux qui a été représenté à Gênes, sur le théâtre Doria, le 11 avril 1874.

* **PIATTI** (Alfredo), violoncelliste renommé, est né à Bergame non en 1823, mais le 8 janvier 1822. Quelques autres erreurs sont à relever dans la notice qui a été consacrée à cet artiste. Son père, Antonio (et non Charles) Piatti, était non un chanteur, mais un violoniste distingué; il est mort à Bergame le 27 février 1878. Quant à M. Alfred Piatti, qui quitta le Conservatoire de Milan le 21 septembre 1837, ce n'est pas en 1838 qu'il fit sa première apparition en public, mais en 1834, dans un concert que la Malibran rendit mémorable par la part qu'elle y prit, et qui devint fameux encore par ce fait qu'on y fit connaître la mort de Bellini. (Un an après, la Malibran elle-même cessait de vivre à Manchester.) En 1843, M. Piatti jouait à Munich, dans un concert donné par Liszt; en 1844 il était à Paris, en 1846 à Milan, et dans le cours de cette dernière année il se fixait à Londres, après avoir refusé le poste de professeur au Conservatoire de Milan.

PIAZZANO (Felice-Geremia), pianiste, organiste et compositeur, est né le 15 juin 1841 à Balzola, dans la province d'Alexandrie. Il étudia d'abord avec M. Meiners, après quoi il se fit admettre au Conservatoire de Milan, où il devint l'élève de M. Angeleri pour le piano et de M. Mazzucato pour la composition. Après avoir terminé son éducation, il songea à se produire au théâtre, et écrivit un opéra sérieux, *Carlo il Temerario*, dont il dut attendre plusieurs années la représentation; il réussit enfin à faire jouer cet ouvrage, en 1865 ou 1866, sur le théâtre communal de Plaisance, et le reproduisit en 1874 à Turin, où il fut très-bien accueilli. Le 17 février 1876, il donna à Novare son second ouvrage dramatique, *Gismonda di Sorrento*. M. Piazzano, après avoir été pendant plusieurs années maître de chapelle de l'église de San-Gaudenzio, à Novare, est allé occuper les mêmes fonctions à l'église métropolitaine de Verceil, où il se trouve encore aujourd'hui. Il a été nommé en 1873 chevalier de l'ordre de la Couronne d'Italie.

***PICCHI** (Ermanno). — Nous complétons ici les renseignements donnés sur ce maître par la *Biographie universelle des Musiciens*.

Picchi avait été destiné par ses parents à la carrière du barreau, et il fit son cours de droit à l'université de Pise; mais son goût le portait vers la musique. Il étudia le contre-point avec Ignace Colson, bon contre-pointiste florentin, et, de retour de l'Université, il laissa de côté Justinien pour s'adonner tout entier à la musique, et particulièrement à la composition, dans laquelle, quoique n'ayant pas fait de très-sérieuses études, il ne tarda pas à se distinguer grâce à la bonne culture de son esprit. Malheureusement, Picchi était un peu de ceux pour lesquels faire vite vaut mieux que bien faire. Abusant de sa facilité de conception, il composait à la hâte, et n'apportait souvent à la facture de ses compositions qu'une partie seulement des soins dont elles eussent été dignes d'ailleurs. Outre son premier opéra, *Marco Visconti*, Picchi écrivit, en société avec Fiori, maître livournais, un opéra bouffe intitulé *Don Crescendo*, qui eut du succès à Florence et sur d'autres théâtres (1). Il produisit ensuite, sur la scène de la Pergola, de Florence, *Il Domino bianco*, opéra de *mezzo-carattere* qui ne manquait pas de mérite, mais qui n'obtint qu'un succès d'estime. Enfin, Picchi composa *Ezzechia*, oratorio qui, récemment encore, a été exécuté avec succès dans l'église de *San-Giovannino* des écoles pieuses, à Florence. Il écrivit aussi mainte musique de tout genre, messes, psaumes, ouvertures, concertos, pièces pour musique militaire, etc. Parmi ses compositions pour le piano, une mention spéciale est due à une grande sonate pour piano et violon, publiée à Milan chez Ricordi.

Picchi fut un bon littérateur musical, ainsi que l'a dit Fétis, et il se distingua comme traducteur par une belle traduction italienne de *l'Étoile du Nord*, qui lui valut les éloges de Meyerbeer lui-même. En octobre 1850, il fut nommé secrétaire de la classe musicale de l'Académie des beaux-arts de Florence, et en 1852 il succéda à Pacini dans la direction des écoles de musique annexées à ladite Académie.

L.-F. C.

* **PICCHIANTI** (Louis). — Aux ouvrages didactiques ou littéraires mentionnés au nom de cet artiste, il faut ajouter les suivants 1° : *la Scienza dell'armonia e le regole dell'accompagnamento, brevemente esposte ed applicate alla prima pratica dell'arte;* 2° *Saggio di studi ai composizione musicale sopra alcuni partimenti del Fenaroli, offerto ai giovani artisti*, Florence, 1852, in-4°; 3° *Regole elementari per imparar suonare la chitarra francese ad uso dei principianti, esposte e ragionate in compendio*, etc., Florence, Volpini; 4° *Intorno all'* Histoire de la musique et de la danse par J Adrien de la Fage, *cenni critici*, Milan, 1845, in-8° de 10 pp.; 5° *Memoria ai signori professori sopra una questione di musica*, Florence, 1821; 6° *Dismo Ugolini, biografia*, Florence, 1840. Picchianti est aussi auteur d'une Méthode de guitare. Cet artiste, qui, malgré un talent sérieux et une réelle intelligence, végéta toujours dans une condition misérable, fut nommé, *à l'âge de 66 ans*, professeur de contre-point à l'École musicale de Florence; lors de la réorganisation de celle-ci, en 1860, et de sa transformation en Institut musical, on lui confia la chaire d'histoire et d'esthétique de l'art. Mais il était trop tard : usé par l'âge et par le travail, le pauvre artiste vit ses forces décliner peu à peu, et ne put même prendre possession de son cours. Picchianti, qui était né à Florence le 29 août 1787 (et non 1786), mourut en cette ville le 19 octobre 1864. Contrairement à ce qui a été dit, Picchianti n'a jamais voyagé, ne s'est jamais éloigné de Florence.

PICCININI (Luciano), pianiste et compositeur italien de l'époque actuelle, s'est fait connaître par la publication d'une centaine de morceaux de genre et fantaisies pour le piano, écrits pour la plupart sur des airs populaires et des motifs d'opéras en vogue.

* **PICCINNI** (Nicolas). — A la liste, déjà si fournie, des ouvrages dramatiques de cet artiste incomparable, il faut ajouter les suivants, dont les manuscrits ont été recueillis, grâce au zèle de M. Francesco Florimo, dans les archives du Conservatoire royal de Naples : 1° *Petiton*, opéra bouffe, 1758; 2° *la Scaltra letterata*, opéra bouffe en 3 actes, Naples, théâtre Nuovo, 1758; 3° *Origille*, opéra sérieux en 3 actes, Naples, th. des Fiorentini, 1760; 4° *la Bella Verità*, bouffe, 3 actes, 1762; 5° *La Finta Baronessa*, bouffe, 3 actes, th. des Fiorentini, 1767; 6° *Cesare e Cleopatra*, sérieux, 3 actes, 1770; 7° *Ipermnestra*, sérieux, 3 actes, Naples, th. San-Carlo, 1772; 8° *le Trame Zingaresche*, bouffe, 3 actes, Naples, th. des Fiorentini, 1772; 9° *i Furbi burlati*, bouffe, 3 actes, th. des Fiorentini, 1773; 10° *la Sposa collerica*, bouffe, 2 actes, 1773; 11° *Enea in Cuma*, sérieux, 3 actes, th. des Fiorentini, 1775; 12° *la Capricciosa*, bouffe, 3 actes, 1776; 13° *la Cecchina zitella*, bouffe, 3 actes, Naples; 14° *i Decemviri*, sérieux, 3 actes; 15° *il Finto Turco*, bouffe, 3 actes; 16° *la Donna di bell' umore*, bouffe, 3 actes, 1771; 17° *la Notte critica*, bouffe, 2

(1) *Don Crescendo* fut représenté pour la première fois sur le théâtre de Modène, le 17 avril 1855. — A. P.

actes; 18° *lo Sposalizio di D. Pomponio*, bouffe, 3 actes ; 19° *Tigrane*, sérieux, 3 actes ; 20° *Vittorina*, 3 actes ; 21° *le Finte Gemelle*, intermède ; 22° *l'Incostante*, id. ; 23° *il Sordo*, id.

Je ne crois pas inutile de reproduire la note suivante, que je tire de la biographie de Piccinni que M. Francesco Florimo a insérée dans son livre : *Cenno storico sulla scuola musicale di Napoli :* — « Sur beaucoup d'opéras, et « même sur ceux imprimés à Paris du vivant de « l'auteur, le nom de ce maître se trouve écrit « tantôt *Piccinni* et tantôt *Piccini*. De ces deux « orthographes je croyais devoir préférer la der- « nière, comme étant celle qui se trouve sur « quelques autographes existant dans nos Archi- « ves. Ayant eu, il y a peu de jours, l'occasion « de parler avec un parent survivant du célèbre « maître, il me fut affirmé que le nom de la fa- « mille est *Piccinni*, et la preuve en est qu'à « Bari, sa patrie, où la municipalité lui a dédié « une rue, on a écrit *Strada Piccinni*. Le théâ- « tre, un des plus beaux de l'Italie méridionale, « inauguré avec le nom du grand compositeur, « porte sur son fronton *Teatro Piccinni*. Avec « l'appui de ces éléments, il est évident main- « tenant que l'on doit écrire *Piccinni*.

On doit signaler, à propos de Piccinni, un ouvrage fort important de M. Gustave Desnoiresterres : *Gluck et Piccinni*, 1774-1800 (Paris, Didier, 1872, in-8°). Il s'y trouve nombre de renseignements importants et peu connus sur le séjour du maître à Paris et sa rivalité avec Gluck. (*Voy.* GLUCK.)

On a joué en France, mais non à Paris, l'ouvrage suivant, dont je possède le livret dans ma bibliothèque et dont je reproduis le titre textuellement : « *l'Esclave* ou *le Marin généreux*, intermède en un acte, rédigé de l'italien et représenté en province. La musique est de M. N. Piccini (*sic*), maître de chapelle à Naples. — Aux Deux-Ponts, et se trouve à Paris, chez la veuve Duchesne, 1774 (in-8). » La préface de ce livret fait connaître qu'il est l'adaptation d'un opéra italien du maître, *gli Stravaganti*. J'ai trouvé bon de le signaler, pour éviter toute erreur à ceux qui pourraient avoir connaissance du titre de l'ouvrage, sans les détails que je rapporte ici.

* **PICCINNI** (LOUIS).— Aux œuvres dramatiques de ce compositeur, il faut ajouter *Suzette et Colinet* [ou *les Amants heureux par stratagème*, opéra-comique en un acte, joué au théâtre Beaujolais le 25 juillet 1786. Par contre, il faut retrancher de son répertoire *Amour et Mauvaise tête* ou *la Réputation*, dont la musique est de Pacini.

* **PICCINNI** (LOUIS-ALEXANDRE).— Il serait, croyons-nous, fort difficile de dresser une liste absolument exacte et complète de toutes les œuvres dramatiques de ce compositeur, qui s'est prodigué d'une façon peu commune et qui a abordé tous les théâtres, depuis les plus infimes jusqu'aux plus importants, depuis les Troubadours et les Jeunes-Artistes jusqu'à l'Opéra-Comique et à l'Opéra. Nous ajouterons cependant à son répertoire les ouvrages suivants, qui n'y ont pas été compris : 1° *le Vœu* ou *le Solitaire du Canada*, opéra-comique donné au th. des Jeunes-Artistes en 1801 ; 2° *la Tireuse de cartes*, même théâtre, même année ; 3° *le Jeune Sauvage*, 3 actes, même théâtre, 1803 ; 4° *Rien pour lui*, 3 actes, même théâtre, 1805 ; 5° *les Illustres Fugitifs*, ballet en 3 actes, Porte-Saint-Martin, 1807 ; 6° *Dona Bella* ou *les Illusions de l'amour*, ballet en 2 actes, Gaîté, 1811 ; 7° *Chant français* pour la fête du roi, Opéra-Comique, 24 août 1821 ; 8° *Faublas*, ballet (en société avec Darondeau,) Porte-Saint-Martin, 1835.

* **PICCOLOMINI** (MARIA), cantatrice italienne distinguée, née à Sienne en 1836, reçut d'abord des leçons de piano d'un maître nommé Richterfelzer, puis, à l'âge de 14 ans, devint l'élève de la *signora* Mazzarelli, chanteuse habile, devenue comtesse Tolomei, et qui vivait alors à Sienne. Après avoir obtenu un grand succès en se faisant entendre dans un concert dont le produit était destiné à l'érection d'une statue à l'architecte Pianigiani, la jeune artiste fut conduite par sa famille à Florence, où on lui donna pour professeur l'excellent Pietro Romani (*Voy.* ce nom). Elle débuta au théâtre de la Pergola de cette ville au mois de février 1852, dans *Lucrezia Borgia*, et se vit très-bien accueillir. Elle chanta ensuite à Rome, à Pise, à Palerme, à Bologne, à Turin, se montrant successivement dans *Poliuto, Don Bucefalo, i Lombardi, Don Pasquale, Luisa Miller, la Saracena, il Trovatore, l'Elisire d'amore, i Puritani, Caterina Howard, l'Assedio di Malta, Crispino e la Comare* et *la Traviata*. L'élégance de sa mignonne personne, ses qualités physiques, la grâce de son jeu, son intelligence scénique, et surtout le sentiment vrai et distingué de son chant lui valurent de très-grands succès et firent passer sur l'insuffisance relative de sa voix. Engagée à Londres, Mlle Piccolomini obtint au théâtre de la Reine de véritables triomphes, et vint se faire entendre en 1856 au Théâtre-Italien de Paris, où elle fit un début éclatant dans *la Traviata* et où le public la prit aussitôt en affection.

Mlle Piccolomini possédait une grâce naturelle et un charme qui disposaient tout d'abord en sa faveur. Elle continua pendant quelques années encore d'obtenir de très-vifs succès, puis, vers 1863, devint l'épouse d'un grand seigneur opulent, M. le marquis Gaetani. Depuis lors, elle a complétement renoncé à la carrière théâtrale.

PICHOZ (Émile), compositeur, fixé à Lyon et peut-être né en cette ville, y a fait représenter, sur le Grand-Théâtre, les ouvrages suivants : 1° *la Pomme d'Ève*, opéra-comique ; 2° *le Canotier*, ballet, mars 1867 ; 3° *Dans les Gardes-Françaises*, opéra-comique en un acte, janvier 1868. M. Pichoz a pris part à l'un des trois concours ouverts en 1867, par l'administration supérieure, pour la composition de trois ouvrages destinés à nos trois grandes scènes musicales, et il a mis en musique le poëme du *Florentin*, destiné à l'Opéra-Comique. N'ayant point été couronné, puisque le prix fut décerné à M. Charles Lenepveu (*Voy.* ce nom), dont l'œuvre a été jouée depuis, M. Pichoz résolut de faire aussi représenter la sienne. Il se mit en rapport avec la direction du théâtre de la Monnaie, de Bruxelles (aucun théâtre de France n'ayant le droit de s'approprier le livret du *Florentin* sans la musique du compositeur couronné), qui consentit à montrer son ouvrage. Celui-ci, en effet, fut joué à Bruxelles le 29 avril 1870, mais il n'obtint qu'une seule représentation, le succès ayant été absolument négatif.

PIDOUX (Mlle Madeleine), écrivain musical français, fille du médecin en chef d'une des stations thermales les plus importantes des Pyrénées (1), a fait récemment son début dans les lettres par la publication, sous le pseudonyme de *Jacques Hermann*, d'un opuscule qui porte ce titre : *le Drame lyrique en France, depuis Gluck jusqu'à nos jours* (Paris, Dentu, 1878, in-8°). Si cette brochure importante n'est pas exempte de certaines erreurs historiques, elle n'en décèle pas moins un incontestable talent d'écrivain, mis en relief par une force de déduction peu commune. Par malheur, l'auteur est de ceux qui, au mépris des faits les plus éclatants et des enseignements même de l'histoire, cherchent, sans qu'on puisse deviner pour quelle raison, à rabaisser et à ravaler la puissance artistique et intellectuelle de leur pays. Il nous semble qu'un écrivain français qui se respecte pourrait mieux employer leur temps qu'à jeter le dédain et la raillerie sur les grands artistes qui ont illustré et honoré la France, alors surtout que ces artistes ont conquis la sympathie et l'affection des étrangers. Il y a mieux à faire, en vérité, qu'à bafouer et à ridiculiser les nobles figures de Rameau et de Campra, de Grétry et de Monsigny, de Berton et de Méhul, d'Hérold et de Boieldieu, qu'à couvrir de sarcasmes des musiciens tels qu'Halévy, Auber ou même Adolphe Adam. C'est là, croyons-nous, une besogne aussi fâcheuse au point de vue de l'intelligence et de la vérité qu'au point de vue national, et après avoir rendu justice aux facultés de l'écrivain sans douter de sa sincérité, nous nous abstiendrons de critiquer les détails d'une œuvre qui nous semble entachée d'immoralité artistique.

(1) Mlle Madeleine Pidoux avait épousé, il y a quelques années, un médecin belge, M. le docteur Rommelaere, professeur à l'Université de Bruxelles, dont elle est aujourd'hui séparée par le divorce.

* **PIELTAIN** (Dieudonné-Pascal), violoniste belge fort remarquable, était né à Liége le 4 mars 1754. Il mourut en cette ville, non le 12, mais le 10 décembre 1833.

***PIERMARINI** (François). — Cet artiste, mort depuis assez longtemps déjà, a laissé en portefeuille un assez grand nombre de compositions inédites, entre autres la partition d'un grand opéra en 4 actes, *le Vieux de la Montagne*, écrit par lui sur un livret de de Jouy.

PIEROTTI (Le P. Domenico), né à Lucques en 1687 et mort octogénaire en 1767, dans la même ville, fut maître de chapelle du séminaire de Saint-Michel. On lui doit une messe à 4 voix *a cappella*, trois autres messes à 4 voix avec accompagnement instrumental, et 25 services musicaux à grand orchestre, écrits de 1716 à 1761 pour la célébration annuelle de la fête de sainte Cécile.

PIERSANTELLI (......), musicien italien contemporain, est l'auteur d'un opéra intitulé *Il Rinnegato*, dont j'ignore le lieu et la date de représentation.

* **PIERSON** (Henri-Hugo), compositeur, né à Oxford le 12 avril 1816 (et non 1815), est mort à Leipzig le 28 janvier 1873. Aux ouvrages de cet artiste, il faut ajouter *Macbeth*, poëme symphonique pour orchestre. Son opéra *Contarini*, désigné dans la *Biographie universelle des Musiciens* comme n'ayant pas été représenté, l'a été depuis lors.

PIFFET, est le nom d'une famille de musiciens français qui pendant longues années firent partie de la musique de la chambre du roi. « Voici (dit M. Vidal dans son livre : *les Instruments à archet*) la liste de ceux de ses membres que nous avons rencontrés sur les registres royaux : Pierre Piffet, 7 août 1729 ; Antoine-Joseph Piffet, 5 février 1734 ; Pierre-Louis Piffet, 20 mars 1734 ; Pierre-Louis Piffet, 29 octobre 1753 ; Louis-François-Barthélemy Piffet, 5 septembre 1754 ;

Antoine Piffet, 5 septembre 1754. Un des Piffet, Étienne, que nous n'avons pas retrouvé sur la liste des vingt-quatre violons du roi, joua avec succès au Concert spirituel le 23 avril 1753. Cet Étienne Piffet fut attaché comme violoniste à l'orchestre de l'Opéra. On a gravé de sa composition des sonates pour deux violons et basse. »

Cet Étienne Piffet (je suis obligé de m'en rapporter, pour son prénom, à l'assertion de M. Vidal) faisait non-seulement partie de l'orchestre de l'Opéra, mais aussi de celui du Concert spirituel. Il se fit entendre souvent à ce Concert; le 25 mars 1757, il y jouait un concerto; le 25 décembre suivant, il s'y produisait, avec un nommé Baron, dans un concerto à deux violons; en 1760, il exécutait encore un concerto, qui, cette fois, était de sa composition, et le 1er avril de l'année précédente un artiste nommé Godard avait chanté un motet de lui. J'ignore l'époque de la mort de ce virtuose, qui semble avoir été un musicien distingué.

PILARD (Charles), est l'auteur de la brochure suivante : *les Inventions Sax dans les musiques militaires et à l'orchestre* (Paris, impr. Vert, 1869, in-8 de 16 pp.), dans laquelle M. Sax et les instruments imaginés par lui sont vivement critiqués.

* **PILATI** (Auguste **PILATE**, dit), est mort à Paris le 1er août 1877. Ce compositeur extrêmement fécond, dont le nom est pourtant à peu près inconnu du public, quoiqu'il ne fût point sans talent, s'est fait jouer dans un grand nombre de théâtres. Voici une liste de ses ouvrages dramatiques, que je ne donne point pour complète, mais dans laquelle je crois qu'on rencontrera peu d'inexactitudes : Théâtre-Lyrique. 1° *Les Barricades*, 2 actes, 5 mars 1848 (en société avec M. Eugène Gautier); 2° *les Étoiles*, 2 actes, 6 février 1854. Renaissance. 3° *Olivier Basselin*, un acte, 15 novembre 1838; 4° *Mademoiselle de Fontanges*, 2 actes, 11 mars 1839; 5° *le Naufrage de la Méduse*, 4 actes, 31 mai 1839 (en société avec Grisar et M. de Flotow). Variétés. 6° *La Modiste et le Lord*, 2 actes, 23 octobre 1833; 7° *l'Amour et Psyché*, un acte, 13 décembre 1856. Porte-Saint-Martin. 8° *Les Farfadets*, ballet-féerie en 3 actes, 8 mai 1841; 8° *bis le Postillon de Saint-Valery*, opéra-comique en 2 actes, 1849. Folies-Nouvelles. 9° *Jean le Sot*, un acte, 1856; 10° *une Devinette*, un acte, 1856; 11° *Trois Dragons*, un acte, 1857; 12° *l'Ile de Calypso*, un acte, 1857 (donné sous le pseudonyme de Ruytler); 13° *Peau d'Ane*, un acte, 1858 (id.); 14° *Ignace le retors*, un acte, 25 septembre 1858. Théâtre Déjazet. 15° *L'Ile du sol-si-ré*, un acte, mars 1860 (sous le pseudonyme de Ruytler). Bouffes-Parisiens. 16° *Les Statues de l'Alcade*, ballet-pantomime en un acte, 29 décembre 1855. Palais-Royal. 17° *La Prova d'un opera seria*, un acte, 4 juillet 1835; 18° *la Fermière de Bolbec*, 24 décembre 1835; 19° *Léona ou le Parisien en Corse*, 2 actes, 14 janvier 1836. Théâtre Deburau. 20° *Il Signor Cascarelli*, un acte, 1858. Concert de l'Alcazar. 21° *Jacques et Jacqueline*, un acte; 22° *la Nymphe et le Berger*, divertissement. Folies-Oller. 22° *bis Les Pêcheurs de Tarente*, divertissement, 14 novembre 1876. Concert de la Scala. 23° *Rosette et Colin*, un acte, décembre 1874. Lille. 24° *Il Maestro Blaguarino*, un acte, 25 décembre 1865.

Pilati, qui a souvent donné des preuves d'une imagination gracieuse et distinguée, mais qui s'est trop prodigué, et dans de mauvaises conditions, et qui a fini par sacrifier l'art au métier, a donné encore quelques opérettes sur de petits théâtres, tels que ceux de Beaumarchais et des Folies-Marigny, et aussi dans des cafés-concerts, où il a fait chanter encore beaucoup de romances et de duos scéniques. Enfin il a publié un nombre incalculable de morceaux de chant (entre autres un recueil de « six scènes de genre » intitulé : *Au bord du Mançanarès*), et de petits morceaux de piano, fantaisies faciles, valses, polkas, quadrilles, etc., dont la plupart étaient spécialement destinés aux enfants et expressément écrits pour de petites mains. Depuis une quinzaine d'années, Pilati avait pris l'habitude de signer ces compositions légères du pseudonyme : *A. P. Juliano*; il employait aussi quelquefois celui de *Wolfart*. C'est cet artiste qui a écrit la musique de la romance chantée dans le *Ruy-Blas* de M. Victor Hugo.

Pilati avait rempli pendant quelque temps les fonctions de chef d'orchestre à la Porte-Saint Martin, puis au théâtre Beaumarchais. Il fit représenter en 1837 à Londres, sur le théâtre Adelphi, un ouvrage intitulé *le Roi du Danube*.

PILLET (Fabien), journaliste, poëte et critique, naquit à Lyon le 30 octobre 1772. Dès avant la Révolution, il commença à se faire connaître comme écrivain, en prenant part à la rédaction de plusieurs journaux. En l'an V, il fonda une feuille théâtrale et satirique intitulée *le Déjeûner*, qui le fit condamner à la déportation; il trouva le moyen de se cacher, et lorsque les circonstances devinrent moins critiques, il entra au *Journal de Paris* pour y faire les comptes-rendus de théâtres. C'est alors qu'il commença la publication d'un annuaire théâtral, dont il parut trois années sous des titres différents : 1° *Vérités à l'ordre du jour, ou nouvelle critique raisonnée tant des acteurs et actrices des théâtres de Paris, que des pièces qui y ont été représentées pendant le cours de l'année dernière* (Paris, Garnier, an VI, in-18); 2° *Melpomène et Thalie vengées, ou nouvelle critique impartiale et raisonnée tant des différents théâtres de Paris que des pièces qui y ont été représentées pendant le cours de l'année dernière* (Paris, Marchand, an VII, in-18); 3° *la Revue des Théâtres, ou suite de Melpomène et Thalie vengées.* Troisième année (Paris, Marchand, an VIII, in-18). Ces trois petits volumes sont d'autant plus utiles que l'almanach intitulé *les Spectacles de Paris*, dont la publication avait été interrompue en 1794, n'existait plus à cette époque, et qu'ils donnent la liste complète des pièces représentées sur tous les théâtres de Paris, jusqu'aux plus infimes, depuis le 1er janvier 1797 jusqu'au 1er janvier 1800, liste qu'on chercherait vainement dans quelque ouvrage que ce soit, et que l'on ne saurait trop consulter pour l'histoire de la musique et celle des nombreux théâtres lyriques qui existaient à Paris pendant cette période si troublée. On a attribué aussi à Fabien Pillet un autre ouvrage du même genre, *l'Année théâtrale*, dont il a paru cinq volumes, pour les ans VIII, IX, X, XI et XII ; mais Quérard, qui, dans l'article sur Fabien Pillet donné par lui dans le supplément de la *France littéraire*, semble avoir eu des renseignements personnels et très-circonstanciés, ne met point cette publication à son compte, tandis qu'il l'indique comme ayant rédigé les deux dernières années de *l'Opinion du Parterre*, dont Lemazurier avait fait les premiers volumes. C'est encore à Fabien Pillet qu'on doit *la Lorgnette des Spectacles* (Paris, Hollier, an VII, in-18), recueil biographique des acteurs et actrices de Paris, fait avec goût et convenance, et dont il a paru une seconde édition sous le titre de *la Nouvelle Lorgnette des Spectacles* (an IX), et une troisième sous celui-ci : *Revue des comédiens, ou critique raisonnée de tous les acteurs, danseurs et mimes de la capitale* (Paris, Favre, 1808, 2 vol. in-18). Cette fois, Grimod de la Reynière s'était joint à l'auteur primitif. Quérard dit avec raison que « ce livre ne doit pas être confondu avec les pamphlets publiés fréquemment contre les comédiens. » On y trouve, avec une critique courtoise, des renseignements fort utiles sur les artistes du temps. Toutes les publications qui viennent d'être citées étaient anonymes. Plus tard employé supérieur au ministère de l'instruction publique, Fabien Pillet, qui, à partir de 1834, rendit compte annuellement du salon de peinture dans le *Moniteur universel*, mourut à Passy, près de Paris, le 23 février 1855. Il était le père de Léon Pillet, qui fut directeur de l'Opéra pendant plusieurs années, et qui mourut, le 21 mars 1868, consul de France à Venise.

PILLEVESSE (JULES-FRANÇOIS), né à Belleville (Seine), le 11 novembre 1837, entra jeune au Conservatoire, où il obtint un second accessit de violoncelle en 1856, et, la même année, un premier prix d'harmonie dans la classe de M. Reber. Devenu élève de Carafa pour la fugue, il se vit décerner un second accessit en 1857, et l'année suivante obtenait une mention honorable au grand concours de composition musicale à l'Institut. Entré peu de temps après au théâtre du Vaudeville en qualité de chef d'orchestre, il a fait représenter aux Fantaisies-Parisiennes, en 1866, une opérette en un acte intitulée *Robinson Crusoé.*

PILLOTTI (GIUSEPPE), compositeur religieux italien, né à Pistoja en 1796, mort en 1871, fut à Bologne l'élève du P. Mattei. Il devint par la suite maître de chapelle de la Madone *dell' Umiltà*, à Pistoja, et remplit pendant plus de quarante ans les fonctions d'organiste à la cathédrale de cette ville. On lui doit beaucoup de compositions dans le genre sacré.

Malgré la similitude presque complète du nom, cet artiste ne doit pas être confondu avec un autre compositeur, *Giuseppe Pilotti* (*Voy.* ce nom), qui vivait en même temps que lui.

* **PILOTTI** (GIUSEPPE), compositeur et théoricien italien. — L'opéra intitulé *l'Ajo nell' imbarazzo* ne fut pas le seul ouvrage dramatique de cet artiste, comme il est dit dans la *Biographie universelle des Musiciens.* Il en a écrit au moins un autre : *Non essere geloso*, opéra bouffe en deux actes, qui fut représenté en 1816, à Florence, sur le théâtre des *Risoluti.*

A l'époque de sa mort, on a publié sur cet artiste la notice anonyme suivante : *Elogio e carmi funebri a Giuseppe Pilotti* (Bologne, 1838, in-8° de 48 pp., avec portrait).

PINCHERLE (GUGLIELMO), compositeur italien, né, je crois, à Trieste, a écrit la musique d'un opéra sérieux, *il Rapimento*, qui a été représenté à Pérouse en 1863.

PINO (ROSARIO-ANTONIO), compositeur italien, né à Palerme le 19 décembre 1850, fut élève de Ferdinando Valente et de Luigi Siri pour le piano, et pour le contre-point et la composition de Salvatore Lavigna, d'Aspa et de Battista. Dès l'âge de quinze ans il se faisait entendre comme virtuose, et il en avait à peine dix-sept lorsqu'il fit exécuter à Naples un oratorio, *le Tre Ore di agonia.* M. Pino a publié déjà un grand nombre de compositions vocales ou instrumentales, et parmi ses œuvres inédites on cite des ouvertures, des messes, des vêpres, etc. Fixé à Naples, il y partage son temps entre l'enseignement et la composition.

PINSUTI (Ciro), pianiste, compositeur et professeur italien, est né à Sinalunga (province de Sienne) le 9 mai 1829. Il commença l'étude du piano sous la direction de son père, et, enfant prodige, se produisit avec beaucoup de succès, dès l'âge de onze ans, dans les concerts publics. Envoyé en Angleterre en 1840, il s'y perfectionna sur son instrument, y entreprit l'étude de l'harmonie et de la composition, et y travailla aussi le violon avec Potter. Il se fit entendre l'année suivante à Londres, et fit sensation. De retour en 1845 dans sa ville natale, il y fit exécuter une messe à trois voix avec orgue, puis, sur le conseil du comte Pepoli, il se rendit à Bologne, où, tout en suivant un cours de contre-point au Lycée musical, il obtint des leçons de Rossini en personne. Devenu presque aussitôt professeur adjoint de la classe de piano de cet établissement, il fut élu peu de temps après membre de l'Académie des philharmoniques.

Cependant, en 1848, M. Pinsuti retourna en Angleterre, où il se livra avec un grand succès à l'enseignement du chant, partageant son existence entre Londres, qu'il habitait l'été, et Newcastle, où il passait l'hiver et où il fonda une excellente société philharmonique. Le jeune artiste sut se créer à Londres une situation exceptionnellement brillante, devint le professeur à la mode, fut appelé à diriger un grand nombre de concerts publics et particuliers, et bientôt fut élu à l'unanimité professeur de perfectionnement du chant à l'Académie royale de musique. En même temps il publiait un grand nombre de compositions, tant vocales qu'instrumentales, dont le chiffre total s'élève à plus de trois-cents, et sa renommée devenait telle qu'en 1861 le roi d'Italie le nommait, *motu proprio*, chevalier de l'ordre des SS. Maurice et Lazare. En 1871, M. Pinsuti fut appelé à représenter sa patrie lors des fêtes musicales qui signalèrent l'inauguration de l'Exposition universelle de Londres, de même que M. Gounod représentait la France, M. Ferdinand Hiller l'Allemagne, et M. Arthur Sullivan l'Angleterre elle-même; c'est à cette occasion qu'il écrivit un hymne dont l'exécution, confiée à 1,200 voix, eut lieu le 1er mai 1871, dans l'Albert-Hall, en présence de 12,000 auditeurs.

Néanmoins, M. Pinsuti n'avait pas complétement abandonné l'Italie; il avait pris l'habitude d'y venir passer quelques mois chaque hiver, continuant de résider le reste de l'année à Londres. C'est pendant un de ces séjours qu'il fit représenter sur le théâtre communal de Bologne, le 8 novembre 1873, son premier ouvrage dramatique, *il Mercante di Venezia*, opéra-ballet en 4 actes, qui fut bien accueilli et qui offrait, dit-on, l'heureux assemblage des facultés mélodiques naturelles aux Italiens et des qualités vigoureuses et raisonnées qui sont comme la résultante des efforts de la grande école musicale moderne. Depuis lors, il a écrit un second opéra, *Mattia Corvino*, drame lyrique en 3 actes et un prologue, qui a été joué avec succès à Milan en 1877 et qui a réuni les suffrages de la critique.

Sans être un génie original, M. Pinsuti semble être un talent très-personnel et très-étudié. Peut-être a-t-il abordé le théâtre trop tard pour y pouvoir donner la mesure de sa véritable valeur; cependant il est encore dans toute la force de l'âge, et les deux solides ouvrages qu'il a produits peuvent faire espérer qu'il se manifestera encore avec bonheur, pour peu qu'il soit servi par les circonstances. Quant à la musique intime de M. Pinsuti, à ses compositions *da camera*, c'est-à-dire à ses nombreuses mélodies vocales, elles lui ont valu des suffrages unanimes, et l'on cite surtout, parmi elles, les *Quattro sonetti* mis en musique par lui sur les paroles des quatre grands poëtes italiens.

* **PIO** (Antoine). — Ce compositeur fit représenter à Modène, le 26 décembre 1782, un opéra intitulé *Demofoonte*.

PIOT (Charles), écrivain belge, membre correspondant de l'Académie royale de Belgique, a adressé à cette compagnie quatre mémoires fort intéressants qui ont été insérés dans ses *Bulletins*, et dont il a été fait un tirage à part à petit nombre. Voici les titres de ces écrits : 1° *Particularités inédites concernant les œuvres musicales de Gossec et de Philidor* (s. l. n. d. [Bruxelles, 1875], in-8° de 32 pp.); 2° *Quelques lettres de la Correspondance de Grétry avec Vitzthumb* (s. l. n. d. [Bruxelles, 1875], in-8° de 30 pp.); 3° *la Méthode de chanter à l'Opéra de Paris* (s. l. n. d. [Bruxelles, 1876], in-8°); 4° *les Origines de l'opéra dans les Pays-Bas espagnols* (s. l. n. d. [Bruxelles, 1877], in-8° de 12 pp.).

PIOTROWSKI (Romain), musicien polonais, né dans la première moitié du dix-neuvième siècle, a inventé, en 1844, un instrument destiné à faciliter l'accord des pianos et auquel il donna le nom d'*akordometre*. Le compositeur Elsner rendit compte de cette invention dans le *Courrier de Varsovie*. M. Piotrowski donna lui-même des explications sur la manière de poser les cordes, opération difficile surtout pour une main de femme et qu'il sut faciliter, sur la façon de les attacher, de faire les crochets, etc. M. Piotrowski était professeur de piano, de violon et de chant.

PIQUE (F....-L.....), l'un des plus habiles luthiers français connus, né à Rorei, près Mirecourt (Vosges), en 1758, était établi à Paris, rue Plâtrière, en 1785, et y exerçait encore sa profession en 1819, époque à laquelle il demeurait rue des Deux-Écus, 35. Élève de Saunier, qui lui-même était un artiste estimé, il acquit de la réputation pour la bonne construction de ses violons, de ses violoncelles et de ses guitares; on sait que ce dernier instrument jouissait alors d'une grande vogue. Ses violons étaient particulièrement réputés, et Spohr, dans sa Méthode, les cite, avec ceux de son confrère Lupot, comme étant les meilleurs de l'époque. Le musée du Conservatoire de Paris en possède un, qui est catalogué sous le numéro 16. Pique est mort en 1822, à Charenton-Saint-Maurice, près de Paris, dans une propriété où il s'était retiré depuis peu de temps.

On assure que Lupot, en travaillant pour lui avant de s'établir à son compte, ne fut pas étranger à la renommée de Pique; il lui livrait des violons *en blanc*, au prix moyen de 20 livres, et le plus souvent celui-ci se contentait de les vernir. La faveur dont jouissait Pique peut en grande partie être attribuée à cette collaboration anonyme de Lupot, ainsi qu'à la protection du célèbre Baillot, qui jouait volontiers ses violons et lui adressait beaucoup de ses élèves.

Le vernis de Pique est d'un rouge foncé, un peu opaque, et les épaisseurs sont souvent exagérées. Néanmoins, il a laissé quelques spécimens recommandables.

J. G — Y.

PIQUÉ (G.........), compositeur espagnol, est l'auteur d'un opéra italien, *Ernesto, duca di Sicilia*, qui a été représenté sur le théâtre principal de Barcelone, le 14 novembre 1844. Cet artiste ne m'est pas autrement connu.

PIROYE (.........), organiste de l'église des Jacobins de la rue Saint-Honoré, mort dans la première moitié du dix-huitième siècle, était un artiste distingué. Titon du Tillet, dans son *Parnasse françois* (1732), le cite au nombre des organistes les plus habiles, récemment morts à l'époque où il écrivait.

PISANI (Bartolomeo), compositeur italien distingué et chef d'orchestre, né à Constantinople en 1811, a fait de bonnes études sous la direction de Mercadante. Il a commencé, je crois, sa carrière de musicien dramatique par la composition de deux opéras dont l'un avait pour titre *la Peri*, et l'autre, *Rosamunda*; mais je ne saurais dire où ces deux ouvrages ont vu le jour. En 1859, M. Pisani était chef d'orchestre au théâtre Naoum, de Constantinople, et en 1863 il donnait à ce théâtre un drame lyrique intitulé *Ladislao*, qui était presque aussitôt reproduit à Florence. L'année suivante, M. Pisani faisait un voyage en France et donnait à Paris un grand concert dans lequel il faisait entendre quelques-unes de ses compositions, entre autres des chœurs sans accompagnement, quelques jolies mélodies vocales, une ouverture et une grande fantaisie musicale à quatre voix seules, chœur et orchestre, écrite sur *les Djinns* de Victor Hugo; ce dernier ouvrage produisit particulièrement sur le public et sur la critique une impression très-favorable.

Le 5 novembre 1865, M. Pisani donnait à la Scala, de Milan, *Rebecca*, opéra sérieux qui n'obtint aucun succès. Il garda alors le silence pendant plus de dix années, et ne reparut à la scène que le 27 janvier 1876, en donnant à Venise un nouvel ouvrage dramatique intitulé *la Gitana*, qui fut plus heureux que le précédent. Dans l'intervalle, il avait écrit à la mémoire de son vieux maître, qui venait de mourir, un chant funèbre exécuté sous ce titre : *une Lacrima sulla tomba di Mercadante.*

En dehors de ses œuvres dramatiques, M. Pisani a publié diverses compositions, entre autres un recueil de 6 morceaux de chant, un album de 10 mélodies à une ou deux voix, plusieurs autres mélodies détachées, un *Ave Maria* à voix seule, et quelques morceaux de musique de danse pour le piano. On connaît aussi de lui un hymne patriotique intitulé, *Chant du peuple au roi d'Italie.*

PISANO (Nicola), compositeur italien qui vivait dans la première moitié du dix-huitième siècle, est l'auteur d'une farce en musique intitulée *la Rina*, qui fut représentée à Naples, sur le petit théâtre des Fiorentini, en 1731.

* **PISARONI** (Benedetta-Rosamunda). — Cette admirable chanteuse, qui était retirée de la scène et avait disparu du monde artistique depuis près de quarante ans, est morte à Plaisance, sa ville natale, le 6 août 1872.

* **PISCHEK** (Jean-Baptiste), chanteur distingué, est mort à Sigmaringen, le 16 février 1873.

PISILANI (Belisario), compositeur italien, a écrit la musique d'un opéra bouffe intitulé *Il Naso del morto*, qui a été représenté en 1867.

* **PISTILLI** (Achille), compositeur italien, est né à Montagano, dans la province de Campobasso, au mois de juillet 1820. Dès son plus jeune âge il apprit les premiers éléments de la musique, et il avait à peine accompli sa huitième année lorsque ses parents l'envoyèrent à Naples, où il fut admis au Conservatoire de San-Pietro a Majella. Il fut, dans cet établissement, l'élève de Francesco Lanza pour le piano, de Francesco Ruggi pour le contre-point et l'harmonie accompagnée, et de Donizetti pour la composition, ce qui n'empêcha pas Zingarelli lui-même, alors directeur de l'école, de lui donner des conseils. Il n'avait que dix-sept ans lorsqu'il écrivit sa première messe, à quatre voix et orchestre, qu'il fit suivre bientôt de diverses autres compositions religieuses. Mercadante étant venu à succéder à Zingarelli, c'est sous sa direction qu'il composa ensuite une opérette, *il Finto Feudatario*, pour le petit théâtre du Conservatoire.

Il quitta celui-ci en 1843, et trois ans après, en 1846, il faisait représenter sur le théâtre du Fondo, de Naples, un opéra sérieux en 3 actes, *Rodolfo da Brienza*, qui fut bien reçu du public; il resta cependant dix ans sans aborder de nouveau la scène, et n'y reparut qu'une dernière fois en donnant en 1856, au même théâtre, un drame lyrique en 3 actes intitulé *Matilde d'Ostan*. A partir de ce moment il se livra exclusivement à l'enseignement, ainsi qu'à la composition de nombreuses œuvres de musique religieuse et de morceaux de piano plus nombreux encore. Devenu professeur dans un établissement religieux, il écrivit seulement pour les élèves de cet établissement un petit opéra intitulé *il Gondoliere di Venezia*. La fin de cet artiste fut malheureuse; ayant perdu un fils âgé de treize ans, qu'il adorait et qui promettait de devenir un musicien distingué, sa raison fut ébranlée par cet événement; on dut le transporter dans la maison de fous d'Aversa, où il mourut misérablement le 29 janvier 1869.

En dehors de ses quelques ouvrages dramatiques, on doit à Pistilli les compositions suivantes : 4 messes à 4 voix et orchestre; *Miserere* à 4 voix, avec quatuor d'instruments à cordes; *Te Deum* à 4 voix, chœur et orchestre; *Magnificat* à 4 voix et orchestre; 6 *Tantum ergo* à 1, 2, 3 ou 4 voix, avec orchestre; divers motets à une ou plusieurs voix, avec orchestre; Hymne en hommage à Ferdinand II, roi de Naples; Hymne en hommage au pape Pie IX; Hymne à Victor-Emmanuel; *la Pietà*, album de huit morceaux de chant; *la Ghirlanda di fiori*, album de six morceaux de chant; mélodies à une ou plusieurs voix; plus de cent morceaux de genre, fantaisies, etc., pour le piano, écrits pour la plupart sur des thèmes d'opéras et qui forment des recueils publiés sous différents titres : *le Primizie del Pianista*, *Ricordi di una gita a Napoli*, *Toccatine e Bagattelle*, *la Lira teatrale*, *Piccole fantasie a 4 mani*, etc., etc. — Un artiste du même nom, *M. Giuseppe Pistilli*, sans doute parent du précédent, s'est fait connaître par la publication de quelques morceaux de genre pour le piano.

PITRÈ (Giuseppe), écrivain italien, est auteur d'un recueil très-abondant et très-curieux de *Canti popolari siciliani* (Palermo, Pedone-Lauriel, 1870-71, 2 vol. in-12), qu'il a fait précéder d'une étude critique étendue et intéressante sur ces chants, et qu'il a accompagné d'un certain nombre de mélodies populaires originales. Il est fâcheux que M. Pitrè n'ait pas eu les connaissances nécessaires pour compléter son travail littéraire par des remarques musicales sur les chants populaires siciliens. Les mélodies qu'il a reproduites ont été réunies par les soins de plusieurs musiciens, MM. Giovanni Maggio, Alfonso Accurso, Carmelo Pardi, Tommaso Cannizzaro, et Biagio Lipari.

* **PIXIS** (Jean-Pierre), pianiste et compositeur, est mort le 20 décembre 1874 à Baden-Baden, où il avait fixé sa résidence depuis plus de trente ans.

PIZET (.........), dit *Pizet l'aîné*, vivait à Caen dans la seconde moitié du dix-huitième siècle, et était directeur du Concert de cette ville en même temps que de la maîtrise de l'église Saint-Pierre. Pizet fit exécuter au Concert de Caen plusieurs œuvres de sa composition, entre autres une cantatille à voix seule avec symphonie, intitulée *les Faveurs du Sommeil*, qu'il publia à Paris en 1760. A l'époque de la Révolution, Pizet, devenu vieux, composa la musique de plusieurs hymnes patriotiques, qui furent chantés à Caen pour diverses fêtes nationales. Très-estimé de ses concitoyens, il faisait alors partie de la municipalité de cette ville.

PLAIDY (Louis), violoniste, pianiste et professeur allemand, né à Wermsdorf (Saxe), le 28 novembre 1810, mort à Grimma le 3 mars 1874, étudia le piano à Dresde avec Agthe, et le violon avec L. Hache. Il commença à se livrer à l'enseignement à Dresde, mais, faute d'élèves, dut aller se fixer à Leipzig. Là, il se fit entendre comme violoniste dans les concerts, mais ensuite se consacra plus spécialement à la pratique du piano, et, grâce à l'influence de Mendelssohn, se vit nommer professeur pou cet instrument au Conservatoire de Leipzig. Plaidy a publié sous ce titre : *Études techniques pour le piano*, un recueil que l'on dit fort estimable.

PLANQUE (.......), est l'auteur d'une publication faite sous ce titre : *Agenda musical* ou *Indicateur des amateurs, artistes et commerçans en musique de Paris, la province et l'étranger*, par Planque, musicien et accordeur de pianos (Paris, Frère, in-16). Il a paru trois volumes de cette publication, pour les années 1835, 1836 et 1837; elle était d'ailleurs conçue sur un plan défectueux et incomplet.

PLANQUETTE (ROBERT), pianiste et compositeur, né vers 1850, a, dit-on, fait quelques études avec M. Duprato ; mais ces études sont restées sans doute fort incomplètes, car la musique du jeune artiste pèche en bien des points. Après avoir écrit pour les cafés-concerts plusieurs chansons et chansonnettes, avoir fait jouer à l'Eldorado un certain nombre d'opérettes sans conséquence, M. Planquette mit en musique un monologue de M. Pierre Véron, *On demande une femme de chambre*, que Mme Judic chanta dans divers salons après l'avoir fait connaître à Saint Pétersbourg. C'est alors que M. Planquette fut chargé d'écrire la musique d'une pièce en 3 actes, *les Cloches de Corneville*, qui fut représentée aux Folies-Dramatiques le 19 avril 1877, et qui obtint une série de plus de 400 représentations consécutives. Ce succès, absolument inexplicable d'ailleurs dans son exagération, était dû, pour la plus grande partie, à la nature de la pièce et au talent des acteurs chargés de l'interpréter; quant à la musique, vulgaire et assez mal construite, elle ne saurait faire préjuger le sort que l'avenir réserve à son auteur. M. Planquette a publié (Paris, Bathlot), un recueil intitulé : *Refrains du régiment*, 12 *chansons militaires*. Parmi les opérettes ou saynètes qu'il a fait représenter avant d'aborder un vrai théâtre, je citerai les suivantes : *Méfie-toi de Pharaon*, un acte, Eldorado, 1872 ; *le Serment de Mme Grégoire*, un acte, id., 1874 : *Paille d'avoine*, un acte, Délassements-Comiques, 1874 ; *le Péage*, saynète, Eldorado. Au mois de février 1879, M. Planquette a donné sur le théâtre de Monte-Carlo (Monaco), pour son inauguration, une opérette en un acte intitulée *le Chevalier Gaston*.

PLANTADE (CHARLES-FRANÇOIS), compositeur, né le 14 avril 1787, mort à Paris le 26 mai 1870, était fils de Charles-Henri Plantade. Il fit ses études musicales au Conservatoire, puis, ayant été appelé sous les drapeaux, il servit pendant sept ans dans la jeune garde impériale, d'où il sortit avec le grade de sous-lieutenant. Il entra alors dans l'administration, devint chef de bureau au ministère des finances, d'où il fut détaché pendant plusieurs années à l'Opéra et au Conservatoire, et enfin, sous le second empire, fit partie du ministère de la maison de l'empereur et des beaux-arts. Ses occupations administratives n'empêcherent pas Plantade de se livrer, pendant plus d'un demi-siècle, à ses goûts artistiques modestes, et d'écrire plus de deux-cents romances, chansons et chansonnettes comiques. Parmi ces dernières, dont, la plupart du temps, il traçait à la fois les paroles et la musique, un grand nombre obtinrent de très-grands succès et faisaient à la fois le tour des théâtres et des salons ; bien que cela nous reporte à l'époque de la Restauration et de la monarchie de Juillet, les titres de quelques-unes de ces amusantes productions ne sont pas tout à fait oubliés, et l'on se rappelle encore *le Thé de mame Gibou, le Bureau de placement, l'Ouvreuse de loges, le Tombeau des secrets, A bas les médecins ! les Adieux à la garnison, Avez-vous vu mon parapluie? les Caprices d'un soldat, le Retour du voltigeur, les Jolis Soldats* (« Un grenadier, c'est une rose »), etc., etc. Les chansonnettes de Plantade obtenaient alors une vogue semblable à celle qui accueillait les nocturnes de Masini et les romances de Labarre et de Panseron. Plantade fut, en 1828, l'un des membres fondateurs de la Société des concerts du Conservatoire, et trente ans plus tard il fondait, avec MM. Bourget, de Courcy, Delange, Guérin, Paul Henrion, Masini et Parizot, la Société des auteurs, compositeurs et éditeurs de musique, dont il est resté jusqu'à sa mort le trésorier et le président honoraire.

PLANTÉ (FRANÇOIS, dit FRANCIS), le plus remarquable et le plus renommé des pianistes français contemporains, est né à Orthez (Basses-Pyrénées) le 2 mars 1839. Conduit de bonne heure à Paris par sa famille, il commença l'étude du piano dès son plus jeune âge, et eut, je crois, pour premier professeur Mme Saint-Aubert. Déjà, enfant prodige, il s'était fait entendre plusieurs fois en public avec succès lorsque, ayant accompli seulement sa dixième année, il se vit admettre au Conservatoire, dans la classe de M. Marmontel. Son admission dans cette classe date du 15 décembre 1849, et sept mois après, au concours de 1850, il remportait d'emblée le premier prix, aux applaudissements enthousiastes d'un public qu'il avait presque, on peut le dire, affolé par son étonnante précocité.

Ce succès ne devait pas être éphémère, ainsi

qu'il n'arrive que trop souvent pour certains enfants bien doués. Le jeune Planté avait en lui toute l'étoffe d'un grand artiste, ses facultés étaient remarquables, et aux qualités de virtuosité si rares qu'il possédait dans un âge aussi tendre, il joignait des aptitudes plus rares encore, une solide instruction musicale, et un fonds de lecture tel qu'il connaissait toutes les œuvres des maîtres. C'est pourquoi deux artistes fameux, MM. Alard et Franchomme, dont les belles séances de musique de chambre attiraient tout ce que Paris possédait de dilettantes distingués, n'hésitèrent pas à s'associer le jeune pianiste et à lui faire partager leurs succès. C'était merveille de voir comment, à un âge où les enfants ont à peine le pressentiment du style musical et où ils ne songent guère encore qu'à acquérir des qualités techniques, celui-ci interprétait, dans le sentiment et avec l'accent propres à chacune d'elles, les grandes œuvres d'Haydn, de Mozart et de Beethoven.

Cela ne l'empêchait pas, cependant, de songer à compléter son éducation théorique. Il rentra donc au Conservatoire, dans la classe d'harmonie et accompagnement de M. Bazin (1853), obtint, pour cette partie de ses études, un premier accessit en 1854, et remporta le second prix en 1855. Il ne cessait pas d'ailleurs de se produire en public, et partout retrouvait l'accueil flatteur qui avait signalé ses premiers pas dans la carrière. Mais sa grande valeur intellectuelle avait donné à M. Planté le juste sentiment de la dignité de l'artiste, et il lui arrivait de témoigner, en de certains cas, d'une susceptibilité qui n'était que le résultat d'une fierté légitime. Or, il arriva qu'un jour, dans un salon officiel où il avait été prié de se faire entendre, le bruit des conversations était tel qu'il lui fut impossible de le dominer, et qu'il ne put parvenir à obtenir un instant de silence et d'attention de la part de ceux-là même qui avaient fait appel à son talent. Justement froissé d'un tel manque d'égards et de convenances, M. Planté s'échappe après l'exécution du morceau qu'il avait commencé, rentre chez lui, fait ses malles, et part dès le lendemain même pour les Pyrénées, en jurant qu'il ne paraîtrait plus dans ce salon inhospitalier à la musique.

A la suite de cette aventure, et pendant près de dix années, M. Planté resta caché à tous les regards et refusa obstinément de se montrer en public. Toutefois, ce temps ne fut perdu ni pour son talent, ni pour son avenir. Dans la retraite qu'il s'était choisie, l'artiste, parvenu à l'âge où l'esprit sait ce qu'il veut et où il tend, se livra à l'étude et à la méditation, et, délivré de toute préoccupation extérieure, transforma, compléta un talent déjà si magnifique, et lui donna toute la noblesse, toute la grâce, toute l'élégance qui depuis lors ont imposé ce talent à l'admiration de tous. Étudiant les œuvres de tous les maîtres, se familiarisant avec toutes les écoles, cherchant avec ardeur et persévérance les moyens d'expression favorables à chacune d'elles, il vécut ainsi dans l'intimité de tous les grands créateurs, les Scarlatti, les Hændel, les Bach, les Couperin, les Hummel, les Mendelssohn, les Chopin, s'identifiant avec le génie de chacun, en creusant le caractère individuel, et assouplissant son exécution de façon à traduire tel ou tel maître dans le style qui lui est rigoureusement propre.

M. Planté voyagea ensuite, parcourut les pays étrangers, mais pour voir, pour observer, pour entendre, et non pour se produire lui-même. C'est alors qu'il se lia avec plusieurs maîtres illustres, Thalberg, Liszt, Rubinstein, et qu'il connut la plupart des grands pianistes contemporains. Il étudia le style, les procédés, l'art particuliers à chacun d'eux, et c'est ainsi qu'il en arriva à parfaire et à parachever une éducation déjà si complète et établie sur des bases si solides.

Enfin, après avoir fait retour aux contrées qui l'avaient vu naître, M. Planté reparut à Paris en 1872, pour mettre son talent au service des œuvres charitables ou patriotiques dont le nombre était si grand à cette époque douloureuse. Cette rentrée dans le monde musical fut un véritable événement. Ceux qui ne connaissaient pas le virtuose furent saisis d'étonnement et d'admiration ; ceux qui l'avaient entendu naguère ne furent pas moins surpris de sa transformation, et de la grandeur, de la variété qu'il avait su donner à un talent déjà si élégant, si correct et si pur. Après avoir joué dans divers concerts de bienfaisance, M. Planté se retrouva avec ses deux vieux amis, MM. Alard et Franchomme, et donna avec eux, dans la salle du Conservatoire, une série de séances qui firent courir tout Paris et qui furent pour lui l'occasion d'éclatants triomphes. Il se produisit ensuite dans divers concerts à orchestre, et ne fut pas moins heureux dans l'exécution des grandes œuvres qu'il y fit entendre, que dans les compositions intimes ou dans celle de la musique de chambre. Depuis lors, M. Planté a voyagé de nouveau, mais cette fois pour se présenter au public étranger, et partout, mais notamment en Belgique, il a obtenu d'immenses succès.

M. Planté est véritablement un artiste de premier ordre, et d'une valeur telle que les plus grands éloges ne sauraient l'exagérer. Ce n'est pas à son sujet qu'on peut parler des difficultés pratiques du piano, car les questions de mécanisme n'en sont point pour un tel artiste, qui possède au degré suprême toutes les qualités d'un virtuose, et que pourtant on rabaisserait singulièrement en le considérant comme un simple virtuose. Ce qu'il faut louer, ce qu'il faut admirer en lui, c'est l'ensemble, le fini et l'étonnant fondu de l'exécution, c'est un style vraiment incomparable et d'une étonnante variété d'expression, c'est un merveilleux sentiment des nuances, depuis les plus délicates jusqu'aux plus vigoureuses, c'est le moelleux, la souplesse et la grâce du doigté, c'est ce phrasé si riche et si libre, c'est enfin son charme à la fois pénétrant et passionné, son entente si intelligente du véritable effet musical, son goût si exquis et si pur. Que M. Planté fasse entendre le grand concerto de Mendelssohn ou le concerto en *mi* mineur de Chopin, la 8e Polonaise de ce dernier maître ou la sonate *appassionata* de Beethoven, le menuet de Boccherini ou la gavotte de l'*Iphigénie* de Gluck, le *concert-stück* de Weber ou la *Mélodie hongroise* de Liszt, c'est toujours la même sûreté d'accent, la même sobriété dans le *rendu*, la même sincérité d'exécution, la même et constante recherche de l'effet vrai, approprié à la nature de l'œuvre. Très-intéressant d'ailleurs à considérer lorsqu'il est au piano, il semble éprouver lui-même tout ce que la musique exprime, et passer par les mille sensations que son jeu incomparable fait ressentir à ses auditeurs. Et pourtant son maintien est absolument tranquille, aisé, calme sans raideur, et exempt de tous mouvements et de toutes contorsions. C'est à peine si une légère ondulation du corps se fait remarquer lorsqu'il passe d'une extrémité à l'autre du clavier; mais parfois, pour l'observateur proche et attentif, un plissement imperceptible du front, un éclair du regard, un hochement de la tête, un léger froncement du sourcil, viennent indiquer l'impressionnabilité de l'artiste, et ce que son âme semble renfermer de sensibilité et de passion.

M. Planté, qui ne s'est guère fait connaître comme compositeur, et qui a seulement publié pour le piano quelques transcriptions d'œuvres exécutées par lui, est chevalier de la Légion d'honneur.

PLATANIA (Pietro), pianiste et compositeur, directeur du Conservatoire de Palerme, est né à Catane le 5 avril 1828. Destiné par sa famille à l'étude de la jurisprudence, il n'en était pas moins passionné pour la musique, et l'on raconte à ce sujet un trait caractéristique. L'enfant avait obtenu de son père l'autorisation d'assister aux leçons de piano que recevait sa sœur. Cette permission lui ayant été retirée sous prétexte qu'il en abusait au détriment de ses études littéraires, le jeune Platania, un jour de fête, profita de l'absence de tous les siens, mit la main sur un sac d'argent, prit une poignée d'écus et s'en alla acheter toute une provision de musique qu'il cacha sous son lit. Le larcin ayant été découvert, toute la maison fut en rumeur, et l'enfant, aussitôt interrogé, nia résolûment ; il fallut que sa mère le prît à part et le confessât en conscience, en lui promettant l'impunité, pour lui faire avouer la soustraction dont il s'était rendu coupable et l'emploi qu'il avait fait de l'argent ainsi dérobé. Son père crut alors devoir lui laisser suivre la voie qu'il choisissait lui-même, et c'est ainsi qu'à quatorze ans le jeune Platania se vit libre de se livrer sans contrainte à l'étude de l'art vers lequel il se sentait si fortement entraîné (1).

L'enfant fut alors confié aux soins d'un maître de piano nommé Carmelo Messina, et il étudia la composition avec Vincenzo Abatelli. Au bout de quelques années, il fit chanter sur le théâtre communal de Catane cinq morceaux qu'il avait écrits sur des vers de l'avocat Cesare Clarenza, et dont le sujet avait été pris par celui-ci dans divers épisodes des *Mystères de Paris*. Raimondi, alors directeur du Conservatoire de Palerme, ayant entendu ces morceaux, en tira un heureux augure pour l'avenir de leur jeune auteur, et s'offrit à lui donner des leçons. M. Platania se rendit donc à Palerme, avec une pension que sa ville natale lui fit à cet effet, et travailla avec Raimondi, qui, au bout de neuf mois, lui déclara qu'il n'avait plus rien à lui apprendre.

M. Platania commença alors sa carrière de compositeur, et pour ses débuts fit représenter sur le théâtre Carolino, de Palerme, au mois de mars 1852, un opéra sérieux intitulé *Matilde Bentivoglio*, qui fut très-bien reçu du public et qui lui valut du gouvernement une récompense de 300 ducats; cet ouvrage, chanté par Negrini, Corsi, Selva et la Salvini-Donatelli, fut joué presque aussitôt à Catane par les mêmes artistes, et n'y obtint pas moins de succès. Au mois d'avril 1857, le compositeur donna, au même théâtre Carolino, un second ouvrage, *Piccarda Donati*, dont la réussite fut plus complète encore, et le 20 septembre 1863 il fut nommé directeur du Conservatoire de Palerme. Il fit représenter encore à Palerme, en 1865, un drame lyrique intitulé *la*

(1) V. Caputo, *Annuario generale della musica*, 1875.

Vendetta slava, mais depuis cette époque il semble surtout s'être consacré aux devoirs que lui impose la direction de l'établissement à la tête duquel il est placé. Il a publié en 1872 un *Cours complet de canons et fugues de tout genre* (Milan, Lucca), et compte livrer prochainement au public, comme introduction à cet ouvrage, un *Traité rationnel et pratique d'harmonie*.

M. Platania, qui est membre de l'Académie de Sainte-Cécile de Rome, chevalier de l'ordre des SS. Maurice et Lazare, officier de celui de la Couronne d'Italie, a fait exécuter, le 18 mai 1868, une *Symphonie funèbre à la mort de Pacini*, et a écrit un quatrième opéra, *Giulio Sabino*, qui jusqu'ici n'a pas été représenté. Lors du voyage que le roi et la reine d'Italie firent, à la fin de 1878, dans les principales villes du royaume, M. Platania fit exécuter à Palerme une ode-symphonie pour chœur, orchestre et musique militaire, dédiée au roi, et un *Hymne à la reine*.

PLATZER (JOSEPH), compositeur allemand contemporain, s'est fait connaître du public par quelques opéras-comiques dont le dernier, *l'Enlèvement des Sabines*, avait été accueilli avec plaisir à Munich, où il était représenté au mois de décembre 1876. Ce jeune artiste mourut prématurément à Munich au mois d'avril de l'année suivante, à peine âgé de trente-six ans, laissant complètement achevée une partition écrite sur *les Grenouilles* d'Aristophane, qui devait être donnée sur le théâtre de cette ville.

PLETINCKX (FRANÇOIS-JOSEPH), hauboïste fort distingué, né à Bruxelles le 21 juin 1829, fut admis au Conservatoire de cette ville à l'âge de douze ans, y remporta le second prix de hautbois en 1846, et le premier en 1848. Devenu professeur dans cet établissement le 11 mars 1861, en remplacement de son ancien maître M. Friard, il acquit une véritable renommée de virtuose en se faisant entendre fréquemment, soit aux concerts du Conservatoire de Bruxelles, soit aux Concerts populaires, soit à ceux de l'Association des artistes musiciens. M. Pletinckx, qui a formé un grand nombre d'excellents élèves, remplit les fonctions de premier hautbois-solo au théâtre royal de la Monnaie, de Bruxelles.

* **PLEYEL** (CAMILLE), pianiste, compositeur et facteur de pianos, était né à Strasbourg non en 1792, mais le 18 décembre 1788.

* **PLEYEL** (Madame MARIE-FÉLICITÉ-DENISE), née **MAKE**, l'une des plus grandes pianistes du dix-neuvième siècle, est morte à Saint-Josse-ten-Noode-lez-Bruxelles le 30 mars 1875. Elle était née à Paris le 4 septembre 1811. En 1872 elle avait dû se démettre de ses fonctions de professeur au Conservatoire de Bruxelles, où elle avait été remplacée par M. Auguste Dupont (*Voy.* ce nom).

PODESTA (......), compositeur italien, est l'auteur d'un opéra sérieux, *un Matrimonio sotto la repubblica*, qui a été représenté avec succès le 10 juin 1875 au théâtre Dal Verme, de Milan.

* **POGGI** (ANTOINE), ténor renommé, est mort à Bologne, sa ville natale, au mois d'avril 1875. On sait que cet artiste avait épousé la célèbre cantatrice Erminia Frezzolini.

POHL (CHARLES-FERDINAND), organiste et écrivain musical allemand, né à Darmstadt le 6 septembre 1819, fut, en 1841, élève de Simon Sechter à Vienne. De 1849 à 1855, il remplit les fonctions d'organiste à l'église protestante du faubourg Gumpendorf de cette ville, puis, en 1863, il partit pour Londres, où pendant trois années il s'occupa de rechercher au British Museum tous les documents relatifs aux séjours qu'avaient faits Mozart et Haydn dans la capitale du royaume britannique. De retour à Vienne en 1866, M. Ferdinand Pohl fut nommé archiviste et bibliothécaire de la Société des Amis de la musique, et il songea aussitôt à mettre à profit les documents intéressants qu'il avait rapportés d'Angleterre; il en fit l'objet d'un ouvrage important qu'il publia sous ce titre : *Mozart und Haydn in London* (Vienne, Gérold, 1867, 2 vol.), qui fut bien accueilli du public. Déjà, avant son départ pour l'Angleterre, M. Pohl avait livré au public un opuscule intitulé : *Zur Geschichte der Glas-Harmonica* (Vienne, Gérold, 1862). Il continua de se livrer à des travaux de littérature musicale, et publia successivement les écrits dont voici les titres : *Die Gesellschaft der musikfreunde und ihr Conservatorium in Wien* (*La Société des Amis de la musique et son Conservatoire à Vienne*), Vienne, Braumüller, 1871; *Denkschrift aus anlasz des 100e jahrigen bestehens der Tonkunstler-Societat in Wien* (*Souvenir à l'occasion de la 100e année de la fondation de la Société des musiciens de Vienne*), Vienne, Gérold, 1871; *Joseph Haydn*, Berlin, Sacco, 1875 (de ce dernier ouvrage, le premier volume a seul paru jusqu'à ce jour; il doit être suivi de plusieurs autres); *Bibliographie der Musik-Sammelwerke des 16 und 17 Jahrhunderts*.

POHL (RICHARD), critique musical allemand qui s'est fait dans sa patrie une réputation méritée, est né à Leipzig en 1826. Après avoir étudié la mécanique et les mathématiques à l'École polytechnique de Chemnitz et à Carlsruhe, avoir terminé ses études à l'université de Gœttingue et à Leipzig, il fut nommé professeur à Gratz, d'où il se vit obligé de s'éloigner au bout de quelques années pour causes politiques. Il se rendit alors à Dresde, de là à Weimar, et bientôt s'occupa activement de musique et de critique. C'est sous ce rapport qu'il a pris part à la rédaction de la *Neue Zeitschrift* de Leipzig et de divers autres journaux. M. Richard Pohl est un zélé partisan de M. Richard Wagner et de sa doctrine.

La femme de cet artiste, Mme *Eyth*, était une harpiste distinguée et a brillé comme virtuose. Elle est morte à Baden-Baden le 23 novembre 1870.

POHLE (Charles-Frédéric), pianiste, professeur et critique musical allemand, est l'auteur d'un écrit publié sous ce titre : *de l'Étude des compositions, ou Clef des secrets de l'exécution pour les pianistes.* Cet artiste est mort à Leipzig le 14 septembre 1871, à l'âge de soixante et onze ans.

POIRSON (Charles), l'un des professeurs de l'Orphéon municipal de Paris, est l'auteur d'un livre publié sous le titre de *Guide-Manuel de l'orphéoniste* (Paris, Hachette, 1868, in-12). On trouve dans cet écrit un résumé historique du chant choral en France, des notices biographiques succinctes sur les compositeurs français ou étrangers qui ont écrit des chœurs pour voix d'hommes sans accompagnement, et des notions élémentaires sur l'art du chant et sur l'harmonie.

* **POISE** (Jean-Alexandre-Ferdinand). — Quelques erreurs se sont glissées dans la notice consacrée à cet artiste par la *Biographie universelle des Musiciens.* M. Poise, qui fut élève non-seulement d'Adolphe Adam, mais aussi de Zimmermann, est né à Nîmes le 3 juin 1828, et il a obtenu en 1852, à l'Institut, non le premier mais le second grand prix de composition musicale. Voici, je crois, la liste bien complète des ouvrages que ce compositeur distingué a fait représenter jusqu'à ce jour : 1° *Bonsoir, voisin,* un acte, Théâtre-Lyrique, 18 septembre 1853 (repris plus tard à l'Opéra-Comique) ; 2° *les Charmeurs,* un acte, Théâtre-Lyrique, 7 mars 1855 (repris plus tard à l'Opéra Comique) ; 3° *le Thé de Polichinelle,* un acte, Bouffes-Parisiens, 4 mars 1856 ; 4° *Don Pèdre,* 2 actes, Opéra-Comique, 30 avril 1858 ; 5° *le Jardinier galant,* 2 actes, Opéra-Comique, 4 mars 1861 ; 6° *les Absents,* un acte, Opéra-Comique, 26 octobre 1864 ; 7° *les Moissonneurs,* cantate, Opéra-Comique, 15 août 1866 ; 8° *le Corricolo,* 3 actes, Opéra-Comique, 28 novembre 1868 ; 9° *les Deux Billets,* un acte, Athénée, 19 février 1870 ; 10° *les Trois Souhaits,* un acte, Opéra-Comique, 29 octobre 1873 ; 11° *la Surprise de l'amour,* 2 actes, Opéra-Comique, 31 octobre 1877. Ce dernier ouvrage, d'une forme très-châtiée et d'une inspiration charmante, empreint d'un sentiment exquis et d'une grâce pénétrante, a obtenu un succès très-vif et très-mérité (1).

M. Poise a arrangé et réorchestré la partition du *Sorcier,* de Philidor, pour la reprise que fit de cet ouvrage le gentil petit théâtre des Fantaisies-Parisiennes. En 1872, l'Académie des Beaux-Arts lui a décerné, en partage avec un peintre et un sculpteur, le prix fondé par le baron Trémont. On connaît de lui quelques chœurs à 4 voix d'hommes, sans accompagnement : *Cri de guerre, la Saint-Valentin, Nemausa,* etc.

POISLE-DESGRANGES (J.......), écrivain français, est auteur d'un petit livre intitulé : *Rouget de Lisle et la Marseillaise* (Paris, Bachelin-Deflorenne, 1864, in-16 avec portrait), dans lequel se trouvent quelques renseignements intéressants.

* **POISOT** (Charles-Émile), compositeur et musicographe français, est né à Dijon le 7 (et non le 8) juillet 1822. Artiste laborieux et convaincu, M. Poisot, qui a été à Paris l'un des fondateurs de la Société des compositeurs de musique, a créé à Dijon un Conservatoire, dont il fut nommé le directeur par arrêté ministériel du 15 décembre 1868, qu'il ouvrit au mois d'avril de l'année suivante, et qu'il ne quitta qu'au bout de trois années, lorsque l'organisation en eût été complétée par lui. Au mois de juin 1872, il fonda dans la même ville une société de musique religieuse et classique qui a déjà donné plus de quarante exécutions, et à l'aide de laquelle il a fait connaître en Bourgogne diverses grandes œuvres de Hændel, de Palestrina et de Rameau. Enfin, c'est à M. Poisot, sincère et enthousiaste admirateur de ce dernier et illustre maître, son compatriote, qu'on doit le généreux projet de lui élever une statue sur l'une des places de sa ville natale ; ce projet, poursuivi par lui pendant plus de quinze ans, en dépit des obstacles qu'il rencontrait sur son chemin, finit par prendre corps, et en 1876, grâce à ses efforts, à son initiative, à son énergie, M. Poisot eut enfin la

(1) M. Poise a publié, dans le journal *le Magasin des Demoiselles,* les partitions de trois opérettes qui n'ont pas été représentées : *Jean Noël, la Cigale et la Fourmi,* et *la Dame de compagnie.* Il a écrit, ainsi que MM. Bazille, Clapisson, Gautier, Gevaert, Mangeant et Jonas, un morceau pour *la Poularde de Caux,* operette en un acte représentée au théâtre du Palais-Royal.

oie de voir célébrer à Dijon de grandes fêtes en l'honneur de Rameau, et de voir un modèle de la statue du maître s'élever sur la place du théâtre, qui prit alors le nom de place Rameau; le monument définitif, œuvre de M. Jules Guillaume, sera prochainement inauguré.

M. Poisot a en portefeuille plusieurs opéras inédits : *le Prince de Galles* (3 actes), répété au Théâtre-Lyrique en 1854, et non joué par suite d'une grave maladie de l'auteur; *les Spendlers*, écrit naguère à la demande de M. Réty, directeur du même théâtre; enfin, *Francesco* (2 actes). Il a écrit aussi plusieurs opéras de salon, qui ont été joués avec succès dans diverses réunions : *le Coin du feu*, *la Clé du secrétaire*, *les Ressources de Jacqueline*, *les Terreurs de M. Péters*, *Rosa la rose*, *les Deux Billets*. En dehors du théâtre, il a publié plusieurs œuvres importantes, divers motets, un *Stabat Mater* exécuté avec succès dans l'église Saint-Eustache, une cantate intitulée *Jeanne d'Arc*, un *Requiem* à 4 voix, orchestre et chœurs, etc. Membre de l'Académie de Sainte-Cécile de Rome, M. Poisot s'est aussi beaucoup occupé de littérature musicale; il a collaboré au journal *l'Univers musical*, dirigé *le Progrès musical*, et publié les opuscules suivants : *Notice sur Jean-Philippe Rameau* (Paris, Dentu, 1864, in-18), *Notice sur Jules Mercier* (1869), *Notice sur Dietsch*, deux brochures sur Mozart, etc. (1). On lui doit aussi un *Cours d'harmonie* et un *Traité de contre-point et fugue*.

* **POISSL** (Jean-Népomucène, baron DE), est mort à Munich, le 17 août 1865.

POISSON (Toussaint-René), né à Paris en 1797, fut élève de Berton au Conservatoire, et remporta au concours de l'Institut, en 1819, le second grand prix de Rome, tandis que Halévy et Massin (dit *Turina*) obtenaient le premier. Cet artiste a publié les deux ouvrages suivants : 1° *l'Harmonie dans ses plus grands développements, ou Théorie de composition musicale*, Paris, Meissonnier; 2° *De la Basse sous le chant, ou l'Art d'accompagner la mélodie et du contre-point et de la fugue*, Paris, Vve Canaux. Poisson est mort le 13 septembre 1861.

POITEVIN (Guillaume), prêtre et musicien français du dix-septième siècle, était bénéficier et maître de musique de l'église métropolitaine de Saint-Sauveur, à Aix en Provence. C'est en cette qualité qu'il fut le maître de Laurent Bellissen et d'un des plus grands artistes de ce temps, André Campra, qui restera l'une des gloires de notre opéra français. On connaît de Poitevin quatre messes fort estimées, et l'on avait conservé pendant fort longtemps l'habitude d'en chanter une, le jour anniversaire de sa mort, dans la cathédrale de l'ancienne capitale de la Provence. Guillaume Poitevin mourut à Aix le 7 janvier 1706.

(1) Une erreur s'est produite dans la *Biographie universelle des Musiciens* : c'est une notice sur *Rude* (le grand sculpteur bourguignon), et non sur *Rode* (le violoniste), qu'a écrite M. Poisot.

POLACK DANIELS, est le nom sous lequel s'est fait connaître M. le baron de Knigge, compositeur amateur et violoniste néerlandais, né à la Haye en 1827 (1). Élève de J.-H Lubeck, ancien directeur du Conservatoire de la Haye, M. Polack Daniels est depuis plusieurs années fixé en Allemagne, à Dresde. Il est l'auteur de plusieurs opéras, dont un seul, je crois, a été représenté; c'est celui qui a pour titre *Philippine Welser* ou *la Perle d'Augsbourg*, qui a été joué sur diverses scènes allemandes, ainsi qu'à Amsterdam et à Rotterdam. M. Polack Daniels est aussi l'auteur d'une grande cantate religieuse qui a été exécutée à Rome, d'un *Te Deum* qu'il a fait entendre dans l'église de Sainte-Gudule, de Bruxelles, et de plusieurs autres compositions de musique sacrée.

POLAZZO (Bernard), violoniste italien qui vivait dans la première moitié du dix-huitième siècle, a publié à Paris un livre de sonates : *Sei Sonate a violino solo col basso* (Paris, Boivin, 1743).

POLIDORO (Federico), musicien italien, né à Naples le 22 octobre 1845, est depuis plusieurs années professeur d'histoire et d'esthétique musicales au Conservatoire de cette ville. Cet artiste, dont l'érudition paraît remarquable, s'est créé à Naples une véritable renommée en faisant de fréquentes conférences sur des sujets tirés de l'histoire de la musique et des musiciens, ou en prenant pour thème l'étude et l'analyse des facultés esthétiques de certains grands compositeurs et l'importance du rôle joué par eux. Il a donné ainsi, particulièrement, une série de séances fort intéressantes consacrées à la vie de Beethoven et à l'étude des faits qui ont marqué la carrière de M. Richard Wagner. Je ne sache pas que jusqu'ici M. Polidoro ait livré à l'impression aucune des leçons lues ainsi par lui à Naples, avec un si vif succès, et plus d'une fois ses compatriotes en ont exprimé le regret.

POLIGNAC (Edmond-Jean-Marie-Melchior, prince DE), dilettante et compositeur français distingué, né le 19 avril 1834, reçut les premiers principes de l'enseignement musical de M. A. Thys, qui lui fit apprendre le solfége à l'aide de la mé-

(1) J'emprunte cette date à M. Edouard Gregoir.

thode Chevé. Il continua ensuite son éducation musicale d'une façon rationnelle, et en 1854 suivit au Conservatoire de Paris le cours d'harmonie de la classe de M. Reber. S'étant livré bientôt à la composition, il se fit connaître par quelques publications intéressantes, et prit part à divers concours qui lui furent généralement favorables. C'est ainsi qu'en 1865 il remporta trois premiers prix pour trois chœurs intitulés : *Où est le bonheur ? le Myosotis, la Vieillesse*, qui furent exécutés aux séances de concerts de l'Orphéon de Paris, et qu'en 1867 il obtint un nouveau premier prix pour un autre chœur intitulé *l'Abeille*. M. de Polignac a pris part aussi au concours institué à l'Opéra en 1867, pour *la Coupe du roi de Thulé*, et dont le vainqueur fut M. Eugène Diaz. Enfin, en 1876, la Société académique de Saint-Quentin ayant mis au concours la musique d'une grande scène lyrique à trois voix, avec chœurs et orchestre, *Don Juan et Haydée*, M. de Polignac fut encore une fois couronné et vit exécuter son œuvre sur le théâtre de Saint-Quentin, le 20 novembre 1877, avec MM. Talazac, Carroul et Mme Boidin-Puisais comme interprètes.

M. de Polignac a publié : 1° un recueil de 12 Mélodies (Paris, Maho); 2° *les Adieux de Deidamia*, scène avec solo et chœurs, tirée de *la Coupe et les Lèvres*, d'Alfred de Musset (id., id.), et qui a été exécutée plusieurs fois en public; 3° plusieurs chœurs à 4 voix d'hommes, sans accompagnement (Paris, Richault); 4° plusieurs romances et mélodies vocales détachées (*Barcarolle, Chanson de Barberine, Sérénade, Notre-Dame au peigne d'or, l'Heure d'amour, Chanson du reître, Rappelle-toi*, etc.); 5° 2 pièces pour le piano. Parmi ses œuvres non publiées, il faut citer : divers autres fragments de *la Coupe et les Lèvres*, dont un chœur intitulé *l'Invocation au Tyrol*, qui a été chanté dans un concert au Théâtre-Italien ; un quatuor, une Fantaisie symphonique, une Marche funèbre, une Valse avec chœurs, exécutés aux séances de l'Union artistique ; enfin, plusieurs scènes ou morceaux de musique religieuse.

POLKO (Mme ELISE), née **VOGLER**, chanteuse allemande et écrivain sur la musique, est née à Leipzig le 31 janvier 1831. Sa belle voix et sa riche organisation musicale enchantèrent Mendelssohn, et, sur les conseils de ce maître, sa famille l'envoya à Paris, où elle fut placée sous la direction de Garcia, qui en fit une cantatrice distinguée. Des circonstances particulières l'empêchèrent d'aborder la scène, ainsi qu'elle l'eût désiré, mais elle se produisit avec un grand succès dans les concerts, et l'on assure que depuis la Sontag et Jenny Lind, personne comme elle n'avait chanté le *lied*. Mlle Vogler épousa un employé supérieur des chemins de fer, M. Polko, et, après avoir renoncé à sa première carrière, se livra à la littérature musicale. Sous ce rapport, on lui doit les ouvrages suivants : 1° *Erinnerungen an Félix Mendelssohn-Bartholdy* (*Souvenirs de Félix Mendelssohn-Barthodly, vie de l'artiste et de l'homme*), Leipzig, Brockhaus, 1868 ; 2° *Faustina Hasse*, roman musical, Leipzig, 1870, 3 vol. ; 3° *Nicolo Paganini und die geigenbauer* (*Nicolo Paganini et les luthiers*), Leipzig, 1875 ; 4° *Musikalische Mærchen* (Contes musicaux), 3 vol. ; 5° *Vom Gesange* (*Sur le chant*) ; 6° *Die Bettleroper* (*l'Opera des mendiants*) ; 7° *Alte Herren, vorlaufer Bach's* (*Vieux Messieurs, prédécesseurs de Bach*).

* **POLLEDRO** (JEAN-BAPTISTE), violoniste et chef d'orchestre, naquit à la Piova, en Piémont, non en 1776, mais le 10 juin 1781 (1). C'est à quinze ans qu'il se rendit à Turin, où Pugnani le fit admettre dans l'orchestre du théâtre Regio. En 1797, il donna en cette ville son premier concert, se rendit ensuite à Milan, puis, quelques années plus tard, partit pour Moscou, où il resta cinq ans. Ayant quitté cette ville, il alla se faire entendre avec succès à Saint-Pétersbourg, à Varsovie, à Berlin, et enfin à Dresde. En 1814, il accepta en cette dernière ville les fonctions de *cappellmeister*, qu'il conserva jusqu'en 1824, époque à laquelle le roi de Piémont Charles-Félix le fit appeler à Turin pour y réorganiser et y diriger la chapelle royale, qui était tombée dans un fâcheux état. Il s'acquitta de cette tâche de la façon la plus honorable, mais dut prendre sa retraite en 1844, ayant été frappé d'une névrose qui lui occasionnait un tremblement général de tous les membres. Cet artiste distingué mourut le 15 août 1853, dans son village natal, où il s'était retiré.

Outre les compositions mentionnées dans la *Biographie universelle des Musiciens*, on doit encore à Polledro un *Miserere* à quatre voix avec orchestre, une messe solennelle à quatre voix et orchestre, et une ouverture pastorale, œuvres qui ont été publiées à Turin chez l'éditeur Racca. Polledro a laissé en manuscrit : cinq concertos de violon, avec accompagnement d'orchestre ; une série d'études pour violon seul ; trois symphonies pour l'église ; trois duos pour violons ; un concerto pour basson avec accompagnement d'orchestre.

(1) J'emprunte les renseignements contenus dans cette notice au livre de Francesco Regli : *Storia del violino in Piemonte* (Turin, 1863, in-8°)

* **POLLET** (Marie-Nicole **SIMONIN**, femme), est morte au mois de mars 1864, à Châtillon, près de Paris, dans une communauté où elle s'était retirée. Dans sa jeunesse, Mme Pollet avait été harpiste de l'impératrice Joséphine, puis de Murat, roi de Naples.

* **POLLINI** (François), pianiste et compositeur, est mort à Milan, non au mois d'avril 1847, mais le 17 septembre 1846.

POMPERY (Édouard **DE**), journaliste politique, né vers 1825, a publié sous ce titre ambitieux : *Beethoven, sa vie, son caractère, sa musique*, une courte brochure de 50 pages (Paris, librairie du *Petit Journal*, 1865, in-12).

* **PONCHARD** (Louis-Antoine-Éléonore), et non *Jean-Frédéric-Auguste*, comme il a été dit par erreur, chanteur célèbre, né à Paris, non le 8 juillet 1789, mais le 31 août 1787, est mort en cette ville le 6 janvier 1866. Il avait remporté au Conservatoire, en 1810, le premier prix de chant en même temps que les deux seconds prix de tragédie et de comédie lyriques, et avait débuté à l'Opéra-Comique le 16 (et non le 17) juillet 1812. Entre ses nombreuses créations à ce théâtre, qu'il ne quitta que le 1er janvier 1837, il faut surtout citer *la Sérénade*, *l'Amant et le Mari*, *le Jeune Oncle*, *Masaniello*, *Joconde*, *le Petit Chaperon rouge*, *Leicester*, *la Neige*, *le Concert à la cour*, *le Maçon*, *la Dame blanche*, etc. Peu de temps après la mort de cet artiste, Amédée Méreaux publia sur lui, dans *le Ménestrel*, une excellente notice qui parut ensuite sous forme de brochure (Paris, Heugel, 1866, gr. in-8°), et dans laquelle son talent est apprécié avec un goût très-sûr. Ponchard fut le premier comédien français qui ait été fait chevalier de la Légion d'honneur (1845). — Une sœur de cet artiste, Mlle *Julie Ponchard*, morte à Paris au mois de février 1868, âgée de 70 ans, s'était distinguée comme professeur de piano.

* **PONCHARD** (Marie-Sophie **CALLAULT**, épouse), femme du précédent, est morte à Paris le 19 septembre 1873. Élève de Garat au Conservatoire, elle avait obtenu en 1810 un accessit de chant, le second prix en 1811 et le premier en 1812. Elle avait commencé sa carrière en province après avoir débuté sans éclat à l'Opéra, où sa voix paraissait trop faible, et venait d'obtenir de très-grands succès au théâtre des Arts, à Rouen, lorsqu'en 1818 elle entra à l'Opéra-Comique. Douée d'une rare beauté, d'une voix charmante et d'un talent incontestable, elle devint, après quelques essais accueillis un peu froidement à cause de son excessive timidité, l'une des favorites du public. Ses meilleures créations furent *la Prison d'Edimbourg*, de Carafa, *le Pré aux clercs*, d'Hérold, où elle jouait le rôle de la reine Marguerite, et *le Cheval de bronze*, d'Auber, qui lui valut un véritable triomphe. Mme Ponchard est morte âgée de 81 ans.

PONCHARD (Charles-Marie-Auguste), fils des précédents, élevé comme eux au Conservatoire, est né à Paris le 17 novembre 1824, et se destinait à la carrière dramatique, mais non lyrique. Il obtint un accessit de tragédie et un second prix de comédie en 1841, un second prix de tragédie en 1843, et fut alors engagé à la Comédie-Française. Mais il ne resta guère plus de deux ans à ce théâtre, qu'il quitta bientôt pour celui de l'Opéra, et pour passer ensuite à l'Opéra-Comique, où son talent de comédien fut apprécié, mais où le peu de portée et d'étendue de sa voix l'obligea de se confiner dans l'emploi des seconds ténors et des *Trials*. M. Charles Ponchard est aujourd'hui régisseur de la scène à ce théâtre, et il a succédé à Couderc comme professeur d'opéra-comique au Conservatoire.

PONCHELEZ (......), compositeur, a écrit la musique de *Sylvanire* ou *les Amis réunis*, pastorale héroïque en 3 actes et un prologue qui fut représentée à Valenciennes, sur un théâtre particulier, le 16 janvier 1717.

PONCHIELLI (Amilcare), compositeur dramatique italien, l'un des artistes les mieux doués et les plus remarquables de la jeune génération qui s'est formée au delà des Alpes, est né le 1er septembre 1834 à Paderno Fasolaro. Il commença de très-bonne heure son éducation musicale, et avait à peine accompli sa neuvième année lorsqu'au mois de novembre 1843 il fut admis au Conservatoire de Milan, où il fut condisciple de M. Cagnoni, et d'où il ne sortit qu'au mois de septembre 1854. Il était donc âgé de vingt ans lorsque ses études furent terminées; mais malheureusement, et en dépit de ses facultés très-réelles, il ne se sentait ni la force ni le courage de lutter contre les retards ou les hasards de la fortune, ainsi que tout artiste doit le faire dans les grandes villes, où les chemins sont naturellement encombrés. Quittant donc Milan, M. Ponchielli alla se confiner à Plaisance, où, faisant preuve d'une rare modestie, il accepta l'emploi de chef de musique de la garde nationale, après quoi, au bout de quelques mois, il alla remplir les mêmes fonctions à Crémone. Pourtant, c'est en cette dernière ville qu'il trouva moyen de faire représenter, le 30 août 1856, son premier opéra, *i Promessi Sposi*, dont le livret avait été tiré du roman admirable et justement célèbre de Manzoni. Cinq ans après, le 19 janvier 1861, il donnait dans la même ville un second ouvrage dramatique, *la Savojarda*, et en 1864 il produisait à Plaisance un drame lyrique, *Roderico, re de' Goti*; enfin, le 15 août 1867, on jouait à Viterbe un ballet dont il avait écrit la musique, et je crois que c'est vers la même époque qu'il donnait encore un nouvel opéra, *la Stella del monte*.

Mais ces divers ouvrages, représentés dans des villes peu importantes, n'avaient fait que bien peu de chose pour sa réputation, et n'avaient guère eu de retentissement. Confiant dans ses forces et expérimenté par ses premiers essais, M. Ponchielli avait tout naturellement le désir ardent de se produire sur une scène d'un rang supérieur à celles qu'il lui avait été donné d'aborder jusqu'alors. La chance le servit enfin : on venait d'inaugurer à Milan un fort beau théâtre, placé dans un quartier malheureusement trop éloigné du centre de la ville, mais qui laissait percer la prétention de lutter en quelque sorte avec celui de la Scala, et voulait se consacrer au grand genre lyrique. Le jeune compositeur, qui commençait à désespérer de son avenir, eut le bonheur de faire recevoir au nouveau théâtre Dal Verme son opéra *i Promessi Sposi*, et cet ouvrage y fut représenté le 5 décembre 1872. Écrite depuis longtemps, l'œuvre dut être profondément remaniée pour s'assouplir aux exigences de la scène sur laquelle elle se produisait nouvellement, et le compositeur se vit obligé d'en refaire tout le dernier acte et une grande partie du premier; aussi ne brillait-elle pas par l'unité de facture et de conception, et paraissait-elle, au contraire, fort inégale. Mais telle qu'elle était, avec ses défauts évidents, que rachetaient d'ailleurs d'incontestables qualités, elle témoignait d'une personnalité vivace, d'un talent primesautier et personnel, et fut pour le public une véritable révélation. Aussi *i Promessi Sposi* furent accueillis avec de véritables transports, et l'auteur, inconnu la veille, se voyait le lendemain presque célèbre.

On se rendra compte du succès éclatant qu'obtint cet ouvrage par ces lignes que j'extrais du feuilleton que lui consacrait *la Perseveranza*, le premier journal de Milan, dans son numéro du 9 décembre 1872 : — « Le splendide succès d'*i Promessi Sposi* est une cause de joie pour tous, comme une de ces bonnes fortunes qui arrivent trop rarement : le premier et le plus content de tous est le maestro, qui après seize ans d'une trop modeste attente, voit enfin rendre à son talent la justice qui lui est due; le public, à cette révélation inespérée, n'a pas assez de voix ni de façons pour applaudir; les artistes, les *maestri*, les musiciens, avec une affection inspirée par le simple et noble caractère de leur confrère, connaissant depuis longtemps sa valeur extraordinaire, sont enchantés du triomphe obtenu par lui ; par une rare exception, l'envie a dû s'enfuir, avilie et confuse. Même les critiques, doctes ou ignorants, fanatiques ou tranquilles, frémissants ou modérés, ou à quelque parti ou à quelque école qu'ils appartiennent, font bon marché des questions de passé, de présent et d'avenir, pour constater unanimement en Ponchielli une organisation exceptionnelle, et pour se réjouir de son succès. »

L'effet produit fut tel que la direction du théâtre de la Scala commanda immédiatement au compositeur la musique d'un ballet en 7 actes, *le Due Gemelle*, qui fit son apparition à ce théâtre vers le milieu de février 1873, et qui fut, lui aussi, accueilli avec une sorte de fureur; si bien que M. Ricordi, le grand éditeur de musique de Milan, s'empressa d'en graver la partition complète réduite pour le piano (fait très-rare en Italie), et qu'en moins de trois mois il en épuisa trois éditions de 500 exemplaires chacune. Entre autres pages remarquables de ce ballet, on signalait surtout, au dernier acte, une marche d'un effet extraordinaire.

M. Ponchielli écrivit ensuite la musique d'un *scherzo comico* de M. Ghislanzoni, *il Parlatore eterno*, qui fut représenté à Lecco le 18 octobre 1873, puis celle d'un drame lyrique en 3 actes, *i Lituani*, dont le même écrivain lui avait fourni le livret, et qui fut donné avec un énorme succès, à la Scala, le 7 mars 1874. Extrêmement remarquable, la partition d'*i Lituani* témoignait d'un progrès étonnant dans la manière du compositeur; d'une inspiration puissante et élevée, l'ouvrage était écrit avec une rare grandeur de style, et montrait, en outre, que l'auteur était un harmoniste remarquable, qu'il maniait l'orchestre avec une grande habileté, et qu'il savait tirer le meilleur parti de l'emploi des masses vocales et instrumentales.

Lors de la translation, à Bergame, des cendres de Donizetti et de son maître Mayr, M. Ponchielli fut chargé de composer la musique d'une grande cantate de circonstance, *A Gaetano Donizetti*, qui fut exécutée au théâtre Riccardi, de cette ville, le 13 septembre 1875. Cette cantate, œuvre fort distinguée, dit-on, ne contenait pas moins de sept morceaux, et était chantée par Mme Brambilla-Ponchielli, la femme du compositeur, Mme Vaneri-Filippi, MM. Pandolfini, Povoleri, Dal Paslo et Garibaldi. L'année suivante, M. Ponchielli obtenait un nouveau triomphe à la Scala, de Milan, en faisant représenter *Gioconda* (8 avril 1876), opéra qui ne le cédait en rien aux *Lituani*, et qui renfermait des beautés de premier ordre. Il fut moins heureux en donnant au théâtre Dal Verme, le 17 novembre 1877, *Lina*, opéra sérieux en 3 actes, qui n'était qu'une nouvelle édition, corrigée et remaniée, de son second ouvrage dramatique, *la Savojarda*. Il a aujourd'hui en portefeuille deux partitions qui sans doute verront le jour prochainement : *la Maschera* et *i Mori di Valenza*.

A l'heure présente, M. Ponchielli est considéré, en Italie, comme l'un des deux ou trois artistes les plus remarquables de ce pays; je dois même dire qu'il passe, aux yeux des Milanais, pour supérieur à tous ceux qui se sont produits depuis vingt ans, c'est-à-dire depuis que M. Verdi est en pleine possession de sa gloire. Parvenu à l'âge où l'homme est dans la plénitude de ses facultés, l'avenir est à lui, et ses compatriotes comptent qu'il en profitera pour établir sa renommée sur des bases inébranlables, et faire honneur plus que jamais à la terre qui l'a vu naître. Il est certain que si M. Ponchielli est resté longtemps dans l'obscurité, sa fortune a été ensuite aussi rapide qu'éclatante, et qu'il semble appelé à de hautes destinées. Un avenir prochain nous dira sans doute si l'Italie a trouvé en lui l'artiste qui doit recueillir la succession de M. Verdi.

M. Ponchielli a peu écrit en dehors du théâtre. En fait d'œuvres publiées, je ne connais de lui, sous ce rapport, qu'une marche funèbre pour musique militaire, *il 29 Maggio*, écrite expressément pour les funérailles du grand poëte Manzoni, une autre marche funèbre à la mémoire de son père, une *Fantasia militare*, et une romance pour voix de soprano, *Eternamente*, avec accompagnement de piano et de violoncelle obligé. Je ne dois pas oublier de mentionner parmi ses œuvres un ballet, *Clarina*, dont il arrangea la musique, et qui fut représenté sans succès au théâtre Dal Verme, de Milan, au mois de septembre 1873. — M. Ponchielli a épousé, il y a peu d'années, une jeune cantatrice dramatique, Mlle Teresina Brambilla, fille d'une des grandes chanteuses de ce nom.

* **PONIATOWSKI** (Le prince Joseph-Michel-Xavier-François-Jean), est mort subitement à Londres le 3 juillet 1873. Les dernières années de cet homme aimable et distingué ont été empoisonnées par de cruels revers de fortune. L'empereur Napoléon III avait cru lui être favorable en lui accordant le privilége d'une grande entreprise commerciale, celle des docks de Saint-Ouen; mais l'affaire tourna mal, et le prince, engagé au delà des ressources dont il pouvait disposer, vit prendre contre lui des jugements qui amenèrent la saisie de tous ses effets mobiliers. Les événements politiques de 1870 l'obligèrent à se réfugier à Londres, où il arriva dans un dénûment presque absolu. Il supporta cette situation avec courage, se mit à donner des leçons de chant pour vivre, et songea à continuer sa carrière de compositeur. Il avait donné au Théâtre-Lyrique, le 26 janvier 1865, un opéra en 4 actes, *l'Aventurier*, et au Théâtre-Italien, le 28 avril 1868, un opéra en 3 actes intitulé *la Contessina*; il écrivit à Londres, sous le titre de *Gelmina*, un nouvel ouvrage qui fut représenté au théâtre de Covent Garden en 1872, et qui était chanté par Mme Adelina Patti, MM. Naudin, Cotogni, Bagagiolo et Tagliafico. Peu de temps après, un vaisseau qui se rompit dans sa poitrine mit sa vie en danger; il se remit pourtant de cet accident, et continua de travailler. Mais ses jours étaient comptés, et il mourut presque subitement au moment où, ayant signé un engagement avec l'entrepreneur Ullmann, il s'apprêtait à partir pour l'Amérique comme chef d'orchestre d'une compagnie lyrique.

En dehors du théâtre, on connaît du prince Poniatowski une messe qui a été exécutée à Paris, en l'église Saint-Roch, et plusieurs mélodies vocales qu'il écrivit pendant son dernier séjour à Londres. Le nom du maître de cet amateur distingué a été défiguré dans la *Biographie universelle des Musiciens*; il s'appelait Ceccherini, et non Cevecchini; c'était un excellent maître de chant et un habile compositeur.

PONSICCHI (Cesare), pianiste et musicographe italien, né en 1830, a été nommé en 1861, à la suite d'un concours, accordeur et mécanicien de l'Institut royal de musique de Florence. Collaborateur du journal *Boccherini*, de cette ville, il s'est uni à Leto Puliti, mort récemment, pour les travaux relatifs à l'affirmation de la priorité de Cristofori (*Voy.* ce nom) en ce qui concerne l'invention et les premiers perfectionnements du piano. Il a publié à ce sujet, et à l'occasion des fêtes célébrées à Florence en l'honneur de Cristofori, un opuscule intéressant ainsi intitulé : *il Pianoforte, sua origine e sviluppo* (Florence, Guidi, 1876, in-12 de 77 pp. avec planches). Sur ce petit livre, fait avec soin et conscience, et qui est un bon et utile résumé de l'histoire du piano, M. Ponsicchi fait modestement suivre son nom de sa qualification officielle d'accordeur de l'Institut royal de musique de Florence. M. Ponsicchi a préparé depuis lors et compte livrer prochainement au public deux autres écrits : 1° *la Completazione di tuti i modelli dell' invenzione del piano forte, col perfezionamenti portati dal progresso*, ouvrage qui sera accompagné de planches et de dessins intéressants ; 2° *Del Temperamento in' generale, e più specialmente di quello degli istrumenti a tastiera*, opuscule dans lequel l'auteur comparera les systèmes acoustiques avec le sentiment psychologique de la perception musicale et indiquera les moyens d'établir un diapason unique.

* **PONTÉCOULANT** (Louis-Adolphe **LE DOULCET**, comte, et aujourd'hui marquis **DE**), a continué ses recherches et ses travaux de littérature musicale. A la liste de ses écrits, il faut ajouter les suivants : *Musée instrumental du Conservatoire de musique, histoires et anecdotes*, 1re partie (seule parue), Paris, Lévy, 1864, in-12 ; *la Musique à l'Exposition universelle de* 1867, Paris, aux bureaux de *l'Art musical*, 1868, in-8° ; *les Phénomènes de la musique*, 1868, in-12.

* **PONTELIBERO** (Ferdinand), surnommé **AJUTANTINI**. — Outre les ballets dont la liste a été dressée, ce compositeur a écrit la musique des airs de danse de la cantate de Federici, *il Mistico Omaggio*, exécutée en 1815 au théâtre de la Scala, de Milan, et celle d'un dernier ballet, *Ramesse, ossia gli Arabi in Egitto*, joué au même théâtre le 5 juin 1819.

PONTOGLIO (Cipriano), compositeur et professeur italien, est aujourd'hui fixé à Milan, où il tient une école de musique estimée. Né en 1831 à Grumello del Piano, il a été, dit-on, l'élève de M. Antonio Cagnoni, et, comme son maître, s'est livré à la composition dramatique. Il a fait représenter jusqu'ici les quatre ouvrages suivants : 1° *Tebaldo Brusato*, Brescia, 1865 ; 2° *Don Prospero l'ottimista*, Florence, théâtre Rossini, novembre 1867 ; 3° *la Schiava Greca*, Bergame, septembre 1868 ; 4° *la Notte di Natale*, Bergame, théâtre Riccardi, septembre 1872. On lui doit aussi la musique d'un ballet en 6 actes, *Rolla*, représenté à Naples vers 1877.

Je crois qu'il y a en Italie deux autres artistes du même nom. L'un, M. *N. Pontoglio*, occupait en 1872 les fonctions de *maestro concertatore* et de chef d'orchestre au théâtre Victor-Emmanuel, de Turin ; l'autre, M. *A. Pontoglio*, chef de musique au 32e régiment d'infanterie, a écrit la musique de deux opéras : *l'Assedio di Brescia*, et *gli Ottimisti ed i Pessimisti*, dont le second n'a pas encore été représenté.

PONZO (Giuseppe), compositeur italien, a fait représenter sur le théâtre de Malte, en 1775, un opéra-bouffe intitulé *il Re alla caccia*.

POORTEN (Arved), virtuose sur le violoncelle, est né à Riga, vers 1835. Issu d'une bonne famille protestante, neveu d'un évêque luthérien, frère d'un médecin de talent, cet artiste, qui a commencé ses études musicales dans sa patrie, les a terminées au Conservatoire de Bruxelles, et est devenu un artiste fort habile sur son instrument. Il a parcouru la plus grande partie de la Russie en donnant des concerts, et s'est fait entendre, au commencement de l'année 1873, en Belgique, en Hollande et à Paris. M. Poorten, qui est attaché à la chapelle de l'empereur de Russie et au Conservatoire de Saint-Pétersbourg, a publié en français, lors de son séjour à Bruxelles, un petit volume ainsi intitulé : *Tournée artistique dans l'intérieur de la Russie* (Bruxelles, Muquardt, 1873, in-18). Ce petit livre dénote chez son auteur un grand sentiment de l'art et des beautés de la nature. La maison Schott, de Bruxelles, a publié de M. Poorten *Six morceaux caractéristiques* pour violoncelle.

POPPER (David), violoncelliste et compositeur pour son instrument, né en 1842, est un artiste distingué, qui occupe depuis 1868 les fonctions de violoncelle-solo et de *concertmeister* à la chapelle impériale de Vienne. On lui doit quelques œuvres intéressantes pour son instrument, entres autres un concerto en *mi* mineur avec accompagnement d'orchestre. Cet artiste a épousé une pianiste de talent, Mlle *Sophie Menter*.

POPULUS (Nicolas-Adolphe-Alphonse), organiste et compositeur, né à Arcueil en 1831, fut d'abord enfant de chœur et élève de la maîtrise de l'église Saint-Jacques du Haut-Pas, placée sous la direction de M. A. Dhibaut. Successivement élève de M. Billard pour le piano, de MM. Elwart et Charles Manry pour l'harmonie, de M. J. Perez y Alvarez pour le contre-point et de M. Marius Gueit pour l'orgue, il devint, à peine âgé de quatorze ans, organiste accompagnateur à l'église Saint-Jacques, puis fut nommé organiste à Saint-Nicolas du Chardonnet (1854), à Chaillot (1855), et enfin revint à Saint-Jacques occuper les fonctions de maître de chapelle, qu'il remplit encore actuellement. M. Populus est aussi professeur de chant des écoles de la ville de Paris, directeur de musique à l'école Sainte-

Geneviève, et professeur de piano et de chant à l'école du Sacré-Cœur. Vulgarisateur de l'orgue à quarts de ton construit par A.-J.-H. Vincent, il a fait entendre cet instrument aux expositions universelles de 1856-57 et de 1867. On lui doit la création du choral Saint-Michel (1869), et celle de la Société des quintettes harmoniques (1870), où il a fait entendre des œuvres de Reicha, de Rossini, de MM. Adolphe Blanc, Adrien Barthe, etc.

Les compositions publiées par M. Populus sont les suivantes : 1° Six mélodies vocales avec accompagnement de piano (Benoît aîné); 2° Seize mélodies vocales, id. (Mackar); 3° Six chœurs à voix égales, avec accompagnement (Gautier); 4° Répertoire de chants patriotiques, chœurs à 4 voix, n°s 1, 2 et 3 (Gambogi); 5° Chants liturgiques à 2 et 3 voix, 1re livraison (Katto); 6° *Credo* de Dumont, à 2 et 3 voix égales (Gambogi); 7° Cantique à sainte Catherine, solo et chœur à 3 voix, avec accompagnement d'orgue (Gautier); 8° un certain nombre de motets pour chœur ou voix diverses, avec ou sans accompagnement; 9° *Études sur l'orgue*, 1e série (Benoît); 10° Six pièces pour le piano à 4 mains (Durand-Schœnewerck); 11° diverses pièces pour orgue ou harmonium; 12° quelques morceaux de genre pour le piano; 13° *Recueil de 24 mélodies religieuses à l'usage des établissements catholiques* (Graff). Au nombre des compositions inédites de M. Populus, il faut citer : *Agar et Ismaël*, scène biblique en 2 actes, dont plusieurs fragments ont été exécutés en 1874, dans la salle Gay-Lussac; plusieurs messes à 3 et 4 voix, avec orgue et avec orchestre, exécutées à Saint-Jacques du Haut-Pas et à l'école Sainte-Geneviève; enfin, un certain nombre de pièces d'orchestre, exécutées comme offertoires à l'école Sainte-Geneviève. M. Populus a donné des articles de critique musicale dans divers journaux spéciaux, la *Réforme musicale*, la *Semaine musicale* et le *Monde musical*, journal fondé à Bruxelles par A. Milabran, et qui n'eut qu'une courte existence.

PORLON ou **BORLON** (Artus ou Arnould), facteur de cithares, vivait à Anvers dans la seconde moitié du seizième siècle, et se fit recevoir dans la corporation de Saint-Luc en 1579.

PORLON ou **BORLON** (Pierre), sans doute descendant du précédent, exerçait la profession de luthier à Anvers au milieu du dix-septième siècle, et construisit en 1647, pour le jubé de la cathédrale, une contre-basse qui existe encore aujourd'hui. Dans l'intérieur de cet instrument, on lit ces mots : *Peeter Porlon tot Antwerpen f.* 1647 (Pierre Porlon m'a construite à Anvers en 1647).

PORLON ou **BORLON** (Jean), descendant d'Artus, était comme lui luthier à Anvers. L'église Saint-Jacques de cette ville possède une contre-basse faite par ce facteur, dans l'intérieur de laquelle sont tracés ces mots : *Joannis Borlon tot Antwerpen.* Les éclisses et le fond de l'instrument sont en bois de platane, la table d'harmonie est en sapin.

PORLON ou **BORLON** (François), luthier comme les précédents, et de la même famille, habita aussi Anvers. Une viole de grand format, œuvre de cet artiste, existe encore à l'église Saint-Jacques. C'est un excellent instrument, assez bien conservé, mais dont le vernis a disparu, par suite de l'usage. Dans l'intérieur, on lit le nom et la demeure du facteur : *Francis Borlon, tot Antwerpen, op de Cathelyne-Vest.*

* **PORPORA** (Nicolas). — Au nombre des ouvrages dramatiques de ce maître illustre, il faut citer *il Barone di Zampano.* Sur le livret de cet opéra, qui fut représenté au théâtre Nuovo de Naples, en 1739, le nom du compositeur est accompagné de cette qualification : « maître de chapelle du prince d'Armstad. »

PORTA (Don Perseo **DELLA**), musicien italien du dix-septième siècle, a exercé les fonctions de maître de chapelle à l'église métropolitaine de Bénévent. M. le docteur Basevi possède de cet artiste le manuscrit d'un ouvrage théorique intitulé *l'Arianna musicale*, et qui est daté de Naples, 1696.

* **PORTA** (Jean), compositeur dramatique italien, est l'auteur d'un opéra intitulé *il Gran Tamerlano*, représenté à Florence en 1730, et qui n'a pas été compris dans la liste de ses œuvres.

* **PORTA** (Bernardo). — A la liste des ouvrages de ce compositeur représentés à Paris, il faut ajouter les suivants : 1° *Alexis et Rosette* ou *les Houlans*, opéra-comique en un acte, Théâtre français comique et lyrique, 3 août 1793; 2° *le Pauvre Aveugle* ou *la Chanson savoïarde*, un acte, Ambigu, 1797 ; 3° *l'Oracle*, un acte, Ambigu, 1797; 4° *le Prisonnier français* ou *le Bienfait récompensé*, un acte, th. des Amis des arts, 2 octobre 1798 ; 5° *Deux Morts qui se volent*, un acte, Ambigu, 26 avril 1800 ; 6° *les Deux Statues*, un acte, Ambigu, 29 avril 1800.

PORTO (J....-F...), est auteur d'un écrit publié sous ce titre : *Des Moyens de propager le goût de la musique en France, et parti-*

entièrement dans les départements de l'ancienne Normandie (Caen, 1835, in-8° de 96 p.).

***PORTOGALLO** (MARCO-ANTONIO), compositeur italien fort remarquable, a écrit les ouvrages suivants, qui n'ont pas été compris dans la liste de ses œuvres : 1° *Merope*, Lisbonne, 1804; 2° *Cinna*, Florence, 1807; 3° *Tito Vespasiano*, Livourne, 1807. Né à Lisbonne le 24 mars 1762 (et non en 1763), Portogallo mourut en cette ville le 7 février 1830.

POTHOLT (JACQUES), organiste et carillonneur hollandais, a été mentionné à tort, au tome VII de la *Biographie universelle des Musiciens*, sous le nom inexact de POTTHOFF. Tout ce qui a été dit sous ce dernier nom doit s'appliquer à celui de POTHOLT.

* **POTIER** (HENRI-HIPPOLYTE). — Le répertoire dramatique de ce compositeur doit se compléter par les ouvrages suivants : 1° *Mademoiselle de Méranges*, un acte, Opéra-Comique, 14 décembre 1841; 2° *le Vieux Prix de Rome*, un acte, th. Beaumarchais, 21 juin 1849; 3° *le Rosier*, un acte, Opéra-Comique, 19 août 1859; 4° *l'Ange de Rothesay*, trois actes, th. International (au palais de l'Exposition universelle), 11 juin 1867; 5° *Madelaine*, un acte, Bouffes-Parisiens, 10 janvier 1869; 6° Prologue pour l'ouverture du Casino de Toulouse, vers 1870. Henri Potier avait encore en portefeuille les partitions de trois opéras-comiques, qui n'ont pas été représentés : *le Bailly de Suresnes*, 2 actes; *le Fabliau*, 2 actes; et *Volage et Jaloux*, un acte. Destitué, vers 1856, de ses fonctions de chef du chant à l'Opéra, Potier intenta à l'administration de ce théâtre un procès qu'il gagna, mais qui ne le fit pas réintégrer dans son emploi. Depuis longtemps (1841) accompagnateur des classes au Conservatoire, puis professeur de l'étude des rôles (1851), cet artiste devint professeur de chant dans cette école au mois de février 1875, en remplacement de M. Laget. Henri Potier a publié un recueil de 6 mélodies avec accompagnement de piano ou orgue, et quelques romances détachées. Il est mort subitement le 9 octobre 1878.

Sa femme, Mme Henri Potier, née *Marie-Ambroisine-Minette de Cussy*, qu'il avait épousée en 1837, fut une chanteuse distinguée. Née le 29 octobre 1817, elle était devenue, au Conservatoire, l'une des meilleures élèves de Mme Damoreau, avait remporté un second prix de piano en 1834, un second prix de chant en 1836, et, s'étant mariée peu de temps après, avait obtenu, sous le nom de Mme Henri Potier, son premier prix de chant en 1837. Elle débuta à l'Opéra-Comique, le 24 février 1840, dans *Carline*, de M. Ambroise Thomas, puis, après y avoir fait plusieurs créations importantes, elle quitta ce théâtre en 1847 pour entrer à l'Opéra-National, que venait de fonder Adam, et où elle se montra pour la première fois dans *le Brasseur de Preston*. Peu de mois après, elle abandonna la carrière dramatique pour se consacrer exclusivement à l'enseignement du chant. Elle avait été professeur adjoint de la classe de Mme Damoreau au Conservatoire, jusqu'à la retraite de cette dernière. Mme Henri Potier est morte à Paris, de la petite vérole, le 21 septembre 1870.

* **POTTER** (CIPRIANI), pianiste et compositeur, ancien directeur de l'Académie de musique de Londres, qui sous son administration atteignit son plus haut degré de prospérité, est mort en cette ville le 26 septembre 1871.

* **POTTHOFF**. — *Voyez* **POTHOLT**.

POUGIN (FRANÇOIS-AUGUSTE-ARTHUR **PARROISSE-POUGIN**, connu sous le nom d'ARTHUR), historien et critique musical français, est né à Châteauroux (Indre) le 6 août 1834. Fils de comédiens de province qui voyageaient sans cesse pour l'exercice de leur profession, il commença dès l'âge de sept ans l'étude de la musique avec sa mère, qui était musicienne amateur, et ne connut jamais d'autre professeur de solfége. Lorsqu'il eut accompli sa huitième année, on lui mit un violon dans les mains, et ses progrès sur cet instrument furent rapides, bien qu'il fût obligé de changer de professeur chaque fois que son père changeait de résidence. Celui-ci se décida à se fixer à Paris en 1846, dans l'intérêt de l'avenir artistique de son fils, et bientôt l'enfant suivit au Conservatoire le cours de Guérin, puis celui de M. Alard. Mais les ressources de la famille étaient modestes, et dès l'âge de treize ans, tout en poursuivant ses études, il lui fallut commencer à gagner sa vie dans les orchestres; il appartint ainsi, successivement, à ceux du Cirque national, du Vaudeville et du Gymnase, où il occupa le poste de violon-solo.

Tout en se perfectionnant sur son instrument, il apprit, seul, le mécanisme du piano, puis s'appliqua bientôt à l'étude du contre-point et de l'harmonie avec un excellent professeur, M. Albert Lhote (*Voyez* ce nom), qui lui donna les soins les plus affectueux et pour lequel il a conservé une vive reconnaissance. A cette époque, passant toutes ses soirées et parfois une partie de ses journées au théâtre, travaillant le violon, le piano et l'harmonie, donnant lui-même de nombreuses leçons, il trouvait encore le moyen de se livrer sans maître à certaines études littéraires, et travaillait jusqu'à quatorze heures par jour. Il avait abandonné les classes de violon du Conservatoire pour se perfectionner sous la direction d'un artiste fort distingué, M. Bérou, alors violon-solo à l'Opéra-Comique ; il rentra peu après dans cet établissement pour y suivre le cours d'harmonie de M. Henri Reber. Déjà il s'exerçait à la composition en écrivant, pour l'orchestre restreint du Gymnase, quelques ouvertures que son chef, Couder, voulait bien faire exécuter en tête des pièces jouées à ce théâtre.

En 1855, Pougin accepta un engagement qu'on lui offrait comme chef d'orchestre du petit théâtre Beaumarchais, mais il n'y resta pas longtemps, et entra bientôt en qualité de premier violon aux concerts de M. Musard fils, qui s'ouvraient alors au boulevard des Capucines. Là, il écrivit pour lui-même deux ou trois fantaisies de violon qu'il exécuta avec accompagnement d'orchestre, puis, au bout d'une année, il alla remplir à l'aimable théâtre des Folies-Nouvelles les fonctions de répétiteur et de second chef d'orchestre, qu'il conserva pendant trois ans. Désirant aborder la scène comme compositeur, il écrivit les paroles et la musique d'une opérette en vers, *Perrine*, mais ne put parvenir à la faire recevoir par la direction des Folies-Nouvelles ; il fit alors représenter ce petit ouvrage dans les salons de Mlle Augustine Brohan, qui voulut bien l'aider en cette circonstance, puis composa quelques morceaux symphoniques qu'il fit exécuter au Casino, par l'orchestre que dirigeait M. Arban.

Voyant le temps se passer sans profit pour ses désirs de compositeur, Pougin, tout en ne renonçant pas à tenter la chance de ce côté, eut l'idée de tourner ses efforts vers la littérature musicale, et sous ce rapport débuta, au mois d'avril 1859, par un travail historique que la *Revue et Gazette musicale* publia sous ce titre : *de l'Origine de la gamme et des noms des sept notes qui la composent*, en une série d'articles qui furent bien accueillis. Ce travail fut bientôt suivi d'une longue suite d'études biographiques, insérées dans le même journal, sur divers musiciens dramatiques français du dix-huitième siècle, oubliés ou peu connus : Duni, André Campra, Mouret, Mondonville, Martini, Della Maria, Gresnich, Floquet, Dezèdes, Devienne, etc. Bien que ces divers écrits ne fussent pas exempts de l'inexpérience et des tâtonnements naturels de la part d'un débutant, on se plut à reconnaître en germe chez leur auteur les qualités qui plus tard lui ont valu une place honorable dans la littérature musicale de son pays, et avant tout la recherche la plus active et la plus consciencieuse de la vérité historique. Dès cette époque, Fétis, qu'il n'a jamais connu personnellement et auquel il n'a jamais eu l'honneur de parler, disait de lui au directeur d'un journal : « Voilà un jeune écrivain qu'il faut aider à se produire le plus possible ; il me paraît appelé à rendre de très-utiles services. »

En 1860, Pougin entra comme rédacteur politique au journal *l'Opinion nationale*, qui venait de se fonder (1). Dans le même temps, informé qu'une place de violon était vacante à l'orchestre de l'Opéra-Comique, il prenait part au concours ouvert à cet effet et l'emportait sur ses rivaux. Son but, en entrant à ce théâtre, était d'apprendre à connaître les œuvres de l'école musicale française, d'étudier de près les procédés des maîtres, leur harmonie, leur instrumentation, la nature de leur conception générale. Il songeait ainsi à se familiariser, de la façon la plus pratique et la plus sûre, avec des œuvres et des artistes qui l'intéressaient d'autant plus que, dès cette époque, il avait conçu le projet de s'attacher spécialement à retracer l'histoire, sinon de la musique française à son point de vue général, du moins des artistes qui avaient contribué à la gloire de son pays.

Ses études sur la musique étrangère n'ont été en effet, si l'on peut dire, que des accidents dans la vie littéraire de Pougin. Tout en se rendant aussi familière que possible l'histoire de cette musique, c'est l'histoire de l'art national qui le préoccupait et l'intéressait avant tout, c'est de ce côté surtout que se sont toujours dirigés ses efforts, ses désirs, ses travaux. Procédant avec méthode, il avait voulu commencer par le commencement, et c'est pour cela qu'il avait

(1) Pendant quinze ans, et malgré ses travaux actifs de littérature, de critique et d'histoire musicales, il n'a cessé de prendre une part importante de collaboration politique à un grand nombre de journaux, dans lesquels il a constamment défendu les idées de liberté et de progrès. Ces journaux sont, outre *l'Opinion nationale*, à laquelle il est resté attaché pendant cinq ans, *le National*, *la Liberté*, *le Bien public*, *la Cloche*, *le Charivari*, *l'Histoire*, *l'Électeur libre*, dont il fut le secrétaire de la rédaction pendant le siége de Paris, *le Soir*, où il remplit plus tard le même office, *le Mouvement* (Bordeaux), *la Discussion* (Bruxelles), etc. En 1871, on lui offrit d'entrer dans l'administration, et on lui proposa une sous-préfecture importante ; il refusa sans peine et sans regret, estimant qu'il n'est pas de plus belle profession que celle d'artiste et d'écrivain indépendant.

En dehors de la musique, Pougin s'est aussi beaucoup occupé de questions purement littéraires ; il a collaboré, sous ce rapport, à de nombreux journaux et recueils : *l'Éclair*, *le Nain jaune*, *la Jeune France*, *la Jeunesse*, *le Mouvement*, le *Paris-Magazine* (dont il fut pendant quelque temps le directeur), le *Journal amusant*, le *Journal littéraire*, *le Gaulois*. Il a donné quelques articles au *XIXe Siècle*, à *Paris-Journal*, au *Constitutionnel*, au *Musée des familles*, au *Musée universel*, au *Soleil*, au *Paris-Cascade*, à *l'Année illustrée*, à l'*Écho de l'agriculture*, etc.

publié d'abord toute une série d'écrits historiques et critiques sur une douzaine de maîtres dont le premier, Campra, fermait le dix-septième siècle, tandis que le dernier, Della Maria, ouvrait presque le dix-neuvième. Après s'être essayé dans ces travaux d'une importance secondaire, il put, dans la suite, lorsqu'il fut plus sûr de lui, commencer la série de grandes études qu'il avait rêvées sur les maîtres de la scène lyrique française, et publier des livres importants sur quelques-uns d'entre eux : Rameau, Boieldieu, Adolphe Adam, Albert Grisar, etc.

Pougin, cependant, n'avait pas renoncé complétement à se produire lui-même au théâtre. En 1865, il écrivit les paroles et la musique d'un opéra-comique en un acte avec chœurs, *le Cabaret de Ramponneau ;* mais cet ouvrage, reçu successivement au théâtre Saint-Germain, puis au théâtre lyrique de l'Athénée, et enfin à l'Opéra populaire installé dans la salle du Châtelet et dont l'existence fut si courte, ne put parvenir à voir le jour. Il n'en continuait pas moins à s'occuper des travaux qui lui étaient chers. Après un séjour de trois années à l'orchestre de l'Opéra-Comique, il avait quitté ce théâtre et renoncé complétement à donner des leçons pour pouvoir se livrer sans réserve à ces travaux. Devenu successivement le collaborateur de plusieurs journaux artistiques, *la France musicale*, *le Ménestrel*, *l'Art musical*, *le Théâtre*, il publia dans ces journaux un grand nombre d'écrits plus ou moins étendus sur divers artistes français ou étrangers, écrits qui, pour la plupart, parurent ensuite sous forme de livres ou de brochures. C'est ainsi que furent publiées d'abord ses études sur le compositeur anglais Wallace, sur F. Halévy écrivain, sur Meyerbeer, Rossini, Bellini, Léon Kreutzer, etc. ; d'autres sont restées enfouies dans les recueils où elles ont vu le jour, et parmi celles-là nous citerons celles qui ont trait à quelques musiciens italiens, Mercadante, MM. Pedrotti, Cagnoni, puis celles relatives au grand violoniste Baillot, au *Judas Machabée* de Hændel, aux scènes lyriques secondaires de Paris, etc.

En dehors de ces travaux historiques, Pougin avait été chargé de la critique musicale courante dans diverses feuilles littéraires, le *Figaro-Programme*, *le Camarade*, *Paris illustré*. En même temps, Pierre Larousse, l'excellent directeur du *Grand Dictionnaire universel du XIXe siècle*, lui avait confié toute la partie de cet immense ouvrage qui concernait la musique, et en effet c'est lui qui, à partir du mot *Chants populaires*, a donné tous les articles historiques, techniques, encyclopédiques et didactiques relatifs à cet art. Ce travail ne lui a pas coûté moins de trois années, et il est tel des articles en question qui forme, on peut le dire, un traité complet sur la matière. En 1871, Pougin prit possession du feuilleton musical du journal *le Soir;* c'est là qu'il conçut la pensée de faire connaître intimement au public les membres de la jeune école musicale française, de retracer leurs efforts, d'inspirer confiance en leur valeur, enfin d'attirer sur eux l'attention, de les rendre sympathiques, et de prouver que l'ensemble des travaux de ces jeunes artistes était destiné à faire honneur un jour au pays qui les avait vus naître. C'est ainsi qu'il mit en lumière, avec la certitude d'être utile à tous et de rendre service à l'art, les personnalités de MM. J. Massenet, Georges Bizet, Léo Delibes, Émile Pessard, Ernest Guiraud, Théodore Dubois, Charles Lenepveu, Édouard Lalo, Charles Lecocq, etc. Un changement dans la direction du *Soir* ayant amené sa retraite, Pougin fut appelé à exercer les fonctions de critique musical successivement à *la Tribune*, à *l'Événement*, et enfin au *Journal officiel*, auquel il appartient depuis les premiers mois de l'année 1878. Il n'en continuait pas moins, particulièrement dans *le Ménestrel* et la *Chronique musicale*, ses travaux historiques, toujours en grande partie consacrés à l'art français ; dans le premier de ces journaux il publia une série de notices biographiques sur Elleviou, Mme Dugazon et la famille Gavaudan, notices qui formèrent plus tard le volume de *Figures d'opéra-comique*, et un travail très-important donné sous ce titre : *les Vrais Créateurs de l'Opéra français*, dans lequel, à l'aide de documents inédits et de preuves irrécusables, il revendique hautement en faveur de Cambert et de l'abbé Perrin ce titre de « créateurs de l'opéra français, » accordé trop légèrement, depuis deux siècles, à Lully et à Quinault, qui n'ont fait que poursuivre, avec génie d'ailleurs, l'œuvre si bien établie par leurs devanciers. Dans la *Chronique musicale*, il donna, entre autres, un résumé historique du gentil petit théâtre musical de l'Athénée, aujourd'hui transformé, et une étude très-fouillée sur André Philidor, musicien de génie trop oublié, qui fut avec Duni, Monsigny et Grétry, l'un des véritables créateurs du genre de l'opéra-comique. D'ailleurs, l'activité de Pougin ne se ralentissait pas un instant. A la sollicitation d'un éditeur, il avait publié pendant trois années un *Almanach de la Musique* (1866-67-68), qui lui coûtait beaucoup de soins et dont on a bien voulu regretter la disparition ; sur la demande de M. Martinet, directeur des Fantaisies-Parisiennes, il avait rédigé un long mémoire destiné à attirer l'attention du gouvernement sur ce théâtre, qui avait rendu de réels services; il avait publié dans la *Revue contemporaine* un resumé historique très-complet de la littérature musicale française; il avait fait, dans la salle du boulevard des Capucines, diverses conférences sur Meyerbeer, Cimarosa, Bellini, etc.; bientôt il s'occupa de provoquer à Rouen de grandes fêtes nationales pour la célébration du centenaire de Boieldieu, fêtes dont il avait conçu le premier la pensée, à l'organisation desquelles il prit une part importante, et qui furent les premieres de ce genre qu'on ait vues en France; puis il aida activement son ami M. Charles Lamoureux dans les travaux relatifs à la création de la Société de l'Harmonie sacrée; enfin, en qualité de secrétaire-rapporteur du Comité de la Société des compositeurs de musique, de secrétaire du Comité de l'Association des artistes musiciens, de secrétaire général de l'Institut orphéonique français, il collaborait avec ardeur à l'administration de ces diverses compagnies, et remplissait encore les fonctions de secrétaire du Comité des études de l'École de musique religieuse.

C'est alors que les éditeurs de la *Biographie universelle des Musiciens* lui offrirent de se charger de la tâche si honorable de continuer et de mettre à jour cet ouvrage colossal. Après quelques hésitations, causées par la crainte de ne pas être à la hauteur de cette tâche, Pougin finit par accepter, heureux d'attacher son nom à une œuvre aussi importante, désireux de rattacher plus étroitement à la France ce livre, écrit en français par un étranger, et décidé d'ailleurs par les instances affectueuses d'amis et de confrères qui voulurent bien lui promettre de l'aider dans un travail dont il ne se dissimulait ni les difficultés ni les périls. Ce n'est pas ici le lieu de s'étendre longuement à ce sujet; la préface du présent *Supplément* a dit tout ce qu'il y avait à en dire. Mais, — et c'est ce qui explique l'étendue de la présente notice, — l'auteur principal de ce *Supplément* avait le droit et le devoir de faire connaître au public quels ont été les mobiles de sa carrière, et de déclarer que cette carrière, absolument volontaire et tendant à un but nettement déterminé, n'a laissé aux hasards des événements qu'une part aussi restreinte que possible.

Voici la liste des écrits publiés jusqu'à ce jour par Pougin : 1° *André Campra*, Paris, impr. Chaix, 1861, in-8° de 23 pp.; 2° *Gresnick*, id., id., 1862, in-8° de 23 pp.; 3° *Dezèdes*, id., id., 1862, in-8° de 38 pp.; 4° *Floquet*, id., id., 1863, in-8° de 24 pp.; 5° *Martini*, id., id., 1864, in-8° de 32 pp.; 6° *Devienne*, id., id., 1864, in-8° de 32 pp. (ces six brochures ont été publiées sous le titre général de *Musiciens français du XVIII° siècle*); 7° *Meyerbeer, notes biographiques*, Paris, Tresse, 1864, in-12; 8° *F. Halevy, écrivain* (travail dans lequel, comme l'indique son titre, l'auteur s'était particulièrement proposé d'analyser le talent de F. Halévy sous le rapport littéraire), Paris, Claudin, 1865, in-8° de 45 pp.; 9° *William-Vincent Wallace, étude biographique et critique* (l'un des bien rares écrits consacrés en France à un musicien anglais), Paris, Ikelmer, 1866, in-8° de 42 pp.; 10° *Almanach illustré, chronologique, historique, critique et anecdotique de la Musique, par un Musicien*, Paris, Ikelmer, 1866, 1867 et 1868, 3 vol. in-12 (les deux dernières années ont chacune un supplément publié à part sous ce titre : *Supplément à l'Almanach de la Musique. Nécrologie des musiciens français et étrangers*, 2 brochures in-12); 11° *de la Littérature musicale en France*, Paris, Ikelmer, 1867, in-8° de 39 pp.; 12° *De la Situation des compositeurs de musique et de l'avenir de l'art musical en France, mémoire présenté au ministre de la Maison de l'empereur et des Beaux-Arts par Louis Martinet*, Paris, imp. Claye, s. d. [1867], in-8° (brochure non signée); 13° *Léon Kreutzer*, Paris, Liepmannssohn et Dufour, 1868, in-8° de 16 pp.; 14° *Bellini, sa vie, ses œuvres*, Paris, Hachette, 1868, un vol. in-12 avec portrait et autographes (une traduction anglaise de cet ouvrage a été faite dans un recueil américain, le *Watson's Art Journal*, et une traduction espagnole, due à M. Luis Navarro, aujourd'hui député, a paru à Madrid, sous le titre de *Vida et Obras de Vicente Bellini*, s. d. [1875], un vol. in-12); 15° *Albert Grisar, étude artistique*, Paris, Hachette, 1870, un vol. in-12 avec portrait et autographe; 16° *Rossini, notes, impressions, souvenirs, commentaires*, Paris, Claudin, 1871, un vol. in-8°; 17° *Auber, ses commencements, les origines de sa carrière*, Paris, Pottier de Lalaine, 1873, in-12 de 36 pp.; 18° *A propos de l'exécution du* Messie *de Hændel* (brochure signée seulement des initiales A. P.), Paris, imp. Chaix, 1873, in-12 de 34 pp.; 19° *Notice sur Rode, violoniste français* (couronnée par l'Académie des sciences, belles-lettres et arts de Bordeaux, et insérée dans les *Actes* de cette compagnie), Paris, Pottier de Lalaine, 1874, in-8° de 64 pp.; 20° *Boieldieu, sa vie, ses œuvres, son caractère, sa correspondance*, Paris, Charpentier, 1875, un vol. in-12 avec portrait et autographe; 21° *Figures d'opéra-comique : Elleviou, Mme Dugazon, la Tribu des Gavaudan*, Paris, Tresse, 1875, un vol. in-8° avec 3 portraits; 22° *Rameau, essai sur sa vie et ses œuvres*, Paris,

Decaux, 1876, un vol. in-16 (une traduction anglaise de cet ouvrage a paru dans un journal de Londres, *the Musical World*); 23° *Adolphe Adam, sa vie, sa carrière, ses Mémoires artistiques*, Paris, Charpentier, 1876, un vol. in-12 avec portrait et autographe; 24° *Revue de la Musique* (journal rédigé presque en entier par Pougin, et qui n'a eu que six mois d'existence), Paris, 1876-1877, un vol. in-4°; 25° *Biographie universelle des Musiciens, Supplément et Complément*. Paris, Firmin-Didot, 1878-1879, 2 vol. in-8°; 26° *Société des compositeurs de musique. Rapport annuel*, Paris, 1878, in-8°; *id.*, Paris 1879, in-8°; 27° *Question de la liberté des théâtres, rapport présenté à M. le ministre de l'Instruction publique et des Beaux-Arts par la Société des compositeurs de musique, rédigé par M. Arthur Pougin*, 1878, in-8°; 28° *Question du Théâtre-Lyrique, mémoire présenté à M. le ministre de l'Instruction publique et des Beaux-Arts par la Société des compositeurs de musique, rédigé par M. Arthur Pougin*, Paris, 1879 in-8°, (1). Parmi ceux des ouvrages de cet écrivain qui ont été publiés dans divers recueils, mais qui n'ont pas encore paru sous forme de volumes, il faut surtout citer les suivants : 29° *les Vrais Créateurs de l'Opéra français. Perrin et Cambert*; 30° *Philidor, étude sur la musique dramatique au dix-huitième siècle*; 31° *les Théâtres à Paris pendant la Révolution, histoire, chroniques, souvenirs, portraits, anecdotes*; 32° *Verdi, souvenirs anecdotiques.* (Une traduction allemande de ce dernier écrit a été donnée dans la *Neue Berliner Musikzeitung*; une traduction italienne et une espagnole doivent en être publiées prochainement.)

Des compositions musicales de Pougin, consistant en pièces symphoniques, mélodies vocales, morceaux de genre pour le piano, morceaux de concert pour violon avec accompagnement d'orchestre ou de piano, rien jusqu'à ce jour n'a été publié.

POULTIER (Placide-Alexandre-Guillaume), chanteur dramatique, né le 27 mai 1814 à Villequier (Seine-Inférieure), est le fils d'un marin, qui exerça ensuite la profession de pilote. Le jeune Poultier avait neuf ans environ lorsqu'il fut envoyé à Rouen, chez son oncle, marchand de cidre en gros; ce fut dans cette ville qu'il reçut l'instruction primaire; ce fut là également que, séduit par la bonne humeur et les allures laborieuses des ouvriers qu'employait son parent, il finit par prendre à son tour la doloire et le maillet du tonnelier. Avec l'âge sa voix s'était formée, et comme il était doué d'un certain goût musical, il chantait bien souvent en façonnant ses tonneaux; la réputation du jeune chanteur ne tarda pas à s'étendre; un sien ami le conduisit chez M. Nicolo, directeur du Théâtre-des-Arts, qui l'admit parmi ses choristes; enfin, un soir, au Théâtre-Français, Poultier osa se produire devant le public; il chanta la romance de *Guido et Ginevra*, et les Rouennais applaudirent à outrance le ténor franc et sympathique qu'avaient laissé éclore les brumes normandes.

Chacun montra au jeune homme le chemin de Paris comme étant pour lui la route de la fortune; en attendant, son éducation musicale étant des plus restreintes, il se confia à l'excellent professeur Malliot, qui n'épargna ni soins ni conseils pour le mettre en état de faire valoir ses dons naturels. En mai 1840, Poultier partit pour Paris; il se fit entendre chez Mme Boieldieu, en présence de Cherubini et de quelques autres artistes, lesquels conçurent de sa voix une opinion avantageuse, ce qui n'empêcha pas le rigide Cherubini de prononcer sur lui ce verdict : « Il est trop âgé et n'est pas musicien. » Poultier voyait se fermer devant lui les portes du Conservatoire; fort heureusement, il obtint de MM. Duponchel et Monnais, directeurs de l'Opéra, une audition qui lui procura, pour ainsi dire séance tenante, un engagement pour cinq ans. On lui donna comme professeurs : Ponchard pour le chant, Michelot pour la déclamation, M. Fournier pour le solfège, sans parler des leçons de langue française, de danse et d'escrime. Mais la direction de l'Opéra étant venue à passer entre les mains de M. Léon Pillet, Poultier se vit enlever la plupart de ses professeurs; on lui avait même supprimé les leçons de déclamation; mais Michelot, plus confiant que M. Pillet en l'avenir de son élève, lui continua gratuitement ces leçons jusqu'à l'époque de ses débuts. Malgré le mauvais

(1) Pougin a écrit les paroles de *la Fête des Nations*, à-propos allégorique, musique de M. Adrien Boieldieu, qui a été représenté aux Fantaisies-Parisiennes en 1867 (Paris, Ikelmer, 1867 in-8°), et celle de la cantate : *Hommage à Boieldieu*, musique de M. Ambroise Thomas, exécutée à Rouen le 13 juin 1875, pour les fêtes du centenaire de Boieldieu. Il a donné une édition nouvelle d'une série de trois Almanachs de spectacles qui constituent certainement le premier essai d'une publication de ce genre tenté en France : *Agendas des Théâtres de Paris*, 1735, 1736 et 1737, *par François Parfaict, réimpression exacte du seul exemplaire existant, avec préface par Arthur Pougin*, Paris, J. Bonnassies, 1876, in-32. Parmi les journaux auxquels il a collaboré, il faut encore citer *le Nouveau Journal*, *l'Art*, *la Presse musicale*, *le Moniteur du bibliophile*, *le Musée littéraire et artistique*, la *Revue du monde musical*, *le Bibliographe musical* et *le Guide musical* (de Bruxelles). Pougin est officier d'Académie et membre correspondant de l'Académie de l'Institut royal de musique de Florence.

vouloir de son directeur, vis-à-vis duquel il dut même employer les moyens légaux, Poultier débuta le 4 octobre dans *Guillaume Tell*, et fut rappelé après le troisième acte; il continua ses débuts dans *la Juive* et *la Muette de Portici*, où l'air du *Sommeil*, chanté par lui avec un art exquis, lui valut un succès qui s'est renouvelé bien souvent depuis, ce morceau étant un de ceux où s'affirmaient le plus complétement ses qualités vocales.

A l'expiration de son engagement, Poultier fit une tournee en province; puis, désireux d'apprendre le répertoire italien, il se rendit dans la péninsule; mais bientôt après, rappelé par MM. Duponchel et Roqueplan, il rentra à l'Opéra (1847), où il resta jusqu'en 1851. A cette époque, il alla faire la saison de Londres, au théâtre de la Reine, et recommença ensuite ses tournées en province. En 1853, il étudia avec Malliot le répertoire de l'Opéra-Comique, ce qui lui permit d'ajouter de nouveaux rôles à ceux qu'il possédait déjà. Le rôle de Georges Brown, de *la Dame blanche*, lui fut particulièrement favorable, et suivant ses propres expressions, « c'était pour lui plaisir et bonheur de se faire entendre dans cet ouvrage. » Rentré à l'Opéra en 1855, il n'y resta qu'un an, et refusa de signer un nouvel engagement que lui proposait M. Crosnier, successeur de Nestor Roqueplan. Poultier a depuis ce temps conservé son entière liberté, et il s'est borné à se faire entendre dans les concerts, ou bien à parcourir, pendant l'hiver, les principaux théâtres de province, pour y donner des représentations.

Dans le cours de ses divers engagements à l'Opéra, il a créé plusieurs rôles : celui de Gontran, dans *Charles VI*, le rôle du premier ténor dans *l'Apparition* de Benoist, dans *l'Eden* de Félicien David, et dans *le Fanal* d'Adolphe Adam. Poultier, bien que sa voix ne manquât ni de volume, ni d'étendue, n'était pas, à proprement dire, un ténor de force; sa voix se prêtait davantage au chant expressif et soutenu; l'étoffe en était moelleuse, le timbre suave, malgré quelques sonorités nasales; elle a longtemps conservé son charme et sa fraîcheur.

Poultier vit aujourd'hui en bon et paisible bourgeois, à Villequier, sa bourgade natale.

J. C—z.

POURNY (Charles), compositeur français contemporain, a écrit une quantité considérable de chansons et chansonnettes pour les cafés-concerts, où il a fait aussi représenter quelques opérettes. De ces dernières, je ne puis citer que celle intitulée *Chez un garçon*, qui a été jouée sur le petit théâtre du Pré Catelan en 1861, et *la Clochette*, qui a été donnée aux Folies-Marigny en 1870. Plus récemment, le 7 septembre 1872, cet artiste a fait représenter sur une scène plus importante, les Folies-Dramatiques, un opéra bouffe en 3 actes, *Mazeppa*, qui n'a pas obtenu de succès. Sa dernière production est une opérette en un acte, *un Gilet de flanelle*, qui a été donnée à l'Eldorado, le 12 mai 1877.

POZZESI (Giuseppe), compositeur italien, était âgé de dix-sept ans seulement lorsqu'il fit représenter à Mantoue, en 1831, une farce intitulée *l'Alloggio militare*, qui obtint un très-grand succes. Le jeune compositeur était le fils de l'*impresario* du théâtre de Mantoue, et son ouvrage était joué par ses frères et par sa cousine, nommée Antonietta della Noce.

POZZOLO (.......), compositeur italien, a fait représenter à Vercelli, au mois de février 1879, un opéra intitulé *Caterina da Vinzaglio*.

* **PRADHER** (Louis-Barthélemy). — Aux ouvrages dramatiques de ce compositeur, il faut ajouter : 1° *le Voisinage*, opéra-comique en un acte représenté au théâtre Favart en 1800, et écrit par lui en société avec Bertaud, Dubuat, Dugazon fils et Quinebaud; 2° *les Enlèvements impromptu*, deux actes, Opéra-Comique, 2 décembre 1824.

* **PRADHER** (Félicité **MORE**, épouse), chanteuse et comédienne distinguée, est morte à Gray (Haute-Saône), le 12 novembre 1876. Parmi les ouvrages dans lesquels elle fit à l'Opéra-Comique des créations importantes, il faut citer *le Coq du village*, *le Solitaire*, *le Muletier*, *la Neige*. *Léocadie*, *le Maçon*, *la Vieille*, *Fiorella*, *Marie*, *la Fiancée*, *les Deux Nuits*, *Fra Diavolo*, *Ludovic*, *le Chalet*, *Lestocq*, *l'Éclair*, *le Cheval de bronze*, etc., etc. C'est en 1820 que Mlle More avait épousé Pradher, veuf en premières noces de Mlle Philidor.

PRANDI (Stefano), musicien fort distingué, né à Bologne, était un contrapuntiste fort habile, en même temps qu'un virtuose remarquable sur l'orgue et sur le cornet. Il fut élu, en 1680, prince de l'Académie des Philharmoniques de sa ville natale.

* **PRATI** (Alessio). — Aux ouvrages dramatiques signalés au nom de ce compositeur, il faut ajouter l'opéra sérieux intitulé *la Vendetta di Nino*.

* **PREDIERI** (Luc-Antoine), compositeur dramatique italien. — A la liste des ouvrages de ce compositeur, il faut ajouter un opéra intitulé *Sofonisba*.

PRELLEZZO (Mariano), consul d'Espagne à Jérusalem, amateur de musique, publia en 1851, à Madrid, un manuel intitulé *Curso completo de musica teorico-pratico*. L'apparition de cet ouvrage souleva une polémique très-vive entre son auteur et les rédacteurs de la *Gaceta musical* de Madrid, et spécialement M. Eslava. Prellezzo mourut le 15 janvier 1862 à Quibel, en Turquie.

PRESEPI (Presepio), compositeur religieux italien, vivait à Florence dans la première moitié du dix-huitième siècle. On connait de lui les œuvres suivantes : 1° *Sacri Trattenimenti di canto e suono per l'Avvento e per il Natale*, 3e édition, Florence, 1711 ; 2° *Sacri Trattenimenti di canto e suono sopra i misteri della S. infanzia di Gesù bambino*, 4e édition, Florence, 1722 ; 3° *Sacri Trattenimenti di canto e suono sopra le feste di Maria vergine*, Florence, 1724, petit in-8° de 158 pp.

PRESSEL (Gustave), compositeur allemand, a fait représenter avec succès à Stuttgard, le 24 juin 1860, un opéra dont il avait écrit les paroles et la musique, et qui avait pour titre *la Nuit de la Saint-Jean*. Quelques années après, au mois de décembre 1866, il donnait sur le même théâtre un opéra-comique intitulé *le Tailleur d'Ulm*.

* **PRÉVOST** (Eugène-Prosper), est mort à la Nouvelle-Orléans le 30 août 1872. Après avoir été longtemps attaché, en qualité de chef d'orchestre, au théâtre français de cette ville, où il fit jouer un opéra-comique en 2 actes, *Blanche et René*, Prévost était revenu en France vers 1862. Il écrivit alors la musique d'un petit ouvrage en un acte, *l'Illustre Gaspard*, ancien vaudeville arrangé par ses auteurs, MM. Duvert et Lausanne, et qui fut ainsi représenté à l'Opéra-Comique le 11 février 1863, puis devint chef d'orchestre des Bouffes-Parisiens, à l'époque de la direction de M. Varney, et ensuite au concert des Champs-Élysées. Au mois de septembre 1867, il repartait pour la Nouvelle-Orléans, où il allait de nouveau se fixer, comme professeur.

* **PRÉVOST** (Jean-Marie-Michel-Hippolyte), musicien amateur, ancien chef du service sténographique au Sénat, est mort à Paris le 17 février 1873. Chargé de la critique musicale au journal *la France* depuis la mort de Fiorentino, il avait publié dans le *Courrier du dimanche*, sous le pseudonyme de *P. Crocius*, et fait paraître ensuite en brochure un travail ainsi intitulé : « *Progrès de la musique dramatique*, un mot à l'occasion des articles de M. le président Troplong et de M. le prince Poniatowski » (Paris, Gaittet, 1859, in-8° de 16 pp.). Quelques années après il publia, sous son nom véritable, une courte brochure relative à M. Richard Wagner et à ses théories musicales (Paris, 1869, in-8° de 16 pp.). Il avait donné quelques articles à la *Revue et Gazette musicale de Paris* et à un recueil qui n'eut qu'une courte existence, *le Spectateur*. La critique d'Hippolyte Prévost était celle d'un homme de goût et d'un homme bien élevé ; mais, au point de vue pratique, elle péchait par la base, c'est-à-dire par le manque d'instruction et de connaissances techniques, en dépit des études harmoniques qu'il avait ébauchées avec M. Henri Reber.

PRÉVOST-ROUSSEAU (Antonin), compositeur amateur fort distingué, est né en 1824, et n'eut d'abord d'autres leçons de musique que celles qui se donnaient dans le collége où il fit ses études littéraires. Après avoir fait son droit et s'être fait recevoir avocat, puis licencié, il commença en 1846 un cours de contre-point et d'harmonie avec Dourlen. La révolution de 1848 lui ayant fait interrompre ses travaux, il recommença, vers 1852, toutes ses études musicales avec M. Aristide Hignard (*Voy.* ce nom), en même temps qu'il dirigeait des cours de musique d'ensemble qui avaient lieu régulièrement.

Après avoir composé des mélodies, des opérettes, des chœurs assez nombreux, et même plusieurs messes, M. Prévost-Rousseau écrivit un poëme musical en huit parties, *les Poëmes de la Nature*, dont il avait tiré les paroles des beaux *Sonnets* d'Edmond Arnould, publiés peu de temps auparavant. Cette composition importante fut exécutée aux mois de février et de mars 1863 par le Cercle musical, alors dirigé par M. Deldevez, et favorablement accueillie ; plusieurs autres exécutions en eurent lieu par la suite, principalement au premier concert de la Société philharmonique, donné au Cirque des Champs-Élysées sous la direction de M. Placet (mars 1866). Encouragé par cet essai, M. Prévost-Rousseau fit entendre en 1865, à l'hôtel du Louvre, à l'un des « concerts des compositeurs vivants, » une symphonie rustique en trois parties intitulée *la Ferme*, écrite sur des paroles de M. Gustave Nadaud. Enfin, en 1872, il offrait au public un troisième ouvrage important, *les Songes*, symphonie lyrique, dont M. Nadaud lui avait encore fourni le poëme. M. Prévost-Rousseau a composé aussi la musique d'un opéra-comique en 3 actes et 4 tableaux, avec ballets, *Riquet à la houppe*, qui allait être représenté au Théâtre-Lyrique lorsque éclata la guerre de 1870, et dont quelques fragments ont été exécutés dans des concerts. Nommé maire de la commune de Champigny-sur-Marne à la suite de ces événements, il se vit obligé d'interrompre ses travaux de composition, et conserva seulement la direction d'une société chorale mixte d'amateurs fondée par lui en 1849, et à laquelle, depuis plus de vingt-cinq ans, il a fait exécuter un très-grand nombre d'œuvres remarquables de musique d'ensemble, tant ancienne que moderne.

Les partitions pour chant et piano des *Poëmes de la Nature*, de *la Ferme*, des *Songes*, et de *Riquet à la houppe*, qui révèlent chez leur auteur un talent aimable et distingué, ont été publiées par l'éditeur M. Choudens.

PRINA (Giuseppe), prêtre et compositeur italien, mort à Milan vers 1860, était, dit-on, un artiste d'un véritable talent. On cite particulièrement de lui une messe fort remarquable, exécutée en diverses circonstances, et plusieurs autres compositions religieuses. Il a écrit aussi un certain nombre d'œuvres de musique de chambre.

* **PROCH** (Henri), compositeur, violoniste et chef d'orchestre, est mort à Vienne le 18 décembre 1878. Il était fils d'un avocat, et destiné par celui-ci à la jurisprudence. C'est dans ce but qu'il fit ses études à l'niversité de Vienne, où il passa ses examens de droit en 1832. Cependant, comme il avait montré dès son enfance de rares dispositions pour la musique, on lui avait fait étudier aussi le violon, le contrepoint et la composition. Devenu un virtuose remarquable sur le violon, il se fit entendre à Vienne, dans les concerts, en 1834, avec un très-grand succès, entra dans l'orchestre de la chapelle de la cour, et se livra bientôt entièrement à la musique.

Proch a brillé surtout comme chef d'orchestre. Dès 1837 il commençait à remplir ces fonctions au théâtre Josephstadt, et le 1er avril 1840 il entrait en la même qualité au théâtre impérial, qu'il ne devait plus quitter que trente ans plus tard, au mois d'octobre 1870. Pendant cette longue carrière, il se distingua par des qualités exceptionnelles, surtout dans la direction des opéras italiens et français, et Meyerbeer, aussi bien que Donizetti, considérait Proch comme un chef d'orchestre de premier ordre.

Proch a publié plus de 200 *lieder* allemands, français et anglais, dont plusieurs sont devenus très-populaires, et beaucoup d'autres compositions. On lui doit aussi les traductions allemandes de plusieurs opéras français et italiens : *Linda di Chamounix*, *les Vêpres siciliennes*, *la Reine Topaze*, *il Trovatore*, *Don Pasquale*, etc. Il était chevalier de l'ordre de François-Joseph d'Autriche, de l'ordre d'Ernestine de Saxe-Cobourg-Gotha, et décoré des médailles pour les arts et les sciences du roi de Prusse et du roi de Hanovre.

* **PROKSCH** (Joseph), clarinettiste et professeur bohémien, est mort à Prague le 20 décembre 1864. Dix ans après sa mort, on a publié sur lui l'écrit suivant : *Joseph Proksch biographisches denkmaal aus dessen nachlass papieren errichtet* (*Souvenir biographique, monument élevé à Joseph Prokach, tiré de ses papiers*), Prague, Rudolf, 1874, un vol. avec portrait et *fac-simile*.

* **PROPIAC** (Girard de). — Aux ouvrages dramatiques de ce compositeur, il faut ajouter les deux suivants : *la Double Apothéose*, opéra-comique en 2 actes, représenté au théâtre des Troubadours en 1800; et *la Pension de jeunes garçons*, opéra-comique en un acte, donné l'année suivante au théâtre des Jeunes-Artistes.

PROTA (Ignazio), compositeur italien du dix-huitième siècle, prenait le titre de maître de chapelle du prince de la Rochelle. Il a écrit la musique des deux opéras suivants : *la Finta Fattocchiera*, jouée sur le théâtre des Fiorentini, de Naples, en 1721; et *la Camilla*, qui fut représentée au théâtre Nuovo, de la même ville, en 1737.

PROTTI (José), compositeur, est né à Malson (îles Baléares), en 1827. Vers 1843, il alla se fixer à Marseille, où il fut nommé, au concours, organiste de l'église Saint-Théodore. En 1856, il devint organiste de l'église Saint-Vincent de Paul, fonctions qu'il occupe encore aujourd'hui. Cet artiste a écrit pour le piano divers morceaux de genre et de danse qui ont été publiés en France et en Espagne. On a aussi de lui : *Gacela*, opéra en 4 actes sur un poëme espagnol, — *les Gardes-Françaises*, opéra-comique en un acte, qui a été représenté au Grand-Théâtre de Marseille le 13 avril 1856, — et *le Trésor de Jeannot*, opéra-comique également en un acte, qui a été donné au Cercle artistique de cette ville en 1877. J. Protti a composé aussi de la musique sacrée, notamment une *messe à quatre voix* avec accompagnement de quatuor et orgue, qui a été exécutée à l'église Saint-Vincent de Paul le 26 août 1877, et un *Stabat*, qui a été chanté dans plusieurs églises de Marseille.

Al. R—d.

* **PROTA** (Gabriel), compositeur italien était né à Naples en 1754, et mourut en cette ville le 22 juin 1843.

PROUT (Ebenezer), compositeur et critique musical anglais, est né à Oundle, dans le comté de Northampton, en 1835. Quoiqu'il ait montré de bonne heure un goût très-prononcé pour la musique, ses parents étaient peu disposés à lui laisser embrasser cette carrière. Il reçut donc une bonne éducation littéraire, prit ses grades à l'université de Londres en 1854, et ce n'est qu'en exerçant ensuite, pendant plusieurs années, les fonctions de professeur dans diverses écoles, qu'il poursuivit ses études musicales avec énergie. A la fin, l'amour de l'art l'entraîna à lui tout sacrifier, et il se lança résolûment dans la carrière.

En 1862, la Société des musiciens anglais (aujourd'hui disparue) ayant ouvert un concours pour un quatuor d'instruments à cordes, M. Prout remporta le premier prix avec son quatuor en *mi bémol*, op. 1; trois ans plus tard, il obtint la même récompense, dans une circonstance semblable, avec son quatuor op. 2, pour piano, violon, alto et violoncelle. Ces deux faits attirèrent l'attention sur sa musique; mais ce n'est qu'après l'exécution de son concerto en *mi* mineur pour orgue et orchestre (op. 5), en 1872, que son nom commença à être généralement connu. Depuis lors, il a produit deux symphonies, qui ont été bien accueillies du public, un *Magnificat* pour soli, chœurs et orchestre, et différentes œuvres vocales et instrumentales. Ses compositions sont plus remarquables par la clarté de la forme et l'habileté de la facture que par une grande originalité, et le talent de M. Prout se distingue plutôt par la science des effets et la logique des développements que par la nouveauté des idées et un esprit très-inventif.

Mais M. Prout est plus et mieux connu peut-être comme critique et écrivain musical, que comme compositeur. Il fut le premier éditeur du recueil intitulé *Monthly Musical Record*, dont il conserva la direction jusqu'en 1874, et depuis lors il a été le critique musical en titre du journal *the Academy*, où il s'est fait remarquer. Il est l'un des collaborateurs du *Dictionary of music and musicians* qui se publie actuellement à Londres sous la direction de M. George Grove (Londres, Macmillan, in-8°). Quoique chaud partisan des idées et des doctrines de M. Richard Wagner, il est loin de montrer, comme quelques autres écrivains, un mépris absolu pour toute musique appartenant à d'autres écoles. Un fait assez curieux, observé à diverses reprises par les critiques anglais, c'est que l'ardente admiration pour M. Wagner, dont M. Prout donne de nombreuses preuves dans ses écrits, ne se fait jour dans aucune de ses compositions; sous ce rapport, l'influence du maître saxon est nulle sur son esprit, et il semble se rapprocher beaucoup plutôt du style de Mozart ou de Schubert. M. Prout, qui est un chef d'orchestre expérimenté, occupe une bonne situation comme professeur de piano et de composition.

PRUDENT (......), compositeur qui vivait dans la seconde moitié du dix-huitième siècle, a écrit la musique d'un opéra-comique en 2 actes, *les Jardiniers*, représenté à la Comédie-Italienne le 15 juillet 1771.

* **PRUDENT** (Emile **BEUNIE**), pianiste et compositeur, était né à Angoulême, non le 4 avril, mais le 3 février 1817; il est mort à Paris, non le 5 juin, mais le 14 mai 1863.

* **PRUMIER** (Antoine), professeur de harpe au Conservatoire de Paris depuis le 1er octobre 1835, est mort subitement, de la rupture d'un anévrisme, pendant une séance du comité des études de cet établissement, le 20 janvier 1868.

PRUMIER (Ange-Conrad), artiste fort distingué, fils du précédent, fut élève de son père au Conservatoire de Paris, où il remporta un second prix de harpe en 1836, et le premier prix en 1838. Il obtint ensuite un accessit de fugue en 1840, et le premier prix en 1843. Après avoir été attaché pendant longtemps comme harpiste à l'orchestre de l'Opéra-Comique, il remplit aujourd'hui les mêmes fonctions à celui de l'Opéra. Depuis 1870, M. Prumier a succédé à Labarre, comme professeur de harpe au Conservatoire. Parmi les compositions de cet artiste, je signalerai les suivantes : Solo de harpe (écrit pour le concours de 1839), Paris, Schonenberger; Solo de harpe (écrit pour le concours de 1843), id., Challiot; Études spéciales pour la harpe, id., Brandus; Souvenirs de New-York, id., Schonenberger; Nocturne pour cor et harpe, id., id.; *O Salutaris, Agnus Dei*, pour ténor, id., Canaux; *Ave verum*, id., id.; *Tantum ergo*, pour ténor, id., id.; *O Salutaris*, pour ténor et basse, id., id.; *le Son du cor*, romance pour ténor avec cor obligé; Nocturne pour cor et harpe, Paris, Schonenberger; Offertoire pour musique militaire, Paris, Gautrot; *les Quatre Fils Aymon*, marche; *les Trois Nicolas*, fantaisie pour musique militaire, Paris, Goumas, etc.

* **PUCCINI** (Jacques). — Parmi les compositions de cet artiste distingué, qui sont toutes conservées par sa famille, on cite un *Domine* à 4 voix seules, un *Te Deum* à 4 voix avec instruments, et trente et un services solennels écrits par lui, de 1733 à 1780, pour la célébration de la fête de sainte Cécile. Jacques Puccini était

membre de l'Académie des Philharmoniques de Bologne.

* **PUCCINI** (Antoine), fils du précédent, mourut à Lucques le 3 février 1832. Il a écrit un très-grand nombre de psaumes, messes, hymnes, motets à 2, 3, 4 et 8 voix, et, de 1778 à 1830, vingt services à grand orchestre pour la fête de sainte Cécile. Artiste distingué, comme son père, Antoine Puccini fut aussi, comme lui, nommé membre de l'Académie des Philharmoniques de Bologne.

PUCCINI (Domenico), petit-fils et fils des précédents, naquit à Lucques en 1771. Après avoir appris dans sa ville natale les premiers éléments de l'art musical, il se rendit à Bologne, puis à Naples, pour compléter son éducation, et fut successivement élève de l'abbé Mattei et de l'abbé Tesei. Il se livra ensuite à la composition, et y fit preuve de talent et de fécondité dans divers genres. Outre diverses compositions religieuses, telles que messes, vêpres, psaumes, motets, hymnes, *Te Deum* à 2, 4 et 8 voix, outre un motet grandiose à seize voix et à double orchestre, qu'il dédia au pape Pie VII, outre plusieurs cantates qui sont, dit-on, écrites avec beaucoup de goût, il composa encore plusieurs opéras, sérieux ou bouffes, qui furent représentés avec quelque succès : *Quinto Fabio, il Ciarlatano, le Frecce d'amore, la Moglie capricciosa, l'Ortolanella* (1). A son retour à Lucques, Domenico Puccini avait été nommé, en remplacement de son père, maître de chapelle de la république, et il conserva ces fonctions à la cour des Bacciocchi. Il mourut dans toute la force de l'âge, le 25 mai 1815, ayant à peine accompli sa quarante-quatrième année. Il faisait aussi partie de l'Académie des Philharmoniques de Bologne.

PUCCINI (Michele), fils de Domenico, naquit à Lucques le 27 décembre 1813. Son père étant mort lorsqu'il était à peine âgé de trois ans, son grand-père, Antoine Puccini, se chargea de son éducation, et lui fit étudier les lettres, la philosophie et les mathématiques, sans lui laisser négliger la musique, qui avait été l'honneur de sa famille. D'abord élève de Fanucchi pour la théorie musicale, le piano et l'accompagnement, le jeune Michele Puccini passa ensuite aux mains de l'abbé Santucci, puis d'Eugenio Galli, avec lesquels il étudia l'harmonie et le contre-point; il fut alors envoyé à Bologne (1834) pour s'y perfectionner avec Pilotti, et finalement s'en fut à Naples (1839) achever son éducation musicale, sous la direction de Mercadante.

De retour dans sa ville natale en 1841, Michele Puccini se vit nommer directeur de l'Institut musical, et forma dans cet établissement un grand nombre d'excellents élèves. Harmoniste savant, contrapuntiste fort habile, mais ne brillant point, comme compositeur, par la richesse et la générosité de l'inspiration, il possédait d'ailleurs toutes les qualités d'un bon professeur, savait exposer les principes de l'art avec clarté et faciliter aux jeunes artistes le chemin qu'ils avaient à parcourir.

Michele Puccini a écrit deux opéras, *Antonio Foscarini*, et *Cattani, o la Rivoluzione degli Straccioni*, qui ont été assez bien accueillis. On lui doit aussi deux messes, l'une en *sol*, l'autre en *ut*, conçues dans le style allemand; un *Miserere* et un *Benedictus* pour la semaine sainte; divers motets à 2, 3 et 4 voix, avec ou sans orchestre; huit services religieux à 4 voix et orchestre, exécutés pour la fête de sainte Cécile; enfin, des compositions à 8 voix et deux orchestres, écrites pour les solennités de l'Exaltation de la Croix. Cet artiste est mort le 23 janvier 1864.

* **PUCCITA** (Vincenzo), compositeur dramatique italien, est mort à Milan le 20 décembre 1861. A la liste des ouvrages de cet artiste estimable, il faut ajouter *il Marchese d'un giorno, o sia gli Sposi felici*, opéra représenté à Livourne en 1808.

* **PUGET** (Madame Loïsa **LEMOINE**, née). — Il y avait bien longtemps qu'on n'avait entendu parler de cette artiste, lorsqu'elle donna au Gymnase, le 27 septembre 1869, une opérette en un acte, intitulée *la Veilleuse* ou *les Nuits de Milady*.

PUGET (Paul-Charles-Marie **CURET**), compositeur, né à Nantes le 25 juin 1848, est le second fils d'un chanteur qui tenait à l'Opéra-Comique, il y a une vingtaine d'années, l'emploi de premier ténor, et qui passa ensuite au Théâtre-Lyrique. M. Puget fut admis jeune au Conservatoire, dans la classe de M. Marmontel pour le piano et dans celle de M. Bazin pour l'harmonie et accompagnement. Il n'obtint qu'un troisième accessit d'harmonie au concours de 1866, et entra peu de temps après dans la classe de composition de M. Victor Massé. En 1867, une cantate ayant été mise au concours pour l'ouverture de l'Exposition universelle, M. Puget prit part au concours; mais son

(1) J'ai lieu de croire que l'auteur de la *Biographie universelle des Musiciens* a fait confusion lorsqu'il a dit d'Antoine Puccini : « Il a écrit aussi quelques opéras dont on n'a pas conservé les titres. » Je ne crois pas qu'Antoine ait jamais écrit pour le théâtre, et je suis certain que les ouvrages cités ici sont dus à son fils Domenico.

œuvre ne fut pas classée, et le prix fut décerné à M. Saint-Saëns ; cependant, le jeune artiste fit exécuter sa cantate par la société chorale de M. Prévost-Rousseau, et en confia les *soli* à son père, à M. Troy jeune et à Mlle Schrœder. Ce petit péché de jeunesse ne valait pas qu'il y prit tant de peine. Tout en continuant ses études, M. Puget écrivit la musique d'une opérette qu'il fit représenter, vers 1871, au petit théâtre Tivoli, situé sur le boulevard Clichy. Enfin en 1873, il se présenta au concours de l'Institut, et se vit d'emblée décerner le grand prix de Rome, quoique, dit-on, l'épreuve préparatoire ne lui eût pas été favorable et ne fit pas présager un tel succès ; mais le jury, frappé par les incontestables qualités scéniques contenues dans sa partition, crut, à juste titre, devoir passer condamnation sur quelques négligences secondaires. La cantate de concours était intitulée *Mazeppa*, et l'auteur des paroles était M. Achille de Lauzières ; elle fut exécutée en séance publique, à l'Institut, le 15 novembre 1873, et au Concert-National le 28 décembre suivant. Peu de temps après, M. Puget partait pour l'Italie, selon les prescriptions du concours de Rome. — Cet artiste a en portefeuille les ouvrages suivants : 1° *les Jardins d'Armide*, opérette bouffe en 3 actes ; 2° *le Maître danseur*, opérette en un acte, reçue aux Bouffes-Parisiens en 1869 ; 3° *la Marocaine*, opéra-comique en un acte, reçu au Théâtre-Lyrique sous la direction de M. Pasdeloup ; 4° *André del Sarto*, drame lyrique en 2 actes, d'après le drame d'Alfred de Musset.

* **PUGNI** (César), compositeur dramatique, fils d'un horloger dont le magasin était situé sur la place du Dôme, à Milan, naquit certainement avant 1810, car son admission au Conservatoire de cette ville date du 22 janvier 1815, et il en sortit le 10 juin 1822. Il étudia dans cet établissement le violon et la composition, et fut l'élève du célèbre Asioli. C'est le 28 mai 1831 qu'il donna au théâtre de la Canobbiana, de Milan, son premier opéra, *il Disertore svizzero, o la Nostalgia*, qui fut bien accueilli (1). Il eut moins de bonheur avec *la Vendetta*, qui tomba lourdement à la Scala le 11 février 1832. Le 8 octobre de la même année, il donnait à Trieste *Ricciardo di Edimburgo*, qui, chanté par le ténor Reina, par Mmes Elisa Sedlacek et Brigide Lorenzani, obtint du succès. Il en fut de même d'*il Contrabbandiere*, joué à Milan le 12 juin 1833 ; mais *un Episodio di San Michele*, représenté à la Canobbiana le 14 juin 1834, subit une chute complète. A partir de ce moment, Pugni paraît avoir renoncé complétement à écrire des opéras pour se livrer exclusivement à la composition de la musique de ballet. Pendant plus de trente ans, il a écrit un nombre incalculable d'ouvrages de ce genre, et il fut spécialement engagé à cet effet au théâtre de Saint-Pétersbourg, ce qui ne l'empêcha pas de faire représenter des ballets en Italie, à Paris, à Vienne et à Londres. Je n'en citerai que quelques-uns, car il m'a été impossible de réunir les titres de toutes ses productions chorégraphiques : *le Fucine di Vulcano*, Parme, 1826 ; *Eutichio della Castagna*, Milan, Scala, 1827 ; *Pelia e Mileto*, id., id., 1827 ; *Esmeralda*, id., id., 1845 ; *Catterina, ossia la Figlia del Bandito* (en société avec Bajetti), id., id., 1847 ; *la Fille de marbre*, Paris, Opéra, 21 octobre 1847 ; *Edoardo*, Milan, Scala, 1848 ; *la Vivandière*, Paris, Opéra, 20 octobre 1848 ; *le Violon du diable*, id., id., 19 janvier 1849 ; *Stella* ou *les Contrebandiers*, id., id., 22 février 1850 ; *le Marché des Innocents*, id., id., 29 mai 1861 ; *Diavolina*, id., id., 6 juillet 1863 ; *gli Zingari* (en société avec M. Giorza), Milan, Scala, janvier 1864 ; *gli Elementi*, Paris, Théâtre-Italien, 19 février 1866 ; *la Momie*, Saint-Pétersbourg, janvier 1862 ; *Ondine* ; *Wlasta, l'Amazzone del IX secolo*, etc.

Pugni avait commencé par écrire de la musique religieuse, et même des symphonies, ainsi que le constatait un journal spécial, *i Teatri*, publié à Milan en 1827 (1er vol., p. 70) : — « Ses « symphonies d'étude (*di studio*), à l'imitation « des chefs-d'œuvre de Haydn, l'ont montré « parfaitement digne de s'appliquer au genre « sublime créé par un si grand modèle. » Pugni est mort en 1869, à Saint-Pétersbourg, où il était fixé depuis plus de trente ans. Aux œuvres citées ci-dessus, il faut ajouter la musique d'un *Inno alla Beneficenza*, exécuté à la Scala, de Milan, en 1833.

(1) Je rétablis ici l'ordre chronologique exact dans lequel furent représentés les opéras de Pugni. Je dois faire remarquer, à ce sujet, qu'une erreur s'est glissée dans la *Biographie universelle des Musiciens*, où il est dit : — « A la même époque (vers 1833), il Pugni) fit aussi une musique nouvelle pour *l'Imboscata*, jouée sans succès au théâtre *Canobbiana* de Milan. Weigl avait écrit, en 1815, une partition sur ce livret pour le théâtre de la Scala. » C'est, non une partition de Pugni, mais celle de Weigl lui-même sur *l'Imboscata*, qui fut reprise à la Canobbiana le 8 avril 1833, après avoir été créée à la Scala le 8 novembre 1815, comme on peut s'en convaincre en consultant le livre de M. Pompeo Cambiasi : *Rappresentazioni date nei reali teatri di Milano*, 1778-1872 (Milan, Ricordi, 1872, in-4°). Ce qui est possible, et ce qui a pu donner lieu à cette erreur, c'est que Pugni, comme il l'avait fait pour d'autres ouvrages, ait écrit quelques morceaux nouveaux pour cette reprise de l'ouvrage de Weigl.

PUIG (Bernardo-Calvó), compositeur, organiste et chanteur espagnol, né à Vich le 22 février 1819, commença l'étude du solfége avec Francisco Bonamich, maître de chapelle de la cathédrale de cette ville, puis, devenu enfant de chœur à cette église, travailla l'orgue avec José Gallés, et ensuite la composition avec Bonamich. Ayant succédé comme organiste à son maître Gallés, puis ayant joint à ces fonctions celles de sous-directeur de la maîtrise de la cathédrale, il renonça, en 1838, à ces deux emplois, pour aller terminer à Barcelone son éducation artistique. Il travailla en cette ville avec José Rosés et Juan Quintana, puis succéda à celui-ci comme organiste de Notre-Dame *del Pino*, et renonça à ce poste pour devenir contralto à la chapelle de *Santa-Maria del Mar* et ensuite à la cathédrale. Enfin, à la mort de Francisco Andrevi (1853), il fut choisi pour remplacer ce grand artiste en qualité de maître de chapelle de l'église de la Merci et de directeur de l'*escolanie* annexée à cette chapelle.

A partir de ce moment, M. Puig, qui déjà s'était exercé avec succès dans la composition, tourna surtout de ce côté les efforts de son intelligence, et l'on assure qu'en 1866 le nombre des œuvres écrites par lui ne s'élevait pas à moins de *cinq cent trente-cinq!* Parmi ces œuvres, il en est de fort importantes, entre autres deux oratorios, dont l'un a pour titre *la Dernière Nuit de Babylone*, et l'autre *la Descente de la Vierge à Barcelone pour fonder l'ordre royal de la Merci*. On cite, parmi ses autres œuvres, quarante et une messes de divers genres, un *Stabat Mater*, un *Miserere*, un service religieux pour le mois de mai (c'est-à-dire trente et un hymnes ou cantiques, soit un pour chaque jour de ce mois), environ 200 hymnes, motets, psaumes, saluts, avec accompagnement d'orgue ou harmonium, etc. Mais M. Puig ne s'est pas borné au genre sacré; on lui doit aussi un opéra en 4 actes, *Carlo il Temerario*, un opéra-comique en 2 actes, *l'Astronomo*, une *zarzuela* en 3 actes, *un Novio en dos personas*, et enfin deux autres ouvrages dramatiques, *Don Gumersindo*, et *Don Francisco de Quevedo*. J'ignore si un seul de ces ouvrages a été représenté.

PULITI (Leto), né à Florence le 29 juin 1818, reçut sa première éducation au collége des Pères Calafanciens à Volterre. Il avait treize ans, quand son père, qui dirigeait la pharmacie de la cour grand-ducale de Toscane, le rappela à Florence pour lui faire étudier les sciences naturelles, tout en lui permettant de prendre des leçons de musique et de piano avec J. Bianchi, et plus tard, quoiqu'à regret, d'apprendre la composition et le contre-point avec Picchianti. A l'âge de seize ans, il fut envoyé par son père en Allemagne, en France et en Angleterre pour s'y perfectionner dans les sciences, et profita de l'occasion pour étendre ses connaissances musicales. De retour dans sa patrie, il composa plusieurs morceaux de musique pour chant, piano ou orchestre, qui furent assez bien accueillis; mais le soin des affaires, des charges publiques et des missions scientifiques eut ce résultat qu'après ses premiers essais il abandonna presque entièrement la composition. Dans les derniers temps de sa vie, il prit du goût pour la littérature musicale et en particulier pour l'histoire de la musique et la biographie des musiciens; il s'adonna avec ardeur à cette étude, et produisit plusieurs travaux, très-remarquables par une érudition étendue, un sage esprit d'investigation et une critique judicieuse. Ces travaux consistent en plusieurs monographies insérées dans les *Atti* de l'Institut royal de musique de Florence (vol. VI, VIII, IX et XII), parmi lesquelles une mention spéciale est due à l'étude dans laquelle M. Puliti, à l'appui de documents incontestables, revendique pour Bartolomeo Cristofori, de Padoue, luthier au service du grand prince Ferdinand, fils du grand-duc Côme III de Florence, l'honneur de l'invention du piano. Il existe, en outre, de lui, une lettre contenant l'histoire et le commentaire de trois madrigaux d'Archadelt et de Tromboncino écrits sur des paroles de Michel-Ange Buonarroti, lettre imprimée à la suite de la vie de ce grand homme publiée par M. Gotti, à Florence, à l'occasion de son quatrième centenaire (1). — M. Puliti travaillait à une *Histoire musicale de la ville de Florence*, pour laquelle il avait déjà recueilli nombre de matériaux, quand une mort soudaine, causée par la rupture d'un anévrisme, vint le frapper dans toute la force de l'âge, le 15 novembre 1875.

M. Puliti était chevalier de l'ordre de la Couronne d'Italie, membre résident de l'Académie

(1) *Di alcune poesie di Michelangelo Buonarroti posti in musica dai compositori del suo tempo*, lettera di Leto Puliti (Estratto dal volume II della *Vita di Michelangelo Buonarroti* del comm. Aurelio Gotti), Florence, 1875, in-8°, contenant, en partition, avec accompagnement de piano, la musique de trois madrigaux à 4 voix, dont l'un de Tromboncino et les deux autres d'Archadelt.

M. Guidi, l'éditeur de musique de Florence, a fait une édition de ces trois madrigaux, sans accompagnement, et sans la lettre de Puliti : *Tre Madrigali di Michelangiolo Buonarroti, posti in musica da Bartolommeo Tromboncino e da Giacomo Archadelt*, Florence, Guidi 1875, in-8°. — A. P.

de l'Institut royal de musique et de l'Académie des *Giorgofili* de Florence, et de beaucoup d'autres sociétés savantes.

L.-F. C.

* **PULLI** (Pierre). — Ce compositeur a écrit et fait exécuter à Modène une cantate de circonstance intitulée *le Nozze del Piacere e dell' Allegria* (1740). On lui doit encore la musique d'un opéra bouffe, *il Carnevale e la Pazzia*, et celle de deux farces napolitaines, toutes deux représentées dans le cours de l'année 1731 à Naples, sur le petit théâtre des Fiorentini, et dont l'une avait pour titre *la Marina de Chiaja*, et l'autre, *le Zitelle de lo Vommaro*.

PULZONI (Francesco), excellent contrapuntiste, né à Bologne, fut élève d'Agostino Filipuzzi. Il fit partie, dès l'année de sa fondation (1666), de l'Académie des Philharmoniques de Bologne, et en fut élu prince en 1678.

PUZONE (Giuseppe), chef d'orchestre et compositeur italien, né à Naples au mois de décembre 1821, commença de bonne heure l'étude de la musique, et fut ensuite admis au Conservatoire de San-Pietro a Majella. Il eut comme professeurs dans cet établissement Ferrazzano et Rossi pour le hautbois, Lanza pour le piano, Gennaro Parisi pour l'harmonie accompagnée, Francesco Ruggi pour le contrepoint, enfin Donizetti, puis Mercadante, pour la composition idéale et l'orchestration. Étant encore sur les bancs de l'école, il écrivit une messe à 4 voix avec orchestre, deux ouvertures, un hymne composé en l'honneur de Rossini pour une visite faite par ce grand homme au Conservatoire, un Prélude funèbre à la mémoire du comte de Gallemberg, et enfin un opéra semi-sérieux, *il Marchese Albergati*, qui fut représenté et accueilli favorablement au théâtre Nuovo, en 1839. Il avait alors à peine dix-huit ans.

En 1844, M. Puzone fut engagé au théâtre San-Carlo en qualité de *maestro concertatore*, et l'année suivante il donnait à celui du Fondo son second ouvrage dramatique, *il Figlio dello Schiavo*. Quatre ans plus tard, en 1849, il faisait représenter au théâtre San-Carlo *Elfrida di Salerno*, opéra sérieux en 3 actes, qui, comme le précédent, fut bien reçu du public. Il n'en fut pas de même d'*il Dottor Sabato*, opéra bouffe en 3 actes qui vit le jour en 1852 au théâtre du Fondo, et que les défauts du livret, mauvaise imitation de celui du *Barbier de Séville*, firent tomber lourdement. Depuis cette époque, M. Puzone, qui est devenu l'un des deux chefs d'orchestre du théâtre San-Carlo, ne s'est plus reproduit à la scène comme compositeur.

Outre les œuvres qui ont été ci-dessus citées, on doit à cet artiste les compositions suivantes : 2 messes à plusieurs voix, avec orchestre ; 2 *Credo* à 4 voix, avec orchestre ; 3 *Tantum ergo* à une ou 2 voix, avec orchestre ; *le Tre Ore d'agonia*, oratorio avec accompagnement de piano ou harmonium, violoncelle et contre-basse ; un grand nombre de motets, avec ou sans orchestre ; plusieurs ouvertures à grand orchestre ; quelques morceaux écrits pour deux opéras de divers auteurs, *il Ritratto di Don Liborio* et *le Nozze frastornate da un pazzo*.

PUZZI (Giovanni), virtuose d'une rare habileté sur le cor, naquit à Parme dans les dernières années du dix-huitième siècle. Il acquit de bonne heure un talent des plus remarquables, se produisit en public avec les succès les plus vifs, et visita la plupart des grandes villes de l'Europe en se faisant entendre partout au bruit des applaudissements. Il fut, dit-on, pendant plusieurs années, directeur d'un théâtre de Londres, où il mourut le 1er mars 1876. Il a laissé une *Nouvelle Méthode pour apprendre le cor*, qui, je crois, n'a pas été publiée. — La femme de cet artiste fut une cantatrice dramatique fort distinguée, qui fit ses débuts à Alexandrie dans le rôle d'Amina de *la Sonnambula*. « Belle, passionnée, dit un biographe (F. Regli), toute âme dans les yeux, dans le sourire, dans la personne, douée d'une voix juste, étendue, flexible, elle chantait la musique de Bellini avec des accents suaves et pathétiques, avec un style tout italien, avec une élégance charmante. »

PYNE (Louisa), cantatrice anglaise justement renommée, fille d'un chanteur fort distingué lui-même, M. G. Pyne, est née en 1832. Élève du fameux organiste et chef d'orchestre George Smart, elle commença, à peine âgée de dix ans, à se produire dans les concerts, se fit entendre un instant à Paris en 1847, et, de retour à Londres, entama sa carrière dramatique en 1849. Engagée au théâtre royal italien de cette ville en 1851, elle y fut reçue avec faveur, et, en 1854, alla faire en Amérique une grande tournée artistique qui ne dura pas moins de trois années et qui lui valut de véritables triomphes. Revenue dans sa patrie, elle forma avec M. Harrison, ténor fort distingué, une association pour l'exploitation à Londres de l'opéra anglais. Les deux artistes donnèrent d'abord leurs représentations au Lyceum, puis à Drury-Lane, et enfin, à partir de 1859, au théâtre de Covent-Garden.

C'est surtout à partir de ce moment que l'entreprise Pyne-Harrison acquit une très-grande importance. Le talent des deux artistes associés, leur activité, l'impulsion qu'ils surent donner à la musique nationale en représentant des œuvres nouvelles de Wallace, de Balfe, de Macfarren, de M. Benedict, attirèrent pendant plusieurs années le public au *Royal-English-Opera*. La troupe réunie par eux comprenait des artistes tels que miss Parepa, miss Pillin, miss Fanny Cruise, MM. Santley, H. Corri, Henry Haig, G. Howey, Saint-Albin, Mengis, Lyall, Wallworth, Bartleman, Terroff, etc., et l'orchestre était excellemment dirigé par un chef habile, Alfred Mellon. D'ailleurs, miss Louisa Pyne était toujours sur la brèche, ainsi que son compagnon, et l'autorité qu'ils avaient su acquérir sur le public, la sympathie qu'inspirait leur talent, n'étaient pas sans influence sur les résultats matériels de leur entreprise. Les ouvrages nouveaux que les directeurs produisirent sur la scène de Covent-Garden étaient *Lurline*, *Love's Triumph*, *la Fleur du Désert*, de Wallace, *the Puritan's Daughter*, *the Armurer of Nantes*, *Blanche de Nevers*, *la Rose de Castille*, de Balfe, *Ruy Blas*, d'Howard Glover, *the Lilly of Killarney*, de M. Benedict, *the Sloops to Conquer*, de Macfarren, et chacun de ces ouvrages était soutenu par le talent de miss Pyne. Elle obtint aussi de très-grands succès dans diverses traductions d'opéras français : *le Domino noir*, *les Noces de Jeannette*, *les Diamants de la Couronne*, et surtout *le Pardon de Ploërmel*, avec lequel elle attira la foule pendant plus de cinquante représentations.

Cependant, vers 1865, miss Louisa Pyne et M. Harrison renoncèrent à leur entreprise et rompirent leur association. Miss Pyne contracta alors un engagement avec le théâtre de Sa Majesté, et se produisit de nouveau dans l'opéra italien, chantant *Don Giovanni*, *le Nozze di Figaro*, *l'Africaine*, etc. En même temps, elle se faisait entendre fréquemment dans les festivals et les concerts publics, et était souvent invitée à chanter aux soirées de la reine, soit au château de Windsor, soit au palais de Buckingham. Je crois que depuis quelques années cette excellente artiste a renoncé à une carrière qui avait été singulièrement brillante pour elle, et où elle n'avait connu que des succès. Miss Louisa Pyne a épousé M. Frank Bodda, mais elle a toujours conservé au théâtre le nom sous lequel elle s'était fait connaître.

Q

* **QUAISAIN** (Adrien).— Cet artiste est auteur d'un certain nombre d'opéras-comiques représentés au commencement de ce siècle : 1° *les Deux Ivrognes*, un acte, Ambigu, 1800; 2° *le Mari d'emprunt*, un acte, Ambigu, 1800; 3° *une Étourderie* ou *l'Une pour l'autre*, un acte, théâtre Feydeau, 1801 ; 4° *la Dot* ou *le Mari d'un jour*, un acte, 1801; 5° *les Amants absents*, un acte, Ambigu, 1803. Mais, de tous ses ouvrages, celui qui obtint le plus de succès et dont la musique était trouvée charmante, est *la Musicomanie*, écrit par lui sur un livret de Guilbert de Pixerécourt, et représenté à l'Ambigu en 1800, alors qu'il remplissait, avec un véritable talent, les fonctions de chef d'orchestre à ce théâtre. Quaisain a écrit aussi, en société avec Quinebaud, la musique de *Philomèle et Thérée*, grande pantomime dialoguée donnée à l'Ambigu en 1800. — La femme de ce compositeur appartint à divers théâtres de Paris, entre autres à celui des Amis des Arts, connu précédemment sous le nom de théâtre Molière. Elle ne manquait point de mérite, était douée d'une voix agréable, et se faisait surtout remarquer dans les petits opéras qu'on jouait alors un peu partout.

* **QUANTZ** (Jean-Joachim). — On a publié récemment sur cet artiste l'écrit suivant : *la Vie et l'œuvre de Jean-Joachim Quantz, maître de flûte de Frédéric le Grand*, par Albert Quantz (Berlin, Oppenheim, 1877, petit in-8° de IV-56 p.). Cet opuscule est, pour sa plus grande partie, la reproduction de l'autobiographie écrite naguère par Quantz lui-même et publiée en 1754 par Marpurg, dans ses *Esquisses critiques* (vol. I, p. 197); on y a ajouté un catalogue des œuvres de Quantz, ainsi qu'un supplément contenant quelques lettres de lui ou à lui adressées, des éloges poétiques écrits à l'époque de sa mort, et enfin une autre table de ses œuvres, plus exacte et plus étendue. Cette brochure peut être utile comme renseignement et comme point de départ d'une étude sur Quantz, mais le travail est mal fait, mal coordonné, sans liaison et sans esprit de suite. L'auteur est l'arrière-petit-neveu de Quantz lui-même, M. Albert Quantz, secrétaire de l'administration des postes à Gœttingue.

QUANTZ (Otto), écrivain musical allemand, frère de M. Albert Quantz, a publié, entre autres écrits, une brochure ainsi intitulée : *Zur chromatischen claviatur* (*De la chromatique du clavier*).

QUARANTA (Francesco), musicien italien contemporain, a écrit la musique d'un drame lyrique intitulé *Ettore Fieramosca*, dont j'ignore le lieu et la date de représentation. Cet artiste a publié un recueil de *Six Mélodies* sur paroles françaises et italiennes. On lui doit aussi une messe avec orchestre, dont on dit la facture aussi remarquable que l'inspiration, et quelques morceaux de chant détachés.

QUARENGHI (Guglielmo), violoncelliste italien distingué, professeur et compositeur, né à Casalmaggiore le 22 octobre 1826, est attaché au théâtre de la Scala, de Milan, en qualité de premier violoncelle, et depuis 1851 remplit les fonctions de professeur pour cet instrument au Conservatoire de cette ville, dont il a été l'élève de 1839 à 1842. Cet artiste estimable a publié un certain nombre de compositions pour le violoncelle, parmi lesquelles je citerai les suivantes : 1° Six caprices (Milan, Ricordi); 2° *Capriccio*, avec accompagnement de piano (id., id.) ; 3° *Sulla tomba di mio padre*, chant élégiaque, avec piano (id., id.); 4° Prière, avec piano (id., id.); 5° Romance, avec piano (id., id.); 6° Scherzo, avec piano (id., id.); 7° *un Pensiero al lago*, romance, avec piano (id., id.); 8° quelques fantaisies sur des motifs d'opéras : *Lucrezia Borgia, la Sonnambula, la Traviata, il Trovatore, Rigoletto*, etc. On connaît encore de lui quelques quatuors estimés et plusieurs messes. M. Quarenghi a voulu se produire aussi au théâtre ; par malheur, il fit choix, pour son premier et unique essai de ce genre, d'un ancien livret bouffe de Romani et l'un des moins heureux de ce poëte distingué, quoiqu'il eût été employé déjà par plusieurs compositeurs, sans qu'aucun ait jamais pu réussir à le maintenir à la scène. M. Quarenghi remit ce livret en musique, et l'ouvrage fut représenté à Milan au mois de mars 1863, sous ce titre : *il Dì di San Michele*. Le poëme produisit sur les spectateurs un tel effet de répulsion que la pièce put à peine être achevée, et qu'il n'en fut plus jamais question. Au mois de février 1879, M. Quarenghi a été nommé directeur de la chapelle du Dôme, de Milan, en remplacement de Boucheron, mort récemment.

* **QUATREMÈRE DE QUINCY** (Antoine-Chrysostome). — En dehors des trois notices sur Paisiello, Monsigny et Méhul, citées au nom de ce savant critique (plus compétent en ce qui concerne les arts plastiques qu'en ce qui se rapporte à la musique), Quatremère de Quincy a encore lu, dans les séances publiques de l'Académie des Beaux-Arts, trois notices sur Boieldieu, Catel et Gossec. La première a été publiée (Paris, Didot, 1835, in-4°) (1), et les deux autres ont dû l'être aussi. On retrouve d'ailleurs tous ses éloges académiques sur les peintres, sculpteurs, architectes et musiciens dans le *Recueil de notices historiques lues dans les séances publiques de l'Académie royale des Beaux-Arts de l'Institut* par Quatremère de Quincy (Paris, Adrien Leclère, 1834-1837, 2 vol. in-8°).

QUATREUL (Jean), musicien distingué, chanoine et sous-chantre à la cathédrale de Rouen pendant la seconde moitié du quinzième siècle, fut à trois reprises maître et instructeur des enfants de chœur de cette église, d'abord de septembre 1453 à 1456, puis de 1461 à 1462, et une dernière fois en 1467.

* **QUEISSER** (Charles-Traugott), tromboniste allemand, est mort à Leipzig le 12 juin 1846.

QUENTIN (Alfred-Alexandre), musicien français, né à Cherbourg (Manche) le 1er janvier 1827, fut admis au Conservatoire de Paris, dans la classe de trombone de Dieppo, et obtint le second prix de trombone au concours de 1856, et le premier prix l'année suivante. Il faisait, à cette époque, partie de l'orchestre des concerts Musard, et entra, peu après, à celui de l'Opéra. Cet artiste a publié sous ce titre : *Orchestration, traité d'instrumentation* (Paris, l'auteur, in-8°), un manuel destiné surtout, dans sa pensée, à rendre familière aux compositeurs la connaissance des instruments de cuivre qui entrent dans la composition des orchestres symphoniques.

QUERALT (Francisco), prêtre et musicien espagnol, né vers 1740 aux Borjas d'Urgel, en Catalogne, fut un des contrapuntistes les plus renommés de son temps, et forma un grand nombre d'élèves qui tous devinrent des artistes distingués et occupèrent d'importantes positions. On lui doit de nombreuses œuvres de musique religieuse, écrites pour la plupart à deux et à trois chœurs, et qui donnent une haute idée de son habileté et de son savoir. Cet artiste fort remarquable, qui a laissé un nom dans sa patrie, mourut à Barcelone, le 28 février 1825, âgé de quatre-vingt-cinq ans.

QUESADA (Adolfo DE), pianiste et compositeur de talent de l'école de Gottschalk et d'Espadero, né à la Havane quelques années après ces deux artistes, manifesta de bonne heure les plus heureuses dispositions pour la musique, et se fit entendre dans un concert à l'âge de sept ans. On a de ce compositeur les œuvres suivantes pour le piano : *Trois contredanses* (la Havane, Edelmann); *Marche* dédiée au marquis de Moncaijo (id.); *Trois valses artistiques*, op. 8, 10 et 12 (publiées à Madrid); *Polonaise*, op. 11 (id.); *Trois mazurkas*, op. 13 (id.); *Marche-apothéose*, à Gottschalk, op. 14 (id.); *Cristoforo Colombo*, marche solennelle, op. 15 (id.); *Havane chérie*, contredanse créole, op. 16 (Paris, Heugel); *Valse* en *la* bémol (Bordeaux, Ravayre). La *Marche-apothéose* (dédiée à Gottschalk), arrangée pour orchestre, a été exécutée avec un grand succès à Madrid, aux Concerts populaires, sous la direction de M. Monasterio.

A. L—N.

QUESNEL (J.......), compositeur et écrivain français, né à Saint-Malo le 15 novembre 1749, mort à Montréal (Canada), le 3 juillet 1809, fut d'abord marin. De 1768 à 1771, il fit un premier voyage à Pondichéry, à Madagascar, en Guinée et au Sénégal, et, de 1773 à 1778, se rendit à la Guyane française, au Brésil et aux Antilles. En 1779, il fut fait prisonnier par les Anglais, puis, ayant été mis peu de temps après en liberté, il alla au Canada et se fixa à Montréal, où il se fit naturaliser et se maria. Une fois établi à Montréal, Quesnel, de voyageur et de marin, devint littérateur et musicien. Il écrivit la musique d'un opéra-comique en 3 actes, *Colas et Colinette* ou *le Bailli dupé*, qui fut représenté en 1790, celle d'un autre opéra intitulé *Lucas et Cécile*, et fit représenter *l'Anglomanie*, comédie en vers, et *les Républicains français*, comédie en prose. On lui doit aussi des symphonies, des motets, des chansons et des ariettes. Enfin, il a publié, en 1805, une sorte de petit traité didactique : *l'Art dramatique*.

Je crois que la seule mention qui ait été faite de cet artiste consiste dans la notice qui lui a été consacrée dans le premier volume du *Répertoire national*, publié à Montréal en 1848.

QUEUX DE SAINT-HILAIRE (Le mar-

(1) Dans la liste des écrits publiés sur Boieldieu que j'ai dressée à la fin de mon livre : *Boieldieu, sa vie, ses œuvres, son caractère, sa correspondance*, j'ai oublié de mentionner la notice de Quatremère de Quincy.

quis DE), amateur de musique français, lettré délicat, membre de l'Association pour l'encouragement des études grecques, auteur de divers écrits littéraires, a publié l'opuscule suivant : *Lettre à M. Adolphe Blanc sur la musique de chambre*, par L. M. D. Q. D. S.-H. (Paris, impr. Jouaust, 1870, in-8° de 32 pp.).

* **QUICHERAT** (Louis-Marie), conservateur à la bibliothèque Sainte-Geneviève.—M. Quicherat a publié en 1867 (Paris, Hachette) une biographie fort intéressante, mais beaucoup trop développée, de Nourrit : *Adolphe Nourrit, sa vie, son talent, son caractère.* Quelque intérêt que présentent la vie et la carrière d'un chanteur, il est vraiment trop de trois volumes in-octavo pour raconter l'une et faire apprécier l'autre, même lorsque des lettres fort curieuses viennent, comme c'est ici le cas, compléter le récit et l'éclairer d'une vive lumière. A ce compte, dix volumes ne suffiraient pas pour retracer l'existence d'un grand compositeur, mais alors le public se refuserait à suivre l'écrivain, et nous devons avouer que le public n'aurait pas tort. — M. Quicherat a été élu, en 1864, membre de l'Académie des Inscriptions et belles-lettres, en remplacement du savant helléniste Hase.

QUILICHINI (Jean), organiste de l'église paroissiale de Saint-Ours, à Loches (Indre-et-Loire), a publié en 1875 un petit traité intitulé *Leçons élémentaires d'harmonie* (Tours, in-8°).

QUILICI (Domenico), compositeur, naquit à Lucques en 1759, et eut pour maîtres Pasquale Soffi et Matteo Frediano. On lui doit environ soixante-dix œuvres de divers genres, mais pour la plus grande partie religieuses, parmi lesquelles une messe de *Requiem* à quatre voix, le psaume *Beatus*, des motets, etc. Doué d'une vive intelligence et d'un grand amour de l'art, Quilici, qui ne bornait pas ses travaux à la musique, mais qui était aussi très-versé dans les lettres, dans la philologie et dans les mathématiques, était à la fois maître de chapelle de la cour de Lucques, *maestro concertatore* au théâtre de cette ville, et directeur d'une école gratuite de musique qu'il avait organisée à ses frais personnels lorsque, au commencement de ce siècle, furent supprimés les séminaires de Saint-Martin et de Saint-Michel. En même temps il dirigeait des concerts hebdomadaires, à orchestre et chœurs, dans lesquels il faisait exécuter les meilleures œuvres de musique classique. Cet artiste aussi dévoué que distingué est mort à Lucques le 9 novembre 1831, et a été l'objet, de la part de ses compatriotes, d'honneurs exceptionnels.

QUILICI (Biagio), frère du précédent, naquit à Lucques le 24 août 1774, et fut aussi élève de Pasquale Soffi. Il s'essaya dans la composition, et écrivit un *Domine*, un *Dixit* à 4 voix concertantes, et une messe à 4 voix avec instruments, qui fut exécutée dans les années 1804 et 1807 à la fête de sainte Cécile. Mais Quilici s'aperçut que la nature ne l'avait pas doué d'une forte dose d'imagination, et, n'étant aussi qu'un médiocre organiste, il résolut de se consacrer à l'enseignement du piano et de l'harmonie pratique. Nommé maître de musique du séminaire de Saint-Michel *in foro*, il se borna, dans cet établissement, à enseigner la partie élémentaire de l'art. Cet artiste mourut à Lucques le 23 août 1861, la veille du jour où il allait accomplir sa quatre-vingt-septième année.

* **QUILICI** (Massimiliano), compositeur et professeur, est le fils du précédent. Il a fait représenter en 1838, au théâtre San-Benedetto, de Venise, un opéra en 2 actes intitulé *Bartolomeo della Cavalla, ossia l'Innocente in periglio*, et à Florence, en 1861, un second ouvrage, bouffe comme le précédent, *la Penna del Diavolo.* Son premier opéra, *Francesca di Rimini*, avait été joué à Lucques le 2 septembre 1829. Cet artiste est devenu directeur du Lycée musical de Lucques, auquel il était précédemment attaché comme professeur.

* **QUINAULT** (Jean-Baptiste-Maurice). — Voici les titres de quelques-unes des pièces représentées à la Comédie-Française, pour lesquelles cet artiste écrivit des airs de chant ou de danse : *les Captifs* (1714), *le Roy de Cocagne* (1718), *Momus fabuliste* (1719), *Cartouche* (1721), *Pandore* (1721), *le Galant Coureur* (1722), *le Nouveau-Monde* (1722), *le Philanthrope* (1723), *le Divorce de l'Amour et de la Raison* (1723), *l'Ami de tout le monde* (1724), *le Dénouement imprévu* (1724), *l'Impromptu de la Folie* (1725), *le Triomphe du Temps* (1725), *la Françoise italienne* (1725), *la Chasse du cerf* (1726), *les Nouveaux Débarqués* (1726), *la Nouveauté* (1727), *les Amazones modernes* (1727), *le Complaisant* (1732), etc. Quinault composa aussi une nouvelle musique pour *le Bourgeois gentilhomme* de Molière, à l'occasion de la reprise qui en fut faite en 1716, et il refit celle des quatrième et cinquième intermèdes de *la Princesse d'Élide*, pour la reprise de 1722. La musique de Quinault faisait grand plaisir, et de Léris dit, dans son *Dictionnaire des théâtres*, à propos du *Roy de Cocagne* : « Les fleurs personnifiées y chantaient des airs fort goûtés dont la musique était de Quinault.... »

QUINEBAUD (......), est le nom d'un artiste obscur, qui a fait représenter : 1° *Rose et Flor-*

bel, opéra-comique en un acte, théâtre Montansier, 1800; 2° *Philomèle et Thérée*, pantomime dialoguée dont il avait écrit la musique en société avec Quaisain, Ambigu, 1800; 3° *le Voisinage*, opéra-comique en un acte représenté la même année au théâtre Favart, et dont la partition portait, avec son nom, celui de quatre autres compositeurs : Dugazon fils, Dubuat, Bertrand et Pradher. En 1812 ou 1813, Quinebaud entra comme alto à l'Opéra; il y était encore en 1830.

QUITRÉE (Pierre), compositeur, maître des enfants de chœur de la Saussaye, vivait à la fin du seizième siècle. En 1585, ayant pris part au concours du puy de musique d'Évreux, il en fut récompensé par le prix de la lyre d'argent, qu'il se vit décerner pour la chanson française intitulée : *Bonjour mon cueur*.

QUOINTE (Le P. LE), religieux et compositeur, vivait à la fin du dix-septième et au commencement du dix-huitième siècle. On ne possède aucun renseignement sur lui, non plus que sur l'ordre auquel il appartenait; on ignore même s'il était Hollandais, Belge ou Français, et l'on sait seulement que ses œuvres furent publiées à Amsterdam, chez le célèbre éditeur Etienne Roger. Voici la liste de celles de ses compositions dont on a retrouvé la trace : 1° *Pièces en trio pour les flûtes, violons et hautbois, composées à la manière italienne et à la manière française;* 2° *Messes et motets à 3, 4 et 5 voix et 5 instruments*, op. 2; 3° *Sonates à 2 violons, premier haute-contre, une basse de viole et une basse continue*, op. 3; 4° *Cantiques spirituels en trois parties* (messes, litanies, motets, *Tantum ergo*), *à 5 voix et 5 instruments;* 5° *Messe, motet, Te Deum et une litanie à 5 voix et 5 instruments*, op. 5; 6° *Psaumes concertants à 1, 2, 3, 4 et 5 voix et 4 et 5 instruments*, op. 6; *Mottetti a voce sola e basso continuo*, op. 7; *Mottetti a voce sola contre stromenti*, op. 9.

R

RABAUD (Hippolyte-François), violoncelliste distingué, né le 29 janvier 1839 à Sallèles-d'Aude (Aude), a été admis au Conservatoire de Paris, dans la classe de M. Franchomme, en 1855. Il obtint un premier accessit au concours de 1857, le second prix en 1860, et le premier prix en 1861. M. Rabaud est aujourd'hui violoncelle-solo à l'orchestre de l'Opéra et membre de la Société des concerts du Conservatoire; il a fondé, avec MM. Tandou, Desjardins et Lefort, l'une des meilleures sociétés de quatuors de Paris. On doit à cet artiste, outre quelques morceaux de genre pour le violoncelle, une bonne Méthode pour cet instrument (Paris, Leduc).

RABAUD (Léontine **VAN DER MAËSEN D'AVIONPUITS**, épouse), connue au théâtre sous le nom de *Léontine de Maësen*, est née en Belgique à Esneux, province de Liége (1). Elle montra de bonne heure des dispositions pour la musique, et le professeur de piano de la pension où elle était élevée, à Visé, aimait à la faire chanter et à exercer sa jolie voix d'enfant. Elle perdit prématurément son père, qui, à la suite de revers de fortune, s'était rendu en Californie à la tête d'une compagnie de mineurs belges. Elle songea alors à tirer parti de son talent et entra au Conservatoire de Liége, dirigé par Daussoigne-Méhul. Elle y eut pour professeurs MM. Vercken et Géraldy. Dès la première année de son séjour à l'école, elle obtint le second prix de chant, et, dès la deuxième, le premier prix. Sous ces favorables auspices, elle alla à Paris perfectionner son éducation musicale, et passa quelques mois au Conservatoire, dans la classe de Mme Damoreau. Cependant, la situation de sa famille lui faisait désirer de ne pas prolonger trop longtemps ses études; elle quitta le Conservatoire, et prit encore des leçons de Géraldy, qu'elle avait retrouvé à Paris, puis de Duprez, qui la prépara à aborder le théâtre. — En 1856-57, elle fut engagée à Grenoble comme chanteuse légère de grand opéra, et, en 1857-58 et 1858-59, au Grand-Théâtre de Marseille. Pendant cette dernière saison, elle avait pris l'emploi de première chanteuse d'opéra-comique. Les années suivantes, elle chanta à Lyon, où elle fut très-applaudie, surtout dans le rôle de Marguerite de *Faust*, qu'elle avait créé dans cette ville. En 1861-62, elle revint à Marseille, où elle créa *la Reine Topaze*, et prit part à plusieurs reprises intéressantes dues à la direction Halanzier, notamment *les Noces de Figaro* et *Freyschütz*. En 1863, après avoir donné quelques représentations à Lille, elle fut engagée à Paris, au Théâtre-Lyrique. Les rôles qui lui furent confiés étaient tout à fait en harmonie avec la nature de son talent. C'était en effet surtout un tempérament dramatique, servi par une voix de soprano métallique, vigoureuse et étendue. Mme L. de Maësen créa avec éclat *les Pêcheurs de Perles*, de Bizet, *le Roi des Mines*, de M. Cherouvrier, *l'Aventurier*, du prince Poniatowski, la traduction française de *Don Pasquale*, et celle de *Rigoletto*, où elle fut très-remarquée. La presse fut unanimement élogieuse sur son compte. Meyerbeer, qui préparait la mise à l'étude de *l'Africaine*, songea à elle pour sa *Selika*, et exprima le désir de l'entendre dans la vaste salle de l'Opéra. La mort du maître et diverses circonstances en décidèrent autrement. A ce moment, Mme L. de Maësen, voulant aborder les grandes scènes étrangères, prit la carrière italienne. Elle fut engagée en Italie, et créa d'une façon brillante, à Florence et à Reggio, la *Dinorah* (*le Pardon de Ploërmel*) de Meyerbeer. Elle fit ensuite une saison à Madrid. Cependant, Mme L. de Maësen avait contracté un mariage des plus honorables avec un important armateur de Marseille, M. A. Rabaud. Cette heureuse union, qui lui avait donné le bonheur domestique, tendait depuis longtemps à l'éloigner du théâtre. Les considérations de famille finirent par l'emporter. Au moment même où elle atteignait ce degré de notoriété qui devait lui assurer une place distinguée parmi les cantatrices contemporaines, Mme Rabaud se décida courageusement à quitter la scène pour se vouer tout entière à la vie d'intérieur et à l'éducation de ses enfants. Depuis cette époque, elle n'a pas cessé d'habiter Marseille, et n'a reparu en public que pour aider des entreprises charitables ou servir les plus hauts intérêts artistiques. Elle a soutenu et aidé de ses conseils de jeunes artistes qui ont fait appel à

(1) Fille d'un ancien procureur du roi à Verviers, Mme Rabaud de Maësen est née le 15 juillet 1837. — A. P.

sa bienveillance, et a formé plusieurs élèves, entre autres Mlle Baux, qui est aujourd'hui à l'Opéra. Elle a popularisé, dans une audition qu'elle donne chaque année au profit des pauvres, d'intéressants fragments d'œuvres peu connues à Marseille, telles que *les Troyens* de Berlioz, *Marie-Magdeleine* de Massenet, etc. En 1872, elle a chanté dans un grand festival au profit de la libération du territoire l'oratorio de *Ruth* de M. Alexis Rostand, et en 1875 le *Gloria Victis* du même auteur, qui lui a dédié cette dernière partition. Enfin, elle s'est produite avec un très-vif succès à Bordeaux, dans un concert de charité. — Depuis sa retraite, son talent semble s'être encore développé; elle a acquis en quelque sorte plus d'autorité, une manière plus large, une notion plus parfaite, plus distincte des divers styles, et surtout peut-être un sens plus fin, plus éclairé du coloris poétique des œuvres qu'elle a à interpréter.

La sœur de Mme Rabaud, Mlle Camille de Maësen, a suivi également avec succès la carrière artistique. Son nom a figuré dans les états de troupe de beaucoup de grandes scènes de province et de l'étranger. Elle est restée plusieurs années à Paris, à l'Opéra, et y a créé le principal rôle de femme du *Roland à Roncevaux* de M. Mermet.

Al. R—D.

RABBONI (Giuseppe), flûtiste italien renommé et compositeur pour son instrument, naquit à Crémone le 16 juillet 1800, et fit son éducation musicale au Conservatoire de Milan, où il fut élève de Giuseppe Buccinelli. Il était âgé seulement de huit ans quand il fut admis dans cet établissement, le 1er septembre 1808, c'est-à-dire le jour même de son inauguration. Il en sortit le 24 octobre 1817, pour y rentrer dix ans après, en 1827, en qualité de professeur, à la mort de son ancien maître. Lui-même conserva ces fonctions jusqu'à son dernier jour, pendant près de trente ans, et mourut à Varenne, sur les bords du lac de Côme, le 10 juin 1856.

Rabboni fut un virtuose extrêmement remarquable, un professeur excellent, et un compositeur distingué pour son instrument. Ses fonctions de professeur au Conservatoire et de première flûte à l'orchestre du théâtre de la Scala ne l'empêchèrent pas de se produire non-seulement en Italie, mais dans diverses villes d'Europe, qu'il parcourut en compagnie du fameux clarinettiste Ernesto Cavallini, avec lequel, malgré sa modestie et sa timidité, il remporta de nombreux et brillants succès. Il a publié pour la flûte soixante-six compositions de divers genres (dont une posthume), qui pendant longtemps ont constitué une partie du répertoire des virtuoses italiens sur cet instrument. Parmi ces compositions, je signalerai surtout les suivantes: Divertissement pour flûte et piano, op. 41; Fantaisie, id., op. 48; Fantaisies, id., sur *Linda di Chamounix*, *Luisa Miller*, *Macbeth*, *Rigoletto*, *Stiffelio*, op. 48, 52, 53, 54, 56, 58; Grands Duos pour 2 flûtes, op. 20, 22, 44, 47 et autres; 2 Caprices pour 2 flûtes; Duos pour deux flûtes, avec accompagnement de piano, sur *Rigoletto*, *Stiffelio*, *Leonora*, *il Trovatore* (posthume), op. 55, 57, 60, 67.

RABELAIS (François), écrivain français, moine cordelier, puis bénédictin, docteur et professeur de l'université de Montpellier, médecin de l'Hôtel-Dieu de Lyon, secrétaire du cardinal du Bellay, qu'il suivit à Rome, lors de ses ambassades, enfin curé des paroisses de Soudray, du Jambet, et de Meudon, naquit vers 1483, en Touraine, à Chinon, « ville insigne, ville noble, ville antique, voyre première du munde, » et mourut à Paris en 1553.

Ce sera assurément la première fois qu'on aura vu le chantre des hauts faits de *Gargantua* et de *Pantagruel* classé parmi les musicologues. Il est des leurs pourtant, et comme, sans effort, on peut le démontrer, pour la plus grande confusion des commentateurs, qui, jusqu'à ce jour, ont laissé inaperçu un des côtés les plus intéressants de son génie encyclopédique. Rabelais, en effet, revient souvent sur la musique, qu'il fait aller de pair avec la géométrie et l'arithmétique (*Pantagruel*, l. II, chap. 8); et il en parle toujours en connaisseur passionné: « Nous désirions tous nos membres en aureilles convertis! » fait-il dire à un de ses personnages, qui exprime dans ce langage extatique le ravissement où le jette la voix et le chant d'une abbesse. (*P.*, l. V, ch. 8.) Ce n'est là, il est vrai, qu'un élan de lyrisme. Mais les termes du vocabulaire musical lui sont familiers; il s'en sert au propre et au figuré avec une égale aisance, les tourne et retourne pour ajouter des couleurs à ses descriptions ou pour donner un vernis de science aux héros de son épopée; il en fait même des lazzi, et montre de toute manière qu'il en possède le sens exact.

C'est ainsi que, louant les soldats de Grandgousier sur leur prudence, leur discipline, et la belle régularité de leurs mouvements rhythmés, il dit que « mieulx ressembloient une harmonie d'orgues qu'une armée, ou gendarmerie. » (*Gargantua*, l. I, ch. 47.) Le peuple de Paris, il le traite de « sot par nature, par béquarre et par bémol » (*P.*, l. II, ch. 7); plus loin (*P.*, l. III, ch. 38), Triboulet est gratifié par Panurge des épithètes de « fol de haulte gamme, de fol de B quarre, et de B mol,» allusions à la solmisation, telle qu'elle se pratiquait encore au seizième siècle (voir à cet égard le mot *Propriété*, dans le *Dictionnaire de musique moderne* de Castil-Blaze). Dans la célèbre scène de la tempête (*P.*, l. IV, ch. 19), le poltron Panurge croit que le vaisseau sur lequel il est monté vient de plonger jusqu'au plus profond de la mer, et il s'écrie, affolé de terreur : « Zalas ! sommes-nous au dessous du gamma ut, » expression énergique et très-pittoresque, le contre-ut grave étant alors la note la plus basse de l'échelle des sons perceptibles. Nous pouvons suivre encore Pantagruel et ses compagnons au palais de la reine Quinte-Essence, « qui guarit les maladies sans y toucher, seulement leur sonnant une chanson, selon la compétence du mal. » (*P.*, l. V, ch. 20.) Elle se sert à cet effet « d'orgues de faczon bien estrange, car les tuyaulx sont de casse en canon, le sommier de gayac, les marchettes de rheubarbe, le suppied de turbith, le clavier de scammonie. » D'ailleurs, cette dame Quinte, princesse très-gracieuse, « est de tous bons accords, » jeu de mots où se révèlent les connaissances que Rabelais devait posséder en musique; car ce n'est plus là au dilettante que nous avons affaire, mais au théoricien. Il faut considérer, en effet, qu'à l'époque où il écrivit, l'harmonie consonnante prédominait dans l'art profane aussi bien que dans l'art sacré. Ce qu'il appelle « bon accord » ne peut être, à coup sûr, que l'accord parfait à l'état direct, soit l'accord par excellence, et dont l'intervalle de quinte est justement un des éléments caractéristiques.

Nous pourrions multiplier ces sortes d'exemples, mais nous avons hâte d'établir que l'érudition de notre auteur s'étend aussi bien aux personnes qu'aux choses, ce dont témoigne amplement le « Nouveau prologue du IVe livre de *Pantagruel*.» On y trouve, en effet, une nomenclature de *cinquante-huit* musiciens, la plupart de l'école néerlandaise, et ayant tenu un rang glorieux depuis 1450 environ, jusqu'aux premières années de la Renaissance. En burinant leurs noms dans ses écrits, Rabelais semble acquitter une dette contractée envers les compositeurs de son temps dont les œuvres l'avaient charmé. Il les fait d'ailleurs intervenir dans son récit sans nécessité apparente, et pour le seul plaisir de les saluer au passage.

A ne prendre d'abord que ceux dont on trouve la biographie dans ce dictionnaire, ce sont : Josquin des Prés, — Ockeghem, — Hobrecht, — Agricola, — Brumel, — de la Fage, — Prioris, — de la Rue, — Moulu, — Mouton, — Gascogne, — Loyset Compère, — Penet, — Richardfort, — Roussel, — Adrian Villaërt, — Gombert, — Jannequin, — Arcadelt, — Claudin, — Certon, — Manchicourt, — Villiers, — Sandrin, — Sohier, — Hesdin, — Moralès, — Passereau, — Maille, — Maillart, — Jacotin, — Heurteur, — Verdelot, — Carpentras, — l'Héritier, — Cadéac, — Vermont, — Lupi, — du Moulin, — Gendre.

Ce sont maintenant (et dans un ordre de mérite probablement inférieur, puisqu'ils ont été dédaignés des biographes) : Camelin, — Vigoris, — Bruyer, — Seguin, — Midy, — Fevin, — Rouzée, — Consilion, — Constantio Festi, — Jacquet Bercan, — Auxerre, — Doublet, — Bouteiller, — Pagnier, — Millet, — Alaire, — Morpain, — Marault.

Quant aux instruments de musique, Rabelais connaît tous ceux de son temps, et il estime que leur culture est une partie nécessaire d'un programme d'éducation bien compris. Le jeune Gargantua, nous apprend-il, s'exerçait en compagnie de son précepteur Ponocratès, à « chanter sus ung thème, à plaisir de guorge, » puis « à jouer du luth, de l'espinette, de la harpe, de la fluste d'Aleman et à neuf trous, de la viole, de la saqueboute. » (*G.*, l. I., ch. 23.) D'autre part (*G.*, l. I, ch. 57), les hôtes de la très-docte mais très-réjouissante abbaye de Thélème « tant noblement estoient apprins, que il n'estoyt entr'eux, celui, ne celle, qui ne sceust lire, escripre, chanter, jouer d'instruments harmonieux. » Plus loin (*P.*, l. IV, ch. 35), nous rencontrons l'armée des Andouilles, « furieusement en bataille, marchante au son des vèzes, des piboles, des gogues et des vessies, des joyeulx pifres et tabours, des trompettes et clérons. » Un autre passage est bien digne de remarque encore : c'est celui qui établit que l'artifice du *démanchement* était pratiqué sur les instruments à cordes dès le seizième siècle. Panurge jette aux avides chats-fourrés (aux gens de justice) une bourse pleine d'écus qui tombe devant eux sur le parquet; et « au son de la bourse commencent tous les chats-fourrés jouer des gryphes, comme si feussent violons démanchés. » (*P.*, l. V, ch. 13.) Enfin, au cours de son récit, Rabelais mentionne encore le flageolet, la cornemuse, les cymbales, la bouzine, les cliquettes, la vielle, le hautbois, la musette, le fifre, le tmabourin, le rebec, la harpe, la guiterne, le cornet à bouquin, la lyre, la flûte de Pan, et l'orgue, dont il analyse les diverses parties, comme il a été vu plus haut. C'est, presqu'au complet, l'orchestre de la Renaissance.

La danse, vassale de la musique, et qui en dérive

si évidemment, intéresse aussi Rabelais, et nous voyons les personnages de son roman exécuter tour à tour les pas de l'estrindore, du triori, de la moresque, de la pyrrhique, des cordaces, de l'ithymbon, et de l'amorabuquine. En un de ses chapitres, il s'est même fait chorégraphe ; il a donné le scénario d'un ballet de sa composition qu'il intitule « le Bal joyeulx en forme de tournoi, » et qui est la représentation d'une partie d'échecs, dont les pions mouvants sont des danseurs de chair et d'os. Les figures, ou plutôt les coups, s'exécutent sur une « ample pièce de tapisserie veloutée, faite en forme d'échiquier, sçavoir est à carreaulx moitié blanc, moitié jaune. Et puis deux orchestres suivent les péripéties du jeu, et les accompagnent d'une façon expressive, en observant ce que nous appelons aujourd'hui (sans l'avoir inventée) la vérité dramatique. En effet, « les musiciens estoient huict de chascun costé, avecques instruments touts divers, de joyeulse invention, ensemble concordants, variants en touts temps et mesure, comme requerroit les progrès du bal, ce que je trouvois admirable, attendu la numéreuse diversité de pas, de desmarches, de saults, recours, fuites, embuscades, retraictes, et surprinses. Et sembloit que les personnages du bal tant soubdain entendoient le son qui competoit à leurs démarches, ou retraictes, que plustôt n'avoit signifié le ton, la musique qu'ils se posoient en place désignée. » (*P.*, l. V, ch. 23.) Or ce ballet si pittoresque a été réalisé deux fois selon la teneur du scénario : d'abord en 1607, à la cour de Henri IV (et Bassompierre, dans ses *Mémoires*, dit qu'il fut « plus ingénieux qu'aucun autre qui se soit dansé ») ; ensuite le 17 mars 1858, à l'Opéra, où il remplissait une partie du troisième acte de *la Magicienne*, d'Halévy. (Voir la gravure publiée par *le Monde illustré* dans le n° 50 de sa collection, t. II, année 1858.) Le divertissement de *la Juive*, « la Prise du Château-Fort, » était déjà inspiré de *la Sciomachie*, ou relation donnée par Rabelais d'un carrousel qui eut lieu à Rome en 1549.

Enfin, dans notre littérature, il n'est certes pas d'autre exemple d'un roman qui touche ainsi à toutes les parties de l'art musical, sans que ce soit d'ailleurs le thème spécial développé par l'auteur ; et l'on peut dire que si les documents que nous possédons sur la musique au seizième siècle venaient à se perdre, on les retrouverait, tout au moins à l'état d'indications, dans le livre immortel de François Rabelais.

All.

RABUTEAU (VICTOR-ALFRED **PELLETIER**), pianiste, violoniste et compositeur, né à Paris le 7 juin 1843, fit ses études théoriques au Conservatoire de cette ville, où il fut l'élève de M. Bazin pour l'harmonie et l'accompagnement, et de M. Ambroise Thomas pour la fugue et la composition. Il était à cette époque premier violon à l'orchestre du théâtre Déjazet. Après avoir obtenu en 1864 un premier accessit d'harmonie et accompagnement, le premier prix en 1865, et en 1866 un premier accessit de fugue, M. Rabuteau prit part au grand concours de composition musicale, et en 1868 se vit décerner le premier grand prix de Rome, en partage avec Wintzweiller, son condisciple dans la classe de M. Ambroise Thomas. Parmi les envois que le jeune compositeur fit à l'Académie des Beaux-Arts, comme pensionnaire de l'Académie de France à Rome, figurait un oratorio intitulé *le Passage de la mer Rouge*, qui fut exécuté au Conservatoire, dans la séance d'audition des envois de Rome du 23 mai 1874. Je ne sache pas que M. Rabuteau se soit produit d'autre façon, en dehors d'une suite symphonique qu'il a fait entendre aux concerts du Châtelet, à peu près à la même époque.

RACHELE (........), compositeur italien, est l'auteur de *Castellana di Thurn*, opéra qui a été représenté à Cagliari en 1862.

RADAU (R......), physicien français, est l'auteur d'un livre plein d'intérêt qu'il a publié sous ce titre : *l'Acoustique*, ou *les Phénomènes du son* (Paris, Hachette, 1867, un vol. in-12 avec 114 vignettes). Ce petit livre n'est pas un traité scientifique sur la matière, mais un exposé lucide et lumineux des principes qui régissent la production, la naissance et la propagation du son ; jusqu'à lui, il n'avait pas paru en France une œuvre de vulgarisation aussi saisissante, aussi claire et aussi vivante, concernant les phénomènes de l'acoustique, et M. Radau, par cette publication, a rendu un véritable service. On doit au même écrivain, qui s'est beaucoup occupé de ces questions, un mémoire inséré dans le *Moniteur scientifique Quesneville*, où il a été donné sous ce titre : *Sur la base scientifique de la musique, analyse des recherches de M. Helmholtz*. Il a été fait un tiré à part de ce travail intéressant et utile (Paris [1865], in-8° de 22 pp.).

* **RADECKE** (ROBERT), un des artistes les plus distingués de l'Allemagne contemporaine, organiste de premier ordre, pianiste remarquable surtout dans l'interprétation des œuvres de Beethoven et de Schumann, occupe depuis 1863 les fonctions de *kapellmeister* à l'Opéra royal de Berlin. Il a fait représenter à ce théâtre un opéra intitulé *die Mœnkguter* (*les Biens des*

moines). Ses compositions s'élèvent aujourd'hui au nombre d'environ cinquante, parmi lesquelles une ouverture pour orchestre : *Am Strande*, op. 40; un recueil de 3 duos pour soprano et contralto, op. 47; des *lieder*, etc.

RADECKE (Louise), ex-première chanteuse du théâtre royal de Madrid et l'une des plus remarquables cantatrices dramatiques de ce temps, est née dans le Hanovre le 27 juin 1847. Élève du Conservatoire de Cologne, elle eut pour maîtres dans cet établissement M. Ferdinand Hiller et Mme Marchesi, et débuta d'une façon très-heureuse sur le théâtre même de Cologne, en 1867, par le rôle d'Agathe du *Freischütz*. Elle obtint, par la suite, de brillants succès à Berlin, à Weimar, à Carlsruhe, à Rioja, et enfin, en 1873, à Munich, où elle fut appelée par le roi Louis de Bavière pour chanter les opéras de M. Richard Wagner. Cette artiste distinguée ne s'est pas fait seulement remarquer au théâtre; elle a donné, dans les principales villes de l'Allemagne et de l'étranger, des concerts qui ont été pour elle une longue suite de triomphes. Mlle Louise Radecke a quitté la scène en 1876, pour se marier avec le baron von Brümmer. Depuis lors, elle ne s'est fait entendre que dans des concerts de charité.

* **RADICATI** (Félix-Alexandre). — On a publié sur cet artiste distingué la notice biographique suivante : *Cenni intorno Felice Radicati, celebre suonatore di violino e contrappuntista*, par Carlo Pancaldi (Bologne, Nobili, 1828, in-8°).

RADOUX (Jean-Toussaint), musicien belge, né à Liége le 4 septembre 1825, est un corniste fort distingué. Nommé professeur de cor (1856) et de chant d'ensemble au Conservatoire de sa ville natale, où lui-même avait été l'élève d'Hubert Massart pour le cor et de Daussoigne-Méhul pour l'harmonie, le contre-point et la fugue, il est directeur de la célèbre société chorale *la Legia* et de plusieurs autres sociétés musicales, en même temps que maître de chapelle au collége Saint-Servais. La carrière professorale de M. J.-T. Radoux ne l'a pas empêché de se livrer avec activité à la composition. Outre un grand *Te Deum* avec orchestre, qui a été exécuté plusieurs fois dans la cathédrale de Liége, on connaît de lui les œuvres suivantes : *Marie de Brabant*, épisode lyrique (théâtre de Liége, 2 mars 1854); *le Réveil des Turcs*, cantate (Liége, 1856); *Cantate patriotique* (Verviers, 1866); *la Patrie et le Roi*, cantate (Liége, 1866). Il a publié aussi un recueil de 41 *Mélodies religieuses* (Liége, Muraille), des mélodies profanes, des chœurs, divers autres morceaux religieux, etc. Enfin, on connaît encore de lui un grand nombre de morceaux pour musique d'harmonie, ainsi que plusieurs transcriptions pour orchestre symphonique. M. Radoux a été nommé, en 1875, chevalier de l'ordre de Léopold.

RADOUX (Jean-Théodore), compositeur belge distingué, est né à Liége le 9 novembre 1835. Fils d'un armurier, ses premières leçons de musique lui furent données par son père, qui jouait assez bien du violon et du cor, après quoi il entra, dès l'âge de neuf ans, au Conservatoire de sa ville natale, où il obtint rapidement un premier prix de solfége. Au bout de quelques années, il fut admis dans la classe de basson de Bacha, où il remporta le premier prix. Son maître étant mort en 1856 et la place qu'il occupait ayant été mise au concours, M. Radoux se présenta, exécuta une fantaisie de sa composition sur *la Muette de Portici* et l'emporta sur tous ses concurrents. Le lendemain même de ce succès, il se voyait décerner un premier prix de piano, et presque aussitôt entrait dans la classe de contre-point et fugue de Daussoigne-Méhul, le directeur du Conservatoire, dont il devint bientôt le disciple favori. Ses progrès furent rapides, et dès 1857 il faisait exécuter à la cathédrale de Liége un *Te Deum* qui était fort bien accueilli. Il se décida alors à prendre part, en 1859, au concours de composition de Bruxelles, et obtint le grand prix de Rome pour la cantate intitulée *le Juif errant*, dont les paroles avaient été écrites par Mme Braquaval. Ce prix lui fut décerné à l'unanimité, ce qui ne s'était pas encore vu depuis la fondation du concours de Rome en Belgique en 1840.

Ce n'était pourtant pas sans peine et sans obstacles que M. Radoux avait pu poursuivre la carrière dans laquelle il s'était engagé. Son père s'était longtemps opposé à ses désirs, voulant lui voir embrasser sa propre profession, celle de musicien lui semblant trop peu lucrative. La famille Radoux se composait de huit personnes, et son chef désirait que le jeune homme contribuât pour sa part au bien-être général. Tout en faisant ses études, le futur compositeur dut donc s'ingénier à gagner sa vie, et il y réussit, soit en chantant dans les églises, soit en jouant du basson dans les processions, dans les bals, dans les sérénades ou à l'orchestre du théâtre, soit enfin en donnant des leçons de solfége à des élèves à peine plus jeunes que lui.

A peine eut-il remporté son prix de Rome, M. Radoux songea à venir se perfectionner à Paris; mais, avant de partir, il écrivit un « tableau symphonique » en trois parties, *Ahasverus*, qu'il fit exécuter à Liége. Par malheur, les doctrines wagnériennes, qui déjà commençaient à exercer leurs ravages en Belgique, avaient hanté plus que de raison le cerveau du jeune artiste; son œuvre s'en ressentit, et souleva de vives critiques dans la presse. Il vint à Paris, convaincu qu'il avait fait fausse route, y passa quatre années, et se plaça sous la direction d'Halévy, qui le prit en grande estime et le remit dans la voie qui convenait à son tempérament. Pendant son séjour à Paris, M. Radoux écrivit un grand nombre de mélodies vocales que son ami, le grand chanteur Géraldy, produisit fréquemment dans les concerts, et qui alliaient à une inspiration aimable et distinguée une forme très-sévère et très-châtiée.

A partir de ce moment, les compositions de M. Radoux se succédèrent rapidement, comme on va le voir par cette nomenclature : *le Festin de Balthasar*, 2e tableau symphonique, exécuté à Liége en 1861 ; *Te Deum*, demandé par le gouvernement, exécuté à l'église Sainte-Gudule de Bruxelles en 1863, et considéré comme une œuvre fort remarquable (il a fait l'objet d'un rapport très-élogieux de Fétis à l'Académie de Belgique); *Épopée nationale*, troisième ouverture symphonique (Bruxelles, 1863); *l'Art et la Liberté*, hymne pour harmonie (ou symphonie) et chœurs (Verviers); *le Travail*, id., écrit et exécuté pour l'inauguration de la statue de John Cockerill à Seraing; quatrième ouverture symphonique (Liége, 1864); Fragments symphoniques, pour 2 orchestres (Bruxelles, Concerts populaires, 1868); Grande Marche royale (Liége, pour la visite du roi, 1866); *le Béarnais*, opéra-comique en 3 actes et 4 tableaux, représenté avec un grand succès à Liége en 1866, puis à Bruxelles avec d'importants remaniements (avait été reçu au Théâtre-Lyrique de Paris en 1864); *la Coupe enchantée*, opéra-comique en 2 actes, joué à Bruxelles en 1872 (avait été reçu à l'Opéra-Comique en 1870); Grande Marche internationale, pour harmonie ou symphonie; Grande Marche nationale belge, id.; Hymne triomphal pour voix et orchestre, composé à l'occasion de la visite des *riflemen* à Liége, production magistrale qui valut à son auteur la décoration de chevalier de l'ordre de Léopold; *Caïn*, oratorio exécuté au quatrième grand festival de Belgique dirigé par M. Théodore Radoux (Liége, 1877); *la Fille de Jephté*, cantate pour *soli*, chœurs et orchestre; *le Printemps*, chœur pour voix de femmes, avec orchestre.

M. Radoux a publié, en dehors des œuvres qui viennent d'être citées, les compositions suivantes : 20 Mélodies pour chant et piano (1er volume, Paris, Heu, avec portrait); 20 Mélodies pour chant et piano (2e volume, Liége, Gevaert); 10 Romances sans paroles pour le piano (Liége, Muraille); 6 Morceaux religieux à une ou plusieurs voix, avec ou sans chœurs, accompagnement d'orgue (id., id.); *le Serment des Franchimontois*, *les Veneurs*, *les Montagnards Spadois*, *le Chant des matelots*, chœurs à 4 voix d'hommes; 6 Mélodies pour violon et piano (Paris, Gregh, etc., etc. M. Radoux a en portefeuille trois opéras inédits : *André Doria*, dont l'ouverture a été exécutée en public, *le Miracle*, opéra-comique en un acte, et *une Aventure sous la ligue*, opéra-comique en un acte.

Après la mort d'Étienne Soubre, et par arrêté royal en date du 14 septembre 1872, M. Radoux a été nommé directeur du Conservatoire royal de Liége. En 1877, il a été promu au grade d'officier de l'ordre de Léopold. M. Radoux a épousé, il y a quelques années, Mlle de Grelle, nièce de M. Charles Rogier, l'ancien et célèbre homme d'État belge.

RADOUX (J....-JOSEPH), frère du précédent, né en 1833, mort à Liége le 15 avril 1877, fut élève du Conservatoire de cette ville, où il obtint un premier prix de violon, et fit, comme ses deux frères, d'excellentes études d'harmonie, de contre-point et de fugue avec Daussoigne-Méhul. Professeur de musique aux écoles communales de Liége, directeur de plusieurs sociétés chorales, entre autres l'*Euterpe* et l'*Union chorale*, il a composé un très-grand nombre de motets, de romances, de chœurs pour voix d'hommes sans accompagnement, etc.

Un quatrième membre de cette famille, frère aîné des trois précédents, né vers 1822, occupe l'emploi de premier contre-bassiste à l'orchestre du théâtre royal de Liége. Il n'a jamais composé.

***RADZIWILL** (Le prince ANTOINE-HENRI), grand amateur de musique, était né à Posen le 13 juin (et non juillet) 1775, et mourut à Berlin le 7 (et non du 8 au 9) avril 1833.

* **RAEJNTROPH** (FORTUNATO), et non **RAIENTROPH**, compositeur italien dont le nom semble indiquer une origine slave, est né à Naples le 6 mars 1812, et, s'étant adonné de bonne heure à l'étude de la musique, fit un cours complet d'harmonie et de composition avec Pietro Raimondi. On connaît de lui huit opéras, qui, je crois, ont tous été représentés à Naples, et dont voici les titres : 1° *un Matrimonio inopinato*; 2° *Amore e Scompiglio*; 3° *Vent'anni di esilio*; 4° *l'Astuccio d'oro* (th. Nuovo, 1838); 5° *Allan Cameron* id., 1839); 6° *lo Zio Battista*; 7° *Stefanella*; 8° *Cas-*

tellammare ; 9° la Figlia del Soldato. M. Raejntroph, qui a publié quelques morceaux de piano et des mélodies à une et deux voix, a écrit aussi un assez grand nombre d'œuvres de musique religieuse. Il est mort à Naples le 11 mars 1878.

Un frère de cet artiste, M. *Girolamo Raejntroph*, né à Naples au mois de mars 1820, a été l'élève de son frère pour le piano et de Mario Aspa pour le contre-point. Il s'est consacré à l'enseignement du piano, a publié un grand nombre de transcriptions pour cet instrument, et a fait exécuter diverses œuvres importantes de musique religieuse qui sont restées inédites, mais parmi lesquelles on a surtout remarqué plusieurs messes de *Gloria*.

RAFAEL (François-Xavier), compositeur dramatique allemand, né le 12 février 1816 à Treppau, en Silésie, mort le 19 avril 1867 à Gratz, a fait représenter les ouvrages suivants : 1° *Henri le violoneux*, 2 actes, Olmütz, 1860 ; 2° *Wittekind*, grand opéra en 3 actes, Gratz, 2 mars 1861 ; 3° *A la Veillée*, Gratz, 1864 ; 4° *Tours de jeune homme*, 1 acte, Gratz, 4 mars 1865.

* **RAFANELLI** (Louis), ou *Raffanelli*, célèbre chanteur bouffe italien, naquit à Pistoia, et non à Lecce, le 21 mars 1752. Je tire ce double renseignement d'un opuscule publié récemment par M. G. C. Rospigliosi : *Notizie dei maestri ed artisti di musica pistoiesi* (Pistoia, Niccolai, 1878, in-12). Selon l'auteur de ce petit écrit, Rafanelli serait mort à Milan en 1821.

* **RAFF** (Joseph-Joachim), l'un des musiciens les plus actifs de l'Allemagne contemporaine, est né le 27 mai 1822 à Lachen, dans le canton de Schwyz (Suisse), où ses parents faisaient un séjour momentané. Malgré ce hasard de sa naissance, M. Raff est bien de race et d'origine allemande, et il est resté sujet wurtembergeois. Jusqu'à l'âge de dix-huit ans, il se consacra, d'abord en Wurtemberg, puis au lycée des jésuites de Schwyz, à des études philologiques, mathématiques et philosophiques. A cette époque, la situation de fortune de sa famille le mit dans l'impossibilité de terminer ses cours à l'université, et il se vit même obligé d'accepter, pour vivre, une position dans l'enseignement. C'est à ce moment que son goût pour la musique, qui avait toujours été très-prononcé, se développa d'une façon considérable. Déjà il avait étudié avec fruit le piano, le violon et l'orgue ; bientôt il songea à faire quelques tentatives dans le domaine de la composition, et, en 1843, il s'avisa d'envoyer quelques-uns de ses essais à Mendelssohn, qui le recommanda aussitôt aux fameux éditeurs Breitkopf et Hærtel, de Leipzig. Ce résultat encouragea M. Raff, au point que dès lors, et malgré l'opposition qu'il rencontrait auprès de ses parents, il résolut de se consacrer complétement et exclusivement à la musique.

Le jeune artiste eut à supporter des crises difficiles, à surmonter bien des obstacles, à lutter même contre les besoins matériels de la vie, jusqu'au jour où il eut la chance de rencontrer le grand pianiste Franz Liszt. Celui-ci le connut pendant une tournée de concerts qu'il faisait en Suisse, et lui proposa de le suivre comme accompagnateur. C'est ainsi que M. Raff arriva en 1846 à Cologne, d'où M. Liszt se rendit seul à Paris, et qu'il songea à se créer une position en cette ville, où il fit la connaissance directe de Mendelssohn. Il fit part à ce maître du besoin qu'il avait de pousser plus loin son éducation musicale, et Mendelssohn, qui repartait pour Leipzig, l'engagea à venir le retrouver ; mais au moment où le jeune compositeur songeait à mettre ce projet à exécution et à se rendre à l'invitation qui lui avait été faite, la nouvelle de la mort de Mendelssohn vint renverser toutes ses espérances et l'obliger à rester à Cologne. Il s'occupa à cette époque de différents travaux de littérature musicale, et prit une part active de collaboration au journal *Cæcilia*, dirigé par S.-W. Dehn et que publiait alors la maison Schott, de Mayence. On raconte que les écrits du jeune artiste avaient inspiré à Dehn une telle estime, que quand, deux ans plus tard, celui-ci se trouva en face de son collaborateur, il refusait d'en croire ses yeux, rencontrant un homme à peine âgé de vingt-cinq ans, alors que la maturité de son esprit lui avait fait supposer qu'il en avait au moins quarante.

Néanmoins, la question des nécessités de l'existence s'était soulevée de nouveau pour M. Raff, et il conçut la pensée d'aller chercher une situation à Vienne, où une chaude recommandation de Liszt à l'éditeur de musique Karl Mechetti devait lui aplanir les obstacles. Mais la fatalité semblait le poursuivre, et il était en route pour Vienne lorsqu'il apprit la mort de Mechetti. Il se décida alors à se rendre à Stuttgard, patrie de sa famille, et se remit au travail avec ardeur, afin d'acquérir ce qui lui manquait encore pour devenir un virtuose et un compositeur. Mais s'il réussit sous ce rapport, ses tentatives furent vaines lorsqu'il voulut faire exécuter quelqu'une de ses grandes compositions ; en effet, Lindpaintner, qui remplissait à Stuttgard les fonctions de maître de chapelle, représentait en cette ville l'esprit musical classique et la tradition, et l'on conçoit qu'il se soit facilement effarouché des tendances ultra-romantiques de M. Raff. Cependant, celui-ci ayant fait la connaissance de M. Hans de Bülow, ce dernier le prit en grande estime et consentit sans peine à exécuter, dans un des concerts d'abonnés de la salle de la Redoute, un morceau composé expressément à son intention par son nouvel ami. L'auteur et le compositeur remportèrent en cette circonstance un brillant succès, et bientôt M. Raff s'occupa d'écrire un opéra en 4 actes, *le Roi Alfred*, que Reissiger, à cette époque maître de chapelle à Dresde, s'engagea à faire représenter sur le théâtre de cette ville. Mais cette fois encore la destinée semblait contraire à l'artiste, et les terribles événements politiques de 1849 mirent à néant les projets formés. Enfin, quittant Stuttgard pour aller trouver Liszt à Hambourg, il le suivit à Weimar, où l'illustre virtuose, interrompant ses voyages artistiques, se décida enfin à occuper de fait les fonctions de maître de chapelle de la cour, qu'il n'avait exercées jusqu'alors que d'une façon nominale.

C'est à Weimar, dans cette petite ville illustrée par le séjour et le souvenir du plus grand homme de l'Allemagne moderne, et qui est toujours restée un foyer de civilisation artistique, que M. Raff trouva enfin une sphère d'action correspondant à ses désirs et à son ambition. C'est là qu'il fit la connaissance d'un grand nombre d'hommes distingués dans tous les genres, et qu'il rencontra Dehn et A.-B. Marx, dont la fréquentation ne fut pas sans opérer sur son esprit une salutaire influence. Un des fruits de son séjour à Weimar fut un remaniement de son opéra *le Roi Alfred*, qu'il obtint de voir représenter, sous la direction de Liszt, pour l'anniversaire de naissance de la grande-duchesse Maria Paulowna, qui l'avait pris sous sa protection particulière. L'ouvrage, pourtant, n'obtint qu'un médiocre succès, et ne fut joué sur aucun autre théâtre ; on sait, d'ailleurs, que le théâtre n'est point le fait de M. Raff, et que ce milieu n'est point favorable à son talent prodigieusement inégal.

Mais c'est alors que commença pour lui l'ère active de la production. Il écrivit successivement à Weimar sa première composition pour piano et violon, diverses œuvres pour piano seul, une ouverture de fête qui fut exécutée dans un des concerts de la cour, et un *Te Deum* qu'il fit entendre dans la principale église de la ville à l'occasion de l'avénement au trône du grand-duc de Saxe. A cette époque aussi, il recommença à s'occuper avec ardeur de critique et de polémique musicales, ainsi que le prouvent ses lettres, à la *Neue Zeitschrift für Musik* (*Nouvelle Revue de musique*) de Leipzig, et sa brochure : *la Question wagnérienne*, dans laquelle il prenait avec ardeur la défense des idées mises en cours par le futur auteur de *Tristan et Iseulde* et des *Niebelungen*. Ces travaux littéraires pourtant ne lui firent en aucune façon négliger la composition. A partir de 1854, époque de ses fiançailles avec une jeune tragédienne, Mlle Doris Genast, il s'occupa surtout de musique de chambre, écrivit sa première sonate pour violon, son premier quatuor pour instruments à cordes, la seconde sonate et quelques autres œuvres du même genre ; puis parut la musique pour le drame intitulé *Bernard de Weimar*, bientôt suivie de la suite d'orchestre en *fa* mineur, du Psaume 121, et du morceau de concert *la Fée d'amour*, pour violon et orchestre. En 1855, le compositeur part pour Wiesbaden, sa fiancée étant engagée au théâtre de cette ville, et peu après il y fixe tout à fait son séjour, se livrant à l'enseignement, devenant le professeur de piano le plus recherché de la ville, et ne cessant pourtant pas d'écrire. Il se marie enfin en 1859, et bientôt livre au public la symphonie : *A la Patrie*, la suite d'orchestre en *ut*, la seconde symphonie, qui obtient un très-grand succès, deux cantates importantes, et diverses autres compositions. Toutes ces œuvres, successivement exécutées à Wiesbade, à Carlsruhe, à Berlin, à Vienne, à Dresde, à Leipzig, à Kœnigsberg, répandaient le nom de l'artiste dans toute l'Allemagne, même à l'étranger, lui créaient une réputation considérable, et lui valaient des honneurs répétés. C'est ainsi que M. Raff se voyait nommer successivement membre de l'Association des Amis de la musique de Kœnigsberg, de celle des Artistes musiciens de Dresde, de la Société du Quatuor de Milan, de la Société philharmonique de New-York, de l'Institut royal de musique de Florence, etc. L'apparition de sa 3e symphonie, *Im Wald*, mit le sceau à sa renommée, et cette vaste composition fut applaudie non-seulement en Allemagne, mais aussi en Belgique, en Angleterre, en Russie et même, dit-on, en Italie ; quant à la France, nous devons faire des réserves, car on sait que cette œuvre y a été vivement discutée.

Mais si, comme symphoniste, comme compositeur dans le genre instrumental, M. Raff s'est placé en quelque sorte à la tête de l'école allemande contemporaine, il a été beaucoup moins heureux, il faut le constater, lorsqu'il a voulu écrire pour la voix, et surtout lorsqu'il s'est attaqué au théâtre. Les nombreux *lieder* qu'il a publiés sont loin d'être devenus populaires, et ont toujours été, au contraire, accueillis avec froideur. Quant à ses deux ouvrages dramatiques, *le Roi Alfred*, et l'opéra-comique *Dame Kobold* (représenté à Weimar en 1870), aucun n'a eu de succès. Un grand opéra en 5 actes, *Samson*, dont M. Raff a écrit les paroles et la musique, n'a même pu voir le jour jusqu'ici.

M. Raff est un musicien instruit, mais étonnamment inégal, ne sachant pas régler son inspiration, ne sachant pas se priver d'écrire lorsqu'elle lui fait défaut, se figurant trop souvent qu'une habile pratique de la science musicale peut suppléer à l'imagination, et paraissant ne s'inquiéter que médiocrement de la valeur relative des œuvres qu'il livre au public. De ce dédain parfois trop accentué pour le caractère poétique et spirituel de la musique, de cette insouciance trop fréquente de la recherche de l'idée musicale, que l'artiste paraît vouloir remplacer trop facilement par la formule ou par la banalité, il résulte un véritable dérèglement dans la production, qui aboutit à un manque violent d'équilibre entre les diverses œuvres du compositeur et, si l'on peut dire, à un manque absolu de respect envers le public. Aussi, parmi les quelques centaines de compositions écrites par M. Raff, peut-on constater qu'il en est d'excellentes, tandis que d'autres sont franchement et absolument détestables. Ce qu'il y a de plus étrange encore, c'est qu'avec son habileté technique incontestable, il arrive que M. Raff, dans sa démangeaison d'écrire quand même, produit des œuvres dont non-seulement le charme est nul au point de vue de la conception idéale, mais dans lesquelles on ne trouve même ni style ni talent pratique. Je n'en veux pour preuve que la suite pour violon et orchestre, op. 180, et certaine suite pour piano et orchestre, qui n'est point meilleure. D'autre part, il faut citer, parmi les productions les mieux venues du compositeur, la première sonate pour violon, la sonate pour violoncelle, op. 183, et les deux grands trios. Que l'on compare les unes aux autres, et l'on verra s'il n'est pas singulièrement fâcheux qu'un artiste aussi instruit, aussi bien doué, ne puisse imposer parfois le repos à sa plume, et n'ait pas davantage souci de sa renommée et des plaisirs du public.

Je vais essayer de dresser, au moins au point de vue général, un catalogue des œuvres nombreuses de M. Raff. — MUSIQUE DRAMATIQUE. *Le Roi Alfred*, opéra en 4 actes, Weimar, vers 1850; *Dame Kobold*, opéra-comique en un acte, Weimar, 1870; musique pour *Bernard de Weimar*, drame; *Samson*, opéra en 5 actes, non représenté. — MUSIQUE SYMPHONIQUE. 8 Symphonies à grand orchestre (dont la plupart avec des titres particuliers : *A la Patrie*, *Im Wald*, *In den Alpen*, *Lénore*, etc.); 2 Suites d'orchestre; 5 Ouvertures; *Sinfonietta* pour 2 flûtes, 2 hautbois, 2 clarinettes, 2 bassons et 2 cors, op. 188; Marche pour orchestre. — MUSIQUE RELIGIEUSE. *De Profundis* (psaume 130), pour voix seules, chœur et orchestre; Psaume 121, pour voix seules, chœur et orchestre; *Te Deum*. — MUSIQUE VOCALE. *Éveillez-vous*, cantate pour voix d'hommes, avec orchestre; *Pour la fête de la bataille de Leipzig*, id.; *le Roi des songes et son amante*, ballade pour voix seule et orchestre; *la Bergère*, *la Fiancée du chasseur*, scènes pour voix seule et orchestre; *Dans la barque*, *En danse*, *Chant du matin*, *A une endormie*, chœurs avec accompagnement d'orchestre; 30 chœurs à 4 voix, sans accompagnement; 6 morceaux à 3 voix, avec piano; 12 morceaux à 2 voix, avec piano; 30 *lieder* à une voix, avec piano, op. 98; 8 chants pour une voix, avec piano, op. 173; 12 morceaux de chant, en 3 livres, op. 114. — MUSIQUE CONCERTANTE AVEC ORCHESTRE. *La Fée d'amour*, pièce de concert pour violon; Concerto en *la* mineur, pour violon, op. 161; Suite en *sol* mineur, pour violon, op. 180; Concerto en *ré* mineur, pour violoncelle, op. 193; *Ode au printemps*, morceau de concert pour piano; Concerto en *ut* mineur, pour piano, op. 185; Suite en *mi* majeur, pour piano. — MUSIQUE INSTRUMENTALE DE CHAMBRE. Quintette pour piano, 2 violons, alto et violoncelle, op. 107; Octuor pour piano et divers instruments; Sextuor pour piano et divers instruments; 2 Quatuors pour piano, violon, alto et violoncelle; 4 Trios pour piano, violon et violoncelle; 8 Quatuors pour 2 violons, alto et violoncelle; 5 Sonates pour piano et violon, op. 73, 78, 128, 129 et 145; *Au Soir*, rhapsodie pour piano et violon; *Cyklische Tondichtung*, 9 Pièces pour violon avec piano, op. 203; divers autres morceaux pour piano et violon; Sonate pour piano et violoncelle, op. 183; 5 Morceaux divers pour piano et violoncelle; Suite dans le genre ancien, pour quatuor d'instruments à cordes; Suite en forme de canon, id. — MUSIQUE DE PIANO. *Les Messagers du printemps*, pièces; *Caprices dansants*; 3 Morceaux, op. 2; Gigue avec variations; Fantaisie-sonate, op. 168; 3 Sonatines, op. 99; Album lyrique, op. 17; Rhapsodie hongroise, op. 113; 2 Morceaux lyriques, op. 115; Valse-caprice, op. 116; 4 Caprices; *Orientales*, 8 morceaux, op. 175; Villanelle, op. 89; *Ca-*

priccio, op. 146 ; 2 Méditations, op. 147 ; Scherzo, op. 148 ; 2 Élégies, op. 149 ; *Allegro agitato*, op. 151 ; 2 Romances, op. 152 ; *Raff-Album*, 10 Morceaux, op. 156, 157, 166, 196 et 197 ; Suite de pièces, op. 162 ; plus de 150 autres morceaux pour piano à 2 mains ; Fantaisie pour 2 pianos, op. 207 (dont il a tiré lui-même une Fantaisie pour piano, 2 violons, alto et violoncelle) ; 12 Pièces de salon à 4 mains, op. 82, et une douzaine d'autres morceaux à 4 mains ; Chacone pour 2 pianos, op. 150. M. Raff a encore publié : les 6 sonates pour violon de Bach, *transcrites pour piano* ; la *Chacone* pour violon de Bach, orchestrée ; les Suites d'orchestre de Bach, transcrites pour piano.

Jusqu'à ces derniers temps, M. Raff a continué de résider à Wiesbaden. On a annoncé récemment qu'il avait accepté la direction du Conservatoire en formation à Francfort-sur-le-Mein. M. Raff est chevalier des ordres de Hohenzollern, du Faucon blanc, de la Branche Ernestine de Saxe, d'Adolphe de Nassau, et titulaire de la grande médaille d'or royale wurtembergeoise pour l'art et la science, ainsi que de la médaille d'or grand-ducale de Saxe pour les mérites civils.

* **RAGUÉ** (Louis-Charles). — Ce compositeur a donné à l'Opéra : *les Muses*, ou *le Triomphe d'Apollon*, ballet en un acte représenté le 12 décembre 1793.

* **RAHLES** (Ferdinand), compositeur allemand, professeur de piano et d'harmonie, écrivain musical et l'un des collaborateurs du journal *the Musical World*, de Londres, où il s'était fixé, est mort en cette ville le 19 mars 1878. Il avait publié, peu d'années auparavant, un petit écrit ainsi intitulé : *Practical hints and observations relative to the introduction by government of singing in public schools* (*Avis et observations pratiques relatifs à l'introduction par le gouvernement du chant dans les écoles publiques*).

RAHN (Bernardin), professeur et théoricien français, est né à Chatenois (Bas-Rhin) le 23 mai 1824. Quinzième fils d'un instituteur qui touchait l'orgue à l'église de Chatenois, il dut à son père sa première éducation musicale, et se prit pour l'art d'une véritable passion. Son rêve eût été de se faire admettre au Conservatoire de Paris ; mais comment y songer, à une époque où les chemins de fer n'existaient pas, et alors qu'il n'eût même pu réunir la petite somme nécessaire pour se rendre au chef-lieu de son département ! Le jeune homme attendit avec impatience l'époque où il pourrait s'engager, s'enrôla en effet dans le 3e régiment de ligne, alors en garnison à Strasbourg, et entra dans la musique. Il espérait ainsi pouvoir profiter de la disposition réglementaire qui permettait à chaque régiment d'envoyer chaque année au Conservatoire, à Paris, un élève musicien destiné à devenir plus tard chef de musique militaire.

Malgré ses désirs et ses aptitudes, malgré tous ses efforts, ce ne fut qu'au bout de plusieurs années, et grâce à la protection du général Gémeau, que M. Rahn obtint d'être envoyé au Conservatoire, où il travailla l'harmonie et la composition sous la direction de M. François Bazin. Une fois parvenu à son but, le jeune soldat mit, comme on dit, les bouchées doubles, consacra tout son temps à l'étude, et, tout en satisfaisant son professeur, s'appliqua à analyser les procédés théoriques développés dans tous les traités d'harmonie français et allemands, s'attachant à faire sortir de cette lecture et de cette analyse un ensemble de préceptes pédagogiques qui lui permissent de simplifier, de rassembler et de coordonner tous les éléments de la théorie de l'art.

C'est que M. Rahn avait, si l'on peut dire, la vocation, le génie de l'enseignement, et qu'il songeait déjà à compléter, tout en le simplifiant, celui de la théorie musicale. Il voulait propager la connaissance de l'harmonie, de la pratique de la composition, se disant avec raison qu'on ne peut se croire musicien lorsqu'on n'est qu'un simple exécutant, ignorant des préceptes de l'art d'écrire et d'accompagner, et que la possession des principes théoriques est le complément naturel et indispensable de toute éducation musicale sérieuse. Il imagina donc une méthode d'enseignement nouvelle, ingénieuse, dans laquelle il menait de front, avec la lecture et l'écriture musicales, l'étude des accords, de la transposition et de l'improvisation accompagnée, sans oublier surtout l'analyse rhythmique approfondie de toute espèce de dessin mélodique. Cette méthode, facilement applicable même aux plus jeunes enfants, donna d'excellents résultats, et les nombreux cours publics faits par l'habile professeur, ses manuels d'enseignement sont là pour attester l'utilité de ses efforts et l'intelligence de ses procédés. A l'heure présente, M. Rahn a formé plus de 6,000 élèves, dont plus de 200 ont pris à cœur de propager et de vulgariser sa méthode.

L'une des innovations les plus intéressantes de M. Rahn fut la création d'un *Journal de composition musicale* (1865), au moyen duquel il put fournir tout un cours d'harmonie, d'accompagnement et de composition proprement dite. Les souscripteurs du *Journal* pouvaient travailler d'après ce cours, faire les exercices, réaliser les leçons qui s'y trouvaient contenues, et, par correspondance avec l'auteur, faire corriger leurs devoirs. M. Rahn a publié aussi : 1° *Méthode de piano et d'harmonie*, dans laquelle il fait marcher de front l'étude de l'instrument et celle de la théorie ; 2° *Nouvel enseignement musical*, ou *Méthode pratique pour apprendre simultanément la lecture musicale, les accords et la composition*; 3° *Spécimen d'une grammaire musicale*; 4° une brochure intitulée : *l'Enseignement musical en France et le Conservatoire impérial de musique* (Paris, Dentu, 1864, in-8°).

* **RAIENTROPH** (Fortunato). — *Voyez* **RAEJNTROPH.**

* **RAIMONDI** (Pietro), compositeur italien. — On a publié sur cet artiste célèbre l'écrit suivant : *Memorie intorno Pietro Raimondi, raccolte e annotate da Filippo Cicconetti*, Rome, 1867, un vol. in-12.

RAISIN (........), dit *l'aîné*, organiste qui vivait au dix-septième siècle, fut l'inventeur ou au moins le propagateur d'une épinette d'un genre un peu mystérieux pour le public, et qui fit, à un moment donné, grand bruit à Paris. Voici le curieux récit qu'on trouve à ce sujet dans les *Tablettes dramatiques* du chevalier de Mouhy : — « Le sieur Raisin, organiste de Troyes, qui travailloit secrètement depuis plusieurs années à faire sa fortune, partit pour Paris au commencement de l'année 1662, avec sa femme et quatre enfants. A peine y fut-il arrivé qu'il loua une loge à la foire Saint-Germain. Il fit publier, quelques jours avant que de l'ouvrir, qu'il feroit voir une merveille qui tenoit du prodige, et qui feroit l'admiration de tout le monde. Une annonce qui promettoit pour ainsi dire un miracle, lui attira un si grand monde, le jour indiqué, qu'il avoit à peine la place qui lui convenoit pour mettre en évidence la merveille affichée. Raisin tint exactement parole. Elle consistoit en une épinette à trois claviers. Deux filles de Raisin jouoient sur les deux premiers : lorsqu'elles avoient fini, elles élevoient les mains, et le troisième clavier répétoit seul l'air qu'elles venoient de jouer. Ce spectacle frappa d'une si grande surprise tous ceux qui s'y trouvèrent, que les jours suivants il ne désemplit pas. Il fit si grand bruit que le roi voulut le voir : Raisin ayant eu ordre de se rendre à Versailles, il exposa devant Leurs Majestés, environnées de leur cour, la fameuse épinette. La répétition du troisième clavier surprit le roi au dernier point. Raisin reçut ordre sur-le-champ de rendre raison du prodige. L'organiste ouvrit alors le corps de l'instrument : dès qu'il eut tiré une planche en coulisse, il en sortit un enfant de cinq ans (c'étoit Raisin le cadet), beau comme l'Amour, et c'étoit lui qui touchoit le merveilleux clavier dans l'intérieur de l'instrument. Leurs Majestés trouvèrent le petit Raisin charmant, le caressèrent beaucoup et lui firent des présens; toute la cour en usa de même : Raisin, sa femme et ses enfans jouèrent ensuite une petite pièce; et en considération du plaisir que ce spectacle avoit fait au roi, Sa Majesté leur accorda la permission de jouer à la cour, sous le titre de troupe du Dauphin, et, en attendant, de continuer à montrer leur épinette à la foire, grâce qui valut encore beaucoup d'argent à l'organiste et à sa famille.

« Raisin étant mort en 1664, sa veuve continua à jouer la comédie avec ses enfans; l'acquisition qu'elle fit quelque tems après du jeune Baron qui n'avoit que douze ans alors, et qui annonça dans ses débuts les talens supérieurs qu'il a acquis depuis et qui lui ont fait une si grande réputation, lui fit gagner tout ce qu'elle voulut; on ne se lassa point d'aller voir ce jeune acteur. Le théâtre de la veuve Raisin étoit toujours rempli, et tous les autres étoient déserts. Molière, surpris de cet abandon, et bien davantage du motif qui l'occasionnoit, voulut juger par lui-même de tout ce que la renommée publioit du jeune acteur. Il ne l'eut pas plutôt entendu réciter une scène, qu'il vola à Versailles et le demanda au roi pour sa troupe; il l'obtint : la veuve Raisin, qui en fut avertie sur-le-champ, en fut désespérée ; elle accourut chez Molière, la fureur dans les yeux et armée de deux pistolets, voulant qu'on lui rendît, disoit-elle, son Baron, ou qu'elle feroit sauter la cervelle à qui oseroit le retenir : Molière, sans se déconcerter, lui présenta l'ordre du roi; la Raisin jugeant par-là qu'elle n'avoit plus rien à espérer, fondit en pleurs, se jeta aux pieds de Molière, et le pria du moins de lui prêter pour trois jours le jeune acteur. Molière, touché, lui en accorda généreusement huit, mais à condition qu'un de ses gens accompagneroit Baron, ne le perdroit pas de vue et le ramèneroit chez lui aussitôt que la pièce seroit finie. Cette grâce calma la Raisin et lui valut des sommes considérables; mais aussitôt qu'elle fut privée du jeune comédien, son théâtre devint désert, et se voyant hors d'état de se soutenir davantage, elle prit le parti de le fermer et de se retirer. »

Quant au fameux instrument, qui avait commencé la fortune de la famille, il n'en fut plus jamais question.

RAISIN (Jacques), fils aîné de l'organiste dont il vient d'être question, fut acteur, auteur et compositeur. Il débuta à la Comédie-Française en 1685, y joua les seconds rôles dans la tragédie et les amoureux dans la comédie, et prit sa retraite au mois d'octobre 1694. Il fit représenter à ce théâtre quatre comédies en un acte dont il était l'auteur, et dont aucune ne fut imprimée : *le Faux Gascon*, *le Petit Homme de la Foire*, *Merlin Gascon*, et *le Niais de Sologne*. Enfin, Jacques Raisin écrivit la musique des divertissements de quelques pièces jouees à la Comédie, entre autres *l'Opéra de village*, de Dancourt (1692), et *Je vous prens sans verd*, de la Fontaine (1693). « C'étoit un fort honnête homme, dit de Mouhy, et fort retiré chez lui. Il mourut d'une pleurésie, environ en 1698 ou 1699. »

RAISIN (Jean-Baptiste), frère cadet du précédent, est celui dont il est question dans le récit de de Mouhy, et qui, âgé de cinq ans, faisait mouvoir, enfermé dans l'épinette de son père, le troisième clavier de l'instrument. Celui-ci se fit comédien, comme son père, débuta à la Comédie-Française en 1679, y remplaça bientôt Champmeslé, et devint fameux dans l'emploi des caractères et des rôles à manteau, où il déployait un talent de premier ordre, formé tout à la fois d'étude et de naturel, et qui le fit surnommer *le petit Molière*. Malheureusement, Raisin le cadet aimait encore plus la bouteille que le théâtre, et il mourut, dit-on, pour avoir trop bu. Né en 1656, ses excès le conduisirent au tombeau le 5 septembre 1693, âgé seulement de 37 ans, et sa mort donna lieu à l'épigramme suivante :

> Quel astre pervers et malin,
> Par une maudite influence,
> Empêche desormais qu'en France
> On puisse recueillir du vin ?
> C'est avec raison que l'on crie
> Contre la rigueur du destin,
> Qui nous ôte jusqu'au *Raisin*
> De notre pauvre Comédie.

Raisin avait épousé Mlle Fanchon Longchamps, comédienne comme lui, qui avait débuté en même temps que lui à la Comédie-Française, et qui avait succédé à ce théâtre à la Champmeslé, comme lui-même avait succédé au mari de celle-ci. « Il y avoit des tems, dit un contemporain, qu'il auroit donné sa femme pour une bouteille de vin de Champagne. » Celle-ci quitta le théâtre en 1701, et mourut en 1721.

RAISIN (Mlle), épouse **VILLIERS**, sœur des deux précédents, et l'une des deux filles de l'organiste de Troyes qui touchèrent à Paris l'épinette inventée par leur père, se fit sans doute comédienne comme ses deux frères. Elle épousa dans la suite le comédien Villiers, camarade de ceux-ci dans la troupe du théâtre de l'Hôtel de Bourgogne et auteur d'une demi-douzaine de pièces représentées à ce théâtre. Le seul renseignement que j'aie pu découvrir sur elle consiste dans les lignes suivantes, extraites d'un *Mémoire pour les Comédiens du Roy, contre Charles Dollet, Antoine Laplace, Alexandre Bertrand, et autres* (s. l. n. d., in-4°) : « En 1688, la damoiselle de Villiers (1), femme d'un des comédiens du roy, et sœur des sieurs Raisin aussi comédiens, s'avisa de construire un théâtre et d'y faire représenter des comédies par des enfants sous le titre de Petits Comédiens Français. Les comédiens en portèrent leur plainte au roy, et le théâtre fut fermé. »

***RAJ** ou **RAY** (Pierre).— L'ouvrage indiqué sous le titre d'*Alessandro in Armenia* s'appelait réellement *Alessandro in Armozia*, et était non point un opéra, mais une cantate. Ray en a écrit une autre, intitulée *il Tempio d'Imeneo*. Quant à son oratorio sur la Passion, il portait pour titre : *Tre Ore d'agonia, o le Selte Parole*.

RAJOLA (G......), compositeur italien contemporain, est l'auteur d'une opérette intitulée *il Giovanetto*, qui a été jouée par des amateurs, sur le théâtre Nuovo, de Naples, au mois de juillet 1877.

* **RAMAZZOTTO** (Domitien), et non *Ramazzotti*, prêtre et musicien italien, fils d'un guerrier qui mourut âgé de près de cent ans, naquit à Bologne, et prit l'habit religieux au monastère de *San-Michele in bosco*, près de cette ville, en 1542. Cela ne l'empêcha pas d'étudier la musique et le contre-point, et de se faire connaître comme compositeur par deux recueils de psaumes : *Psalmi aliquot ad vesperas dierum festorum et solemnium cantari soliti, cum uno Magnificat, quinque vocum*, Venise, 1567, in-4°; 2° *Psalmi omnes qui cunctis diebus anni festis pro tempore recitantur, sex vocibus decantandi*, Ferrare, 1584, in-4°. Ramazzotto mourut en 1594, au monastère de *Santa-Maria in Regola*, à Imola.

RAMBAUX (Claude-Victor), luthier habile, né à Darney (Vosges) le 25 février 1806, commença son apprentissage à l'âge de quatorze ans, et fut élève, à Mirecourt, de L. Moitessier, chez lequel il resta jusqu'en 1824. A cette époque il partit pour Caen, où il travailla chez Thibout jusqu'en 1827, puis vint alors à Paris, où il entra chez Gand père, dont il devint bientôt le pre-

(1) On sait qu'à cette époque les femmes de la noblesse portaient seules le titre de dame. On donnait aux autres la qualité de demoiselle avec le nom de leur mari.

mier ouvrier, et auprès duquel il acheva de se perfectionner dans son art. En 1838, il quitta Gand pour s'établir à son compte, et s'installa dans un petit entre-sol de la maison qui porte aujourd'hui le n° 18 de la rue du Faubourg-Poissonnière, juste en face le Conservatoire. Il resta là jusqu'en 1857, époque où il alla se retirer à Mirecourt. Des fenêtres de notre classe, au Conservatoire, nous le voyions travailler sans cesse, à son petit établi, ne quittant pas l'outil de la journée. Artiste habile autant que modeste, Rambaux était d'ailleurs un excellent homme, honnête au suprême degré, ne tirant de son talent que la stricte rémunération qu'il croyait devoir lui demander, et qui se serait fait scrupule d'exagérer celle-ci en quoi que ce fût. Cette modestie, cette honnêteté, et sa proximité du Conservatoire, attiraient chez lui un grand nombre d'élèves de cet établissement, et il aimait à nous voir tous autour de lui, essayant des instruments, le regardant curieusement travailler, ou lui demandant des éclaircissements et des renseignements sur cet art charmant de la lutherie, qui a vraiment un côté étrange et mystérieux.

Je ne résiste pas au désir de reproduire ici, sur ce travailleur si estimable et si intelligent, que j'ai intimement connu au temps de ma jeunesse, les détails qu'a donnés M. Vidal dans son livre : *les Instruments à archet :*

« Lorsque C.-V. Rambaux s'établit, l'art et le commerce de la lutherie étaient en pleine prospérité à Paris. Les Nicolas Lupot, les Pique, les Gand, les Vuillaume, les Bernardel, avaient donné à la facture des instruments neufs une impulsion habile et intelligente ; d'un autre côté, le commerce des anciens instruments italiens avait pris un accroissement qu'entretenait l'enthousiasme des musiciens pour la vieille lutherie. Pour réussir dans ce milieu, il fallait non-seulement produire de bons instruments neufs, mais encore connaître à fond les anciens maîtres; en un mot, « faire revivre ces centenaires décrépits, » ainsi que les qualifie l'abbé Sibire. C.-V. Rambaux excella dans ces deux branches, qui résument l'art du luthier.

« Les récompenses qu'il obtint aux expositions de 1844, 1848 et 1855, à Paris, le placent au premier rang des luthiers de son temps, et attestent son habileté comme facteur; mais ce que les distinctions de ce genre ne sont pas appelées à récompenser, c'est la patience infinie et la recherche incessante des procédés de tout genre nécessaires à la réparation des anciens instruments; et c'est surtout dans cette partie de l'art que Rambaux sut se faire apprécier (1).

« Parmi les opérations les plus difficiles, on peut compter le *recoupage* des anciens instruments ; c'est notamment pour les violoncelles qu'il est parfois indispensable, à cause du peu de régularité apporté par les luthiers italiens dans leur patron. Il est nécessaire, pour donner la forme exigée par la virtuosité actuelle, de les ramener aux dimensions adoptées par Stradivari dans son beau modèle. Il n'y a pas à errer d'une ligne ; la moindre hésitation dans un trait de scie ou dans un coup de rabot serait fatale et détruirait en quelques minutes la valeur de l'instrument, loin de l'améliorer ! On comprendra difficilement quelle sûreté de main et quelles connaissances spéciales sont requises pour une opération aussi délicate. C'est dans cette partie du métier que Rambaux avait acquis une supériorité qui le laissait sans rival en Europe.

« Du reste, travailleur infatigable, une fois l'heure sonnée, il revêtait le tablier traditionnel, qu'il ne quittait plus de la journée. Il était intéressant de le voir, tout en conservant l'outil en main, et suivant d'un œil attentif le travail de l'ouvrier assis en face de lui, et dont aucun mouvement ne lui échappait, accueillir amateurs et artistes qui se succédaient dans son atelier, et accorder une attention soutenue aux théories interminables qui se déroulaient devant lui, sur les instruments, la place de l'âme, du chevalet, etc. ; toujours calme et plaçant modestement son mot, avec ce sourire fin et doux qui le rendait sympathique à tous.

« Après un exercice de dix-neuf années écoulées dans ce dernier domicile, Rambaux se retira à Mirecourt en juin 1857, pour y jouir tranquillement de la modeste aisance que sa carrière honorable lui avait procurée ; toutefois sa passion favorite ne cessa de l'occuper, et il continua ses travaux de retouches et de réparations, en les bornant aux instruments de choix et sans se départir de cette recherche qui attestait que chez lui l'âge n'avait pas éteint l'amour de l'art auquel il avait consacré sa vie. »

Cet excellent homme, ce travailleur intelligent et modeste mourut à Mirecourt le 25 juin 1871.

RAMBOSSON (*J......*), écrivain français, est l'auteur d'un livre publié sous ce titre ambitieux : *les Harmonies du son et l'histoire des instruments de musique* (Paris, Didot, 1878, in-8° avec gravures).

* **RAMEAU** (Jean-Philippe). — On trouvaer dans l'écrit que j'ai publié sur cet artiste

(1) Cela est absolument exact. Rambaux ne jouit jamais que d'une modeste renommée comme fabricant d'instruments neufs; mais, comme *reparateur*, il était d'une habileté vraiment prodigieuse. — A. P.

célèbre : *Rameau, essai sur sa vie et ses œuvres*, des renseignements nouveaux et inconnus sur son existence et sur sa carrière. Rameau a été récemment l'objet d'honneurs malheureusement trop rares en France : les 12, 13, 14 et 15 août 1876, de grandes fêtes nationales ont été célébrées à Dijon, sa ville natale, à l'occasion de l'érection de sa statue. Cette statue, œuvre distinguée de M. Eugène Guillaume, directeur des Beaux-Arts et membre de l'Institut, a été élevée sur la place du Théâtre, qui depuis lors a pris le nom de place Rameau.

A la liste des œuvres publiées par Rameau, il faut ajouter les deux recueils suivants : 1° *Premier livre de pièces de clavessin*, Paris, l'auteur, 1706, petit in-4° oblong (publication qui donne la preuve d'un premier séjour de Rameau à Paris bien avant l'époque fixée jusqu'ici par tous les biographes) ; 2° *Pièces de clavessin, avec une méthode pour la méchanique des doigts, où l'on enseigne les moyens de se procurer une parfaite exécution sur cet instrument*, Paris, l'auteur, s. d., in-4° oblong. J'ai découvert, dans les manuscrits de la Bibliothèque nationale, quatre cantates inédites du maître : *Thétis, l'Impatience, la Musette, Aquilon et Orithie*, ainsi que des fragments d'un *Roland* resté inachevé et qu'il avait commencé sur le poëme de Quinault. De Croix, dans *l'Ami des Arts*, affirme que Rameau a publié deux cantates : *le Berger fidèle* et *l'Enlèvement d'Orithie*, et il en signale deux autres, *Orphée* et *les Amants trahis*, comme étant restées manuscrites. De son côté, Maret donne les titres de deux autres cantates qui n'ont pas été publiées : *Médée*, et *l'Absence*.

Les publications suivantes, relatives à Rameau, et dont quelques-unes ont été faites à l'occasion des fêtes de Dijon, n'ont pas été mentionnées dans la *Biographie universelle des Musiciens* : 1° *Réflexions sur divers ouvrages de M. Rameau*, par M. Ducharger (Rennes, 1761, in-12) ; 2° *Rameau aux Champs-Elysées*, nouvelle nouvelle (Amsterdam, 1764, in-8°) ; 3° *Apothéose de Rameau*, scènes lyriques (sans doute représentées à Dijon), paroles de M.**, musique de M.** (Dijon, Causse, 1783, in-8°) ; 4° *Rameau*, ballet allégorique en un acte, pour le centenaire de sa naissance, suivi de réflexions sur la poésie lyrique et d'un oratorio intitulé *la Mort d'Abel* (1), par M. Lefebvre, maître de composition (Paris, 1784) ; 5° *Rameau*, par Adolphe Adam, extrait de la *Revue contemporaine* du 15 octobre 1852 (cette notice a été reproduite dans le volume d'Adam intitulé *Derniers souvenirs d'un musicien*) ; 6° *Rameau*, par Dieudonné Denne-Baron, extrait de la *Nouvelle Biographie générale* (Paris, Didot, s. d., in-8° de 12 col.) ; 7° *Notice sur Rameau*, par Charles Poisot (Paris, Dentu, 1864, in-18) ; 8° *Monographie de Jean-Philippe Rameau*, par Th. Nisard (Paris, s. d. [1867], Repos, in-8°) ; 9° *Délibération du conseil municipal de Dijon sur la proposition d'ériger une statue a Rameau, rapport présenté par M. Muteau* (Dijon, impr. Carré, s. d. [1876], in-8°) ; 10° *Rameau, sa vie, ses œuvres* (Dijon, H. Grigne, 1876, in-16), compilation informe faite par l'éditeur même de cette brochure ; 11° *Rameau, essai sur sa vie et ses œuvres*, par Arthur Pougin (Paris, Decaux, 1876, in-16). On ne doit pas oublier non plus de mentionner le pamphlet justement célèbre de Diderot, intitulé *le Neveu de Rameau*, dont il a été fait un nombre incalculable d'éditions, ainsi qu'un écrit de Génin fils, publié vers 1875 et portant pour titre *le Petit Neveu de Rameau*.

Une médaille, représentant la statue du maître, a été frappée à Dijon en 1876 et offerte par la municipalité aux invités qu'elle avait appelés à assister aux fêtes de Rameau.

(1) Je n'ai pas eu cet écrit sous les yeux ; j'en reproduis le titre d'après l'annonce qu'en fit le *Mercure de France*.

RAMONEDA Y BUSQUETS (Francisco), prêtre et musicien espagnol du dix-huitième siècle, était né à Tarrasa, en Catalogne, et, après avoir fait ses études musicales à l'école du monastère de Montserrat, devint maître de chapelle de l'église principale de sa ville natale, pour laquelle il écrivit un certain nombre de compositions qui paraissent avoir été estimées. Cet artiste mourut à Tarrasa le 26 février 1803.

RANDEGGER (Albert), professeur et compositeur, né à Trieste le 13 avril 1832, commença l'étude de la musique à l'âge de quatorze ans, et d'abord en vue de son seul agrément. Son premier maître fut M. Auguste Tivoli, et il reçut ensuite des leçons d'harmonie d'un chef de musique militaire autrichien renommé, Hœffner. Il étudia aussi le piano avec Lafont, et enfin, de 1848 à 1852, fit un cours complet de composition avec Luigi Ricci, qui occupait alors à Trieste une grande situation et dont il devint l'élève préféré. Tout en poursuivant ses études, il avait écrit diverses cantates, quelques morceaux de musique d'église et les partitions de deux ballets : *la Fidanzata di Castellamare* et *la Sposa di Appenzello*. Après ces essais, il se livra décidément à la composition, et écrivit avec trois autres jeunes artistes, MM. Giuseppe Rota, Alberto Zelman et Francesco Beyer, un opéra bouffe en 4 actes, *il Lazzarone*, qui fut représenté sur le théâtre Mauroner, de Trieste, en 1852; puis il se produisit d'une façon plus importante en donnant à Brescia, pendant le carnaval de 1853-54, un opéra sérieux intitulé *Bianca Cappello*. C'est alors qu'il partit pour Paris, puis pour Londres, où il se presentait à M. Michael Costa avec une chaleureuse lettre de recommandation de son maître Ricci, qui avait été naguère le condisciple de celui-ci au Conservatoire de Naples. Grâce à l'appui si efficace de M. Costa, qui jouit à Londres d'une sorte de royauté musicale, grâce aussi à son talent très-réel, M. Randegger se créa bientôt, dans la capitale du Royaume-Uni, une excellente situation artistique. Devenu chef d'orchestre pendant une année au théâtre Saint-James, il entreprit ensuite un grand voyage dans les provinces anglaises, après quoi il revint à Londres, où il fut bientôt l'un des professeurs les plus recherchés. En 1869, il forma dans cette ville une société chorale qui comprend environ 300 voix, et la même année il fut nommé professeur de chant à la *Royal Academy of Music*, ce qui ne l'empêchait pas de se produire aussi avec succès comme compositeur.

M. Randegger a publié un grand nombre de mélodies vocales. Voici la liste de ses autres œuvres : *les Beautés rivales*, opéra-comique, Leeds, 1863; *A l'Aube*, cantate à 4 voix avec orchestre, festival de Norwich, 1866; *Médée*, scène dramatique pour soprano avec orchestre, Leipzig, concerts du Gewandhaus, 1869; le 150e psaume de David, pour soprano solo, chœur et orchestre, festival de Boston, juin 1872; *Fridolin*, cantate dramatique avec orchestre, écrite expressément pour le grand festival triennal de Birmingham (28 août 1873), où elle obtint un éclatant succès et d'où elle rayonna ensuite sur toute l'Angleterre.

RAOUX (Louis-Alexis), compositeur belge, né à Courtrai le 11 septembre 1814, fut élève, à Bruxelles, de l'Académie de musique dirigée par J.-H. Mees, et acquit un talent réel sur le violoncelle et sur le piano, sans négliger l'étude de la composition. En 1827 il devint répétiteur à l'École royale de musique, en 1831 il fonda une école gratuite de musique dans laquelle il enseignait aux jeunes gens des deux sexes le solfége, le chant, le piano et l'harmonie, en 1833 il devenait professeur de solfége au Conservatoire de Bruxelles, en 1835 il ouvrait une Académie de musique où il donnait l'instruction musicale d'après la méthode du méloplaste, et enfin, en 1839, il créait un Conservatoire de musique classique et religieuse, institution excellente, destinée à former des organistes et des maîtres de chapelle, mais que sa santé ne lui permit de diriger que pendant quelques années.

Cette honorable et laborieuse carrière de professeur n'empêchait pas Raoux de se livrer à de nombreux et importants travaux de composition. Il écrivit plusieurs opéras-comiques, *les Deux Précepteurs*, *le Mariage à l'anglaise*, etc., qu'il ne put parvenir à faire représenter, remit en musique, après tant d'autres, les chœurs d'*Athalie*, qu'il fit exécuter à diverses reprises, composa des symphonies, des ouvertures, des messes, des motets, deux recueils de cantiques, un recueil de chansons morales, un oratorio, des cantates, des mélodies vocales, des chœurs sans accompagnement, des solféges, etc.

Cet artiste estimable et distingué mourut à Evère-lez-Bruxelles le 15 novembre 1855.

RAPARLIER (........), est auteur d'un ouvrage publié sous ce titre : *Principes de musique, les agréments du chant et un essai sur la prononciation, l'articulation et la prosodie de la langue française* (Lille, Lalan, 1772, in-4°).

RASORI (.........), jeune compositeur italien, est l'auteur d'un opéra intitulé *Don Marzio*, qui a été représenté sans succès à Milan, sur le théâtre Fossati, au mois de juillet 1872. Il a écrit depuis lors un second ouvrage dramatique, *Saül*, qu'il a fait connaître dans une réunion privée, mais qui n'a pas encore été produit devant le public.

RAUSCHER (Jean-Frédéric), fabricant d'instruments et facteur d'orgues à Dantzik, vivait dans la seconde moitié du dix-huitième siècle et inventa, en 1771, un procédé à l'aide duquel il maintenait l'accord des clavecins, en dépit des variations de la température.

RAVERA (Teresio-Nicolo), né à Alexandrie (Piémont) en 1851, a fait ses études musicales au Conservatoire de Milan, où il s'est appliqué spécialement au piano sous la direction de Sangalli. Il obtint le 1er prix en 1870. Depuis sa sortie, il a fait exécuter à Milan une symphonie à grand orchestre, restée inédite, puis il s'est lancé dans les voyages et a parcouru les deux Amériques, en donnant des concerts. M. Ravera a publié à New-York : *Tornero*, romance pour soprano; *il Canto dell' Esule*, pour ténor; et deux nocturnes pour piano. A Paris, il a publié un nocturne en *si* bémol mineur, deux valses de concert, et une scène romantique pour piano.

J. D. F.

* **RAVINA** (Jean-Henri), pianiste renommé

et compositeur pour son instrument, n'est point mort en 1862, comme une fausse nouvelle alors répandue dans quelques journaux français l'a fait dire à tort à l'auteur de la *Biographie universelle des Musiciens*. Issu d'une famille béarnaise, il fut tout d'abord élève de sa mère, artiste elle-même fort distinguée, qui était un des professeurs les plus renommés de Bordeaux (1). Enfant prodige, il enthousiasma de grands artistes, ainsi que le constate une note que j'ai sous les yeux et d'où j'extrais les lignes suivantes : — « En 1826, à huit ans, Ravina figurait avec honneur dans un des grands concerts de la Société philharmonique de Bordeaux, où il exécuta un concerto de Kalkbrenner. L'enfant précoce annonçait un maître. Ainsi en jugea un des auditeurs, l'illustre violoniste Rode. Rode fut émerveillé de la sûreté de jeu, de l'agilité des doigts, du style et du goût que montrait déjà l'enfant. Il se leva de sa place, alla lui tourner les pages, et, le morceau terminé au bruit des applaudissements, prit le petit virtuose dans ses bras et le porta triomphant à sa mère. Dès ce moment, l'artiste illustre se fit le prôneur et le protecteur de l'artiste en herbe, et aux encouragements il joignit les conseils d'une longue expérience, acquise au milieu des succès les plus éclatants. Nul doute que Ravina ne doive quelques-unes de ses qualités les plus délicates à la tradition de Rode. On en trouverait peut-être directement la preuve dans les premières compositions du jeune artiste, qui datent de 1829. En 1831, Zimmermnan, de passage à Bordeaux, entendit Henri Ravina, que ses compatriotes applaudissaient avec cet orgueil de clocher que l'on comprendra toujours. Zimmermann fit comme les Bordelais : il applaudit; mais il attira Henri Ravina à Paris, et le fit entrer au Conservatoire. »

On sait que M. Ravina obtint le second prix de piano en 1832, le premier prix en 1834, et que le premier prix d'harmonie et accompagnement lui fut décerné en 1835. A la fin de cette même année, le 24 novembre, à peine âgé de dix-sept ans, Ravina était nommé professeur adjoint de piano dans l'école dont il fréquentait encore une classe comme élève de composition. Il conserva cette situation pendant un peu plus d'une année, mais il donna sa démission le 25 février 1837 pour se livrer à la carrière de virtuose. A partir de ce moment, il se produisit fréquemment en public et retrouva les succès qui l'avaient accueilli dès ses plus jeunes années, succès que légitimaient la grâce, la finesse et la solidité d'un jeu plein d'élégance et d'expression. En même temps, il se livrait à de sérieux travaux de composition, publiait ses *Études de concert* et ses *Études caractéristiques*, qui furent suivies, plus tard, de plusieurs recueils du même genre, et produisait aussi quelques-uns de ces jolis morceaux de salon et de concert qui commencèrent sa réputation. Et comme si ce n'était assez de ce double courant de travaux, M. Ravina consacrait encore une notable partie de son temps à l'enseignement, qu'il n'a jamais cessé d'exercer. Cet excellent artiste n'a presque jamais quitté Paris, si ce n'est pour faire un voyage en Russie (1858), où il retrouva les mêmes succès qu'en France, et une rapide excursion en Espagne (1871). Il a été nommé chevalier de la Légion d'honneur le 13 août 1861.

Parmi les compositions publiées de M. Ravina, il faut surtout citer les suivantes : Concerto, avec accompagnement d'orchestre, op. 63 (Leduc); *Études mignonnes; les Harmonieuses*, 25 études de moyenne difficulté (Heugel); *Études de concert; Études caractéristiques; Pièces intimes*, 12 études à 4 mains, op. 78 (Leduc); Thème original, varié (Gérard); Mélodies sentimentales, op. 30 (id.); Marche triomphale, op. 34 (id.); Grand caprice dramatique, op. 38 (id.); *Chant d'exil, Douce Pensée, Tristesse*, mélodies, op. 39, 41, 42 (id.); *Havaneras*, fantaisie espagnole, op. 52 (Heugel); *Souvenirs de Russie*, morceau de concert avec accompagnement de quatuor, op. 64 (Leduc); *les Oiseaux, les Mages, Joies du soir*, études à 4 mains, op. 53, 54, 57 (id.); *Délire*, fantaisie originale, op. 59 (id.); *Dialogue*, caprice-étude, op. 74 (id.); *Scherzo*, op. 75 (id.); *Canzonetta*, op. 77 (id.); Tyrolienne à 6 mains, op. 69 (id.); *Adoremus*, duo pour piano et orgue, op. 72 (id.); etc. M. Ravina a donné une transcription complète, pour piano à 4 mains, des symphonies de Beethoven.

RAVOIRE (L.....) est auteur d'un écrit français publié en Italie sous ce titre : *De la musique et de la peinture, de leurs effets sur les hommes en général et de leur influence sur les mœurs*, Milan, 1834.

RAY. — *Voyez* **RAJ** (Pietro).

RAYMAN (Jacob), luthier, était établi à Londres au dix-septième siècle. On le suppose d'origine allemande et on le considère comme le premier qui ait fait des violons en Angleterre, car on ne trouve pas trace avant lui d'un seul violon construit par un ouvrier anglais. Son travail diffère d'ailleurs sensiblement de celui des anciens luthiers de Londres, et ses instruments

(1) Mme Ravina, née Eugénie Lasalle, est morte à Paris le 16 novembre 1877, à l'âge de 83 ans.

ont un caractère très-accentué de fabrication tyrolienne.

RAZZI (Fra Serafino), prêtre et musicien italien du seizième siècle, naquit à Florence. Il ne m'est connu que par la publication suivante, qui m'est signalée par M. le docteur Basevi : *Libro primo delle Laudi spirituali da diversi eccell. e divoti autori, antichi e moderni composte, le quali si usano cantare in Firenze nelle chiese, doppo il Vespro o la compieta a consolatione e trattenimento de' devoti servi di Dio. Con la propria musica e modo di cantare ciascuna Laude, come si è usato da gli antichi, et si usa in Firenze. Raccolte dal R. P. Fra Serafino Razzi, fiorentino, Venetia*, 1563. Cette édition n'est pas la première, et l'on croit que Razzi n'a publié que ce premier livre du recueil qui vient d'être décrit.

READ (Charles-John), musicien anglais contemporain, a été pendant cinq années, de 1836 à 1841, l'élève de l'Académie royale de musique de Londres, où il a étudié le piano, le violon et l'harmonie. Il est fixé à Salisbury, où il se consacre, je crois, à l'enseignement. On connaît de cet artiste plusieurs compositions de divers genres, consistant en ouvertures à grand orchestre, quatuors pour instruments à cordes, préludes et fugues pour le piano, etc.

* **REBER** (Napoléon-Henri). — Cet artiste fort distingué, qui n'a que le tort de fuir la publicité avec autant d'ardeur que d'autres en mettent à la rechercher, semble avoir depuis longtemps complétement renoncé aux succès du théâtre, pour se livrer sans réserve à ses travaux de composition et aux soins de son enseignement. Dans ces dernières années, M. Reber a publié un certain nombre d'œuvres, dont quelques-unes fort importantes, et il en a fait entendre plusieurs dans un grand concert donné par lui au Conservatoire. Esprit élevé, studieux et réfléchi, il n'a jamais flatté les faiblesses du public, et a toujours respecté l'art en se respectant lui-même. Parmi les dernières œuvres de M. Reber, il faut surtout citer un *Roland*, écrit sur le poëme de Quinault, et qui contient des pages de premier ordre.

Nommé professeur d'harmonie écrite au Conservatoire en remplacement de Colet, le 1er juin 1851 M. Reber a été appelé, en 1862, à succéder à Halévy comme professeur de composition. En 1853 il était élu membre de la section de musique de l'Académie des Beaux-Arts, lors de la mort d'Onslow, et en 1854 il était fait chevalier de la Légion d'honneur. Parmi les élèves formés par lui, nous citerons MM. Eugène Diaz, Benjamin Godard, Arthur Pougin, Isidore Lotto, Legouix, etc. Le catalogue des œuvres de M. Reber doit se compléter de la façon suivante : 1° *le Diable amoureux*, ballet en 3 actes (en société avec Benoist), Opéra, 23 septembre 1840 ; 2° *Naïm*, grand opéra (inédit) ; 3° *Roland*, scènes lyriques, extraites du poëme de Quinault (Paris, Colombier) ; 4° 1re symphonie pour orchestre, en *ré* mineur (Paris, Richault) ; 5° 2e symphonie, en *ut* (id.) ; 6° 3e symphonie, en *mi* bémol (id.) ; 7° 4e symphonie, en *sol* (id.) ; 8° Suite de morceaux pour orchestre (1. Pastorale ; 2. Danse des Pirates ; 3. Hymne ; 4. Valse du *Diable amoureux* ; 5. Marche du *Ménétrier à la cour* ; 6. Pas de deux du *Diable amoureux* ; 7. Valse de la *Nuit de Noël* ; 8. Menuet ; 9. Rêverie ; 10. Galop) (id.) ; 8° *bis* les mêmes, pour piano à 4 mains (id.) ; 9° 6 valses pour piano et violon ou violoncelle, op. 9 (id.) ; 10° Pièces de différents caractères pour piano et violon ou violoncelle, en 3 suites, op. 11 (id.) ; 11° Pièces de différents caractères pour piano et violon, ou flûte, ou violoncelle, en 3 suites, op. 15 (id.) ; 11° *bis* les mêmes, pour piano à 4 mains (id.) ; 12° Neuf pièces de différents caractères, en forme de valses, pour piano, op. 3 (id.) ; 13° Six valses expressives, pour piano, op. 10 (id.) ; 14° Six pièces de différents caractères pour piano, en 3 suites, op. 13 (id.) ; 15° Six pièces pour piano, op. 14 (id.) ; 16° *Pensée et Souvenir*, pour piano (id.) ; 17° Collection de 33 mélodies pour le chant, avec accompagnement de piano (id.) ; 18° vocalises pour soprano ou ténor, avec accompagnement de piano, op. 16 ; 19° *Ave Maria* pour 2 sopranos, ténor et basse, avec orgue ; 20° *Agnus Dei* pour 2 sopranos, ténor et basse, avec orgue ; 21° *le Soir*, chœur à 4 voix d'hommes, avec piano ; 22° Chœur de Pirates à 3 voix d'hommes, avec piano ; 23° *Bagatelles*, 30 petites pièces pour piano, op. 36 (Paris, Richault).

Al. R—d.

REBLING (Gustave), organiste et compositeur allemand, né à Barby, près Magdebourg, le 10 juillet 1821, reçut d'abord des leçons de son père, puis fréquenta, de 1836 à 1839, l'institut musical de Fr. Schneider, après quoi il devint organiste de l'église française de Magdebourg. Appelé plus tard à remplir les mêmes fonctions à l'église Saint-Jean, de la même ville, il fonda en 1846 la *Kirchengesangverein* (Société de chant d'église). Comme compositeur, on doit à cet artiste des sonates et autres œuvres pour le piano, plusieurs psaumes et un certain nombre de *lieder*.

REBORA (Nino), jeune compositeur italien, né à Gênes, a écrit la musique de *Corinna*, opéra qu'il a fait représenter sur le théâtre Mercadante, de Naples, le 13 février 1875, et qui n'a obtenu aucun succès.

REDERN (Le comte FRÉDÉRIC-GUILLAUME DE), dignitaire prussien, compositeur amateur, exerçait les fonctions de grand chambellan et d'intendant général des théâtres royaux et de la musique de la cour, à Berlin, lorsqu'il fit représenter sur le théâtre royal de cette ville, au mois de janvier 1860, *la Reine Christine* (ou *Christine de Suède*), opéra en 3 actes dont il avait écrit la musique. Peu de temps après, dans un grand concert qui avait lieu à la cour pour une cérémonie officielle, il fit exécuter une Ouverture de Fête de sa composition. M. de Redern est né à Berlin le 9 décembre 1802.

REDON (FÉLIX-ERNEST), né à la Nouvelle-Orléans le 15 juin 1835, a été l'élève de Schad pour le piano, et de Schaffner pour l'harmonie et la composition. M. Redon, qui habite Bordeaux, a publié les œuvres suivantes pour piano : *Louisidad* et *la Créole*, op. 1 (Bordeaux, Raver); *Maïka*, op. 2 (id.) ; *Pensée fugitive*, op. 3 (Paris, Flaxland); *Menuet*, op. 4 (id.); *Deux mazurkas*, op. 5 (id.); *Trois impromptus-mazurkas*, op. 6 (id.); *Lied*, op. 7 (id.); *Deux ariettes*, op. 8 (id.); *Andante-Valse*, op. 9 (id.) ; *Cinq feuillets d'album*, op. 10 (Bordeaux, Raver) ; *Grande Valse*, op. 11 (Paris, Benoît) ; *Fantaisie-Mazurka*, op. 12 (Paris, Flaxland); *Valsons encore*, valse, op. 13 (Bordeaux, Raver) ; *Ballade*, op. 14 (id.); *Ecossaise*, op. 15 (id.); *Étude*, op. 16 (id.); *Novelette*, op. 17 (id.); *Havanaise*, op. 18 (id.); *Six esquisses musicales*, op. 19 (id.); *Hommage à Schumann*, romance sans paroles, op. 20 (Paris, Heugel); *Gigue américaine*, op. 21 (id.); *Berceuse créole*, op. 22 (id.); *Romance*, op. 23 (Paris, Durand et Schœnewerk); *Chanson des Blés*, op. 24 (id.); *Deuxième lied*, op. 25 (id.). C'est M. Redon qui a fait les remarquables réductions pour piano à 2 et à 4 mains de la *Damnation de Faust*, de Berlioz. — A. L—N.

REGLI (FRANCESCO), écrivain italien, né à Milan en 1804, est mort en cette ville le 10 mars 1866. Ceux de ses écrits intéressant la musique sont : 1° *Dizionario biografico* (Turin, Dalmazzo, in-8°, 1860), espèce de Vapereau italien, mais fort mal fait, utile néanmoins par ses renseignements sur les artistes contemporains ; 2° *Storia del Violino in Piemonte* (Turin, Dalmazzo, 1863, in-8°, avec portrait de Paganini) ; 3° *Biografia di Rossini*; 4° *Elogio di Felice Romani*, l'un des plus habiles librettistes italiens de ce siècle. Regli rédigeait encore, lorsqu'il mourut, un journal de théâtre, *il Pirata*, qu'il avait fondé à Milan en 1835.

REGNAULT (.......), compositeur, fit ses études au Conservatoire de Paris, et se fixa ensuite à Caen. Il fit exécuter, en l'église Saint-Étienne de cette ville, plusieurs œuvres importantes de musique religieuse : le 9 juin 1811, pour la naissance du roi de Rome, un *Te Deum*; le 2 juin 1814, « pour les royales victimes de 93, » un *Requiem*; et pour la fête de la Sainte-Cécile, un *Credo*, un *Domine salvum* et un *Vivat*.

REHBAUM (THÉOBALD), violoniste et compositeur allemand contemporain, a publié récemment un recueil de 20 *Exercices faciles et spéciaux pour le violon*, op. 13 (Berlin, Schlesinger) ; on lui doit diverses autres compositions pour cet instrument, ainsi qu'une *École d'alto à l'usage des violonistes* (*Bratschen-Schule zum Selbstunterricht für violinisten*), op. 9 (Berlin, Schlesinger). On a annoncé comme prochaine, en ces derniers temps, la première représentation au théâtre de Dresde d'un opéra-comique en 3 actes de M. Th. Rehbaum, *Don Pablo*. J'ignore si cet ouvrage a vu le jour.

* **REICHA** (ANTOINE). — La bibliothèque du Conservatoire de Paris possède un traité manuscrit de cet artiste, qui semble être resté jusqu'ici complétement inconnu ; cet ouvrage, écrit en allemand, porte le titre que voici : *Philosophische practische anmerkungen zu den practischen Beyspielen* (*Observations philosophico-pratiques pour les exemples pratiques*) ; les principaux chapitres sont ainsi intitulés : *Avantages de la musique parmi les sept arts libéraux; Mathématiques et musique; l'Artiste; le Compositeur; le Pianiste;* etc. Le manuscrit de Reicha comprend 47 pages in-folio. Il y a tout lieu de croire que cet ouvrage n'a jamais été publié.

REICHEL (FRÉDÉRIC), musicien allemand, né le 27 janvier 1833 à Oberoderwitz, près Zittau, se signalait tout à la fois, dit-on, dès l'âge de onze ans, comme organiste, violoniste, flûtiste, corniste, timbalier et chanteur. En 1848 il se rend à Dresde pour y compléter son instruction musicale, prend en cette ville des leçons de piano de Frédéric Wieck, puis entre à Posen, comme professeur de musique, dans la famille du comte Szembeck. Il retourne ensuite à Dresde, travaille de nouveau avec Wieck, étudie la théorie de l'art avec Jules Otto et Rietz, et se consacre à l'enseignement et à la composition.

Très-recherché comme professeur, M. Reichel a dirigé successivement plusieurs sociétés de chant. En tant que compositeur, il a écrit des quatuors pour instruments à cordes, des octuors pour instruments à vent, des études de piano, des morceaux de genre pour le même instrument, des chœurs, etc. On lui doit aussi une opérette, *die Geangsteten Diplomaten* (*les Diplomates timides*), qui a été représentée en 1875, à Dresde, sur le théâtre de la cour.

* **REINA** (Dominique), chanteur italien distingué. — Dans la seconde édition de son *Annuario musicale*, M. Paloschi fixe la date de la naissance de cet artiste à l'année 1797, et le dit mort à Lugano le 29 juillet 1843.

REINDL (Benoit), moine et musicien du dix-huitième siècle, fut capitulaire de l'abbaye des bénédictins de Dissentis (Suisse), et s'est fait connaître comme compositeur par un recueil de messes à quatre voix, publié en 1789 sous ce titre : *Annulus eucharisticus sex gemmis coruscans*. Ce recueil fut dédié par son auteur à Beat Küttel, prince-abbé d'Einsiedeln.

REINDL (Constantin), professeur au Gymnase de Lucerne de 1770 à 1790, peut-être parent du précédent, fut un violoniste et un violoncelliste renommé, en même temps qu'un compositeur de mérite. On lui doit plusieurs symphonies, une messe à trois chœurs, un offertoire pour voix de soprano avec orchestre, et diverses autres œuvres.

* **REINECKE** (Charles), pianiste et compositeur allemand, est aujourd'hui chef d'orchestre de la célèbre société musicale *Gewandhaus*, de Leipzig. Virtuose très-remarquable, M. Reinecke a obtenu sous ce rapport de très-grands succès, non-seulement dans toute l'Allemagne, mais aussi à Londres, où il s'est vu très-bien accueilli. Musicien fort instruit, théoricien expérimenté, il est cependant moins heureux comme compositeur, malgré sa rare fécondité ; ses œuvres, bien conçues, bien construites, manquent essentiellement d'originalité, et l'inspiration leur fait trop souvent défaut. En réalité, M. Reinecke, qui est un praticien consommé, n'est qu'un artiste secondaire au point de vue de la création proprement dite.

Parmi les œuvres nombreuses de M. Reinecke, je signalerai les suivantes : *le Roi Manfred*, opéra en 5 actes, représenté à Leipzig et à Wiesbaden ; *une Aventure de Händel*, opéra-comique en un acte (Schwerin, théâtre de la cour, novembre 1873) ; *die Mœnkguter*, id. (Berlin, 1874) ; un oratorio dont j'ignore le titre ; *Dame Kobold*, *Aladin*, ouvertures de concert ; Symphonie en *la* majeur ; Symphonie en *ut* mineur ; *Friedensfeier*, ouverture de fête ; 2 messes avec orchestre ; Quintette pour piano et instruments à cordes, op. 83 ; Quatuor pour instruments à cordes, op. 132 ; *Dornrœschen*, scène pour 3 voix seules, chœurs, et déclamation, avec accompagnement de piano, op. 139 ; *la Fuite en Égypte*, pour chœur et orchestre ; *In Memoriam*, introduction et fugue avec choral pour grand orchestre ; 1er, 2e, 3e Concertos de piano, avec accompagnement d'orchestre ; Concerto de violon, id., op. 141 ; Concerto de violoncelle, id. ; 3 Sonatines pour piano, op. 47 ; 3 Sonatines pour piano, op. 98 ; 6 Sonates-miniature, op. 136 ; 6 *lieder*-sonatines ; Variations pour piano, op. 52 ; Études pour piano, op. 137 ; 18 Pièces faciles pour piano, op. 91 et 135 ; Ballade pour piano, op. 20 ; Variations sur une Sarabande de Bach, pour 2 pianos ; Impromptu pour 2 pianos, op. 66 ; *la Belle Griselidis*, duo pour 2 pianos ; *Märchengestalten*, fantaisie pour piano, op. 147 ; *Kinderlieder*, op. 37, 63, 75, 91, 135, 138 ; un grand nombre de *lieder* à une ou plusieurs voix, chœurs, etc. M. Reinecke a donné une édition des œuvres de Bach pour le piano, et on lui doit toute une série de *Cadences pour des concertos de piano classiques* (de Bach, Mozart, Beethoven et Weber), op. 87.

REINHOLD (Hugo), l'un des mieux doués parmi les jeunes compositeurs autrichiens, est né à Vienne, le 3 mars 1854. Après avoir été pendant quatre ans enfant de chœur à la chapelle de la cour, il obtint, par l'entremise du chef d'orchestre Herbeck, un subside qui lui permit de poursuivre ses études au Conservatoire de Vienne, où il eut pour maîtres Bruckner, Epstein et Dessoff, et où il obtint la médaille d'argent. Le 9 décembre 1877, il faisait exécuter au Concert philharmonique, société célèbre de Vienne, une suite de morceaux pour piano et orchestre d'instruments à cordes ; l'année suivante il y faisait entendre, avec un très-grand succès, un prélude, un menuet et une fugue pour semblable orchestre. Depuis lors, le jeune artiste a publié des *lieder*, divers morceaux de piano et des chœurs pour voix d'hommes. Il a écrit aussi deux symphonies, qui doivent être exécutées prochainement. Les compositions de M. Reinhold se distinguent par une imagination brillante, une grande pureté de forme et une instrumentation fine et distinguée.

J. B.

REINSDORF (Otto), compositeur et écrivain musical, né à Kœselitz (Anhalt), le 28 mai 1848, a fait ses études à Berlin, où il fut l'élève de M. Kullak pour le piano et de M. Richard Wüerst pour la composition. Il était à peine âgé de vingt-deux ans lorsqu'en 1870, à Leipzig, il commença à collaborer à la *Nouvelle Revue musicale*, tout en publiant ses premières compositions. Après avoir pris part aussi à la rédaction de la *Tonhalle*, il fonde coup sur coup

(1872-1873) un « bureau central de musique » et un journal qui avait pour titre : *Gazette centrale de la musique*. Ces deux entreprises ayant échoué, il va fonder à Cassel la *Gazette universelle allemande de musique*, dont l'existence dure à peine une année, occupe une place de professeur qu'il abandonne presque aussitôt, et part pour Vienne où il crée en 1875 un troisième journal, le *Journal illustré de musique et de théâtre*, dont il se sépare au bout de peu de temps. Il devient alors directeur d'opéra dans quelques petites villes, puis revient en 1877 à Berlin, où je crois qu'il est encore aujourd'hui. Tout en s'occupant ainsi de littérature musicale, M. Reinsdorf ne négligeait pas la composition et publiait, tantôt chez un éditeur, tantôt chez un autre, diverses œuvres dont le nombre atteint aujourd'hui le chiffre de soixante-dix environ, et qui consistent surtout en *lieder* et en pièces de genre pour le piano. On assure que M. Reinsdorf n'est pas un artiste sans valeur, et qu'avec un peu plus de constance dans le caractère, un peu plus de fixité dans les idées, il pourrait se distinguer tant comme compositeur que comme écrivain.

* **REINTHALER** (Charles-Martin), est né le 13 octobre 1822 à Erfurt, où son père avait fondé et dirigeait une maison d'éducation. Il manifesta de bonne heure un goût prononcé pour la musique, et reçut d'Auguste Ritter, qui fut plus tard organiste de la cathédrale de Magdebourg, des leçons de piano, d'orgue et d'harmonie. En 1841, il se rendit à Berlin pour y étudier la théologie, mais cette étude ne put lui enlever sa passion pour la musique, qu'accompagnait chez lui celle du dessin et de la peinture, et il prit des leçons du fameux théoricien A.-B. Marx.

Tout en passant ses derniers examens de théologie, M. Reinthaler commença à se produire comme compositeur, en faisant exécuter quelques psaumes par le chœur de la cathédrale de Berlin. Ces ouvrages furent bien accueillis, et le roi Frédéric-Guillaume IV, pour encourager le jeune artiste, lui accorda un subside pour aller en Italie, et particulièrement à Rome, étudier le chant d'église italien. M. Reinthaler voulut passer par la France et vint d'abord à Paris, pour s'y fortifier dans la pratique et l'enseignement du chant; à cet effet, il prit des leçons de Géraldy et de Bordogni, après quoi, en 1851, il partit pour l'Italie, séjournant surtout à Naples et à Rome. De retour en Allemagne en 1853, il devenait professeur de chant au Conservatoire de Cologne, et en 1858 il était appelé à Brême comme organiste de la cathédrale. Il se fit une grande situation dans cette dernière ville, où il prit la direction de l'Académie de chant (fondée en 1815 par le docteur Riem) et celle de la *Liedertafel*, en même temps que celle des concerts privés, qui y étaient organisés sur le modèle des belles séances du Gewandhaus de Leipzig; il dirigeait aussi les chœurs de la cathédrale, et fit preuve dans ces fonctions diverses et multiples d'une grande habileté et d'un talent pratique incontestable.

Outre les compositions de M. Reinthaler qui ont été mentionnées dans la *Biographie universelle des Musiciens*, il faut signaler les œuvres suivantes : *Edda*, opéra en 4 actes, qui a été représenté à Brême le 22 février 1875; *das Mædchen von Cola*, composition pour chœur et orchestre; *In der Wüste* (*Dans le Désert*), cantate pour *soli*, chœurs et orchestre; 2 duos pour *soprano et contralto*, avec piano, op. 28; une symphonie ; des ouvertures, des morceaux religieux, des quatuors pour voix d'hommes et pour voix mixtes, et enfin le *Bismark-Hymne*, qui a remporté le prix au concours ouvert pour la mise en musique de la poésie de M. Rodolphe Gottschall.

* **REISET** (........ **DE**), diplomate français et compositeur amateur, était en 1862 chargé d'affaires de France à Darmstadt, et quelques années plus tard ambassadeur à Hanovre. Il s'occupait beaucoup de musique, et écrivit d'abord un petit opéra intitulé *le Meunier de Marlinac*, qu'il fit représenter à Darmstadt, au mois de février 1863, sous le pseudonyme de *Jesper* ; je crois bien que c'est le même ouvrage qu'il donna l'année suivante à Brunswick, sur le théâtre de la cour, sous le nouveau titre de *la Meunière de Marly* (titre d'un ancien vaudeville français, qui avait sans doute servi de livret) et sous le pseudonyme plus transparent de *Tesier*. Enfin, au mois de janvier 1865, M. de Reiset fit jouer, sur le même théâtre de Brunswick, un nouvel opéra en 2 actes, *Dona Maria, infante d'Espagne*, dont il avait écrit la musique en société avec M. Langert et pour lequel il se dissimula encore sous le pseudonyme de Tesier, qui forme l'anagramme de son nom.

* **REISSIGER** (Frédéric-Auguste), compositeur, est né à Belzig, non en 1804, mais le 26 juillet 1809. Il reçut de son père sa première instruction musicale et littéraire, et avant d'avoir accompli sa treizième année, il fut admis, après examen, au *Thomaschor* de Leipzig. Là, il reçut des leçons de Schicht et de Th. Weinlig, en même temps qu'il prenait part, comme les meilleurs élèves de cet établissement, à l'exécution des excellents concerts du Gewandhaus, où

son jeune esprit se prit d'admiration pour les chefs-d'œuvre de Haydn, de Mozart et de Beethoven. En 1830, M. Reissiger entra à l'université de Berlin pour y étudier la théologie; mais, ses ressources se bornant à une modique pension annuelle de 59 thalers que lui servait sa ville natale, il dut se mettre à donner des leçons pour vivre. Sur les conseils de Zelter, il prit des leçons d'harmonie et de contre-point du professeur Dehn, et bientôt publia quelques compositions, consistant en *lieder* avec piano, recueils de duos, marches, morceaux de danse et de genre pour le piano.

En 1840, on lui offrit l'emploi de chef d'orchestre au théâtre de Christiania (Norwége). Il accepta, et, tout en remplissant ces fonctions, se livra activement à la composition, écrivant plusieurs ouvertures de concert, des messes, un *Requiem*, diverses cantates, ainsi que la musique de deux ouvrages dramatiques : *Tie Saters*, et *Oglemanders Reprasentant*. En même temps, il se faisait remarquer par son amour pour les mélodies norwégiennes, qu'il recherchait de toutes parts et qu'il arrangeait avec un art très-habile.

Après un séjour de dix ans à Christiania, M. Reissiger, fatigué de la vie de théâtre, se rendit à Frederikshalt, comme organiste et chef de musique de la 1re brigade. Là, il dut tourner son talent du côté de la musique militaire, et composa un grand nombre de fantaisies sur des mélodies norwégiennes, suédoises et danoises, ainsi que des marches, pas redoublés, polonaises, valses, etc., qui obtinrent de grands succès; un quintette pour instruments à cordes, qu'il écrivit sur des thèmes norwégiens, lui valut surtout une grande popularité. Devenu aussi directeur d'une société chorale, M. Reissiger publia plus de 50 chœurs pour voix d'hommes, et enfin, comme chef d'orchestre de la Société musicale de Frederikshalt, il eut de nombreuses occasions de déployer son talent de compositeur. M. Reissiger est particulièrement estimé en Norwége, où son talent très-réel, l'amour dont il s'est épris pour les mélodies nationales et l'habileté remarquable avec laquelle il a su les mettre en œuvre en plus d'une occasion, lui ont créé de vives sympathies.

REISSMANN (Auguste), docteur en philosophie, pianiste, organiste, violoniste, compositeur et écrivain musical, est l'un des artistes les plus laborieux et les plus actifs de l'Allemagne à l'époque actuelle. Né le 14 novembre 1825 à Frankenstein, dans la Silésie, il apprit les premiers éléments de l'art d'un cantor nommé H. Jung, excellent maître qui a formé en Silésie nombre de cantors et organistes fort habiles. En 1843, M. Reissmann alla terminer son éducation littéraire à l'université de Breslau, et là il continua à s'occuper activement de musique, étudiant le piano, l'orgue et la composition avec E. Richter, et le violon avec P. Luster. Ses études achevées, il se livra décidément à la carrière artistique, et pendant un séjour de deux années qu'il fit à Weimar, de 1850 à 1852, il prit hardiment parti pour les théories et les doctrines de M. Richard Wagner.

Ayant quitté Weimar, M. Reissmann alla se fixer à Halle, où il resta longtemps et où, tout en consacrant une partie de son temps à la composition, il commença à s'occuper de critique et à se livrer à de sérieuses recherches sur l'histoire de la musique et des musiciens allemands. Le premier fruit de ses travaux en ce genre fut un écrit important qu'il publia sous ce titre : *Von Bach bis Wagner* (*De Bach à Wagner*), Berlin, Guttenberg, 1861. Deux ans après, en 1863, il allait s'établir à Berlin, qu'il n'a pas quitté depuis; là, sa grande activité lui permit, sans cesser de s'occuper de composition et de littérature musicale, de se donner aussi à l'enseignement. Il publia d'abord un ouvrage sur le lied : *das Lied in seiner historischen Entwickelung* (*le Lied dans son développement historique*), ouvrage qui fut refait et publié en 1874 sous ce nouveau titre : *Geschichte des deutschen Lied* (*Histoire du lied allemand*). Cet écrit fut suivi d'une *Histoire universelle de la musique* (*Allgemeinen Musikgeschichte*), en trois volumes, qui parut de 1863 à 1865, et d'un ouvrage pédagogique intitulé *Allgemeinen Musiklehre* (*Enseignement universel de la musique*), Berlin, 1864. En 1865, M. Reissmann livrait au public une importante biographie de Schumann : *Robert Schumann, sa vie et ses œuvres*, et l'année suivante il commençait la publication d'un grand traité didactique : *Lehrbuch der musikalischen Composition* (*Traité de composition musicale*), qui ne comporte pas moins de trois volumes (1); il a donné ensuite une étude biographique sur *Félix Mendelssohn-Bartholdy* (1872), une autre sur *Franz Schubert* (1874), et une brochure intitulée *die Kœniglische Hochschule fur Musik in Berlin* (*De l'École supérieure royale de musique à Berlin*). Enfin, il a fait au Conservatoire de cette ville une série de conférences sur l'histoire de

(1) Je ne connais pas cet ouvrage, qui fut publié à Berlin de 1866 à 1870. Fétis a fait un compte-rendu sévère du premier volume dans la *Revue et Gazette musicale de Paris*, année 1866, n° 7.

la musique, lesquelles ont été réunies et publiées en 1877 chez l'éditeur Otto Janke.

Mais ces nombreux travaux littéraires ne ralentissaient en aucune façon, chez M. Reissmann, la production musicale proprement dite, et le compositeur ne le cédait en rien à l'écrivain. M. Reissmann se produisit à plusieurs reprises au théâtre, avec des ouvrages importants; il donna ainsi *Gudrun*, grand opéra dont le rôle principal était rempli par une cantatrice de talent, Mme Peschka-Leutner, et qui fut très-favorablement accueilli à Leipzig au mois d'octobre 1871, puis *das Gralspiel*, grand opéra, et un opéra-comique intitulé *le Bourgmestre de Schondorf*. On connait aussi de lui, outre deux grandes scènes dramatiques, *Loreley*, et *la Mort de Drusus*, pour voix seules, chœurs et orchestre, un « oratorio dramatique, » *Wittekind*, œuvre remarquable, dit-on, dont il a écrit les paroles et la musique, et qui a été exécuté avec succès à Berlin au mois de mai 1877. M. Reissmann a composé aussi beaucoup de musique instrumentale, entre autres un concerto de violon avec orchestre, une suite pour violon solo avec accompagnement d'orchestre (op. 42), 2 sonates pour piano et violon, etc. Enfin, il a publié encore plusieurs recueils de *lieder* avec accompagnement de piano, des ballades, des duos et trios pour diverses voix, et d'assez nombreux chœurs avec ou sans accompagnement.

Lorsque Hermann Mendel (*Voy.* ce nom) mourut en 1876, laissant inachevé le grand ouvrage dont il avait entrepris la publication et qu'il dirigeait lui-même : *Musikalisches-Conversations-Lexicon*, c'est M. Auguste Reissmann, l'un des collaborateurs les plus actifs de cet ouvrage, qui en devint le directeur et qui fut chargé de le mener à bien. Au moment où cette notice est écrite (juillet 1878), il vient d'en faire paraitre le neuvième volume. En résumé, M. Reissmann occupe en Allemagne, tant comme compositeur que comme écrivain et historien musical, une situation considérable.

* **RELLSTAB** (Henri-Frédéric-Louis), écrivain musical allemand, est mort subitement à Berlin le 28 novembre 1860. Il avait assisté la veille à la représentation de l'Opéra, et le matin il fut trouvé mort dans son lit. Il occupait encore à cette époque les fonctions de rédacteur musical de la *Gazette de Voss*, qu'il remplissait depuis 1827. Rellstab fut aussi, pendant longues années, l'un des collaborateurs de la *Revue et Gazette musicale de Paris*. C'est lui qui avait fourni à Meyerbeer le livret de son opéra *le Camp de Silésie*.

Spontini et Rellstab est le titre d'un petit écrit qui fut publié par Charles-Frédéric Muller (Berlin, Bechtold, in-16, 1833), à l'époque où Rellstab poursuivait de sa haine l'auteur de *la Vestale* et de *Fernand Cortez*.

RÉMAURY (Caroline). — *Voyez* **MONTIGNY-RÉMAURY** (Madame).

REMENYI (Édouard), virtuose extrêmement remarquable sur le violon, est né à Hewes (Hongrie) en 1830, et a fait son éducation musicale au Conservatoire de Vienne, où il est resté de 1842 à 1845. A peine adolescent, en 1848, il prit part à la grande insurrection hongroise, s'engagea comme volontaire, gagna le grade d'adjudant, et fit toute la campagne contre l'Autriche sous les ordres du fameux général Georgei. Lorsque, après des prodiges de vaillance, l'armée patriote eut été vaincue, M. Remenyi dut faire comme tant d'autres, et chercher son salut dans l'exil. Il partit pour les États-Unis, et là, reprenant son instrument, il commença cette carrière de virtuose qui devait lui valoir une si grande renommée. Cependant, dès 1853, il était de retour en Europe, et se trouvait à Weimar, où il faisait la connaissance de M. Liszt, qui lui donnait d'utiles conseils. L'année suivante, il se rendait à Londres, et y devenait bientôt violon-solo de la reine d'Angleterre. Quelques années après, il entreprenait une série de voyages artistiques sur le continent, et en 1865 il se faisait entendre pour la première fois à Paris, dans quelques salons, avec un énorme succès. Depuis lors il a parcouru l'Allemagne, la Belgique, la Hollande, accueilli partout de la façon la plus favorable. Depuis 1875, il semble s'être fixé à Paris, sans pourtant que cela l'empêche d'aller se faire entendre et applaudir à l'étranger.

M. Remenyi est un artiste absolument original, au jeu étrange, désordonné, ayant quelque chose de fauve et de sauvage, mais d'une grandeur réelle, d'une puissance incontestable, qui s'allie, chose rare, au charme le plus pénétrant. Le virtuose se joue des difficultés les plus compliquées, les plus invraisemblables, il les accumule comme à plaisir, puis, quand il a fasciné, ébloui son auditoire, il l'étonne, le charme et le tient sous le joug par des accents de la passion la plus intense, de la tendresse la plus expressive. Artiste fiévreux, singulier, d'une nature à la fois étrange, puissante et mélancolique, il possède une étonnante force d'action et fait passer le public par les impressions les plus diverses et les plus inattendues, le tenant toujours attentif et haletant. Il a des doigts d'acier, un son d'une ampleur et d'une majesté surprenantes, un archet d'une souplesse, d'une variété et d'une indépendance sans pareilles, avec cela une fougue et une verve absolument personnelles. D'ailleurs, M. Remenyi se laisse souvent aller à son inspiration, et improvise souvent, devant le public, de façon à émerveiller ses auditeurs. Un tel artiste ne saurait faire école, mais il est vraiment prodigieux, et procure des sensations que nul autre ne saurait faire naître.

Pour une nature semblable et aussi *irrégulière*, le répertoire de la musique de violon, malgré sa richesse, s'est trouvé naturellement trop restreint. Aussi M. Remenyi, qui, je crois, ne compose guère, a-t-il pris le parti de transcrire pour le violon et de s'approprier un grand nombre d'œuvres écrites originairement pour le piano, et choisies surtout par lui dans les productions des maîtres romantiques. C'est ainsi qu'il a adapté à son instrument divers nocturnes de Field, des mazureks et des polonaises de Chopin, plusieurs mélodies de Schubert, quelques romances sans paroles de Mendelssohn, et aussi quelques courts morceaux de Jean-Sébastien Bach, de Rameau et de Mozart. Il a entrepris récemment la publication de ces transcriptions (Paris, Heugel), qui ont paru sous le titre de *Nouvelle École de violon*.

M. Remenyi a le titre de violon-solo de l'empereur d'Autriche, roi de Hongrie.

RÉMI ou **RÉMY**, est le nom d'une famille de luthiers qui exercent leur industrie à Paris depuis plus d'un siècle. Le chef de cette famille était établi en 1760, rue Sainte-Marguerite-Saint-Antoine, d'où il alla demeurer ensuite rue Tiquetonne; ses instruments étaient, dit-on, du genre de ceux des Guersan, de Saint-Paul et de Gaviniés. Son fils, *Jean-Mathurin Rémi*, né rue Tiquetonne en 1770, s'établit au n° 30 de la rue de Grenelle-Saint-Honoré, où il demeura pendant trente-sept ans, et mourut en 1854. Le fils de celui-ci, M. *Jules Rémi*, né en 1813, a succédé à son père et exerce encore sa profession à Paris.

RÉMUSAT (Justinien **DE**), compositeur, est né à Marseille le 24 octobre 1803 (1er brumaire an XII).

Appartenant à une ancienne et riche famille de Provence, qui a marqué dans les charges municipales à Marseille, il apprit la musique sans autre but que d'occuper les loisirs d'une vie facile. Mais il vit bientôt dans l'art autre chose qu'une distraction frivole, et l'étudia de la façon la plus sérieuse, comme il l'est assez fréquemment en Allemagne par de simples amateurs.

Il prit une part active au remarquable mouvement artistique qui se produisit à Marseille à partir des premières années de la Restauration jusque vers 1839. — Il fut l'ami dévoué de d'Ortigue et de Berlioz. On a de cet amateur éclairé diverses compositions qui lui assignent une place dans ce volume. — Quelques-unes ont été publiées et sont signées de l'anagramme *De Staumer*. — En voici le relevé : — 12 valses pour piano : — *Ave verum*, pour chœur et orchestre, chez Gérard (à Paris); — *O Salutaris*, pour ténor, chœur et orchestre ; — *Kolherstal*, grande valse pour piano (chez Gérard); — Un quatuor pour deux violons, alto et violoncelle; — Trois trios pour piano, violon et violoncelle (chez Gérard); — Une sonate pour piano et violon (chez Gérard).

Ces pièces témoignent d'une solide éducation musicale et d'un commerce assidu avec les grandes œuvres classiques : elles sont bien conduites, bien développées et conçues dans un esprit simple, également éloigné du banal et du tourmenté. Les plus remarquables sont les deux derniers trios pour piano, violon et violoncelle et l'*Ave verum*, œuvre d'un sentiment élevé et suave, qui est bien empreinte du caractère religieux. AL. R—D.

* **RÉMUSAT** (Jean), flûtiste et compositeur pour son instrument. — Il a été dit, dans la *Biographie universelle des Musiciens*, que cet artiste, après un long séjour à Londres, était revenu à Paris, où il avait tenu l'emploi de première flûte au Théâtre-Lyrique. Je ne sais si le fait est exact; en tout cas, Rémusat n'aurait pas tardé à retourner en Angleterre, car, en 1856, j'ai connu cet excellent artiste à Londres, où il occupait une brillante situation. Depuis lors, Rémusat, qui était un homme fort intelligent, mais un esprit original et un peu excentrique, est allé, paraît-il, se fixer à Shanghaï, où l'on assure qu'il a ouvert une école de musique.

Voici la liste des principales compositions de Rémusat : *Méthode de flûte*; — *Échos d'Italie*, 10 fantaisies; — *Bouquet de mélodies*, 10 petites fantaisies sur des motifs d'opéras; — 1er Concertino, op. 22; — *le Flûtiste romancier*, choix de romances variées en forme de fantaisies (7 livraisons); — *Illustrations musicales*, 10 fantaisies sur des motifs d'opéras; — *Souvenir du théâtre allemand*, 10 fantaisies id.; — 8 Cavatines italiennes en forme de fantaisies; — *Hommage à Bellini*, op. 50; — *le Carnaval napolitain*, fantaisie de concert, op. 40; — 24 fantaisies pour flûte et piano, sur des airs célèbres (avec Alphonse Leduc); — 8 Duos faciles pour flûte et violon (avec M. Ernest Depas); — 6 Duos pour flûte et violon (avec le même); — *Feuilleton du flûtiste*, 6 morceaux pour flûte seule; — *Album des jeunes flûtistes*, 6 airs variés; — 6 Duos faciles et progressifs, pour 2 flûtes, op. 13; — Fantaisies diverses sur *la Part du Diable*, *la Sirène*, *la Barcarolle*, *Robert Bruce*, *Haydée*, *l'Étoile du Nord*, etc., etc.

RENAUD (Pierre-Guillaume), fils d'un musicien d'origine française qui occupait une honorable situation artistique en Hollande (1), est né à la Haye le 3 avril 1807. Élève de F. Volcke, il devint lui-même un organiste et un compositeur distingué. Directeur d'une société musicale à la Haye, il était professeur de piano en cette ville et remplissait les fonctions d'organiste à l'église des Remonstrants. On connaît de lui un grand nombre de compositions, parmi lesquelles je citerai les suivantes : *Hel land der Zaligen*, cantate pour chœur et orchestre; *Chant de guerre*, pour voix d'hommes et fanfare; *De Zon*, cantate pour chœur et orchestre; Ouverture à grand orchestre; *le Soir*, *l'Automne*, méditations de Lamartine, pour voix seule; Messe à 4 voix; Fantaisies pour le piano sur *la Vestale*, *le Barbier de Séville*, *les Martyrs*, *le Guitarero*; divers autres morceaux de piano, et un nombre considérable de chœurs, *lieder* et mélodies vocales.

RENAUD (François-Augustin), physicien français, professeur au collège de Rambervillers (Vosges), s'est beaucoup occupé des questions d'acoustique et de celles qui concernent la constitution physiologique du système musical moderne. A l'encontre de beaucoup d'autres savants qui ont traité ces questions, M. Renaud n'a pas jugé inutile, avant de présenter ses observations au public, d'étudier la musique, afin d'établir les bases de son système sur une alliance aussi étroite que possible entre les données positives de la science et les exigences délicates de l'oreille. Il en résulte que ce système, établi sur une série d'expériences qu'on peut qualifier jusqu'à un certain point de contradictoires, amène une sorte de compromis entre les prétentions souvent insoutenables des physiciens et les assertions de ceux qui s'occupent surtout de déterminer les effets de la sensation auditive. Partant de ce principe, M. Renaud a cru trouver, dans la nature physiologique du son musical, la base d'une harmonie naturelle qui s'imposerait aux musiciens en quelque sorte malgré eux, et les obligerait à adopter un système fondé sur le rapport et l'échelonnement des harmoniques. Cependant, venant après Rameau et M. Helmholtz, M. Renaud ne pousse pas à ses conséquences extrêmes le système préconisé par eux, et il admet dans son application un certain tempérament, une très-réelle élasticité. Malgré tout, je ne suis guère partisan, pour ma part, de systèmes de ce genre, et, sans entrer ici dans une discussion approfondie de celui de M. Renaud, je me borne à le mentionner en renvoyant à ses ouvrages tous ceux que passionnent ces questions intéressantes.

Voici ceux des écrits de M. Renaud qui sont venus à ma connaissance : 1° *le Principe radical de la musique et la tonalité moderne* ou *la Science de l'harmonie basée sur la nature même du son musical*, Paris, Tolra et Haton, in-8°, 1870; 2° *Étude sur les diverses interprétations ou évaluations de la gamme diatonique majeure ut, ré, mi, fa, sol, la, si, ut, précédée de notions élémentaires de calcul musical*, Paris, Haton, 1871, in-8° de 64 pp.; 3° *Du rôle de la science dans l'art musical*, Paris, Haton, 1872, in-8° de 16 pp.

RENAUDIN (Léopold), luthier français, né à Mirecourt en 1749, jouit de quelque réputation dans la seconde moitié du dix-huitième siècle. En 1783 il était établi à Paris, et demeurait rue Saint-Honoré, auprès de l'Opéra. Il périt en 1793, sur l'échafaud révolutionnaire. On a de Renaudin quelques violons d'une assez bonne facture. En 1873, lors de l'incendie de l'Opéra dans lequel furent détruits tous les instruments de l'orchestre, on perdit plusieurs excellentes contre-basses qui avaient été construites par cet artiste.

J. G—y.

RENAULT (Nicolas), luthier, exerçait sa profession à Paris en 1546. Originaire de Nancy, il y avait travaillé avec les frères Médard (Nicolas et Jean), également de cette ville. Nicolas Renault passe pour avoir travaillé avec André Amati, lorsque Charles IX fit venir à Paris le célèbre luthier italien, qu'il avait chargé de l'organisation de sa chapelle. Il est en effet peu probable qu'André Amati ait pu, sans collaborateur, pourvoir à la royale commande, qui ne comprenait pas moins de 24 violons de grand patron, 12 violons moyens, 6 violes et 8 basses de viole.

J. G—y.

RENDANO (Alfonso), pianiste et compositeur italien, né à Carolei, près de Cosenza, le 5 avril 1853, a commencé son éducation musicale dans sa patrie, passa quelques mois au Conser-

(1) *Guillaume Renaud* père, organiste, était né à Harderwijck le 13 decembre 1788. Il mourut à Maassluis le 4 janvier 1856.

vatoire de Naples, travailla ensuite avec Thalberg, qui l'avait pris en vive affection, puis alla terminer ses études au Conservatoire de Leipzig. Agé de dix-huit ans et sortant à peine de cet établissement, il se fit entendre avec un grand succès à la célèbre société du Gewandhaus. Il se produisit ensuite, d'une façon non moins heureuse, à Paris, puis à Londres, d'abord à l'Union musicale, puis à la *New Philharmonic Society*, et enfin à la cour. L'accueil qui lui fut fait à Londres fut tout particulièrement flatteur pour le jeune artiste, dont les qualités sont d'ailleurs des plus remarquables. Musicien instruit, brisé aux styles de tous les maîtres, Beethoven et Weber, Mendelssohn et Chopin, M. Rendano, dont le jeu est plein de grâce et de tendresse, d'expression et de mélancolie, ne se distingue pas moins par la virtuosité pure, et son mécanisme surprenant se joue de toutes les difficultés, sans qu'aucune apparence de charlatanisme vienne jamais gâter le fini d'une exécution irréprochable.

Depuis quelques années, M. Rendano est de retour dans sa patrie. On lui doit quelques compositions pour son instrument que l'on dit fort distinguées, entre autres un recueil intitulé *Feuillets d'album* (Londres, Stanley-Lucas), et divers morceaux détachés :, *Alla Gavotta*, *Chant du paysan*, Valse-caprice, *Marche des souris contre les grenouilles*, etc.

RENÉ (Charles), artiste qui faisait partie de la troupe dramatique occupant le théâtre de Caen, a fait jouer sur ce théâtre, le 25 février 1836, un opéra-comique intitulé *les Blanchisseuses*, dont il avait écrit les paroles et la musique.

RENES (R......), est le nom d'un compositeur inconnu qui vivait au commencement du seizième siècle, et qui a fourni à Pierre Attaignant, pour le recueil de chansons françaises à 4 parties publié par cet éditeur vers 1530, la musique des chansons suivantes : *Ce fut en montant les degrez*, *L'ardant desir que j'ay*, *L'autre jour je vis par un matin*, *Le doux accueil*, *Le maintien*.

* **REPARAZ** (Antonio), chef d'orchestre et compositeur espagnol, a rempli à quatre reprises différentes les fonctions de chef d'orchestre au théâtre italien de San-Juan, à Oporto (Portugal), et a tenu le même emploi à celui du Cirque, de Madrid, ainsi que dans diverses villes d'Amérique. En 1856, il faisait représenter à Oporto un opéra italien, *Gonzalvo di Cordova*, qu'il faisait bientôt suivre de deux autres ouvrages donnés dans la même ville, *Pietro il Crudele*, et *Malek-Adel* (1859). Au mois d'octobre 1866, il donnait coup sur coup à Madrid, au théâtre du Cirque, trois *zarzuelas* qui avaient pour titre *la Gitanilla*, *las Bodas de Camacho* et *la Cruz del Valle*. Ses autres ouvrages dramatiques sont *la Niña de nieve*, qui obtint du succès à Madrid, *la Venta encantada*, opéra dont le sujet était tiré d'un épisode de *Don Quichotte*, et qui, donné aussi à Madrid, y fit une chute complète, *la Toma de Granada*, qui fut représentée en Portugal, et *la Rinnegata*, opéra italien qui fut donné à Porto le 28 février 1874. Ce dernier fut joué ensuite en Italie, au théâtre Chiabrera, de Savone, sous le titre de *Zaida la Rinnegata* (1878).

REPETTO (.......), compositeur italien, a fait représenter à Nice, en 1855, un opéra bouffe intitulé *un Episodio di San Michele*, écrit par lui sur le livret bien connu de Félice Romani qui avait servi déjà à plusieurs compositeurs.

RESSIER (........). — Un artiste de ce nom a écrit la musique de trois ballets-pantomimes représentés sur le théâtre de Nicolet vers 1772 : 1° *les Fêtes villageoises* ; 2° *les Forges de Vulcain* ; 3° *le Vieillard rajeuni*.

RÉTY (Hippolyte), écrivain musical français, membre de l'Académie de Mâcon, a publié quelques opuscules dont les trois suivants seulement sont venus à ma connaissance : 1° *Études historiques sur le chant religieux et moyens pratiques d'en améliorer l'exécution dans les grandes et les petites paroisses*, Paris, Lyon et Mâcon, 1870, in-8° ; 2° *Notice historique sur Choron et son école*, Paris, Douniol, 1873, in-8° ; 3° *De l'importance d'une bonne éducation musicale*, Paris, Blériot, 1878, in-8° de 24 pp.

* **REULING** (Louis-Wilhelm), compositeur et chef d'orchestre, né à Darmstadt le 22 décembre 1802, avait reçu de son père les premières notions de l'art musical, puis était devenu l'élève de Seyfried. Sur la recommandation de Beethoven, un professeur célèbre alors, Emmanuel Fœrster, consentit à achever son éducation. Par la suite, Reuling devint chef d'orchestre de la cour de Vienne, et fit représenter en cette ville un assez grand nombre d'ouvrages dramatiques, parmi lesquels on peut citer, comme ayant obtenu de véritables succès, *la Fête des travailleurs*, *Alfred le Grand* et *le Kobold*. Cet artiste très-honorable est mort à Munich, le 29 avril 1877, à l'âge de soixante-quatorze ans.

Voici une liste des ouvrages que Reuling a fait représenter ; je ne puis assurer qu'elle soit absolument complète, mais je crois qu'elle est bien près de l'être : 1° *le Gai Fritz*, un acte, Vienne, 1832 ; 2° *Paris en Poméranie*, un acte, Vienne, 1832 ; 3° *le Choriste en équipage*, un acte, Vienne, 1832 ; 4° *Malice et Chagrin*, un acte, Vienne, 1832 ; 5° *les Inséparables*, un acte, Vienne, 1832; 6° *le Menteur et son fils*, un acte, Vienne, 1833 ; 7° *les Deux Chambellans*, Vienne, 29 juillet 1833 ; 8° *le Neveu trépassé*, Vienne, 20 août 1833 ; 9° *l'Ennemi des femmes*, un acte, Vienne, 6 novembre 1833 ; 10° *les Méprises*, un acte, Vienne, 25 mars 1834 ; 11° *le Cadet*, un acte, Vienne, 14 novembre 1834 ; 12° *la Famille des Quakers*, un acte, Vienne, 5 janvier 1835 ; 13° *Alfred le Grand*, grand opéra en 3 actes, Vienne, 16 septembre 1840 ; 14° *Petits Chagrins*, un acte, Vienne, 1840; 15° *Falconiere ;* 16° *Ulysse;* 17° *la Fête des travailleurs.* A ces ouvrages, il faut encore ajouter les ballets dont voici les titres : 18° *la Vestale*, Vienne, 1830; 19° *le Kobold*, Vienne, 1831; 20° *le Diable boiteux*, Vienne, 1836.

REVENTOS Y TRUCH (José), compositeur et professeur espagnol, né à Barcelone le 29 janvier 1840, commença ses études musicales sous la direction d'Andrevi, et, après la mort de celui-ci, les continua avec M. Bernardo Calvo Puig. Devenu en 1865 professeur auxiliaire de chant au Conservatoire de Madrid, il n'en conserva pas moins la direction d'une école de musique pour enfants qu'il avait fondée l'année précédente dans l'église de Montserrat de cette ville. M. Reventós a fait exécuter plusieurs œuvres importantes de sa composition, entre autres une symphonie dans les formes classiques, un *Stabat Mater* à grand orchestre, des *villancicos* (cantiques), etc., et une messe de *gloria* à voix seules, qui a été dédiée par lui au pape Pie IX. Il a publié aussi quelques morceaux religieux à une, deux et trois voix, avec accompagnement d'orgue.

REVERCHON (......), est l'auteur d'un petit manuel de musique plus prétentieux que développé, et publié sous ce titre : « *De la Musique.* Nouvelle théorie, nouvelle pratique. L'harmonie expliquée revêtant la forme mathématique. Guide du compositeur et du maître de chant (s. l. n. d. [Chambéry, 1873], in-18). » Telle est la tâche que l'auteur s'est chargé d'accomplir en moins de 120 pages in-12, et l'on conviendra qu'il faut une certaine dose de confiance en soi seulement pour l'entreprendre. La théorie est nouvelle en effet, comme on va le voir par cet exposé imprimé sur la couverture même du volume : « Enseignement simultané du chant à 2 et 3 parties, *sans notes, ni clefs, ni portées*, rendu possible par les pères et mères de famille et tous les instituteurs. Système *dérobé à l'instinct de l'ouïe* (la musique apprise sans le secours et la participation de l'oreille !), annulant toutes les difficultés et permettant aux enfants comme aux adultes de tout solfier après quelques leçons. » C'est toujours cette vieille utopie de la musique hors de la musique, enseignée en quelques jours, à l'aide de formules algébriques. De pareils systèmes ne se discutent pas, car cela revient à enseigner la peinture sans le secours de la vue ou l'architecture sans le secours des proportions.

* **RÉVIAL** (Marie-Pauline-Françoise-Louis-Benoit-Alphonse), est mort à Étretat le 13 octobre 1871. Il avait, depuis quelques années, donné sa démission de professeur au Conservatoire. Révial était chevalier de la Légion d'honneur. On lui doit un recueil de 12 *Études pour le chant, destinées aux voix de soprano, mezzo-soprano et ténor.*

REW (Henry-G.....), musicien anglais contemporain, établi à Londres, a publié en cette ville un certain nombre de compositions religieuses, parmi lesquelles on remarque un service de communion en *ré* (*Kyrie, Credo, Sursum corda, Sanctus, Benedictus, Agnus Dei, Tantum ergo, Gloria in excelsis*), deux Sentences d'offertoire, une marche pour orgue, etc., etc.

REY (Jean-Étienne), compositeur, né à Toulouse (Haute-Garonne), le 3 août 1832, commença son éducation musicale en cette ville et vint ensuite à Paris, où il se fit admettre au Conservatoire, dans la classe de composition de Carafa. Un jour, Révial, professeur de chant dans cette école, l'ayant entendu chanter dans une église, fut frappé de la beauté de sa voix, et lui offrit de le prendre dans sa classe ; le jeune homme accepta, mais à la condition de pouvoir continuer ses études de composition. Il obtint un accessit de chant en 1854, en même temps qu'une de ses camarades de classe, Mlle Balla, remportait un second prix. L'année suivante, Mlle Balla, devenue Mme Rey, se voyait décerner les trois prix de chant, d'opéra et d'opéra-comique, et acceptait aussitôt un brillant engagement pour l'étranger.

A partir de ce moment, M. Rey se voua à l'avenir de sa jeune femme et se sacrifia en quelque sorte à elle, l'accompagnant dans tous ses voyages, en Italie, en Belgique, en Espagne, en Portugal et dans toutes nos grandes villes de province. Mais il ne perdit point son temps pour cela, et se livra à la composition avec une sorte de fureur, écrivant des opéras, six messes, six sonates pour piano seul, quatre sonates pour piano et violon ou violoncelle, deux trios, trois quatuors, deux quintettes et un sextuor pour divers instruments, vingt morceaux de musique religieuse avec accompagnement d'orchestre ou d'orgue et de quatuor, 35 autres morceaux religieux avec orgue seul, treize mélodies sur paroles italiennes ou espagnoles avec orchestre ou piano, 30 morceaux de chant sur paroles françaises, 7 chœurs à 4 voix, 6 valses pour orchestre, 4 cantates à 3 personnages, 7 symphonies, etc., etc. Au cours de ses voyages, M. Rey fit exécuter (Toulouse, 1850) un grand oratorio en deux parties, *le Martyre de saint Saturnin*, et il fit représenter (Bordeaux, février 1864) un grand opéra en 5 actes intitulé *la Gitana*.

Cependant, Mme Rey-Balla, qui était venue créer au Théâtre-Lyrique le rôle de lady Macbeth dans le *Macbeth* français de M. Verdi, était atteinte, vers 1872, d'une paralysie qui venait subitement briser sa carrière. Son mari, qui jusqu'alors s'était effacé devant elle, songea alors sérieusement à se produire; il eût voulu aborder le théâtre, mais jusqu'à ce jour il n'a pu y réussir. Ne pouvant, de ce côté, en venir à ses fins, il se mit à publier un assez grand nombre des compositions qu'il tenait en portefeuille et qui, généralement, se faisaient remarquer par un heureux sentiment mélodique, par l'élégance de la forme et par de bonnes qualités de facture.

Parmi ces compositions, aujourd'hui publiées, il est bon de signaler particulièrement les suivantes : 1° Grand Trio pour piano, violon et violoncelle ; 2° *Sérénade*, *Pastorale*, 2 petits trios pour pianos, violon ou flûte et violoncelle ; 3° 3 Sonates faciles pour piano ; 4° 3 Sonates (en *la*, en *ré*, en *sol* mineur) pour piano ; 5° 2 Sonates (en *la* mineur et en *ut* mineur) pour piano et violon ; 6° Sonate (en *la* mineur) pour piano et violoncelle ; 7° Sonate (en *sol* mineur) pour piano et clarinette ou violoncelle ; 8° *A la Jeunesse*, 6 mélodies à une voix ; 9° *les Harmonies du Christianisme*, 12 mélodies religieuses à une voix ; 10° 12 Chœurs religieux faciles, à 3 voix égales ; 11° Messe à 3 voix ; 12° Messe de *Requiem* facile, à 4 voix d'hommes ; 13° 6 Mélodies religieuses à une voix, avec accompagnement d'orgue ou de piano ; 14° Messe sans *credo* et sans chœurs ; 15° 4 Chœurs religieux à 4 voix d'hommes, sans accompagnement (1. *O salutaris* ; 2. *Pie Jesu* ; 3. *Ave Maria* ; 4. *Te Deum*) ; 16° *Magnificat*, à 3 voix ; 17° *Laudate*, à 3 voix ; 18° 3 Chœurs faciles, à 3 voix égales, avec piano ; 19° *les Faux Monnayeurs*, *le Loup et l'Agneau*, *le Baptême*, *le Charlatan*, *les Forbans*, *le Rat de ville et le Rat des champs*, *le Départ*, chœurs à 4 voix d'hommes sans accompagnement ; 20° un grand nombre de mélodies, morceaux de chant divers à 1, 2, 3 ou 4 voix ; 21° Méthode de chant, etc.

Au nombre des œuvres inédites de M. Étienne Rey, je citerai les ouvrages dramatiques suivants : *J'ai coupé le roi*, *l'Amour villageois*, *Stribor*, opéras-comiques en un acte ; *le Talisman des Sultanes*, opéra bouffe en 3 actes ; *Balthazar*, grand opéra en 4 actes ; *Irène*, grand opéra en 5 actes.

* **REYER** (Louis-Étienne-Ernest **REY**, dit), l'un des maîtres les plus distingués de la nouvelle école française, a été élu membre de l'Académie des Beaux-Arts en 1876, en remplacement de Félicien David. Les circonstances, si peu favorables souvent à nos artistes, n'ont pas été propices à M. Reyer, qui depuis quinze ans n'a pu se produire à la scène avec un ouvrage nouveau, bien qu'il ait en portefeuille un grand opéra en 5 actes, *Sigurd*, dont il a fait exécuter quelques fragments dans les concerts. Ce n'était pas, en effet, un ouvrage nouveau qu'*Erostrate*, opéra en 2 actes qui fut représenté à l'Opéra le 16 octobre 1871, après avoir fait sa première apparition sur le théâtre de Bade neuf ans auparavant ; par malheur pour le compositeur, le livret d'*Erostrate*, aussi bien que la partition, dut en cette circonstance subir de profondes modifications, et il en résulta dans l'allure générale de l'œuvre un manque d'équilibre et de proportions qui fut nuisible à son succès. Au mois de novembre 1873, M. Reyer transporta à l'Opéra-Comique sa partition de *Maître Wolfram*, petit acte plein d'élégance et de charme qui avait été naguère accueilli avec la plus grande faveur au Théâtre-Lyrique, et qui, modifié et remanié pour cette reprise, ne fut pas moins heureux que précédemment. Le 20 avril 1878, l'Opéra-Comique reprenait aussi *la Statue*, la production la plus importante du compositeur et l'une des œuvres les plus poétiques, les plus savoureuses et les plus originales qui se soient fait jour en France depuis vingt ans. Je ne puis pourtant, à ce sujet, m'empêcher de regretter que M. Reyer ait cru devoir alourdir la marche générale de cet ouvrage en en supprimant le dialogue et en le remplaçant par des récitatifs. Quelle que soit la valeur de ceux-ci, on doit remarquer que l'œuvre, qui n'avait pas été conçue dans la

forme du drame lyrique, ne semblait pas devoir comporter cette forme, et que le milieu où elle se produisait de nouveau n'était pas favorable à ce changement. Cette observation faite, *la Statue* n'en reste pas moins une partition charmante, pleine de poésie, et souvent exquise.

M. Reyer a peu écrit en dehors du théâtre. Il a fait exécuter aux Concerts populaires, le 22 mars 1874, une scène dramatique pour voix de basse, *la Madeleine au désert*, qui a été chantée par M. Bouhy. On connaît aussi de lui quelques chœurs à quatre voix d'hommes, *l'Hymne du Rhin, le Chant du Paysan, Chœur des buveurs, Chœur des assiégés*, quelques morceaux détachés, et enfin un recueil de *Dix Mélodies* pour chant et piano (Paris, Choudens, in-8°), dont quatre sont extraites des œuvres dramatiques de l'auteur.

M. Reyer, qui est un écrivain distingué en même temps qu'un musicien de talent, a été chargé de la rédaction du feuilleton musical du *Journal des Débats*, lors de la retraite de Berlioz. Depuis lors, il a publié sous ce titre : *Notes de musique* (Paris, Charpentier, 1875, in-12), un volume formé d'un choix de ses meilleurs articles. M. Reyer a été nommé chevalier de la Légion d'honneur en 1862.

REYNAUD (J.......), musicien français contemporain, chef de musique au 74ᵉ régiment de ligne, a écrit la musique d'un opéra-comique en 3 actes, *Jeanne Mariotte*, qui a été représenté avec succès sur divers théâtres de province, notamment à Lille et à Rouen.

REYNIER (JOSEPH-FRIX-SIMON-MARIUS), organiste et compositeur, né à Aix (Bouches-du-Rhône) le 9 thermidor an V (26 juillet 1797), mort dans cette même ville le 5 janvier 1874, a joui en Provence d'une grande notoriété. Reynier était aveugle, et c'est une particularité assez curieuse que plusieurs artistes atteints de cette terrible infirmité se soient fait remarquer dans le midi de la France comme organistes (Espent à Marseille, Cézanne à Toulon, etc.). Né dans une famille de musiciens, il fut élevé dans un milieu où la musique était sans cesse pratiquée. Il en reçut dès l'enfance les premières notions de son oncle maternel Nicolas, qui était luthier, et de son père, Pierre Reynier, artiste de profession, qui mourut presque centenaire. A sept ans, Reynier perdit la vue à la suite de la rougeole. Il n'en continua pas moins son éducation musicale, et, à l'âge de treize ans, fut confié aux soins de Lapierre, organiste de l'église Saint-Esprit, qui lui apprit l'orgue, le piano et l'harmonie. En 1825, il fut nommé organiste de la Madeleine; il a conservé ce poste pendant une cinquantaine d'années, jusqu'à ce qu'un an avant sa mort, une attaque d'apoplexie l'en eût douloureusement éloigné. — Là est toute la vie de Reynier : elle s'est écoulée paisiblement dans sa ville natale, partagée entre ses fonctions d'organiste, qu'il remplissait avec un soin pieux, ses travaux de composition et la pratique dévouée de l'enseignement. Reynier a été très-regretté; tous ceux qui l'ont approché ont estimé sa modestie vraie et son excellent cœur, à l'égal de son talent.

Malgré les difficultés inhérentes à son état, Reynier a beaucoup composé. Il a dicté la plupart de ses œuvres à son élève et ami, M. Henri Poncet, aujourd'hui maître de chapelle à la cathédrale d'Aix, qui a lui-même beaucoup produit et a conservé pour son maître un culte touchant.

On peut citer parmi les œuvres de Reynier trois *Stabat*; trois messes en *la*, en *fa* et en *ut*; des chœurs d'*Esther*, des litanies, des motets, des cantiques en français et en provençal, des romances, des pièces d'orgue, etc. Il y a eu donc en lui deux personnalités distinctes : l'organiste exécutant, et le compositeur. — L'une et l'autre ont été placées très-haut en Provence.

De bons juges, qui ont entendu Reynier, lui ont reconnu un très-grand mérite d'exécution. Il excellait, dit-on, dans le genre fugué, qu'il prisait par-dessus tout. Ayant une grande facilité de mécanisme, des connaissances très-étendues et une pratique constante de l'improvisation, il produisait de beaux effets par la simple conception et le logique développement de la pensée. Par contre, Reynier s'était tenu trop en dehors du mouvement musical de son époque. Il en était resté à Mozart, et n'allait pas jusqu'à Beethoven, qui l'étonnait. Son improvisation avait un caractère de vétusté d'autant plus marqué qu'il ne s'était jamais préoccupé des effets de timbre et de sonorité résultant de l'habile et rapide accouplement des jeux. — En un mot, s'il fallait en croire ses admirateurs, Reynier aurait été une sorte de Boëly provençal, sans toutefois la parfaite connaissance et la profonde intelligence des maîtres de l'école d'orgue allemande, et notamment de J.-S. Bach, qui avaient porté si haut le beau et sincère talent de Boëly.

Il faut bien le dire, on ne peut admettre sans restrictions ce jugement, lorsqu'on a lu attentivement les œuvres de Reynier. Il est difficile en effet d'entrevoir d'aussi éminentes qualités d'improvisation et même d'exécution chez un artiste dont les productions écrites sont médiocres. — Les ouvrages de Reynier ne témoignent ni d'un savoir exceptionnel, ni d'une inspiration géniale. La pensée est rarement saillante, et la forme trop souvent lourde et sans intérêt. Les pièces d'orgue sont particulièrement faibles. — Sa meilleure composition est sans contredit son *Stabat Mater en fa mineur*. Il s'en dégage, en certaines parties, une impression d'émotion religieuse qui dénote la sincérité des sentiments de l'artiste : la simplicité même de l'expression et des moyens employés en fait le charme. C'est aussi celle de ses œuvres qui est la mieux écrite.

Les productions de Joseph Reynier ont été publiées en fascicules, chez Mme Vve Remondet-Aubin à Aix, par les soins pieux de M. H. Poncet, organiste de la métropole Saint-Sauveur, et de M. l'abbé Rolland, aumônier du collége Bourbon. Un de ces fascicules porte l'étonnante mention que voici : « *Nous aurions voulu, en faveur de nos abonnés moins habiles, débarrasser la musique de ce Stabat des nombreux bémols qui l'accompagnent, mais nous avons dû y renoncer pour ne changer en rien le caractère du morceau et l'œuvre du maître.* » (2me année), 7 janvier 1876, nº 4 du 2me volume.) Cette annotation, dont les honorables promoteurs de la publication Reynier ont cru nécessaire d'accompagner auprès de leurs abonnés la musique, d'ailleurs fort simple, du *Stabat*, indique dans quel milieu étroit Reynier a vécu. C'est ce qui explique comment cet artiste, heureusement doué, n'a pu s'élever plus haut. Il lui a manqué l'exemple, la fréquentation des grands modèles qu'il ne pouvait entendre, et cette participation constante à l'activité intellectuelle des grands centres qui féconde les facultés de l'artiste. Sa cécité, qui a certainement accru l'estime où l'on tenait son talent, et qui en a fait exagérer la portée, a dû être aussi pour lui un douloureux obstacle.

Telle qu'elle est, la physionomie de cet organiste aveugle, né dans une vieille famille de musiciens, passant modestement sa vie dans ce coin de province où avaient vécu les siens, la consacrant tout entière au culte dévoué de l'art chrétien, à l'ombre du sanctuaire, demeure particulièrement intéressante en ce temps de bruyantes et vaniteuses personnalités. Elle mérite le plus sympathique souvenir. — AL. R—D.

* **RHEIN** (CHARLES-LAURENT), pianiste et compositeur, est mort à Paris au mois d'octobre 1864.

RHEINBERGER (JOSEPH), pianiste, organiste, professeur et compositeur, l'un des artistes allemands les plus distingués de l'époque actuelle, est né à Vaduz le 17 mars 1839. Très-précoce au point de vue musical, il reçut dès l'âge de quatre ans des leçons de piano de sa sœur aînée ; il en avait à peine sept qu'il remplissait les fonctions d'organiste à l'église de Vaduz, et enfin en 1839, âgé de dix ans, il écrivait une messe à 3 voix, avec accompagnement d'orgue, qu'il faisait exécuter dans cette église aux applaudissements de tous. Cependant, son père, que de tels succès auraient dû flatter, se montrait rebelle, au contraire, à la pensée de voir son fils se livrer à la carrière musicale, et prétendait l'obliger à embrasser une autre profession. Il fallut qu'un ami de la famille, bon musicien et qui jouait bien du violon, prît l'enfant sous sa protection, et, à force d'instances et de remontrances, ramenât son père à d'autres sentiments, et obtînt que le jeune Rheinberger serait envoyé à Feldkirch pour y continuer son éducation musicale.

En 1851, M. Rheinberger fut admis au Conservatoire de Munich, alors dirigé par Franz Hauser, et il y eut pour professeurs MM. Léonard pour le piano, Herzog pour l'orgue, et Jules Meier pour la théorie. Ses études terminées, il quitta le Conservatoire en 1854, mais il y rentra comme professeur en 1859, pour succéder dans la classe de piano à son ancien maître Léonard. Un an plus tard, il échangeait cette situation contre celle de professeur de composition, et depuis lors il est aussi devenu titulaire de la classe d'orgue. Après avoir rempli les fonctions de répétiteur au théâtre de la cour, M. Rheinberger a été nommé, en 1877, chef d'orchestre de ce théâtre et directeur de la musique de la chapelle royale de Bavière. Il est aussi, depuis 1864, directeur de l'*Oratorien Verein*, de Munich.

Ces diverses occupations n'ont pas empêché M. Rheinberger, qui est un artiste aussi laborieux que distingué, de se livrer avec activité à la composition, et de se faire vivement remarquer sous ce rapport. Il a fait représenter à Munich plusieurs opéras : *Magnus le thaumaturge*, *la Couronne malheureuse*, *les Sept Corbeaux* (23 mai 1869), *la Fille du sonneur* (23 avril 1873). En dehors du théâtre, ses œuvres sont nombreuses et importantes, et celles qui sont publiées jusqu'à ce jour dépassent le chiffre de cent. Voici une liste de celles qui sont venues à ma connaissance :

Stabat Mater pour voix seules, chœur et petit orchestre, op. 16 ; Messe de *Requiem*,

Missa brevis; Grande Symphonie (Symphonie florentine), op. 87 ; *Wallenstein*, tableau symphonique, op. 10; Ouverture pour une pièce de Shakespeare, op. 18; Quintette pour 2 violons, 2 altos et violoncelle, op. 82; Quatuor pour instruments à cordes (en *ut* mineur), op. 89; Quatuor pour piano, violon, alto et violoncelle (en *mi* bémol), op. 38; Trio pour piano, violon et violoncelle, op. 34; Thème avec variations pour 2 violons, alto et violoncelle, op. 93; Sonate pour piano et violon, op. 77; Duo pour 2 pianos (en *la* mineur), op. 15; Concerto pour piano, avec orchestre; Sonate symphonique pour piano, op. 47; Sonate pour piano (en *ré* bémol), op. 99; 3 Études pour piano, op. 101; *Humoresques*, 4 pièces pour piano, op. 28; *Aus Italien*, 3 pièces pour piano, op. 29; 6 Pièces en style fugué, pour piano, op. 39; Suite classique pour piano; Toccata pour piano, op. 12; Toccata pour piano, op. 104; *Waldmärchen*, esquisse de concert pour piano, op. 8; Improvisation sur un motif de *la Flûte enchantée*, op. 51; Sonate (en *ut* mineur) pour orgue, op. 27; Sonate pastorale (en *sol* majeur), pour orgue; *Wittekind*, ballade pour chœur et orchestre; *le Roi Eric*, id.; *Das Thal des Espingo*, id., op. 50; *Maitag*, intermède de cinq chœurs de femmes à 3 parties, avec accompagnement de piano; *die Wasserfee* (*la Fée des eaux*), chœur à 4 voix, avec piano, op. 21; *Toggenburg*, cycle de romances pour voix seules et chœur, avec piano, op. 76; *Lockung* (*Séduction*), chœur à 4 voix, op. 25; *Vom Rhein*, 6 chœurs d'hommes à 4 voix, op. 90; *die Todte Braut* (*la Fiancée morte*), romance pour mezzo-soprano avec chœur et accompagnement de piano, op. 81; *In der Zechstube* (*Au Cabaret*), cinq chœurs gais pour 4 voix d'hommes, op. 74; *Clärchen auf Eberstein* (*Clairette à Eberstein*), ballade pour voix seules, chœur et orchestre, op. 97.

*RICCI (LUIGI), compositeur dramatique, naquit à Naples le 8 juillet 1805 (1). Il n'était âgé que de neuf ans lorsqu'il fut admis au Conservatoire de San-Sebastiano, où il reçut des leçons de Giovanni Furno pour l'harmonie accompagnée et de Zingarelli pour la composition. Plus tard, et pendant un séjour de Generali à Naples, il obtint aussi quelques conseils de ce grand maître, qui était l'ami de sa famille. Après avoir écrit, étant encore sur les bancs de l'école, un opéra bouffe intitulé *l'Impresario in angustie*, une messe à 4 voix et orchestre et une cantate exécutée le jour de la fête de Zingarelli, le jeune artiste entra de plain-pied dans la carrière de la composition dramatique, qu'il devait parcourir d'une façon fort honorable, soit seul, soit en compagnie de son jeune frère Federico Ricci, avec lequel il écrivit plusieurs ouvrages importants.

L'Impresario in angustie avait été joué sur le petit théâtre du Conservatoire, en 1823; dès l'année suivante, Luigi Ricci donne sur le théâtre Nuovo, de Naples, *la Cena frastornata*, ouvrage dont la partition avait été retouchée et, si l'on peut dire, *mise au point* par Generali. Trois autres opéras sont donnés successivement par lui sur la même scène : *l'Abbate Taccarella* en 1825 (1), *il Diavolo condannato a prender moglie* en 1826, et *la Lucerna di Epitteto* en 1827. Les deux premiers surtout furent heureux; le dernier ne fut guère fortuné, non plus qu'une grande cantate intitulée *Ulisse*, qui servit de début au compositeur sur la scène de San-Carlo. Il prit sa revanche en écrivant pour l'inauguration du nouveau théâtre de Parme (1829) son *Colombo*, qui fut très-bien accueilli, et en faisant représenter sur le théâtre Valle, de Rome, vers la fin de la même année, *l'Orfanella di Ginevra*, qui fut reçue avec une sorte d'enthousiasme par le public. Il n'en fut pas de même des quatre ouvrages suivants, dont le sort fut fâcheux : *il Sonnambulo* (Rome, théâtre Valle, 26 décembre 1829), *l'Eroina del Messico, ossia Fernando Cortez* (Rome, th. Tordinona, février 1830), *Annibale in Torino* (Turin, 26 décembre 1830), et *la Neve* (Milan, th. de la Canobbiana, 21 juin 1831); *la Neve* surtout fit un *fiasco* complet.

Luigi Ricci se releva brillamment avec *Chiara di Rosemberg*, dont le rôle principal était tenu par Giuditta Grisi et qui obtint un très-grand succès à la Scala de Milan, le 11 octobre 1831. *Il Nuovo Figaro*, donné au mois de février 1832 au théâtre de Parme, y fut aussi bien reçu; mais le public de la Scala fit un accueil plus que réservé aux *Due Sergenti*, qui lui furent offerts le 1er septembre 1833. Il est vrai que ce même

(1) D'assez nombreuses et d'assez graves erreurs s'étant produites dans les notices consacrées aux frères Ricci par la *Biographie universelle des Musiciens*, je rétablis ici les faits en m'appuyant sur le livre de M. Francesco Florimo : *Cenni storici sulla scuola musicale di Napoli*, et sur deux intéressants écrits dus à MM. F. de Villars et Arthur Heulhard.

(1) Cet opéra a été représenté successivement sous deux autres titres : *Aladino*, et *la Gabbia dei matti*, ce qui a fait croire à des ouvrages divers. L'ancienne censure napolitaine, dont la réputation de sottise n'est plus à faire, ne voulant pas, à un moment donné, laisser mettre en scène un abbé, fit aussi modifier le premier titre de ces deux façons : *il Poeta Taccarella* et *il Vate Taccarella*.

public applaudit avec enthousiasme *un' Avventura di Scaramuccia*, charmant opéra bouffe que le compositeur lui présenta le 8 mars de l'année suivante, et que les Turinais ne furent pas moins bienveillants envers *gli Esposti*, qui furent représentés sur le théâtre d'Angennes peu de mois après ; ce dernier ouvrage est plus connu sous le titre : *Eran due, ed or son tre*, qu'on lui donna par la suite.

A la fin de cette même année 1834, le 26 décembre, Luigi Ricci reparaissait au théâtre Valle, de Rome, avec *Chi dura vince*, joli opéra bouffe qui fut sifflé, mais qui plus tard obtint un grand succès dans toute l'Italie. C'est à la suite de cet ouvrage qu'il écrit avec son frère Federico le premier opéra qui doit réunir leurs deux noms ; celui-ci était intitulé *il Colonello*, et fut représenté au théâtre du Fondo, de Naples, pendant la saison du printemps de 1835. Les deux rôles principaux en devaient être tenus par la Malibran et notre grand chanteur Duprez ; mais, victime d'un accident, la Malibran, bien qu'elle eût répété déjà plusieurs fois *il Colonello*, dut être remplacée par Carolina Ungher (1). Je crois que c'est dans le même temps que Luigi Ricci composa à la hâte une *farsa* en un acte intitulée *la Serva e l'Ussaro*, qui fut représentée à Pavie sans retentissement. Puis, le 15 août 1835, il reparaissait à la Scala avec un opéra sérieux, *Chiara di Montalbano*, qui fut loin d'être heureux.

C'est environ un an après, c'est-à-dire pendant l'été de 1836, que, par la protection du prince Alfonso Porcia, le compositeur obtint l'emploi de maître de chapelle à la cathédrale de Trieste, en même temps qu'il devenait chef du chant au théâtre de cette ville. Cela ne l'empêcha pourtant pas d'écrire avec son frère un opéra bouffe en deux actes, *il Disertore per amore*, qui fut représenté au théâtre du Fondo, de Naples, à la fin de 1836 ou dans les premiers jours de 1837 ; et il donna encore à la Scala, de Milan, le 13 février 1838, *le Nozze di Figaro*. Il y avait quelque témérité à reprendre un sujet immortalisé par Mozart ; le compositeur put s'en apercevoir à l'apparition de son ouvrage, qui tomba tout à plat.

Six ans s'écoulent alors sans que Luigi Ricci, absorbé sans doute par les doubles fonctions qu'il remplissait à Trieste, fasse en aucune façon parler de lui. Ce n'est qu'au carnaval de 1844 que, étant appelé à Odessa pour y faire représenter un opéra nouveau, il donne sur le théâtre de cette ville un grand drame lyrique, *la Solitaria delle Asturie*, écrit par lui sur un livret de F. Romani qui avait été déjà mis en musique par Coccia et Mercadante. En 1846, il s'associe pour la troisième fois avec son frère, et produit avec lui au théâtre d'Angennes, de Turin, un opéra bouffe intitulé *l'Amante di richiamo*, dont le poëme était tiré du joli vaudeville de Scribe, *Zoé* ou *l'Amant prêté*. L'année suivante, il donne à la Pergola, de Florence, *il Birrajo di Preston*, qui obtient un franc succès, et en 1850 il écrit avec Federico Ricci le dernier ouvrage qui signala leur fraternelle collaboration ; cet ouvrage était une charmante bouffonnerie pleine de verve, d'éclat, d'entrain et de bonne humeur, qui fut représentée au théâtre de San-Benedetto, de Venise, sous le titre de *Crispino e la Comare*, et qui valut une sorte de triomphe aux deux compositeurs.

A partir de ce moment, Luigi Ricci n'aborda plus que deux fois la scène. Il donna au théâtre Nuovo, de Naples, en 1852, *la Festa di Piedigrotta*, et en 1859, à Trieste, *il Diavolo a quattro*. Ces deux ouvrages obtinrent un plein succès. Néanmoins, peu de temps après l'apparition du dernier, il fut atteint d'une terrible maladie cérébrale, et dès l'été de 1859 il était devenu complétement fou. On dut le transporter à Prague, dans un asile d'aliénés ; mais tous les soins furent inutiles, la maladie prit bientôt un caractère alarmant, et le 31 décembre 1859 Luigi Ricci mourait à Prague, sans avoir pu recouvrer la raison.

Les habitants de Trieste voulurent honorer l'artiste distingué qui pendant vingt ans avait vécu parmi eux. Une cérémonie funèbre fut célébrée en cette ville, et le buste du compositeur, commandé au sculpteur Ferrari, fut placé dans le vestibule du théâtre, à la suite d'une représentation extraordinaire dans laquelle divers fragments de ses œuvres avaient été exécutés.

Luigi Ricci a publié à Milan, chez Ricordi, sous ces titres : *Mes Loisirs*, et *les Inspirations du thé*, deux albums de mélodies italiennes à une ou plusieurs voix. Il a écrit aussi, pour le service de la cathédrale de Trieste, un grand nom-

(1) Voilà comment M. F. de Villars, dans ses *Notices sur Luigi et Federico Ricci*, raconte ce fait tragi-comique : — « C'était la Malibran qui devait remplir le rôle principal ; elle l'avait même plusieurs fois répété ; il ne manquait que peu de chose pour la mise en scène. Mais on ne devinerait jamais ce qui priva l'opéra d'une telle interprète. La Malibran se promenait en voiture à Chiaja. Un animal se jette dans les jambes de ses chevaux ; ils s'effrayent, se cabrent, renversent la voiture. Aux Champs-Elysées, cet animal serait un chien, il n'y aurait pas besoin de le dire ; mais à Naples, c'était tout simplement... un cochon. Quelle qu'en fut la cause, la célèbre cantatrice se démit le bras, et fut obligée de garder le lit pendant plusieurs semaines. Quand elle put se lever, elle chanta deux ou trois fois *la Sonnambula*, le bras en écharpe ; puis la Malibran partit pour Milan, où elle était engagée.

bre d'œuvres religieuses. On peut consulter sur cet artiste l'écrit intéressant publié sous ce titre par M. F. de Villars : *Notices sur Luigi et Federico Ricci, suivies d'une analyse critique de « Crispino e la Comare »* (Paris, Lévy, 1866, in-12). Il a été publié aussi à Florence, en 1878, une brochure ainsi intitulée : *i Fratelli Ricci, appunti critici*, par M. Leopoldo de Rada. Enfin, M. Dal Torso a publié l'opuscule suivant : *Di Luigi Ricci e delle sue opere*, Trieste, 1860, in-8° avec portrait.

* **RICCI** (Federico), compositeur dramatique, frère du précédent, naquit à Naples le 22 octobre 1809. En 1818, il entra au Conservatoire de San Sebastiano, où se trouvait déjà son frère, et après y avoir étudié l'harmonie accompagnée avec Giovanni Furno, il passa sous la direction de Zingarelli et de Raimondi pour la composition idéale. L'usage était alors que les élèves, qu'ils eussent ou non terminé leurs études, restassent au Conservatoire jusqu'à l'âge de vingt-deux ans accomplis. Mais les deux frères s'aimaient tendrement, et lorsque Luigi Ricci eut quitté Naples pour se rendre à Rome, Federico ne pouvait se consoler de son absence. En 1829, celui-ci demanda donc et obtint un congé d'un mois pour aller voir son frère ; mais une fois à Rome, et réuni à lui, il lui fut impossible de se résoudre à retourner au Conservatoire, et il resta auprès de ce frère qu'il chérissait.

Ce n'est cependant que six ans après, en 1835, qu'il fit ses débuts de compositeur dramatique, précisément sous les auspices de Luigi, en collaboration duquel il écrivit sa première partition, *il Colonello*. Presque aussitôt la représentation de cet ouvrage, qui fut donné au théâtre du Fondo, de Naples, au printemps de 1835, Federico se rendit à Venise et fit jouer au théâtre San-Benedetto, de cette ville, *Monsieur Deschalumeaux*, opéra bouffe en 2 actes (juin 1835) ; puis il revint à Naples donner avec son frère, au même théâtre du Fondo, *il Desertore per amore* (1836 ou 1837).

On voit qu'il était entré de plain-pied dans la carrière. En 1837, à peine âgé de vingt-huit ans, il fait représenter au Grand-Théâtre de Trieste un drame lyrique en trois actes, *la Prigione d'Edimburgo*, dont le succès éclatant le classe au rang des jeunes compositeurs d'avenir. Il ne fut pas moins heureux avec *un Duello sotto Richelieu*, qui se vit très-bien accueilli à la Scala, de Milan, le 17 août 1839, avec *Michel-Angelo e Rolla*, qui parut avec succès à la Pergola, de Florence, pendant le carême de 1841, et avec *Corrado d'Altamura*, que le public de la Scala reçut encore avec faveur au mois d'octobre de la même année. *Vallombra*, donné au même théâtre le 26 décembre 1842, fut moins fortuné et n'obtint qu'un petit nombre de représentations. C'est alors que le compositeur fit un premier voyage à Paris, où le Théâtre-Italien donna, le 15 mars 1844, son *Corrado d'Altamura*, dont il avait remanié la partition. C'est aussi en 1844 que Federico Ricci produisit à Trieste *Isabella de' Medici*, dont le succès fut médiocre. En 1846, il donna à la Scala, le 21 février, *Estella*, qui fut bien reçue, et il écrivit avec son frère *l'Amante di richaimo*, qui parut dans le cours de la saison d'été au théâtre d'Angennes, de Turin. Après *Griselda*, qui fut représentée à la Fenice, de Venise, en 1847, le compositeur garde un silence de trois années, et ne reparaît à la scène qu'en compagnie de son frère, avec lequel il donne au théâtre San-Benedetto, de la même ville, le charmant ouvrage qui a pour titre *Crispino e la Comare* (1850).

Cet ouvrage est bientôt suivi, vers la fin de la même année, de celui intitulé *i Due Ritratti*, dont Federico Ricci avait écrit à la fois les paroles et la musique, et qui est accueilli avec le plus vif plaisir au même théâtre San Benedetto. Enfin, au théâtre de la Porte-Carinthie, à Vienne, Ricci fait représenter, en 1852, *il Marito e l'Amante*, et, en 1853, *il Paniere d'amore*.

A partir de ce moment, il semble renoncer à la scène. Par la protection du comte Wladimir Adlerberg, ministre de la cour de Russie, et de la comtesse Catherine, sa femme, qu'il avait connus à Venise, il obtient la charge d'inspecteur des classes de chant à l'École impériale des théâtres de Saint-Pétersbourg, part pour la Russie, et le 1er septembre 1853 prend possession de son emploi, qu'il garde pendant longues années.

Cependant, le joli opéra de *Crispino e la Comare* ayant été représenté au Théâtre-Italien de Paris en 1866, le succès éclatant obtenu par cet ouvrage mit en relief le nom des deux frères Ricci, jusque-là peu connu du public français. Luigi était mort depuis plusieurs années ; mais Federico, qui était toujours à Saint-Pétersbourg, fut touché par ce succès et se sentit de nouveau tourmenté par le démon du théâtre.

Après tant d'années de silence, il se mit donc à écrire les paroles et la musique d'un ouvrage nouveau qu'il intitula *una Follia a Roma*, et qu'il avait le désir de faire jouer à notre Théâtre-Italien. Des pourparlers engagés à ce sujet n'ayant pu aboutir, bien que le compositeur fût venu expressément à Paris, le directeur du gentil petit théâtre des Fantaisies-Parisiennes proposa à Ricci de faire traduire son opéra et de le représenter sur cette scène élégante et mignonne. Celui-ci y consentit, et *une Folie à Rome* fut jouée en effet, le 30 janvier 1869, aux Fantaisies-Parisiennes, avec un très-grand succès (1).

Le même théâtre donna, au mois de septembre suivant, la traduction de *Crispino e la Comare*, sous le titre du *Docteur Crispin*, et l'effet produit par cette traduction n'ayant pas été moins heureux, Federico Ricci songea à rentrer décidément dans la carrière et à travailler pour la scène française.

Il écrivit alors un opéra-comique en trois actes, *le Docteur rose*, et, sur un nouveau livret, remania profondément son ancienne partition d'*il Marito e l'Amante*, qui prit le titre d'*une Fête à Venise*. Le premier de ces ouvrages fut donné aux Bouffes-Parisiens, le 10 février 1872, et le second au théâtre de l'Athénée, le 15 du même mois. Mais l'un et l'autre furent accueillis avec une grande froideur, et depuis lors Ricci sembla avoir pour toujours renoncé au théâtre. Il n'y revint une dernière fois que pour arranger et remanier, en vue de la scène française, l'un des opéras de son frère qui avaient été le plus applaudis naguère : *Chi dura vince*. Cet ouvrage, ainsi approprié, fut représenté sans aucun succès, le 21 février 1876, au petit théâtre Taitbout. Peu de temps après, Federico Ricci, qui depuis plusieurs années résidait à Paris, retourna en Italie, et se fixa à Conegliano. C'est là qu'il est mort, le 10 décembre 1877, à l'âge de soixante-huit ans.

En dehors de ses œuvres dramatiques, il faut signaler les compositions suivantes de Federico Ricci : 2 Messes à 4 voix et orchestre ; *la Felicità*, cantate exécutée au théâtre Carlo-Felice, de Gênes, le 6 juin 1842, pour les fêtes nuptiales du prince Victor-Emmanuel de Savoie, plus tard roi d'Italie ; Cantate commandée par le roi Charles-Albert et exécutée au palais royal de Gênes ; *Cantate en l'honneur de l'Italie*, exécutée à Saint-Pétersbourg en 1854 ; *le Rendez-vous au salon*, album de 6 ariettes et 6 nocturnes italiens à 2 voix (Milan, Ricordi) ; *Étrennes à l'objet de ma pensée*, album de 8 mélodies italiennes (Id., id.) ; *Album* de 6 mélodies italiennes (id., id.) ; *Album* de 6 mélodies en dialecte vénitien (id., id.) ; *Canti*, recueil de 6 mélodies italiennes (id., id.) ; *C'est pour vous*, album de 8 ariettes italiennes (Milan, Lucca) ; enfin, des romances italiennes détachées, à une ou plusieurs voix, divers chants napolitains, et un assez grand nombre de mélodies françaises écrites surtout sur des paroles de la Fontaine, de Gilbert, de Béranger et d'Alfred de Musset.

Federico Ricci était un artiste intéressant, bien doué, qui avait, dans la mesure de sa valeur secondaire, mais réelle, dignement continué la tradition des anciens musiciens bouffes italiens. Quelques-unes de ses œuvres étaient vraiment réussies, et s'il a éprouvé des revers, on peut dire qu'il a connu aussi des succès, et que ces succès étaient mérités. On consultera avec profit, sur cet artiste, les deux écrits suivants : 1° *Notice sur Luigi et Federico Ricci, suivies d'une analyse critique de « Crispino e la Comare, »* par F. de Villars (Paris, Lévy, 1866, in-12) ; 2° *Étude sur « une Folie à Rome, » opéra bouffe de Federico Ricci*, par Arthur Heulhard (Paris, Bachelin-Deflorenne, 1872, in-12 avec portrait). Je signalerai aussi une brochure de 50 pages, publiée à Florence en 1878 : *I Fratelli Ricci, appunti critici*, par M. Leopoldo de Rada.

RICCI (Luigi), compositeur, fils de Luigi et neveu de Federico Ricci, s'est adonné aussi à la composition dramatique. Encouragé par la municipalité de Trieste, sa ville natale, il obtint d'elle, quelque temps après la mort de son père, une pension qui lui permit de continuer ses études musicales, et peu après, le 15 août 1861, alors qu'il était encore à peine âgé de huit ans, il fit exécuter dans la cathédrale de Saint-Juste, de cette ville, une messe de sa composition. Depuis lors, il a fait représenter sur le théâtre Carlo-Felice, de Gênes, une *farsa* intitulée *Frosina* (1870), ainsi qu'une bouffonnerie qui avait pour titre *un Curioso Accidente* (1871) et qui eut peu de succès. M. Luigi Ricci était, au commencement de 1878, chef d'orchestre et *maestro concertatore* au Politeama, de Trieste.

RICCI (Lella), cantatrice dramatique, sœur du précédent et fille de Luigi Ricci I, commença à se faire connaître en Italie, puis, en 1871, alla chanter à Prague, où elle obtint de brillants succès et où elle se fiança avec un jeune homme de bonne famille. Elle quittait cette ville pour retourner, je crois, en Italie, lorsque, saisie de convulsions en chemin de fer même, elle dut interrompre son voyage pour revenir en toute hâte à Prague. Elle mourait au bout de vingt-quatre heures, le 7 août 1871, des suites d'une hémorragie. Elle avait à peine accompli sa vingtième année.

RICHARD (.....), est le nom d'un compositeur

(1) J'ai dit que Ricci avait écrit les paroles et la musique de cet ouvrage. Toutefois, les premières ne lui ont sans doute pas beaucoup coûté. En ce qui concerne le premier acte tout au moins, un curieux a découvert que le compositeur avait reproduit, mot pour mot et vers pour vers, le premier acte du livret des *Astuzii femminili* de Palumbo, que Cimarosa mit jadis en musique et qui procura à ce maître un de ses plus grands triomphes.

qui fit représenter sur le théâtre des Jeunes-Élèves, le 29 juin 1807, un opéra-comique en un acte intitulé *l'Orpheline du hameau.*

RICHARDS (Brinley), compositeur et pianiste anglais fort distingué, fils d'un artiste qui tenait l'emploi d'organiste à l'église Saint-Pierre, de Carmarthen (principauté de Galles), est né dans cette ville en 1819. Destiné d'abord à la médecine, il ne tarda pas à abandonner l'étude de cette science pour se livrer à celle de la musique, vers laquelle il se sentait irrésistiblement attiré, et, protégé par le duc de Newcastle et le comte de Westmoreland, qui l'avaient pris en affection, il obtint une bourse à l'Académie royale de musique de Londres, et fit dans cet établissement des études très-complètes et très-brillantes.

Devenu un virtuose extrêmement remarquable, particulièrement dans l'exécution de la musique classique et des œuvres des maîtres, M. Brinley Richards se produisit en public avec le plus vif succès. Il ne se fit pas applaudir seulement par ses compatriotes, mais aussi en Allemagne, en France, en Italie, dans une série de voyages artistiques au cours desquels il se vit partout bien accueilli. Il fit à Paris la connaissance de Chopin, dont les conseils ne lui furent pas inutiles et avec qui il se lia d'une vive amitié. De retour en Angleterre, M. Brinley Richards se vit bientôt nommer professeur dans l'établissement où il avait fait son éducation, et, sans abandonner en aucune façon la carrière de virtuose qu'il avait commencée d'une manière brillante, se livra avec activité à la composition. Ses succès ne furent pas moins grands sous ce rapport, et les œuvres nombreuses et diverses qu'il a publiées depuis trente ans n'ont fait qu'affermir et consolider sa renommée. M. Brinley Richards se rendit tout d'abord populaire par la production d'un certain nombre de chants écrits par lui en l'honneur ou en souvenir de ce pays de Galles, où il a vu le jour, et qui sont tout empreints d'un ardent amour pour cette belle et pittoresque contrée; le *Chant de guerre cambrique*, *la Harpe galloise*, *le Plumet cambrique*, ne sont pas moins fameux, le sont plus encore peut-être que son célèbre *Dieu bénisse le prince de Galles* (*God bless the prince of Wales*), devenu pourtant si rapidement populaire. Parmi ses autres compositions vocales, on peut citer encore des chants sacrés à une ou plusieurs voix : *le Sentier du pèlerin*, *En ce jour*, *A l'heure de ma détresse*, *Comme par le passé*; puis des mélodies : *Petits Oiseaux*, *Quelles sont ces Cloches? Debout*, *Abandonne ton berceau*, *Petits Enfants*, *le Songe*, etc.

Mais c'est surtout comme compositeur pour son instrument, que M. Brinley Richards s'est fait remarquer par sa fécondité. Il me serait impossible ici de citer toutes ses œuvres, et je dois me borner à l'indication des suivantes : *Andante con moto*, pastorale, op. 7; *Sibylle*, *le Chant du soir*, *Chant du matin*, *le Chant du captif*, *Éthel*, *Chant du crépuscule*, romances, op. 30, 50, 82, 24, 28, 71; *Marie*, *Louise*, *Florence*, *Alexandra*, *l'Adieu*, *la Santa Madre*, *l'Étoile du soir*, nocturnes, op. 60, 67, 75, 81, 26, 118, 134; *Sérénade au clair de lune*; *la Reine Blanche*, galop de concert; *les Oiseaux et le Ruisseau*, scherzo; *le Chant du ménestrel*; *la Vivandière*; *les Gardes du roi*; *Ariel*, caprice-valse; *Bellagio*; *le Songe d'un ange*; *Vaillance*, étude d'octaves; *le Monastère*; *la Danse des Péris*; *la Vision*; *In Memoriam*; *Chère Angleterre*; *Souvenirs du pays de Galles*; etc. M. Brinley Richards a écrit aussi plusieurs concertos de piano avec accompagnement d'orchestre, un recueil d'Études, puis diverses compositions pour l'orchestre, entre autres une grande ouverture en *fa* mineur, et sa fameuse *Marche de Carmarthen*, devenue populaire dans les trois royaumes.

En résumé, M. Brinley Richards est un artiste d'une grande valeur, et, qu'on le considère comme virtuose ou comme compositeur, l'un des mieux doués et des plus distingués de l'Angleterre au dix-neuvième siècle.

RICHARDSON (John-Elliott), pianiste, organiste et compositeur anglais contemporain, a commencé ses études musicales à la maîtrise de la cathédrale de Salisbury, où il était enfant de chœur, et se mit ensuite pendant cinq années sous la direction d'un organiste nommé A.-T. Corfe. Devenu organiste adjoint à la cathédrale de Salisbury, il fut nommé organiste titulaire et chef des chœurs de la même église en 1863, et occupe encore aujourd'hui ces fonctions. On connaît de cet artiste diverses compositions religieuses, parmi lesquelles une grande Marche pour orgue, deux services de cathédrale complets (en *mi* et *fa*), plusieurs antiennes, etc., etc.

RICHAULT (Charles-Simon), est le chef d'une dynastie d'éditeurs de musique français dont les premiers travaux remontent à l'origine de ce siècle. Né en 1780, Richault, après avoir été pendant quelques années commis chez de Momigny, conçut le projet de s'établir à son compte; à cet effet, il commença par graver lui-même, le soir, après son travail de la journée, les ouvrages avec lesquels il voulait commencer son fonds, puis, en 1805, il s'installa modestement au n° 7 de la rue Grange-Batelière, d'où il passa, quelques années plus tard, au n° 16 du boulevard Poissonnière. Ses affaires ayant pris une grande extension, à la suite de la publication faite par lui des grandes œuvres classiques de la musique d'ensemble et d'orchestre, il se fixa ensuite au n° 26 du même boulevard. Là, il donna une plus vive impulsion encore à son commerce, et s'attacha, entre autres, à faire connaître au public français les adorables mélodies de Schubert, dont Nourrit d'abord, et Wartel ensuite, se firent les propagateurs convaincus. La collection complète de toutes les œuvres de ce grand artiste, pour le chant ou pour le piano, fut successivement faite par lui, et Richault contribua puissamment à développer en France le goût de la musique sérieuse par la publication des productions les plus importantes des grands symphonistes allemands. Par suite des additions très-considérables faites à son fonds par l'acquisition d'œuvres nombreuses faisant partie de ceux de quelques-uns de ses confrères : Frey, Naderman, Sieber, Pleyel, Petit, Lemoine, Meysemberg, Érard, Delahante, l'emplacement qu'il occupait devint insuffisant, et en 1862, Richault quitta le boulevard Poissonnière pour s'établir boulevard des Italiens, n° 4. C'est là qu'il mourut, à la fin de février 1866, après avoir dirigé pendant plus d'un demi-siècle la maison qu'il avait fondée.

Il eut pour successeur son fils, *Guillaume-Simon Richault*, né en 1806, qui pendant de longues années avait été son collaborateur, et qui continua les intelligentes et laborieuses traditions paternelles. Celui-ci fit lui-même de nombreuses publications classiques et sérieuses, et augmenta encore son fonds de celui de Pacini, qui comprenait une quantité de partitions d'opéras dus aux derniers grands maîtres italiens. Guillaume-Simon Richault mourut à Paris le 7 février 1877, laissant à la tête de sa maison son fils, M. Léon Richault, qui représente aujourd'hui la troisième génération de cette famille bien connue de toute l'Europe musicale.

Il serait impossible de dresser ici, même sommairement, une liste des principaux ouvrages compris dans le catalogue des 18,000 publications faites jusqu'à ce jour par la maison Richault, catalogue sur lequel figurent les noms des plus célèbres compositeurs modernes. Cette maison, devenue si importante, a été dès ses débuts le rendez-vous de tout ce que Paris comptait de musiciens fameux ou distingués, qui savaient trouver toujours en Richault un homme affable, aux vues élevées, d'excellents conseils, et possesseur d'une utile expérience.

Parmi les artistes illustres dont il a publié les œuvres, il faut citer avant tout, dans la musique dramatique, Cherubini, Boieldieu, Méhul, Meyerbeer, Niedermeyer, Onslow, Kreutzer, Spontini, Carafa, Ad. Adam, Ries, Marschner, Rossini, Donizetti, Bellini, Monpou, Mercadante, Vaccaj, Coppola, Cimarosa, Marliani, Zingarelli, Pacini, les deux Ricci, Balfe, Paër, Paisiello, Grétry, Nicolaï, MM. Ambroise Thomas, dont il a gravé les premières œuvres, Victor Massé, Duprato, Bazin. En ce qui concerne la musique symphonique et religieuse, Richault est le premier qui ait publié en partition les œuvres de Beethoven, bien avant que l'Allemagne elle-même n'ait songé à le faire; au grand nom de Beethoven, il faut ajouter ceux de Bach, Hændel, Cherubini, Boëly, Reicha, Neukomm, Rinck, Hummel, Choron, Dietsch, Lefébure-Wély, Miné, Fessy, puis ceux de MM. Gounod, Guilmant, Mabellini, Proch, etc. Richault professait une admiration profonde pour le génie de Berlioz, et c'est lui qui a livré au public la plupart des œuvres de ce grand homme, entre autres *la Damnation de Faust* et *l'Enfance du Christ*, bien avant l'heure où ces productions colossales, d'abord méconnues, obtinrent enfin l'accueil qu'elles méritaient.

Le catalogue de piano de la maison Richault comprend toutes les grandes œuvres classiques, puis celles de Thalberg, Mendelssohn, Schumann, Cramer, Moscheles, Pixis, Hummel, Reissiger, Döhler, Lysberg, Amédée Méreaux, Rosellen, Charles Schunck, Liszt, Alkan, Schuloff, Wilmers, Stephen Heller, Herz, Kühlau, Henri Reber, et bien d'autres que nous ne pourrions citer. Enfin, la musique pour instruments à cordes nous donne les noms de Rode, Viotti, Baillot, Paganini, Robberechts, Campagnoli, Fiorillo, Rolla, Spohr, Habeneck, Mayseder, Fesca, Kalliwoda, Boccherini, Romberg, Ries, Ernst, Krommer, Wéry, Servais, Kummer, Dotzauer, Lee, Dancla, Léonard, Deldevez, Jansa, Joachim, Sauzay, Urhan, Ba[illegible], Piatti, etc. En réalité, on peut dire que la librairie musicale de Richault a été l'une des plus considérables, sinon même la plus importante de toutes celles qui ont été fondées en France. Y.

RICHERT (Félix), pianiste, professeur et compositeur, était fixé dans une petite ville de province, à Tonnerre (Yonne), lorsqu'il y a une quinzaine d'années, il publia sous ce titre : *l'Art de jouer du piano suivant les lois de la nature* (Paris, Leduc, un vol. in-12 de 216 pp.), un manuel technique dont Fétis rendait compte en ces termes élogieux dans la *Revue et Gazette musicale* du 8 octobre 1865 : — «... Les natures d'élite n'ont besoin que d'elles-mêmes pour se développer ; or, dans mon opinion, M. Richert est une de ces heureuses organisations. Livré à lui-même, et sans autre secours que son intelligence et sa volonté, il a conçu un plan d'enseignement logique pour un art qui ne semble dépendre que du sentiment et d'une pratique incessante des difficultés de mécanisme. Il en a creusé toutes les parties par une analyse méthodique et en a formé un *système*, c'est-à-dire un ensemble complet. Possédant une instruction solide et philosophique, il a pu donner à l'exposé de ce système la forme scientifique qui en fait un ouvrage absolument différent de toutes les méthodes de piano... Une méthode progressive, un esprit net, un style clair et logique se font remarquer dans l'exposé des idées de M. Richert et y ajoutent le mérite de la forme. Toute sa théorie du doigter est traitée de main de maître et réduite à des principes d'une grande simplicité...»

Richert n'a pas borné à ce seul et intéressant ouvrage l'application théorique de ses principes en matière d'enseignement. Sous ce rapport, on lui doit encore les traités suivants : 1° *École pratique du pianiste, suivant l'état technique actuel de l'art de jouer du piano*, Paris, Leduc; 2° *Cours théorique et pratique de musique vocale, contenant un exposé analytique et raisonné des principes de l'art du chant et un abrégé de la théorie du plain-chant* (ouvrage dont il a été fait quatre éditions), id., id.; 3° *Traité élémentaire du plain-chant, contenant un choix de morceaux sur les 8 tons du plain-chant*, id., id.; 4° *Guide méthodique du professeur de piano, contenant un indicateur gradué dans le domaine de la littérature musicale*, Paris, librairie internationale, 1866, in-12. Richert avait annoncé la publication de deux autres traités : *l'Art de chanter suivant les lois de la nature*, et *l'Harmonie fondée sur les lois de la nature*; j'ignore si ces deux ouvrages ont paru. Richert s'est fait connaître aussi comme compositeur, et a publié quelques morceaux de genre pour le piano : Boléro brillant; *le Rêve*, valse de salon, op. 18; *Valse de bravoure*, op. 24; *Sous les Tilleuls*, caprice-rêverie, op. 28; *le Réveil au hameau*, scène pastorale, op. 30; etc.; 3 grands duos concertants pour 2 pianos, et quelques chœurs à 4 voix d'hommes sans accompagnement. Cet artiste modeste et distingué est mort il y a quelques années.

RICHMOND (William-Henry), pianiste, organiste et compositeur anglais contemporain, a été l'élève de deux artistes dont l'un s'appelait James Rhodes, et l'autre T.-A. Marsh. Devenu organiste d'une église de Knaresboroug, ville du comté d'York, il alla se fixer ensuite en Écosse, à Dundee, où il fut nommé successivement organiste de la cathédrale (1871), organiste de l'Union chorale des amateurs (1871), organiste de l'Association des chœurs d'église (1873), et pianiste de la Société musicale des amateurs (1875). Parmi les compositions de M. Richmond, on cite une Marche triomphale (en *ré*) et un Andante (en *si* bémol) pour orgue, un Service pour la communion (en *fa*), 4 introït, 4 offertoires, une antienne, 3 Services pour orchestre, 3 romances, une application du *Magnificat* et du *Nunc dimittis* pour le Festival des chœurs d'église donné à Dundee en 1877, etc.

RICHOMME (François), joueur de violon de la chambre de Henri IV et de Louis XIII, naquit dans la seconde moitié du seizième siècle. A la mort de Pierre Roussel, il lui succéda dans la charge de roi des violons, charge qu'il occupait en 1620, car dans l'acte de baptême d'un fils de Louis Constantin (*Voy.* ce nom), dont il était parrain et qui naquit en cette année 1620, il prend les titres de « Roy des violons et violon ordinaire du Roy ». Je n'ai pu découvrir sur cet artiste aucun renseignement, en dehors de ces lignes que j'emprunte à Jal (*Dictionnaire critique de biographie et d'histoire*) : — « Cette même année (1620), il eut à faire un acte d'autorité. Quatre musiciens s'ingéraient de montrer à danser sans la permission de Sa Majesté François Richomme, et, faisant partie de la bande des instrumentistes de Louis XIII, refusaient de suivre la cour en ses voyages. Il fallut livrer au mépris de la postérité ces révolutionnaires qui protestaient contre les statuts de leur communauté. Ils se nommaient Alain Riqueur, François Rozier, François Imbert et Gilles Coustelet. Richomme les traduisit devant les juges du Châtelet et obtint contre eux une sentence qui leur ordonnait de se rendre à la suite de la cour quand ils en seraient requis, et leur défendait de montrer à danser en ville, sans le congé du roi des violons. Les condamnés appelèrent de la sentence au grand conseil, qui, le 23 mars 1620, maintint les condamnations. » C'était, on le voit, le prélude de la guerre d'affranchissement des musiciens qui donna lieu, un demi-siècle plus tard, au pamphlet de Guillaume du Manoir, alors roi des violons, *le Mariage de la musique avec la dance*, et qui se termina en 1695 par l'abdication du dernier souverain des ménétriers, Guillaume-Michel du Manoir.

On ne connaît ni la date de naissance, ni celle de la mort de François Richomme.

* **RICHTER** (Ernest-Frédéric-Édouard), théoricien, professeur et compositeur allemand, est mort à Leipzig le 9 avril 1879.

A la liste des ouvrages les plus importants de cet artiste, il faut ajouter les suivants : *Enseignement de la fugue et de toutes les formes du contre-point, double, triple et quadruple*, Leipzig, 1868; Quatuor en *fa* mineur pour 2 violons, alto et violoncelle, op. 25 ; Sonate pour violoncelle, op. 37 ; Messe pour voix seules et chœur, *a cappella*, op. 44 ; Messe pour 2 chœurs, *a cappella*, op. 46; *Stabat Mater*, pour voix seules et chœur, *a cappella*, op. 47.

RICHTER (Hans), un des chefs d'orchestre les plus remarquables de l'Autriche, est né à Raab (Hongrie), le 4 avril 1843. Son père, excellent musicien, était maître de chapelle de la cathédrale de cette ville, et lui enseigna les premières notions de l'art. L'enfant n'avait que dix ans lorsqu'il eut le malheur de le perdre, et dès l'année suivante il entra comme enfant de chœur à la chapelle de la cour, à Vienne, où il resta quatre années. En 1849, il fut admis au Conservatoire de la même ville, y devint élève de Kleinicke pour le cor, et y fit ses études théoriques avec Sechter et Hellmesberger. En même temps, il entrait en qualité de corniste à l'orchestre de l'Opéra impérial.

Sur la recommandation d'Esser, M. Richter fut appelé quelques années plus tard à Lucerne par M. Richard Wagner, qui vivait alors en cette ville, et qui lui fit exécuter la copie de sa partition des *Maîtres chanteurs*. M. Richter resta à Lucerne depuis le mois d'octobre 1866 jusqu'au mois de décembre 1867, et son séjour auprès de M. Richard Wagner ne fut pas, on le comprend, sans exercer une grande influence sur son esprit. De ce jour, il devint l'un des plus fervents apôtres des doctrines du maître saxon. Grâce à l'appui de celui-ci, il obtint l'emploi de chef de chœurs au théâtre royal de Munich (1868), puis celui de directeur de la musique royale. En 1869, il quitta Munich pour se rendre à Paris, afin d'y étudier l'état de l'art musical, et de là fut mandé à Bruxelles pour diriger les études de *Lohengrin*, qu'il fit exécuter au théâtre de la Monnaie avec un très-grand succès (1870). Il se rendit ensuite à Vienne, puis retourna auprès de M. Richard Wagner pour faire la copie de la partition de *l'Anneau des Niebelungen* destinée à l'impression.

Il resta auprès de M. Wagner jusqu'au printemps de 1871, époque à laquelle il alla prendre la direction de l'orchestre du théâtre national de Pesth, qu'il conserva jusqu'en 1875. Il devint alors premier chef d'orchestre de l'Opéra de Vienne, où il se trouve encore aujourd'hui, et en 1878 il fut nommé second chef de la chapelle impériale.

En 1876, M. Richter se vit confier par M. Richard Wagner la direction des représentations fameuses de *l'Anneau des Niebelungen* à Bayreuth, et l'exécution magistrale de cette œuvre, due à ses soins, lui fit le plus grand honneur et mit le comble à sa renommée de chef d'orchestre. Depuis lors, il en a fait entendre des fragments à Londres, où son succès personnel n'a pas été moins grand. Il ne se fait pas moins remarquer, d'ailleurs, dans l'exécution des œuvres symphoniques que dans celle des œuvres lyriques, et comme directeur des célèbres concerts philharmoniques de Vienne, où il a succédé à Dessof, il a fait admirer son interprétation des compositions de Mozart, Beethoven, Méhul, Cherubini, Liszt, Berlioz, Volkmann, Schumann et Brahms. En réalité, M. Richter est un artiste de premier ordre, qui joint à un tempérament personnel remarquable la compréhension la plus complète du style de tous les maîtres.

J. B.

Plusieurs artistes du nom de *Richter* se sont fait connaître en Allemagne dans ces dernières années; je signalerai les deux suivants : — M. *C. J. Richter*, professeur au Conservatoire de Leipzig, organiste de l'église Saint-Nicolas, auteur d'un *Catéchisme de l'orgue* (Leipzig, J.-J. Weber, 1868, in-12) ; — M. *A. Richter*, pianiste et professeur, qui a publié dans ces derniers temps diverses compositions pour le piano, entre autres une série de 3 *Études de concert*, op. 13, et un recueil de *Sonates instructives*, op. 14.

RICORDI (Giovanni), célèbre éditeur de musique italien, né à Milan en 1785, mort en cette ville le 15 mars 1853, peut être considéré comme le fondateur du commerce de musique dans sa patrie. Jeune et pauvre, mais plein d'ardeur au travail, il gagnait péniblement sa vie en s'occupant de copie de musique, et avait pour bureau une sorte d'échoppe située sur la *piazza dei Mercanti*, à Milan, entre deux pilastres de l'Archive municipale, lorsqu'il conçut la pensée de se livrer au commerce qui devait faire sa fortune. Attentif, intelligent et avisé, il pressentit, à la première représentation d'un opéra de Luigi Mosca, *i Pretendenti delusi*, l'énorme succès que cet ouvrage allait obtenir, et l'idée lui vint de s'en rendre acquéreur. Se trouvant, après le spectacle, dans un café où le compositeur s'était rendu avec quelques amis, il lui proposa un traité pour la cession de son opéra moyennant une somme d'une centaine d'écus, payable en plusieurs échéances. On n'avait pas l'habitude alors, en Italie, de publier les partitions d'opéras, et, sous ce rapport, les auteurs ne tiraient de leurs œuvres aucune rémunération. Mosca ne se fit donc pas trop prier, et signa sans plus tarder le traité qui lui était offert.

Ceci se passait au commencement de la saison d'automne, et le carnaval n'était pas commencé que déjà Ricordi avait vendu à divers *impressarii* une quinzaine de copies de la partition nouvelle. Ce fut là l'origine de sa fortune. Avec l'argent que lui rapporta cet ouvrage, il loua un magasin, s'établit confortablement, et, s'agrandissant peu à peu, devint, au bout d'un certain nombre d'années, l'un des principaux éditeurs de l'Europe et le premier de toute l'Italie. Il alla étudier en Allemagne les meilleurs procédés de gravure, d'impression et de publication, les importa dans son pays, se trouva bientôt en rapports avec les maîtres les plus célèbres, publia leurs œuvres, et étendit son commerce non-seulement dans toutes les parties de l'Europe, mais jusqu'au delà des mers. C'est Giovanni Ricordi qui répandit les œuvres de Rossini, Mosca, Nicolini, Orlandi, Generali, Mayr, Morlacchi, Coccia, Pavesi, Carafa, Vaccaj, Bellini, Donizetti, Mercadante, Solera, Petrella, de MM. Verdi, Pedrotti, Peri, etc., sans compter une immense quantité de musique de piano et de chant. En même temps, et pour augmenter encore la force d'expansion de son commerce, il fondait un journal spécial, *la Gazzetta musicale*, qui, fort bien dirigé à cette époque par un artiste distingué, Alberto Mazzucato, faisait autorité en Italie. En résumé, Giovanni Ricordi déploya, dans le cours d'une carrière extrêmement honorable, un rare esprit d'initiative, une grande intelligence et une étonnante activité.

RICORDI (TITO), fils du précédent, succéda à son père à la mort de celui-ci, et continua les bonnes traditions établies par lui. Son activité ne fut pas moindre, et tous ses efforts tendirent à justifier de plus en plus la grande renommée que le chef et le fondateur de la maison Ricordi avait su lui conquérir. Aujourd'hui, et après soixante-dix ans environ d'existence, cette maison a publié les œuvres de plus de deux mille compositeurs italiens ou étrangers, et sa production annuelle représente un total de près de quarante mille planches; l'ensemble des planches existant en magasin est de 600,000, et l'on en fond 8 ou 10,000 chaque année (1). D'ailleurs, rien ou presque rien ne se fait au dehors, et la maison Ricordi, installée de la façon la plus intelligente, renferme des ateliers de gravure, de typographie, de lithographie, de chromolithographie, de brochure, de cartonnage, de reliure, etc. Le catalogue des publications, qui a été refait récemment avec le plus grand soin et qui a été nouvellement publié en 1875, forme un volume grand in-8° de 738 pages. Un des trésors de la maison Ricordi est la collection *complète* des manuscrits autographes de tous les opéras publiés par elle depuis sa fondation; on comprend quelle est la valeur de cette collection, sans doute unique dans le monde. Depuis quelques années, M. Tito Ricordi, dont la santé est précaire, a confié la direction effective des affaires à l'un de ses fils, M. Giulio Ricordi.

(1) Le fonds de la maison Ricordi ne comprend pas moins de *quarante-six mille* ouvrages publiés jusqu'à ce jour. Pendant l'année 1877, les presses de l'établissement ont tourné *quarante millions* de pages de musique. La maison Ricordi possède des succursales à Rome, à Naples, à Florence et à Londres.

RICORDI (GIULIO), fils du précédent, né vers 1835, est aujourd'hui le chef réel de la grande librairie musicale qui porte ce nom. Il a reçu une excellente éducation artistique, et s'est fait connaître tout d'abord comme compositeur par la publication d'un grand nombre d'œuvres de différents genres, dont l'ensemble ne s'élève guère à moins de deux-cents. Homme de goût d'ailleurs, actif, et de relations très-sûres, M. Giulio Ricordi est doué de facultés diverses et qu'il exerce de différentes façons : compositeur aimable, écrivain expérimenté, dessinateur habile, il publie des *ballabili* et des *canzone*, prend une part à la rédaction de la *Gazzetta musicale* (1), et trace les plus jolis frontispices de ses éditions.

Parmi les nombreuses compositions de M. Giulio Ricordi, je signalerai les suivantes : Quatuor pour instruments à cordes (qui a obtenu le 2e prix au concours Basevi, en 1864); Trio pour piano, violon et violoncelle; 6 Études mélodiques pour le piano, op. 14 ; *Improvvisations musicales* (6 morceaux), op. 66, 67, 68, 69, 70, 71 ; 8 Albums de danses; *Album da ballo; A Fanfulla*, album de danses; *la Principessa invisibile*, album de danses; plusieurs marches pour le piano; un grand nombre de morceaux et fantaisies pour le piano, tant originaux qu'écrits sur des motifs d'opéras; enfin, une quantité de valses, polkas et mazurkas détachées. M. Giulio Ricordi a écrit aussi la musique d'un ballet représenté à la Scala.

(1) Il y a une quinzaine d'années, la *Gazzetta musicale* avait changé de nature et de titre, et était devenue le *Giornale della Società del quartetto* de Milan. Elle a, depuis lors, repris sa première forme et son premier titre; mais j'ai regret à dire qu'elle est loin de valoir ce qu'elle était à l'époque de sa fondation, et qu'elle ne rend pas tous les services qu'on en pourrait attendre.

RICOTTI (ONESTINA), pianiste et professeur, directrice des écoles de musique de l'Institut national de Turin pour les filles de militaires, a publié sous ce titre : *la Musica e i suoi cultori* (Turin, Paravia, 1874, in-12), un traité élémentaire à l'usage des maisons d'éducation. Ce petit livre est divisé en deux parties, dont la première comprend une espèce d'encyclopédie historique, technique et pratique de l'art musical, et la seconde une série de courtes notices biographiques sur les grands artistes : compositeurs, instrumentistes ou chanteurs, qui l'ont illustré. Le danger de ces sortes de publications, lorsqu'elles ne sont pas dues à des écrivains versés dans la science historique de l'art, consiste en ceci que les auteurs, n'ayant pas l'expérience nécessaire pour discerner le vrai du faux, mêlent à doses à peu près égales l'erreur et la vérité et inculquent aux jeunes lecteurs des notions qui parfois ne sont rien moins qu'exactes. L'opuscule de Mme Ricotti, quoique élaboré avec goût et intelligence, est loin d'être à l'abri de ce reproche. C'est ainsi que, pour ne citer que deux exemples relatifs à l'histoire de deux grands artistes, elle place la date de la mort de Meyerbeer en 1860 au lieu de 1864, et que, après avoir fait naître Garat en 1704 au lieu de 1764, elle ajoute ingénument : « Garat mourut en 1823, à l'âge de cent dix-neuf ans! » Mme Ricotti traite aussi les noms étrangers avec un peu trop de sans-façon, et elle écrit, par exemple, *Chastil-blas* au lieu de *Castil-Blaze*. Enfin, j'ajouterai que les connaissances de l'auteur en matière d'harmonie me paraissent superficielles au point de devenir dangereuses : je n'en veux pour preuve que sa façon d'accompagner la gamme majeure (page 59), où, en passant du cinquième au sixième degré, elle attaque une septième majeure sans préparation et fait du même coup succéder deux quintes justes entre la basse et la seconde partie.

Mme Onesta Ricotti a publié à Turin un certain nombre de compositions : *Ti ridi, Io t'amo, il Linguaggio del cor,* romances; *Ida,* barcarolle; *les Petits Tambours,* chœur à l'unisson (?); *Amina,* idylle pour chant, piano et violon ou flûte; *la Fiancée aux cheveux d'or,* fantaisie pour piano; *le Sponde del Po,* caprice de concert; *le Rêve d'un ange,* nocturne; *Douce Espérance,* rêverie, etc., etc.

RIDLEY (WILLIAM), organiste, pianiste et compositeur anglais contemporain, a été, de 1836 à 1844, élève de Henry Forbes pour le piano, et de Dearle pour la théorie de l'art. Successivement organiste et chef de chœurs dans les églises de différentes villes, cet artiste remplit encore aujourd'hui ces fonctions dans une des principales églises de Liverpool. M. Ridley a publié un recueil de 301 *Chants anciens et modernes*, une collection de 256 antiennes écrites par lui pour l'usage des églises paroissiales, et un ouvrage intitulé : *Psautier ponctué pour le chant.*

RIE (BERNARD), pianiste, compositeur et professeur, né le 25 octobre 1839 à Prague (Bohême), montra de bonne heure de rares dispositions pour la musique, et dès l'âge de six ans se livra à l'étude du piano. A onze ans, ayant exécuté au théâtre de Prague un concerto de Beethoven avec accompagnement d'orchestre, son succès fut assez grand pour que le fameux pianiste Alexandre Dreyschock voulût lui donner des leçons. Il travailla donc avec cet artiste jusqu'en 1856, époque à laquelle il fit une tournée artistique en Allemagne. De retour à Prague, il étudia la composition avec un organiste remarquable, Ch. Pitsch, et, à la mort de ce professeur (1858), vint à Paris, où, muni de bonnes lettres de recommandation, il fut particulièrement bien accueilli par l'éditeur Alphonse Leduc, qui le prit en amitié et s'intéressa vivement à son avenir.

Pianiste d'un mérite solide et d'un mécanisme particulièrement remarquable, M. Bernard Rie se fit tout d'abord connaître comme virtuose, mais bientôt renonça presque complétement à se produire en public, afin de se livrer sans réserve à l'enseignement. Il s'est fait sous ce rapport à Paris une situation presque exceptionnelle. M. Bernard Rie, qui avait commencé par publier chez l'éditeur Leduc quelques morceaux de genre pour son instrument : *le Rouet de Marguerite, l'Aubade, l'Étoile du soir, la Belle Batelière, Prélude, Souvenir de Prague, Prière du soir, Chant de bergère, Tarentelle,* etc., a donné depuis, chez le même éditeur, plusieurs recueils excellents dont voici les titres : *Exercices des cinq doigts, ouvrage écrit principalement en vue des nombreuses combinaisons des doigts et de leur indépendance,* op. 32; 25 *Études spéciales et progressives de mécanisme,* op. 34; *le Début,* 25 études faciles, op. 33; *le Progrès,* 25 études préparatoires, op. 35; *l'Indépendance des doigts,* 25 études pour délier les doigts, op. 36; 25 Études d'agilité, op. 37; 25 Études de vélocité, op. 38.

RIEDEL (HERRMANN), chef d'orchestre et compositeur allemand, est né à Bourg, près de Magdebourg, le 2 janvier 1847. Il étudia à Wittenberg, puis, comme deux de ses frères étaient commerçants à Vienne, il se rendit en cette ville, se fit admettre au Conservatoire, et y termina son éducation musicale sous la direction de Pechter et de Dessoff. C'est à Vienne qu'il fit la connaissance du ténor Waller, qui l'engagea beaucoup à composer des *lieder;* il en publia en effet une quarantaine, dont plusieurs obtinrent de très-grands succès. Il a écrit aussi un opéra-comique, *la Réception du chevalier,* qui doit être représenté prochainement. M. Riedel occupe aujourd'hui les fonctions de chef d'orchestre à Brunswick.

J. B.

* **RIEGER** (JEAN-NÉPOMUCÈNE). — La date de 1828, fixée par la *Biographie universelle des Musiciens* comme celle de la mort de cet artiste, est évidemment inexacte, puisqu'en 1833 Rieger publiait l'ouvrage suivant : *Nouvelle Méthode pour apprendre le piano-forte, contenant les principes de la musique et un système complet du doigté, la classification des auteurs, la manière d'étudier les préludes dans tous les tons majeurs et mineurs les plus usités, avec des remarques pour apprendre à l'élève dans quel ton il est et dans lequel il passe* (Paris, chez l'auteur). La *Revue musicale* du 24 août 1833 rendait compte de cet ouvrage, en rappelant que Rieger avait déjà publié, en 1814, une grande méthode de piano en trois parties, laquelle n'a pas été comprise, non plus que la précédente, dans la liste des œuvres de cet artiste.

* **RIEHL** (WILHELM-HEINRICH), musicographe allemand, est né à Biberich le 6 mai 1823 (1), et n'a cessé, depuis 1854, d'être professeur à l'Université de Munich. On lui doit un livre publié sous ce titre : *Musikalischen Charakterkœpfen* (*Figures musicales*), qui a obtenu beaucoup de succès et dont il a été fait plusieurs éditions. Ce livre, paru il y a vingt-cinq ans (Stuttgard, Cotta, 1853), contient des portraits piquants de Wenzel Muller, Astorga, Bach, Mendelssohn, Hasse, la Faustina, Meyerbeer, Spontini, Cherubini, Gyrowetz, Pleyel, Rosetti, etc. M. Riehl a beaucoup moins réussi en se produisant comme compositeur avec la série de *lieder* qu'il a publiée sous le titre de *Hausmusik* (*Musique de la maison*), qui a été froidement accueillie.

RIEMANN (Le docteur HUGO), pianiste, compositeur et théoricien allemand contemporain, est l'auteur d'un ouvrage publié sous ce titre : *Syntaxe musicale, plan général d'une école harmonique pour la formation de la phrase musicale* (*Musikalische Syntaxis. Grundriss einer harmonischen satzbildungslehre*). Le même artiste a publié un certain nombre de compositions pour le piano : *Humoresque* (en *mi* mineur); *Prelude et Fugue,* op. 12; *Vull und Walt,* op. 14; *Goldene Zeiten* (*Age d'or*), op. 15; 10 pièces faciles pour la jeunesse; 5 Pièces d'exécution, op. 21, etc., etc.

RIEMENSCHNEIDER (GEORGES), chef d'orchestre et compositeur allemand, est né à Stralsund le 1er avril 1848. Après avoir eu pour maître M. A. Lorenz, à Stettin, il alla poursuivre ses études à Berlin, où il devint l'élève de M. A. Haupt pour l'orgue et de M. Frédéric Kiel pour la composition. Son éducation terminée, il devint chef d'orchestre dans divers théâtres, entre autres à Lubeck, où il remplissait ces fonctions en 1875. M. Riemenschneider s'est fait connaître comme compositeur en écrivant pour l'orchestre plusieurs œuvres dont voici les titres : 1° *Donna Diana,* pièce symphonique; 2° *Nachtfahrt,* ballade; 3° *Der Todtentanz,* pièce de caractère; 4° *Julinacht,* pièce symphonique; 5° *Fest-Præludium,* id. Cet artiste est aussi l'auteur d'un opéra intitulé *die Eisjungfrau* (*la Jeune Fille de glace*), qui jusqu'ici n'a pas été représenté.

RIEPP (........), habile facteur d'orgues français, construisit un assez grand nombre d'instruments de ce genre, parmi lesquels il faut surtout citer le superbe orgue de vingt-quatre pieds en montre du portail de la cathédrale de Dijon (reconstruit en 1848), et celui de la cathédrale de Besançon. Riepp vivait vers le milieu du dix-huitième siècle.

RIES (FRANZ), violoniste, compositeur et éditeur de musique allemand, est le plus jeune des fils de M. Hubert Ries, et le neveu de Ferdinand Ries, l'élève, l'ami et le biographe de Beethoven. Né à Berlin le 7 avril 1846, il étudia d'abord le violon avec son père, puis devint l'élève de M. Frédéric Kiel pour l'harmonie et la composition. En 1866 il se rendit à Paris pour y terminer son éducation, se fit admettre au Conservatoire, dans la classe de M. Massart, et prit part au concours de 1867, où il remporta un second prix; le premier lui fut décerné l'année suivante. M. Ries quitta ensuite Paris pour Londres, où il se produisit comme violoniste et comme compositeur; mais une maladie vint l'obliger à abandonner sa carrière de virtuose, et en 1873 il s'établit comme éditeur de musique à Dresde (sous la raison sociale *Hoffarth*). Cependant, M. Ries n'a pas renoncé à la composition, et il continue d'écrire. Parmi ses œuvres publiées, on signale un concerto pour violon avec accompagnement d'orchestre, 2 suites pour violon avec accompagnement de piano

(1) Je prends cette date dans le *Lexique* d'Hermann Mendel. Julius Schuberth, dans son petit *Lexique,* dit mars au lieu de mai.

(op. 26 et 27), une ouverture de fête, un quintette et 2 quatuors pour instruments à cordes, divers morceaux de genre pour violon, une centaine de *lieder*, etc.

RIESCK (Louis), compositeur dramatique, est l'auteur d'un drame lyrique intitulé *Bianca di Belmonte*, qui fut représenté au théâtre de la Scala, de Milan, le 26 décembre 1829. Quoique écrit sur un livret inédit de Felice Romani, le poète dramatique alors favori du public italien, quoique chanté par une réunion d'artistes de premier ordre, Mme Méric-Lalande, Carolina Ungher, Rubini, Tamburini, cet ouvrage ne réussit pas et fit, au contraire, un *fiasco* complet. Je n'ai aucun renseignement sur le compositeur Louis Riesck.

* **RIETZ** (Jules), compositeur et chef d'orchestre justement renommé, est mort à Dresde le 12 septembre 1877. Depuis 1860, il occupait en cette ville les fonctions de chef d'orchestre de la cour, dans lesquelles il avait succédé à Reissiger, et qu'il n'avait abandonnées que depuis quelques mois, par suite de l'affaiblissement de sa santé. A l'occasion du quarantième anniversaire (30 octobre 1874) de son entrée dans la carrière comme chef d'orchestre, le roi de Saxe lui avait conféré le titre de *generalmusikdirector*, titre qu'ont porté seulement quelques artistes illustres, tels que Spontini et Meyerbeer. Il était aussi directeur artistique du Conservatoire de Dresde.

Rietz n'était pas seulement un virtuose distingué, un compositeur élégant et un chef d'orchestre de premier ordre; c'était aussi un analyste, un critique et un écrivain remarquable, doublé d'un véritable érudit. Otto Jahn, qui s'y connaissait, disait de lui : — « Rietz aurait été une des lumières de la philologie, et ce serait grand dommage qu'il eût renoncé à cette science, s'il n'avait été musicien. » Ses travaux de critique et d'érudition resteront comme un monument de son profond savoir et de la sagacité de son jugement, et l'on peut dire qu'il a attaché son nom aux grandes éditions critiques des œuvres de Bach, de Hændel, de Mozart, de Beethoven et de Mendelssohn qui ont été faites dans ces dernières années par les soins de la maison Breitkopf et Hærtel.

Le catalogue des compositions de Rietz se complète par les œuvres suivantes : 1° Ouverture pour *la Tempête*, de Shakspeare; 2° Ouverture de Fête; 3° Cantate de Fête; 4° Airs et chœurs pour *les Républicains*, drame de Frœbel; 5° Airs et chœurs pour *Marie Tudor*, drame; 6° Ouverture solennelle pour le cinquantième anniversaire du mariage du roi de Saxe (1872); 7° *Concertstück* pour flûte, hautbois, clarinette, basson, cor et orchestre; 8° *Arioso* pour violon et orgue; 9° Sonate (en *sol*) pour piano et flûte; 10° Grande messe (en *fa* majeur); 11° Offertoire; 12° *Laudate Dominum*, pour baryton solo, chœur et orchestre; 13° *Te Deum*, pour chœur d'hommes et fanfare; 14° *Salvum fac regem*, pour chœur mixte; 15° *Allemagne*, hymne pour basse solo, chœur et orchestre, écrit sur des paroles de Pabst; 16° Cantate pour l'inauguration du monument de Weber; 17° Air de concert pour voix de soprano, op. 38. Enfin, Rietz a publié des arrangements d'un grand nombre de chants populaires allemands qui ont été réunis sous ce titre : *Deutsche liederhalle*. Dans les dernières années de sa vie, il s'occupait de terminer la partition des *Noces de Gamache*, opéra laissé inachevé par Mendelssohn; la mort l'a surpris sans qu'il ait pu lui-même mener ce travail à terme.

Comme violoncelliste, Rietz avait été successivement l'élève de Schmidt, de Romberg et de Hanz, et l'on sait qu'il était devenu un virtuose de premier ordre. Il avait étudié la théorie musicale avec Zelter. Lui-même fit l'éducation de beaucoup d'artistes qui se sont distingués dans la composition, et parmi lesquels il faut surtout citer M. Radeke (Berlin), M. Nicolaï, directeur du Conservatoire de la Haye, M. Bargiel, professeur au Conservatoire de Berlin, M. Dessoff (Carlsruhe), M. Normann (Stockholm), M. Lévy (Munich), etc. Docteur de l'Université de Leipzig, membre d'honneur de la *Philharmonic Society* de Londres, des Académies de Berlin et de Stockholm, de la Société néerlandaise pour le progrès des arts, Rietz était chevalier des ordres d'Albert de Saxe et de l'Étoile du Nord.

Le matin du 9 septembre 1877, après avoir travaillé toute la journée précédente à la partition encore incomplète des *Noces de Gamache*, de Mendelssohn, Rietz fut trouvé inanimé sur son lit; frappé d'une attaque subite de paralysie, il était entièrement paralysé du côté gauche et avait perdu connaissance. Il mourut trois jours après, le 12 septembre, sans avoir repris ses sens.

Rietz avait laissé une superbe bibliothèque musicale. Cette collection remarquable, dont le catalogue imprimé ne comprenait pas moins de 3,000 numéros, a été vendue aux enchères, à Dresde, au mois d'avril 1878.

* **RIFAUT** (Louis-Victor-Étienne). — Le premier ouvrage dramatique de ce compositeur, intitulé *le Duel ou une Loi de Frédéric*, opéra-comique en 3 actes, fut représenté à l'Opéra-Comique le 4 juillet 1826. Rifaut a composé une ballade pour un drame fameux d'Alexandre Du-

mas, *Thérésa*, joué au même théâtre, à l'époque de sa déconfiture, le 6 février 1832. Cet artiste est mort à Orléans le 2 mars 1838.

RIGA (François), compositeur belge, né à Liége le 21 janvier 1831, commença l'étude de l'harmonie avec Dieudonné Duguet, organiste et maître de chapelle de la cathédrale de cette ville, fit ses humanités jusqu'en poésie au séminaire de Saint-Trond, où il donna un cours de solfége et de chant d'ensemble, et en 1849 fut admis au Conservatoire de Bruxelles, où il reçut des leçons d'harmonie de Bosselet, étudia la composition avec Fétis, et suivit le cours d'orgue de M. Lemmens. Il obtint au concours le premier prix d'orgue, travailla ensuite l'orchestration avec Ch. Hanssens, et fut nommé maître de chapelle de l'église des Minimes.

M. Riga est l'auteur de plus de cent mélodies pour différentes voix, avec accompagnement de piano; de huit cantates pour chœur et orchestre, dont les principales ont été exécutées à Bruxelles, Gand et Liége; de chœurs pour voix d'hommes sans accompagnement, dont la plupart sont devenus populaires en France; de plus de vingt-cinq chœurs pour voix de femmes avec accompagnement de piano; d'un *Noël* à voix seule, double chœur et orchestre; de plusieurs scènes pour différentes voix; d'une *Scène maritime* en 4 parties, pour *soli*, chœur et orchestre; d'un *Hymne à saint Joseph* à 3 voix égales; de plusieurs Fables de La Fontaine mises en musique; de trois ouvertures de concert pour orchestre; d'un recueil intitulé *le Poëme d'une mère*, suite de 8 morceaux avec accompagnement de piano et d'orchestre, paroles de M. Solvay (Bruxelles, Schott, in-8°); de plusieurs morceaux pour violon, pour violoncelle et pour cor; enfin, de nombreux morceaux pour le piano, à 2, à 4 et à 8 mains.

La partie la plus importante de l'œuvre de M. Riga est la musique religieuse; il est peu d'églises en Belgique qui ne possèdent dans leur répertoire plusieurs compositions de cet artiste; elles sont également connues en France, en Hollande, en Italie, en Allemagne, en Angleterre et en Irlande. Parmi ces compositions, au nombre de plus de soixante, écrites pour la plupart avec orchestre, il faut citer : 1° *Ave verum*; 2° *Salve Regina*; 3° *Tota pulchra*; 4° *Tantum ergo* (en *mi* bémol); 5° *Regina cœli*; 6° *Ave Maria* à 5 voix; 7° *Ave Regina*; 8° *Alma Redemptoris*; 9° *Cor Jesu*; 10° *Ave Maria* à 2 voix; 11° *Pie Jesu*; 12° *Jesu dolorts*; 13° *Pater noster*; 14° *Sub tuum*, etc. Toutefois, parmi ses productions les plus considérables en ce genre, il faut particulièrement signaler sa belle Messe à 4 voix d'hommes avec orchestre, qui, exécutée d'abord le 17 mai 1875 dans l'église Sainte-Gudule de Bruxelles, le fut ensuite dans les principales villes de Belgique, ainsi qu'à Valenciennes, à La Haye, à Florence et en Irlande; puis son grand *Te Deum*, qui fut aussi exécuté à Sainte-Gudule, le 21 juillet 1874, et trois fois réentendu depuis cette époque. Le caractère si profondément et si savamment religieux de cette large composition la fait considérer comme le type à prendre pour modèle de ce genre de musique. Parmi les recueils publiés par M. Riga, nous citerons : *Fleurs d'Allemagne*, suite de mélodies vocales; *Nouvelles Mélodies*, id.; 8 *Motets à 2 et à 3 voix* (Bruxelles, Katto). M. Riga est chevalier de l'ordre de Léopold.

F. D.

* **RIGADE** (André-Jean). — Le premier ouvrage par lequel ce compositeur se fit connaître en France est *la Nouvelle Italie*, pièce lyrique en 3 actes, en prose italienne et française, dont il écrivit la musique avec Duni, et qui fut représentée à la Comédie-Italienne au mois de juillet 1762. Après avoir donné au même théâtre, l'année suivante, *Zélie et Lindor*, il écrivit la musique des pantomimes et ballets suivants, tous représentés à l'Ambigu : 1° *Acis et Galathée*, un acte, vers 1768; 2° *l'Oiseau chéri ou la Coquette de village*, un acte, 1774; 3° *Narcisse*, un acte, vers 1775; 4° *la Partie de chasse*, un acte, vers 1775.

RIGHI (Giuseppe-Maria), organiste et compositeur, élève de Pietro-Maria Minelli, fut reçu en 1702 au nombre des membres de l'Académie des Philharmoniques de Bologne, et en 1717 fut élu prince de cette compagnie.

* **RIGEL** (Henri-Joseph). — A la liste des ouvrages dramatiques de ce compositeur, il faut ajouter *Pauline et Henri*, un acte, représenté au théâtre Feydeau en 1793. On a donné aussi à l'Ambigu, en 1800, quelques mois après sa mort, un petit ouvrage en un acte, *le Mogol de la Chine*, dont il avait écrit la musique. Enfin on représentait en 1805, à l'Opéra-Comique, un autre ouvrage en un acte, intitulé *le Duel nocturne*, dont la musique était encore donnée sous le nom de Rigel. J'ignore si c'était encore là une œuvre posthume d'Henri-Joseph Rigel, ou si cette partition doit être attribuée à son fils Louis, dont ce serait alors la seule production dramatique.

* **RIGEL** (Henri-Jean). — Cet artiste a écrit la musique d'une cantate en l'honneur de Lesueur, qui fut exécutée le 5 août 1846, à Abbeville, dans un concert donné à la mémoire de ce célèbre musicien.

RIGHI (TELESFORO), musicien italien, a écrit la musique de *Marcellina*, opéra qui a été représenté à Parme le 1er mars 1873.

* **RIMBAULT** (EDWARD-FRANCIS), compositeur, organiste et très-savant musicographe anglais, est mort à Londres le 26 septembre 1876, à l'âge de soixante ans. Dans les dernières années de sa vie, il publia de nombreux articles dans le journal musical *the Choir*, dont il fut pendant un assez long temps le principal rédacteur.

RIMSKI-KORSAKOFF (NICOLAS-ANDRÉ), compositeur russe, né à Tichwin en 1844, fut d'abord officier dans la marine impériale, où l'un de ses parents occupe aujourd'hui un grade supérieur, et abandonna cette carrière pour se livrer sans réserve à son goût pour la musique. J'ignore de quelle façon et sous la direction de quels maîtres M. Rimski-Korsakoff fit son éducation artistique, mais il est devenu un des musiciens les plus considérés de son pays, et a été chargé, depuis 1871, d'une classe de composition et d'instrumentation au Conservatoire de Saint-Pétersbourg. Ses œuvres sont nombreuses, et il s'est exercé dans tous les genres : musique dramatique, symphonie, musique de chambre, fantaisies pour l'orchestre, romances, *lieder*, etc. Un opéra en 4 actes de M. Rimski-Korsakoff, *la Pskovitaine*, a été représenté avec succès à Saint-Pétersbourg, et quelques fragments d'un autre ouvrage dramatique, dont j'ignore le titre, ont été publiés par l'éditeur M. Bessel, de la même ville. Parmi les autres productions de ce compositeur, je citerai un poëme symphonique intitulé *Sadko*, un quatuor pour instruments à cordes qui a obtenu une mention honorable dans un concours ouvert par la Société impériale russe de musique, en 1876, et diverses compositions chorales. Il a en portefeuille un opéra encore inédit, intitulé *la Nuit de Mai*. M. Rimski Korsakoff, qui est directeur de l'École musicale gratuite de Saint-Pétersbourg, a publié : 100 mélodies populaires russes, avec accompagnement de piano; 6 Fugues pour piano; 3 morceaux pour piano; 6 chœurs.

RINALDI (G.......), pianiste italien et compositeur pour son instrument, est fixé, je crois, à Gênes, et est considéré dans sa patrie comme un artiste fort distingué, dont le talent présenterait une sorte d'analogie avec le génie tendre et mélancolique de Chopin. Les compositions de M. Rinaldi sont assez nombreuses, et parmi elles on peut citer : *Fantasticherie*, six pièces, op. 26, 27, 28, 29, 30 et 31; *Sulle Alpi*, deux esquisses, op. 32 et 33; 2 Mazurkas, op. 35 et 36; *Divagazioni pianistiche*, six pièces, op. 39, 40, 41, 42, 43, 44; et divers morceaux de genre : *Novelletta, il mio Villagio A Lei*, etc.

* **RINALDO DA CAPUA**, compositeur italien du dix-huitième siècle. — Outre les ouvrages inscrits sous son nom, il a fait représenter à Florence, sur le théâtre Pallacorda, un *intermezzo* à trois voix intitulé *il Bravo burlato*.

RINCK (GUSTAVE), pianiste et compositeur, s'est fait une réputation à Bordeaux par son talent très-distingué d'exécution, qu'il a fait apprécier fréquemment dans les concerts, et par la publication d'un certain nombre de morceaux de piano, dans lesquels la grâce des idées s'allie à la pureté de la forme. Dans ces dernières années, cet artiste a surtout attiré l'attention sur lui par des œuvres de plus grandes proportions et d'un caractère plus élevé; c'est ainsi qu'il a fait entendre, en 1876, un grand concerto de piano (en *ré*) avec accompagnement d'instruments à cordes, un quatuor en *si* bémol pour piano, violon, alto et violoncelle, un menuet et fugue pour instruments à cordes, une tarentelle pour violon et violoncelle, puis diverses mélodies vocales parmi lesquelles on cite un hymne triomphal d'une véritable puissance d'effet. Depuis lors, M. Gustave Rinck a voulu s'essayer à la scène, et il a fait représenter sur le Grand-Théâtre de Bordeaux, le 10 avril 1877, un opéra-comique en deux actes, *Mademoiselle de Kerven*, qui se faisait remarquer par d'excellentes qualités, et était écrit avec beaucoup de soin.

RINUCCINI (GIOVAN-BATTISTA), écrivain italien du dix-neuvième siècle, est l'auteur des deux opuscules suivants : 1° *Sulla musica e sulla poesia melodrammatica italiana del secolo XIX*, Lucques, 1843; 2° *Biografia di Marco Santucci*, Massa, 1851.

RISPOLI (RAFFAELE), compositeur italien, a écrit la musique d'un opéra bouffe, *il Figlio del signor Sindaco*, qui a été représenté sur le théâtre Nuovo, de Naples, le 6 mai 1874. Il a publié quelques romances et mélodies vocales.

RITTER (THÉODORE BENNET, dit), pianiste distingué et compositeur, est né près de Paris vers 1836. Il se livra, dès son plus jeune âge, à l'étude de la musique, et reçut une excellente et solide éducation, qu'il compléta avec M. Liszt, dont il reçut des leçons de piano et de composition. Il était fort jeune encore lorsqu'il commença à se produire dans les concerts, et obtint de très-grands succès de virtuose; son talent, très-net, très-précis et très-sûr, ne brillait pas moins dans l'exécution de la grande musique classique, que lorsqu'il faisait entendre les œuvres des compositeurs modernes. Après s'être fait apprécier en France, M. Ritter fit plusieurs voyages artistiques à l'étranger, et fut accueilli avec beaucoup de faveur en Allemagne, en Belgique, et surtout en Angleterre, où il devint l'un des favoris du public.

M. Ritter s'est produit aussi comme compositeur; on connaît de lui un certain nombre de morceaux de genre pour le piano, que lui-même exécute avec une véritable *maestria*, et parmi lesquelles on remarque les suivants : *les Courriers*, fantaisie qui a obtenu un énorme succès; *le Tourbillon; Véloce*, impromptu, op. 24; Rêverie, op. 25; *Chant du Braconnier*, op. 26; *Sylphes*, scherzo, op. 27; *Ronde de nuit*, marche; *Souvenir de Samos*, ballade; *Aubade*, morceau caractéristique; *la Festa*, valse de concert; *Titania*, scherzo-caprice; *les Almées*, caprice-étude; *Sorrente*, tarentelle; *Habanera*, sérénade créole. M. Ritter a publié encore, outre une sonate pour deux pianos, quelques compositions vocales importantes : *le Sacrifice*, chant biblique avec accompagnement d'orchestre, exécuté aux concerts du Châtelet, le 14 novembre 1875, par M. Gailhard; *le Paradis perdu*, scène dramatique; *Méphistophélès*, id.; *Ave Maria* à 2 voix; *O Salutaris*. Enfin, M. Ritter s'est essayé aussi au théâtre; il a donné à l'Opéra-Comique, le 17 juin 1861, un petit ouvrage en un acte, *Marianne*, dont la valeur était mince, et en 1865 il faisait représenter à Florence, sur le théâtre Alfieri, un opéra italien intitulé *la Dea risorta*, dont le succès fut négatif.

Une sœur de cet artiste, Mlle *Cécile Ritter*, née le 22 novembre 1859, pianiste et chanteuse aimable, a abordé la scène en créant, au Théâtre-Lyrique, le rôle de Virginie dans l'opéra de M. Victor Massé, *Paul et Virginie*. Elle voulut ensuite se produire à l'Opéra-Comique, et débuta à ce théâtre dans le rôle de Catherine de *l'Étoile du Nord;* mais ce rôle était au-dessus de ses forces physiques et de son talent d'artiste, et elle dut y renoncer.

RITTER (FRÉDÉRIC-L.....), professeur de musique dans un collége de Londres, a publié, dans ces dernières années, une *History of Music, from the christian era to the present time* (Londres, W. Reeves, 1875, un vol. in-8°). Ce résumé de l'histoire de la musique depuis l'âge chrétien est fait à un point de vue plus mondain qu'essentiellement rigoureux en ce qui concerne l'érudition. On le comprendra lorsqu'on saura qu'il n'est que la reproduction de lectures publiques faites par l'auteur. Le volume est accompagné d'un portrait de Mozart à l'âge de sept ans.

RITTER (HERMANN), virtuose de la chambre du grand-duc de Mecklembourg-Schwerin à Heidelberg, est l'auteur de l'ouvrage suivant : *l'Histoire de l'alto, et les principes de sa construction* (*die Geschichte der viola alta und die grundsätze ihres baues*), Leipzig, J.-J. Weber, 1877.

RITTER (FANNY-RAYMOND), écrivain musical anglais contemporain, est l'auteur d'un opuscule récemment publié sous ce titre : *Woman as a musician* (*la Femme comme musicienne*, étude historique d'art), Londres, W. Reeves. Mme Fanny Ritter est aussi l'auteur des traductions anglaises de divers écrits allemands relatifs à la musique, entre autres *Musique et musiciens*, de Robert Schumann, *Conseils et Maximes pour les jeunes musiciens*, du même maître, *Lettres sur la musique à une amie*, par M. Louis Ehlert.

RIZZO (ALFONSO), compositeur italien, ne m'est connu que par un opéra intitulé *Clotilde di Montelice*, qu'il a fait représenter sur le théâtre Victor-Emmanuel, de Turin, au mois de novembre 1870.

ROBERT-MAZEL (Mlle HÉLÈNE), pianiste, compositeur et professeur, commença, vers 1832, à faire apprécier un joli talent de virtuose en se produisant fréquemment dans les concerts. Vers le même temps, elle se faisait connaître aussi comme compositeur en publiant, chez l'éditeur Delahante, divers morceaux de chant qui se faisaient remarquer par de réelles qualités : *un Souvenir, À mon père*, mélodies, *l'Arabe et son coursier, l'Aspect des bois, la Luciole*, ballades, *les Deux Captifs*, duo pour soprano et contralto, *le Jugement dernier*, cantate, etc. En 1839, elle faisait paraître chez l'éditeur Colelle l'*Album de Mlle H. Robert-Mazel*, contenant huit romances. Elle se livrait aussi à la pratique de l'enseignement, surtout en ce qui concernait les enfants, dont l'éducation musicale la préoccupait vivement; c'est ce qui lui fit publier sous ce titre : *Concert des enfants*, une suite de petits morceaux à une ou deux parties, « écrits dans le diapason de la voix des enfants, » et plus tard un ouvrage pédagogique ainsi intitulé : « *Guide musical de l'enfance*, contenant : 1° Principes élémentaires et complets, classés par petites leçons; 2° Solfége composé d'exercices et de récréations dans tous les tons majeurs et mineurs, commençant par l'étendue de trois notes et ne dépassant jamais l'octave de la voix parlée des enfants, » Paris, in-8°. Dans un de ses feuilletons de *l'Assemblée nationale*, Adolphe Adam rendait compte de cet ouvrage avec des éloges motivés, et, en même temps, faisait ressortir en ces termes le talent dont Mlle Robert-Mazel avait fait preuve comme compositeur : — « Mlle Mazel s'est fait connaître par de charmantes compositions vocales, qui avaient un degré d'intérêt musical plus élevé que celui que comportent d'ordinaire les compositions féminines. Quoique très-mélodiques, ces compositions, par la richesse de l'harmonie et les recherches des accompagnements, semblent un peu inspirées de l'école allemande, et surtout de la manière de Weber et de Schubert.... » J'ignore ce qu'est devenue cette artiste distinguée.

ROBERTI (Giulio), compositeur et professeur de chant choral, est né à Barge, dans la province de Saluces, le 14 novembre 1823. Il se destinait d'abord au barreau, mais à l'âge de vingt ans l'amour de la musique l'emporta chez lui sur tout autre désir, et il se plaça sous la direction de Luigi-Felice Rossi, qui lui fit suivre un cours complet de contre-point et de composition. En 1849, il fit son début de compositeur dramatique en donnant au théâtre Carignan, de Turin, un opéra intitulé *Pier de' Medici*, et presque aussitôt se rendit à Paris, où il s'établit et d'où il ne s'éloigna qu'en 1858 pour faire représenter au théâtre Victor-Emmanuel, de Turin, un second ouvrage, *Petrarca*, qui, par la faute d'un livret détestable, fut loin d'être aussi heureux que le précédent. De retour à Paris, il y obtint un emploi dans l'administration des chemins de fer romains, et pendant quelque temps ne s'occupa plus de musique qu'en amateur.

Cependant, une messe à quatre voix de M. Roberti ayant été exécutée à Londres, le compositeur fut invité à la faire entendre dans l'église de l'Oratoire de Brompton. L'accueil qui lui fut fait en cette occasion le décida à reprendre sa carrière artistique, et bientôt il se fixa à Londres, où il publia des mélodies vocales, des chœurs et diverses compositions religieuses. Quelques années après, il quittait l'Angleterre pour retourner en Italie et s'établir à Florence, où il fondait en 1869 une école gratuite de chant choral et où il organisait, dans sa propre demeure, des cours du soir pour les adultes. A partir de ce moment, le chant d'ensemble, pour lequel il s'était pris en Angleterre d'une véritable passion, occupa presque entièrement son esprit, il s'en fit le propagateur assidu et désintéressé, et, sur la demande de la municipalité florentine, institua des cours dans la plupart des écoles de la ville. Enfin, en 1873, il créa, sur le modèle des associations allemandes de ce genre, une société chorale à laquelle il donna le nom d'*Harmonie vocale*.

Parmi les ouvrages publiés par M. Roberti, il faut citer : *Corso elementare di musica vocale*, en 2 parties; plusieurs albums de romances et mélodies; *Armonia vocale*, collection de chœurs sans accompagnement, etc. Il a écrit aussi deux quatuors pour instruments à cordes. Enfin on lui doit un livre publié sous ce titre : *Pagine di buona fede a proposito di musica* (Florence, Barbera, 1876). Ce volume, écrit d'une main rapide et ferme, est formé de la réunion de plusieurs écrits insérés dans divers journaux politiques et de travaux lus par l'auteur dans les séances de l'Institut royal de musique de Florence, dont il est un des membres les plus actifs; les principaux chapitres portent les titres suivants : *le Chant choral dans ses rapports avec l'éducation populaire, avec l'église et le théâtre; les Concours internationaux de chant d'ensemble à Malines et à Gand en juillet* 1875; *Course artistique à grande vitesse, Cologne, Leipzig, Dresde, Berlin, Amsterdam, Gand, Bruxelles, Louvain.* — M. Giulio Roberti, qui est chevalier de l'ordre de la Couronne d'Italie, a été chargé, vers la fin de 1877, de la rédaction du feuilleton musical de l'un des principaux journaux politiques de Florence, la *Gazzetta d'Italia.*

ROBERTO (........), écrivain espagnol, a publié sous ce titre : *Calendario musical de* 1859, *con infinidad de curiosidades y piezas de musica*, un almanach spécial qui n'est pas sans utilité. Pourtant, cette publication périodique a disparu après sa seconde année, parue en 1860.

ROBERTSON (John), pianiste et organiste anglais, membre de l'Institut d'éducation d'Écosse, a commencé ses études musicales à l'Université d'Édimbourg, après quoi il alla se perfectionner en Allemagne. Il est aujourd'hui organiste et chef des chœurs d'une des principales églises d'Édimbourg. On connaît de ce musicien un *Te Deum en ut*, un autre *Te Deum*, un *Nunc dimittis* en *fa*, et diverses autres compositions religieuses.

J'ignore si cet artiste est le même que celui qui est mentionné au tome VII de la *Biographie universelle des Musiciens.*

ROBSON, est le nom d'une famille de musiciens qui vécut en Belgique au dix-huitième siècle, et dont le premier, d'abord facteur de pianos à Londres, s'était certainement établi ensuite en ce pays. *Jean-Jacques Robson*, l'aîné de la famille, le seul dont ait parlé la *Biographie universelle des Musiciens*, mourut à Tirlemont le 24 octobre 1785 (1); on croit qu'il était né à

(1) J'emprunte ces renseignements aux *Documents historiques* de M. Edouard Gregoir.

Thuin au commencement du siècle. — *Sébastien-Joseph Robson*, fils du précédent, né à Thuin en 1734, mort à Thurnout le 3 juillet 1814, fut organiste du chapitre royal de cette dernière ville et maître de musique de la grande église; on lui doit, entre autres compositions, la *Marche des Patriotes*, qui se chante encore aujourd'hui. — *Emmanuel Robson*, sans doute frère du précédent, né à Termonde en 1740, devint organiste à Sotteghem, et mourut à Termonde le 3 décembre 1768. — *François-Joseph Robson*, fils de Sébastien-Joseph, né à Turnhout en 1763, succéda à son père en 1814, et mourut dans la même ville le 7 juillet 1833; il était aussi professeur au pensionnat des Dames chanoinesses du Saint-Sépulcre. — Enfin, un dernier membre de la famille, *G. Robson*, sur lequel je n'ai pas d'autres renseignements, fut organiste de la grande église de Turnhout, et a écrit de nombreuses œuvres de musique religieuse.

ROCABERT (Jean-Baptiste), organiste et compositeur espagnol renommé, né vers 1660 à Barcelone, fut élève de l'école du monastère de Montserrat, où il prit l'habit le 7 novembre 1674. Habile exécutant sur la harpe et sur le violon, Rocabert fut considéré comme l'un des premiers organistes de son temps, et, dans le genre religieux, il écrivit des compositions que l'on chantait non-seulement à Montserrat, mais dans diverses chapelles d'Espagne. Doué d'ailleurs d'une vigueur d'esprit peu commune, âpre au travail et d'une activité infatigable, il était à la fois latiniste remarquable, philosophe, théologien, moraliste, poëte distingué, et enfin s'occupa beaucoup d'histoire religieuse. Il fut maître de la chapelle et de l'école de musique de Montserrat pendant huit ans, après quoi il devint organiste du couvent de Saint-Martin, de Madrid. C'est là qu'il mourut, le 7 janvier 1701, dans toute la force de l'âge, ayant à peine accompli sa quarante et unième année.

ROCHARD DE BOUILLAC (..........), excellent acteur de la Comédie-Italienne, où il se fit une grande renommée, était né à Paris dans les premières années du dix-huitième siècle, et ne semblait en aucune façon destiné à suivre cette carrière. Le rédacteur des *Mémoires secrets pour servir à l'histoire de la République des Lettres* (à la date de novembre 1781) disait de lui : — « M. Rochard étoit assez bien né; il avoit été substitut du procureur général des requêtes de l'hôtel, et entraîné par sa passion pour le théâtre, avoit quitté cet état honnête pour celui de comédien, dans lequel il s'étoit distingué par un goût exquis et une grande propreté de chant. » Doué en effet d'une voix agréable, mais un peu frêle, qu'il conduisait avec goût et surtout avec expression, Rochard commença par appartenir au personnel de l'Opéra, où il passa presque complétement inaperçu. Ce que voyant, il tourna ses vues du côté de la Comédie-Italienne, où il débuta avec succès, le 19 novembre 1740, dans l'emploi des amoureux chantants. « Ses succès dans le chant et dans la déclamation, disait l'auteur de l'*Histoire du Théâtre-Italien*, sont trop présens au public pour avoir besoin de lui rappeler cet acteur, qu'il regrette encore dans les rôles chantans. » Et un poëte du temps écrivait :

> Rochard, en chantant, sûr de plaire,
> Nous prouve bien sensiblement
> Que la voix est moins nécessaire
> Que le goût et le sentiment.

Si Rochard avait obtenu des succès dans le genre du vaudeville, sa carrière devint plus brillante encore peut-être lorsque la Comédie-Italienne commença à s'adonner aux pièces à ariettes, dans lesquelles son talent trouvait plus encore le moyen de se développer. C'est lui qui eut l'honneur, avec Mme Favart, de produire devant le public parisien la traduction française de *la Serva padrona* de Pergolèse, et de jouer le rôle de Pandolphe de *la Servante maîtresse*, qui lui valut un aussi grand succès que celui de Zerbine à son aimable partenaire. Il se montra ensuite dans une foule d'ouvrages du même genre : *la Bohémienne* (traduction de *la Zingara*), qu'il jouait encore avec Mme Favart; *Mazet*, de Duni; *le Guy de chêne*, de Laruette; *les Fêtes de la paix*, de Philidor, etc. Après plus de vingt-trois années de service, pendant lesquelles il n'avait cessé de mériter et d'obtenir les faveurs du public, il prit sa retraite, au mois de juin 1764, et se consacra à l'enseignement du chant. Il vivait encore en 1785, car les *Tablettes de renommée des Musiciens*, publiées en cette année, le comprenaient au nombre des professeurs de Paris, et le mentionnaient en ces termes : — « Rochard, maître de musique vocale, renommé pour le goût du chant italien. Attaché ci-devant à la Comédie-Italienne, il en a fait les délices par les charmes de la voix la plus agréable et l'expression la plus touchante. » Peu d'années auparavant, au mois de novembre 1781, il paraît que Rochard, rentrant comme auteur dans un théâtre où il avait si longtemps brillé comme acteur, avait donné à la Comédie-Italienne une pièce intitulée *l'Amour trop prévenu de lui-même;* tout au moins cette pièce lui était-elle attribuée, ainsi que le prouve cette note des *Mémoires secrets :* — « On prétend que la pièce est du sieur Rochard, retiré depuis longtemps, et qui doit être au moins septuagénaire.... »

Ce n'est que dans son volume de l'année 1792, que l'almanach *les Spectacles de Paris* fait disparaître le nom de Rochard de la liste des acteurs pensionnés par la Comédie-Italienne; cet artiste mourut donc en 1791, dans un âge évidemment très-avancé.

ROCHE (Edmond), poëte et musicien, né à Calais le 20 février 1828, est mort à Paris le 16 décembre 1861. Tout jeune, il avait commencé l'étude du violon, et, venu de bonne heure à Paris, il était entré au Conservatoire dans la classe d'Habeneck. Obligé de gagner rapidement sa vie, comme tous les jeunes instrumentistes, il prit une place de premier violon à l'orchestre du théâtre de la Porte-Saint-Martin, puis, un peu plus tard, cumula cette place avec un petit emploi à la Douane. Mais déjà le démon de la poésie le tentait, et le soir, au théâtre, entre deux morceaux, il lui arrivait d'écrire des vers qui n'étaient ni sans charme, ni sans talent, et dont quelques-uns lui étaient inspirés par la musique, entre autres un petit poëme sur Stradivarius, une fable intitulée *les Cordes et l'Archet*, dédiée à M. Edouard Lalo, une autre pièce sur Mozart, etc. (morceaux qui ont été compris dans le recueil de ses *Poésies posthumes*), et aussi quelques œuvres dramatiques : *Velléda*, *Bernard Palissy*, *la Dernière Fourberie de Scapin*.

C'est à Edmond Roche qu'on doit la traduction française de *Tannhäuser* de M. Richard Wagner. Dans une notice placée en tête de ses *Poésies posthumes* (Paris, Lévy, 1863, in-12), M. V. Sardou a raconté de quelle façon singulière il avait fait la connaissance de ce musicien. M. Sardou a fait connaître aussi quelques détails au sujet de cette traduction : — « La traduction du *Tannhäuser* prit à Roche une année entière du travail le plus assidu, le plus exténuant; il y prodigua ses jours et ses nuits. Il faut lui avoir entendu raconter tout ce que lui faisait souffrir l'exigence de ce *terrible homme*, comme il l'appelait. Le dimanche, jour de repos à la Douane, était naturellement celui que Wagner accaparait pour sa traduction. — Quel congé pour le pauvre Roche! — « A sept heu- « res, me disait-il, nous étions à la besogne, et « ainsi jusqu'à midi, sans répit, sans repos : « moi courbé, écrivant, raturant, et cherchant « la fameuse syllabe qui devait correspondre à « la fameuse note, sans cesser néanmoins d'avoir « le sens commun; lui debout, allant, venant, « l'œil ardent, le geste furieux, tapant sur son « piano au passage, chantant, criant, et me di- « sant toujours : *Allez, allez!* A midi, une heure « quelquefois, et souvent deux heures, épuisé, « mourant de faim, je laissais tomber ma plume « et me sentais sur le point de m'évanouir. — « Qu'avez-vous? me disait Wagner tout sur- « pris. — Hélas! j'ai faim! — Oh! c'est juste, « je n'y songeais pas. Eh bien! mangeons un « morceau vite, et continuons. — On mangeait « donc un morceau, vite, et le soir venait, et « nous surprenait encore, moi anéanti, abruti, « la tête en feu, la fièvre aux tempes, à moitié « fou de cette poursuite insensée à la recherche « des syllabes les plus baroques.... et lui tou- « jours debout, aussi frais qu'à la première « heure, allant, venant, tapotant son infernal « piano, et finissant par m'épouvanter de cette « grande ombre crochue qui dansait autour de « moi aux reflets fantastiques de la lampe, et qui « me criait, comme un personnage d'Hoffmann : « *Allez toujours, allez!* en me cornant aux « oreilles des mots cabalistiques et des notes de « l'autre monde. »

Le pauvre Roche avait compté sur la représentation du *Tannhäuser* pour mettre son nom à la lumière et l'arracher à la misère qui étreignait son jeune ménage. On sait comment il suffit de trois soirées pour renverser toutes ces espérances. Il n'eut même pas la satisfaction de voir une seule fois son nom sur l'affiche; bien plus, l'éditeur de la partition ne le mit pas sur la traduction française. La fatigue et le chagrin que lui avait causés ce travail lui furent funestes; bientôt il tomba malade, une affection de poitrine se déclara, et, malgré tous les soins, il fut emporté par elle, avant d'avoir atteint sa trente-quatrième année. — Edmond Roche avait donné d'assez nombreux articles de critique musicale dans divers journaux littéraires, *le Nouveau Journal*, *le Cadet-Roussel*, *le Diogène*, *l'Effronté*, *le Diable boiteux*, etc.

* **ROCHEFORT** (Jean-Baptiste). — A la liste des œuvres de cet artiste, il faut ajouter : 1° *Apothéose de la feue Impératrice*, mère de la reine de France, cantate exécutée au Concert spirituel, le 8 décembre 1781; 2° *la Laitière polonaise*, ballet-pantomime en 3 actes, joué au théâtre du Palais en 1798.

RODA (Ferdinand DE), compositeur et professeur allemand, né à Rudolstadt le 26 mars 1818, étudia le piano à Weimar, sous la direction de Hummel, et acquit aussi un talent distingué sur la harpe. Il fut harpiste à la chapelle de la cour de Brunswick, professeur de musique à Hambourg (1841-1856), où il fonda une académie de piano et une société de chant dite *de*

Bach, puis professeur de musique à l'Université de Rostock. Roda fut fécond comme compositeur, et on lui doit des oratorios, des cantates, une symphonie, des *lieder*, quelques morceaux de piano et diverses œuvres de musique religieuse; son œuvre la plus importante est un *Faust* en deux parties, qui a été exécuté pour la première fois à Rostock, le 7 mars 1872. Il était occupé à mettre en musique le *Cid* de Herder, et avait écrit déjà la première partie de cet ouvrage, lorsque la mort le surprit au château de Bulow, près Crivitz (Mecklembourg-Schwerin), le 26 avril 1877.

* **RODE** (Jacques-Pierre-Joseph), violoniste célèbre, est né non le 26, mais le 16 février 1774, ainsi que le constate son acte de naissance (1). Il y a tout lieu de croire qu'il est mort non le 25, mais le 26 novembre 1830, car Baillot, l'intime ami de Rode, qui ne cessa jamais de correspondre avec lui et qui fut certainement informé par sa famille elle-même de la perte de son vieux compagnon, a inséré cette note à son sujet dans le *Catalogue des auteurs dont les compositions servent à l'enseignement du violon dans les classes du Conservatoire*, catalogue dressé par lui à la fin de son Art du violon : « Rode (Jacques-Pierre-Joseph), né à Bordeaux le 16 février 1774, mort au château de Bourbon, entre Tonneins et Aiguillon, le 26 novembre 1830 (2). » D'une lettre restée inconnue et retrouvée par moi dans le *Courrier des spectacles* du 2 frimaire an VIII (23 novembre 1799), il résulte ce fait, ignoré jusqu'ici, que Rode fut violon-solo à l'Opéra et qu'il donna sa démission de cet emploi le 17 novembre 1799. A la même époque il était déjà professeur au Conservatoire, car un de ses élèves, Luc Guénée, obtenait le premier prix de violon au concours de l'an VIII; en 1803, un autre de ses élèves, Marcel Duret (*Voy.* ce nom), remportait à son tour le premier prix. Ce sont les deux seuls disciples de Rode dont j'aie pu retrouver la trace.

Le catalogue des compositions de Rode doit s'augmenter d'un certain nombre d'œuvres, qui n'y ont pas été comprises : 11e concerto (en *ré* majeur), Paris, Frey; 12e concerto (en *mi* majeur), ibid.; 13e concerto (commence en *fa* dièze mineur et finit en *la* majeur), Paris, Launer (œuvre posthume). — Quatrième *Quatuor* pour deux violons, alto et basse, op. 18, Paris, Gambaro; Deux *Quatuors* ou *Sonates brillantes* pour violon principal, avec accompagnement d'un second violon, alto et violoncelle, op. 28, Paris, Frey; Deux *Quatuors brillants* dédiés à Cherubini (œuvre posthume), Paris, Launer. — *Vingt-quatre Caprices* en forme d'études, dans les 24 tons de la gamme, Paris, Frey; *Douze Études*, Paris, Launer (œuvre posthume). — *Deux Romances*, paroles de Millevoye, Paris, chez Cherubini, Méhul, etc.; *Deux Romances françaises et un petit air italien*, Paris. — Plusieurs *Airs variés*.

Rode, qui, dans les dernières années de sa vie, avait été nommé chevalier de la Légion d'honneur, fut, après sa mort, l'objet d'un rare honneur dans sa ville natale, qui donna son nom à l'une de ses rues.

* **RODIO** (Rocco). — Parmi les compositions de cet artiste, il faut signaler le recueil suivant : *Libro di ricercate a 4 voci, con alcune fantasie sopra varii canti fermi*, Naples, 1575.

* **RODOLPHE** (Jean-Joseph). — Cet artiste a écrit la musique de deux ballets représentés à l'Opéra : *Apelle et Campaspe* ou *la Générosité d'Alexandre*, 1er octobre 1776; 2° *Médée et Jason*, 3 actes, 30 janvier 1780. Rodolphe fut pendant plusieurs années chef d'orchestre du théâtre de la Cité.

RODOREDA (José), compositeur espagnol contemporain, est l'auteur d'un oratorio pour voix seules, chœur et orchestre, *las Siete Palabras* (*les Sept Paroles*). La partition de cet

(1) Cet acte a été relevé par mes soins à la mairie de Bordeaux, et je l'ai publié dans ma *Notice sur Rode, violoniste français*, couronnée par l'Académie des Sciences, Belles-Lettres et Arts de Bordeaux (Paris, Pottier de Lalaine, 1874, in-8 de 64 pp.).

(2) Au moment où je corrige les épreuves de cette notice, j'acquiers la preuve que Baillot s'est trompé, et que la date de la mort de Rode est bien le 25 novembre 1830. M. Er. Thoinan me communique une brochure anonyme ainsi intitulée : « *Pierre Rode.* Dedié à ses amis, » Berlin, 1831, in-4 de 14 pages. (L'exemplaire de M. Er. Thoinan porte cet *ex dono* : « A M. le major Blesson, par son très-dévoué, Massa. » L'auteur était allemand, brochure dans laquelle l'auteur, intime ami de Rode, nous apprend qu'il reçut en ces termes, de la main de Mme Rode, la nouvelle de sa mort : « C'est le 13 novembre, après s'être senti quelque temps beaucoup mieux, que Rode a été frappé d'une attaque qui le priva de la parole, de la connaissance et de l'usage du bras droit. Aucun remède n'a opéré, et son existence n'a plus été qu'une longue agonie. Dieu a mis fin à ses souffrances le 25 novembre 1830, à une heure et demie de l'après-midi. Sa dépouille mortelle a été transportée à Bordeaux, pour y être déposée dans un tombeau de famille, qu'il avait fait ériger lui-même à peu près trois ans auparavant. »

Rode était malade depuis longtemps, des suites d'un accident, qui lui valait parfois des accès de fièvre furieuse. Il avait épousé une jeune veuve, Mme Gaillari, fille aînée du décorateur Verona et d'une mère française, née à Fontainebleau. Il revint en France en 1820, avec sa belle-mère, sa femme, qui était riche, et ses deux enfants. Il mourut dans le domaine de Bourbon, qu'il avait acheté, et qui était situé près de Damazon, au confluent du Lot et de la Garonne. J'extrais ces derniers renseignements de la brochure dont je viens de parler.

ouvrage a été publiée par les éditeurs Vidal et Bernareggi, de Barcelone.

RODOTHEATO (........), compositeur, a fait représenter sur le théâtre communal de Corfou, le 25 janvier 1876, une action musicale en un acte, *Oitona*, dont le livret, écrit en italien, était tiré d'un poëme d'Ossian.

RODRIGUES (Hippolyte), amateur de musique et compositeur français, a écrit les paroles et la musique d'un opéra en 3 actes et 4 tableaux, intitulé *David Rizzio*. J'ignore si cet ouvrage a été représenté; mais la partition pour chant et piano en a été publiée il y a quelques années.

RODRIGUES (J...-M... Pereira), écrivain portugais, est l'auteur d'un livre intitulé *Escorços biographicos*, publié il y a quelques années, et dans lequel on trouve des notices biographiques sur un compositeur français, et sur plusieurs chanteurs et chanteuses, MM. Beneventano, Stagno, Mongini, Neri-Baraldi, et Mmes Damoreau, Rossi-Caccia, Fricci et Volpini.

RODWELL (C......), professeur anglais, est l'auteur d'un petit traité publié récemment sous ce titre : *Manuel d'instruction musicale pour le piano.*

RŒCKEL (Joseph-Auguste), remarquable chanteur allemand, dont le nom se rattache à l'introduction en Angleterre des chefs-d'œuvre lyriques de son pays, naquit le 28 août 1783 à Neuenbourg, dans le Haut-Palatinat. Destiné d'abord à l'état ecclésiastique, il reçut une excellente éducation littéraire; mais ayant, à l'âge de vingt ans, renoncé à l'étude de la théologie pour entrer dans la diplomatie, il fut attaché en qualité de secrétaire d'ambassade au service de l'électeur de Bavière. L'ambassade de Salzbourg ayant été dissoute lorsqu'en 1804 éclata la guerre entre la Bavière et l'Autriche, le jeune Rœckel, qui était doué d'une voix charmante, accepta les propositions du directeur du théâtre de la cour, à Vienne, qui l'avait entendu chanter et qui l'engageait comme premier ténor à l'Opéra impérial. Son succès fut tel à son début qu'il n'eut pas de peine à se décider à poursuivre cette carrière, et l'on assure que la façon absolument supérieure dont il chanta le rôle de Florestan dans *Fidelio* lui valut, jusqu'à la mort de Beethoven, l'amitié de ce grand homme.

En 1822, Rœckel, qui était devenu excellent musicien, fut nommé par l'empereur François Ier professeur de chant à l'Opéra; c'est là surtout qu'il prouva l'excellence de sa méthode, en formant un grand nombre d'élèves remarquables, entre autres la célèbre cantatrice Henriette Sontag. Appelé en 1828 à diriger l'orchestre du théâtre d'Aix-la-Chapelle, il conçut et réalisa, dès l'année suivante, le projet de faire connaître à Paris le répertoire allemand, chanté par des artistes allemands. L'effet produit par les chœurs surtout fut entraînant, et l'accueil qu'il reçut à Paris engagea Rœckel à y rester jusqu'en 1832. C'est alors que Mont-Mason, à cette époque directeur de l'Opéra italien établi au King's-théâtre de Londres, le décida à aller tenter en cette ville l'expérience qui lui avait si bien réussi à Paris. Homme entreprenant, Rœckel ne recula pas devant les difficultés; et bien lui en prit, car c'est avec un véritable enthousiasme que furent reçus en Angleterre les chefs-d'œuvre de l'école dramatique allemande, alors entièrement inconnus en ce pays et qui valurent d'immenses succès à la grande cantatrice Mme Schrœder-Devrient et au ténor Haitzinger.

En 1835, Rœckel abandonna cette entreprise et renonça pour lui-même à la vie de théâtre, sans se désintéresser pourtant de l'œuvre de propagande qu'il avait été poursuivre en Angleterre, après l'avoir commencée en France. Ce n'est qu'en 1853 qu'il retourna en Allemagne, pour y jouir tranquillement d'un repos qu'il avait bien gagné après une longue existence si active et si bien remplie. Rœckel mourut à Cœthen le 19 septembre 1870, peu de temps après avoir accompli sa quatre-vingt-septième année.

* **RŒCKEL** (Édouard), pianiste allemand, est mort à Pesth le 15 juin 1876.

* **RŒCKEL** (Auguste), pianiste et chef d'orchestre, frère du précédent, fit son éducation musicale sous la direction de Hummel. Devenu chef d'orchestre au théâtre royal de Dresde, il y fut le collègue de M. Richard Wagner. Lorsque éclata le mouvement populaire de 1848, ces deux artistes prirent la part la plus active à la révolution. Plus heureux ou plus habile que son ami, M. Wagner put prendre la fuite et se réfugier en Suisse, tandis que Rœckel fut jeté en prison, où il ne resta pas moins de quatorze ans. De tous les condamnés de cette époque, c'est lui qui eut à subir la plus longue détention ; encore ne recouvra-t-il la liberté que grâce aux prières et aux supplications de sa fille, qui ne cessait d'implorer sa grâce. Rendu à lui-même, Rœckel se fit journaliste, d'abord à Francfort, et ensuite en Autriche. Il mourut à Pesth, au mois de novembre 1876.

RŒDER (Martin), violoniste, chef d'orchestre, compositeur et critique musical allemand, est né à Berlin le 7 avril 1851. Ayant acquis de bonne heure un talent distingué sur le violon, il se fit entendre avec succès dans diverses villes de l'Allemagne, puis se livrant par lui seul à l'étude de la composition, il écrivit des symphonies, des quatuors, des psaumes, des chansons, et commença même la partition d'un opéra. Sentant toutefois que son éducation restait incomplète, il entra à l'Académie supérieure de musique de Berlin, et s'y perfectionna sous la direction de M. Joachim pour le violon, et sous celle de M. Riel pour le contre point. Il se remit ensuite à la composition, et écrivit deux sonates pour piano et violon, une sonate pour piano seul, un trio instrumental, une symphonie et un *Miserere*. Appelé à Milan pour y diriger l'orchestre du théâtre Dal Verme, il se fixa en cette ville, où il a fondé la première société chorale qui y ait vu le jour, et où il dirige les concerts symphoniques de la Société du quatuor. M. Rœder a écrit la musique d'un opéra-ballet italien en 4 actes, *Pietro Candiano IV*, qui jusqu'ici n'a pas été représenté, et celle d'un oratorio en trois parties, *Maria Magdalena*, aussi inédit. On lui doit quelques articles publiés dans divers journaux de musique allemands et italiens. Parmi ses œuvres publiées, on remarque un recueil de 7 *lieder* sur paroles allemandes, op. 12, un autre recueil de 6 *lieder*, op. 11, une Gavotte pour piano, op. 7, et quelques mélodies vocales sur paroles italiennes.

ROENTGEN (JULES), fils d'un artiste néerlandais distingué établi en Allemagne (1), est né à Leipzig le 9 mai 1855. Il était à peine âgé de quatre ou cinq ans qu'il montrait une intelligence précoce et des dispositions extraordinaires pour la musique; à huit ans il écrivait une sonate de piano, ce qui éveillait l'attention de ceux qui l'entouraient, et à seize ans il savait le latin et le grec. Dès ses plus jeunes années, M. Rœntgen se livra avec assiduité à l'étude du piano, acquit un talent remarquable sur cet instrument, et bientôt s'occupa avec une ardeur égale de la composition. Pendant l'hiver de 1873-1874, il a fait, en compagnie du chanteur Stockhausen, un grand voyage artistique dans l'Allemagne du Nord et du Sud, que tous deux ont parcourue d'une façon brillante, en donnant des concerts qui leur valaient de grands succès. Quoique fort jeune encore, M. Rœntgen a déjà publié un certain nombre d'œuvres sérieuses, parmi lesquelles on cite surtout les suivantes : 1° Sonate pour piano et violon; 2° 2 Sonates pour piano seul; 3° Sonate pour violoncelle et piano; 4° Petits morceaux pour piano, en 3 livres; 5° Recueil de morceaux de genre pour piano; 6° Ballade, pour piano; 7° Suite pour piano, en 3 parties; 8° Morceau de concert, pour piano; 9° Concerto de piano, avec accompagnement d'orchestre (exécuté par l'auteur à Hambourg et dans diverses autres villes); 10° Symphonie à grand orchestre; 11° Sérénade pour instruments à vent; etc., etc.

(1) M. Engelbert Rœntgen, père de l'artiste dont il est ici question, est né à Deventer (Pays-Bas) le 30 septembre 1829. Il s'établit dans la suite à Leipzig, où, dès 1861, il était professeur au Conservatoire, membre de la célèbre société de concerts du Gewandhaus et attaché à l'orchestre du théâtre.

RŒVER (HENRI), musicien autrichien, virtuose remarquable sur le violoncelle et compositeur pour son instrument, naquit à Vienne le 27 mai 1823, et mourut en cette ville le 13 mai 1875. Il a occupé d'une façon distinguée les fonctions de violoncelle-solo à l'orchestre de l'Opéra impérial et celles de professeur de violoncelle au Conservatoire de Vienne, en même temps qu'il faisait partie de la société des quatuors si renommée dont Hellmesberger était le chef. Comme virtuose, Rœver se faisait remarquer par un mécanisme brillant et une superbe qualité de son ; comme compositeur, il a publié pour son instrument de nombreux morceaux originaux et des arrangements sur des motifs d'opéras.

J. B.

ROGEL (JOSÉ), chef d'orchestre et compositeur dramatique espagnol, est né à Orihuela, province d'Alicante, le 24 décembre 1829. Il étudia la musique dès son plus jeune âge, et eut pour maître de solfége, de piano et de composition l'organiste de la cathédrale, Joaquin Cascales, tandis qu'il prenait des leçons de flûte du maître de chapelle José Gil. A l'âge de neuf ans, il instrumentait des morceaux d'opéras tant pour musiques militaires que pour orchestres symphoniques, et composait des valses et des pas redoublés. A dix ans, il écrivit une messe extrêmement facile, qui devint populaire dans toute la province, et à partir de ce moment il fut chargé de la direction de l'orchestre et de la bande militaire de la ville.

Cependant, pour obéir aux désirs de son père, il se vit obligé de se rendre à Valence pour y faire ses études de droit, et passa six ans en cette ville; mais il ne cessa de s'y occuper de musique, donnant des leçons de solfége, de flûte et de piano, et recevant gratuitement, pendant trois années, des leçons de composition, de contre-point et de fugue d'un organiste remarquable, M. Pascual Perez, sur les conseils duquel il s'appliqua à connaître d'une façon pratique la plupart des instruments, soit à cordes, soit à vent. En même temps il étudiait avec ardeur les grandes œuvres de musique classique, et se livrait activement à la composition, écrivant de nombreux morceaux pour orchestre et produisant de nombreuses œuvres de musique religieuse, plusieurs *Stabat Mater*, des marches funèbres, etc., ainsi que des leçons de solfége, de flûte et de piano à l'usage de ses élèves. C'est à cette époque qu'il composa une *jota* pour quatre bandes militaires, laquelle fut exécutée dans une sérénade donnée au recteur de l'Université.

Enfin, après avoir été achever son droit à Madrid, M. Rogel put se livrer sans contrainte à son goût pour la musique. Il recommença alors à donner en cette ville des leçons de piano et de chant, puis publia de nombreuses compositions : airs de danses, fantaisies pour piano, etc., et fit des réductions au piano de partitions d'opéras et de *zarzuelas*. Bientôt il se produisit comme chef d'orchestre, remplit ces fonctions dans plusieurs théâtres, et enfin, ayant abordé la scène comme compositeur, écrivit, dans l'espace de vingt-cinq ans, *soixante-quinze* zarzuelas formant un total de 136 actes, dont quelques-unes seulement n'ont pas encore été représentées.

Voici la liste de ces ouvrages : 1° *Loa a la Libertad*, un acte, 1854 ; 2° *Revista de un muerto* (en société avec M. Barbieri), un acte, 1855 ; 3° *Soy mi hijo*, un acte, 1856 ; 4° *D. Canuto*, un acte, 1856 ; 5° *Soy yo*, un acte, 1856 ; 6° *las Garras del Diablo*, un acte, 1856 ; 7° *Santiaguillo*, un acte, 1857 ; 8° *Recuerdos de gloria*, un acte, 1858 ; 9° *las Dos Nosas* (en société avec M. Allu), un acte, 1858 ; 10° *un Hongo*, un acte, 1859 ; 11° *los Peregrinos*, un acte, 1860 ; 12° *el Lumbra recoge*, un acte, 1860 ; 13° *Impresiones de viage*, un acte, 1860 ; 14° *Entre Ceuta y Marruecos*, un acte, 1860 ; 15° *Doña Casimira*, un acte, 1861 ; 16° *Ferrando el Calderero*, 3 actes, 1861 ; 17° *Pablo y Virginia*, un acte, 1861 ; 18° *una Tia en Indias*, 3 actes, 1861 ; 19° *Roquelaur*, 3 actes (en société avec Oudrid et M. Caballero), 1864 ; 20° *Por sorpresa*, 2 actes (en société avec M. Vazquez), 1864 ; 21° *Punto y aparte*, 2 actes, 1865 ; 22° *la Cara roja*, un acte, 1865 ; 23° *las Amazonas del Tormes*, 2 actes, 1865 ; 24° *la Epistola de San Pablo*, un acte, 1865 ; 25° *las Cartas de Rosalia*, un acte, 1865 ; 26° *Despuerta y Dormida*, un acte, 1865 ; 27° *los Regalos*, un acte, 1865 ; 28° *Suplicio de un hombre*, 3 actes, 1866 ; 29° *el Lago de las Serpientes*, 3 actes (en société avec M. Moderalti), 1866 ; 30° *el Joven Telemaco*, 2 actes, 1866 ; 31° *Me escamo*, un acte, 1866 ; 32° *Faulo corre como vuela*, un acte, 1866 ; 33° *un Cuadro, un melonar y dos bodas*, 2 actes (en société avec MM. Inzenga et Cepeda), 1866 ; 34° *el Molin de las Estrellas*, un acte, 1866 ; 35° *Franchifredo*, 2 actes, 1867 ; 36° *un Muerto de buen humor*, un acte, 1867 ; 37° *los Organos de Mostoles*, 3 actes, 1867 ; 38° *Pablo y Virginia*, 2 actes, 1867 ; 39° *los Infiernos de Madrid*, 3 actes, 1867 ; 40° *la Isla de los Portentos*, 3 actes, 1868 ; 41° *Genoveva de Brabante*, 1868 ; 42° *la Gran Duquesa*, 1868 ; 43° *el General Bumbum*, un acte, 1868 ; 44° *las Tres Marias*, un acte, 1869 ; 45° *dos Truchas en seco*, un acte, 1869 ; 46° *un Canto republicano*, 3 actes, 1869 ; 47° *el Matrimonio*, un acte, 1869 ; 48° *el Habitono hace al monge*, 2 actes, 1869 ; 49° *Canto de angelo*, un acte, 1870 ; 50° *el Rey Midas*, 3 actes, 1870 ; 51° *el Criado.....*, un acte (en société avec MM. Caballero et Hernandez), 1870 ; 52° *un Palomino atontado*, 3 actes, 1871 ; 53° *la Paloma del Brillante*, un acte, 1872 ; 54° *la Creacion refundida*, 3 actes, 1872 ; 55° *el Conde y el Condenado*, 3 actes (en société avec M. Inzenga), 1872 ; 56° *Lola*, 2 actes, 1872 ; 57° *el Ultimo Figurin*, un acte, 1873 ; 58° *un Viage de mil demonios*, 3 actes, 1873 ; 59° *el Comandante Leon*, 2 actes, 1874 ; 60° *Telemaco en la Albufera*, un acte ; 61° *Vivan las Caenas !* 3 actes, 1879. M. Rogel a en portefeuille une quinzaine de *zarzuelas* qui n'ont pas encore été représentées.

* **ROGER** (Étienne), célèbre éditeur de musique à Amsterdam. — Le nom de cet imprimeur fameux indique suffisamment une origine française, mais les renseignements sont bien rares sur ce véritable artiste, qui fut l'honneur de la librairie musicale au dix-septième et au dix-huitième siècle, et dont les belles éditions, si remarquables sous tant de rapports, sont restées les modèles du genre. M. Édouard Gregoir, qui s'est occupé avec tant d'activité de tout ce qui se rapporte à l'histoire musicale dans la Belgique et la Néerlande, a donné quelques détails sur Étienne Roger, en négligeant, malheureusement, d'indiquer les sources où il avait puisé. Voici ce qu'il dit à son sujet : « Étienne Roger naquit en France, vers 1665, et se fixa à Amsterdam. Le 7 novembre 1695, alors qu'il avait établi une maison de librairie et de musique, il a été admis en qualité de membre de la confrérie des imprimeurs à Amsterdam. Il paya ses dernières contributions l'an 1722, et il faut supposer qu'il mourut vers cette époque. » Il eut pour successeur son gendre et associé, Michel-Charles Le Cène (*Voyez* ce nom).

Étienne Roger s'était attaché des dessinateurs très-habiles et d'excellents graveurs sur cuivre, chargés par lui d'exécuter les portraits et les frontispices superbes qui accompagnaient la plupart de ses publications. Il avait d'ailleurs la conscience de l'excellence de ses éditions, ainsi qu'on peut le voir par cette note, placée en tête de celle qu'il publia du *Dictionnaire de musique* de Brossard : « On trouve à Amsterdam, chez Étienne Roger, un assortiment général de toute sorte de musique, à beaucoup meilleur marché que partout ailleurs. On peut en même temps être assuré que c'est la musique la plus correctement gravée et imprimée qu'il y ait dans le monde. »

ROGER (Joseph-Pierre), né à Montpellier le 19 mars 1789, mourut dans cette même ville le 7 août 1859. Il fit ses études musicales au Conservatoire de Paris, où il reçut les leçons de Catel et devint l'ami de Nicolo et de Méhul. A l'âge de dix-neuf ans, il composa, sur un poëme de Mme Sophie Gay, un opéra intitulé *les Deux Portes*, qui fut reçu à l'Opéra-Comique. A l'occasion de cet ouvrage, Méhul lui envoya une lettre qui mérite d'être rapportée ici. Elle résume en effet les idées de l'auteur de *Joseph* sur le théâtre, et montre combien était scrupuleuse sa conscience d'artiste :

« *Travaillez-vous?* — écrivait-il, — *surtout que la sagesse vous guide. Vous entreprenez l'ouvrage le plus difficile à faire. Grétry dans sa force aurait été obligé d'employer tout son esprit, tout son génie pour essayer de bien faire la besogne que vous avez sur les bras. Je ne veux pas vous épouvanter, mais vous inspirer une méfiance qu'on connaît rarement à votre âge. Tâchez d'être naturel, ferme, comique et rapide, et vous toucherez au but que vous avez dû vous proposer. Si vous n'étiez qu'élégant, léger et gracieux, votre musique grimacerait avec le ton de vieille comédie qui règne justement dans* la Maison à deux portes. *Réfléchissez, Roger, autrement vous ne donneriez qu'un feu d'artifice, et vous savez ce qu'il en reste.* »

Les Deux Portes ne furent jamais jouées. Au moment où Roger recevait cette lettre, sa mère tombait gravement malade. Il quitta Paris et revint à Montpellier : son mariage l'y fixa définitivement. Il entreprit le commerce de la musique, des objets d'art et des tableaux, où il paraît s'être montré habile connaisseur. Cependant il composait toujours, et écrivit un assez grand nombre de cantates, duos et romances, dont plusieurs sur des paroles patoises. Les scènes intitulées *Homère*, et *les Regrets de Chactas* (chez Maurice Schlesinger, Paris), eurent un succès de vogue. On y trouve en effet des qualités d'expression qui rappellent la manière de Méhul. Malgré son éloignement, Roger resta dans l'intimité des deux maîtres qui l'honoraient de leur amitié. Nicolo lui dédia son opéra *Lulli et Quinault*. Quand Méhul vint dans le Midi s'efforcer de guérir la maladie qui devait l'emporter, Roger le suivit partout. — Un jour, Nicolo les avait accompagnés. Au moment de se séparer, l'auteur de *Joconde* prit Roger par le bras, et lui dit : « *Vous allez partir avec Méhul : priez-le de vous enseigner à faire des duos.* » Et il se mit à chanter la première phrase du beau duo de la jalousie d'*Euphrosine et Conradin*.

Al. R—d.

ROGER (Victor), cousin du précédent, est né à Montpellier en 1811. Il fit ses études au Conservatoire de Paris, et eut pour maîtres Reicha et Lesueur. Après un assez long séjour à Paris, des raisons de famille le déterminèrent à retourner dans sa ville natale, où il se fixa définitivement. Il écrivit alors *Abekar* ou *une Conspiration Moscovite*, opéra en deux actes, qui fut joué successivement, en 1834, à Montpellier et à Toulouse; puis *les Jacobites*, en collaboration avec Hippolyte Aymés, qui furent également représentés à Montpellier. On a aussi de cet artiste des fantaisies pour piano, études, romances, morceaux de danse, etc.

Al. R—d.

* **ROGER** (Alexis-André). — Cet artiste, qui fut élève non-seulement de Paër, mais aussi d'Halévy et de Lesueur, avait obtenu, avant de remporter le grand prix de Rome, un second prix de fugue au Conservatoire en 1834, et en 1838 une mention honorable au concours de l'Institut. Déjà sans doute sa santé était précaire, car la grande distance qui sépare son concours de fugue de son dernier concours à l'Institut semble indiquer un état maladif, qui l'obligea d'interrompre ses travaux. Ce jeune artiste mourut en 1846, à peine âgé de trente-deux ans. Raoul-Rochette, secrétaire perpétuel de l'Académie des Beaux-Arts, disait à ce sujet, dans son rapport de cette année sur les envois de Rome : « L'école de Rome a perdu M. Roger, qui était arrivé à la quatrième année de sa pension, et qu'une maladie de poitrine a conduit lentement au tombeau, malgré les soins de sa famille, qui du moins l'ont entouré dans ses derniers moments. »

* **ROGER** (Gustave-Hippolyte). — Cet artiste extrêmement distingué, qui aujourd'hui a

complètement renoncé au théâtre, a été nommé, en 1868, professeur de chant au Conservatoire, en remplacement de Révial, qui venait de donner sa démission.

Il n'est pas sans intérêt, croyons nous, de rappeler ici quelques-unes des créations que M. Roger fit naguère à l'Opéra-Comique, et qui établirent sa réputation d'une façon si solide; parmi les ouvrages dont il établit ainsi le principal rôle pendant les dix années qu'il passa à ce théâtre, il faut surtout citer *le Perruquier de la Régence, le Schériff, la Figurante, Régine, le Guitarero, le duc d'Olonne, Éva, l'Aïeule, la Sirène, la Part du Diable, les Mousquetaires de la Reine, Gibby la Cornemuse, Haydée*. A l'Opéra, il créa successivement *le Prophète, l'Enfant prodigue, le Juif errant* et *la Fronde*.

En 1848, alors qu'il venait de quitter l'Opéra-Comique et qu'il n'était pas encore entré à l'Opéra, M. Roger fit, en compagnie de la célèbre chanteuse Mme Jenny Lind, une grande tournée artistique en Angleterre, en Écosse et en Irlande. Ce voyage fut un triomphe pour les deux grands artistes, et M. Roger, qui en avait conservé d'intéressants souvenirs, consigna ces souvenirs dans une série d'articles publiés par lui dans le journal *le Figaro*, sous ce titre : *Carnet d'un ténor*. M. Roger est d'ailleurs un homme instruit et un lettré; entre autres travaux, on lui doit une traduction française des *Saisons* d'Haydn, qui a servi pour l'exécution de ce chef-d'œuvre aux concerts du Conservatoire.

Les succès de M. Roger ne furent pas moins grands, furent plus grands peut-être même à l'étranger qu'en France. Dans l'espace de dix ans, il visita sept fois l'Allemagne, se faisant entendre tour à tour à Weimar, à Francfort, à Berlin, à Munich, à Vienne, et partout se voyant acclamé avec enthousiasme; un jour même, il chanta en allemand un acte du *Prophète*, ce qui faisait dire à l'un de ses admirateurs : « Ces Français sont capables de tout! » A Bruxelles, le chanteur fut aussi l'objet d'ovations éclatantes. Cependant, la perte de sa voix vint l'obliger de renoncer à sa carrière. Il conçut alors la pensée de se montrer à la scène non plus comme artiste lyrique, mais comme simple comédien, sans songer que n'étant déjà plus jeune, ayant été frappé physiquement d'une façon terrible, et se trouvant gêné par un embonpoint presque excessif, il n'avait que peu de chances de réussite. Néanmoins, il signa un engagement avec l'administration du théâtre de la Porte-Saint-Martin, et parut sur cette scène, en 1868, dans un drame nouveau de George Sand: *Cadio*. Quelque sympathie qu'elle eut toujours ressentie pour le talent et la personne de M. Roger, la critique ne put s'empêcher de lui être défavorable en cette circonstance, et elle fut unanime à blâmer sa tentative. Depuis lors, M. Roger n'a plus reparu au théâtre, et s'est entièrement consacré à l'enseignement. — Par sa mère, M. Roger est petit-fils du fameux acteur-auteur Corse, qui fut, il y a soixante-dix ans, directeur de l'Ambigu-Comique.

M. Auguste Laget a publié sous ce titre : *Roger*, une notice biographique sur cet artiste fort distingué (Toulouse, impr. Charmin, 1865, in-8°). Une autre notice, anonyme, qui forme une brochure in-8° de 16 pages, lui a été consacrée dans une publication biographique intitulée *les Grands et les petits hommes du jour* (Paris, s. d., Poujaud de Laroche) (1).

ROGERS (Roland), musicien anglais distingué et organiste habile, a fait d'excellentes études, à la suite desquelles il s'est fait recevoir bachelier ès musique près l'Université d'Oxford (1870), et docteur en musique à la même Université (1875). Cet artiste occupe aujourd'hui les fonctions d'organiste à la cathédrale de Bangor. On connaît de lui une grande cantate sacrée : *Prayer and Praise* (*Prière et louange*), plusieurs services de cathédrales, des romances et diverses compositions pour l'orgue.

ROGOSKI (Gustave), compositeur, professeur et théoricien polonais, est né à Varsovie en 1839. Après avoir fait ses premières études dans sa ville natale, il se rendit à Berlin, suivit un cours complet d'harmonie et de contre-point sous la direction d'Adolphe-Bernard Marx, et en 1865 fut de retour dans sa patrie. Peu d'années après, il était nommé professeur de haute théorie musicale et de composition au Conservatoire de Varsovie. M. Rogoski a écrit une grande symphonie pour orchestre, deux messes, un quintette pour piano et instruments à vent, deux quatuors pour violons, alto et violoncelle, deux trios, et diverses autres compositions.

ROHDE (Édouard), pianiste, organiste et professeur, né à Halle, sur la Saale, en 1828, a reçu une excellente éducation musicale, s'est livré avec activité à la composition, et s'est fait dans sa patrie une situation importante et honorable. Il remplit aujourd'hui les fonctions d'organiste et de directeur du chœur à l'église Saint-Georges, de Berlin, et est en même temps professeur de chant au gymnase Sainte-Sophie, de la

(1) Au moment où je corrige les épreuves de cette notice, Roger vient de mourir à Paris, le 12 septembre 1879.

même ville. Les compositions de M. Edouard Rohde sont nombreuses, car l'une d'elles, une grande cantate pour voix seules, chœurs et orchestre, porte le numéro d'œuvre 128; parmi ces compositions on trouve des motets, plusieurs chœurs religieux, des pièces pour l'orchestre, des études et des morceaux de genre pour le piano, des pièces d'orgue, etc.

* **ROLANDEAU** (Louise-Philippine-Joséphine), actrice fameuse de l'Opéra-Comique, est morte à Paris le 27 mai 1809. C'est par erreur qu'il a été dit qu'en 1806 elle avait pris la direction du théâtre de Gand ; elle alla seulement en novembre 1808 donner des représentations sur ce théâtre, dont Frémy était alors le directeur.

* **ROLL** (Pierre-Gaspard), compositeur français, est mort à Paris le 20 février 1848.

* **ROLLA** (Alexandre). — Cet artiste extrêmement distingué a écrit la musique du ballet intitulé *Pizzarro, ossia la conquista del Perù*, représenté au théâtre de la Scala, de Milan, en 1807. Peut-être est-ce le très-mauvais accueil fait par le public à cet ouvrage, qui dégoûta Rolla de travailler désormais pour la scène.

ROLLAND (Hector-Alfred), est le nom d'un homme de cœur qui fut aussi un artiste, et dont le souvenir ne doit pas périr. J'ignore les dates de la naissance et de la mort de cet homme généreux, qui fut, on peut le dire, avec Wilhem, l'un des plus ardents précurseurs de l'Orphéon, et qui, comme directeur des fameux *Montagnards pyrénéens* dont les succès furent si grands par toute l'Europe il y a près d'un demi-siècle, fut un de ceux qui contribuèrent le plus à donner la première impulsion au grand mouvement musical populaire. Je n'ai d'autres renseignements biographiques sur Rolland que la notice suivante, publiée dans le *Guide musical* de Bruxelles du 4 novembre 1875, et que je reproduis en grande partie.

« Au printemps de l'année 1832, lors de la première invasion du choléra, un jeune Parisien, à demi victime du fléau, fuit sa ville natale et courut à toute bride vers les Pyrénées. Issu d'une des premières familles financières de la capitale, Rolland, quoique fort jeune encore, avait reçu comme complément d'une éducation extrêmement soignée, des leçons de chant et d'harmonie des meilleurs maîtres de France et d'Italie. Filleul de Grétry, dont les suaves mélodies avaient bercé son enfance, et disciple de Lays, le célèbre baryton, Rolland, s'inspirant des souvenirs que lui avaient laissés d'aussi parfaits modèles, se mit bientôt lui-même à l'œuvre, et se consacra à la propagande universelle de la musique faite au profit des pauvres. Une fois ce programme rêvé, il réunit quelques pauvres bergers montagnards de Bagnères qui, nouveaux apôtres, devaient le lendemain, à la suite du maître, en poursuivre la réalisation.

« Tout à la fois poëte et compositeur, professeur et exécutant, doué d'une forte tête, d'une grande âme et d'une volonté de fer, Rolland puisa dans ses propres et uniques ressources tous les éléments capables de l'aider à atteindre victorieusement son but ; c'est ainsi qu'au premier appel du maître, on vit accourir du fond des plus obscures vallées des Pyrénées une foule de jeunes pâtres à l'œil vif, au front intelligent, à la poitrine sonore, qui, se pressant aux leçons du nouvel Orphée, l'écoutaient dans le plus extatique recueillement. Improvisant le matin ce que ses élèves devaient exécuter le soir, Rolland forma peu à peu ce répertoire à cinq parties concertantes dont tant de morceaux pittoresques, pleins de verve et d'originalité, sont devenus populaires dans toutes les parties du monde.

« Un beau jour il part pour Toulouse, à la tête de cent de ses élèves, que trois jours après il ramenait vainqueurs. Enhardi par cet éclatant triomphe, Rolland forme aussitôt un corps d'élite, composé de quarante de ses meilleurs preux, et sans perdre de temps, vole à leur tête sur la capitale du monde civilisé, où eux, pauvres et rustiques enfants des montagnes, à peine familiers avec les premiers mots de la langue française, viennent coup sur coup donner, aux Parisiens étonnés, une longue série de concerts où l'expression, la vocalisation, l'ensemble et surtout, qui le croirait ? la parfaite prononciation étaient observés. Paris assura la vogue des quarante artistes. Depuis ce jour ils parcoururent la France, la Belgique, l'Angleterre, la Russie, la Hollande, le Hanovre, la Saxe, la Prusse, le Danemark, la Suède, la Norwége, l'Autriche, l'Italie, la Turquie, la Grèce, l'Asie, l'Afrique, au bruit des aubades et des sérénades qu'ils provoquaient de toutes parts sur leur passage. Il n'est pas un temple catholique ou réformé, schismatique ou païen, qui n'ait ouvert à deux battants ses portes, et les échos des basiliques de Rome et de Paris, comme celles de Cantorbéry et de Munster, l'église de Bethléem, comme les mosquées de David et de Salomon, les synagogues de l'Allemagne comme les ruines des adorateurs du feu, ont retenti tour à tour des chants bienfaisants de la troupe de Rolland, qui, pendant près de vingt ans de cette mission sacrée, a donné des concerts dans presque toutes les parties du monde.

« Les chiffres ont leur éloquence : les recette

se sont élevées à 2,335,400 fr. et les dépenses à 2,437,400. Le déficit a été de 102,000 fr., que Rolland a comblé de sa bourse, quoiqu'il n'eût pas distribué moins de 1,320,200 fr. en œuvres philanthropiques de toute sorte, les dépenses, frais de voyage des montagnards ayant emporté le reste des recettes, soit 1,172,000 frans.

« L'homme de cœur qui a consacré sa vie et sa fortune à la propagation de la musique et a versé le produit de ses concerts entre les mains des malheureux, est mort pauvre ; les sociétés de Grenoble, au milieu desquelles il vivait heureux depuis quelques années et qui ont eu la douleur de l'accompagner au champ de repos, veulent remplacer la modeste croix de bois actuelle par un monument simple et digne de sa mémoire, et désirent associer à cette pensée toutes les sociétés musicales de la France et tous ceux qui comprennent les bienfaits de cet art moralisateur qui fait une si rude guerre aux récréations débilitantes de l'oisiveté. »

Parmi les compositions écrites expressément pour ses chanteurs par Alfred Rolland, on cite particulièrement, comme étant une œuvre de haute valeur et de grand caractère, une messe solennelle dite *Messe des Montagnards pyrénéens*, qu'il fit chanter pour la première fois à Rome, et plus tard à Jérusalem, sous sa direction, et qu'une société musicale de Bordeaux, le cercle Boieldieu, exécutait encore il y a peu d'années en cette ville avec un vif succès.

* **ROLLE** (Jean-Henri). — La bibliothèque du Conservatoire de Bruxelles possède en manuscrit deux cantates de cet artiste, qui n'ont pas été comprises au nombre de ses œuvres : *la Passion*, pour chœur et orchestre, et *la Mort du Christ*, pour voix seule, chœur et orchestre.

ROLLIN (A......), théoricien et professeur espagnol contemporain, est l'auteur d'une *Gramatica musical, elemental y progresiva*, publiée à Barcelone, chez les éditeurs Vidal et Bernareggi.

:: **ROLLY** (......), compositeur, a fait représenter à Toulouse, au mois de décembre 1859, un opéra-comique en un acte, intitulé *une Fausse Alerte*.

ROMAIN DE BRASSEUR (.......), violoniste, vivait à Paris dans la première moitié du dix-huitième siècle. Il a publié *Sei Sonate da camera a violino solo, col basso* (Paris, Gavignies, in-f°).

ROMANI (Antonio), chanteur italien du dix-huitième siècle, se fit une grande réputation en Prusse. On ne sait que bien peu de chose de sa vie, et les lexiques de Gerber et de Schilling ne donnent sur lui que des renseignements sommaires. C'est vers 1744 qu'il fut appelé au service de Frédéric II, et qu'il devint chanteur de la cour de Prusse et de l'Opéra de Berlin, où bientôt il fut le favori du public. Il mourut au mois de novembre 1768. Schneider, dans son *Histoire de l'Opéra* de Berlin, raconte que le baron de Pœllnitz ayant, par une lettre en date du 11 novembre de cette année, fait connaître cet événement au roi, reçut de ce prince une réponse dans laquelle se trouvaient ces mots : — « J'ai reçu votre lettre de notification du 11 de ce mois du décès de Romani, et n'ai à vous dire en réponse que ceci, c'est-à-dire que mes chapons et poulardes en porteront le deuil. » Ceci indique évidemment qu'à cette époque le beau temps de Romani était passé, car Frédéric, sans cela, ne se fût pas exprimé de la sorte au sujet de son virtuose favori.

ROMANI (Pietro), naquit à Rome le 29 mai 1791. Il reçut de son père, Gaëtano Romani, chanteur et organiste, sa première éducation musicale. Il avait acquis quelque habileté sur le clavecin, et tout enfant était recherché comme accompagnateur et admiré dans les églises comme chanteur à cause de son véritable talent et de sa belle voix de soprano. C'est à cette époque qu'il reçut quelques leçons de Fenaroli, mais la mort de celui-ci l'empêcha de terminer son cours sous cet illustre maître. Ayant perdu son père, il se rendit à Rome, où il demeura quelque temps, y vivant de son mieux avec les maigres appointements de *maestro al cembalo* au petit théâtre Capranica. — Mais quelques bonnes personnes s'étant intéressées à son sort, l'envoyèrent terminer ses études de composition à Bologne, où il se lia avec le jeune Rossini d'une amitié qui dura jusqu'à la mort de ce dernier.

Venu à Florence alors qu'on préparait, au théâtre de la Pergola, la représentation d'*il Barbiere di Siviglia* de Rossini, et le bouffe Rosich ne voulant ou ne sachant pas chanter convenablement l'air de Bartolo : *A un dottor della mia sorte*, il composa, en 1817, sur des paroles de G. Gasbarri, cet air : *Manca un foglio*, que depuis lors les bouffes ont presque tous préféré à l'air original.

Directeur de musique très-apprécié à cause de son goût et de sa fermeté, il eut mission de composer pour les plus célèbres chanteurs bon nombre de morceaux, airs, duos, etc., destinés à être intercalés, selon la mode du temps, dans les opéras d'autrui ; mais ces compositions, quoique généralement applaudies, sont tombées dans le même oubli que les opéras dans lesquels elles avaient été placées.

Pietro Romani a un mérite qu'on ne peut lui

contester, c'est celui d'avoir été sinon le premier, du moins un des premiers à élever en Italie la musique des ballets à la hauteur d'œuvres d'art, en lui donnant cette ampleur de forme, ce développement artistique qui lui manquaient, composée comme elle l'était d'une suite de petits morceaux que l'on répétait à satiété, selon le bon plaisir des danseurs. — Pietro Romani a continué pendant une vingtaine d'années, avec un succès qui ne s'est jamais démenti, a ecrire de bonne musique de ballet, qui se distinguait généralement par l'élégance et la facilité de la mélodie, par une bonne orchestration, et par la juste expression des sentiments et des situations scéniques (1).

Le seul reproche qu'on aurait pu lui faire, reproche d'ailleurs commun à presque tous les maîtres italiens de son temps, était celui d'une imitation trop marquée de la formule rossinienne, surtout en ce qui concerne les cadences, et aussi les *crescendos* mis en vogue par Rossini.

Du petit nombre de ceux qui conservent les nobles traditions de la grande école italienne, Pietro Romani est un excellent maître de chant; aussi, pendant bien longtemps, il ne passait par Florence presque aucun chanteur de quelque renommée qui ne se tînt pour honoré de recevoir de lui quelques leçons. — Retiré aujourd'hui du théâtre, il continue, malgré son grand âge, à donner des leçons qui sont très-recherchées. Membre de plusieurs académies, il est chevalier de l'ordre des SS. Maurice et Lazare, et professeur de chant et d'art scénique à l'Institut royal de musique de Florence (2).

F.-A. C.

ROMANI (CARLO), neveu du précédent, naquit à Avellino, dans l'ex-royaume de Naples, le 24 mai 1824. Venu encore enfant à Florence, il y étudia le piano avec Palafuti, la composition avec Picchianti, et reçut de son oncle le complément de son éducation musicale. A dix-huit ans, il se fit connaître très-favorablement en mettant en musique les récitatifs du *Freischütz* de Weber, quand, pendant le carnaval 1842-43, on donna cet opéra pour la première fois en Italie, sur le théâtre de la Pergola, de Florence. Il composa pour le même théâtre, en 1847, son premier opéra-comique, *Tutti Amanti*, qui fut accueilli avec faveur. En 1852, il produisit sur le théâtre Leopoldo (à présent *Nazionale*), à Florence, *il Mantello*, autre opéra-comique, qui eut un véritable succès, et qui, en peu de temps, fit avec la même fortune le tour de bon nombre de théâtres de la Péninsule. Mais dès ce moment il commença à faiblir; ainsi *i Baccanali di Roma*, opéra sérieux, et *i Diamanti della Corona*, opéra-comique, donnés à la Pergola, le premier en 1854, et le second en 1856, n'eurent qu'un succès d'estime. — En 1864, il fit exécuter dans l'église de *S. Giovannino degli scolopi* un oratorio (*San Sebastiano*), qui contient çà et là des pages heureuses, mais qui, dans son ensemble, est trop au-dessous de l'idéal d'un bon oratorio, pour qu'on doive s'arrêter à en parler autrement que pour mémoire. On a cru trouver la cause de ce mouvement de recul sur le chemin du succès dans le caractère un tant soit peu nonchalant de Carlo Romani. On serait probablement plus dans le vrai en l'attribuant au germe, d'abord caché, de la cruelle maladie qui le conduisit au tombeau, dans toute la force de l'âge, le 4 mars 1875. Carlo Romani a laissé un opéra inédit, *Giannini di Nisida*, dont il faisait grand cas. On a de lui quelques chants patriotiques très-applaudis, entre autres celui qu'on connaît sous le titre de *la Croce di Savoja*, et quelques bons morceaux de musique de chambre, soit vocale, soit instrumentale. Il était chevalier de l'ordre de la Couronne d'Italie et membre résidant de l'académie de l'Institut royal de musique de Florence (1). — F.-A. C.

ROMANI (LUIGI), écrivain italien, est l'auteur d'une publication fort utile, faite par lui sous ce titre : *Teatro alla Scala. Cronologia di tutti gli spettacoli rappresentati in questo teatro dal giorno del solenne suo aprimento sino ad oggi, con introduzione ed annotazioni*, Milan, Pirola, 1862, petit in-4°.

* **ROMBERG** (BERNARD), est mort à Hambourg, le 13 août 1841.

* **ROMBERG** (CYPRIEN), est mort noyé, le 14 octobre 1865, en se baignant dans l'Elbe, près de Hambourg. Il était né en cette ville le 28 octobre 1807, et non en 1810.

ROMERO Y ANDIA (ANTONIO), éditeur de musique à Madrid, est né en cette ville vers 1815. Il s'adonna de bonne heure à l'étude de la clarinette, acquit sur cet instrument un remarquable talent, et se fit apprécier comme virtuose en se faisant entendre sur les théâtres

(1) Parmi les ouvrages de ce genre qu'on doit à M. Romani, il faut citer *Gabriella di Vergy*, écrit par lui en société avec Augustin Belloli et représenté à la Scala, de Milan, le 24 août 1822, et *Ottavia*, donné l'année suivante au même théâtre. — A. P.

(2) Depuis que cet article est écrit, Pietro Romani est mort à Florence le 6 janvier 1877, à l'âge de quatre-vingt-cinq ans. — A. P.

(1) Après la mort de Carlo Romani, un éditeur de musique de Florence, M. Venturini, publia un recueil de six morceaux de chant posthumes de ce compositeur, orné de son portrait. — A. P.

des principales villes de l'Espagne. Devenu en 1841 chef de musique du 1er régiment de grenadiers de la garde royale, il fut nommé en 1849 professeur de clarinette au Conservatoire de Madrid, et fonda en 1850 une maison de commerce de musique qui est aujourd'hui la plus importante de la capitale de l'Espagne. M. Romero y Andia est l'inventeur d'un nouveau système de clarinette qui a obtenu des récompenses aux expositions de Paris (1867), d'Aragon (1868), de Salamanque, de Madrid, et de Vienne (1873). Membre de la commission espagnole à l'Exposition de Londres de 1862, il fut chargé de la rédaction du rapport officiel de cette exposition, et lors de celle de Paris, en 1867, il fit partie des jurys relatifs aux concours européens des musiques militaires. On doit à cet artiste une *Méthode nouvelle et complète de solfége*, une *Grammaire musicale*, et des Méthodes pour la clarinette, la trompette et le basson, ainsi que toute une collection d'*Instructions préliminaires* pour tous les instruments à vent. M. Romero y Andia est commandeur des ordres de Charles III, d'Isabelle-la-Catholique et du Christ.

RONCAGLIA (Bernardino), compositeur et professeur, naquit à Lucques dans la première moitié du dix-septième siècle, et mourut en 1692. Il faisait partie de la chapelle de la République de Lucques, et, entre autres compositions, écrivit deux cantates à plusieurs voix, avec accompagnement instrumental, qui furent exécutées dans les années 1654 et 1657, à l'occasion des fêtes des comices.

RONCHETTI-MONTEVITI (Stefano), compositeur et professeur italien, directeur du Conservatoire de Milan, est né à Asti le 18 septembre 1814. Je n'ai que fort peu de renseignements sur la carrière de cet artiste estimé de ses confrères, mais peu connu du public. Devenu professeur de composition au Conservatoire de Milan le 28 août 1850, il fit représenter au théâtre de la Scala, le 16 mars 1857, un opéra intitulé *Pergolesi*, qui fut froidement accueilli. Depuis lors, il ne s'est pas reproduit à la scène, et a seulement fait exécuter diverses compositions religieuses. A la mort de Mazzucato (*Voy.* ce nom), M. Ronchetti a succédé à cet excellent artiste dans la direction du Conservatoire.

RONDINELLA (Pasquale), professeur italien, est né à Naples le 16 mars 1825, et a fait ses études musicales au Conservatoire de cette ville, où il fut l'élève de Lanza pour le piano, de Busti pour le chant, et de Ruggi pour le contre-point. En 1852, il partit pour l'Amérique et s'établit à Philadelphie, où il se consacra à l'enseignement du chant. Il y réside encore aujourd'hui. M. Rondinella a publié une *Breve Méthode de chant* (Naples, Cottrau), un *Traité d'harmonie*, diverses fantaisies pour le piano écrites sur des motifs d'opéras, deux albums de chant, des *canzone* napolitaines, des airs, des duos, et plusieurs compositions religieuses.

RONGÉ (Jean-Baptiste), compositeur belge, né à Liége le 1er avril 1825, se destinait d'abord à l'étude des sciences exactes, et se fit admettre à l'Ecole des mines de sa ville natale. Mais un goût prononcé pour la musique le détermina à transformer sa carrière, et il quitta cet établissement pour entrer au Conservatoire de Liége, que dirigeait alors Daussoigne-Méhul.

Devenu l'élève de ce maître pour l'harmonie, le contre-point et la fugue, M. Rongé prit part à Bruxelles, en 1851, au grand concours de composition, et obtint d'emblée le second prix de Rome ; puis, s'étant présenté de nouveau au concours de 1853, il se retira sans prendre part à la lutte et après avoir pris connaissance des paroles de la cantate, celles-ci ne répondant pas à ses sentiments et à ses désirs.

M. Rongé commença alors à se livrer à la composition, tout en s'occupant des questions concernant l'histoire et la théorie de la musique, questions dont l'étude était sympathique à son esprit. Il écrivit tout d'abord, pour le théâtre royal de Liége, la musique de deux cantates, dont l'une fut exécutée à l'occasion de la majorité du duc de Brabant, aujourd'hui Léopold II, et l'autre pour l'anniversaire de la naissance de Grétry. Mais tout en consacrant une partie de son temps à la composition, il se préoccupait particulièrement de l'étude du rhythme dans ses rapports avec la musique et la poésie, et publiait sur ce sujet deux brochures intéressantes. Ces deux écrits attirèrent sur lui l'attention d'un poëte distingué, André van Hasselt, auteur de plusieurs recueils remarquables de vers, et, celui-ci s'étant mis en rapport avec lui, une association se forma bientôt entre le musicien et le poëte pour l'entreprise d'une traduction rhythmique des grands chefs-d'œuvre de la scène lyrique allemande et italienne, traduction destinée à la grande collection de l'éditeur Litolff. Tous deux publièrent ainsi, successivement des éditions françaises de *Don Juan*, des *Noces de Figaro*, de *la Flûte enchantée*, de *Fidelio*, du *Freischütz*, d'*Oberon*, d'*Euryanthe*, de *Preciosa*, de *Norma* et du *Barbier de Séville*. La presse française et belge a rendu l'hommage qu'il méritait à l'excellent travail de MM. Van Hasselt et Rongé, qui, dans leurs traductions rhythmiques, s'efforçaient de rendre scrupuleusement en vers français non-seulement le sens exact des paroles allemandes ou italiennes, mais jusqu'aux moindres accents donnés par les coupes mélodiques. Les deux collaborateurs traduisirent aussi, d'après leur système rhythmique, 30 mélodies de Schubert, ainsi que 30 airs de basse et 30 airs de ténor choisis parmi les meilleurs de l'école allemande. La mort seule d'André Van Hasselt (décembre 1875) put mettre fin à cette intelligente association artistique. Depuis lors, M. Rongé s'est remis exclusivement à la composition, et il a écrit la musique d'un opéra-comique en 3 actes, *la Comtesse d'Albany*, qui a été représenté avec succès, le 15 janvier 1877, sur le théâtre royal de Liége.

M. Rongé a publié les œuvres suivantes : 1° 21 *Études rhythmiques*, pour chant et piano; 2° 12 Mélodies, pour toutes les voix; 3° 12 Chœurs pour 4 voix d'hommes, sans accompagnement; 4° 2 Romances sans paroles (*Sarah la baigneuse, l'Étoile où l'on s'aime*), pour piano seul. Ces diverses compositions ont paru chez les éditeurs MM. Enoch, et plusieurs d'entre elles ont été bien accueillies dans les concerts, notamment un *Noël*, hymne pour voix de baryton, auquel l'auteur a ajouté des chœurs et un accompagnement d'orchestre qui en rehaussent le coloris.

M. Rongé s'est parfois occupé de critique spéciale, et a publié un certain nombre d'articles dans la *Revue et Gazette musicale* de Paris et dans *le Guide musical* de Bruxelles.

RONSO (Pablo), professeur et compositeur espagnol contemporain, est l'auteur d'une *Méthode de solfége*, publiée récemment. On connaît aussi de lui, entre autres compositions, un *Hymne pastoral à la Vierge* (*Trisagio pastoril à la Virgen*) à 2 ou 3 voix, avec accompagnement d'orgue, et un recueil de *Villancicos* à 2 voix avec orgue.

***RONTANI** (Raffaelo). — Dans ses *Element amusica*, Quirin van Blankenburg cite l'ouvrage suivant de ce compositeur, au nombre de ceux qu'il étudia dans sa jeunesse : *le Varie Musiche, del Raffaelo Rontani, a una e due voci, per cantare nel cembalo o in altri stromenti da corpo* (Roma, 1632). Cet ouvrage porte la mention : œuvre XIe.

* **RONZI** (Luigi), compositeur, naquit à Florence le 7 juin 1805, et mourut en cette ville le 15 mai 1875.

* **RONZI** (Antonio), professeur de chant et compositeur italien, né en 1813, est l'auteur d'un opéra sérieux, *Luisa Strozzi*, dont j'ignore le lieu et la date de représentation. Il a publié sous ce titre : *l'Eco della Veneta Laguna*, chez l'éditeur Ricordi, de Milan, un recueil de neuf mélodies vocales. Cet artiste est mort à Florence le 25 janvier 1873.

RONZI (Pollione), compositeur italien, est l'auteur d'un drame lyrique en 4 actes, *Gastone d'Anversa*, qui a été représenté au théâtre de la Pergola, de Florence, en 1853. Cet artiste a publié à Milan, chez Ricordi, un *Album* contenant douze mélodies à une ou deux voix.

RONZI DE BEGNIS (Mme). — *Voyez* **DE BEGNIS** (Joséphine **RONZI**, épouse).

* **ROQUEFORT - FLAMERICOURT** (Jean-Baptiste-Bonaventure). — G. M. (F. de Martonne a publié une *Notice biographique et littéraire sur J.-B.-B. de Roquefort* (Paris, Techener, 1844, in-8°). Cette notice est extraite du XVIIe volume des *Mémoires de la Société royale des Antiquaires de France*.

ROQUEPLAN (Louis-Victor-Nestor **ROCOPLAN**, dit), né à Malemort (Bouches-du-Rhône) en 1804, fut d'abord journaliste, puis directeur de théâtre. Rédacteur en chef du *Figaro*, avec Bohain, et à ce titre signataire, en 1830, de la protestation des journalistes contre les ordonnances de juillet, il fut, avec le même, directeur des Nouveautés. Il devint ensuite directeur des Variétés, puis, de 1847 à 1854, directeur de l'Opéra, où, à la suite d'une gestion inintelligente et désastreuse, il fut assez habile pour faire payer ses dettes (600,000 francs!) par l'État. En 1857, on le mit à la tête du théâtre de l'Opéra-Comique, dont il céda le privilége en 1860. Roqueplan fut alors chargé du feuilleton théâtral du *Constitutionnel*. Cet écrivain, d'ailleurs plein d'esprit, a publié un petit volume intitulé *les Coulisses de l'Opéra* (Paris, Librairie nouvelle, 1855, in-18). On lui doit aussi sous ce titre : *Rossini*, une petite brochure qui est la reproduction de l'article nécrologique qu'il écrivit, sur la mort de ce maître, dans *le Constitutionnel* (Paris, Dentu, 1869, in-12 de 16 pp.). Il est mort à Paris, le 24 avril 1870. Nestor Roqueplan était le frère cadet du fameux peintre romantique Camille Roqueplan.

ROQUES (........), violoniste, né vers 1810, était chef d'orchestre du Théâtre-Français en 1851. Cet artiste a fait représenter aux Folies-Nouvelles, le 4 décembre 1858, une opérette intitulée : *Fra Diavolino*. On a gravé de lui une œuvre de duos pour deux violons.

ROQUES (Jean-Léon), musicien français, né à Aurignac (Haute-Garonne) le 24 octobre 1839, fut admis en 1854 au Conservatoire de Paris, où il devint l'élève de M. Savard pour le solfége, de M. Bazin pour l'harmonie et accompagnement, de Benoist pour l'orgue, et de M. Ambroise Thomas pour la fugue et la composition. Voici la liste des récompenses qu'il obtint dans cet établissement : en 1857, le 2e accessit d'harmonie et accompagnement; en 1858, le 1er accessit; en 1859, le second prix; en 1860, un 1er accessit de fugue; en 1861, un 2e accessit d'orgue; en 1862, le premier prix de fugue et le second prix d'orgue. Après avoir terminé ses études, M. Roques accepta les fonctions d'accompagnateur au petit théâtre des Bouffes-Parisiens, dont plus tard il fut un instant le chef d'orchestre, pour revenir ensuite à son premier emploi. En même temps il devenait organiste de l'église Saint-Pierre de Chaillot. Il occupe encore aujourd'hui ces doubles fonctions.

Comme compositeur, M. Roques a fait représenter quelques opérettes dans les cafés-concerts, entre autres les suivantes : *Avant la retraite* (Eldorado, 1875), *le Diable rouge*, *le Secret du sapeur*, etc. Il a donné aux Bouffes-Parisiens, en 1873, un ouvrage plus important, *la Rosière d'ici*, opéra bouffe en 3 actes qui n'a pas été très-heureux. Enfin, il a fait exécuter en 1874 au concert des Champs-Elysées, sous le titre de *Symphonie-Ballet*, une sorte de suite d'orchestre composée de trois morceaux : Marche bohémienne, *Intermezzo*, Divertissement. L'œuvre la plus importante du compositeur est un oratorio, *le Mystère de la Résurrection*, qui a été exécuté le 2 avril 1877 dans l'église Saint-Pierre de Chaillot, et dont la partition a été publiée chez l'éditeur M. Brandus. Il a fait paraître un recueil de *Motets pour les saluts du Saint-Sacrement*, à 1, 2 et 3 voix, avec accompagnement d'orgue (première série).

On doit à M. Léon Roques un petit manuel intitulé *l'Accompagnement du plain-chant mis à la portée de tout le monde*, méthode nouvelle essentiellement pratique (Paris, Hachette, 1872, in-12), et un *Métronome métrique*, dont le système est ingénieux. M. Roques a mis son nom sur les réductions de piano d'un grand nombre de partitions d'ouvrages représentés aux Bouffes-Parisiens.

ROSE (GEORGES), chanteur et compositeur, est né vers 1830. Cet artiste s'est produit, depuis une quinzaine d'années, dans de petits théâtres et dans des cafés-concerts, chantant des chansons et des romances composées par lui, et faisant jouer en assez grand nombre des opérettes dont il avait écrit la musique et dont quelquefois aussi il remplissait le principal rôle. Nous citerons celles de ces petites pièces dont les titres sont venus à notre connaissance : 1° *Entre onze heures et minuit*, un acte, Nouveautés, 1866; 2° *la Fille des Bruyères*, id., id., 1867; 3° *Tintano*, id., id., 1867; 4° *la Réconciliation*, id., id., 1867; 5° *la Belle Hélène dans son ménage*, id., id., 1867; 6° *la Famille Duverglas*, un acte, th. Saint-Pierre, 1868; 7° *le Robinson du faubourg Saint-Denis*, un acte, concert du Gaulois, 1872; 8° *une Partie de Valets*, un acte, Nouveautés, 1872; 9° *le Cousin don César*, 2 actes, concert Tivoli, 1873; 10° *le Hareng saur sur le gril*, 4 actes, salle Saint-Laurent, 1873; 11° *Mon Cousin Victoire*, 1 acte, Folies-Nouvelles, 1873. Tout cela est sans valeur.

* **ROSELLEN** (HENRI), pianiste distingué et compositeur aimable pour son instrument, est mort le 20 mars 1876. On lui doit une *Méthode de piano* (Paris, Heugel), et un *Manuel des pianistes, recueil d'exercices journaliers, gammes et arpéges de tout genre, précédés de la description anatomique de la main* (id., id.). Quant à ses compositions, dont le chiffre total ne s'élève guère à moins de 200, elles sont, pour la plus grande partie, écrites sur des airs populaires ou des motifs d'opéras en vogue; il faut en excepter seulement quelques morceaux, entre autres ses *Rêveries*, dont une surtout, en trémolo, a joui d'une vogue inouïe et a été, on peut le dire, célèbre dans l'Europe entière.

ROSÉS (JOSÉ), prêtre et musicien espagnol, né à Barcelone le 9 février 1791, mort en cette ville le 2 janvier 1856, fut élève de Francisco Sampere, maître de chapelle de l'église paroissiale de Notre-Dame *del Pino*, de Barcelone. Il devint d'abord, après avoir terminé ses études, organiste du monastère de San Pablo, puis succéda à son maître dans les fonctions de maître de chapelle de Notre-Dame *del Pino*, fonctions qu'il obtint à la suite d'un concours et qu'il occupa pendant trente années. On doit à cet artiste un grand nombre de compositions importantes dans le genre religieux : une messe solennelle de *Gloria* à grand orchestre; deux messes de morts, avec accompagnement de divers instruments; diverses messes à deux chœurs; puis des motets de divers genres, des rosaires, des séquences, des graduels, etc. La plupart de ces compositions sont conservées dans les archives de l'église pour le service de laquelle elles ont été écrites. José Rosés fut aussi un professeur habile, et il forma nombre d'élèves distingués, parmi lesquels on cite particulièrement MM. Calvo y

Puig, Antonio Rius, Hipolito Casanovas, puis son neveu et les prêtres Nin, Murtra, etc.

ROSPIGLIOSI (G......-C......), écrivain italien contemporain, membre de l'Académie des sciences, lettres et arts de Pistoia, a lu dans les séances de cette compagnie un certain nombre de notices consacrées à des musiciens natifs de Pistoia. Il a réuni ensuite en une brochure ces intéressantes esquisses biographiques, et les a publiées sous ce titre : *Notizie dei maestri ed artisti di musica Pistoiesi*, Pistoia, Niccolai, 1878, in-12 de 53 pp.

ROSS (........), luthier, exerçait sa profession à Londres en 1562. Il eut un fils qui fut luthier comme lui, et comme lui établi à Londres.

ROSSARI (Gustavo), virtuose sur le cor, professeur au Conservatoire de Milan et compositeur, est né à Milan le 27 décembre 1827. Admis au Conservatoire de cette ville le 5 novembre 1839, dans la classe de cor d'Agostino Belloli, il y resta jusqu'en 1849, et dans le cours de cette même année fut nommé professeur dans l'établissement où il venait d'accomplir ses études; depuis cette époque, il est demeuré titulaire de la classe de cor, trompette et trombone.

M. Rossari s'est fait à Milan une véritable réputation comme chef de musique militaire (il est *capo musica* de la garde nationale de Milan) et comme compositeur. Son nom est très-populaire en Italie, et parmi ses œuvres, qui atteignent le chiffre d'environ 200, il en est qui ont obtenu de très-grands succès, grâce surtout à leur caractère national et patriotique. Au nombre de ces dernières, il faut surtout citer : *Viva Italia !* marche-chœur des chasseurs des Alpes; *Hymne de guerre*, pour ténors et basses, sur des paroles d'Angelo Brofferio, op. 163; Marche funèbre à la mémoire des victimes de la révolution milanaise de mars 1848, pour musique militaire, op. 61; Hymne de Garibaldi, id. : *Cavour*, marche militaire, op. 38 ; *Garibaldi*, id., op. 40 ; *le 2 Juin* 1861, id., op. 79; 1862, *Festa nazionale*, id., op. 94 ; Marche militaire, op. 37 ; etc. M. Rossari a publié aussi un grand nombre d'albums de musique de danse : *Album di danza* (8 morceaux) ; *il Carnevale italiano* (8); *Tripudio carnavalesco* (8) ; *la Stagione dei piaceri* (7); *Volutta invernali* (6) ; *Fiori d'inverno* (8); *Speranze ed Illusioni* (7); *Taccuino del Carnevale* (6); *il Carnevale di Venezia* (6);*Profumi d'inverno* (12). Outre une quantité d'autres morceaux de danse détachés, M. Rossari a encore écrit beaucoup de fantaisies et de morceaux de concert pour cor, trompette ou cornet à pistons, avec accompagnement de piano ; ces morceaux sont écrits soit sur des mélodies originales, soit sur des motifs populaires ou des airs d'opéras célèbres.

ROSSARO (Carlo), virtuose distingué sur le piano et compositeur pour son instrument, s'était acquis en Italie une bonne réputation par la publication de diverses œuvres intéressantes, qui témoignaient de son goût naturel et de la bonne instruction qu'il avait reçue. Je citerai les suivantes parmi ses compositions : Sonate, op. 23 ; 4 Études caractéristiques, op. 10, 11, 15 et 16 ; 3 Morceaux très-passionnés, op. 12, 13 et 14 ; *l'Angelus, Ancor la rivedro ? Ultimo addio, Erminia*, mélodies, op. 29, 30, 31 et 32 ; *Siciliana*, op. 36 ; *Amor materno*, op. 17 ; *Moment d'enthousiasme à Venise*, op. 18 ; *Rimembranze del lago di Como*, op. 19 ; *Festa campestra*, scherzo, op. 21 ; *Allegro vivo energico*, op. 22 ; *Toujours la même*, mélodie ; *la Madre sul figlio morente*, id.; Fantaisies ou transcriptions sur *la Traviata, un Ballo in maschera, Orfeo, Lucrezia Borgia*, etc.

Carlo Rossaro, qui était aussi l'auteur d'un opéra intitulé *il Castello maledetto*, est mort à Turin le 7 février 1878.

ROSSETTI (........). — Un compositeur italien de ce nom écrivit la musique d'un ballet qui fut représenté en 1789 sous ce titre : *Don Pedro infante di Portogallo*, au théâtre de la Scala, de Milan.

* **ROSSI** (Salomon), savant musicien israélite, vivait à Mantoue dans la seconde moitié du seizième siècle et dans la première moitié du dix-septième. M. S. Naumbourg, ministre officiant au temple consistorial de Paris, s'est occupé de cet artiste habile, et en a fait l'objet d'une publication dont l'intérêt est aussi puissant au point de vue historique qu'au point de vue artistique. Sous ce titre : *Cantiques de Salomon Rossi, hebreo*, M. Naumbourg a donné un recueil de compositions de Rossi, ainsi divisé en deux parties : 1re partie, chants, psaumes et hymnes à 3, 4, 5, 6, 7 et 8 voix, transcrits et mis en partition d'après l'original (Venise, 1620) par S. Naumbourg ; 2e partie, choix de madrigaux à 5 voix, transcrits d'après les deux éditions princeps (Venise, 1600-1607) par Vincent d'Indy, publiés par S. Naumbourg (Paris, Naumbourg, 1877, petit in-4°).

Dans la préface très-réservée et fort bien faite qu'il a placée en tête de ce recueil, M. Naumbourg déclare qu'il n'a pu réunir sur son auteur de nouveaux renseignements biographiques. Les probabilités le portent à croire que Rossi naquit entre 1565 et 1570, et qu'il mourut peu après l'année 1623, qui est la date de publication de sa dernière œuvre. Mais ce qui est surtout intéressant, c'est que M. Naumbourg a découvert deux recueils de Rossi restés jusqu'à ce jour inconnus : l'un est un *Premier Livre de symphonies et gaillardes à* 3, 4 *et* 5 *voix, pour jouer avec* 2 *violons ou cornets, et une guitare ou autre instrument à cordes*, Venise, R. Amadius, 1607, in-4° ; le second porte pour titre *Cantiques de Salomon, psaumes, hymnes et louange, composés d'après la science musicale, à* 3, 4, 5, 6, 7 *et* 8 *voix*, Venise, Pietro et Lorenzo Bragadini, 1620. « On pourrait, dit M. Naumbourg au sujet de ce dernier, s'étonner de ce titre, *Cantiques de Salomon*, en voyant que ce recueil ne renferme, en majeure partie, que des psaumes de David ; mais l'auteur a voulu faire un de ces jeux de mots si en faveur à son époque, et dire que ce sont des *chants composés par Salomon*, sous-entendu Rossi. »

C'est précisément ce dernier recueil, plein d'intérêt, qui forme la première partie de la publication de M. Naumbourg ; il comprend 30 chants d'une rare valeur, transcrits avec tout le soin et l'intelligence désirables. La seconde partie du volume contient un choix de 22 madrigaux à 5 voix, pris dans les deux recueils de madrigaux de Rossi, et transcrits par M. V. d'Indy ; quelques-uns de ces chants sont avec accompagnement de chitarrone, d'autres avec orgue et basse continue, d'autres enfin sans accompagnement. On y retrouve les qualités d'élégance et de style qui distinguent la grande école madrigalesque de l'époque.

Enfin, M. Naumbourg a retrouvé la trace d'une autre composition ignorée de Rossi, faite par lui en compagnie de trois autres musiciens dont l'un n'était autre que l'illustre Monteverde. Il en parle ainsi : — « Une preuve encore à joindre à celles qui parlent en faveur du talent musical de Rossi, réside dans ce fait, qu'en 1617 il collabora avec trois illustres confrères à la composition de la musique d'un drame qui a pour titre : *Musiche de alcuni excellentissimi musici, composte per la Maddalena, sacra rappresentazione di Gio. Battista Andreini, fiorentino. Stampa del Gardano. Venetia*, MDCXVII. *Appresso Bartholomeo Magni.* — Ces *excellentissimi musici* furent, outre Rossi, 1° Claudio Monteverde, maître de chapelle de la basilique de Saint-Marc, à Venise ; 2° Muzzio Effrem, maître de chapelle des ducs de Mantoue ; et 3° Allessandro Guinizzani, compositeur lucquois, fort estimé de son temps, mais sur lequel je n'ai pas trouvé de renseignements. Le petit *balletto* à quatre voix, que je donne à la suite des madrigaux du présent volume, a été écrit par Rossi pour ce drame, et je l'ai extrait d'un opuscule existant à la bibliothèque du *Liceo musicale* de Bologne. »

ROSSI (Luigi), compositeur italien, est l'auteur d'un opéra intitulé *gli Avventurieri*, qui a été représenté en 1835, à Turin, sur le théâtre d'Angennes. J'ignore si cet artiste est le même que celui qui est mentionné sous le nom de *Louis Rossi*, au t. VII de la *Biographie universelle des Musiciens*.

* **ROSSI** (Lauro), compositeur dramatique, directeur du Conservatoire de Naples, n'est point né dans cette ville, comme il a été dit par erreur, mais à Macerata, le 20 février 1812 (1). Sa famille étant allée s'établir à Naples lorsqu'il était encore fort jeune, et les dispositions musicales de l'enfant s'étant fait jour, elle eut la chance de pouvoir le faire admettre au Conservatoire, où il devint l'élève de Crescentini pour le chant, de Giovanni Furno pour l'harmonie, et de Zingarelli pour la composition. Sorti fort jeune de cet établissement, après y avoir terminé son éducation, M. Rossi fit représenter ses premiers ouvrages à Naples, puis, sur la recommandation de Donizetti, il fut engagé en 1832 au théâtre Valle, de Rome, comme chef d'orchestre et compositeur. Après avoir écrit quatre partitions à Rome, il alla faire jouer à Milan sa *Casa disabitata*, opéra bouffe dont le succès fut énorme et qui sous son second titre : *i Falsi Monetari*, a fait depuis lors le tour de l'Italie et s'est vu appeler « *le Barbier de Séville* de Rossi. » La Malibran elle-même, en entendant cet ouvrage, en fut tellement enchantée qu'elle exprima le désir de voir M. Rossi écrire un ouvrage pour elle. A cet effet, elle lui fit signer un contrat avec Barbaja, le fameux directeur des théâtres de Naples, et M. Rossi composa son *Amelia*, qui fut représentée en 1834 sur la grande scène de San-Carlo. « Mais que sont les femmes, dit à ce sujet un biographe, même celles qui possèdent les plus grands talents, même celles

(1) Il n'y a point de doute à avoir sur ce fait, que M. Lauro Rossi n'est point Napolitain. Non-seulement M. Francesco Florimo, dans ses *Cenni storici sulla scuola musicale di Napoli*, indique bien Macerata comme le lieu de sa naissance, mais il insiste sur cette particularité que M. Rossi fut admis dans sa jeunesse, quoique étranger et par exception, au Conservatoire de Naples, établissement civique et municipal exclusivement réservé d'ordinaire aux seuls nationaux.

qui sont inspirées par le génie, comme l'était la Malibran? Le caprice est toujours leur guide, et la plupart du temps le suprême moteur de toutes leurs opérations. Il vint en tête à la *diva* de faire introduire dans l'*Amelia* une situation dans laquelle elle pourrait exécuter un pas de deux avec le danseur Mathis. Cette nouvelle une fois répandue dans Naples, toute la ville se mit en mouvement, et heureux pouvait se dire celui qui avait obtenu une place au théâtre. L'opéra commence; la Malibran chante; mais le public, impatient de voir la célèbre cantatrice mouvoir ses jambes, ne fait pas attention au chant, ne fait pas attention à la musique, et finit par se fâcher de ce qu'elle tarde à danser. Attention générale.... Les jambes dans la danse n'avaient point l'habileté du gosier dans le chant, et la Malibran dans cette étrange représentation est désapprouvée par le public. Le mécontentement causé par cette extravagance se reporte sur l'opéra, qui est condamné de même que la danse, et qui, non entendu et peut-être encore moins écouté, tombe, entraîné par l'autre chute (1). »

Le compositeur ressentit un vif chagrin de cette déconvenue, chagrin que ne put guérir le succès de son nouvel opéra : *Leocadia*, représenté l'année suivante au théâtre de la Canobbiana, de Milan. C'est ce qui lui fit accepter, à la fin de l'année 1835, l'engagement qui lui était offert pour le Mexique, en qualité de chef d'orchestre et de compositeur d'une compagnie italienne. Cette campagne ne fut pas complètement heureuse. Au bout de deux ans, les circonstances politiques avaient amené la ruine de l'entrepreneur, et les artistes de la troupe, abandonnés par celui-ci, durent se mettre en société, en confiant leurs intérêts à un comité composé de cinq d'entre eux, dont faisait partie M. Lauro Rossi. « Rossi, dit M. Florimo en retraçant cette période de la carrière du compositeur, Rossi, à ce moment de sa vie, se montra bienfaisant, philanthrope, compatissant. Il assuma la direction de la compagnie dissoute, et proposa à celle-ci de faire une tournée artistique dans tout l'empire du Mexique, en donnant une série de représentations dans toutes les villes principales. On ne saurait passer sous silence l'activité que le *maestro* italien déploya en cette excursion. Il fut le père, le frère, l'ami de tous : la compagnie se composait de quarante personnes, et il fut le soutien de tous, entretenant toujours parmi eux la gaieté et l'affection. Il précédait généralement de quelques jours la petite caravane, stipulait le prix de location des théâtres, etc., faisait les abonnements, établissait les comptes, engageait les artistes d'orchestre et répétait, seul avec eux, les divers opéras que la compagnie, à peine arrivée et après un jour de repos, devait exécuter en public, et qui partout produisaient le plus grand effet ; enfin, il était d'une activité merveilleuse et infatigable. Un soir qu'on devait jouer *le Barbier de Séville*, l'artiste chargé du rôle de Figaro fait une chute grave dans un escalier, et se trouve dans l'impossibilité de paraître en scène. Le théâtre était plein de spectateurs, et l'affluence était extraordinaire : comment renvoyer ce public, et causer un tel préjudice à la société ? Tous les artistes, tristes et découragés, se tournent vers le *maestro* : — « Que faire? » leur dit-il.... Puis il les quitte brusquement, et peu de moments après se représente à eux sous le brillant costume de Figaro. Tous l'acclament aussitôt, et le public, informé de la résolution prise par lui pour ne pas faire manquer le spectacle, le récompensa par les marques d'affection les plus sincères et les plus enthousiastes.... La soirée fut satisfaisante pour tous. »

(1) F. Florimo : *Cenni storici sulla Scuola musicale di Napoli.*

Après un séjour de huit années au Mexique, à la Havane, à la Nouvelle-Orléans et à Madras, M. Lauro Rossi revint en Italie et reprit sa carrière de compositeur. En 1850 il devenait directeur du Conservatoire de Milan, et vingt ans plus tard, à la mort de Mercadante, il fut appelé à succéder à ce grand artiste et à remplir les mêmes fonctions au Conservatoire de Naples, fonctions qu'il a résignées depuis peu.

Voici la liste complète des œuvres dramatiques de M. Lauro Rossi : 1° *le Contesse villane*, Naples, th. de la Fenice, 1829; — 2° *la Villana contessa*, Naples, th. Nuovo, 1830; — 3° *Costanzo ed Oringaldo*, Naples, th. San-Carlo, 30 mai 1830; — 4° *la Casa in vendita, o il Casino di campagna*, Naples, th. Nuovo, 1831 ; — 5° *lo Sposo al lotto*, id., id., 1831; — 6° *Baldovino, tiranno di Spoleto;* — 7° *il Maestro di scuola* (ces deux ouvrages, écrits à Rome en 1832, à la sollicitation de M. le chevalier Cantini, ont été représentés chez ce personnage); — 8° *il Disertore svizzero*, Rome, th. Valle, 9 septembre 1832; — 9° *le Fucine di Bergen*, id., id., 1833; — 10° *la Casa disabitata, o i Falsi monetari*, Milan, th. de la Scala, 16 août 1834 (partition considérée comme la meilleure œuvre de son auteur); — 11° *Amelia*, Naples, th. San-Carlo, 31 décembre 1834; — 12° *Leocadia*, Milan, th. de la Canobbiana, 30 avril 1835; — 13° *Giovanna Shore*, Mexico, th. principal,

1836; — 14° *il Borgomestro di Schiedam*, Milan, th. Re, 1er juin 1844; — 15° *Dottor Bobolo, o la Fiera*, Naples, th. Nuovo, 2 mars 1845; — 16° *Cellini a Parigi*, Turin, th. d'Angennes, 2 juin 1845; — 17° *Azema di Granata*, Milan, th. de la Scala, 21 mars 1846; — 18° *la Figlia di Figaro*, Vienne, th. de la Porte-Carinthie, 17 avril 1846; — 19° *Bianca Contarini*, Milan, th. de la Scala, 24 février 1847; — 20° *il Domino nero*, Milan, th. de la Canobbiana, 1er septembre 1849 (ouvrage qui, avec *i Falsi Monetari*, a surtout contribué à établir la renommée de M. Lauro Rossi); — 21° *le Sabine*, Milan, Scala, 21 février 1852; — 22° *l'Alchimista*, Naples, th. du Fondo, 23 août 1853; — 23° *la Sirena*, Milan, Canobbiana, 11 octobre 1855; — 24° *lo Zigaro rivale*, Turin th. Balbo, juin 1867; — 25° *il Maestro e la Cantante*, farce en un acte dont M. Lauro Rossi écrivit lui-même les paroles, Turin, th. Nota, 1867; — 26° *gli Artisti alla fiera*, Turin, th. Carignan, 7 novembre 1868; — 27° *la Contessa di Mons*, Turin, th. Regio, 31 janvier 1874; — 28° *Cleopatra*, id., id., 5 mars 1876; — 29° *Biorn*, 5 actes, Londres, Queen's Théâtre, 17 janvier 1877 (texte anglais). A tout cela, il faut ajouter : *Saul*, oratorio exécuté à Rome, à l'hospice Saint-Michel, en 1833; *un Maestro ed una Cantante*, « scherzo comique » à deux personnages, exécuté à Milan le 8 janvier 1853, et qu'il ne faut pas confondre avec la *farsa* mentionnée plus haut sous un titre presque absolument pareil; *In morte di Bellini*, élégie, dédiée à la Pasta (1835); Cantate, dédiée aux élèves du Collége royal des jeunes filles, de Milan; Grande Cantate, dédiée à l'empereur d'Autriche (Milan, 1857); *Marcia trionfale*, dédiée aux princes de Piémont (Milan, 1868); *A Mercadante*, élégie, exécutée à Naples, dans l'église de la *Pietà de' Turchini*, 1876.

Enfin, on connait encore de M. Lauro Rossi les compositions suivantes : Chœur pour *les Captifs*, comédie de Plaute; Grande Messe de *Gloria*, Mexico, 1836; 8 Vocalises pour voix de soprano (Milan, Ricordi); 12 Exercices pour voix de soprano (id., id.); Pièce pour 20 instruments à vent, dédiée aux élèves du Conservatoire de Milan; *Sei fughe per quartetto*; quelques mélodies à une ou plusieurs voix, publiées à Milan soit chez l'éditeur Ricordi, soit chez l'éditeur Lucca. On lui doit aussi un traité théorique ainsi intitulé : *Guida ad un corso di armonia pratica orale per gli allievi del Conservatorio di musica di Milano*; j'ignore si cet ouvrage a été publié (1).

M. Lauro Rossi occupe un rang très-distingué parmi les compositeurs de l'Italie contemporaine, et continue en quelque sorte les traditions laissées par Donizetti. Il a de la verve, de la chaleur, de la clarté, une véritable abondance mélodique, mais sans se hasarder dans des recherches ou des spéculations nouvelles et en se maintenant dans les formules consacrées. Deux des ouvrages de sa jeunesse, *i Falsi Monetari* et *il Domino nero*, ont assuré sa renommée et n'ont cessé de se maintenir au répertoire de tous les théâtres d'Italie. Lorsqu'à la suite d'un long silence, le compositeur est rentré dans la lice et a donné à Turin sa *Contessa di Mons*, dont le succès a été retentissant, il a prouvé cependant qu'il n'était pas hostile à tout progrès artistique; la partition de cet ouvrage est une œuvre fort distinguée, soigneusement travaillée, chaude, colorée, et empreinte d'un excellent sentiment dramatique. En résumé, M. Lauro Rossi est un des compositeurs qui honorent le plus l'Italie actuelle.

La femme de cet artiste extrêmement distingué, Mme *Matilde Rossi*, est une cantatrice fort remarquable, qui se fait souvent encore applaudir dans les concerts (1).

ROSSI (Isidoro), compositeur italien, est né à Correggio, dans l'ancien duché de Modène, le 13 décembre 1818. Il fit de bonnes études littéraires et était destiné par sa famille à la médecine, mais son goût pour la musique l'emporta, et ce fut son oncle, le théoricien Bonifazio Asioli, qui lui en fit connaître les premiers principes. Admis ensuite au Conservatoire de Milan, il y devint, pour l'harmonie et la composition, l'élève de Francesco Basily et de Gaetano Piantanida. Au sortir de cet établissement, il alla se fixer à Mirandola, où pendant quinze ans il partagea sa vie entre les travaux de l'enseignement et ceux de la composition, et où il écrivit plusieurs opéras qu'il ne put réussir à faire représenter. Plus tard il s'établit à Modène, où il devint chef des chœurs au théâtre communal, ce qui ne l'empêcha pas de produire plusieurs œuvres de musique religieuse. Les événements politiques de 1859 ayant détruit sa position, M. Rossi se rendit à Pavie, et devint chef de musique de la garde nationale de cette

(1) Un opéra bouffe, *Sindaco Babbeo*, a été représenté le 3 mars 1851 à Milan, sur le théâtre de Santa-Radegonda et sous le nom de M. Lauro Rossi. Cet ouvrage pourtant n'était pas de lui, et la musique en avait été écrite par quatre élèves du Conservatoire de Milan, MM. Cagnoni, Cuneo, Marcora et Ponchielli.

(1) Depuis que cette notice est écrite, M. Lauro Rossi a donné (1878) sa démission de directeur du Conservatoire de Naples, où son administration aurait été vertement critiquée.

ville; il y fit représenter, le 1er mai 1875, sur le théâtre Fraschini ; un opéra sérieux, *Isabella Orsini*, et il faisait exécuter en 1877, à l'occasion d'une Exposition industrielle, un hymne de sa composition. Je crois qu'il a donné aussi à Modène, en 1865, un petit opéra intitulé *Mimi*.

M. Rossi a en portefeuille un autre ouvrage dramatique, *Alzira*, et un scherzo comique ayant pour titre *Qui pro quo*. On connait de lui un oratorio, *la Fine del mondo*, un drame sacré, *l'Agonia di N. S. Gesù Cristo*, un autre intitulé *i Treni di Geremia Profeta*, plusieurs symphonies pour orchestre, des trios et quatuors pour instruments de cuivre, et *le Cinq Mai*, de Manzoni, mis en musique à 4 voix avec chœur et orchestre.

ROSSI (Giovanni), compositeur et chef d'orchestre italien, né à Borgo San-Donnino le 5 août 1828, est depuis plusieurs années fixé à Gênes, où il occupe les fonctions de *maestro concertatore* et de chef d'orchestre au théâtre Carlo-Felice, et celles de directeur de l'orchestre civique. M. Rossi a fait représenter sur le théâtre de sa ville natale, le 4 octobre 1871, un opéra sérieux intitulé *la Contessa d'Altemberg*, qui a été très-favorablement accueilli du public et reproduit d'abord à Gênes, puis dans diverses autres villes. Sept ans auparavant, en 1864, il avait donné à Ancône un premier ouvrage dramatique, *Nicolo de' Lapi*. Il s'est fait connaître aussi comme compositeur de musique religieuse, notamment par une messe pour trois voix seules, chœurs et orchestre, commandée par la municipalité de Parme à l'occasion de la mort du prince Othon et exécutée en cette ville à cette époque.

Un autre musicien, nommé, comme celui-ci, *Giovanni Rossi*, ne doit pas être confondu avec lui. Cet artiste, qui était professeur de chant choral à Milan, est mort en cette ville le 4 novembre 1871.

ROSSI (Cesare), pianiste, chef d'orchestre et compositeur italien, est né à Naples le 31 décembre 1842. Il commença l'étude de la musique à l'âge de onze ans, sous la direction d'un de ses cousins, et acquit rapidement un talent distingué sur le piano. Il commença alors à se faire entendre en public, et jusqu'à vingt-cinq ans parcourut la carrière de virtuose avec de vifs succès. Après avoir rempli au théâtre San-Carlo, de Naples, les fonctions d'accompagnateur au piano, il devint chef d'orchestre de divers théâtres de cette ville, le théâtre du Fondo, le théâtre philharmonique et le Politeama. M. Cesare Rossi a publié de nombreux morceaux de genre pour le piano. Il a fait représenter à Naples, sur le théâtre particulier du Casino de l'Union, le 7 janvier 1879, une « Idylle lyrique » en 3 actes, *il Ritratto di Perla*, qui, le 17 mai suivant, fut jouée sur le théâtre Bellini. Juste une semaine auparavant, le 10 mai 1879, M. Cesare Rossi avait donné sur une autre scène, le théâtre Mercadante (ex-Fondo), un opéra-comique en 4 actes et 7 tableaux, intitulé *Babilas*.

ROSSI (........ DE), est auteur d'un écrit publié sous ce titre : *Preuve sans réplique du progrès incontestable que les Français ont fait en musique* (Venise et Paris, Nyon, 1777, in-8°).

* **ROSSINI** (Gioacchino), le plus grand des musiciens italiens du dix-neuvième siècle, est mort à Paris le 13 novembre 1868, à l'âge de soixante-seize ans. Je ne veux point refaire ici une biographie de cet artiste admirable, mais il me faut bien compléter sa notice par quelques renseignements indispensables.

En ce qui concerne ses œuvres dramatiques, je dois constater tout d'abord que *Sigismondo*, dont la date et le lieu de représentation n'ont pas été indiqués, a paru pour la première fois sur le théâtre de la Fenice, de Venise, en 1815, et qu'un petit opéra bouffe, *Adina, o il Califfo di Bagdad*, donné à Lisbonne en 1818, a été omis dans le catalogue de ses productions scéniques. De même, en ce qui touche les cantates, je signalerai *Igea*, exécutée au théâtre San-Carlo, de Naples, le 20 février 1819, *Partenope*, donnée au même théâtre le 9 mai de la même année, *l'Augurio felice*, *la Sacra Alleanza* et *il Bardo*, exécutées à Vérone en 1823; *il Ritorno* (Venise, 1823), *il Pianto delle Muse* (Londres, 1823), *i Pastori* (Naples, 1825), et *il Serto votivo* (Bologne, 1829).

En dehors du théâtre, les œuvres publiées par Rossini sont nombreuses; je vais essayer d'en dresser la liste : 1° *Stabat Mater* à 4 voix, chœur et orchestre; 2° Petite Messe solennelle à 4 voix, chœur et orchestre; 3° *Tantum ergo* à 3 voix d'hommes avec orchestre, écrit à l'occasion de la restitution au culte catholique de l'église Saint-François, de Bologne (1847); 4° *Quoniam* pour baryton, avec orchestre; 5° *la Foi, l'Espérance, la Charité*, 3 chœurs à 3 voix de femmes, avec piano; 6° *Soirées musicales*, 8 ariettes et 4 duos expressément composés pour l'étude du chant italien ; 7° *Gorgheggi e Solfeggi per soprano, per rendere la voce agile e dimparare il canto secondo il gusto moderno* ; 8° Hymne populaire à Pie IX ; 9° *Se il vuol la Molinara* (première composition de Rossini); 10° *la Passaggiata*, ariette ; 11° *l'Amante discreto*, id. ; 12° *il Trovatore*, id.; 13° *Ch' io mai vi possa lasciar d'amore*, canzonette; 14° *Nice*, id.; 15° *la Separazione*, mélodie dramatique; 16° *Alle voci della gloria*, scène et air; 17° *Non posso, o Dio, resistere*, cantate; 18° *Oh! quanto son grate*, duettino; 19° *Ridiamo, cantiamo, che tutto sen va*, quartetto; 20° *Dall' Oriente l'astro del giorno*, id.; 21° Trois Marches militaires, composées pour le mariage du duc d'Orléans; 22° Pas redoublé, composé pour le sultan Abdul-Medjid.

A tout cela, il faut ajouter *le Chant des Titans*, pour 4 voix de basse et orchestre, exécuté à l'Exposition universelle de Paris de 1867, et d'assez nombreuses compositions écrites en diverses circonstances et non publiées; et enfin un grand nombre de morceaux de divers genres, restés aussi inédits, et que la veuve de Rossini vendit, après la mort de son mari, pour la somme ronde de cent mille francs, à un riche amateur anglais.

On a beaucoup écrit depuis un demi-siècle sur Rossini, et dans divers pays, mais c'est en France et en Italie surtout que les publications ont été le plus nombreuses. Il serait bien difficile, je crois, de dresser une bibliographie rossinienne exacte et complète; je vais cependant donner ici la liste de ceux des écrits sur Rossini qui sont venus à ma connaissance, en dehors de ceux qui ont été signalés dans la *Biographie universelle des Musiciens* : 1° *Cenni di una donna già cantante sopra il maestro Rossini*, par Maria Righetti-Giorgi (la créatrice, en Italie, du rôle de Rosine du *Barbier*), Bologne, Sassi, 1823, in-8° ; 2° *Lettre critique sur Rossini*, par Papillon, Paris, 1823, in-8° ; 3° *Rossini e la sua musica*, par L. B., Milan, 1824 ; 4° *De la guerre des dilettanti, ou de la révolution opérée par M. Rossini dans l'opéra français, et des rapports qui existent entre la musique, la littérature et les arts*, par Joseph d'Ortigue, Paris, Ladvocat, 1829, in-8° ; 5° *Della musica rossiniana e del suo autore*, par Pietro Brighenti, Bologne, Dall'Olmo, 1830, in-8° ; 6° *Rossini et sa musique* (par N. Bettoni), Paris, Bettoni, 1836, in-8° (1); 7° *Rossini e la sua musica; una passegiata con Rossini* (sans nom d'auteur), Florence, 1841, in-16; 8° *Dello* Stabat Mater *di Gioachino Rossini, lettere storico-critiche di un Lombardo*, Bologne, 1842, in-8° ; 9° *Quelques observations sur la publication du* Stabat Mater *de Rossini*, par A. Aulagnier, s. l. n. d. (Paris, 1842, impr. Bourgogne et Martinet), in-4°; 10° *Rossini, canto di Giovanni Raffaelli*, Modène, Zanichelli, 1844, in-8°; 11° *Rossini*, par Eugène de Mirecourt, Paris, Havard, 1855, in-32 avec portrait ; 12° *Giovacchino Rossini*, par Enrico Montazio, Turin, union typographique, 1862, in-18 avec portrait; 13° *G. Rossini, sa vie et ses œuvres*, par A. Azevedo, Paris, Heugel, 1865, grand in-8° avec portraits et autographes; 14° *Rossini*, par Nestor Roqueplan, Paris, Dentu, 1869, in-12 de 16 pp.; 15° *Rossini, notes, impressions, souvenirs, commentaires*, par Arthur Pougin, Paris, Claudin, 1870, in-8° de 91 pp.; 16° *Rossini et son « Guillaume Tell »*, par A. Moutoz, Bourg, 1872, in-8°; 17° *Della vera patria di Gioachino Rossini*, par Giuliano Vanzolini, Pesaro, 1873, in-8° (1); 18° *Della vita e delle opere di Gioachino Rossini*, par Settimo Silvestri, Milan, l'auteur, 1874, in-8° avec portrait et autographes; 19° *Biografia di Gioachino Rossini*, par Antonio Zanolini, Bologne, Zanichelli, 1875, in-8° avec portrait et autographe; 19° *bis*, *Mélodie la populaire dans l'opéra* Guillaume Tell *de Rossini*, par Edmond Vander Straeten, Paris, Baur, 1879, in-8° ; 20° *Elogio di Gioacchino Rossini*, par Francesco Regli; 21° *Rossini*, par Georges Bell (extrait de la publication intitulée : *les Grands et les Petits Personnages du jour, par un des plus petits*), Paris, s. d., in-8°; 22° *la Nascita del gran Rossini*, ode, par Biagioli, in-4° ; 23° *Lettre de Mozart à Rossini, publiée par un dilettante*, Paris, Delaunay, s. d., in-8°; 24° *Rossini's Life* (*Vie de Rossini*), par H. S. Edwards, Londres, Reeves, in-8° avec portrait; 25° *Rossini, sein leben, seine werke und charakterzüge* (*Rossini, sa vie, ses œuvres et ses traits caractéristiques*), par A. Struth, Leipzig, Bergson (2).

On ne saurait trop multiplier les renseigne-

(1) Antonio Zanolini, dans sa *Biografia di Gioacchino Rossini* (pp. 35-36), croit pouvoir affirmer que cet écrit de Bettoni n'existe pas, et que Fétis s'est trompé en en parlant. Si l'on veut bien consulter non-seulement le *Catalogue de la bibliothèque de F.-J. Fétis, acquise par l'État belge* (p. 389), mais encore le *Catalogue de la bibliothèque musicale de M. A. Farrenc* (p. 21), on se convaincra de l'existence très-réelle de l'opuscule en question, dont chacun de ces deux écrivains possédait un exemplaire. — Zanolini est mort à la fin de 1877.

(1) Le même écrivain a publié en 1869, à Pesaro, un compte-rendu des grandes fêtes qui avaient été célébrées en cette ville, quelques années auparavant, en l'honneur de Rossini. J'ignore le titre de cet opuscule.

(2) Je dois faire remarquer que le pamphlet d'Œttinger, traduit en français par P. Royer et publié à Bruxelles sous ce titre : *Rossini, l'homme et l'artiste* (3 vol. in-18, et non 1 vol. in-12), était intitulé en allemand : *Rossini, Komischer roman*. Quant à l'écrit intitulé : *Vie de Rossini, par un dilettante* (Anvers, 1839), son auteur s'appelait Van Damme.

ments lorsqu'il s'agit d'un artiste de la taille et de la trempe de Rossini; c'est pourquoi je signalerai encore les articles suivants, publiés dans divers recueils, et qui contiennent des détails utiles et parfois des données peu connues sur le maître : *Rossini, ses ouvrages et son influence sur la musique actuelle* (*Revue nationale de Belgique*, t. V, Bruxelles, 1841); *Rossini, sa vie et son œuvre*, par H. Blaze de Bury (*Revue des Deux-Mondes* des 1er et 15 mai et 1er juin 1854); *Rossini*, notice avec portrait (*Magasin pittoresque*, année 1872, p. 241, 309 et 386); *Rossini*, par C. Doussault (*Revue de Paris* du 1er mars 1856); *Rossini*, par Maurice Cristal (*Correspondant* du 25 novembre 1868); *Rossini, sa vie et son œuvre*, par le baron Ernouf (*Revue contemporaine* du 15 décembre 1868); *Gioacchino Rossini*, par A. Zanolini (*Ape italiana* [Paris], 1836). J'ajouterai que Méry a placé une notice sur Rossini en tête de sa traduction française de *Semiramide* (Paris, Lévy, 1860, in-12), qu'on a joué au théâtre Re, de Milan, au mois de novembre 1863, une comédie de M. d'Aste intitulée *Rossini a Napoli*, et enfin qu'on avait donné à Paris, au théâtre du Gymnase, le 29 novembre 1823, un vaudeville en un acte de Scribe et Mazères, qui avait pour titre *le Grand Repas ou Rossini à Paris*.

La veuve de l'illustre maître, Mme Rossini, née Olympe Pélissier, a survécu de près de dix ans à son époux; elle est morte à Paris, le 22 mars 1878, à l'âge de soixante-dix-huit ans. Deux ou trois années après la mort de son mari, elle avait vendu pour la somme de cent mille francs à un riche anglais, le baron Grant, la totalité de ses œuvres posthumes; le baron Grant étant mort lui-même récemment, ses héritiers ont mis en vente, en enchères publiques, les manuscrits de Rossini. Tous n'ont pas, parait-il, trouvé acquéreur, mais M. Ricordi, le grand éditeur de musique de Milan, en a acheté un certain nombre, qu'il se propose de publier prochainement.

ROSSY (Léopold-François **SORMANI**, dit), flûtiste et compositeur, né au Havre en janvier 1798, a exercé pendant longtemps le professorat à Caen. Il a fait jouer, le 25 février 1847, sur le théâtre de cette ville, un grand opéra en trois actes, *Isabelle*, dont il avait écrit les paroles et la musique. Il a laissé en manuscrit deux autres opéras.

Rossy a publié entre autres compositions : 1° *Trois grands duos brillants pour deux flûtes*, op. 1er, Paris. Petibon; — 2° *Trois récréations pour la flûte avec acc. de piano*, Caen, l'auteur. Comme membre de l'Académie des sciences, arts et belles-lettres de Caen, il a fait paraître en 1815, dans les *Mémoires* de cette compagnie, un poëme assez étendu, intitulé : *la Musique*. Cet artiste est mort à Caen, le 23 mai 1852.

J. C — z.

ROSTAND (Alexis-Jean), compositeur et écrivain musical distingué, est né à Marseille le 22 décembre 1844. Son père, qui occupait en cette ville les fonctions de receveur municipal, lui fit donner, avec une excellente instruction littéraire, une éducation musicale très-complète, secondant les désirs de son fils, qui dès l'âge de sept ans avait commencé l'étude du piano et montrait les plus grandes dispositions pour cet art, et considérant d'ailleurs la musique non comme une distraction frivole, mais comme une des formes les plus élevées et les plus exquises de l'expansion intellectuelle. Le jeune Alexis vivait au reste dans un milieu presque artistique, car son père, sa mère, son grand-père, ses oncles et grands-oncles avaient, quoique en amateurs, cultivé la musique avec un véritable succès, et c'est chez son aïeul paternel qu'avaient été exécutés pour la première fois, à Marseille, les quatuors de Beethoven.

M. Rostand eut pour premier maître de solfége et de piano M. Louis Bignon (*Voy.* ce nom), professeur au Conservatoire de Marseille, continua au lycée l'étude du piano, et l'acheva plus tard sous la direction de M. Jules Arnoux. A peine âgé de quatorze ans, ayant reçu quelques notions d'harmonie et déjà désireux de produire, il mit en musique le poëme d'un opéra en 3 actes, *les Pêcheurs de Catane*, qu'Aimé Maillart avait fait représenter au Théâtre-Lyrique. Lorsqu'il eut terminé ses humanités, son père, qui le destinait à la carrière de la banque, le fit entrer à l'agence très-importante que le Comptoir d'escompte de Paris possède à Marseille, et il s'y distingua à ce point qu'il est aujourd'hui le directeur de cet établissement. Ces fonctions, d'une nature en apparence si hostile à toute préoccupation artistique, ne l'empêchèrent pourtant pas de continuer ses études d'harmonie avec M. Bignon, et ensuite de faire un cours de contre-point et de composition pratique avec M. Auguste Morel (*Voy.* ce nom), directeur du Conservatoire. Depuis lors il n'a cessé de cultiver la musique avec une véritable passion, se mêlant à toutes les manifestations artistiques qui se produisaient dans sa ville natale et contribuant à y développer le goût de l'art qu'il chérit.

Après quelques essais timides, M. Rostand voulut éprouver ses forces dans une œuvre de longue haleine qui répondît à son idéal. Il écrivit un oratorio en trois parties, *Ruth*, sur un poëme de son frère, M. Eugène Rostand, et, n'ayant pas d'orchestre à sa disposition, il n'y employa qu'un accompagnement de piano, orgue, harpe, violoncelles et contre-basses, qui, dans sa pensée, devait donner à la composition un coloris particulier. L'œuvre, ainsi conçue, fut exécutée dans une réunion privée le 28 mai 1870, et produisit un effet considérable. Deux ans plus tard, le jeune artiste ayant développé et complétement orchestré cette œuvre, la fit exécuter publiquement dans un grand concert donné au théâtre Vallette au profit de la souscription pour la libération du territoire (27 mars 1872). Ce concert eut un immense retentissement, l'oratorio de *Ruth*, ainsi exécuté dans une salle où se pressaient plus de 4,000 auditeurs, obtint un énorme succès, et la recette s'éleva à 18,500 francs, dont 13,000, formant le produit net, furent versés à l'œuvre d'Alsace-Lorraine. Les journaux de Marseille firent tous un éloge mérité du jeune compositeur, et le *Sémaphore* parlait ainsi en rendant compte de ce concert : — «... Quant à l'œuvre musicale, elle révèle la constante préoccupation d'un idéal élevé, planant au-dessus des vulgarités modernes, et qui, s'il n'est pas toujours atteint, préserve le musicien de la banalité par la noblesse même de ses efforts. » Au reste, le compositeur ayant publié sa partition, la musique de *Ruth* a pu être jugée ailleurs que dans le milieu où elle s'était produite, et l'on a pu se rendre compte de la haute valeur de l'œuvre, du style qui la distingue, et du noble esprit dans lequel elle est conçue. Deux ans après, elle fut exécutée à Genève, dans la salle de la Réformation, et n'obtint pas moins de succès qu'à Marseille. Sans doute en guise de remerciment, M. Rostand écrivit pour la Société de chant sacré de Genève, qui avait fait entendre son oratorio, un Psaume à 4 voix et en canon, que cette Société exécuta dans un grand concert donné à la cathédrale de Saint-Pierre, le 5 décembre 1874. On reprocha à cette composition un excès d'austérité et l'abus des formes scolastiques.

Après avoir fait paraître un recueil de 18 *Préludes et petites pièces pour le piano*, évidemment conçu sous l'influence de Mendelssohn et de Schumann, après avoir publié sous ce titre : *l'Art en province*, un volume formé d'une réunion d'articles insérés dans divers journaux et qui se faisait remarquer par un esprit critique très-indépendant et très-élevé et un réel bonheur de forme, M. Rostand écrivit, sur un poëme de son frère et sous le titre de *Gloria victis*, une grande ballade pour *soli*, chœurs et orchestre, dont le sujet était à la fois fantastique et patriotique. Cette vaste composition, exécutée le 16 février 1875 au profit des pauvres, dans la salle du Cercle artistique de Marseille, obtint un très-vif succès, et dut être répétée peu de jours après. Depuis lors M. Rostand s'est surtout occupé de littérature musicale; il a pris une part fort importante à la rédaction du *Journal musical* fondé à Marseille par MM. Pépin frères, et a donné notamment, à ce journal, la première partie d'une très-intéressante étude sur Mendelssohn, l'un des artistes de sa prédilection. Pourtant, il a publié récemment un recueil de 20 *Mélodies pour chant et piano*, recueil qui, par l'élégance du style et la grâce de la pensée, mérite d'attirer l'attention sur son auteur.

M. Rostand est l'un des rares artistes de province qui aient su se faire un nom, s'imposer au public, et dont les œuvres aient eu l'honneur de l'exécution à l'étranger. S'il n'a pu se faire connaître encore à Paris, les circonstances ne l'ayant pas aidé à se produire, il n'en mérite pas moins de fixer les regards des véritables artistes, et il est de ceux qui sont appelés à faire parler d'eux, car il représente la jeune école française dans ce qu'elle a de plus ferme, de plus personnel et de plus élevé.

Voici la liste des œuvres de M. Rostand publiées jusqu'à ce jour : 1° *Ruth*, oratorio en 3 parties, partition pour chant et piano (Paris, Richault); 2° *Gloria victis*, ballade pour *soli*, chœurs et orchestre (id., id.); 3° 18 *Préludes et petites pièces pour le piano* (id., id.); 4° Psaume à 4 voix (id., id.); 5° *Six nouvelles pièces pour le piano* (id., id.); 6° 20 *Mélodies pour chant et piano* (Paris, Heugel); 7° *l'Art en province. La musique à Marseille*, essais de littérature et de critique musicales (Paris, Sandoz et Fischbacher, 1874, in-12). M. Alexis Rostand, qui a été élu membre de l'Académie de Marseille en 1874, est l'un des collaborateurs du *Supplément à la Biographie universelle des Musiciens*, auquel il a fourni de nombreuses notices sur les artistes habitant le midi de la France.

ROSTISLAW (THÉOPHILE **TOLSTOÏ**, dit), dilettante et compositeur russe, né dans les premières années de ce siècle, remplit à la cour de Russie les fonctions de maître des cérémonies. Il a reçu une assez bonne éducation musicale, et a écrit la partition d'un opéra italien dont j'ignore le titre et qui a été représenté à Saint-Pétersbourg aux environs de l'année 1845. Depuis fort longtemps M. Tolstoï est chargé de la rédaction du feuilleton musical du *Journal (français) de Saint-Pétersbourg*, feuilleton qu'il signe du pseudonyme de *Rostislaw*. Ses articles sont généralement bien faits, écrits avec soin, et décèlent un homme de goût et un artiste instruit; si le critique est un peu rebelle aux idées modernes et reste parfois un peu confiné dans le passé, il n'en exprime pas moins des idées justes et empreintes d'un sincère amour de l'art.

ROSTWOROWSKI (J..... — N......), musicien fixé à Varsovie dans la première moitié du dix-neuvième siècle, s'est fait connaître comme compositeur religieux. On a de lui plusieurs messes, dont une a été exécutée en 1837 dans l'église de Leszno, chez les pères carmélites, et dont une autre, écrite sur texte polonais, a été entendue en 1842 chez les Piaristes. Une autre composition du même artiste, intitulée *Hymn do Boga-Rodzicy* (Hymne à la Mère de Dieu), a été chantée à Varsovie en 1837.

* **ROSZAVOELGYI** (Marc), compositeur hongrois, était né en 1787. — Un éditeur de musique du même nom, *Jules Roszavœlgyi*, probablement parent de cet artiste, était à Pesth le chef d'une importante maison d'édition musicale, et mourut en cette ville le 18 août 1861. Il avait, dit-on, donné une vive impulsion à l'art national, qu'il encourageait de tous ses efforts.

* **ROTA** (André), musicien italien, né à Bologne vers 1553, mort en cette ville en juin 1597, à l'âge de quarante-quatre ans, ainsi que le prouve son épitaphe, reproduite par le P. Martini, succéda à Spontone (*Voy.* ce nom) dans les fonctions de maître de chapelle de la basilique de San-Petronio. Il avait auparavant longtemps séjourné à Rome, où la renommée qu'il s'était acquise prouve son habileté, et où il avait ouvert une école de musique qui était très-fréquentée, bien qu'elle se trouvât en concurrence avec celles de Palestrina et de Nanini. Ce seul fait donnerait une idée de son talent, si l'on n'avait, en faveur de celui-ci, le témoignage authentique du cardinal San-Sisto (Filippo Boncompagni), neveu du pape Grégoire XIII. C'est en 1583, à peine âgé de trente ans, que Rota devint maître de chapelle de San-Petronio, et le conseil de fabrique était si satisfait de ses services qu'il ne manquait aucune occasion de le lui prouver, soit par des gratifications ajoutées à son traitement ordinaire, soit par les bons procédés employés envers lui. Rota paraît avoir été un artiste extrêmement distingué, qu'une mort précoce a enlevé à la gloire qui l'attendait. On trouvera de plus amples détails à son sujet dans le solide écrit de M. Gaspari : *Memorie risguardanti la storia dell' arte musicale in Bologna al XVI secolo.* Outre les recueils signalés dans la *Biographie universelle des Musiciens* et publiés sous le nom de Rota, cet écrivain cite trois compositions manuscrites du grand artiste : un *Dixit Dominus* à 8 voix, le motet *Hodie Christus natus est* à 9 voix, et un *Magnificat* à 12 voix en trois chœurs.

ROTA (Giuseppe), chef d'orchestre et compositeur italien, né, je crois, à Trieste, a rempli les fonctions de chef d'orchestre au théâtre communal de cette ville. Il est l'auteur des ouvrages dramatiques suivants : 1° *Ginevra di Scozia*, 3 actes, Parme, 1862; 2° *Beatrice Cenci*, 3 actes, 1863; 3° *Penelope*, Trieste, théâtre communal, avril 1866; 4° *I Romani in Pompejano.* Inventeur d'un système que l'on dit fort ingénieux et grâce auquel il rend aux sourds-muets l'avantage de la parole, M. Rota s'est fixé depuis plusieurs années à Paris, où il a expérimenté ce système d'une façon pratique, et, dans des expériences publiques d'un grand intérêt, a obtenu des résultats aussi surprenants qu'inattendus.

ROTH (Franz), musicien allemand contemporain, est l'auteur de plusieurs opérettes récemment représentées à Vienne, entre autres *die Vorstadtprinzessin* (4 actes), et *ein Mann für Alles* (4 actes).

Un artiste du même nom, M. *Louis Roth*, a donné récemment à Pesth un opéra-comique en 3 actes intitulé *Don Quichotte.*

ROUBIER (H......), pianiste, professeur au couvent du Sacré-Cœur à Paris, a publié plusieurs ouvrages d'enseignement qui révèlent chez leur auteur de solides et sérieuses qualités pratiques : 1° *Étude du mécanisme du piano* (1re édition, un volume; 2e édition, 2 volumes), Paris, Richault; 2° *les Trois premières années du piano, école progressive* (contenant, à la suite d'un *Exercice journalier*, un choix considérable de morceaux pris dans les œuvres des maîtres du clavecin et du piano), Paris, Richault; 3° *l'Art de préluder et de moduler dans tous les tons majeurs et mineurs, à l'usage des pianistes, organistes, accompagnateurs et chanteurs*, Paris, Richault. Le même artiste a donné chez le même éditeur, sous le titre général d'*Œuvres classiques pour le piano à quatre mains*, une série considérable de réductions et transcriptions de symphonies, quintettes, quatuors et trios d'Haydn, Mozart, Beethoven et Weber. On doit aussi à M. Roubier un certain nombre de morceaux de genre pour son instrument.

* **ROUBIN** (Amédée de), compositeur amateur, a fait jouer le 6 juillet 1866, aux Folies-Marigny, une opérette en un acte : *Quai Malaquais.* M. de Roubin a beaucoup écrit pour les

sociétés chorales ; nous citerons parmi ses productions en ce genre : *Messe très-facile*, à 4 voix d'hommes, avec orgue *ad. lib.* (H. Gautier, éditeur) ; *Où s'en vont les rêves*, chœur à 4 voix d'hommes (Gambogi frères) ; *les Rêveries du bivouac*, id. (F. Gauvin) ; *Au gré des flots*, id. ; *les Pêcheurs vénitiens*, id. ; *la Ronde des écoliers*, id. ; *les Jeunes Soldats*, chœur à 3 voix égales (V. Lory), etc. Son dévouement à l'institution orphéonique avait valu à M. de Roubin, dans les dernières années de l'Empire, sa nomination aux fonctions d'inspecteur des orphéons de l'Eure, département qu'il habite.

J. C—z.

*ROUGET DE LISLE (CLAUDE-JOSEPH), poëte et compositeur français, auteur de *la Marseillaise*. — Il sera impossible de s'occuper désormais de l'histoire de *la Marseillaise* et de son immortel auteur, sans consulter les deux écrits suivants : 1° *Rouget de Lisle et « la Marseillaise »*, par J. Poisle-Desgranges, Paris, Bachelin-Deflorenne, 1864, in-18 avec portrait ; 2° *Rouget de Lisle. La vérité sur la paternité de « la Marseillaise ». Faits et documents authentiques*, par A. Rouget de Lisle, Paris, 1865, in-8°. Je signalerai aussi un article de M. Gindre de Mancy père : *Rouget de Lisle*, publié dans la *Revue littéraire de la Franche-Comté* du 1er novembre 1864, et toute une série de renseignements et de faits relatifs à *la Marseillaise* donnés par M. Anatole Loquin (*Voy.* ce nom) dans son intéressant recueil : *la Musique à Bordeaux* (1877). Ce dernier et très-important travail a été reproduit par son auteur dans un volume intitulé : *les Mélodies populaires de la France, paroles, musique et histoire*, première série, Paris, Richault, 1879, in-8°.

La date de la mort de Rouget de Lisle est, non le 27, mais le 26 juin 1836, ainsi que le constate son acte de décès relevé à la mairie de Choisy-le-Roi.

ROUGNON (PAUL-LOUIS), pianiste, professeur et compositeur français, est né à Poitiers (Vienne) le 24 août 1846. Il fut admis au Conservatoire de Paris le 10 janvier 1862, et y devint successivement l'élève de Batiste pour le solfége, de Bazin pour l'harmonie et accompagnement, et de M. Ambroise Thomas pour la fugue et la composition. Il obtint une première médaille de solfége en 1865, un troisième accessit d'harmonie en 1868, et le premier prix de fugue en 1870. Trois ans après, en 1873, M. Rougnon était nommé répétiteur de solfége au Conservatoire. On doit à cet artiste, outre divers morceaux de genre pour le piano et quelques mélodies vocales, deux recueils intéressants : 1° *Quinze Études préparatoires de mécanisme et de style*, pour le piano ; 2° *l'École du Pianiste*, sorte de cours progressif de piano, divisé en deux parties, et qui constitue un ouvrage très-recommandable. M. Paul Rougnon a fait représenter sur le petit théâtre des Folies-Marigny une opérette intitulée *le Prince charmant*.

* ROUSSEAU (JEAN-JACQUES). — L'auteur du *Devin du village* fut un des combattants les plus acharnés de la fameuse guerre des Bouffons ; il y prit part dès le commencement, et resta tout le temps sur la brèche. A un moment donné, désireux de se distinguer par une action d'éclat, il se jeta dans la mêlée, seul et tête baissée, daubant à tort et à travers, tirant au hasard, au risque de se blesser lui-même. Il nous a semblé qu'une bibliographie de cette grande querelle musicale serait à sa place au nom de celui qui fut le plus militant de tous ces singuliers lutteurs ; nous la publions donc ci-après, aussi exacte que possible, et certainement plus complète qu'on ne l'a jamais donnée. Pour obvier aux erreurs fréquentes dans lesquelles nombre d'écrivains sont tombés en ne connaissant pas l'ordre d'apparition de ces brochures, nous les énumérons suivant l'époque de leur publication ; puis, pour éviter toute confusion dans l'esprit du lecteur, nous avons établi cinq divisions, représentant logiquement les différentes péripéties de la lutte.

A. LA LETTRE SUR OMPHALE. — 1. Grimm. *Lettre de M. Grimm sur Omphale, trag. lyrique, reprise par l'Académie royale de musique le 14 janvier* 1752, s. l., 1752, in-8°, 52 pp. Cette brochure, parue en février, mit littéralement le feu aux poudres. Elle est rare ; on l'a réimprimée dans le *Supplément à la Correspondance littéraire de MM. Grimm et Diderot*, Paris, 1814, in-8°. — 2. D***. *Remarques au sujet de la lettre de M. Grimm sur Omphale*, Paris, 1752, in-8°, 28 pp. — 3. Grimm. *Lettre de M. Grimm à M. l'abbé Raynal, sur les remarques au sujet de la lettre d'Omphale, à Paris, le jour de Pâques*, 2 *avril* 1752, *à la sortie du concert*. Cette réponse, insérée dans le *Mercure* de mai, p. 187 (5 pp.), a été reproduite dans le *Supplément à la Correspondance de Grimm et Diderot*. — 4. (J.-J. Rousseau.) *Lettre à M. Grimm, au sujet des remarques ajoutées à sa lettre sur Omphale* (Paris), 1752, in-8°, 29 pp. Une des pièces les plus rares de la collection ; heureusement, elle a été réimprimée en entier dans presque toutes les éditions des œuvres de Rousseau publiées depuis celle de Lefèvre de 1819. Les éditions de 1764 et 1776 n'en contenaient qu'un extrait.

B. Les Bouffons a Paris. — 5. (D'Holbach.) *Lettre à une dame d'un certain âge, sur l'état présent de l'Opéra*, en Arcadie, 1752, in-8°, 2 éditions, 17 pp. ou 11 pp. Publiée trois mois après l'arrivée à Paris des Bouffons, qui débutèrent le 2 août 1752, cette lettre n'eut pas de réponse; mais en revanche les discussions, ou plutôt les disputes, furent des plus animées. On ne parlait plus que musique italienne ou française, dans les salons, et surtout dans les cafés, où les verres et les tasses, vides ou non, servirent plus d'une fois d'arguments péremptoires. Les théâtres, de leur côté, n'eurent garde de laisser passer sous silence un sujet qui passionnait également la cour et la ville. Comme on le verra plus loin, quelques comédies, renfermant des scènes assez importantes sur l'actualité du moment, figurent dans la liste de ces brochures spéciales; mais nous devons dire en passant que presque toutes les pièces jouées à cette époque faisaient allusion, plus ou moins directement, à cette grande querelle, principalement dans les vaudevilles de la fin. Les tréteaux de la foire discutèrent aussi à leur manière et les prophéties et les sons d'Italie; on y exécuta même un certain *concert des Chats, opéra miaulique*, qui fit courir la foule.

C. Le Petit Prophète. — 6. (Grimm.) *Le Petit Prophète de Boehmischbroda*, s. l. n. d., in-8°, 58 pp. avec un frontispice à l'eau-forte. Plusieurs éditions, une entre autres sous le titre de : *les Vingt-un Chapitres de la Prophétie de Gabriel Joannes*, etc., in-12. La satire de Grimm parut dans la première quinzaine de janvier 1753; elle eut un grand retentissement, et l'émotion des dissidents, déjà passablement surexcitée, se traduisit par une véritable avalanche de plaquettes de toutes sortes. Mais avant d'arriver à ces nombreuses réponses, et pour conserver l'ordre des dates, nous devons mentionner la comédie de Boissy, laquelle, écrite et répétée avant l'apparition du *Prophète*, ne pouvait, par conséquent, en rien dire. — 7. Boissy. *La Frivolité, comédie en 1 acte et en vers, représentée pour la 1re fois par les Comédiens-Italiens le 23 janvier* 1753, Paris, 1753, in-8°, 43 pp. et 9 pp. de musique. Cette pièce eut beaucoup de succès; Mme Favart imita à s'y méprendre le jeu, la danse et le chant de la Tonelli. — 8. (L'abbé Voisenon.) *Réponse du coin du Roi au coin de la Reine*, s. l., datée du 25 janvier 1753. Plusieurs éditions, dont la 3e ajoutée, en continuant la pagination, à une édition du *Petit Prophète*. — 9. (D'Holbach.) *Arrêt rendu à l'amphithéâtre de l'Opéra sur la Plainte du milieu du Parterre, intervenant dans la querelle des deux coins*, s. l. n. d., in-8°, 15 pp. Poulet-Malassis possédait un recueil de pièces sur la querelle des Bouffons avec la signature de J.-J. Rousseau sur le premier titre, ce qui lui fit supposer que ce volume avait appartenu au citoyen de Genève. Comme l'exemplaire de l'*Arrêt rendu*, etc., qui se trouvait dans ce volume portait, de la même main que la signature du titre, ces mots: « par Diderot, » il concluait de là et de ce qu'il ignorait sur quelle autorité Barbier avait attribué cette brochure à d'Holbach, qu'il fallait la restituer à Diderot. Sans entrer dans des détails qui nous entraîneraient au delà des limites d'une simple bibliographie, nous maintiendrons cette brochure à d'Holbach, et cela d'après la *France littéraire* de 1769, que Poulet-Malassis a omis de consulter, et surtout d'après la brochure de Caux de Cappeval, un des combattants, dans laquelle il dit que cet *Arrêt* venait encore soit d'Allemagne, soit d'un Allemand, comme *le Petit Prophète*. — 10. *Déclaration du Public, au sujet des contestations qui se sont élevées sur la musique*, s. l. n. d., in-8°, 7 pp. — 11. (Jourdan.) *Le Correcteur des Bouffons à l'Écolier de Prague*, s. l. n. d., in-8°, 20 pp. — 12. (Pidansat de Mairobert.) *Les Prophéties du grand prophète Monet*, s. l., 1753, in-8°, 16 pp. La meilleure plaisanterie, peut-être, de toute la série. — 13. (J. Cazotte.) *La Guerre de l'Opéra. Lettre écrite à une dame de province, par quelqu'un qui n'est ni d'un coin ni de l'autre*, s. l. n. d., in-8°, 24 pp. — 14. (Suard.) *Lettre écrite de l'autre monde, par l'A. D. F.* (l'abbé Desfontaines) *à M. F.* (Fréron), s. l. n. d., in-8°, 37 pp. L'abbé de la Porte, dans *la France littéraire* de 1769, attribue cet écrit à Suard, et comme il y est malmené à deux reprises différentes, on peut croire qu'il était bien informé. Cependant Suard, né en janvier 1734, n'avait alors que dix-neuf ans; il est vrai que, venu à Paris en 1752 et reçu à son arrivée dans les salons de Mme Geoffrin, d'Helvétius et du baron d'Holbach, il fut peut-être encouragé ou aidé par l'un des habitués de ces cénacles. — 15. *L'Anti-Scurra, ou Préservatif contre les Bouffons*, s. l., datée du 6 février 1753, in-8°, 8 pp. en vers. — 16. *La Réforme de l'Opéra*, s. l., datée du 9 février 1753, in-8°, 8 pp. en vers. — 17. *Épître aux Bouffonistes*, s. l., datée du 12 février 1753, in-8°, 8 pp. en vers. — 18. *Réflexions liriques* (sic), s. l., datée du 16 février 1753, in-8°, en vers. De style identique et imprimés en parfaite conformité de caractères et de dispositions typographiques, ces quatre poëmes paraissent être du même auteur. En effet l'*Épître* est signée : *l'Anti-Scurra*, titre de la première brochure; puis, Jourdan dans sa *Seconde lettre* (n° 27) se plaint de ce qu'un « certain homme qui se croit poète se distingue par sa malheureuse fécondité, en accablant le public tous les deux ou trois jours de deux ou trois-cents vers. » D'autre part, comme les *Adieux aux Bouffons*, placés à la fin d'une autre brochure également en vers, *Apologie du goût français*, etc. (n° 53), ne sont que la reproduction de *l'Anti-Scurra*, il faut, croyons-nous, attribuer ces quatre *poèmes* à l'auteur reconnu du cinquième, soit à Caux de Cappeval. — 19. *Au Petit Prophète de Boesmichbroda, au Grand Prophète Monet*, etc., s. l., datée du 22 février 1753, 13 pp. Poulet-Malassis a cru que cette pièce était de Diderot, parce qu'elle figurait avec le nom de celui-ci, écrit à la main, dans le recueil supposé avoir appartenu à Rousseau dont nous avons parlé, et parce qu'on y lit ces mots : « Si du milieu du parterre où j'élève ma voix, » ayant quelque rapport avec le titre de la brochure n° 9. Nous avons vu que cette dernière pièce était sans aucun doute du baron d'Holbach ; mais comme Diderot, toujours disposé à donner des conseils, put très-bien aider celui qui était son amphitryon en même temps que celui des philosophes bouffonistes, il est très-admissible qu'il y ait eu confusion dans les souvenirs de Rousseau ; par conséquent, nous attendrons des preuves plus décisives pour déterminer la paternité d'un écrit qui, en somme, ne peut en rien honorer la mémoire de Diderot. — 20. *L'Apologie du sublime bon mot*, etc., s. l., datée du 28 février 1753, in-8°, 12 pp. Réponse directe à la brochure précédente. Fétis l'a attribuée à A. Parisot (?). — 21. *Jugement de l'orchestre de l'Opéra*, s. l. n. d., petit in-8°, 8 pp. — 22. *Lettre critique et historique sur la musique françoise, la musique italienne, et sur les Bouffons, à Mme D.*, s. l. n. d., in-8°, 20 pp. Fétis attribue cette brochure à l'Héritier (?). — 23. (F. L. C. Marin.) *Ce qu'on a dit, ce qu'on a voulu dire. Lettre à Mme Folio*, s. l. n. d., deux éditions in-8°, 16 pp. ou 13 pp. — 24. *Ce que l'on doit dire. Réponse de Madame Foliot à la lettre de Monsieur****, s. l. n. d., in-8°, 8 pp. — 25. *Les Trois Chapitres, ou la Vision de la nuit du mardi gras au mercredi des Cendres*, s. l. n. d., in-8°, 36 pp. Facétie dans le style du *Petit Prophète* et faisant l'apologie du *Devin du village*, représenté le 1er mars 1753, six jours avant le mardi gras. Cette brochure n'avait été citée ni dans les écrits appartenant à la querelle des bouffons, ni dans les catalogues ou bibliographies du temps; elle resta inconnue jusqu'au jour où Taschereau la publia dans le t. Ier de la 2e série de la *Revue rétrospective* (1835). M. Ravenel l'avait trouvée à Neuchâtel dans les papiers de Rousseau, et, sans dire sur quoi l'assertion était basée, on publia *les Trois Chapitres* comme étant de Diderot. Le fameux volume de Poulet-Malassis contenait cette pièce avec le nom de Diderot, écrit de la main de Rousseau, toujours suivant les apparences. Il n'en a pas fallu davantage à Assézat, et il a publié sans hésiter cette dernière brochure, de même que les nos 9 et 19, dans le XIIe vol. des *Œuvres complètes* de Diderot. Avant de nous prononcer, nous attendrons la découverte de preuves plus convaincantes, tout en reconnaissant qu'il n'y aurait rien d'impossible à ce que Diderot ait écrit *les Trois Chapitres*. Il est supposable que cette brochure ne fut pas mise en vente, et qu'on la détruisit; ce qui explique son extrême rareté. — 26. *La Paix de l'Opéra, ou Parallèle impartial de la musique françoise et de la musique italienne*, Amsterdam, 1753, in-12, 40 pp. C'est un extrait du volume de Raguenet : *le Parallèle des Italiens et des François en ce qui regarde la musique et les opéra* (1702), avec quelques réflexions. — 27. (Jourdan.) *Seconde lettre du Correcteur des Bouffons à l'Écolier de Prague*, s. l. n. d., in-8°, 22 pp. — 28. (Frédéric II, roi de Prusse.) *Lettre au public, par Main de Maître*, Francfort et Leipsic, la Haye, 1753, in-16, XXXII pp. Il y eut plusieurs éditions; celle que nous indiquons ici contient, malgré son titre au singulier, trois lettres et une *Réponse du baron de Zopenbrug, ministre de S. M. Prussienne, au comte Rinonchetti, 1er sénateur de la Répub. de Santo-Marino*. D'après Barbier, les trois lettres auraient été publiées isolément. Quoi qu'il en soit, c'est là, vraiment, un triste échantillon du style et de l'esprit de Sa Majesté Prussienne ! — 29. *Relation véritable et intéressante du combat des Fourches Caudines, livré à la place Maubert, au sujet des Bouffons*, s. l., 1753, in-8°, 15 pp. Plaisanterie en style poissard, imitation de Vadé. — 30. J.-J. Rousseau. *Lettre d'un symphoniste de l'Académie royale de musique à ses camarades*. Cette lettre fut écrite alors qu'on répétait l'intermède italien, *il Paratajo*, qui ne fut représenté que le 23 septembre 1753. Rousseau parle bien en commençant, comme le faisait l'auteur des *Trois Chapitres*, du départ des Bouffons, lequel n'eut réellement lieu qu'en mars 1754, mais on annonçait sans cesse leur renvoi comme une chose décidée, et cependant ils ne partaient pas et continuaient à monter de nouvelles pièces. Si cette facétie, un peu familière, ne fut pas imprimée en brochure, il est du moins probable que le coin du roi en eut connaissance. On la trouve dans les œuvres complètes de son auteur.

D. La Lettre sur la musique française. — 31. J.-J. Rousseau. *Lettre sur la musique françoise*, s. l., 1753, in-8°, 92 pp. Plusieurs éditions. La lutte paraissait se calmer et les combattants n'y mettaient plus la même ardeur, lorsque, vers la mi-novembre 1753, Rousseau s'imagina de publier son fameux factum. Ce fut alors comme un réveil général, et de tous côtés le malheureux fut assailli par les réfutations et les critiques les plus violentes. — 32. (Fréron.) *Lettres sur la musique françoise, en réponse à celle de Jean-Jacques Rousseau*, Genève (Paris), 1754, in-8°, 64 pp. Malgré sa date, nous faisons figurer ici cet écrit, parce qu'il n'est que la réimpression de deux articles parus dans les *Lettres sur quelques écrits de ce temps*, de Fréron, à la date des 30 novembre et 20 décembre 1753. — 33. (Cazotte.) *Observations sur la lettre de J.-J. Rousseau au sujet de la musique françoise*, s. l., 1753, in 8°, 19 pp. — 34. Yzo. *Lettre sur celle de M. J.-J. Rousseau, citoyen de Genève, sur la musique*, s. l., 1753, in-12, 24 pp. — 35. (Travenol.) *Arrest du conseil d'État d'Apollon, rendu en faveur de l'orchestre de l'Opéra contre le nommé J.-J. Rousseau, copiste de musique*, etc., Montparnasse, 1753, in-12, 14 pp., vers et prose. — 36. Bâton le jeune. *Examen de la lettre de M. Rousseau sur la musique françoise, dans lequel on expose le plan d'une bonne musique propre à notre langue*, s. l., 1753, in-8°, 36 pp.; 2° édit. 1754, 43 pp. Tout en ayant l'air de combattre Rousseau, cet examen lui donnait raison. On reprocha à Bâton d'avoir prêté son nom à Diderot, formellement accusé par l'un des combattants d'être le véritable auteur de cette feinte. — 37. (De la Morlière.) *Lettre d'un sage à un homme très-respectable et dont il a besoin*, s. l. n. d. (1753), petit in-8°, 18 pp. — 38. (Coste d'Arnobat.) *Doutes d'un Pyrronien, proposés amicalement à J.-J. Rousseau*, s. l., 1753, in-8°, 36 pp. — 39. Chevrier. *La Revue des théâtres, comédie en 1 acte, en vers, représentée à la Comédie-Italienne le 22 décembre* 1753. Nous n'avons pu trouver cette pièce, qui, quoique jouée une seule fois, a néanmoins été imprimée. Fréron, dans le Ier volume de son *Année littéraire*, p. 35, et Desboulmiers, dans le VI° vol. de l'*Histoire du théâtre Italien*, en ont donné des extraits. — 40 et 41. (Fréron.) *Suite des lettres sur la musique françoise, en réponse à celle de J.-J. Rousseau*. A la fin : *Lettre de Jean-Jacques Baudinet, citoyen de Gonesse, à maître Nicolas, magister de Chaillot*, à Genève (Paris), 1754, in-8°, 40 pp. Les premières lettres parurent dans les *Lettres sur quelques écrits de ce temps*, de l'auteur, en janvier 1754. Quant à la *Lettre de J.-J. Baudinet*, imprimée à la suite de cet écrit de Fréron, il est dit en note qu'elle n'est pas de lui, ce que nous croyons sans peine. — 42. (L'abbé de Caveirac.) *Lettre d'un Visigoth, à M. Fréron, sur sa dispute harmonique avec M. Rousseau*. Septimaniopolis, 1754, in-8°, 20 pp. — 43. (De Bonneval.) *Apologie de la musique et des musiciens françois, contre les assertions peu melodieuses, peu mesurées et mal fondées du sieur J.-J. Rousseau, ci-devant citoyen de Genève*, s. l. n. d., in-8°, 15 pp. — 44. (P. de Morand.) *Justification de la musique françoise, contre la querelle qui lui a été faite par un Allemand et un Allobroge*, la Haye (Paris), 1754, in-8°, 55 pp. L'auteur accuse Rousseau d'avoir puisé ses arguments dans *l'Esprit des beaux-arts* d'Estève. — 45. (Laugier.) *Apologue de la musique françoise, contre M. Rousseau*, s. l., 1754, in-8°, 78 pp. Peut-être la meilleure réponse qui fut faite à Rousseau; elle a été insérée dans le t. II de l'édition des œuvres de ce dernier publiée à Neuchâtel en 1764. — 46. (Palu et Portelance.) *Les Adieux du goût, comédie en 1 acte et en vers, représentée par les Comédiens-François, le mercredi 13 fév.* 1754, Paris 1754, in-12, 64 pp. et 14 pp. de musique. — 47. Chevrier. *Le Retour du goût, comédie en 1 acte et en vers libres, représentée par les Comédiens-Italiens le lundi 25 fév.* 1754, Paris, 1754, in-12, 44 pp. Ces deux pièces renferment plusieurs scènes importantes, ayant trait à la polémique des deux musiques. — 48. (Robineau.) *Lettre d'un Parisien, contenant quelques réflexions sur celle de M. Rousseau*, en France, 1754, in-8°, 15 pp. — 49. (Le P. Castel.) *Lettres d'un Académicien de Bordeaux sur le fonds de la musique, à l'occasion de la lettre de M. R*** contre la musique françoise*, tome Ier (unique), Londres et Paris, 1754, in-12, 74 pp. — 50. (Le P. Castel.) *Réponse critique d'un Académicien de Rouen à l'Académicien de Bordeaux, sur le plus profond de la musique* (1754), in-12, 36 pp. Notre exemplaire commence à la page 1 et n'a pas de titre frontispice : nous ignorons s'il y en eut un. On le voit, le Père Castel se répondait à lui-même. — 51. *Nouvelle lettre à M. Rousseau de Genève, sur celle qui parut *de lui, il y a quelques mois, contre la musique françoise, par le M... de C....*, s. l., 1754, in-8°, 10 pp. Faut-il lire sous ces initiales : le marquis de Chastellux ? Il était alors dans sa vingtième année. — 52. (Travenol.) *La Galerie de l'Académie royale de musique, contenant les portraits, en vers, des principaux sujets qui la composent en la présente année* 1754. *Dédiée à J.-J. Rousseau de Genève, copiste de musique, philosophe, orateur, grammairien, historien, théologien, mathématicien, peintre, poète, musicien, comédien, médecin, chirurgien, apothicaire, etc., etc., par un zélé partisan de son système sur la musique françoise*, s. l., 1754, in-8°, 62 pp. L'épître dédicatoire a 50 pages ; elle est écrite dans un style qui n'est certes pas celui de Travenol, tête passablement fêlée et qui n'eut jamais dans ses écrits le bon sens qui se trouve dans cette dédicace. En revanche, les portraits, sans le moindre doute, sont bien de lui. — 53. (Caux de Cappeval.) *Apologie du goût françois, relativement à l'opéra. Poème avec un discours apologétique, et des adieux aux Bouffons*, s. l., 1754, in-8°, 80 pp. Fort joli titre frontispice à l'eau-forte et non signé, où l'on voit Rousseau recevant une ruade du cheval Pégase et deux satyres fustigeant le Petit Prophète. — 54. (L'abbé Arnaud.) *Réflexions sur la musique en général et sur la musique françoise en particulier*, s. l., 1754, in-8°, 27 pp. — 55. *Dissertation sur la musique françoise et italienne par M. l'A*** P********, Amsterdam, 1754, petit in-8°, 61 pp. Notre exemplaire porte en écriture du temps : « par M. l'abbé Pellegrin, chanoine d'Aix, frère de celuy qui a fait des opéras. » — 56. Rameau. *Observations sur notre instinct pour la musique et sur son principe ; où les moyens de reconnoître l'un par l'autre, conduisent à pouvoir se rendre raison avec certitude des différens effets de cet art*, Paris, 1754, in-8°, XVI et 125 pp. — 57. C. H. Blainville. *L'Esprit de l'art musical, ou Réflexions sur la musique et ses différentes parties*, Genève, 1754, in-8°, 130 pp., frontispice gravé. Ces deux dernières publications, de même que les *Réflexions* de l'abbé Arnaud, se rattachent bien à la polémique, quoiqu'elles n'en traitent pas exclusivement. — 58. (Dandré-Bardon.) *L'impartialité sur la musique. Épître à M. J.-J. Rousseau de Genève, par M. D. B.*, s. l., 1754, in-4°, 36 pp. — 59. (L'abbé J. L. Aubert.) *Réfutation suivie et détaillée des principes de M. Rousseau de Genève, touchant la musique françoise*, Paris, 1754, in-8°, 98 pp. — 60. (De Rochemont.) *Réflexions d'un patriote sur l'Opéra françois et sur l'Opéra italien, qui présentent le parallèle du goût des deux nations dans les beaux-arts*, Lausanne, 1754, in-8°, XII et 137 pp. — 61. *Lettre de MM. du coin du Roi, à MM. du coin de la Reine, sur la nouvelle pièce intitulée : la Servante maîtresse*, s. l. n. d., in-12, 24 pp. Brochure inconnue jusqu'ici et dont nous n'avons trouvé l'indication nulle part. Notre exemplaire n'a pas de titre frontispice ; celui que nous donnons est en tête de la première page. La pagination va bien de 1 à 24, et après la signature : M., on lit le mot : Fin. Il s'agit, croyons-nous, d'une brochure formant un tout, et non de l'extrait d'un volume. C'est une des bonnes publications de la série. Arrivée à la fin des hostilités, il est probable que, se vendant mal, on la détruisit ; elle est excessivement rare.

E. Épilogue. — 62. (J. de Villeneuve). *Lettre sur le méchanisme de l'Opéra italien, ni guelfe, ni gibelin ; ni wigh, ni thoris* (sic), Naples et Paris, 1756, in-12, 122 pp. — 63. (D'Alembert.) *De la liberté de la musique.* Cet écrit ne fut pas publié séparément ; il fait partie du tome IV des *Mélanges de littérature, d'histoire et de philosophie* de l'auteur, et se trouve, pour la première fois, dans l'édition de 1759.

Maintenant, nous avons à parler de plusieurs sortes de publications mentionnées dans les bibliographies comme faisant partie de la querelle des Bouffons, soit celles que nous n'avons trouvées dans aucune bibliothèque et que pour cette raison nous n'avons pu classer avec certitude, soit celles qui n'appartiennent réellement pas à cette polémique musicale, soit enfin celles qui n'ont jamais existé. — 1. *Lettre sur la musique, par M. le vicomte de la Pétarade, amateur de basson.* Citée dans le catalogue du libraire Duchesne placé à la fin de la seconde édition de l'*Histoire de l'Opéra* de Durey de Noinville. — 2. *Supplique de l'Opéra à l'Apollon de la France à M...*, également citée dans le catalogue ci-dessus. Manory, l'avocat de Travenol, appelait Voltaire : l'Apollon de la France. Si cette brochure existe, ne se rattacherait-elle pas au fameux procès Voltaire-Travenol ? N'y a-t-il pas plutôt confusion avec le n° 35 : *Arrest du conseil d'État d'Apollon*, etc.? — 3. *Essai sur le goût ancien et moderne de la musique françoise relativement aux paroles d'opéra*, 1754, in-4°, 11 pp. Attribué à l'abbé Desoreau par Barbier, ce que nous acceptons pour vrai. Mais cet écrit appartient-il à la querelle des Bouffons ? Il a échappé à toutes nos recherches.

— 4. *Le Réformateur de l'Opéra.* N'existe pas. Il s'agit de l'auteur anonyme de la *Réforme de l'Opéra*, désigné par un des combattants sous le nom de *Réformateur*, d'où un bibliographe allemand a cru lire le titre d'une nouvelle brochure. — 5. *Vaudeville des philosophes du siècle.* Ce vaudeville, ajouté à la pièce de Dancourt, *les Fées*, reprise au Théâtre-Français, paraît avoir été gravé à part, mais comme en somme il n'est ici question que de quatre vers, nous ne pouvons les compter comme une brochure. On les trouvera dans *l'Année littéraire*, t. I, p. 354 (1). — 6. (Chevrier.) *Le Quart-d'heure d'une jolie femme, etc., ouvrage presque moral dédié à Messieurs les habitants des coins du Roi et de la Reine*, etc., Genève, 1753, in-12. Roman dans lequel notre sujet n'est mentionné que par le titre et quelques mots de la dédicace. — 7. *La Nouvelle Bigarrure*, p. 140. C'est un recueil périodique, dans lequel on trouve accidentellement des articles sur la musique. Fétis a cru à une brochure de 14 pp. L'article de la page 140 a trait à l'*Histoire de l'Opéra* de Durey de Noinville. — 8. *Constitution du patriarche de l'Opéra qui condamne cent une propositions extraites de deux écrits intitulés : Réflexions sur les vrais principes de l'harmonie, et Lettre sur l'origine et les progrès de l'Académie royale de musique*, Cyteropolis, 1754, petit in-8°, 32 pp. Cette plaquette a bien été publiée pendant la mêlée, mais ce n'est qu'une spéculation d'un libraire voulant profiter du succès qu'obtenaient alors les publications sur la musique et sur l'Opéra ; il réimprima purement et simplement le petit volume attribué à Chevrier et qui parut daté du 1er novembre 1736, sous le titre de : *la Constitution de l'Opéra.* — 9. *Lettre d'un Hermite à J.-J. Rousseau*, s. l., avril 1753. Fétis s'est trompé en ajoutant au titre : *sur la musique françoise* et en classant ce petit écrit dans la guerre des Bouffons. Bonneval, qui en est l'auteur, y parle incidemment de l'avertissement du *Devin du village*, mais il ne vise ni la musique, ni les Bouffons. — 10. *Observations sur la lettre de M. Rousseau, de Genève, à M. Grimm, par M. Gautier, chanoine régulier*, Nancy, 1752, in-12, 48 pp. Cette brochure a trait au *Discours sur les sciences et les arts* de Rousseau, et non à la polémique musicale.

Nous complétons nos renseignements bibliographiques en donnant ici les titres de quelques publications récentes sur une guerre qui, on l'a vu, coûta passablement d'encre aux combattants : F. de Villars. *La Serva Padrona. Son apparition en 1752, son influence, son analyse. Querelle des Bouffons* Paris, Castel, 1863, grand in-8°, 48 pp.; — Jules Carlez. *Grimm et la musique de son temps*, Caen, 1872, in-8°, 41 pp.; — Adolphe Jullien. *La Musique et les philosophes au dix-huitième siècle*, Paris, Baur, 1873, grand in-8°, 68 pp. On nous permettra de passer sous silence une foule d'articles sans grande valeur, publiés çà et là dans les revues et journaux de musique.

Er. T.

ROUSSEL (Pierre), joueur de viole, musicien de la chambre du roi Charles IX, exerça la charge fameuse de roi des ménétriers. Sur l'acte de baptême de son fils Jehan, daté du 15 septembre 1572 et cité par Jal dans son *Dictionnaire critique de biographie et d'histoire*, il prend le titre de « roy des joueurs d'instruments du royaume de France ». C'est tout ce que l'on sait de cet artiste, resté jusqu'ici absolument inconnu.

ROUSSELOIS (Marie-Wilhelmine **DE ROUSSELLOIS**, connue sous le nom de Mlle), cantatrice dramatique renommée, naquit à Vienne (Autriche), le 26 février 1765 (1). Tout ce qu'on sait sur les commencements de sa carrière, c'est qu'en 1784 elle était première cantatrice au théâtre d'opéra français de Cassel, et qu'on vantait déjà son double talent de comédienne et de musicienne. Congédiée en 1786, avec la plupart de ses camarades, elle se rendit à Paris, où bientôt elle fut engagée à l'Opéra. Elle parut pour la première fois sur ce théâtre dans le rôle de Clytemnestre d'*Iphigénie en Aulide*, de Gluck. « Sa figure, disait un recueil de l'époque, est peu agréable, et sa taille trop massive; mais ces deux défauts semblent disparaître aux yeux du public quand elle a déployé l'étendue de sa voix, l'une des plus belles

(1) Outre les couplets de vaudevilles, on fit aussi des chansons, dont quelques-unes furent imprimées sur des feuilles volantes. Nous possédons celle qui commence ainsi :

> Bouffons les mardi,
> Bouffons les jeudi,
> Aurons (sic) une fin prochaine, etc.

(1) L'acte de décès de Mlle Rousselois, inscrit à l'état civil de Bruxelles, porte son nom ainsi orthographié : *De Roussellois*. Tout porte à croire que cette grande artiste, quoique née à l'étranger, était d'origine et de famille française ; la contexture de son nom l'indique, ainsi que sa carrière, exclusivement française, et enfin ses attaches ultérieures de famille, puisque ses filles et ses petites-filles brillèrent au nombre des meilleures comédiennes françaises.

A. P.

qui existent. Cette cantatrice est tellement musicienne, elle possède si parfaitement l'art de ménager ses moyens, pour les faire ressortir, qu'elle exécute avec la même supériorité l'ariette de bravoure et la romance, la musique de Gluck et le vaudeville. Elle a, d'ailleurs, comme actrice, un talent digne des plus grands éloges. Sa diction est juste et nuancée; son débit a, selon les rôles, de l'énergie ou de la légèreté, de la noblesse ou du comique, de la finesse ou du sentiment. On l'a vue plusieurs fois remplir ceux de grandes coquettes avec un talent égal à celui de nos meilleures actrices. Tout Paris se rappelle la manière vive et spirituelle dont elle a joué le joli rôle de soubrette dans l'opéra des *Prétendus*... »

Après avoir été forcée de quitter l'Académie royale de musique, où elle avait créé avec succès le rôle principal du *Démophon*, de Vogel, mais où elle éclipsait un peu trop Mlle Maillard, son chef d'emploi, Mlle Rousselois prit un engagement en province, et ensuite à Bruxelles, où elle débuta le 2 octobre 1800 dans *Didon*, de Piccinni. De Bruxelles elle se rendit à Rouen, revint dans la première de ces deux villes en 1804, y passa les trois ou quatre années qui suivirent, puis retourna à Rouen, où elle faillit périr dans l'incendie qui consuma le théâtre le 28 janvier 1810. Elle s'échappa fort heureusement par une fenêtre, plus fortunée que plusieurs de ses camarades, qui trouvèrent la mort au milieu des flammes.

A partir de 1815, Mlle Rousselois, de retour en Belgique, ne quitta plus ce pays ; elle fit partie sans interruption de toutes les troupes qui se succédèrent à Bruxelles, jouant à la fois les caractères dans la comédie et les premières duègnes dans l'opéra et le vaudeville. Quelques vieux amateurs se la rappellent encore, lorsque (1820), à côté de ses deux petites-filles, devenues plus tard Mmes Génot et Volnys, elle déployait un entrain, une verdeur, un naturel qui défiaient le temps et les orages. Peu d'années avant l'époque de sa retraite, le public ne manquait jamais d'applaudir avec transport ces deux vers de *la Fausse Magie*, appliqués à la cantatrice quasi septuagénaire dont la voix se retrouvait encore si belle dans la musique de Grétry.

> Et voilà, voilà de ces femmes;
> On n'en fait plus, c'est du bon temps.

Elle quitta définitivement le théâtre le 31 mai 1838. La représentation donnée à cette occasion fut extrêmement brillante; le public y était accouru en foule. Malgré ses soixante-treize ans, la bénéficiaire s'acquitta encore parfaitement des rôles qu'elle jouait pour la dernière fois dans *les Voitures versées* et *le Gamin de Paris*. Aussi le public lui fit-il une de ces ovations comme il en sait faire à ses artistes de prédilection.

Mlle Rousselois est morte à Bruxelles, le 8 novembre 1850, à l'âge de quatre-vingt-cinq ans (1).

F. D.

(1) Mlle Rousselois a eu deux de ses filles actrices comme elle : l'une, Mme Fay, femme du chanteur et compositeur de ce nom ; la seconde, Mme Lemesle, qui debuta au théâtre de la Monnaie, de Bruxelles, le 11 mai 1818, obtint sur cette scène des succès eclatants, et mourut à Paris, au mois de juin 1818, dans un âge encore peu avancé. Ces deux artistes étaient dignes de leur mère.

Fetis a fait une confusion lorsqu'il a dit, à l'article *Fay*, que ce compositeur avait épousé Mlle Rousselois, tandis qu'en réalité c'est de sa fille qu'il devint le mari. Voici la notice qu'on trouve sur Mme Fay dans la *Biographie universelle et portative des contemporains* :

« FAY (Mme *Jeanne*), née en 1781, est fille de Mme Rousselois, l'une des meilleures actrices et cantatrices qui aient paru à l'Académie royale de musique, qu'elle fut forcée de quitter, parce qu'elle y éclipsait Mlle Maillard, son chef d'emploi. (Le fait est exact, quoique singulier, et Mme Fay, comme auparavant sa mère, fut à l'Opera la rivale sacrifiée de Mlle Maillard.) Mme Fay, heritière du double talent de sa mère, mais douée d'un physique beaucoup plus agréable, a éprouvé les mêmes entraves. Sans etudes préliminaires, mais excellente musicienne, elle debuta fort jeune, en 1797, au théâtre Feydeau, sous le nom de Mme Bachelier, dans les grands rôles de Juliette dans *Roméo*, de Séraphine dans *la Caverne*, et de *Lodoïska* ; elle y montra une intelligence et une energie au-dessus de son âge, et fut jugée digne de remplacer Mme Scio : mais bientôt des intrigues l'obligérent de passer au théâtre Favart, où elle eut les mêmes succès et les mêmes désagréments. Ayant épousé M. Fay, elle voyagea avec lui et fit partout une ample moisson de lauriers et d'argent ; partout elle excita l'enthousiasme, et les journaux des départements ne lui épargnèrent pas les louanges. Le bruit de ses talents la fit rappeler à Paris. Elle parut au théâtre Feydeau, en 1818, dans Isaure de *Raoul Barbe-Bleue*. Mais le volume de sa voix, l'expression de sa physionomie et de son jeu, la noblesse de sa taille, la firent juger plus convenable à l'Académie royale de musique, pour remplacer Mme Branchu, qui songeait à se retirer. Mme Fay y débuta en 1819, et joua successivement les rôles d'Armide, de la Vestale, de Clytemnestre dans *Iphigénie en Aulide*, de Climène dans *Panurge*, de Didon, etc. Les applaudissements qu'elle y obtint lui valurent un ordre de réception ; mais de nouvelles intrigues la forcèrent de quitter au bout d'un an. On s'était flatté de la voir rentrer à l'Opéra, en 1822, après la retraite de Mme Branchu ; mais l'attente du public fut cruellement déçue; car aucune des actrices qui ont paru ou qui sont encore à ce théâtre, ne possède assurément l'ensemble des qualités qui distinguent les talents de Mme Fay. C'est ainsi que, sous une administration sans lumières et sans énergie, dans les choses d'agrément, comme dans les affaires importantes, la médiocrité l'emporte trop souvent sur le mérite. Mme Fay, éloignée de la scène dans un âge où la conservation de tous ses moyens lui promettait encore

ROUSSELOT (Scipion), violoncelliste et compositeur distingué, né au commencement de ce siècle, fit son éducation musicale au Conservatoire de Paris, où il fut admis dans la classe de violoncelle de Baudiot, et où il obtint un premier prix au concours de 1823. Il étudia ensuite l'harmonie et la composition avec Reicha, et bientôt se fit connaître par la production de plusieurs œuvres de musique de chambre ou de musique symphonique qui décelaient un artiste instruit, bien doué et digne de sincères encouragements. Le 9 février 1834, M. Rousselot faisait exécuter, à la Société des concerts du Conservatoire, une symphonie qui était très-bien accueillie du public, et peu après la Société de musique de chambre fondée par les frères Tilmant (*Voy.* ce nom) faisait applaudir quelques-unes de ses compositions en ce genre. Il fut moins heureux au théâtre, qu'il n'aborda d'ailleurs qu'une seule fois, en donnant à l'Opéra-Comique un ouvrage en un acte, *Zurich,* qui ne fut que médiocrement heureux par suite de la faiblesse du poëme et des allures un peu trop ambitieuses de la partition. Depuis lors, M. Rousselot est allé se fixer en Angleterre, et l'on n'en a plus guère entendu parler.

Je citerai les ouvrages suivants, presque tous publiés chez l'éditeur Richault, parmi ceux qui sont dus à cet artiste honorable : 1re Symphonie à grand orchestre ; Sextuor pour hautbois, clarinette, cor, basson, violoncelle et contrebasse (Paris, Catelin) ; 5 grands Quintettes pour 2 violons, alto, violoncelle et contre-basse, op. 14, 16, 21, 23 et 26 ; 3 Quatuors pour 2 violons, alto et violoncelle, op. 10 ; 4e Quatuor, id., op. 25 ; Trios pour piano, violon et violoncelle, op. 7 ; 3 Sonatines pour violoncelle et basse, op. 2 ; Thème varié pour violoncelle, avec accompagnement de piano ou de quatuor, op. 8 ; Variations sur *il Crociato* pour violoncelle ou violon, avec accompagnement de piano, op. 11 ; Variations faciles pour violoncelle, avec accompagnement de 2 violons et alto ou piano, op. 12 ; 1er Morceau de salon pour violoncelle et piano, op. 13 ; Mélange sur deux airs languedociens pour violoncelle, avec accompagnement de piano, op. 19 ; Nocturne pour piano et violon, op. 9.

Un frère de cet artiste, M. *Joseph-François Rousselot,* virtuose fort distingué sur le cor, est né le 6 février 1803. Il fut admis au Conservatoire, dans la classe de Dauprat, et obtint un second prix de cor au concours de 1822, et le premier prix l'année suivante. Il fit ensuite partie des orchestres de l'Opéra, de la Société des concerts du Conservatoire, où il se produisit parfois comme soliste, et de la chapelle royale. M. J.-F. Rousselot vit aujourd'hui retiré à Argenteuil, près Paris.

* **ROVETTA** (Jean). — Dans la seconde édition de son *Annuario musicale,* M. Paloschi fixe la date de la mort de cet artiste au 23 octobre 1668.

ROVIRA (A.......), compositeur espagnol, est l'auteur d'un opéra italien, *Sermondo il generoso,* qui fut représenté sur le théâtre principal de Barcelone, le 6 janvier 1839. Je n'ai pu découvrir aucun autre renseignement sur cet artiste.

ROXAS (Emanuele DE), compositeur italien d'origine espagnole, est né à Reggio de Calabre le 1er janvier 1827. Destiné à la carrière des armes, que sa famille avait parcourue pendant plusieurs générations, il devait être placé à l'école de marine lorsque, sur ses instances, son père consentit à lui laisser suivre son penchant pour la musique. Il entra alors au Conservatoire de Naples, où tout d'abord il se livra à l'étude du hautbois; mais bientôt il abandonna cet instrument, et devint élève de Busti, puis de Crescentini pour le chant. Dans le même temps, il commença l'étude de l'harmonie avec Giacomo Cordella, et enfin fit un cours complet de contre-point et de composition avec Francesco Ruggi.

Ayant quitté le Conservatoire en 1847, il écrivit aussitôt un opéra en 2 actes, *la Figlia del Sergente,* qui fut représenté avec succès, l'année suivante, sur un petit théâtre de Naples aujourd'hui disparu. Au mois de juillet 1852, il donnait au théâtre Nuovo un opéra bouffe en 3 actes, intitulé *Gisella,* que le public reçut avec la même faveur. Tout en s'occupant aussi de musique religieuse, M. de Roxas écrivit un troisième ouvrage dramatique, *Rita,* qui, moins heureux que les précédents, fut accueilli avec froideur au théâtre du Fondo, en 1857. Ce fut alors que la mort de son père et certaines circonstances de famille vinrent obliger le compositeur à renoncer à la carrière du théâtre. A partir de ce moment, il n'écrivit plus guère qu'un certain nombre de romances et mélodies, et consacra presque entièrement son activité à l'enseignement du chant. Il forma sous ce rapport d'excellents élèves, parmi lesquels on se plaît surtout à citer deux chanteurs dramatiques fort distingués, qui ont été applaudis par toute l'Europe, le ténor Mario Tiberini et le baryton Luigi Colonnese.

de longs succès, paraît s'être consacrée entièrement aux soins particuliers qu'exigeaient les dispositions précoces et l'éducation théâtrale de sa fille. »

M. de Roxas a publié, chez l'éditeur Ricordi (Milan), quatre albums de chant; chez l'éditeur Cottrau (Naples), deux albums intitulés *le Brezze Napolitane* et *Immagine d'amore*; chez MM. Giudici et Strada (Turin), deux autres recueils du même genre. Comme compositeur de musique religieuse, on lui doit une Messe de *Gloria*, un *Magnificat*, un *Tantum ergo*, *les Sept Paroles de Jésus-Christ*, oratorio à 3 voix avec accompagnement de petit orchestre et piano, et plusieurs motets. — M. de Roxas est chevalier de l'ordre de la Couronne d'Italie. Depuis 1873, il remplit les fonctions de professeur de chant au Conservatoire de Naples.

ROY (Paul), musicien français, fixé à Alger comme professeur de musique, est l'auteur d'un traité publié sous ce titre : *Enseignement rationnel de la musique* (2 volumes in-8°).

ROYER (Alphonse), auteur dramatique français, né à Paris le 10 septembre 1803, y est mort le 11 avril 1875. On lui doit les livrets, originaux ou traduits, des opéras suivants, tous écrits en société avec Gustave Waëz : *Lucie de Lamermoor, la Favorite, Othello, Don Pasquale, Jérusalem* (*i Lombardi*), *Robert Bruce*. Alphonse Royer, qui avait été directeur du théâtre de l'Odéon, devint directeur de l'Opéra le 1er juillet 1856 et conserva cette situation jusqu'au mois de décembre 1862. Depuis cette époque, renonçant au théâtre d'une façon active, il en fit l'objet d'études littéraires importantes, traduisant les œuvres d'Alarcon, de Tirso de Molina, de Carlo Gozzi, et publiant une médiocre *Histoire universelle du Théâtre* (Paris, Franck, 1869-1877, 6 vol. in-8°). Lors de l'inauguration de la nouvelle salle de l'Opéra, il a publié aussi une *Histoire de l'Opéra* (Paris, Bachelin-Deflorenne, 1875, petit in-8° avec portraits), qui peut être agréable aux gens du monde complétement ignorants des phases historiques de notre première scène lyrique, mais pour laquelle l'auteur a négligé de remonter aux sources, et qui, par conséquent, ne contient aucun fait nouveau, aucune vue particulière, aucun document inédit, et bien moins encore de vues d'ensemble et de résumé philosophique.

ROZET (.......). — Un artiste de ce nom a fait représenter à Lyon, au mois de septembre 1845, un opéra-comique en un acte intitulé *la Jeunesse de Charles XII*.

ROZKOSNY (R.....), compositeur hongrois, est l'auteur d'un opéra romantique, qui a été représenté sous ce titre : *Svatojoncky Prondy*, sur le théâtre national de Pesth, au mois d'octobre 1871.

RÜBEN (A........), compositeur allemand contemporain, a écrit la musique d'un petit ouvrage de circonstance, *Vor hundert Jahren* (*Il y a cent ans*), qui a été représenté le 7 octobre 1878, sur le théâtre royal de Munich, pour célébrer le centième anniversaire de l'inauguration de ce théâtre.

RUBERTI (Costantino), violoniste et compositeur italien du dix-huitième siècle, était né à Naples et résidait en cette ville. Membre de la chapelle royale, il fit représenter sur le théâtre Nuovo, en 1735, un opéra intitulé *il Filippo*.

* **RUBINI** (Jean-Baptiste), célèbre chanteur italien. — Cet artiste fameux a publié : 1° 12 *Leçons de chant moderne, pour ténor ou soprano*, Paris, Bernard-Latte (1839), avec portrait ; 2° *l'Adieu*, hommages et souvenirs à son élève mademoiselle de Flahaut, Paris, Bernard-Latte, avec portrait de l'auteur dans son costume d'*i Puritani*. Ce dernier recueil contient six morceaux : *le Rendez-vous de nuit*, romance ; *une Prière*, id.; *Regrets et Souvenir*, ariette ; *Ma belle promise*, air ; *la Rose*, duettino; *l'Adieu*, duetto.

Mme Rubini, Française de naissance et d'origine, et dont le nom de demoiselle était *Adèle Chomel*, s'était fait connaître d'abord sous celui de *Comelli*, et avait obtenu de grands succès en Italie et en Angleterre, en compagnie de son mari. Elle est morte à Milan, au mois de janvier ou février 1874.

* **RUBINSTEIN** (Antoine), l'un des artistes les plus remarquables de l'époque actuelle, est considéré aujourd'hui comme le chef de l'école musicale russe. Virtuose de premier ordre, remarquable par la fougue de son exécution, la grandeur, la puissance et souvent la noblesse de son jeu, pourvu d'une solide instruction et d'une vaste connaissance de toutes les œuvres et de tous les styles, il lui manque malheureusement les qualités de charme et d'émotion sans lesquelles il n'est pas d'artiste accompli. Admirable au point de vue de la sonorité qu'il tire de l'instrument, des nuances qu'il sait lui faire rendre, des qualités nerveuses d'une exécution pleine de souplesse et d'imprévu, de hardiesse et d'autorité, M. Rubinstein étonne et frappe ses auditeurs plus qu'il ne les charme. Il y a quelque chose d'abrupt, de sauvage dans ce jeu viril jusqu'à l'excès, et qui ne connaît pour ainsi dire ni la grâce ni la tendresse. Ce n'en est pas moins un artiste de haute lignée, d'un talent magnifique, et d'un ordre exceptionnel.

Comme compositeur, M. Rubinstein peut être

apprécié à peu près de même que comme virtuose. Plus violent que vigoureux, plus étrange que foncièrement original, plus habile au point de vue technique que fertile en ce qui concerne l'imagination, il est fort loin cependant d'être le premier venu, et son talent heurté mais puissant, parfois brutal, mais grandiose, appelle forcément l'intérêt et s'impose à l'attention. Les opéras de M. Rubinstein ont subi des chances diverses, et sont d'ailleurs très-inégaux en valeur, non-seulement entre eux, mais dans leurs diverses parties. On ne peut nier cependant que *Feramors* et *le Démon* n'aient obtenu des succès très-réels. Ses deux oratorios, *la Tour de Babel* et *le Paradis perdu*, ont été moins complètement heureux. Le premier de ces ouvrages a paru à la fois bien lourd et bien monotone lorsque l'auteur est venu le faire entendre à Paris en 1875, et l'on n'y a remarqué que les trois jolis petits chœurs des enfants de Cham, de Sem et de Japhet. Quant au second, il ne semble avoir été accueilli, à Saint-Pétersbourg, qu'avec un succès relatif. En ce qui concerne sa musique symphonique, elle est beaucoup plus prisée en Allemagne qu'en France, où l'on a reçu avec une certaine froideur la symphonie *l'Océan* et le tableau musical intitulé *Ivan IV*. Il y a sans doute dans ces œuvres de grandes qualités de facture, une science magistrale de l'instrumentation et un sentiment remarquable des effets d'orchestre, mais on y voudrait une inspiration plus souple, plus brillante, et surtout plus généreuse. Parmi ses compositions pour le piano, il faut tirer de pair quelques-uns de ses concertos de piano, particulièrement le cinquième, qui est une production extrêmement remarquable, et que M. Rubinstein exécute avec une incomparable *maestria*. Enfin, si M. Rubinstein laisse à désirer, dans sa musique de chambre, un style moins heurté, moins inégal et moins violent, il a produit un grand nombre de *lieder* dont la forme et l'inspiration sont vraiment originales, particulières et savoureuses.

M. Antoine Rubinstein, qui a rendu de grands services à l'art musical russe en créant, en 1862, le Conservatoire de Saint-Pétersbourg, et en imprimant aux concerts philharmoniques de cette ville une direction excellente, n'a cependant jamais renoncé complètement à ses voyages artistiques, qui lui ont valu de nombreux et brillants succès. Il a parcouru plusieurs fois l'Allemagne, où sa musique est inscrite sur les programmes de tous les concerts, il a visité la Belgique en 1866, est venu à Paris en 1868, 1870 et 1875, et s'est fait entendre de nouveau, en 1878, à Bruxelles, où il a remporté de véritables triomphes. En somme, qu'on le considère comme virtuose ou comme compositeur, M. Rubinstein est un artiste incomplet sans doute, profondément inégal, mais prodigieusement doué, d'une valeur véritablement exceptionnelle, et qui a fait assez pour que son nom tienne désormais une place toujours honorable, parfois brillante, dans l'histoire de l'art musical.

Voici un catalogue étendu, quoique encore très-incomplet, des œuvres de M. Antoine Rubinstein. — MUSIQUE DRAMATIQUE ET ORATORIO. *Dimitri Donskoï*, opéra en 3 actes, Saint-Pétersbourg, 1852; *Tom le fou; les Enfants des Landes*, Vienne, 1861; *Feramors*, Dresde, théâtre royal, 22 février 1863; *le Démon*, opéra « religieux » en 3 actes, Saint-Pétersbourg, 25 janvier 1875; *les Macchabées*, Berlin, 17 avril 1875; *Néron; la Vengeance*, un acte (non représenté); *les Sept Chasseurs sibériens* (non représenté); *la Tour de Babel*, oratorio, exécuté au festival rhénan de Dusseldorf, en 1872; *le Paradis perdu*, oratorio, Saint-Pétersbourg, 17 décembre 1876. — MUSIQUE SYMPHONIQUE. *L'Océan*, symphonie; Symphonie dramatique; 2 Symphonies; *Ivan IV*, composition caractéristique pour orchestre, op. 79; *Don Quichotte*, composition caractéristique pour orchestre, op. 87. — MUSIQUE VOCALE. *Hécube*, air avec accompagnement d'orchestre, op. 92, n° 1; *Agar dans le désert*, scène dramatique avec accompagnement d'orchestre, op. 92, n° 2; *le Lyrique et le Requiem pour Mignon*, vaste composition écrite sur un texte tiré du *Wilhelm Meister* de Gœthe, op. 91; *Mélodies Persanes;* musique pour le *Faust*, de Gœthe; 10 *lieder*, op. 83; un très-grand nombre de *lieder* et mélodies vocales à une ou plusieurs voix. — MUSIQUE INSTRUMENTALE. Sextuor pour instruments à cordes; Quintette pour piano, deux violons, alto et violoncelle (en *sol* mineur); Quintette pour piano, flûte, clarinette, cor et basson, op. 55; Quatuor pour piano, violon, alto et violoncelle (en *ut* majeur), op. 66; 3 quatuors pour instruments à cordes, op. 17; 2 quatuors pour instruments à cordes (*sol* mineur, *mi* mineur), op. 90; Quatuors pour instruments à cordes, op. 47; 2 Trios pour piano, violon et violoncelle (*fa* majeur, *sol* mineur), op. 15; Trio, id. (*si* majeur), op. 52; Trio, id. (*ut* mineur), op. 85; 1re sonate pour piano et violon (*sol* majeur), op. 13; 2e Sonate, id. (*la* mineur), op. 19; Grand Duo pour piano et violon sur *le Prophète* (avec M. Vieuxtemps); Romance et Caprice pour piano et violon, op. 86;

Sonate pour piano et alto, op. 49 (arrangée pour piano et violon par Ferdinand David); 2 Sonates pour piano et violoncelle (*ré* majeur, *sol* majeur), op. 18 et 39; Concerto pour violoncelle, avec accompagnement d'orchestre; 1er, 2e, 3e, 4e et 5e Concertos pour piano, avec accompagnement d'orchestre; Fantaisie pour piano, avec accompagnement d'orchestre, op. 84; Sonate pour piano, op. 89; 4e Sonate pour piano (*la* mineur), op. 100; 6 Études, id., dédiées à Mme Marie Pleyel, op. 23; 6 Études, id., dédiées à Mme Clara Schumann, op. 24; 6 Études, id., op. 81; 2 Grandes Études, id., op. 93; *Ondine*, étude, id., op. 1; 2 Mélodies, id., op. 3; 2 Fantaisies sur des chansons populaires russes, op. 2; Mazurka-fantaisie, op. 4; 3 morceaux (*Polonaise*, *Cracovienne*, *Mazurke*), op. 5; Tarentelle, op. 6; Impromptu-Caprice, op. 7; 3 morceaux (*Impromptu*, *Berceuse*, *Sérénade*), op. 16; Acrostiche, op. 37; 5 morceaux (*Caprice*, *Nocturne*, *Scherzo*, *Romance*, *Toccata*), op. 69; 3 Morceaux (*Nocturne*, *Mazurke*, *Scherzo*), op. 71; *le Bal*, fantaisie en 10 numéros; Album des danses populaires des différentes nations, op. 82; Thème et Variations, op. 88.

RUBINSTEIN (Nicolas), frère du précédent, est né en 1835 à Moscou. Dès son enfance, il avait révélé des dispositions remarquables pour la musique; à l'âge de sept ans, on commençait à le produire avec son frère dans des tournées artistiques en Russie. Toutefois il reconnaît avoir fait ses études les plus sérieuses à Berlin; il s'y perfectionna pour le piano avec Kullak et apprit la composition avec Dehn, qui était aussi le maître d'Antoine Rubinstein et avait aussi réformé l'éducation de Glinka. Après son retour à Moscou, sa famille l'obligea vainement d'entrer à l'Université, dans la faculté de droit : la vocation musicale reprit le dessus. En Russie, il était considéré comme l'égal de son frère, mais celui-ci ajoutait aux mérites éminents du virtuose le prestige du compositeur, et décuplait sa renommée en faisant des tournées à travers toute l'Europe et même en Amérique. Nicolas Rubinstein, au contraire, s'est tellement voué à l'enseignement qu'il a négligé la composition, et jusqu'en ces derniers temps il se contentait comme virtuose de l'admiration enthousiaste de ses compatriotes.

En 1859, c'est-à-dire à vingt-quatre ans, il fonda la Société musicale russe de Moscou, et il n'a cessé d'en diriger les concerts symphoniques; chaque année il organise une vingtaine de programmes, où les maîtres étrangers alternent avec les nationaux; c'est ainsi, et grâce à lui, que bon nombre d'œuvres de l'école française contemporaine sont populaires à Moscou. En outre, Nicolas Rubinstein va tous les printemps donner des concerts à Saint-Pétersbourg pendant le carême.

En 1864, il a fondé le Conservatoire de musique de Moscou, dont il est toujours directeur. Ce Conservatoire est aussi actif que celui de Saint-Pétersbourg; les classes de composition et celles de piano y sont particulièrement fortes.

Ce ne sont pas seulement ses mérites de virtuose et de professeur qui ont fait sa popularité, mais aussi ses qualités de cœur et d'esprit. Durant la dernière guerre d'Orient, il a donné des concerts dans trente-trois villes de Russie au profit des blessés, et a versé des sommes considérables dans la caisse de la société de la Croix-Rouge.

Lors de l'Exposition universelle de Paris en 1878, il fut désigné pour venir organiser trois concerts russes au palais du Trocadéro, et il se fit enfin apprécier du public cosmopolite comme pianiste et comme chef d'orchestre. On connaît les programmes de ses trois concerts nationaux russes, et l'on sait que le succès en fut si grand qu'il fallut donner une quatrième séance.

G. B.

RUBIO (Jacinto), est l'auteur d'un Traité de transposition publié sous ce titre : *Observaciones y reglas sobre el trasporte musical*, Mexico, 1856.

RUBIO (Angel), musicien espagnol contemporain, a fait représenter au théâtre Apolo, de Madrid, au mois de mars 1879, une *zarzuela* en un acte intitulée *la Salsa de Aniceta*.

* **RUDERSDORFF** (Joseph), violoniste, né à Amsterdam, est mort à Kœnigsberg au mois de mars 1866.

RUDORFF (Ernest), compositeur allemand, s'est fait connaître récemment par la publication de quelques œuvres, entre autres : Ouverture sur le conte de Ludwig Tieck : *Ekbert le blond*, op. 8; Andante, scherzo et finale pour orchestre, op. 15; Sérénade pour orchestre, op. 20; Variations pour orchestre sur un thème original, op. 24; etc.

RUEG (Benedict), musicien suisse, né à Uznach, près du lac de Zurich, vivait à la fin du dix-septième siècle et au commencement du dix-huitième. Il fut maître de chapelle du couvent de Wettingen, près de Bade (Argovie), et publia plusieurs ouvrages parmi lesquels on cite surtout le suivant : *Corona Mariana stellarum duodecim, seu totidem Salve Regina : 3 Vocibus, 2 violinis et 2 clarinis necessariis : 5 riplen-vero, et 3 violis ad libitum una cum duplici Basso continuo; compilata a R. P. F. Benedicto Rueg, celeberrimi Monast. B. V. de*

Maris stella Musicæ Præfecto ac. Philos. Prof. ordin. Op. II, 1703.

RUELLE (Charles-Emile), helléniste distingué, à qui ses connaissances musicales ont permis de doter notre littérature spéciale de travaux intéressants, est né à Paris le 24 octobre 1833. Attaché au ministère de l'Instruction publique (division des sciences et lettres) en 1856, il devenait à la même époque le secrétaire de J.-A.-H. Vincent (*Voy.* ce nom), qu'il aida constamment de son intelligence et de son dévouement dans ses laborieuses recherches sur l'art musical des Grecs, et c'est sous les yeux de ce savant que M. Ruelle entreprit la traduction des *Éléments harmoniques* d'Aristoxène, traduction qui manquait à la France. La mort surprit le maître avant que son disciple n'eût achevé son œuvre, mais celle-ci n'en fut pas moins menée à bonne fin, et la traduction de M. Ruelle fut publiée sous ce titre : *Éléments harmoniques d'Aristoxène, traduits en français pour la première fois, d'après un texte revu sur les sept manuscrits de la Bibliothèque impériale et sur celui de Strasbourg*, par Ch.-Em. Ruelle (Paris, Pottier de Lalaine, 1870, in-8°). Dans un avertissement plein d'intérêt, le traducteur fait une sorte d'historique de la vie d'Aristoxène et de ses écrits, et le texte de son auteur est élucidé par lui à l'aide de notes nombreuses et savantes. Le travail de M. Ruelle a été couronné par l'Association pour l'enseignement des études grecques.

En 1871, M. Ruelle publiait l'opuscule suivant, qui avait été inséré d'abord dans les Comptes-Rendus de l'Académie des inscriptions et belles-lettres : *Notices et variantes d'un manuscrit grec relatif à la musique qui a péri pendant le bombardement de Strasbourg* (Paris, Donnaud, 1871, in-8° de 4 pp.); puis, ayant été chargé par le gouvernement français, au mois d'octobre de la même année, d'une mission qui avait pour but la recherche, dans les bibliothèques de l'Espagne, des manuscrits grecs contenant des textes inédits relatifs à la musique, il rapporta de son voyage les éléments des deux publications suivantes : 1° *Études sur l'ancienne musique grecque. Rapports à M. le ministre de l'Instruction publique sur une mission littéraire en Espagne* (Paris, Impr. nationale, 1875, in-8°); 2° *Traduction de quelques textes grecs inédits, recueillis à Madrid et à l'Escurial : lettres de Psellus, fragments anonymes sur la musique et sur l'accentuation grecque, table des chapitres du Dynaméron du médecin Elius Promotus* (Paris, Durand, 1875, in-8°).

Outre ces travaux dont l'intérêt et l'utilité n'ont pas besoin d'être démontrés, M. Ruelle a publié, sur les questions spéciales qui l'intéressent en ce qui concerne la musique, un assez grand nombre d'articles dans *l'Univers musical*, la *Revue et Gazette musicale*, le *Bibliographe musical* et la *Revue archéologique*.

RUELLE (Jules), écrivain français, collaborateur du *Monde artiste* et de l'*Art musical*, ancien rédacteur du *Messager des théâtres*, a été secrétaire du Théâtre-Lyrique et de celui de l'Athénée. Il est l'auteur d'une brochure anonyme publiée sous ce titre : *la Musique et le théâtre en* 1871 (Paris, impr. Renou et Maulde, juin 1871, in-4°) ; cette brochure, écrite à l'instigation de M. Martinet, alors directeur du Théâtre-Lyrique, qui venait d'être incendié pendant les événements de la Commune, était un plaidoyer en faveur de ce théâtre, auquel l'Assemblée nationale semblait disposée à retirer sa subvention ; elle ne fut point mise dans le commerce, mais seulement distribuée aux membres de l'Assemblée et aux journalistes spéciaux. Lorsque M. Martinet eut rouvert, à ses risques et périls, le Théâtre-Lyrique dans la petite salle de l'Athénée, et qu'il y eut fait de mauvaises affaires, M. Ruelle lui succéda comme directeur. Il ne fut pas plus heureux, malgré l'activité qu'il déploya et les services qu'il rendit pendant sa courte administration.

RUF (S........), écrivain allemand, auteur de plusieurs ouvrages philosophiques et scientifiques, s'était pris de passion pour la vie et les travaux habiles du fameux luthier tyrolien Jacob Stainer. Il lui a consacré une notice biographique qu'il a publiée sous ce titre : *le Fabricant de violons Jacob Stainer*. Ruf est mort à Hall (Tyrol), le 11 avril 1877, à l'âge de soixante-quinze ans.

RÜFER (Philippe-Barthélemy), pianiste et compositeur, fils d'un pianiste et organiste allemand né en 1810 et qui s'établit à Liége en 1830, naquit en cette ville le 7 juin 1844. Il fit ses études musicales au Conservatoire de Liége, où il obtint en 1865 le premier prix de fugue, après s'être vu décerner, l'année précédente, la médaille de vermeil dans les classes de piano et d'orgue. Il prit part ensuite (1865) au concours de Rome, où il obtint une mention honorable avec sa cantate *la Fille de Jephté*, et concourut une seconde fois sans résultat. Devenu répétiteur de piano dans l'établissement dont il avait été l'élève, M. Rüfer accepta en 1867 la situation de maître de chapelle à Essen, sur le Rhin, où il se fit remarquer dans la direction des concerts, puis, en 1871, alla se fixer à Berlin, où il occupa pendant quelque temps la place de professeur de piano au Conservatoire-Stern.

Comme compositeur, M. Rüfer s'est fait connaître par la publication de diverses œuvres qui ne manquent ni de style, ni de distinction, et dont voici une liste étendue : Sonate pour piano et violon, op. 1 ; 4 *lieder* avec piano, op. 2 ; 3 *lieder* sur des paroles de Gœthe, op. 3 ; 3 *lieder*, op. 4 ; Ouverture de concert, à grand orchestre, op. 5 ; 4 *lieder*, op. 6 ; 3 Chœurs pour voix d'hommes, op. 7 ; 3 Suites pour violoncelle, avec accompagnement de piano, op. 8 ; 3 *lieder*, op. 9 ; 3 Morceaux de piano à 4 mains, op. 10 ; 3 *lieder*, op. 11 ; 4 *lieder*, op. 12 ; 3 Suites pour violoncelle, avec piano, op. 13 ; Morceaux de fantaisie, pour piano, op. 14 ; 3 Chœurs, op. 15 ; Sonate pour orgue, op. 16 ; 3 *lieder*, op. 17 ; *Chanson de Mai*, à 3 voix, op. 18 ; 3 *lieder*, op. 19 : Quatuor en *ré* mineur, pour 2 violons, alto et violoncelle, op. 20 ; Tarentelle pour piano, op. 21 ; 4 Morceaux pour piano, op. 22 ; Symphonie en *fa* majeur, pour orchestre, op. 23 ; Scherzo, op. 24 ; Ouverture de concert, op. 29 ; Ouverture dramatique.

M. Rüfer s'est fait une situation fort honorable à Berlin, où il est très-considéré à la fois comme professeur et comme compositeur.

* **RUFFO** (VINCENT), compositeur italien du seizième siècle. — A la liste des nombreux ouvrages de cet artiste, il faut ajouter : *Il primo libro di Madrigali cromatici à 4 voci, con la giunta di alquanti madrigali del medesimo autore, novamente con ogni diligentia ristampato et corretto, Venezia, Antonio Gardane*, 1552.

* **RUGGI** (FRANÇOIS), compositeur et l'un des théoriciens les plus renommés de l'école napolitaine, naquit à Naples le 21 octobre 1767. Il fit ses études au Conservatoire de la Madone de Loreto, et y devint l'élève préféré du célèbre Fenaroli, qui lui enseigna l'harmonie, le contrepoint et la composition. Fort jeune encore, il écrivit beaucoup et avec talent, car il n'avait que vingt-sept ans lorsqu'il fut l'objet d'un hommage tel qu'on n'en reçoit guère à cet âge : le 2 février 1795, le conseil des Élus de la ville de Naples lui écrivait, à la suite d'une de ses délibérations : — « Vous avez donné les preuves d'une « si grande habileté dans les œuvres que vous « avez fait connaître dans cette capitale au mi- « lieu d'applaudissements universels, que leurs « Excellences ont résolu de vous nommer maî- « tre de chapelle extraordinaire de cette ville « très fidèle... »

Dès cette époque, Ruggi avait heureusement abordé le théâtre en faisant représenter à Naples, avec succès, deux opéras sérieux intitulés *la Felicità compita* et *l'Ombra di Nino*. En 1796, il donnait à Milan un opéra semi-sérieux en 2 actes, *la Guerra aperta*, qui fut moins favorablement accueilli, et un autre ouvrage bouffe, *Soffi Trippone*. On assure que ce dernier contenait des allusions politiques qui se firent jour à la scène, mais qui lui avaient été tenues secrètes ; il en conçut un tel dépit que jamais plus il ne voulut travailler pour le théâtre. A partir de ce jour, en effet, il ne s'exerça plus absolument que dans la musique sacrée, où d'ailleurs il fit preuve d'une rare fécondité ; il écrivit surtout un nombre d'œuvres considérable pour le couvent de *Regina Cœli*, dont il était le maître de chapelle. Il s'adonna aussi à l'enseignement du chant, dans lequel il était fort habile, et devint le professeur des filles de Murat, lorsque celui-ci eut été fait roi de Naples. En 1825, à la mort de Giacomo Tritto, Ruggi fut nommé professeur de contre-point et de composition au Conservatoire, et là, dans l'espace de vingt ans, il forma un grand nombre d'excellents élèves et acquit la réputation d'un théoricien de premier ordre. Cet artiste respectable et distingué mourut à Naples, le 23 janvier 1845, à l'âge de soixante-dix-sept ans. Élève de Fenaroli, dont il ne cessa de propager les saines doctrines, lié d'une vive amitié avec Zingarelli, auquel il succéda comme membre de l'Académie des Beaux-Arts de Naples, Ruggi fut le maître de Bellini, de Carafa et d'une foule d'artistes distingués qui professaient pour lui le plus profond respect et lui témoignaient la plus tendre et la plus sincère affection.

Le nombre des compositions religieuses de Francesco Ruggi est extrêmement considérable, et je n'en saurais dresser ici un catalogue complet et détaillé ; les plus importantes sont les suivantes : 10 Messes à 2, 3, 4, 5 et 8 voix, avec accompagnement soit d'orgue, soit d'orchestre ; *la Passion selon saint Jean*, oratorio ; *Tre Ore di agonia*, oratorio ; *Giosuè al Giordano*, oratorio ; 2° *Te Deum* à 2, 4 ou 5 voix, avec accompagnement d'orgue, ou de petit ou de grand orchestre ; *Stabat Mater*, à 2 voix avec orgue ; Cantate sacrée à 5 voix avec orchestre ; Messe funèbre à 3 voix avec orgue ; 2 *Magnificat* à 3 et 4 voix ; *Salve Regina* pour 3 voix d'hommes, avec clarinette et violoncelle ; *Salve Regina* pour 3 voix de soprano avec orgue ; *Salve Regina* pour ténor solo, avec chœur et grand orchestre ; 2 *Miserere* à 3 et 4 voix, avec accompagnement d'instruments à cordes ; 4 *Christus* et *Miserere* ; enfin un grand nombre de motets divers, à une ou plusieurs voix, avec accompagnement d'orgue, ou de grand orchestre, ou d'instruments à vent, ou d'instruments à cordes.

RUGGI (Francesco), compositeur italien, né à Naples en 1826, a commencé l'étude de la musique avec Luigi Capolorti et Francesco Lanzilli, et eut ensuite Pietro Casella pour professeur d'harmonie et de contre-point. Il est l'auteur des opéras suivants : 1° *una Festa di paese* (3 actes, Naples, théâtre Nuovo, 1856) ; 2° *i Due Ciabattini* (farce en un acte, id., id., 1860), petit ouvrage qui obtint un vif succès et qui est toujours au répertoire des scènes napolitaines ; 3° *Loretta l'Indovina* (4 actes, Naples, théâtre Bellini, 1862) ; 4° *Nadilla, o la statua di carne* (5 actes, id., id., 13 janvier 1868). M. Ruggi a publié quelques mélodies vocales, et a écrit aussi de nombreuses œuvres de musique religieuse.

Un compositeur du nom de *Ruggi* a donné au petit théâtre Santa-Radegonda, de Milan (avril 1868), un opéra bouffe en 3 actes, *la Donna romantica*, qu'il avait écrit en société avec trois autres artistes, MM. Buonomo, Campanella et Valente. Je ne saurais affirmer que c'est le même que celui dont il est ici question, mais je suis volontiers porté à le croire.

RÜHLMANN (Adolphe-Jules), pianiste, virtuose remarquable sur la trompette et écrivain musical, né à Dresde le 28 février 1817, mort en cette ville le 27 octobre 1877, apprit la théorie de l'art avec Jules Otto, mais, dit-on, se forma surtout lui-même. Devenu musicien de chambre à la chapelle royale de Dresde, il fut l'un des fondateurs de la Réunion des musiciens et devint professeur au Conservatoire, où il était tout à la fois chargé d'une classe de piano et du cours d'histoire de la musique. Rühlmann s'est fait connaître comme écrivain spécial en prenant part à la rédaction de divers recueils, particulièrement à celle de *la Nouvelle Gazette musicale* dirigée par Schumann. Il fut lié d'ailleurs d'une étroite amitié avec cet artiste, comme il le fut aussi plus tard avec M. Richard Wagner, ses principes en matière d'art étant toujours ceux du parti le plus avancé. Rühlmann était, au surplus, un homme intelligent et un véritable artiste.

RUIZ (Gustave-Raphael), compositeur français, né à Nevers (Nièvre) le 6 mars 1840, a été, au Conservatoire de Paris, l'élève de Leborne pour la fugue. Ayant pris part au concours de Rome en 1863, il obtint une mention honorable ; mais les épreuves des années suivantes ne lui furent pas favorables. Étant parti pour l'Italie, M. Ruiz voulut se produire en ce pays comme compositeur, et donna au théâtre de la Fenice, de Venise, un opéra intitulé *Orio Soranzo* ; cet ouvrage, joué au mois d'avril 1870, subit une chute complète et ne put obtenir plus d'une représentation. Après être revenu passer quelque temps en France, M. Ruiz retourna en Italie, et écrivit un second ouvrage dramatique, *Wallenstein*, qu'il fit jouer sur le théâtre communal de Bologne, le 4 décembre 1877, et qui ne fut pas beaucoup plus heureux que le précédent.

***RUMMEL** (Chrétien-François-Louis-Frédéric-Alexandre), pianiste de premier ordre, clarinettiste, violoniste, compositeur et chef d'orchestre, maître de chapelle du duc de Nassau, était né à Brichsenstadt, en Bavière, le 27 novembre 1787. Virtuose hors ligne, il avait obtenu de très-grands succès sous ce rapport, non-seulement en Allemagne, mais dans les pays étrangers, et notamment en Belgique, où il se trouvait en 1824. Rummel avait été, à Mannheim, l'élève du violoniste Ritter et d'un maître de chapelle nommé Wagner, qui lui donna les leçons de composition. Il reçut aussi des conseils de l'abbé Vogler. En 1806, après avoir refusé un brillant engagement, il accepta la place de chef de musique du 2ᵉ régiment d'infanterie de Nassau, avec lequel il fit la campagne d'Espagne, de 1808 à 1813, sous le roi Joseph. Il se maria dans ce pays. Fait prisonnier de guerre, il recouvra sa liberté en 1814, s'en fut à Wiesbaden, et termina sa carrière militaire à Waterloo.

Nommé alors professeur de musique dans un établissement public (*pedagogium*), Rummel fut chargé par le duc de Nassau de lui organiser une chapelle, qu'il dirigea jusqu'à l'époque (1841) où elle fut dissoute et remplacée par l'orchestre du théâtre de Wiesbaden. Cette chapelle fut bientôt l'une des plus renommées de l'Allemagne, tant à cause du mérite des artistes qui la composaient que pour l'excellence de son exécution sous la direction de Rummel.

Rummel, qui se fit entendre avec succès comme pianiste dans les principales villes de l'Allemagne, de la Suisse et des Pays-Bas, s'est montré fécond comme compositeur. Il a écrit un nombre considérable d'œuvres, dont une partie seulement a été gravée, et où l'on remarque un cours complet d'éducation pour le piano à l'usage de la princesse de Nassau, dont il était le professeur. Sa sonate en *fa* a été écrite à Vienne, sous les yeux même de Beethoven, qui portait la plus vive amitié à Rummel. Parmi les élèves de cet artiste remarquable, qui est mort à Wiesbaden le 13 (et non le 12) février 1849, on cite son fils Joseph, ses deux filles Joséphine et Francisca, MM. Joseph et Edouard Gregoir, Vander Does, Stadtfeld, etc.

RUMMEL (Mlle Joséphine), fille et élève du précédent, née à Manzanarès (Espagne) le 12 mai

1812, devint une pianiste fort distinguée et fut attachée comme professeur à la cour de Nassau. Elle est morte en chemin de fer, entre Wiesbaden et Mayence, le 19 décembre 1877.

RUMMEL (Joseph), frère de la précédente, est né à Wiesbaden, le 6 octobre 1818. Élève de son père, il a été longtemps professeur de piano à Paris, puis s'est fixé à Londres, où il réside encore aujourd'hui. M. J. Rummel s'est fait connaître par la publication d'un grand nombre de transcriptions, fantaisies et petits morceaux de genre, écrits dans les conditions d'une exécution généralement très-facile et pour la plupart destinés aux enfants. Parmi ces compositions, je signalerai les suivantes : *Perles enfantines*, 32 mélodies tirées des opéras les plus célèbres ; *Récréations mélodiques*, arrangements faciles et brillants sur les opéras de G. Verdi ; *les Succès dramatiques*, transcriptions ; 6 *Impromptus de salon ; Bouquet de mélodies*, 8 morceaux sur des airs d'opéras ; *Fleurettes dramatiques*, 12 récréations mignonnes ; *Échos des opéras*, 12 fantaisies, *Couronne de mélodies*, 12 amusements très-faciles sur des airs d'opéras ; 8 *Mosaïques* sur des opéras de Verdi ; *Fleurs d'Italie*, 8 morceaux ; *Bouquets mélodiques*, 16 morceaux ; *Bonbonnière des pianistes*, etc., etc. M. Rummel a publié aussi une *Méthode élémentaire de piano*.

* **RUMMEL** (Francisca), sœur des précédents, née à Wiesbaden le 4 février 1821, fut, comme eux, élève de son père pour le piano, puis étudia le chant, d'abord à Paris avec Bordogni, puis à Milan avec Lamberti. En 1843, elle tenait l'emploi de première chanteuse au théâtre de Wiesbaden, puis elle accompagna son père en Allemagne et en Belgique, où elle donna des concerts. Elle épousa le fameux éditeur de musique Pierre Schott, de Bruxelles, dont elle est veuve depuis 1873.

RUMMEL (Franz), petit-fils de Chrétien Rummel et neveu des précédents, est né le 11 janvier 1853 à Londres. Son père, établi en cette ville, lui enseigna les premiers principes de la musique, et l'envoya ensuite à Bruxelles pour suivre les cours du Conservatoire, où il fut admis dans la classse de M. Louis Brassin. Il en sortit en 1872, et depuis lors s'est fait entendre avec succès en Angleterre, en France, en Allemagne et en Belgique. Il est aujourd'hui considéré comme un des meilleurs pianistes de l'école belge. Depuis 1878, il est fixé en Amérique.

* **RUNG** (Henri), compositeur danois et professeur de chant, est mort à Copenhague le 13 décembre 1871, à l'âge de soixante-quatre ans. Il remplissait les fonctions de maître de chant au théâtre de cette ville et était directeur du cercle *Cecilia*.

***RUOLZ** (Henri, vicomte DE). — Aux ouvrages cités au nom de ce compositeur, il faut ajouter : *Attendre et courir*, opéra-comique en un acte donné à l'Opéra-Comique en 1830. M. de Ruolz est aussi l'auteur d'une scène lyrique, *Marguerite*, qui fut chantée à l'une des séances de la Société des concerts du Conservatoire, le 19 mars 1837, par la célèbre cantatrice Mlle Cornélie Falcon.

Né à Paris le 5 mars 1808, M. de Ruolz a été autorisé, en 18.4, à joindre à son nom celui de son aïeul maternel et à s'appeler désormais *de Ruolz-Fontenay* (1).

RUSSO (Raphael). — Un artiste de ce nom a fait représenter à l'Opéra-Comique, le 29 novembre 1828, un ouvrage en un acte, intitulé *l'Exil de Rochester*.

* **RUSSO** (Michelangelo), pianiste italien fort remarquable et professeur, s'était, après de nombreux voyages, fixé à Naples, sa ville natale, et était devenu professeur au Conservatoire, où il a formé de nombreux et excellents élèves. Il s'est démis de ces fonctions il y a quelques années.

RUSTICI (Giuseppe), né à Lucques vers 1752, fut maître de chapelle de l'église primatiale de Massa-Carrara. Organiste médiocre, cet artiste s'est fait connaître par un certain nombre de compositions religieuses, dont il ne reste plus aujourd'hui aucune trace. De 1782 à 1805, il écrivit pour les fêtes de sainte Cécile de Lucques quatre services solennels à quatre voix concertantes, avec accompagnement d'orchestre.

RUSTICI (Jacopo), sans doute frère du précédent, naquit à Lucques vers 1766, et fut maître de musique et de piano à l'institut Saint-Dominique de cette ville, en même temps que chef des chœurs au théâtre. Il a écrit un certain nombre de compositions religieuses à 2 et à 4 voix, et un hymne à 4 voix et orchestre exécuté à la fête de sainte Cécile de 1820. Cet artiste est mort à Lucques le 6 mars 1827.

RUSTICI (Alessandro), fils du précédent, né à Lucques le 18 avril 1798, fut élève de l'abbé Santucci, professeur à l'institut Saint-Dominique. On connait de ce compositeur diverses pièces religieuses à 2 et à 4 voix, une messe qui fut exécutée à la fête de la Santa-Croce, et sept services ecclésiastiques à grand orchestre écrits par lui, de 1821 à 1850, pour la célébration de la fête de sainte Cécile. Alessandro Rustici mourut à Lucques le 15 juin 1856.

(1) Voyez *Annuaire de la noblesse de France*, par M. Borel d'Hauterive, année 1851, p. 317.

* **RUSTICI** (JOSEPH), naquit à Lucques en 1813. Élève de Domenico Quilici, il devint habile organiste, excellent accompagnateur, et bon professeur de chant et de piano. Outre l'opéra qu'il fit représenter à Milan, il écrivit un certain nombre de compositions religieuses : messes, vêpres, motets, etc.; un *Miserere* à 4 voix avec orchestre, dont on dit le plus grand bien, et quelques cantates *da camera*. Cet artiste est mort à Lucques le 4 novembre 1856.

RUTA (MICHELE), professeur, compositeur et musicographe italien, est né à Caserta en 1827. Son père, Vincenzo Ruta, et son aïeul, Michele Ruta, musiciens l'un et l'autre, avaient fait leurs études au Conservatoire de Naples, sous la direction du célèbre théoricien Fenaroli. C'est aussi dans cet établissement que l'artiste dont il est ici question, après avoir étudié avec son père et son grand-père les premiers éléments de l'art, poursuivit et termina son éducation. Il fut élève de Lanza pour le piano, de Cimarosa fils et de Crescentini pour le chant, de Gennaro Parisi pour l'harmonie, enfin de Francesco Ruggi et de Carlo Conti pour le contre-point et la composition. Les événements de 1848 vinrent exalter sa jeune imagination au point de lui faire abandonner furtivement le Conservatoire, pour aller s'enrôler parmi les volontaires que réunissait la princesse de Belgiojoso pour la guerre de l'indépendance italienne. Il partit donc pour la Lombardie, et c'est alors qu'il écrivit deux hymnes patriotiques dont l'un fut publié par l'éditeur Ricordi, de Milan.

Après le désastre de Novare, il revint à Naples, où la prudence lui conseillait de se montrer le moins possible. Il se condamna donc à une retraite momentanée, et c'est dans la solitude qu'il conçut et écrivit plusieurs ouvrages didactiques dont voici les titres : *Corso completo di composizione* (Naples, Cottrau), *Corso completo di canto corale* (id., Maddaloni), *Grammatica elementare di musica* (Milan, Ricordi), *Breve Metodo di canto* (Naples, Tramater), *Annotazioni ed illustrazioni* pour le traité de Fenaroli intitulé *Regole e Partimenti* (id., Del Monaco). Dans le même temps il publiait, dans la *Gazzetta musicale* de Naples, une série d'études sous le titre de *Ricordi pei giovani compositori*.

Après avoir terminé ces importants travaux, M. Ruta se livra avec ardeur à la composition. Il fit représenter en 1853 un opéra semi-sérieux intitulé *Leonilda*, et en 1859 il donnait au théâtre du Fondo, de Naples, un second ouvrage dramatique, *Diana di Vitry*. Il écrivit ensuite une grande cantate pour l'inauguration du théâtre Piccinni de Bari, fit représenter un troisième opéra, *l'Impresario per progetto* (Naples, th. Mercadante, 1873) et publia successivement six albums de mélodies vocales : *Canti d'amore*, *Aurora e tramonto*, *Memorie e Sospiri*, *Eco della Campania*, *Eco de' Monti Tifatini*, et *l'Arpa mia*. La musique religieuse l'attirait aussi, et il composa deux messes à 4 voix et orchestre, trois messes *alla Palestrina*, deux messes à 3 voix d'hommes avec accompagnement de harpe, harmonium, violons et contre-basse, un *Requiem* à 4 voix et orchestre, un *Te Deum* et plusieurs motets. Enfin, cet artiste s'est fait, depuis plusieurs années, une sorte de spécialité en écrivant des morceaux de chant pour les drames et comédies représentés sur les théâtres non lyriques de Naples, et pour les revues de fin d'année. On lui doit la musique d'un ballet intitulé *Imelda*. Il a publié aussi des mélodies à une ou plusieurs voix, et un assez grand nombre de morceaux de genre pour le piano.

M. Ruta, qui a en portefeuille les partitions de deux opéras qui jusqu'ici n'ont pas été représentés, *Caterina* et *Marco Bozzari*, s'occupe activement aussi de littérature musicale. Feuilletoniste spécial d'un journal politique de Naples, *il Corriere del mattino*, il a fondé et il dirige une feuille purement artistique, *la Musica*. Il a publié récemment un petit livre intéressant, donné par lui sous ce titre : *Storia critica delle condizioni della musica in Italia e del Conservatorio di S. Pietro a Majella di Napoli* (Naples, Detken et Rocholl, 1877, petit in-8°). Cet écrit, dont le titre n'est pas suffisamment justifié, et qui serait mieux intitulé : *Études sur la réorganisation et la régénération du Conservatoire de Naples*, n'en est pas moins fort utile, et rempli d'idées pratiques et fécondes, de vues saines et élevées sur son art; c'est l'œuvre d'un artiste instruit, d'un professeur intelligent et digne de ce nom. M. Ruta est d'ailleurs l'un des professeurs du Conservatoire de Naples, après en avoir été l'un des élèves les plus distingués.

Le nombre des œuvres publiées par cet artiste s'élève aujourd'hui à plus de soixante, parmi lesquelles je mentionnerai encore un recueil de 6 *Canti patriotici*, *le Canzoni del Fausto* (3 chansons), un *Trattato d'armonia*, adopté pour les classes du Conservatoire de Naples, divers morceaux écrits pour la traduction italienne du drame d'Alexandre Dumas, *Don Juan de Marana*, la musique d'une petite revue-opéra : *un Brano di Rivista del 1867* (th. du Fondo, 3 janvier 1868), etc.

Une fille de M. Ruta, Mlle *Gilda Ruta*, élève de son père, et à la fois pianiste, cantatrice et compositeur, s'est souvent distinguée dans les concerts et a publié quelques compositions.

* **RUTINI** (Jean-Marc), pianiste et compositeur italien. — A la liste de ses ouvrages dramatiques, il faut ajouter les suivants : 1° *Ezio*, Livourne, 1764 ; 2° *l'Olandese in Italia*, Florence, 1765 ; 3° *Zulisma*, Florence, 1777.

* **RUTINI** (Ferdinand), fils du précédent. — Parmi ses ouvrages dramatiques, je citerai les trois suivants : 1° *il Matrimonio per industria*, Florence, 1792 ; 2° *il Locandiere deluso*, Florence, 1794 ; 3° *la Prova del dramma serio*, Florence, 1797.

RZEWUSKI (Wenceslas, comte), amateur polonais distingué, est l'un des compositeurs qui ont mis en musique les *Chants historiques* de Niemcewicz. Auteur d'un certain nombre de romances élégantes, le comte Rzewuski a composé une messe de *Requiem* pour la mort du célèbre Thadée Czacki (1818).

S

* **SABADINI** (Bernard), compositeur dramatique italien, maître de chapelle de la cour de Parme, a écrit les deux ouvrages suivants, qui n'ont pas été compris dans la liste de ses œuvres : 1° *Circe abbandonata da Ulisse*, Parme, 1692 ; 2° *Talestri innamorata di Alessandro magno*, Parme, 1693. L'opéra intitulé *il Favore degli Dei* n'a pas été représenté à Venise en 1689, mais à Parme en 1690, à l'occasion du mariage du prince Odoard, fils aîné du duc de Parme. Le livret de cet opéra, qui est orné de quinze gravures, est précédé d'une préface dans laquelle il est dit que le théâtre de Parme est le plus *maestoso* qu'on connaisse, et que la représentation de l'opéra durera sept heures.

* **SABLIÈRES** (Jean DE GRANOUILLET, sieur DE), écuyer, intendant de la musique de Monsieur, duc d'Orléans, frère de Louis XIV. — J'ai retrouvé les divers noms de cet artiste dans le livre d'Eudore Soulié : *Recherches sur Molière et sur sa famille*, où l'auteur reproduit sa signature, telle qu'il l'avait apposée comme témoin au mariage de Jean-Baptiste Aubry et de Geneviève Béjard. J'ai retrouvé aussi la trace d'un opéra inconnu de Sablières, que le *Mercure* de février 1679 mentionnait en ces termes : — « Je vous ay parlé dans ma lettre du dernier mois des réjoüissances particulières qui se sont faites en divers lieux du royaume à l'occasion de la paix d'Espagne. On ne s'est pas contenté à Montpellier d'allumer des feux, et d'y faire éclater toute la joye que font paroistre les peuples dans ces sortes de rencontres. On y a préparé une manière d'opéra très-agréable, et M. de Sablières, qui en est l'auteur, en a donné le divertissement pendant la tenuë des États de Languedoc, à Monsieur le cardinal de Bonzi, qui comme vous sçavez est président né de ceux qui s'y tiennent, en qualité d'archevesque et de primat de Narbonne. » Le *Mercure* donne une ample analyse du poëme de cet opéra, qui comprenait un prologue et trois actes, mais il borne là tous ses renseignements, et ne donne même pas le titre de l'ouvrage.

* **SABOLY** (Nicolas), dont les noëls sont fameux depuis plus de deux siècles et se chantent encore aujourd'hui dans toute la Provence, naquit à Monteux, dans le diocèse de Carpentras, le 30 janvier 1614, et mourut à Avignon le 25 juillet 1675. Devenu deuxième bénéficier de Saint-Pierre, l'église collégiale de cette dernière ville, il en fut aussi, pendant de longues années, le maître de chapelle et l'organiste, et c'est pendant ce temps qu'il mit au jour plus de cent noëls, dont il écrivait les paroles en langue provençale, et dont, la plupart du temps, il composait aussi la musique ; ces petits poëmes se font remarquer, au double point de vue littéraire et musical, par une grâce charmante, une naïveté rare et un heureux sentiment poétique et mélodique, qualités qui l'ont fait surnommer le *troubadour du dix-septième siècle*. « S'il avait pu, a dit de lui Fortia d'Urban, chanter l'amour, les belles et les exploits de l'ancienne chevalerie, il aurait obtenu une place très-distinguée parmi les premiers poëtes de la nation. Ses noëls, qui sont tout autant d'hymnes, respirent une naïveté touchante et presque sublime. » Un grand nombre des paroles de Saboly ont été mises en musique par d'autres compositeurs, et l'on trouve parfois jusqu'à trois ou quatre airs différents pour un seul noël ; mais les meilleurs sont toujours ceux de Saboly lui-même. M. Auguste Boudin a publié une notice biographique sur Nicolas Saboly.

SACCHI (V.......), compositeur italien, est l'auteur d'un drame lyrique, *Cleopatra*, qui a été représenté au théâtre Carcano, de Milan, le 23 novembre 1877. Cet ouvrage n'a obtenu aucun succès.

* **SACCHINI** (Antoine-Marie-Gaspard). — On peut consulter, sur la carrière française de cet artiste admirable, un livre intéressant de M. Adolphe Jullien : *la Cour et l'Opéra sous Louis XVI ; Marie-Antoinette et Sacchini ; Salieri ; Favart et Gluck*, Paris, Didier, 1878, in-12.

A la liste des ouvrages de Sacchini, il faut ajouter : *il Finto Pazzo per amore*, « farsa » à une voix qui fut représentée en 1771 à *Poggio a cajano*, propriété royale sise près de Florence.

* **SAEMANN** (Charles-Henri), musicien allemand, naquit à Kœnigsberg le 30 septembre 1790, et mourut en cette ville le 29 janvier 1860.

SAETTA (Vincenzo), pianiste, compositeur et professeur, né à Naples en 1836, a étudié la théorie de l'art avec le baron Staffa et avec Mercadante. Dès l'âge de dix-neuf ans, il se livra à la carrière de l'enseignement, fit paraître un premier ouvrage théorique, puis une *Méthode complète de piano pratico-théorico-normale*, et publia enfin un ouvrage qui porte ce titre : *la Scienza estetica, trattato di Armonologia* (?) *e Prescrizione del gusto per divenire vero compositore filosofo e pratico.*

SAIN D'AROD (Prosper), compositeur de musique religieuse, né à Vienne (Isère) en 1814, étudia la composition avec Paër et Halévy. En 1841, il remportait le grand prix unique d'un concours ouvert dans tous les pays catholiques, par la Société de Sainte-Cécile, de Rome, pour la composition d'une messe solennelle avec *soli*, chœurs, orgue et orchestre, à l'occasion des solennités de la canonisation de saint Alphonse de Liguori. Son œuvre l'emportait sur celles présentées par Benoist, Dietsch, Lefébure-Wély, Niedermeyer, etc., et elle était exécutée sous sa direction, en l'église Saint-Louis-des-Français, dans une cérémonie magnifique présidée par le pape en personne.

Après avoir essayé, de concert avec Danjou, de reconstituer l'ancienne école de Choron, disparue depuis plusieurs années, M. Sain d'Arod prenait part en 1852, en compagnie du prince de la Moskowa, de Danjou, de Dietsch et de Niedermeyer, à la fondation de l'École de musique religieuse dont ce dernier devint le directeur et qui est aujourd'hui confiée à un de ses gendres, M. Lefèvre (*Voy.* ce nom). Il voyagea ensuite en Italie, puis, à son retour en France, créa une quinzaine de maîtrises dans diverses grandes églises de province. En 1860, lors des fêtes organisées à Paris pour la rentrée de l'armée d'Italie, il fit exécuter à Notre-Dame un *Te Deum* solennel, et peu après parcourut les grandes villes des départements en donnant des auditions de sa *grande messe de Rome*, auditions dont le produit total, qui ne s'éleva pas à moins de 80,000 francs, fut généreusement abandonné par lui à diverses bonnes œuvres. C'est à ce propos qu'il fut, par le souverain pontife, élevé à la dignité de commandeur de l'ordre de Saint-Grégoire-le-Grand et nommé maître de chapelle *ad honorem*. Devenu maître de chapelle à l'église Saint-Sulpice, de Paris, M. Sain d'Arod s'est démis de cet emploi au mois de novembre 1867, et depuis lors il a été nommé inspecteur des maîtrises de province.

Outre sa *Messe de Rome*, qui est considérée comme une œuvre d'une rare valeur et d'une grande inspiration, M. Sain d'Arod a publié les compositions suivantes : 1° *Répertoire à l'usage du chœur et du séminaire de Saint-Sulpice*, recueil de 60 motets, Paris, Repos, 2 vol. in-8° ; 2 Messe à 4 voix d'hommes et orgue, dédiée à Meyerbeer, Paris, Régnier-Canaux ; 3° Messe de charité, pour *soprani*, ténors, barytons et basses, Paris, Meissonnier ; 4° *Te Deum* militaire, à 4 parties et à grande symphonie, Paris, Benoist ; 5° *Te Deum* en contre-point à 4 parties, sur le chant de la liturgie, Paris, Repos ; 6° *Litanies*, id., id. ; 7° *Regina cœli*, pour ténor et basse, avec orgue, Turin, Magrini ; 8° *Ave Maria* à 3 voix, avec orgue, Turin, Giudici et Strada ; 9° *Tantum ergo* à 3 voix, avec orgue, Paris, Pégiel ; 10° *O Salutaris*, Paris, Richault ; 11° *la Création*, ode-oratorio, Paris, Schonemberger ; 12° *la Fin des temps*, ode-oratorio, Bruxelles, Katto ; 13° Trio pour piano, violon et violoncelle, Paris, Richault ; 14° Ode à la mémoire de Ponsard ; 15° Quelques mélodies vocales.

De 1864 à 1870, M. Sain d'Arod a donné au *Moniteur universel* quelques articles de critique musicale d'un faible intérêt.

* **SAINT-AMANS** (Louis-Joseph). — A la liste des ouvrages dramatiques de cet artiste, il faut joindre les deux suivants : *l'Isle déserte*, opéra-comique en 2 actes, donné au théâtre des Jeunes-Artistes, 1801 ; *la Fée Urgèle*, remise en musique, et représentée à Brest en 1803. On trouve aux Archives de l'Opéra, à Paris, la partition autographe d'*Oroës*, tragédie lyrique en 5 actes de Saint-Amans, qui avait sans doute été reçue à ce théâtre, mais qui n'y fut jamais représentée.

* **SAINT-AUBIN** (Alexandrine). — Cette chanteuse remarquable, qui en 1812 avait épousé Joly, acteur du Vaudeville, et qui s'était retirée du théâtre en 1817, devint veuve quelques années après. Elle se remaria plus tard avec un riche marchand de bois de Nevers, nommé Oudaille, auquel elle survécut aussi. Elle est morte à Saint-Saulge (Nièvre), au mois d'avril 1867.

SAINT-CHRISTOPHE (Mademoiselle), cantatrice du dix-septième siècle, se fit d'abord remarquer, en compagnie de Mlles Hilaire, la Barre, Raymond et des deux sœurs de Sercamanan, dans les récits des ballets et divertissements qui se jouaient à la cour et chez les grands seigneurs, et se distingua surtout dans le *Ballet des Arts*, qui fut représenté à Vincennes le 8 janvier 1663. Elle faisait partie de la musique du roi. Engagée par Lully à la fin de 1674, elle débuta à l'Opéra le 11 janvier 1675, jour de la première représentation de *Thésée*, dans lequel elle jouait le rôle de Médée. Sa voix était superbe, son physique plein de noblesse, et elle joignait à ces dons naturels le goût et le sentiment de la scène. Aussi Lully n'hésita-t-il pas à lui confier le rôle capital de cet ouvrage, dont elle s'acquitta à la satisfaction générale. Elle joua successivement Cybèle dans *Atys*, Junon dans *Isis*, la Reine dans *Psyché*, Sténobée dans *Bellérophon*, Cérès dans *Proserpine*, la Nuit dans *le Triomphe de l'Amour*, et enfin Cassiope dans *Persée*. Après avoir créé ce dernier rôle, et à la suite d'un séjour de sept ans environ à l'Opéra, elle demanda son congé (1682), l'obtint, et se retira dans un couvent, où elle prit le voile au bout de peu de temps. Dans leur *Histoire de l'Opéra*, restée jusqu'ici manuscrite, les frères Parfait disent que « mademoiselle de Saint-Christophe étoit grande, bien faite, belle et vertueuse. »

SAINT-DIDIER (Mme la comtesse de), compositeur amateur, a écrit, sur des paroles du comte de Lagarde-Messener, la musique d'une cantate intitulée : *Il est rendu*, « chant royal, » qui fut chantée par Huet, à l'Opéra-Comique, le 30 septembre 1820.

* **SAINT-ÉVREMOND** (Charles-Marguetel de Saint-Denis, seigneur **DE**).—Parmi les œuvres littéraires de cet écrivain qui touchent à la musique, il est nécessaire de citer *les Opéra* (*sic*), comédie en cinq actes et en prose avec des divertissements, qui, je crois, ne fut jamais représentée. Cet ouvrage est d'autant plus intéressant qu'il est le seul, à notre connaissance, où il soit fait une critique raisonnée du talent de Cambert, le grand artiste à qui nous devons les premiers opéras représentés en France, *la Pastorale*, *Pomone*, *les Peines et les plaisirs de l'amour*. Au second acte de cette comédie, un des personnages, M. Guillaut, s'exprime ainsi au sujet de ce grand musicien, en parlant de son *Ariane*, qui ne fut jamais jouée : — « La poésie fut pareille à celle de *Pomone*, pour être du même auteur, et la musique fut le chef-d'œuvre de Cambert. J'ose dire que les plaintes d'Ariane, et quelques autres endroits de la pièce, ne cèdent presque en rien à ce que Baptiste (Lully) a fait de plus beau. Cambert a eu cet avantage dans ses opéras, que le récitatif ordinaire n'ennuyoit pas, pour être composé avec plus de soin que les airs mêmes, et varié avec le plus grand art du monde. A la vérité, Cambert n'entroit pas assez dans le sens des vers, et il manquoit souvent à la véritable expression du chant, parce qu'il n'entendoit pas bien celle des paroles. Il aimoit les paroles qui n'exprimoient rien, pour n'être assujetti à aucune expression, et avoir la liberté de faire des airs purement à sa fantaisie. *Nanette*, *Brunette*, *Feuillage*, *Bocage*, *Bergère*, *Fougère*, *Oiseaux* et *Rameaux*, touchoient particulièrement son génie. S'il falloit tomber dans les passions, il en vouloit de ces violentes, qui se font sentir à tout le monde. A moins que la passion ne fût extrême, il ne s'en appercevoit pas. Les sentimens tendres et délicats lui echappoient. L'ennui, la tristesse, la langueur, avoient quelque chose de trop secret et de trop delicat pour lui. Il ne connoissoit la douleur que par les cris, l'affliction que par les larmes. Ce qu'il y a de douloureux et de plaintif ne lui étoit pas connu.... Il avoit un des plus beaux génies du monde pour la musique; le plus entendu et le plus naturel : il lui falloit quelqu'un de plus intelligent que lui, pour la direction de son génie. J'ajouterai une instruction qui pourra servir à tous les savans en quelque matière que ce puisse être : c'est de rechercher le commerce des honnêtes gens de la cour, autant que Cambert l'a évité. Le bon goût se forme avec eux : la science peut s'acquérir avec les savans de profession; le bon usage de la science ne s'acquiert que dans le monde. »

Saint-Évremond parlait évidemment par la bouche d'un de ses personnages. Ce jugement n'en a que plus de prix, étant celui d'un contemporain de Cambert, et le seul qui nous soit resté au sujet de cet artiste célèbre.

* **SAINT-GEORGES** (Le chevalier de). — Aux quelques opéras écrits par ce virtuose célèbre, il faut joindre *le Marchand de marrons*, opéra-comique en 2 actes, donné au théâtre Beaujolais en 1788. Un écrivain français, Roger de Beauvoir, a publié sous ce titre : *le Chevalier de Saint-Georges*, un roman dans lequel il a mis cet artiste en scène, en abusant un peu trop de ses facultés d'imagination.

SAINT-HILAIRE. — *Voyez* **QUEUX DE SAINT-HILAIRE** (Le marquis **DE**).

SAINT-JULIEN (**CLÉMENCEAU DE**), compositeur amateur, reçut des leçons de composition d'Adolphe Adam, et fut en diverses occasions son collaborateur. Il écrivit avec son maître une messe à 3 voix qui fut exécutée dans diverses églises de Paris, ainsi que la musique d'un grand ballet en 3 actes et un prologue, *la Filleule des Fées*, dont la représentation eut lieu à l'Opéra le 8 octobre 1849. Précédemment, M. de Saint-Julien avait composé un opéra-comique en un acte, *la Séraphina*, qu'Adam avait reçu à l'Opéra national alors qu'il était directeur de ce théâtre; celui-ci ayant disparu à la suite des événements de 1848, l'auteur porta son ouvrage à l'Opéra-Comique, où, malgré la protection de son maître, il eut la plus grande peine à le faire jouer. On le mit, pourtant en répétitions, mais on le trouva trop court et on lui fit ajouter un acte; puis, après l'avoir étudié de nouveau sous cette nouvelle forme, on le trouva trop long, et l'on supprima l'acte ajouté. Enfin, après mille vicissitudes, *la Seraphina* fut représentée, sans grand succès, le 17 août 1851, avec M. Audran, Sainte-Foy et Mlle Lemaire comme interprètes. Depuis lors, le compositeur n'a plus fait parler de lui.

Pendant une absence de quelques semaines d'Adam (mars 1851), M. de Saint-Julien rédigea à sa place le feuilleton musical du journal *l'Assemblée nationale.* Il a publié, en 1847, un album de romances.

SAINT-LÉON (Charles-Victor-Arthur), danseur, chorégraphe, violoniste et compositeur, naquit en 1815 selon les uns, selon d'autres le 17 avril 1817, et enfin à Paris en 1821, s'il faut en croire la notice donnée sur lui par M. Th. de Lajarte dans son *Catalogue de la bibliothèque de l'Opéra.* C'est à M. de Lajarte que j'emprunterai, d'ailleurs, les renseignements suivants sur cet artiste, dont le vrai nom de famille aurait été *Michel : —* « Son père était maître de ballets du théâtre royal de Stuttgart et lui donna les premiers enseignements de son art. Saint-Léon commença de bonne heure sa double carrière de danseur et de violoniste, puisque dès l'âge de quatorze ans il se faisait entendre dans les concerts et dansait, pour ses débuts, sur le théâtre de Munich, dans un ballet écrit par Pentenrieder. A partir de 1838, Saint-Léon ne s'arrête plus dans sa vie de voyages et de succès, dansant des pas et jouant des concertos de sa composition, tantôt à Bruxelles, en Autriche, en Italie (1843), où il donne pour la première fois, avec Mlle Fanny Cerrito, son ballet de *la Vivandière et le Postillon*, puis en Angleterre, en Hongrie. Saint-Léon débute à Paris (octobre 1847), dans *la Fille de marbre,* avec sa femme, Mme Fanny Cerrito-Saint-Léon; puis il recommence ses voyages pour revenir l'année suivante à Paris se faire applaudir dans *le Violon du Diable* (1849), qui avait été joué en Italie sous le titre de *Tartini le violoniste.* Le Portugal et l'Espagne l'applaudissent bientôt après, à leur tour. La plus belle partie de la carrière de Saint-Léon s'est écoulée en Russie, à Saint-Pétersbourg et à Moscou, où il allait chaque année et où il faisait représenter des ballets d'action *tenant tout le spectacle,* qui font le bonheur du public russe et qui ne sont usités qu'en Russie. »

Saint-Léon avait épousé en Italie Mlle Cerrito, qui était l'une des plus admirables danseuses de son temps. Lorsqu'il fut engagé avec elle à l'Opéra, il traça, pour ce théâtre, les scénarios des ballets suivants : *la Fille de marbre* (1847), *la Vivandière* (1848), *le Violon du Diable* (1849), où il se produisait tout à la fois comme chorégraphe, comme danseur, comme violoniste et comme compositeur des morceaux qu'il exécutait, *Stella* ou *les Contrebandiers* (1850), et *Pâquerette* (1851). En 1853, Saint-Léon se montrait au Théâtre-Lyrique dans deux opéras-ballets où il déployait les mêmes talents : *le Lutin de la vallée* (22 janvier), et *le Danseur du roi* (22 octobre); on assure qu'il avait une part importante dans la musique de ces deux ouvrages, dont le compositeur Eugène Gautier avait écrit l'autre partie. Plus tard, à la suite de nouveaux voyages, Saint-Léon, qui avait personnellement renoncé à la danse, fit encore, soit seul, soit en collaboration, les scénarios de quelques ballets représentés à l'Opéra : *Diavolina* (1863), *Néméa* ou *l'Amour vengé* (1864), *la Source* (1866), *Coppélia* ou *la Fille aux yeux d'émail.* Cet excellent artiste, qui était un esprit aussi cultivé que distingué et un parfait honnête homme, était en Allemagne lorsqu'éclata la guerre de 1870-71; il s'empressa de revenir à Paris, et mourut en cette ville le 2 décembre 1870.

« M. Saint-Léon, disait Castil-Blaze dans son *Académie impériale de musique,* possède un très-beau talent sur le violon; les difficultés qu'il exécute sont diaboliques et parfaitement adaptées à la situation. Les chants de son archet auraient toute la séduction, l'élégance qui doivent charmer l'oreille et le cœur, s'ils ne laissaient à désirer à l'égard de la qualité du son. » Ce qui est certain, c'est qu'uniquement considéré au point de vue du virtuose, Saint-Léon remporta des succès éclatants et répétés.

* **SAINT-SAËNS** (Charles-Camille), pianiste, organiste et compositeur français, a conquis en France et à l'étranger, tant comme virtuose que comme compositeur, une grande notoriété, quoique la nature de son talent, d'ailleurs incontestable sous de certains rapports, n'ait pas été sans susciter de vives critiques. Musicien laborieux et d'une instruction aussi solide qu'étendue, exécutant très-remarquable au point de vue du mécanisme et de la virtuosité pure, compositeur fécond et d'une étonnante habileté technique, M. Saint-Saëns manque malheureusement, à tous égards, de poésie, de chaleur d'âme et de spontanéité; ses œuvres, comme son jeu, pèchent par l'inspiration, par la tendresse, par le charme, et l'artiste, s'il étonne souvent par la puissance, par l'habileté, par une expérience indiscutable, par une science

prodigieuse de l'effet et de la couleur, n'émeut en aucun cas et ne transporte jamais l'âme dans les sereines et pures régions de l'idéal entrevu par les poëtes. Son esprit sec, son jeu nerveux, son tempérament glacé, laissent sans cesse à désirer ce je ne sais quoi qui repose l'âme, réchauffe le cœur et fait monter les larmes aux yeux. Aussi M. Saint-Saëns n'a-t-il cessé jusqu'à ce jour d'être discuté avec âpreté, et ses compositions, parfois favorablement accueillies par les uns, ont-elles amené de la part des autres une critique sévère et généralement raisonnée.

C'est ainsi que, dans un article de la *Revue et Gazette musicale de Paris* (22 mars 1863), M. Adolphe Botte, ayant à apprécier quelques compositions nouvelles du jeune artiste, s'exprimait en ces termes : — « Il y a toujours infiniment de talent dans les ouvrages de M. Saint-Saëns; mais tantôt, comme dans cette symphonie (en *ré*), le style fugué, une concision exagérée, une instrumentation un peu vide (et où est prodiguée cette puérile antithèse de la flûte et du hautbois, dialoguant avec la masse des instruments), ne laissent que trop voir la pauvreté de l'invention première; tantôt, comme dans son concerto de violon, des développements trop longs, des harmonies plus correctes que belles, enlèvent toute proportion à l'œuvre et cachent complétement l'idée mélodique. Mais, dira-t-on, y a-t-il des idées mélodiques dans la musique de M. Saint-Saëns? Oui, il y en a; pas en profusion assurément, mais enfin, dans ses concertos, par exemple, on en trouve. Malheureusement, avec sa crainte d'être commun, son amour du détail et de la couleur, l'auteur précipite bientôt ses thèmes dans un flot d'imitations, de canons, où ils disparaissent tout à fait, pressés et étouffés sous une forme qui manque d'air et de naturel, sous une harmonie trop serrée, sous un réseau de dissonances, de cadences évitées, qui fait perdre de vue la tonalité et qui déroute l'oreille. Cette monotonie des surprises et des coquetteries ne vaut pas mieux que l'autre. En somme, tous ceux qui connaissent les difficultés du style symphonique, accordent largement à M. Saint-Saëns presque tous les genres de mérite que donne l'étude; quant à la grâce et à l'abondance mélodique, c'est tout autre chose. »

D'autre part, et plus récemment, M. Adolphe Jullien, dans le journal *le Français* (juin 1872), parlait en ces termes de M. Saint-Saëns et de ses œuvres : — « J'ai entendu quantité de morceaux de M. Saint-Saëns : symphonies, quatuors, concertos, musique de piano, mélodies, jusqu'à sa cantate de *Prométhée*, qui fut couronnée à l'Exposition de 1867. Or, ces auditions m'avaient appris que, si la science musicale n'a plus de secrets pour M. Saint-Saëns, il est, en revanche, peu de compositeurs auxquels l'inspiration tienne plus rigueur. Tous ces ouvrages dénotaient une extrême habileté de main, mais aussi une grande pauvreté d'idées. Dans les morceaux même que j'avais le plus goûtés, ce n'était pas l'imagination, mais le savoir qui donnait à telle ou telle page de la couleur. Ce n'était qu'effets de timbres et de rhythme, que curieuses combinaisons d'orchestre, bref, une musique qui frappait l'oreille sans rien dire à l'esprit. Une qualité me paraissait surtout faire défaut, le sentiment dramatique; la nature sèche de l'auteur semblait le destiner plutôt aux développements scolastiques de la musique d'église qu'aux entraînements passionnés de la musique dramatique.

« Et pourtant il n'avait qu'une ambition, faire jouer un opéra de sa façon. Depuis nombre d'années, il s'en allait frapper aux portes de chaque théâtre : toutes s'ouvraient, puis se refermaient devant lui.... Toujours est-il qu'il a, enfin! fait représenter un opéra. Quand je dis : opéra, c'est que le mot est sur l'affiche. Dans *Djamileh* (de Georges Bizet), il n'y avait qu'un sujet de pièce; il y a moins encore dans *la Princesse jaune*. C'est un rêve..... Avec un poëme de ce genre, le musicien échappait à tous les dangers de la scène : un tel essai ne pouvait rien prouver à l'égard de son aptitude dramatique. Cet ouvrage est très-court, et pourtant il a dû demander à l'auteur une grande somme de travail. Chaque page porte l'empreinte d'un labeur assidu; chaque mesure, chaque note a dû être discutée, pesée; mais aussi, dès que l'auteur s'oublie, sa musique prend une teinte vulgaire qui frappe d'autant plus vivement que le contraste est plus brutal. La musique imitative y joue un grand rôle; quant à la musique proprement dite, on y peut noter beaucoup d'effets d'une recherche curieuse, mais on y chercherait vainement quelque gage de la puissance dramatique de l'auteur.... Il faut avouer que l'audition d'un opéra aussi vide d'inspiration et aussi plein de science et de travail ne laisse pas de lasser ceux-là même qui sont le plus faits à cette étude : l'esprit se fatigue à saisir au passage les moindres intentions de l'auteur de peur de lui faire tort d'aucune. Aussi bien, je crois que c'est un bonheur pour l'auteur de n'avoir pas débuté par *le Timbre d'argent*. Trois actes de ce genre-là, c'eût été trop pour une première fois. »

Enfin, plus récemment encore, un critique allemand très-réputé, M. Edouard Hanslick, analysait ainsi, dans la *Nouvelle Presse libre*, de Vienne (avril 1876), la nature musicale du compositeur: — « Depuis Berlioz, Camille Saint-Saëns est le premier musicien qui, n'étant pas Allemand, ait écrit de la musique instrumentale pure, et créé dans ce genre des œuvres de valeur et originales dont la réputation ait passé les frontières de la France. Berlioz a exercé sur lui une influence incontestable; il suffit, pour s'en convaincre, de considérer les titres de ses ouvrages, qui rentrent presque tous dans le genre de la musique pittoresque (*Danse macabre*, *Phaéton*, *Omphale*), et en outre de remarquer certains effets d'instrumentation qu'il affectionne particulièrement, à l'exemple de Berlioz : ainsi l'emploi fréquent des harpes, des *pizzicati* de violons, etc. De là il ne faut cependant pas conclure que Saint-Saëns soit un imitateur ou un continuateur de Berlioz. Berlioz est un maître exceptionnel; Saint-Saëns ne l'est point. S'il n'a pas l'originalité de génie de Berlioz, Saint-Saëns est du moins un meilleur musicien que Berlioz, qui, à vrai dire, était avant tout un poete se servant d'éléments musicaux. Malgré tout son génie, Berlioz était un homme perdu quand il n'avait pas pour se soutenir une matière poétique, un sujet, quand il ne pouvait pas faire de la couleur. Jamais il n'aurait pu produire, comme Saint-Saëns, une œuvre aussi exclusivement musicale de forme et d'idée qu'un quintette ou un trio. Et c'est là ce qui rend précisément intéressante la personnalité du jeune maître français, c'est que, par le talent et le travail, il se soit élevé jusqu'à cette région supérieure de son art où les séductions d'une spécialité essentiellement française auraient pu l'empêcher d'atteindre.... Ce qui le distingue, ce n'est ni la profondeur, ni l'originalité de la pensée; son invention mélodique n'est pas très-riche; il lui manque encore davantage la profondeur du sentiment, dont l'absence se fait sentir surtout dans ses adagios; mais il y a partout dans les œuvres de Saint-Saëns de l'esprit, de l'humour, beaucoup de qualités d'apparat, une piquante vivacité d'allure, et par-dessus tout ses compositions révèlent une éminente habileté de facture, une facilité extrême à manier indistinctement tous les genres d'expression musicale. »

On voit que M. Hanslick, quoique plus indulgent que les deux écrivains cités plus haut, en arrive à peu près aux mêmes conclusions, conclusions qui s'accordent avec le jugement que j'ai porté moi-même sur le talent de M. Saint-Saëns. En réalité, le tempérament musical de M. Saint-Saëns est sec, nerveux, absolument dépourvu de tendresse, de sentiment et de passion, et l'artiste ne peut donner le change sur la pauvreté de ses idées, sur la stérilité de son imagination, qu'à l'aide d'une habileté technique incontestable, d'une instruction aussi solide que variée, d'une profonde connaissance des effets et d'une prodigieuse dextérité. Or, la musique étant l'art de charmer et d'émouvoir, ce sont là des qualités pour ainsi dire négatives, et qui ne sauraient remplacer les dons naturels qui seuls font les vrais poëtes, les grands créateurs. Jamais, je le crains, M. Saint-Saëns ne pourra être compté au nombre de ces derniers.

Vers 1852, la Société Sainte-Cécile, de Paris, habilement dirigée par M. Seghers, et qui avait coutume de consacrer chaque année un concert à l'exécution d'œuvres de jeunes compositeurs, ayant reçu une symphonie anonyme et l'ayant jugée digne d'être offerte à son public, fit entendre cette symphonie dans une de ses séances. L'œuvre parut remarquable, particulièrement au point de vue de la forme, surtout le finale, écrit pour double orchestre, et ce n'est qu'après l'exécution qu'on apprit que l'auteur était M. Saint-Saëns, âgé seulement alors d'environ dix-sept ans. C'est à peu près à cette époque que le jeune artiste se présentait, pour la première fois, au concours de Rome. N'ayant pas réussi dans cette première épreuve, il voulut la tenter de nouveau, douze ans plus tard, en 1864; cette fois encore il échoua complétement, et le grand prix fut décerné à M. Victor Sieg. En 1867, M. Saint-Saëns prit part à un autre concours, celui qui était ouvert pour la composition d'une cantate destinée à être exécutée pour l'inauguration de l'Exposition universelle; cette fois, son œuvre fut couronnée (*les Noces de Prométhée*), et ce succès lui valut le ruban de chevalier de la Légion d'honneur. En 1868, il faisait exécuter à Versailles, pour les fêtes du centenaire du général Hoche, une autre cantate dont les paroles lui avaient été fournies par le poëte Émile Deschamps. Mais, comme tous les compositeurs, le théâtre attirait M. Saint-Saëns, bien qu'il ne paraisse en aucune façon doué des qualités qui conviennent à la scène. Un acte donné par lui à l'Opéra-Comique, *la Princesse jaune*, fut l'objet des critiques les plus vives, et n'obtint qu'un très-petit nombre de représentations; il en fut de même d'un ouvrage plus important, *le Timbre d'argent*, qui, d'abord reçu au même théâtre, fut joué ensuite au Théâtre-Lyrique, où il n'obtint aucun succès. Depuis lors, le compositeur a cru devoir aller jusqu'à Weimar pour y faire représenter un grand opéra biblique intitulé *Samson et Dalila*, et il a donné sur le Grand-Théâtre de Lyon un drame lyrique qui avait pour titre *Étienne Marcel*. Il faisait exécuter aussi, dans nos grands concerts, des « poëmes symphoniques » intitulés *Phaéton*, *le Rouet d'Omphale*, *la Danse macabre*, *la Jeunesse d'Hercule*; mais ces compositions, remarquables par un savoir profond, de grandes qualités de facture et la science de l'orchestre, laissaient toujours à désirer sous le rapport de la clarté, de l'inspiration, du vrai sentiment musical, et soulevaient le plus souvent des protestations violentes de la part du public. M. Saint-Saëns réussissait mieux à se concilier ses auditeurs avec sa musique de chambre, ses concertos et quelques-unes de ses mélodies vocales. D'ailleurs, M. Saint-Saëns, dont l'activité est remarquable, ne se laissait pas entièrement dominer par ses travaux de composition; il ne cessait de se produire aussi comme virtuose, et faisait même de fréquents voyages artistiques soit en Allemagne, soit en Autriche, soit jusqu'en Russie. En même temps il remplissait les fonctions d'organiste à l'église de la Madeleine, fonctions qu'il n'a résignées que dans ces dernières années, et il s'essayait encore dans la critique musicale; sous ce rapport il a rédigé, mais pendant quelques mois seulement, le feuilleton spécial du journal *le Bon Sens*, devenu peu après *l'Estafette*. En résumé, M. Saint-Saëns est un musicien très-laborieux, très-actif, fort instruit et d'une habileté indiscutable, mais auquel paraissent manquer les qualités ou plutôt les facultés qui font les créateurs et les grands artistes.

Voici une liste, que je crois bien près d'être complète, des œuvres de M. Saint-Saëns. — A. MUSIQUE DRAMATIQUE. 1° *la Princesse jaune*, un acte, Opéra-Comique, 12 juin 1872, op. 30, Paris, Durand-Schœnwerk; 2° *le Déluge*, poëme biblique en 3 parties, concert du Châtelet, 5 mars 1876, op. 45, id., id.; 3° *le Timbre d'argent*, opéra fantastique en 4 actes, Théâtre-Lyrique, 23 février 1877, Paris, Choudens; 4° *Samson et Dalila*, drame biblique en 3 parties, théâtre de Weimar, 2 décembre 1877, Paris, Durand-Schœnwerk; 5° *Étienne Marcel*, drame lyrique en 4 actes et 6 tableaux, Grand-Théâtre de Lyon, 8 février 1879; 6° *les Noces de Prométhée*, cantate pour *soli*, chœurs et orchestre, palais de l'Industrie, 1er septembre 1867; 7° Cantate, pour la célébration du centième anniversaire de la naissance du général Hoche, exécutée à Versailles, le 24 juin 1868, par des sociétés chorales de Paris et de Versailles avec accompagnement de la fanfare de M. Sax. — B. MUSIQUE SYMPHONIQUE. 7° *bis* 1re Symphonie (en *mi* bémol), exécutée par la Société Sainte-Cécile, de Paris; Paris, Richault; 8° 2e Symphonie (en *fa*), exécutée en 1856 par la Société Sainte-Cécile, de Bordeaux; 9° 3e Symphonie (en *la* mineur); 10° 4e Symphonie (en *ré*), exécutée à Paris au mois de mars 1863; 11° *le Rouet d'Omphale*, poëme symphonique, op. 31, Paris, Durand-Schœnwerk; 12° *Phaéton*, id., op. 39, id., id.; 13° *la Danse macabre*, id., op. 40, id., id.; 14° *la Jeunesse d'Hercule*, id., op. 50, id., id.; 15° Suite pour orchestre (*Prélude*, *Sarabande*, *Gavotte*, *Romance* et *Finale*), op. 49, id., id.; 16° Marche héroïque, pour orchestre, op. 34, id., id.; 17° Ouverture de *Spartacus*, couronnée en 1863 dans un concours ouvert par la Société Sainte-Cécile, de Bordeaux. — C. MUSIQUE RELIGIEUSE. 18° Messe à 4 voix, orchestre et deux orgues, Paris, Richault; 19° Messe de *Requiem* à 4 voix, chœur, orgue et orchestre, op. 54; 20° *Cœli enarrant*, psaume XVIII, pour *soli*, chœurs et orchestre, op. 42, Paris, Durand-Schœnewerk; 21° Oratorio de Noël, pour voix seules, chœur et orgue, op. 12, id., id.; 22° *Ave verum* pour soprano et contralto, Paris, Pégiel; 23° *Ave verum* pour 2 sopranos et 2 contraltos, avec cor chromatique obligé, id., id.; 24° *O Salutaris* pour mezzo-soprano, id., id.; 25° *Tantum ergo* à 3 voix et à grand chœur, id., id.; 26° Trois *Ave Maria* pour soprano solo, id., id.; 27° *Ave Maria* pour soprano et contralto, id., id.; 28° *Inviolata* pour mezzo-soprano, id., id.; 29° *Sub tuum* pour soprano et contralto, id., id. — D. MUSIQUE INSTRUMENTALE. 30° Quintette (en *la* mineur) pour piano, 2 violons, alto et violoncelle, op. 14; 31° Quatuor (en *si* bémol) pour piano et instruments à cordes, op. 41; 32° Trio (en *fa* majeur) pour piano, violon et violoncelle, op. 18; 33° Sonate (en *ut* mineur) pour piano et violoncelle, op. 32, Paris, Durand-Schœnwerk; 34° Suite pour piano et violoncelle, op. 16, Paris, Maho; 35° Romance pour piano, orgue et violon, op. 27, Paris, Durand-Schœnwerk; 36° Introduction et Rondo pour piano et violon, op. 28, id., id.; 37° Romance (en *fa*) pour cor ou violoncelle et piano, op. 36, id., id.; 38° Romance (en *ré* bémol) pour flûte ou violon et piano, op. 37, id., id; 39° Berceuse (en *si* bémol) pour piano et violon, op. 38, id., id.; 40° Romance (en *ut*) pour piano et violon, op. 48, id., id.; 41° Tarentelle pour flûte et clarinette, avec accompagnement d'orchestre, Paris, Richault; 42° Variations sur un thème de Beethoven, pour 2 pianos, op. 35, Paris, Durand-Schœnwerk; 43° 6 Duos pour harmonium et piano, Paris, Girod; 44° *Allegro appassionato*, pour violoncelle et piano, op. 43, Paris, Durand-Schœnwerk; 45° *Occident et Orient*, marche pour piano à 4 mains, op. 25, id., id.; 46° 1er Concerto (en *ré*) pour piano, avec accompagnement d'orchestre, op. 17, id., id.; 47° 2e Concerto (en *sol* mineur), id., id., op. 22, id., id.; 48° 3e Concerto (en *mi* bémol), id., id., op. 29, id., id.; 49° 4e Concerto (en *ut* mineur), id., id., op. 44, id., id.; 50° Concerto (en *ut*), pour violon, id.; 51° Concerto (en *la* mineur) pour violoncelle, id., op. 33, Paris, Durand-Schœnwerk; 52° Mazurka pour piano, op. 21, id., id.; 53° Gavotte (en *ut* mineur) pour piano, op. 23, id., id.; 54° 2e Mazurka pour piano, op. 24, id., id.; 55° 6 Études pour piano, op. 52, id., id.; 56° Romance pour violon, op. 51, id., id.; 57° Bénédiction nuptiale, pièce d'orgue, Paris, Pégiel; 58° Élévation ou Communion pour orgue, id., id.; 59° 6 Bagatelles pour piano, Paris, Richault; 60° 2 Morceaux pour harmonium, Paris, Girod; 61° 3 Rapsodies bretonnes (cantiques bretons), pour orgue, Paris, Pégiel. — E. MUSIQUE DE CHANT. 62° *Ode à Sainte Cécile*, pour voix seule, chœur et orchestre; 63° Scènes des *Horaces*, de Corneille, avec accompagnement de piano, op. 10, Paris, Durand-Schœnwerk; 64° *les Soldats de Gédéon*, double chœur à 4 voix d'hommes, sans accompagnement, op. 46, id., id.; 65° *Mélodies Persanes*, pour chant et piano, op. 26, id., id.; 66° 20 Mélodies, pour chant et piano, Paris, Richault; 67° *Chanson de grand-père*, chœur à 2 voix de femmes, avec piano ou orchestre, et *Chanson d'ancêtres*, pour baryton-solo avec chœur d'hommes, op. 53; 68° *Tristesse*, sonnet; *Vogue la galère*, barcarolle; *Canzonetta Toscana; Alla riva del Tibro*, et diverses autres mélodies vocales. — On doit à M. Saint-Saëns 12 transcriptions de divers fragments de Jean-Sébastien Bach pour le piano, trois transcriptions extraites des quatuors de Beethoven, et quelques autres encore.

* **SAINTE CÉCILE.** — On a publié en France, dans ces dernières années, les ouvrages suivants sur cette sainte, considérée d'une façon un peu débonnaire comme la patronne des musiciens : 1° *Sainte Cécile*, poëme tragique, par le comte de Ségur, Paris, Bray, 1868, in-16; 2° *Histoire de Sainte Cécile, vierge et martyre, patronne des musiciens*, par l'abbé Thiesson, Paris, Josse, 1870, in-12; 3° *Sainte Cécile et la société romaine*, par don Guéranger, Paris, Firmin-Didot, 1875, grand in-8° avec nombreuses gravures. On a représenté à l'Opéra-Comique, le 19 septembre 1844, un ouvrage en 3 actes, *la Sainte-Cécile*, dont les paroles avaient été écrites par Ancelot et de Comberousse, et la musique par Montfort.

SAINTE-CROIX (Mme **DE**), compositeur amateur, a étudié l'harmonie sous la direction de M. J.-B de Coninck, et a fait représenter les opérettes dont les titres suivent : 1° *les Rendez-vous galants*, un acte, Athénée, 23 janvier 1873; 2° *Madame de Rabucor*, un acte, Bouffes-Parisiens, 5 février 1874 ; 3° *Pygmalion*, un acte, théâtre Déjazet, 9 février 1875; 4° *la Chanson du Printemps*, un acte, théâtre de Versailles, 28 mars 1875.

SAINTE-FOY (CHARLES-LOUIS **PUBEREAUX**, dit), chanteur scénique, né à Vitry-le-François le 13 février 1817, était fils d'un soldat du premier empire. Sorti du collége en 1836, il vint à Paris et entra aussitôt au Conservatoire, où il devint l'élève de Panseron et de Garaudé pour le chant, et de Morin pour l'opéra-comique. Il débuta à l'Opéra-Comique au mois de mai 1840, dans l'emploi bouffe auquel Trial, son fondateur, donna son nom naguère, et qui avait été tenu dans la suite par Moreau, Lesage et Féréol. Sa voix aiguë et nasillarde ne fut jamais bien agréable à entendre, mais il en savait tirer des effets très-comiques, et il s'en servait avec une habileté très-réelle.

Dès ses débuts, Sainte-Foy fit preuve d'un excellent jeu scénique, toujours amusant, empreint selon les cas de ruse ou de naïveté, et qui était servi par une physionomie très-mobile et des allures étranges qui ne tombaient jamais dans la trivialité. Parmi les rôles du répertoire que Sainte-Foy reprit avec le plus de succès, il faut citer ceux de l'Anglais dans *Fra Diavolo*, de Dickson dans *la Dame Blanche*, de Cantarelli dans *le Pré-aux-Clercs*, du grand cousin dans *le Déserteur*, de maître Lerond dans *Joconde*, de l'Auvergnat dans *Jeannot et Colin*, puis encore *les Rendez-vous bourgeois*, *Zampa*, *Marie*, *le Tableau parlant*, *les Deux Chasseurs et la Laitière*. Il réussit pleinement dans l'emploi qu'il avait adopté et qui lui convenait si bien, et les créations ne se firent pas attendre pour lui. Parmi les meilleures, nous citerons celles qu'il fit dans *Giralda*, *le Caïd*, *la Fée aux Roses*, *le Carillonneur de Bruges*, *le Pardon de Ploërmel*, *Jocrisse*, *le Joaillier de Saint-James*, *le Voyage en Chine*, *les Absents*, *le Fils du Brigadier*, *Zilda*, etc., etc. Son talent était d'ailleurs très-souple, et nous nous rappelons le succès de larmes qu'il obtint au troisième acte du *Joaillier de Saint-James*, de Grisar, en chantant de la façon la plus touchante des couplets que la salle voulut entendre jusqu'à trois fois.

En 1869, Sainte-Foy, engagé par la Russie, quitta l'Opéra-Comique et se rendit à Saint-Pétersbourg, où l'on ne comprit pas la finesse de son jeu. Il n'y resta pas longtemps, et, de retour à Paris, alla se fourvoyer aux Folies-Dramatiques, où il ne passa qu'un instant, pour y jouer *la Belle Bourbonnaise*. Sa santé, du reste, s'était déjà altérée, et il était sous le coup de la maladie qui devait l'emporter. Il dit adieu au théâtre, et se retira dans une petite propriété qu'il possédait à Neuilly. C'est là que, depuis deux ou trois ans, la paralysie l'avait cloué, lorsqu'il mourut le 1er avril 1877, la santé et la raison l'ayant abandonné.

Sainte-Foy avait épousé une chanteuse, Mlle Clarisse Henri, qui avait débuté la même année que lui à l'Opéra-Comique, mais qui presque aussitôt avait renoncé au théâtre. Les deux époux, d'ailleurs, ne vécurent pas longtemps ensemble.

SAINTIS (Auguste); compositeur et professeur français, né à Montauban (Tarn-et-Garonne) vers 1820, suivit d'abord la carrière commerciale, puis se livra à l'étude de l'harmonie et de la composition sous la direction d'un artiste instruit, J.-B. Labat, organiste de la cathédrale de Montauban. En 1846, il fonda en cette ville une société chorale à laquelle il consacra tous ses soins, et pour laquelle il écrivit plusieurs chœurs qu'elle chantait avec succès dans les concours. Ces chœurs furent bien accueillis, et bientôt M. Saintis, qui prenait une part active aux progrès du chant populaire, vit son nom rapidement répandu dans le milieu orphéonique. Au nombre de ses chœurs les mieux réussis, on cite *les Braconniers, la Fête aux Champs, les Quatre Saisons, les Pèlerins, les Enfants du peuple, les Mineurs, En mer, les Paysans, la Veillée, le Secret, Gaule et France, la Mine, Sur les remparts, le Jour du combat, Oui et Non, les Proscrits, les Maçons, la Bienvenue, Éveillez-vous, les Enfants du peuple, le Printemps*, etc. Directeur de l'école gratuite de chant de Montauban, M. Saintis s'est fait connaître aussi par diverses autres compositions : une messe brève à 3 voix avec orgue, divers cantiques, des romances, quelques pièces de genre pour le piano et des morceaux de musique de danse.

* **SAINTON** (Prosper-Philippe-Catherine), violoniste remarquable, fils du chef d'une des plus importantes maisons de commerce de Toulouse, était destiné par son père à la profession d'avocat. Après avoir fait toutes ses études au collège de Toulouse, il s'y fit recevoir bachelier ès lettres en 1830, et y fit sa première année de droit. La crise commerciale causée par la révolution de 1830 ayant fait perdre à son père toute sa fortune, M. Sainton, qui avait obtenu quelques succès comme violoniste amateur, et sur qui la musique exerçait un attrait irrésistible, abandonna le droit pour embrasser la carrière artistique.

C'est alors qu'il se décida à venir à Paris, où il fit de brillantes études au Conservatoire, dans la classe d'Habeneck. Après avoir, pendant deux ans, fait partie de l'orchestre de l'Opéra et de celui de la Société des concerts, il quitta Paris pour entreprendre un grand voyage artistique, visita successivement l'Italie, l'Allemagne, la Russie, la Finlande, la Suède, le Danemark, l'Espagne, obtenant partout de très-grands succès. De retour en 1840 à Toulouse, il y fut nommé professeur au Conservatoire, et y demeura jusqu'en 1844, époque à laquelle il fit sa première visite à Londres. Malgré les difficultés qu'il éprouva tout d'abord à s'y faire entendre, une heureuse occasion s'étant présentée, il fut accueilli avec une telle faveur qu'il y retourna l'année suivante. C'est alors qu'il se décida à se fixer en cette ville, ayant été nommé successivement professeur de violon à l'Académie royale de musique, violon-solo de l'orchestre du théâtre de Sa Majesté et violon-solo de la reine d'Angleterre (il s'est démis seulement de ces dernières fonctions en 1856). Il a formé à l'Académie royale de musique un grand nombre d'élèves, qui tous sont devenus des artistes distingués et occupent de brillantes positions.

Depuis lors, M. Sainton n'a quitté l'Angleterre que pour faire sur le continent plusieurs voyages artistiques, particulièrement en 1848, où il alla se faire applaudir en Hollande, et en 1859, où il se fit entendre avec un grand succès à la Société des Jeunes-Artistes, dirigée par M. Pasdeloup. En 1860, il épousa miss Dolby, la célèbre cantatrice anglaise qui fait l'objet de la notice suivante.

Comme compositeur pour son instrument, M. Sainton a écrit : 2 Concertos, avec accompagnement d'orchestre; un Solo de concert; un Rondo-Mazurka; 3 Romances; 3 Études caractéristiques; une Tarentelle; plusieurs Fantaisies sur *Lucrezia Borgia, la Fille du Régiment, Rigoletto, la Traviata, Faust, il Trovatore*, et plusieurs airs variés avec accompagnement de piano et d'orchestre. M. Sainton est chevalier de l'ordre de la Couronne de chêne, des Pays-Bas.

SAINTON-DOLBY (Charlotte **DOLBY**, épouse **SAINTON**, connue sous le nom de Madame), femme du précédent, l'une des cantatrices de concert les plus renommées de l'Angleterre, est née à Londres en 1821. Elle reçut son éducation artistique à l'Académie royale de musique de cette ville, et son admirable voix de contralto, son assiduité à l'étude et ses heureux dons naturels en firent une des plus brillantes élèves que cette institution eût encore possédées. Lorsque le moment fut venu pour elle de se produire en public, miss Dolby résolut de se dérober aux occasions tentantes que pourrait lui offrir la scène lyrique, et voulut consacrer son talent à l'exécution des oratorios de Hændel et des autres grands maîtres, ainsi qu'à l'expansion de la musique nationale; la conservation de la traditionnelle ballade anglaise, dans toute sa vérité, sa simplicité et sa sensibilité, est due principalement aux efforts intelligents de cette grande artiste, devenue étonnamment populaire. Dans ces deux genres, miss Dolby ne connut bientôt aucune rivale. Mendelssohn, qui l'entendit à Londres dans son *Paulus*, fut si frappé de son talent et de la beauté de sa voix, qu'il lui dédia un de ses recueils de *lieder* (op. 57), et qu'il écrivit expressément pour elle la partie de contralto de son oratorio *Elie*. C'est lui qui la fit engager, en 1846, par l'administration des concerts du Gewandhaus, de Leipzig, où elle demeura pendant toute la saison d'hiver, et où elle reçut, aussi bien que dans plusieurs autres villes du continent, les témoignages de l'admiration la plus sincère et la plus vive.

Miss Dolby avait atteint l'apogée de sa renommée lorsqu'elle épousa, en 1860, M. Sainton, l'excellent violoniste. Elle continua sa carrière jusqu'en 1870, époque à laquelle elle fit ses adieux au public, et à partir de ce moment consacra toute son activité au développement d'un plan depuis longtemps formé par elle, lequel consistait dans la création d'une école particulière de chant, et dans la publication d'un livre renfermant le résumé de ses observations et de ses principes sur l'enseignement du chant. Mme Sainton-Dolby créa, en effet, une *Académie vocale* où les élèves affluèrent et où elle forma plusieurs chanteurs excellents, et elle publia un traité de l'art du chant dont il a été fait plusieurs éditions.

Mme Sainton-Dolby s'est fait connaître aussi comme compositeur. Après avoir écrit quelques mélodies vocales qui sont devenues extrêmement populaires, elle voulut affirmer sa valeur dans une œuvre plus sérieuse et de plus vastes dimensions; c'est alors qu'elle composa une grande cantate pour voix seules, chœurs et orchestre, *la Légende de Sainte Dorothée*, qui fut exécutée pour la première fois avec un très-grand succès à Londres, dans la salle Saint-James, le 14 juin 1876, et qui fut reproduite ensuite, avec le même bonheur, dans différentes villes du Royaume-Uni.

SALA (Antonio), compositeur espagnol remarquable dans le genre religieux, naquit vers le commencement du dix-huitième siècle à Aytona, village de la province de Lérida, et devint en 1738, à la suite d'un concours, maître de chapelle de Lérida. Il remplaçait dans cet emploi un artiste estimé, nommé Domingo Teixido. Sala fut, dit-on, l'un des compositeurs religieux les plus distingués de son temps, et sa musique, sans manquer ni de goût ni d'inspiration, révèle un artiste rompu à toutes les habiletés du contre-point. On cite surtout, parmi ses œuvres, plusieurs messes à deux chœurs d'un effet imposant, et une autre messe à grand orchestre qu'on exécutait encore dans ces dernières années. Sala mourut à Lérida, dans un âge très-avancé, le 22 janvier 1794.

SALA (Marco), compositeur italien contemporain, a publié chez l'éditeur M. Ricordi, à Milan, plusieurs albums de musique de danse : *Danze del Carnevale* (5 morceaux); *Ricordi di SanMaurizio* (4 morceaux); *Danze* (7 morceaux); *Danze* (5 morceaux). On lui doit aussi des valses et un grand nombre d'autres morceaux de danse détachés, un recueil de pièces de piano intitulé *Fogli d'album*, un recueil vocal : *Cinque melodie*, des romances, barcarolles, canzonettes, etc.

Un artiste du même nom, M. *Giuseppe Sala*, a fait ses études au Conservatoire de Milan, où il était élève des classes d'orgue et de composition. J'ignore lequel des deux est l'auteur d'un opéra sérieux, *Ginevra di Monreale*, qui a été représenté il y a quelques années, et d'un autre ouvrage du même genre, *Bice Alighieri*, qui a été joué sur le théâtre Neuf, de Vérone, au mois de novembre 1865.

SALADINI (Girolamo), écrivain italien, est l'auteur de l'écrit intitulé : *Nuovo Metodo delle proporzioni geometrica, aritmetica ed armonica* (Bologne, 1761, in-8°).

SALAMAN (Charles-Kensington), pianiste et compositeur anglais, né à Londres le 3 mars 1811, reçut une bonne éducation musicale, et se fit entendre pour la première fois en cette ville à l'âge de vingt ans, après quoi il se produisit avec succès dans les provinces anglaises, et voyagea ensuite en Allemagne et en Italie en donnant des concerts. M. Salaman a publié un assez grand nombre de compositions pour le chant et pour le piano, et il s'est fait apprécier aussi de ses compatriotes en faisant de nombreuses lectures et conférences sur l'esthétique musicale et sur l'histoire de l'art. L'un des fondateurs de la Société musicale de Londres, il a été pendant plusieurs années le secrétaire de cette association artistique. M. Salaman, dont l'enseignement a toujours été très-recherché, a été élu en 1847 membre de la Société de Sainte-Cécile, de Rome.

* **SALARI** (François). — On connaît de cet artiste un opéra intitulé *il Marchese carbonaro*, qui fut représenté à Venise en 1776.

SALAS (Francisco), chanteur espagnol distingué, né à Grenade, fut élève du ténor Valencia, et vint jeune à Madrid, où, par la protection de cet artiste, il fut engagé au théâtre de la Cruz, alors dirigé par Carnicer, pour chanter des rôles secondaires dans les opéras italiens ou espagnols qu'on y représentait. Il sut, dans cette tâche subalterne, donner rapidement la mesure de sa valeur, se fit confier des rôles plus importants, et bientôt obtint de très-grands succès dans l'emploi de basse chantante et de *buffo caricato*. Il faisait littéralement fureur dans certains ouvrages, notamment dans la *Chiara di Rosemberg* de Donizetti.

Salas voyagea ensuite en Espagne, se fit applaudir dans plusieurs villes importantes, puis revint à Madrid, et s'associa de cœur à l'idée de quelques jeunes auteurs et compositeurs, entre autres MM. Olona, Barbieri, Gaztambide, qui voulaient faire revivre la *zarzuela*, l'opéra national espagnol. Il était devenu alors directeur du théâtre italien de Madrid, mais, une fois son contrat terminé, il prit la direction de la nouvelle scène nationale qui se fondait et lui donna tous ses soins. L'entreprise pourtant ne fut pas heureuse dans ses commencements, et Salas, après avoir passé par de cruelles épreuves, crut devoir l'abandonner et la confier à un successeur.

Cet artiste estimable, qui pendant de longues années fut extraordinairement populaire à Madrid, mourut en cette ville le 20 juin 1875. Il a écrit la musique de quelques romances et chansons, qu'il intercalait dans les pièces jouées par lui.

* **SALDONI** (Baltasar), compositeur et historien musical, est l'un des artistes les plus remarquables, les plus intelligents et les mieux doués que l'Espagne ait produits dans le siècle présent. Non-seulement M. Saldoni est un professeur fort distingué, non-seulement il a donné des preuves d'une rare fécondité comme compositeur, mais il aurait pu rendre d'immenses services comme historien de l'art espagnol, s'il n'avait rencontré auprès de ses compatriotes une indifférence si complète et si coupable. Son *Résumé historique de l'école de musique du monastère de Montserrat* est une publication fort intéressante malgré ses proportions modestes, et quant à son *Diccionario biografico-bibliografico de efemérides de musicos españoles*, c'eût été, si la publication n'en avait été si fâcheusement interrompue après le premier volume, une œuvre d'une immense utilité. La forme générale de l'ouvrage était évidemment défectueuse, car, pour un tel livre, rien ne vaut l'ordre alphabétique; mais la sûreté des informations, la bonne foi de l'auteur, l'indulgente impartialité de sa critique, faisaient de son Dictionnaire une œuvre sérieuse, digne, honnête, appelée à prendre place dans toute bibliothèque artistique bien ordonnée.

Je ne saurais refaire ici la biographie de M. Saldoni, bien qu'elle ait été à peine esquissée dans la *Biographie universelle des Musiciens*, et je dirai seulement que cet artiste vénérable, maître encore, à l'heure présente, d'une petite chapelle de Madrid, membre de la section de musique de l'Académie des Beaux-Arts, semble avoir renoncé aux travaux de composition qui l'ont si longtemps occupé; mais je vais essayer de dresser, d'une façon sommaire, la liste de ses œuvres, afin de donner une idée de sa fécondité et de sa puissance laborieuse.

Musique dramatique. — 1° *El Triunfo del amor*, opérette en un acte, jouée sur un théâtre particulier, 1826; 2° *Saladino e Clotilde*, opéra italien en 2 actes, dont un fragment seulement a été chanté au théâtre de la Cruz, en 1833; 3° *Ipermestra*, opéra italien en 2 actes, Madrid, th. de la Cruz, 20 janvier 1838; 4° *Cleonice, regina di Siria*, id., id., id., 24 janvier 1840; 5° *Boabdil, ultimo rey moro de Granada*, opéra espagnol en 3 actes, non représenté; 6° *el Rey y la Costurera*, zarzuela en 3 actes, id.; 7° *la Corte de Monaco*, zarzuela en un acte, Madrid, th. de la Zarzuela, 16 février 1857; 8° *Guzman il Buono*, opéra italien en 3 actes, non représenté; 9° *los Maridos en las Mascaras*, zarzuela en 2 actes, Barcelone, Champs-Élysées, 26 août 1864. — Musique religieuse. 10° Messe de *Gloria* (en *mi* bémol majeur), avec orchestre; 11 Messe de *Gloria* (en *ut*), id.; 12° *Rosario*, id.; 13° *Santo Dios*, id.; 14° *Stabat Mater*, id.; 15° *Miserere*, id.; 16° diverses autres compositions religieuses, avec orchestre; 17° *Salve Regina* à 4 et 8 voix, avec piano et instruments à cordes; 18° *Stabat Mater* à 2 voix, avec harmonium ou piano; 19° diverses compositions religieuses, avec piano et instruments à cordes; 20° un grand nombre de motets, hymnes, cantiques à une, 2, 3, 4, 6 voix et plus, avec orgue ou piano; 21° 70 versets pour orgue; 22° 29 versets, id.; 23° 39 versets, id.; 24° 72 versets, id.; 25° 12 versets, id.;

26° fugues (14) pour orgue. — MUSIQUE SYMPHONIQUE. 27° *A mi patria*, grande symphonie pour grand orchestre, bande militaire et orgue obligé; 28° quatorze morceaux de genre pour orchestre. — MUSIQUE DE CHANT. 29° *Hymne au Dieu des Arts*, cantate exécutée au Lycée de Madrid, en 1842; 30° Hymne national, Lycée de Madrid, 1843; 31° plusieurs marches, chœurs, morceaux à une, 2, 3 et 4 voix, avec accompagnement d'orchestre; 32° environ 40 morceaux à une ou plusieurs voix, avec accompagnement de piano. — MUSIQUE DE PIANO. Environ trente morceaux de salon ou de concert. — Enfin, à tout cela il faut ajouter divers morceaux pour musique militaire, quelques chansons andalouses, puis une *Nouvelle Méthode de solfége et de chant* adoptée pour les classes du Conservatoire de Madrid, et un Recueil de 24 *Vocalises* adopté dans le même établissement.

* **SALIERI** (ANTOINE). — Pour ne parler que de la carrière de Salieri en France et des divers ouvrages qu'il écrivit en vue de l'Opéra de Paris, il y a trois rectifications importantes à faire à toutes les notices précédemment publiées sur ce grand compositeur; je ne ferai que les exposer en résumant certains passages du long travail sur cette période de la carrière de Salieri qui forme la seconde partie de mon ouvrage: *la Cour et l'Opéra sous Louis XVI* (un vol. in-18, Paris, Didier, 1877).

Il s'agit d'abord de la lettre rendue publique par laquelle Gluck déclarait que Salieri était le seul et unique auteur de la musique des *Danaïdes*. Mais la date même de cette lettre (de Vienne, 26 avril 1784) montrait bien que du Roullet l'avait depuis longtemps en poche — le courrier ne mettant pas vingt jours pour venir de Vienne — et qu'il n'attendait que le moment favorable pour la produire : ce subterfuge employé par Salieri et son collaborateur était singulièrement inconvenant pour le public et peu honorable pour eux-mêmes. On s'est ingénié depuis lors à trouver des excuses au retard que du Roullet avait mis à publier la lettre de Gluck, et Fétis assure que ce fut une clause exigée par l'éditeur de musique Deslauriers. « J'ai vu, dit-il, l'acte de vente où l'éditeur s'engageait à payer douze cents livres, à la condition que le nom de Gluck resterait sur l'affiche jusqu'à la *treizième* représentation; ce ne fut que le matin même de cette représentation que parut dans les journaux de Paris une lettre où Gluck déclarait que Salieri était l'unique auteur de la musique des *Danaïdes*. » Tous les écrivains, M. Desnoiresterres en dernier lieu, ont assuré aussi que la lettre de Gluck ne parut qu'après la douzième représentation. C'est une erreur, un simple rapprochement de dates va le prouver et mettre à néant l'excuse précitée et toutes autres qu'on pourrait imaginer. La lettre révélatrice fut insérée dans le *Journal de Paris* du 16 mai. Or, à cette date, *les Danaïdes* ne comptaient encore que six représentations, celles des 26 et 30 avril, 4, 7, 11 et 14 mai; la douzième n'arriva qu'en juillet. Nul doute que si la clause que Fétis prétend avoir vue eût existé, Salieri aurait attendu jusque-là pour divulguer la vérité. Le motif réel du retard apporté à la publication de la lettre de Gluck est que Salieri voulut attendre d'avoir palpé les 12,000 livres qu'il devait, d'après son traité, toucher *comme représentant de Gluck* et *après la troisième représentation*. Cette représentation eut lieu le 4 mai; les formalités de paiement et de décharge demandèrent quelques jours, puis Salieri laissa encore s'écouler quelque temps avant de jeter bas le masque. Cette explication est peu honorable, mais c'est la seule que les faits et les dates ne démentent pas.

Le second point traite d'une question de chiffres. Castil-Blaze et Fétis se trompent doublement en disant que Salieri reçut « 10,000 fr. pour sa partition des *Danaïdes*, 3,000 fr. de frais de voyage et un cadeau royal. » D'abord, il toucha 12,000 livres (et non 10,000) de l'Opéra; de plus, les 3,000 livres supplémentaires et le cadeau royal ne font qu'un. Le chiffre de 10,000 livres, indiqué par ces auteurs, montre qu'ils n'ont pas eu connaissance du traité original consenti par Salieri. Les écrivains contemporains eux-mêmes n'en ont pas connu les termes précis et ne parlent sur ce sujet que d'après les rapports et les on-dit qu'ils récoltaient de divers côtés.

En dernier lieu, j'ai voulu m'assurer si Salieri, outre *les Danaïdes*, *les Horaces* et *Tarare*, avait encore composé pour Paris trois opéras qui ne furent pas représentés, à savoir : *Chimène et Rodrigue*, tragédie lyrique en cinq actes (1788); *la Princesse de Babylone*, en trois actes (1789), et *Sapho*, également en trois actes (1790), et si ces partitions, composées à ces dates ainsi précisées par les biographes, mais non exécutées, se trouvaient effectivement « dans les cartons de l'Académie de musique de Paris ». Je me suis naturellement adressé à M. Nuitter pour dissiper ou confirmer mes doutes et j'ai pu vérifier que ces trois partitions se trouvent en effet aux archives de l'Opéra, — mais, comme bien je pensais, la *Chimène* est celle de Sacchini, *la Princesse de Babylone*, celle de Kreutzer, et la *Sapho*, celle de Reicha. Les dates données plus haut ne concordent même pas avec la représentation de ces opéras, qui furent joués en 1784, 1815 et 1822 (1).

AD. J—N.

* **SALOMAN** (SIEGFRIED). — Cet artiste fort distingué a fait représenter à Moscou, le 7 janvier 1868, un opéra intitulé *la Rose des Carpathes*.

* **SALOMAN** (Mme HENRIETTE **NISSEN**). — Après avoir renoncé à la carrière dramatique, cette artiste remarquable s'était fixée à Saint-Pétersbourg, où elle s'était consacrée à l'enseignement du chant. D'abord chargée d'une classe au Conservatoire de cette ville, Mme Nissen-Saloman n'avait pas tardé à y renoncer, pour ne plus donner ses soins qu'à ses élèves particulières. Ses succès n'ont pas été moins grands comme professeur que comme artiste, et elle a formé un grand nombre de cantatrices qui ont brillé non-seulement sur les grands théâtres de Saint-Pétersbourg et de Moscou, mais aussi sur d'importantes scènes étrangères. Parmi les principales élèves de Mme Nissen-Saloman, il faut citer Mme Raab, une des meilleures artistes de l'Opéra russe de Saint-Pétersbourg, Mlle de Reszké, qui est attachée depuis plusieurs années à l'Opéra de Paris, Mlle Anna de Belokha (Belocca), qui s'est déjà fait un nom dans la carrière italienne, Mlle Lawrovsky, Mme Walter-Kamensky, Mlle Bitchourine, etc. Mme Nissen-Saloman est morte à Hartzbourg, au mois de septembre 1879.

SALOMÉ (THÉODORE-CÉSAR), musicien français, né à Paris le 20 janvier 1834, a fait ses études musicales au Conservatoire de cette ville, où il fut l'élève de Bazin pour l'harmonie et accompagnement, de M. Ambroise Thomas pour la fugue et la composition, et de Benoist pour l'orgue. Il obtint les récompenses suivantes : en 1855, deuxième accessit d'harmonie; en 1856, le deuxième accessit d'orgue; en 1857, deuxième prix d'harmonie et, deuxième second prix d'orgue; en 1858, troisième accessit de fugue; en 1859, deuxième accessit de fugue; en 1861, premier second grand prix de Rome. Malgré ce dernier succès, M. Salomé ne s'est guère produit comme compositeur, et l'on ne connaît de lui, en dehors de quelques morceaux de peu d'importance, que des fragments de symphonie exécutés à la Société nationale de musique en 1877, et un recueil de dix pièces d'orgue publié à Londres. M. Salomé est organiste du petit orgue à l'église de la Trinité.

* **SALOMON** (JEAN-PIERRE), violoniste allemand, mourut à Londres le 25 novembre 1815. La *Revue et Gazette musicale* de Paris a publié, dans son numéro du 1er juillet 1866, une lettre que Beethoven avait adressée de Vienne à cet artiste, à la date du 1er juin 1815.

SALOMON (HECTOR), compositeur, est né le 29 mai 1838, à Strasbourg, d'une famille peu aisée. Il commença dès son plus jeune âge l'étude de la musique, entraîné qu'il était par une vocation irrésistible, et en 1847 commençait à travailler le violon, instrument pour lequel il éprouvait une véritable passion. Son père étant mort peu de temps après, cet événement vint interrompre ses premiers travaux, et ce n'est qu'un peu plus tard que le jeune Salomon, alors âgé de onze ans, commença l'étude du piano sous la direction de M. Frédéric Leutz. Venu à Paris pour s'y perfectionner, il entra en 1850 au Conservatoire, dans la classe de *solfége* de M. Savard, et l'année suivante remportait le premier prix. Admis en 1852 dans la classe d'harmonie et accompagnement de M. Bazin, il remportait un second accessit en 1853 et un second prix en 1855, après quoi il passait dans la classe de composition d'Halévy. Pendant tout ce temps il continuait l'étude du piano, d'abord avec M. Jonas, puis avec M. Marmontel.

Les nécessités de la vie contraignirent M. Salomon à quitter le Conservatoire pour accepter un emploi d'accompagnateur aux Bouffes-Parisiens, où il écrivit la musique d'un ballet, *Fascination*, qui fut représenté à ce théâtre en 1856. En 1860, il entrait au Théâtre-Lyrique pour y remplir les mêmes fonctions, et y restait jusqu'en 1870. Il fit jouer à ce théâtre, le 13 juin 1866, un joli petit opéra-comique en un acte, *les Dragées de Suzette*, et écrivait ensuite la musique d'une cantate, *le Génie de la France*, qui y était exécutée le 15 août suivant; enfin, le 13 septembre 1877, il y donnait un nouvel ouvrage, en un acte, *l'Aumônier du régiment*, dont le livret était tiré d'un ancien vaudeville, et qui était bien accueilli par le public.

M. Salomon, qui depuis 1870 a quitté le Théâtre-Lyrique pour passer en qualité de second chef des chœurs à l'Opéra, où il remplit aujourd'hui les fonctions de chef du chant, a beaucoup composé. Outre deux symphonies, un quatuor pour instruments à cordes, une sonate pour piano et violon, près de 200 mélodies vocales, tant publiées qu'inédites, quelques morceaux de musique religieuse, un certain nombre de romances sans paroles pour piano seul, piano

(1) A la liste générale des œuvres de Salieri, il faut ajouter la musique d'un « divertissement théâtral » écrite par lui sur un livret de Da Ponte, *Prima la musica, poi le parole*, lequel fut représenté à Schœnbrunn durant le carnaval de 1786. — A. P.

et violon, ou piano et violoncelle, il a en portefeuille cinq ouvrages dramatiques, parmi lesquels se trouvent *Bianca Capello*, grand opéra en 4 actes, *les Contes d'Hoffmann*, drame lyrique en 5 actes, et un opéra-comique en un acte, intitulé *Lubin Dandin*. Il a publié récemment un joli recueil de 20 *Mélodies* avec accompagnement de piano (Paris, Brandus, in-8°).

SALVATOR (......). — Un compositeur français de ce nom a fait représenter en 1862, sur le théâtre de Toulon, un opéra bouffe intitulé *l'Ombre d'Argentine*.

SALVAYRE (Gervais-Bernard), compositeur français, né à Toulouse (Haute-Garonne le 24 juin 1847, a fait ses premières études musicales à la maîtrise de la cathédrale de cette ville, où il eut pour condisciple M. Gailhard, jeune chanteur qui tient aujourd'hui l'emploi des basses chantantes à l'Opéra. Il entra ensuite au Conservatoire de Toulouse, où il se livra à l'étude du piano, du violoncelle et de l'harmonie. Il obtint un premier prix de violoncelle dans la classe de M. Garreau. C'est là que M. Ambroise Thomas, dans une de ses tournées d'inspection des écoles musicales des départements, le remarqua, le fit venir à Paris, et le fit admettre au Conservatoire, où il devint l'élève de M. Benoist pour l'orgue, et de MM. Ambroise Thomas et Bazin pour le contre-point et la fugue. Il obtint en 1866 le second accessit d'orgue et le troisième accessit de fugue, en 1867 le second prix d'orgue et le second accessit de fugue, et en 1868 le premier prix d'orgue. Dès 1867, il prenait part au concours de composition musicale pour le grand prix de Rome, mais il n'y fut pas heureux les premières années; ce n'est qu'en 1871 qu'il se voyait décerner le second prix pour cette partie supérieure des études, et l'année suivante il remportait le premier grand prix pour sa cantate intitulée *Calypso*.

A la fin de 1872, M. Salvayre partait donc pour Rome, emportant avec lui le livret d'un grand opéra en 3 actes, *le Bravo*, qu'il comptait mettre en musique pendant son séjour dans la ville éternelle. Artiste laborieux, persévérant et bien doué, il ne faillit d'ailleurs à aucune des obligations que lui imposait son titre de lauréat de l'Académie des Beaux-Arts, et il fit ponctuellement chaque année, à cette compagnie, les envois exigés par le règlement, ce qui ne l'empêchait pas de s'occuper d'autres travaux. C'est ainsi qu'il écrivit, dans le cours des quatre années pendant lesquelles il resta pensionnaire de l'Académie, plusieurs ouvrages sérieux dont il sera parlé plus loin, sa partition du *Bravo*, et cinq mélodies italiennes qui furent publiées par l'éditeur M. Ricordi, de Milan.

De retour à Paris au commencement de 1874, le jeune artiste fit d'abord exécuter aux Concerts populaires (22 mars) une « ouverture symphonique », puis, engagé comme chef du chant à l'Opéra populaire du Châtelet, dont l'existence devait être si courte, il fut chargé d'écrire la musique d'un divertissement intercalé dans *les Amours du Diable*, de Grisar, dont la reprise eut lieu à ce théâtre au mois de novembre 1874. Presque dans le même temps, l'administration des Beaux-Arts faisait exécuter, dans la salle du Conservatoire et pour la séance d'audition des envois de Rome, un *Stabat Mater* de la composition de M. Salvayre, œuvre intéressante, qui ne manquait ni de couleur ni d'énergie. En 1876, M. Salvayre faisait entendre aux concerts du Châtelet *la Resurrection*, « symphonie biblique » en 4 parties qui constituait aussi l'un de ses envois de Rome, mais qui avait été adressée à l'Académie des Beaux-Arts sous un titre différent : *le Jugement dernier*.

Cependant, M. Salvayre songeait à se produire à la scène et à faire connaître sa partition du *Bravo*, sur laquelle il fondait de sérieuses espérances. Le Théâtre-Lyrique, disparu depuis quelques années, venait de se reconstituer dans l'ancienne salle de la Gaîté, sous la direction de M. Albert Vizentini. *Le Bravo* fut reçu à ce théâtre, bientôt mis à l'étude, et offert au public le 18 avril 1877. L'ouvrage, sans présenter une grande originalité, décelait du moins un artiste instruit, en possession de qualités réelles, et doué d'un tempérament dramatique incontestable. Il fut bien reçu du public et de la critique, et l'auteur se vit aussitôt chargé, par la direction de l'Opéra, d'écrire la musique d'un ballet en un acte, *le Fandango*, qui fut représenté à ce théâtre le 26 novembre 1877. Avant la fin de cette même année, on exécutait encore au Conservatoire, pour l'audition des envois de Rome, deux compositions de M. Salvayre : le Psaume CXIII, pour *soli*, chœurs et orchestre, œuvre distinguée, et un charmant « air varié pour instruments à cordes ».

M. Salvayre est un des artistes qui honorent le plus la jeune école musicale française. Il est aussi, malheureusement, l'un de ceux qu'effarouche le plus la critique. Mais M. Salvayre est assez bien doué pour que ce défaut disparaisse rapidement, et qu'il en vienne à comprendre l'utilité du rôle de la critique, lorsque celle-ci est sincère et qu'elle agit pour le seul bien de l'art.

Parmi les œuvres publiées de M. Salvayre, je signalerai la partition pour piano et chant du

Bravo (Paris, Lemoine), celle du *Stabat Mater* (Paris, Hartmann), et cinq mélodies italiennes dont voici les titres : *Sospiri miei! Innamoramento, Dolore del tradimento, Serenata romana, Serenata di Francesca da Rimini* (Milan, Ricordi). — Une scène instrumentale, *les Bacchantes*, envoyée par l'auteur avec le Psaume CXIII à l'Académie des Beaux-Arts, a donné lieu, avec cette dernière composition, à ce jugement motivé de l'Académie : « Les deux ouvrages qui viennent d'être examinés justifient pleinement les espérances que les précédents envois de M. Salvayre avaient fait concevoir. Ce jeune compositeur, déjà plusieurs fois applaudi par le public, semble appelé à un bel avenir. Il est de ceux qui, prémunis par de longues et fortes études contre les écueils que tant d'autres n'ont pas su reconnaître et éviter, marchent résolûment dans la bonne voie. »

* **SALVI** (Lorenzo), chanteur dramatique italien, était né à Bergame en 1810, et non en 1812. Il est mort à Bologne, au mois de février 1879.

* **SALVI** (Matteo), compositeur italien, pendant de longues années fixé à Vienne, serait né près de Bergame, en 1820, s'il faut en croire une notice, accompagnée d'un portrait, publiée sur lui par un journal de Vienne, *die Blätter für kunst Wissen und Antike*, dans son numéro du 10 novembre 1866. Selon un autre biographe, Francesco Regli (*Dizionario biografico*), M. Salvi aurait été à Bergame l'élève de Donizetti, et non de Mayr. Quoi qu'il en soit, après avoir été chef d'orchestre d'une compagnie d'opéra italien à Berlin, puis à Vienne, M. Salvi se fixa dans cette dernière ville, où il fit représenter sur le théâtre de la Porte-Carinthie, en 1847, un opéra intitulé *Catterina Howard*, et où il se livra ensuite à l'enseignement du chant. En 1861, il fut nommé directeur de l'Opéra de la cour, et conserva ces fonctions pendant plusieurs années. Après un séjour d'environ trente années dans la capitale de l'Autriche, M. Matteo Salvi fut appelé, au mois d'octobre 1876, à la direction du Lycée musical de Bergame, où il succéda à M. Alessandro Nini, qui venait de se démettre de ces fonctions. M. Salvi a fait exécuter à Vienne, pour une cérémonie publique, une messe votive qui est considérée comme une œuvre distinguée.

Le frère de cet artiste, M. *Luigi Salvi*, est professeur de chant au Lycée musical de Bergame.

SALVIANI (......), compositeur italien, a fait représenter sur le théâtre ducal de Parme, le 30 juin 1831, un opéra bouffe intitulé *l'Acquisto per raggiro, ossia la Casa da vendere*, qui n'obtint aucun succès.

SAMENTINI (S......), violoniste, professeur et compositeur pour son instrument, né à Middelbourg en 1810, a résidé pendant longues années à Leeuwarden, après quoi il s'est fixé à Amsterdam. On connaît de lui les compositions suivantes, toutes pour le violon : 1° Élégie ; 2° Fantaisie sur *Anna Bolena ;* 3° Marche maçonnique ; 4° 10 Études ; 5° 12 Études ; 6° Concerto ; 7° Introduction et variations ; 8° 10 Morceaux.

* **SAMPIERI** (Le marquis François). — Aux ouvrages dramatiques de cet artiste, il faut ajouter un opéra sérieux intitulé *gl' Illinesi*, qui fut représenté en 1823 au grand théâtre de Bologne.

SAMPIETRO (Giulio), musicien italien du dix-septième siècle, est l'auteur de l'ouvrage suivant : *Delle grazie di musica moderna, di Giulio Sampietro di Negro* (Venise, 1625), cité par Quirin Van Blankenburg dans ses *Elementa musica* comme un de ceux qu'il étudia dans sa jeunesse.

* **SAMUEL** (Adolphe), compositeur et professeur belge, est aujourd'hui directeur du Conservatoire de Gand.

Après qu'il eut obtenu en 1845, à Bruxelles, le grand prix de composition musicale, M. Samuel fit un grand voyage en Italie et en Allemagne, et séjourna particulièrement à Leipzig, où il connut Mendelssohn, qui le prit en affection et auprès duquel il termina son éducation musicale de la façon la plus avantageuse. De retour à Bruxelles, il s'y fit une situation brillante, et en 1865 il eut l'idée d'acclimater en cette ville des concerts populaires de musique classique, à l'imitation de ceux que M. Pasdeloup (*Voy.* ce nom) venait de fonder à Paris avec un succès colossal. Les concerts populaires de Bruxelles obtinrent, eux aussi, une vogue considérable, et imprimèrent une active impulsion au développement du goût musical en Belgique ; ils firent connaître en ce pays les meilleures productions de l'école nationale, qui jusqu'alors n'avait pas de débouchés, et celles de la jeune école allemande, en même temps qu'ils révélaient au public un certain nombre d'œuvres importantes des grands maîtres : Bach, Mozart, Beethoven, Mendelssohn, Schumann, qui y étaient encore inconnues. En 1869, M. Samuel fut chargé par le gouvernement belge d'organiser de grands festivals annuels de musique classique à l'instar des fameuses fêtes musicales du Bas-Rhin, et le premier de ces festivals eut lieu sous sa direction à Bruxelles, dans la nouvelle gare du Midi, qui fut inaugurée à cette occasion (septembre 1869). Le chœur était composé de 1,200 chanteurs, l'orchestre de 150 artistes, et le programme des trois journées traditionnelles comprenait, entre autres œuvres, *le Messie*, de Hændel, exécuté pour la première fois en Belgique, *les Ruines d'Athènes* et la Symphonie en *la*, de Beethoven, *le Lucifer* de M. P. Benoit et une symphonie de M. Ad. Samuel; les principaux solistes étaient Mme Marie Sasse, MM. Vieuxtemps et Auguste Dupont. Cette grande solennité artistique ne réunit pas moins de 8,000 auditeurs, accourus de toutes les parties du pays et même de l'étranger, et le succès en fut éclatant. A cette occasion, M. Samuel fut promu au grade d'officier de l'ordre de Léopold. En 1871, M. Samuel fut appelé à la direction du Conservatoire de Gand, qui reçut alors, avec une subvention de l'État, le titre de Conservatoire royal; sous la direction d'un artiste aussi distingué, cet établissement, dont l'importance était déjà considérable, prit un nouvel et plus grand essor, et il est considéré aujourd'hui comme une école de premier ordre; il est, à l'heure actuelle, fréquenté par plus de 600 élèves, et ne comprend pas moins de 65 cours. Le 8 janvier 1874, M. Samuel a été élu membre effectif de l'Académie royale de Belgique, pour la classe des beaux-arts.

Voici la liste des œuvres de M. Adolphe Samuel, telle qu'elle a été publiée dans la *Bibliographie académique* de l'Académie royale de Belgique (édition de 1874) : — MUSIQUE DRAMATIQUE ET VOCALE. 1° *Il a rêvé*, opéra-comique en 3 actes, 1845; 2° *Giovanni da Procida*, opéra sérieux italien en 4 actes, 1848; 3° *Madeleine*, opéra-comique en un acte, 1849; 4° *les Deux Prétendants*, grand opéra en 3 actes, 1851; 5° *l'Heure de la retraite*, opéra-comique en 2 actes, 1852; 6° Ouverture, entr'acte, romance et musique mélodramatique pour *les Gueux*, drame de M. Charles Potvin, 1864; 7° *la Vendetta*, cantate, 1845; 8° Cantate pour voix d'homme et instruments de cuivre, composée pour le 25e anniversaire de l'indépendance nationale, 1855; 9° Cantate nationale, pour deux chœurs et orchestre d'harmonie, composée pour l'inauguration de la colonne du Congrès, 1859; 10° Mélodies diverses pour chant et piano, publiées à Cologne, Mayence, Paris et Bruxelles; 11° 4 chœurs à voix égales, avec piano (Bruxelles, Meynne); 12° Chœur pour *Esther*, tragédie de Racine, pour voix mixtes, avec orchestre (Bruxelles, Schott); 13° 3 chœurs à voix égales, sans accompagnement (Bruxelles, Katto); 14° *Ave Maria* pour chœur, orchestre et orgue; 15° 4 Motets (*Ave Maria, Salve Regina, Pater noster, Tantum ergo*) pour chœur et orchestre (Bruxelles, Katto); 16° Prière pour l'inauguration du temple israélite de Bruxelles (1878), pour voix seules, chœur et orgue. — MUSIQUE INSTRUMENTALE. 17° 1re Symphonie à grand orchestre (en *la* majeur); 18° 2e symphonie (en *la* mineur); 19° 3e symphonie (en *mi* mineur); 20° 4e symphonie (en *ré* mineur); 21° 5e symphonie (en *si* bémol); 22° Ouverture de concert (en *fa*); 23° Ouverture de concert (en *ré*); 24° *Roland à Roncevaux*, fragments symphoniques; 25° 2 Quatuors pour instruments à cordes (en *mi* bémol et en *si* mineur); 26° Divers morceaux de piano.

On doit aussi à M. Adolphe Samuel un *Cours d'accompagnement pratique et de basse chiffrée* (Bruxelles, Schott), et un grand nombre d'articles de littérature et de critique musicales, publiés dans divers journaux et recueils, la *Revue trimestrielle*, *la Civilisation*, *la Flandre libérale*, *l'Indépendance belge*, *l'Écho de Bruxelles*, *le Télégraphe*, *l'Art universel*. M. Samuel a donné aussi dans un recueil de caractère national, la *Patria Belgica*, un grand travail historique sur la musique et les musiciens belges, travail qui lui a valu quelques critiques un peu vives et qui semblent fondées, relativement à ses inexactitudes, ses erreurs et surtout ses omissions. Enfin, on lui doit encore un résumé sur *les Instruments de musique à l'Exposition de Paris*, publié dans *la Belgique à l'Exposition universelle de* 1878.

SAN-FIORENZO (CESARE), pianiste et compositeur italien, né à Gênes le 17 mars 1834, s'est fait connaître par la publication d'un assez grand nombre d'œuvres pour le piano et pour le chant, parmi lesquelles je signalerai les suivantes : *Tre Romanze*, 1er album; *Scene caratteristiche*, 3 morceaux pour le piano; *Illusioni caratterische*, 3 morceaux pour le piano; *le Quattro Parti del mondo*, 4 morceaux pour le piano; *La Divina Commedia*, illustrations dramatico-musicales, 4 morceaux pour le piano; enfin, quelques duos pour piano et harmonium. Au mois de janvier ou février 1879, M. San-Fiorenzo a fait représenter au théâtre Dal Verme, de Milan, un opéra intitulé *il Taumaturgo*.

Un artiste du même nom, M. *L. San-Fiorenzo*, vraisemblablement parent de celui dont il est ici question, a publié quelques morceaux de danse pour le piano.

***SAN-GIACINTO** (STEFANO MIRA E SIRIGNANO, marquis DE). — Ce dilettante passionné a réuni récemment en un volume un certain nombre de travaux et d'articles relatifs à la musique, et publiés par lui dans divers journaux. Ce volume a paru sous le titre de *Biografie e Cose varie* (Palerme, 1873, in-12), et contient, entre autres, divers chapitres sur Pacini, Halévy, Rossini, Mercadante, Pacchiarotti, les psaumes de Marcello, etc., etc. (1). Sur le dos de ce volume, l'auteur donne les titres d'un assez grand nombre de compositions musicales livrées par lui au public, et qui consistent en variations pour le piano, valses, polkas, mazurkas, quadrilles à quatre mains, canzonettes, ariettes; parmi ces dernières, j'en remarque une intitulée: *Mi disse un pastore,* « arietta musicata su parole di G. Rossini, » et parmi les compositions restées jusqu'ici inédites il faut signaler des cantates, des sonates, et une symphonie à orchestre.

M. le marquis de San-Giacinto est né, non en 1809, comme il a été dit, mais le 22 février 1803.

* **SAN-JACINTO** (Le marquis DE). — *Voyez* SAN-GIACINTO.

* **SANCHEZ DE LA MADRID** (VENTURA). — C'est le 27 janvier 1841 que cet artiste espagnol fit représenter au théâtre de la Cruz, à Madrid, son opéra italien intitulé *la Congiura di Venezia.*

SANCHEZ-GABAÑACH (FRANÇOIS DE PAULE), compositeur espagnol, est né à Barcelone le 6 février 1845. D'abord élève d'un artiste nommé Pedro Llorens, puis de Raimondi Gili, avec lesquels il travailla le solfège et le piano, il étudia ensuite la composition avec M. Gabriel Balart (*Voy.* ce nom). A dix-huit ans, en 1863, il écrivit une ouverture de *Minerve* qui fut exécutée aux Champs-Élysées de Barcelone, et une autre ouverture qu'il fit entendre au théâtre principal. En 1864, il produisit une troisième ouverture, dédiée à la mémoire de Meyerbeer, et le 23 mars 1867 il donnait sur le théâtre du Lycée, de Barcelone, son premier opéra, *Rahabba,* dont son père lui avait fourni le livret, et qui fut accueilli avec succès. Depuis lors, cet artiste a écrit les paroles et la musique de deux autres opéras, *Giuseppe,* et *le Ghironde;* je ne saurais dire si ces deux ouvrages ont été représentés. On lui doit encore une messe de *Requiem* écrite à la mémoire de sa sœur, et deux ouvertures portant pour titre, l'une : *A ma patrie et pour ma patrie,* et l'autre : *la Mort de Salvador.*

SANCHIOLI (GIULIA), née à Milan en 18.4, s'était d'abord vouée à la peinture, mais à seize ans sa belle voix ayant été remarquée, son père lui fit étudier le chant sous la direction de Vaccaj, sans toutefois la destiner au théâtre. Restée veuve de bonne heure et presque sans fortune, elle accepta d'abord un engagement pour Rome, où elle débuta avec éclat dans la *Norma,* puis pour Londres, où ses succès ne furent pas moins brillants. Lumley en parle avec éloge dans ses *Mémoires sur l'Opéra;* on peut voir aussi à son sujet le *Dizionario biografico* de Regli. Mme Sanchioli a manqué, comme l'Albertini, la Galletti et tant d'autres, à la gloire de l'Opéra Italien de Paris. C'est elle qui a créé *le Prophète* en Italie, avec le plus grand succès. Meyerbeer ne tarissait pas d'éloges sur son compte, et il aurait voulu la voir engager à l'Opéra, lors de la retraite prématurée de Mme Tedesco; mais son accent par trop italien empêcha la conclusion de cette affaire. Regli raconte un trait curieux de la vie de cette artiste. Quelques années avant la chute des Bourbons de Naples (1860), l'*impresario* de San-Carlo avait engagé Mme Sanchioli précisément pour chanter le rôle de Fidès dans *le Prophète;* l'engagement était signé de part et d'autre, et l'artiste s'apprêtait à se rendre à son poste, lorsque le ministre de la police lui fit défendre l'entrée du bienheureux royaume à cause de ses opinions libérales.

Mme Sanchioli, remariée à M. Aparici, auteur dramatique espagnol, s'est fixée à Pau depuis quelques années et se consacre à l'enseignement du chant. J. D. F.

SAND (BERTHE EHN, épouse), chanteuse dramatique éminente, née à Pesth (Hongrie) en 1845, fut amenée à Vienne à l'âge de six ans, et fit son éducation musicale au Conservatoire des amis de la musique de cette ville. Engagée d'abord à Nuremberg, puis à Stuttgard, elle appartient depuis 1868 au personnel de l'Opéra impérial de Vienne.

Mme Ehn-Sand possède une superbe voix de soprano, particulièrement admirable dans ses cordes hautes. Les principaux rôles qu'elle a créés à Vienne sont ceux de Juliette dans *Roméo et Juliette,* de Mignon, de Carmen, et d'Ophélie dans *Hamlet.* J. B.

SANDI (FRANCESCO), musicien italien, fut admis au mois de novembre 1850, comme élève de composition, au Conservatoire de Milan, et ne quitta cet établissement qu'au bout de huit ans, en septembre 1858. Il remplit ensuite les

(1) On y trouve aussi reproduit l'écrit qui avait paru naguère sous forme de brochure : *Osservazioni sul parallelo di Bellini e Rossini.* L'auteur avait signé cet opuscule : Marchese di San Jacinto, tandis que le volume dont il est ici question est publié, on le voit, sous le nom de Stefano Mira e Sirignano, marchese di San-*Giacinto.*

fonctions de *maestro concertatore* en second au théâtre de la Scala, et se fit connaître par un *Trattato d'istromentazione pratica*, qui fut approuvé par le Conservatoire. Cet artiste mourut à Feltre, au mois de mars 1868.

* **SANDONI** (Pierre-Joseph), a écrit un oratorio, *il Trionfo della grazia*, qui fut exécuté à Bologne en 1705.

SANDRÉ (Gustave), pianiste et compositeur français, s'est fait connaître depuis une dizaine d'années par la publication de quelques œuvres peu nombreuses, mais intéressantes, écrites avec un grand soin, non dépourvues d'inspiration, et qui témoignent en faveur des bonnes études, de l'esprit ouvert et des larges tendances de leur auteur. Parmi ces productions dignes d'estime et de sympathie, je citerai un élégant et joli recueil de pièces de piano, *Feuilles d'album* (op. 16), contenant cinq morceaux distingués, une suite de 12 valses à 4 mains (op. 17), dont quelques-unes sont tout à fait charmantes, un Quatuor en *mi* bémol pour piano et instruments à cordes (op. 15) d'un style excellent, et une Marche caractéristique à 4 mains (op. 13), d'un heureux caractère. Au nombre des autres œuvres de M. Sandré, on trouve encore : 4 Ballades à une voix, op. 8 (1. *Ophélia ;* 2. *la Fleur d'or ;* 3. *Complainte ;* 4. *Chanson du rouet*), Fantaisie rondeau pour piano et violon, op. 12, *Scherzo vivace* pour piano, op. 1, *Bourrée d'Auvergne*, id., op. 2, 6 Pièces à 4 mains (en 3 livres), op. 10, une sonate pour piano et violon, etc.

* **SANELLI** (Gualtiero), compositeur italien, est mort le 15 décembre 1861. La liste des ouvrages dramatiques de cet artiste doit s'augmenter de ceux dont les titres suivent : 1° *il Fornaretto*, opéra sérieux représenté à Parme le 24 mars 1851 ; 2° *Tradita*, drame lyrique en 4 actes, donné sur le théâtre de la Fenice, de Venise, dans la saison du carnaval de 1851-1852 ; 3° *Camoens*, opéra sérieux en 3 actes, joué au théâtre Regio, de Turin, en 1852 ; 4° *Ottavia* opéra sérieux, qui tomba à la Scala, de Milan, le 11 février 1854 ; 5° *Gennaro Annese*. J'ignore la date et le lieu de représentation de ce dernier.

SANGERMANO (Luigi), compositeur italien, né à Arpino (province de Caserte) le 14 octobre 1846, fit ses études littéraires au collège de sa ville natale, puis, s'étant rendu à Rome en 1864, y reçut ses premières leçons de musique de M. Filippo Marchetti (*Voy.* ce nom). L'année suivante il partait pour Naples, où, recommandé à Mercadante par son oncle Carlo Conti, il suivait, sous la direction de ce maître et avec l'assistance de MM. Claudio Conti et Raffaele de Pantis, un cours complet de contre-point et de composition. M. Sangermano, qui se destinait à la carrière du théâtre, débuta sous ce rapport au théâtre Re, de Milan, où il fit représenter, au mois de mai 1869, un opéra semi-sérieux intitulé *Coretta*. Le bon accueil obtenu par ce premier ouvrage lui donna la facilité de produire au théâtre San-Carlo, de Naples, un drame lyrique en 4 actes, *Regina e Favorita*, qui y parut le 24 mai 1871. Celui-ci fut sévèrement accueilli et n'obtint, je crois, qu'une seule représentation, malgré la présence de deux grandes cantatrices, Mlles Krauss et Waldmann, qui en remplissaient les deux principaux rôles. L'inspiration manquait à la musique de cet ouvrage, conçue, dit-on, selon les doctrines les plus abstraites de l'école allemande la plus avancée. Depuis lors, le jeune artiste a écrit un troisième opéra, *Clelia Olgiato*, qui n'a pas encore été représenté.

M. Sangermano a publié cinq recueils de mélodies vocales et quelques autres morceaux de chant détachés. Il a écrit plusieurs compositions religieuses : psaumes à 4 parties, vêpres, motets, etc., une grande symphonie, des quatuors pour instruments à cordes, et divers morceaux de musique de danse.

SANGIORGI ou **SAN GIORGI** (Filippo), compositeur italien, a été pendant plusieurs années chef de la musique de la garde nationale de Rome. J'ignore s'il occupe encore actuellement ces fonctions. M. Sangiorgi est honorablement connu dans sa patrie par plusieurs ouvrages dramatiques qui semblent avoir obtenu des succès assez marqués, mais dont aucun, cependant, n'a pu franchir les limites de l'Italie. Voici la liste de ces ouvrages : 1° *la Mendicante*, Rome, 1861 ; 2° *Iginia d'Asti*, Rome, 1862 ; 3° *Guisemberga da Spoleto*, ouvrage qui, parfaitement accueilli à Spoleto au mois de septembre 1864, a été presque aussitôt reproduit dans plusieurs villes importantes et reçu avec la même faveur ; 4° *Giuseppe Balsamo*, Milan, théâtre Dal Verme, novembre 1873 ; 5° *Diana di Chaverny*, Rome, théâtre Argentina, 27 novembre 1875. J'ignore si M. Sangiorgi a produit quelques compositions en dehors du théâtre.

SANSONE (Michele), compositeur italien, aveugle de naissance, s'est fait connaître par un opéra sérieux, *Ruggiero di Sangineto*, qui a été représenté sur le théâtre du Fondo, de Naples, au mois de septembre 1859. Cet ouvrage obtint un très-grand succès lors de son apparition, et fut l'objet de manifestations enthousiastes de la part des compatriotes de l'auteur aussi bien que d'éloges unanimes de la part de la critique. L'artiste, cependant, n'a plus fait parler de lui depuis lors, et n'a produit aucune œuvre nouvelle.

SANTA-COLOMA SOURGET (Mme Eugénie DE), née à Bordeaux le 8 février 1827, fille de M. de Santa-Coloma, consul général de la Confédération Argentine, mariée en 1849 à un armateur de Bordeaux, montra dès son enfance des aptitudes musicales extraordinaires. En 1830, à moins de quatre ans, elle se mit un jour, au piano, à jouer l'air de *la Parisienne*, que les orgues de Barbarie rendaient alors populaire. A cinq ans, elle recevait ses premières leçons de piano de Mlle Dufresne, fille du célèbre chanteur de l'Opéra.

A l'âge de quatorze ans, au retour d'un voyage à Paris où elle avait pris des leçons de Zimmermann et de Bertini, elle joua pour la première fois en public à Bordeaux, dans un concert du Cercle philharmonique, le concerto de Ries. Elle fut initiée aux lois de l'harmonie par M. Colin, chef d'orchestre du Grand Théâtre de Bordeaux, et père du professeur actuel du Conservatoire. A 17 ans, Mlle Santa-Coloma révélait des facultés vocales exceptionnelles, et son organe, d'abord un peu rude, fut assoupli et dirigé par les leçons du professeur espagnol Arrégui. C'est en 1847 qu'elle obtint, à Paris, une suite de triomphes. Elle y produisit quelques-unes de ses premières œuvres : *le Chant du crépuscule*, *A une jeune fille*, *Chante Madeleine*, etc., publiées depuis par l'éditeur Meissonnier. Une barcarolle intitulée *une Etoile* avait déjà paru en 1842 chez Escudier. Pendant ce séjour à Paris, la double personnalité artistique de Mlle Santa-Coloma s'affirma à la fois. Halévy, après l'avoir entendue, offrit de lui écrire un rôle nouveau si elle voulait débuter à l'Opéra, et le comité de la Société des gens de lettres lui écrivit une lettre conçue dans les termes les plus flatteurs, pour la prier de lui envoyer un autographe lyrique pour l'*Album* qu'il préparait.

Mme Sourget, vers 1864, a fait représenter, dans un salon, un opéra en un acte, *l'Image*, sur des paroles de Scribe. Depuis lors, de nouvelles compositions pour le chant ont été publiées par elle chez Gérard. La mélodie intitulée *C'est ton nom* a été tout récemment transcrite pour le piano par Francis Planté. Enfin, une œuvre importante, un grand trio instrumental, édité en 1872 par Gérard, semble indiquer que le talent de madame Santa-Coloma Sourget vient d'entrer dans une voie nouvelle. Il y a, dans les œuvres de cette artiste distinguée, une qualité inappréciable : le charme. On peut leur reprocher un peu trop de laisser-aller dans la forme ; mais les idées en sont heureuses, spontanées. Plusieurs de ses mélodies pour le chant ont obtenu un vrai succès.

A. L — N.

SANTESTEBAN (J...-A....), compositeur et éditeur de musique espagnol, établi à Saint-Sébastien, a publié vers 1878 un recueil de chansons populaires basques, notées par lui avec accompagnement de piano ; ce recueil est curieux et intéressant. M. Santesteban a écrit et publié aussi quelques morceaux de musique légère pour le piano.

SANTIS (...... DE), compositeur russe contemporain, a écrit la musique d'un opéra en 4 actes, qui a été représenté sur le théâtre Marie, de Saint-Pétersbourg, au mois de janvier 1874. Cet ouvrage n'a pas eu de succès.

SANTLEY (Charles), chanteur dramatique remarquable, est né à Liverpool vers 1835. Après avoir reçu dans son pays une très-bonne éducation musicale, il alla passer quelque temps en Italie pour s'y perfectionner dans l'art du chant, puis, de retour en Angleterre, il fut engagé dans la troupe d'opéra anglais que dirigeaient alors au théâtre Covent Garden, de Londres, miss Louisa Pyne (*Voy.* ce nom) et M. Harrison. Le public ne le remarqua pas tout d'abord, mais lorsqu'en 1860 il parut dans le rôle de Rhineberg d'un opéra nouveau de Wallace, *Lurline*, son succès fut très-grand, et il fut aussitôt classé au nombre des premiers barytons de l'Angleterre. Il se montra ensuite, avec le même bonheur, dans *Amber Witche*, du même maître, *the Lilly of Killarney*, de M. Benedict, *the Puritan's Daughter*, *the Armurer of Nantes*, de Balfe, où le public apprécia chez lui, avec un très-réel talent de comédien, une voix d'une puissance et d'une étendue surprenantes, ne comprenant pas moins de deux octaves, et partant des notes graves de la voix de basse pour atteindre, dans le registre élevé, aux sons d'un véritable ténor.

Après avoir, pendant quelques années, brillé dans l'opéra anglais, M. Santley aborda avec autant de succès l'opéra italien. Engagé en 1864 au théâtre de Sa Majesté, il alla faire une saison à Barcelone en 1865, une autre à la Scala de Milan en 1866, revint à Londres, et du théâtre de Sa Majesté passa plus tard à ceux de Covent Garden (1869) et de Drury Lane (1870). Il se produisit successivement, et toujours avec bonheur, dans la plupart des ouvrages du répertoire : *Marta, les Joyeuses Commères de Windsor, il Trovatore, Rigoletto, Médée, le Pardon de Ploërmel, la Flûte enchantée, les Huguenots, Hamlet, Oberon, Faust, il Templario*, etc. Mais ce n'est pas seulement comme chanteur dramatique que M. Santley acquit une renommée éclatante et incontestée ; il ne réussit pas moins en se produisant dans les concerts, dans les festivals, et surtout en prenant part aux exécutions d'oratorios qui sont si fréquentes en Angleterre; il s'est souvent fait entendre aux belles séances de la Société philharmonique et des Concerts populaires, de même qu'aux grands festivals de Londres ou des provinces, et n'obtint pas moins de succès en chantant le *Paulus* ou l'*Élie* de Mendelssohn, que *le Messie, Israël en Egypte* ou tel autre chef-d'œuvre de Hændel, ou des œuvres nouvelles telles que *Naaman* de M. Costa, ou *la Légende de sainte Cécile* de M. Bénédict.

En 1872, M. Santley fit un voyage en Amérique, et se fit entendre avec le plus grand succès à l'Académie de musique de New-York. Il revint ensuite dans sa patrie, et, en 1875, lorsque M. Carl Rosa, le chef d'orchestre, voulut, en compagnie de sa femme, l'excellente cantatrice Mme Parepa-Rosa, faire revivre l'opéra anglais au prix d'un nouvel effort, il trouva M. Santley tout prêt à le seconder. Celui-ci fit donc partie de la troupe que M. Rosa réunit au Princess's Theatre, de Londres, et avec laquelle il entreprit ensuite une grande tournée dans les provinces. Dans cette nouvelle campagne, M. Santley aborda plusieurs rôles qu'il n'avait pas joués encore, et se montra dans *le Vaisseau-fantôme*, dans *les Noces de Figaro*, dans *la Bohémienne* et dans quelques autres ouvrages. Mais son succès le plus éclatant fut celui qu'il remporta dans *Zampa*, où l'on assure qu'il est incomparable. Quand M. Carl Rosa transporta sa troupe au Lyceum, M. Santley, qui depuis longtemps, paraît-il, avait le désir de jouer *Joconde*, de Nicolo, fit lui-même l'*adaptation* anglaise du livret de cet opéra, et le chanta d'une façon tout à fait supérieure.

En résumé, M. Santley est un chanteur et un acteur remarquable, et l'un des meilleurs artistes que possède en ce moment l'Angleterre.

SANTO COPPA (........), compositeur italien, est l'auteur d'un opéra sérieux, *Costanza Francavilla*, qui a été représenté à Milan, sur le théâtre Carcano, en 1869.

* **SANTUCCI** (MARCO). — Au nombre des compositions manuscrites de cet artiste, il faut ajouter un *Magnificat a 4 voci* et *Sei Cantate a voce sola di soprano*. M. le docteur Basevi, de Florence, possède des copies de ces ouvrages.

SARASATE (MARTIN-MELITON), l'un des virtuoses violonistes les plus remarquables et les plus accomplis de l'époque actuelle, est né à Pampelune, dans la Navarre, le 10 mars 1844. Espagnol par sa naissance et son origine, M. Sarasate appartient à la France par son éducation artistique, et de tous les virtuoses qui se sont produits depuis vingt ans, il est celui qui continue avec le plus d'éclat et de la façon la plus directe les nobles traditions de notre grande école de violon. Admis au Conservatoire de Paris au mois de janvier 1856, dans une classe de solfége et dans la classe de violon de M. Alard, il prenait part aux concours en 1857, après dix-huit mois d'études, et, après avoir obtenu un premier prix de solfége, il remportait un des plus beaux premiers prix de violon qu'on eût vus depuis longtemps. Il était seulement alors âgé de treize ans. Il entrait ensuite dans la classe d'harmonie de M. Reber, et, pour cette partie de l'art, obtenait un accessit en 1859.

Enfant prodige, le jeune Sarasate se fit rapidement entendre en public, et bientôt fut recherché dans tous les salons, où chacun lui faisait fête et où ses succès se renouvelaient chaque jour. Au bout de quelques années, il entreprit quelques courts voyages, principalement en Espagne, sa patrie, où il n'est pas besoin de dire qu'il fut reçu avec sympathie ; mais il revenait toujours à Paris, où il résidait régulièrement et où le public ne cessait de lui faire fête.

Toutefois, c'est dans ces dernières années que la renommée de M. Sarasate s'est établie sur des bases inébranlables, le talent de l'artiste, mûri par un travail incessant, ayant acquis toute son ampleur, ayant pris son entier essor, et se faisant surtout remarquer par les qualités du style le plus pur, le plus sévère et le plus noble à la fois. C'est alors que le virtuose fit apprécier toute l'élévation de son talent en faisant entendre, soit aux Concerts populaires, soit aux concerts du Châtelet, soit aux admirables séances du Conservatoire, diverses œuvres écrites expressément à son intention, entre autres le joli concerto de M. Max Bruch, celui de M. Edouard Lalo et la Symphonie espagnole du même auteur. M. Sarasate exécutait aussi tantôt le concerto de Beethoven, tantôt celui de Mendelssohn, et dans ces œuvres de genres et de caractères si divers il faisait admirer la souplesse de son style, la fierté d'un jeu plein d'élégance et de charme, la perfection de son mécanisme, la pureté merveilleuse d'un son qui brille moins par la puissance que par son exquise limpidité, enfin un phrasé parfait, une étonnante facilité d'archet et un chant plein de grâce et de sentiment. Le public était tenu sous le charme par le jeu du virtuose, et l'accueillait chaque fois avec enthousiasme.

En 1876 et 1877, M. Sarasate entreprit un grand voyage artistique. Après s'être fait entendre à Vienne, où il ne fut pas moins bien reçu qu'il l'avait toujours été à Paris, il parcourut toute l'Allemagne, visita Breslau, Schwerin, Dusseldorf, Cologne, Bonn, Halle, Pesth, Bade, Hanovre, etc., partout excitant l'enthousiasme et recueillant les applaudissements. Après avoir été à Londres et à Bruxelles, il partit pour Berlin, où, dans quatre concerts donnés par lui au théâtre de l'Opéra, il remporta de véritables triomphes (1). Au moment où cette notice est écrite (mai 1878), on assure que M. Sarasate s'apprête à partir pour la Russie, où il retrouvera assurément les mêmes succès.

Les compositions de M. Sarasate sont d'importance secondaire. Parmi celles qu'il a publiées jusqu'ici, je citerai : *Confidence*, romance sans paroles, op. 7 ; *Souvenir de Domont*, valse de salon, op. 8 ; *le Sommeil*, mélodie, op. 11 ; *Moscovienne*, op. 12 ; Mosaïque sur *Zampa*, op. 15 ; *Prière et Berceuse*, op. 17 ; *Don Juan*, fantaisie concertante pour piano et violon ; *Airs Bohémiens*, Fantaisie sur *Faust*, Airs espagnols ; etc.

SARI (THOMAS), compositeur, né à Ajaccio le 8 janvier 1832, a fait à peu près seul son éducation technique. Dans sa modeste sphère d'action, il a rendu des services à l'art musical comme professeur et comme chef d'orchestre. Vers 1863, il a fait jouer au théâtre d'Ajaccio un opéra en 3 actes, *Ivanoé*, qui a été donné plusieurs fois pendant deux années consécutives par une troupe italienne. Il a écrit aussi un petit opéra-comique sur un poëme français qui n'a pas encore été exécuté jusqu'à ce jour, un assez grand nombre de romances, des morceaux de genre et de danse pour le piano, et des marches ou des pas redoublés pour la musique de la ville. Cet artiste n'a jamais quitté la Corse, où réside sa famille.

AL. R — D.

* **SARMIENTO** (SALVATORE), compositeur italien. — Selon la notice que M. Francesco Florimo (*Voy.* ce nom) a consacrée à cet artiste, il serait né à Palerme en 1817 et aurait été, au Conservatoire de Naples, l'élève de Furno, de Zingarelli et de Donizetti. A la suite de son séjour en France, Sarmiento retourna à Naples, où, en 1851, le roi le nomma maître de sa chambre et de sa chapelle. Il mourut en cette ville le 13 mai 1869. Aux ouvrages dramatiques de ce compositeur, il faut ajouter *Eloisa* (2 actes, Naples, th. du Fondo, 1841), et *Elmira* (Parme, th. Ducal, 1851). Il a écrit beaucoup de musique religieuse pour le service de la chapelle royale de Naples, entre autres une cantate sacrée : *le Tre Ore dell' agonia*, une messe funèbre, de nombreuses messes de *Gloria*, un *Dixit Dominus*, un *Magnificat*, des Litanies et un *Tantum ergo*.

Un artiste du nom de *Pierre Sarmiento* était, vers 1855, professeur de flûte au Conservatoire de Madrid. J'ignore si c'est un parent du précédent.

* **SARO** (J....-HENRI), est aujourd'hui chef de musique d'un régiment de l'armée prussienne. Il a obtenu des succès en 1872, en Amérique, où il était allé donner des concerts avec son corps de musique. Les compositions de cet artiste, consistant surtout en ouvertures, marches, quadrilles et morceaux de danse divers, s'élèvent au chiffre de cent environ.

* **SARRI** (DOMINIQUE). — La liste des compositions de cet artiste doit s'augmenter des œuvres suivantes : 1° *Partenope*, opéra sérieux en 3 actes, Naples, th. San-Bartolomeo, 1722 ; 2° *Siroe, re di Persia*, id., id., id., 1725 ; 3° *Berenice*, id., id., id., 1732 ; 4° *Achille in Sciro*, id., id., th. San-Carlo, 1737 ; 5° *Lucio Vero*, opéra sérieux en 3 actes ; 6° *Valdemaro*, id. ; 7° Cantates pour voix seule, avec basse ; 8° 3 Sérénades à 3 et 4 voix ; 9° Concerto pour 2 violons, flûte, alto, violoncelle et basse.

SARRIA (ENRICO), compositeur dramatique, est né à Naples le 19 février 1836. Élève de Raffaele Gentile Vitale pour le piano, de Nicola Fornasini et ensuite du baron Giuseppe Staffa pour l'harmonie et la composition, il n'était âgé que de dix-sept ans lorsqu'il fit son début à la scène en donnant au théâtre Nuovo, de Naples, en 1853, un opéra bouffe intitulé *Carmosina*, qui obtint un grand succès. Cet ouvrage fut suivi de *Donna Manuela*, donné par le jeune compositeur au même théâtre en 1856, et d'*Estella*, joué au théâtre du Fondo en 1858. Après

(1) Les journaux allemands qui, pendant les récents voyages de M. Sarasate en Allemagne, ont publié sur lui des notices biographiques, l'ont tous appelé *Pablo de Sarasate*. J'ai relevé les noms et les renseignements relatifs à la naissance de M. Sarasate sur les registres d'inscription du Conservatoire de Paris, dont il a été l'élève.

un long silence, M. Sarria rentra dans la carrière et remporta un énorme succès avec *Babbeo e l'Intrigante*, opéra bouffe qui obtint en 1872 près de 150 représentations au théâtre Rossini, et qui fut repris ensuite au théâtre Nuovo. Devenu pianiste accompagnateur au théâtre Mercadante (ex-Fondo), M. Sarria y a fait représenter encore deux ouvrages importants : *Guidetta*, opéra semi-sérieux donné le 25 mai 1875, et *la Campana dell' Eremitaggio*, qui fut offerte au public le 25 septembre suivant. Ce dernier, dont le livret était simplement traduit de l'opéra français *les Dragons de Villars*, semble avoir été bien accueilli. Enfin, M. Sarria a donné encore au théâtre Nuovo, le 17 février 1878, un opéra-comique intitulé *gli Equivoci*.

SARRUS (Pierre-Frédéric), mathématicien, né à Saint-Affrique (Aveyron), vers la fin du dix-huitième siècle, a mis au jour des travaux qui honorent la science française et qui lui ont fait un renom mérité. Auteur de nombreux Mémoires présentés à l'Académie des sciences, et dont plusieurs, couronnés par elle, ont trouvé place dans les *Comptes-rendus* de cette compagnie, M. Sarrus n'est cité ici que pour l'écrit suivant : *Essai sur la théorie du son*, tribut académique présenté à la Faculté des sciences de Montpellier pour obtenir le grade de docteur ès sciences (Montpellier, 1821, in-4°).

SASS (Marie-Constance **SASSE**, dite d'abord **SAX**, puis), chanteuse remarquable, fille d'un chef de musique militaire belge, naquit à Gand le 26 janvier 1838. A la mort de son père, elle fut admise au Conservatoire de sa ville natale, puis fut obligée, pour vivre, de donner quelques leçons. Engagée au Casino des Galeries Saint-Hubert, à Bruxelles, elle y resta environ dix-huit mois, puis vint à Paris, où elle chanta dans divers cafés-concerts, d'abord au café des Ambassadeurs des Champs-Élysées, puis au Casino du Palais-Royal, et enfin au café du Géant, situé alors sur le boulevard du Temple, entre la rue du Temple et le passage Vendôme. Mme Ugalde (*Voy.* ce nom) l'ayant entendue dans ce dernier établissement, s'intéressa à elle, s'offrit à lui donner des leçons, et s'employa pour la faire entrer au Théâtre-Lyrique, où elle fut effectivement engagée par M. Carvalho.

C'est le 1er octobre 1859 que Mlle Sass débuta à ce théâtre, sous le nom de Marie Sax, dans le rôle de la comtesse des *Noces de Figaro*. Sa réussite fut complète, et elle joua bientôt dans *Orphée*, dans *Philémon et Baucis* et dans *Robin des Bois*. Mais au bout de quelques mois elle était engagée à l'Opéra, où elle débutait, le 3 août 1860, dans *Robert le Diable*. Sa voix puissante, étendue et sonore fit merveille dans le rôle de Valentine, et, quoique l'expérience et le style manquassent encore à la nouvelle cantatrice, on s'aperçut bien vite qu'elle pourrait rendre de grands services et tiendrait bientôt le premier rang. En effet, elle joua successivement *la Juive, le Trouvère, les Huguenots*, avec un succès croissant, les qualités de sa voix admirable se développant de plus en plus, et l'intelligence dramatique lui venant avec l'habitude de la scène et du public. *Les Vêpres Siciliennes, Don Juan* achevèrent de mûrir son talent, et elle se vit chargée de créations très-importantes [dans le *Tannhäuser* de M. Richard Wagner, *Don Carlos* de M. Verdi, et surtout *l'Africaine*, où le rôle de Sélika lui fit le plus grand honneur.

Mariée au mois de mars 1864 avec M. Castan, dit Castelmary, chanteur de province qu'elle avait fait engager à l'Opéra, et dont elle se sépara judiciairement en janvier 1867, Mlle Sass se vit intenter un procès par son compatriote, M. Adolphe Sax, facteur d'instruments de cuivre, qui réussit à lui faire défendre de porter son nom. Ce fut alors qu'après avoir porté pendant plusieurs années ce nom de *Marie Sax*, puis *Marie Saxe*, elle adopta celui de *Sass*, qui différait peu de son nom véritable. Cette artiste resta à l'Opéra jusqu'au mois de septembre 1870 ; la guerre lui fit alors quitter la France, et depuis lors elle a modifié sa carrière, en s'adonnant au chant italien, et a parcouru avec les plus grands succès les principales villes de l'Italie.

La voix de Mlle Sass est d'un timbre admirable, d'une irréprochable justesse, d'une solidité à toute épreuve et en même temps d'un velouté parfait. Le talent de la cantatrice, sans être à la hauteur de la beauté de son instrument, n'en est pas moins remarquable à beaucoup d'égards, et brille, en dehors d'une bonne exécution vocale, par de rares qualités d'énergie et de passion.

SASSAROLI (Vincenzo), organiste et compositeur, neveu et élève de Mercadante, est né à Tolentino. Il a fait représenter en 1872 au théâtre Doria, de Gênes, un opéra sérieux intitulé *Riccardo, duca di York*, dont il avait écrit les paroles et la musique et qui fit un fiasco complet, et il est aussi l'auteur d'un opéra bouffe, *Santa Lucia*, qui, je crois, n'a point été livré au public. On lui doit encore quelques compositions religieuses, entre autres une messe à grand orchestre et un *Tantum ergo*, exécutés tous deux à Orvieto. M. Sassaroli a publié une brochure qui a fait quelque bruit en Italie : *Considerazioni sullo stato attuale dell'arte musi-*

cale in Italia e sull'importanza artistica dell' opera Aida *e della messa di Verdi* (Gênes, 1876, in-8° de 44 pp.). Dans cette brochure, l'auteur renouvelait le défi qu'il avait adressé sous forme de lettre à M. Ricordi, directeur de la *Gazzetta musicale* de Milan et éditeur des œuvres de M. Verdi, et à M. Verdi lui-même; cette lettre est trop curieuse pour que je ne croie pas devoir la traduire ici. La voici :

« Très-cher Monsieur, après avoir balancé quelque peu, je me suis décidé à entendre aussi *Aida*, opéra que d'ailleurs j'avais déjà lu ; et maintenant le but de cette lettre n'est pas de vous faire connaître le jugement que j'en ai porté soit à la lecture, soit à l'audition; seulement, je vous prie de prêter la plus grande attention à ce que je vais vous dire. Je vous demande la permission (attendu que l'opéra susdit est votre propriété) de mettre en musique à mon tour le livret d'*Aida*. Dites-le au maestro Verdi, et voyez s'il consent à soutenir la comparaison avec moi; je suis prêt à me mettre à ce travail aux conditions suivantes : l'opéra sera fait sur le même livret, sans y rien ajouter, sans en rien retrancher, sans y changer quoi que ce soit ; la musique sera écrite dans l'espace d'une année à partir de l'acceptation de ces propositions ; l'opéra sera payé 20,000 francs, c'est-à-dire, 5,000 francs lors de la remise de chaque acte; ces sommes seront consignées entre les mains d'une tierce personne de commune confiance, jusqu'à l'achèvement de l'œuvre, laquelle sera jugée par un jury composé de trois *maestri* choisis par moi, de trois choisis par Verdi, et d'un choisi par les six réunis. Comme je me verrai forcé d'abandonner mes leçons pendant une année pour pouvoir exécuter ce traité, on prélèvera sur la somme susdite une part suffisante pour me permettre de vivre sans m'occuper d'autre chose. Si l'œuvre est jugée défavorablement, l'argent sera retiré par le déposant, moins le susdit prélèvement. Il me sera permis d'associer à mon travail quelques-uns de mes élèves, qui fourniront les morceaux les moins importants de l'opéra, sauf à moi de faire tout en cas d'opposition. Comme vous le voyez, c'est un défi que je jette à Verdi, et à vous son éditeur, et auquel je verrai comment vous répondrez. Dans ce combat, l'unique risque que vous couriez consiste dans le prélèvement spécifié ci-dessus, que toutefois je pourrais vous faire garantir. Je verrai, d'autre part, si avec toutes ces propositions vous laisserez échapper l'occasion de pouvoir m'écraser et de me faire taire une fois, et de pouvoir vous écrier triomphalement : « Nos télégrammes du Caire, de Paris et de Naples qui proclamaient Verdi invincible étaient tous spontanés, et rien n'y était arrangé par nous. » Je saisis l'occasion, etc.

« VINCENZO SASSAROLI. »

M. Sassaroli s'en allait en effet criant sur les toits que la partition d'*Aida* et la musique du *Requiem* de Verdi indiquaient un profond abaissement de l'art national, et qu'il se faisait fort, pour sa part, de faire beaucoup mieux. M. Ricordi ayant inséré sa lettre dans la *Gazzetta musicale* et l'ayant accompagnée de quelques plaisanteries, M. Sassaroli revint à la charge par une seconde épître, plus développée encore, dans laquelle il renouvelait sa proposition, affirmant que si elle était de nouveau repoussée, c'est que M. Ricordi aurait peur de se voir vaincu, avec M. Verdi, dans le combat proposé. Ce combat n'eut pas lieu d'ailleurs, M. Ricordi ayant refusé une seconde fois, avec la plus grande netteté, les propositions qui lui étaient faites.

SATTER (GUSTAVE), pianiste autrichien très-remarquable et compositeur distingué, est né à Vienne le 12 février 1832. Son père, médecin fort habile, voulait lui faire suivre la même carrière, et, après lui avoir fait commencer à Vienne ses études spéciales, l'envoya à Paris pour y terminer son éducation; mais le jeune homme, dont le talent sur le piano était déjà des plus remarquables et qui ne rêvait que des succès artistiques, s'embarqua un beau jour pour l'Amérique afin d'y faire apprécier ses qualités de virtuose. Il arriva dans ce pays en 1854 et y resta jusqu'en 1860, remportant de véritables triomphes et se voyant accueilli avec une égale faveur au Brésil et dans toutes les grandes villes de l'Union américaine. De retour en Europe, il se produit en 1862 à Paris, où Berlioz le signale avec chaleur au public, puis va se faire entendre à Vienne, où ses compatriotes le reçoivent avec une sorte d'enthousiasme. Ses succès ne sont pas moins grands à Leipzig, à Pesth, à Dresde, à Copenhague et à Stockholm. Depuis lors, M. Satter s'est fait applaudir dans divers pays, particulièrement en Norwége et en Belgique. C'est, en réalité, un virtuose d'un rare mérite et fort distingué.

M. Satter s'est produit aussi comme compositeur. Ses premiers ouvrages, désavoués par la suite, furent publiés à Vienne, chez l'éditeur M. Mechetti. Plus tard, il a publié un grand nombre d'œuvres pour le piano, principalement à Leipzig (Kistner), et l'on cite particulièrement des études, 3 sonates, une transcription de l'ouverture de *Tannhäuser* et des fantaisies sur des motifs d'opéras. On connaît aussi de M. Satter trois ouvertures de concert : *Loreley*, *Jules-*

César et *Andie Freude*, deux symphonies à grand orchestre, et une autre composition symphonique intitulée *Washington*.

M. Satter a été, je crois, en 1860, chef d'orchestre des concerts de la cour, à Hanovre.

SAUGEON (J...-M....-M.....), est l'auteur, avec M. Anatole Loquin (*Voy.* ce nom), d'un écrit publié sous ce titre : *Lettres sur l'enseignement populaire de la musique*, Bordeaux, impr. Gounouilhou, 1861, in-8° de 32 pp. — La femme de cet écrivain, Mme *Zélie Saugeon*, née *Faget*, professeur et compositeur, a enseigné la musique pendant trente ans à Bordeaux, d'après le système du *méloplaste;* elle avait été l'élève de Pierre Galin et d'Aimé Paris. On lui doit un *Questionnaire de musique vocale*, dont les principes sont ceux de la méthode Galin, un recueil d'*Airs typiques*, et un certain nombre de morceaux de piano et de mélodies vocales, le tout publié à Bordeaux. Mme Zélie Saugeon est morte à la Tresne (Gironde), au mois d'octobre 1878.

SAUTON (JEAN-BAPTISTE), musicien belge, qui vivait à la fin du dix-septième et au commencement du dix-huitième siècle, remplissait les fonctions d'organiste du chapitre royal de Sainte-Wandru, à Mons. Il écrivit la musique d'un opéra en 3 actes qui portait ce titre singulier : *l'Alliance de Climène avec le jubilé*. Cet ouvrage fut joué le 31 août 1711, dans la maison des filles de Notre-Dame, de Mons, par les jeunes pensionnaires de cet établissement, pour fêter le jubilé de la supérieure de la communauté.

SAUVAGE-TRUDIN (......), riche amateur de musique, né à Boulogne-sur-Mer, est mort en cette ville au commencement de l'année 1877. Il avait écrit la musique de deux petits opéras-comiques en un acte, *les Deux Cousines* et *le Précepteur*, qu'il avait fait jouer sur le théâtre de sa ville natale ; il avait même réussi à faire représenter ensuite à Paris, sur le théâtre de la Renaissance, le premier de ces deux très-médiocres ouvrages.

SAUVAGEOT (CHARLES), violoniste, né à Paris le 6 novembre 1781, fut un des premiers élèves admis au Conservatoire lors de sa création, et y eut pour professeur Blasius. Il était âgé de quinze ans seulement lorsqu'il obtint le premier prix de violon au concours de l'an VI. Il n'est pas exact, comme on l'a dit, qu'à l'âge de seize ans il faisait partie de l'orchestre de l'Opéra, car en 1800 il n'était pas encore porté sur les listes du personnel. Je crois que c'est vers cette époque qu'il entra à ce théâtre ; à coup sûr il y était en 1804, et il y resta jusqu'un peu après 1830. En même temps que sa place de second violon à l'orchestre de l'Opéra, il occupait un emploi modeste dans l'administration des douanes, où il parvint au grade de vérificateur.

Sauvageot avait du goût, et il aimait les arts. Avec l'aide unique des modiques ressources que lui procuraient ses doubles fonctions, il forma, dans le cours de sa longue existence, une collection si précieuse, si intelligemment choisie, qu'on ne l'évalua guère à moins d'un million, et qu'elle offrait des pièces d'un prix inestimable, surtout en ce qui concernait les objets de l'époque de la Renaissance. Cet artiste honorable, doublé d'un connaisseur éclairé, mourut en homme de bien, le 30 mars 1860, léguant sa riche collection au musée du Louvre.

***SAUZAY** (EUGÈNE), violoniste, compositeur et écrivain sur la musique, a publié sous ce titre : *l'École de l'accompagnement, ouvrage faisant suite à l'Étude sur le quatuor* (Paris, Didot, 1869, in-8°), un écrit important qui, comme ce dernier, est écrit dans une langue élégante et contient sur l'art des vues utiles et élevées. De même que le premier ouvrage, le second contient un catalogue thématique complet de l'œuvre des trois grands maîtres allemands, Haydn, Mozart, Beethoven, dans le genre dont traite le livre, suivi d'un catalogue complémentaire, non thématique, des compositeurs les plus remarquables qui, après eux, se sont distingués dans la musique de chambre. La partie de l'ouvrage intitulée : *Questions usuelles* est pleine d'aperçus piquants et d'observations appuyées par l'expérience. Parmi les compositions de M. Sauzay, je citerai la musique écrite par lui pour les intermèdes de *Georges Dandin* et ceux du *Sicilien*, de Molière, qui a été exécutée avec un vif succès dans divers concerts ; ces deux partitions, écrites avec un goût très-pur, dans un style d'une simplicité un peu archaïque, renferment des inspirations charmantes et font le plus grand honneur à leur auteur.

A côté de ces importantes compositions, il faut citer aussi de nombreuses mélodies pour le chant sur des pièces bien choisies de nos poëtes, entre autres une *Chanson sur d'anciennes paroles*, avec accompagnement de violon, dont le motif est charmant et d'un effet irrésistible. — Y.

* **SAVARD** (MARIE-GABRIEL-AUGUSTIN), professeur et théoricien français, est aujourd'hui professeur d'harmonie et accompagnement au Conservatoire de Paris. A la liste de ses ouvrages, il faut ajouter un petit manuel publié sous ce titre : *Premières notions de musique*, et dont il a été fait douze éditions (Paris, Hachette, petit in-8° oblong), et un recueil important : *Études d'harmonie pratique, partimenti pro-*

gressifs, basses et chants donnés et réalisés (2 vol. in-8°).

SAVARY (TOUSSAINT), compositeur, né en Normandie vers le milieu du seizième siècle, obtint en 1584, au concours du puy de musique d'Evreux, le prix de l'orgue d'argent pour le motet : *Ne recorderis.* Quatre ans après, en 1588, au même concours, il remporta le prix de la lyre d'argent pour une chanson française : *Dybedybedon.*

SAVARY (EDMOND), pianiste, professeur et compositeur français, a été admis en 1848 au Conservatoire de Paris, où il a obtenu un second prix de piano en 1850, et le premier prix en 1852. Il se consacra ensuite à l'enseignement, tout en se livrant à divers travaux de composition, et fit représenter au Théâtre-Lyrique, le 13 octobre 1865, un opéra-comique en un acte intitulé *le Rêve.* On connaît aussi de cet artiste des sonates pour piano et violon, quelques morceaux pour orgue, etc. M. Savary est fixé aujourd'hui comme professeur à Saint-Hélier, dans l'île de Jersey.

* **SAVI** (LOUIS). — *Voyez* **SAVJ** (LOUIS).

***SAVINELLI** (ANGELO), professeur de chant, est né, selon les uns, à Vérone, selon d'autres à Goritz, en 1800. Admis au Conservatoire de Milan en 1808, il y étudia d'abord le basson avec Buccinelli, puis la composition avec Asioli. Cependant, il travaillait aussi le chant, pour lequel il avait de l'inclination, ce qui ne l'empêcha pas d'accepter, en 1820, l'emploi de 1er basson à la chapelle ducale de Lucques et au théâtre de cette ville. D'humeur assez capricieuse, il ne conserva pas longtemps cette position, alla se fixer dans une autre ville d'Italie, puis partit pour l'Espagne, où il épousa une chanteuse, Mathilde Palazzesi, qu'il suivit dans ses voyages, et qu'il eut la douleur de perdre, en 1812, à Barcelone. Savinelli revint alors en Italie, s'y occupa de commerce, et fit de fort mauvaises affaires. C'est alors que, songeant à assurer enfin son existence, il se consacra à l'enseignement du chant, et se mit à publier des Méthodes et des ouvrages didactiques : *la Scuola del canto; l'Avviamento all'arte del canto; Prime Nozioni musicali; Corso elementare di divisione e solfeggio.* On lui doit aussi deux ouvertures, une messe à grand orchestre, et un assez grand nombre de romances. Savinelli est mort à Florence le 17 mai 1870. Il était professeur de solfége à l'Institut musical de cette ville.

* **SAVJ** (LOUIS), compositeur et violoniste italien. — Cet artiste a publié chez l'éditeur Ricordi, de Milan, un recueil de 12 Duos et un Caprice pour violon et contre-basse, et un autre recueil de 3 Duos pour les mêmes instruments. Les deux ouvrages dramatiques indiqués au nom de Savj sous les titres de *l'Avaro* et *un Episodio di San Michele*, n'en forment qu'un seul, qui a été représenté sous celui-ci : *l'Avaro, ossia un Episodio del San Michele.*

SAVOJA (PAOLO), musicien italien, est né à Gerace le 17 août 1820. Sa mère, sœur du fameux chanteur Nicolas-Antoine Manfroce, qui avait reçu une excellente éducation musicale, lui enseigna elle-même les premiers éléments de l'art, après quoi l'enfant fut envoyé à Naples. Muni de bonnes recommandations pour le ministre de l'Instruction publique, il fut d'abord confié aux soins d'un élève du Conservatoire, nommé Garofalo, et au bout d'un an d'études se voyait admis dans cet établissement, comme élève de Ruggi pour le contre-point, ensuite de Donizetti, et enfin, lors du départ de celui-ci, de Mercadante. Lorsqu'il eut terminé ses études, il accepta l'emploi de chef de musique au 3e régiment suisse, passa plus tard en la même qualité dans un régiment de la garde royale, et conserva ce poste jusqu'en 1859, époque de la dissolution de l'armée napolitaine. A partir de ce moment, il se livra à l'enseignement, et il est aujourd'hui chef de la bande militaire du théâtre San-Carlo, de Naples.

M. Savoja a abordé par deux fois la scène, en donnant au théâtre Nuovo, de Naples (1857) un opéra bouffe en trois actes, *un Maestro di musica ed un Poeta*, et au théâtre Goldoni un autre ouvrage intitulé *Cristianella*, dont la musique était l'œuvre de plusieurs compositeurs. Une trop grande timidité l'a empêché, dit-on, de poursuivre cette carrière, mais il a produit beaucoup dans le genre de la musique religieuse. On lui doit, sous ce rapport, les compositions suivantes : Messe à 3 voix, avec orchestre, en *fa* mineur; Grande messe à 3 voix, avec orchestre militaire; *Tantum ergo* pour voix de basse, avec solo de cor anglais; *Tantum ergo* à 3 trois voix avec orchestre; *Tantum ergo* pour voix de basse, avec chœur; *Stabat Mater* à 2 voix, avec petit orchestre; *Stabat Mater* à 3 voix; Hymne choral en l'honneur de saint Louis, avec orchestre militaire; *Libera* pour voix de basse avec chœur, solo de cor anglais et orchestre militaire. Parmi les autres productions de cet artiste, on remarque encore : trois ouvertures à grand orchestre (en *mi* mineur, *ré* majeur et *ut* mineur); quatre marches funèbres pour musique militaire; dix marches pour musique militaire; une mélodie pour cor, avec accompagnement d'orchestre, et un grand nombre de pas redoublés, morceaux de danse, etc., pour musique militaire.

Un chanteur bouffe du même nom, M. *Pasquale Savoja*, né à Naples le 27 janvier 1819, s'est fait une brillante réputation dans l'emploi des basses comiques. C'est lui qui a créé, avec un énorme succès, le rôle de Cola dans l'opéra fameux de Petrella *le Precauzioni*, écrit expressément à son intention. M. Savoja, qui fait partie aujourd'hui du personnel du théâtre Nuovo, de Naples, a joué dans plus de trois-cents ouvrages.

SAWER (Théodore), habile constructeur d'orgues du dix-neuvième siècle, ne m'est connu que par la notice suivante, qui lui a été consacrée dans le *Nouveau Manuel complet du facteur d'orgues* (Paris, Roret, 1849) : — « Il travailla quelque temps comme ouvrier dans les ateliers de M. Abbey, qu'il quitta pour passer en qualité de contre-maître dans ceux que venait d'ouvrir la maison Daublaine. Son talent contribua beaucoup à la prospérité de cet établissement, dont les premiers essais n'avaient pas été heureux, et quoiqu'il n'ait attaché son nom à aucun des instruments à la construction desquels il a concouru, il ne s'en est pas moins acquis la réputation d'artiste distingué dans sa profession. Son esprit d'ordre et l'habitude qu'il avait acquise de diriger des travaux importants, le firent placer à la tête de la succursale que la maison Daublaine et Collinet fut obligée d'établir à Lyon pour satisfaire aux nombreuses commandes des villes du Midi, et il y resta jusqu'en 1848, époque à laquelle, tous les travaux de cette contrée étant terminés, elle fut supprimée. Alors M. Sawer se retira à Montpellier, où il s'occupe de l'entretien des orgues et des pianos.

* **SAX** (Charles-Joseph), facteur d'instruments, naquit à Dinant, non en 1793, mais le 1er février 1791. Il est mort à Paris le 26 avril 1865.

SBORGI (Giuseppe-Maria), pianiste, violoncelliste, compositeur et professeur, né à Florence le 30 mars 1814, est sans doute le fils et le petit-fils des deux artistes de ce nom mentionnés au t. VII de la *Biographie universelle des Musiciens*. Il fit ses études musicales dans sa ville natale, ayant pour professeurs A. Palafuti pour le piano, Gaetano Giorgetti pour le violoncelle, et P. Picchianti pour la composition. Son éducation terminée, il se livra à l'enseignement du chant, du piano, du violoncelle et de la composition, et devint premier violoncelle au théâtre de la Pergola, à l'orchestre duquel il resta attaché pendant quarante ans. Il fit aussi partie, comme violoncelliste, de la musique de la chambre et de la chapelle de Léopold II, duc de Toscane.

M. Sborgi a produit un assez grand nombre de compositions, parmi lesquelles il faut citer surtout un concerto de violoncelle, et un concerto pour violoncelle et piano. On lui doit aussi quelques opéras : 1° *Demofoonte*, Florence, 1836 ; 2° *il Giorno natalizio ;* 3° *Ippolita degli Azzi* (1), Arezzo, 1838 ; 4° *il Tesoro*, Florence, théâtre Rossini.

SCAPPA (.......), compositeur italien, a fait représenter à Milan, vers 1816, un opéra intitulé *le Tre Eleonore*.

* **SCARAMELLI** (Joseph), est mort à Trieste au mois de février ou de mars 1862. Cet artiste était né, non en 1761, comme il a été imprimé par erreur, mais en 1781. Son fils était, à l'époque de sa mort, chef d'orchestre à Trieste, et c'est évidemment lui qui écrivit, en compagnie de Mussi, la musique d'un ballet intitulé *Criella*, qui fut représenté sur le théâtre de la Scala, de Milan, en 1854.

SCARANO (Oronzo), jeune compositeur dramatique italien, a abordé pour la première fois la scène avec un opéra intitulé *la Forza del Danaro*, qui a été représenté à Naples, sur le théâtre Nuovo, le 22 février 1873. Le succès de cet ouvrage, dont la musique renfermait de bonnes qualités, fut compromis par la faiblesse du poëme. Cinq ans plus tard, le 6 janvier 1878, le compositeur reparaissait sur le même théâtre avec un drame lyrique en 3 actes, *Griselda, o la Marchesana di Saluzzo*, et il faillit, cette fois encore, être victime des fautes de son collaborateur. Toutefois, la critique sut tenir compte à M. Scarano de ses efforts, de son bon vouloir et de ses qualités, et il est à croire que le jeune artiste pourra, dans un avenir prochain, donner la mesure de sa valeur.

Né à Mottola, dans la province de Lecce, M. Scarano a fait ses études musicales à Naples, sous la direction de M. Giorgio Miceli.

SCARD (......), compositeur, a fait représenter au mois de juin 1846, sur le théâtre de Montmartre (commune de la banlieue de Paris aujourd'hui annexée à cette ville), un opéra-comique en un acte intitulé *la Tête de Méduse*. Ce petit ouvrage a été joué ensuite, au mois de janvier 1848, à l'Opéra National. Depuis lors, on n'a plus entendu parler du compositeur. M. Scard a publié sous ce titre : *Harmonies françaises*, une grande collection de morceaux de chant, airs,

(1) Cet ouvrage est celui que Fétis hésitait à attribuer à Gaetano Sborgi, en en fixant d'ailleurs l'apparition à l'année 1816.

romances, duos, trios et quatuors, écrits pour toutes les voix et dans toutes les conditions vocales.

SCARIA (Émile), un des chanteurs allemands les plus excellents de ce temps, naquit vers 1838, en Styrie. Il se voua d'abord aux études juridiques, mais ayant reconnu qu'il possédait une belle voix, il commença à la cultiver à Vienne, en 1856. Après avoir débuté sur divers petits théâtres de l'Autriche, il partit pour Londres en 1860, y travailla avec ardeur sous la direction de Garcia, et ne quitta cette ville que lorsqu'il fut devenu un chanteur accompli. Engagé d'abord à Dessau, puis à Leipzig, puis au théâtre de la cour, à Dresde, d'où sa renommée se répandit bien vite au dehors, il vint enfin débuter à l'Opéra impérial de Vienne, où il obtint de grands succès et dont il est encore aujourd'hui l'un des artistes les plus aimés du public. M. Scaria est doué d'une voix de basse étonnamment puissante et d'un timbre superbe, dont la grande étendue lui permet de chanter tour à tour Sarastro de *la Flûte enchantée*, et Don Juan. Il s'est fait surtout une grande réputation dans les ouvrages de M. Richard Wagner, et il a créé à Vienne, d'une façon splendide, le rôle de Wotan dans *l'Anneau des Nibelungen*. Ce qui n'empêche pas M. Scaria, dont le talent est très-souple, de briller dans le genre comique, où il fait preuve d'une verve éblouissante.

J. B.

***SCHACHNER** (Rodolphe), compositeur allemand, est aujourd'hui fixé à Vienne. C'est là qu'il a produit son chef-d'œuvre, l'oratorio intitulé *le Retour d'Israël de l'Égypte*, qui est toujours exécuté en Allemagne avec le plus grand succès.

J. B.

***SCHAD** (Joseph). — Depuis 1847, Schad s'était fixé à Bordeaux, où sa clientèle de leçons et ses relations lui donnaient une belle position artistique. Il avait fait représenter au Grand-Théâtre de cette ville, en 1864, un ballet en un acte, *Frantzia*, composé sur un livret de M. Eugène Duval. *Frantzia* a obtenu un grand succès, qui s'est traduit par une longue suite de représentations. — Schad est mort à Bordeaux, le 4 juillet 1879, à l'âge de 67 ans. Il était né, non à Vurzbourg, mais à Steinach, en Bavière, le 6 mai 1812.

Voici la liste *complète* des compositions musicales de Joseph Schad :

Œuvres numérotées : Mélanges sur des motifs de l'opéra *le Cornet*, op. 2. — Air suisse, op. 3. — Rondo suisse, op. 4. — Premiers exercices pour les commençants (Schonenberger), op. 5. — Trois nocturnes dédiés à Chopin (Richault), op. 6. — *L'Heureux Suisse*, op. 9. — Études, premier et deuxième livres (Schonenberger), op. 10. — Deux sonatines, op. 11. — *Le Départ du jeune marin*, fantaisie sur une romance de Lafon (Bernard-Latte), op. 12. — *Souvenirs de la Vallée*, valses expressives (Brandus), op. 14. — *Wavila*, souvenir du Tyrol, divertissement (A. Leduc), op. 16. — *Le Soupir*, mélodie (Chabal) op. 19. — Fantaisie sur la romance : *Adieux, bords chéris de la Seine*, de Bérat (Madame Guérin), op. 20. — *Le Retour en Suisse*, valses expressives (Brandus), op. 21. — *La Gracieuse*, valse, op. 22. — *Sérénade*, de Schubert, morceau de salon (Brandus), op. 23. — *La Scintillante*, grande valse brillante (Richault), op. 24. — *Le Chant de Madone*, andante pour piano et violon (Richault), op. 25. — *Deux Ames*, mélodie (Richault), op. 26. — *Le Casse-bras*, grande étude (chez Hofmeister, à Leipzig, op. 27. — Morceau de concert sur le sextuor de *Lucie* (Bernard-Latte), op. 28. — Grande fantaisie sur le célèbre *Te Deum* d'Haydn (Brandus), op. 29. — Grande fantaisie sur un thème de *Belisario* de Donizetti (Pacini), op. 30. — Douze études, pour les petites mains, 1er livre (Meissonnier), op. 31. — *La Pensée*, mélodie transcrite (Meissonnier), op. 32. — Douze études faciles pour le piano, livre II (Leipzig, chez Hofmeister), op. 33. — *Gemma di Vergi*, divertissement (Bonoldi), op. 34. — *Grazioso*, nocturne (Bonoldi), op. 35. — *Petit Ange*, première mélodie-valse (Lemoine), op. 36. — *Les Charmes de Bordeaux*, scherzo-valse (Bonoldi), op. 37. — *La Rose des Alpes*, romance sans paroles, (Bonoldi), op. 38. — *La Rose des Alpes*, 2e édition revue et corrigée (Ravayre-Raver), op. 38 *bis*. — *La Fleur des Alpes*, tyrolienne variée (Heugel), op. 39. — *Amour à Jésus-Christ*, I. « Ils ne sont plus les jours de larmes », cantique du R. P. Hermann (Ravayre-Raver), op. 40. — Célèbre valse du *Désir*, de François Schubert, variée (Heugel), op. 41. — *Amour à Jésus-Christ*, II. « Je dors et mon cœur veille » (Ravayre-Raver), op. 42. — *Amour à Jésus-Christ*, III, « Mystère de foi » (Ravayre-Raver), op. 43. — *Valse en octaves* (Bordeaux, chez l'auteur), op 44. — *Mater dolorosa*, chant d'église franconien (ib., ib.), op. 45. — *Le Muguet*, fleur de Mai, nocturne (ib., ib.), op. 46. — *L'Index*, valse-étude (ib., ib.), op. 47. — *Première absence*, pensée fugitive (à Bordeaux, chez l'auteur), op. 48. — *Légende*, pensée musicale écrite en vers (ibid.), op. 49. — *Jeanne*, deuxième tyrolienne (ibid.), op. 50. — *Brise des Alpes*, troisième tyrolienne (ibid.), op. 51. — *Ivana,* mazurka de salon (ibid.), op. 52. — *Adieu au Monde,* du R. P. Hermann, transcrit pour le piano (ibid.), op. 53.— Gammes chromatiques, dédiées à Mlle Rœder, étude de vélocité (ibid.), op. 54.— *Tarentelle* (ibid.), op. 55. — *Dernière pensée de Weber,* de Reissiger, variée (ibid), op. 56. — Air favori allemand, varié (ibid.), op. 57. — *La Rieuse,* mazurka de salon (ibid.), op. 58. — *La Caille,* valse (ibid.), op. 59. — *Les Octaves,* grande étude de concert (ibid.), op. 60. — *Le Tremble,* grande étude de concert (ibid.), op. 61. — Grand concerto de piano, dédié à Franz Liszt (ibid.), op. 62. — *L'Étoile du Soir,* nocturne (ibid.), op. 63. — Gammes diatoniques. Études de vélocité (Ravayre-Raver), op. 64. — *Reviens,* mélodie (Heugel), op. 65. — *Styriana,* mazurka (Heugel), op. 66. — *Le Fremersberg,* chanson (Heugel), op. 67.— *Mandolina,* boléro (Heugel), op. 68.—,*Chamounix,* valse (Heugel), op. 69. — *Galop,* polka (Heugel), op. 70. — *Roméo et Juliette,* transcription d'après Gounod (Choudens), op. 71. — *Ave Maria* de Ch. Gounod (Heugel), op. 72. — *La Robe azur,* d'Yradier, transcrite (Heugel), op. 73.— *Le Galop des gazelles* (Schott), op. 74.— *Souvenir de Royan* (Schott), op. 75. — *Armina* (Schott), op. 76. —*Orphée* de Gluck (ib.), op. 77. — *Souvenir,* de François Schubert, transcription (ib.), op. 78. — Un thème de Ch. Marie de Weber (ib.), op. 79.—*Valse Brillante* (ib.), op. 80. — *Loreley,* chanson du Rhin (ib.), op. 81.— Mélodie et impromptu (ib.), op. 82. — *La Mouche,* valse (ib.), op. 83.— *Iphigénie en Tauride,* de Gluck (ib.), op. 84.— *Sur la montagne* (ib.), op. 85.— *Armide,* de Gluck (ib.), op. 86. — Souvenir de Weber, op. 87. — *Moment musical,* de Scubert, varié, op. 88. — *Alceste,* de Gluck, transcription, op. 89. — *Frantzia,* ballet de J. Schad, deux suites, op. 90.— *Obéron,* transcription, op. 91. — *Marie, Étoile des mers,* de l'abbé Donis, op. 92. — *Berceuse créole,* op. 93. — *J'aime ces chants,* de l'abbé Donis, op. 94. — *Fille du ciel,* transcription d'un cantique de l'abbé P. Donis (Schot), op. 95.

Œuvres sans numéros : *Lindler national bavarois* (Genève, chez Friard Larpin). — *Les Plaintes de la jeune fille,* mélodie de Schubert (Richault). — *Souvenirs de Munich,* suite de valses (Meissonnier). — *Deux Polkas* (A. Leduc). — *Deux mazurkas* (Bernard-Latte). — *Les Cloches de Quasimodo,* nocturne caractéristique pour piano (Vienne, chez Haslinger). — *Valses expressives* (1).

(1) Cotées, par erreur, op. 39.

Citons encore, pour être absolument complet : *Volcynelle,* polka (Heugel). — *Polka* (A. Leduc). —*Florence,* polka (à Bordeaux, Ravayre-Raver). — *Minuit,* mélodie (Bonoldi). — *La Vierge de Domrémy,* mélodie (L. Mayaud). — *Tyrolienne* (à Bordeaux, l'auteur). — *Jeune fille,* mélodie (Heugel).

Plusieurs autres œuvres de J. Schad, annoncées sur différents catalogues, *n'ont jamais été publiées* : ce sont : *Le Carnaval de Venise,* varié. — *Ne pars pas,* tyrolienne, chant et transcription pour le piano — *Chant national.* — *L'Aérolithe,* grande étude de concert. — 4e acte de *Lucie.*

A. L — n.

* **SCHAEFFER** (Henri), ancien ténor du théâtre de Hambourg, est mort à Cassel, le 28 novembre 1874.

* **SCHAEFFER** (Auguste), a fait représenter en 1861, sur l'un des théâtres de Berlin, un opéra-comique en 3 actes intitulé *Junker Habakuk.*

SCHAEKEN (Jean-Hubert), compositeur, né à Weert (Limbourg), le 2 janvier 1832, est le fils d'un organiste et reçut de son père ses premières leçons de musique. Admis au Conservatoire de Bruxelles en 1853, il y suivit la classe d'orgue, puis devint élève de Tilborgs pour l'harmonie et de Fétis pour le contre-point et la fugue. Après avoir obtenu dans cette école les deux premiers prix d'harmonie et de composition, il ne put réussir à se faire nommer professeur au Conservatoire de la Haye, et alla s'établir à Amsterdam, où il se livra à l'enseignement et à la composition et fit exécuter une messe à 3 voix et orgue. En 1859, il épousait une jeune cantatrice, Mlle Ariaans, et deux ans plus tard il partait pour Java, visitait Batavia, puis se fixait comme professeur à Samarang, où il trouvait un emploi d'organiste. De retour en Europe en 1868, il établissait définitivement sa résidence à Bruxelles, qu'il n'a pas quitté depuis lors. M. Schaeken a publié les compositions suivantes : *Te Deum* à 4 voix, avec orgue ; 24 morceaux pour orgue dans tous les tons majeurs et mineurs ; 24 cantiques ; 62 études de chant ; *O Salutaris,* à 3 voix ; 3 mélodies avec accompagnement de piano, etc.

* **SCHAFFNER** (Nicolas-Albert), chef d'orchestre et compositeur.— A la liste des ouvrages de cet artiste distingué, il faut ajouter sept quintettes pour 2 violons, alto, violoncelle et contre-basse, op. 32, 33, 34, 35, 36, 37 et 38, publiés à Paris, chez Richault. Après avoir quitté Rouen, Schaffner alla remplir les fonctions de chef d'orchestre au Grand-Théâtre de Bordeaux. Il est mort en 1860.

C'est pendant son séjour à Rouen que Schaffner se vit intenter un procès singulier, qui pourrait presque prendre place parmi les causes célèbres et qui égaya la ville pendant tout un grand mois. En sa qualité de chef d'orchestre du théâtre des Arts, il avait eu l'idée de donner, le 15 octobre 1829, à l'issue de la première représentation des *Deux Nuits*, une sérénade à Boieldieu. Certains agents d'une police trop chatouilleuse avaient vu, dans ce fait d'un hommage rendu publiquement par ses compatriotes à un artiste célèbre, une contravention à certains règlements sur la police des rues. En conséquence, Schaffner fut cité à comparaître devant le tribunal, et, malgré le ridicule de cette affaire, se vit condamner à onze francs d'amende et aux dépens. En faisant connaître l'issue de ce procès, qui, à l'audience même, fut agrémenté des incidents les plus burlesques, un journal local, *le Neustrien*, déclarait ouvrir une souscription, dont le montant, qui ne pouvait dépasser vingt-cinq centimes par souscripteur, était destiné à payer l'amende infligée au « coupable » et à couvrir les frais de ce procès original. Il va sans dire que les souscriptions arrivèrent par centaines, et que Boieldieu ne fut pas le dernier à envoyer la sienne. La relation de cette affaire fut publiée sous ce titre: *Précis du procès de la sérénade donnée le 15 octobre 1829 à M. Boieldieu* (Rouen, impr. Marie, 1829, in-8° de 16 pp.).

SCHAFFNER (.........), artiste belge, a écrit la musique de *l'Amant Diable*, opéra-comique en un acte qui a été représenté sur le théâtre de Gand le 5 février 1817.

SCHARWENKA (Philippe), compositeur allemand, né à Samter (Prusse), le 25 février 1847, s'est fait connaître d'une façon avantageuse, en ces dernières années, par diverses œuvres qui ont été bien accueillies du public. Je citerai seulement les suivantes : Scènes de danse, pour piano, op. 6 ; Romance et scherzo pour piano et violon, op. 10 ; *Fantaisie-Stück*, pour piano, op. 11 ; Humoresque en forme de danse et mazurka, id., op. 13 ; 3 Morceaux de concert, pour piano et violoncelle, op. 17 ; *Miscellanées*, 6 morceaux pour piano, op. 18 ; Sérénade pour orchestre, op. 19 ; 2 Polonaises pour orchestre, op. 20 ; Cavatine pour violoncelle, avec accompagnement de piano, op. 22 ; *Scherzino*, pour piano ; *Menuet* et *Mouvement perpétuel*, pour violon, avec accompagnement de piano, op. 24 ; Caprice pour piano, op. 25 ; *Albumblætter*, 5 pièces pour piano, op. 27.

M. Philippe Scharwenka a fait ses études à la nouvelle Académie de musique de Berlin, dirigée par Théodore Kullak. Il est aujourd'hui professeur dans cet établissement.

SCHARWENKA (Xavier), pianiste et compositeur allemand, frère du précédent, est né le 6 janvier 1850 à Samter (Prusse). Il a fait ses études, comme son frère, à la nouvelle Académie de Berlin, et s'est fait ensuite connaître et apprécier en Allemagne par un certain nombre de productions importantes, qui semblent avoir excité un vif intérêt et qui lui ont valu une honorable notoriété. Voici la liste des compositions de ce jeune artiste qui sont venues à ma connaissance : Novelette et mélodie, 2 pièces pour piano, op. 22 ; *Wanderbilder*, pour piano, op. 23 ; 4 Danses pour piano à 4 mains, op. 24 ; 2 Romances pour piano, op. 25 ; 6 Valses pour piano, op. 28 ; 2 Danses polonaises, id., op. 29 ; Valse-impromptu, id., op. 30 ; Concerto pour piano, en *si* bémol, avec accompagnement d'orchestre, op. 32 ; Romance pour piano, op. 33 ; Quatuor en *fa* majeur pour piano, alto, violon et violoncelle, op. 37 ; Sonate pour piano et violon, en *ré* mineur ; Impromptu dans le style hongrois, 2ᵉ sonate pour piano, op. 36. M. Xavier Scharwenka ne s'est pas borné à des succès de compositeur, et s'est fait apprécier aussi comme virtuose ; habile pianiste, il s'est produit assez fréquemment sous ce rapport, notamment à l'Académie de chant de Berlin, et au Gewandhaus, de Leipzig. Ce jeune artiste paraît destiné à un avenir brillant. Son œuvre la plus accomplie est, dit on, son second concerto de piano, qu'il a fait entendre à Berlin, au commencement de 1879, avec un très-grand succès.

SCHEBEK (Edmond), docteur en droit, conseiller impérial, secrétaire de la chambre de commerce et industrie de Prague, est né à Petersdorf, en Moravie, le 22 octobre 1819. Bien que les questions artistiques fussent très-étrangères à ses occupations ordinaires, il s'éprit d'une vive passion pour la musique, et fonda à Prague, avec deux artistes de ses amis, Barnabé Weiss et Joseph Krejci, une entreprise de concerts qui devint rapidement florissante. Il s'occupa beaucoup aussi de la facture et de l'histoire des instruments à archet, ce qui lui donna l'occasion de rédiger, à propos de l'Exposition universelle de Paris de 1855, un rapport sur la facture instrumentale qui trouva place dans le compte-rendu officiel autrichien et qui fut aussi publié à part (Vienne, impr. de l'État, 1858). M. Schebek a publié deux autres opuscules : *la Fabrication des violons en Italie et son origine allemande* (Prague, 1874), et *Deux lettres sur G. G. Frohberger, organiste impérial de Vienne* (ib.) ; le titre du premier de ces deux écrits indique facilement son but et les visées de l'auteur, qui tend à prouver que l'art de la lutherie moderne est sorti tout d'abord de mains allemandes, en constatant que Kerlino et Duiffoprugar, Allemands de naissance et d'origine, se sont tous deux fixés en Italie, où ils ont exercé leur profession et sans doute formé des élèves. Ce petit écrit de 28 pages est d'ailleurs très-intéressant, très-instructif malgré ses dimensions modestes, et utile pour qui veut connaître rapidement et sommairement les origines et les progrès de l'art de la lutherie; une traduction anglaise en a été faite par M. Walter E. Lawson.

SCHEBOR (L......), chef d'orchestre et compositeur bohémien, a fait ses études musicales au Conservatoire de Prague. Devenu second chef d'orchestre au théâtre national de cette ville, il y a fait représenter, le 19 octobre 1865, avec un succès éclatant, un opéra intitulé *les Templiers de Moravie*. Deux ans plus tard, au mois d'octobre 1867, il donnait au même théâtre un nouvel ouvrage, *Drahomira*, qui était reçu avec une égale faveur.

* **SCHECHNER-WAAGEN** (Mme Nanette), cantatrice allemande fort distinguée, est morte à Munich, sa ville natale, le 30 avril 1860.

* **SCHELLER** (Jacques), violoniste, est mort en 1800, dans un village de la Frise.

SHEPHERDSON (W....), écrivain musical anglais, est l'auteur de l'opuscule suivant, publié dans ces dernières années : *the Organ, hints on its construction, purchase, and preservation* (*Conseils sur la construction, l'achat et la conservation de l'orgue*), in-8°.

SCHERMERS (François-Corneille), pianiste, professeur et compositeur, fils d'un chantre de la cathédrale d'Anvers, naquit en cette ville le 11 novembre 1822. Il fit de bonnes études musicales, et produisit tout d'abord, en 1845, une cantate intitulée *la Nativité du Seigneur*, qui lui valut une récompense de l'Académie des Beaux-Arts. En 1853, il fit représenter à Gand un opéra-comique en un acte qui avait pour titre *le Teneur de livres* et qui fut bien accueilli. Fixé à Anvers comme professeur de piano, cet artiste y a fait exécuter différentes œuvres, entre autres deux ouvertures; on lui doit diverses autres compositions, telles que motets, quatuors, chœurs sans accompagnement, etc.; mais presque rien de tout cela n'a été publié. Schermers est mort à Anvers le 2 juillet 1874.

* **SCHIASSI** (Gaétan-Marie). — Cet artiste, qui était virtuose au service du prince d'Harmstad, a écrit la musique d'un divertissement dramatique intitulé *Zanina finta contessa*, qui fut représenté à Modène le 2 février 1827, et dont les paroles étaient moitié en italien, moitié en dialecte.

SCHIMON (.......), musicien allemand, a écrit la musique d'un opéra-comique en un acte, *Ruse contre ruse*, dont le sujet était tiré de la fameuse comédie française de Dumaniant, et qui fut représenté à Berlin, sur le théâtre Friedrich-Wilhelmstadt, au mois de mai 1861.

* **SCHINDELMEISTER** (Louis), et non *Schindelmeisser*, compositeur, a fait représenter à Darmstadt, en 1861, un opéra intitulé *Melusine*.

* **SCHINDLER** (Antoine), directeur de musique, l'ami et le biographe de Beethoven, est mort le 16 janvier 1864.

SCHIRA (Francesco), compositeur dramatique et chef d'orchestre italien, est né à Malte dans les premières années de ce siècle (1). Sa famille, qui était originaire de Milan, le conduisit de bonne heure en cette ville et le fit admettre au Conservatoire, où il entra le 13 août 1818, le lendemain du jour où son frère avait fait lui-même son entrée dans cet établissement. Francesco Schira ne reçut au Conservatoire que des leçons de composition, ce qui prouve que son éducation devait être déjà assez avancée, et son maître fut Francesco Basily; toutefois il n'y resta pas moins de neuf ans et demi, et ne quitta l'école que le 31 janvier 1828. Cinq ans environ s'écoulèrent avant qu'il pût se produire au théâtre, car ce n'est que le 17 novembre 1832 qu'il donna à la Scala, de Milan, son premier opéra, *Elena e Malvina*, qui ne fut pas très-heureux (2). Presque aussi-

(1) La *Biographie universelle des Musiciens* a établi une confusion au sujet du nom de Schira, en faisant, de deux artistes, dont l'un s'appelait *François Schira*, et l'autre *Vincent Schira*, un seul musicien réunissant les deux prénoms de *François-Vincent* Schira. La confusion était facile, en présence du peu de soin dont, jusqu'à ces derniers temps, les Italiens donnaient la preuve en matière d'histoire musicale. J'ai été moi-même assez long à la découvrir, d'autant que les deux frères Schira ont fait leurs études au Conservatoire de Milan à la même époque, que tous deux ont commencé leur carrière musicale en cette ville, que tous deux ont écrit de nombreuses partitions de ballet, que tous deux enfin ont voyagé longtemps hors de leur pays et ont été fixés pendant un certain temps à Lisbonne.

Quant à celui qui m'occupe en ce moment, Francesco Schira, un écrivain italien, Francesco Regli, le fait naître en 1815 dans son *Dizionario biografico*. Mais comme les registres du Conservatoire de Milan attestent qu'il entra dans cet établissement au milieu de l'année 1818, alors qu'il aurait été âgé de trois ans environ, j'ai peine à croire que sa précocité ait été telle; et sans pouvoir fixer d'une façon précise la date de sa naissance, je crois pouvoir reculer celle-ci au commencement de ce siècle.

(2) Je voudrais éviter les erreurs, et tâcher moi-même de ne pas renouveler la confusion que je viens de si-

tôt il accepta un engagement qui lui était proposé comme chef d'orchestre du théâtre San-Carlos, de Lisbonne, et partit pour le Portugal. A Lisbonne, il écrivit la musique non-seulement de plusieurs ballets et de diverses cantates, mais encore de quelques opéras, parmi lesquels on cite ceux qui avaient pour titre *I Cavalieri di Valenza* et *il Fanatico per la musica*. Après être demeuré six ans en cette ville, où il était devenu professeur de chant au Conservatoire, il se rendit à Londres. Là, il continua ses travaux de composition, tout en se livrant à l'enseignement du chant. On assure que c'est lui qui forma le talent de la célèbre cantatrice anglaise miss Luisa Pyne, et qui perfectionna celui du ténor Mario, lequel resta pendant trois ans sous sa direction.

A Londres, M. Francesco Schira écrivit la musique de deux opéras anglais, *Mina*, et *Thérèse* ou *l'Orpheline de Genève*, qui mirent en relief le talent de son élève, miss Luisa Pyne. Puis, après un voyage et un séjour assez prolongé à Paris, il y retourna en qualité de directeur de la musique de l'Opéra anglais de Drury-Lane, et écrivit pour ce théâtre un nouvel ouvrage, *Kenilworth*, qui ne put être représenté par suite de la faillite de l'entreprise. Il se décida alors, je pense, à revenir en Italie, car, peu de temps après, il composa un opéra, *Nicolo de' Lapi*, pour le théâtre Regio de Turin, mais celui-ci encore fut menacé de ne pas voir le jour, le directeur de ce théâtre étant mort avant qu'il pût être joué ; toutefois, M. Schira réussit à faire représenter à Londres, au théâtre de la Reine, son *Nicolo de' Lapi*, qui, fort bien chanté pour les deux rôles principaux par Mmes Tietjens et Trebelli, obtint un vif succès (mai 1863). Depuis lors, cet artiste a produit deux autres opéras, l'un, *Selvaggia*, donné au théâtre de la Fenice, de Venise, le 20 février 1875, l'autre, *Lia*, représenté dans la même ville le 25 mars 1876. Cependant, il est toujours fixé à Londres, où il occupe une brillante situation comme professeur, et où il a publié un grand nombre de compositions vocales qui ont été toujours très-bien accueillies par le public anglais. C'est ainsi qu'il a écrit, sur paroles anglaises, une quantité de *songs* à une ou plusieurs voix : *After long years, Moonbeams, Only apart, Angel's food, When music charms*, etc., et qu'il a fait exécuter au grand festival de Birmingham (août 1873) une cantate avec orchestre intitulée *the Lord of Burleigh*. On lui doit aussi un recueil de 6 mélodies italiennes : *Dalla vetta delle Alpi* (Milan, Ricordi), 2 polonaises pour orgue, etc. M. Francesco Schira est officier de l'ordre de la Couronne d'Italie.

gnaler. Cela me sera peut-être difficile, car je suis obligé d'agir un peu par induction. Les documents italiens mentionnent, sous le nom d'un compositeur nommé Schira, mais sans y joindre aucun prénom, quatre ballets qui ont été représentés à la Scala en 1826, 1828 et 1829. Je crois devoir attribuer la musique de ces ballets à Vincenzo Schira, qui était sorti du Conservatoire en 1821, plus de six ans avant son frère Francesco. D'ailleurs, il paraît bien établi que l'opéra d'*Elena e Malvina* est le premier ouvrage de celui-ci. Mais on conçoit que la certitude est difficile à obtenir en ce qui concerne les ouvrages respectifs des deux frères, et je suis bien obligé de déclarer que je marche ici un peu à l'aventure.

SCHIRA (Vincenzo), frère du précédent, compositeur et chef d'orchestre comme lui, était né à Madrid au commencement de ce siècle, et, amené à Milan par ses parents, fut admis au Conservatoire de cette ville le 12 août 1818. Il en sortit le 12 septembre 1821, et après quelques années commença à écrire la musique de plusieurs ballets qui furent représentés au théâtre de la Scala. Voici les titres de ceux dont j'ai eu connaissance : 1° *la Sposa di Messina* (14 octobre 1826); 2° *gli Empirici* (31 octobre 1828) ; 3° *Rosmunda* (janvier 1829) ; 4° *Buondelmonte* (7 février 1829) ; 5° *Il Raja e le Bajadere* (en société avec Mussi, 16 août 1843). Plus tard, il alla remplir au théâtre San-Carlos, de Lisbonne, les fonctions de chef d'orchestre, que son frère avait occupées quelques années auparavant. C'est en cette ville qu'il est mort, en 1857, victime de la terrible épidémie de choléra qui sévissait sur la capitale du Portugal.

SCHIRA (Margherita), cantatrice, sœur des deux précédents, fit, ainsi qu'eux, son éducation musicale au Conservatoire de Milan, où elle fut admise le 8 novembre 1814, et qu'elle quitta le 10 août 1821. Elle aborda la carrière dramatique, et chanta non sans succès sur divers théâtres d'Italie. Mais elle perdit sa voix d'une façon assez rapide, et dut abandonner la scène pour se borner à l'enseignement. Elle était encore, en 1860, professeur de chant à Milan.

SCHIRMER (Adolphe), compositeur allemand, a écrit les paroles et la musique d'une opérette intitulée *la Chasse du Régent*, qui a été représentée à Vienne, sur le théâtre de l'Harmonie, au mois de mars 1866.

* **SCHLÆGER** (Hans), compositeur et professeur allemand, a rempli pendant plusieurs années les fonctions de directeur du *Mozarteum*, de Salzbourg. Il a donné en cette ville, au mois de mars ou d'avril 1873, un opéra intitulé *Hans Haldekuk*, et il a fait représenter encore, en 1873, sur le théâtre Wolters-

dorff, de Berlin, un opéra qui avait pour titre *Prinz Heinrich und Ilse*, et qui ne parait avoir obtenu qu'un médiocre succès.

* **SCHLESINGER** (Maurice-Adolphe), éditeur de musique, est mort à Baden-Baden au mois de février 1871. — Son frère, *Henri Schlesinger*, éditeur de musique à Berlin, est mort en cette ville, au mois de décembre 1879, à l'âge de 72 ans. Il avait succédé à son père, et son successeur est M. Robert Lienau.

* **SCHLETTERER** (Hans-Michel), compositeur, instrumentiste et écrivain musical allemand, a publié les ouvrages suivants : *Histoire de la musique d'église ; Histoire de la musique dramatique et de la poésie en Allemagne ; Jean-Frédéric Reichardt, sa vie et ses œuvres.* Il a donné encore un court écrit sur M. Richard Wagner. On connait aussi de cet artiste, entre autres compositions, une grande cantate, *la Fille de Jephté*, pour 2 voix de femmes, chœur et accompagnement de piano, op. 50.

* **SCHLICK** (Arnold), organiste renommé, vivait aux quinzième et seizième siècles. — Outre l'ouvrage cité par Fétis au nom de cet artiste, qui parait avoir été fort distingué (*Tablaturen etlicher Lobgesang und Lidlein uff die Orgeln und Lauten*), on lui doit encore le suivant : *Spiegel der Orgelmacher und Organisten* (*Miroir des facteurs d'orgue et de l'organiste*), Mayence, Schœffer, 1511, qui serait antérieur d'une année. Ces deux écrits, fort intéressants, parait-il, ont été réimprimés en 1869 par les soins de la Société d'archéologie musicale de Berne, pour ses seuls membres.

SCHLIEBNER (Gotthold), compositeur allemand, a fait ses débuts à la scène en donnant à Leipzig, sur le théâtre de la ville, en 1861, un opéra intitulé *le Comte de Santarem*. Deux ans après, au mois de mars 1863, il faisait représenter à Prague un second ouvrage, *Rizzio*, drame lyrique en 5 actes, qui, de même que le précédent, était bien accueilli du public. Cet artiste a encore fait représenter les trois ouvrages suivants : *Student und Bauer* (*Étudiant et Paysan*), Berlin; *der Lost träger* (*le Portefaix*); et *der Liebesring* (*l'Anneau d'amour*), Bâle, mars 1879. M. Schliebner, qui est né à Lindenberg, près Beeskow, en 1820, a composé aussi des *lieder* et des morceaux de musique instrumentale et religieuse.

* **SCHLOESSER** (Louis), compositeur et violoniste, est né à Darmstadt en 1800, et fit ses études musicales à Vienne, où il fut l'élève de Mayseder pour le violon, de Rinck, Seyfried et Salieri pour la composition. Il vint ensuite se perfectionner à Paris, où il reçut des leçons de Kreutzer pour le violon et de Lesueur pour la théorie de l'art. Devenu maître de chapelle de la cour à Darmstadt, il s'y fit connaître avantageusement, non-seulement comme virtuose et compositeur, mais encore comme critique et écrivain musical ; sous ce dernier rapport, il occupe en Allemagne une place considérable.

A la liste des œuvres de cet artiste estimable, il faut ajouter les suivantes : *Benvenuto Cellini, die Jahreszeiten*, opéras ; musique pour le *Faust*, de Gœthe ; plusieurs symphonies ; une messe ; des quatuors pour instruments à cordes ; des ouvertures de concert ; des concertos et des morceaux de genre pour piano ; des *lieder*, des chœurs, etc.

* **SCHLOESSER** (Adolphe), pianiste et compositeur, fils du précédent et son élève, a fait avec lui son éducation musicale. Né à Darmstadt le 1er février 1830, il était à peine âgé de dix-sept ans lorsqu'en 1847 il attira l'attention du public de Francfort, où il se produisit à la fois comme virtuose et comme compositeur. Après avoir fait plusieurs voyages artistiques en Allemagne, en France et en Angleterre, il se fixa à Londres, où depuis 1854 il est établi comme professeur. Il a obtenu aussi en cette ville de grands succès d'exécutant, et il y donne chaque année, sous le titre de *Schumann evenings*, des concerts entièrement consacrés à l'audition d'œuvres de ce maître. Parmi les principales œuvres de M. Adolphe Schlœsser, on distingue un quatuor et un trio pour piano et instruments à cordes, puis des morceaux de genre pour le piano, des chœurs et des *lieder* à une ou plusieurs voix.

SCHLOSSER (Théodore), pianiste et compositeur pour son instrument, vivait au temps où Berlioz, dont il fut l'ami, obtenait de grands succès en Allemagne, et publia à Paris, chez l'éditeur Richault, un certain nombre de compositions qui se distinguaient par la verve, le mouvement et l'originalité. Je citerai particulièrement les suivantes : 3 mazurkas, op. 16 ; Galop brillant, op. 17 ; Introduction, thème et variations, op. 21 ; Petite Rêverie, op. 24 ; *Contraste*, caprice, op. 25 ; 20 Études, servant à développer le mécanisme, le rhythme, le sentiment, et à acquérir du style (en 2 suites), op. 28 ; 2e Nocturne, op. 29 ; *une Nuit à Venise*, fantaisie, op. 30 ; Pensées musicales (en 2 suites), op. 38, etc., etc. Je n'ai pu recueillir aucun renseignement sur cet artiste.

SCHLOTTMANN (Louis), musicien allemand, né à Berlin le 12 novembre 1826, est encore aujourd'hui fixé en cette ville, où son enseignement est très-recherché. Élève de W. Taubert pour le piano et du fameux théoricien Dehn pour la composition, M. Schlottmann fit avec ces deux maîtres des études excellentes et très-complètes. Il s'est produit fréquemment comme virtuose et toujours avec succès, notamment à Londres, où son talent fut très-apprécié en 1856. Il s'est fait connaître avantageusement aussi comme compositeur, et a écrit des ouvertures et divers morceaux d'orchestre, des *lieder*, des pièces de piano; on cite surtout de lui une ouverture de *Roméo et Juliette*, un *Concertstück*, op. 40, un recueil de 10 *lieder* sur des vers de Gœthe, et une grande scène symphonique : *Trauermarsch*.

* **SCHMID** (Tobie). — Une particularité de la vie de cet Allemand, facteur de pianos, nous permet de rectifier la date 1795, que Fétis donne comme celle de son arrivée et de son établissement à Paris. Schmid est, en effet, le constructeur de la première guillotine, qu'il fit exécuter dans ses ateliers d'après les plans d'Antoine Louis, secrétaire perpétuel de l'Académie de chirurgie, et qui fut inaugurée sur la place de Grève, le 25 avril 1792. Il avait d'ailleurs pu mériter la confiance du gouvernement par le nombre et l'ingéniosité de ses inventions : on lui devrait un scaphandre, une charrue mécanique, une échelle de sauvetage pour les incendies, etc. On trouve aussi dans les archives du Conservatoire des arts et métiers un brevet qu'il prit pour un « piano-harmonica qui file et enfle les sons à volonté, de sorte que l'on entend le violon, l'alto et la basse, et que, moyennant une nouvelle pédale, on peut jouer les morceaux de musique qui montent à six octaves sur un piano de cinq octaves » (idée reprise depuis et perfectionnée sous le nom de « piano-quatuor »). Tobie Schmid demeurait rue de Thionville, ci-devant Dauphine, à l'enseigne du Musée. — Y.

* **SCHMIDT** (Joseph), violoniste, est mort à Buckebourg, sa ville natale, le 15 mars 1865.

* **SCHMIDT** (Marie-Henri), ancien ténor des théâtres de Vienne, Berlin, Cassel, Breslau, etc., compositeur, auteur d'un écrit intitulé : *Du chant et de l'opéra*, est mort à Berlin le 3 mai 1870. Il était né à Lubeck le 18 février 1808.

* **SCHMIDT** (Gustave), compositeur et chef d'orchestre allemand, remplissait ces dernières fonctions au théâtre de Mayence lorsqu'il y fit jouer, au mois d'avril 1862, dans une représentation donnée à son bénéfice, un opéra qui avait pour titre *la Fidélité des Femmes*, et qui fut reproduit plus tard à Brunswick, sur le théâtre de la cour, sous celui de *Conrad*. Au mois de janvier 1863, le même artiste donnait à Breslau un autre opéra, intitulé *la Réole*.

* **SCHMITT** (Aloys), est mort à Francfort-sur-le-Mein le 25 juillet 1866. M. Heinrich Henkel a publié sur cet artiste célèbre un livre intitulé : *Leben und Werken von Dr Aloys Schmitt* (*Vie et œuvres du Dr Aloys Schmitt*), Francfort, Savenlænder, in-8° avec portrait et *fac-simile*.

* **SCHMITT** (Jacques, ou plutôt Jacob), pianiste et compositeur allemand, naquit à Obernbourg, non en 1790, mais le 2 novembre 1803. Il est mort à Hambourg au mois de juin 1853. Le nombre des œuvres publiées par cet artiste dépasse trois cent vingt-cinq.

SCHMITT (Georges), organiste, compositeur et écrivain musical français, né dans la première partie de ce siècle, a occupé pendant longtemps les fonctions d'organiste du grand orgue à l'église Saint-Sulpice, à Paris. Artiste habile et pourvu d'une bonne instruction, M. Georges Schmitt s'est fait connaître par la publication d'un assez grand nombre de compositions pour l'orgue, et il a donné sous ce titre : *Musée de l'organiste*, un recueil intéressant de 101 morceaux choisis des compositeurs célèbres anciens et modernes, pour le service religieux au grand orgue, divisé en 4 livres (Paris, Richault). Cet artiste a voulu s'essayer aussi au théâtre, mais ses essais en ce genre n'ont produit qu'un faible retentissement : c'est ainsi qu'il a donné en 1866, au théâtre Déjazet, un opéra-comique en 3 actes intitulé *la Belle Madeleine*, et le 12 novembre 1867, au théâtre des Menus - Plaisirs, une opérette en un acte qui avait pour titre *le Mariage à l'enclume*. M. Georges Schmitt a écrit le premier volume du *Nouveau Manuel complet de l'organiste*, publié par Roret, dont le second volume est dû à Charles Simon et le troisième à Miné. Cet artiste a été aussi organiste de l'église des Carmes, et il a eu le titre de maître de chapelle de la reine d'Espagne.

SCHMITZ (Jean-Englebert), organiste et compositeur néerlandais, né à Harlem le 22 novembre 1800, a occupé simultanément et pendant longues années les fonctions d'organiste à Harlem et à Rennebroek, près de cette ville. Très-amoureux de son art, il a été, pendant trente ans, directeur de la société *Zang en Vriendschap*, qu'il avait contribué à fonder, et il a obtenu plusieurs prix dans divers concours de composition ouverts par la Société musicale des Pays-Bas. On cite, parmi ses œuvres publiées : *Landelijke avondstond*, cantate pour solo, chœur et orchestre; *Ode* *aan God*, cantate; 6 Chœurs pour voix d'hommes; Chants d'enfants, à 2 et 3 voix; des *lieder*; *Tantum ergo* avec chœur et orchestre. M. Schmitz a encore écrit : *De Migdad*, cantate, des messes, des romances et des chants de divers genres. Cet artiste est mort à Harlem le 5 juin 1872.

SCHNAUBELT (Henri), compositeur allemand, a fait représenter à Salzbourg, au mois de mars 1868, un opéra romantique intitulé *die Rose von Hallwyl*.

SCHNEIDER (Jean-Joseph), organiste, compositeur et professeur, a occupé pendant longues années, à Bordeaux, une situation artistique importante. Organiste de l'église Saint-Pierre, de cette ville, professeur aux écoles laïques, membre du comité d'examen de la Société de Sainte-Cécile, il était reconnu comme un excellent théoricien, un contrapuntiste habile et un compositeur distingué. Auteur d'un *Manuel de l'enfant de chœur*, écrit en société avec quelques autres artistes, il a publié toute une série de motets pour orgue (Bordeaux, Willemot) et un très-grand nombre de morceaux de chant à l'usage des pensionnats et des communautés (Bordeaux, Ravayre-Raver), parmi lesquels des chœurs pour voix d'enfants. On doit aussi à cet artiste la musique d'un opéra-comique en un acte, *le Compère Lustucru*, qui a été représenté en 1868, à Bordeaux, dans les salons d'un amateur. Schneider est mort à Talence (Gironde) le 29 juin 1877.

SCHNEIDER (Jost), capitulaire au couvent de Mury, né à Lucerne, fut un des facteurs d'orgues les plus estimables de la Suisse au dix-huitième siècle.

* **SCHNEITZHOEFFER** (Jean-Madeleine), était né, non à Paris, mais à Toulouse, le 13 octobre 1785. On peut à ce sujet consulter l'*Histoire du Conservatoire*, de Lassabathie. Schneitzhœffer avait été nommé professeur d'une classe de solfége, dans cet établissement, le 1er avril 1807, et le 1er septembre 1831 il était devenu professeur de la classe des chœurs pour les hommes. Il prit sa retraite le 1er janvier 1851, et mourut à Paris le 4 octobre 1852. Il faut ajouter, à la liste des ouvrages donnés à l'Opéra par cet artiste fort distingué, *la Tempête* ou *l'Ile des Génies*, ballet-féerie en 2 actes représenté le 15 septembre 1834, et dont le scenario avait été tracé par Adolphe Nourrit et Coralli.

* **SCHNITGER** (Arp), et non *Schnitker*, facteur d'orgues allemand, naquit à Hambourg le 2 juillet 1648, et mourut en 1718 ou 1719. Le journal *Cæcilia*, d'Utrecht, a publié une notice sur cet artiste dans son numéro de mai 1853.

* **SCHNITGER** (François-Gaspard), fils du précédent, est mentionné ici uniquement pour la rectification de la forme de son nom, qui ne doit pas s'écrire *Schnitker*.

* **SCHNITKER.** — *Voyez* SCHNITGER.

SCHNOW, pseudonyme sous lequel **GENOUD** (Jean-Baptiste-Marie-Gabriel) a publié des compositions estimables. Gabriel Genoud était né à Marseille le 7 septembre 1805. Il commença ses études musicales dans cette ville, et les compléta au Conservatoire de Paris. Il revint ensuite à Marseille, où il a passé toute sa vie, partageant son temps entre les occupations de l'enseignement, auquel il s'était voué avec un zèle scrupuleux, et ses fonctions d'organiste à l'église des Chartreux, qu'il a remplies jusqu'à sa vieillesse avec une touchante assiduité. Modeste et très-réservé, Genoud ne chercha jamais à se faire valoir. L'ancienne et belle église des Chartreux étant située presque dans la banlieue de la ville, on n'avait que bien peu d'occasions de l'entendre jouer de l'orgue, quoiqu'il eût à sa disposition un bon instrument. Aussi était-il à peu près inconnu de la génération actuelle. Genoud n'était pourtant pas sans valeur. Il connaissait à fond la musique classique et, quoique ses préférences fussent pour les maîtres les plus anciens, il savait apprécier les productions contemporaines. Il avait même, — don charmant et rare entre tous, — cette sympathie qui va au-devant de la jeunesse et encourage chez elle tout effort sérieux. C'est ainsi qu'on le vit, déjà âgé, — en 1870, — sortir de sa vie retirée pour s'enrôler dans des chœurs groupés en vue de faire entendre une œuvre inédite, et prêter au jeune auteur l'appui de son autorité, en donnant à tous l'exemple du dévouement et d'une noble abnégation artistique. — Comme pianiste, Genoud avait le jeu sec et sans grand coloris. Il avait l'ancienne manière de jouer du piano. Mais, au piano comme à l'orgue, il était solide et correct. Ses compositions ont le même caractère. Il n'osait les produire par suite d'une extrême timidité, et la plupart sont restées inédites ; un très-petit nombre ont été publiées. Encore ne se décida-t-il à les livrer que sous le pseudonyme mentionné en tête de cette notice. On peut citer parmi celles-ci : *Rondeau brillant en mi bémol* pour piano (éditeur, Benoît à Paris); *Scherzo en sol* (id.) ; *Scherzo en fa* (id.) ; *Rondoletto en si bémol* (éditeur, Meissonnier à Paris) ;

Polonaise en ré (id.) — Homme de bien, de convictions simples et profondes, Genoud s'est éteint en 1877, regretté de tous ceux qui l'avaient connu et approché. — AL. R — D.

* **SCHNYDER DE WARTENSÉE** (XAVIER), compositeur, théoricien et critique musical, est mort à Francfort-sur-le-Mein, le 27 août 1868. Il était né le 18 avril 1786.

* **SCHOBERLECHNER** (SOPHIE DALL'OCCA, épouse), cantatrice dramatique célèbre, s'est vue forcée, par suite de revers de fortune, de retourner à Saint-Pétersbourg et de s'y livrer à l'enseignement du chant. C'est en cette ville, et non à Florence, qu'elle est morte au mois de janvier 1864. Suivant l'*Annuario musicale* de M. Paloschi, Mme Schoberlechner serait née à Bologne en 1809.

SCHOELCHER (VICTOR), homme politique français, membre inamovible du Sénat, est né à Paris le 21 juillet 1804. Il fit dans sa jeunesse plusieurs voyages aux Antilles, visita les colonies anglaises et espagnoles de l'Atlantique, le Sénégal, une partie de l'Orient, et à la suite de ces voyages, devenu sous-secrétaire d'État au ministère de la marine après la révolution de 1848, il proposa et fit adopter le décret qui abolissait l'esclavage dans les colonies françaises. Nommé représentant du peuple pour la Guadeloupe à l'Assemblée constituante et à l'Assemblée législative, M. Schœlcher, au 2 décembre 1851, défendit la constitution les armes à la main, fut blessé d'un coup de baïonnette et dut, pendant toute la durée de l'empire, se réfugier en Angleterre. Il ne revint en France qu'au mois d'août 1870, et rentra aussitôt dans la vie politique.

Mais ce n'est pas à ce point de vue que j'ai à parler ici de M. Schœlcher. Je n'ai même rappelé les grands traits de sa carrière militante que pour expliquer de quelle façon il en est venu à s'occuper de musique et à rendre les services que je vais signaler. Pendant ses voyages d'outre-mer, M. Schœlcher eut l'idée de réunir, soit en Afrique, soit en Amérique, toute une série d'instruments primitifs à l'usage des peuplades sauvages de ces contrées ; ces instruments très-curieux, rapportés par lui en Europe, furent, lors de son retour en France, l'objet d'une intelligente libéralité : il en fit don au Musée instrumental du Conservatoire de Paris, qui se trouve ainsi en possession d'une collection d'un genre particulier et remarquable à beaucoup d'égards.

D'autre part, le séjour de M. Schœlcher en Angleterre le fit s'éprendre d'une véritable passion pour les œuvres de Hændel, qu'il avait occasion d'entendre fréquemment, et pour la vie de ce maître immortel. Il s'occupa donc bientôt d'écrire une histoire de ce grand homme, qui fut publiée en anglais sous ce titre : *the Life of Handel* (Londres, 1857, in-8°), mais dont jusqu'ici, malheureusement, l'auteur n'a pas songé à nous donner le texte français, bien qu'il ait inséré de nombreux fragments de son livre dans le journal *la France musicale*. Pour écrire cet ouvrage, M. Schœlcher s'était entouré de tous les documents possibles ; à force de soins, de recherches, de dépenses, il avait réuni non-seulement toutes les éditions des œuvres de Hændel, mais encore les livrets de ses opéras et de ses oratorios, les écrits dont il avait été l'objet, les portraits qui avaient été faits de sa personne, et, par une sorte d'extension naturelle, jusqu'aux œuvres des musiciens qui vivaient de son temps en Angleterre ou dont les productions étaient goûtées du public anglais. On peut se faire une idée de l'intérêt que peut offrir, pour l'histoire de l'art, une collection si intelligemment ordonnée et poursuivie sans relâche, par un homme actif et valide, pendant près de vingt ans !

M. Schœlcher n'a pas voulu garder par devers lui des trésors si inestimables. De même qu'il avait fait don au Musée du Conservatoire de sa curieuse série d'instruments de musique, il offrit généreusement à la bibliothèque de cet établissement tout l'ensemble de la riche et précieuse collection de documents de toute sorte qu'il avait réunis sur Hændel, collection qui ne forme pas moins de cinq-cents volumes et qui n'a pas son égale au monde, même en Angleterre, où l'admiration pour le maître est portée à un si haut degré. On jugera de sa valeur et de son importance exceptionnelle par les lignes suivantes, que traçait à son sujet Eugène Gautier, dans le *Journal officiel* du 3 janvier 1877 :

« La collection Schœlcher, aujourd'hui à l'abri des hasards, occupe dans la bibliothèque du Conservatoire une centaine de cartons couverts de maroquin noir. Nous avons été mis à même de voir ces trésors, et nous allons en parler avec quelques détails. M. Schœlcher, qui, après un long séjour dans la capitale de la Grande-Bretagne, est arrivé à connaître la langue anglaise comme sa langue maternelle, est l'auteur d'un important et remarquable travail publié à Londres sur la vie et les ouvrages de Hændel. La collection du Conservatoire commence donc par une réunion complète et précieuse de toutes les éditions connues de Hændel. Au point de vue de la valeur de la collection, cela est inappréciable ; mais ce qui, comme intérêt et comme pittoresque, a encore plus de prix à nos yeux, c'est la seconde partie de cette collection. On y trouve plusieurs cartons précieux remplis des fameux opéras de Bononcini, presque inconnus en France : *Asturtus*, 1720 ; *Griselda*, 1722 ; *Farnace*, 1723. On y rencontre plusieurs pièces rarissimes de ce Crotch, le jeune prodige que son père essaya d'opposer aux souvenirs encore vivants de Mozart, et dont l'âge mûr ne tint pas les promesses de sa jeunesse. Voici l'opéra de *Rosemonde* de Clayton ; voici un souvenir du théâtre italien de Londres, une longue et agréable série de fragments des ouvrages de Cimarosa, de Paisiello, et de ce Guglielmi, si peu connu en France et encore si populaire en Angleterre ; Guglielmi, le maestro spadassin, le compositeur à la plume élégante, à l'épée mortelle ; Guglielmi, qui se fit aimer de presque autant de cantatrices qu'il tua ou blessa de rivaux. Il y a dans les *Délices de l'Opéra italien*, dont nous parlons, des pièces charmantes de Guglielmi. Cette série de chants mélodieux, imprimée à Londres dans le dernier tiers du dix-huitième siècle, présente aussi comme typographie un intérêt assez grand. George III régnait, et le frontispice des *Délices de l'Opéra* nous présente une assemblée de dieux et de déesses, où le goût des artistes hanovriens amenés par Georges Ier se fait encore sentir. On voit là de gros Apollons et des Vénus rebondies qui n'ont plus rien de commun avec les types grecs. La forte encre de Chine avec laquelle ils sont imprimés, ne rappelle en rien non plus la lumière sereine du soleil de l'Attique, mais bien plutôt les brouillards de Londres.

« Ce qui nous a le plus frappé dans la collection Schœlcher, par son intérêt et sa rareté, c'est une suite d'airs anglais de toutes les époques, rassemblés, vers 1797, par Joseph Baildon, qui mit de longues années à recueillir cette suite de monuments curieux. Tous les chants poétiques, politiques et même séditieux qu'inspirèrent les événements qui, sous les George, de 1715 à 1744, firent tant pleurer les épouses et les mères, et sortir dehors tant de gentilshommes d'Écosse et d'Angleterre, ont été écrits par Baildon et accompagnés d'harmonies parfois trop modernes. Quand on voudra retrouver la musique des innombrables chansons locales et jacobites dont Walter Scott est rempli, afin d'en faire un volume de musique, on trouvera les éléments de ce volume dans la collection Schœlcher, et sous ce titre : *The Lawrel a new collection of english songs.*

« Là sont certainement les airs de ces chansons citées dans Redgauntlet :

Enfoncez sur vos fronts vos casques redoutables,
Passez la frontière avec moi !

« Ou :

Mon cœur n'est point ici,
Il est sur la montagne !

« Ou encore :

J'aime toujours mon cher Charlot.
D'autres, je sais, ne l'aiment guère, etc.

« Le fonds Schœlcher, comme on commence à dire au Conservatoire, sera beaucoup consulté, et ses précieux cartons vont perdre en tranquillité ce qu'ils gagneront en utilité et en réputation. Que le généreux donateur du fonds Schœlcher soit donc et avant tout remercié ! »

SCHOEN (Moritz), violoniste allemand et compositeur pour son instrument, né à Krönauen en 1808, fut élève de Spohr et a publié une méthode élémentaire pour le violon, des duos faciles dans les différentes positions, des études, des transcriptions, des fantaisies pour violon et piano sur des motifs d'opéras, etc. Le nombre de ces publications s'élève à plus de cinquante ; elles ont été faites pour la plupart chez l'éditeur Leuckart, à Leipzig. M. Moritz Schœn est directeur de musique à Breslau depuis 1865.

SCHOENBURG (Hilmar), musicien contemporain allemand ou scandinave, a publié dans ces dernières années, notamment chez les éditeurs Bote et Bock, de Berlin, un assez grand nombre de morceaux et pièces de genre pour le piano, consistant en marches, fantaisies, rêveries, idylles, mélodies, pièces caractéristiques, etc. Le nombre de ces compositions publiées s'élève aujourd'hui à plus d'une centaine. — Je n'ai pu découvrir aucun autre renseignement sur cet artiste.

* **SCHOLZ** (Bernard), compositeur et chef d'orchestre, ancien maître de chapelle du roi de Hanovre, a dû quitter ces fonctions à la suite de la dépossession de ce souverain. Après avoir passé quelque temps à Florence, il alla s'établir à Berlin, où il demeura jusqu'en 1870, puis fixa son séjour à Breslau. Dans ces dernières années, M. Bernard Scholz a fait représenter plusieurs ouvrages dramatiques, qui semblent avoir été favorablement accueillis par le public et dont voici les titres : *les Hussards de Ziethen* (Breslau, 1869) ; *Morgiane* (1870) ; *Golo* (1875) ; *le Trompette de Sackingen* (1877). On lui doit aussi un grand *Requiem*, 2 ouvertures de concert, des quatuors pour instruments à cordes, des trios, des sonates pour piano, enfin des *lieder* et

des chœurs assez nombreux. Les œuvres de M. Bernard Scholz sont fréquemment exécutées dans les concerts en Allemagne, et le font considérer comme un artiste fort estimable.

SCHOLTZ (Herrmann), pianiste allemand distingué et compositeur, est né à Breslau le 9 juin 1845. D'abord élève d'un artiste nommé Brosig, il se rendit vers 1864 à Leipzig, où il étudia avec MM. Plaidy et Riedel, et enfin, sur les conseils de Liszt, partit pour Munich, se fit admettre au Conservatoire de cette ville et y eut pour maîtres MM. Hans de Bülow et Rheinberger. Devenu un virtuose remarquable sur le piano, M. Herrmann Scholtz alla s'établir en 1875 à Dresde, où il a obtenu de vifs succès en donnant, avec MM. E. Feigerl et F. Bœckman, des séances intéressantes de trios. Les œuvres publiées par cet artiste sont déjà nombreuses, et parmi elles je citerai les suivantes : Variations pour piano, op. 27 ; Variations, id., op. 31 ; 6 Pièces de caractère, id., op. 32 ; Fantaisie, id., op. 33 ; 2e et 4e Barcarolles, id., op. 35 et 46 ; Variations sur un thème original, id., op. 36 ; *Mædchenlieder*, id., op. 37 ; 4 Pièces de caractère, id., op. 38 ; *Lyritche Blæser*, 9 pièces, id., op. 40 ; Sonate, id., op. 44 ; *Buch der Lieder*, 8 pièces, id., op. 45 ; Elégie, id., op. 48 ; 2 Pièces, id., op. 49 ; *Nachtgesang*, pièce, id., op. 50 ; Trio pour piano, violon et violoncelle, op. 51. Un concerto de piano encore inédit de M. Herrmann Scholtz a été exécuté avec succès, par l'auteur, dans diverses villes, entre autres à Mannheim, à Munich et à Breslau.

SCHOOFS (François-Xavier), compositeur et professeur belge, né à Saint-Trond en 1835, a fait ses études au Conservatoire de Liége, où il fut élève de M. Ledent pour le piano et de Daussoigne-Méhul pour la composition. Plus tard il s'est fixé comme professeur en cette ville, sans que les devoirs de l'enseignement lui fissent négliger son goût pour la composition. Parmi les productions assez nombreuses de cet artiste, qui se distinguent, dit-on, par une grâce tendre et délicate, on cite un album de 30 romances, un Recueil de 50 cantiques flamands, un Recueil de cantiques français et de litanies, une messe à 4 voix, un *Chant de Noël*, un *O Salutaris* à 2 voix, un *Ecce panis* à 3 voix, et divers morceaux de genre pour le piano. La plupart de ces ouvrages ont été publiés à Liége, chez Mme Vve Muraille.

SCHORTMANN (.........), est l'inventeur d'un instrument dont les *Annales de la Musique*, publiées en 1820 par César Gardeton, faisaient la singulière description que voici : — « M. Schortmann, de Buttstaed, est l'inventeur d'un instrument qui paraît devoir faire beaucoup de sensation dans le monde musical. Il rend dans toute sa force et sa pureté le son de l'harmonica, de la clarinette, du cor, du hautbois, et le coup d'archet du violon. L'instrument a des touches pareilles à celles d'un piano ; mais on en joue d'une tout autre manière. Les tons sont produits par de petits bâtons de bois brûlé, de grandeur et d'épaisseur différentes, mis en vibration par un courant d'air. Le *pianissimo* ressemble parfaitement à la harpe d'Éole. L'auteur a employé quatre ans à méditer l'invention de cet instrument, et il se dispose maintenant à voyager pour le faire entendre dans les grandes villes de l'Europe. »

* **SCHOTT**, est le nom d'une famille d'éditeurs de musique dont la maison, qui compte aujourd'hui un siècle d'existence, fut fondée par Bernard Schott à Mayence, en 1780, et devint bientôt l'une des plus considérables de toute l'Europe. Bernard Schott, étant mort en 1817, eut pour successeurs ses deux fils, J.-J. Schott (né le 12 décembre 1782, mort le 4 février 1855), qui était déjà dans les affaires depuis 1800, et A. Schott. En 1840, la maison passa aux mains de son neveu Franz-Philippe Schott, homme intelligent et laborieux qui, par son activité, sut donner encore une plus grande extension à ses opérations ; Franz-Philippe Schott, qui avait conquis une position considérable et était devenu bourgmestre de Mayence, mourut subitement à Milan, le 8 mai 1874, pendant un voyage qu'il avait fait en cette ville. Sa femme, née Betty de Braunrasch, qui était une pianiste remarquable, lui survécut peu, et mourut à Mayence le 5 avril 1875. La maison Schott est administrée aujourd'hui par M. Peter Schott neveu, né à Bruxelles et Belge de nationalité, aidé d'un de ses cohéritiers, M. Louis Strecker, le troisième, M. Franz de Landwehr, étant encore mineur. — La grande librairie musicale Schott, dont le siége principal est toujours à Mayence, possède d'importantes succursales à Bruxelles, Paris, Londres, Leipzig et Rotterdam, et son fonds se compose d'environ 23,000 œuvres de tout genre. Parmi celles-ci, on cite la symphonie avec chœurs et la Messe solennelle de Beethoven, des opéras de Rossini, Auber, Donizetti, M. Richard Wagner (entre autres les *Meistersinger* et le *Ring der Niebelungen*). La maison Schott, qui publie à Bruxelles un journal intitulé *le Guide musical*, est la première qui ait employé la lithographie pour l'impression de la musique.

SCHREIBER (Jean), moine et compositeur suisse, né à Arth en 1716, entra fort jeune au couvent de Saint-Urban pour y faire son noviciat, y prononça ses vœux en 1738 et ne quitta plus cet établissement jusqu'en 1800, époque où il mourut, âgé d'environ 84 ans. Il étudia la composition au couvent, et publia les ouvrages suivants : 1° *Fasciculus Ariarum vigenti quatuor, gloriosae Virgini... Quarum XII. Duetto XII. Solo. 2 violin., viola e duplici basso* Op. 1, 1747 ; 2° *Missale Cisterciense musicum, complectens VI missas cum Appendice II. Requiem a 4 voc. 2 viol., viola, 2 clar n., vel coc.* Op. 2, 1747 ; 3° *Adoratio Dei per XV Offertoria solemnia a 4 voc., 2 viol., etc.* Op. 3, 1750.

SCHROEDER (Carl), violoncelliste remarquable et compositeur pour son instrument, est né à Quedlinburg le 18 décembre 1848. Dès son plus jeune âge il se livra avec ardeur à l'étude de la musique, et, devenu à Dessau l'élève de Dreschler, il avait à peine accompli sa huitième année qu'il se faisait entendre avec succès dans les concerts. En 1862, il faisait partie de l'orchestre de la chapelle de la petite cour de Sondershausen. Un peu plus tard, il alla faire un voyage à Saint-Pétersbourg, puis vint à Paris, et en 1869, ayant fondé avec ses trois frères, Hermann, Franz et Alwin, un quatuor qui prit le nom de *Quatuor Schrœder*, il commença à parcourir avec eux les principales villes du nord de l'Allemagne en donnant des concerts. M. Schrœder, malgré son jeune âge, s'était acquis déjà une brillante renommée, lorsqu'au mois d'octobre 1874 il fut appelé à Leipzig pour y tenir la partie de violoncelle-solo à l'orchestre de la célèbre société musicale du Gewandhaus, qu'il remplit encore aujourd'hui.

M. Schrœder, qui a été l'élève de M. Frédéric Kiel pour la composition, a publié pour son instrument un assez grand nombre d'œuvres importantes, parmi lesquelles je citerai les suivantes : *Nouvelle grande Méthode théorique et pratique de violoncelle*, en 4 parties, op. 34 ; *Études d'orchestre, pour violoncelle ; Études techniques*, id., adoptées par le Conservatoire de Leipzig, op. 35 ; Concerto, avec accompagnement d'orchestre ou de piano, op. 32 ; Concert-Mazurka, avec accompagnement de piano, op. 33 : Tarentelle napolitaine ; etc.

* **SCHRŒDER-DEVRIENT** (Wilhelmine), célèbre cantatrice allemande, est née non le 6 octobre 1805, mais le 6 décembre 1804, d'après tous les historiens allemands contemporains.

* **SCHRŒDER-STEINMETZ** (Nicolas-Guillaume), administrateur et homme politique néerlandais, amateur très-distingué de musique, était né le 25 juillet 1793 à Groningue, et mourut en cette ville le 12 novembre 1826 (1). Parmi ses compositions nombreuses, il faut surtout citer les suivantes : Divertissement à grand orchestre ; *Fughetta* pour piano : Thème et variations pour 4 instruments à cordes ; Variations pour piano ; *De Watersnood*, cantate pour chœur et orchestre ; Chant funèbre à 4 voix ; plusieurs chœurs pour voix d'hommes sans accompagnement. Cet homme distingué, qui possédait une riche bibliothèque musicale, a publié divers écrits sur la musique et les musiciens, entre autres Mozart, Rossini et Hoffmann. Lui-même a été l'objet d'une notice biographique, due à B.-H. Lulofs.

* **SCHUBERT** (Franz-Pierre). — Les écrits suivants ont été publiés en Allemagne sur cet artiste célèbre : *Franz Schubert, biographie musicale*, par le docteur K. von Helborn (une traduction anglaise de cet ouvrage, due à M. Ed. Wilberforce, a été publiée à Londres, chez W. Reeves, in-8°) ; *Franz Schubert und seine lieder* (*F. Schubert et ses lieder*), par J. Rissé, Hanovre, Rümpler, 1871 ; *Franz Schubert, sein leben und seine werke* (*F. Schubert, sa vie et ses œuvres*), par Aug. Reissmann, Berlin, J. Guttentag, 1873, in-8° avec portrait et *fac-simile* ; je crois que c'est cet écrit qui a été publié en anglais sous ce titre : *Life of Franz Schubert*, traduit par Arthur Duke Coleridge, avec un appendice par George Grove, Londres, W. Reeves, 2 vol. in-8° avec portrait. — Deux biographies de Schubert ont aussi paru en France : *F. Schubert, sa vie, ses œuvres, son temps*, par H. Barbedette, Paris, Heugel, 1866, gr. in-8° avec portrait et autographes ; et *Franz Schubert, sa vie et ses œuvres*, par Mme A. Audley, Paris, Didier, 1871, in-12. — Un des plus jolis opéras de Schubert, *la Croisade des Dames*, traduit par M. Victor Wilder, a été joué à Paris, sur le petit théâtre des Fantaisies-Parisiennes, vers 1868.

SCHUBERT (François-Louis), compositeur et chef d'orchestre, né en 1804 à Durenberg, étudia la musique avec Grollmann, et entra d'abord, en 1824, comme employé dans la grande maison de librairie musicale de Breitkopf, d'où il passa ensuite chez l'éditeur Hofmeister. Au bout de quelques années, en 1831, il accepta et remplit les fonctions de chef d'orchestre au théâtre de Gera. Plus tard il se fixa à Leipzig, et publia de nombreuses compositions chez Schuberth, Breitkopf, et autres éditeurs. Cet

(1) Telles sont les dates que donne M. Ed. Gregoir, dans son livre : *les Artistes musiciens néerlandais.*

artiste est mort à Leipzig le 19 mars 1868 (1).

***SCHUBERT** (François), violoniste et compositeur, est mort à Dresde au mois d'avril 1878.

SCHUBERT (Camille), est le pseudonyme sous lequel s'est fait connaître, comme compositeur, un artiste qui était en même temps éditeur de musique à Paris sous son véritable nom de Camille Prilipp. M. Prilipp, né, je crois, vers 1810, tint pendant de longues années, sur le boulevard des Italiens, un établissement de librairie musicale auquel il a renoncé il y a peu de temps, et qu'il achalandait surtout de ses propres œuvres, publiées sous le nom de Camille Schubert. Celles-ci, dont le nombre ne s'élève guère à moins de quatre-cents, consistaient surtout en transcriptions, fantaisies légères sur des thèmes d'opéras populaires, et en morceaux de musique de danse : quadrilles, galops, polkas, rédowas, etc. Parmi ses autres compositions, on remarque : environ 30 romances; une collection d'ouvertures célèbres arrangées pour le piano à 4 mains; 2 marches caractéristiques, pour piano, op. 142 et 143; 3 Nocturnes, id., op. 190; Romance et sérénade, id.; Menuet de la cour, id.; *la Fête des patineurs*, id.; 3 Mélodies sans paroles, id., op. 379; *Hymne à l'Éternel*, chœur à 2 voix de femmes; *Fête du Printemps*, id.; *la Fête de la Rosière, Espérance et Souvenir, les Cloches du monastère*, chœurs à 3 voix de femmes; *Invocation à l'harmonie, les Chasseurs tyroliens, les Veilleurs de nuit*, chœurs à 4 voix. Cet artiste a fait exécuter au mois de mars 1855, dans l'église Saint-Eustache, une grande Messe solennelle, dont les *soli* étaient chantés par MM. Bussine et Jourdan, de l'Opéra-Comique.

SCHUBERT (Louis), compositeur allemand contemporain, a fait représenter sur le théâtre d'Altenbourg, le 2 mars 1879, un opéra en 3 actes intitulé *Faustina Hasse*. Précédemment, cet artiste avait fait jouer sur divers théâtres quelques opérettes dont j'ignore les titres.

***SCHUBERTH** (Julius-Ferdinand-Georges), né à Magdebourg le 14 juillet 1804, mort à Leipzig le 9 juin 1875, fut l'un des éditeurs de musique les plus considérables de l'Allemagne et le chef de la maison *J. Schuberth et Cie* de Leipzig et de New-York. Il étudia la musique de bonne heure, et dès l'âge de quinze ans, en 1819, entrait comme employé dans la maison Heinrichshofer, de Magdebourg. Sept ans plus tard, en 1826, il fondait une librairie à Hambourg, puis enfin s'établissait définitivement à Leipzig, comme éditeur de musique. De cette ville il fit plusieurs voyages aux États-Unis, et alla établir un comptoir à New-York. Il accompagna même le grand violoniste Vieuxtemps à Mexico.

Ses affaires en Amérique prenant une extension considérable, Schuberth crée en ce pays des journaux, des sociétés de musique, y publie de petits manuels biographiques, et, amateur passionné de violon, écrit un quatuor pour instruments à cordes, qu'il exécute dans des soirées intimes. Sa femme, née Bertha Præger, pianiste distinguée, s'y produit et s'y fait remarquer comme virtuose. En 1874, Schuberth revint se fixer définitivement à Leipzig, où il continua ses publications. On connaît ses belles éditions des œuvres de Chopin, de Mendelssohn, de Liszt, de Schumann, de Wallace, de M. Rubinstein. Le catalogue de sa maison comprend plus de 6,000 numéros.

Entre autres écrits, on doit à Julius Schuberth un petit manuel biographique et encyclopédique de la musique publié sous ce titre : *Kleines Musikalisches Conversations Lexikon für Tonkunstler und Musikfreunde*. Il a été fait, du vivant de l'auteur, onze éditions de ce petit ouvrage, et en ce moment (1878) M. Robert Musiol en prépare une douzième. La direction de la maison Schuberth et Cie est aujourd'hui aux mains de Mme veuve Schuberth, assistée d'un de ses neveux.

* **SCHUBERTH** (Louis), contrebassiste et compositeur allemand, est mort à Saint-Pétersbourg au mois de juin 1850.

SCHUCHT (Johann-F......), écrivain musical et compositeur allemand, docteur en philosophie, est né en 1832 à Holzthaleben, dans la Thuringe. Il se livra de bonne heure à la pratique du piano, puis travailla la composition, qu'il étudia sous la direction de Moritz Hauptmann, de Schnyder de Wartensée et de Spohr. On connaît de cet artiste trois symphonies, plusieurs ouvertures de concert, des quatuors pour piano et instruments à cordes, des *lieder* et un certain nombre de morceaux pour le piano. Il a écrit aussi les paroles et la musique d'un opéra qui a été représenté sous ce titre : *les Français à Madrid*. Ayant fait à Berlin la connaissance de Meyerbeer, M. Schucht publia sur ce grand homme un écrit intitulé : *Meyer-*

(1) Je serais tenté de croire que c'est à François-Louis Schubert que sont dus un certain nombre de petits manuels publiés sous le nom de *F. L. Schubert*, et dont voici les titres : *A B C der Tonkunst, ober das Wissenswürdigste für Musiker und freunde der Tonkunst* (Leipzig, Merseburger, in-12); *Instrumentationslehre nach den Bedürfnissen der gegenwart* (id., id., id.); *Katechismus der gesanglehre* (id., id., id.); *Die Violin, ihr wesen, ihre bedeutung und behandlung als solo und orchester instrument* (id., id., id.); *Die Orgel, ihr bau, ihre geschichte und behandlung* (id., id., id.). Il a été fait plusieurs éditions de ces petits traités.

beer's leben und bildungsgang, Leipzig, Mathas. Depuis lors, il a livré au public divers ouvrages didactiques dont voici les titres : *Wegweiser in der tonkunst* (*Guide pour la composition*); *Partiturenkenntniss* (*Étude des partitions*); *Kleines Lexikon der Tonkunst* (*Petit Dictionnaire de la composition*), Leipzig, Mathas; *Grundriss einer practischen Harmonielehre* (*Plan d'un enseignement pratique de l'harmonie*), Leipzig, Kahnt. M. Schucht, qui depuis longues années est fixé à Leipzig, est l'un des collaborateurs assidus du journal qui se publie en cette ville sous le titre de *Nouvelle Gazette musicale* (*Neue Zeitschrift für Musik*). Il a publié une biographie de Chopin : *Friedrich Chopin und seine werke*, Leipzig, Kahnt, 1880, in-8°.

SCHULTHES (Wilhelm), compositeur contemporain, établi, je crois, à Londres, s'est fait connaître par la publication de diverses œuvres de musique religieuse : 12 Hymnes latines, avec accompagnement d'orgue; *Guirlandes de Mai*, hymne avec accompagnement d'orgue; *Cor Jesu, salus in te sperantum*, motet pour trois voix égales et chœur, avec orgue; *Veni, Domine*, motet pour quatre voix égales et chœur, avec orgue; etc.

SCHULZ-BEUTHEN (H....), musicien contemporain, a publié dans ces dernières années quelques compositions parmi lesquelles je citerai les suivantes : *Sérénade hongroise* pour violon et piano, op. 9; Pièce caractéristique pour le piano, à 4 mains, op. 10; 5 pièces pour piano, en forme de suite, op. 19; 4 pièces pour piano, en style héroïque, op. 22; 3 pièces de piano, cycle en forme de sonate, op. 23; Pièces de piano, op. 24. M. Schulz-Beuthen a abordé une fois la scène, en donnant sur le théâtre de Zurich, au mois de mars 1879, un grand opéra intitulé *der Zauberschlaf* (*le Sommeil magique*).

SCHULZ-SCHWERIN (C......), musicien allemand contemporain, ne m'est connu que par quelques compositions symphoniques qu'il a fait exécuter dans les concerts en ces dernières années : Grande Marche triomphale, Ouverture de *Torquato Tasso*, Ouverture de *la Fiancée de Messine*, etc.

SCHULZ-WEIDA (J.....), musicien allemand contemporain, s'est fait connaître par la publication de morceaux et de pièces de genre pour le piano, dont le nombre ne s'élève guère à moins de deux-cents, et parmi lesquels, je crois, il n'est rien de bien important. Je n'ai pu réunir aucuns renseignements sur cet artiste.

* **SCHUMANN** (Robert). — L'ouvrage estimé que M. J. von Wasielewski a publié sur cet artiste célèbre : *Robert Schumann, Eine biographie* (Dresde, Kuntze, 1858, in-8°), a été traduit en anglais sous ce titre : *Robert Schumann's life and letters*, traduit par A. L. Alger, avec préface par W.-A. Barrett, Londres, W. Reeves, in-8°. Une traduction anglaise a été faite aussi du recueil des écrits de Schumann sur la musique : *Music and Musicians, essays and criticisms*, publié, traduit et annoté par Fanny-Raymond Ritter, Londres, W. Reeves, in-8° avec portrait. Une autre biographie de Schumann a paru en Allemagne : *Robert Schumann, sein leben und seine werke*, par Auguste Reissmann, Berlin, J. Guttentag, 1865, in-8°. En France, il faut signaler, outre un très-intéressant article de M. le baron Ernouf : *Robert Schumann, sa vie et ses œuvres*, publié dans la *Revue contemporaine* du 31 janvier 1864, l'écrit suivant : *Un successeur de Beethoven*, *Etude sur Robert Schumann*, par Léonce Mesnard, Paris, Sandoz et Fischbacher, 1876, in-8° de 84 pages. En Belgique, M. Maurice Kufferath a donné sous ce titre : *Hector Berlioz et Robert Schumann* (Bruxelles, Sannes, 1879, in-8° de 56 pp.), une traduction anonyme de plusieurs articles consacrés par Schumann à différentes œuvres de Berlioz dans la *Nouvelle Revue musicale* de Leipzig. Enfin, l'éditeur J. Schuberth, de Leipzig, a publié le texte allemand, avec une traduction française de M. Liszt, des *Conseils aux jeunes musiciens* de Schumann, Leipzig et New-York, s. d., in-16 de 35 pp., et les éditeurs MM. Durand-Schœnewerk ont donné la traduction seule de ce petit écrit, sous ce titre : *l'Art du piano, conseils extraits de l'Album dédié à la jeunesse*, par Robert Schumann, traduits de l'allemand par Franz Liszt, Paris, s. d., in-16 de 19 pp. (1).

SCHWAB (François-Marie-Louis), compositeur et critique musical français, est né à Strasbourg le 18 avril 1829. Doué de dispositions précoces pour la musique, il étudia le piano avec Ed. Hausser, l'harmonie avec Ph. Hoerter, et fut dirigé de bonne heure vers l'étude des grands maîtres classiques. Étant encore au collége, il dirigeait déjà un orchestre d'amateurs, et

(1) La veuve de ce compositeur, Mme Clara Schumann, née Wieck, pianiste de premier ordre, a conservé un véritable culte pour la mémoire de son mari et ne néglige aucune occasion de se consacrer à sa gloire. On trouve des renseignements intéressants sur cette grande artiste et sur sa famille dans l'écrit suivant : *Notices biographiques de Frédéric Wieck et de ses deux filles, avec des lettres inédites de Hans de Bülow, Czerny, Robert Schumann, Carl-Maria de Weber*, par A. Von Meischner, Leipzig, Matthes, 1875, in-32 de 128 pp., avec portraits.

il était fort jeune lorsqu'il se produisit comme compositeur avec des ouvertures et des morceaux de chant exécutés dans sa ville natale, soit au théâtre, soit dans les concerts, avec un véritable succès. Son début en ce genre fut une valse à grand orchestre, dédiée à Mlle Teresa Milanollo. Il fit entendre ensuite plusieurs œuvres d'une importance plus considérable, entre autres une messe solennelle, et plusieurs opéras-comiques qui furent joués avec un grand succès à Strasbourg et à Bade. En même temps, il se livrait à d'excellents travaux de critique musicale, devenait le feuilletoniste attitré du *Courrier du Bas-Rhin*, dans lequel il passait régulièrement en revue le mouvement musical si important de Strasbourg et de Bade, et collaborait à la *Gazette musicale de Paris* et à l'*Illustration de Bade*. Un journal parisien a dit que M. Fr. Schwab était « une des gloires musicales de la province, » et l'*Illustration de Bade* appréciait ainsi son talent : — « Ses œuvres se distinguent par l'inspiration, la finesse, l'originalité, mélodie abondante et distinguée, clarté et verve françaises unies à l'étude approfondie des grands maîtres classiques. Indépendamment de son talent de compositeur, Schwab est encore un critique musical des plus compétents, dont les articles font autorité, et un grand nombre de feuilles spéciales ont publié ses intéressantes et savantes études. »

Voici la liste des compositions de M. Schwab. — MUSIQUE DRAMATIQUE. 1° *La nuit, tous les chats sont gris*, opéra-comique en 2 actes, paroles de M. Ph. Mutée, joué à Strasbourg en 1858; 2° *les Amours de Sylvio*, opéra-comique en un acte, joué sur le théâtre des Salons de la Conversation, à Bade, en 1861, par MM. Montaubry, Sainte-Foy, Balanqué, Mlles A. Faivre et Louisa Singelée, livret de MM. Michel Carré et Jules Barbier; 3° *les Deux Consultations*, opéra-comique en un acte, paroles de M. Gransard, représenté au lycée de Strasbourg, par les élèves de cet établissement, le 9 août 1867. — MUSIQUE RELIGIEUSE. 1° Messe à grand orchestre, avec *soli* et chœurs, exécutée d'abord à Strasbourg, en 1859, ensuite à Madrid, puis à Bade, par les chanteurs du Théâtre-Italien et l'orchestre de la chapelle de Bade, et enfin à Paris, à Saint-Eustache (Heugel, éditeur); 2° *Benedictus*, *O Salutaris*, et divers autres morceaux. — MUSIQUE DE CONCERT. 1° *Valse à grand orchestre* (1850); 2° *Grande Fantaisie* pour clarinette, avec orchestre (1859), écrite pour le fameux clarinettiste Wuille et exécutée en 1859 au grand festival de Bade sous la direction d'Hector Berlioz, au festival de Mulhouse en 1860, et à Paris, au concert Besselièvre, en 1862; 3° Solo de saxophone, écrit pour le même virtuose (1860), qui, à l'aide de ce morceau, fit connaître cet instrument à Bade; 4° *Cantabile* pour violoncelle (Choudens, éd.); 5° Concertino pour violoncelle (Flaxland). — MUSIQUE DE CHANT. 1° *les Voix de la Lyre*, grande cantate écrite, sur des paroles de Méry, pour le grand festival de Strasbourg en 1863; 2° *le Dernier Chant de Corinne*, scène pour soprano, avec accompagnement d'orchestre; 3° *la Vision*, mélodie pour soprano; 4° *le Lac Léman*, mélodie pour baryton; 5° *l'Alsace*, chœur à quatre voix d'hommes; 6° *Gambrinus*, id.; 7° *Agnus Dei* pour voix de contralto avec orgue, Paris, Choudens.

M. Schwab, qui a reçu, à différentes reprises, des félicitations et des marques d'amitié de quelques-uns de nos grands maîtres, MM. Gounod, Ambroise Thomas, Reyer, Gevaert, a dirigé avec de brillants résultats, de 1871 à 1874, l'excellente société chorale *l'Union musicale*, et est aujourd'hui le rédacteur musical spécial du *Journal d'Alsace*. Il est officier d'Académie, et chevalier des ordres de Charles III d'Espagne et de la maison Ernestine de Saxe.

SCHWARZ (WILHELM), musicien allemand, docteur en philosophie et professeur de chant, naquit à Stuttgard le 11 mai 1825, et mourut à Berlin le 4 janvier 1878. Il étudia d'abord la philologie et la théologie pour devenir prêtre, mais renonça ensuite à entrer dans les ordres, et après s'être adonné à l'étude du chant, il aborda le théâtre et remplit pendant plusieurs années l'emploi des ténors sur plusieurs scènes allemandes. Après avoir effectué un voyage à Vienne, à Venise et à Milan, il s'établit à Hambourg comme professeur de chant, et bientôt publia en cette ville un traité intitulé : *Système de l'art du chant d'après les lois physiologiques* (Hambourg, Hellwig, 1857). L'année suivante il alla fixer sa résidence à Berlin, où il forma un grand nombre d'élèves, parmi lesquelles Mme Harriers-Wippern (*Voy.* ce nom), cantatrice dramatique distinguée, morte récemment. C'est en cette ville que lui-même est mort, à l'âge de cinquante-deux ans.

Outre l'ouvrage signalé ci-dessus, Schwarz a encore publié l'écrit suivant : *la Musique comme langue de sentiment, en rapport avec la voix et l'art du chant* (Leipzig, Kahnt, 1860). Il a aussi fourni un certain nombre d'articles à différents journaux.

* **SCIROLI** (GRÉGOIRE), compositeur dramatique italien du dix-huitième siècle. — Aux ouvrages mentionnés sous le nom de cet artiste, il faut ajouter les suivants : *Li Nnamorate cor-*

revale, et *il Finto Pastorella* (*sic*), représentés tous deux au théâtre Nuovo, de Naples, le premier en 1752, le second en 1755; et *Alessandro nelle Indie*, qui fut donné à Bologne en 1774.

SCOFFIERO (Celestino), écrivain musical italien, est l'auteur d'un opuscule publié sous ce titre : *Cenni storici intorno al re dei musicali istrumenti, l'organo, e breve descrizione della sua struttura.* Je ne connais de ce petit écrit que la seconde édition, publiée en 1878, à Oneglia, chez l'imprimeur Ghilini, et qui forme une brochure de 24 pages.

* **SCOLARI** (Giuseppe). — A la liste des ouvrages dramatiques de ce compositeur, il faut ajouter un opéra intitulé *il Finto Cavaliero.*

SCONTRINO (......), musicien italien, a fait représenter à Milan, sur le théâtre Dal Verme, le 18 juin 1879, un opéra en 4 actes, intitulé *Matelda.*

SCOTO (M....), professeur italien contemporain, est l'auteur d'un petit manuel publié sous ce titre : *Grammatica elementare di musica divisa in quattro lezioni*, op. 16, Milan, Lucca. J'ignore quels sont les autres ouvrages de cet artiste, qui, je crois, est professeur de chant dans les écoles municipales de Molfetta.

* **SCUDO** (P......), critique et écrivain musical, né à Venise le 8 juin 1806, est mort à Blois le 14 octobre 1864. Scudo a collaboré, en ce qui concerne la musique, à un certain nombre de journaux et recueils périodiques : la *Revue et Gazette musicale de Paris*, la *Réforme*, la première *Revue de Paris*, la *Revue indépendante*, le *Musée des Familles*, le *Siècle*, l'*Ordre*, l'*Art musical*, et enfin la *Revue des Deux-Mondes*, où pendant plusieurs années ses articles, écrits avec élégance, mais d'une critique un peu superficielle, étaient fort remarqués. Il a donné aussi quelques articles à l'*Encyclopédie générale* de MM. Firmin-Didot, et à la seconde édition du *Dictionnaire de la Conversation et de la Lecture.*

Parmi les volumes publiés par Scudo, l'*Année musicale* ne comprend que trois années, portant les dates de 1860, 1861 et 1862 (Paris, Hachette, in-12); mais un quatrième volume a été donné sous ce titre : *la Musique en* 1862 (Paris, Hetzel, in-12, 1863). Scudo a donné à la *Revue des Deux-Mondes* un roman musical, *Frédérique*, « suite du *Chevalier Sarti*, » qui n'a point été publié en volume, non plus que les biographies de divers sopranistes célèbres : Crescentini, Velluti, etc., insérées dans le même recueil. Les deux premiers ouvrages livrés au public par cet écrivain n'avaient aucun rapport à la musique; l'un était intitulé *Physiologie du Rire*, et le second avait pour titre *les Partis politiques en province* (1838, in-8°). Scudo, dont l'exagération d'esprit était évidente, et qui était doué d'une forte dose de vanité, donna, vers le milieu de l'année 1863, des signes non équivoques d'un dérangement des facultés intellectuelles; bientôt il fut atteint d'une véritable folie qui devint assez rapidement furieuse, et il mourut à Blois, au milieu d'une famille amie qui lui était profondément attachée, et qui avait poussé le dévouement jusqu'à le recueillir en cet état.

Dans un de ses ouvrages de critique (*Année musicale*, 3e année, p. 189), Scudo dit avoir reçu des leçons d'harmonie de Chelard.

SEBASTIANI (Ernesto), pianiste et compositeur italien, né à Naples le 6 janvier 1843, fut élève de Ferdinando Bonamici pour le piano, et pour la composition de Vincenzo Fiodo et de Giovanni Moretti. Il a fait représenter sur le théâtre Bellini, de Naples, au mois de novembre 1867, un opéra bouffe en trois actes intitulé *il Marchese Taddeo*, qui fut très-bien accueilli, et peu de temps après il entreprit un voyage artistique à la suite duquel il se fixa à Tunis, où il réside encore aujourd'hui. Pourtant il a fait retour un instant dans sa ville natale pour y faire représenter, sur le théâtre de la Fenice, le 23 novembre 1876, un second ouvrage dramatique, *il Povero Diavolo.* Cet ouvrage, dont le livret, selon la coutume italienne, était tout simplement calqué sur celui de notre opéra français *la Part du Diable*, semble avoir été favorablement reçu par le public. Depuis lors M. Sebastiani a encore donné, sur l'un des théâtres de Rome (août 1878), un troisième opéra, *Raffaele e la Fornarina*, dont il avait écrit les paroles et la musique; celui-ci a été moins heureux que les précédents, et n'a obtenu qu'un médiocre succès.

SECCHI (Benedetto), compositeur italien, né à Mondovi le 28 janvier 1831, a fait ses études au conservatoire de Milan, où il a suivi les classes de piano et de composition de 1844 à 1847. Il a fait représenter avec succès le 22 octobre 1856, sur le théâtre de la Canobbiana, de Milan, un opéra sérieux intitulé *la Fanciulla delle Asturie.* Je n'ai aucun autre renseignement sur cet artiste, qui depuis lors, et malgré le bon accueil fait à son ouvrage, ne s'est pas de nouveau produit à la scène.

* **SECHTER** (Simon), ancien organiste de la cour de Vienne et professeur au Conservatoire de cette ville, est mort le 10 septembre 1867. Sechter fut l'un des plus savants contra-

puntistes du dix-neuvième siècle, et son enseignement, devenu célèbre, était recherché par toute l'Allemagne. Il a compté parmi ses élèves Thalberg, Pauer, Th. Dœhler, Dœrfeld, Lœwe, Ad. Henselt, Vieuxtemps, les princes Constantin et Georges Czartoryski, etc.

Sous le pseudonyme de *Ernst Heiter*, Sechter avait fait représenter sur le théâtre de Josephstadt, à Vienne, le 12 novembre 1844, un opéra burlesque intitulé *Ali Hitsch-Hatsch*.

SECOND (ALBÉRIC), romancier et vaudevilliste, né à Angoulême le 17 juin 1817, est mort à Paris vers 1872. Il a publié sous ce titre : *les Petits Mystères de l'Opéra* (Paris, 1844, in-8°), une sorte de chronique plaisante de notre première scène lyrique, et sous cet autre titre : *Misères d'un prix de Rome* (Paris, 1868, in-12), un roman dont le héros est un musicien découragé.

* **SEDLAZEK** (JEAN), flûtiste, est mort à Vienne le 11 avril 1866.

SEGHERS (FRANÇOIS-JEAN-BAPTISTE), violoniste et chef d'orchestre distingué, né à Bruxelles au mois de janvier 1801, commença ses études musicales avec un de ses oncles, prit ensuite des leçons de Gensse, violon-solo du Grand-Théâtre de Bruxelles, puis vint à Paris et fut reçu, au Conservatoire, dans la classe de Baillot. Il fut l'un des fondateurs de la Société des concerts du Conservatoire, fit partie de cet orchestre admirable jusqu'en 1848, et l'année suivante fonda la Société de Sainte-Cécile, établie sur les mêmes bases, et qui donnait ses séances dans la salle du casino Paganini, rue de la Chaussée-d'Antin. M. Seghers donna, dans la direction de cette société, des preuves d'un véritable talent de chef d'orchestre, surtout en ce qui concerne la symphonie, et, musicien aussi instruit qu'intelligent, il fit connaître au public parisien un grand nombre d'œuvres importantes qui jusqu'alors n'avaient pas été exécutées en France, entre autres la musique de *Preciosa* et la *Jubel-Ouverture*, de Weber, la symphonie-cantate, la 4e symphonie et les ouvertures de Mendelssohn, la symphonie en *ut* et l'ouverture de *Rosemonde*, de Schubert, l'ouverture de *Manfred*, de Robert Schumann, etc. De plus, M. Seghers exerçait une large hospitalité à l'égard des jeunes compositeurs et des musiciens français, et c'est lui qui fit entendre les symphonies et diverses œuvres de M. Gounod, l'ode à sainte Cécile et la première symphonie de M. Saint-Saëns, les symphonies de M. Reber et de M. Gouvy, *la Fuite en Égypte* et l'ouverture du *Carnaval romain*, de Berlioz, *le Jugement dernier*, de M. Weckerlin, etc., etc. Malheureusement, des difficultés intérieures amenèrent, vers 1854, la retraite de M. Seghers, qui fut rapidement suivie de la dissolution de la Société de Sainte-Cécile. Depuis lors, M. Seghers n'a plus fait parler de lui, et vit retiré à Paris.

SÉGUR (ANATOLE, comte DE), fils du comte Eugène de Ségur, ancien pair de France, est né en 1821. La carrière administrative qu'il suivit sous le second empire, où il devint préfet de la Haute-Marne, puis conseiller d'État, ne l'empêcha pas de se livrer à la culture des lettres. Entre autres ouvrages, M. de Ségur publia *Sainte Cécile*, poëme tragique en deux parties et quatre actes (Paris, Bray, 1868, in-16), qui lui valut en 1869 un prix à l'Académie française.

SEHELLE (ÉDOUARD), professeur allemand et écrivain musical distingué, est né, croyons-nous, à Berlin, entre les années 1825 et 1830. Nous ignorons les détails de son existence, mais nous pensons qu'avant de se fixer à Vienne, il doit avoir passé quelques années à Paris et à Rome. M. Sehelle a publié un écrit très-intéressant sur la représentation à Paris du *Tannhäuser* de M. Richard Wagner, écrit dans lequel son sujet l'amenait à rappeler, d'une façon très-ingénieuse, la fameuse guerre des gluckistes et des piccinnistes au siècle dernier. Depuis lors, il a livré au public un ouvrage très-important sur les chanteurs de la chapelle Sixtine à Rome (Vienne, Gotthardt, 1875), ouvrage dans lequel on trouve des renseignements précis et pleins d'intérêt sur le développement de cette école et sur les artistes qui s'y sont formés. Depuis 1862, M. Sehelle a succédé à M. Hanslick comme feuilletoniste musical du journal *la Presse*, de Vienne.

J. B.

SEHON (Le chevalier ÉDOUARD), compositeur autrichien distingué, connu sous le pseudonyme d'*Engelsberg*, est né à Engelsberg, en Silésie, le 23 janvier 1825. Il s'adonna à l'étude du droit, et, après avoir été reçu docteur de l'Université de Vienne, entra dans la magistrature et fut pensionné comme conseiller en 1878. Dès sa jeunesse, M. Sehon s'était beaucoup occupé de musique, encouragé par son père, qui était amateur de cet art et qui chantait avec goût ; il étudia seul la composition, à l'aide du traité de Reicha, et acquit la connaissance de l'instrumentation en analysant les grandes œuvres de Berlioz. Il écrivit surtout beaucoup de chœurs pour voix d'hommes, et devint le compositeur favori du *Männergesangsverein* de Vienne, qui chante partout ses chœurs avec le plus grand succès, et a rendu populaire le nom d'Engelsberg. M. Sehon a publié sous ce nom, jusqu'à ce jour, environ 70 chœurs, soit sérieux, soit gais; ces compositions sont très-mélodiques, et écrites avec une grande habileté. Il faut surtout citer celles qui ont pour titre : *les Scènes amusantes de bal*, *le Quadrille des Fous*, *Annabell Lee* et le *Liederspiel*. Cette dernière est d'une invention gracieuse et d'une mélodie charmante.

J. B.

* **SEIDELMANN** (Eugène), et non *Seydelmann*, compositeur allemand, était né le 12 avril 1806, et mourut à Breslau le 31 juillet 1864.

La femme de cet artiste, née *Marie Dickmann*, vit le jour à Elbing le 5 novembre 1817, et devint une cantatrice dramatique distinguée. Après s'être fait remarquer sur divers théâtres, entres autres à Berlin, Hanovre et Breslau, elle abandonna cette carrière dans toute la force de la jeunesse, et se retira en 1845.

SEIDL (J.....-Chrétien), chef d'orchestre et compositeur allemand, s'est fait connaître par la publication d'un grand nombre de *lieder* qui obtinrent du succès et dont plusieurs devinrent populaires. Il avait fondé à Munich une société de concerts particulièrement destinée à l'exécution des œuvres des maîtres modernes, et qui avait été fort bien accueillie. Cet artiste est mort à Munich au mois de septembre 1861.

* **SEIDLER** (Madame Caroline), née *Wranitzki*, chanteuse dramatique renommée, née en 1794, est morte à Berlin le 4 septembre 1872, à l'âge de soixante-dix-huit ans.

SEIFRIZ (Max), compositeur allemand, a écrit la musique d'un poëme dramatique intitulé *Ariane à Naxos*, qui a été représenté en 1860, à Lœwenberg.

SEISS (Isidore), pianiste, professeur et compositeur allemand contemporain, s'est fait entendre avec quelque succès en Allemagne et en Belgique, et est aujourd'hui professeur au Conservatoire de Cologne. Parmi ses compositions, on remarque : 3 Pièces pour piano, op. 7; 3 Sonatines pour piano, op. 8; *Intermezzo* pour piano, op. 9; Études de bravoure, pour piano, op. 10; Préludes pour piano, en formes d'études, op. 12; Fantaisie pour piano en forme de *Toccata*, op. 11; Adagio pour violoncelle, avec accompagnement d'orchestre, op. 13; Valse fantastique pour piano, à 4 mains, op. 15; Cadence pour un concerto de Weber, op. 32; Scène et Marche à grand orchestre, op. 16; Pièce lyrique pour piano, op. 17. Toutes ces œuvres ont été publiées par la maison Schlesinger (Robert Lienau), de Berlin.

* **SÉJAN** (Louis), organiste français, est mort à Paris au mois d'avril 1849.

SELDEN (Camille). — *Voyez* **KRINITZ** (Mme **DE**).

* **SELIGMANN** (Hippolyte-Prosper), violoncelliste et compositeur pour son instrument. A la liste des œuvres de cet artiste, j'ajouterai les suivantes : 1° *Hommage à Auber*, caprice, avec piano, op. 55; 2° *Album algérien*, 4 morceaux caractéristiques, id., op. 60; 3° Concerto, id., op. 70; 4° Andante et rondo de concert, id., op. 75; 5° *Dernier chant d'amour*, id., op. 76; 6° Caprice humoristique et chanson havanaise, id., op. 77; 7° *le Secret*, id., op. 79; 8° *Dans les nuages*, id., op. 80; puis diverses fantaisies sur des motifs d'opéras : *les Huguenots*, op. 58, *le Pardon de Ploërmel*, op. 69, *Joconde*, op. 72, *l'Africaine*, op. 78, *Martha*, op. 82, *les Dragons de Villars*, op. 90, *l'Ombre*, op. 94, etc., etc. M. Seligmann s'est essayé dans la critique musicale, et a donné quelques articles à divers journaux.

SELITTI ou **SELITTO** (Giuseppe), compositeur dramatique italien, vivait dans la première moitié du dix-huitième siècle, et a fait représenter les ouvrages dont voici les titres : 1° *l'Oronte, ovvero il Custode di sè stesso*, Naples, théâtre des Fiorentini, 1730; 2° *i Due Baroni*, id., id., 1736; 3° *l'Amor comico*, id., id., 1749. J'ignore si cet artiste a écrit d'autres opéras, et je n'ai pu découvrir sur lui aucun renseignement.

SELLENICK (..........), compositeur et chef de musique militaire, remplissait, il y a une vingtaine d'années, les fonctions de chef d'orchestre au théâtre de Strasbourg. Fils d'un chef de musique d'origine styrienne, il naquit en cette ville vers 1820, et, fort jeune encore, apprit à jouer de plusieurs instruments, entre autres du violon et du cor. Devenu chef de musique au 2e régiment de voltigeurs de la garde impériale, il fit en cette qualité la campagne d'Italie et celle de 1870. M. Sellenick a écrit la musique de *Crispin rival de son maître*, opéra-comique en 2 actes dont le livret avait été tiré de la célèbre comédie de Lesage qui porte ce titre, et qui fut représenté au Théâtre-Lyrique, le 1er septembre 1860. M. Sellenick s'est fait connaître aussi comme compositeur de musique militaire. Il remplit aujourd'hui les fonctions de chef de musique au régiment de la garde républicaine. M. Sellenick est chevalier de la Légion d'honneur.

***SELLI** (Prospero). — Aux ouvrages dramatiques mentionnés au nom de cet artiste, il faut ajouter *Ricciarda*, opéra sérieux représenté au théâtre San-Carlo, de Naples, vers 1840, et *Ada Marescotti*, joué sur le théâtre de Viterbe aux environs de l'année 1865. Quant à *Medea*, cet ouvrage a été donné au théâtre Apollo, de Rome, non en 1841, mais en 1839.

* **SELLNER** (Joseph), hautboïste allemand, est mort à Vienne le 17 mai 1843.

SEMET (Théophile-Aimé-Émile), compositeur dramatique français, est né à Lille (Nord) le 6 septembre 1824 (1). Son père, qui était employé à la recette générale du département, le fit admettre au Conservatoire de cette ville, où il étudia le violoncelle et fut, pour l'harmonie, élève de Pierre Baumann. M. Semet était très-jeune encore lorsqu'il composa et fit exécuter quelques morceaux d'orchestre par une société musicale de Lille; la municipalité de sa ville natale lui accorda alors une pension qui lui permit de venir à Paris terminer ses études. Le jeune artiste prit en effet le chemin de la capitale, et, en 1845, fut admis au Conservatoire dans la classe de composition d'Halévy.

Après quelques années passées au Conservatoire, M. Semet se livra à l'enseignement, tout en cherchant à se produire au théâtre, ce qui, à cette époque surtout, était particulièrement difficile. Après avoir fait jouer dans une société un petit opéra dont j'ignore le titre, il fut chargé par la direction du théâtre des Variétés d'écrire quelques airs nouveaux pour un vaudeville en 2 actes que M. Anicet Bourgeois avait tiré du joli roman de George Sand : *la Petite Fadette*, et qui fut représenté sous ce titre, à ce théâtre, le 28 décembre 1850. Mais c'était là bien peu de chose, et il fallait vivre; bientôt, M. Semet accepta donc un emploi de timbalier dans l'orchestre de l'Opéra, emploi qu'il conserva pendant longues années, même quand il se fut fait un nom comme compositeur.

Enfin, lorsque M. Carvalho, avec lequel il s'était lié au Conservatoire, eut été placé à la tête du Théâtre-Lyrique, M. Semet se vit chargé par lui d'écrire la musique d'un opéra-comique en 2 actes, *les Nuits d'Espagne*, qui fut représenté le 26 mai 1857. Cet ouvrage aimable, écrit avec grâce et distinction, fut accueilli par le public avec une faveur marquée et fit connaître du coup le nom du compositeur. Celui-ci s'occupa aussitôt d'une seconde partition, *la Demoiselle d'honneur*, et cet ouvrage, en 3 actes, fut joué le 30 décembre 1857. Comme il arrive souvent à la suite d'un premier succès éclatant, cette nouvelle production du jeune musicien fut reçue avec froideur et défiance, bien que l'œuvre fût plus vigoureuse et qu'elle dénotât un talent réel; la malechance aussi s'en mêla, la maladie d'une artiste vint interrompre les représentations, qui ne purent être reprises qu'au bout d'un certain temps, et, bref, *la Demoiselle d'honneur* ne fut pas heureuse.

M. Semet se releva brillamment avec *Gil-Blas*, opéra-comique en 5 actes qu'il donna au même théâtre le 26 mars 1860, et qui obtint un grand succès, grâce au mérite et à la vive allure de la musique, et aussi au talent et à la verve endiablée qu'y déployait la principale interprète, Mme Ugalde, chargée du rôle de Gil-Blas. On a surtout gardé, de cet opéra, le souvenir d'une sérénade qui devint rapidement populaire et qui se vendit par milliers d'exemplaires. Le compositeur fut moins heureux avec *Ondine*, très-faible ouvrage en 3 actes qu'il donna au Théâtre-Lyrique le 7 janvier 1863, et qui, si j'ai bonne mémoire, ne put même atteindre le chiffre de dix représentations; on remarqua seulement dans la partition une chanson, dite « chanson de la taupe, » qui était un petit bijou. Enfin, en 1869, M. Semet abordait la scène de l'Opéra-Comique avec un nouvel ouvrage en 3 actes, *la Petite Fadette*, dont le poëme, tiré encore du roman de George Sand, n'avait cependant rien de commun avec la petite pièce dont il avait naguère écrit la musique pour le théâtre des Variétés. Cette nouvelle partition, d'un style parfois un peu recherché, n'en était pas moins remarquable à divers égards, et dénotait un véritable progrès dans la manière du compositeur, surtout par rapport à la vérité scénique et au maniement de l'orchestre. Pourtant, depuis lors, M. Semet ne s'est pas reproduit au théâtre.

En dehors des ouvrages qui viennent d'être énumérés, M. Semet, qui est un artiste bien doué et vraiment distingué, n'a écrit qu'une cantate, *la Fête de Napoléon III*, qui a été exécutée à l'Opéra le 15 août 1862, et la musique des divertissements dansés des *Pirates de la Savane*, pour la reprise de ce drame qui fut faite en 1867 au théâtre de la Gaîté. M. Semet est chevalier de la Légion d'honneur.

SENEKE (Teresa), musicienne italienne, née vers 1848, s'était fait connaître par la musique d'un opéra intitulé *le Due Amiche*, qui avait été représenté à Rome, sur le théâtre Argentina. On connaissait d'elle aussi quelques romances et mélodies vocales, ainsi que des morceaux de musique de danse. Cette jeune artiste est morte à Rome, au mois de novembre 1875, à peine âgée de vingt-sept ans.

(1) Le *Dictionnaire des Contemporains* fait naître M. Semet le 8 septembre 1826; un autre biographe donne pour date de sa naissance le 4 décembre 1825. J'ai lieu de croire que la date que je donne ici est la seule exacte, puisque c'est celle que j'ai relevée sur les registres d'admission du Conservatoire de Paris.

SERASSI, est le nom d'une famille de facteurs d'orgues célèbre en Italie, et dont la renommée n'a cessé d'être vivace depuis le commencement du dix-huitième siècle jusqu'à nos jours. Deux membres de cette dynastie, Joseph II et Charles, ont seuls été mentionnés dans la *Biographie universelle des Musiciens*; je vais faire connaître ici ceux de ces artistes sur lesquels Fétis n'a pas donné de renseignements.

SERASSI (Joseph), dit *il vecchio*, est né à Gordano, dans la paroisse de Candola, sur le lac de Côme, en 1694. Il s'établit dès sa jeunesse à Bergame, où il s'adonna à l'étude de divers instruments à vent, et où il cultiva ensuite l'orgue de façon à devenir fort habile sur cet instrument. Doué par la nature d'une grande aptitude pour la mécanique, il se mit bientôt à étudier attentivement les principes de la fabrication des orgues, en observant le système de construction des orgues établies par les Antegnati, dont plusieurs spécimens excellents existaient encore dans la contrée qu'il habitait. C'est donc d'après les meilleurs procédés en usage de son temps que Serassi le vieux s'adonna à la facture des orgues, dans laquelle il déploya un talent remarquable et un esprit novateur dans le bon sens du mot, en réduisant à d'exactes proportions les sommiers, le vent et les tuyaux, pour la fabrication desquels il n'employait jamais qu'un métal excellent et choisi avec le plus grand soin. Serassi produisit ainsi un grand nombre d'instruments, qui se distinguaient par des qualités supérieures, et parmi lesquels on cite surtout l'orgue de San-Pelegrino dans le val Brembana, celui de Saint-Dominique à Lodi (qui a été placé depuis dans la cathédrale de cette ville), et celui de la Bienheureuse-Vierge de Caravaggio, dans lequel il fit usage de registres entièrement nouveaux. Il mourut en 1760 à Crema, où il se trouvait pour la construction d'un orgue.

SERASSI (Andrea-Luigi), second fils de Joseph (1), naquit à Bergame le 19 mai 1725. Il reçut une excellente éducation littéraire et musicale, et composa dans sa jeunesse des messes, des hymnes, des psaumes et diverses autres œuvres de musique religieuse qu'il fit entendre avec succès. Il suivit néanmoins la carrière de son père, et, comme lui, consacra son existence à la facture des orgues, apportant aussi dans leur fabrication les progrès que son intelligence et son esprit d'initiative lui faisaient juger nécessaires. Parmi les excellents instruments sortis en grand nombre de ses mains, on cite tout particulièrement l'orgue de la cathédrale de Crema, celui du dôme de Parme, qui lui valut comme récompense extraordinaire une médaille d'or et un cadeau de deux-cents onces d'argent travaillé, et celui de l'église San-Bartolomeo de la même ville, dans la construction duquel son fils Joseph l'avait aidé, et qui lui valut l'honneur d'une inscription élogieuse tracée sur une table de marbre et placée dans l'église. Il construisit aussi des orgues pour les cathédrales de Fossano, d'Intra, de Vigevano, de Borgomanero, etc. Andrea-Luigi Serassi avait épousé une jeune fille d'une famille riche et distinguée, Catherine Bertarelli, qui lui donna trois fils. Sa femme étant morte en 1750, il se résolut à entrer dans les ordres et se fit bientôt ordonner prêtre, ce qui ne l'empêcha point de continuer sa profession, dans laquelle il acquérait chaque jour une plus grande renommée. Il mourut en 1799, âgé d'environ soixante-quatorze ans.

SERASSI (Giovanni-Battista), frère du précédent et troisième fils de Joseph le vieux, naquit à Bergame le 9 mai 1727, se sentit de bonne heure une vocation pour la carrière sacerdotale, et entra dans les ordres. Toutefois, il n'en étudia pas moins la musique avec ardeur, et acquit rapidement sur l'orgue un talent qui était très-apprécié. « *Il délectait*, dit le compositeur Simon Mayr dans la série de notices biographiques qu'il a consacrées aux Serassi, parce qu'il sut accommoder les cantilènes que lui inspirait son génie naturel à la nature des différents registres destinés à l'imitation des divers instruments; *il surprenait*, parce qu'étant très-instruit dans l'art de l'harmonie, il savait employer une grande variété dans les réponses, les imitations, les fugues, les canons, etc.; et *il édifiait* selon la dévotion et la piété la plus pure, parce qu'il usait d'un style convenable à la majesté du lieu, à la gravité des augustes cérémonies, et au caractère sublime du service divin. »

L'abbé Jean-Baptiste Serassi ne fut pas seulement un organiste fort distingué; il s'exerça aussi dans la composition, écrivit un grand nombre de sonates pour son instrument, et mit encore au jour plusieurs compositions vocales religieuses; enfin, il suivit les traditions de sa famille en acquérant de grandes connais-

(1) Son frère aîné *Pier-Antonio*, premier fils de Joseph le vieux, né à Bergame le 17 février 1721, fut un écrivain distingué et entra dans les ordres. Il jouait bien du clavecin et du violon, instrument qu'il avait étudié avec Kerlenis, à l'école duquel il fut le condisciple du célèbre Lolli. Il avait acquis aussi, grâce à son père, de grandes connaissances dans la fabrication des orgues. Il mourut le 19 février 1791, au moment où il venait d'accomplir sa soixante-dixième année.

sances dans la fabrication des orgues, et aida souvent son frère André dans la construction des instruments dont celui-ci était chargé. Il fut, avec lui, accueilli d'une façon très-distinguée à la cour de l'infant duc de Parme, qui le combla de faveurs. Cet artiste estimable mourut le 13 mai 1808, à l'âge de quatre-vingt-un ans (1).

* **SERASSI** (Joseph II), né à Bergame le 16 novembre 1750, mourut le 19 février 1817 et accrut encore, par ses talents, la renommée de sa famille. La notice qui lui a été consacrée dans la *Biographie universelle des Musiciens* n'a nul besoin d'être complétée. J'ajouterai seulement que Joseph Serassi publia en 1815 le *Catalogo degli organi fabricati da' Serassi*, dont le nombre s'élevait alors à 345, et qu'il semble s'être élevé plus haut encore que ses prédécesseurs dans l'art qu'il exerçait. « Ses œuvres, dit Simon Mayr en parlant des instruments construits par lui, furent chantées par des poëtes distingués, récompensées avec des largesses extraordinaires par des mécènes illustres, et ses inventions exaltées par des hommes intelligents, Gervasoni (dans sa *Scuola di musica*), Schultesius (dans son *Mémoire sur la musique d'église*), et par beaucoup d'autres. »

La famille Serassi a continué jusqu'à nos jours à se distinguer dans la fabrication des orgues. Du mois de novembre 1815, époque où fut publié le *Catalogo* de Joseph Serassi, jusqu'en 1834, 163 instruments nouveaux avaient été construits par elle. Enfin, dans un nouveau catalogue imprimé à Bergame en 1858, le nombre des instruments construits par les Serassi s'élevait à 654.

* **SERING** (François-Guillaume), musicien allemand, est né à Finsterwalde le 26 novembre 1822. Après avoir étudié à Berlin avec MM. A.-W. Bach et Grell, il devint en 1851 professeur de musique au séminaire de Kœpenick, d'où il passa en la même qualité à Franzberg, et en 1855 à Barby. En 1871 il se fixa à Strasbourg comme professeur en chef au séminaire, et il fonda en cette ville une société de chant. M. Sering rédige depuis quelques années la revue musicale *Euterpe*, fondée par E. Hentschel. Les compositions publiées de cet artiste sont au nombre d'une centaine environ, parmi lesquelles on remarque : École de violon, op. 31 ; École élémentaire de violon, op. 94 ; Traité d'harmonie ; puis un Traité théorique et pratique du chant en chœur et en solo, des études de piano, des morceaux pour l'orgue, de nombreux *lieder*, des compositions pour l'église, etc.

SÉROW (Alexandre), compositeur dramatique, le musicien le plus renommé de l'école russe après Glinka (*Voy.* ce nom), naquit vers 1820. Fils d'un avocat, il fit preuve, dès ses plus jeunes années, d'une grande intelligence et d'aptitudes très-diverses, étudiant l'histoire naturelle, apprenant facilement les langues étrangères (outre le latin et le russe, il parlait le français, l'anglais et l'italien), montrant un goût prononcé pour le théâtre, s'exerçant au dessin, et enfin, par-dessus tout, adorant la musique. Il reçut ses premières leçons de piano d'une vieille demoiselle, sa parente, mais n'eut point, à proprement parler, d'éducation musicale. Voici ce que dit à ce sujet M. W. de Lenz, qui fut son ami, dans une rapide étude consacrée à cet artiste : — « En 1834, le père de Sérow fit entrer son fils à l'École de droit de Saint-Pétersbourg. Il en sortit en 1840, avec un numéro d'honneur, le deuxième, et entra aussitôt au département du Sénat. A l'école, Ch. Schuberth lui avait donné des leçons de violoncelle ; il ne continua point cet instrument. La vieille demoiselle au piano et Schuberth, voilà donc tout son enseignement musical ; le reste, il le fit lui-même. Dès sa sortie de l'école, Sérow passa sa vie dans les livres de théorie musicale, en toutes langues, de tous les temps, depuis les Bach, les Kirnberger, les Albrechtsberger, les Fürk, les Catel, jusqu'à Marck, en écrivant pour son usage la critique des ouvrages, qu'il trouvait tous insuffisants, beaucoup trop peu philosophiques. Il exceptait bien un peu le livre de Marck. Il était en proie à la pensée de fonder une théorie plus simple, mieux assise. Plus il avançait dans cet immense labeur, plus il négligeait son service au Sénat. Il fut transféré en Crimée, en qualité de vice-président d'un tribunal de justice. « J'écrivais de « petites fugues pendant les rapports, — me di- « sait-il, — de jolies petites fugues. Un jour qu'il « s'agissait du vol d'un cheval, on voulut avoir « mon opinion ; je répondis que je n'avais abso- « lument rien entendu, et levai la séance. Je tra- « vaillais alors à mon premier opéra, *une Nuit* « *de mai* ; je l'ai brûlé, il était horrible ! » Sérow quitta la carrière judiciaire, au plus grand

(1) Une fille de Joseph le vieux, *Marie-Catherine Serassi*, sœur d'André-Louis, de Pierre-Antoine et de Jean-Baptiste, née le 18 septembre 1723, élève de l'organiste Milani et douée d'une voix admirable, devint une chanteuse remarquable et une virtuose d'une rare habileté sur l'orgue et sur le clavecin. Elle eut, ainsi que deux de ses frères, des désirs religieux, et prit le voile en 1743 dans le monastère de *San Benedetto in Gandino*. Elle mourut dans toute la force de la jeunesse, à l'âge de trente-trois ans seulement, le 11 décembre 1756.

désespoir de son père, et revint à Saint-Pétersbourg, où nous l'avons rencontré censeur avec un traitement des plus modiques. »

La façon toute pratique et tout isolée dont il fit l'étude de la théorie musicale développa dans de larges proportions, chez Sérow, un sens critique dont il possédait le germe, dit-on, à un haut degré. Mais aussi peut-on croire que cet enseignement tout personnel troubla un peu l'équilibre de ses puissantes facultés musicales. En effet, Sérow, qui était un ardent admirateur des œuvres les plus abstraites de la dernière manière de Beethoven et un sectateur acharné des doctrines de M. Richard Wagner, semblait trouver dans Beethoven ce que d'autres y chercheraient en vain : un souvenir des anciens modes grecs ! et il s'était pris pour ceux-ci d'un tel amour qu'il rêvait une transformation de la gamme moderne à leur profit, et qu'il les aurait volontiers transportés à la scène. Sous ce rapport il a laissé, paraît-il, des représentants de ses idées dans son pays, et l'on assure que toute une jeune école musicale russe s'en est entichée un peu plus qu'il ne faudrait (1).

Quoi qu'il en soit, Sérow songea tout à la fois à répandre ces idées à l'aide de la plume et de la parole, et à aborder la scène comme compositeur dramatique. Devenu censeur à la poste de Saint-Pétersbourg pour les journaux étrangers, il n'était pas tellement absorbé par ses fonctions qu'il ne trouvât le temps de s'occuper sérieusement des questions qui l'intéressaient et lui tenaient à cœur. Il commença par publier dans une revue, *le Panthéon*, une série de lettres polémiques destinées à réfuter les idées répandues par son compatriote Oulibicheff dans sa *Nouvelle Biographie de Mozart*, puis une importante brochure dans laquelle il combattait les théories émises par son autre compatriote, M. de Lenz, dans le livre intitulé *Beethoven et ses trois styles* (1853). Tout cela pour la plus grande gloire de la dernière manière de Beethoven. Sérow collabora aussi à plusieurs autres journaux russes, donna d'assez nombreux articles de critique au *Journal* (français) *de Saint-Pétersbourg*, et fut de 1856 à 1860 l'un des principaux collaborateurs, sinon même le directeur d'une feuille spéciale, la *Revue théâtrale et musicale*. Simultanément, il mettait sa parole au service de l'art qu'il adorait. C'est ainsi que, dans le cours des hivers de 1858 et 1859, il donna, dans l'une des salles de l'Université, une série de dix conférences historiques et esthétiques sur la théorie de la musique, qu'au printemps de 1864 il reprit ses séances en s'attachant au drame musical, qu'en 1865 il fit, au Conservatoire de Moscou, six conférences sur le même sujet, et qu'enfin, au mois de janvier 1870, il consacra encore, dans la salle du Club des artistes à Saint-Pétersbourg, six séances à l'étude du développement de l'opéra.

Mais tout cela ne lui faisait pas négliger la carrière qu'il prétendait fournir comme compositeur. Sous ce rapport, il débuta (juin 1863) par un opéra en 5 actes, *Judith*, dont il avait écrit les paroles et la musique, et qui fut très-bien accueilli du public. On reprocha bien à l'auteur des tendances un peu trop wagnériennes, la prédominance qu'il semblait accorder trop complaisamment à la partie instrumentale sur la partie vocale et son insouci relatif de la pensée mélodique proprement dite ; mais on lui reconnut aussi de grandes qualités dramatiques, l'entente de la scène, et une rare puissance dans l'emploi des grandes masses. Bref, le succès fut d'autant plus grand qu'il s'y mêlait un sentiment patriotique, le public se trouvant enchanté de pouvoir applaudir un compositeur national, et l'artiste se vit l'objet de la reconnaissance de tous et de la sympathie personnelle d'une princesse du sang, la grande-duchesse Hélène, qui le récompensa richement pour l'œuvre dont il venait de doter son pays.

Après avoir pris dans la Bible le sujet de son premier ouvrage dramatique, Sérow voulut puiser dans les annales nationales celui de son second opéra, et il écrivit bientôt le texte et la musique de *Rognéda*, drame lyrique en 5 actes, qui, comme le précédent, fut représenté à Saint-Pétersbourg (novembre 1865), et dont le succès fut plus considérable encore. Voici, à propos de cet ouvrage, l'opinion d'un critique français, qui a bien étudié, et sur place, la musique russe ; il parle ainsi de Sérow : — « Dans sa *Judith*, que nous n'avons pu entendre, le wagnérisme, dit-on, coulait à pleins bords. Dans son opéra de *Rognéda*, nous avons pu constater d'étranges contrastes de styles différents, reliés ensemble

(1) Voici ce que dit à ce sujet M. Gustave Bertrand dans son livre très-intéressant, *les Nationalités musicales étudiées dans le drame lyrique* : — « La nouvelle école russe veut avoir non-seulement un *style*, mais une langue musicale à elle seule. Sa frayeur est si grande d'être encore accusée d'imitation, qu'elle prétend répudier jusqu'à la gamme italo-franco-germanique et tout ce système de tonalités et de modulations que l'on considérait depuis trois siècles comme la base de toute civilisation musicale ; il s'agirait d'introniser un autre système de gammes, une autre grammaire, une autre syntaxe !.... Voyons pourtant quelle est cette langue nouvelle. Hélas ! elle est nouvelle à force d'être ancienne ; le plus souvent les novateurs ne sont que des réactionnaires déguisés. La tonalité russe ne serait autre chose que la tonalité du plain-chant, conservée très-purement dans la plupart des chansons populaires de la Russie..... »

par une volonté toute-puissante, mais non fondus. S'agit-il d'exprimer les passions inquiètes de Rognéda et de Roualde, voici les procédés tourmentés du wagnérisme qui prédominent. S'agit-il de mettre en scène les divertissements d'une cour primitive, le style aussitôt se fait très-simple d'harmonie, très-clair de mélodie et très-carré de rythmes. Toutes les fois que reviendra l'élément chrétien, le style imitera très-exactement les allures spacieuses de la musique d'église; quelques affectations d'archaïsme se feront remarquer dans certains passages religieux ou populaires; puis, tout redeviendra facile, pur et gracieux pour les chansons des femmes du *terem*.... On peut dire que ces manières diverses se plaquent trop distinctement sur telles ou telles régions de l'œuvre. On ne songe pourtant pas à se plaindre des disparates, parce que chacune des nuances est toujours employée à propos : l'unité d'inspiration résulte de cette application constante à tirer sincèrement la musique du drame même. C'est l'idéal, en effet, que doit se proposer tout compositeur dramatique; mais il ne faut pas que l'effort et la préméditation se trahissent. Or, en écoutant le drame lyrique de *Rognéda*, on se sent en face d'une œuvre inspirée sans doute, mais encore plus voulue qu'inspirée. Telle est l'impression générale (1). »

Ce ne fut plus une princesse de la famille impériale, ce fut le tzar lui-même qui voulut récompenser le compositeur de son second succès, et qui lui constitua sur sa cassette une pension annuelle de 1,200 roubles. Sérow, qui était sans fortune, fut délivré alors de toute espèce d'inquiétude et de souci matériel, et put se livrer sans contrainte à l'exercice de son art. Bientôt il songea à écrire un nouvel opéra, *le Pouvoir du Diable*, dont il avait emprunté le sujet à une comédie d'Ostrowski et qu'il avait divisé en 4 actes. Mais il n'eut pas le temps de s'occuper de la représentation de cet ouvrage, et mourut subitement, le 1er février 1871, dans toute la force de l'âge, ayant à peine accompli sa cinquante et unième année.

Sérow peut être considéré comme un artiste brillant, intelligent, bien doué, mais qui, sans doute, n'a pas eu le temps de donner sa mesure en tant que créateur. On peut supposer que ses études esthétiques l'auraient beaucoup servi dans sa carrière de compositeur, soit en lui faisant entrevoir des voies nouvelles, soit, tout au moins, en l'empêchant de s'aventurer sur des routes qui ne lui auraient pas été favorables. Il ne lui a pas été donné d'atteindre son plein épanouissement, et le regret doit en être d'autant plus vif qu'il semblait doué comme les plus vigoureux et les plus forts, et qu'il eût fait incontestablement honneur à son temps et à son pays.

(1) GUSTAVE BERTRAND, *les Nationalités musicales étudiées dans le drame lyrique*, p. 329-330.

En dehors de ses œuvres dramatiques, on connaît de Sérow un *Stabat Mater* pour trois voix de femmes.

SERPETTE (HENRI-CHARLES-ANTOINE-GASTON), compositeur, est fils d'un riche industriel de Nantes, et naquit en cette ville le 4 novembre 1846. Il fit des études littéraires extrêmement brillantes, et, après avoir fait son droit, se fit ensuite recevoir avocat. Cependant, il éprouvait une véritable passion pour la musique, et, tout en ne négligeant point ses autres travaux, il l'avait étudiée d'une façon très-sérieuse. Vers 1868, il entra au Conservatoire, dans la classe de composition de M. Ambroise Thomas, et en 1869 il se présenta au grand concours de l'Institut. Il ne fut heureux ni cette année, ni la suivante, mais en 1871 il obtenait le premier grand prix de Rome. Sa cantate, intitulée *Jeanne d'Arc*, et dont les paroles avaient pour auteur M. Jules Barbier, fut exécutée à l'Opéra le 24 novembre de cette année, avec Mlle Rosine Bloch, MM. Gailhard et Richard pour interprètes; d'un heureux caractère mélodique, cette composition se distinguait aussi par de bonnes qualités de facture et fut généralement bien accueillie par la critique.

Après avoir été passer quelque temps en Italie, M. Serpette revint à Paris, et accepta d'écrire la musique d'une opérette bouffe en trois actes, *la Branche cassée*, qui fut représentée au théâtre des Bouffes-Parisiens le 23 janvier 1874. Ce premier ouvrage scénique ne reproduisait pas les qualités qu'on avait cru reconnaître dans la cantate qui avait valu le prix de Rome au jeune artiste, et se faisait remarquer par une facilité un peu banale. Au mois de mai 1875, M. Serpette se présentait de nouveau au public, cette fois au théâtre des Variétés, avec un autre ouvrage en trois actes, du même genre, *le Manoir de Pic-Tordu*, qui ne valait guère mieux que le premier et n'affichait d'ailleurs que de modestes prétentions. Il retournait ensuite aux Bouffes-Parisiens, où il donnait *le Moulin du Vert Galant* (3 actes, 12 avril 1876), et *la Petite Muette* (3 actes, 3 octobre 1877), et un peu plus tard il donnait aux Fantaisies Parisiennes, de Bruxelles, *la Nuit de St-Germain* (3 actes, mars 1880). Il est fâcheux de voir un jeune artiste pourvu d'une bonne instruction, ayant fait d'excellentes études qui lui ont valu l'honneur d'obtenir le grand prix de Rome, et qui n'a pas pour lui l'excuse du besoin, se lancer dans la voie de la musique burlesque et manquer véritablement de respect pour son art, alors que tant d'autres lui donnent de meilleurs exemples et conservent, même dans des situations difficiles, le souci de leur avenir et de leur bonne renommée.

Deux morceaux de la cantate *Jeanne d'Arc* ont été publiés à Paris, par la maison Heugel. On a gravé aussi de M. Serpette quelques mélodies vocales. M. Serpette a donné deux ou trois articles de critique musicale dans une feuille littéraire sans conséquence, *le Diable boiteux*, dont l'existence a été fugitive (1879).

* **SERRA** (Jean), compositeur et chef d'orchestre, est mort à Gênes au mois de décembre 1876. Il avait été pendant plusieurs années *maestro concertatore* au théâtre Carlo-Felice, de cette ville.

SERRAO (Paolo), compositeur italien, est né à Philadelphie, dans les Calabres (province de Catanzaro), en 1830. Ayant commencé l'étude du piano dès sa plus tendre enfance, il obtint un tel succès en exécutant à l'âge de huit ans, sur le théâtre de Catanzaro, un concerto de Steibelt, que le conseil provincial intercéda auprès du roi de Naples pour que l'enfant fût admis au Conservatoire de la capitale. Il entra en effet en 1839 dans cet établissement, où il eut pour maîtres Francesco Lanza pour le piano, Gennaro Parisi pour l'harmonie accompagnée, et enfin Carlo Conti et Mercadante pour la composition. Il avait déjà donné des preuves de ses bonnes dispositions et avait écrit plusieurs morceaux religieux avec accompagnement d'orchestre, lorsque éclatèrent les graves événements de 1848. Bien qu'à peine âgé de dix-huit ans, il quitta furtivement l'école, s'enrôla comme volontaire dans la garde nationale de Naples, et dans la sanglante journée du 15 mai fit résolûment le coup de feu sur les barricades de la rue de Tolède. Mais lorsque l'insurrection eut été vaincue, le jeune patriote dut se cacher et se tenir à l'écart, pendant plusieurs mois, dans le logis d'un ami dévoué. Cependant, il finit par rentrer au Conservatoire, et y termina complétement ses études.

En 1852 il quitta cet établissement, après avoir écrit pour le théâtre du Fondo un opéra intitulé *l'Impostore*, dont les événements politiques ne permirent pas la représentation. Il en fut de même d'un second ouvrage, *Dionora de' Bardi*, qui ne put paraître à la scène, l'auteur étant systématiquement éloigné du théâtre par une police ombrageuse qui ne lui pardonnait pas ses principes libéraux. Il lui fallut donc attendre jusqu'en 1857 pour voir enfin représenter au théâtre du Fondo son *Giamballista Pergolesi*, opéra semi-sérieux en 3 actes, qui fut favorablement accueilli par le public. A cette époque, M. Serrao s'était livré avec ardeur à l'enseignement, et produisait en même temps beaucoup de musique de piano. Plusieurs années s'écoulèrent donc avant qu'il s'occupât d'un nouvel opéra, et ce n'est que le 8 décembre 1865 qu'il put donner au théâtre San-Carlo son drame lyrique de *la Duchessa di Guisa*, dont le succès fut très-honorable, et que suivit, le 23 avril 1868, *il Figliuol prodigo*, joué au même théâtre. Ce dernier fut accueilli froidement, et n'obtint que peu de représentations. Depuis lors, M. Serrao, qui est depuis plusieurs années professeur de contre-point au Conservatoire de Naples, s'est consacré tout entier aux soins de son enseignement ainsi qu'à la composition non dramatique.

En dehors des ouvrages cités dans le cours de cette notice, il faut mentionner, parmi les compositions de M. Serrao : 1° *Gli Ortonesi in Scio*, oratorio en 2 parties exécuté à Ortona, lors du centenaire célébré en 1859; 2° *Hymne au roi Victor-Emmanuel II*, pour 2 chœurs et orchestre (Naples, th. du Fondo, 29 juillet 1871); 3° *Omaggio a Mercadante*, symphonie funèbre; 4° Messe à 4 voix et orchestre; 5° Messe de *Requiem*, exécutée aux funérailles de Mercadante; 6° *Magnificat* à 4 voix et orchestre; 7° *Salve Regina* pour voix seule et orchestre; 8° 4 *Tantum ergo*; 9° Ouverture à grand orchestre; 10° Album de six morceaux de chant; 11° *Te Deum* à 4 voix et orchestre; 12° *le Tre Ore d'agonia*, à 4 voix et orchestre; 13° 2 Fugues pour piano; 14° 4 Romances sans paroles, pour piano; 15° 4 Tarentelles, id.; 16° 2 Études, id.; 17° 8 Mazurkas, id.; 18° 3 Mélodies, id.; 19° enfin, plusieurs motets avec accompagnement d'orgue ou d'orchestre, et un grand nombre de morceaux de genre et fantaisies pour le piano, écrits pour la plupart sur des thèmes d'opéras en vogue.

M. Serrao est, avec M. Giuseppe Puzone (*Voy.* ce nom), l'un des deux chefs d'orchestre du théâtre San-Carlo.

***SERVAIS** (Adrien-François), violoncelliste célèbre, né le 6, et non le 7 juin 1807, est mort à Hal, sa ville natale, le 26 novembre 1866 (1). Au commencement de cette année, il avait fait un troisième voyage en Russie, où il avait

(1) M. Édouard Gregoir, placé cependant de manière à être bien informé, dit, au t. III de son *Panthéon musical*, que les funérailles de Servais ont été célébrées à Hal le 6 décembre 1866, ce qui ferait supposer que la mort de l'artiste serait du même mois. C'est une erreur : Servais mourut le 26 novembre, et ses obsèques furent célébrées le 29 novembre.

obtenu naguère de très-grands succès, et l'on croit que ce voyage, entrepris dans une saison rigoureuse, ne contribua pas peu à développer le germe du mal qui l'emporta. Le 1er octobre 1871, la petite ville de Hal élevait à l'artiste qui l'avait illustrée une statue due au ciseau de M. Godebski, beau-frère de celui-ci, et une cantate, dont la musique avait été écrite par M. Édouard Lassen, était chantée en cette circonstance. On a publié une *Biographie de F. Servais, suivie de la relation de ses funérailles* (Hal, Vanderbroeck-Desmeth, 1866, in-8° de 36 pp.), qui a été copiée littéralement, sans indication de source, dans l'*Annuaire dramatique* (belge) de 1843.

Le fils aîné de cet artiste, M. *Joseph Servais*, violoncelliste comme lui et digne du nom qu'il porte, né à Hal le 23 novembre 1850, est aujourd'hui professeur de violoncelle au Conservatoire de Bruxelles. Il a été nommé récemment chevalier de l'ordre de Léopold. Son second fils, M. *François-Mathieu* (dit *Franz*) *Servais*, né aussi à Hal, élève du Conservatoire de Bruxelles, a obtenu le prix de Rome au concours de 1873 pour sa cantate *la Mort du Tasse*.

SERVEL (Edmond), compositeur, est né à Clermont-l'Hérault, le 4 janvier 1829. Il reçut les premières leçons de musique de son père, qui était ménétrier, et montra de bonne heure d'heureuses dispositions. Dès l'âge de quinze ans, il fut attaché au théâtre de Montpellier en qualité de premier violon, et fut nommé peu de temps après répétiteur. Trois ans plus tard, il s'engagea comme musicien dans un régiment et devint chef de musique. Au bout de quelques années, il quitta le service, et, de retour dans ses foyers, s'efforça d'étendre ses connaissances techniques. Cet artiste a fait représenter à Montpellier : *le Camp de Maestrich*, grand opéra en deux actes ; *le Roman d'une veuve*, opéra-comique en un acte; *les Lucioles*, opéra-comique en un acte; *Simone*, opéra-comique en un acte; enfin *une Aventure sous la ligne*, opéra-comique en un acte. — On a aussi de lui plusieurs cantates, des fantaisies pour piano ou violon, et diverses romances, entre autres *un Soupir de Faust*, production d'ailleurs assez médiocre, qui a eu de la vogue (1).

Al. R — d.

SERVIER (Mme H.....), pianiste et professeur français, est auteur d'une *Méthode élémentaire et progressive de chant à l'usage de toutes les voix, avec une seconde partie ad libitum et accompagnement de piano*, Paris, Schonenberger. On lui doit aussi un *Exercice sur le trille*, pour le piano, op. 11, id., id., et quelques compositions pour le piano, parmi lesquelles je signalerai les suivantes : 4 bagatelles, op. 6, 7, 8 et 9; 3 airs variés à 4 mains, op. 3 ; Simple mélodie, à 4 mains, op. 5; Variations à 4 mains sur *i Montecchi ed i Capuleti*, op. 10. Je n'ai pas d'autres renseignements sur cette artiste.

SERWACZYNSKI (Stanislas), violoniste et compositeur polonais distingué, commença sa carrière de virtuose à Léopol, vers 1820. Son talent, dit-on, n'était pas à cette époque sans analogie avec celui de Mayseder. En 1822, après s'être fait entendre à Varsovie, cet artiste se fixa en cette ville, où il s'était vu très-bien accueilli, et devint premier violon à l'orchestre du grand théâtre, ce qui ne l'empêcha pas dans la suite de voyager et de donner des concerts. Il se faisait remarquer par un jeu tout à la fois brillant, passionné et mélancolique. Il a publié pour le violon un certain nombre de compositions, parmi lesquelles il faut surtout citer : *Introduction et Variations brillantes sur un thème de Rossini*, avec accompagnement d'orchestre, op. 8 (Leipzig); *Introduction et Variations sur un thème hongrois*, avec accompagnement d'un quintette, op. 9 (*idem*); *Polonaise brillante* (*idem*).

SESSA (........), compositeur italien, a écrit la musique de *Cuor di marinaro*, opéra qui a été représenté à Reggio le 3 juin 1876.

SEWELL (John), organiste et compositeur anglais contemporain, a été pendant cinq ans l'élève de M. E. W. Gover, à Bridgnorth (comté de Salop), et est devenu, en 1848, organiste et chef de chœurs de l'église de Saint-Léonard, de cette ville. On connaît de cet artiste diverses compositions, consistant en antiennes et services religieux.

* **SEYDELMANN** (Eugène). — *Voyez* **SEIDELMANN.**

SFONDRINO (Giovanni-Battista), guitariste italien du dix-septième siècle et compositeur pour son instrument, a publié le recueil suivant : *Trattenimento virtuoso, disposto in leggiadrissisme sonate per la chitarra*, Milan, 1637.

SGAMBATI (G........), pianiste, compositeur et professeur italien contemporain, né à Trevi, est fixé à Rome, où il est considéré comme le grand apôtre de la musique dite de l'avenir. L'un des élèves préférés de Liszt, dont il partage, en les exagérant encore, les idées déjà souvent

(1) M. Edmond Servel est l'auteur d'un opuscule ainsi intitulé : *Projet d'enseignement populaire de la musique pouvant amener la création d'un Conservatoire à Montpellier* (Montpellier, impr. Gras, 1866, in-12 de 14 pp. — A. P.

extravagantes, il semble s'être donné pour mission de faire triompher ces idées, aussi bien que les théories les plus nébuleuses de M. Richard Wagner. Artiste remarquable au surplus et virtuose de premier ordre, M. Sgambati exécute, dit-on, d'une façon admirable les œuvres de Beethoven, de Chopin, de Schumann, ainsi que la musique la plus enchevêtrée de son maître Liszt. Ses compatriotes le considèrent aussi comme un compositeur remarquable, mais quand il ne se laisse pas entraîner par des exagérations et des extravagances de parti pris; tout au moins estime-t-on quelques-unes de ses compositions pour le piano ou pour l'ensemble. M. Sgambati en a publié un grand nombre, ainsi que plusieurs recueils de mélodies à une ou plusieurs voix. Par malheur, sa musique vocale est écrite de telle façon, et avec un tel mépris de l'instrument auquel elle est destinée, qu'elle est absolument inchantable. En résumé, on peut dire de M. Sgambati que c'est un artiste d'un rare talent, qui a mis de précieuses facultés au service d'une cause impossible, et qui est complétement dévoyé.

SHARP (Edward), pianiste anglais contemporain et compositeur pour son instrument, a publié à Londres un certain nombre d'œuvres parmi lesquelles on remarque une Sonate en *mi* mineur, un *Rondo grazioso*, une série de *Pièces caractéristiques*, etc., etc.

SIBONI (Erik), compositeur, fils du ténor Joseph Siboni (V. *Biographie universelle des Musiciens*, t. VIII), est né à Copenhague le 26 août 1828. Élève de J.-P. Hartmann et du Conservatoire de Leipzig, il est devenu un compositeur distingué et s'est fait dans sa patrie une réputation méritée. Parmi ses œuvres publiées, il faut citer un quatuor pour piano, violon, alto et violoncelle, des pièces de piano, des *lieder*, des chœurs, etc., le tout conçu, dit-on, sous l'influence de Mendelssohn et de Robert Schumann. On lui doit aussi deux symphonies, des ouvertures de concert, et enfin deux opéras qui ont été joués avec succès; l'un a pour titre *Loreley;* l'autre, intitulé *la Fuite de Charles II*, a été représenté à Copenhague au mois de novembre 1861. M. Siboni réside à Goröe, ville située près de Copenhague, où il se livre à l'enseignement.

La femme de cet artiste, Mme Siboni, née *Brüll*, est une pianiste remarquable.

* **SICARD** (Laurent), compositeur français du dix-septième siècle, était très-prisé de son temps. — « Parmi les musiciens contemporains de Lambert (dit Titon du Tillet dans son *Parnasse françois*), Sicard réussissoit très-bien dans les airs à boire; on a de lui des airs de basse-taille d'un très-grand goût. » Outre les recueils que Sicard a publiés chez Ballard, il a inséré quelques airs dans *le Nouveau Recueil des plus beaux vers mis en chant* (Paris, G. de Luyne, 1680, in-12). On assure qu'il a eu part à la musique de quelques ballets.

SICARD (F.....), professeur de musique, est l'auteur d'un petit *Traité de transposition* (Paris et Nantes, 1852, in-4° de 15 pp., avec tableaux).

* **SIEBECK** (Auguste-David-Henri). — Cet artiste a publié un *Petit Traité de composition pour les amis et les amies de la musique* (*Kleine Compositions lehre*, etc.), Tubingue, 1850, in-8° de 252 pp.

* **SIEBER** (Ferdinand), chanteur, compositeur et professeur allemand. — Les œuvres publiées par cet artiste atteignent aujourd'hui le chiffre de 120 environ. Je signalerai, entre autres, les suivantes : *l'Art du chant*, divisé en deux parties; 1re partie : *Principes théoriques*, op. 110; 2e partie : *Études pratiques*, op. 111; Vocalises et solféges pour soprano avec accompagnement de piano, op. 30; pour mezzo-soprano, op. 31; pour contralto, op. 32; pour ténor, op. 33; pour baryton, op. 34; pour basse, op. 35; 10 Vocalises et solféges pour soprano avec piano, op. 112; id. pour mezzo-soprano, op. 113; id. pour contralto, op. 114; id. pour ténor, op. 115; id. pour baryton, op. 116; id. pour basse, op. 117; *la Rose des Alpes*, chant avec accompagnement de piano, op. 102; divers recueils de *lieder*, chansons, etc.

SIEG (Constant), pianiste, organiste et compositeur, est auteur d'un assez grand nombre de compositions religieuses, vocales ou instrumentales, de petits morceaux de piano à l'usage des enfants, et de morceaux de musique de danse. Parmi les œuvres publiées de cet artiste, on peut signaler : 1° Gammes harmoniques ou gammes par accords, dans tous les tons majeurs et mineurs et dans les différentes positions, pour piano ou orgue, op. 41 (Paris, Mackar); 2° 60 Versets courts et faciles, pour orgue ou harmonium, op. 48 (id., id.); 3° Dix Motets faciles, à deux voix égales, op. 49 (id., id.); 4° Messe facile, à deux voix, soli et chœurs, op. 50 (id., id.); 5° 1er Recueil de compositions faciles, pour orgue ou harmonium, op. 51 (id., id.); 6° Marche religieuse à Notre-Dame-des-Victoires, pour piano ou orgue, op. 65 (id., id.); 7° Marche solennelle à Sa Sainteté Pie IX, pour piano ou orgue, op. 66 (id., id.); 8° Six Romancines pour enfants (id., id.); 9° *Causeries musicales*, 10 morceaux de piano, op. 52-61 (id., id.);

10° *les Grâces enfantines*, 6 morceaux faciles (id., id.); 11° 15 Romances pour la jeunesse, etc., etc.

SIEG (Charles-Victor), compositeur, fils du précédent, est né à Turckeim (Haut-Rhin), le 8 août 1837, et a fait ses études au Conservatoire de Paris, où il eut pour professeur d'orgue Benoist et pour professeur de composition M. Ambroise Thomas. Après avoir obtenu un troisième accessit d'orgue en 1861, le premier l'année suivante, et le second prix en 1863, M. Sieg se présenta, en 1864, au concours de l'Institut; reçu le dernier sur cinq à la suite de l'épreuve préparatoire, il obtint néanmoins le premier prix d'emblée, et sa cantate, intitulée *Ivanhoë* (paroles de M. Victor Roussy), fit bon effet à l'Opéra lorsqu'elle y fut exécutée, le 18 novembre de la même année, chantée par Mlle de Taisy, MM. Morère et Dumestre. Depuis cette époque, M. Sieg s'est livré à l'enseignement, sans même essayer de faire jouer un opéra-comique qu'il a depuis longtemps en portefeuille. Je ne connais de lui que trois *Compositions pour le piano*, publiées à Leipzig il y a une dizaine d'années, et divisées en trois livres : œuvre 1, *Trois Impromptus*; œuvre 2, *Tarentelle*; œuvre 3, *Caprice-Valse*.

SIEMERS (Charles-Henri-Auguste), musicien allemand, né à Goldenstedt (Oldenbourg) le 7 mai 1819, a été l'élève de K. Arnold pour le piano, et en 1839 étudiait la composition avec Seyfried. Après un long séjour en Hongrie, il se fixe à Hambourg, dix ans après part pour l'Angleterre et s'établit à Manchester, puis, en 1864, revient en Allemagne et fixe sa résidence à Dresde. Il est mort en cette ville le 30 novembre 1870. Siemers a publié diverses compositions pour le piano, et un assez grand nombre de recueils de *lieder* à plusieurs voix.

SIERAKOWSKI (L'abbé Venceslas de Boguslawicé, comte), né en Pologne en 1741, mort en 1806, fut un écrivain fécond, un patriote ardent, et un protecteur intelligent de l'art musical, qu'il avait cultivé dès ses jeunes années. Chanoine et prévôt de la cathédrale de Cracovie, il fonda de ses deniers, en cette ville, une école de chant qui donna à la Pologne un certain nombre d'artistes distingués. Cette école, dont la première pensée appartenait à l'évêque de Cracovie Kajetan Soltyk, fut organisée par les soins de l'abbé Sierakowski, qui fit venir à ses frais, de Bohême, les artistes destinés à en être les professeurs : J. Golumbek pour le chant, Lang pour le piano, et François-Xavier Kratzer. Elle prospéra rapidement, et le directeur du théâtre de Varsovie, Boguslawski, y venait volontiers recruter les sujets de sa troupe, parmi lesquels on cite le chanteur bouffe Szczurowski et Valentin Kratzer. L'abbé Sierakowski est auteur d'un ouvrage intitulé : *l'Art musical pour la jeunesse du pays* (Cracovie, 1795-1796, 3 vol. in-8°).

SIEVERS (Jacques-Ferdinand), habile facteur de pianos, né à Saint-Pétersbourg le 10 juin 1809, apprit dans sa jeunesse à jouer de la flûte, du violon et du piano, et en 1835 environ alla fonder une fabrique de pianos à Naples, où il se fit une grande renommée non-seulement par la bonté et l'excellente qualité des instruments qui sortaient de ses ateliers, mais aussi par la publication d'un écrit important dont il est l'auteur, et qu'il a donné sous ce titre : *il Pianoforte, guida pratica per costruttori, accordatori, dilettanti e possessori di pianoforti* (Naples, 1868, 2 volumes, dont un orné de figures, et un formant un atlas de 16 planches reproduisant, dans leurs proportions naturelles, les dessins de toutes les parties intérieures du piano). Cet ouvrage, le premier de ce genre qui eût paru en Italie, était fort bien fait et obtint tout le succès qu'il méritait. Il ne fut pas moins bien accueilli à l'étranger, et se vit même, en Allemagne, l'objet non-seulement d'une imitation, mais d'une contrefaçon grossière et impudente, faite au mépris des droits de l'auteur et de la plus vulgaire honnêteté, avec la reproduction, dans des proportions réduites, de toutes les planches de l'œuvre originale. L'auteur n'en a pas moins rendu un signalé service à l'art de la fabrication du piano, et il serait à souhaiter que son ouvrage fût dans les mains de tous les facteurs dignes de ce nom.

Il est à supposer que J.-F. Sievers est le fils de Georges-Louis-Pierre Sievers, musicographe allemand, auteur de nombreux écrits sur l'art, qui s'établit à Rome en 1824. (V. *Biographie*, t. VIII, p. 34.) Ce facteur distingué est mort à Naples, au mois de juin 1878.

SIKEMEIER (J.....-H.....), pianiste très-distingué, l'un des meilleurs que les Pays-Bas possèdent depuis la mort d'Ernst Lubeck, est né à Amsterdam en 1838. Il a eu tout d'abord la renommée d'un enfant prodige, et, de sa dixième à sa douzième année, il se fit entendre avec succès dans les villes principales de sa patrie. En 1850, il fut admis au Conservatoire de Bruxelles, où il travailla avec M. L. Godineau, remporta le prix en 1855, et retourna ensuite dans les Pays-Bas pour se fixer à Rotterdam et s'y livrer à l'enseignement.

Depuis quelques années, M. Sikemeier est professeur de piano à l'École de musique de

Rotterdam, et il se fait entendre souvent dans les concerts, où il obtient toujours de grands et légitimes succès.

Ed. de H.

SILAS (Edmond), pianiste et compositeur de grand mérite, né à Amsterdam en 1827, a fait ses premières études en Allemagne, à Manuheim, avec un musicien du théâtre, nommé Neher. C'était un véritable enfant prodige, car à l'âge de dix ans il se fit entendre en public à Manuheim. En 1840, il donna son premier concert à Amsterdam avec beaucoup de succès. En 1842 il partit pour Paris, où il travailla le piano avec Kalkbrenner, puis il entra au Conservatoire de cette ville, d'abord dans la classe d'orgue de M. Benoist, puis dans celle de composition d'Halévy; ayant pris part au concours de 1847, il y obtint le 2e accessit d'orgue, se vit décerner le premier accessit l'année suivante, et remporta le premier prix en 1849.

En 1850, M. Silas se rendit en Angleterre, se fit entendre d'abord à Liverpool, dans un concert de la Société philharmonique, où il fut applaudi comme pianiste et comme compositeur, puis débuta à Londres, à la *Musical Union* de M. Ella, ou son talent fut très-discuté. Le journal le *Times*, surtout, le maltraita impitoyablement, en lui disant, entre autres choses, « qu'un artiste devrait toujours éviter d'obtenir un premier prix au Conservatoire de Paris. » M. Silas finit pourtant par se fixer à Londres, et ne tarda pas à s'y faire une réputation fort honorable comme pianiste et comme compositeur.

Le bagage musical de cet artiste distingué est assez volumineux, et il a écrit des ouvrages fort importants, parmi lesquels nous citerons les suivants : Messe à 4 voix, avec orgue, couronnée en Belgique au concours international de musique sacrée ouvert en 1866; *Joas*, oratorio exécuté avec succès au festival de Norwich, en 1863; symphonie en *la*, exécutée à la *Musical Society*, de Londres; *Nitocris*, opéra écrit sur un poëme anglais et encore inédit; deux concertos pour piano et orchestre; plusieurs cantates; un *Ave verum;* deux *O Salutaris;* Ouverture et entr'actes pour un drame intitulé *Fanchette;* une symphonie burlesque; un traité historique et pratique sur la notation musicale (en anglais); enfin, une quantité d'œuvres fort distinguées de musique de chambre. M. Silas, qui, incontestablement, est un artiste doué d'une organisation musicale des plus remarquables, termine en ce moment une nouvelle symphonie (1).

Éd. de H.

(1) Parmi les compositions de M. Silas, on peut signaler encore un *Magnificat* à 4 voix avec orgue et orchestre, et toute une série de pièces originales pour l'orgue.

A. P.

* **SILCHER** (Frédéric), directeur de musique à Tubingue, a publié un *Traité d'harmonie et de composition, exposé clairement et populairement* (*Harmonie und composition lehre*, etc.), Tubingue, 1851, in-8° de 188 pages. Cet artiste est mort à Stuttgard le 26 août 1860.

* **SILVA** (David **POLL DA**), a obtenu le premier prix (une médaille d'or) au concours de composition musicale ouvert en 1871 par la Société de Sainte-Cécile, de Bordeaux. Sa partition couronnée, — un *Stabat Mater* pour chœurs et orchestre, — est une œuvre de premier ordre. En 1866, M. Poll da Silva avait obtenu au concours de symphonie de la même société *deux* mentions honorables.

Et cependant, l'auteur de ces compositions importantes, et de tant d'autres encore, était devenu complétement aveugle! Mais sa mère, Mme Anaïs da Silva, femme de l'esprit le plus distingué, s'était habituée à écrire, sous sa dictée, mesure par mesure et note par note, ses inspirations, au fur et à mesure qu'elles lui venaient. C'est grâce à son touchant amour maternel et à son admirable dévouement, que les œuvres de son fils existent, que le nom de Poll da Silva parviendra à la postérité!...

Une grave maladie est venue interrompre le cours des travaux de cet artiste sérieux, marié le 21 décembre 1872 à Mlle Lucile Prieusler. Transporté à Clermont (Oise), dans une maison de santé, il y est mort le 9 mai 1875. C'était, sans contredit, un des compositeurs à la fois les plus féconds et les plus originaux de notre époque.

Voici le catalogue *complet* de ses œuvres :

1° Ouvrages gravés. *Valentine de Milan*, quadrille (Ravayre); *la Jeune Fille et Rossini*, mélodie (Ravayre); *Ode à la Vierge* pour 3 voix et orgue, op. 12 (Richault); *Deux romances sans paroles*, pour violon et piano, op. 13 (Girod); *la Ronde des Lutins*, rondo-caprice pour piano, op. 14 (Girod); *Invocation*, quatuor, op. 15 (Alexandre); *la Chasse aérienne*, rondo-scherzo pour piano, op. 16 (Flaxland); *Huit mélodies*, chant et piano, op. 17 (Richault); *Pleurs et Sourires*, pensées musicales, 1re et 2e suites, op. 18 (Richault); *Polonaise brillante* pour piano, op. 19 (Girod); *O Salutaris*, pour ténor et chœur, op. 20 (Richault); *Trois nocturnes à deux voix*, op. 21 (Richault); *Duo en mi bémol* pour piano et violoncelle, op. 22 (Richault); *Six mélodies* pour chant et piano, op.

23 (Richault); *Pleurs et Sourires*, 3e et 4e suites pour piano, op. 24 (Richault); *Trio en sol mineur*, pour piano, violon et violoncelle, op. 25 (Richault); *Ave Maria* pour soprano, mezzo-soprano et orgue, op. 26 (Richault); *Six mélodies* chant et piano, op. 27 (Richault); *Quatuor en ré majeur*, op. 28 (Richault); *Trio en ut majeur*, op. 29 (Richault); *Six mélodies* pour chant, op. 30 (Richault); *A la Zuecca*, texte d'Alfred de Musset; *Six mélodies*, op. 32 (Richault); *le Chant de Fionnualla*, ballade, op. 33 (Richault); *Berceuse* pour piano, op. 46 (Brandus); *Pensées intimes*, quatre suites pour piano, op. 47 et 48 (Brandus); *Veni Creator*, 4 voix et orgue (Richault); *Adoremus*, solo pour baryton, op. 50 (Richault); *Villanella*, chœur de femmes, op. 51 (Richault); *Souvenez-vous des morts!* chant et orgue, op. 52 (Richault); *la Vague*, allégorie pour soprano, avec chœur et orchestre, op. 53 (Richault); *les Guerriers de Lucifer*, scène-ballade, chœur et orchestre, op. 54; *les Bateliers canadiens*, chœur et orchestre, op. 55; *J'aspire à toi*, pour ténor, cor, violoncelle, op. 56 (Richault); *la Valse*, mélodie, ténor et orchestre, op. 57; *Dieu le veut*, quatre voix d'hommes, op. 58 (Richault); *les Tirailleurs*, chœur sans accompagnement, op. 59; *les Elfes*, chœur pour voix de femmes avec orchestre, op. 60; *Nous te chantons, ô nuit!* chœur sans accompagnement pour voix d'hommes (Richault), *Rêverie*, sérénade avec violon obligé, op. 62 (Richault); *Trois mélodies*, pour piano et chant, op. 63; *Trois mélodies*, idem, op. 64 (Richault); *Trois mélodies*, pour chant et piano, op. 65 (Richault); *Deux nocturnes* à 2 voix (Richault); *la Chasse aux lions*, chœur à 4 voix, op. 67 (Richault); *la Française*, cantate avec soli et chœurs; 18 chœurs (Richault); un *Duo* pour piano et violoncelle (sous presse chez Richault); *l'Ile aux cocotiers*, *Fleur des Antilles*, d'Octave Giraud (id., idem); *les trois Pensées*, *Moins que vous*, *Veni Creator*, Deux *duetini* (id., idem).

Voici maintenant la liste des ouvrages laissés en manuscrits par Poli da Silva : — I. MUSIQUE DE PIANO. Recueil de 16 mélodies, *pensées intimes* en 4 suites; *Regrets*, romance sans paroles; *Soirs d'automne*; *l'Aurore*; *Déception*; 8 *mélodies*; *le Délire*, grande étude; 1er *Nocturne* en *sol* majeur; *Scène et fantaisie* en *ut* mineur; 2 *Valses brillantes*; 6 *Mazurkas*; *Andante* pour piano seul; *le Réveil de la nature*, caprice; 6 *Études caractéristiques*; 6 *Études faciles*; 7 *Morceaux de genre*; *l'Oubli*, romance sans paroles; Fantaisie sur *le Prophète*; *Grande Valse* en *la* bémol; *l'Impromptu*, en *mi* bémol; *Symphonie* à 4 mains; *Valse* à 4 mains; *Sonate* pour piano seul; *Suite* en *fa* mineur. — II. MUSIQUE D'ENSEMBLE. *Septuor* en *sol* mineur, pour 2 violons, 2 altos, 1 violoncelle, piano et contre-basse; *Quintette* en *ré* majeur, pour piano, violon, alto, basse, et contrebasse; *Quatuor* en *ré* majeur, pour piano, violon, alto et violoncelle; *Sonate* en *si* mineur, pour piano et violon; *Suite* en *si* mineur, pour piano et violoncelle; *Scène romantique* en *la* bémol, en quatre suites, pour piano et violon. — III. MUSIQUE DE CHANT. *Trente-quatre mélodies inédites*, avec accompagnement de piano; *Seize chœurs* pour voix d'hommes; *Six chœurs* pour voix d'hommes et de femmes; *Neuf chœurs*, id., avec orchestre. — IV. MUSIQUE D'ORCHESTRE. *Première Symphonie* en *si* bémol (couronnée à Bordeaux en 1866); *Seconde Symphonie*, Épisode de la vie d'un poëte (couronnée à Bordeaux en 1866); *Charlemagne*, ouverture symphonie; *la Marche des Francs*; *Barcarolles*; *la Danse moresque*; *Richard en Palestine*, suite d'orchestre en 4 parties. — V. MUSIQUE DE THÉATRE, ET MUSIQUE DE CHANT ET ORCHESTRE. *Moïse au mont Sinaï*, oratorio pour *soli*, chœurs et orchestre; *Judith*, oratorio; *Clovis*, ode-symphonie; *Cantate*, en *mi* bémol; *les Noces de Prométhée*, cantate; *la Wivre*, grand opéra en 5 actes; *Gunem, ou la Favorite du calife*, opéra-comique en 3 actes; *la Sulamite*, ballet oriental en 2 actes; *l'Avalanche*, opéra-comique en un acte; *Un, deux, trois Serpents*, opéra bouffe en un acte; *Stabat Mater* pour orchestre, chœurs et *soli*.

A. L — N.

SIMIOT (ANDRÉ), compositeur français, est né vers 1815. Cet artiste, qui a été chef de chant au Grand-Théâtre-Parisien lorsqu'on y représenta la *Jeanne d'Arc* de M. Duprez, et chef d'orchestre du théâtre Rossini pendant sa courte existence, a fait représenter : 1° *Venise la belle*, opéra-comique en un acte, Lyon, 1853; 2° *le Portrait de Séraphine*, opérette en un acte, Folies-Nouvelles, 1857; 3° *un Suicide en partie double*, opérette en un acte, théâtre des Jeunes-Artistes, 30 mai 1868; 4° *l'Africain*, grand opéra en 5 actes (paroles et musique), donné au café-concert de Tivoli le 10 février 1872. M. Simiot est encore auteur d'un *Te Deum* exécuté à Besançon le 15 août 1867, et de quelques opérettes, entre autres *les Mariés de Nanterre*, données sur le petit théâtre particulier du cercle Pigalle. Cet artiste s'est essayé aussi à faire de la critique musicale, et il a collaboré à *l'Écho des Orphéons* et à *l'Orphéon*.

SIMLER (J.....-W....), pasteur et musicien du dix-septième siècle, naquit vers 1605 à Zurich, où il fit ses études de théologie, fit un voyage en France, et, après un court séjour à Paris et un autre à Genève, fut nommé pasteur à Utiken en 1629, et allait remplir deux ans après les mêmes fonctions à Herliberg. Il mourut en 1672. Simler a publié un recueil de chants dont voici le titre : *Deutsch Gedichte, darinnen : 1. Haupt begriffliche Inhalte den Psalmen Davids; 2. Underschiedliche auf zeiten und Anlasse gerichtete Gesänge; 3. Allerhand erbauliche Ueberschriften, etc., enthaltend seind*, Zurich, Bodmer, 1648. Ce recueil, qui contient cinquante chants à quatre parties, a été réédité plusieurs fois, en 1653, 1662, 1688, etc., et on en a fait une édition en langue romanche.

* **SIMON** (Louis-Victor). — Cet artiste a écrit, en société avec Foignet, la musique de deux opéras-comiques qui ont été représentés au théâtre Montansier : *la Boiteuse* (un acte), le 17 avril 1791, et *l'Apothicaire* (2 actes), en 1793.

* **SIMON** (Jean-Henri), compositeur et violoniste belge, né à Anvers au mois d'avril 1783, mort en cette ville en 1861, y commença ses études musicales à la maîtrise de Saint-Jacques. Ses dispositions étaient telles qu'à peine âgé de huit ans, raconte-t-on, il dirigeait à grand orchestre l'exécution d'une messe de Kraft. Plus tard, il vint à Paris, où il reçut des leçons de la Houssaye et de Rode pour le violon, de Gossec, de Catel et de Lesueur pour la composition. Puis il retourna à Anvers, où il se fit une grande situation comme violoniste et comme compositeur. « Plusieurs de ses compositions religieuses et chorales, dit M. Ed. Gregoir dans ses *Artistes musiciens belges*, ont été exécutées en public, qui a toujours apprécié à sa juste valeur la musique savante et mélodieuse de notre compatriote. H. Simon, le plus populaire de nos auteurs classiques, est du petit nombre de ceux qui savent concilier une harmonie abondante et claire avec une mélodie distinguée, originale, et parfois large et grandiose. Ses compositions respirent la grandeur et la solennité, et sont d'une belle facture. Ses chœurs, d'une assez grande difficulté, sont empreints d'une couleur allemande, école que Simon affectionnait particulièrement. En général, l'orchestration de ses œuvres est riche, puissante et remplie d'effets inattendus. »

On doit à cet artiste : 3 messes à grand orchestre; plusieurs oratorios, entre autres celui intitulé *Judith* ou *le Siége de Béthulie*; 7 concertos pour le violon; plusieurs airs variés et fantaisies pour le même instrument; diverses cantates; un trio pour 2 violons et basse ; une ouverture; *la Voix du soir*, double chœur; *un Poëme à l'Alhambra*, chœur sans accompagnement; des motets, diverses autres compositions chorales, etc. Simon fit beaucoup d'élèves, parmi lesquels on cite surtout Meerts, qui fut professeur de violon au Conservatoire de Bruxelles, Janssens, compositeur anversois remarquable, et M. Vieuxtemps.

SIMON (.......), organiste français qui a joui d'une grande renommée, était né dans les dernières années du dix-huitième siècle. Artiste d'un mérite supérieur, esprit fort distingué, il se fit une situation brillante, était à la fois titulaire de l'orgue de l'église de Notre-Dame-des-Victoires à Paris et de celui de la basilique de Saint-Denis, professeur d'harmonie à la maison royale de Saint-Denis et membre de l'Institut historique de France. Dans son *Manuel de l'organiste*, M. Georges Schmitt, qui le connut personnellement, analyse son talent de la façon la plus chaleureuse : — « M. Simon, dit-il, le doyen des organistes, qui touche l'orgue de la basilique de Saint-Denis, est l'artiste à qui nous devons en grande partie le perfectionnement de l'orgue d'aujourd'hui. C'est lui qui le premier a fait usage des pédales de combinaison et d'autres effets. Son jeu est varié, riche en effets saisissants, ses combinaisons de différents jeux produisent des timbres nouveaux et peu connus. Il joue ce grand instrument de Saint-Denis d'une manière supérieure, son beau talent se présente là dans toute la plénitude de sa puissance. Son style est lié, sa manière de toucher large et accentuée, et il excelle dans le vrai caractère à donner aux différents jeux de l'orgue. » Simon est mort à Paris, au mois de mai ou de juin 1866, à l'âge de soixante-dix-huit ans. Il était chevalier de la Légion d'honneur et de l'ordre de Saint-Sylvestre. Y.

SIMONE (..... DE), écrivain italien, est l'auteur d'un opuscule publié sous ce titre : *Della musica melodrammatica, ragionamento*, Naples, 1859, in-8°.

SIMONETTI (F......), pianiste et compositeur italien, est l'auteur d'un ouvrage didactique publié sous ce titre : *Cenni sul moderno meccanismo del pianoforte* (1875).

* **SINGELÉE** (Jean-Baptiste), violoniste, chef d'orchestre et compositeur belge, est mort à Ostende le 29 septembre 1875. Après avoir rempli l'emploi de chef d'orchestre au théâtre et au casino de Gand, il avait occupé les mêmes fonctions au théâtre d'Anvers; de retour à Bruxelles, il était devenu second chef au théâtre

de la Monnaie, sous la direction de Ch.-L. Hanssens, puis premier chef à la mort de celui-ci. Il dirigea aussi pendant quelques années les concerts de l'Association des artistes musiciens de Bruxelles. Les compositions gravées de Singelée s'élèvent au chiffre de 140 environ. Il a écrit, en société avec Sor, la musique d'un ballet, *Arsène ou la Baguette magique*, qui a été représenté à Bruxelles en 1845. — Une fille de cet artiste, Mlle *Louise Singelée*, violoniste distinguée et chanteuse dramatique, fit son éducation musicale au Conservatoire de Bruxelles et fut son élève pour le violon. Elle voyagea avec son père en donnant des concerts, puis embrassa la carrière du théâtre. Vers 1872 elle faisait, à Paris, partie de la troupe de l'Athénée, et en 1877 elle fit une courte apparition au Théâtre-Lyrique. Elle s'est produite aussi, sous le nom de Mlle *Singelli*, sur l'une des scènes italiennes de Londres.

SINICO (Francesco), compositeur, professeur et théoricien, naquit à Trieste le 12 décembre 1810 (1). Fils d'un marchand quincaillier originaire de Brescia, il entrait à quinze ans comme employé dans une maison de commerce, mais abandonnait bientôt cette carrière pour se livrer à l'étude de la musique, vers laquelle il se sentait invinciblement attiré. D'abord élève d'un organiste nommé Andreuzzi, il prit ensuite des leçons de Farinelli, maître de chapelle distingué. A 22 ans, il devient directeur de la Société philharmonico-dramatique de Trieste, se fait rapidement remarquer par l'habileté qu'il déploie dans l'exercice de ces fonctions, débute bientôt comme compositeur en écrivant des chœurs pour une tragédie de Somma, *Parisina*, produit ensuite plusieurs œuvres de musique sacrée, puis enfin fait jouer en 1841, sur le théâtre Mauroner, un opéra intitulé *i Virtuosi di Barcellona*.

Mais ce n'est pas à ces travaux en ce genre qu'il devra la renommée qui s'attachera à son nom. En 1843, Sinico devient maître de la chapelle des Jésuites de Trieste, et il s'occupe alors, une fois sa position matérielle assurée, de réaliser le rêve qu'il caressait depuis longtemps, celui de doter sa ville natale d'institutions musicales qu'elle ne connaissait pas, et d'en faire une grande cité artistique et harmonieuse. Rien ne lui coûtera pour atteindre son but : ni peines, ni soins, ni efforts de toutes sortes; il saura aplanir toutes les difficultés, renverser tous les obstacles, venir à bout de tous les mauvais vouloirs, défier toutes les jalousies, vaincre enfin jusqu'à la force d'inertie et se faire aider par ceux-là même qui d'abord étaient les plus opposés ou les plus étrangers à ces idées.

Dès 1843, Sinico, après s'être assuré la protection d'un haut et influent personnage, le comte Stadion, sollicite et obtient de la municipalité de Trieste un décret par lequel, sur le rapport d'une commission spéciale, une école de chant pour 80 enfants est instituée et placée sous sa direction. Il se met aussitôt à l'œuvre, entreprend l'éducation musicale de ces enfants à l'aide de la méthode Wilhem, et les résultats sont tels qu'au bout de peu de temps il peut les faire entendre en séance publique et leur faire exécuter plusieurs hymnes et chants qu'il avait écrits à leur intention. Profitant de l'effet de surprise et de plaisir produit par cette expérience, il obtient l'ouverture d'une seconde école d'enfants dans la vieille ville, et d'une école dominicale pour les ouvriers des deux sexes qui voudraient se livrer à l'étude du chant choral. Ce n'est pas tout, et au bout de dix autres mois d'études et d'expériences, ne se tenant point pour satisfait, restant insatiable dans ses généreux désirs comme il était infatigable dans son œuvre, il demande et se voit accorder que l'enseignement musical sera désormais administré dans huit écoles populaires et dans deux écoles normales, toutes placées sous sa direction supérieure et son inspection, avec cinq professeurs placés sous ses ordres.

Sa vie tout entière fut alors consacrée à la noble entreprise qu'il avait su réaliser. A part le temps qu'il lui fallait accorder à sa chapelle, il ne s'occupait que de ses écoles, de ses élèves, écrivant pour eux des méthodes, des traités, des hymnes, des chœurs sacrés ou profanes, leur prodiguant ses soins, ses leçons, ses conseils, les surveillant sans cesse, leur faisant apprendre de grandes œuvres, multipliant les expériences publiques, les grandes séances, leur faisant exécuter des oratorios de Hændel et de Haydn, des messes de Cherubini et de Beethoven, conviant à ses concerts un public toujours plus enthousiaste, et, pour que la charité n'y perdît rien, donnant la plupart du temps ces concerts au profit de quelque œuvre bienfaisante ou des victimes de quelque malheur public. C'est alors que dans une vaste salle, en présence d'une foule immense, on le voyait, enthousiaste et fier, se placer à la tête de ces mille ou douze cents chanteurs, hommes, femmes et enfants, s'en faire obéir au moindre signe, et obtenir d'eux des exécutions merveilleuses, magistrales,

(1) On verra, par la lecture de cette notice et des deux suivantes, qu'on doit annuler la notice *Joseph Sinico* insérée au t. VIII de la *Biographie universelle des Musiciens*.

qui faisaient naître chez tous l'émotion et excitaient l'admiration des auditeurs. Toute l'existence de Sinico se traduisit ainsi en travaux incessants, en luttes continuelles, d'abord pour établir ses écoles, puis pour les maintenir, en dépit des mesquineries et des prétentions à l'économie de la municipalité de Trieste, enfin pour obtenir d'elles tout ce qu'elles pouvaient donner au point de vue de l'art et de la moralisation générale. Là est son rôle, là est sa tâche, là, pourrait-on dire, est sa gloire, et c'est ce qui a rendu son nom impérissable dans la ville où il a vu le jour, et qu'il n'a cessé, je crois, d'habiter jusqu'à sa mort.

Je ne saurais donner la liste des nombreuses compositions de Sinico. En dehors des œuvres écrites par lui pour ses écoles, on lui doit de nombreuses messes, des hymnes, des motets, etc., composés pour le service de la chapelle des Jésuites. On cite aussi de lui les partitions de deux opéras restés inachevés : *Rosmunda*, et *Zaira*. Cet homme de bien, cet artiste de cœur et de talent, mourut à Trieste le 18 août 1865.

SINICO (Giuseppe), frère cadet du précédent, naquit à Trieste vers 1812, commença son éducation musicale avec lui, et devint un chanteur distingué. C'est évidemment de lui que Fétis a parlé quand il a dit qu'« il y a eu un ténor de ce nom qui a chanté à Madrid en 1841, à Oporto vers la même époque, puis à Florence et à Milan. » Depuis lors, je crois qu'il a abandonné la carrière théâtrale pour se livrer à l'enseignement du chant.

SINICO (Giuseppe), compositeur dramatique, fils de Francesco Sinico, est né à Trieste le 10 février 1836. Il commença d'abord par aider son père dans ses rudes travaux d'enseignement, et publia à ce sujet une méthode qui a paru sous ce titre : *Breve Metodo teorico-pratico di canto elementare per uso delle scuole popolari di canto per adulti*. Plus tard il se livra à la composition, et songea à aborder la scène. Il était fort jeune encore lorsqu'il fit ainsi ses débuts avec un opéra de demi-caractère, *i Moschettieri*, qui fut représenté à Trieste le 26 mars 1859. En 1861, il donnait à Trieste son second ouvrage dramatique, *Aurora di Nevers*, et au mois de décembre de l'année suivante il faisait jouer, dans la même ville, un troisième opéra, intitulé *Marinella*. Ces divers ouvrages furent accueillis avec faveur, et pourtant, depuis lors, M. Sinico ne s'est plus présenté à la scène et n'a plus fait parler de lui.

Une artiste de la même famille, Mme *Campobello Sinico*, chanteuse de talent, fait depuis près de quinze ans partie de l'une des deux compagnies italiennes de Londres, où elle a obtenu de réels succès. J'ignore si elle est la fille de Francesco Sinico ou de son frère, ou la femme du précédent artiste, l'auteur de *Marinella* et d'*i Moschettieri*.

SINKEL (Émile). — Un écrivain belge de ce nom a publié un petit volume ainsi intitulé : *Description succincte de plusieurs opéras*, contenant l'analyse des livrets des opéras suivants, *l'Africaine*, *Tannhæuser*, *le Prophète*, *la Juive*, *les Huguenots*, *Guillaume Tell* et *Robert le Diable* (Bruxelles, Pool, 1874, in-12). Tout en analysant ces livrets, l'écrivain donne volontiers son sentiment sur la nature et la portée musicale des œuvres dont il entretient son lecteur; il dit d'ailleurs dans sa préface : « Bien des jeunes gens n'ont ni le temps, ni les moyens, ni les dispositions nécessaires pour lire des livrets et des comptes-rendus d'opéras; ce petit volume contient la description et l'analyse résumées de sept principaux opéras du répertoire courant; notre but, en le publiant, est de porter la génération nouvelle à aller entendre souvent ces chefs-d'œuvre et de lui fournir des éléments d'appréciation. » Grand amateur de tous les arts, Sinkel, qui était né vers 1822 et qui avait commencé par être officier de marine, devint rédacteur en chef d'un journal politique hebdomadaire de Bruxelles, *le Droit*. Il est mort à Ixelles-lez-Bruxelles, le 18 septembre 1876, à l'âge de cinquante-trois ans.

SIRI (Luigi), pianiste et compositeur italien, mort à Naples le 23 mars 1870, a publié pour son instrument une centaine de compositions, dont les unes originales, d'autres écrites sur des motifs populaires ou des thèmes d'opéras célèbres. Parmi les premières, je citerai celles qui ont pour titre *l'Addio a Malta*, romance; *il Pianto*, à la mémoire de Beethoven; *l'Addio*, romance et étude; *Urania*, pensée; *la Corsa del Beduino; la Danzatrice Egiziana; un Pensiero;* Tarentelle; etc., etc.

* **SIROTTI** (François), était virtuose de la chambre de la duchesse de Modène. Il a fait représenter sur le théâtre de Modène, en 1783, un opéra intitulé *Zenobia*.

* **SIVORI** (Ernest-Camille), violoniste italien fort remarquable, est né à Gênes non le 6 juin 1817, mais le 25 octobre 1815.

SIVRY (Charles DE), chef d'orchestre du petit théâtre des Délassements-Comiques à Paris, puis des Folies-Marigny, a fait représenter les opérettes suivantes, toutes en un acte : 1° *le Rhinocéros et son enfant*, Délassements-Comiques, 3 septembre 1874; 2° *de Chrysocale*, id., 22 octobre 1874; 3° *Jolicœur*, Fantaisies-Oller, 24 janvier 1877 ; 4° *Tous gentilshommes*, id., 20 mars 1877. Cet artiste, qui prend une part de collaboration à une petite feuille musicale, *le Progrès artistique*, a écrit la musique d'une sorte de poème symphonique, *la Légende d'Hiram*, qui a été exécuté le 24 octobre 1878, dans la salle des fêtes du palais du Trocadéro, pour une grande solennité franc-maçonnique.

SKIBINSKI (Liouditch), pianiste et compositeur, porte le titre de pianiste de la cour de Roumanie. Il a écrit la musique du premier opéra composé sur un texte roumain, lequel portait pour titre *Verful cu dor* (*la Cime du désir*), et a été représenté sur le théâtre national de Bucharest le 6 février 1879. Le livret de cet opéra était l'œuvre de la princesse régnante Élisabeth de Roumanie, qui l'avait signé du pseudonyme de P. de Laroc.

SKRAUP ou **SKROUP** (François), compositeur et chef d'orchestre distingué, naquit à Vosic (Bohême) le 3 juin 1801 (1). Fils d'un maître d'école qui lui enseigna les premiers éléments de la musique, il fréquenta plus tard le lycée de Prague, chanta comme enfant de chœur dans les églises de cette ville, et enfin y étudia le droit à l'Université. Plusieurs amateurs de musique ayant conçu le projet de faire représenter, au profit d'une œuvre de bienfaisance, un opéra en langue bohême, Skraup se chargea de traduire en cette langue le livret d'un opéra allemand de Weigl, *la Famille suisse*, et l'ouvrage fut ainsi représenté le 23 décembre 1823. C'était le premier essai de ce genre, le premier opéra ainsi joué à Prague dans la langue nationale, et, la tentative ayant réussi, on se mit bientôt en devoir de traduire ainsi divers opéras allemands, italiens et français.

Néanmoins, on désira bientôt posséder un véritable opéra national, et Skraup écrivit la musique d'un ouvrage intitulé *der Drahtbinder*, qui fut joué avec succès. En 1827, lorsqu'il eut terminé son droit, Skraup entra au théâtre national de Prague en qualité de second chef d'orchestre; c'est alors qu'il donna sur ce théâtre l'opéra qui avait pour titre *Udalrich et Bozena*, et qu'en 1834 il fit la musique d'un vaudeville national, *la Fête des cordonniers de Prague*, qui obtint un succès énorme, parce qu'il y avait intercalé des danses et des chansons populaires, dont l'une : *Où est ma patrie?* devint par la suite l'hymne du peuple bohême. Skraup écrivit ensuite la musique d'une tragédie : *Brudermord* (1835), l'opéra *le Songe de Libussa*, et un autre opéra, en langue allemande, intitulé *la Fiancée du gnome* (1836).

Nommé le 1er janvier 1837 premier chef d'orchestre du *Laudestheater* (théâtre du pays), à Prague, il conserva cet emploi pendant vingt ans, jusqu'en 1857, époque à laquelle il fut pensionné. En 1848 il fit représenter l'opéra allemand *Drahomira*, et quelques années plus tard celui intitulé *Meergeuse*.

Skraup s'est acquis un renom brillant comme chef d'orchestre, tant au théâtre qu'au concert. C'est à lui que la ville de Prague doit d'avoir connu *le Hollandais volant*, le *Tannhäuser* et *Lohengrin*, de M. Richard Wagner. De plus, il a eu le mérite d'activer la vie musicale en cette ville.

Après avoir été pensionné, il se rendit en 1860 à Rotterdam, pour y occuper les fonctions de chef d'orchestre au théâtre. C'est là qu'il mourut, le 7 février 1862.

Outre les opéras ci-dessus mentionnés, outre une ouverture pour la tragédie de Kolar : *la Mort de Ziska*, Skraup a encore écrit une quantité d'autres ouvrages, des messes, des quatuors, des danses, et des *lieder* en langues bohême et allemande. Plusieurs de ces *lieder*, d'un tour très-mélodique, ont pénétré parmi le peuple et sont considérés en quelque sorte comme des chants nationaux. On a trouvé dans les papiers de Skraup, à sa mort, la partition d'un opéra allemand intitulé *Colombus*. Skraup est regardé comme le compositeur bohême par excellence.

J. B.

SKRAUP ou **SKROUP** (Jean-Népomucène), compositeur, frère du précédent, naquit le 15 septembre 1811 à Vosic, et mourut à Prague, où il était devenu maître de chapelle de la cathédrale, le 18 novembre 1865. On connaît de lui des compositions religieuses, des *lieder* et divers ouvrages théoriques en langue bohême (1); mais il est loin d'avoir acquis une renommée semblable à celle de son frère. Après sa mort, on a représenté à Prague deux opéras de cet artiste : l'un, en langue bohême, intitulé *les Suédois devant Prague*; l'autre, en allemand, ayant pour titre *Vineta*.

J. B.

SMART (Sir George-Thomas), organiste et compositeur de la chapelle royale de Saint-James, à Londres, né en cette ville au mois de

(1) Une confusion s'est établie, dans la *Biographie universelle des Musiciens*, entre les deux frères François et Jean Skraup. La présente notice et celle qui la suit rétabliront les faits. — A. P.

(1) Dont un publié sous ce titre : *École théorique et pratique de musique pour les professeurs et les directeurs de maîtrises* (Prague, 1862, in-8° de 234 pp.). — A.P.

mai 1776, y mourut le 23 février 1867, à l'âge de 90 ans accomplis. George Smart est l'un des musiciens anglais qui ont parcouru dans leur pays la plus longue et la plus honorable carrière, et il s'est fait remarquer tout à la fois comme organiste, comme compositeur de musique sacrée et comme chef d'orchestre. A peine âgé de trente-cinq ans, en 1811, sa renommée était telle qu'il fut créé chevalier par le duc de Richmond, alors lord-lieutenant en Irlande. Il a pris, pendant un demi-siècle, une part très-active et très-importante aux progrès de l'art musical en Angleterre.

De grands souvenirs se rattachent au nom de cet artiste vraiment distingué. Comme directeur de concerts, c'est lui qui, dit-on, forma la Sontag et Mme Jenny Lind à l'exécution de la musique d'oratorio. Comme chef d'orchestre d'opéra, c'est sous sa direction que l'*Oberon* de Weber fut représenté pour la première fois au théâtre Covent-Garden, et c'est dans sa propre résidence, Greet-Portland street, n° 91, qu'expira l'illustre auteur de ce chef-d'œuvre. C'est lui aussi qui, en 1836, dirigeait l'orchestre du festival de Manchester, le jour où l'infortunée Marie Malibran chanta pour la dernière fois. « Mme Malibran, disait alors un biographe, déjà souffrante, chanta un duo (avec Mme Caradori) qui exigeait de grands efforts de voix et qui fut redemandé. La célèbre cantatrice, après avoir fait des signes suppliants, s'adressa à George Smart, qui dirigeait l'orchestre, et lui dit : « Si je répète, j'en mourrai. — Alors, madame, lui répondit George Smart, vous n'avez qu'à vous retirer, et je ferai des excuses au public. — Non! répliqua-t-elle avec énergie, non; je chanterai! mais je suis une femme morte. » La pauvre grande artiste avait dit vrai.

Sir George Smart avait dirigé la musique au couronnement du roi Guillaume IV et de la reine Adélaïde, ainsi qu'à celui de la reine Victoria. C'est lui qui, en 1813, fonda à Londres la *Philharmonic Society*, et qui le premier fit connaître en Angleterre les œuvres de Beethoven, de Franz Schubert, de Weber et de Schumann. Il a donné, par son activité, son intelligence et son énergie, une grande impulsion à l'art musical en Angleterre.

SMART (HENRI), neveu du précédent, compositeur remarquable qui fut le premier organiste de l'Angleterre, naquit à Londres le 25 octobre 1812 et a joui dans sa patrie d'une renommée que justifiait un talent de premier ordre. Membre du Collége des organistes, organiste de l'église Saint-Pancrace, à Londres, M. Henry Smart n'a cessé, quoique aveugle, de se livrer à de nombreux travaux de composition, tout en faisant admirer ses rares qualités comme organiste, qualités aussi remarquables sous le rapport de l'exécution proprement dite, de l'expression, du sentiment et du caractère, qu'en ce qui concerne l'improvisation, où il se montrait d'une extrême habileté. Parmi les œuvres de cet artiste très-distingué, il faut surtout signaler une grande cantate avec orchestre, *Bride of Dunkeron* (*la Fiancée de Dunkeron*), exécutée au festival de Birmingham en 1864; une autre cantate, pour voix de femmes, *the Fishermaidens* (*les Filles du pêcheur*); une troisième composition du même genre, *King Porné's Daughter*, exécutée à Londres en 1871; plusieurs grands services pour orgue, et une quantité innombrable de mélodies vocales (*songs*) qui ont rendu son nom populaire et dont la plupart ont obtenu une véritable vogue. Henry Smart a écrit aussi de nombreux morceaux de chant à deux, trois et quatre voix, presque toujours féminines; ses duos surtout ont été bien accueillis du public, et l'on cite particulièrement ceux qui ont pour titre *Beyond the Hills*, *May*, *the Land of Dreams*, *Farewell*, *the Melting of the snow*, *Summer of the Silent Heart*, *On Como's lake*, *O Breathe, ye sweet roses*, etc., etc.

Henry Smart, qui mourut à Londres le 6 juillet 1879, était le fils d'un violoniste distingué. Une pension de cent livres sterling sur la liste civile lui avait été accordée peu de temps avant sa mort. Il n'en a pu profiter.

SMET VAN TIENEN (THÉODORE), facteur d'orgues à Duffel, dans la province d'Anvers, naquit à Gheel le 1er janvier 1782. Après avoir fait son apprentissage à Malines, chez Van Overbeck, il se fixa à Duffel, et sut se faire une renommée par son habileté et sa probité. Il construisit des instruments estimés pour les villes de Diest, Louvain, Houthem, Lenth, Malines, Tessenderloo, Broechem, Schaffel, Herenthals, Jodoigne, Londerzeel, Ranst, Wortel, Klyn-Vort, Anvers, Bouchout, Westerloo, etc. Cet artiste mourut à Duffel le 21 novembre 1853.

SMETANA (FRÉDÉRIC), chef d'orchestre et compositeur distingué, est né en Bohême le 2 mars 1824. Doué de rares dispositions musicales, ce ne fut cependant qu'après de longues prières qu'il parvint à décider son père à lui laisser suivre son penchant. Il devint alors l'élève, en 1843, du célèbre Proksch, l'un des théoriciens et des maîtres de piano les plus renommés de Prague. En 1846, il fit la connaissance de Robert Schumann et de sa femme, grâce auxquels il se familiarisa avec les œuvres de Jean-Sébastien Bach. Deux ans après, il ouvrait à Prague une école de musique, et il épousait une pianiste fort habile, Mlle Catherine Kolar. En 1850, il organisa d'intéressantes soirées de quatuor, et en 1856, lorsque Liszt se rendit à Prague pour assister à l'exécution projetée de sa messe de Gran, M. Smetana fréquenta journellement cet homme illustre, aux conseils duquel son talent dut de prendre un essor imprévu.

Dans le courant de cette dernière année, M. Smetana fut engagé, par l'entremise de Dreyschock, comme chef d'orchestre de la Société philharmonique de Gothenbourg, en Suède. Il se rendit donc en cette ville avec sa femme; par malheur, le climat rigoureux du pays fut fatal à celle-ci, qui tomba gravement malade. M. Smetana s'empressa alors de la reconduire en Bohême; mais le mal avait fait de tels progrès que l'infortunée mourut dans le cours du voyage, à Dresde, et que son mari ne put que ramener à Prague ses restes mortels. Étant allé reprendre son poste à Gothenbourg, M. Smetana quitta cette ville pour faire un grand voyage en Suède et en Allemagne (1861), après quoi il revint à Prague, où il fut engagé en qualité de premier chef d'orchestre au Théâtre-National. C'est là qu'il fit représenter plusieurs opéras, tous écrits sur texte bohême, et qui obtinrent du succès. Malheureusement, une infirmité particulièrement douloureuse pour un musicien vint, en 1874, obliger l'artiste à résigner des fonctions qu'il remplissait avec un véritable talent : il était devenu complétement sourd.

On cite, parmi les compositions pour le piano de M. Smetana, un *Allegro capriccioso* en *si* mineur dédié à Dreyschock, et parmi ses œuvres symphoniques une marche solennelle qui fut exécutée à Prague pour le trois-centième anniversaire de la naissance de Shakspeare. Quant à ses opéras, *les Branibor en Bohême, la Fiancée vendue* (1866), *Dalibar* (1868), et *le Baiser*, ce dernier est considéré comme le meilleur (1).

J. B.

SMITH (Thomas), luthier anglais qui ne manquait pas d'habileté, vivait à Londres en 1756. Il fut l'élève de Peter Wamsley et le maître de John Norris.

(1) Voici, je crois, les dates précises de la représentation des ouvrages dramatiques de M. Smetana : 1° *les Branibor en Bohême*, 5 janvier 1866; 2° *la Fiancée vendue*, 30 mai 1866 ; 3° *Dalibar*, 1868 ; 4° *un Baiser*, 2 actes, décembre 1876 ; 5° *le Secret*, 3 actes, 19 septembre 1878.

A. P.

SMITH (William), autre luthier anglais, était établi à Londres vers 1770. J'ignore s'il était parent du précédent.

SMITH (Robert), artiste anglais contemporain, est l'auteur d'un écrit publié sous ce titre : *Harmonics, or the philosophy of musical sounds* (*Harmonies, ou philosophie des sons musicaux*).

SMITH (Le docteur J.......), théoricien anglais, est l'auteur de l'ouvrage suivant, publié il y a quelques années : *Treatise on the theory and practice of Music, with the principles of harmony and composition* (*Traité de la théorie et de la pratique de la musique, avec les principes de l'harmonie et de la composition*), Londres, in-4°.

SMITH (Sidney), pianiste anglais distingué, professeur et compositeur, s'est fait une grande réputation à Londres par la publication d'une innombrable quantité de morceaux de piano, consistant en transcriptions ou fantaisies sur des motifs d'opéras célèbres, en paraphrases d'œuvres de grands maîtres, enfin en petites compositions faciles et de peu d'importance. Le nombre de ces bagatelles s'élève aujourd'hui, dit-on, à plus de deux-cents. M. Sidney Smith a mis ainsi à contribution la plupart des opéras aimés du public : *Martha, les Diamants de la couronne, les Noces de Figaro, les Huguenots, Lucrezia Borgia, Robert le Diable, Rigoletto, Zampa, Oberon, Don Pasquale, Guillaume Tell, Faust, la Favorite, la Somnambule, la Fille du régiment, Don Juan, la Traviata, Fra Diavolo*, etc., etc. Quant aux compositions plus ou moins originales de M. Sidney Smith, on y rencontre des sérénades, des berceuses, des mélodies, des polonaises, des nocturnes, des galops, des caprices, des élégies, des morceaux de salon, élégants, brillants, militaires, caractéristiques, que sais-je? M. Sidney Smith a publié aussi une *Méthode de piano*.

SMITS (Willem), compositeur de musique et écrivain, est né à Amsterdam en 1804. Il a consacré une partie de sa vie à la propagation et à l'amélioration de la musique vocale populaire dans les Pays-Bas, et c'est lui qui a fondé à Amsterdam la première école de chant populaire, école dont il est le directeur.

M. Smits n'a rien composé de bien remarquable, quoique son bagage musical soit assez volumineux ; mais la quantité l'emporte de beaucoup sur la qualité. Ses compositions sont correctement, honorablement écrites, mais c'est tout ce que l'on peut en dire. Au surplus, M. Smits ne paraît guère viser à la postérité. Cet artiste est décoré de l'ordre néerlandais de la

Couronne de chêne, et membre de mérite de la Société pour l'encouragement de l'art musical dans les Pays-Bas (1).

ÉD. DE H.

SNOECK (CÉSAR), amateur de musique belge, né vers 1825, est le possesseur d'une des plus belles collections d'instruments de musique qui existent en Europe. C'est à Renaix, où il exerce les fonctions de notaire, qu'il a réuni et aménagé cette superbe collection. A la fois nombreuse et choisie, celle-ci est disposée avec adresse et avec goût dans plusieurs salles généreusement éclairées; on y trouve des spécimens d'instruments de tout genre, tous dans un parfait état de conservation : épinettes et virginales, clavecins et clavicordes, basses et dessus de viole, luths et mandores, tympans et manicordions, serpents et bassons, oliphants et musettes, flûtes à bec et flûtes traversières, clarinettes et cors de basset, tambourins et trompettes marines, binious et claquebois, psaltérions et crotales, castagnettes et lyres de toutes sortes, *pifferi* et tambours de basque, cythares et sistres, pochettes et chapeaux-chinois, mandolines et flûtes de Pan, etc., sans compter les instruments modernes, et les fantaisies excentriques de tel ou tel facteur obscur ou renommé.

Le propriétaire de ce musée remarquable, enfoui dans une petite ville de province, en fait les honneurs avec une grâce charmante, au service de laquelle il met un vrai savoir et une intelligence très-déliée. J'ai pu m'en rendre compte, il y a quelques années, lorsque le hasard m'a mis à même d'admirer sa collection. Non-seulement M. Snoeck connaît à merveille l'histoire de tous les instruments, mais il a appris, tout seul et comme sans s'en douter, à jouer de tous ou de presque tous : je l'ai vu, dans l'espace de deux ou trois heures, jouer du clavecin, du violon, de la flûte, de la clarinette, du cor anglais, du serpent, et de bien d'autres instruments. Il connaît parfaitement l'étendue, le timbre, la qualité, l'âge, la nationalité de tous les spécimens qu'il possède, et il est toujours prêt à donner sur chacun d'eux un renseignement sûr, exact et précis.

Il y a plus de trente ans que, tourmenté par cette passion intelligente et lui consacrant une notable partie de sa fortune, M. Snoeck a commencé à former sa collection. Rien ne lui a coûté pour l'enrichir : ni peines, ni soins, ni dépenses, ni voyages. Connu non-seulement dans toute la Belgique, mais encore à l'étranger, entretenant une correspondance très-active avec tous ceux dont les relations peuvent lui être utiles, tenu jour par jour au courant de tous les faits qui peuvent l'intéresser, il n'hésite pas, dès qu'un objet lui est signalé, à courir à sa recherche, se rendant indifféremment en Angleterre ou en Allemagne, en Hollande ou en France, en Suisse ou en Italie, en Espagne ou en Portugal, et en revenant rapidement, une fois en possession de l'échantillon convoité. On comprend qu'avec de telles façons d'agir, une collection de ce genre, entreprise il y a plus d'un quart de siècle, ait pu devenir aussi considérable qu'intéressante. De fait, elle est aujourd'hui, ainsi que je l'ai dit, l'une des plus belles et des plus riches qui soient en Europe.

* **SOBOLEWSKI** (ÉDOUARD), violoniste, compositeur et écrivain sur la musique, né à Kœnigsberg non en 1804, mais le 1er octobre 1808, avait quitté l'Allemagne en 1859 pour aller s'établir à Saint-Louis (Amérique), où il dirigeait la Société philharmonique. Il est mort en cette ville le 23 mai 1872.

SŒDERMAN (AUGUSTE-JEAN), compositeur scandinave, né à Stockholm le 17 juillet 1832, commença dans sa patrie l'étude de la musique, pour laquelle il montrait de remarquables aptitudes, et alla terminer son éducation artistique à Leipzig, où il eut pour maîtres Richter et le fameux théoricien Moritz Hauptmann. C'est en Allemagne qu'il commença à se faire connaître avantageusement comme compositeur, faisant représenter, le 12 septembre 1856, une opérette intitulée *Hinandes færsta lærospons*, faisant exécuter dans les concerts des ballades et divers morceaux de chant avec accompagnement d'orchestre, et écrivant une musique nouvelle pour la *Jeanne d'Arc* de Schiller. En 1862, Sœderman fut rappelé à Stockholm, pour y occuper les fonctions de chef d'orchestre au grand théâtre, fonctions qu'il conserva, je crois, jusqu'à sa mort, arrivée en cette ville le 10 fé-

(1) Auteur d'un opéra en 3 actes, *De Gelofte*, qui a été représenté avec succès à Amsterdam en 1840, et d'une cantate pour chœurs et orchestre intitulée *De Wetenschap*, M. Smits a publié, outre une Méthode de chant populaire très-répandue, les compositions suivantes : 3 messes à 3 voix d'hommes avec orgue; *Magnificat* à 3 voix d'hommes, 31 chœurs et chorals (en 2 livres), à l'unisson ou à plusieurs voix; 6 chœurs d'enfants à 3 voix égales, à l'usage des écoles; *Ernst en Luim*, chœurs, canons et *lieder* (en 2 livres); *De eere Gods*, hymnes pour chœurs et orchestre; 2 chants pour voix d'hommes; 3 chœurs; *Chansons d'enfants;* 18 chants à 2 voix; Quatuor pour 2 sopranos, contralto et baryton, avec piano. Parmi les œvres non publiées de cet artiste, il faut citer : plusieurs messes à 3 voix d'hommes, avec orgue; Ouvertures à grand orchestre; *De profundis* pour voix d'hommes avec orgue; *Pange lingua; Salve Regina; O quàm suavis*, pour voix d'hommes; *Het Landleven*, cantate; enfin, un nombre considérable de chœurs, mélodies et, chansons. — A. P.

vrier 1876. Sœderman était considéré en Allemagne comme un artiste fort distingué, et par ses compatriotes comme un de leurs compositeurs les plus originaux. On connaît de lui une messe pour voix seules, chœurs et orchestre, qui est, dit-on, une œuvre remarquable à beaucoup d'égards.

SOFFI (PASQUALE), compositeur de musique religieuse très-estimé, naquit à Lucques vers 1732. Excellent organiste, il forma sous ce rapport un grand nombre d'élèves dans le séminaire de San-Giovanni. Ses compositions pour la semaine sainte, qui consistent en messes, vêpres, motets, *introït, benedictus, miserere* à 3 et 4 voix, s'exécutent encore aujourd'hui dans sa ville natale, et sont, dit-on, d'un admirable effet. De 1761 à 1807, cet artiste écrivit vingt et un services à grand orchestre qui furent exécutés par les soins de la compagnie de Sainte-Cécile, à l'occasion de la fête de sa patronne. Soffi a écrit aussi un oratorio : *Saint Thomas apôtre*, dont la partition est conservée dans les archives de la congrégation des Anges gardiens. Parmi ses meilleurs et ses nombreux élèves, on cite particulièrement Domenico Quilici et Donato Barsanti. Soffi mourut à Lucques en 1810.

SOFFREDINI (..........), musicien italien, a écrit la musique d'un opéra bouffe, *il Maestro dei signorini*, qui a été représenté sur le théâtre philodramatique de Livourne, au mois de mars 1872.

***SOLERA** (THÉMISTOCLE), compositeur dramatique et librettiste italien, naquit le 25 décembre 1819. A dix-huit ans, il débuta dans la carrière littéraire par un volume de vers, *i Miei primi Canti*, qui produisit sensation et qui fit dire aux Italiens : *Nous avons un poëte!* Bientôt il se produisit aussi au théâtre, tout à la fois comme poëte et comme compositeur, d'abord en faisant exécuter à la Scala, de Milan, un hymne intitulé *la Melodia* (25 novembre 1839), puis en donnant au même théâtre un opéra sérieux, *Ildegonda*, dont il avait écrit les paroles et la musique, et qui fut bien accueilli (20 mars 1840). Peu de mois après, le 4 octobre de la même année, il affrontait de nouveau le public redoutable de la Scala en faisant représenter un opéra semi-sérieux, *il Contadino di Agliate*. En 1842, il donnait à Modène *la Fanciulla di Castelguelfo*, qui n'obtenait qu'un médiocre succès, et peu après il se produisait à Padoue avec un ouvrage intitulé *Genio e Sventura*. Enfin, il a donné encore, en Espagne, *la Sorella di Pelagio*. En somme, le talent de Solera, comme compositeur, était médiocre, et sa faculté créatrice semblait procéder moins d'une imagination généreuse que de l'imitation de certains artistes renommés, particulièrement de M. Verdi. Mais ce qui a fait sa réputation, ce sont ses *libretti*, qui l'ont fait quelquefois comparer par ses compatriotes à Felice Romani, bien qu'il soit resté, malgré des qualités réelles, au dessous de ce poëte aimable et élégant. Non-seulement Solera a écrit les livrets des ouvrages mis par lui en musique, mais lorsqu'il vit qu'il ne réussissait que médiocrement comme compositeur, il se mit à écrire des poëmes pour ses confrères. Entre autres, il a fourni à M. Verdi ceux de *Nabucco*, d'*i Lombardi*, de *Giovanna d'Arco*, d'*Attila*, à Villanis ceux de *Vasconcello*, d'*Alfonso III*, d'*Emanuele-Filiberto*, à Secchi celui de *la Fanciulla delle Asturie*, à M. Buzzi ceux de *Sordello* et de *l'Indovina*, à M. Peri celui de *l'Espiazione*, à M. Ronchetti celui de *Pergolesi*, à M. Ponchielli celui de *la Stella del Monte*, etc., etc. Dans ces dernières années, Solera, transformant d'une étrange façon sa carrière, alla se fixer en Égypte, où il remplit auprès du vice-roi les fonctions de directeur général de la police; mais ses habitudes fantaisistes, son désir d'indépendance ne pouvaient longtemps s'accommoder d'une telle situation; au bout de quelques années il revint en Italie, où il mena une sorte d'existence de bohème, qui le fit bientôt tomber dans la misère; un instant, on prétendit qu'il exerçait à Paris le métier de marchand brocanteur. La vérité est qu'il mourut à Milan, le 21 avril 1878.

* **SOLIÉ** (JEAN-PIERRE **SOULIÉ** ou **SOULIER** dit). — Aux ouvrages dramatiques dont cet artiste intéressant a écrit la musique, il faut ajouter les suivants : 1° *la Moisson*, th. Favart, 5 septembre 1793 ; 2° *le Plaisir et la Gloire*, un acte, id., 19 janvier 1794 ; 3° *Quatre Maris pour un*, un acte, th. des Jeunes-Artistes, 26 avril 1801; 4° *le Petit Jacquot*, un acte, th. Montansier, 26 juillet 1801; 5° *l'Oncle et le Neveu*, un acte, id., 26 novembre 1803; 6° *Agathe et Lismore*. Il a aussi une part au *Congrès des Rois*, ouvrage représenté au théâtre Favart en 1793, et dont la musique avait été écrite par une douzaine de compositeurs. Quant à l'opéra-comique intitulé : *Lisez Plutarque*, il y a erreur en ce qui le concerne; la musique de ce petit ouvrage, représenté au th. Favart le 21 décembre 1801, était de Plantade; Solié a écrit la musique d'une autre pièce en un acte, qui avait pour titre *Plutarque*, et qui avait été jouée auparavant au même théâtre, le 6 octobre 1800.

Un des fils de Solié se noya dans la Seine en 1802, ainsi qu'en témoigne une pièce de vers publiée dans *le Courrier des spectacles* du 5 fructidor an X, et adressée à Solié père. J'ignore si c'est celui-là ou un autre, mais c'est aussi un fils de Solié qui écrivit la musique d'un opéra-comique en 2 actes, *le Fifre et le Tambour*, joué au théâtre des Jeunes-Artistes, le 16 juin 1801.

SOLIÉ (CHARLES), chef d'orchestre et compositeur, est, je crois, le petit-fils du précédent et le fils d'Émile Solié. Il a rempli pendant plusieurs années, avec talent, les fonctions de premier chef d'orchestre au grand théâtre de Nantes; il en a même été un instant le directeur. Il est aujourd'hui chef d'orchestre du théâtre français de Nice, où il a fait représenter avec succès, le 5 avril 1879, un opéra-comique en 3 actes intitulé *Scheinn Baba* ou *l'Intrigue au harem*.

* **SOLIVA** (CHARLES-EVASIO), a fait représenter au théâtre de la Scala, de Milan, en 1824, un opéra qui avait pour titre *Elena e Malvina*. Je crois qu'on lui doit aussi un autre ouvrage dramatique, intitulé *Berenice d'Armenia*. Parmi les compositions que cet artiste a publiées en dehors du théâtre, je signalerai un *Veni Creator* à 3 voix, et un chant funèbre à 4 voix avec deux cloches, écrit à la mémoire de Mayr, sous ce titre : *Compianto sulla tomba di Mayr*. Il a publié encore diverses autres compositions religieuses : *Te Deum* pour voix seules et orgue; les psaumes 112 et 128, avec orchestre; *De profundis* à la mémoire de son fils; *Ave Maria*, *Pater noster*, *Salve Regina* pour chœur de voix égales; *Veni Creator* et *Ave maris stella*.

Soliva avait étudié, au Conservatoire de Milan, sous la direction d'Asioli et de Federici. En 1821, il avait été appelé à remplir au Conservatoire de Varsovie les fonctions de professeur de chant, et il y forma de fort bons élèves. Il resta en cette ville jusqu'en 1832, époque à laquelle il partit pour Saint-Pétersbourg, où il devint maître de chapelle, directeur de l'Opéra, directeur de la musique vocale de l'école impériale des théâtres, et professeur de chant de la grande-duchesse Alexandra. De retour en Italie en 1841, il s'établit ensuite à Paris, où il mourut le 20 décembre 1853.

SOLLOHUB (VLADIMIR-ALEXANDROWITCH, comte), écrivain russe fort distingué, né à Saint-Pétersbourg en 1814, s'est trouvé mêlé à la longue et vive polémique excitée en France par les ardeurs exagérées des propagateurs de la méthode Galin-Paris-Chevé. Chargé par l'empereur de Russie d'une sorte de mission officieuse qui se rattachait à la création d'un Conservatoire à Saint-Pétersbourg, M. le comte Sollohub voulut se rendre compte de la valeur des diverses méthodes d'enseignement élémentaire de la musique en usage à Paris. Il assista, entre autres, aux leçons données alors par Émile Chevé dans l'amphithéâtre de l'École de médecine, et se prit aussitôt d'enthousiasme pour son système. Après une lettre écrite à ce sujet au journal *l'Indépendance belge*, et qui fut ensuite publiée à part sous ce titre : *Lettre du comte Sollohub au rédacteur de* l'Indépendance belge *sur la méthode Galin-Paris-Chevé* (Paris, Bourdilliat, 1859, in-8°), M. Sollohub donna, au *Journal de Saint-Pétersbourg*, une série d'articles dans lesquels il répondait à la brochure publiée en France par les adversaires du système Galin et qui était intitulée : *Observations de quelques musiciens et de quelques amateurs sur la méthode Chevé*. La polémique, très-courtoise d'ailleurs et très-habile de l'écrivain russe, offrant une longue apologie de cette méthode, Chevé n'eut garde de la laisser perdre, et recueillit en une forte brochure l'écrit du comte Sollohub, qui parut sous ce titre : *les Musiciens contre la musique*, par le comte Sollohub (Paris, Chevé, août 1860, in-8° de 86 pp.). Je ne sache pas que M. Sollohub se soit mêlé autrement aux questions musicales.

* **SOMIS** (GIOVANNI-BATTISTA), l'un des plus fameux violonistes de l'école italienne et le fondateur de l'école piémontaise, naquit en 1676 (1), d'une famille distinguée. Il s'adonna dès sa plus tendre enfance à l'étude de la musique et du violon, et, fort jeune encore, se rendit à Rome et à Venise dans le but d'y connaître les grands artistes qui faisaient alors la gloire de ces deux villes. A Venise, il reçut des conseils du célèbre Antonio Vivaldi, qui était directeur du Conservatoire de *la Pietà ;* mais tout en prenant ce grand maître pour modèle, tout en admirant aussi le jeu noble et savant de Corelli, il prit soin de conserver sa personnalité propre et se fit remarquer, dans la suite, par une exécution d'une grâce et d'une élégance pleines d'originalité, dont il sut transmettre les traditions à ses deux meilleurs élèves, Giardin et Chiabran.

Lorsqu'au retour de ses voyages, Somis se produisit à Turin, son talent remarquable fit sensa-

(1) Fétis, en écrivant sa notice sur Somis, n'avait évidemment à sa disposition que des renseignements insuffisants et manquant de précision; il le confond d'ailleurs un peu avec son frère (dont il ne parle pas). Je rétablis ici les faits, particulièrement avec l'aide du livre de Francesco Regli : *Storia del violino in Piemonte* (Turin, 1863, in-8°).

tion sur ses compatriotes, et il acquit rapidement une renommée légitime, due à ses rares qualités de virtuose et à l'expression touchante qu'il apportait dans son jeu. Le roi de Sardaigne, l'ayant entendu, ne put s'empêcher de l'admirer, et le nomma bientôt premier violon et directeur de sa chapelle et de sa chambre, poste dans lequel Somis fit preuve des plus grandes qualités. Cet artiste justement célèbre mourut à Turin, le 14 août 1763, âgé d'environ quatre-vingt-sept ans.

Somis ne borna pas ses succès à son pays. Il vint à Paris en 1733, s'y fit entendre au Concert spirituel et dans des réunions privées, et, quoiqu'il approchât alors de la soixantaine, il produisit sur le public une impression vive et profonde. Le *Mercure de France* en parlait en ces termes : — « Le sieur Somis, fameux joueur de violon du roy de Sardaigne, a exécuté différentes sonates et concertos dans la dernière perfection, et a été très-applaudi par de nombreuses assemblées que la justesse et la brillante exécution de ce grand maître y avoient attirées. » D'autre part, Hubert Le Blanc, l'auteur de l'étrange petit livre connu sous ce titre : *Défense de la basse de viole contre les entreprises du violon et les pretentions du violoncel*, louait ainsi Somis dans ce factum (1760) : « Somis parut sur les rangs; il étala le majestueux du plus beau coup d'archet de l'Europe. Il franchit la borne où l'on se brise, surmonta l'écueil où l'on échoue, en un mot, vint à bout du grand œuvre sur le violon : *la tenue d'une ronde*. Un seul tiré d'archet dura au point que le souvenir en fait perdre haleine quand on y pense, et parut semblable à un cordage de soie tendu qui, pour ne pas ennuyer dans la nudité de son uni, est entouré de festons d'argent, de filigranes d'or entremêlés de diamants, de rubis, de grenats et surtout de perles : on les voyait sortir du bout des doigts. La Musique descendit de l'Olympe, et, ayant son dessein, mit dans l'esprit aux dames de faire accueil à Somis. Il fut reçu tantôt chez les unes, tantôt chez les autres, et ce, l'espace d'un mois, sans que durant ce temps il fût mention de porter un jugement où l'on songeât seulement à lui opposer un rival. » Ce style amphigourique, mais non railleur, donne la mesure des succès que Somis remporta à Paris. — Comme compositeur, on ne connaît de cet artiste qu'un recueil de sonates : *Opera prima di sonate a violino e violoncello o cembalo*, Rome, 1722.

La fille de ce grand virtuose, *Maria-Cristina Somis*, cantatrice d'un talent supérieur, devint la femme du peintre français Carle Vanloo, qui la connut lors de son premier séjour en Italie. Elle vint à Paris avec son mari en 1734, se fit entendre dans le monde, et conquit aussitôt une très-grande renommée. Elle importait en France la musique et le grand style vocal italiens, qui y étaient alors complètement inconnus, et comme elle joignait à un talent de premier ordre une voix expressive et d'une rare beauté, elle fit aussitôt tourner toutes les têtes et obtint à la cour et dans le monde les succès les plus flatteurs. Dandré Bardon, dans sa *Vie de Carle Vanloo*, en faisait l'éloge en ces termes : — « La belle voix de madame de Vanloo, les grâces qu'elle met dans son chant, le choix des airs agréables et pathétiques que son discernement présente aux Français, gagnent tous les cœurs à la musique italienne ; on en goûte pour la première fois le charme délicieux. Ce genre est fêté dans les plus belles assemblées ; telle est l'époque de son établissement en France. » On assure que Mme Vanloo donna des leçons à deux des meilleures chanteuses de l'Opéra, Mlles Fel et Petitpas (1).

SOMIS (LORENZO), frère du précédent, fut comme lui violoniste, et a composé aussi des sonates pour violon avec accompagnement de violoncelle. Les portraits des deux frères, peints à l'huile, furent offerts au P. Martini, en 1765, par Ignazio Somis, leur frère. Ils sont aujourd'hui dans la galerie du Lycée musical de Bologne.

SONNET (..........), musicien français, a écrit la musique d'un ballet en 3 actes, *Oberon*, qui fut représenté au théâtre de la Monnaie, de Bruxelles, le 21 septembre 1836. Ce doit être le mathématicien Hippolyte Sonnet, né vers 1800 et mort il y a trois ou quatre ans, après avoir été professeur à l'École centrale et inspecteur de l'Académie de Paris. A la veille d'être reçu docteur ès sciences, Sonnet avait été compris dans le licenciement de l'Ecole normale en 1822, et il avait dû chercher dans la musique un moyen de vivre ; il voyagea alors beaucoup à l'étranger, en qualité de chef d'orchestre, et se donna complètement à un art auquel il renonça tout à fait par la suite ; il a publié un recueil classique de morceaux de chant : *Polymnie* (1839, in-4°), avec le savant M. L. Quicherat, très-versé aussi dans l'art musical. — Y.

* **SONNTAG** ou **SONTAG** (HENRIETTE-GERTRUDE-WALPURGIS), comtesse **ROSSI**, cantatrice célèbre. — Plusieurs écrits ont été publiés sur cette grande artiste ; le premier, paru

(1) V. Castil-Blaze, *l'Académie impériale de musique*, t. Ier, p. 459-460.

en Angleterre, est ainsi intitulé : *A Memoir on the countess de Rossi* (*Madame Sontag*) *published by Mitchell*, Londres, in-8°; un autre a été donné en France sous ce titre : *Biographie de la comtesse Rossi*, Paris, Sartorius, 1850, in-18. Un journal de Paris, *la Musique*, avait inséré, dans son numéro du 13 janvier 1850, une notice sur Mme Sontag due à Théophile Gautier et intitulée *l'Ambassadrice*; cette notice fut imprimée et publiée peu de temps après en Belgique, sous forme de brochure : *l'Ambassadrice, biographie de la comtesse Rossi*, Bruxelles, Stapleaux, 1850, in-18. Mlle Sontag a fourni aussi à Rellstab (*Voy.* ce nom) le sujet d'un roman satirique donné par lui sous ce titre : *Henriette* ou *la Belle Cantatrice*. Enfin, on n'ignore pas que le livret de l'opéra de Scribe et Auber, *l'Ambassadrice*, dont l'héroïne s'appelle aussi Henriette, a été inspiré de même par les événements de la vie de la célèbre artiste.

D'après l'inscription placée sur sa tombe, la date de la naissance de Mme Sontag est le 3 janvier 1806, et non le 13 mai 1805.

Une sœur cadette de cette admirable artiste, Mlle *Nina Sontag*, avait, comme elle, embrassé la carrière du théâtre, puis, à l'âge de quarante ans environ, avait pris le voile au couvent de Marienthal, dans la Saxe. C'est là qu'elle est morte, dans un âge avancé, le 22 septembre 1879. — Un frère de ces deux artistes, Carl Sontag, avait aussi appartenu au théâtre. Il a publié sur sa sœur une monographie ainsi intitulée : *Henriette Sonntag, aus Karl Sonntag's Bühnenerlebnissen* (Souvenirs de théâtre), Hanovre, Helwig, 1875. — Il reste deux autres frères de la célèbre cantatrice, dont un est colonel dans l'armée autrichienne.

Quatre ans après la mort d'Henriette Sontag à Mexico, en 1858, ses restes furent ramenés au couvent de Marienthal, retraite de sa sœur, qui l'aimait tendrement; toutes deux y reposent aujourd'hui dans le même tombeau.

SONTHEIM (Henri), chanteur dramatique allemand très-renommé, est né en Wurtemberg. Doué d'une splendide voix de ténor, il étudia le chant sous la direction du ténor Haizinger, et fut engagé pour toute sa vie au théâtre de Stuttgard, avec le titre de chanteur de la cour. Pendant les voyages qu'il faisait chaque année à l'époque de la fermeture du théâtre de Stuttgard, il se faisait entendre sur les scènes les plus importantes de l'Allemagne, et partout excitait la plus grande admiration. Quoique aujourd'hui avancé en âge, il est considéré comme le plus parfait Eléazar qu'on ait entendu jamais en Allemagne dans *la Juive*, et non-seulement il chante, mais il joue ce rôle d'une façon incomparable. La voix forte et sonore de M. Sontheim est celle du véritable ténor héroïque; il possède en même temps une telle habileté dans l'emploi de la voix mixte, et ses nuances dans le piano sont d'un si excellent effet, que l'un de ses triomphes fut aussi le rôle de Georges Brown de *la Dame blanche*. Il a obtenu encore de grands succès dans *Astorga*, dans *les Huguenots*, *Guillaume Tell*, etc.

M. Sontheim a pris récemment sa retraite, avec une pension et le titre de membre d'honneur du théâtre de la cour de Stuttgard. Il vit aujourd'hui dans sa propriété de Iebenhausen, située près de cette ville. J. B.

* **SOR** (Ferdinand), ou plutôt *Sors*, ainsi que l'écrivent ses compatriotes, guitariste célèbre et compositeur, naquit à Madrid non le 17 février 1780, mais le 14 février 1778. Son opéra *Télémaque dans l'île de Calypso* fut représenté au théâtre Principal de Barcelone, le 19 mai 1798 (1). Pour ce qui concerne sa carrière française, le ballet de *Cendrillon*, dont il avait écrit la musique, fut joué à l'Opéra le 3 mars 1823. Il a fait encore, en société avec Schneitzhoeffer, la musique d'un petit ballet en un acte, *le Sicilien* ou *l'Amour peintre*, qui fut donné au même théâtre le 11 juin 1827, et avec Singelée celle d'un autre ouvrage du même genre, *Arsène* ou *la Baguette magique*, dont la représentation eut lieu à Bruxelles en 1845, plusieurs années après sa mort.

SORACI (Paolo), chef d'orchestre et compositeur italien, naquit en Sicile. Il fit représenter en 1871, sur l'un des théâtres de Messine, un opéra qui avait pour titre *Eleonora da Romano*. En 1875, il remplissait au théâtre de Côme les fonctions de *maestro concertatore*, et le 9 octobre 1876 il donnait sur la petite scène de Santa-Radegonda, de Milan, un nouvel ouvrage dramatique, intitulé *Ginevra*. Peu de temps après, au mois de février 1877, il mourait à Milan.

SORDELLI (Giuseppe), compositeur italien, a fait représenter à Pavie, en 1846, un drame lyrique intitulé *la Solitaria delle Asturie*.

SORIA (Jules **DIAZ DE**), chanteur distingué, est né à Bordeaux, de père et mère français, originaires du Portugal. A huit ans, il entra en qualité d'enfant de chœur à la synagogue de Bordeaux, et, jusqu'à l'âge de treize ans, s'y fit entendre comme soliste. Il avait

(1) Je tire ces renseignements d'un écrit publié récemment en Espagne : *Calendario lirico italiano*, par M. Joaquin Meras (Madrid, Romero y Marzo, 1877, in-8°).

alors une voix de soprano très-étendue. A douze ans, il fut admis à la Société Sainte-Cécile, et, pendant deux ans, y apprit le solfége. Cependant l'époque de la mue était arrivée, et sa voix d'enfant l'avait abandonné pour faire place à une basse chantante assez caractérisée. En même temps, M. de Soria faisait ses premiers pas dans la carrière commerciale, à laquelle il était destiné, et qu'il n'a jamais abandonnée. Chargé de voyager pour la maison qui se l'était attaché, il eut occasion, en 1864, de visiter l'Italie et d'y suivre les chanteurs les plus en renom. Cette circonstance développa ses heureuses dispositions pour le chant. Sa voix était devenue définitivement un baryton d'une excellente qualité. Il voulut mettre en valeur les ressources de ce généreux organe et se perfectionner par l'étude, en s'appropriant les procédés des artistes dont le talent et la méthode l'avaient plus particulièrement frappé. Pendant une seconde tournée, il se produisit à Marseille dans des réunions privées, et y fit sensation. De retour en Italie, il chanta devant Donzelli, Liverani, Verdi, qui le comblèrent d'éloges, et devant Mercadante, qui lui dit : *Je vois bien que vous n'avez jamais eu de professeur : continuez à n'en pas avoir ; vous n'avez rien à apprendre d'eux.* En novembre 1866, M. de Soria fut chargé par la municipalité de Venise d'interpréter sur le grand canal une ballade pour solo et chœur, écrite par le compositeur Tessarin pour célébrer l'entrée des troupes italiennes. Depuis cette époque jusqu'en 1873, M. de Soria se fit entendre fréquemment dans les grandes villes d'Europe, où ses affaires l'amenaient d'une façon en quelque sorte périodique, et y acquit une autorité toujours grandissante. Son arrivée dans chacune d'elles était de plus en plus fêtée, et sa présence était l'occasion des auditions musicales les plus courues. A Rome, il était particulièrement choyé par les élèves de l'École française. Pendant l'année néfaste 1871, il prit part dans cette ville à un concert international, où il eut à cœur de faire applaudir, à ce moment, des compositions françaises par un public cosmopolite. En 1873, il fit sa première apparition à Paris sur la scène du Conservatoire et obtint un vif succès à côté de Mme Carvalho, de MM. Planté, Alard et Dancla. Il se décida alors à demander à son talent autre chose que des satisfactions d'amour-propre. Il se produisit dans beaucoup de salons à Paris et participa à une tournée organisée par l'*impresario* Ulmann, tournée dans laquelle il parcourut la province en compagnie de MM. Planté, Léonard, Alard, Sivori, Franchomme et de Mlle Marimon. Il alla en Angleterre, en Italie, en Autriche, où les directeurs du Conservatoire de Vienne lui demandèrent une audition; dans les principautés Danubiennes, en Turquie, en Russie et en Grèce. A Athènes, où l'on organisa en son honneur deux concerts dont le produit devait aider à la fondation d'un Conservatoire national, M. de Soria eut un succès d'enthousiasme, et le roi, l'ayant mandé dans son palais, le décora de l'ordre du Sauveur. En 1877, il fut appelé à Paris par le consistoire israélite, qui inaugurait le temple de la rue Buffault, pour contribuer par son talent à l'éclat de la cérémonie. Peu après, il joua *Hamlet* à Nice sur une scène particulière qui avait été installée à l'occasion d'une fête de charité. M. de Soria a chanté aussi plusieurs fois à Paris dans les réunions officielles, à Londres devant le prince de Galles, en Italie devant le prince Humbert. Gounod a écrit pour lui son charmant duo-barcarolle et la pièce : *O dille tu.* Félicien David l'avait en très-haute estime, et la presse technique allemande, qui lui a été favorable, a loué sa façon d'interpréter les mélodies de Schubert et de Schumann. Enfin, des offres brillantes lui ont été faites pour prendre le théâtre, et y créer des rôles spécialement écrits pour lui. M. de Soria a résisté jusqu'à ce jour à ces propositions séduisantes, préférant s'en tenir à la spécialité de chanteur de concert, dans laquelle il a fait sa réputation.

M. de Soria possède un baryton élevé, sonore et moelleux. L'étendue de cette voix, chaude et bien timbrée, est encore accrue par des sons de tête très-purs, dont le caractère se rapproche beaucoup de ceux du ténor. C'est ce qu'on appelle *un Martin.* L'émission est facile, et la voix se trouve en quelque sorte toute posée sur les lèvres, comme chez les chanteurs formés à la grande école italienne. Ce qui caractérise sa manière, c'est l'absence de tout effort et une étonnante facilité à varier les timbres. L'artiste trouve dans cette opposition de timbres une source d'effets tout particuliers, — soit en passant de la voix sombrée habilement ménagée à la voix claire réduite à une ténuité telle qu'elle arrive à *la blancheur*, — soit en faisant se succéder l'un à l'autre ces deux timbres par des nuances graduées qui modifient insensiblement la couleur du son. C'est même là, on peut le dire, ce qui le distingue de la plupart des artistes contemporains, dont l'organe est défraîchi et le chant rendu monotone par l'usage presque exclusif de la voix sombrée.

Quelques critiques à Paris se sont montrés sévères à l'égard de M. de Soria, et ont contesté son talent. On peut lui reprocher un peu d'afféterie et des oppositions trop multipliées, que le sens des paroles ou de la phrase musicale ne justifie pas toujours. Il est possible aussi que ce talent délicat, susceptible pourtant d'énergie, ne fût pas de mise dans le drame lyrique et ne pût en affronter les fatigues. Mais on n'en saurait nier le charme, ni l'action sur le public. Tel qu'il est, il n'est pas sans analogie avec celui de Garat, qui, dans un autre temps et avec des qualités supérieures, ne rechercha pas plus que M. de Soria les triomphes du théâtre, et dut aussi à sa nature et à ses propres observations plus qu'à la science et à une forte éducation.

AL. R — D.

* **SORIANO FUERTES** (MARIANO), compositeur et musicographe espagnol, est l'auteur des deux écrits dont voici les titres : 1° *Memoria sobre las sociedades corales en España ;* 2° *España artistica é industrial en la Exposicion de* 1867, un vol. in-8°. Soriano Fuertes est mort à Madrid, au mois d'avril 1880.

SOSSON (.....), clerc tonsuré, compositeur, devint vers 1775 ou 1780 directeur de la maîtrise de l'église Saint-Pierre, de Caen. Il fit exécuter dans cette église un *Magnificat Dominus,* motet à grand chœur et à grand orchestre, et à l'église des Cordeliers, en 1785, pour la fête que l'Université fit célébrer en actions de grâces de la naissance du Dauphin, un *Te Deum* et une messe à grand orchestre. Le 9 octobre 1793, Sosson était nommé maire de la ville de Caen. Au commencement de ce siècle, cet artiste, ex-clerc tonsuré, ex-maître de chapelle, ex-officier municipal, se livrait à l'enseignement de la harpe et de la lyre.

SOUBIES (ALBERT), critique musical français, est né à Paris le 10 mai 1846. Après avoir fait de bonnes études littéraires au lycée Louis-le-Grand, il étudia le droit et se fit recevoir avocat. Cependant, il se sentait attiré vers la musique, qu'il avait cultivée en amateur, et il suivit au Conservatoire le cours d'harmonie de M. Savard, après quoi il entra dans la classe de fugue et de composition de Bazin, tout en travaillant l'orgue avec M. Alexandre Guilmant. Après avoir acquis ainsi une instruction solide, M. Soubies s'occupa d'histoire et de critique artistiques, et tout d'abord songea à reprendre, après soixante années d'interruption, la publication du célèbre almanach des spectacles connu naguère sous le titre de *Spectacles de Paris.* Aidé d'un de ses amis, M. Paul Milliet, il fit paraître en 1875 le premier volume de cette nouvelle collection, qu'il intitula ainsi : « *Almanach des spectacles,* continuant l'ancien *Almanach des spectacles* publié de 1752 à 1815, tome premier (XLIX° de la collection), année 1874 » (Paris, Jouaust, 1875, in-18 avec une eau-forte). M. Soubies donna ensuite, seul (excepté le troisième volume, que son frère a signé avec lui), les deuxième, troisième, quatrième et cinquième années de cette nouvelle série, publiée avec un soin et un luxe typographique du meilleur goût et accompagnée de portraits qui la rendent doublement intéressante. Depuis quelques années, le même écrivain signe du pseudonyme : *B. de Lomagne,* les articles de critique musicale du journal *le Soir.* Il s'occupe en ce moment d'une histoire des principaux théâtres de Paris depuis 1848.

***SOUBRE** (ETIENNE-JOSEPH), compositeur, directeur du Conservatoire de Liége, est mort en cette ville le 8 septembre 1871. Le grand violoniste Henri Vieuxtemps a écrit sur cet artiste une notice biographique qui a été publiée dans l'*Annuaire de l'Académie royale de Belgique* et dont il a été fait ensuite un tirage à part (Bruxelles, Hayes, 1872, in-12).

Deux filles de cet artiste, Mlles *Mariette* et *Anna Soubre,* se sont consacrées à la carrière du chant.

***SOULLIER DE ROBLAIN** (CHARLES-SIMON-PASCAL), écrivain musical, est mort à Paris dans les premiers jours de janvier 1879. Après être retourné dans son pays natal, cet artiste était revenu, vers 1871, se fixer à Paris, où il avait pris part à la rédaction de divers journaux, entre autres l'*Art musical* et la *Chronique musicale ;* il y publia ensuite un écrit aussi prétentieux qu'incompréhensible, ainsi intitulé : *les Néogammes, essai scientifique d'une nouvelle théorie musicale appliquée au développement du mystère de l'origine des modes et des tons,* Paris, Escudier, s. d. (1877), petit in-8°. Cela est aussi médiocre que les autres productions de l'auteur, parmi lesquelles il faut encore signaler un *Annuaire musical, ou Guide des compositeurs, professeurs, artistes, amateurs, facteurs d'instruments et éditeurs de musique, pour* 1855, Paris, Sylvain-Saint-Étienne, in-8°.

SOURINDRO MOHUN TAGORE, rajah indien, dilettante passionné, a fondé à Calcutta l'École de musique du Bengale, dont il est le président. Cette école indigène, due à son initiative, organisée sur les mêmes bases que nos Conservatoires européens et entretenue presque exclusivement à ses frais, s'est ouverte le 3 août 1871 ; elle publie des rapports annuels sur la marche de l'institution, et c'est par l'un de ces rapports, le troisième (1874-75), qu'on apprend qu'à la fin du mois de juin 1875 l'école comptait huit professeurs, tous indigènes, dont deux pour la *sitara*, un pour le *bahoolin* ou violon, un pour le *mrdunga* (instrument de percussion, servant à l'accompagnement), trois professeurs de chant, et un de théorie musicale. L'établissement était fréquenté alors par soixante élèves, qui y recevaient l'instruction musicale moyennant une rétribution d'une roupie par mois. Les prix décernés à ces élèves à la fin de l'année scolaire consistent, comme en Europe, en instruments et en livres d'étude. Des témoignages très-élogieux d'Européens, qui paraissent versés dans la connaissance des choses de la musique, montrent l'École de musique de Calcutta en pleine voie de prospérité.

Ce ne serait pas assez dire que de donner au rajah de Tagore la qualification de dilettante. Théoricien, compositeur et poëte, il a fait de l'art une étude approfondie, et on lui doit, entre autres, les publications suivantes : 1° *Sangîta-Sâra-Sangrahas* (littéralement : *Musicæ essentiæ collectio*), Calcutta, 1875, ouvrage qui, si l'on s'en rapporte au titre et à la table des matières, paraît une compilation d'anciens traités de musique, publiée et annotée par le savant rajah; il est divisé en six parties, dont la première traite des sons (*nâda-adhyâyas*), la seconde, des modes (*râga-adhyâyas*), la troisième, de l'enchaînement des sons et des rhythmes, c'est-à-dire de la composition (*prabandha-adhyâyas*), la quatrième, des instruments (*vâdya-adhyâyas*), la cinquième, de la mesure (*tâla-adhyâyas*), enfin, la sixième et dernière, de la danse (*nrtya-adhyâyas*) ; 2° *Victoria-Gîtikâ* (Calcutta, 1875, in-8°), recueil de 118 chants sanscrits, relatifs aux faits principaux de l'histoire d'Angleterre depuis la conquête normande jusqu'à l'époque actuelle, dont la poésie et la musique sont du rajah de Tagore (avec une transcription en langue musicale européenne accompagnant la notation hindoue); 3° 50 Chants sanscrits (quatrains et distiques) en l'honneur du prince de Galles, poésie et musique du rajah de Tagore.

Le rajah Sourindro, qui a fait don au musée du Conservatoire de Bruxelles d'une collection complète des instruments de musique hindous, et à l'Académie royale de Belgique de toute une série de publications et d'ouvrages relatifs à la musique indienne, est membre associé de l'Académie de Sainte-Cécile de Rome.

* **SOWINSKI** (Albert), pianiste polonais, compositeur distingué et écrivain musical, est mort à Paris, le 5 mars 1880.

SOYER-VVILLEMET (H.....-F.....), bibliothécaire en chef et conservateur du cabinet d'histoire naturelle de la ville de Nancy, a inséré des sciences, lettres et arts de Nancy, un travail ainsi intitulé : *Observations sur la gamme* en 1836, dans les *Mémoires* de la Société royale *mineure*. Il a été fait un tirage à part de cet écrit (Nancy, Thomas, 1837, in-8° de 17 pp.).

SOZZI (Luigi), compositeur italien, est l'auteur d'un opéra semi-sérieux, *le Memorie del Diavolo*, dont le livret était imité de la pièce française du même titre, et qui a été représenté à Milan, au théâtre Carcano, dans le cours du mois de décembre 1864. Le 1er octobre 1879, le même artiste, ou un artiste du même nom, donnait au théâtre de Lecco un autre opéra intitulé *Adelina*.

* **SPAETH** (André), compositeur, ancien maître de chapelle de la cour de Saxe-Cobourg, est mort à Gotha au mois de mai 1876. Cet artiste était né à Rossach (et non Kossach).

SPARK (William), organiste anglais, docteur en musique, est, je crois, fixé à Leeds. M. Spark, qui est un artiste distingué, est le directeur d'une publication intéressante, *the Organist's Quarterly Journal of original compositions*, dans laquelle il fait connaître des œuvres originales des principaux organistes anglais ou étrangers. Entre autres publications faites par M. Spark, je citerai aussi un recueil de *Vingt Marches célèbres*, arrangées pour l'orgue, avec pédale obligée.

SPEIDEL (Wilhelm), compositeur allemand distingué, est né à Ulm le 3 septembre 1826. Son père, excellent chanteur, lui apprit les éléments de la musique, après quoi il fut envoyé à Munich pour s'y perfectionner sous la direction des deux frères Ignace et Franz Lachner. En 1852 il faisait à Leipzig, avec un très-grand succès, ses débuts comme virtuose pianiste, et un peu plus tard il faisait la connaissance de Schumann, dont il subit vivement l'influence. En 1854 il obtint un emploi de directeur de musique à Ulm, mais lors de la fondation du Conservatoire de Stuttgard il y fut appelé comme professeur, et conserva ces fonctions jusqu'à l'année 1874, époque où il fonda lui-même, dans cette ville, un institut musical qui compte aujourd'hui plus de cent élèves.

Directeur du *Männergesangverein* de Stuttgard, M. Speidel a publié environ 60 compositions, parmi lesquelles on cite sa belle musique pour la tragédie d'Œhlenschlager, *le Roi de Helge*, des trios, des quatuors, des sonates, beaucoup de pièces de piano, et une quantité d'excellents chœurs pour voix d'hommes. M. Speidel a fait aussi une édition des sonates d'Haydn et des œuvres de piano de Mendelssohn, et, avec M. Singer, une édition des sonates pour piano et violon de Mozart. J. B.

SPEIDEL (Louis), écrivain et critique musical autrichien distingué, frère du précédent, est né à Ulm le 11 avril 1830. Il apprit la musique de son père et de son frère, et après avoir terminé ses études philosophiques à l'Université de Munich, il devint collaborateur de la *Gazette générale d'Augsbourg*. En 1853, il se fixa à Vienne comme correspondant de ce journal, et bientôt fut chargé en cette ville du feuilleton de *la Presse*. Lors de la création de la *Nouvelle Presse libre*, il fut appelé à y écrire le feuilleton littéraire et théâtral, qu'il a conservé jusqu'à ce jour et où il a déployé un rare talent; cela ne l'a pas empêché de prendre part, en qualité de critique musical, à la rédaction du fameux journal *Fremdenblatt*, où ses articles sont recherchés et lus avec avidité. Dans les articles que M. Speidel écrit pour cette feuille importante, il relate de la façon la plus piquante tous les événements de la vie musicale de Vienne; ses critiques sont courtes, mais justes, remplies de saillies mordantes, et étincelantes d'esprit.

M. Speidel est un des adversaires les plus acharnés de M. Richard Wagner; ses analyses des dernières œuvres de ce maître sont de véritables modèles d'une polémique énergique, d'une critique vigoureuse en même temps que spirituelle, et restant toujours dans les limites des plus strictes convenances. L'écrivain possède d'ailleurs de vastes connaissances musicales, et une instruction aussi solide et variée que profonde et étendue; son style est irréprochable, et il est certainement l'un des critiques les plus considérés et les plus considérables de Vienne. Les convictions artistiques de M. Speidel ne sont d'ailleurs jamais influencées par qui ou par quoi que ce soit, et l'indépendance avec laquelle il exprime franchement et ouvertement son opinion donne à tout ce qui sort de sa plume une énorme importance. J. B.

***SPEIER** (Wilhelm), violoniste et compositeur, est mort à Francfort-sur-le-Mein le 5 avril 1878.

SPENCER (Charles-Child), pianiste et professeur anglais, est l'auteur d'un manuel qu'il a publié sous ce titre et dont il n'a pas été fait moins de huit éditions : *Music, a rudimentary and practical treatise on* (*Traité élémentaire et pratique de la musique*, avec de nombreux exemples), Londres, Lockwood. Cet artiste a publié encore le traité suivant : *the Pianoforte, the rudiments of the art of playing* (*le Piano, éléments de l'art de l'exécutant*), Londres, Lockwood, in-12.

***SPERANZA** (Giovanni-Antonio), compositeur dramatique italien de la première moitié du dix-neuvième siècle, est mort fou, à Milan, en 1850. Francesco Regli, au *Dizionario biografico* duquel j'emprunte ce renseignement, dit qu'il était alors âgé de trente-huit ans, ce qui reporterait la date de sa naissance à 1812, et non à 1816. A la liste des partitions de cet artiste, il faut ajouter deux opéras bouffes, *l'Allogio militare*, et *Java*. Selon Regli, Speranza aurait fait son début dans la carrière, non à Naples avec *Gianni di Parigi*, mais à Turin, avec *i Due Figaro*. Ce biographe est évidemment dans l'erreur, car l'ouvrage intitulé *i Due Figaro* ne fut pas joué d'origine à Turin, comme il le dit, ni à Naples en 1838, comme l'a dit la *Biographie universelle des Musiciens*, mais sur le théâtre ducal de Parme, le 20 avril 1840. Speranza était né à Mantoue.

SPETRINO (Francesco), jeune compositeur italien, élève du Conservatoire de Palerme et de M. Platania, directeur de cet établissement, a fait représenter sur le petit théâtre du Conservatoire, par ses condisciples, au mois de novembre 1876, un opéra sérieux en trois actes intitulé *Filippo II*. Les journaux locaux ont adressé de grands éloges à cet ouvrage, dont le succès paraît en effet avoir été exceptionnel, car il n'a pas été joué moins de huit fois.

SPIGA (L.....), musicien italien, a écrit la musique d'*il Barbiere e l'Avaro*, opéra bouffe qui a été représenté à Parme au mois de février 1876. Le même artiste est l'auteur d'une méthode de chant qu'il a publiée sous ce titre : *Breve Guida per l'allievo di canto, con 32 esercizi pel vocalizzo*, Milan, Lucca, in-8°.

***SPINDLER** (Fritz), pianiste et compositeur allemand, n'a cessé de produire depuis plus de trente-cinq ans, de telle sorte que le nombre de ses œuvres publiées dépasse aujourd'hui le chiffre de 300, comprenant un bien plus grand nombre de morceaux, car il est tel recueil de M. Spindler qui en contient quatre, cinq, six et même davantage. Parmi ces recueils, je signalerai, entre autres, les suivants : *Studienblätter*, op. 245; *Im Wald und auf der Haide*, 10 pièces de caractère, op. 258; *Libellules*, 6 airs de danse, op. 294; 6 sonates brillantes à quatre mains, op. 296; *Musikalische Gedenkblätter*, 4 morceaux à 2 mains, op. 299; *Waldlieder*, 6 morceaux, op. 300; *Kornblumen*, 5 morceaux, op. 304; etc. Puis, une quantité innombrable de pièces détachées de toute forme et de tout genre. J'ignore quelle est la valeur de toute cette musique.

SPITTA (Emmanuel-Philippe), écrivain musical allemand distingué, actuellement professeur d'histoire de la musique à l'École musicale de Berlin, est né à Leipzig le 27 décembre 1841. M. Spitta s'est acquis une grande renommée par sa biographie du célèbre Jean-Sébastien Bach, dont le premier volume seul a paru à Leipzig, chez les éditeurs Breitkopf et Hærtel, et dont le second et dernier est en ce moment sous presse (1879). Cet ouvrage, aussi remarquable par l'abondance des renseignements que par la solidité du style, est utile non-seulement par les détails pleins d'intérêt qu'il donne sur le grand Bach, mais aussi par les faits qu'il révèle sur les grands artistes qui l'ont précédé, tels que Buxtehude, Wachelbel, etc.

J. B.

***SPITZEDER-VIO** (Mme Betty), cantatrice dramatique allemande, est morte à Munich au mois de décembre 1872.

SPOETH (Jean-Adam), constructeur d'orgues allemand fort habile, qui vivait dans la seconde moitié du dix-huitième siècle, est l'auteur du bel orgue de la cathédrale de Ratisbonne, qui date de cette époque.

***SPOHR** (Louis), violoniste célèbre et compositeur. — Les ouvrages suivants ont été publiés sur cet artiste illustre : *Louis Spohr's Selbstbiographie* (*Autobiographie de Louis Spohr*), Cassel, Wigand, 1860-1861, 2 vol. in-8°, avec portrait et *fac-simile ; Louis Spohr, sein leben und wirken, dargestellt von seinem schüler Alexander Malibran* (*Louis Spohr, sa vie et ses œuvres, par son élève Alexandre Malibran*), Francfort-sur-le-Mein, Sauerlander, 1860, in-8° avec portrait (1). *Grabrede, gehalten bei der feierlichen Beisetzung des verewigten General-Musikdirectors und Hof-Kapellmeisters Dr Louis Spohr am* 25 *october* 1859, *von L. Jatho* (*Discours funèbre prononcé sur la tombe de Louis Spohr*, etc., par L. Jatho), Cassel, Wigand, une 1/2 feuille in-8°. — La *Sud-deutsche Musikzeitung* (*Gazette musicale du sud de l'Allemagne*) a donné, vers 1860, une série de quatorze articles intitulés : *Esquisses de la vie de Louis Spohr d'après son Autobiographie*. En 1860 et 1861, *la Revue et Gazette musicale de Paris* a extrait et traduit divers épisodes du même ouvrage.

***SPONTINI** (Louis-Gaspard-Pacifique). — Le centième anniversaire de la naissance du grand compositeur a été célébré deux fois à Majolati, son village natal, d'abord à sa vraie date (septembre 1874) d'une façon un peu mesquine, puis un an plus tard avec plus d'éclat. Ce petit bourg s'était piqué d'honneur et s'était efforcé, avec son peu de ressources, d'honorer dignement la mémoire du maître illustre à la générosité duquel il doit la fondation d'un bel hospice de vieillards. Nombre de villes étaient officiellement représentées à cette fête, dont le programme musical se bornait à un hymne de circonstance composé par le maestro Emilio Stacchini, de Jesi, et chanté en plein air, devant l'hospice, par quatre-vingts voix : quarante enfants et autant d'hommes. Discours, tombola, feux d'artifice, etc., aidaient à remplir la journée. Quelques jours après, la ville de Jesi, voisine de Majolati, célébrait aussi ce centenaire, par de belles représentations de *la Vestale*. Cette reprise attira en cette ville beaucoup d'étrangers, désireux d'entendre le chef-d'œuvre de Spontini très-bien exécuté par Mme Wanda Miller, une excellente Julia, par Mme Barlani-Dini, par le ténor Tasca De-Capellio, le baryton Sparapani et la basse Miller.

Il y a plusieurs corrections à faire aux biographies de Spontini les plus répandues jusqu'à ce jour, notamment pour la période qui s'étend depuis son arrivée à Paris jusqu'à la représentation de *la Vestale*. Ces années d'essais et de revers sont souvent les plus intéressantes à connaître dans la carrière des grands compositeurs, mais elles sont aussi les moins connues parce que les premiers biographes s'occupent toujours des années les plus glorieuses, pour lesquelles les preuves et témoignages sont beaucoup plus faciles à réunir : de là quelques erreurs que je relèverai par ordre de date en suivant simplement l'étude sur *les Commencements de Spontini* (1774-1807), que je publiai à la *Chronique musicale*, en octobre 1875, à l'occasion du centenaire du grand compositeur.

Voici d'abord l'ordre exact et la date précise des ouvrages écrits par Spontini pour l'Opéra-Comique de Paris : *la Petite Maison*, 12 mai 1804 ; *Milton*, 27 novembre 1804 ; *Julie* ou *le Pot de fleurs*, 12 mars 1805. *Julie* est bien postérieure d'un an à *Milton*, et n'offre même pas l'intérêt qu'on lui attribue parfois de faire connaître le point de départ de Spontini, et, les partitions qu'il écrivit en Italie faisant défaut, d'accuser la prodigieuse transformation qui s'opéra tout à coup dans ses facultés. On a dit, en effet, que cette pièce avait été jouée d'abord un an plus tôt, à la fin de mars 1804, et que l'insuccès avait décidé Spontini à retirer sa partition pour y faire des changements. *Julie* serait ainsi le premier ouvrage français de Spon-

(1) Alexandre Malibran (*Voy.* ce nom), violoniste, chef d'orchestre et écrivain musical français, avait longtemps habité l'Allemagne.

tini, au lieu de *la Petite Maison*, et cette représentation, en mars 1805, ne serait qu'une reprise. C'est là une erreur : il suffit, en effet, de suivre les spectacles de chaque jour donnés par les journaux du temps, pour s'assurer que *Julie* n'avait pas été jouée, même une fois, en mars 1804, et que la première représentation date seulement de mars 1805. On peut trouver l'explication de l'erreur dans ce fait que la musique, composée d'abord par Fay, avait été, comme le dit Geoffroy dans ses feuilletons des *Débats*, jugée inexécutable par les comédiens et remplacée par celle de Spontini.

Il me paraît également certain que Spontini ne donna pas d'oratorio de sa composition aux concerts spirituels de l'Opéra-Italien, et par conséquent que la cabale qui aurait empêché cette exécution d'aller jusqu'à la fin est tout imaginaire. D'après les circonstances si précises qu'on rapporte, cette scène scandaleuse n'a pu avoir lieu que pendant les jours saints de 1806 ou de 1807, puisqu'elle fut provoquée par ce fait que *la Vestale* était en pleines répétitions; or en 1805 on ne s'en occupait pas encore, et en 1808 toute cabale avait désarmé devant l'éclatant succès du nouvel opéra. Les journaux du temps nous ont transmis les programmes des concerts spirituels des années 1806 et 7, programmes qu'ils inséraient la veille ou le matin même en insistant sur l'œuvre ou l'artiste qui devait former le principal attrait du concert : il est donc hors de doute qu'ils n'auraient pas manqué d'appuyer sur une œuvre religieuse du compositeur dont tout le monde musical se préoccupait si fort. Il n'en est rien. En 1806, la troupe italienne qui donnait des représentations au Théâtre de l'Impératrice, situé rue de Louvois, n'organisa qu'un concert spirituel, pour le mercredi de la semaine sainte, et y fit entendre le *Stabat Mater* d'Haydn. En 1807, l'année précisée par Fétis, il y eut trois concerts : les deux premiers (jeudi et vendredi saints, 26 et 27 mars) étaient composés « des plus beaux morceaux des oratorios du célèbre Guglielmi, *Sisara e Debora* et *Giudite e Oloferno* »; le troisième et dernier eut lieu le samedi, et M. Casimir y exécuta brillamment plusieurs morceaux sur la harpe. Mais nul indice de Spontini ni d'oratorio de sa façon, avant ni après aucun concert.

Il est aussi avéré que, malgré la protection active de l'impératrice, Napoléon non-seulement ne soutint pas Spontini et ses collaborateurs, mais qu'il méconnut même leurs droits acquis, d'abord pour faire jouer l'opéra apologétique du *Triomphe de Trajan*, puis *la Mort d'Adam*, l'opéra de Lesueur, dont il appréciait particulièrement la musique froide et majestueuse. Où donc de Loménie, Raoul-Rochette et Castil-Blaze, se copiant à la file, ont-ils pris l'anecdote d'après laquelle ce serait précisément l'empereur qui aurait protégé Spontini en empêchant *la Vestale* de succomber sous les intrigues des envieux ? La scène qu'ils prétendent s'être passée à un concert des Tuileries n'est que roman : outre que l'empereur, qui n'aimait aucunement la musique, était incapable de développer sa pensée comme on le rapporte sur une œuvre musicale quelconque, la supplique à lui adressée par Jouy et Spontini et les pièces des archives de l'Opéra prouvent en toute évidence qu'il n'appuya jamais l'opéra de Spontini, et que, bien au contraire, il le rejeta toujours au second rang, d'abord après *le Triomphe de Trajan*, puis après *la Mort d'Adam*. Cette dernière décision aurait peut-être été un arrêt de mort pour le chef-d'œuvre de Spontini, si un bienheureux hasard n'avait fait que la partition de Lesueur ne se trouva pas prête au moment précis où il fallait la livrer au copiste. Spontini sut assez bien profiter de ce coup de fortune pour reconquérir son tour de représentation; *la Mort d'Adam* fut reculée de plus d'un an, et *la Vestale*, d'abord annoncée pour le vendredi 11 décembre, fut définitivement exécutée le mardi 15 décembre 1807 (1).

AD. J—N.

* **SPONTONE** (BARTOLOMEO), musicien italien du seizième siècle, vivait non à Venise, mais à Bologne, où il occupait les fonctions de maître de chapelle de la collégiale de San-Petronio. Homme distingué, musicien éminent, aussi apprécié pour son remarquable talent que pour ses qualités morales et sa haute valeur personnelle, cet artiste occupait une grande situation, et sa renommée était grande non-seulement à Bologne, mais dans toute l'Italie. Il avait commencé l'étude du contre-point à Bologne, avec le vieux maître de chapelle Nicolò Mantovani, et avait continué ses études à Rome, d'abord avec Jacques de Ponte, puis avec le célèbre Morales. Né à Bologne vers 1529, comme l'éta-

(1) Deux publications ont été faites à l'occasion des fêtes célébrées à Majolati et à Jesi pour le centenaire de Spontini : 1° *Vita di Gaspare Spontini*, par Alcibiade Moretti, Imola, 1878, petit in-8° de 36 pp.; 2° *Ricordo del primo centenario di Spontini*, Jesi, in-8. Il faut citer aussi une publication allemande faite sur ce grand artiste : *Spontini in Deutschland*, etc. (*Spontini en Allemagne, ou Appréciation impartiale de ses procédés pendant les dix dernières années de son séjour en ce pays*), Leipzig, Steinacker et Hartknoch, 1830, in-8°. La veuve de Spontini, qui était la fille de Sebastien Erard et la sœur de Pierre Érard, est morte à Passy (Paris), le 30 septembre 1878. — A.P.

blit d'une façon très-probable M. Gaspari dans ses *Memorie risguardanti la storia dell' arte musicale in Bologna al XVI secolo*, il retourna dans sa ville natale après avoir terminé son éducation à Rome, et commença modestement sa carrière en entrant comme chantre à la basilique de San-Petronio, en 1551. Il abandonna cet emploi l'année suivante, et ce n'est que vingt-cinq ans plus tard, en 1577, qu'il rentra dans cette église en qualité de maître de chapelle, avec un traitement de vingt lires par mois. Ce traitement était mince, mais le chapitre était si satisfait des services de Spontone, qu'il l'augmentait spontanément par des gratifications et des libéralités qui n'étaient pas habituelles. Toutefois, et en raison du mauvais état de sa santé, Spontone ne conserva ces fonctions que pendant six ans, jusqu'au mois de juin 1583; on le retrouve en 1588 à Vérone, où il occupe celles de maître de musique de la cathédrale. On ignore l'époque de la mort de ce grand artiste.

Voici la liste des œuvres de Bartolomeo Spontone : 1° *il Primo libro di madrigali a 4 voci*, Venise, Scoto, 1558; 2° *il Secondo libro de madrigali a 5 voci, con una canzone*, Venise, Gardano, 1567; 3° *Libro terzo de madrigali a 5 voci*, Venise, Gardano, 1583; 4° *Missarum quinis, senis et octonis vocibus, liber primus*, Venise, 1588. On trouve aussi des compositions de cet artiste dans les recueils suivants, qui doivent être ajoutés à ceux qui ont été signalés dans la *Biographie universelle des Musiciens* : 1° *Di Cipriano de Rore il quinto libro di madrigali a 5 voci, insieme alcuni de diversi*, Venise, Gardano, 1568; — 2° *i Dolci Frutti primo libro de vaghi et dilettevoli madrigali di diversi eccellentissimi auttori*, Venise, Scotto, 1570; — 3° *Musica di XIII autori illustri, a 5 voci*, Venise, Gardano, 1576; — 4° *il Primo Fiore della Ghirlanda musicale, a 5 voci... di diversi eccellentissimi musici*, Venise, Scotto, 1577; — 5° *il Lauro secco, libro primo di madrigali a 5 voci di diversi autori*, Ferrare, Baldini, 1582; — 6° *il Gaudio, primo libro de madrigali de diversi eccellentissimi musici, a 3 voci*, Venise, Scotto, 1586; — 7° *Spoglia amorosa, madrigali a 5 voci de diversi eccellentissimi musici*, Venise, Gardano, 1592.

Bartolomeo Spontone eut un frère, *Alessandro Spontone*, qui fut son élève et qui devint un musicien pratique habile. On ne dit pas qu'il se soit livré à la composition.

SPORCK (Le comte RUDOLPHE), compositeur allemand contemporain, est l'auteur d'un opéra romantique, *das Nixenmædchen (l'Ondine)*, qui a été représenté avec succès au Landes-théâtre de Prague, au mois de février 1877.

* **SPOURNI** (VENCESLAS). — Cet artiste, qui prenait sur ses compositions le titre de « compositeur de S. A. Mgr le prince de Carignan », a publié les œuvres suivantes : 6 Sonates en duo pour deux violoncelles; Sonates pour le violoncelle, op. 4, 12, 13 et 14 (Paris, Leclerc). Je ne connais pas ses autres productions.

* **SQUARCIALUPI** ou **SCHUARCIALUPI** (ANTOINE). — M. Fétis, dans sa *Biographie universelle* (2e édition), assure que ce musicien célèbre était organiste au service de Laurent de Médicis, dit *il Magnifico*; cette assertion n'est pas exacte, puisque Squarcialupi, issu de famille noble ayant juridiction féodale sur plusieurs châteaux du Val-d'Elsa, n'était pas par conséquent aux gages d'un Médicis, mais comptait au nombre des amis personnels de ce dernier, dont il soutint la famille au milieu des troubles qui désolèrent à cette époque la république florentine. Du reste, cette rectification a peu d'importance, mais nous fournit l'occasion de consigner ici les noms de quelques anciens maîtres auxquels nous ne saurions assigner une place mieux appropriée dans le cours de cet ouvrage.

Le manuscrit ayant appartenu à Squarcialupi, et dont parle M. Fétis, existe à la bibliothèque *Laurenziana* de Florence (C.LXXXVII); il renferme des compositions de plusieurs anciens maîtres dont les noms suivent : *Giovanni da Cascia da Firenze, Vincenzo abate Riminese, Lorenzo da Firenze, Niccolo Preposto Perugino, Fr. Bartolino da Padova, Francesco Cicco (Landino) da Firenze, Frate Egidio e Frate Guglielmo, Agostiniani Francesi Zaccaria, cantore Pontificio, Andrea da Firenze, organista*. Il y a, en outre, dans le même manuscrit, les titres de deux autres chansons de *Paolo abate*, et de *Messer Giovanni da Firenze, organista*, dont cependant la musique n'a pas été notée.

Le savant chanoine Bandini affirme, dans son catalogue illustré de la bibliothèque *Laurenziana*, que tous ces musiciens, sauf Landino, sont entièrement inconnus. Nous croyons que Bandini était dans le vrai en émettant cette assertion : en effet, toutes nos recherches pour trouver quelques renseignements sur leur compte ne nous ont fourni que la date, d'ailleurs incertaine, de la mort de Giovanni da Firenze (*Voy.* ce nom). Ce qui nous semble pouvoir être assuré, c'est qu'ils ont dû fleurir du quatorzième siècle à la moitié du quinzième, et qu'ils ont dû jouir d'une belle réputation à leur époque, en se basant sur ce fait qu'un musicien distingué comme Squarcialupi s'était donné la peine de recueillir leurs compositions, et de les faire copier sur un livre magnifique de parchemin, enluminé et enrichi des portraits de tous ces maîtres placés en tête de leurs compositions respectives.

L.-F. C.

SREZNEWSKI ou **SREZNEFSKI** (........), est l'auteur d'un ouvrage sur les chants populaires des Zaporogues, intitulé : *Zaporozkaia Starina* (Charkow, 1830-1838).

* **STABILE** (François), compositeur italien, naquit à Potenza en 1804, et fit ses études musicales au Conservatoire de Naples, où il fut l'élève de Salini pour le solfége, d'Elia pour le piano, enfin de Furno et de Zingarelli pour l'harmonie, le contre-point et la composition. Après avoir écrit, pour le petit théâtre du Conservatoire, une opérette comique intitulée *lo Sposo al lotto* (1826), il quitta cet établissement en 1828 et se livra à l'enseignement du chant et du piano. En 1836, il faisait représenter au théâtre San-Carlo un opéra sérieux, *Palmira*, qui péchait par l'invention mélodique, mais qui cependant fut assez bien accueilli. Un peu plus tard, il retourna à Potenza, sa ville natale, où il mourut en 1856. On connaît de cet artiste, resté obscur, une messe et quelques autres compositions religieuses.

STACCHINI (........), compositeur italien, est l'auteur de la musique d'un hymne en l'honneur de Spontini, qui fut exécuté en 1875 à Majolati, lors des fêtes célébrées à l'occasion du centenaire du grand artiste.

STAES (Guillaume), organiste et claveciniste belge fort distingué, fut nommé, vers 1750, organiste de la chapelle royale de Bruxelles. On suppose que c'est en 1780 que son fils, dont il fut le maître, lui succéda dans cet emploi, et cette époque fut peut-être celle de sa mort. On ne paraît connaître aucune composition de cet artiste, dont le talent était des plus remarquables.

* **STAES** (Ferdinand-Philippe-Joseph), organiste et claveciniste, fils du précédent, fut aussi son élève, et, comme on vient de le voir, lui succéda dans les fonctions d'organiste de la chapelle royale de Bruxelles. A la liste de ses œuvres, il faut ajouter un cinquième livre de 3 Sonates pour clavecin ou piano, avec violon et violoncelle (Bruxelles, Vanypen), et un recueil intitulé *Idées de campagne* pour clavecin ou piano, avec accompagnement d'un violon, violoncelle et 2 cors, op. 7 (id., id.).

* **STAFFA** (Le baron Joseph), dilettante napolitain, avait fait de bonnes études musicales d'abord avec Francesco Ruggi, puis avec Giacomo Tritto. Possesseur d'une fortune qui lui assurait l'indépendance, il ne cultiva l'art qu'en amateur, mais en amateur pratiquant et actif, comme compositeur d'abord, ensuite comme professeur. Il se livra fort jeune à la composition dramatique, et fit représenter les ouvrages suivants : 1° *Priamo alla tenda di Achille*, Naples, théâtre San-Carlo, 19 novembre 1828; 2° *Francesca da Rimini*, id., id., 12 mars 1831; 3° *un Matrimonio per ragione*, 2 actes, Naples, théâtre du Fondo, 1835; 4° *la Battaglia di Navarrino*, Naples, théâtre San-Carlo, 25 février 1837; 5° *la Zingara*, Naples, théâtre Nuovo, 1845; 6° *il Merciaiuolo ambulante*, id., id., 1846; 7° *Alceste*, Naples, théâtre San-Carlo, 1851. L'insuccès obtenu par ce dernier ouvrage décida l'auteur à ne plus aborder la scène. On lui doit encore une messe pour orchestre et chœurs, qui, exécutée au mois de novembre 1859 dans l'église de *Santa-Maria la Nuova*, fut accueillie défavorablement et lui enleva de même le désir de s'occuper davantage de musique religieuse. Depuis lors il n'écrivit plus, dans quelque genre que ce fût.

Fort instruit dans son art, connaissant toutes les œuvres classiques allemandes, ami sincère du progrès sans vouloir franchir les bornes que lui assigne le sens commun musical, très-épris des grandes compositions de Meyerbeer et de celles de son compatriote Verdi, le baron Staffa, doué de grandes facultés d'assimilation, ne possédait pas le génie de l'invention. Quoiqu'il fût, dit-on, un théoricien fort distingué, il ne fut jamais qu'un médiocre compositeur, et ne put obtenir de succès véritables. Après avoir abandonné la carrière en tant que créateur, il prodigua ses leçons et ses conseils aux jeunes artistes qui venaient les lui demander, et sut se rendre utile en ouvrant la voie à ceux qui venaient après lui. Il aimait d'ailleurs l'art avec une véritable passion, et le cultiva toujours avec amour. Il a publié un *Traité d'harmonie* ainsi qu'un *Traité de composition*, et a fondé à Naples un journal intitulé *la Musica*, qui, je crois, n'a eu qu'une courte existence. Pendant plusieurs années, Staffa dirigea l'orchestre du théâtre du Fondo et du théâtre Nuovo. Cet homme distingué, qui était né à Naples au mois de décembre 1807, mourut en cette ville le 18 mai 1877, dans sa soixante-dixième année. Il était membre et avait été président de la section musicale de l'Académie des sciences, lettres et arts de Naples.

STAHL (Nicolas), un des meilleurs facteurs de pianos de Varsovie, mourut en 1850. Ses instruments étaient très-appréciés en Pologne, à cause de leur solidité.

STAINER (John), docteur en musique, théoricien et écrivain musical anglais, s'est fait connaître par un assez grand nombre de publications parmi lesquelles je signalerai les suivantes : 1° *the Music of the Bible* (*la Musique de la Bible*, avec un aperçu du développement des instruments de musique moderne, depuis les anciens types jusqu'à nos jours), in-8°; 2° *A Dictionary of musical terms* (*Dictionnaire des termes de musique*), en société avec M. W. A. Barrett, Londres, Novello, in-8°; *A Treatise on harmony* (*Traité d'harmonie et classification des accords*, avec questions et exercices à l'usage des élèves), Londres, Novello, ouvrage dont il a été fait quatre éditions; 4° *Christmas Carols* (*Chants de Noël, vieux et nouveaux*), paroles éditées par le Rév. Henry Ramsden Bramley, musique éditée par John Stainer, id., id.; 5° *the School round book* (*Livre de rondes enfantines*), collection de 100 rondes, *catches* et canons, paroles éditées par le Rév. J. Powell Metcalfe, musique éditée par John Stainer, id., id. M. Stainer a donné aussi une nouvelle édition, avec additions, du *Manuel de chant* de Richard Mann. Comme compositeur, on doit, entre autres productions, à M. Stainer une cantate intitulée *the Daugter of jairus*, *Magnificat* et un *Nunc dimittis*, et un certain nombre de *songs* ou mélodies vocales.

STAINLEIN-SAALEINSTEIN (Le comte Louis-Charles-Georges-Corneille DE), amateur distingué de musique et compositeur, naquit en Hongrie le 3 juillet 1819, et mourut à Angleur-lez-Liége le 22 novembre 1867. Fils d'un diplomate, les services qu'il rendit dans la carrière militaire ne l'avaient pas empêché de se livrer avec ardeur à l'étude de la musique. Il acquit d'abord sur le violoncelle un talent remarquable de virtuosité et d'expression, puis se consacra à la composition, et sous ce rapport obtint en Allemagne de vifs succès. Le comte de Stainlein vint en 1857 à Paris, et y donna, en compagnie de MM. Sivori, Casimir Ney, Van Gelder et Ernst Lubeck, quatre séances de musique de chambre dans lesquelles il fit apprécier son habileté comme exécutant, tout en faisant connaître plusieurs œuvres importantes de sa composition : deux quatuors pour instruments à cordes (en *sol* mineur et en *ut* majeur), un trio pour piano, violon et violoncelle, et une sonate pour violoncelle et piano. Cet homme distingué se fixa plus tard en Belgique, où il épousa une dame Nagelmackers, de Liége.

STALDER (Dominique-Xavier), musicien du dix-huitième siècle, naquit à Lucerne en 1725, et montra dès sa jeunesse de telles dispositions pour la musique qu'il fut envoyé en Italie, aux frais de la municipalité de sa ville natale, pour y faire ses études. S'étant fixé plus tard à Londres, il s'y vit très-recherché comme professeur et y amassa une petite fortune, après quoi il quitta l'Angleterre pour remplir les fonctions de maître de chapelle du prince de Monaco, et accepter ensuite un emploi chez le prince de Condé. Ce fut alors qu'il donna à Paris des concerts qui furent très-suivis. Cependant il retourna dans sa patrie, devint pendant quelque temps *rector chori* à Herrgottswaldt, puis organiste à Lucerne, et, jeune encore, mourut en cette ville en 1765. Deux motets manuscrits de cet artiste figurent dans les archives des couvents d'Engelberg et d'Einsiedeln, un *In exitu Israël* et un *In te Domine speravi*. Il a publié à Paris : 1° *Sei Sinfonie a due violini, alto-viola e basso*; 2° *Sei Trio a due violini e basso*; 3° *Sei Sinfonie a quattro parte, con corni.*

* **STAMATY** (Camille-Marie), est mort à Paris le 19 avril 1870. Cet artiste distingué avait été nommé chevalier de la Légion d'honneur le 16 août 1862.

STANFORD (Charles Villiers), compositeur anglais, ne m'est connu que par deux productions importantes, exécutées à Londres en ces dernières années. L'une est un trio en *sol* majeur pour piano, violon et violoncelle; l'autre, une symphonie à grand orchestre qui a obtenu le second prix dans le concours de l'Alexandra Palace, en 1876, et dont l'exécution a eu lieu trois ans plus tard au Crystal Palace. Sans s'imposer par leur originalité, ces deux compositions sont, dit-on, fort estimables, et dénotent un artiste instruit et expérimenté.

STANISTREET (Henri-Dawson), pianiste, organiste et compositeur anglais contemporain, a fait ses études à la maîtrise de l'église cathédrale d'York, et s'est fait ensuite recevoir bachelier, puis docteur en musique. Il est aujourd'hui organiste de l'église paroissiale de Bandon, dans le comté de Cork. On connaît plusieurs compositions importantes de cet artiste, entre autres les psaumes 16 et 69.

STARK (Humphry-John), pianiste, organiste et compositeur anglais contemporain, membre du collége des organistes, s'est fait recevoir licencié en musique en 1874, et l'année suivante a obtenu le grade de bachelier en musique à l'Université d'Oxford. Aujourd'hui professeur d'harmonie pour la classe des femmes au *Trinity-College* de Londres, il remplit aussi les fonctions d'organiste et de chef de chœurs à l'église de la Trinité. M. Stark est l'auteur de diverses compositions religieuses : *Service du soir en ré*, avec orchestre; *Praise the Lord* (*Gloire au Seigneur*), antienne; motets, morceaux pour orgue, etc.

STARK (Ludwig), musicien allemand contemporain, professeur au Conservatoire de Stuttgard, est l'auteur, en société avec un autre professeur au même établissement, M. Sigismond Lebert, d'une grande méthode de piano, dont une traduction française, due à M. Victor Wilder, a été publiée à Bruxelles, chez l'éditeur M. Schott, sous ce titre : *École du pianiste, offrant un enseignement systématique et gradué, depuis les notions les plus élémentaires jusqu'aux études les plus élevées.* On connaît aussi de M. Ludwig Stark plusieurs compositions, entre autres un quatuor pour instruments à cordes, ainsi qu'un ouvrage intitulé *Neue philharmonische Bibliothek.*

STARKE (Johannes), compositeur allemand, est l'auteur d'un opéra-comique en 3 actes, *die Fremden* (*les Étrangers*), qui a été représenté à Mannheim le 1er mai 1877.

STASNY (.....), musicien allemand, a fait représenter à Mayence, au mois d'avril 1879, un opéra intitulé *les Deux Orfèvres.*

STAUDIGL (Joseph), l'un des plus célèbres chanteurs allemands de ce siècle, naquit à Wollersdorf, dans la basse Autriche, le 14 avril 1807. Son père était chasseur dans ce petit village, et l'enfant était destiné à devenir maître d'école. Un instituteur du voisinage lui apprit, dès l'âge de sept ans, à chanter et à jouer du violon, et le 1er novembre 1816 il fut admis comme enfant de chœur à Wiener-Neustadt; il y fit de si grands progrès sous la direction du chef de chœurs de l'endroit, Antoine Herzog, qu'il devint soliste. Il commença l'étude du latin, et apprit en même temps à dessiner, ne pouvant faire de progrès sur le violon. L'architecte Koch, à Wiener-Neustadt, à qui l'on avait fait remarquer son habileté pour le dessin, songeait à le prendre pour élève, l'enfant étant obligé de quitter sa place à cause de la mue de sa voix; mais les parents du jeune Staudigl ne furent pas de cet avis, et comme leurs modiques ressources ne leur permettaient pas de lui faire faire ses études philosophiques, ils exigèrent de nouveau de leur fils qu'il travaillât pour devenir maître d'école.

A cette époque, le jeune homme reçut d'un de ses anciens maîtres, prêtre à l'abbaye de Zwettel, une lettre lui annonçant qu'il s'était chargé de tout pour lui à Krems, et qu'il y pourrait continuer ses études sans soucis. Il se rendit donc à Krems le 2 novembre 1823, se perfectionna dans l'étude du dessin, et, à Pâques de l'année suivante, se voyant de nouveau dépourvu des moyens nécessaires pour continuer son éducation, entra comme novice à l'abbaye de Molk, dépendant de l'ordre de Saint-Benoît. Le 1er novembre suivant, il reçut l'habit de l'ordre, prit un peu plus tard la direction de l'école de dessin de l'abbaye, puis recommença à s'occuper de l'étude du chant avec ardeur.

Cependant, ne se sentant aucun goût pour l'état ecclésiastique, il quitta l'ordre le 13 septembre 1827, et s'en fut droit à Vienne. Dénué de toute ressource, il chercha d'abord à se faire recevoir comme chanteur à la chapelle de la cour, ce qu'il ne put obtenir, sa voix, lui disait-on, n'étant pas assez exercée. A cette époque, le comte de Gallemberg recrutait des artistes pour le théâtre de l'Opéra de la cour, et Staudigl fut engagé comme choriste à ce théâtre le 1er septembre 1828. Dans l'impossibilité de se créer les moyens nécessaires pour étudier la médecine, comme il l'avait désiré, il s'appliqua à perfectionner sa belle voix de basse. Mais il eut à lutter pendant longtemps avant de voir s'améliorer la situation subalterne qu'il occupait au théâtre. Un jour pourtant, une circonstance imprévue vint le mettre à même de se produire avec avantage : l'artiste qui jouait le rôle de Pietro dans *la Muette de Portici* étant tombé subitement malade (17 octobre 1830), Staudigl fut chargé de le remplacer, et le bonheur avec lequel il accomplit son début fixa enfin son sort. Il fut engagé pour cinq ans, avec de meilleurs appointements.

A partir de ce moment, Staudigl travailla le chant avec une nouvelle énergie, se mit sous la direction du célèbre Cicimara, qui lui apprit les rôles de son répertoire, et, devenu l'un des favoris du public, ne cessa, jusqu'à l'année 1845, d'obtenir les plus vifs succès au théâtre de la cour. En 1841, il alla se faire entendre à Londres, enthousiasma les Anglais, et lorsqu'en 1843 il retourna en cette ville et y chanta en anglais, la joie du public ne connut plus de bornes. Lumley, directeur de l'opéra italien, l'engagea pour la saison de 1846, et son succès ne fut pas moins grand.

Au mois d'avril 1845, Staudigl avait quitté le théâtre de la cour, pour passer, en qualité de premier régisseur, au théâtre de la Wien, où le directeur Pokar avait établi une troupe lyrique pour faire concurrence à l'Opéra impérial. Staudigl chanta à ce théâtre avec Jenny Lind, qui se faisait entendre à Vienne pour la première fois, et avec plusieurs autres artistes remarquables, tandis que Meyerbeer, Balfe et Lortzing y dirigeaient en personne l'exécution de leurs œuvres. C'étaient là des soirées brillantes et véritablement artistiques.

En 1848, Staudigl retourna au théâtre de la cour, mais en 1854 il en fut congédié par M. Cornet, directeur, pour une raison injuste, et le chagrin qu'il ressentit de ce fait fut la première cause d'une maladie mentale qui se déclara bientôt chez Staudigl, et prit bientôt de tels développements qu'en 1856 il fallut transporter le pauvre artiste dans une maison de fous, à Dœbling, près de Vienne. Il ne quitta plus cet établissement, où il mourut, complétement fou, le 28 mars 1861.

Staudigl avait des aptitudes universelles. Exécutant fort habile sur l'orgue et sur le piano, chanteur de premier ordre, dessinateur remarquable, il avait aussi du talent comme peintre, composait de jolis *lieder*, et s'exerça avec bonheur dans la photographie; enfin, il apprit, sur la fin de sa vie, l'anglais de façon à le parler avec élégance, et jouait très-bien aux échecs, ainsi qu'au billard. C'était un homme aimable, rempli de cœur, et des plus distingués. La ville de Vienne lui conféra le droit de bourgeoisie et sa grande médaille d'or, le plus grand honneur qu'elle puisse accorder.

Staudigl fut assurément l'un des plus grands chanteurs de ce siècle. Sa voix de basse splendide avait une étendue de près de trois octaves, l'égalité en était parfaite dans tous les registres, l'intonation d'une justesse incomparable, enfin l'étoffe en était à la fois métallique et veloutée, de façon à produire les effets les plus merveilleux. Quant à l'habileté du chanteur, elle n'avait point d'égale : son goût était parfait, son sentiment dramatique très-intense, son phrasé magnifique, enfin sa respiration était longue et habile, et il battait le trille avec une précision, une justesse et une perfection étonnantes. Parmi les nombreux ouvrages qui composaient le répertoire de Staudigl, il faut surtout citer *la Flûte enchantée*, *l'Enlèvement au sérail*, *Freischütz*, *Don Juan*, *Moïse*, *les Noces de Figaro*, *Robert le Diable*, *les Huguenots*, *la Juive*, *Martha*, etc. Il chantait aussi avec une grâce surprenante les ouvrages légers d'Auber et de Boieldieu. Il ne brillait pas moins comme chanteur d'oratorio et d'église (il fut reçu à la chapelle de la cour en 1831), et la simplicité sublime, pieuse, qu'il déployait dans les oratorios de Hændel et de Haydn, dans l'exécution des messes, était incomparable. Enfin, comme chanteur de *lieder*, il atteignait la perfection idéale, et touchait ses auditeurs jusqu'aux larmes.

Après la mort de Staudigl, on plaça sur la maison où il était né, à Wollersdorf, une plaque commémorative, et on lui éleva à Vienne un monument magnifique, qui fut solennellement inauguré en présence d'une foule d'artistes.

Le fils cadet de ce grand artiste, M. *Joseph Staudigl*, né vers 1850, a embrassé la carrière paternelle. Doué d'une belle voix de baryton, il a fait ses études au Conservatoire de Vienne, et il est engagé en ce moment (1879) au théâtre de la cour, à Carlsruhe.

J. B.

STAUFFER (Théodore), musicien suisse, occupait les fonctions de chef d'orchestre à Constance lorsqu'il fit représenter sur le théâtre de Lucerne, dans le cours de l'année 1869, une opérette intitulée *les Touristes*. Plus tard, le même artiste écrivit les paroles et la musique d'un opéra-comique en deux actes, *Angéla* ou *la Vision*, qui fut joué avec succès à Zurich, au mois de décembre 1875.

STECHER (Hermann), musicien allemand, est né à Gazen, près de Pegau, le 6 février 1835. Dès l'âge de dix ans il jouait déjà de l'orgue, et à douze ans, sans avoir encore reçu aucune instruction théorique, il écrivait de petites compositions. Plus tard, il étudia le violon. De 1850 à 1854 il était au séminaire de Grimma. Depuis 1868, il est professeur de musique au séminaire royal d'Annaberg. Cet artiste a publié une cinquantaine d'œuvres de divers genres, soit pour l'orgue, soit pour le violon.

STEENHUIS (Tjerko), organiste et compositeur néerlandais, né à Appingedam en 1810, a fait ses études musicales au Conservatoire de Leipzig, où il eut pour maîtres Moscheles, MM. E. Richter et Carl Reinecke. Il devint ensuite, à son retour dans sa patrie, organiste de la nouvelle église de Groningue. Comme compositeur, on lui doit, entre autres productions : *Variations symphoniques*, pour piano; *Bloemen*, 12 chants d'enfants à 3 voix; 2 *lieder* pour baryton; *Allegro de concert*, pour piano et violon; *Nocturne*, *Scherzo*, et divers autres morceaux de piano.

***STEFANI** (Jean), violoniste et compositeur, mourut non en 1819, comme il a été dit par suite d'une erreur typographique, mais le 23 février 1829.

STEFANI (........DE), compositeur italien, a fait représenter au théâtre Manzoni, de Milan, le 1er juillet 1874, un opéra intitulé *Celeste*. Un musicien du même nom a publié, dans la même ville, un certain nombre de fantaisies pour hautboisavec accompagnement de piano, écrites sur des motifs d'operas. J'ignore si c'est le même.

STEFFENONE (Mme Bina), cantatrice dramatique distinguée, née à Turin en 1825, fit son éducation musicale à Bologne, sous la direction de Bertinotti, et débuta en 1842 à Macerata, où elle fut reçue avec une vive sympathie. Elle se produisit ensuite à Modène, Rome, Lucques, Turin, Vicence, Padoue, Venise, Florence, et partout se vit accueillir avec le plus franc succès. Sa belle voix de soprano, étendue et claire, conduite avec goût et aidée par un rare sentiment dramatique, sa grande intelligence de la scène, en avaient fait rapidement une des artistes les plus aimées du public. Engagée au théâtre italien de Londres, elle s'y fit surtout applaudir dans *Ernani* et dans *le Nozze di Figaro*, et, après deux saisons passées en cette ville, elle partit pour l'Amérique, où ses succès furent éclatants. Elle se fit entendre à la Havane, à New-York, à Boston, à Philadelphie, à Mexico, puis, au bout de sept ans, elle revint en Europe et se produisit avec autant de bonheur à Vienne. C'est de cette ville qu'elle fut engagée au Théâtre-Italien de Paris, où elle vint débuter en 1855, et où elle resta l'année suivante. En 1859, Mme Steffenone retourne à l'Opéra impérial de Vienne, en 1860 et 1861 elle fait deux nouvelles saisons au théâtre San-Carlo de Naples, mais à partir de 1862 elle semble renoncer à la carrière. A ce moment, en effet, on perd complétement sa trace, et depuis cette époque on n'en entend plus parler en aucune façon.

STEGGAL (Charles), pianiste, organiste et compositeur anglais contemporain, a accompli ses études musicales à l'Académie royale de musique de Londres, sous la direction de Sterndale Bennett. Il s'est fait recevoir docteur en musique en 1851, et est devenu, l'année suivante, professeur d'orgue et d'harmonie à l'Académie royale de musique; à cette époque, il remplissait les fonctions d'organiste à la chapelle du Christ, et depuis il a rempli le même poste dans diverses églises. Comme compositeur, on doit à M. Steggal une Antienne de fête pour voix et orchestre, une Cantate sacrée pour voix et orchestre, le 33e Psaume, des Ouvertures de concert, des services pour l'église, des antiennes, etc., etc.

STEIN (Jean-Joseph), artisan français habile, s'est fait connaître comme facteur d'orgues. « Né à Besançon le 23 avril 1809 (dit le *Manuel du facteur d'orgues*), il travailla d'abord dans l'ébénisterie; il entra ensuite dans les ateliers de facture d'orgues en grand; et après une longue pratique acquise dans cet art, comme ouvrier, il se livra à de nombreuses études et fit de grandes recherches pour arriver à construire un orgue portatif et peu coûteux, qui, dans les églises pauvres, et surtout celles de campagne, pût remplacer un grand orgue. Enfin il parvint à produire un instrument à anches libres, dont les résultats attirèrent l'attention de la Société d'encouragement pour l'industrie nationale, et il en obtint un rapport très-honorable, imprimé dans les *Annales* de cette société, 12 mai 1847, avec deux planches, chez Mme Ve Bouchard-Huzard, rue de l'Éperon, n° 7. »

***STEINER** ou plutôt **STAINER** (Jacques), fameux luthier tyrolien. — Un écrivain et philosophe allemand, S. Ruf, a consacré à cet habile artiste une notice qu'il a publiée sous ce titre : *le Fabricant de violons Jacob Stainer.*

STEINER (......), musicien suisse du dix-huitième siècle, vivait à Winterthur, où il a publié les deux petits ouvrages suivants : 1° *Vermischte Lieder mit Melodien aufs Klavier;* 2° *Gesänge mit Begleitung des Klaviers.*

STEINHART (W......), compositeur allemand, est l'auteur d'un opéra-comique intitulé *Héro et Léandre*, qui a été représenté au mois de mars 1868 sur le théâtre de Magdebourg. Cet artiste était à cette époque maître de chapelle du roi de Wurtemberg.

STEINKUHLER (Émile), pianiste, violoniste et compositeur, né à Dusseldorf le 12 mai 1824, commença l'étude de la musique dès l'âge de quatre ans, et apprit de son père à jouer du violon et du piano. Il avait dix ans seulement lorsqu'il se fit entendre pour la première fois, sur ces deux instruments, au théâtre de Dusseldorf, et un peu plus tard dans les villes voisines. Il reçut des leçons de composition de Mendelssohn, et il n'était encore âgé que de seize ans lorsqu'il écrivit plusieurs morceaux de piano et la musique d'un petit opéra en un acte, *die Alpenhütte*. L'année suivante, il se rendit à Francfort, où il compta bientôt au nombre des meilleurs pianistes, compléta en cette ville ses études sous la direction d'Aloys Schmitt, puis, en 1842, alla s'établir à Lille comme professeur.

Steinkuhler aurait sans doute terminé ses jours à Lille, si les événements politiques et militaires de 1870 ne l'avaient obligé à quitter la France; il alla fixer alors son séjour à Gand, mais il y mourut au bout de deux années, le 21 novembre 1872. Cet artiste a publié, tant en France qu'en Allemagne, environ quatre-vingt-dix compositions de divers genres, consistant en ouvertures pour orchestre, trios pour piano et instruments à cordes, sonates, études et morceaux de genre pour le piano, romances, *lieder*, etc.

STEINWAY (Henri **STEINWEG** dit), fondateur et chef d'une des plus importantes fabriques de pianos de l'Amérique, naquit le 15 février 1797 à Seesen, petite ville du duché de Brunswick. Simple menuisier, il montra dès sa plus tendre jeunesse un goût prononcé pour la musique et surtout pour les instruments, et il occupait ses moments de loisir à en construire de diverses sortes, guitares, cithares, etc. Son penchant le poussa à se mettre en apprentissage chez un facteur d'orgues de Goslar, et bientôt il s'établissait pour son propre compte et commençait à fabriquer des pianos. Malheureusement pour lui, son petit pays offrait peu de ressources à son esprit entreprenant, et, lorsque arriva 1848, les événements politiques qui troublèrent si profondément l'Allemagne vinrent ruiner son commerce encore peu florissant. Il porta alors ses regards au delà de l'Océan, et envoya à New-York l'un de ses fils, Charles, pour tâter le terrain et voir si l'on ne pourrait fonder en cette ville un établissement industriel. Un an après, Steinway père émigrait pour l'Amérique avec ses trois autres fils, Wilhelm, Henri et Albert, et chacun d'eux se plaçait chez différents facteurs d'instruments. Enfin, en 1853, Henri Steinway fondait avec ses fils la fabrique de pianos qui porte son nom. Deux années s'étaient à peine écoulées que ce nom devenait fameux par toute l'Amérique, car la maison Steinway ayant envoyé à l'Exposition de l'industrie de l'*American Institute* un piano construit d'après un système entièrement nouveau, ce piano faisait décerner par le jury, à ses auteurs, le premier prix consistant en une médaille d'or.

Dès lors la fabrication de la maison Steinway prit une grande extension, et le chef de cette maison entreprit de se faire connaître jusqu'en Europe et d'y lutter avec les facteurs les plus en renom. Il envoya donc plusieurs instruments à l'Exposition internationale de Londres (1862), où ils obtinrent un tel succès que l'unique récompense de cette exposition leur fut décernée. C'est alors que commença, en Amérique, une lutte énergique entre la fabrique de MM. Steinway et celle de MM. Chickering (*Voy.* ce nom), lutte qui se prolongea jusque sur le continent européen, surtout à l'occasion de l'Exposition universelle de Paris de 1867, où les deux maisons rivales se trouvèrent en présence, et où elles combattirent à l'aide de procédés qui n'étaient pas toujours du meilleur goût.

Dès le 20 décembre 1859, la maison Steinway avait pris un brevet pour un système de piano à queue qui faisait disparaître certains défauts que l'on reprochait aux instruments américains. Voici comment, dans les *Rapports du jury international* de l'Exposition universelle de 1867, Fétis, rapporteur de la classe 10, appréciait ce système, ainsi que les produits exposés par la maison Steinway :

« Dans ce système, le cadre en fer reçut une disposition nouvelle pour le placement des cordes et des traverses. Le placement de ces cordes, en forme d'éventail, fut adopté, en divisant leur ensemble sur les divers chevalets de la table d'harmonie. Dans le dessus du piano, on continua de placer les cordes parallèlement à la direction des marteaux, parce qu'il avait été reconnu, dans le piano carré, que cette position des cordes produit des sons plus intenses dans cette partie de l'instrument. Dans le médium, les cordes furent tendues en forme d'éventail, de droite à gauche, autant que l'espace le *permettait*. Les cordes de la basse, filées sur acier, furent tendues de gauche à droite, au-dessus des autres, sur un chevalet plus élevé et placé derrière le premier.

« Les avantages de ce système sont ceux-ci : 1° La longueur des chevalets de la table d'harmonie est augmentée, et l'on peut profiter de grands espaces qui n'avaient pas été utilisés jusque-là; 2° l'espace d'une corde à l'autre est agrandi, d'où il suit que leur résonnance se développe plus puissamment et plus librement; 3 les chevalets posés plus au centre de la table d'harmonie, et conséquemment plus éloignés des bords ferrés de la caisse, agissent avec plus d'énergie sur l'élasticité de cette table, et favorisent la puissance du son; de plus, en gardant les mêmes dimensions pour l'instrument, la longueur des cordes se trouve augmentée; 4° la position des cordes du médium et de la basse, vers la direction du coup de marteau, produit des vibrations circulaires, d'où résultent des sons moelleux et purs.

« Le système du croisement des cordes n'est pas nouveau ; il a été essayé plusieurs fois sans succès, mais il était employé sans intelligence car, au lieu de favoriser les vibrations des cordes, en les écartant, on y portait atteinte en rapprochant ces cordes l'une de l'autre...

« Les pianos droits ne sont en usage dans les États-Unis que depuis peu d'années. MM. Steinway ont introduit dans la construction de ce genre d'instruments de nouvelles combinaisons qui en assurent la solidité, si nécessaire dans le climat à température variable des États-Unis. Ces améliorations consistent en un double cadre en fer, avec plaque d'attache et barrages, fondus en une seule pièce. Le côté gauche de ce cadre reste ouvert, et par cette ouverture se glisse la table d'harmonie ; à celle-ci s'adapte un appareil spécial, lequel consiste en un certain nombre de vis qui servent à comprimer ses bords à volonté.

« Le succès de cette combinaison, pour la beauté du son et la solidité de l'accord, a déterminé MM. Steinway à appliquer le même système à la construction des pianos à queue, dont la puissance du son est devenue plus chantante et plus sympathique par ce moyen de compression facultative. MM. Steinway ont été brevetés le 5 juin 1866 pour cette importante amélioration.

« De ce qui vient d'être dit se tire la conséquence que le grand son des pianos est une véritable conquête pour l'art ; conquête dont les résultats pourront s'agrandir par des perfectionnements futurs, mais dont le mérite actuel ne peut être mis en doute, si ce n'est par des préjugés d'habitude...

« Les pianos de MM. Steinway père et fils ont l'ampleur saisissante et le volume, auparavant inconnu, d'un son qui remplit l'espace. Brillante dans les dessus, chantante dans le médium, et formidable dans la basse, cette sonorité agit avec une puissance irrésistible sur l'organe de l'ouïe. Au point de vue de l'expression, des nuances délicates et de la variété des accents, les instruments de MM. Steinway ont sur ceux de MM. Chickering un avantage qui ne peut être contesté ; on y entend beaucoup moins le coup de marteau, et le pianiste sent sous sa main un mécanisme souple et facile, qui lui permet d'être à volonté puissant ou léger, véhément ou gracieux. Ces pianos sont à la fois l'instrument du virtuose qui veut frapper par l'éclat de son exécution, et celui de l'artiste qui applique son talent à la musique de pensée et de sentiment que nous ont laissée les maîtres illustres ; en un mot, ils sont en même temps des pianos de concert et de salon, doués d'une sonorité exceptionnelle. »

La maison Steinway obtint à l'Exposition de 1867 une grande médaille d'or, et depuis lors elle n'a cessé de prospérer. A l'heure présente, elle fabrique par année plus de deux mille pianos. En 1861, Charles Steinway fils mourut à New-York, et son frère Henri en 1865. Théodore, l'aîné des cinq frères, qui était resté à Brunswick, quitta l'Europe alors pour aller prendre part aux travaux de la fabrique, où il s'occupe particulièrement de la construction des instruments, tandis que Wilhelm est surtout chargé de la partie financière de l'entreprise. Henri Steinway père est mort à New-York le 6 février 1871, au moment où il allait accomplir sa soixante-quatorzième année, et l'un de ses autres fils, Albert, est mort en 1877.

STÉPHEN DE LA MADELAINE. *Voyez* LA MADELAINE (STÉPHEN DE).

STEPHENS (KATHERINE), comtesse douairière d'ESSEX, cantatrice anglaise qui a joui pendant plusieurs années d'une renommée véritable, était la fille d'un sculpteur et doreur sur bois, et naquit le 18 septembre 1794. Elle montrait de bonnes dispositions pour la musique, et était douée d'une voix de soprano superbe et d'une rare étendue. Elle fut, en conséquence, confiée aux soins de Lanza, fils du compositeur de ce nom, qui avait suivi son père à Londres et s'y était fixé comme professeur de chant. Elle était à peine âgée de treize ans lorsque, en 1807, sa famille lui fit contracter un engagement de cinq années avec son maître, qui la fit chanter successivement à Bath, à Southampton, à Bristol, et au Pantheon-Theatre, de Londres. A l'expiration de cet engagement, devenue élève de Weiche, elle débuta à l'opéra anglais de Covent-Garden, dans le rôle de Mandane d'*Artaxercès* (sans doute celui d'Arne), après quoi elle se montra dans deux opéras de Linley, *les Mendiants* et *la Duègne* (*the Duenna*).

Après avoir passé quelques années à Covent-Garden, où elle obtenait de vifs succès, miss Stephens quitta ce théâtre pour celui de Drury-Lane, puis, au bout de peu de temps, on lui offrit à l'Opéra italien la succession de la Catalani, qui revenait se fixer à Paris. Elle ne crut pas devoir accepter, à cause de sa connaissance insuffisante de la langue italienne, et se borna à poursuivre la carrière qu'elle avait entreprise.

En 1838, miss Stephens, qui depuis plusieurs années avait quitté le théâtre et ne se faisait plus guère entendre que dans les concerts et dans les salons de la haute aristocratie, devint la seconde femme du cinquième comte d'Essex, lequel mourait l'année suivante, la laissant veuve sans enfants.

* **STEPHENS** (CHARLES-EDWARD), organiste, pianiste, violoniste et compositeur anglais, neveu de la précédente, a rempli les fonctions d'organiste successivement dans plusieurs églises de Londres, à Saint-Marc, à la Trinité, à Saint-Jean, à Saint-Clément et à Saint-Sauveur. Membre et plusieurs fois élu directeur de la Société philharmonique de Londres, membre honoraire de l'Académie royale de musique et du collége de la Trinité, M. Stephens, absorbé par ses travaux de composition et les exigences de sa situation de professeur très-recherché, ne s'est produit que rarement en public depuis un certain nombre d'années. Voici la liste de ses prin-

cipales œuvres publiées jusqu'à ce jour : Trio pour piano, violon et violoncelle, op. 1; Quatuor pour 2 violons, alto et violoncelle, op. 2; Morceaux pour l'orgue, op. 3; Duo concertant pour 2 pianos, op. 4; seconde série de 2 morceaux pour l'orgue, op. 7; 1re Grande Sonate pour piano, op. 8; Fantaisie pour l'orgue sur le choral : *Saint-James*, op. 11; 3e série de 2 morceaux pour l'orgue, op. 15; Offertoire pour orgue, op. 16; Duo brillant pour piano à 4 mains, op. 19; 2 Services complets pour l'église anglaise. A tout cela il faut ajouter divers morceaux de genre pour piano, plusieurs autres compositions pour l'orgue, et un certain nombre de morceaux de chant.

STERMICH (Nicolas), compositeur contemporain, a fait une partie de ses études musicales au Conservatoire de Milan, où il a été admis dans une classe de violon au mois de novembre 1852, et d'où il est sorti au mois de septembre 1857. Cet artiste ne m'est connu que par les deux opéras italiens dont voici les titres : 1° *Desiderio, duca d'Istria*, joué à Zara en 1861; 2° *la Madre slava*, représenté au théâtre communal de Trieste au mois d'avril 1865. J'ignore s'il a écrit d'autres ouvrages.

STERN (Théodore), organiste du Temple-Neuf de Strasbourg et compositeur, artiste fort distingué, a publié sept Recueils de morceaux d'orgue qui peuvent se jouer sur l'harmonium, en supprimant de ces morceaux la portée écrite en petites notes qui doit servir pour la pédale. Ces recueils sont pleins d'intérêt, et décèlent un artiste instruit, habile et élevé à bonne école.

STEVENS (Frédéric), professeur et compositeur, a été nommé en 1879 directeur du Conservatoire nouvellement fondé à Athènes. Je n'ai aucun renseignement sur cet artiste, qui a écrit quelques morceaux pour un drame : *Libres!* représenté en 1873 au théâtre de la Porte-Saint-Martin, à Paris.

* **STÉVIN** (Simon). — Ce savant était né à Bruges en 1648, et mourut à la Haye en 1720. Il a paru un écrit intitulé *Simon Stévin et M. Dumortier* (par Sylvain Van de Weyer), Nieuport, 1845.

STEWART (Mme), est l'auteur d'un opéra bouffe, *la Suocera*, dont elle a écrit les paroles et la musique, et qu'elle a fait représenter sans succès sur le théâtre Nuovo, de Naples, au mois d'avril 1877.

* **STIAVA** (François-Marie), était né à Lucques, en 1640, et mourut en cette ville en 1702.

STICH (Joseph), compositeur dramatique allemand, est l'auteur d'un opéra intitulé *der Geiger zu Gmünd* (le Ménétrier de Gmünd), qui a été représenté sur le théâtre de Dusseldorf, au mois de mai 1875.

STIEHL (Henri-F....-D....), compositeur allemand contemporain, né à Lubeck le 5 août 1829, est le deuxième fils d'un artiste qui était estimé comme organiste et comme professeur de piano (1). M. Henri Stiehl a longtemps habité la Russie, et a rempli pendant dix années les fonctions d'organiste à l'église Saint-Pierre, de Saint-Pétersbourg. Il fit ensuite plusieurs voyages en Allemagne, en Angleterre et en Italie, et depuis 1873 il a fixé sa résidence à Belfast (Irlande), où il est devenu directeur de la Société philharmonique.

On connaît de M. Stiehl diverses compositions aimables et élégantes, parmi lesquelles il faut signaler une jolie sonate pour violoncelle et piano, des trios et des quatuors pour piano et instruments à cordes, des morceaux de genre pour piano seul, des chœurs, etc. Il a écrit aussi deux opérettes : *Jery et Bathilde*, et *le Chercheur de trésors*. Le chiffre de ses œuvres publiées s'élève à cent environ.

Le frère aîné de cet artiste, M. *Charles-J.-Ch. Stiehl*, né à Lubeck le 12 juillet 1826, a été, de 1848 à 1858, organiste et directeur de la Société de chant à Jever. Il devint ensuite directeur de la musique grand-ducale à Eutin, où chaque année ont lieu, sous sa direction, de grandes fêtes musicales. M. Charles Stiehl a publié quelques *lieder* et des compositions pour le piano.

STIERLIN (Ambroise), musicien suisse, né à Säkingen en 1767, fut un organiste remarquable. Entré au couvent de Mariastein à l'âge de vingt-deux ans, il ne le quitta plus jusqu'en 1809, époque de sa mort. On doit à cet artiste de nombreuses compositions du genre religieux, parmi lesquelles on cite particulièrement : Six vespres, une douzaine de messes à 3 et 4 voix avec accompagnement d'orgue, des *Magnificat*, des offertoires, des motets de divers genres, etc. — Son frère, *Augustin Stierlin*, né en 1778, entra aussi au couvent de Mariastein, y prononça ses vœux en 1801, et devint organiste du chapitre. Il mourut en 1822.

STOCKHAUSEN (SCHMUCK, épouse), cantatrice distinguée, née à Guebwiller (Haut-Rhin) en 1803, fit son éducation musicale à Paris, sous la direction du compositeur Catruffo, qui était un excellent professeur

(1) Il s'appelait *Jean Stiehl*, et était né à Lubeck le 9 juillet 1800. Il mourut en cette ville le 27 juin 1873.

de chant, et devint une artiste de premier ordre. Après avoir épousé un harpiste allemand, Franz Stockhausen, qui était né à Cologne en 1792 (1), elle alla se fixer en Angleterre, où pendant douze années, de 1830 à 1842, elle obtint de très-grands succès dans les concerts, se voyant classée par le public dilettante sur le même rang que les artistes les plus célèbres de cette époque, Mmes Caradori-Allan, Clara Novello, Giulia Grisi, Persiani, etc. Mme Stockhausen, qui avait perdu son mari vers 1868, est morte à Colmar le 6 octobre 1877.

* **STOCKHAUSEN** (Jules), fils aîné de la précédente, est né à Paris le 22 juillet 1826. En 1864, cet artiste se fixait à Hambourg, qu'il quittait quelques années plus tard pour se rendre à Suttgard, où il devenait chanteur de la cour. Depuis 1874, il est directeur du Conservatoire-Stern, à Berlin.

Je rappellerai ici pour mémoire la conduite indigne tenue par ce personnage à la suite de la guerre de 1870-1871. Né à Paris d'un père étranger et d'une mère française, ayant reçu son éducation musicale au Conservatoire de cette ville et pendant ce temps ayant été logé et nourri chez une dame française, sa marraine, ayant enfin passé la plus grande partie de son existence à Paris, où il possédait naturellement de nombreuses relations, M. Stockhausen ne craignit pas d'outrager et d'insulter la France de la façon la plus odieuse, oubliant en un jour tout ce qu'il lui devait et faisant volontairement litière de tous sentiments de convenance et d'honnêteté. Ce fut à ce point qu'un certain nombre d'artistes de l'Opéra-Comique, écœurés des platitudes de ce triste sire, qu'ils avaient connu naguère à ce théâtre, crurent devoir, par une lettre collective et rendue publique, manifester leur mépris à son égard et protester contre une conduite qu'ils qualifiaient selon les mérites.

STOCKHAUSEN (Franz), frère du précédent, né à Guebwiller le 30 janvier 1839, n'eut d'autre maître que son père jusqu'à l'âge de dix-huit ans. Il vint ensuite à Paris, où il reçut des leçons de piano de M. Alkan, puis, en 1860, termina ses études au Conservatoire. En 1862, il acceptait les fonctions de directeur de chœur à Thann (Alsace), et en 1866 il suivait son frère à Hambourg. En 1868, il se fixait à Strasbourg, prenait en cette ville la direction de la Société de chant sacré, puis celle du chœur de la cathédrale, et en 1871, après la retraite de M. Hasselmans, alors directeur du Conservatoire, il le remplaçait dans ces fonctions, qu'il a conservées jusqu'à ce jour.

(1) V. *Biographie universelle des Musiciens*, t. VII.

* **STOER** (Karl). — *Voyez* **STÖR** (Karl).

* **STOESSEL** (Nicolas), chef de musique, est mort à Louisbourg le 13 mai 1839.

* **STOLTZ** (Rosine), et non pas **STOLZ**, est remariée depuis plusieurs années et est devenue baronne de Ketschendorf. Complétement retirée du théâtre depuis plus de vingt ans, elle s'est essayée dans la composition et a publié, en 1870, un recueil de *six mélodies pour chant avec accompagnement de piano* (Paris, Schœn et Laval, in-8°). Aux publications dont cette artiste a été l'objet, il faut ajouter les deux suivantes : 1° *Rosine Stoltz*, par Mlle Eugénie Pérignon (Paris, 1847, in-8°); 2° *A Rosina Stoltz*, 1854 (Parigi, stamperia Brière, in-8°). Ce dernier écrit est un petit poëme italien, qui porte, à la fin de la brochure, la signature : *Eugenio Caimi* (1).

STOLTZ (Jules), pianiste, organiste et compositeur français, né vers 1850, a fait de bonnes études à l'Ecole de musique religieuse fondée par Niedermeyer, où il est aujourd'hui professeur de solfége. M. Stoltz a donné, dans ces dernières années, des séances d'orgue du genre des *recitals* anglais, et il y a fait apprécier un talent solide, correct et distingué. On connaît de lui, outre plusieurs compositions pour l'orgue, un grand oratorio pour *soli*, chœurs, orchestre et orgue, *la Pythonisse d'Endor* ou *Saül évoquant l'ombre de Samuel*, qu'il a fait exécuter le 28 avril 1880.

STOLZ (Teresina), cantatrice dramatique distinguée, née à Trieste vers 1840, a fait, je crois, ses études musicales en Italie. En 1865, elle était engagée au théâtre de la Scala, de Milan, où elle se faisait entendre avec succès dans la *Giovanna d'Arco*, de Verdi, puis dans *Don Carlos* et *la Forza del Destino*. Elle se produisit ensuite à Gênes, à Padoue, à Turin, à Venise et dans diverses autres villes, puis revint à la Scala, où elle obtint un véritable triomphe par le superbe talent vocal et scénique qu'elle déploya dans le rôle d'Aida du chef-d'œuvre de

(1) Depuis que cette notice est écrite, Mme Stoltz s'est remariée de nouveau. Voici les détails précis qu'on lisait à ce sujet dans un journal spécial, le *Guide musical*, de Bruxelles du 4 avril 1878 :

« Mme Soltz, qui fit les beaux jours de l'Opéra, vient de se remarier à Pampelune avec don Emmanuel de Godoy, prince de la Paix.

« C'est pour la quatrième fois que l'ancienne chanteuse rallume le flambeau d'hyménée. » Ses trois précédents époux furent : 1° M. Auguste Lescuyer, avocat de Rouen ; 2° un baron ou comte Stolzenau de Ketschendorf ; 3° un duc Carlo Raimondi Lesignano di San-Marino. Le premier de ces mariages, nous pouvons le certifier comme authentique, car il est inscrit à l'état civil de la ville de Bruxelles, sous la date du 2 mars 1837. »

Verdi, qui faisait sa première apparition en Italie après avoir été créé au Caire. C'est elle aussi qui vint remplir ce rôle à Paris deux ans plus tard, et qui alla le jouer ensuite au théâtre San-Carlo, de Naples. Enfin, c'est encore à Mlle Teresina Stolz que Verdi confia, en 1874, l'exécution d'une des parties de son admirable messe de *Requiem*, lorsque cet ouvrage fut exécuté à Milan, d'abord, puis à Paris, dans la salle du théâtre de l'Opéra-Comique. Parmi les ouvrages qui constituaient le répertoire de cette artiste remarquable, il faut citer *l'Africaine*, *la Vestale* (Mercadante), *la Favorite*, *un Ballo in maschera*, *Ruy Blas*, etc. Je crois que Mlle Stolz s'est mariée il y a trois ou quatre ans, et qu'elle vit aujourd'hui retirée à Bologne.

STONE (J...-T...), organiste anglais, fixé à Nottingham, a entrepris sous ce titre : *the Classical Organiste*, une publication importante consistant en un choix de compositions des plus grands maîtres, Hændel, Mozart, Beethoven, etc., arrangées pour l'orgue avec pédale obliger. Il a déjà paru 4 volumes (in-folio oblong) de cette publication.

* **STÖR** (Karl), compositeur distingué, a célébré à Weimar, le 28 mai 1877, le cinquantième anniversaire de sa carrière d'artiste. Lorsque le grand virtuose Liszt quitta cette ville, ce fut M. Stör qui le remplaça comme chef d'orchestre à l'Opéra ; plus tard, une maladie des yeux l'obligea de résigner ces fonctions.

Parmi les œuvres les plus importantes de cet artiste, il faut signaler en premier lieu *le Chant de la cloche*, grand poëme symphonique écrit d'après le poëme célèbre de Schiller ; cet ouvrage très-remarquable a été exécuté en 1875. M. Stör a écrit aussi de la musique pour divers drames : *Macbeth*, *Luther*, *Henri de Schwerin*, plusieurs ouvertures, une sérénade pour violoncelle avec orchestre, des chœurs, des *lieder*, etc. Ses compositions atteignent aujourd'hui le chiffre d'une centaine environ.

STOULLIG (Edmond), dilettante et écrivain français, est né à Paris le 5 décembre 1845. Employé supérieur à l'administration des postes, son goût très-vif pour les choses de la musique et du théâtre ne s'en est pas moins manifesté avec intensité, et ses fonctions ne l'ont pas empêché de prendre part, pour ce qui concerne les questions artistiques, à la rédaction de divers journaux, entre autres *l'Électeur libre*, *le Courrier d'État*, *l'Événement*, *la Tribune*, *l'Homme libre*; il est chargé aujourd'hui de la chronique quotidienne du théâtre et de la musique au *National* et au *Petit National*. En 1875, M. Stoullig a commencé, en société avec M. Édouard Noël, la publication des *Annales du théâtre et de la musique*, qui paraissent chaque année, sous la forme d'un gros volume in-12 (Paris, Charpentier), et qui offrent un résumé très-exact, très-complet et très-intelligent du mouvement musical et théâtral de la France, et même de l'étranger. Depuis longtemps nous n'avions possédé, en France, une publication spéciale aussi soignée et aussi bien comprise. M. Stoullig s'y est personnellement chargé de tous les chapitres concernant les théâtres lyriques, les concerts et la bibliographie. Les *Annales du théâtre et de la musique* comprennent à l'heure présente cinq volumes pour les années 1875, 1876, 1877, 1878 et 1879.

STOUMON (Oscar), compositeur belge, né à Liége le 20 août 1835, se destinait d'abord au barreau, mais fut emporté par sa passion pour la musique, dont il avait appris les éléments dans son enfance. Il fit alors un cours complet de théorie sous la direction d'un artiste distingué de Liége, Wanson, et se livra ensuite à la littérature et à la composition dramatiques, se produisant à la scène par les ouvrages dont les titres suivent : 1° *Phædé*, opéra-comique en un acte (paroles et musique), Bruxelles, théâtre de la Monnaie, 19 janvier 1860 ; 2° *Endymion*, ballet, id., id., 1860; 3° *la Ferme de Frederiksborg*, opéra-comique en un acte (paroles et musique), Liége, 10 mars 1862; 4° *l'Orco*, opéra fantastique en 2 actes et 3 tableaux, Bruxelles, théâtre de la Monnaie, 8 janvier 1864; 5° *la Reine des Prairies*, ballet en trois tableaux, id., id., 24 octobre 1865 ; 6° *le Naufrage*, ballet en un acte, id., id., 1866 ; 7° *la Fée amoureuse*, ballet en 2 actes, id., id., 1867 ; 8° *les Fumeurs d'opium*, opéra bouffe (paroles et musique), Bruxelles, th. des Galeries-Saint-Hubert, 1869 ; 9° *les Belles de Nuit*, ballet en un acte, Bruxelles, th. de la Monnaie, 1870 ; 10° *la Madone*, ballet en 2 tableaux, id., id., 7 février 1871 ; 11° *les Hannetons*, opéra bouffe (paroles et musique), id., th. des Galeries-Saint-Hubert, 1871 ; 12° *la Moisson*, ballet, id., th. de la Monnaie, 28 septembre 1875. M. Stoumon, qui est aussi l'auteur de trois comédies représentées aux Galeries-Saint-Hubert, *la Sonate pathétique*, *une Grève* et *le Fil à la patte*, a collaboré, pour la critique théâtrale, à deux journaux de Bruxelles, *la Chronique* et *le Guide musical*. Depuis 1875 il a pris, en société avec M. Calabresi, la direction du théâtre de la Monnaie, de cette ville.

* **STRADELLA** (Alexandre). — Un critique italien distingué a publié sur cet artiste célèbre un écrit important, dont voici le titre :

Delle Opere di Alessandro Stradella esistenti nell' Archivio musicale della R. Biblioteca Palatina di Modena, elenco, con prefazione e note di Angelo Catelani (Modena, Vincenzi, 1866, in-4°). Vers la même époque, un écrivain français, P. Richard, conservateur à la Bibliothèque impériale de Paris, publiait une étude sur ce compositeur dans le journal *le Ménestrel*. On sait enfin que Stradella a fourni le sujet et le titre de deux operas, dont l'un est dû à Niedermeyer et l'autre à M. de Flotow.

* **STRAUSS** (Joseph), né à Brünn en 1793, est mort à Carlsruhe, frappé d'apoplexie, le 1er décembre 1866. Les journaux français ont alors confondu cet artiste avec Johann Strauss le père, chef d'orchestre et fameux compositeur de musique de danse.

STRAUSS (Johann), fils du célèbre compositeur de danse Johann Strauss, est né à Vienne le 25 octobre 1825. Destiné par son père au commerce, il fit les études nécessaires pour embrasser cette carrière, mais fut entraîné à l'abandonner par son penchant pour la musique. Chaleureusement secondé par sa mère dans ses projets, il devint l'élève de Dreschler, maître de chapelle de la cathédrale de Saint-Étienne, et il n'avait pas encore accompli sa dix-neuvième année lorsque, le 15 octobre 1844, il fit ses débuts de chef d'orchestre et de compositeur à la tête d'un orchestre formé par lui. A la mort de son père, en 1849, il prit la direction de l'orchestre de celui-ci, et donna des concerts à Vienne jusqu'en 1859. Les premières valses qu'il fit entendre : *Chansons d'amour*, *Ver luisant*, *Sons de Rhadamante*, aimables, gracieuses, pleines de charme, eurent le plus grand succès et attirèrent sur lui l'attention générale. Les heureuses qualités qui distinguaient ses premières compositions en ce genre ne l'abandonnèrent point par la suite, et ses autres valses : *Feuilles du matin*, *Sur les montagnes*, *Vienne nouveau*, *Feuilles volantes*, *Vin, femmes et chant*, obtinrent un succès égal, que partagèrent ses charmantes polkas, ses mazurkas et ses quadrilles.

La renommée de M. Johann Strauss s'étendant chaque jour, il fut engagé, pendant l'été de 1856, par la compagnie du chemin de fer de Tsarskoë-Selo, pour diriger des concerts en Russie. Il donna donc annuellement une série de concerts au Vaux-Hall, et plus tard à Saint-Pétersbourg. A partir de ce moment il fit de nombreux voyages à la tête de son orchestre, dans toute l'Allemagne, en Italie, en France, en Angleterre et jusqu'aux États-Unis, toujours et partout retrouvant le succès. Chaque hiver, il revenait à Vienne, où bientôt l'empereur d'Autriche le nomma chef d'orchestre des bals de la cour, emploi qu'occupe aujourd'hui son frère cadet Édouard Strauss, dont il est question plus loin. En 1863, M. Johann Strauss ayant épousé une chanteuse distinguée, Mlle Jetty Treffz (1), il confia son orchestre à ses deux frères, Joseph et Édouard, et parut ne plus s'occuper de musique.

En 1870, M. Johann Strauss rentra dans la lice, mais, en modifiant sa carrière, il commença une nouvelle phase de sa vie artistique. Sur les conseils de sa femme, il écrivit une opérette intitulée *la Reine Indigo*, et cet ouvrage, représenté au théâtre de la *Wieden*, reçut un accueil si chaleureux de la part du public, que le compositeur se décida facilement à poursuivre la nouvelle voie qu'il avait choisie. Il fit jouer alors successivement *le Carnaval à Rome* (1873), *Fledermaus (la Chauve-Souris*, 1874), *Cagliostro* (1875), *Mathusalem* (1877), et *Blinde Kuh* (*Colin-maillard*, 1878). De tous ces ouvrages, c'est *Fledermaus* qui obtint le succès le plus prononcé et le plus décisif (2).

Comme compositeur de valses, M. Johann Strauss s'est fait un renom exceptionnel; la fraîcheur des idées, la nouveauté des rhythmes, l'ingéniosité de l'harmonie, le piquant de l'instrumentation; donnent à ses compositions en ce genre une originalité réelle, et il est juste de dire, comme l'a fait remarquer l'excellent critique viennois, M. Hanslick, qu'il a donné un grand élan et des développements inconnus à l'ancienne et étroite forme de la valse. Il a d'ailleurs composé plus de 400 morceaux de danse de tout genre, mais ce sont ses valses surtout qui ont rendu son nom populaire, ce sont elles qui ne cessent de charmer et d'enchanter les auditeurs, et qui les entraînent à la

(1) Cette artiste est morte à Hietzing, près de Vienne, le 9 avril 1878. Voici comment en parlait alors un journal : — « Mme Johann Strauss, femme du célèbre compositeur et chef d'orchestre, avait été, avant son mariage, une cantatrice très-recherchée et très-fêtée, sous le nom de Jetty Treffz. C'était une véritable charmeresse, que le monde dilettante viennois idolâtrait, et qui retrouva les mêmes triomphes à Londres lorsque, abandonnant la carrière théâtrale, elle s'y fit connaître comme cantatrice de concerts. De retour à Vienne, elle épousa Johann Strauss, dont elle a partagé depuis la vie voyageuse et les grands succès. Tous ceux qui la connaissaient regrettent en elle une femme aimable et bonne en même temps qu'une artiste de race. » M. Johann Strauss est remarié depuis les derniers mois de 1878. — A. P.

(2) Le 27 avril 1875 on donnait à Paris, sur le théâtre de la Renaissance, une traduction de *la Reine Indigo*. Le 30 octobre 1877, le même théâtre représentait *la Tzigane*, sorte de pastiche où l'on avait fait entrer la plus grande partie de la musique de *Fledermaus*, quelques pages de *Cagliostro*, et pour lequel M. Johann Strauss avait écrit expressément divers morceaux nouveaux. — A. P.

danse en quelque sorte malgré eux. L'une d'elles, intitulée *le Beau Danube bleu*, a obtenu une vogue sans pareille; célèbre par toute l'Europe, elle est devenue pour Vienne et les Viennois comme une sorte de chant national, et le docteur Hanslick, que nous venons déjà de citer, constate qu'à côté de l'Hymne autrichien d'Haydn, consacré à la glorification du souverain et de la famille régnante, cette valse peut être considérée comme le chant de fête de la ville et du peuple de Vienne, comme une sorte de « *Marseillaise* de la paix » sans paroles. J. B.

STRAUSS (Joseph), frère du précédent et deuxième fils de Johann Strauss le père, naquit à Vienne le 20 août 1827. Bien qu'il se destinât à la profession d'ingénieur, il étudia aussi la musique avec passion, et acquit un véritable talent sur le piano. Son frère aîné ayant été obligé de faire une cure prolongée dans une ville d'eaux, Joseph se chargea, pendant son absence, de la direction de son orchestre, le dirigea avec un brillant succès, et lorsque Johann fut rétabli, ils partagèrent les fonctions de chef de cet orchestre. Plus tard, quand Johann renonça définitivement à cette carrière, il fut remplacé par son second frère Édouard, qui dirigea concurremment avec Joseph. Celui-ci fit, avec ses musiciens, une série de voyages en Allemagne et en Russie, pour donner des concerts, et en 1870 il entreprit la direction des concerts du jardin suisse de Varsovie. Mais, atteint d'une violente maladie de nerfs, il arriva malade en cette ville, et comme il n'avait pu amener son orchestre et qu'il était obligé de faire exécuter ses compositions par des musiciens étrangers, les contrariétés et l'irritation qu'il éprouvait hâtèrent une catastrophe qui semblait inévitable. Frappé d'une apoplexie du cerveau, il dut se faire transporter à Vienne, mais il mourut le lendemain même de son arrivée en cette ville, le 22 juillet 1870.

Joseph Strauss s'est fait, ainsi que son père et son frère, un nom comme compositeur de musique de danse, mais son genre semble se rapprocher plutôt de celui de Joseph Lanner, et sa musique est empreinte d'une sorte de mollesse rêveuse et de tendresse mélancolique. Celles de ses compositions qui le caractérisent le mieux sous ce rapport sont les valses : *Roses d'automne*, *les Hirondelles du village*, *Salutations allemandes*, *Sons du cœur*; les polkas : *Yeux amoureux*, *Polka de l'Étoile du soir*; et les charmantes polkas-mazurkes : *Pensée*, *Géranium*, *Idylle*, *Nachtschatten*, et surtout la perle de ce genre, *Frauenherz* (*Cœur de femme*), sa plus noble composition. La polka intitulée *Pizzicato*, qu'il a composée avec son frère Johann et qui est écrite pour les seuls instruments à cordes, est charmante et d'un caractère très-piquant. Le nombre de ses compositions originales s'élève à 283, auxquelles il faut ajouter environ 300 arrangements pour orchestre. J. B.

STRAUSS (Édouard), frère des précédents et troisième fils de Johann Strauss le père, est né à Vienne le 15 mars 1835, et fit ses études au collége impérial et royal de Thérèse. Son père voulait lui faire embrasser la carrière diplomatique, mais, comme ses frères, il avait le goût de la musique et s'y consacra tout entier. Devenu élève de Godefroid Preyer, maître de chapelle de la cour, il acquit un véritable talent de virtuose sur le piano, sur le violon et sur la harpe. En 1861, il commença à conduire quelques concerts, et lorsque Johann Strauss se retira, il dirigea l'orchestre avec Joseph. A la mort de celui-ci, resté seul, il augmenta le nombre de ses musiciens et le porta à cinquante. En 1872, il fut nommé chef d'orchestre des bals de la cour. C'est lui qui dirige encore aujourd'hui les célèbres concerts Strauss, si fameux à Vienne, et il a su, en maintenant la tradition de sa famille, leur conserver leur ancienne splendeur. Édouard Strauss est le meilleur, on pourrait dire l'unique interprète de la musique de son père et de ses frères, qu'il fait exécuter avec toute la verve et la grâce qu'elle exige et qu'elle comporte. Ainsi que ses frères, il admet dans ses programmes de concert des pièces classiques de Haydn, de Beethoven, de Mozart, de Berlioz, des fragments d'opéras d'Auber, de Wagner, de Bizet, de Delibes, enfin des lieder de Schubert, de Schumann, de Rubinstein, pour la plupart arrangés par lui-même. Édouard Strauss a publié jusqu'à ce jour 139 compositions, dans lesquelles il s'est appliqué à marcher sur les traces de son père et de ses frères, et à suivre leur exemple. J. B.

STREABBOG. — *Voyez* **GOBBAERTS.**

***STREBINGER** (Mathias), violoniste et compositeur, ancien chef d'orchestre de ballet à l'Opéra de Vienne, auquel il resta attaché pendant 45 ans, est mort en cette ville le 12 février 1874.

***STREPPONI** (Feliciano). — Cet artiste a fait représenter à Vienne, en 1823, un opéra sérieux intitulé *Francesca da Rimini*.

Sa fille, Mlle *Giuseppina Strepponi*, cantatrice dramatique distinguée, née à Lodi le 8 septembre 1815, est devenue, depuis longues années l'épouse de M. Verdi.

STRIGELLI (GIUSEPPE), musicien italien, a écrit la musique d'un drame lyrique en 4 actes, *i Figli di Borgia*, qui a été représenté au théâtre de la Scala, de Milan, le 29 septembre 1866.

STRIGLIONI (FILIPPO), né à Lucques vers 1650, a fait représenter en 1678, sur le théâtre de Livourne, un *scherzo* comique dont le titre est oublié aujourd'hui. On assure que cet artiste mourut vers 1750.

***STRUMPHLER** (J........), habile facteur d'orgues néerlandais, naquit à Amsterdam vers le milieu du dix-huitième siècle, et mourut en cette ville en 1810. Il acquit la réputation d'un artiste distingué dans son genre, et construisit trente-six orgues, parmi lesquelles on cite surtout celles qu'il plaça à Amsterdam, à Weesp, à Warmenhuizen, à Ryp, à Purmerend, à Enkhuysen, à Welsen, à Wormer, à Sloterdyk et à Alkmaar.

STUDZINSKI (PIERRE), organiste à Cracovie, attaché à la cathédrale de cette ville, professeur de la classe des instruments de cuivre à l'École de musique, est considéré comme un artiste fort distingué. Il a écrit la musique de *Lobzowianie*, opéra-comédie joué avec succès à Varsovie et dans d'autres villes de la Pologne.

STULICHI (ANTONIO), violoniste napolitain du dix-huitième siècle, a publié en France un recueil de *Sei Sonate a violino solo, flauto traversiero o oboe e violone o cembalo*, op. prima (Paris, Boivin).

SUCHER (JOSEPH), chef d'orchestre et compositeur, est né à Saint-Gotthard (Hongrie), en 1843. Il fit ses études musicales à Vienne, et termina son cours de contre-point sous la direction de Sechter. Après avoir été élu chef d'orchestre de la Société académique de chanteurs de Vienne, il devint répétiteur à l'Opéra impérial. A l'ouverture de l'Opéra-Comique, en 1874, il fut engagé à ce théâtre comme chef d'orchestre, et alla ensuite tenir le même emploi à Leipzig (1876), puis à Hambourg (1878). M. Sucher a acquis une grande renommée en Allemagne, par la façon extrêmement remarquable dont il a dirigé, à Leipzig, l'exécution de la tétralogie des *Niebelungen*, de M. Richard Wagner. En 1877, cet artiste habile épousa une cantatrice dramatique, Mlle *Hasselbeck*, attachée comme lui au théâtre de Leipzig, où elle s'était fait aussi une situation considérable par le talent qu'elle déployait dans l'interprétation des ouvrages de M. R. Wagner.

Plusieurs compositions de M. Sucher ont été publiées, parmi lesquelles nous citerons les suivantes : *Lied und Liebe* (*Lied et Amour*), cycle de *lieder* ; *Aus alten Mährchen* (*D'anciens Contes*), composition pour chœur de voix de femmes ; *Waldfräulein* (*la Demoiselle de la forêt*), scène dramatique pour voix seule, chœur et orchestre ; *la Bataille navale de Lépante*. M. Sucher a fait exécuter toutes ces œuvres à Vienne, dans un concert organisé à cet effet. Au mois d'avril 1879, il a fait entendre encore à Vienne, avec beaucoup de succès, un hymne pour *soli*, chœur et orchestre. Les œuvres de M. Sucher, conçues dans le système wagnérien, se font remarquer par un profond sentiment dramatique. J. B.

SULLIVAN (ARTHUR-SEYMOUR), pianiste, chef d'orchestre et compositeur, l'un des artistes les plus distingués de l'Angleterre à l'époque actuelle, est né à Londres le 13 mai 1842. Il a fait d'excellentes études à l'Académie royale de musique, dont il était l'un des élèves boursiers, et s'est ensuite livré avec ardeur à la composition, tout en se faisant connaître et apprécier comme un chef d'orchestre habile. En tant que compositeur, M. Sullivan s'est exercé dans presque tous les genres, et, tout en se produisant au théâtre, a écrit aussi des oratorios, des cantates, de la musique religieuse et symphonique et des mélodies vocales. L'une de ses premières productions fut une bouffonnerie musicale, *the Contrabandista*, qui fut donnée sur un petit théâtre d'opéra anglais (*Saint-George's Opera-House*) le 25 novembre 1867 ; deux ans après (septembre 1869), il faisait exécuter au festival de Worcester un oratorio intitulé *the Prodigal Son* (*l'Enfant prodigue*), et le 1er mai 1872 il faisait entendre au Crystal Palace un grand *Te Deum* pour *soli*, chœurs et orchestre dans une cérémonie d'actions de grâce pour le rétablissement de la santé du prince de Galles. Il obtint un très-grand succès en produisant au festival de Birmingham (août 1873) un nouvel oratorio, *the Light of the World* (*la Lumière du Monde*), et enfin donna au théâtre de l'Opéra-Comique, le 17 novembre 1877, un ouvrage en 2 actes, *the Sorcerer* (*le Sorcier*), qui fut très-bien accueilli, et bientôt suivi d'un autre ouvrage du même genre, *le Pinafore*, joué au même théâtre (mai ou juin 1878). Ce dernier obtint un succès colossal.

Mais là ne se bornent pas les travaux de composition de M. Sullivan. Entre autres ouvrages, on lui doit encore deux cantates : *le Jugement du jury*, et *Sur terre et sur mer*, une symphonie en *mi* pour orchestre, une ouverture *di ballo*, une autre ouverture avec ce titre : *In Memoriam*, divers morceaux symphoniques écrits pour un drame de M. Calvert, *Henri VIII*, et, sous le titre de *Masca-*

rade, toute une série de morceaux de chant et de danse (*Sérénade, Bourrée, Danse des Pierrots et des Arlequins*) pour *le Marchand de Venise*, de Shakspeare. M. Sullivan a publié aussi un assez grand nombre de *songs* ou mélodies vocales : *the Distant Shore, Tender and True, the Judge's Song, Golden Days, Looking back, Looking forward, Birds in the Night, Mary Morison, Sweethearts, Thou art weary, Living poems*, etc. Enfin, on connaît encore de M. Sullivan diverses compositions religieuses : un *Te Deum* et *Domine salvam fac Reginam*, un *Jubilate* et *Kyrie*, et d'assez nombreuses antiennes pour une ou plusieurs voix, avec ou sans chœurs.

M. Arthur Sullivan a été le chef d'orchestre de diverses entreprises ou sociétés artistiques. Il a dirigé les concerts du théâtre Covent-Garden, du Crystal Palace et de l'Aquarium de Westminster, ainsi que les séances de la *Société orchestrale* d'amateurs, où l'un des fils de la reine Victoria, le duc d'Edimbourg, tenait sa partie au premier pupitre des premiers violons. C'est sous le patronage de ce prince, amateur fort distingué de musique, que fut fondée et ouverte en 1876 la nouvelle grande école musicale de South-Kensington (*National training School for music*), dont M. Sullivan fut nommé directeur, en se chargeant de l'enseignement d'une des classes de composition. M. Sullivan, qui, l'année précédente, avait été nommé professeur de composition, en remplacement de Sterndale Bennett, à l'Académie royale de musique, à laquelle il appartenait déjà comme professeur, dut donner sa démission pour prendre possession de ses nouvelles fonctions, et on lui reprocha avec quelque aigreur d'abandonner ainsi un établissement dont il avait été l'élève, pour prendre la direction d'une institution en quelque sorte rivale de celui-ci. Quelques explications très-correctes et très-loyales firent bientôt cesser toute fâcheuse interprétation de la conduite de l'excellent artiste.

***SULTZBERGER** (Jean-Ulrich), vécut dans la seconde moitié du dix-septième siècle et dans la première moitié du dix-huitième. On sait aujourd'hui que cet artiste naquit en Suisse, et l'on croit que ce fut à Saint-Gall. Il fut nommé, en 1670, *zinkenist* (joueur de zink) et directeur de la musique vocale et instrumentale de la ville de Berne. « Sultzberger était un musicien de talent, dit M. George Becker (*la Musique en Suisse*), ses mélodies sont simples et expressives, son harmonie riche sans être surchargée. » Le recueil de Psaumes de David mis en musique par cet artiste et signalé dans la *Biographie universelle des Musiciens*, à la date de 1727, est une réimpression, car cet ouvrage a été publié pour la première fois en 1675. L'année précédente, il avait livré au public un autre recueil dont voici le titre : *Salomons dess Ebreischen Königs Geistlich, Wohllust oder Hohes Lied : In Palmen oder Dattelreimen, mit beigefügten Neuem, vom fürtrefflichen Johann Schoppen gesetzten, Sangweisen, auch Kurtzen Erklärungen des geistlichen Verstandes, Beides nach art der Gesprach Spiele, auff offentlicher Schauburg fürgestellet durch Filip von Zezen, jetzunderaber auf vielfaltige anhalten und begähren, noch mit einer Stimme vervolkommnet und mit vielen Melodeyen vermehret : von Johann Ulrich Sultzbergern; mus. und Zinkenisten in Bern*, Berne, Sonnleitner, 1674, in-8°. Ce recueil contient 35 chants à trois parties, dont 15 sont entièrement de Sultzberger, et 20 du violoniste Jean Schopp (V. *Biographie universelle des Musiciens*, t. VII), auxquels il a ajouté une partie. On suppose que Sultzberger est mort en 1735 ou 1736. Ce qui est certain, c'est qu'à partir de cette dernière année, les éditions de son fameux psautier (pendant près d'un siècle, on en a fait régulièrement une ou deux par an) portent sur le titre *Welland*, « feu » J.-U. Sultzberger.

SULZER (......), est le nom d'un compositeur qui a fait représenter avec succès à Prague, au mois d'août 1865, un opéra intitulé *Jean de Naples*.

SUNYER (R....-Leandro), professeur et compositeur espagnol distingué, est né à Mastorell, dans la province de Barcelone, le 13 mars 1833. Dès l'âge de cinq ans, il fut confié par sa famille aux soins d'un excellent maître, Mateo Ferrer (*Voy.* ce nom), sous la direction duquel il fit toute son éducation musicale, et qui lui enseigna le contre-point, l'harmonie, la fugue et la composition. A peine âgé de dix-neuf ans, M. Sunyer obtint au concours la place de maître de chapelle de l'église de *Santa-Maria del Pino*, de Barcelone, mais il dut la résigner au bout d'un an par suite de son refus d'entrer dans les ordres, ce qui était une condition attachée à l'exercice de cet emploi.

C'est alors qu'il se décida à se consacrer à l'enseignement, sans toutefois négliger de grands travaux de composition qu'il avait entrepris déjà. De cette époque de sa vie datent plusieurs messes, des motets, des psaumes, et diverses autres compositions religieuses, notamment un *Te Deum* à deux chœurs fugués, dans le genre classique, dont on dit le plus grand bien.

M. Sunyer voulut aussi s'essayer au théâtre, et écrivit un opéra, *Don Alfonso el malo*, qu'il dédia au prince des Asturies (aujourd'hui Alphonse XII), et qui, soumis à l'examen d'un jury, fut l'objet d'un rapport très-favorable. Néanmoins, l'ouvrage, — comme tant d'autres! — ne put parvenir a se produire à la scène ; mais il valut à son auteur le brevet de chevalier de l'ordre de Charles III

Du drame lyrique, où ses efforts restaient infructueux, M. Sunyer passa à la *zarzuela;* ici il trouva sa voie, et ses productions en ce genre obtinrent un grand succes, aussi bien a Barcelone qu'à Madrid. Parmi ses zarzuelas les plus applaudies, il faut surtout citer *los Tios de sus sobrinos* (*les Oncles de ses neveux*), *las Mugeres del siglo* (*les Femmes du siècle*), 2 actes, Bouffes-Madrilènes, 29 avril 1867, et *la Politicomania*, Cirque, 17 mai 1867.

On doit à M. Sunyer la fondation du Conservatoire de Barcelone, aujourd'hui malheureusement disparu, mais dont l'existence, si elle a été courte, n'en a pas moins été brillante. Cet artiste distingué, qui a formé de nombreux élèves devenus d'habiles musiciens, et qui a écrit un grand nombre de morceaux de genre pour le piano, a été récemment nommé professeur honoraire du Conservatoire de Madrid.

*SUPPÉ (Franz de), chef d'orchestre et compositeur autrichien renommé, issu d'une famille originaire de la Belgique, est né à Spalato, en Dalmatie, le 18 avril 1820 (et non 1823, comme il a été imprimé par erreur). Son grand-père avait quitté la Belgique pour aller se fixer à Crémone, et ses parents étaient nés en cette ville. Lors de la naissance du futur artiste, son père occupait à Spalato des fonctions administratives, et cinq mois après, par suite d'avancement, il dut changer de résidence et se rendre à Zara. Grand amateur de musique, M. de Suppé père encouragea de bonne heure chez son fils les dispositions que celui-ci témoignait pour cet art; l'enfant apprit seul à jouer de la flûte, et à peine âgé de neuf ans écrivait même deux petits morceaux pour cet instrument; cependant, comme en cette circonstance il avait négligé ses devoirs de collége, il reçut de son père une semonce qui se termina par la destruction de ces premiers essais de composition. Mais, à peu de temps de là, le jeune Suppé ayant organisé, pour l'anniversaire de la naissance de son père, une petite fête musicale dans laquelle il exécuta un nouveau morceau écrit par lui pour la flûte, M. de Suppé, touché de cette intelligente persistance, consentit à lui faire donner des leçons de musique.

C'est alors que l'enfant fut confié aux soins d'un artiste distingué, Giuseppe Ferrari, qui faisait partie de la musique du régiment « Baron Gepperl », et qui lui enseigna d'une façon rationnelle les principes et le mécanisme de la flûte. Dès cette époque, et sans rien connaître encore de la théorie musicale, le jeune Suppé écrivit toute une série de duos pour deux flûtes. Dans le même temps, il participait, soit à l'orchestre comme flûtiste, soit dans les chœurs comme soprano, aux exécutions de musique religieuse qui avaient lieu dans la cathédrale de Zara sous la direction du maître de chapelle de Cigalla, et c'est là ce qui lui donna l'idée de composer, à peine âgé de treize ans, une messe qu'il eut la chance de pouvoir faire entendre en public. Il écrivit aussi la musique d'une opérette comique, *la Pomme*, qu'il joua lui-même en compagnie de quelques-uns de ses camarades.

M. de Suppé avait quinze ans lorsqu'il perdit son père. Sa mère alla se fixer alors à Vienne, afin que le jeune homme pût terminer ses études littéraires au Gymnase de cette ville, et étudier ensuite la médecine. Mais la science le tentait peu, et il ne songeait qu'à l'art qu'il chérissait. Bientôt il se consacra sans réserve à l'étude de la musique, se fit admettre au Conservatoire de Vienne, y devint l'élève du professeur Salzmann pour l'harmonie, et un peu plus tard travailla, dans le même établissement, le contre-point et l'instrumentation sous la direction de Sechter et de Seyfried. Il fit des progrès rapides, et une messe qu'il composa à cette époque lui valut les éloges de Sechter, à cause de la bonne disposition d'une fugue qu'il y avait introduite.

Donizetti venait d'arriver à Vienne, où il était appelé par la prochaine représentation de sa *Linda di Chamounix*, qu'il avait écrite expressément pour l'Opéra impérial de cette ville. Peu de temps après, il était nommé maître de chapelle de la cour. C'est alors que le jeune de Suppé, qui était son parent, fit sa connaissance. Donizetti, sur sa demande, consentit de grand cœur à lui donner ses soins, et c'est sous la direction de ce maître illustre que le jeune artiste termina son éducation, s'appliquant surtout à l'étude et à la lecture assidue des œuvres des maîtres classiques et des anciens Italiens. Bientôt, et quoiqu'il fût encore adolescent, on le nomma professeur suppléant au Conservatoire, presque en même temps qu'il fut engagé au théâtre Josephstadt pour y remplir les fonctions de chef d'orchestre. Il écrivit pour ce théâtre la musique d'un vaudeville qui obtint un tel succès, qu'il fut aussitôt appelé à celui de Presbourg

(Hongrie), en qualité de premier chef d'orchestre. Après trois ans de séjour en cette ville, il retourna à Vienne, et accepta le même emploi au théâtre *An der Wien*, où eut lieu sous sa direction la première représentation de *l'Étoile du Nord*, de Meyerbeer, et où il fit jouer deux opéras de sa composition : *la Fille de campagne* et *Paragraphe III*. En 1862, M. de Suppé quitta le théâtre *An der Wien* pour le théâtre du Quai, puis celui-ci ayant été détruit peu de temps après par un incendie, il entra au théâtre de Leopoldstadt, qu'il n'a pas quitté depuis lors et où il n'a cessé d'obtenir les plus grands succès comme compositeur et comme chef d'orchestre.

M. de Suppé a fait preuve d'une étonnante fécondité. En dehors des vingt opérettes ou opéras bouffes qu'il a fait représenter, presque toujours avec un brillant succès, en dehors des deux cents vaudevilles dont il a écrit la musique pour les théâtres dont il était le chef d'orchestre, il a publié près de deux mille compositions de tout genre, consistant principalement en *lieder*, chœurs pour voix d'hommes, airs, romances, mélodies, etc.

Voici une liste assez étendue des productions dramatiques de M. de Suppé : 1° *la Jeune campagnarde*, 3 actes, Vienne, 7 août 1847 ; 2° *Paragraphe III*, Vienne, 8 janvier 1858 ; 3° *le Pensionnat*, un acte, Vienne, 24 novembre 1860 ; 4° *la Tireuse de cartes*, un acte, Vienne, 1er avril 1862 ; 5° *Dix Filles et pas de mari* (*Zehn Mädchen und kein Mann*), un acte, Vienne, 25 octobre 1862 ; 6° *les Mauvais Garçons*, un acte, Vienne, 19 avril 1863 ; 7° *la Vengeance*, Vienne, mars 1864 ; 8° *Pique-Dame*, 2 actes, Vienne, 22 juin 1864 ; 9° *Franz Schubert*, un acte, Vienne, 10 septembre 1864 ; 10° *la Belle Galathée* (*Schœne Galathea*), un acte, Vienne, Carl-Théâtre, 9 septembre 1865 ; 11° *Cavalerie légère*, 2 actes, id., id., 21 mars 1866 ; 12° *Freiga*, 2 actes, id., id., 23 octobre 1866 ; 13° *Exploits de bandits*, un acte, Vienne, 27 avril 1867 ; 14° *Madame Meisterin*, 3 actes, Vienne, 20 janvier 1868 ; 15° *le Supplice de Tantale*, un acte, Vienne, 3 octobre 1868 ; 16° *Isabelle*, 1 acte, Vienne, 5 mars 1869 ; 17° *la Jeune Fille de Dragaut*, 3 actes, Prague, 23 juillet 1870 ; 18° *Cannebas*, Vienne, 1870 ; 19° *Fatinitza*, 3 actes, Vienne, 5 janvier 1876 ; 20° *le Diable sur terre*, 3 actes, Vienne, 5 janvier 1878 ; 21° enfin, *Boccacio*, qui est sa dernière œuvre représentée. De tous ces ouvrages, un seul, *Fatinitza*, est connu en France ; après avoir valu à son auteur un véritable triomphe à Vienne, puis à Berlin, *Fatinitza* a été jouée à Bruxelles, et ensuite à Paris, au théâtre des Nouveautés (mars 1879), avec un succès retentissant et prolongé.

Mais M. de Suppé n'est pas seulement un musicien plein de verve, de jeunesse et de gaieté en ce qui concerne le théâtre. Tempérament éclectique, soutenu par une excellente éducation, alliant la grâce italienne à la profondeur allemande, il a écrit plusieurs œuvres importantes et sérieuses qui révèlent un artiste très-instruit et heureusement inspiré, entre autres une messe solennelle en *ut* mineur, un grand *Requiem* pour voix seules, chœur et orchestre, des symphonies, des ouvertures de concert, des quatuors pour instruments à cordes, etc. Parmi ses compositions vocales, il en est deux surtout qui sont devenues étonnamment populaires dans sa patrie : c'est le lied, *O toi, mon Autriche !* qui a presque aujourd'hui le caractère d'un chant national, et un autre lied qui, sous le titre de *Tantum ergo*, n'en est pas moins un vrai petit chef-d'œuvre de musique comique. En résumé, M. de Suppé est l'un des musiciens les plus distingués et les plus populaires de l'Autriche actuelle. J. B.

SUREMONT (Pierre-Jean), compositeur belge, naquit à Anvers en 1762. Il fit de bonnes études musicales, et se livra de bonne heure à l'enseignement et à la composition, écrivant tour à tour des opéras, des cantates, des symphonies, des messes, des ouvertures, etc. En 1804, il fait exécuter aux funérailles de son ami J. E. Pauwels, une *Missa funerale* ; en 1805, 1807, 1809 et 1819, il produit quatre autres messes avec orcestre ; en 1816 il obtient, conjointement avec Verheyen, le premier prix pour la composition d'une cantate sur la bataille de Waterloo, mise au concours par la Société royale des Beaux-Arts de Gand ; l'année suivante il remporte le prix pour une autre cantate, *de Toonkunst*, mise au concours par l'Institut des Pays-Bas ; enfin, en 1824, il fait représenter à Anvers un opéra-comique en trois actes, intitulé *les Trois Cousines*. Parmi les autres compositions de Suremont, il faut citer : l'*Invocation à la paix*, chœur pour voix de femmes ; *Nederlandsch Zegepraal*, cantate ; une Symphonie pour musique d'harmonie ; des ouvertures, des motets et quelques œuvres de moindre importance. Suremont est aussi l'auteur de l'écrit suivant : *Opuscule apologétique sur les mérites des célèbres musiciens belges aux quatorzième, quinzième et seizième siècles*

(Anvers, Schlesetters, 1828), opuscule qui fut l'objet d'un rapport défavorable au concours ouvert sur ce sujet, en 1826, par l'Institut des Pays-Bas. Cet artiste estimable est mort à Anvers le 8 mars 1831.

SUTTER (Jean-David), écrivain artistique, naquit à Genève d'un père genevois et d'une mère française, le 12 janvier 1811 (1). Doué d'une grande ambition intellectuelle, il se livra de bonne heure, avec passion, à l'étude de la philosophie, de la physique et des mathématiques, menant de front, pendant tout le cours d'une existence laborieuse, la musique, la peinture, les sciences d'observation et la littérature. Il apprit, très-jeune, à jouer du violon, de la guitare et de la flûte, et étudia la composition avec André Spaëth. Il se produisit avec succès dans les concerts, comme flûtiste, et, venu à Paris en 1841, il entra comme alto à l'orchestre des concerts Paganini, tout en prenant des leçons avec Tulou.

Mais Sutter était un esprit réfléchi, qui cherchait à se rendre compte des choses. Il ne se contenta pas d'être un exécutant plus ou moins habile, et voulut établir les lois du style musical, après quoi il s'occupa de la nature esthétique de l'art, puis de l'histoire même de cet art, et en vint enfin à vouloir réformer la science de l'acoustique. Par malheur, Sutter, avec son intelligence très-déliée et très-subtile, appartenait à cette classe d'hommes qui se figurent que rien n'a été fait avant eux, qu'ils sont une sorte de Messie apportant avec lui la lumière et la vérité, et qui considèrent tout ce qui a été fait jusqu'à eux comme entaché d'erreur et atteint d'impuissance. Avec cela, esprit uniquement réfléchi, dénué de faculté créatrice et de spontanéité, il ne savait pas faire la part de l'imagination, traitait l'art comme une chose mécanique et mathématique, prétendait subordonner absolument l'inspiration à la science, et ravalait la manifestation artistique à une question de formule et de procédé. On comprend l'effet morbide de semblables théories, destructives de tout sentiment, et qui sont la négation même de l'art. Telles étaient pourtant celles de Sutter, dont la bonne foi d'ailleurs n'était pas douteuse, mais qui, par cela même, était destiné à l'impuissance. C'est pour cette raison sans doute qu'il ne put jamais trouver un éditeur pour les trois grands ouvrages qu'il avait si laborieusement enfantés, un *Traité d'acoustique*, une *Histoire de la musique depuis les Grecs jusqu'à nos jours*, et un *Traité d'esthétique musicale*; il put seulement, peu de mois avant sa mort, publier dans un journal spécial, *l'Art musical*, une partie de son *Histoire de la musique*, celle qui avait rapport à la période grecque. Ce travailleur acharné et intelligent, mais dévoyé, était si convaincu de l'excellence de ses doctrines, qu'il m'écrivait, dans une note le concernant : — « On ne sera pas surpris de voir sortir de la même plume tant d'ouvrages *dont un seul aurait suffi à illustrer son auteur*, quand on saura que ce travailleur infatigable a, pendant plus de cinquante-cinq ans, consacré son existence à l'étude et à la pratique des sciences et des arts. » Hélas ! tous tant que nous sommes, nous consacrons notre existence à l'étude, en y appliquant toutes nos facultés ; mais nous puisons notre force, non dans le dédain des efforts d'autrui, mais, au contraire, dans le désir que nous avons de mettre à profit les travaux de nos devanciers pour compléter, dans notre sphère d'action et par notre effort personnel, la somme des connaissances générales et le patrimoine intellectuel de l'humanité. Voilà ce dont Sutter n'a pas su ou voulu se rendre compte : il a prétendu marcher seul, il a cru que lui seul avait la science et possédait la vérité, il a voulu se poser en prophète, et il n'a pas été compris parce qu'il était incompréhensible.

Sutter est mort à Paris, le 3 mars 1880.

SVENDSEN (Johan-Severin), compositeur norwégien, est né à Christiania, le 30 septembre 1840, de parents peu fortunés. Bien que n'ayant pas encore atteint quarante ans, il a déjà fourni une carrière toute de voyages et d'aventures. Il montra de bonne heure une véritable passion pour l'état militaire et de rares dispositions pour le violon, que son père commença de lui apprendre et sur lequel il devait acquérir un vrai talent. D'une constitution robuste et très-développé dès l'âge de quinze ans, il entra alors comme chasseur dans l'armée norvégienne ; mais, dès qu'il fut soldat, son goût militaire ne tarda pas à s'affaiblir, et il se retourna avec énergie vers la carrière musicale. Il débuta d'abord comme clarinette, puis comme flûtiste, dans la musique même du régiment, sans négliger pour cela l'étude du violon. Il saisissait, au contraire, toutes les occasions de s'y exercer. C'est ainsi qu'il s'engagea comme violon-solo pour accompagner un cours de danse, et, pendant la durée des leçons, il accommodait à toutes les danses imaginables les études les plus ardues de Kreutzer et de Paganini. A vingt et un ans, il obtint son congé militaire, et parcourut la Suède

(1) Je tiens cette date de Sutter lui-même, qui me signala comme inexacte celle du 31 décembre donnée par le Dictionnaire Larousse.

et le nord de l'Allemagne en jouant du violon dans les concerts ; c'est à la suite d'un orchestre ambulant qu'il arriva un beau jour à Lubeck où le docteur Leche, consul de Suède et Norwége en cette ville, le reçut avec une bonté presque paternelle, et c'est grâce à ce protecteur inattendu que Svendsen obtint du roi Charles XV une pension que lui permit d'aller terminer ses études musicales au Conservatoire de Leipzig. Le jeune homme y entra en 1863, et il y resta plus de trois ans, pendant lesquels il eut pour professeurs d'harmonie Hauptmann et Richter, et comme maître de violon le célèbre virtuose Ferdinand David. Au printemps de 1867, Svendsen quitta le Conservatoire et entreprit un grand voyage artistique ; il alla en Danemarck, en Ecosse, en Irlande, en Angleterre, puis retourna en Norwége où il donna deux grands concerts qui lui valurent un triomphe complet. L'année suivante, il vint à Paris, où il séjourna deux ans, et comme il fallait vivre, il accepta d'entrer à l'orchestre de l'Odéon (?), puis il retourna à Leipzig, où il remplissait en 1870 les fonctions de *concertmeister* de la Société Euterpe, rivale du Gewandhaus. En 1871, il partait pour les États-Unis, où il prenait femme, et l'année suivante, il était rappelé à Christiania pour y diriger des concerts officiels. Il passait enfin l'hiver 1877-78 en Italie, l'été de 1878 à Londres et arrivait en octobre à Paris, où il réside encore aujourd'hui, profitant ainsi de la pension que le roi Oscar II lui a attribuée, ainsi qu'à Édouard Grieg, pour leur permettre de se livrer à la composition en toute liberté d'esprit. La première fois que ces deux compositeurs furent étudiés en France avec l'attention qu'ils méritent, ce fut dans un article que je m'honore d'avoir écrit dès 1875 et qui ne produisit pas, paraît-il, une petite émotion lorsqu'il parvint à Christiania. La première fois qu'on exécuta quelqu'une de leurs œuvres à Paris, ce fut à l'Exposition universelle de 1878, dans la séance de musique de chambre norwégienne où la sonate en *fa* de Grieg pour piano et violon et l'octuor pour cordes de M. Svendsen produisirent le plus grand effet. Ce succès ne fut pas perdu pour M. Svendsen, puisque, dans l'hiver qui suivit, M Pasdeloup exécuta une de ses belles *Rapsodies norwégiennes* et que les concerts populaires d'Angers jouèrent sa symphonie en *ré majeur*.

Svendsen ne se distingue pas par une fécondité extraordinaire, car le nombre de ses œuvres n'atteint pas encore la trentaine ; mais il n'en est aucune qui n'appartienne au genre élevé. Ses premiers essais, comme musicien de régiment, étaient écrits d'emblée pour orchestre ; il n'est donc pas étonnant qu'il ait très-vite acquis une grande habileté de main dans l'art de combiner et de nuancer les tons de l'orchestre. Mais cette connaissance approfondie des ressources orchestrales dégénère parfois en défaut, lorsque l'auteur se lance dans des combinaisons où il s'occupe avant tout de la facture, de la forme extérieure. Cela est particulièrement sensible dans son morceau humoristique : *le Carnaval à Paris*, où il a fait de la musique exclusivement descriptive, non sans un grand talent et une rare habileté. Les morceaux symphoniques de M. Svendsen sont généralement bien conçus et bâtis avec art, encore qu'il fasse un usage trop fréquent des petits motifs et des phrases écourtées. Ses thèmes de scherzos et d'allegros sont gracieux et séduisants, son orchestration abonde en recherches piquantes ; enfin, il sait faire un emploi très-heureux des contrastes et faire alterner dans un même morceau les émotions terribles et les mélodies gracieuses ou caressantes. Il marque même pour ce procédé une prédilection qui pourrait l'entraîner à l'excès et qui prête à certains morceaux une apparence de mosaïque, lorsqu'un début pompeux et grandiose amène sans transition et sans raison apparente une série de développements gracieux et de rhythmes légers. Ces critiques de détail n'atténuent en rien le mérite de ce musicien, dont j'ai voulu étudier le talent dans ses faces principales, en opposant ses moindres défauts à ses brillantes qualités. Les premières de ses qualités sont une personnalité bien franche, parfois même un peu bizarre, une couleur poétique en ses andantes, une fantaisie délicieuse en ses scherzos, dont les idées et les développements lui appartiennent bien en propre. Cette personnalité, encore un peu noyée dans sa première symphonie, se dégage plus nettement dans la seconde, dans l'ouverture de *Sigurd le mauvais*, et surtout dans son quintette et son octuor pour instruments à cordes : c'est là le genre où il me paraît exceller et devoir passer maître. En résumé, les qualités, et des qualités qu'on n'acquiert pas, l'emportent de beaucoup dans la balance ; on peut donc fonder de sérieuses espérances sur ce compositeur dans un genre où notre époque n'est pas trop riche, et il faudra suivre avec attention et intérêt le développement ultérieur du talent symphonique de M. Svendsen.

Voici la liste très-complète des compositions de M. Svendsen, rangées par numéros d'œuvre : 1° Quatuor pour cordes en *la mineur*; — 2° Chansons pour voix d'hommes ; — 3° Ottetto en *la majeur* pour deux violons, deux altos et deux violoncelles ; — 4° Symphonie en *ré majeur ;* — 5° Quintette en *ut majeur* pour deux violons, deux altos et violoncelle ; — 6° Concerto en *la majeur* pour violon et orchestre ; — 7° Concerto en *ré majeur* pour violoncelle et orchestre ; — 8° *Sigurd Slembe* (*Sigurd le mauvais*), introduction symphonique en *ut majeur* pour le drame de Bjornstjerne Bjornson ; — 9° *le Carnaval à Paris*, épisode pour orchestre ; — 10° Marche funèbre, pour les obsèques du roi Charles XV ; — 11° *Zoraïdée,* légende pour orchestre; — 12° *Polonaise de fête*, pour orchestre ; — 13° *Marche solennelle* pour le couronnement d'Oscar II et de son épouse Sophie à Drontheim, le 18 juillet 1873 ; — 14° *Fête nuptiale à Dècre*, pour orchestre ; — 15° Symphonie en *si bémol majeur*, exécutée pour la première fois au Gewandhaus de Leipzig le 8 novembre 1877 ; — 16° *Marche humoristique*, composée pour une fête dans une société d'artistes, à Christiania ; — 17° *Rhapsodie norwégienne* n° 1, pour orchestre ; — 18° *Romeo et Juliette*, ouverture pour orchestre ; — 19° *Rhapsodie norwégienne* n° 2 ; — 20° Quatuor pour cordes ; — 21° et 22° *Rhapsodies norwégiennes* n°s 3 et 4 ; — 23° *Cinq mélodies* pour voix avec piano, poésies allemandes de Bodenstedt (*Mirza schaffy*) et françaises de Victor Wilder; — 24° *Quatre mélodies* pour une voix avec piano, traduites en français par Victor Wilder. De plus, M. Svendsen a orchestré divers morceaux de Bach, Schubert, Liszt et Schumann ; il a aussi arrangé pour petit orchestre de cordes différentes mélodies populaires, deux d'Irlande, une de Norwége et deux de Suède ; il a enfin publié sans numéro d'ordre une mélodie avec piano, *la Violette*, qui se chante en norwégien, en anglais et en allemand.

AD. J—N.

* **SWELINCK** (JEAN-PIERRE), organiste néerlandais, mourut non en 1622, mais le 9 octobre 1621.

SYLVESTRE (FRANÇOIS-XAVIER), né à Lacoste (Vaucluse) en 1793, mort à Aix (Bouches-du-Rhône) le 27 juillet 1856, a joui en Provence d'une certaine notoriété. Ce fut à Cavaillon qu'il reçut le premier enseignement régulier de musique et de violon d'un professeur nommé Derive. Appelé à l'âge de dix-huit ans sous les drapeaux, il se fit remarquer par ses aptitudes spéciales, et fut nommé sous-chef de musique. A la chute de l'Empire il retourna dans ses foyers, et en 1817 se maria à Lauris. Il compléta dans cette petite ville ses connaissances musicales sous la direction de Garnier, ex-hautbois de l'Opéra et de la chapelle royale, qui y vivait retiré. Il habita ensuite Forcalquier, puis se fixa définitivement à Aix, où il a terminé sa carrière. En 1820, il fut choisi pour diriger la maîtrise de l'église métropolitaine d'Aix, que Félicien David venait de quitter, et où André Campra avait fait jadis ses études, jusqu'en 1679. Il conserva ces fonctions de maître de chapelle jusqu'à sa mort.

Sylvestre a beaucoup écrit. Celles de ses œuvres qui méritent le plus d'être mentionnées sont les Psaumes 110, 111 et 112 et quatre messes pour *soli*, chœurs et orchestre ; l'une d'elles, dédiée à sainte Cécile, fut entendue pour la première fois à Aix en 1836, et y a été depuis assez fréquemment exécutée. On connaît encore de lui diverses cantates, entre autres celle de *Saül* et une autre pour les victimes de la Guadeloupe, beaucoup d'antiennes, motets et cantiques, et des leçons et solféges pour ses élèves.

Ces ouvrages sont d'une assez bonne facture et témoignent d'une grande facilité mélodique. Malheureusement le choix des idées n'est nullement épuré, et le style se ressent beaucoup du milieu étroit où Sylvestre a passé sa vie depuis sa première enfance. On peut appliquer à tous ses travaux l'appréciation très exacte que d'Ortigue a portée, dans ce sens, sur la messe à sainte Cécile dans *la Musique à l'Église* (page 129).

Sylvestre était un artiste laborieux et modeste. Il a rendu de réels services comme professeur et maître de chapelle, et sa mort causa d'unanimes regrets.

AL. R—D.

SZAMOTULSKI (VENCESLAS), *Venceslaus Samotuliensis*, musicien fameux du seizième siècle, naquit à Szamotuly, et fit ses études littéraires d'abord au collége de Lukzaaki, à Posen, puis à Cracovie. Admis ensuite comme secrétaire chez Jérôme Chodkiewicz, hetman de Lithuanie, il se fit recevoir docteur en philosophie à l'Université de Cracovie, puis se consacra à la culture de la poésie et de la musique, sans négliger les mathématiques. Nommé plus tard directeur de la musique du roi de Pologne Sigismond-Auguste, il écrivit des mélodies pour les Lamentations de Jérémie et composa un grand nombre de chants sacrés qui firent l'admiration générale; contemporain de Jean Wrobkowski, il composa aussi plusieurs cantates pour ce chanteur célèbre, qui n'a jamais eu d'égal dans son pays. Tous les écrivains polonais sont unanimes dans les louanges qu'ils ont accordées à la mémoire de Szamotulski, et l'historien Simon Starowolski, qui lui a consacré une notice dans ses *Cent illustres Polonais*, en parle ainsi à la fin de cette notice : « On dit qu'Amphion fléchit par ses chants mélodieux les rochers immobiles et attendrit les pierres ; mais voici que, de sa douce voix, un nouvel Amphion attendrit les hommes du Nord.... » Ses contemporains le considéraient comme un digne émule des grands maîtres de l'Italie. Malheureusement cet artiste mourut jeune, à peine âgé de quarante-trois ans, et avant d'avoir pu donner la mesure complete de ses facultes. Tous les recueils de chant religieux publiés en Pologne dans le cours du seizième siècle contiennent des mélodies de Venceslas Szamotulski, désignées par ses deux initiales : V. S. On cite parmi ses compositions : *Alleluia* (Cracovie, Andrysovic) ; *Christe qui lux es et dies*, motet à quatre voix, sur paroles polonaises (idem, idem) ; chant d'André Trzycyeski, *Ach moy niebieski panie*, mélodie a quatre voix, cantus, altus, ténor et basse (idem, idem) ; *Prière du soir*, à quatre voix (idem, idem) ; *Inclina, Domine, aurem tuam*, psaume 85, sur paroles polonaises ; *Beatus vir qui non abiit in concilio impiorum*, motet à quatre voix, sur paroles polonaises ; *Domine, quis habitabit in tabernaculo tuo*, psaume 14, à quatre voix, sur paroles polonaises (Cracovie, Andrysovic).

SZCZEPANOWSKI (Stanislas), l'un des virtuoses sur la guitare les plus remarquables qu'ait produits le dix-neuvième siècle, naquit en 1814 dans le Palatinat de Cracovie. Ayant fait un voyage à Edimbourg dans ses jeunes années, il commença l'étude de son instrument avec Horeçki (*Voyez* ce nom), alors établi en cette ville, puis, étant venu à Paris, prit des leçons avec Sor, qui lui enseigna aussi la composition. Après avoir ainsi terminé son éducation, il retourna à Edimbourg, donna son premier concert, qui produisit une véritable sensation, et entreprit un grand voyage musical à travers l'Europe, se faisant entendre successivement à Londres, à Berlin, où la jeunesse polonaise lui offrait un banquet, à Posen, où il donnait quinze concerts, à Cracovie, où il n'en donnait pas moins, à Varsovie, à Saint-Pétersbourg, où il se produisait trois fois de suite au théâtre Michel, à Wilna, où il était accueilli avec enthousiasme, et dans d'autres villes encore. Szczepanowski ne resta pas longtemps dans sa patrie, et reprit bientôt le cours de ses pérégrinations, visitant cette fois les provinces danubiennes, la Turquie, la Syrie, et se faisant applaudir à Kiow, Bucharest, Ibraïla, Warna, Constantinople, Smyrne, etc., puis traversant l'Europe centrale, et allant chercher le succès jusqu'en Espagne. Partout il recevait le même accueil, et se voyait fêté par ses auditeurs. En 1852, comme il visitait de nouveau l'Allemagne, une feuille germanique, l'*Illustrirte Zeitung*, publiait sa biographie et son portrait. Szczepanowski ne se bornait pas d'ailleurs à pincer de la guitare; il possédait aussi un talent distingué sur le violoncelle, et se faisait souvent entendre sur cet instrument. Mais il n'a écrit, je crois, que pour la guitare, et l'on cite, parmi ses compositions : 1° Fantaisie sur un air anglais ; 2° *la Jota Arragonesa*, variée ; 3° *Introduction et Variations* sur un thème de Sor, pour la main gauche seule ; 4° *Difficultés de la guitare* (Andante et Mazurek, suivis d'une valse fantastique) ; 5° *Souvenir de Varsovie*, pot-pourri militaire ; 6° Variations sur un air polonais ; 7° Duo comique sur le *Carnaval de Venise* ; 8° Mazureks originales ; 9° Quatre Mazoures (Londres, Cocks), etc.

SZCZUROWSKI (Jean-Népomucène), un des chanteurs les plus remarquables qu'ait possédés la Pologne, naquit en 1771 à Pinczow, dans le Palatinat de Cracovie. Cet artiste extrêmement distingué, doué d'une voix de basse-taille forte et vibrante, conserva cette voix pendant près de soixante ans. Après avoir fait son éducation musicale dans sa ville natale, il débuta, en 1787, sur le théâtre de Cracovie, puis se fit entendre sur ceux de Dubno et de Lublin ; mais ce milieu modeste ne suffisant pas à son ambition, il s'engagea à Varsovie, dans la troupe du célèbre directeur Boguslawski, et y débuta avec succès, en 1793, dans *la Frascatana*, de Paisiello. Au bout de deux ans, il partit pour Léopol, où il resta quatre années, puis revint à Varsovie où il fut jusqu'en 1806 le principal soutien de l'opéra polonais. Il entreprit alors un nouveau voyage, visita Dubno, Tulczyn, Kamienieç-Podolski, et, une fois de retour à Varsovie, ne quitta plus cette ville jusqu'à la fin de sa carrière.

Alors commença la plus belle période de la vie artistique de Szczurowski, qui se montra tour à tour, avec le plus grand succès, dans l'*Axur*, de Salieri, dans *la Vestale*, de Spontini, dans *Don Juan* et *la Flûte magique*, de Mozart, dans *le Turc en Italie*, *le Barbier de Séville* et *la Pie voleuse*, de Rossini, dans l'*Agnese*, de Paër, dans *Robert le Diable*, de Meyerbeer. « Dans tous ces rôles, dit M. Albert Sowinski, il brilla comme chanteur, aimé du public, estimé des artistes, toujours exact à remplir ses devoirs et empressé à rendre service à ses confrères. Indépendamment des opéras traduits, il remplit des rôles importants dans les opéras polonais de Charles Kurpinski. Il fut très-applaudi dans les personnages de *Lancelot*, du *Palais de Lucifer* et de *Czaromysl*. En 1837, la direction des théâtres de Varsovie lui accorda une représentation à son bénéfice à l'occasion de son *jubilé* (cinquante ans de service). *Le Turc en Italie* fut monté avec magnificence ; tous les artistes parurent dans les différents costumes ; le bénéficiaire, rappelé après chaque morceau, remercia l'assemblée dans une pièce composée exprès pour la circonstance, par le maître de chapelle, Charles Kurpinski, après laquelle le ténor Dobrski chanta des couplets en l'honneur du bénéficiaire, et à la fin de cette solennité les artistes lui offrirent une bague précieuse avec cette inscription : *Pamiontka od artystow* (Souvenir d'artistes). » En 1845, Szczurowski se fit entendre une dernière fois dans une séance donnée pour célébrer le vingt-cinquième anniversaire de la fondation, à Varsovie, des concerts de la *Ressource marchande*. Il était alors âgé de soixante-quatorze ans. Il mourut peu d'années après.

SZÉKELY (Emérique), pianiste et compositeur distingué, est né à Matyfalva (Hongrie) le 8 mai 1823. Après avoir reçu une bonne éducation musicale, il fit, en 1846, un voyage à Paris et à Londres, puis rentra dans sa patrie et se fixa en 1850 à Budapest. Il y occupe aujourd'hui une situation considérable comme compositeur, virtuose remarquable et professeur recherché. M. Székely a écrit beaucoup et dans divers genres : pièces symphoniques, concertos et sonates pour le piano, etc. Le nombre de ses compositions publiées (pour la plupart chez l'éditeur Rozsavolgyi, à Budapest) s'élève à 60 environs. Ses morceaux de salon pour le piano, en style hongrois, sont les plus renommés et les plus répandus ; ce sont généralement des transcriptions brillantes de chants nationaux, ou des compositions écrites sur des motifs populaires. La plus belle de ses fantaisies hongroises est un morceau intitulé *Souvenir du lac de Balaton*, du nom d'un lac qui est situé d'une façon romantique au milieu de la Hongrie. M. Székely a publié aussi diverses transcriptions sur des motifs de deux opéras d'Erkel : *Hunyady* et *Bankban*.

J. B

T

* **TACCHINARDI** (NICOLAS). — C'est le 14 mars 1859, et non au mois de janvier 1860, que ce chanteur célèbre est mort à Florence. D'autre part, la date de sa naissance est le 3 septembre 1772, et non le 10 septembre 1776.

TACCHINARDI (GUIDO), jeune compositeur italien, élève, je crois, de M. Mabellini, a fait ses débuts à la scène en écrivant avec quelques jeunes confrères, MM. Bacchini, De Champs, Felici, Gialdini et Usiglio, la partition d'un petit opéra bouffe, *la Secchia rapita*, qui fut représenté sur le théâtre Goldoni, de Florence, au mois d'avril 1872. Le 22 octobre de la même année, il donnait, seul, au théâtre Nuovo, de la même ville, un autre ouvrage bouffe intitulé *i Conti senza l'oste*. Enfin, le 25 février 1874, le théâtre des Loges offrait à son public une nouvelle bouffonnerie, *l'Idolo Cinese*, dont la musique avait encore été écrite par M. Tacchinardi et trois autres jeunes artistes, MM. De Champs, Felici et Gialdini.

TAC-COEN (..........), musicien français, a fait représenter à Nantes, au mois de juillet 1872, un opéra-comique en un acte intitulé *Jean le duc*.

TADDEUCCI (.....), jeune compositeur italien, était âgé seulement de dix-huit ans lorsqu'il fit représenter le 16 avril 1868, sur le théâtre de la Pergola, de Florence, *Armide*, opéra-cantate en deux parties.

* **TADOLINI** (JEAN), compositeur dramatique italien, est mort à Bologne le 29 novembre 1872.

* **TAEGLICHSBECK** (THOMAS), compositeur et violoniste, est mort à Bade le 4 octobre 1867.

TAGLIAFICO (JOSEPH-DIEUDONNÉ), né à Toulon, de parents italiens, le 1er janvier 1821, fit de remarquables études au collége Henri IV à Paris, où il obtint en 1837 un accessit au prix d'honneur du grand concours. Destiné au barreau, il fit son droit à Paris; mais des succès de salon comme chanteur déterminèrent sa vocation pour le théâtre. Instruit par Piermarini pour le chant et par Lablache pour la scène, il débuta en 1844 aux Italiens, de Paris, et en 1847 à Londres. Depuis cette époque, il n'a pas manqué une seule saison à Covent-Garden. Il a chanté dans les intervalles en Russie, en Allemagne, en Amérique. M. Tagliafico est l'auteur de beaucoup de traductions françaises des maîtres italiens, espagnols et anglais. Comme compositeur, il a produit quelques œuvres de salon dont certaines, telles que le *Duo comique de Saint-Janvier*, ont obtenu un grand succès. La correspondance anglaise adressée au *Ménestrel* depuis quinze ans, sous le pseudonyme de *de Retz*, est également de M. Tagliafico.

J. D. F.

TAGLIONI (FERDINANDO), compositeur, professeur de chant et écrivain musical, né à Naples le 14 septembre 1810, est le fils du fameux chorégraphe Salvatore Taglioni. Il commença dès ses plus jeunes années l'étude de la musique et du piano, puis, ayant été envoyé à Lucques pour y faire son éducation littéraire, il y devint en même temps l'élève de Massimiliano Quilici pour le piano et de Domenico Quilici pour l'harmonie et le contre-point; enfin, étant retourné à Naples en 1828, il compléta ses connaissances artistiques avec Raimondi et le comte Gallemberg, qui lui fit particulièrement travailler l'instrumentation. Après avoir écrit pour le théâtre du Fondo deux opéras qui furent bien accueillis, *i Gualderano* (1838), et *i Due Mariti* (1839), M. Taglioni se livra avec succès à l'enseignement du chant et forma d'excellents élèves, parmi lesquels on cite surtout la Borghi-Mamo, Mme Elena Angri, et le ténor Braham, devenus si célèbres depuis. Nommé en 1842 directeur de la chapelle de la *R. S. Casa di Lanciano*, il conserva ces fonctions jusqu'en 1849, écrivant de nombreuses œuvres de musique religieuse, soit *a cappella*, soit à grand orchestre, entre autres deux grands *Miserere*, un *Te Deum* et un oratorio intitulé *Maria*. Durant son séjour à Lanciano, M. Taglioni fut chef d'orchestre du théâtre de cette ville.

En 1849, il revint à Naples, où il remplit jusqu'en 1852 l'emploi de *maestro concertatore* au théâtre San-Carlo; à cette époque il dut émigrer pour se soustraire à deux condamnations qu'il avait subies pour faits politiques. Après avoir obtenu sa grâce, il fixa de nouveau son séjour à Naples, où il prit la direction de la *Gazzetta musicale*; puis, en 1856, il introduisit, le premier en Italie, les concerts historiques classiques, avec commentaires écrits par lui-même. C'est aussi lui qui, en 1864, proposa l'idée d'un congrès musical italien, dont, lors de sa réunion, il fut nommé président. Enfin, c'est encore M. Taglioni qui, le premier, s'occupa de l'enseignement du chant choral en Italie, et fonda la première école de ce genre à Naples en 1865.

M. Taglioni n'a publié qu'un petit nombre de ses compositions : 2 romances, quelques duos pour piano et violon, un recueil d'exercices et de mélodies pour l'enseignement du chant choral. Voici la liste de ses écrits relatifs soit à la théorie, soit à l'enseignement de la musique : 1° *Progetto di riforme musicali didattiche, chiesastiche, teatrali* (1861); 2° *Discorso inaugurale della Società del Quartetto* (1862); 3° *Proposta di un regolamento per l'insegnamento obbligatorio della musica nelle scuole primarie e normali* (1865); 4° *Discorso inaugurale del 1° Congresso musicale italiano* (1865); 5° *la Questione del collegio di musica* (1866); 6° *Osservazioni intorno alla relazione della commissiomne d'inchiesta per le scuole di musica nel R. Albergo de' Poveri* (1867); 7° *Lezioni popolari di lettura musicale dettate per l'insegnamento simultaneo* (1868); 8° *l'Organico del collegio di musica, osservazioni e pensieri* (1869); 9° *Metodo razionale per l'insegnamento del canto corale nelle scuole infantili e popolari* (1871); 10° *Manuale per l'insegnamento pratico de' canti per udizione* (1870); 11° *Manuale di rudimenti elementari per l'insegnamento teorico del canto corale nelle scuole popolari* (1870); 12° *Disegno di un corso di estetica musicale* (1873). Outre ces écrits, M. Taglioni a publié dans divers journaux un grand nombre de biographies artistiques et d'articles de critique et d'histoire musicales. M. Taglioni est membre de diverses académies, et chevalier de l'ordre des SS. Maurice et Lazare.

TAIX (......), violoniste et compositeur, a fait représenter en 1804, sur le théâtre des Jeunes-Élèves, deux petits opéras-comiques en un acte : 1° *la Raison, l'Hymen et l'Amour*; 2° *une Heure d'Alcibiade*. Il a écrit aussi la musique de plusieurs drames joués aux boulevards. En 1807, il était premier violon au théâtre de la Gaîté; peu d'années après, il descendait au second violon, ce qui indiquerait qu'à cette époque il n'était déjà plus jeune. J'ignore les dates de sa naissance et de sa mort.

TAJAN-ROGÉ (D....), musicien et écrivain français, a publié en 1857, dans la *Revue philosophique et religieuse*, l'écrit suivant : « *les Beaux-Arts aux États-Unis d'Amérique*, deux discours prononcés à New-York, les 27 et 31 mai 1856, par M. D. Tajan-Rogé, » dont il a été fait un tirage à part (Paris, Bastel, 1857, in-8° de 72 pp.). Le second de ces discours porte pour titre : *État général de la musique et de l'opéra lyrique*. Le même écrivain a publié une brochure intitulée : *Hommage à la mémoire de Baillot* (Paris, Le Chevalier, 1827, in-12 de 24 pp.), un écrit plus étendu qui, sous ce titre : *Mémoires d'un piano*, trace le récit de voyages faits par l'auteur en Asie et en Afrique, une brochure de polémique intitulée *Fausses notes*, et enfin un autre opuscule, non signé : « *le Festival de Birmingham*, par un Welche. » Tajan-Rogé, qui avait pris part à la rédaction du journal *l'Avenir musical* (1853), est mort à Paris au mois de mars 1878, âgé de 75 ans. Il avait séjourné longtemps à Saint-Pétersbourg, où il faisait partie de l'orchestre du théâtre impérial. Dans sa jeunesse il avait appartenu, comme Félicien David, à la secte saint-simonienne.

TALEXY (ADRIEN), pianiste et compositeur français, né vers 1820, s'est consacré de bonne heure à l'enseignement, tout en se faisant connaître par la publication d'une assez grande quantité de morceaux de genre pour le piano, morceaux auxquels leur grâce facile valut un succès assez vif auprès des amateurs. En 1860, M. Talexy eut la singulière idée de se faire directeur de théâtre, et de conduire à Londres une troupe d'acteurs non lyriques. Cette expédition ne fut pas heureuse, et bientôt il recommençait à donner des leçons et à composer. Dans ces dernières années, il a écrit la musique de quelques opérettes en un acte, dont voici la liste : 1° *un Garçon de cabinet*, Folies-Marigny, mai 1872; 2° *la Fête des lanternes*, id., 2 octobre 1872; 3° *le Bouton perdu*, Bouffes-Parisiens, 7 mars 1874; 4° *le Secret de Rose*, café-concert de la Pépinière, 30 octobre 1875; 5° *le Garçon malgré lui*, Folies-Oller, 12 mai 1877; 6° *Quand on manque le coche*, Bouffes-Parisiens, 5 mai 1878.

Les compositions de M. Talexy pour le piano sont au nombre de cent cinquante environ, parmi lesquelles il faut surtout citer une *Méthode élémentaire et progressive de piano* (Paris, Colombier), un recueil de 20 *Études expressives*, op. 80 (id., id.), et des morceaux de salon originaux : *Promenade sur l'eau, le Coucher des oiseaux, Bruits des champs*

Nuit étoilée, *Bona sera*, *Prière à la Madone*, *Marche des fifres*, *Aranjuez*, *la Pagode*, *Hymne à Cérès*, *Chœur d'adieu*, etc. Cet artiste a publié aussi des fantaisies sur des motifs d'opéras et un assez grand nombre de morceaux de musique de danse.

TAMBERLICK (Enrico), célèbre ténor italien, est né à Rome le 16 mars 1820. Fils d'un employé au Trésor, il était destiné par son père à la carrière du barreau, et envoyé d'abord à l'Université de Bologne; mais le jeune homme avait une âme d'artiste, une voix merveilleuse, et il abandonna tout pour se consacrer à l'étude du chant, sous la direction d'un ancien ténor nommé Guglielmi. Il fit de rapides progrès avec ce maître, et après deux années d'un travail assidu il put débuter au théâtre du Fondo, de Naples, dans *Giulietta e Romeo* de Bellini. Son succès fut si grand, dès sa première apparition, qu'on l'appela aussitôt au grand théâtre San-Carlo, où il se vit accueillir avec un véritable enthousiasme dans la *Norma* et *Gemma di Vergy*.

Un physique superbe, une physionomie noble et théâtrale, une voix aussi remarquable par sa fraîcheur et sa limpidité que par sa puissance et sa grandeur, un style d'une rare pureté, un chant pathétique et animé, enfin un rare sentiment de la scène et de ses exigences, telles étaient les qualités de M. Tamberlick, qui fut certainement, avec M. Fraschini, Mmes Alboni et Frezzolini, l'un des derniers représentants de cette grande école du beau chant italien, si déchue aujourd'hui.

Après avoir fait fureur à Naples, M. Tamberlick partit pour Lisbonne, où l'appelait un brillant engagement. Il se produisit ensuite à Madrid, à Barcelone, à Londres et à Saint-Pétersbourg, après quoi il alla faire une tournée triomphale dans les deux Amériques. C'est en 1858 qu'il vint pour la première fois à Paris, où, il faut bien le confesser, le public accourut en foule tout d'abord plutôt pour entendre le fameux *ut* dièze qu'il faisait sonner avec tant d'éclat, que pour apprécier et admirer les belles et nobles qualités qui constituaient son talent. Toutefois, les connaisseurs ne s'y trompèrent pas, et trouvèrent en lui l'un des plus beaux chanteurs qu'on eût depuis longtemps entendus. Le répertoire de M. Tamberlick se composait des grands ouvrages sérieux, *Otello*, *Poliuto*, *il Trovatore*, *la Forza del Destino*, *Rigoletto*, auxquels il joignait, à l'étranger, les traductions de nos opéras français : *Guillaume Tell*, *Robert le Diable*, *les Huguenots*, *la Muette*, *le Prophète*, *l'Africaine*, *le Pardon de Ploërmel*, etc. Avec *la Muette*, entre autres, il obtint un succès fou à Madrid, où il se trouvait lors de la révolution de septembre 1868. Il était de retour à Paris l'année suivante, et y revint encore en 1877, aux derniers temps de notre théâtre italien. Mais alors, âgé déjà de 57 ans, il n'était plus que l'ombre de lui-même, et, malgré ses efforts, son succès fut négatif. Je crois qu'aujourd'hui il a complétement renoncé au théâtre.

* **TAMBURINI** (Antoine), chanteur remarquable, est mort à Nice le 9 novembre 1876. Après avoir définitivement quitté le théâtre, il s'était retiré dans une fort belle propriété qu'il avait acquise dans les environs de Sèvres, à deux pas de Paris, et c'est seulement en 1871 que l'état de sa santé l'obligea d'aller se fixer à Nice. Tamburini avait épousé dans sa jeunesse la cantatrice Marietta Gioja, qui était elle-même une artiste distinguée. Peu de mois après sa mort, on a publié sur Tamburini l'écrit suivant : *Tamburini et la musique italienne*, par Jacques de Biez (Paris, Tresse, 1877, in-12).

TAMBURINI (......), compositeur italien, était mort depuis peu de temps lorsqu'on a représenté sur le théâtre Carcano, de Milan, il y a quelques années, un opéra bouffe, *i Due Italiani*, dont la musique avait été écrite par lui. Cet ouvrage n'obtint aucun succès.

TANARA (.......), compositeur dramatique italien, a fait ses débuts au théâtre en faisant jouer à Turin, au mois de mai 1870, un opéra intitulé *Rita*. Au mois de juillet 1875, il donnait au théâtre Balbo, de cette ville, *il Castello dei fantasmi*, opérette bouffe dont il avait écrit la musique en société avec M. Bozzelli. Enfin, le 10 juin de l'année suivante, il faisait représenter, toujours à Turin, une autre bouffonnerie intitulée *il Vicerè del Messico*.

TANCIONI (......), musicien italien, a fait représenter en 1860 sur le théâtre Alfieri, de Turin, un opéra bouffe intitulé *la Serva padrona*.

TANZ (Aloys), musicien allemand, directeur du Mozarteum de Salzbourg, s'était fait connaître, comme compositeur, par plusieurs œuvres importantes, entre autres deux messes, une ouverture de concert, et des quatuors. Cet artiste mourut subitement le 17 avril 1861, à Salzbourg, au moment où, venant de s'asseoir au piano, il s'apprêtait à faire la répétition d'un concert. Il était âgé seulement de quarante-quatre ans.

TAPPERT (Wilhelm), musicographe allemand, est né à Ober-Thomaswaldau, près Bunzlau

(Silésie), le 19 février 1830. Après s'être consacré d'abord à l'enseignement, avoir été professeur en divers endroits, il se rendit en 1856 à Berlin dans le but de s'adonner exclusivement à la musique. C'est à la Nouvelle Académie de la musique de cette ville qu'il reçut, du professeur Dehn, son instruction dans cet art. Il commença à se faire connaître, en 1866, par la publication des deux écrits suivants : *Musikalische Studien* (*Études musicales*), et *Musik und Musikalische erziehung* (*Musique et éducation musicale*), Berlin, Guttentag. Il donna ensuite un opuscule théorique : *das Verbot der quinten parallelen* (*la Défense des quintes parallèles*) (1). Le dernier et le plus étrange écrit de M. Tappert est celui qu'il a publié sous ce titre, dont la prolixité est au moins remarquable : *Ein Wagner-Lexikon Wœrterbuch der Unhœflichkeit, enthaltend grobe, hœhnende, gehessige und verlæumderische ausdrücke, Welche gegen den Meister Richard Wagner, seine werke und seine anhænger von den feinden und spœttern gebraucht worden sind, zur gemüths-ergœtzung in müssigen stunden gesammelt von Wilhelm Tappert* (*Lexique wagnérien, dictionnaire d'incivilité, contenant les expressions grossières, méprisantes, haineuses et calomnieuses qui ont été employées envers maître Richard Wagner, ses œuvres et ses partisans, par ses ennemis et ses insulteurs, réunies dans les heures d'oisiveté, pour l'agrément de l'esprit, par Wilhelm Tappert*), Leipzig, Fritzsch, 1878. En cherchant bien, M. Tappert n'aurait pas grande difficulté à construire un autre lexique, qui serait la contre-partie de celui-ci, et dans lequel il pourrait recueillir, « pour l'agrément de l'esprit, » les expressions viles et calomnieuses qui ont été appliquées par les idolâtres de M. Richard Wagner à ceux qui ne partagent pas leurs sentiments ; l'un serait aussi utile que l'autre, et prouverait que la palme de la politesse n'appartient pas plus à son parti qu'au parti opposé.

M. Tappert, qui a publié quelques recueils de *lieder*, et qui a pris part à l'enseignement de l'École de musique fondée par Tausig, est devenu récemment l'un des collaborateurs de la *Nouvelle Gazette musicale universelle allemande*. Dans son livre : *Études musicales*, cet écrivain, à la suite d'un grand nombre de ses compatriotes, a voulu dire son mot sur *la Marseillaise*, qui a préoccupé tant de cerveaux allemands ; sans produire aucune preuve, aucune indication précise, même aucun renseignement d'une valeur quelconque à l'appui de son dire, il se borne à affirmer sommairement que la musique de ce chant célèbre n'est point de Rouget de Lisle, et que celui-ci l'a simplement empruntée à un compositeur allemand parfaitement inconnu, nommé Holzbauer, lequel est l'auteur de vingt et une messes dont aucune n'a été gravée et qui sont restées absolument inconnues. Ce serait pourtant dans l'une de ces messes que Rouget de Lisle aurait trouvé le motif de son hymne immortel. Il faut remarquer que d'autre part l'organiste Hamma (*Voy.* ce nom), compatriote de M. Tappert, a affirmé avoir découvert, dans le *Credo* d'une autre messe d'un autre de ses compatriotes, Holtzmann, la mélodie que Rouget de Lisle aurait appliquée sans vergogne aux strophes de *la Marseillaise*. Il serait bon cependant que messieurs les Allemands s'entendissent entre eux à ce sujet, afin de ne pas paraître trop ridicules.

* **TARADE** (.......). — Cet artiste, qui fut pensionné par l'Opéra à sa retraite de l'orchestre de ce théâtre, et qui était attaché aussi au Concert spirituel, a publié un *Traité du violon, ou Règles de cet instrument* (Paris, Mlle Girard, in-f° de 66 pp.). D'autre part, le petit livre publié en 1785 sous le titre de *Tablettes des Musiciens*, mentionne ainsi ce compositeur : « Tarade, excellent violon, pensionné de l'Académie royale, a fait plusieurs sonates, un Traité de violon et une Méthode de principes pour la clarinette. » Tarade était aussi éditeur, et sa femme graveuse de musique ; celle-ci prenait même le titre de « graveuse de musique de la reine, » ainsi qu'on peut le voir sur certaines publications musicales de la seconde moitié du dix-huitième siècle.

TARBÉ DES SABLONS (Mme), compositeur-amateur, est l'auteur d'un drame lyrique en 3 actes, *i Batavi*, qui a été représenté à Florence, sur le théâtre de la Pergola, avec un très-vif succès. Cet ouvrage, écrit sur un livret français intitulé *le Siége de Leyde*, avait été primitivement reçu au Théâtre-Lyrique de Paris, où pourtant il ne put parvenir à être représenté. — M. *Edmond Tarbé*, fils de Mme Tarbé des Sablons, après avoir été chargé, sous le pseudonyme de *Zanoni*, de la critique musicale au journal *le Figaro*, a fondé en 1869 le journal *le Gaulois*, qu'il n'a cessé de diriger que depuis quelques mois.

* **TARCHI** (Angelo), compositeur dramatique napolitain. — Aux ouvrages de cet artiste

(1) Ce que nous appelons en France, en harmonie, les « quintes consécutives ».

il faut ajouter *le Général suédois*, opéra-comique en deux actes, qui fut donné au théâtre Favart, à Paris, le 17 floréal an VII. Selon M. Francesco Florimo, l'historien des conservatoires de Naples, le premier opéra de Tarchi, écrit par lui en 1781, pour être joué par ses compagnons d'étude, avait pour titre *l'Archetiello*, et non *l'Architetto*. J'ignore si Tarchi avait refait en entier la musique des *Nozze di Figaro*; toujours est-il que l'*Indice* des théâtres d'Italie pour 1787-88 contient (p. 107) cette singulière mention relative aux ouvrages représentés à Monza pendant l'automne de 1787 : *le Nozze di Figaro*, avec choeurs ; le premier et le second acte, musique du *maestro* Wolfango Mozart; troisième et quatrième acte, musique nouvelle du *maestro* Angelo Tarchi. Enfin, Tarchi a encore fait représenter à Livourne, en 1785, un opéra intitulé *il Matrimonio per contrattempo*, et j'ai trouvé dans la *Chronique de l'Opéra italien à Madrid* de M. Carmena y Millan, la trace d'un autre ouvrage de lui, *Dorval e Virginia*, opéra bouffe qui était joué en cette ville (peut-être après l'avoir été en Italie) le 10 janvier 1795.

TARDIEU DE MALLEVILLE (Mme Charlotte), pianiste française fort distinguée, s'est fait remarquer dans les concerts par les qualités d'un jeu souple, brillant et plein de grâce. Cette artiste, qui semble ne se plus faire entendre que rarement, est l'auteur de quelques compositions aimables : Grande valse brillante, op. 2 ; Romances sans paroles, op. 3 ; 1er et 2e Préludes, op. 4 et 5 ; Carillon, op. 6 ; Berceuse, op. 7; etc.

TARDIF (Lucien), s'est fait connaître à Marseille comme compositeur par une messe à 4 voix d'hommes avec accompagnement de quatuor et orgue, qui a été chantée à l'église Notre-Dame-du-Mont de cette ville ; — une ouverture qui a été exécutée à Marseille aux Concerts populaires, et, à Monaco, par l'excellent orchestre de Monte-Carlo : — quelques morceaux de genre et de danse pour le piano, et quelques mélodies pour la voix. Un petit nombre de ces dernières compositions seulement a été publié jusqu'à ce jour.

Al. R — d.

TARDIF (L'abbé J......), est auteur d'une *Méthode élémentaire et pratique de plain-chant* (Angers, Barassé, 1860, in-8°). On a aussi de lui un *Essai sur les neumes*, inséré dans la *Bibliothèque de l'École des chartes* (Paris, Durand, 1853).

TARIOT (Alexandre-Joseph-Désiré), fils d'un artiste qui fut, de 1821 à 1824, chef du pensionnat au Conservatoire de Paris, naquit à Paris le 1er juillet 1802. Il étudia la harpe et fit partie, comme harpiste, de l'orchestre de l'Opéra et de celui de la Société des concerts. En 1819, à peine âgé de 17 ans, il devenait répétiteur de solfége au Conservatoire, puis successivement répétiteur au pensionnat (1822), accompagnateur (1827), professeur des choeurs (1833), et enfin professeur titulaire de solfége (1er janvier 1840). Il a fait exécuter à l'église Saint-Eustache, en 1861, une messe à 3 voix, choeurs et orchestre de sa composition, mais ne put jamais réussir à se produire au théâtre, bien qu'il ait écrit quelques ouvrages, entre autres un opéra-comique intitulé *la Fille du Soldat*. Tariot est mort à Paris, le 23 août 1872.

TARISIO (Luigi), célèbre colporteur d'instruments, né à Fontanetto, près de Milan, était bien connu des anciens luthiers parisiens, et a apporté à Paris et à Londres, de 1820 à 1846, presque tous les admirables instruments qui s'y trouvent des anciens maîtres, les Amati, les Stradivarius, les Guarnerius, les Bergonzi, les Rüger, les Montagnana, etc., aujourd'hui si rares et si recherchés.

Tarisio avait fait ses premiers voyages à pied, portant dans une sacoche les chefs-d'oeuvre de l'école de Crémone et de Brescia, qu'il découvrait en Italie avec un rare instinct. Plus tard, il voyageait avec de grandes malles remplies d'instruments entiers ou fracturés. Il savait tout le prix d'un manche original, d'une tête, d'une table ou d'un fond que tel luthier attendait impatiemment pour rétablir dans son état primitif un instrument de maître. Personne n'égala jamais Tarisio dans cette chasse artistique et d'un genre si singulier. Tarisio mourut en Italie, après avoir amassé une petite fortune.

J. G — y.

TARNOWSKI (Adam), chef d'orchestre et compositeur polonais, était, en 1845, chef d'orchestre du théâtre des Variétés de Varsovie, pour lequel il écrivit la musique d'une pièce intitulée : *To Brat*, et d'une autre qui avait pour titre : *Gazeta sondowa* (*la Gazette des Tribunaux*). Cet artiste a fait chanter chez les moines Augustins, de Varsovie, un *Graduale* de sa composition, et il a fait exécuter au théâtre et dans les bals un certain nombre de Mazureks, qui ont été publiés chez l'éditeur Klukowski.

* **TASKIN** (Pascal), célèbre facteur de clavecins, naquit non à Liége, vers 1730, mais à Theux (province de Liége), en 1723.

* **TASKIN** (Henri-Joseph-Pascal), fils du précédent, naquit à Versailles le 24 août 1779, et mourut à Paris non en 1837, mais le 4 mai 1852.

***TAUBERT** (Charles-Gottfried-Wilhelm). — A la liste des principaux ouvrages de cet artiste fécond et distingué, il faut ajouter les suivants : *Cesario*, opéra représenté en 1874, à Berlin, avec un vif succès ; musique pour *Phèdre*, tragédie en 5 actes avec chœurs et morceaux symphoniques, donnée au théâtre royal de cette ville le 4 avril 1868 ; 2e Concerto de piano, avec accompagnement d'orchestre, op. 189 ; Concerto pour violoncelle, avec accompagnement d'orchestre, op. 173 ; 20 *Kinderlieder*, op. 138 et 148 ; 4 Pièces pour le piano, op. 187 ; etc.

TAUBERT (Ernest-Édouard), compositeur et écrivain musical allemand, est né à Regenswalde, dans la Poméranie, le 25 septembre 1838. Après avoir fait à Bonn de solides études de théologie et de philologie, il se lia d'amitié avec le compositeur Albert Dietrich (*Voy.* ce nom), qui exerçait alors en cette ville les fonctions de chef d'orchestre, et sous son influence il se livra avec ardeur à l'étude de la musique. Il se rendit un peu plus tard à Berlin, où il fit un cours de contre-point sous la direction de M. Frédéric Kiel, l'un des plus grands artistes de l'Allemagne contemporaine, puis visita Leipzig et Weimar. Depuis lors, et tout en étant chargé de la critique musicale au journal *la Poste*, M. Taubert a publié diverses compositions, parmi lesquelles on remarque un quintette pour piano et instruments à cordes, des quatuors pour 2 violons, alto et violoncelle, des morceaux de piano à 2 ou à 4 mains, des pièces pour violon et piano, divers recueils de *lieder* à une ou plusieurs voix, des *Mélodies toscanes*, etc., etc.

TAUDOU (Antoine-Antonin-Barthélemy), violoniste et compositeur, né à Perpignan le 24 août 1846, est le dernier et le seul survivant des cinq fils d'un instituteur de cette ville. Doué de grandes dispositions musicales, il fut envoyé fort jeune à Paris par sa famille, et entra au Conservatoire, où il fit des études exceptionnellement brillantes, ainsi que le constate la série des récompenses qui lui furent décernées dans l'ordre suivant : en 1862, seconde médaille de solfége ; en 1863, première médaille de solfége et premier accessit de violon ; en 1865, second prix de violon, et premier prix en 1866 ; en 1867, premier prix d'harmonie ; enfin, en 1868, premier prix de contre-point et fugue. M. Taudou avait eu pour professeurs au Conservatoire M. Massart pour le violon, M. Savard pour l'harmonie, M. Reber pour la fugue et la composition. Violoniste extrêmement distingué, au jeu élégant et fin, harmoniste habile et musicien consommé, il avait, à peine âgé de vingt-deux ans, obtenu dans notre grande école de musique toutes les récompenses qu'un élève puisse ambitionner. En 1869, il se présenta au concours de l'Institut, et pour son coup d'essai se vit décerner le premier grand prix de composition musicale.

Malheureusement, la santé du jeune artiste laissait beaucoup à désirer, et M. Taudou dut demander au ministre des Beaux-Arts l'autorisation de rester à Paris et de ne point faire le voyage de Rome, ce qui lui fut sans peine accordé. Depuis cette époque, il se livre à des travaux de composition sérieux ; il a fait entendre en 1872, à la Société philharmonique, une *Marche-ballet* d'un joli effet ; en 1873, au concert Danbé, deux bleuettes instrumentales, *Chant d'automne* et *Marche nocturne* ; en 1874, dans une séance de musique de chambre, un trio en *sol* majeur pour piano, violon et violoncelle ; enfin, à l'une des séances de la Société des concerts du Conservatoire, un concerto de violon, qui a été exécuté par M. Desjardins. On lui doit aussi une cantate écrite pour l'inauguration à Perpignan de la statue de François Arago, et exécutée en cette ville en 1879. M. Taudou, qui a fait partie de l'orchestre de l'Opéra et qui est membre de la Société des concerts du Conservatoire, a écrit aussi et publié quelques mélodies vocales, ainsi qu'un trio pour flûte, alto et violoncelle.

* **TAUSIG** (Charles), pianiste renommé, né à Varsovie le 4 novembre 1841, est mort à Leipzig, du typhus, le 17 juillet 1871. Élève d'abord de son père, puis de Liszt, il s'était fait une grande réputation de virtuose, et, quoique plus jeune que MM. Hans de Bülow et Antoine Rubinstein, visait à les surpasser au point de vue du mécanisme et de l'exécution matérielle, reconnaissant son infériorité sous le rapport du style et du sentiment artistique. Aussi ses études, dit-on, étaient sans cesse dirigées vers ce but, et l'on assure qu'il passait chaque jour trois heures consécutives au travail purement mécanique du piano. — La veuve de cet artiste, Mme *Séraphina Tausig*, née *Vrabély*, est une pianiste fort distinguée. Native de Presbourg, elle habite Vienne depuis plusieurs années.

TAYLOR (........), luthier anglais, était établi à Londres au commencement du dix-neuvième siècle. Il imitait surtout les instruments de Joseph Panormo.

TAYLOR (John), théoricien et professeur anglais, est l'auteur d'un traité récemment publié sous ce titre : *Text-Book of the science of music* (*Manuel de la science de la musique*, Londres, George Philip, in-8°). Ce manuel, divisé en trois parties : mélodie, harmonie et contre-point, composition, est fait avec le plus grand soin, et forme un traité véritable et complet de composition musicale ; en ce qui concerne l'harmonie proprement dite, l'auteur s'est inspiré des travaux et des doctrines de deux de ses compatriotes, MM. Day et G. A. Macfarren ; pour ce qui est du contre-point, il a tiré la plupart de ses exemples des œuvres de deux grands théoriciens, Albrechtsberger et Cherubini. L'ouvrage de M. John Taylor est considéré en Angleterre comme excellent.

Je ne sais si c'est le même artiste, mais c'est toujours un écrivain du nom de Taylor, qui a publié un autre ouvrage sous le titre suivant : *le Son et la Musique, traité non mathématique sur la constitution physique des sons musicaux et de l'harmonie* (Londres, in-8°).

TAYLOR (William), musicien anglais contemporain, bachelier en musique, est l'auteur de diverses compositions, parmi lesquelles on remarque un oratorio intitulé *Saint-Jean-Baptiste*.

TEDESCO (Mme Fortunata), chanteuse dramatique d'un grand talent, née à Mantoue le 14 décembre 1826, commença l'étude de la musique à l'âge de quatorze ans, et devint l'élève particulière du compositeur Vaccaj, qui était alors directeur du Conservatoire de Milan. Elle n'avait pas encore accompli sa dix-huitième année lorsqu'elle débuta au théâtre de la Scala, de cette ville, le 26 novembre 1844, dans un opéra nouveau de Pasquale Bona, *i Luna ed i Perollo*. Favorablement reçue par le public, elle joua ensuite *Guillaume Tell*, *Roberto Devereux*, puis parut dans deux autres ouvrages nouveaux, *i Burgravi*, de Salvi, et *Saul*, de Cannetto. Engagée pour Vienne, où elle obtint de brillants succès, elle partit bientôt pour l'Amérique, et chanta successivement à New-York, à Philadelphie, à Boston, à la Havane, où on lui fit d'indescriptibles ovations. C'est de là qu'elle vint à Paris et qu'elle débuta, le 5 novembre 1851, dans le rôle de Catarina de *la Reine de Chypre*. Sa taille majestueuse, sa beauté idéale, son admirable voix de contralto, puissamment aidée par une grande science de l'art du chant, par une passion intense et par un sentiment pathétique incontestable, la firent accueillir avec une sympathie chaleureuse. Après *la Reine de Chypre*, elle se montra dans *le Prophète* et dans *la Favorite*, où elle n'obtint pas moins de succès, puis elle fit deux créations importantes dans *le Juif errant*, d'Halévy, et *la Fronde*, de Niedermeyer.

Mlle Tedesco quitta l'Opéra en 1857, alla se faire entendre à Venise, passa trois années au théâtre San-Carlos, de Lisbonne, puis, à la fin de 1860, revint à l'Opéra, où elle était encore en 1862. En 1864 elle retournait à Lisbonne, et allait faire ensuite une saison brillante à Madrid. Il est supposable que peu de temps après elle jugea à propos d'abandonner une carrière qui pour elle avait été pleine d'éclat, car, depuis 1866 ou environ, on n'a plus entendu parler de cette grande artiste.

Mme Tedesco était une cantatrice d'un très-grand talent, qui, aux qualités de la virtuose, joignait l'habileté et l'intelligence de la tragédienne lyrique. Sous le rapport scénique proprement dit, on peut affirmer que son jeu était d'une rare souplesse, car, pathétique et puissante au possible dans des ouvrages tels que *le Prophète*, *Anna Bolena*, *il Trovatore*, *Nina pazza per amore*, elle était pleine de malice, d'enjouement et d'entrain dans des opéras bouffes ou *di mezzo carattere* tels que *la Regina di Golconde* ou *le Barbier de Séville*.

Un frère de cette artiste, M. *Major Tedesco*, a fait exécuter en 1860, à Naples, deux ouvertures et une messe à grand orchestre de sa composition.

TEETGEN (Alexandre), critique musical anglais, a publié récemment, sur les symphonies de Beethoven, une étude analytique à laquelle il a donné ce titre : *Beethoven's symphonies critically discussed* (Londres, W. Reeves, in-8°).

TEEVENS (Joseph), facteur d'orgues néerlandais qui jouit en son temps d'une grande réputation, naquit en 1773 et mourut à Amsterdam en 1836. Il fut élève en cette ville de Strumphler, et construisit un grand nombre d'instruments pour les églises catholiques de la Hollande. Parmi les meilleurs, on cite l'orgue de Wormeer, et celui qu'il plaça dans l'église *Potshoorn* à Amsterdam.

TEICHMAN (Antoine), violoniste, chanteur et compositeur, né au commencement de ce siècle, a joui à Varsovie, où il était fixé, de la renommée d'un artiste distingué. D'abord attaché à l'orchestre du grand théâtre de cette ville en qualité de violoncelle-solo, il s'est ensuite fait remarquer comme chanteur et comme compositeur, produisant lui-même ses œuvres et les chantant avec une voix superbe, que relevait encore un goût délicat. Vers 1815, M. Teichman fut nommé professeur de chant à l'Institut d'Alexandre. Cet artiste a écrit beaucoup de mélodies vocales et de morceaux de musique religieuse ; on connaît surtout de lui : 1° *Ave Maria* pour voix seule, avec accompagnement de violoncelle ; 2° *Salve Regina*, pour voix de ténor ; 3° *Offertoire;* 4° *l'Addio (Pozegnanie)*, barcarolle (Varsovie, Sennewald) ; 5° Mélodie pastorale, avec paroles françaises et polonaises (id., Spies); 6° *la Quêteuse*, romance ; etc.

* **TELLE** (GUILLAUME), maître de chapelle et compositeur allemand, connu par plusieurs opéras et par un grand nombre d'œuvres de musique religieuse, exerça les fonctions de chef d'orchestre successivement aux théâtres de Magdebourg et d'Aix-la-Chapelle, ainsi qu'à la salle Kroll et au théâtre Friedrich-Wilhelmstadt, de Berlin. Il mourut en cette dernière ville, au mois de mai 1862. — Il y a tout lieu de croire que cet artiste ne fait qu'un avec les deux compositeurs mentionnés, au tome VIII de la *Biographie universelle des Musiciens*, sous les noms de TELLE (*Guillaume*), et TELLE (*Wilhelm*).

* **TELLEFSEN** (THOMAS-DYKE-ACLAND), pianiste, professeur et compositeur norwégien établi à Paris, est mort en cette ville au mois d'octobre 1874.

TEMPIA (STEFANO), violoniste, professeur, compositeur et critique italien, naquit à Racconigi (Piémont), le 5 décembre 1832. Fils d'un chef de musique militaire, il commença dès l'âge de cinq ans, sous sa direction, l'étude de la musique, et à sept ans celle du violon, qu'il continua jusqu'à l'époque où, envoyé en France pour y faire son éducation littéraire, il entra au collége d'Alais. De retour en Italie en 1849, il compléta ses études musicales avec un excellent maître, Luigi Felice Rossi, puis se livra à l'enseignement et devint chef d'orchestre du théâtre Sutera, à Turin. Nommé en 1853 maître de chapelle de la collégiale de Trino, dans la province de Verceil, il conserva ces fonctions jusqu'en 1859, puis retourna à Turin, où il prit la direction de l'orchestre du théâtre Carignan. En 1861, il fut appelé à faire partie de la chapelle royale, puis succéda à Rossi comme professeur de deux écoles de la ville. Enfin, en 1868, il devint professeur de violon au Lycée musical de Turin, en même temps qu'il était chargé de la direction des écoles de chant choral de cette ville.

M. Tempia s'est fait remarquer comme compositeur. On cite surtout parmi ses meilleures œuvres une messe solennelle écrite en 1864 pour l'anniversaire de la mort du roi Charles-Albert, et une autre messe, à 4 voix, écrite pour la chapelle royale de Lisbonne sur la demande de la reine de Portugal. On lui doit aussi un hymne à 4 voix *alla Palestrina : Ave, virgo singularis*, ainsi qu'un assez grand nombre de productions de divers genres pour le violon, entre autres les suivantes : 12 Études, dédiées à M. Charles Dancla (Milan, Lucca); 1er Thème varié (id., id): *Pensées d'un malade*, romance sans paroles ; 3 Morceaux caractéristiques pour piano et violon, op. 130 ; *Récréations du jeune violoniste*, 7 petites Fantaisies faciles avec accompagnement de piano ou d'un second violon. M. Tempia a livré encore au public un *Canzoniere delle scuole e delle famiglie*, recueil de chansons faciles avec accompagnement de piano, quelques morceaux de danse distingués pour cet instrument, et plusieurs romances. Enfin, on connaît encore de lui quelques pièces symphoniques, parmi lesquelles une fantaisie ayant pour titre *la Caravane*, et il a fait représenter à Turin, en 1869, une opérette intitulée *Amore e Capriccio*.

M. Tempia, qui est un esprit fort distingué, ouvert et libéral, et qui a fait d'excellentes études littéraires, s'est aussi beaucoup occupé de critique et de littérature musicales. Collaborateur de plusieurs journaux artistiques, *la Gazzetta musicale* de Milan, *la Scena* de Venise, etc., il est depuis longues années chargé de la rédaction du feuilleton spécial d'une des premières feuilles politiques de Turin, la *Gazzetta Piemontese*. Il a publié sous ce titre : *Studii sulla musicografia* (1873), un écrit important et qui n'a pas été mis dans le commerce, dans lequel il réclamait une réforme de l'écriture musicale usuelle, qui lui semble trop compliquée et insuffisamment claire (1).

TEN BRINK (JULES), compositeur très-distingué, bien que fort peu connu dans sa patrie, joint à un mérite réel une modestie presque exagérée et bien rare parmi les musiciens. Il est né en novembre 1838 à Amsterdam, où son

(1) Au moment où je corrige les épreuves de cette notice, j'apprends que Tempia est mort subitement à Turin, le 25 novembre 1878.

père s'occupait de critique musicale. Ses premières leçons de piano et de violon lui furent données par Bernard Koch, et il prit des leçons de composition de M. Heinze, compositeur allemand fixé à Amsterdam depuis de nombreuses années. En 1858 il partit pour Bruxelles, où il travailla pendant une année avec M. Auguste Dupont, et en 1859 il se rendit à Leipzig pour y terminer son éducation musicale sous la direction de M. Fr. Richter, professeur de contrepoint très-connu en Allemagne. Vers la fin de 1860, il mit le cap sur Lyon, où il demeura pendant plusieurs années et où il dirigea une société musicale.

En 1868, M. Ten Brink se fixa définitivement à Paris, et il eut la chance d'y trouver de nombreux élèves, d'y travailler beaucoup et d'y produire des œuvres très-sérieuses. Au bout de quelques années, les portes des Concerts populaires s'ouvrirent pour lui, et il y fit exécuter deux compositions importantes : en 1874, une suite d'orchestre, œuvre fort honorable et qui fut très-bien accueillie; et en février 1876, un « Poëme symphonique ». Déjà, en 1869, M. Ten Brink avait fait représenter au théâtre de l'Athénée un opéra-comique en un acte, *Calonice*, que la critique avait reçu avec faveur, mais qui, par suite de la situation fâcheuse dans laquelle se trouvait ce théâtre, n'avait pu être joué que six fois.

M. Ten Brinck a beaucoup écrit. Il a en portefeuille plusieurs œuvres de musique de chambre, un grand opéra en 5 actes, et une foule de compositions de moindre importance (1).

Éd. de H.

TEN CATE (André), violoncelliste et compositeur néerlandais, né à Amsterdam en 1796 et d'abord destiné au commerce, commença l'étude de la musique à l'âge de quatorze ans seulement, et devint élève de Bertelman. Après avoir écrit plusieurs quatuors et quintettes, des concertos pour instruments à vent, des cantates pour chœur et orchestre, il se décida à aborder la scène et fit représenter en 1831, à Amsterdam, un opéra-ballet en 3 actes intitulé *Seid et Palmire*; cet ouvrage ayant été bien accueilli, il donna en 1835 un second opéra, *Constantia*, qui obtint un égal succès. Il n'en fut pas de même de sa troisième œuvre dramatique, *Numa Pompilius*, qui, donnée encore à Amsterdam, fut moins heureuse que les précédentes. Ten Cate, qui a écrit aussi et publié des chants pour les écoles, des chœurs à 4 voix, et des cantiques rendit des services à l'art et a beaucoup contribué, par son zèle et son activité, à l'expansion de la musique dans les Pays-Bas. Il mourut à Harlem, le 27 juillet 1858.

TENIERS (Guillaume-Albert), violoniste et compositeur belge, né à Louvain en 1748, était fixé dans les premières années de ce siècle à Amsterdam, où il se livrait à l'enseignement tout en occupant l'emploi de premier violon au théâtre français de cette ville. Il mourut à Amsterdam le 12 février 1820. On connaît de cet artiste 3 sonates pour alto, plusieurs concertos pour violon avec accompagnement de deux altos (publiés à Hambourg, chez Bœhme), des fantaisies et variations pour violon, etc.

TENNSTEDT (J.....-C.....), compositeur, né en 1807 à Allstedt, dans le duché de Saxe-Weimar, fut admis en 1825 à l'école normale de Weimar. C'est dans cette ville qu'il étudia l'orgue et l'harmonie sous la direction de Tœpfer, après quoi il reçut des leçons de Hæser. En 1830 il devint directeur de concerts à Iéna, et en 1836 il se fixa à Louvain, où il était appelé comme professeur à l'École de musique. Il conserva ces dernières fonctions pendant plus de vingt ans. Cet artiste, qui a publié à Iéna un recueil de 6 *lieder* allemands, et en Belgique un chœur à 8 voix d'hommes intitulé *les Quatre Saisons* et une *Marche de la garde civique belge*, a écrit en 1852 une grande cantate pour la visite de la famille royale à Louvain. On connaît encore de lui *la Rencontre*, grande scène pour voix d'hommes et orchestre couronnée dans un concours ouvert à Dunkerque, des chœurs, des chansons, et des divertissements à grand orchestre.

TENNSTEDT (Auguste), sans doute fils du précédent, fixé à Louvain, où il mourut en 1876, a fait représenter à Bruxelles, dans une réunion privée, le 25 septembre 1871, un opéra en 3 actes intitulé *Quintyn Metsys*.

TERBY (Joseph), violoniste et maître de chapelle, né à Louvain le 25 décembre 1780, est mort en cette ville le 23 février 1860. Il fit ses études musicales à Bruxelles sous la direction d'un artiste fort remarquable, le violoniste Pauwels, puis revint se fixer pour toujours dans sa ville natale. En 1809 il fonda à Louvain une académie de musique, dans laquelle il n'enseignait d'abord que le violon; ce ne fut que quelques années plus tard qu'il créa dans cet établissement une classe de chant. Grâce aux intelligents efforts de Terby, la musique, jusque-là négligée à Louvain, devint un art à la mode, le goût s'en répandit de plus en plus chaque jour, et bientôt le professeur se vit à même d'organiser d'impor-

(1) Depuis que cette notice est écrite, M. Ten Brink a donné à Paris (1878) un concert dans lequel il a fait entendre plusieurs œuvres nouvelles fort importantes : une symphonie en *mi* majeur, des fragments d'une deuxième suite d'orchestre et un concerto de violon avec orchestre. — A. P.

tantes fêtes musicales, à l'instar des grandes villes voisines. En 1834, Terby fut nommé maître de chapelle de la cathédrale Saint-Pierre, en 1842 il fonda la Société lyrique de chant d'ensemble, enfin il prit sa retraite en 1852.

Terby, qui était, à tous les points de vue, un artiste fort intelligent, avait formé une magnifique collection de musique religieuse, dramatique et instrumentale, de livres relatifs à l'art musical, enfin d'instruments à cordes des plus célèbres luthiers. J'ignore ce qu'est devenue cette collection, qui n'a pu trouver d'acquéreurs lorsqu'elle fut mise en vente après la mort de son propriétaire, les 24 et 25 octobre 1860. Le catalogue, qui en fut publié alors (Louvain, Cuelens, in-8° de 50 pp.), comprenait 574 morceaux de musique religieuse, 332 morceaux de musique dramatique, 112 morceaux de musique symphonique, 183 morceaux de musique de chambre, 26 violons de choix, dont un Stradivarius et deux Amati, deux violoncelles, une contrebasse, une harpe, etc. Terby avait consacré plus d'un demi-siècle à rechercher tous ces documents précieux, d'autant plus précieux même qu'en ce qui concernait la musique proprement dite, quelques-uns étaient inédits. Dans cette collection remarquable, qui partait de l'époque où brillaient Orlando di Lasso et ses contemporains, on voyait la musique instrumentale se développer, chronologiquement, avec une importance chaque jour croissante ; depuis le milieu du seizième siècle, les auteurs célèbres s'y succédaient sans interruption jusqu'à l'époque actuelle ; les écoles italienne, flamande, française et allemande y étaient au grand complet, et dans l'école italienne la branche napolitaine surtout était abondamment représentée ; les copies inédites étaient excellentes, et d'autant plus intéressantes qu'elles ne se trouvaient nulle part ailleurs. En un mot, c'était un véritable trésor artistique, et tel qu'on en rencontre bien rarement.

Au nombre des élèves formés par Terby, il faut citer ses deux fils, *Joseph* et *François*, tous deux violonistes distingués et compositeurs pour leur instrument. Le premier, né à Louvain le 4 juillet 1808, vint à Paris en 1825 avec Charles de Bériot et prit des leçons de Robberechts ; de retour en Belgique en 1830, il reçut le titre de violon honoraire du roi des Pays-Bas, puis, étant venu se fixer à Paris, il devint premier violon-solo et second chef d'orchestre du Théâtre-Italien. A la mort de son père, il alla lui succéder comme maître de chapelle à l'église de Louvain. Il mourut en cette ville le 19 mai 1879. Collectionneur passionné de musique et d'instruments, il a laissé à sa mort une collection remarquable dont le catalogue a été publié (*Catalogue de la belle collection de violons italiens, archets de Tourte, musique de chambre et manuscrits précieux des grands maîtres anciens et modernes, délaissée par feu M. Joseph Terby*, Louvain, 1879, in-8° de 14 pp.), et qui, entre autres objets précieux, comprenait les manuscrits autographes de plusieurs concertos inédits de Tartini. — Le frère de celui-ci, *François Terby*, né à Louvain en 1813, est professeur de violon à l'Académie de musique de cette ville. Il a publié, chez les éditeurs Schott frères, quelques compositions pour son instrument.

* **TERRADEGLIAS** ou **TERRADELLAS** (Dominique-Michel-Barnabé). — Aux ouvrages dramatiques de ce compositeur, il faut ajouter *gl'Intrighi delle cantarine*, opéra-bouffe représenté à Naples, sur le théâtre des Fiorentini, en 1740.

* **TERRY** (Léonard), chef d'orchestre et compositeur belge, est né à Liége le 13 février 1816. Il fit exécuter en 1849, en présence du roi et de la reine des Belges, une Cantate-sérénade qui lui avait été demandée par la régence de Liége, et l'année suivante une Élégie harmonique pour voix d'hommes, violon-solo et orchestre, qu'il avait composée en mémoire de son ami François Prume, violoniste extrêmement distingué.

TERSCHAK (Adolphe), flûtiste allemand et compositeur pour son instrument, est né en 1832 à Hermannstadt, et a fait son éducation musicale au Conservatoire de Vienne, où, admis en 1850, il remporta le premier prix de flûte en 1852. Il entreprit alors un grand voyage artistique, se rendit d'abord à Berlin, à Hambourg, puis à Londres, visita l'Angleterre, l'Écosse et l'Irlande, vint en France en 1853, et retourna dans sa patrie. En 1856, il quitta de nouveau l'Autriche pour aller à Saint-Pétersbourg. En 1859, il se fixa définitivement à Vienne. M. Terschak a publié plus de 150 compositions pour la flûte, avec accompagnement d'orchestre ou de piano.

TESIER. — *Voyez* **REISET (DE).**

TESSARIN (Francesco), compositeur et pianiste italien, né à Venise le 3 décembre 1820, a reçu une solide éducation musicale, et a été l'élève pour le piano du virtuose compositeur Antonio Fanna, et pour la composition de G.-B. Ferrari. Après avoir terminé ses études, il se livra à l'enseignement, tout en produisant un assez grand nombre d'œuvres de divers genres. Il publia d'abord quelques morceaux de concert pour le piano, écrits pour la plupart sur des thèmes d'opéras et qui parurent chez les éditeurs Lucca et Canti, de Milan; puis il écrivit un grand drame lyrique en 3 actes, *l'Ultimo Abencerragio*, qui fut représenté à Venise, sur le théâtre de la Fenice, pendant la saison du carnaval 1857-1858. On connaît aussi, de M. Francesco Tessarin, diverses compositions religieuses, entre autres une messe et des psaumes; mais je crois que ses ouvrages en ce genre sont restés inédits.

TESSARIN (Angelo), pianiste et compositeur italien, vraisemblablement parent du précédent, est né à Venise le 16 août 1834. Après avoir fait de bonnes études, il s'est livré à l'enseignement du chant et à la composition. On lui doit divers morceaux de genre pour le piano : Valse mélodique, op. 2; *Danse des diables*, op. 4; 2 romances sans paroles, op. 5; Ballade, op. 7; *le Rêve*, nocturne, op. 8; Grande valse-caprice, op. 10, etc.; il a publié aussi des mélodies vocales, entre autres un album de six morceaux, intitulé *Brezze della Laguna*, et diverses compositions pour voix seule avec chœur et orchestre. M. Tessarin a fait exécuter au théâtre de la Fenice, de Venise, le 6 avril 1875, pour une circonstance politique, une sorte de grande cantate : *Inno-Saluto*, avec chœurs et orchestre.

TESSITORE (......), compositeur italien, est l'auteur d'un opéra en 4 actes, *Elisa*, qui a été représenté à Turin en 1879.

***TETTAMANZI** (Le P. François-Fabrice). — Je rétablis ici l'orthographe exacte de ce nom, qui a été imprimé à tort sous cette forme : *Tetamanzi*.

***THALBERG** (Sigismond), pianiste célèbre, est mort à Naples le 27 avril 1871. L'opéra de ce compositeur intitulé *Cristina di Svezia* n'a pas paru pour la première fois en Italie, ainsi qu'il a été dit par erreur; la représentation en a eu lieu à Vienne, au théâtre de la Porte-Carinthie, en 1865. — Sigismond Thalberg était le fils naturel du prince Maurice Dietrichstein et de la baronne de Wetzlar.

THANNBERG (Henry DE), avocat à la cour d'appel de Paris, grand amateur de musique, né en Alsace vers 1848, a publié un opuscule ainsi intitulé : *le Centenaire de Boieldieu*, anecdotes et souvenirs (Paris, s. d. [avril 1875], Haulard, in-18 de 93 pp.). Cette brochure, bourrée d'erreurs, ne contient aucun renseignement nouveau sur le grand artiste qui en est l'objet. M. de Thannberg a annoncé plusieurs autres travaux sur la musique : *Notice biographique sur Berlioz*, *les Maîtrises* (étude), *les Femmes musiciennes*, dont aucun n'a encore été publié.

THAYER (Alexandre), diplomate américain, actuellement fixé à Leipzig, y travaille à une grande biographie de Beethoven qu'il fera paraître en langue anglaise aussitôt qu'elle sera achevée, mais dont une traduction allemande est publiée à Berlin, chez l'éditeur Weber, volume par volume. Les trois premiers ont été déjà livrés au public, et le quatrième et dernier doit suivre prochainement. Cet ouvrage considérable, qui a produit en Allemagne une sensation profonde, nous renseigne admirablement sur l'existence extérieure de Beethoven, mais sans donner aucun détail sur ses œuvres, l'auteur n'étant malheureusement pas musicien; il fait justice de maintes légendes dépourvues de vérité, entre autres celle relative au prétendu amour du maître pour Julie Guicciardi, et de maints récits absolument inexacts, comme ceux qui concernent la pauvreté supposée de Beethoven. En même temps, la narration très-attachante de M. Thayer fait connaître, apprécier et aimer le grand homme, tout en apportant la précision la plus rigoureuse sur les faits qui ont marqué sa vie et sa carrière. Il n'est pas inutile de dire que M. Thayer a reçu d'Otto Jahn (*Voy.* ce nom), à la mort de celui-ci, tous les documents qu'il avait réunis depuis de longues années, dans le monde entier, sur Beethoven, dont il voulait lui-même retracer la vie, ainsi qu'il avait fait pour Mozart.

THEEUWES ou **TEEUS**, nom de deux facteurs de clavecins, Jacques et Louis, établis en cette qualité à Anvers, au milieu du seizième siècle, et reçus tous deux, en 1558, dans la gilde de St-Luc.

THERN (Carl), compositeur, pianiste, chef d'orchestre et professeur, est né à Iglo (Hongrie), le 13 août 1817. Dès 1841 il remplissait les fonctions de chef d'orchestre au théâtre national de Pesth, où il fit représenter, outre quelques opérettes d'une importance secondaire, les opéras dont voici les titres : *Gizula*, *le Siège de Tihany* et *le Malade imaginaire*. De 1853 à 1864, M. Carl Thern fut professeur de composition au Conservatoire de Pesth, et il dirigea ensuite, pendant cinq années, la Société des amis de la musique. Outre ses productions dramatiques, il a publié une cinquantaine de compositions, parmi lesquelles on distingue des chœurs, des *lieder* et des pièces de divers genres pour le piano.

Les deux fils de cet artiste, M. *Willi Thern*, né le 22 juin 1847, et M. *Louis Thern*, né le 18 décembre 1848, sont tous deux pianistes distingués, et n'ont pas de rivaux, dit-on, pour l'ensemble dont ils font preuve lorsqu'ils se font entendre simultanément. Ils ont fait apprécier eur talent non-seulement dans leur patrie, mais à Paris, où ils se sont produits dans les salons de plusieurs grands artistes : Rossini, Berlioz, M. Vieuxtemps, à Londres, où leur succès a été très-grand aux concerts du Palais de cristal, à Liverpool, et enfin dans toute l'Allemagne, qu'ils ont parcourue au bruit des applaudissemen

THIBAU (ACHILLE), compositeur belge, a fait exécuter à Turnhout, à l'occasion d'une commémoration patriotique (octobre 1876), une cantate flamande intitulée *de Feestzang*, pour voix de femme seule avec chœur d'hommes. Cet artiste a écrit aussi un grand drame lyrique sur paroles flamandes, *Philippe Van Artevelde*, qui jusqu'ici n'a pas été représenté.

***THIÉBAULT** (Le baron PAUL-CHARLES-FRANÇOIS-ADRIEN-HENRI-DIEUDONNÉ), est mort à Paris le 14 octobre 1846.

THIELE (LUDWIG), organiste et compositeur allemand contemporain, est considéré dans sa patrie comme un artiste remarquable. Entre autres œuvres importantes, on lui doit un Trio pour piano, violon et violoncelle, une Fantaisie chromatique et Fugue pour orgue, un Thème avec variations, id., 2 Pièces de concert, id., une Pièce de concert et Adagio, id., et diverses autres compositions. J. B.

THIELE (RICHARD), compositeur allemand, est l'auteur d'un opéra qui a été représenté sur le théâtre de Linz, en 1872, sous ce titre : *les Musiciens du village*.

THIELEMANS (PIERRE), compositeur belge, né à Leeuw-Saint-Pierre (Bruxelles) le 22 février 1825, a fait ses études au Conservatoire de Bruxelles, et a pris part en 1853 au concours de Rome. Devenu organiste à l'église Sainte-Catherine, cet artiste quitta ensuite Bruxelles pour se fixer en France, et fit représenter à Rennes, au mois de mars 1867, un opéra-comique intitulé *Michel Colomb*.

THIERFELDER (ALBERT), compositeur contemporain, est né à Mühlhausen, le 30 avril 1846. Il fit ses études musicales à Leipzig, où il devint l'élève de Moritz Hauptmann et de E. F. Richter, tout en travaillant à l'Université, où il obtint le doctorat. Il fut engagé ensuite à Elbing comme directeur de musique, et de là se rendit en 1860 à Brandebourg, où il remplit les fonctions de *cantor* et de professeur au Gymnase.

On n'a guère publié de cet artiste que quelques morceaux de piano et des *lieder*, qui forment six numéros d'œuvre ; mais il a fait exécuter plusieurs fois une symphonie à grand orchestre, ainsi qu'une composition pour chœurs, voix seules et orchestre, intitulée *Zlatorog*, qui a obtenu du succès à Brandebourg. On connaît aussi de lui des quatuors pour piano, violon, alto et violoncelle, et des sonates de piano. Enfin, M. Thierfelder a en portefeuille un opéra romantique en 3 actes, *die Jungfrau von Kœnigsee* (*la Vierge du lac du Roi*), dont une exécution intime a eu lieu à Brandebourg, le 30 juin 1877, par les membres d'une société d'amateurs, la *Singakademie*.

THIERIOT (FERDINAND), compositeur et chef d'orchestre allemand, est né à Hambourg et a fait son éducation artistique sous la direction de MM. Marxsen et Johannes Brahms. Après avoir terminé ses études, il devint directeur de musique dans sa ville natale, puis remplit successivement les mêmes fonctions à Leipzig (1867), à Glogau, et en dernier lieu à Graz, où je crois qu'il est encore aujourd'hui fixé. M. Thieriot a publié un certain nombre de compositions, parmi lesquelles je signalerai les suivantes : *Loch Lomond*, fantaisie pour voix et orchestre, op. 13; *Natur und Lebensbilder*, op. 18; *Am Traunsee*, pour baryton solo et chœur de femmes, avec accompagnement d'instruments à cordes, op. 19; 6 *lieder*, op. 21; Sonate pour piano et violon, op. 24; *lieder* pour voix de femmes, avec accompagnement de piano, op. 25 ; 2 pièces pour violoncelle, avec accompagnement de piano, op. 26; 8 pièces pour le piano, op. 27; 4 fantaisies pour piano et violon, op. 28.

THIESSON (M. l'abbé), chanoine honoraire de Troyes, membre de la Société académique de l'Aube, est auteur du livre intitulé : *Histoire de sainte Cécile*, vierge et martyre, patronne des musiciens (Paris, Josse, 1870, in-12). Ce livre n'est qu'un récit romanesque, dans lequel l'écrivain reproduit tous les faits miraculeux repoussés par l'histoire, en se demandant tout simplement pour quel motif on refuserait de les croire. « Serait-ce, dit M. l'abbé Thiesson, parce qu'il s'agit là de faits surnaturels, incompréhensibles, mystérieux ? Mais n'en est-il pas ainsi de tous les miracles ? » On comprend quelle peut être la valeur d'un écrit reposant sur de tels principes scientifiques. Seize ans auparavant, M. Thiesson avait publié l'opuscule suivant : *Notice sur l'orgue d'Avallon construit par M. Paul Chazelle pour l'église St-Pierre-St-Lazare, contenant l'exposé de tous les progrès de la facture d'orgues jusqu'à ce jour*, Plancy, 1854, gr. in-8° de 116 pp.

THILLON (ANNA HUNT, épouse), chanteuse dramatique, naquit à Calcutta en 1819, et fut élevée à Londres, où elle reçut une brillante éducation et fit de bonnes études musicales.

Ayant perdu son père, Mlle Hunt, dont la voix était charmante, songea à utiliser le talent qu'elle avait acquis, et, suivie de sa mère et de sa sœur, quitta l'Angleterre et vint en France pour y tenter la fortune. Ayant débarqué au Havre, elle y donna quelques concerts dans lesquels elle obtint du succès, et bientôt épousa en cette ville M. Thillon, chef d'orchestre de la Société philharmonique. Elle s'adonna alors au théâtre, parcourut la province avec son mari, et joua les premières chanteuses à Clermont et à Nantes, où elle fut accueillie avec la plus grande faveur. C'est dans cette dernière ville qu'Anténor Joly, qui venait d'obtenir à Paris le privilége d'un nouveau théâtre lyrique, celui de la Renaissance, et qui cherchait à former sa troupe, entendit Mme Anna Thillon, et l'engagea aussitôt.

Mme Anna Thillon vint en effet à Paris, et débuta à la Renaissance, le 15 novembre 1838, dans un opéra de Grisar, *Lady Melvil*. La beauté exquise de cette jeune femme, sa voix de *soprano sfogato*, merveilleusement timbrée, sa grande élégance, tout, jusqu'à son opulente chevelure blonde et à son accent légèrement britannique, tout contribua à lui attirer les bonnes grâces du public, qui lui fit un très-grand succès. « Mme Anna Thillon, disait alors le *Monde dramatique*, est une jeune cantatrice anglaise, qui a obtenu en province et sur des scènes assez élevées, des succès mérités. Cette actrice est douée d'une charmante figure, ses manières ont de la grâce, de la distinction, et son accent légèrement britannique n'est pas sans quelque charme. Quant à la voix de la cantatrice, c'est un mélange de douceur, de flexibilité, qui lui donne quelque analogie avec celle de Mme Damoreau; son timbre est ravissant, et ses sons d'une exquise pureté, d'une fraîcheur native. C'est à la fois le chant élégant et perlé du rossignol et le gazouillement gracieux de la fauvette. Mme Thillon, avec de pareils avantages, ne pouvait qu'obtenir un succès complet ; aussi le public lui a-t-il décerné la plus flatteuse des ovations, et l'a-t-il couverte de bravos.... »

Les artistes sévères trouvaient bien que la nouvelle cantatrice manquait un peu de style et de goût ; mais, en somme, sa voix était charmante, conduite avec facilité et habileté, et le public n'en demandait pas davantage. Mme Anna Thillon chanta successivement à la Renaissance dans *la Chaste Suzanne*, dans *l'Eau merveilleuse*, dans *Lucie de Lamermoor*, et, son succès augmentant chaque jour, l'Opéra-Comique songea à l'attirer à lui, et lui offrit un engagement, qui fut accepté. Bientôt elle débutait à ce théâtre, où la faveur du public la suivait, et où plusieurs créations vinrent augmenter la renommée qu'elle s'était acquise. C'est ainsi qu'elle établit à l'Opéra-Comique les principaux rôles des ouvrages suivants : *les Diamants de la Couronne*, *le Duc d'Olonne*, *le Puits d'amour*, *la Part du Diable*, *Sainte-Cécile*, *Cagliostro*, et qu'elle reprit avec beaucoup de succès *Richard Cœur-de-Lion*. Cependant, la vogue dont Mme Anna Thillon avait été l'objet finit par se calmer, et au bout de cinq ans à peine elle quittait l'Opéra-Comique. A la fin de 1847, après avoir été donné des représentations dans diverses villes des départements, elle était engagée au *Princess's-Theatre*, de Londres, où elle débutait dans *l'Ambassadrice*. Elle n'y resta que peu de temps, revint en France, se fit entendre pendant quelques années à Paris dans les concerts, puis disparut complétement et ne fit plus en aucune façon parler d'elle. J'ignore ce qu'est devenue cette artiste, aimable sans doute, mais dont la vogue fut plutôt un effet de l'engouement que du jugement réfléchi du public.

THIMUS (Le baron Albert DE), jurisconsulte et homme politique allemand, conseiller à la cour d'appel de Cologne, puis membre du Reichstag prussien, est l'auteur d'un ouvrage important publié sous ce titre : *die Harmonikale Symbolik des Alterthums* (*l'Harmonie et le symbolisme dans l'antiquité*), Cologne 2 volumes, 1868-1876. Ce personnage est mort à Cologne, le 6 novembre 1878, à l'âge de soixante-douze ans.

THIONVILLE (Mme), professeur de chant et de solfége, a publié un petit ouvrage élémentaire dont voici le titre : *Questionnaire sur la musique*, principes choisis dans les meilleurs solféges (Paris, Choudens [1875], petit in-8°).

THOINAN (Ernest), est le pseudonyme sous lequel s'est fait connaître un écrivain musical distingué, M. *Antoine-Ernest Roquet*. Né à Nantes le 23 janvier 1827, M. Thoinan vint à Paris en 1844 pour y apprendre le commerce, passa en Angleterre en 1851, puis revint en France et fit ensuite plusieurs voyages aux Antilles, en Russie, en Italie, etc. Son active carrière commerciale n'empêcha pas M. Thoinan de se livrer à son goût prononcé pour la musique : il avait étudié le piano et le violoncelle, et bientôt l'histoire de l'art le préoccupa à un tel point qu'il commença à rassembler avec passion tous les livres qui avaient trait à ce sujet. Sa bibliothèque musicale, commencée vers 1860, est assurément, dans sa spécialité, l'une des plus riches que l'on connaisse; tout en possédant un grand nombre d'ouvrages étrangers, il s'est attaché particulièrement à la littérature musicale française, et sous ce rapport sa collection est beaucoup plus fournie que ne l'étaient celles d'Adrien de la Fage, de Farrenc, et même celle de Fétis, dont les catalogues ont été publiés. A l'aide de ces précieux documents et de ceux qu'il ne cesse de rechercher dans nos divers dépôts publics, notamment aux Archives nationales, M. Thoinan s'est livré à des études très-sérieuses et a publié plusieurs écrits intéressants dont voici les titres : 1° *la Musique à Paris en* 1862 (en société avec M. Albert de Lasalle), Paris, Morizot, 1863, in-12; 2° *les Origines de la chapelle-musique des souverains de France* (publié d'abord dans un recueil intitulé *les Veillées chrétiennes*), Paris, Claudin, 1864, in-12; 3° *la Déploration de Guillaume Crestin sur le trépas de Jean Ockeghem, musicien, premier chapelain du roi de France*, Paris, Claudin, 1864, in-8°; 4° *Maugars, célèbre joueur de viole, musicien du cardinal de Richelieu*, etc., *sa biographie, suivie de sa Response faite à un curieux sur le sentiment de la musique d'Italie*, avec notes et éclaircissements, Paris, Claudin, 1865, in-8°; 5° *Antoine de Cousu et les singulières destinées de son livre rarissime : « la Musique universelle »*, Paris, Claudin, 1866, in-12; 6° *Curiosités musicales et autres, trouvées dans les œuvres de Michel Coyssard, de la Compagnie de Jésus*, Paris, Claudin, 1866, in-12; 7° *un Bisaïeul de Molière. Recherches sur les Mazuel, musiciens des XVI° et XVII° siècles, alliés de la famille Poquelin*, Paris, Claudin, 1878, in-12 Elzevier; 8° *Louis Constantin, roi des violons, avec un fac-simile de brevet de maître joueur d'instruments de la ville de Paris*, Paris, Baur, 1878, in-4°; 9° *Notes bibliographiques sur la guerre musicale des gluckistes et des piccinnistes*, Paris, Baur, 1878, in-8°.

M. Thoinan a réimprimé, en l'accompagnant d'une préface et de notes intéressantes, un des livres les plus rares et les plus curieux de la littérature musicale française : *l'Entretien des Musiciens*, par Annibal Gantez, Paris, Claudin, 1878, in-12. Enfin, on lui doit encore une brochure satirique ainsi intitulée : *l'Opéra « les Troyens » au Père-Lachaise, lettre de feu Nantho, ex-timbalier soliste*, etc., Paris, Towne, 1863, in-8°. M. Thoinan a collaboré à divers journaux spéciaux, *la Semaine musicale, l'Art musical, la France musicale* et *la Chronique musicale*. Il est aussi l'un des collaborateurs du présent *Supplément*.

* **THOMAS** (Georges-Sébastien), maître de chapelle et directeur de la musique du grand-duc de Hesse-Darmstadt, était né à Permasens, le 17 décembre 1788, d'une famille attachée au service de la cour. Dès l'âge de onze ans il donnait des concerts, et il acquit un talent hors ligne sur le violon et sur le cor de chasse, dont il tirait des sons d'une douceur merveilleuse. Il fut l'un des condisciples de Weber et de Meyerbeer à l'école de l'abbé Vogler. Compositeur estimé, il a laissé des symphonies, des ouvertures, des quatuors, etc. Cet artiste est mort à Darmstadt, le 4 septembre 1866.

* **THOMAS** (Charles-Louis-Ambroise), compositeur, l'un des maîtres de l'école française du dix-neuvième siècle, est aujourd'hui directeur du Conservatoire de Paris, et a succédé dans ces fonctions à Auber, mort en 1871. La haute situation artistique qu'occupait M. Ambroise Thomas et la parfaite honorabilité de son caractère l'appelaient tout naturellement à remplacer le maître illustre dont il fut toujours l'ami le plus dévoué. Sous son administration, l'école dont l'avenir lui est confié a repris un nouvel essor, a vu réaliser des réformes et des progrès depuis longtemps réclamés par l'opinion publique, et a continué de se maintenir au premier rang des institutions du même genre qui existent en Europe.

Comme compositeur, M. Thomas n'a cessé d'acquérir de nouveaux titres à l'estime et à la sympathie des artistes et du public. Parvenu au faîte de la renommée, deux ouvrages ont particulièrement contribué à étendre encore sa popularité non-seulement en France, mais par toute l'Europe, et à ajouter à l'éclat de son nom : je veux parler de *Mignon*, dont l'énorme succès s'est traduit à l'Opéra-Comique par une série de plus de quatre cents représentations, et d'*Hamlet*, dont le retentissement n'a pas été moindre à l'Opéra. Ces deux ouvrages, traduits en italien, n'ont pas été moins heureux sur toutes les grandes scènes de l'Europe et de l'Amérique qu'ils ne l'avaient été à Paris.

Une chose est remarquable, si l'on compare les dernières œuvres de M. Thomas à celles qui les ont précédées : c'est l'évolution qui s'est opérée dans le talent, dans la manière du compositeur. Devenu maître absolu de tous les secrets de son art, rompu à toutes ses difficultés pratiques, on dirait que l'idéal entrevu jusqu'à ce jour par l'artiste ne le satisfait pas pleinement, et que son regard embrasse un horizon plus vaste, plus lumineux, plus complet. Après avoir eu la grâce et l'élégance dans *la Double Echelle*, dans *le Panier fleuri*, dans *la Tonelli*, avoir ri à belles dents, de ce rire large et sensuel des Italiens, dans son fameux *Caïd*, après avoir donné une note mélancolique et tendre, fière et chevaleresque, dans *Raymond* et dans *le Songe d'une nuit d'été*, voici que les deux dernières œuvres du musicien, *Mignon* et *Hamlet*, attestent de nouvelles recherches, un objectif encore inconnu, et nous transportent dans des régions encore inexplorées par lui. Artiste d'un tempérament plein de souplesse et de vigueur, de poésie et de chaleur d'âme, esprit méditatif et cultivé, M. Thomas n'a certainement pas dit son dernier mot, et l'on est en droit d'attendre de lui une œuvre tout à fait grandiose, hors ligne, se présentant comme la synthèse et le couronnement de sa carrière, carrière peut-être plus noble et plus laborieuse encore qu'éclatante, mais qui nous montre un artiste plein de foi, d'élévation, d'enthousiasme et d'honnêteté.

Voici la liste complète des productions dramatiques de M. Ambroise Thomas : 1° *la Double Échelle*, un acte, Opéra-Comique, 23 août 1837; 2° *le Perruquier de la Régence*, 3 actes, id., avril 1838 ; 3° *la Gipsy*, ballet en 3 actes (en société avec Benoist et Marliani), Opéra, 28 janvier 1839; 4° *le Panier fleuri*, un acte, Opéra-Comique, 6 mai 1839; 5° *Carline*, 3 actes, id., 24 février 1840; 6° *le Comte de Carmagnola*, 2 actes, Opéra, 19 avril 1841 ; 7° *le Guerillero*, 2 actes, id., 2 juin 1842 ; 8° *Angélique et Médor*, un acte, Opéra-Comique, 10 mai 1843; 9° *Mina* ou *le Ménage à trois*, 3 actes, id., 10 octobre 1843 ; 10° *Betty*, ballet en 2 actes, Opéra, 10 juillet 1846; 11° *le Caïd*, 2 actes, Opéra-Comique, 3 janvier 1849; 12° *le Songe d'une nuit d'été*, 3 actes, id., 20 avril 1850; 13° *Raymond* ou *le Secret de la Reine*, 3 actes, id., 5 juin 1851; 14° Cantate pour l'inauguration de la statue de Lesueur, exécutée à Abbeville le 10 août 1852; *la Tonelli*, 2 actes, Opéra-Comique, 30 mars 1853; 16° *la Cour de Célimène*, 2 actes, id., 11 avril 1855; 17° *Psyché*, 3 actes, id., 26 janvier 1857 (repris au même théâtre, avec de nombreux et importants changements, le 21 mai 1878); 18° *le Carnaval de Venise*, 3 actes, Opéra-Comique, 9 décembre 1857; 19° *le Roman d'Elvire*, 3 actes, id., 3 février 1860; 20° *Mignon*, 3 actes, id., 17 novembre 1866; 21° *Hamlet*, 5 actes, Opéra, 9 mars 1868; 22° *Gille et Gillotin*, un acte, Opéra-Comique, 22 avril 1874 ; 23° *Hommage à Boieldieu*, cantate exécutée lors des fêtes du centenaire de Boieldieu, à Rouen, le 13 juin 1875. Parmi les compositions de M. Ambroise Thomas en dehors du théâtre, je citerai les suivantes : Messe solennelle, exécutée le 23 novembre 1857, en l'église Saint-Eustache; Marche religieuse à grand orchestre, exécutée à Notre-Dame en 1865; 3 Motets avec accompagnement d'orgue (1. *Veni sponsa*; 2. *Sub tuum*; 3. *O salutaris*); *Souvenir d'Italie*, 6 romances italiennes et vénitiennes, pour chant et piano ; *la Vapeur*, *le Chant des amis*, *le Tyrol*, *France*, *l'Atlantique*, *les Archers de Bouvines*, *le Carnaval de Rome*, *les Traîneaux*, *le Temple de la Paix*, *la Nuit du sabbat*, etc., chœurs orphéoniques, dont quelques-uns sont de véritables compositions lyriques et des productions de premier ordre. La cantate *Hermann et Ketty*, qui a valu à M. Ambroise Thomas le premier grand prix de Rome, a été gravée. M. Thomas a en portefeuille un grand opéra terminé et encore inédit : *Françoise de Rimini*.

Les trois écrits suivants ont été publiés sur l'*Hamlet* de M. Ambroise Thomas : 1° *Théâtre impérial de l'Opéra*. Hamlet. *Distribution des rôles, analyse de la pièce, biographie des auteurs et des artistes*, par Burlal et Goizet, Paris, 1868, in-8° ; 2° *Hamlet, grand opéra en 5 actes, paroles de MM. Michel Carré et Jules Barbier, musique de M. Ambroise Thomas*, étude littéraire et musicale, par Hyacinthe Kirsch, Liége, impr. de Thier, 1872, in-18 de 36 pp.; 3° *l'« Amleto » del maestro Ambrogio Thomas a Venezia, articoli di P. Faustini, estratti dalla « Gazzetta di Venezia » e dalla « Gazzetta musicale di Milano, »* s. l. [Venise], impr. de la *Gazzetta*, mars 1876, in-8° de 27 pp.

THOMAS (Théodore), musicien allemand fixé depuis longues années en Amérique, où il s'est fait une grande réputation comme chef d'orchestre, est né dans la Frise orientale (Hanovre) le 11 octobre 1835. Il étudia le violon sous la direction de son frère, qui était lui-même habile violoniste et excellent musicien, et partit en 1845 pour l'Amérique, où sa famille émigrait. Il était à peine âgé de quinze ans lorsqu'il fut appelé à faire partie, en qualité de premier violon, de l'orchestre de la compagnie italienne organisée par le fameux entrepreneur Barnum pour les représentations de Mme Jenny Lind, et il accompagna cette célèbre cantatrice dans son voyage à travers l'Amérique. Devenu chef d'orchestre, il organisa à New-York, en 1855, des soirées de musique de chambre qui durèrent quatorze ans; neuf ans après, en 1864, il créa de grands concerts symphoniques, puis de grands concerts en plein air, dans la direction desquels il déploya un talent remarquable, qui obtinrent un immense succès, et qui ne cessèrent qu'en 1875. A plusieurs reprises, il visita, à la tête de son orchestre, considéré comme l'un des meilleurs du monde entier, les principales villes de l'Union américaine, et ces voyages furent aussi productifs au point de vue matériel que brillants sous le rapport artistique. Il est certain que M. Théodore Thomas a conquis aux États-Unis une renommée absolument exceptionnelle, et qu'il y est considéré comme l'un des premiers artistes de ce temps. Depuis 1878 il est fixé à Cincinnati, où il a pris la direction du Conservatoire récemment fondé en cette ville. — Bien que sa réputation soit beaucoup moins considérable comme compositeur que comme chef d'orchestre, M. Thomas s'est pourtant fait apprécier sous ce rapport; on lui doit plusieurs ouvertures de concert, des quatuors pour instruments à cordes, des *lieder* et divers morceaux de genre.

THOMÉ (François-Luc-Joseph, dit Francis), pianiste et compositeur, né à Port-Louis (Ile Maurice) le 18 octobre 1850, vint fort jeune à Paris, qu'il n'a plus quitté depuis, et fut admis en 1866 au Conservatoire, d'abord dans la classe de piano de M. Marmontel, puis dans celle d'harmonie de M. Duprato. Il obtint en 1869 un second prix d'harmonie, et en 1870 un premier prix de fugue. Depuis lors il s'est livré, je crois, à l'enseignement. M. Thomé a publié un certain nombre de morceaux de piano d'une forme élégante; il a écrit une ou deux opérettes qui ont été jouées dans les salons, et il a fait exécuter récemment une ode-symphonie pour *soli*, chœurs et orchestre, intitulée *Hymne à la nuit*.

THOMELIN (J.......), organiste fort distingué du dix-huitième siècle, semble être le chef d'une famille d'artistes de ce genre, qui était originaire de la Brie. Il était, en 1667, l'un des quatre organistes de la chapelle de Louis XIV, les autres étant Gabriel Nivers, J. Buterne et N. Lebègue, et en même temps tenait à Paris l'orgue de l'église Saint-Jacques-la-Boucherie. Ami intime de Charles Couperin, il fut le premier maître du fils de ce dernier, François Couperin, celui que plus tard on appela *Couperin le Grand*. Titon du Tillet, dans son intéressant *Parnasse françois*, rend plus d'une fois hommage au talent de J. Thomelin, qui était très-apprécié du public parisien, et, entre autres, rappelle ainsi son souvenir : — « Dans le même temps que Louis et Charles Couperin, Tomelin (*sic*) se distingua aussi beaucoup dans l'art de toucher l'orgue, et tous les curieux en musique allaient en grande foule l'entendre les jours de grandes fêtes, principalement la veille et le jour du saint, patron de cette église (l'église Saint-Jacques). Il a laissé quelques pièces manuscrites pour l'orgue, et surtout pour le clavecin, qui mériteroient bien la gravure ou l'impression. »

Un autre Thomelin, *Louis-Antoine*, fut organiste de l'église Saint-Aspais, de Melun, en 1746, et un troisième, *Louis-Jacques*, remplissait en 1764 les mêmes fonctions à l'église Notre-Dame de la même ville. Je n'ai eu connaissance de l'existence de ces deux artistes que par l'opuscule de M. Th. Lhuillier : *Notes sur quelques musiciens dans la Brie*.

THOOFT (G.....-F.....), est ce qu'on appelle généralement un amateur, un dilettante, parce que ses parents avaient de la fortune et qu'il ne s'est occupé de musique que par amour de l'art. Mais comme il possède un véritable talent d'artiste et que, parmi les rares compositeurs néerlandais, il occupe un rang fort honorable, il a droit à une place dans la *Biographie universelle des Musiciens*.

M. Thooft est né à Amsterdam en 1829. Il s'adonna d'abord aux études scientifiques, travailla et étudia pendant plusieurs années à l'université de Leyde, mais il fut atteint d'une maladie de l'ouïe, d'une surdité chronique qui l'empêcha de terminer ses études de jurisprudence. C'est alors qu'il se consacra complétement à la musique, et qu'il se mit à étudier le piano avec M. Vander Does et la composition avec M. J. Dupont, de Rotterdam.

En 1852 il se dirigea vers Leipzig, où il travailla pendant plusieurs années avec le célèbre Hauptmann et avec Richter. On exécuta plusieurs ouvrages de lui dans cette ville, et une de ses ouvertures, *la Pucelle d'Orléans*, y obtint un certain succès. En 1855, et après un court séjour à Paris, il revint dans sa patrie et se fixa à Rotterdam, où il réside encore. Il y écrivit un opéra en 3 actes, *Aleïde de Hollande*, et il eut la chance et le rare privilége de voir cet ouvrage représenté dans plusieurs villes de l'Allemagne et des Pays-Bas, où il fut très-favorablement accueilli (1).

M. Thooft est un des rares compositeurs néerlandais qui aient produit de la musique dramatique, dont on s'occupe fort peu dans les Pays-Bas. On lui doit encore trois symphonies, une symphonie avec chœurs qui a été couronnée par la Société pour l'encouragement de l'art musical, des trios, des *lieder*, et beaucoup d'autres compositions. Il s'occupe aussi de littérature et de critique musicales, et pendant plusieurs années il a été rédacteur en chef de la revue musicale néerlandaise *Cæcilia*. Ed. de H.

THURNER (Théodore), pianiste-composi-

(1) Cet ouvrage fut représenté à Rotterdam le 10 mars 1866 — A. P.

teur, est né à Pfaffensheim (Haut-Rhin) le 13 décembre 1833. — Appartenant à une famille qui compte beaucoup d'artistes, il reçut de très-bonne heure les premières leçons de piano et, à treize ans, fut admis au Conservatoire de Paris dans la classe de Zimmermann, où il avait pour condisciples Georges Bizet, Planté, Joseph Wieniawski et Ketterer. Après une année d'études il obtenait un accessit, et l'année suivante (1849) le premier prix de piano avec Wieniawski. Il apprenait en même temps l'harmonie avec Bazin et le contre-point avec Zimmermann. Il demanda aussi des conseils à M. Alkan l'aîné, musicien d'une haute valeur, qui lui donna le goût des œuvres de J. S. Bach. En 1850 il alla se fixer à Toulon. Il y resta neuf ans et y remplit les fonctions d'organiste à l'église de Saint-Jean, puis à la cathédrale. Vers 1859 il vint à Marseille, où il est resté jusqu'à ce jour. Son talent y a reçu une vive impulsion ; car il y a trouvé un milieu artistique actif et un groupe de musiciens qui ont conservé, avec les plus saines traditions, le goût et le culte du grand art. Accueilli avec une faveur exceptionnelle, M. Th. Thurner ne se laissa pas éblouir par de bruyants succès de salon, et ne cessa de travailler à perfectionner son talent. En 1864 il fut nommé professeur de piano au Conservatoire, et y forma d'excellents élèves dont plusieurs se sont voués avec succès à l'enseignement. Il a donné sa démission en 1874, peu de temps après une fatale mesure qui a modifié la situation de cette utile école, en rompant les liens qui la rattachaient au Conservatoire de Paris. En 1864, il fonda avec MM. Ch. Graff et Aug. Tolbecque des séances publiques de trios, dont le but était de propager les œuvres de la nouvelle école romantique. Ces séances durèrent six ans, soit, jusqu'en 1869. A cette époque se développa chez lui une prédilection marquée pour les dernières œuvres de Beethoven et les productions allemandes contemporaines, qu'il a plusieurs fois fait entendre à Marseille. Contrairement à ce qui est arrivé à plus d'un esprit distingué, cette influence lui a été salutaire. Son jeu y a acquis quelque chose de plus viril et son talent de compositeur s'est élevé et s'est coloré, sans rien perdre de la clarté, qui semble être une obligation naturelle de la pensée pour les artistes de notre pays. Ses dernières œuvres témoignent d'un vrai tempérament musical, et accusent un progrès marqué sur la forme élégante, brillante, mais sans portée, de ses premières compositions. On peut citer surtout la *Polonaise en ré bémol*, le *Trio en ré majeur* pour piano, violon et violoncelle, et le *Concerto pour piano et orchestre en sol mineur* qu'il a produit en 1872, au Théâtre-Valette, dans un grand festival au profit de l'œuvre d'Alsace et Lorraine. Son style semble y procéder de Mendelssohn, Schumann, et surtout peut-être de Rubinstein.

Comme exécutant, M. Th. Thurner a ce je ne sais quoi, difficile à définir, qui constitue un talent personnel. Il a au plus haut degré l'égalité de doigts, la sûreté du mécanisme et aussi la grâce et la délicatesse. C'est après Planté, avec lequel il a plus d'un rapport, un des pianistes français dont le jeu est le plus pur.

Son talent d'organiste n'est pas moins remarquable. Après avoir tenu l'orgue de l'église St-Charles, il a depuis plusieurs années à sa disposition, à l'église St-Joseph, un puissant instrument de Cavaillé-Coll. Il a le maniement adroit et rapide des jeux et se montre très-habile sur le clavier des pédales, dont les organistes français négligent trop souvent l'étude. Il a aussi une heureuse faculté d'improvisation ; il y apporte toujours l'ordre, la clarté, le plan, la méthode indispensable à toute improvisation sérieuse.

Voici la liste à peu près complète des œuvres de cet artiste :

Chez Lemoine : *Six romances sans paroles ; Barcarolle ; Tarentelle ; Sarah la baigneuse ; Souvenir de Guebwiller.* — Chez Meissonnier : *Moderato ; deux Valses dans le style de Chopin ; Wiegenlied.* — Chez Richault : *Polonaise en si mineur ; Etude Toccata ; Chanson de matelots ; 2e Polonaise en ré bémol ; Souvenir de Valfrais.* — Chez Carbonel, à Marseille : *Menuet ; 2 Valses romantiques ; Bluette ; Barcarolle ; Scène matinale.* — Non encore publiés : *Humoresque ; Sous les pins, étude ; Pastorale pour orchestre ; Grand Trio en ré majeur, pour piano, violon et violoncelle ; Concerto en sol mineur, pour piano et orchestre.* AL. R—D.

THURNER (A.....), professeur de piano, est devenu, après avoir collaboré à la *France musicale* et au *Grand Journal*, l'un des rédacteurs de la *Revue et Gazette musicale*, où il a donné quelques travaux intéressants. M. Thurner a publié aussi un petit volume intitulé *les Transformations de l'opéra-comique* (Paris, Castel, in-12, 1865) ; malheureusement, il ne paraissait pas avoir étudié son sujet d'une façon assez complète, car les jugements portés par lui sur certains musiciens distingués, sur Devienne entre autres, sont au moins hasardés. M. Thurner s'est produit aussi comme compositeur, avec quelques œuvres qui dénotaient un talent réel et un bon sentiment de l'art ; entre autres productions estimables, on connaît de lui un allegro de concert pour piano, violon et violoncelle, un scherzo pour piano et violon, un *lamento* pour violoncelle avec accompagnement de violon, deux tarentelles pour piano seul, enfin nombre de morceaux de genre pour piano et des mélodies vocales d'un tour heureux et caractéristique.

* **THYS** (Alphonse). — Cet artiste a publié la partition pour chant et piano d'un petit opéra de salon intitulé *les Echos de Rosine.* Il est mort à Bois-Guillaume, près Rouen, dans les premiers jours du mois d'août 1879.

Avant de faire jouer quelques pièces à l'Opéra-Comique, Thys avait commencé, ainsi qu'Adolphe Adam, par écrire de nombreux morceaux de musique nouvelle pour des pièces qui se jouaient sur des théâtres de genre, le Gymnase, le Vaudeville, etc. ; c'est ainsi qu'il composa les airs de *la Belle Limonadière*, de *la Nuit au Sérail*, qui devinrent populaires et servirent longtemps de *timbres* pour les vaudevilles. Il avait été, avec Ernest Bourget (*Voy.* ce nom), l'un des fondateurs et des membres les plus actifs de la Société des auteurs, compositeurs et éditeurs de musique, dont il fut plusieurs fois élu président.

THYS (Madame **SÉBAULT**, née Pauline), née vers 1836, est la fille du précédent. Mlle Thys a commencé de bonne heure à se faire connaître par un assez grand nombre de chansonnettes et de romances, qui obtenaient de certains succès de salon. Elle voulut ensuite aborder le théâtre, et donna aux Bouffes-Parisiens, en 1857, une opérette en un acte, *la Pomme de Turquie,* dont elle avait écrit les paroles et la musique ; c'est comme librettiste et comme compositeur qu'elle produisit encore, en 1860, deux autres petites opérettes, *Quand Dieu est dans le ménage, Dieu le garde*, exécutée dans un salon, et *la Perruque du Bailli*, jouée à la salle Herz, dans un concert. Le 24 mai 1862, Mlle Thys faisait représenter au Théâtre-Lyrique un opéra-comique en deux actes, *le Pays de cocagne*, composé sur un poëme de M. de Forges, et en 1865, dans un spectacle extraordinaire de jour donné au Vaudeville, elle faisait entendre des fragments d'un autre opéra-comique, *Manette*, dont elle avait encore écrit le livret et la partition. Enfin, le 19 octobre 1878, elle donnait à l'Alcazar, de Bruxelles, une opérette en 3 actes, *le Cabaret du Pot-Cassé*. Mme Thys-Sébault, qui a publié quelques romans, a encore en portefeuille un opéra-comique en 3 actes, *le Fruit vert*, dont elle a, selon sa coutume presque constante, écrit la musique sur ses propres paroles.

TIBAUT (Vincent), facteur de clavecins, exerçait sa profession à Toulouse dans la seconde moitié du dix-septième siècle. Je n'ai pu découvrir aucun renseignement sur cet artiste, d'ailleurs extrêmement distingué si l'on en juge par un très-charmant clavecin à deux claviers, exécuté par lui, et qui fait partie de l'intéressante collection d'instruments de musique réunie par M. Tolbecque, violoncelliste à Paris. Ce joli clavecin porte l'inscription suivante : *Fait par moy, Vincent Tibaut, à Tolose*, 1679.

TICCI (Rinaldo), professeur et théoricien italien, est l'auteur d'un *Trattato di contrappunto* qui a été publié à Sienne en 1845. On lui doit aussi un manuel qui a pour titre : *Principj elementari di musica, ad uso dei giovani della scuola di Siena ;* je ne connais que la seconde édition de cet ouvrage, qui a paru à Sienne en 1840. Il est supposable que c'est le même artiste (c'est du moins un artiste portant le même nom) qui a fait représenter le 30 janvier 1866, sur le Grand-Théâtre de la même ville de Sienne, une opérette bouffe intitulée *la Vivandiera al campo di Federico II.*

TIERSCH (Otto), théoricien et écrivain musical allemand, est né à Kalbsrieth, dans le duché de Saxe-Weimar, le 1er septembre 1838, et a fait ses études sous la direction de J. G. Tœpfer, de L. Erk et de H. Bellermann. Il est, depuis 1861, professeur de la théorie de l'art au Conservatoire-Stern, à Berlin. On lui doit les ouvrages suivants : 1° *System und Methode der Harmonielehre*, Leipzig, Breitkopf et Hærtel ; 2° *Elementarbuch der musikalischen Harmonie und Modulationslehre*, Berlin, Oppenheim, 1874 (ouvrage traduit en anglais par le professeur Dœlker et publié à Albany) ; 3° *Kurze praktische generalbass Harmonie und Modulationslehre*, Leipzig, Breitkoph et Hærtel, 1876. M. Otto Tiersch a fourni quantité d'articles à différents journaux, entre autres à la *Neue Berliner Musikzeitung*, et à la *Neue Zeitschrift für Musik.*

TIERSOT (Edmond - Pierre - Lazare), médecin et homme politique, né le 29 août

1822 à Bourg-en-Bresse, est directeur d'une société orphéonique fondée par lui au lieu de sa résidence. M. Tiersot, qui avait étudié avec soin toutes les questions intéressant la théorie musicale, écrivit pour les jeunes membres de cette société le petit traité suivant :) *Leçons élémentaires de lecture musicale* (Bourg, impr. Dufour, 1867, in-8°). Ce petit livre était dédié par son auteur à George Hainl, alors chef d'orchestre de l'Opéra. M. Tiersot est membre de la chambre des députés pour le département de l'Ain. — Son fils, M. *Julien Tiersot*, élève d'une des classes de composition du Conservatoire de Paris, est le rédacteur musical d'un recueil périodique, *la Réforme*.

TIETJENS (THÉRÈSE-JEANNE-ALEXANDRA TITIENS, connue sous le nom de), cantatrice dramatique à laquelle son admirable talent valut une immense renommée, était née à Hambourg d'une famille hongroise (1). Elle donna dès l'âge le plus tendre des signes non équivoques de la vocation qui devait l'entraîner vers le théâtre, et dès 1849 elle débutait, sur le théâtre de sa ville natale, dans la *Lucrezia Borgia* de Donizetti, qui lui valut un succès considérable. On raconte qu'un jeune homme, possesseur d'une fortune considérable, s'en éprit ardemment après l'avoir entendue lors de ses débuts, et demanda sa main, mais se vit repoussé par elle parce qu'elle ne voulait à aucun prix abandonner la carrière qu'elle avait embrassée; cependant, la jeune fille étant orpheline, son tuteur crut devoir interposer son autorité, et lui fit promettre de renoncer à la scène pendant une année, sauf à y reparaître ensuite si elle persévérait dans sa résolution. Mlle Tietjens supporta impatiemment une partie de cette épreuve, mais, avant que celle-ci fût terminée, elle quitta Hambourg pour débuter à Francfort, où elle fut accueillie avec la plus grande faveur, puis, en 1856, se vit engager au théâtre impérial de Vienne, où ses succès furent éclatants. Après avoir passé deux années sur cette scène importante, elle signa un traité avantageux avec M. Lumley, directeur du Théâtre de la Reine, à Londres, et fit son apparition en cette ville dans le rôle de Valentine des *Huguenots*. Ce début fut pour elle un triomphe, et la classa d'emblée parmi les cantatrices de premier rang qui faisaient la gloire de la grande scène italienne de Londres. Dès lors elle se fixa pour toujours en cette ville, qu'elle ne quitta plus qu'accidentellement, en 1863 pour venir se faire entendre à l'Opéra de Paris dans des conditions de santé assez peu favorables à son talent, et en 1875 pour aller faire une brillante et fructueuse tournée aux États-Unis. Au commencement de 1877, elle fut atteinte d'une maladie contre laquelle elle lutta avec le plus grand courage, mais après plusieurs mois de cruelles souffrances, elle s'éteignit, le 3 octobre de cette année, dans toute la force de l'âge et dans tout l'éclat d'un talent qui ne s'était jamais démenti.

Pendant près de vingt ans, Mlle Tietjens fut la gloire et le soutien de *Her Majesty's Theatre*; c'est sur elle, sur sa voix magnifique et d'une infatigable solidité, sur son double talent de cantatrice et de tragédienne, que reposait la plus grande partie du répertoire, et c'est à elle qu'on revenait toujours après les essais plus ou moins heureux des cantatrices de passage. Les critiques anglais n'hésitaient pas à la comparer à trois grandes artistes disparues, la Schrœder-Devrient, la Pasta et la Grisi, et la réunion de ces trois noms indique assez quelle était la valeur de la cantatrice qui semblait les résumer. Son répertoire était prodigieusement vaste et singulièrement varié, et comprenait les rôles les plus opposés : *Lucrezia Borgia, Semiramide, Marta, Fidelio, le Nozze di Figaro* (la comtesse), *la Favorite, il Trovatore, Don Giovanni* (Anna), *la Flûte enchantée* (Pamina), *Norma, un Ballo in maschera, Ernani, Faust, Lohengrin* (Artrude), *le Freischütz* (Agathe), *Robert le Diable* (Alice), *les Huguenots* (Valentine), *Lucia di Lamermoor*, etc., etc.

Nature ardente et passionnée, artiste inspirée et digne de la plus complète admiration, la Tietjens était douée d'une voix égale et pure, sympathique et puissante, et la largeur de son style, la souplesse et la flexibilité de son talent, se prêtaient aussi bien à l'exécution de l'oratorio qu'à l'interprétation du grand drame lyrique et de l'opéra de demi-caractère. A tous ces mérites, elle joignait la conscience, le zèle, le respect du public, le feu sacré et l'amour de son art. Son nom sur l'affiche, disait un journal de Londres, l'*Athenæum*, était pour le public une sorte d'assurance contre les changements de spectacle ou les relâches pour cause d'indisposition. Elle ne fit même pas solliciter l'indulgence lorsqu'elle donna, le 19 mai 1877, sa dernière représentation dans cette même *Lucrezia Borgia* qui avait

(1) Lors de la mort de Mme Tietjens, la plupart des notices nécrologiques publiées dans les journaux fixaient l'époque de sa naissance à l'année 1834, d'autres donnaient la date plus précise du 17 juillet 1833; enfin sa pierre tumulaire au cimetière de Kensall-Green (Londres) portait une inscription indiquant que la grande artiste était morte âgée de 46 ans. Je me borne à mentionner ici ces divers renseignements, n'ayant pas les moyens de choisir entre eux et de les contrôler d'une manière efficace.

été son premier début à Hambourg vingt-huit ans auparavant. Et pourtant elle souffrait déjà cruellement du mal qui devait l'emporter. Elle faillit, à plusieurs reprises, s'évanouir dans sa loge, mais sachant qu'elle avait à subir le lendemain une opération chanceuse : *J'irai jusqu'au bout*, s'écriait-elle en se redressant, *et si je dois mourir, eh bien, j'aurai du moins joué Lucrèce encore une fois.* Et elle le joua mieux que jamais ; la souffrance ajoutait encore à l'intensité de son sentiment tragique, et son cri de désespoir après la mort de Gennaro, sa dernière note, son adieu suprême au théâtre, sont restés un souvenir pour tous ceux qui l'ont entendue. Cela rappelle la dernière soirée et les derniers moments de la Malibran.

Femme distinguée et femme de cœur, bonne, généreuse, bienfaisante, la Tietjens était aussi aimée, respectée et estimée comme femme qu'admirée comme artiste. Pendant sa maladie, la reine Victoria faisait prendre fréquemment de ses nouvelles, et sa mort fut un deuil véritable pour la ville de Londres.

TIETZ (Hermann), pianiste allemand, né à Driesen le 8 mars 1844, s'adonna d'abord à l'étude de la chimie, qu'il abandonna plus tard pour se livrer exclusivement à la musique. Il fut élève de Kullak à la nouvelle Académie de Berlin, dont il devint l'un des professeurs en 1866. Fixé à Gotha en 1868, son talent distingué le fit nommer, l'année suivante, pianiste de la cour.

Un artiste du même nom et peut-être de la même famille, M. *Philippe Tietz,* s'est fait connaître en ces dernières années par la publication d'une centaine de compositions de divers genres. Je n'ai pu recueillir sur lui aucun renseignement.

TILLIARD (.........), musicien français contemporain, s'est fait une spécialité de la composition d'innombrables morceaux écrits pour musiques d'harmonie ou fanfares. Le nombre de ses compositions en ce genre s'élève à plusieurs centaines, et il les publie principalement dans un *Journal spécial de musique militaire,* fondé par lui depuis une quinzaine d'années, « à l'usage des musiques municipales, sociétés d'amateurs, collèges et pensions ». Tout cela, il faut le dire, est peu musical, et de médiocre qualité. M. Tilliard a publié aussi une *Méthode de cornet à pistons ou bugle* et une *Méthode d'alto ou sax-horn.*

TILMAN (Alfred), compositeur et pianiste belge, né à Bruxelles le 3 février 1848, a fait ses études musicales au Conservatoire de cette ville, dont il a été l'élève depuis 1860 jusqu'en 1871. En 1870, il obtint dans cet établissement les premiers prix de piano, de contre-point et fugue, et l'année suivante une mention honorable lui fut décernée au concours de Rome.

C'est surtout par d'importantes compositions dans le genre religieux que M. Tilman s'est fait connaître jusqu'à ce jour. Après un *O Sacrum,* qui avait attiré l'attention sur lui, il écrivit, pour le 25ᵉ anniversaire de la mort de la reine des Belges, une messe de *Requiem* qui fut exécutée dans l'église de Notre-Dame de Laeken (Bruxelles) en 1875, et deux fois reproduite depuis lors. En 1877, il fit entendre dans l'église de Sainte-Gudule, de la même ville, un *Te Deum* solennel. Ces diverses productions furent accueillies par la critique avec des éloges que tempéraient des réserves assez importantes. M. Tilman a publié : *Hymne à la nature,* chœur à 4 voix ; *la Chute des feuilles,* solo avec chœur ; *les Blés sont mûrs,* « strophes jubilaires » ; 2 *Ballades caractéristiques ; Ave Maria,* etc. On connaît encore de lui un *Recueil de 24 fugues* à 2 et 3 voix ; *Marnix,* scène pour voix de basse ; *Chant sacré,* exécuté à Louvain en 1874 ; Quatuor pour 4 cors ; et diverses autres compositions. Au mois d'août 1878, à l'occasion des fêtes célébrées à Bruxelles pour les « noces d'argent » du roi et de la reine des Belges, M. Tilman fit exécuter à l'Alcazar de cette ville une grande Cantate patriotique qui produisit sur le public une heureuse impression. On connaît aussi de lui une cantate d'un autre genre, *la Sirène,* pour voix seules, chœurs et orchestre, qui a été exécutée à Gand au mois de décembre de la même année.

TILMANT (Théophile-Alexandre), violoniste et chef d'orchestre français, né à Valenciennes (Nord) le 8 juillet 1799, fit ses études au Conservatoire de Paris, où il devint élève de Rodolphe Kreutzer, et où il remporta un premier prix de violon. Peu de temps après, il entrait en qualité de premier violon à l'orchestre du Théâtre-Italien, et allait, en 1825, tenir le même emploi à celui de l'Opéra. En 1834, il rentrait au Théâtre-Italien comme second chef, et en 1838 il y devenait premier chef d'orchestre. Malgré les imperfections d'une éducation théorique très-incomplète, sinon tout à fait nulle, Tilmant possédait un sens musical si parfait et si sûr, des qualités naturelles si rares, il savait donner à l'exécution des ouvrages tant de feu, tant de verve, tant d'éclat, tout en restant absolument maître de lui-même et du personnel placé sous ses ordres, qu'il se fit aussitôt remarquer et considérer comme un artiste exceptionnel en son genre. Violoniste fort distingué d'ailleurs, il s'était déjà fait une brillante renommée par le style plein d'ardeur et de pureté qu'il apportait dans l'interprétation de la grande musique classique; aussi obtint-il de grands succès lorsqu'il fonda en 1838, avec son frère, violoncelliste fort habile, une société de musique de chambre dans laquelle il faisait exécuter, en même temps que les grandes œuvres d'Haydn, de Mozart et de Beethoven, les compositions modernes de plusieurs jeunes musiciens, entre autres celles de MM. Rousselot et Henri Bertini. Tilmant se distingua aussi en dirigeant les concerts du Gymnase musical, fondés en 1834, et dans lesquels on entendit les œuvres symphoniques de Berlioz et de Turbry. Au reste, ce qui prouve bien sa rare valeur, c'est que dès l'origine de la Société des concerts du Conservatoire (1828), dont il fut un des fondateurs, Tilmant avait été choisi comme second chef d'orchestre de cette compagnie, qui, sous l'impulsion énergique et intelligente d'Habeneck, devait devenir si rapidement célèbre.

En 1849, lorsque Théodore Labarre se vit obligé de résigner les fonctions de premier chef d'orchestre qu'il remplissait à l'Opéra-Comique, Tilmant fut appelé à lui succéder. Cette époque fut la plus brillante de sa carrière. Pendant les vingt années qu'il conserva cet emploi, Tilmant se fit remarquer non-seulement par le soin qu'il apportait dans la direction des études, mais par l'éclat qu'il savait donner à l'exécution des ouvrages. C'est lui qui monta, entre autres œuvres importantes, *la Fée aux Roses*, *les Porcherons*, *le Songe d'une nuit d'été*, *Giralda*, *la Dame de pique*, *Galathée*, *le Père Gaillard*, *Marco Spada*, *l'Étoile du Nord*, *Manon Lescaut*, *Psyché*, *Quentin Durward*, *le Pardon de Ploërmel*, etc. Il prit sa retraite en 1868, et alla se fixer à Asnières, près de Paris. En 1860, à la mort de Girard, il avait été élu premier chef d'orchestre de la Société des concerts; mais il n'avait gardé ces fonctions que pendant trois années, et au bout de ce temps avait donné sa démission. En 1861, il avait été nommé chevalier de la Légion d'honneur. Cet artiste honnête et distingué mourut à Asnières, le 7 ou le 8 mai 1878. — Le frère puîné de cet artiste, M. *Alexandre Tilmant*, né à Valenciennes en 1808, étudia le violoncelle et fut, comme lui, élève du Conservatoire de Paris, où il eut pour maître M. Vaslin et où il remporta un premier prix en 1829. Exécutant remarquable, une timidité invincible l'empêcha malheureusement de jamais se produire en public comme soliste; mais il excellait dans l'interprétation de la musique de chambre, et sous ce rapport il obtint de véritables succès dans les séances de quatuors qu'il organisa avec son frère et qui durèrent plusieurs années. Alexandre Tilmant fut un des fondateurs et des membres les plus zélés de la Société des concerts du Conservatoire, à laquelle il resta attaché pendant quarante-cinq ans, et il fit longtemps partie de l'orchestre du Théâtre-Italien. Il est mort à Paris le 13 juin 1880 (1).

TIMPE (Jean-Guillaume), facteur d'orgues néerlandais, né en 1760 au village de Glaan, fit son apprentissage à Groningue, chez Lohman, et y resta sans doute longtemps ouvrier, car il ne quitta l'atelier de celui-ci qu'en 1806. C'est probablement à cette époque qu'il s'établit à son compte. De 1813 à 1835, Timpe construisit un certain nombre d'orgues de grandes dimensions, et beaucoup de petites orgues de chapelle. On cite, parmi ses meilleurs instruments, ceux qu'il plaça à Zutphen, à Groningue, à Embden, à Veendam, puis ceux d'Amsterdam, de Duiven, de Bedam, de Middelbert et de Blankenheim. Timpe mourut vers 1840.

* **TINCTORIS** (Jean). — D'après des documents récemment découverts et mis au jour par M. Edmond Vanderstraeten (2), le vrai nom de ce célèbre musicien serait *Jean de Vaerwere* (nom latinisé ensuite, comme c'était la coutume à cette époque), et il serait né non à Nivelles, comme on l'a cru jusqu'à ce jour, mais à Poperinghe, en 1448. Tinctoris, d'après le même écrivain, serait mort en 1511.

TINEL (Edgar), pianiste et compositeur belge, est né le 27 mars 1854 à Sinay, où son père remplissait les fonctions d'instituteur et d'organiste. Dès l'âge de huit ans il se fit entendre en public, et, encouragé par le succès qu'il obtint, son père résolut de lui faire continuer ses études au Conservatoire de Bruxelles, où l'enfant fut admis au mois d'octobre 1863. Il y devint élève de MM. Michelot, Mailly et Samuel, obtint un premier prix d'harmonie en 1870, et, étant entré dans la classe de M. Brassin, se vit décerner le premier prix de piano en 1873. Il commença alors à se produire comme virtuose et à faire apprécier un talent que l'on dit plein de souplesse, de délicatesse et de grâce, mais ne négligea pas pour cela de continuer ses études théoriques, et devint élève de MM. Gevaert et Kufferath pour le contre-point, la fugue et la composition. En

(1) Le *Dictionnaire des contemporains* a confondu en un seul individu les deux frères Tilmant, et a fait du même artiste un violoniste, un violoncelliste et un chef d'orchestre.

(2) *La musique aux Pays-Bas*, t. IV.

1877, s'étant présenté au concours de Rome, il remporta le premier grand prix de composition musicale, et sa cantate sur texte flamand, *de Klokke Roeland* (pour *soli*, chœurs et orchestre), exécutée publiquement à l'Académie royale de Belgique, le 24 septembre 1877, fut accueillie par la critique avec une faveur que rencontrent rarement à un pareil degré les lauréats du grand concours. Presque aussitôt M. Tinel, qui paraît doué d'une rare facilité de production et d'une heureuse ardeur au travail, commença la publication d'un assez grand nombre de compositions pour le chant ou pour le piano, compositions qui le tirent bien venir du public. Voici la liste de celles qui ont paru jusqu'à ce jour, et qui toutes ont été publiées par la maison Schott, de Bruxelles: 4 Nocturnes pour chant, op. 1; Scherzo (en *ut* mineur), pour piano, op. 3; 3 *lieder* (sur paroles flamandes), op. 4; 4 Mélodies pour chant, op. 5; 2 Mélodies pour chant, op. 6; Impromptu-valse et chanson, pour piano, op. 7; 7 *lieder* (texte allemand et flamand), op. 8; 1re Sonate pour piano, op. 9; 4 *lieder* (texte allemand et flamand), op. 10; 5 *lieder* (id.), op. 11; Cycle de 14 chants (texte flamand), op. 12; 4 *lieder* (texte flamand), op. 13; *Au Printemps*, 5 morceaux de fantaisie pour piano, op. 14; *de Klokke Roeland*, cantate pour *soli*, chœurs et orchestre, op. 17; le *Petit Postillon*, chansonnette; *le Mois de mai* (à Marie), mélodie.

TINTO (Michele), pianiste et compositeur pour son instrument, est né à Aversa (province de Caserta), dans l'ancien royaume de Naples, le 10 février 1822. Fils d'un maître de chapelle, il fut admis à l'âge de neuf ans au Conservatoire de Naples, où il devint l'élève de Lanza et de Nicolas Nacciarone, et où il eut des leçons de Zingarelli, puis, après la mort de celui-ci, de Mercadante pour la composition. Arrivé au terme de ses études, il se consacra sans réserve à l'enseignement du piano, et n'a cessé de former de nombreux élèves. M. Tinto a publié une centaine de morceaux de genre pour son instrument, soit originaux, soit écrits sur des motifs d'opéras.

Deux fils jumeaux de cet artiste, MM. *Luigi* et *Pasquale Tinto*, nés à Naples le 30 mai 1858, sont pianistes ainsi que leur père, à qui ils doivent leur éducation.

TINTORER Y SEGARRA (Pedro), professeur et compositeur espagnol, est né à Palma (Majorque) le 12 février 1814. Ses parents, qui avaient fui de Barcelone lors de l'invasion française, étant revenus se fixer en cette ville, il y étudia le solfége, le piano et la composition avec Ramon Vilanova, puis entra au Conservatoire, où il devint élève d'Albeniz pour le piano et de Carnicer pour la composition. En 1834 il vint à Paris, où il se perfectionna sous la direction de Zimmermann, puis, en 1836, alla s'établir à Lyon, où il demeura quatorze ans et où il fut professeur de musique au collége municipal. Depuis, il est retourné à Barcelone, où il se livre à l'enseignement et à la composition. On doit à M. Tintorer un assez grand nombre d'œuvres de divers genres, parmi lesquelles je citerai les suivantes : 2 *Messes* à 4 voix, chœur et orchestre; un *Stabat Mater* à 4 voix, chœur et orchestre; un *Te Deum* à 4 voix et orchestre; 2 Symphonies pour orchestre; Quatuor pour piano, violon, alto et violoncelle (Paris, Richault); 2 Quatuors, id.; Quatuor pour instruments à cordes; Trio pour piano, violon et violoncelle (Paris, Gérard); 2 Duos pour piano et violon; Duo pour piano et violoncelle; enfin, divers morceaux de genre pour piano seul. Parmi les dernières publications de cet artiste, il faut mentionner : un recueil de 25 *Études de mécanisme et de style*, op. 102, qui a paru chez l'éditeur Vidal y Roger, et dont on dit le plus grand bien; 20 *Études de vélocité*, op. 103; 25 *Études*, op. 100; 12 *Grandes Études*, op. 101; *Méthode théorique et pratique de piano*, op. 104.

TIRINDELLI (Giulio), compositeur italien, a fait représenter à Conegliano, le 2 octobre 1877, un opéra bouffe en 4 actes, intitulé *Elda*. Ce jeune homme, alors âgé seulement de dix-huit ans, n'avait pas encore achevé ses études, et comptait au nombre des élèves du Conservatoire de Milan.

TIRON (Alix), amateur de musique et écrivain français, occupait les fonctions de chef du secrétariat général du ministère de la maison de l'empereur et des beaux-arts, lorsqu'il publia un livre auquel il avait donné ce titre : *Études sur la musique grecque, le plain-chant et la tonalité moderne* (Paris, imprimerie impériale, 1866, grand in-8°). Cet ouvrage, écrit dans une langue claire et facile, était le fruit des loisirs d'un homme du monde qui n'était qu'imparfaitement familiarisé avec les questions très-ardues et parfois très-obscures qu'il avait eu le louable désir d'éclaircir et de vulgariser. Si l'auteur émettait quelques idées saines, et d'ailleurs généralement adoptées, au point de vue des données générales de l'art, il n'apportait que des lumières bien restreintes sur ce terrible sujet de la musique grecque, qui a passionné tant d'écrivains, et il se lançait plus qu'il n'eût fallu dans le champ de l'hypothèse et de la fantaisie, si dangereuses en pareilles matières. D'autre part, et en ce qui concerne le système harmonique moderne, il professait des théories singulièrement cavalières, et qui eussent été presque complétement destructives de l'art qu'il prétendait servir. En réalité, le livre dont il est ici parlé n'a ajouté quoi que ce soit aux connaissances qu'on possédait sur les sujets qui s'y trouvent traités, et son utilité reste problématique. Tiron, qui est mort à Paris le 6 août 1873, âgé de 74 ans, avait fait pressentir la publication d'un second ouvrage, qu'il n'a sans doute pas eu le temps d'achever. Ses manuscrits ont été gracieusement offerts par sa famille à la bibliothèque du Conservatoire.

TIRPENNE (Victor), théoricien et professeur français, s'est depuis longues années consacré à l'enseignement du piano, et a publié sous ce titre général : *Cours complet de musique appliqué au piano*, toute une série d'ouvrages didactiques comprenant : 1° *Méthode de piano*, en 3 parties, Paris, Brandus, 2° *Solfége élémentaire*, id., id.; 3° *Cent Études graduées*, divisées en 5 livres (1. Études primaires ; 2. Études élémentaires ; 3. Études de genre ; 4. Etudes de vélocité; 5. Études des tonalités). Dans un rapport présenté par elle sur cet ouvrage, la section de musique de l'Académie des Beaux-Arts s'exprimait en ses termes : — « L'ouvrage de M. Tirpenne, intitulé *Cours complet de musique appliqué au piano*, nous a semblé, par sa forme et son étendue, mériter une attention particulière. C'est une sorte d'encyclopédie qui a le double avantage d'être à la fois un guide sûr pour la longue et sérieuse étude du piano, et d'offrir à l'élève des connaissances théoriques très-variées, depuis les premiers rudiments de la musique jusqu'à l'étude de l'harmonie, de la transposition et du plain-chant. C'est une idée heureuse sans doute que d'avoir voulu réunir en un seul corps d'ouvrage tous les éléments propres à former, non-seulement des pianistes habiles, mais aussi de bons musiciens. » Outre cette vaste publication, on doit à M. Victor Tirpenne une *Grammaire musicale* par demandes et par réponses, et un *Petit Solfége*, composé spécialement pour les pensionnats.

TIZZANI (Vincenzo), pianiste et professeur italien, fixé à Naples, est l'auteur d'un très-bon recueil d'études pour le piano, qu'il a publié sous ce titre : *Studii sulle septime diminuiti utilissimi per rendere forti ed indipenti le dita*, Milan, Lucca. Cet artiste a publié quelques compositions pour le piano ou pour le chant, entre autres une jolie ballade pour voix de soprano : *la Venditrice di fragole*.

TOBIN (Richard), luthier anglais, fixé à Londres au commencement de ce siècle, avait fait son apprentissage chez Perry, à Dublin. Ses instruments sont aujourd'hui très-recherchés en Angleterre, et l'on assure que pas un ne savait comme lui tailler la tête d'un violon. — Cet artiste eut un fils, qui comme lui fut luthier.

TODT (Jean-Auguste-Guillaume), violoniste, pianiste et l'un des meilleurs organistes de notre temps, est né à Dusterort le 20 juillet 1833. Après avoir étudié assidûment le violon et le piano jusqu'à l'âge de dix-huit ans, il consacra tout son temps à l'étude de l'orgue, qu'il travailla à Berlin avec A.-W. Bach, et devint en ce genre un artiste extrêmement remarquable. Devenu par la suite professeur de chant et organiste à Stettin, il n'a pas cessé depuis lors d'habiter cette ville. M. Todt est aussi un compositeur distingué; parmi ses œuvres, dont on a publié environ quatre-vingts, on remarque un oratorio, une symphonie à grand orchestre, des psaumes, des sonates et sonatines pour piano, des morceaux pour piano et orgue, des chœurs, des *lieder*, etc.

* **TOEPFER** (Jean-Gottlob), compositeur, organiste et écrivain musical, est mort à Weimar le 8 mai 1870.

TOFANO (Gustave), pianiste, professeur et compositeur, est né à Naples le 22 décembre 1844. Il commença l'étude du piano à l'âge de onze ans, et fut successivement élève de Castrucci à Pise, de Domenico Caldi à Turin, de Stefano Golinelli à Bologne, et enfin, à Naples, de Giuseppe Lillo, d'Antoine Coop et de Luigi Siri. Il suivit ensuite un cours de composition avec le baron Giuseppe Staffa. En 1872, lors de la retraite de son ancien maître Golinelli, il fut nommé professeur de piano au Lycée musical de Bologne. M. Tofano a publié de nombreuses compositions pour le piano et pour le chant, il a fait exécuter une cantate intitulée *Margherita delle Alpi* (Naples, th. San-Carlo, 1869), un Hymne choral à l'occasion du 7° Congrès pédagogique (Naples, th. du Fondo, 1871); il a écrit en société avec MM. Baur, Marenco et Dall'Argine la musique d'un ballet intitulé *Alpha et Oméga* (Naples, th. San-Carlo, décembre 1872), et enfin il a fait représenter sur le théâtre du Corso, de Bologne, le 14 mars 1875, sous le titre d'*Amore e suo tempo*, un opéra semi-sérieux dont il avait à la fois tracé le livret et composé la musique. Ce dernier ouvrage n'a obtenu que peu de succès.

M. Tofano est considéré en Italie comme l'un des meilleurs pianistes de l'école actuelle; son jeu mélancolique, élégant et passionné, son exécution correcte et précise, sa grande connaissance des œuvres des maîtres, lui ont valu de grands succès, particulièrement à Naples et à Bologne, et l'ont fait classer au premier rang.

TOLBECQUE (Isidore-Joseph), né à Hanzinne (Belgique), le 17 avril 1794, fut d'abord soldat, puis devint chef d'orchestre de bals. Il est mort à Vichy le 10 mai 1871. Il était, ainsi que ses frères, fixé depuis longtemps en France.

* **TOLBECQUE** (Jean-Baptiste-Joseph), violoniste, compositeur et chef d'orchestre, frère du précédent. — Avant de s'adonner à la composition de la musique de danse, où il fit preuve d'ailleurs d'un véritable talent, cet excellent artiste avait essayé de se produire d'une façon plus sérieuse. Il avait écrit, en société, avec Gilbert et Guiraud, un opéra-comique en un acte, *Charles V et Duguesclin*, qui fut représenté à l'Odéon le 3 octobre 1827. Plus tard Tolbecque écrivit, en société avec M. Deldevez, la musique de *Vert-Vert*, ballet en 3 actes qui fut donné à l'Opéra le 24 novembre 1851. Jean-Baptiste-Joseph Tolbecque mourut à Paris le 23 octobre 1869.

* **TOLBECQUE** (Auguste-Joseph), frère des précédents, a occupé pendant plusieurs années le poste de violon-solo à l'orchestre du Théâtre de la Reine, à Londres. Il est mort à Paris le 27 mai 1869.

* **TOLBECQUE** (Auguste), violoncelliste distingué, fils du précédent, a été professeur de violoncelle au Conservatoire de Marseille, de 1865 à 1871. Il est ensuite revenu à Paris, où il fait partie de la Société des concerts du Conservatoire. M. Auguste Tolbecque avait formé une très-belle et très-remarquable collection d'instruments de musique, qu'il voulut, il y a quelques années, céder au gouvernement français pour en enrichir le musée du Conservatoire; malheureusement, le ministère des beaux-arts se fit maladroitement tirer l'oreille, et la riche collection de M. Tolbecque fut acquise par le gouvernement belge.

TOLBECQUE (Jean), violoncelliste et organiste, fils du précédent, est né à Niort le 7 octobre 1857. Il obtint le premier prix de violoncelle en 1869 au Conservatoire de Marseille, comme élève de son père, puis vint avec lui à Paris, se fit admettre au Conservatoire, dans la classe de Chevillard, et obtint le second prix de violoncelle en 1872 et le premier en 1873. En cette dernière année, devenu élève de M. César Franck, il obtenait aussi un premier accessit d'orgue. Il fait partie aujourd'hui de l'orchestre de l'Opéra-Comique.

TOLOMEI (..........), musicien italien, est l'auteur d'un opéra bouffe, *il Ritorno del cos-critto*, qui a été joué à Vienne le 11 avril 1875.

* **TOMEONI** (Pellegrino), est né à Lucques, non en 1759, comme il a été dit par erreur, mais en 1729. Successivement maître de chapelle de la collégiale de San-Michele, puis de la collégiale de Camaiore, et enfin du dôme de Pietrasanta, il écrivit beaucoup de musique religieuse. On a conservé de lui une messe à 4 voix, une autre *in pastorale*, un *Kyrie* à 4 voix avec instruments, trois messes à 4 voix *a cappella*, un *Ecce sacerdos* à 4 voix, divers motets, un *Magnificat* à deux chœurs avec orgue obligé, et un *Recordare Domine* pour voix de soprano. En 1761, Pellegrino Tomeoni écrivit quelques morceaux dramatiques et des récitatifs pour la *Zenobia* de Métastase, qu'on représentait au théâtre de Lucques. A cette époque, il remplissait à ce théâtre les fonctions de *maestro al cembalo*.

TOMMASI (........ DE), compositeur italien, est l'auteur d'un opéra sérieux, *Guido e Ginevra*, qui a été représenté à Naples, sur le théâtre San-Carlo, en 1856, et d'un opéra bouffe, *Ser Pomponio*, qui a été donné au théâtre Nuovo, de la même ville, au mois de septembre 1859. J'ignore où et quand a été joué un autre ouvrage dramatique du même artiste, qui avait pour titre *Errico di Svezia*.

TONASSI (Pietro), violoniste, violoncelliste, chef d'orchestre et compositeur, né à Venise au mois de septembre 1801, mort en cette ville le 5 novembre 1877, me paraît devoir être le fils du Pietro Tonassi dont la notice est insérée au t. VIII de la *Biographie universelle des Musiciens*. N'ayant pu découvrir sur cet artiste de renseignements plus directs et plus récents que ceux qui sont contenus dans le *Dizionario biografico* de Francesco Regli, je ne crois pouvoir mieux faire que de les traduire et de les reproduire ici.

« Pietro Tonassi, dit Regli, eut de son père les premiers rudiments de l'art de jouer le violon, et plus tard reçut une année de leçons du professeur Caméra pour le même instrument, et rien de plus. De 1828 à 1832 il fut premier violon et chef d'orchestre au grand théâtre de la Fenice, de Venise, et ensuite premier violoncelle au même théâtre; à la même époque, il fut pendant six années chef de la musique de la marine impériale et royale. En 1841 il se rendit à Milan, auprès de l'éditeur Ricordi, en qualité de compositeur, rédacteur et correcteur, et y demeura quatre années environ. Puis il retourna à Venise, où il se trouve encore présentement (1860). En ne tenant pas compte d'un grand nombre de fantaisies, pots-pourris, réductions pour tous les instruments, ses notables compositions sont : une messe de *Requiem* à 3 voix, avec accompagnement d'altos, violons et basses, 4 trompettes, 4 cors et 3 trombones ; une messe à 4 voix, avec grand orchestre; une autre messe à 3 voix, id.; 3 messes à 3 voix et orgue obligé; *Miserere* à 2 voix, ténor et basse, accompagnement de piano et violon obligé, etc.

« Ce célèbre virtuose et compositeur a mis aussi en musique la Noël, la Passion, la Résurrection, les Hymnes sacrés de Manzoni à 4 voix avec grand orchestre, une grandiose symphonie dans le style classique pour grand orchestre, *il Cinque Maggio* pour baryton et chœur avec grand orchestre, 7 grandes ouvertures pour grand orchestre, beaucoup d'ariettes *da camera*, et bien d'autres choses. Il a écrit un opéra semi-sérieux intitulé *una Costanza rara*, qui n'a jamais été représenté. »

***TORLEZ** (........) professeur de musique et compositeur, vivait à Clermont-Ferrand vers le milieu du dix-huitième siècle. Il écrivit la musique d'une pastorale en un acte, *le Départ du guerrier amant*, qui fut représentée en cette ville au mois de février 1742.

TORRAMORELL (MICHEL-BONAVENTURE-FRANÇOIS), né le 16 février 1786 à Gisona (Espagne), fut tour à tour chef de musique militaire en France, en Hollande (15e régiment) et en Belgique (7e de ligne). Il avait du talent sur la clarinette, et publia, outre un ouvrage didactique pour les orphéons, beaucoup de compositions pour harmonie militaire ainsi que des airs variés pour son instrument. En 1821, il devint chef d'orchestre de la Société de l'Harmonie d'Anvers, et fit représenter en cette ville, le 1er février 1825, un opéra-comique intitulé *le Futur de province*. En 1836, le 31 octobre, il donna sans succès à Bruxelles un autre petit opéra-comique, *le Mari de circonstance*, écrit sur un livret mis originairement en musique par Plantade. Il quitta alors le service belge, fut décoré de l'ordre de Léopold, et vint s'établir à Paris, où il est mort le 24 décembre 1871, âgé de près de quatre-vingt-six ans. Torramorell a publié, en société avec M. Félix Clément, une *Méthode de musique vocale graduée et concertante pour apprendre à solfier et à chanter à une et à plusieurs voix, avec accompagnement de piano* (Paris, Firmin-Didot, in-8°).

TORRIANI (EUGENIO), compositeur et professeur italien, l'un des promoteurs de l'enseignement du chant choral dans sa patrie, a publié un opuscule didactique intitulé : *Principii elementari di musica applicati al canto corale, per uso delle scuole comunali maschili e femminili di Milano* (Milan, Ricordi), et un *Solfeggio in do maggiore per gli alunni delle scuole civiche di Milano* (id., id.). Cet artiste a fait représenter sur le théâtre de la Scala, le 17 mars 1852, un drame lyrique intitulé *Carlo Magno*, qui a obtenu un vif succès. Deux ans après, le 23 novembre 1854, il donnait sur un autre théâtre de Milan, celui de la Canobbiana, un second ouvrage dramatique, *Anna Campbell*, qui était loin d'être aussi heureux. Je ne sache pas qu'il ait depuis lors abordé de nouveau la scène. Torriani, qui a publié quelques morceaux de piano, est mort à Milan au mois de février 1872, à l'âge de quarante-sept ans.

Un artiste du même nom, vraisemblablement parent du précédent, M. *Antonio Torriani*, remplit les fonctions de premier basson à l'orchestre de la Scala, et a publié quelques morceaux pour son instrument, et quelques duos pour flûte et basson écrits en société avec M. P. Morlacchi.

TOSCANI (D. ANTONIO), musicien italien, né à Parme en 1744, mourut en 1805. Il fut maître de chapelle dans sa ville natale. M. le docteur Basevi, de Florence, possède en manuscrit, de cet artiste, des *Responsorj per la settimana santa*, et un recueil de « Leçons pratiques de contre-point dictées par le P. Gio. Battista Martini à D. Antonio Toscani. »

*** TOSI** (JOSEPH-FÉLIX), fut élu, en 1679, prince de l'Académie des Philharmoniques de Bologne.

*** TOSI** (PIERRE-FRANÇOIS). — Une excellente traduction française du célèbre Traité de chant de cet artiste a été publiée récemment sous ce titre : *l'Art du chant, opinions sur les chanteurs anciens et modernes, ou observations sur le chant figuré, par Pierfrancesco Tosi, traduit de l'italien et accompagné de notes et d'exemples*, par Théophile Lemaire (*Voy.* ce nom), Paris, Rothschild, 1874, in-16.

TOSORONI (A.....), professeur italien contemporain, est l'auteur d'un ouvrage didactique publié sous ce titre : *Traité pratique d'instrumentation, ou Notions générales sur le caractère et sur la propriété des instruments de musique, tant anciens que d'invention et de perfectionnement récents, qui servent actuellement dans les orchestres, bandes et fanfares*, Milan, Lucca.

TOSTI (F....-PAOLO), compositeur italien contemporain, s'est fait connaître par la publication de quelques mélodies vocales d'une grâce exquise et d'un charme pénétrant. Il a donné ainsi, chez l'éditeur M. Ricordi, de Milan, un recueil intitulé *Pagine d'album* et quelques mélodies détachées sur paroles italiennes ou françaises. M. Tosti a publié aussi un recueil extrêmement intéressant de *Canti popolari abruzzesi*, transcrits par lui avec paroles italiennes de M. Petrosemolo, traduites du dialecte, recueil très-précieux et composé de chansons pleines d'originalité, de saveur et de mélancolie.

TOURNAILLON (Henri), compositeur et organiste, titulaire du grand orgue de la cathédrale d'Orléans, a publié récemment sous ce titre : *Devant Dieu*, un recueil considérable de morceaux pour orgue. Il avait déjà donné, chez l'éditeur M. Colombier, une suite de 4 Offertoires et de 4 Élévations qui forme la 18e suite d'une publication faite sous le titre d'*Arène des organistes*.

TOURS (Jacques), organiste et compositeur néerlandais, né à Rotterdam en 1759, reçut une bonne éducation littéraire et se destinait à la carrière commerciale. Ce n'est qu'à l'âge de seize ans qu'il commença à étudier la musique, ayant pour professeur d'orgue Bruininkhuijzen et J. Robbers. Il se livra ensuite à l'enseignement et à la composition, et remplit les fonctions d'organiste d'abord à Maassluis, et plus tard à Rotterdam. On connaît de cet artiste plusieurs compositions importantes, entre autres un *Te Deum*, une symphonie à grand orchestre, les psaumes de David pour orgue et piano, avec préludes et intermèdes, un concerto pour le piano, des sonates, fantaisies et variations pour le même instrument, une cantate, trois ouvertures, etc. Jacques Tours mourut le 11 mars 1811.

TOURS (Barthélemy), fils du précédent, organiste, violoniste et maître de chapelle à Rotterdam, naquit dans cette ville le 18 août 1797. Il fut, en 1813, nommé organiste de la nouvelle église (*Nieuwekerk*), et en 1830, à la mort de Robbers, il le remplaça comme organiste à l'église Saint-Laurent, où il donna des séances d'orgue qui ne manquaient pas d'intérêt et qui attiraient d'ordinaire un grand concours d'amateurs et de dilettanti.

Tours fut un des fondateurs de la société philharmonique *Eruditio musica*, qui, en 1820, inaugura des concerts à Rotterdam. Pendant de nombreuses années, il a contribué à fonder et à soutenir en cette ville des séances de musique de chambre, et après avoir été pendant longtemps un des meilleurs soutiens de l'orchestre de Rotterdam, il y dirigea les concerts philharmoniques et autres. Tours mourut dans sa ville natale, au mois de mars 1864. Éd. de H.

TOURS (Berthold), artiste anglais ou fixé en Angleterre, violoniste, pianiste, professeur et compositeur, est l'auteur d'une petite Méthode de violon publiée sous ce titre : *the Violin* (Londres, Novello), et d'un *Album juvenile* contenant 8 morceaux caractéristiques pour le piano à 4 mains (id., id.). Il a publié un certain nombre de *songs* ou mélodies vocales, et diverses autres compositions. Je n'ai pu découvrir aucun autre renseignement sur cet artiste.

TOUTANT (L.....-C.....), professeur de musique, est l'auteur de l'ouvrage suivant : *Théorie musicale, principes généraux* (Poitiers, lith. Pichot, 1845, in-4°).

TOWERS (John), compositeur, organiste et pianiste anglais contemporain, fixé à Manchester, a fait de très-bonnes études d'abord à la cathédrale de Manchester, puis à l'Académie royale de musique de Londres, et enfin à Berlin, où, en 1860, il était l'élève du célèbre professeur Marx, auprès duquel il resta trois années. Devenu organiste à Manchester, où il a dirigé successivement plusieurs sociétés de chant, M. Towers s'est fait connaître par diverses compositions pour le piano et pour le chant. Il s'est occupé aussi de littérature musicale, et sous ce rapport on a de lui, entre autres écrits, celui intitulé : *Mortality of musicians*, et *Beethoven, a Centenary Memoir*, etc.

TOYON (Paul MARY DE), écrivain dilettante, a publié sous ce titre : *la Musique en 1864*, documents relatifs à l'art musical (Paris, Arnauld de Vresse, in-12), un annuaire dont le plan n'avait pas été suffisamment étudié, mais qui aurait pu néanmoins rendre quelques services. Un second volume seulement a paru sous ce titre : *la Musique en 1865-66*. M. de Toyon avait annoncé un ouvrage d'un autre genre : *Halévy, sa vie et ses œuvres*, avec catalogue annoté ; mais il ne semble pas avoir donné suite à son projet, car ce volume n'a jamais paru.

* **TOZZI** (Antoine). — A la liste des opéras écrits par ce compositeur, il faut ajouter celui qui porte pour titre *i Due Ragazzi savojardi*, qui fut représenté à Barcelone en 1794.

* **TRAETTA** (Thomas). — Un écrivain italien, M. Vincenzo Capruzzi, a publié sur cet artiste célèbre un opuscule intitulé *Traetta e la musica*, Naples, 1878.

TRAGIENSE (Laurisio), écrivain italien du dernier siècle, a publié l'ouvrage suivant : *Dei vizi e dei difetti del moderno teatro, e del modo di correggergli e d'emenderli. Ragionamenti VI.* Rome, 1753. Le véritable nom de cet écrivain était Giovan-Antonio Bianchi, de Lucques.

TRAVENTI (ANDREA), professeur de chant et compositeur, né à Naples en 1825, a fait toutes ses études musicales sous la direction du baron Giuseppe Staffa (*Voy.* ce nom). Il fit représenter le 22 novembre 1858, à Rome, sur le théâtre Argentina, *i Promessi Sposi*, opéra sérieux qui fut bien accueilli du public. Il passa ensuite quelques années à Paris, puis à Londres, comme professeur. De retour à Naples en 1860, il y resta plusieurs mois, puis de nouveau s'alla fixer à Londres, où il réside encore aujourd'hui et où, dit-on, son enseignement est recherché. Il a publié, surtout en cette ville, de nombreux morceaux de chant.

TRAVERSARI (ANTONIO), musicien italien contemporain, né à Ravenne, fut élève du Conservatoire de Naples, où il reçut, au dire de Francesco Regli dans son *Dizionario biografico*, des leçons de Donizetti. Il se livra ensuite à la composition, écrivit plusieurs messes, diverses cantates, et produisit aussi quelques opéras. Voici les titres de ceux de ses ouvrages dramatiques qui sont venus à ma connaissance: 1° *il Fuoruscito*, 2° *la Lettera di raccomandazione ;* 3° *gli Originali;* 4° *Don Cesare di Bazan;* 5° *il Diavolo, o il Conte di San-Gennaro.* Trois autres opéras, *la Novella Eloisa*, *Erostrato*, *il Rinnegato*, ont été encore écrits par cet artiste, mais je ne crois pas qu'aucun d'eux ait été représenté.

TREHDE (G.....), musicien allemand contemporain, est l'auteur d'une innombrable quantité de petits morceaux et de fantaisies de piano qui paraissent rencontrer une grande faveur auprès des amateurs de ce genre de musique, mais qui ne comptent guère au point de vue de l'art proprement dit. Ces sortes de productions, beaucoup plus communes en Allemagne qu'on ne serait en droit de le supposer d'après le rigorisme de ce pays en matière intellectuelle et les prétentions qu'il affiche à une suprématie artistique universelle, y trouvent cependant, avec un débit facile, un public très-disposé à en faire sa nourriture quotidienne. Ce qui le prouve, c'est que le nombre des compositions de M. Trehde publiées jusqu'à ce jour dépasse le chiffre de quatre cents.

TREMAIS (....... DE), musicien qui vivait dans la première moitié du dix-huitième siècle, a publié un livre de *Sonates pour le violon et pour la flûte, avec la basse continue* (Paris, Boivin, 1736).

TRÉMOILLE (LE DUC DE LA), gentilhomme de la chambre de Louis XV, s'est produit comme compositeur amateur, en écrivant la musique d'un opéra qui avait pour titre *les Quatre Parties du monde.* De Léris, dans son *Dictionnaire des théâtres*, parlant d'un opéra de Mion ainsi intitulé, ajoute : « En 1740, on exécuta chez M. le chevalier d'Orléans, grand-prieur de France, trois actes d'un opéra sous le même titre, dont les paroles et la musique étoient de M. le duc de la Trémoille, premier gentilhomme de la chambre, mort en 1741, âgé de trente-cinq ans. »

* **TRENTO** (VITTORIO). — A la liste des productions dramatiques de cet artiste, il faut ajouter un opéra sérieux intitulé *Clemenza d'Entraguez*, qui a été représenté sur le théâtre de la Fenice, de Venise, en 1819, et un opéra bouffe, *la Baronessa immaginaria*, qui fut donné à Florence en 1804.

TREVES (GIACOMO), professeur et compositeur italien, est né à Milan le 26 octobre 1818, et depuis près de trente ans occupe les fonctions de professeur de solfége au Conservatoire de cette ville. Il a publié un recueil de 18 *Solféges faciles* pour mezzo-soprano, et s'est essayé une fois à la scène en faisant représenter au théâtre de la Scala, le 10 novembre 1847, un drame lyrique intitulé *Agamemno.* L'insuccès complet de cet ouvrage le découragea sans doute, car je ne sache pas que depuis lors il ait tenté un nouvel essai.

TRIBOU (.......), l'un des acteurs qui obtinrent le plus de succès à l'Opéra dans la première moitié du dix-huitième siècle, entra à ce théâtre en 1721, et prit sa retraite en 1742. Il avait une très-belle voix de haute-contre, et, quoique son nom soit aujourd'hui complétement oublié, personne, dit Laborde, n'a jamais mieux joué que lui, ni joui d'une plus grande réputation. C'est le 13 novembre 1721 que Tribou débuta à l'Opéra par le rôle du Soleil dans une reprise du *Phaéton*, de Lully, et il y fut si bien accueilli que peu de semaines après il paraissait avec succès dans le rôle de Phaéton même. Par la suite, il fit de nombreuses créations dans *Renaud*, *Pirithoüs*, *les Fêtes grecques et romaines*, *les Éléments*, *les Amours des dieux*, *Tarsis et Zélie*, *les Amours des déesses*, *Endymion*, *Jephté*, *les Sens*, *l'Empire de l'Amour* (Hippolyte), *Hippolyte et Aricie*, *Achille et Deidamie*, *les Grâces*, *les Indes galantes*, *Scanderberg* (Scanderberg), *le Triomphe de l'Amour*, *Castor et Pollux* (Castor), *les Caractères de l'Amour*, *Zaïde, reine de Grenade.* La plupart de ces créations étaient fort importantes, et il est remarquable de voir que c'est cet artiste, dont la renommée a disparu d'une façon si absolue, qui a joué presque tous les grands rôles des premiers opéras de Rameau. Tribou mourut en 1761.

* **TRIEBERT** (CHARLES-LOUIS). — Cet artiste n'avait pas abandonné, comme il a été dit par erreur, l'exercice de son talent sur le hautbois pour se livrer exclusivement à la fabrication des instruments. Depuis longues années, Triebert était premier hautbois au Théâtre-Italien et à la Société des concerts, et vers 1860 il avait succédé à Verroust comme professeur de hautbois au Conservatoire. Atteint d'une fluxion de poitrine au commencement de 1867, il alla chercher à Hyères un climat plus propice à sa santé, et c'est peu de temps après son retour qu'il s'éteignit, le 18 juillet de la même année, à Gravelle-St-Maurice, près Joinville-le-Pont (Seine).

Un frère de cet artiste, *Frédéric Triebert*, facteur d'instruments à vent et hautboïste comme lui, né à Paris le 1er mai 1813, est mort en cette ville au mois de mars 1878. Un fils de celui-ci est un de nos hautboïstes actuels les plus distingués.

* **TRITTO** ou **TRITTA** (JACQUES). — A la liste des ouvrages dramatiques de ce compositeur, il faut ajouter *Alessandro in Efeso*, opéra sérieux représenté en 1804 au théâtre national de Mantoue, et *Cesare in Egitto*, donné à Naples en 1810.

Dans la notice qu'il a consacrée à ce compositeur (*Miscellanées musicales*, p. 173), Adrien de la Fage, qui s'appuyait sur des renseignements obtenus directement de son propre fils, affirme que son véritable nom était *Giacomo di Turitto* et qu'il était né à Altamura non en 1732, mais en 1735 ou 1736. De son côté, M. Francesco Florimo, qui avait lieu aussi d'être bien informé, le fait naître en 1735, certifie qu'il s'appelait *di Turitto*, et fait savoir qu'il fut admis au Conservatoire de la *Pietà de' Turchini* en 1743. Selon de la Fage, Tritto serait mort non le 17, mais le 16 septembre 1824.

* **TROESTLER** (BERNARD). — Une erreur typographique a fait tronquer le nom de cet artiste, qui a été écrit à tort *Troessler* dans la *Biographie universelle des Musiciens*. D'autre part, il faut signaler que le *Traité d'harmonie et de modulation* de Troestler a été publié chez Vogt, et non chez Pleyel, et qu'on lui doit encore un autre ouvrage d'enseignement intitulé: *Répertoire des organistes, contenant la partie de l'orgue de l'office divin de l'année et terminé par un grand nombre de pièces d'orgue* (Paris, Janet et Cotelle, in-folio).

TROMAN (THOMAS), pianiste, organiste et compositeur anglais contemporain, fixé à Birmingham, né vers 1828, a rempli, depuis 1848, les fonctions d'organiste dans diverses églises. Il s'est fait connaître, comme compositeur, par la publication d'un certain nombre de pièces pour l'orgue et le piano, par des antiennes, des services de chant pour l'église, et enfin par une grande cantate : *By the waters of Babylon*.

* **TROMBETTI** (ASCANIO), compositeur italien du seizième siècle, né à Bologne, s'appliqua dès sa plus tendre enfance à l'étude de la musique, et devint un artiste fort habile. Il n'a pas vécu à Naples, ainsi qu'il a été dit dans la *Biographie universelle des Musiciens*, quoiqu'il ait mis en musique des chansons napolitaines, et paraît n'avoir pas quitté sa ville natale, car sur le frontispice de presque toutes ses œuvres il prend le titre de « Musicien de l'illustrissime Seigneurie de Bologne »(1). De 1583 à 1589, il fut maître de chapelle de l'église des chanoines de *San-Giovanni in Monte* de cette ville, et à partir de cette année 1589 on le perd complétement de vue, ce qui peut d'autant plus faire supposer que cette époque est celle de sa mort, qu'en 1591 son frère Giralomo Trombetti devint à son tour maître de chapelle à San-Giovanni.

En dehors de ses chansons napolitaines, Ascanio Trombetti a livré à la publicité plusieurs œuvres importantes : 1° *il Primo libro de Madrigali a* 5 *voci*, Venise, Gardano, 1583; 2° *il Primo Libro de Madrigali a* 4 *voci*, Venise, Gardano, 1586 (contient 21 madrigaux); 3° *il Primo Libro de Motetti a* 5, 6, 7, 8, 10 *et* 12, Venise, Gardano, 1589 (dédié au duc Alphonse d'Este et de Ferrare, et ne contenant pas moins de 38 compositions); 4° un madrigal à quatre voix, qui offre cette particularité qu'il est l'une des premières œuvres musicales imprimées à Bologne (1587), chez Giovanni Rossi.

TROMBETTI (GIROLAMO), frère du précédent, naquit à Bologne, et fut comme lui un musicien distingué. Virtuose habile sur le trombone, il faisait aussi partie de la musique de la seigneurie de Bologne, et il succéda à son frère comme maître de chapelle de l'église de *San-Giovanni in Monte*. Toutefois, on ne connaît de lui qu'un recueil de compositions : *il Primo Libro de Madrigali a* 5 *voci* (Venise, Gardano, 1590), contenant 23 morceaux; mais il avait commencé à se faire connaître en insérant quelques morceaux dans les recueils publiés

(1) C'est-à-dire qu'il prenait part comme instrumentiste aux concerts de cette seigneurie.

par son frère. C'est ainsi qu'on trouve un madrigal de lui dans le recueil donné par ce dernier en 1583, deux dans celui de 1586, et deux motets dans le recueil de 1589. Girolamo Trombetti conserva ses fonctions de maître de chapelle jusqu'en 1624, et l'on peut supposer qu'il mourut dans le cours de cette année ou de l'année suivante. Toutefois, on a la certitude qu'il n'était plus vivant en 1628.

* **TRONCI**, est le nom d'une dynastie de facteurs d'orgues originaires de Pistoia, qui s'est perpétuée jusqu'à nos jours, et qui n'a connu de rivale que celle des Serassi (*Voy.* ce nom), de Bergame. Fondée par *Anton-Maria Tronci*, cette maison existait dès les premières années du dix-huitième siècle. Elle passa dans les mains de *Filippo* et *Antonio Tronci* frères, et ensuite dans celles des deux fils du premier, *Luigi* et *Benedetto Tronci*. Ce dernier, né en 1786, donna surtout une grande importance à la fabrique, par les améliorations et les procédés nouveaux qu'il apporta dans la facture. *Filippo II*, fils de Luigi, se fit remarquer aussi par son talent personnel, et l'on en cite comme exemple l'orgue de l'église de Saint-Pierre de Pistoia, construit par Luigi et son neveu Filippo, qui compte deux pédaliers, 65 registres et trois claviers à mains, et qui est, dit-on, un instrument de premier ordre. Un grand nombre d'orgues célèbres en Italie sortent des ateliers de la fabrique Tronci, qui n'a cessé de conserver sa renommée, et qui a envoyé des instruments jusqu'en Syrie, à Bethléem, et à l'église du Saint-Sépulcre de Jérusalem (1).

TROPLONG (Raymond-Théodore), magistrat et jurisconsulte, membre de l'Institut, président du Sénat sous le second empire, est né à Saint-Gaudens (Haute-Garonne), le 8 octobre 1795, et mort à Paris le 2 mars 1869. Grand amateur de musique, Troplong a publié dans la *Revue européenne* du 31 décembre 1858 une étude intitulée *l'Armide de Gluck*, dont il a été fait un tirage à part (Paris, 1859, in-8°).

TRUMPER (Nicolas-Joseph), général-major dans l'armée belge, excellent musicien, né à Bruxelles le 19 avril 1799, a publié en cette ville un opuscule ainsi intitulé : *Des musiques militaires et de l'avenir des jeunes compositeurs belges*. Il est mort le 24 octobre 1865.

* **TRUTSCHEL** (A....-L. ...-E.....), organiste, est mort à Rostock le 12 janvier 1869. Il était né à Grafenau (Thuringe) le 27 août 1787.

TRUTSCHEL (Antoine), pianiste et compositeur, fils du précédent, né à Rostock le 15 octobre 1832, fut élève de Moscheles et compte aujourd'hui parmi les meilleurs organistes de l'Allemagne. Il a publié un certain nombre de compositions pour l'orgue et pour le piano.

TRUZZI (Alessandro), pianiste, professeur et compositeur, né à la fin du siècle dernier ou au commencement de celui-ci, mort à Milan le 19 octobre 1860, s'est fait connaître par la publication d'une cinquantaine de morceaux de piano, consistant en fantaisies sur des airs d'opéras célèbres, en marches et en morceaux de danse.

TRUZZI (Luigi), sans doute frère du précédent, pianiste, professeur et compositeur comme lui, né à Mantoue le 29 septembre 1799, est mort à Milan le 6 octobre 1864. Outre une *Méthode complète de piano*, cet artiste a publié plus de six cents morceaux de genre pour cet instrument, formant des séries considérables et écrits, pour l'immense majorité, sur des chants populaires, des mélodies célèbres ou des thèmes d'opéras en vogue. Je citerai, entre autres, les recueils suivants : *Primizie del pianista* (15 sonatines sur des thèmes d'opéras), op. 367 ; *le Speranze materne* (39 sonatines), op. 88 ; *la Gioja delle madri* (166 sonatines), op. 67 ; *i Zeffiretti* (13 morceaux) ; *la Primavera* (80 divertissements) ; *Eden musicale* (16 morceaux), op. 93 ; *Diorama teatrale* (13 morceaux) ; *l'Emulazione* (33 morceaux) ; *l'Eta dell' oro* (16 morceaux) ; *l'Arpa italica; Fiori melodici*, etc., etc.

Un artiste de la même famille, M. *Paolo Truzzi*, né à Milan le 27 octobre 1840, a fait ses études au Conservatoire de cette ville, où il est resté depuis 1853 jusqu'à 1861. Il s'est ensuite livré à l'enseignement, et s'est fait connaître aussi par la publication de divers morceaux pour le piano.

TSCHAÏKOWSKY (Pierre-Ilitsch),

(1) Je tire ces renseignements d'une brochure de M. G.-C. Rospigliosi : *Notizie dei maestri ed artisti di musica pistoiesi* (Pistoia, Niccolai, 1878, in-12). Par cet écrit, je suis en mesure de relever une erreur de la *Biographie universelle des Musiciens*, qui cite comme fils de Benedetto Tronci : Pietro, Agati et Giosué. *Pietro Agati* étaient le prénom et le nom d'un élève et ouvrier de la fabrique Tronci, qui, dans la seconde moitié du dix-huitième siècle, ouvrit lui-même un atelier de facteur d'orgues à Pistoia, et eut pour successeur son fils *Giosué Agati*. Celui-ci, plus habile que son père, acquit une grande renommée, et la maison Agati n'a pas construit jusqu'à ce jour moins de 600 orgues, dont un grand nombre pour l'étranger, entre autres pour l'Égypte et le Chili.

compositeur, l'un des représentants les plus distingués et les plus estimés de la jeune école musicale russe, est né dans le district d'Ural, le 25 avril 1840. On assure que ce n'est qu'à l'âge de vingt ans qu'il commença à s'occuper sérieusement de musique ; il fit alors, dans sa patrie, au Conservatoire de Saint-Pétersbourg, des études très-sévères, qu'il poussa fort loin, puis il alla se perfectionner en Allemagne, où il suivit le courant des esprits et devint, dit-on, un ardent partisan des doctrines et des œuvres de Robert Schumann. De retour en Russie, il commença à se livrer avec une sorte de fièvre à de nombreux travaux de composition, en même temps qu'il consacrait une partie de son temps à l'enseignement. C'est ainsi qu'après avoir présenté au public quelques œuvres intéressantes, M. Tschaïkowsky se vit nommer professeur de composition au Conservatoire de Moscou.

Au surplus, le jeune artiste sut conquérir de bonne heure une importante notoriété. Après la publication de plusieurs compositions instrumentales qui décelaient, en même temps qu'un rare talent de forme et une réelle habileté de main, d'heureuses facultés en ce qui concerne l'inspiration, il songea à se produire au théâtre, qui est, en Russie, comme en France et en Italie, le principal objectif des musiciens. Il débuta sous ce rapport par un opéra intitulé *le Voïvode*, qui fut représenté à Moscou, au mois de février 1869, et favorablement accueilli. Cet heureux essai n'arrêta pas l'essor que M. Tschaïkowsky avait donné d'autre part à son imagination, et le jeune artiste continua de se faire connaître par des œuvres de genres très-divers, toutes conçues et exécutées sérieusement, et décelant la noble ambition de marcher sur la trace des grands maîtres. C'est ainsi que, dans l'espace de quelques années, il produisit successivement trois symphonies, un concerto de piano avec orchestre, plusieurs quatuors pour instruments à cordes, des ouvertures de concert, divers recueils de mélodies très-savoureuses, et enfin un grand nombre de morceaux divers pour le piano.

Au mois de mai 1874, M. Tschaïkowsky reparaissait à la scène en donnant, sur le théâtre impérial de Saint-Pétersbourg, un nouvel opéra intitulé *Apritschnik*, dont le succès fut très-vif et qui valut à son auteur le prix de 300 roubles d'argent institué par le Comité de musique russe en faveur du meilleur drame lyrique de la saison. A cette époque déjà, la grande-duchesse Hélène de Russie avait décidé qu'un concours serait ouvert, avec un premier prix de 1,000 roubles et un second de 500 roubles, pour la mise en musique du livret d'un opéra qui avait pour titre *Vakoul le Forgeron*. Ce livret, tiré par M. Polowsky d'une nouvelle de Nicolas Gogol, avait été écrit pour le compositeur Serow (*Voy.* ce nom), qui s'en était enthousiasmé, mais qui était mort avant d'en pouvoir tirer parti. La commission chargée de juger le concours avait reçu cinq partitions ; elle accorda le premier prix à celle qui portait pour devise : *Ars longa, vita brevis*, et qui était l'œuvre de M. Tschaïkowsky. L'ouvrage couronné fut aussitôt mis à l'étude, et *Vakoul le Forgeron* fut représenté solennellement, le 10 décembre 1876, sur le théâtre Marie, de Saint-Pétersbourg, où les principaux rôles en étaient tenus par MM. Melnikow et Kommissarjevsky, Mme Raab et Mlle Bitchourine. Bien que le succès de l'œuvre ait été très-grand à la première représentation, la critique cependant dut faire des réserves, et fit remarquer que le jeune compositeur, sacrifiant plus qu'il n'eût fallu à des doctrines musicales antiscéniques et fort en honneur depuis quelques années, semblait avoir pris à tâche d'être beaucoup moins mélodique dans son œuvre nouvelle que dans ses précédentes compositions ; on lui reprocha surtout de se montrer étrange pour éviter la banalité, de changer avec beaucoup trop de fréquence de rhythme et de mesure, et de substituer trop souvent une mélopée vague à la véritable idée musicale. Le meilleur de la partition consistait, disait-on, en des fragments symphoniques exquis, orchestrés de main de maître, et dans des airs de ballet charmants, pleins de verve, d'un tour très-original, et d'une grande élégance de forme et d'inspiration.

En réalité, M. Tschaïkowsky est l'un des artistes les mieux doués et les plus intéressants de la jeune école musicale russe. Esprit un peu indécis peut-être, un peu trop imbu parfois des idées fâcheuses qui depuis un quart de siècle travaillent tant de cerveaux, son éclectisme un peu nuageux l'a sans doute empêché jusqu'ici de donner la mesure complète de sa valeur. C'est pour cela que son originalité ne s'est pas affirmée encore d'une façon éclatante, et que ses œuvres, d'une nature et d'une inspiration fort inégales, se font remarquer tantôt par des qualités véritablement exquises, comme son beau concerto de piano et ses jolies mélodies vocales, si savoureuses et si originales, tantôt par une sorte d'obscurité voulue, par un style tendu à l'excès, par une bizarrerie cherchée et fâcheuse qui en rendent la compréhension difficile et l'audition on ne peut plus fatigante, comme dans sa fantaisie symphonique sur *la Tempête* de Shakespeare et son ouverture de *Roméo et Juliette*. On retrouve un peu de tous les styles dans la musique de M. Tschaïkowsky, aussi bien celui de Schumann que celui de M. Richard Wagner, et celui de Berlioz que celui de Mendelssohn; de là le manque de fixité dans les moyens, d'unité dans le talent, de précision dans les résultats; de là aussi la difficulté, pour la critique, de classer l'artiste et de lui assigner la place qu'il est en droit d'occuper. Mais, à tout prendre, il n'en reste pas moins que M. Tschaïkowsky est un artiste fort remarquable, un musicien instruit, souvent inspiré, maître de tous les secrets de son art, connaissant et employant à merveille toutes les ressources de l'orchestre, et à qui l'on ne saurait reprocher que de sacrifier parfois le côté idéal de la musique à la recherche de l'effet matériel et brutal.

Voici la liste des œuvres de M. Tschaïkowsky : *le Voïvode*, opéra, Moscou, février 1869 ; *Opritschnik*, opéra, Saint-Pétersbourg, mai 1874 ; *Vakoul le Forgeron*, opéra fantastique en 4 actes, Saint-Pétersbourg, 10 décembre 1876 ; *le Lac des cygnes*, ballet (j'ignore si cet ouvrage a été représenté) ; *Snégourotschka* (*Fille de neige*), conte dramatique d'Orsrowsky, mis en musique avec airs, chœurs, entr'actes et airs de ballet ; Symphonies à grand orchestre, Nos 1, 2 et 3 ; *la Tempête* (d'après Shakespeare), fantaisie pour orchestre, op. 18 ; Ouverture de *Roméo et Juliette* ; Ouverture triomphale, sur l'Hymne national danois, op. 15 ; *Francesca da Rimini*, fantaisie pour orchestre, op. 32 ; Concerto pour piano, avec accompagnement d'orchestre, op. 23 ; Concerto pour violon, avec accompagnement d'orchestre, op. 35 ; Sérénade mélancolique pour violon, id., op. 26 ; Valse-scherzo pour violon, id., op. 34 ; 3 Quatuors pour 2 violons, alto et violoncelle, op. 11, 22 et 30 ; 6 Romances russes, pour chant, avec piano, op. 6 ; 6 Romances russes, id., op. 27 ; 6 Romances russes, id., op. 28 ; Scherzo à la russe, impromptu pour piano, op. 1 ; Souvenir de Hapsal, 3 morceaux de piano (1. *Ruines d'un château* ; 2. *Scherzo* ; 3. *Romance sans paroles*), op. 2 ; Valse, pour piano, op. 4 ; Romance, id., op. 5 ; Valse-scherzo, id., op. 7 ; *Cappriccio*, id., op. 8 ; 3 Morceaux, id. (Rêverie, Polka, Mazurka), op. 9 ; 2 Morceaux, id. (Nocturne, Humoresque), op. 10 ; 6 Morceaux, id. (1. Rêverie ; 2. Scherzo humoristique ; 3 Feuillet d'album ; 4. Nocturne ; 5. *Capriccioso* ; 6. Thème avec variations), op. 19 ; *Album d'enfants*, 24 morceaux faciles pour piano, op. 39 ; 12 Morceaux pour piano, op. 40 ; Variations sur un thème rococo, pour violoncelle, avec accompagnement de piano, op. 33. M. Tschaïkowsky a publié un arrangement, pour la main gauche seule, du *Mouvement perpétuel* de Weber, et un recueil de 50 *Chansons populaires russes*, arrangées à 4 mains.

TSCHIRCH (Adolphe), pianiste, organiste et compositeur, était l'aîné de sept frères musiciens, dont trois : Wilhelm, Ernest et Rodolphe, ont eu leurs noms inscrits dans la *Biographie universelle des Musiciens*. Admirateur passionné de la grande musique d'église, Adolphe Tschirch se fit connaître par diverses compositions pour l'orgue, le piano et le chant, et collabora à la *Neue Berliner Muzikzeitung*. Il mourut à Guben le 27 août 1875, laissant vivant un seul de ses frères, Wilhelm Tschirch, maître de chapelle à Géra. Il était né le 8 avril 1815.

TSCHIRCH (Jules), frère du précédent, organiste et compositeur, naquit en 1820 et mourut le 10 avril 1867 à Hirschberg, en Silésie, où il était considéré comme un organiste de premier ordre. On connaît de lui un certain nombre de compositions pour le piano.

* **TSCHIRCH** (Rodolphe), frère des précédents, est mort à Berlin le 17 janvier 1872. Il était né, non en 1821, mais le 17 août 1825.

* **TULOU** (Jean-Louis), flûtiste célèbre, est mort le 23 juillet 1865 à Nantes, où il s'était retiré depuis quelques années. Le nombre des œuvres publiées pour son instrument par cet excellent artiste s'élève à plus de cent, parmi lesquelles il faut distinguer quinze grands solos, écrits pour la plupart à l'occasion des concours du Conservatoire, avec accompagnement d'orchestre, de quatuor ou de piano.

TURINA (........), compositeur italien remarquable dans le genre religieux, est maître de la chapelle du roi d'Italie, et occupe ces fonctions depuis 1858. Je n'ai pu recueillir aucun renseignement biographique sur cet artiste, que l'on dit fort distingué, et je ne puis que donner la liste de quelques-unes de ses œuvres : *Miserere* avec orchestre ; 3 messes avec orchestre, exécutées dans l'église de San-Giovanni, de Turin, en 1860 et 1862 ; *Lamentazioni*, avec orchestre ; *Profezia*, avec orchestre, etc.

TURLE (J.......), musicien anglais, est l'auteur d'un recueil de *Psaumes et hymnes pour le service religieux public*. Le même artiste a publié, avec M. E. Taylor, un manuel intitulé *le Livre du Chant; l'art du chant à première vue enseigné à l'aide d'exercices progressifs* (*the Singing Book*, etc.).

* **TURNHOUT** (Jean DE). — Un savant musicographe belge, M. Léon de Burbure, a retrouvé récemment le véritable nom de cet artiste. Il a fait connaître le résultat des recherches faites par lui à ce sujet dans une note dont il a donné lecture à l'Académie royale de Belgique (1), et dont voici le passage important : — « Jean de Turnhout, né probablement à Turnhout, ne s'appelait ni *Fyens*, ni *Fienus*. Son nom de famille était *Jacques*. Soit que ce nom eût paru trop vulgaire pour un artiste, soit que celui-ci eût en lui-même quelque raison spéciale de le cacher ou de l'abandonner, on ne le lui donna pas une seule fois dans les comptes relatifs à sa position officielle à la cour des archiducs ; le nom de Jean Jacques ne fut pas inscrit sur une seule de ses œuvres imprimées. Mais la forme incomplète *Jean de Turnhout* ne pouvait remplacer celle de *Jean Jacques* dans les actes authentiques où intervenaient d'autres membres de sa famille. C'est dans un document de cette espèce que j'ai trouvé notre compositeur sous son véritable nom, accompagné de son titre de maître de la chapelle du duc de Parme. Dans cet acte, passé devant la chambre des pupilles, à Anvers, le 19 mars 1589, interviennent plusieurs parents de notre artiste et l'artiste lui-même, qu'on qualifie de *maître Jean Jacques, fils de Gérard, maître de la chapelle de Son Altesse* (*meester Jan Jacques, Gheerts'sone, sangmeester van Zyne Hoocheyt*). Celui-ci vient, avec son parent et cotuteur, Pierre Verdonckt, rendre compte de la gestion des biens que leur cousin, Jean Jacques le jeune, âgé de 25 ans, fils de Jean Jacques le vieux, avait hérités de ses grands parents durant sa minorité. »

Il est donc établi maintenant que l'artiste dont il est ici question doit être désigné désormais sous le nom de *Jean Jacques*, dit *Jean de Turnhout*.

TUROWICZ (X.......), pianiste et compositeur polonais du dix-neuvième siècle, s'est fait connaître par un certain nombre d'œuvres publiées à Léopol, chez l'éditeur Milikowski : 1° *Cinq Mazureks*; 2° *Exercices journaliers, pour acquérir l'agilité des doigts*, etc.

TUSQUETS Y MAIGNON (Estévan), négociant et dilettante espagnol, né vers 1831, se livra de bonne heure, et pour son seul agrément, à l'étude de la musique, qu'il ne cessa de cultiver, tout en suivant la carrière du commerce, à laquelle il était destiné par sa famille. Il reçut pendant trois mois des leçons de solfége d'un artiste nommé Sivilla, apprit seul le piano, et, après avoir eu seulement quelques conseils de M. Francisco Andrevi, s'attacha seul à l'étude de l'harmonie et de la composition, sans autre guide que la lecture attentive de divers traités théoriques et des partitions des grands maîtres. Bien que la musique ne fût jamais pour lui qu'un délassement et une distraction, il écrivit un assez grand nombre de compositions de divers genres, parmi lesquelles on remarque surtout un *Stabat Mater* avec accompagnement de piano, harmonium et violoncelle, un ballet-pantomime en un acte, et deux *zarzuelas*, dont l'une intitulée *Geroma la castañera*, et l'autre *la Molinera y el Viejo verde*. Ses autres œuvres comprennent une douzaine de morceaux de danse pour le piano, autant de pièces de genre pour le même instrument, 3 morceaux pour violoncelle et piano, un *O Salutaris*, un *Ave Maria*, un *Salut à la Vierge*, et environ cinquante morceaux de chant à une voix, écrits sur paroles espagnoles, catalanes, italiennes ou françaises. Quelques-unes de ces compositions ont été publiées par l'éditeur M. Andrés Vidal, d'autres sont restées inédites. Tusquets y Maignon est mort le 7 novembre 1876, à l'âge de quarante-cinq ans.

TYLER (Sarah), écrivain anglais, est l'auteur, avec un autre écrivain nommé J. Watson, d'un ouvrage publié sous ce titre : *Songstresses of Scotland* (*Chanteuses d'Écosse*), 2 vol. in-8°.

TYNDALL (John), physicien irlandais et l'un des premiers savants de la Grande-Bretagne, professeur de physique à l'Institution royale de la Grande-Bretagne et surintendant de cet établissement, où il a succédé à Faraday, est né vers 1820 à Leighlin-Bridge, près de Carlow. Il est depuis longtemps fameux par ses nombreux et solides travaux, par ses belles études sur la chaleur rayonnante et sur l'électricité, par les explorations hardies et périlleuses qu'il a fréquemment entreprises dans l'intérêt de la science.

M. Tyndall n'est cité ici que pour son livre sur *le Son* (*Sound*), composé d'un cours de huit lectures faites par lui à l'Institution royale, et qui forme un traité complet et lumineux sur la matière, rendant, comme il le dit lui-même, la science de l'acoustique accessible à toutes les personnes intelligentes, en y comprenant celles qui n'ont reçu aucune instruction scientifique particulière. « J'ai traité mon sujet, dit l'auteur, d'une manière tout à fait expérimentale, et j'ai cherché à placer tellement

(1) Cette note a été insérée dans les *Bulletins* de l'Académie, 2e série, t., XLVI, n° 12 ; 1878. Il en a été tiré des exemplaires à part (4 pp. in-8°).

chaque expérience sous les yeux et dans la main du lecteur, qu'il puisse la réaliser lui-même ou la répéter. Mon désir et mon but ont été de laisser dans les esprits des images si nettes des divers phénomènes de l'acoustique, qu'ils les saisissent et les voient dans leurs rapports réels. » Une traduction française du beau livre de M. Tyndall a été faite sous ce titre : *le Son*, par M. l'abbé Moigno (Paris, Gauthier-Villars, 1869, in-8° avec nombreuses figures).

TYWERSUS (......), était luthier des princes de la maison de Lorraine en 1520. On connaît de cet artiste quelques instruments qui offrent une certaine analogie avec la facture d'André Amati. Tywersus habitait le château de Ravenel, résidence habituelle de ses protecteurs, à une lieue environ de Mirecourt.

J. G — Y.

TZARTZÉLEV (Mme la princesse). — *Voyez* **LAVROVSKY** (ÉLISABETH).

U

* **UCCELLI** (Madame CAROLINA), compositeur dramatique, est morte vers 1855.

UETZ (.........), compositeur allemand, a fait représenter à Darmstadt, en 1809, un opéra intitulé *Othon l'archer*.

UGALDE (DELPHINE **BEAUCÉ**, dame), cantatrice distinguée, naquit à Paris le 3 décembre 1829. Petite-fille, par sa mère, de l'excellent guitariste Porro, qui fut éditeur de musique, elle reçut de celle-ci, qui était très-bonne musicienne, presque toute son éducation artistique. Dès l'âge de six ans elle jouait du piano, à neuf ans elle donnait des leçons, et à onze ans elle obtenait un grand succès en se faisant entendre, aux côtés de ces grands artistes qui s'appelaient Rubini, Lablache et Tamburini, dans un concert donné à la salle Herz. Remarquée par le prince de la Moskowa, cet amateur, qui avait le talent d'un artiste, l'engagea pour chanter les solos dans les séances de la Société de chant classique, société fondée et dirigée par lui, exclusivement composée de dilettantes, et dont la jeune Delphine Beaucé était la seule artiste; elle acquit là, par la fréquentation et l'étude des œuvres des grands maîtres, une instruction pratique qui développa d'une façon considérable son sens artistique et exerça une utile et bienfaisante influence sur la suite de sa carrière.

La jeune fille, pourtant, se destinait au théâtre. Elle devint élève de Moreau-Sainti, et fit ses premiers pas en ce genre sur la petite scène d'amateurs connue sous le nom de théâtre de la Tour-d'Auvergne, où elle se montrait à la fois dans la comédie et dans l'opéra-comique. C'est alors que M. Limnander, qui se préparait à faire jouer à l'Opéra-National son opéra *les Monténégrins*, la fit engager pour en remplir le principal rôle. La révolution de février 1848 étant survenue, et le théâtre ayant fermé ses portes, Mlle Beaucé se vit obligée d'accepter les propositions qu'on lui faisait pour chanter au Château-des-Fleurs, établissement de concerts situé aux Champs-Élysées. Mais avant qu'elle y eût paru, M. Limnander, qui avait porté et fait recevoir sa pièce à l'Opéra-Comique, y faisait engager aussi sa jeune interprète.

C'est donc dans le courant de l'année 1848 que Mme Ugalde fit ses débuts à l'Opéra-Comique, où elle parut d'abord dans *le Domino noir* et dans *l'Ambassadrice* avec un véritable succès. Elle créa ensuite plusieurs rôles qui lui firent beaucoup d'honneur, dans *le Caïd*, *les Monténégrins*, *le Toreador*, *la Fée aux Roses*, *le Songe d'une nuit d'été*, *la Dame de pique*, *la Tonelli*, et surtout dans *Galathée*, qui convenait à merveille à la nature de son talent fougueux et expansif.

Tout d'un coup, une maladie grave des cordes vocales vint éloigner l'artiste de la scène. On put croire un instant qu'elle avait complétement perdu la voix. Cependant, après avoir quitté l'Opéra-Comique, elle put entrer aux Variétés pour y jouer Roxelane dans *les Trois Sultanes*, de Favart, ouvrage auquel M. Jules Creste avait, à son intention, ajusté quelques morceaux de chant. Puis, à la suite d'un voyage aux Pyrénées, Mme Ugalde rentra au théâtre Favart (1854), où elle créa, entre autres, le rôle de l'Amour dans *Psyché*. Engagée ensuite au Théâtre-Lyrique pour y jouer celui de Suzanne dans *les Noces de Figaro* (1858), elle y créa *la Fée Carabosse* et *Gil Blas*, où elle retrouva tous ses succès passés, après quoi elle rentra de nouveau à l'Opéra-Comique, pour le quitter encore au bout de peu de temps. Elle fit alors une apparition à la Porte-Saint-Martin, où l'on arrangea pour elle un rôle chantant dans une reprise de *la Biche aux Bois*, et de là fut engagée aux Bouffes-Parisiens par M. Varney, qui lui fit faire deux excellentes créations dans *les Bavards* et dans *les Géorgiennes*.

Mme Ugalde, qui avait perdu son premier mari en 1858, et qui avait épousé en secondes noces M. Varcollier, prit avec celui-ci la direction des Bouffes-Parisiens, au mois de septembre 1866; mais sa direction ne dura pas plus de six mois et demi, pendant lesquels elle joua un rôle important dans *les Chevaliers de la table ronde* et fit représenter *une Halte au moulin*, opérette dont elle avait écrit la musique (11 janvier 1867). Depuis lors elle n'a plus fait beaucoup parler d'elle, et s'est bornée à quelques tournées en province.

Douée d'une voix superbe, chaude et colorée, mais qui perdit assez rapidement une partie de son éclat, cette artiste était remarquable par sa fougue, sa verve, son entrain, par la hardiesse de ses traits, par la largeur de son phrasé, et, sinon par le style, du moins par un grand sentiment musical. Dépassant parfois le but en raison de sa nature expansive, elle n'en produisait pas moins un grand effet, parce qu'il y avait en elle l'étoffe et le tempérament d'une grande artiste, et qu'elle se livrait tout entière. Ses défaillances étaient rachetées d'ailleurs par les qualités d'une excellente musicienne. Mme Ugalde a, dit-on, formé plusieurs élèves, dont la plus remarquable est assurément Mme Marie Sass (*Voy.* ce nom). Sa fille et son élève, Mlle *Marguerite Ugalde*, âgée de dix-huit ans environ, a débuté d'une façon heureuse à l'Opéra-Comique, au commencement de 1880, dans *la Fille du régiment*.

Depuis qu'elle semble avoir tout à fait quitté la scène, Mme Ugalde s'est beaucoup occupée de composition. Elle a fait entendre récemment, dans un concert (1878), toute une série de mélodies vocales, dont quelques-unes étaient vraiment aimables et écrites avec goût, et elle a en portefeuille la musique d'une opérette en 3 actes, *les Quatre Fils Aymon*, qui jusqu'ici n'a pas été représentée.

UGOLINI (Disma), compositeur et professeur italien, né à Florence en 1755, mourut en 1828. Il fit ses études sous la direction de Bartolomeo Felici, théoricien renommé qui tenait à Florence une école de contre-point, et se fit connaître en écrivant beaucoup de musique pour l'église, et aussi nombre de petites cantates, ariettes, canons, fugues et solféges. En 1811, à la suite d'un concours, cet artiste fut nommé professeur de contre-point dans les écoles de musique de l'Académie des Beaux-Arts de sa ville natale. Il y a formé beaucoup de bons élèves, parmi lesquels il faut surtout citer Luigi Picchianti, qui a publié sur son maître une intéressante notice biographique.

* **ULRICH** (Hugo), compositeur allemand, est mort à Berlin le 22 mai 1872.

* **UNGER** ou **UNGHER** (Caroline), cantatrice remarquable, est morte le 23 mars 1877 dans sa villa de la Conception, située, je crois, près de Florence. Fille d'un conseiller aulique qui était professeur à l'Académie Thérésienne de Vienne, et d'une mère qui descendait d'une noble famille polonaise (Anna Karwinska, baronne de Karwin), elle naquit non à Vienne en 1800, mais à Stuhlweissenburg le 28 octobre 1805. Ses premières leçons de musique lui furent données par un professeur vénitien nommé Mozatti ou Musatti, qui demeurait à Vienne, et elle commença à se faire entendre dans des oratorios de Bach, de Hændel et de Haydn. C'est le 24 février 1821 qu'elle aborda le théâtre en chantant *Cosi fan tutte*, de Mozart, et en 1824 elle eut l'honneur de participer à la première exécution de la neuvième symphonie avec chœurs de Beethoven, en chantant, aux côtés de la Sonntag, la partie de contralto de ce chef-d'œuvre. C'est l'année suivante qu'elle entreprit la carrière italienne, où elle trouva aussitôt de grands succès. Donizetti écrivit pour elle *Parisina*, *Belisario* et *Maria di Rudenz*; Bellini, *la Straniera*; Pacini, *Niobe*, *Furio Camillo* et *i Cavalieri di Valenza*; Mercadante, *le Due illustri Rivali*. Après plus de vingt années passées au théâtre, cette grande artiste se retira, se faisant entendre une dernière fois, à Dresde, le 5 septembre 1843. On attribue à Rossini cette appréciation caractéristique de la nature artistique de Caroline Ungher : *Ardeur du Sud, énergie du Nord, poitrine de bronze, voix d'argent, talent d'or.* La forme en paraît tout au moins un peu prétentieuse, dans son laconisme recherché.

UNIA (Giuseppe), pianiste, professeur et compositeur italien, né à Dogliani le 2 février 1818, mort à Recanati le 23 novembre 1871, a résidé pendant de longues années à Turin, où il se livrait à l'enseignement et à la composition. Le nombre de ses œuvres pour le piano est très-considérable, et s'élève à plus de deux cents, dont la plupart sont écrites sur des thèmes d'opéras en vogue. On cite cependant parmi ses productions les mieux réussies une *Sonata appassionata* en *ré* mineur, ainsi qu'une grande Marche pour le couronnement du roi Victor-Emmanuel. Il a publié aussi, en huit fascicules, tout un cours d'exercices pour le piano, qui a paru à Milan, chez l'éditeur M. Canti. Unia, qui était un virtuose habile et distingué, avait le titre de pianiste du roi d'Italie.

URBAN (Heinrich), violoniste allemand contemporain et compositeur, s'est fait connaître par plusieurs œuvres importantes, qui paraissent avoir été bien accueillies et parmi lesquelles je citerai les suivantes : *Frühling*, symphonie pour orchestre ; Ouverture de *Scheherazade* ; concerto de violon, avec orchestre, op. 22; 2 pièces de concert pour violoncelle avec orchestre, op. 23 ; 6 pièces pour violon et piano ; Romance pour violon, avec petit orchestre, op. 17 ; Barcarolle pour violoncelle, *id.*, op. 18 ; etc.

URBIN (.........), est auteur d'une *Méthode de cor à trois pistons ou cylindres*, publiée à Paris, chez Richault.

* **URIO** (François-Antoine), a écrit pour le service du prince de Toscane Ferdinand de Médicis une *cantata da camera* (1690), l'oratorio

de *Sansone* (1701), et un autre oratorio, *Maddalena convertita* (1706).

URQUHART (Thomas), luthier habile, exerçait sa profession à Londres vers la fin du dix-septième siècle. Ses produits ressemblent beaucoup à ceux de Jacob Rayman, ce qui fait supposer qu'il a dû recevoir des conseils de cet artiste, si même il n'a pas été son élève. Les instruments de Thomas Urquhart sont estimés en Angleterre. Urquhart a été le maître de Norman, qui fut, dit-on, l'un des meilleurs luthiers de ce pays au dix-huitième siècle.

* **URSILLO** (Fabio). — Cet artiste, venu sans doute fort jeune dans les Pays-Bas, devint, en 1725, musicien particulier de l'évêque de Tournai, et resta au service de ce prélat pendant trente-quatre ans, c'est-à-dire jusqu'à l'année 1759, qui fut probablement celle de sa mort. Il aurait donc passé en Belgique la plus grande partie de son existence. (V. l'ouvrage de M. Vander Straeten, *la Musique aux Pays-Bas.*)

USIGLIO (Emilio), chef d'orchestre et compositeur dramatique italien, est né à Parme, le 8 janvier 1841, et a été l'élève d'un excellent artiste, M. Teodulo Mabellini, de Florence. Dès le mois de septembre 1861, il abordait la scène en donnant au théâtre Victor-Emmanuel, de Turin, un opéra bouffe en 4 actes, *la Locandiera*, qui ne réussit que médiocrement. Trois ans plus tard (juin 1864), il faisait représenter sur le petit théâtre Santa-Radegonda, de Milan, son second ouvrage dramatique, *un' Eredità in Corsica*, qui n'était pas beaucoup plus heureux. A peu près à la même époque, M. Usiglio devenait directeur du théâtre Goldoni, de Livourne, et son exploitation se terminait par une catastrophe. Reprenant la plume du compositeur, il écrivit alors un nouvel opéra bouffe, *le Educande di Sorrento*, qui obtint au théâtre Alfieri, de Florence, le 1er mai 1868, un succès auquel, dit-on, la bonne humeur et les qualités du livret furent loin d'être étrangères; cet ouvrage, le seul de son auteur qui ait vraiment rencontré la fortune, fut joué par toute l'Italie, et produit parfois sous le titre de *la Figlia del generale*. Il fut suivi de *la Scommessa*, dont le sort fut loin d'être aussi heureux au théâtre du prince Humbert, de Florence (août 1870). Depuis lors, M. Usiglio a pris une part de collaboration à *la Secchia rapita*, petit opéra bouffe dont les autres auteurs étaient MM. Bacchini, De Champs, Felici, Gialdini et Tacchinardi (*Voy.* ces noms), et qui fut représenté au théâtre Goldoni, de Florence, en 1872, et il a donné au théâtre royal de Madrid (février 1879) un opéra intitulé *le Donne curiose*.

M. Usiglio s'est produit aussi comme chef d'orchestre, et a rempli successivement ces fonctions dans plusieurs théâtres fort importants, au Pagliano, de Florence (1872), à l'Apollo, de Rome (1874), au Communal, de Bologne (1875), à la Fenice, de Venise (1876), enfin au Théâtre-Italien de Paris (1877). Il est cependant fort loin de réaliser l'idéal du chef d'orchestre, et manque à la fois de précision, de souplesse et de fermeté, malgré ses incontestables qualités de musicien.

* **UUTENDAL** (Alexandre), et non **UTTENDAL**, musicien flamand ou néerlandais du seizième siècle, n'était pas maître de chapelle de l'empereur Ferdinand Ier, mais bien de l'archiduc Ferdinand d'Autriche, comte de Tyrol, et recevait, en cette qualité, un traitement de 10,950 maravédis. Cet artiste mourut le 8 mai 1581 à Inspruck, ainsi que le prouve une lettre d'un de ses confrères, publiée par M. Vander Straeten dans le troisième volume de son ouvrage : *la Musique aux Pays-Bas*, auquel j'emprunte les éléments de cette notice rectificative.

UZÉPY (.........), compositeur, a écrit la musique de *l'Alcade*, opéra-comique en un acte qui a été représenté au Théâtre-Lyrique le 9 septembre 1864. Cet artiste ne s'est fait connaître d'aucune autre façon.

V

* **VACCAJ** (Nicolas). — Ce compositeur distingué est l'auteur d'une méthode de chant dont l'éditeur Ricordi, de Milan, a fait une édition italienne et française : *Metodo di canto italiano per camera.* Il a écrit aussi, principalement pendant son séjour en Angleterre, toute une série d'*airs de chambre* remarquables par la fraîcheur de leur mélodie et leur originalité; le même éditeur les a publiés sous ce titre : 12 *Arielle per camera, per l'insegnamento del Bel-Canto italiano,* ainsi qu'un recueil de 4 *Romanze postume*, et plusieurs morceaux de chant détachés : *la Solitudine, Amor corrisposto, Api erranti, Chi non la vede, Ogni zeffiro che spira,* ariettes; *il Dolore,* chant; *Guardami il viso,* cavatine; *Cara, consolati,* duetto; *Verginella desolata,* romance pour une voix, avec accompagnement de deux voix *ad libitum.* Vaccaj a pris part, avec Coppola, Donizetti, Mercadante et Pacini, à la composition d'une cantate funèbre : *In morte di Maria Malibran,* qui fut exécutée au théâtre de la Scala, de Milan, le 17 mars 1837.

Dès 1844, Vaccaj avait abandonné la direction du Conservatoire de Milan pour aller se reposer au milieu de sa famille, à Pesaro. Il ne s'en éloigna plus que pour aller écrire et faire représenter à Rome, sur le théâtre Argentina, son opéra *Virginia,* qui obtint un plein succès. Ce fut son dernier ouvrage dramatique. Sa santé chancelante l'obligea à retourner ensuite à Pesaro, où il mourut le 6 août 1848. — M. Giulio Vaccaj, fils de cet artiste remarquable, prépare en ce moment, à Rome, une biographie complète et détaillée de son père.

VACHER (Louis), docteur en médecine de la Faculté de Paris, aide-major stagiaire au Val-de-Grâce, est l'auteur de l'écrit suivant : *De la voix chez l'homme, au point de vue de sa formation, de son étendue et de ses registres* (Paris, G. Masson, 1877, in-8° de 62 pp., avec figures). Cet écrit emprunte un intérêt particulier aux connaissances musicales de son auteur, qui a fait de bonnes études de chant au Conservatoire de Lyon, et qui s'est fait entendre parfois dans les concerts sous le pseudonyme de *Louis Dalvard.*

VAGGINI (Agostino), professeur italien, né à Gênes le 1er novembre 1824, s'est livré dès l'âge de vingt ans à l'enseignement du chant, et spécialement du chant choral, après avoir fait toutes ses études sous la direction de Miresky et de Mandanici. En 1856, il a publié une *Méthode pour l'enseignement du chant choral,* dont il a été fait trois éditions successives, et peu de temps après il fut nommé professeur de chant d'ensemble dans l'école normale féminine et dans les écoles municipales de Gênes. M. Vaggini est aussi l'auteur d'une méthode de piano publiée chez Ricordi, à Milan, sous ce titre : *le Maître de piano,* méthode récréative en forme de grammaire raisonnée. On lui doit encore un certain nombre de morceaux de musique de danse, ainsi qu'un hymne national intitulé *Viva l'Italia e il Re!*

VAILLANT (A.....), compositeur qui vivait dans la première moitié du dix-huitième siècle, était attaché comme musicien à la chapelle échevinale de Valenciennes. Il a fait représenter à Mons les deux ouvrages suivants : 1° *les Plaisirs de Marimont,* pastorale en un acte, 1708; 2° *le Retour des plaisirs,* opéra en un acte, 1719.

VALDRIGHI (Le comte Luigi-Francesco), dilettante italien contemporain, est l'auteur d'un opuscule qui a été publié en 1878 sous ce titre : *Ricerche sulla liuteria e violineria modenese antica e moderna.* Ce petit écrit, uniquement consacré, comme son titre l'indique, à retracer sommairement l'histoire des luthiers de l'école de Modène, avait paru d'abord sous forme d'articles dans le journal *il Cittadino.*

M. Valdrighi a publié ensuite sous ce titre : *Musurgiana,* un second opuscule dans lequel il décrit deux instruments, la *scrandola* et le psaltérion, qu'il considère comme les deux ancêtres du piano (Modène, Olivari, 1879, in-12 de 54 pp. avec 2 planches). Enfin il a livré encore au public une troisième et intéressante brochure, ainsi intitulée : *Di una busta di antichi e rari strumenti di fiato* (Florence, Guidi, in-12).

VALENSIN (Giorgio), musicien italien, est l'auteur de *la Capricciosa,* opéra semi-sérieux qui a été représenté au théâtre des Loges, de Florence, le 28 février 1874.

VALENTE (G......), est le nom d'un compositeur qui a fait représenter à Molfetta, en 1865, un drame lyrique intitulé *Roberto de' Gherardini*. Il a donné aussi sur le théâtre Nuovo, de Naples, un opéra bouffe, *la Festa dell' Architiello*, et sur celui des Variétés, de la même ville, un autre ouvrage bouffe, *i Cabalisti di prima forza* (12 juin 1875).

VALENTI (André-Avelino-Joseph-Perecuix), pianiste et compositeur espagnol fixé depuis longtemps à Paris, est né à Barcelone le 10 novembre 1829. Admis en 1849 au Conservatoire de Paris, dans la classe d'Elwart, il y remporta un second accessit d'harmonie en 1851, et l'année suivante entra dans la classe de composition de Carafa. Son éducation terminée, il s'est livré à l'enseignement et à la composition. M. Valenti a fait représenter à Madrid et à Barcelone deux opéras espagnols, *el Colegial* et *Don Serapio de Bobadilla*; il a écrit un *Stabat Mater* et un oratorio intitulé *Judith*, et il a publié, entre autres œuvres, un traité de solfége, une Messe pastorale à 3 voix, avec accompagnement de piano ou orgue, une Petite Messe à 2 voix égales, avec accompagnement d'orgue ou d'harmonium, un *Domine salvum*, quelques mélodies vocales : *la Colombe*, *Malfildtre*, etc. Le 6 juin 1879, il a fait représenter à l'Opéra-Comique un petit ouvrage en un acte : *Embrassons-nous, Folleville*, qui n'a pas obtenu de succès.

VALENTINI (Michelangelo), compositeur italien qui vivait au milieu du dix-huitième siècle, a fait représenter en 1748 à Naples, sur le petit théâtre des Fiorentini, un opéra bouffe intitulé *la Villana nobile*. Peut-être cet artiste est-il le père du compositeur Jean Valentini, dont il est parlé au tome VIII de la *Biographie universelle des Musiciens*. Je ne saurais le dire pourtant, car je n'ai pu recueillir sur lui aucun autre renseignement que celui relatif à l'ouvrage dont le titre est rapporté ci-dessus.

VALENTINI (Le P. Domenico), compositeur, né à Lucques dans la seconde moitié du dix-huitième siècle, est auteur d'un oratorio intitulé *la Mort d'Abel*, qui fut exécuté à Venise, chez les Pères de l'Oratoire. On ignore la date de la mort de cet artiste.

* **VALENTINI** (Charles), né à Lucques vers 1790. — Outre ses opéras, qui sont au nombre de dix-sept, ce compositeur a écrit un grand nombre de messes, de vêpres, de motets, et un oratorio : *les Sept Paroles de Jésus-Christ*, avec accompagnement de piano, dédié à la princesse Marie-Thérèse de Savoie. Devenu maître de chant, il publia à Lucques, en 1848, un recueil de vocalises. Valentini, qui avait été élève de Giovanni Pacini, mourut dans sa ville natale, le 1er avril 1853.

VALENTINO (Henri-Justin-Joseph), un des plus excellents chefs d'orchestre qu'ait possédés la France, naquit le 14 octobre 1785 à Lille, où son père, italien d'origine, était attaché comme pharmacien à l'hôpital militaire. Dès l'âge de quatorze ans il était chef d'orchestre en province, et déployait dans ces fonctions difficiles de rares qualités. Ayant épousé en 1813, à Metz, la nièce du compositeur Persuis, alors directeur de la musique à l'Opéra, il obtint tout naturellement la protection de celui-ci ; cependant il ne paraît pas que cette protection se soit manifestée d'une façon fort efficace, car ce n'est que peu de mois après la mort de Persuis, c'est-à-dire en 1820, que Valentino fut engagé à l'Opéra comme second chef d'orchestre, alors que Kreutzer était premier. En 1824, au départ de ce dernier, il fut appelé à exercer les fonctions de premier chef, en partage avec Habeneck, chacun d'eux devant diriger les études et l'exécution d'un ouvrage nouveau sur deux qui étaient présentés au public. Parmi ceux que Valentino monta ainsi pour sa part, il faut citer *la Muette de Portici*, *Guillaume Tell*, *le Serment*, *le Dieu et la Bayadère*, et *Olympie*. Ce dernier était pourtant échu à Habeneck ; mais, à l'une des répétitions générales, une discussion d'une extrême violence s'étant élevée entre Habeneck et Spontini, Valentino fut chargé d'en diriger l'exécution, qui fut superbe sous ses ordres. On assure qu'Habeneck en conçut contre lui un vif ressentiment, bien que Valentino fût resté complétement étranger aux incidents qui s'étaient produits, et que les effets de ce ressentiment ne furent pas sans influence sur les causes qui amenèrent, quelques années plus tard, la retraite de Valentino.

Valentino était d'ailleurs un chef d'orchestre de premier ordre. Doué d'un talent à la fois énergique et souple, soigneux des moindres détails, sachant inspirer la confiance et le respect à tous ceux qui étaient placés sous ses ordres, il excitait non-seulement l'admiration du public, mais celle de tous les artistes du chant, de la danse, des chœurs et de l'orchestre. D'autre part, sa nature bienveillante et droite, son caractère ferme et juste lui conciliaient les sympathies générales et lui donnaient une grande autorité morale.

C'est précisément la droiture et la fermeté de son caractère qui devinrent la cause, ou tout au moins le prétexte, de son départ de l'Opéra. Lorsqu'en 1830 le docteur Véron eut été appelé à la direction de ce théâtre, l'un de ses premiers soins fut de chercher à diminuer les traitements déjà si faibles des artistes de l'orchestre. Valentino aima mieux se retirer que de paraître souscrire à une mesure qu'il considérait comme inique. C'est alors que la direction de l'Opéra-Comique, qui désirait se l'attacher, lui fit faire des offres avantageuses et qui furent aussitôt acceptées. Valentino fit liquider sa pension à l'Opéra, laquelle fut fixée à 1,400 francs, et alla succéder à l'Opéra-Comique à Crémont (1831). Pendant son séjour à ce théâtre, il se fit particulièrement remarquer en dirigeant, avec le talent dont il avait déjà donné tant de preuves, l'exécution des deux admirables chefs-d'œuvre d'Hérold, *Zampa* et *le Pré aux Clercs*, puis celle de *l'Éclair*, de *Lestocq*, du *Cheval de bronze*, d'*Actéon*, des *Chaperons blancs*, du *Chalet* et du *Postillon de Lonjumeau*.

Au bout de quelques années pourtant, Valentino quittait l'Opéra-Comique, et, après s'être retiré quelque temps à Chantilly, il fondait en 1837, dans la salle Saint-Honoré (connue encore aujourd'hui sous le nom de *Salle Valentino*), les premiers concerts populaires de musique classique qui aient été connus en France. Il recruta, au concours, un orchestre de 85 exécutants composé de jeunes artistes dont la plupart se sont fait depuis lors un nom distingué, et qui, faisant leurs premières armes sous la direction d'un maître habile, s'initiaient à la connaissance des grands chefs-d'œuvre de la musique symphonique. Il suffira de citer, parmi ces artistes, les violonistes Maurice Singer, Amé, Deloffre, Armingaud, les violoncellistes Pillet et Offenbach, les flûtistes Rémusat et Boulier, les hautboïstes Verroust et Triebert, le clarinettiste Lecerf, le bassoniste Jancourt, les cornistes Baneux père et Urbin, etc.

Les concerts classiques avaient lieu quatre fois par semaine, les lundi, mercredi, vendredi, et dimanche, à la salle Saint-Honoré, sous la direction de Valentino; toute la musique de virtuosité, solos ou duos concertants, était dirigée par le second chef, Joseph Habeneck, frère du chef d'orchestre de l'Opéra; les mardis, jeudis et samedis étaient consacrés à la musique légère, et c'est un excellent artiste, Fessy, qui tenait alors le bâton conducteur. Les prix d'entrée étaient fixés à 2 francs pour les concerts classiques, et à 1 franc pour les autres jours. Par malheur, Valentino avait devancé son temps, et le moment n'était pas encore venu de faire entendre au public de la musique sérieuse. Après quelque temps de vogue, le succès s'affaiblit peu à peu, et bientôt la lutte ne fut plus possible. Bref, et au bout de trois ans environ, les symphonies de Beethoven ayant dû céder la place aux quadrilles de Tolbecque et de Musard, Valentino, qui n'aurait jamais consenti à diriger un orchestre de danse, se sépara de l'entreprise. En 1841, il se retira définitivement à Versailles.

C'est là qu'en 1846 Léon Pillet, alors directeur de l'Opéra, alla lui proposer de rentrer à ce théâtre pour y monter *Robert Bruce*, la santé chancelante d'Habeneck ne lui permettant plus de conserver ses fonctions. Léon Pillet offrait à Valentino un traitement annuel de 15,000 francs, avec une représentation à bénéfice; mais, au regret de tous les artistes qui l'avaient connu, Valentino, déjà vieux à cette époque, ne put se décider à quitter sa retraite et à rentrer dans la vie active. Cet artiste remarquable est mort à Versailles, le 28 janvier 1865, âgé de près de quatre-vingts ans.

VALENZA (Achille), compositeur italien, remplissait en 1872 les fonctions de chef d'orchestre au petit théâtre de la Fenice, de Naples. Le 2 juin 1866 il avait fait représenter sur ce théâtre un opéra en 3 actes, *le Fate*, qui avait été accueilli avec faveur; il écrivit ensuite la musique d'une féerie intitulée *il Finimondo*, qui fut donnée sur la même scène le 25 septembre 1872.

VALIQUET (H.....), pianiste, professeur et compositeur français, s'est surtout adonné à la composition de petites études et de petits morceaux faciles, écrits spécialement en vue des enfants. On peut citer, entre autres, les recueils suivants : *les Grains de sable*, 6 morceaux sur les cinq notes, op. 17; *les Brins d'herbe*, 6 petits morceaux faisant suite aux *Grains de sable; Contes de Fées*, 6 petits morceaux, op. 18 ; *les Soirées de famille*, id., op. 19; *les Premiers Pas*, 15 études très-faciles pour les petites mains, op. 21; *le Progrès*, 15 études très-faciles pour les petites mains, op. 22 ; *le Succès*, 15 études progressives pour les petites mains, op. 23; *les Refrains de l'enfance*, petites transcriptions variées; *Chansons de Nadaud*, 12 petites fantaisies sans octaves; *Récréations religieuses*, 25 cantiques célèbres; *Concerts des Bouffes*, 24 petites fantaisies sans octaves, op. 37 ; *Exercices rhythmiques et mélodiques du premier âge ; le Berquin des pianistes*, 12 petits morceaux ; *École concertante des petites mains*, 12 morceaux à 4 mains; *la Moisson d'or*, 25 petits morceaux très-faciles, op. 41 ; *la Nouvelle Moisson d'or*, id., etc. Valiquet a publié aussi un grand nombre de transcriptions et fantaisies détachées sur des airs d'opéras. Cet artiste, qui avait été l'élève de Choron, est mort à Paris, au mois d'avril 1879, à l'âge de soixante-deux ans.

VAN DE VYVERE (Édouard-François), prêtre et compositeur belge contemporain, né à Waerschoot, a fait son éducation musicale à Gand, sous la direction d'un professeur nommé Alsters, et s'est perfectionné ensuite par la lecture des ouvrages des auteurs allemands et français. Nommé en 1839 professeur de musique à l'école normale épiscopale de Saint-Nicolas, il quitta cette position en 1847. Il est aujourd'hui curé à Nieukerken. M. Van de Vyvere s'est fait connaître par la publication de diverses compositions religieuses, dont les plus importantes sont une messe à 3 voix avec orgue, un recueil de 4 motets à 3 voix avec orgue, et une cantate pour la 1re communion, avec piano. On lui doit aussi plusieurs chœurs à 4 voix sans accompagnement, et quelques productions de moindre importance.

VAN DE WEYER (Jean-Sylvain), homme d'État belge, ancien ministre plénipotentiaire à Londres, né à Louvain le 19 janvier 1802, mort à Londres le 23 mai 1874, est l'auteur d'un écrit rarissime : *Lettres sur les Anglais qui ont écrit en français* (Londres, petit in-8°, tiré à 25 exemplaires seulement). On trouve dans cet opuscule une biographie de Thomas Hales, connu sous le nom de *d'Hèle*, d'Hèle l'excentrique, qui fournit à Grétry les livrets de trois de ses opéras, et, chemin faisant, l'auteur donne des détails intéressants sur l'état de la musique au temps du célèbre compositeur liégeois.

* **VAN DEN ACKER** (Jean), compositeur belge contemporain, a occupé pendant plusieurs années les fonctions de chef d'orchestre au théâtre flamand d'Anvers, sur lequel il a fait représenter les opéras suivants : 1° *Vijf jaar gewacht*, un acte, 9 décembre 1855 ; 2° *Ten aventuur van Keizer Karel*, un acte, 23 janvier 1856 ; 3° *De Dorpsmeeting*, un acte, 21 octobre 1857 ; 4° *De Zinneloozе Van Ostade*, un acte, 6 décembre 1857 ; 5° *Moor en Crispijn*, 5 décembre 1858 ; 6° *Romeo en Marielle*, un acte, 26 octobre 1859 ; 7° *Het Lied van Margot*, 2 actes, 26 octobre 1859 ; 8° *Hageroos de geitenwachtster*, 2 actes, 5 janvier 1862 ; 9° *Van Dyck te Saventhem*, un acte, 7 janvier 1863 ; 10° *Koppen en Letteren*, un acte, 12 novembre 1866.

VAN DEN BERGHE (Philippe), compositeur amateur belge, né à Menin en 1822, étudia très-sérieusement la musique tout en faisant ses études littéraires au collége de Namur et à l'Université de Louvain. Plus tard, il connut Thalberg et M. Henri Herz, qui lui donnèrent de bons conseils, reçut des leçons d'orgue et de contre-point de M. Ferdinand Hiller, et enfin établit des relations qui ne lui furent pas inutiles avec F. Künstedt, Schuloff et Dreyschock. Comme virtuose sur le piano, M. Van den Berghe s'est fait entendre non-seulement en Belgique, mais à Paris et à Londres ; comme compositeur, il a publié, entre autres œuvres : 48 Études de genre pour orgue ; Études de concert pour piano ; Concerto pour le piano ; Préludes et fugues pour orgue, et un grand nombre de morceaux détachés pour le piano. On connaît encore de lui un *Te Deum* ; 6 messes ; de nombreux motets ; des versets pour orgue ; des psaumes ; plusieurs cantates avec orchestre ; 24 Études caractéristiques pour le piano ; enfin des quatuors, des sonates, des fugues, des chœurs.

VAN DEN BOGAERDE (Ghisbert), facteur de clavecins, né à Gand dans la première moitié du seizième siècle, alla s'établir à Anvers. En 1558 il se faisait inscrire dans la gilde de Saint-Luc, et le 3 mars de l'année suivante il était reçu dans la bourgeoisie d'Anvers.

VAN DEN BOORN (Jean), né à Gronsveld (Limbourg hollandais) en 1826, fit ses études au Conservatoire royal de Liége dirigé par Daussoigne-Méhul, et y remporta le 1er prix de piano. Il vint ensuite habiter Paris, dont le séjour eut la plus heureuse influence sur le développement de son talent, et où il publia (chez Heugel) son premier morceau de concert : *la Plage*, dédié à son maître M. J. Jalheau. Revenu à Liége, il s'y fit fréquemment entendre dans les concerts, organisa des séances de musique classique avec M. Jehin-Prume, violoniste, M. Léon Massart, violoncelliste, et d'autres artistes, et s'y créa une brillante réputation par son interprétation élevée des maîtres de l'art. Il fit également apprécier son talent à Bruxelles (salle d'Harmonie), à Spa, où il joua fréquemment, et parcourut successivement une partie de la Hollande, de l'Allemagne, de la Suisse et de l'Angleterre. A Aix-la-Chapelle, Wiesbade, Genève et Londres notamment, ses qualités artistiques furent des mieux accueillies. Établi à Liége depuis nombre d'années, M. J. Van den Boorn, malgré le professorat, n'a cessé de se produire chaque hiver dans les principaux cercles, tels que l'Union des artistes, la Légia (célèbre société chorale), etc. Les morceaux composés par cet artiste qui ont obtenu le plus grand succès, sont des duos pour piano et harmonium, où les qualités respectives des deux instruments sont habilement mises en relief.

Y.

VAN DEN BOORN (Édouard), frère du précédent, né à Gronsveld en 1829, fit ses études au Conservatoire royal de Liége, et y remporta le 1er prix de piano. Sans cesser de cultiver cet instrument, il s'attacha en même temps à l'étude de l'harmonium, dont il sut bientôt saisir le véritable caractère et déployer toutes les ressources artistiques. Il composa plusieurs morceaux pour ce dernier instrument. Ceux qui ont été joués avec le plus de succès par l'auteur ont pour titres : *Rayon d'espoir*, *Dans les montagnes*, *Grand caprice de concert*, etc. Plusieurs transcriptions ingénieuses de quelques-unes des principales pages de Mozart, de Beethoven et autres grands maîtres, et leur exécution colorée ne contribuèrent pas peu à faire connaître le goût pur et élevé de l'artiste.

M. E. Van den Boorn voyagea avec son frère et partagea ses succès, jouant tour à tour de l'orgue ou du piano. Cet artiste est également connu comme littérateur et critique musical. Il a collaboré successivement à la *Revue musicale* de Bruxelles, au *Moniteur des Théâtres* de la même ville, à *l'Europe artiste* de Paris, au *Ménestrel*, et a donné de nombreux articles de musique au journal *la Meuse* de Liége, et au *Courrier de la Meuse*. Enfin il a obtenu, en 1858, la médaille d'or au concours institué par la Société d'émulation à Liége sur cette question : *De l'influence réciproque de l'industrie sur les Beaux-Arts, et des Beaux-Arts sur l'industrie* (1 vol. in-12, Liége, imprimerie de L. de Thier et Lovinfosse, 1861). M. E. Van den Boorn s'est distingué aussi comme poëte, dans des hommages rendus à la mémoire de Meyerbeer, Moschelès, Rossini et autres grands maîtres. Son *Hommage à Rossini* a été déclamé au Théâtre-Royal de Liége, ainsi que la pièce adressée à Adelina Patti. Son poëme à la mémoire de Fétis fut récité par M. Kronké à la Société de l'Union des artistes, de Liége. Cette dernière pièce, ainsi que celles dédiées à Rossini et à la Patti, figurent dans les *Annales de l'Union des artistes*. Celle sur Meyerbeer a été publiée dans le journal *la Comédie*, de Paris. Un autre poëme sur la symphonie de Raff intitulée *Im Walde*, exécutée pour la 1re fois à Spa, a paru dans les journaux de cette ville. Dans une séance de l'Union des artistes, M. E. Van den Boorn a lu lui-même un grand poëme musical qui a pour titre *l'Alpenhorn* (le Cor des Alpes). La plupart de ces pièces ont paru dans les journaux de Liége. M. E. Van den Boorn se propose d'en publier un recueil complet. — Y.

VAN DEN BOSCH (Pierre-Joseph), claveciniste distingué et organiste de la cathédrale d'Anvers, naquit à Hoboken en 1736 et se fixa en 1762 à Anvers, où il devint, trois ans après, organiste de la cathédrale, conservant cet emploi jusqu'en 1797. On vantait beaucoup le talent de cet artiste, dont l'habileté sur la pédale était prodigieuse, et qui, excellent musicien, devint l'accompagnateur de tous les concerts. Il exerça une grande influence sur le mouvement musical à Anvers, et son jugement était considéré comme infaillible. « Quand un artiste étranger venait se produire aux concerts, dit M. Ed. Gregoir (*Artistes musiciens belges*), Van den Bosch donnait le mot d'ordre. Il occupait ordinairement une place fixe aux concerts, et le public avait l'œil sur lui ; aussi le succès de l'artiste dépendait des signes d'approbation ou de désapprobation de Van den Bosch ; un mouvement décisif de sa part, et le public acclamait avec frénésie le talent de l'artiste. Jamais nous n'avons vu une pression aussi influente que celle de notre organiste. »

Il paraît, néanmoins, que le mérite de Van den Bosch, très-réel au point de vue de l'exécution, était mince en ce qui concerne la composition. Ses œuvres, consistant en sonates et concertos, sont absolument médiocres, soit qu'on en considère l'harmonie, le sentiment personnel ou la forme générale, et la simplicité en est par trop élémentaire. Cet artiste, dont la valeur semble avoir été surfaite de son vivant, mourut à Anvers le 19 février 1803.

* **VANDENBROECK** (Othon-Joseph), virtuose sur le cor et compositeur, ancien professeur au Conservatoire de Paris. — Au nombre des ouvrages écrits par cet artiste, il faut ajouter les deux suivants : *le Codicile* ou *les Héritiers*, opéra-comique en un acte représenté au théâtre Montansier le 5 août 1793 ; et *l'Anniversaire* ou *la Fête de la Souveraineté*, scène lyrique exécutée au théâtre de l'Ambigu-Comique le 30 ventôse an VI.

VAN DEN DRIES (Jean), flûtiste et compositeur belge contemporain, né à Anvers, a été attaché pendant plusieurs années en qualité de flûtiste au théâtre royal de cette ville. Comme compositeur, on lui doit une cantate pour voix seules et chœurs, exécutée à Deurne, une grande scène pour chœurs, orchestre et orgue, et un chant patriotique intitulé : *Hommage à S. M. Léopold II*. Il a publié plusieurs motets avec orchestre, diverses autres compositions religieuses, des mélodies vocales, et quelques morceaux pour piano, pour flûte et pour cornet à pistons. Dans ces dernières années, M. Van den Dries est devenu directeur-gérant du journal *l'Escaut*, l'une des principales feuilles politiques d'Anvers, et il publie depuis lors dans ce journal d'assez nombreux articles de critique musicale et théâtrale.

VANDEN EEDEN (Jean-Baptiste), compositeur belge, né à Gand le 26 décembre 1842, a fait de brillantes études au Conservatoire de sa ville natale, et a concouru ensuite à Bruxelles pour le prix de Rome. Dès son premier concours, en 1865, il obtenait le second prix, subissait inutilement une seconde épreuve en 1867 (le concours de Rome n'a lieu en Belgique que tous les deux ans), enfin en 1869 se voyait décerner le premier prix pour sa cantate flamande : *Faust'laatste Nacht* (*la Dernière Nuit de Faust*). Depuis lors, M. Vanden Eeden a écrit et fait exécuter à Anvers, pour l'inauguration au théâtre de cette ville de la statue d'Albert Grisar, une cantate qui a produit une bonne impression, puis il a fait entendre à Gand un scherzo symphonique, et aux Concerts populaires de Bruxelles un morceau d'orchestre intitulé *Marche des esclaves*. On connaît aussi de lui un oratorio, *le Jugement dernier*, qui a été exécuté à Malines, le 4 septembre 1867, à l'une des séances du congrès catholique qui se tenait alors en cette ville, un ouvrage intitulé *Brutus* et qualifié d'« oratorio historique » et une composition symphonique ayant pour titre *la Lutte au XVIe siècle*.

Parmi les compositions publiées de cet artiste, je signalerai les suivantes : *Judith* ou *le Siège de Béthulie*, grande scène à 3 voix ; *les Couronnes*, chœur ; *Vaderlandsche volksliederen*, 6 chants patriotiques ; sonate-offertoire, pour orgue ; 4 préludes pour le même instrument ; et quelques morceaux détachés pour piano.

M. Vanden Eeden est aujourd'hui directeur de l'École de musique de Mons.

VAN DEN ELSCHE ou **VAN ELSEN** (Jacques), fut l'un des derniers facteurs de clavecins qui exercèrent leur profession à Anvers, où il se fit recevoir, en 1717, dans la gilde de Saint-Luc. Il vivait encore en cette ville en 1731.

* **VAN DEN GHEYN** (Matthias), célèbre organiste, claveciniste et carillonneur belge. M. Van Elewyck (*Voy.* ce nom), qui s'est pris d'une véritable passion pour la mémoire de cet artiste remarquable, a publié sur lui une notice importante : *Matthias Van den Gheyn, le plus grand organiste et carillonneur belge du 18e siècle, et les célèbres fondeurs de cloches de ce nom depuis 1450 jusqu'à nos jours*, Paris, Lethielleux, 1862, in-8°. Le même écrivain a publié un choix de compositions de ce maître : *Matthias Van den Gheyn, le plus grand organiste belge du XVIIIe siècle, recueil de productions légères pour piano ou pour orgue*, publié par Xavier Van Elewyck, Bruxelles, Schott, in-f°. Enfin, M. Van Elewyck a consacré à Van den Gheyn tout le premier volume de sa belle *Collection d'œuvres composées par d'anciens et de célèbres clavecinistes flamands* (Bruxelles, Schott, in-f°) ; ce volume contient 6 suites de pièces de clavecin, op. 3, 6 *Divertimenti* pour le même instrument, 2 préludes pour orgue, et 2 préludes pour carillon.

* **VANDER DOES** (Charles), pianiste néerlandais fort distingué et compositeur dramatique, ancien professeur de piano à l'École de musique de la Haye, commissaire royal des pensionnaires du roi des Pays-Bas, et président de l'Association des artistes musiciens de la Haye, est mort en cette ville le 30 janvier 1878. Il était né à Amsterdam le 6 mars 1817, et non en 1821, ainsi qu'il a été dit.

VAN DER ELST (Aert ou Arnold), facteur de clavecins à Anvers, fut inscrit sur les registres de la corporation de Saint-Luc en 1576.

VAN DER GHINSTE (Pierre), compositeur belge, né à Courtrai en 1789, est l'auteur du premier opéra composé sur des paroles flamandes et ainsi présenté au public (1). Cet ouvrage avait pour titre : *Het pruissisch Soldaten Kwartier*, et fut joué pour la première fois en 1810, à Courtrai. Van der Ghinste, qui fut pendant de longues années maître de chapelle de la grande église de Courtrai, mourut dans sa ville natale le 21 octobre 1861. On connaît de lui les compositions suivantes : 1re messe à 3 voix, avec orgue (Courtrai, l'auteur) ; *Missa pro defunctis*, à 3 voix (en manuscrit) ; 3e messe (en manuscrit) ; *Missa solemnis* (en manuscrit) ; *Ave Maria* avec orchestre (en manuscrit) ; *Regina cœli* à 3 voix, avec orgue ; 12 pièces faciles pour piano (Courtrai, l'auteur) ; thème varié pour piano ou harpe.

VANDER HAGEN (Armand), clarinettiste et compositeur belge, né vers le milieu du dix-huitième siècle, vint s'établir à Paris, où il fit partie de la musique de la garde des consuls. Il publia un recueil de *Douze petits airs et six duos pour 2 flûtes*, un autre recueil de *Duos pour 6 flûtes tirés des opéras-comiques* ; puis les airs *d'une Folie*, de Méhul, mis en harmonie, et les airs de *Picaros et Diego*, de Dalayrac, mis en harmonie. Cet artiste mourut à Paris en 1822 ; il était alors, depuis plusieurs années, attaché à l'orchestre de la Comédie-Française en qualité de seconde clarinette.

VAN DER LINDEN (C.......), composi-

(1) Un autre musicien belge, Pierre Verheyen, né à Gand en 1760 et mort en 1819, avait composé, antérieurement à Van der Ghinste, un opéra flamand : *De Jagtpartij van Hendrik IV*, mais cet ouvrage ne fut jamais représenté.

teur néerlandais, est né à Dordrecht en 1839, et montra dès sa plus tendre enfance de rares dispositions musicales. A l'âge de sept ans, et sans avoir travaillé avec aucun professeur, il composait de petits chœurs à quatre parties. A dix ans, il fut présenté à Böhme, directeur de musique à Dordrecht, qui lui donna des leçons d'harmonie et de contre-point pendant plusieurs années, et il prit en même temps des leçons de piano de M. J. Kwast.

Après avoir fini ses études, il fit un voyage artistique à Bruxelles, Liége et Paris, et retourna en 1862 à Dordrecht, pour y fixer sa résidence. Il y dirigea plusieurs sociétés chorales, la société philharmonique *Kunstmin* et la musique militaire de la garde nationale. Actuellement il fait partie du comité de la Société des artistes musiciens néerlandais, et en est un des membres les plus actifs.

M. Van der Linden a composé deux opéras, *Téniers* et *le Mariage au tambour*, qui n'ont pas été représentés; il a écrit des ouvertures pour orchestre, des ouvrages pour chœurs et orchestre, des mélodies, et des arrangements pour musique militaire. C'est un jeune musicien fort estimé. ÉD. DE H.

* **VANDER PLANCKEN** (CORNEILLE, et non CHARLES), violoniste et clarinettiste, était né à Bruxelles non le 22, mais le 23 octobre 1772, et mourut en cette ville non au mois de janvier, mais le 9 février 1849.

* **VANDERSTRAETEN** (EDMOND), et non *Vanderstraet* (1), écrivain musical belge, est né à Audenarde le 3 décembre 1826. Il fit ses premières études littéraires au collége d'Alost, et termina son éducation à l'Université de Gand. Voici la liste de ceux de ses ouvrages qui ont la musique pour objet : 1° *Coup d'œil sur la musique actuelle à Audenarde. Ce que nous sommes, ce que nous pouvons devenir*, Audenarde, Rousse, 1851, in-12; 2° *Notice sur Charles-Félix de Hollandre, compositeur de musique sacrée*, Gand, de Busscher, 1854, in-8°; 3° *Notice sur les carillons d'Audenarde*, id., id., 1855, in-8°; 4° *Recherches sur la musique à Audenarde avant le XIXe siècle*, Anvers, Buschmann, 1856, in-8°; 5° *Examen des chants populaires des Flamands de France, publiés par E. de Coussemaker*, Gand, Hebbelynck, 1858, in-8°; 6° *Jacques de Goüy, chanoine d'Embrun*, Anvers, Buschmann, 1863, in-8°; 7° *Jean-François-Joseph Janssens, compositeur de musique*, Bruxelles, Sannes, 1866, in-12; 8° *la Musique aux Pays-Bas*, documents inédits et annotés, Bruxelles 1867-1880, 5 vol. in-8° (ouvrage non encore terminé); 9° *le Noordsche Balck* (instrument à cordes) *du Musée communal d'Ypres*, Ypres, La Fonteyne, 1868, in-8°; 10° *Wagner, Verslag aan den heer minister van Binnenlandsche Zaken* (rapport au ministre de l'intérieur sur les fêtes wagnériennes de Weimar, écrit en français par l'auteur et publié en une traduction flamande due à MM. Julius Host et Jean Van Droogenbroeck, dit *Ferguut*), Bruxelles, de Ries, 1871, in-16; 11° *le Théâtre villageois en Flandre*, Bruxelles, Claassen, 1874, t. I, in-8° (ouvrage non encore terminé); 12° *les Musiciens belges en Italie*, rapport à M. le ministre de l'intérieur, Bruxelles, 1875, in-8°; 13° *Sociétés dramatiques des environs d'Audenarde*, Gand, de Busscher, in-8°; 14° *Voltaire musicien*, Paris, Baur, 1878, in-8°; 15° *la Mélodie populaire dans l'opéra* GUILLAUME TELL *de Rossini*, Paris, Baur, 1879, in-8°; 16° LOHENGRIN, *instrumentation et philosophie*, Paris, Baur, 1879, in-12; 17° *Turin musical, pages détachées; Chansons populaires; Concerts; Théâtres lyriques; Critique musicale; Wagnérisme; Audenarde*, Van Eechaute, 1880, in-8°.

Après avoir quitté la Belgique il y a quelques années, M. Vanderstraeten s'était fixé à Dijon, qu'il habita pendant assez longtemps, bien que ses sympathies et son estime pour la France soient beaucoup plus que médiocres; en effet, malgré l'accueil courtois qu'il a toujours reçu en ce pays, il le considère ouvertement comme le réceptacle de toutes les hontes et de toutes les décadences, et ne laisse guère échapper l'occasion de le traiter avec le dédain le plus méprisant, le rejetant sans façon au rang le plus infime des nations prétendues policées; aux yeux de ce gallophobe enragé, évidemment désolé d'être obligé d'employer la langue française pour se faire comprendre de ses compatriotes, l'Allemagne représente seule, dans l'univers, la civilisation, la probité, la grandeur et l'intelligence. Cela ne l'a pas empêché, comme je l'ai dit, de séjourner pendant quelques années à Dijon, après quoi il est retourné à Bruxelles, où il réside aujourd'hui de nouveau. On a publié sur cet écrivain un petit pamphlet ainsi intitulé : *A Monsieur Edm. Vander Straeten, commis aux archives du royaume*; cet écrit, qui forme une demi-feuille d'impression, soit 8 pages in-8°, est signé : J. Lewardt, et daté de Bruxelles, 14 mai 1869. Une notice sur le même

(1) Il est difficile de fixer au juste l'orthographe du nom de cet écrivain, car il signe tantôt *Vanderstraeten* en un seul mot, tantôt *Vander Straeten* en deux mots, et ses livres même produisent tantôt l'une, tantôt l'autre forme de son nom.

artiste, écrite en français par M. Meerens (*Voy.* ce nom), mais, je crois, non publiée, a été traduite en italien par M. G. Muzzi et imprimée à Rome en 1877.

VAN DER STÜCKEN (Franck), jeune compositeur né à Frédérickburg (Texas), au mois d'octobre 1858, d'un père belge et d'une mère allemande, fut amené à Anvers à l'âge de sept ans, et commençait deux ans après l'étude du violon. Il avait écrit déjà quelques compositions lorsqu'il se fit admettre au Conservatoire de cette ville, où il devint en 1873 l'élève de M. Pierre Benoit. Bien que M. Van der Stücken soit encore à l'heure présente assis sur les bancs de l'école (1878), il s'est cependant produit à plusieurs reprises comme compositeur. Entre autres œuvres, on connait de lui : la musique d'un ballet qui a été représenté au théâtre royal d'Anvers vers 1875; un *Te Deum*, exécuté plusieurs fois à l'église Saint-Jacques de cette ville; une marche pour l'anniversaire de la fondation de l'école allemande; une cantate anglaise, *the last Judgement* (*le Jugement dernier*), exécutée par les soins de la colonie anglaise d'Anvers; divers chœurs pour voix d'hommes ou d'enfants; enfin, de nombreuses mélodies vocales, dont six en un recueil publié par l'éditeur M. Schlesinger, de Berlin.

VANDERSYPEN (Charles), né à Bruxelles le 4 décembre 1818, attaché aux archives de l'hôtel de ville de Bruxelles, a publié, en 1880, chez Bruylant-Christophe en cette ville, un volume in-8° de 142 pages, orné de 7 gravures (portraits, médailles, vues, musique, etc.) et ayant pour titre : *la Brabançonne*, chant national de la Belgique, avec la biographie des deux auteurs, l'un, Jenneval, poëte et artiste dramatique français, qui fut tué en octobre 1830 en combattant avec les patriotes belges contre les Hollandais; l'autre, François Campenhout, chanteur et compositeur, sur lequel l'écrivain donne des détails très-curieux et pour la plupart inédits. (V. *Biographie universelle des Musiciens*, t. II, p. 166 et Supplément, t. I, p. 145.)

F. D.

VANDERVELPEN (Jean-Baptiste), compositeur belge, né à Malines le 18 février 1834, a fait ses études musicales au Conservatoire de Bruxelles, où il fut l'élève de M. Lemmens pour l'orgue, de Bosselet pour l'harmonie, et de Fétis pour la fugue et la composition. En 1859, ayant pris part au concours de Rome, il obtint une mention honorable, et le second prix lui fut décerné en 1861, pour sa cantate intitulée *Agar dans le désert*. On connait de cet artiste quelques morceaux de piano, des compositions pour musique d'harmonie, et une opérette, *le Voyage en Suisse*, qui a été jouée à Arlon en 1873.

VAN DER VOORT (Jean), facteur de trompettes, était établi en 1620 à Anvers.

VAN DIEPENRYCK (Louis), facteur de clavecins, vivait à Anvers, où il exerçait sa profession, dans les dernières années du seizième siècle.

VAN DINTER est le nom de toute une famille de facteurs d'orgues, dont les membres exercent cette profession depuis trois quarts de siècle.

Van Dinter (P.-F.), premier du nom, naquit en 1785 à Rotterdam, et alla s'établir du côté du Rhin avec un de ses fils. Il mourut à Tegelen (Limbourg), le 18 août 1854.

Van Dinter (P.-A.), son fils et sans doute son élève, s'établit d'abord à Tirlemont, et plus tard, en 1857, à Maeseyck. On doit à cet artiste des instruments estimables, parmi lesquels l'un des meilleurs était l'orgue qu'il construisit en 1854 pour l'église Saint-Martin, de Courtray, et qui fut détruit en 1862 dans l'incendie de cette église. En 1864, M. P.-A. Van Dinter avait déjà construit soixante-quatre orgues de diverses dimensions.

Van-Dinter (*Mathias*), frère du précédent et son élève, est depuis longtemps déjà établi à Weert.

Van-Dinter (*François*), frère des précédents, est, depuis longtemps aussi, fixé à Monheim-sur-le-Rhin, comme constructeur d'orgues.

Un quatrième fils de P.-F. Van-Dinter partit pour la Suisse, lors de la mort de son père, pour y terminer ses études dans la facture des orgues.

VAN DUYSE (Florimond), avocat belge, né à Gand le 4 août 1843 et inscrit au barreau de cette ville, n'a cultivé la musique que pour son agrément. Il n'en a pas moins reçu une éducation artistique très-complète, et s'est fréquemment produit comme compositeur. Élève du Conservatoire de Gand, où il a remporté un prix d'harmonie, M. Van Duyse était très-jeune quand il aborda la scène, où il s'est fait connaître par les ouvrages suivants : 1° *Teniers te Grimbergen*, Gand, 15 juillet 1860; 2° *le Médaillon de Mariette*, Gand, 20 mars 1861; 3° *Een dief in huis*, un acte, Anvers, 1861; 4° *De Zoete in val*, un acte, Anvers, 8 mars 1863; 5° *Rosalinde*, 3 actes, Anvers, 17 janvier 1864; 6° *De Nacht*, ode-symphonie, 1867; 7° *Satan*, 3 actes et prologue, Gand, 7 février 1869; 8° *De Wildstrooper*, 2 actes, Gand, 6 novembre 1870.

Après avoir fait représenter ces divers ouvrages, M. Van Duyse se présenta au concours de Rome en 1873, et se vit décerner le second prix pour sa cantate flamande : *Torquato Tasso's dood*. Il a en portefeuille un opéra en 2 actes, *Lena*, non encore représenté jusqu'ici. M. Van Duyse est fils d'un poëte flamand distingué.

VAN EESBROECK (Jean), facteur de luths, né dans la seconde moitié du seizième siècle à Mariakerck, exerçait sa profession à Anvers, et fut reçu bourgeois de cette ville le 9 décembre 1583.

VAN EIJSDEN ou **EYSDEN** (Jacques), musicien néerlandais, né à Dordrecht le 18 février 1839, commença ses études musicales à Rotterdam, se fit ensuite admettre au Conservatoire de Bruxelles, puis enfin alla achever son éducation à Leipzig. Il revint à Utrecht, s'établit auprès de sa famille, fit partie en cette ville d'une société de musique de chambre, et publia diverses compositions : Quintette (couronné au concours ouvert par la Société musicale des Pays-Bas); 6 *lieder* à 1 voix ; 3 *lieder* à 1 voix; Ouverture à grand orchestre; Polonaise pour violon et orchestre, etc. Il écrivit aussi, pour une société de Rotterdam, une cantate qui fut exécutée sous sa direction, et qui lui valut une médaille d'or. En 1862, M. Van Eijsden quitta son pays pour aller remplir au théâtre de Gothenbourg (Suède) les fonctions de chef d'orchestre.

* **VAN ELEWYCK** (Le chevalier Xavier-Victor), amateur fort distingué de musique, est né le 24 avril 1825 à Ixelles-lez-Bruxelles, dont son père, docteur en droit, était le bourgmestre. Il renonça à la carrière diplomatique, à laquelle il était destiné, pour se livrer exclusivement à ses goûts artistiques. Depuis douze ans, M. Van Elewyck dirige, à titre d'amateur, la maîtrise de la cathédrale de Louvain, qui compte un personnel de 80 exécutants, et où tous les dimanches et fêtes on emploie le grand orchestre. Comme compositeur, il a écrit environ cinquante motets avec orchestre, dont une vingtaine ont été publiés avec accompagnement d'orgue (Bruxelles, Katto) ; il a publié aussi quelques compositions pour musique de symphonie ou d'harmonie, pour le chant et pour le piano.

M. Van Elewyck, qui s'est fait connaître aussi comme écrivain spécial, et qui collabore à plusieurs journaux belges, français, anglais et italiens, a publié, en société avec M. le chanoine T.-J. de Vroye, un écrit ainsi intitulé : *De la musique religieuse, les congrès de Malines* (1863 et 1864) *et de Paris* (1860), *et la législation de l'Église sur cette matière* (Paris, Louvain et Bruxelles, 1866, in-8°). Chargé par son gouvernement, en 1875, de visiter les conservatoires, maîtrises et écoles de musique de l'Italie, il a adressé à son retour, au ministre de l'intérieur, un rapport qu'il a publié ensuite sous ce titre : *De l'état actuel de la musique en Italie* (Bruxelles, Rossel, 1875, in-8°), et dans lequel il fait connaître dans tous ses détails le mouvement musical de l'Italie contemporaine. Une traduction anglaise de ce document a paru à Londres. Enfin, M. Van Elewyck s'est fait l'éditeur d'une publication aussi intéressante au point de vue artistique que sous le rapport historique, et qu'il a donnée sous ce titre : *Collection d'œuvres d'anciens et célèbres clavecinistes flamands*, recueillies et publiées par le chevalier X. Van Elewyck, Bruxelles, Schott, 2 vol. in-folio.

* **VAN EYKEN** (Jean-Albert), pianiste, violoniste, organiste et compositeur néerlandais, est mort à Elberfeld, au mois de septembre 1868 (1).

Lorsque, après avoir terminé ses études à Leipzig, il revint dans sa patrie en 1847, Van Eyken se fit entendre en plusieurs circonstances avec un succès éclatant, et l'année suivante il fut choisi, entre trente-cinq concurrents, pour remplir les fonctions d'organiste à l'église réformée d'Amsterdam, emploi qu'il résigna en 1853 pour accepter celui d'organiste à l'église du Sud et de professeur à l'École de musique de Rotterdam. Il ne resta pas longtemps en cette ville, et en 1854 il devint organiste de la grande église réformée d'Elberfeld. C'est là qu'en 1860 il donna environ trente concerts d'orgue, qui attirèrent la foule, et dans lesquels il exécuta de nombreuses compositions de J.-S. Bach, de Mozart, de Beethoven, de Ritter, de Hesse, de Fischer, de Töpfer, de Mendelssohn, de Kühmstedt et de beaucoup d'autres artistes célèbres. Il se fit entendre ensuite, avec le même succès, dans plusieurs villes de l'Allemagne, à Leipzig, à Dresde, à Hambourg, à Hanovre, à Dusseldorf, etc., et, sur le désir exprimé par le roi de Prusse, joua l'orgue à l'inauguration de la basilique de Trèves. Nommé membre de mérite de la Société musicale des Pays-Bas, Van Eyken remporta plusieurs prix dans les concours ouverts par cette compagnie.

(1) Cette notice complémentaire aurait dû être classée dans le premier volume de ce Supplément. Le lecteur voudra bien se reporter, pour l'artiste qui en est l'objet au t. III de la *Biographie universelle des Musiciens* Eyken (*Jean-Albert* Van).

Les compositions de cet artiste sont nombreuses et remarquables ; il faut citer surtout parmi elles : 1° 150 chorals avec préludes, à l'usage des églises réformées ; 2° 6 chansons d'enfants, à trois voix ; 3° quatre romances, sur paroles hollandaises ; 4° trois *lieder* ; 5° trois *lieder* pour baryton ou contralto ; 6° cinq *lieder* pour soprano, alto, ténor et basse , 7° *Minnezang*, paroles de Bilderdijk, pour contralto ou basse ; 8° six *lieder*, op. 12 ; 9° cinq mélodies, op. 33 ; 10° *Der Thurmwart von Lima*, ballade ; 11° six chœurs à l'usage des sociétés de chant ; 12° quatre romances, sur paroles allemandes de Siebel ; 13° *Lucifer*, drame couronné par la Société musicale des Pays-Bas, et dédié à la grande-duchesse de Weimar ; 14° *Nixen*, ballade ; 15° Hymne, pour chœur et fanfares ; 16° Variations pour orgue sur un thème national hollandais ; 17° Trois sonates pour orgue ; 18° Transcriptions pour orgue ; 19° les plus jolies fugues de Bach (extraites du *Clavecin bien tempéré*), transcrites et doigtées pour l'orgue ; 20° *Toccato und Fuga*, op. 38 ; 21° sonate pour piano et violon, op. 18 ; 22° Deux Mazurkas pour piano ; 23° Grande marche pour piano, à quatre mains ; etc., etc.

VAN EYSDEN (Jacques). — *Voyez* **VAN EIJSDEN.**

VAN EYSDONCK (Paul), facteur d'orgues néerlandais, naquit à Helmond dans les premières années du dix-huitième siècle, et mourut à Gemert, où il s'était fixé, en 1773. On a perdu la trace de la plupart de ses instruments, quoiqu'il en ait construit un grand nombre, et l'on ne peut plus guère citer que ceux qu'il a placés à Oerschot et à Elst.

VAN EYSDONCK (Léonard), fils du précédent, comme lui facteur d'orgues et sans doute son élève, naquit à Gemert en 1735 et mourut à Oss le 8 avril 1812. Il était aussi facteur de clavecins.

VAN GEERTSOM (Jean), typographe musical hollandais, était établi à Rotterdam au milieu du dix-septième siècle, précisément à l'époque où Pierre Phalèse publiait en Flandre ses superbes éditions, devenues si justement célèbres. « Van Geertsom était musicien, dit M. Vander Straeten dans son ouvrage : *la Musique aux Pays-Bas*. Son nom, placé en tête d'une collection de motets, éditée par lui, le prouve. »

VAN GHELUWE (Léon), compositeur belge, est né le 15 septembre 1837 à Wannegbem-Lede, près d'Audenarde. Dès l'âge de quinze ans, il composa une messe, qui, mise quelques années après sous les yeux de M. Gevaert, le fit encourager par celui-ci, ce qui décida ses parents à l'envoyer à Gand, où il se rendit à l'âge de dix-neuf ans, en 1856. Là, il entreprit de sérieuses études, qui le mirent à même de prendre part à Bruxelles, en 1863, au concours de Rome, où il obtint l'accessit. Il concourut de nouveau en 1865 (on sait qu'en Belgique le concours de Rome n'a lieu que tous les deux ans) ; mais, étant tombé malade en loge, il ne put achever sa cantate. Enfin il obtint le second prix en 1867, et, quoique cette récompense ne lui donnât pas le droit d'aller à Rome, le gouvernement belge, voulant l'encourager, lui donna les moyens de voyager pendant deux ans à l'étranger.

M. Van Gheluwe visita en effet, en 1868 et 1869, l'Allemagne et l'Italie, et à son retour le gouvernement lui demanda un rapport sur l'état de l'enseignement musical élémentaire dans ces deux pays et en Belgique. C'est à ce travail qu'il dut, en 1870, la place de délégué-inspecteur des écoles de musique de Belgique, qu'il occupe encore aujourd'hui. Depuis cette époque, M. Van Gheluwe, après avoir été pendant plusieurs années professeur au Conservatoire de Gand, est devenu, dans ces derniers temps, directeur de l'école de musique de Bruges.

Cet artiste a publié, sous un pseudonyme, plusieurs œuvres de musique d'église, et sous son nom véritable un certain nombre de mélodies vocales. Il a écrit aussi un oratorio, *Venise sauvée*, qui, je crois, n'a pas encore été exécuté jusqu'ici, et un opéra flamand, *Philippinne van Vlaanderen*, qui a été joué à Bruxelles le 18 mars 1876. La cantate qui lui avait valu un second prix de Rome, *le Vent*, fut exécutée à Gand en 1867.

M. Van Gheluwe a épousé, en 1878, une jeune pianiste distinguée qui s'est fait connaître aussi comme compositeur, Mlle Marie Simonis.

VAN HAESDONCK (F.....), musicien belge, fit représenter à Termonde, le 1er février 1807, sur le théâtre de la Société des Amis des arts, un opéra en un acte intitulé *Nadir* ou *l'Orphelin d'Afrique*.

VAN HERZEELE (François), compositeur et virtuose sur la clarinette, est né à Gand en 1830. Élève du Conservatoire de cette ville, il y étudia d'abord la clarinette, puis reçut des leçons d'harmonie de Mengal et de Girschner. Plus tard il eut, dit-on, des conseils de M. Gevaert. Entré en 1850 au régiment des Guides en qualité de première clarinette, il devint, en 1853, chef de musique au 12e de ligne, et conserva cet emploi jusqu'en 1858. Après s'être vu couronner dans divers concours de composition, particulièrement à Gand, pour une cantate intitulée *de Schoone Kunsten in België* (1858), il fit représenter dans la même ville deux opéras : *Het Zomerlief* (1859), et *Ilotse Boise* (1860). En 1861, il alla s'établir à Sottegem, et y fonda une école de musique. M. Van Herzeele a écrit environ deux-cents compositions de différents genres, dont quelques-unes ont été publiées.

VAN HIRTUM (Nicolas), est le premier membre connu d'une famille de facteurs d'orgues flamands. Il naquit sans doute vers le milieu du dix-huitième siècle, alla faire son apprentissage en Allemagne, principalement à Cologne, et revint ensuite dans sa patrie. — Son fils, *Bernard Van Hirtum*, né le 21 mars 1792 à Hilvarenbeek, dans le Brabant septentrional, fut élève de son père et construisit un grand nombre d'instruments. — Enfin, M. *Jean Van Hirtum*, fils de ce dernier, né en 1819, a embrassé la même carrière.

VAN HOEY (Gustave-Jean-Constant-Marie), compositeur belge, né à Malines le 26 octobre 1835, étudia d'abord la peinture, puis s'adonna à la musique, et fit de bonnes études au Conservatoire de Bruxelles, où il remporta les prix d'harmonie et de composition. Il prit part aux concours de Rome de 1859, 1861, 1863 et 1865, obtint une mention honorable en 1861, et le second deuxième prix en 1865, avec la cantate intitulée *de Wind*. Nommé en 1868 directeur de l'Académie (école) musicale de Malines, il est devenu aussi maître de chapelle de l'église Saint-Pierre, de cette ville. M. Van Hoey, qui avait été admis au cours de paléographie donné par Fétis, y fit preuve d'aptitudes remarquables, ainsi qu'en témoignent ces lignes d'un rapport de Fétis lui-même : — « Trois mois de leçons et d'études lui ont suffi pour acquérir les connaissances des combinaisons difficiles de tous les signes de notation des XVe et XVIe siècles, et pour être capable de faire des traductions correctes. »

M. Van Hoey a fait représenter les ouvrages suivants : 1° *Een Schilders mesdag* (la Fête d'un peintre), Bruxelles, th. du Cirque, 1865 ; 2° *la Saint-Luc*, id., id., 1865 ; 3° *het Eerekruis* (la Croix d'honneur), Louvain, 1868 ; 4° *le Violier*, Malines, vers 1872. On connaît aussi de lui deux grandes cantates, qui ont été exécutées en 1862 et 1875, plusieurs ouvertures, des messes avec orgue ou orchestre (dont une écrite pour le congrès catholique tenu à Malines en 1866), des motets, des offertoires, et enfin des mélodies vocales sur paroles françaises ou flamandes, des chœurs pour voix d'hommes et diverses compositions pour le piano.

* **VAN HULST** (Félix-Alexandre), professeur à l'Université de Liége, est mort en cette ville le 12 avril 1872.

VAN LAMPEREN (Michel), professeur, bibliographe et compositeur belge, né à Bruxelles le 26 décembre 1826, a fait ses études au Conservatoire de cette ville, où il obtint à l'unanimité, en 1845, le premier prix de lecture musicale. Dans le cours de la même année il devenait répétiteur dans cet établissement, et plus tard était nommé professeur adjoint, puis professeur titulaire de la classe d'enseignement supérieur du solfége. En 1859, M. Van Lamperen, sur la proposition de Fétis, se voyait désigné pour remplir les fonctions de bibliothécaire au Conservatoire ; la bibliothèque n'existait guère alors qu'à l'état embryonnaire, et tout y était pour ainsi dire à créer. M. Van Lamperen se mit résolûment à l'œuvre, enrichit rapidement et d'une façon considérable le dépôt confié à ses soins, et, tout en s'occupant avec ardeur de l'augmenter sans cesse, songea à en dresser le catalogue, à la confection duquel il apporta une conscience et une patience infatigables. Ce document important, qui comprend près de 5,000 numéros, et qui forme un volume de 340 pages grand in-8°, fut publié en 1870 sous ce titre : *Catalogue de la bibliothèque du Conservatoire royal de musique de Bruxelles, dressé par ordre de matières, alphabétique et chronologique* (Bruxelles, Poot et Cie). Le second volume de ce catalogue est en préparation, et contiendra environ 4,000 numéros.

M. Van Lamperen a publié chez l'éditeur M. Schott, à Bruxelles, les compositions suivantes : *Ave Maria* à 2 voix, avec orgue ; *Ave Maria* pour soprano solo, avec orgue et harpe ; *O cor amoris*, pour ténor solo et chœur, avec orgue ; *Ave maris Stella* à 3 voix, avec orgue ; *Tota pulchra es* pour voix seule et chœur, avec orgue ; 2 Nocturnes pour piano.

M. Van Lamperen est officier de l'ordre de Guadalupe, et chevalier de l'ordre de la Couronne de chêne.

VANLOO (Mme CARLE). — *Voyez* SOMIS.

* **VAN MALDEGHEM** (Robert-Julien). — Cet artiste, qui a pris une grande part à l'expansion du chant choral en Belgique, a été le directeur et le fondateur de deux sociétés de chant et a écrit de nombreux chœurs flamands ou français, qui pour la plupart ont été insérés dans une collection publiée par lui, *Rhyn-en-Scheldegalmen*, et dans un journal mensuel de musique intitulé *Cecilia*, qu'il publiait avec son frère Évariste. On lui doit aussi une messe des morts

pour quatre voix d'hommes et orgue, plusieurs autres messes, un *Stabat Mater* avec orchestre, le Psaume 67, une Méthode d'orgue, une scène lyrique avec orchestre intitulée *Breydel et de Coninck*, enfin des canons, des mélodies, des cantiques, des motets et un nombre très-considérable d'autres compositions religieuses.

VAN MALDEGHEM (Évariste), frère du précédent, est né comme lui à Denterghem et a été son élève. Il a publié sous ce titre : *Orphée*, une méthode de chant à l'usage des maisons d'éducation, en français et en flamand. On connait aussi de lui des chœurs, des chansons burlesques et des motets. Il a publié pendant plusieurs années, avec son frère Robert-Julien, un journal mensuel de musique intitulé *Cecilia*, qui était illustré par un autre de leurs frères, M. Eugène Van Maldeghem, peintre d'histoire non sans mérite.

La famille Van Maldeghem comprenait un quatrième frère, *Jean-Baptiste Van Maldeghem*, professeur et musicien distingué, dit-on, qui était né à Denterghem en 1803 et qui mourut à Bruxelles le 24 décembre 1841.

* **VAN MALDER** (Pierre), compositeur et violoniste belge. — Lorsque cet artiste fit jouer à la Comédie-Italienne *la Bagarre*, petit opéra-comique qui avait été retouché par Philidor et qu'un poëme détestable empêcha d'être joué plus d'une fois, il avait déjà donné à Bruxelles deux ouvrages de ce genre, *le Déguisement pastoral* (un acte), représenté le 12 septembre 1759, et *les Précautions inutiles*, jouées en 1760. Le 4 novembre 1766, de retour en Belgique, il abordait une dernière fois la scène avec *le Soldat par amour*, opéra-comique en un acte, qu'il donna à Bruxelles (1). Comme violoniste, cet artiste avait, dit-on, reçu des leçons de Tartini.

Van Malder avait un frère, musicien comme lui, auquel Choron et Fayolle ont consacré la petite notice suivante dans leur *Dictionnaire historique des musiciens* : — « Van Malder, frère du précédent, et après la mort de ce dernier directeur de l'orchestre de Bruxelles, étudia, en 1754, la musique chez Martinelli, à Venise. Il était grand virtuose sur le violoncelle. En 1754 (2), il fut appelé à la chapelle du duc de Wurtemberg, à Stuttgard. »

(1) Dans ses *Musiciens belges*, M. Édouard Gregoir cite encore deux petits opéras de Van Malder : *Lorenzo Bologna*, et *la Politesse*, qui auraient été représentés à Bruxelles en 1759.

(2) Une faute typographique fait ici reproduire la même date pour deux faits différents. C'est vraisemblablement 1764 qu'il faut lire la seconde fois.

L'Histoire du théâtre français en Belgique de M. Frédéric Faber, dont quatre volumes ont paru et dont le dernier est sous presse, nous apprend qu'un *François Van Malder*, sans doute fils de l'un de ces deux artistes, était, de 1800 à 1811, l'un des trois « entrepreneurs-sociétaires du grand théâtre de Bruxelles ».

VAN NEER ou **VAN NEEREN**, né à Nyel, près de Juliers, au commencement du seizième siècle, fut un facteur de clavecins distingué. Établi à Anvers, et reçu dans la bourgeoisie de cette ville en 1542, il y exerçait encore sa profession en 1558, époque à laquelle il entrait, avec neuf de ses confrères, dans la gilde de Saint-Luc.

VAN OORDT (A.....-W.....), écrivain musical néerlandais, s'est fait connaître par deux ouvrages importants, qui, dit-on, sont dignes d'estime et d'attention. L'un a pour titre : *Essai d'une histoire de la musique* (*Proeve eener geschiedenis der muzijk*), Dœsberg, A. Schattenkerk, 1860 ; l'autre est intitulé : *Essai d'une histoire du chant protestant* (*Proeve eener geschiedenis van het protestantsche Kerkgezang*), Deventer, J. de Lange.

VAN PEBORG (Jean ou Hans), facteur de clavecins, vivait à Anvers au milieu du seizième siècle, et se faisait recevoir dans la gilde de Saint-Luc en 1558.

VAN REYSSCHOOT (D....-L....-H....), organiste et compositeur belge, arrière-petit-fils du peintre de ce nom, est né à Gand en 1832. Il commença par être enfant de chœur, puis fut admis au Conservatoire de Gand, où il étudia la composition avec MM. Gevaert et Girschner. Il devint plus tard organiste aux églises des Jésuites et du collége Sainte-Barbe. Parmi les nombreuses compositions de cet artiste, publiées ou inédites, on cite : Trio pour piano, violon et violoncelle; 12 Morceaux originaux pour piano ou orgue; Sonate pour piano et violon ; 15 Chœurs à 3 et 4 voix ; Cantate flamande à 4 voix ; 30 Motets ; *Cantique de Noël ;* 10 Morceaux en plain-chant mesuré et harmonisé, avec orgue; enfin, divers morceaux religieux à une ou plusieurs voix, et des mélodies, romances, etc. M. Van Reysschoot a fait représenter à Gand, le 27 décembre 1864, un opéra-comique intitulé : *Ni roi ni reine.*

VAN STEELANT (Philippe), musicien flamand du dix-septième siècle. Dans un recueil collectif : *Cantiones natalitiæ, seu Laudes B. Mariæ, quatuor, quinque et sex vocum* (Gand, 1651, in-4°), on trouve diverses compositions de cet artiste. On connait aussi de lui un *Dies iræ* à quatre voix sans accompagnement, et une messe de *Requiem* à six voix et cinq instruments.

VAN UFFEL (FRANÇOIS), facteur de clavecins à Anvers, fut reçu à ce titre, en 1606, dans la corporation de Saint-Luc.

VAN VOLXEM (J....-B.....), violoncelliste, compositeur et professeur belge, l'un des propagateurs les plus ardents du chant choral à Bruxelles, est né à Uccle-lez-Bruxelles le 30 novembre 1817. Admis en 1833 au Conservatoire de Bruxelles, il y suivit les cours de solfége, de violoncelle (classe de Platel) et de composition, et obtint un premier prix de solfége en 1835, un second prix de violoncelle et un second prix de composition en 1836. Plus tard, il devint répétiteur, puis chef des chœurs au théâtre de la Monnaie, directeur des cours populaires de chant d'ensemble à Bruxelles, et enfin professeur de solfége au Conservatoire; chef de musique de la 4e légion de la garde civique, directeur de la Société royale des Artisans-réunis, enfin professeur de musique à l'Athénée. M. Van Volxem, qui n'a cessé de s'occuper activement du progrès et de la diffusion du chant choral en Belgique, a été nommé en 1869 chevalier de l'ordre de Léopold. Cet artiste a publié un recueil de 11 *Chœurs à 3 voix pour enfants* (Bruxelles, Katto), 55 *Exercices de solfége à 2 voix* (id., id.), un *Solfége progressif à 1 ou 2 voix* (id., id.), et un grand nombre de chœurs à 4 voix sans accompagnement.

VANNINI (C.......), théoricien italien qui vivait dans la première moitié de ce siècle, ne m'est connu que par un manuel de plain-chant qu'il a publié sous ce titre : *Regole di canto fermo, conformi al sistema moderno francese*, Florence, 1826.

VANNUCCI (LE P. DOMENICO-FRANCESCO), compositeur et professeur, naquit à Lucques en 1718, et reçut une excellente éducation musicale. Nommé en 1743 maître de la chapelle de l'archevêché, où il enseignait le plain-chant et le violoncelle, il eut l'honneur d'être le premier maître de Boccherini. Compositeur d'un vrai mérite, il écrivit beaucoup, et la plupart de ses œuvres sont aujourd'hui conservées dans les archives de la Congrégation des Anges gardiens et dans celles de l'archevêché. On a de lui six oratorios, dont *Abel*, composé en 1757, et *la Passion de N.S. Jésus-Christ*, en 1762; une messe à 4 voix, une autre à 8 voix, des motets pour la semaine sainte, et neuf services religieux à grand orchestre écrits, de 1740 à 1771, pour la fête de sainte Cécile. L'abbé Vannucci, qui mourut à Lucques en 1776, a toujours joui dans sa ville natale de la réputation d'un artiste fort distingué, et il forma, à l'école de musique de l'archevêché, un grand nombre d'excellents élèves.

VARELA SILVARI (.......), écrivain espagnol contemporain, a publié à la Corogne, en 1875, un livre intitulé : *Galeria biografica de musicos gallegos*, qui contient trente et une notices sur les musiciens nés dans la province de Galice. Je n'ai pas eu cet ouvrage sous les yeux, et n'en puis autrement parler.

VARISCHINO (GIOVANNI), compositeur dramatique italien, vivait à Venise dans la seconde moitié du dix-septième siècle. Cet artiste ne m'est connu que par les deux opéras qu'il a fait représenter sur le théâtre Sant'Angelo, de cette ville, l'un, *l'Odoacre*, en 1680, l'autre, *l'Amante fortunato per forza*, en 1684.

* **VARNEY** (PIERRE-JOSEPH-ALPHONSE). — Cet artiste était devenu, en 1865, chef d'orchestre du Grand-Théâtre de Bordeaux, et l'année suivante directeur et président de la Société de Sainte-Cécile de cette ville, de laquelle dépend une école de musique très-importante. Il renonça à ces fonctions en 1878. Pendant son séjour à Bordeaux, il fit représenter au Théâtre-Français (11 février 1868) *une Leçon d'amour*, opéra-comique en un acte dont le livret lui avait été fourni par son fils, Edouard Varney, mort depuis. — Varney est mort à Paris, le 7 février 1879. Il était l'auteur du fameux *Chant des Girondins : « Mourir pour la patrie, »* qui jouit d'une si grande popularité et qui fut comme le symbole musical de la révolution de 1848; ce chant avait été écrit pour un drame d'Alexandre Dumas, *le Chevalier de Maison-Rouge*, représenté en 1847 au Théâtre-Historique, et il est juste de remarquer qu'en cette circonstance, le poëte et le musicien s'étaient souvenus un peu trop fidèlement de l'un des *Cinquante Chants français* de Rouget de Lisle.

Varney est l'auteur du *Rapport sur le concours de composition musicale* ouvert pour l'année 1871-1872 par la Société de Sainte-Cécile (Bordeaux, brochure in-8°).

VARVARO (P.....), pianiste et compositeur, a écrit la musique d'un opéra sérieux, *Carlo di Borgogna*, qui a été représenté en 1862 à Valladolid. Cet artiste a publié chez l'éditeur Ricordi, de Milan, deux albums de mélodies vocales, et un chœur religieux : *Preghiera del mattino*, avec accompagnement de piano. On lui doit aussi quelques morceaux pour cet instrument, écrits pour la plupart sur des thèmes d'opéras.

VASCONCELLOS (JOAQUIM DE), écrivain musical portugais fort distingué, s'est efforcé, depuis un certain nombre d'années, d'attirer l'attention du public sur les faits qui ont marqué dans l'histoire de l'art musical dans sa patrie, et sur les artistes, nationaux ou étrangers, qui se sont distingués en Portugal. Assez heureux pour jouir d'une position indépendante, qui lui permettait de se livrer sans contrainte aux études qui lui étaient chères, M. de Vasconcellos n'a pas hésité à entreprendre de longs voyages pour se mettre à la recherche des documents nécessaires à ses travaux, et, entre autres, il a séjourné assez longtemps à Paris et à Berlin pour y visiter les bibliothèques si importantes de ces deux villes et y puiser les matériaux dont il avait besoin.

Le premier ouvrage publié par M. de Vasconcellos est un Dictionnaire des musiciens portugais, qu'il a donné sous ce titre : *Os Musicos portuguezes (biographia-bibliographia)*, Porto, 1870, 2 vol. in-8°. Ce livre, fait avec le plus grand soin, est venu combler une lacune dans la littérature musicale européenne, et fait beaucoup d'honneur à son auteur, au double point de vue de la conscience historique et des connaissances musicales dont il y a fait preuve; grâce à lui, beaucoup d'erreurs ont été corrigées sur les musiciens portugais dont on avait précédemment retracé la vie et la carrière, et un grand nombre d'artistes ont été révélés dont les noms étaient jusqu'à ce jour restés inconnus. Par la publication de cet ouvrage, M. de Vasconcellos a rendu un véritable service à l'art et à son pays. Quelques années plus tard, cet écrivain a entrepris sous ce titre : *Archeologia artistica*, une publication intéressante dans laquelle la musique a trouvé sa place ; le premier fascicule du premier volume de cette publication était consacré entièrement à une cantatrice célèbre, Mme Todi, que le Portugal revendique comme une de ses gloires et dont le talent a fait l'admiration de l'Europe entière. *Luiza Todi, estudo critico*, tel est le titre que M. de Vasconcellos a donné à ce travail plein d'intérêt (Porto, 1873, petit in-4° de 157 pp.), qui abonde en détails neufs et inconnus sur la grande artiste et sur sa rivalité avec la fameuse Mme Mara. Le troisième fascicule de la même publication est de nature à attirer aussi l'attention des musiciens et surtout de ceux qui, parmi eux, se piquent de connaissances en bibliographie ; c'est un *Ensaio critico sobre o catalogo d'el rey D. João IV* (Porto, 1873, petit in-4° de 102-vii pp.), ce fameux roi Jean IV dont la riche bibliothèque musicale était une des merveilles de son temps. M. de Vasconcellos ne s'est pas borné à rédiger cet *Essai critique* sur le catalogue célèbre de l'admirable bibliothèque musicale du roi Jean IV, dont, par malheur, la première partie seule avait été publiée sur l'ordre et par les soins de ce prince, il a préparé une nouvelle édition de cette première partie, qu'il a annoncée sous ce titre : *Catalogo da livraria de musica d'el rey D. João IV, primeira parte, unica publicada, nova edição critica segundo a de 1649, precedida d'uma exposição historica da arte até meado do seculo XVII, e enriquecida com um bello retrato de D. João IV, com um volume supplementar de notas e additamentos ineditos.*

M. de Vasconcellos saisit d'ailleurs toutes les occasions de rappeler l'histoire des hauts faits de l'art musical dans sa patrie, et de faire connaître les artistes qui ont été l'honneur et la gloire du Portugal. Il a publié, sous ce rapport, nombre d'articles intéressants dans divers journaux, et, à ma sollicitation, il n'a pas hésité à fournir au Supplément de la *Biographie universelle des Musiciens* toute une série d'articles qui se font remarquer par leur exactitude historique et les excellents renseignements qui y sont contenus.

VASQUEZ Y GOMEZ (MARIANO), chef d'orchestre et compositeur espagnol, né à Grenade le 3 février 1831, fut en cette ville l'élève de Baltasar Mira, organiste de la chapelle royale, et, après avoir terminé ses études, alla s'établir à Madrid, où il fut pendant deux ans chef d'orchestre du théâtre de la Zarzuela. Plus tard, il remplit les fonctions de *maestro concertatore* au théâtre royal.

M. Vasquez a écrit et fait représenter plusieurs *zarzuelas*, parmi lesquelles je citerai les suivantes : *los Mosqueteros de la Reina*, 3 actes ; *el Cervecero de Preston*, 3 actes ; *el Hijo de Don Juan*, un acte ; *la Franqueza*, un acte ; *Matar o morir*, un acte ; *Por un inglés*, un acte. On lui doit aussi quelques compositions religieuses, entre autres plusieurs messes à grand orchestre, et une messe de *Requiem* qui a été exécutée à Grenade pour une cérémonie officielle.

VASSEUR (FÉLIX-AUGUSTIN-JOSEPH-LÉON), organiste et compositeur, est né à Bapaume (Pas-de-Calais) le 28 mai 1844. Fils de l'organiste de l'église de cette ville, il reçut de son père ses premières leçons de musique, puis fut envoyé à Paris, où, sur la recommandation de l'évêque d'Arras, il obtint une bourse pour entrer à l'École de musique religieuse, fondée et dirigée par Niedermeyer. Élève à la fois, dans cet établissement, de Dietsch et de Niedermeyer, il en sortit au bout de six ans d'études avec un premier prix de piano et un premier prix d'orgue. Il avait dix-huit ans.

Peu de temps après, une place d'organiste se trouvant vacante à l'église de Saint-Symphorien, à Versailles, le jeune artiste concourut et l'emporta sur ses rivaux. Au mois de mai 1870, il fut appelé à remplir les mêmes fonctions à la cathédrale, fonctions qu'il occupe encore aujourd'hui.

Mais le démon du théâtre tentait le jeune organiste. Sous ce rapport, il débuta d'une façon obscure et fâcheuse, en faisant représenter dans un café-concert, à l'Alcazar, une opérette intitulée : *Un fi, deux fi, trois figurants*, que l'ineptie du livret fit tomber avec fracas. M. Vasseur ne se découragea pas. Le hasard ayant fait que le théâtre des Bouffes-Parisiens, alors dans une situation lamentable, eût besoin d'une pièce écrite dans des conditions d'une extrême rapidité, M. Vasseur s'offrit à faire cette pièce, qui fut écrite par les auteurs, composée par lui, montée et représentée en moins d'un mois, et dont le succès, qui sauva le théâtre de la ruine, se traduisit par une série de plus de 200 représentations. Je veux parler de *la Timbale d'argent*, qui mit aussitôt en lumière le nom du compositeur. La partition de cet ouvrage est, à mon sens, la meilleure de toutes celles qu'a écrites jusqu'à ce jour son auteur ; elle se faisait remarquer par des idées assez heureuses, une bonne manière d'écrire les parties vocales, et un juste sentiment de la scène.

Depuis lors M. Vasseur n'a pu retrouver un semblable succès. Cela tient peut-être à ce qu'il produit trop hâtivement, et n'apporte pas assez de soin dans ses compositions. Toujours est-il qu'on ne retrouve pas dans la plupart de ses derniers ouvrages la jeunesse et la fraîcheur de cette première production, et qu'ils se font remarquer plutôt par une facilité un peu banale qui tombe parfois dans la vulgarité. La soif du succès semble avoir dévoyé ce jeune artiste, qui pourtant ne paraît manquer ni de talent ni de facultés, et qui a été poussé par une chance singulièrement difficile et rare à rencontrer.

Voici la liste de ses productions dramatiques : 1° *Un fi, deux fi, trois figurants*, un acte, Alcazar ; 2° *la Timbale d'argent*, 3 actes, Bouffes-Parisiens, 9 avril 1872 ; 3° *la Petite Reine*, 3 actes, Bouffes-Parisiens, 9 janvier 1873 ; 4° *le Grelot*, un acte, Bouffes-Parisiens, 20 mai 1873 ; 5° *le Roi d'Yvetot*, 3 actes, Bruxelles, 25 octobre 1873 (et plus tard à Paris, au théâtre Taitbout, le 3 avril 1876) ; 6° *les Parisiennes*, 5 actes, Bouffes-Parisiens, 31 mars 1874 ; 7° *la Famille Trouillat*, 3 actes, Renaissance, 10 septembre 1874 ; 8° *la Blanchisseuse de Berg-op-Zoom*, 3 actes, Folies-Dramatiques, 27 janvier 1875 ; 9° *la Cruche cassée*, 3 actes, théâtre Taitbout, 27 octobre 1875 ; 10° *la Sorrentine*, 3 actes, Bouffes-Parisiens, 24 mars 1877 ; 11° *l'Opoponax*, un acte, Bouffes-Parisiens, 2 mai 1877 ; 12° *le Droit du Seigneur*, 3 actes, Fantaisies-Parisiennes (th. Beaumarchais), 13 décembre 1878 ; 13° *le Billet de logement*, 3 actes, Fantaisies-Parisiennes, 15 novembre 1879.

M. Vasseur a publié aussi : 1° *Méthode d'orgue-harmonium ;* 2° *l'Office divin* pour orgue, contenant la 1re et la 3re messes complètes de Dumont, offertoires, antiennes pour le *Magnificat*, entrées, sorties, élévations, etc., etc. ; 3° un grand nombre de transcriptions d'opéras célèbres pour l'orgue, et quelques fantaisies pour le piano. Le 25 novembre 1877, M. Vasseur a fait exécuter à la cathédrale de Versailles un *Hymne à Sainte-Cécile* pour soprano solo, orchestre et orgue, qui est une composition distinguée.

Dans le courant de l'année 1879, M. Vasseur a eu la singulière idée de se faire directeur de théâtre ; il rouvrit la petite salle Taitbout pour en faire, sous ce mauvais titre, le Nouveau-Lyrique, une nouvelle scène musicale. Son entreprise n'obtint aucun succès, et au bout de quelques semaines il n'en était plus question.

Un frère aîné de cet artiste est organiste d'une des églises de Versailles.

VAUCORBEIL (Auguste-Emmanuel), compositeur français, né à Rouen en décembre 1821, est le fils d'un excellent comédien qui pendant quarante ans se fit applaudir à Paris sous le nom de *Ferville*, qu'il avait adopté au théâtre. M. Vaucorbeil, qui apprit de Mme Vigano les principes du chant, fit son éducation musicale au Conservatoire de Paris, où il fut l'élève de Kuhn pour le solfège, de M. Marmontel pour le piano, et de Dourlen pour l'harmonie. Il étudia la fugue et la composition sous la direction personnelle de Cherubini, dont il fut un des derniers élèves. Pourvu d'une excellente et solide instruction, qu'il compléta ensuite par la lecture assidue des œuvres des grands maîtres, M. Vaucorbeil commença à se faire connaître, comme compositeur, par la publication de plusieurs mélodies vocales écrites avec style et empreintes d'une émotion pénétrante. Bientôt il produisait plusieurs œuvres d'un genre plus élevé, entre autres des sonates pour piano et violon, et deux quatuors pour instruments à cordes, qu'il fit entendre dans un concert donné par lui à la salle Erard, et dont J. d'Ortigue parlait en ces termes dans le feuilleton du *Journal des Débats*. — « Nous avons déjà parlé de ces deux quatuors de M. Vaucorbeil, qui lui assurent une place si distinguée parmi les compositeurs de musique instrumentale. Le *scherzo* et l'*adagio* du premier, en *ré*, ont excité les plus vifs applaudissements de l'auditoire, qui s'est montré émerveillé du thème varié en *mi* bémol et de l'admirable finale du second, en *ut* mineur. Il est impossible, en effet, de joindre plus d'élévation dans les idées à plus de science, de finesse, d'imagination, d'esprit et de développements ingénieux. »

Le 13 avril 1863, M. Vaucorbeil abordait la scène en donnant à l'Opéra-Comique un agréable ouvrage en 3 actes, *Bataille d'amour*, dont le livret, tiré d'une ancienne comédie de Dumanlant : *Guerre ouverte* ou *Ruse contre Ruse*, lui avait été fourni par M. Victorien Sardou. Cet ouvrage était joué par MM. Montaubry, Crosti et Sainte-Foy, Mlles Baretti, Bélia et Révilly. Quelques années plus tard, le compositeur publiait sous ce titre : *Intimités*, une double suite de pièces de piano d'un style très-pur et du sentiment le plus délicat, et il faisait entendre à la Société des concerts du Conservatoire une grande scène lyrique avec chœur : *la Mort de Diane*, qui, chantée par une grande artiste, Mlle Gabrielle Krauss, obtenait auprès du public difficile de ces admirables séances un succès très-vif et très-mérité. C'est dans le même temps qu'il réunissait en un recueil plein d'intérêt (Paris, Heugel, in-8°) la série des mélodies vocales qui avaient paru séparément à diverses époques.

Au mois de mars 1872, M. Vaucorbeil avait été nommé commissaire du gouvernement près les théâtres subventionnés. Peu après, la Société des compositeurs de musique l'élut pour son président, et c'est grâce à son action intelligente, à son dévouement infatigable, à son zèle de chaque jour que cette compagnie, dont l'existence était jusqu'alors en partie ignorée, doit la grande importance qu'elle a conquise et le rôle utile qu'elle joue aujourd'hui, au grand profit de l'art et des artistes. L'esprit sagace, pratique et libéral de M. Vaucorbeil a su développer avec une rare intelligence le côté utile d'une association si intéressante, et sur son initiative la Société a pu mettre vigoureusement à profit les éléments si puissants qu'elle possédait dans son sein.

Les fonctions administratives dont M. Vaucorbeil était chargé, celles de président de la Société des compositeurs, qu'il se vit obligé de résigner au bout de quelques années, ont interrompu pendant un temps sa carrière active de compositeur. Cependant il a en portefeuille un grand opéra complétement terminé, *Mahomet*, écrit sur un poëme de M. Henri de Lacretelle, et dont des fragments ont été entendus aux concerts du Conservatoire. Aux œuvres de cet artiste distingué qui ont été mentionnées ci-dessus, il faut ajouter quelques compositions religieuses publiées naguère dans le journal *la Maîtrise* : le *Cantique des trois Enfants*, sur des paroles de Pierre Corneille ; un Cantique à 3 voix sur une paraphrase du *Magnificat ; Kyrie* à 3 voix ; *Ave verum*, antienne à 2 voix égales. Enfin on lui doit encore une sonate pour alto, et une « méditation » pour piano, *le Néophyte*, inspirée par un tableau de M. Gustave Doré.

M. Vaucorbeil est chevalier de la Légion d'honneur. Il a épousé, il y a quelques années, une aimable cantatrice belge, Mlle *Annah Sternberg*, qui a obtenu des succès au théâtre de la Monnaie, de Bruxelles, et qui a fait une courte apparition à l'Opéra de Paris (1).

VAUDIN (Jean-François), écrivain français qui s'est mêlé avec une grande ardeur au mouvement orphéonique, a été successivement le rédacteur en chef de deux feuilles spéciales, *l'Orphéon* et *la France chorale*, et a fondé ensuite un autre journal, *l'Orphéon illustré*, dont l'existence s'est bornée à quelques mois. Auteur des *Plaisantins de la musique* (Paris, Perrotin, 1861, in-8), écrit dirigé contre les partisans de la musique en chiffres, Vaudin a publié sous ce titre : *Gazettes et Gazetiers* (Paris, Dentu, 1860-1863, 2 vol. in-12), une histoire critique et anecdotique de la presse parisienne, dans laquelle on trouve quelques notes sur différents journalistes et écrivains français sur la musique. Vaudin est mort le 16 mars 1869.

VAUTHROT (François-Eugène), professeur de chant au Conservatoire et chef du chant à l'Opéra, né à Paris le 2 septembre 1825, est mort en cette ville le 18 avril 1871. Il fit de très-bonnes études, d'abord à la maîtrise de l'église de la Madeleine, sous la direction de Trévaux, puis au Conservatoire, où il fut couronné pour la fugue et pour l'orgue. Peu de temps après avoir terminé ses études musicales, il entra comme accompagnateur et chef du chant à l'Opéra-Comique, puis, en février

(1) Depuis le 5 juillet 1879, M. Vaucorbeil a succédé à M. Halanzier comme directeur du théâtre de l'Opéra.

1856, succéda à M. Henri Potier, à l'Opéra, en qualité de chef du chant. En 1865, à la mort de Fontana, il devenait professeur de chant au Conservatoire, et presque en même temps était appelé à remplir les fonctions de chef du chant à la Société des concerts. Musicien fort instruit et très-expérimenté, accompagnateur de premier ordre, artiste distingué à tous égards, Vauthrot n'a, croyons-nous, rien laissé comme compositeur. On lui doit la réduction au piano, très-habilement faite, des partitions de divers ouvrages représentés à l'Opéra-Comique et à l'Opéra. Les réductions de *l'Africaine* et d'*Hamlet* lui font notamment grand honneur.

VAUTRIN (.....), était un habile facteur d'orgues français. On n'a cependant d'autre renseignement sur lui que cette courte notice, dont il est l'objet dans le *Manuel du facteur d'orgues* (Paris, Roret, 1849) : — « Vautrin, élève de Dupont, facteur d'orgues à Nancy, vivait vers le milieu du dix-huitième siècle. Il a continué l'orgue de la cathédrale de cette ville, dont les travaux avaient été interrompus par la mort de Dupont. En 1818, il fit d'importantes augmentations à ce même instrument, et il venait de les terminer lorsqu'il mourut, âgé de 94 ans, en disant *qu'il commençait à comprendre l'orgue*. »

* **VAVASSEUR** (Nicolas **LE**). — Dans un écrit intéressant, *la Musique à Caen de* 1066 *à* 1848, M. Jules Carlez donne les lieu et date de naissance de cet artiste, qui serait né à Bernay en 1658. Huet, le célèbre évêque d'Avranches, dans son livre : *les Origines de Caen*, dit de Le Vavasseur que, « s'il céda à d'autres le prix des grâces et de l'élégance de la composition, il n'y en eut aucun à qui il ne pût disputer le prix de la profondeur du savoir. » Ce jugement est intéressant en ce que Huet, contemporain de Le Vavasseur et bon musicien lui-même, avait pu juger personnellement de la valeur des œuvres de l'artiste.

VECCHIOTTI (Luigi), compositeur italien, né à Castel-Clementino, petit pays voisin de Fermo, le 4 mai 1804, apprit dès ses plus jeunes années les éléments de la musique, se rendit ensuite, à l'âge de onze ans, à Fermo, où il étudia le piano et l'accompagnement avec un artiste nommé Curci, quitta celui-ci pour aller travailler l'harmonie à Bologne sous la direction du P. Mattei, et enfin, à la mort de ce dernier, partit pour Milan, et se fit recevoir au Conservatoire de cette ville, où il eut pour maître de composition Federico. Après avoir terminé ses études, il écrivit deux opéras, dont j'ignore les titres, qu'il fit représenter à Rome, et dont le succès très-réel ne l'empêcha point de renoncer pour jamais à la composition dramatique. En 1827 Vecchiotti fut appelé à diriger la chapelle métropolitaine d'Urbino, et en 1841 il abandonna ces fonctions pour occuper celles de maître de chapelle et de directeur de la basilique de Loreto, qu'il conserva jusqu'à sa mort. Il écrivit, pour le service de ces deux chapelles, un grand nombre d'œuvres de musique sacrée, qui se distinguaient par un style très-pur [et] de remarquables qualités. Ces œuvres, dont la plupart sont restées en manuscrit, consistaient en messes, hymnes, psaumes, motets, etc. Vecchiotti est mort le 10 février 1863.

VECOLI (Francesco), compositeur, né à Lucques vers 1550, a publié à Venise, en 1581, un recueil de motets à 5 voix.

* **VECOLI** (Regolo), compositeur italien, n'était point napolitain, mais était né à Lucques. Il concourut en 1580 au puy de musique d'Évreux, et y remporta, pour un *De profundis* de sa composition, le prix de la harpe d'argent.

* **VEIT** (Wenzel-Henri), magistrat et compositeur, président du tribunal du cercle, est mort à Leitmeritz (Bohême), le 15 février 1864. Parmi ses compositions nombreuses, on remarque une messe, une symphonie, et divers morceaux de piano.

* **VENTO** (Mathias). — Cet artiste a écrit, en société avec Floriano Gessmann, un opéra intitulé *la Zingara*, qui fut représenté à Florence en 1771.

VENTURA (Giuseppe), compositeur italien, vivait dans la première moitié du dix-huitième siècle. Cet artiste, sur lequel je n'ai pu découvrir aucun renseignement particulier, est l'auteur d'un opéra intitulé *Prizela correvata*, qui était représenté au théâtre Nuovo d'Aversa, en 1732.

VENTURA (Lionello), compositeur, né à Trieste, est l'auteur d'un opéra intitulé *Alda*, qui a été représenté il y a quelques années. Avant de se produire comme musicien dramatique, cet artiste s'était fait connaître comme critique et écrivain musical, et avait été sous ce rapport le collaborateur de divers journaux, entre autres de *la Scena*, l'une des feuilles artistiques les plus intéressantes de l'Italie. Sous ce titre, *la Musica dell'Avvenire*, il avait notamment publié dans ce journal une série d'articles remarquables par la largeur des vues et la clarté du style. Y. d.

VENTURELLI (.......), compositeur italien, est l'auteur d'un opéra sérieux, *il Conte* *di Lara*, qui a été représenté avec succès à Florence, le 22 février 1876.

VENZANO (Luigi), violoncelliste et compositeur italien, né à Gênes vers 1815, s'est fait connaître d'abord par la publication d'un assez grand nombre de mélodies vocales qui ont été bien accueillies du public, et dont la plus fameuse est la valse chantée connue sous le nom de *valse de Venzano*, qui fut écrite pour Mme Cassier, et que cette grande artiste rendit populaire par toute l'Europe en l'intercalant dans la scène de la leçon de chant du *Barbier de Séville*. Parmi les autres compositions vocales de Venzano, je citerai *la Zingarella*, « chant fantastique » pour voix de soprano avec accompagnement d'orchestre, *la Preghiera a Sant'Anna*, *la Fioraja di Genova*, *un Fiore*, *Beppe innamorato*, *l'Arrivo*, etc. Venzano a écrit aussi la musique de plusieurs ballets, entre autres *Lidia* (en société avec MM. Corradi et Olivari), représenté au théâtre Carlo-Felice, de Gênes, le 11 mars 1865, et *Benvenuto Cellini*. Enfin, cet artiste a donné dans la salle Sivori, de la même ville, le 25 avril 1873, un opéra bouffe en 2 actes intitulé *la Notte degli schiaffi*.

Venzano remplissait les fonctions de premier violoncelle à l'orchestre du théâtre Carlo-Felice, et de professeur de cet instrument à l'Institut musical civique de Gênes. Il est mort en cette ville à la suite d'une maladie de poitrine, le 27 janvier 1878, à l'âge de soixante-trois ans.

VERA-LORINI (Carlotta-Enrichetta **NOESER**, femme), cantatrice allemande de naissance et d'origine, née dans les dernières années du dix-huitième siècle, morte au mois de janvier 1866, parcourut, sous son nom de demoiselle, une brillante carrière, chanta à la Scala de Milan, en compagnie du célèbre ténor Tacchinardi, et obtenait en 1807 d'immenses succès à Vienne et à Prague. On assure qu'elle fut la première chanteuse en Italie qui revêtit l'habit masculin, ce qui la mit en rivalité d'emploi avec les plus fameux virtuoses de l'époque, les sopranistes Crescentini, Velluti et autres. Vers 1814, elle épousa l'avocat Vera, un des jurisconsultes romains les plus distingués, et quitta le théâtre, où plus tard sa fille, la *prima donna* Sofia Vera-Lorini, devait se faire à son tour une brillante renommée. Spohr, dans ses *Mémoires*, parle avec éloges de Mme Vera-Lorini, et Hoffmann, dans l'un de ses *Contes fantastiques*, lui a consacré un chapitre entier (1).

(1) Je crois que c'est par erreur que certains biographes, dont j'ai suivi l'exemple, ont appelé cette cantatrice Mme *Vera-Lorini*. Ce nom appartenait à sa fille, qui épousa le chanteur Lorini. Peut-être pourtant, lorsque celle-ci eut été mariée, prit-on à tort l'habitude de désigner aussi Mme Vera mère sous le double nom que sa fille avait adopté.

VERA (Eduardo), fils de la précédente, professeur de chant et compositeur italien, est né vers 1825. Il s'est acquis comme professeur une grande réputation, non-seulement en Italie, où, entre autres élèves, il a enseigné le chant à la princesse Marguerite de Savoie, mais aussi à Londres, où il a été établi pendant plusieurs années et où sa clientèle se recrutait surtout dans les grandes familles de l'aristocratie anglaise. Il est aujourd'hui fixé à Rome. M. Vera, qui a reçu d'ailleurs une bonne éducation musicale, s'est produit aussi comme compositeur, et a écrit la musique de plusieurs opéras sérieux ; j'ignore s'il en a produit d'autres que les trois suivants, qui seuls sont venus à ma connaissance : 1° *Adriana Lecouvreur* (Milan, théâtre de la Scala, 17 octobre 1843) ; 2° *Anelda di Messina* (Lisbonne, théâtre San-Carlos, 5 décembre 1858) ; 3° *Valeria* ; ce dernier représenté en 1869 au théâtre communal de Bologne. Il a publié aussi différents recueils de mélodies vocales, dont deux ont paru à Milan, chez l'éditeur M. Ricordi.

La sœur de cet artiste, Mlle *Sofia Vera*, mariée aujourd'hui à M. Lorini, chanteur et *impresario*, est une cantatrice de grand talent, qui n'a pas moins brillé dans le chant dramatique que dans l'interprétation des jolis poëmes musicaux de l'école allemande classique. Mme Vera-Lorini a appartenu en 1850 au Théâtre-Italien de Paris, puis elle s'est fait entendre en Italie, en Angleterre et en Amérique, toujours avec succès. De retour de Rio-Janeiro en 1859, elle se produisit avec le même bonheur à Bologne, à la Scala de Milan et à Naples.

* **VERBONNET** (.......). — M. le docteur Abramo Basevi, de Florence, possède un manuscrit sur parchemin, du seizième siècle, qui contient quatre compositions de cet artiste, dont Fétis déclarait n'avoir jamais connu qu'un seul morceau. M. Basevi a fait faire une copie de ce manuscrit précieux, et a donné cette copie à l'Académie royale des Sciences de Bruxelles.

VERBRUGGEN (Théodore), luthier et musicien instrumentiste, vivait dans la première moitié du dix-septième siècle à Anvers, où il construisit, en 1641, une contre-basse pour le jubé de la cathédrale.

VERCKEN DE VREUSCHMEN (Léon), amateur de musique et compositeur, est né à Liége (Belgique) le 15 octobre 1828. Après avoir fait son droit et s'être fait recevoir avocat, il devint en 1852 secrétaire de l'Institut et de la Chambre de commerce d'Anvers, fut un peu plus tard consul de Perse, et enfin, se lançant dans les affaires, se vit nommer administrateur de plusieurs sociétés financières et de chemins de fer. Cependant M. Vercken, qui avait reçu dans sa jeunesse une bonne éducation musicale, consacrait une partie de son temps à la pratique de l'art et s'occupait de composition. Dès 1851 il publiait à Anvers, chez l'éditeur Possoz, plusieurs mélodies, duos et ballades, faisait paraître l'année suivante deux recueils de *Chants du soir* (Paris, Chabal), et plus tard des morceaux de piano : caprices, suite de valses, *Études mélodiques*, etc. En 1863 il faisait exécuter à Anvers un grand chœur à 8 voix, *les Lévites du Temple*, avec *soli* et orchestre, dans le même temps faisait entendre à la cathédrale divers motets à 4 voix et orchestre, et enfin écrivait une ballade symphonique, *le Tambour sur mer*, sorte de grande cantate pour *soli*, chœurs et orchestre, composée sur un texte imité du poète danois Œhlenschlaeger. Peu de temps après, en 1865, M. Vercken faisait exécuter à Anvers un opéra-comique en deux actes, *la Légende du diable*, et en 1871 il donnait à Bruxelles, sur le théâtre des Galeries-Saint-Hubert, une opérette en un acte intitulée *A la mer*. A la même époque il faisait répéter au théâtre de la Monnaie, de cette ville, un opéra-comique en deux actes, *le Chemin de Venise*, dont les circonstances politiques empêchèrent la représentation. Enfin, le 6 juin 1873, il faisait jouer à Paris, au Théâtre-Lyrique (Athénée), un gentil petit ouvrage en un acte intitulé *Pierrot fantôme*.

M. Vercken, qui a fait encore exécuter à Lille (1870) une *Marche inaugurale* pour la cérémonie d'ouverture du chemin de fer de Lille à Valenciennes, et qui a en portefeuille un opéra-comique inédit, *le Mystère*, s'est aussi occupé de critique musicale. Il a rédigé, de 1860 à 1863, le feuilleton musical du principal journal d'Anvers, *le Précurseur*, et a publié de nombreux articles dans *l'Union commerciale* et dans trois feuilles parisiennes qui n'ont eu qu'une courte existence : *l'Eclair*, *le Nouvelliste* et le *Journal officiel des Théâtres*.

* **VERDI** (Giuseppe), le plus fameux compositeur de l'Italie contemporaine, n'est pas né le 9 octobre 1814 à Busseto, comme tous les biographes l'ont écrit jusqu'à ce jour, mais le 9 octobre 1813, à Roncole, petit village peuplé seulement de 200 habitants, situé à trois milles environ de la petite ville de Busseto, et dans lequel son père, simple paysan, tenait une modeste auberge de campagne (1). Il dut les bienfaits de son éducation musicale à la municipalité de Busseto, qui lui accorda une bourse pour aller étudier à Milan, et à un dilettante intelligent, Antonio Barezzi, qui compléta pendant plusieurs années les ressources dont il pouvait avoir besoin, et dont il épousa la fille. Plus tard, et celle-ci étant morte, Verdi se maria en secondes noces avec une cantatrice distinguée qui avait été l'une des meilleures interprètes de ses œuvres, Mlle Giuseppina Strepponi, fille du compositeur de ce nom.

La renommée du compositeur s'est agrandie dans ces dernières années et a pris un nouvel essor, par suite de la production de trois œuvres, dont les deux dernières surtout révélaient une évolution profonde dans son esprit et un changement très-remarquable dans son style. *Don Carlos*, opéra français en 5 actes, représenté à l'Opéra de Paris, le 11 mars 1867, donnait déjà les preuves d'un effort vigoureux du maître en vue de serrer de plus près la vérité dramatique, et d'amener l'alliance aussi complète que possible du discours musical avec tous les détails de l'action scénique. *Don Carlos* était une œuvre beaucoup plus réfléchie, beaucoup plus étudiée que les compositions antérieures de M. Verdi, et si elle manquait parfois de jet, de spontanéité, elle n'en était pas moins remarquable à divers égards, et surtout sous ce rapport de la recherche exacte, consciencieuse, de la véritable expression dramatique, que, dans une œuvre suivante, le compositeur allait déployer dans toute sa grandeur et tout son éclat.

Peu de temps après, le khédive (vice-roi) d'Égypte, Ismaïl-Pacha, inaugurait au Caire un théâtre italien qu'il venait de faire construire en cette ville. Pour donner une plus grande importance à ce théâtre et appeler sur lui l'attention même du public européen, il eut l'idée de demander à M. Verdi s'il voudrait écrire un ouvrage nouveau pour le Caire, lui proposant un livret qui avait pour titre *Aida* et le priant de fixer lui-même ses conditions. M. Verdi demanda 4,000 livres sterling (100,000 francs), qui

(1) Sous ce titre : *Verdi, souvenirs anecdotiques*, j'ai publié en 1878, dans le journal *le Ménestrel*, une série d'articles biographiques dont les renseignements, très-précis et pour la plupart inconnus, m'avaient été fournis en Italie par un ami intime du maître, qui le connaissait depuis sa jeunesse. J'y renvoie le lecteur curieux de connaître tous les faits intéressants de la vie et de la carrière de l'auteur de *Rigoletto* et de *la Traviata*. Une traduction italienne de cet écrit, en ce moment sous presse, va paraître incessamment à Milan, par les soins de l'éditeur M. Ricordi. Une traduction espagnole est près de paraître aussi à Madrid. Une troisième, en allemand, a été publiée dans la *Neue Berliner Musikzeitung*.

lui furent accordées, et il se mit aussitôt à l'œuvre. Celle-ci achevée, les études en furent commencées, et *Aida* fut représentée sur le théâtre impérial du Caire, le 24 décembre 1871, avec un succès colossal, qui se renouvela sur la scène de la Scala, de Milan, lorsqu'elle y parut peu de semaines après, et successivement dans toutes les grandes villes de l'Europe, et particulièrement à Paris. La partition d'*Aida* est une œuvre de premier ordre, d'une grande puissance et d'une rare intensité d'effet, qui se fait remarquer par une déclamation magnifique et pleine de noblesse, par une couleur éclatante, par un sentiment pathétique et passionné que l'auteur n'avait encore jamais manifesté à un si haut degré, enfin par une recherche singulièrement heureuse de la nouveauté harmonique et du coloris instrumental. Les grandes lignes de l'œuvre sont vraiment monumentales, son architecture est grandiose, l'inspiration y est puissante, et l'ensemble en est aussi sévère qu'harmonieux. *Aida* venait couronner d'une façon superbe, glorieuse, pourrait-on dire, la carrière inégale sans doute, mais déjà bien brillante du maître.

Une production d'un genre bien différent allait montrer son génie sous un jour tout nouveau. Dans les premiers mois de 1873 mourait à Milan, chargé d'ans et de gloire, l'un des hommes les plus justement célèbres de l'Italie contemporaine, l'un des plus grands patriotes, l'un des poëtes les plus exquis qu'ait produits cette terre si fertile sous ce double rapport, Alessandro Manzoni. Verdi, qu'une affection profonde et presque filiale attachait à ce grand homme, se rendit aussitôt à Milan pour proposer à la municipalité de cette ville d'écrire, en l'honneur de Manzoni, une messe de *Requiem* qui serait exécutée l'année suivante, pour l'anniversaire de sa mort. L'offre fut acceptée avec empressement, et en effet, le 22 mai 1874, le *Requiem* de Verdi fut produit dans l'église San-Marco, de Milan, avec une solennité et un éclat exceptionnels; les *soli* étaient chantés par Mmes Teresina Stolz et Waldmann, MM. Capponi et Maini, et le compositeur en personne dirigeait l'orchestre, composé de 100 exécutants, ainsi que le chœur, qui en comprenait 120, et dont faisaient modestement partie quelques uns des meilleurs artistes lyriques de l'Italie.

Le *Requiem* à la mémoire de Manzoni fut accueilli avec un tel enthousiasme, qu'il fut décidé que trois autres exécutions en seraient faites au théâtre de la Scala, où la foule se porta avec une sorte de fureur, et où les manifestations d'admiration, qui n'avaient pu que se laisser entrevoir dans l'enceinte d'une église, se donnèrent librement carrière. Il en fut de même à Paris, où, huit jours après, les mêmes artistes vinrent chanter le *Requiem*, dans la salle de l'Opéra-Comique, encore sous la direction de l'auteur. Depuis lors cette œuvre magistrale a été admirée par toute l'Europe, rencontrant partout la même faveur.

Il est certain qu'avec *Aida*, comme avec le *Requiem*, Verdi a acquis des titres beaucoup plus importants à l'estime publique qu'avec ses compositions précédentes. Dans ces deux œuvres grandioses, son génie s'est assoupli, civilisé, si l'on peut dire, son inspiration, naguère inégale, farouche, heurtée, a gagné en grandeur, en égalité, en sérénité; son sentiment de l'harmonie s'est montré beaucoup plus châtié, plus vivant, plus varié, enfin son orchestre a pris un aplomb, un corps, un ensemble, une cohésion, qu'on ne lui connaissait pas jusqu'alors. Sous le rapport de la forme enfin, aussi bien qu'en ce qui concerne le fond, le compositeur s'est montré, dans ces deux œuvres, dix fois supérieur à ce qu'on pouvait attendre de lui. Depuis lors, malheureusement, il n'a rien produit de nouveau.

En dehors de ses œuvres dramatiques, voici la liste des rares compositions du maître qui ont été publiées : 6 Romances (1. *Non t'accostare all'urna;* 2. *More, Elisa, lo stanco poeta;* 3. *In solitaria Stanza;* 4. *Nell'orror di notte oscura;* 5. *Perduta ho la pace;* 6. *Deh! pietoso*); — Album de 6 romances (1. *il Tramonto;* 2. *la Zingara;* 3. *Ad una festa;* 4. *lo Spazzacamino;* 5. *il Mistero;* 6. *Brindisi*); — *l'Esule*, chant pour voix de basse; — *la Seduzione*, id.; — *il Poverello*, romance; — *Tu dici che non m'ami*, « stornello »; *Guardache bianca luna*, nocturne à trois voix, avec accompagnement de flûte obligée; — Quatuor pour 2 violons, alto et violoncelle.

Verdi est sénateur du royaume d'Italie.

VERDYEN (Chrétien-Émile), musicien belge, né à Louvain le 6 mai 1827, a fait représenter à Liége, en 1858, un opéra-comique intitulé *le Fou du Roi*.

VERGER (Virginie **MOREL**, épouse **DU**), pianiste distinguée, naquit à Metz en 1799. Bien que privée d'une véritable direction dans ses études musicales, elle jouait à douze ans du piano d'une manière remarquable. Des artistes de mérite passant à Metz conseillèrent à sa mère d'aller chercher à Paris le développement des dispositions de la jeune Virginie. En 1814 la mère et la fille s'arrachèrent courageusement à une existence honorable et lucrative pour s'exposer aux tristes chances de la vie de Paris, où l'isolement et les privations de tout genre les attendaient. Virginie Morel, dès son entrée au Conservatoire, fut accueillie, écoutée favorablement par le jury, encouragée tout particulièrement par Méhul, et se fixa à Paris après avoir obtenu le premier prix de piano. Malgré les fatigues du professorat, elle se mit, sous la direction de Reicha, à l'étude de l'harmonie. De 1820 à 1828, plusieurs de ses compositions parurent et furent goûtées. Elle devint professeur de piano de la duchesse de Berry, à laquelle elle dédia trois *duettini* pour piano et violon d'un excellent style et pleins de charme. A cette époque, elle reçut de Clementi de précieux conseils, où elle puisa cette manière large, expressive, qu'on remarquait chez cette artiste. Elle reçut aussi quelques leçons de Hummel. En 1829 commença une existence nouvelle pour Virginie Morel. Elle épousa le baron du Verger, lieutenant-colonel d'état-major, devenu plus tard général, et le suivit, après la révolution de 1830, à Alger, où plus que jamais elle s'occupa de son art et se livra à la composition. Après la mise à la retraite de son mari, elle se fixa avec lui au château du Verger, où elle mourut en 1870.

Les compositions de Mme du Verger, publiées chez Richault, sont : 1° une sonate pour piano ; 2° trois *duettini* pour piano et violon; 3° une fantaisie sur un air anglais ; 4° variations brillantes sur un air allemand; 5° huit études mélodiques; 6° une valse brillante, *la Mascara ;* 7° *Virginia*, valse.

Mme du Verger a laissé des compositions inédites, toutes remarquables, dont elle a légué les manuscrits à Mlle A. Dethou, née Cléau, son élève et son amie, pianiste distinguée elle-même. Y.

* **VERHEYEN** (Pierre). — A la nomenclature des compositions de cet artiste honorable, il faut joindre un *Divertissement lyrique* qui fut exécuté à Sammerghem le 25 août 1788, à l'occasion d'une visite faite au curé de cette localité par le prince Ferdinand de Lobkowitz, évêque de Gand.

VERMEULEN (A....-C....-G....), dilettante distingué, excellent protecteur des arts et des artistes dans le royaume des Pays-Bas, naquit à Rotterdam en 1798. C'est lui qui fonda, le 20 avril 1829, la Société pour l'encouragement de l'art musical dans les Pays-Bas, société universellement connue, célèbre dans ce pays, et dont il est resté le secrétaire général jusqu'à sa mort. C'est à Vermeulen que les Pays-Bas doivent une partie de leur prospérité dans le mouvement musical du dix-neuvième siècle, et pendant de bien longues années il n'a cessé d'en poursuivre le développement avec autant de zèle que de succès.

Il reçut le grand diplôme d'honneur de la Société pour l'encouragement de l'art musical, de l'Académie de Sainte-Cécile de Rome, et de l'Académie royale des Arts de Berlin, ainsi qu'une médaille d'or du roi de Suède et une de l'ex-roi de Hanovre. Il était chevalier des ordres du Lion Néerlandais, de l'Aigle rouge et du Faucon blanc, et membre de l'Académie de Stockholm.

Vermeulen mourut à Rotterdam au mois de juillet 1872. Éd. de H.

VERNAY (L'abbé Augustin), a écrit la musique d'un recueil de chants religieux, intitulé : *Litanies de la bienheureuse Marguerite-Marie*. Ce recueil, composé de trente-cinq cantiques à une ou plusieurs voix, avec accompagnement de piano, a été publié en 1875 (Paris, Haton, 1 vol. in-8).

VÉRON ou **VERRON** (.......), luthier français, contemporain de Bocquay, de Pierret et de Despons, vivait à la fin du seizième et au commencement du dix-septième siècle. Au mois de juillet 1599, il signa, en compagnie des trois artistes ci-dessus, ses confrères, les statuts des luthiers constitués en corps, statuts qui furent approuvés par le roi Henri IV. Y.

§* **VERRIMST** (Victor-Frédéric). — Cet artiste distingué, qui occupe les fonctions de première contre-basse à l'orchestre de l'Opéra ainsi qu'à la Société des concerts du Conservatoire, a publié un grand nombre de compositions de divers genres, dont les plus importantes consistent en cinq messes, et environ quinze motets à une, deux, trois et quatre voix, la plupart avec accompagnement d'orgue et quelquefois de contre-basse. Pour l'enseignement, M. Verrimst a publié : 1° *Méthode complète pour la contre-basse à quatre cordes*, adoptée par le Conservatoire (Gérard); 2° *École des diverses positions pour le violoncelle* (Hiélard) ; 3° *Douze petits morceaux caractéristiques*, pour le piano à 4 mains, en forme d'études sur cinq notes, 1re suite (Gérard); 4° *Douze petits morceaux caractéristiques*, 2° suite (id.) ; 5° *Douze rondes enfantines*, 3° suite (id.) ; 6° *Douze petites transcriptions très-faciles* sur des opéras célèbres, 4° suite (id.); *Pantomime*, huit petits morceaux caractéristiques, 5° suite (id.). Les autres compositions de M. Verrimst comprennent des chœurs orphéoniques, quelques morceaux de genre pour le piano, et un certain nombre de mélodies vocales et chansonnettes. En 1873, dans ses deux concerts spirituels du vendredi saint et du dimanche de Pâques, la Société des concerts du Conservatoire a exécuté le *Kyrie* et le *Gloria* de la 5e messe de M. Verrimst. Cet artiste très-honorable a publié sous ce titre : *Rondes et Chansons populaires* (Paris, Hachette, in-8°), un recueil intéressant dont les accompagnements sont écrits avec soin et avec goût.

VERSTOVSKY (.......), compositeur russe contemporain, a rempli les fonctions d'inspecteur des théâtres de Moscou, et est mort en cette ville au mois de novembre 1862. Verstovsky a écrit la musique de deux ou trois opéras, dont l'un surtout, intitulé *la Tombe d'Askold*, obtint un vif succès et resta pendant plus de vingt ans au répertoire. Un autre de ses ouvrages avait pour titre *Gromoboï*.

VESPOLI (LUIGI), professeur de piano au Conservatoire de Naples et compositeur, est né à Avellino le 12 janvier 1834. Fils d'un compositeur de musique religieuse, il en reçut ses premières leçons, et se fit admettre ensuite au Conservatoire de Naples, où il devint l'élève de Michelangelo Russo pour le piano, de Gennaro Parisi pour l'harmonie, puis de Mercadante pour la composition. Après avoir terminé ses études, il écrivit la musique d'un opéra en 3 actes, *la Cantante*, qui fut représenté avec succès au théâtre du Fondo, de Naples, en 1858; mais, malgré cet heureux début, une timidité naturelle et une trop grande défiance de lui-même l'empêchèrent de poursuivre la carrière du théâtre. Il se livra alors à l'enseignement, et devint professeur dans l'établissement dont il avait été l'élève. Comme compositeur, on doit à M. Vespoli un recueil de 12 Études pour le piano, deux ouvertures à grand orchestre et quelques morceaux de genre et de danse pour son instrument.

VESTVALI (FÉLICITÉ), cantatrice dramatique, issue d'une noble et riche famille polonaise, naquit selon les uns à Stettin en 1829, selon d'autres à Varsovie en 1831. Son père avait le titre de comte et le grade de général dans l'armée prussienne. La jeune fille, qui était douée d'un physique majestueux et d'une opulente beauté, avait le goût des arts. Elle s'essaya dès son jeune âge, à Berlin, comme actrice dramatique, obtint des succès, puis, ayant découvert qu'elle possédait une magnifique voix de contralto, elle résolut de cultiver cet admirable instrument et alla prendre, en Italie, des leçons de Mercadante et de Pietro Romani. Son éducation musicale terminée, elle fut engagée au théâtre de la Scala, de Milan, où elle débuta, en 1853, dans le rôle d'Azucena du *Trovatore*, qui lui valut un triple succès de femme, de cantatrice et de tragédienne lyrique.

Ce premier succès lui valut un brillant engagement à Londres, où elle fut reçue avec une grande faveur. Bientôt après elle partit pour l'Amérique, en compagnie de Mario et de la Grisi, et se fit applaudir à New-York et à Mexico, en se montrant dans *Romeo e Giulietta*, dans *Semiramide* et dans *il Trovatore*. En 1859, elle fit une courte apparition à l'Opéra de Paris, ou l'on monta pour elle une traduction de *Romeo e Giulietta*, puis elle retourna en Amérique, où, abandonnant la carrière lyrique pour le drame shakespearien, elle obtint de véritables triomphes et amassa une fortune considérable en jouant en anglais les œuvres du grand poëte, et particulièrement *Hamlet*, qui lui valut une immense renommée. Mme Vestvali, dont les journaux avaient annoncé prématurément la mort en 1863, est morte à Varsovie, le 3 avril 1880. Elle laissait une fille, qui suit en Amérique la carrière maternelle.

VEZZOSI (........), compositeur italien, a écrit la musique de *Caterina Howard*, drame lyrique qui a été représenté à Catane en 1869.

* **VIADANA** (LOUIS **GROSSI**, connu sous le nom de), moine et musicien italien, n'est pas né à Lodi, comme on l'avait cru jusqu'à ce jour, mais à Viadana, gros bourg du pays de Mantoue. Son nom de famille était *Grossi*, mais, comme il arrivait assez fréquemment pour les artistes à cette époque, on le désigna sous celui du pays où il avait vu le jour, et il fut appelé dans la suite Viadana. Dans un travail étendu, sérieux et important de M. Antonio Parazzi, publié sur ce compositeur par la *Gazzetta musicale* de Milan (1876-1877), les faits sont établis à ce sujet de la façon la plus authentique; M. Parazzi n'a pu, il est vrai, établir la date précise de la naissance de Viadana, mais il prouve, par des documents certains, que sa famille habitait le bourg dont il a pris le nom, que tous ses frères y sont nés, et que ce musicien a dû y naître vers 1564. Après avoir retracé la vie et la carrière de Viadana, l'écrivain donne la liste complète de ses œuvres, liste à l'aide de laquelle je vais compléter celle qui a été publiée dans la *Biographie universelle des Musiciens*. Voici quelles sont les compositions de Viadana qui n'ont pas été mentionnées par Fétis : — 1° *Canzonette a quattro voci, con un dialogo a otto di ninfe e pastori, e un'aria di canzon francese per sonare*, Venise, Amadino, 1590, in-4°; 2° *Canzonette a tre voci*, libro primo, id., id., 1594, in-4°; 3° *Missarum cum quatuor vocibus*

nunc primum in lucem editus liber primus, Venise, 1600, in-4° (il a été fait au moins huit éditions de cet ouvrage); 4° *Ludovici Viadanae Psalmi omnes qui a S. Romana Ecclesia in solemnitatibus ad Vesperas decantari solent, Cum duobus Magnificat tum viva voce, tum omni instrumentorum genere, cantatu commodissimi, Cum quinque vocibus nunc primum in lucem editi*. Liber secundus, Venise, 1604, in-4°; 5° *Litanie che si cantano nella Santa Casa di Loreto, et nelle Chiese di Roma ogni sabbato, et feste della Madonna a 3, a 4, a 5, a 6, a 7, a 8, et 12 voci*, Venise, 1607, in-4° (2° édition); 6° *Concerti ecclesiastici a una, a due, a tre, et a quattro voci, con il basso continuo per sonar nell' organo*, libro secondo, Venise, 1607, in-4°; 7° *Completorium romanum quaternis vocibus decantandum, una cum basso continuo pro organo*, Venise, 1609, in-4°; 8° *Responsoria ad Lamentationes Hieremiæ prophetæ, quæ in maioris hebdomadæ officiis concinuntur cum quatuor vocibus*, Venise, 1609, in-4°; 9° *Salmi a quattro voci pari col basso per l'organo, brevi, commodi et ariosi, Con dui Magnificat*, Venise, 1610, in-4°; 10° *Lamentationes Hieremiæ prophetæ in majori hebdomada concinendæ quatuor paribus vocibus*, Venise, 1610, in-4° (2° édition); 11° *Ventiquattro Credo a canto fermo sopra i tuoni delli Hinni che Santa Chiesa usa cantare, col versetto* Et incarnatus est *in musica, à chi piace, Con le quattro Antiphone della Madonna in tuono feriale*, Venise, 1619, in-f°; 12° *Missa defunctorum tribus vocibus*, 1667, in-4° (édition posthume).

L'écrit de M. Antonio Parazzi dont il est parlé plus haut, et qui a paru d'abord dans la *Gazzetta musicale* de Milan, a été depuis publié sous ce titre : *Della vita e delle opere musicali di Lodovico Grossi-Viadana*, Milan, 1876.

VIALON (Antoine), musicien français, né le 17 décembre 1814, mort le 4 mars 1866, avait été d'abord graveur de titres de musique, et sous ce rapport avait fait preuve d'un talent exceptionnel. Un jour, il se passionna pour le système de la notation par le chiffre, se fit éditeur pour aider efficacement à sa propagation, et, gravant lui-même les morceaux qu'il publiait, fonda en quelque sorte la première bibliothèque de l'école du chiffre. Plus tard il abandonna le système Chevé, et se porta avec autant d'ardeur dans le camp qui lui était hostile, c'est-à-dire du côté de l'Orphéon. C'est alors qu'il commença à fournir à Adam et à Clapisson les paroles d'un grand nombre de chœurs dont ceux-ci écrivaient la musique, et que lui-même, bientôt, en composa toute une série, parmi lesquels il faut citer *la Mascarade, les Pêcheurs napolitains, le Baptême des cloches, l'Orphéon au bal, la Fournaise, Dans les champs, Heureux oiseaux, la Couronne triomphale, Parfums printaniers*, etc., etc.

VIALLON (Justinien-Pierre-Marie), compositeur, théoricien et professeur français, né à Paris le 31 mars 1806, fut admis au Conservatoire, dans la classe de Reicha, et obtint en 1831 un second prix de contre-point et fugue. Devenu répétiteur de son maître dans cet établissement, il ne quitta cette situation que pour entrer, en 1838, comme professeur de composition au Gymnase musical militaire; il conserva ces fonctions jusqu'à la disparition de cette école spéciale, disparition fâcheuse à tous égards. Professeur de musique au collège des Jésuites de Vaugirard, Viallon, en même temps qu'il consacrait ainsi la plus grande partie de son temps à l'enseignement, tenait successivement le grand orgue aux églises Saint-Paul, Saint-Louis, Saint-Philippe-du-Roule, et pendant vingt-cinq ans restait titulaire du petit orgue de la Madeleine. Travailleur infatigable, il trouvait encore la possibilité de composer des œuvres assez nombreuses, et d'écrire des traités didactiques remarquables, qui font honneur à l'enseignement musical français.

Viallon forma, au Gymnase militaire, un grand nombre d'artistes qui devinrent dans l'armée d'excellents chefs de musique; très-ardent dans la propagation de la musique populaire et de tout ce qui se rattache à l'orphéon, il instruisit aussi beaucoup de chefs de sociétés chorales ou instrumentales. L'application sérieuse de son esprit, son enseignement très-rationnel, très-logique, très-intelligent, faisaient rechercher ses leçons et lui avaient acquis un renom légitime.

Comme théoricien, on doit à Viallon plusieurs traités importants et justement estimés : un *Traité d'harmonie*, un *Résumé harmonique* qui est l'abrégé du précédent ouvrage, un manuel intitulé *Instrumentation et Orchestration*, un *Solfège vocal et instrumental pour enseignement collectif ou particulier*. Il a laissé inédite une *Grammaire générale de composition musicale* qui ne devait pas former moins de quatre volumes, et qui est grandement louée par ceux qui en ont eu connaissance. Comme compositeur, il a publié les ouvrages suivants : *le Mois de Marie*, oratorio pour voix seules et chœur; *Magnificat* à 3 voix, avec accompagnement d'orgue; 6 Offertoires pour orgue, sur des cantiques, en 3 suites;

2 Noëls variés, pour orgue; *la Bonne Fête*, chœur à 2 voix, avec orgue ou piano; Chœur facile à 3 voix, avec musique militaire ou piano; *Retraite en forêt*, scène orphéonique à 4 voix et 4 instruments à pistons; *Barcarolle*, *le Myosotis*, *le Tirage au sort*, chœurs à 4 voix d'hommes sans accompagnement; enfin un assez grand nombre de morceaux pour fanfare ou musique militaire.

Viallon est mort subitement à Paris, le 4 février 1874.

VIARDOT (MICHELLE-PAULINE GARCIA, épouse), cantatrice française d'un admirable talent, née à Paris le 18 juillet 1821, est la fille du grand chanteur Garcia et la sœur de la célèbre Maria Malibran. Elle était à peine âgée de trois ans lorsque son père quitta la France, emmenant toute sa famille en Angleterre, puis aux États-Unis et au Mexique. C'est à Mexico que la jeune Pauline prit ses premières leçons de piano avec Marcos Vega, organiste à la cathédrale. Peu de temps après (1828), toute la famille revenait en Europe, et pendant la traversée Garcia faisait connaître à sa fille les premiers éléments de l'art du chant; plus tard elle étudia sérieusement le piano avec Meysenberg, puis avec Franz Liszt, et travailla l'harmonie avec Reicha. Après la mort de son père (1832), elle habita Bruxelles avec sa mère, et c'est là qu'elle termina son éducation musicale. Après s'être produite en cette ville d'abord dans des salons particuliers, elle chanta pour la première fois en public, avec un très-grand succès, dans un concert donné au bénéfice des pauvres (13 décembre 1837), et où elle se montra en compagnie de son beau-frère, le célèbre violoniste Charles de Bériot. Elle partit presque aussitôt pour l'Allemagne, avec ce dernier et Mme Garcia, sa mère, se fit applaudir à Berlin, à Dresde et à Francfort, puis vint à Paris en 1838, et s'y produisait aussi dans les concerts.

Mlle Pauline Garcia songeait cependant à aborder le théâtre. Pourvue d'une instruction musicale des plus complètes, douée d'une organisation exceptionnelle, possédant une admirable voix de contralto, qui, partant du *fa* grave, parcourait une étendue de deux octaves et demie et atteignait l'*ut* aigu, parlant avec une égale facilité le français, l'anglais, l'espagnol et l'italien, il semblait qu'elle n'eût qu'à paraître devant le public pour obtenir les succès les plus brillants. Engagée au King's Théâtre, de Londres, elle y débuta en effet, le 9 mai 1839, dans le rôle de Desdemona d'*Otello*, de la façon la plus heureuse. Elle ne fut pas accueillie avec moins de faveur dans les salons de la haute aristocratie anglaise, et même chez la reine, où elle fut appelée plus d'une fois à se faire entendre. M. Louis Viardot, alors directeur du Théâtre-Italien de Paris, ayant entendu parler de la jeune cantatrice, se rendit à Londres pour pouvoir juger par lui-même de ses talents, et lui proposa aussitôt un engagement, qui fut accepté. Mlle Pauline Garcia débuta à Paris le 8 octobre 1839, chanta successivement *Otello*, *Cenerentola*, *il Barbiere di Siviglia*, *Tancredi*, et se fit admirer dans ces divers ouvrages. Au bout de deux années, elle devenait l'épouse de M. Viardot, qui abandonnait alors la direction du Théâtre-Italien, et accompagnait bientôt sa jeune femme dans une série de voyages que celle-ci entreprenait à l'étranger. Mme Viardot parcourait successivement l'Espagne, l'Italie, l'Allemagne, la Russie, l'Angleterre, se produisait sur les plus grandes scènes de Vienne, de Berlin, de Saint-Pétersbourg, de Moscou, de Londres et d'autres villes, et trouvait partout des admirateurs enthousiastes.

Sur la demande de Meyerbeer, Mme Viardot fut engagée à l'Opéra pour y créer le rôle si pathétique de Fidès, du *Prophète* (1849), dans lequel elle se montra tragédienne aussi émouvante que cantatrice incomparable. Elle alla jouer ensuite ce rôle à Berlin, à Saint-Pétersbourg et à Londres, et peu de temps après rentra à l'Opéra pour s'y montrer dans la *Sapho* de M. Gounod, à qui elle avait, par son influence, ouvert les portes de ce théâtre. Mme Viardot se reproduisit, pendant plusieurs années, sur diverses scènes importantes de l'étranger, puis, en 1859, elle consentit, à la sollicitation de Berlioz, à contracter un engagement avec le Théâtre-Lyrique pour y remplir le rôle d'Orphée dans la restitution brillante qui fut faite du chef-d'œuvre de Gluck. L'admirable talent de la cantatrice, sa connaissance des grandes traditions artistiques, la pureté, la grandeur et la noblesse de son style, ses grandes qualités dramatiques, lui valurent dans ce rôle un succès éclatant, qui se poursuivit pendant une série de cent cinquante représentations et qui fit accourir tout Paris au Théâtre-Lyrique. Le sculpteur Aimé Millet modela un buste magnifique de Mme Viardot dans le costume d'*Orphée*, qu'elle portait avec une aisance et un sentiment de l'antique vraiment merveilleux. Depuis cette époque, cette grande artiste ne s'est plus fait entendre à Paris.

Mme Viardot, dont l'éducation musicale a été très-complète, s'est fait connaître comme compositeur, d'abord en publiant un assez grand nombre de mélodies vocales: *En mer*, *l'Absence*, *l'Exile polonais*, *l'Abricotier*, *Villanella*, *Adieu beaux jours*, *l'Enfant et la Mère*, *la Chanson de Loïc*, *un Jour de printemps*, *la Luciole*, *l'Enfant de la montagne*, *la Chapelle*, *Marie et Louise*, *Solitude*, *le Chêne et le Roseau*, *l'Ombre et le Jour*, *la Petite Chevrière*, etc. On lui doit aussi une série de 12 Mélodies sur des poésies russes, 6 Mazurkas de Chopin arrangées pour la voix, 6 Morceaux pour piano et violon « composés pour son fils Paul », et un choix de morceaux classiques pour le chant, avec accompagnement de piano. Enfin elle a écrit encore la musique de trois opérettes : *le Dernier Sorcier*, *l'Ogre*, et *Trop de femmes*, qu'elle a fait représenter chez elle, à Bade, en 1867, 1868 et 1869. Mme Viardot passe pour être l'auteur des accompagnements de piano des études de violon de son beau-frère Ch. de Bériot.

La fille aînée de cette grande artiste, Mme *Louise Héritte-Viardot*, s'est adonnée à la composition ; on connaît d'elle, entre autres œuvres, un quatuor pour piano, violon, alto et violoncelle, un trio italien pour voix de femmes, et un assez grand nombre de mélodies pour une ou deux voix. Elle a écrit aussi les paroles et la musique de deux opéras-comiques, dont l'un, *Lindoro*, en un acte, traduit en allemand, a été représenté à Weimar au mois de mai 1879 ; quant à l'autre, qui est en 2 actes, et qui a pour titre *les Fêtes de Bacchus*, elle en a fait entendre récemment plusieurs fragments à Stockholm, en en dirigeant elle-même l'exécution (mars 1880). — Deux autres filles de Mme Viardot, Mme *Chamerot-Viardot* et Mlle *Marianne Viardot*, se sont produites avantageusement comme cantatrices dans les concerts. Enfin, son fils, M. *Paul Viardot*, élève de M. Léonard (*voy.* ce nom), est un violoniste distingué ; il s'est fait entendre pour la première fois à Paris, aux Concerts populaires (novembre 1876), dans l'élégant concerto de Mendelssohn, et depuis il a obtenu des succès à Londres, à Bruxelles et à Stockholm. §

VICECONTE (Ernesto), compositeur italien, naquit à Naples le 2 janvier 1836. Il commença l'étude de la musique à l'âge de huit ans, et, après avoir pris des leçons de piano d'un professeur nommé Lavigna, il fut admis au Conservatoire de Naples, où il devint l'élève de Giuseppe Lillo pour l'harmonie et de Carlo Conti pour le contre-point et la composition. Avant d'avoir terminé ses études, il fit exécuter à l'église Saint-Georges une messe pour voix seules, chœur et orchestre, et fit représenter au théâtre du Fondo (1856) un opéra en 3 actes, intitulé *Evelina*, qui obtint un véritable succès. Il quitta le Conservatoire l'année suivante, et se livra aussitôt à la composition et à l'enseignement. En 1862 il donnait au théâtre San-Carlo un grand drame lyrique, *Luisa Strozzi*, et ce n'est qu'après un silence de dix ans qu'il y produisait un nouvel ouvrage, *Selvaggia*. Mais en dehors de la scène il produisit de nombreuses compositions de divers genres, entre autres les suivantes : *Messe*, *Credo* et *Dixit*, avec petit orchestre ; *Messe*, *Credo* et *Dixit*, à la Palestrina ; *Dixit*, avec grand orchestre ; *le Tre Ore di Maria desolata* ; 3 cantates religieuses ; *Magnificat* à 3 voix et orchestre ; plusieurs albums de mélodies vocales ; Ouverture à grand orchestre ; Concerto pour deux pianos ; Chansons sacrées ; beaucoup de romances, chansons, mélodies à une ou plusieurs voix ; un grand nombre de morceaux de genre et de danse pour le piano. — Viceconte est mort presque subitement à Naples, le 18 mars 1877, âgé seulement de quarante et un ans. Il laissait, complètement achevé, un opéra intitulé *Benvenuto Cellini*. Cet artiste estimable avait fait ses débuts de compositeur dramatique alors qu'il était encore élève du Conservatoire de Naples, en faisant représenter sur le petit théâtre de cet établissement un opéra bouffe, *il Traviato*, qu'il avait écrit en compagnie de quatre de ses condisciples, MM. Conti, Vespoli, Menzitieri et Carelli.

VICINI (Luigi), compositeur dramatique italien, a fait ses débuts à la scène en donnant sur le Grand-Théâtre de Brescia, le 20 janvier 1866, un opéra sérieux en 3 actes intitulé *Aneldo da Salerno*. Cinq ans après, en 1871, il faisait représenter à Bergame un second ouvrage dramatique, *Gian-Maria Visconti*, qui faisait un *fiasco* complet. Depuis lors il n'a plus fait parler de lui.

* **VIDAL** (Jean-Joseph), violoniste. — Cet artiste distingué était devenu, en 1829, chef d'orchestre du Théâtre-Italien, alors dirigé par Severini ; il ne garda ces fonctions que pendant deux années, ayant remplacé Grasset et précédé Girard. Il fut aussi chef d'orchestre de l'Athénée musical (1836) et premier violon de la chambre du roi Louis-Philippe. Vidal est mort le 14 juin 1867. Il n'avait point remporté de prix de violon au Conservatoire, comme cela a été dit par erreur.

VIDAL (Louis-Antoine), musicographe français, est né le 10 juillet 1820 à Rouen, où son père, originaire d'une vieille famille du barreau de Nîmes, fut pendant longtemps directeur de la Banque de la ville, devenue plus tard succursale de la Banque de France. Il se livra de bonne heure à l'étude de la musique, qu'il ne cultiva cependant que pour son plaisir, et étudia le violoncelle sous la direction de M. Franchomme ; mais la littérature musicale attirait surtout son attention, et c'est comme écrivain spécial qu'il trouve sa place dans ce Dictionnaire.

Depuis longues années, M. Vidal avait recueilli des notes nombreuses et intéressantes sur l'histoire de l'art instrumental, et il songeait à utiliser ces notes, lorsque, causant un jour de ses projets avec un de ses amis, aquafortiste amateur fort distingué, M. Frédéric Hillemacher, celui-ci lui proposa de s'associer au travail qu'il entrevoyait et d'*illustrer* le livre dont il avait conçu la pensée. Cette offre modifia aussitôt les idées de M. Vidal, lui permit de les compléter, et c'est alors qu'il songea sérieusement à entreprendre, sur un plan beaucoup plus vaste que celui qu'il avait rêvé, l'ouvrage auquel il voulait attacher son nom. Les deux amis se mirent bientôt à l'œuvre, et M. Vidal put lancer, au commencement de 1876, le premier volume du livre important qu'il a publié sous ce titre : *les Instruments à archet, les feseurs, les joueurs d'instruments, leur histoire sur le continent européen, suivi d'un catalogue général de la musique de chambre*, Paris, J. Claye, in-4°. Le second volume de cet ouvrage a paru en 1877, le troisième et dernier en 1878. Son sujet et l'importance que l'auteur lui avait donnée, son format exceptionnel, le luxe de la publication, enfin le nombre et la beauté des planches qui l'accompagnaient (le nombre de ces eaux-fortes ne s'élève pas à moins de 120), signalèrent tout naturellement ce livre à l'attention du public spécial, aussi bien à l'étranger qu'en France (1), et firent de son apparition un véritable événement artistique. C'était la première fois, en effet, qu'un travail vraiment d'ensemble était fait sur les instruments à archet. M. Vidal s'était efforcé de retracer aussi exactement que possible l'histoire de ces instruments et des diverses transformations qu'ils avaient subies dans le cours des siècles, celle de ces artisans modestes, mais sublimes, qui, tels que les Bergonzi, les Amati, les Guarneri, les Stradivari, en avaient porté la fabrication et la construction à un point de perfection vraiment idéale, enfin celle des artistes immortels qui, comme les Leclair, les Gaviniés, les Viotti, les Rode, les Duport, les Romberg, ont su leur faire parler un langage éclatant et merveilleux. L'œuvre était ardue, difficile, et surtout un peu effrayante par les proportions que lui avait données l'auteur. On peut dire, bien que quelques réserves soient de mise sur certains points, que M. Vidal s'en est tiré à son honneur. Il y a certainement des lacunes, des oublis, des erreurs à signaler dans son livre ; mais, encore un coup, nous ne devons oublier ni l'ampleur avec laquelle il a traité son sujet, ni les mille détails avec lesquels il s'est trouvé aux prises, ni le service qu'il a rendu en réunissant dans un seul ouvrage une foule de renseignements et de documents qui étaient épars dans des centaines de volumes et que souvent on ne savait où trouver. C'est une grosse chose et une grande audace, pour un écrivain, que de s'attaquer du premier coup à un sujet si vaste et à une œuvre de cette nature, sans s'être rompu par avance à des travaux moins importants ; M. Vidal n'a pas échappé à l'inconvénient qui résulte d'une telle façon de procéder. Mais, tel qu'il est, on peut dire de son livre que non-seulement c'est un livre utile, mais aussi que c'est un livre nouveau, qui n'avait encore été essayé nulle part, et que la France est la première à posséder.

VIDAL (François), né à Aix le 14 juillet 1832, a publié un volume en langue provençale, avec traduction littérale en regard, intitulé *lou Tambourin, Musique, Poésie et Prose provençales* (Aix, Remondet-Aubin ; — Avignon, J. Romanille). Cet ouvrage comprend trois parties :

La première, qui est l'histoire du tambourin et du galoubet, contient des indications sur les origines de ces deux instruments, les pays où ils sont en honneur, et les traditions qui s'y rattachent. — La seconde est une méthode de galoubet suivie d'études et d'exercices. —

(1) M. Frédéric Hillemacher, qui a été en cette circonstance le collaborateur dévoué de M. Vidal, est le frère du peintre bien connu de ce nom. Attaché depuis sa fondation à la grande compagnie des Quatre-Canaux, dont il est aujourd'hui le directeur, il n'a cessé, malgré l'importance de ses fonctions administratives, de se livrer avec ardeur à la culture de l'art, et est devenu l'un de nos aqua-fortistes les plus habiles et les plus réputés. C'est lui qui a publié, sur les *Princeps*, la fameuse édition en huit volumes des œuvres de Molière, accompagnée de toute une série de magnifiques eaux-fortes gravées par lui sur les dessins de son frère, et qu'il a fait suivre d'une édition semblable de Racine. Ses *Illustrations* du livre de M. Vidal ne sont pas moins remarquables, et l'on peut surtout recommander aux amateurs et aux historiens de l'art toute la série superbe des portraits reproduits par lui de divers compositeurs, des grands virtuoses du violon et du violoncelle, et des luthiers célèbres. Cela forme un ensemble de documents inestimables, qu'on ne trouverait réunis nulle autre part, et qui font le plus grand honneur au talent de M. Hillemacher.

La troisième est la collection des airs populaires de Provence, autrefois en usage pour les fêtes religieuses, les aubades, les *romèrages*, les farandoles et danses diverses, et les jeux.

L'ouvrage de M. Vidal n'est pas une étude d'archéologie poursuivie dans un esprit et avec une méthode scientifiques. Cependant les recherches sérieuses n'y manquent pas; les citations intéressantes y abondent, et aussi les souvenirs des gens et des choses de Provence qui se pressent dans la mémoire de l'auteur, à l'occasion de l'instrument favori. Tout cela est présenté sous une forme alerte, dans le ton d'une conversation de bonne humeur, et avec ce plaisir et ce talent de raconter particuliers aux méridionaux. Il s'en dégage je ne sais quel parfum ensoleillé du pays. C'est cette couleur locale, où on ne sent rien de *voulu*, ce sont ces renseignements recueillis avec un soin jaloux sur des traditions de plus en plus effacées, qui font l'intérêt du livre de M. Vidal. — L'auteur a été couronné comme écrivain provençal aux Jeux Floraux d'Apt en 1862, d'Avignon en 1874, de Monteux et de Forcalquier en 1875.

Lou Tambourin est dédié à Gaspard Michel, *capoulié* (chef) *dei Tambourinaire*. — Louis-Gaspard Michel, surnommé communément le *Père Michel*, faisait partie d'une véritable dynastie de tambourinaires. Son père François, son aïeul Pascal, ses beau-frère et neveu, avaient acquis une réputation locale, tant comme tambourinaires que comme facteurs de galoubets. Le *Père Michel* était né à Aix le 6 septembre 1786, et mourut dans cette même ville en mars 1872, à l'âge quatre-vingt-six ans. Il était luthier de profession et marchand de sa propre musique. Nommé professeur de tambourin au Conservatoire d'Aix, il apprit à jouer de tous les instruments à plusieurs générations. Il a écrit une innombrable quantité de morceaux de toutes sortes, parmi lesquels figurent même des quatuors pour instruments à cordes. Il composait ces morceaux à la première demande de ses élèves, les appropriait à leur goût et à leur degré d'instruction musicale, et les leur vendait à vil prix. Quoi qu'on puisse penser du talent du *Père Michel*, cette bizarre figure de musicien n'en est pas moins curieuse à signaler. Elle semble appartenir à une autre époque.

A l'occasion du livre de M. Vidal, on peut encore rappeler le nom du tambourinaire Philippe Buisson. Buisson a fait son tour de France, et sa notoriété a été au delà de sa province.

AL. R — D.

VIDAL Y ROGER (ANDRÉS), le doyen des éditeurs de musique de l'Espagne, est né à Barcelone le 19 juin 1807. La maison de commerce de musique qu'il dirige en cette ville avec habileté date de 1826, c'est-à-dire de plus d'un demi-siècle. M. Vidal a publié un très-grand nombre d'ouvrages d'auteurs espagnols et quelques opéras qui ont été joués avec succès à Barcelone, ainsi qu'une quantité considérable de *zarzuelas*. En outre, il a été le fondateur, et pendant treize ans le directeur propriétaire d'une feuille artistique importante, *la España musical*. Le gouvernement espagnol a récemment récompensé le zèle de M. Vidal et les services qu'il a rendus à l'art musical national avec la croix de l'ordre de Charles III, dont le vénérable et intelligent éditeur a été décoré à l'occasion du mariage du roi Alphonse. Y.

VIDAL Y LLIMONA (ANDRÉS), éditeur de musique et musicien distingué, fils du précédent, est né à Barcelone le 5 juin 1844. Il fit ses études musicales en France et en Allemagne, et, de retour à Barcelone, écrivit plusieurs *zarzuelas* qui obtinrent un grand succès, ainsi que divers morceaux de musique de chambre qui furent très-remarqués. M. Vidal s'établit à Madrid en 1874, et il est aujourd'hui l'éditeur le plus important de toute l'Espagne. Il a publié plusieurs opéras espagnols, et les *zarzuelas* les plus populaires de MM. Barbieri, Arrieta, Oudrid et Caballero. Y.

VIEILLARD DE BOISMARTIN (PIERRE-ANGE), né à Rouen le 17 juin 1778, mort à Paris le 12 janvier 1862, était un grand amateur de musique. Administrateur de la bibliothèque de l'Arsenal, et plus tard, sous le second empire, bibliothécaire du Sénat, il s'occupait de théâtre et de poésie, et écrivit les paroles de sept cantates qui furent choisies par l'Académie des Beaux-Arts pour le grand concours de composition musicale: *Herminie* (1813), *Atala* (1814), *Œnone* (1815), *Sophonisbe* (1820), *Agnès Sorel* (1824), *Cléopâtre* (1829), *Imogine* (1845). Cet écrivain, qui avait été lié dans sa jeunesse avec un grand nombre d'artistes, publia, peu d'années avant de mourir, une pâle notice biographique sur Méhul: *Méhul, sa vie et ses œuvres* (Paris, 1859, petit in-8° de 56 pp.), qui est pourtant tout ce que nous possédons sur cet artiste admirable.

VIEL (EDMOND), est l'auteur d'un opuscule publié sous ce titre: *Projet d'un Opéra populaire à Paris* (Paris, Dentu, 1870, in-8° de 16 pp.). Viel était en 1840 l'un des rédacteurs du *Bulletin musical* publié par la maison Heugel et Meissonnier; il devint ensuite l'un des collaborateurs du journal *le Ménestrel*, publié par les mêmes éditeurs. C'était un dilettante passionné. Il est mort à Paris au mois de février 1876.

VIÉNOT (Édouard), pianiste et compositeur amateur, né vers 1825, s'est pendant longtemps occupé de musique, malgré la situation qu'il occupait dans l'armée, où il était capitaine de cuirassiers. Outre un nombre considérable de morceaux de musique de danse, il a publié aussi plusieurs morceaux de genre pour le piano : Tarentelle élégante; Nocturne; Sérénade; *Norina*, élégie; *Fantasia*, *Gelsomina*, *Zuleika*, valse de concert; *Yvonne*, *Valentine*, romances sans paroles ; etc., etc.

* **VIERLING** (Georges), compositeur allemand. — Parmi les compositions nombreuses de cet artiste, je citerai les suivantes : le Psaume 137 (et non 127, comme il a été imprimé par erreur), pour ténor solo, chœur et orchestre, op. 22 ; *l'Enlèvement des Sabines*, pour voix seules, chœur et orchestre, op. 50 ; le 100e Psaume, pour chœur *a cappella*, op. 57 ; Quatuor pour instruments à cordes, op. 56 ; trois *Phantasiestücke* pour violoncelle et piano, op. 55 ; trois *Phantasiestücke* pour piano et violon, op. 41 ; Fantaisie pour piano et violon, op. 17 ; 3 Impromptus pour piano, op. 53 ; *Zechcantate*, pour chœur et orchestre, op. 10 ; 2 *Kyrie* pour chœur *a cappella*, op. 29 ; *Héro et Léandre*, composition en forme d'oratorio, op. 30 ; *Zur Weinlese*, pour chœur et orchestre, op. 32 ; divers recueils de chœurs *a cappella*, en forme de *lieder*, pour différentes voix, op. 11, 18, 19, 26, 28, 34, 35, 37, 47, 52 ; recueils de chœurs avec accompagnement de piano, op. 1, 38, 39, 42 ; etc.

VIETTI (Caroline), cantatrice remarquable, est née à Turin le 3 février 1820. Son père, Carlo Vietti, ingénieur au service de Victor-Emmanuel Ier et de Charles-Félix, rois de Piémont, cultivait la musique avec passion et jouait du violon. Sa mère, Felicita, née Valenti, était la fille d'un officier en retraite. De ce mariage étaient nés quatorze enfants ; Caroline Vietti était le douzième.

Ayant montré de bonne heure des dispositions pour la musique, elle fut placée dès l'âge de onze ans à l'Accademia Filarmonica de Turin, et pendant quatre ans y fit de solides études sous la direction d'excellents professeurs, notamment de Joseph Montanino pour le solfège, et de Carlo Tommasoni pour le chant. Dès la troisième année de son séjour à l'Académie, elle avait remporté les premiers prix de chant, de théorie musicale et de déclamation. Mais étant trop jeune encore pour entreprendre la carrière théâtrale, elle avait demandé et obtenu de rester un an de plus à l'Académie. Cet exemple est à citer aux jeunes chanteurs d'aujourd'hui qui, ne se souciant nullement d'acquérir une éducation complète de chanteurs et de musiciens, n'aspirent qu'à quitter les bancs de l'école pour aborder le théâtre.

En 1836, Caroline Vietti débuta, comme contralto, au théâtre Carignano, de Turin, dans les opéras *Zadig e Artastea* et *la Donna del Lago*, qu'elle chanta avec le célèbre ténor Donzelli, le baryton Salvatori, et Mme Orlandi. Elle eut un vif succès. Mais n'ayant que seize ans, et ne pouvant encore supporter les fatigues de la vie de théâtre, elle prit un repos d'une année, et en profita pour perfectionner son talent. Elle se rendit dans ce but à Milan et y reçut les conseils de Luigi Mauri, directeur du Conservatoire de cette ville. Dès l'année suivante, elle aborda définitivement la scène et fut engagée à la Fenice, à Venise, où elle chanta, avec Mme Pasta, Donzelli, et la basse Cartagenova, *Semiramis*, *Anna Bolena*, et les principaux ouvrages du répertoire. En 1839 elle chanta à la Scala de Milan, et jusqu'en 1841 y tint son emploi avec les meilleurs chanteurs de l'époque. Elle fut notamment chargée d'un des premiers rôles (avec les ténors Donzelli et Guasco, le baryton Badiali, la basse Marini, les cantatrices Schoberlechner et Gulber) dans une cantate composée par Vaccaj à l'occasion du couronnement de l'empereur d'Autriche, François II. Cette cantate fut exécutée en grande pompe devant l'empereur et sa cour. En 1841, Caroline Vietti chanta à Rome, à Gênes, et sur les principales scènes d'Italie. En 1842 elle vint à Marseille, sous la direction Gorla, et y eut un succès d'enthousiasme, surtout dans *Lucrèce Borgia*, *Sémiramis*, *Tancrède* et *i Capuleti*. De Marseille elle retourna à Milan, et fut engagée aux théâtres italiens de Moscou et Saint-Pétersbourg, où elle resta de 1843 à 1845, avec Rubini, Salvi, Tamburini, Mmes Viardot et Castellan. En 1846 elle revint à Marseille, sous la direction de M. Provini, qui avait réussi à grouper autour de lui une troupe d'élite, dans laquelle on comptait Mme Rossi-Caccia, la basse Alizard et le comique Vincenzo Galli. En 1847 elle chanta à Barcelone, et en 1848 à Londres, en compagnie de Jenny Lind, Tamburini et Gardoni. Cette même année, elle créa à Milan *Luigi V*, opéra de Mazzucato. Elle alla ensuite à la Havane avec Salvi, Marini, Badiali, Mmes Bosio, Tedesco et Steffenone, puis parcourut pendant six ans l'Amérique avec ces mêmes artistes, et plus tard avec Mme Grisi et Mario, qui faisaient une tournée. — A l'arrivée de Mme Sontag à New-York, Caroline Vietti fut engagée dans la troupe dont faisait partie cette éminente cantatrice, et la suivit à Mexico, où les représentations furent brusquement interrompues par le choléra. Elle donna *Lucrezia Borgia* avec Mme Sontag, qui, ce même soir, fut atteinte par le terrible fléau. Peu de jours après, Mme Sontag mourait, presque dans ses bras. — De retour en Europe en 1857, Caroline Vietti chanta en Portugal et en Espagne, puis, en 1859, pour la troisième fois, à Marseille, sous la direction Montelli. En dépit de la fatigue que trahissait sa voix, elle retrouva dans cette ville ses anciens succès, grâce à l'ampleur et à la perfection de sa méthode. Elle fut surtout très-applaudie dans *Sémiramis* et *Lucrèce Borgia* : elle lançait le *brindisi* de ce dernier opéra avec un brio et une autorité de style qui s'imposaient au public. — Après de nouveaux voyages artistiques en Italie et en Écosse, Caroline Vietti revint en 1861 à Marseille, où elle avait contracté un mariage honorable avec un négociant, M. Vertiprat. Elle n'a pas quitté depuis cette ville, et s'y est vouée avec succès à l'enseignement.

Douée d'une belle voix de contralto, Caroline Vietti a fait partie de cette génération de chanteurs, aujourd'hui disparue, qui a interprété avec une perfection rare et fait applaudir dans le monde entier les œuvres de Rossini, Donizetti, Bellini et Mercadante. Il semble qu'on ne puisse retrouver ni le grand style, ni même les voix de cette époque, et surtout ces magnifiques *contralti* dont nous avons pour types Arsace de *Sémiramis*, Malcolm de *la Donna del Lago*, Isabella de *l'Italiana in Algieri*, Roméo de *i Capuleti*, etc. — Soit par un caprice de la nature, soit par suite des exigences d'un répertoire violent, dont la *tessitura* trop étendue dénature les voix, on n'entend plus au théâtre, — en fait de voix de femmes graves, — que des mezzo-soprani d'un clavier inégal, chez lesquels les registres de tête et de poitrine semblent toujours mal soudés. Caroline Vietti avait un véritable contralto, — un peu court peut-être pour les ouvrages contemporains, tels que *la Reine de Chypre* ou *le Prophète*, — mais large, plein, sonore, d'une pureté et d'une égalité remarquables. Elle avait à la fois la flexibilité et l'ampleur. Ayant poursuivi toute sa carrière au milieu des plus éminents chanteurs, elle avait les traditions de la grande école italienne dont elle a été en quelque sorte un des derniers représentants. Il est regrettable, pour sa renommée, que Caroline Vietti ne se soit jamais produite à Paris. Mais ceux qui l'ont entendue peuvent affirmer qu'elle a été une des cantatrices distinguées de ce temps.

AL. R — D.

* **VIEUXTEMPS** (HENRI), violoniste admirable, a été cruellement éprouvé dans ces dernières années. Une paralysie du bras droit est venue l'empêcher de se livrer à l'exercice de son art, et quoiqu'un mieux assez sensible se soit produit depuis lors dans sa situation, il a dû cependant renoncer complétement à se faire entendre en public. M. Vieuxtemps est fixé aujourd'hui à Paris, où il continue de se livrer à la composition. Il a publié récemment, sous le titre de *Voix intimes*, un recueil de 6 pensées mélodiques pour violon, avec accompagnement de piano (Paris, Brandus), et un Concerto pour violoncelle, avec piano ou orchestre (id., id.). A ses œuvres publiées antérieurement, il faut ajouter les suivantes : 3 Morceaux de salon, avec accompagnement de piano ; Duo pour piano et violon sur *le Duc d'Olonne*, en société avec M. Ed. Wolff; Grande Fantaisie sur *Obéron*, op. 14 ; Duo brillant pour piano et violon, sur des airs hongrois, en société avec Erkel; Fantaisie, id., sur *les Huguenots*, avec Joseph Gregoir ; Duo, id., sur *le Prophète* avec M. Rubinstein; Grand duo pour violon et violoncelle sur *les Huguenots*, avec Servais. Tous ces ouvrages ont été publiés chez l'éditeur M. Brandus.

Mme Vieuxtemps est morte à la Celle-Saint-Cloud, près Paris, le 29 juin 1868. On a publié sur M. Vieuxtemps l'écrit anonyme suivant, dont l'auteur est M. Félix Delhasse : *H. Vieuxtemps. Erratum de la « Biographie universelle des Musiciens » par M. Fétis*, Bruxelles, Wouters, 1844, in-8° de 7 pages. — Comme membre de l'Académie royale de Belgique, M. Vieuxtemps a lu dans une séance de cette compagnie une *Notice biographique sur Étienne-Jean Soubre*, notice qui a été publiée dans l'*Annuaire de l'Académie* pour 1872, et dont il a été fait un tirage à part (Bruxelles, Hayez, 1872, in-12).

VIEUXTEMPS (JEAN-JOSEPH-LUCIEN), frère du précédent, pianiste, élève d'Édouard Wolf, est né à Verviers, le 5 juillet 1828, et s'est produit en public pour la première fois dans un concert donné par son frère Henri, au théâtre de la Monnaie de Bruxelles, le 19 mars 1845. Il s'est établi dans cette ville comme professeur de piano et il a publié quantité de morceaux pour son instrument (caprices, mazurkes, valses, fantaisies, ballades, romances, etc.). Il en est d'autres qui ont été exécutés sans avoir été gravés (des septuors, quatuors, trios sonates, études, fantaisies, etc.). Y.

VIEUXTEMPS (JULES-JOSEPH-ERNEST), frère des précédents, né à Bruxelles le 18 mars 1832, est violoncelle-solo des concerts Hallé à

Manchester, après avoir été longtemps attaché en la même qualité au théâtre italien de Londres. — Y.

VIGNON (.....). — On a publié sous ce nom une brochure intitulée : *Enseignement de la musique vocale* (Paris, 1860, in-8° de 16 pp.).

VIGNOZZI (Egisto), compositeur italien, a écrit la musique d'un opéra bouffe intitulé *Elena e Malvina*, qui fut représenté sur le théâtre San-Benedetto, de Venise, pendant l'automne de 1835. Je crois qu'ensuite il en a produit un second, sous le titre de *la Sposa*. Cet artiste a publié un recueil de chant : *una Serenata sulla Neva*, qui comprend trois ariettes et trois nocturnes à 2 voix.

VILAMALA (.........), compositeur espagnol, est l'auteur d'une *zarzuela* intitulée *la Trompa de Eustaquio*, qui a été représentée à Madrid, sur le théâtre des Bouffes-Madrilènes, le 29 janvier 1867.

VILANOVA (Ramon), compositeur espagnol distingué de musique religieuse, naquit à Barcelone le 21 janvier 1801. Dès l'âge de huit ans, il commença l'étude du solfége avec un artiste nommé José Ferres, partit peu de temps après avec sa famille pour Berga, et là, devenu enfant de chœur, continua cette étude avec un prêtre nommé Jaime Domenech. De retour à Barcelone en 1814, il devint l'élève de Francisco Queralt pour l'harmonie et la composition, et reçut aussi des leçons de Mateo Ferrer. Il s'appliqua ensuite à connaître et à étudier les grandes œuvres de musique religieuse qui s'exécutaient dans les églises de sa ville natale, après quoi il partit en 1829 pour Milan, où il se perfectionna sous la direction de Piantanida.

Après un an de séjour à Milan, il revint dans sa patrie, et fut nommé maître de chapelle de la cathédrale de Barcelone. Il renonça en 1833 à cet emploi pour accepter celui de directeur de la musique au théâtre de Valence, mais justement ce théâtre vint à fermer par suite de la mort du roi Ferdinand VII. Il revint donc se fixer définitivement à Barcelone, où il se livra à l'enseignement et à la composition, et qu'il ne quitta plus depuis lors. Artiste intelligent, professeur vénéré, homme de cœur et de bien, il est mort en cette ville, au mois de mai 1870, âgé de soixante-neuf ans.

Parmi les nombreuses compositions religieuses de Ramon Vilanova, qui sont très-estimées en Espagne, on cite particulièrement la messe de *Requiem* écrite par lui en 1838, et qui fut exécutée dans la cathédrale de Barcelone pour le service funèbre des victimes de la guerre civile qui désola l'Espagne de 1833 à 1839, puis deux autres messes de *Requiem*, écrites postérieurement. Au nombre de ses meilleurs élèves, on mentionne MM. Vicente Cuyas, Mariano Obiols, Pedro Tintorer, Antonio Rovira, José Pique y Cavero, et Casañas.

VILHAR (Miroslaw), compositeur et poëte hongrois, mort dans sa propriété de Kalz, près de Pesth, le 6 août 1871, est l'auteur d'un opéra intitulé *Jamska Ivanka*, et d'un grand nombre de chansons qui lui ont fait une renommée et sont devenues populaires parmi ses compatriotes.

VILLANIS (Angelo), compositeur dramatique, né à Turin en 1821, est mort le 7 septembre 1865. Fils d'un avocat distingué de Turin, il embrassa d'abord lui-même la carrière du barreau, puis l'abandonna pour se livrer à la passion indomptable qu'il éprouvait pour la musique. Il se plaça alors sous la direction du maestro Luigi-Felice Rossi, suivit avec lui un cours complet d'éducation musicale, et au bout de peu d'années se vit en état d'aborder la scène, but de ses désirs ardents. Il s'essaya pour la première fois vers 1849, en donnant au théâtre Gerbino, de Turin, une *farsa* intitulée *i Saltimbanchi in Ispagna*, qu'il fit représenter sous le couvert de l'anonyme et qui fut fort bien accueillie néanmoins. Encouragé par le résultat favorable qu'il avait obtenu avec ce premier et timide essai, il se décida à poursuivre la carrière de la musique dramatique et donna par la suite huit autres ouvrages, presque tous fort importants, qui subirent des sorts divers, mais qui révélèrent chez Villanis un talent honorable et distingué. En voici les titres : 1° *la Spia, o il Mercaiuolo americano*, opéra semi-seria en 4 actes (Turin, th. Sutera, 1850); 2° *la Figlia del Proscritto*, opéra sérieux (Turin, th. Carignan, 1851) ; 3° *la Regina di Leone* (Venise, th. Apollo, 1851), ouvrage qui, ainsi que le précédent, obtint un grand succès ; 4° *Alina, o il Matrimonio d'una cantante*, opérette bouffe (Turin, th. National, vers 1853); 5° *la Vergine di Kent*, opéra sérieux en 4 actes (Turin, th. Regio, février 1856) ; 6° *Una Notte di festa*, opéra sérieux (Venise, 1858), représenté sous ce titre, mais publié sous celui d'*Emanuele-Filiberto* avec une dédicace à Victor-Emmanuel, roi d'Italie; 7° *Vasconcello* (Milan, th. de la Scala, 1859) ; 8° *Bianca degli Albizzi* (Milan, th. de la Scala, 1865).

La fin d'Angelo Villanis fut lamentable. Cet artiste avait un jeune fils qu'il aimait tendrement, et qu'il avait placé au collége d'Asti ; l'enfant tombe un jour d'une fenêtre, et dans sa chute se casse un bras. Les médecins, appelés aussitôt, déclarent que pour lui sauver la vie l'amputation est indispensable. Le pauvre père, mandé en toute hâte, devient fou en voyant la situation de son fils ; il est ramené dans sa famille, mais sa folie devient bientôt furieuse, et il meurt au bout de quelques jours, dans un horrible délire, à peine âgé de quarante-quatre ans.

En dehors du théâtre, on a publié de cet artiste quelques compositions vocales, entre autres un recueil élégant de *Sei Canzoni popolari* (1).

VILLAROSA (Le marquis **DE**), dilettante et écrivain musical italien, est l'auteur d'un recueil biographique intitulé *Memorie dei compositori di musica del regno di Napoli* (Naples, Impr. royale, 1840, in-8°), et qui, comme l'indique son titre, était exclusivement consacré aux musiciens napolitains. Quelque incomplet que soit cet ouvrage, il est resté pendant longues années le seul que l'on pût consulter sur les grands artistes qui avaient fait partie de cette admirable école napolitaine, si féconde et si brillante, et l'on doit savoir gré au marquis de Villarosa du soin qu'il avait pris de grouper tous ces noms glorieux et de retracer la vie de tant d'artistes justement célèbres. On doit au même écrivain une notice sur Pergolèse, qu'il a donnée sous ce titre : *Lettera biografica intorno alla patria ed alla vita di Gio. Battista Pergolese, celebre compositore di musica*. Je ne connais de cet opuscule qu'une seconde édition, publiée à Naples, en 1843, dans le format in-8°.

VILLARS (Louis-Hector, maréchal, duc **DE**), né à Moulins en 1653, mort à Turin en 1734, — qui sauva la France à Denain, — doit être mentionné ici pour la protection éclairée qu'il accorda aux arts. Vers 1712 il avait été reçu membre de l'Académie française. En 1716 il fut nommé gouverneur général de Provence, et sa venue fut célébrée dans le pays par des hommages de toute sorte, notamment à Marseille, où un prologue de circonstance mis en musique par Campra fut donné au théâtre. Le maréchal de Villars se montra très-attaché à la province dont l'administration lui avait été confiée. Il lui rendit de signalés services, et s'efforça particulièrement d'y développer par tous les moyens le goût des choses de l'esprit. Vers 1726 il encouragea la fondation de l'Académie de Marseille, qui depuis quelque temps cherchait à se constituer, et obtint pour elle des lettres patentes du roi et l'affiliation à l'Académie française. Il fut le premier *protecteur* de cette compagnie, et institua un prix annuel d'éloquence et de poésie qui devait être décerné par elle. Aussi, les premières médailles de l'Académie de Marseille portent-elles les armes de son illustre patron. Ce fut également sous les auspices du maréchal de Villars que se forma à Marseille, en 1717, une *Académie de musique*. En 1728, grâce encore à l'appui du maréchal, cette académie reçut, à son tour, des lettres patentes. C'était une véritable *Société de concerts* appuyée par un certain nombre de souscripteurs, qui donnaient chacun dans l'origine 60 livres par an. Protégée par le gouverneur, dirigée par des commissaires renouvelés chaque année et choisis parmi les notables de la ville, jouissant de diverses immunités et ayant par contre certaines charges, la Société des concerts hâta les progrès de l'art musical à Marseille. Elle donnait fréquemment des séances, et fut la première à organiser des concerts spirituels au profit des pauvres, avant même Paris, où le premier concert spirituel date, dit-on, de 1725. Ces auditions eurent lieu d'abord dans la rue Venture (autrefois rue du Vieux-Concert), puis dans une salle construite place Royale, qui fut démolie sous la Terreur. — C'est, en effet, à cette époque seulement que cesse sa bienfaisante action. — Les programmes, dont le niveau s'élève peu à peu, comprennent tous les genres de musique : symphonies, motets, airs dramatiques, ariettes, concertos, etc., et l'on y voit successivement figurer les noms des compositeurs Rameau, Pergolèse, Lalande, Lulli, Mondonville, d'Auvergne, Campra, Rebel et Francœur, Mouret l'Avignonnais, etc. En dernier lieu, on exécutait à chaque concert une symphonie de Haydn ou de Pleyel. Quelquefois même c'étaient des œuvres locales de Rey, maître de musique des concerts, de Beck, qu'on appelait le *Gluck de la Provence*, du chef d'orchestre Legrand, etc. En 1761, cette société ne comptait pas moins de 45 sujets. Parmi les solennités les plus remarquables préparées par elle, il faut citer celles des 15 et 17 mai 1720, en l'honneur de la duchesse de Modène, fille du régent de France ; — du 5 avril 1742, pour la

(1) En 1861, la municipalité de Turin avait nommé, pour élaborer un projet de création d'un institut musical en cette ville, une commission de quatre conseillers communaux et de quatre artistes, qui étaient MM. Luigi Luzzi, Antonio Marchisio, Luigi Fabbrica et Angelo Villanis. Villanis fut choisi comme rapporteur de cette commission, et le projet rédigé par lui, très-clairement et très-élégamment écrit, fut publié en feuilleton dans les numéros du journal *l'Opinione* des 30 decembre 1861, 1er et 3 janvier 1862.

réception de don Philippe, infant d'Espagne, de passage à Marseille; — de 1744, à l'occasion de la convalescence de Louis XV; — de 1777, pour fêter le comte de Provence. Au nombre des musiciens les plus distingués qui la dirigèrent, se trouvent Laurent Bellissen, élève de Poitevin et maître de chapelle de l'abbaye de Saint-Victor, qui écrivit beaucoup de musique religieuse fort prisée de son temps, et Rey, maître de concerts, dont un motet, *Nunc dimittis*, était particulièrement estimé. — L'idée de cette belle institution fut reprise vers 1805 et poursuivie jusqu'en 1839 par l'association des Concerts Thubaneau, qui fut véritablement la continuation des Concerts entrepris en 1717. Les Concerts Thubaneau rendirent en Provence les plus éminents services à l'art musical. Il suffit, pour les faire apprécier, de rappeler qu'on y entendit et qu'on y applaudit les symphonies de Beethoven de 1821 à 1827, alors que Paris hésitait encore à acclamer ces immortels chefs-d'œuvre. — L'Académie de musique fondée par le maréchal de Villars eut aussi son action sur l'Académie de Marseille. En 1766, cette dernière compagnie (qui avait compté plusieurs membres très-distingués, entre autres Jean-André Peyssonnel, à qui l'on doit des découvertes du premier ordre sur le corail) s'adjoignit une classe des Beaux-Arts. Plus tard, une section spéciale fut réservée à la musique. Le 5 ventôse an IX, deux musiciens de talent, Delattre et Legrand, y furent admis; peu après, Alexandre Louet y entra à son tour (voir ces noms dans la *Biographie universelle* de Fétis et dans le *Supplément*). Le 25 floréal an XII, l'Académie de Marseille forma le projet d'ouvrir un Conservatoire de musique, dont la direction devait être confiée à Delattre. Ce projet, qui, après bien des débats, ne fut pas mis à exécution, devait être repris plus tard. En 1822, M. Barsotti fonda le Conservatoire existant aujourd'hui à Marseille, qui est une véritable pépinière d'artistes. — On voit quelle chaîne de traditions fécondes avait nouée l'intelligente initiative du maréchal de Villars. Il y aurait injustice à ne pas reporter à cette glorieuse personnalité l'honneur d'avoir créé des institutions artistiques qui ont été l'origine de nos institutions actuelles. Les contemporains du maréchal apprécièrent toute la portée de ses bienfaits. Quand il mourut, ce fut en Provence un deuil général. L'Académie de Marseille fut l'interprète des sentiments de la population, par l'organe de deux de ses membres; Charles de Peyssonnel fit l'éloge funèbre du maréchal en séance publique, et de la Visclède lut une ode de circonstance. L'Académie ouvrit aussi un concours de poésie destiné à perpétuer le souvenir de son fondateur. Cinq des meilleures pièces écrites à cette occasion furent insérées dans le Recueil de l'Académie publié en 1735.

AL. R—D.

VILLARS (HONORÉ-ARMAND, duc DE), fils du précédent, né en 1702, mort aux Aigalades, près Marseille, en 1770, succéda à son père dans ses diverses dignités, notamment dans sa charge du gouvernement de Provence et dans son fauteuil à l'Académie française. Le duc de Villars contribua aussi activement que possible au développement des institutions fondées par le maréchal, et beaucoup des progrès rappelés dans la notice ci-dessus lui sont dus. Il soutint du prestige de son autorité l'Académie de Marseille, et tint à honneur de la présider souvent. En 1767 il institua pour cette compagnie un nouveau prix destiné à encourager les sciences, et, en mourant, lui légua un capital de 20,000 livres. Il protégea d'une façon continue l'Académie de musique et surtout peut-être le théâtre de Marseille, qu'il suivait très-assidûment et qu'il aimait avec passion. On retrouve le nom du duc de Villars associé à toutes les solennités et à toutes les créations artistiques de cette époque. La seconde série des médailles de l'Académie de Marseille porte son effigie. On peut dire que les bienfaits du duc furent aussi intelligents que persévérants. Aussi, en Provence, confondit-on les deux Villars dans une même reconnaissance. En dépit de vices qui déparaient ses belles qualités, le fils fut unanimement regretté, comme l'avait été le père. Il mérite d'être mentionné parmi les bienfaiteurs de l'art en province.

AL. R—D.

VILLARS (FRANZ DE), amateur de musique et de peinture, naquit à l'île Bourbon le 26 janvier 1825. Venu de bonne heure en France, où il termina son éducation littéraire, il y prit le goût de la musique, étudia la flûte, puis travailla l'harmonie sous la direction de M. Deldevez. Il a rédigé pendant un temps le feuilleton musical de *l'Europe*, journal français de Francfort, et a collaboré activement à *l'Art musical*. On lui doit les publications suivantes : 1° *la Serva padrona*, son apparition à Paris en 1752, son analyse, son influence (Paris, Castel, 1863, gr. in-8°); 2° *Notices sur Luigi et Federico Ricci*, suivies d'une analyse critique de *Crispino e la Comare* (Paris, Michel-Lévy, 1866, in-12); 3° *les deux Iphigénie de*

Gluck (Paris, Liepmannssohn, 1868, in-8°). Les *Notices sur Luigi et Federico Ricci* sont particulièrement intéressantes, ayant été rédigées d'après des documents fournis par le survivant des deux frères. F. de Villars est mort à Paris, au mois d'avril 1879.

VILLATE (GASPAR), musicien américain, est né à Cuba le 17 janvier 1851. Possesseur d'une fortune considérable et cultivant l'art en amateur, il commença dans sa patrie son éducation musicale, puis la termina à Paris, où il suivit, je crois, comme auditeur, une des classes du Conservatoire. M. Villate commença par publier quelques romances, quelques mélodies vocales, puis il écrivit un opéra italien en 4 actes, *Zilia*, qu'il fit représenter sur le Théâtre-Italien de Paris le 1er décembre 1877. La partition de cet ouvrage, extrêmement faible, n'offrait qu'une imitation flagrante et banale du style de Donizetti et de celui de M. Verdi. *Zilia* ne put se soutenir à la scène, malgré le talent qu'y déployaient ses deux principaux interprètes, Mlle Elena Sanz et M. Tamberlick. Depuis lors, M. Villate a donné au théâtre royal de la Haye un opéra français en 4 actes et 7 tableaux, *la Czarine*, qui paraît avoir reçu un accueil favorable (2 février 1880).

VILLEBICHOT (A........ DE), compositeur français, né vers 1820, a fait de bonnes études de composition avec M. Maleden, et est devenu plus tard chef d'orchestre dans différents cafés-concerts de Paris, entre autres à l'Alcazar et au Café des Ambassadeurs. Il a écrit pour plusieurs de ces établissements un assez grand nombre d'opérettes et de saynètes qui y ont été représentées et parmi lesquelles je citerai les suivantes : *Marjolaine*, *Roublard le Canotier*, *l'Héritage de mon oncle*, *la Tour du Nord*, *un Homme agaçant*, *les Hidalgos de Paris*, *Mademoiselle J'ordonne*, *le Lion en cage*, *le Bailli de Croquetendron*, *Turlurette*, *la Tyrolienne*, *un Bal à la sous-préfecture*, *une Minute trop tard*, *la Corde cassera*, *Blagados et Bétinet*, *les Deux Maris garçons*, *les Deux Scélérats*, *les Deux Postillons*, *Vengeance*, *la Grève des femmes*, etc.

M. de Villebichot a donné au théâtre Déjazet un ouvrage plus important, *Nabuco*, opéra bouffe en 3 actes, qui n'était pas dépourvu de bonnes qualités. Cet artiste a publié, en 1848, une brochure sur l'état de l'enseignement musical et les réformes qu'il lui semblait utile d'y apporter.

VILLEBLANCHE (........), compositeur français, a écrit la musique d'un opéra-comique en 2 actes, *les Fiançailles des Roses*, qui a été représenté au Théâtre-Lyrique le 21 février 1852. Je ne sache pas que cet artiste se soit produit d'aucune autre façon.

VILLEBOIS (.......), compositeur russe contemporain, descend d'une ancienne famille française, dont le chef, soldat courageux, fut, dit-on, l'un des compagnons de Pierre le Grand. M. Villebois est l'auteur d'un opéra intitulé *Nataschka*, dont la valeur est mince et qui a été représenté sur le théâtre Marie, de Saint-Pétersbourg, en 1863. Il a publié un recueil intéressant de chants populaires russes.

* **VILLENEUVE** (ANDRÉ-JACQUES). — Ce musicien est l'auteur de *la Princesse d'Élide*, opéra-ballet héroïque en trois actes et un prologue, dont il écrivit la partition sur un livret de l'abbé Pellegrin et qui fut représenté à l'Opéra le 20 juillet 1728. Villeneuve, qui avait été maître de musique de la cathédrale d'Aix (et non d'Arles), était venu sans doute se fixer à Paris, car, au mois d'avril 1727, il faisait exécuter au Concert spirituel une œuvre importante, le Psaume 96, mis en musique par lui sur une traduction française de l'abbé Pellegrin. Quinze ans auparavant, le 4 janvier 1712, il faisait entendre une cantate intitulée *Thétis*, écrite par lui sur des vers de la Mothe, pour fêter le rétablissement de la santé du comte de Toulouse.

Un artiste nommé Villeneuve publia à Paris, en 1756, une *Nouvelle Méthode pour apprendre la musique et les agréments du chant* (Paris, 1756, in-4° oblong); ce doit être le même que celui dont il est ici question, car, à cette date de 1756, l'almanach intitulé *les Spectacles de Paris* mentionne Villeneuve au nombre des musiciens vivants qui ont travaillé pour l'Opéra. Il existait donc encore à cette époque, bien qu'il fût évidemment fort âgé (1).

* **VILLERS** (Le baron HENRI-LOUIS-MARTIN DE), né à Eu le 21 juillet 1780, devint successivement maire de Neufchâtel, membre du Conseil général de la Seine-Inférieure, député, représentant du peuple, et chevalier de la Légion d'honneur. Ses travaux de littérature et ses œuvres musicales lui donnèrent entrée à l'Académie des sciences, belles-lettres et arts de Rouen, ville qu'il a longtemps habitée, et dans

(1) J'ignore si c'est d'une parente de cet artiste qu'il est question dans ces lignes que publiait le *Mercure de France* de décembre 1770 : — « Le jeudi 1er novembre, il y a eu concert spirituel..... On a fort applaudi à l'exécution de Mlle *de Villeneuve*, qui a joué avec légèreté et précision sur la mandoline un concerto de M. Fritzeri. Cette virtuose se proposoit de jouer un concerto sur le clavessin, mais les arrangemens du concert ne le lui ont pas permis. »

laquelle il est mort, le 8 novembre 1855. Il y exerça également, pendant plusieurs années, les fonctions de président de la Société philharmonique.

M. Martin de Villers pouvait être considéré, en effet, comme un amateur sérieux et instruit ; il avait étudié la composition sous la direction de Berton, dont il était l'ami, et, indépendamment d'un opéra qui, croyons-nous, n'a pas été représenté, il avait écrit diverses œuvres de musique de chambre, lesquelles n'ont été publiées qu'après sa mort, et par les soins de M. Ch. Dancla. Ces œuvres consistent en six quatuors pour deux violons, alto et violoncelle, trois trios pour piano, violon et violoncelle, un quatuor pour piano, violon, violoncelle et contre-basse, un quintette pour piano, deux violons, alto et violoncelle, et un autre quintette pour piano, harpe, hautbois, cor et contre-basse. Parmi les œuvres manuscrites de M. de Villers, nous citerons une ouverture qui fut exécutée en 1836, à la séance publique de l'Institut.

Il a laissé également quelques écrits, notamment les suivants, qui se rattachent à la musique : *Discours sur le rang qui appartient dans l'ordre moral et intellectuel aux Lettres et aux Arts* (*Précis des travaux de l'Académie de Rouen*, 1840). — *Notice sur la Société philharmonique de Rouen* (id. 1842 ; *Revue de Rouen*, 1843 ; *Annuaire normand*, 1843). — *Dissertation sur l'enseignement de la musique par la méthode Galin-Paris-Chevé* (Académie de Rouen, 1850). — *Quelques considérations générales sur la musique religieuse à l'occasion d'une messe de M. Vervoitte, maître de chapelle de la cathédrale de Rouen* (id., 1853).

J. C—z.

VILLIERS STANDFORD (C.....), organiste, pianiste et compositeur anglais, exerce les fonctions d'organiste au *Trinity College* de Cambridge, en même temps qu'il est *conductor* de la Société musicale de cette ville. J'ai le regret de ne posséder aucun renseignement sur cet artiste, qui paraît fort distingué, et d'être obligé de me borner à mentionner quelques-unes de ses œuvres. L'une des plus intéressantes est une symphonie à grand orchestre qui fut envoyée par l'auteur au concours ouvert en 1876 par les directeurs de l'*Alexandra Palace*, et qui, je crois, obtint le second prix, le premier étant décerné à la composition de M. G.-E. Davenport, sur quarante-six manuscrits envoyés. M. Villiers Standford a écrit aussi des airs et des entr'actes pour une tragédie de Tennyson, *Queen Mary*, une ouverture pour le festival de Gloucester, en 1877, et il a publié le Psaume 46 pour voix seules, chœurs et orchestre, un trio pour piano, violon et violoncelle, une sonate pour piano et violon, des mélodies vocales, etc.

VILLOING (Alexandre), pianiste et professeur russe fort distingué, compositeur pour son instrument, a été le maître des deux grands virtuoses MM. Antoine et Nicolas Rubinstein, et a formé un grand nombre d'autres élèves à Saint-Pétersbourg, où son enseignement était très-renommé. On lui doit diverses compositions, parmi lesquelles un concerto de piano et un concerto de violon, tous deux avec accompagnement d'orchestre, et une grande Méthode publiée sous ce titre : *l'École pratique du piano*, dont il a été fait une édition française (Paris, Heugel). Dans cet ouvrage, dont l'originalité est parfois excessive, on trouve pourtant quelques idées neuves et utiles. Villoing est mort à Saint-Pétersbourg, au mois de septembre 1878.

VINCENS (Pierre-Joseph-Denis-Auguste), compositeur, naquit le 5 novembre 1779. Membre d'une vieille famille marseillaise dans laquelle le culte de la musique a toujours été en honneur, il ne s'occupa pourtant qu'en amateur de cet art aimé par lui jusqu'à la passion. Il paraissait même tenir à cette qualification d'amateur, car on la retrouve à côté de son nom sur toutes ses publications et sur tous les programmes mentionnant quelque pièce de sa composition. Auguste Vincens appartenait à une véritable dynastie d'assureurs maritimes, profession à laquelle se sont voués successivement son aïeul Gaspard, son père Mathieu, son fils Antoine et son petit-fils Charles. Quoique destiné à suivre cette carrière, il étudia sérieusement la musique et apprit l'harmonie d'une façon à peu près complète. Pendant un quart de siècle, il fut un des organisateurs les plus actifs de toutes les auditions et un des soutiens les plus dévoués de toutes les fondations pouvant développer à Marseille le goût de l'art musical. Après que les églises eurent été rendues au culte catholique, il s'attacha avec un groupe d'hommes éclairés, MM. Albrand, Vital-Gilly, Mey, Reymonencq, Lecourt, à la restauration à Marseille de la musique religieuse. Il fut même longtemps maître de chapelle de la cathédrale. Il prit aussi une grande part à la création et à la prospérité des *Concerts Thubaneau* qui, de 1805 à 1839, firent beaucoup à Marseille pour le grand art. On y faisait entendre des fragments de musique symphonique, dramatique ou religieuse des meilleurs maîtres anciens et modernes, et souvent les concerts, dirigés avec un rare esprit d'initiative, comprenaient des œuvres nouvelles, nationales ou étrangères, encore inconnues en France. — Le 29 mars 1827, Auguste Vincens fut reçu membre de l'Académie de Marseille, en même temps que le professeur d'harmonie Macarry. Il fit pour cette compagnie un intéressant rapport sur les ouvrages de musique d'un de ses membres, M. de Valernes. Auguste Vincens passa toute sa vie dans ce cercle d'artistes et d'amis qu'il affectionnait tant, et dans lequel sa gaieté, sa verve gauloise et son esprit l'avaient en quelque sorte rendu populaire. On peut même dire qu'il mourut au milieu d'eux, car le 7 février 1836 il fut frappé d'une attaque d'apoplexie, l'archet à la main, en dirigeant l'exécution d'une messe en musique dans l'église de Saint-Victor.

Voici la liste des principales compositions d'Auguste Vincens :

Popule meus pour orchestre et chœur (Pacini, éditeur à Paris); *Tantum ergo*, motet à trois voix sans accompagnement (Dufaut et Dubois, éditeurs, Paris) ; *O salutaris Hostia ; Panis angelicus ; Domine salvum fac ; Requiem æternam*, motets à trois voix sans accompagnement, dédiés à Lesueur (Dufaut et Dubois, éditeurs); *Salve Regina*, motet à trois voix sans accompagnement (Boisselot, éditeur à Marseille); *Trois Romances* avec accompagnement de piano ou de harpe (Boisselot, éditeur); *Couplets et chœur* en l'honneur de la duchesse d'Angoulême, chantés en sa présence au Grand-Théâtre de Marseille; *Ouverture pastorale* à grand orchestre ; *Ouverture de concert* à grand orchestre, composée pour l'inauguration de la nouvelle salle où se transportèrent les *Concerts Thubaneau ; Andante religioso* pour orchestre; Marche pour bande militaire ; *Magnificat* pour orchestre et chœur ; *Ave Regina* avec accompagnement de quatuor ; *Ave maris Stella* avec accompagnement de quatuor; *De Profundis* pour orchestre et chœur. Cette dernière pièce fut exécutée à ses obsèques, et le manuscrit fait partie de la bibliothèque du Conservatoire de Marseille.

AL. R — D.

*VINCENT (ALEXANDRE-JOSEPH-HYDULPHE), est mort à Paris le 26 novembre 1868. Cet écrivain laborieux a tellement prodigué ses écrits sur une foule de sujets relatifs à la musique, qu'il est bien difficile d'en dresser une liste exacte et complète. Je vais du moins citer tous ceux qui sont parvenus à ma connaissance, en dehors de ceux déjà signalés par la *Biographie universelle des musiciens*. — 1° *Note sur la messe grecque qui se chantait autrefois à l'abbaye de Saint-Denis* (Paris, Didier, 1864, gr. in-8°); 2° *Explication d'une scène relative à la musique représentée sur un vase grec du musée de Berlin* (Paris, Lahure [1859], in-8° de 7 pp., avec planche); 3° *Introduction au traité d'harmonique de Georges Pachymère* (Paris, in-4°, avec 4 planches gravées) ; 4° *Des notations scientifiques à l'école d'Alexandrie* (Paris, 1846, in-8°); 5° *Communication faite à l'Académie des Beaux-Arts dans la séance du 4 mars 1854. Quarts de ton et principe harmonique* (Paris, 1854, in-8° de 7 pp.); 6° *Emploi des quarts de ton dans le chant grégorien, constaté sur l'antiphonaire de Montpellier* (Paris, Leleux, 1854, in-8° de 8 pp.); 7° *Notice sur la vie et les ouvrages d'Auguste Bottée de Toulmon* (Paris, Crapelet, 1851, in-8°) ; 8° *Pédagogie musicale. Sur une clef universelle* (Rennes, impr. Vatar, 1856, in-8°); 9° *Rapport fait à la section d'archéologie, le 30 avril 1855, sur des feuillets de musique communiqués par M. Maurice Ardant, correspondant à Limoges* (Paris, 1856, in-8° de 4 pp. de texte et de 4 pp. de musique) ; 10° *Supplément à une précédente note sur l'emploi des quarts de ton dans le chant liturgique* (Paris, in-8°, 1856); 11° *Acoustique. Théorie de la gamme* (Paris, 1858, in-8° de 7 pp.); 12° *Lettre sur la musique des Grecs, adressée à l'Académie royale des inscriptions et belles-lettres de Paris* (Sèvres, René, 1838, in-8° de 3 pp.); 13° *Communication d'une lettre de M. Nisard, relative à la faculté remarquable dont jouit un enfant de sept ans, d'apprécier la tonalité du discours parlé* (Paris, Bachelier, 1851, in-4° de 2 pp.). Tous ces écrits ont été d'abord insérés dans des recueils scientifiques, artistiques ou littéraires, et ensuite publiés à part. J'en vais citer encore quelques-uns, mais sans pouvoir dire si ceux-ci ont été l'objet d'une publication particulière : 14° *Mémoire sur la théorie des battements et l'accord de l'orgue* (*Annales de chimie et de physique*, 1849); 15° *Discours sur la musique des anciens Grecs*, lu au Congrès scientifique d'Arras (1853) ; 16° *Nouvelles considérations sur la musique et la versification au moyen âge* (*Correspondant*, juin 1855); 17° *Sur la théorie de la gamme et des accords* (Comptes-rendus de l'Académie des sciences, 1855) ; 18° *Sur un procédé de modulation au moyen de trois accords* (1833) ; 19° *Diverses notes sur le calendrier, sur le système métrique et sur la musique des Grecs, au sujet d'un* *manuscrit du* Traité des lois *de Gemisthus Pléthon*, découvert par M. Vincent (1842); 20° *Sur la poésie lyrique des Grecs et le vers dochmiaque* (*Revue archéologique*, 1845); 21° *Sur un rituel païen que possède la Bibliothèque du roi* (*Revue archéologique*, 1842); 22° *Note sur une formule générale de modulation* (Lille, 1832).

M. Vincent a été le sujet des écrits suivants : 1° *Notice sur A.-J.-H. Vincent*, par E. Havet (Paris, 1869, in-8°); 2° *M. Vincent, membre de l'Académie des inscriptions et belles-lettres*, par M. Tisseron (extrait des *Annales historiques et biographiques*, Paris, 1863, gr. in-8° de 3 pp.); 3° *Manuscrits relatifs à la musique des Grecs anciens, publiés par M. Vincent; compte-rendu de cet ouvrage*, par Lecomte (Paris, 1847, in-8° de 8 pp.); 4° *les Gloires d'Hesdin. M. A.-J.-H. Vincent*, de l'Institut, par M. l'abbé Fromentin (Boulogne, Magnier, 1869, in-8° de 60 pp.).

VINYALS Y GALI (Le P. José), moine et musicien espagnol, né en 1770 ou 1771 à Tarrasa, dans le diocèse de Barcelone, fut élève du collége de musique de la fameuse abbaye de Montserrat, dont il devint ensuite le maître de musique, après avoir fait profession le 1er mai 1791. Le P. Vinyals écrivit un certain nombre de morceaux religieux qui, paraît-il, n'étaient point sans valeur, mais que l'on croit tous perdus aujourd'hui. Il mourut à Tarrasa, sa ville natale, le 10 janvier 1825.

VIOLA (Le P. Anselmo), prêtre et musicien espagnol, naquit à Torruela, dans l'évêché de Gérone, en 1739, et fut élève du fameux monastère de Montserrat, où il étudia la composition avec le P. Marti. Il fit de rapides progrès sous la direction de ce maître habile, prit l'habit de moine en 1756, et, un peu plus tard, fut envoyé au couvent que les religieux de Montserrat possédaient alors à Madrid. Là, il se fit connaître par de remarquables compositions sacrées, dont quelques-unes furent exécutées à la chapelle royale, puis il fut rappelé comme professeur au collége de Montserrat, où pendant trente ans il forma un grand nombre d'élèves. Arrivé à l'âge de 56 ans, l'état fâcheux de sa santé l'obligea de renoncer à ces fonctions, pour ne plus remplir que celles de maître de chapelle. Il ne put même conserver longtemps celles-ci, passa ses derniers jours à l'infirmerie du couvent, et mourut le 25 janvier 1798, avant d'avoir accompli sa soixantième année.

La musique du P. Viola se faisait remarquer, dit-on, par l'originalité des idées, l'habileté et la hardiesse des modulations, et la pureté du contre-point. Extrêmement laborieux, on assure que pas un maître n'a écrit autant que lui à l'école de Montserrat, soit pour le service de la chapelle, soit pour l'instruction des élèves.

* **VIOLE** (Rodolphe), pianiste, organiste et compositeur, est mort à Berlin le 7 décembre 1867.

VIOTTA (Henri), musicien et écrivain néerlandais contemporain, a commencé récemment (1879) la publication, sous ce titre : *Lexicon der Toonkunst*, d'un grand dictionnaire de musique à la fois technologique et biographique. Cet ouvrage, qui s'est annoncé, dit-on, d'une façon avantageuse, est publié à Amsterdam, à la librairie Bürmann et Boolhaan.

VIRET (Frédéric), compositeur, maître de chapelle de l'église Saint-Germain-l'Auxerrois, à Paris, a fait ses études aux maîtrises des églises Saint-Merry et Saint-Roch, puis termina son éducation musicale avec J.-B. Stiegler, qu'il accompagna dans un voyage en Allemagne. Dès l'âge de seize ans, M. Viret dirigeait le chœur de l'église Saint-Merry ; plus tard, en 1854, il devint maître de chapelle de Saint-Germain-l'Auxerrois, où il se trouve encore aujourd'hui.

Parmi les nombreuses compositions de cet artiste, je citerai les suivantes : Six messes solennelles ; 60 Motets à une ou plusieurs voix ; un *Recueil de cantiques à Marie*, pour 4 voix d'hommes ; *l'Égypte*, ode-symphonie pour voix d'hommes et de femmes; *les Pionniers du genre humain*, cantate pour voix d'hommes et de femmes, sans accompagnement ; 30 chœurs pour voix d'hommes, sans accompagnement ; *la Passion ; Chants du psalmiste*, collection de psaumes pour 4 voix d'hommes; *les Veillées des salons*, recueil de mélodies vocales, etc., etc.

VISSIAN (M.......). — Un écrivain italien de ce nom, sur lequel je n'ai pu découvrir aucun renseignement, est l'auteur d'un dictionnaire de musique publié sous ce titre : *Dizionario della musica, ossia raccolta dei principali vocaboli italiani e francesi*, Milan, 1846.

* **VITALI** (Jean-Baptiste). — Ce compositeur a écrit la musique d'un oratorio en deux parties, *Giona*, qui fut exécuté à Modène en 1689, et celle d'une action dramatique intitulée *l'Ambizione debellata, ovvero la caduta di Monmuth*, aussi en deux parties.

* **VITZTHUMB** (Ignace). — La lettre initiale du nom de cet artiste est un V et non un W, comme l'indique la 2e édition de la *Biographie universelle des musiciens* de Fétis (t. VIII, p. 481). De plus, la date donnée pour la

naissance est fautive : celle-ci doit être fixée au 20 juillet 1723, au lieu du 10 juillet 1720. D'ailleurs, le nom peu euphonique de Vitzthumb avait été transformé en celui de *Fiston* par le vulgaire et même par un certain Popeliers, auteur d'un *Précis de l'histoire des chambres de rhétorique et des sociétés dramatiques belges* (Bruxelles, Wouters, 1864). Il en est peu qui aient fait autant que lui pour l'avancement de l'art musical en Belgique. L'orchestre, les chœurs, les sociétés de musique, les artistes eux-mêmes, tout, en un mot, se ressentit de l'habileté, du talent et de l'intelligence de Vitzthumb. C'est sous sa direction que furent montées à Bruxelles les nouveautés en vogue de l'époque : *Zémire et Azor*, *Iphigénie en Aulide*, *Alceste*, *le Magnifique*, *les Mariages Samnites*, etc.

Compositeur médiocre, mais théoricien d'un grand mérite, il forma plusieurs élèves distingués : son gendre Henri Mees, Ferdinand Staes, Verheyen, Englebert Pauwels, etc. Outre des symphonies, des messes et des motets, il a mis en musique trois opéras : 1° *le Soldat par amour*, en 2 actes, paroles de Bastide, en collaboration avec Van Maldere et représenté à Bruxelles le 4 novembre 1766 ; 2° *Céphalide ou les autres Mariages Samnites*, en 3 actes, paroles du prince de Ligne, en collaboration avec Cifolelli, Bruxelles, 1777 ; 3° *la Foire de village*, en 2 actes, 1786. Aucune de ces partitions n'a été gravée.

Il existe de cette époque un fort joli portrait de Vitzthumb, gravé par Cardot. Les traits du « directeur de l'orchestre de Bruxelles, » comme il est dit dans l'exergue, respirent à la fois l'intelligence, la finesse, la bonhomie et une certaine fermeté de caractère. Au-dessus du portrait se trouvent les attributs de la musique : une lyre surmontée d'un soleil, un hautbois, des partitions reliées, un bâton de mesure ; au bas, les vers suivants :

> Le calme des vertus et le feu du génie
> Sont unis dans ces traits, par le burin tracés :
> Ses talents et son nom seront par Polymnie
> Au temple de Mémoire avec honneur placés.

En ces derniers temps, il a été publié à Bruxel. les deux brochures très-curieuses, où Vitzthumb est mis en scène d'une manière fort honorable et comme homme et comme artiste (*Voyez* article Piot, p. 348).

Vitzthumb avait laissé deux enfants : 1° Paul-Joseph-Ghislain, né le 3 mars 1751 à Bruxelles, où il est mort le 21 mai 1838. Il avait été timbalier de la chapelle du prince Charles de Lorraine et du théâtre royal, de 1769 à 1831, époque de sa retraite ; — 2° Marie-Françoise-Ghislaine, née à Bruxelles le 24 octobre 1753, première chanteuse du théâtre, et qui, devenue Mme Henri Mees, suivit son mari en Russie, où elle est morte (*Voy.* ce nom, t. VI, p. 54). Leur fils, Joseph-Henri Mees, est celui dont il est question au présent volume, p. 197.

F. D.

VIVIANI (Le P. Felice), compositeur de musique religieuse, né à Lucques vers 1672, est mort en 1751. Il a écrit beaucoup de psaumes, de motets, et des messes à 2 ou 4 voix, avec ou sans accompagnement d'orchestre. De 1701 à 1723, la compagnie de Sainte-Cécile de Lucques a exécuté douze fois des services solennels à grand orchestre, de la composition de cet artiste.

VIVIANI (Luigi), compositeur italien qui vivait dans la première moitié de ce siècle, a écrit la musique d'un opéra sérieux, *l'Eroe francese*, qui a été représenté au grand théâtre de Brescia en 1826. Je n'ai pas d'autres renseignements sur cet artiste, resté complétement obscur, si ce n'est qu'il composa, en société avec Panizza, la musique d'un grand ballet, *Merope*, qui fut donné sur le théâtre de la Scala, de Milan, en 1832.

* **VIVIER** (Albert-Joseph), est né à Huy (Belgique) le 15 décembre 1816. Cet artiste estimable et modeste, qu'on ne doit pas confondre avec le virtuose excentrique et bruyant qui porte le même nom, a depuis plusieurs années abandonné l'exercice de son art. Il dirige aujourd'hui, à Bruxelles, un dépôt d'une fabrique de cristaux. Le *Traité d'harmonie* de M. Vivier est parvenu aujourd'hui à sa sixième édition.

VIZENTINI (Albert), violoniste, compositeur, chef d'orchestre et écrivain sur la musique, est né à Paris le 9 novembre 1841. Descendant d'une famille italienne qui depuis environ deux siècles appartient au théâtre et dont un membre vint jadis s'établir en France, où il fut célèbre à la Comédie-Italienne, il a fait ses études musicales au Conservatoire de Bruxelles, où il devint l'élève de M. Léonard et de Fétis, et où il obtint un premier prix de violon en 1860 et un premier prix de composition en 1861. Après avoir rempli un instant les fonctions de second chef d'orchestre au théâtre d'Anvers, il revint se fixer à Paris, entra aux Bouffes-Parisiens, puis au Théâtre-Lyrique en qualité de violon-solo, et se fit entendre avec succès dans les concerts. Dans le même temps, il commençait à se produire comme écrivain dans plusieurs journaux et publiait, sur le théâtre et sur la musique, des articles dans lesquels il savait allier à un fond solide une forme vive, aimable et spirituelle. Il collabora ainsi au *Charivari*, à *l'Entr'acte*, au *Grand Journal*, au *Paris-Magazine*, à *l'Événement illustré*, à *l'Éclair*, et fonda même une feuille théâtrale, *le Télégraphe*, qui n'eut qu'une courte existence.

Devenu chef d'orchestre au théâtre de la Porte-Saint-Martin, ce qui ne l'empêcha pas de remplir le même office, avec une troupe d'opérette française, à Londres, dans les provinces anglaises et jusqu'en Irlande, M. Vizentini fut ensuite engagé en la même qualité par M. Offenbach, au théâtre de la Gaîté, où il occupait en même temps les fonctions d'administrateur. Au bout de quelque temps, M. Offenbach ayant manifesté l'intention de se retirer, M. Vizentini lui racheta ses droits sur ce théâtre, et en devint le directeur. Mais son intention n'était pas de continuer l'exploitation du genre de la féerie et de l'opérette. Se souvenant qu'il était musicien, M. Vizentini conçut le louable projet de reconstituer le Théâtre-Lyrique, disparu depuis quelques années, et de l'installer dans la salle de la Gaîté. Vivement soutenu, en cette circonstance, par les compositeurs, par la presse et par l'administration supérieure, il obtint du ministère le privilége du Théâtre-Lyrique et de l'Assemblée nationale la subvention nécessaire à son existence. Il se mit aussitôt à l'œuvre, réunit une troupe remarquable, s'occupa de former un répertoire, et inaugura son entreprise, le 5 mai 1876, par la première représentation d'un opéra nouveau en 5 actes, *Dimitri*. Puis, tout en remontant un grand nombre d'anciens ouvrages, voulant frapper un coup d'éclat, il réussit à offrir au public un opéra dont on parlait depuis longues années, *Paul et Virginie*, de M. Victor Massé, qui obtint un immense succès. Déployant une activité extraordinaire, il donna ensuite plusieurs ouvrages importants dus à de jeunes compositeurs, entre autres *le Timbre d'argent*, de M. Saint-Saëns, *le Bravo*, de M. Salvayre, *l'Aumônier du régiment*, de M. Hector Salomon, etc. Pourtant, malgré d'incontestables qualités artistiques, en dépit des sympathies dont il était entouré, les défauts d'une administration imprévoyante vinrent entraver la réussite de M. Vizentini. Après vingt mois d'exploitation, il dut renoncer à son privilége, et le Théâtre-Lyrique fut fermé dans les premiers jours du mois de janvier 1878. Depuis lors, M. Vizentini est devenu chef d'orchestre de l'Hippodrome. Il occupe aujourd'hui, au théâtre italien de Saint-Pétersbourg, les doubles fonctions de chef d'orchestre et de régisseur général.

Comme compositeur, on doit à M. Vizentini la musique de deux opérettes en un acte, *la Tsigane* (Folies-Marigny, 1865), et *le Moulin Ténébreux* (Bouffes-Parisiens, 1869), celle de deux cantates exécutées au Vaudeville et à la Porte-Saint-Martin, et de plusieurs drames représentés à ce dernier théâtre ainsi qu'à la Gaîté, entre autres *Nos Ancêtres*, *Cadio*, *Patrie*, *le Bossu*, etc. Il a publié aussi quelques fantaisies pour violon avec accompagnement de piano. Comme écrivain, il a donné un petit volume humoristique intitulé *Derrière la toile* (Paris, Faure, 1868, in-12).

* **VOGEL** (Charles-Louis-Adolphe), compositeur, né à Lille au mois de mai 1808, vint à Paris, après avoir commencé ses études dans sa ville natale, et se fit admettre au Conservatoire. Sa réputation de compositeur commença à s'établir tout d'un coup en 1830, par le chant patriotique intitulé *les Trois Couleurs*, qu'il écrivit en une nuit, au lendemain de la révolution de Juillet, et qui devint aussitôt populaire. Le 16 décembre de l'année suivante, il donnait au théâtre des Nouveautés son premier ouvrage dramatique, *le Podestat*, opéra-comique en un acte, qui fut repris à l'Opéra-Comique le 3 avril 1833. Il espérait faire jouer à ce dernier théâtre un ouvrage en 3 actes, *Marie Stuart*, mais il n'y put parvenir. C'est alors qu'il commença à écrire des romances et scènes dramatiques qui obtinrent de grands succès, puis diverses œuvres de musique de chambre, et enfin un oratorio, *le Jugement dernier*, qui fut exécuté avec décors et costumes au théâtre de la Renaissance, dirigé par Anténor Joly.

Après avoir écrit et fait jouer à la Haye son opéra *le Siége de Leyde*, qui fut accueilli en cette ville avec enthousiasme, M. Vogel revint à Paris, où, après plusieurs années passées en démarches infructueuses, il fit enfin recevoir au Théâtre-Lyrique *la Moissonneuse*, opéra en 4 actes qui fut représenté le 3 décembre 1853. Mais alors recommencèrent les déboires de l'artiste, qui présenta inutilement deux ouvrages à l'Opéra, sans pouvoir forcer les portes de ce théâtre. Il donna alors aux Bouffes-Parisiens, le 21 septembre 1857, un petit acte intitulé *Rompons !* puis écrivit pour le théâtre des jeux de Bade un autre opéra-comique en un acte, *le Nid de Cigognes*, qui, donné sur ce théâtre au mois de septembre 1858, fut ensuite traduit en allemand et joué à Stuttgard. Quelques années après, M. Vogel donnait sur la toute petite scène des Folies-Marigny une operette intitulée : *Gredin de Pigoche!* (19 octobre 1866). Enfin, le 23 octobre 1875, il faisait représenter à la Renaissance *la Filleule du Roi*, opéra-comique qui avait été joué avec succès à Bruxelles quelques mois auparavant, et qui fut froidement accueilli à Paris.

En dehors du théâtre, M. Vogel a écrit plusieurs symphonies, des quatuors et des quintettes pour instruments à cordes, des chœurs, et divers morceaux religieux. L'Académie des Beaux-Arts lui a décerné, il y a quelques années, le prix Trémont.

Il n'est pas inutile de faire savoir que M. Vogel est le petit-fils de Jean-Christophe Vogel, l'auteur de *Démophon*, opéra dont l'ouverture est restée longtemps célèbre.

VOGEL (Guillaume-Maurice), musicien russe distingué, est né à Sorgau, en Sibérie, le 9 juillet 1846. Il a fait son éducation musicale en Allemagne, d'abord à Steinau, près de M. E. Richter, puis au Conservatoire de Leipzig. Depuis 1868 il est fixé en cette dernière ville, où il est rédacteur; du journal *der Tonhalle*, dirige plusieurs sociétés de chant et est très-recherché comme professeur. M. Vogel s'est fait connaître aussi, depuis quelques années, par la publication de diverses compositions qui ont été bien accueillies et dont le nombre s'élève à une quarantaine environ, tant pour le piano que pour le chant. Ces compositions consistent en *lieder* pour une ou plusieurs voix, sonates ou sonatines pour le piano, ainsi qu'en ouvrages didactiques pour cet instrument.

VOGL (Henri), chanteur dramatique allemand et l'un des interprètes préférés de M. Richard Wagner, est le fils d'un maître d'école, et naquit en Bavière le 15 janvier 1845. D'abord enfant de chœur à Munich, il songea, comme son père, à se consacrer à la carrière de l'enseignement, et en 1862 accepta un emploi de maître d'école dans un petit centre bavarois. Cependant, ayant découvert qu'il possédait une belle voix de ténor, magnifiquement timbrée, conçut la pensée d'étudier le chant en vue d'aborder le théâtre. Il fit alors de sérieuses études sous la direction de Franz Lachner, et le 5 novembre 1865 il débutait avec le plus grand succès à Munich, sur le théâtre de la cour, dans le rôle de Max du *Freischütz*. Depuis ce temps, M. Vogl est devenu l'un des premiers ténors héroïques allemands, son répertoire est très-étendu, et il est surtout inimitable dans les ouvrages de M. Wagner. Après la mort du chanteur Schnorr, il est le premier qui ait chanté le plus difficile de tous les rôles écrits par ce maître, celui de Tristan dans *Tristan et Iseulde;* il y obtint le plus grand succès à Munich en 1869, et à Weimar en 1874. M. Vogl est aussi très-remarquable dans l'oratorio, et il est vraiment magnifique dans l'Evangéliste de *la Passion selon Saint-Mathieu* de J.-S. Bach. Sa voix superbe, étendue et très-élevée, est aidée par une déclamation parfaite et une expression dramatique remplie de vérité.

VOGL (Thérèse **THOMAS**, épouse), femme du précédent et l'une des cantatrices dramatiques les plus renommées de l'Allemagne, est née le 12 novembre 1845 à Tutzwing (Bavière). Après avoir étudié le chant avec Hauser, elle fut engagée, en 1864, au théâtre de la cour à Carlsruhe, et, l'année suivante, après un brillant début, prenait place sur celui de la cour, à Munich, qu'elle n'a pas quitté depuis lors. En 1868, elle a épousé M. Vogl. Comme son mari, Mme Vogl brille surtout dans le répertoire de M. Richard Wagner, et le succès des deux époux a surtout été éclatant dans *Tristan et Iseulde.*

* **VOGLER** (L'abbé Georges-Joseph). — M. Théodore Nisard a publié sous ce titre : *l'Abbé Vogler*, une Notice sur ce célèbre théoricien (s. l. n. d. [Paris], Repos, in-8° avec portrait).

* **VOGT** (Auguste-Georges-Gustave), ancien professeur de hautbois au Conservatoire, le doyen des hautboïstes français, est mort à Paris le 30 mai 1870. Il avait pris sa retraite de professeur non en 1844, comme il a été dit par erreur, mais seulement le 1er novembre 1853. Comme il avait été nommé professeur adjoint le 1er octobre 1802, et professeur titulaire le 1er avril 1816, il avait donc exercé ces fonctions pendant plus d'un demi-siècle.

VOGT (Jean), compositeur allemand, né à Gross-Tinz, près Liegnitz (Silésie prussienne), le 17 janvier 1823, est le fils d'un meunier, et eût été meunier comme son père, si le goût de la musique ne l'avait emporté en lui sur toute autre considération. Il apprit de bonne heure à jouer du piano et de l'orgue, devint à Berlin, en 1845, l'élève de Bach et de Grell, puis alla étudier pendant deux ans à Breslau sous la direction de Hess et de Seidel. En 1850, muni d'excellentes recommandations pour Henselt, il part pour Saint-Pétersbourg, s'y fait connaître avantageusement, et bientôt s'y voit très-recherché comme professeur de piano. En 1855, il entreprend un grand voyage artistique en Allemagne, en Angleterre et en France, et en 1857 il visite successivement Leipzig, Vienne, Berlin, Breslau, Weimar, en faisant entendre plusieurs de ses compositions. Dans son premier voyage il avait fait exécuter avec succès, à Liegnitz, un oratorio intitulé *la Résurrection de Lazare*.

En 1861, M. Vogt se fixe à Dresde, en 1865 il devient professeur au Conservatoire de Leipzig, puis, doué d'une humeur un peu capricieuse, il s'embarque en 1871 pour New-York. Un accident lui arrive en cette ville, il se casse un bras, et bientôt revient en Europe. Depuis 1873, il paraît fixé définitivement à Leipzig.

Pianiste fort distingué, M. Vogt a obtenu de grands succès comme virtuose, et s'est vu bien accueilli partout où il s'est fait entendre. Il est fort estimé aussi comme compositeur, et le nombre de ses œuvres publiées s'élève aujourd'hui à 150 environ. Parmi ces œuvres il faut citer, outre l'oratorio de *la Résurrection de Lazare*, plusieurs quatuors et trios pour piano et instruments à cordes, des sonates de piano, enfin un grand nombre de morceaux de genre ou de caractère pour le même instrument, à deux ou à quatre mains, dont quelques-uns écrits sur des motifs d'opéras.

VOIGT (CHARLES), musicien allemand, né à Hambourg le 29 mars 1808, est mort en cette ville le 6 février 1879. Il fut élève de J.-J. Behrens pour le piano, et étudia la théorie de l'art d'abord avec J.-H. Clasing, puis avec F.-W. Grund et Moritz Hauptmann à Cassel. Il a dirigé la société de Sainte-Cécile à Francfort, et plus tard, à Hambourg, une autre société du même nom. J'ignore si cet artiste, qui avait de la valeur, s'est produit comme compositeur.

VOIRIN (FRANÇOIS-NICOLAS), luthier français, s'est fait une spécialité de la fabrication des archets, où il a acquis une supériorité incontestable. Ses produits, fort estimés, en font le digne successeur de ces *archetistes* fameux qui s'appelaient Tourte, Lupot et Peccate. Né à Mirecourt le 1er octobre 1833, M. Voirin, qui était parent de Jean-Baptiste Vuillaume, entra en 1855 dans l'atelier de ce luthier fameux, et y resta, en qualité d'ouvrier aux pièces, jusqu'à la fin de 1869. Au mois de janvier 1870, il s'établit à son compte, et commença sa réputation en produisant une grande quantité d'archets dont les artistes et les amateurs apprécièrent aussitôt les bonnes et solides qualités. Déjà, à l'Exposition universelle de Paris de 1867, M. Voirin s'était vu décerner une mention honorable comme collaborateur de J.-B. Vuillaume; il obtint ensuite diverses récompenses aux expositions de Portugal et d'Angleterre, et se fit tout particulièrement remarquer, à l'Exposition universelle de 1878 (Paris), par une série de vingt-six archets de violon, d'alto, de violoncelle et de contre-basse d'une exécution parfaite.

* **VOLCKMAR** (A....-B....-WILHELM), organiste et compositeur allemand. — Le nombre des œuvres publiées par cet artiste est devenu très-considérable; l'une des dernières, comprenant plusieurs adagios pour l'orgue, porte le chiffre d'œuvre 357.

* **VOLDER** (PIERRE-JEAN DE). — Outre *la Jeunesse de Henri V*, qui fut représentée à Gand, on cite encore un autre opéra en trois actes de ce compositeur, *le Château de Lochleven*, joué dans la même ville le 29 mars 1826. A cette époque, de Volder dirigeait à Gand les concerts de la Sodalité.

Le fils de cet artiste, *Henri de Volder*, né à Anvers en 1794, partagea les travaux de son père et lui succéda dans la direction de sa fabrique d'orgues. Il mourut à Bruxelles le 18 mars 1865, laissant à son tour cet établissement important à ses deux fils, MM. *Charles* et *Léon de Volder*, qui continuent les traditions de la famille.

VOLKMANN (FRÉDÉRIC-ROBERT), musicien allemand, qui vit retiré en Hongrie, est regardé en Allemagne comme un des compositeurs les plus sérieux et les plus solides de ce temps. Il est issu d'une famille de musiciens, car son père était *cantor* à Lommarch, dans la province de Misnie : c'est là qu'il naquit, le 6 avril 1815, avec un frère jumeau qui mourut aussitôt. Il apprit le piano et l'orgue sous la direction de son père, et, dès l'âge de douze ans, il avait acquis une telle habileté sur ces deux instruments, qu'il touchait l'orgue au service divin et remplaçait son père au piano pour faire étudier leurs parties aux enfants de chœur. M. Volkmann se destinait, comme son père, à la carrière de l'enseignement musical; mais sur le conseil d'Anscher, directeur de musique à Fribourg, il se rendit en 1836 à Leipzig, pour s'y consacrer entièrement à la composition. Trois ans après, il séjourna à Prague et de là gagna la Hongrie, qui est devenue sa seconde patrie. Il est aujourd'hui professeur de composition à l'école de musique de Pesth. Symphonies, musique de chambre, concertos pour violoncelle, violon ou piano, morceaux pour piano à deux et quatre mains, pièces vocales à une ou plusieurs voix, ce compositeur s'est essayé dans tous les genres de musique vocale et instrumentale, sauf l'opéra.

Les compositions de M. Volkmann que j'ai entendues comme celles que j'ai lues, sa musique de chambre comme celle pour orchestre, ne me permettent pas de partager la haute opinion que ce musicien a inspirée de lui à ses compatriotes. Il paraît sans doute posséder une grande connaissance de son métier, avoir un juste et sérieux idéal et ne pas sacrifier aux tendances trop répandues de nos jours à dégrader l'art musical, mais l'inspiration paraît lui faire défaut, et, en outre de l'originalité, cette élévation de pensée et cette richesse de facture qui peut parfois, dans la musique symphonique, dissimuler un peu la pauvreté ou la banalité des idées. La plupart de ses œuvres sont sagement écrites et habilement composées, mais elles manquent de relief, de chaleur, et ne peuvent par conséquent produire un puissant effet sur le public; le musicien seul peut en tirer profit et en apprécier la sage ordonnance. Sa grande ouverture de *Richard III*, qu'on peut prendre pour modèle des œuvres orchestrales de l'auteur, à cause de son importance et du succès qu'elle a obtenu et aussi parce que l'auteur l'a composée dans la forte maturité de son talent, a le tort de vouloir reproduire à la fois les principaux épisodes de la tragédie de Shakespeare. Il en résulte une série de fragments décousus d'inégale valeur qui éparpillent l'attention de l'auditeur, au lieu de la concentrer sur une pensée dominante. L'auteur, bien qu'il connaisse à fond les ressources de son métier, n'a pu réussir, malgré sa science, à former un tout grandiose de cette longue composition, où l'on rencontre de beaux effets d'orchestre, de la tendresse, de la grandeur même et du pathétique, mais où le défaut d'unité se fait trop vivement sentir. Il en est de même de ses compositions pour piano et de ses morceaux de musique de chambre, dont plusieurs, notamment le deuxième quatuor en *sol mineur* et le quatrième en *mi mineur*, ont été exécutés aux séances de nos différentes sociétés d'instruments à cordes. Son *Nocturne* et ses *Esquisses de voyage*, huit morceaux pour piano seul, comme son *Livre d'images*, recueil de six pièces à quatre mains, dédiées à ses neveux Oscar et Paul Volkmann, comme sa suite de douze poëmes intitulée *Visegrad*, comme les *Danses allemandes* et les *Mélodies hongroises*, dénotent la même facilité banale dans les idées mélodiques et sont, en outre, d'une contexture bien maigre et peu intéressante. Au résumé, M. Volkmann peut être un musicien très-sérieux et un excellent professeur, mais il me paraît manquer, je ne dirai pas de génie, mais même de puissance créatrice, et la plupart des compositions que je connais de lui sont dépourvues de toute empreinte personnelle.

Si considérable que soit le catalogue des œuvres de M. Robert Volkmann, j'ai pu arriver à le dresser aussi exactement que possible, en le divisant, pour plus de clarté, en trois grandes séries, celle du chant, celle du piano, celle des autres instruments. — MUSIQUE VOCALE. — Cinq *lieder* de Joseph de Eichendorff, pour voix seule (op. 2). — Trois poésies pour soprano ou ténor (op. 13). — Trois *lieder* pour mezzo-soprano (op. 16). — 1re messe en *ré majeur*, pour voix d'hommes avec *soli* (op. 28). — 2e messe en *la bémol majeur*, pour voix d'hommes sans *soli*, (op. 29). — Six *lieder* pour voix d'hommes, en deux suites (op. 30). — Trois *lieder*, pour ténor (op. 32). — Trois chants religieux, pour chœur avec piano (op. 38), dont le premier, *Confiance en Dieu*, a été arrangé par l'auteur pour chœur, orchestre de cordes, deux flûtes et deux cors. — *A la nuit*, morceau de fantaisie pour voix d'alto solo avec orchestre (op. 45). — Recueil de *lieder* de Betti Paoli pour voix d'alto avec piano (op. 46). — Offertoire pour soprano solo, chœur et orchestre (op. 47). — Trois *lieder* pour chœur d'hommes (op. 48). — *Sappho*, scène dramatique pour soprano solo et orchestre (op. 49). — Trois *lieder* pour ténor ou soprano (op. 52). — *La Convertie*, de Gœthe, pour soprano (op. 54). — *Du petit berger* et *Souvenir*, deux *lieder* pour mezzo-soprano avec piano et violoncelle (op. 56). — *Amour constant* et *Au Sommeil*, deux *lieder* pour voix d'hommes (op. 58). — *Noël*, pour chœur et *soli* (op. 59). — Hymne en vieil allemand, pour double chœur de voix d'hommes (op. 64). — Air d'église, pour baryton avec instruments à cordes et flûte (op. 65). — Trois *lieder* pour soprano avec piano (op. 66). — Six duos pour soprano et ténor, sur un texte en vieil allemand avec piano (op. 67). — Deux chants religieux, pour chœur complet (op. 70). — Trois épithalames pour chœur complet (op. 71). — Trois *lieder* pour ténor avec piano (op. 72). — Recueil de chants allemands, chœurs choisis pour la jeunesse. — *Noël du XIIe siècle*, pour chœur et *soli*. — MUSIQUE DE PIANO. — *Tableaux de fantaisie* (op. 1). — *Dithyrambe* et *Toccata* (op. 4). — *Souvenir de Maroth*, impromptu (op. 6). — Nocturne (op. 8). — *Livres d'images musicales*, 6 pièces à deux et quatre mains (op. 11). — Sonate en *ut mineur* (op. 12). — Livre des chants (op. 17). — *Danses allemandes* (op. 18). — Cavatine et Barcarolle (op. 19). — *Mélodies hongroises* (op. 20). — *Visegrad*, douze pièces pour deux ou quatre mains, inspirées à l'auteur par la vue des ruines du château fort de Visegrad, situé sur un rocher au bord du Danube et résidence favorite des rois de Hongrie (op. 21). — Quatre marches (op. 22). — *Esquisses de voyage*, huit pièces (op. 23). — *Esquisses hongroises*, sept pièces à deux ou quatre mains (op. 24). — *Intermezzo* (op. 25). — Variations pour deux pianos sur un thème de Hændel (op. 26). — *Chansons de la grand'mère*, morceaux à quatre mains pour enfants (op. 27). — *Improvisations* (op. 36). — *Les Heures du jour*, douze pièces en quatre suites : 1° *le Matin*, 2° *le Midi*, 3° *le Soir*, 4° *la Nuit* (op. 39). — Trois marches, à quatre mains (op. 40). — *Au tombeau du comte Széchenyi*, fantaisie (op. 41). — Morceau de concert en *ut* pour piano et orchestre ou deuxième piano (op. 42). — *Ballade* et *Scherzetto* (op. 51). — *Rondino* et *Marche-caprice*, à quatre mains (op. 55). — Sonatine à quatre mains (op. 57). — *Capriccietto*. — Six tableaux de fantaisie : *Nocturne, Idylle, la Nuit de Walpurgis, Danse de sorcières, Humoresque, Élégie*. — *Chant du vin du Rhin*, variante d'un morceau des *Esquisses hongroises*. — Quatre *lieder* de Mozart (*la Violette, le Sentiment du soir, A Chloé, Chant d'adieu*) et cinq *lieder* de Schubert, tirés du recueil *la Belle Meunière* (*Soir de fête, Salut matinal, Fleurs du Meunier, Couleur de l'amour, Fleurs desséchées*) arrangés pour piano. — MUSIQUE INSTRUMENTALE. — Trio en *fa majeur*, pour violon, violoncelle et piano (op. 3). — Trio en *si bémol mineur*, id. (op. 5). — Romance pour violoncelle et piano (op. 7). — 1er quatuor, en *la mineur*, pour instruments à cordes (op. 9). — *Chant du Troubadour*, pour violon ou violoncelle et piano (op. 10). — 2e quatuor, en *sol mineur*, pour instruments à cordes (op. 14). — *Allegretto-capriccio*, pour violon et piano (op. 15). — *Rhapsodie*, pour violon et piano (op. 31). — Concerto en *la mineur*, pour violoncelle (op. 33). — 3e quatuor en *sol*, pour instruments à cordes (op. 34). — 4e quatuor, en *mi mineur*, id. (op. 35). — 5e quatuor, en *fa mineur*, id. (op. 37). — 6e quatuor, en *mi bémol*, id. (op. 43). — 1re Symphonie, en *ré mineur* (op. 44). — Ouverture de fête, pour grand orchestre, composée pour le 25e anniversaire de la fondation du Conservatoire de Pesth (op. 50). — 2e Symphonie en *si bémol* (op. 53). — 1re Sonatine en *la mineur*, pour piano et violon (op. 60). — 2e Sonatine en *mi mineur*, id. (op. 61). — 1re Sérénade, en *ut*, pour orchestre d'instruments à cordes (op. 62). — 2e Sérénade, *en fa*, id. (op. 63). — Ouverture de *Richard III*, d'après Shakespeare (op. 68). — 3 Sérénade, en *ré mineur* (op. 69).

AD. J—N.

VORENBORCH ou **VORNENBERCH** (PIERRE), né à Cologne au commencement du seizième siècle, vint s'établir à Anvers et fut reçu dans la bourgeoisie de cette ville, le 25 juin 1542, comme facteur de clavicordes. Dix ans plus tard, en 1552, il se faisait admettre dans la gilde de Saint-Luc comme facteur de clavecins.

VRIES (DE). — *Voyez* **DE VRIES**.

* **VROYE** (Le chanoine THÉODORE-JOSEPH DE), artiste qui s'est spécialement occupé de toutes les questions relatives à la musique religieuse, a publié, en société avec M. Van Elewyck (*Voy.* ce nom), l'écrit important dont voici le titre : *De la musique religieuse, les congrès de Malines* (1863 *et* 1864) *et de Paris* (1860), *et la législation de l'Église sur cette matière*, Paris, Louvain et Bruxelles, 1866, in-8°. De Vroye est mort à Liége le 29 juillet 1873.

VUILLAUME (JEAN), luthier français, exerçait sa profession à Mirecourt dans la première moitié du dix-huitième siècle. Le fameux luthier Jean-Baptiste Vuillaume, dont il est parlé plus loin, possédait de lui un violon d'une facture assez médiocre, qui était marqué d'une étiquette ainsi conçue : *Fait par moy, Jean Vuillaume, à Mirecourt*, 1738. Il semble probable que cet artiste était membre de la famille des luthiers dont il est question ci-après ; cependant, malgré les recherches faites à ce sujet, aucune certitude n'a pu être obtenue.

VUILLAUME (CLAUDE), chef de la famille des luthiers de ce nom, naquit à Mirecourt (Vosges) en 1772, et exerça sa profession dans cette ville, où il s'occupait surtout de la fabrication des violons à bon marché. Il eut quatre fils, qui suivirent la même carrière, et qui commencèrent tous avec lui leur apprentissage. Claude Vuillaume mourut en 1834.

VUILLAUME (JEAN-BAPTISTE), fils aîné du précédent, l'un des artistes qui ont le plus honoré la lutherie, naquit à Mirecourt le 7 octobre 1798. Il fit son apprentissage avec son père, et venait d'accomplir sa dix-neuvième année lorsque, en 1818, il accepta de venir travailler à Paris, chez Chanot. En 1821, il quitta celui-ci pour entrer chez un fabricant d'orgues nommé Lété, qui tenait aussi un magasin de lutherie et qui avait été membre de la maison Chanot-Lété-Simon aîné et Payonne. Il devint bientôt l'associé de Lété, qui était gendre de l'excellent luthier Pique, alors retiré, et tous deux s'établirent, sous la raison sociale *Lété et Vuillaume*, au n° 30 de la rue Croix-des-Petits-Champs, cette rue qui fut pendant si longtemps comme le quartier général de la lutherie parisienne. Les fréquents entretiens qu'il avait avec Pique, artiste exercé et fort distingué, ne furent pas sans influence sur l'esprit chercheur et investigateur de Jean-Baptiste Vuillaume, et les relations qu'il établit vers la même époque avec le célèbre acousticien Savart, achevèrent de former son expérience et de mûrir son talent, en l'aidant efficacement dans ses recherches pour analyser et retrouver les secrets de l'admirable fabrication des luthiers italiens de Crémone et de Brescia.

Au bout de quelques années, en 1828, Vuillaume rompit son association avec Lété pour s'établir seul, et s'installa au nº 46 de la rue Croix-des-Petits-Champs, où il demeura pendant près de trente années. « Établi pour son compte à l'âge de vingt-neuf ans, dit un de ses biographes (1), poussé par la ferme volonté de parvenir, il devait en trouver les moyens. Il chercha d'abord à construire par lui-même des instruments neufs auxquels il donnait tous les soins dont il était capable; mais cela se vendait lentement et mal, le désir des amateurs n'était pas là. L'enthousiasme pour la vieille lutherie italienne commençait à se produire : amateurs et artistes n'avaient qu'un rêve, posséder un Stradivari, un Amati ou un Guarneri! Vuillaume comprend, se met à l'œuvre, et, après de nombreux essais et un travail obstiné, offre un beau jour pour la somme de *trois cents francs* un magnifique violon de Stradivari, signé du grand maître, et ayant une sonorité remarquable! A peine vu et essayé, l'instrument est enlevé d'enthousiasme. La voie était trouvée : et, depuis ce moment, il ne peut suffire aux demandes d'imitations qui lui arrivent de toutes les parties du monde. Ce fut l'origine de la grande fortune de J.-B. Vuillaume. Les violons se vendaient 300 francs et les violoncelles 500 francs... Le succès que rencontrèrent ces copies n'empêcha pas Vuillaume de continuer ses recherches en vue d'améliorer toutes les conditions de la facture. Son esprit actif et intelligent n'avait pas de repos; les plus beaux instruments italiens qui lui passaient journellement par les mains (et leur nombre était grand) lui avaient tous laissé leur secret; mais parmi les grands auteurs de la belle époque, un seul était devenu son idole : A. Stradivari était pour lui le *nec plus ultra* de la perfection. Aussi l'a-t-il étudié et analysé jusque dans ses plus minces détails : qualité des bois, épaisseur des tables, hauteur des voûtes, dimensions de tout genre, volutes, vernis, conditions acoustiques, rien ne lui a échappé; tout a été tellement fouillé par lui, qu'il en est arrivé à connaître Stradivari, on oserait presque dire, mieux que le grand artiste ne se connaissait lui-même.... Ses recherches sur la qualité des bois à employer ont été incessantes. Il avait parcouru la Suisse, le Tyrol, l'Illyrie, achetant des érables et des sapins vieillis en grume, de vieux meubles, de vieux parquets : tout cela, transformé par lui en violons et violoncelles, lui avait fourni des résultats qui étaient la source de remarques utiles et intelligentes.... Le vernis fut l'objet d'une étude constante de sa part. Depuis la disparition de la belle école italienne, il n'y a pas un seul luthier en Europe qui ait retrouvé le vernis des Stradivari, Guarneri, etc.; J.-B. Vuillaume *seul* est parvenu à en approcher de si près, qu'il en a saisi la finesse, la nuance, et la légèreté solide. Tous les instruments sortis de ses mains, surtout depuis l'année 1859, ne laissent rien à désirer sous ce rapport. Malheureusement il a emporté son secret dans la tombe, et il n'a été rien retrouvé sur ce sujet dans les nombreuses notes qu'il a laissées. »

Ces éloges, je l'avoue, me paraissent un peu excessifs, et depuis quelques années on semble être revenu de l'engouement qu'avait excité l'apparition des instruments de Vuillaume, engouement dont l'exagération était manifeste. Toutefois, et pour remettre les choses en leur place, le talent de Vuillaume était réel, et lui valut de nombreuses récompenses dans la plupart des Expositions auxquelles il prit part pendant le cours de sa longue carrière. Dès 1827 il obtenait une médaille d'argent (Paris), qui lui était décernée de nouveau en 1834 (Paris); en 1839 (Paris) et 1844 (Paris), il remportait deux médailles d'or; en 1851, à l'Exposition universelle de Londres, où il produisait, avec son *octobasse* perfectionnée, deux magnifiques quatuors d'instruments à archet, il se voyait adjuger la grande *council medal*, et le gouvernement français lui accordait ensuite le ruban de la Légion d'honneur; enfin, en 1855, à l'Exposition universelle de Paris, il obtenait la seule grande médaille d'honneur qui fût décernée. A partir de ce moment, il fut déclaré hors concours.

Vuillaume, d'ailleurs, travailla jusqu'à son dernier jour, et se fit toujours remarquer par des inventions soit utiles, soit ingénieuses, qui donnent des preuves multiples de sa continuelle activité d'esprit. On lui doit un instrument nommé par lui *contralto*, qui, sans différer de l'alto comme étendue et comme accord, mais construit dans des formes nouvelles, se distingue par une rare ampleur de son; il imagina

(1) M. Vidal : *les Instruments à archet.*

aussi une *octobasse*, dont, ainsi que le précédent, on voit un échantillon au Musée instrumental du Conservatoire de Paris (1). Il faut citer encore, au nombre des innovations dues à cet esprit inventif, une *pédale sourdine*, produite par lui à l'Exposition universelle de 1867; puis une machine au moyen de laquelle il donnait aux cordes de boyau une égalité de calibre telle que, selon lui, elles offraient une justesse absolue dans toute leur longueur; enfin, l'archet à hausse fixe et l'archet en acier creux.

Jean-Baptiste Vuillaume, qui depuis environ vingt ans avait quitté ses ateliers de la rue Croix-des-Petits-Champs pour aller s'établir dans une maison qu'il possédait aux Ternes, rue Demours, n° 3, est mort dans cette maison le 19 mars 1875. Une de ses filles avait épousé M. Alard, l'excellent violoniste.

VUILLAUME (Nicolas), deuxième fils de Claude Vuillaume, naquit à Mirecourt en 1800, travailla longtemps avec son père, puis, devenu veuf en 1832, se décida à venir à Paris, chez son frère Jean-Baptiste, auprès duquel il resta pendant dix années. En 1842 il retourna à Mirecourt, s'y établit pour son compte, et se livra particulièrement à la fabrication de la lutherie commune. Il obtint une médaille de bronze à l'Exposition universelle de Paris de 1855, pour divers instruments à très-bas prix. Il est mort en 1871.

VUILLAUME (Nicolas-François), troisième fils de Claude Vuillaume, naquit à Mirecourt le 13 mai 1802, fit son apprentissage avec son père, vint ensuite travailler à Paris, auprès de son frère Jean-Baptiste, puis, ayant acquis une très-réelle habileté, alla s'établir en 1828 à Bruxelles, qu'il ne quitta plus jusqu'à sa mort, c'est-à-dire pendant près d'un demi-siècle. Devenu en cette ville luthier du Conservatoire, il prit part aux deux Expositions qui y eurent lieu en 1835 et 1841, lesquelles lui valurent une médaille d'argent, se produisit aussi aux Expositions universelles de Londres, Paris et Dublin, obtint une médaille de première classe, et enfin se vit décerner aussi une médaille de première classe à l'Exposition universelle de Vienne (1873). A la suite de ces succès, il fut nommé chevalier de l'ordre de Léopold. Nicolas-François Vuillaume mourut à Bruxelles le 14 janvier 1876.

VUILLAUME (Claude-François), quatrième fils de Claude Vuillaume, naquit à Mirecourt au mois de mars 1807, et, ainsi que ses frères, fit son apprentissage chez son père. Mais plus tard il modifia sa carrière, et abandonna la lutherie pour se livrer à la fabrication des orgues.

VUILLAUME (Sébastien), fils du précédent, luthier, est établi à Paris. Il a obtenu une médaille de bronze à l'Exposition universelle de Paris (1867), et une médaille d'argent à l'Exposition du Havre (1868). Unique possesseur aujourd'hui de la machine à tailler les archets inventée par Jean-Baptiste Vuillaume peu de temps avant sa mort, M. Sébastien Vuillaume continue la fabrication des archets d'après le système de son oncle.

(1) — « Cet instrument, haut de 4 mètres, imaginé par J.-B. Vuillaume en 1849, et perfectionné par lui en 1851, est monté de trois cordes (*ut*, *sol*, *ut*). Il a quatre notes au grave de plus que la contre-basse ordinaire. — Les dimensions de l'octobasse ont exigé l'invention d'un mécanisme spécial : au moyen de leviers, des doigts d'acier viennent se placer sur les cordes à la façon d'une barre, en sorte que l'exécutant, dans chaque position du doigt d'acier, a toujours à sa portée trois degrés, dont le deuxième est la quinte, et le troisième l'octave de l'autre. L'appareil des leviers est fixé au côté droit de l'instrument, et l'on agit sur les bascules à l'aide d'un pédalier. — Il n'existe plus qu'une octobasse comme celle-ci : elle est en Russie. » — (*Le Musée du Conservatoire national de musique. Catalogue de cette collection.*)

W

WACHS (Frédéric), compositeur, né vers 1825, a publié un grand nombre de morceaux faciles pour le piano, de romances et de chansonnettes, et a fait jouer, dans de petits théâtres et des cafés-concerts, les opérettes suivantes, toutes en un acte : 1° *le Bel Adonis*, Folies-Bergère, 1872 ; 2° *la Belle Kalitcha*, id., id. ; 3° *C'est un prodige!* id., 1873 ; 4° *la Leçon d'amour*, Bouffes-Parisiens, 1873 ; 5° *Amour et Cor de chasse*, concerts des Porcherons, 1874 ; 6° *Une pleine eau à Chatou*, Folies-Bergère, 1874 ; 7° *Tata chez Toto*, id., id. ; 8° *Grain-de-Beauté*, th. des Familles, 1875 ; 9° *Madame le Docteur*, Eldorado, 1875 ; 10° *les Volontés de mon oncle*, Folies-Bergère, 1876 ; 11° *les Feuilles mortes*. Parmi les publications de M. Wachs relatives au piano, il me suffira de citer les suivantes : *Récréations lyriques des jeunes pianistes*, 48 petits morceaux sur des airs d'opéras ; *la Gerbe d'or*, 40 transcriptions faciles; *les Feuilles d'album*, 50 transcriptions mignonnes. Tout cela est écrit surtout en vue des petits enfants et des commençants. M. Wachs est maître de chapelle à l'église Saint-Merry.

WACHS (Etienne-Victor-Paul), organiste et compositeur, fils du précédent, est né à Paris le 19 septembre 1851. Admis au Conservatoire, dans la classe d'orgue dirigée par Benoist et ensuite par M. César Franck, il obtint le premier prix au concours de 1872. Un peu plus tard, il devint organiste de l'église Saint-Merry, où il exerce encore aujourd'hui ces fonctions. On doit à ce jeune artiste un *Petit Traité pratique d'harmonie* et un *Petit Traité pratique de contre-point et fugue*, qui ont paru chez l'éditeur M. Egrot. M. Paul Wachs a publié aussi quelques morceaux de musique légère pour le piano.

WACHTEL (Théodore), chanteur allemand très-renommé, né à Hambourg en 1824, est le fils d'un cocher et loueur de voitures, dont il embrassa la profession et auquel il succéda à sa mort, restant avec sa mère à la tête de la maison. C'est au hasard qu'il dut la révélation de la belle voix de ténor qu'il possédait et dont on lui conseilla aussitôt de tirer parti. Il prit alors un professeur (Mme Grandjean, à Hambourg), se livra assidûment à l'étude du chant, et bientôt fut en état de se produire à Hambourg, d'abord dans des concerts, et ensuite au théâtre. Encouragé par l'accueil qu'il reçut de ses compatriotes, il se montra successivement sur les scènes de Schwerin, de Dresde, de Vurtzbourg, de Darmstadt, voyant chaque jour augmenter ses succès et s'affermir sa réputation. Engagé en 1854 à Hanovre, il resta quatre ans en cette ville, partageant l'emploi de premier ténor avec M. Niemann (*Voy.* ce nom), et il y devint l'idole du public. De Hanovre, M. Wachtel alla à Cassel, puis au théâtre de la cour, à Vienne, et vers 1864 il fut appelé à l'Opéra royal de Berlin, où il fit fureur. Dès cette époque, il allait passer chaque année une saison à Londres, chantant l'opéra italien au théâtre de Covent-Garden et se faisant entendre fréquemment dans les concerts. Vers la fin de 1869, M. Wachtel vint faire une fugitive apparition au Théâtre-Italien de Paris, où il se montra dans *il Trovatore*; la voix de l'artiste était fatiguée, le chanteur parut vulgaire, et son succès fut négatif. Depuis lors, néanmoins, il a continué brillamment sa carrière en Allemagne.

Au beau temps de cette carrière, M. Wachtel était doué, dit-on, d'une voix dont l'étendue et la puissance étaient surprenantes, et il se faisait remarquer par la grande flexibilité de son talent de comédien, qui lui permettait d'aborder avec le même bonheur les rôles des genres les plus opposés, et de jouer tour à tour *Guillaume Tell*, *Don Juan*, *le Trouvère*, *les Huguenots*, *Lucie de Lamermoor*, *le Prophète*, *Stradella*, *la Dame Blanche*, *le Postillon de Lonjumeau*, etc. Ce dernier ouvrage lui valut toujours ses plus grands triomphes, parce qu'il rappelait au public son origine et sa profession première, que l'artiste le jouait avec une désinvolture toute particulière, et que (ses compatriotes l'ont dit et redit sur tous les tons) il y faisait claquer son fouet d'une façon inimitable. M. Wachtel se vante d'avoir joué plus de mille fois *le Postillon de Lonjumeau*.

Un fils de cet artiste, *Théodore Wachtel*, d'abord orfèvre, et qui avait ensuite, comme son père, embrassé la carrière du chant, qui ne lui avait pas été aussi favorable, avait été obligé, pour raison de santé, de reprendre son premier état, et s'était établi à Dessau. Il y mourut peu de temps après, au mois de janvier 1875, à l'âge de trente ans.

* **WACKENTHALER** (Joseph), est mort à Strasbourg le 3 mars 1869.

WACKERNAGEL (Philippe), écrivain allemand, est connu pour une *Histoire du chant religieux allemand*, qu'il a publiée à Stuttgard en 1841. Wackernagel est mort à Dresde, le 20 juin 1877, à l'âge de soixante-dix-sept ans.

WAELPUT (Henri), compositeur belge, né à Gand le 26 octobre 1845, reçut dans cette ville sa première éducation musicale, puis alla terminer ses études au Conservatoire de Bruxelles, où il obtint le premier prix de composition en 1866. Ayant pris part l'année suivante au concours de Rome, il remporta d'emblée le premier prix pour sa cantate flamande *het Woud* (*la Forêt*). En 1869, M. Waelput fut appelé, malgré sa jeunesse, à la direction du Conservatoire de Bruges, prit une part active au mouvement musical de cette ville, devint chef d'orchestre au théâtre, et fonda des concerts populaires qui obtinrent un grand succès. Pourtant, il quitta Bruges en 1871, et alla se fixer à Dijon, où il demeura plusieurs années. De retour en Belgique en 1875, il s'établissait dans sa ville natale, où il devenait chef d'orchestre du grand théâtre, et, le 9 janvier 1876, il donnait au Palais-Ducal, à Bruxelles, un grand concert avec orchestre et chœurs destiné à faire connaître quelques-unes de ses compositions les plus importantes. Il fit entendre sous sa direction, dans cette séance, sa 2e symphonie, écrite à la mémoire de Charles-Louis Hanssens, divers morceaux d'un opéra flamand inédit, *Berken de Diamantslijper* (*Berken le lapidaire*), des fragments de ses 3e et 4e symphonies, et une cantate, *de Zegen der Wapens* (*la Bénédiction des armes*), composée à l'occasion d'une visite faite à Gand par les *riflemen* anglais, et dans laquelle on trouvait un arrangement très-curieux du *God save the Queen* et de la *Brabançonne*, le chant national belge. Ces diverses œuvres furent accueillies avec une grande faveur, et donnèrent une heureuse idée du talent de leur auteur. Depuis lors, M. Waelput a fait exécuter à Gand une cantate, *la Pacification de Gand*, que le public n'a pas moins bien reçue. Parmi les autres compositions de cet artiste, je citerai : *Hans Memling*, marche festivale pour orchestre; *Memling*, cantate pour *soli* et chœurs; un recueil de 6 *lieder* avec piano; un autre recueil de 20 *lieder* avec piano; un autre recueil de mélodies nouvelles, etc., etc.

* **WAELRANT** (Hubert). — Neuf chansons de cet artiste fameux sont insérées dans le recueil divisé en six livres que Pierre Phalèse publia à Louvain en 1555-1556, et dont le premier parut sous ce titre : *Premier livre des chansons à quatre parties, nouvellement composez* (sic) *et mises en musique, convenables tant aux instruments comme à la voix* (Louvain, 1555, in-4°).

Il paraît établi d'une façon certaine aujourd'hui que cet artiste fameux n'a vu le jour ni à Ath, ni à Arras, ni à Anvers, mais bien à Tongerloo, petit village de la Campine, dans l'ancien duché de Brabant.

* **WAGENSEIL** (Georges-Christophe), compositeur allemand, naquit en 1717 (et non en 1688, comme il a été dit), et mourut le 1er mars 1779, à Vienne. On connaît de lui un ouvrage intitulé *i Lamenti d'Orfeo*, qui a été joué en cette ville le 26 juillet 1740.

* **WAGNER** (Guillaume-Richard), compositeur dramatique allemand. — Il est difficile d'apprécier, d'une façon précise et nette, la valeur de cet artiste à la fois étrange et puissant, auquel son immense vanité, son incommensurable orgueil, son absence absolue de sens moral, son mépris complet du public, son dédain superbe pour tout ce qui n'est pas lui, sa haine pour tous les grands artistes qui l'ont précédé, ont fait une singulière situation dans le monde. M. Wagner, dont il y aurait puérilité à nier la vaste intelligence et les rares facultés musicales, a été et est encore discuté avec une âpreté, une ardeur, une énergie dont il existe peu d'exemples dans l'histoire de l'art; on peut dire que, en ce qui le concerne, l'Europe musicale est divisée en deux partis immenses, en deux camps gigantesques, dont l'un tient pour le musicien novateur à qui l'on doit *Tristan et Ysolde* et la tétralogie des *Nibelungen*, tandis que l'autre est absolument hostile à son tempérament réformateur et à la conception qu'il s'est formée du drame lyrique. Qu'on ne s'y trompe pas, en effet : ce n'est pas seulement en France que M. Wagner, avec des partisans résolus, trouve aussi des adversaires déclarés de sa personnalité artistique et de ses théories. En Allemagne, le terrain n'est pas plus uni à son égard, et à Vienne, comme à Berlin, comme à Munich, comme ailleurs, s'il trouve des sectateurs enthousiastes, il rencontre aussi des ennemis ardents qui battent en brèche et son système, et ses doctrines, et ses œuvres. Il est vrai que tous les wagnériens, allemands ou français, ont

cela de commun avec leur idole : qu'ils considèrent comme de simples imbéciles ceux qui ne pensent pas comme eux, les traitent avec une bienveillance dédaigneuse, et se figurent modestement qu'ils possèdent seuls la lumière, l'intelligence, la sincérité, le sens de l'art, et, pour tout dire d'un mot, la vérité.

Pour moi, qui ne suis ni d'un camp ni de l'autre, qui cherche cette vérité avec courage, honnêteté et persistance, et qui ne me flatte pas de la posséder tout d'abord, je répète qu'il est fort difficile d'apprécier sainement, complétement la valeur et la portée artistique de M. Richard Wagner; et cela d'autant plus que, malheureusement, la nature morale de l'homme peut, jusqu'à un certain point et quant à présent, influer sur le jugement qu'on est porté à exprimer relativement à ses œuvres. Il n'est pas toujours aussi facile qu'on le croit de séparer l'homme de l'artiste; M. Wagner lui-même l'a déclaré plus d'une fois. Bien plus : selon lui, on ne peut vraiment admirer le second que quand on aime et qu'on estime le premier. Or, c'est ici, je l'avoue, que la route me paraît difficile, quand je me rappelle, par exemple, que M. Wagner, accueilli par Meyerbeer en France avec une bienveillance toute particulière, n'a cessé de souiller et de ternir la mémoire de ce grand homme; que M. Wagner, après avoir reçu de M. Hans de Bülow les preuves les plus touchantes d'affection et de dévouement, n'a rien trouvé de mieux, pour le remercier, que de lui ravir sa femme; que M. Wagner, l'ancien révolutionnaire ardent et hautain, s'est fait le plat courtisan que l'on sait et s'est mis sans vergogne à la remorque d'un souverain dans l'unique but de faire sa fortune artistique; que M. Wagner, pour se venger de ses insuccès en France, l'a insultée de la façon la plus odieuse et aurait voulu, dans sa haine, la rayer du nombre des nations; que M. Wagner enfin, effarouché même par la gloire des grands artistes qui l'ont précédé, n'a cessé, dans ses écrits, de déverser l'outrage sur des hommes tels que Mendelssohn, Meyerbeer, Halévy, Berlioz, et que, dans le journal qu'il a fondé récemment à Bayreuth pour sa propre glorification, il fait indignement injurier les ombres de Schumann et de maint autre compositeur dont la renommée ne saurait cependant nuire aujourd'hui à celle de l'irascible maître saxon.

Le jugement du public, relativement à M. Wagner, est donc peut-être plus influencé qu'on ne pourrait le croire par la conduite et le caractère de l'homme privé; je ne prétends point que le public ait raison, et me borne à constater le fait. Il est certain que M. Wagner, toujours hautain, dur, sec, cassant, orgueilleux, indulgent à lui-même et singulièrement méprisant envers les autres, n'est que médiocrement fait pour exciter la sympathie et faire naître la bienveillance. Et si l'on veut bien remarquer que l'idéal artistique de M. Wagner pousse non pas seulement à une réforme, mais à une révolution musicale presque radicale, qu'il veut faire litière de tout un passé glorieux en affectant le mépris le plus insolent pour des artistes et des œuvres que chacun s'était plu jusqu'à ce jour à respecter et à admirer, enfin qu'il prétend détruire jusqu'aux traces de ce passé et reconstituer l'art sur des bases entièrement nouvelles, on comprendra que ses nombreux adversaires soient pour le moins aussi ardents à le poursuivre et à le combattre que ses nombreux partisans le sont à le glorifier et à le défendre.

La puissance artistique de M. Richard Wagner est incontestable; et ce qui le prouve, c'est l'influence qu'il exerce à un certain point de vue, depuis une vingtaine d'années, sur tous les jeunes musiciens de l'Europe, que ce soit en Allemagne, en France, en Belgique, en Russie, ou jusqu'en Italie. Mais je dis : à un certain point de vue, parce que cette influence est forcément limitée. En effet, l'idéal rêvé par M. Wagner me semble ne jamais devoir être réalisable; j'en vais expliquer les raisons, qui feront comprendre les limites que je crois fatalement assignées à l'action génératrice ou régénératrice de l'artiste.

On ne voit généralement qu'une individualité chez M. Wagner; or, à mon sens, il y en a deux, tout à fait distinctes, mais qui unissent leurs facultés dans la recherche du but à atteindre, lequel but est la réforme du drame lyrique : il y a l'esthéticien d'une part, de l'autre le musicien proprement dit. L'esthéticien ne s'est pas contenté, et ne pouvait pas se contenter d'être musicien; cela ne lui aurait pas suffi. Pour opérer la réforme qu'il rêvait, pour agir en toute liberté et sans être gêné par une collaboration qui ne l'aurait pas toujours servi à ses souhaits, il lui a fallu devenir poëte dramatique et se faire son propre collaborateur. La visée de M. Wagner est immense, tellement immense qu'elle en arrive à devenir chimérique. M. Wagner a voulu d'abord réformer la musique dramatique puis réformer le poëme du drame musical, puis enfin réformer jusqu'aux coutumes théâtrales, jusqu'au public, et jusqu'à la structure, à la configuration et à l'aménagement des salles destinées aux représentations lyriques. On ne croira pas que j'exagère, car les faits sont là pour confirmer mes assertions, et je vais essayer de les rappeler rapidement.

Dans son premier opéra représenté, *Rienzi*, M. Wagner ne s'est guère écarté des opinions reçues, des traditions adoptées. L'œuvre est brillante, fière, d'une allure noble et chevaleresque, mais déjà d'un style tendu, et d'un caractère excessif en ce qui concerne l'emploi de l'orchestre. Toutefois, elle est coulée dans le moule habituel de l'opéra, divisée en actes qui contiennent des airs, des chœurs, des duos, des trios, morceaux d'ensemble, etc. Certains épisodes sont saisissants (parfois, il est bon de le remarquer, avec certaines réminiscences italiennes), mais l'ensemble de l'œuvre est si généralement éclatant, tout y est mis dans une lumière si intense et si vive, sans oppositions ni ombres, qu'elle est déjà fatigante et laborieuse à entendre.

Le Vaisseau fantôme, qui vint après *Rienzi*, est assurément plus personnel, plus original. Le poëme ne manque point d'intérêt, la musique ne manque point de variété, et l'auteur, s'il a recherché la nouveauté dans certains détails de forme, n'a cependant pas entrepris d'accomplir encore la révolution qui déjà grondait dans son cerveau. C'est dans *le Vaisseau fantôme* qu'on trouve pour la première fois l'emploi de certains motifs, de certaines phrases particulières destinées à caractériser la nature psychologique et morale de divers personnages. En un mot, l'œuvre est puissante, non sans certaines étrangetés, mais elle n'a pas encore rejeté loin d'elle le vieux vêtement du vieil opéra. Là encore on trouve des airs, des chansons, des ballades, des chœurs, des trios, et, — qui le croirait? — jusqu'à une cavatine. La partition du *Vaisseau fantôme* renferme d'ailleurs, à côté d'épisodes vigoureux comme l'ouverture et l'air du Hollandais, des pages pleines de charme et de grâce, telles que le chœur des fileuses et la cavatine d'Erik.

Avec *Tannhäuser*, et plus tard avec *Lohengrin*, nous commençons à faire connaissance avec le système qui trouvera son plein épanouissement, son entier accomplissement d'abord dans *Tristan et Ysolde*, puis dans la tétralogie des *Nibelungen*. Dans *Tannhäuser*, M. Richard Wagner commence à rompre violemment avec les habitudes du passé; pourtant, cette rupture n'atteint pas encore la forme et la structure de l'œuvre prise dans son ensemble, mais seulement la forme et la structure des morceaux. L'artiste n'a pas jugé à propos d'enlever à son drame, comme il le fera plus tard, tout intérêt scénique, tout mouvement, toute action; à ce point de vue même, il y a dans *Tannhäuser* des scènes caractéristiques et émouvantes; seulement, l'ouvrage se fait aussi remarquer par des longueurs cruelles, faites pour exercer déjà la patience de l'auditeur le mieux prévenu et le plus attentif. Sous le rapport purement musical, on peut constater que l'auteur fait en sorte de s'écarter des sentiers frayés jusqu'à lui. Déjà nous voyons que la régularité de la phrase le préoccupe peu, que le discours sonore s'étend à perte de vue, sans repos, sans point d'arrêt, que le retour de l'idée mélodique est rigoureusement évité, que les périodes nouvelles succèdent incessamment aux périodes, sans que l'oreille, tendue à l'excès et succombant sous l'effet de la fatigue attentive, rencontre jamais un point de repère, jamais un ressouvenir sur lequel elle puisse s'appuyer et se reposer un instant. La contention d'esprit exigée par l'audition d'une telle œuvre est déjà excessive, et exige une prédisposition intellectuelle particulière, d'autant que certains épisodes, principalement celui de la lutte des chanteurs, sont d'une longueur et d'une étendue inusitées. Une remarque est à faire pourtant, au sujet de *Tannhäuser*: c'est que, dans cet ouvrage, M. Wagner n'a pas dédaigné complétement de faire entendre, dans les duos, l'accord de deux voix et leur audition simultanée. Profitons-en; car, à partir de *Lohengrin*, cette jouissance, trop musicale et trop poétique sans doute, nous sera interdite à jamais.

La seconde manière de M. Richard Wagner, très-accentuée dans *Tannhäuser*, s'accuse complétement dans *Lohengrin*. Les tempéraments artistiques à la fois libéraux et modérés consentent volontiers à accompagner le musicien jusqu'à cette œuvre puissante et passionnée; mais ils se refusent à aller plus loin, car elle leur semble former la limite extrême des tendances réformatrices qu'on peut admettre dans la conception de l'opéra moderne. Mais avant de parler moi-même de *Lohengrin*, je veux donner un échantillon des théories étranges que fait germer dans les cerveaux les mieux équilibrés l'étude acharnée du système théâtral et musical de M. Richard Wagner. Voici ce qu'un Français, qu'on dit homme de goût et esprit éclairé, n'a pas hésité à écrire sur ce sujet; j'emprunte les lignes qui suivent au livre de M. Edouard Schuré, *le Drame musical* (1):

«.... Le passage de *Tannhäuser* à *Lohengrin* marque dans la vie de Richard Wagner une de ces transformations profondes, j'allais dire une de ces élévations subites. Deux courants également forts avaient agité sa jeunesse : d'une part, une vigueur extraordinaire de nature et

(1) T. II, p. 106-111.

ce puissant instinct des sens qui est comme l'aiguillon du tempérament artistique le poussaient à jouir de la vie, à s'y lancer à corps perdu, à en courir tous les hasards, en explorer tous les recoins; de l'autre, un désir souverain, une imagination merveilleuse, un idéalisme transcendant l'entraînaient aux plus hautes régions de l'esprit. Depuis son adolescence, ces deux courants l'avaient dominé tour à tour, et cela sans trop se nuire, sans presque se déranger. Toutefois ses dernières expériences l'avaient amené à prendre possession de la meilleure partie de lui-même et à s'y réfugier comme en un sanctuaire contre les atteintes du monde extérieur.

« Maître de chapelle à Dresde, toutes les portes s'étaient ouvertes devant lui. Il avait vu de près ce monde du théâtre et de l'opéra où l'homme et la femme qui ne trouvent point de satisfaction dans l'étroitesse de notre vie bourgeoise vont chercher parfois un plus libre épanouissement. Au premier moment, Richard Wagner s'était jeté dans ce milieu avec sa fougue habituelle, comme pour en avoir le dernier mot. Il connut bientôt le fond de misères, de tristesses, de corruptions qui se cache sous sa chatoyante fantasmagorie. Le dégoût le saisit. Il voyait par l'exemple d'une actrice de génie, la Schrœder-Devrient, ce qu'une belle âme peut souffrir de froissements et de tortures lorsqu'elle entre en contact par ses plus nobles aspirations avec ce monde inférieur et frivole. Dans sa destinée il avait vu le miroir de ses propres déceptions. Sortir de ce milieu, en trouver un supérieur, s'élever au-dessus des tristes plaisirs et des frivolités décevantes de la société moderne, tel fut son effort. De cette aspiration à un élément pur, virginal et si élevé au-dessus de la réalité contemporaine qu'il lui semblait encore inaccessible, naquit le *Tannhäuser*. « Ma vraie nature, qui m'était revenue par « dégoût de la société moderne et dans la « recherche de quelque chose de plus noble, « embrassa d'une violente et fervente étreinte « les deux forces extrêmes de mon être et les « joignit en un seul courant. L'achèvement du « *Tannhäuser* m'absorba dans une activité si « dévorante, que plus j'approchais de la fin de « ce travail, plus je fus dominé par l'idée fixe « qu'une mort rapide m'empêcherait de le ter- « miner. En écrivant la dernière note j'éprouvai « le soulagement d'un homme qui échappe à « un danger mortel. »

« Dès que l'œuvre fut terminée, un grand apaisement succéda à cette ébullition fiévreuse. Le côté énergiquement terrestre et hardiment sensuel de cette nature puissante et concentrée s'était exprimé tout entier dans la montagne enchantée et dans la séduisante création de Vénus. L'autre côté s'en trouva comme dégagé et affranchi. Cette hauteur où Tannhäuser aspire du fond des grottes de la déesse païenne, où il se sent attiré par un rayon céleste qui lui vient à travers Elisabeth, l'artiste, d'un fort coup d'aile, s'y était élevé. Il avait laissé loin derrière lui l'opéra, la vie de théâtre, les misères de la réalité. Son âme et sa pensée planaient maintenant dans l'atmosphère pure et suave d'un éther lumineux. Il éprouvait une sensation pareille à celle d'un voyageur qui, cheminant dans un marais bourbeux sous les lourdes vapeurs de la plaine, se verrait enlevé soudainement loin du monde habité sur une cime des Alpes, où nous enveloppent les bleus océans de l'air et courent les frissons vivifiants des libres espaces. Un nouveau sentiment de solitude l'envahit. Mais c'était une solitude délicieuse, bienfaisante, enchanteresse, celle de l'âme qui loin des hommes a conquis son royaume éternel et se sent une avec lui. De quelle fierté l'homme parvenu à cette hauteur plonge dans les vallées noyées de brume à ses pieds! de quelle chaste volupté il embrasse l'horizon des neiges éternelles! Heureux le penseur, heureux le sage qui peu vent demeurer sur cette cime. Pour eux plus de lutte, plus de déception. Le passé, le présent, l'avenir se confondent à leurs yeux dans une sereine contemplation, les chaudes exhalaisons des passions humaines se résolvent comme de légères nuées dans le ciel limpide de la pensée pure, les bruits stridents des luttes terrestres se fondent dans l'harmonie des sphères. Moins calme, moins libre de souffrance et pourtant plus heureuse peut-être est l'âme passionnée de l'artiste lorsqu'elle est parvenue à ces régions sublimes. Pour elle la contemplation est un rêve ardent, et la possession de cette félicité suprême est un sentiment qui la consume. Elle ne peut voir l'éternelle vérité que sous le voile changeant de Maïa : ainsi la révélation même du divin devient drame et souffrance. Car son plus grand besoin n'est pas celui de comprendre et de se reposer, mais de s'épancher à plein torrent et de se communiquer aux autres. « A « peine, dit Richard Wagner, me sentis-je enve- « loppé de cette solitude pleine de félicité, « qu'elle éveilla en moi un désir nouveau et « impérieux, le désir qui nous attire des « hauteurs vers les profondeurs, qui dans le « lumineux éclat du ciel le plus chaste et le « plus pur nous fait chercher l'ombre familière « de l'amour humain. » Or ce désir est celui même qui fait descendre Lohengrin, le chevalier du Saint-Graal, de sa hauteur azurée vers la chaude poitrine de la terre, et qui lui fait préférer à son royaume bienheureux la lutte au milieu des hommes, parce qu'il cherche parmi eux ce qu'il ne saurait rencontrer dans le splendide héritage de son père : la pleine effusion de l'amour. C'est le désir même du héros, du génie, de toute nature supérieure; ils brûlent de verser leur propre bonheur aux natures humbles et aimantes qui d'avance les devinent et d'élan les comprennent. »

Si jamais au monde il y a eu pathos inintelligible et obscur, je crois que c'est bien celui-ci. Que veut dire ce langage mystique jusqu'à l'inaccessible, boursouflé jusqu'à l'incompréhensible? Est-il donc besoin de phrases si redondantes, de comparaisons si forcées, d'images si contournées pour déclarer que l'on trouve M. Wagner le plus grand musicien dramatique qui ait jamais existé, et qu'auprès de lui les Gluck, les Salieri, les Spontini, les Weber et les Meyerbeer sont de pauvres garçons? Car c'est évidemment à cela que tend M. Schuré. Il est remarquable, en effet, que tous les partisans de M. Wagner font singulièrement bon marché de tous ceux qui ont existé, produit et créé avant lui, et qu'il semble, d'après eux, être venu au monde tout d'une pièce et sans avoir eu besoin, tellement son génie était puissant, de profiter d'aucun des efforts et des travaux de ses devanciers. C'est se constituer une idole à bon marché, et d'un coup effacer l'histoire de l'art au profit d'un seul artiste (1).

J'en reviens à *Lohengrin*, où, comme je l'ai dit, s'accusent nettement les tendances réformatrices de M. Wagner, quoique nous soyons loin encore de la manifestation exacte de ces tendances, qui ne deviennent complètes et ne prennent absolument corps que dans les *Nibelungen*, expression achevée de l'idéal entrevu par l'artiste. Aussi affirme-t-on que M. Wagner dédaigne aujourd'hui la partition de *Lohengrin*, et la considère comme une de ses œuvres les plus imparfaites. Cela me paraît fâcheux, car, ainsi que je le faisais observer plus haut, c'est précisément celle-là que préfèrent les esprits à la fois progressistes et résolus qui prétendent ne se point payer de chimères et qui considèrent la scène lyrique non comme un laboratoire d'impossibilités, mais comme un lieu de plaisir élevé, délicat, intelligent et intelligible, comme une source de jouissances et d'émotions qui n'exigent pas, de qui les veut goûter, une tension intellectuelle voisine de la souffrance et amenant comme une oblitération des facultés cérébrales.

Dans *Lohengrin*, M. Wagner, en tant que poëte lyrique, n'a pas encore fait absolument bon marché de l'action dramatique; il a bien voulu condescendre à tracer encore (quoique rarement) quelques scènes presque mouvementées. Cependant l'étude psychologique des personnages, cet élément radicalement hostile au théâtre, l'analyse de leurs sentiments intimes, acquiert déjà beaucoup trop d'importance, et le poëme est hérissé de longueurs qui rendent l'œuvre interminable. En ce qui concerne la musique, nous voyons ici que l'auteur, sous prétexte de bannir la convention (comme si le théâtre, et surtout le théâtre musical, n'était pas un composé de conventions !), se prive volontairement de moyens d'effet et d'expression qu'on n'avait jamais songé à exclure de la scène. C'est ainsi que dans les duos et dans les trios il se défend de faire chanter les voix simultanément, et ne les fait jamais entendre que séparément et l'une après l'autre; d'où il suit que l'action musicale se compose uniquement d'une série ininterrompue de solos, et que le mariage de deux ou plusieurs voix, cet effet d'un charme si puissant, qui donne une impression toujours vive et toujours nouvelle, disparaît de la façon la plus absolue. D'autre part, toujours sous prétexte de vérité, M. Wagner se défend non-seulement de redoubler les paroles, ce qui serait compréhensible, mais de reprendre jamais un motif, de le traiter à l'aide des artifices que la science met à la disposition du compositeur, de le travailler

(1) J'ai dit que les wagnériens étaient impitoyables pour ceux qui combattent ou qui ne partagent pas leur manière de voir, et qu'ils le prenaient de haut avec eux, les accablant sans pitié sous le poids de leur immense supériorité. C'est ainsi qu'à propos de *Tristan et Yseulde*, dont il se montre l'admirateur ardent tout en convenant que l'œuvre est d'une compréhension difficile, M. Schuré en vient à dire : — « Mais, objecteront certains critiques, à quoi bon des œuvres qui réclament tant d'efforts et qui d'ailleurs sont comprises de si peu de gens ? A cela on peut répondre : Tout ce qui est grand est difficile et rare ; ou mieux encore par ce mot de Berlioz : *Il serait vraiment déplorable que certaines œuvres fussent admirées par certaines gens.* »

Ceci revient à dire que M. Schuré et ses pareils sont seuls intelligents, seuls capables, seuls de bonne foi, et que les obstinés qui ont l'audace de ne pas admirer les yeux fermés toutes les merveilles de M. Richard Wagner sont, sinon des malfaiteurs artistiques, au moins de simples ignorants, des pauvres d'esprit dépourvus de tout sens commun, de tout sens poétique, incapables de toute perception élevée, de toute sensation généreuse et vive.

Les wagnériens ont de ces politesses et de ces modesties. Il est donc impossible, et il serait d'ailleurs inutile, d'entrer en discussion avec des gens qui se bornent à rendre des oracles, et qui ont à ce point la science infuse, la conscience de leur valeur et le sentiment de leur impeccabilité.

de diverses sortes, de façon à en faire jaillir des effets nouveaux, tantôt piquants et imprévus, tantôt pleins de puissance, de couleur et d'énergie. Il en résulte, avec le procédé de n'employer jamais qu'une voix, que le dessin mélodique se présente presque toujours sous la forme d'une longue mélopée se distendant à perte de vue, d'un récitatif plus ou moins mesuré, rhythmé arbitrairement, modulé à l'extrême, et qui donne non point l'idée d'une sensation musicale proprement dite, mais bien, si je puis m'exprimer ainsi, celle d'un éternel dialogue *polytonique*.

Toutefois, non à cause de ce système, qui impose à l'auditeur une extrême fatigue, mais malgré ce système, *Lohengrin* reste une œuvre puissante, émouvante, sans doute inégale et démesurément longue, mais où éclate, en élans superbes, le feu du génie. La passion, si elle n'y domine pas toujours, s'y fait du moins une large place, l'étude des sentiments, bien que parfois exagérée, y est traitée avec beaucoup d'art, le style en est d'une ampleur rare, et la richesse orchestrale, trop souvent poussée à l'excès, n'en est pas moins, souvent aussi, splendide et lumineuse. Aussi, de tous les opéras de M. Wagner, *Lohengrin* est-il resté partout le favori du public, celui qu'on représente le plus souvent et qui attire le plus volontiers les spectateurs.

Mais M. Wagner ne pouvait s'en tenir à *Lohengrin*. Il avait un système, et il voulait pousser la pratique de ce système à l'outrance dernière. L'idée d'un complet renversement des coutumes en ce qui concerne le drame lyrique, d'une destruction de l'ancien opéra, dont il voulait absolument briser le moule, continuait de hanter son imagination. Pour lui, Gluck avec *Alceste* et les deux *Iphigénie*, Salieri avec *Tarare*, Sacchini avec *Œdipe à Colone*, Spontini avec *Fernand Cortez*, Rossini avec *Guillaume Tell*, Weber avec *Freischütz* et *Oberon*, Meyerbeer avec *les Huguenots* et *le Prophète*, n'étaient que de pauvres sires, dont la gloire était indignement usurpée. Foin de ces hommes sans conscience, de ces créateurs sans génie, de ces artistes sans intelligence, de ces œuvres sans portée, de cette musique impuissante et misérable, de cet art avilissant! M. Wagner, une fois ses prémisses posées et son terrain préparé, se présente résolûment à la foule avec le drapeau de la réforme, ce drapeau sur lequel on pourrait inscrire pour devise : *La vérité, c'est l'ennui!* et de ses larges plis il fait sortir l'œuvre éclatante et vraiment révolutionnaire : *Tristan et Ysolde!*

C'est en effet dans cette œuvre, représentée pour la première fois à Munich le 10 juin 1865, que M. Wagner mit véritablement son système en pratique pour la première fois. L'artiste avait emprunté le sujet de son nouveau drame au cycle fameux de la Table ronde; mais, comme poëte dramatique, il n'avait pas su le rendre intéressant, et comme musicien il avait vraiment abusé de la patience et de la bonne volonté du public, encore insuffisamment préparé à une telle épreuve. Ici, non-seulement le compositeur a dédaigné les ensembles vocaux comme constituant sans doute un moyen d'action trop voluptueux, mais encore il a banni de sa partition la forme chorale, cet élément si puissant et si noble de variété dans l'unité. Pendant tout le cours d'une œuvre dont l'exécution ne dure pas moins de cinq heures, on n'entend donc que des voix isolées; et encore, par l'effet d'une volonté altière et audacieuse, ces voix ne sont pas traitées avec le sentiment de la prédominance qui leur appartient légitimement dans le drame lyrique, mais elles prennent simplement une part quelconque dans l'ensemble sonore, sont volontairement fondues et confondues par le musicien dans cet ensemble, reléguées au rôle de simple unité symphonique, et n'acquièrent pas plus d'importance que tel ou tel instrument de l'orchestre. Notez que l'artiste qui agit de cette façon avec le plus admirable élément musical que l'on puisse concevoir exprime la prétention d'avoir découvert et résolu, dans toute sa rigueur, la vérité scénique appliquée au drame lyrique! Mais s'il en est ainsi et si, dans le drame lyrique, la voix humaine est traitée sur un pied d'égalité parfaite avec les instruments, ce n'est plus un opéra que nous entendons, mais une immense symphonie vocale et instrumentale, et il n'y a point de raison qui vous empêche de faire descendre les chanteurs dans l'orchestre ou de faire monter celui-ci sur la scène... Quant au procédé mélodique employé par le compositeur, c'est la mise en pratique, poussée à ses dernières limites, à son caractère le plus excessif, de celui que nous lu avons vu essayer dans ses œuvres antérieures : c'est-à-dire des périodes interminables, d'une longueur invraisemblable, succédant incessamment à des périodes d'une pareille étendue, sans jamais un point de repos, sans une répétition de parole, sans le retour, à jamais proscrit, d'une phrase musicale précédemment entendue. Qu'il y ait parfois, et malgré ce procédé, dans le cours d'une œuvre d'aussi longue haleine, un fragment superbe, un élan magnifique, on peut le croire sans peine, étant donné le génie très-réel du musicien; mais que cette œuvre, considérée dans son ensemble, soit destructive d'une véritable jouissance intellectuelle et artistique, qu'elle amène, avec la tension continuelle des nerfs et de l'esprit une fatigue meurtrière et un ennui profond, c'est ce qui n'est pas moins incontestable. Tel est pourtant l'objectif obstinément poursuivi par M. Wagner, tel est le rêve réalisé par lui, tels sont, selon lui, le but et les fins dernières d'un art qu'on a toujours considéré comme enchanteur (1)!

Cependant, après *Tristan et Ysolde*, M. Wagner jugea à propos, sans renoncer à ses principes, d'offrir au public une œuvre qui, par son genre et par sa nature, contrastât d'une façon complète avec ses productions antérieures. Il voulut s'attaquer, musicalement, à l'élément bouffon, et écrivit le poëme et la musique des *Maîtres chanteurs de Nuremberg*. J'ai à peine besoin de dire que, cherchant partout l'imprévu et la nouveauté (peut-être est-ce là la qualité dominante et comme la caractéristique du tempérament théâtral de M. Richard Wagner), il s'éloignait autant, dans cette œuvre, du genre de l'opéra-comique français que des pasquinades foraines de son compatriote M. Offenbach. Mais, il faut bien le déclarer, l'auteur de *Lohengrin* n'a pas le génie du rire, et son comique lourd, forcé, grimaçant, sans grâce et sans légèreté, est loin d'être amusant. Le livret des *Maîtres chanteurs* avait la prétention de peindre les mœurs populaires de l'Allemagne au moyen-âge, de faire connaître la vie et les coutumes des trouvères d'outre-Rhin, ces fameux *Minnesänger* et *Meistersinger*, de rappeler la lutte qui s'établit entre eux, et enfin de tirer des incidents de cette lutte une sorte de morale artistique en faveur du progrès intellectuel sur la tradition immobilisée, de revendiquer la libre allure de l'art et sa complète indépendance. On pourrait presque dire que c'est un plaidoyer *pro domo sud* que M. Wagner esquissait dans cet ouvrage. Par malheur, je l'ai fait remarquer, la verve comique n'est pas, ni musicalement ni littérairement, ce qui caractérise son génie; aussi, malgré les quelques bonnes pages très-rares que l'on rencontrait dans le poëme et dans la partition des *Maîtres chanteurs*, l'œuvre n'obtint-elle qu'un succès relatif, en dépit de l'immense concert de louanges qui en avait préparé l'apparition et du mal que s'étaient donné les partisans de l'auteur et l'auteur lui-même pour crier d'avance au chef-d'œuvre. Ce qui est certain, c'est que la partition des *Maîtres chanteurs*, longue et obscure, épaisse et touffue jusqu'à l'excès, fertile en combinaisons orchestrales d'un caractère presque inaccessible à la masse du public, offrant à chaque instant des partis-pris d'extravagance et comme des rébus absolument indéchiffrables, provoque chez l'auditeur le plus déterminé une lassitude cruelle et une souffrance véritable. Aussi, quelques efforts qui aient été faits en sa faveur, est-elle fort loin d'approcher de la popularité très-réelle qui s'est attachée au *Tannhäuser* et à *Lohengrin*.

Mais nous voici arrivés à l'œuvre typique de M. Richard Wagner, celle que le maître a entourée de tout son amour, de toutes ses prédilections, celle qui représente le mieux ses théories et ses tendances, qui personnifie réellement son génie et qui donne la mesure exacte de son tempérament et de sa volonté artistiques : *l'Anneau du Nibelung*. Il ne s'agit pas ici, comme le vulgaire pourrait le croire, d'un simple opéra, mais d'une « tétralogie, » c'est-à-dire de quatre opéras en un seul, d'une œuvre immense divisée en

(1) Un écrivain français qui se donne comme un admirateur de M. Richard Wagner s'exprimait pourtant ainsi en rendant compte, dans le journal *le Temps* (mars 1876), de la représentation de *Tristan et Ysolde* qui venait d'avoir lieu à l'Opera de Berlin : — « Wagner n'a pas été heureux quand il a emprunté au cycle de la Table ronde les romanesques aventures de Tristan et Yseult, pour les mettre en musique. Ici, ce n'est plus la volonté humaine qui lui sert de ressort dramatique, c'est un breuvage, la fatalité d'une ivresse animale.... Ce Tristan et cette Yseult nous laissent en somme plus que froids. Fiancée à un vieux roi de Cornouailles, Yseult aime en secret le garçon d'honneur qui est venu solliciter sa main au nom de ce monarque, et Tristan ne la trouve pas trop mal, mais il est vertueux comme Joseph. La jeune Putiphar se décide à l'empoisonner; toutefois le philtre qu'elle lui verse est, à son insu, un philtre d'amour, dont ils boivent tous les deux. Avant cette libation, ils nous intéressent encore dramatiquement; après, l'intérêt qu'on prend à eux devient pathologique. C'est un couple intoxiqué, rien de plus. Le roi Marke découvre cette intrigue, se plante gravement devant les coupables, et, au lieu de percer Tristan de son épée ou de l'envoyer en prison, le punit d'une mélopée wagnérienne longue, montre en main, d'un quart d'heure. Ce châtiment, qui rejaillit sur la salle, détermine Tristan au suicide, — rien de plus naturel; — mais le traître Melot se charge de l'introduire aux sombres régions de la mort. Le chevalier n'étant que blessé, il en résulte un troisième acte. Celui-ci se passe en Bretagne, et l'obstination de Tristan à ne pas mourir plus vite prouve qu'il n'est pas sans motif du Finistère, où l'on a généralement la tête aussi dure qu'en Westphalie. Dans tout cela il y aurait lieu sans doute à mélodies, si Wagner, cette fois, les cherchait. Mais *Tristan et Yseult* diffère profondément de *Lohengrin* et de *Tannhäuser*, où les mélodies abondent.... Dans *Tristan et Yseult*, tout révèle la manie, l'idée fixe. On sent un homme qui chevauche un dada, qui recherche de propos délibéré, comme pour se démontrer à lui-même sa supériorité sur le commun des hommes, l'inattendu dans la monotonie. Wagner déploie en effet les ressources d'un esprit prodigieusement inventif pour produire une impression totale constamment la même. C'est un phénomène en apparence contradictoire que cette variété de moyens n'engendrant qu'une sensation d'uniformité ennuyeuse. Mais plus cela change, plus c'est la même chose. Ajoutez l'abus des moyens violents, le tapage élevé à la hauteur d'un principe musical, le vague faisant loi, l'hyperbole à tous les degrés, et — permettez-moi de le dire en ôtant mon chapeau devant notre grand poëte — « ce que dit la bouche d'ombre » traduit en vacarme insensé par les cent voix de l'orchestre. »

quatre parties dont chacune forme séparément un drame lyrique complet, rattaché aux trois autres par un lien commun et par l'unité du sujet. L'idée n'était pas neuve, sinon au point de vue musical, du moins au point de vue théâtral, car, sans remonter jusqu'à Beaumarchais et à son *Figaro*, jusqu'à Schiller et à son *Wallenstein*, elle avait été mise en pratique chez nous, il y a trente-cinq ans, par Alexandre Dumas; et Dieu sait si les brocards plurent sur notre grand romancier lorsqu'il s'avisa de tirer de son *Monte-Cristo* un drame colossal en quatre soirées, dont chaque partie formait un tout complet! Mais il paraît que ce qui était ridicule chez un dramaturge français ne pouvait qu'être sublime chez le rénovateur musical allemand du dix-neuvième siècle. Autres temps, autres contrées, autres mœurs (1)!

L'ambition de M. Wagner — il l'a dit et répété en mainte circonstance — était de prouver à l'Allemagne qu'elle pouvait avoir un art scénique national, au lieu de vivre servilement sous ce rapport aux dépens des autres nations, et d'être lui-même le créateur de cet art. Le sentiment était assurément élevé s'il était sincère; on peut toutefois se demander si M. Wagner ne parlait pas ainsi pour flatter la fibre populaire et pour se faire, sous couvert de patriotisme, des partisans plus nombreux et plus dévoués, qui l'aideraient de tous leurs efforts dans la réalisation des projets qu'il méditait. Il ne s'agissait pas de peu de chose en effet, et l'union de tous les bons vouloirs n'était pas de trop pour l'exécution du plan gigantesque que l'artiste avait conçu.

J'ai dit plus haut que M. Wagner avait la prétention, ou, si l'on veut, l'ambition de réformer non-seulement la musique dramatique et subsidiairement le poëme du drame musical, mais encore jusqu'aux coutumes théâtrales, jusqu'au public, enfin jusqu'à la structure, à la configuration et à l'aménagement des salles destinées aux représentations lyriques. Le théâtre ne doit pas être un lieu d'amusement et de récréation intellectuelle, s'est dit M. Wagner, mais une sorte de sanctuaire interdit aux profanes et comme une espèce de prison temporaire de laquelle toute pensée extérieure doit être chassée, d'où doit être banni tout souvenir, toute idée, toute réflexion qui n'a pas pour objectif immédiat la contemplation exclusive, absolue, sans distraction aucune, du spectacle qu'on est venu chercher. Aux yeux de ce réformateur exigeant, le théâtre moderne devient un temple, et le spectateur une sorte de patient; quant à la distraction intelligente que celui-ci cherche à se procurer, bien loin de constituer un plaisir, elle doit se transformer en une obligation visuelle et auditive absolument tyrannique, sévère et pleine d'austérité, qui semble devoir constituer plutôt un supplice que cette dilatation des hautes facultés morales, que cette joie de l'esprit et des sens qui accompagnent, chez un être bien disposé, la vue ou l'audition d'une belle œuvre d'art; en un mot, celui qui met le pied au théâtre semble y venir moins pour admirer un beau spectacle dans toute la liberté de son imagination, que pour y exercer ce qu'on pourrait appeler une fonction et comme une sorte de sacerdoce.

On sait maintenant en quoi consistait, au point de vue théorique, la réforme projetée par M. Richard Wagner; on va voir quels moyens il employa pour la faire passer dans la pratique, au moins autant qu'il dépendait de lui. « Malgré le succès de ses premiers opéras sur beaucoup de théâtres étrangers, dit M. Schuré, malgré le goût croissant du public allemand pour sa musique et ses poëmes, Richard Wagner a renoncé depuis longtemps à tout rapport avec les théâtres existants. Une conviction s'était formée dans son esprit pendant sa longue carrière, c'est que les conditions premières de nos théâtres d'opéra s'opposent aux innovations fécondes et décisives. Il comprit qu'une institution avant tout industrielle et commerciale, qui doit gagner le plus d'argent possible pour subsister, ne peut servir loyalement le grand art. Il avait constaté aussi que l'habitude des représentations quotidiennes ravale souvent le théâtre à un divertissement frivole (1). Enfin, la construction même de nos salles d'opéra ne répondait nullement à ses intentions esthétiques. Ainsi naquit peu à peu dans son esprit l'idée de fonder une institution entiè-

(1) Même au point de vue musical on peut dire que, de ce fait, M. Wagner n'a rien inventé. Le 13 février 1787, Sedaine et Grétry donnaient à la Comédie-Italienne deux pièces dont l'une était le complément de l'autre : *le Comte d'Albert* (en 2 actes), et *la Suite du Comte d'Albert* (en un acte). Il y avait là le germe de l'idée tétralogique de M. Richard Wagner.

(1) Ainsi, voilà qui est convenu : quand le théâtre de Prague montait *Don Juan*, quand l'Opéra de Paris mettait à la scène *Orphée*, *Alceste*, *la Vestale*, *Guillaume Tell*, *la Juive*, *le Prophète*, quand notre Opéra-Comique présentait au public *Joseph* et *le Pré aux Clercs*, quand le théâtre Kœnigstadt de Berlin produisait le *Freischütz*, quand on donnait à l'Opéra impérial de Vienne *Il Matrimonio segreto* et *Euryanthe*, dans la salle de Covent-Garden de Londres, *Oberon*, à la Scala de Milan, *Aida*, aucun de ces théâtres ne servait « loyalement » le grand art, et l'habitude des représentations quotidiennes ravalait le théâtre « à un divertissement frivole ». C'est une belle chose, convenons-en, que des opinions « loyalement » exprimées, et que ce mépris touchant de messieurs les wagnériens pour les grands artistes, les grandes œuvres et les grandes entreprises qui ont précédé l'apparition de leur idole ou qui lui sont restées étrangères.

rement distincte de nos théâtres, par l'esprit comme par la forme, par le genre des représentations comme par la structure de l'édifice. »

Il y avait déjà longtemps que M. Wagner, l'ancien révolutionnaire qu'une condamnation à mort avait obligé de fuir de son pays, s'était réconcilié avec les grands de la terre pour le bien de sa cause artistique; l'insurgé saxon de 1848 était devenu le commensal, l'hôte assidu et le courtisan d'un prince dilettante, le roi Louis de Bavière, dont la protection lui avait été très-utile et l'aide fort efficace. C'est grâce au roi Louis qu'il avait pu faire représenter à Munich, dans des conditions tout exceptionnelles, son opéra de *Tristan et Ysolde*; c'est à lui qu'il eut recours pour la représentation, autrement difficile, de sa fameuse tétralogie de *l'Anneau du Nibelung*, pour laquelle, étant donnés ses projets et ses désirs, tout était à créer : théâtre, matériel et appareils scéniques, personnel, et jusqu'au public.

Il s'agissait d'abord de procéder à la construction d'un théâtre conçu selon les idées du compositeur, et dans le but qu'il avait déterminé. Ce théâtre, pour ne point voir ses représentations « ravalées à un divertissement frivole, » ne devait en donner chaque année qu'un petit nombre, pendant la saison d'été, et devant un public d'autant plus et mieux choisi qu'on lui en ferait payer la jouissance fort cher, — environ 100 francs par place et par représentation. Ces représentations prenaient le titre de « représentations modèles, » et c'était en vérité le moins qu'on pût faire pour des spectateurs qu'on étrillait de la sorte. M. Wagner, en effet, n'entendait en aucune façon faire lui-même les frais de son entreprise, et prétendait que ses admirateurs fussent ses soutiens et ses bailleurs de fonds. C'était bien le moins. Il s'adressa donc, en premier lieu, à son royal protecteur, grâce auquel il obtint la concession du terrain sur lequel devait s'élever le fameux théâtre; ce terrain était situé aux portes de Baireuth, l'une des villes les plus paisibles et les moins connues de la Bavière. Puis, M. Wagner ouvrit par toute l'Allemagne une souscription publique, destinée à lui procurer les ressources qui lui étaient indispensables; j'ai à peine besoin de dire qu'il ne s'agissait nullement d'un emprunt, et que les sommes versées ne devaient, en aucun cas, être remboursées. L'idée d'ailleurs était assez ingénieuse, et le mécanisme de l'affaire — puisque cela devenait une affaire — consistait en ceci : trois séries de représentations de la tétralogie, formant un ensemble de douze soirées, devaient être données au futur théâtre de Baireuth, à une époque qui restait à fixer; on ouvrait une sorte de liste d'abonnement pour chacune de ces séries de représentations, et le prix (uniforme) de chaque place pour chaque série était fixé à 300 marks (375 francs). On obtenait ainsi, je crois, pour le total de la souscription, une somme de deux millions et demi à trois millions de francs, que l'on pensait devoir suffire à couvrir les frais de l'entreprise. Dès que cette idée fut lancée, ce fut, par toute l'Allemagne, un tapage et un remue-ménage dont on ne se fait pas d'idée pour la faire réussir (1). Bref, au bout de quelque temps, on se mit à l'œuvre à Baireuth, et les travaux furent entamés, sous l'œil du maître, avec une certaine énergie.

Une description du théâtre de Baireuth n'est pas inutile, pour donner une idée des conditions dans lesquelles M. Wagner voulait placer le public qu'il conviait aux « représentations modèles » de sa tétralogie. Je ne saurais mieux faire que de l'emprunter au livre de M. Schuré, qu'on ne suspectera pas de froideur à cet égard.

« Le nouveau théâtre de Baireuth, dit cet écrivain, s'élève sur une colline en pente douce, à vingt minutes de la ville, et de ce monticule domine la contrée. Le principe général qui a présidé à sa construction a été de conformer l'intérieur de l'édifice aux besoins esthétiques les plus élevés du spectateur moderne. De ce principe découlait une première nécessité, celle de rendre l'orchestre invisible. De quoi s'agit-il au théâtre? De disposer l'œil du spectateur à la vision précise d'une image scénique, et, par conséquent, de détourner son attention de tous les objets réels qui pourraient s'interposer entre lui et cette image. Alors seulement l'édifice répondra à sa destination et sera, selon la signification même du mot grec, un *theatron*, c'est-à-dire une *salle pour voir*. Or, tous les théâtres actuels ont l'inconvénient de détourner le spectateur d'une telle disposition par la vue de l'orchestre et par la structure de la salle, car ils semblent plutôt faits pour laisser aux spectateurs le plaisir de se regarder entre eux que pour concentrer leur attention sur la scène. Ici, au contraire, on voulait avant tout la plus grande illusion possible, enlever le spectateur à tout souvenir de la réalité, et provoquer en lui un état d'âme favorable à la vision des choses idéales.

« La salle a la forme oblongue d'un secteur de cercle, comprenant environ le sixième de la

(1) On a beaucoup blâmé, non sans raison, les procédés mis en œuvre par Meyerbeer pour attirer, par avance, l'attention du public sur ses ouvrages et en assurer préventivement le succès. Mais, au point de vue de la réclame effrontée, du charlatanisme impudent employés dans ce sens par M. Richard Wagner, les procédés élémentaires de Meyerbeer ressemblent à des jeux d'enfant.

circonférence. Les gradins s'y élèvent en amphithéâtre à la manière antique, mais avec une inclinaison plus légère, et se terminent en haut par un seul rang de loges. Les côtés de la salle sont formés par une série de parois parallèles à la scène, et terminées chacune par une colonne décorative. Le spectateur, assis en un point quelconque de cet amphithéâtre, se trouve ainsi comme sous la colonnade d'un vaste portique qui se rétrécit graduellement, et aboutit au cadre scénique.

De distance en distance, ces colonnes s'échelonnent à droite et à gauche, le long des gradins. La ligne de leurs soubassements répond à la ligne de la rampe. Pilastres et colonnes forment donc à la scène une série de cadres successifs dont la perspective l'isole complétement. De là, une illusion d'optique qui fait paraître la scène plus éloignée et les personnages plus grands que nature. L'orchestre invisible est ici l'abîme mystique qui sépare le monde idéal du monde réel. Les harmonies qui s'en échappent et qui roulent de portique en portique semblent venir de partout et de nulle part. Sous leurs effluves pénétrantes, l'âme entre dans un état de demi-rêve visionnaire. Elle pourrait se croire dans un de ces temples antiques, où à certains jours, au dire du peuple, trépieds, colonnes et statues entraient en vibration et se mettaient à résonner sous un souffle inconnu. Et, lorsque enfin la toile se lève, le spectateur est préparé à la vision des plus merveilleux spectacles. »

Tel était, en ce qui se rapporte au public, le caractère particulier du théâtre de Baireuth. Quant à l'aménagement de la scène, sans différer sensiblement de ce qu'on rencontre dans les grands théâtres publics, il était conçu de manière à faciliter les plus grands prodiges de la mécanique et de la splendeur scéniques, et aussi, naturellement, à compléter l'illusion du spectateur. Il faut dire que dans les quatre pièces qui formaient l'ensemble de sa tétralogie, M. Wagner avait accumulé les plus grandes merveilles de la mise en scène et ce que l'art du décor et de la perspective théâtrale peut présenter de plus riche, de plus étonnant et de plus nouveau. Au reste, et quelle que soit l'opinion qu'on ait à exprimer sur M. Wagner uniquement considéré comme musicien, il est impossible de nier la puissance énergique et la haute valeur intellectuelle de l'artiste qui a pu rêver une conception aussi gigantesque que la tétralogie des *Nibelungen*, qui a su la réaliser, et qui, ensuite, par quelques moyens que ce soit, s'est occupé de la présenter au public dans des conditions exceptionnelles, sur un théâtre construit d'après ses propres idées et à l'aide de procédés scéniques combinés par lui, enfin par un personnel vocal et instrumental choisi, formé, stylé par lui, de façon que tout partît de son cerveau, portât son empreinte et obéît à son inspiration. Il y a là, évidemment, un côté grandiose qui saisit l'imagination d'une sorte de respect (1).

Une fois que tout fut prêt, on s'occupa d'arrêter la date des représentations de *l'Anneau du Nibelung* (c'est le titre général de la tétralogie), qui fut fixée ainsi qu'il suit : le 13 août 1876, *l'Or du Rhin*, prologue ; le 14 août, *la Walkyrie*, première partie ; le 16, *Siegfried*, seconde partie ; enfin, le 18, *le Crépuscule des dieux*, troisième partie. Il va sans dire qu'à cette première série de représentations, qui avait un caractère presque diplomatique et officiel, le public était composé de telle façon que son enthousiasme était en quelque sorte certain d'avance ; le succès, très-accentué, ne fut pas complet cependant, tellement l'œuvre, prise dans son ensemble, montrait d'inégalités et, à côté de parties vraiment belles et majestueuses, mais par malheur trop rares, présentait de longueurs, de lourdeurs, de partis-pris et d'exagérations de toutes sortes. Ce succès s'amoindrit considérablement aux deux séries suivantes de représentations, où le public était moins trié, et où le très-grand talent des interprètes ne parvenait que difficilement à le faire sortir de sa froideur et de sa réserve ; ces interprètes avaient été choisis parmi les premiers chanteurs de l'Allemagne : c'étaient MM. Niemann, Schlosser, Betz, Niering, Unger, Gura, Kœgel, Mmes Materna, Scheffzky et Weckerlin. Il serait difficile d'imaginer l'effet de fatigue et de lassitude produit sur le public par la représentation de *l'Anneau du Nibelung*, malgré quelques épisodes superbes contenus dans les diverses parties de cette œuvre d'un développement en dehors de toutes proportions ; il était évident pour tous que le résultat atteint ne répondait pas à la grandeur de l'effort, et que, en somme, on était loin d'être en présence du chef-d'œuvre si bruyamment et si pompeusement annoncé. Bref, si ce ne fut pas une décep-

(1) Néanmoins, il est permis de constater que la réalité ne répondit pas complétement aux désirs et aux projets éclos dans le cerveau du réformateur. Plus d'un spectateur irrespectueux s'est permis de railler le théâtre de Baireuth, d'en trouver la construction à la fois raide, mesquine et sans grâce, et de ne lui reconnaître qu'un point de contact fort éloigné avec les admirables produits du génie architectural de la Grèce antique. Quant aux fameux prodiges de mise en scène dont il fut tant parlé, si quelques effets étaient vraiment réussis, d'autres tombaient dans le ridicule le plus vulgaire, et l'on a surtout cité la fameuse chevauchée des Walküres comme étant d'un burlesque achevé.

tion, ce ne fut pas davantage une révélation, et les spectateurs ne partagèrent pas tout à fait l'opinion de M. Richard Wagner, qui, dans un discours public, s'écriait, avec sa modestie accoutumée : *Nous avons montré maintenant que nous avons un art*, se mettant ainsi, de propos délibéré, au-dessus de tous les grands poètes et de tous les grands musiciens de l'Allemagne, et effaçant à son profit les grands noms de Gœthe et de Schiller, de Gluck et de Mozart, de Beethoven et de Weber, sans compter les autres.

On se fera une idée de l'effet produit par la représentation de *l'Anneau du Nibelung* sur les esprits impartiaux, par ces lignes du correspondant d'un journal spécial français, la *Revue et Gazette musicale de Paris* : — « On ne peut refuser son admiration à un homme qui a conçu, osé commencer et mener à bonne fin une semblable entreprise. C'est un puissant cerveau ; il a la hardiesse, la persévérance, non moins que la confiance en lui-même, qui est aussi une condition de réussite. Mais cette confiance, il la pousse jusqu'à l'extrême, jusqu'à un orgueil parfois insensé. Il s'est flatté d'avoir créé un nouvel art allemand, c'est-à-dire, pour lui (et quoiqu'il ait fait mine de s'en défendre), l'art universel, d'après des principes exposés depuis longtemps dans ses écrits. Ces principes, je les crois faux en grande partie ; et comme la tétralogie est l'œuvre qui, jusqu'ici, s'y conforme le mieux, je ne saurais la considérer comme l'idéal du drame lyrique. Il y a beaucoup à prendre dans les idées qui ont présidé à la création de *l'Anneau du Nibelung;* il y a tout autant à laisser... Wagner dramaturge manque de l'instinct scénique, du sentiment, de la mesure ; s'il conçoit de belles scènes, il les amène souvent fort mal, ou les noie dans de fatigants détails. A la vérité, c'est là quelquefois, mais ce ne peut être toujours, un raffinement, une manière d'employer le *repoussoir*. Il sait faire parler la passion, violente ou tendre ; il n'a point la finesse, et sa gaieté est grosse. Wagner musicien est, par bien des côtés, un homme de génie. Mais là, encore, on sent le défaut de mesure. Il aime trop à frapper fort (et par là je ne veux pas dire faire beaucoup de bruit) pour frapper toujours juste. La mélopée, ce compromis continu entre le récitatif et la mélodie, est bien ce qui convient à ce tempérament impatient de tout frein et de toute limite. Avec la mélopée, rien ne vous oblige à vous arrêter ; on peut aller au bout du monde. J'ajouterai cependant que si les vieilles formes mélodiques de l'air, de la romance, etc., sont l'objet d'une réprobation absolue pour Wagner, il n'hésite pas à chanter à l'italienne lorsqu'il a à exprimer les élans passionnés, les ardeurs sensuelles; dans ce cas, il puise à la vraie source, et il n'a pas tort. Son harmonie est nourrie, ferme, très-recherchée le plus souvent, parfois dure et heurtée ; jamais une dissonance n'a effrayé l'auteur de *Tristan*. L'art du chant proprement dit, du moins tel qu'on l'a toujours compris jusqu'ici, n'a qu'un emploi fort restreint dans cette musique ; il est réduit à la pose du son et à l'expression : quant à la virtuosité vocale, elle n'existe pas pour Wagner. Symphoniste de premier ordre, il sait admirablement *peindre* en musique ; il pousse même ce talent jusqu'au réalisme, jusqu'à l'abus. Il y a assurément du procédé dans ce *faire* magistral ; mais il est employé avec tant d'art, si bien dissimulé, qu'il ne choque nullement. Pas si caché cependant qu'on ne le trouve en le cherchant, et c'est ce qu'ont fait plusieurs jeunes compositeurs qui se le sont assez bien assimilé : preuve que c'est un procédé. En résumé, des artistes divers qu'il y a en Wagner, je crois que c'est le musicien seul qui demeurera, réserve faite de quelques principes justes sur l'essence du drame lyrique, et qui ne sont probablement pas ceux auxquels il tient le plus. »

En réalité, et malgré tout le bruit qui se fit autour d'elle, la tentative audacieuse de Baireuth fut loin d'être couronnée d'un succès décisif. M. Wagner est resté, après, ce qu'il était avant, un artiste puissant, hardi jusqu'à l'aventure, doué d'une façon remarquable, mais manquant d'équilibre et dévoré d'une ambition supérieure encore à ses facultés. L'apparition de *l'Anneau du Nibelung* est loin d'avoir réduit ses adversaires au silence, d'autant plus que le triomphe théâtral et emphatique des premiers jours n'a abouti, en somme, qu'à un mécompte assez amer en ce qui touche le résultat matériel de l'entreprise. En effet, les listes de souscription pour les trois séries de représentations de Baireuth étaient loin d'être remplies lorsqu'on se décida à inaugurer enfin le théâtre ; l'empressement du public, malgré la puissance des procédés mis en œuvre pour l'exciter, avait été fort loin de répondre à l'espoir qu'on avait fondé sur lui, et, pour la seconde et la troisième série, les places se négocièrent, sur lieu, à un taux singulièrement inférieur au prix qui avait été fixé tout d'abord. De tout cela il résulta, à la fin des représentations, un déficit assez considérable, qui se traduisait par une somme de plusieurs centaines de mille francs. Toutefois, après comme avant, M. Wagner resta inflexible à l'égard de son escarcelle, se refusant à lui laisser courir aucun danger; il se borna, avec une dignité olympienne, à accepter les services qui lui étaient offerts de divers côtés dans le but d'éteindre le déficit en question; c'est pour atteindre ce but que divers théâtres allemands donnèrent des représentations au profit de « l'œuvre de Baireuth, » et que le fameux chef d'orchestre M. Hans Richter, qui avait dirigé l'exécution de *l'Anneau du Nibelung*, s'en alla donner à Londres, au bénéfice de la même œuvre, toute une série de concerts wagnériens. Je crois qu'aujourd'hui, à l'aide de ces ressources extraordinaires, l'équilibre financier de l'entreprise est rétabli; mais il ne paraît pas, après un insuccès matériel si flagrant, qu'on soit près de renouveler l'épreuve. En effet, malgré tous les efforts tentés depuis 1876, malgré tous les appels vainement adressés à la bourse du public allemand, il n'a pas été possible d'organiser depuis lors, à Baireuth, même une série nouvelle des fameuses « représentations modèles ». Quant aux autres théâtres de l'Allemagne, il va sans dire qu'aucun jusqu'ici ne s'est avisé de donner régulièrement, dans son entier, la tétralogie de *l'Anneau du Nibelung ;* diverses parties seulement en ont été représentées sur diverses scènes, et, entre autres, *la Walkyrie* semble avoir obtenu, à l'Opéra impérial de Vienne, un certain succès; mais presque partout il a fallu pratiquer de larges coupures dans les fragments par trop développés de cette œuvre par trop colossale, dont telle partie forme à elle seule un spectacle de sept heures, et dont le prologue, *l'Or du Rhin*, comprend *un seul acte dont l'exécution dure deux heures trois quarts !* Un artiste qui ne veut point se rendre compte des nécessités pratiques de l'art et qui, de propos délibéré, se place ainsi en dehors de ses conditions matérielles les plus élémentaires, n'a à s'en prendre qu'à lui-même de l'insuccès qui accueille ses œuvres. En réalité, on ne peut dire que *l'Anneau du Nibelung* ait été jusqu'à ce jour fort heureux en Allemagne. Aujourd'hui, M. Richard Wagner travaille à la musique d'un nouvel opéra, *Parsifal*, dont le poëme, écrit par lui, comme à l'ordinaire, est publié par avance, ainsi qu'il l'avait fait naguère pour sa tétralogie (1). Cet ouvrage est encore destiné au théâtre de Baireuth, et dans ce but de nouveaux et pressants appels sont adressés par les comités wagnériens aux souscripteurs allemands désireux d'encourager la grande œuvre; mais, malgré toutes les incitations, le public est loin de se montrer empressé de fournir les 12 ou 1,500,000 francs nécessaires à l'accomplissement de cette œuvre.

J'ai constaté, au commencement de cette notice, l'influence que M. Wagner exerce, depuis une vingtaine d'années, sur les musiciens de toutes les parties de l'Europe, en faisant remarquer que cette influence était forcément limitée. Il n'est pas un pays, en effet, où l'action de cet artiste ne se soit fait sentir; mais cette action est soit féconde, soit morbide, selon la façon dont elle s'exerce, et en tous cas elle ne saurait jamais être entière. On n'observe pas assez, ai-je dit, qu'il y a deux personnalités distinctes dans M. Wagner : d'une part, l'esthéticien, de l'autre, le musicien; or, il est évident pour moi que l'un fait tort à l'autre, et que si M. Wagner avait consenti à n'être que musicien, il aurait écrit des œuvres plus puissantes, plus égales, mieux équilibrées, et par cela même plus durables. Les jeunes artistes qui depuis tant d'années subissent, plus ou moins volontairement, l'attraction exercée par ce génie très-réel, mais prodigieusment inégal en ses facultés, ne se rendent pas suffisamment compte des conditions de son *être* artistique, et n'aperçoivent pas la double personnalité que je signale en lui. Quoi qu'ils en aient cependant, ils sentent très-bien, en France pour le moins, qu'ils ne peuvent pas le suivre partout et l'imiter de toute façon, parce que le public se refuserait à les suivre eux-mêmes, le génie latin étant absolument opposé, de son essence, à certaines tendances ultra-germaniques du prétendu réformateur. Qu'on essaie donc, chez nous, d'écrire des opéras d'une durée de sept heures ! que l'on s'avise de concevoir une grande œuvre lyrique sans le secours des chœurs et sans que jamais deux ou trois voix se fassent entendre simultanément ! que l'on ose mettre à la scène un drame musical dont toute action proprement dite sera sévèrement proscrite, qui se bornera à une éternelle analyse des sentiments humains ou au spectacle d'une rêverie vague, extatique et sans objet ! que l'on ait, enfin, la prétention de faire accepter au public un opéra qui se fasse remarquer par l'absence voulue de tout rhythme accusé, par une mélopée interminable marchant sans cesse de modulation en modulation, sans que jamais un morceau d'une forme appréciable et convenue

(1) M. Wagner a le désir d'être pris pour un grand poëte, aussi bien que pour un grand musicien; ses compatriotes ne partagent pas, sous ce rapport, la bonne opinion qu'il a de lui-même. Treize ans avant la représentation de sa tétralogie, en 1863, il en publia le texte sous ce titre : « *l'Anneau du Nibelung*, fête scénique pour trois jours et une soirée comme prologue. » Malgré le bruit qui, dès cette époque, se faisait déjà depuis longtemps, autour du nom de M. Wagner, cette publication se perdit au milieu de l'indifférence générale

vienne reposer l'oreille de l'auditeur et lui permettre de se retrouver au milieu des fils d'un labyrinthe inextricable!... Tel est pourtant le système de M. Wagner.

Or, voilà précisément où quelques musiciens s'égarent, en confondant le *système* de M. Wagner esthéticien avec la *manière* de M. Wagner musicien. Du premier, il faut presque tout repousser, parce que, quoi qu'il en dise, il n'a pas le vrai sens du théâtre, parce que, s'il a la passion, il n'a ni le mouvement ni l'action, ni le sentiment des contrastes, parce qu'il lui manque la mesure et le goût, ces deux qualités essentielles qu'aucune autre ne saurait remplacer, parce qu'enfin il est excessif en tout, qu'il prend l'emphase pour la noblesse, la boursouflure pour l'éloquence et l'infini pour la grandeur. En réalité, M. Wagner, esthéticien, n'a rien apporté de nouveau dans l'art, à moins que l'on ne considère comme une nouveauté esthétique le fait d'avoir écrit un opéra en douze actes et en quatre journées; à ce prix, le titre de novateur s'acquerrait facilement, car il suffirait à un compositeur de mener à terme un drame lyrique en vingt actes et en six journées pour paraître plus fort et plus audacieux que l'auteur de *l'Anneau du Nibelung*.

Sous ce rapport, donc, je crois que l'action de M. Wagner sur l'art, sur les artistes, sur le public, est destinée à devenir forcément, absolument, radicalement nulle. Mais il n'en est pas de même si je le considère uniquement comme musicien, en faisant abstraction de ses prétentions à une réforme complète de l'art lyrique, et en rendant justice aux progrès rationnels qu'il cherche à introduire dans la musique dramatique. Ici, il m'est permis d'admirer la puissance de conception de l'artiste, son génie mâle et audacieux, la passion ardente qu'il sait traduire en accents émouvants, la couleur étonnante qu'il sait répandre sur certaines parties de ses œuvres, le relief merveilleux qu'il donne à l'orchestre, enfin les éléments nouveaux qu'il a introduits dans la science de l'harmonie aussi bien que dans l'art de l'instrumentation. Sur ce terrain, on ne saurait le nier, M. Wagner est un grand, un très-grand artiste, que je crois qu'il ne faut pas imiter, mais auquel on peut emprunter utilement certains moyens d'action, certains procédés, non crûment et d'une manière servile, mais en les combinant avec les éléments de l'art moderne de façon à enrichir le domaine de cet art, à le renouveler et à le rajeunir.

Voilà, selon moi, à quoi doit se borner la puissance dominatrice, l'action, l'influence de M. Wagner. En ce qui concerne la France, il n'y a guère à craindre qu'elle s'étende au delà des limites que je viens d'indiquer, le contre-poids nécessaire à des doctrines débilitantes se trouvant dans la nature même de notre génie, qui se distingue par le goût, la mesure et surtout la précision; aussi, après le trouble momentané qu'aura causé dans le cerveau de nos jeunes musiciens l'apparition des œuvres de l'auteur de *Tristan et Ysolde*, l'équilibre se rétablira de lui-même et notre tempérament reprendra rapidement ses droits. La crise sera évidemment plus longue en Allemagne, où l'influence de M. Wagner est non-seulement prépondérante, mais exclusive, parce que ce pays ne possède pas, dans un ordre d'idées différent, un artiste assez vigoureux pour démontrer par le contraste, à l'aide de ses œuvres, le principe funeste et pernicieux contenu dans le système général du « réformateur ». Pour expliquer complétement ma pensée, l'Allemagne me paraît condamnée à subir, longtemps encore, les effets de l'esthétique de M. Richard Wagner; la France, après quelques instants d'hésitation, en sera quitte pour s'approprier quelques-unes des qualités de sa musique, qui viendront compléter le bagage scientifique de nos artistes sans faire courir aucun risque à l'art national et à sa marche rationnelle.

Voici la liste des œuvres dramatiques de M. Richard Wagner : 1° *la Novice de Palerme*, Magdebourg, 29 mars 1836; 2° *Rienzi, le dernier des tribuns*, Dresde, 20 octobre 1842; 3° *le Hollandais volant* (connu aussi sous ce titre : *le Vaisseau fantôme*), Dresde, 2 janvier 1843; 4° *Tannhäuser*, Dresde, 19 octobre 1845; 5° *Lohengrin*, Weimar, 28 août 1850; 6° *Tristan et Ysolde*, Munich, 10 juin 1865; 7° *les Maîtres-chanteurs de Nuremberg*, Munich, 21 juin 1868; 8° *l'Anneau du Nibelung*, tétralogie : *a. das Rheingold* (*l'Or du Rhin*), prologue, Baireuth, 13 août 1876; *b. die Walküre* (*la Walkyrie*), 1re partie, Baireuth, 14 août 1876; *c. Siegfried* (*Siegfrid*), 2e partie, Baireuth, 16 août 1876; *d. Götterdämmerung* (*le Crépuscule des dieux*), 3e partie, Baireuth, 18 août 1876 (1). A ces divers ouvrages, il faut ajouter le premier opéra écrit par M. Wagner, *les Fées*, qui n'a jamais été représenté, et *Parsifal*, sa dernière composition dramatique, qui, s'il plaît à Dieu et aux souscripteurs allemands, qui sont vigoureusement sollicités à cet effet, verra le jour sur le théâtre de Baireuth, dans l'été de

(1) Il faut remarquer qu'avant les « représentations modèles » et l'exécution intégrale à Baireuth de la tétralogie des *Nibelungen*, *la Walkyrie* avait été représentée à Munich, le 26 juin 1870, peu de temps avant l'apparition à la scène, aussi en cette ville, de *l'Or du Rhin*.

1881. (On sait que deux ouvrages de M. Wagner, traduits en français, ont été représentés à Paris : *Tannhäuser*, qui fut accueilli à l'Opéra, le 13 mars 1861, avec une brutalité fort maladroite, et *Rienzi*, qui parut sans hostilité mais sans succès au Théâtre-Lyrique, en 1869, sous la direction de M. Pasdeloup. M. Pasdeloup, qui est un partisan déterminé des doctrines de M. Richard Wagner, n'a cessé depuis quinze ans de faire ses efforts, aux Concerts populaires, pour l'acclimatation en France des œuvres d'un artiste qui, lui, n'a cessé de trainer notre pays aux gémonies ; il y a même fait entendre récemment, presque en son entier, autant du moins que le permettait la forme du concert, la partition de *Lohengrin*.)

En dehors du théâtre, M. Wagner a très-peu écrit : on ne connaît guère de lui que trois mélodies sur paroles françaises, *Dors, mon enfant, Mignonne, Attente*, une Marche d'hommage dédiée au roi de Bavière, une Marche impériale exécutée au couronnement de l'empereur Guillaume de Prusse, et une Marche du centenaire, pour la célébration du centième anniversaire de l'indépendance des Etats-Unis d'Amérique. Par parenthèse, cette marche, qui, si j'ai bonne mémoire, a été payée à son auteur la bagatelle de 25,000 francs, a produit l'effet le plus piteux lors de son exécution et est l'œuvre la plus plate et la plus informe qui se puisse concevoir. C'est du moins ce que tous les journaux étrangers ont constaté à l'envi.

M. Wagner, qui est plus prolifique encore comme écrivain que comme compositeur, possède un bagage littéraire très-considérable ; il a publié de nombreux écrits, dont plusieurs ont eu diverses éditions. Une édition complète de ces écrits, formant neuf volumes in-octavo, a été faite, il y a quelques années, par l'éditeur E. W. Fritzsch, de Leipzig, sous ce titre : *Gesammelte Schriften und Dichtungen* (*Écrits et poëmes réunis*, de Richard Wagner). Voici le détail de cette édition : Tome Ier. *Prologue de l'édition complète ; Introduction ; Esquisse autobiographique* (1842) ; « *la Novice de Palerme*, » résumé du sujet de l'opéra ; *Rienzi, le dernier des tribuns* ; *un Musicien allemand à Paris*, récits et mémoires, 1840 et 1841 (1. *Un Pèlerinage à la maison de Beethoven*. 2. *La Fin d'un musicien à Paris*. 3. *Une Soirée heureuse*. 4. *Sur la musique allemande*. 5. *Le Virtuose et l'Artiste*. 6. *L'Artiste et la Publicité*. 7. *Le Stabat Mater de Rossini*). *De l'ouverture*. *Le « Freischütz » à Paris*. *Compte-rendu d'un nouvel opéra parisien* (*la Reine de Chypre*, d'Halévy). *Le Hollandais volant*. — Tome II. *Introduction*. *Tannhäuser*. *Compte-rendu de la translation dans sa patrie, de Londres à Dresde, des restes mortels de Weber ; discours sur la tombe de Weber ; chant pour les funérailles*. *Compte-rendu de l'exécution de la 9e symphonie de Beethoven en 1846, avec le programme*. *Lohengrin*. « *Die Wibelungen*, » *histoire universelle de la légende*. *Le Mythe des « Nibelungen*, » *avec le plan d'un drame*. *Toast à la fête commémorative du 300e anniversaire de la fondation de la Chapelle royale de musique de Dresde*. *Projet d'organisation d'un théâtre national allemand pour le royaume de Saxe* (1849). — Tome III. *Introduction aux tomes III et IV*. *L'Art et la Révolution*. *L'Œuvre d'art de l'avenir*. « *Wieland le forgeron*, » *projet d'un drame*. *Art et climat*. *Opéra et drame*, 1re partie : *l'Opéra et la nature de la musique*. — Tome IV. *Opéra et drame*, 2e partie : *le Drame et la nature de la poésie dramatique* ; 3e partie : *poésie et musique dans le drame de l'avenir*. *Une communication à mes amis*. — Tome V. *Introduction aux tomes V et VI*. *De la* Fondation-Gœthe, *lettre à Franz Liszt*. *Un théâtre à Zurich*. *De la critique musicale, lettre au directeur du « Nouveau Journal de musique*. » *Le Judaïsme dans la musique*. *Souvenirs de Spontini*. *Nécrologie de L. Spohr et du maître de chœurs W. Fischer*. *L'Ouverture* d'Iphigénie en Aulide *de Gluck*. *Sur la représentation du* Tannhäuser. *Note sur la représentation de l'opéra* le Hollandais volant. *Commentaires-programmes* (1. *Symphonie héroïque, de Beethoven* ; 2. *Ouverture de* Coriolan ; 3. *Ouverture du* Hollandais volant ; 4. *Ouverture du* Tannhäuser ; 5. *Prélude de* Lohengrin). *Sur les poëmes symphoniques de Franz Liszt, lettre à M. W...* L'Or du Rhin, *prologue de la fête théâtrale* : l'Anneau du Nibelung. — Tome VI. L'Anneau du Nibelung, *fête théâtrale* : la Walkyrie, 1re *journée* ; Siegfried, 2e *journée* ; le Crépuscule des dieux, 3e *journée*. *Compte-rendu final du résultat et des circonstances qui ont accompagné l'exécution de la fête théâtrale* l'Anneau du Nibelung. — Tome VII. *Tristan et Ysolde*. *Lettre à Hector Berlioz*. « *Musique de l'avenir* : » *A un ami français* (*M. Fr. Villot*), *comme prologue d'une traduction en prose de mes livrets*. *Compte-rendu épistolaire de la représentation du* Tannhäuser *à Paris*. *Les Maîtres chanteurs de Nuremberg*. *Le théâtre de l'Opéra de Vienne*. — Tome VIII. *A l'ami royal, poëme*. *Sur État et Religion*. *Art allemand et politique allemande*. *Rapport à S. M. le roi Louis II de Bavière sur une école allemande de musi-*

que à ériger à Munich. Mes souvenirs de Louis Schnorr de Carolsfeld. Dédicace de la seconde édition d'Opéra et drame. *Critique* (Préface. *a. W. H. Riel; b. Ferdinand Hiller; c. Un Souvenir de Rossini; d. Edouard Devrient. e. Eclaircissements sur* le Judaïsme en musique). *Sur la direction de la musique. Trois Poëmes.*—TOME IX. *A l'armée allemande entourant Paris* (janvier 1871). *Une Capitulation*, comédie à la manière antique. *Souvenirs sur Auber. Beethoven. De la destinée de l'opéra. Des comiques et des chanteurs. Sur la 9e symphonie de Beethoven. Lettres et petits mémoires* (1. *Lettre à un acteur sur la nature de l'art dramatique;* 2. *Idée de la nature de l'opéra allemand actuel;* 3. *Lettre à un ami italien sur la représentation de* Lohengrin *à Bologne*; 4. *Lettre au syndic, de Bologne;* 5. *A Frédéric Nietzsche, professeur de philologie classique à Bâle*; 6. *Sur la dénomination « drame musical »*; 7. *Introduction à une lecture du* Crépuscule des dieux *devant une assemblée choisie à Berlin). Bayreuth. Six plans architectoniques du théâtre pour la fête scènique.*

L'éditeur Schott, de Mayence, a publié en 1876, lors des fêtes de Baireuth, les livrets des quatre poëmes de la tétralogie, conformes à la représentation : *l'Or du Rhin, la Walkyrie, Siegfried* et *le Crépuscule des dieux.* Depuis lors, M. Wagner a livré aussi à la publicité le poëme de *Parsifal,* l'opéra qui doit être représenté en 1881.

On a prodigieusement écrit, particulièrement depuis vingt ans, sur, pour ou contre M. Richard Wagner, et non-seulement en Allemagne, mais en France, en Angleterre, en Belgique, en Hollande, et jusqu'en Italie, en Espagne et en Suisse. Je serais fort embarrassé, je l'avoue, de dresser une nomenclature exacte et surtout complète de tous les livres, brochures, apologies, libelles, pamphlets, enfin écrits de toutes sortes dont cet artiste a été l'objet ou le prétexte; cependant, je vais inscrire ici les titres de tous ceux qui sont venus à ma connaissance : — 1° *Lohengrin et Tannhäuser,* par Franz Liszt (en français), Leipzig, Brockhaus, 1851, in-8°; 2° *Richard Wagner*, par Champfleury, Paris, Bourdillat, 1860, in-8° de 16 pp.; 3° *un Nouveau petit Saint Jean précurseur;* grande explosion exotico-hétéroclyte; *Richard Wagner,* feuille volante in-8°, signée : J. L. [Lardin], et datée : « Paris, février 1860 » (typ. E. Meyer); 4° *Richard Wagner,* par Charles de Lorbac, Paris, Havard, 1861, in-18 avec portrait et autographe; 5° *Richard Wagner et « Tannhäuser » à Paris,* par Charles Baudelaire, Paris, Dentu, 1861, petit in-8° de 70 pp.; 6° *le « Tannhäuser » à Paris et la troisième guerre musicale,* par Edouard Schalle, traduit de l'allemand par Albert Heuzay, Paris, 1861; 7° *la Nouvelle Allemagne musicale. Richard Wagner,* par A. de Gasperini, Paris, Heugel, 1866, gr. in-8° avec portrait et autographes; 8° *Théâtre de la Renaissance. Concerts d'été. « Rienzi. » Richard Wagner,* feuilletons du *Phare de la Loire* des 18, 19, 20, 21 juillet 1869, par Édouard Garnier, Nantes, impr. Mangin, in-18 de 68 pp.; 9° *Richard Wagner, l'homme et le musicien, à propos de « Rienzi,»* Paris, Dentu, 1869, in-8° avec portrait; 10° *Étude sur Richard Wagner à l'occasion de « Rienzi, »* par Hippolyte Prévost, Paris, 1869, in-8° de 16 pp.; 11° *Esquisse sur Richard Wagner,* par Charles Grandmougin, Paris, Flaxland, s. d. [octobre 1873], in-8° de 75 pp.; 12° *Richard Wagner à Bayreuth,* par Frédéric Nietzsche, professeur de philologie classique à l'université de Bâle, traduit (dans un français illisible et barbare) par Marie Baumgartner, Schloss-Chemnitz, Schmeitzner, 1877, petit in-8°; 13° *la Walkyrie,* grand opéra en 3 actes, musique de Wagner, Bruxelles, alliance typographique, 1878, in-16 de 16 pp.; 14° *Essai de traduction analytique sur le « Parsifal, » pièce d'inauguration théâtrale de Richard Wagner,* par Jules de Brayer, Paris, Schott, 1879, in-16; 15° *« Lohengrin, » instrumentation et philosophie,* par Edmond Vander Straeten, Paris, Baur, 1879, in-12 de 37 pp. (1);

(1) Pour être complet en ce qui concerne la bibliographie française relative à M. Richard Wagner, je dois ajouter que tout le second volume du livre de M. Édouard Schuré, *le Drame musical* (Paris, Sandoz et Fischbacher, 1875, 2 vol. in-12), est consacré à M. Richard Wagner, et que l'ouvrage de M. Schure a été traduit en allemand par M. H. von Wolzogen et publié sous ce titre : *das Musikalische Drama* (Leipzig, Schloemp). Je dois mentionner aussi le travail que Fétis a publié, dans la *Revue et Gazette musicale de Paris* (nos des 6, 13, 20, 27 juin, 11, 25 juillet et 8 août 1852) sous ce titre : *Richard Wagner, sa vie, son système de renovation de l'opera, ses œuvres comme poëte et comme musicien, son parti en Allemagne, appréciation de la valeur de ses idées.* Enfin, je ferai remarquer que, outre la publication à Paris de ses *Quatre Poëmes d'opéras, précédés d'une lettre sur la musique* (Paris, Librairie nouvelle, 1860, in-12), on a donné la traduction en langue française de quelques-uns des écrits de M. Richard Wagner : 1° *Art et politique* (traduction anonyme de M. Jules Guillaume), Bruxelles, impr. Sannes, 1868, in-8; 2° *le Judaïsme dans la musique* (traduction anonyme de M. Jules Guillaume), Bruxelles, Sannes, 1869, in-8 de 31 pp.; 3° *Richard Wagner et la neuvième symphonie de Beethoven. Commentaire-programme pour cette symphonie et observations au sujet de son exécution,* par Richard Wagner, traduit par M. K. (Maurice Kufferath), Paris et Bruxelles, Schott, 1875, in-8 de 40 pp.; 4°

16° *Richard Wagner, der Zukunftsmusik Heiland von der œffentlichen Meinung* (Richard Wagner, le sauveur de la musique de l'avenir, réponse à sa brochure frivole : *le Judaïsme dans la musique*), par un chrétien, Leipzig, Arndt, 1869; 17° *Richard Wagner und das Judenthum, ein Beitrag zur culturgeschichte unserer zeit* (Richard Wagner et le judaïsme, supplément à l'histoire de notre temps), par un impartial, Elberfeld, Lucas, 1869; 18° *Richard Wagner und Offenbach* (Richard Wagner et Offenbach), par un ami de la musique, Altona, 1871; 19° *Herr Richard Wagner und seine neueste schrifte « das Judenthum in der Musik »* (Monsieur Richard Wagner et son nouvel écrit : *les Juifs dans la musique*), par le Dr B., Breslau, Heidenfeld, 1869; 20° *Richard Wagner's Leben und Wirken* (Richard Wagner, sa vie et ses œuvres), par Carl. Fr. Glasenapp, Cassel, Maurer, 1876-77, 2 vol. in-8°; 21° *Wagner-Katalog, chronologisches Verzeichniss der von und über Richard Wagner erschienenen Schriften, Musikwerke* (Catalogue Wagner, liste chronologique de tout ce qui a paru pour et contre Richard Wagner en tant qu'écrivain et musicien), par Emerich Kastner, Offenbach, J. André, 1878; 22° *die Musik und ihre classiker in Aussprüchen Richard Wagner's* (la Musique et les classiques jugés par Richard Wagner), Leipzig, Schloemp; 23° *Bühnenfestspiele in Bayreuth, ihre Gegner und ihre zukunft* (les Fêtes théâtrales de Bayreuth, leurs antagonistes et leur avenir), par M. Plüddemann, Leipzig, Schlœmp; 24° *Richard Wagner und die national idee* (Richard Wagner et l'idée nationale), par Adalbert Horawitz, Vienne, J. Guttmann, 1874; 25° *die Aufführung von Beethoven's neunter Symphonie unter Richard Wagner in Bayreuth* (Exécution de la 9e Symphonie de Beethoven par Richard Wagner à Bayreuth), par H. Porges; 26° *Richard Wagner. Streiflichter auf Dr Puschmann's psychiatrische studie* (Richard Wagner. Fusées sur ses études psychiatriques du Dr Puschmann), par le Dr Franz Herrmann, Munich, Carl Merkoff; 27° *Richard Wagner und Schopenhauer* (Richard Wagner et Schopenhauer), par Friedrich von Hausegger, Leipzig, Schlœmp; 28° *Wotan*, par Aloys Hœfler, Vienne, J. Wellishausser; 29° *Richard Wagner in seinen Künstlerischen Bestrebungen und seinen Bedeutung fur eine nationale Kultur* (Richard Wagner dans ses efforts artistiques et dans ce qu'il entend par une éducation nationale), par L. Schemann, Wolfenbuttel, J. Zwissler; 30° *die Sprache in Richard Wagner's Dichtungen* (la Langue des poésies de Richard Wagner), par Hans von Wolzogen, Leipzig, Schlœmp, 1877, in-8°; 31° *« Rheingold » und « Walküre » in Wien* (le *Rheingold* et la *Walkyrie* à Vienne), par Vesterlein, Vienne, K. Konegen; 32° *Deutsche Schriften* (Écrits allemands), par Paul de Lagarde, Gœttingue, Dietrich; 33° *Thematischer Leitfaden durch die Musik zu Wagner's Festspiel « der Ring des Nibelungen »* (Guide thématique de la musique de *l'Anneau du Nibelung* de Wagner), par Hans von Wolzogen, Leipzig, Schlœmp, 1876, in-8°; 34° *Erläuterungen zu Richard Wagner's Nibelungen-Drama* (Explication pour le drame des *Nibelungen* de Richard Wagner), par Hans von Wolzogen, Leipzig, Schlœmp, 1878, in-8°; 35° *Ein Wagner-Lexicon. Wœrterbuch der Unhœflichkeit, enthaltend grobe, hœhnende, gehæssige und verlæumderische Ausdrücke, welche gegen den Meister Richard Wagner, seine werke und seine Anhænger von den Feinden und Spœttern gebraucht worden sind* (Lexique wagnérien, dictionnaire d'incivilité, contenant les expressions grossières, méprisantes, haineuses et calomnieuses qui ont été employées envers maître Richard Wagner, ses œuvres et ses partisans, par ses ennemis et ses insulteurs, réunies dans les heures d'oisiveté, pour l'agrément de l'esprit, par Wilhelm Tappert, Leipzig, E. W. Fritzsch, 1878; 36° *Richard Wagner und sein Bühnenfestspiel* (Richard Wagner et sa fête théâtrale), par Otto Gumprecht, Leipzig, 1873; 37° *Weimar und Iena* (Weimar et Iena), par Adolphe Stahr, 1852; 38° *die Geschichte von Richard Wagner's* Tannhäuser *in Paris* (Histoire du *Tannhäuser* de Richard Wagner à Paris), par Paul Lindau, Stuttgard, Krône; 39° *Richard Wagner in Bayreuth* (Richard Wagner à Bayreuth), par Friedrich Nietzsche, Schloss-Chemnitz, Schmeitzner; 40° *das Gründerthum in der Musik. Ein Epilog zur Bayreuther Gründsteinlegung* (la Manie des fondations musicales; un épilogue à la fondation de Bayreuth), Cassel, vers 1872; 41° *Grundlage und Aufgabe des allgemeinen patron atvereines zur pfleige und erhaltung der Bühnenfests,*

Richard Wagner et les Parisiens, traduction complète (par M. Victor Tissot) de la comédie de M. Richard Wagner contre Paris assiégé, avec une préface et un portrait de l'auteur, Paris, s.d. (novembre 1876), in-4° de 16 pp., formant un supplément du journal *l'Éclipse*. Ce dernier écrit, indigne du dernier des saltimbanques littéraires, est la production la plus niaise, la plus inepte et la plus grossière qui se puisse concevoir; l'écrivain qui, en France et dans de telles circonstances, se serait rendu coupable d'une telle infamie, se serait mis au ban de l'opinion publique et aurait fait rougir de honte tous ses compatriotes.

piele zu Bayreuth (Commencement et fin de l'association générale de patronage pour le soutien et la conservation de la fête théâtrale de Bayreuth), par Hans von Wolzogen, Schloss-Chemnitz, Schmeitzner ; 42° *Richard Wagner, his tendencies and theories* (Richard Wagner, ses tendances et ses théories), par Edward Dannreuther, Londres, Augener, 1873, in-8° ; 43° *Letters from Bayreuth, descriptive and critical, of Wagner's der « Ring des Nibelungen »* (Lettres descriptives et critiques de Bayreuth, sur *l'Anneau du Nibelung* de Richard Wagner), par Joseph Bennett, correspondant spécial du *Daily Telegraph*, Londres, in-8° ; 44° *Richard Wagner's zijn leven, richting en streven beknopte schots uitgegeven bij gelegenheid van het Wagner-concert van Rotte's Mannenkoor* (Richard Wagner, sa vie, sa direction, ses luttes, à l'occasion du concert-Wagner donné par la Société chorale van Rotte, dirigée par Ludwig Félix Brandts), Rotterdam, 1878, J.-P. Bladergroen, in-8° de 23 pp. ; 45° *Wagner-Muzikale feesten van Weimar* (Fêtes musicales de Wagner, à Weimar), par Edmond Vander Straeten, Bruxelles, de Ries, 1871, in-16 de 38 pp. (traduction en langue flamande, par MM. Julius Hoste et Jean van Droogenbrœck, d'un rapport rédigé en français et adressé au ministre de l'intérieur de Belgique sur les fêtes de Weimar); 46° *Rossini e Wagner, o la Musica italiana e la musica tedesca* (Rossini et Wagner, ou la Musique italienne et la musique allemande), par Carlo Magnico, Turin, Candeletti, 1877, in-12 de 64 pp.; 47° *Riccardo Wagner ed i Wagneristi* (Richard Wagner et les Wagnériens), par Francesco Florimo, 1876, in-8° ; 48° *il « Lohengrin » di Riccardo Wagner*, par G.-P. Zuliani, professeur d'histoire et d'esthétique au Lycée musical de Rome, Rome, Botta, 1880 ; 49° *Ricardo Wagner, ensayo biografico-critico,* par Marsillach Lleonart, avec un prologue épistolaire étendu par le Dr José de Letamendi, Barcelone, Texidoy Parera, s. d. [1878], petit in-8° avec portrait, autographe et vue du théâtre de Baireuth.

Je ne dois pas oublier de dire que M. Richard Wagner a fondé à Baireuth un journal spécial, destiné à propager et à défendre avec ardeur ses doctrines, et qui peut être considéré comme son Moniteur personnel et officiel. Ce journal, qui paraît chez l'éditeur Th. Burger, par livraisons de 56 pages in-8°, est ainsi intitulé : *Bayreuther Blätter, Monatschrift des Bayreuther Patronatvereines* (Feuilles de Baireuth, bulletin mensuel du patronat de Baireuth), rédigé, avec la collaboration de Richard Wagner, par Hans von Wolzogen. C'est là-dedans que M. Wagner fait outrager et injurier chaque jour, quand il ne se charge pas lui-même de cette délicate besogne, tous les grands musiciens qui ont été et qui restent la gloire de l'Allemagne : Mendelssohn, Meyerbeer, Robert Schumann, etc., etc. Il n'est pas un numéro de ce journal qui ne provoque, sous ce rapport, l'indignation et les nausées de tout homme qui a le sentiment du beau dans l'art en même temps que le respect de la mémoire et de l'honneur des grands artistes.

* **WALCKIERS** (Eugène), flûtiste et compositeur pour son instrument, est mort à Paris le 1er septembre 1866. Il était né à Avesnes, non en 1789, mais le 22 juillet 1793.

WALDMANN (Ludolf), chanteur et compositeur allemand, a écrit les paroles et la musique d'un opéra-comique en 3 actes, *Senora Matilda Florida* ou *les Joyeux Moines du couvent de Saint-Just*, qui a été représenté au théâtre Waltersdorff, de Berlin, en octobre 1878, et dans lequel il remplissait le rôle principal. Cet ouvrage n'a obtenu qu'un médiocre succès. Précédemment, au mois de juin ou de juillet 1876, cet artiste avait donné sur le théâtre Wallner, de la même ville, une opérette intitulée *la Fiancée du Uhlan*.

WALE (Henry-William), compositeur et organiste anglais contemporain, bachelier ès musique et membre de l'Académie d'Oxford, membre du Collége des organistes, exerce aujourd'hui les fonctions d'organiste et de chef de chœurs à l'église Saint-Pierre, de Leicester, en même temps qu'il est chef d'orchestre de l'Union orchestrale de la même ville. On doit à cet artiste plusieurs compositions importantes, entre autres une symphonie en *sol* et une cantate sacrée intitulée *Joel*, plus des mélodies vocales, des morceaux d'orgue et diverses œuvres de musique de chambre.

* **WALKER** (Eberhard-Friedrich), facteur d'orgues distingué, était né à Cannstadt, dans le Wurtemberg, en 1795, et est mort à Ludwigsburg, en Bavière, le 4 octobre 1872. Son chef-d'œuvre, dit-on, est l'orgue célèbre de la cathédrale d'Ulm ; il en a construit d'autres à Moscou, à Saint-Pétersbourg, à Agram et dans diverses villes d'Amérique.

***WALLACE** (William-Vincent), virtuose extrêmement distingué sur le piano et sur le violon, compositeur fort remarquable et d'une rare fécondité, naquit à Waterford (Irlande), non en 1815, mais le 1er juin 1814. Son existence fut aventureuse et des plus romanesques, ses succès furent énormes dans les deux mondes, en Angleterre aussi bien qu'en Amérique, en Allemagne comme aux Indes ou en Autralie. Wallace peut être considéré comme le restaurateur de l'opéra anglais, et l'on ne peut que regretter que sa vie courte et si étonnamment accidentée ne lui ait pas permis de travailler davantage pour la scène, où deux de ses opéras surtout, *Lurline* et *Maritana*, furent accueillis avec transport, aussi bien à Londres que dans les grandes villes d'Allemagne. Il fut même question un instant de représenter le premier de ces ouvrages à Paris, d'abord à l'Opéra, puis au Théâtre-Lyrique, et M. Sylvain-Saint-Étienne en avait fait une traduction. Outre ces deux opéras, Wallace a fait jouer encore *Mathilda of Hungary*, *the Amber Witch* (*la Sorcière d'ambre*), *Love's Triumph* (*le Triomphe de l'amour*), et *the Desert Flower* (*la Fleur du Desert*). De plus, il a laissé complétement achevées les partitions de deux opéras anglais, *the Maid of Zurich* et *Estrella*, et de deux opéras italiens, *Gulnare* et *Olga*, dont divers fragments ont été exécutés à Wiesbaden.

Cet artiste, auquel il ne manqua peut-être qu'une plus grande dose d'originalité pour être un créateur de premier ordre, mourut âgé seulement de 51 ans, le 12 octobre 1865. Depuis plusieurs années il était miné par la maladie; les médecins, après l'avoir envoyé d'abord en Amérique, lui conseillèrent ensuite de venir se faire soigner en France; mais, après d'épouvantables et longues souffrances, il s'éteignit au château de Bagen (Haute-Garonne), résidence d'un de ses amis chez lequel il avait reçu une touchante hospitalité. La mort de Wallace fut pour l'Angleterre une sorte de deuil national, et pendant plusieurs mois les journaux de ce pays, comme ceux d'Amérique, où il avait longtemps séjourné, furent remplis de détails sur le grand artiste. Ses restes furent transportés à Londres, où on lui fit de splendides funérailles. Des souscriptions furent ouvertes en cette ville et des concerts y furent donnés, ainsi qu'à New-York, pour couvrir les frais du monument que l'on voulait élever à sa mémoire. Enfin, les regrets furent unanimes par toute la Grande-Bretagne, où Wallace était considéré comme le seul artiste capable de relever et de soutenir le drapeau de l'art musical national, en ce qui concerne le théâtre. Tous les détails intéressant la vie et l'importante carrière de Wallace ont été réunis dans un écrit étendu, publié en France peu de temps après sa mort : *William-Vincent Wallace*, étude biographique et critique, par Arthur Pougin (Paris, Ikelmer, 1866, in-8°). Cette notice résume tout ce que les feuilles anglaises et américaines ont fait connaître sur l'artiste à cette époque.

En dehors de ses opéras, connus ou inédits, d'une cantate, restée inédite aussi, d'une messe écrite et exécutée à Mexico, mais non publiée, d'une foule de compositions restées manuscrites, Wallace a livré au public plus de deux cents morceaux de chant : romances, nocturnes, cavatines, ballades, hymnes, sérénades, tyroliennes, canzonettes, etc., et un nombre égal de morceaux de musique instrumentale, fantaisies de concert, morceaux de salon, variations sur des airs d'opéra ou des mélodies populaires, romances sans paroles, préludes, études, et aussi de musique de danse, valses, polkas, schotischs, mazurkas, etc., etc. Enfin, Wallace a pris part à une nouvelle édition des Études de Czerny, faite par une des premières maisons de commerce de musique de Londres.

WALLACE (Madame), écrivain musical anglais, a donné la traduction anglaise du livre de Mme Elise Polko sur Mendelssohn : *Reminiscences of Felix Mendelssohn-Bartholdy*, et de la correspondance de ce grand artiste : *Letters from Italy and Switzerland, by Felix Mendelssohn-Bartholdy*. Elle a traduit aussi de l'allemand un recueil de *Lettres de musiciens célèbres* : Gluck, Haydn, Bach, Weber, etc.

***WALLERSTEIN** (Antoine), compositeur de musique de danse, s'est fait une grande renommée sous ce rapport, et a publié environ 300 recueils ou morceaux détachés. La vogue qui s'est attachée aux compositions, d'ailleurs gracieuses, de cet artiste ne semble pas près de s'éteindre. Une rédowa de M. Wallerstein, intitulée *un Premier Amour*, a été célèbre par toute l'Europe, s'est jouée sur tous les orgues de Barbarie, et s'est vendue à plus de cent mille exemplaires. Le nom de M. Wallerstein est si populaire en Allemagne pour la musique de danse, que certains éditeurs de ce pays, pour allécher le public, n'ont pas craint de mettre ce nom sur des morceaux qui n'étaient pas de lui; le compositeur a dû réclamer, par la voie des journaux, contre ce subterfuge.

M. Wallerstein est né à Dresde non en 1812, mais le 28 septembre 1813.

WALLNER (Edmond), musicien allemand contemporain, est l'auteur, entre autres compositions, de trois opérettes de salon dont les partitions pour chant et piano ont été publiées : 1° *ein Damen-Kaffee*; 2° *das Testament*; 3° *der Maskenball*.

WALLWORTH (T......-A......), professeur de chant à l'Académie royale de musique de Londres, est l'auteur d'un traité publié sous ce titre : *the Art of singing* (*l'Art de chanter*), cours d'étude et de pratique pour la voix (Londres, l'auteur). Il a été fait récemment une nouvelle édition, revue et corrigée, de cet ouvrage. M. Wallworth faisait partie en 1859 de la compagnie d'opéra anglais réunie au théâtre Covent-Garden sous la direction de M. Harrisson et de miss Louisa Pyne.

WALTER (Gustave), ténor et célèbre chanteur dramatique allemand, est né à Bilin (Bohême) en 1835. Il étudia d'abord les sciences techniques à Prague, tout en étant enfant de chœur dans une église, et plus tard occupa un emploi dans une fabrique de sucre. Mais sa voix d'enfant étant devenue un beau ténor, excita une telle sensation qu'il se décida à la perfectionner sous la direction du professeur Vogt. En 1856, M. Walter fut engagé à l'Opéra de la cour, à Vienne, et aujourd'hui encore il est l'un des artistes préférés de ce théâtre. M. Walter est, si l'on peut dire, le Capoul de Vienne; sa voix, d'un caractère doux et tendre, est d'un timbre charmant, et il chante d'une façon délicieuse. Les ouvrages dans lesquels il obtient le plus de succès sont *Faust, Mignon, Carmen, le Domino noir, la Dame blanche, la Flûte enchantée, Don Juan, les Huguenots*, etc. M. Walter est aussi un excellent chanteur de *lieder*; il dit ceux de Schubert dans la perfection, et il a rendu populaire à Vienne la charmante mélodie de M. Gounod : *Au printemps*.

J. B.

WALTER (GRAZIANI-), compositeur, a fait représenter à Florence, sur le théâtre Nuovo, le 19 avril 1879, un opéra intitulé *Silvano*.

WAMBACH (Émile), violoniste, pianiste, organiste et compositeur, est né à Arlon, dans le Luxembourg belge, en 1854. A l'âge de quatre ans on lui mit un solfége sous les yeux, et à cinq un violon entre les mains. Ses progrès furent si rapides qu'au bout de deux années son professeur, M. Hoeben (sa famille s'était alors fixée à Anvers), le fit entendre dans une séance donnée par l'École de musique. Lorsque le jeune Wambach eut atteint l'âge de onze ans, il se rendit à Bruxelles et se fit admettre au Conservatoire de cette ville, dans la classe de violon de M. Colyns. De retour à Anvers, il devint, à l'École de musique, l'élève de M. Pierre Benoit pour la composition, et reçut aussi des leçons de MM. Mertens, Hennen et Callaerts, organiste.

Quoique très-jeune encore, M. Wambach s'est déjà fait connaître par un grand nombre de compositions, parmi lesquelles il faut surtout signaler les suivantes: *Feest-March* pour orchestre, exécutée en 1870 au théâtre royal d'Anvers; cantate pour les fêtes de Rubens, exécutée en 1877 au Cercle catholique de la même ville; *Aan de Voorden van de Schelde (Aux Rives de l'Escaut)*, poëme symphonique; *Feest-Cantate; Nathans Parabol (Parabole de Nathan)*, drame sur paroles flamandes; *Hymne sacris solemnitis*, pour orchestre et chœurs; *de Lente (le Printemps)*, chœur pour voix de femmes, avec orchestre; *Memorare*, pour chœurs et orchestre; *Vlaanderland (le Pays de Flandre)*, pour chœur de voix d'hommes et orchestre; *Burlesca*, fantaisie humoristique pour orchestre; Fantaisie pour orchestre, n° 2; *Ave verum* et *O Salutaris; Ave verum; Tantum ergo;* Fantaisie pour violon et orchestre; enfin des *lieder*, des valses, des morceaux de piano, etc.

WAMSLEY (Peter), l'un des luthiers anglais les plus habiles du dix-huitième siècle, était établi à Londres, où il se fit remarquer pour la bonne facture de ses violoncelles et de ses altos. Les Anglais tiennent pour fort estimables ses copies de Stainer. Peter Wamsley fut le maître du luthier Thomas Smith.

***WANSKI** (Jean), compositeur et violoniste distingué, qui naquit en 1702, dans la Grande-Pologne, jouissait d'une grande renommée et écrivit plusieurs opéras qui furent représentés à Posen avec succès. Ses compositions de musique religieuse, conçues dans un bon style, écrites avec soin, étaient exécutées dans un grand nombre d'églises. « Mais c'est surtout, dit M. Albert Sowinski, dans les chants nationaux, les polonaises, les mazureks, les marches militaires et d'autres pièces détachées, comme des duos pour violon et violoncelle, que Jean Wanski s'est acquis une grande popularité. Il fut pendant trente ans le seul compositeur en renom dans la Grande-Pologne, et ainsi que Charles Kurpinski, son neveu, qui tient en Pologne la première place parmi les compositeurs nationaux, Jean Wanski tenait, dans son temps, le sceptre de la composition à Posen par ses symphonies et ses messes. » Cet artiste est mort dans les premières années de ce siècle.

WANSKI (Jean-Népomucène), fils du précédent, compositeur et violoniste, naquit dans le grand-duché de Posen au commencement de ce siècle, fit de bonnes études littéraires à Kalisz tout en travaillant le violon, alla ensuite terminer son éducation musicale à Varsovie, puis, au bout de quelques années, quitta la Pologne et partit pour la France. Arrivé à Paris, il eut le bonheur de recevoir pendant quelques mois des leçons de Baillot, et son talent s'en ressentit d'une façon considérable. Il commença alors à voyager en donnant des concerts, se rendit d'abord en Espagne, visita Valence, Barcelone et Madrid, où il fut très-bien accueilli, parcourut ensuite le midi de la France, Montpellier, Nîmes, Avignon, Aix, puis traversa l'Italie méridionale, se faisant entendre à Livourne, Bologne, Florence, Rome, Naples, dans toute la Sicile, allant jusqu'à Malte, puis revenant à Florence et à Rome, où il était reçu membre de l'Académie de Sainte-Cécile, rentrant en France par Lyon, et enfin se rendant en Suisse. Ces longs voyages, paraît-il, ne l'avaient pas rendu plus riche, car, étant tombé malade d'une fluxion de poitrine à Saint-Gall, il allait mourir, seul et sans ressources, dans un hôtel garni de cette petite ville, lorsqu'un matin il voit entrer dans sa chambre le comte Alexandre Sobanski; celui-ci, enfant comme lui de la Pologne, ayant appris qu'un artiste polonais se mourait loin de sa patrie, l'aida généreusement de sa bourse et de ses soins, et le fit transporter à la maison de santé de Winthertur, où, au bout d'un hiver, il put se rétablir, grâce à la sollicitude de son digne compatriote et de sa femme, Mme la comtesse Sobanska.

Les médecins ayant engagé M. Wanski à habiter le midi de la France, il alla se fixer à Aix en Provence (1839), s'y établit comme professeur tout en se livrant à de nombreux travaux de composition, et s'y maria avec une Française. Voici la liste des œuvres de M. Wanski: 1° *Grande Méthode de violon*; 2° *Petite Méthode de violon*, pour les commençants; 3° *Méthode complète d'alto*; 4° *l'Harmonie, ou la Science des accords à l'usage des élèves*; 5° *Gymnastique des doigts et de l'archet*; 6° *Douze Études brillantes*, pour acquérir différents coups d'archet; 7° *Douze Études*, pour acquérir l'agilité des doigts; 8° *Six Études faciles*, pour violon seul; 9° *Six Études* pour l'alto; 10° *Douze Mélodies en forme de caprices*, pour violon seul; 11° *Trois Fugues* (études de double-corde); 12° *Douze Variations sur un thème original*, pour l'exercice de l'archet; 13° *Six grands Caprices de concert*, avec accompagnement de piano; 14° *Concertino*, avec accompagnement d'orchestre; 15° Fantaisie sur la *Norma*, avec piano, quatuor ou orchestre; 16° Air national anglais, varié, avec piano ou quatuor; 17° Morceau de concert sur *Lucia di Lamermoor*, avec piano ou orchestre; 18° Air polonais varié, avec piano, quatuor ou orchestre; 19° Variations sur la *Romanesca*, avec piano ou quatuor; 20° *Carnaval de Varsovie*, variations de bravoure, avec piano; 21° Souvenir des *Puritains*, morceau de salon, avec piano; 22° Air algérien pour deux violons concertants, d'après le duo de Kalkbrenner et Artôt, avec orchestre; 23° Fantaisie pour alto sur des thèmes du *Prophète*, avec piano ou quatuor; 24° Fantaisie pour alto sur des motifs de *Guillaume Tell*, avec piano ou quatuor.

*WANSON (François-Antoine-Alphonse). — A la liste des ouvrages de ce compositeur, il faut ajouter les suivants : 1° *les Deux Marins*, opéra-comique en 2 actes, non représenté : 2° un quintette pour deux violons, deux altos et violoncelle; 3° huit quatuors pour instruments à cordes; 4° *les Franchimontois*, cantate; 5° huit ouvertures à grand orchestre ; 6° une Fantaisie pour piano et violon; 7° une Fantaisie pour piano et flûte.

WARCHOUF (Mme S.... DE), écrivain français, est l'auteur d'un ouvrage pédagogique publié sous ce titre: *Vélocifère grammatical, ou la Langue française et l'orthographe apprises en chantant*, Paris, 1806, petit in-8°.

WARD ou **WIARD** (Jules), compositeur français dont le nom semble indiquer une origine étrangère, fit représenter à Lyon, où il était fixé depuis longues années, un opéra-comique en un acte, *Voici le jour*, et écrivit aussi pour le théâtre de cette ville la musique de plusieurs ballets qui furent bien accueillis. Il s'était fait connaître par un certain nombre de compositions profanes et religieuses, parmi lesquelles quelques pastiches réussis de la musique du moyen âge sur les sonnets de Clément Marot. Membre titulaire de l'Académie des sciences, belles-lettres et arts de Lyon, il avait publié aussi plusieurs opuscules littéraires, dont le dernier était une excellente brochure sur la régénération des théâtres de cette ville, et dont un autre était intitulé: *Aperçus généraux sur la musique, son introduction dans l'église et ses phases diverses jusqu'au seizième siècle*, Lyon, Pinier, 1866, in-8°. Ward mourut à Jujurieux, au mois d'août 1866, laissant plusieurs œuvres inédites, entre autres un grand opéra en cinq actes, *Velléda* ou *le Guy de chêne*.

WAREZ (.........), auteur dramatique de dixième ordre, fut pendant longues années régisseur général du théâtre de la Gaîté. Il rédigea, en société avec le chansonnier Charrin, le recueil intitulé: *Mémorial dramatique* ou *Almanach théâtral*, dont il parut treize années, de 1807 à 1819 (Paris, Hocquet, in-24). Quoique ce recueil laisse beaucoup à désirer sous divers rapports, il n'en est pas moins utile à consulter pour les renseignements qu'il donne sur les théâtres de Paris à cette époque. La collection, comme celle de tous les recueils de ce genre, en est d'ailleurs devenue très-rare.

WARGOÇKI (........), écrivain polonais est l'auteur d'un ouvrage sur les instruments de musique en Pologne : *O instrumentach muzycznych*, ouvrage dans lequel on trouve des détails et des renseignements intéressants sur la forme et l'usage de ces instruments au seizième siècle.

WARNOTS (Henry), chanteur, professeur et compositeur belge, est né à Bruxelles le 11 juillet 1832. Il reçut de son père, artiste distingué, les premières notions de la musique, puis, en 1849, entra au Conservatoire de Bruxelles, où il remporta successivement les prix de piano, d'orgue et d'harmonie, après quoi il étudia le contre-point sous la direction de Fétis. Son éducation terminée, il s'aperçut qu'il était doué d'une agréable voix de ténor ; s'adonnant alors à l'étude du chant, il remporta, dans la même école, les prix de chant et de déclamation lyrique, et résolut d'embrasser la carrière théâtrale.

En 1856, M. Warnots fit ses débuts comme ténor léger sur le théâtre de Liége, et il tint successivement cet emploi sur plusieurs scènes importantes de la France, de la Belgique et de la Hollande; il appartint même un instant au personnel de l'Opéra-Comique, à Paris. Il n'abandonnait cependant pas tout à fait la composition, publiait à Paris, chez Richault, et à Bruxelles, chez Schott, plusieurs albums de mélodies vocales ainsi que divers morceaux de musique religieuse, et en 1865, se trouvant à Strasbourg, faisait représenter dans cette ville (24 janvier) un opéra-comique en un acte, *une Heure de mariage*, qu'il avait écrit sur le poëme mis jadis en musique par Dalayrac et dont il remplissait le principal rôle.

Cependant, désireux de rentrer dans son pays, il accepta un engagement au Théâtre National de Bruxelles, pour y chanter en flamand l'opéra *Frans Ackermann*, dans lequel il obtint un succès considérable. Nommé professeur de chant au Conservatoire de cette ville par un arrêté royal en date du 30 décembre 1867, il abandonna tout à fait le théâtre l'année suivante, pour se consacrer exclusivement à l'enseignement du chant, qu'il avait étudié à Paris sous la direction de M. Faure. A la suite du grand festival qui eut lieu en 1869 à Bruxelles, et dans lequel il avait rempli les fonctions de chef du chant, il fut appelé à la direction de la Société de musique de cette ville. En 1870, il fonda à Saint-Josse-ten-Noode-Schaerbeeck (banlieue de Bruxelles) une école de musique qui a produit d'excellents résultats et qu'il dirige encore, et en 1876, à la suite d'un travail fort apprécié qu'il fit sur *l'Instruction musicale dans toutes les écoles communales*, il fut nommé directeur-inspecteur des écoles de Saint-Josse-ten-Noode. Parmi les compositions de M. Warnots, il faut encore citer une cantate patriotique qui a été exécutée au théâtre de Gand au mois de mars 1867.

Mlle *Elly Warnots*, fille de cet artiste, née à Liége en 1857, a été l'élève de son père, et est devenue une cantatrice distinguée. Après s'être produite avec succes a Bruxelles, d'abord dans des concerts, aux séances du Conservatoire, de l'Association des artistes musiciens, des Concerts populaires, elle a abordé la scène en débutant, au mois de septembre 1878, sur le théâtre de la Monnaie. Elle est aujourd'hui la favorite du public de ce théâtre.

WAROT (Charles), violoniste, chef d'orchestre et compositeur, né à Dunkerque le 14 novembre 1804, reçut de son père ses premières leçons de musique, et fut aussi, dit-on, élève d'un musicien aveugle qui avait longtemps séjourné à Paris et qui s'était ensuite fixé à Anvers, le compositeur Frixer, dit Fridzeri. C'est à Anvers que le jeune Warot reçut des leçons de Fridzeri, qui tenait un magasin de musique en cette ville et qui y mourut, non en 1819, comme il a été dit dans la *Biographie universelle des Musiciens*, mais le 16 octobre 1825.

Après avoir acquis une grande habileté sur le violon, s'être fait entendre avec succès à Anvers et à Maëstricht, Warot se livra exclusivement à l'étude de la composition. S premier essai fut un opéra en deux actes, *l'Aveugle de Clarens* ou *la Vallée suisse*, qui fut représenté à Anvers le 13 janvier 1829 et très-bien reçu du public. Mais la révolution belge de 1830 ayant entièrement ruiné son père, le jeune artiste se vit obligé d'accepter l'emploi qui lui était offert de second chef d'orchestre au théâtre de la Monnaie, de Bruxelles. Une fois en cette ville, il écrivit plusieurs autres opéras-comiques, *l'Officieux* ou *l'Enlèvement* (3 actes), *Lequel des trois?* (2 actes), *Lord Mairend* (3 actes), *le Pirate* (3 actes), mais ne put réussir à faire représenter aucun de ces ouvrages. Il mourut à Bruxelles, dans toute la force de la jeunesse, le 29 juillet 1836.

Quoique mort si jeune, Warot avait beaucoup écrit. Outre les ouvrages qui viennent d'être cités, il a laissé les compositions suivantes : 3 Messes solennelles ; une messe de *Requiem*, à grand orchestre, qui a été exécutée à ses funérailles; un *Lauda Sion* ; un *Salve Regina* ; un Cantique de Noël ; *l'Enfant de la Patrie*, chant national belge ; *le Sarrau*, chanson patriotique; *les Belges au tombeau de M. le comte F. de Mérode*, chanson patriotique; *le Naufrage de Cadet-Roussel*, opéra-folie en 2 actes, joué à Anvers en 1829 par une société d'amateurs; enfin, des morceaux d'harmonie, des cantates, des motets, etc.

WAROT (Victor), frère du précédent, compositeur et professeur, né à Gand en 1808, fut aussi, dit-on, élève de Fridzeri. Warot, paraît-il, apprit à jouer de presque tous les instruments, et acquit ainsi une rare connaissance des ressources de l'orchestre. Il fut chef d'orchestre à Amsterdam et dans diverses autres villes, vint en France, passa plusieurs années à Dijon, se fixa pendant quinze ans à Rennes comme professeur, puis, en 1855, s'établit définitivement à Paris. Il est mort, dans le courant du mois de juillet 1877, à Bois-Colombes (Seine), dans une campagne qui lui appartenait.

Comme son frère, Victor Warot s'était activement exercé dans la composition. Il avait fait représenter à Dijon deux opéras-comiques, *la Reine est là* et *les Pénitents rouges* (1834), et l'on connaît encore de lui trois ouvrages du même genre, *la Novia*, *l'Épicier de Paris* et *Camille et Dolincé*. Il a écrit aussi divers morceaux symphoniques, des quatuors, des cantates, une messe à grand orchestre, une cantate tirée du psaume 46, et diverses compositions religieuses de moindre importance.

WAROT (Constant-Noel-Adolphe), frère des précédents, violoniste et professeur, naquit à Anvers le 28 novembre 1812. Il s'adonna de bonne heure à l'étude du violoncelle, acquit un talent remarquable sur cet instrument, et en 1852 fut nommé professeur au Conservatoire de Bruxelles. Il mourut à Saint-Josse-ten-Noode-lez-Bruxelles le 10 avril 1875. Virtuose distingué, très-habile dans l'exécution de la musique classique, Warot s'était fait le renom d'un excellent professeur. Outre une bonne Méthode pour le violoncelle, adoptée pour l'enseignement dans les deux Conservatoires de Bruxelles et de Gand, il a publié les compositions suivantes: Duo pour 2 violoncelles; Air varié et Fantaisie pour violoncelle, avec accompagnement de piano; *la Chasse*, chœur à 4 voix d'hommes; 40 leçons mélodiques à 2, 3 et 4 voix, à l'usage des écoles; plusieurs romances et mélodies vocales.

WAROT (Victor-Alexandre-Joseph), chanteur dramatique, fils de Victor Warot, est né à Verviers le 18 septembre 1834. Doué d'une agréable voix de ténor dont le principal défaut est d'être un peu trop gutturale, il reçut une bonne éducation musicale et débuta à Paris, au théâtre de l'Opéra-Comique, vers 1858, dans l'emploi des seconds ténors Chanteur de goût, il sut se faire applaudir dans quelques rôles du répertoire courant, tels que Latimer du *Songe d'une nuit d'été*, et bientôt prit possession du véritable emploi des ténors légers; il joua alors *la Dame blanche*, *Haydée*, *le Pré aux Clercs*, *Zémire et Azor*, et fit diverses créations dans des ouvrages nouveaux, *Don Gregorio*, *Rita* ou *le Mari battu*, etc. Au bout de quelques années, il fut engagé à l'Opéra pour y chanter les ténors de grâce, s'y montra dans *la Juive*, *la Mule de Pedro*, *le Docteur Magnus*, mais bientôt quitta Paris pour aller chanter le grand répertoire lyrique au théâtre de la Monnaie, de Bruxelles, où il obtint de très-vifs succès. Il est resté attaché à ce théâtre depuis 1868 jusqu'à 1874. Tout récemment, M. Warot a été engagé à la Gaîté pour l'entreprise éphémère d'Opéra populaire dont l'essai a été fait à ce théâtre, et il y a créé le rôle de Pétrarque dans le *Pétrarque* de M. Hippolyte Duprat, ouvrage dont l'insuccès a été éclatant.

* **WARTEL** (Atala - Thérèse - Annette **ADRIEN**, femme), épouse du chanteur de ce nom, née à Paris le 2 juillet 1814, fut une pianiste très-remarquable. Elle brilla dans les concerts, et fut la première de son sexe qui eut l'honneur de se faire entendre aux séances de la Société des concerts du Conservatoire. Son père était le chanteur Andrien, dit *Adrien l'aîné*, qui était né à Liége le 26 mai 1767 (et non en 1776, comme il a été dit par erreur), et qui fut artiste de l'Opéra et professeur de déclamation lyrique au Conservatoire de Paris. Madame Wartel obtint de très-grands succès en Allemagne, et publia un excellent livre intitulé: *Leçons écrites sur les sonates pour piano seul de L. Van Beethoven*. Elle mourut peu de temps après, à Paris, le 6 novembre 1865. Mme Wartel avait exercé les fonctions d'accompagnateur au Conservatoire de Paris (1831), où elle fut nommée ensuite professeur adjoint de solfége; elle donna sa démission en 1838.

WASIELEWSKI (Joseph-W.....DE), écrivain musical allemand, est né à Gross-Laesen, près Dantzig, le 17 juin 1822, et a été, de 1843 à 1845, élève du Conservatoire de Leipzig. Devenu premier violon à l'orchestre du Gewandhaus de cette ville, il fut ensuite *concertmeister* à Dusseldorf, où il avait été appelé par Robert Schumann. De 1852 à 1855, il remplit les fonctions de directeur de musique à Bonn, et en 1873 fut appelé en la même qualité à Dresde. M. de Wasielewski est l'auteur d'un livre important, *die Violine im XVI Jahrhundert* (*le Violon au seizième siècle*, Leipzig, 1869, in-8°), qui est considéré comme l'un des meilleurs écrits et des plus considérables qui existent sur la matière. Continuant ses recherches sur une époque dont l'histoire musicale est encore obscure et comme enveloppée de ténèbres, M. de Wasielewski a mis au jour, quelques années plus tard, un second ouvrage ainsi intitulé : *Geschichte der instrumentalmusik im XVI Jahrhundert* (*Histoire de la musique instrumentale au seizième siècle*, Berlin, Guttentag, 1878, in-8° de 170 pp. avec planches), ouvrage qui fut accueilli avec faveur et qui méritait, par l'excellence de ses recherches et la sûreté de ses informations, le succès qu'il a obtenu. M. de Wasielewski a donné quelques autres travaux importants dans divers journaux allemands, entre autres une étude intéressante sur Robert Schumann, étude dont une traduction française un peu trop fantaisiste, due à M. F. Herzog, a été publiée, il y a une douzaine d'années, dans le journal *le Ménestrel*.

M. de Wasielewski occupe aujourd'hui les fonctions de directeur de musique à Bonn.

WASSEREAU (........), compositeur aujourd'hui inconnu, qui vivait dans la première moitié du seizième siècle, a fourni à l'imprimeur Pierre Attaignant, pour le recueil de chansons à 4 parties publié par lui vers 1530, la musique des deux chansons suivantes : *Sur le joly jonc* et *Secours Hellas par amour*.

WATSON (THOMAS), facteur et accordeur de clavecins, vivait à Anvers en 1660.

WAUBERT DEPUISSEAU (JEAN-LOUIS-TH...), amateur néerlandais de musique, notaire au Lemmer, sur le Zuiderzée, s'est fait connaître comme violoniste et comme compositeur. En 1822, il se faisait entendre à Amsterdam, dans un concert de la société *Felix Meritis*. Il a publié les compositions suivantes : Marche triomphale, pour piano à 4 mains ; 3 Divertissements pour piano ; 3 *lieder* sur paroles allemandes ; 3 Mélodies vocales ; Marche dédiée à la garde nationale de Leeuwarden. On connaît encore de lui : Concerto pour violon et clarinette ; 3 Ouvertures à grand orchestre ; Quatuor pour instruments à cordes ; *Frans van Mieris*, opérette ; plusieurs cantates, etc.

WAUCAMPT (EDMOND), flûtiste et compositeur belge, né à Tournai le 22 avril 1850, montra dès l'âge le plus tendre de bonnes dispositions musicales, fut admis à l'école de musique de sa ville natale, et, ayant à peine accompli sa neuvième année, exécutait en public un solo de flûte de Tulou. En 1863 il remporta le premier prix de flûte, et en 1867 le prix d'honneur. Pourtant, le jeune artiste étant devenu orphelin, se fit clerc de notaire pour vivre, et même, dit-on, devint ouvrier dans une fabrique. Mais grâce à l'appui d'un homme bienveillant, il put continuer ses études musicales interrompues, fut admis au Conservatoire de Bruxelles, où le premier prix de flûte lui fut décerné en 1869, étudia l'harmonie avec Bosselet, et en 1871 fut engagé comme flûte-solo au théâtre de Gand. Il songea alors à se livrer à la composition, et écrivit pour la scène plusieurs ouvrages qui paraissent avoir été bien accueillis du public : 1° *un Déraillement*, opérette en un acte, Tournai ; 2° *un Mariage espagnol*, opéra à grand spectacle, Tournai ; 3° *la Belle Tonnelière*, opéra-comique en 2 actes, Tournai, février 1876 ; 4° *le Cabaret de Ramponneau*, opéra-comique en 3 actes, Liége, théâtre du Gymnase, 5 janvier 1877.

M. Waucampt est aujourd'hui directeur de l'École de musique de Peruwelz.

WAUTIER (ED.....), est l'auteur d'un *Cours de Mélodie, théorique et pratique*, Paris, 1847, in-8°.

* **WEBER** (CHARLES-MARIE-FRÉDÉRIC-ERNEST, baron DE). — Cet artiste admirable n'était pas né le 18 décembre 1786, comme il le croyait lui-même, car voici la traduction de son acte de baptême, daté du 20 novembre : — « En l'an 1786, le 20 novembre, a été baptisé Carl-Maria-Friedrich-Ernest von Weber (1), fils légitime du maître de chapelle François-Antoine von Weber et de dame von Brenner, tous deux de la religion catholique. Parrain : S. A. le prince Charles de Hesse, représenté par le grand-veneur de la cour, M. von Witzleben ; marraine : S. A. la duchesse douairière d'Oldenbourg, à Eutin, représentée par la grande maîtresse de la cour, Mlle du Hamel. » Il est donc probable que c'est le 18 novembre 1786 qu'est né Charles-Marie de Weber, et qu'il aura été baptisé le surlendemain de sa naissance (2).

Voici la liste des écrits qui, dans ces dernières années, ont été publiés sur Weber : 1° *Carl-Maria von Weber. Ein lebensbild* (*Portrait de la vie de Charles-Marie de Weber*), par Max-Maria von Weber (son fils), Leipzig, Ernest Keil, 1864-1868, 3 vol. in-16 (3) ; 2° *Carl-*

(1) On voit aussi qu'un des prénoms de Weber est différent de celui qu'on croyait être le sien : *Ernest*, au lieu d'*Auguste*.

(2) On peut consulter, sur ce sujet, un article fort intéressant publié dans la *Neue Berliner Musik-Zeitung* du 28 novembre 1853.

(3) La *Revue et Gazette musicale* de Paris a donné (1866-1868) un long résumé de ce travail, résumé entre-

Maria von Weber, roman en 3 parties, par Heribert Rau, Leipzig, Thomas, 1865, 2 vol. in-8°; 3° *Carl-Maria von Weber in seinen werken* (*Charles-Marie de Weber dans ses œuvres*, liste chronologique et thématique de l'ensemble de ses compositions), par F.-W. Jähns, Berlin, Schlesinger, 1871, in-8°; 4° *Carl-Maria von Weber, eine lebensskizze nach authentischen quellen* (*Esquisses de la vie de Charles-Marie de Weber, d'après des sources authentiques*), par F.-W. Jähns, avec un portrait inédit de Weber, en photolithographie, Leipzig, F.-W. Grunow, 1873; 5° *Weber*, par H. Barbedette, Paris, Heugel, 1862, grand in-8°; 6° *Histoire du « Freischütz »*, par Edmond Neukomm, Paris, Faure, 1867, in-12; 7° *Lettres de Gluck et de Weber*, publiées par L. Nohl, traduites par Guy de Charnacé, Paris, Plon, 1870, in-12. Il faut signaler aussi : *Freischütz-Buch* de Frédéric Kind (Leipzig, Gœschen, 1843), écrit qui renferme une série de lettres adressées par Weber à son collaborateur Kind, auteur du livret du *Freischütz*.

* **WEBER** (Franz), compositeur, violoniste, organiste et chanteur, est mort à Cologne le 18 septembre 1876. Il était né en cette ville le 26 août 1805.

WEBER (H......), écrivain contemporain, est l'auteur d'un livre important publié sous ce titre : *Geschichte des Kirchengesanges* (*Histoire du chant d'église dans la Suisse allemande réformée depuis la Réformation*, avec une description exacte des livres de chants d'église du seizième siècle), Zurich, Schultess, 1877.

WEBER (Johannes), écrivain musical français, est né en Alsace vers 1820. On lui doit un *Traité élémentaire d'harmonie* (Paris, l'auteur), un *Traité analytique et complet de l'art de moduler* (id., id.), et une traduction française de la Méthode d'harmonie de Charles Basler, qu'il a donnée sous ce titre : *Carte routière des modulations harmoniques, ou Plan figuratif des relations des tons* (Paris, Perrotin, 1850, in-f° de 11 pages avec 2 planches). Depuis sa fondation, c'est-à-dire depuis l'année 1861, M. Weber est chargé de rédiger la partie musicale du journal *le Temps*. Cet écrivain a collaboré à la *Critique musicale* d'Alexis Azevedo (*Voy.* ce nom), à la *Revue et Gazette musicale de Paris*, à la *Revue germanique*, et il est le correspondant artistique de la *Revue Savoisienne*, qui se publie à Annecy (1).

pris par Paul Smith (Édouard Monnais), et continué, après la mort de celui-ci, par M. Edmond Neukomm.

(1) En dehors de la musique, M. Weber a publié l'opuscule suivant : *la Maison et les Souvenirs de Jeanne d'Arc, à Domremy*.

WEBER (Edmond), pianiste et compositeur, né en Alsace et pendant de longues années établi à Strasbourg, a quitté cette ville après les événements de 1870-71, et est allé se fixer à Angers, où il s'est consacré à l'enseignement. En 1868, M. Weber avait fait représenter à Strasbourg un opéra intitulé *le Roi des Aulnes*, qui avait été fort bien accueilli; le 2 mars 1876, il a donné sur le théâtre d'Angers un opéra-comique en 2 actes, *Rosita*, dont un de ses compatriotes alsaciens, M. Longchamp, lui avait fourni les paroles, et qui n'a pas été moins bien reçu. M. Edmond Weber a publié, en dehors du théâtre, un certain nombre de compositions vocales et instrumentales, parmi lesquelles je citerai *les Mois*, joli recueil de douze esquisses musicales pour le piano, écrites dans un style qui rappelle celui de Mendelssohn, et trois bons chœurs pour voix d'hommes : *Sur les Monts, Aubade, O Pharamond !*

* **WECKERLIN** (Jean-Baptiste-Théodore). — La première œuvre un peu importante de ce compositeur fut exécutée dans la salle du Conservatoire de Paris le 5 décembre 1847; c'était une suite de « scènes héroïques » pour *soli*, chœurs et orchestre, qui avait pour titre *Roland*, et qui n'a pas été publiée. Dans ce même concert, Ponchard chantait deux mélodies du jeune artiste, avec accompagnement d'orchestre.

De 1850 à 1855, M. Weckerlin, comme chef du chant et des chœurs, fut le collaborateur actif et dévoué de M. Seghers (*Voy.* ce nom) aux concerts de la Société Sainte-Cécile, dont ce dernier était le chef d'orchestre. C'est là qu'on entendit pour la première fois à Paris diverses œuvres de grands maîtres anciens ou modernes, entre autres le *Chant élégiaque* et la Fantaisie pour piano, orchestre et chœurs de Beethoven, la musique de *Preciosa* de Weber, qui obtint un immense succès, *le Ballet de la Reyne*, des fragments de l'*Élie* de Mendelssohn, les symphonies de M. Gounod, *la Fuite en Égypte* de Berlioz, l'ouverture du *Tannhäuser* de M. Richard Wagner, et quantité de chœurs anciens que M. Weckerlin remettait au jour, ainsi que quelques-unes de ses compositions.

M. Weckerlin a fait représenter au Théâtre-Lyrique, en 1877, un joli et élégant opéra-comique en un acte, intitulé *A Fontenoy*, et le 31 mai 1879 il donnait à Colmar un ouvrage en 4 actes écrit sur un poëme en dialecte alsacien,

D'rverhaxt'Herbst (*la Vendange ensorcelée*), qui obtenait un très-vif succès auprès de ses compatriotes. Au nombre des œuvres publiées par lui, nous citerons les suivantes : 1° *l'Inde*, ode-symphonie exécutée aux concerts du Grand-Hôtel en 1873 (partitions pour orchestre et pour piano, Paris, Heugel) ; 2° *la Forêt*, symphonie en *fa* (partitions pour orchestre et pour piano, Paris, Brandus) ; 3° *la Laitière de Trianon*, opéra de salon, joué chez Rossini le 18 décembre 1858 (Paris, Heugel) ; 4° *les Soirées parisiennes*, six chœurs pour voix mixtes, avec accompagnement de piano (Paris, Flaxland) ; 5° *les Poëtes français mis en musique par J.-B. Weckerlin*, 1re série, du XIIIe au XVIIIe siècle, avec une notice biographique sur chaque poëte (Paris, Flaxland, 1868) ; 6° *Échos d'Angleterre*, mélodies populaires de l'Angleterre, de l'Écosse, de l'Irlande et du pays de Galles, transcrites avec accompagnement de piano (Paris, Durand-Schœnewerk). Quant aux mélodies détachées de ce compositeur, dont plusieurs ont obtenu un véritable succès de vogue, leur nombre dépasse aujourd'hui trois-cents. Enfin, il faut signaler encore plusieurs suites symphoniques pour piano à 4 mains publiées chez l'éditeur M. Grus, et diverses séries de *ländlers* alsaciens, également à 4 mains (Paris, Colombier).

En 1869, sur la présentation d'Auber, alors directeur du Conservatoire, M. Weckerlin fut nommé « préposé à la bibliothèque » de cet établissement, et en 1872 ce titre fut changé en celui, plus convenable et plus exact, de « bibliothécaire. » Après la mort de Félicien David, il fut nommé bibliothécaire en chef le 9 septembre 1876. Chargé aussi des fonctions d'archiviste et bibliothécaire de la Société des compositeurs de musique, M. Weckerlin, qui s'est toujours occupé de littérature musicale, a inséré dans les *Bulletins* de cette compagnie quelques morceaux intéressants, entre autres une notice sur la chanson populaire (dont il a été fait un tirage à part sous ce titre : *Chants et chansons populaires du printemps et de l'été*), une *Histoire de la contre-basse*, une dissertation de 30 pages, avec *fac-simile*, sur l'histoire de l'impression de la musique en France, etc. Il a publié aussi un volume intitulé « *Musiciana*, extraits d'ouvrages rares ou bizarres, anecdotes, lettres, etc., concernant la musique et les musiciens, » Paris, Garnier, 1877, in-12. Particulièrement épris de tout ce qui concerne la chanson et son histoire chez les différents peuples, cet artiste distingué s'est formé, sur ce sujet, une collection considérable, comprenant plusieurs milliers de volumes, et que sa richesse rend unique en son genre.

En 1875, l'Académie des Beaux-Arts ayant mis au concours un Mémoire sur l'*histoire de l'instrumentation depuis le seizième siècle jusqu'à l'époque actuelle*, M. Weckerlin concourut ; le prix ne fut point décerné, mais deux médailles furent accordées, dont une de mille francs à M. Weckerlin. Il n'a pas encore livré ce travail intéressant à la publicité.

M. Weckerlin est l'un des collaborateurs du Supplément à la *Biographie universelle des Musiciens*.

WEHLE (Charles), pianiste et compositeur distingué, est né à Prague (Bohême), le 17 mars 1825. Destiné d'abord au commerce, il fut employé dans les bureaux de divers négociants, d'abord à Leipzig, puis à Marseille et à Paris. Il sentit se réveiller en France ses goûts pour la musique, qu'il avait étudiée dans ses jeunes années, et Thalberg, dont il fit connaissance, l'engagea fortement à développer et à mettre à profit ses dispositions pour cet art. Muni de lettres de recommandation de ce grand artiste, il résolut donc de suivre ses conseils, retourna à Leipzig, où il étudia pendant trois ans sous la direction de Moscheles et de Richter, puis se rendit à Berlin, où il se perfectionna avec M. Kullak.

De retour à Paris en 1853, M. Charles Wehle y fit connaître un talent de virtuose fort distingué, et y publia des compositions intéressantes, qui se distinguaient par une forme élégante, des idées heureuses et la recherche de rhythmes curieux et inusités. Après un séjour de plusieurs années en France, il entreprit un grand voyage artistique en Amérique et en Océanie, qui fut, dit-on, une sorte d'étrange odyssée et qui dura plusieurs années, pendant lesquelles l'artiste, ne se contentant pas d'explorer les pays civilisés, visita aussi les contrées les plus sauvages et courut les aventures les plus étonnantes. Je crois qu'il est aujourd'hui de retour en Europe, sans avoir réussi à amasser les richesses qu'il avait rêvées.

Parmi les œuvres, vraiment distinguées, de M. Charles Wehle, je mentionnerai les suivantes : Sonate en *ut* mineur, op. 38 ; Marche cosaque, op. 37 ; Tarentelles, op. 5 et 56 ; Allegro à la hongroise, op. 81 ; Impromptus, op. 10 et 73 ; Ballade nocturne, op. 79 ; Sérénade napolitaine, op. 31 ; *un Songe à Vaucluse*, op. 30 ; *Fête Danubienne*, op. 32 ; 3 Morceaux, op. 80 ; Chanson bohême, op. 75 ; 6 *Bohémiennes*, op. 9 et 17 ; Valse brillante, op. 21 ; 2 Berceuses ; 3 Nocturnes ; Ballade en *sol* mineur, op. 11 ;

2 Valses, op. 18; *le Dahlia*, op. 24, etc., etc. La plupart des compositions de M. Ch. Vehle ont été publiées par l'éditeur M. Richault.

WEIDT (HENRI), compositeur allemand, né à Cobourg, a occupé pendant quelque temps les fonctions de directeur de musique à Cassel. Après s'être d'abord fait connaître par la publication de quelques *lieder*, il a abordé la scène à Hambourg, en faisant représenter sur le théâtre de cette ville, au mois de mai 1851, un opéra en 2 actes intitulé *Madeleine*. Il alla se fixer ensuite à Pesth, où il donna les ouvrages suivants : *Qu'est-ce que l'amour?* un acte, 1863; *les Fiançailles dans la cave*, un acte, 28 mars 1864; *le Marquis d'Entragues*, 30 mai 1864; *la Révolte au sérail*, un acte, 18 janvier 1865. Le dernier ouvrage de M. Weidt est un grand opéra en 4 actes, *Adelma*, qui a été donné à Temeswar le 2 janvier 1873.

WEINERT (ANTOINE), compositeur et professeur, né en Bohême en 1750 ou 1751, fut d'abord professeur de musique à Ragolin, chez le comte Raczynsky, et vint s'établir fort jeune à Varsovie, où il resta jusqu'à sa mort, occupant une position brillante et enviable. Devenu successivement maître de chapelle du roi de Pologne Stanislas-Auguste Poniatowski, professeur au Conservatoire de musique et membre de l'orchestre du grand théâtre, il se fit connaître comme compositeur dramatique en écrivant pour ce théâtre la musique de trois opéras, *Niepotrzebny Skrypul* (*le Scrupule inutile*), *Donerweter*, et *Diabel alchimista* (*le Diable alchimiste*). Il écrivit aussi pour l'église, et l'on cite comme un de ses meilleurs morceaux en ce genre un *Offertoire*, exécuté en 1837 à l'église des Augustins. En parlant de ce morceau, *le Courrier de Varsovie* donnait à Weinert la qualification de doyen des artistes polonais. A cette époque, en effet, il était déjà fort vieux, et pourtant il ne mourut qu'en 1850, alors qu'il était entré dans sa centième année, et qu'il jouissait depuis longtemps d'une pension de retraite que lui avaient méritée soixante et un ans de bons services.

Weinert était père de seize enfants. L'un de ses fils, *Philippe Weinert*, né à Ragolin en 1798, élève de Jean Gommert pour les principes de la musique, d'un professeur français nommé Brice pour le chant, était doué d'une jolie voix de ténor, et devint un chanteur de talent et l'un des artistes dramatiques les plus renommés de la Pologne. Son jeu animé, sa jolie voix et son physique agréable lui firent tenir une place distinguée au grand théâtre de Varsovie. Malheureusement, une rivalité fâcheuse qui s'établit à ce théâtre, entre le ténor Polkowski et Philippe Weinert, fut fatale à ce dernier, qui fut obligé de quitter la scène. Mis dans la nécessité de donner des leçons pour nourrir sa famille, il perdit sa voix et mourut presque de misère, en 1843, à l'hôpital évangélique de Varsovie. Tous les artistes de la ville accompagnèrent ses restes jusqu'au cimetière, ayant à leur tête son pauvre père, alors âgé de quatre-vingt-quatorze ans environ. — Le second fils d'Antoine Weinert, *Pierre Weinert*, mort jeune en 1827, musicien aussi, était professeur de piano au Conservatoire de Varsovie.

WEISS (.........), compositeur allemand, a fait représenter sur le théâtre de Cobourg, en 1861, un opéra qui avait pour titre *la Pucelle d'Orléans*. J'ignore si cet artiste est un de ceux du même nom qui sont mentionnés au tome VIII de la *Biographie universelle des Musiciens*.

WEISSENBORN (E......), musicien allemand contemporain, a publié plus de cent morceaux de musique de danse pour le piano : valses, polkas, etc.

WEISSHEIMER (.........), compositeur allemand, est l'auteur d'un opéra intitulé *Théodore Kœrner*, qui a été représenté à Munich en 1872. Le 22 mars 1879, il donnait sur le théâtre de Carlsruhe un autre ouvrage dramatique, *Maître Martin et ses compagnons*, dont le sujet était emprunté à la nouvelle célèbre d'Hoffmann.

* **WEKERLIN** (JEAN-BAPTISTE-THÉODORE). — *Voyez* WECKERLIN.

WELDON (Mme GEORGINA), cantatrice anglaise et professeur de chant, née à Londres le 24 mai 1837, a attiré l'attention sur elle, en ces dernières années, grâce aux relations qu'elle a entretenues avec M. Gounod, lors du long séjour que ce maître a fait à Londres. C'est chez M. et Mme Weldon que M. Gounod logeait en cette ville; c'est là qu'il a fondé et qu'il exerçait la société de chant à laquelle il avait donné le nom de *Gounod's Choir*; c'est là enfin qu'il écrivit la partition de son *Polyeucte*. Ce n'est pas ici le lieu de parler des dissentiments qui ont éclaté plus tard entre M. Gounod et Mme Weldon, mais quelques-uns des faits qui y ont donné lieu appartiennent cependant à l'histoire musicale de ce temps et veulent être rappelés. Ainsi, il est certain que lorsque M. Gounod quitta Londres pour revenir en France, Mme Weldon eut la prétention de s'approprier tous ses manuscrits, soit musicaux, soit littéraires, entre autres la partition de *Polyeucte*, et que si elle finit par lui rendre les premiers, elle conserva les autres, et en fit même l'objet de diverses publications.

C'est ainsi que Mme Weldon publia d'abord un écrit qui parut sous ce titre : *la Destruction du* Polyeucte *de Ch. Gounod,* mémoire justificatif par Mme Georgina Weldon (Paris, Paul Dupont, 1875, in-12 de 31 pp.). Peu après, elle lançait une seconde publication : *Autobiographie de Ch. Gounod et articles sur la routine en matière d'art,* édités et compilés avec une préface, par Mme Georgina Weldon (Londres, l'auteur, s. d., petit in-8° de 116 pp.); ce petit livre était un recueil d'écrits, précédé d'une préface de Mme Weldon en un français barbare. Mme Weldon avait encore annoncé trois autres publications : 1° 125 *lettres de Ch. Gounod et autres lettres et documents ;* 2° *Mon Orphelinat et Gounod en Angleterre ;* 3° *les Concerts Gounod et autres articles sur le métier musical* (c'est-à-dire, sans doute, sur la profession de musicien). J'ignore si tout cela a paru, mais j'en doute. Toutefois, Mme Weldon a encore publié un écrit, cette fois en anglais, dans lequel il est longuement question de M. Gounod : *Musical Reform* (Londres, l'auteur, 1875, in-8° de 102 pp.).

Avant ses démêlés avec l'auteur de *Faust,* Mme Weldon avait mis au jour l'opuscule suivant : *the Quarrel of the Royal Albert Hall Company with M. Ch. Gounod* (Windsor, Oxley, 1873, in-8° de 54 pp.), et ce petit travail avait été lui-même précédé d'une sorte de court exposé de sa méthode d'enseignement : *Hints for pronunciation in singing with proposals for a self-supporting Academy* (Londres, Goddard, 1872, in-8° de 19 pp.).

Mme Weldon, qui est douée d'une jolie voix de soprano et qui chante avec goût, était l'interprète préférée de M. Gounod pendant le séjour du maître à Londres ; c'est même elle qu'il chargea de chanter ici sa cantate *Gallia,* lors de la première exécution à Paris de cette composition, par la Société des concerts du Conservatoire. On a répandu récemment (1878) le bruit que cette artiste, dont les allures paraissent vraiment un peu excentriques dans la vie privée, était devenue folle, et les journaux anglais ont annoncé qu'elle avait dû être enfermée dans une maison de santé. Je ne sais si ce fait est exact, mais il me semble qu'il n'a pas été démenti.

* **WELLER** (Frédéric), hautboïste et ancien chef de musique militaire, est mort à Zerbst le 30 mai 1870. Il était né à Wœrlitz en 1786.

WELTIG (Charles), compositeur et chef d'orchestre allemand, naquit à Goslar en 1826. Il suivit les cours du Conservatoire de Leipzig, où il fut l'élève de Moritz Hauptmann et de Mendelssohn. En 1855 il devint chef d'orchestre du théâtre de Brünn, et il mourut en cette ville en 1859. Weltig a composé des pièces de piano (entre autres neuf impromptus à 4 mains, charmants de bon goût, publiés à Vienne chez Schreiber), et de beaux *lieder.*

J. B.

WERNHARD (Otto), est le pseudonyme sous lequel le duc Ernest de Saxe-Cobourg-Gotha a fait représenter à Vienne, le 19 octobre 1871, un opéra dont il avait écrit la musique : *le Cordonnier de Strasbourg.*

WERSCHNEIDER (........), compositeur, a écrit la musique d'une opérette-vaudeville en 5 actes et 6 tableaux, *le Tour du cadran,* qui a été représentée à Lyon, sur le petit théâtre des Folies-Lyonnaises, au mois de juin 1879.

* **WÉRY** (Nicolas-Lambert), violoniste.— Cet artiste fort remarquable est mort à Bande, dans le Luxembourg, le 6 octobre 1867. Il était né à Huy le 9 mai 1789. L'enseignement de Wéry était justement réputé, et durant sa longue carrière de professeur au Conservatoire de Bruxelles il forma un grand nombre d'excellents élèves, parmi lesquels on cite surtout MM. Préalle, Masset, B. de Loos, Wynen, Clovis Verbeck, Smit, Couseran, Dubois, Putzeys, Vranckx, Singelée, Colyns, etc., etc.

* **WESLEY** (Samuel), célèbre organiste anglais. — Une publication récemment faite en Angleterre est venue rappeler l'attention sur la mémoire de cet artiste remarquable. Sous ce titre : *Lettres relatives aux œuvres de Jean-Sébastien Bach* (*Letters referring to the works of John Sebastian Bach*), sa fille, Mlle Eliza Wesley, a livré au public un recueil de lettres, restées jusqu'ici inconnues, que Samuel Wesley avait adressées naguère à l'un de ses amis et confrères, l'organiste Jacobs. Cette correspondance, qui commence au 17 septembre 1808, a surtout trait aux efforts intelligents que faisait alors Wesley pour amener le public anglais à comprendre et admirer les œuvres immortelles du vieux Sébastien Bach, qui jusqu'alors lui étaient complétement inconnues. On sait que Burney lui-même s'était refusé à rendre justice au génie du vieux maître, et cela, il faut bien le constater, parce qu'il n'avait pas pris la peine de l'étudier. C'est grâce à l'intelligence, à la persévérance de Wesley, que ses compatriotes en arrivèrent enfin à discerner et à apprécier l'immense valeur des œuvres de Bach ; mais ce n'est pas sans lutte et sans opposition que Wesley atteignit son but, et ce n'est qu'au bout de longues années d'un combat opiniâtre contre la routine et les préjugés qu'il put se flatter d'avoir

remporté la victoire. Les lettres de Samuel Wesley ne sont d'ailleurs pas intéressantes à ce seul point de vue, et en ce sens qu'elles donnent une haute idée de son caractère, de son intelligence et de son sens artistique; elles sont très-curieuses aussi parce qu'elles font connaître un côté tout particulier de la société anglaise au commencement du dix-neuvième siècle, et qu'elles donnent une idée exacte, précise et originale des coutumes et des traditions musicales de l'époque. Sous ce rapport, on peut dire que peu de lectures sont aussi instructives, aussi utiles et aussi pleines d'intérêt.

WESLEY (Samuel-Sébastien), organiste et compositeur de musique religieuse, neveu du précédent et fils du fameux Charles Wesley, si réputé lui-même sous ce rapport (*Voy.* ce nom au t. VIII de la *Biographie universelle des Musiciens*), était né dans les dernières années du dix-huitième siècle. Il sut acquérir en Angleterre, sa patrie, une renommée presque égale à celle de son père, et obtint le titre très-recherché de docteur en musique. Cet artiste fort distingué est mort à Gloucester, le 19 avril 1876, dans un âge très-avancé.

WESTBROOK (W.....-J......), professeur et théoricien anglais, docteur en musique, est l'auteur d'un petit manuel publié sous ce titre : *Musique élémentaire* (*Elementary Music*), *à l'usage des commençants*, avec questions (Londres, W. Reeves). M. Westbrook est examinateur en musique au Collége royal des précepteurs et professeur au *Trinity College*, de Londres.

WESTHOFF (Jean-Paul VON), habile violoniste allemand, naquit en 1656 à Dresde, où son père était musicien de la chambre de l'électeur de Saxe. Ancien capitaine au service de la Suède, Frédéric de Westhoff père, qui avait servi sous Gustave-Adolphe, s'était vu, au retour d'une campagne, dépouillé par des brigands de tout ce qu'il possédait; il s'était alors réfugié à Dresde, où il avait mis à profit un talent de violoniste amateur acquis dans ses plus jeunes années. Son fils, qui sans doute avait été son élève et à qui il avait donné une bonne éducation littéraire, car il parlait couramment le français, l'italien et l'espagnol, était, dès l'âge de 15 ans (1671), entré à la cour de Saxe comme professeur de langues. En 1674, le jeune Westhoff se rendit à Lubeck, ville natale de son père, revint peu de temps après à Dresde, puis, à la suite d'un voyage en Suède, fit comme enseigne, sous les ordres du général impérial de Schultz, une campagne en Hongrie contre les Turcs. De retour à Dresde après cette guerre et devenu musicien de l'électeur, il fit, en 1682, un voyage en Italie et en France, se fit entendre avec un grand succès devant Louis XIV, s'en alla ensuite à Vienne, où l'empereur d'Autriche ne l'accueillit pas avec moins de faveur, et ne reparut de nouveau à Dresde qu'après avoir visité l'Angleterre, les Pays-Bas et les Flandres. Plus tard, il alla s'établir à Wittembourg comme maître de langues, et c'est en cette ville qu'il mourut, en 1705. On a gravé de cet artiste un recueil de *VI Sonate a violino solo e basso continuo* (Dresde, 1694).

WESTMEYER (Guillaume), compositeur allemand distingué, est né en 1827. Ayant montré dès son jeune âge de grandes dispositions pour la musique, il fut envoyé au Conservatoire de Leipzig, où il fit de sérieuses études. Son maître de contre-point fut le fameux théoricien Lobe. Depuis longtemps M. Westmeyer habite Vienne, où il fut d'abord chef de musique militaire. Dans ces dernières années, il s'est beaucoup occupé de la réforme de la musique d'église, et il avait même formé, avec son ami Ambros (*Voy.* ce nom), mort depuis, le projet de faire connaître à Vienne toutes les grandes œuvres de l'ancienne musique religieuse, notamment celles de Palestrina, d'Ockeghem, d'Orlando de Lassus, etc.

Les compositions publiées de M. Westmeyer consistent en symphonies, en *lieder* remarquables, en chœurs pour voix d'hommes. On connaît aussi de lui, outre un octuor pour instruments à vent, deux opéras, dont l'un intitulé *Amanda*, et l'autre *la Forêt d'Hermannstadt*. Ce dernier, qui est conçu dans le style de l'*Euryanthe*, de Weber, a été représenté sur plusieurs théâtres d'Allemagne avec beaucoup de succès. M. Westmeyer a écrit encore une *Ouverture d'empereur*, construite sur les motifs de l'Hymne autrichien d'Haydn, qui est une brillante et superbe composition, dédiée à l'empereur d'Autriche.

J. B.

WETRENS (A.....-J......), violoniste néerlandais, directeur des concerts de la Société pour l'encouragement de l'art musical à Leyde, est né dans cette ville en 1822. Il a eu comme professeur le célèbre violoniste Ferdinand David à Leipzig, et à son retour dans les Pays-Bas il se fixa dans sa ville natale, où il est fort estimé et considéré comme homme et comme musicien.

Éd. de H.

WETTERHAHN (..........), compositeur allemand, a écrit la musique d'un opéra intitulé *Esméralda*, qui a été représenté à Chemnitz le 24 novembre 1866.

WHITTINGHAM (Alfred), pianiste et professeur anglais contemporain, est l'auteur de la publication suivante : *les Gammes majeures et mineures* (*the Major and minor Scales*) en octaves, sixtes et tierces ou dixièmes, avec des remarques préliminaires sur les principes du doigté, Londres, W. Reeves.

WIARD (Jules). — *Voyez* **WARD** (Jules).

WICHTL (Georges), violoniste et compositeur allemand, né à Trostberg le 2 février 1805, est mort à Bunzlau le 3 juin 1877. Cet artiste, qui a rempli pendant de longues années les fonctions de maître de chapelle, a publié environ quatre-vingts œuvres de musique, consistant en morceaux religieux, quatuors pour instruments à cordes, duos pour deux violons, fantaisies faciles pour violon avec accompagnement de piano et études pour le même instrument.

WICKEDE (Frédéric VON), compositeur allemand contemporain, s'est fait connaître par l'exécution et la publication d'un assez grand nombre d'œuvres de divers genres, parmi lesquelles on remarque une grande ouverture de concert : *Per aspera ad astra*, et beaucoup de recueils de *lieder* à une ou plusieurs voix.

WIDOR (Charles-Marie), pianiste, organiste et compositeur français fort distingué, est né à Lyon le 22 février 1845, et a commencé son éducation musicale en cette ville, après quoi il s'est rendu, je crois, à Bruxelles, où il est devenu l'élève de M. Lemmens pour l'orgue et de Fétis pour la composition. Après avoir terminé ses études sous la direction de ces deux excellents maîtres, il revint à Lyon, où il était déjà, en 1860, titulaire de l'orgue de l'église Saint-François. Grâce à un talent d'autant plus remarquable qu'il était précoce, M. Widor se créa bientôt une renommée qui franchit rapidement les limites de la ville qu'il habitait; appelé fréquemment à Paris, et même à l'étranger, pour prendre part aux séances de réception des orgues nouvelles, il sut faire apprécier ses rares facultés, son savoir incontestable et son double mérite comme organiste et compositeur. Vers 1869, M. Widor fut appelé à Paris pour y occuper une situation digne de lui, celle d'organiste de l'église de Saint-Sulpice. Depuis lors, sa réputation n'a fait que s'affermir, et les nombreuses compositions qu'il a livrées au public, compositions qui se distinguent autant par l'élégance de la forme que la solidité du fond, ont donné toute la mesure de sa valeur.

Voici la liste des principales productions de M. Widor : — *la Nuit de Walpurgis*, composition symphonique; — Concerto en *fa* mineur pour piano, avec accompagnement d'orchestre (exécuté par M. Diemer au concert du Châtelet, le 19 novembre 1876); — Marche nuptiale, pour orchestre; — Concerto de violoncelle avec accompagnement d'orchestre; — Quintette en *ré* mineur, pour piano et instruments à cordes, op. 7; — Sérénade pour piano, flûte, violon, violoncelle et harmonium, op. 10; — Trio en *si* bémol pour piano, violon et violoncelle, op. 19; — 3 Pièces pour violoncelle et piano, op. 21; — 6 Symphonies pour orgue; — 6 Morceaux de salon, pour piano, op. 15; — Airs de ballet, id., op. 4; — 3 Valses, id., op. 11; — Valses caractéristiques, id., op. 26; — *Pages intimes*, id. (*Nocturne*, *Valse*, *Rêverie*, *Sicilienne*, *Mazurka*, *Scherzettino*); — *Scènes de bal*, id. (*Fanfare*, *Entrée-prélude*, *Clair de lune*, *Chanson*, *Malesck*, *le Bal*), op. 20; — Prélude, andante et finale, id., op. 17; — Andante-élégie, id.; — Scherzo brillant, id., op. 5; — Sérénade, id., op. 6; — *l'Orientale*, Scherzo, id., op. 8; — Impromptu, id., op. 12; — 12 Feuillets d'album, id., en 2 livres, op. 31; — *la Barque*, fantaisie italienne, id.; — Scherzo, id.; — *le Corricolo*, id.; — le Psaume 112, pour chœurs, deux orgues et deux orchestres; — 3 Chœurs à 4 voix, sans accompagnement, op. 25; — 2 Duos pour soprano et contralto, avec piano, op. 30; — 6 Mélodies, avec piano, op. 22; 6 Mélodies, avec piano, op. 14; — 3 Mélodies pour baryton, avec piano, op. 28.

M. Widor, qui a écrit la musique d'un ballet dont la représentation doit avoir lieu prochainement à l'Opéra, s'occupe aussi de critique musicale. Il est, sous ce rapport, collaborateur du journal *l'Estafette*, où il signe ses articles du pseudonyme d'*Aulétès*.

WIECK (Frédéric), professeur de piano, a vu son nom devenir célèbre non par lui-même, mais par l'admirable talent de sa fille, Mlle Clara Wieck, et surtout par l'alliance que fit celle-ci en épousant, le 12 septembre 1840, le compositeur Robert Schumann. Frédéric Wieck naquit le 18 août 1785 à Pretsch, petite ville située près de Wittemberg et où son père était commerçant. Il fit de bonnes études au collége de Torgau, qu'il quitta en 1803 pour aller étudier la théologie à l'Université de Wittemberg. Là, au contact de plusieurs jeunes musiciens, il sentit se réveiller en lui l'amour qu'il avait ressenti dans son enfance pour la musique, et se mit à étudier à la fois la harpe, le piano, le violon, le cor et la contre-basse.

Après avoir rempli les fonctions de précepteur dans diverses familles, Frédéric Wieck s'établit à Leipzig, où il ouvrit un magasin de location de musique et de pianos, et où il commença à donner des leçons de piano. Son enseignement était, dit-on, très-rationnel, très-réfléchi, et il était né professeur; il forma en effet de bons élèves, dont le meilleur fut assurément sa fille. En 1840, il quitta Leipzig pour aller se fixer à Dresde, dont il ne s'éloigna plus par la suite. C'est à Loschwitz, près de cette ville, qu'il est mort le 6 octobre 1873. L'existence artistique de Frédéric Wieck se concentre dans son enseignement, dans les soins qu'il prit de sa fille Clara et dans les divers voyages qu'il entreprit avec elle pour la produire et la faire connaître. On ne doit pas oublier cependant que sa seconde fille, Mlle *Marie Wieck*, est, ainsi que sa sœur, une pianiste fort remarquable.

* **WIELHORSKI** (Michel-Jurjewicz-Matuszkin, comte), amateur distingué de musique, descendant d'une antique famille polonaise établie en Wolhynie, naquit le 31 octobre 1787. Doué de facultés exceptionnelles pour la musique, il suivit son père en Livonie en 1804, après avoir reçu de Kiesewetter ses premières leçons de violon, fit ses études à Riga, et prit aussi des leçons de piano. En 1808, après le traité de Tilsitt, il était à Paris, et fut admis chez la reine Hortense, qu'il accompagnait quelquefois au piano. Un peu plus tard il alla à Vienne, où il se lia avec Beethoven; puis, de retour en Russie, il fut recherché dans tous les salons de Saint-Pétersbourg, où il était l'âme des meilleurs concerts d'amateurs, il écrivit quelques pièces pour les spectacles de la cour, composa des airs nouveaux et dirigea les concerts spirituels avec son oncle, le comte Mathieu Wielhorski. Il travaillait alors l'harmonie avec Muller. Bientôt, retiré dans sa terre du gouvernement de Kursk, il écrivit plusieurs œuvres importantes, entre autres un quatuor pour instruments à cordes, et des variations pour violoncelle destinées à son oncle, le comte Mathieu, qui était élève de Bernard Romberg. Le comte Michel avait à son service un excellent orchestre, dirigé par Ostrowski, qui lui donnait le plaisir et la facilité d'entendre ses compositions; c'est pour lui qu'il écrivit une grande symphonie, bientôt suivie de plusieurs chœurs avec accompagnement. Il s'occupa ensuite d'un grand opéra: *Cyganie* (*les Bohémiens*), dont il composa la plus grande partie, mais qui resta cependant inachevé, son auteur ayant été frappé par la mort avant d'y avoir mis la dernière main. Le comte Michel Wielhorski a beaucoup écrit, entre autres un assez grand nombre de romances, dont l'une, traduite sous ce titre: *Tes blonds cheveux*, par M. Bellanger, fut publiée en 1857 par la *Revue et Gazette musicale* de Paris. Il possédait une riche bibliothèque musicale, remarquable surtout par un grand nombre d'ouvrages d'auteurs anciens et par une très-belle collection de partitions des grands maîtres des écoles modernes. Le comte Wielhorski est mort à Moscou le 9 septembre 1856.

WIELHORSKI (Joseph, comte), frère du précédent, comme lui grand amateur de musique, possédait un véritable talent d'exécutant sur le piano et sur le violoncelle, et s'est adonné à la composition. Voici, d'après le *Handbuch der Musikalischer Literatur*, la liste de ses principales œuvres publiées pour le piano: 1° Trois Nocturnes, op. 2 (Berlin, Bote et Bock); 2° Quatre Danses de bal, op. 3 (id., id.); 3° Huit Mazureks, op. 4 (id., id.); 4° Deux Impromptus, op. 5 (Leipzig, Breitkopf et Hærtel); 5° Valse mélancolique, op. 6 (Berlin, Schlesinger); 6° Deux Etudes, op. 7 (Leipzig, Breitkopf et Hærtel); 7° Caprice en forme de valse, op. 8 (id., id.); 8° Chant sans paroles, morceau fantastique, op. 9 (Berlin, Schlesinger); 9° Fantaisie, op. 10 (Leipzig, Kistner); 10° Deux Nocturnes, op. 11 (Leipzig, Breitkopf et Hærtel); 11° Ballade, op. 12 (id., id.); 12° Grande Fantaisie sur *le Pirate*, op. 13 (id., id.); 13° Troisième Impromptu, op. 14 (id., id.); 14° Pensées fugitives, op. 15 (Leipzig, Hofmeister); 15° Romance variée, op. 16 (Leipzig, Kistner); 16° Trois Études, op. 17 (Leipzig, Hofmeister); 17° Grande Marche, op. 18 (Berlin, Bote et Bock); 18° Souvenirs de voyage, trois morceaux détachés (valse, élégie, et mazurek), op. 19; 19° Deuxième grande Marche, op. 20 (Leipzig, Hofmeister); 20° Troisième grande Marche, op. 22 (Varsovie, Friedlin); 21° Romance et Chansonnette, deux mélodies, op. 23 (id., id.); 22° *la Ronde de nuit*, esquisse musicale, op. 24 (id., id.).

* **WIENIAWSKI** (Henri), violoniste et compositeur pour son instrument, n'a cessé de se produire en public et de recueillir les succès dus à son talent très-distingué. Il a été, à la fin de 1874, attaché au Conservatoire de Bruxelles comme professeur d'une classe de violon, mais en 1877 il a renoncé à cette situation. Parmi les compositions de cet artiste, je citerai un concerto pour violon avec accompagnement d'orchestre, plusieurs polonaises avec piano ou orchestre, légende, airs russes, fantaisie sur *le Prophète*, etc. On a publié sur M. Wieniawski la notice suivante: *Henri Wieniawski*, esquisse, par A. Desfossez, la Haye, 1856, in-8° (1).

(1) Au moment où je corrige les épreuves de cette notice, j'apprends qu'Henri Wieniawski vient de mourir à Moscou, le 1er avril 1880.

* **WIENIAWSKI** (Joseph), frère du précédent, pianiste et compositeur pour son instrument, continue aussi de se faire entendre avec succès dans les concerts. Parmi les compositions de cet artiste, on remarque les suivantes : 2 Idylles, op. 1 ; Valse de concert, op. 3 ; Tarentelle, op. 4 ; Grand duo polonais, pour piano et violon (avec son frère), op. 5 ; Fantaisie et variations de concert, op. 6 ; Valse de salon, op. 7 ; Pensée fugitive, op. 8 ; 2 Morceaux de concert (1. Barcarolle-Caprice ; 2. Romance-Étude), op. 9 et 10 ; 4 Mazurkas, op. 23.

* **WIEPRECHT** (Guillaume-Frédéric), directeur des musiques militaires de Prusse, est mort à Berlin le 4 août 1872. Il était né à Aschersleben le 9 août 1800.

WIETINGHOFF (Le baron), amateur de musique et dilettante russe passionné, a écrit la musique d'un drame lyrique intitulé *Mazeppa*, qui a été représenté à Saint-Pétersbourg en 1859.

WIETOR (Jérôme), imprimeur à Cracovie, fut l'un des premiers et des plus remarquables imprimeurs de musique de Pologne, où il vivait au seizième siècle. On lui doit une belle édition du *Psautier* (1532-1535), et ce fut aussi lui qui publia le *Psautier* de Valentin Wrobel, ainsi que beaucoup d'autres ouvrages importants. Daniel Janoçki appelle Wietor : *Typographus Cracoviensis, de studiis Polonorum litterariis bene meritus.*

WILDER, (Jérôme-Albert-Victor VAN), écrivain musical, est né auprès de Gand (Belgique) le 21 août 1835. Élève de l'Université de Gand, où il obtint les grades de docteur en philosophie et de docteur en droit, il suivait aussi les cours du Conservatoire de cette ville. Après avoir fait ses débuts littéraires dans le *Journal de Gand*, M. Wilder vint à Paris, vers 1860, et donna quelques articles à *la Presse théâtrale*. Bientôt il se mit à faire, avec un goût réel et un talent véritable, d'innombrables traductions pour les éditeurs de musique parisiens ; son bagage en ce genre est formidable, et il n'évalue pas à moins de 5 ou 600 les morceaux séparés traduits ainsi par lui de l'allemand ou de l'italien. Pour ne citer que ceux de ses travaux en ce genre qui ont été publiés en collections, j'indiquerai : 40 mélodies de Franz Abt (Flaxland) ; 20 Mélodies dédiées à la jeunesse, de Schumann (id.) ; *les Myrtes*, de Schumann (id.) ; 18 Duos de Rubinstein (Gérard) ; Mélodies persanes, de Rubinstein (id.) ; *lieder* de Mendelssohn (Enoch) ; Duos de Mendelssohn (id.) ; *Échos d'Allemagne*, 3ᵉ volume (Flaxland) ; *le Paradis et la Péri*, *Manfred*, *Mignon*, *la Vie d'une rose*, *l'Anathème du chanteur*, *la Chanson de l'Advent*, de Schumann (id.) ; *Astorga*, opéra d'Abert (id.) ; Mélodies de Weber (Heugel) ; *Judas Machabée*, *le Messie*, *la Fête d'Alexandre*, de Hændel (id.) ; *la Tour de Babel*, de Rubinstein (Gérard) ; Mélodies de Chopin (Hamelle).

M. Wilder a aussi « adapté » à la scène française un certain nombre d'ouvrages étrangers qui ont été représentés à Paris ; en voici la liste : *l'Oie du Caire*, de Mozart ; *la Croisade des Dames*, de Schubert ; *le Barbier de Séville*, de Paisiello ; *une Folie à Rome*, de F. Ricci ; *la Fête de Piedigrotta*, des frères Ricci ; *Sylvana*, de Weber ; *la Reine Indigo*, *la Tzigane*, de M. J. Strauss ; *Fatinitza*, de M. Suppé.

Comme critique musical, M. Wilder a collaboré successivement à *l'Événement*, à *l'Opinion nationale* et au *Parlement*, dont il occupe aujourd'hui le feuilleton ; il est attaché depuis plusieurs années au *Ménestrel*, où il a publié plusieurs travaux importants, écrits avec goût et vraiment intéressants, entre autres une Vie de Beethoven et une Vie de Mozart ; cette dernière a paru récemment en volume (Paris, Heugel, 1880, in-8° avec portraits et autographes). M. Wilder a découvert à la bibliothèque de l'Opéra la musique d'un mignon ballet de Mozart, *les Petits Riens*, dont on ignorait jusqu'alors la représentation à ce théâtre, et dont l'éditeur M. Heugel a publié une réduction de piano.

WILHELMY (Auguste-Emile-Daniel-Frédéric-Victor), célèbre violoniste, est né le 21 septembre 1845, à Usingen (ancien duché de Nassau) où son père, docteur en droit, exerçait la profession d'agréé ; il dut tenir sa vocation musicale de sa mère, née Charlotte Petry, chanteuse et pianiste distinguée formée à l'école de Bordogni et de Chopin. Il avait quatre ans lorsque sa famille alla s'établir à Wiesbaden, et ce déplacement fortuit aida singulièrement au développement des facultés musicales de l'enfant ; il reçut dans cette ville ses premières leçons de violon de Fischer, qui devint plus tard directeur des concerts du duc de Nassau. Henriette Sontag, étant venue vers cette époque à Wiesbaden et ayant entendu jouer Wilhelmy, embrassa le gamin, en ajoutant : « Tu seras le Paganini de l'Allemagne. » L'enfant avait à peu près sept ans, et il se faisait déjà remarquer, non-seulement par un son admirable et moelleux sur le violon, mais aussi par une sensibilité d'oreille extraordinaire. Il joua pour la première fois en public le 8 janvier 1854, dans un concert de charité donné à Limbourg-sur-la-Lahn, puis il attendit encore deux ans avant de renouveler cet essai, cette fois à Wiesbaden et toujours dans un concert de charité. Cependant son père le voyait à regret entrer dans la carrière musicale, il n'avait pas perdu tout espoir de le ramener au barreau, et il ne voulut céder aux instances de son fils que si un des plus grands musiciens du jour le déclarait capable de réussir dans la musique après sérieux examen. Au printemps de 1861, Wilhelmy, muni d'une lettre d'introduction du prince Wittgenstein, alla trouver Liszt a Weimar et lui joua d'abord le 8e concerto de Spohr, puis des airs hongrois de Ernst. Le résultat de cette audition fut que Liszt, émerveillé, conduisit lui-même le jeune homme à Leipzig pour le confier aux bons soins de Ferdinand David, en le lui présentant comme le Paganini de l'avenir : d'autres le diront encore, après la Sontag et Liszt.

Wilhelmy resta au Conservatoire de Leipzig de 1861 à 1864; il étudia la théorie avec Hauptmann et Richter, — plus tard, à Wiesbaden, il travailla avec Joachim Raff, — et il dut son jeu si parfait dans la musique classique aux excellentes leçons de David; il s'était si bien lié d'affection avec son maître qu'il avait fini par demeurer chez lui, et c'est ainsi qu'il connut la nièce de son hôte, la baronne Liphardt, qu'il épousa le 29 mai 1866. Il fut arrêté peu après par une grave maladie, mais il ne fut pas plutôt guéri qu'il se remit à travailler et qu'il commença ses tournées annuelles, ne revenant plus que l'été se reposer à Wiesbaden. En 1865 et 1866, il visita la Suisse, la Hollande, l'Angleterre, où il fut patronné par Jenny Lind, et il arriva à Paris en janvier 1867. Il s'y présenta sous les auspices du grand violoniste Joachim, qui venait d'obtenir, aux Concerts populaires, un succès foudroyant quatre fois répété ; lui-même avait désigné à M. Pasdeloup ce jeune virtuose qui commençait son tour d'Europe. M. Wilhelmy se fit entendre au concert du 20 janvier dans le concerto en *ré* de Paganini et obtint un succès tellement vif qu'il rejoua le dimanche suivant une *Aria* et une chaconne de Bach. Mais le temps de son séjour à Paris était mesuré, et il fit ses adieux au public dans un concert donné par M. Pasdeloup à l'Athénée; il y exécuta une rêverie de Vieuxtemps et une brillante fantaisie de Ernst sur des airs hongrois. Les années suivantes, il alla en Italie, à Florence en particulier, où il reçut le titre de protecteur de la Société de quatuors, en Russie, où il se rencontra avec Berlioz, invité, comme lui, par la grande-duchesse Hélène; puis il revint en Suisse, en Belgique et à Paris. Il reparaissait aux Concerts populaires, d'abord le 14 mars 1869 en rejouant le concerto de Paganini, puis au concert du vendredi-saint avec une fantaisie d'Ernst sur *Otello* et un air de Bach. La largeur de style avec laquelle il exécuta ce second morceau produisit une impression beaucoup plus vive que l'étonnante virtuosité déployée dans la fantaisie de Ernst. En 1869-71, il fit une grande tournée avec le baryton Santley dans les principales villes du Royaume-Uni; puis il parcourut le Danemark, la Suède et la Norwége : c'est alors qu'il fut nommé membre de l'Académie de Stockholm et que le roi de Suède lui conféra l'ordre de Gustave Wasa, plus la grande médaille pour les arts et les sciences. Après quoi, ce virtuose voyageur, qui s'était fait applaudir partout hormis dans sa patrie, organisa enfin une série de concerts dans les pays allemands et se fit entendre pour la première fois à Vienne et à Berlin : c'était durant l'hiver 1872-73.

La brillante réputation si rapidement acquise par Wilhelmy est justifiée par l'extrême sûreté de son jeu, par la beauté et la plénitude du son qu'il tire de l'instrument; il appartient à la même école que Joachim et joue avec la même pureté, la même justesse irréprochable. Il est d'attitude encore plus calme, plus impassible que celui-ci ; sa physionomie, plutôt anglaise qu'allemande, ne laisse apercevoir aucun symptôme d'émotion, de crainte ou de plaisir. On pourrait lui reprocher, comme il arrive souvent aux artistes passés maîtres en virtuosité, de choisir trop souvent des morceaux où ils peuvent étourdir l'auditoire par leur merveilleuse adresse à vaincre toutes les difficultés; mais le style large et pur qu'il montre en exécutant les pièces de Bach et les dernières compositions de Beethoven, où il est admirable, peut racheter cette disposition commune à tous les virtuoses de faire trop étalage de leur prodigieuse sûreté de main. Il faut ajouter que Wilhelmy est un partisan passionné des idées wagnériennes et qu'il se dévoue à leur propagation ; c'est ainsi qu'il occupa la place de chef des premiers violons aux fêtes musicales de Bayreuth en août 1876 et aux Concerts-Wagner organisés l'année suivante à Londres. Wilhelmy a écrit plusieurs morceaux de grand effet pour son instrument, auxquels il faut préférer une jolie romance avec piano (op. 10); il a composé aussi quelques mélodies, de la musique religieuse et une grande cantate de mariage pour soli, chœurs et orchestre; mais il a surtout transcrit pour violon certains morceaux très-connus de Bach, de Mozart, de Chopin. Il a même une prédilection marquée pour ce dernier, et il a arrangé pour son instrument plusieurs nocturnes pris dans les œuvres 9, 27, 32 et 37, la première polonaise de l'op. 26, le *larghetto* du concerto en *fa mineur*, la romance de celui en *mi mineur*, etc., toutes paraphrases avec piano obligé qu'il interprète d'une façon exceptionnelle.

AD. J—N.

* **WILHEM** (GUILLAUME-LOUIS **BOCQUILLON**, dit). — A la liste des écrits publiés sur cet artiste, il faut ajouter les suivants : 1° *Funérailles de M. B. Wilhem*, par Charles Malo (Paris, impr. Schneider et Langrand, 1842, in-8°), extrait du *Bulletin élémentaire* d'avril 1842; 2° *Wilhem*, par Trélat (*s. l. n. d.* [Paris, 1842], in-8°), extrait de la *Revue du Progrès* du 1er juin 1842.

WILHEM. — *Voyez* **MULLER** (MARCELLUS).

WILLAME (ANTOINE), violoniste, professeur et compositeur belge, né à Mons le 18 octobre 1834, fut élève de l'École de musique de cette ville, où il remporta un prix d'excellence dans la classe de violon de M. Siron. Il a fait ses études d'harmonie au Conservatoire de Bruxelles, sous la direction de Fétis, et est aujourd'hui professeur de violon à l'École de musique de sa ville natale. Cet artiste a écrit la musique d'un opéra en 2 actes et 4 tableaux, *les Patriotes*, qui a été représenté à Mons le 16 décembre 1863.

* **WILLENT** (JEAN-BAPTISTE-JOSEPH), plus connu sous le nom de *Willent-Bordogni*, de celui de sa femme, qu'il avait joint au sien, a fait représenter au théâtre de la Monnaie, de Bruxelles, le 14 novembre 1845, un opéra-comique en 3 actes, intitulé *Van Dyck*.

WILLENT-BORDOGNI (........), compositeur, fils du précédent, est né vers 1838. Cet artiste a écrit la musique de *Monsieur Fanchette*, opérette en un acte représentée aux Bouffes-Parisiens (29 mars 1867), de *Rocambole aux Enfers*, opérette fantastique en 4 actes et 7 tableaux, jouée au théâtre des Menus-Plaisirs (octobre 1872), et de *Raffaello le chanteur*, opéra-comique en un acte donné au Théâtre-Lyrique le 28 mai 1877. Il a publié un recueil de 20 *Vocalises, précédées de 6 exercices*, avec accompagnement de piano ou orgue.

WILLIS (M.......), est l'un des bons facteurs d'orgues contemporains de l'Angleterre. L'un des meilleurs instruments sortis de ses mains est l'orgue de Liverpool, qui contient cent jeux et plus de 6,000 tuyaux, et qui a été terminé en 1855.

* **WILLMERS** (HENRI-RODOLPHE), pianiste et compositeur. — Aux œuvres mentionnées au nom de cet artiste, il faut ajouter les suivantes : Marche des *Puritains*, op. 10; Nocturne mélodique, op. 12; *Jour d'été en Norwége*, op. 27; *Pompa di festa*, op. 28; 5 Mélodies du Nord, op. 29; Sonate héroïque, op. 33; Pensée fugitive, op. 53; *le Rêve*, nocturne brillant, op. 55; Chants du Printemps, op. 61; Chants d'amour, op. 67; Fantaisie sur *le Prophète*, op. 68; *le Berceau, les Adieux, les Regrets*, 3 fantaisies, op. 73; *Rêves de Jeunesse*, 3 fantaisies, op. 80; *Scènes champêtres*, 3 morceaux, op. 84; *Impressions du Rhin*, 3 morceaux caractéristiques, op. 86; Fantaisie pathétique, op. 130; *la Faucelle*, caprice; *le Rossignol*, caprice brillant, etc., etc.

Willmers, qui était un artiste distingué, devint subitement et complétement fou en 1878. On dut le conduire à l'hôpital de Vienne, où il mourut au bout de peu de jours, le 24 août 1878.

* **WILMS** (JEAN-GUILLAUME), naquit à Witzhelden (duché de Berg), non en 1771, mais le 30 mars 1772. Il reçut de son père, instituteur primaire et organiste, ses premières leçons de musique et de piano, et se perfectionna ensuite avec son frère aîné. Son talent s'étant formé, il se rendit en Hollande, et au mois d'août 1791 se fixait à Amsterdam pour s'y livrer à l'enseignement. Il fit dans cette ville un cours de composition sous la direction de Hodermann, et bientôt acquit une grande réputation comme virtuose, comme compositeur et comme chef d'orchestre. En 1808, il devint membre de l'Institut royal des sciences, lettres et beaux-arts, en 1820 il obtint le premier prix au concours ouvert par la Société des Beaux-Arts pour la composition d'une symphonie, en 1824 il fut nommé organiste de la communauté des Anabaptistes, et enfin, lors de la fondation de la grande société de *Toonkunst* (musique), il en fut membre de mérite pour la section d'Amsterdam. Mais ce qui mit le comble à la renommée de Wilms, ce fut le succès qu'il remporta lors du concours ouvert en 1825 par le lieutenant-amiral chevalier de Kingsbergen pour la composition d'un chant national hollandais. Wilms fut couronné en cette circonstance pour son fameux *Volksliederen*, écrit sur les paroles du célèbre poëte Tollens, et depuis lors ce chant est devenu en effet l'hymne national de la Néerlande. J'ai eu plus d'une fois, à Amsterdam et à la Haye, l'occasion d'entendre ce chant, qui manque un peu de feu et d'élan, mais dont l'allure est mâle et un peu pompeuse, et dont le caractère n'est pas sans quelque analogie avec celui du *God save the Queen*. Wilms, qui a publié une cinquantaine d'œuvres de différents genres, et qui en a laissé un bien plus grand nombre en manuscrit, est mort d'épuisement, à Amsterdam, le 19 juillet 1847.

WILSON (Miss), cantatrice anglaise, née dans les premières années de ce siècle, fut élève du fameux chanteur et compositeur Thomas Welsh, et débuta en 1821, au théâtre de Drury-Lane, avec un succès tel que plus tard ni la Sontag, ni Mme Jenny Lind, malgré la faveur avec laquelle elles furent accueillies en Angleterre, n'en remportèrent de semblables. Elle chantait, à sa seconde soirée, dans un opéra d'Arne, *Artaxerce*, et l'effet qu'elle avait produit à sa première apparition était si grand que le journal le *Morning-Post* s'exprimait ainsi à ce sujet : — « Miss Wilson, cette splendide lumière du monde musical, avait attiré une foule qui non-seulement remplissait la salle, mais encore encombrait de très-bonne heure jusqu'aux abords du théâtre. Les expressions bruyantes d'une admiration qui allait jusqu'à l'enthousiasme se produisaient après chaque morceau, et donnaient la preuve du charme sans égal qu'elle exerçait sur l'âme des auditeurs. Énumérer les airs qu'on lui fit répéter serait vouloir dresser le catalogue de tous les morceaux à l'exécution desquels elle prenait part. Après lui avoir fait *bisser* le grand air : *The soldier tir'd*, le parterre se leva au milieu d'un tumulte formidable, et tous les spectateurs criaient, agitaient leurs chapeaux, tandis que d'immenses acclamations partaient de tous les points de la salle. » Ce ne fut que devant la fatigue visible et incontestable de la jeune artiste, que les auditeurs consentirent à ne pas lui faire répéter d'autres morceaux.

M. John Ella a raconté qu'il avait naguère entendu dire à miss Wilson elle-même que, dans cette année de ses débuts, son succès fut tel qu'elle gagna plus de 10,000 livres sterling, c'est-à-dire au delà de 250,000 francs, et M. Ella ajoute qu'il ne connaît « aucun exemple d'une semblable somme gagnée par une débutante dans sa première année d'exercice. » Il est vrai que la fatigue qui en résulta pour la jeune artiste fut fatale à son avenir. Obligée de faire un assez long voyage en Italie pour rétablir sa santé compromise, elle épousa ensuite son professeur, Thomas Welsh, et se vit forcée de renoncer à une carrière qu'elle avait commencée d'une façon si brillante. Mme Welsh, qui avait conservé sa beauté jusqu'à ses derniers jours, mourut, veuve, à la fin de 1867.

De son mariage était née une fille, musicienne et linguiste accomplie, dit-on, qui devint plus tard la femme de M. Piatti, l'excellent violoncelliste.

WILSON (Henry), organiste et compositeur de musique religieuse, naquit à Greenfield le 2 décembre 1828, et fit son éducation musicale à Leipzig. Il est mort à Hartford (États-Unis) le 2 janvier 1878. Henry Wilson était considéré en Amérique comme un artiste fort distingué.

WILT (Marie), fameuse cantatrice dramatique allemande et l'une des plus grandes chanteuses de ce temps, est née à Vienne vers 1838. Dès son enfance, elle montra de grandes dispositions pour la musique, et elle acquit un véritable talent d'exécution sur le piano. Plus tard, elle voulut se livrer à l'étude du chant, mais on l'en détourna en lui disant qu'elle n'avait pas de voix ; ce n'est qu'avec regret qu'elle renonça à l'espoir qu'elle avait conçu sous ce rapport, et c'est alors qu'elle épousa un ingénieur, M. Wilt.

Pourtant, le célèbre chef d'orchestre Herbeck (*Voy.* ce nom) ayant cru découvrir chez Mme Wilt les qualités vocales qu'on lui avait refusées précédemment, la décida à prendre part à une grande exécution de *la Création*, de Haydn, et elle y obtint le plus grand succès. Cette circonstance la détermina à embrasser définitivement la carrière du chant ; elle se mit à l'étude sous la direction des professeurs Gænsbacher et Wolf, et bientôt se fit entendre dans plusieurs concerts, à Vienne, avec un succès toujours croissant. En 1865, Mme Wilt débuta sur le théâtre de Gratz, dans le rôle de donna Anna, de *Don Juan ;* appelée aussitôt à Berlin, elle y accepta les propositions qui lui furent faites par l'administration du théâtre Covent-Garden, de Londres, où elle remporta de véritables triomphes. De retour à Vienne en 1867, elle fut engagée à l'Opéra impérial, dont elle devint l'étoile la plus brillante. Au bout de dix ans, en 1877, des affaires de famille l'obligèrent à résilier le contrat qui la liait à ce théâtre, et depuis lors elle s'est montrée sur les théâtres de Leipzig, d'Odessa, etc., où ses succès n'ont pas été moins complets.

La voix de Mme Wilt est un soprano d'une étendue de deux octaves pleines, dont le timbre est magnifique et dont la puissance est surprenante. Cette voix admirable domine l'orchestre et les chœurs dans les passages de la plus grande force, ce qui n'empêche pas l'artiste de vocaliser de la façon la plus légère et d'avoir un trille d'une netteté irréprochable. Ses rôles préférés sont ceux de Marguerite et de Valentine dans *les Huguenots*, de la reine de la Nuit dans *la Flûte enchantée*, d'Ophélie dans *Hamlet*, de Rezia dans *Oberon*, de Léonore dans *le Trouvère*, d'Aida, de Lucie et de Norma. — J. B.

WINKWORTH (Catherine), écrivain anglais contemporain, est l'auteur d'un ouvrage publié récemment sous ce titre : *the Christian*

Singers of Germany (*les Chanteurs chrétiens de l'Allemagne*).

WINTER (JOSEPH), compositeur, a fait représenter sur le théâtre de la Canobbiana, de Milan, en 1852, un opéra sérieux intitulé *Matilde di Scozia*.

WINTERBERGER (ALEXANDRE), pianiste, organiste et compositeur allemand contemporain, s'est fait connaître par la publication d'un nombre assez considérable de compositions de divers genres, pour le piano ou pour le chant, parmi lesquelles je citerai les suivantes : *Ave Maria* et *Pater noster* pour chœur *a cappella*, op. 21 ; 6 Poésies slaves pour 2 voix de femmes, avec accompagnement de piano, op. 66 ; 2 *lieder* pour soprano ou ténor, id., op. 39 ; *lieder* pour une voix, id., op. 28 ; 5 Poésies slaves pour 2 voix de femmes, id., op. 68 ; Poésies allemandes et slaves pour 2 voix de femmes, id., op. 59 ; *Britannia's Harfe*, 4 *lieder* sur des paroles de Thomas Moore, Robert Burns et lord Byron, pour soprano ou ténor, id., op. 33 ; recueils de *lieder* avec accompagnement de piano, op. 22, 23, 26, 40 ; 6 Pièces de caractère pour le piano ; 24 morceaux instructifs et caractéristiques pour le piano, op. 72 ; *Waldscenen*, 4 Fantaisies pour le piano, op. 50 ; Sonatine instructive pour le piano, op. 46 ; *Concert-adagio*, fantaisie pour le piano, op. 63, etc., etc.

M. Winterberger est né en 1822 à Weimar, et s'est produit d'abord en public comme virtuose sur le piano et comme organiste. Il a obtenu de grands succès comme exécutant, par le brillant, la fougue et l'éclat de son jeu, surtout en interprétant la musique de Liszt, à l'école duquel il appartient. Je crois que cet artiste est depuis longtemps fixé à Vienne.

WINTHAGEN (JEAN-GUILLAUME), musicien néerlandais, né à Rotterdam le 4 mars 1792, fut chef de musique dans divers régiments, assista aux batailles de Leipzig, de Dresde et de Hanau, puis, après avoir obtenu son congé, devint chef de musique de la ville d'Ostende (1826), et remplit ensuite le même emploi à Renaix (1829), où il fut, de 1846 à 1862, professeur de musique à l'École moyenne de l'État. C'est en cette ville qu'il est mort, le 1er juillet 1867. On doit à cet artiste plusieurs messes avec orchestre, des chœurs, et un grand nombre d'arrangements pour orchestre ou musique d'harmonie. Winthagen, à qui l'on doit aussi plusieurs productions littéraires estimées en langue hollandaise, a écrit les paroles et la musique d'une comédie intitulée *de Broeder liefde* (Renaix, 1836).

WINTZWEILLER (EUGÈNE), compositeur français, né à Wœrth (Bas-Rhin) le 13 décembre 1844, fit ses études théoriques au Conservatoire de Paris, où il devint l'élève de Bazin pour l'harmonie et accompagnement, de Benoist pour l'orgue, et de M. Ambroise Thomas pour la fugue et la composition. Il obtint un second accessit d'harmonie et accompagnement en 1864, le second prix en 1865, et le premier en 1866 ; en 1867 il se vit décerner un second accessit d'orgue et un premier accessit de fugue, et en 1868, ayant pris part au grand concours de composition musicale après avoir obtenu un premier accessit d'orgue, il se vit adjuger le premier grand prix de Rome, en partage avec M. Rabuteau. Il partit bientôt pour l'Italie, mais sa santé s'altéra au bout de peu de temps, et une maladie de poitrine vint inspirer de vives inquiétudes à ceux qui l'entouraient ; les médecins lui conseillèrent l'air des Pyrénées, et le jeune malade partit pour Arcachon ; mais ses jours étaient comptés, et malgré les soins les plus empressés il mourut en cette ville à la fin de 1870.

WIRTZ (CHARLES-LOUIS), professeur et compositeur néerlandais, est né à la Haye le 1er septembre 1841. Il reçut ses premières leçons de son père, qui était professeur à l'École de musique de cette ville, et, comme élève de cette école, termina ses études sous la direction de Lubeck père, de MM. Van der Does et Nicolaï. M. Wirtz est aujourd'hui professeur de piano à l'École de musique de sa ville natale, et directeur de musique à l'église Saint-Jacques. Il a publié un *Te Deum* pour chœurs, instruments de cuivre et orgue, et un *Alma redemptoris* pour chœurs et orgue. On connaît aussi de lui une messe, une cantate écrite pour la société *Nieuwland*, et diverses compositions de moindre importance.

WISENEDER (CAROLINE), musicienne allemande, née à Brunswick le 20 août 1807, morte en cette ville le 25 août 1863, y a fait représenter les deux opéras suivants : *la Dame du palais*, 1848 ; et *le Jubilé* ou *les Trois Prisonniers*, décembre 1849. Je n'ai pas d'autres renseignements sur cette artiste.

WISMES (....... DE), musicien, vivait en Flandre au seizième siècle. Deux chansons de lui sont insérées dans un recueil de chansons françaises publié à Louvain, par Pierre Phalèse, en 1555-1556.

WITTE (C.....-G.....-F.....), facteur d'orgues à Utrecht, est né à Rotenburg (Hanovre), le 12 janvier 1802. Il apprit en Hongrie l'art de construction des orgues, devint un artiste très-habile, puis, s'étant rendu dans les Pays-Bas, s'associa en 1834 avec le facteur J. Batz, d'Utrecht, et devint à la mort de ce dernier le seul directeur de la maison. Homme intelligent, actif et instruit, sans cesse occupé du perfectionnement des parties si diverses, si nombreuses et si compliquées qui composent l'orgue, M. Witte s'est acquis une grande renommée et est considéré comme l'un des meilleurs facteurs du dix-neuvième siècle. Parmi les nombreux instruments construits par lui, et qui tous se recommandent par leur solidité aussi bien que par le fini de l'exécution, on cite particulièrement ceux de l'église du Sud à Rotterdam, de la Vieille église de Delft, de l'église Nouvelle de Dordrecht, de l'église Saint-Jean à Utrecht, de l'église catholique d'Amersfoort, de la *Kloosterkerk* à la Haye, des églises réformées de Hoorn, de Putten, de Spykenisse, de Bunschoten, de Naarden, d'Amerongen, de Rysoord, et enfin les orgues de moindres dimensions de Loosduinen, de Beusschem, de Buren, d'Ameide, de Ryp, de Leerdam, de Delfshaven, de Leyde, de Kralingen et de Puttershoek. M. Witte a le titre de facteur d'orgues du roi des Pays-Bas.

WITTE (G.....-H.....), jeune compositeur d'avenir, actuellement maître de chapelle à Essen, en Allemagne, est né à Utrecht (Pays-Bas) en 1843. Il a reçu sa première éducation artistique à l'École de musique de la Haye, dirigée par M. Nicolaï, et en 1862 il se rendit au Conservatoire de Leipzig, où il travailla avec Hauptmann, Moscheles et M. Reinecke, et où il resta jusqu'en 1867.

Dans le cours de cette même année, M. Witte prit un engagement à Thann, en Alsace, où il demeura jusqu'en 1870, et il revint ensuite dans sa patrie, où il tomba sérieusement malade. Aussitôt que sa santé fut rétablie, il retourna à Leipzig, et en 1871 il accepta la place de maître de chapelle (*musikdirector*) à Essen, place qu'il occupe encore aujourd'hui.

Lors d'un concours ouvert à Florence en 1864, M. Witte remporta le second prix pour un quatuor pour piano et instruments à cordes, et dans le cours de la même année il se vit décerner le prix du concours Helbig (*Helbigsche Stiftung*), à Leipzig. M. Witte est un musicien sérieux, qui promet de faire honneur à sa patrie.

Éd. de H.

WITTEBROODT (Thomas), compositeur, maître de chapelle de l'église de la Madeleine à Bruges, s'est fait connaître par un certain nombre d'œuvres estimables. Directeur de la société chorale de *Brugsche Zonen*, il a écrit pour elle, pendant de longues années, des chœurs fort intéressants, et on lui doit aussi un oratorio, *la Rédemption*, qui a été l'objet d'éloges mérités. Wittebroodt est mort à Bruges le 16 janvier 1872.

WITTGENSTEIN (Le comte Frédéric-E..... de), jeune compositeur allemand, a fait ses débuts en écrivant la musique d'un mélodrame intitulé *Frithjof*, qui fut représenté à Darmstadt, il y a quelques années. Plus récemment, le 19 décembre 1878, il a donné sur le théâtre de Gratz un opéra romantique en 5 actes, *die Welfenbraut* (*la Fiancée du Guelfe*), qui a été très-favorablement accueilli.

WITWICKI (J....-D....), compositeur polonais, né au commencement du dix-neuvième siècle, a publié les œuvres suivantes pour le piano : 1° Variations sur l'air d'une chanson d'Ukraine, op. 1 (Leipzig, Peters); 2° Cinq pensées du soir, op. 5 (id., id.); 3° Six valses inséparables, pour piano et violon, op. 6 (id., id.); 4° *l'Inspiration du condamné*, chant d'un prisonnier *del Ponte dei Sospiri*, op. 7 (id., id.); 5° Trois polonaises, op. 9 (id., id.); 6° Duo pour piano et violon, op. 11 (id., id.); 7° *Souvenir à mes élèves de l'Institut*, air bohémien varié, op. 17 (id., id.); 8° Rapsodies originales, op. 18 (id., id.); 9° Variations brillantes sur un thème d'Ukraine : *U sussida chata bila*, op. 20; 10° *Promenade en pyroscaphe sur le Dnieper*, rêverie mélancolique, op. 21 (Leipzig, Peters); 11° Réminiscences populaires, deux thèmes paraphrasés, op. 22 (id., id.).

WITWYLER (Ulrich), musicien du seizième siècle, né à Rorschach, fut élève de Glaréan et devint, grâce aux soins de ce maître renommé, un artiste fort distingué. Il fut prince-abbé du célèbre couvent d'Einsiedeln, en Suisse M. George Becker (*la Musique en Suisse*) dit que Witwyler est l'auteur « d'un traité de musique d'après les principes de son maître, » mais il ne donne pas le titre de cet ouvrage.

* **WITZTHUMB** (Ignace). — *Voyez* **VITZTHUMB.**

* **WODICZKA** (Wenceslas). — Cet artiste a publié à Paris, en 1739, le recueil suivant : *Sei Sonate a violino solo e basso, op. prima, gravée par Mlle Vandôme*, Paris, in-folio.

WODNIĘKI (Théodore), pianiste et compositeur polonais, naquit au commencement du dix-neuvième siècle et se fit connaître à Varsovie, vers 1840, en exécutant avec habileté, dans divers concerts, des œuvres qui ne manquaient point d'originalité. L'éditeur Fr. Hofmeister, de Berlin, a publié de lui les compositions suivantes : Rapsodie fantastique, op. 1; *Galop furioso*, op. 2; Impromptu en *sol* bémol, op. 3; Ballade, op. 4; Marche brillante, op. 5; *Pensée*, mélodie, op. 6. On connaît encore de cet artiste un concerto en *la* mineur, avec accompagnement d'orchestre, exécuté par lui en 1841 à Varsovie, une fantaisie pour piano seul, une fantaisie en *ré* mineur sur des mazoureks et krakowiaks, une Marche pour piano seul, enfin une romance dédiée à Mme Pruszak. Wodnięki est mort en 1847.

* **WOELFFL** (Joseph). — Cet artiste a donné à l'Opéra-Comique, en 1805, un ouvrage en 3 actes intitulé *Fernand ou les Maures*. Woelffl mourut à Londres le 21 mai 1812.

* **WOELTJE** (Le docteur C...-L...-H...), écrivain musical et magistrat allemand, est mort à Celle le 23 juillet 1864. Il était né en 1785.

WOGRICH ou **WOGRITSCH** (Max), est le nom d'un compositeur qui a fait représenter sans succès sur le théâtre Pagliano, de Florence, le 13 novembre 1875, un opéra sérieux intitulé *Wanda*.

WOHLFAHRT (Heinrich), pianiste, professeur et compositeur allemand contemporain, a publié une centaine d'œuvres faciles pour le piano, consistant en études, bagatelles, petits morceaux de salon, etc.

WOHLFAHRT (Franz), sans doute parent du précédent, violoniste, professeur et compositeur allemand contemporain, a publié aussi un certain nombre de petites compositions parmi lesquelles on remarque des duos pour 2 violons, des duos pour piano et violon, un recueil d'Études pour le violon, ainsi que quelques morceaux de danse pour le piano.

WOHLFART (Henri), professeur et théoricien allemand contemporain, est l'auteur de l'ouvrage suivant : *Theoretisch-praktische Modulation-Schule* (*École théorique et pratique de la Modulation*), Leipzig, Breitkopf et Hærtel, 1859, petit in-8° de 74 pp.

* **WOLDEMAR** (Michel), violoniste et compositeur. — Cet artiste, sans être absolument le collaborateur du *Courrier des spectacles*, journal quotidien de théâtres qui existait à l'époque de la Révolution, envoyait fréquemment à ce journal des lettres sur des sujets relatifs à la musique. Les *Commandements du violon*, sorte de facétie formant un double *décalogue* artistique, ont été imprimés à cette époque; les voici dans leur entier :

Premier Décalogue.

1. Le son jamais ne hausseras,
 Ni baisseras aucunement.
2. Mesure tu n'altéreras,
 Mais frapperas également.
3. L'archet toujours tu maintiendras
 Fermement et solidement.
4. Symphonie tu sabreras
 Hardiment, vigoureusement.
5. Doucement accompagneras,
 La femme principalement.
6. Le grand allegro joueras
 Fièrement, mais modérément.
7. Romance tu soupireras
 Tendrement, amoureusement.
8. Dans l'adagio fileras
 Le son purement, largement.
9. Pour le largo, tu gémiras
 Tristement, mais sensiblement.
10. Le rondo tu caresseras
 Vivement et légèrement.

Second Décalogue.

1. En concertos tu choisiras
 Viotti préférablement.
2. Le faible tu n'écraseras,
 Afin d'agir honnêtement.
3. Dans le duo ne chercheras
 A briller exclusivement.
4. La sonate tu chanteras
 Sagement et correctement.
5. Dans le trio ne broderas,
 L'auteur suivras exactement.
6. A l'orchestre tu ne feras
 Que la note tout uniment.
7. Sur toutes clefs transposeras,
 Pour accompagner sûrement.
8. En quatuor ne forceras
 Que pour la chambre seulement.
9. Au chef d'orchestre obéiras
 Docilement, aveuglément.
10. En public tu ne trembleras,
 Ni devant les rois mêmement.

WOLF (Maximilien), compositeur autrichien, est né en 1840 en Moravie. Après avoir commencé l'étude de la musique, il alla se perfectionner à Vienne auprès de Dessoff, et à Berlin auprès de Marx. Il habite aujourd'hui Vienne, et s'est fait un renom considérable par la composition de plusieurs opérettes charmantes. Ses premiers ouvrages en ce genre : *die Schule der Liebe* (*l'École de l'amour*), *In Namen des Kœnigs* (*Au nom du Roi*), et *die Blaue Dame* (*la Dame bleue*), attirèrent sur lui l'attention du public, et l'opérette intitulée *der Pilger* (*le Pèlerin*) lui conquit tous les suffrages, à Vienne comme à Berlin; enfin, une autre opérette, *die Portraitdame* (*la Dame du portrait*), mit le sceau à sa réputation; celle-ci, représentée sur tous les théâtres d'Autriche et d'Allemagne, constitue certainement le meilleur, le plus parfait et le plus populaire de tous ses ouvrages. Depuis lors, M. Wolf a encore fait jouer à Vienne, sur le théâtre de l'Opéra-Comique, *Césarine*, dont le succès a été très-vif.

La musique de M. Wolf est gaie, agréable et charmante. Bien que son style se ressente de l'influence française, il n'en reste pas moins original. Le compositeur se distingue tantôt par un sentiment aimable et tendre, tantôt par une verve comique très-caractérisée. De plus, ses ouvrages sont écrits avec une complète connaissance de la scène. — En dehors du théâtre, M. Wolf a publié aussi plusieurs beaux *lieder*.

J. B.

WOLFAERT (Eervout ou Édouard), facteur de clavecins à Anvers, vivait en cette ville dans les dernières années du seizième siècle.

WOLFART (H.......), pianiste, professeur et compositeur français contemporain, s'est particulièrement attaché à la composition de petites études et de petits morceaux faciles, spécialement destinés aux enfants. Il a publié, entre autres, les ouvrages et recueils dont voici les titres : *Méthode spéciale de piano, pour les enfants; Petit Solfége élémentaire et mélodique, suivi de* 20 *exercices pour la voix;* 12 Études enfantines; 18 Études faciles et concertantes, à 4 mains; 22 Petits Préludes très-faciles, sans octaves; *Perles et Diamants*, 15 transcriptions faciles sur des airs d'opéras; *Jeux et Fêtes*, 12 morceaux très-faciles, à 4 mains; *les Funambules*, 4 petites fantaisies à 4 mains; *Panthéon musical*, 42 morceaux faciles; *Polichinelle*, 3 petits rondos; *Fleurs enfantines*, fantaisies, rondos et caprices extrêmement faciles; *les Airs du temps passé*, 6 suites; 8 *Petits Riens; les Fêtes et Jeux de l'enfance*, 20 morceaux, etc., etc. M. Wolfart a publié aussi un grand nombre de transcriptions et fantaisies sur des thèmes d'opéras célèbres.

* **WOLFF** (Édouard), pianiste et compositeur remarquable, n'a cessé de produire jusqu'à ce jour, de telle sorte que le nombre de ses œuvres publiées s'élève aujourd'hui à plus de 350. Parmi ces œuvres, dont plusieurs sont fort importantes, il faut surtout citer les suivantes : 24 Grandes Études, op. 20; 24 Grandes Études, op. 50; *l'Art de l'expression*, 24 études faciles et progressives, op. 90; *l'Art de l'exécution*, 24 grandes improvisations en forme d'études, op. 100; 3 Romances sans paroles op. 11; 3 Romances sans paroles, op. 15; 5 Caprices, op. 7; 2 Nocturnes, op. 10; 2 Nocturnes, op. 27; 4 Mazurkas, op. 12; 3 Méditations, op. 216; Marche funèbre, op. 176; Marche triomphale, op. 177; 4 Chansons polonaises, op. 195 et 196; Fantaisie triomphale, op. 84; Grande Marche triomphale, op. 31; Tarentelle fantastique, op. 301; Tarentelle, op. 148; *Scherzo appassionato*, op. 132; Grand Caprice poétique, op. 133; Chanson bachique, op. 188; *Scherzo agitato*, op. 281; Chanson bachique, op. 164; Bacchanale, op. 296; *Promenade en mer, Hommage à Chopin, Impromptu*, etc., etc.

WOLFF (Auguste-Désiré-Bernard), pianiste, compositeur et facteur français, chef de la célèbre maison de commerce de pianos connue aujourd'hui sous la raison sociale *Pleyel-Wolff et Cie*, est né à Paris le 3 mai 1821. Il fit d'excellentes études au Conservatoire, où il fut élève de Zimmermann pour le piano et d'Halévy pour la composition, et où il remporta, en 1839, en même temps que M. Victor Massé, un brillant premier prix de piano. Peu d'années après, en 1842, il devenait professeur d'une classe de piano dans l'établissement dont il avait été l'élève; en même temps il s'occupait de composition et publiait, chez l'éditeur M. Richault, une trentaine de morceaux de divers genres pour son instrument.

Toutefois, M. Wolff conserva seulement pendant cinq années la direction de la classe qui lui était confiée. Bientôt, en 1850, il entrait auprès de Camille Pleyel, le célèbre facteur de pianos, devenait son associé en 1852, et en 1855, à la mort de cet homme distingué, prenait la direction de la maison, dont il n'a cessé d'être le chef jusqu'à ce jour. Une existence nouvelle commença alors pour M. Wolff, qui, doué de qualités pratiques remarquables et d'un rare esprit d'invention, s'est distingué par les perfectionnements divers qu'il a apportés dans la fabrique des pianos, aussi bien que par l'ingéniosité et l'utilité de certaines découvertes intéressantes. C'est à lui qu'on doit un système d'échappement double spécial à la maison Pleyel-Wolff, la construction des petits pianos à queue dont le succès a été si légitime et si considérable et des grands pianos à queue à cordes croisées, les nouvelles combinaisons de constructions métalliques applicables à tous les modèles pour les climats extrêmes, le pédalier destiné à faciliter aux jeunes pianistes l'étude de la pédale de l'orgue, et enfin le clavier transpositeur et la pédale tonale.

Le clavier transpositeur est un clavier mobile et indépendant, qu'on peut adapter sur tous les pianos, et qui, à l'aide d'une série de crans pratiqués à l'une de ses extrémités, se place de telle façon que le rapport variable de ses touches avec celles du clavier de l'instrument donne à l'exécutant la facilité d'opérer mécaniquement, tout en jouant dans le ton écrit, quelque transposition que ce soit. Ceci est à la fois ingénieux et fort utile. Mais la *pédale tonale*, dont M. Auguste Wolff est aussi l'inventeur, part d'un principe musical plus élevé et rend un service artistique plus important. Il arrive souvent que l'oreille est désagréablement affectée de l'effet produit par l'emploi inconsidéré de la grande pédale (pédale *forte*) du piano dans certains passages où cette intervention est beaucoup plus fâcheuse qu'utile; on a vu des artistes jusqu'à un certain point réputés, des virtuoses connus tomber dans cette erreur, et tenir la pédale ouverte dans des traits de rapidité des deux mains, ce qui donne une sonorité déchirante, ou, par exemple, après un changement de tonalité, jouer en *ré* alors que la pédale, toujours tenue par eux, fait résonner la tonalité précédente de *si* bémol. C'est pour obvier à cet inconvénient déplorable, pour amener la disparition de ce défaut harmonique, que M. Auguste Wolff a inventé la pédale tonale, ou pédale harmonique, dont on a fait la description que voici : — « Au milieu des pédales ordinaires du piano, le *forte* et la *sourdine*, à l'usage desquelles rien n'est changé, se trouve la pédale tonale; elle correspond à un petit clavier d'une octave d'*ut*, situé au milieu du grand clavier du piano, mais sur un plan un peu plus reculé, à peu près comme un clavier de récit sur l'orgue. On abaisse lestement sur ce piano-miniature la note ou les notes qui forment l'harmonie fondamentale du passage, et elles vibrent doucement aussi longtemps que l'on tient la pédale du bas. De cette façon, on obtient une harmonie pleine, moelleuse, qui abolit la sécheresse du piano, et, considération plus artistique encore, on rend fidèlement les modulations voulues par le compositeur ou commandées, si l'on improvise, par l'évolution de la pensée musicale. Le pédalier de M. A. Wolff, non-seulement facilite aux organistes l'étude de la pédale, mais il permet aux pianistes de rendre les plus beaux effets que Bach, Mendelssohn, Beethoven, Chopin et autres grands maîtres du piano ont confiés aux tenues de pédale, et aussi de transporter par imitation, sur le piano, les tenues de cors, bassons et clarinettes, qui donnent tant de sonorité et de consistance à l'orchestration des symphonies et des opéras. »

Les travaux très-intéressants de M. Auguste Wolff, son activité, son esprit toujours en éveil, ont maintenu la maison Pleyel au premier rang des fabriques de pianos du monde entier, et lui ont conservé la supériorité qu'elle n'avait jamais cessé d'exercer. Les principes élevés et libéraux de M. Wolff l'ont d'ailleurs poussé à associer, dans une mesure très-large, les ouvriers de cette maison à sa prospérité, et cela à l'aide d'une série d'institutions très-utiles, très-intéressantes, qui stimulent la bonne volonté de chacun et produisent les meilleurs résultats. C'est ainsi que l'on voit fonctionner, dans la fabrique Pleyel-Wolff, une société de secours mutuels, une caisse de prêts sans intérêt pour les employés et ouvriers, une école où sont admis 60 enfants, une autre école où sont formés 45 apprentis; de plus, la maison entretient quatre boursiers à l'école fondée par la chambre de commerce, elle a formé un orphéon, et enfin elle tient à la disposition de son personnel une bibliothèque, un gymnase et une chapelle.

M. Wolff, d'ailleurs, n'oublie pas qu'il a été et qu'il est resté un artiste fort distingué. Président d'honneur de la Société des compositeurs de musique, il met à la disposition de cette compagnie les locaux nécessaires à ses travaux et à ses séances, et celle-ci lui doit la fondation d'un prix permanent à laquelle elle a donné le nom de *prix Pleyel-Wolff*, et qui, chaque année, est destiné à la mise au concours d'une œuvre importante pour piano, avec ou sans orchestre; lorsque cette œuvre exige un accompagnement d'orchestre, M. Wolff prend à sa charge personnelle tous les frais que nécessite son exécution publique. On ne saurait, dans tous les cas que nous venons d'énumérer, agir avec plus de générosité, d'intelligence, et, soit comme artiste, soit comme grand industriel, mieux encourager, sous tous les rapports, tout ce qui, de près ou de loin, se rattache directement ou indirectement à l'art et à sa plus grande expansion possible.

WOLLENHAUPT (Hermann-Adolphe), pianiste allemand et compositeur pour son instrument, naquit à Schkenditz le 27 septembre 1827. Après avoir étudié la composition à Leipzig sous la direction de l'excellent théoricien Moritz Hauptmann, il partit tout jeune encore pour l'Amérique, en 1845, et alla se fixer à New-York, où il se livra à l'enseignement et à la composition. Il écrivit un assez grand nombre de morceaux de genre pour le piano, et ces productions aimables obtinrent un véritable succès de vogue en Amérique et en Allemagne. Wollenhaupt mourut à New-York le 18 septembre 1863, dans toute la force de la jeunesse, avant même d'avoir accompli sa trente-sixième année.

WOLZOGEN ET NEUHAUS (Jean-Paul, baron DE), écrivain musical allemand et l'un des plus zélés partisans de M. Richard Wagner, est né à Potsdam le 13 novembre 1848, et fit ses études philosophiques à l'Université de Berlin. Engagé par M. Wagner, il se fixa en 1877 à Bayreuth pour y prendre la direction des *Feuilles de Bayreuth*, publication qui paraissait sous l'influence et avec la collaboration du compositeur, et qui servait uniquement à défendre ses intérêts. M. de Wolzogen a publié une quantité de travaux et d'articles sur les œuvres de M. Wagner; ses plus importants écrits sont les suivants : *Guide thématique de la musique de « l'Anneau du Niebelung » de Richard Wagner*, Leipzig, 1876; *la Langue dans les poëmes de Richard Wagner*, Leipzig, 1877; *Explication pour le drame des Niebelungen.*

* **WONEGGER** ou **WONNEGGER** (Jean). — Sous le nom de *Vuonnegger* (Jean-Litavic), et sous celui de *Wonnegger* (Jean), l'auteur de la *Biographie universelle des Musiciens* a consacré deux notices à deux artistes qui ne forment qu'un seul et même personnage. Il est facile de s'en convaincre en voyant qu'il s'agit, dans ces deux articles, de l'auteur de l'abrégé du *Dodécachordon* de Glaréan, abrégé publié à Bâle sous ce titre : *Musicæ epitome ex Glareani Dodecachordo.* Il m'a semblé utile de signaler ce fait, afin d'éviter les erreurs qu'il pourrait engendrer.

WOODMAN (Le Rév. W......), professeur anglais contemporain, est l'auteur d'un petit manuel publié récemment sous ce titre : *Singing at sight made easy* (*la Lecture du chant à première vue rendue facile*), in-8°.

WORMSER (André-Adolphe-Toussaint), compositeur, est né à Paris le 1er novembre 1851. Admis fort jeune au Conservatoire, dans la classe de M. Marmontel pour le piano, dans celle de M. Bazin pour l'harmonie et accompagnement, il obtint les récompenses suivantes : en 1868, 1er accessit d'harmonie et accompagnement; en 1869, 2e prix d'harmonie et 2e accessit de piano; en 1870, 1er prix d'harmonie et 1er accessit de piano; en 1872, 3e accessit de fugue et 1er prix de piano; en 1873, 2e accessit de fugue. M. Bazin étant devenu en 1871 professeur de contrepoint et fugue, M. Wormser, qui avait fait avec lui ses études d'harmonie et accompagnement, se trouva ne point changer de maître et continua, sous sa direction, ses hautes études musicales. Ayant pris part, en 1874, au concours de Rome, le jeune artiste obtint une mention honorable, et l'année suivante se vit décerner le premier grand prix. Au mois de janvier 1875, M. Wormser a fait exécuter aux concerts Danbé une grande ouverture de concert. Plus tard, on a entendu de lui au Conservatoire, dans une séance d'audition des envois de Rome, une intéressante suite d'orchestre. M. Wormser a publié un recueil de 12 Pièces pittoresques à 4 mains pour le piano (Paris, Lemoine), duquel il a extrait 6 Pièces pittoresques à 2 mains (id., id.).

WORONIEC (L'abbé Arnulphe) prêtre et musicien polonais qui vivait à la fin du dix-huitième siècle et au commencement du dix-neuvième, est l'auteur d'un ouvrage important sur le chant choral et figuré, qui a paru sous ce titre : *Poczontki muzyki tak figuralnego jak i choralnego Kantu* (Vilna, in-folio, 1806).

WORP (J........), organiste néerlandais distingué, est né au petit village de Broek-in-Waterland, près d'Amsterdam, le 24 décembre 1821. Il commença son éducation musicale dans sa patrie, et alla la terminer au Conservatoire de Leipzig, où il eut pour professeurs Moritz Hauptmann, Richter, Plaidy et Becker. Il prit ensuite des leçons d'orgue de J. Schneider à Dresde, et travailla la composition avec J. Otto. Après avoir rempli les fonctions d'organiste à Almelo, M. Worp fut appelé à occuper le même poste à Groningue. Artiste solidement instruit, nourri de l'étude des bons maîtres, profond admirateur de Jean-Sébastien Bach, il est devenu un organiste fort remarquable. Comme compositeur, on lui doit, outre des morceaux d'orgue, des mélodies religieuses et des *lieder*, une collection de 6 chœurs avec orgue, une grande sonate et une fantaisie pour orgue. Ces derniers ouvrages lui ont valu des prix et des mentions honorables dans divers concours ouverts par la Société musicale des Pays-Bas. M. Worp s'est occupé d'une méthode de chant à l'usage des écoles primaires, et d'un recueil de chorals avec préludes; j'ignore si l'un ou l'autre a été publié.

WOUTERS (Adolphe-François), professeur et compositeur belge, professeur de piano au Conservatoire de Bruxelles, occupe aussi les fonctions de maître de chapelle à l'église Saint-Nicolas et d'organiste à Notre-Dame-de-Finistère, de la même ville. M. Wouters a fait exécuter en l'église Sainte-Gudule, le 22 novembre 1878, une *Messe solennelle de Sainte-Cécile* pour voix seules, chœur, orchestre, orgue et harpe, qui a produit, dit-on, sur ses auditeurs une excellente impression. Cette œuvre remarquable a été publiée par l'éditeur M. Schott, ainsi qu'une messe à 4 voix avec accompagnement d'orchestre ou d'orgue, et une messe brève à 3 voix égales. On connaît du même artiste un recueil de *Six Études principales* pour piano (Bruxelles, Schott), divers autres recueils d'études fort remarquables, adoptés pour l'enseignement dans différents conservatoires, un recueil de dix mélodies vocales, et plusieurs chœurs pour 4 voix d'hommes : *le Lac Léman, Flandre, les Nerviens*, etc. Un *Te Deum* à grand orchestre, qui lui avait été commandé par le gouvernement, pour les fêtes du cinquantenaire belge, a produit grand effet, le 21 juillet 1880, en l'église Ste-Gudule. Sous le pseudonyme de *Don Adolfo*, M. Wouters a encore publié (Bruxelles, Schott) 2 messes à trois voix.

M. Wouters est né à Bruxelles le 28 mai 1849.

WROBLEWSKI (Émile), pianiste et compositeur, fixé à Paris, s'est produit assez fréquemment dans les concerts comme virtuose sur son instrument, et a publié pour le piano et pour le chant un assez grand nombre de compositions, parmi lesquelles je citerai un Grand Concerto-Symphonie, une Grande Symphonie, quelques morceaux de genre : *le Ruisseau, l'Orage, Chant du coucou dans les bois, Menuet*, un recueil de 25 Mélodies vocales, et un autre recueil intitulé *Six Feuillets d'album*. M. Wroblewski a fait représenter sur le théâtre du Gymnase, de Marseille, au mois de mars 1875, un opéra-comique intitulé *la Fiancée de Venise*.

* **WÜERST** (Richard), et non **WURST**, compositeur allemand, a fait représenter plusieurs ouvrages dramatiques : 1° *Rothmandel* (*le Manteau rouge*); *der Stern von Turan* (*l'Étoile de Turan*); *Faublas; Vineta*, Mannheim, juin ou juillet 1864; *die Officiere der Kaiserin* (*les Officiers de l'Impératrice*), Berlin, th. de l'Opéra, 21 janvier 1878; *A-ing-fo-hi*, opéra-bouffe. A ces ouvrages il faut ajouter *l'Esprit des eaux* (*der Wasserneck*), cantate lyrique exécutée à Berlin en 1853, et *un Voyage d'artiste*, opérette donnée au mois de janvier 1868 sur le théâtre Kroll, de Berlin; la musique de cette opérette était donnée sous le pseudonyme de *Sommer*, qui abritait à la fois deux compositeurs, MM. Richard Wüerst et Winterfeld. M. R. Wüerst a publié des recueils de *lieder*, des pièces de piano, et l'on connaît aussi de lui plusieurs compositions d'orchestre, entre autres deux symphonies. Le nombre de ses œuvres publiées dépasse le chiffre de 70. Cet artiste distingué est aujourd'hui rédacteur en chef de la *Nouvelle Gazette musicale de Berlin*.

WÜLLNER (Franz), pianiste et compositeur allemand contemporain, est l'auteur de plusieurs œuvres importantes, parmi lesquelles il faut citer surtout le 127° Psaume, mis en musique pour voix seules, chœur, orchestre et orgue, et dont la partition a été publiée à Leipzig, chez l'éditeur Robert Forberg. Parmi les autres compositions de M. F. Wullner, on remarque des sonates de piano, des trios pour piano, violon et violoncelle, et plusieurs recueils de *lieder*.

* **WURDA** (Joseph), ténor allemand renommé, est mort à Hambourg le 28 avril 1875.

WURZBACH (Le docteur Constantin), écrivain autrichien contemporain très-renommé, est l'auteur d'un grand Dictionnaire biographique consacré aux hommes et femmes célèbres de l'Autriche, et dont 36 volumes ont déjà paru à Vienne, chez l'éditeur Gerold. Cet ouvrage, remarquable à tous les points de vue, et qui fait le plus grand honneur à son auteur, contient, sur tous les musiciens autrichiens, des notices pleines d'intérêt à la fois et d'exactitude, dans lesquelles les faits sont soigneusement contrôlés, et qui sont infiniment précieuses pour l'histoire non-seulement de ces artistes, mais de la musique en Autriche : on trouve dans ces notices les renseignements les plus précis sur les artistes qui en sont l'objet, avec le catalogue complet de leurs œuvres, la liste des portraits qui en ont été publiés et celle de toutes les biographies qui en ont été données, soit séparément, soit dans les journaux ou recueils périodiques. M. Wurzbach vit à Berchtesgaden, où il s'occupe de l'achèvement de son œuvre, qui est un véritable monument historique et patriotique.

J. B.

Y

YMBERT. — *Voyez* **IMBERT.**

YOUNG (Le Rév. Edward), ministre et musicien anglais contemporain, s'est fait connaître par diverses compositions du genre religieux, au nombre desquelles je mentionnerai un service comprenant un *TeDeum*, un *Jubilate* et un *Kyrie* pour chœur, avec accompagnement d'orgue.

YOUNG (William-J.....), musicien anglais contemporain, a publié un certain nombre de chants populaires à une ou plusieurs voix.

YRADIER (Sébastien), compositeur espagnol, a rendu son nom célèbre dans le monde entier par certaines chansons, dont une entre autres : *Ay Chiquita*, a conquis une popularité vraiment prodigieuse et a été chantée dans toutes les langues. Aucune des autres chansons d'Yradier n'a le charme étonnant, la grâce voluptueuse et le caractère pittoresque de celle-ci; presque toutes cependant ont une saveur étrange, un goût de terroir particulier et une originalité rare de rhythme et d'accent. Chose singulière pourtant, malgré la popularité surprenante de ses petites compositions, la vie d'Yradier est restée absolument inconnue, même de ses compatriotes, et il m'a été impossible d'obtenir sur lui le plus mince renseignement. Tout ce qu'on en sait, c'est qu'il est mort à Vittoria au mois de novembre 1865. L'éditeur M. Heugel a publié, à Paris, un recueil factice de 25 chants d'Yradier, avec paroles françaises de MM. Paul Bernard et Tagliafico et accompagnement de piano.

YRVID (Richard). — *Voyez* **IVRY** (Le marquis D').

YSORE (......), compositeur dont le nom est resté jusqu'ici inconnu, et qui vivait dans la première moitié du seizième siècle, a écrit, pour le recueil de chansons françaises à 4 voix publié vers 1530 par l'imprimeur Pierre Attaignant, la musique des chansons suivantes : *Sans vous changer j'attends, Si mon espoir a lieu, Si mon ami venait en nuyt, S'ébahit-on si j'ay perdu, Si par souffrir on peut, Si j'ay erré.*

Z

ZABALZA (Damaso), pianiste et professeur espagnol contemporain, est l'auteur des ouvrages suivants, publiés par l'éditeur M. Andrés Vidal fils, à Madrid : 1° *Études de mécanisme pour le premier âge*; 2° *Études de mécanisme pour le second âge*; 3° *une Heure de gymnastique*, exercices quotidiens pour les pianistes de toutes forces; 4° *Études spéciales*. M. Damaso Zabalza, qui est professeur à l'École nationale de musique, a aussi publié, chez l'éditeur M. Romero y Marzo, un recueil de 25 Études mélodiques et de bravoure.

ZABBAN (.......), musicien contemporain, est l'auteur d'un opéra sérieux, *Eleonora di Toledo*, qui a été représenté à Ancône en 1861.

ZAMPARELLI (Dionisio), compositeur, né à Naples, vivait vers le milieu du dix-huitième siècle. Il a fait représenter en 1746 à Livourne, sur le théâtre San-Sebastiano, un opéra intitulé *la Zoe*. Je n'ai pu découvrir aucun autre renseignement sur cet artiste, dont le nom est aujourd'hui complétement oublié.

ZANCA (Michel DEL), musicien dont le nom indique une origine italienne, vivait au dix-huitième siècle en Pologne, et était virtuose au service du roi, en même temps que membre de la Société philharmonique de Varsovie. Il est l'auteur d'une cantate à quatre voix, intitulée *la Liberté*, composée par lui pour la cérémonie du couronnement de Stanislas-Auguste II, comme roi de Pologne. Cette cantate a été publiée à Venise, en 1765.

ZANDMANN ou **SANDMANN** (Jean), professeur de musique et compositeur, mourut en 1841 à Varsovie, où depuis longtemps il était établi. Auteur d'une symphonie à grand orchestre, d'une messe qui fut exécutée en 1837 à l'église des Augustins, cet artiste a transcrit une partie des psaumes de Nicolas Gomolka, compositeur polonais du seizième siècle, et les a insérés dans l'ouvrage suivant : *Chants d'église* à plusieurs voix des compositeurs polonais, recueillis et publiés par Joseph Cichocki (Varsovie, Sennevald, 1838).

* **ZANETTI** (Francesco), compositeur italien du dix-huitième siècle. — A la liste des ouvrages de cet artiste, il faut ajouter : 1° *Salomone*, oratorio exécuté les 3 et 8 décembre 1775, à Florence, pour l'inauguration du nouvel oratoire de Saint-Philippe de Neri ; 2° *Sismano nel Mogol*, opéra, Florence, 1776. Ceci semble indiquer qu'à cette époque, Zanetti était fixé à Florence. M. le docteur Basevi, de cette ville, possède le manuscrit d'un *Magnificat* à 4 voix avec instruments, qui porte le nom de Zanetti et la date du 20 juillet 1769.

ZANETTI (F.......), compositeur italien, est l'auteur d'une opérette, *Cento astuzie*, qui a été représentée à Pise au mois de mars 1877.

***ZANI DE FERRANTI** (Marc-Aurèle), guitariste, écrivain musical et poëte, est mort à Pise le 28 novembre 1878. Il était né à Bologne, non en 1802, comme il a été dit, mais le 6 juillet 1800. Il s'était fixé en Belgique en 1827, s'était fait naturaliser, et était devenu professeur de langue italienne au Conservatoire de Bruxelles. Zani de Ferranti prit une part de collaboration à la *Revue musicale belge*, à la *Belgique musicale* et au *Guide musical* de Bruxelles.

ZANNETTI (Gasparo), musicien italien du dix-septième siècle, est l'auteur d'un ouvrage publié sous ce titre : *il Scolaro, di Gasparo Zannetti, per imparare a suonare di violino et altri stromenti*. Je ne connais de cet ouvrage qu'une édition faite à Milan en 1645, et qui n'était pas la première.

ZANOLINI (Carlo), organiste et compositeur, naquit à Bologne dans la première moitié du dix-huitième siècle. Elève de Girolamo Consoni pour l'orgue, de Perti pour le contrepoint, il reçut aussi des conseils et des leçons du célèbre Hasse. Il fut, pendant plusieurs années, attaché à la cour de Piémont en qualité de compositeur, puis revint dans sa ville natale et devint mansionnaire de la cathédrale. Reçu en 1748 au nombre des membres de la Société des Philharmoniques de Bologne, il en fut élu prince en 1758.

ZAPATER (Mlle Rosario), artiste espagnole fort distinguée, s'est fait remarquer à la fois comme cantatrice de concert, comme pianiste, comme professeur et comme poëte lyrique. Elève de M. F. de Valdemosa, qui était directeur des concerts de la reine Isabelle, elle acquit sous sa direction un rare talent de cantatrice, qui mettait en valeur une voix souple, fraîche et richement timbrée. On assure que Rossini, dans ses dernières années, prenait plaisir à écrire pour cet organe généreux, que servait si bien un talent fort distingué, des traits nouveaux et des passages *de bravoure* que la jeune artiste ajoutait à certains morceaux et qu'elle exécutait avec une perfection achevée.

C'est vers 1860 que Mlle Zapater commença à se révéler tout à la fois comme chanteuse et comme poète remarquable. C'est à la suite d'un assez long voyage en Italie qu'elle rapporta le livret d'un opéra italien, *gli Amanti di Teruel*, qui fut mis en musique par son compatriote, M. Avelino de Aguirre; l'ouvrage fut représenté à Valence, au mois de décembre 1865, avec un très-grand succès, et l'on assure que le caractère touchant du sujet, le pathétique des situations, et la poésie colorée du livret furent loin d'être étrangers à ce succès. Meyerbeer mit en musique, peu de temps avant de mourir (on croit même que ce fut sa dernière inspiration), une mélodie passionnée, *il Primo Amore*, qu'il écrivit sur des vers très-élégants de Mlle Zapater.

Mlle Zapater ne s'est pas moins distinguée comme professeur et comme didacticien. Sous ce rapport, on lui doit un ouvrage excellent, qui sous ce titre modeste : *Études pour le chant*, est un traité véritable et complet de l'art du chant, dont elle a pénétré tous les secrets et dont toutes les difficultés lui sont familières. Elle a publié aussi, sous un titre analogue : *Études pour le piano*, un recueil qui n'est ni moins utile, ni moins intéressant. Ces deux ouvrages ont été publiés à Paris, chez l'éditeur M. Brandus.

ZAPPATA (Filippo), est le nom d'un compositeur italien qui a écrit la musique d'un opéra sérieux, *Paola Monti*, qu'il a fait représenter à Bologne le 28 mai 1862. Bien que cet ouvrage ait été favorablement accueilli, le compositeur ne fit plus parler de lui dans la suite. Zappata est mort à Comacchio, au mois de novembre 1878.

ZAREMBA (Nicolas), compositeur et professeur russe, qui paraît avoir été un artiste distingué, a rempli les fonctions de directeur du Conservatoire de Saint-Pétersbourg lorsque ce poste fut abandonné par M. Antoine Rubinstein, et y fut lui-même remplacé par M. d'Asantchweski. On connaît de lui un certain nombre de compositions, dont la plus importante est un oratorio intitulé *Saint Jean-Baptiste*. Zaremba était né dans le gouvernement de Witeb; il est mort à Saint-Pétersbourg le 8 avril 1879.

ZARLINO GANLENO. — Fétis dit, dans sa *Biographie universelle*, qu'un musicien *inconnu* de Sienne en Toscane publia sous ce nom un traité de contre-point en vers; or, ce traité est justement celui dont nous avons parlé à propos d'Angelo Ortolani (*Voy.* ce nom) et que Fétis lui-même attribue autre part à un prétendu Jules Ortolani. Du reste, comme nous en sommes à rectifier les inexactitudes de Fétis, nous croyons devoir observer que le titre même du poëme n'a pas été exactement transcrit par lui, et qu'il s'y est glissé en outre une erreur dans le nom de famille de Mme la comtesse Fanny Pieri, née comtesse Spannochi, à qui le poëme est dédié. Et puisque le nom de cette dame, Siennoise de naissance et mariée au comte Jean Pieri-Pecci, de Sienne, amateur passionné de musique, nous est venu sous la plume, nous croyons pouvoir nous permettre d'ajouter qu'elle était très-forte sur le piano (elle avait été élève pendant quelque temps de Czerny), et que dans son palais, à Sienne, on faisait habituellement de très-bonne musique, et parfois avec un éclat et une richesse d'exécution qui ne sont pas communs dans les petites villes de province. C'est ainsi que, en 1820, on y exécuta à grand orchestre *la Création*, et en 1821 *les Saisons* de J. Haydn, et *Robert le Diable* (le premier acte) peu après son apparition sur la scène du grand Opéra de Paris, d'après une excellente traduction italienne de M. François Casuccini, autre amateur viennois, bon violoncelliste, et compositeur de quelque mérite.

L.-F. C.

ZAYTZ (Jean), chef d'orchestre et compositeur, est né en 1834 à Fiume. Son père, Jean Zaytz, né auprès de Prague, avait été chef de musique du régiment baron Mayer n° 45, qui prit plus tard le nom de Sigismond. Lorsqu'en 1830 ce régiment fut envoyé à Fiume, Zaytz père quitta bientôt l'état militaire, et s'établit comme professeur en cette ville, où il devint directeur de la musique municipale. C'est là qu'en 1834 naquit M. Jean Zaytz fils, et en 1840 sa sœur, qui s'est vouée au chant dramatique et qui, en ce moment, poursuit sa carrière en Italie sous le nom d'*Albina Contarini*.

Dès sa plus tendre enfance, le jeune Zaytz montra un goût passionné et des dispositions exceptionnelles pour la musique; il apprit de son père le violon et le piano, et il était à peine âgé de six ans lorsqu'il se fit entendre pour la première fois en public, au théâtre de Fiume, sur l'un et l'autre instrument. Son succès fut très-grand, et on lui prédit un bel avenir. Plus il grandissait, et plus se développaient ses facultés musicales. A dix ans, après s'être essayé, à l'insu de son père, dans quelques petites compositions, il réussit à écrire deux ouvertures, et une fantaisie pour violon sur des mélodies de Verdi, qu'il exécuta aussi avec succès. A douze ans, s'étant lié d'amitié avec un jeune homme nommé Valé, qui annonçait du talent pour la poésie, tous deux écrivirent un opéra qui avait pour titre *Marie-Therese;* le jeune Zaytz s'occupait de cet ouvrage avec une véritable passion, mais il ne savait comment écrire son orchestre et n'osait demander à son père de le lui apprendre, car celui-ci montrait une véritable répugnance pour la vocation musicale de son fils, dont il voulait faire un avocat et non un artiste. Le jeune homme se décida cependant à arranger son opéra pour piano et harmonica, et il voulut le faire entendre à son père, qui s'en montra fort irrité et lui interdit de s'occuper de musique désormais.

L'enfant était désolé; il n'osait plus composer chez lui, et il profitait, pour écrire de la musique, de tous les moments de loisir qu'il pouvait avoir à l'école, si bien que ses professeurs s'employèrent pour tâcher de vaincre les résistances de Zaytz père aux désirs de son fils. Pourtant, ce ne fut qu'après que celui-ci eut achevé ses études d'humanité et de philosophie, que son père consentit à l'envoyer à Milan, où il lui laissait la faculté d'étudier la musique, mais à la condition qu'il fît son droit et se fît recevoir avocat. Le jeune Zaytz partit donc en 1849 pour Milan, et fut reçu, au mois de novembre 1850, au Conservatoire de cette ville, qu'il ne quitta qu'en 1856. En 1855, le directeur de cet établissement, Lauro Rossi, ayant confié à plusieurs élèves le livret d'un petit opéra intitulé *la Tirolese,* afin qu'ils le missent en musique, la partition de M. Zaytz fut jugée la meilleure, et son ouvrage fut exécuté, le 4 mai 1855, sur le petit théâtre du Conservatoire, avec un vif succès.

A sa sortie du Conservatoire, M. Zaytz fut nommé second chef d'orchestre au théâtre de la Scala, et il devait écrire un opéra pour ce théâtre, lorsque la mort de ses parents l'obligea à partir pour sa ville natale, afin d'y régler des affaires de famille. Une fois à Fiume, ses compatriotes l'engagèrent avec tant d'instances à rester parmi eux qu'il se laissa persuader, et qu'il fut nommé bientôt directeur de la musique municipale et professeur à l'Institut de musique. En 1858, il épousait une jeune fille nommée Nathalie Jessenke, née comme lui à Fiume; celle-ci lui donnait bientôt deux enfants, un fils et une fille, et il ne manquait rien à son bonheur, lorsque tout à coup il tomba dangereusement malade d'une inflammation des poumons. Les médecins désespéraient de lui et l'avaient condamné, mais la force de la jeunesse le sauva et il revint à la santé. Toutefois il ne voulut pas rester à Fiume, et en 1862 il se rendit à Vienne.

A cette époque, le nombre de ses compositions s'élevait au chiffre de 152, parmi lesquelles on distinguait des symphonies, des ouvertures, quatre messes, et trois opéras : *la Sposa di Messina, l'Adelia* et *Amelia;* ce dernier avait été représenté à Fiume, avec beaucoup de succès, le 24 avril 1861. M. Zaytz, qui voulait se livrer entièrement à la composition dramatique, songeait à donner un ouvrage à Vienne, lorsqu'il fut repris, avec une étonnante énergie, par la maladie qui déjà avait failli le conduire au tombeau; il resta six mois au lit, mais cette fois encore il guérit.

Il se remit alors au travail, mais la fatalité semblait le poursuivre, et, peu de jours avant celui fixé pour la représentation, le théâtre où il devait donner un nouvel opéra devint la proie des flammes. Cependant, le directeur de ce théâtre s'étant mis à la tête d'une autre entreprise, le théâtre Charles, M. Zaytz y donna, le 15 décembre 1863, une opérette intitulée *les Hommes à bord*, qui fut très-bien accueillie. Il fit représenter ensuite plusieurs ouvrages du même genre, *Fitzli-Putzli* (5 décembre 1864); *les Lazzaroni de Naples* (4 mai 1865); *la Sorcière de Boissy* (3 actes, 26 avril 1866); *les Rôdeurs de nuit* (10 novembre 1866); *les Rendez-vous en Suisse* (un acte, 3 avril 1867); *le Tribunal de district* (un acte, 14 septembre 1867); *la Somnambule* (un acte, octobre 1867); *Maître Puff* (un acte, octobre 1867); *A la Mecque* (11 janvier 1868); *l'Enlèvement des Sabines, l'Amour captif*, etc.

Bien que tous ces ouvrages eussent obtenu de vifs succès sur diverses scènes de Vienne, le théâtre Charles, celui de l'Harmonie, le théâtre *An der Wien*, M. Zaytz accepta les propositions qui lui furent faites, en 1869, de se rendre à Agram, en Croatie. Il arriva donc en cette ville au mois de février 1870, et y devint aussitôt directeur et professeur de chant à l'Institut de musique, et chef d'orchestre du théâtre. Il a écrit depuis lors quatre opéras : *Mislav, Ban Leget, Nikola Subic Zrinjski,* et *Lizinka,* et il en écrit en ce moment un cinquième, *Pan Twardowsky* ou *le Faust Polonais*, en 5 actes.

Outre ses ouvrages dramatiques, M. Zaytz a produit, dans ces dernières années, des messes, des chœurs, de nombreuses chansons et quantité de morceaux de danse. Le nombre de ses œuvres s'élève aujourd'hui à 470.

J. B.

ZECCHINI (Francesco), compositeur dramatique italien, est l'auteur d'un opéra sérieux, *Matilde d'Inghilterra*, qu'il a fait représenter en 1856 sur le théâtre de Sira (îles Ioniennes). Treize ans après, en 1869, cet ouvrage ayant été reproduit au théâtre Contavalli, de Bologne, l'auteur fut chargé d'écrire une nouvelle partition pour une autre scène de cette ville, le théâtre Brunetti. M. Zecchini mit cette fois en musique un livret bouffe, intitulé *la Conversazione al buio*, et son œuvre fut offerte au public dans la saison du printemps de 1871.

ZEERLOEDER (Nicolas), musicien suisse du dix-septième siècle, né à Berne, était maître du collège latin de cette ville en 1649; plus tard il devint pasteur et doyen à Kilchberg. On lui doit un traité élémentaire de musique intitulé : *Ein Music Büchlein*, Berne, 1678, in-8°.

ZEFFERINI (Onofrio), célèbre facteur d'orgues du seizième siècle, connu généralement aujourd'hui sous son seul prénom d'*Onofrio*, était désigné de son temps, selon la coutume populaire, sous celui de *maestro* (maître) *Noferi*. Né à Cortone en Toscane, il apprit son art avec Jean-Paul Romani, Cortonais et bon facteur lui-même, mais bien inférieur à son élève, qui acquit en peu de temps un grand renom et construisit nombre d'orgues, particulièrement en Toscane. Les orgues des cathédrales de Sienne, d'Arezzo, de Pérouse, sont de sa facture. Parmi les orgues construites par Zefferini pour les églises de Florence, il n'y a que le petit orgue de l'église de l'Annonciade qui ait conservé son caractère original, toutes les autres ayant été presque entièrement remaniées et agrandies, de telle manière qu'il n'en reste à peu près que les tuyaux des premières octaves des jeux de fond et de ceux de mutation. C'était par l'harmonie pleine et majestueuse des jeux de fond et du grand jeu que les orgues d'Onofrio se distinguaient. On ignore la date précise de la naissance et celle de la mort de ce facteur; mais on sait qu'il avait établi ses ateliers à Florence, où il travaillait sous la protection du grand-duc Côme Ier et de son successeur, le grand-duc François Ier. Zefferini n'était pas seulement facteur d'orgues, mais encore de clavecins, et joignait à ces talents celui de bon fondeur de cloches et de pièces d'artillerie; il avait, en effet, beaucoup travaillé en cette qualité pour les deux grands-ducs que nous venons de nommer, ce qui lui procura quelque fortune. Le fils de son maître, Mariotto Romani, fut à son tour son élève, et lui succéda dans la direction de ses ateliers à Florence.

L.-F. C.

ZEIGER (Augustin), facteur d'orgues français, naquit à Hartmannswiller (Haut-Rhin), le 28 août 1805. Je n'ai d'autres renseignements sur cet artiste que la notice que lui a consacrée M. Hamel dans son *Manuel du facteur d'orgues*, notice à laquelle j'emprunte le fragment suivant : — « M. Zeiger a commencé à s'occuper de facture d'orgues à Lyon, en 1835, et a placé son premier orgue, en octobre 1837, dans la ville de Lorgues (Var). Cet instrument est un grand huit-pieds qui est composé de cinq claviers et de quarante et un jeux. Depuis il a fait 33 orgues, dont le plus considérable est celui de Saint-Polycarpe à Lyon, grand seize-pieds composé de cinq claviers et de quarante-huit jeux. Il y a dans la même ville trois autres orgues de M. Zeiger. A Marseille, il en a placé sept, dont le plus grand est celui de Saint-Victor. L'orgue qu'il a fait en 1843 pour l'église de la Sainte-Trinité de cette ville a été l'objet d'une contestation sérieuse, qui a nécessité l'appel d'hommes éminents pour la vider. L'on a fait venir, entre autres, M. Tœpfer, de Weimar, qui, après un mois d'examen, a conclu au rejet de l'instrument, et l'orgue a été retiré. M. Zeiger a fait un grand huit-pieds pour l'église principale de la ville de Saint-Etienne. Enfin, on rencontre de ses ouvrages à Narbonne, à Pézénas, à Toulon-sur-Mer, à Limoges dans l'église de Sainte-Marie, et à la cathédrale de Chambéry. »

ZELENSKI (Stanislas), professeur de composition au Conservatoire de Varsovie, est né en 1837 à Grotkowick, en Gallicie, fut d'abord élève de Mirecki à Cracovie, et à l'âge de 22 ans se rendit à Prague, où, tout en étudiant l'harmonie et le contre-point sous la direction de Joseph Krejci, il accomplit ses études universitaires et obtint le grade de docteur en philosophie. Après être venu passer ensuite trois années à Paris, où il perfectionna avec Damcke ses connaissances théoriques, il retourna en Pologne et fut nommé professeur de composition au Conservatoire de Varsovie, poste qu'il occupe encore aujourd'hui. Outre de nombreux morceaux de piano, on connaît de M. Zelenski plusieurs œuvres importantes, entre autres une symphonie à grand orchestre exécutée au Conservatoire de Prague, deux autres symphonies de concert, un trio instrumental, trois quintettes pour instruments à cordes, deux cantates avec orchestre et une messe avec accompagnement d'orgue.

ZELLER (Carl), jeune compositeur autrichien, a fait, je crois, son éducation musicale à Vienne. C'est en cette ville que, pour ses débuts à la scène, il a fait représenter, en 1876, un opéra en 3 actes intitulé *Joconde*, qui a été bien accueilli du public et qui a été reproduit, deux ans plus tard, à Leipzig. Je n'ai pas d'autres renseignements sur cet artiste.

ZELLNER (Jules), compositeur autrichien, est né à Vienne en 1832. Il se destinait d'abord au commerce, mais il renonça à cette carrière pour se livrer à son goût pour la musique. Ses premières compositions parurent en 1868, et le grand talent qu'elles dévoilaient attira aussitôt sur lui l'attention. On doit citer, parmi ses meilleures œuvres, une symphonie qui obtint un grand succès dans l'un des célèbres concerts philharmoniques de Vienne, et la musique qu'il a écrite pour le conte *la Belle Mélusine*, qui est sa composition la plus importante, et qui brille par la noblesse et le charme de la mélodie, par l'originalité de l'invention, enfin par la splendeur de l'instrumentation. M. Zellner, auquel son talent a valu dans sa patrie une notoriété considérable et légitime, a publié à Vienne beaucoup d'autres ouvrages, entre autres des *lieder*, des trios, des quatuors, une pièce de concert pour voix seules, chœur et orchestre, et enfin des compositions pour le piano.

J. B.

ZENGER (Max), compositeur allemand, a fait représenter à Munich, sur le théâtre de la cour, au mois de janvier 1863, un opéra qui avait pour titre *les Foscari*. Quatre ans après, au mois d'avril 1867, il faisait exécuter dans la même ville un oratorio intitulé *Caïn*. Cet artiste s'est fait connaître aussi par la publication et l'exécution de plusieurs œuvres instrumentales ou vocales dignes d'intérêt, et qui paraissent avoir été favorablement accueillies par le public. Dans le nombre, je citerai les suivantes : Trio pour piano, violon et violoncelle, op. 15 ; Chœurs pour 2 sopranos, contralto, ténor et basse, op. 24 ; 5 *lieder* pour soprano, avec accompagnement de piano, op. 28 ; etc.

ZERBI (.......), est le nom d'un compositeur italien qui a écrit la musique d'un opéra intitulé *Camilla*. Ce n'est qu'après sa mort que cet ouvrage a été représenté, à Vigevano, le 11 février 1868.

ZEREZO DE TEJADA (Isidore-François-Antoine DE), chanteur et compositeur belge, évidemment issu d'une famille espagnole, naquit à Bruxelles le 14 avril 1811, et se livra de bonne heure à l'étude de la musique. Après avoir été, dans sa ville natale, l'élève de Charles Hanssens, il vint à Paris dans le but de s'y perfectionner sous la direction du fameux théoricien Reicha, puis, à la mort de celui-ci, compléta son éducation avec Cherubini. En 1833, il écrivit pour le théâtre de la Monnaie, de Bruxelles, une ouverture et des chœurs destinés à une tragédie de M. Alvin, et le 22 décembre 1837 il faisait représenter au même théâtre un opéra-comique en un acte intitulé *il Signor Barilli*. Dans le même temps, Zerezo entreprenait la carrière du chant dramatique, et se produisait successivement, sous le nom de *Lorezzo*, sur diverses grandes scènes de Belgique, de France et de Hollande, dans l'emploi des barytons. En 1847 il se fixait à la Haye, où il devenait professeur d'harmonie du prince d'Orange, aujourd'hui roi des Pays-Bas, mais peu d'années après il retournait à Bruxelles. Bientôt il faisait représenter à Saint-Quentin un opéra-comique, *Hélène et Gabrielle*, puis il écrivait un autre ouvrage du même genre, *la Rosière de soixante ans*, qu'il ne trouva pas le moyen de produire à la scène. On doit aussi à Zerezo une cantate qui a été exécutée à Anvers, divers motets qui ont été entendus à l'église Sainte-Gudule, de Bruxelles, et un certain nombre de romances et mélodies vocales qu'il a publiées à Paris, à Milan et à Bruxelles. Il a laissé en portefeuille une messe de *Requiem*, un *Te Deum*, et un opéra italien resté inédit, *Basilio e Figaro*. Zerezo est mort à Nice le 3 décembre 1874.

ZESEVICH (André), chanteur et compositeur dramatique, est doué, dit-on, d'une fort belle voix de basse, dont il se sert avec habileté. Élève du Conservatoire de Vienne, il s'est livré aussi à la composition, et a écrit la musique des quatre opéras suivants : 1° *le False Apparenze* (Trieste, théâtre communal, 21 mars 1868) ; 2° *Francesca da Rimini* ; 3° *il Matrimonio d'un'ora* ; 4° *Orio Soranzo*, ce dernier représenté au théâtre communal de Trieste, le 7 mars 1863. Au commencement de l'année 1877 M. Zesevich s'est fixé à Milan, où il a ouvert une école de chant.

ZEYDLER (.......), compositeur de musique religieuse, né dans la Grande-Pologne dans la seconde moitié du dix-huitième siècle, mourut au commencement de celui-ci. On lui doit un assez grand nombre de messes et de motets, qui sont encore chantés dans les églises de Posen et de Varsovie.

ZICHY (Le comte Geza), un des musiciens hongrois les plus distingués de ce temps et l'un des virtuoses les plus étonnants que l'on connaisse sur le piano, bien qu'il soit privé de sa main droite, descend d'une antique et célèbre famille noble de la Hongrie. Né à Sztara le 22 juillet 1849, il passa son enfance et sa jeunesse à Presbourg, où il fit ses études de droit. A l'âge de quinze ans, il eut le malheur de perdre le bras droit, par suite d'un accident de chasse; mais comme, depuis ses plus jeunes années, il aimait et travaillait le piano avec passion, il ne voulut pas renoncer à cette jouissance, et s'efforça, par un travail opiniâtre, de parvenir à se passer de sa main droite et de résoudre avec sa seule main gauche toutes les difficultés. C'est avec une ardeur inimaginable qu'il mena de front ses études juridiques et musicales, travaillant l'harmonie avec M. Mayrberger, alors maître de chapelle de la cathédrale de Presbourg, et, lorsqu'il alla s'établir à Bude-Pesth, terminant ses études de contre-point et de composition, avec M. Volkmann. En même temps il perfectionnait ses études de la main gauche au piano avec M. Liszt, qui allait passer chaque hiver à Bude-Pesth, et qui lui faisait connaître les grandes œuvres des maîtres classiques. Devenu, dans les conditions singulièrement difficiles où il se trouvait placé, un virtuose exceptionnel, le comte Zichy excita une profonde sensation et le plus vif intérêt lorsqu'il se fit entendre à Vienne à Pesth, et même à Paris.

Le docteur Hanslick, l'éminent écrivain musical de Vienne, a ainsi décrit le jeu du comte Zichy : —« Gera Zichy a atteint une perfection aussi étonnante qu'éclatante. Avec cinq doigts, il sait imiter admirablement le jeu ordinaire des dix doigts, à l'aide d'arpéges adroitement combinés, ainsi que par des mouvements rapides de sa seule main gauche et par les nuances parfaitement indiquées du *forte* et du *piano.* » L'exécution du comte Zichy est remarquable à tous les points de vue, car son jeu est doux, rempli d'âme, et en même temps brillant d'enthousiasme et d'une bravoure incomparable.

Le comte Zichy a déjà fait paraître plusieurs compositions, entre autres un *Ave Maria* pour voix de soprano, une romance intitulée *Clara Zach,* quatre *lieder* charmants (Leipzig, Lahnt), et un recueil d'études pour la main gauche (Paris, Heugel); ces dernières sont dédiées à son maître Liszt, qui les a jugées par ces mots : « Elles sont de bon goût, de bon style, et même de plus d'effet que maintes compositions à deux et à quatre mains qu'on entend fréquemment. » Mais elles sont si difficiles que le compositeur seul parvient à effectuer le miracle de les jouer.

Le comte Zichy vit à Bude-Pesth, où il occupe une situation musicale prépondérante, et où il est président du Conservatoire et de plusieurs sociétés musicales. Poëte fort distingué, il a publié un roman et un volume de poésies lyriques qui ont fait sensation dans sa patrie. Il s'occupe en ce moment de la composition d'un grand opéra.

J. B.

ZIEHRER (C.....-M.....), compositeur autrichien, s'est fait une grande réputation dans sa patrie par la publication d'un grand nombre de morceaux de danse devenus très-populaires et qui sont, dit-on, pleins de verve, d'élégance et d'entrain. Le nombre de ses compositions en ce genre ne s'élève guère à moins de trois cents. M. Ziehrer a fait représenter au mois de décembre 1872, sur le Ring-théâtre, de Vienne, une opérette intitulée *le Roi Jérôme.* Il a donné aussi à Linz, à peu près à la même époque, un opéra qui avait pour titre *l'Oracle de Delphes.*

ZIENTARSKI (Romuald), compositeur polonais, établi à Varsovie, est né dans la première moitié du dix-neuvième siècle. Il a fait exécuter dans l'église des Franciscains, à Varsovie, une messe écrite sur texte polonais, un *Offertoire* avec accompagnement de cor et d'harmonium, et un motet que l'on dit remarquable. Cet artiste, s'est fait connaître aussi dans le genre profane, par plusieurs compositions estimables.

ZIERNICKI (.......), ancien facteur d'instruments de Cravovie, est cité par l'écrivain polonais Ambroise Grabowski comme l'inventeur d'une sorte de tympanon, appelé en polonais *istze Brzonka delko,* et dont l'usage s'est depuis longtemps perdu.

ZIKOFF (Fr......), compositeur allemand de musique de danse, a publié, dans ces dernières années, une quantité de musique de ce genre qui paraît avoir obtenu un certain succès, et qui comprend des quadrilles, valses, galops, polkas, ainsi que quelques marches. Le nombre de ses publications jusqu'à ce jour s'élève à près de 150.

ZILIOTTO (Élisa), musicienne italienne, a écrit la musique d'un petit opéra bouffe intitulé *la Cena magica,* qui a été représenté en 1855, à Venise, sur le théâtre San-Benedetto.

* **ZIMMERMANN** (Pierre-Joseph-Guillaume). — Dans la séance du 2 avril 1864 de la Société des sciences de Tarn-et-Garonne, M. J.-B. Labat a lu une notice intitulée : *Zimmermann et l'école française de piano,* notice qui a été insérée dans le *Courrier de Tarn-et-Garonne* des 4 et 7 février 1865, et publiée ensuite sous forme de brochure (s. l. n. d. [Montauban, impr. Forestié], in-8°). Une fille de Zimmermann est devenue la femme de M. Gounod, qui a hé-

rité de la magnifique collection musicale de son beau-père.

ZIMMERMANN (AGNÈS), musicienne allemande contemporaine, pianiste et compositeur, a publié pour le piano différentes œuvres parmi lesquelles je signalerai les suivantes : Barcarolle, op. 8 ; Boléro, op. 9 ; Mazurka, op. 11 ; Marche, op. 13 ; Gavotte, op. 14 ; *Presto alla Tarentella*, op. 15 ; Gavotte en *mi* mineur, op. 20 ; Suite (Prélude, Mazurka, Scherzo et Marche), op. 22 ; 2 Pièces ; 3 Pièces (Caprice ; *Sur l'eau ;* Scherzo) ; Canon, Sarabande et Gigue, etc.

* **ZINGARELLI** (NICOLAS-ANTOINE). — Adrien de la Fage a publié sous ce titre : *Zingarelli*, une notice sur cet artiste, extraite de la *Revue universelle* du 30 septembre 1837.

Dans son livre : *Cenno storico sulla scuola musicale di Napoli*, M. Francesco Florimo a donné une liste détaillée de toutes les compositions de Zingarelli, plus complète que toutes celles publiées jusqu'à ce jour. Entre autres œuvres, cet écrivain a catalogué un certain nombre de cantates dont il n'est pas fait mention dans la *Biographie universelle des Musiciens*, et que je crois devoir citer ici : 1° *la Fuga in Egitto*, à 2 voix avec chœur ; 2° *la Danza ;* 3° *Ero*, monologue ; 4° *Alceste*, à 4 voix avec chœur (qu'il ne faut pas confondre avec *la Morte di Alceste*) ; 5° *l'Amicizia*, à 3 voix avec chœur ; 6° Cantate sacrée, à 5 voix ; 7° Cantate pour Saint-Gaétan, à 3 voix ; 8° *Sulle rovine orribili*, à 4 voix. Toutes ces cantates sont avec accompagnement d'orchestre ; les suivantes n'ont qu'un accompagnement de piano : 9° *Galatea*, à 2 voix de soprano ; 10° *il Sacrificio d'Abramo*, pour soprano ; 11° 2 Cantates pour Noël, à 2 voix de ténor ; 12° *Berenice, che fai ?* pour soprano, avec violons, alto et basse ; 13° *Alcide al Bivio ;* 14° *la Passione di Gesù Cristo ;* 15° diverses cantates à 3 voix de soprano avec orgue. M. le docteur Basevi, de Florence, possède en manuscrit, de Zingarelli, des stances à une voix, tirées des XIIe et XVIe chants de la *Gerusalemme liberata*, et une ode d'Anacréon, aussi à une voix.

ZINGERLE (F......-G......), professeur de chant et compositeur, depuis longtemps établi à Trieste, a publié en cette ville une *Méthode de chant élémentaire à l'usage des enfants*, ouvrage excellent, dit-on, dont il a été fait quatre éditions. M. Zingerle s'est produit aussi comme compositeur, et, entre autres, il a fourni plusieurs morceaux à un recueil de chant publié à Trieste, sous ce titre : *il Canzoniere*, dont les autres collaborateurs étaient MM. Piber, Zesevich, Pincherle, Fridrich, Dolzan, Lazzarini et Mariotti.

* **ZINKEISEN** (CONRAD-LOUIS-THIERRI), virtuose et compositeur allemand, est mort à Brunswick le 24 novembre 1838.

ZISSO (A.....-T......), compositeur italien, né, je crois, à Rome, est l'auteur d'un opéra-comique italien en un acte, *Maddalena*, qui a été représenté à Bucharest au mois d'avril 1861.

ZOBAL (......), est le nom d'un compositeur allemand qui a fait exécuter à Berlin, en 1859, une grande œuvre symphonique intitulée *les Noces d'Alexandre le Grand et de Statyre.*

ZOBOLI (GIOVANNI), compositeur et professeur italien, est né à Naples le 22 juillet 1821. Fils d'un artiste distingué qui était professeur de basson à l'école de musique appelée l'*Albergo dei Poveri* et premier basson au théâtre San-Carlo et à la chapelle royale, il apprit de lui les premiers éléments de la musique et en reçut les premières leçons de cet instrument. Admis comme élève, en 1839, à l'*Albergo dei Poveri*, il y eut pour maîtres Paolo Cimarosa pour le solfége, Gennaro Parisi pour l'harmonie accompagnée, et Francesco Ruggi pour le contre-point. Il sortit de l'école en 1843, après y avoir écrit, entre autres compositions, une messe à 3 voix et orchestre, un *Tantum ergo* pour voix de basse et orchestre, et une ouverture en *ré* majeur. Il composa ensuite une autre ouverture et un chœur qui furent exécutés à Bologne, ainsi qu'une seconde messe et un *Credo* à 4 voix et orchestre.

Au mois de février 1850, M. Zoboli était nommé professeur de contre-point et composition à l'*Albergo dei Poveri*, et dix ans après, lors de la réorganisation de cette école, il devenait sous-directeur des classes, puis (1866) maître des classes de femmes. En 1856 il avait abordé la scène comme compositeur, en donnant au théâtre Nuovo un opéra bouffe en 2 actes, *il Figlio di Papà*, et il faisait représenter ensuite sur le même théâtre deux autres ouvrages du même genre : *la Villeggiatura* (3 actes, 1857), et *Cesare e Cleopatra* (1858). Il écrivit ensuite, pour les élèves de son école, trois petits ouvrages dramatiques : *un Evento inaspettato* (1861), *il Bacio* (1864), et *Adina* (1866). On lui doit encore trois autres opéras, *Amelia*, 3 actes, *Salvator Rosa*, 3 actes, et *i Tre Nipoti*, 3 actes ; mais je crois que ceux-ci n'ont pas été représentés.

M. Zoboli s'est exercé dans d'autres genres, et a produit les œuvres suivantes : 5 messes à 2, 3 et 4 voix, avec orchestre ; 2 messes pour voix de soprano et contralto, avec orchestre ;

Vespero à 4 voix, avec petit orchestre; *Vespero* à 4 voix et orchestre; deux *Credo* et deux *Magnificat*, avec orchestre; deux *Tantum ergo* pour ténor et orchestre, et pour basse et orchestre; *Tota pulchra* pour soprano, avec chœur de femmes et accompagnement de quatuor; concerto de flûte, avec accompagnement d'orchestre; divers concertos de clarinette, de cor, de trombone, avec orchestre; un Caprice symphonique; plusieurs ouvertures; etc.

M. Zoboli est fixé aujourd'hui à Ariano, où il est directeur de la musique municipale et où il se livre à l'enseignement.

ZOCCHI (..........), est le nom d'un compositeur qui a fait représenter à Tiflis, le 27 février 1876, un opéra italien sérieux intitulé *Amalia*.

ZOGBAUM (G.......), compositeur et pianiste allemand contemporain, a publié un grand nombre de morceaux de genre et fantaisies pour le piano, presque tous écrits sur des thèmes fameux et des airs d'opéras célèbres.

ZONGHI (Giuseppe), compositeur et professeur, maître de la chapelle de la cathédrale de Tolentino, est né à Fabriano, dans la province d'Ancône, le 20 février 1820. Élève de Giuseppe Busi, qui lui enseigna le contre-point et la composition, il fut nommé en 1842 maître de chapelle de la cathédrale de sa ville natale, fut attaché l'année suivante en la même qualité à celle de Tolentino, et fut appelé à diriger en même temps l'école communale de musique. M. Zonghi a écrit, pour le service de sa chapelle, un grand nombre de compositions religieuses avec orgue et orchestre, et il a fait représenter sur le théâtre communal de Tolentino, au mois de septembre 1868, un opéra intitulé *il Paggio del duca di Savoia*.

ZUBERBIER (........), facteur d'orgues du dix-neuvième siècle, ne m'est connu que par ces quelques lignes, insérées sur lui dans le *Manuel du facteur d'orgues* (Paris, Roret, 1849) : — « Zuberbier a construit, conjointement avec le facteur Geibel, en 1840, l'orgue de trente-sept jeux de l'église de Saint-Nicolas de Zerbst. Cet instrument, dit-on, mérite d'être cité avec éloge. »

ZUBIAURRE (Valentin), compositeur espagnol distingué, est né à Garay le 13 février 1837. Dès l'âge de sept ans, il commença à apprendre la musique avec un curé de ce village; puis, un peu plus tard, étant à Bilbao, il fut admis comme enfant de chœur à la basilique de Santiago, où il devint l'élève de l'habile maître de chapelle Nicolas Ledesma, qui lui enseigna le piano, l'orgue et l'harmonie. En 1852, à peine âgé de 15 ans, il se voyait confier une place d'organiste; mais l'année suivante, désireux de voyager, il partait pour l'Amérique, s'établissait d'abord à Caracas, puis à Guayra, où il se livrait à l'enseignement du piano, et au bout de huit années revenait en Espagne. C'est alors qu'il entrait au Conservatoire de Madrid, dans la classe du célèbre maître Hilarion Eslava, d'où il sortait, en 1866, avec le premier prix de composition.

Peu de temps après, un concours ayant été ouvert pour la composition d'un opéra espagnol, M. Zubiaurre se vit décerner le premier prix, en partage avec M. Barreras, pour son ouvrage intitulé *Don Fernando el Emplazado;* cet ouvrage fut joué avec succès à l'Alhambra en 1870, et en 1873 au théâtre royal de Madrid, où le rôle principal était tenu par M. Tamberlick. Bientôt, élu pensionnaire de mérite de l'Académie espagnole des Beaux-Arts de Rome, M. Zubiaurre entreprit un voyage de deux années, pendant lesquelles il visita l'Italie, la France, l'Allemagne, l'Autriche et la Belgique, étudiant et écoutant les œuvres des grands maîtres de ces divers pays, visitant les bibliothèques musicales, et réunissant des notices biographiques et bibliographiques sur les anciens musiciens espagnols et étrangers. De ce voyage, il rapporta dans sa patrie un oratorio écrit par lui sur le texte de *la Passion selon saint Mathieu* et un *Mémoire sur l'état de l'art en Italie et en Europe*.

Une fois de nouveau fixé à Madrid, il écrivit deux *zarzuelas* qui n'ont pas été représentées, composa deux messes pour la chapelle royale, dont il fut nommé second maître en 1875, et enfin, le 22 avril 1877, donna au théâtre royal un nouvel opéra espagnol, *Ledia*, qui fut accueilli avec une grande faveur. Cet ouvrage l'a placé au premier rang des artistes de son pays, et M. Zubiaurre est considéré aujourd'hui comme l'un des soutiens et des champions les plus solides de l'opéra national espagnol. En 1879, M. Zubiaurre a donné au théâtre de la Zarzuela, à Madrid, une zarzuela en 2 actes intitulée *el Tigre de mar*.

* **ZUCCHELLI** (Carlo), chanteur italien qui a joui d'une grande renommée, est mort à Bologne au mois de février 1879. Pour résumer la carrière brillante de cet artiste, je ne crois pouvoir mieux faire que de traduire la notice que lui a consacrée Francesco Regli dans son *Dizionario biografico* : — « Fils de Tommaso Zucchelli, Bolonais, et de Gertrude Baye, Anglaise, il naquit à Londres le 28 janvier 1793, et vint en Italie avec sa famille seulement en 1803. Ses parents, après lui avoir donné une bonne édu-

cation, l'envoyèrent à l'École des Beaux-Arts, à Bologne, pour y apprendre la peinture. A quinze ans il avait déjà remporté les premiers prix, en se distinguant particulièrement dans la figure. Doué de belles facultés vocales, ses amis lui conseillèrent de se consacrer au théâtre. Il eut des leçons de Pilotti, étudia au Lycée de Bologne avec Roncagli, fut aussi l'élève de Crescentini, et jouit des conseils du ténor Matteo Babini. En même temps il travaillait la peinture ; il avait obtenu d'être élève à Rome ; mais le gouvernement ayant changé, et l'Autriche étant venue en Italie, il ne put poursuivre ce projet, et bientôt s'appliqua complétement à la musique. Il débuta en 1816 à Rimini dans un opéra de Pacini. Au carême il passa à Ferrare, et y chanta *la Gerusalemme liberata*. Il chanta au théâtre de Munich pendant trois ans, et là se perfectionna à l'école du maestro Celli. Il alla ensuite au théâtre de la Porte-Carinthie à Vienne, et les œuvres qui lui valurent les plus grands honneurs furent *l'Inganno felice* et *la Guerra aperta*. De retour en Italie en 1819, il provoqua l'enthousiasme au théâtre Re, de Milan, dans *la Pietra del Paragone*, et dans *l'Italiana in Algeri*. Vérone, Turin, Rome, Trieste (à plusieurs reprises), l'eurent et l'admirèrent. Pacini écrivit pour lui *la Gioventù di Enrico V*, Mercadante *l'Avvertimento ai gelosi*, Trenti *l'Isola delle Amazzoni*. En 1821-22, il fit grand bruit à Trieste dans l'*Agnese* de Paër. Il alla ensuite à Londres et à Paris, et dans ces grandes capitales il chanta jusqu'en 1834. Bologne, Modène, Rome, Londres encore et Livourne l'acclamèrent dans les saisons suivantes ; et ce fut précisément à Livourne que, au printemps de 1842, il termina sa carrière théâtrale à quarante-sept ans. Zucchelli était célèbre comme *basso cantante* et comme bouffe, et Rossini l'appelait *son Don Magnifico*. Il a trois fils, dont deux ont honoré l'art de leur père ; le troisième est officier du génie dans les troupes de l'Italie centrale. »

ZULIANI (G.....-Prospero), esthéticien et musicographe italien, occupe la chaire d'histoire, philosophie et esthétique au nouveau Lycée musical de Rome. Rédacteur du feuilleton musical du journal *l'Italia*, de cette ville, il a publié un opuscule dans lequel il traite de la décadence du Conservatoire de Naples et des moyens qui, selon lui, seraient propres à y remédier ; cet écrit a paru sous le titre suivant : *Osservazioni sulle riforme proposte pel R. Collegio di musica di Napoli*, Rome, 1877, in-8°. Plus récemment, M. Zuliani a fait paraître un second écrit dont voici le titre : *Roma musicale, appunti, osservazioni, notizie*, Rome, Botta, 1878. Enfin, il a publié encore l'opuscule suivant : *il « Lohengrin » di Riccardo Wagner*, Rome, Botta, 1880.

ZUR LAUBEN (B.....-Fid.....-Ant.....). — Un écrivain de ce nom est l'auteur de l'opuscule suivant, inséré dans le t. XLI des *Mémoires de l'Académie royale des inscriptions et belles-lettres* (Paris, 1780) : *Observations sur un manuscrit de la bibliothèque du roi qui contient les chansons des trouvères ou troubadours de la Souabe ou de l'Allemagne, de la fin du douzième siècle jusque vers l'an 1330*.

ZWINGLI (.....), musicien suisse du seizième siècle, était un artiste très-instruit, non-seulement dans le chant, mais aussi dans la pratique de plusieurs instruments, le luth, la harpe, la viole, le fifre. Il était en même temps compositeur, et on lui doit divers chants à plusieurs voix.

FIN DU TOME SECOND ET DERNIER.

www.ingramcontent.com/pod-product-compliance
Lightning Source LLC
LaVergne TN
LVHW011239110826
845149LV00001B/1

* 9 7 8 2 0 1 2 7 3 5 2 8 6 *